Herbert Berner (Hrsg.)

Singen
Dorf und Herrschaft

Beiträge zur Singener Geschichte, Band 15
Herausgegeben im Auftrag der Stadt Singen
von Alfred Georg Frei

Hegau – Bibliothek, Band 55

HERBERT BERNER (Hrsg.)

SINGEN
Dorf und Herrschaft

Singener Stadtgeschichte,
Band 2

Mit Beiträgen von
Herbert Berner, Markus Bittmann, Peter Bohl, Kuno Britsch, Wilfried Danner, Eberhard Dobler, Alfred G. Frei, Frank Göttmann, Franz Götz, Ursula Grammel-Vahl, Franz Karg, Alois Mattes, Gerlinde Person, Klaus Rombach, Helmut Ruf, Max Ruh, Joachim Schaier, Karl Schmid, Susanne B. Schmidt, Christhard Schrenk, Hans-Joachim Schuster, Werner Vogler und Gert Zang

Im Verlag des SÜDKURIER Konstanz

*Gewidmet meiner Frau Katharina und
unseren Kindern Karl-Heinz, Angelika
und Amélie*

CIP-Titelaufnahme der Deutschen Bibliothek

Singener Stadtgeschichte / Herbert Berner (Hrsg.). – Konstanz:
Verl. d. Südkurier.
(Hegau-Bibliothek; Bd. 55) (Beiträge zur Singener Geschichte; ...)
NE: Berner, Herbert [Hrsg.]; 1. GT

Bd. 2. Singen, Dorf und Herrschaft. – 1990

Singen, Dorf und Herrschaft / Herbert Berner (Hrsg.).
Mit Beitr. von Herbert Berner ... – Konstanz: Verl. d. Südkurier,
1990
(Singener Stadtgeschichte; Bd. 2)
(Beiträge zur Singener Geschichte; Bd. 15)
ISBN 3-87799-090-8
NE: Berner, Herbert [Hrsg.]; 2. GT

ISBN 3-87799-090-8
© SÜDKURIER GmbH Konstanz 1990

Gesamtherstellung:
Druckerei Konstanz GmbH, Konstanz

Inhalt

Vorbemerkung des Herausgebers 9

HERBERT BERNER: Zur Singener Historiographie 11

HERBERT BERNER: Sankt Galler Bär im Singener Wappen 16

HERBERT BERNER: Singen und Singerbruck · Singener oder Singemer? . . . 19

HELMUT RUF: Entwicklung des Gemeindegebietes und der Gemarkung des Dorfes Singen 22

KARL SCHMID: Die Urkunde König Heinrichs I. für Babo aus dem Jahre 920 . . . 30

GERLINDE PERSON: Die Herren von Singen-Twiel und der Reichenauer Kelhof in Singen 43

HERBERT BERNER: Kriegerisches Geschehen um den Hohentwiel im 10. und 11. Jahrhundert 75
Vorbemerkung 75 · Der Hohentwiel als Refugium und Volksburg 75 · Erste Belagerung des Hohentwiels 915 76 · Ungarnsturm 926 76 · Übergabe des Hohentwiels 1086 an Abt Ulrich von St. Gallen 79

FRANZ GÖTZ: Kirchen und Pfarreien im Dorf Singen 81

HERBERT BERNER: Hungersnot und schwarzer Tod 101

MARKUS BITTMANN: Die Familie von Klingenberg und Singen 104

EBERHARD DOBLER: Singen und die Herren von Friedingen 127

HERBERT BERNER: ». . .do haben sich die grafen der kriegshandlungen und reuterei en beholfen und sich damit wellen erneren« · Kriegerisches Wetterleuchten um den Twiel im 14. und 15. Jahrhundert 136
Vorbemerkung 136 · Fehde der Stadt Rottweil gegen die Klingenberger 1330 136 · Bodman-Klingenberger Fehde 1335 137 · Fehden und Raubritterunwesen 137 · Bauernempörung im Hegau 1460 141 · Die Werdenberger Fehde 1464 142 · Zank und Fehden mit den Eidgenossen bis zur Ewigen Richtung 1474 142 · Der Schweizer Krieg 1499 144 · Die Zerstörung des Hohenkrähen 1512 147

WERNER VOGLER: St. Gallen und Singen oder: Der Kaiser als Vasall des St. Galler Fürstabtes 149

MAX RUH: Singen im Einflußbereich Schaffhausens 162

HERBERT BERNER: Der Bauernkrieg 1524/25 176

WILFRIED DANNER: Die Herren von Bodman in Singen in der 2. Hälfte des
16. Jahrhunderts 182

FRANZ KARG: Singen und Hans Jakob Fugger 192

HERBERT BERNER: Singener Orts- und Grundherren 198

HERBERT BERNER: Vom Königshof zur Dorfgemeinde · Siedlungskontinuität und
ihre Gründe 204

HANS JOACHIM SCHUSTER: Das Musterregister der Landgrafschaft Nellenburg
von 1615 · Eine Quelle zur Bevölkerung des Dorfes Singen vor dem Dreißigjährigen
Krieg 223

HERBERT BERNER: Fünf Hohentwiel-Belagerungen im Dreißigjährigen Krieg . . . 231

HERBERT BERNER: Die Herren von Buchenstein-Rost 238

HERBERT BERNER: Die Herrschaft Singen/Mägdeberg unter den Herren von Rost . 253

HERBERT BERNER: Niederhof und Remishof 263

HERBERT BERNER: Ich fürchte den Mann, den alle loben! · Verwalter und Obervögte 271

HERBERT BERNER: Die Buchegger-Stiftungen 277

HERBERT BERNER: Straßen, Zölle, Post · Nur wenige Wege führten nach Singen . . 286

HERBERT BERNER: Bauern, Taglöhner, Handwerker und Handelsleute 292

PETER BOHL: Aspekte der Bevölkerungsentwicklung Singens im 17. und
18. Jahrhundert 310

HERBERT BERNER: Kriege und Kriegslasten im 17./18. Jahrhundert 330
Winterquartiere und Schanzarbeit 1675 bis 1695   330 · Im Spanischen Erbfolgekrieg 1701 bis
1714   331 · Von Marschrouten, Vorspanndiensten, Einquartierungen und Rekruten-Aushebungen 332

HERBERT BERNER: Jagd- und Forstwirtschaft 339

HERBERT BERNER: Lauter Leute, die wir entbehren können … · Auswanderungen
im 18./19. Jahrhundert 346

CHRISTHARD SCHRENK: Studien zur Agrarstruktur Singens im 18. Jahrhundert . . 354

HERBERT BERNER: Die Grafen von Enzenberg 381

HERBERT BERNER: Die Grafen Vetter von der Lilie 393

HERBERT BERNER: »Durch den Pflug abgehärtete Hände können die Feder
nicht führen…« · Streit um den nellenburgischen Amtsvogt in Singen 395

HERBERT BERNER: Steuern und Abgaben an das schwäbisch-österreichische Direktorium in Ehingen/Donau (bis 1806) 399

HERBERT BERNER: Tabakfabrik und Unteres Schloß 403

HERBERT BERNER: Das Obere Schloß · (Gräfliches Schloß) 412

KLAUS ROMBACH: Die Schule in Singen von 1750 bis 1900 417

ALOIS MATTES: Die Hagmühle zu Singen 430

HERBERT BERNER: Französische Revolution und Napoleonische Kriege 435

HERBERT BERNER: Friedloser Aufbruch in das 19. Jahrhundert 452

HERBERT BERNER: Ende und Ablösung des feudalen Zeitalters 462

HERBERT BERNER: Verschuldung der Grundherrschaft und deren Allodifizierung . 479

HERBERT BERNER: Das Ende der Grundherrschaft Singen-Megdberg 481

JOACHIM SCHAIER: Zur demographischen Situation Singens in der ersten Hälfte des 19. Jahrhunderts 484

HERBERT BERNER: »Hebet mich fescht, suscht wer' i zwild!« · Volkserhebungen 1848/49 502

HERBERT BERNER: Kriege und Patriotismus im 19. Jahrhundert 510

HERBERT BERNER: Zur Singener Mundart · Gedichte von Wilhelm Denzel, Otto Fink, Hans Maier und Hans Flügel 513

FRANK GÖTTMANN: Wirtschaftliche Außenbeziehungen des Dorfes Singen vom 17. bis zum 19. Jahrhundert 517

KUNO BRITSCH: Die Anfänge der Georg Fischer AG in Singen 537

ALFRED G. FREI und SUSANNE B. SCHMIDT: Julius Maggi (1846–1912) – von der Mühle zur Lebensmittelfabrik 543

HERBERT BERNER: Vom Dorf zur Stadt 557

GERT ZANG und ALFRED G. FREI: Die importierte Arbeiterbewegung · Arbeiter in Singen bis zum Ende des Kaiserreichs 574

ALOIS MATTES: Der Bau der neuen Stadt 597

URSULA GRAMMEL-VAHL: Die Entwicklung des Werks- und Genossenschaftswohnungsbaus in Singen bis 1945 613

Abkürzungen 624

Maße, Gewichte und Geldwerte 625

Register 628

Bildnachweis 670

Autorenverzeichnis 671

Vorbemerkung des Herausgebers

Im ersten Band der Singener Stadtgeschichte mit der wegweisenden, beziehungsreichen Überschrift »Ziehmutter des Hegaus« wurden die grundlegenden naturkundlichen, besiedlungsgeschichtlichen und wirtschaftsgeographischen Gegebenheiten des Mittleren Hegaus mit Singen als Zentralort dargelegt. Der zweite Band der Singener Stadtgeschichte, »Dorf und Herrschaft«, befaßt sich nun ausschließlich mit den geschichtlichen, sozial- und kulturgeschichtlichen Ereignissen und Fakten bis zur Jahrhundertwende. Dabei mag den Leser nicht nur die Fülle der verarbeiteten Quellen, überwiegend bisher nicht oder nur unzulänglich ausgeschöpfte Archivalien, überraschen, sondern ebensosehr auch die Feststellung, daß die dörfliche Vergangenheit Singens keineswegs belanglos oder unbedeutend erscheint. Singen hat seine im frühen Mittelalter und nach dem Dreißigjährigen Krieg wiedergewonnene Funktion als »Vorort« seines weiteren Umlandes erst zu Beginn des 19. Jahrhunderts verloren, was dazu führte, daß man bis in unsere Tage hinein die eigene geschichtliche Vergangenheit abschätzig und gering bewertete.

Am Fuße der wirtembergisch-evangelischen Festung geriet der vorderösterreichische und katholische »geförliche Ort« an der Landstraße Stockach–Schaffhausen mit einer Brücke über die Aach in das unheilvolle Wechselbad kriegerischer Auseinandersetzungen und seit der Mitte des 17. Jahrhunderts als Bastion mit Beobachtungsfunktion gegen den Hohentwiel und Sitz selbstbewußter, mit der vorderösterreichischen Regierung und dem Wiener Hof eng verbundener Grundherren in das Spannungsfeld wirtembergisch-vorderösterreichischer Rivalität. Mit der Zerstörung der Festung entfiel die unmittelbare militärische Bedrohung, und die ohnehin auf geringer materieller Ausstattung ruhende Grundherrschaft verlor im beginnenden 19. Jahrhundert rasch ihre Bedeutung als politisches und wirtschaftliches Zentrum. Die Gemeinde Singen ohne Grundbesitz und sonstiges Vermögen war nicht handlungsfähig und völlig abhängig von den Umlagen der Bürgerschaft; kein einziger Singener Abgeordneter fand sich in den Parlamenten des Kreises, des Großherzogtums und des Deutschen Reiches. Auf einer Fensterscheibe im Treppenhaus des Pfarrhauses von St. Peter und Paul bringt ein mit einem spitzen Nagel wohl von dem nur kurze Zeit hier weilenden Pfarrer August Haunß eingeritzter Spruch die Situation klagend/anklagend zum Ausdruck: »rustica gens, optima flens peßima ridens«, was soviel bedeutet wie etwa »grobes Bauernvolk, das trefflich jammern und schlecht lachen kann«. Das Aufblühen des Dorfes zur Landstadt mit entwicklungsfähiger Industrie, mit Handwerk und Handel verdankte das Bauerndorf der durch den Eisenbahnbau neu entstandenen Verkehrsgunst und der für die schweizerische Industrie wegen der deutschen Zollpolitik attraktiv gewordenen Lage, ferner dem durch Realteilung verfügbaren Grundstückspotential (u. a. auch Grundverkäufe der Herrschaft im Niederhofareal) und dem vorhandenen Reservoir an Arbeitskräften.

Wiederum konnten wir über 20 hervorragende Autoren gewinnen, die mit ihren Beiträgen wichtige Teilaspekte der Singener Geschichte erforscht und dargestellt haben. Dank schuldet der Herausgeber den Staatsarchiven Karlsruhe, Stuttgart, Freiburg im Breisgau und Ludwigsburg, dem Staatsarchiv Schaffhausen, dem Tiroler Landesregierungsarchiv Innsbruck, dem Fürstlich Fürstenbergischen Archiv Donaueschingen, dem Fürstlich Waldburg-Zeil'schen Gesamtarchiv in Schloß Zeil (Leutkirch) sowie den Stadtarchiven Singen, Konstanz, Radolfzell, Stein am Rhein und Nagold, dem Pfarrarchiv St. Peter und Paul in Singen und vor allem dem im Stadtarchiv Singen deponierten Enzenberg-Archiv. Voraussetzung und Grundlage für das Gelingen des Werkes war die stete Unterstützung der Hegau-Bibliothek Singen. Die vorzügliche Ausstattung mit Bildern verdanken wir dem städtischen Bildarchiv Singen und der Sammlung des Stadtarchivs Singen, dem Museum zu Allerheiligen in Schaffhausen, dem Kärntner Landesmuseum Klagenfurt, Kommerzialrat Manfred Rhomberg in Dornbirn und der Städtischen Galerie im Lenbachhaus München. Für Anregungen, Auskünfte und mannigfache Hilfen dankt der Herausgeber an erster Stelle Prof. Dr. Karl Siegfried Bader in Zürich, sodann Prof. Dr. mult. Dr. h. c. mult. Nikolaus Grass in Innsbruck, Prof. Dr. Wilhelm Baum in Klagenfurt, den Pfarrern Robert Bertel in Bruneck und Markus Graffenara in Enneberg/Südtirol, Prof. Dr. Helmut Maurer in Konstanz, Kreisarchivar Dr. Franz Götz in Singen, Dr. Felix Graf Vetter von der Lilie in Innsbruck-Singen,

Hofrat Prof. Dr. Dr. Karl Heinz Burmeister in Bregenz und nicht zuletzt Dr. Alfred Georg Frei, Stadtarchivarin Reinhild Kappes, Dipl.-Bibliothekar Albrecht Salewski und Alois Mattes in Singen.

Die Redaktion aller Beiträge wurde im Juni 1989 abgeschlossen. Drei Kapitel der Sozial-, Wirtschafts- und Baugeschichte, deren Anfänge in das Dorf zurückreichen, wurden im Interesse eines sinnvollen Zusammenhanges bis 1933 bzw. 1940 fortgeführt.

Singen, im Juni 1989 *Herbert Berner*

Zur Singener Historiographie

von Herbert Berner

Lange Zeit stand die Singener Geschichtsschreibung gänzlich im Schatten der Hohentwielgeschichte, so bei Ottmar Friedrich Heinrich Schönhuth (1831–1840), Karl von Martens (1857), Karl Weiß (1901), Herbert Berner (1957). Die erste Geschichte der Stadt Singen in gediegenem blauem Einband mit silberner Schriftprägung legte im Jahre 1910 der Lehramtsassessor Franz Sättele vor[1]. Er mußte sein Buch mit sehr bescheidener materieller Hilfe der Stadt herausgeben und trug viele Jahre schwer an den hieraus erwachsenen Schulden. Das Sättele-Buch ist längst vergriffen und auch antiquarisch kaum mehr zu bekommen.

Sättele hat Unterlagen des Generallandesarchivs in Karlsruhe benutzt, ferner wertete er die Enzenberg-Archive in Singen und Schwaz/Tirol sowie das hiesige Stadt- und Pfarrarchiv aus. Weiter stand ihm zur Verfügung ein ungedrucktes Manuskript des altkatholischen Pfarrers August Leuthner (Pfarrer 1876–1913)[2], der im Dezember 1900 einen Vortrag über die Singener Geschichte gehalten hatte. Leuthner ist wohl der erste Singener Heimatforscher. – Ferner fand Sättele Unterstützung durch den evangelischen Pfarrer und späteren Dekan Alexander Rihm (1898–1935 in Singen) und den katholischen Stadtpfarrer August Ruf (1905–1941 in Singen), der in späteren Jahren viele heimatkundliche Vorträge hielt und Beiträge in den Heimatzeitungen veröffentlichte. Es mutet eigenartig an, daß die Stadtgeschichte von Sättele bei den Singener Bürgern nur wenig Anklang gefunden hat; die Stadt erwarb kein einziges Exemplar[3].

In den ersten Jahrzehnten städtischen Lebens interessierten sich weder die Stadtverwaltung noch die Singener sonderlich für ihre Geschichte. Der Bau der neuen Stadt, die Entwicklung der Infrastruktur, der Erste Weltkrieg und die schweren Zeiten der Weimarer Republik beanspruchten die ganze Aufmerksamkeit und Kapazität der Stadtverwaltung. Nicht nur der größere Teil der Einwohner, auch alle Bürgermeister kamen von auswärts hierher und hatten genug zu tun, sich in Singen, im neuen Aufgabenbereich zurechtzufinden.

Man muß nun allerdings hinzufügen, daß weder das Stadtarchiv noch das Enzenberg-Archiv erschlossen und benutzbar waren. Aus der schlecht geführten Gemeinderegistratur des 19. Jh. wurden 1884 die alten Akten und Urkunden ausgeschieden und – wie es damals allgemeiner Brauch war – an das Generallandesarchiv in Karlsruhe abgeliefert; nur ein kleiner Bestand verblieb in Singen. 1909 erneut geordnet und verzeichnet (43 Nummern!), wanderte es 1915 in den Keller des Dienstwohngebäudes Ekkehardstraße 10, 1927 in einen als Archiv hergerichteten Keller der Ekkehardschule. Auf Anfragen teilte die Stadt stets mit, daß ein eigentliches Archiv nicht bestehe. 1945 verwüsteten die Franzosen das Archiv und richteten insbesondere in der einzigartigen Bildsammlung des städtischen Oberrechnungsrates Hermann Morast (Mitte der 30er Jahre angelegt) irreparable Schäden an; die hier deponierten alten Zeitungsjahrgänge wanderten zum Teil in die Heizungsöfen. Vermutlich sind auf solche Weise auch die Jahrgänge der »Singener Zeitung« (1910 bis 1923) verlorengegangen, von denen nur der Jahrgang 1911 erhalten blieb. Wir kennen die Zeitung sonst lediglich aus Zeitungsausschnitten in den Akten. 1954 wurde das Stadtarchiv in Verbindung mit einer Aktenausscheidung aus den städtischen Registraturen geordnet und inventarisiert[4]. Es ist ein Verwaltungsarchiv des 19./20. Jh. mit 25 Urkunden von 1538 bis 1900, über 4000 Faszikeln und über 200 Bänden (Gemeinderechnungen ab 1667).

Das Enzenberg-Archiv im Besitz der Grafen Vetter von der Lilie war nur wenigen Eingeweihten bekannt und zugänglich. Es handelt sich um das Archiv der ehemaligen Grundherrschaft Rost-Enzenberg, von denen das eigentliche Familienarchiv (19 Kisten) in den Jahren 1854 bis 1857 an den neuen Sitz der Grafen von Enzenberg in Schwaz/Tirol verbracht wurde. Das 1919 in ziemliche Unordnung geratene Archiv, verfrachtet in eine Remise im Hof, wurde 1954 ebenfalls neu geordnet und inventarisiert; es ist heute das für die Singener Geschichte des 17. bis 19. Jh. ergiebigste Archiv mit 120 Urkunden und 1200 Faszikeln und befindet sich seit 1984 als Dauerdepositum im Stadtarchiv[5]. – An örtlichen Archiven ist schließlich noch das Pfarrarchiv St. Peter und Paul zu nennen, das 1973 geordnet und inventarisiert wurde; es ist u.a. für die Sozial- und Familiengeschichte unerläßlich, da die kirchlichen Standesbücher seit 1645 erhalten sind[6].

Singener Archivalien finden sich aber noch in mehr als zehn weiteren großen Archiven, von denen das Stifts-

August Leuthner, altkatholischer Pfarrer in Singen 1856–1913; Alexander Rihm, evangelischer Dekan und Kirchenrat, 1898–1935 in Singen; Malermeister Hermann Pfoser (1897–1961), Begründer und Leiter der Singener Arbeitsgemeinschaft für Heimat- und Familienforschung (von links nach rechts)

archiv St. Gallen nicht nur die ältesten Urkunden des 8. und 9. Jh. besitzt, sondern 1432 bis zum Ende des Alten Reiches sämtliche das sanktgallische Singen betreffenden Belehnungen. Das Badische Generallandesarchiv Karlsruhe verfügt über den größten Bestand an Singener Archivalien: 138 Urkunden von 920 bis 1814 und 620 Faszikel. Dem Umfang nach folgt das Kreisarchiv Konstanz mit Beständen ab 1865 und das Staatsarchiv Freiburg im Breisgau, das die Nachfolgeakten des Generallandesarchivs verwahrt.

Wir kehren nach diesem Exkurs zur Singener Geschichtsschreibung zurück. Der Singener Ehrenbürger Albert Funk, der 1925 hier seine Hegau-Apotheke eröffnete, sorgte sich hauptsächlich um die Singener Ur- und Frühgeschichte und begann alsbald in Zusammenarbeit mit dem Landesverein Badische Heimat den Aufbau eines archäologischen Heimatmuseums mit einer volkskundlichen Abteilung[7]. Das ur- und frühgeschichtliche Hegau-Museum wurde 1951 im Gräflichen Schloß eröffnet und seitdem dreimal erweitert. Auch Albert Funk mußte mit privatem Geld vorfinanzieren und hatte Mühe, wenigstens einen Teil von der Stadt zurückzubekommen. – Die volkskundlichen Sammlungen befinden sich seit 1979 im Hilzinger Bürger- und Bauern-Museum[8]. – Auf die umfangreiche ur- und frühgeschichtliche Literatur über das seit der Mittleren Steinzeit kontinuierlich besiedelte Singen kann hier nur verwiesen werden.

Albert Funk regte mehrfach die Gründung eines heimatkundlichen Arbeitskreises, einer Singener historischen Vereinigung an, aber dies scheiterte am Fehlen einer Institution, eines Amtes, welches die nötigen organisatorischen Hilfen hätte gewähren können. So gelang es der 1935 von Hermann Pfoser gegründeten Arbeitsgemeinschaft für Heimat- und Familienforschung Singen nur, im Frühjahr 1939 eine Broschüre »Aus der Geschichte Singens und die Singener Geschlechter nach dem Dreißigjährigen Krieg« herauszubringen[9]. Im Vorwort wurde angekündigt, daß das Heft nur ein Anfang sein solle und daß man die Herausgabe eines Buches über die Geschichte der Stadt Singen anstrebe. Natürlich fehlte der tarnende Hinweis nicht, daß die Heimat- und Familienforschung nach nationalsozialistischen Grundsätzen erfolge. Was jedoch in Wirklichkeit davon zu halten war, zeigen die Namen der Autoren Hermann Pfoser, Martin Holzinger und Geistlicher Rat August Ruf. – Kriegs- und Nachkriegsjahre verhinderten weitere Aktivitäten. Die Singener Arbeitsgemeinschaft bestand bis Mitte der 60er Jahre; sie begnügte sich mit der Veranstaltung von heimatkundlichen Vorträgen[10].

Zu Beginn des Jahres 1955 wurde das Kulturamt mit einem Historiker besetzt; Stadtarchiv und wissenschaftliche Hegau-Bibliothek[11] erlebten in jenem Jahr ihre Konstituierung, und Ende 1955 wurde der Hegau-Geschichtsverein gegründet, in dessen Zeitschrift »Hegau« seitdem gewichtige Beiträge zu Einzelthemen der Singener Geschichte erschienen sind. Die Archive und mehr noch die Hegau-Bibliothek ermöglichten nun erst eine sinn- und gehaltvolle Beschäftigung mit der Singener Geschichte, die sich in vielen hundert Veröffentlichungen, in Dissertationen, Zulassungsarbeiten, Büchern, Zeitschriften und Zeitungsbeiträgen niederschlug. In dem Zusammenhang müssen zwei Heimatforscher erwähnt werden, die in jahrzehntelanger Arbeit historisch aufschlußreiche und oft entlegene Materialien und Nachweise sammelten und in gewichtigen Bänden zusammenfaßten: Peter Oexle (1888–1956), der insgesamt drei Sammelbände zur Geschichte von Singen, dem Hohentwiel und dem Hohenkrähen (Poppele) hinterlassen hat, und Oskar Waibel (geb. 1905), dessen fünfbändige, reich bebilderte Geschichte des Turnvereins zugleich eine Geschichte des alten Dorfes und der jungen Stadt ist. Willi Weber (1897–1973) brachte ein bedeutendes Bildarchiv zustande, zum kleineren Teil eine Sammlung älterer Fotografien, zumeist eigene Aufnahmen aus fünf Jahrzehnten, die 1972/73 in das städtische Bildarchiv eingegliedert wurden.

Die erste moderne Beschreibung der Stadt findet sich

Prälat August Ruf, katholischer Stadtpfarrer 1925–1941 (links); Apotheker Albert Funk (1887–1979), Ehrenbürger von Singen und Begründer des Hegau-Museums (1925)

in dem 1959 erschienenen Band »Badisches Städtebuch« in der von Erich Keyser herausgegebenen Reihe »Deutsches Städtebuch«[12]. In den Jahren 1968 und 1969 erschienen die beiden ersten Bände der »Kreisbeschreibung Konstanz, Allgemeiner Teil« mit zehn Abschnitten, die auch für die Singener Geschichte relevant sind: allgemeine Geschichte (Hans Jänichen), Kunstgeschichte (Friedrich Thöne), Sitte und Brauch (Herbert Berner), Wirtschaft (mehrere Autoren), politische Bewegungen im 19. und 20. Jh. (Herbert Berner und Konrad Gunst), Kirchen, kulturelles Leben (Herbert Berner)[13]. Der nach 15 Jahren endlich fertiggestellte III. Band brachte den zweiten Teil der Gemeindebeschreibungen der Verwaltungsräume, dabei auch Singen mit seinen sechs Stadtteilen auf 126 Seiten[14].

Für die neuere Geschichte Singens ist das seit 1966 erscheinende »Singener Jahrbuch« mit bisher über 300 stadtgeschichtlichen Beiträgen eine außerordentlich wichtige Quelle, bereichert durch die seit 1967 beigefügte Stadtchronik[15]. Im Jahre 1968 wurde die Reihe »Beiträge zur Singener Geschichte« eröffnet, die bis heute auf 14 Bände gediehen ist[16].

Bei diesen Buch-Veröffentlichungen handelt es sich um Untersuchungen und Darstellungen spezieller Themen von der Flurnamenforschung bis zur Singener Finanzwirtschaft, von der Volkskunde bis zur Verkehrs- und Eisenbahngeschichte; außer der Reihe erschien auch eine Dokumentation über den Nationalsozialismus. Im Jubiläumsjahr 1987 hatten wir drei Buchtaufen: »Arbeiterleben in einer Randregion«, die Geschichte der sozialistischen Arbeiterbewegung von 1895–1933 in unserer Stadt, herausgegeben von Gert Zang, ferner das von Alfred Georg Frei herausgegebene Katalogbuch »Habermus und Suppenwürze«, das die drei sozialgeschichtlichen Ausstellungen »Bauern und Handwerker im alten Singen«, »Julius Maggi« sowie »Arbeiterleben unter dem Hohentwiel 1895–1945« in Wort und Bild beschreibt, und schließlich den ersten Band der Singener Stadtgeschichte, »Singen – Ziehmutter des Hegaus«, herausgegeben von Herbert Berner.

Das Erscheinen einer Singener Stadtgeschichte fast 80 Jahre nach Franz Sätteles Darstellung ist mehr als überfällig. Daß die Stadtgeschichte auf drei Bände konzipiert ist, geschieht nicht aus übermütigem Größenwahn, sondern der Fülle der Ereignisse, Fakten und Fragestellungen wegen, die wir nach dem Stand der heutigen Forschungsmethoden weitaus besser als noch vor 20 Jahren darzustellen vermögen.

Der erste Band, »Singen – Ziehmutter des Hegaus«, entstand aus der Überlegung, daß in der Urkunde von 787 Singen mit vier anderen benachbarten Orten des Mittleren Hegaus zum erstenmal genannt wird, nämlich mit Mühlhausen, Ehingen, Schlatt unter Krähen und Hausen an der Aach. Alle diese Gemeinden wünschten eine Ortsgeschichte, und so lag es nahe, gemeinsame Themen gemarkungsüberschreitend, aus sachlichen Gründen erweitert auf den Bereich der Verwaltungsgemeinschaft Singen samt den Nachbargemeinden Gottmadingen und Hilzingen mit den Ortsteilen Duchtlingen und Weiterdingen, d.h. also für die Raumschaft Singen, in einem Grundlagenband zusammenzufassen.

Der zweite Band widmet sich ganz dem Thema »Singen – Dorf und Herrschaft«, dessen mittelalterliche Geschichte – entgegen gelegentlich geäußerten Behauptungen – bisher nur unzulänglich erforscht und beschrieben worden ist. Es geht insbesondere um die Frage, wie es geschehen konnte, daß eine heute so bedeutende, das hegauische Umland vielfältig beeinflussende Stadt weit über 1000 Jahre im dörflichen Status verharren mußte. Diese Frage, die ein ungeheures Spannungsfeld zwischen scheinbarer Lethargie und explosivem Aufbruch beinhaltet, drängt sich nach der Lektüre des ersten Bandes geradezu auf. Es zeigt sich nun, daß Singen, wenn man es nicht allein unter dem Aspekt des bäuerlichen Lebens und Wirtschaftens betrachtet, auch als Dorf und Herrschaft eine überaus interessante, oft mit Reichs-, Landes- und fast immer mit der Regionalgeschichte verbundene Vergangenheit hat. Das keineswegs freundnachbarliche Gegenüber von Singen und Hohentwiel beherrschte die Singener Geschichte; das Dorf war mehrmals Objekt der hohen Politik, seine Geschicke wurden von Wien, Paris, Innsbruck und Stuttgart ferngesteuert. – Der dritte, abschließende Band wird sich ausschließlich dem Wachsen, Gedeihen und Erscheinungsbild der jungen Stadt bis zur Gegenwart widmen.

Anmerkungen

[1] Franz Sättele, Geschichte der Stadt Singen am Hohentwiel, Singen 1910, 156 S., 2 Stammtafeln Rost und Enzenberg, viele Abb.

[2] Theodor Dietz, 100 Jahre alt-katholische Gemeinde Singen (Hohentwiel), in: Singener Jahrbuch 1975, S. 32–38, bes. S. 36. – Der Nachlaß von A. Leuthner befindet sich im Stadtarchiv Singen.

[3] StA. S.IV. 1/24.

[4] Herbert Berner, Inventare Badischer Gemeindearchive Singen (Hohentwiel), 1954, 510 S., maschinenschriftl.

[5] Herbert Berner, Inventar des Gräflich von Enzenbergschen Archivs Singen (Hohentwiel), 1954, 322 S., maschinenschriftl. – Ders., Das Enzenberg-Archiv in Singen, eine Fundgrube für die Geschichtsforschung der Stadt Singen und des ganzen Hegaus, in: Bodensee-Hefte 5 (1954), S. 275–278.

[6] Inventar Pfarrarchiv St. Peter und Paul Singen, o. D. [1973]; Bücher und Rechnungsbände sind nicht verzeichnet.

[7] Herbert Berner, Kulturelle Institute in Singen (Hohentwiel), Hegau-Museum, Städtische Kunstsammlung, Hegau-Bibliothek, in: Kunst und Kultur um den Bodensee, hg. von Ernst Ziegler, Sigmaringen 1986, S. 229–235.

[8] Herbert Berner, Heimatmuseen im Hegau. Entstehung des Heimatmuseums Hilzingen, Hegau 36/37 (1979/80), S. 191–193, 303.

[9] Buchdruckerei und Verlag A. Winz, 54 S., 10 Abb.

[10] Die Tätigkeit der Singener Arbeitsgemeinschaft behandelte H. Berner in der Laudatio auf Theopont Diez am 2. Dezember 1978, Hegau 35 (1978), S. 7–13.

[11] H. Berner, Kulturelle Institute, a.a.O., S. 241–248.

[12] Badisches Städtebuch Bd. IV, 2, hg. von Erich Keyser, Stuttgart 1959, S. 369–371; aus unerfindlichen Gründen sind die Namen der Singener Bearbeiter Herbert Berner und Franz Werner Ruch im Mitarbeiter-Verzeichnis nicht aufgeführt.

[13] Der Landkreis Konstanz, Amtliche Kreisbeschreibung, Bd. I, Konstanz 1968; Bd. II, Sigmaringen 1969.

[14] Der Landkreis Konstanz, Bd. IV, Sigmaringen 1984; Autoren: Kurt Andermann, Herbert Berner, Jürgen Nebel.

[15] Chronikalische Aufzeichnungen finden sich ferner in den seit 1928 erschienen Singener Adreßbüchern sowie in der Zeitschrift Hegau seit 1957.

[16] Beiträge zur Singener Geschichte:

Bd. 1: A. Strobel, Eine Flurkarte aus dem Jahr 1709 und die Agrarverfassung des Hegaudorfes Singen am Hohentwiel im 18. Jahrhundert, 105 S., 12 Bilder, Karten und Zeichnungen;

Bd. 2: Johann Stehle, Geschichte der Exklave Bruderhof und der Hohentwieler Waldungen, 468 S., 12 Bildtafeln, 1 Karte;

Bd. 3: Walter Schreiber, Zwischen Schwaben und Schweiz, 688 S., 9 Übersichtspläne, 1 Grundriß, 1 Katasterkarte Hohentwiel;

Bd. 4: Dieter Britz, Rreinhardt Dietrich, Eisenbahnen in Singen und im Hegau, 186 S., 4 Pläne über Bahn-Anlagen und -Einrichtungen;

Bd. 5: Bernd Henneka, Eine medizinische Topographie des Hegaus im 19. Jahrhundert, Singen 1982, 153 S.;

Bd. 6: Herbert Berner (Hg.), Hoorig Bär und Blätzli-Hansel. 125 Jahre Poppele-Zunft Singen, Singen 1985, 199 S.;

Bd. 7: Alfred Gebhard, Das Dorf Singen und seine Finanzwirtschaft von 1850 bis zur Stadterhebung im Jahr 1899, Singen 1985, 484 S.;

Bd. 8: Alfred Hubenschmid, Neuere Geschichte von Friedingen (19./20. Jahrhundert), Singen 1986, 256 S.;

Bd. 9: Stadt Singen. Wegbereiter Eisenbahn. Die Rolle der Eisenbahn in der Entwicklung Singens, Singen 1987, 92 S.;

Bd. 10: Gert Zang (Hg.), Arbeiterleben in einer Randregion. Das allmähliche Entstehen der Arbeiterbewegung in einer rasch wachsenden Industriestadt, Singen am Hohentwiel 1895–1933, Konstanz 1987, 304 S.;

Bd. 11: Paul Bauer (Hg.) »Domols hot jeder no jeden kennt«. 1200 Jahre Hausen an der Aach 787–1987. Urkunden, Dokumente, Bilder, Erinnerungen, Singen 1987, 279 S.;

Bd. 12: EDGAR HÖFLER, »Weber essed au Kraut«, Schlatt unter Krähen. Geschichte und Gegenwart eines Hegaudorfes, Konstanz 1987, 112 S.;
Bd. 13: ALFRED G. FREI (Hg.), Habermus und Suppenwürze. Singens Weg vom Bauerndorf zur Industriestadt, Konstanz 1987, 272 S.;
Bd. 14: HERBERT BERNER (Hg.), Singen – Ziehmutter des Hegaus. Singener Stadtgeschichte, Band 1, Konstanz 1987, 337 S.

Sankt Galler Bär im Singener Wappen

von Herbert Berner

Wie viele Hegau-Dörfer besaß die Gemeinde Singen bis in die neuere Zeit kein eigenes Wappen, sondern versah etwa 1811 ihre Schreiben mit einem aufgedrückten Siegel, das in einem Kranz von Blütenzweigen die Buchstaben GS (= Gemeinde Singen) aufwies. Im Mittelalter bat die »Geburschafft gemainlich, Rich und Arm, des Dorfs ze Singen« (1403) die jeweiligen Ortsherren, benachbarte Adlige oder Obervögte, Urkunden mit ihrem Siegel zu beglaubigen. »In den vierziger Jahren des 19. Jhs. beschaffte die Gemeinde ein ovales Prägesiegel, das neben Blütenzweigen und einer Blätterranke die Inschrift ›BÜRGERMEISTERAMT SINGEN‹ zeigt. Ähnlich gestaltet sind die seit der Jahrhundertmitte nachweisbaren Farbstempel.«[1]

Im August 1895 stellte Bürgermeister Josef Buchegger beim Gr. Bezirksamt Konstanz den Antrag, »dem Orte Singen ein demselben entsprechendes Wappen herbeizuführen«[2]. Veranlaßt wurde dies durch den sich deutlich abzeichnenden Aufstieg zur Stadtgemeinde. Das Generallandesarchiv Karlsruhe schlug darauf in seinem Wappenentwurf vor, Symbole aus den Wappen der grundherrlichen Familien Rost und Enzenberg (goldener Ring und Rüdenkopf) zu verwenden, was den Vorstellungen des Gemeinderates nicht entsprach. Man wünschte nämlich, daß im Wappen ein Hinweis auf die durch Verkehr und Industrie geschaffene neue Lage und auf den Hohentwiel wegen des Fremdenverkehrs enthalten sein sollte, und vermerkte dabei, daß dies auch geschichtlich berechtigt sein dürfte, »weil unser Ort im Anfang des Jahrhunderts, wenn auch nur vorübergehend, württembergisch war«. Zugleich reichte der Gemeinderat einen eigenen Entwurf ein und erklärte, daß die Leier im rechten Feld eine symbolische Andeutung des Ortsnamens sein solle[3]. Natürlich wies das Generallandesarchiv entrüstet diesen »heraldisch incorrecten« und »ästhetisch geschmacklosen« Vorschlag zurück (23.12.1895), der zwar für die Dekoration eines Versammlungsraumes für einen Gesangverein geeignet wäre, keinesfalls aber für ein Gemeindewappen. Die naturalistische Abbildung des Hohentwiels könne ein Siegelstecher nicht umsetzen, das im rechten unteren Feld des Schildhauptes angebrachte Mühlrad betone Verkehr und Industrie zu stark und die Einfügung einer Lyra in das Wappen von Singen sei ein vollständiger Widersinn, weil der Name des Ortes nicht von »singen« (cantare) herrühre, sondern vom Personennamen Sigo oder Siegfried. Das wiederum gefiel dem Gemeinderat Singen ganz und gar nicht, und so ließ man die Dinge vorerst einmal auf sich beruhen.

Erst im September 1899, als Singen das Stadtrecht bereits erhalten hatte, bemühte sich Bürgermeister Adolf Schrott abermals um ein geeignetes Stadtwappen. Am 18. November 1899 lag ein neuer Entwurf des Generallandesarchivs mit folgender Begründung vor: »Der Ort Singen [...] erscheint urkundlich schon im Jahre 772, wo ein Ekiseir seinen Besitz in Singen an Sankt Gallen überträgt. [...] Singen besaß einen eigenen Adel, erstmals 1087 urkundlich erwähnt, der im Anfang des 12. Jhs. nach dem Hohentwiel zog. Der Name des Ortes kommt keineswegs von dem Worte ›Singen‹ (cantare) her, die älteste Namensform lautet vielmehr ›Siginga‹, was etymologisch als ›bei den Angehörigen des Sigo‹ (Siegfried oder Siegmund) zu erklären ist. Bei Annahme eines Wappens für einen Ort, dessen über 1000jähriges Bestehen nachgewiesen ist, kann es sich nicht darum handeln, die modernen Verhältnisse zu versinnbildlichen, sondern es soll in erster Linie auf die historische Bedeutung, auf das Alter des betreffenden Ortes, hingewiesen werden. Wir schlagen deshalb als Wappen vor ›in weißem oder silbernem Schild ein nach rechts steigender schwarzer Bär mit roten Waffen (Sankt Gallen), der in den Vordertatzen ein durch Spitzenschnitt gespaltenes Wappen (derer von Singen) hält‹.«[4]

Damals wußte man noch nicht, daß sich die erwähnte Urkunde vom 20. Oktober 772 nicht auf Singen, sondern auf Siggingen am Gehrenberg bei Markdorf bezieht[5]. Zu der Zeit hatte man die Urkunde von 787 noch nicht als älteste Nennung Singens erkannt, ebensowenig wußte man, daß Singen ab 1432 sanktgallisch gewesen ist[6]. Und so verhielt sich denn auch der sanktgallische Stadtschreiber Johann Jakob Christoph Schwarzenbach, als die Singener dort Auskünfte einholten, recht reserviert und meinte, man möge »unserem angestammten Wappentiere nicht allzuviel entlehnen«. Es handle sich doch nur um eine sehr zufällige Verbindung mit dem Kloster Sankt Gallen. Und dann wies Schwarzenbach darauf hin, daß der Hohentwiel ein Herzogssitz gewesen sei, daß Singen in den Sankt Galler Urkunden

1

2

3

1 Wappenentwurf des Generallandesarchivs Karlsruhe 1895 für die Gemeinde Singen: gespaltener Schild, in der rechten blauen Schildhälfte der goldene (gelbe) Ring mit rotem Stein aus dem Mittelschild des Enzenbergschen Wappens, in der linken roten Schildhälfte der silberne (weiße) Rüdenkopf mit goldenem (gelben) Stachelhalsband aus dem Rotschen Wappen

2 Wappenvorschlag der Gemeinde Singen von 1895 mit Hinweis auf Verkehr, Industrie und Hohentwiel sowie mit der Lyra als symbolischer Deutung des Ortsnamens

3 Wappenentwurf des Generallandesarchivs vom 18. November 1899

4 Aus dem Singener Wappen abgeleitetes Erscheinungsbild für die Stadtverwaltung, 1988

5 Die von Singen, 1291. Konrad von Singen, Bürger, hat gelebt anno 1291

6 Wappentafel derer von Klingenberg

7 Im Jahre 1417 zieht der vom Konzil neu gewählte Papst Martin V. in Konstanz ein. Vor ihm reiten vier Ritter, die auf Stangen Kardinalshüte tragen. Unter ihnen befindet sich Kaspar von Klingenberg zu Twiel, kenntlich an seinem schwarzweißen Wappenschild auf der Brust

4

5

6

7

zweimal als Villa publica, als öffentliche Mal- und Gerichtsstätte, erscheine und demnach im Hegau eine nicht so geringe Rolle gespielt haben müsse, so daß man die Erinnerung an die alte Dingstätte doch eher bewahren müßte. »Ob man den Hammer, den Stab, den Richtstuhl, die Linde, die Eiche, am besten als Symbol der Stätte wähle, kann ich nicht beurteilen, aber wichtiger war für Singen jedenfalls, daß man dort Rechtsgeschäfte vor dem Gaugrafen schloß, als daß Ekiseir an Sankt Gallen Güter übergab«.

Die Einwände Schwarzenbachs vermochten den Singener Gemeinderat nicht davon abzuhalten, den Sankt Galler Bären in das neue Stadtwappen aufzunehmen. 1954 bezeichnete der Stuttgarter Staatsarchivdirektor Dr. Max Miller das Singener Stadtwappen als eines »der originellsten des ganzen Bundeslandes«. In den zwanziger Jahren hat es noch einmal Meinungsverschiedenheiten darüber gegeben, ob der Bär, wenn auf dem Rathaus geflaggt wird, seine Zunge dem Hohgarten oder den Rathauszimmern zu zeigen habe. Der Irrtum war dadurch entstanden, daß ein Wappen in der Heraldik vom Träger des Wappens und nicht vom Beschauer aus beschrieben wird; demnach ist der Bär im Stadtwappen richtig als nach rechts steigend anzusprechen. – Im Oktober 1926 beschloß der Gemeinderat, als Stadtfarben die Farben Gelb und Blau aus dem Wappen der Herren von Singen anzunehmen[7].

Anmerkungen

[1] Wappenbuch des Landkreises Konstanz, hg. vom Landkreis Konstanz, bearbeitet im Auftrag des GLA Karlsruhe von Dr. Hans-Georg Zier und Dionys Rösler, Konstanz 1964, S. 168 f.

[2] StAS IV 1/19.

[3] Man brachte den Ortsnamen mit dem Wort »singen« in Verbindung. Die heutige Werbung verwendet aus ähnlichen Überlegungen den Slogan: »– Stadt Singen – singen Sie mit!«. Der Slogan soll Sympathie schaffen, eine merkfähige, knappe Aussage zur Stadt insgesamt treffen und in jeder Alltagssituation anwendbar sein. Dabei wird das Wappentier »Bär« als uneingeschränkter Sympathieträger verstanden, der durch die neue grafische Stilisierung seinen »aggressiven, furchtregenden Charakter« verlor. JOSEPH PÖLZELBAUER, Das visuelle Erscheinungsbild der Stadt Singen, in: Singener Jahrbuch 1986, S. 73–75.

[4] Die Vorlage des Wappens der Herren von Singen stammt aus dem Überlinger Geschlechterbuch des Georg Hahn.

[5] SGUB I Nr. 67, S. 66; FUB V 6. Vgl. dazu auch K. SCHMID, Die Urkunde König Heinrichs I. für Babo aus dem Jahr 920, in diesem Band.

[6] WERNER VOGLER, Sankt Gallen und Singen oder der Kaiser als Vasall des Sankt Galler Fürstabtes, in diesem Band.

[7] Erwähnt sei, daß man 1954 in der Erwartung, die beiden württembergischen Exklaven würden bei der bevorstehenden Neuordnung der Gebietseinteilung in die Gemarkung Singen eingegliedert, an eine Änderung des Stadtwappens dachte. Da es ein eigentliches Hohentwiel-Wappen, das mit dem Stadtwappen Singen kombiniert werden könnte, nie gegeben hat, weil die Festung einen eigenen Rechtsstatus hatte, aber nicht Gemeinde oder gar Stadt im Sinne des württembergischen Landrechts war, erwog man eine Kombination mit der Reichssturmfahne (Vorrecht der schwäbischen Herzöge) oder den württembergischen Hirschstangen, die den Württembergern von den Grafen von Veringen und Nellenburg vererbt worden sind. Ein Stuttgarter Graphiker fertigte drei Entwürfe. Die Angelegenheit blieb jedoch auf sich beruhen, weil die erhoffte Eingliederung des Hohentwiels in die Gemarkung damals nicht zustande kam.

Singen und Singerbruck

Singener oder Singemer?

von Herbert Berner

In Baden-Württemberg gibt es zwei Orte mit dem Namen Singen: einmal Singen (Hohentwiel) und Singen bei Durlach. Unser Singen gehört zu den frühen Siedlungen der alamannischen Landnahme des 5./6. Jhs. und dürfte in der Gruppe der in der sanktgallischen Urkunde von 787 genannten Orte der älteste sein; mit gutem Grund darf man den Gründungsvorgang um das Jahr 400 n. Chr. ansetzen[1]. Der Name Singen wurde von Albert Krieger[2] ganz gegen seine sonstigen Gepflogenheiten nicht erklärt; beim gleichnamigen Dorf im Pfinztal (Kreis Pforzheim), das ebenfalls zur Zeit der ersten alamannischen Landnahme entstanden ist, gibt er an: Heim des Siginc oder bei den Angehörigen des Sigo.

Die Pfinztalgemeinde Singen feierte 1969 ihr 1200-Jahr-Jubiläum. Sie wird in einer verschollenen Schenkungsurkunde vom 1. Juni 769 zum erstenmal erwähnt, die in Abschrift im Lorscher Codex Ende des 12. Jhs. überliefert ist[3]. 1973 wurden das pfinztälische Singen und die Nachbargemeinde Wilferdingen nach Remchingen eingemeindet, haben also ihre kommunale Selbständigkeit verloren und sind heute Ortsteile.

Immerhin brachte es die Namensgleichheit mit sich, daß in neuerer Zeit des öfteren Verwechslungen und postalische Fehlleitungen vorkamen. Überdies gibt es noch ein drittes Singen im Kreis Arnstadt/Thüringen (Bezirk Erfurt). Die Gr. Generaldirektion der Badischen Staatseisenbahnen in Karlsruhe hatte deshalb schon am 13. August 1912 verfügt, daß die hiesige Bahnstation ab 1. September 1912 die Bezeichnung »Singen (Hohentwiel)« erhalte. In den Jahren danach bürgerten sich aber weitere Bezeichnungen wie »Singen, Amt Konstanz« oder »Singen am Hohentwiel« ein. Im November 1938 stellte daher die Stadt beim Ministerium des Inneren in Karlsruhe unter Bezug auf die bahnamtliche Praxis den Antrag auf Verleihung der besonderen Bezeichnung »Singen (Hohentwiel)«; auch die hiesigen Firmen legten Wert darauf, daß die bahn- und postamtliche Bezeichnung gleichlautend sein müsse[4]. Mit Erlaß des Reichsstatthalters in Baden vom 17. Januar 1938 wurde der Name ab 1. Februar 1938 auf »Singen (Hohentwiel)« festgelegt. Am 13. Januar 1969 bestätigte das Statistische Landesamt Baden-Württemberg in Stuttgart, daß die amtliche Schreibweise des Namens nach wie vor »Singen (Hohentwiel)« sei[5].

Singen heißt in der Urkunde von 787 Sisinga[6], in einer am 28. Februar 888 ausgestellten Urkunde Sigingin[7] und in der wichtigen Urkunde vom 30. November 920 »in loco Siginga«[8]. Im Jahre 1100 erscheint erstmals die Schreibweise Singen[9], 1102 Singin[10] und 1165 wiederum Singen[11]. Von da an heißt es immer nur Singin, Singen oder Syngen[12]. Die beiden Schreibweisen Siginga und Sisinga sind Varianten des Personennamens »Sigis –« und des jüngeren »Sigu –« (Sigo- fried), beide »Sieg« bedeutend. Es handelt sich also um eine Benennung nach einem Familienverband des Sigismund oder Siegfried[13].

Zum ersten Male unterscheiden die Urkunden im Jahre 1280 zwischen Ober- und Niedersingen[14], wobei das jüngere »Nidersingen« in der Bedeutung »das untere, niedriger gelegene Singen«[15] mit dem seit dem Ende des 14. Jhs. in den Urkunden »Niederhof« genannten Ortsteil gleichzusetzen ist[16].

Von einiger Bedeutung ist schließlich auch die Ortsbezeichnung »Singerbruck«, die in den Urkunden seit 1076 als »Singerbrucho«[17] oder »Singer Brugg« erscheint[18]. Bei dieser Brücke handelte es sich wohl um die Etzfurt in der Aach, an deren Stelle eine Brücke erbaut worden sein dürfte[19]. Bedeutungsvoll erscheint hierbei, daß die Hegauer Aach in diesem Bereich, vordem ein Stück der alten historischen Provinzgrenze zwischen den keltischen Helvetiern und der Raetia, bis zum 12. Jh. die Westgrenze des Fiskus Bodman und auch des Wildbannes Höri (1155) bildete[20]. Singerbruck war somit ein herausragender Grenzort des bodmanischen Fiskalgebietes beim Hohentwiel im Schnittpunkt eines sehr alten Wegekreuzes. Das gilt naturgemäß auch für die »villa Sisinga«, die schon im 8. Jh. die Funktion einer Gerichtsstätte, eines Urkunden-Platzes besaß, denn die Urkunde von 787 berührte, wie auch später hier ausgestellte Urkunden, Singen nicht[21]. Im Laufe der Zeit mag man den Platz, auf dem wichtige Urkunden unterzeichnet wurden, an die »Singerbruck« verlegt haben.

Wie wir zeigen konnten, versammelten sich im hohen Mittelalter an der »Singer Bruck« des öfteren viele herausragende und bekannte Persönlichkeiten – Herzöge, Grafen, Edelfreie mit ihrem Gefolge –, um bedeutsame Rechtsgeschäfte zu beraten und hierüber Urkunden

Mühlibruck (heute Stadtgartenbrücke) mit enzenbergischem Sägewerk und Mühle (1912), dahinter der neu angelegte Stadtgarten

auszufertigen. Wir können davon ausgehen, daß es weit mehr solcher Anlässe gegeben haben mag, als uns die Urkunden wissen lassen; denken wir nur daran, daß das Urkundenarchiv des Klosters Reichenau verlorengegangen ist. Im Mittelalter verhandelte man gern auf Brücken, fließende Gewässer dienten oft als natürliche Grenzen. Reinhard Schneider hat gezeigt, daß seit den Karolingern im 9. Jh. Verträge jahrhundertelang auf Brücken abgeschlossen wurden. Offenbar boten »Treffen und Verträge auf Brücken und Flüssen im Regelfall besondere Vorteile in Bezug auf geminderte Sicherheitsrisiken und den Wegfall protokollarischer Schwierigkeiten«; vielleicht waren fließende Gewässer sogar herrschaftsfrei oder exterritorial[22]. In dem Zusammenhang fällt auf, daß der Name »Hohgarten« – wahrscheinlich entstanden aus »Heimgarten« – in unmittelbarer Nähe der Singerbruck auch die Funktion eines Versammlungsplatzes, einer Gerichtsstätte beinhaltet[23].

Die Singerbruck dürfte in der Mitte des 11. Jh.s erbaut worden sein, viel früher als etwa die ältesten Brücken in Tirol[24]. In den Jahren 1373, 1427 und 1496 wird ein reichenauischer Lehenacker bei der »Singer Brugg« genannt[25]. Die Brücke gehörte dem Fiskus, später den Hegaugrafen und der Landgrafschaft Nellenburg. Man weiß nicht, wann und auf welche Weise die Brücke in den Besitz der Stadt Stockach gelangte (erstmals nachweisbar 1618)[26]; jedenfalls erhoben die Stockacher hier Wege- und Brückengeld bis zu Beginn des 19. Jhs. Heute steht an der Stelle dieser uralten Brücke die Scheffel- oder Billionenbrücke.

Wie nennen sich nun die Einwohner von Singen selbst, Singener oder Singemer? Beides ist richtig. Bis ins 18. Jh. hält die Urkundensprache an der alten patronymnischen (nach des Vaters Namen) Endung -er fest: Singer Holz, Arler Weg. Seit der Mitte des 19. Jhs. häufen sich die Belege auf -emer (Steinemer Straße), um nach der Wende zum 19. Jh. allmählich zugunsten der schriftsprachlichen Endung -ener (Singener) zurückzutreten. »Wer also kein ›aufgeklärter‹ Zeitgenosse mit dem zwar zeitgemäßen, aber deswegen nicht weniger unsinnigen Vorurteil sein will, Mundart sei nichts anderes als verdeckte Hochsprache, der nenne sich ruhig weiterhin einen ›Singemer‹ und seine Landsleute desgleichen« (Walter Schreiber)[27].

Anmerkungen

[1] E. Dobler, Die Urkunde vom 15. Februar 787, in: Singen, Ziehmutter, Bd. I, S. 135 f.
[2] Topographisches Wörterbuch des Großherzogtums Baden, Bd. II, 1905, Sp. 1002 f.
[3] Werner Schulz, Singen, Geschichte einer Pfinztalgemeinde, Pforzheim 1969, S. 19.

[4] Im Schreiben vom 25.11.1937 heißt es u.a.: Die Bezeichnung »Amt Konstanz« gebe Singen die Bedeutung eines kleinen Landortes, was eine Schädigung der heimischen Wirtschaft nach sich ziehe (GLA 60/2215).

[5] Fasz. 020.2100 der städtischen Registratur.

[6] SGUB I, Nr. 111, S. 105; REC I, 70; FUB V, Nr. 9; Neugart, Cod. dipl. I, Nr. 99, S. 89 f.

[7] SGUB II, 268; FUB V, Nr. 45, S. 25. Auch in dieser Urkunde schenkt ein Kozpret dem Kloster St. Gallen Güter in Ehingen, der Vertrag aber wird in »Sigingun publice« ausgefertigt – weiterer Hinweis auf die Funktion als Gerichtsstätte. Bei dem Rechtsgeschäft waren 15 Personen zugegen.

[8] Bündner Urkundenbuch, Bd. I, 1955, Nr. 97, S. 80; Regesta Badensia, Dümgé, Karlsruhe 1836, S. 6. Siehe dazu K. Schmid, Urkunde 920 in diesem Band.

[9] BAUMANN, Allerheiligen, S. 58.

[10] Ebd., S. 66.

[11] DÜMGÉ, a.a.O., Nr. 95, S. 143.

[12] W. SCHREIBER, FLN S. 86, 97.

[13] Ebd., S. 97.

[14] ThUB III, Nr. 706.

[15] SCHREIBER, a.a.O., S. 96.

[16] Ebd., S. 95. Mit Obersingen ist gemeint das zwischen der Kirche St. Peter und Paul und der Singerbruck gelegene Dorf.

[17] WUB V, 87.

[18] FUB V, 53; DÜMGÉ, a.a.O., S. 128; 1125 I 8 »apud Singerbrucho«. Weitere Nachweise bei Schreiber, a.a.O., S. 311. – 1125 erschien eine ganze Reihe hochadeliger Zeugen, unter ihnen Herzog Bertold von Zähringen mit Gefolge in Singen.

[19] A. FUNK, Kelten, Römer, Germanen im Raum um den Hohentwiel, in: Hohentwiel 1956, S. 61, A 79.

[20] BRUNO BOESCH, Die Orts- und Gewässernamen der Bodensee-Landschaft, in: H. Maurer, Der Bodensee, Landschaft, Geschichte, Kultur, Sigmaringen 1982, S. 245. – HELMUT G. WALTER, Der Fiskus Bodman, in: Bodman I, hg. von H. Berner, Sigmaringen 1977, S. 248.

[21] Vgl. DOBLER, a.a.O., S. 142.

[22] REINHARD SCHNEIDER, Mittelalterliche Verträge auf Brücken und Flüssen (und zur Problematik von Grenzgewässern), in: Zs. Archiv für Diplomatik, 23. Bd., 1977, S. 1–24, bes. S. 14, 19 f.; frdl. Hinweis von Professor Helmut Maurer. Eine ähnliche Untersuchung für den deutschen Südwesten steht noch aus. K. S. BADER, Ländliches Wegerecht im Mittelalter, vornehmlich in Oberbaden, in: ZGO NF 49 (1936) S. 428–435; ders., Dorfgenossenschaft und Dorfgemeinde, Bd. II, Weimar 1962, S. 241 f. behandelt das Thema »Brücke« als Problem des Brückenbaues und der Unterhaltung von Brücken. ERICH MASCHKE, Die Brücke im Mittelalter, in: Zs. Historische Zeitschrift, 224. Bd. (1977) S. 265–292, untersucht das Thema unter dem Gesichtspunkt der Verkehrspolitik und der Bedeutung einer Brücke für eine Stadt. Auch er betont, daß die Brücke wie die Straße und der Fluß ein königliches Regal war, das seit der späteren Stauferzeit an die Fürsten überging (S. 268).

[23] SCHREIBER, a.a.O., Nr. 487, 563.

[24] OTTO STOLZ, Geschichte des Zollwesens, Verkehrs und Handels in Tirol und Vorarlberg, Schlern-Schriften Innsbruck 1953, S. 188.

[25] SCHREIBER, a.a.O., S. 311.

[26] HANS WAGNER, Aus Stockachs Vergangenheit, 2. Aufl. Konstanz 1981, S. 224.

[27] W. SCHREIBER, Singener oder Singemer, was ist richtig? In: Zs. Hegau 29/30 (1972/73), S. 303 f.

Entwicklung des Gemeindegebietes und der Gemarkung des Dorfes Singen

von Helmut Ruf

Die heutige Siedlungsstruktur unseres Raumes geht auf das Eindringen der Alamannen in das bisherige römische Herrschaftsgebiet zurück. Die Besiedlung erfolgte in der den Germanen eigentümlichen lockeren Siedlungsweise, bei der jede Hofstelle – auch bei dörflichen Siedlungen mit mehreren Gehöften – um sich einen freien Raum behielt.

Die Siedlungen der frühen Landnahmezeit waren noch klein, zwischen den Siedlungen lagen meistens noch kaum genutzte und für die Erzeugung des Nahrungsbedarfes nicht benötigte Flächen. In einer späteren, jüngeren Ausbauzeit entstanden dort weitere einzelne Siedlungen.

Die Ausbildung und Abgrenzung der einzelnen Gemeinde-Siedlungsgebiete und der Markungen erfolgte erst im Laufe der folgenden Jahrhunderte und war allgemein erst im 15. Jh. abgeschlossen.

Auch wenn eindeutige Unterlagen fehlen, kann aus verschiedenen Gründen angenommen werden, daß die Ausbildung der Singener Gemarkung jedoch schon zu einem wesentlich früheren Zeitpunkt erfolgt und abgeschlossen sein muß. Die erste – bekannte – Beschreibung des Grenzverlaufes des damaligen "Singener Zwing und Bann" bis in noch heute nachvollziehbare Einzelheiten und geltende Gemarkungsgrenzpunkte erfolgte im Jahre 1562 anläßlich der Aufstellung des Hohentwieler Lagerbuches durch den Renovator Benedikt Krafft aus Dornhan im Auftrag der württembergischen Rentkammer.

Im Passauer Vertrag vom 6.8.1552 war es Herzog Christoph gelungen, den endgültigen Verzicht Österreichs auf den im Jahre 1538 erworbenen Hohentwiel und damit dessen Verbleib beim Herzoghaus Württemberg zu erreichen.

In jener Epoche waren insbesondere größere Territorialherrschaften bestrebt, möglichst genaue Unterlagen über ihre Rechte und Ansprüche nicht nur für den obrigkeitlichen Bereich ihrer Territorien, sondern auch als Grundlagen für Finanzwirtschaft (Steuern, Umlagen, Besitzverhältnisse) und Verwaltungstätigkeit zu erhalten. Wie in habsburgischen Landen wurden deshalb »Landeserneuerungen« durch Anlegung von Lagerbüchern, Urbaren – später oft ergänzt durch geometrische Darstellung in Plänen – in Württemberg angeordnet.

Die Durchführung dieser Arbeiten wurde sogenannten Renovatoren, vielfach mit Kenntnissen in der Feldmeßkunst, übertragen. Die Renovatoren waren unter anderem auch verpflichtet, für die Beweissicherung über Lage, Ausmaß und Grenzen der Besitzstücke, insbesondere anderen Herrschaftsbereichen gegenüber, die Ergebnisse durch Zeugenschaft aller Beteiligten oder deren Vertreter in einer Niederschrift bestätigen zu lassen.

So führte auch der erwähnte Renovator Krafft seine Aufstellung und Beschreibung für den Bezirk und den Umkreis des Schlosses Hohentwiel sowie auch der im Singener Bann gelegenen herzoglichen Besitztümer unter Beiziehung der Vertreter der angrenzenden und betroffenen Grundherrschaften und Dörfer durch. Für das angrenzende Dorf (Flecken) Singen waren beigezogen der Vogt Gallin Reitzin, vom (Orts-)Gericht die Gerichtsmänner Jacob Graf gen. Cristan, Thias Reitzin, Ulrich Wüest, Hanns Martin und Michel Busenhardt sowie von der »Gmaind« der Bürgermeister Hans Lieb(en). Die Beschreibung des Grenzverlaufes ist in mehrfacher Hinsicht aufschlußreich, insbesondere auch für die Überlegungen, wann jene Abgrenzung des Singener Gemeindegebietes, die bis in unsere Zeit unverändert bestand, erfolgte und der Hohentwielbezirk als eigene Gemarkung ausgeschieden wurde. Die Grenzen des Hohentwielbezirkes waren bereits damals durch steinerne Grenzmarken – zum Teil ausdrücklich als »behauen« bezeichnet – durchgehend in der Natur eindeutig festgelegt. Der Grenzverlauf der übrigen württembergischen Besitzungen im Singener Bann gegenüber den angrenzenden Gemarkungen Rielasingen, Friedingen und Hausen, also gleichzeitig die Singener Gemarkungsgrenze, ist vielfach nur durch die in jener Zeit übliche Kennzeichnung an natürlichen sichtbaren Landschaftspunkten wie Grenzbäumen (»aichener Laachboom«) oder »eingehauenen Laachen« (Einkerbungen als Grenzmarkierung) an Bäumen beschrieben, nur vereinzelt sind »Staine« angegeben. Eine durchgehende Vermarkung und Kennzeichnung des Grenzverlaufes durch steinerne und bearbeitete Marken war in früheren Zeiten nur für Territorien mit besonderen Hoheitsrechten und Privilegien üblich wie Königsgütern oder Klosterbesitz.

Erst nach Ende der Ausbauphasen und mit verfestigter Ausbildung der Gemarkungen des Siedlungsgebietes entwickelte sich allgemein eine sichere und dauerhafte Kennzeichnung der Gemarkungsgrenzen durch Marksteine, soweit die Grenzen nicht durch topographische Merkmale wie Bäche oder Gewässer in der Natur festgelegt und erkennbar waren.

Es spricht einiges dafür, daß das Fiskalgut der »villa publica« im Zeitpunkt der Ausstellung der Urkunde von 787 auch den damals nicht dauernd bewohnten Hohentwiel umfaßte und die »villa publica« mit dem Berg als Herzogsgut der Staatsgewalt vorbehalten war, das bei der fränkischen Unterwerfung als unmittelbares »Reichsgut« übernommen und vom Fiskus Bodman verwaltet wurde. So ist dann später auch die leichte Zugriffsmöglichkeit der »Kammerboten« (Pfalzgrafen) um das Jahr 915 zu Ausbau und Befestigung des Berges erklärlich. Für diese Annahme spricht auch, daß noch im Hohentwieler Lagerbuch 1562 innerhalb des damaligen »Twieler Banns« einige Güter im Besitz von Hilzinger und Singener Bürgern, insbesondere Weingärten und Ackerland, aufgeführt sind, die alle der Hohentwieler Herrschaft nicht zehntpflichtig sind. Diese waren – je nach Lage – zehntpflichtig dem Abt von Stein (Hilzingen) oder gehörten zum gemeinen Zehnten von Singen. Ein Weingarten mit drei Juchert, also verhältnismäßig groß mit ca. 1 ha, im Besitz einer Gruppe von Singener Bürgern, darunter der Bürgermeister Hans Lieb, war ganz zehntfrei.

Gegen die Annahme eines eigenen Hohentwielbezirkes von Anfang der Besiedlung an oder der Bildung einer Kleingemarkung Hohentwiel im Zuge von späteren Ausbauzeiten, wie etwa der Siedlungsstellen Remishof und Niederhof, sprechen folgende Überlegungen.

Allein schon aus topographischen Gründen bot der Hohentwielbereich keine Voraussetzungen für die Gründung und Existenzmöglichkeit einer landwirtschaftlichen Hofstelle. Schon früh ist deshalb in andern Bereichen der Gemarkung Singen (Remishof bzw. Bruderhof) mit dem Besitz des Hohentwiels verbundener Güterbesitz zur wirtschaftlichen Versorgung nachzuweisen, der bei Übertragungsvorgängen des Hohentwiels jeweils mit einbezogen war – ungeachtet hoheitlicher Besitzrechte und Zuständigkeiten.

Auch der Verlauf der Gemarkungsgrenzen zwischen Hohentwiel und Hilzingen einerseits und Hohentwiel und Singen andererseits, wie in der Heberschen Karte dargestellt, spricht gegen die Annahme der Bildung einer Eigengemarkung in früher Zeit.

Gegenüber Singen wird dies deutlich an dem Abschnitt entlang der Aach zwischen Schwärze und Offwiesen (im Bereich des heutigen Aachbades).

Hier ist nirgends die Aach – wie es sich schon durch die Topographie angeboten hätte und bei den Ausbau-

siedlungen in solchen Fällen üblich war – als Grenze angehalten. Die Grenzpunkte (Steine) stehen jeweils im Zickzack in Abständen von 1 m bis 80 m zum (alten) Achlauf, obwohl zwischen Aachlauf und der Grenze, also auf Singener Bann, Hohentwieler Wiesen lagen.

Die Annahme, daß der Grenzverlauf auch den Windungen des Aachlaufes in früheren Zeit entsprechen könnte, wie z. B. die Gemarkungsgrenze gegen Hausen zwischen Dornermühle und dem Dorf, kann nicht zutreffen. Dort entspricht die heutige Gemarkungsgrenze genau den Mäanderschleifen der »Alten Aach«, wie diese in der Heberschen Karte dargestellt sind. Dies ist an dem vorstehenden Bereich gegen den Hohentwiel nicht möglich, da der anstehende Fels eine dem Grenzverlauf entsprechende Schleifenbildung nicht zugelassen hätte. Wie bei Bauarbeiten und Ausgrabungen bestätigt und erkennbar, waren diese Windungen dort nur Richtung Osten im Bereich Mühlenzelge gegen Hohenkrähenstraße vorhanden. Der Verlauf der Gemarkungsgrenze gegenüber Hilzingen entspricht plausibel der Gemarkungsgrenzführung zwischen Orten aus früheren Besiedlungszeiten, wie Singen und Hilzingen sie ja darstellen, indem sie sich den topographischen Gegebenheiten entsprechend als ursprüngliche Grenze zwischen Singen und Hilzingen ausgebildet haben mag, die dann bei Ausscheidung des Hohentwiels als Grenze gegen Hilzingen unverändert blieb.

Wann die Ausgrenzung des Hohentwieler Berg- und Burgbezirkes aus der Dorfgemarkung erfolgte, ist bisher nicht eindeutig festzustellen. Beide gehörten noch Anfang des 10. Jhs. zum Krongut Bodman, beide waren auch von den verworrenen Auseinandersetzungen um das Erbe Hadwigs und den wechselnden Herrschafts- und Besitzverhältnissen zwischen den beiden Parteien bzw. deren Anhängern im Investiturstreit betroffen, beide gingen als unmittelbarer Reichsbesitz wie der übrige unmittelbare Reichsfiskalbesitz von Bodman im Hegau im 10. Jh. verloren.

Der Hohentwiel trat nach allen Berichten erst ab ca. 915 in den Brennpunkt des überörtlichen politischen Geschehens. Die Ausgliederung des Dorfes aus dem Reichslehensgut und der Ausbau der Burg zur Herzogspfalz läßt deshalb die Ausgrenzung und besondere Kennzeichnung des Hohentwielbezirkes in den Jahren zwischen 920 und 950 am ehesten vermuten und erklären. In den späteren Jahren nach dem Tode Hadwigs verlor der Hohentwiel ja zunehmend an Bedeutung. Die späteren Herren von Twiel waren auch sicher weniger bedeutenden Adelsgeschlechtern als die herzoglichen Herren zuzurechnen. Die Ausbildung der Gemarkung der heutigen Kernstadt war offensichtlich also schon vor Ende des 15. Jhs. abgeschlossen und deckte sich mit dem Gebiet und den Grenzen, wie in der Heberschen

Übersichtsplan der Gemarkung Singen von 1878

Flurkarte von 1709, dem »Grundriß der Gerichtsbarkeit und Bann zum Flecken Singen gehörig«, dargestellt ist.

Eine Flächenermittlung der Gesamtgemarkung wurde damals, im Jahre 1562, nicht gegeben, war auch bei den württembergischen Renovationen, wie bei den habsburgischen, nicht verlangt. Es handelte sich bei diesen Vermessungen auch in erster Linie darum, für einen Herrschaftsbereich die vorhandenen Güterstücke nach Zahl und Größe sowie den Besitzverhältnissen, also den verschiedenen Formen von Lehens- und Eigenbesitz, zu erfassen. Der zusätzlich angefertigte Plan diente hauptsächlich der bildlichen Darstellung der Lage der Flurstücke, wobei die Genauigkeit solcher Pläne auf die unmittelbare Nachbarschaft aus den gemessenen Flächenmaßen beschränkt war.

Dies nicht nur, weil es keine genauen und einheitlichen Maßeinheiten und Meßgeräte gab, sondern auch die mathematisch-geometrischen Kenntnisse für die Vermessung und Kartierung größerer Gebiete noch nicht vorlagen und deshalb bei der Darstellung von größeren Bereichen mit wechselnden Höhenverhältnissen auf einem ebenen Plan Winkel- und Längenverzerrungen auftreten mußten. Der Hebersche Plan war in einem Maßstabsverhältnis von ca. 1 : 2500 gezeichnet.

Eine durch das Städt. Vermessungsamt Singen gefertigte Neuzeichnung im Maßstab von 1 : 10000, dem Maßstab der amtlichen Gemarkungskarten bei der späteren Katastervermessung, anhand der eindeutigen, unveränderten alten, schon bei der Grenzbeschreibung aus dem Jahre 1562 mit Steinen versehenen Gemarkungsgrenzpunkte ergab nicht nur eine gute Vergleichsmöglichkeit über den Verlauf der Gemarkungsgrenze, sondern ermöglichte auch, die damalige Gemarkungsfläche zu ermitteln.

Die Berechnung ergab eine Größe der Gemarkung von ca. 1636 ha. Diese Gesamtfläche wird bestätigt durch die Ergebnisse der im 19. Jh. durchgeführten badischen und württembergischen Katastervermessungen, die für die damalige Gemarkung Singen eine Fläche von 1352,5 ha und für den (ab 1810 württembergischen) Bruderhof eine Fläche von 267,5 ha ergab, zusammen demnach ca. 1620 ha. Eine erstaunliche Übereinstimmung und somit Bestätigung der offensichtlich schon vor Anfang des 16. Jhs. unverändert bestehenden Gemarkungsgrenzpunkte, wenn man zudem noch berücksichtigt, daß bei den neueren Katastervermessungen die Grenzführung zwischen den alten Gemarkungssteinen im einzelnen verfeinert wurde, indem durch weitere Zwischensteine entsprechend der Form der einzelnen Flurstücke der Grenzverlauf den örtlichen Gegebenheiten angepaßt wurde.

In jener Gemarkungsfläche mit ca. 1636 ha sind die damals (1562) schon zum Singener Bann gehörenden Weiler Remishof (mit Bruderhof) und Niederhof enthalten.

Diese beiden Kleingemarkungen dürften in einer späteren Ausbauphase von Singen aus in bisher ungenutzten, aber für eine landwirtschaftliche Bewirtschaftung geeigneten Rodungs- und Allmendflächen des Singener Siedlungsgebietes entstanden sein – im Süden gegen die Markung der ebenfalls bestehenden älteren Siedlung Rielasingen, im Norden gegen das gleichfalls ältere Hausen.

Die endgültige Einbeziehung in den Singener Zwing und Bann erfolgte mit dem Klingenberger Kaufvertrag im Jahre 1518.

Es ist auffällig, daß im Bereich dieser Kleingemarkungen keine eigenen Allmendflächen festzustellen sind.

Man kann wohl davon ausgehen, daß die vorerwähnte Abgrenzung des Singener Siedlungsbereiches mit ca. 1600 ha sich schon vor Ende des 15. Jhs. herausgebildet haben muß. Ein Vergleich der Gemarkungsgrößen der in der Urkunde von 787 aufgeführten Orte läßt diese Annahme auch nach den Untersuchungen von J. C. Tesdorpf begründet erscheinen, der nachgewiesen hat, daß die ältesten und bedeutendsten »-ingen – Orte« auch die größten Gemarkungsgebiete haben. Es ist auch verständlich, daß die Urmarken aus der frühesten Landnahmezeit auch die größten Siedlungsflächen für sich in Anspruch genommen haben.

Gemarkungsflächen der Urkundenorte

Ort	ha
Ehingen	999
Mühlhausen	792
Weiterdingen	957
Hausen	261
Schlatt	330
Welschingen	981
Singen	1 636 (1562)
Hilzingen	1 556 (zum Vergleich)

Die Hebersche Karte gibt im übrigen nicht nur eine ausführliche Darstellung der Gemarkung Singen mit ihren Grenzen, Flurbereichen, Wegen, Gebäuden und Nutzungen, sondern auch viele Einzelheiten, die über das dörfliche Leben Aufschluß geben können.

So sind verteilt über die ganze Gemarkung zehn eigenartige Symbole angegeben, wie Kreuze mit Doppelbalken, eine Darstellungsart, die in manchen Gebieten für Wetterkreuze zu finden ist. Ein Vergleich mit anderen älteren Karten hat die Annahme bestätigt, daß es sich um Flurkreuze handeln muß. Noch im letzten Jahrhundert sind an den gleichen Stellen der größte Teil (sieben) eingezeichnet und nachgewiesen worden; mindestens drei Kreuze, allerdings erneuert und von anderen Stiftern, befinden sich noch an diesen Stellen, teilweise etwas versetzt durch Baumaßnahmen. Diese Kreuze der Heberschen Karte liegen auf einem äußeren Umkreis mit jeweils ca. 1000 bis 1500 m und auf einem inneren Kreis mit jeweils ca. 300 bis 500 m Abstand von der Kirche, radial in die vier Himmelsrichtungen, entlang offensichtlicher Prozessionswege der jährlichen Flur- und Bittprozessionen in die drei alten Zelgen. Älteren Singenern ist der Prozessionsweg in den nördlichen Bereich noch in guter Erinnerung – von der Kirche über die heutige Hohenkrähenstraße mit einem Zwischenkreuz bis zur Aachbrücke, von dort über den Etzenfurthweg hoch zum Kreuz an der Remishofstraße und wieder zurück zur Kirche (Wegstrecke ca. 4 km).

Außerhalb dieser Bereiche gibt es nur die beiden Kreuze bei der Dornermühle und oberhalb des Schorenbühls am Hohentwiel neben dem dortigen Dreimärker. Das an alter Stelle noch vorhandene Kreuz bei der Dornermühle war bis in die heutige Zeit Endpunkt der Hausener Flurprozessionen. Über das seit Jahren nicht

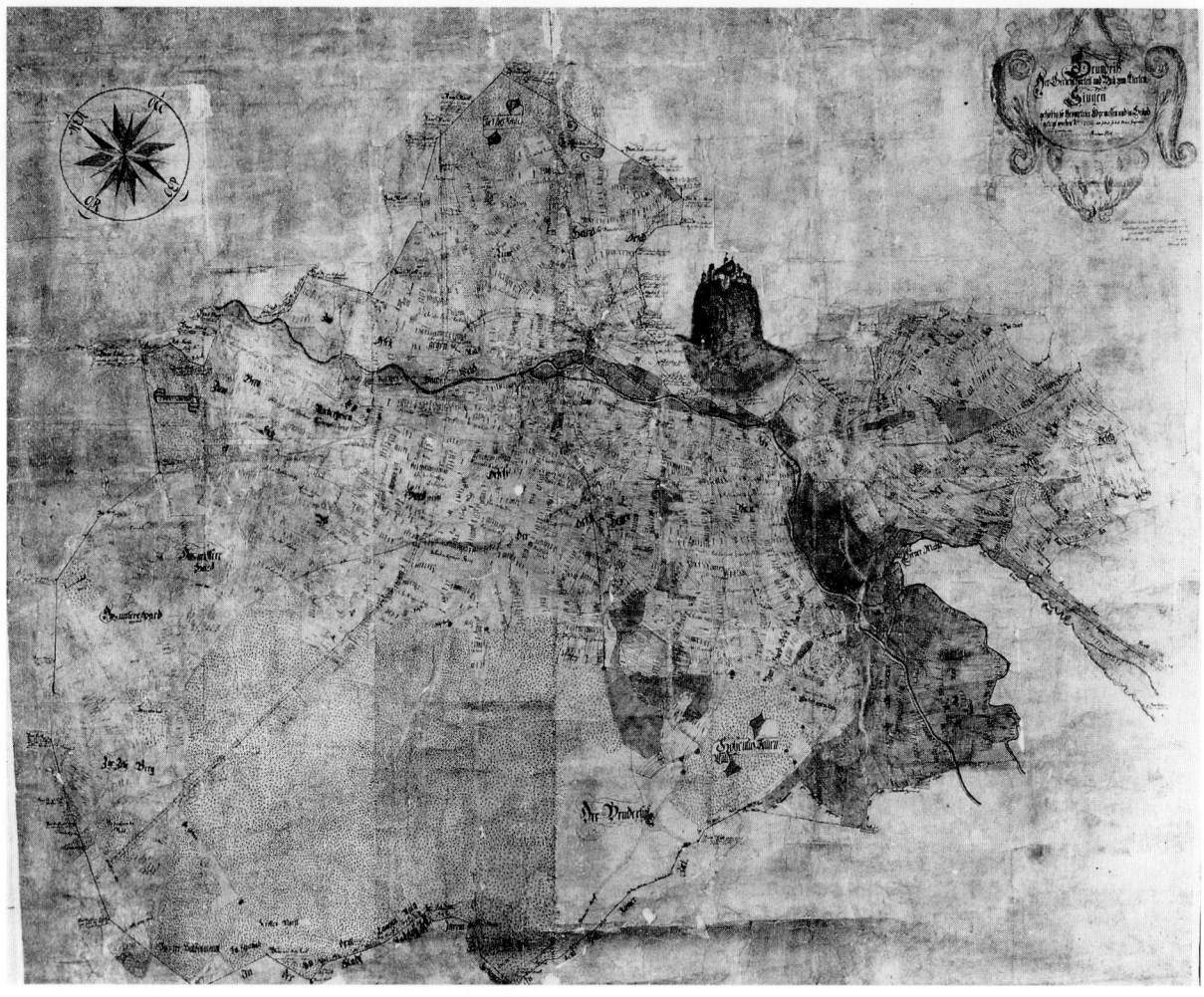

»Grundriß der Gerichtsbarkeit und Bann zum Flecken Singen gehörig so geometrice abgemessen und in Grund gelegt worden anno 1709 von Johann Jakob Heber Ingenieur und Geometre von [Lindau]«

mehr vorhandene Kreuz am Hohentwiel konnte nichts in Erfahrung gebracht werden.

Trotz wechselnder Herrschafts- und Besitzverhältnisse blieb die Singener Gemarkung in ihren Grenzen und ihrem Umfang mit ca. 1 636 ha seit Ausscheiden des Hohentwiels bis zum Jahre 1810 unverändert.

Auch das kurze württembergische »Interregnum«, als Singen mit der Landgrafschaft Nellenburg im Jahre 1805 dem neuen Königreich Württemberg zugeschlagen wurde, änderte nichts. Das Hohentwielgebiet, das in bürgerlicher Hinsicht verwaltungsmäßig seit 1800 dem Oberamt Tuttlingen unterstand, wurde im Gegenteil nunmehr dem – früher nellenburgischen, jetzt württembergischen – Oberamt Stockach und der Gemeinde Singen zugeteilt.

Diese im Frieden von Preßburg eingeleitete territoriale Neueinteilung zugunsten der »Verbündeten« Napoleons – Baden, Bayern und Württemberg – hatte aber nur kurzen Bestand.

Der Pariser Vertrag vom 2.10.1810 brachte die Einigung zwischen den beiden Staaten Baden und Württemberg, indem Baden unter anderem die Landgrafschaft Nellenburg – ausgenommen den Hohentwiel und den Bruderhof – erhielt. Erst in dessen Vollzug wurde der Bruderhof aus der Singener Gemarkung herausgelöst und zum ersten Mal als selbständige Gemarkung ausgewiesen.

Warum diese beiden Gebiete bei der umfangreichen »politischen Flurbereinigung« ausgenommen wurden, ist mit rationalen staatspolitischen Gründen kaum erklärlich. Der Hohentwiel hatte bereits vor der Zerstörung seine militärische Bedeutung verloren, der Güterbesitz im Hohentwielbereich und im Bruderhof war fiskalisch – mit Ausnahme vielleicht einzelner Waldungen – von geringer Bedeutung.

Dementsprechend war besonders auch die Abwicklung der Übergabe dieser beiden Gebiete, die sich über Jahrzehnte hinzog, seitens der württembergischen Seite oft von emotionalen Handlungen und Beweggründen geprägt, genauso wie die bald nach 1810 einsetzenden Verhandlungen zwischen den beiden Regierungen auf Bereinigung der bei der Neubildung der beiden Staatsgebilde entstandenen oder verbliebenen Exklaven – Bestrebungen, die sich über 150 Jahre hinziehen sollten. Zum Vollzug hatten beide Regierungen Übernahmebevollmächtigte bestimmt, die auch die neu entstehenden Staatsgrenzen um Hohentwiel und Bruderhof feststellen sollten.

Von dem württembergischen Kommissär war unverzüglich nach der entsprechenden landesherrlichen Verordnung zur Übernahme die Errichtung von 22 Grenzpfählen mit nach Baden schauenden württembergischen Hoheitszeichen angeordnet worden, die allerdings nicht immer neben den vorhandenen alten Grenzmarken, sondern in etlichen Fällen darüber hinaus in die Gemarkung Singen hinein – bis zu 200 Schritte – gesetzt wurden.

Nachdem der Schultheiß von Singen mit einem Vertreter des Ortsgerichts dies festgestellt hatte, legte der badische Kommissär bei seinem württembergischen »Kollegen« Verwahrung gegen dieses Vorgehen ein, einmal, daß man badischerseits den Besitz des Bruderhofes mit »Hoheit«, entsprechend des bisherigen Rechtsverhältnisses, nicht anerkenne, zum andern, daß auch für den Hohentwiel die unzweifelhaften alten Grenzmarken weiterhin Geltung hätten und er auf gemeinschaftliche Umgehung dieser Markung bestehe. Obwohl auf Weisung des Badischen Hofes bereits im März 1811 die württembergischen Hoheitsrechte am Bruderhof über die geschlossene zusammenhängende Hofmark anerkannt wurden, konnte die »Purifikationsverhandlung« zur Festlegung der Grenzen erst 30 Jahre später abgeschlossen werden.

Bis 1835 hatte die württembergische Verwaltung noch Anspruch erhoben auf Einbeziehung in das Hoheitsgebiet von zwei außerhalb der alten Gemarkungsgrenze liegenden Besitzstücken, der Glockenwiese zwischen Hohentwiel und Aach sowie dem Posthaltershölzle beim Großtannenwald. Aus früheren Kaufurkunden wurde dann die badische Auffassung bestätigt, daß diese Grundstücke immer schon im Singener Zwing und Bann lagen. Das Abschlußprotokoll wurde am 11.9.1841 schließlich unterzeichnet. Somit waren die Grenzen der Gemarkung von Singen nach dem Pariser Vertrag ab 1810 ohne Bruderhof neu festgelegt.

Die Festlegung und Sicherung der einzelnen Grenzpunkte erfolgte allerdings nur im Rahmen der damals üblichen Weise in der Natur, da – wie schon erwähnt – genaue Vermessungen nicht vorlagen. In den meisten Fällen war der Grenzverlauf nur durch Zeichen verschiedener Art an Ort und Stelle gekennzeichnet, ergänzt durch Beschreibungen in Urkunden und Aufstellungen unter Angabe der Anstößer oder örtlicher Besonderheiten. Maßzahlen waren ja auch in den Plänen der Renovatoren – wie bei Heber – überhaupt nicht oder nur für einzelne wichtige Punkte vorhanden. Der einzige Beweis für den Verlauf der Grenzen waren die Grenzzeichen. In jeder Gemeinde waren sog. »Feldgeschworene« oder Gerichtsmänner vorhanden, die alleine berechtigt waren, Arbeiten an Grenzsteinen und Grenzzeichen vorzunehmen, und die auch alleine das »Geheimnis« kannten, um die Richtigkeit der Lage eines Grenzsteines überprüfen zu können.

Dieses »Geheimnis« bestand darin, daß unter die Grenzsteine Zeichen – »Zeugen« – im Boden verlegt wurden, die bei den vielen Grenzstreitigkeiten die richtige Lage beweisen und bezeugen konnten, soweit ein Stein überhaupt vorhanden war. Meistens waren die »Zeugen« bestimmte Steinchen, Scherben aus Ton oder Glas oder Kohlstückchen, die in einer besonderen Lage zueinander angeordnet sein mußten. Bei Grundherrschaften oder großen Grundbesitzern war auch vielfach ein besonders gefertigtes Kennzeichen verwendet worden. So hatte die damalige Grundherrschaft Enzenberg in Singen bei der Übernahme ihres Besitzes unter den wichtigsten Grenzsteinen um das Schloßareal aus Ton gebrannte Wappentäfelchen verlegen lassen mit F: (ranz) v: (on) E: (nzenberg), die bei Abräumung des Schloßgartenbereiches noch gut erhalten gefunden werden konnten.

Oft erhielten auch wichtige Gemarkungsgrenzsteine, insbesondere solche, die die Grenze zwischen mehreren Gemarkungen bezeichneten, als sogenannte »Dreimärker«, einen fast mystischen Charakter. So beginnt und endet im Jahre 1562 der Renovator Krafft auch seine Grenzbeschreibung des Hohentwiels an dem Dreimärker zwischen Hohentwiel, Hilzingen und Singen, dem »hohen stain« am Schorenbühl, wo nach der Heberschen Karte auch ein Feldkreuz sich befunden haben soll, das wohl für Flurprozessionen kaum verwendet wurde.

Da die Kenntnis der Grenzen der eigenen Gemarkung gerade für die bäuerliche Dorfgemeinschaft in Feldflur und Wald bei den verschiedenen Weide- und sonstigen Nutzungsrechten eine große Bedeutung hatte, war in vielen Gemeinden unseres Landes noch bis in die ersten

Feldkreuz an der Remishofstraße

Zeugenstein der Grundherrschaft Enzenberg (Ziegel), wurde unter die Grenzsteine gelegt

Jahrzehnte unseres Jahrhunderts einmal im Jahr ein Umgang in feierlicher Form um die gesamte Gemarkungsgrenze mit Bürgermeister, den Feldgeschworenen und der letzten Schulklasse, bei dem den zukünftigen Gemeindebürgern »ihre« Grenze gezeigt und wichtige Grenzsteine besonders eingeprägt wurden.

In machen Fällen gab es neben Wurst oder Brezeln auch für jeweils einen »ausgezeichneten« Schüler eine drastische Ohrfeige als bleibende Gedächtnisstütze für einen wichtigen Gemarkungsgrenzstein. Daß diese Gedächtnisstütze noch nach Jahrzehnten ausgezeichnet funktionierte, hat der Verfasser bei älteren Steinsetzern aus Gebieten, in denen die Katastervermessung erst nach dem Ersten Weltkrieg durchgeführt wurde, erfahren. Diese hatten ihre Grenzen noch in »gewohnter Weise« bei Schulabschluß gezeigt bekommen und konnten »ihren« Grenzstein schon aus weiter Entfernung ohne zeitraubende Vermessung ansteuern. Auch mündliche und »handgreifliche« Überlieferung können offensichtlich durchaus zuverlässig sein.

So wurden auch nach 1810 für die gemeinsame Neufestlegung der Grenzen zwischen Singen, Hohentwiel und Bruderhof zuerst die Grenzsteine der außerhalb verbleibenden württembergischen Besitzstücke überprüft bzw. beim Neusetzen der Steine auch versichert. Ganz im Gegensatz zur sonst üblichen Wahrung des »Geheimnisses« ist die Art der unter dem Grenzstein angebrachten »Zeugen« in dem Protokoll vermerkt. Das jeweilige Untergangsgericht legte in Anwesenheit der Angrenzer als »Zeugen« Kohle und Glasscherben. Wo wegen unrichtiger Stellung ältere Grenzsteine ausgegraben und wieder frisch gesetzt werden mußten, wurden ebenfalls Kohle und Glasscherben auf noch vorhandene frühere Ziegelsteinzeugen gelegt.

Als »Zeugen« unter den reinen Hoheitsgrenzzeichen beim Hohentwiel und Bruderhof einigten sich die Vertreter der jeweils angrenzenden Gemarkungen auf ein in zwei Teile zerschlagenes Ziegelplattenstück, dessen Bruchlinie die Richtung zum nächstfolgenden Stein zu zeigen hatte. Die gegenüber früheren Zeiten doch wesentlich weniger strenge Wahrung des »Geheimnisses« der »Zeugen« für die richtige Lage eines Grenzsteines ist wohl aus dem Zeitpunkt leicht erklärlich, zu dem diese Arbeiten vorgenommen wurden.

In den ersten Jahrzehnten des 19. Jahrhunderts waren in beiden neuen Ländern schon einheitliche Katastervermessungen über das jeweilige Landesgebiet in Vorbereitung bzw. angelaufen.

Schon bald nach der staatlichen Neuordnung hatte sich gezeigt, daß die vorhandenen Unterlagen aus einzelnen, unzusammenhängenden Renovationsmessungen weder in den Plänen noch den erstellten Buchwerken und Verzeichnissen eine für das ganze Land ausreichende und gerechte Grundlage für die verschiedenen Steuer- und Abgabeveranlagungen, noch weniger eine eindeutige Sicherung der Grenzen- und Eigentumsverhältnisse darstellten. Zudem waren die neuen Staaten bestrebt, über ihr Staatsgebiet ein einheitliches Kartenwerk zu erhalten und anzulegen.

Neben der Schaffung von Grundlagen für steuerliche Zwecke war aber die Sicherung des Grundeigentums und der Grenzen der Hauptzweck der einsetzenden Katastervermessungen, obwohl der Begriff »Kataster« aus dem römischen »capitum registra«, also Steuerlisten, hergeleitet wird.

Auch Baden hatte schon im Jahre 1806 als Grundlage für die künftige Landesaufnahme die Anlage eines Landesdreiecksnetzes mit Nullpunkt des Koordinatensystems in Mannheim (Sternwarte) beschlossen und anschließend ab 1852 eine stückweise Vermessung aller Liegenschaften. Vor der Vermessung mußte die Vermarkung – in der Regel durch Grenzsteine – in Ordnung gebracht werden und für jede Gemarkung ein Verzeichnis aller Grundstücke mit Nummer, Größe, Eigentümer, Grundlasten und Dienstbarkeiten (Lagerbuch) angelegt werden. Diese Katastervermessung wurde in Singen 1862 angeordnet.

Die Durchführung der Katastervermessung wurde von der Regierung an den Geometer Greder durch Verträge vom 28.4. und 2.5.1869 zu Lasten der Staatskasse übertragen.

Nach den gesetzlichen Bestimmungen mußten vor Durchführung der eigentlichen Katastervermessung Mängel in der Feldeinteilung verbessert und die Feldwege zweckmäßig angelegt werden, also eine Feldbereinigung durchgeführt sein, sowie die Erfassung des gegenwärtigen Besitzstandes erfolgen.

Diese Arbeiten gingen zu Lasten der Grundeigentümer, die den Geometer Greder mit Vertrag vom 4.2.1870 mit der Durchführung auch dieser Arbeiten beauftragten. In diesen Vertrag trat am 10.2.1870 Geometer Büchele ein, der dann die Feldbereinigung und Aufnahme des Besitzstandes durchführte, und Geometer Greder übernahm die eigentliche Katastervermessung.

Diese wurde am 23.4.1880 formell abgeschlossen. Die Gemarkung Singen umfaßte eine Fläche von 1 352,4018 ha mit 7 670 Eigentumsstücken und folgender Nutzung:

Hofreiten	12,1504 ha
Hausgärten	10,5649 ha
Gartenland	17,0411 ha
Ackerland	743,8705 ha
Wiesen	183,3574 ha
Weinberge	20,5845 ha
Arbeitsplätze	0,3233 ha
Kiesgruben	3,6173 ha
Wald	236,9048 ha
Ödungen und Sümpfe	3,8502 ha
Eisenbahn, Wege und Friedhof	102,7529 ha
Wasserläufe	17,3845 ha

Damit waren das Gemeindegebiet und die Gemarkung erstmals vollständig vermessen und alle einzelnen Besitzstücke mit Nutzungen flächenmäßig in den Unterlagen erfaßt und in den Plänen dargestellt.

Für den Beweis der richtigen Lage eines Grenzzeichens oder des Grenzverlaufes galten jetzt die gemessenen Zahlen.

Quellen und Literatur

Quellen:

Singen, Stadtarchiv.
Singen, Enzenbergarchiv.

Literatur:

BERNER, H.: Hohentwiel, Bilder aus der Geschichte des Berges, 1957.
BERNER, H.: Bodman, Dorf, Kaiserpfalz, Adel, 2 Bde. 1977, 1985.
DOBLER, E.: Burg und Herrschaft Hohenkrähen, 1986.
MILLER, M.: Hohentwiellagerbuch von 1562, 1968.
RUF, H.: 50 Jahre Städtisches Vermessungsamt Singen (Singen-Jahrbuch 1966).
RUF, H.: Entwicklung des Gemeindegebietes Singen (Singen-Jahrbuch 1971).
SCHMID: Urkunde von 920 (in diesem Band).
SCHREIBER: Zwischen Schwaben und Schweiz, 1976.
STEHLE, J.: Geschichte der Exklave Bruderhof und der Hohentwieler Waldungen, 1973.
STROBEL, A.: Eine Flurkarte aus dem Jahre 1709 und die Agrarverfassung des Hegaudorfes Singen a. H. im 18. Jhdt., 1968.
TESDORPF, J. C.: Die Entstehung der Kulturlandschaft am westlichen Bodensee, 1972.

Die Urkunde König Heinrichs I. für Babo aus dem Jahre 920

von Karl Schmid

Auf den ersten Blick ist die Bedeutung der großen, jedoch stark mitgenommenen und daher wenig ansehnlichen Königsurkunde von 920 (Abb. S. 36) nicht ersichtlich. Der erste Herrscher aus der sächsischen Dynastie hatte sie kaum eineinhalb Jahre nach seiner Erhebung zum König im hessischen Seelheim erlassen[1]: Heinrich gab dem Vasallen des Grafen Burchard namens Babo zu Eigen, was dieser in Singen bis dahin zu Lehen besessen hatte (Text und Übersetzung S. 38). Der Rechtsakt betraf demnach die Rechtsqualität der Besitzungen des Babo in Singen: Sein Lehensbesitz dort wurde in Eigengut umgewandelt. War das bedeutsam und, wenn ja, warum? Zunächst verdient das Dokument schon deshalb Aufmerksamkeit, weil es vom König erlassen wurde und weil es sich bei der Statusänderung der Besitzungen des Babo in Singen um einen Vorgang handelte, der auf Ersuchen des Graf genannten Herzogs Burchard erfolgte. Damit aber stellen sich schon mehrere Probleme, die in den folgenden Erörterungen in drei Schritten angegangen werden. Zuerst soll der Weg der Königsurkunde nach Karlsruhe ermittelt (I), dann nach der Person des Babo gefahndet (II) und schließlich die historische Bedeutung der Urkunde König Heinrichs I. aus dem Jahre 920 erwogen werden (III). Eine kurze Zusammenfassung beschließt diesen Beitrag (IV).

I

Das rechteckige, 43,5 cm in der Höhe, 60,5 cm in der Breite messende Pergament mit dem kurzen, vom Notar Simon geschriebenen Text hat im Laufe der Zeit schwer gelitten. An zwei Faltkanten durchgebrochen, weist es an den Bruchstellen lange, schmale Löcher auf, und an deren oberem und unterem Rand wie auch in der Mitte finden sich zudem mehrere große Flecken. Schon der schlechte Erhaltungszustand des stark verschmutzten Pergaments kann auf dessen bewegte Vergangenheit hinweisen. Auch das Siegel der Urkunde fehlt. Es war, wie die kleine quadratische Schnittstelle erkennen läßt, hinter dem Kanzleivermerk, dem sog. Rekognitionszeichen, angebracht.

Das Dokument wird im Selekt, d.h. im ausgewählten Bestand der älteren Urkunden des Generallandesarchivs Karlsruhe, unter der Signatur A 35 verwahrt[2]. Dorthin gelangte es nach dem Ankauf der Herrschaft Sickingen durch den badischen Staat im Jahre 1809[3]. Als Besitzstück des Archivs der im Breisgau begüterten Herren von Sickingen mit ihrem schönen Schlößchen in Ebnet und dem Sickingen-Palais in Freiburg ist die Königsurkunde durch einen entsprechenden Vermerk zum alten Druck in Johann Daniel Schoepflins »Alsatia diplomatica« im Jahr 1772 nachgewiesen[4]. Eindeutige Spuren lassen jedoch erkennen, daß die Urkunde noch im 15. Jahrhundert im bischöflichen Archiv zu Chur lag, ist sie doch in dem zwischen 1456 und 1462 angelegten »Chartularium magnum« dieses Archivs auf fol. 72v abschriftlich festgehalten[5]. Darüber hinaus bezeugt die Signierung der vorhandenen Urkunden, die im Zusammenhang der Cartular-Aufzeichnung vorgenommen wurde, ihre Zugehörigkeit zum Churer Bistumsarchiv. Kein Zweifel: Das Diplom Heinrichs I. für Babo befand sich dort, denn es trägt in Entsprechung zum Eintrag im Cartular die Signatur B 17[6]. Aus diesem Befund ergeben sich für die Geschichte des ursprünglich vom Reich zu Lehen gehenden Besitzes Babos in Singen zwei Fragen: Die erste betrifft den Grund, der dazu führte, daß die Urkunde nach Chur gekommen ist; die zweite gilt dem Anlaß des Übergangs der Pergamenturkunde an die Herren von Sickingen.

Letzteren Vorgang möchte Hansmartin Schwarzmaier wie folgt erklären[7]: Das Diplom sei in das Archiv der Herren von Sickingen gelangt, weil es infolge der Assoziation *Siginga* – Sickingen gelungen sei, den vorherigen Besitzer dazu zu bewegen, die Urkunde den diesen Namen tragenden Herren zu überlassen. Die Sickinger mochten in ihr einen frühen Beleg für ihren Namen und ihre Familie gesehen haben. Eine solche Erklärung würde sehr gut zu ähnlichen Vorgängen insbesondere des 18. Jahrhunderts passen. Dabei sei zu berücksichtigen, daß die ältesten Turnierbücher, die mit einem fiktiven Turnier in der Zeit Heinrichs I. einsetzten, für den Adel die ältesten Belege seiner Existenz enthielten. In diesem Sinne sei die vorliegende Urkunde für die Herren von Sickingen sicherlich eine Bestätigung dafür gewesen, einer so alten, traditionsreichen Familie anzugehören.

Diese Erklärung ist plausibel. Sie zeigt aber in der Gleichsetzung von *Siginga* mit Sickingen, das in der Nähe von Bruchsal liegt, wie unkritisch die erwähnte Assoziation gewesen ist. Tatsächlich scheint die Bestimmung dieser Ortsbezeichnung damals offenbar schwierig gewesen zu sein, sonst hätte nicht Schoepflin in ihr Säckingen sehen können, obschon doch die Königsurkunde ganz eindeutig Babos Lehngut *in loco Siginga* dem Hegau zuweist: Es sei *in pago Hegouue* gelegen – so heißt es –, und zwar: *in eodem comitatu* (in derselben Grafschaft), wobei es sich fragt, ob diese Grafschaft tatsächlich dem genannten Grafen Burchard unterstand[8]. Der in Chur auf der Urkunde viel später angebrachte Rückvermerk »Donacio Heinrici Regis comiti Baboni in Siginga« (Schenkung des Königs Heinrich an den Grafen Babo in Singen) ist daher offensichtlich als Mißverständis des Urkundentextes zu werten, da dieser keinen Grafen, sondern einen Vasallen des Grafen Burchard mit Namen Babo nennt[9]. Offenbar kannte man zur Zeit der Anlage des Bistumscartulars in Chur weder einen »Grafen« Burchard noch dessen »Grafschaft« im Hegau, so daß nicht Burchard, sondern Babo als Graf ausgegeben wurde.

Damit ist bereits die andere zentrale, aber noch erheblich schwierigere Frage angeschnitten, die Frage, aus welchem Grunde sich die Königsurkunde für Babo im Besitz des bischöflichen Archivs von Chur befand. Gewiß zutreffend haben die Herausgeber des Bündner Urkundenbuches angenommen, die Aufnahme der Urkunde ins Churer Bistumscartular lasse darauf schließen, daß sie »zeitweise der Kirche Chur gehört« habe, was schon Sickel ihrer Signatur B 19 entnommen hatte[10]. Ob jedoch aus diesem Sachverhalt auch die von den Herausgebern des Bündner Urkundenbuches geäußerte Annahme hervorgeht, nicht nur die Urkunde, sondern auch die in ihr genannten Besitzungen hätten zeitweise der Churer Kirche gehört, ist das Problem[11]. Ohne darauf vorschnell mit Ja oder Nein antworten zu wollen, darf wenigstens soviel gesagt werden, daß das Bistum Chur mit dem in der Urkunde genannten Besitz des Babo in irgendeiner (direkten oder indirekten) Weise etwas zu tun gehabt haben wird. Und dies scheint, zumal da im Chur des Spätmittelalters offensichtlich nichts mehr davon bekannt gewesen ist, in eine recht frühe Zeit zu weisen.

Man sieht nun schon, wie weit der Weg gewesen ist, auf dem die Königsurkunde von ihrem Ausstellungsort Seelheim in Hessen nach Chur und über das Freiburger Sickingen-Archiv ins Generallandesarchiv nach Karlsruhe gelangte. Zwar ist dieser weite Weg durch einige Stationen näher bestimmt. Doch entzieht er sich der vollständigen Einsicht. Sein ältestes und für die Geschichte Singens wichtigstes Stück bleibt im dunkeln.

Vor der Erörterung darüber, wer Babo gewesen und was aus Babos Besitz in Singen geworden ist, sollen noch einige Bemerkungen zum Charakter der Urkunde Heinrichs I. von 920 gemacht werden: Sie gehört zu den vergleichsweise seltenen Königsdiplomen des früheren Mittelalters, deren Empfänger nicht geistliche Personen oder Institutionen, sondern Laien gewesen sind. Solche Stücke blieben selten erhalten, weil die Chance ihrer Überlieferung angesichts des bestehenden Mangels an geeigneten Aufbewahrungsorten gering gewesen ist. Und dies unterscheidet sie vor allem von Königsurkunden für geistliche Empfänger, die in der Regel in ihren Archiven sorgsam verwahrt wurden. Daß die Urkunde für den Vasall Burchards nicht verlorenging, ist wohl nur dem Umstand zu verdanken, daß sie bald in die Hände einer geistlichen Institution geraten war[12]. Da ihr Verbleib im bischöflichen Archiv zu Chur bezeugt ist, kann davon ausgegangen werden, daß das von König Heinrich I. an Babo übertragene Königsgut auf irgendeine Weise in kirchliche Obhut gelangt war.

Auch wenn die Urkunde durch die Zeitläufte Not gelitten hat, lohnt es sich in Erfahrung zu bringen, weshalb sie für Singen neben seiner Erstbezeugung als »villa publica« im Jahre 787 das bedeutendste erhaltene schriftliche Zeugnis seiner älteren Geschichte darstellt. Das Heinrichsdiplom ist mit allen äußeren Formen einer Königsurkunde ausgestattet[13]: Es wird durch ein symbolisches Zeichen (Chrismon) und durch besondere, im Mittelband der Buchstaben überhöhte Schriftzeichen in der ersten Zeile der Urkunde, einer Zierschrift, eingeleitet. Im vorliegenden Fall reicht sie über das mit der Nennung des Ausstellers (»Heinricus ... rex«) endende Protokoll hinaus. In Entsprechung dazu findet sich am Ende der Urkunde die Ausfertigung durch die königliche Beurkundungsstelle, bestehend aus der Signumzeile mit dem Monogramm (Handmal und erkennbarem Vollziehungsstrich) wie dem Kanzleivermerk, der Rekognitionszeile mit dem Rekognitionszeichen und der Datum- bzw. Actumzeile (Eschatokoll) samt der noch erkennbaren Siegelbefestigung. Die schlichte, aber gleichwohl eindrucksvolle Originalurkunde ist das zweite erhaltene Herrscherdiplom aus der Regierungszeit König Heinrichs I.[14].

II

Babo, der Empfänger der Königsurkunde von 920, ist in der Geschichte Singens sonst nicht bekannt. Daher kann die Frage nach seiner Person nicht mit einer kurzen und eindeutigen Aussage beantwortet werden. Es bleibt nur übrig, auf Grund von Indizien wenigstens einige

Anhaltspunkte darüber zu gewinnen, wer er gewesen sein könnte.

Der Name Babo/Pabo, ein Kurzname, der in die Gruppe der Lallnamen gehört[15], kommt im alemannischen Raum nicht häufig vor. Das zeigt schon ein Blick in die Register der Verbrüderungsbücher der Bodenseeklöster und der St. Galler Urkunden[16]. Lediglich ein paar Zeugenbelege von Urkunden aus dem Zürich-, Thur- und Arbongau und vom südlichen Breisgau aus dem beginnenden und endenden 9. Jahrhundert sind zu nennen und ein kleiner Grundbesitzer aus dem Gebiet des oberen Neckar sowie ein Graf namens Pabo vom Nibelgau, dessen Name an Bebo, einen Bruder des Grafen Ulrich aus dem 8. Jahrhundert, erinnert. Pabo gehörte vielleicht zu einer Familie, die auch im bayerischen Stammesgebiet hervorgetreten ist[17]. Diesem Befund entspricht die Beobachtung, daß der Name Babo/Pabo in den bekannten Familien und Geschlechtern Alemanniens des früheren Mittelalters nicht häufig vorkommt und jedenfalls keine bedeutende Rolle in ihnen spielte, im Gegensatz zu den Adelsfamilien des fränkisch-bayerisch-österreichischen Raumes. Hier hat bekanntlich das berühmte Geschlecht der »Babenberger« Geschichte gemacht, und hier ist auch im Donauraum um Regensburg das altbayerische Geschlecht der Babonen/Pabonen faßbar[18].

Um den Blick nicht zu verkürzen oder gar zu verstellen, ist es hier geboten, wenigstens mit einigen Andeutungen auf die Problematik hinzuweisen, die sich mit dem Namen Babo/Pabo verbindet. Tritt dieser doch auch in der Form Bavo/Bovo im romanischen Sprachgebiet und im niederrheinisch/sächsischen Raume auf, wo man die sog. »Bovonen« kennt, die mehrere Äbte von Corvey stellten[19]. Außerdem ist darauf hinzuweisen, daß der Spitzenahn (Stammvater) der älteren Babenberger den Namen Poppo trug, was zu einem wissenschaftlichen Streit über das Zueinander der Namen Babo/Pabo und Bovo/Poppo Anlaß gab[20]. Und da sich die sog. Babenbergerfehde[21] zu Beginn des 10. Jahrhunderts zu einer blutigen Auseinandersetzung der führenden Adelsgeschlechter im fränkischen Stammesgebiet auswuchs, die sich natürlich auf die Geschichte des Königtums im ostfränkischen Reich ausgewirkt hat, muß sie hier wenigstens Erwähnung finden, wenn es um einen vom König in Alemannien privilegierten Babo geht. Hat ein Mann dieses Namens doch nicht nur zur Bezeichnung des Ortes Babenberg/Bamberg *(mons Bavonis)* Anlaß gegeben, sondern auch zur Benennung des Geschlechtes der Babenberger selbst geführt.

Nun ist es gewiß nicht angebracht, den Herzogsvasallen Babo von Singen wegen seines Namens einfach für einen Angehörigen des berühmten Geschlechtes der Babenberger zu halten. Doch gibt es andererseits auch keinen Anhaltspunkt dafür, in ihm den Vertreter einer in Singen oder im Hegau eingesessenen Familie zu sehen. Vielmehr war Babo offenbar ein Mann, der in den Diensten des schwäbischen Herzogs stand und mit Lehngut ausgestattet war, das nur der König selbst in Eigengut umwandeln konnte. Diese bezeichnend erscheinende Bindung Babos an seinen Herrn und über sein Lehen an den König charakterisiert sowohl ihn selbst als auch sein Gut in Singen. Kein Wunder, daß die Indizien, die sich über ihn gewinnen lassen, nicht die eines ortsgebundenen Grundbesitzers und Lehnsmannes, also die eines kleinen Mannes sind. Und dazu paßt es, daß Babos Besitz in Singen späterhin offenbar in geistliche Hände geriet, worauf die Aufbewahrung der für ihn ausgestellten Königsurkunde von 920 im bischöflichen Archiv zu Chur schließen läßt.

Es gibt jedoch noch einen anderen, bisher unbeachtet gebliebenen Pabo. Er ist im Jahre 912 in einer Urkunde des Klosters Rheinau als Tauschpartner des Abtes Ruopert und des Vogtes Hilterad in Erscheinung getreten[22]. Seinen Besitz in Haslach bei Wilchingen im Klettgau, den er von seinem Lehnsherrn *Wolfinus* erworben hatte, tauschte er gegen solchen des Klosters Rheinau im benachbarten Osterfingen. Interessant in unserem Zusammenhang ist es, daß auch dieser Pabo als Lehnsmann eines großen Herrn, nicht als kleiner Grundbesitzer in Erscheinung tritt. Sein Senior, d.h. sein Lehnsherr, Wolfinus nämlich, war offenbar der Sohn des Pfalzgrafen Gozbert[23], von dem er seinen Besitz in Haslach erhalten hatte. Was man von dem in der Gegend des Rheinfalls bei Schaffhausen hervortretenden Pabo weiß, hat also einen ganz ähnlichen Zuschnitt wie das, was von Babo, dem in Singen ausgestatteten Herzogsvasallen, bekannt ist. Und dies scheint nicht einfach auf einem Zufall zu beruhen. Gewiß: Es fehlt ein Argument mit Beweischarakter für eine sichere Bestimmung der Person sowohl des Pabo als auch des Babo. Und doch weisen die Indizien, die über beide Personen und über ihr Umfeld zu gewinnen sind, auf Lehnsleute überregionaler Bedeutung hin. Jener Babo der Königsurkunde dürfte demnach ein Mann gewesen sein, dessen Aktionsfeld wohl keinesfalls eng, d.h. auf den Ort Singen etwa, begrenzt gewesen sein wird. Das zeigt sich auch schon daran, daß er im November des Jahres 920 im Gefolge seines Herrn, des Herzogs Burchard von Schwaben, zum königlichen Hoftag *(ad regale placitum)* nach Seelheim in Hessen gezogen war, wo er eine in einem Diplom schriftlich niedergelegte Wohltat empfing[24].

III

Es war bisher nur von Babo und seinem Besitz in Singen die Rede. Weshalb dieser von höchster, nämlich königlicher Qualität war und warum er zu einem Zeitpunkt ins Licht der Geschichte trat, da der neue Herrscher aus dem sächsischen Stamm nach seiner Erhebung im Jahre 919 seine Herrschaft im ganzen Reich zu gewinnen und zu behaupten verstand, wurde von der bisherigen Forschung noch zu wenig bedacht. Wenn nun aber in einer Angelegenheit, die offensichtlich ganz Schwaben betraf, Singen genannt wird, so darf sich der Blick vor allem deshalb nicht auf diesen Ort beschränken, weil es in den Jahren davor zwar nicht um ihn, aber doch um den in unmittelbarer Nähe gelegenen Hohentwiel ging[25]. Widersacher des Königs Konrad I. hatten ihn befestigt[26], worauf der Herrscher selbst zur Belagerung im Jahr 915 herbeieilte. Doch blieb der Erfolg bei seinem Unternehmen offenbar aus. Dazu kam noch, daß danach das Heer der Anhänger König Konrads von den Aufständischen bei Wahlwies besiegt wurde. Der zunächst erfolgreiche Anführer der Rebellen war Erchanger, der sich, unterstützt vor allem von seinem Bruder Bertold, zum Herzog der Alemannen ausrufen ließ. Dem Konstanzer Bischof Salomon III., dem Anwalt des Königs in Schwaben, gelang es jedoch, sich der Brüder, die sich gegen die Königsgewalt auflehnten, zu entledigen. Auf der Synode von Hohenaltheim, zu der sie geladen waren, wurden sie mit Klosterhaft bestraft, dann aber auf königlichen Befehl getötet. Burchard[27], der dem Zugriff entging, erneuerte danach die Rebellion und behielt schließlich das glücklichere Ende in der Fehde für sich, die um die Vorherrschaft in Schwaben entbrannt war, in einem lange währenden, blutigen Kampf, dem schon sein Vater im Jahre 911 zum Opfer gefallen war. Über den Tod König Konrads (†918) und Bischof Salomons III. (†920) hinaus vermochte er die Herzogsgewalt in Schwaben zu behaupten. Er verteidigte sie auch gegen König Rudolf II. von Hochburgund in einem Gefecht bei Winterthur im Jahre 919[28].

Zweier Kontrahenten, des Königs Konrad und des Bischofs Salomon, nunmehr entledigt, verbesserte sich Burchards Lage in jenen für die deutsche Geschichte so schicksalsreichen Jahren jedoch noch nicht. Denn nach Konrads I. Tod sah er sich gar an zwei Fronten herausgefordert und zum Handeln veranlaßt. Er mußte sich gegen den König von Hochburgund wehren, der schon früher Basel angegriffen und in der Zwischenzeit Zürich eingenommen hatte. Und vom neuen König Heinrich aus dem Stamm der Sachsen, bei dessen Erhebung im Jahre 919 er ferngeblieben war, wurde er zur Huldigung aufgefordert. Sofern der Abwehrsieg über Rudolf bei Winterthur ins Frühjahr 919 fiel, könnte er ein Grund für sein Fernbleiben von Fritzlar 919 gewesen sein. Auf welche Gründe auch immer seine Zurückhaltung bei der Erhebung Heinrichs zum König zurückzuführen sind: Noch im gleichen Jahr erkannte er den neuen Herrscher offenbar an und leistete ihm die Huldigung. Dabei scheint er, was die eigene Herrschaft anging, auf seine Kosten gekommen zu sein[29]. Jedenfalls besteht kein Anlaß, mit der älteren Forschung – im Anschluß an Widukind – von einer regelrechten »Unterwerfung« Burchards zu sprechen[30]. Kann doch von einem einseitigen Akt schon deshalb keine Rede sein, weil sonst Burchards gleichzeitige Auseinandersetzung mit König Rudolf von Hochburgund, die den Zielen des Sachsenherrschers wohl eher entgegenkam, sonst nicht zu erklären wäre. Vielmehr ging Burchard auf dessen Forderung nach Anerkennung seines Königtums alsbald ein. Als bisher nicht erkannte Tendenz Widukinds von Corvey ist es daher zu werten, wenn dieser die Schilderung der Unterordnung Burchards von Schwaben nicht wesentlich von jener Arnulfs von Bayern unterschied. Dabei zeigt schon die weite Reise Burchards an den Hof König Heinrichs nach Seelheim im Norden Hessens im Gegensatz zum Vorstoß Heinrichs nach Bayern und zur Belagerung Arnulfs in Regensburg den grundlegenden Unterschied. Und die Tatsache, daß Burchard zuerst Heinrich I. als seinen Herrn anerkannt hatte und danach dem König Rudolf, seinem Widersacher von 919, seine einzige Tochter zur Gemahlin gab, spricht augenscheinlich dafür, daß es sich bei der Ordnung der Verhältnisse zwischen Herzog Burchard und den Königen Heinrich und Rudolf im Südwesten des Reiches nicht um »Unterwerfungen«, sondern vielmehr um Freundschaftsbündnisse *(amicitiae)* handelte, wie neuerdings erkannt werden konnte[31].

So erklärt sich die Lösung der Situation, in die Burchard nach König Konrads Tod geraten war: Der mit den Königen Heinrich und Rudolf erreichte Ausgleich hatte zur Folge, daß auch die Feindschaft der beiden Könige in Freundschaft gewandelt wurde[32], was gewiß nicht ohne Zutun Burchards möglich gewesen ist. Daraus aber ergibt sich, daß die geschlossenen Bündnisse, die durch Rudolfs Heirat mit Burchards Tochter und durch Rudolfs Übergabe der hl. Lanze an Heinrich gegen den Verzicht Basels und des zu ihm gehörenden Hinterlandes besiegelt wurden[33], als zusammengehörende, aufeinander abgestimmte Aktionen zu betrachten sind. Und gewiß hatte Burchards Ausgleich mit König Heinrich auch seine Auswirkungen auf dessen Einigung mit Herzog Arnulf, der von den Bayern in der Zwischenzeit zum König ausgerufen worden war. Die Bedeutung Burchards für die Begründung und Aufrichtung des Königtums Heinrichs I. wird demnach aus den Ereignissen der Zeit vor und nach 919 klar: Durch seinen Hoftagsbesuch in Seelheim unter der Amöneburg hat er sein Fehlen bei der Königswahl in Fritzlar ein Jahr zuvor mehr als aufgewogen, insofern sich Burchard neben den Konradinern nicht etwa als unterworfener Gefolgsmann, sondern vielmehr als Mittelsmann der Herrschaft Heinrichs I. am Oberrhein erweisen sollte.

Aus dieser Erkenntnis ergeben sich alle weiteren Schlüsse für die Beurteilung der Königsurkunde Heinrichs I. von 920. Zunächst ist der Grund für ihre Ausfertigung wohl darin zu sehen, daß die Umwandlung von Singener Reichslehngut in Eigengut auf einem Hoftagsbeschluß beruhte, der durch die Ausstellung eines Diploms rechtskräftig gemacht wurde. Dies war offenbar erforderlich, während die Belehnung des Herzogs mit dem Hohentwiel als Reichslehen eines solch kompliziert erscheinenden Vorgangs nicht bedurfte. Denn vor seiner Allodialisierung mußte das königliche Lehen ans Reich *(ad regnum)* aufgelassen werden, damit es aus dem Verband des Königsguts ausgeschieden werden konnte. Dazu war nicht der Herzog, auch wenn er früher zu Recht oder zu Unrecht an Stelle des Königs über das Gut verfügt hatte, sondern allein der König unter Zustimmung der Großen befugt. Erst danach konnte das Reichslehngut von ehedem als freies Eigen vergabt werden[34], wie dies im Falle Singens an Babo geschah.

Was die auf dem Seelheimer Hoftag ausgestellte Königsurkunde dokumentierte, war somit die Herrschaft des neuen Königs über das Reichsgut im schwäbischen Stammesgebiet[35], zu dem Singen augenscheinlich gehörte. Daß die königliche Herrschaft über das Reichsgut so rasch nach dem Regierungsantritt Heinrichs I. an einem Besitzkomplex demonstriert wurde, der unter Heinrichs Vorgänger im Königtum insbesondere während der Belagerung des Hohentwiels durch Konrad hart umkämpft war, hatte gewiß seinen besonderen Grund. Der Akt der Herrschaftsdemonstration über Reichslehngut im Umkreis des Hohentwiels ist aber auch deshalb ein überaus wichtiger Vorgang gewesen, weil anzunehmen ist, daß eine Inanspruchnahme von Königsgut ohne Zustimmung des Herrschers vorlag. Mehr noch: diese war in der Form gewaltsamer Bemächtigung (Usurpation) gegen ihn gerichtet, was schon in der Befestigung zum Ausdruck kam und sichtbar wurde in der Verteidigung des befestigten Platzes, als der König bzw. seine Truppen angriffen. Diesen Zugriff wenigstens nachträglich in rechtliche Bahnen zu überführen, war ein gewiß naheliegendes Anliegen des neuen Königs und der Großen auf dem königlichen Hoftag von Seelheim. Daraus darf geschlossen werden, Burchard habe früher zu jenen Großen gehört, die den Hohentwiel militärisch genutzt und gegen König Konrad behauptet hatten[36]. Ja, es drängt sich sogar die Vermutung auf, Burchard vor allem sei es gewesen, der auf den Hohentwiel zugriff, sich dort verschanzte und allen Angriffen trotzte, während Erchanger, der Pfalzgraf, vornehmlich den Königshof Bodman besetzt gehalten und sich auf ihn gestützt zur Wehr gesetzt hatte.

Mit anderen Worten: Die in Seelheim vorgenommene Klärung und Veränderung der Herrschaftsverhältnisse in Singen, die ohne Frage auch die Regelung der Herrschaft über den Hohentwiel einschloß, war eine nicht unwichtige Voraussetzung für den Ausgleich zwischen dem König und dem Herzog. Wahrscheinlich hatte Burchard den Hohentwiel unter Konrad I. widerrechtlich befestigt und dabei seinen Vasallen Babo mit usurpiertem Besitz in Singen ausgestattet. Diese Annahme legt sogar nahe, Babo sei der verantwortliche Kriegsmann Burchards auf dem Hohentwiel und in Singen gewesen. Ist diese Annahme richtig, dann erstaunt es nicht, wenn Babo für seinen Dienst von seinem Herrn mit jenem Gut entlohnt wurde, das er während der Rebellion Burchards gegen den König zunächst als Lehen – offenbar widerrechtlich – zwar nutzte, infolge des Vergleichs zwischen Heinrich und Burchard aber nicht nur als Lehen, sondern gar als Eigengut besitzen sollte. Daher kann die Ausstattung Babos mit einem in seiner Rechtsqualität gewandelten Besitz in Singen durch das Zusammenwirken von Herzog und König als Auszeichnung angesehen werden. Ist aber Babo tatsächlich einer der treuen und tüchtigen Vasallen aus dem Gefolge Burchards gewesen, so bedeutet dies nichts Geringeres, als daß damit auch der Hohentwiel mitsamt der für seine Qualität als festen Platz vor allem in wirtschaftlicher Hinsicht außerordentlich wichtigen Siedlung Singen bei der Gewinnung der Vorherrschaft Burchards in Schwaben als einer der zentralen Plätze, vielleicht gar als der neue Dreh- und Angelpunkt von Burchards Herrschaft in Schwaben zu erkennen ist.

Eine solche Sicht der Ereignisse mag zunächst überraschen. Doch steht sie bei genauerem Zusehen zu den neuen Forschungen über die Wandlungen, die in den Herrschaftspraktiken des Adels mit dem beginnenden 10. Jahrhundert eingetreten sind, nicht im Widerspruch[37]. Kommt es doch gewiß nicht von ungefähr, daß die von den Karolingern benutzte Pfalz Bodman am Nordende des Bodensees nunmehr in den Schatten geraten sollte, während die wehrhafte, uneinnehmbare Burg auf dem Hohentwiel im Westen des Fiskus Bodman fast plötzlich für ein Jahrhundert lang ins helle Licht der Geschichte trat. Der stolze Hegauberg erlangte rasch an Bedeutung und wurde gar nach der Mitte des 10. Jahrhunderts von Herzog Burchard dem Jüngeren und seiner Gemahlin Hadwig mit einem Mönchskloster gekrönt[38]. Man hat mit Blick darauf nicht zu Unrecht vom Versuch der Errichtung einer »Herzogspfalz«, ja sogar von einer »Residenz« auf dem Twiel gesprochen[39]. Allerdings fanden die in ungewohnter Höhe versammelten Mönche offenbar keine günstigen Lebensbedingungen vor. Jedenfalls war die Zeitspanne ihres Verbleibens auf dem Berg nur kurz bemessen. Wahrscheinlich um das Jahr 973 gegründet, wurde das Hohentwiel-Kloster schon bald nach der Jahrtausendwende von Heinrich II. nach Stein am Rhein verlegt[40].

Zwar konnten bis jetzt noch keine sicheren Spuren ausgemacht werden, aus denen der Weg der für Babo ausgestellten Königsurkunde ins bischöfliche Archiv zu Chur erkennbar würde. Gleichwohl muß versucht werden zu klären, weshalb Babos Urkunde nach Churrätien gelangte, in jenes Land also, von dem Burchard ausging, um die Herzogsherrschaft in Schwaben aufzurichten[41]. Sollte es tatsächlich ein Zufall gewesen sein, daß die von Burchard beim König für seinen Vasallen Babo erwirkte Urkunde ausgerechnet dorthin, nach Chur, gekommen ist? Eine Erklärung dafür zu suchen, die Babo und Burchard insofern einschließt, als dieser aus Churrätien kam, jener aber – dazu passend – eine Urkunde erhielt, die ins churrätische Bistumsarchiv gelangte, ist deshalb schwierig, weil nichts darüber verlautet, wer oder was Babo veranlaßt haben könnte, sein Eigengut in Singen an den Churer Bischof zu veräußern oder vielleicht vorteilhaft einzutauschen.

Auch wenn hier eine empfindliche Erkenntnislücke nicht verschwiegen werden darf, bleibt der Rückschluß auf Churer Besitz in Singen zu bedenken. Man möchte ihn in jene Zeit setzen, in der die Churer Bischofskirche im ottonischen Schwaben große Bedeutung erlangte. Ihr Einflußgewinn[42] in der frühen Ottonenzeit, selbst wenn dieser nur vorübergehend war, mutet wie eine geistliche Verankerung der Herzogsherrschaft an zentralem Ort an und erscheint wie eine Art der Rückbindung an die churrätische Herrschaftsbasis Burchards. Jedenfalls läßt sich der Prozeß zunehmender Einflußnahme der Churer Bischöfe im schwäbischen Herzogtum, der unter Bischof Hartbert zur Zeit Kaiser Ottos des Großen auf dem Höhepunkt angelangt war[43], gut verfolgen. Den Anfang machte Bischo Waldo von Chur, der sich nach dem Tod seines Oheims, des Bischofs Salomon III. von Konstanz, auf dem öffentlichen Gericht zu Rankweil unter dem Vorsitz des Herzogs Burchard der Klage der Mönche des Klosters St. Gallen auf Herausgabe des Klosters Pfäfers erwehren mußte. Salomon III., Bischof von Konstanz und Abt von St. Gallen, hatte sie von König Ludwig dem Kind als freies Eigen erhalten und seiner Abtei St. Gallen unter bestimmten Auflagen übertragen, die nach Waldos Aussage von dieser jedoch nicht erfüllt worden sind. Daß der Urteilsspruch des Herzogs Burchard über den Besitz von Pfäfers zugunsten Waldos, nicht St. Gallens[44], im ersten Jahr der Regierung König Heinrichs erging, weist auf Burchards Eintreten für das Recht des Churer Bischofs hin. So erstaunt es nicht, wenn beide, der Herzog und der Bischof, zu Anfang des Monats März 920 den neuen Herrscher aus Sachsen offensichtlich bereits anerkannt hatten.

Daß Herzog Burchard im Lager der Kläger gegen Bischof Waldo und auch sonst als Tyrann und Unterdrücker galt, der Anhänger und Gefolgsleute mit der Vergabe von Kirchen- und Klostergut zu gewinnen und zu belohnen beliebte[45], darf nicht verwundern. Ist doch eine solche Handlungsweise als Ausdruck seines Durchsetzungswillens und seines politischen Kalküls zu werten. Im übrigen besserte sich, wie man weiß, Burchards Verhältnis zu kirchlichen Institutionen und Personen bald[46]. Wenn ihm sogar die St. Galler Mönche trotz allem schließlich das Totengedenken vertraglich zusicherten, so bedarf dies auf jeden Fall der Beachtung[47]. Wenigstens aber spricht das, was vom Verlauf der herzoglichen Herrschaft Burchards in Schwaben bekannt ist, nicht gegen die Annahme, die Churer Bischofskirche sei schon zu dieser Zeit und im Einverständnis mit dem Herzog über den Herzogsvasallen Babo zu Besitz in Singen am Hohentwiel gekommen. Diese Annahme liegt auch deshalb nahe, weil die Überzeugungskraft einer Erklärung des Zusammenhangs von Besitzgewinn und Einflußsteigerung abzunehmen scheint, je weiter der Übergang der Königsurkunde Heinrichs I. an das bischöfliche Archiv in Chur von der Zeit des Herzogs Burchard weggerückt wird.

Bei diesen Überlegungen wird freilich davon ausgegangen, der dem Herzogsvasallen Babo durch ein Königsdiplom in Singen zugesprochene Besitz sei bedeutend und wohl auch beträchtlich gewesen. Obschon in der Urkunde selbst keine Angaben über seine Größe und seine Lage gemacht werden, scheint dies eher dafür als dagegen zu sprechen. Ja, es könnte sich gar um den Kern der Siedlung gehandelt haben, da sonst wohl eine Abgrenzung oder eine nähere Bestimmung des Besitzanteils Babos in der Königsurkunde vorgenommen worden wäre. Geht diese Annahme nicht fehl, dann bietet sich angesichts dessen, was über die Geschichte Singens bekannt ist, die Vermutung an, die Bischofskirche von Chur habe ihren dortigen Besitz nicht über längere Zeit hinweg innegehabt und bewirtschaftet. Was immer mit ihm geschah: Ob Chur ihn weiter veräußerte oder ob es gar nur ein Anrecht auf ihn gehabt hat – die Königsurkunde blieb in seiner Hand. Möglicherweise könnte dies damit zusammenhängen, daß die Churer Kirche als Besitzerin (oder Veräußerin?) von ehemaligem Reichslehngut das Rechtsdokument über die Ausgliederung desselben aus dem Reichsgut nicht aus der Hand gab, um gegen jede Anfechtung in der Besitzangelegenheit gefeit zu sein. Mit einer solchen mußte solange gerechnet werden, als man von der ursprünglichen Reichsgutsqualität des Hohentwiels samt Singens noch wußte. Indessen war dies vom späteren Mittelalter an gewiß nicht mehr der Fall, so daß verständlicherweise niemand mehr davon wußte, was die Urkunde mit der Bischofskirche zu tun hatte[48]. Als Nachfolger des ehedem Churer Besitzes am Hohentwiel kommt indessen insbesondere die Abtei Reichenau in Frage, die in Singen die Pfarrkirche innehatte und dort über den Kelhof und den Zehnten verfügte[49]. Dessen ungeachtet spricht ohnehin alles dafür, das Kloster Reichenau sei schon vor oder während der Regierungszeit des Herzogs Burchard des Jüngeren (956–973) in die zentrale Besitzposition in Singen gelangt[50]. Hat er doch das Bodenseekloster, in dem er sein Grab fand, reich beschenkt[51].

IV

Die Königsurkunde Heinrichs I. aus dem Jahr 920 ist nicht nur ein wichtiges Dokument für die Geschichte Singens und damit des Hohentwiels, sondern auch für die Anfänge des Herzogtums Schwaben in der Zeit des Beginns der deutschen Geschichte. Nachdem König Konrad I. in Verbindung mit dem Konstanzer Bischof Salomon III. trotz häufiger Präsenz im schwäbisch-alemannischen Stammesgebiet die Botmäßigkeit der nach eigener Herrschaft strebenden Adelskräfte nicht erreichen konnte, suchte König Heinrich I. von Anfang an nach einem Ausgleich mit den Großen, die sich in den Stammesgebieten durchgesetzt hatten. Er erreichte auf diesem Wege tatsächlich eine Befriedung der Stammesgebiete seines Reiches durch ein Bündnissystem, dessen Wirksamkeit sich vor allem darin zeigte, daß es nicht auf das Herrschaftsgebiet der ostfränkischen Herr-

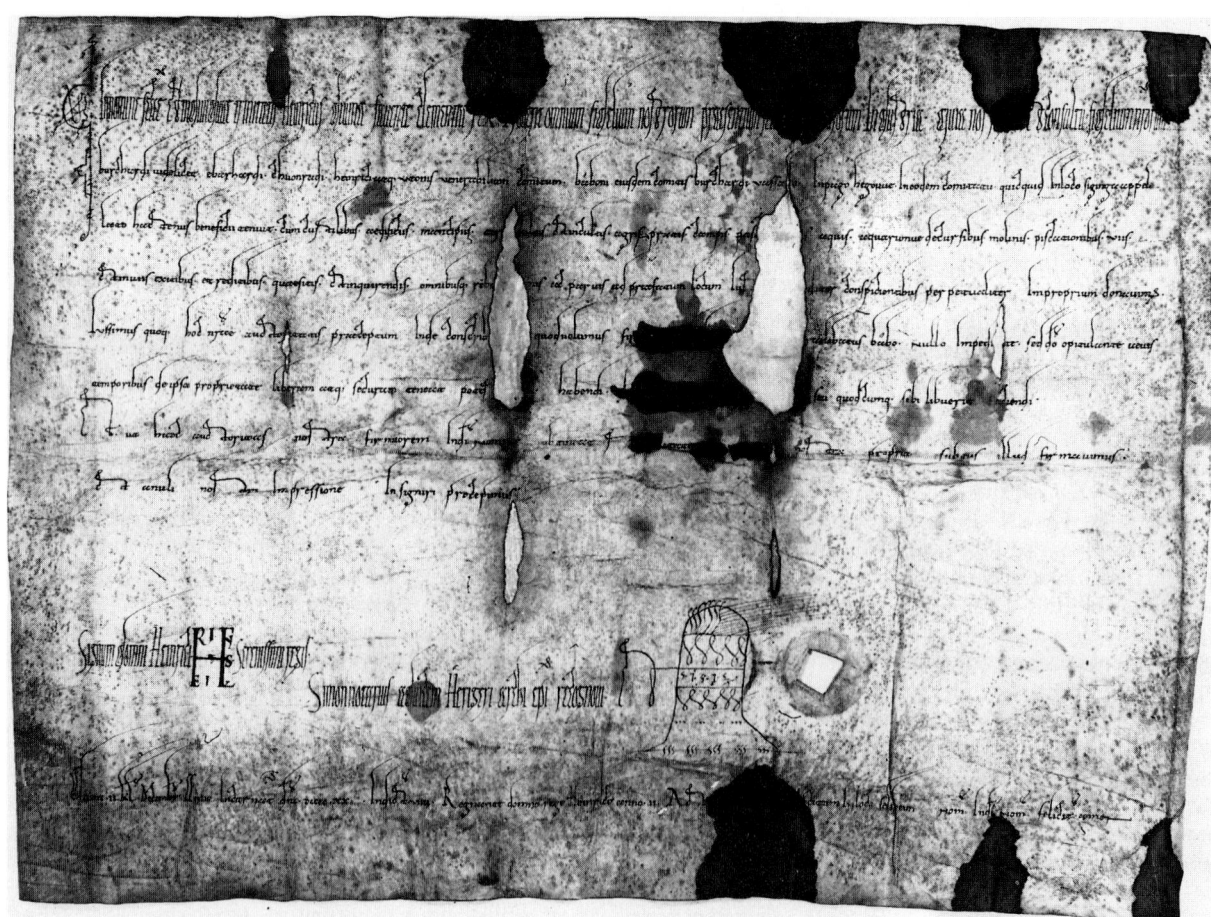

Urkunde König Heinrichs für Babo

scher beschränkt blieb. Vielmehr zeigte es darüber hinaus insbesondere in Richtung Westen, auf Lothringen, seine Wirkung. Und auch im Südwesten ist Heinrichs I. Politik offenbar schneller wirksam geworden, als die bisherige Forschung dies angenommen hat. Dafür ist der rasche Ausgleich mit Burchard von Schwaben in den Jahren 919/20 ausschlaggebend geworden – ein Ausgleich, der schon 921/22 ein Bündnis König Heinrichs und Herzog Burchards von Schwaben mit König Rudolf von Hochburgund möglich machte. Das Entgegenkommen Burchards auf das Ausgleichsangebot Heinrichs, das in der Teilnahme des Herzogs am königlichen Hoftag im hessischen Seelheim auch zu einem nach außen sichtbaren Zeichen wurde, ist für die königliche Südwestpolitik ebenso grundlegend gewesen wie für die Bayernpolitik, die bekanntlich zum Ausgleich mit dem von den Bayern zum König ausgerufenen Herzog Arnulf führte.

In der rechtlichen Bestimmung von D H I 2 – so wird die Urkunde in der Geschichtswissenschaft kurz bezeichnet – hat die Kompromißbereitschaft von König und Herzog ihren unverkennbaren Ausdruck gefunden: Der König leistete durch die Ausgliederung Singens aus dem Reichslehengut einen Verzicht[52], der im Blick auf die Funktion des Hohentwiels als Befestigung gewiß vor allem in wirtschaftlicher und verkehrspolitischer Hinsicht von Bedeutung war. Der darin zum Ausdruck kommende Beginn der Verherrschaftlichung weltlicher und geistlicher Institutionen durch die Regionalisierung eines damals wichtigen zentralen Ortes in Schwaben hatte zwar noch nicht unmittelbar zur Folge, daß der Hohentwiel als Allodialburg von Adligen hervorgetreten wäre. War doch seine größte Zeit als Herzogssitz Burchards des Älteren und Burchards des Jüngeren gerade erst angebrochen. Vielmehr behielt der Hohentwiel damals offenbar seine Qualität als Reichslehengut, die er erst während des Investiturstreites einbüßte[53]. Gleichwohl kündigte sich schon in der Entlassung Singens aus dem Reichsgutsverband ein Prozeß an, der wahrscheinlich auf Burchards Initiative beruhte und im Einvernehmen mit dem Bischof von Chur erfolgte. Darauf deutet der Übergang dieses Ortes an das Bistum seines churrätischen Ausgangslandes über seinen Vasallen Babo in Singen am Hohentwiel hin. Ein Prozeß war damit eingeleitet, der den Hohentwiel selbst erst im 12. Jahrhundert erreichen sollte, als seine Bedeutung als zentraler Ort bereits Vergangenheit war. Obschon auch die erschließbaren Ansprüche der Churer Kirche in Singen wohl längst in Vergessenheit geraten waren, erinnerte in der rätischen Bischofsstadt noch immer ein Dokument des

Stiftung des Markward für Kloster Reichenau von 1165 (siehe Beitrag G. Person in diesem Band S. 53 und 59)

bischöflichen Archivs, die Königsurkunde Heinrichs I. für Babo nämlich, bis in die Neuzeit hinein an sie. Als schließlich eine Übereinstimmung von *Siginga* mit Sikkingen entdeckt wurde, gelangte die alte, inzwischen zerknitterte und durchlöcherte Pergamenturkunde an die Herren, die nach diesem Ort ihren Namen trugen.

Königsurkunde D H I 2

Heinrich schenkt dem Babo zu Eigen, was dieser in Singen bisher zu Lehen besessen hatte.
Seelheim 920 November 30.

(Chrismon). In nomine sanctae et individuae trinitatis. Heinricus divina favente clementia rex. Noverit omnium fidelium nostrorum praesentium scilicet et futurorum industria, quia nos rogatu et consultu fidelium nostrorum, Burchardi videlicet, Ebarhardi, Chuonradi, Heinrici atque Vtonis venerabilium comitum, Bâboni eiusdem comitis Burchardi vassallo in pago Hegouue in eodem comitatu quicquid in loco Siginga appellato hactenus beneficii tenuit, cum curtilibus aedificiis mancipiis terr[is] cultis et incultis agris pratis campis pasc[uis silv]is aquis aquarumve decursibus molinis piscationibus viis et inviis exitibus et reditibus quaesitis et inquirendis omnibusque rebu[s ma]gnis ac parvis ad praefatum locum iust[e et leg]aliter conspicientibus perpetualiter improprium donavimus. Iussimus quoque hoc nostrae auctoritatis praeceptum inde conscrib[i per] quod volumus firmiterque iubemu[s, quatenus p]raelibatus Bâbo, nullo impedi[en]te sed deo opitulante, aevis temporibus de ipsa proprietate liberam atque securam teneat potes[tatem] habendi donandi vendendi com[mutand]i seu quodcumque sibi libuerit faciendi. Et ut haec auctoritas nostra firmiorem in dei nomine obtineat stabilitatem, manu nostra propria subtus illud firmavimus et anuli nostri impressione insigniri precepimus.
Signum domni Heinrici *(Monogramma firmatum)* serenissimi regis.
Simon notarius advicem Herigeri archiepiscopi recognovi et *(Signum recognitionis Notae notarii) (Sigillum impressum deperditum)*.
Data II. kal. decembr. anno incarnationis domini DCCCCXX, indictionum VIIII, regnante domno rege Heinrico anno II; actum ad [re]gale placitum in loco Seliheim nominato; in dei nomine feliciter amen.

(Invokationszeichen). Im Namen der heiligen und unteilbaren Dreifaltigkeit. Heinrich von der gütigen Gnade Gottes König. Allen unseren Getreuen, den gegenwärtig wie auch den zukünftig lebenden, sei nachdrücklich bekannt gemacht, daß wir auf das Ersuchen und den Ratschlag unserer Getreuen hin, des Burchard nämlich, des Eberhard, Konrad, Heinrich und Uto, ehrenhafter Grafen, dem Babo, dem Vasallen eben des Grafen Burchard, im Gau Hegau in der dortigen Grafschaft alles, was er in dem Ort namens Singen bis jetzt an Lehen innehatte, mit Hofstätten, Gebäuden, Leibeigenen, gerodetem und ungerodetem Land, Äckern, Wiesen, Feldern, Weiden, Wäldern, Gewässern oder Wasserläufen, Mühlen, Fischgründen, wegsamem und unwegsamem Gebiet, Zugängen und Ausgängen, mit bekannten und bisher unbekannten Nutzbarkeiten und mit allen weiteren großen und kleinen Dingen, die recht- und gesetzmäßig zu oben erwähntem Ort gehören, auf immer zu Eigen gegeben haben. Auch haben wir angeordnet, daß diese kraft unserer Amtsgewalt erlassene Verfügung sogleich aufgeschrieben werde. Durch sie verleihen wir unserem Wunsch Ausdruck und befehlen nachdrücklich, daß vorgenannter Babo ohne jegliche Behinderung und mit Gottes Beistand auf ewige Zeiten die uneingeschränkte und sichere Verfügungsgewalt über sein persönliches Eigentum haben soll, es in Besitz zu halten, zu vergeben, zu verkaufen, zu vertauschen oder mit ihm nach seinem Gutdünken zu verfahren. Und damit unsere Verfügung im Namen Gottes um so festeren Bestand haben möge, haben wir dieses Dokument mit unserer eigenen Hand unterzeichnet und befohlen, daß es durch den Abdruck unseres Siegelringes gekennzeichnet werde.
Zeichen des Herrn Heinrich *(Monogramm mit Vollziehungsstrich)* des allergnädigsten Königs.
Ich, Simon, Kanzleibediensteter anstelle des Erzbischofs Heriger, habe dieses beglaubigt und ... *(Rekognitionszeichen mit Noten des Schreibers) (Verlorenes, aufgedrucktes Siegel)*.
Gegeben an den 2. Kalenden des Dezember im Jahre 920 der Fleischwerdung des Herrn, in der 9. Indiktion, im 2. Regierungsjahr des Herrn König Heinrich; vollzogen auf dem königlichen Hoftag in dem Ort namens Seelheim; im Namen Gottes glücklich Amen.

Anmerkungen

Ein Vorabdruck der Studie konnte als Gabe des Verbandes der Freunde der Albert-Ludwigs-Universität Freiburg i. Br. zum Südwestdeutschen Archiv-Tag in Singen im September 1987 vorgelegt werden.

[1] Monumenta Germaniae Historica, Die Urkunden der deutschen Könige und Kaiser 1, 1884, Neudruck 1956, Heinrich I. Nr. 2, S. 40 (zit. D H I 2). Textwiedergabe S. 38 nach der MGH-Edition, Übersetzung von Gerlinde Person.

² Beschrieben 1886 von Friedrich v. Weech (Generallandesarchiv).
³ Freiburg im Breisgau. Amtliche Kreisbeschreibung I/1, 1965, S. 306 ff.
⁴ JOHANN DANIEL SCHOEPFLIN, Alsatia aevi Merovingici Karolingici Saxonici Salici Suevici diplomatica 1, 1872, Nr. 678, S. 476.
⁵ Chartularium magnum fol. 72v im bischöflichen Archiv zu Chur, dazu Bündner UB (s. Anm. 6) S. XIII.
⁶ Dazu die Bemerkung der Bearbeiter (ELISABETH MEYER-MARTHALER und FRANZ PERRET) des Bündner Urkundenbuchs (zit. Bündner UB) 1, 1955, Nr. 97, S. 80: »Da das Diplom abschriftlich im Cart. A des BAC. (bischöfl. Archiv Chur) enthalten ist, dürften Besitzungen wie Urkunde zeitweise der Churer Kirche angehört haben. Später befinden sie sich im Eigentum der Freiherren von Sickingen.« S. dazu Anm. 7 und 11.
⁷ Hansmartin Schwarzmaier in einer brieflichen Äußerung, für die ich auch an dieser Stelle herzlich danke. – Danach trifft die Feststellung im Bündner UB (s. Anm. 6 und 11), »später befinden sie sich (also auch die Besitzungen) im Eigentum der Freiherren von Sickingen«, nicht zu.
⁸ Vgl. ALBERT KRIEGER, Topographisches Wörterbuch des Großherzogtums Baden 2, 1905, Sp. 1002 f. – HELMUT MAURER, Die Rolle der Burg in der hochmittelalterlichen Verfassungsgeschichte der Landschaften zwischen Bodensee und Schwarzwald, in: Die Burgen im deutschen Sprachraum. Ihre rechts- und verfassungsgeschichtliche Bedeutung (= Vorträge und Forschungen 19.2, 1976) S. 190–228) S. 196 mit Anm. 18, hält den für den Hegau 920 überlieferten Graf Burchard für den Herzog. – HANS-WERNER GOETZ, »Dux« und »Ducatus«. Begriffs- und verfassungsgeschichtliche Untersuchungen zur Entstehung des sog. »jüngeren« Stammesherzogtums an der Wende vom neunten zum zehnten Jahrhundert, Bochum 1977, S. 308 mit Anm. 1, bemerkt, »ob er (Burchard) darüber hinaus im Hegau, einem Machtzentrum Erchangers und Bertholds (Hohentwiel), Grafschaftsrechte ausübte, wird nicht ganz deutlich«.
⁹ EBERHARD DOBLER, Zur mittelalterlichen Geschichte von Singen, Hegau 31, 1974, S. 99–112, erwägt S. 101, ob dieser Babo um 920 »Burggraf auf dem Hohentwiel« gewesen ist.
¹⁰ S. Anm. 6 bzw. THEODOR SICKEL, Über Kaiserurkunden in der Schweiz, Zürich 1877, S. 32 und S. 35 f. – Über den Zusammenhang von Chartulareintrag und Rückvermerk. Ebd. S. 36 wird vermutet, die Urkunde sei »wahrscheinlich auch noch um 1700 in Chur« gewesen.
¹¹ S. Anm. 6. – Dies behaupten im Anschluß an SICKEL (s. Anm. 10) S. 36 BÖHMER-OTTENTHAL (s. Anm. 24) Nr. 2: »Die Besitzungen Babos müssen, da die Urkunde in das dortige Chartular aufgenommen ward, an das Bistum Chur, später an die Freiherrn von Sickingen gekommen sein.« Von solchen ist jedoch in Singen nichts bekannt, wie Herbert Berner freundlicherweise versicherte.
¹² HARRY BRESSLAU, Handbuch der Urkundenlehre 1, 1911, 3. Aufl. 1958, S. 181 f.: »Fast ausschließlich durch die Vermittlung geistlicher Archive sind uns auf deutschem Boden die für Laien gegebenen Urkunden des früheren Mittelalters erhalten, und soweit sie nicht auf solche Weise gerettet sind, sind sie zu Grunde gegangen.«

¹³ Vgl. allg. LEO SANTIFALLER, Urkundenforschung. Methoden, Ziele, Ergebnisse (Reihe »Libelli« der Wiss. Buchgesellsch. 162) 2. Aufl. 1967. Zum einzelnen s. Vorrede zur Monumenta-Ausgabe der Diplomata von Th. Sickel (s. Anm. 1) S. Vf.
¹⁴ Dazu ist zu bemerken, daß die erste überlieferte Urkunde Heinrichs eine anläßlich des Besuchs von Konrads I. Grab in Fulda ausgestellte Bestätigung der Urkunde dieses Königs von 912 für das Bonifatius-Kloster darstellt, so daß D H I 2 als erstes Diplom Heinrichs mit neuer Rechtssetzung anzusehen ist.
¹⁵ Vgl. ERNST FÖRSTEMANN, Altdeutsches Namenbuch, Bd. 1 Personennamen, 2. Aufl. 1900, Neudruck 1966, Sp. 223 f., dazu Ergänzungsband von HENNING KAUFMANN, 1968, S. 50: »Bab- ist eine Ablautform zu altsächs. Bovo, ahd. Buobo.«
¹⁶ Zu den St. Galler Urkunden vgl. MICHAEL BORGOLTE und DIETER GEUENICH, Register der Personennamen, in: Subsidia Sangallensia I (= St. Galler Kultur und Geschichte 16, 1986) S. 537 (ebd. S. 546: bob-); zu den Verbrüderungsbüchern vgl. vorläufig PAUL PIPER, MGH Lib. Confr., S. 401 ff. (hervorzuheben ist ein Pabo in einem Eintrag Eberhards von Friaul im St. Galler Verbrüderungsbuch, pag. 13, ebd. S. 30, Abb. Subs. Sangall. I, S. 125), und: Das Verbrüderungsbuch der Abtei Reichenau. Einleitung, Register, Faksimile (MGH Lib. Mem. et Necr. Nova Series 1, 1979) S. 55 (ebd. S. 64 bob-).
¹⁷ Die Belege finden sich im Urkundenbuch der Abtei Sanct Gallen, hg. v. HERMANN WARTMANN 1/2, Zürich 1863, passim, MICHAEL BORGOLTE, Die Grafen Alemanniens in merowingischer und karolingischer Zeit. Eine Prosopographie (= Archäologie und Geschichte. Freiburger Forschungen zum ersten Jahrtausend in Südwestdeutschland 2, 1986) S. 189 f. *(Pabo comes)*, S. 191 f. *(Pebo comes)*.
¹⁸ Über die Babenberger vgl. KARL LECHNER, Die Babenberger Markgrafen und Herzöge von Österreich 976–1246 (Veröffentl. des Inst. für österreichische Geschichtsforschung 23, 1976) bes. S. 39 ff. – Zu den Babonen/Pabonen vgl. den Art. von W(ILHELM) STÖRMER im Lexikon des Mittelalters 1, 1980, Sp. 1322 f. – Zum Burggrafen Babo von Regensburg vgl. HANS CONSTANTIN FAUSSNER, Kuno von Öhningen und seine Sippe in ottonisch-salischer Zeit, Deutsches Archiv für Erforschung des Mittelalters 37, 1981, S. 20–139, bes. S. 23 ff. und S. 86 ff.
¹⁹ Über sie HELMUT BEUMANN, Widukind von Korvei. Unters. zur Geschichtsschreibung des 10. Jahrhunderts, Weimar 1950, S. 5; vgl. die Beiträge in: Der Liber vitae der Abtli Corvey. Studien zur Corveyer Gedenküberlieferung und zur Erschließung des Liber vitae, hg. von KARL SCHMID und JOACHIM WOLLASCH (= Veröffentl. der Hist. Komm. für Westfalen 40. 2, 1989).
²⁰ Vgl. FERDINAND GELDNER, Neue Beiträge zur Geschichte der »Alten Babenberger«, in: Bamberger Studien zur fränkischen und deutschen Geschichte 1, 1971; zu den Popponen vgl. M(ICHAEL) BORGOLTE, Art. »Ältere Babenberger«, Lexikon des Mittelalters 1, 1980, Sp. 1321. – Einen Überblick über die Belegsituation gewährte ein Ausdruck aus der Freiburger Datenbank für Personennamen- und Personenforschung, dazu KARL SCHMID, Zum Einsatz der EDV in der

[21] Vgl. ERNST DÜMMLER, Geschichte des ostfränkischen Reiches 3, 2. Aufl. 1888, Neudruck 1960, S. 521 ff.
[22] G(EROLD) MEYER VON KNONAU, Das Chartular von Rheinau, in: Quellen zur Schweizer Geschichte III/2, 1883, Nr. 25, S. 36 f.
[23] OTTO P. CLAVADETSCHER, Wolfinus Cozperti palatini comitis filius, in: Florilegium Sangallense (= Festschrift für Johannes Duft zum 65. Geburtstag, 1980) S. 149–163.
[24] Zum Zusammenhang vgl. GEORG WAITZ, Jahrbücher des deutschen Reiches unter König Heinrich I., 3. Aufl. 1885, Neudruck 1963, S. 50 f.; JOHANN FRIEDRICH BÖHMER – EMIL VON OTTENTHAL, Regesta Imperii 2, 1893, Neudruck 1967, Nrn. 1b und 2.
[25] Annales Alamannici ad a. 915, neu hg. v. WALTER LENDI, Untersuchungen zur frühalemannischen Annalistik. Die Murbacher Annalen, mit Edition (= Scrinium Friburgense 1, 1971) S. 190. – THOMAS L. ZOTZ, Der Breisgau und das alemannische Herzogtum (= Vorträge und Forschungen, Sonderband 15, 1974) rechnet S. 169 Anm. 282 den »Hohentwiel und Singen« zum Fiskus Bodman, desgl. MAURER (s. Anm. 37) S. 43 und S. 48 u. ö., anders WALTHER (s. Anm. 50) S. 264 f. – MAURER (s. Anm. 8) betont S. 195, »vorab der Hegau mit dem Hohentwiel in der Mitte« habe »zu den entscheidenden Stützpunkten der schwäbischen Herzogsgewalt im 10. Jahrhundert« gehört.
[26] Nach der Schilderung Ekkehards IV. (Casus s. Galli c. 19 f., ed. HANS F. HAEFELE, Ausgewählte Quellen zur deutschen Geschichte des Mittelalters, Frh. v. Stein – Gedächtnisausgabe 10, 1980, S. 48 ff.) über Bischof Salomons III. Gefangennahme durch die Brüder Erchanger und Berchtold wie deren Neffen Liutfrid und deren Hinrichtung waren es diese, die den Hohentwiel zur Verteidigung herrichteten, nachdem der Bischof in Gewahrsam von Erchangers Gattin Berchta auf die Thietpoldisburg gebracht worden war. Der Absicht, ihn entweder zum Hohentwiel zu bringen oder zu töten, seien die Verwandten des Bischofs durch die handstreichartige Ergreifung der Brüder zuvorgekommen. Der von Berchta wohlwollend behandelte Bischof sei von ihnen befreit worden, während die drei Übeltäter (Erchanger, Berchtold und Liutfrid) in Gewahrsam auf den Hohentwiel überführt und durch König Konrads Intervention auf einer Synode verurteilt worden seien. Zum ersten Herzog über die Alemannen aber sei Burchard mit Zustimmung der Großen Schwabens gesetzt worden, dem die eingezogenen Güter der verurteilten Missetäter mit Ausnahme der Mitgift Berchtas als Lehen übertragen worden seien. Nachdem sie vom Herzog in Haft gehalten worden waren, während Salomons Bemühungen auf ihre Exilierung durch den König zielten, seien sie auf dessen Befehl hingerichtet worden.

Dieser dem Bischof und Abt Salomon gewidmete Teil der St. Galler Klostergeschichte Ekkehards steht in doppelter Hinsicht im Widerspruch zu den vergleichsweise kargen Mitteilungen der Annales Alamannici (s. Anm. 25). Zunächst berichten diese zum Jahr 914 von der Gefangennahme Bischof Salomons durch Erchanger, dann von dessen Ergreifung und Exilierung durch König Konrad; und danach von der Rebellion Burchards gegen den König. Zum Jahr 915 wird die Belagerung des *castellum Tviel* durch König Konrad, darauf deren Abbruch wegen Herzog Heinrichs Einfall in Franken berichtet. Daran schließt sich die Mitteilung vom Kampf des aus dem Exil zurückgekehrten Erchanger mit Burchard und Berchtold gegen Stammesgenossen (offenbar der Anhänger des Königs) bei Wahlwies und Erchangers Erhebung zum Herzog an. Zu 916 wird der Tod Erchangers, Berchtolds und Luitfrids mitgeteilt, worauf es heißt: *Et iterum Purchardus rebellavit*.

Danach wurde der Hohentwiel vom König belagert, als Erchanger im Exil war; rebellierte doch Burchard im Anschluß an die Exilierung Erchangers. Nach dessen Rückkehr machte Burchard mit diesem und dessen Bruder Berchtold gemeinsame Sache und rebellierte nach deren Hinrichtung erneut. Da die folgenden Nachrichten zu den Jahren 917 und 918 die Rebellion Arnulfs mit den Bayern und König Konrads Tod betreffen, kann nach dem Wortlaut der Annalen weder auf einen Ausgleich Burchards mit König Konrad noch darauf geschlossen werden, daß König Konrads Belagerung des Hohentwiels Erchanger galt, der im Exil war. Vielmehr ist das Augenmerk auch hier – wie nach der Hinrichtung der sog. Kammerboten Erchanger und Berchtold 916 – auf die Rebellion Burchards zu richten. Im übrigen weist der Bericht Ekkehards in seiner chronologischen Verknüpfung so offensichtliche Irrtümer auf, daß es nicht wunder nimmt, wenn er auch in bezug auf die politische Zugehörigkeit des Hohentwiels jede Erklärung schuldig bleibt, da zunächst auf Ansinnen Erchangers Bischof Salomon, dann jedoch jener selbst mit seinen Helfern dorthin verbracht werden sollte bzw. gebracht worden sei. Sollte hier unausgesprochen Burchard als Besitznachfolger Erchangers auf dem Hohentwiel gemeint sein, dann stünde dies eindeutig im Widerspruch zum Bericht der Annales Alamannici von der erneuten Rebellion Burchards nach Erchangers Enthauptung.

Vgl. dazu die kommentarartigen, ausführlichen Anmerkungen von G(EROLD) MEYER VON KNONAU in seiner Edition Ekkeharti (IV.) Casus sancti Galli c. 18–20 (= St. gallische Geschichtsquellen 3, Mitt. z. vaterl. Gesch. 15/16, NF 5/6, St. Gallen 1877) S. 70 ff.

[27] Über Burchard, den wir – um die bestehende Verwirrung in der Bezeichnung mit einer Ordnungszahl zu umgehen – »Herzog Burchard den Älteren« im Unterschied zu seinem Sohn »Herzog Burchard den Jüngeren« und zu seinem Vater »Markgraf Burchard« nennen, vgl. Neue Deutsche Biographie 3, S. 1957, S. 28 (HANS JÜRGEN RIECKENBERG); Lexikon des Mittelalters 2, 1983, S. 940 f. (TH. ZOTZ). – Allg. HELMUT MAURER, Bodmann, Wahlwies und Hohentwiel und die Begründung der Herzogsherrschaft in Schwaben, in: Bodmann. Dorf – Kaiserpfalz – Adel, Bd. 1, hg. v. H. Berner (= Bodensee-Bibliothek 13.1, 1977) S. 287–307. Korrekturnachtrag: Die Akten zur Synode von Hohenaltheim am 20. 9. 916 sind von HORST FUHRMANN neu ediert worden in: Monumenta Germaniae Historica, Concilia 6, 1, hg. von E.-D. HEHL unter Mitarbeit von H. FUHRMANN, Hannover 1987, S. 1–40; dazu HORST FUHRMANN, Die Synode von Hohenaltheim 1916 – quellenkundlich betrachtet, Deutsches Archiv für Erforschung des Mittelalters 43, 1987, S. 440–468. – Zum Problem der Burganlage auf dem Hohent-

²⁷ wiel vgl. GÜNTER RESTLE, Die mittelalterliche Burg auf dem Hohentwiel, Hegau 31/32, 1986/87, S. 19–43.

²⁸ Dazu Ann. Sangall. ad a. 919, ed. HENKING (s. Anm. 36) S. 280 f.

²⁹ Vgl. ERNST KARPF, Königserhebung ohne Salbung. Zur politischen Bedeutung von Heinrichs I. ungewöhnlichem Verzicht in Fritzlar (919), Hessisches Jahrbuch für Landesgeschichte 34, 1984, S. 1–24, hier S. 21 mit Anm. 90.

³⁰ Zumindest ist der Begriff »Unterwerfung« mißverständlich, so etwa bei WAITZ (s. Anm. 24) S. 43 ff.: »Unterwerfung Herzog Burchards von Alamannien«. Bezeichnend auch HEINRICH BÜTTNER, Heinrichs I. West- und Südwestpolitik, 1964, S. 8, der gleichfalls von »Unterwerfung« spricht, wo besser »Anerkennung« am Platze wäre, zumal im Anschluß daran angesichts der hochburgundischen Bedrohung von »Einigung mit Heinrich I.« die Rede ist. Vgl. auch WALTER SCHLESINGER, Die Königserhebung Heinrichs I., Der Beginn der deutschen Geschichte und die deutsche Geschichtswissenschaft, Historische Zeitschrift 221, 1975, S. 529–552, hier S. 542, (vgl. DENS., Die Königserhebung Heinrichs I. zu Fritzlar vom Jahre 919, in: Fritzlar im Mittelalter, Festschrift zur 1250-Jahrfeier, 1974, S. 121–143), und neuerdings ALTHOFF – KELLER (s. Anm. 31) S. 66 f., dagegen treffend S. 245.

³¹ Dazu künftig GERD ALTHOFF und KARL SCHMID, Amicitiae. Kommentierte Dokumentation einer Bündnisbewegung durch Freundschaften und Gebetsverbrüderungen (in Vorbereitung) und schon GERD ALTHOFF – HAGEN KELLER, Heinrich I. und Otto der Große. Neubeginn und karolingisches Erbe (= Persönlichkeit und Geschichte 122/123, 1986).

³² Liutprandi Antapodosis IV 25, in: Quellen zur Geschichte der sächsischen Kaiserzeit (= Ausgewählte Quellen zur deutschen Geschichte des Mittelalters, Freiherr vom Stein – Gedächtnisausgabe 8, 1971) S. 430: »[. . .] *facti sunt amici in illa die, qui prius inimici erant ad invicem*« (in Anspielung auf Luc. 23, 12).

³³ Dazu BÜTTNER (s. Anm. 30) S. 53, der die Meinung vertritt, Heinrich habe »bei der Übergabe der Hl. Lanze keineswegs auf großen Besitz verzichtet, den er tatsächlich noch besessen hatte, sondern er erkannte die Gebietsverluste, die bereits Burchard hingenommen hatte, nun auch seinerseits an«.

³⁴ Zum Vorgang vgl. HANS CONSTANTIN FAUSSNER, Die Verfügungsgewalt des deutschen Königs über weltliches Reichsgut im Hochmittelalter, Deutsches Archiv für Erforschung des Mittelalters 29, 1973, S. 345–449, bes. S. 403 ff.

³⁵ Auch GOETZ (s. Anm. 8) S. 330 betont mit Berufung auf MARTIN LINTZEL, Heinrich I. und das Herzogtum Schwaben, Historische Vierteljahrsschrift 24, 1927, S. 1–17, bes. S. 3, Heinrich »zeigte damit, daß er die Verfügung über das Königsgut in seiner Hand behielt«.

³⁶ ARNO BORST, Die Pfalz Bodman, in: Bodman (s. Anm. 27) S. 215: »Seine Herrschaft verdankte er (Burchard) der Burg auf dem Hohentwiel«; ähnlich MAURER (s. Anm. 37) S. 48 und schon CARL HENKING (Hg.), Die annalistischen Aufzeichnungen des Klosters St. Gallen, in: Mitteilungen zur vaterländischen Geschichte 19, NF 9, St. Gallen 1884, S. 262 Anm. 7; anders GOETZ (s. Anm. 8).

³⁷ Dazu BÜTTNER (s. Anm. 30) S. 43 ff. und JOSEF FLECKENSTEIN, Bemerkungen zum Verhältnis von Königspfalz und Bischofskirche im Herzogtum Schwaben unter den Ottonen, in: Schauinsland 90, 1972, S. 51–59, bes. S. 56; ZOTZ (s. Anm. 25) S. 55 f.; HELMUT MAURER, Der Herzog von Schwaben. Grundlagen, Wirkungen und Wesen seiner Herrschaft in ottonischer, salischer und staufischer Zeit, 1978, bes. S. 36 ff. und S. 124 ff.

³⁸ Vgl. FRANZ BEYERLE, Das Burgkloster auf dem Hohen Twiel, in: Hohentwiel. Bilder aus der Geschichte des Berges, hg. v. Herbert Berner, 1957, S. 125–147; zuletzt den Art. v. FRANZ QUARTHAL, in: Germania Benedictina 5, 1975, S. 309–312.

³⁹ MAURER (s. Anm. 37) S. 52 und S. 56. – In diesem Zusammenhang ist der Hinweis auf den wohl zu Lebzeiten der Herzogin Hadwig entstandenen Hymnus des hl. Märtyrers Georg von besonderem Interesse (ebd. S. 50), dazu WOLFGANG HAUBRICHS, Georgslied und Georgslegende im früheren Mittelalter (= Theorie – Kritik – Geschichte 13, 1979) S. 333 mit Verweis Anm. 560 auf DENS., Hero Sancte Gorio. Georgslied und Georgskult im frühen Mittelalter. Studien zu Herkunft, Überlieferung und Rezeption eines spätkarolingischen Heiligenliedes, Habil. Schrift Saarbrücken 1975, Abschn. 4.3.1.; dazu RUDOLF SCHÜTZEICHEL, Bespr. in: Beiträge zur Namensforschung NF 17, 1982, S. 263.

⁴⁰ MGH D H II 511. – Vgl. THEODOR MAYER, Das schwäbische Herzogtum und der Hohentwiel, in: Hohentwiel (s. Anm. 38) S. 88–113, bes. S. 101 ff.

⁴¹ Vgl. ELISABETH MEYER-MARTHALER, Rätien im frühen Mittelalter (= Beiheft zur Zeitschrift für Schweizerische Geschichte 7, 1948) bes. S. 82 ff. und die in Anm. 28 zit. Beiträge.

⁴² EBERHARD DOBLER, Burg und Herrschaft Hohenkrähen im Hegau (= Hegau-Bibliothek 50, 1986) S. 15 vermutet bezüglich des St. Galler Besitzes im Mittleren Hegau »einen Besitztausch zwischen den beiden Abteien (St. Gallen und Reichenau) aus den ersten Regierungsjahren des Herzogs Burkhard I. um 920«. – Indessen wäre zu erwägen, ob Babo selbst vielleicht etwas mit Churrätien zu tun hatte. Im Liber viventium des Klosters Pfäfers kommt der Name zwar nur selten vor, doch finden sich drei Einträge des Namens *Pabo* auf pag. 43 (PIPER, s. Anm. 16, S. 366), pag. 93 (PIPER, S. 380) und pag. 166 (PIPER, S. 393).

⁴³ Eine ganze Reihe von Urkunden dazu ist im Bündner UB (s. Anm. 6) veröffentlicht, s. etwa Nrn. 99 f., 102–104, 108 f., 111–115 und 119–121.

⁴⁴ Bündner UB (s. Anm. 6) Nr. 96, S. 78 ff., vgl. dazu die Vorbemerkung der Herausgeber. – Nach Waldos Tod († 949) kam Pfäfers wieder ans Reich, s. D O I 120; 973 bestellte Otto II. den Reichenauer Mönch und späteren Reichenauer Abt Adalwich zum Abt von Pfäfers (D O II 63).

⁴⁵ Vor allem sind Äußerungen zu nennen in den Vitae s. Wiboradae, Die ältesten Lebensbeschreibungen der heiligen Wiborada, hg. und übers. v. WALTER BERSCHIN (= Mitteilungen zur vaterländischen Geschichte 51, St. Gallen 1983) S. 70 ff. und S. 180 ff. und in den Miracula s. Verenae, s. ADOLF REINLE, Die heilige Verena von Zurzach. Legende – Kult – Denkmäler, Basel 1948, S. 49.

⁴⁶ Dazu WAITZ (s. Anm. 24) S. 44 f.

⁴⁷ PIPER, Lib. confr. (s. Anm. 16) S. 136: Burchard wird hier *fortissimus dux Alamannorum* genannt.

[48] S. oben S. 4 ff.
[49] Dazu GERLINDE PERSON, Die Herren von Singen-Twiel und der Reichenauer Kelhof in Singen, in diesem Band S. 52 ff.
[50] Jedenfalls hat sich das Kloster Reichenau schon im Jahre 946 in Frankfurt (D O I 83) bemüht, »das vom Fiskus Bodman an sich zu bringen, was die Herrscher bislang so hartnäckig vorenthalten hatten«, so HELMUT G. WALTHER, Der Fiskus Bodman, in: Bodman (s. Anm. 27) S. 265, der S. 257 von der »Erosion des Fiskus« spricht. Über die bisherigen Meinungen der Forschung informiert ausführlich Person, in diesem Band S. 52 ff.
[51] Vgl. die Liste der Schenkungen in der Chronik des Gallus Öhem, hg. von KARL BRANDT (= Quellen und Forschungen zur Geschichte der Abtei Reichenau 2, 1893) S. 19; unter den Zuwendungen des *Nottingus* findet sich ein Ort Singen, der offensichtlich jenes bei Durlach in Mittelbaden meint. – Zum Grab Herzog Burchards II. vgl. neuerdings ALFONS ZETTLER, Die frühen Klosterbauten der Reichenau. Ausgrabungen – Schriftquellen – St. Galler Klosterplan (= Archäologie und Geschichte. Freiburger Forschungen zum ersten Jahrtausend in Südwestdeutschland 3, 1988), S. 109 ff., bes. S. 115 ff.
[52] So auch WALTHER (s. Anm. 50) S. 265.
[53] Dazu KARL SCHMID, Burg Twiel als Herrensitz, in: Hohentwiel (s. Anm. 38) S. 148–169, bes. S. 156 f.

Nachtrag

Zu Anm. 5: Für freundliche Auskünfte danke ich dem Archivar des bischöflichen Archivs, Herrn Dr. Bruno Hübscher.
Zu Anm. 18: Vgl. neuerdings EDUARD HLAWITSCHKA, Untersuchungen zu den Thronwechseln der ersten Hälfte des 11. Jahrhunderts und zur Adelsgeschichte Süddeutschlands (= Vorträge und Forschungen, Sonderband 35, 1987) S. 100 f.
Zu Anm. 20: Frühmittelalterliche Studien 22, 1988, S. 53–69, hier S. 60 ff.
Zu Anm. 22: Vgl. HLAWITSCHKA (s. Anm. 18) S. 66, Anm. 214.
Zu Anm. 30: Es fragt sich, ob Widukinds Äußerungen Sachsengeschichte I, 27, in: Quellen zur Geschichte der sächsischen Kaiserzeit (Ausgewählte Quellen zur deutschen Geschichte des Mittelalters, Freiherr vom Stein – Gedächtnisausgabe 8, 1971) S. 58: *Heinricus perrexit ... ad pugnandum contra Burchardum* und (Burchard) *tradidit semet ipsum ei* angesichts der übergangenen, Burgund betreffenden Auseinandersetzungen glaubhaft sind. Stutzig macht schon die Fortsetzung: *et rebus prospere gestis transiit inde in Baioariam ...,* was keinesfalls mit dem DHI 2 zu vereinbaren ist.
Zu Anm. 39: RUDOLF SCHÜTZEICHEL, Codex Pal. lat. 52. Stud. z. Heidelberger Otfridhandschrift, zum Kicila-Vers und zum Georgslied (= Abh. d. Ak. d. Wiss. zu Göttingen, Phil.-Hist. Kl. 3. Folge 130, 1982), passim, sowie Entgegnung von HAUBRICHS in: Zeitschrift f. deutsches Altertum u. deutsche Literatur 114, 1985, S. 9–19.

Die Herren von Singen-Twiel und der Reichenauer Kelhof in Singen*

von Gerlinde Person

1987 jährte sich die Ersterwähnung von Singen zum zwölfhundertsten Male. Daneben barg dieses Jahr für die Geschichte des Hegauortes einen weiteren Jubiläumsanlaß: Vor genau neunhundert Jahren trat erstmals ein Adliger auf, der sich nach Singen nannte.

Es handelt sich um Adelbero von Singen (*Adelbero de Singin*), der 1087 als Zeuge in einer Urkunde des Klosters Allerheiligen in Schaffhausen erwähnt wird[1]. Wohl derselbe Adelbero ist weiterhin in den darauffolgenden Jahren 1090, um 1100, 1100 und 1102 urkundlich bezeugt[2]. Dann ist zum Jahr 1107 Eberhard von Singen (*Eberhardus de Singen*) gemeinsam mit einem Verwandten Adelberos namens Siegfried (*Sefridus*) belegt[3]. In dieser Urkunde wird Siegfried als *consobrinus* Adelberos bezeichnet; er ist wohl als Verwandter Adelberos von seiten der Gattin oder Mutter zu betrachten[4]. Wahrscheinlich oben genannter Eberhard von Singen wird in einer Urkunde von 1122 zusammen mit seinem Bruder Adelbero faßbar[5]. Eine Urkunde von 1135 erwähnt die beiden Brüder erneut, aber nun in der Zubenennung nach dem Twiel (*Eberhardus et frater eius Adilbero de Tuielo*)[6].

Der seit 1087 bezeugte Adelbero von Singen dürfte einer anderen Generation angehört haben als die Brüder Eberhard und Adelbero, in denen man seine Söhne vermuten kann[7]. Eberhard von Twiel (*Eberhardus de Twiela*) erscheint abermals als Zeuge einer Rechtshandlung, die zwischen 1122 und 1132 erfolgte[8]. Bei der zum Jahr 1152 belegten gleichnamigen Person dürfte es sich vielleicht um seinen Sohn, zumindest um einen Nachkommen der Brüder Adelbero und Eberhard von Twiel handeln[9].

Da die Namen Eberhard und Adelbero mehrfach in mindestens zwei Generationen vorkommen, geben sich die genannten Adligen als zusammengehörig zu erkennen. Sie dürften als Adelsfamilie anzusprechen sein[10], die wir hier umschreiben als die »Herren von Singen-Twiel«. Diese Bezeichnung trägt der Tatsache Rechnung, daß Singen und der Hohentwiel dieser Familie ihren Namen gaben.

Die Herren von Singen-Twiel stehen im Zentrum der folgenden Ausführungen, die sich auch ihren Beziehungen zu zeitgenössischen Institutionen, Herrschaftsträgern und Adelsgeschlechtern sowie der Frage nach einem festen Sitz dieser Adelsfamilie widmen. Die mittelalterliche Geschichte von Singen läßt sich nur schreiben unter Einbeziehung des Klosters Reichenau, dem wesentliche Bedeutung für den Hegauort zukam. Schließlich richtet sich unser Blick auf Personen, die sich in der zweiten Hälfte des 12. und während des 13. Jahrhunderts »von Singen« oder »von Twiel« nannten; unter anderem weil sie unterschiedliche Rufnamen tragen, lassen sie sich nicht als zusammengehörig ansprechen.

I. Die Herren von Singen-Twiel und der Hohentwiel

Mächtig ragt der Hohentwiel aus der Hegaulandschaft heraus und gewährt einen weiten Blick auf die an seinem Fuße gelegene Stadt Singen. Die Aach umfloß den mittelalterlichen Ortskern von Singen im Westen und schied gleichzeitig den Ort in der Niederung vom Hegauberg. Entsprechend der räumlichen Nähe finden sich vielfältige historische Beziehungen zwischen Singen und dem Hohentwiel.

Beide Orte – wobei der Hohentwiel in den Quellen des Mittelalters »Twiel« genannt wird – sind die zentralen Schauplätze der Geschichte der Herren von Singen-Twiel; sie wirkten namengebend für diese Adelsfamilie. Dies gibt uns hier Anlaß, mit der frühen Geschichte von Singen und dem Twiel zu beginnen.

Die beiden ersten Schriftzeugnisse über Singen aus den Jahren 787 und 888 verdanken wir dem Kloster St. Gallen; Singen war Actumort zweier Urkunden des Steinachklosters: Während die Urkunde von 787 die Übertragung von St. Galler Besitz dokumentiert (*Actum Sisinga villa publica*)[11], erwähnt jene von 888 eine Besitzschenkung an das Gallskloster (*Actum in Sigingun publice*)[12]. St. Gallen selbst war in der Frühzeit in Singen nicht begütert[13]. In der Urkunde von 787 heißt Singen *villa publica*, »königlicher Ort«.

Der sich über Singen erhebende Twiel tritt zu Beginn des 10. Jahrhunderts anläßlich einer Rebellion gegen König Konrad I. ins Licht der Überlieferung, und zwar als ein von Königsgegnern widerrechtlich befestigter Berg[14]. Einer der königlichen Feinde, Burchard, vermochte sich durchzusetzen: Wie Karl Schmid zeigen konnte, brachte ein Ausgleich mit Heinrich I. Burchard die Anerkennung als Herzog in Schwaben, und der Sachsenkönig gewann in dem neuen Herzog eine wichtige Stütze für seine junge Königsherrschaft im Südwesten des Reiches. Dafür spricht jenes Diplom König Heinrichs I. von 920, wonach Heinrich I. dem Vasallen Herzog Burchards namens Babo, was er bisher in Singen zu Lehen besessen hatte, zu Eigen schenkte[15]. Danach kommt dem Reichsgut Twiel und Singen entscheidende Bedeutung für die Erlangung der Herzogsherrschaft durch Burchard zu.

Unter Burchard dem Jüngeren diente der Twiel erneut als herzoglicher Sitz[16]. Burchard gründete sogar zusammen mit seiner Gemahlin Hadwig ein Kloster in der Burg[17], das gewiß – unabhängig vom Gründungsmotiv im einzelnen – zur Festigung von Herrschaft, eben durch die Verbindung von Burg und Kloster, beitrug[18]. Einziges zeitgenössisches Zeugnis für das Herzogskloster auf dem Twiel ist eine Mönchsliste im Reichenauer Verbrüderungsbuch mit der Überschrift *Nomina fratrvm de monasterio qvod dicitvr Dvellvm*[19]. Die Grundausstattung erhielt das Herzogskloster aus Reichsgut, über das Hadwig nach dem Tod ihres Gatten verfügte; Eigengut der Herzoginwitwe wurde nicht Bestandteil des klösterlichen Grundbesitzes[20]. Das im 12. Jahrhundert gefälschte Diplom über die Verlegung des Klosters auf dem Twiel nach Stein am Rhein führt Singen und den Twiel nicht als Güterorte des Klosters auf; dennoch hätten – so Thomas Zotz – beide Orte zum Besitz der Abtei hinzugehört[21].

Nach dem Tode der Herzoginwitwe 994 machte Otto III. seinen Anspruch auf die Burg deutlich, indem er noch im gleichen Jahr 994[22] und dann im Jahr 1000[23] auf dem Twiel urkundete. Demnach hatte das Herzogskloster den Reichsgutcharakter des Twiel nicht verändert[24]. Die Verlegung des Twielklosters nach Stein durch den Nachfolger Ottos III., König Heinrich II., bestätigt diesen Sachverhalt, wenngleich anzumerken ist, daß Heinrich II. auch als Erbe der Herzogin Hadwig Anspruch auf die Burg Twiel hätte erheben können[25]. Das gefälschte Heinrichsdiplom über die Klostertransferierung nennt als Grund für die Verlegung den für die Mönche zu beschwerlichen Aufstieg auf den Berg[26]. Mit dieser Maßnahme Heinrichs II. schwand die Bedeutung des Twiel merklich, wenngleich er reichsgeschichtlich noch nicht unwichtig geworden war.

Dies zeigte sich im 11. und 12. Jahrhundert, insbesondere während des Investiturstreites, als verschiedene Parteien den Twiel beanspruchten; seine Rechts- und Besitzqualität in dieser Zeit ist für uns heute nicht klar erkennbar.

Zum Jahr 1079 berichtet Berthold in seinen Annalen, Königin Adelheid, die Gemahlin Rudolfs von Rheinfelden, habe sich, während dieser in Sachsen weilte, in bedrängter Lage auf den Twiel und verschiedene andere Burgen in der Nähe des Rheins zurückgezogen, sei bald darauf gestorben und in St. Blasien bestattet worden[27]. Aus dieser Nachricht läßt sich sicher ableiten, daß der Twiel in der Hand von Gegnern des Salierkönigs war[28]. Ob Rudolf von Rheinfelden über ihn verfügte, ist nicht eindeutig zu entscheiden. Der Twiel wird als einziger der Zufluchtsorte Adelheids namentlich genannt, während die anderen Burgen in der summarischen Erwähnung anonym bleiben. Möglicherweise darf darin ein Hinweis auf seine besondere Bedeutung gerade für Rudolf von Rheinfelden als den früheren schwäbischen Herzog und/oder – was noch wahrscheinlicher ist – als Gegenkönig gesehen werden.

In Singen wurde in den 1070er Jahren[29] die sogenannte Schluchseeschenkung an das Kloster St. Blasien vollzogen. Offensichtlich machte eine Anfechtung der Schenkung in den 1120er Jahren ihre Bestätigung erforderlich, welche Kaiser Heinrich V. auf dem Straßburger Hoftag 1125 vornahm[30]. Bei dem Schenkerkreis handelte es sich um eine auf »Kuno von Öhningen« zurückgehende Erbengemeinschaft[31], die der gregorianischen Partei zugehörte[32]. Um sich an der Schenkung beteiligen zu können, mußte der Reichenauer Vogt Hezelo zunächst einen Gütertausch mit dem Bodenseekloster vornehmen. In diesem Zusammenhang wird die Anwesenheit des Reichenauer Abtes Ekkehard von Nellenburg und eines *dux Bertoldus* erwähnt; während man in letzterem bislang Bertold (von Zähringen) zu sehen geneigt war[33], hält Hans Constantin Faußner ihn für den 1079 zum Gegenherzog erhobenen Bertold von Rheinfelden und datiert den Tausch zwischen Hezelo und der Reichenau ins Jahr 1079[34]. Nach der Königsurkunde von 1125 wurde die Schluchseeschenkung *apud Singerbrucho* vorgenommen, und man interpretiert diese Ortsangabe als einen Übergang über die Aach in Singen[35].

1079 wurde Rudolfs Sohn Bertold von Rheinfelden schwäbischer Gegenherzog. Die Zeit um seinen Amtsantritt ist geprägt von einer Reihe schwerer Auseinandersetzungen in Schwaben: Bertold II. fügte im Zuge der Eroberung des Breisgaus im Jahr 1079 dem Kloster St. Gallen großen Schaden zu[36]. Der Reichenauer Abt Ekkehard von Nellenburg überfiel das Galluskloster, weil dessen Abt, der kaiserlich eingestellte Ulrich III. von Eppenstein, während Ekkehards Abwesenheit auch die Reichenau an sich gezogen hatte. Weitere Übergriffe im

Bodenseeraum seitens des Abtes Ekkehard und Bertolds II. folgten; man unternahm auch den Versuch, im Steinachkloster einen Gegenabt einzusetzen[37]. Die Maßnahmen gegen St. Gallen erklären sich vornehmlich aus der kaisertreuen Haltung der Abtei unter ihrem Abt Ulrich aus dem Geschlecht der Eppensteiner, welches das kärntnerische Herzogtum innehatte[38].

Die Ansprüche der rivalisierenden Parteien richteten sich schließlich auf den Twiel, und man erfährt, daß dieser sich vor 1086 in der Hand Bertolds II. befunden habe: Die Continuatio casuum sancti Galli berichtet, Bertold II. sei erneut in St. Gallen eingedrungen, weil er den Twiel, über den er bis dahin verfügt hatte, an den St. Galler Abt Ulrich von Eppenstein verloren habe:

»Marchio vero Bertoldus [sc. Bertold II.[39]]...monasterium sancti Galli hostiliter invadens, praeda et igne vastavit... Hanc autem invasionem idem marchio Bertoldus propter hoc maxime perpetravit, quia abbas et patriarcha suam munitionem Tivela, urbanis ipsis sibi furtim tradentibus, ad tempus possedit. Ob hoc etiam in eundem abbatem marchio maxima invidia exarsit, quia suus frater Liutoldus aliqua sui juris, ut sibi visum est, scilicet ducatum Carintie, concessione regia obtinuit, et alter ejus frater marchiam Istriam sub eadem concessione possedit.«[40]

Die Frage, wie der Twiel an Bertold II., den späteren Zähringerherzog, gekommen ist, bewegt die Forschung seit langem. Daß er als Pertinenz des ehemaligen Twielklosters an Bertold II. gekommen sei[41], findet in den Quellen keine Bestätigung[42]. Es wurde erwogen, die Burg könnte sich im Besitz des schwäbischen Gegenherzogs Bertold von Rheinfelden befunden und politisch Bertold II. offengestanden haben[43]. Da dieser das Rheinfeldener Erbe erst 1090 antrat, kann die Burg nicht als Bestandteil desselben vor 1086 in die Hand Bertolds II. gekommen sein[44]. Allenfalls könnte sie Rudolfs Tochter Agnes von Rheinfelden in ihre Ehe mit Bertold II. eingebracht haben[45], was wiederum zu Lebzeiten Bertolds von Rheinfelden nicht allzu wahrscheinlich ist.

Diese letztgenannten Erklärungsversuche kreisen um die Beziehungen Bertolds II. zu den Rheinfeldenern. Da wäre vielleicht auch die Möglichkeit in Betracht zu ziehen, daß Rudolf von Rheinfelden Bertold II. mit der Burg belehnt haben könnte.

Bertold I. hatte 1061 das Herzogtum Kärnten erhalten; jedoch konnte er in Kärnten seine Herzogsherrschaft nicht durchsetzen[46]. Statt dessen ist als Herzog von Kärnten der Bruder Ulrichs III. von St. Gallen, Liutold von Eppenstein, erwähnt. Aus dieser Konstellation erwuchs nach Aussage des St. Galler Chronisten ein Gegensatz zwischen Bertold II. und den Eppensteinern; dieser verschärfte nicht zuletzt die Auseinandersetzung um den Twiel[47].

Indem Ulrich III. Bertold II. den Twiel entzog, handelte er wohl im Sinne seiner Familie und gleichzeitig als Gewährsmann König Heinrichs IV. Vermutlich konnte er sich bei seinem Vorgehen auf Reichsrechte stützen, die noch an der Burg hafteten[48].

Otto von Freising polemisierte später in seinen Gesta Frederici gegen die Zähringer, Bertold II. habe das Herzogtum Schwaben als Schwiegersohn Rudolfs von Rheinfelden beansprucht[49].

Zeitlich unmittelbar anschließend an die beschriebenen Vorgänge um den Twiel werden die Herren von Singen 1087 erstmals urkundlich faßbar. Vom Twiel hören wir erst wieder in den 1120er Jahren im Zuge der St. Galler Abtswahl, in die sich Konrad von Zähringen einschaltete. Im Hinblick darauf ist das Verhältnis der Singener Herren zu den Zähringern bis etwa 1120 von Interesse.

Im Umfeld des Klosters Allerheiligen müssen zwischen den Herren von Singen und den Zähringern enge Bindungen bestanden haben, denn Angehörige beider Geschlechter werden gemeinsam als Zeugen in Allerheiligenurkunden erwähnt, und die Herren von Singen bezeugten auch Rechtsvorgänge, die speziell das Salvatorkloster und Bertold II. betrafen:

Die Versammlung der gregorianischen Partei Schwabens im Jahre 1087 führte unter anderem Bertold II. und Bischof Gebhard III. von Konstanz mit Adelbero von Singen zusammen[50]. Dieser bezeugte 1090, daß Graf Burkhard von Nellenburg Bertold II. und dessen Sohn die Höfe Büsingen und Hemmental übertragen hatte[51]. Die Zeugenliste einer Allerheiligenurkunde von 1100, welche die Schenkung des Gutes Hemmental mit dem Wald Randen an das Salvatorkloster durch Burkhard von Nellenburg dokumentiert, wird angeführt von Bertold II. von Zähringen und seinem Neffen, dem Markgrafen Hermann II. von Limburg, und sie erwähnt auch Adelbero von Singen[52]. Derselbe bezeugte 1102, daß Herzog Bertold seine Ansprüche auf jene Grundstücke aufgab, die sein Vater mit Graf Eberhard von Nellenburg getauscht hatte[53]. Diese Urkundenreihe erhellt die Verbindung der Singener Herren zu den Zähringern bereits in der Zeit vor 1120[54].

Der Twiel rückt bezeichnenderweise anläßlich der St. Galler Abtswahl nach dem Tode Ulrichs III. von Eppenstein (vermutlich am 13.12.1121[55]) wieder in den Blickpunkt.

Als Nachfolger Ulrichs wählte ein Teil des Konventes den St. Galler Mönch Heinrich von Twiel zum Abt, und der König investierte ihn[56]. Ein anderer Teil der Mönche jedoch setzte gegen Heinrich von Twiel unter Mithilfe Herzog Konrads von Zähringen, der mit beträchtlichem Reiteraufgebot vor St. Gallen erschienen war, den edelfreien St. Galler Mönch Manegold von Mammern als Abt des Steinachklosters durch[57]. Heinrich von Twiel und seinen getreuen Mönchen blieb nur die Flucht über den See in den Nibelgau auf die Burg Zeil[58]. Manegold von Mammern unterwarf offenbar die *civitas* St. Gallen sowie ihre Umgebung und brachte St. Galler Güter jenseits des Bodensees an sich. Nach weiteren Aktionen dieser Art erreichte Manegold nach Auskunft des Chronisten seine Anerkennung als St. Galler Abt seitens König Heinrichs V.[59]. Heinrich von Twiel ging danach ins Kloster Zwiefalten und kehrte erst unter Manegolds Nachfolger im Abbatiat als Propst ins Steinachkloster zurück[60].

Die Adligen Eberhard und Adelbero von Singen, die sich noch 1122 nach dem Ort in der Aachniederung nannten, traten 1135 als Herren »von Twiel« auf, das heißt, sie waren zwischenzeitlich in den Besitz von Rechten auf die Burg gelangt. Dies wurde unter anderem dahingehend gedeutet, daß sie auch ihren Wohnsitz hinauf auf den mächtigen Hegauberg verlegten[61]. Dieser Vorgang dürfte zeitlich zwischen 1122 und 1132 anzusetzen sein, denn innerhalb dieses Zeitraumes ist Eberhard von Twiel ohne seinen Bruder Adelbero als Zeuge erwähnt, und dieses Zeugnis setzt die Umbenennung bereits voraus. Bevor sich die Singener Herren nach dem Twiel nennen konnten, besaß wohl – wie sich aus der Zubenennung ergibt – Heinrich von Twiel oder seine Familie Rechte auf die Burg; diese müssen im Einverständnis oder Auftrag des St. Galler Abtes Ulrich wahrgenommen worden sein[62], denn unter dessen Abbatiat war Heinrich Mönch im Steinachkloster gewesen. Nachdem Ulrich III. 1086 Bertold II. den Twiel entzogen hatte, muß dieser bis zur St. Galler Abtswahl unter seinem Einfluß oder dem Heinrichs von Twiel verblieben sein[63]. Letzterem war er danach verschlossen, mußte er doch als verdrängter Abt seine Zuflucht im Nibelgau suchen. Statt dessen nannten sich dann die früheren Singener Herren nach der Burg.

Hans Jänichen ging davon aus, daß der Twiel im Erbgang von Herzog Hermann II. an die Rheinfeldener, Zähringer und schließlich als Eigen 1086 an die Eppensteiner kam, da Ulrich von St. Gallen ein Enkel der Tochter Herzog Hermanns II. war[64]. Er hält die Singener für »Allodialerben [...] der Eppensteiner«, die nach dem Aussterben von deren herzoglicher Linie den Twiel in Eigenbesitz genommen hätten, wobei sie zuvor in Singen auf den Erbfall gewartet hätten[65]. Aber die weitgehende Übereinstimmung der Namen der Herren von Singen – zu denen Jänichen auch Heinrich von Twiel und einen 1165 bezeugten Markward, der in Singen ein Lehen besaß, hinzuzählte[66] – mit den Namen der Eppensteiner kann auf Zufall beruhen; da diese Namen keine über mehrere Generationen reichende Tradition ausbildeten, reicht die Übereinstimmung für die These, mit den Singenern habe sich eine Nebenlinie des Kärntner Herzogshauses in der Aachniederung angesiedelt, nicht aus. Zumal Jänichen lediglich vermuten konnte, die Singener hätten 1086 von außerhalb in den Hegau eingeheiratet[67]. Mehrere Gründe sprechen jedoch dafür, daß sie schon längere Zeit im Hegau ansässig gewesen sein müssen[68]. Jänichens These führt zu Schwierigkeiten mit den Parteiungen der Beteiligten: Während die Singener als Angehörige einer Eppensteiner Nebenlinie der kaiserlichen Partei zuzurechnen seien, hätte ihr Verwandter Heinrich von Twiel in den Nibelgau fliehen müssen, weil sie nun doch nicht mehr auf seiner Seite standen[69]. Mit den Zähringern aber sollen sie sich nach der St. Galler Auswahl versöhnt haben, indem die Singener die Vertreibung Heinrichs von Twiel aus dem St. Galler Abbatiat anerkannten, wofür Konrad von Zähringen auf den Twiel verzichtete[70]. Wie schon dargelegt wurde, bestand aber zwischen den Singenern und den Zähringern kein gespanntes Verhältnis; es muß vielmehr Einvernehmen geherrscht haben[71].

Karl Schmid ist davon ausgegangen, die Einmischung Konrads in die St. Galler Abtswahl habe offenbar Heinrich von Twiel die Möglichkeit, auf dem Twiel selbst seine Zuflucht zu nehmen, versperrt. Im Zusammenhang damit schien die auffallende Tatsache der Umbenennung der Singener nach dem Twiel zu stehen, in der sich eine Verlagerung ihres Sitzes und möglicherweise ihrer Stellung zeige. Da der gewählte Nachfolger Ulrichs von Eppenstein vertrieben wurde, konnte Konrad offensichtlich den Twiel wieder zähringischem Einfluß öffnen; dieser kam darin zum Tragen, daß die Herren von Singen wohl um 1122/23 Rechte auf den Berg erlangten, die in ihrer Umbenennung aufscheinen[72]. Man schließt daraus, der Twiel habe ihnen als Adelssitz gedient[73].

Vielleicht galt Konrads Eingreifen in die Abtswahl vor allem der Regelung der Hohentwielfrage in Anknüpfung an die Ereignisse von 1086, wobei seit dem staufisch-zähringischen Ausgleich von 1098 die Bedingungen sich grundlegend geändert hatten und die Herzöge ihren Titel offiziell zu führen berechtigt waren[74]. Seine Rolle als schwäbischer »Herzogsvorort« hatte der Twiel längst ausgespielt[75]; möglicherweise konnten sich die Zähringer in ihrem Anspruch auf die Burg noch auf Reichsrechte, die sich mit ihr verbanden, berufen.

Da also wahrscheinlich zähringische Einflußnahme den Singener Herren die Umbenennung nach dem Twiel ermöglichte, wäre nach der Rolle zu fragen, welche die Herzöge den Herren von Singen-Twiel zugedacht hatten.

In der Zeit unmittelbar nach 1122/23 und vor 1132 trafen erstmals Eberhard von Twiel und Herzog Konrad von Zähringen zusammen, ohne daß das Schaffhauser Kloster einbezogen gewesen wäre[76]: Eberhard bezeugte gemeinsam mit anderen »nachweislich dem Zähringer nahestehende[n] Personen«[77] einen Tausch zwischen dem Herzog und Abt Eppo vom zähringischen Hauskloster St. Peter. Darf dies schon als ein Indiz für die engen und konkreten Beziehungen zwischen den Zähringern und den neuen Herren auf dem Twiel gelten, so wird dieser Eindruck dadurch noch verstärkt, daß ein Eberhard von Twiel 1152 im Chor von St. Peter auf dem Schwarzwald als Zeuge einer Privilegierung des Klosters durch Herzog Bertold IV. anwesend war[78].

In beiden Urkunden werden die Twieler Herren den *plurimi nobiles uiri* beziehungsweise den *personę nobilium... virorum*, dem edelfreien Adel also[79], zugeordnet. Diese soziale Einstufung scheint nicht unabhängig von der vermuteten Wohnsitzverlegung auf den Twiel zu sein. Sehr wahrscheinlich wird diese für die ehemaligen Singener Herren und neuen Herren von Twiel Prestigegewinn und Aufwertung bedeutet haben. Denn zum einen implizierte im 12. Jahrhundert das Bewohnen einer Höhenburg auch Herrschaftsanspruch und Repräsentationsbedürfnis[80], zum anderen war gerade der Twiel diejenige Burg, die lange Zeit im Hegau und im schwäbischen Herzogtum eine zentrale politische Rolle gespielt hat.

Das Interesse der Zähringer für den Twiel verbindet sich im Gebiet östlich des Schwarzwaldes, im Hegau und im Bodenseeraum mit anderen Formen politischer Präsenz der Herzöge, die sich insgesamt als Versuch, hier Fuß zu fassen oder Herrschaft zu verankern, charakterisieren lassen.

Zu erinnern ist dabei in erster Linie an die zähringischen Vogteirechte über die Abtei Stein[81]. Die Steiner Vogtei hatte nach dem staufisch-zähringischen Ausgleich von 1098 mit dem Erwerb der Reichsvogtei Zürich noch an Bedeutung gewonnen, da nun der Hochrhein als Verbindung nach Zürich ins Zentrum gerückt worden war[82]. Die Vogteien über St. Georgen im Schwarzwald und St. Blasien erwarben die Zähringer spätestens 1104 beziehungsweise 1125[83]. Im Schaffhauser Kloster blieb ihnen das Amt des Vogtes versagt. Sein Erwerb könnte Konrad von Zähringen vor Augen gestanden haben, als er 1120 einen Angriff auf Schaffhausen unternahm[84]. Vielleicht ging es ihm auch um die Einlösung von Ansprüchen auf Klosterbesitz[85], was sich über die Vogtei leichter hätte einrichten lassen. Aber die Zähringer wurden in Schaffhausen erst 1198 entschädigt, als sich Bertold V. hier für seinen Verzicht auf die Königskandidatur von den Staufern Zugeständnisse machen ließ[86].

Mit seiner Einmischung in die St. Galler Abtswahl könnte Konrad von Zähringen auch den Erwerb der dortigen Vogtei bezweckt haben; jedenfalls fungierte danach Konrads Schwager, Graf Ulrich von Gammertingen, als Klostervogt[87]. (Nach Auskunft des St. Galler Chronisten Konrad Pfäfers hat noch Bertold V. versucht, die Klostervogtei an der Steinach zu kaufen, was aber nicht gelang[88].) Offenbar als Teilhaber am Öhninger Erbe waren die Herzöge in Öhningen, in der Nähe von Stein am Rhein, begütert[89]. Herzog Konrad schenkte den vierten Teil dieses Dorfes der Abtei Reichenau[90].

Bereits diese Aufzählung, die keineswegs vollständig ist[91], erhellt die Ansätze und Vorstöße der Zähringer, Herrschaft östlich des Schwarzwaldes auszuüben[92].

Offenbar war dabei auch den Singener Herren eine Rolle zugedacht, indem sie, vermutlich als Vasallen der Zähringer, Rechte auf dem Twiel wahrnahmen. Als zähringische Ministerialen lassen sie sich nicht ansprechen[93], denn die Urkunden charakterisieren sie nicht als *de domo ducis*[94].

Will man sich von ihrer Stellung innerhalb der Zähringerherrschaft, was ihren sozialen Rang anbetrifft, ein Bild verschaffen, so bieten sich zum Vergleich am ehesten zwei Adelsgeschlechter unter den Zähringern aus dem Breisgau an, zumal sich dort die Sitze der zähringischen Gefolgs- und Dienstleute konzentrierten[95]; es sind die Herren von Vörstetten und die Herren von Staufen[96]. Wenngleich die Angehörigen beider Adelsfamilien in den Zähringerurkunden des 12. Jahrhunderts als Ministerialen (*de domo ducis*) auftreten, bestanden in ihrer sozialen Stellung enorme Unterschiede: Während die Vörstettener Herren lediglich eine Niederungsburg bewohnten und 1179 letztmals bezeugt sind, bekleideten die Staufener am Hof Bertolds IV. das Amt des *marescalcus*, sie traten als Schenker an die Klöster St. Peter und St. Trudpert auf, und ihre ansehnliche Burg erhob sich auf einem mächtigen Inselberg in der Vorbergzone. Auch gelang es den Staufenern, eine eigene Herrschaft über die Zähringerzeit hinaus auszubilden.

Gegenüber diesen Herren von Staufen waren die Herren auf dem Twiel wohl von geringerer Bedeutung und Stellung: Eine längere Familientradition auszubilden gelang ihnen nicht, der letzte Beleg nennt zum Jahr 1152 Eberhard von Twiel[97]. Andererseits waren nach der Überlieferung die ehemaligen Singener Herren im Unterschied zu den Herren von Vörstetten, die ausschließlich als Zeugen in Zähringerurkunden erwähnt sind, auch in der Lage, an das Kloster Allerheiligen Besitz zu schenken[98]. Außerdem spricht, wenn es zutrifft, daß sie auf dem Twiel ihren Sitz hatten, dieser Standort für ihren Anspruch und ihre Stellung. Daß die Staufener im 12. Jahrhundert rechtlich als Ministerialen, die Herren von Twiel dagegen als Edelfreie einzustufen sind, mag darin begründet sein, daß letztere außerhalb des eigentlichen zähringischen Herrschaftszentrums wirkten.

Damit lassen sich die Herren von Singen-Twiel einordnen als zähringische Gefolgsleute, welche, ähnlich vielen anderen Ministerialen und Vasallen[99], die Herzöge bei der Durchsetzung ihrer Herrschaft unterstützten. Ihr Verhältnis zu den Zähringern könnte demnach lehenrechtlich geprägt gewesen sein[100]. Weil wir aufgrund der Nennung »von Twiel« ihren Sitz auf dem Hegauberg annehmen, drängt sich die Frage auf, ob und inwiefern bauliche Maßnahmen an der Burg vorgenommen wurden. Da der Hohentwiel im 30jährigen Krieg zur Festung ausgebaut wurde, dürfte es schwierig sein, am aufgehenden Mauerwerk noch hochmittelalterliche Bauphasen festzustellen[101].

Über die Dauer des zähringischen Einflusses auf dem Twiel können keine sicheren Angaben gemacht werden[102]. Das letzte Zeugnis über die zähringischen Leute von Singen-Twiel stammt von 1152. Erst nach der Jahrhundertwende werden dann wieder Personen faßbar, die sich nach dem Twiel nannten, und zwar Heinrich von Twiel und Gebizo von Twiel. Während Heinrich von Twiel als Zeuge in Urkunden des Konstanzer Bischofs aus den Jahren 1212 (*Hainricus de Twiel*)[103] und 1230 (*H. nobilis de Twiele*)[104] erwähnt wird, ist Gebizo von Twiel Zeuge in einer Urkunde des Grafen Hugo von Montfort von 1214 (*Gebizo de Twiel*)[105]. Es wird nicht erkennbar, ob Heinrich und Gebizo in einer Beziehung zu den Herren von Singen-Twiel standen. Ebensowenig ist in Erfahrung zu bringen, ob es eine Verbindung zu Bertold V. von Zähringen gab.

Einen Besitzerwechsel erlebte der Twiel um die Mitte des 13. Jahrhunderts. Dies geht aus einer Urkunde von 1267 hervor, in der Ulrich von Klingen nach dem Twiel benannt wird (*Ulrich von Clingen genannt von Twiel*)[106]. Vermutlich hatte der Klingener seinen Sitz auf dem Berg. Die Burg befand sich in seinem Eigenbesitz; dies ergibt sich aus der am 16. Februar 1300 in Konstanz ausgestellten Verkaufsurkunde, wonach *her Ủlrich von Klingen den man da sprach von Twiel* die Burg auf dem Twiel sowie seinen übrigen Besitz, ohne die Leute am Randen, an Ritter Albrecht von Klingenberg verkaufte[107]. Da Ulrich von Klingen offensichtlich den Verkauf der Burg eigenhändig vornehmen konnte, muß sie sein Eigen gewesen sein[108]. Der Prozeß der Allodialisierung des Twiel hat also spätestens unter den Klingenern seinen Abschluß gefunden.

Wenn die Zähringer tatsächlich seit etwa 1122/23 die Lehensherren auf dem Twiel waren, wäre zu erwägen, ob sie diesen Status möglicherweise bis zum Ende der Zähringerzeit 1218 innehatten[109]; es fällt auf, daß die Herren von Klingen sowohl in ihren Rechten auf den Twiel als auch im Besitz der Vogtei über die Abtei Stein als Nachfolger der Zähringer fungierten[110].

Nach den Klingenern waren es die Herren von Klingenberg, die seit 1300 die Geschicke des Twiel prägten, ein bischöflich-konstanzisches Ministerialengeschlecht, das bedeutende Persönlichkeiten hervorbrachte und großen Einfluß besaß[111].

II. Die Beziehungen der Herren von Singen-Twiel zu den Klöstern Allerheiligen und Wagenhausen

Die erhaltenen Schriftzeugnisse über die Herren von Singen-Twiel entstammen mehrheitlich dem Kloster Allerheiligen in Schaffhausen. Sie werden in Zeugenreihen von Urkunden dieses Klosters sowie in seinem Güter- und Schenkungsverzeichnis faßbar.

Bei seiner ersten Erwähnung war Adelbero von Singen Zeuge einer Erneuerung und Bestätigung von Besitz für Allerheiligen durch Burkhard von Nellenburg[112]; dessen Vater Eberhard, der Gründer des Salvatorklosters, hatte den Besitz an seine Gründung vergabt. In der Zeugenreihe sind die führenden Personen der süddeutschen gregorianischen Partei erwähnt, Bischof Gebhard von Konstanz, die Äbte von Allerheiligen, Hirsau, St. Georgen und Petershausen, der schwäbische Gegenherzog Bertold von Rheinfelden sowie die Herzöge Welf und Bertold II., und weiterhin folgen zahlreiche namentlich genannte Adlige aus dem Klettgau, Thurgau, Breisgau, Zürichgau und Hegau. Eingereiht unter letztere findet sich auch Adelbero von Singen. Angesichts der exklusiv besetzten und immensen Zeugenreihe charakterisierte man diese Zusammenkunft auch schon als »Heerschau« der schwäbischen Opposition[113].

Die weiteren Rechtshandlungen, welche die Herren von Singen-Twiel für das Schaffhauser Kloster bezeugten, waren der Verzicht Bertolds II. auf Gebietsansprüche gegenüber Allerheiligen, Besitzschenkungen sowie ein Vergleich zwischen dem Kloster und seinem Vogt Adelbert von Mörsberg[114].

In keinem Fall steht der Anlaß der jeweiligen Urkundenausstellung in einem Zusammenhang mit den Herren von Singen-Twiel selbst. Sie waren offensichtlich nicht bedeutend genug, als daß ihretwegen, etwa infolge einer Schenkung an Allerheiligen, eine Urkunde auszustellen gewesen wäre. Daher erübrigt es sich fast zu sagen, daß sie auch niemals Gegenstand einer selbständigen historiographischen Betrachtung geworden sind. Eine solche erfolgte im 11. Jahrhundert ohnehin zumeist in adligen Hausklöstern[115]; für eine derartige

Gründung waren die Herren von Singen-Twiel jedoch nicht mächtig und reich genug. Damit können aber auch ihre urkundlichen Erwähnungen, einschließlich jener im *Rotulus Sanpetrinus*, dem Traditionsverzeichnis des zähringischen Hausklosters St. Peter, gewissermaßen als unverdächtige Zeugnisse gelten[116].

Die Urkunde von 1087 nennt Adelbero von Singen an zweiter Stelle unter den Zeugen aus dem Hegau, und in einer Urkunde um 1100 folgt Adelbero von Singen direkt auf den Schaffhauser Vogt Adelbert von Mörsberg[117]. Sonst stehen die Herren von Singen-Twiel innerhalb der Zeugenreihen eher im Mittelfeld oder gegen Ende. Das Salvatorkloster besaß offenbar in seinem Umfeld noch bedeutendere Adelsfamilien als die Herren von Singen-Twiel. Als Ministerialen des Klosters[118] oder seiner Gründerfamilie, der Nellenburger, werden sie in den Quellen nicht bezeichnet.

Durch das wiederholte Auftreten als Zeugen für das Schaffhauser Kloster stellten sich die Angehörigen der Familie von Singen-Twiel in den Wirkungs- und Einflußbereich von Allerheiligen und geben sich als Stützen seiner Politik zu erkennen[119].

Dieses Kloster zählte zu den berühmtesten in Schwaben, seit Abt Wilhelm von Hirsau 1079 die Hirsauer Klosterreform eingeführt hatte[120]. Im Investiturstreit waren die Befürworter der Reformbewegung, die Gregorianer, häufig gleichzeitig antikaiserlich eingestellt[121]. Burkhard von Nellenburg, der Vogt von Allerheiligen, und sein Bruder Ekkehard, Abt der Reichenau, förderten intensiv die Reformbewegung. Unter Abt Ekkehard stellte sich das Inselkloster auf die Seite der Reformklöster und nahm die Gegenposition zu St. Gallen unter dem kaiserlichen Abt Ulrich von Eppenstein ein. In der schwäbischen Opposition wirkten neben den Nellenburgern die Rheinfeldener, Welfen und Zähringer; besonders Gebhard III. engagierte sich stark und machte dabei gleichzeitig Konstanz zu einem Zentrum kanonistischer Tätigkeit[122].

Ihre Zeugentätigkeit weist die Herren von Singen-Twiel einerseits als Befürworter der Klosterreform und schwäbischen Opposition aus, andererseits ist sie auch Ausdruck ihrer Verbundenheit mit den Nellenburgern, zumal die Klostervogtei bei der Stifterfamilie verblieb[123].

Die Bezeugung von Rechtshandlungen steht nicht allein für die besondere Verbindung zwischen reformwilligem Adel und Klöstern im 11. Jahrhundert, die in Klostergründungen durch den Adel kulminierte[124]. Als weiteres Indiz dafür können Besitzvergabungen an Klöster gelten.

Dem Schenkerkreis von Allerheiligen gehörte auch Adelbero von Singen an. Eine Traditionsnotiz im sogenannten Güterbeschrieb des Klosters[125] erwähnt die Schenkung einer halben Manse in Wiechs durch Adelbero von Singen[126]. Ob es sich bei dem Schenker um den älteren oder jüngeren Adelbero von Singen handelte, muß offenbleiben. Diese Frage läßt sich auch nicht anhand der Entstehungszeit des Traditionsverzeichnisses klären; als solche wird in der Forschung mehrheitlich die Mitte des 12. Jahrhunderts angenommen[127].

Unmittelbar anschließend an die Singener Traditionsnotiz führt der Güterbeschrieb Burkhard von Engen als Schenker auf, der gleichfalls eine halbe Manse in Wiechs dem Kloster übereignete[128]. Offenbar teilten sich Adelbero von Singen und Burkhard von Engen in den Besitz der Manse in Wiechs infolge eines Verwandtschaftsverhältnisses[129]. Gestützt wird dies dadurch, daß der Personenname Adelbero auch bei den Herren von Engen vorkommt[130] und daß in der Zeugenreihe einer Schaffhauser Urkunde von 1100 Adelbero von Engen auf den Singener gleichen Namens unmittelbar folgt[131].

Allenfalls schwache Hinweise auf eine mögliche Verwandtschaft der Herren von Singen-Twiel mit denen von Honstetten[132] könnten im Vorkommen des Rufnamens Eberhard bei den Honstettern sowie darin gesehen werden, daß von den insgesamt drei Urkunden, welche die Herren von Honstetten und von Singen-Twiel gleichzeitig als Zeugen aufführen, eine Urkunde Gerhard von Honstetten und die Brüder Eberhard und Adelbero von Twiel direkt hintereinander erwähnt[133]. Den engen Kontakt der Honstetter Familie zum Schaffhauser Kloster drücken umfangreiche Besitzschenkungen, ausgiebige Zeugentätigkeit und Klostereintritte in Allerheiligen aus[134]. Anhand besitzgeschichtlicher Untersuchungen machte Kurt Hils Verwandtschaftsbeziehungen zwischen Nellenburgern und Honstettern wahrscheinlich[135].

Wenn nun das Marienkloster in Wagenhausen ins Zentrum der Betrachtung rückt, fällt der Blick auch auf die Honstetter Familie, denn ihr gehörte der Klosterstifter Tuto von Wagenhausen an[136]. Tuto wurde auch als Mitglied jenes Personenkreises bekannt, der die Schluchseeschenkung an St. Blasien vornahm[137]. Es läßt sich wahrscheinlich machen, daß die Herren von Singen-Twiel Aufnahme fanden ins Totengedenken des Klosters in Wagenhausen.

Auf die Initiative Tutos hin, der beträchtlichen Grundbesitz beisteuerte, richtete Abt Siegfried von Allerheiligen die Wagenhauser Marienzelle ein[138]. Tuto selbst trat ins Schaffhauser Kloster ein[139]. Später machte er seinen Klostereintritt rückgängig und forderte seine Schenkung zurück. Nach den anschließenden Auseinandersetzungen erhielt Tuto seine Freiheit wieder sowie den in Kappel und Honstetten geschenkten Besitz. Das Kloster Wagenhausen wurde aus der rechtlichen Zugehörigkeit zu Allerheiligen herausgelöst und Gebhard III.

von Konstanz übertragen, der es seinerseits 1105 dem Reformkloster Petershausen unterstellte[140]. Aus Mönchen dieses Klosters rekrutierte sich dann zunächst auch weitgehend der Konvent der Marienzelle[141]. Nach dem Tod des Stifters meldeten 1119/20 verschiedene Parteien, nämlich Tutos Erben, das Kloster Allerheiligen und schließlich auch die Abtei Stein, Ansprüche auf die Zelle an[142]. Letztlich aber verblieb sie bis ins 15. Jahrhundert bei der Konstanzer Domkirche.

Für die Einmischung der Abtei Stein fand man bislang keine plausible Erklärung[143]. Möglicherweise steckt dahinter ein weiterer Versuch der Zähringer, bei denen die Steiner Vogtei lag, ihre Herrschaft im Bodenseeraum auszudehnen[144].

Von dem insgesamt wenig bedeutungsvollen Kloster ist ein Nekrolog erhalten, das Arno Borst als sein »bedeutendste[s] Überbleibsel«[145] bezeichnete. Hermann Tüchle machte es 1963 als erster der Forschung zugänglich, von Bruno Meyer wurde es 1968 neu ediert und untersucht[146].

Während Tüchle die Anlage des Nekrologs in die Zeit um 1130 datierte, hielt Meyer dagegen, es sei 1105 von Petershausener Mönchen angelegt worden, die im Zusammenhang der Unterstellung Wagenhausens unter Petershausen in die Marienzelle geschickt worden waren[147]. An geistlichen Würdenträgern sind im Nekrolog die Äbte von Wagenhausen und Petershausen, Abt Adelbero von Wessobrunn, die Äbte Siegfried, Adelbero II. und Bertold[148] von Allerheiligen, Abt Werner von St. Blasien und die Konstanzer Bischöfe Gebhard II., Gebhard III. sowie Bertold und Ulrich verzeichnet[149]. Diese Reihe scheint sich hauptsächlich aus Förderern der Reformbewegung zusammenzusetzen[150].

Während Hans Jänichen 1957 davon ausging, »daß die Herren von Singen und Twiel in kein einziges südwestdeutsches Totenbuch oder Anniversar des 12. Jahrhunderts eingetragen sind«[151], machte Bruno Meyer später auf die Möglichkeit, die Herren von Singen-Twiel im Totenbuch von Wagenhausen aufzufinden, aufmerksam; die sich einstellenden Identifizierungsprobleme umschrieb er so: »Es ist aber keine unmittelbare Verbindung der Namen im Nekrologium mit urkundlich belegten Gliedern der Familie möglich, so daß es sich um unbekannte handeln muß.«[152] Gewiß ist diese Feststellung weiterhin nicht von der Hand zu weisen, sind doch die Gründe für die Probleme bei der Identifizierung der in einem Nekrolog eingetragenen Personen in ihrer Einnamigkeit beziehungsweise fehlenden Zubenennung sowie in der Anlagestruktur eines Nekrologs zu suchen: Darin sind keine Personengruppen, sondern einzelne Personen kalendarisch geordnet nach ihrem Todestag verzeichnet[153].

Da der Rufname Eberhard im Mittelalter häufig vorkam, muß eine Diskussion derjenigen Einträge, die für eine Identifizierung mit den Herren von Singen-Twiel in Frage kommen, bei dem Personennamen Adelbero ansetzen.

Zum 25. August und zum 10. Oktober steht im Wagenhausener Nekrolog jeweils *Adelbero* verzeichnet; die Einträge stammen laut Schriftuntersuchung durch Bruno Meyer[154] aus der Zeit zwischen 1147 bis 1155 beziehungsweise 1155 bis 1170. An beiden Tagen ist im Nekrolog von Petershausen kein gleichlautender Eintrag aufgeführt[155]. Die ungefähren Eintragungsdaten der Wagenhausener Belege reichen recht nahe an die letzte urkundliche Bezeugung des jüngeren Adelbero von Twiel im Jahre 1135 heran; dabei kann sich einer der beiden Belege durchaus auch auf den älteren Adelbero von Singen beziehen. Selbst wenn einer der Einträge den im Jahre 1100 bezeugten Adelbero von Engen betrifft, bleibt noch der zweite Beleg zur Identifizierung mit einem Singener Adelbero, denn daß Adelbero von Engen, der schon 1050 erwähnt wird, im Nekrolog stehen könnte, scheint wenig wahrscheinlich. Ohne Zweifel lassen sich im Raum Bodensee und Hochrhein weitere Adlige namens Adelbero ausfindig machen, die möglicherweise Beziehungen zu Wagenhausen unterhielten. Auch sie können im Schenkerkreis und unter den Zeugen von Kloster Allerheiligen entgegentreten. Aber die Anzahl der Belegstellen macht wahrscheinlich, daß mindestens ein Adelbero aus der Familie von Singen-Twiel im Nekrolog von Wagenhausen steht, denn die beiden Personen namens Adelbero aus der Familie der Herren von Singen-Twiel sind insgesamt achtmal in Schriftzeugnissen von Allerheiligen belegt, während die anderen Personen mit Namen Adelbero – von zwei Doppelbezeugungen abgesehen[156] – jeweils nur einmal belegt sind[157]. Daran zeigen sich aber bei den Herren von Singen-Twiel engere Bindungen an Allerheiligen und die Nellenburger, die sich ausweiten lassen zu den mit den Nellenburgern verwandten Honstettern und zum Kloster Wagenhausen.

Die Herren von Singen-Twiel dürften ins Totengedenken der Marienzelle eingeschlossen gewesen sein, zumal das Nekrolog auch den Namen Eberhard aufweist.

Die »Eberhard«-Belege im Totenbuch lassen sich nur sehr schwer identifizieren, weil Eberhard ein häufig vorkommender Name war und mehrfach sowohl in Petershausen und dessen Umfeld[158] als auch bei den Herren von Honstetten und den mit ihnen verwandten Herren von Seelfingen[159] anzutreffen ist. Die beiden auch im Petershausener Nekrolog zum 29.10. und 1.12. eingetragenen Mönche namens Eberhard[160] gehörten wohl ursprünglich zum Konvent von Petershausen und gelangten von da nach Wagenhausen; möglicherweise wäre einer der Belege auch auf einen Honstetter Mönch namens Eberhard zu beziehen[161]. Der Eintragungsschicht zufolge schließen an die urkundlich letzte Erwähnung Eberhards von Twiel im Jahre 1152 zeitlich am dichtesten die Einträge zum 4.1. (*Eberhardus c[onversus]*, 1155–1170) und zum 14.1. (*Eberhard[us] l[aicus] o[biit]*, 1190–1200) an. Eine zum 25.4. zwischen 1137 und 1142 eingetragene *Adelhet* wird durch einen Zusatz als Mutter eines Eberhard gekennzeichnet. Eine Identifizierung Eberhards von Singen-Twiel im Nekrolog ist nicht möglich, da genauere Anhaltspunkte fehlen[162].

Ähnliches gilt für den Personennamen Siegfried, der als dritter bei den Herren von Singen-Twiel vorkommt. Die Form *Sefridus* sucht man im Totenbuch vergeblich, aber zwischen 1105 und 1119 wurden zum 5. und 6. August zwei Mönche namens Siegfried verzeichnet, wobei auch das Petershausener Nekrolog zum 6.8. einen »Siegfried«-Beleg aufweist. Daß auch aus der Honstetter Familie ein Mönch namens Siegfried hervorging, erschwert die Identifizierung zusätzlich[163].

Man darf wohl, zumal das Wagenhausener Nekrolog auch »Eberhard«- und »Siegfried«-Belege aufweist, vornehmlich aber aufgrund des Namens Adelbero, davon ausgehen, daß die Herren von Singen-Twiel Aufnahme ins Totengedenken der Marienzelle fanden. Beide *Adelbero*-Einträge weisen den Zusatz *c[onversus]* auf. Demnach traten die betreffenden Personen als Laien ins Kloster ein[164]. Das Totengedenken für die Herren von Singen-Twiel in Wagenhausen läßt auf Beziehungen dieser Adelsfamilie zu dem Kloster schließen, die sonst nicht mehr konkret zu fassen sind. In ähnlicher Weise spiegelt das Nekrolog die Kontakte weiterer Adelsfamilien des Bodenseeraumes zur Marienzelle wider[165].

Das Gebetsgedenken an ihrem Todestag war den Herren von Singen-Twiel ausschließlich in Wagenhausen gewidmet, in Petershausen oder in den diesem nahestehenden Klöstern Fischingen oder Neresheim wurden sie nicht kommemoriert[166].

Ob darüber hinaus auch weitere nach Singen oder dem Twiel zubenannte Personen, die urkundlich im späten 12. und frühen 13. Jahrhundert bezeugt sind, im Nekrolog stehen[167], läßt sich nicht verifizieren, wenngleich ihre Rufnamen mehrheitlich im Totenbuch entgegentreten[168].

Die Marienzelle in Wagenhausen schloß auch die Herren von Klingen, die nachmaligen Besitzer der Burg auf dem Twiel, ins Totengedenken ein[169].

Zum 17.2. ist in der Zeit um 1140 eine Frau namens Tuta ins Nekrolog eingetragen worden (*Tŏta laica*); sie wird durch einen Zusatz am rechten Blattrand als Gattin eines Vogtes Walther bezeichnet (*uxor w[al]theri advo[cati]*). Walthers Todestag muß der 1. Februar sein, denn zu diesem Tag ist zwischen 1142 und 1155 ein *Waltherus m[onachus] advocat[us]* eingetragen worden. Einen gleichlautenden Beleg, allerdings erst aus der Zeit zwischen 1200 und 1230 stammend, weist der 15.6. auf. Offensichtlich nahmen beide Personen, nachdem sie zunächst das Amt des Vogtes bekleidet hatten, später das Mönchsgewand. Weiterhin begegnet ein Mönch Ulrich, der zum 18.9. zwischen 1190 und 1200 im Totenbuch verzeichnet wurde. »Walther« und »Ulrich« sind Namen, die häufig bei den Herren von Klingen vorkamen. Die Klingener sind urkundlich etwa seit der Mitte des 12. Jahrhunderts gut bezeugt. Walther von Klingen ist in einer Urkunde des Bischofs Eberhard von Bamberg aus der Zeit zwischen 1146 und 1172 als Inhaber der Vogtei Stein belegt[170]. Da sich die Steiner Vogtei zur selben Zeit in der Hand der Zähringer befand[171], hat man angenommen, die Klingener seien Untervögte der Zähringer gewesen. Auf dieses Amt in Stein bezog man generell die späteren *advocatus*-Zeugnisse für die Herren von Klingen, auch da, wo der institutionelle Bezugspunkt der Vogtei den Quellen nicht zu entnehmen war. Daß die Vogtei Stein tatsächlich bei den Klingenern verblieb, vermag die Teilung ihrer Herrschaft anzuzeigen: Ein Zweig der Familie baute sich seine Stammburg über Stein am Rhein, und diese hieß Klingen ob Stein/Hohenklingen[172]. 1255 ist ein Herr von Klingen als Vogt des Georgsklosters explizit erwähnt[173].

Daß es sich bei den im Wagenhausener Nekrolog verzeichneten Personen namens Walther und Ulrich, die als Vögte oder Mönche belegt sind, um Angehörige der Familie von Klingen handelt, darf angenommen werden. Die Amtsbezeichnung *advocatus* im Totenbuch wird nicht präzisiert, sie könnte sich also durchaus auf die Steiner Vogtei beziehen. Bruno Meyer erwog, ob die Klingener nicht auch Vögte von Wagenhausen gewesen sein könnten[174]. Angesichts der Stellung und Bedeutung der Klingener und angesichts der räumlichen Nähe zwischen Stein am Rhein und Wagenhausen ist dies durchaus denkbar, zumal es auch naheliegen scheint, daß ein Kloster zunächst die eigenen Würden- und Amtsträger ins Totengedächtnis aufnimmt. Danach wären die Abtei Stein und das Wagenhausener Kloster gemeinsam von Klingener Vögten verwaltet worden. Ob Tuta tatsächlich – wie Meyer mutmaßt – eine Schwester des Klosterstifters Tuto war und über sie die Wagenhausener Vogtei an die Herren von Klingen kam[175], sei dahingestellt.

III. Der Reichenauer Kelhof in Singen

In den 787 urkundlich genannten Hegauorten Schlatt unter Krähen, Mühlhausen, Ehingen, Weiterdingen, *Gundihhinhoua* (Gundholzen?) und Hausen an der Aach war St. Gallen begütert[176]. Eberhard Dobler zufolge hätte das Galluskloster in fast allen diesen Orten, nämlich in Schlatt, Mühlhausen, Ehingen, Hausen und wohl auch in Welschingen, »Herrenhöfe« besessen. Später sei, vornehmlich im 13. oder 14. Jahrhundert, in diesen Orten Reichenauer Besitz nachweisbar; das Bodenseekloster wurde offensichtlich Besitznachfolger von St. Gallen[177]. Dobler nimmt einen einheitlichen Übergang dieses Besitzkomplexes an die Reichenau um 920, zur Zeit der Ungarneinfälle, an: Angesichts einer solchen Gefährdung des nicht im unmittelbaren Klosterumkreis gelegenen St. Galler Besitzes sowie angesichts der Politik Herzog Burchards, welcher Klosterbesitz als Dienstlehen an seine Vasallen ausgegeben hätte, könnte sich, so Dobler, das Steinachkloster entschlossen haben, den gefährdeten Besitz durch einen Tausch an die Reichenau zu geben[178]. Aber vielleicht wäre auch die Möglichkeit erwägenswert, daß der Besitzkomplex erst im Investiturstreit im Zuge der gewalttätigen Auseinandersetzungen zwischen St. Gallen und Reichenau, an denen sich vor allem auch Bertold II. beteiligte, in die Hand des Inselklosters gelangt sein könnte[179].

Das geschlossene Gebiet, das die erwähnten Orte mit Reichenauer Besitz im Hochmittelalter bildeten, grenzte nach Süden unmittelbar an die Gemarkung von Singen am Hohentwiel an.

Auch in Singen war die Reichenau offenbar reich begütert, besaß einen Kelhof im Ort und war außerdem im Besitz des Zehnten. Darüber hinaus lag das Singener Patronatsrecht beim Bodenseekloster.

Eine Reihe von Flurnamen auf der Gemarkung Singen mit dem Grundwort »Kelhof-« geben Zeugnis von zum Kelhof gehörigem Acker- und Wiesenland[180]. Der Reichenauer Kelhof selbst ist erstmals in der Zeit nach 1402 bezeugt und erscheint hier verbunden mit dem Singener Zehnten[181]. Klostergüter der Reichenau in Singen erwähnt eine Urkunde von 1343[182]: Danach versetzten Abt Eberhard von Brandis und der Reichenauer Konvent ihrem Dienstmann Werner von Tettingen die beiden Kelhöfe in Meringen und Ebringen sowie Güter in Singen und Mühlhausen. Eine unter dem gleichen Abt ausgestellte Urkunde zählt verschiedene Lehensgüter in Singen unter genauer Angabe ihres Ertrages und gegenwärtigen Inhabers auf[183]. 1389 belehnte Abt Werner von Rosenegg Walter von Pfyn und Hans Dachs mit der Hälfte des Zehnten zu Singen, dessen andere Hälfte die von Klingen ob Stein innehatten[184]. Weiteren Besitz des Bodenseeklosters in Singen erwähnen die noch unedierten Reichenauer Lehenbücher, die seit dem Abbatiat Eberhards von Brandis (1343–1379) geführt wurden[185].

Im 14. Jahrhundert saßen auch in den Singener Weilern Remishof und Niederhof Lehensleute der Reichenau. 1355 werden die Herren von Rosenegg als Inhaber reichenauischer Lehen im Dorf Singen und in Niederhof faßbar; um 1380 verpfändeten Johann von Rosenegg und seine Gemahlin unter anderem ihre Höfe in Niederhof und Worblingen vor Abt Heinrich von Stoffeln[186]. Der früheste Beleg für den Remishofener Zehnten im Besitz des Inselklosters stammt von 1359[187].

Das zum Kelhof in Singen gehörige Ackerland belief sich laut Erblehensbrief von 1513 auf 65,5 Jauchert[188]. Der Standort des Reichenauer Kelhofes sei in zentraler Lage im Dorf, unweit der Kirche St. Peter und Paul zu suchen[189]. Kirche und Kelhof bildeten wohl seit frühester Zeit eine Einheit. In den Jahren 1260 und 1265 ist der Reichenauer Kirchherr und Geistliche in Singen namens Wilhelm als Zeuge in Urkunden des Abtes Albrecht von Ramstein erwähnt[190]. Beim Inselkloster lag das Patronatsrecht in Singen. 1359 inkorporierte der Konstanzer Bischof die Singener Pfarrkirche der Abtei Reichenau[191].

Das Jahr 1165 darf mit einiger Wahrscheinlichkeit als terminus ante quem für den Reichenauer Kelhof in Singen gelten, denn in dieses Jahr datiert die urkundlich bezeugte Schenkung eines Markward an das Kloster Reichenau[192] – die sogenannte Memorienstiftung[193] –, aus der sich die Existenz eines klösterlichen Kelhofes in Singen ableiten läßt.

Nach dieser Reichenauer Urkunde habe Markward um seines Seelenheiles willen sein ganzes Lehen, das er in Singen hatte, dem Bodenseekloster übertragen. Aber weil er von böswilligen Menschen in Singen vielfach beraubt worden sei und so seine caritas-Stiftung die Mönche in der Klausur nicht in beabsichtigtem Umfang erreicht habe, habe er sein Lehen dem *villicus* Bertold in Singen für zwölf Talente verkauft. Danach erwarb Markward einen Weinberg auf der Reichenau, den er zur Hälfte als Anniversarstiftung für seinen Vater einsetzte[194]. Ferner ließ Markward die Einkünfte aus der Hälfte eines anderen Weinberges und aus den Zehnten von neun weiteren Weinbergen den Brüdern in der Klausur zukommen. Schließlich ergänzte er seine *caritates* durch die Schenkung zweier leibeigener Frauen.

Wie es scheint, hat das Lehen in Singen, dessen Einkünfte Markward der Reichenau zugedacht hatte und das er schließlich verkaufte, die Grundherrschaft des Inselklosters in Singen nicht erst begründet, zumal am Ort der *villicus* Bertold bezeugt ist. Damit hätte Markwards Lehen[195] den in Singen vorhandenen Reichenauer Klosterbesitz vermehrt, dessen Verwaltung wohl dem *villicus* oblag. In ihm den Kelhofverwalter zu sehen, liegt dann nahe, auch die Terminologie erlaubt diesen Schluß[196]. Mithin hat das Kloster Reichenau mit einiger Wahrscheinlichkeit spätestens 1165 einen Kelhof in Singen unterhalten[197]. Möglicherweise war es der Inhaber des Kelhofes selbst, der die Einkünfte aus Markwards geschenktem Lehen nicht in vollem Umfang an die Reichenau weiterleitete[198].

Die Frage, wann das Bodenseekloster seinen Grundbesitz in Singen erworben und den Kelhof im Dorf eingerichtet hat, findet weder in der Memorienstiftung von 1165 noch in der sonstigen Reichenauer Überlieferung eine Antwort. So scheint auch am Beispiel von Singen die grundsätzliche Schwierigkeit bei der Rekonstruktion der Reichenauer Besitzgeschichte auf: Sie liegt im weitgehenden Verlust der urkundlichen Überlieferung der Abtei begründet, wofür die Fälschertätigkeit im Kloster vom 10. bis 12. Jahrhundert maßgeblich verantwortlich gemacht wird[199]. Zwei weitere zentrale Quellen der Reichenauer Besitzgeschichte, die sogenannte Kelleramtsordnung und die Stifterliste in der Chronik des Gall Öhem, nennen Singen nicht. Bei der Kelleramtsordnung handelt es sich um ein Verzeichnis von Einkünften aus Reichenauer Klostergütern aus dem 12. Jahrhundert, das Ulrich von Dapfen auf die Zeit des Abtes Walahfrid Strabo (839, 842–49) fälschte[200]. Das Stifterverzeichnis in Öhems Chronik[201] aus dem beginnenden 16. Jahrhundert erwähnt Schenkungen aus der Frühzeit der Reichenau, und Öhem sollen als Vorlage auch Besitzlisten des 12. Jahrhunderts gedient haben, die später verlorengingen[202]. Aus der Nichterwähnung Singens in diesen beiden Zeugnissen kann man aber nicht zwingend schließen, daß das Bodenseekloster in Singen nicht begütert war.

Die Frage, wann die Reichenau ihren Besitz in Singen erwarb, ist also nicht eindeutig zu beantworten.

Franz Beyerle ordnete Singen den »frühe[n] Erwerbungen« zu und deutete einen Bezug zum Fiskus Bodman an[203]. Nach Eberhard Dobler könnte die Reichenau von Herzog Burchard im Zusammenhang mit dem vermuteten Besitztausch um 920 die Singener Kirche erhalten haben[204]. Joseph Kerkhoff hält Singen für eine königliche Schenkung und reiht es unter die Orte ein, in denen das Inselkloster um 900 begütert war, vor allem weil das Kloster im endenden 8. und im 9. Jahrhundert zahlreiche königliche Schenkungen erhalten habe, die seine Grundherrschaft – besonders im Hegau – erweiterten[205]. Kurt Andermann glaubt, die Reichenau könnte bei der Auflösung des Fiskus Bodman Singen erhalten haben[206].

Zu den königlichen Schenkungen an die Abtei Reichenau traten gegen Ende des 10. Jahrhunderts herzogliche hinzu[207]. Zu den bedeutendsten Donatoren zählt Herzog Burchard der Jüngere, der das Inselkloster mit dem Fiskus Schleitheim begabte. Nicht nur diese Donation dokumentiert die engen Beziehungen dieses Schwabenherzogs zur Reichenau: Zu erinnern wäre nochmals an die Konventsliste des von Burchard und Hadwig gegründeten Klosters auf dem Hohentwiel im Reichenauer Verbrüderungsbuch[208]. Burchard intervenierte für die Reichenau, hielt sich mehrfach in der Abtei auf und wurde sogar im Inselkloster bestattet. Dieses war also für Herzog Burchard den Jüngeren, seine Herrschaft und seine Totensorge von zentraler Bedeutung[209]. Angesichts dessen wäre es nicht ganz unwahrscheinlich, daß er Besitz in Singen an das Inselkloster vergabt und damit dessen Grundherrschaft in der Aachniederung begründet hat.

Im folgenden soll die Markward-Urkunde von 1165 ins Zentrum der Betrachtung rücken.

Hans Jänichen identifizierte Markward mit dem zuletzt 1158 als lebend bezeugten gleichnamigen Grafen von Veringen, dem Begründer der Veringer Linie der Grafen von Altshausen-Veringen, dessen genaues Todesjahr nicht bekannt ist[210].

Nach Jänichen stammte Markward von Veringen in männlicher Linie von den Eppensteinern, den Kärntner Herzögen, in weiblicher von den Altshauser Grafen ab[211]. Josef Kerkhoff betrachtete primär Lehen und Schenkungen des Salzburger Erzbischofs Konrad als Voraussetzung für die Begründung der Kärntner Linie der Grafen von Altshausen-Veringen, der Grafen von Treffen[212]. Hans Jänichen hingegen hielt Graf Wolfrad von Treffen für einen Enkel Liutolds von Eppenstein, dessen Brüder der Kärntner Herzog Heinrich III. und der St. Galler Abt Ulrich III. waren. Liutold habe einen Sohn aus zweiter Ehe nach nicht anerkannter Scheidung gehabt, der nicht erbberechtigt gewesen sei. Dessen Sohn Wolfrad wiederum sei vom Salzburger Erzbischof erzogen worden, denn bei letzterem habe es sich um einen Gegner der Eppensteiner Brüder gehandelt. Nach einer Aussöhnung mit den Eppensteinern sei es Erzbischof Konrad auch gelungen, Wolfrad in die Grafschaft Treffen einzusetzen. Markward von Veringen und Wolfrad von Treffen seien Brüder gewesen, Enkel des Liutold[213]. Anhand der Markward-Urkunde erschloß nun Jänichen als Sohn Liutolds den Grafen Ulrich, dessen comes-Titel auf seinen Sohn Markward übergegangen sei; und als einziger Graf in Schwaben komme in der betreffenden Zeit nur Markward von Veringen zur Identifizierung mit dem Stifter Markward in Frage[214]. Hier liegt offenbar ein Zirkelschluß vor. Es wurde der Nachweis, daß Markward von Veringen ein Eppensteiner sei, mit dem Nachweis der Identität des Veringer Gafen mit dem Reichenauer Stifter von 1165 vermengt. Auch den weiteren Vermutungen oder Befunden, die Jänichen anführte, kommt keine Beweiskraft zu, nämlich daß Markward dem Urkundenschreiber Ulrich von Dapfen bekannt gewesen sei und daß er sich als Laienbruder auf der Reichenau niedergelassen habe[215].

Beweisen läßt sich die These der Identität des Stifters Markward mit dem gleichnamigen Veringer Grafen nicht; sie ist nach dem bisher Gesagten auch nicht wahrscheinlich[216]. Selbst die genealogische Herleitung Markwards von Veringen von den Eppensteinern ist nicht unproblematisch[217]; sie sollte – angesichts von Markwards Lehen in Singen – nicht zuletzt Jänichens These vom Eppensteiner Eigengut am Fuß des Twiel stützen.

Aus der Urkunde selbst erfahren wir über Markward, daß er in Singen ein Lehen besessen hatte, welches er zunächst der Reichenau übertrug, dann dem *villicus* Bertold verkaufte. Da der Verkauf des Lehens ohne Nennung des Lehensherrn vollzogen wurde, das Kloster Reichenau aber einbezogen war und wir in Bertold den Reichenauer Kelhofverwalter sehen, käme vielleicht der Abt des Bodenseeklosters als Lehensherr in Frage[218].

Die Urkunde erwähnt einen Eigenhof Markwards (*curtis mea*), ohne ihn zu lokalisieren. Sein Standort ist wohl außerhalb Singens zu suchen, denn vermutlich hätte Markward sich sonst den urkundlich genannten *malis hominibus* in Singen zur Wehr setzen können. Manser und Beyerle vermuteten in Markward »einen Ritter von niederem Heerschild, dessen Sitz wir auf der Reichenau selbst suchen dürfen«[219]. Einen Hinweis auf diese Lokalisierung auf der Insel könnte man in der Bezeichnung der Mönche als *domini mei fratres in claustro*[220] sehen. Möglicherweise hätte man sich dann Markward als eine Art Laienbruder der Mönche vorzustellen[221]. Im jüngeren Reichenauer Nekrolog (B) lautet ein Eintrag zum 29.06. *Marcward(us) pbr (et) mon*, geschrieben von einer Hand, die Roland Rappmann der zweiten Hälfe des 12. Jahrhunderts zuweist[222]. Von der Eintragungsschicht her spräche nichts dagegen, in diesem *Marcward(us)* den Stifter von 1165 zu sehen[223]. Genauer läßt sich die Identität des Stifters Markward bislang nicht fassen.

Ein Ritter Marchelinus von Singen (*miles Marchelinus de Singin*) erscheint 1187 als Reichenauer Lehensträger im Salemer Traditionsverzeichnis[224] anläßlich der Übertragung einer Schuppose bei Raithaslach durch den Reichenauer Abt Diethelm von Krenkingen an Salem[225]. Diese Schuppose hatte Marchelinus von Singen von Abt Diethelm zu Lehen getragen und seinerseits Heinrich von Radolfzell damit belehnt; die Schenkung erforderte beider Verzicht auf das Lehen. Da Marchelinus von Singen direkt vom Abt des Bodenseeklosters belehnt war und als *miles* bezeichnet wurde, ist er wohl als Reichenauer Ministeriale anzusprechen[226].

Aufgrund der Zubenennung nach Singen dürfen wir annehmen, er habe über gewisse Rechte in Singen verfügt oder sei im Ort selbst ansässig gewesen[227]. Am ehesten wird man dann an den Reichenauer Kelhof in Singen als Sitz des Marchelinus denken dürfen[228]. Auch die Bezeichnung *miles* und die Tatsache, daß Marchelinus das Grundstück seinerseits verliehen hatte, sprechen nicht dagegen, ihn als Kelhofinhaber zu betrachten[229], zumal bereits seit der zweiten Hälfte des 11. Jahrhunderts die Reichenauer Klosterverwalter vielfach den Besitz der Abtei oder die Einkünfte antasteten und nicht selten einen sozialen Aufstieg erlebten[230].

Eine weitere Schenkungsurkunde Diethelms von Krenkingen für Salem erwähnt einen Konrad von Singen (*Cvnradus de Singen*) innerhalb der Zeugenreihe[231]; die Urkunde datiert nach 1174 und wohl vor 1180[232]. In ihr wird ausdrücklich auf die Zusammensetzung der Zeugenliste aus Mönchen und Ministerialen des Klosters verwiesen[233]. Zwei Zeugen geben sich durch die Bezeichnungen *decanus* und *plebanus* umittelbar als Geistliche zu erkennen. Auf den Pleban Heinrich folgt Konrad von Singen, danach schließt sich Heinrich von Oberzell an. Aus dieser Konstellation läßt sich nicht eindeutig entscheiden, ob Konrad von Singen Geistlicher, Mönch oder Laie war. Wenn Konrad Reichenauer Ministeriale war, würde man, da er sich nach Singen nannte, am ehesten im dortigen Kelhof seinen Sitz vermuten.

Weiterhin ist im Jahre 1181 ein Werner von Singen (*Wernerus de Singin*) als eine von fünf Personen bezeugt, durch die der Konstanzer Bischof Bertold von Bussnang die Beilegung eines Streites zwischen dem Abt von St. Blasien und dem Pleban von Frickingen beurkundete[234]. Unter den zur Beurkundung Anwesenden lassen sich drei Personen aufgrund entsprechender Zusätze als Geistliche einstufen, Werner von Singen weist keine solche Bezeichnung auf[235]. Warum Werner hier »von Singen« heißt, ist nicht klar ersichtlich. Ein Bezug zur Reichenau wird nicht erkennbar.

Bis zur ersten Hälfte des 13. Jahrhunderts treten keine weiteren Personen in der Nennung »von Singen« auf. Für die in der zweiten Hälfte des 12. Jahrhunderts bezeugten Personen, Markward – der Stifter von 1165 –, Marchelinus von Singen und möglicherweise auch Konrad von Singen, ließen sich Beziehungen zur Abtei Reichenau, die in Singen Grundbesitz, Kelhof und Patronatsrecht hatte, erkennen.

IV. Niedersingen als Adelssitz

Das heutige Singener Stadtgebiet Niederhof liegt circa einen Kilometer südöstlich des Ortskerns. Daß dieses Gebiet eine Burganlage bergen muß, darauf hat als erster Herbert Berner aufmerksam gemacht[236]. Im folgenden sollen die Hinweise und Indizien, welche diesen Schluß nahelegen, zur Sprache kommen.

Während sich der Ortskern von Singen im Mittelalter wohl aus Kirche und Kelhof zusammengesetzt hat, handelt es sich beim Niederhof um eine mittelalterliche Ausbausiedlung, die Jürgen C. Tesdorpf zufolge nicht der Rodungstätigkeit von Bauern aus dem alten -ingen-Ort, den Singen darstellt, entspringt[237]. Bis ins 16. Jahrhundert bildete der Niederhof eine eigene Gemarkung[238].

Der heute gebräuchliche Name Niederhof entstammt erst dem letzten Jahrhundert, zuvor hieß das Gebiet Niederhofen; der ursprüngliche Name aber lautete Niedersingen: Er ist erstmals 1280 bezeugt und verschwand aus den Quellen mit dem Aufkommen von »Niederhofen« (seit 1380)[239]. Beide Bezeichnungen, Niedersingen und Niederhof(en), nehmen Bezug auf die Lage der Siedlung in einer Niederung und setzen sie gleichzeitig ab vom ursprünglichen Ort Singen, der auch als Obersingen bezeichnet wurde[240]. Aus ihm entwickelte sich später das größere Dorf und die Stadt. Die Ausbausiedlung erhielt keinen neuen Namen, die Bezeichnung Niedersingen bringt die Abhängigkeit vom ursprünglichen Ort zum Ausdruck. Nach Westen begrenzte die vorbeifließende Aach Niedersingen.

Ein einzelnes Gehöft gab in der Neuzeit dem Gebiet seinen Namen. Dieses Gehöft ist dargestellt auf einer Flurkarte der Gemarkung Singen von 1709 in der Kopie aus dem Jahr 1807[241] und auf dem »Übersichts-Plan« der Gemarkung Singen von 1878. Auf einem Plan der Festung Hohentwiel von Elias Gumpp aus dem Jahr 1644[242] ist in Niederhof ein stattliches repräsentatives Gebäude, das Herbert Berner als »Schloß« ansprach[243], erkennbar. Es setzt sich deutlich von einem kleineren Gebäude daneben ab. Der Niederhof bestand bis in unsere Gegenwart, die letzten Reste wurden 1970 beseitigt[244]. Heute ist sein Standort vollständig überbaut, ohne daß dort je systematische archäologische Grabungen stattgefunden hätten. Im Jahre 1503 befand sich in Niederhof/Niedersingen noch ein Burgstall: Anläßlich einer Gerichtsverhandlung ist er urkundlich bezeugt als Pfandobjekt in der Hand des Abtes David vom Georgskloster in Stein am Rhein; damit liegt der früheste schriftliche Nachweis einer Burg in Niedersingen vor[245]. Hinweise auf diese Burg können wir bereits Schriftzeugnissen des 15. Jahrhunderts entnehmen: So verlieh 1466 der Reichenauer Abt Johann Pfuser das *burgins guot* (Burginsgut) in Niedersingen, und um 1450 ist ein Hans burgi von Singen urkundlich bezeugt[246]. Der Burgstall trug keinen eigenen Namen. Man kann eine örtliche Kontinuität der Burg- und Hofstelle annehmen. Dies legt auch die topographische Situation nahe:

Der alte Niederhof besaß einen auffälligen Standort. Er lag hart an der vom Ortskern kommenden, leicht ansteigenden Straße nach Rielasingen, die in seiner Höhe ihren höchsten Punkt erreicht und in ihrem Verlauf genau hier eine Ausbuchtung aufweist, welche auf alten Karten noch sehr viel deutlicher ins Auge fällt als auf neueren[247]. Während also nördlich und südlich des Niederhofes die Straße in einigem Abstand dem Lauf der Aach folgt, beschreibt sie in Höhe des Niederhofes fast einen Halbkreis zu diesem hin. Das Gelände fällt vom Niederhof aus sanft nach Westen zur Aach hin ab, während es nach Osten auf dem Niveau der Burg- beziehungsweise Hofstelle bleibt.

Auch die Flurnamen im Umkreis deuten auf einen Adelssitz im ehemaligen Niedersingen hin[248]. Im »Niederhofer Brühl« zwischen Straße und Aach dürfen wir altes herrschaftliches Weideland vermuten[249]. Ebensolches Ackerland stellt die »Breite«, ein unparzelliertes Flurstück östlich des Niederhofes, dar[250]. Desgleichen dürfte auch das »Herrenhölzle«[251], das sich jenseits der Aach zur Gemarkung Hilzingen hin erstreckte, zur Herrschaft gehöriges Waldgebiet gewesen sein. Ferner birgt der Flurname »Frohnsteig« unmittelbar nördlich des Niederhofes den Hinweis auf ein Herrschaftsverhältnis[252]; dieses bezog sich wohl auf Niedersingen, an das der so bezeichnete Weg angrenzte.

Die Badischen Fundberichte von 1932 meldeten Funde mittelalterlicher Zeitstellung am Singener Niederhof, und zwar »Scherben von Töpfen und Schüsseln sowie Glasfragmente mittelalterlicher Herkunft«[253].

Eine ehemalige Burgstelle in Niedersingen läßt sich also aufgrund ihrer Lage in einer Ausbausiedlung, anhand der Nachfolgebauten, der Topographie, des Flurnamenbestandes und vielleicht der Oberflächenfunde, zuletzt aber durch den *burgstall*-Beleg von 1503 recht sicher nachweisen[254].

Es erhebt sich die Frage, in welche Zeit diese Burganlage zurückreicht beziehungsweise wem sie ihre Entstehung verdankt. Einige Befunde der Adelsgeschichtsforschung des 11. und 12. Jahrhunderts[255] vermögen in diesem Punkt vielleicht Hinweise zu geben.

Nach den Forschungen Karl Schmids kam bei der Herausbildung der Adelsgeschlechter im 11. Jahrhundert der Schaffung einer Burg als Herrschaftszentrum und namengebenden Sitz große Bedeutung zu[256]. Der Burgname gab gleichzeitig den Besitzern ihren Namen. Während ein eher geringerer Teil der Burgen eigens

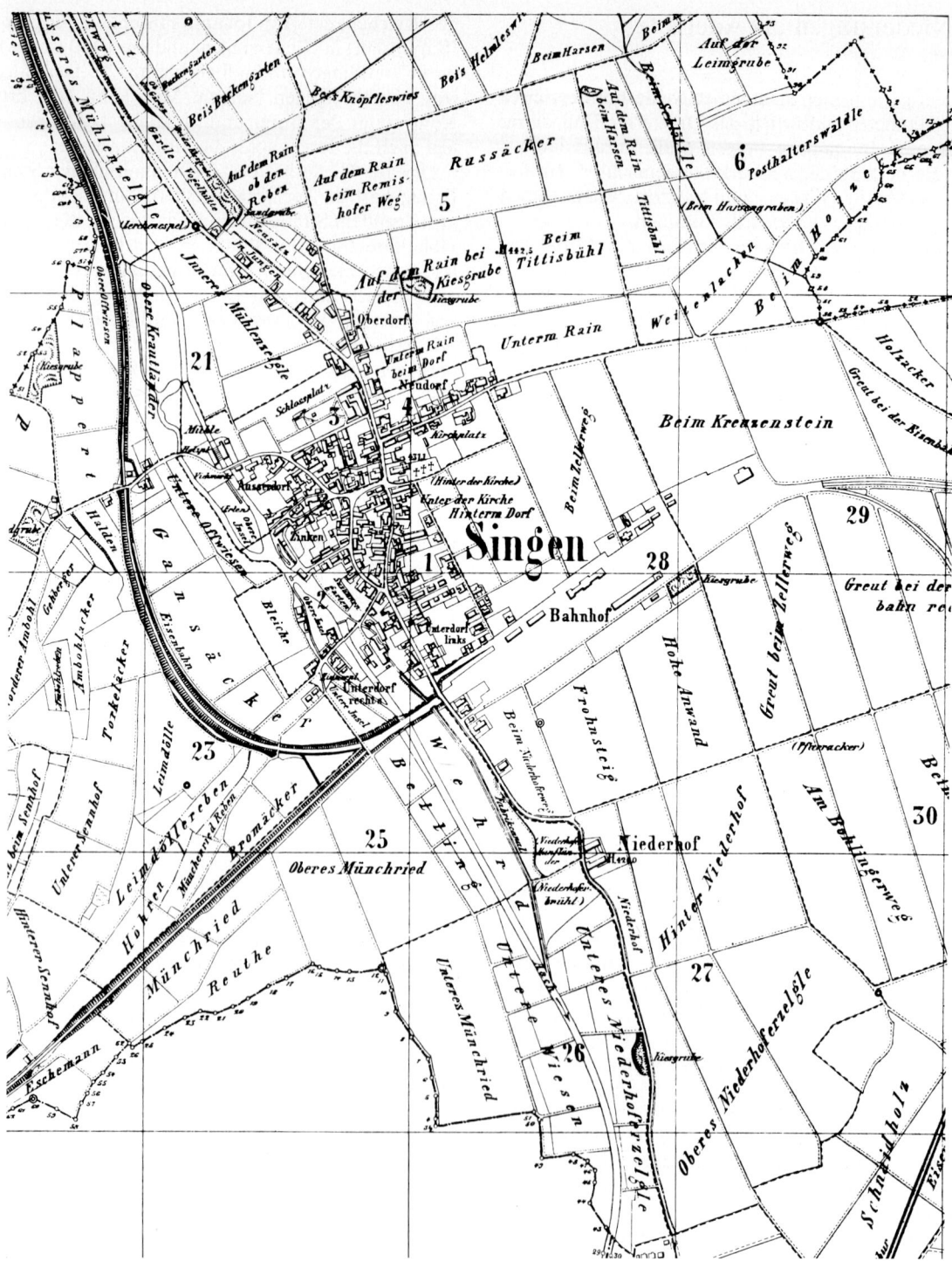

Deutsche Grundkarte Bl. 8219.13 (1:5000; Ausschnitt)

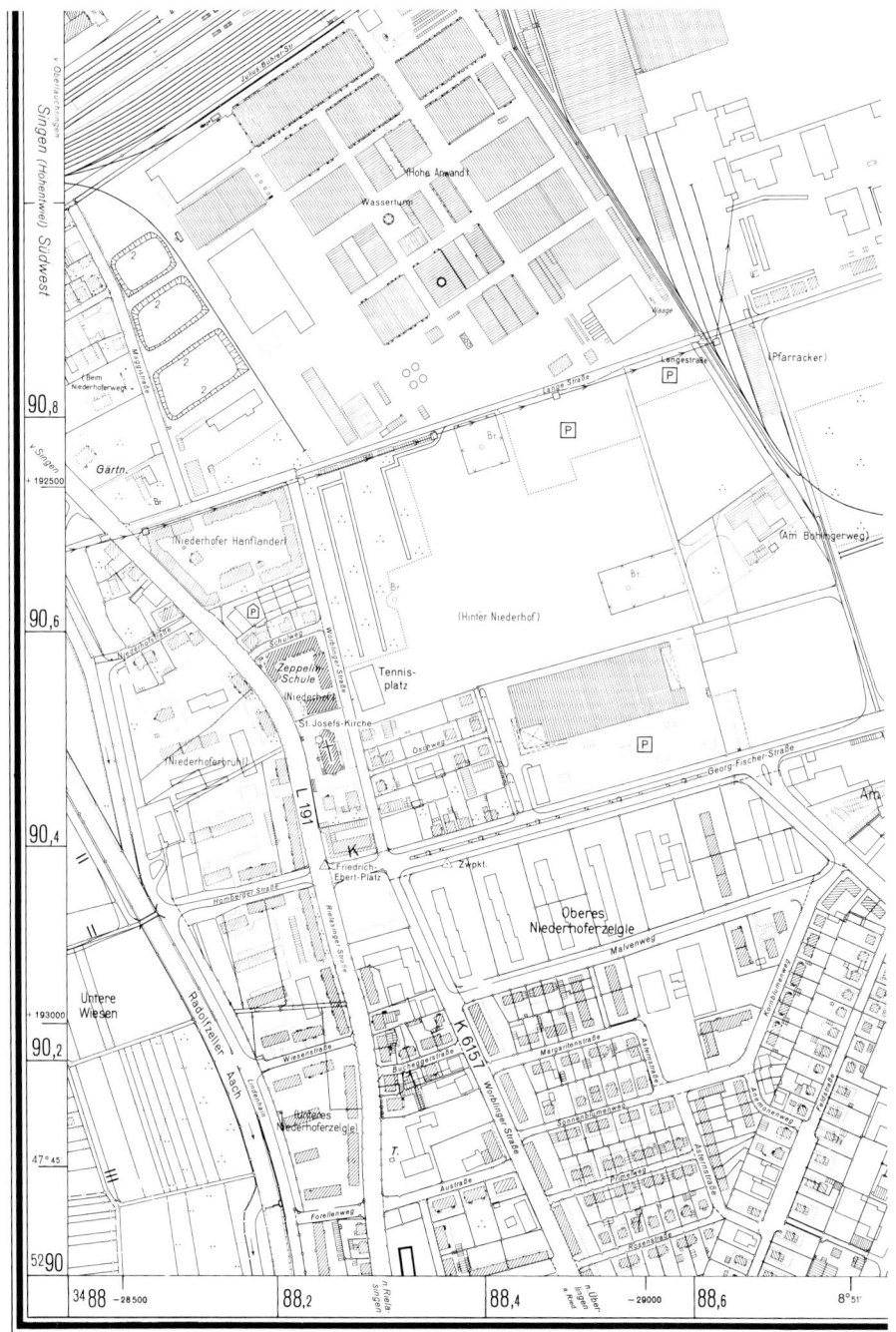

Gemarkungsübersichtsplan von Singen aus dem Jahr 1878 (1:10 000; Ausschnitt)

benannt wurde[257], besaßen viele Burgen keine eigenen Namen, hießen schlicht »Burg« oder »Neuhaus« oder trugen den Namen der Siedlung, der sie zugeordnet waren[258]. Burgen des 11. und 12. Jahrhunderts sind häufig überhaupt nicht oder erst spät ausdrücklich, etwa als *castrum, munitio* oder dergleichen, bezeugt. Statt dessen können Herkunftsbezeichnungen Hinweise auf befestigte Sitze enthalten. Wenn Adlige sich im Hochmittelalter nach Orten nannten, kann in diesen vielfach ihr Sitz vermutet werden[259]. Daraus ergibt sich, daß die Zeugenreihen mittelalterlicher Urkunden entscheidende Anhaltspunkte für mögliche, bislang nicht verifizierte Burgstellen bergen können. Diese Burgen liegen oft in der Niederung und sind in vielen Fällen, im Unterschied zu den Höhenburgen, gänzlich unbekannt, etwa weil die Burgstelle früh aufgelassen wurde, der Zerstörung anheimfiel, später landwirtschaftlich genutzt oder überbaut wurde[260]. Zur Auffindung dieser mittelalterlichen Burgen setzt man seit einiger Zeit auch erfolgreich die Prospektion per Luftbild ein[261].

Während für das Elsaß eine Zusammenstellung der Niederungsburgen von Joëlle Burnouf vorliegt[262], steckt in dieser Hinsicht die Burgenforschung in Südwestdeutschland in den Anfängen. Für den Breisgau beispielsweise ist ein Katalog der mittelalterlichen Burgen mit besonderem Blick auf die Anlagen in der Niederung in Arbeit[263]. In dieser Landschaft stellt die Niederungsburg in Vörstetten, Kreis Emmendingen, ein interessantes Beispiel einer spät entdeckten Burg dar[264]: Erst in den 60er Jahren wurde man anhand einer Luftbildaufnahme auf sie aufmerksam, im Gelände gibt sie sich noch schwach zu erkennen. Archäologisch ist sie zweifelsfrei nachgewiesen, schriftlich jedoch nicht ausdrücklich bezeugt. Sie gilt als Sitz der seit 1111 in Zähringerurkunden nachweisbaren Herren von Vörstetten[265].

In ähnlicher Weise dürften auch die seit 1087 in Schaffhauser Urkunden nachweisbaren Herren Adelbero und Eberhard von Singen über einen Sitz im Ort verfügt haben. Aus der Umbenennung Adelberos und Eberhards von Singen nach dem Twiel um 1122/23 schließt man unter anderem, sie hätten ihren Sitz auf den Hegauberg gelegt. Zuvor dürfte er sich im Ort Singen selbst, und zwar in Niedersingen, befunden haben[266], wo aufgrund der genannten Indizien eine mittelalterliche Burganlage bestanden haben muß. Der mittelalterliche Name der Burgstelle – Niedersingen – stimmt mit dem Namen der mutmaßlichen Besitzer – »von Singen« – überein. Die in den Schriftquellen nicht ausdrücklich erwähnte Burg hätte dann den gleichen Namen wie die Siedlung getragen. Da die Burgstelle heute gänzlich überbaut ist, können wir über die bauliche Gestalt des Adelssitzes nur Vermutungen anstellen; daß es sich um eine Niederungsburg – und zwar an exponierter Stelle – handelte, legt die örtliche Topographie nahe[267].

Es stellt sich die Frage, was mit dem mutmaßlichen Niedersingener Adelssitz geschah, nachdem Adelbero und Eberhard von Singen Rechte auf den Hohentwiel erlangt hatten. Genau läßt sich dies derzeit nicht beantworten, und man kann allenfalls vermuten, sie hätten den Sitz in Niedersingen nicht aufgegeben[268]. Der Verkauf des Twiel im Jahr 1300 schloß außer der Burg auch Güter ein; diese werden allerdings in der Verkaufsurkunde[269] nicht präzisiert, so daß wir von daher weder für noch gegen eine Zusammengehörigkeit von Twiel und Niedersingen sprechen können. Vielleicht könnte man in diesem Zusammenhang nochmals an den 1181 bezeugten Werner von Singen erinnern, bei dem unklar blieb, ob er Geistlicher oder Laie war. Erwähnt wurde er in einem Konstanzer Kontext[270]. Wenn wir in Werner einen Adligen vor uns hätten, wäre es nicht ganz ausgeschlossen, in Niedersingen seinen Sitz zu suchen[271].

So bestand das mittelalterliche Singen aus zwei Kernen. Niedersingen mit seinem Adelssitz stellt sich als eigenes Herrschaftszentrum gegenüber dem Singener Ortskern beziehungsweise Obersingen dar.

V. Zusammenfassung

Die Herren Adelbero und Eberhard von Singen treten im Investiturstreit ins Licht der Geschichte. Seit etwa 1122/23 trugen die Brüder Adelbero und Eberhard dann den Namen »von Twiel«. Angehörige dieser hegauischen Adelsfamilie traten letztmals in der Mitte des 12. Jahrhunderts auf.

Singen und der Twiel gehörten im früheren Mittelalter, als sich der mächtige Hegauberg zum Herzogssitz auszubilden begann, als Fiskalorte zusammen. 920 allodialisierte König Heinrich I. einen wesentlichen Teil des Singener Königsguts, indem er es dem herzoglichen Vasallen Babo zu Eigen gab. Eine Reminiszenz an Singens Charakter als königlicher Ort, als welcher es 787 entgegentrat, könnte man darin erkennen, daß es im Investiturstreit Beurkundungsort war. Wie bei anderen Adelsfamilien im Mittelalter bleibt die Herkunft der Herren von Singen-Twiel im dunkeln; ihre Herrschaft bildeten sie im Gebiet von Singen und Twiel im Gefolge der späteren Herzöge von Zähringen aus; dabei werden auch lokale Bindungen dieser Adelsfamilie faßbar.

In der nellenburgischen Gründung Allerheiligen in Schaffhausen wirkten die Herren von Singen-Twiel als Zeugen und Schenker. Ihr wahrscheinliches Totengedenken in der Marienzelle in Wagenhausen läßt auch auf Beziehungen zu diesem Kloster schließen, die sonst nicht zu fassen sind.

In zähringischer Umgebung sind die Herren von Singen-Twiel seit ihrem ersten Auftreten vor nunmehr gut 900 Jahren bezeugt. Der Twiel erscheint im Investiturstreit vorübergehend in der Hand Bertolds II., zuvor ist Königin Adelheid, die Gemahlin Rudolfs von Rheinfelden, auf der Burg bezeugt. Wahrscheinlich aufgrund von Maßnahmen des Zähringerherzogs Konrad erlangten die Singener Herren Rechte auf den Twiel und nahmen wohl ihren Sitz auf dem Hegauberg, nach dem sie sich nun nannten. Dieser Vorgang ordnet sich ein in den Rahmen zähringischer Politik östlich des Schwarzwaldes, die besonders Konrad verstärkt zu betreiben suchte. Die Herren von Singen-Twiel lassen sich nun direkt als zähringische Gefolgsleute ansprechen. Im Investiturstreit richteten sich offenbar Ansprüche seitens der Rheinfeldener und der Zähringer auf den Twiel. In dieser Zeit dürften noch Reichsrechte mit ihm verbunden gewesen sein. Der Prozeß der Allodialisierung des Berges hat spätestens 1267 seinen Abschluß gefunden, als er sich im Eigenbesitz Ulrichs von Klingen befand.

Nicht nur auf dem Twiel zeigt sich, daß die Herren von Klingen in nachzähringischer Zeit ehemalige Verfügungsbereiche der Herzöge innehatten. Die Klingener sind schon zur selben Zeit wie die Zähringer als Vögte in Stein bezeugt, und diese Vogtei lag dann nach dem Aussterben der Herzöge bei ihnen. Möglicherweise könnte in diesen Zusammenhang auch Wagenhausen gehören, wo die Herren von Singen-Twiel ins Totengedächtnis aufgenommen waren. Auch die Abtei Stein hatte nach Tutos Tod Ansprüche auf Wagenhausen erhoben. Es ließ sich wahrscheinlich machen, daß die Klingener neben Stein auch Wagenhausen bevogteten. Dahinter könnten nicht zuletzt zähringische Interessen gestanden haben.

Im wesentlichen ist damit die Stellung der Herren von Singen-Twiel zum Adel und zu Klöstern ihrer Zeit sowie ihre – wenn auch kleine – reichspolitische Rolle umrissen. Wenn nun auf die Nennung »von Singen« eingegangen wird, ist eine grundsätzliche Überlegung voranzustellen:

Aus welchen Rechten sich Herkunftsbezeichnungen im Mittelalter ableiten beziehungsweise was sie im einzelnen implizieren, läßt sich vielfach nicht klar erkennen, und dieses Problem stellt sich in Singen verschärft, weil der Hegauort im Mittelalter aus zwei Kernen, nämlich Ober- und Niedersingen, bestand.

In Obersingen lagen die Kirche und der Kelhof des Klosters Reichenau. Der Kelhof selbst wird erst spät erwähnt, aber das Bodenseekloster hatte ihn spätestens 1165 eingerichtet. Den Grundbesitz in Singen erwarb die Reichenau schon früher. Bei der Frage, wann und wie dies geschah, lassen uns die Quellen im Stich. Der Schwabenherzog Burchard d. J., für den die Reichenau eine wichtige Rolle spielte, könnte Besitz in Singen an die Abtei vergabt haben; eindeutig festmachen läßt sich dies allerdings bislang nicht.

Der Niederhof in Singen hieß zuerst Niedersingen. Da in diesem Gebiet für das späte Mittelalter ein Burgstall bezeugt ist, muß im Hochmittelalter hier ein Adelssitz bestanden haben. Verschiedene Indizien sprechen dafür, den Sitz der seit 1087 bezeugten Herren von Singen in Niedersingen zu suchen.

In der zweiten Hälfte des 12. Jahrhunderts trugen weitere Personen, die wohl nicht den Herren von Singen-Twiel zugehörten, den Namen »von Singen«. Bei ihnen erhebt sich die Frage, ob ihre Nennung auf Ober- oder Niedersingen zu beziehen sei.

Der Kelhofverwalter Bertold und der Reichenauer Lehensträger Ritter Marchelinus von Singen lassen sich wahrscheinlich nach Obersingen verweisen. Während Konrad von Singen in einer Urkunde des Reichenauer Abtes erwähnt ist, tritt Werner von Singen in einer Urkunde des Konstanzer Bischofs entgegen; wenn Werner und Konrad keine Geistlichen waren, würde man den Sitz Konrads eher im Kelhof, denjenigen Werners hingegen eher in Niedersingen vermuten.

Ober- und Niedersingen lassen sich wohl als zwei Rechtsbereiche im hochmittelalterlichen Singen ansprechen. Niedersingen behielt seine eigene Gemarkung noch lange Zeit, erst im 16. Jahrhundert wurde sie mit dem Singener Bann vereinigt. Maßgeblich für diesen Ausbauort waren die Herren von Singen-Twiel gewesen. Aber die Weiterentwicklung Singens setzte im ehemaligen Obersingen an, wo mit der Abtei Reichenau eine ebenso beständige wie geschichtsmächtige Instanz die entsprechenden Voraussetzungen dafür bot.

Anhang: Die Markward-Urkunde von 1165

Original im Badischen Generallandesarchiv Karlsruhe (Sign.: C 48). Abb. siehe S. 37.

Druck: CARL GEORGE DÜMGÉ, Regesta Badensia, 1836, Nr. 95, S. 143f. – Regest: KARL BRANDI, Die Reichenauer Urkundenfälschungen (= Quellen und Forschungen zur Geschichte der Abtei Reichenau 1, 1890) Nr. 90, S. 9.

In nomine sanctę et indiuiduę trinitatis. Cunctis christianis, qui sunt in hac peregrinatione[a], conuenit sollerter premeditari, ut animae eorum ex bonis meritis et uirtutibus ipsorum post hanc lucem in celesti regno a deo ualeant coronari. Huius spei gratia ego Marchvvardus, filius Ōdalrici, filii Luddoldi, audiens illud evvagelicum preceptum: »Date elemosinam et omnia munda sunt[b] uobis«[1] et iterum: »Diuitię uiri redemptio animae eius«[2] tradidi omne beneficium, quod habui in uilla, quę nuncupatur Singen, ad monasterium sanctę Mariæ semper uirginis, quod constructum est in insula, quę appellatur Sintlezzesouua[c]. Sed quia a malis hominibus in eadem uilla sepe depredatus caritatem, quam dominis meis fratribus in claustro inde constitui, sicuti uellem adimplere nequiui, prefatum benefitium[d] Bertdoldo[e], eiusdem uillę uillico, pro duodecim talentis uendidi. Hoc postquam transegi, uineam infra insula sitam pro uiginti quatuor talentis a Bertdoldo[f], Martini filio, coemi. De huius uineę medietate, quam diu uixero et non ammodo, in anniuersario patris mei Ō[dalrici] in festo sancti Blasii martyris unicuique fratri stǫpum uini, nec cellario plus quam aliis, disposui dari; et post obitum meum singulis annis eundem stǫpum in meam comemorationem[g] predictis fratribus tribui constitui. De altera uineę medietate et de nouem decimis, quas in diuersis uineis ex paterna hereditate hactenus optinui, panem et uinum cum piscibus secundum consuetudinem huius loci ac claustri in festo sancti Michahelis[h] archangeli dominis meis clustralibus[i] pleniter dari ordinaui, ut quanto sepius de meis sumptibus recreantur tanto obnixius deum pro me peccatore deprecentur. Hę sunt decimę: decima tocius uineę Hugonis, quam Heinricus minister dedit sorori sue in omnibus, quę in ea crescunt; decima uineæ, quę fuit Ebervvini et sororis sue; et illius uineę, quę fuit Marcvvardi[j] et matris sue Iudentun; et illius uineę, quam Regenoldus presbyter uendidit Iudentun, uxori VVernheri de Scoploh[k]; hę tres uineę circumdatę sunt uinea Eberhardii[l] et fratris sui Bertdoldii[m], filiorum Cundfridii[n]; et decima uineę Heinrici, filii Hermanni sutoris, quę pertinet ad kameram abbatis et sita est in eadem uinea puerorum; et decimę duarum uinearum, quę proprię meę sunt inferioris et superioris; et decima[o] illius uineę, quam Heinricus de Alterinchouen Purchardo de VVormingen tradidit et filię sue; et decima illius frusti, quod iacet in uinea Roggeri, quod sumptum est de curte mea. Has nouem decimas, quas de prefatis uineis presignauimus, siue sit in uino siue in pomis siue in holeribus uel quicquid in eisdem uineis super cadente rore et pluuia nascitur, addo ad prefatum seruitium, quod mei iuris esse dicitur. Addo etiam duas mulieres, Bertdun cum sorore sua, filias Hermanni, quę proprię meę sunt, tali conditione, ut postquam ambę[p] nubant in festo sancti Michahelis[q]

Im Namen der heiligen und unteilbaren Dreifaltigkeit. Alle Christen, die sich auf dieser irdischen Pilgerreise befinden, sollten klugerweise rechtzeitig darauf bedacht sein, daß ihre Seelen aufgrund vorzüglicher Verdienste und Taten nach diesem Leben im himmlischen Königreich von Gott für würdig erachtet werden, die Krone des ewigen Lebens zu empfangen. In dieser Hoffnung und mit jener Lehre des Evangeliums im Sinn, die besagt: »Gebt Almosen, dann ist für euch alles rein«, und zum anderen: »Der Reichtum eines Mannes ist das Lösegeld für sein Leben«, habe ich, Markward, Sohn des Ulrich, der seinerseits Luddolds Sohn war, das ganze Lehen, das ich in dem Dorf hatte, welches Singen heißt, dem Kloster der heiligen und immerwährenden Jungfrau Maria übertragen, das auf der Insel namens Reichenau erbaut ist. Aber weil ich von schlechten Menschen in dem genannten Dorf oft beraubt worden bin und die Karität, die ich dort für meine Herren Brüder im Kloster eingerichtet hatte, nicht gemäß meinem Wunsch erfüllen konnte, habe ich erwähntes Lehen dem Bertold, dem Meier eben des Dorfes, für zwölf Talente verkauft. Nachdem ich dies erledigt hatte, habe ich einen innerhalb der Insel gelegenen Weinberg von Bertold, dem Sohn des Martin, für 24 Talente gekauft. Ich habe angeordnet, daß von der Hälfte dieses Weinberges, solange ich lebe und nicht länger, am Jahrtag meines Vaters Ulrich am Fest des heiligen Märtyrers Blasius jedem einzelnen Bruder ein Becher Wein – und dem Kellermeister nicht mehr als den anderen – gereicht werde; und ich habe festgesetzt, daß nach meinem Tod jedes Jahr dasselbe Maß für mein Gedächtnis den genannten Brüdern zugeteilt werde. Weiterhin habe ich verfügt, daß von der anderen Hälfte des Weinberges und von neun Zehnten, die ich in verschiedenen Weinbergen aus dem väterlichen Erbe bis jetzt innehatte, meinen Herren Brüdern im Kloster Brot und Wein mit Fischen gemäß dem Brauch dieses Ortes und Klosters am Fest des heiligen Erzengels Michael in vollem Maß gegeben werde, damit sie, je häufiger sie auf meine Kosten erquickt werden, desto inständiger Gott um Gnade für mich Sünder bitten. Dies sind die Zehnten: der Zehnte von Hugos ganzem Weinberg, den der Verwalter Heinrich seiner Schwester gegeben hat mit allem, was in ihm gedeiht; der Zehnte des Weinberges, welcher Eberwin und seiner Schwester gehört hat; und jenes Weinberges, der Markward und seiner Mutter Judentun gehört hat; und jenes Weinberges, den der Priester Regenold Judentun, der Gemahlin Werners von Schopflen, verkauft hat; diese drei Weinberge sind umgeben vom Weinberg Eberhards und seines Bruders Bertold, der Söhne des *Cundfridus*; und der Zehnte vom Weinberg des Heinrich, des Sohnes von Hermann dem Schuster, welcher zum Kameralgut des Abtes gehört und im selben Wein-

talentum biperis ad prefatum seruitium tribuant. Interim dum una sit in uirginitate dent dimidietatem tali pacto, ut hę duę nulli in feodum concedantur et nemo, qui ex eis nascatur^r, sed ubicunque sint absolute uiuant et tantum in morte sua casum tribuant. Vt autem prefate caritates dominis meis large dispensentur, omnia ad hęc pertinentia domino Burchardo deggano resignaui, et ut ministro suo Adelberto et uxori suę G[erdrude]^s ac tribus filiis suis concederet diligenter flagitaui. Quod et ita factum est. Nam Adelbertus cum uxore sua Gerdrude^t et tres filii A., H., T. presente abbate Ŏ[dalrico]³ cum ceteris fratribus omnibus et multis tam de maiori quam de minori familia astantibus de manu deggani susceperunt; et se bonos dispensatores fratribus esse spoponderunt. Acta sunt hec augiæ anno dominicę incarnationis M c sexagesimo v.

^a Dümgé (D.) liest zusätzlich nach *peregrinatione*: constituti; ^b D. liest zusätzlich nach *sunt*: in; ^c D.: sintlezesouua; ^d D.: beneficium; ^e D.: Bertoldo; ^f D.: Bertoldo; ^g D.: commemorationem; ^h D.: michaelis; ^i D.: claustralibus; ^j D.: Marchwardi; ^k D.: scoplob; ^l D.: Eberhardi; ^m D.: Bertoldi; ^n D.: Cundfridi; ^o D.: decimae; ^p D.: ambo; ^q D.: michaelis; ^r D.: nascitur; ^s fehlt bei D.; ^t D.: Gertrude.

[1] Verum tamen quod superest date elemosynam et ecce omnia munda sunt vobis (Lc 11,41).
[2] Redemptio animae viri divitiae suae qui autem pauper est increpationem non sustinet (Prv 13,8).
[3] Ulrich von Heidegg (1160–1169).

berg der Knaben gelegen ist; und die Zehnten zweier Weinberge, die meine eigenen sind, des unteren und des oberen; und der Zehnte jenes Weinberges, den Heinrich von *Alterinchouen* dem Burkhard von Worblingen und seiner Tochter übergeben hat; und der Zehnte jenes kleinen Ackerstückes, das im Weinberg des Rogger liegt und von meinem Hof genommen ist. Diese neun Zehnten, die wir von den genannten Weinbergen hiermit bezeichnet haben – sei es als Wein, Obst oder Gemüse oder was immer in diesen Weinbergen durch niedergehenden Tau und Regen wächst –, füge ich besagter Leistung, die mir von Rechts wegen zusteht, bei. Auch gebe ich zwei Frauen, Bertdun mit ihrer Schwester, Töchter des Hermann, die mein Eigen sind, dazu, und zwar unter dieser Bedingung, daß sie, nachdem beide geheiratet haben, am Fest des heiligen Michael ein geteiltes Talent zu dieser Leistung hinzugeben. Vorerst aber, solange eine von ihnen im Stand der Jungfräulichkeit ist, mögen sie die Hälfte geben, wobei gelten soll, daß diese beiden keinem Menschen zu Lehen überlassen werden und auch niemand, der von ihnen geboren wird, sondern daß sie, wo immer sie sich aufhalten, uneingeschränkt leben und nur bei ihrem Tod ihren Todfall leisten. Damit aber die besagten Karitäten meinen Herren im Kloster reichlich ausgegeben werden, habe ich alles Dazugehörige dem Herrn Dekan Burkhard übertragen und eindringlich darum gebeten, daß er es seinem Verwalter Adelbert und seiner Gemahlin Gertrud und ihren drei Söhnen überlasse. Und so geschah es. Denn Adelbert mit seiner Frau Gertrud und die drei Söhne A., H. und T. haben es im Beisein Abt Ulrichs mit allen übrigen Brüdern und vielen Anwesenden von der großen wie von der kleinen Familia aus der Hand des Dekans empfangen; und sie haben gelobt, den Brüdern ehrliche Sachverwalter zu sein. Geschehen auf der Reichenau im Jahr der Fleischwerdung des Herrn 1165.

Anmerkungen

[*] Für Hinweise und klärende Gespräche danke ich vor allem meinem Lehrer Professor Dr. Karl Schmid. Herrn Dr. Herbert Berner, Frau Dr. Nora Gädeke und Herrn Dr. Alfons Zettler möchte ich ebenfalls an dieser Stelle für mancherlei Anregung Dank sagen.
[1] Die ältesten Urkunden von Allerheiligen in Schaffhausen, Rheinau und Muri, hg. von FRANZ LUDWIG BAUMANN / GEROLD MEYER VON KNONAU / MARTIN KIEM (= Quellen zur Schweizer Geschichte III/1, 1883), im folg. zit. BAUMANN, S. 16.
[2] Ebd., S. 17, 55, 58, 66.
[3] Ebd., S. 73. Sefried ist eine Namenvariante von Siegfried.
[4] So KARL SCHMID, Burg Twiel als Herrensitz (12. bis 15. Jahrhundert), in: Hohentwiel. Bilder aus der Geschichte des Berges, hg. von HERBERT BERNER, 1957, S. 149. Das durch *consobrinus* bezeichnete Verwandtschaftsverhältnis kann ein Vetternverhältnis sein, zwingend ist dies allerdings nicht, vgl. THOMAS L. ZOTZ, Der Breisgau und das alemannische Herzogtum. Zur Verfassungs- und Besitzgeschichte im 10. und beginnenden 11. Jahrhundert (= Vorträge und Forschungen, Sonderband 15, 1974), S. 143.
[5] *Eberhardus de Singin et frater eius Adilbero*, BAUMANN, S. 102.
[6] Ebd., S. 113.

⁷ SCHMID, Burg (wie Anm. 4), S. 149.
⁸ Der Rotulus Sanpetrinus nach dem Original im Großherzoglichen General-Landesarchiv zu Karlsruhe, hg. von FRIEDRICH VON WEECH, in: Freiburger Diözesan-Archiv 15, 1882, S. 161. Vgl. zur Datierung SCHMID, Burg (wie Anm. 4), S. 153, und EDGAR FLEIG, Handschriftliche, wirtschafts- und verfassungsgeschichtliche Studien zur Geschichte des Klosters St. Peter auf dem Schwarzwald, Diss. phil. 1908, S. 33.
⁹ *Eberhardus de Twile*: HERMANN FLAMM, Ein neues Blatt des Rotulus San Petrinus aus dem Freiburger Stadtarchiv, in: ZGO 67 NF 28, 1913, S. 84. Ganz auszuschließen ist es nicht, daß der Bruder namens Eberhard selbst gemeint ist.
¹⁰ Vgl. zur Bedeutung der Namenkontinuität für das Geschichtlichwerden einer Adelsfamilie KARL SCHMID, Zur Problematik von Familie, Sippe und Geschlecht, Haus und Dynastie beim mittelalterlichen Adel. Vorfragen zum Thema »Adel und Herrschaft im Mittelalter«, Nachdruck in: DERS., Gebetsgedenken und adliges Selbstverständnis im Mittelalter. Ausgewählte Beiträge. Festgabe zu seinem sechzigsten Geburtstag, 1983, S. 185f.; zuletzt ders., Zur Entstehung und Erforschung von Geschlechterbewußtsein, in: Staufer – Welfen – Zähringer. Ihr Selbstverständnis und seine Ausdrucksformen, in: ZGO 134 NF 95, 1986, S. 28f.
¹¹ UB der Abtei Sanct Gallen 1: 700–840, bearb. von HERMANN WARTMANN, 1863, Nr. 111, S. 105. Zur Datierung ins Jahr 787 wäre zu ergänzen, daß aufgrund der in der Urkunde für die Berechnung des Datums zur Auswahl stehenden Epochen sich verschiedene Jahre ergeben, und zwar 786/87/89/90, vgl. MICHAEL BORGOLTE, Kommentar zu Ausstellungsdaten, Actum- und Güterorten der älteren St. Galler Urkunden (WARTMANN I und II mit Nachträgen in III und IV), in: Subsidia Sangallensia I. Materialien und Untersuchungen zu den Verbrüderungsbüchern und zu den älteren Urkunden des Stiftsarchivs St. Gallen, hg. von MICHAEL BORGOLTE / DIETER GEUENICH / KARL SCHMID (= St. Galler Kultur und Geschichte 16, 1986), S. 351; zur Urkunde vgl. EBERHARD DOBLER, Die Urkunde vom 15. Februar 787, in: Singen. Ziehmutter des Hegaus. Singener Stadtgeschichte Bd. 1, hg. von HERBERT BERNER (= Beiträge zur Singener Geschichte 14; zugleich Hegau-Bibliothek 55, 1987), S. 135–148.
¹² UB der Abtei Sanct Gallen 2: 840–920, bearb. von HERMANN WARTMANN, 1866, Nr. 665, S. 268f.; vgl. dazu BORGOLTE, Kommentar (wie Anm. 11), S. 435.
¹³ Aufgrund einer St. Galler Urkunde von 772 wurde dies vom Herausgeber der St. Galler Urkunden, Hermann Wartmann, vermutet, vgl. UB Sanct Gallen 1 (wie Anm. 11) Nr. 67, S. 66: villa *Sicgingas* als Güterort. Diese Auffassung teilten GEROLD MEYER VON KNONAU, Exkurs II: Der Besitz des Klosters St. Gallen in seinem Wachsthum bis 920 nach Wartmann, Bd. I und II, in: Mitteilungen zur vaterländischen Geschichte St. Gallen 13 NF 3, 1872, S. 170, und ROLF SPRANDEL, Das Kloster St. Gallen in der Verfassung des karolingischen Reiches (= Forschungen zur oberrheinischen Landesgeschichte 7, 1958), S. 34f.; dagegen zuletzt BORGOLTE, Kommentar (wie Anm. 11), S. 343, mit dem Hinweis, daß die Urkunde unter der für den Linz- und Argengau belegten Kapitelzahl XXX überliefert sei. *Sicgingas* wird mit Siggingen identifiziert.

¹⁴ Vgl. zum Folgenden KARL SCHMID, Die Urkunde König Heinrichs I. für Babo aus dem Jahr 920, in diesem Band S. 30 ff.
¹⁵ Vgl. Wortlaut und Übersetzung der Urkunde S. 59 ff. Da das Heinrichsdiplom zunächst ins bischöfliche Archiv Chur gelangte, bevor es in die Bestände des Karlsruher Generallandesarchives überging, scheint der ansehnliche Babobesitz in Singen zeitweise der Churer Kirche gehört zu haben, vgl. SCHMID, Urkunde (wie Anm. 14).
¹⁶ Nach HANS CONSTANTIN FAUSSNER, Kuno von Öhningen und seine Sippe in ottonisch-salischer Zeit, in: DA 37, 1981, S. 56, sei der Fiskus Bodman zwischen den beiden Kindern der Herzogin Reginlind, Burchard und Ita, aufgeteilt worden, und Burchard habe so den Twiel erhalten. EBERHARD DOBLER zufolge hätte man dabei auch Singen geteilt, und Obersingen sei, im Unterschied zu Niedersingen, vom Hohentwiel unabhängig geworden, später an die älteren Nellenburger als Nachfahren der Ita, und von diesen an ihre Erben, die Herren von Friedingen gelangt; vgl. ders., Burg und Herrschaft Hohenkrähen im Hegau (= Hegau-Bibliothek 50, 1986), S. 14, 18–20. – Bei dieser vermuteten Teilung von Singen erhebt sich die Frage, ob die Ausbausiedlung Niedersingen kurz nach der Mitte des 10. Jahrhunderts bereits bestand. – Vgl. zur Herleitung der friedingischen Rechte in Singen auch KURT ANDERMANN [Historische Beschreibung von Singen/Hohentwiel bis zum 19. Jh. und des Hohentwiels], in: Der Landkreis Konstanz. Amtliche Kreisbeschreibung IV, 1984, S. 197. – Herrn Dr. Dr. Eberhard Dobler möchte ich an dieser Stelle für ein ausführliches Gespräch danken.
¹⁷ Vgl. zur Klostergründung D H II 511. Der St. Galler Mönch EKKEHARD IV. schreibt allein Hadwig die Klostergründung zu, vgl. ders., Casus Sancti Galli, ed. und übers. von HANS F. HAEFELE (= Ausgewählte Quellen zur deutschen Geschichte des Mittelalters. Freiherr vom Stein-Gedächtnisausgabe 1, 1980), c. 94, S. 192f. Vgl. zur Geschichte des Klosters FRANZ BEYERLE, Das Burgkloster auf dem Hohentwiel, in: Hohentwiel (wie Anm. 4), S. 125–135; FRANZ QUARTHAL, Der Hohentwiel, in: Die Benediktinerklöster in Baden-Württemberg (= Germania Benedictina 5, bearb. von dems., 1975), S. 309–312, und ALFONS ZETTLER, Studien zum jüngeren Teil des Reichenauer Verbrüderungsbuches aus dem 10. und 11. Jahrhundert (Magisterarbeit Ms., 1979), S. 34–37.
¹⁸ So ZOTZ, Breisgau (wie Anm. 4), S. 151. Anders URSULA LEWALD, Burg, Kloster, Stift, in: Die Burgen im deutschen Sprachraum. Ihre rechts- und verfassungsgeschichtliche Bedeutung 2, hg. von HANS PATZE (= Vorträge und Forschungen 19/2, 1976), S. 168. HELMUT MAURER spricht bezüglich der Klostergründung dem Twiel den Charakter einer »Herzogspfalz« zu, vgl. ders., Der Herzog von Schwaben. Grundlagen, Wirkungen und Wesen seiner Herrschaft in ottonischer, salischer und staufischer Zeit, 1978, S. 52.
¹⁹ Das Verbrüderungsbuch der Abtei Reichenau (Einleitung, Register, Faksimile), hg. von JOHANNE AUTENRIETH / DIETER GEUENICH / KARL SCHMID, MGH Libri memoriales et

Necrologia Nova series I, 1979, S. 149; vgl. dazu ZETTLER, Studien (wie Anm. 17).

[20] D H II 511. Vgl. HANS JÄNICHEN, Der Besitz des Klosters Stein am Rhein (zuvor Hohentwiel) nördlich der Donau vom 11. bis zum 16. Jahrhundert, in: Jahrbücher für Statistik und Landeskunde in Baden-Württemberg 4, 1958, S. 83–85; THEODOR MAYER, Das schwäbische Herzogtum und der Hohentwiel (1957), Nachdruck in: ders., Mittelalterliche Studien. Gesammelte Aufsätze, 1963, S. 332; zuletzt ZOTZ, Breisgau (wie Anm. 4), S. 168f.

[21] Ebd., S. 169, Anm. 282; D H II 511.

[22] D O III 154.

[23] DD O III 370–372; vgl. zu den Aufenthalten Ottos III. auf dem Hohentwiel ZOTZ, Breisgau (wie Anm. 4), S. 58, 170f.

[24] Ebd. und FAUSSNER, Kuno (wie Anm. 16), S. 58. Dagegen hielt HANS-MARTIN DECKER-HAUFF, Die Ottonen und Schwaben, in: Zeitschrift für württembergische Landesgeschichte 14, 1955, bes. S. 237f., 243f., 246, den Hohentwiel für liudolfingisches Allod, welches im Erbgang seinen Besitzer wechselte. Diese These fand Widerspruch bei GERD TELLENBACH (in Verbindung mit JOSEF FLECKENSTEIN und KARL SCHMID), Kritische Studien zur großfränkischen und alemannischen Adelsgeschichte, in: Zeitschrift für württembergische Landesgeschichte 15, 1956, bes. S. 172–174, und ZOTZ, Breisgau (wie Anm. 4), S. 58, 171.

[25] SCHMID, Burg (wie Anm. 4), S. 156.

[26] D H II 511. Heinrich II. schenkte die Abtei 1007 dem von ihm gegründeten Bistum Bamberg, vgl. D H II 166.

[27] BERTHOLDI Annales, MGH SS 319: [...] Uxor vero regis Roudolfi nomine Adelheit [...] in episcopatu Constantiensi in Duello et in aliis castellis iuxta Rhenum qualitercumque conversata, egestate, moerore, variisque adversitatum calamitatibus confecta [...] moriens spiritum suum commendavit, et ad monasterium sancti Blasii [...] sepeliebatur [...]. Vgl. dazu HARTMUT HEINEMANN, Untersuchungen zur Geschichte der Zähringer in Burgund. Erster Teil, in: Archiv für Diplomatik, Schriftgeschichte, Siegel- und Wappenkunde 29, 1983, S. 84f.

[28] SCHMID, Burg (wie Anm. 4), S. 150.

[29] Da Rudolf von Rheinfelden unter den Schenkern war, muß der Rechtsakt vor Rudolfs Todesjahr 1080 erfolgt sein. Datierung der Schenkung in die Zeit zwischen 1071 und 1077 bei JÖRGEN VOGEL, Rudolf von Rheinfelden, die Fürstenopposition gegen Heinrich IV. im Jahr 1072 und die Reform des Klosters St. Blasien, in: ZGO 132 NF 93, 1984, S. 2, ins Jahr 1071 in: Die Zähringer. Anstoß und Wirkung, hg. von HANS SCHADEK / KARL SCHMID, red. von JAN GERCHOW (= Veröffentlichungen zur Zähringerausstellung 2, 1986), S. 22f. (im folg. zit. Zähringer-Katalog).

[30] CARL GEORGE DÜMGÉ, Regesta Badensia. Urkunden des Grossherzoglich Badischen General-Landes-Archives von den ältesten Zeiten bis zum Schlusse des zwölften Jahrhunderts, 1836, Nr. 78, S. 127f.; KARL FRIEDRICH STUMPF, Die Kaiserurkunden des X., XI. und XII. Jahrhunderts chronologisch verzeichnet als Beitrag zu den Regesten und zur Kritik derselben, 1865–1883, Ndr. 1960, Nr. 3205, S. 272f.; Fürstenbergisches UB 5: 700–1359, bearb. von SIGMUND RIEZLER, 1885, Nr. 87, S. 53; OTTO GERHARD OEXLE, Anhang: Die älteren Quellen zur Geschichte der Propstei Öhningen (1966), Nachdruck in: SCHMID, Gebetsgedenken (wie Anm. 10), S. 174f. Vgl. KARL SCHMID, Probleme um den Grafen »Kuno von Öhningen«. Ein Beitrag zur Entstehung der welfischen Hausüberlieferung und zu den Anfängen der staufischen Territorialpolitik im Bodenseegebiet (1966), Nachdruck in: ders., Gebetsgedenken (wie Anm. 10), S. 150f.

[31] Ebd., S. 129ff.

[32] HELMUT NAUMANN, Die Schenkung des Gutes Schluchsee an St. Blasien. Ein Beitrag zur Geschichte des Investiturstreites, in: DA 23, 1967, S. 371; ARMIN WOLF, Wer war Kuno »von Öhningen«? Überlegungen zum Herzogtum Konrads von Schwaben (†997) und zur Königswahl vom Jahre 1002, in: DA 36, 1980, S. 42. Vgl. zur Schluchseeschenkung und zu »Kuno von Öhningen« weiterhin HUGO OTT, Zur Festlegung der Grenzen des *praedium Slocse* aus der sogenannten Schluchseeschenkung im 11. Jahrhundert. Ein Beitrag zur Methodik mittelalterlicher Grenzbeschreibungen, in: ZGO 116 NF 77, 1968, S. 397–402; HERMANN JAKOBS, Der Adel in der Klosterreform von St. Blasien (= Kölner Historische Abhandlungen 16, 1968), S. 179ff.; EDUARD HLAWITSCHKA, Wer waren Kuno und Richlind von Öhningen? Kritische Überlegungen zu einem neuen Identifizierungsvorschlag, in: ZGO 128 NF 89, 1980, S. 1–49; ders., Königin Richeza von Polen – Enkelin Herzog Konrads von Schwaben, nicht Kaiser Ottos II.?, in: Institutionen, Kultur und Gesellschaft im Mittelalter. Festschrift für Josef Fleckenstein zu seinem 65. Geburtstag, hg. von LUTZ FENSKE / WERNER RÖSENER / THOMAS ZOTZ, 1984, S. 221–244; FAUSSNER, Kuno (wie Anm. 16), bes. S. 47ff.; HEINEMANN, Untersuchungen (wie Anm. 27), S. 66–68; zuletzt PAUL BAUR, Kuno von Öhningen, in: Öhningen 1988. Beiträge zur Geschichte von Öhningen, Schienen und Wangen, hg. von HERBERT BERNER, 1988, S. 47–62.

[33] HANS JÄNICHEN, Die Herren von Singen und Twiel und die Geschichte des Hohentwiel von 1086 bis um 1150, in: Hohentwiel (wie Anm. 4), S. 142. Der Verfasser vermutete, Bertold II. könnte mit dem Hohentwiel im Jahr 1080 auch Singen erhalten haben, als dessen Ortsherr er möglicherweise anzusprechen sei.

[34] FAUSSNER, Kuno (wie Anm. 16), S. 60f.

[35] ALBERT KRIEGER, Topographisches Wörterbuch des Großherzogtums Baden 2, 2. erw. Aufl. 1905, Sp. 1003; JÄNICHEN, Herren (wie Anm. 33), S. 142; HERBERT BERNER, Alte Siedlung – junge Stadt am Hohentwiel, in: Hegau 10, 1965, S. 129; WALTER SCHREIBER, Zwischen Schwaben und Schweiz. Studien anhand einer Geländenamen-Sammlung des Raumes Singen (Hohentwiel) mit anstoßenden Markungen (= Beiträge zur Singener Geschichte 3; zugleich Hegau-Bibliothek 31, 1976), Nr. 1143, S. 311. Vgl. zur Lokalisierung der Singerbruck ebd.: »Eine Nachfolgerin der s. z. Brücke über die Aach ist im oberen Teil des Stadtgartens heute noch erhalten. Sie überquert den Fluß im Zuge des früheren Verlaufs der Mühlenstraße [...].«

[36] Continuatio casuum sancti Galli, hg. von GEROLD MEYER VON KNONAU, in: Mitteilungen zur vaterländischen Geschichte St. Gallen 17 NF 7, 1879, c. 23; vgl. dazu KARL

SCHMID, Die Burg Wiesneck und die Eroberung des Breisgaus durch Bertold II. im Jahre 1079, in: Kelten und Alemannen im Dreisamtal. Beiträge zur Geschichte des Zartener Beckens, hg. von dems. (= Veröffentlichung des Alemannischen Instituts Freiburg i. Br. 49, 1983), bes. S. 128ff., und Zähringer-Katalog (wie Anm. 29), S. 22f.

[37] Continuatio (wie Anm. 36), c. 30, S. 76.

[38] Ebd., c. 26–30. Vgl. dazu PLACID BÜTLER, Ulrich von Eppenstein, Abt von St. Gallen und Patriarch von Aquileja, in: Jahrbuch für schweizerische Geschichte 22, 1897, S. 259–275, und KARL-ENGELHARDT KLAAR, Die Herrschaft der Eppensteiner in Kärnten (= Archiv für vaterländische Geschichte und Topographie 61, 1966), S. 109. Als Herzöge von Kärnten amtierten die Brüder Abt Ulrichs, Liutold (1077–1090) und Heinrich (1093–1122), vgl. ebd., S. 44–50, 50–72, 108–117.

[39] Die Identität des *marchio Bertoldus* mit Bertold II. im Unterschied zum Rheinfelder Gegenherzog ergibt sich aus dem Kontext der geschilderten Ereignisse, vgl. den Kommentar von MEYER VON KNONAU (wie Anm. 36), Anm. 210, S. 78. Schon Gall Öhem, der in seiner Chronik kurz die Ereignisse um den Twiel anführt, bringt sie mit *margraff Berchtoldt von Zeringen* in Verbindung, vgl. Die Chronik des Gallus Öhem, hg. von KARL BRANDI (= Quellen und Forschungen zur Geschichte der Abtei Reichenau 2, 1893), S. 101f.

[40] Continuatio (wie Anm. 36) c. 31, S. 78–82. Übersetzung: »Markgraf Bertold aber [...] ist in feindseliger Absicht ins Kloster des heiligen Gallus eingedrungen und hat es durch Raub und Brand verwüstet [...] Diesen Angriff aber hat dieser Markgraf Bertold hauptsächlich deshalb durchgeführt, weil der Abt und Patriarch seine Feste Twiel, deren Bewohner persönlich sie ihm verräterisch ausgeliefert haben, bis zum damaligen Zeitpunkt besetzt gehalten hat. Schließlich ist der Markgraf dem Abt gegenüber in rasendem Neid entbrannt, weil dessen Bruder Liutold rechtmäßig, wie ihm klar geworden ist, wohlgemerkt das Herzogtum Kärnten mit Bewilligung des Königs innegehabt und weil der andere Bruder des Abtes die Mark Istrien mit derselben Bewilligung in seinem Besitz gehabt hat.«

[41] So GEORG TÜMBÜLT, Die Grafschaft des Hegaus, in: Mitteilungen des Instituts für österreichische Geschichtsforschung. Ergänzungsband 3, 1890–1894, S. 658, und KARL VON MARTENS, Geschichte von Hohentwiel, 1857, S. 7.

[42] Darauf macht SCHMID, Burg (wie Anm. 4), S. 155f., aufmerksam.

[43] Kommentar von MEYER VON KNONAU (wie Anm. 36), Anm. 213, S. 79–82.

[44] So SCHMID, Burg (wie Anm. 4), S. 156, gegen die entsprechende Darstellung in der Beschreibung des Oberamts Tuttlingen, 1879, Nachdruck 1969, S. 562f.

[45] Wie Anm. 43 und JÄNICHEN, Herren (wie Anm. 33), S. 139.

[46] KLAAR, Herrschaft (wie Anm. 38), S. 101ff.; vgl. zu Herzogtitel und -herrschaft als wesentlichem Merkmal der Zähringergeschichte Zähringer-Katalog (wie Anm. 29), S. 76ff., 411–413, und GERD ALTHOFF, Die Zähringerherrschaft im Urteil Ottos von Freising, in: Die Zähringer. Eine Tradition und ihre Erforschung, hg. von KARL SCHMID (= Veröffentlichungen zur Zähringer-Ausstellung 1, 1986), S. 43–58.

[47] In der »Entziehung« Kärntens sieht GEROLD MEYER VON KNONAU den Grund für den Gegensatz zwischen Zähringern und Eppensteinern, vgl. ders., Kommentar (wie Anm. 36), Anm. 215, S. 82; ähnlich JÄNICHEN, Herren (wie Anm. 33), S. 147, und KLAAR, Herrschaft (wie Anm. 38), S. 110, Anm. 79.

[48] SCHMID, Burg (wie Anm. 4), S. 156.

[49] OTTONIS EPISCOPI FRISINGENSIS et RAHEWINI Gesta Frederici seu rectius Cronica, hg. von FRANZ-JOSEF SCHMALE, übers. von ADOLF SCHMIDT (= Freiherr vom Stein-Gedächtnisausgabe 17, 1965), I, 7, S. 144: *Occiso Rŏdulfo gener eius Bertolfus ducatum Suevie tamquam a socero sibi concessum usurpat.* (»Nach Rudolfs Tode beanspruchte sein Schwiegersohn Berthold das Herzogtum Schwaben als ihm von seinem Schwiegervater hinterlassen.«) Vgl. zur Tendenz der Gesta ALTHOFF, Zähringerherrschaft (wie Anm. 46), bes. S. 44–47. JÄNICHEN, Herren (wie Anm. 33), S. 142, und ROBERT FEGER, Burgen und Schlösser in Südbaden. Eine Auswahl, 1984, S. 123, gehen davon aus, der Hohentwiel sei 1080 zähringisch geworden. Dem ist das Gegenherzogtum Bertolds von Rheinfelden seit 1079 entgegenzuhalten.

[50] BAUMANN, Nr. 7/2.

[51] Nach Burkhards Tod sollten sie wieder an Allerheiligen fallen, vgl. ebd., Nr. 7/3.

[52] Ebd., Nr. 34.

[53] Ebd., Nr. 39. Diesen Tausch hatte Bertold I. als Vogt der Bamberger Kirche vollzogen, nachdem für den Bau des Schaffhauser Klosters Bamberger Besitz angegriffen worden war, vgl. ebd., Nr. 3.

[54] Von einem distanzierten oder gar feindseligen Verhältnis, wie dies JÄNICHEN, Herren (wie Anm. 33), S. 146, umschrieb, kann nicht die Rede sein.

[55] Ulrich III. steht im St. Galler Totenbuch zum 13.12., vgl. Das zweite St. Galler Totenbuch, hg. von HERMANN WARTMANN (1884), S. 57; Verzeichnis der Äbte des Klosters St. Gallen mit Angabe der Regierungsdauer von Otmar bis auf Hiltbold (720–1329), in: Mitteilungen zur vaterländischen Geschichte St. Gallen 18 NF 8, 1881, Beilage 1, S. 366; vgl. zur St. Galler Abtswahl: Continuatio (wie Anm. 36), c. 35–37.

[56] Continuatio (wie Anm. 36), c. 35, S. 92: *Nam quidam ex fratribus sancti Galli eligebant quendam concenobitam suum, nomine Heinricum de Tviele, huncque regi Heinrico pro electo praesentantes, regali sceptro sublimari petierunt, et per illius clementiam peticionis sue efficatiam obtinuerunt.*

[57] Ebd., S. 92–95: *Alii vero fratres... post aliquantulum temporis ex consilio ducis Chuonradi de Zaringin, filii marchionis Bertoldi, diem secreto statuunt, quando eligant abbatem, ipsum ducem advenire poscentes, et in ejus arbitrio omnis suae electionis jus ponentes. Ille autem statuto die cum sexcentis militibus loco sancti Galli adpropinquans, ac secum quendam nobilem et juvenem monachum nomine Manegoldum, de Mamburron oriundum, cenobitam sancti Galli adducens, praemisit in monasterium nuntium, qui fratribus intimaret, quatinus cum debito honore advenien-*

tem electum susciperent et ei in occursum sub omni celeritate properarent [. . .]. Die Herren von Mammern sind seit 1100 als Zeugen in Allerheiligenurkunden nachweisbar, vgl. BAUMANN, Nrn. 34, 39, 44, 60, 63. Aus der Tatsache, daß sie in zwei Zeugenlisten (ebd., Nrn. 34, 39) unmittelbar den »Grafen« nachstehen, schloß ALOYS SCHULTE, sie seien »zweifellos sehr vornehm« gewesen, vgl. ders., Der Adel und die deutsche Kirche im Mittelalter. Studien zur Sozial-, Rechts- und Kirchengeschichte (= Kirchenrechtliche Abhandlungen 63/64, 1910, Nachdruck 1966), S. 379.

58 Continuatio (wie Anm. 36), c. 35, S. 95f.: [. . .]; *fratres autem, qui hujus rei erant ignari, cum abbate suo [sc. Heinrich von Twiel] fugerunt, et lacum transeuntes venerunt ad locum, qui dicitur Cile, ibique se cum suis abbas usque ad terminum litis continuit. Dux vero locum sancti Galli intravit, secum electum suum ducens, et ab his, quos hoc consilium non latuit, honorifice susceptus est, et in abbatem promotus est.*

59 Ebd., c. 35f., S. 96–98: *Cumque [sc. Manegold von Mammern] hanc civitatem et vicina loca suo subdidisset dominio, lacum transivit, ibique etiam possessiones sancti Galli sibi subjugavit. [. . .] Subjugatis igitur sibi omnibus, regem adiit [. . .]. Rex vero in omnibus duci deferens, monachum quem sibi pro electo exhibuit, abbatie santi Galli honore sublimavit. [. . .]*

60 Ebd., c. 36, S. 99: *[. . .] set se [sc. Heinrich von Twiel] ad claustrum, quod Zwivilun dicitur, usque ad mortem illius contulit. Mortuo autem abbate Manegoldo post undecimum annum, ad abbatiam suum a successore suo Werinhero abbate revocatus, prepositus illius factus est. [. . .]*

61 So übereinstimmend JÄNICHEN, Herren (wie Anm. 33), S. 137, und SCHMID, Burg (wie Anm. 4), S. 149, 152f.

62 Zu denken wäre etwa an ein Lehens- oder Verwandtschaftsverhältnis.

63 Darin stimmen JÄNICHEN, Herren (wie Anm. 33), S. 142, und SCHMID, Burg (wie Anm. 4), S. 152, überein; anders KARL WEISS, Hohentwiel und Ekkehard in Geschichte, Sage und Dichtung, 1901, S. 124, der eine Rückgabe des Twiel an Bertold II. annimmt.

64 JÄNICHEN, Herren (wie Anm. 33), S. 141; seine These ist erneut formuliert in: ders., Zur Genealogie der älteren Grafen von Veringen, in: Zeitschrift für württembergische Landesgeschichte 27, 1968, S. 28f. Jänichen argumentiert ausschließlich mit dem Allodcharakter des Twiel.

65 JÄNICHEN, Herren (wie Anm. 33), S. 142f. Diese These übernahm RAINER KIEWAT, Ritter, Bauern und Burgen im Hegau. Eine Chronik (= Hegau-Bibliothek 46, ²1986), S. 185.

66 Vgl. zu Markward unten S. 52 f. Für seine Zuschreibung zu den Herren von Singen-Twiel sehe ich keine Anhaltspunkte. Damit wird auch der Nachweis der Namenübereinstimmung problematisch.

67 JÄNICHEN, Herren (wie Anm. 33), S. 144f.

68 So läßt sich wahrscheinlich machen, daß sie Beziehungen zum Kloster Wagenhausen hatten und mit den Herren von Engen verwandt waren; vgl. auch die intensive Zeugentätigkeit für Allerheiligen.

69 JÄNICHEN, Herren (wie Anm. 33), S. 144.

70 Ebd., S. 146.

71 Dies wird unterstützt durch die gemeinsame politische Parteinahme, vgl. dazu unten S. 45 ff. – Auch KLAAR, Herrschaft (wie Anm. 38), S. 135 mit Anm. 210, äußert sich ablehnend zur These, die Singener seien eine Zweiglinie der Eppensteiner gewesen.

72 SCHMID, Burg (wie Anm. 4), S. 152f. Dem schließt sich im wesentlichen ANDERMANN, Beschreibung (wie Anm. 16), S. 215f., an.

73 Wie Anm. 61.

74 Vgl. zum staufisch-zähringischen Ausgleich Zähringer-Katalog (wie Anm. 29), S. 77, 80–86, und zu den veränderten Grundlagen des schwäbischen Herzogtums MAURER, Herzog (wie Anm. 18), S. 218ff.; künftig KARL SCHMID, Zürich und der staufisch-zähringische Ausgleich 1098, in: Die Zähringer. Schweizer Vorträge und neue Forschungen.

75 Den Verlust der Vorortfunktion setzt Maurer beim Twiel schon um die Jahrhundertwende an, vgl. ebd., S. 125. Die Stauferherzöge Friedrich I. (1079–1105) und Friedrich II. (1105–1147) beanspruchten den Twiel offenbar nicht.

76 Dies verdient insofern Erwähnung, als die Beziehungen der Herren von Singen zu den Zähringern sich zunächst an Kloster Allerheiligen knüpften.

77 SCHMID, Burg (wie Anm. 4), S. 153. Beleg wie Anm. 8.

78 Beleg wie Anm. 9. Vgl. dazu JÄNICHEN, Herren (wie Anm. 33), S. 146.

79 Vgl. zum Terminus »nobilis« und zu den Abstufungen innerhalb des edelfreien Adels WERNER RÖSENER, Ministerialität, Vasallität und niederadelige Ritterschaft im Herrschaftsbereich des Markgrafen von Baden vom 11. bis zum 14. Jahrhundert, in: Herrschaft und Stand. Untersuchungen zur Sozialgeschichte im 13. Jahrhundert, hg. von JOSEF FLECKENSTEIN (= Veröffentlichungen des Max-Planck-Instituts für Geschichte 51, 1977), S. 68–72.

80 Vgl. dazu WERNER MEYER, Die Burg als repräsentatives Statussymbol. Ein Beitrag zum Verständnis des mittelalterlichen Burgenbaues, in: Zeitschrift für schweizerische Archäologie und Kunstgeschichte 33, 1976, bes. S. 175–178.

81 BAUMANN, Nr. 3; Regest zu Konrad von Zähringen als Vogt von Stein und St. Peter: CHRISTOPH FRIEDRICH STÄLIN, Wirtembergische Geschichte II. Schwaben und Südfranken. Hohenstaufenzeit. 1080–1268, 1847, S. 326; EDUARD HEYCK, Urkunden, Siegel und Wappen der Herzöge von Zähringen, 1892, Nachdruck 1980, Nr. VII; vgl. ALFONS HEILMANN, Die Klostervogtei im rechtsrheinischen Teil der Diözese Konstanz bis zur Mitte des dreizehnten Jahrhunderts, Diss. phil. 1908, S. 36; GEORG HEDINGER, Landgrafschaften und Vogteien im Gebiete des Kantons Schaffhausen, 1922, S. 182f.; Zähringer-Katalog (wie Anm. 29), S. 163f.

82 Vor diesem Hintergrund sind wohl auch die zähringischen Aktivitäten in Schaffhausen und St. Gallen zu sehen, vgl. HEINRICH BÜTTNER, Allerheiligen in Schaffhausen und die Erschließung des Schwarzwaldes im 12. Jahrhundert, in: Schaffhauser Beiträge zur vaterländischen Geschichte 17, 1940, S. 15f.; Zähringer-Katalog (wie Anm. 29), S. 161.

83 Ebd., S. 158–161.

84 BAUMANN, Nr. 57; vgl. KARL SCHIB, Geschichte der Stadt und Landschaft Schaffhausen, hg. vom Historischen Verein des Kantons Schaffhausen, 1972, S. 24.

⁸⁵ FAUSSNER, Kuno (wie Anm. 16), S. 118–120; Zähringer-Katalog (wie Anm. 29), S. 163–166. Bereits 1102 gab Bertold II. Ansprüche auf Schaffhauser Klosterbesitz, die noch auf den Gebietstausch zwischen seinem Vater und Eberhard von Nellenburg zurückgingen (BAUMAN, Nr. 39), auf. BRUNO MEYER führte als möglichen Reibungspunkt zwischen den Zähringern und Kloster Allerheiligen die zähringische Parteinahme für Tuto von Wagenhausen an, vgl. ders., Das Totenbuch von Wagenhusen, in: Schriften des Vereins für die Geschichte des Bodensees und seiner Umgebung 86, 1968, S. 137. Einen Zusammenhang zwischen dem erfolglosen Ausgreifen nach Schaffhausen und dem Erwerb der Vogtei St. Blasien sah HELMUT MAURER, Das Land zwischen Schwarzwald und Randen im frühen und hohen Mittelalter. Königtum, Adel und Klöster als politisch wirksame Kräfte (= Forschungen zur oberrheinischen Landesgeschichte 16, 1965), S. 172f.

⁸⁶ Zähringer-Katalog (wie Anm. 29), S. 97.

⁸⁷ Vgl. dazu EDUARD HEYCK, Geschichte der Herzöge von Zähringen, hg. von der Badischen Historischen Kommission, 1891, Nachdruck 1980, S. 262; HEINRICH BÜTTNER, St. Georgen und die Zähringer, in: ZGO 92 NF 53, 1940, S. 17.

⁸⁸ Zähringer-Katalog (wie Anm. 29), S. 166.

⁸⁹ KARL SCHMID, Königtum, Adel und Klöster zwischen Bodensee und Schwarzwald, in: Studien und Vorarbeiten zur Geschichte des großfränkischen und frühdeutschen Adels, hg. von GERD TELLENBACH (= Forschungen zur oberrheinischen Landesgeschichte 4, 1957), S. 241f., 316.

⁹⁰ PHILIPP JAFFÉ, Regesta Pontificum Romanorum 1, ²1885, Nr. 8076, S. 893; KARL BRANDI, Die Reichenauer Urkundenfälschungen (= Quellen und Forschungen zur Geschichte der Abtei Reichenau, 1890), Nr. 81, S. 8.

⁹¹ Zur politischen Dimension im Wirken Gebhards von Zähringen als Bischof von Konstanz vgl. OTTO FEGER, Geschichte des Bodenseeraumes 2. Weltweites Mittelalter (= Bodensee-Bibliothek 3, 1958), S. 43–45; HELMUT MAURER, Der Bischofssitz Konstanz als Hauptstadt in Schwaben, in: Schriften des Vereins für die Geschichte des Bodensees und seiner Umgebung 91, 1973, S. 6–9.

⁹² Öhninger Erbgut und die Steiner Vogtei hätten nach ARNO BORST »Möglichkeiten einer Territorienbildung« der Zähringer in sich geborgen, vgl. ders., Mönche am Bodensee. 610–1525 (= Bodensee-Bibliothek 5, 1978), S. 120.

⁹³ Anders Beschreibung (wie Anm. 44), S. 563; KRIEGER, Topographisches (wie Anm. 35), Sp. 1003. Als niederer Adel firmieren sie bei VON MARTENS, Geschichte (wie Anm. 41), S. 8f.; OSKAR FRAAS u.a., Hohentwiel. Beschreibung und Geschichte, ²1882, S. 45; AUGUST VOGEL, Von den Geschicken der größten Hegauburgen und ihrer ritterlichen Geschlechter, in: Badische Heimat 17, 1930: Singen und der Hegau, S. 52. Die These von OTTMAR F. H. SCHÖNHUTH, Geschichte der ehemaligen Bergfeste Hohentwiel aus urkundlichen Quellen dargestellt, ³1842, S. 42f., der Hohentwiel sei beim staufisch-zähringischen Ausgleich an Herzog Friedrich von Staufen gelangt, dessen Ministerialen die Herren von Twiel waren, entbehrt einer historischen Grundlage. Im Anschluß an Schönhuth ging man vielfach davon aus, der Hohentwiel sei bis 1268 staufisch gewesen und als Lehen der Staufer an die Herren von Klingen gelangt, vgl. JOHANNES POPPEL / EUGEN HUHN, Das Großherzogthum Baden in malerischen Ansichten, 1850, Nachdruck 1950, S. 327; J. A. PUPIKOFER, Geschichte der Freiherren von Klingen zu Altenklingen, Klingnau und Hohenklingen, in: Thurgauische Beiträge zur vaterländischen Geschichte 10, 1869, S. 68; VIKTOR MÜLLER, Hohentwiel. Geschichte, Beschreibung und Rundsicht, zugleich praktischer Wegweiser, 1893, S. 12; GEORG TEUFEL, Die Geschichte des Hohentwiels, in: Schriften des Vereins für die Geschichte des Bodensees und seiner Umgebung 24, 1895, S. 21; AUGUST VOGEL, Der Hohentwiel. Ein Führer durch die Ruine mit wissenswerten geschichtlichen Daten, 1926, S. 11.

⁹⁴ Vgl. zu den rechtlichen Implikationen dieser Bezeichnung BENJAMIN ARNOLD, German Knighthood. 1050–1300, 1985, S. 58f.

⁹⁵ Vgl. dazu die »Karte der Zähringerministerialen« im Zähringer-Katalog (wie Anm. 29), S. 55.

⁹⁶ Vgl. zum Folgenden ebd., S. 56–64. In seinem Aufsatz »Der Staufen – eine Zähringerburg im Hegau«, in: Hegau 23/24, 1967, S. 27–36, versucht EBERHARD DOBLER, die Herren von Staufen im Breisgau als die Herren der hegauischen Burg Staufen wahrscheinlich zu machen.

⁹⁷ Beleg wie Anm. 9. Bezüglich dieser Urkunde vertrat EBERHARD DOBLER die Ansicht, daß in ihrer späteren Bearbeitung anachronistisch Zeugen aus dem Hegau verzeichnet seien, die 1152 nicht lebten; zu ihnen zähle auch Eberhard von Twiel: Für ihn gebe es »sonst keine Nachweise« schon aus der Mitte des 12. Jahrhunderts, und er sei »eher um 1198 als um 1152 zuzuweisen«, vgl. ders., Zur Frage der Ersterwähnung des Hohenkrähen, in: Hegau 29/30, 1984/85, S. 280, und ders., Burg Hohenkrähen (wie Anm. 16), S. 42, 68, 83. – Aber die Brüder Adelbero und Eberhard von Twiel sind in den Jahren 1135 und zwischen 1122/23 und 1132 zweimal urkundlich bezeugt. Wenn der 1152 belegte Eberhard von Twiel nicht mit dem einen der Brüder identisch ist, stellt sich die Frage nach weiteren Belegen für ihn ohnehin nicht.

⁹⁸ Vgl. dazu unten S. 48.

⁹⁹ MAURER, Herzog (wie Anm. 18), S. 223f., und Zähringer-Katalog (wie Anm. 29), S. 53–56.

¹⁰⁰ So schon die Vermutung von C. B. A. FICKLER, Quellen und Forschungen zur Geschichte Schwabens und der Ost-Schweiz, 1859, S. 45, und dann mit guten Gründen bei SCHMID, Burg (wie Anm. 4), S. 153. Vgl. zur zähringischen Herzogsherrschaft nach 1098 die Vermutung von HELMUT MAURER, Herzog (wie Anm. 18), S. 243f.: »[...], daß die Bindungen ›edelfreien‹ Adels westlich, südlich und östlich des Schwarzwaldes an die Herzöge von Zähringen wesentlich lehensrechtlicher Natur gewesen sind.«

¹⁰¹ CARL SCHUCHHARDT, Die Burg im Wandel der Weltgeschichte, 1931, S. 257, und KIEWAT, Ritter (wie Anm. 65), S. 185, 196. Vgl. zur Baugeschichte GÜNTER RESTLE, Die mittelalterliche Burg auf dem Hohentwiel, in: Hegau 31/32, 1986/87, S. 19 ff.

¹⁰² Das in den Annalen von St. Georgen zum Jahr 1175 erwähnte *castellum Gillum* wird allgemein nicht mit dem Hohentwiel, sondern mit Chillon am Genfer See identifi-

die auch den Hohentwiel innehatten. – Dazu ist anzumerken, daß spätere Besitzverhältnisse nur mit Vorbehalt zurückprojizierbar sind. Der Verkauf von Dorf Singen mit Remishof und Niederhof an Hans Jörg von und zu Bodman und Blumberg durch Hans Heinrich von Klingenberg erfolgte erst 1530, vgl. dazu MILLER, Hohentwiel-Lagerbuch (wie Anm. 238), S. 125–136, und JOHANN STEHLE, Geschichte der Exklave Bruderhof und der Hohentwieler Waldungen (= Beiträge zur Singener Geschichte 2; zugleich Hegau-Bibliothek 26, 1973), S. 56f., 117.

[269] Beleg wie Anm. 107.
[270] Vgl. oben S. 54.
[271] So auch ANDERMANN, Beschreibung (wie Anm. 16), S. 197f. Bei der 1280 bezeugten Adelheid von Singen läßt sich diesbezüglich keine Aussage treffen, vgl. Beleg wie Anm. 162. Vgl. zur Urkunde von 1280 DOBLER, Burg Hohenkrähen (wie Anm. 16), S. 99f. ANDERMANN, Beschreibung (wie Anm. 16), S. 198, vermutet, Marchelinus von Singen und Adelheid von Singen könnten dem Umkreis der Herren von Friedingen, die später in den Besitz von Singen gelangten, angehört haben. Im Jahre 1432 übereigneten die Friedinger dem Kloster St. Gallen Singen und erhielten den Hegauort wieder als Mannlehen zurück, vgl. UB der Abtei Sanct Gallen 5: 1412–1442, bearb. von PLACID BÜTLER / T. SCHIESS, 1904, Nr. 3724, S. 681. Vgl. zu den Friedingern DOBLER, ebd., S. 14ff.

Nachtrag

Zu Anm. 23: KARL SCHMID, Sasbach und Limburg. Zur Identifizierung zweier mittelalterlicher Plätze, in: ZGO 137 NF 98 (1989; im Druck).

Zu Anm. 32: EDUARD HLAWITSCHKA, Untersuchungen zu den Thronwechseln der ersten Hälfte des 11. Jahrhunderts und zur Adelsgeschichte Süddeutschlands. Zugleich klärende Forschungen um »Kuno von Öhningen« (= Vorträge und Forschungen, Sonderband 35, 1987).

247 Vgl. die Flurkarte von 1709 und die Gemarkungskarte von 1878 gegenüber der Topographischen Karte (1:25 000) Blatt 8218/8219 und der Deutschen Grundkarte (1:5000) Blatt 8219.13; vgl. die ausschnittweisen Kartenabbildungen S. 56 f. – Herrn Dr. Peter Schmidt-Thomé vom Landesdenkmalamt, Außenstelle Freiburg, danke ich, daß er mir Zugang zu dem Kartenmaterial und Einsicht in die Singener Ortsakte gewährte.

248 Vgl. zum Einwirken einer Burg auf die Flurnamen der Umgegend HEINRICH BOXLER, Die Burgnamengebung in der Nordostschweiz und in Graubünden (= Studia Linguistica Alemannica. Forschungen zum alemannischen Sprachraum 6, 1976), S. 69.

249 Die Flurkarte von 1709 und die Gemarkungskarte von 1878 weisen den Flurnamen auf; vgl. allgemein zum »Brühl« TESDORPF, Entstehung (wie Anm. 237), S. 81, und SCHREIBER, Schwaben (wie Anm. 35), Nr. 127, S. 127.

250 Die »Breite« ist noch in der Flurkarte von 1709, in der Gemarkungskarte von 1878 hingegen bereits nicht mehr eingetragen. Auf sie machte BERNER, Siedlung (wie Anm. 35), S. 130, aufmerksam. Vgl. zur »Breite« allgemein SCHREIBER, Schwaben (wie Anm. 35), Nr. 95, S. 118f.

251 Gemarkungskarte von 1878.

252 SCHREIBER, Schwaben (wie Anm. 35), S. 156f.

253 Badische Fundberichte II Nr. 11, 1932, S. 394f.

254 Die Tuttlinger Oberamtsbeschreibung von 1879 lokalisierte zwischen dem Singener Ortskern und der 1359 erstmals erwähnten Ausbausiedlung Remishof ein Gewann »Burg«, wo früher Singen gestanden haben soll, vgl. Beschreibung (wie Anm. 44), S. 230, 561; vermutlich dieses Gewann gab auch der Singener »Burgstraße« ihren Namen. WALTER SCHREIBER führt als Quelle für diese Ausführungen Altertümer-Forschungen aus den 70er Jahren des 19. Jahrhunderts an: Danach soll im Gewann »Auf Burg« eine römische Niederlassung bestanden haben, die mit Remishofener römerzeitlichen Funden in Verbindung gebracht wurde; vgl. dazu SCHREIBER, Schwaben (wie Anm. 35), Nr. 147, S. 133: »Unsere Sammlung hat weder Anhaltspunkte für ein Gewann dieses Namens noch für Fundstellen ergeben.« Ebd., S. 78, verweist SCHREIBER auch darauf, daß sich der Gewannname »Auf Burg« auch auf die sogenannte »Kosakenburg« (Burgstr. 19) beziehen könnte: in dieser Gegend waren 1799 vorübergehend russische Truppen stationiert. Vgl. Herbert Berner, Russenparade und Kosakenburg, in diesem Band S. 443.

255 Noch offen ist dabei etwa die Frage nach der Entstehung der Ministerialität, vgl. JOHN B. FREED, Reflections on the Medieval German Nobility, in: The American Historical Review 91, 1986, S. 575.

256 SCHMID, Problematik (wie Anm. 10), S. 212–223; ders., Entstehung (wie Anm. 10), S. 30f.; vgl. auch HANS-MARTIN MAURER, Die Entstehung der hochmittelalterlichen Adelsburg in Südwestdeutschland, in: ZGO 117 NF 78, 1969, S. 318–231.

257 So etwa die 1056 erstmals erwähnte Burg Nellenburg, *castellum meum Nellenburg*, BAUMANN, S. 9.

258 Vgl. HANS JÄNICHEN, Zur Übertragung von Burgnamen, in: Alemannisches Jahrbuch 1959, S. 39f., 50, und BOXLER, Burgnamengebung (wie Anm. 248), S. 63f., 67. Der Verfasser überschreibt die mit Siedlungsnamen identischen Burgnamen als »sekundäre Burgnamen« im Unterschied zu den Neuschöpfungen, den »primären Burgnamen«. Vgl. dazu auch WILHELM STÖRMER, Adel und Ministerialität im Spiegel der bayerischen Namengebung (bis zum 13. Jahrhundert). Ein Beitrag zum Selbstverständnis der Führungsschichten, in: DA 33, 1977, S. 131–133.

259 JÄNICHEN, Übertragung (wie Anm. 258), S. 50, und BOXLER, Burgnamengebung (wie Anm. 248), S. 31. Bisweilen mögen allerdings auch *liberi homines* mit einer Herkunftsbezeichnung versehen sein, vgl. dazu ebd., S. 32, und ERIKA SCHILLINGER, Dominus und Miles in den Freiburger Urkunden des 13. Jahrhunderts, in: Schau-ins-Land 104, 1985, S. 47.

260 Vgl. dazu ALFONS ZETTLER, Die Burgen im mittelalterlichen Breisgau. Ein Forschungsprojekt der Abteilung Landesgeschichte am Historischen Seminar, in: Archäologie und Geschichte des ersten Jahrtausends, hg. von HANS ULRICH NUBER / KARL SCHMID / HEIKO STEUER (= Archäologie und Geschichte. Freiburger Forschungen zum ersten Jahrtausend in Südwestdeutschland 1, im Druck).

261 Vgl. dazu neuerdings ROLF GENSHEIMER, Luftbildarchäologie in Baden-Württemberg in den Jahren 1984/85, in: Archäologische Ausgrabungen in Baden-Württemberg 1985, 1986, S. 13–19.

262 JOËLLE BURNOUF, Les mottes castrales en Alsace, in: Revue d'Alsace 111, 1985, S. 3–45.

263 Vgl. die konzeptionellen Überlegungen zu diesem Burgenkatalog von ZETTLER, Burgen (wie Anm. 260).

264 Vgl. zur Burg in Vörstetten Zähringer-Katalog (wie Anm. 29), S. 56–59, und ZETTLER, Burgen (wie Anm. 260).

265 Vgl. zu den Ministerialen von Vörstetten oben S. 47, 58. Ein ähnliches Beispiel einer unbekannten Niederungsburg aus dem Hegau dürfte mit dem »Burgstall« bei Seelfingen vorliegen, der wohl den in Schaffhauser Urkunden häufig bezeugten Herren von Seelfingen zuzuweisen ist, so FRANZ BOHNSTEDT, Der »Burgstall« bei Seelfingen, Kreis Überlingen, eine unbekannte Burgstelle, in: Schriften des Vereins für die Geschichte des Bodensees und seiner Umgebung 84, 1966, S. 69–71.

266 Darauf machte erstmals HERBERT BERNER aufmerksam (wie Anm. 236). Vgl. zu »-ingen-Namen als Burgnamen« JÄNICHEN, Übertragung (wie Anm. 258), S. 44–50.

267 Vgl. zur schwierigen Abgrenzung zwischen Burgen, befestigten und unbefestigten Höfen PAUL GRIMM, Zum Verhältnis von Dorf, Hof und Burg in Nordwestthüringen im 12./13. Jahrhundert, in: Archäologie als Geschichtswissenschaft. Studien und Untersuchungen (= Schriften zur Ur- und Frühgeschichte 30, 1977), S. 429, und STÖRMER, Adel (wie Anm. 258), S. 140. Zu den Bauformen und zur Fachterminologie früher Adelsburgen vgl. HERMANN HINZ, Motte und Donjon. Zur Frühgeschichte der mittelalterlichen Adelsburg (= Zeitschrift für Archäologie des Mittelalters Beiheft 1, 1981), S. 11ff., sowie ZETTLER, Burgen (wie Anm. 260).

268 DOBLER, Geschichte Singen (wie Anm. 132), S. 102, vermutet, die Herren von Singen hätten ihren Adelssitz in Singen auch nach ihrer Umbenennung nach dem Hohentwiel beibehalten, desgleichen Remishof, denn Niederhof und Remishof erschienen später in der Hand der Klingenberger,

fassungs- und Wirtschaftsgeschichte des Zisterzienserklosters von der Gründung bis zur Mitte des 14. Jahrhunderts (= Vorträge und Forschungen Sonderband 13, 1974), S. 102. Diethelm von Krenkingen ließ sich sogar in Salem begraben, vgl. ZETTLER, Klosterbauten (wie Anm. 209), S. 91.

²²⁶ So schon vermutet von SCHULTE, Reichenau (wie Anm. 220), S. 580, und BERNER, Siedlung (wie Anm. 35), S. 131. Nach BENJAMIN ARNOLD hätten im 12. Jahrhundert *miles* und *ministerialis* eine ähnliche rechtliche Bedeutung, »since both words conveyed the same range of meaning about knightly duties owed to lords«, vgl. ders., Knighthood (wie Anm. 94), S. 26.

²²⁷ Eben dies scheint eine Identität des Stifters Markward von 1165 mit Marchelinus von Singen auszuschließen; namenkundlich wäre gegen eine Gleichsetzung beider Personen nichts einzuwenden.

²²⁸ So auch BERNER, Siedlung (wie Anm. 35), S. 131.

²²⁹ EBERHARD DOBLER meinte, Marchelinus müßte edelfrei gewesen sein, da er Heinrich von Radolfzell mit der reichenauischen Lehensschuppose weiterbelehnte; auch erwog er eine Zuschreibung des Marchelinus zu den Herren von Singen-Twiel, vgl. ders., Geschichte Singen (wie Anm. 132), S. 103. Für diese Zuschreibung sehe ich keine Anhaltspunkte.

²³⁰ BRANDI, Urkundenfälschungen (wie Anm. 90), S. 80–82; SCHULTE, Reichenau (wie Anm. 220), S. 574, 580, 597; BEYERLE, Gründung (wie Anm. 121), S. 118f.; KERKHOFF / NÜSKE, Beiwort (wie Anm. 199), S. 13.

²³¹ KARL HEINRICH ROTH VON SCHRECKENSTEIN, Urkundliche Beiträge zur Geschichte der Konstanzer Bischöfe, 12. Jahrhundert, in: ZGO 28, 1876, Nr. 23, S. 177, und UB der Zisterzienserabtei Salem 1, hg. von FRIEDRICH VON WEECH (= ZGO 35, 1883), Nr. 16, S. 28.

²³² Die vermutete Datierung vor 1180 hängt mit der Nennung Heinrichs des Löwen als Vogt des Bodenseeklosters zusammen; aber VON SCHRECKENSTEIN weist selbst auf die Möglichkeit einer späteren Abfassung hin, vgl. ders., Beiträge (wie Anm. 231), S. 178. Die zeitliche Obergrenze stellt in jedem Falle das Ende von Diethelms Abbatiat im Jahre 1206 dar.

²³³ [...] *presente fratrum nostrorum capitulo et assentiente, nec non et ministerialibus ęcclesię nostrę quam plurimis presentibus* [...]

²³⁴ NEUGART, Episcopatus (wie Anm. 106), S. 590f.; Regesta 1 (wie Anm. 170), Nr. 1054, S. 118f.

²³⁵ DOBLER, Geschichte Singen (wie Anm. 132), S. 102f., hält Werner von Singen und Konrad von Singen für Geistliche.

²³⁶ HERBERT BERNER, Singen und der Hegau (= Thorbecke Bildbücher 11, 1963), S. 13; ders., Siedlung (wie Anm. 35), S. 130f.; ders., Hohentwiel-Miniaturen, in: Beiträge zur Landeskunde. Regelmäßige Beilage zum Staatsanzeiger für Baden-Württemberg, 1970, Nr. 6, S. 1; die »Tiefburg« in Singen ist aufgenommen in den Katalog von HANS-WILHELM HEINE, Studien zu Wehranlagen zwischen junger Donau und westlichem Bodensee (= Forschungen und Berichte der Archäologie des Mittelalters in Baden-Württemberg 5, 1978), Nr. 164, S. 96.

²³⁷ JÜRGEN C. TESDORPF, Die Entstehung der Kulturlandschaft am westlichen Bodensee (= Veröffentlichungen der Kommission für Geschichtliche Landeskunde in Baden-Württemberg Reihe B Forschungen 72 = Hegau-Bibliothek 21, 1972), S. 144.

²³⁸ STROBEL, Flurkarte (wie Anm. 188), S. 3; MAX MILLER, Das Hohentwiel-Lagerbuch von 1562 und weitere Quellen über die Grundherrschaft und das Dorf Singen (= Veröffentlichungen der Kommission für Geschichtliche Landeskunde in Baden-Württemberg Reihe A Quellen 20, 1968), S. 12*.

²³⁹ 1280, Oktober 12: Martin von Stein hat vom Kloster Katharinental unter anderem *unam scopozam sitam in Nidern Singen* zu Lehen, vgl. Thurgauisches UB 3 (wie Anm. 138), Nr. 706, S. 602f., und SCHREIBER, Schwaben (wie Anm. 35), Nr. 23, S. 96.

²⁴⁰ Die Belege für Nieder- und Obersingen sind ebd., S. 86f., Nr. 22, S. 95, Nr. 23, S. 96, zusammengestellt.

²⁴¹ »Grundriß der Gerichtsbarkeit und Bann zum Flecken Singen gehörig so geometrice abgemessen und in Grund gelegt worden anno 1709 von Johann Jakob Heber Ingenieur und Geometre von (Lindau). Copiert durch Andreas Helf von Singen im Jahr 1807.« Vgl. zur Flurkarte STROBEL, Flurkarte (wie Anm. 188). Eine Neubearbeitung der Singener Flurkarte von 1709 durch O. Wille vom Städtischen Vermessungsamt aus dem Jahre 1949 befindet sich als Beilage in SCHREIBER, Schwaben (wie Anm. 35).

²⁴² »Delineatio der Vestung Hohentwiel und deren Circumferenz, welche ohne Distanz und mensur [...] deliniert worden. Elias Gumpp.« Vgl. zur Abbildung MAX SCHEFOLD, Alte Ansichten aus Baden 2. Katalogband, 1971, Nr. 26754; Teilwiedergabe der Abbildung bei BERNER, Siedlung (wie Anm. 35), S. 127.

²⁴³ Ebd.

²⁴⁴ SCHREIBER, Schwaben (wie Anm. 35), S. 87.

²⁴⁵ *Worblingen 1503, Februar 23: Ich Hans Kissling der zit vogt zů warblingen bekenn offenlich mit disem brieff das ich uff sinem dato / anstatt und in namen des Edlen vesten juncker Caspers von Clingenberg zů hohen twiel mins / gnedigen junckkeren zů warblingen angewonlicher gericht statt offenlich zů gericht gesessen bin / für mich und die richter in offen verbannen gericht des Erwirdigen und gaistlichen heren her / Davids appt des wirdigen gotzhus zů stain volmechtiger machtbott und ge[se]tzhaber hainrich ruckln / burger zů stain mit haini wieland von warblingen si[n]em erlopten fürsprecher und ließ da offnen und / reden wie das sin gnediger her von stain vor etlichen zitten hab ain machtbotten hie gehept bin pettern / rytzi von niderhoffen und hab im umb ain schuld pfend inhailt ains schuld brieffs der hab im zů / pfand geben das burgstall und den wingartten und bomgartten mit all siner begriffung und zů / gehörde nach bruch und recht des gricht zů warblingen uff söllichen handelstand [...].* – Die bislang unedierte Urkunde liegt im Stadtarchiv von Stein am Rhein, Signatur KIA 44. Vgl. Urkundenregister Schaffhausen 1 (wie Anm. 106), Nr. 3734, S. 471, und HEINRICH WALDVOGEL, Inventar des Stadtarchivs Stein am Rhein. Urkunden, Akten und Bücher, 1967, S. 248.

²⁴⁶ Belege bei SCHREIBER, Schwaben (wie Anm. 35), Nr. 148, S. 133f. Vermutlich das um 1380 bezeugte roseneggsche Lehen in Niederhof (vgl. oben S. 52 mit Anm. 186) charakterisierte BEYERLE, Grundherrschaft (wie Anm. 182), S. 459, als »Burglehen ( ) Rosenegg«.

206 ANDERMANN, Beschreibung (wie Anm. 16), S. 197. – Stets ist auch die Möglichkeit zu berücksichtigen, daß der Reichenauer Besitz mit jenem Babobesitz von 920 identisch sein und die Churer Kirche diesen vorübergehend innegehabt haben könnte, vgl. SCHMID, Urkunde (wie Anm. 14), S. 42.
207 KERKHOFF / NÜSKE, Beiwort (wie Anm. 199), S. 12.
208 Vgl. oben S. 51. DIETER GEUENICH konnte eine Überschneidung in Namengut und Namenformen der Namen auf der Altarplatte von Reichenau-Niederzell und jenen in der Mönchsliste des Twieler Gründungskonvents feststellen, vgl. ders., Die Personennamen auf der Altarplatte, in: Die Altarplatte von Reichenau-Niederzell, hg. von DIETER GEUENICH / RENATE NEUMÜLLERS-KLAUSER / KARL SCHMID, MGH Libri memoriales et Necrologia Nova series I Supplementum, 1983, S. 23, 25.
209 ALFONS ZETTLER, Die frühen Klosterbauten der Reichenau. Ausgrabungen – Schriftquellen – St. Galler Klosterplan (= Archäologie und Geschichte. Freiburger Forschungen zum ersten Jahrtausend in Südwestdeutschland 3, 1988), S. 115–117 mit Belegen und Hinweisen.
210 JÄNICHEN, Genealogie (wie Anm. 64), S. 20–29. Diese Identifizierung übernahmen DOBLER, Geschichte Singen (wie Anm. 132), S. 101, und ANDERMANN, Beschreibung (wie Anm. 16), S. 199. Vgl. im Unterschied zu Jänichens Ausführungen über Markward von Veringen JOSEPH KERKHOFF, Die Grafen von Altshausen-Veringen. Die Ausbildung der Familie zum Adelsgeschlecht und der Aufbau ihrer Herrschaft im 11. und 12. Jahrhundert, Diss. phil. 1964, S. 50f., 71–79, 130f.
211 JÄNICHEN, Genealogie (wie Anm. 64), S. 22. Da der Verfasser Markward den Herren von Singen zuordnete, gewann er eine »Bestätigung« für seine These, daß in Singen eine Zweiglinie der Eppensteiner ansässig sei, vgl. ebd., S. 28f.
212 KERKHOFF, Grafen (wie Anm. 210), S. 66.
213 »Liutold« und »Ulrich« gehen aus der Markward-Urkunde als Namen von Markwards Großvater und Vater hervor, Beleg wie Anm. 201. Vgl. zu diesen Ausführungen insgesamt JÄNICHEN, Genealogie (wie Anm. 64), S. 9–13. Eine Verwandtschaft zwischen Markward von Veringen und Wolfrad von Treffen wird allgemein angenommen, vgl. KERKHOFF, Grafen (wie Anm. 210), S. 130f.
214 JÄNICHEN, Genealogie (wie Anm. 64), S. 20f.
215 Hinsichtlich Markwards Erbe auf der Reichenau verweist JÄNICHEN auf die engen Beziehungen zwischen dem Kloster und der Altshauser Familie, die besonders deutlich sich zeigten an Hermann dem Lahmen, der dieser Familie entstammte und als Mönch im Inselkloster lebte, vgl. ebd., S. 21. Vgl. zur Familie Hermanns des Lahmen MICHAEL BORGOLTE, Über die persönlichen und familiengeschichtlichen Aufzeichnungen Hermanns des Lahmen, in: ZGO 127 NF 88, 1979, bes. S. 9f., 12f.
216 Zumal man in der zweiten Hälfte des 12. Jahrhunderts bei urkundlich bezeugten vornehmen Personen den Grafentitel und eine Zubenennung erwarten könnte.
217 Vor allem die Tatsache, daß für Liutold keine Nachkommen bezeugt sind, ist nicht leicht wegzudiskutieren. Allerdings scheinen die in der Urkunde erwähnten Namen Liutold und Ulrich in Eppensteiner Zusammenhang zu weisen. Im übrigen ist hier nochmals auf KLAAR, Herrschaft (wie Anm. 38), S. 135, zu verweisen, der betont, daß die historische Existenz der Eppensteiner mit dem Jahr 1122 erlischt.
218 So auch die Vermutung von DOBLER, Geschichte Singen (wie Anm. 132), S. 101.
219 A. MANSER / KONRAD BEYERLE, Aus dem liturgischen Leben der Reichenau, in: Kultur (wie Anm. 121), S. 424f.
220 »meine Herren Brüder im Klaustrum«; vgl. zu der Bezeichnung »Klosterherren« ALOYS SCHULTE, Über freiherrliche Klöster in Baden. Reichenau, Waldkirch und Säckingen, in: Festprogramm Seiner Königlichen Hoheit Grossherzog Friedrich zur Feier des siebzigsten Geburtstags dargebracht von der Albrecht-Ludwigs-Universität zu Freiburg, 1896, S. 120, 124. Nach Schulte entstammten die Mönche auf der Reichenau – soweit darüber Nachrichten vorliegen – von der Mitte des 12. Jahrhunderts an bis nach 1300 »freiherrlichen« Adelsfamilien, vgl. ebd., S. 108–113, 119, 123, sowie ders., Die Reichenau und der Adel. Tatsachen und Wirkungen, in: Kultur (wie Anm. 121), S. 557, 567, 569; schon im 12. Jahrhundert seien also die Mönche zu »Klosterherren« geworden, vgl. ebd., S. 570.
221 So auch JÄNICHEN, Genealogie (wie Anm. 64), S. 21. Bekanntlich war dem Kloster daran gelegen, daß seine Dienstleute kein Lehen und kein Eigentum auf der Insel besäßen, vgl. BRANDI, Urkundenfälschungen (wie Anm. 90), S. 83; SCHULTE, Reichenau (wie Anm. 220), S. 595.
222 Frühestens sei der Schreiber 1166 tätig geworden. Den Hinweis auf diesen Nekrologeintrag gab Dr. Roland Rappmann, dem ich an dieser Stelle herzlich dafür danke. Vgl. zur Datierung der Schreiberhand ROLAND RAPPMANN, Untersuchungen zur Überlieferung und zum Personenkreis des Reichenauer Totengedenkens im früheren Mittelalter, Diss. phil. Ms., 1984, S. 64; künftig ders./ALFONS ZETTLER, Mönche, Totengedenken und Konvent der frühmittelalterlichen Reichenau.
223 Freilich muß man auch die Möglichkeit, daß der Schreiber Namen aus Vorlagen übernommen haben könnte, in Rechnung stellen.
224 Acta Salemitana, hg. von FRANZ LUDWIG BAUMANN, in: ZGO 31, 1879, S. 71: *Item in supradicto monte Thanberc habebat in feudo schůpozzam miles quidam nomine Heinricus de Cella, qui habebat a quodam milite Marchelino de Singin, qui ab ecclesia Augense. Porro predicto Heinrico de Cella dederunt abbas Christianus et fratres sui de Salem VI libras et ecclesię Augensi schůpozam in Wangen in reconpensatione predicte schůpoze, et ipse domino suo Marchilino de Singin resignauit et ille ęcclesię Augensi. Porro abbas Diethelmus Augensis de consensu fratrum et ministerialium supradictam schůpozam ęcclesię de Salem contulit.*
225 Dieser Abt begabte Salem mehrfach mit Reichenauer Klosterbesitz, vgl. WERNER RÖSENER, Reichsabtei Salem. Ver-

¹⁸² Nr. 471, S. 420f.; vgl. dazu FRANZ BEYERLE, Die Grundherrschaft der Reichenau, in: Kultur (wie Anm. 121), S. 459f.

¹⁸³ Datierung: 1347 nach September 1, Reichenauer Lehenbuch (im folg. zit. LB) 2: Generallandesarchiv Karlsruhe (GLA) 67/1105, S. 737; Regest: MARTIN SALZMANN (Hg.), Repertorium schweizergeschichtlicher Quellen im Generallandesarchiv Karlsruhe Abteilung I: Konstanz – Reichenau, Bd. 2. Bücher, 1981, Nr. 655, S. 123.

¹⁸⁴ Ebd., Nr. 1571, S. 209.

¹⁸⁵ Reichenauer LB 2: GLA 67/1105, S. 709, 738, 759; Reichenauer LB 3: GLA 67/1106 S. 463f.; vgl. dazu Fürstenbergisches UB 7: 1470–1509, 1891, Nr. 11.4, S. 33; GLA 67/1106, S. 540f., 679; Reichenauer LB 4: GLA 67/1099, S. 38, 220, 241; Reichenauer LB 5: GLA 67/1101, fol. 206r, 220r. Vgl. auch den Berain des Klosters Reichenau aus dem 15. Jahrhundert: GLA 66/11 711-13, fol. 1r-v. Teilweise zeigen diese Urkunden oder Regesten in den Lehenbüchern nur den Wechsel der Lehensträger an, oder zum Teil werden in den Urkunden bestehende Lehensverhältnisse durch den neuen Abt bestätigt.

¹⁸⁶ Vgl. zur Urkunde von 1355 und zum beträchtlichen roseneggschen Besitz in Singen, besonders in Niederhof, GERTRUD STREIT, Adelsgeschlechter in Rielasingen. Untersuchung über Ulrich von Rülassingen und die Freiherren von Rosenegg mit besonderer Berücksichtigung der roseneggschen Besitzverhältnisse im 14./15. Jahrhundert im Dorf Singen, in: Hegau 38, 1981, bes. S. 54–62. Zur Urkunde von 1380: *Herr Johanns von Roßnegk und margrethen sin eliche frow geboren von Gütenburg hant versetzet mit unser hand [sc. Abt Heinrich von Stoffeln] iro Hoff ze niderhoffen, den buwt Rüdin Hiltprand*, vgl. Reichenauer LB 2: GLA 67/1105, S. 705; Regest: SALZMANN (Hg.), Repertorium (wie Anm. 183), Nr. 1277, S. 182. Damit liegt gleichzeitig der älteste Beleg für den Namen Niederhofen vor, während »Niedersingen« schon früher erwähnt ist (dazu unten S. 55); vgl. SCHREIBER, Schwaben (wie Anm. 35), S. 95.

¹⁸⁷ Reichenauer LB 3: GLA 67/1106, S. 417, Regest: Thurgauisches UB 6 (wie Anm. 103), Nr. 2475, S. 46f., und SALZMANN (Hg.), Repertorium (wie Anm. 183), Nr. 917, S. 149; spätere Belehnungen mit dem Remishofener Zehnten betrafen Johann von Riedheim ausschließlich, vgl. Reichenauer LB 2: GLA 67/1105, S. 693 (1379), 703 (1380), und Reichenauer LB 3: GLA 67/1106, S. 540f.

¹⁸⁸ ALBRECHT STROBEL, Eine Flurkarte aus dem Jahre 1709 und die Agrarverfassung des Hegaudorfes Singen am Hohentwiel im 18. Jahrhundert (= Beiträge zur Singener Geschichte 1, 1968), S. 12.

¹⁸⁹ Ebd.; BERNER, Siedlung (wie Anm. 35), S. 130; DOBLER, Geschichte Singen (wie Anm. 132), S. 100; SCHREIBER, Schwaben (wie Anm. 35), S. 221f., gegen SÄTTELE, Geschichte (wie Anm. 127), S. 30, wo der Tittisbühl, circa 500 Meter nordöstlich der Kirche St. Peter und Paul gelegen, als Standort des mittelalterlichen Kelhofes angegeben ist.

¹⁹⁰ 1260: *Wilhelmus rector ecclesie in Singen, canonicus sancti Pelagii*, vgl. Thurgauisches UB 3 (wie Anm. 138), Nr. 431, S. 221f.; 1265: *Willaehalmus plebanus in Singen*, vgl. ebd., Nr. 487, S. 289. Erwähnung Wilhelms auch in der Chronik des Gall Öhem, vgl. Chronik (wie Anm. 39), S. 116. HERBERT BERNER zufolge liege mit der Urkunde von 1260 die erste Erwähnung des Singener Kirchsatzes vor, vgl. ders., Siedlung (wie Anm. 35), S. 130.

¹⁹¹ Regesta Episcoporum Constantiensium 2: 1293–1383, bearb. von ALEXANDER CARTELLIERI, 1905, Nr. 5449, S. 292; vgl. BERNER, Siedlung (wie Anm. 35), S. 130.

¹⁹² DÜMGÉ, Regesta (wie Anm. 30), Nr. 95, S. 143f.; BRANDI, Urkundenfälschungen (wie Anm. 90), Nr. 90, S. 9, 121. Vgl. zu Markward S. 53.

¹⁹³ Diesen Begriff prägte BEYERLE, Gründung (wie Anm. 121), S. 138.

¹⁹⁴ Vgl. Wortlaut und Übersetzung der bei DÜMGÉ, Regesta (wie Anm. 30), S. 143f., edierten Urkunde S. 59 ff., sowie die Abbildung S. 37. – Vgl. zu Gedenkstiftungen SCHMID, Quellenwert (wie Anm. 153), S. 383f. und ders., Stiftungen für das Seelenheil, in: Gedächtnis, das Gemeinschaft stiftet, hg. von dems. (= Schriftenreihe der Katholischen Akademie der Erzdiözese Freiburg, 1985), S. 51ff.

¹⁹⁵ Möglicherweise besteht zwischen dem Markwardschen *beneficium* und jenem in der Heinrichsurkunde von 920 erwähnten *beneficium* ein Zusammenhang.

¹⁹⁶ Ein weiterer Terminus für den Kelhofverwalter wäre *cellerarius*, vgl. DIETER WERKMÜLLER, »Keller, Kellner«. Artikel im Handwörterbuch zur Deutschen Rechtsgeschichte 2, hg. von ADALBERT ERLER / EKKEHARD KAUFMANN, 1978, Sp. 696–699.

¹⁹⁷ So schon DOBLER, Geschichte Singen (wie Anm. 132), S. 101.

¹⁹⁸ Vgl. zur Verselbständigung der Reichenauer Lehensleute und Klostergutsverwalter seit der zweiten Hälfte des 11. Jahrhunderts BEYERLE, Gründung (wie Anm. 121), S. 119.

¹⁹⁹ HANS JÄNICHEN, Zur Herkunft der Reichenauer Fälscher des 12. Jahrhunderts, in: Die Abtei Reichenau. Neue Beiträge zur Geschichte und Kultur des Inselklosters, hg. von HELMUT MAURER (= Bodensee-Bibliothek 20; zugleich Schriften des Vereins für Geschichte des Bodensees und seiner Umgebung Sonderband V und Hegau-Bibliothek 28, 1974), S. 285f.; JOSEPH KERKHOFF / GERD FRIEDRICH NÜSKE, Beiwort zur Karte VIII,2 im Historischen Atlas von Baden-Württemberg: »Besitz karolingischer Reichsabteien um 900«, 1977, S. 10.

²⁰⁰ Ediert wurde die Urkunde von: ALOYS SCHULTE, Die Urkunde Walahfrid Strabos von 843 eine Fälschung, in: ZGO 42 NF 3, 1888, S. 352f., mit Kommentar ebd., S. 346f.; vgl. HANSMARTIN SCHWARZMAIER, Die »Gründungsurkunden« der Reichenau. Das äußere Bild, in: Die Gründungsurkunden der Reichenau, hg. von PETER CLASSEN (= Vorträge und Forschungen 24, 1977), S. 25f.

²⁰¹ Vgl. Chronik (wie Anm. 39), S. 16–21.

²⁰² Vgl. BRANDI, ebd., S. XV–XVII; HANSMARTIN SCHWARZMAIER, Ein Reichenauer Schuldregister des 9. Jahrhunderts. Ein Beitrag zum Überlieferungsproblem in der Abtei Reichenau, in: Abtei Reichenau (wie Anm. 199), S. 23f.; KERKHOFF / NÜSKE, Beiwort (wie Anm. 199), S. 11.

²⁰³ BEYERLE, Grundherrschaft (wie Anm. 182), S. 460.

²⁰⁴ DOBLER, Burg Hohenkrähen (wie Anm. 16), S. 15.

²⁰⁵ KERKHOFF / NÜSKE, Beiwort (wie Anm. 199), S. 11f., 14, Nr. 53. URSULA SCHMITT beschränkte sich bei ihrer Karte »Reichsklosterbesitz und Adelsklöster Alemanniens im 8./9. Jahrhundert« auf quellenmäßig früh belegten Reiche-

158 »Eberharde« in den Casus (wie Anm. 139), I, 14; III, 14; IV, 17, 37.

159 SCHMID, Königtum (wie Anm. 89), S. 321.

160 Die Einträge gehören der Eintragungsschicht 1120–1130 an.

161 HILS, Grafen (wie Anm. 119), S. 42; MEYER, Totenbuch (wie Anm. 85), S. 132.

162 Auch die Tatsache, daß im Nekrolog von Kloster Feldbach zum 20.11. eine Adelheid von Singen verzeichnet ist, wohl zusätzlich urkundlich 1280 bezeugt, stellt keinen ausreichenden Anhaltspunkt für eine Identifizierung dar, vgl. Necrologium Feldbacense, ed. FRANZ LUDWIG BAUMANN, MGH Necrologia I, 1888, S. 396, und Thurgauisches UB 3 (wie Anm. 138), Nr. 697, S. 591.

163 Vgl. zum Honstetter Mönch HILS, Grafen (wie Anm. 119), S. 42; »Siegfriede« erwähnt auch die Chronik von Petershausen, vgl. Casus (wie Anm. 139), IV, 46; V, 3.

164 Vgl. zum Status von Laien in einem Kloster HERBERT GRUNDMANN, Adelsbekehrungen im Hochmittelalter. Conversi und nutriti im Kloster (1968), Nachdruck in: ders., Ausgewählte Aufsätze 1. Religiöse Bewegungen (= Schriften der MGH 25/1, 1976), S. 131ff.; WOLFGANG TESKE, Laien, Laienmönche und Laienbrüder in der Abtei Cluny. Ein Beitrag zum »Konversen-Problem«. Teil 1, in: Frühmittelalterliche Studien 10, 1976, bes. S. 257, und Teil 2, in: Ebd., 11, 1977, bes. S. 290, 299f.

165 Vgl. dazu MEYER, Totenbuch (wie Anm. 85), S. 105ff.

166 Vgl. Necrologium Fischingense, ed. FRANZ LUDWIG BAUMANN, MGH, Necrologia I, 1888 S. 397–405; Fragmenta Necrologii Neresheimensis, ed. ders., ebd., S. 95–98; vgl. auch Das Fischinger Jahrzeitbuch. Kopiert nach dem Original im Pfarrarchiv Fischingen von ALBERT BÜCHI, in: Thurgauische Beiträge zur vaterländischen Geschichte 33, 1893, S. 97–129.

167 So MEYER, Totenbuch (wie Anm. 85), S. 128.

168 Nämlich Heinrich, Werner, Konrad, Gebizo, Adelheid, vgl. die urkundlichen Nachweise in den folgenden Kapiteln. BRUNO MEYER entzifferte wohl am Original einen Zusatzvermerk auf fol. 86r, rechter Blattrand, zum Eintrag eines Mönches Heinrich am 5.10. als *W...ri de S...nga* und bezog ihn auf Singen (vgl. ebd.); danach könnte man im Nekrolog eine ganze Familie fassen: den Vater namens Heinrich, seinen gleichnamigen Sohn und dessen Bruder Werner von Singen. Aber die Zuschreibung nach Singen scheint problematisch, weil seit 1087 der Ort als *Singen* oder *Singin* bezeugt ist, so daß die auf »... nga« endende Namenvariante im 12. Jahrhundert einen Anachronismus darstellte.

169 Vgl. oben S. 50.

170 Urkundenregister Schaffhausen 1 (wie Anm. 106), Nr. 72, S. 10. Zeuge in einer Urkunde von 1209 ist der Vogt Ulrich von Klingen, vgl. NEUGART, Episcopatus (wie Anm. 106), S. 174f. Ulrich von Klingen ist als Vogt 1220 abermals belegt, vgl. Regesta Episcoporum Constantiensium 1: 517–1293, bearb. von PAUL LADEWIG / THEODOR MÜLLER, 1895, Nr. 1327, S. 151. Ad a. 1169: Walther von Klingen, vgl. ebd., Nr. 1014, S. 113; ad a. 1175: Walther und Ulrich von Klingen, vgl. Thurgauisches UB 2: 1000–1250, bearb. von JOHANNES MEYER / FRIEDRICH SCHALTEGGER, 1917, Nr. 51, S. 195; ad a. 1193: Ulrich von Klingen, vgl. UB der Stadt und Landschaft Zürich 1, bearb. von J. ESCHER / P. SCHWEIZER, 1888, Nr. 355, S. 235f., und weitere Belege.

171 HEYCK, Urkunden (wie Anm. 81), Nr. VII; vgl. Zähringer-Katalog (wie Anm. 29), S. 149f.; ULRICH PARLOW, Die Grafen von Nimburg. Zur Frage ihrer Herkunft und ihrer verwandtschaftlichen Beziehungen, Zulassungsarbeit 1984, Nr. 42, S. 26.

172 PUPIKOFER, Geschichte (wie Anm. 93), S. 9–11; J. KINDLER VON KNOBLOCH, Oberbadisches Geschlechterbuch 1, 1905, S. 297; Historisch-biographisches Lexikon der Schweiz 4, 1926, S. 505; OTTO STIEFEL, Geschichte der Burg Hohenklingen und ihrer Besitzer, Diss. phil. 1921, S. 5–16; ders., Mittelalter, in: Geschichte der Stadt Stein am Rhein, 1957, S. 75; SCHMID, Königtum (wie Anm. 89), S. 313.

173 Urkundenregister Schaffhausen 1 (wie Anm. 106), Nr. 129, S. 17. Die Kastvogtei über das Kloster ist im Besitz der Herrschaft Hohenklingen letztmals bezeugt anläßlich ihres Verkaufs an Österreich im Jahre 1359, vgl. ebd., Nr. 830, S. 104.

174 BRUNO MEYER zufolge könnte der Konstanzer Bischof Ulrich nach dem Tod des Stifters eine selbständige Vogtei Wagenhausen geschaffen haben, als er auch durch die Einsetzung eines fremden Abtes namens Uto den Petershauser Einfluß zurückdrängte, vgl. ders., Totenbuch (wie Anm. 85), S. 108–110.

175 Ebd., S. 108.

176 Singen war Ausstellungsort und wies keinen St. Galler Besitz auf, vgl. dazu oben S. 43 mit Anm. 13. Bezüglich der Identifizierung von *Gundihhinhoua* schwankt die Forschung zwischen einem abgegangenen Ort bei Welschingen und Gundholzen in der Höri, vgl. BORGOLTE, Kommentar (wie Anm. 11), S. 351, und seine Bemerkung ebd.: »Gundholzen scheint allerdings der Stellung in der Aufzählung der Güter nach nicht gut zu passen.« Vgl. auch WERNER VOGLER, St. Gallen und Singen oder der Kaiser als Vasall des St. Galler Fürstabtes, in diesem Band S. 149 ff.

177 EBERHARD DOBLER, Burg und Herrschaft Mägdeberg (= Hegau-Bibliothek 2, 1959), S. 42–45; ders., Der Besitz des Klosters St. Gallen im 8. Jahrhundert – sein Umfang und seine Herkunft, in: Hegau 11 H. 1/2, 1966, S. 10.

178 DOBLER, Burg Mägdeberg (wie Anm. 177), S. 47f.; ders., Urkunde (wie Anm. 11), S. 141.

179 Vgl. etwa die Ausführungen bei Gall Öhem über Abt Ekkehard: [...] *der abbt von Ow hautt das gotzhus Sant Gallen [...] schädlich zů dem vierden mal überzogen [...]; zů dem andern fürt er mit im hinweg ainen grossen roub mit vil gefangnen us ainer gegny Sant Gallen;* vgl. Chronik (wie Anm. 39), S. 99; oder ebd., S. 101, über Bertold I.: [...] *Desselben jars überzog margraff Berchtoldt von Zeringen mit ettwa vil hoptlütten und huffen Sant Gallen, wůst und zergangt ettliche örter mit rob und brand.*

180 »Kelhofbreite«, »Kelhoferwiese« usf., vgl. SCHREIBER, Schwaben (wie Anm. 35), Nrn. 649–657, S. 221–224.

181 *Annen der Techsinen von Celle 1/4 deß Zehenden ze Singen und den Kelhof daselbsten mit aller Zugehörde,* vgl. ebd., S. 221.

182 1343 November 4. Fürstenbergisches UB 5 (wie Anm. 30),

am Hohentwiel, 1910, S. 29; THEODOR MAYER, Die älteren Urkunden des Klosters Allerheiligen in Schaffhausen, in: ZGO 110 NF 71, 1962, S. 12f.; IRENE SCHMALE-OTT, Alemannien, in: WILHELM WATTENBACH / FRANZ-JOSEF SCHMALE, Deutschlands Geschichtsquellen im Mittelalter. Vom Tode Kaiser Heinrichs V. bis zum Ende des Interregnum 1, 1976, S. 291. Von einer Entstehungszeit bald nach 1100 gehen aus: ELISABETH SCHUDEL, Der Grundbesitz des Klosters Allerheiligen in Schaffhausen, Diss. phil. 1936, S. 5; MEYER, Totenbuch (wie Anm. 85), S. 139.

[128] *Burchardus de Engin*, BAUMANN, S. 133.

[129] WOLFGANG SANDERMANN, Die Herren von Hewen und ihre Herrschaft. Ein Beitrag zur politischen Geschichte des schwäbischen Adels (= Forschungen zur oberrheinischen Landesgeschichte 3, 1956), S. 13f.; MAYER, Herzogtum (wie Anm. 20), S. 348; SCHMID, Burg (wie Anm. 4), S. 149; HILS, Grafen (wie Anm. 119), S. 132, Anm. 119; allgemein zur Bedeutung der Besitzgeschichte SCHMID, Über die Struktur des Adels im früheren Mittelalter (1959), Nachdruck in: ders., Gebetgedenken (wie Anm. 10), S. 249f., und ders., Problematik (wie Anm. 10), S. 209–211.

[130] BAUMANN, S. 7 und 58.

[131] Ebd., S. 58.

[132] So die Annahme von EBERHARD DOBLER, Zur mittelalterlichen Geschichte von Singen, in: Hegau 19, 1974, S. 102.

[133] BAUMANN, S. 113.

[134] SCHMID, Königtum (wie Anm. 89), S. 237, 320.

[135] HILS, Grafen (wie Anm. 119), S. 43.

[136] SCHMID, Königtum (wie Anm. 89), S. 319; HANS JÄNICHEN, Die schwäbische Verwandtschaft des Abtes Adalbert von Schaffhausen (1099–1124), in: Schaffhauser Beiträge zur vaterländischen Geschichte 35, 1958, S. 33f.

[137] Vgl. dazu oben S. 44.

[138] BAUMANN, Nr. 9; vgl. Zinsrodelfragment von Wagenhausen: Thurgauisches UB 3: 1251–1300, red. von FRIEDRICH SCHALTEGGER, 1925, 1. Nachtrag Nr. 44, S. 1006–1008. Vgl. zu Gründung und Entwicklung des Klosters DIETRICH W. H. SCHWARZ, Die Anfänge des Klosters Wagenhausen, in: Festgabe Hans Nabholz zum siebzigsten Geburtstag, 1944, S. 36–44; RUDOLF HENGGELER Monasticon-Benedictinum Helvetiae IV. Profeßbücher, 1955, S. 413–420; SCHMID, Königtum (wie Anm. 89), S. 235–239, 319–321; BRUNO MEYER, Touto und sein Kloster Wagenhausen, in: Thurgauische Beiträge zur vaterländischen Geschichte 101, 1964, S. 50–75; ders., Die Äbte und Pröpste des Gotteshauses Wagenhausen, in: Ebd., 102, 1965, S. 19–43; ders., Totenbuch (wie Anm. 85), S. 87–187; HILS, Grafen (wie Anm. 119), S. 41–44; ILSE JULIANE MISCOLL-RECKERT, Kloster Petershausen als bischöflich-konstanzisches Eigenkloster. Studien über das Verhältnis zu Bischof, Adel und Reform vom 10. bis 12. Jahrhundert (= Forschungen zur oberrheinischen Landesgeschichte 24, 1973), S. 179–182.

[139] Casus monasterii Petrishusensis – Die Chronik des Klosters Petershausen, neu hg. und übers. von OTTO FEGER (= Schwäbische Chroniken der Stauferzeit 3, 1956), III, 27.

[140] Vgl. zum Streit um Wagenhausen ebd. und IV, 20; BAUMANN, Nrn. 10, 13, 14; BERNOLDI Chronicon, MG SS 5, S. 458f.

[141] MEYER, Totenbuch (wie Anm. 85), S. 141ff.; MISCOLL-RECKERT, Kloster (wie Anm. 138), S. 181f.; 1000 Jahre Petershausen. Beiträge zu Kunst und Geschichte der Benediktinerabtei Petershausen in Konstanz, 1983, S. 18.

[142] Casus (wie Anm. 139), III, 27; IV, 20.

[143] ARNO BORST erwog, daß die Wagenhausen »nächstgelegene konservative Abtei Stein« nach der Befreiung des Klosters aus der rechtlichen Abhängigkeit vom Kloster in Schaffhausen die geistliche Betreuung übernommen haben könnte, vgl. ders., Mönche (wie Anm. 92), S. 131.

[144] Auch besaß die Abtei Stein Dotationsgut in Honstetten, vgl. D H II 511.

[145] BORST, Mönche (wie Anm. 92), S. 138. Die das Nekrolog enthaltende Handschrift liegt in der Budapester Nationalbibliothek Széchényi, Signatur Hs. Clmae 514.

[146] HERMANN TÜCHLE, Ein Wagenhauser Nekrolog aus Petershausen, in: Schweizerische Zeitschrift für Geschichte 13, 1963, S. 196–205; MEYER, Totenbuch (wie Anm. 85), S. 87ff.

[147] Ebd., S. 97f., 101; TÜCHLE, Wagenhauser (wie Anm. 146), S. 202.

[148] Unter Bertold wurde die Abtei 1417 dem Kloster Allerheiligen inkorporiert, vgl. Regesta Episcoporum Constantiensium 3: 1384–1436, bearb. von KARL RIEDER, 1913, Nr. 8556, S. 213.

[149] MEYER, Totenbuch (wie Anm. 85), S. 103, 113–115.

[150] Dieser Kontext könnte auch den Eintrag Abt Werners von St. Blasien zum 25.5. erklären, zumal das Schwarzwaldkloster die auch von Tuto mitgetragene Schluchseeschenkung erhielt.

[151] JÄNICHEN, Herren (wie Anm. 33), S. 144.

[152] MEYER, Totenbuch (wie Anm. 85), S. 128.

[153] Vgl. zur historischen Auswertung von Nekrologien und Verbrüderungsbüchern das umfangreiche Schrifttum von KARL SCHMID, hier insbes. ders., Gedenk- und Totenbücher als Quellen, in: Mittelalterliche Textüberlieferungen und ihre kritische Aufarbeitung. Beiträge der Monumenta Germaniae Historica zum 31. Deutschen Historikertag Mannheim 1976, 1976, S. 76; ders., Zum Quellenwert der Verbrüderungsbücher von St. Gallen und Reichenau, in: DA 41, 1985, S. 77ff.

[154] Die Datierung der Einträge nahm Bruno Meyer vor; er ordnete seine Ergebnisse der Edition unmittelbar zu, so daß ein genauer Nachweis dieser Angaben hier unterbleiben kann.

[155] Necrologium Petrishusanum, MGH Necrologia I, ed. FRANZ LUDWIG BAUMANN, 1888, S. 315–323. Dabei handelt es sich nicht um das älteste Nekrolog des Klosters; dieses wurde bei einer Feuersbrunst 1159 vernichtet, vgl. Casus (wie Anm. 139), V, 42.

[156] Adelbero von Lupfen (BAUMANN, S. 34, 75) und Adelbero von Ergoltingen (ebd., S. 36, 38).

[157] Die Brücke zum Schaffhauser Kloster schlagen in dieser Frage zum einen die Honstetter, denn einerseits sind ihre vielfältigen Beziehungen zu Allerheiligen bekannt, andererseits sind sie auch für Wagenhausen von zentraler Bedeutung, ablesbar etwa an der Grundausstattung des Klosters oder am Totengedenken für die Honstetter, vgl. dazu MEYER, Totenbuch (wie Anm. 85), S. 131–133. Zum anderen deckt sich der Donatorenkreis von Allerheiligen auch

¹⁰² ziert, vgl. Die Annalen von St. Georgen auf dem Schwarzwald, hg. von ADOLF HOFMEISTER, in: ZGO 72 NF 33, 1918, S. 45, bes. Anm. 8.

¹⁰³ Thurgauisches UB 6: 1359–1375. Nachträge 985–1371, bearb. von ERNST LEISI, 1961, Nachtrag Nr. 6, S. 772.

¹⁰⁴ Ebd., Nachtrag Nr. 11, S. 778. Wie bereits die Herren von Singen-Twiel wird auch Heinrich von Twiel als *nobilis* charakterisiert.

¹⁰⁵ UB der Zisterzienserabtei Salem 1, hg. von FRIEDRICH VON WEECH, in: ZGO 35, 1883, Nr. 90, S. 130f.

¹⁰⁶ TRUDPERT NEUGART, Codex Diplomaticus Alemanniae et Burgundiae Trans-Juranae II, 1795, Nr. 995, S. 261f.; ders., Episcopatus Constantiensis Alemannicus I/2, 1862, S. 300; Urkundenregister für den Kanton Schaffhausen 1: 987–1469, hg. vom Staatsarchiv, 1906, Nr. 158, S. 21.

¹⁰⁷ Wirtembergisches UB 11, 1913, Nr. 5436, S. 374.

¹⁰⁸ So SCHMID, Burg (wie Anm. 4), S. 155.

¹⁰⁹ In diesem Zusammenhang könnte auch der Hinweis von SCHMID, ebd., daß der 1230 bezeugte H. von Twiel Bürger der kiburgischen Stadt Dießenhofen war, von Interesse sein, da die Kiburger Zähringererben waren. Vgl. HARTMUT HEINEMANN, Das Erbe der Zähringer, in: Die Zähringer (wie Anm. 74).

¹¹⁰ Vgl. zu den Vogteirechten der Herren von Klingen unten S. 48, 59.

¹¹¹ Unter anderem durch den Erwerb der Klostervogtei Stein; vgl. zu den Klingenbergern SCHMID, Burg (wie Anm. 4), S. 158–160.

¹¹² BAUMANN, Nr. 7/2; vgl. dazu HANS PATZE, Adel und Stifterchronik. Frühformen territorialer Geschichtsschreibung im hochmittelalterlichen Reich, in: Blätter für deutsche Landesgeschichte 100, 1964, S. 54.

¹¹³ Vgl. KARL SCHIB, Die Rolle des Hochadels bei der Gründung von Stadt und Kloster Schaffhausen. Ein Beitrag zur Zusammenarbeit zwischen Urkunden- und Bodenforschung, in: Festschrift Walter Drack zu seinem 60. Geburtstag. Beiträge zur Archäologie und Denkmalpflege, hg. von KARL STÜBER / ANDREAS ZÜRCHER, 1977, S. 172.

¹¹⁴ BAUMANN, Nrn. 7/3, 31, 34, 39, 45, 60, 67.

¹¹⁵ Vgl. dazu zuletzt GERD ALTHOFF, Anlässe zur schriftlichen Fixierung adligen Selbstverständnisses, in: Staufer – Welfen – Zähringer (wie Anm. 10), S. 34–46.

¹¹⁶ Besonders HANS PATZE hat auf die Bedeutung der Überlieferung als solche aufmerksam gemacht, vgl. ders., Adel (wie Anm. 112), S. 8–81, und in: Blätter für deutsche Landesgeschichte 101, 1965, S. 67–128. Die Thesen von Patze und die von Jörg Kastner eingenommene Gegenposition werden diskutiert bei PETER JOHANEK, Zur rechtlichen Funktion von Traditionsnotiz, Traditionsbuch und früher Siegelurkunde, in: Recht und Schrift im Mittelalter, hg. von PETER CLASSEN (= Vorträge und Forschungen 23, 1977, bes. S. 147ff. Vgl. zum historischen Aussagewert von Darstellungsformen auch NORA GÄDEKE, Zeugnisse bildlicher Darstellung der Nachkommenschaft Heinrichs I., Diss. phil. Ms. 1981.

¹¹⁷ BAUMANN, S. 16 und 55.

¹¹⁸ Generell sind keine adligen Dienstleute des Schaffhauser Klosters bezeugt, lediglich für seinen Vogt Adelbert von Mörsberg (BAUMANN, S. 102), vgl. KARL SCHIB, Der Schaffhauser Adel im Mittelalter, in: Zeitschrift für schweizerische Geschichte 18, 1938, S. 380f. Die ebd., S. 381, Anm. 4, vertretene Ansicht, Adelbero von Singen sei Ministeriale Erzbischof Brunos von Trier, des Neffen von Burkhard von Nellenburg, gewesen, besitzt wenig Wahrscheinlichkeit. Dieser Eindruck kann entstehen, da in einer Urkunde (BAUMANN, S. 102) die bischöflichen Ministerialen – ohne Zubenennung – weiteren Adligen, darunter Eberhard und Adelbero von Singen, voranstehen. Nach JÖRGEN VOGEL, Rudolf (wie Anm. 29), S. 23f., bedarf das Thema der Beziehung zwischen Reformklöstern und Ministerialität noch einer Untersuchung.

¹¹⁹ KURT HILS, Die Grafen von Nellenburg im 11. Jahrhundert. Ihre Stellung zum Adel, zum Reich und zur Kirche (= Forschungen zur oberrheinischen Landesgeschichte 19, 1967), S. 113f., 132, 135.

¹²⁰ KARL HENKING, Das Kloster Allerheiligen zu Schaffhausen I. Die Entwicklung und Baugeschichte von Allerheiligen bis zur Übergabe des Klosters an die Stadt, in: Neujahrsblatt des historisch-antiquarischen Kunstvereins in Schaffhausen 1, 1889, S. 8f.; HERMANN JAKOBS, Die Hirsauer. Ihre Ausbreitung und Rechtsstellung im Zeitalter des Investiturstreits (= Kölner Historische Abhandlungen 4, 1961), S. 38.

¹²¹ Vgl. zum Folgenden Continuatio (wie Anm. 36), c. 26ff.; GEROLD MEYER VON KNONAU, Jahrbücher des Deutschen Reiches unter Heinrich IV. und Heinrich V., Bd. 3, 1900, S. 73f., 196f.; KONRAD BEYERLE, Von der Gründung bis zum Ende des freiherrlichen Klosters (724–1427), in: Die Kultur der Abtei Reichenau. Erinnerungsschrift zur zwölfhundertsten Wiederkehr des Gründungsjahres des Inselklosters 724–1924, Bd. 1, hg. von dems., 1925, S. 122–127; HILS, Grafen (wie Anm. 119), S. 105–111.

¹²² Vgl. zu Bischof Gebhard Zähringer-Katalog (wie Anm. 29), S. 187–197 und zuletzt JOACHIM WOLLASCH, Markgraf Hermann und Bischof Gebhard III. von Konstanz – Die Zähringer und die Reform der Kirche, in: Die Zähringer in der Kirche des 11. und 12. Jahrhunderts (= Schriftenreihe der Katholischen Akademie der Erzdiözese Freiburg, 1987), S. 27–53.

¹²³ Als Vögte von Allerheiligen sind bezeugt bis 1096 Burkhard von Nellenburg (BAUMANN, S. 52), seit etwa 1100 sein Neffe Adelbert von Mörsberg (ebd., S. 55), seit 1135 Eberhard von Nellenburg (ebd., S. 113), 1179 erstmals Manegold II. von Veringen; vgl. HANS KLÄUI, Grafen von Nellenburg (»Eberhardinger«), in: Genealogisches Handbuch zur Schweizer Geschichte IV. Grafen, Freiherren und Ministerialen, bearb. von JÜRG L. MURARO, 1980, S. 194–197.

¹²⁴ HERMANN JAKOBS, Rudolf von Rheinfelden und die Kirchenreform, in: Investiturstreit und Reichsverfassung, hg. von JOSEF FLECKENSTEIN (= Vorträge und Forschungen 17, 1973), S. 96, 99; SCHMID, Problematik (wie Anm. 10), S. 223–229; ders., Adel und Reform in Schwaben (1973) (Nachdruck in: ders., Gebetsgedenken, wie Anm. 10), S. 337–343, 347–349, 358f.

¹²⁵ Vgl. zum Güterbeschrieb PATZE, Adel (wie Anm. 112), S. 22f.

¹²⁶ BAUMANN, S. 133.

¹²⁷ Ebd., S. 138; FRANZ SÄTTELE, Geschichte der Stadt Singen

Kriegerisches Geschehen um den Hohentwiel im 10. und 11. Jahrhundert

von Herbert Berner

Vorbemerkung

Die Bewohner des Ortes Singen am Fuße des übermächtig dräuenden Hohentwiels erlebten als unmittelbare Nachbarn der herzoglichen Pfalz, der mittelalterlichen Burg und schließlich der Wirtembergischen Festung bis zum Beginn des 19. Jhs. weit mehr Ungemach, Not und Zerstörung als andere Orte in der näheren und weiteren Umgebung. Fast alle kriegerischen Heimsuchungen stehen in Zusammenhang mit den Geschicken des Hohentwiels. Bis in das 15./16. Jh. wird dabei von den stets betroffenen Singenern gar nicht einmal gesprochen; kein Dokument, keine Chronik berichtet von diesen Geschehnissen, die sich nur aus den allgemeinen bekannten Vorgängen und Regeln der Kriegführung ihrer Zeit erschließen und ahnen lassen.

Der Hohentwiel als Refugium und Volksburg

Viele tausend Jahre – bis zum 10. nachchristlichen Jh. – diente der Hohentwiel in Zeiten der Gefahr den um ihn siedelnden Menschen als natürliches, leicht zu verteidigendes Refugium. Die ungewöhnliche Siedlungskontinuität Singens von der Mittleren Steinzeit ab wird vor allem mit der Schutz- und Trutzfunktion des jäh aufsteigenden, nach allen Seiten steil abfallenden Berges begründet und erklärt. In seiner ganzen langen, uns bekannten Geschichte ist der Hohentwiel tatsächlich nie erobert worden. Wir wissen jedoch gar nichts über die Art der Befestigungen, unter denen man sich Verhaue, Palisaden, Quergräben, Wälle und aufziehbare Brücken als Hindernisse auf dem Weg zum oberen Plateau vorstellen kann.

Keltische und auch germanische Befestigungen waren für die Aufnahme einer größeren Zahl von Menschen als in einer aus Verteidigungsgründen kleinen und engen mittelalterlichen Herrenburg bestimmt. Ob die Römer auf luftiger Höhe einen Wachturm oder eine sonstige militärische Station unterhielten, wird mangels archäologischer Befunde immer eine viel bemühte und dankbare Spekulation bleiben müssen.

Germanische Volksburgen wurden stets von einem Herrn errichtet, der häufig – so auch in Singen – in der Nähe dieser Befestigung am Fuße des Berges inmitten seiner hörigen Gefolgschaft im Edelsitz eines großen Gutshofes wohnte. Heinrich Dannenbauer wies darauf hin, daß die frühgeschichtliche Forschung keltische und andere prähistorische Befestigungen sowie römische und fränkische, aber keine alamannischen Burgen kennt. »Wenn man erwägt, wieviele Burgen wieder und wieder umgebaut und erweitert worden sind, wird man das völlige Stillschweigen der frühgeschichtlichen Forschung noch nicht für einen schlüssigen Gegenbeweis halten. [...] Den Wert von Befestigungen mußten die Alamannen – wie in ihrer norddeutschen Heimat – auch im Dekumatenland zu schätzen wissen. Ammian berichtet, daß sie sich mitunter auf schwer zugängliche Berghöhen zurückgezogen hätten.« Für H. Dannenbauer ist der Hohentwiel »mit hinreichender Sicherheit« Sitz eines alamannischen Herrn gewesen.

Die im 10. Jh. beginnende rd. 900 Jahre währende Bautätigkeit auf dem Hohentwiel beseitigte alle etwa vorhanden gewesenen früheren Befestigungsanlagen, die von den Bewohnern der unmittelbaren Umgebung, zu eigenem Schirm und Nutzen angelegt, unterhalten worden waren. So wird man auch nur vermuten können, daß die Planierungen im Bereich der späteren Herzogsburg und insbesondere des Paradeplatzes schon von den Kelten begonnen und vielleicht im 16. Jh. vollendet worden sind. Wahrscheinlich ähnelten die im 8./9. Jh. vorhandenen Wehranlagen auf der Kuppe des Berges der in neuerer Zeit ausgegrabenen Burg über Stammheim südwestlich von Stein am Rhein (Helmut Maurer), die ebenfalls über ein Plateau verfügt. Auch Werner Meyer schließt von der Ausdehnung der Bergkuppe für die Zeit um 900 auf einen umfangreichen Wehrbezirk, »der keinesfalls bloß der Herzogsfamilie und deren Anhang vorbehalten gewesen sein kann, sondern der als Fluchtburg für die Bevölkerung gedient hat (Beispiel: Sissacher Fluh). Innerhalb dieses zweiten Wehrbezirkes könnte für die Herzöge ein ›privater Burgbereich‹ ausgeschieden gewesen sein (Beispiel: Burghalden bei Liestal).«

Hohentwiel und Hegau waren Stammlande des alamannischen Herzogs. Nach der Unterwerfung durch die Franken 746 konfiszierte der König die ehemaligen herzoglichen Güter und faßte sie im Fiskus Bodman zusammen. Nach überwiegender Meinung gehörte der Hohentwiel im 10. Jh. zum Fiskus Bodman, so auch Singen, das 787 »Villa Publica«, Königlicher Hof, genannt wurde. Im beginnenden 10. Jh. sind – nach Hans-Martin Maurer – in Südwestdeutschland 19 Burgen nachweisbar, darunter der Hohentwiel und die in der Nähe gelegene Diepoldsburg, die mit der Schrotzburg identifiziert wird. Von allen diesen Burgen entspricht der Hohentwiel am meisten »dem Typ der hochmittelalterlichen Burg, wie sie sich nach Mitte des 11. Jhs. durchsetzte«.

Erste Belagerung des Hohentwiels 915

Zu Beginn des 10. Jhs. verwalteten die Brüder Erchanger und Berchtold als Pfalzgrafen, gelegentlich auch Kammerboten des Königs genannt, den Fiskus Bodman. Etwa seit 911 versuchten sie, auf der Grundlage des Fiskus die schwäbische Herzogswürde zu erlangen, und gerieten dabei zunächst mit dem Konstanzer Bischof Salomo III., einem entschiedenen Anhänger des Königs, und schließlich mit König Konrad I. (911–918) in Konflikt. Im Jahre 914 vom König gefangengenommen und seiner Pfalzgrafenwürde entsetzt, befestigten Erchangers Anhänger den von ihnen in Besitz genommenen Hohentwiel. Der St. Galler Chronist Ekkehard IV. der Jüngere (ca. 980–1060) berichtet, daß die Aufrührer Tag und Nacht daran arbeiteten, den Berg verteidigungsbereit zu machen.

Ekkehard IV. übergeht allerdings die nun folgende ergebnislose Belagerung des Hohentwiels durch König Konrad im Jahre 915 mit fränkischen Truppen und schildert anschließend lediglich die Ereignisse bei der Synode von Hohenaltheim am 20. September 916. König Konrad mußte die kurze Belagerung des Hohentwiels abbrechen, weil der Sachsenherzog Heinrich dem Bruder des Königs, Eberhard, vor der Eresburg im Engernland eine Niederlage beibrachte.

Verteidiger des Hohentwiels waren wohl die Anführer der alamannischen Rebellion, nämlich der dem König entkommene Berchtold und der junge nachmalige Herzog Burchard II., Sohn des 911 beim mißglückten Griff nach dem schwäbischen Herzogsamt ermordeten rätischen Grafen Burchard I.

915 kehrte Erchanger aus der Verbannung zurück, besiegte zusammen mit seinem Bruder Berchtold und dem jüngeren Burchard in der Schlacht von Wahlwies Königstreue bzw. bischöfliche Landsleute und wurde von seinen Anhängern auf dem Schlachtfeld zum Herzog von Schwaben ausgerufen. Auf der vom König einberufenen Synode zu Hohenaltheim im September 916 wurden Erchanger und Berchtold freilich lebenslang in ein Kloster verbannt, bald danach vom König Konrad ergriffen und am 21. Januar 917 hingerichtet; danach erlangte Burchard II. 917/918 dauerhaft die schwäbische Herzogswürde.

In welcher Weise die Bewohner des königlichen Hofes Sisinga von diesen Ereignissen betroffen waren, welche Partei sie ergriffen haben, wissen wir nicht. Wahrscheinlich befanden sie sich bei den Parteigängern der Kammerboten und Burchards II. Mit Gewißheit können wir nur sagen, daß sie dem dramatischen Geschehen nicht ausweichen konnten.

Ungarnsturm 926

Eines der spannendsten Kapitel in Scheffels »Ekkehard« ist jenes über die »Hunnenschlacht«. Nach der Plünderung des Klosters St. Gallen und der Ermordung der Klausnerin Wiborada (am 2. Mai 926) läßt der Dichter die »Hunnen«, wie er die Ungarn nennt, das Kloster Reichenau plündern, dessen Mönche sich bis auf den einfältigen Bruder Heribald auf dem Hohentwiel in Sicherheit gebracht haben. Auf einem Schlachtfeld in der Ebene südöstlich des Hohentwiels werden die Hunnen unter Ellak und Hornebog besiegt, aber sie ziehen weiter nach Rheinau und Säckingen, wo Hadumoth den gefangenen Audifax befreit und die Hunnen in einem nächtlichen Überfall der Schwarzwälder aufgerieben werden. Scheffel kannte die Quellen insbesondere über die Ungarn und gab seiner »Geschichte aus dem 10. Jahrhundert« auf über 40 Seiten umfängliche wissenschaftliche Nachweise bei. So kann er sich zu Recht auf »gewissenhafte kulturgeschichtliche Studien« berufen, seine Schilderung der »Hunnen« ist völlig zutreffend. Doch kam es ihm nicht so sehr auf historische Genauigkeit an, vielmehr wollte er »auf der Grundlage historischer Studien das Schöne und Darstellbare einer Epoche« vor Augen führen. So versteht er seinen Roman durchaus als ein Geschichtswerk, denn »Geschichte, wie sie bei uns geschrieben zu werden pflegt, [ist] eben auch nur eine herkömmliche Zusammenschmiedung von Wahrem und Falschem [...], der nur zuviel Schwerfälligkeit anklebt, als daß sie es, wie die Dichtung wagen darf, ihre Lücken spielend auszufüllen«. Und so verschiebt er in dichterischer Freiheit »Personen und Jah-

Flucht der Reichenauer Mönche vor den Hunnen auf den Hohentwiel. Ölgemälde von Joseph Wopfner (1843–1927)

reszahlen vielleicht Jahrzehnte und mitunter ein Weniges ineinander«; die 994 gestorbene Herzogin Hadwig lebte in der zweiten Hälfte des 10. Jahrhunderts, die Hunnenschlacht muß aber 926 stattgefunden haben.

Diese »Hunnenschlacht« regte u.a. den Münchner Impressionisten Joseph Wopfner (1843–1927), der sich viel mit Scheffels »Ekkehard« beschäftigt hat, zu einem wohl 1878/79 entstandenen temperamentvoll gemalten Ölbild »Flucht der Reichenauer Mönche nach Schloß Hohentwiel« an, das sich heute in der Münchner Städtischen Galerie im Lenbach-Haus befindet.

Zur Eröffnung der Singener Hohentwiel-Festspiele im Jahre 1906 verfaßte der Spielleiter Rudolf Lorenz das aufwendige Bühnenwerk »Unter der Reichssturmfahne«, ein Rahmenspiel in fünf Aufzügen, die eine Vorstellung vom Leben in einer Ritterburg vermitteln sollten; eingeschoben waren vier geschichtliche Bilder vom 9.–13 Jahrhundert, darunter als zweites Bild Hadwig und Ekkehard und die Hunnenschlacht. Hunderte von Singener Bürgern wirkten als Schauspieler und Statisten mit. Der Protektor der Spiele, Max Egon Fürst zu Fürstenberg, besuchte mit Kaiser Wilhelm II. während der Vorbereitungszeit Festhalle und Hohentwiel.

Grund genug also, sich mit der Frage zu befassen, ob die Ungarn auch den Hegau heimgesucht haben. Das in sieben selbständige Stämme gegliederte Nomadenvolk erschien zum ersten Male 862 an den Grenzen des karolingischen Reiches; hauptsächlich fielen sie in den folgenden Jahrzehnten in Sachsen, Thüringen und Bayern ein, verheerten ferner Italien, Lothringen und Burgund und seit 909 mehrmals auch Alamannien. Im Juni 910 besiegten die Ungarn ein schwäbisch-bayerisch-fränkisches Heer; unter den Gefallenen befand sich der Klettgaugraf Gozbert.

Die ungarischen Reiterscharen »brausten wie ein Wirbelwind über die Länder dahin, Raub, Mord und Plünderung bezeichneten ihren Weg«. Ihre Erfolge verdankten sie der Schnelligkeit ihres Erscheinens und dem Reiterkampf, einer besonderen Kampfweise, die den zu Fuß schwerfällig kämpfenden Deutschen ganz ungewohnt war. Die mit ihren Pferden wie verwachsenen ungarischen Reiter fielen in Horden bis zu 100 Mann, oft von ihren Anführern mit Geißeln angetrieben, mit lautem hundeartigem Geheul unversehens über die Siedlungen her; stellte sich der Gegner, überschütteten sie ihn beim ersten Ansturm mit einem Pfeilregen und brachten so Verwirrung in dessen Reihen. Außer Bogen und Pfeil bestand ihre Bewaffnung wohl aus Schwert und Lanze, den Kopf schützte eine Art Helm, und auch die Pferde trugen auf der Brust leichte Filzpanzer. Auf lange Kämpfe ließen sie sich nicht ein, sondern zogen sich ohne Verluste rasch zurück, um unvermutet und plötzlich an anderer Stelle, gerne beim scheinbaren Rückzug, wieder loszuschlagen. Sie vermochten auf ihren Pferden oder auf schnell gefertigten primitiven Kähnen ohne Mühen breite Flüsse und Ströme zu überqueren. »Falsch, eid- und vertragsbrüchig, von entsetzlicher Grausamkeit und gierig nach Beute und Gewinn [...]. Mit einfachen Zelten zogen sie überall umher, vielleicht gebrauchten sie auch Wagen auf ihren Zügen zum Fortschaffen der Beute [...]. Die Gefangenen wurden als Sklaven verwendet oder verkauft, meist Frauen und Mädchen, die sie zum Teil selbst behielten, oder Knaben bis 11 Jahre. Waffenfähige Männer wurden stets niedergemacht« (Rudolf Lüttich). Von einem Einfall in Sachsen 906 wird berichtet, daß sie dort alles Lebendige vernichteten und nur die Frauen, wie Zugvieh an den Haaren zusammengekoppelt, halb nackt und mit durchbohrten Brüsten aus dem verwüsteten Land trieben. Den einzigen wirksamen Schutz vor den Ungarn boten Mauern und Burganlagen, mit deren Bau und Verstärkung in jenen Jahren überall begonnen wurde; wir dürfen annehmen, daß dies auch auf dem Hohentwiel geschah. Mit der Zeit gewöhnten sich die Deutschen nach vielen bitteren Erfahrungen auch an den Kampf zu Pferde und legten zu Beginn des Kampfes die Schilde der Fußsoldaten gegen den Pfeilregen wie eine Mauer fest aneinander.

Im Jahre 913 fielen die Ungarn in Bayern und einem Teil Schwabens ein. Die Kammerboten Erchanger und Berchtold boten ihre Mannschaft auf und vermochten, zusammen mit ihren Nachbarn im Linzgau und Argengau, insbesondere dem Linzgaugrafen Ulrich, ein weiteres Vordringen der gefürchteten Reiterscharen zu verhindern; am Inn schlugen die Bayern unter Herzog Arnulf, dem Neffen der Kammerboten, zusammen mit den schwäbischen Verbündeten die Ungarn vernichtend; nur 30 von ihnen sollen entkommen sein. An diesen Kämpfen nahm das Aufgebot der Kammerboten, die alte Volkswehr oder der Heerbann, d.h. die waffenfähige Mannschaft auch des Königshofes Singen teil.

Auch in den Jahren 915 und 917 erschienen die Ungarn wiederum in Schwaben, ohne daß wir wissen, wo dies war. Dagegen sind wir sehr gut unterrichtet über den Einfall des Jahres 926, wobei die Ungarn den Tod Herzog Burchards II. ausnützten, der bei einem Italienzug vor Novara gefallen war. Besonders schlimm hatte die schutzlose Diözese Konstanz unter ihnen zu leiden. Das Haupttheer bewegte sich zwar auf anderen Wegen in das Elsaß und nach Lothringen, aber eine kräftige Abteilung gelangte über Buchau-Federsee an den Bodensee und nach St. Gallen; die Mönche hatten sich in eine Fluchtburg im unwirtlichen Wald oberhalb der Sitter zurückgezogen, die Klosterbibliothek war auf die Reichenau in Sicherheit gebracht worden. Im Kloster St. Gallen spielten sich nun die von Ekkehard IV. ausführlich erzählten Ereignisse um den tumben Mönch Heribald ab, den die Ungarn am Leben ließen; Scheffel verlegte diese köstliche Episode auf die Reichenau.

Von St. Gallen zogen die Ungarn Anfang Mai nach Konstanz, dessen befestigte bischöfliche Pfalz im Münsterbereich ihrem Ansturm standhielt; wohl aber brannten die Ungarn die Vorstadt außerhalb der Mauern – die Niederburg – ab. Dem Kloster Reichenau gereichte damals die Insellage zum Schutz vor den Feinden: Man hatte alle Schiffe an Land geführt, und die Kriegsmannen waren, »funkelnd« von Waffen, ringsum auf der Insel abwehrbereit aufgestellt. An der Reichenau vorbei ritten die »grimmigen Feinde« auf beiden Seiten des Untersees und des Rheins weiter nach Rheinau und Säckingen, ohne den Versuch einer Eroberung des Klosters zu machen. Im Weiterziehen verheerten sie »alles mit brennen und morden«, d.h. die nähere und weitere Umgebung. An anderer Stelle sagt Ekkehard, daß »weit im Umkreis Tag und Nacht alles himmelan vom Feuer widerstrahlte«. Vom Hohentwiel und dem großen Hof an seinem Fuße ist bei Ekkehard in dem Zusammenhang zwar nicht die Rede, aber es widerspräche den Gepflogenheiten der beutelüsternen Ungarn, wenn sie diese weithin sichtbare Burg mit ihrem Umland umgangen, gemieden hätten. Ekkehard behandelt in seinen St. Galler Klostergeschichten hauptsächlich Begebenheiten, die irgendwie mit seinem Kloster zu tun haben; so berichtet er z.B. vom Streit der Kammerboten mit Bischof Salomo III., nicht aber von der nachfolgenden Belagerung des Hohentwiels durch König Konrad.

In Säckingen schließlich überfielen die Bewohner des Frickgaues das ungarische Lager in tiefer Nacht und erschlugen und ertränkten fast alle trunkenen Feinde außer jenen, die schwimmend über den Rhein zu entkommen vermochten. – In den folgenden Jahren verschonten die Ungarn das Bodensee- und Hochrheingebiet, obgleich sie ihre Plünderungszüge niemals ganz aufgaben und möglicherweise 943 und 954 abermals nach Süddeutschland gekommen sind. Erst in der blutigen, weltgeschichtlichen Entscheidungsschlacht auf dem Lechfeld nahe Augsburg am 10. August 955, an der u. a. zwei schwäbische Legionen unter Führung Herzog Burchards III. beteiligt waren, erlitten die Ungarn eine so vernichtende Niederlage, daß sie von da ab ihre Plünderungszüge aufgaben, ein seßhaftes Volk wurden und sich der abendländischen Kultur annäherten.

Übergabe des Hohentwiels 1086 an Abt Ulrich von St. Gallen

Im Jahre 1086 befand sich der Hohentwiel im Besitz des Herzogs Berthold II. von Zähringen, der ihm von seinem Schwiegervater, dem Gegenkönig Rudolf von Rheinfelden (1030–1080), zugekommen war. Damals tobte im Reich der sogenannte Investiturstreit zwischen König Heinrich IV. (1056–1106, 1084 zum Kaiser gekrönt) und den Gregorianern, den Anhängern des päpstlichen Reformkurses, die dem König das Recht der Einsetzung (Investitur) der Bischöfe und Reichsäbte untersagen wollten. Die Burg auf dem Hohentwiel war in diesen kampferfüllten Zeiten 1079 Zuflucht- und Sterbeort von Adelheid, der Gemahlin Rudolfs von Rheinfelden.

Im September 1077 wurde Ulrich von Eppenstein (1077–1121) Abt von St. Gallen. Er war als Enkel des Herzogs Adelbero von Kärnten (geb. 1029) und der Beatrix, Tochter des Herzogs Herman II. von Schwaben (geb. 1003) der einzige Parteigänger des Königs in Alamannien und erklärter Gegner des 1077 zum Gegenkönig erhobenen Schwabenherzogs Rudolf von Rheinfelden und seiner Anhänger, zu denen hierzulande die Klöster Reichenau und Allerheiligen zu Schaffhausen, der Bischof von Konstanz und die Grafen von Nellenburg zählten. Ein jahrelanger erbitterter Fehdekrieg entbrannte ab 1079, den Berthold II. von Zähringen und Abt Ekkehard von Reichenau, ein Nellenburger (1071–1088), mit wachsendem Erfolg gegen Abt Ulrich von St. Gallen führten. Dennoch blieb Ulrich unangefochten im Besitz der Abtei St. Gallen und wurde 1086 zudem noch Partriarch von Aquileja (Oberitalien).

Im Zuge dieser kriegerischen Auseinandersetzungen gelang es Abt Ulrich unter Ausnutzung des von Kaiser Heinrich IV. 1086 begonnenen Konfiskationsfeldzuges, sich 1086 des Hohentwiels zu bemächtigen; es heißt, daß die Burgleute ihm »suam munitionem Tivela«, seine Festung Twiel, übergeben haben, mit anderen Worten: Es fand dank »geschickt angeknüpfter Verhandlungen mit der Besatzung« kein Kampf statt. Indessen gelangte die Burg alsbald wiederum in den Besitz des zähringischen Herzogs bis zum Jahre 1098. Darauf wechselte der Hohentwiel abermals seinen Besitzer, um schließlich um 1135 an die Herren von Singen-Twiel zu gelangen.

Welche Auswirkungen diese mehrfachen Besitzwechsel des Hohentwiels auf die Bewohner des Hofes Singen hatten, ob sie friedlich oder mit Waffengewalt, d. h. im Zuge einer Belagerung, erfolgten, verraten uns die Chroniken und Urkunden nicht. Das Kloster Reichenau hat sicherlich seine Hörigen zum Kampf gegen den Abt von St. Gallen aufgeboten. Auf dem Hohentwiel befanden sich – so mutmaßt Eduard Heyck – außer der Besatzung auch Klosterleute und Urbani (= Burghüter), Burgwächter als Vertreter des Inhabers der Burg.

Literatur

GERHARD BAAKEN, Fränkische Königshöfe und Pfalzen in Südwestdeutschland, eine Forschungsbilanz aus der Sicht des Historikers, in: Zs. Ulm und Oberschwaben, Bd. 42/43, 1978, S. 31.

KONRAD BEYERLE, Die Kultur der Abtei Reichenau, München 1925, 1. Halbbd., S. 112.

ARNO, BORST, Die Pfalz Bodman, in: Berner, Bodman, Bd. I, S. 210 f. 213 f.

BRANDI, Chronik des Gallus Öhem, 1893, S. 101.

HEINRICH DANNENBAUER, Grundlagen der mittelalterlichen Welt, Stuttgart 1958, S. 140 f., 160f., 163.

EBERHARD DOBLER, Die Schrotzburg – eine alamannische Herzogsburg des 8. Jahrhunderts, in: Zs. Hegau 36/37, 1979/80, S. 7–26. – Bereits 1857 hielt KARL VON MARTENS, Geschichte vom Hohentwiel, S. 4, die Schrotzburg für die Diepoldsburg.

JOHANNES DUFT, Die Ungarn in St. Gallen, Konstanz 1957.

DERS., Anton Gössi und Werner Vogler, Die Abtei St. Gallen, 1986, S. 121.

EKKEHARD IV., St. Galler Klostergeschichten, übersetzt von H. F. Haefele, Darmstadt 1980, S. 48, 52, 115–125, 133–139.

OTTO FEGER, Geschichte des Bodenseeraumes, Konstanz 1956, Bd. I, S. 172, 185–187.

DERS., Geschichte des Bodenseeraumes, Bd. II, 1958, S. 30 f., 34, 45.

EDUARD HEYCK, Geschichte der Herzoge von Zähringen, Freiburg 1898, S. 140.

HANS JÄNICHEN, Zur Genealogie der älteren Grafen von Veringen, in: Zs. ZWLG, Bd. XXVII, 1963, S. 28 (Jänichen spricht von »erobern«).

Hans Jänichen, Die Herren von Singen und Twiel und die Geschichte des Hohentwiels von 1086–1150, im Hohentwiel, S. 138 f., 141 f., 143.

Karl Jordan, Deutsches Reich, Bd. I, 1957, S. 12 f., 20.

Rudolf Lorenz, Unter der Reichssturmfahne (Hohentwiel-Festspiel), Deutsche Vorgänge, Eßlingen 1906.

Rudolf Lüttich, Ungarnzüge in Europa im 10. Jh., in: Hist. Studien, veröffentlicht von E. Eberring, Heft LXXXIV, Berlin 1910, S. 19, 21, 22, 34–39, 53–57, 59, 62, 72–78, 85, 88, 105–107, 109, 150–168.

Karl von Martens, Geschichte des Hohentwiel, Stuttgart 1857, S. 4 f., 8).

Hans-Martin Maurer, Die Entstehung der hochmittelalterlichen Adelsburg in Südwestdeutschland, in: Zs. ZGO 117 (NF 78), 1969, S. 295–332, bes. S. 300, 302–306.

Helmut Maurer, Konstanz als ottonischer Bischofssitz, Göttingen 1973, S. 34–36.

Helmut Maurer, Der Herzog von Schwaben, Sigmaringen 1978, S. 41 ff., 46 f., 151, 211.

Helmut Maurer, Bodman, Wahlwies und der Hohentwiel, in: Bodman, Bd. I, S. 293 ff.

Theodor Mayer, Das Schwäbische Herzogtum und der Hohentwiel, in: Berner, Hohentwiel, S. 92, 112.

G. Meyer von Knonau, St. Gallische Geschichtsquellen, IV: Continuatio Casuum sancti Galli, Conradi de Fabaria Continuatio Casuum sancti Galli, Mitt. z. vaterl. Gesch. NF 7 (XVII) 1879, S. 79 f.

Die Münchner Schule 1850–1914. Katalog, hg. von den Bayerischen Staatsgemäldesammlungen und der Ausstellungsleitung Haus der Kunst München e. V., 1979, S. 443, Abb. 368.

Nachrichten der Schweizerischen Burgenvereinigung 1977, 10. Bd., Nr. 6, November/Dezember, Frohburg SO.

REC, Bd. I, S. 69, Nr. 533.

Franz Sättele, Geschichte der Stadt Singen, 1910, S. 102–104.

Scheffels Werke, hg. von Friedrich Panzer, Band III, Ekkehard, Meyers Klassiker-Ausgabe.

Irmgard Schlegel, Die Hohentwiel-Festspiele, in: Berner, Hohentwiel 1957, S. 351 f.

Karl Schmid, Burg Twiel als Herrensitz, in: Berner, Hohentwiel, S. 150.

Othmar F. H. Schönhuth, Geschichte des Hohentwiels, der unbezwungenen Veste im Dreißigjährigen Krieg, Freiburg 1836, S. 28.

Alfred Schröder, Die Ungarnschlacht von 955, in: Archiv f. die Geschichte des Hochstifts Augsburg, 1. Bd., Dillingen 1909–1911.

Der Verfasser dankt Prof. Werner Meyer-Basel für briefliche Auskunft vom 23.03.78.

Zur Frage der Zugehörigkeit des Hohentwiels zum Fiskus Bodman:

Eberhard Dobler, Der Hegauische Besitz des Klosters St. Gallen im 8. Jh. – sein Anfang und seine Herkunft, in: Zs. Hegau 21/22, 1966, S. 16.

Kreisbeschreibung Konstanz (KBK), Bd. IV, S. 215.

Helmut Maurer, Bodman, Wahlwies, der Hohentwiel und die Begründung der Herzogsherrschaft in Schwaben, in: Bodman, Dorf, Kaiserpfalz, Adel, hg. von H. Berner, Sigmaringen 1977, Bd. I, S. 293.

Theodor Mayer, Das schwäbische Herzogtum und der Hohentwiel, in: Hohentwiel, Bilder aus der Geschichte des Berges, hg. von H. Berner, Konstanz 1957, S. 94.

Helmut G. Walther dagegen glaubt, daß die Hegauer Aach die westl. Grenze des Fiskus gebildet habe, der Hohentwiel also außerhalb des Fiskus lag: Helmut G. Walther, Fiskus, Bd. I, S. 246, 248, 264 f.

Kirchen und Pfarreien im Dorf Singen

von Franz Götz

Anfänge der Kirche in Singen

Die historische Forschung nimmt an, daß die alemannische Niederlassung Singen um die Mitte des 6. Jahrhunderts n. Chr. entstanden ist und daß die Gründung einer Singener Pfarrei rund hundert Jahre danach, in der Zeit zwischen 650 und 700, erfolgt sein dürfte. Zwei alemannische Reihengräberfriedhöfe nördlich des heutigen Bahnhofs und bei der alten Dorfkirche sowie das Patrozinium dieser Kirche, St. Peter und Paul, stützen diese Vermutung.[1]

In der zweiten Hälfte des 7. Jahrhunderts könnten im Zuge der Einführung der Dreifelderwirtschaft und einer damit verbundenen Intensivierung des Ackerbaus nicht nur neben den älteren »ingen-Orten« neue Siedlungen, deren Namen auf »hausen« oder »hofen« enden, angelegt, sondern auch die erste Pfarreiorganisation eingerichtet worden sein. In diesem System war die Singener Pfarrkirche als Mutterkirche des mittleren Hegaus ein tragender Pfeiler. Ihre Patrone, die Apostelfürsten Petrus und Paulus, finden wir bis heute auch als Patrone in einigen ihrer früheren Filialorte, z.B. in Mühlhausen und in Hilzingen.[2] Während Hilzingen und Mühlhausen spätestens um 1200 eigene Pfarreien geworden sind, gehörten die seit 1360/70 als Singener Filialen nachweisbaren Dörfer Worblingen, Rielasingen und Hausen an der Aach noch lange zur Singener »Großpfarrei« Peter und Paul: Worblingen bis 1617, Rielasingen bis 1807 und Hausen an der Aach sogar bis 1820.[3]

Hinsichtlich Alter und Bedeutung ist die Singener Peter- und Paulspfarrei am ehesten mit der Peter- und Paulspfarrei Bodman vergleichbar. Wie die Bodmaner so stand auch die Singener Pfarrkirche zunächst auf Amtsgut des Alemannenherzogs und nach der Konfiskation herzoglicher Güter im Jahr 746 auf fränkischem Reichsgut.

Vielleicht im 10. Jahrhundert – Eberhard Dobler nimmt an um 920 – sind dann sowohl das Patronatsrecht über die Pfarrkirche als auch der Herrenhof in Singen vom Fiskalgut abgetrennt und dem Kloster Reichenau übertragen worden,[4] wenn auch die Reichenau erst seit dem 14. Jahrhundert als Singener Patronatsherrin und als Inhaberin des nahe bei der Pfarrkirche gelegenen Kelhofes nachweisbar ist.[5]

Vermutlich ebenfalls im 10. Jahrhundert wurde in der Diözese Konstanz die Dekanatsverfassung eingeführt. Singen gehörte danach bis zur Bildung des Erzbistums Freiburg im Breisgau (1827) zum Dekanat Ramsen/Stein am Rhein, das danach in Dekanat Hegau umbenannt wurde.[6]

Erste Pfarrkirche

Das älteste Singener Gotteshaus, 1260 erstmals als Pfarrkirche, 1350 als Petruskirche (später Peter- und Paulskirche) erwähnt,[7] ist wohl schon an dem Platz, an dem noch jetzt die Peter- und Paulskirche steht, erbaut worden. Hier versammelten sich bereits im 7. und 8. Jahrhundert die Mitglieder der christlichen Gemeinde, die im Haupthof Singen wohnenden und arbeitenden oder diesem zugeordneten Bauern mit ihren Familien, zusammen allenfalls 100 bis 200 Seelen, und hierher kamen auch die Christen der Filialorte bei wichtigen Anlässen, insbesondere zu Sakramentenspendungen und zu Beerdigungen.

Der bereits im 7. Jahrhundert bei der Singener Pfarrkirche angelegte Friedhof blieb bis 1899, also mehr als 1200 Jahre lang, an dieser Stelle erhalten und wurde erst dann abgeräumt.

Wie die erste Kirche in Singen aussah, wissen wir nicht. Vermutlich bestand sie aus einem kleinen einschiffigen, holzgedeckten Saal in Rechteckform mit einem daran angebauten quadratischen Chorraum.

Das St. Georgenkloster auf dem Hohentwiel

Auch über das Aussehen des den Heiligen Georg und Cyrillus geweihten Klosters auf dem nahen Hohentwiel ist nichts bekannt. Beim Bau der württembergischen Festung im 16. Jahrhundert dürften die letzten Reste der ehemaligen Klosteranlage abgetragen worden sein.

Das Kloster auf dem Hohentwiel entstand zwischen 968 und 973 auf Betreiben der aus Scheffels Roman »Ekkehard« hinlänglich bekannten schwäbischen Herzogin Hadwig und ihres Gemahls, Herzog Burkards III. von Schwaben. »Es ist wahrscheinlich, daß der St. Galler Mönch Ekkehard II. während seines Aufenthaltes auf dem Hohentwiel als Lehrer der Herzogin um 965 einen Anteil an der Konzipierung des Planes hatte, an dieser Stelle ein Kloster zu gründen.«[8] Franz Beyerle nahm an, daß Hadwig auf dem Hohentwiel eine »schola palatina«, eine Klosterschule für junge Adelige, schaffen wollte.[9]

Um 970 gehörten dem Konvent 27 Mönche an. Nach dem Tod Herzog Burkards III. (973) machte Hadwig den Hohentwiel zu ihrem Witwensitz. Nachdem auch sie 994 gestorben war, wurde die Hofhaltung aufgelöst, und das Kloster, das seinen Bezugspunkt verloren hatte, durch Hadwigs Neffen, Kaiser Heinrich II., 1005 nach Stein am Rhein verlegt,[10] wo es bis zur Aufhebung in der Reformationszeit (1526) bestanden hat. Die ehemalige Klosterkirche und die Konventsbauten sind in Stein am Rhein bis heute erhalten. Auf dem Hohentwiel blieb lediglich eine Burgkapelle, bis der württembergische Kommandant Konrad Widerholt zwischen 1639 und 1645 auf der oberen Festung eine geräumige Kirche erbauen ließ.[11]

Pfarrer und Pfarrvikare in Singen

Wie Kirche und Kelhof so waren auch die aus dem Mittelalter bekannten Pfarrer von Singen mit dem Kloster Reichenau meist eng verbunden. Das gilt zunächst für Wilhelm von Trossingen, rector bzw. plebanus ecclesiae in Singen, der auch Canonicus des heiligen Pelagius auf der Reichenau war. Er wird in Urkunden vom 7. September 1260, vom 8. Februar 1265 und vom 2. Oktober 1267 (der Stadterhebungsurkunde für Radolfzell) als Zeuge und in einer Urkunde vom 25. Dezember 1281 als Schiedsrichter erwähnt.[12] Er war demnach auch Pfarrer in Singen, als dort im Jahr 1275 die Pfarrei in ein Kreuzzugszehntregister, den sog. »Liber decimationis«, eingetragen wurde, wenn er darin auch nicht namentlich genannt ist.[13] Für die Jahre 1341 und 1345 wird ein Berthold von Stoffeln als Kirchherr bzw. ehemaliger Kirchherr in Singen genannt, 1403 ein Pfarrer Conrad Zolgh.[14] Die Investiturprotokolle der Diözese Konstanz für das 15. Jahrhundert enthalten für die Zeit von 1463 bis 1485 die Namen von 4 Pfarrvikaren in Singen: Magister Johann Totzmaiger bzw. Zoczmaiger (1463), Udalricus Heß (1468, 1471, 1472, 1473), Gallus Öhem (1473, 1481) und Johannes Watenschne bzw. Wattenschnee oder Wittenschnew (1481, 1485).[15] Der berühmteste unter ihnen war der Reichenauer Chronist Gallus Öhem, um 1445 in Radolfzell geboren, 1461 an der Universität Freiburg im Breigau immatrikuliert, vielleicht vom Kloster Reichenau dorthin gesandt, 1464 in feierlicher Weise vom Makel unehelicher Geburt gereinigt, vir doctus et discretus, artium liberalium baccalaureus, clericus der Diözese Konstanz, von 1473 bis 1481 vicarius perpetuus in Singen, dann Priester und Kaplan zu Radolfzell, Inhaber der dortigen Abtspfründe und als solcher noch 1488 und 1489 genannt. Unter Abt Martin von Weißenburg (1491–1508) wurde er in den engeren Dienst des Inselklosters gezogen, verfaßte in den letzten Jahren der Regierung dieses Abtes seine »Cronick des Gotzhuses Rychenowe«, erscheint 1508 als Kaplan des St. Andreas- und St. Sebastian-Altars im Domstift zu Konstanz und wird dort noch 1511 erwähnt. Über die letzten Lebensjahre und das Todesdatum Gallus Öhems ist nichts bekannt.[16]

Inkorporation der Singener Pfarrkirche in das Kloster Reichenau

Die Bezeichnung »Pfarrvikar« ist für die Zeit ab 1359 zutreffend, weil am 3. März 1359 der Konstanzer Bischof Heinrich III. von Brandis die Pfarrkirche in Singen dem Kloster Reichenau, dem sein Bruder Eberhard von Brandis vorstand, inkorporiert hat.[17] Zur Sanierung der zerrütteten Klosterfinanzen hat man seit 1325 immer wieder zu der bedenklichen Maßnahme der »Einverleibung« von Pfarrkirchen gegriffen und z.B. die Pfarrkirchen in Ulm, Steckborn, Eigeltingen und in anderen Orten der Reichenau inkorporiert. So flossen ab 1359 auch die Einkünfte der Pfarrpfründe Singen, Lehenszinsen und Zehnten, der damals erheblich verschuldeten Abtei Reichenau zu, die ihrerseits dann nur noch einen Teil des Pfründeinkommens an den Pfarrvikar weitergab. 1359 waren dies für den Singener Pfarrvikar »6 Mark samt Opfern, Seelgeräten, Jahrzeiten und Vermächtnissen«. Zum Vergleich: 1354 hatte die Reichenau eine Einnahme von 410 Mark Silber, 200 davon bezog der Abt, 210 verteilten sich auf Kapitel und Altaristen, also Inhaber von Reichenauer Benefizien.[18]

Da die durch Reichenau geschmälerten Einkünfte der Singener Pfarrvikare offensichtlich zum Lebensunterhalt nicht ausreichten, erhielten diese als Besoldungszulage bzw. zur »besseren Subsistenz« von den Reichenauer Äbten bzw. ab 1540 von deren Rechtsnachfolgern, den Bischöfen von Konstanz, zusätzlich die Erträge aus dem reichenauischen Klein-, Etter- und Blut-Zehnten in Singen.[19]

Reichenauer Äbte und Konstanzer Bischöfe als Grundherren in Singen

Das war mehr als gerechtfertigt, denn was die Abtei Reichenau und später das Hochstift Konstanz in Singen besessen und an Abgaben erhalten haben, war beträchtlich: Neben den adeligen Singener Ortsherren war nämlich das Kloster Reichenau bzw. der Bischof von Konstanz der größte Grundherr in Singen. Um 1725 besaß beispielsweise die Freiherrliche Familie von Rost 162 ha landwirtschaftliche Nutzfläche, was allerdings nur etwas mehr als ein Siebtel der gesamten landwirtschaftlichen Fläche auf Singener Gemarkung ausmachte, der Reichenau gehörten etwa 38 ha, der dem Kloster Reichenau inkorporierten Pfarrkirche Singen etwa 49 ha; zusammen besaß also damals der Konstanzer Bischof etwa 87 ha landwirtschaftlich genutzte Güter, von denen die meisten gegen Naturalzinsen als Lehen an Bauern ausgegeben waren, darunter der Reichenauer Kelhof und der sog. »Heiligenhof« der Pfarrkirche Singen, der (nach dem Niederhof) zweitgrößte Singener Hof überhaupt. Da die Ortsherren nicht ihren gesamten Besitz als Lehen bewirtschaften ließen, war der Bischof von Konstanz als Herr der Reichenau und der Singener Pfarrkirche zwar nur der zweitgrößte Grundherr, aber der größte Lehensherr in Singen.[20]

Konstanzer Bischöfe als Zehntherren in Singen

Noch eindeutiger dominierte der Fürstbischof von Konstanz als Herr der Reichenau (seit 1540), samt der Propstei Schienen, der Propstei Öhningen (seit 1534), der Herrschaft Rosenegg (seit 1610) und der Pfarrei Singen, unter den Singener Zehntherren. Von nicht weniger als 77% der zehntpflichtigen Grundstücke im Umfang von 1147 ha auf der Gemarkung Singen bezog der Konstanzer Bischof den Zehnten.[21] Das ergab z.B. um das Jahr 1730 bei einem jährlichen Gesamtzehntertrag in Singen von etwa 1800 Gulden Einkünfte des Konstanzer Bischofs in Höhe von etwa 1350 Gulden, wovon er an den Herzog von Württemberg und den Freiherrn von Hornstein je einen Betrag von ca. 100 Gulden abzugeben hatte, so daß ihm etwa 1150 Gulden verblieben.[22] Bei den Zehntanteilen des Herzogs von Württemberg und des Freiherrn von Hornstein handelte es sich um die Zehntquart, also um jenes Viertel des Zehnten, das immer schon dem Bischof zustand, was dieser aber seit 1347 mehrfach verpfändet hatte. Schließlich gelangte die Quart je zur Hälfte teils im 15., teils im 16. Jahrhundert an die Herren von Stoffeln und an den Herzog von Württemberg. Das Stoffler Achtel überließen Bischof und Domkapitel von Konstanz im April 1600 dem Freiherrn Balthasar von Hornstein zu Hohenstoffeln gegen die Bezahlung von 1400 Gulden auf ewige Zeiten[23].

Weitere Zehntherren

Neben dem Bischof von Konstanz, der in Singen 6fach zehntbezugsberechtigt war, nämlich für das Kloster Reichenau, für die Propstei Schienen, für das Domstift Konstanz (Herrschaft Rosenegg), für die Pfarrei Singen und für die Kirche Singen, gab es noch weitere Singener Zehntherren: die Ortsherrschaft (seit 1655 die Freiherren bzw. Grafen von Rost, seit 1774 die Grafen von Enzenberg), die Gassner'schen Erben, das Dominikanerinnenkloster St. Katharinental bei Dießenhofen und das Kollegiatstift (Chorherrenstift) Radolfzell, die allerdings zusammen nicht einmal ein Viertel des gesamten Zehnertrages auf Gemarkung Singen erhielten.[24]
»Die 1839 vorgenommene Zehntablösung erforderte 60 967 Gulden, die von der Gemeinde durch Umlagen bei den Steuerpflichtigen aufgebracht werden mußten. Zur Tilgung des Zehntablösungskapitals von damals noch immer 41 257 Gulden nahm die Gemeinde 1852 bei Baron Sulzer Warth in Winterthur ein Darlehen in Höhe von 40 000 Gulden auf; erst 1872 war die Zehntablösungsschuld ganz getilgt.«[25]

Stiftung von 1350

Von den kirchlichen Stiftungen in Singen ist die früheste bekannte jene der Brüder Heinrich und Rudolf, genannt Vögte von Friedingen; sie vermachten auf Rat des Ritters Ulrich von Klingen d. J., der Brüder Werner und Heinrich von Rosenegg, Konrads von Homburg, Wetzels von Reischach »und anderer wiziger lüt« zum Seelenheil Konrads von Stein anno 1350 eine Jahresgült von ihrem Garten »am usseren Brugglin« zu Radolfzell für ein ewiges Licht in der Kirche von Singen.[26] Getrud Streit wies darauf hin, daß die Rosenegger Mit-Zehntherren in Singen waren, daß der größere Teil von Rielasingen nach Singen eingepfarrt war und daß die Brüder Werner und Heinrich von Rosenegg ein Interesse an einer wohl schon früher gemachten, aber erst 1350 bestätigten Stiftung derer von Friedingen in die Singener Kirche gehabt haben.[27]

Kaplaneistiftung

In den Jahren 1402 und 1403 wurde dann der Grund für die Stiftung einer Kaplanei auf den Marienaltar in der Pfarrkirche zu Singen gelegt, und zwar durch Anna Dachs (Dachsin, Tachsin, Thaßin) von Radolfzell, Inhaberin des Singener Kelhofs, Witwe des Johann (Heinrich) Dachs, ferner durch die Brüder Johannes und Caspar von Klingenberg zu Hohentwiel, durch Agatha von Friedingen, geborene von Westerstetten, und deren Sohn Johann von Friedingen, Ortsherren von Singen, schließlich durch Johann Hattinger, Keller auf dem Hohentwiel, einigen weiteren Personen und durch die Gemeinde Singen.[28] In der Stiftungsurkunde vom 3. Mai 1403 und der bischöflichen Bestätigung vom 9. Juni 1403 sind die Verpflichtungen des Kaplans und seine Einkünfte beschrieben. Der Abt der Reichenau behielt sich das Patronatsrecht, der Bischof von Konstanz das Investiturrecht vor.[29]

Tatsächlich präsentierte der Reichenauer Abt Martin von Weißenburg im Jahr 1493 den Priester Johannes Mill alias Keller und im Jahr 1506 den Johannes Ruotzmann auf die Kaplanei in Singen.[30] Auch 1512 wurde noch einmal ein Geistlicher, Ulrich Keß, durch einen Reichenauer Abt, Markus von Knöringen, auf den Marienaltar in der Pfarrkirche in Singen präsentiert.[31] Ein halbes Jahrhundert später erscheinen dann allerdings Bürgermeister, Ammann und Räte der Stadt Radolfzell als Kollatoren, d.h. als Inhaber des Patronatsrechts, des Rechts auf Übertragung des Singener Kaplaneibeneficiums,[32] wenn wir auch nicht wissen, wann genau, warum und zu welchen Bedingungen die Übertragung des Patronatsrechts von der Abtei Reichenau an die Stadt Radolfzell erfolgt ist. Jedenfalls weisen zunächst zwei Erblehenbriefe von 1565 und 1606 über Belehnungen mit Singener Kaplaneigütern die Stadt Radolfzell als Lehenherrin der Kaplanei- oder Frühmeßpfründe in Singen aus. 1626 werden Bürgermeister und Rat der Stadt Radolfzell als »Oberpfleger« der Kaplanei in Singen bezeichnet, und noch am 17. September 1805 schrieben Bürgermeister und Rat von Radolfzell an den Konstanzer Bischof einen Brief, in dem sie die Bitte äußerten, der Bischof möge dem Kaplan Ignaz Noppel von Radolfzell, dem die Stadt Radolfzell die Kaplanei in Singen bereits verliehen hatte, auf das Benefizium investieren.[33]

Ausstattung der Kaplanei[34]

Trotz späterer Zustiftungen war die Singener Kaplanei nicht besonders gut dotiert, weshalb es immer wieder zu Differenzen kam, wenn es um besondere Aufwendungen ging, z.B. bei notwendigen Reparaturarbeiten am Kaplaneihaus, das 1604 neu gebaut, im Dreißigjährigen Krieg ruiniert, dann wiedererrichtet worden war, und an dem vor allem in der 2. Hälfte des 18. Jahrhunderts und zu Beginn des 19. Jahrhunderts Baumaßnahmen unumgänglich wurden.[35] Weil die Stadt Radolfzell die Auffassung vertrat, die Reparaturen am Singener Kaplaneihaus müßten aus dem Fundus des Kaplaneibenefiziums bezahlt werden, dieses aber nur knapp zum Unterhalt des Kaplans ausreichte, ließ man die Pfründe für gewisse Zeit unbesetzt und finanzierte mit den so gewonnenen Einkünften (»ex fundo beneficii vacantis«) notwendige Baumaßnahmen.[36]

Die Einkünfte des Singener Kaplans, die teils aus Naturalienlieferungen, teils aus Geldbeträgen bestanden, betrugen bei Umrechnung der Naturalgefälle in Geldwert im Jahr 1779 = 247 Gulden, die Ausgaben, darunter 75 Gulden für eine Köchin, insgesamt 117 Gulden, so daß dem Kaplan für seinen Lebensunterhalt nur 130 Gulden übrigblieben.[37] Was ein Kaplan in Singen eigentlich benötigte, wurde 1782 mit 305 Gulden veranschlagt. Da die regelmäßigen Einkünfte aber nur ca. 225 Gulden betrugen, fehlten 80 Gulden, »welcher Abgang teils von Kurrentmessen und teils durch Guttäter ergänzt wird«.[38]

Haupteinnahmequelle des Kaplans waren die jährlichen Zinserträge aus Darlehen, z.B. im Jahr 1805 ca. 152 Gulden aus einem an 17 Schuldner geliehenen Kapital in Höhe von 3039 Gulden.[39]. Zwar ist uns schon für den Zeitraum von 1539 bis 1687 eine Fülle von Schuldverschreibungen bekannt, allein 15 im Original im Generallandesarchiv Karlsruhe aufbewahrte,[40] doch ist die hohe Kapitalsumme von über 3000 Gulden nur zustande gekommen, weil die Gemeinde Singen am 28. Dezember 1757 bei der Singener Kaplaneipfründe 2000 Gulden mit 5% Verzinsung aufgenommen hat, um Schulden bei der Rostschen Herrschaft in Singen abbezahlen zu können.[41] Die Kaplanei Singen verfügte über

Barockes Wetterkreuz, Geschenk von Joseph Anton Freiherrn von Rost und seiner Gemahlin Freiin Kleopha von Schellenberg

Kasel, gestiftet von Franz Joseph Graf von Enzenberg, vermutlich 1771, mit Enzenberg-Wappen (Pfarrei St. Peter und Paul, Singen)

Ausschnitt aus der Kasel von Franz Joseph Graf von Enzenberg

das Geld aber nur, weil am 16. März 1735 Freiherr Georg Horaz von Rost 2000 Gulden gestiftet hatte, damit ein jeweiliger Kaplan an Sonn- und Feiertagen die Frühmesse lesen solle. Dieses nicht zur Hauptstiftung gehörende Kapital nahm dann 22 Jahre später die Gemeinde Singen auf, um ihrerseits Schulden bei der Rostschen Herrschaft tilgen zu können.[42]

Auch durch die Rostsche Zustiftung von 2000 Gulden wurde die Singener Frühmeßkaplanei keine fette Pfründe. Fast eine üble Nachrede ist es jedoch, wenn die Stadt Radolfzell, die mit dem Präsentationsrecht über die Singener Kaplanei auch nicht glücklich wurde, in einem Brief vom 17. August 1819 an das Großherzoglich Badische Direktorium des Seekreises folgendermaßen formulierte: »Übrigens wisse man soviel anzugeben, daß diese Pfründe von der Stadt Zell darum gestiftet sein soll, um, im Falle ein Bürgersohn den geistlichen Stand ergreife und in diesem untauglich werde, diesen darauf versetzen zu können.«[43]

Kaplaneihaus

In einem Gebäudebeschrieb aus dem Jahr 1784 wird unter den der Stadt Radolfzell gehörenden Gebäuden als letztes auch das Kaplaneihaus in Singen erwähnt.[44] Es war ein zweistöckiges, halb mit Stein-, halb mit Riegelwänden gebautes, mit einem einfachen Dach gedecktes Haus,[45] das nach Aufhebung der Kaplanei (1826) zeitweise als Lehrerwohnung diente, 1838 an den Kaufmann Karl Fischer verkauft[46] und 1957 abgebrochen wurde.[47] Die Revenüen der erledigten Kaplaneipfründe sind dann 1875 der damals gebildeten altkatholischen Gemeinde in Singen zugesprochen worden.[48]

Weitere Stiftungen

Außer der Ewig-Licht-Stiftung von 1350 und der Fundation der Kaplanei (1402/03) nebst mehrfachen Aufstockungen dieses Benefiziums gab es in Singen – wie in anderen Pfarrkirchen auch – zahlreiche Meß- und Almosenstiftungen. So überließ beispielsweise Franz Karl von Rost 1680 der Pfarrkirche in Singen 300 Gulden und liturgische Gewänder unter der Bedingung, daß für seine Familie wöchentlich eine heilige Messe gelesen werde.[49] Bemerkenswert ist vor allem, daß der aus Singen stammende Geistliche Johann Buchegger, Kapitular des Klosters Petershausen und Pfarrer in Büßlingen, im Jahr 1658 dem Kloster Petershausen 1000 Gulden geliehen und gleichzeitig bestimmt hat, dieses Geld nach seinem Tod als Jahrzeit- und Almosenstiftung in Singen zu verwenden.[50] 1702 übergab der Konstanzer Weihbischof Konrad Ferdinand Geist von Wildegg dieses Geld nach Abzug eines Guthabens des 1690 verstorbenen Pfarrers Johann Baptist Weiler zur Verwaltung an die Gemeinde Singen, die mit ihrem ganzen Besitz dafür haftete.[51] Damit hatte der Singener Armenfonds, der durch weitere Zustiftungen, insbesondere im 19. Jahrhundert, vergrößert wurde, 1855 die Staatsgenehmigung erhielt und bis 1870 von einer Stiftungskommission, dann vom Gemeinderat verwaltet wurde, ein beachtliches Startkapital erhalten.[52] In den Rechnungsjahren 1897 bis 1899 betrugen die Einnahmen 1636 Mark, die Ausgaben 1628 Mark und das Vermögen des Armenfonds 7338 Mark.[53] Als Folge der Währungsreform 1948 ist der Armenfonds 1950 aufgehoben worden.

Pfarrer Johann Buchegger errichtete zudem im Jahr 1665 mit einem Kapital von 3000 Gulden eine Familienstiftung, die 1864 der Freiburger Generalvikar Dr. Ludwig Buchegger, geboren 1796 in Singen, gestorben 1865 in Bregenz,[54] um 2000 Gulden erhöhte. Diese Familienstiftung kam über 270 Jahre lang bis zu ihrer Aufhebung 1937 den Angehörigen der weitverzweigten Familie Buchegger durch die Gewährung von Ausbildungs- und Studienstipendien zugute.[55]

Auch der Armenfonds in Singen hatte Zuwendungen aus dem Nachlaß des Generalvikars Buchegger erhalten.[56]

Zusätzlich zu den Stiftungen für heilige Messen, für die Unterstützung von Ortsarmen und für die Vergabe von Ausbildungs- und Studienbeihilfen sind auch solche für die Verrichtung regelmäßiger Gebete und die Abhaltung von Andachten gemacht worden. So stellten im Jahr 1702 Freiherr Johann Gaudenz von Rost und seine Frau Maria Theresia einen Betrag von 150 Gulden für das wöchentliche Beten des Rosenkranzes, jeweils am Donnerstagabend in der Singener Pfarrkirche, zur Verfügung. Von den Zinsen aus dieser Spendensumme erhielten der Pfarrer oder der Kaplan jährlich 5 Gulden 30 Kreuzer, die Kirche als Ersatz für verbrauchte Wachskerzen 1 Gulden und der Mesner für das Läuten der Kirchenglocken ebenfalls 1 Gulden.[57]

Rosenkranzbruderschaft

Wie in anderen Pfarreien bestand auch in Singen eine Rosenkranzbruderschaft, ein freiwilliger Zusammenschluß von Brüdern und Schwestern zur gemeinsamen

Begehung von Gottesdiensten, Prozessionen, Festen und Totengedächtnissen sowie zur gemeinsamen Erfüllung caritativer Aufgaben. In den Münstern der Städte Überlingen und Radolfzell künden noch heute die prächtigen Rosenkranzaltäre aus den Jahren 1631 und 1632 von der Wertschätzung, die man dem Rosenkranzgebet entgegenbrachte, und von der Bedeutung der Rosenkranzbruderschaften. In Singen läßt sich eine Bruderschaft zum heiligen Rosenkranz, auch Rosenkranz- und Franz-Xaver-Bruderschaft genannt, im 18. und 19. Jahrhundert nachweisen. An der Ausstattung der neuen Singener Pfarrkirche in den Jahren 1780/81 beteiligte sie sich mit einem größeren Betrag, weshalb auch das leider verschollene damalige Hochaltarblatt dem Rosenkranz-Thema gewidmet war.[58] 1788 besaß die Bruderschaft ein Stiftungskapital in Höhe von 438 Gulden, dazu ein eigenes Kapital in Höhe von 100 Gulden, zusammen 538 Gulden. Die Stiftungseinkünfte verwendete man damals je zur Hälfte für Schulbedürfnisse und für die Armen.[59] 1915 wurde der Bruderschaftsfonds mit dem Kirchenfonds vereinigt.[60]

Von einer schon 1504 urkundlich erwähnten St.-Urban-Bruderschaft gibt es später keine schriftlichen Nachrichten mehr.[61]

Im Jahr 1759 hatte Graf Franz Karl von Rost eine Novene (neuntägige Andacht) zum Gedenken an alle verstorbenen Gläubigen gestiftet, beginnend am Vorabend von Allerseelen mit Predigt, Prozession über den Friedhof und um die Pfarrkirche, Aussetzung des Allerheiligsten, Beten des Marianischen Rosenkranzes, der Lauretanischen Litanei und Erteilung des Segens. Es folgten acht weitere abendliche Rosenkranzandachten, wobei die letzte wieder mit einer Prozession abschloß. Hierfür hatte der Stifter jährlich einen »baren Zufluß« von 10 Gulden verordnet, deren Verwendung genau geregelt war.[62]

Kirchliches Leben

Meßfeiern an Sonn- und Feiertagen, Andachten, Prozessionen, Kreuzgänge und Wallfahrten, darunter eine nach Bohlingen, prägten das kirchliche Leben im katholischen Dorf Singen. Schon unter Kaiserin Maria Theresia und erst recht unter ihrem Sohn Kaiser Joseph II. wurden aus Nützlichkeitserwägungen und weil sie nicht dem Geist der Aufklärung entsprachen, einige angeblich »selbst gemachte Feiertage, willkürliche Prozessionen, Wettersegen, Novenen und Nebenandachten« abgeschafft oder auf Sonntage verlegt.[63]

War die Einhaltung religiöser Pflichten in früheren Zeiten immer schon streng überwacht, und zwar gleichermaßen von der kirchlichen und der weltlichen Obrigkeit, so nahmen vor allem die staatlichen Reglementierungen des religiösen Lebens in Österreich, wozu ja Singen bis Ende 1805 gehört hat, seit 1770 noch erheblich zu. Auf obrigkeitliche Anordnung wurden in den Pfarrkirchen Gebets- und Bußtage für den Sieg der kaiserlich-königlichen Waffen angesetzt, es wurde für gewonnene Schlachten gedankt, das »Te Deum laudamus« für die Annahme des österreichischen Kaisertitels durch Franz II. (I./1804) angestimmt, wegen der herannahenden Entbindung ihrer Majestät der Kaiserin »diesfalls gewöhnliche Kollekte eingelegt« und gebetet, und beim Tod von Mitgliedern des Kaiserhauses wurden die Exequien abgehalten. Letzteres bedeutete, daß neben der Feier von Totengottesdiensten auf die Dauer von 6 Wochen jeweils mittags um 12.00 Uhr eine Stunde lang mit allen Kirchenglocken geläutet werden mußte.

Das Fasten- und Abstinenzgebot wurde genau beachtet, die ewige Anbetung des allerheiligsten Altarsakramentes wurde gefördert, und es wurde dafür gesorgt, daß vor allem die Jugend nicht unentschuldigt dem sonntäglichen Gottesdienst ferngeblieben ist. Die Christenlehre an Sonn- und Feiertagen war sowohl für die Schuljugend als auch für die unverheirateten erwachsenen jungen Mädchen und Männer verpflichtend. Die Obrigkeit war gehalten, den Seelsorgern dabei zu helfen, daß die Christenlehrpflichtigen möglichst vollzählig zu diesem Religionsunterricht erschienen.[64] Für die Jünglinge und Jungfrauen gab es zudem auf der Orgelempore und in den Kirchenstühlen eine exakt festgelegte Sitzordnung.[65] Ihrer kaiserlich-königlich-apostolischen Majestät Regierungs- und Kammerpräsident und Räte der österreichischen Vorlande in Freiburg im Breisgau fühlten sich 1780 sogar verpflichtet, darauf hinzuwirken, daß die beim öffentlichen und lauten Beten des Glaubensbekenntnisses notwendigen Pausen jeweils auch tatsächlich an den vorgeschriebenen Stellen gemacht wurden.[66]

Die staatliche Bevormundung der Kirche nahm schon im aufklärerischen Habsburgerreich Josephs II. bisweilen bizarre Formen an und führte schließlich in großherzoglich badischer Zeit – worauf wir nachher noch eingehen werden – in einen offenen Konflikt.

Pfarrkirche St. Peter und Paul

Sichtbarer Mittelpunkt des in ein festgefügtes katholisches Milieu eingebetteten, traditionsverbundenen, von

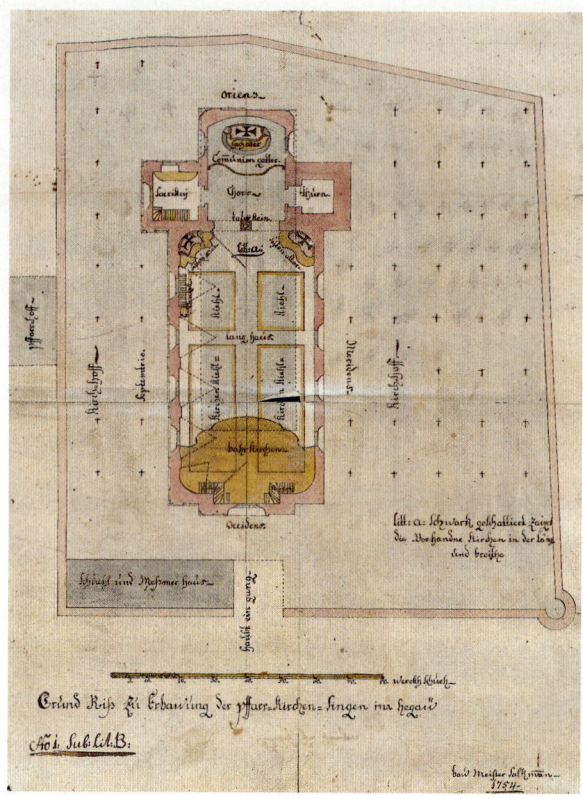

Grundriß zur Erbauung einer barocken Pfarrkirche in Singen von Baumeister Franz Joseph Saltzmann (1724–1786), Donaueschingen, 1754

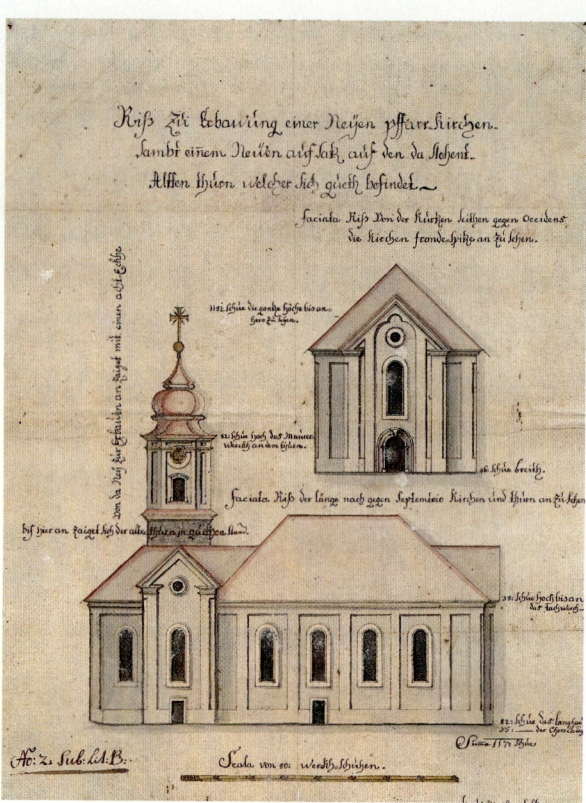

Ansicht der »Neyen pfarr Kirchen« von Franz Josef Saltzmann, 1754 (nicht ausgeführt)

vielen Vorschriften bestimmten und doch auch für religiöse Neuaufbrüche offenen, im großen und ganzen aber gleichförmigen und behüteten christlichen Gemeindelebens war durch die Jahrhunderte hin die alte Pfarrkirche St. Peter und Paul im Dorf Singen. Ihr Aussehen und ihre Baugeschichte im Mittelalter kennen wir nicht. Lediglich die unteren Turmgeschosse dürften zumindest in die Zeit der Gotik zurückreichen. Nach einer Beschreibung aus dem Jahr 1587 hatte die Kirche 4 Altäre: einen oberen, den Apostelfürsten Petrus und Paulus geweihten Altar, einen Marienaltar in der Mitte, einen Heilig-Kreuz-Altar als Seitenaltar und einen weiteren, dem heiligen Sebastian geweihten Seitenaltar.[67]

Im Dreißigjährigen Krieg, insbesondere in den Jahren von 1632 bis 1648, wurden im Zusammenhang mit den Belagerungen des Hohentwiels Dorf und Pfarrkirche stark in Mitleidenschaft gezogen. Das Gotteshaus ist zwar nach Beendigung des Krieges restauriert worden, davon berichtet ein Taufbucheintrag des Jahres 1651, doch dürfte es sich dabei eher um die notdürftige Beseitigung der größten Schäden als um eine dauerhafte Sanierung des Gebäudes gehandelt haben. Mehr als hundert Jahre lang scheint an diesem Zustand wenig geändert worden zu sein. 1754/55 hatten sich dann die in Singen Zehntbezugsberechtigten, die verpflichtet waren, den Kirchenbau zu finanzieren, schon fast darauf geeinigt, die mittlerweile baufällig und zu klein gewordene Singener Pfarrkirche durch einen Neubau zu ersetzen. Aus dem Jahr 1754 sind einige schöne, nicht ausgeführte Baurisse und Baukostenüberschläge, u.a. vom Fürstlich Fürstenbergischen Hofbaumeister Franz Joseph Salzmann, erhalten.[68] Doch es dauerte noch einmal ein Vierteljahrhundert bis zur Realisierung dieses Vorhabens.

Kirchenneubau 1779 bis 1780

Schließlich haben sich die 12 damals in Singen zehntbezugsberechtigten kirchlichen und weltlichen Institutionen und Personen nach langen Verhandlungen am 30.

Bauriß von Johannes Renn, Maurermeister aus Weiterdingen, für eine neue Pfarrkirche vom 31. Dezember 1778 (nicht ausgeführt)

Entwurf für den Sebastiansaltar

August 1779 zu dem Beschluß durchgerungen, für die äußerst bescheidene Summe von 7622 Gulden eine neue Kirche zu bauen.[69] Folgende Dezimatoren (Zehntbezugsberechtigte) hatten sich in unterschiedlicher Höhe an den Kirchenbaukosten zu beteiligen: der Bischof von Konstanz für Reichenau, Schienen und Öhningen sowie für die Herrschaft Rosenegg, der Kirchenfonds Singen und der Singener Pfarrvikar, das Dominikanerinnenkloster St. Katharinental bei Dießenhofen und das Chorherrenstift in Radolfzell, die Ortsherrschaft Singen und die Gassner'schen Erben sowie die Herrschaften Hohentwiel und Hohenstoffeln als Zehntquartempfänger. Nachdem sich, wie es in den Akten heißt, »fast alle höchsten, hohen und anderen Zehntteilhaber« wegen des bevorstehenden Kirchenbaues zu Singen gütlich so geeinigt hatten, daß dem Bau ferner keine Hindernisse entgegenstanden, konnte der dringend gebotene und seit langem gewünschte Neubau der Peter- und Pauls-Kirche in Singen in Angriff genommen werden. Lediglich das Chorherrenstift Radolfzell, das wegen seiner Zehnterechte zu Hohenkrähen und Hausen an der Aach baupflichtig war, sowie der Singener Pfarrvikar Böttlin, der ebenfalls wegen einiger ihm zustehender Zehnten einen Beitrag zum Kirchenneubau hätte leisten sollen, machten zunächst noch Schwierigkeiten, scheinen aber dann nach Intervention der fürstbischöflichen Hofkammer in Meersburg eingelenkt zu haben.

Noch im Herbst 1779 begann der bischöflich-konstanzische Baudirektor Josef Ferdinand Bickel aus Konstanz mit dem Abbruch der alten und der Errichtung einer neuen Peter- und Pauls-Kirche. Nur die unteren Geschosse des mittelalterlichen Turmes blieben vom Vorgängerbau erhalten. Schon damals mußte man, wie auch bei späteren Erweiterungs- und Umbaumaßnahmen, auf diesen in das Kircheninnere hineinragenden ältesten Bauteil Rücksicht nehmen.

In der von den Dezimatoren aufzubringenden Bausumme waren nur die Neuerstellung von Langhaus, Chor und Sakristei sowie die Aufstockung des Turmes von der »Grundebene des Glockenstuhles an« und dessen Bekrönung mit einer schindelgedeckten zwiebelförmigen »Kuppel« enthalten. Ein Oratorium über der Sakristei bezahlte die Ortsherrschaft. Die ganze Innenausstattung und die »Verzierungen«, z.B. die Anbringung von Stucklisenen zwischen den 12 Fenstern und auf beiden Seiten der Altäre, wurden aus dem Kirchenfonds, dem Bruderschaftsfonds sowie durch gesammelte Beiträge und die Aufnahme eines Darlehens finanziert.[70] Die Kosten für das gesamte Kircheninnere beliefen sich auf 2070 Gulden. Darin enthalten waren u.a. 300 Gulden für die Lisenen, 500 Gulden für den Hochaltar, 200 Gulden für zwei Seitenaltäre mit den Statuen des heiligen Sebastian und des heiligen Franz Xaver, 348 Gulden für die Kanzel, 70 Gulden für vier Beichtstühle, 40 Gulden für zwei Chorstühle, 25 Gulden für den Taufstein, 45 Gulden für die Möblierung der Sakristei, 60 Gulden für zehn Apostelbilder einschließlich Rahmen und 30 Gulden für die Plastik »Unbefleckte Empfängnis«, jene Figur, die heute den Marienaltar ziert, die aber 1781 »zum Herumtragen« bei Prozessionen angefertigt worden war. Der Hochaltar enthielt damals nebst Tabernakel, Altarkreuz, dem auferstandenen Christus und einer Heilig-Geist-Darstellung ein gemaltes Altarblatt »mit der Fürstellung der Rosenkranz-Bruderschaft«. Die beiden noch erhaltenen, wohl etwas älteren barocken Apostelfiguren St. Petrus und St. Paulus, die heute an den Langhauswänden stehen, wurden 1781 ebenfalls im Hochaltar aufgestellt, waren allerdings nicht farbig, sondern weiß gefaßt und goldverziert.[71] Die Vermutung, daß sie von der Hand oder aus der Werkstatt des Schwarzwälder Bildhauers Adam Winterhalter (gestorben 1737 in Vöhrenbach) stammen könnten, ließ sich bis jetzt durch archivalische Belege nicht erhärten.

Die 4 alten Glocken aus der Vorgängerkirche, eine aus dem Jahr 1400, die berühmte »Fugger-Glocke« von 1565, eine Glocke von 1766 und eine von 1775, wurden im neuen Kirchenturm wieder aufgehängt.[72] Außerdem erhielt die Singener Pfarrkirche im Jahr 1787 erstmals eine Orgel, zwar ein gebrauchtes Instrument, das aber der Balgheimer Orgelbauer Kaspar Kraus (Graus) nach Aussagen von Orgelsachverständigen »gut eingerichtet hat«.[73]

Die fertige Peter- und Pauls-Kirche mit ihrem klassizistischen Interieur wurde am 28. Mai 1781 von Vertretern der Dezimatoren und von Bausachverständigen abgenommen und am 14. Oktober 1781 geweiht, wobei noch einmal fast 100 Gulden »Kirchweihkosten« entstanden sind.[74]

Kirchenbaureparaturen

Zwar fand die neue Pfarrkirche die Zustimmung der Bauherren, doch zeigten sich schon bald die Folgen übertriebener Sparsamkeit. Zunächst hat man endlich 1789/90 die beim Kirchenbau verdorbene Turmstiege und die beschädigte Kirchhofmauer wiederhergestellt, die Mauer außerdem nach Osten verlängert, weil eine Vergrößerung des Friedhofs erforderlich war; dann wurden 1797 Reparaturen am Dachstuhl und an den Mauerkronen der Kirche fällig, weil der »Unterwind« Ziegel vom Dach gehoben hatte, Regen ins Mauerwerk eingedrungen war und sich Teile des Deckenputzes gelöst hatten. Die Arbeiten wurden 1798 ausgeführt.[75] Die kirchenbaupflichtigen Zehntherren mußten also bereits wenige Jahre nach Abschluß des Kirchenneubaus erneut tief in den Beutel greifen, um notwendige Reparaturen ausführen lassen zu können: Turmtreppe und Friedhofmauer kosteten 626 Gulden, die Kirchendachsanierung 1700 Gulden. »Das war« – wie ein Chronist schrieb – »die gerechte Strafe für die engstirnige Knauserei beim Bau [...] Die Bemühungen der Dezimatoren, diese neuen Lasten von sich abzuwälzen, waren von dem besten Mißerfolg begleitet.«[76]

Weitere Baumaßnahmen

Im Jahr 1815 erhielt der Turm statt der schadhaften geschwungenen und mit Schindeln gedeckten Haube ein Zeltdach und eine sogenannte Laterne, d. h. ein auf das eigentliche Turmdach aufgesetztes Türmchen.[77] So sieht man das Gotteshaus auf einem Bild des Konstanzer Malers Nikolaus Hug aus dem Jahr 1830 und auf alten Fotos aus der Zeit zwischen 1870 und 1885.

Aus dem Jahr 1838 stammen die ersten Vorschläge, die Kirche zu vergrößern. Als Begründung machte man im Jahr 1844 folgende Rechnung auf: Die Pfarrkirche in Singen hat für 492 Personen Sitzraum. Die Seelenzahl der Kirchspielgemeinde Singen (mit Niederhof und Remishof) beträgt 1256. Da in Singen noch eine Kaplaneipfründe besteht, so ergeben sich 628 Kirchgänger pro Gottesdienst. Da aber in der Kirche nur Sitzplätze für 492 Gläubige vorhanden sind, müssen 136 Personen stehen.[78]

Man ist also bei dieser Berechnung davon ausgegangen, daß an jedem Sonntag alle Katholiken des Dorfes Singen zur Messe gehen, einschließlich aller Säuglinge, Kleinkinder, Kranken, Gebrechlichen und Greise.

Auch die 1844 betriebene Vergrößerung der Peter- und Pauls-Kirche wurde nicht verwirklicht. Bis es soweit war, vergingen noch mehr als hundert Jahre. Josef Scheidegg, von 1835 bis 1848 Pfarrer in Singen, der immer wieder mit Nachdruck die Vergrößerung der Kirche gefordert hatte, verließ seine Gemeinde, als er sein Ziel nicht erreichen konnte.[79] So blieb die damalige Singener Dorfkirche, abgesehen von einigen Reparaturen und Renovierungen, insbesondere in den Jahren 1850, 1867/68 und 1880 bis 1882, bis zum Jahr 1887 äußerlich nahezu unverändert.

Das Innere erhielt jedoch 1880/81 ein neues Aussehen. Unter Pfarrer Georg Neugart (1872–1904) fertigte der Überlinger Bildhauer Josef Eberle einen neuen Hochaltar mit neuen Holzplastiken: Christus am Kreuz, Johannes und Maria unterm Kreuz, zwei Engel und Gott Vater (Relief). Die barocken Apostelfiguren Petrus und Paulus wurden neu gefaßt und ebenfalls wieder im Hochaltar aufgestellt. Außerdem hat Eberle für die beiden Seitenaltäre neue Statuen geschaffen: eine Maria mit Kind (Himmelskönigin) und einen heiligen Josef. Alles zusammen kostete 4825 Mark.[80]

Gleichzeitig erhielt die Kirche eine neue Stuckdecke und eine Ausmalung. Die Gipser- und Stukkaturarbeiten wurden dem Konstanzer Gipsermeister Johann Schweizer übertragen, den Zuschlag für die Malerarbeiten erhielt der Waldshuter Künstler Gustav Pollikeit, dem auch sein Neffe Albert Duchow zur Hand ging.[81] Von den Deckenbildern sind die im Langhaus noch erhalten: Jesus als göttlicher Kinderfreund, die Krönung Mariens und die heilige Cäcilie an der Orgel. 1881 lieferte Friedrich Pollikeit, der in Randegg lebende Bruder Gustavs, in Öl auf Leinwand gemalte und gerahmte Kreuzwegstationen.[82] Damit nicht genug, Pfarrer Neugart hat auch neue Kirchenfenster, eine Anzahl neuer Kirchenbänke und noch einiges andere mehr in den Jahren 1880 und 1881 angeschafft, die Orgel reparieren lassen und alles (17 000 Mark) fast ausschließlich mit Spenden finanziert. Zur Konsekration des neuen Hochaltars und des restaurierten Kircheninnern am Festtag Peter und Paul (29.6.1881) kam der Freiburger Erzbistumsverweser Lothar von Kübel eigens mit dem Zug nach Singen.[83]

Erhöhung des Kirchturmes

Die für das Singener Ortsbild einschneidendste kirchliche Baumaßnahme des letzten Jahrhunderts stand jedoch noch bevor. Im Sommer des Jahres 1884 hatte ein

Kirche St. Peter und Paul mit neuem Turm (1887) und dem 1899 abgeräumten Friedhof

Innenansicht der Pfarrkirche St. Peter und Paul bis zum Jahre 1953. Über der Tür zur Sakristei (links) das sogenannte Enzenberg-Stüble

Sturm das eiserne Kreuz »von dem nur in Riegeln armselig auf dem massiven Turme aufgesetzten Gipfel gerissen, zur Mahnung an die Gemeinde, daß auch das Äußere dem Innern der Pfarrkirche entsprechend hergestellt werde«.[84] Nach zwei Jahren erst fanden sich die Mittel: 4000 Mark aus der Kirchspielsgemeinde und 3000 Mark aus dem Erblaß der verstorbenen Witwe Agatha Bach, die schon für die Innenrenovation der Pfarrkirche rund 14 000 Mark gespendet hatte. Im Frühjahr 1887 wurde mit dem Bau des Helms begonnen, am 12. Juli glänzte die vergoldete Kugel, von einem eisernen Kreuz überragt, zum ersten Mal vom Turm.[85]

Im Jahr 1904 wurde vor dem Hauptportal eine neue »Kirchenplatzmauer mit Freitreppe« errichtet.[86]

Pfarrhaus

Das Pfarrhaus neben der Kirche ist im Dreißigjährigen Krieg abgebrannt und wurde danach in den Jahren zwischen 1650 und 1657 wohl nur mit bescheidenen Mitteln notdürftig wiederhergestellt. Im 18. Jahrhundert war jedenfalls ein Neubau fällig, wobei – wie beim Kirchenneubau – die Kostenverteilung unter den Zehntbezugsberechtigten die größten Schwierigkeiten bereitete. Immerhin entstand dann doch in den Jahren 1738 bis 1742 ein stattlicher Pfarrhof mit einem Ökonomieteil, der später in den Wohnbereich mit einbezogen wurde. Nachdem schon 1794 und 1798 Umbauten zur »bequemeren Einrichtung des Wohngebäudes« durchgeführt worden waren, konnten am 1. Mai 1800 die Verhandlungen über die Kapitulation der Festung Hohentwiel in diesem damals neben dem Obervogteiamt, wo der französische General Dominique René Vandamme logierte, offensichtlich repräsentativsten Profangebäude Singens stattfinden. Das Gräflich von Enzenbergische Schloß ist ja in seiner heutigen Form erst 1809/10 erbaut worden.[87]

Alter Friedhof und Michaelskapelle

Im Jahr 1876 war an der heutigen Widerholdtstraße ein neuer Friedhof eröffnet und der alte Friedhof neben der Peter- und Pauls-Kirche geschlossen worden. Als man die Gräber des Friedhofs bei der Pfarrkirche 1899 abräumte, machte Pfarrer Georg Neugart den Vorschlag, einen Teil der alten Grabsteine für den Bau einer Arme-Seelen-Kapelle auf dem neuen Friedhof zu verwenden. Da Pfarrer Neugart die Bausumme in Höhe von 12 000 Mark ganz aus seiner eigenen Tasche zu bezahlen gewillt war, stand der Realisierung dieses Vorhabens nichts im Wege. Am 4. Juni 1899 fand die feierliche Einweihung der Friedhofs- oder Michaelskapelle statt.[88] Nach Anlegung des Waldfriedhofs an der Straße nach Gottmadingen im Jahr 1935 verwaiste die Michaelskapelle. Nach gründlichen Überlegungen, ob man die seit langem unbenutzte, oft beschädigte und vom Verfall bedrohte Kapelle abbrechen oder wiederherstellen sollte, hat der Pfarrgemeinderat von Peter und Paul beschlossen, die Kirche auf dem alten Friedhof nicht nur als ein für Singen wichtiges Baudenkmal zu erhalten und in die dort neu entstehenden städtischen Parkanlagen mit einzubeziehen, sondern sie auch im Innern so herzurichten, daß darin wieder Gottesdienst gehalten werden konnte.[89]

Evangelische Kirche in Singen und auf dem Hohentwiel

Ein weiteres Gotteshaus, das im 19. Jahrhundert, genauer im Jahre 1864, in Singen gebaut wurde, war die erste evangelische Kirche im Dorf, heute die altkatholische Kirche, Freiheitstraße 7. Während das Umland katholisch geblieben war, hatte sich auf dem Hohentwiel schon in der Reformationszeit eine evangelische Gemeinde gebildet. 1524/25 hielt im Auftrag Herzog Ulrichs von Württemberg, der den Hohentwiel seit 1521 innehatte, der Theologe Johann Gayling auf der Burg evangelischen Gottesdienst. Von 1612 bis 1795 und von 1805 bis 1871 gab es für die württembergischen Exklaven Hohentwiel und Bruderhof eine eigene Pastorationsstelle auf dem Hohentwiel, von 1795 bis 1805 und ab 1871 gehörten die evangelischen Christen auf dem Hohentwiel und im Bruderhof zur evangelischen Gemeinde Tuttlingen. Die Eingliederung in die evangelische Kirchengemeinde Singen (Lutherpfarrei) erfolgte erst 1971, doch gehören der Hohentwiel und das Bruderhofgebiet kirchenrechtlich bis heute zu Tuttlingen!

Bis zur Zerstörung der Festung Hohentwiel im Jahr 1800 wurde der Gottesdienst in der geräumigen, zwischen 1639 und 1645 durch den Kommandanten Konrad Widerholt erbauten und 1650 von ihm mit Stiftungen reich dotierten Kirche in der oberen Festung, ab 1805 im Betsaal des Hohentwieler Schultheißenhauses beim Meierhof gehalten.[90]

Von 1830 bis 1837 wirkte der Geschichtsschreiber und Volksschriftsteller Ottmar Friedrich Heinrich Schönhuth als Pfarramtsverweser auf dem Hohentwiel.[91] Die Gemeinde der evangelischen Christen, der Schönhuth vorstand, umfaßte, den Bruderhof mitgerechnet, höchstens 70 Personen, meistens sogar weniger.[92]

Als sich nach und nach im Dorf Singen einige Protestanten niederließen, wurden auch diese ab 1847 vom Hohentwiel aus seelsorgerlich betreut. Im Jahr 1847 waren es 29, im Jahr 1858 23 Personen.[93] Die Gesamtzahl der in der Nähe des Hohentwiels, d.h. in Blumenfeld, Engen, Volkertshausen (mit Langenstein), Rickelshausen, Singen und Arlen, ansässigen Evangelischen betrug im Jahr 1847 338 Personen. Für die »Evangelische Gemeinde im badischen Hegau« wurde dann 1863 in Singen eine eigene Pastorationsstelle eingerichtet. Für den Geistlichen wurde im selben Jahr das Wohnhaus mit Scheuer, Stallungen und Schmiede des Johann Reitze aus Hausen gekauft. Anstelle von Scheuer und Schmiede, die abgebrochen wurden, entstand die erste kleine evangelische Kirche in Singen. Grundsteinlegung war am 10. Juli 1864, Kirchweihe am 8. Dezember 1864. Ein Turm konnte allerdings erst 1874 erstellt, eine Orgel erst 1888 beschafft werden. Gleichzeitig wurde ein Kirchenchor gegründet.

Die evangelische Diasporagemeinde Singen mit Gläubigen in über 50 Ortschaften und mit den festen Gottesdienststellen in Singen, Engen und Radolfzell umfaßte 1863 etwa 500 Gemeindemitglieder, 1894 waren es erst 677. Im Jahr 1898 wurde dann eine eigene Pastorationsstelle in Radolfzell eingerichtet.

Auf die Periode der Gründung, Konsolidierung und des langsamen Wachstums der evangelischen Kirchengemeinde Singen folgte der nächste Entwicklungsabschnitt von 1894 bis 1933, »gekennzeichnet durch ein außerordentlich rasches Wachstum der Gemeinde, durch die Entfaltung des Gemeindelebens in vielerlei

Gruppen und Kreisen und durch eine Wiederholung der Bauaufgaben im größeren Rahmen. Diese Aufgaben in zufriedenstellendster Weise gelöst zu haben, ist das unvergängliche Verdienst von Alexander Rihm, der am 12.2.1896 als Pfarrverwalter nach Singen kam und am 15.8.1898 als Pfarrer auf die endgültig errichtete Pfarrstelle gewählt wurde.«[94]

Altkatholische Kirche

Von 1875 bis 1917 stand die evangelische Kirche in Singen auch der altkatholischen Gemeinde zur Verfügung. Dann ging sie, zusammen mit dem Pfarrhaus, durch Kauf in deren Eigentum über. In der Zwischenzeit hatte nämlich die evangelische Gemeinde die größere Lutherkirche mit einem neuen Pfarrhaus erstellt (1912–1913).

Die Altkatholische Kirche, aus der Ablehnung der dogmatischen Beschlüsse des I. Vatikanischen Konzils vom 18. Juli 1870 über den päpstlichen Primat und die päpstliche Unfehlbarkeit entstanden, fand auch im Hegau Anhänger. Im Jahr 1875 wurde eine Altkatholische Gemeinde in Singen gebildet, zu der zunächst 86 eingeschriebene volljährige Mitglieder gehörten. Aufgrund des badischen Altkatholikengesetzes vom 15. Juni 1874 erhielt die altkatholische Gemeinde in Singen 1875 die erledigte katholische Kaplaneipfründe zugewiesen. Die evangelische Kirchengemeinde gewährte den Altkatholiken die Mitbenützung ihrer Kirche. Der erste altkatholische Pfarrer, August Leuthner, kam im April 1876 nach Singen und leitete bis 1912 die altkatholische Gemeinde. Pfarrer Leuthner hat sich in Singen nicht nur als gewissenhafter und unermüdlicher Seelsorger, sondern auch als Heimatforscher und Chronist bleibende Verdienste erworben.[95]

Kulturkampf in Singen

Die Spannungen, die vor allem in den siebziger Jahren des 19. Jahrhunderts auch in Singen zwischen Katholiken und Altkatholiken herrschten, sind im Zusammenhang mit den kulturkämpferischen Auseinandersetzungen jener Zeit zu sehen. Der Altkatholizismus kam den von der liberalen Nationalbewegung geförderten Bestrebungen des Staates, eine »katholische Nationalkirche« zu gründen, entgegen, weshalb dieser vom staatskirchlichen System stark gefördert, von den romtreuen Katholiken aber heftig befehdet wurde. Dem Staat ging es darum, mit sämtlichen ihm zu Gebote stehenden Machtmitteln massiv Einfluß auf das kirchliche Leben zu nehmen, das Prinzip der Staatshoheit über die Kirche, insbesondere im Schulwesen, bei der Ausbildung des Klerus, bei der Verwaltung des Kirchenvermögens und bei den Eheschließungen durchzusetzen und die Kirche in eine rein spirituelle, weitgehend vom Staat abhängige Gemeinschaft umzuwandeln.

Zu den Priestern, die sich dem Druck der staatlichen Organe und den Absichten der liberalen und altkatholischen Kräfte widersetzten, gehörte auch der Singener Pfarrer Georg Neugart, der 32 Jahre lang, von 1872 bis 1904, Pfarrer der damals noch einzigen katholischen Gemeinde in Singen war. Er wurde am 22. April 1833 in Neuhausen bei Villingen geboren und am 10. August 1857 zum Priester geweiht. Nach mehrjähriger Tätigkeit als Vikar in Gernsbach (1857 ff.) und als Pfarrverweser in Neuenburg (1862 ff.), Freiburg-Wiehre (1868) und in Sasbach bei Achern (1869 ff.) kam er 1872 als Pfarrer in das Dorf Singen/Hohentwiel. Die Anweisung auf die Pfarrei St. Peter und Paul erfolgte am 18. April 1872.

Der damals 39 Jahre alte Geistliche war geprägt von den Auseinandersetzungen des badischen Kirchenstreites der Jahre 1852 bis 1854, in dessen Verlauf 1854 das theologische Konvikt in Freiburg im Breisgau geschlossen und der mutige Erzbischof Hermann von Vicari neun Tage unter Hausarrest gestellt wurde; er war geprägt auch von den Ereignissen des in Baden 1860 erneut ausgebrochenen, 1871 das ganze Reich erfassenden Kirchen- oder Kulturkampfes.

Neugart wurde in der liberalen Presse beschimpft und mußte zweimal eine Gefängnisstrafe verbüßen. 1873 war der Singener Pfarrer wegen angeblicher Majestätsbeleidigung zwei Monate in der Festung Rastatt inhaftiert, und im Winter 1875/76 mußte er wegen Verunglimpfung der Altkatholiken für fünf Monate ins Landesgefängnis Bruchsal einziehen (29. November 1875 bis Ende April 1876). In einer entwürdigenden Schwurgerichtsverhandlung in Konstanz war er zu dieser hohen Strafe verurteilt worden. Dazu kamen noch die Prozeßkosten von 1873 und 1875, die rund 1500 Gulden betrugen.[96]

Seit 1880 erfolgte eine allmähliche Wiederannäherung von Staat und Kirche. Zug um Zug wurden in Baden, in Preußen und im Reich fast alle Kulturkampfbestimmungen, die auf die Zerstörung der kirchlichen Hierarchie und auf die Einführung einer nationalen Staatskirche abzielten, wieder aufgehoben. Mit anderen staatlichen Maßnahmen, z.B. mit der Einführung der obligatorischen Zivilehe (1870) und mit der christlichen Gemeinschaftsschule (Simultanschule, 1876) in Baden, hatten sich die Katholiken abgefunden.

Politischer Katholizismus

Eine der wichtigsten Ursachen, die zu einer Entkrampfung des Verhältnisses zwischen Staat und Kirche führten, war das Wirken des erstarkten politischen Katholizismus, mit dem sich die herrschenden Mächte in Karlsruhe und Berlin arrangieren mußten. 1869 war in Baden die Katholische Volkspartei gegründet worden. Sie schloß sich 1886 dem Zentrum an. Bereits 1881 hatte sie im Amtsbezirk Konstanz – ohne die Stadt Konstanz – erstmals ihren Landtagskandidaten durchgebracht, der jedoch 1885 wieder von einem nationalliberalen Abgeordneten abgelöst wurde. Doch von 1890 bis 1918 war dann dieser Wahlkreis erneut durch einen Zentrumsabgeordneten im badischen Landtag in Karlsruhe vertreten. Das Zentrum stellte hier – von einer kurzen Unterbrechung im Jahr 1911 abgesehen – von 1890 bis 1933 auch den Reichstagsabgeordneten.

Kirchliche Vereine und caritative Einrichtungen

Nachdem sich das Verhältnis zwischen Staat und Kirche zu entspannen begonnen hatte, konnte sich Pfarrer Georg Neugart anderen Aufgaben intensiver widmen. Außer dem schon behandelten kirchlichen Bauwesen traten nun gesellschaftliche und soziale Aktivitäten in den Vordergrund. Zusammen mit katholischen Laien gründete Neugart caritative Einrichtungen und kirchliche Vereine. Schon 1879 legte er den Grundstein für den Beginn einer organisierten christlichen Liebestätigkeit in der noch nicht ganz 2000 Einwohner zählenden Gemeinde Singen.[97]

»Er hatte die Idee«, so schreibt Pfarrer Heinrich Lerch in der 1980 erschienenen Broschüre *100 JAHRE ELISABETHENVEREIN*,[98] »ein caritativ-soziales Werk am Ort ins Leben zu rufen und die Barmherzigen Schwestern nach Singen zu holen. Am 20. Juli 1879 wandte sich Pfarrer Neugart an die Gräflich von Enzenbergische Herrschaft in Singen mit der Bitte um eine Unterstützung von 400 bis 600 Mark zur Beschaffung der Hauseinrichtung für zwei Schwestern, wobei er mit einem Jahresunterhalt von 320 Mark pro Schwester rechnete. Am 13. September 1879 billigt Graf Hugo von Enzenberg das Vorhaben und sagte seine Unterstützung gerne zu. Der konkrete Anlaß für das Engagement des Pfarrers wie des Grafen waren übrigens 6 bis 8 hilflose Langzeitkranke, die infolge notwendiger Berufstätigkeit der Angehörigen der Pflege entbehrten. Im November wandte sich Pfarrer Neugart an das Mutterhaus in Ingenbohl. Schließlich wurde seine wiederholte Bitte um Entsendung von Krankenschwestern am 2.12.1879 mit einer Zusage der Generaloberin, Frau Theresia Scherer, für zwei erprobte Kräfte beantwortet, wobei sich auch die Assistentin Schwester Conrada Bilger, die nachmalige erste Provinzoberin in Hegne, befürwortend einsetzte. Die Sache wurde nun in Singen als regelrechtes Unternehmen ernstgenommen und organisiert. Auf Vorschlag von Graf Hugo wurde eine fünfköpfige geschäftsführende Krankenpflegekommission mit dem Pfarrer und einem Vertreter der Grundherrschaft gebildet. Diese hatte auch den Vertrag mit dem Mutterhaus am 12. Januar 1880 zu unterzeichnen. Ferner hatte sie die von den Schwestern beanspruchten Inventarstücke zu besorgen, lauter einfache Dinge, darunter zwei Strohsäcke. Aus der gräflichen Kasse wurden 400 Mark beigesteuert nebst der Zusage, für die beiden ersten Jahre einen laufenden Betrag von 480 Mark zu zahlen. Die Kommission sollte auch den Einsatz der Schwestern bei eventuellen Komplikationen zur Zufriedenheit der Bittsteller moderieren. Endlich kam der Tag der Ankunft der ersehnten Schwestern, der 1. Februar 1880. Pfarrer Neugart bezahlte die Anreise aus eigenen Mitteln. Alsbald wurde nun im Ort der Krankenpflegeverein gegründet, mit einem Jahresmitgliedsbeitrag von 2 Mark. Durch die Umlage der Kosten auf möglichst viele Schultern sollte das Werk allmählich sich selbst tragen können. Kaum war die Neugründung ins Leben getreten, bekam sie schon mit der Gegnerschaft aus bestimmten Kreisen zu tun [...] Die Angriffe führten dazu, daß sich die Zeitung mit dem Unternehmen befaßte. Am 9. März 1880 verteidigte sich die Krankenpflegekommission in dem damaligen Singener Blatt. Damit begann zugleich die Einwirkung dieses caritativ-sozialen Werkes auf die Singener Öffentlichkeit und Mentalität. Die fortwährende aufopfernde Tätigkeit der Schwestern sollte eine Wandlung bewirken. Sie führte zu der später bekannten Aufgeschlossenheit der hiesigen Bevölkerung für soziale und kirchliche Aufgaben und zu der wichtigen Erkenntnis, daß sich das Leben eines Gemeinwesens nicht nur auf Schienenstränge und Fabrikhallen gründen läßt.«[99]

Erster Kindergarten in Singen

Der Gründung der Krankenpflegestation mit Ingenbohler Kreuzschwestern und des diese Station tragenden Krankenpflegevereins im Jahr 1880 folgte 1887, ebenfalls auf Initiative Neugarts, die Errichtung der ersten

Singener Kinderschule. Neue Statuten änderten den Vereinsnamen in »Krankenpflege- und Kinderbewahrverein St. Elisabeth« (Elisabethenverein).

»So wurde die Sorge um die Kinder im Vorschulalter gerade im Jahr 1887, als mit der ersten Niederlassung der Maggi-Kempttal in Singen die Zeichen auf Industrialisierung standen, zur bleibenden zweiten Hauptaufgabe des Vereins, der dadurch umso mehr Segen stiften konnte. Durch das rechtzeitige Aufgreifen des Problems leuchtete Pfarrer Neugart auch auf diesem Gebiet der künftigen Entwicklung voran.«[100]

Elisabethenverein, Sozialstation, weitere Kindergärten

Mit der schnell expandierenden Industrie hatte sich die Bevölkerung in der 1899 zur Stadt erhobenen Gemeinde Singen seit der Gründung des Krankenpflegevereins (1880) bis zum Jahr 1900 verdoppelt. Mit dem Wachsen der Industrie und der Zunahme der Einwohnerzahl wuchsen auch die Aufgaben des Elisabethenvereins. Im Jahr 1902 wurde die Kinderschule täglich von 170 Kindern besucht, und die Kinderschwester mußte schier Übermenschliches leisten.

»Der Jahresbericht von 1903 – Dekan Neugart war schon 70 Jahre alt – zeigt sein Werk sozusagen im Wettlauf mit der Industrie: Maggi beschäftigte 500 Mitarbeiter, der Verein zählte 600 Mitglieder. Die Zahl der von den beiden Krankenschwestern betreuten Kranken stieg auf 374, Besuche mit Dienstleistungen waren es 7810, Ganztagspflegen 132, Nachtwachen 248!«[101]

Die Gründung der noch heute blühenden Einrichtungen für sozial-caritative Hilfen an Kranken, Notleidenden und Kindern zählt zu den bleibenden Verdiensten des Singener Pfarrers Georg Neugart. Der Elisabethenverein Singen mit seiner Sozialstation für ambulante Krankenpflege, mit derzeit 8 Kindergärten, 40 Mitarbeitern und etwa 2500 Mitgliedern ist die Frucht jener Pioniertat vor mehr als 100 Jahren, zu der Neugart den Anstoß gegeben und zu deren Gelingen er ideell, aber auch durch finanzielle Leistungen aus eigenen Mitteln maßgebend beigetragen hat.

Kath. Gesellenverein und Kath. Arbeiterverein

Pfarrer Georg Neugart war auch die treibende Kraft bei der Gründung des Kath. Gesellenvereins im Jahr 1886 und des Kath. Arbeitervereins im Jahr 1896.

Mit der Gründung des Kath. Gesellenvereins Singen am 18. Juli 1886 durch Pfarrer Georg Neugart, den Hafnergesellen Urban Grießer und 20 weitere Interessenten sollte den meist jungen Handwerksgesellen neben der Vermittlung einer Unterkunft ein Zuhause geschaffen werden, wo sie miteinander Geborgenheit finden konnten. Der im Namen und in der Gesinnung des großen katholischen Sozialreformers Adolph Kolping tätige Verein hat im Laufe der Zeit Struktur und Arbeitsweise geändert. Die heutige, seit 1958 in der Pfarrei Herz Jesu beheimatete Singener Kolpingfamilie kennt nicht mehr nur männliche Handwerksgesellen als Mitglieder; die Mitgliedschaft steht vielmehr Männern und Frauen jeden Alters offen.

Der ebenfalls von Pfarrer Georg Neugart gegründete Kath. Arbeiterverein wurde 1953 in Kath. Werkvolk umbenannt; er trägt seit 1971 die Bezeichnung Kath. Arbeitnehmer-Bewegung (KAB).

Nach etlichen Beratungen mit katholischen Werktätigen und mit der Münsterpfarrei in Radolfzell, wo ein solcher Verein damals bereits bestand, wurde im Sommer des Jahres 1896 auch in Singen ein Kath. Arbeiterverein aus der Taufe gehoben. Erster Präses wurde Vikar Neßler; zum ersten Vorsitzenden wählten die Gründungsmitglieder Schreinermeister Friedrich Müller.

»Neben der religiösen und sozialen Bildungsarbeit und der Pflege des gesellschaftlichen Lebens sollte der Verein auch eine praktische Hilfe in den Existenzfragen des Arbeiters sein.«[102] Deshalb wurde Ackergelände gekauft und den Vereinsmitgliedern für Gemüsegärten zu günstigem Pachtzins zur Verfügung gestellt. Die Verwaltung dieser Gärten übernahm 1910 eine Gemüsebaugenossenschaft. Gleichzeitig wurde den Mitgliedern die Möglichkeit zu verbilligtem Warenbezug geboten, und es wurden eine Krankengeldzuschußkasse, eine Lebensversicherungs- und Sterbekasse, eine Pfennigsparkasse sowie eine Kinder- und Vereinssparkasse gebildet. Aus der Warenversorgung entstand die sogenannte »Wohlfahrt« mit einem eigenen Ladengeschäft.

Die langjährige Gesangsabteilung des Kath. Arbeitervereins machte sich im Jahr 1907 unter dem Namen »Konkordia« selbständig.

Das Programm des Vereins stecke – wie es einmal ein Festredner launig formuliert hat – »in den Namen Schaffhausen (Schaffe und Huse), Gottmadingen und Singen« (Zeitung »Freie Stimme« vom 19. Mai 1898):

»Arbeit, Haus und Familie, Gott und Unterhaltung, so ließen sich die Stichpunkte übersetzen.«[103]
»Der Kath. Arbeiterverein bot also neben einer festen Lebensphilosophie eine gewisse soziale Absicherung, billige Einkaufsmöglichkeiten und gegenseitige Hilfeleistungen. Nicht zuletzt fanden die Arbeiter im Kath. Arbeiterverein problemlos Anschluß an Gleichgesinnte in ähnlicher Lebenslage. Der Kath. Arbeiterverein hielt damit ein umfassendes Angebot für fast alle Bedürfnisse der Arbeiter bereit.«[104]
»Die katholische Arbeiterbewegung verfügte vor dem Ersten Weltkrieg über einen ganzen Kranz von Institutionen, Kassen, Einkaufs- und Produktionsgenossenschaften, die den Arbeitern das tägliche Leben erleichterten. Ab 1906 nahmen die Aktivitäten der christlichen Arbeiterorganisation sprunghaft zu und erreichten kurz vor dem Ersten Weltkrieg einen Höhepunkt [...] Die zahlreicher werdenden Aktivitäten waren nicht zuletzt ein Reaktion auf das sprunghafte Anwachsen der SPD und der Gewerkschaften. Waren die Sozialdemokraten zuvor kaum ein Thema für den Kath. Arbeiterverein, so wurden sie nun zum alles überschattenden Thema [...] Gleichzeitig versuchte man durch demonstrative Aktivitäten in der Öffentlichkeit, die Position der christlichen Arbeiterbewegung zu festigen.«[105]

Eng verbunden mit dem Kath. Arbeiterverein, aus dem sie herausgewachsen sind, waren die Ende des 19. Jahrhunderts entstandenen christlichen Gewerkschaften. Eine enge Verbindung des Werkvolkes bzw. der KAB besteht außerdem zur Christlichen Arbeiterjugend (CAJ), wenn diese auch organisatorisch eine Gliederung des Bundes deutscher katholischer Jugend (BDKJ) ist.

Einrichtungen der evangelischen Kirche

Auch auf evangelischer Seite entwickelten sich die sozial-caritative Tätigkeit und das Vereinswesen. 1888 wurde in Singen ein Zweigverein des Gustav-Adolf-Frauenvereins Konstanz zur Unterstützung armer evangelischer Diasporagebiete gegründet.

Nachdem 1894 die Bildung einer evangelischen Kirchengemeinde Singen mit den Nebenorten Arlen, Gottmadingen, Rielasingen und Worblingen sowie 14 weiteren Diasporaorten vom Großherzog genehmigt worden war, folgten 1900 die Gründung eines Ev. Arbeitervereins, 1918 die Errichtung einer evangelischen Krankenstation und 1946 die Einrichtung des ersten evangelischen Kindergartens, zunächst in einer Baracke, seit 1957 im Oberlin-Haus. Später kamen der Martinskindergarten und der Pauluskindergarten dazu.

Ausblick

Der Entwicklung des kirchlichen Lebens in der auch nach der Stadterhebung (1899) schnell wachsenden Gemeinde Singen soll ein eigener Beitrag im III. Band der Singener Stadtgeschichte gewidmet werden. Die erste Hälfte dieser 90 Jahre umfassenden jüngsten Phase der Singener Kirchengeschichte ist vor allem verbunden mit den Namen zweier Ehrenbürger der Stadt Singen, mit demjenigen des katholischen Prälaten August Ruf (1905–1941 Pfarrer von St. Peter und Paul) und demjenigen des evangelischen Pfarrers Alexander Rihm (1896–1935 Pfarrer der evangelischen Kirchengemeinde Singen). Sie legten den Grund für vieles, was bis heute das kirchliche Leben in unserer Stadt prägt und für die gesamte Bevölkerung erfahrbar macht: die Errichtung weiterer Pfarreien und der Bau neuer Kirchen und Gemeindezentren, die Schaffung und Wirksamkeit zahlreicher sozialer und caritativer Einrichtungen (z. B. Altenheime, Kindergärten, Jugendheime, Sozialstationen, Beschützende Werkstätte, Nachbarschaftshilfe, Besuchsdienste, Essen auf Rädern, Spätaussiedlerbetreuung), aber auch die besonderen Aktivitäten in den Bereichen der Erwachsenenbildung und der ökumenischen Zusammenarbeit aller christlichen Kirchen in Singen.

Anmerkungen

[1] RAINER CHRISTLEIN: Die Alamannen. Archäologie eines lebendigen Volkes. Stuttgart und Aalen 1978, S. 165 f.
Ferner: EBERHARD DOBLER: Festansprache »Der Bär hat Geburtstag« zur Singener 1200-Jahrfeier der ersten urkundlichen Erwähnung, gehalten am 14.2.1987, veröffentlicht im Jahrbuch 87 der Stadt Singen, S. 17–28; hier S. 20.
[2] EBERHARD DOBLER: Wie Anm. 1, S. 20 f. Derselbe: Burg und Herrschaft Hohenkrähen, S. 11, 15 und 16.
[3] FDA 5,94; FDA 25,78. Ferner: HERMANN FRANZ: Die Kirchenbücher in Baden. Karlsruhe 1957, S. 122, 216, 236 f. und 275.
[4] EBERHARD DOBLER: Mittelalterliche Geschichte Singens, S. 100 f., und derselbe: Hohenkrähen (wie Anm. 2), S. 15 und S. 18.
[5] ALBRECHT STROBEL: Flurkarte, S. 98 f.
[6] Der Landkreis Konstanz, KBK, Bd. I, S. 344, und Bd. II, S. 364 f.
[7] KBK, Bd. I, S. 352, und Bd. IV, S. 206.
[8] FRANZ QUARTAL: Hohentwiel, in: Die Benediktinerklöster in Baden-Württemberg. Augsburg 1975, S. 309 ff.
[9] FRANZ BEYERLE: Das Burgkloster auf dem Hohentwiel, in: BERNER: Hohentwiel, S. 125 ff.

[10] Franz Quartal, a.a.O., S. 310.

[11] KBK, Bd. IV, S. 220.

[12] ZUB III, S. 246, Nr. 1150, und TUB III, S. 219, Nr. 431. TUB III, S. 289, Nr. 487. WUB VIII, S. 317, Nr. 3100. P. Albert: Geschichte der Stadt Radolfzell, S. 54 ff. und S. 538 ff.
Daß der Verfasser dieses Beitrags den von Dr. Herbert Berner im Verlauf vieler Jahre angelegten umfangreichen »Zettelkasten« mit Auszügen aus Urkunden, Akten und Büchern zur Singener Geschichte benützen konnte, ersparte ihm manche eigene Recherchen. Er möchte sich dafür bei seinem Kollegen herzlich bedanken.

[13] FDA I, S. 18.

[14] Edward Freiherr von Hornstein-Grüningen: Die von Hornstein und von Hertenstein. Konstanz 1911. Anhang: Freiherr Karl von Hornstein: Hohenstoffeln im Hegau, S. 3. GLA 5/193 und W. Merz, F. Hegi: Die Wappenrolle von Zürich. Zürich und Leipzig 1930, Siegeltafel III, 22. Stadtarchiv Radolfzell, Akten Si/4.

[15] FDA 66–68 und 70–75, Beilage, S. 799.

[16] Karl Brandi: Die Chronik des Gallus Öhem. Heidelberg 1893, insb. S. XV. ff. Franz Götz: Radolfzell, S. 139. Die ab 1651 lückenlose Liste der Pfarrvikare, Pfarrer und Pfarrverweser und der Pfarrei St. Peter und Paul in Singen, zusammengestellt nach Angaben der Informationsschrift »St. Peter und Paul Singen am Hohentwiel« (Erolzheim 1955) und der von Herbert Berner verfaßten Beiträge »Kirchen und christliche Gemeinschaften« in den Einwohnerbüchern der Stadt Singen/Hohentwiel 1960 ff., sieht bis zur Erhebung Singens zur Stadt im Jahr 1899 folgendermaßen aus:

1260–1267	Willelmus, rector ecclesiae de Singen canonicus sancti Pelagii Augiensis
1341–1345	Berthold von Stoffeln
1463–1468	Johann Totzmaiger (Zoczmaiger)
1468–1473	Ulrich Heß
1473–1481	Gallus Öhem (vicarius perpetuus)
1481–1485	Johann Wittenschnee
1497	Johann Wieser
1512	Ulrich Räs
1549	Gallus Haffner
seit 1580	Marcus Neidhardt von Bohlingen
1651–1656	Georg Böhler
1656–1690	Johann Baptist Weiler
1690–1710	Philipp Jakob Sandhas
1710–1717	N. Kramer
1717–1718	N. Bröchin
1718	Benedikt Bauz
1729–1736	Johann Baptist de Dürheimb
1736–1754	Dr. Ulrich Merhart
1754–1772	Franz Anton Staudacher
1772–1783	Johann Melchior Böttlin
1783–1792	F. B. Anton Stehlin
1792–1794	Pfarrer Haug
1794–1834	Johann Dominik Landolt
1834–1835	Pfarrverweser Joseph Siebenrock
1835–1848	Pfarrer Joseph Scheidegg
1848	Pfarrverweser Johann Huggle
1848–1849	Martin Knöbel
1849–1864	Pfarrer Jakob Maier
1864–1866	Pfarrverweser Karl Julius Karlein
1866–1870	Pfarrer August Haunß
1870–1872	Pfarrverweser Cos. Feger und Otto Klingele
1872–1904	Pfarrer Georg Neugart

[17] GLA 5/562. REC II/5449.

[18] Alois Schulte: Die Reichenau und der Adel. Tatsachen und Wirkungen, in: Die Kultur der Abtei Reichenau. München 1925, Bd. I, S. 569 und 573.

[19] Christhard Schrenk: Agrarstruktur im Hegau des 18. Jahrhunderts. Auswertung neuzeitlicher Urbare mit Hilfe des Computers. Konstanz und Singen 1987, S. 292. Albrecht Strobel: a.a.O., S. 63.
Zum Kleinzehnten gehörten die Zehntabgaben von Erbsen, Linsen, Bohnen und Wicken, später auch von Kartoffeln. Der andere Kleinzehnte oder Etterzehnte mußte von der Ernte aus zehntpflichtigen Gärten, die innerhalb des Singener Dorfetters lagen, der Blutzehnte, d.h. das zehnte Stück von jungen Schafen, Schweinen, Gänsen und Hühnern, von den zum Zehntbezirk des Zehntherren gehörenden Häusern gegeben werden.

[20] Vgl. hierzu: Albrecht Strobel: a.a.O., S. 18, 34/35, 98, 99; ferner: Christhard Schrenk: a.a.O., S. 276 und 280.

[21] Christhard Schrenk: a.a.O., S. 289 ff., und Albrecht Strobel: a.a.O., S. 61 ff.

[22] Christhard Schrenk: a.a.O., S. 292 f.

[23] GLA 5/562 = 6 Urkunden von 1347–1600 sowie Stoffler Urbar von 1474; vgl. Helmut Maurer: Die Bände und Akten des Freiherrlich von Hornstein'schen Archivs im Schloß zu Binningen. Singen/Hohentwiel 1959, S. 29, Nr. 83. Ferner: Edward Freiherr von Hornstein-Grüningen: a.a.O., S. 262 und 267. Vgl. außerdem: KBK, Bd. IV, S. 209.
Schon im »Liber decimationis« von 1275 (FDA 1,18) und im »Liber quartarum« von 1324 (FDA 4,6) war die Kirche in Singen als Quartkirche bezeichnet worden.

[24] Christhard Schrenk: a.a.O., S. 291.

[25] KBK, Bd. IV, S. 209.

[26] GLA 8/25a.

[27] Gertrud Streit: Adelsgeschlechter in Rielasingen, in: Zeitschrift HEGAU 38 (1981), S. 55 f.

[28] StA Radolfzell, Akten Si/1 und Si/4, ferner: GLA 6/60 und 6/80.

[29] GLA 5/562 und GLA 6/80. REC III, 7791 (S. 125). Friedrich von Weech: Das Archiv der Stadt Radolfzell, Karlsruhe 1883, S. 16.

[30] Investiturprotokolle der Diözese Konstanz, in: FDA 66–68 und 70–75, Beilage, S. 799. Zu 1506 siehe GLA 5/562.

[31] GLA 5/562.

[32] StA Radolfzell, Akten VI.1/28, Si/1 und Si/4.

[33] GLA 6/80 und 229/97 913 sowie StA Radolfzell, Akten Si/4.

[34] EAS E II.2/1 (152, 153 und 154).

[35] StA Radolfzell, Akten VI.1/28 und Si/4.

[36] StA Radolfzell, Akten Si/4.

[37] EAS E II.2/2 (153).

[38] Wie Anm. 37.

[39] StA Radolfzell, Akten Si/4, ferner: GLA 229/97 910 und 229/97 912.

40 GLA 6/44, 51, 54, 80, 83.
41 EAS E II.2/1 (154).
42 EAS E II.2/2 (153).
43 StA Radolfzell, Akten VI.1/28.
44 P. ALBERT: a.a.O., S. 578.
45 GLA 219/234.
46 GLA 359/Zg. 1906, Nr. 20, F. 2108.
47 KBK, Bd. IV, S. 207 f.
Ignaz Noppel, gestorben 1826, scheint der letzte Inhaber der Singener Kaplanei gewesen zu sein (EAS E. II. 2/9 [155]).
48 Wie Anm. 47 und THEODOR DIEZ: Hundert Jahre Alt-Katholische Gemeinde in Singen (Hohentwiel), in: Singener Jahrbuch 1975, S. 32 ff., insb. S. 35.
49 EAS E IV. 2/3 (1139).
50 ZGO 1884 Anhang (Mitteilungen der Badischen Historischen Kommission 3), S. 110 f.
51 Ebenda, S. 111.
52 StAS Akten XVI/3, 4, 5, 6, 8, 12, 17 und 20 sowie Bü IX.3 (1854–1899). GLA 359/Zg. 1906, Nr. 20, F. 2123, und Zg. 1941, Nr. 30, F. 241.
53 StAS Bü IX.3.
54 Badische Biographien I, Heidelberg 1875, S. 138 f.
55 StAS Akten XVI/1, 3 und 15. GLA 235/16 858 und GLA 235/34 937. Ferner: KBK, Bd. IV, S. 208.
56 GLA 359/Zg. 1941, Nr. 30, F. 241.
57 EAS E IV.2/3 (1139).
58 Vgl. den Abschnitt »Kirchenneubau 1779–1780« in diesem Beitrag sowie EAS E III.2/1 (592) und E III.2/2 (590).
59 EAS E II.1/1 (758), E II.1/4 (591), und StAS, Akten VI.1/2.
60 GLA 233/20 303.
61 KBK, Bd. IV, S. 207.
62 EAS E II.1/4 (591).
63 EAS E I.1/1 (593), E II.1/1 (758) und E II.1/2 (806).
64 EAS E I.1/1 (593).
65 EAS E II.1/2 (806).
66 EAS E II.1/2 (806).
67 GLA 229/72 169. Die noch erhaltene Sebastiansstatue stammt allerdings von einem Sebastiansaltar des Jahres 1780.
68 EAS E III.2/2 (590).
69 Vgl. hierzu und zum folgenden vor allem: GLA 229/97 906, 97 907 und 97 908. Pfarrarchiv St. Peter und Paul Singen/Hohentwiel, Akten IX.a/44. EAS E III.1/4 (661), E III.2/1 (592), E III.2/2 (590), E III.2/4 (804), E III.2/6 (459), E III.2/8 (1151). Ferner: AUGUST RUF: Als man die Peter- und Paulskirche baute, in: Zeitung »Freie Stimme«, Nr. 134 vom 13.6.1936 und Nr. 136 vom 16.6.1936, sowie FRANZ GÖTZ: 200-Jahrfeier der Singener Peter- und Paulskirche, in: Singener Jahrbuch 1981, S. 30–37.
70 EAS E III.2/1 (592), E III.2/2 (590) und E III.2/4 (804).
71 EAS E III.1/4 (661) und E III.2/2 (590).
72 Zu den Singener Kirchenglocken vgl. den Aufsatz von H. BERNER, Kirchenglocken, S. 39–47.
73 EAS E III.2/5 (834).
74 EAS E III.1/4 (661) und E III.2/4 (804).
75 EAS E III.2/2 (590) und E III.2/9 (574).
76 AUGUST RUF: Als man die Peter- und Paulskirche baute, in: Zeitung »Freie Stimme«, Nr. 134 vom 13.6.1936. Derselbe: Die Decimatoren müssen bezahlen, in: Zeitung »Freie Stimme«, Nr. 136 vom 16.6.1936.
77 Erzbischöfliches A. Freiburg/Br., Finanzkammerarchiv, Nr. 26 791.
78 PfA St. Peter und Paul in Singen, Akten IX.a/44.
79 ADOLF ENGESSER: St. Peter und Paul Singen am Hohentwiel. Erolzheim 1955, S. 4.
80 PfA St. Peter und Paul in Singen, Akten IX.a/44.
81 Wie Anm. 80 und Zeitung »Freie Stimme«, Nr. 83 vom 16.7.1881.
82 Wie Anm. 80.
83 Wie Anm. 80.
84 FRANZ GÖTZ: Dekan Georg Neugart, Pfarrer der katholischen Kirchengemeinde St. Peter und Paul in Singen (Hohentwiel) von 1872–1904, in: Singener Jahrbuch 1979, S. 95.
85 Zeitung »Freie Stimme«, Nr. 83 vom 16.7.1887.
86 Wie Anm. 85. Die jüngere Baugeschichte der Peter- und Paulskirche (seit 1925) wird im Band III der Singener Stadtgeschichte behandelt.
87 Zum Pfarrhausbau: EAS E III.2/1 (592), E III.2/2 (590) und E III.2/9 (574). Ferner: PfA St. Peter und Paul in Singen, Akten IX.d/67. AUGUST RUF: Die Decimatoren müssen bezahlen, in: Zeitung »Freie Stimme«, Nr. 136 vom 16.6.1936. Zum 1.5.1800: HERBERT BERNER: Fall und Zerstörung des Hohentwiel, in: BERNER: Hohentwiel, S. 264 ff., insb. S. 266.
88 FRANZ GÖTZ: Dekan Georg Neugart, a.a.O., S. 92 ff.
89 Die Beschlußfassung des Pfarrgemeinderates von Peter und Paul erfolgte am 17. November 1977. Die Vorschläge für die Innenraumgestaltung und die Entwürfe für die beiden Chorfenster lieferte der im Singener Stadtteil Bohlingen ansässige Innenarchitekt und Künstler Robert Seyfried. Die Fenster zeigen in Bleiverglasung zweimal den heiligen Michael: einmal im Kampf mit dem Drachen, einmal, wie er die Verstorbenen ins himmlische Reich heimholt. Hergestellt hat die Fenster die Glaskunstfirma Dierig in Überlingen a. B. In der Mitte des kleinen Chorraumes wurde die ausdrucksstarke, von der ehemaligen Kapellenausstattung stammende Pietà aufgestellt. An den Chorwänden erinnern zwei Holztafeln an den Erbauer der Kapelle. Außerdem fand an der linken Langhauswand der Kruzifixus aus der alten Einsegnungskapelle des Waldfriedhofs einen würdigen Platz. Der transportable Altartisch und die neue variable Bestuhlung erlauben es auch, die Kapelle für Konzerte in kleinem Rahmen zu verwenden. In erster Linie aber dient die im Innern gänzlich erneuerte Kapelle seit der Fertigstellung der Renovierungsarbeiten am 14. Juli 1979 wieder liturgischen Zwecken.
90 KBK, Bd. IV, S. 220.
91 ADOLF KASTNER: Der Volksschriftsteller Ottmar Friedrich Heinrich Schönhuth, Pfarramtsverweser auf dem Hohentwiel (1830–37), in: BERNER: Hohentwiel, S. 280–322.
92 Ebenda, S. 288 f.
93 Vgl. hierzu und zum folgenden vor allem: Festschrift zum 100jährigen Jubiläum der Evangelischen Kirchengemeinde und zum 50jährigen Jubiläum der Lutherkirche Singen (Hohentwiel). Singen 1963.

[94] Wie Anm. 93. Einzelheiten über die Entwicklung der evangelischen Kirchengemeinde in Singen nach der Erhebung Singens zur Stadt (1899) werden im Band III der Singener Stadtgeschichte behandelt.
Evangelische Pastorationsgeistliche bis zur Erhebung Singens zur Stadt waren:

1863–1866	Hermann Schwarz
1866–1869	Christoph Friedrich Wachs
1869–1870	Julius Haag
1870–1877	Karl Höhler
1877–1878	Wilhelm Seufert
1878–1881	Nathanael Emil Graebener
1881–1883	Fritz Brinkmann
1883–1884	Wilhelm von der Floe
1884–1886	Wilhelm Engelhardt
1886–1887	Ludwig Roeßler
1887–1892	H. Haaß
1892–1895	Friedrich Katz
1895–1896	Pfarrverwalter Friedrich Höflich
1896–1898	Pfarrverwalter Alexander Rihm
1898–1935	Pfarrer Alexander Rihm, davon
1913–1935	an der neuen Lutherkirche

[95] THEODOR DIEZ: a.a.O., S. 32–38.
Pfarrer der Altkatholischen Gemeinde bis zur Erhebung Singens zur Stadt war August Leuthner (1876–1912).

[96] FRANZ GÖTZ: Dekan Georg Neugart, a.a.O., S. 87 f. Zum Kulturkampf im Hegau und am Bodensee vgl. auch: FRANZ GÖTZ: Der Steißlinger Freiherr Roderich von Stotzingen (1822–1893) und der Radolfzeller Stadtpfarrer Friedrich Werber (1843–1920), zwei markante Persönlichkeiten des politischen Katholizismus im Großherzogtum Baden, in: Zeitschrift HEGAU Nr. 38 (1981), S. 127–132, ferner weitere dort angegebene Literatur.

[97] FRANZ GÖTZ: Dekan Georg Neugart, a.a.O., S. 88 ff.

[98] HEINRICH LERCH: Elisabethenverein Singen e.V. – Festschrift zur Feier des 100jährigen Bestehens im Jahr 1980. Singen 1980.

[99] HEINRICH LERCH: a.a.O., S. 16 ff.

[100] HEINRICH LERCH: a.a.O., S. 20. Zur Geschichte des Kindergartens St. Peter und Paul vgl. auch die Festschrift »Kindergarten St. Peter und Paul 1887–1987, Theodor-Hanloser-Straße 3, Singen am Hohentwiel«. Singen 1987.

[101] HEINRICH LERCH: a.a.O., S. 22.

[102] WILHELM GRIMM: Festschrift »60 Jahre Werkvolk Singen 1896–1956«. Singen 1956, S. 11.

[103] GERT ZANG: Der Katholische Arbeiterverein: Die Selbstdarstellung der christlichen Arbeiterbewegung: Der Arbeitertag 1913, in: GERT ZANG (Hrsg.): Arbeiterleben in einer Randregion, Konstanz 1987, S. 72.

[104] DETLEF STENDER: Das umfassende Angebot des Katholischen Arbeitervereins: Traditionelle Weltanschauung, praktische Hilfe und Geselligkeit, in: GERT ZANG: a.a.O., S. 248 ff.

[105] GERT ZANG: a.a.O., S. 72 f.

Hungersnot und schwarzer Tod

von Herbert Berner

Nicht allein die Kriege plagten und ängstigten unsere Vorfahren, sondern nicht minder die meist damit verbundenen Hungersnöte, die freilich häufig auch auf Mißernten und Fehljahre zurückgingen. Hungersnöte gab es in den Jahren 1545, 1627–1629 (im Dreißigjährigen Krieg überhaupt) und 1688–1890 (Mißernten nach einem besonders strengen Winter). Von Hungernöten hören wir in den Jahren 1692/93, 1708–1710 und 1711–1712: Saatgutmangel wegen strenger Winter. Der überaus kalte Winter 1739/40, der im oberen Hegau den Schnee bis Mitte Mai liegen ließ, hatte einen völligen Ernteausfall zur Folge, da die Sommerfrucht nicht mehr ausreifen konnte; auch die Rebstöcke erfroren. 1769-1771 verursachten Dauerregen und Mißwachs Not- und Hungerjahre, 1788/89 bewirkte ein ausnehmend harter Winter schwere Ernteschäden. Hungersnöte gab es auch 1794, 1814–1818, 1847–1850 und zuletzt 1854–1858. Es sind viele Kriegs- und Nachkriegsjahre in diesen Jahren, aber auch die Zeiten der Revolution 1848/49 und der großen Auswanderungswellen. Jede Mißernte war gefolgt von einem Mangel an Saatgut, Teuerung und Hungersnot.

In einer Wirtschaft, die fast ausschließlich auf Acker- oder Weinbau beruhte, wirkte sich jede Mißernte, vor allem dann, wenn mehrere Fehljahre hintereinander auftraten, verheerend aus. »Sie belasteten die damalige kleinräumige Wirtschaft um so mehr, als jedes Territorium sich durch Zölle, Ein- und Ausfuhrverbote gegen die anderen abschloß. Mit Ausfuhrverboten allein war aber solchen Notzeiten nicht zu begegnen; Einfuhren ließen wieder die anderen nicht zu. So wurde ein Ausgleich erschwert oder unmöglich gemacht, wenn ein Gebiet von Witterungsschäden größeren Umfangs betroffen worden war.« Der Mensch führte in früheren Jahrhunderten ständig einen Zweifrontenkrieg gegen Nahrungsmittelknappheit und Unterernährung sowie gegen viele tückische Krankheiten[1].

Am fürchterlichsten erschien den Menschen seit dem 14. Jahrhundert, im Bodenseeraum seit 1438 (u. a. auf dem Bodanrück) nachweisbar, unter den epidemischen Krankheiten die unheimliche Pest, gegen die es keine Rettung zu geben schien. Der »schwarze Tod« kann in Europa seit dem 11. Jahrhundert nachgewiesen werden, besonders seit 1348; er verschwand dann in der ersten Hälfte des 18. Jahrhunderts. Man unterscheidet zwei Arten: die Lungenpest (Übertragung durch Tröpfcheninfektion von Mensch zu Mensch) und die häufige Beulenpest, die vom Rattenfloh, dessen Wirt die Hausratte ist, auf den Menschen übertragen wird. Es gibt dazu eine bedenkenswerte Theorie über den Zusammenhang von Hungersnöten und Pest: In getreidearmen Jahren trieb es die hungrigen Ratten in die Städte und Dörfer, wo immer noch mehr zu holen war als auf den Feldern. Die ansteckende Krankheit wurde natürlich vor allem durch die Menschen selbst weitergetragen. Typisch für eine Pestepidemie war das gleichzeitige Auftreten an mehreren Orten, der Ausbruch der Seuche im Sommer und deren Abebben in der kalten Jahreszeit; dies hängt unter anderem mit den Lebensbedingungen der Flöhe zusammen. Die Gegenmaßnahmen bestanden in strenger Überwachung der Verkehrswege, Einlaßkontrollen, Räuchern und Desinfizieren, Straßensperren, Hausarrest, Alkoholkonsum, wahnhaftem Mißtrauen. Die Reichen flohen auf ihre Landgüter, die Pest traf vor allem die ärmeren Schichten und dabei besonders die Frauen und Kinder. Der Rückgang der Krankheit hängt sicherlich mit der von Feuersbrünsten erzwungenen Ablösung der Holzhäuser durch Steinbauten im 16.–18. Jahrhundert, der zunehmenden Sauberkeit der Innenräume und der Verbannung der Kleintiere aus dem Wohnbereich zusammen. Auf dem Lande waren die Bauernhäuser für die elementaren Bedürfnisse von Mensch und Vieh zugeschnitten und glichen oft eher primitiven Unterkünften als richtigen Wohnstätten[2].

Nach Peter Eitel sowie der Schaffhauser Rüeger-Chronik traten folgende Pestepidemien in der Nachbarschaft von Singen auf: 1517/19; 1541/42; 1564/67; 1574/75; 1585/86; 1593/95; 1609/12; 1628/29; 1634/36 und 1679/80[3]. Die Zimmern-Chronik erzählt von zwei weiteren Epidemien: »Möskirch [...] kam der gebresten der pestilenz unversehentlich« (1531); Gottfried Werner von Zimmern zog sich nach Wildenstein zurück. 1549 ist Graf Wilhelm von Eberstein »an der pestilentz hingegangen«[4]. Vom Jahr 1518 erfahren wir in der Zimmern-Chronik, daß der »großsterbendt« gegen den Herbst in Meßkirch, am Bodensee, am Schwarzwald und in fast allen Oberlanden ausgebrochen sei. Johann Werner floh vor der Pest mit vielen anderen Adeligen

»zu denen von Clingenberg uf Twiel [...] alda verharrt er biß zu ende des landtsterbents«[5].

In den genannten Jahren wütete die Pest jedesmal in Konstanz, in Schaffhausen 1541/42, 1564/67, 1609/12, 1628/29 und 1634/35; von Engen sind drei, von Aach, Stockach, Radolfzell und Emmingen ab Egg je zwei Epidemien bekannt, vornehmlich aus den Jahren 1609/12 und dem Dreißigjährigen Krieg. In Emmingen ab Egg starben zwischen 1629 bis 1638 etwa 270 Menschen an der Pest; damals wurde an den vier Wegen nach Engen, Hattingen, Tuttlingen und Liptingen die heute noch stehenden Pestkreuze als Warntafeln errichtet[6]. In Konstanz starben 1611 von 5446 Einwohnern etwa 1406 Personen, in Schaffhausen 1629 gar 2595 Menschen[7].

In Stockach und Umgebung brach die Seuche im Sommer 1628 aus. Der Rat bestellte erst vier, dann sechs Totengräber und vier Pflegerinnen; fast alle sträubten sich, die ihnen auferlegten Dienste anzunehmen. Zur Abwehr der »grassierenden Sucht« wurden wöchentlich drei Prozessionen nach Winterspüren beschlossen. Die Epidemie breitete sich immer mehr aus; wer in der Nacht starb, wurde gleich am Morgen begraben. »Die Weiber wollen den Kranken nimmer abwarten; die Männern weigern sich, die Toten zu begraben. Diese (die unwilligen Totengräber) werden aus der Stadt verwiesen. Man beschließt nun, sobald jemand gestorben, soll die Leiche eingenäht und sofort begraben werden. Die Weiber aber, ›die das hälmle miteinander ziehen sollen, welche von ihnen einnähen solle‹ erklären, dieses nicht zu thun; darum sollen sie noch heutigen tages die Stadt räumen.« Endlich müssen der Schweinehirt und dessen Frau sich zu diesem Dienste hergeben, »er soll die Mannen und sie die Weiber einnähen und in der bar zurichten«. Die Zahl der Toten wurde auf 250 geschätzt[8].

Die Pest entvölkerte die von ihr heimgesuchten Gemeinden bis zur Hälfte und mehr der Einwohnerschaft. Dies läßt sich ermitteln aus den Kirchenbüchern, sofern sie den Dreißigjährigen Krieg überdauert haben, was auf den Dörfern, so auch in Singen, nicht allzu häufig der Fall ist. Man darf annehmen, daß auch unser an einer vielbegangenen Durchgangsstraße gelegenes Dorf nicht verschont blieb. 1635/36 finden wir die Pest in Radolfzell und in den Höri-Dörfern[9]. In Duchtlingen waren 1638 von der Pest und dem Krieg nur noch acht oder zehn Erwachsene übriggeblieben[10], in Aach starben wenigstens 70 Personen, darunter Pfarrer, Meßmer und Stadtknecht[11].

Selbst auf dem Hohentwiel war nach einem Bericht Konrad Widerholts vom 3. Dezember 1635 während der ersten Belagerung die Pest ausgebrochen. »Nach Erforderung unumgänglicher Nothdurft kann und soll ich in Unterthänigkeit nicht verhalten, wie den durch Gottes Verhängniß die leidige Seuch der Pestilenz auf diesem Haus also stark eingerissen, daß bei zwei Monaten her über die anderthalb hundert Menschen daran gestorben, und darunter nicht wenig Soldaten, sondern beineben auch außer drei Corporale, alle meine (Unter-)Offiziere, wie auch Pfarrer und beide Feldscheerer, und hat diese herrschende Seuche fast alle Haushaltungen angesteckt, daß auch aus meiner schon etliche Personen gestorben. Sollte nun diese Krankheit auf den annahenden Neumond, wie zu besorgen, doch Gott gnädig verhüten solle, wieder wie bei vorigem so stark ansetzen, und nach Gottes Willen auch mich treffen, haben E. F. Gnaden selbst zu ermessen, in was Gefahr dieser Posten gerathen möchte; ich habe gleichwohl bis jetzt noch den Vor- und Maierhof besetzt gehalten, und will, so lang mir solches möglich, nicht unterlassen. Weil nun bei solcher leidigen Beschaffenheit unschwer anzunehmen, daß summum periculum in mora, werden E. F. Gnaden ohne mein weiteres gehorsamstes Erinnern, dahin gnädigst bedacht seyn, daß diese Einschließung durch fügliche Mittel aufgehoben oder ehest in anderem Wege abgeleitet möchte werden, daneben auch gnädigst verschaffen, daß andere Offiziere hierher geschickt, wie nicht weniger auch wieder ein Seelsorger zu dieser betrübten Zeit herauf verordnet werde«[12].

Mit größter Wahrscheinlichkeit wird die Pest damals auch in Singen gewütet haben. Leider lassen sich zur ungefähren Ermittlung der Todesfälle die Musterrodel von 1615 und 1655 nicht miteinander vergleichen, weil die 1655 verzeichneten Namen ohne Wohnort angegeben sind. Vielleicht dürfen wir in Singen eine Pestepidemie auch für die Jahre 1609/12 und 1518 vermuten. Nach 1636 scheint Singen verschont geblieben zu sein, jedenfalls enthalten die nun zahlreich einsetzenden Urkunden und Akten keinerlei Hinweise

An die Pestzeiten erinnern im Lande die Loreto-Kapellen und die Verehrung der Pest-Heiligen Sebastian und Rochus sowie die Sebastian-Bruderschaften, die im 17. Jahrhundert gegründet wurden. Auch in Singen wurde der Heilige Sebastian in besonderer Weise verehrt; einer der vier Altäre in der Pfarrkirche St. Peter und Paul war 1587 dem Heiligen gewidmet; die noch erhaltene Sebastian-Statue stammt von einem Sebastiansaltar des Jahres 1780[13].

Anmerkungen

[1] G. JÄGER, Kriegsnöte von einst und jetzt, Bodensee-Chronik Nr. 2 vom 20.01.1936. – WERNER HACKER, Auswanderungen aus dem nördlichen Bodenseeraum im 17. und 18. Jahrhundert, Singen 1975, S. 14 f., 17–25.

[2] FERNAND BRAUDEL, Sozialgeschichte des 15.–18. Jahrhunderts. Der Alltag, München 1985, S. 80–83; 292 f. Für unser Gebiet informativ und faktenreich.
PETER EITEL, Studien zur Geschichte der Pest im Bodenseeraum unter besonderer Berücksichtigung der Konstanzer Pestepidemie von 1611, Hegau 29/30 (1972/73), S. 57–89 mit vielen Literaturangaben.
[3] J. J. RÜEGER, Chronik, S. 247 A 1; 312 A 7; 339 A 6; 357; 853 A 1; 893; 896 A 3 und 4; 970; 972 A 6; 1040 A 8; 1088 A 2.
[4] Zimmerische Chronik, Bd. I, 415, 1–2; 417, 12; 176, 24.
[5] Ebd., Bd. II, S. 332, 37–40; 333, 1–3.
[6] ERICH STÄRK, Emmingen ab Egg, Geschichte eines Hegaudorfes, 2. Aufl. 1971, S. 21.
[7] EITEL, a.a.O., S. 74, 84.
[8] JAKOB BARTH, Geschichte der Stadt Stockach im Hegau, Stockach 1894, S. 123 f. – Eitel, a.a.O., S. 84.
[9] AUGUST KARST, Die Pest am Bodensee vor 300 Jahren, Bodensee-Chronik Nr. 9–12, 1936; ferner DERS., Die Pest auf der Insel Reichenau, Bodensee-Chronik Nr. 17 vom 24.09.1936.
[10] DOBLER, Hohenkrähen, S. 340.
[11] SIEGFRIED KREZDORN, Die Familie Keller von Schleitheim in Aach/Hegau, Hegau 34 (1977), S. 36.
[12] MARTENS, Hohentwiel, S. 77.
[13] Frdl. Mitteilung Dr. Franz Götz, 11.08.1987.

Die Familie von Klingenberg und Singen

von Markus Bittmann

Mit dem Verkauf des Hohentwiels an Herzog Ulrich von Württemberg am 24. Mai 1538 vollzog Hans Kaspar von Klingenberg zwar nur den endgültigen formalen Schritt zur Aufgabe des letzten bedeutenden Besitztitels der Familie, trotzdem war diese Vereinbarung eine gravierende Zäsur sowohl für die Geschichte des Berges als auch für die Klingenberger. Aus dem Herrschaftssitz einer vormals expansiven und regional dominierenden Adelsfamilie wurde die Festungsanlage eines neuzeitlichen Territorialherrn, die letzten Klingenberger blieben auf Kleinbesitzungen in Aach angewiesen.

Die politischen Hintergründe dieser Entwicklung sind gut dokumentiert, erschöpfend untersucht und sollen hier nicht nochmals im Detail rekapituliert werden[1].

Das Interesse Herzog Ulrichs richtete sich zunächst ausschließlich auf die hervorragende strategische Position des Berges[2], denn die im Kaufvertrag von 1538 verzeichneten Zugehörden sind im Verhältnis zur Bedeutung der Burg klein und nicht sonderlich attraktiv. Sie bestanden lediglich aus einigen Äckern und Wiesen, sechs Weinbergen und diversen Waldungen, darunter das Weilerholz mit dem Bruderhaus[3].

Als Ulrich von Klingen am 16. Februar 1300 den Hohentwiel an Albrecht von Klingenberg verkaufte, erschien die Burganlage nur deshalb ähnlich hervorgehoben, weil sie als einziges Verkaufsobjekt namentlich benannt wird. Die dem Twiel zugehörenden Besitztitel und Gerechtsame wurden im Kaufbrief wohl aus formalen Gründen lediglich pauschal als im Kauf mit inbegriffen verzeichnet[4]. Mit Ausnahme der Eigenleute am Randen wurde der Kauf über den Gesamtbesitz des Ulrich von Klingen abgeschlossen: Man kann also davon ausgehen, daß die Zugehörden keinen geringen Stellenwert hatten.

Grundlegend andere Bedingungen herrschten rund 240 Jahre später: Die fortifikatorischen Qualitäten der Festung, die auch damals modernen Belagerungstechniken standhalten sollte, ließen Zugehörden als nebensächlich erscheinen.

Als repräsentativer Adelssitz und Herrschaftsmittelpunkt hatte die mittelalterliche Burg dagegen nicht nur eine strategische, sondern auch eine wirtschaftliche Bedeutung: Besitz- und Rechtstitel im unmittelbaren Hinterland waren entscheidend für Struktur und Qualität der Herrschaft. Dies bedeutet in unserem Fall: Mit der Frage nach der Stellung des Hohentwiel als Herrschaftssitz rückt zuerst die rechtliche und wirtschaftliche Organisation seiner Zugehörden in den Vordergrund. Aufgrund der geographischen Nähe sind hauptsächlich die Vorläufer der späteren Gemarkung Singen[5] als Zugehörden des Twiel anzunehmen.

Die Schwerpunkte der vorliegenden Untersuchung lassen sich in zwei Fragen fassen:

In welchem Umfang nahmen die Klingenberger Besitztitel und Herrschaftsrechte in der unmittelbaren Umgebung des Twiel wahr?

Welchen Stellenwert hatte der Twiel als Herrschaftssitz innerhalb des gesamten Besitzes der Klingenberger?

Die erste Frage berührt direkt die Wechselbeziehung zwischen den Besitzern des Twiel und den damaligen bäuerlichen Ansiedlungen Obersingen, Niederhofen und Remlishof. Die zweite Frage versucht, den Twiel innerhalb des gesamten Besitzes der Familie von Klingenberg zu sehen. Die Burg kann deshalb als Indiz für einen Bedeutungszuwachs der Klingenberger gesehen werden, weil sie ungefähr zum Zeitpunkt des Erwerbs einen fulminanten Aufstieg verzeichneten[6]. Ob aber mit diesem territorialen Zuwachs eine von langer Hand geplante »Machtverschiebung von Süd nach Nord«[7] verbunden war, kann nur ermessen werden, wenn der Twiel samt Hinterland über den gesamten Zeitraum in seiner Bedeutung für den Klingenberger Besitz beleuchtet wird.

Karl Schmid hat nachgewiesen, daß die Klingenberger während des 14. Jahrhunderts zu einem großen Teil als »seßhaft zu Twiel« urkunden[8]. Ob die Burg damit gleichzeitig Herrschaftsmittelpunkt war, hängt nicht nur von der jeweiligen Geschlossenheit des Klingenbergischen Besitzes ab, sondern auch von der Bewertung des Stammsitzes im Thurgau, den Sitzen Blumenfeld und Hintertengen und der zentralen Neuerwerbung zu Beginn des 15. Jahrhunderts, nämlich Hohenklingen mit der Stadt Stein[9].

Die verschiedenen herrschaftlichen Rechte in einem Dorf waren selten in der Hand eines Herrn vereinigt. In die Singener Grundherrschaft teilten sich im 14. und 15. Jahrhundert unter anderem neben dem jeweiligen Ortsherrn die Klöster Reichenau – als Lehensherrn des

Kelhofs[10] –, St. Gallen – dem die Brüder Heinrich und Rudolf von Friedingen im Jahr 1432 ihr bisher freieigenes Dorf Singen zu Lehen auftrugen[11] – und Paradies in Schaffhausen[12] sowie Adlige der Region und Bürger von Radolfzell und Konstanz[13].

Die Hinweise auf Klingenbergische Rechts- und Besitztitel in der Umgebung des Twiel sind über lange Zeit sehr spärlich[14]. Für das 14. Jahrhundert liegen kaum nennenswerte Belege vor, mit einer wesentlichen Ausnahme: das Urbar des Hans von Klingenberg aus dem Jahr 1392[15]. Es enthält ein wohl annähernd vollständiges Verzeichnis von vorwiegend grundherrlichen Einkünften, die nach den einzelnen Orten und Weilern gegliedert sind.

Wahrscheinlich wurde es ungefähr zu diesem Zeitpunkt notwendig, Rechte und Einkünfte schriftlich zu fixieren, denn zwei Jahre später ließ derselbe Hans von Klingenberg von seinem Beauftragten Hentz Borso, Bürger von Winterthur, ein Verzeichnis der Zehnten um Winterthur anfertigen, die Borso als Diener der Herren von Klingenberg während 45 Jahren für sie eingezogen hatte[16].

Die nächste Quelle mit urbariellem Charakter finden wir erst 100 Jahre später im Salbuch des Albrecht von Klingenberg aus dem Jahr 1495. Hier finden sich besonders Angaben zum Kelhof sowie zu verpfändeten oder restverbliebenen Einkünften des Albrecht und Hans Heinrich von Klingenberg[17]. Annähernde Klarheit über die Besitzverhältnisse der Familie – genauer gesagt, des Hans Heinrich von Klingenberg – haben wir erst für den Zeitraum zwischen 1518 und 1530, also für die zwölf Jahre, während denen Hans Heinrich die Ortsherrschaft über Singen und weitere Gerechtsame in seiner Hand vereinigte.

Deutlich sichtbar werden die Bemühungen des Klingenbergers, seinen Besitz um den Twiel zu arrondieren, vielleicht gerade im Hinblick auf sein Lavieren zwischen der Habsburger und der Württemberger Macht[18]: Am 22. Mai 1518 kaufte er von Bolli von Fulach und dessen Ehefrau Margreth Legbain die Ortsherrschaft Singen[19], erweiterte diesen Besitz durch den Ankauf von Gütern, Eigenleuten und Rechten seines Onkels Albrecht von Klingenberg am 7. Mai 1521[20] und war infolge politischer und wirtschaftlicher Schwierigkeiten wenige Jahre später, nämlich am 28. November 1530, gezwungen, Singen inklusive Niederhofen, des Remlishofs und der Dornermühle mit allen Rechten, ausgenommen der Hochgerichtsbarkeit, an Hans Jörg von Bodman zu verkaufen[21].

Damit waren die Besitzungen faktisch für die Klingenberger erledigt, da sie – wie bereits angedeutet – die Burg Hohentwiel nur noch de iure innehatten.

Aus dem Gesagten ergibt sich das weitere Vorgehen der Darstellung. Zunächst soll die territoriale Organisation der Klingenberger im 14. und 15. Jahrhundert näher untersucht werden, mit Schwerpunkt auf dem Klingenberger Urbar von 1392 und den nachfolgenden Veränderungen im Besitzstand. Nach dem Ausverkauf der wichtigsten Besitzungen – Hohenklingen mit der Stadt Stein im Jahr 1457, Blumenfeld und Hintertengen im Jahr 1463[22] – mußten sich die Klingenberger in einer Ganerbengemeinschaft auf den Hohentwiel beschränken. Die weitergehenden politischen und wirtschaftlichen Bemühungen der einzelnen Familienmitglieder sollen hier im Hinblick auf die Arrondierung des Besitzes um den Hohentwiel beleuchtet werden.

I. Die Familie von Klingenberg und ihr Besitz nach dem Erwerb des Twiel im 14. Jahrhundert

Der Erwerb des Hohentwiel im Jahr 1300 durch Albrecht von Klingenberg[23] erscheint lediglich auf den ersten Blick als Scheitelpunkt der expansiven Bestrebungen der Familie: Dieser Schritt war aber die logische Weiterführung einer gezielten Familienpolitik. Heinrich von Klingenberg war als Kanzler der Könige Rudolf und Albrecht bereits in einflußreicher Position, bevor er 1293 Bischof von Konstanz wurde[24]. Obwohl er sich sowohl als Geistlicher als auch als Förderer von Literatur einen Ruf von hoher persönlicher Integrität erwarb[25], protegierte er einzelne Familienmitglieder an Schaltstellen weltlicher und kirchlicher Macht. Sein Bruder Konrad hatte nacheinander die Bistümer Brixen und Freising inne. Bis 1329 hatte er seine Karriere so weit vorangetrieben, daß er sich wegen Pfründenkumulation verantworten mußte[26]. Ein Hans von Klingenberg erscheint 1300 als Komtur des Deutschordens auf der Mainau[27], ein Ulrich von Klingenberg ist 1302 Dompropst zu Konstanz[28]. Albrecht, ein weiterer Bruder Heinrichs, erscheint bereits 1296 als Stadtvogt von Konstanz[29].

Diese wenigen Schlaglichter zeigen, daß die Familie bereits zu diesem Zeitpunkt über die Grenzen der Region hinaus politischen Einfluß hatte. Die Faktoren, die diesen beispielhaften Aufstieg bestimmten, sind gerade für das 13. Jahrhundert im einzelnen noch ungeklärt. Denn ein Einzelfall sind die Klingenberger keineswegs: Untersuchungen im Gebiet der Ostschweiz haben erwiesen, daß sich um 1300 ein tiefgreifender Strukturwandel im Sozialgefüge des Adels vollzog[30].

Die Entwicklung der Familie im 14. Jahrhundert

würde eine eigene Untersuchung erfordern, hier soll nur die allgemeine Tendenz – wieder mit Blick auf den Hohentwiel und seine Zugehörden – nachgezeichnet werden.

Politisch sicherten sich die Klingenberger dadurch ab, daß sie weiterhin eng dem Reich verbunden blieben[31], gleichzeitig lehnten sie sich schon um 1330 an eine zu diesem Zeitpunkt vielversprechende Macht an, nämlich Habsburg[32]. Die Position innerhalb der führenden Familien der Region wurde nicht zuletzt durch eine kluge Heiratspolitik gefestigt: Ende des 14. Jahrhunderts waren sie mit fast allen Geschlechtern im Hegau und Thurgau verschwägert. Exemplarisch seien hier nur die Familien von Tengen, von Friedingen, von Randegg, von Homburg, von Bürglen und von Landenberg genannt[33].

Auffällig ist, daß von einer Arrondierung des Besitzes kaum die Rede sein kann: Der Aufbau eines Territoriums wurde offensichtlich durch die Bemühungen einzelner Familienmitglieder, die Einflußsphäre auch geographisch weit zu spannen, in den Hintergrund gedrängt. Daß sich Streubesitz – zum Teil bedeutende Titel! – nicht nur im Thurgau und Hegau, sondern auch im Linzgau, in der Baar und bis in das Gebiet der Stadt Zürich findet, mag angesichts der bekannten territorialen Zersplitterung des Südwestens kaum verwundern[34]. Freilich kann aufgrund fehlender Vorarbeiten zu den Klingenbergern des 14. Jahrhunderts hier nur eine vorläufige Bilanz gezogen werden. Immerhin fällt es aber schwer, den Hohentwiel als Herrschaftsmittelpunkt anzusprechen, wenn einerseits der Besitz weit verstreut lag, andererseits mehrfach auf andere Befestigungen ausgewichen wurde. Neben der Stammburg, die der Thurgauer Linie verblieben war, hatten die Klingenberger in der ersten Hälfte des 14. Jahrhunderts zeitweilig noch mindestens vier weitere Festen inne: zunächst den Hohentwiel, dann die Burg Dettighofen bei Pfyn[35], die Burg Hohenbodman als Pfand des Hochstifts Konstanz[36] und die Feste Ramsberg[37]. Die Herrschaft Hintertengen mit der zugehörigen Befestigung war wahrscheinlich von 1300 bis in die 1380er Jahre an Habsburg gefallen, kam dann erneut in Klingenberger Besitz[38].

Schmid betont zu Recht, daß ein wohl überwiegender Teil der Klingenberger mit »seßhaft zu Twiel« urkundet und mit diesem Wohnsitz wahrscheinlich auch eine Art Aktionszentrum verbunden war[39]. Trotzdem sind die Verhältnisse für die erste Hälfte des 14. Jahrhunderts – insbesondere, was das Verhältnis der Thurgauer Linie zur Twielschen Linie betrifft – bislang so ungeklärt, daß sich aus einzelnen Quellenbelegen nur Hypothesen aufstellen lassen. Ein geschlosseneres Bild zeichnet sich erst seit 1360 ab: Die Thurgauer Linie stirbt in der männlichen Erbfolge aus, die Erbteile werden durch Albrecht und Hans, genannt Schoch von Klingenberg, in einer Linie vereinigt[40]. Diese beiden Brüder konzentrierten sich in der Folgezeit auf ihren Sitz Hohentwiel, auch wenn Kriegsdienste häufige Abwesenheit notwendig machten[41]. Mit den beiden Söhnen des Hans Schoch, Kaspar und Hans, scheint ein neuer Zug von rationeller Erfassung des Familienbesitzes einzusetzen: Die Aufzeichnungen, die Hans mit dem Urbar von 1392 und dem Winterthurer Zehntrodel von 1394 anfertigen ließ, geben nach unzusammenhängenden Einzelhinweisen erstmals einen umfassenden Einblick in die Klingenberger Besitzstruktur.

II. Das Klingenberger Urbar von 1392

So wertvoll diese Quelle für einen Überblick über Besitz, Rechte und Einkünfte von Hans und Kaspar von Klingenberg ist, so ergibt sich für eine Anwendung auf den Hohentwiel samt seiner unmittelbaren Umgebung ein fatales Manko: Die Blätter, die vermutlich entsprechende Eintragungen enthalten haben, fehlen. Die Beschreibung des 51 Blatt umfassenden Pergamentbandes im Stadtarchiv Stein a. Rh. besagt nämlich, daß zwischen Blatt 1 und Blatt 2 sieben Seiten herausgetrennt zu sein scheinen[42]. Auf diesen Umstand hat bereits Stehle hingewiesen[43].

Die Vermutung, daß die Eintragungen tatsächlich die Zugehörden des Twiel betreffen, ergibt sich aus folgenden Umständen: Die Eintragungen beginnen mit den Abgaben vom Remlishof: fol. 1^v (nach der Zählung der mir vorliegenden Papierxerokopie S. 2) nennt die jährlichen Verpflichtungen des Hans Remlis, dessen Geschlechtsname offensichtlich mit der Benennung des Gehöfts identisch ist[44]. Nach der Abgabe des Uli Forster[45] folgen die Eintragungen zur Mühle von »dornhan«[46]. Mit dem Namen »Otten diki« bricht die Seite unvermittelt ab, seine Verpflichtungen sind im verbleibenden Freiraum nicht eingetragen. Auf Seite 3 setzen die Eintragungen wieder ein, allerdings ohne daß ein Zusammenhang zum Vorherigen erkennbar wäre. Die Personennamen konnten nicht identifiziert werden, ebensowenig ergibt sich eine Zuordnung zu einem bestimmten Dorf. Der nächste Anhaltspunkt ergibt sich erst auf Seite 4 mit einer Hofstatt zu »Útznach«[47]. Es folgen eine Abgabe zu »Trúntzelhoven«[48], der Zehnt zu Weiler und ein kleines Gut zu Bohlingen. Die Höhe des Zehnten zu Weiler ist nicht eingetragen, ebenso fehlt die Höhe der Abgabe zu Bohlingen. Es scheint sich hier also um Überschriften gehandelt zu haben, die Eintragungen im einzelnen fielen aus ungeklärten Gründen weg[49].

Dem Urbar liegt eine deutlich sichtbare geographische Gliederung zugrunde. Im Anschluß an Bohlingen sind Einkünfte südlich von Singen, beginnend mit Rielasingen, in und um die Höri aufgezählt. Als nächster Bezirk folgt Möhringen an der Donau mit Umgebung, dann Blumenfeld und Tengen mit Umgebung bis Büsingen, anschließend linksrheinische Besitzungen im Thurgau, die mit der Vogtei Eggen schließen. Die letzten Seiten verzeichnen Einkünfte besonderer Art – u. a. den »garten zins ze Winterthur« und die »pfeffer voegt« in Hegau und Thurgau[50] – und einige Ergänzungen.

Die geographische Untergliederung wurde in großen Zügen eingehalten, innerhalb der einzelnen Bezirke ist die Ordnung allerdings nicht immer stringent. So fällt auf, daß die Aufzählung nach den Orten Rielasingen, Worblingen und Arlen mit Ramsen anschließt, von da aber nach Überlingen am Ried und Böhringen zurückspringt[51].

Die Lücke zwischen den Besitzungen im Norden des Hohentwiel – Remlishof und Dornermühle – und Iznang ist freilich auch unter dieser Einschränkung nicht zu übersehen. Die fehlenden Blätter können kaum etwas anderes als die Aufzeichnungen zur unmittelbaren Umgebung des Twiel enthalten haben. Vom Umfang her käme diese Aufzählung ungefähr der von Blumenfeld und Tengen mit Umgebung gleich[52].

Als Zugehörden des Twiel sind für das Jahr 1392 also nur der Remlishof und die Dornermühle zu belegen. Diese beiden Besitzungen waren bis zum Verkauf an Hans Jörg von Bodman 1530 im Klingenbergischen Besitz.

Auffällig an diesen beiden Eintragungen erscheint lediglich noch die Person des wahrscheinlich dem Remlishof zugehörigen »uoli vorster«, da sich in der Verkaufsurkunde von 1521[53] – also rund 130 Jahre später! – unter den 64 Eigenleuten des Albrecht von Klingenberg auch zwei »vorster vom Remlishof« befinden. Ob mit diesen Personen ein Zusammenhang zu den Klingenbergischen Waldungen hergestellt ist oder ob es sich um eine zufällige Übereinstimmung von Nachnamen handelt, kann nicht entschieden werden.

Obwohl sich aus den spärlichen Belegen kaum mehr als Vermutungen zu den Twielschen Zugehörden ableiten lassen, zeigt die Gliederung des Urbars doch deutlich, daß Besitz und Einkünfte mit Blick von der Burg Twiel verzeichnet wurden. Daß die erste Eintragung den Remlishof betrifft, ist ein wichtiger Indikator für die Stellung des Berges als Herrschaftsmittelpunkt: Die unmittelbaren Zugehörden wurden zuerst angeführt.

Für das 14. Jahrhundert wissen wir also – verglichen mit den reichlichen Quellenbelegen zu der Familie von Klingenberg – zum Hohentwiel selbst und seinen Zugehörden sehr wenig. Wie in vielen anderen Fällen können wir lediglich davon ausgehen, daß ein Hinterland, das die Burg versorgte, auch vorhanden war, ohne allerdings über Besitzstruktur und Rechtstitel im einzelnen informiert zu sein.

Wir wissen weder von größeren Güterbewegungen – seien es Ankäufe, Verkäufe oder Pfandschaften –, noch haben wir Aufschlüsse über die rechtliche Qualität des Besitzes, beispielsweise durch Lehenbriefe. Es sei nochmals daran erinnert, daß Ulrich von Klingen in seinem Verkauf von 1300 seinen Besitz überaus vage umschrieben hat. Er vermerkte noch nicht einmal ausdrücklich Zugehörden der Burg, sondern sprach pauschal von »min burg / ze Twiel und alles andúr min gůt es si åigen oder lehen, vogtai oder / urbor, gesůcht oder ungesůcht, mit lúten und mit gůten an allain die lúte am Randen, daz mir ze tail wart von minen brůdern«[54]. Da im Kaufbrief weder eine Genehmigung noch eine Zustimmung zu der Eigentumsübertragung vermerkt ist, geht Schmid zu Recht davon aus, daß der Twiel selbst Eigengut des Ulrich von Klingen war[55]. Mit endgültiger Gewißheit läßt sich dies freilich nicht sagen, da in der knappen Formulierung Eigen und Lehen nicht getrennt wird.

Rund 90 Jahre später zeigt sich der Klingenberger Besitz relativ überschaubar. Die Anlage des Urbars hat einen neuen Zug von Rechenhaftigkeit. Heute würden wir sagen: Die Verwaltung wurde rationalisiert. Der Besitz wurde in seiner Gesamtheit erfaßt, die Einkünfte waren fixiert. Diese Anstrengung zur Rationalisierung kann kaum hoch genug eingeschätzt werden. Hier wird eine Generation sichtbar, die offensichtlich genauere Kosten-Nutzungsrechnungen anzustellen versuchte, die bereit war, Vermögensbildung auch längerfristig gezielt zu planen und hierbei nicht nur die traditionellen Einnahmequellen des Adels zu nutzen, sondern sich auch neue Tätigkeitsfelder zu erschließen[56].

III. Die Struktur des Klingenbergischen Herrschaftsbereichs bis 1463

Ein Vertreter dieser Generation war Kaspar von Klingenberg. Ihm gelang mit dem Ankauf von Stein und Hohenklingen die wohl bedeutendste Erweiterung des Klingenbergischen Herrschaftsbereichs. Mit dieser Erweiterung war eine Umstrukturierung verbunden, die dem Hohentwiel – allerdings nur für einige Jahrzehnte – seine Vorrangstellung als Herrschaftsmittelpunkt nahm.

Das Bild eines »modern« denkenden Adligen zeichnet sich zunächst in einem oft zitierten politischen Renommee ab. Kaspar von Klingenberg war königlicher Rat, trat besonders in den Jahren des Konstanzer Konzils in der unmittelbaren Umgebung von König Sigismund auf und wird mehrfach als Hauptmann der Gesellschaft mit St. Jörgenschild erwähnt. Ein Höhepunkt dieser Karriere dürfte um das Jahr 1430 mit einer Nennung als »des küngs kantzler« liegen[57]. Die enge Bindung an Sigismund und die Tätigkeit als Königlicher Rat mit allen Rechten und Pflichten – hier vor allem als ständig fließende Geldquelle für den notorisch zahlungsschwachen König! – ist für Zeit und Ort freilich nicht ungewöhnlich. Das Konstanzer Konzil und die persönliche Protektion König Sigismunds rückten hier vor allem den Adel der Region in den Vordergrund[58].

Es sind eher kleinere Indizien, die seine Stellung auch innerhalb dieses gehobenen Kreises unterstreichen. In einer Zeugenliste des Jahres 1425 wird Kaspar von Klingenberg vor einem Freiherrn von Klingen erwähnt, obwohl dieser seinem Geburtsstand nach den Vorrang verdient hätte[59]. Auffällig ist, daß es sich Kaspar quasi leisten konnte, auf den prestigefördernden Rittertitel zeit seines Lebens zu verzichten: Die Nennung als »edelknecht« bis ins hohe Alter tat seiner Stellung keinen Abbruch[60]. Kaspar von Klingenberg hatte günstige Voraussetzungen und wußte sie geschickt zu nutzen.

Zunächst hatte er eine der reichsten Erbtöchter des Südwestens geehelicht. Margarethe Malterer war eine von vier Töchtern des Ritters Martin Malterer, der in der Schlacht bei Sempach an der Seite Herzog Leopolds von Österreich gefallen war[61]. Ob diese Verbindung mit dem bekannten Freiburger Patrizierhaus noch andere Gründe hatte als den Gesichtspunkt der Verbindung zweier klangvoller Namen mit daraus resultierenden wirtschaftlichen Vorteilen, sei hier dahingestellt.

Zweitens vereinigte Kaspar nach dem Tod seines Bruders Hans in der Schlacht am Stoß 1405 den gesamten Familienbesitz in seiner Hand: Er war deshalb frei in allen Vermögensentscheidungen, abgesehen davon, daß die Repräsentationskosten und die Ausstattung mit Vermögensanteilen für andere Familienmitglieder – ein gewichtiger Kostenpunkt[62] – zunächst wegfielen.

Kaspar von Klingenberg konzentrierte seine wirtschaftlichen Anstrengungen auf den Ankauf der Herrschaft Hohenklingen mit der zugehörigen Stadt Stein, der sich in zwei Etappen vollzog. 1419 kaufte er von Ulrich von Klingen d. Ä. dessen halben Teil an der Feste Hohenklingen und der Stadt Stein, der wiederum zur Hälfte Eigen und zur Hälfte österreichische Pfandschaft war, für 9300 Pfund Heller[63]. Der zweite Teil von Hohenklingen und Stein ging 1433 an den Klingenberger über. Ulrich von der Hohenklingen verkaufte den vierten Teil der Feste Hohenklingen und seiner Rechte an der Stadt Stein, die Vogtei des Klosters St. Georgen zu Stein und den halben Zoll in der Stadt – diese Rechte waren Eigen –, ferner den anderen vierten Teil von Hohenklingen und Stein, der faktisch die andere Hälfte der Pfandschaft war. Der Kaufpreis betrug hier 8500 rheinische Gulden[64].

Obwohl sich Ulrich von der Hohenklingen noch einige Rechte vorbehalten hatte, die er erst 1441 an Kaspars ältesten Sohn Albrecht abtrat[65], wird Kaspar von Klingenberg 1434 ohne Einschränkung als »Herr zu Stein« bezeichnet[66].

Die Neuerwerbung war mehr als nur ein Brückenkopf zwischen rechts- und linksrheinischen Besitzungen der Klingenberger: Mit der Stadt Stein und ihrer überaus günstigen Verkehrslage hatte sich Kaspar neue Einkommensquellen erschlossen.

Die expandierenden Märkte boten für den Landadel insofern Anreize, als die Naturaleinkünfte durch Geldeinkünfte ergänzt wurden: Im Falle Stein waren es der Zoll an der Rheinbrücke und die Stadtsteuer, die – ohne daß wir die konkrete Höhe kennen – beträchtliche Einnahmen verhießen.

Hohenklingen und Stein waren somit keineswegs, wie Schmid meint, vom Hohentwiel abhängig[67], sondern eine neue Residenz der Klingenberger in zentraler Lage an einem Verkehrsknotenpunkt. Der Twiel mußte dagegen abseits der Städte Radolfzell und Engen zwangsläufig in den Hintergrund treten. Daß sich Kaspar zunehmend auf städtische Einnahmen konzentrierte, zeigt auch die Zähigkeit, mit der er bei der Auseinandersetzung um die Besetzung des Bürgermeisteramtes von Radolfzell an seinen hergebrachten Rechten festhielt[68].

Quellen zur Besitzstruktur der Klingenberger stehen für diese Zeit meist in einem Zusammenhang mit Hohenklingen und der Stadt Stein[69] oder dem Kloster St. Georgen, das mit Vogtei und Dinghof zu Arlen ebenfalls eine bedeutende Erweiterung des Klingenbergischen Herrschaftsbereichs bedeutete[70]. Kaspar und seine Söhne Albrecht und Hans waren mit hoher Wahrscheinlichkeit ständig seßhaft zu Hohenklingen. Hier urkundeten sie, von hier aus wurden sie tätig.

Zeugnisse zum Twiel und seinen Zugehörden finden sich für diesen Zeitabschnitt nur selten. Der Schluß, daß dies mit mangelndem Interesse an diesen Besitzungen zu begründen ist, scheint mir aus dem oben Gesagten kaum verfehlt: Das Umland des Twiel lag im Einflußbereich anderer Adelsfamilien – insbesondere die Ortsherrschaft Singen in der Hand der Herren von Friedingen[71]. Anstrengungen, in diesem Bereich Herrschaftsrechte auszubauen, unternahm Kaspar offensichtlich nicht, obwohl sich günstige Gelegenheiten dazu geboten hätten. 1426 schlug Kaspar das Angebot König Sigismunds aus, die Pfandschaftsanteile an der Burg Hinterstoffeln zu seinen Händen zu lösen und somit die Burg in seinen Alleinbesitz zu bringen[72].

Über Güterbewegungen im Umfeld des Twiel ist nichts in Erfahrung zu bringen. Nur indirekt erfahren wir etwas über Waldbesitz der Klingenberger, als Ulrich von Hohenklingen 1425 dem Kloster Paradies zu Schaffhausen den Gereuthof zu Remlishofen, den Oberhof zu Worblingen und weitere Besitzungen verkaufte[73].

Der Ankauf von Hohenklingen und Stein hätten der Grundstock zu einer weiteren wirtschaftlichen Expansion der Klingenberger sein können. Die Chancen, die die aufstrebende Stadt bot, sind kaum zu übersehen.

Allerdings änderten sich in den 1430er Jahren die politischen und wirtschaftlichen Rahmenbedingungen grundlegend: eine Teuerung infolge einer Reihe von Mißernten[74], der Verlust der Protektion von seiten des Reiches, kriegerische Auseinandersetzungen mit den Städten[75] und zunehmend auch mit den Eidgenossen in den 1440er Jahren[76]. Es sind weniger subjektive Gründe, die für den vielzitierten »Niedergang des Hauses« in den kommenden Jahrzehnten verantwortlich zu machen sind.

Die Verschlechterung der wirtschaftlichen Situation ist in den Ursachen Kaspar zugeschrieben worden: Er habe seine finanziellen Möglichkeiten überschätzt, um seiner Herrschaft mit dem Ankauf von Hohenklingen und Stein größere Bedeutung zu verleihen[77]. Dies ist meines Erachtens nicht der Fall. Die Verpflichtungen, die Kaspar einging, bewegten sich in Grenzen. Alarmierend hohe Kreditaufnahmen tätigten erst seine Söhne Albrecht und Hans[78]. Bezeichnenderweise wurden besonders Ende der 1440er Jahre größere Summen aufgenommen. Der Städtekrieg am Anfang des Jahrzehnts mußte den Adel der Region empfindlich getroffen haben[79].

Nach dem Tod Kaspars um 1437 hielten die Söhne Hans und Albrecht an Hohenklingen als gemeinsamem Wohnsitz fest. Offensichtlich wollte sich kein Familienangehöriger auf andere Besitzungen abdrängen lassen, denn nach dem Tod Albrechts 1444 fielen Hohenklingen und Stein zwar formal an seine Kinder, Hans erscheint allerdings als Vormund seiner Neffen und scheint auch nach deren Volljährigkeit genannte Besitzungen mitbesessen zu haben[80]. Er urkundet erst nach dem Verkauf von 1457 als »seßhaft zu Twiel«[81].

Um die folgende Entwicklung der Familie von Klingenberg im Hinblick auf ihren unaufhaltsamen wirtschaftlichen Verfall angemessen beurteilen zu können, bedarf es eines Blicks auf die inneren und äußeren Bedingungen.

Der Antritt des Familienerbes stand für Hans – anders als eine Generation zuvor – unter ungünstigen Vorzeichen. Eine Hypothek war familiärer Art: Mindestens zwei Söhnen und fünf Töchtern seines verstorbenen Bruders Albrecht und seinen eigenen fünf Söhnen und acht Töchtern[82] mußte ein standesgemäßes Leben ermöglicht werden. Hinzu kamen nicht nur die Vermögensschädigungen der Vorjahre als Kriegsfolgekosten, sondern auch Rüstungsaufwendungen, besonders für Herzog Siegmund von Österreich im Zusammenhang mit dem Krieg im Thurgau 1460[83]. Dieses Thema bedarf einer eigenen Untersuchung und soll hier nur als eine der Hauptursachen für das finanzielle Desaster der Familie angesprochen werden.

Um die Mitte des Jahrhunderts hatten die Klingenberger nach wie vor eine politische Vorzugsstellung innerhalb des Adels der Region.

Hans von Klingenberg versuchte im Oktober des Jahres 1440 als Hauptmann der Gesellschaft, mit St. Jörgenschild in der Fehde zwischen den Grafen von Lupfen und Heinrich von Hewen als Bischof von Konstanz zu vermitteln[84]. 1447 trat er mit einer Anzahl von Hegau-Adligen in den Dienst des Grafen Ludwig von Württemberg zu Mömpelgart[85], österreichischer Rat war er spätestens seit 1450[86], als Landrichter im Thurgau wird er mehrmals ab 1451 genannt[87]. Deutlichstes Indiz für die hervorragende Stellung der Klingenberger ist eine Räte- und Ritterschaftsliste der vorderösterreichischen Regierung, die zwischen 1455 und 1457 erstellt wurde. Hier erscheinen an vorgerückter Position unter der Rubrik »Vermerckt die Ritterschaft im Hegaw« nach drei Grafen von Lupfen und drei Grafen von Nellenburg-Tengen nacheinander Hans, Eberhard und Heinrich von Klingenberg[88]. Eberhard als ältester Sohn von Hans und Heinrich als ältester Sohn des verstorbenen Albrecht sind hier vollberechtigte Mitglieder der Familie.

Daß die Klingenberger für die 1450er und 1460er Jahre immer kurz vor einem wirtschaftlichen Zusammenbruch standen, ist für Zeit und Region keineswegs ein Einzelfall. Klangvolle Namen und politisches Renommee können über die katastrophale Situation nicht hinwegtäuschen: 1465 verkaufte Hans von Tengen die Landgrafschaft Nellenburg unter drückenden Schulden an Herzog Siegmund von Österreich[89].

Die Familie von Klingenberg versuchte, sich mit dem Verkauf der Herrschaft Hohenklingen mit Stein und den übrigen Zugehörden im Januar 1457 an die Stadt Stein und mit Blumenfeld und Hintertengen an Hans Jakob und Itelhans von Bodman einerseits, Wolfgang und Burkhard von Jungingen andererseits »mit voller herrschaft und aller zugehord« im August 1463 wirtschaftlich zu sanieren[90]. Beim Verkauf von Hohenklingen blieben aber von 24 500 Gulden nur etwa 3000 Gulden übrig, der Rest wurde von der Stadt Stein für Schuldverpflichtungen der Klingenberger bei insgesamt 22 Gläubigern verwendet[91]! Die Querelen über nicht angegebene bzw. unbezahlte Schulden zogen sich über Jahrzehnte, im Falle Blumenfeld waren die Auseinandersetzun-

109

gen zwischen beiden Parteien besonders heftig und führten zu einer Rücknahme und erneutem Verkauf der Herrschaft[92].

IV. Die Klingenberger auf dem Hohentwiel 1463 bis 1495: Herrschaftsverhältnisse und Besitzstruktur

Nach dem Verkauf von Blumenfeld und Hintertengen zogen sich beide Linien in einer Ganerbengemeinschaft auf den Hohentwiel zurück. Dieser Schritt unterstreicht die Stellung des Berges in der Besitzstruktur der Klingenberger: Kein Familienmitglied – ausgenommen die beiden Söhne von Hans, nämlich Heinrich und Wolfgang, die eine geistliche Karriere angetreten hatten[93] – wollte zunächst auf diesen Herrschaftssitz verzichten, obwohl als Ausweichmöglichkeiten die Burgen Dettighofen bei Pfyn[94] und Möhringen[95] zur Verfügung gestanden hätten.

Die Situation, in der sich die Klingenberger in den nächsten Jahrzehnten befanden, entwickelte sich bekanntermaßen nachhaltig zum Schlechten. Waren die wirtschaftlichen Verhältnisse durch die großangelegten Sanierungsversuche keineswegs gebessert[96], kam nicht zuletzt infolge des verstärkten Zugriffs Habsburgs ein Verlust an politischer Substanz und an Herrschaftsautonomie hinzu.

Als Hauptursache wird zu Recht der unglückliche Ausgang der Werdenberg-Fehde genannt[97]. 1464 hatte sich Eberhard von Klingenberg zusammen mit seinem Verbündeten Hans von Rechberg[98] nach einem kurzen Vorgeplänkel mit den Grafen von Werdenberg und der versammelten Gesellschaft mit St. Jörgenschild angelegt. Obwohl kein militärischer Sieg die Auseinandersetzung beendete – der Hohentwiel erwies sich bei einer Belagerung einmal mehr als uneinnehmbar –, war Eberhard doch so deutlich unterlegen, daß er sich nach kurzer Zeit mit der Bitte um Vermittlung an Herzog Siegmund von Österreich wenden mußte. Diese Vermittlung hatte ihren Preis: Am 12. Januar 1465 nahm der Herzog in Radolfzell Eberhard und Heinrich von Klingenberg samt ihrem Schloß Twiel zu Lebzeiten als Diener an. Dies bedeutete faktisch, daß der Twiel aufgrund der Öffnungsklausel in den direkten Zugriff Habsburgs gekommen war[99].

Diese Vereinbarung sollte auch für die rechtliche Stellung des Twiel und seiner Zugehörden Konsequenzen haben. Denn der Ankauf der Landgrafschaft Nellenburg durch Habsburg stand zum Zeitpunkt des Vertragsabschlusses zwischen den Klingenbergern und Herzog Siegmund unmittelbar bevor: Wollte Habsburg nun den Ausbau landesherrlicher Rechte forciert betreiben, mußten die zahlreichen Exemtionen von der Landgrafschaft[100] unter Kontrolle gebracht werden. Nun waren die Klingenberger durch König Friedrich III. im Jahr 1442 »mit dem Blutbann zu Radolfzell und anderswo auf ihren Gütern, Schlössern und Dörfern«[101] belehnt worden. Dieses Regal war zwar ihre einzige, gleichwohl bedeutende Exemtion, so daß Habsburg versuchen mußte, den Zugriff auf den Hohentwiel nicht nur über Abhängigkeiten durch Dienstverträge zu erreichen. Dies gelang offensichtlich: Eberhard siegelte den Hegauer Vertrag 1497 als Niedergerichtsherr[102] – ein wichtiges Indiz, daß den Klingenbergern Zug um Zug ihre Herrschaftsautonomie verlorengehen sollte.

Diesem Verlust an politischer Substanz wirkte die Familie in ihrer Gesamtheit nicht entgegen. Vielmehr wird für die folgenden Jahre immer deutlicher ein Verlust des familiären Konsenses spürbar, der den sprichwörtlichen Ruf von der Zerstrittenheit der Familie mit all ihren bösen Folgen begründen sollte[103].

Die Probleme, die sich aus dem Zusammenleben von fünf am gemeinsamen Besitz beteiligten Klingenbergern auf der Burg Twiel beinahe selbstverständlich ergeben mußten, treten im sogenannten »Twieler Burgfrieden« vom 4. Oktober 1473 offen zutage[104]. Er wurde zwischen Eberhard, Kaspar (d. Ä.) und Albrecht einerseits sowie zwischen Heinrich und Kaspar (d. J.) andererseits abgeschlossen. Vieles spricht dafür, daß die Burg von den beiden Ältesten – also Eberhard und Heinrich – zu gleichen Teilen besessen wurde. Zum einen wurde bereits in der Erbschaftsvereinbarung der Witwe des 1444 verstorbenen Albrecht, Margarethe geb. von Grünenberg, mit ihren Söhnen Heinrich und Kaspar das Schloß Twiel zugesprochen[105]. Zum anderen wurde der Dienstvertrag 1465 mit Eberhard und Heinrich als gleichberechtigten Partnern abgeschlossen[106]. Inwieweit die jüngeren Brüder beteiligt waren, ist nicht bekannt, jedenfalls waren sie nicht vom gemeinsamen Herrschaftssitz ausgeschlossen.

Zweifellos enthält der Vertrag kleinkariert erscheinende Bestimmungen, die vermuten lassen, daß es um den Haussegen nicht allzugut bestellt war[107]. Der Vertrag sollte aber nicht nur das Zusammenleben auf dem Twiel regeln, sondern in erster Linie Richtlinien für die Familienpolitik – insbesondere was die Veräußerungsmöglichkeiten des jeweiligen Teilbesitzes betrifft – erstellen, und war somit eine Regelung zum Schutz des Hauses Klingenberg:

»Item es sol ouch dehain tail sine recht an solichem sloss weder das minder noch das merer nit verkouffen versetzen oder verendern in dehainen weg mit verschaffung noch vbergebung, wie das yemer erdaucht oder erfunden mocht werden, dann gegen ainem mannesbilde von Clingenberg elich geborn [...]«[108].

Den Kern dieser Grundsatzerklärung sieht Schmid zu Recht als Versuch aller Klingenberger Erben, den Twiel als Zentrum der verschuldeten, zersplitterten und zunehmend gefährdeten Herrschaft zu erhalten. Dieser Versuch stellt die Frage nach der Struktur der Klingenberger Herrschaftsanteile einmal neu. Obwohl der Burgfrieden vorrangig den Wohnsitz Hohentwiel betrifft, muß nunmehr im Detail untersucht werden, welche Besitzanteile den einzelnen Erben zugerechnet werden können.

Der geographische Geltungsbereich der Burgfriedensregelung ist genau abgezirkelt:

»Item vnd solher burgfriden sol den begrif haben und so wyt langen als hernach volget. Zum ersten an Märcklins brunnen, von Märcklins brunnen die langen vnd des Schmids wiß ab vntz an die weg, der der ain gen krägen, der ander gen Dornihain zur müli gond, vnd den weg in gen brugksteg in den furt, vnd die Ach ab vntz in den Singer furt, die landstrauß vom Singer furt vß vntz an den spitz am Vttenacker, vnd denselben vshervntz gen Schorren vnd vom Schorren die Braiten am Hiltzinger riet hinin vntz an Búrcklins rötten wingartten, vnd von Burcklins rotten wingarten vntz wider in Marcklins brunnen.«[109]

Diese Grenzlegung freilich macht keine direkten Aussagen zum Klingenberger Besitz unter dem Twiel, sie beschreibt lediglich einen Sonderbezirk.

Aber fassen wir an dieser Stelle zusammen, welche Besitzungen wir auf der heutigen Gemarkung Singen zu diesem Zeitpunkt im Besitz der Familie identifizieren können. Die Dornermühle finden wir bereits im Klingenberger Urbar von 1392. Ein Weinberg »Schoren« erscheint in einem Schuldbrief des Hans von Klingenberg aus dem Jahr 1450: Er schuldete dem Fritz Gurras, genannt Spurius, und dem Andreas Sunder, beide Konstanzer Bürger, 500 Gulden; diese Schuld rührte vom Kauf des genannten Weinbergs – früheres Eigentum der Randenburger zu Schaffhausen – her[110].

Ein wichtiger Besitz der Klingenberger war der Kelhof zu Singen als Lehen des Klosters Reichenau. Dieser Besitz ist in den wichtigsten Zügen geklärt[111]. Eine für die Erbfolge aussagekräftige Belehnung datiert aus dem Jahr 1445 durch Abt Friedrich an Hans von Klingenberg[112]. 1464 bzw. 1482 ist Eberhard von Klingenberg Lehensträger[113]. Über Umfang und Ertrag des Kelhofs wissen wir zu diesem Zeitpunkt nichts. Die Belehnung aus dem Jahr 1482 umfaßte neben dem Kelhof einige kleinere Besitzungen.

Merkwürdigerweise befindet sich der Kelhof offensichtlich schon 1495 im Besitz Albrechts von Klingenberg, obwohl eine Belehnung für ihn erst aus dem Jahr 1513 datiert[114]. Das Salbuch des Albrecht von Klingenberg nennt den Hof an erster Stelle seiner Besitzungen und bezeichnet neben den grundherrlichen Abgaben namentlich die Personen, die als Eigenleute Albrechts ausgewiesen sind. Schließt man das Vorhandensein zweier Kelhöfe aus – diese Unsicherheit bleibt, da die Besitzung im Salbuch nicht ausdrücklich als Reichenauer Lehen bezeichnet ist –, scheint eine familieninterne Vermögensübertragung am wahrscheinlichsten[115].

Weitere Besitzungen im Umkreis des Hohentwiel sind in der bereits angesprochenen Vermögensvereinbarung der Brüder Heinrich und Kaspar d. J. mit ihrer Mutter Margaretha geb. von Grünenberg aus dem Jahr 1459 genannt. Heinrich als der ältere Bruder bekam die offensichtlich wichtigeren Anteil zugesprochen. Sie umfaßten unter anderem »das Schloß Twiel, wie Hans und Albrecht es inne gehabt«, dazu die Dörfer Worblingen, Ramsen und Weiler[116].

Diese Formulierung ist ein deutlicher Hinweis, daß Albrecht und Hans den Twiel gleichberechtigt zu beiden Teilen besessen hatten und diese Regelung für die ältesten Söhne fortgeführt werden sollte[117]. Der weitere Besitz Heinrichs ist ohne detaillierte Auflistung[118] klar umrissen, ob aber die Twielschen Zugehörden im gleichen Verhältnis wie das Schloß vererbt wurden, ist nicht bekannt, da wir lediglich den Kelhof zu Obersingen als Eberhards Besitz identifizieren können.

Eberhard verfügte über weitere Besitzungen im Umfeld des Twiel. Am 21. April 1475 erklärte er in einem Lehensrevers gegenüber Habsburg, daß ein Drittel der Feste Staufen und ein Drittel des Dorfes Hilzingen als Erbteil an ihn gefallen seien. Er bezeichnete sein Drittel als »vom haws Osterreich zu lehen harurend« und versicherte, die Feste Staufen für Habsburg offenzuhalten[119]. 1516 finden wir seinen Bruder Albrecht im Besitz dieses Anteils[120]. Der Staufen als »kleiner Bruder« des Hohentwiel in der unmittelbaren Umgebung mußte ihm als Besitzzuwachs schon deshalb zustatten kommen, da er unter der Last der Folgekosten der Werdenberg-Fehde gezwungen war, Anteile zu veräußern: Bereits 1464 verkaufte er das Dorf Büsingen mit Zugehörde an Heinrich Barter aus Schaffhausen. Diese Transaktion begründete er gegenüber Habsburg mit einer »mercklichen notturft«[121].

Die wenigen Hinweise auf Besitz im Umfeld des Twiel dürfen allerdings nicht darüber hinwegtäuschen, daß die tatsächlichen Anteile sehr viel umfangreicher gewesen sein müssen. Eine Identifikation eines Teils der Rechts- und Besitztitel wird im Detail erst mit dem Salbuch des Albrecht von Klingenberg für das Jahr 1495 möglich.

V. Das Salbuch 1495

Mit dieser zentralen Quelle liegt nach über hundert Jahren erstmals wieder eine urbarielle Aufzeichnung über Klingenberger Besitz vor. Gleichzeitig handelt es sich um die erste systematische Zusammenstellung von Gütern und Rechten in Singen selbst, die noch erhalten ist. Das Salbuch ist in seinen wesentlichen Bestandteilen von Max Miller ediert[122].

Nach den Einträgen über den bereits angesprochenen Kelhof und fünf weitere Höfe folgen von einer späteren Hand Bemerkungen zu drei oder vier weiteren Gütern. Der Kelhof war mit einer Getreideabgabe von 18 Maltern, die sich aus sechs Maltern »vesen«[123] und zwölf Maltern Hafer zusammensetzten, die wohl einträglichste Besitzung. Den Hof hatten die Brüder »Petter und Hanns die Hoppler« inne, die beide Eigenleute des Albrecht von Klingenberg waren. Mit dem Kelhof waren weitere Verpflichtungen verbunden: »20 Costentzer batzen höwgelt den predigern zu Costentz« und Frondienste, »wie von alter herkomen ist«. An zweiter Stelle steht das Gut des »Clewy Rosnegger« mit einer bereits deutlich kleineren Getreideabgabe von vier Maltern Roggen, drei Maltern Hafer und drei Maltern Vesen. Es folgen die Abgaben der folgenden Güter bzw. inhabenden Personen: »Jacob Huser, Ulrich Huber, Myes Waibell, die drei Brüder Hans Schmid der elter, Hans Schmid der jünger und Michel Schmid, Cristan Grauff, Hanns Kalb und Hanns Bringer.« Die Aufzählung der hier genannten Personen ist deshalb aufschlußreich, weil sie teilweise in späteren Verkaufsurkunden erneut erscheinen. Auf eine Auflistung der Verpflichtungen kann im einzelnen verzichtet werden, weil die Quelle zum einen gut erschlossen ist, die Einzelposten zum anderen keine außergewöhnlichen Leistungen enthalten.

Auffällig ist freilich, daß der größte Teil der Einkünfte verpfändet war: aus vier Gütern an die »Vögte von Zell« und aus drei Gütern an Konrad von Marbach. Miller vermutet, daß bei Anlage des Salbuchs Albrecht von Klingenberg nur noch den Kelhof selbst besaß. Ob dies dem Umstand zuzuschreiben ist, daß von seiten der Reichenau einer Verpfändung nicht zugestimmt wurde[124], oder ob Albrecht das Gut wegen der hohen Leistungen halten wollte, ist nicht zu entscheiden. Zwar war fast durchgängig das Wiedereinlösungsrecht vorbehalten, trotzdem geben die zahlreichen Verpfändungen deutliche Hinweise auf den Besitzschwund der Klingenberger in Singen. Von den drei Brüdern Schmid blieb Albrecht neben den Frondiensten gerade noch eine jährliche Abgabe von »2 fiertel ärbs«.

Das Salbuch ist nicht nur im Hinblick auf die Klingenbergischen Besitzungen von Interesse. Unter den Anrainern an einzelne Besitzungen sind Adlige und kirchliche Institutionen namentlich aufgeführt. Der mehrfach erwähnte »junkher Bollin von Singen« ist gewiß mit dem Ortsherrn Bolli von Fulach identisch.

Ob und inwieweit kleinere im Salbuch aufgeführte Leistungen in späteren Verkäufen, insbesondere im Kaufbrief von 1530, inbegriffen sind, bedarf noch der Klärung im Detail.

In erster Linie ist freilich das weitere Schicksal des Kelhofs von Interesse, der im Verkauf von 1530 nicht angeführt wird, später aber im Besitz der Familie von Bodman erscheint, ohne daß die näheren Umstände des Güterwechsels geklärt sind[125].

VI. Die Entwicklung der Besitz- und Herrschaftsverhältnisse von 1495 bis 1518

Hinweise, die wir in den folgenden Jahren sowohl zur allgemeinen Vermögenssituation der Klingenberger als auch zum Hohentwiel mit seinen Zugehörden finden, sind abhängig von zwei Faktoren zu sehen: zum einen das zunehmende Interesse der beiden Territorialmächte Württemberg und Habsburg an der Festung, das sich in der zunehmenden Abhängigkeit einzelner Familienmitglieder durch Dienstverträge äußerte, zum anderen die Konkurrenzsituation, in der sich die beiden Linien im Hinblick auf die Herrschaftsanteile befanden.

Deutlich sichtbar wird zunächst, daß sich Kaspar d. J. und sein Sohn Hans Heinrich einen Anteil am Hohentwiel sichern wollten. Kaspar d. J. hatte zwar den Burgfrieden 1475 mit unterzeichnet, war aber in der Vermögensregelung von 1459 mit entlegeneren Besitzungen abgefunden worden. 1469 und 1479 urkundete er als seßhaft zu Möhringen[126]. Heinrich von Klingenberg dürfte in den 1480er Jahren verstorben sein[127]. Daß sein Sohn Bernhard das väterliche Erbe auf dem Hohentwiel angetreten hatte, wird in mehrfachen Beurkundungen »seßhaft zu Twiel« deutlich[128].

Kaspar d. J. gelang es, den Vermögensanteil Bernhards an sich zu ziehen. Der Anfang war ein Schiedsspruch im August 1497, nach dem Bernhard seinem Onkel auf sechs Jahre seinen Teil am Hohentwiel gegen den Sitz zu Möhringen einräumte[129]. Alle Vermögensanteile, die sich später im Besitz von Kaspar d. J. und Hans Heinrich befanden, dürften auf diesen Vergleich zurückzuführen sein.

Im Mai des Jahres war die Erneuerung des Burgfriedens von 1475 noch von Eberhard, Bernhard und Kaspar d. J. – zu diesem Zeitpunkt noch seßhaft zu Möhringen – bestätigt worden, wahrscheinlich in Vorausahnung einer kriegerischen Auseinandersetzung mit den Eidgenossen, die dann im Schwabenkrieg 1499 auch stattfinden sollte[130]. Daß die beiden Brüder Albrecht und Kaspar d. Ä. nicht an dem Vertrag beteiligt waren, ist wahrscheinlich darauf zurückzuführen, daß sie beide in habsburgischen Diensten standen und deshalb zumindest vorübergehend landesabwesend waren[131].

In den folgenden Jahren wurde Hans Heinrich, der Sohn Kaspars d. J., als Erbe der Linie eingesetzt: 1505 erfolgten »Übergabe und Verweisung« vom Vater an den Sohn, da sich dieser mit einer Susanna von Rotberg zu verehelichen gedachte[132]. Ein Jahr später gaben die beiden dem Pankraz von Stoffeln einen Bürgschaftslosbrief gegen Heinrichs Ehefrau um die 1000 Gulden »Zugebrachtes«[133].

Auf der anderen Seite war zumindest Eberhard dauernd seßhaft zu Twiel. Albrecht tritt trotz seiner Tätigkeit in Innsbruck zunehmend in Erscheinung, lediglich Kaspar d. Ä. blieb nach Abschluß des früheren Dienstvertrages im Hintergrund[134].

Albrecht stand als Erbe seines Bruders Eberhard nach dessen Tod im Jahr 1512[135] der Koalition von Kaspar d. J. und dessen Nachkommen gegenüber.

1511 stellte Albrecht ein Lehensrevers über das Dorf Arlen und einen Teil von Rielasingen aus und war – wie bereits erwähnt – 1513 im Besitz des Kelhofs[136]. Martens erwähnt für das Jahr 1510 eine Vermögensregelung für seine Ehefrau Dorothea geb. von Öttingen: Diese umfaßte je ein Drittel von Hilzingen und Rielasingen, die Hälfte von Arlen und den Hof zu Singen[137]. Damit dürfte freilich nur ein Teil des Besitzes von Albrecht umrissen sein.

Aber nicht nur innerfamiliäre Zwistigkeiten zeichneten sich für den angesprochenen Zeitraum ab. Seit einem Dienstvertrag mit Graf Eberhard d. Ä. von Württemberg im Jahr 1483 mußten die Klingenberger in einem latenten Loyalitätskonflikt mit den beiden vordrängenden Territorialmächten Habsburg und Württemberg stehen, da die Öffnung der Burg faktisch beiden zugesichert war[138]. Die verschiedenen Verträge sind an dieser Stelle nur insoweit von Interesse, als sie zu einem bestimmten Zeitpunkt den Zugriff einer äußeren Macht auf Klingenberger Rechte und Besitz zur Folge haben konnten. Freilich war diese Konsequenz bei Vertragsabschluß nicht immer offensichtlich. Es gab vielschichtige Motive für einen Dienstabschluß, denn nicht zuletzt waren damit Karriere, soziale Absicherung und der Anreiz eines Dienstgeldes verbunden.

Hans Heinrich von Klingenberg schloß mit Herzog Ulrich von Württemberg im Januar 1511 einen folgenschweren Vertrag ab: Er versprach lebenslänglichen Dienst unter fortwährender Öffnung der Burg gegen ein jährliches Dienstgeld von 200 Gulden und gestand in einer Vertragserweiterung zu, daß die Burg allen Feinden des Herzogs verschlossen bleiben sollte[139]. Diese Übereinkunft beinhaltete nun weitgehende Rechte für den Herzog und war in doppelter Hinsicht bedrohlich: Sie lief nicht nur den zitierten Bestimmungen des nach wie vor gültigen Burgfriedens von 1475 zuwider, sondern berührte auch die Interessen Habsburgs.

Immerhin konnte sich der Herzog schon auf diesen Vertrag berufen, als er – inzwischen der Reichsacht verfallen – ab 1519 vom Stützpunkt Hohentwiel aus operierte.

Albrecht seinerseits schloß am 9. Februar 1517 mit Kaiser Maximilian einen Vertrag ab, in dem er seine Hälfte des Twiel zu einem österreichischen Lehen machte und die Öffnung erblich zusicherte[140].

Da Hans Heinrich Protest einlegte, wurde die Lehenschaft wieder aufgehoben, er gewährte aber seinerseits gegen ein Dienstgeld dem Kaiser die fortwährende Öffnung[141].

Zu diesem Zeitpunkt scheint sich Hans Heinrich noch alle Möglichkeiten offengehalten zu haben, da ja der Vertrag mit dem Herzog von Württemberg weiterhin bestand. Es gibt Indizien, daß er an eine vollständige Veräußerung der Festung an Habsburg dachte. Nach der Darstellung Roth von Schreckenstein, stand die österreichische Regierung bereits in Verhandlungen und bot 20 000 Gulden für den Anteil Albrechts, zahlbar nach dessen Ableben. Dazu sollten die 24 000 Gulden Schuld übernommen werden, die auf dem Besitz lasteten[142].

Aus welchen Gründen auch immer: Hans Heinrich optierte für Württemberg.

Diese Entscheidung brachte ihn nicht nur um den Hohentwiel, sondern sollte ihn auch wirtschaftlich soweit ruinieren, daß die Klingenberger der folgenden Generation sich nie mehr von Verarmung und politischer Bedeutungslosigkeit erholen sollten.

Besitzarrondierung in der Ortsherrschaft Singen vor dem Hintergrund der Auseinandersetzung um den Hohentwiel

Die näheren Umstände der – je nach Blickwinkel – Inbesitznahme oder Annexion den Hohentwiel durch Herzog Ulrich von Württemberg sind gut dokumentiert und bis ins Detail geklärt, nicht zuletzt, weil die Vorgänge mit einer gewissen Dramatik für alle Beteiligten verbunden waren[143].

Hochpolitische Ereignisse standen im Vordergrund, und so ist es nicht weiter verwunderlich, daß der Erwerb der Ortsherrschaft Singen von Bolli von Fulach durch Hans Heinrich von Klingenberg im Jahr 1518 und der

Ankauf der Besitzungen seines Onkels Albrecht im Jahr 1521 eher beiläufig erwähnt werden[144].

Ein Erwerb der Ortsherrschaft durch einen Klingenberger in früheren Jahrzehnten hätte gewiß mehr Interesse hervorgerufen. So zeichnete sich aber bereits im Rückblick der drohende Zugriff Württembergs ab, und da infolge der kommenden Ereignisse die Herrschaftsausübung kaum von Bedeutung sein konnte und nur eine zwölfjährige Episode blieb, wurde den näheren Umständen dieses Erwerbs wenig Beachtung geschenkt.

Übersehen wurde damit auch weitgehend, daß Hans Heinrich ab 1518 eine Besitzarrondierung um den Twiel betrieb, die sich nicht nur auf den Ankauf der Ortsherrschaft Singen beschränkte.

Der Zweck seiner Ankäufe scheint offensichtlich: Er wollte den Hohentwiel zu einer Kleinherrschaft ausbauen, den Besitz aufwerten und somit seine Verhandlungsposition gegenüber Herzog Ulrich stärken. Diese Überlegung ergibt sich freilich erst aus der Retrospektive, da ja die Ereignisse der folgenden Jahre für Hans Heinrich nicht absehbar und auch kaum wünschenswert sein konnten. In erster Linie stellt sich die Frage, warum die Klingenberger über mehr als zwei Jahrhunderte offensichtlich keinerlei Anstrengungen unternommen hatten, in den Besitz der naheliegendsten Ortsherrschaft zu gelangen. Denn die Vorteile einer solchen Besitzkonzentration liegen auf der Hand: besserer Zugriff und damit sichere Einkünfte durch die Vereinigung von Gerichts-, Grund-, Leib- und Kirchenherrschaft im unmittelbaren Einflußgebiet[145]. Dieser Ankauf bot auch die Chance, zerrütteten wirtschaftlichen Verhältnissen eine festere Grundlage zu geben.

Am 22. Mai 1518 verkauften Bolli von Fulach und seine Ehefrau Margreth Legbain »das dorff Singen im Hegow gelegen mit gericht, zwingen, bennen, gebott, verbott, fräfeln und allen rechten und gerechtikeiten« um 3550 Gulden an Hans Heinrich von Klingenberg[146].

Nach der Eingangsformulierung ging die Ortsherrschaft ohne Einschränkung an Hans Heinrich von Klingenberg über, sie ist mit Zwing und Bann als konstituierendem Element der niederen Gerichtsbarkeit klar beschrieben[147]. Die Hochgerichtsbarkeit ist nicht angesprochen, dürfte aber aus verschiedenen anderen Gründen zu diesem Zeitpunkt nicht in der Hand der Ortsherrschaft gelegen haben[148].

In der Aufzählung der Rechts- und Besitztitel steht an erster Stelle ein Anwesen, das wahrscheinlich Eigengut des Bolli von Fulach mit zugehörigen Sonderkulturen war. Im Besitz des Ortsherrn erscheint auch die Trotte im Dorf Singen mit Scheuer und dazugehörigen Gerätschaften, die jeder, der im Singener Bann Weinbau betrieb, gegen Entgelt nutzen mußte.

Wahrscheinlich wurden alle Eigenleute des Fulach in Singen mitübertragen. Der Kaufvertrag enthält zwar keine Einzelaufzählung, es wird aber auf ein separates Verzeichnis verwiesen.

Detailliert sind im folgenden die Frondienstleistungen beschrieben, ebenso die Ablösesummen, falls die Dienste vom Herrn nicht in Anspruch genommen würden: Jeder Besitzer eines Pfluges war zu vier Tagen verpflichtet, hinzu kamen drei »tagwen«, zwei im Weinberg und einer als Schnitter in der Ernte.

Die Spanndienste waren nicht fixiert und boten für den Herrn wertvolle Steigerungsmöglichkeiten: Pauschal wird vermerkt, daß Wein, Korn, Heu und Holz dahin gefahren werden sollten, wohin es der Herr für notwendig erachtete – also hauptsächlich auf die Märkte von Stein a. Rh. und Radolfzell –, eingeschränkt lediglich, »wie dann solichs bishar gebrucht worden ist«.

Hervorzuheben ist, daß der Ortsherr in diesem Fall auch die kirchenherrlichen Abgaben bezog, nämlich Kornzehnt, Weinzehnt, Heuzehnt und kleinen Zehnt. Diese Abgaben waren wieder in einem separaten Verzeichnis beschrieben, das wie der Leibeigenenrodel nicht erhalten ist.

Nach dem Weiher in Singen, genannt der »hardsee«, werden nacheinander die Wiesen, Äcker und eine Waldung, genannt das »Singerholz«, aufgezählt. Mit Ausnahme der Waldung sind in jedem Fall exakte Flächenangaben gemacht, die Lage des Grundstücks ist durch den Eigennamen oder die Aufzählung der Anrainer näher bezeichnet. Die Wiesenfläche ist dabei mit achteinhalb Mannsmahd im Vergleich zu knapp 15 Jauchart Ackerfläche zuzüglich 33 Jauchart Ackerfläche auf dem »hardfeld« vergleichsweise gering.

In jedem Fall sind auch etwaige Lasten auf den einzelnen Zinsäckern angegeben, beispielsweise »ain müt roggen den hailigen zü fridingen wenn solicher agker in nütz lit«. Abschließend sind die Regelungen bezüglich des jährlichen Weinausschanks des Ortsherrn, der Mistfuhren und der jährlichen Abgabe von Fastnachtshühnern angeführt. In der Abschlußklausel wird Singen als St. Galler Lehen bezeichnet, ohne daß der Ortsherr allerdings in einzelnen Besitz- und Rechtstiteln zwischen Eigen und Lehen unterschied[149].

Der Nutzen, den Hans Heinrich daraus zog, lag weniger in der Anbaufläche als in den Frondiensten, die offensichtlich in einer für den Ortsherrn günstigen Fassung formuliert waren: nach oben offen und steigerungsfähig.

Es gibt ein Indiz dafür, daß Hans Heinrich an diesen Leistungen in der Folgezeit besonders interessiert war: 1523 kaufte er von Hans von Schellenberg zu Hüfingen die beiden Kelhöfe und das Vogtrecht zu Ramsen sowie Vogtrecht, Zwing und Bann zu Wisholz um 465 Gulden[150]. Die Ansprüche des Klingenbergers waren während des Bauernkrieges 1525 ein Stein des Anstoßes, da sich im »Worblinger Vertrag« von 1525 ein Schiedsgericht damit auseinandersetzen mußte[151]. Die Rechte des Klingenbergers wurden bestätigt, für Kosten und Schäden mußte Ramsen 50 Gulden entrichten, und die Frondienste wurden in einer für die Bauern unvorteilhaften Höhe fixiert: sechs »tagwen« mit Fuhrwerk, hinzu kamen weitere sechs »tagwen« ohne Fuhrwerke, im Falle Singen waren es 1518 insgesamt nur sieben gewesen! Zusätzlich bezog Hans Heinrich nunmehr ein Ungeld von einem Heller pro Maß Wein[152].

Der Kaufpreis der Ortsherrschaft in Höhe von 3550 Gulden sagt außerhalb einer Vergleichsmöglichkeit wenig aus. Überprüfen wir deshalb, welchen Nutzen Hans Heinrich aus den Besitz- und Rechtstiteln seines Onkels Albrecht von Klingenberg ziehen konnte, die er am 7. Mai 1521 für 1790 Gulden und 30 Heller erwarb.

Die »stück und gůter«, die Albrecht verkaufte, sind namentlich mit genauer Lagebezeichnung aufgeführt. Eine Zusammenstellung ergibt folgendes Bild:

4 1/2	Obstgärten	(ohne Flächenangabe)	
4	Weingärten:	8 1/4	Jauchart
21	Äcker:	66	Jauchart
5	Wiesen:	39 5/8	Mannsmahd
7	Waldstücke:	160 1/2	Jauchart

Bei diesen Gütern handelte es sich um Eigenbesitz des Albrecht von Klingenberg, da sie in der Verkaufsklausel als »fry recht lúter aigen« angeführt sind.

Beachtung verdient im folgenden die Kapitalwertberechnung der einzelnen Güter. Ausgenommen die Obstgärten, war die Berechnungsgrundlage der einzelne Jauchart bzw. die einzelne Mannsmahd Boden. Zins und Gült aus Singen sind gesondert angeführt und werden im Kapitalwert auch separat berechnet.

Die Aufstellung im einzelnen:

4 1/2 Obstgärten:	200 fl. (= Gulden)
eine Jauchart Reben:	20 fl.
eine Jauchart Acker:	5 fl.
eine Jauchart Wiese:	15 fl.
eine Jauchart Wald:	2 fl.

Die »gerechtigkait an der Múlin zú dorna so jarlichs ertrifft funfzehen malter korns«[153] wurde mit 200 fl. veranschlagt, Zins und Gült von insgesamt »nunzehen malter frúcht, Vesen, habern und Erbs aúch ettlich hüner und aier« beliefen sich mit je Malter Zins zu 10 Pfund Heller auf 217 Gulden (also 1 lb dn Zeller Währung ≙ 1,14 fl.). Die 64 namentlich aufgeführten Eigenleute des Albrecht von Klingenberg waren in der Transaktion eingeschlossen, ihre Frondienste zu Singen sind mit 90,5 Gulden veranschlagt[154].

Die Summe dieser Einzelposten beträgt 213,5 Gulden. Da ein jährlicher Zins von 15 Gulden an das St. Agnesenkloster zu Schaffhausen mit einem Kapitalwert von 300 Gulden und ein nicht im Kapitalwert angegebenes jährliches Leibgeding von 12 Gulden an die nicht namentlich genannte Nichte Albrechts im Konvent des Klosters St. Katharinental bei Diessenhofen von dieser Summe abgingen, kommt man mit der Einschränkung eines Fehlbetrags von 33,5 Gulden auf die Verkaufssumme von 1790 Gulden und 30 Kreuzern.

Einzelne Formulierungen lassen auf zähe Verkaufsverhandlungen schließen. Beispielsweise war festgelegt, wem eine bereits geschlagene kleinere Holzmenge nach dem Vertragsabschluß gehören sollte. Das Verhältnis zwischen Neffe und Onkel war zu diesem Zeitpunkt wegen der Vorgänge auf dem Hohentwiel sehr gespannt[155]. Nicht ohne Grund wird vermerkt, daß einige Herren, darunter ein Wolfgang Manngolt, beider Rechte Doktor, dem Albrecht und seiner Ehefrau Dorothea »in disem hanndel von den herren des Regiments zú Insprugg zú bystand geben« waren.

Für diesen Verkauf ist abschließend hervorzuheben, daß es sich durchgehend um Grundstücke und Waldungen handelte – von den Rechtstiteln und Eigenleuten einmal abgesehen –, die eindeutig beschrieben und bis auf zwei Ausnahmen frei von Verpflichtungen waren. Höfe waren in dieser Aufzählung nicht enthalten, insbesondere finden wir keinerlei Hinweise, ob der Kelhof zu diesem Zeitpunkt noch im Besitz des Albrecht von Klingenberg war.

Verschiedene Indizien deuten darauf hin, daß die Transaktion nicht in der zugesicherten Form vonstatten ging. Wie wir noch im einzelnen sehen werden, waren in den 1520er Jahren nicht nur Albrechts Anteil am Hohentwiel, sondern auch seine umliegenden Besitzungen gefährdet. Desgleichen ist zweifelhaft, ob die Bezahlungen, wie in der Urkunde formuliert, auch tatsächlich abgesichert wurden. Aus dem Jahr 1524 datiert ein »Erfolgungsbrief« gegen Hans Heinrich von Klingenberg auf Betreiben Albrechts, nicht nur wegen des Anteils am Hohentwiel, sondern auch wegen seines Besitzes zu Singen, Rielasingen, Überlingen a. R., Staufen, Hilzingen und der Dornermühle[156].

Ein Vergleich der beiden Ankäufe zeigt, daß die Ortsherrschaft trotz der wenigen dazugehörigen Grundstücke mit 3550 Gulden deutlich höher bewertet ist als die Rechts- und Besitztitel des Albrecht von Klingenberg. Freilich ist einzuschränken, daß Albrecht angesichts seiner bedrängten Situation unter Wert verkauft haben dürfte. Vergleichsweise gering hat er die Frondienste veranschlagt: Sie waren allerdings nicht detailliert aufgeführt und dürften deshalb nicht hoch bewertet worden sein.

Es gibt verschiedene Indizien für die Annahme, daß Hans Heinrich die Besitzarrondierung um den Twiel

115

von langer Hand geplant hatte. Ein Darlehen über 1000 Gulden, das Vater und Sohn 1516 von Ludwig und Wolf von Helmsdorf und anderen Adligen aufnahmen[157], kann schon im Zusammenhang mit der Vorbereitung des Ankaufs der Ortsherrschaft gesehen werden. 1520 stieß Hans Heinrich einen Großteil entlegener Besitzungen ab[158]. Auf den Ankauf der beiden Kelhöfe samt dem Vogtrecht zu Ramsen sowie Vogtrecht, Zwing und Bann zu Wisholz im Jahr 1523 wurde bereits verwiesen und ebenso betont, wie hartnäckig Hans Heinrich im Worblinger Vertrag 1525 an seinen hergebrachten Rechten festhielt.

Freilich dürfen diese Anstrengungen einer Vermögensabrundung nicht darüber hinwegtäuschen, daß Hans Heinrich spätestens mit dem Vertragsabschluß 1521, faktisch aber wahrscheinlich seit der Wahrnehmung der Öffnungsrechte 1519 das Zentrum seines Besitzes verspielt hatte. Vorformen des Vertrags und die Formulierung des Hans Heinrich sind an dieser Stelle zweitrangig, von Bedeutung ist für das weitere Schicksal des Twiel und seiner Zugehörden zunächst die Form des Abkommens, die Herzog Ulrich am 23. Mai 1521 in Mömpelgard fixierte[159]. Formal war zwar vom »Schloß halb Twiel« die Rede, der folgende Wortlaut unterschied aber nicht mehr die einzelnen Halbteile und bestimmte in seinem Kernsatz, Hans Heinrich solle »das Schloss Twiel uns zůstellen und Ingeben mitsampt den walden und hölzern das er hat und dasselben mögen wir Inhaben und gebrüchen nach unserm gefallen [. . .]«[160]. Die Grundsatzvereinbarung berührte also abgesehen von den Waldungen den übrigen Grundbesitz und die Rechte des Hans Heinrich in keiner Weise.

Die Zusatzvereinbarungen sind bekannt: Sobald Herzog Ulrich wieder zu seinen Besitzungen gekommen sei, solle innerhalb von zwei Jahren ohne Verzug Hans Heinrich oder seinen Erben die Feste Twiel wieder zurückerstattet werden. Es war eine Art Nutzungsgebühr von 5000 Gulden vereinbart, bei Vertragsabschluß waren 1000 Gulden fällig. Hinzu kamen 5000 Gulden für Einrichtung und Vorräte im Schloß sowie 400 Gulden jährliches Dienstgeld. Sollte der Hohentwiel während der Besatzungszeit des Herzogs verloren gehen, war eine Entschädigung von 25 000 Gulden vereinbart[161].

Im Rückblick liegen die Nachteile für Hans Heinrich auf der Hand. Er hatte bei der ganzen Angelegenheit ein hohes Risiko zu tragen, da die Garantien schon angesichts der politisch prekären Situation Herzog Ulrichs in keinem Fall ausreichend waren, besonders was eine etwaige Verlustentschädigung für den Hohentwiel betrifft. Aber aus einem anderen Grund müssen die genannten Vereinbarungen nicht weiter diskutiert werden: Keine der Bestimmungen wurde je eingehalten. Herzog Ulrich hatte sich für längere Zeit auf dem Twiel festgesetzt. Am kaiserlichen Hof und bei der Regierung in Innsbruck riefen diese Vorgänge große Unruhe hervor. Unter den gegebenen Umständen war die Öffnung, die Hans Heinrich für Österreich garantiert hatte, illusorisch. Habsburg konnte in der Folgezeit weder seine Rechte durchsetzen noch die Ansprüche Albrechts, der de iure im Besitz eines Halbteils war, schützen[162]. Versuche, sich wieder in den Besitz des Twiel zu setzen, unternahm Hans Heinrich schon 1521, sie waren aber in jedem Fall zu einem kläglichen Scheitern verurteilt. Die kommenden Jahre zogen sich mit Verhandlungen und Hinhaltemanövern des Herzogs hin, die hier nicht im einzelnen dargestellt werden sollen[163]. Da Hans Heinrich eine Rückgabe der Festung nie erreichen konnte, verlegte er sich im Laufe der Jahre auf Verkaufsverhandlungen. Auch hier war er zu mehreren Abstrichen gezwungen, bis nach einer Verzichtserklärung Hans Heinrichs zugunsten seines Sohnes Hans Kaspar am 24. Mai 1538 ein förmlicher Vertrag über den Ankauf des Hohentwiels durch Württemberg abgeschlossen wurde[164]. Hans Kaspar verkaufte die Festung an Herzog Ulrich mit allen Rechten und Gerechtigkeiten »wie ich und mine voreltern die hergebracht und ingehapt haben« samt den Zugehörden um 12 000 Gulden – eine lächerlich geringe Summe, wenn man bedenkt, zu welcher Höhe sich allein das schuldige Dienstgeld für die Klingenberger seit 1521 angelaufen hatte! Die Zugehörden, die uns hier im Detail interessieren, sind spärlich: Sie umfassen lediglich wenige Äcker, Wiesen und Waldstücke, deren Fläche nicht angegeben ist, darunter auch das »wyler holz« samt dem »bruderhuß mit sinem begriff und Anfang«, das an die Remishofer Zelg und den zu dem Kloster Paradies gehörigen »grüthoff« grenzte. Aus diesem Areal ist später die württembergische Enklave Bruderhof hervorgegangen.

Inseriert ist eine Schaffhauser Urkunde aus dem Jahr 1533, wonach diese Güter »khainer anderen Herschaft vnderworfen« seien.

VII. Der Verkauf von Singen an die Familie von Bodman im Jahr 1530

Daß der Vertrag von 1521 unter den Zugehörden des Hohentwiels lediglich Waldungen verzeichnete, die sich auch mit den spärlichen 1538 aufgeführten Besitztiteln deckten, wurde bereits erwähnt. Die übrigen Rechts- und Besitztitel des Hans Heinrich von Klingenberg in Singen und auch in der weiteren Umgebung waren nicht berührt.

Faktisch war Hans Heinrich aber in der Nutzung seiner Rechte massiv behindert: Im Lauf der Jahre kam es des öfteren beinahe zu offenen Feindseligkeiten zwischen dem Klingenberger und den Leuten des Herzogs, die die Festung hielten und Hans Heinrich einen ungestörten Aufenthalt auf seinen umliegenden Besitzungen auf Dauer erschwert haben dürften[165]. Welche Auswirkungen der Bauernkrieg auf seine Besitzungen hatte, ist im gesamten noch nicht geklärt. Immerhin zeigt der mehrfach zitierte »Worblinger Vertrag« von 1525, daß er eine Entschädigung und eine Sicherung seiner Rechte gegenüber seinen Untertanen durchsetzen konnte.

Daß der Verlust des Hohentwiels freilich verheerende Auswirkungen auf die gesamte Vermögenssituation des Klingenbergers haben mußte – die bekanntermaßen nie besonders günstig war –, geht aus dem Ausverkauf seiner Besitzungen um den Hohentwiel bis Ende 1530 hervor. 1528 verkaufte er Hans von Schellenberg zu Hüfingen »den drytten theil der veste und schloss Stoffa mitsampt dem buwhof daselbs und darzu den trytten thail des dorfs Hiltzingen«[166]. Am 28. November verkaufte er Singen mit Niederhofen, dem Remlishof und der Dornermühle an Hans Jörg zu Bodman[167], unmittelbar darauf, am 1. Dezember des gleichen Jahres, seinen Anteil an Rielasingen an Graf Christof von Lupfen[168].

Hier stellt sich die Frage, welche Besitzungen zu diesem Zeitpunkt noch Albrecht von Klingenberg zugerechnet werden können: Immerhin war der dritte Teil von Staufen und Hilzingen von Eberhard an Albrecht gefallen. Von einer Vermögensübertragung durch Verkauf oder Erbschaft an Hans Heinrich ist meines Wissens bislang nichts in Erfahrung gebracht worden. Albrecht hatte, wie Martens ausführt, bereits 1510 eine Vermögensregelung zugunsten seiner Ehefrau Dorothea getroffen, worin auch der dritte Teil von Hilzingen und Rielasingen enthalten war. 1523 soll er, nach eigenen Worten »alt und verlebt«, auch alle seine »Rechte, Gerechtigkeit und gebührenden Theil an dem Schloß Hohentwiel sammt aller Zu- und Eingehörung« ebenfalls seiner Ehefrau vermacht haben[169].

Dorothea konnte nach dem Tod Albrechts weder Ansprüche auf ihren Teil des Hohentwiels durchsetzen, noch hatte sie offensichtlich einen Zugriff auf etwaige noch verbliebene Besitztitel. Sie starb völlig verarmt 1537 in Stuttgart[170].

Vieles spricht dafür, daß Hans Heinrich bis 1530 alle Klingenberger Güter in Singen, Niederhofen und Remlishofen an sich gezogen hatte. Im Kaufbrief von 1530 sind nämlich im Detail nicht nur die Ortsherrschaft Singen, sondern auch einzelne Rechts- und Besitztitel des Albrecht von Klingenberg aus dem Verkauf von 1521 sowie Niederhofen und die alte Twielsche Zugehörde Remlishof verzeichnet. Diese Teile sind im Kaufpreis einzeln veranschlagt. Der Gesamtverkauf erfaßte somit im wesentlichen alles, was später zu einer gemeinsamen Gemarkung Singen vereinigt wurde.

Die Kaufabsprache verweist auf den Kaufbrief des Bolli von Fulach 1518: Alles dort Genannte solle verkauft werden, »ußgenommen dann allain das holtz genant das Singer holtz mitsampt dem schlettli«. Die Gesamtgröße der verkauften Äcker, Wiesen und Weinberge deckt sich ungefähr mit den Flächenangaben von 1518. Es wurde festgelegt, daß bei zu geringer Bemessung der einzelnen Größen die Güter aus zum Twiel gehörigem Besitz, den sich Hans Heinrich ausdrücklich vorbehalten hatte, ergänzt werden sollten[171]. Zu diesen Twielschen Zugehörden dürften auch wesentliche Teile der 1521 verkauften ehemaligen Besitzungen Albrechts gehört haben. Beim Verkauf des Twiel 1538 sind jedoch nur Teile dieser Titel angeführt. Die übrigen hatte Hans Heinrich mit hoher Wahrscheinlichkeit veräußert[172].

Diese Frage ist freilich von untergeordneter Bedeutung, da es keine Indizien dafür gibt, daß Hans Heinrich oder sein Sohn die verbliebenen Twielschen Besitzungen als besonders wertvoll veranschlagt hätten. Ohnehin dürften ihnen die äußeren Umstände eine Verfügungsgewalt über die Güter zumindest erschwert haben.

Die Verkaufsurkunde von 1530 verdient aus zwei weiteren Gründen genauere Beachtung. Zunächst sind die einzelnen Besitztitel im Kapitalwert genau spezifiziert. Dies ist für 1518 leider nicht der Fall, sondern erst für 1521, so daß Aussagen über die teilweise enormen Wertsteigerungen nicht die Titel des Ortsherrn, sondern die Titel des Albrecht von Klingenberg als Bezugspunkt nehmen müssen. Des weiteren kann eine genaue Aufzählung der Schuldverpflichtungen des Hans Heinrich von Klingenberg einen Einblick in dessen Vermögenslage geben[173].

Der Kaufpreis für das Dorf Singen, Remlishofen, Niederhofen und Dornermühle mit »allen iren zugehörden, rechten und gerechtigkeiten ußgenommen die hohen obrigkeit« betrug 8147 rheinische Gulden 26 Kreuzer und 1 Heller.

Die Kapitalwertberechnungen ergeben sich aus dem Kaufvoranschlag. Da in der Edition von Miller bereits eine vollständige Liste der Einzelrechnungen aufgeführt ist, die hier nicht bis ins Detail wiedergegeben zu werden braucht, sollen nur die signifikantesten Posten angesprochen werden:

7 Jauchart Reben im »ahabol«	à 100 fl.:	700 fl.
50 Jauchart Äcker	à 6 fl.:	300 fl.
10 Mannsmahd Wiesen	à 20 fl.:	200 fl.
die »müli zu Dorna« samt Eigenleuten:		480 fl.

Gegenüber 1521 wurde der Jauchart Acker um 20% von 5 fl. auf 6 fl. im Wert angehoben, die Mannsmahd Wiese um 25% von 15 fl. auf 20 fl. und der Jauchart Reben um 500% von 20 fl. auf 100 fl.! Der Steigerung der Dornermühle von 200 fl. auf 480 fl. liegt eine Abgabensteigerung von 15 Maltern im Jahr 1521 auf 30 Malter im Jahr 1530 jährliche Abgabe zugrunde.

Verglichen mit dem Niedergericht und allen Eigenleuten – zusammen auf 300 fl. veranschlagt – wurden die Frondienste samt »leibtagwan« in Singen, Remlishofen und Niederhofen mit insgesamt 1229 fl. sehr hoch angesetzt. Teile der Frondienste decken sich mit den Angaben des Bolli von Fulach 1518. Hans Heinrich scheint sie also nicht gesteigert zu haben und bat auch den Käufer, daß er »die armen leuth darbey pleiben laß«[174].

Hoch veranschlagt wurde der Hardsee mit 800 fl., zumal sich der Klingenberger alle Fische, die jetzt darin seien, für sich und seine Erben vorbehalten hatte[175]!

Die Schuldverpflichtungen des Hans Heinrich von Klingenberg sind im Anschluß an den Voranschlag verzeichnet[176]. Die Belastung an »zins, hauptgüeter und järlichen zinssen« wurde in insgesamt 30 Einzelposten aufgeführt. Der Kapitalwert entsprach 6357 Gulden und 40 Kreuzern und wurde vom Kaufpreis abgezogen, da der Käufer die Schuldverpflichtungen übernahm. Übrig blieb ein Betrag von 1396 Gulden 45 Kreuzern 3 Pfennigen, die dem Klingenberger bar gegen Quittung ausgezahlt werden sollten.

Diese Zusammenstellung vermittelt ein eindrucksvolles Bild der schlechten Finanzlage des Klingenbergers. Da bei den Ankäufen von 1518 bis 1521 nur geringe Verpflichtungen auf den angekauften Stücken lasteten, mußte es sich bei der immensen Summe um Neuverpflichtungen oder Umschuldungen der letzten Jahre handeln. Der Klingenberger hatte die Herrschaft Singen somit bis an die Grenze ihres Verkehrswertes belastet.

Zusammenfassend läßt sich folgendes festhalten: Es ist kein Zufall, daß die Klingenberger für die Ortsherrschaft Singen erst spät Interesse zeigten. Können wir die Verhältnisse für das 14. Jahrhundert aufgrund der mangelhaften Überlieferungen nur in Umrissen klären, ist für das 15. Jahrhundert deutlich sichtbar, warum die Familie wenig Engagement beim Ausbau der herrschaftlichen Rechte um den Twiel bewies.

Herbert Berner hat bereits darauf hingewiesen, daß die Klingenberger vornehmlich über ihre Städte neue wirtschaftliche Möglichkeiten erschließen konnten, daß als Markt im Bereich des Hohentwiel ohnehin Hilzingen, und nicht Singen, eine höhere lokale Bedeutung hatte. Die Vorrangstellung von Hohenklingen und Stein hatte für diese Zeit den Twiel als Herrschaftssitz deutlich in den Hintergrund gedrängt.

Nach 1463, als sich die Ganerbengemeinschaft beider Linien auf den Hohentwiel zurückgezogen hatte, sind ebenfalls wenig Anstrengungen beim Ausbau herrschaftlicher Rechte sichtbar. In den Vordergrund tritt die Festung Hohentwiel, deren strategische Vorzugsposition das Interesse der expandierenden Territorialmächte Habsburg und Württemberg hervorrufen mußte. Einen Versuch, diesen Wert durch Besitzarrondierung zu steigern, hat erst Hans Heinrich von Klingenberg mit dem Ankauf der Ortsherrschaft Singen im Jahr 1518 unternommen. Freilich zu spät: Sein politisches Scheitern wurde durch den Verlust des Hohentwiel an Württemberg auch ein wirtschaftlicher Absturz. Der Ausverkauf seiner Besitzungen, insbesondere des Dorfes Singen, das mit Niederhofen und Remlishofen erstmals die spätere Gemarkung Singen umfaßt, legt hiervon deutliches Zeugnis ab.

Offensichtlich ist freilich auch die enorme Wertsteigerung der Ortsherrschaft von 1518 bis 1530: Das wirtschaftliche Kalkül des Hans Heinrich von Klingenberg scheint in diesem Punkt allen äußeren Widrigkeiten zum Trotz so schlecht gar nicht gewesen zu sein.

Anhang

Bolli von Fulach und seine Ehefrau Margreth Legbain verkaufen Singen an Hans Heinrich von Klingenberg (HStA Stuttgart B 104 Urk. 32; 1518 Mai 22)

Ich Bolli von Fulach und Ich Margreth Legbain sin eliche frow Bekennen mit disem brief Das wir dem edeln vesten Hanß Heinrichen von Clingenberg zu HochenThwiel und allen sinen erben für uns und all unser erben / ains stätten ewigen und yemerwerenden kouffs wie dann der nach form aller und yeder gaistlicher und weltlicher lüten Richter und gerichten gut bestentlich crafft haben sol und mag mit rechtem wissen und zytlicher vorbetrachtung recht und redlich zu kouffende gegeben haben und in craft diß brieffs geben das dorff Singen im Hegow gelegen / mit gericht zwingen bennen gebot verbott fräfeln und allen rechten und gerechtikeiten wie unsere vordern und wir das inngehept und herbracht haben / wie harnach volgt / Namlich hus hofe krutgarten hinder der Schür und den hanfgerten nebend Clewi Roßnegkers hus so herin stosst an die Landtstrasß / ouch Schür Trotten mit Zübern und anderer zugehörd / da ain yeder / so wingarten in Singer ban hat / den win so Im in solichen wingarten wirdet / in solicher trotten trugken sol umb gewonlichen trottenlon. Item unser aigenlüt wie wir die genanten von Clingenberg mit miner Bollis von Fulach handschrifft in ainem rodel überantwurt haben. Item frondienst von den pflügen. Ist iegklichem pflůg uffgelait viertag und für yeden tag Sibentzehen crutzer. Item von yedem man / der aigen brot brůcht und isset dry tagwen / da sollen solichen tagwen zwen tagwen beschehen in dem wingarten / und ain tagwen in der Ernd zů schniden / und zů welichem tagwen ainer nit gebrůcht wirdet fur denselben tagwen / sol ain schilling pfenning gegeben werden / und sol ain yeder solicher man so sin aigen brot brůcht und isset im Jar wenn und so offt Er ervordert wirdet / dem herren sin win, korn, hŏw und holtz fůren an die end dahin es ye des herren wil und notdurfft ist / wie dann solichs bishar gebrucht worden ist. Namlich zem minsten Jarlichs vier fert schytter uß dem holtz, zwo fert garben ab den agkern, zwo fert hŏw uß den wisen und das korn uff die mårgkt gen Zell oder gen Stain / dessglichen den win och gen Zell oder gen Stain / Item der wingart zů Achenbold des ist by siben Jucharten ungevarlich und ain wingart unden an dem obgenannten wingarten ist by dryen vierlingen / und git der ahenbold zwölff schilling pfenning Zeller werung fur den zehenden in die höf zů Niderhofen und gend die dry vierling reben gantzen zehenden dem Rütli gen Růlassingen. Item den kornzehenden, winzehenden, höwzehenden und klainen zehenden / nach Innhalt Brief und Rödel so wir Im hirmit och uberantwurtet haben / so uns von unsern Schwåher und vatter ankomen ist. Item der wyger zu Singen genant der hardsee. Item unser wise genant mesner wise dero by vier mansmaden und zů Singen im Embdriet an der Ah. Item unser wise ist genant krŏpflis wiß dero by zwayen mansmaden by dem hardsee gelegen / ainhalb an Cristan Grafen wiß gelegen darob Jarlichs gåt zway viertail vesen bodenzins gen Roßnegk. Item das wißbletzli genant das krutgårtli stost unden und oben an des Flamen ågker. Item die wise genant des Spitelßwise by ainer mansmad under der brugg an der Ah darab gat Jårlichs vier schilling pfenning zeller werung den hailigen zů fridingen. Item dry Juchart agker im ghütt / stost unden und oben an hern Albrechts von Clingenberg ågker. Item funff vierling agker am strangen stost oben an Galli Ritzis agker darab gat Jarlichs achtzehen crutzer / an ain Jarzit zů Singen nach Innhalt des Jarzitbůchs. Item ain Juchart agkers zů Singenbrůnnen stost ussherwert an kråyer holtz und herinvert an das båchly so vom Singerbrůnnen fließt, darab gat Jarlichs ain vierling wachs der kilchen zů Singen. Item ain Juchart agkers ennend der brugg stost herin uff die Spitelwiß und hinůff uff des flamen agker darab gat järlichs ain můt roggen den hailigen zů fridingen wenn solicher agker in nutz lit. Item anderthalb Juchart agkers an der lantstraß so gen Gottendingen gat, stost herin uff des flamen agker. Item und dry vierling agker zů Storchenmoß am Singerberg an den Erllen mitsampt dem wißbletzli daran gelegen. Item dise nachbenempten vogtagker. Item dry vierling agker im Thwielfeld gelegen stost herin an das Innelrich. Item dry vierling agker stost herin an den weg der in die hindern wingarten gat un lit nebend des flamen agker. Item anderthalb Juchart agkers ob Niderhofen stost herin an die straß so gen Niderhofen gat. Item anderthalb Juchart agkers uff dem rain / stoßen herin uff Hannsen Mertzen agker. Item ain halb Juchart agkers daby gelegen stost uff pfister Hannsen agker. Item ain halb Juchart agkers am wyler holtz stost uff Galli Ritzis agker. Item dry vierling agker under dem rain so ain wingart gewesen ist und ietzo Hennsli Frischhans inhat. Item ain mansmad wisen under kråyen stest uff der kellnmayer wiß so ietzo die Hoppler innhaben. Item ain halb mansmad wisen ist ain brachwiß in den undern offwisen stregkt hinuff an die agker (...Nachtrag unleserlich...). Und ob wyter vogtagker oder vogtgüter erfunden wurden/die sollen och genanntem Hannß Hainrich von Clingenberg an dißem kouff zů gehoren. Item unser holtz genant das Singerholtz mitsampt dem Schláttli. Item die agker uff dem hardfeld so zů dem dorff Singen gehören / ist by dryunddrissig Jucharten ungevarlich und darzů die hegen daby gelegen dero ist ob funffzig Jucharten. Item von den Stůrgütern mitsampt dem vogtroggen und vogtgelt / geburt sich an Jarlichem zinß fünff gulden minder zwen schilling pfenning und ainliff viertail roggen. Item die wintåfer zů Singen hat von yedem som so geschengkt wirdet achtzehen pfenning. Item so mag ain ieder herr zů Singen Jarlichs uff wichnachten ain fůder win ausßschengken in sinem hus Da sollen die zyt all wirt mit irem schengken still ston bis das solicher win ußgeschengkt ist. Oder er mag ainem wirt solich fůder win in sin hus legen / da sol er ainem wirt alsdann solicher win schengkt von solichem wine uberall zehen schilling pfenning ze lon geben. Item ain iegklicher so zů Singen sesshaft ist / Ist schuldig ainem herren zů Singen Jarlichs ain fert mist zůgeben und die so roß und karren darzů haben / sind schuldig solichen mist usßzefaren wahin ain herre wil. Item alle die es syen wib oder man zů Singen die ir aigen brott essen und och ains herren aigenlůt Si sitzen zů Singen oder anderswa / git iegklichs ain vasnachthůn. Item die Ainůngen wie wir die bishar gebrucht haben und uns allain oder Zem tail zůgehert haben / Und diewyl dann das dorff Singen / mit siner zůgehord / von dem wirdigen Gotzhus Sant gallen Lehen ist nachlut des lehenbriefs, So geben wir vorgenantem Hannß Hainrichen von Clingenberg und sinen erben die obgeschriben gůt und stůgk Sonder lehen für lehen und aigens für aigen in aller wiß und maß wie unsere vordern und wir das alles in gemain und insbesonders bißhar inngehept und herbracht haben. Und ist dieser kouff beschehen umb vierdhalb tusent gůt gnůgschwar rinisch guldin / und umb funfftzig gůt rinisch guldin / mergenanter Margrethen zů ainer erung, darumb uns der genant Hannß Hainrich von Klingenberg bezalung und gnůg geben hat und darumb wir baide genanten Hannß Hainrichen von Clingenberg sin erben und alle dies so hierumb quittierens notdurfftig sind fur uns und unser erben quitt ledig und los lassen und sagen in crafft disß brieffs. Und hieruff verzihen wir uns baide fur uns und all unser erben / gegen vorgenantem Hannß Hainrichen von Clingenberg und allen sinen erben / aller rechten vordrung und ansprachen / so wir an obgeschriben gůter / lehen und aigen bishare gehept haben und hinfúr gewynnen mȯchten. Ob auch wir oder unser erben / ainich brieff rȯdel oder geschrifften hierzů dienend hetten / oder hinfur yemer erfúnden So sollen wir die / genantem Hannß Hainrichen von Clingenberg und sinen erben zů iren handen uberantwurten und uns

dero dehains wegs wider diesen kouff bruchen noch behelffen in dehainem weg. Also des vilgenanter Hannß Hainrich von Clingenberg und sine erben die obgeschriben gůt lehen und Aigen mit allen und yeden nützungen rechten und zůgehȯrden wie wir die bishar inngehept und genossen haben / hinfur zů ewigen zytten Innhaben nützen niessen und damit tůn und lassen sollen und mogen, Sonderlich mit vorgedachtem lehen als mit lehengůt und aigengůtern / als mit aigengůtern ohne unser unsren erben und mengklichs von unsern wegen sinnen hindernuß und widersprechen, Geloben und versprechen och fur uns und unser erben disen kouff und verkouff stått zu halten / und da wider niemer zu reden noch zetůnd / alles by unsern eren und gůten truwen. Wir baide und unser erben sollen ouch vorgenantem Hannß Hainrichen von Clingenberg und sinen erben dis kouffs werschafft tůn nach landssrecht und

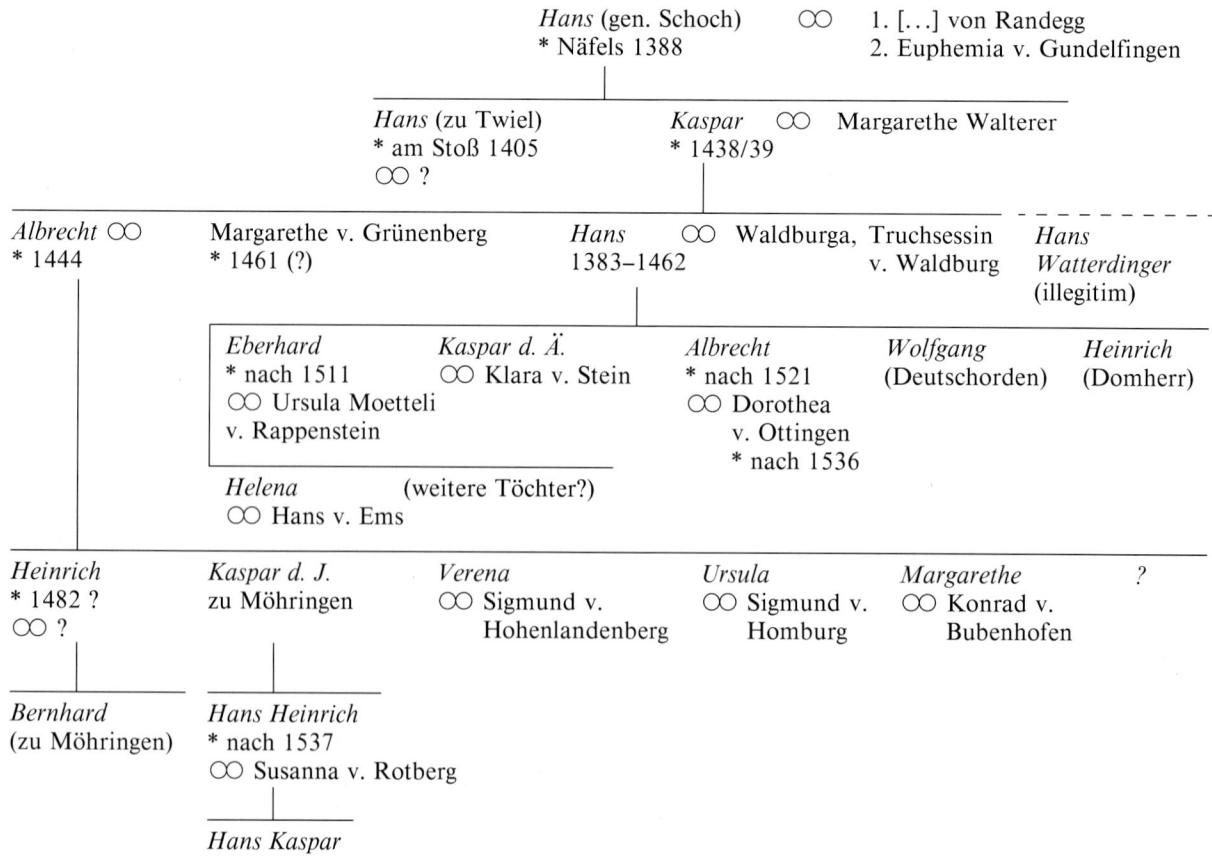

Vereinfachte Stammtafel der Familie von Klingenberg im Untersuchungszeitraum

nach dem rechten aller in crafft diss brieffs. Und des alles zů warem verkund haben Ich obgenanter Bolli von Fulach min aigen Insigel fur mich und min erben gehengkt an disen brieff. Und ich obgenante Margreth legbain sin Ewirtin hab erbetten den vesten Hannsen Blarer diser zyt Burgermaister zů Ratolffszell das er sin Insigel für mich und min erben doch Im und sinen erben unschädlich / och gehengkt hat an disen brief. fürer so haben wir vorgenanten Bolli von Fulach und Margreth legbain sin Ewirtin baide erbetten die Edeln vesten und ersamen Bilgrin von Rischach zů Stoffeln /Adamen von Homburg / Eberharten von Fulach / unsern lieben vetter und Schwager und Anthonin Gamppen Burger zů Schaffhusen daß sie als fruntlich tådingslut des obgeschriben kouffs und verkouffs / zů bevestigung aller obgeschribner dingen Ire aigen Insigel Inen und Iren erben in all weg unschädlich gehengkt haben an disen brief uns baide und unser erben damit aller obgeschribner dingen zůbesagen. Geben an dem hailigen pfingstag aubent. Nach Christi gepurt fünfftzehenhundert und in dem Achtzehenden Jare.

Anmerkungen

[1] KARL VON MARTENS, Geschichte von Hohentwiel, Stuttgart 1857, S. 9–45; darauf aufbauend und teilweise berichtigend K. H. ROTH VON SCHRECKENSTEIN, Geschichte der ehemaligen Reichsritterschaft in Schwaben, Franken und am Rheinstrom, Bd. 2, Tübingen 1871, S. 566–583; KARL SCHMID, Burg Twiel als Herrensitz, in: Hohentwiel. Bilder aus der Geschichte des Berges, hg. von HERBERT BERNER, Konstanz 1957, S. 148–169; JOHANN STEHLE, Geschichte der Exklave Bruderhof und der Hohentwieler Waldungen, Singen 1973, S. 63–68. Zur Familie von Klingenberg: Oberbadisches Geschlechterbuch, bearb. von J. KINDLER VON KNOBLOCH, Bd. 2, Heidelberg 1905, S. 299–306; J. J. RÜEGER, Chronik der Stadt und Landschaft Schaffhausen, Schaffhausen 1894–1910, Bd. 2, S. 668–683 u. Anm. S. 1143 f.

[2] HANS-MARTIN MAURER, Die landesherrliche Burg in Wirtemberg im 15. und 16. Jahrhundert. Studien zu den landesherrlich-eigenen Burgen, Schlössern und Festungen (= Veröffentlichungen der Kommission für geschichtliche Landeskunde in Baden-Württemberg Reihe B: Forschungen Bd. 1), Stuttgart 1958.

[3] HStA Stuttgart A 360 Urk. 2 (Ablichtung im StA Singen); zit. von HERBERT BERNER, Alte Siedlung – Junge Stadt am Hohentwiel, in: Hegau 19 (1965), S. 121–134, hier S. 125; zur Geschichte des Bruderhofs und der zugehörigen Waldungen ausführlich STEHLE, Exklave Bruderhof.

[4] HStA Stuttgart B 104 Urk. 1; Druck: Wirtembergisches Urkundenbuch, Bd. XI (1297–1300), Stuttgart 1913, Nr. 5436 (1300 Februar 16).

[5] Der Landkreis Konstanz. Amtliche Kreisbeschreibung Bd. 4, Gemeindebeschreibungen der Verwaltungsräume Radolfzell, Singen (Hohentwiel), Stockach, Tengen, hg. von der Landesarchivdirektion Baden-Württemberg in Verbindung mit dem Landkreis Konstanz, Sigmaringen 1984, S. 197; ausführlich der Beitrag von Herbert Berner in diesem Band.

[6] SCHMID, Burg Twiel, S. 157.

[7] OTTO STIEFEL, Geschichte der Burg Hohenklingen und ihrer Besitzer, München 1921; seiner Argumentation folgt SCHMID, Burg Twiel, S. 160.

[8] SCHMID, Burg Twiel, S. 159.

[9] RUDOLF WIGERT, Homburg und die ehemaligen Herrschaften von Klingenberg, in: Thurg. Beitr. z. Vaterländischen Geschichte 43 (1903), S. 4–69; SCHMID, Burg Twiel, S. 160.

[10] BERNER, Alte Siedlung, S. 130.

[11] EBERHARD DOBLER, Zur mittelalterlichen Geschichte von Singen, in: Hegau 31 (1974), S. 99–104.

[12] STA Stuttgart A 602, V 9623.

[13] Der Landkreis Konstanz Bd. IV, S. 199 f.

[14] BERNER, Alte Siedlung, S. 121.

[15] StA Stein, Bü 1 (1392 März 4).

[16] Thurgauisches Urkundenbuch Bd. VIII, hg. von E. LEISI, Frauenfeld 1961, Nr. 4381.

[17] Ediert in: MAX MILLER (Bearb.), Das Hohentwiel-Lagerbuch von 1562 und weitere Quellen über die Grundherrschaft und das Dorf Singen (= Veröffentlichungen der Kommission für Geschichtliche Landeskunde in Baden-Württemberg, Reihe A: Quellen, Bd. 20), Stuttgart 1968, S. 122–125.

[18] Über die Dienstverträge, die Hans Heinrich von Klingenberg mit beiden Seiten abschloß und von denen einzelne Klauseln zum Verlust des Hohentwiels führten, siehe ROTH VON SCHRECKENSTEIN, VON MARTENS, SCHMID, STEHLE (alle wie Anm. 1) a.a.O.

[19] HStA Stuttgart B 104, Urk. 32; eine Edition des Volltextes im Anhang der vorliegenden Arbeit; zu der Familie von Fulach zu Schaffhausen in Singen vgl. den Beitrag von Max Ruh in diesem Band.

[20] HStA Stuttgart B 104, Urk. 39.

[21] Ediert in: MILLER, Hohentwiel-Lagerbuch, S. 125–136.

[22] StA Stein Urk. St. 60 (1457 Januar 22); JOHANN LEOPOLD VON UND ZU BODMAN, Geschichte der Freiherrn von Bodman, Lindau 1894, Nr. 642; ALBERT KRIEGER (Bearb.), Topographisches Wörterbuch des Großherzogtums Baden, Heidelberg 1898, Bd. I, S. 226.

[23] Wie Anm. 4.

[24] Zu Heinrich von Klingenberg siehe u.a.: A. CARTELLIERI, Heinrich von Klingenberg als Gubernator der Reichenau, in: Die Kultur der Abtei Reichenau, hg. von Konrad Beyerle, Bd. I (1925), S. 602 ff.

[25] ALBERT BRAUN, Der Klerus des Bistums Konstanz im Ausgang des Mittelalters, phil. Diss., Druck Münster 1938, S. 3 ff.

[26] UB Zürich Nr. 4224.

[27] Thurgauisches UB V, Nachtrag Nr. 37.

[28] UB Salem, Bd. 3, S. 205.

[29] Thurgauisches UB IV, Nachtrag Nr. 51.

[30] ROGER SABLONIER, Adel im Wandel. Eine Untersuchung zur sozialen Situation des ostschweizerischen Adels um 1300 (Veröffentlichungen des Max-Planck-Instituts für Geschichte, Bd. 66), Göttingen 1979.

[31] Beispielsweise Thurgauisches UB VII, Nr. 3730; Urkunden zur Schweizer Geschichte aus österreichischen Archiven, hg. von RUDOLF THOMMEN, , Bd. I, Basel 1899, S. 256. Die Beispiele ließen sich vermehren, als Überblick mag ein Blick in Kindler von Knobloch, Oberbadisches Geschlechterbuch, a.a.O., genügen.

[32] Thurgauisches UB VI, Nachtrag Nr. 113; Albrecht von Klingenberg geht 1358 mit einer Reihe Hegau-Adeliger eine Art Treuegelöbnis für Herzog Rudolf von Österreich ein: Thurgauisches UB V, Nr. 2357. Zur territorialen Expansion Habsburgs vgl. HANS ERICH FEINE, Die Territorialbildung der Habsburger im deutschen Südwesten, vornehmlich im späten Mittelalter, in: Zeitschrift der Savigny-Stiftung für Rechtsgeschichte Germ. Abteilung 67 (1950), S. 176–308.

[33] KINDLER VON KNOBLOCH, Oberbadisches Geschlechterbuch, a.a.O.

[34] MEINRAD SCHAAB, Grundzüge und Besonderheiten der südwestdeutschen Territorialentwicklung, in: Bausteine zur geschichtlichen Landeskunde in Baden-Württemberg, hg. von der Kommission für Geschichtliche Landeskunde in Baden-Württemberg, Stuttgart 1979; immer noch grundlegend: KARL SIEGFRIED BADER, Der deutsche Südwesten in seiner territorialstaatlichen Entwicklung. Sigmaringen 1978 (ND der Ausgabe Stuttgart 1950).

[35] 1333 wird die Feste Dettighofen, vormals Eigen, durch Heinrich von Klingenberg dem Haus Habsburg zu Lehen aufgegeben und als solches wieder von Herzog Albrecht von Österreich empfangen: Thurgauisches UB. VI, Nachtrag Nr. 113.

[36] 1326 ist Albrecht von Klingenberg Pfleger und Burgherr von Hohenbodman: UB Salem Bd. III, S. 207.

[37] »Albertus de Clingenberg, dictus de Ramsperg« (bei Großschönach, Amt Pfullendorf): Thurgauisches UB V, Nachtr. 81.

[38] 1275 erwarb Albrecht von Klingenberg von Heinrich von Tengen den hinteren Teil der Burg Tengen mit Zugehörden: HUBERT ROTHFELDER, Die Burg- und Stadtanlage von Tengen, in: Hegau 2 (1956), S. 109 ff.; GEORG TUMBÜLT, Die Grafschaft des Hegaus, in: Mitteilungen des Instituts für Österreichische Geschichtsforschung, Ergänzungsband 3 (1890–1894), S. 619–672, hier S. 665 f.

[39] SCHMID, Burg Twiel, S. 159.

[40] KINDLER VON KNOBLOCH, a.a.O.; kurze Darstellung bei STEHLE, Exklave Bruderhof, S. 55.

[41] Nach KINDLER VON KNOBLOCH starb Albrecht in fremden Diensten in der Lombardei 1380, Hans in der Schlacht bei Näfels 1388 (a.a.O.); vgl. auch STIEFEL, Hohenklingen, S. 59.

[42] Inventar des Stadtarchivs Stein am Rhein – Urkunden, Akten und Bücher, bearbeitet von HEINRICH WALDVOGEL, hg. vom Verein für Geschichte des Hegaus, Bd. 2, 1967, S. 507. Quelle wie Anm. 15.

[43] STEHLE, Exklave Bruderhof, S. 55.

[44] Hans Remlis gibt jährlich zwei Schweine, zwei Schafe, sechs Hühner, 100 Eier, ein Malter »kernen« (= entspelzter Dinkel), 2 ß dn (= Schilling Pfennig) »ze weg lösi« sowie zwei Malter »vesan« (= nicht entspelzter Dinkel), zwei Malter Roggen und zwei Malter Hafer von einem Zehnt.

[45] »u̇oli vorster« gibt jährlich ein Malter Kernen von einem Acker.

[46] Die Mühle zu Dornhan gibt jährlich acht Malter »múlkorn«, vier Malter Kernen, vier Hühner und hundert Eier.

[47] Wahrscheinlich Iznang: Topographisches Wörterbuch des Großherzogtums Baden, bearbeitet von ALBERT KRIEGER, Bd. 2, 1905, Sp. 1264.

[48] KRIEGER, Sp. 292, verzeichnet lediglich einen »Trunzhof«, der mit dem Neubrunnerhof des Dorfes Zimmerholz bei Engen identisch sein soll; diese Angabe paßt allerdings schlecht in die geographische Gliederung des Urbars, nach dem dieses »Trúntzelhoven« neben Weiler und Bohlingen zu finden sein müßte.

[49] Das erscheint schon deshalb bemerkenswert, als spätere Eintragungen von zweiter Hand – vor allem zu Abgabenerhöhungen – zeigen, daß das Urbar in der vorliegenden Form über längere Zeit im Gebrauch war.

[50] StA Stein, Bü 1 (wie Anm. 15).

[51] Ebd. S. 5–16 bzw. S. 17–23.

[52] Ebd. S. 39–50.

[53] Wie Anm. 20.

[54] Wie Anm. 4.

[55] SCHMID, Burg Twiel, S. 155.

[56] Der Zusammenhang zwischen traditionellen Einkünften des Landadels und neuen Einkunftsmöglichkeiten ist gerade für die Region auf weite Strecken noch nicht geklärt, doch liegen für sich besonders profilierende Adlige wie Konrad von Weinsberg – ein Zeitgenosse Kaspars von Klingenberg – detaillierte Untersuchungen vor. Grundsätzliche Überlegungen zu dieser Problematik bei ROLF KÖHN, Einkommensquellen des Adels im ausgehenden Mittelalter, illustriert an südwestdeutschen Beispielen, in: Schriften des Vereins für Geschichte des Bodensees und seiner Umgebung 103 (1985), S. 33–62; hier auch mit weiterführender Literatur.

[57] JOHANN LEOPOLD VON UND ZU BODMAN, Geschichte der Freiherrn von Bodman, Lindau 1894 (= Bodman-Regesten) Nr. 1623 u. Nr. 1639; SCHMID, Burg Twiel, S. 161, Urkundenbuch der Abtei St. Gallen, bearb. von HERMANN WARTMANN, St. Gallen 1863 ff., 1409, Februar 28; STIEFEL, Hohenklingen, S. 60; PHILLIP RUPPERT, Die Chroniken der Stadt Konstanz, Konstanz 1891; zum St. Jörgenschild hier KLAUS SCHUBRING, Ein Adelsbund als neutraler Schiedsrichter. Der St. Georgenschild im Hegau und die Roßhaupter-Fehde 1436/37, in: Schriften des Vereins für Geschichte des Bodensees und seiner Umgebung 96 (1978), S. 7–29; sonst grundsätzlich: HERMANN MAU, Die Rittergesellschaften mit St. Jörgenschild in Schwaben. Stuttgart 1941; zum Konstanzer Konzil, auch zur Darstellung in der Richental-Chronik OTTO FEGER, Geschichte des Bodenseeraumes, Bd. 3, Zwischen alten und neuen Ordnungen, 2. Aufl. 1981 (= Bodensee-Bibliothek Bd. 4), S. 156–207.

[58] Grundlegend hier MAU, Rittergesellschaften mit St. Jörgenschild; zum zeitlichen Hintergrund und dem Verhältnis zu

59 KARL SCHADELBAUER, König Sigmund befiehlt Caspar von Klingenberg die Wiedereinlösung der Stadt Stein (1425), in: Hegau 25 (1968), S. 108.
60 Für das Jahr 1434: Regesta Episcoporum Constantiensium, bearb. von KARL RIEDER, 1928–1941 (= REC), Nr. 9610.
61 HEINRICH MAURER, Ein Freiburger Bürger und seine Nachkommen, in: ZGO 61 NF 22 (1907), S. 9–51; GOTTFRIED BOESCH, Die Gefallenen der Schlacht bei Sempach aus dem Adel des deutschen Südwestens, in: Alemannisches Jahrbuch 1958 (Lahr 1958), S. 233–278.
62 Zur Höhe dieser Aufwendungen vgl. ROGER SABLONIER, Zur wirtschaftlichen Situation des Adels im Spätmittelalter, in: Adelige Sachkultur des Spätmittelalters (= Veröffentlichungen des Instituts für mittelalterliche Realienkunde Österreichs Nr. 5; Sitzungsberichte der Österr. Akad. d. Wissenschaften, Phil.-Hist. Klasse Bd. 400), Wien 1982, S. 9–34, hier S. 16.
63 Urkundenregister für den Kanton Schaffhausen, bearb. von G. WALTER, (= Sch. U. R.), 2 Teile, Schaffhausen 1906/07, Nr. 1654 (1419 Juli 22); StA Stein Urk. St. 15 (1419 Juni 5) u. St. 16 (1419 Juli 22 Stockach), hierzu vgl. WALDVOGEL, Inventar S. 4; STIEFEL, Hohenklingen, S. 60 ff.
64 Sch. U. R. Nr. 1885 (1433 Nov. 14), StA Stein Urk. St. 20-20b; WALDVOGEL, Inventar, S. 5; STIEFEL, S. 60 ff.
65 J. A. PUPIKOFER, Geschichte der Freiherren von Klingen zu Altenklingen, Klingnau und Hohenklingen, in: Thurgauische Beiträge zur Vaterländischen Geschichte 10 (1869), S. 1–112, hier S. 10 ff.
66 Sch. U. R. Nr. 1895; STIEFEL, Hohenklingen, S. 62.
67 SCHMID, Burg Twiel, S. 161.
68 TLA Innsbruck, Frid. 27/3 (1427 Juni 23): Kaspar von Klingenberg an die Stadt Radolfzell: sie solle nicht einen Bürgermeister wählen, sondern wie bisher einen Vogt und Ammann belassen, welche Ämter er selbst innehabe. Ebenso Frid. 27/4 (1427 Juli 13): Kaspar von Klingenberg an den Herzog Friedrich von Österreich: die Stadt Radolfzell wolle gegen das Herkommen einen Bürgermeister wählen und das Vogtamt, das er vom Herzog pfandweise innehabe, auflassen.
69 Sch. U. R. Nr. 1774 (1427). Die Beispiele lassen sich für die Folgezeit vermehren.
70 Ebenfalls ein Beispiel: Sch. U. R. 1742 (1425 Sept. 3). Zum Zusammenhang zwischen Stein und dem Hohentwiel im Hochmittelalter vgl. SCHMID, Burg Twiel, S. 155 ff., zu Besitzungen des St. Georgenklosters im Hegau, insbesondere zur wichtigen Position des Hofes in Arlen, ebd. S. 160. Auf diese Besitzungen kann an dieser Stelle nicht näher eingegangen werden.
71 Vgl. den Beitrag von EBERHARD DOBLER in diesem Band.
72 W. ALTMANN, Die Urkunden Kaiser Sigismunds (= Regesta Imperii Bd. XI), 1896, Nr. 6753: Kaiser Sigismund erlaubt Kaspar von Klingenberg, Hinterstoffeln von Konrad von Bodman und Hans von Homburg einzulösen. Ein Interesse von seiten des Klingenbergers scheint also ursprünglich vorgelegen zu haben, wurde aber wahrscheinlich wegen der zweiten Hälfte von Hohenklingen nicht realisiert.

73 HStA Stuttgart A 602 Urk. 9623; es handelte sich um Waldungen südlich des Bruderhauses; vgl. STEHLE, Exklave Bruderhof, S. 71.
74 FRANZ JOSEF MONE, Fruchthandel, Arbeitslöhne und Viehzucht am Bodensee. 1433–1443, in ZGO 6 (1855), S. 359–403; HANS MORGENTHALER, Teuerungen und Maßnahmen zur Linderung ihrer Not im 15. Jahrhundert, in: Archiv des Historischen Vereins des Kantons Bern 26 (1922), 1–61; Hinweise auch bei RUPPERT, Chroniken.
75 Die Auseinandersetzungen mit den Städten Anfang der 1440er Jahre sind gut dokumentiert und aufgearbeitet: Fürstenbergisches Urkundenbuch (= FUB), bearb. von SIEGMUND RIEZLER, Tübingen 1877–91, Bd. VI Nr. 230; ALFONS SEMLER, Der Kriegszug der schwäbischen Reichsstädte in den Hegau, in: Schriften des Vereins für Geschichte des Bodensees und seiner Umgebung 68 (1941/42, ersch. 1943), S. 39–49; BLEZINGER, Der schwäbische Städtebund.
76 Unverzichtbar hier HELMUT MAURER, Schwaben und Schweizer. Ihre Begegnung und ihr Auseinanderleben am Bodensee im Spätmittelalter (Konstanzer Universitätsreden 136), Konstanz 1983.
77 SCHMID, Burg Twiel, S. 161 f.
78 MARKUS BITTMANN, Die finanzielle Lage der Familie von Klingenberg im 15. und frühen 16. Jahrhundert. Ein Beitrag zur wirtschaftlichen Situation des spätmittelalterlichen Adels im Hegau, Staatsexamensarbeit (masch.), Konstanz 1985.
79 Wie Anm. 75.
80 Sch. U. R. Nr. 2114 f.
81 Regestensammlung im Stadtarchiv Konstanz zu Stadt und Region in chronologischer Reihenfolge, 1458 Nov. 6.
82 KINDLER VON KNOBLOCH a.a.O. Die Söhne lassen sich alle belegen, die dort genannten Töchter bislang nur zum Teil. Vgl. auch die Stammtafel im Anhang des Beitrags.
83 Schon Mitte des Jahres 1460 ist die Summe von 4000 rheinischen Gulden Schuld des Herzogs Siegmund bei Hans von Klingenberg belegt (TLA Innsbruck Urk. Reg. I 6061 ff., Schatzarchiv, Lade 100). Am 14. Oktober 1460 bestätigt Hans von Klingenberg, daß er von den 4000 Gulden, die der Herzog ihm schuldete, durch Berthold Vogt d. J. von Kempten 1000 Gulden erhalten habe, diesen Betrag jedoch dem Landvogt Ritter Peter von Mörsberg gegeben habe, »wann er die zu mercklichem [des Herzogs] notturfften haben und bruchen muss« (THOMMEN, Bd. 4, Nr. 257); die Auseinandersetzung um die nicht bezahlten Schulden der Habsburger erfordert in diesem Zusammenhang eine eigene Untersuchung, da die finanziellen Schwierigkeiten der Klingenberger offensichtlich zu einem erheblichen Teil auf diese Konstellationen zurückzuführen sind. Zum Thurgauzug von 1460 vgl. BRUNO MEYER, Der Thurgauerzug von 1460, in: Thurg. Beitr. z. Vaterl. Geschichte 97 (1960), S. 15–48.
84 REC NR. 10 333 (1440 Okt. 21).
85 Bodman-Regest Nr. 588 (1447 April 23); STIEFEL, Hohenklingen, S. 76.
86 Ebd. Anm. 16.
87 Ebd. Anm. 18.
88 HHStA Wien, Hs Blau 138 (Böhm Nr. 444), fol. 29; zur

Quelle vgl. KONRAD KRIMM, Baden und Habsburg um die Mitte des 15. Jahrhunderts. Fürstlicher Dienst und Reichsgewalt im späten Mittelalter (= Veröffentlichungen der Kommission für geschichtliche Landeskunde in Baden-Württemberg. Reihe B: Forschungen, Bd. 89), Stuttgart 1976.
[89] W. SCHULTZE, Die Gaugrafschaften des alamannischen Badens, Stuttgart 1896.
[90] Stein und Hohenklingen: wie Anm. 22; Blumenfeld und Hintertengen: Bodman-Regest Nr. 642; KRIEGER I, S. 22.
[91] Zusammenstellung der von der Stadt Stein am 14.8.1459 übernommenen Schuldposten der Klingenberger in einem »Währschafts-, Schadlos- und Gültenbrief« im StA Stein Urk. St. 69; WALDVOGEL, Inventar, S. 16 f.
[92] GLA Karlsruhe 9, Konv. 8 (17).
[93] KINDLER VON KNOBLOCH a.a.O.
[94] Wie Anm. 35.
[95] Nach der Besitzteilung, die am 19. April 1459 zwischen Heinrich, seinem Bruder Kaspar d. J. und ihrer Mutter Margaretha, geb. von Grünenberg, vorgenommen wurde, befanden sich diese beiden Besitzungen in der Hinterlassenschaft Albrechts. Zit. nach: Repertorium über die Pergamenturkunden im freiherrl. von Hornstein'schen Archiv zu Binningen, bearb. von RHOMBERG (= Rhomberg-Repertorium), in: Mittheilungen der badischen historischen Commission 4 (1885) (= Anhang zur ZGO 38, 1885), S. 134–194, hier Nr. 117.
[96] Im einzelnen wie Anm. 78.
[97] Zum folgenden die detaillierten Ausführungen von SCHMID, Burg Twiel, S. 162–166.
[98] ERHARD WALDEMAR KANTER, Hans von Rechberg zu Hohenrechberg. Ein Zeit- und Lebensbild, Zürich 1903.
[99] HStA Stuttgart A 602 Nr. 9657. Die Nutzung wird pauschal mit »zu seiner gnaden notdurfft prauchen« umschrieben.
[100] FUB VI Nr. 233.
[101] TUMBÜLT, Die Grafschaft des Hegaus, S. 619–672.
[102] HERBERT BERNER, Die Landgrafschaft Nellenburg und die Reichsritterschaft des Kantons Hegau-Bodensee, in: Hegau 10 (1965), S. 57–86 geht ausführlicher auf den Hegauer Vertrag ein; TUMBÜLT, S. 659.
[103] Die Chronik des Grafen von Zimmern, neu hg. nach der von KARL BARACK besorgten 2. Ausgabe, Meersburg 1932, hier Bd. II, S. 286 u. 435.
[104] Diese wichtige Quelle ist ediert in BERNER, Hohentwiel, S. 396–400.
[105] Wie Anm. 95.
[106] Wie Anm. 99.
[107] Ein kurioses Beispiel hat SCHMID, Burg Twiel, S. 167, bereits angeführt: die Torschlüssel sollten so abgeändert werden, daß gegenseitige Kontrolle möglich war.
[108] SCHMID a.a.O., zit. nach der Edition bei BERNER, S. 397.
[109] Ebd. S. 398. Zur Topographie vgl. das Register bei MILLER, Hohentwiel-Lagerbuch; WALTER SCHREIBER, Zwischen Schwaben und Schweiz. Studien anhand einer Geländenamensammlung des Raumes Singen (Hohentwiel) mit anstoßenden Markungen (Hegau-Bibliothek Bd. 31), 1976; ALBRECHT STROBEL, Eine Flurkarte aus dem Jahr 1709 und die Agrarverfassung des Hegau-Dorfes Singen am Hohentwiel im 18. Jahrhundert (Bd. I der Beitr. zur Singener Geschichte, hg. vom Stadtarchiv Singen in Verbindung mit dem Verein für Geschichte des Hegaus e. V.), 1960.
[110] Sch. U. R. 2226 (1450 Juni 9, Wil); ein Weinberg »Schoren« wird 1478 u. 1498 mit 30 Manngrab als im Hilzinger Bann gelegen bezeichnet (GLA Karlsruhe 9/Conv. 17 [21 f.]).
[111] STEHLE, Exklave Bruderhof, zitiert das Reichenauer Lehenbuch (GLA Karlsruhe 229/97 873, fol. 160 ff.).
[112] BERNER, Alte Siedlung, S. 130 zitiert HStA Stuttgart J 1–3 u. Gabelkover, 48 g, Bd. 1, S. 662.
[113] 1464: STEHLE, Exklave Bruderhof, a.a.O. 1482: GLA Karlsruhe 5/561; freundliche Mitteilung von Herrn Archivdirektor a.D. Dr. Herbert Berner.
[114] STEHLE, Exklave Bruderhof a.a.O.
[115] MILLER, Hohentwiel-Lagerbuch, S. 123.
[116] Wie Anm. 95; zu ergänzen ist, daß Heinrich 1462 als Vogt des Gerichts zu Arlen siegelt (Sch. U. R. 2552).
[117] Vgl. die Argumentation von SCHMID, Burg Twiel, S. 166.
[118] Aus Zeitgründen konnte nur das Regest und nicht die Urkunde im vollen Wortlaut eingesehen werden.
[119] GLA Karlsruhe 44/5159.
[120] GLA Karlsruhe 44/5163.
[121] GLA Karlsruhe 44/5158.
[122] MILLER, Hohentwiel-Lagerbuch, S. 122; die Eingangsformulierung ist im vollen Wortlaut wiedergegeben, ansonsten sind die bedeutungstragenden Teile ediert.
[123] Wie Anm. 44 »vesen«.
[124] MILLER, Hohentwiel-Lagerbuch, S. 124.
[125] Vgl. hierzu auch den Beitrag von Wilfried Danner in diesem Band.
[126] Rhomberg-Regest Nr. 126; StA Stein Urk. St. 23.
[127] KINDLER VON KNOBLOCH a.a.O.
[128] WR 9686 ff.
[129] WR 9688; nach der Darstellung von MARTENS, Hohentwiel, S. 22, verzichtete Bernhard von Klingenberg 1514 endgültig auf seinen Anteil am Hohentwiel.
[130] 1497 Mai 16 Erneuerung des Burgfriedens (WR 9687), SCHMID, Burg Twiel, S. 168. Daß während des Krieges der Hohentwiel selbst zwar nicht eingenommen wurde, aber Umland, also auch die Klingenbergischen Besitzungen in Singen, massiv geschädigt wurde, geht aus der Darstellung des Zürichers Felix Mays hervor, der in seiner Darstellung nicht ohne Genugtuung auch Singen zu den Dörfern des Hegaus zählt, »die alle geplündert vnd merrtheil verbrannt wurdent, beschach inen alles vmb irre freche, mutwilligen reden wegen, so sy gegen die Aidgenossen gebrucht hatten« FUB VII, Nr 192/7); Regesten und Akten zur Geschichte des Schweizerkrieges 1499, bearb. von CHRISTIAN RODER, in: Schriften des Vereins für Geschichte des Bodensees und seiner Umgebung 29 (1900), S. 71–183.
[131] 1486 Januar 20 erscheint Kaspar d. Ä. als Hofmeister der Erzherzogin Katharina in Innsbruck und wird als Diener auf Lebzeit bestallt (WR 9674; weitere Belege bis 1491 ebd. ff.).
[132] Rhomberg-Regest Nr. 243.
[133] Rhomberg-Regest Nr. 245.
[134] Wie Anm. 131.
[135] Eberhard urkundet meines Wissens zuletzt am 6. Februar 1512 (Rhomberg-Regest Nr. 259).

[136] GLA Karlsruhe 44/5162; zum Kelhof wie Anm. 114.
[137] MARTENS, Hohentwiel, S. 42.
[138] Eine ausführliche Erörterung der verschiedenen Dienstabschlüsse kann an dieser Stelle unterbleiben, da sie die Beziehungen zwischen Klingenberg und Singen zunächst nur indirekt erhellen, außerdem geben STEHLE, Exklave Bruderhof, S. 61 ff., und SCHMID, Burg Twiel, S. 168, eine erschöpfende Darstellung.
[139] ROTH VON SCHRECKENSTEIN, S. 572; STEHLE, Exklave Bruderhof, S. 62; zu Öffnungen vgl. FRIEDRICH HILLEBRAND, Das Öffnungsrecht bei Burgen, seine Anfänge und seine Entwicklung in den Territorien des 13. bis 16. Jahrhunderts, unter besonderer Berücksichtigung Württembergs, Tübingen 1967.
[140] ROTH VON SCHRECKENSTEIN, S. 573.
[141] Ebd. S. 575.
[142] Ebd. S. 574.
[143] Darstellungen wie Anm. 1.
[144] STEHLE, Exklave Bruderhof, S. 62, im Anschluß an MARTENS, S. 27.
[145] CLAUDIA ULBRICH, Leibherrschaft am Oberrhein im Spätmittelalter (Veröffentlichungen des Max-Planck-Instituts für Geschichte, Bd. 58), Göttingen 1979.
[146] HStA Stuttgart B 104 Urk. 32 liegt mir auf Mikrofilm vor; da der Volltext in der Transkription wiedergegeben ist, beschränke ich mich im folgenden auf die Analyse der wichtigsten Punkte; zu den topographischen Angaben vgl. SCHREIBER, Zwischen Schwaben und Schweiz; die Eigennamen tauchen z. T. schon im Salbuch 1495 auf.
Für freundliche Unterstützung bei der Transkription bedanke ich mich bei Herrn Staatsarchivar Dr. Lieb, Frau Olga Waldvogel, Herrn Max Ruh in Schaffhausen und Herrn Prof. Dr. Rolf Köhn in Konstanz.
[147] Einen umfassenden Überblick über die einzelnen Bereiche der spätmittelalterlichen Agrarverfassung in der komplexen Ausprägung des spätmittelalterlichen Südwestens gibt PETER BLICKLE, Die Revolution von 1525, 2. Aufl. Wien 1981, S. 40–87 u. 105–139.
[148] Zum Zusammenhang zwischen Hochgericht und Landgrafschaft Nellenburg vgl. BERNER, Alte Siedlung, S. 133.
[149] 1523 Nov. 12: Abt Franziskus belehnt Hans Heinrich von Klingenberg mit dem Dorf Singen samt Gericht, Zwing und Bann; Urkunde im Stiftsarchiv St. Gallen, freundliche Mitteilung von Herrn Archivdirektor a. D. Dr. Herbert Berner.
[150] StA Stein a. R. 5; WALDVOGEL, Inventar, S. 659.
[151] StA Stein a. R. 6.
[152] HStA Stuttgart B 104 Urk. 39, Auswertung aufgrund einer Vorlage auf Mikrofilm; auf eine Edition wurde an dieser Stelle verzichtet, da die formelhafte und umständliche Diktion der Verkaufsabsprache den Text sehr umfangreich macht (vgl. auch die Anm. von MILLER, Hohentwiel-Lagerbuch zum Verkauf 1530, dessen Formulierung ähnliche Längen aufweist, S. 134 f.); an dieser Stelle sei jedoch darauf verwiesen, daß die Angaben zu Topographie und den einzelnen Bewohnern des Dorfes Singen zusammen mit den Urkunden von 1518 und 1530 (in Ansätzen auch schon das Urbar von 1392 und das Urbar von 1495) zwar nicht die Erstellung von Flurkarten oder Einwohnerregistern erlauben, trotzdem aber erstmals ein umfassenderes Bild der Singener Topographie zeichnen. Einzelne Angaben finden sich sowohl bei SCHREIBER, Zwischen Schwaben und Schweiz, als auch bei MILLER, Hohentwiel-Lagerbuch, im Register wieder. Hier nur einige Beispiele: ein Obstgarten »genant das himalrich«, ein Garten bei dem »Schmittenbrunnen«, ein Acker vor dem »wylerholtz«, der »heryshofer acker«, ein Acker bei »singerbrunnen«.
[153] 1392 betrug die Abgabe aus der Dornermühle insgesamt 12 Malter; vgl. Anm. 46.
[154] Auch unter den Eigenleuten finden sich bekannte Namen: »Barbara Hoplerin wylent Kläusen Frischhannsen verlassen wirtin«, »des kochlöffels vom Remlißhof kinder«, »Hannsen und Bläsi die vorster vom Remlißhof«.
[155] Bereits zu einem früheren Zeitpunkt hatte es unerfreuliche Auseinandersetzungen zwischen Onkel und Neffen gegeben. Albrecht hatte zu einem unbekannten Zeitpunkt für seinen Vetter Kaspar eine Bürgschaft geleistet. Später löste Hans Heinrich seinen Vater, nicht aber seinen Onkel aus, obwohl dieser über einen Schadlosbrief verfügte. Aufgrund dieser Angelegenheit kam Albrecht in die Acht, aus der ihn erst eine kaiserliche Vermittlung aus dem Jahr 1516 löste; zit. nach ROTH VON SCHRECKENSTEIN, S. 572.
[156] Rhomberg-Regest Nr. 282 (1524 Jan. 27); Kapitalien, Zinsverschreibungen, Aktiv- und Passivforderungen sowie Gegenforderungen ab 1525 im Enzensberg-Archiv Singen, lfd. Nr. 913 u. Nr. 915, wurden von mir nicht eingesehen, dürften aber einiges zur Klärung der Situation in den folgenden Jahren beitragen (siehe ebd. auch Verzeichnisse und Beschreibungen der Herrschaften Singen und Mühlhausen ab 1358, lfd. Nr. 522; Kaufbriefe, Privilegien, Memorials etc. der ehemaligen Herrschaften Singen, Mühlhausen und Arlen ab 1358, lfd. Nr. 377). Freundlicher Hinweis auf die Archivbestände von Frau Archivarin Reinhild Kappes und Herrn Archivdirektor Dr. Herbert Berner.
[157] Rhomberg-Regest Nr. 273. (1516 Juli 4).
[158] Mitt. aus dem F.F.A. Donaueschingen Anh. 1, 119 (S. 59): freundliche Mitteilung von Herrn Archivdirektor Dr. Herbert Berner.
[159] HStA Stuttgart B 104 Urk. 40.
[160] A. a. O.
[161] STEHLE, Exklave Bruderhof, S. 64f.
[162] A. a. O.: am 6. August 1552 verzichtete Österreich im Passauer Vertrag gegenüber Herzog Christoph auf seine Ansprüche am Hohentwiel.
[163] Eine ausführliche Darstellung bei STEHLE, Exklave Bruderhof, S. 64ff. und MARTENS, Hohentwiel, S. 27–46.
[164] HStA Stuttgart A 360 Urk. 2.
[165] Unter anderem hatte Hans Heinrich den Plan, mittels eines bewaffneten Aufgebots den Twiel von der Nachbarburg Staufen aus gewaltsam zurückzuerobern; näheres siehe ROTH VON SCHRECKENSTEIN, S. 578f. und STEHLE, Exklave Bruderhof, S. 66.
[166] MILLER, Hohentwiel-Lagerbuch S. 19+, Anm. 13 zit. KRIEGER, Topographisches Wörterbuch, I. 975.
[167] Ein Auszug der wesentlichsten Bestimmungen des Kaufbriefs samt einer detaillierten Aufarbeitung bei MILLER, Hohentwiel-Lagerbuch, S. 125–136.
[168] Rhomberg-Regest Nr. 296.

[169] Zit. nach MARTENS, Hohentwiel, S. 42
[170] Ebd. S. 44
[171] MILLER, Hohentwiel-Lagerbuch, S. 128. Im Kaufbrief von 1530 fällt zwar auf, daß die einzelnen Titel, besonders Flächenangaben zu Äckern, Wiesen und Weinbergen aus der Ortsherrschaft kommen, trotzdem sind auch Teile von Albrechts Besitz angeführt. Erst aus der Kombination aller Quellen dieser Zeit gewinnen wir einen Überblick über den Gesamtbesitz, wobei freilich nicht auszuschließen ist, daß einzene Titel Albrechts vor 1530 verkauft wurden.
[172] Ebd. S. 130 f.
[173] Ebd. S. 126, Anm. 1.
[174] Ebd. S. 128.
[175] Ebd. S. 131 f.
[176] BERNER, Alte Siedlung, S. 133.

Singen und die Herren von Friedingen

von Eberhard Dobler

In unserer Vorstellung von der geschichtlichen Entwicklung sehen wir Singen heute meist zusammen mit seinem »Hausberg«, dem Hohentwiel. Burg und Festung Hohentwiel haben ja in der Tat die Entwicklung Singens außerordentlich stark beeinflußt, wobei der Ort Singen unter der Festung freilich eher litt, als daß er von ihr Vorteile gehabt hätte. Neben dieser geläufigen Zusammenschau von Singen und Hohentwiel – seit 1938 heißt die Stadt auch amtlich »Singen (Hohentwiel)« – gibt es heute kaum noch eine Erinnerung, daß herrschaftsgeschichtlich für Singen einmal sehr starke, zeitlich sogar länger dauernde Verbindungen zum nahen Hohenkrähen und seinen Inhabern bestanden haben. Zu der Zeit, als die Herren von Friedingen ihre erste Burg auf dem Hohenkrähen erbauten, um 1180/90, waren sie auch Ortsherren von Singen, und noch bis in die 1460er Jahre waren Mitglieder dieser Familie ununterbrochen in Singen begütert.

Von 1555 bis 1571 besaß dann Graf Hans Jakob Fugger zusammen mit der österreichischen Lehensherrschaft Hohenkrähen auch wieder das Dorf Singen.

Die herrschaftliche Verbindung zwischen Singen und dem Hohenkrähen geht im Kern schon auf die Zeit des fränkischen Fiskus Bodman zurück. Im Fiskus Bodman, der den Namen nach seinem Vorort Bodman am Überlinger See hatte, war ein großer Teil des Reichsguts oder – was für jene Zeit dasselbe bedeutet – des Königsguts im Hegau zusammengefaßt. Vermutlich seit der Zeit um 746 gehörten zum Fiskus Bodman der Ort Singen ebenso wie der angrenzende Höhenzug mit den Bergen Hohentwiel und Krähen; ferner zum Beispiel die heutigen Singener Ortsteile Friedingen, Beuren und Überlingen am Ried, aber etwa auch Hilzingen.[1]

Äußerster Grenzpunkt des Fiskus gegen Norden hin scheint eine kleine Hofsiedlung auf der Mühlhauser Leberen, bei der heutigen Mühlhauser Pfarrkirche, gewesen zu sein; der weiter nach Norden hin anschließende Hauptteil Mühlhausens gehörte dagegen in der zweiten Hälfte des 8. Jahrhunderts dem Kloster St. Gallen, von dem er wohl im 10. Jahrhundert an die Abtei Reichenau kam.[2] Schon im späten 8. Jahrhundert unterstand also Singen mit dem nach Norden hin bis auf die Mühlhauser Leberen anschließenden Gebiet demselben Herrn, nämlich dem jeweiligen Inhaber des königlichen Fiskus Bodman. Der Hohentwiel, der erst um 915 seine ständig bewohnte Burganlage erhielt, und der ebenfalls noch unbewohnte Felskegel des Krähen waren in diesem Gebiet eingeschlossen, zu dem weiter auch die uralte Straße gehörte, die von Singen unter dem Krähen hindurch über die Mühlhauser Leberen in Richtung zur oberen Donau lief. Noch südlich des Hohenkrähen stießen an dieser Straße die Gemarkungen Singen und Mühlhausen unmittelbar aufeinander. Hier liegt die Gemarkungsgrenze beider Orte auch heute noch. Anders als heute lief die Grenze aber im Mittelalter von der Straße her auch noch den Berghang hinauf bis zum Hügelkamm über mehrere hundert Meter für beide Orte gemeinsam, unmittelbar nördlich vor dem jüngeren – erst 1779 erbauten – Hohenkräher Hof vorbei; oben am Reißbühl traf sie dann auf die Duchtlinger Grenzlinie.[3]

Die erst seit dem Hochmittelalter um den Berg herum entstandene selbständige Burggemarkung Hohenkrähen, seit 1923 ein Teil der Gemarkung Duchtlingen, die später Singen und Mühlhausen voneinander trennte, gehörte ursprünglich teils zu Mühlhausen, teils zu Singen. Der Berg Hohenkrähen hing im Frühmittelalter rechtlich noch an dem Hof auf der Mühlhauser Leberen,[4] dieser wiederum war ebenso wie der Ort Singen ein Teil des Fiskus Bodman. Singen und Hohenkrähen waren ein auch räumlich zusammenhängender Teil dieses Reichsgutes der fränkischen und der Karolingerzeit. Die Zugehörigkeit von ganz Singen zum Fiskus Bodman muß bis in das 10. Jahrhundert hinein bestanden haben. Um 960 aber wurde der Fiskus geteilt. Hans C. Faussner vermutet, daß dies im Zuge einer Erbteilung nach dem Tode der Herzoginwitwe Reginlind – sie starb um 958 – geschehen ist.[5] Reginlind war die Witwe des 949 verstorbenen Herzogs Hermann I. von Schwaben. Bei der Teilung um 960 blieben der Hohentwiel sowie das südlich und westlich von ihm liegende Fiskusgebiet in der Hand von Reginlinds Sohn Herzog Burkhard II. Das Fiskusgebiet östlich des Hohentwiels und die Aachniederung jedoch kamen an Reginlinds Tochter Ita. Die bei dieser Erbteilung entstandenen Grenzen gingen mitten durch das Gebiet des heutigen Singen. Ein Teil des heutigen Stadtgebietes blieb beim Hohentwiel. So der Singener Niederhof und die Kleinsiedlung Remishofen, die beide zunächst noch eigene Gemarkungen hatten und bis in das 16. Jahrhundert hinein zur Burg Hohentwiel gehörten.[6] Singens Kernort um die Pfarrkirche aber – er wird gelegentlich auch als »Obersingen« bezeichnet – fiel bei der Teilung um 960 an Ita, die ihn dann an ihre Nachkommen weitervererbte.[7] Das eigentliche Singen – »Obersingen« – liegt also seit etwa 960 in anderer Hand als der Hohentwiel. Dabei teilte auch der Besitzstreifen hinüber zum Hohenkrähen und auf die Mühlhauser Leberen nun für lange Zeit das rechtliche Schicksal von Obersingen: Singen und der Berg Hohenkrähen sowie die Mühlhauser Leberen blieben auch nach 960 zusammen in einer Hand.

Auch Obersingen ist übrigens im 10. Jahrhundert in sich eigentumsmäßig nochmals aufgeteilt worden. Denn die Pfarrkirche St. Peter und Paul, die Mutterkirche des mittleren Hegaus, ist wohl schon um 920 von Herzog Burkhard I. dem Kloster Reichenau geschenkt worden.[8] Zu jener Schenkung gehörte mit der alte Herrenhof bei der Kirche, später nach Klosterbrauch »Kellhof« genannt. Pfarrkirche und Kellhof sind danach bis zum Ende des Alten Reiches Eigentum der Reichenau geblieben. Unweit davon, hinter dem heutigen Schloß, gab es jedoch einen zweiten großen herrschaftlichen Hof, den nachmaligen »Holzerhof«.[9] Um ihn herum liegt das im Mittelalter allmählich heranwachsende Bauerndorf Singen, also »Obersingen«. Mit dem Besitz Obersingens war die sogenannte Ortsherrschaft verbunden. Sie umfaßte außer der Niedergerichtsbarkeit vor allem den »Zwing und Bann«, das Recht, auf der ganzen Gemarkung zu gebieten und zu verbieten. Zu gebieten und verbieten insbesondere in all den zahlreichen Einzelfällen des gemeinsamen bäuerlichen Wirtschaftens, wie Öffnung und Schließung der Fluren für die jahreszeitlichen Arbeiten, Anbauregelungen und dergleichen. Inhaber der Ortsherrschaft, »Ortsherr«, war der jeweilige Inhaber von Obersingen. Weil der alte Zentralhof, der Kellhof, seit langem in dem Kloster Reichenau einen anderen Herrn hatte als das Dorf, hing die Singener Ortsherrschaft im Hochmittelalter anscheinend zunächst an dem Holzerhof – das heißt, der Inhaber dieses Herrschaftshofes war der Ortsherr in Singen und Träger von Zwing und Bann. In dieser Stellung begegnen uns im Hochmittelalter die Herren von Friedingen. Nachdem der Holzerhof um 1310 – wovon noch zu sprechen sein wird – der friedingischen Familie verlorengegangen und an das Kloster Salem gelangt war, besaßen sie im Dorf noch verschiedene Bauerngüter und leibeigene Leute; sie waren auch unverändert Inhaber der Ortsherrschaft.

Die Friedinger standen in Singen in der Rechtsnachfolge von Reginlinds Tochter Ita, die bei der Erbteilung um 960 den Besitzstreifen von Obersingen zum Hohenkrähen und zur Mühlhauser Leberen erhalten hatte. Wie die Abfolge der Inhaber von Ita auf die Herren von Friedingen verlaufen ist, läßt sich nur vermuten. Es scheint sich um eine geradlinige Vererbung zu handeln. Ita und damit ihre Eltern, das Herzogspaar Hermann I. und Reginlind, gehörten zu den unmittelbaren Vorfahren der ursprünglich edelfreien Herren von Friedingen der Zeit um 1200. Ein Zwischenglied in dieser Abfolge und zeitweilige Eigentümer von Singen waren die Grafen von Nellenburg. Sie haben Obersingen und Hohenkrähen wohl um die Mitte des 11. Jahrhunderts ererbt und es dann zu Anfang des 12. Jahrhunderts über eine Tochter zunächst in die Familie der Herren von Mahlspüren eingebracht. Die edelfreien Herren von Mahlspüren aber waren die direkten männlichen Vorfahren jener Adelsfamilie, die sich seit der Erbauung der Burg Friedingen um 1170/80 als Herren »von Friedingen« bezeichnete und die in der Zeit um 1180/90 auch ihre Eigenburg auf dem Hohenkrähen errichtete.[10]

Diese genealogische Verbindung von dem Ahnenpaar Herzog Hermann I. und Reginlind zunächst zu den Grafen von Nellenburg hat Hans C. Faussner dargelegt.[11] Man kann sie mit ihm wie folgt vermuten: Ita (I.), die Tochter Hermanns und Reginlinds, heiratete den Herzog Konrad von Schwaben (†997), den Faussner auch mit dem Grafen Kuno »von Öhningen«, dem Gründer des Stiftes Öhningen am Untersee, gleichsetzt. Ita starb 986. Ihre gleichnamige Tochter Ita (II.) war mit dem Welfen Rudolf vermählt. Über den Sohn (†1030) aus dieser Ehe und über Welfs Tochter Kunigunde führte die Linie auf Kunigundes Tochter Ita (III.), die den Zürichgaugrafen Eberhard (†1070) heiratete. Er erbaute um 1050 auf dem von Ita eingebrachten Gut die Feste Nellenburg bei Stockach und nannte sich fortan nach ihr. Ita, die Gemahlin Eberhards von Nellenburg, dürfte bald nach 1020 geboren sein. Durch sie war ein großer Teil jener hegauischen Güter, die nach dem Tode Reginlinds einmal aus dem Fiskus Bodman an deren Tochter gelangt waren, nun nellenburgisches Hausgut geworden. Wir dürfen annehmen, daß hierzu auch der Ort Obersingen, die Mühlhauser Leberen und der Berg Krähen zählten. Wahrscheinlich aber auch der Ort Friedingen, von dem wir vermuten, daß ihn die Nellenburger im 11. Jahrhundert der Abtei Reichenau geschenkt und ihn als Klosterlehen zurückerhalten haben.[12] In Friedingen ließ Burkhard von Nellenburg, der Sohn Eberhards und Itas, im Jahr 1090 eine Urkunde errichten, und zwar unter Umständen, die erschließen lassen, daß er selbst diesen Ort damals in der Hand hatte.[13]

Burkhard von Nellenburg, der kinderlos war, hatte seinen Hegaubesitz um das Jahr 1097 seinem Neffen Dietrich von Bürglen-Nellenburg übertragen. Diese Übertragung dürfte auch Singen und Friedingen eingeschlossen haben. Dietrich nahm um das Jahr 1100 seinen Sitz auf der Nellenburg. Eine Tochter von ihm heiratete um 1105/10 Hermann den Jüngeren von Mahlspüren. Diese Nellenburgerin brachte nun aus väterlichem Erbe die Besitzstücke mit Singen und Hohenkrähen sowie das reichenauische Lehen Friedingen an die Familie der Herren von Mahlspüren. Die Herren von Mahlspüren des 11. und 12. Jahrhunderts waren ein altes adeliges und außerordentlich wohlhabendes Geschlecht, dessen Mannesstamm auf die Grafen von Bregenz und von Winterthur zurückging. Sie waren zur Zeit, in der wir die Eheverbindung zwischen beiden Familien annehmen können – um 1105/10 –, auch unmittelbare Nachbarn der Nellenburger: Die namengebenden Sitze Nellenburg und Mahlspüren (im Tal) liegen nur etwa zehn Kilometer voneinander entfernt.[15] Das Zusammentreffen von mahlspürenschem und nellenburgischem Erbe zeigte sich zum Beispiel bei einer Schenkung, die das nellenburgische Hauskloster Allerheiligen zu Schaffhausen etwas vor dem Jahr 1145 durch Hermann (von Mahlspüren) und seine Frau erhielt: Sie betraf ein Gut im Madach in Schwandorf, das wir als mahlspürensches Erbe identifizieren können, und ein Gut in Steißlingen, für das nach den Gesamtumständen eine nellenburgische Herkunft wahrscheinlich ist (siehe Abb. auf S. 134).[16]

Ein Enkel Hermanns des Jüngeren von Mahlspüren und seiner nellenburgischen Gemahlin, Heinrich »von Stetten« (I.), erbaute um 1170/80 auf reichenauischem Lehensboden die Burg Friedingen. Sie gab dem Geschlecht künftig den Namen: Mit ihrer Gründung begann die Geschichte der Herren »von Friedingen«. Heinrich I. hatte mehrere Söhne. Von ihnen erbte Rudolf I. die Burg Friedingen. Zwei andere Söhne, Heinrich II. und Hermann III., erbauten um 1180/90 auf dem Berg Krähen, der ihnen zu Eigentum gehörte, für sich eine neue Burg. Im Jahr 1191 erscheinen sie urkundlich unter dem Namen »von Krähen«.[17]

Der Erbauung der Burg Krähen um 1180/90 dürfte eine Erbteilung zwischen den friedingischen Brüdern vorausgegangen sein. Durch sie erhielten Heinrich und Hermann die selbständige Verfügung über diesen Berg sowie über die um ihn herum liegenden Güter mit den darauf sitzenden Untertanen. Um 1180 ist, mit anderen Worten, die neue Herrschaft Krähen durch Ausgliederung aus dem Gesamtbesitz der friedingischen Familie entstanden. Friedingen und Hohenkrähen hatten nun zunächst verschiedene Inhaber. Wir haben Grund zu der Annahme, daß diese in den 1180er Jahren entstandene friedingische Herrschaft Krähen nicht nur die Mühlhauser Leberen und das Dorf Duchtlingen umfaßte, sondern auch den Ort Obersingen mit seinem Kern, dem Holzerhof und der Ortsherrschaft. Wir hatten vorhin schon davon gesprochen, daß die Grenze zwischen den Gemarkungen Singen und Mühlhausen im Mittelalter südlich des Berges Krähen verlief, nur wenig nördlich vor dem heutigen Kräherhof vorbei. Noch ein Mühlhauser Berain von 1453 weist sie hier nach der überlieferten Erinnerung aus; erst im 18. Jahrhundert ist sie nach einem Prozeß auch formell vor die Nordseite des Berges, gegen Mühlhausen zu, verlegt worden.[18] Es ist aber zu erkennen, daß diese uralte Grenzziehung schon seit der Zeit der Burggründung um 1180/90 keine praktische Rolle mehr gespielt hat. Denn gleichzeitig mit der Burggründung wurde am Berghang südlich Krähen schon durch Rodung neues Ackerland für den mitentstehenden ältesten Wirtschaftshof in der Unterburg gewonnen. Diese Rodung nun griff ohne Rücksicht auf den alten Grenzverlauf, wie ihn der Mühlhauser Berain 1453 noch in Erinnerung hat, aus dem zur Mühlhauser Leberen gehörenden Gebiet weit in das Singener Gebiet nach Süden über. Noch heute liegen in diesem zusammenhängenden Komplex die Äcker und Wiesen des Kräherhofes geschlossen beieinander, wenn auch durch Neuaufforstungen der letzten Jahrzehnte schon wieder spürbar verkleinert. Die gleichzeitige Rodung der Burggründer sowohl auf Mühlhauser als auch auf Singener Gebiet beweist, daß den Erbauern der neuen Burg auch das Singener Gebiet zur Verfügung stand, daß es ihnen also gehörte. Das kann nur bedeuten, daß Obersingen – wie es ja auch zufolge der örtlichen Lage sinnvoll war – zur Herrschaft der beiden Brüder Heinrich und Hermann »von Krähen« rechnete, daß Singen mithin nicht dem in Friedingen ansässigen dritten Bruder, Rudolf von Friedingen, verblieben war. Die spätere Burggemarkung Hohenkrähen ist hier die Konsequenz aus diesen hoch- und spätmittelalterlichen Rodungen der Burgherren: Sie faßt altes Singener mit altem Mühlhauser Gebiet zusammen.

Nicht nur die Mühlhauser und Duchtlinger Leute der Herren auf Krähen, sondern ohne Zweifel auch die Bewohner Obersingens hatten seit etwa 1180 mit ihren Fuhren und Handfronen beim Bau der Burg mitgeholfen. Der alte Fahrweg von Singen zur Burg, der dann jahrhundertelang die Verbindung der Singener mit ihrer Herrschaft auf Hohenkrähen darstellte, ist – wenn auch inzwischen lückenhaft – als Feldweg noch im Gelände erkennbar. Er zweigte bei der Singener »Schwärze« von der heutigen, in ihrem Verlauf mehrfach veränderten Straße nach Duchtlingen ab und führte unmittelbar am Kräherhof vorbei in die Vorburg am Burgfelsen.

Für die Zeit um 1180/90 können wir, wie gesagt, die Brüder Heinrich und Hermann von Krähen (–Friedingen) als Ortsherren in Obersingen erschließen. Beide Brüder hatten männliche Nachkommen und Erben. Diesen muß auch Singen zugefallen sein. Freilich haben die beiden Linien des friedingischen Geschlechts, die

Am 15. Dezember 1432 übergeben die Brüder Heinrich und Rudolf von Friedingen und ihr Vetter Konrad von Friedingen von »Kraigen« das ihnen bisher eigene Dorf Singen im Hegau Abt Eglof und dem Konvent von St. Gallen und übertragen die Lehenschaft über dieses Dorf auf das Gotteshaus St. Gallen. Pergament-Original; die anhangenden Siegel sind eingenäht

von den Burggründern auf Krähen ausgingen, nur wenige Jahrzehnte auf dieser Burg gesessen. Die »edelfreie« Linie, wohl von Heinrich begründet, ist schon in der nächsten Generation wieder ausgeschieden, als der edelfreie Diethelm von Krähen um 1225/28 ohne männliche Nachkommen starb.[19] Sein Bruder Liutold von Krähen war als Mönch im Kloster St. Gallen nicht erbberechtigt.[20] Von dem anderen der Burggründer stammte die Linie der »Truchsessen von Krähen« ab. Berthold von Krähen aus dieser anderen Linie (gestorben zwischen 1236 und 1248), vermutlich der Sohn Hermanns, hatte um das Jahr 1200 das Amt eines Truchsessen des Abtes von Reichenau übernommen und fügte nun diesen Amtstitel seinem Geschlechtsnamen bei; er wurde der »Truchseß von Krähen«.[21] Die Übernahme des klösterlichen Amtes – und die damit verbundenen Einkünfte – bedeuteten zugleich den Eintritt dieser Linie in die Ministerialität des Abtes und damit den Verlust der überkommenen Edelfreiheit, der Zugehörigkeit zum alten Adel. Die Truchsessen von Krähen waren seit etwa 1200 nur noch Ministerialen oder, wie ein jüngerer Ausdruck diesen Stand treffend bezeichnet, »Edelknechte«. An ihrem freien Eigentum an der Burg Krähen und den erebten Besitzungen, zu denen Singen mit gehörte, hatte diese rechtliche Standesminderung jedoch nichts geändert; der Abt von Reichenau hatte hierdurch keine neuen Rechte in Singen erhalten.

Ebenso wie die Linie der Truchsessen ist auch die auf Hohenfriedingen verbliebene dritte Linie des friedingischen Geschlechts um das Jahr 1200 in die reichenauische Ministerialität eingetreten. Anlaß war hier die Verleihung der Vogtei über die reichenauische Marktsiedlung Radolfzell, eines einträglichen Klosterlehens, das aber auch nur einem Ministerialen des Abtes verliehen zu werden pflegte. Heinrich III., der Sohn des noch edelfreien Rudolf I. von Friedingen, wurde so um 1200 als reichenauischer Ministeriale zum »Vogt [advocatus] von Friedingen«.[22] Auch er fügte seinen damals hochangesehenen Amtstitel nun seinem Familiennamen bei. Die Vogtei über Radolfzell ging zwar der Familie schon um 1261 wieder verloren,[23] aber noch bis in das 14. Jahrhundert hinein verwandten Heinrichs Nachkommen den Vogttitel als Teil ihres Familiennamens.[24]

Beim Tod Diethelms von Krähen um 1225/28 wurden neben den Truchsessen, die schon auf Krähen saßen, auch die Verwandten auf Hohenfriedingen seine Erben. Sie müssen jetzt auch Teilhaber an Singen geworden sein. Um 1230/40 verlegte Heinrich III. darauf seinen Wohnsitz von der Burg Friedingen auf den Hohenkrähen.[25] In der Folge nannten er und seine Nachkommen sich in einzelnen Fällen »Vögte von Krähen« oder auch nur »von Krähen« – eine Bezeichnung, die aber den alten Titel der Vögte »von Friedingen« nicht verdrängte. Zunächst wohnten Heinrich III. (gestorben zwischen 1243 und 1251) und seine Söhne Heinrich IV. und Konrad I. auf der Burg Krähen noch zusammen mit den Truchsessen, nämlich mit Berthold und dessen Sohn Johannes I. von Krähen. Nach dem Tod von Johannes I., den wir um 1250 ansetzen können, kam es jedoch zu einer Besitzteilung. Die Söhne Johannes' schieden nun aus der Burg und den umliegenden Besitzungen aus. Sie erhielten den entlegenen, aber noch ansehnlichen Familienbesitz bei Schwandorf im Madach und bei Espasingen und nannten sich künftig nur nach diesen Besitzungen.[26] Es erscheint als sicher, daß bei dieser Gelegenheit Heinrich IV. und Konrad I. von Friedingen aus der Linie der »Vögte« nicht nur alleinige Eigentümer des Hohenkrähen, sondern auch der anliegenden Besitzungen mit Singen wurden. Als Konrad von Friedingen bald vor 1260 starb, wurde sein Bruder Heinrich IV. der alleinige Herr auf Krähen.[27] Weil sich auch die reichenauische Lehensherrschaft Friedingen auf ihn vererbt hatte, besaß er nun sogar zwei Burgen, Hohenkrähen und Hohenfriedingen.

Nach dem Tod Heinrichs IV., zwischen 1261 und 1271, ging das friedingische Familiengut auf dessen drei Söhne Heinrich V., Rudolf III. und Konrad II. über. Die Familie teilte sich damit zunächst in drei Linien auf.[28] Dem ersten Zweig, jenem Heinrichs V., war nur eine kurze Zeitspanne beschieden. Er endete auf tragische Weise schon mit Heinrichs Enkel Gotfried von Krähen, der im Jahr 1307 bei dem Brand des Schlosses Bodman zusammen mit seiner jungen Frau Katharina von Bodman in den Flammen umkam. Für Singens Geschichte hatte dieses Ereignis eine besondere Bedeutung. Denn zum Gedenken an Gotfried und seine Frau stiftete die Verwandtschaft 1310 oder kurz zuvor den friedingischen Holzerhof in Singen dem Kloster Salem als Grundlage eines ewigen Jahrtages. Gotfried selbst hatte den Holzerhof wenig früher bei seiner Vermählung als Morgengabe an Katharina überschrieben.[29] Mit dem wertvollen Holzerhof ging der friedingischen Gesamtfamilie das Kernstück ihres Singener Besitzes verloren.

Das Kloster Salem war nun der alleinige Eigentümer des Holzerhofs. Der Hof wurde um 1310 von dem Hörigen Heinrich genannt Vommeholz, dessen Frau Gertrud und den Kindern beider umgetrieben.[30]

Auf den zweiten Sohn Heinrichs IV., Konrad II. von Friedingen, ging die friedingische »Jüngere Linie zu Krähen« zurück, die bis in das 16. Jahrhundert hinein im Besitz der Burg geblieben ist. Sie hat den Hohenkrähen 1512 nach einer Zerstörung durch den Schwäbischen Bund, die sie durch Landfriedensbrüche auf sich gezogen hatte, verloren. Die Burg wurde strafweise enteignet und kam um 1518 an das Haus Österreich.

Der weitere Sohn Heinrichs IV., Rudolf III. von Friedingen, gab bei einer Erbteilung, ungefähr in den 1270er Jahren, seinen Anteil am Hohenkrähen auf und übernahm das reichenauische Lehen Friedingen. Daneben besaß er Lehen unterschiedlicher Herkunft auf dem oberschwäbischen Burgberg Bussen und in dessen Umgebung. Rudolf und seine Nachkommen wurden um 1230 Dienstmannen der Habsburger, die um 1300 von der Reichenau auch die Herrschaft Friedingen erwarben und somit hier in Friedingen wie auf dem Bussen die Dienst- und Lehensherren dieser »Bussener« Linie der Friedinger waren.[31] Außer auf der Burg Bussen hatten Angehörige dieser friedingischen Zweiglinie zeitweilig auch auf der Burg Friedingen ihren Sitz. Die »Bussener Linie« blieb im Hegau verwurzelt und begütert, obwohl sie an der Burg Hohenkrähen seit den 1270er Jahren keinen Anteil mehr hatte.

Der friedingische Familienbesitz in Singen, der nach dem Verlust des Holzerhofes verblieben war, scheint im 14. Jahrhundert beiden Linien der Familie gehört zu haben, also den »Krähenern« wie den »Bussenern«. Die »Bussener« ließen ihre persönliche Bindung an Singen in den Jahren 1350 und 1352 wieder erkennen. Denn im Jahr 1350 (Dezember 12) stifteten aus dieser Linie Heinrich X. und Rudolf VI. »genannt Vögte von Friedingen« eine jährliche Abgabe von einem Garten in Radolfzell für ein Ewiges Licht in der Singener Kirche zum Seelenheil ihres verstorbenen Verwandten Konrad vom Stein.[32] Und 1352 (Februar 28) schenkte Heinrich X. dem Kloster St. Katharinental ein eigenes Gut »obenan im Dorf Singen«, damit die Klosterfrauen die Jahrzeit seines Vaters (Rudolf V.) und später seine eigene begingen. Das 1352 verschenkte Gut wurde damals bebaut von Kuoni und Hans Bünninger und stieß an das Gut Heinrichs des Schieners. Es entrichtete an Zinsen je zwei Malter Hafer, Roggen und Kernen, ferner sechs Schilling Pfennig, Hühner und Eier.[33] Weil Heinrich X. keine Kinder hatte, vererbte sich der »Bussener« Anteil von Singen allein an die Nachkommen seines Bruders Rudolf VI. weiter. Dies war zunächst der Sohn Rudolf VIII. (gestorben 1418), auf den seine Söhne Heinrich

XI. und Rudolf IX. von Friedingen folgten. Die beiden letztgenannten Brüder waren auch die Eigentümer des »Bussener« Anteils im Jahr 1432 – in dem für Singen bedeutsamen Jahr, in dem die Singener Ortsherrschaft von den Friedingern auf das Kloster St. Gallen überging.

Auch im Jahr 1432 gab es neben dem »Bussener« Anteil noch den »Krähener« Anteil an Singen. Er ging auf jenen Konrad II. zurück, der um 1270 die jetzt auf dem Hohenkrähen allein übriggebliebene »Jüngere Linie zu Krähen« begründet hatte. Im Jahr 1432 lag diese Quote in der Hand Konrads III. von Friedingen. Sie war damals schon vom Krähener Hausgut getrennt, an dem neben Konrad III. auch noch sein Neffe Hans Wilhelm von Friedingen zu Krähen beteiligt war.[34] Die beiden »Bussener« Brüder Heinrich XI. und Rudolf IX. von Friedingen, Ortsherren in Singen zusammen mit ihrem »Krähener« Verwandten Konrad III., sahen sich um 1430 in einer schwierigen Vermögenssituation. Sie wollten die Herrschaft Blumegg an der Wutach, die sie ererbt hatten, an das Kloster St. Blasien verkaufen, das sich dafür interessierte. Mit der Herrschaft hing das Dorf Ewattingen zusammen, und St. Blasien wollte dieses zusammen mit Blumegg erwerben. Aber Ewattingen gehörte den beiden Friedingern nicht zu Eigen, sondern es war ihnen nur vom Kloster St. Gallen als Lehen überlassen. St. Blasien wiederum wollte Ewattingen zu freiem Eigentum erhalten, nicht als sanktgallisches Lehen, denn der Abt von St. Blasien konnte nicht Lehensmann des ranggleichen Abtes von St. Gallen werden. Heinrich und Rudolf mußten also St. Gallen zum Verzicht auf das lehensherrliche Obereigentum an Ewattingen bewegen, damit sie dieses bisherige Lehen an St. Blasien verkaufen konnten. So entstand die Idee eines Tausches: Anstelle des Eigentums an Ewattingen, auf das St. Gallen zugunsten von St. Blasien verzichten sollte, boten die beiden Friedinger dem Abt von St. Gallen das Eigentum an ihrem Dorf Singen an. Damit konnten sie Singen wieder, wie zuvor Ewattingen, von St. Gallen als Lehen nehmen. Für Singen trat somit das Kloster St. Gallen als Ortsherr an die Stelle der Friedinger. Diese konnten zwar in Singen bleiben und die Erträge des Dorfes weiter beziehen, aber jetzt nur noch als Lehensträger und in Abhängigkeit von St. Gallen.[35]

Dies war nur dadurch zu erreichen, daß Konrad, der ja an Singen beteiligt war, in das für ihn schlechte Geschäft einwilligte und auch seinen Eigentumsanteil an St. Gallen übertrug, um ihn ebenfalls wieder vom Kloster als Lehen zu erhalten. Sicher hat er dies nicht völlig uneigennützig getan, sondern von seinen »Vettern« einen Ausgleich – vielleicht einen Teil des Erlöses für Ewattingen – verlangt.

Bei den Verhandlungen über Singen scheint St. Gallen zunächst nicht gemerkt zu haben, daß außer seinen Lehensleuten Heinrich und Rudolf auch noch Konrad von Friedingen am Dorf beteiligt war. Mit demselben Datum vom 15. Dezember 1432, unter dem dann die endgültige, richtige Urkunde ausgefertigt wurde, findet sich nämlich in einem sanktgallischen Konzeptbuch bereits ein Urkundenentwurf für Singen, in dem von Konrad überhaupt nicht die Rede ist.[36] In die endgültige Urkunde ist aber neben Heinrich und Rudolf auch er als Lehensträger eingesetzt, und sein Siegel hängt neben den Siegeln seiner »Vettern« an der im Kloster verwahrten Ausfertigung. In Zusammenhang mit Singen begegnet Konrad III. wieder 1434 (Juni 28), als er das Singener Widumgut, das der Reichenau gehörte und an die Erben Konrads des Trüllingers verpfändet war, von diesen ablöste und sich verpflichtete, der Reichenau selbst die Wiedereinlösung für 130 Pfund Pfennig zu gestatten.[37] 1445 (Juli 19) saß »an der Stelle Junker Konrads von Friedingen« Hans Peter genannt Mäntz in Singen zu Gericht; in einem Streit zwischen dem Kaplan Hans Bosch zu Radolfzell und der Reichenau um den »Klingerzehnten« in Singen unterlag die Reichenau.[38]

Konrads Tochter Margarete hatte Jakob (I.) von Friedingen, den ältesten Sohn eben jenes Heinrich XI., geheiratet, der an Singen beteiligt war. Trotz der Gleichnamigkeit beider Eheleute, Jakob und Margarete von Friedingen, war ihre Verwandtschaft bereits so weitläufig, daß sie auch im kanonischen Sinn kein Ehehindernis mehr bildete. Vielleicht war sogar die Gemeinsamkeit des Singener Besitzes eine der Ursachen, die die beiden jungen Friedinger zusammengeführt hatten.

Wie sich die lehensrechtliche Lage in Singen nach dem Tod Konrads von Friedingen entwickelt hat, ist zwar nicht durch Urkunden belegt, die Entwicklung läßt sich aber anhand von Indizien rekonstruieren. Von den drei friedingischen Lehensträgern, die St. Gallen nach seinem Eigentumserwerb 1432 in Singen eingesetzt hatte, sind Heinrich XI. und Rudolf IX. aus der Bussener Linie schon zu Anfang der 1440er Jahre gestorben, Konrad III. um das Jahr 1448. Sowohl Heinrich als auch Rudolf hinterließen Söhne, doch gingen ihre Anteile an Singen sehr wahrscheinlich geschlossen an Jakob I., den Sohn Heinrichs über. Jakob war durch seine Frau Margarete von Friedingen, die Tochter des dritten Singener Teilhabers Konrad von Friedingen, ohnehin im Hegau stärker verwurzelt. Vermutlich hat in den 1440er Jahren unter den »Bussener« eine Erbteilung stattgefunden, die Jakob in den alleinigen Besitz der beiden Bussener Drittel von Singen brachte.[39] Nach dem Tod Konrads III. 1447/48 dürfte auch dessen Drittel auf Jakob als den Mann seiner Tochter gekommen sein. So besaß Jakob seit 1448 das ganze sanktgallische Lehen, und seine Frau Margarete hatte das andere friedingische Gut in Singen, soweit nicht noch vereinzelte Stücke der Krähener Linie Hans Wilhelms darunter waren. Margarete selbst hätte den väterlichen Lehensteil von Singen, das ja 1432 ausdrücklich zum Mannlehen erklärt worden war, nach Lehensrecht nicht erben können.

Jakob I. von Friedingen gehörte 1447 (April 23) auch zu den Mitgliedern der hegauischen Ritterschaft St. Georgenschild, die damals in einen Dienstvertrag mit Graf Ludwig von Württemberg traten, wie zum Beispiel sein Schwiegervater Konrad von Friedingen, Wilhelm und Konrad von Homburg oder Heinrich von Klingenberg.[40] Wahrscheinlich wohnte Jakob I. auf einem uns nicht bekannten friedingischen Besitz im Hegau.

Jakob I. von Friedingen erscheint urkundlich letztmals im Mai 1454. Mit seiner Frau Margarete hatte er die Söhne Konrad V., in dessen Nachkommen sich die Linie fortsetzte, und Jakob II., der keinen Sohn mehr hatte. Anscheinend ist Jakob I. im Jahre 1454 gestorben; schon als Witwe schloß Margarete in diesem Jahr mit ihren beiden Söhnen und mit ihrem Vetter Hans Wilhelm von Friedingen zu Krähen einen Erbvertrag.[41] Wieder können wir nur vermuten – Urkunden hierüber kennen wir nicht –, daß nach Jakobs I. Tod sein älterer Sohn Konrad V. sanktgallischer Lehensträger für Singen wurde.

Finanziell muß es Margarete und ihren Söhnen nach dem Tod ihres Mannes schlecht gegangen sein. Darauf läßt eine erhaltene Schuldurkunde von 1458 (Juli 6) schließen.[42] Zusammen mit ihrem Halbbruder Konrad Friedinger, Bürger zu Radolfzell, hatte sie von Konrad Äninger aus Rottweil 33 Malter Hafer kaufen müssen, das Malter zu 18 Schilling Pfennig Konstanzer Währung, wobei 14 1/2 Schilling einen Gulden gelten. Sie konnte diese Summe nicht sofort zahlen, sondern mußte einen Schuldbrief geben. Neben Konrad Friedinger stellten sich dem Verkäufer als Mitschuldner auch mehrere namentlich genannte Singener Bauern: Hans Karrer der Vogt, die Brüder Hans und Heinrich die Schyner, Hans Vorster, Heinz Petter, Kuntz Mertz, Konrad Binninger, Hans und Frischhans Bürgi. Diese Singener Bauern waren offenbar friedingische Leibeigene, oder sie saßen auf damals noch friedingischen Gütern. Vielleicht ist ihnen ein Teil des gekauften Getreides zugute gekommen. Bemerkenswert ist die Beteiligung Konrad Friedingers an diesem Handel; sie läßt vermuten, daß auch er von seinem und Margaretes Vater einzelne Güter oder Rechte in Singen geerbt hatte.

Der finanzielle Tiefpunkt war für Margarete von Friedingen 1461 erreicht. In diesem Jahr wurde sie auf Klage der Gemeinden Mühlhausen und Schlatt vor dem hegauischen Landgericht in die Acht erklärt, weil sie diesen gegenüber mit der Schuldenzahlung im Rückstand war. Ihr ganzes Vermögen wurde vom Gericht zur Zwangsvollstreckung freigegeben.[42]

Es muß in dieser Notlage der frühen 1460er Jahre gewesen sein, als Konrad V. und seine Mutter Margarete sich entschlossen, den Singener Besitz und das Wenige, das ihnen daneben in der Gegend noch gehörte, zu

Stammtafel

Krähener Linie JOHANN V. † 1396/98	*Bussener Linie* RUDOLF VIII. † 1418	
KONRAD III.* † 1447/48 (∞ Verena v. Fulach)	HEINRICH XI.* 1415; 1442 tot	RUDOLF IX.* 1388; 1441; 1442 tot

Konrad Friedinger zu Radolfzell, (unehelich)	Margarete ∞(1) 1461 Witwe 1468, 1476	JAKOB I. 1432; 1451; 1461	Rudolf X.
	∞(2) Stefan von Ow zu Staufen 1465, 1476	KONRAD V. Jakob II. 1462; 1481; verkauft Singen Vogt in Chur	

* Übergaben Singen als Eigengut 1432 an St. Gallen, erhielten es als Mannlehen zurück.

verkaufen. Den größeren Teil erwarb die fulachische Verwandtschaft Margaretes aus Schaffhausen, einen anderen Teil Werner von Holzhausen genannt Keller aus Stein am Rhein. Das sanktgallische Mannlehen Singen kauften die Brüder Konrad und Hans von Fulach zu Laufen (am Rheinfall). Nach ihrem Tod übernahm es 1491 (Juli 28) der Sohn des Hans, Bolle (= Pelagius) von Fulach, als Erbe und Lehensnachfolger.[43] Damit war Singen für die Familie der Friedinger endgültig verloren.

Margarete von Friedingen hat sich nach dem Tod ihres ersten Mannes Jakob von Friedingen wieder verheiratet, und zwar mit dem Zürcher Bürger Stefan von Ow, der als Besitzer eines Teils der Burg Staufen dort

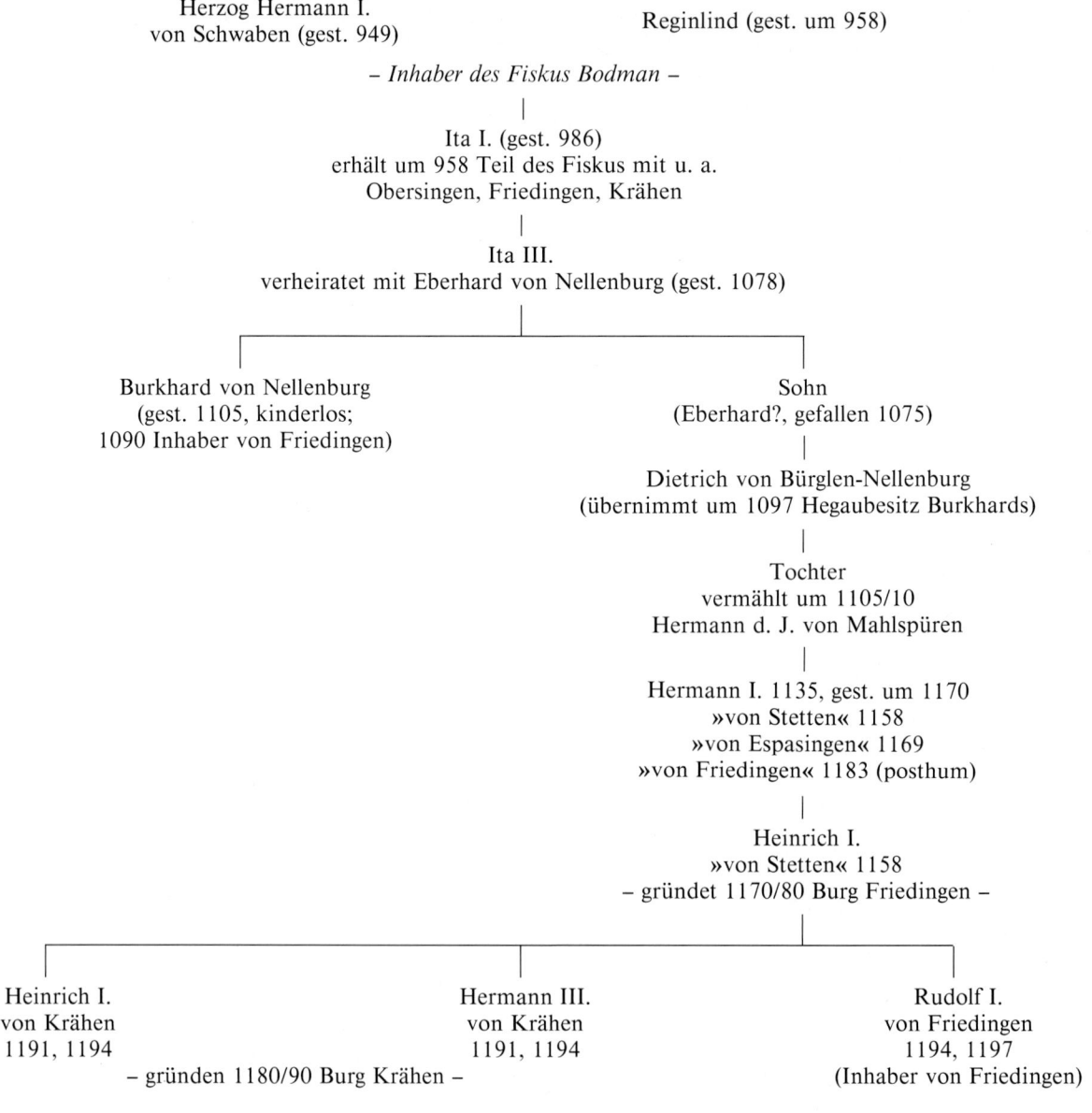

Vom Fiskus Bodman zu den Herren von Friedingen-Krähen

wohnte. Als seine Frau ist Margarete zum Beispiel 1468 nachweisbar.⁴⁴

Ihr Sohn Konrad V. von Friedingen aber hat sich nach dem wirtschaftlichen Zusammenbruch seiner Familie vom Hegau gelöst und fremden Dienst genommen. Im Jahr 1457, noch vor dem Verkauf Singens, begegnet er einmal als Mitglied eines Schiedsgerichts in einem Streit zwischen dem Agnesenkloster in Schaffhausen und Hans Ulrich von Stoffeln. 1475 und 1481 findet er sich als bischöflicher Vogt in Chur (Graubünden). Seine Familie wurde in Südtirol ansässig.⁴⁵

Die Bindung Singens an die Herren von Friedingen ist mit den 1460er Jahren zu Ende gegangen, die Bindung an den Hohenkrähen schon früher, da auch Konrad III., dem bereits vor 1432 ein Anteil am Dorf gehört hatte und der in Mühlhausen wohnte, damals nicht mehr Teilhaber am Hohenkrähen war. Die »Bussener« Mitbesitzer an Singen waren ohnehin schon seit den 1270er Jahren vom Hohenkrähen getrennt. Für Singen erwies es sich als ein glücklicher Umstand, daß es somit ab der ersten Hälfte des 15. Jahrhunderts mit dem Schicksal des Hohenkrähen nicht mehr unmittelbar verknüpft war. Denn die damaligen Herren auf dem Krähen, Hans Wilhelm von Friedingen und seine Nachkommen, verwickelten sich in eine Fülle von Fehden und Räubereien, die auch den friedingischen Untertanen schwere Schädigungen einbrachten. In den Jahren 1455, 1476, 1479 und 1512 erschienen deswegen feindliche Aufgebote vor der Burg, und die letzte Belagerung durch den Schwäbischen Bund im Jahr 1512 brachte den Friedingern die Zerstörung und den Verlust ihres wehrhaften Sitzes. Singen wurde hiervon jedoch dank seiner Zugehörigkeit zu neuen Herren nicht mehr betroffen.

Anmerkungen

[1] E. DOBLER, Die Urkunde vom 15. Februar 787, in: Singener Stadtgeschichte, Bd. 1, S. 135–148.
[2] Ders., Burg und Herrschaft Hohenkrähen, Hegau-Bibliothek, Bd. 50, 1986, S. 13ff.
[3] Ebd., S. 41 mit Skizze S. 30.
[4] Ebd., S. 17.
[5] Ebd., S. 17f.
[6] A. STROBEL, Flurkarte 1709, S. 2. – E. DOBLER, Mittelalterliche Geschichte von Singen, in: Zs. Hegau 31 (1971), S. 102.
[7] DOBLER, (wie Anm. 2), S. 18.
[8] Ebd., S. 15.
[9] STROBEL, (wie Anm. 6), S. 34; DOBLER, (wie Anm. 6), S. 99f.
[10] DOBLER, (wie Anm. 2), S. 29.
[11] H. C. FAUSSNER, Kuno von Öhningen und seine Sippe in ottonisch-salischer Zeit, in: Dt. Archiv für Erforschung des Mittelalters, 37. Jg. 1981, S. 20ff.; DOBLER, (wie Anm. 2), S. 17ff.
[12] DOBLER, (wie Anm. 2), S. 24. – Ders., Die Herren von Friedingen als Nachfahren der Herren von Mahlspüren und der Grafen von Nellenburg, in: Zs. Hegau 26 (1969), S. 11ff.; für die Schenkung Friedingens und seine Rücknahme als reichenauisches Lehen ist in erster Linie an die Regierungszeit des Reichenauer Abtes Eggehard von Nellenburg (1071–1088) zu denken.
[13] F. H. BAUMANN, Die älteren Urkunden von Allerheiligen in Schaffhausen, in: Quellen zur Schweizer Geschichte III 1, Basel 1883, S. 17. – Dazu DOBLER, Die Herren von Friedingen (wie Anm. 12), S. 9f.
[14] DOBLER, Die Herren von Friedingen (wie Anm. 12), S. 29, 39ff.; ders., (wie Anm. 2), S. 24ff.
[15] Ebd.
[16] BAUMANN, (wie Anm. 13), S. 113. – DOBLER, Die Herren von Friedingen (wie Anm. 12), S. 27ff., wobei wir den Schenker Hermann jetzt jedoch nach der Zeit der Schenkung schon mit Hermann d. J. von Mahlspüren, nicht erst mit seinem Sohn Hermann I. von Friedingen gleichsetzen.
[17] Codex Diplomaticus Salemitanus, hg. v. FR. V. WEECH, Karlsruhe 1883ff., Bd. 1, S. 69. – DOBLER, Die Herren von Friedingen (wie Anm. 12), S. 19ff.
[18] DOBLER, (wie Anm. 2), S. 41.
[19] Ebd., S. 69 und Skizze S. 22.
[20] Ebd., S. 69, 90.
[21] Ebd., S. 70.
[22] Ebd., S. 82.
[23] Ebd., S. 96ff.
[24] Ebd., S. 400.
[25] Ebd., S. 89ff.
[26] Ebd., S. 82.
[27] Ebd., S. 95.
[28] Ebd., S. 98, 450.
[29] Codex Diplomaticus Salemitanus (wie Anm. 17), Bd. 3, S. 159. – DOBLER, (wie Anm. 2), S. 101.
[30] Ebd.
[31] Ebd., S. 104f., 359.
[32] wie Anm. 24.
[33] Thurgauer Urkundenbuch, hg. v. J. MEYER und F. SCHALTEGGER, Frauenfeld 1924 ff., Bd. 8, S. 647, Nachtr. Nr. 21. – Dobler (wie Anm. 2), S. 400ff.
[34] Dobler (wie Anm. 2), S. 140.
[35] Urkundenbuch der Abtei St. Gallen, hg. v. H. WARTMANN, PL. BÜTLER und I. SCHIESS, Zürich/St. Gallen 1863ff., Bd. 5, S. 681. – DOBLER, (wie Anm. 2), S. 146.
[36] Stiftsarchiv St. Gallen, Kopialbuch zu 1432. – Dobler (wie Anm. 2), S. 146.
[37] Dobler (wie Anm. 2), S. 146.
[38] Ebd.
[39] Ebd.
[40] Ebd., S. 147.
[41] Ebd., S. 148.
[42] Ebd., S. 149.
[43] Ebd., S. 149.
[44] Ebd.
[45] Ebd.

»... do haben sich die grafen der kriegshandlungen und reutereien beholfen und sich damit wellen erneren«

Kriegerisches Wetterleuchten um den Twiel im 14. und 15. Jahrhundert

von Herbert Berner

Vorbemerkung

Für Menschen des 20. Jahrhunderts ist es sehr schwer, die Vorgänge und mehr noch die hinter ihnen stehende Denkweise des Mittelalters zu verstehen. Wenn wir die Vergangenheit begreifen wollen, müssen wir uns vor allem davor hüten, unsere modernen Auffassungen und Einschätzungen als Richtschnur anzulegen. Vielmehr müssen wir versuchen, adäquate Kriterien anzuwenden. »Was von unserem heutigen Gesichtspunkt aus falsch ist, war für die Menschen des Mittelalters nicht falsch, sondern die höchste Wahrheit. [...] Das, was der moderne Mensch für den grundlegenden Wert des Lebens hält, war es durchaus nicht unbedingt für die Menschen einer anderen Epoche und anderen Kultur; und umgekehrt, das, was uns heute als falsch oder unbedeutend erscheint, konnte für den Menschen einer anderen Gesellschaft wahrhaft und äußerst wesentlich sein« (Aaron J. Gurjewitsch). Aus diesem Grunde werden der Schilderung der Ereignisse des 15. Jahrhunderts kurze Einführungen über mittelalterliches Fehdewesen und Strafrecht vorangestellt. Auch dazu hat sich der sowjetische Historiker speziell geäußert: »Zweikämpfe, Kriege, Blutrache waren die ständigen Korrelate des feudalen Rechts. Doch die gängige Meinung, daß das Mittelalter eine Epoche der Herrschaft des ›Faustrechts‹ war, wo nicht das Gesetz und die Gewohnheit, sondern Gewalt und Willkür alles entschieden, ist unbegründet [...] Gesetzlosigkeit gab es in der mittelalterlichen Gesellschaft mehr als genügend, doch baute sich diese Gesellschaft nicht auf ihr auf.« Losgelöst von den allgemeinen Verhältnissen und isoliert auf das kleine Gebiet um Twiel und Krähen könnte freilich mitunter der Eindruck entstehen, das Mittelalter sei dunkel, unmenschlich und reaktionär gewesen. (AARON J. GURJEWITSCH, Das Weltbild des mittelalterlichen Menschen, München 1982, S. 8 f., 216.)

Fehde der Stadt Rottweil gegen die Klingenberger 1330

Karl von Martens erwähnt in seiner Hohentwiel-Geschichte unter Bezugnahme auf die stoffreichen »Annales Suevici« (3 Bände 1595/96), hg. von dem im allgemeinen als zuverlässiger kritischer Chronist bekannten Martin Crusius (1526–1607), sowie auf die Schweizer Chronik von Johannes Stumpf (1500–1577/78) eine Fehde der Klingenberger gegen die Rottweiler im Jahre 1330. Die Reichsstädter seien – wahrscheinlich durch Streifzüge der Klingenberger gereizt – zum Hohentwiel gezogen und hätten dort in einem Gefecht einen Hans von Klingenberg erschlagen, der als der stärkste Ritter seiner Zeit gegolten habe. Sodann berichtet der Rottweiler Geschichtsschreiber Heinrich Ruckgarber 1838 in seiner Stadtgeschichte ohne Angabe von Quellen beiläufig mit einem Satz von dieser Fehde, die durchaus in die Landfriedensbünde der Reichsstadt in der ersten Hälfte des 14. Jahrhunderts passen könnte. Die Fehde läßt sich jedoch weder mit Rottweiler Archivalien noch im einschlägigen Bestand des Stuttgarter Hauptstaatsarchivs nachweisen.

Literatur

Freundl. Auskunft von Stadtarchivar Dr. Winfried Hecht, Rottweil, vom 01.04.87.
MARTENS, Hohentwiel, S. 10 (bei Crusius I, 898; Stumpf, S. 454).
HEINRICH RUCKGABER, Geschichte der Frei- und Reichsstadt Rottweil, 1838, Bd. II/2, S. 130.
AUGUST STEINHAUSER, Officina Historie Rottwilensis oder Werkstätte der Rottweilschen Geschichte, 1950, S. 34.
KB Konstanz, Bd. I, 1968, S. 411.

Bodman-Klingenberger Fehde 1335

Aus den Chroniken von Johannes Stumpf und dem Minoriten Johannes von Winterthur erfahren wir von einer bösen Fehde eines Herrn von Klingenberg »ab Dwiel« mit jenem von Bodman im Jahre 1335, bei der in hohem Grade der Bodmaner durch Brand und Räubereien bis unter die Mauern seiner Burg geschädigt wurde. Den auslösenden Anlaß des erbitterten Streites kennen wir nicht; es ist auch nichts von einem Gegenzug des Bodmaners zum Hohentwiel überliefert. So dürfen wir annehmen, daß die Singener als friedingische und reichenauische Untertanen von dieser Fehde unbehelligt blieben – ausgenommen wohl die klingenbergischen Untertanen in Niederhofen und Remishof, die sicherlich Kriegsdienste leisten mußten.

Literatur

JOHANN LEOPOLD FRH. VON BODMAN, Geschichte der Freiherren von Bodman, Lindau 1894, S. 66 f. (NRR. 237, 238, 240).
FRANZ GÖTZ, Zur Geschichte von Dorf und Herrschaft Bodman, in Berner, Bodman Bd. II, S. 65.
MARTENS, Hohentwiel, S. 10.

Fehden und Raubritterunwesen

Von der neben dem ordentlichen Rechtsweg üblichen germanischen Fehde, die jedem Verletzten, auch wenn er nicht von Adel war, Rachehandlungen gegen den Verbrecher oder Verursacher zugestand, blieb im Mittelalter schließlich nur noch die seit 1186 gesetzlich anerkannte Ritterfehde bestehen. Sie billigte allein den Rittern, die mit ihrer Gefolgschaft ständig unter Waffen standen, die Wiederherstellung der gestörten oder verletzten Friedensordnung durch Rache- und Selbsthilfeakte, also durch die Führung einer Art Privatkrieges zu.

Anlaß einer solchen Fehde konnten Missetaten eines Gegners sein, aber auch Besitzstreitigkeiten. Die Abgrenzung einer rechtmäßigen Fehde von einer rechtswidrigen ist schier unmöglich. Dabei konnte ein uns kaum mehr verständliches übersteigertes Ehrgefühl eine Rolle spielen, das aus geringfügigsten Anlässen ein blutrünstiges Spektakel auslöste. Im späten Mittelalter gerieten viele Adlige aus borniertem Standesgefühl und der Unfähigkeit, sich vom Grundbesitz mit unveränderlich festgesetzten Naturaleinkünften trotz steigender Preise auf neue Erwerbsquellen, auf eine neue Wirtschaftsweise umzustellen, in Not. So könnte man in manchen Fällen vermuten, »daß das Fehderecht dem verarmten Adel eine Art von Sozialversicherung geboten habe«, deutlich zu beobachten bei den zahllosen Fehden des kleinen Landadels mit großen, reichen Städten. »Die Ritterfehde ist vom Kriminaldelikt nach unten und vom ›gerechten Krieg‹ nach oben nur selten sicher abzugrenzen. Zu oft waren die Fehdegründe an den Haaren herbeigezogen, und in jedem Fall waren die Fehden eine Quelle von bitterem Unrecht und Gewalt, von Plünderung, Raub und Mord. In ihrem Schatten lebten die Banden berufsmäßiger Räuber, die der Adelige zur Fehde einstellte und danach wieder entließ.«[1] Indessen waren diese Raubritter, und das gilt auch für unsere Landschaft, stets in der Minderzahl.

Die Zimmerische Chronik zählt zu den Raubrittern unter anderem die Friedinger und Klingenberger. Bei letzteren ist allerdings eine Einschränkung zu machen: Man kann die Klingenberger nicht als Raubritter und ihre Burg Twiel nicht als Raubritternest bezeichnen, obgleich sie durchaus in ihrer Spätzeit fehdelustig und beutelüstern gewesen sind. »Dann bemelte edelleut [von Friedingen] heten Kreyen das schlos, auf sollichs sie als unverträgliche leut sich dermaßen verließen, das sie auf menigclich streiften und raupten. [...]«[2] Graf Froben Ferdinand von Zimmern findet für dieses Verhalten eine plausible Erklärung: »Es haben unsere vorfarn vil red gehalten, ob ain vest und werlichs haus eins geschlecht nutzlich oder guet, und wiewol zu beiden teiln ansehnlich argumenta ufzubringen, [...] so befindt sich doch, das die geschlechter, so dermaßen veste und werliche heuser gehapt, sich oftermals darauf verlassen, ire obern oder auch ire nachpaurn darauß gedrutzt, selten ufrecht oder bei iren güetern bliben sein, wie dann die erfarnus das zugibt mit denen edelleuten von Fridingen, von Clingenberg, Sickingen, Rosenberg und andern, auch noch vil höchers standts, die zu irem selbs nachtail iren feinden und widerwertigen gebawen.«[3]

Feste, uneinnehmbare Burgen wie Twiel und Krähen haben danach die Fehdelust begünstigt durch die vordergründige trügerische Sicherheit, die sie ihren Inhabern boten; die hieraus zwangsläufig erfolgende Verschuldung wurde nicht bedacht. Nachdem die Güter meistenteils ausgeteilt und hingegeben, bis auf die hohe Obrigkeit, »[...] do haben sich die grafen der kriegshandlungen und reutereien beholfen und sich damit wellen erneren. Das ist inen misslungen, sein darob verjägt, vertriben und in ellendt kommen, von haus und hof, land und leuten und auf letztlichen im verderben sterben müßen.«[4] Einen Ausweg aus ihren Schwierigkeiten erhofften sich manche Ritter durch verstärkte und rücksichtslose Auswertung der ihnen zustehenden Hoheitsrechte zu verschaffen, etwa durch Erhöhung der Zölle, der Wegegelder, der Gerichtsgebühren, Strafen und andere mehr.

Insgesamt boten die politischen Auseinandersetzungen, die instabilen Zustände des 15. Jahrhunderts einen günstigen Nährboden für das Fehdewesen, und die mit der Feudalisierung verbundene Lokalisierung der Gerichte, die zur Zersplitterung der Gerichtskompetenzen führte, garantierte geradezu den Übeltätern Straflosigkeit. Die immer wieder geschlossenen regionalen Verträge zur Wahrung des Landfriedens, zum Beispiel im Mai 1437 zwischen der Rittergesellschaft zum Sankt Georgenschild und den Grafen von Württemberg, vermochten das adelige Fehderecht nicht einzuschränken[5]. Auch nachdem auf dem Wormser Reichstag 1495 beschlossenen ewigen Landfrieden dauerten die Fehden und Überfälle auf die Kaufmannszüge der reichen »Pfeffersäcke« bis in das 16. Jahrhundert hinein fort, wofür anschauliche Beispiele Leben und Taten des Reichsritters Götz von Berlichingen oder in nächster Nähe die Friedinger auf dem Hohenkrähen lieferten[6]. Selbst Herzog Ulrich würdigte sich zwischen 1523 und 1525 zum Wegelagerer herab und überfiel etwa 1525 unweit seiner Herrschaft Mömpelgard einen Nürnberger Kaufmannszug und am 26. Mai 1525 zu Singen einige Fuhrleute, welche Salz, andere Waren sowie 14 Wagen mit elsässischem Wein in die Eidgenossenschaft bringen wollten, und schleppte die Beute auf den Twiel. Umgekehrt hielten sich die Schaffhauser an einem Twieler Karrenknecht wegen unbezahlter Schulden des Herzogs schadlos[7].

Gerichtsverfahren – grausame Strafen

Schließlich ist »die eigentümliche Atmosphäre der Lebensunsicherheit und der unausgesetzten Furcht« zu bedenken, die für die betroffene Bevölkerung und mithin in Sonderheit für die Hegauer Bauern und Bürger den Alltag prägte. Man kennt die »schreckliche Strafbereitschaft, die, das ganze Mittelalter umfassend, für unser Gefühl dem Sadistisch-Grausamen nie ganz entraten kann«[8]. Im Gerichtsverfahren wurde die peinliche Strafe ausschließlich unter dem Gesichtspunkt der Abschreckung angewandt; im späteren Mittelalter kam es so zu einer erschreckenden Zunahme dieser Strafen selbst für geringe Vergehen. Immer grausamere Strafen und Hinrichtungsmethoden, vollzogen in aller Öffentlichkeit, wie Enthaupten, Rädern, Verbrennen, Ausdärmen, Pfählen, Vierteilen und anderes mehr, führten zu einer erschreckenden Verwilderung und Verrohung. Zu diesen Strafen gehörten auch Verstümmelungen: Abhauen einer Hand, eines Fingers, Ausreißen der Zunge, Abschneiden von Nase, Ohren oder die Blendung. Allerdings konnte die unerhörte Grausamkeit des mittelalterlichen Strafvollzugs durch gesteigerte Anwendung des Gnaden- und Asylrechtes gemildert werden. Kein Wunder, daß diese Methoden auch bei Fehden und in der Kriegführung praktiziert wurden. Eine tiefgreifende Verunsicherung und Angst kennzeichneten daher jene Zeit. Die »Gefahren an Weg und Straßen« lagen am nächsten. Bei kriegerischen Ereignissen standen das Rauben und Plündern, das Wegnehmen und Zustechen obenan, nicht nur bei den Rittern, sondern auch bei den aufsteigenden Städtern: »Man lese nur einmal die Berichte über die Städtekriege der mittelalterlichen Spätzeit, wo gemordete Greise, vergewaltigte Weiber, ausgerissene Weinstöcke, angezündete Dörfer, geschändete Grablegen sozusagen zur Normalkost gehören.«[9]

Die Zimmern-Chronik bringt, einen Wandel der Anschauung andeutend, den Niedergang so mancher Adelsgeschlechter u.a. auch mit rohen, sadistischen Gewalttaten in Verbindung. Von den Klingenbergern seien »etlich unschuldige gefangene, in Reder geflochten, über die hohen berg uf Twiel ganz grausamlichen und erschrocknenlichen [...] herabgelassen worden. Der allmechtig verzeihe uns allen.«[10]

Fehden und Kriegszüge im Hegau

Vor diesem Hintergrund sind die 25 Fehden und kriegerischen Ereignisse zu sehen und zu werten, von denen das Gebiet des heutigen Landkreises Konstanz im 15. Jahrhundert heimgesucht wurde; davon entfallen auf den mittleren Hegau, das heißt die nähere Umgebung des Hohentwiels, mehr als die Hälfte[11].

1417	Eroberung der Burg Hinterstoffeln (im Zusammenhang mit einem Mord an Michael von Reischach in Gaienhofen)
1439ff.	Beraubung von Kaufleuten im Hegau
1441	1. Städtekrieg im Hegau
1442	2. Städtekrieg im Hegau
1445	Eroberung der an die Grafen von Lupfen verpfändeten Stadt Engen und Burg Hewen durch Friedrich von Hewen
1449–1455	Fehde der Schaffhauser gegen den Hegauadel; Erstürmung von Tengen, Brandschatzung von Mühlhausen 1455
1454–1474	Häufige Kämpfe zwischen Österreichern und Eidgenossen im Hegau
1460	Hegauer Bauernaufstand
1462	Fehde des Hans von Rosenegg mit Diessenhofen

1464 Belagerung des Hohentwiels in der Werdenberger Fehde
1465–1467 Fehde des Hans von Friedingen und Bilgeri von Heudorf mit Schaffhausen wegen eines Hofes des Junkers Ziegler in Hausen unter Krähen
1474–1476 Konstanzer Bischofsstreit, Eroberung der Burg Hohenkrähen
1479/80 Friedinger Fehde
1499 Schweizer- oder Schwabenkriege

Für die Bauern und Bürger bedeutete dies, daß zuerst ihre Häuser und Dörfer überfallen, ausgeraubt und verbrannt wurden, denn die Ritter hausten relativ sicher in ihren festen Burgen. War eine Fehde angesagt, mußten die Bauern ihre Habe und ihr Vieh »flöchnen«, das heißt in Sicherheit bringen. Selbst dann, wenn die Fehde dem Nachbarn galt, schien zumindest große Vorsorge gegen räuberische Übergriffe zuchtloser Reisläufer, Landsknechte oder Marodeure im Umkreis eines solchen Haufens angebracht. Indessen scheinen sich die streitenden Parteien bemüht zu haben, ihre Aktivitäten gezielt nur auf den Gegner zu richten, so daß zum Beispiel die Singener von einer Belagerung des Hohenkrähen nicht unbedingt betroffen gewesen sein müssen. Die Hegau-Adligen wechselten immer wieder die Parteiungen oder Interessengruppen, aus Freunden wurden manchmal auch Feinde. In der zweiten Hälfte des 15. Jahrhunderts verließen sich die Ritter zunehmend nicht mehr auf ihre eigenen Leute, sondern warben (auch eidgenössische) Söldner an, wie dies etwa die Klingenberger bei der Werdenberger Fehde 1464 getan haben; auch die sogenannten Krähenleute, die von 1446 bis 1449 vom Krähen aus, teilweise im Auftrag von Hans Wilhelm von Friedingen, ihre Fehde mit Zürich und den Eidgenossen austrugen, sind ein Beispiel. Bei vielen »Spennen« und »Irrungen« begegnen wir dem kriegserprobten, verwegenen und unruhigen Hans von Rechberg und dem nicht minder streitlustigen Bilgeri von Heudorf, beide Meister des Kleinkrieges, unversöhnliche Feinde der Städte und der Eidgenossen und stets zuverlässige Parteigänger Österreichs[12]. – In dem Zusammenhang erscheint erwähnenswert, daß von Ferne die Türkengefahr sichtbar wurde. Nach der Eroberung von Byzanz 1453 und dem Ende des Oströmischen Reiches eroberten die Türken 1456 Griechenland und wurden vor Belgrad von den Ungarn besiegt – Anlaß für Papst Calixt III. (1455–1458), der ganzen Christenheit das tägliche Mittagläuten zu verordnen, um mit der Waffe des Gebetes den Kreuzzug wider die Türken zu unterstützen[13].

Im folgenden werden nur jene Fehden dargestellt, an denen die Klingenberger und Friedinger als unmittelbare Singener Nachbarn beteiligt waren.

Strafaktion des schwäbischen Städtebundes 1441

Wir beginnen mit einem kecken Raubritterstreich, dem Überfall auf einen Ulmer Kaufmannszug durch Hans von Rechberg, Veit von Asch, Heinrich von Lupfen und Werner von Schienen bei Kattenhorn und der darauf folgenden Strafaktion der schwäbischen Städte im Jahre 1441. Die ungeheure Beute von 120 000 fl. wurde zur Hauptsache im klingenbergischen Stein am Rhein sowie auf hegauischen Burgen (Schrotzburg, Hohenhewen, Engen) sichergestellt. Es gelang nicht, den Brüdern Albrecht und Hans von Klingenberg eine Beteiligung am Raubzug nachzuweisen. Unter Führung der Reichsstadt Ulm zog im November 1441 ein Heer von etwa 6000 Fußknechten und 1000 Reitern mit 400 Wagen und großem Geschütz, ausgerüstet von 32 Städten (die Stadt Konstanz ausgenommen) vor Radolfzell als Sitz des Ritterkantons Hegau-Bodensee, das dem Städtebund beitreten mußte. Darauf wurden die Schrotzburg sowie die Burg Randegg und die Türme des Rechberg in Hilzingen und Staufen verbrannt; Hilzingen, das mit Staufen zu einem Drittel Hans von Rechberg gehörte, wurde gegen 300 fl. geschont. Hohenhewen konnte nicht eingenommen werden, ebensowenig die heftig beschossene Stadt Engen. Im März 1442 zogen die Städter erneut in den Hegau, brandschatzten Tengen-Hinterburg und Blumenfeld, denn Hans von Klingenberg konnte sich nicht vom Verdacht befreien, wenigstens »in zygen« an der Kattenhorner Raubaktion beteiligt gewesen zu sein[14]. So behandelten ihn nun die Städter als Feind, ... »also das im vil dörfer in dem Hegöw gebrennt wurdent und ward Blumenfeld gebrennt und kam umb groß gut«[15]. Um welche Dörfer es sich handelte, wird nicht gesagt.

Fehden um das Raubnest Hohenkrähen

Bei einem Überfall des Grafen Alwig von Sulz im Klettgau und des Grafen Hans II. von Tengen-Nellenburg auf Straßburger Kaufleute bei Eglisau auf tengischem Boden im Sommer 1455 brachten diese die Gefangenen nach einigen Tagen auf den Krähen; Hans Wilhelm von Friedingen war also mit von der Partie. Die Eidgenossen, insbesondere die Schaffhauser, rächten sich mit der Erstürmung und Plünderung von Vordertengen und den umliegenden tengischen Dörfern; anschließend erschienen sie Anfang September 1455 vor dem Krähen und erpreßten von den friedingischen Untertanen in Mühlhausen und sicherlich auch in Singen, wo dem Friedinger mehrere Höfe gehörten, eine hohe Brandschatzung. – Die unüberlegte Handlung trug mit dazu bei, daß Hans II. von Tengen 1465 die Landgrafschaft Nellen-

139

burg an Österreich verkaufen mußte[16]. Die Söhne des Hans Wilhelm von Friedingen (ca. 1408–ca. 1473), Hans Eitelhans und Hans Thüring, brachten es innerhalb von nur 4 Jahren fertig, daß ihre Burg Hohenkrähen zweimal belagert wurde – Ereignisse, die vom nahen Singen aus gewiß mit ängstlicher Sorge beobachtet wurden.

Im Sommer 1476 mischten sich die Brüder in den *Konstanzer Bischofsstreit* ein. Nach dem Tod des Bischofs Hermann von Breitenlandenberg (1474) ernannte der Papst den bisherigen Koadjutor Ludwig von Freiberg, einen Verwandten der Friedinger, zum Bischof; er gewann seinen wichtigsten Parteigänger in Herzog Sigmund von Österreich. Das Domkapitel hingegen wählte Otto von Sonnenberg zum Bischof, der nicht nur von Kaiser Friedrich III., sondern auch von den Eidgenossen und vielen Adligen u. a. aus dem Hegau unterstützt wurde. Nachdem sich Ludwig von Freiberg in Konstanz nicht hatte durchsetzen können, nahm er im Juli 1475 seinen Sitz in Radolfzell. Unter dem Vorwand einer Geldforderung an das Domkapitel Konstanz überfiel Hans Thüring mit anderen Anhängern der freibergischen Partei mitten im Frieden Anfang April 1476 das bischöfliche Städtchen Neunkirch im schaffhausischen Klettgau und verschleppte etliche Bürger auf den Hohenkrähen. Darauf zog Otto von Sonnenberg Anfang Juni 1476 mit rund 600 Mann vor den Krähen, eroberte die Vorburg, verbrannte den Torkel daselbst und richtete in den Besitzungen des Friedingers so großen Schaden an (Aushauen der Reben, Mähen des Korns, Abschälen der Rinde von den Eichen und anderes mehr), daß Hans Thüring nach wenigen Tagen kapitulieren mußte. – Der Streit fand 1479 ein Ende, als die Kurie sich für Otto von Sonnenberg entschied; Ludwig von Freiberg starb 1480[17].

Die *Friedinger Fehde* 1479/80 hat eine längere Vorgeschichte, die eigentlich schon beginnt mit der widerrechtlichen Inbesitznahme des Mägdeberges 1359 durch die Grafen von Wirtemberg und deren Herrschaft über das Dorf Mühlhausen; den Herren von Friedingen waren nur wenige Bauern um den Krähen untertan. Nach langem gutnachbarlichen Zusammenleben kam es beim Einfall der Eidgenossen 1455 zum ernsten Zerwürfnis, als Wirtemberg den friedingischen Untertanen die erbetene Hilfe verweigerte und in der Folgezeit seine Gerechtigkeiten aufzeichnen ließ. Die Streitigkeiten nahmen zu, und als schließlich 1479 Graf Eberhard von Wirtemberg zum Bau eines Landgrabens bei Tuttlingen nicht nur die Mühlhauser Bauern, sondern zu Unrecht auch die friedingischen Untertanen aufbot, begannen am 15. Oktober 1479 Hans und Eitelhans den nach damaliger allgemeiner Auffassung berechtigten offenen Krieg als letztes Mittel der Selbsthilfe. Am 14. November 1479 traten auch Eberhard und Albrecht von Klingenberg auf dem Hohentwiel den Friedinger Nachbarn zur Seite, ebenso Graf Jakob von Tengen und andere hegauische Adlige. Am 10. November 1479 belagerte ein kleines wirtembergisches Heer den Hohenkrähen und beschoß ihn ergebnislos; es soll auch in der Umgebung übel gehaust haben[18]. Zur gleichen Zeit begann Graf Eberhard den Wiederaufbau des 1378 zerstörten Mägdeberg, um dorthin eine kleine Besatzung legen zu können, die den Friedingern Widerpart hätte leisten sollen. Darauf mobilisierte Erzherzog Sigmund seine Truppen, um die Festsetzung des Wirtembergers inmitten der österreichischen Landgrafschaft Nellenburg zu verhindern. Vom Sammelplatz Radolfzell rückte am 9. Januar 1480 ein österreichisches Heer – ca. 3000 Mann zu Fuß und 400 Reiter – vor den Mägdeberg, dessen kleine Besatzung nach 10 Tagen kampflos aufgab und nach Tuttlingen abzog. Seitdem waren der Mägdeberg und der vordem wirtembergische Teil Mühlhausens österreichisch, sie bildeten nach dem Dreißigjährigen Krieg als Pfandlehen den nördlichen Teil der Herrschaft Singen-Mägdeberg. – Ende Januar 1480 gebot der Kaiser einen Waffenstillstand, am 29. Januar 1481 kam ein endgültiger Friede zwischen Österreich und Wirtemberg zustande, das den österreichischen Besitzstand bestätigte[19].

Anmerkungen

[1] Handwörterbuch zur deutschen Rechtsgeschichte, Berlin 1971, Sp. 1083f, 1090–1093, Vgl. zu Ursprung und Ausgestaltung der Fehde BERENT SCHWINEKÖPER, Der Handschuh im Recht, Ämterwesen, Brauch und ... Volksglauben, 1981, S. 97f.

[2] Zimmerische Chronik, hg. von KARL BARACK, Bd. I, S. 436, 2–12.

[3] A. a. O., Bd. II, S. 411, 3–14.

[4] A. a. O., Bd. I, S. 10–18.

[5] Bodman-Regesten Nr. 553, 554.

[6] HELGARD UMSCHNEIDER, Götz von Berlichingen, ein adeliges Leben der deutschen Renaissance, Sigmaringen 1974.

[7] ANNA FEYLER, Die Beziehungen des Hauses Württemberg zur schweizerischen Eidgenossenschaft in der ersten Hälfte des XVI. Jh., Zürich 1905, S. 309. – StaatsA Schaffhausen, Korrespondenzen Hohentwiel Nr. 154.

[8] OTTO BORST, Alltagsleben im Mittelalter, 1983, S. 390.

[9] A. a. O., S. 394f.

[10] BARACK, Bd. I, S. 20–26. – Zum Thema Raubritter im Hegau siehe FRANZ BAIER, Der Raubritter Jtelhans von Stoffeln, Bodensee-Chronik 12/13, 1937.

[11] KB Konstanz, Bd. I, S. 412–414.

[12] OTTO FEGER, Bodensee, Bd. III, S. 261.

[13] J. Duft, Ungarn, S. 8. – Wetzer und Welte, Kirchenlexikon, Freiburg 1883, Bd. II, S. 1706 f.
[14] Hubert Rothfelder, Die Burg- und Stadtanlage von Tengen, Zs. Hegau 2 (1956), S. 109–124, bes. S. 115–118. – Alfons Risch, Schwäbischer Städtebund und Hegauer Ritterschaft. Zur Geschichte des Raubrittertums im Hegau, Bodensee-Chronik Nr. 12/1939.
[15] Otto Feger, Bodensee, Bd. III, S. 240–242; K. Schmid, Burg Twiel, S. 162. – Joh. Winzeler, Geschichte von Thayngen, 1962, S. 213; Paul Albert, Geschichte von Radolfzell, S. 157–160.
[16] E. Dobler, Burg und Herrschaft Hohenkrähen, S. 170–172. – Die Bezeichnung »Hohenkrähen« ist erst seit etwa 1470 üblich, a.a.O., S. 157. – Winzeler, Thayngen, S. 224.
[17] Josef Vochezer, Geschichte des fürstlichen Hauses Waldburg in Schwaben, Kempten 1888, Bd. I, S. 835f. – Dobler, a.a.O., S. 179–185; Feger, a.a.O., S. 303–305; Albert, Radolfzell, S. 226–233.
[18] Alois Beck, Raitenau-Hohenzollern als Lehenträger des österreichischen Lehens Hohenkrähen (1606–1617), Zs. Hegau 40 (1983), S. 64.
[19] Dobler, Hohenkrähen, S. 185–196. – Barack, Bd. I, S. 436, 438.

Bauernempörung im Hegau 1460

In der zweiten Hälfte des 15. Jh.s, besonders gekennzeichnet von kleinen Raubkriegen, Fehden und der deutlich sich abzeichnenden bevorstehenden Auseinandersetzung mit den Eidgenossen, geriet auch die Stadt Konstanz mit den Eidgenossen in Streit. Diese begannen, indem sie den damals vom Papst über Herzog Sigmund verhängten Kirchenbann zum Vorwand nahmen, den habsburgischen Thurgau zu erobern, der ihnen 1461 überlassen werden mußte. Herzog Sigmund von Österreich, die Reichsstadt Konstanz und die im St. Georgenschild zusammengeschlossenen Hegauritter gerieten hierbei in arge Bedrängnis, weil die mit ihrer Lage unzufriedenen Hegauer Bauern unter dem Zeichen des Bundschuhs sich den Eidgenossen anschließen wollten und den Adel daran hinderten, mit vereinten Kräften den Eidgenossen Widerpart zu bieten. Die Hegauer Bauern hofften, gleich den Appenzellern, sich ihre Freiheit erkämpfen zu können.

Vor allem vom benachbarten Schaffhausen, das gegen Herzog Sigmund und die Ritterschaft zum Entsetzen des belagerten Diessenhofen in den Krieg eintrat, der Geist des Aufruhrs (Bundschuh) in 13 Hegau-Dörfer, die leider in den Quellen nicht genannt werden. In dem an den als Vermittler geschätzten Kardinal und Bischof von Augsburg, Peter von Schauenberg, gerichteten Brief heißt es: »auch sint sie etlichen vnter vns in vnsere dörffer gefallen vnd haben sie mercklichen beschedigt.« Doch läßt sich vielleicht aus einem von 18 Grafen und Herren unterschriebenen Brief der Adelspartei vom 15. Oktober 1460 mutmaßen, welche Dörfer gemeint sein könnten: Es sind dies unter anderem Hans von Rosenegg, Hans von Klingenberg, Hansjakob von Bodman zu Fridingen, Burkard von Homburg, Heinrich von Randegg, Werner von Schienen, Hans-Ulrich von Stoffeln und Pilgrin von Reischach. Wahrscheinlich waren die Singener Bauern dabei, für manche ihrer Nachbarn, etwa die Mühlhauser, Steißlinger, Rielasinger und Friedinger, trifft dies mit einiger Sicherheit ebenfalls zu, vor allem gilt das für Thayngen.

Neuerdings hat Rolf Köhn die ansprechende These vertreten, es handelte sich bei diesem Aufstand um eine Empörung der Bauern in der aus 13 Dörfern bestehenden Herrschaft Hewen gegen die ungeliebten und hartherzigen Grafen von Lupfen, die seit 1447 die Herrschaft besaßen; die Herren von Hewen als frühere Inhaber verzichteten erst 1477 endgültig auf ihre angestammte Herrschaft.

Die Forderungen der Bauern waren gemäßigt, keinesfalls revolutionär: Sie wollten ihren Herren weiterhin dienen und zinsen, aber nur die gewohnten billigen, d.h. die ihnen rechtmäßig gebührenden, Dienste leisten, jedoch nicht alles das, was diese sonst noch verlangten (insbesondere den Erb- oder Hauptfall). Dies sind die gleichen Forderungen, die 60 Jahre später im Bauernkrieg 1524/25 vorgetragen werden. Gleichwohl kam es vereinzelt zu bäuerlichen Übergriffen und Gewalttätigkeiten in adeligen Gütern.

Der am 7. Dezember 1460 zu Konstanz abgeschlossene Waffenstillstand und schließlich der Friedensschluß am 6. Juni 1461 bedeuteten zugleich das Ende der Hegauer Freiheitsträume. »Hätte der Krieg mit den Schweizern länger gedauert, hätten die Bauern vielleicht Erfolg gehabt. Weil aber bald Frieden geschlossen wurde, werden sie, ihres Rückhalts an den Schweizern beraubt, vom Adel leicht überwältigt, bestraft und wieder zur Ruhe gebracht worden sein« (E. Dobler). Das Ziel der Eidgenossen stand letztendlich nach Karl Schib im Aufbau eines Staates innerhalb natürlicher Grenzen und nicht in einer »grenzenlosen Bauernbefreiung«.

Literatur

Th. von Kern, Der Bauernaufstand im Hegau 1460, in: ZS der Gesellschaft zur Beförderung der Geschichte etc., Freiburg i. Br., Bd. I, S. 105–122.
FUB, III, S. 343, Nr. 464.
Karl Schib, Geschichte der Stadt und Landschaft Schaffhausen, 1972, S. 225 f.

JOHANNES WINZELER, Thayngen, 1963, S. 217–221.
GUSTAV GRAF, Friedingen, Aus der Geschichte eines Hegaudorfes, 1911, S. 72; KB Konstanz I, 1968, S. 306.
E. DOBLER, Hohenkrähen, S. 172 f.
Die Untersuchung von ROLF KÖHN, Der Hegauer Bundschuh vom Oktober 1460 – ein Aufstand in der Herrschaft Hewen gegen die Grafen von Lupfen, wurde im Protokoll über die Arbeitssitzung vom 27. Juni 1987 des Konstanzer Arbeitskreises für mittelalterliche Geschichte e. V. veröffentlicht. R. Köhn verdanke ich auch den Hinweis auf den lesenswerten Aufsatz von HANS HÖRTNAGEL, Herzog Sigmund des Münzreichen Kriegszug gegen die Eidgenossen im Herbst 1460, in: Tiroler Heimat 9 (1927), S. 41–53.

Die Werdenberger Fehde 1464

Ein nichtiger Anlaß führte im Herbst 1464 zu einer schweren Fehde des streit- und beutesüchtigen Hans von Rechberg und der mit ihm verbündeten Eberhard und Heinrich von Klingenberg zu Twiel und des Wolf von Asch gegen den Grafen Johann von Werdenberg-Heiligenberg und die ritterschaftliche Vereinigung des St. Georgen-Schildes. Die Klingenberger, welche Hans von Rechberg ihren Oheim nannten, waren zuvor aus der Rittergesellschaft ausgetreten. Ein Kriegsknechte hatte sich über eine von dem Werdenberger Hauptmann des St. Georgen-Schildes verhängte Strafe wegen übler Lästerreden beschwert. Die drei Ritter vereinbarten untereinander, daß ihre Burgen Hohentwiel, Schalksburg und Schramberg jedem von ihnen nach Notdurft als offene Häuser offenstehen sollen.

Von Schramberg und vom Hohentwiel aus wurden zunächst die werdenbergischen Besitzungen auf der Alb und dem Heuberg sowie die Grafschaft Heiligenberg gebrandschatzt und verwüstet, doch dann zogen die Mannschaften des St. Georgen-Schildes und der Städte am Bodensee vor den Hohentwiel, den sie ohne Erfolg längere Zeit belagerten; als Stützpunkt diente die nahegelegene Burg Staufen. Man sieht an diesem Beispiel, daß die Ritterschaft als Korporation durchaus willens und in der Lage war, der Zügellosigkeit und dem wilden Fehdegeist verirrter Standesgenossen entgegenzuwirken. Der einbrechende Winter zwang zur Aufhebung der Belagerung. Nachdem die beiden Klingenberger am 13. Januar 1465 zu Radolfzell in den Dienst des Herzogs Sigmund von Österreich getreten waren, schlichtete dieser 14 Tage später zu Biberach den Streit; die Klingenberger mußten Abbitte und Entschädigung leisten. Den Anstifter Hans von Rechberg hatte ein Bauer bei einem Überfall auf ein Schwarzwalddorf bei Schramberg am 13. November 1464 erschossen.

Auch diesmal können wir wiederum nur mutmaßen, daß die Belagerer zumindest in den klingenbergischen Weilern Niederhofen und Remishofen Vergeltung übten und das am Streit nicht beteiligte, damals fulachische und reichenauische Obersingen als Quartier benutzten, vielleicht sogar von den Bewohnern Frondienste erzwangen.

Literatur

MONE, Verhandlungen der Gesellschaft des St. Georgen-Schildes in Schwaben und im Hegau von 1454–1465, ZGO XX, 1867, S. 257–289, bes. S. 267–282.
HANS-JAKOB RÜEGER, Chronik von Stadt und Landschaft Schaffhausen, 1884, S. 678 A 7.
MARTENS, Hohentwiel, S. 12 f.
ROTH VON SCHRECKENSTEIN, Geschichte der ehemaligen freien Reichsritterschaft, Bd. II 1886, S. 82 f.
J. WINZELER, Thayngen, 1963, S. 225 f.
O. FEGER, Bd. III, 1963, S. 268.
J. VOCHEZER, Waldburg, Bd. I, Kempten 1888, S. 561–564.
K. SCHMID, Burg Twiel, in Berner, Hohentwiel, beschreibt auf S. 162–166 die erste Belagerung des Hohentwiel, von der wir genauere Kunde haben. – FUB VI, 275 (S. 435–442).
Zimmerische Chronik, hg. von K. BARACK, Bd. I, S. 377–378, 383–387, 400.

Zank und Fehden mit den Eidgenossen bis zur Ewigen Richtung 1474

Häufige Kriege und zahllose Fehden suchten in außergewöhnlichem Maße unsere Vorfahren im 15. Jahrhundert heim; ein guter Teil dieses »Wetterleuchtens« geht auf die Spannungen zwischen Österreich und den Eidgenossen zurück, die besonders in und um Konstanz sowie im Hegau als dem nördlichen Anrainer von Schaffhausen zum Ausbruch kamen. Herzog Friedrich IV. von Österreich hatte wegen seiner Parteinahme für den abgesetzten Papst Johannes XXIII. auf dem Konstanzer Konzil im Jahre 1415 unter anderem mit den Vorlanden in Schwaben und am Oberrhein die Städte Radolfzell, Stein am Rhein und Schaffhausen verloren, die damals die Reichsfreiheit erlangten. Wenige Jahre später mit dem Kaiser wieder ausgesöhnt, versuchten etwa ab 1419 Herzog Friedrich, seit 1439 Herzog Albrecht (gestorben 1463) und seit seinem Regierungsantritt 1450 Herzog Sigmund die verlorenen Gebiete und Städte zurückzugewinnen. Radolfzell begab sich 1455 wiederum unter den Schutz des Hauses Österreich, Stein am Rhein hingegen wandte sich 1459 den Eidgenossen – Zürich –

zu, und Schaffhausen verteidigte mit aller Entschiedenheit seine Reichsfreiheit, wobei die Reichsstädte am Bodensee und in Schwaben die dringlichst erbetene Hilfestellung gegen die österreichischen massiven Bedrohungen verweigerten[1]. So sah sich Schaffhausen seit 1450 gezwungen, gegenüber Österreich in dauernder militärischer Abwehrbereitschaft zu verharren, vor allem seit 1460/61, als der linksrheinische Thurgau eidgenössisch geworden war und das rechtsrheinische Schaffhausen für Österreich als Teil des Verbindungsweges ins Fricktal, in das Elsaß und zum Breisgau noch mehr an Bedeutung gewonnen hatte. 1465 gelang Österreich in dem Zusammenhang die wichtige Erwerbung der Landgrafschaft Nellenburg.

Es ist hier nicht der Ort, die gerade unser Gebiet schmerzlich berührende Geschichte des Auseinanderlebens von Eidgenossen und »Schwaben« darzulegen (siehe den Beitrag von Max Ruh in diesem Bd. S. 162). Im Grunde ist dies darauf zurückzuführen, daß sich in den einst im gemeinsamen Herzogtum Schwaben vereinten Gebieten nördlich und südlich des Rheins zwei völlig verschiedene soziale Systeme entwickelten, nämlich »in ein – zumindest im eidgenössischen Selbstverständnis – zuvörderst bäuerliches auf der einen und in ein zuvörderst von adeliger Denk- und Lebensweise geprägtes auf der anderen, der schwäbischen Seite« (Helmut Maurer)[2]. In dem vom Adel gänzlich beherrschten Hegau schauten die »Ritterbauern« aufmerksam und aufmüpfig zu ihren eidgenössischen Nachbarn; das Mißtrauen zwischen Herren und Untertanen konnte so groß sein, daß sie sich ohne Erlaubnis ihres adeligen Herren der Waffen, die sie durchaus besaßen, zur Selbsthilfe nicht bedienen durften. »Und wenn die Ritter ihre ›armen Lúte‹ der Not gehorchend schon einmal zur Verteidigung aufrufen mußten, dann hüteten sie sich davor, die Bauern länger als eine Nacht einzusetzen. Das alles hatte wiederum zur Folge, daß die Ritterbauern, nicht anders als die Kaufleute in den Städten, auf den durch den Hegau führenden Straßen den Fehden und Raubüberfällen des Adels weitgehend schutzlos preisgegeben waren. In eidgenössischen Landen hingegen herrschte dauernder Landfriede, sicheres Geleit auf den Straßen.«[3]

Die Situation war indessen von Herrschaft zu Herrschaft verschieden, selbst in den adeligen Familien bestanden Parteiungen, oder man änderte seine Meinung grundlegend. Dafür bietet gerade Singen aufschlußreiche Beispiele. Die Herren von Fulach, seit 1467 Ortsherren von Obersingen, neigten – wie etwa auch die Imthurn – als Schaffhauser bis 1455/56 der österreichischen Seite zu.

Vermutlich hielten sie sich aus der 1453 beginnenden Fehde des Adels gegen Schaffhausen heraus. 1454 kam das auf 25 Jahre angelegte Bündnis der Stadt mit Zürich, Luzern, Schwyz, Zug und Glarus zustande, in dem die Eidgenossen den Status der Freien Reichsstadt garantierten. Wenn – was anzunehmen ist – die Fulach mit dem Kauf von Singen auch das Mannrecht erworben haben, so waren möglicherweise Singener Untertanen als Fuhrleute oder als Verpflegungspersonal 1468 beim Waldshuter Krieg und 1474 ff. bei den Burgunderkriegen dabei.

Von den Klingenbergern wissen wir, daß viele von ihnen das Schaffhauser Bürgerrecht erworben haben (Caspar von Klingenberg 1422, Waltburg und Hans von Klingenberg 1459, Heinrich von Klingenberg 1462) und daß sie des öfteren bei Streitigkeiten der Hegauer Ritter mit den Eidgenossen als Vermittler aufgetreten sind[4]. Gleichwohl verbrannten die Klingenberger 1464 das dem Schaffhauser Kloster St. Agnes gehörende Dorf »Buch im Hegau, unangesehen, daß etliche ihres Geschlechts Bürger in Schaffhausen waren«[5]; der Vorfall ereignete sich bei der Werdenberger Fehde und galt eigentlich den Herren von Randegg als Mitgliedern des Sankt Georgenschildes, denen Buch vorübergehend verpfändet war. Damals warnten die Klingenberger die Eidgenossen vor einer Unterstützung der Belagerer, »denn sie haben sich gegen die Eidgenossen zusammengetan«; wahrscheinlich haben sogar eidgenössische Söldner auf seiten der Twieler gekämpft, denn im Dezember ersuchten die Eidgenossen den Hauptmann des Sankt Georgenschildes um Freilassung der in Engen gefangengehaltenen und verwundeten Söldner[6].

Rund 25 Jahre dauerte mit kurzen Unterbrechungen der Kriegszustand um Schaffhausen, doch weiß man außer den bereits erwähnten Fehden und Kampfhandlungen wenig. Im Jahre 1466 wird zum Beispiel von einer Fehde der Herren von Bodman berichtet, die ihre »Raubzüge« bis an die Mauern der Stadt ausgedehnt haben[7]. Die Schaffhauser Archivalien erzählen uns kaum etwas über diese Dinge. Insgesamt können wir jedoch annehmen, daß die Singener in diesen turbulenten Jahren mehr oder minder ungeschoren, leicht blessiert, davongekommen sind[8].

Unter dem Druck der expansiven Politik des ehrgeizigen und rücksichtslosen Burgunderherzogs Karl des Kühnen (1467–1477) sahen sich Erzherzog Sigmund[9] und die Eidgenossen gezwungen, durch die »Ewige Richtung« im Juni 1474 einen Ausgleich und dauerhaften Friedenszustand herbeizuführen. Im Oktober 1474 erklärten die Eidgenossen dem Herzog den Krieg; an der Schlacht von Héricourt (13. November 1474) kämpften mit den nun verbündeten Österreichern (bei ihnen u. a. die Herren von Klingenberg, Bodman und Hewen) auch die Schaffhauser, ebenso in Grandson und Murtens (1476)[10]; 1477 fand Karl der Kühne in der Schlacht von Nancy den Tod.

Anmerkungen

[1] P. ALBERT, Radolfzell, S. 149. – Die Entsendung von Schaffhauser Hilfstruppen nach Radolfzell bei dem freilich nicht ernstlich betriebenen Kampf um die Erhaltung der Reichsfreiheit ist bei Albert nicht einmal vermerkt.
[2] HELMUT MAURER, Schweizer und Schwaben, ihre Begegnung und ihr Auseinanderleben am Bodensee im Spätmittelalter, Konstanz, 1983, S. 41.
[3] A. a. O., S. 44.
[4] J. J. RÜEGER, Chronik, Bd. II, S. 668–683; klingenbergische Vermittlungen etwa 1442, 1455, 1457.
[5] A. a. O., S. 679.
[6] WINZELER, Thayngen, S. 225.
[7] LEOPOLD VON BODMAN, Bodman-Regesten, Nr. 656.
[8] SCHIB, Schaffhausen, S. 219–225; Festschrift der Stadt Schaffhausen zur Bundesfeier 1901, S. 30–34, 37–39.
[9] Der Titel »Erzherzog« wurde 1453 erstmals den Herzögen von Steiermark, Kärnten und Krain, 1477 auch Herzog Sigmund von Tirol-Österreich verliehen. Seit Maximilian I. führen alle Mitglieder des Hauses Habsburg diesen Titel.
[10] SCHIB, Schaffhausen, S. 227; Bodman-Regesten, Nr. 685, 686. – Zahlreiche Belege zu all diesen Vorgängen bei WILHELM BAUM, Sigmund der Münzreiche, Bozen 1987.

Der Schweizer Krieg 1499

Nach den Burgunder Kriegen brach die mühsam zustandegekommene »Ewige Richtung« (1474) bald wieder auseinander. Die gegenseitigen Antipathien ließen sich nicht unterdrücken und äußerten sich, vor allem von seiten des Hegauer Adels gegen die verhaßten Eidgenossen, in unflätigen Schmähungen und Verhöhnungen. Die Schimpfnamen »Kühmäuler« und »Küher«, abgeleitet von Viehzucht und Käsehandel, bis hin zur Bezichtigung der Sodomie, der Unzucht zwischen Mensch und Tier, schufen eine explosive, nach Rache und Vergeltung dürstende Stimmung. Umgekehrt schmähten die Eidgenossen die »Schwaben« mit dem Namen »Sauschwob«, herrührend von Aufzucht und Verkauf von Schweinen in die Schweiz. Die Gründung des Schwäbischen Bundes 1488, dem u. a. auch die Rittergesellschaft St. Georgenschild, Erzherzog Sigmund und viele schwäbische Reichsstädte beitraten, empfanden die Eidgenossen zunehmend als Bedrohung, obwohl er sich zu Anfang gegen die Expansionsgelüste der bayerischen Herzöge richtete. Weiteren politischen Zündstoff lieferten die Reformbeschlüsse des Wormser Reichstages 1495: Die Eidgenossen verweigerten sowohl die Zahlung des Gemeinen Pfennigs (einer Art Reichssteuer) als auch die Anerkennung des Reichskammergerichts. Reglementierungsversuche König Maximilians, der ebenfalls dem Schwäbischen Bund beigetreten war, fruchteten nichts; ihm standen die Eidgenossen besonders argwöhnisch gegenüber, seit er 1490 vom altersschwachen und kinderlosen Erzherzog Sigmund dessen tirolische und vorderösterreichische Lande übernommen hatte. Ende 1498 trat gar die Stadt Konstanz nach langem Sträuben dem Schwäbischen Bund bei.

Es ist hier nicht der Ort, den im Dezember 1498 im Vintschgau beim Frauenkloster Müstair ausgebrochenen und auf vielen Schlachtfeldern über Bodensee-Hegau bis in den Sundgau geführten Schwaben- oder Schweizer Krieg, je nach Standort so genannt, zu beschreiben.[1] Auf eidgenössischer Seite kämpften die kriegserfahrenen und im Ruf der Unbesiegbarkeit stehenden Schweizer in eigener Sache, während der Schwäbische Bund zumeist bunt zusammengewürfelte Landsknechte aufbot, die oft genug ihr Heil in der Flucht suchten. Feldzeichen des Schwäbischen Bundes waren ursprünglich das weiße Kreuz in rotem Feld, im Schweizer Krieg geändert in ein rotes Kreuz auf weißem Grund, um sich von den Eidgenossen zu unterscheiden.

Von Schaffhausen aus, das sich in besonders mißlicher Lage in unmittelbarer Nachbarschaft der österreichischen Landgrafschaft Nellenburg befand, drangen drei Kriegszüge in den Hegau ein:

19. Februar – 26. Februar 1499,
16. April – 01. Mai 1499,
19. Mai – 28. Mai 1499.

Die Einfälle erfolgten nicht planvoll, oft waren die Eidgenossen unter sich uneins. Auch der Schwäbische Bund agierte planlos und verzagt und setzte niemals seine ganze Macht ein, um den nördlichsten Brückenkopf am Rhein zwischen Konstanz und Basel, nämlich Schaffhausen, in seine Gewalt zu bringen.

Der erste Zug erfolgte in zwei Abteilungen. Er richtete sich insbesondere gegen den übermütigen und haßerfüllten Hegau-Adel. Eine Abteilung, aus Zürchern und Solothurnern bestehend, fiel von Diessenhofen aus in Gailingen ein, das sie einäscherte, und vereinigte sich mit der zweiten Abteilung, bestehend aus Bernern, Freiburgern und Schaffhausern, im damals noch österreichischen Ramsen, das ebenfalls in Flammen aufging. Diese Abteilung hatte den Weg über Thayngen/Gottmadingen genommen. Unterwegs bezwangen die Eidgenossen Schloß Randegg, dessen Besatzung sie törichterweise mit »Muh, Bläh, Küg hier!« geschmäht hatte. Die Randegger durften im bloßen Hemd abziehen, die Burg wurde geplündert und verbrannt.[2]

Im Laufe einer Woche wurden die Dörfer Gailingen, Ramsen, Rielasingen, Steißlingen, Randegg, Worblingen, Friedingen, Wiechs bei Steißlingen, Weiterdingen, Welschingen, Neuhausen bei Engen und Anselfingen

Verbrennung eines Dorfes und einer Burg durch die Eidgenossen der sechs Orte (ohne Bern und Glarus), 1460 (oben)

Eidgenössische Truppen durchziehen den Hegau, 1499 (rechts)

Viehraub eidgenössischer Knechte bei Altenhewen, 1499 (ganz rechts)

geplündert und verbrannt.³ Die Hilzinger und Steißlinger seien so von Schweizer Haß verblendet gewesen, daß sie im Kampf gegen die Eidgenossen an vorderster Stelle fechten wollten; die Steißlinger waren gar bereit, dafür viel Geld zu entrichten. Als aber die Eidgenossen ins Dorf kamen, fanden sie »niemans denn wiber«. Wo immer die Eidgenossen hinkamen, waren in der Regel die Männer geflüchtet, weil sie keinen Pardon erwarten durften; so »fanden wir nütz dan wiber«. In Hilzingen, das mit Riedheim und Ebringen auf Bitten des Abtes von Stein am Rhein geschont wurde, brachen die Eidgenossen ein Wirtshaus ab, auf dessen Mauern eine Kuh mit »schantlichen Riemen« aufgemalt war. Auch Binningen sowie Schlatt am Randen wurden auf Bitte der Nonnen von St. Katharinental nicht eingeäschert. Verbrannt wurden ferner die Schlösser bzw. Burgen Randegg, Rosenegg, Heilsberg, Friedingen, Homburg, Staufen und die Burgställe zu Worblingen und Singen.

Über die Heimsuchung von Singen wurde viel gerätselt, denn Singen war ja ein fulachischer Ort, und so vertritt Ernst Hunkeler die Meinung, daß Singen aus Freundschaft zu Schaffhausen verschont worden sei (S. 27). Das Dorf Singen der Herren von Fulach war jedoch Obersingen um die Kirche St. Peter und Paul. Mit dem Schloß Singen dürfte indessen der Burgstall in Niedersingen = Niederhofen gemeint sein, jene Burg, welche dereinst wohl die Herren von Singen erbaut haben und die 1499 samt dem Weiler klingenbergisch war. So erklärt sich der Bericht der Zürcher Hauptleute aus Steißlingen vom 23. Februar 1499. Dort sei ihnen – den Zürchern – »unser blutharsch zum teil elend volk« davongelaufen; »die kamen under singen, ligt under Twiel. Wolten das dorf brennen und blündren. Also liessen sich ettlich reisig us Twiel herab, erstachen der blutharscher, als die red ist, vier und machten zwen wund.«⁵ Einen Tag später, am Sonntag, 24. Februar 1499, berichteten die Zürcher und Solothurner Hauptleute aus Riedheim an Luzern, daß am 20. Februar die Berner und Freiburger unter anderem Singen, Schloß und Dorf Friedingen und Steißlingen in Flammen aufgehen ließen.⁶ Die Freiburger Chronik⁷ erwähnt, daß die Berner »frien knecht« das Schloß Singen verbrannt haben, ebenso die Berner-Chronik des Valerius Anshelm.⁸ Es kann also kein Zweifel daran bestehen, daß der Burgstall Niedersingen verbrannt wurde. An den Twiel wagten sich die Eidgenossen nicht, zumal nach der Rüeger-Chronik Eberhard von Klingenberg im Schloß »einen zůsatz von Eidgenossen hatte«, deren Hauptmann ein Schweizer namens Heini Eberlin war⁹ – ein geradezu unglaublicher, die verworrenen Verhältnisse kennzeichnender Vorgang. Der erste Einfall in den Hegau, ein bloßer Plünderungs- und Verwüstungszug, endete mit einer erfolglosen Belagerung von Engen.

Im Gegenzug verheerte nun der Schwäbische Bund am 4. April von Tiengen und Stühlingen aus den Schaffhauserischen Klettgau, insbesondere Hallau, Schleitheim und Beggingen unter Führung der Grafen Wolfgang von Fürstenberg, Siegmund von Lupfen und des Freiherrn Konrad von Schellenberg. Am 11. April rückte von Konstanz in aller Frühe ein stattliches Heer des Schwäbischen Bundes unter dem Fürstenberger nach Ermatingen sowie Triboltingen und Mannenbach aus, dessen unvorsichtige Verteidiger überrascht und niedergemacht wurden. Übermütig geworden durch den leichten Sieg, plündernd und trunken, die eroberten Dörfer verbrennend, achteten die bündischen Landsknechte nicht des eidgenössischen Gegenschlages vom Schwaderloh (oberhalb Tägerwilen), der zu einer vernichtenden Niederlage der Eindringlinge geriet; unter den 130 Gefallenen befand sich auch der Anführer der Landsknechte Burkhard von Randegg.

Der zweite Zug der Eidgenossen in den Hegau vom 16. April bis 1. Mai 1499 galt vor allem der Stadt Tiengen und der dem Grafen Rudolf von Sulz gehörenden Küssaburg sowie Stühlingen (Graf Siegmund von Lupfen); die eroberte Küssaburg erhielt eine eidgenössische Besatzung. Die beiden Städte und Schloß Stühlingen gingen in Flammen auf. Zum Abschluß (30. April) wurde Blumenfeld genommen und verbrannt; die Männer erhielten freien Abzug.

Auch der dritte Zug in den Hegau sollte – wie die vorhergehenden – drohende Einfälle bündischer Truppen verhindern und die Umgebung Schaffhausens sichern. Nach Pfingsten (19. Mai 1499) zogen die Eidgenossen von Schaffhausen, Diessenhofen und Stein am Rhein aus mit Aufgeboten von Zürich, Zug, Luzern, Schwyz, Uri, Unterwalden und Schaffhausen in den Hegau, verbrannten das früher geschonte Hilzingen und rückten unter Umgehung der Burgen Twiel, Stoffeln, Krähen, Mägdeberg und Hewen, die in diesem Kriege unbehelligt blieben, vor Stockach.¹⁰ Die Belagerung mißglückte und wurde nach vier Tagen abgebrochen. Auf dem Rückzug von bündischen Truppen verfolgt, kam es bei Rielasingen am 29. Mai 1499 zu einem Treffen, in dem unter anderem Kaspar von Klingenberg und Kaspar von Randegg den Tod fanden.¹¹

In den folgenden Monaten kam es im Hegau nur noch zu kleineren Scharmützeln und Viehräubereien. Die letzte größere Kriegshandlung war der Sturm auf Thaynen (25. Juli 1499), der mit der Sprengung des Kirchturms und dem Sieg über seine Verteidiger endete.¹² – Nach langen Verhandlungen wurde am 22. September 1499 zu Basel, das in diesem Krieg neutral geblieben war, die Friedensurkunde unterzeichnet, welche die tatsächliche Unabhängigkeit der Eidgenossenschaft vom Deutschen Reich besiegelte, die völkerrechtlich erst im

Westfälischen Frieden von 1648 festgelegt wurde. – Dieser letzte große Krieg um den Fortbestand der alten Eidgenossenschaft vollzog die nationale Trennung zwischen »Schwaben« und »Schweizern«, seitdem ist Schaffhausen keine schwäbische, sondern eine gut schweizerische Stadt, die am 10. August 1501, am Tag des heiligen Laurentius, offiziell in die Eidgenossenschaft eingetreten ist.[13]

Anmerkungen

[1] O. Feger, Bodensee, Bd. III, S. 322–349. – Johann Conrad Gasser, Der Schwabenkrieg mit Hervorhebung der Ereignisse im Klettgau und Hegau, Schaffhausen 1899. – Ernst Hunkeler, Der Schwabenkrieg in unseren Landen, Schaffhausen 1973, besonders S. 27. – Alfons Risch, Kriegsnot im Hegau, zur Geschichte des Schwabenkrieges 1499, Bodensee-Chronik Nr. 18/1938. – J. Winzeler, Thaygen, 1963, S. 234–259.

[2] Rainer Kiewatt, Ritter, Bauern und Burgen im Hegau, Konstanz 1986, S. 140f.

[3] Emil Zinsmayer / Karl Wieland, Worblingen, Geschichte eines ehemaligen Ritterdorfes des Kantons Hegau, Singen 1952, S. 94f. – G. Graf, Friedingen, S. 73–75. – Albert Steinegger, Gailingen, Randegg und ihr Verhältnis zu Schaffhausen, Zs. Hegau 15/16 (1963), S. 27–90, besonders S. 64–66.

[4] Unter einem Blutharsch oder Blutharst versteht man einen Söldnerhaufen, eine Schar Kriegslustiger, der auf eigene Faust an einem Feldzug teilnahm oder auf Beute auszog, zuweilen sogar eine Mörder- oder Räuberbande. Frdl. Mitteilung von Dr. Hans Lieb vom 29. Juni 1987 und dazu: Matthias Lexer, Mittelhochdeutsches Handwörterbuch II, Leipzig 1872, S. 317. – Schweiz. Idiotikon, Bd. II, Frauenfeld 1885, S. 1639. – Deutsches Rechtswörterbuch Bd. II, Weimar 1935, S. 381. – Die meisten Belege stammen aus der Zeit um 1500.

[5] Aktenstücke zur Geschichte des Schwabenkrieges nebst einer Freiburger Chronik über die Ereignisse von 1499, hg. von Albert Büschi, Basel 1901, Nr. 104, S. 66.

[6] A. a. O., Nr. 650, S. 490.

[7] A. a. O., S. 575.

[8] Chronik des Valerius Anshelm, Bern, 1886, Bd. II, S. 128; FUB Bd. VII, Nr. 333, S. 192,7. – Die Literaturhinweise der Anmerkungen 5 bis 8 verdanke ich ebenfalls Dr. Hans Lieb.

[9] Rüeger-Chronik, S. 679, A 1.

[10] Werner Huger, Verlauf des Schweizer Krieges 1499 vor der Stadt Stockach aus neuester Sicht, Hegau 41/42 (1984/85), S. 51–76.

[11] Rüeger-Chronik, Bd. II, S. 680, A 3.

[12] Winzeler, Thaygen, S. 243–259.

[13] Festschrift der Stadt Schaffhausen zur Bundesfeier 1901, S. 49, 53.

Die Zerstörung des Hohenkrähen 1512

Auch nach der Friedinger Fehde 1479/80, aus der die Friedinger nur mit viel Glück glimpflich davonkamen, verübten sie weiterhin Überfälle und hielten wohlhabende Leute auf der Burg im eigenen Namen oder für andere gefangen, um Lösegeld zu erpressen; auch gewährten sie gefährdeten Schnapphähnen Unterschlupf. Um den 1495 verkündeten »Ewigen Landfrieden« kümmerten sie sich keinen Deut. Das konnte nicht gut enden.

Im Mai 1512 überfielen sie auf der Landstraße nach Konstanz fünf Bürger von Kaufbeuren, brachten sie auf den Hohenkrähen und forderten 700 fl. Lösegeld. Anlaß zur Fehde hatten ein abgewiesener Freier einer Kaufbeurer Bürgerstochter, Christof Hauser, und seine Kumpane gegeben, deren Sache sich die Friedinger zu eigen machten; auch die Klingenberger auf dem Hohentwiel und andere schlugen sich dazu, so daß bald »150 Adlige und Knechte die Straßen unsicher machten«. Dieses »Heckenreiten« mit weiteren Gewalttaten dauerte bis in den September hinein. Schließlich befaßten sich der Schwäbische Bund und der am 26. August 1512 in Köln zusammengetretene Reichstag mit diesen ärgerlichen Landfriedensbrüchen. Bereits am 24. August hatte Kaiser Maximilian die Reichsacht verhängt, worauf der Schwäbische Bund eine militärische Strafaktion gegen den Hohenkrähen beschloß.

Nach umständlichen Vorbereitungen und kleinlichen Rangeleien über die Stellung der einzelnen Kontingente sowie über die Umlage der Kriegskosten (unter anderem auch über die Lieferung von Pulver für die Kanonen durch 10 Reichsstädte) erschien schließlich am 10. November 1512 unter dem Kommando des Obersten Feldhauptmanns Georg von Liechtenstein ein Heer von etwa 8000 Mann vor dem mit Vorräten wohlversehenen Hohenkrähen; Georg von Frundsberg, der spätere »Vater der Landsknechte«, fungierte dabei nur als Kommandant der kaiserlichen Bundestruppen. In der Nacht zum Martini-Tag begann die Beschießung.

Die Eroberung des Hohenkrähen war indessen nicht der bis zu 20 km weit hörbaren Artillerie zu verdanken, sondern einem Unfall des Hans Benedikt Ernst von Friedingen, der sich am 12. November beim Laden seiner Hakenbüchse an Hand und Arm so schwer verletzte, daß er zu einem Wundarzt gebracht werden mußte. Auf der Burg befanden sich 35 Mann als Verteidiger – außer dem Friedinger Christof Hauser und mehreren Adligen gegen ihren Willen Handwerksleute und leibeigene Bauern aus Mühlhausen und Duchtlingen. Die Adligen entschlossen sich, ohne ihre Leute zu unterrichten, zur Flucht, seilten sich an der feindabgekehrten

Seite der Burg ab, kletterten mit Fußeisen zur Straße und entkamen mit dem Verwundeten nach Schaffhausen. Die zurückgebliebenen 18 Handwerker und Bauern übergaben darauf die Burg den Belagerern, die in Eile das Raubnest plünderten und ausbrannten und am 14. November wieder abzogen.

Literatur

Eberhard Dobler, Hohenkrähen, S. 216–234.
Zimmerische Chronik, hg. von Karl Barack, Bd. I, S. 438f.

St. Gallen und Singen oder: Der Kaiser als Vasall des St. Galler Fürstabtes

von Werner Vogler

Das Dorf Singen kam erst im 15. Jahrhundert an St. Gallen. Trotzdem kann die Ortschaft ihre Ersterwähnung auf eine St. Galler Urkunde von 787 zurückführen. Allerdings ist in dieser Urkunde Singen/Sisinga nur als Ausstellungsort genannt. Offenbar besaß die Abtei St. Gallen in dieser Zeit in Singen selber keinen Grundbesitz. Auch in den folgenden Jahrzehnten und Jahrhunderten können keine Schenkung und kein Besitz in Singen, der St. Gallen gehörte, nachgewiesen werden. Im Laufe des Spätmittelalters ist bekanntlich ein großer Teil des Besitzes und des Bodens in Süddeutschland dem Kloster St. Gallen verlorengegangen. Manches wurde verkauft, anderes wurde anderswie entfremdet. In vielen Fällen kann nicht nachgewiesen werden, wann dies geschehen ist. In Singen haben wir die umgekehrte Situation, daß eben der enge Zusammenhang mit St. Gallen erst im 15. Jahrhundert beginnt. Dabei handelt es sich aber um ein besonders wichtiges Paket von St. Galler Rechtstiteln, nicht so sehr dadurch, daß St. Gallen das Dorf als eigene Herrschaft selber verwaltete, sondern vielmehr deshalb, weil Singen mit weiteren Dörfern als Lehen an das Erzhaus Österreich ausgegeben war. In dieser feudalrechtlichen Kuriosität liegt auch der besondere Reiz der Beziehung St. Gallens zu Singen. Es spiegelt sich an diesem Beispiel in den Jahrhunderten von 1450 bis 1803 gleichsam die ganze Eigenart des Ancien Régime wider. Die entscheidenden rechtlichen Vorgänge vollzogen sich entweder in den Verwaltungszentren Vorderösterreichs, in Konstanz oder Freiburg, bzw. bei den entsprechenden Stellvertretern des Hauses Habsburg, oder aber in St. Gallen. Die Herrschaft und das st.-gallische Lehen Singen wurden wie Altenweiler gleichsam »ferngesteuert«, aus der Ferne, verwaltet, und trotzdem ist es reizvoll, die ganze Entwicklung im Detail zu betrachten und zu untersuchen. Diese Zusammenhänge sind bisher kaum beachtet worden.

Die Stadt Singen konnte 1987 das 1200jährige Jubiläum ihrer Ersterwähnung in einer Urkunde feiern. Diese Tatsache verdankt sie ohne Zweifel der einmaligen Überlieferung von Rechtsdokumenten im Stiftsarchiv St. Gallen, dem Archiv der ehemaligen Fürstabtei St. Gallen, das über 1200 Jahre in die Geschichte zurückreicht. Neueste Forschungen haben indes ergeben, daß manche Datierungen der St. Galler Privaturkunden, wegen ihres besonderen Systems der Datumsbezeichnung, nicht ganz eindeutig sind. Die Datierung gerade dieses ersten Dokumentes, in dem Singen erwähnt wird, kann nicht nur mit 786, sondern auch mit 787, 789 oder 790 aufgelöst werden[1]. Im ganzen sind es im St. Galler Stiftsarchiv zwei Urkunden, die vor der Jahrtausendwende den Namen Singen am Hohentwiel enthalten, bei der ersten, bereits genannten handelt es sich um Wartmann Nr. 111[2]. In diesem Dokument, das an einem 15. Februar ausgestellt ist, verleiht ein Bischof Agino dem Diakon Ato st.-gallische Besitzungen in Schlatt, Mühlhausen, Ehingen, Weiterdingen, Welschingen, »Gundihhinhova« und Hausen. Der Bischof verleiht diese Besitzungen zusammen mit von Ato selbst an St. Gallen übertragenem Besitz in Welschingen und »Gundihhinhova« gegen einen Zins. Dabei ist zu betonen, daß das schlichte Pergamentstück, das unbesiegelt ist, sich nicht mit der Verleihung von Gebieten und Gütern in Singen befaßt, sondern nur in der »villa publica Sisinga« ausgestellt wurde. Singen erscheint also in dieser Urkunde als bloßer Actum- oder Ausstellungsort.

Fast genau hundert Jahre später wird Singen ein zweites Mal in einer St. Galler Privaturkunde erwähnt[3]. Bei diesem Dokument handelt es sich um das Original eines Ratpert, das am 28. Februar 888 ausgestellt wurde. Es wird darin festgehalten, daß Gozbert in rechtsgültiger Form eine Hube zu Obereggingen bei Stühlingen an St. Gallen schenkt[4]. Auch in dieser Urkunde wird nichts bestimmt über Singen, hingegen erscheint das Dorf, das also doch eine gewisse Bedeutung gehabt haben muß, wieder als öffentlicher Ausstellungsort (»in Sigingun publice«). Die Auflösung von »Sigingun« mit Singen ist auch deshalb schon naheliegend, weil Stühlingen sich in der Gegend des Hegaus befindet. Dabei ist es bei der ersten Urkunde eigentlich überraschend, daß es Sisinga (statt Siginga) heißt; schon Wartmann hat darauf hingewiesen, daß es sich wohl um eine Verschreibung handeln muß, wobei Singen sich doch als moderne Form dieses Sisinga bzw. Sigingun sehr aufdrängt.

Bereits eine noch frühere Urkunde, vom 20. Oktober 772, scheint zwar darauf hinzuweisen, daß St. Gallen in Singen Besitz hatte, doch trügt der erste Eindruck. Hat Wartmann »Sicgingas« noch mit Singen aufgelöst, ist es heute wohl eindeutig, daß es sich bei diesem »Sicgingas«, wie Franz Ludwig Baumann nachgewiesen hat[5], um Ober- bzw. Untersiggingen handelt. Diese Auflösung und Interpretation ist bis heute nicht mehr bestritten worden, wenn sie auch im Gegensatz steht zu Wartmanns Annahme[6]. Wenn also die Urkunde von 772 für Singen ausscheidet, so ist kein Beleg mehr gegeben, daß St. Gallen in und um Singen vor der Jahrtausendwende Grund und Boden besaß.

Eine große Reihe von Urkunden des 15. bis 17. Jahrhunderts belegt hingegen den St. Galler Lehensbesitz und die Lehensverhältnisse in Singen. Diese Urkunden sind auch in Drucken des Klosters St. Gallen im 17. Jahrhundert dokumentiert und für die Verwaltung leichter zugänglich gemacht worden[7]. Einleitend wird auf Seite 4 des Bandes LA 1, »Adlige Lehen«, eine Übersicht über die St. Galler Lehen in Singen gegeben; es handelt sich dabei um die Lehen der Erzherzöge »von und zu Österreich« in Singen, Remis- und Niederhofen. Dabei wird festgehalten, daß das Dorf Singen im Hegau samt den zugehörigen Weilern und Dörfern Remis- und Niederhofen mit Gerichten, Zwingen und Bännen an die Erzherzöge von Österreich ausgegebenes St. Galler Lehen sei. Damit ist eine sehr eigenartige Situation angedeutet. Zwar war der Kaiser, damals bereits seit längerer Zeit aus dem Hause Habsburg-Österreich stammend, oberster Lehensherr des Klosters St. Gallen. Die Abtei St. Gallen ließ sich ihre Privilegien und Lehen, wie auch andere schweizerische Klöster, immer wieder bestätigen, bei jedem Regierungsantritt eines neuen Kaisers. Auf der andern Seite war das Haus Österreich selber auch Lehensträger (Lehenstrager) seines Vasallen St. Gallen, und zwar eben im Gebiet von Singen und in Singen selbst. Im übrigen soll darauf hingewiesen werden, daß weitere St. Galler Eigengüter und St. Galler Eigenbesitz den Erzherzögen zu Österreich als Lehen ausgegeben waren, darunter Altenweiler im Allgäu (heute Altenberg, Gemeinde Weiler) mit Festung, Burg und Burgstall sowie Untertanen und Bauhof, das Gericht »unter dem Stein«, die Meierschaft des Kelhofs zu Scheidegg im Allgäu mit »Gericht, Zwing, Penn, Tavern, Mühli, Wasserflüssen« und weiteren Ehehaften und Gerechtigkeiten, außerdem Rechte in Weiler und das Schloß zu Scheiben im Allgäu.

Eine erste Urkunde, die das St. Galler Lehen Singen betrifft, datiert auf den 15. Dezember 1432[8]. Darin wird festgehalten, daß Heinrich, Rudolf und Konrad von Friedingen zugunsten des Klosters St. Gallen das Dorf Singen im Hegau zu einem rechten Mannlehen zur Wiederverteilung machten. Damit beginnt die Geschichte des st.-gallischen Lehens Singen. Das Dorf war bisher Eigentum der Friedinger gewesen. Bei der gleichen Gelegenheit wurde das Dorf an Rudolf wieder als

Die Klosteranlage von St. Gallen vor den großen barocken Um- und Neubauten nach der Mitte des 18. Jahrhunderts. Oben das Wappen von Abt Leodegar Bürgisser (1696–1717). Stich aus der »Idea Sacrae Congregationis Helveto-Benedictinae«, St. Gallen 1702

Lehen zurückgegeben, und zwar als Mannlehen. Es wurde auch vereinbart, daß nach Verkauf, nach Handänderung oder nach dem Tod eines Lehenstragers bzw. Abtes das Dorf wieder als Lehen empfangen werden könne. Die St. Galler hatten das Dorf erhalten in einem Austausch und Verkauf mit Abt Nikolaus Stocker (1429–1460) von St. Blasien, der von St. Gallen das Dorf Ewattingen übernahm. Dieses Dorf hatten die drei Friedinger eben an St. Gallen verkauft.

Eine nächste Urkunde datiert in das Jahr 1505. Damals stellte Bolli von Fulach einen Lehensrevers wegen des Dorfes Singen an Abt Franz Gaisberg aus[9]. Es war bereits im Lehensbesitz des Bolli von Fulach gewesen.

Schleitheim. Nun tritt auch noch eine Frau in die Szene um das Singener Lehen, und zwar die bekannte Erzherzogin Claudia, die Witwe Leopolds, eine geborene Medici aus der Toskana. Als ihren Vertreter ernannte sie Adam Heinrich Keller von Schleitheim, Vormundschaftsrat und Oberst der österreichischen Graf- und Herrschaften in Schwaben und Stadthauptmann in Konstanz. St. Gallen war sich offenbar der außerordentlichen Bedeutung dieses österreichischen Lehens bewußt, sind doch in der Ausgabe mit den Klosterdrucken die kleinsten Details und Dokumente wortwörtlich und in vollem Wortlaut gedruckt worden. Der Lehensrevers datiert ebenfalls auf den 12. Oktober 1641, er ist von Erzherzogin Claudia »in Namen Ihrer und des Haus Österreich« ausgestellt.

Damit bricht diese lange Serie der Lehensverleihungen und der damit zusammenhängenden Dokumente von Singen (und Altenweiler) in den Klosterdrucken ab. Deren Geschichte kann zurückverfolgt werden bis zur Übernahme von Singen durch St. Gallen und zum Kauf dieses Lehens von den drei Friedingern. Wir haben gesehen, daß aus diesen Dokumenten fast nichts über Singen hervorgeht, sehr viel hingegen, was das spätfeudale Lehenswesen betrifft; wir haben es mit einer typischen Erscheinung des Spätfeudalismus zu tun, die in vielem nur noch formalistischen Charakter besaß, durch den vielleicht bloß die administrativen und lehensrechtlichen Mühlen in Gang gehalten wurden. Über Singen selber verlautet darin kaum etwas, nur daß eben immer wieder die Lehenstrager, Personen und Familien bzw. deren Vertreter wechselten. Was in Singen selber passierte, wie Singen verwaltet wurde, steht auf einem anderen Blatt geschrieben und muß aus anderen Archiven eruiert werden.

Der gleiche Oberst Adam Heinrich Keller von Schleitheim wurde 1656 daran erinnert, daß er sich als Lehenstrager und Vasall zu eventuellen Kriegsdiensten für das Kloster St. Gallen, es war gerade die Zeit des ersten Villmerger Krieges, bereitzuhalten habe.

1663 wurde das Lehen erneut requiriert, der Lehensrevers datiert vom folgenden Jahr, 1664, als Franz Apronian Pappus von Trattsberg im Namen von Erzherzog Sigmund Franz das Lehen von Abt Gallus Alt erhielt. Vom gleichen Jahr datiert auch die Quittung für die beim Lehensempfang gespendete »Verehrung«. Zwei Jahre später starb der Erzherzog, so daß das Lehen von Innsbruck erneut requiriert werden mußte. Die Befugnisse, das Lehen in Empfang zu nehmen, erteilte Kaiser Leopold I. dem genannten Franz Apronian Pappus von Trattsberg[27]. Die Lehensrekognition kam tatsächlich zustande, der Lehensrevers datiert vom gleichen Jahr, 1666. 1692 dann sollte anstelle des Abtes Erbmarschall und Landeshofmeister Fidel Freiherr von Thurn das 1688 requirierte Lehen verleihen[28]. Das brachte aber eine Komplikation mit sich, weil sich der österreichische Lehenstrager weigerte, das Lehen von einem andern als von dem Abt selber unmittelbar (»immediate«) zu empfangen. Der Vorgang scheint darauf hinzudeuten, daß sich der mächtige Fidel von Thurn ein bißchen politisch vorgedrängt hatte. Natürlich konnte sich das Haus Österreich damit nicht unbedingt abfinden, war doch politisch nur die zweite Person im Klosterstaat. 1693 vertrat bei der Lehensverleihung erneut Johann Andreas Pappus von Trattsberg den Kaiser Leopold I. Der Lehensrevers datiert vom gleichen Jahr. So ging das »Spiel« weiter und weiter; es kam zu neuen Lehensverleihungen. Eine solche hatte 1696 zu erfolgen nach der Resignation von Abt Cölestin Sfondrati, der als Kardinal damals nach Rom ging[29].

Kaiser Leopold I. seinerseits starb 1705, so daß wieder eine Neuverleihung vorgenommen werden mußte. Diese fand tatsächlich 1706 statt unter Delegierung der Vollmachten durch Kaiser Joseph I. an den bereits bekannten Johann Andreas Pappus[30]. Kaiser Joseph I. starb 1712, und es kam noch im selben Jahr zu einer erneuten Requisition und Rekognition des Lehens durch die Innsbrucker Regierung und St. Gallen[31]. 1717 starb Abt Leodegar; 1718/19 wurden die österreichischen Lehen von St. Gallen neu verliehen[32]. Kaiser Karl VI. erteilte 1719 Johann Andreas Pappus von Trattsberg die Bewilligung, als Träger des Hauses Österreich das Lehen zu empfangen[33]. Die letzten Lehenserneuerungen wurden administrativ von der sanktgallischen Herrschaft Ebringen bei Freiburg im Breisgau aus bewerkstelligt. In St. Gallen selber sind weitere Unterlagen und Notizen zu diesen Lehensverleihungen bei den Urkunden erhalten geblieben. Die Lehen Altenweiler und Singen waren ab 1538 in einer gemeinsamen Urkunde verliehen worden, weil sie in eine Hand gekommen waren. Es handelte sich bei diesem Lehen um ein sogenanntes »rechtes Manns- und Weibslehen der absteigenden österreichischen Linie«, wobei natürlich dieser Ausdruck nicht im heutigen wörtlichen Sinn zu verstehen ist. Noch war man aber 1719 der Ansicht, daß die Lehensverleihungen weitergehen sollten. Interessant ist die Notiz, daß der Lehensschwur von den Lehenstragern des Hauses Österreich nicht geleistet wurde. Es war auch üblicherweise eine Lehensverleihung mit einer Lehenstaxe verbunden, die jedoch in gewissen Spezialfällen wie in unserem erlassen wurde.

Zusammenfassend gesagt war Singen im Jahre 1432, nach der ersten Investitur, ein rechtes Mannlehen geworden. 1614 wurde es ein sogenanntes Afterlehen, weil das Haus Österreich es an einen Unterlehensträger verlieh. Die rechtlich heikle Situation dieser Konstellation überwand man mit der scharfsinnigen Lösung, daß man

Erzherzogs Maximilian an Abt Bernhard. Im gleichen Jahr, am 4. September, mußte Hans Adam von Reischach in Neuenhewen ein Entschuldigungsschreiben an den St. Galler Abt verfassen. Er bemerkt darin, daß das Lehen durch den Erzherzog von Österreich nicht persönlich empfangen werden könne, er es aber an seiner Stelle entgegennehmen wolle. Als er sich zum Lehensempfang nach St. Gallen habe begeben wollen, hätte ihn indes die Rotruhr erfaßt, so daß er an das Haus gebunden gewesen sei. Er bat deshalb, den Lehensempfang noch verschieben zu können. Diese Entschuldigung wurde bereits zwei Tage später, am 6. September 1607, von St. Gallen angenommen. Dabei geruhte aber nur Sebastian Nuofer, Kämmerer und Lehensverwalter, schriftlich zu antworten. Immerhin gestand er zu, daß man die Sache pendent halten wolle. Von Reischach wurde aber ermahnt, nicht zu einer ungelegenen Zeit nach St. Gallen zu kommen, etwa wenn der Abt mit Geschäften überladen sei. Zur Reversausstellung gegenüber der kaiserlichen Majestät kam es dann am 29. Oktober 1607[22]. Nun konnte der »gethrewe liebe« Hans Adam von Reischach tatsächlich in St. Gallen erscheinen und den alten Lehenbrief vorweisen. Reischach übernahm das Lehen in Vertretung »Ihrer Majestät« und der »fürstlichen Durchlaucht«. Doch die Sache verkomplizierte sich noch mehr; im Jahre 1614 übernahm Markgraf Karl von Burgau Singen als Afterlehen[23]. Er übernahm es als Afterlehen von Reischach, der immer noch am Leben war. Mit diesem Wechsel war St. Gallen nicht einverstanden, man wollte genaue Auskunft haben, wie das Lehen an Karl, Markgraf von Burgau, Landgraf zu Nellenburg etc., gekommen sei. Denn eine Verleihung widersprach in diesem Fall dem Lehensrecht, wie es die st.-gallische Lehenkammer praktizierte. Nun replizierte Markgraf Karl am 30. Juli 1614 mit einem neuen Schreiben aus Günzburg[24]. Er wies darauf hin, daß ihm seine Lehen von der kaiserlichen Majestät als Afterlehen verliehen worden seien. Damit war die rechtliche Lage geklärt. Karl betonte, daß er das Lehen vom Hause Österreich als Afterlehen erhalten habe. Er begehrte weitere Auskunft. Erzherzog Maximilian war übrigens ein Verwandter Karls. Karl erklärte, daß er im Zuge einer sogenannten »Hausvergleichung« die Markgrafschaft Burgau, die Landgrafschaft Nellenburg, die Grafschaft Hohenberg und alle inkorporierten Lehen als Afterlehen erhalten hätte. Er sei befugt, die österreichischen Lehen als Afterlehen und damit auch Singen als solches zu empfangen. Offenbar war das Schreiben des Markgrafen nur ein Versuch gewesen zu erfahren, ob der Erzherzog wirklich das Lehen ordentlich empfangen hatte. Sollte dies der Fall sein, sollte es bleiben wie es war, nämlich daß von Reischach das Lehen bis zu seinem Tod behalten könnte.

Die Verwaltung Vorderösterreichs verbürokratisierte sich im 17. Jahrhundert immer mehr; die Amtsleute in Bregenz stellten am 14. Januar 1631 das Gesuch, die Lehen Singen und Altenweiler erneut im Namen des Erzherzogs Leopold empfangen zu können. Es war unterdessen nämlich ein neuer Abt an die Spitze St. Gallens getreten, Pius Reher. So stellten sie eine neue »Lehensrequisition« auf »Lehensrekognition«. Die Requisition ist sehr bestimmt abgehalten, die modernisierte Bürokratie mit ihrer Eigenmächtigkeit und Eigengesetzlichkeit setzte sich offenbar allmählich durch[25]. Man sparte nicht mit lateinischen Formeln, um seinen vermeintlichen und wirklichen Rechten und Ansprüchen Nachachtung und Nachhalt zu verschaffen. Sie schreiben, daß es nötig sei, das Lehen neu zu verleihen »in meliori forma, qua de stylo Curiae solet ac decet«. Die Herren »Requirenten« verlangten eine Rekognition und erhielten sie auch. Es mehren sich nun in absolutistischer Weise die Formalismen. Es wurde ein »Lehenstag nacher Rorschach ausgeschrieben«, und zwar noch für das Jahr 1631. Unterschrieben ist das Aktenstück von Johann Joachim Meile, dem Lehenvogt, am 26. April 1631. Der Tag fand dann tatsächlich am 12. Mai statt.

Nun beginnt der Amtsschimmel zu wiehern. Am 1. Mai 1631 stellte das Amthaus zu Bregenz eine Empfangsbestätigung für das Schreiben aus. Noch im gleichen Monat, am 28. Mai, wurde erneut das Gesuch gestellt, den Termin zu verschieben, und zwar um einen Monat. Offenbar war aber dieses Verschiebungsgesuch wohlbegründet, war doch Bregenz immer noch von Krieg und Heeresdurchzügen betroffen. So konnte St. Gallen am 3. Juni dem Gesuch leichten Herzens entsprechen. Am 9. Dezember stellte dann Erzherzog Leopold an Abt Pius das Requisitionsbegehren.

Die Angelegenheit konnte schließlich am 9. Dezember 1631 erledigt und abgeschlossen werden, indem auf dieses Datum der Lehensrevers Erzherzog Leopolds datiert ist. In Vertretung des Kaisers erhielt am selben Tag Wilhelm Schenk von Stauffenberg die Gewalt, die beiden Lehen Singen und Altenweiler vom Abt von St. Gallen zu empfangen[26]. Stauffenberg war nach dem Tode von Reischachs Lehenstrager in Vertretung des Erzherzogs geworden. Er war Stadthauptmann in Konstanz.

Es ergaben sich jedoch bald weitere Komplikationen, die die administrativen Mühlen sich drehen ließen. Es starb nämlich Erzherzog Leopold, so daß am 16. April und 16. Juni 1633 zu einer neuen Lehensrequisition geschritten werden mußte. Die Rekognition gewährte der Lehenvogt Johann Joachim Meile, aus dem Toggenburg stammend, gnädig am 13. Juni 1633. Der nächste Lehensempfänger im Auftrage des Hauses Österreich war am 12. Oktober 1641 Adam Heinrich Keller von

Dorf 8000 Gulden auf zehn Jahre aufzunehmen. Offenbar handelte es sich auch bei diesem Verkauf in erster Linie um eine Finanztransaktion. Bodman war überdies schon lange mit St. Gallen lehensmäßig eng verbunden, war Hans Konrad doch Herr zu Möggingen, das ebenfalls st.-gallisches Lehen war[15].

Die Eigentümer und Träger von Lehen wechselten damals recht kurzfristig. Bereits 1573 erfolgte ein neues »Kredenzschreiben« mit dem Antrag für die Bewilligung, auf Singen noch mehr Geld aufzunehmen oder es gar zu verkaufen. Das Gesuch stellte Hans Konrad von Bodman am 10. Oktober; es ist in Homburg geschrieben. 8000 Florin hatten nämlich dem von Bodman noch nicht ausgereicht, er brauchte 10 000 oder 11 000; um die Erlaubnis, soviel Geld darauf aufnehmen zu dürfen, bat er nun den St. Galler Abt. Er hatte von Hans Joachim von Heidegg zu Gurtweil und Hans Jakob von Hegelbach zu Wiechs weitere Geldsummen aufzunehmen, von denen ein erklecklicher Zins zu zahlen war, im ganzen 5 Prozent. Diese Bewilligung erteilte der St. Galler Abt 1573 umgehend[16]. Gleichzeitig war damit auch die Erlaubnis gegeben, daß im Bedarfsfall Singen auch wieder weiterverkauft werden konnte.

Wirklich kam es dazu im Jahre 1576, als Hans Ludwig von Bodman und Hohenkrähen durch seinen Vetter Hans Konrad von Bodman Singen mit Remishofen und Niederhofen und allen Rechten dem Erzherzog Ferdinand zu Österreich verkaufte[17].

Noch immer ließ sich Hans Ludwig durch Hans Konrad vertreten. Hans Ludwig hatte das Lehen Erzherzog Ferdinand angeboten. Bodman mußte seinen Verwandten »unterthenig und hochfleissig« bitten, daß er dem »obgemeltem thaugenlichen Lehentrager« das Lehen verleihen möge. Erzherzog Ferdinand hatte selber im Jahre 1575 bereits ein Gesuch an Abt Otmar Kunz um Verleihung des Lehens an seine Person gerichtet[18]. Darin bat, welche Kuriosität, der Erzherzog den St. Galler Abt untertänig, er möge doch die Österreicher als katholische und der alten Religion anhängige Fürsten als »Lehenmänner guetwillig anehmen«. Der Kauf hatte sich zunächst zerschlagen, und von Bodman drohte, daß er ihn mit den reformierten Württembergern abwickeln wolle. Diese erklärten sich bereit, einen geeigneten, tauglichen Lehenstrager zu stellen. Offenbar machten die von Bodman Schwierigkeiten, ausdrücklich erwähnt der Erzherzog, daß er sich »etwas zu trucken sich untersteen will«. Es drohte die Gefahr, daß die Singener die reformierte Religion übernehmen mußten. Der Erzherzog bat deshalb den Abt, einen Kauf durch die Württemberger zu verhindern und dafür zu sorgen, daß der Lehenstrager ein Katholik sei.

Ein weiterer Lehensrevers trägt das Datum des 17. September 1579. Er wurde von Hans Ludwig von Bodman für Abt Joachim Opser ausgestellt. Offenbar trat von Bodman als Vertreter von Kaiser Rudolf II. sowie der Erzherzöge Karl und Ferdinand von Österreich auf. Noch im gleichen Jahr mußte Abt Joachim dem Haus Österreich die Bewilligung erteilen, das Dorf auf zehn Jahre um 14 000 Gulden zu verpfänden und zu verschreiben, auch dies ein klarer Hinweis darauf, daß es sich bei diesen Transaktionen mit Singen häufig um Finanzmanöver handelte. Indes diente das Singener Lehen primär dazu, das vorderösterreichische Territorium abzurunden. Die Beträge wurden von einem Hans Konrad von Ulm gestellt und verschrieben.

Den nächsten Lehensrevers stellte kein Geringerer als Kaiser Rudolf II. von Habsburg selbst gegenüber Abt Bernhard Müller am 30. Juli 1599 in Innsbruck aus. Die Besitzungen des bereits verstorbenen Erzherzogs Ferdinand in Vorderösterreich waren nämlich erbweise an den Kaiser selbst übergegangen. Nun mußte der Kaiser geruhen, vom Nachfolger Abt Joachim Opsers, Abt Bernhard Müller, das Lehen wieder in Empfang zu nehmen, und zwar zu Handen des Lehenstragers Hans Ludwig von Bodman.

Zum Rechtsakt erschien am 19. Januar 1600 Hans Ludwig von Bodman persönlich in St. Gallen. Er war im Besitz eines Kredenzschreibens der kaiserlichen Majestät und wies dieses vor. Es wurde vorgelesen. Hans Ludwig von Bodman bat, »dass Ihro Fürstliche Gnaden so gnedig sein und Ime als ainem Trager hochermelter kayserlicher Mayestet die Lechen Altenwyler und das Dorf Singen verlychen wellen«[19]. Offenbar ergaben sich indes zunächst noch Schwierigkeiten.

Ein weiteres Dokument, das das Singener kaiserliche Lehen betrifft, datiert aus dem Jahr 1601, nämlich ein Schreiben an Abt Bernhard von Hans Ludwig von Bodman betreffend den Empfang der Altenweilerischen und Singenschen Lehen. Altenweiler war nämlich ebenfalls, wie bereits betont und hier nochmals wiederholt, österreichisches Lehen. Es lag – wie erwähnt – im Allgäu. Der eigentliche Lehenbrief Abt Bernhards für Kaiser Rudolf trägt das Datum des 25. Mai 1601[20]. Vom gleichen Datum stammt der Revers des Kaisers. Jedoch verzögerte sich die Übersendung der Lehenbriefe. Offenbar war St. Gallen die Taxe noch nicht entrichtet worden. Eine Änderung in der Lehensträgerschaft ergab sich bereits wieder 1607[21]. Nach dem Ableben Hans Ludwig von Bodmans übernahm das Lehen als Untervasall am 6. April 1607 Hans Adam von Reischach, der gleichentags von Erzherzog Maximilian die nötige Vollmacht bekommen hatte. Den Lehensrevers stellte Erzherzog Maximilian im Namen Hans Adam von Reischachs, des Tragers, am 7. Mai 1607 in Innsbruck aus. Kurz zuvor war Hans Ludwig von Bodman gestorben. Auf den 31. Mai 1607 datiert das Kredenzschreiben des

Ein weiteres Dokument stammt aus dem Jahre 1523, und zwar handelt es sich um einen weiteren Lehensrevers Hans Heinrich von Klingenbergs, an den nun das Dorf Singen ging; er hatte es bereits zuvor kaufweise an sich gebracht. Wir sehen damit, daß ein Lehen vom Lehenstrager verkauft oder gekauft werden konnte, daß aber immer noch der Lehensobereigentümer, in diesem Falle St. Gallen, die Oberaufsicht und den Oberbesitz beanspruchte, ein aufschlußreiches Kapitel der Lehensverhältnisse und -gepflogenheiten im Spätmittelalter und in der frühen Neuzeit. Das Lehen Singen umfaßte nicht nur das Dorf, sondern auch alle Gerichte, Zwinge, Bänne, Gebote, Verbote, Frevel, Güter, weitere Rechte und Gerechtigkeiten, die mit diesem Dorfbesitz zusammenhingen. Der Grund der Handänderung des Lehens lag im Tode von Bolli von Fulach. Gut zehn Jahre später, 1534, wechselte das Lehen wieder seinen Lehenstrager, denn es ging an Hans Wolf von und zu Bodman. Der Lehensrevers wurde vom Vogt zu Bodman, Jörg Wyss, ausgestellt[10].

Eine neue Lehensbestätigung wurde im Jahre 1539 nochmals an Hans Wolf von Bodman ausgestellt, d. h., Hans Wolf von Bodman bestätigte den Empfang eines Lehenbriefs vom Abt von St. Gallen mit einem sogenannten Lehensrevers[11]. Diesmal war der Freiherr von Bodman selbst zugegen in St. Gallen; er ließ sich nicht wie 1534 durch seinen Vogt vertreten. Hans Wolf siegelte mit seinem Siegel und bestätigte damit den Lehenbrief. Der Grund, warum sich Hans Wolf 1534 durch seinen Vogt hatte vertreten lassen, war der, daß er noch nicht volljährig gewesen war, wie es die Urkunde von 1539 ausdrücklich erwähnt. Damit ist bewiesen, daß das Dorf Singen immer noch im Obereigentum St. Gallens war, ein Verhältnis, das teilweise nur noch formalen Charakter hatte, die eigentliche Macht, die praktische Verfügungsgewalt und die Herrschaft, übten eben in Wirklichkeit die Lehenstrager aus. Singen war natürlich damals nicht eine mittelgroße Stadt wie heute, sondern immer noch ein kleines Dorf am Fuße des Hohentwiel.

Indes war eine Kontinuität des Lehenstragers noch nicht gegeben. Es kamen neue Lehenstrager, die sich der Herrschaft über das Dorf versicherten. Bereits im Jahre 1557 übernahm Ambros Graf im Namen von Hans Jakob Fugger das Dorf Singen[12]. Aus diesem Jahr ist uns der Lehensrevers von Ambros Graf im Stiftsarchiv St. Gallen erhalten geblieben. Es handelt sich beim Lehenstrager um Hans Jakob Fugger, Herr von Kirchberg und Weißenhorn, Rat der römisch-kaiserlichen und königlichen Majestät. Was war geschehen? Mit Bewilligung des Lehenseigentümers, des Abts von St. Gallen, hatte der Fuggersproß von Hans Wolf von Bodman das Dorf Singen gekauft. Dabei lag der Verkauf des Lehens an den Fugger bereits einige Zeit zurück. Das Lehen war von Bodman an den Kaiser verkauft worden; Ihre Majestät, der Kaiser, hatte es dann Fugger mit Lehenbrief übergeben, also ein besonders kompliziertes Verhältnis von Afterlehentum. Das setzte natürlich die ganze Rechtsadministration des alten Reiches in Bewegung, es mußten all die komplizierten Formalitäten berücksichtigt und erfüllt werden.

Ein besonderes Kuriosum ist es auch, daß Hans Jakob Fugger sein Siegel gerade nicht bei sich hatte, so daß sein Vetter Peter Graf, Bürger und Spitalherr zu St. Gallen, siegeln mußte. Offenbar wurde die Urkunde in St. Gallen ausgestellt, ein Ausstellungsort ist jedoch im Text selber nicht angegeben. Das Datum, das genannt ist, ist der 19. Januar 1557. Am gleichen Tag mußte St. Gallen durch Abt Diethelm Blarer auch noch die Bewilligung erteilen, daß auf das Singener Lehen von Hans Jakob Fugger, Herr von Kirchberg und Weißenhorn, Geld in Höhe von 2000 Gulden aufgenommen werden konnte. Bereits früher sei dem Hans Wolf von Bodman bewilligt worden, heißt es, in Basel 2000 Gulden auf das Dorf aufzunehmen. Diese Bewilligung wünschte auch der Fugger. Offenbar war er sehr gewandt in Finanzgeschäften – er finanzierte ja teilweise auch das Kaiserhaus – und wußte seine Besitzungen in Pfänder umzuorganisieren. Bekanntlich haben im 16. Jahrhundert die reichen Financiers sich bemüht, als sicheres Fundament ihrer Finanzimperien in Grundherrschaft bzw. in Grund und Boden anzulegen, ein Vorgang, der auch heute noch beobachtet werden kann. Jedenfalls bewilligte Abt Diethelm Blarer die genannte Finanztransaktion.

Ein weiteres Dokument ist auf den 13. September 1566, in Taufkirchen, datiert. In diesem Schreiben bat Hans Jakob Fugger den neuen Abt, Otmar Kunz, um die Bewilligung, die Lehen in Singen und Weinfelden, denen die Vögte Hans Müller auf Hohenkrähen und Adam Kyd vorstanden, zu erneuern. Tatsächlich handelt es sich dabei um eine sogenannte Lehenspetition. Im folgenden Jahr, am 17. Januar 1567, ist die Bewilligung auch wirklich erfolgt[13]. Die Urkunde wurde in der Stadt Wil am Hof des Abtes ausgestellt, in Anwesenheit von Hans Müller, Vogt auf Hohenkrähen. In feierlichem Stil, der altertümliche Floskeln und umständliche Sätze aufweist, wurde dem Begehren Fuggers damit entsprochen und in den gewohnten Formen ein Lehensrevers ausgestellt.

Bereits wenige Jahre später, 1571, verkaufte Fugger das Lehen wieder an Hans Ludwig von Bodman[14]. Fugger stellte am 20. August 1571 das Begehren, das Lehen sei an diesen wieder zu verleihen. Tatsächlich wurde am 19. September 1571 wegen Singen Hans Konrad von Bodman als Vormund und Vertreter Hans Ludwig von Bodmans ein Lehensrevers ausgestellt. Zum gleichen Datum erteilte Abt Otmar auch die Bewilligung, auf das

151

Schloß Ebringen im Breisgau, die ehemalige Statthalterei, Sitz des sanktgallischen Verwalters, erbaut 1711 bis 1713

zwar auf die Lehenstaxe verzichtete, das Haus Österreich bzw. dessen Lehenstrager aber dem Kloster zwölf Reichstaler als »Verehrung« übergab. Über diese Sache hatte man am 14. Januar 1664 mit Innsbruck »de non praestando iuramento« korrespondiert. Es war auch im gleichen Zusammenhang eine Quittung »propter non petitam taxam« ausgestellt worden[34].

Freiherr Johann Andreas Pappus von Trattsberg zu Laubenberg und Rauchenzell starb 1726 und mußte deshalb durch einen neuen Lehenstrager ersetzt werden[35]. Dem erzherzöglichen Landschreiber Johann Joseph von Rudolphi wurde am 31. September 1726 diese Tatsache von Innsbruck aus mitgeteilt. Es tritt dann Johann Joseph von Rudolphi selbst, offenbar ein Bruder des 1740 verstorbenen St. Galler Abtes, am 13. Februar 1741 in einem Schreiben aus Bregenz als Lehenstrager für Singen und Altenweiler auf und requirierte die Lehen unter dem neuen Abt erneut. Das eigentliche Lehensrequisitionsdokument wurde am 17. Februar 1741 in Innsbruck ausgestellt, und zwar von der vorderösterreichischen Kammer. Wenig später, am 27. März, bat diese um die Ansetzung des sogenannten Lehensempfangstags. Am 6. April 1741 teilte St. Gallen der vorderösterreichischen Regierung in Innsbruck mit, daß man sie zwar mit Altenweiler neu belehnen wollte, Singen jedoch als heimgefallen betrachte. Es ergab sich die Komplikation, daß Altenweiler wohl ein Kunkellehen war, Singen hingegen ein Mannlehen. Im Gegensatz zum Mannlehen konnte ein Kunkellehen bei Aussterben des Mannesstamms auf die weibliche Linie übergehen. Nach dem Tode Karls VI. war 1740 Maria Theresia Kaiserin geworden. Deshalb war St. Gallen der Ansicht, daß das Lehen Singen an St. Gallen heimgefallen sei, es also nicht mehr ausgegeben werden müsse. Der Tag der Lehensbestätigung sollte der 16. Mai 1741 sein. St. Gallen wollte das Singener Lehen als freies eigentümliches Mannlehen wieder bei sich behalten, weil die Abtei es in ihren politischen Schwierigkeiten unbedingt benötigte. Am 14. April entgegnete die vorderösterreichische Regierung, daß sie vorläufig die Sache »in suspenso« lassen wolle[36]. Ein erneutes Schreiben traf am 1. Juli 1741 aus Innsbruck in St. Gallen ein. Offenbar wollte sich das Erzhaus Österreich diesen Lehensentzug nicht gefallen lassen. Man wies darauf hin, daß 1577 Kaiser Rudolf II. das Lehen für sich und das Haus Österreich käuflich erworben habe. Die Belehnung sei 1579 durch Abt Joachim Opser vorgenommen worden. Innsbruck stellte ein eigentliches juristisches Gutachten zu seinen Gunsten zusammen. Man drängte St. Gallen, das Lehen wieder zu verleihen und die Sache in seinem Sinne zu beschleunigen.

Nun wurde die Rechtsmaschinerie der St. Galler Lehenkammer in Bewegung gesetzt. Am 3. November 1741 stellte sie einen »Ambtsbericht« zusammen, der auf vielen Seiten die Argumente St. Gallens enthielt. Als Verfasser nannten sich der Lehenspropst und die Lehensräte in St. Gallen. Das Gutachten war an den Abt von St. Gallen gerichtet. Immerhin kam es zu dem Schluß, daß beim Hinscheiden des Lehensmanns, des Kaisers Karl VI., das Lehen rechtlich unbestreitbar heimgefallen sei. Trotzdem gab St. Gallen schließlich offenbar nach.

Die weiteren Lehensverleihungen fanden in der Folge in Freiburg statt, dem Sitz der vorderösterreichischen Regierung. Zunächst handelte es sich um die am 25. Juli 1755 vom Freiherrn von Summerau in Konstanz eingereichte Requisition. Es wurde für den Akt der Lehenswiederverleihung der Pater Statthalter von Ebringen bemüht. Nun spielte neben den rechtlichen Formalismen auch noch das Zeremoniell eine ausschlaggebende Rolle, ganz im Sinne des Spätabsolutismus gegen Ende des Ancien Régime.

In dieser Angelegenheit der Lehenserneuerung wurde am 8. Februar 1756 von Karl Zacharias von Fröhlich, vorderösterreichischer Regierungsrat, wieder mit dem Statthalter in Ebringen korrespondiert. St. Galler Vertreter war P. Pirmin Widle (1686–1765)[37]. Der erste Anlaß war damals schon vorüber. Der Regierungsrat bedankte sich für die »empfangenen Höfflichkeiten und gute Bewirthung«. Offenbar war eine Besprechung des eigentlichen Lehensverleihungsvorganges vorausgegangen. Erneut wandte sich am 13. April 1756 der vorderösterreichische Regierungsrat von Fröhlich, der Trager, an den Statthalter. Wieder einmal spielten neben der Ausstellung der neuen Lehenbriefe die Quittungsformeln über das sogenannte »Honorarium« eine Rolle, außerdem das »Belehnungswerk und die Kurialien«. Offenbar hatte sich am Verhältnis des Dorfes Singen als Lehen des Hauses Österreich faktisch trotz der früheren Meinungsdifferenzen nichts geändert, wird es doch wieder thematisiert und ausdrücklich in die Lehensverleihung einbezogen. Es wurde nur noch um Formalitäten gerungen, um Imponderabilien gemarktet und gefeilscht. Nun war St. Gallen wieder am Zug. Man wollte auf jeden Fall eine Neuerung vermeiden. Es ging darum, wo der Statthalter den Lehenstrager zu empfangen habe – offenbar beim Wagen; dieser hatte nach ihm in das Zimmer zu treten. Es ging auch darum, wie die Tischordnung eingerichtet werden sollte. Der Pater Statthalter hatte am Tisch oben in einem sogenannten »Handhabsessel« zu sitzen, der St. Galler Lehenssekretär gegenüber am Ende des Tisches links, der Lehenstrager ebenfalls am Tisch in einem »Handhabsessel« rechts vom Statthalter. Am Ende des Tisches saß auf der rechten Seite der vorderösterreichische Lehenssekretär Jakob Christoph Siegel. Genau war festgehalten, daß die Herren Lehenssekretäre in Sesseln ohne »Handhab« Platz nehmen sollten. Im nächsten Akt hatte der st.-gallische Kommissar und Statthalter zu Ebringen die sogenannte »Proposition« zu machen. Der Statthalter von Ebringen hatte vom St. Galler Abt die Befugnis erhalten, die Rekognition zu vollziehen. Sie war ihm schriftlich zugeschickt worden und wurde vom Lehenssekretär Siegel vorgelesen[38]. Hierauf hatte der österreichische Gewalthaber und Lehenstrager von Fröhlich eine kurze Ansprache mit folgendem Inhalt zu halten: Ihre römisch-kaiserliche und königliche Majestät zu Ungarn und Böhmen (Maria Theresia), Erzherzogin von Österreich, habe sich entschlossen, das fürstlich stift-st.-gallische Lehen durch einen Lehenstrager empfangen zu lassen. Deshalb sei er als Vertreter des Kaisers zum Anlaß erschienen. Er wolle nun zu diesem Akt schreiten und um die Belehnung ersuchen. Sodann erhält der Statthalter die schriftliche Vollmacht, die durch den sanktgallischen Lehenssekretär abgelesen und dann »ad acta« gelegt wird. Nun folgt der eigentliche Vorgang der Belehnung, wobei die übliche Lehensformel ausgesprochen wird; bei diesem Vorgang steht man und entblößt das Haupt. Die Formel lautet: »Weilen diese Lehen nach Gebühr ersucht worden; als sollen diesselbe in Namen und auss specialer Vollmacht des jezt regierenden Herrn Abbtens zu St. Gallen, Caelestini, Fürstlichen Gnaden, hiemit und in Krafft gegenwärtigen Aktus verliehen seyn, sambt wass daran von Lehen und Rechts wegen zu verleihen ist, auch verliehen werden kann, soll und mag, nach bisheriger Observanz, Sitt und Gewohnheit.« Darauf hat der Statthalter den österreichischen Lehenstrager zu ersuchen, der kaiserlich-königlichen Majestät das Stift St. Gallen zu rekommendieren, zu empfehlen. Nun kann der österreichische Lehenstrager seinen Dank aussprechen. Hernach werden die beiden gleichlautenden Lehensbriefe gewechselt bzw. ausgetauscht. Anschließend folgen die Überreichung des »Honorariums« und die Übergabe der Quittung. Streng geregelt ist auch der »Rückzug« des österreichischen Lehenstragers aus dem Gebäude. Dabei hat der St. Galler Statthalter dem Lehenstrager bis an das Ende der Treppe, bis zum letzten »Tritt«, zu folgen, während der st.-gallische Lehenssekretär diesen noch bis an den »Schlag des Wagens« zurückzubegleiten hat. Das waren die streng und genau festgehaltenen und geregelten sogenannten »Curialien«. Außerdem war auch klar geregelt, daß, wenn der Statthalter saß, auch der Lehenstrager zu sitzen hatte, stand jener, hatte auch dieser zu stehen, bedeckte jener das Haupt, mußte auch dieser das Haupt bedecken. Beide Parteien hatten sich »durchgehend« gleich zu verhalten. Dies verlangte das Protokoll der sogenannten »Investitur«.

Die sogenannte »Gewalt«, die Kompetenz, im Namen des Reiches die Lehen in Empfang zu nehmen, hatte Sekretär Siegel im Namen von Kaiserin Maria Theresia am 16. April 1757 in Freiburg gegeben. Der papierene

Kaiserin Maria Theresias Lehensrevers wegen Singen an den Abt von St. Gallen vom 19. April 1757. Stiftsarchiv St. Gallen, Rubrik 15, Faszikel 1

Lehensrevers mit dem Siegel der Verwaltung in Freiburg ist auf den 19. April 1757 datiert[39]. Es sind zwei Exemplare der Papierurkunde erhalten, die formal von Kaiserin Maria Theresia, in Wirklichkeit jedoch von ihrer Kanzlei in Freiburg, ausgestellt wurde. Über den Lehensvorgang und die Lehenserneuerung wurde auch eine Relation, ein Bericht, erstellt. Darin wird gesagt, daß sich der sanktgallische Statthalter am 15. April zum Herrn von Fröhlich, dem Lehenstrager, verfügte. Er schlug ihm den 18. oder 19. April für den Belehnungsakt beider Lehen, Altenweiler und Singen, vor. Von Fröhlich mußte sich zunächst entschuldigen, daß die beiden Lehensreverse noch nicht vorbereitet seien. Der Statthalter meinte dagegen, es stünde noch genug Zeit, nämlich vier Tage, zur Verfügung. Hiergegen wandte der Lehenstrager wieder ein, daß er das anstelle der Kanzleitaxe gespendete Honorar noch nicht von Konstanz erhalten habe. Nun meinte der St. Galler Statthalter, er möge dieses doch aus der eigenen Tasche »ad interim« bezahlen. Ohne Zweifel werde er ja die Quittung dafür bekommen. Der Statthalter wünschte die Summe in »österreichischem Geld«, für seinen Frieden, »pace mea«, und sagte, daß er auch Kremnitzer Dukaten annähme[40]. Schließlich willigte der österreichische Gewalthaber ein, und man einigte sich für den Belehnungsakt auf den 19. April. Das ganze Zeremoniell wurde dann noch »in Kleydern probirt«, damit beim eigentlichen Akt keine Fehler geschähen. Man einigte sich schließlich auch auf den Ort der Investitur, das Haus – ein stattliches Palais – des »Herrn Präsidenten von Sickingen« in Freiburg im Breisgau. Probleme ergab noch die Frage, ob man mit zwei oder sechs Pferden auffahren wolle. Natürlich entschied man sich für sechs, die von Sickingen stellte.

Nach dieser Besprechung begab sich der Statthalter in das Haus des Präsidenten von Sickingen, den er zwar nicht antraf; man vertröstete ihn auf einen Termin nach drei Uhr nachmittags; schon damals waren also die Terminkalender gewisser Leute sehr voll. Der Präsident zeigte sich wohlwollend, er stellte den beiden Parteien sogar ein Mittagsmahl in Aussicht. Für den Akt mußten extra Pferde und Wagen geliehen werden. Der Präsident bedauerte, daß seine Pferde nicht alle gleich seien, so würden sie wohl nicht geeignet sein, um beim Akt zu dienen. Deshalb wich der Statthalter auf die Pferde des Grafen von Welsperg aus.

Tatsächlich kam der Statthalter am 19. April, 8 Uhr morgens, im St. Galler Haus in Freiburg an[41]. Er ließ von Fröhlich seine Ankunft melden. Anwesend waren zudem der St. Galler Konsulent Dr. Bock und der Amtsverwalter. Um 10 Uhr kam dann im St. Galler Haus in Freiburg der welspergische Paradewagen angefahren mit sechs weißen und braungescheckten Pferden mit zierlich eingeflochtenen Halshaaren, mit Kutsche und Vorreiter. Nur gerade der Pater Statthalter bestieg den Paradewagen und fuhr über die Haupt- in die Salzgasse zum freiherrlich-sickingischen Palais. Ihm folgte der st.-gallische Wagen mit zwei Pferden, diese ebenfalls mit eingeflochtenen Halshaaren, in dem der Konsulent und der Amtsverwalter Platz genommen hatten. Beim Aussteigen wurde der Statthalter von Amtmann Geyer und von Hofkaplan Schechtele und weiteren Persönlichkeiten empfangen. Diese führten ihn in den oberen Saal, wo der Belehnungsakt vollzogen wurde. Komplimentiert wurde er dabei vom »Herrn Präsidenten«, der ihm entgegengegangen war. Außerdem waren anwesend Graf Durand, Baron von Schönau, Assessor Baron von Hageneck, Ausschußmitglied. Gleichzeitig kam auch der österreichische Lehenstrager von Fröhlich in einem »kostbahren Paradewagen« angefahren, der seitlich und vorne mit Glas durchgehend geschützt war und von sechs »bazeten schimmel« gezogen wurde, diese ebenfalls mit eingeflochtenen Halshaaren. Offenbar wollte der österreichische Gewalthaber mit Prunk imponieren, trugen doch dessen Pferde feuervergoldetes Kutschengeschirr. Hinten auf der Kutsche standen zwei Bedienstete in »herrlichen« Galalivrees. Ihnen folgte der österreichische Lehenssekretär Siegel mit zwei »bazeten schimmel«. Von Fröhlich wurde vom St. Galler Konsulenten und vom Amtsverwalter am untersten Treppentritt komplimentiert und empfangen. Man führte ihn ebenfalls in den oberen Saal, wo nun auch »die gnädige Frau Präsidentin samt der gnädigen jungen Herrschaft« anwesend war. Außerdem waren noch weitere Personen zugegen. Der Belehnungsakt lief »wie geprobt« ab und dauerte bis etwa um 11 Uhr mittags. Lehenstrager von Fröhlich fuhr dann ins Regierungshaus zurück. Dort war er abgeholt worden und eingestiegen. Der Statthalter fuhr in das St. Galler Haus, »ad fideles manus«, »zur lieben Hand«, genannt, in Freiburg zurück. Hier besuchte ihn eine Viertelstunde später der österreichische Lehenssekretär Siegel und bezahlte die »Kanzleiverehrung« von sieben Kremnitzer Dukaten, einem kaiserlich-königlichen Taler, zwei Zehnern, einem Kreuzer, zusammen 24 Taler oder 36 Gulden. Gleichzeitig erhielt er die Quittung. Um 12 Uhr fuhr der Statthalter wieder zurück in das Haus des Präsidenten, und man schritt zur Tafel; »allda wurde alles in Silber herrlich tractirt«. Es wurde unter anderem stehend auf die Gesundheit ihrer kaiserlichköniglichen Majestät angestoßen. Der Lehenstrager stand, bis das Glas leer war. Sodann trank Herr von Fröhlich auf die Gesundheit Ihrer »hochfürstlichen Gnaden von St. Gallen«, ebenfalls stehend, aus einem Deckglas. Der Präsident wies bei dieser Gelegenheit darauf hin, daß der Statthalter über diesen Akt unbedingt dem Abt berichten möge. Es folgten dann die Wünsche für die »Gesundheiten« aller Anwesenden. Zum Schluß wurden die Glückwünsche an ihre »kaiserlich-königliche apostolische Majestät«, die Empfehlung des Stiftes St. Gallen in ihren Schutz sowie die Danksagung des österreichischen Gewalthabers vorgetragen. Der Statthalter war tief beeindruckt. Er schrieb: »Das Tractament ware herrlich, der Wein, insbesonders der Rheinwein kostbahr.« Nach beendeter Tafel bedankte sich der Statthalter beim Präsidenten »aufs Feierlichste«. Der Präsident empfahl sich dem Abt. Sodann begaben sich die St. Galler in das St. Galler Haus in Freiburg, von dort wieder zurück nach Ebringen. Das war, wie der Pater Statthalter schreibt, »der Hergang meiner mir gnädigst aufgetragener Commission, den ich gehorsambst hab überschreiben wollen«.

Leider waren solche Anlässe allzu selten, und was noch schwerwiegender war, es näherte sich der letzte. Am 14. April 1767 – ein neuer Abt, Beda, war in St. Gallen an die Spitze des Klosters getreten – bemühte sich die vorderösterreichische Regierung um die Lehenserneuerung. Man wollte es mit der Neubelehnung gleich halten wie 1757. St. Gallen beliebte der 27. April für diesen Akt. Am 23. Mai 1767 wurde der Kanzleidirektor Baron Lazarus Vinzenz von Stapf als

Das St. Galler Haus »Zur lieben Hand« in Freiburg, Löwenstraße 16

Lehenstrager erkoren. Der eigentliche Akt fand dann aber erst Jahre später statt. Die Vollmacht zur Lehenserneuerung stellte Abt Beda am 11. September 1769 aus[42]. Am 8. Mai 1776 mußte Baron von Stapf ermahnt werden, die Lehen doch endlich zu empfangen. Die Lehensbestätigung hatte sich also jahrelang verzögert. Der Baron gab vor, daß er keine Zeit dazu gehabt habe. Abt Beda erließ am 24. Mai 1777 (bzw. 16. August 1775) erneut Vollmachten wegen der Lehensneuverleihung. Das gleiche tat am 11. Juni 1777 Kaiserin Maria Theresia durch ihre Freiburger Kanzlei (»Gewalt«)[43]. Der Papierrevers ist schließlich auf den 19. Juni 1777 datiert, somit fand die Lehenserneuerung an diesem Datum statt. Auch in diesem Fall erfolgte in zwei separaten, gleichlautenden Reversen die Wiederverleihung der beiden Lehen Singen und Altenweiler.

Die nächste österreichische Requisition nach dem Tode Kaiser Josephs II. (1765–1790) datiert auf den 27. Dezember 1790. Nun war Leopold II. (1790–1792) Kaiser. Zum österreichischen Lehenstrager wurde am 16. März 1791 Marquard von Gleichenstein ernannt. Ein letztes Mal mußte man sich am 17. April 1791 über das Zeremoniell einigen. Die Lehensrequisition namens des bereits wieder neuen Kaisers Franz II. (1792–1835) datiert auf den 20. Dezember 1792. Ob dann wirklich nochmals eine Belehnung erfolgte, entzieht sich unserer Kenntnis, Dokumente darüber sind jedenfalls im St. Galler Stiftsarchiv nicht erhalten geblieben.

Bereits 1791 war es indes zu Differenzen wegen des Zeremoniells gekommen. Am 3. August 1791 berichtete der Ebringer Statthalter Pater Gerold Brandenberg (1733–1818)[44] nach St. Gallen an den Lehenspropst, daß es deswegen Meinungsverschiedenheiten gegeben habe. Er schreibt, »dass übrigens, was das Ceremoniel anbetreffe, er [der österreichische Lehenstrager] der Meinung wäre, man müsste nicht so viele Umstände machen, der Kaiser Leopold wäre kein Liebhaber von Ceremonien, man könte das Ding grösstentheils durch Briefe berichtigen«. Immerhin wurden schon Besuch und Gegenbesuch, in Freiburg und Ebringen, gemacht, wobei der Statthalter gerade nicht anwesend war, so daß der österreichische Lehenstrager ein Billett hinterlassen mußte. Brandenberg seinerseits war der Ansicht, daß durch die Vereinfachung des Zeremoniells viele Kosten gespart werden könnten. Man müßte sich dann auch nicht um Staatswagen, Pferde und Bedienstete kümmern. Zwar hatte Pater Gerold Brandenberg immer noch gewisse Schwierigkeiten, sich mit dem vereinfachten Zeremoniell abzufinden; denn er wußte wohl, daß »in politischer Anbetracht es doch bedenklich ist, von einem Brauch abzugehen, der die so seltsame Ehre unseres Stiffts der Welt kundbar machet, das der erste Monarch der Christenheit demselben sich als Vasall anerkennet [!!]. Wann dieser Grund die gegenseitige durch seine Vorgewicht aufhebt, so werde ich auch die genaue Beobachtung des Ceremoniels antragen müssen.« Die Angelegenheit zog weitere Kreise, wie Brandenberg am 31. Oktober 1791 an den Lehenspropst in St. Gallen meldet. Die Regierung in Freiburg mußte unter dem Präsidenten von Summerau darüber beraten. Sie bestand aus »für österreichische Ehre eiffernde Herrn«. Brandenberg berichtete, daß es diese außer Zweifel als etwas Erniedrigendes ansähen, »wen der erste Monarch der Christenheit sich durch eine öffentliche Handlung als einen Vasall eines geistlichen Fürsten anerkennen solte«. Immerhin sprach Gleichenstein das nicht expressis verbis aus, sondern er wies nur gerade darauf hin, daß es »unnütz, ja lächerlich seie, mit fremdem Prunk, mit entlehnten Pferdt und Wägen einen überflüssigen Staat machen [zu] wollen. Das wäre am Hof zu Wien bereits ausser Mode gekommen.« Man sieht, der Umbruch der Französischen Revolution und der Geist der Aufklärung spielten stark in diese Auseinandersetzung hinein. Brandenberg war der Meinung, daß der Akt am ehesten in Ebringen oder wenigstens im St. Galler Hof in Freiburg vorgenommen werden sollte. Gleichenstein mußte immer wieder bei der Regierung rückfragen. Brandenberg rechnete mit der Möglichkeit, daß man für den Belehnungsakt auf das Ritterhaus in Freiburg ausweichen würde. Er fragte beim Abt an, ob dieser sich damit zufriedengeben könne. Die Angelegenheit verzögerte sich noch länger; am 6. März 1792 schrieb Brandenberg erneut an den Lehenspropst. Offenbar kam es doch nie zu dieser Lehenserneuerung. Die österreichische Seite übte sich in Verzögerungstaktik. Noch immer bildete das Thema des Anstoßes die Tatsache, daß sich der »allerhöchste Monarch durch eine offenbahr-feyrliche Handlung als Vasall eines Geistlichen Fürsten anerkennen soll«. Gleichenstein weigerte sich, die feierliche Zeremonie vorzunehmen, obwohl sogar Brandenberg anerkennen mußte, daß dieser »einer der besten Christen in Freiburg« war. Noch am 6. April 1793 wurde wegen der Verschiebung der Lehenserneuerung geschrieben, weil sich die Regierung nicht in Freiburg befand. Es handelt sich um ein Schreiben von Joseph Zweifel, Lehenvogt in St. Gallen. Das letzte offizielle Dokument datiert vom 28. Januar 1793. Darin wird mitgeteilt, daß Kaiser Franz II. anstelle des von Freiburg weggezogenen Regierungs- und Kammerrats von Löwenberg Marquard von Gleichenstein zum Lehenstrager ernannt habe.

Anmerkungen

Die Anregung zur Untersuchung der historischen Beziehungen zwischen Singen und St. Gallen verdanke ich Dr. Herbert Berner, Singen. Ohne ihn wäre diese Arbeit wohl nicht zustande gekommen, eine Aufgabe übrigens, die mich sehr bald faszinierte. Ein gutes Material an Quellen im Stiftsarchiv St. Gallen erlaubte mir, die Arbeit einigermaßen abgerundet zu vollenden. Dr. Berner hat mich während der Ausarbeitung des Textes und mit der Ermöglichung des Zugangs zum Singener Archiv wesentlich unterstützt. Er selber hat sich in verdienstvoller Weise jahrzehntelang darum bemüht, der Singener Geschichte das nötige Relief zu geben. Es seien hier stellvertretend nur folgende Arbeiten zu diesem Thema aus seiner Feder zitiert:

HERBERT BERNER, Alte Siedlung – junge Stadt am Hohentwiel, in: Hegau 19, 1965, S. 121–134.

Ders., Der Mindelsee und seine Umgebung, in: Der Mindelsee bei Radolfzell. Monographie eines Naturschutzgebietes auf dem Bodanrück, Karlsruhe 1983, S. 29–106.

Im Singener Archiv habe ich vor allem auch die Akten des Enzenberg-Archivs nach Sangallensia durchgesehen. Da es sich vor allem um Ergänzungen zu den St. Galler Beständen handelt, habe ich darauf verzichtet, sie im einzelnen hier zu zitieren. Auch die Singener Archivlage bestätigt meine im Verlaufe der Forschungen zur Gewißheit angewachsene Vermutung, daß die ›Lehensgeschäfte‹ sich auf höherer Ebene, zwischen Lehensherrn und Lehensträgern, abspielten und den Singenern wohl kaum zum Bewußtsein kamen.

[1] Für die Ersterwähnung vgl. MICHAEL BORGOLTE, Die frühen Erwerbungen der Abtei St. Gallen. Katalog und Karte nach den Urkunden der merowingischen und karolingischen Epoche, in: St. Galler Kultur und Geschichte, Bd. 16, 1986, S. 351, 435 (in der Folge zitiert als Subsidia Sangallensia I); EBERHARD DOBLER, Der hegauische Besitz des Klosters St. Gallen im 8. Jahrhundert – sein Umfang und seine Herkunft, in: Hegau 21, 1966, S. 7–36; ders., Burg und Herrschaft Hohenkrähen, Sigmaringen 1986. – Es besteht eigentlich bisher keine Untersuchung, die die Beziehungen St. Gallens zu Singen analysiert. Zu Singen vgl. auch FR. SÄTTELE, Geschichte der Stadt Singen am Hohentwiel, Singen 1910. Diese Arbeit bringt kaum genauere Angaben über die Beziehungen Singens zur Abtei St. Gallen. Zwar wird in Sätteles Geschichte die Tatsache, daß Singen seit dem 15. Jahrhundert St. Galler Lehen war, genannt, auf die einzelnen Lehensverleihungen und die Auswirkungen dieses Lehensverhältnisses wird jedoch im Detail nicht eingegangen. Die Angaben dieser Darstellung sind im übrigen nicht wissenschaftlich belegt. JOHANN STEHLE, Geschichte der Exklave Bruderhof und der Hohentwieler Waldungen, Singen/Hohentwiel 1973 (Beiträge zur Singener Geschichte, Bd. 2).

[2] Vgl. HERMANN WARTMANN (Hrsg.), Urkundenbuch der Abtei Sanct Gallen (abgekürzt UBSG), Theil 1, Zürich 1863, Nr. 111, S. 105.

[3] Vgl. HERMANN WARTMANN (Hrsg.), UBSG 1, Nr. 665, S. 268f.

[4] Vgl. auch MICHAEL BORGOLTE, Subsidia Sangallensia I, Nr. 665.

[5] Vgl. Fürstenbergisches Urkundenbuch V, S. 6, Anm. 1 zu Nr. 12; vgl. MICHAEL BORGOLTE, Subsidia Sangallensia I, S. 343; EBERHARD DOBLER, Burg und Herrschaft Mägdeberg, 1959, S. 39; HERBERT BERNER, Alte Siedlung – junge Stadt am Hohentwiel, in: Hegau 19, 1965, S. 121–134.

[6] Vgl. HERMANN WARTMANN (Hrsg.), UBSG 1, Nr. 67, S. 66.

[7] Stiftsarchiv St. Gallen (im folgenden zitiert: StiASG), Bd. LA 1.

[8] PL(ACID) BÜTLER/T(RAUGOTT) SCHIESS (Hrsg.), UBSG 5, Nr. 3724, S. 681. – Für eine erste Analyse der Lehensverhältnisse und des Lehensbegriffs vgl. Handwörterbuch zur deutschen Rechtsgeschichte, 2. Band, Berlin 1978, Sp. 1686–1751, mit den von unterschiedlichen Autoren verfaßten Artikeln Lehenbuch, Lehenregister, Lehengraf, Lehenrechtsbücher, Lehensanwartschaft, Lehensaufgebot, Lehensauftrag, Lehensbrief, Lehensdienst, Lehenszeit, Lehenserneuerung, Lehensfähigkeit, Lehensgebräuche, Lehensgericht, Lehensgesetze, Lehenspflichten, Lehensrecht, Lehenswesen (von KARL-HEINZ SPIESS, besonders Sp. 1736–41), Lehensretrakt, Lehensrevers, Lehensschulden, Lehenstaxe, Lehensträger, Lehensvertrag.

[9] Vgl. StiASG, Bd. LA 1, S. 6.
[10] Vgl. StiASG, Bd. LA 1, S. 8.
[11] Vgl. StiASG, Bd. LA 1, S. 9.
[12] Vgl. StiASG, Bd. LA 1, S. 10 f.
[13] Vgl. StiASG, Bd. LA 1, S. 12 f.
[14] Vgl. StiASG, Bd. LA 1, S. 14.
[15] Vgl. WERNER VOGLER, Singen, Möggingen, Homburg, Stahringen: St. Galler Klosterbesitz und Rechte im Hegau und am deutschen Untersee, in: Die Ostschweiz, 24.8.1985.
[16] Vgl. StiASG, Bd. LA 1, S. 17
[17] Vgl. StiASG, Bd. LA 1, S. 17.
[18] Vgl. StiASG, Bd. LA 1, S. 18.
[19] Vgl. StiASG, Bd. LA 1, S. 21.
[20] Vgl. StiASG, Bd. LA 1, S. 22 ff.
[21] Vgl. StiASG, Bd. LA 1, S. 25.
[22] Vgl. StiASG, Bd. LA 1, S. 28.
[23] Vgl. StiASG, Bd. LA 1, S. 29.
[24] Vgl. StiASG, Bd. LA 1, S. 31.
[25] Vgl. StiASG, Bd. LA 1, S. 32.
[26] Vgl. StiASG, Bd. LA 1, S. 37.
[27] Vgl. StiASG, Urkunde VV 4 A 43, 49.
[28] Vgl. StiASG, Urkunde VV 4 A 52 a/b.
[29] Vgl. StiASG, Urkunde VV 4 A 58.
[30] Vgl. StiASG, Urkunde VV 4 A 61/62.
[31] Vgl. StiASG, Urkunde VV 4 A 65.
[32] Vgl. StiASG, Urkunde VV 4 A 66–68.
[33] Vgl. StiASG, Urkunde VV 4 A 68.
[34] Die Lehenstaxe bestand vor allem darin, daß ein Betrag gezahlt werden mußte für die Arbeiten und die Mühe der Beamten und für die Mühen der Lehenskanzlei. Es handelt sich also nicht so sehr um eine Vergütung als um eine Abgabe, die auch eine Art Unterwerfung bedeutete. Sie geht weit ins Mittelalter zurück. Bei jeder neuen Belehnung oder Investitur mußte sie ebenfalls entrichtet werden, was natürlich eine Neuverleihung für den Lehensherrn lukrativ erscheinen lassen mußte. Offenbar war von der Lehenstaxe laut Goldener

Bulle der Kurfürst befreit. Ein Lehensprivileg besaßen aber auch z. B. das Haus Österreich und der Abt von Fulda, die keine Taxen entrichten mußten. Deshalb ist es nicht erstaunlich, daß St. Gallen, was Singen betraf, sich mit einer Art Trinkgeld, einem Honorar, zufriedengab bzw. -geben mußte.

[35] Vgl. StiASG, Rubrik 15, Fasz. 1.
[36] Vgl. StiASG, Rubrik 15, Fasz. 1.
[37] P. RUDOLF HENGGELER, Monasticon-Benedictinum Helvetiae, Bd. I (zitiert MBH I): Professbuch der fürstl. Benediktinerabtei der heiligen Gallus und Otmar zu St. Gallen, Zug 1930, Nr. 456, S. 359 f.
[38] StiASG, Rubrik 15, Fasz. 1, B 25.
[39] Vgl. StiASG, Rubrik 15, Fasz. 1, B 28.
[40] Kremnitzer Dukaten beziehen sich auf eine Gruppe von Medaillen, die teilweise die Kaiser darstellen und in Kremnitz (Körmöcz Banya) geprägt wurden. Auch die Georgstaler gehörten dazu, vgl. FRIEDRICH V. SCHRÖTTER, Wörterbuch der Münzkunde, Berlin 1970, S. 322.
[41] Das Haus steht heute noch. Vgl. WERNER VOGLER, Das Haus »Zur lieben Hand« zu Freiburg im Breisgau, Sonderseite in: Die Ostschweiz, 5. 9. 1987; FRANZ LAUBENBERGER, Der Ebringer Hof zu Freiburg im Breisgau (Haus »Zur lieben Hand«, Löwenstraße 16), in: Badische Heimat 1984, S. 359–366; vgl. auch PETER P. ALBERT/MAX WINGENROTH, Freiburger Bürgerhäuser aus vier Jahrhunderten, Augsburg–Stuttgart 1923, S. 140–149. – Zur Verwaltung Vorderösterreichs allgemein siehe FRANZ QUARTHAL, GEORG WIELAND, BIRGIT DÜRR, Die Behördenorganisation Vorderösterreichs von 1753 bis 1805 und die Beamten in Verwaltung, Justiz und Unterrichtswesen (= Veröffentlichung des Alemannischen Instituts Freiburg i. Br. Nr. 43), Bühl/Baden 1977 (mit Literatur).
[42] Vgl. StiASG, Rubrik 15, Fasz. 1, B 36.
[43] Vgl. StiASG, Rubrik 15, Fasz. 1, B 49.
[44] P. RUDOLF HENGGELER, MBH I, Nr. 552, S. 401 f.

Singen im Einflußbereich Schaffhausens

von Max Ruh

Schaffhausen, eine der frühesten schweizerischen Gründungsstädte, wurde vom Chronisten Johann Jakob Rüeger (1548–1606) noch an der Wende vom 16. zum 17. Jahrhundert landschaftlich eindeutig dem Hegau zugerechnet, obwohl die Stadt seit 1454 durch ein erstes Bündnis der Eidgenossenschaft angeschlossen war[1]. Wirtschaftlich blieb denn auch Schaffhausen bis zum beginnenden 19. Jahrhundert nach Norden ausgerichtet. Oberhalb des Rheinfalls bestand schon vor 1045 ein befestigter Markt, der die bäuerlichen Produkte abnahm und an die Verbraucher weitergab. Schaffhausens Marktgebiet reichte im Mittelalter nördlich des Rheins weit in den Schwarzwald hinaus und bis an die obere Donau. Es gab in dieser Region keine Stadt gleicher Größe, die als Konkurrentin hätte auftreten können. Im Süden dagegen erstreckte sich das Schaffhauser Marktgebiet, in dem Schaffhauser Münze[2] und Maßeinheiten galten, lediglich bis an die Thur, also bis an die Grenzen der wirtschaftlich und politisch überaus aktiven Stadt Zürich. Nicht nur die in Schaffhausen endende Schiffahrt, auch die hier zusammenlaufenden alten Handelsstraßen aus dem Neckar- und Donautal, welche an diesem Orte auf die Rheinwasserstraße stießen, waren für die Entstehung eines wirtschaftlichen Zentrums in dieser Gegend von ausschlaggebender Bedeutung[3]. Schaffhausen entwickelte sich zu einem Umschlagplatz zwischen den schwäbischen Städten und Italien und beanspruchte Umschlags- und Stapelrecht für alle per Achse ankommenden Waren[4]. Mit seinem frühen Anschluß an den internationalen Handel besaß es das größte Salzlager zwischen Konstanz und Basel[5]. Städte und Dörfer in weitem Umkreis bezogen diese lebenswichtige Ware im Salz- und Güterhof am Rhein. Im Jahre 1511 schloß die Eidgenossenschaft mit Kaiser Maximilian, dem Haupt des österreichischen Hauses, eine Erbeinigung, in der sich beide Parteien gute Nachbarschaft und freien Verkehr von Land zu Land für alle ihre Angehörigen gelobten. Schaffhausen schätzte diesen Friedensschluß um so höher, als Österreich seit dem Erwerb der Landgrafschaft Nellenburg (1465) sein unmittelbarer Nachbar geworden war. Mit dem Anschluß Badens an den deutschen Zollverein im Jahre 1835 erlitt das Wirtschaftsleben für einige Zeit größten Schaden[6].

Von besonderer politischer Bedeutung war die Stadt Schaffhausen für den Adel zahlreicher umliegender Dörfer[7]. Die Aussicht, Hoheitsrechte als Erblehen erwerben zu können, machte Schaffhausen für den Adel zu einem Anziehungspunkt ersten Ranges. Noch um die Wende des 14. Jahrhunderts bestimmten Adelige zusammen mit Kaufleuten das Stadtregiment. Durch die Zunftverfassung von 1411 war der Adel theoretisch in die Gesamtbürgerschaft eingeordnet. Aber in Wirklichkeit standen die Adeligen noch im 15. Jahrhundert nur mit einem Fuß in der Stadt, mit dem andern jedoch in ihren ländlichen Vogteien und im Dienste benachbarter geistlicher oder weltlicher Herren[8]. Für den Einfluß des Schaffhauser Adels auch noch im 15. Jahrhundert zeugt die Tatsache, daß die Stadt als Schauplatz großer Turniere gewählt wurde[9].

Schaffhauser Adelsfamilien treten in den Urkunden als Vogteibesitzer seit dem 13. Jahrhundert auf. Häufig ist der Antritt der Vogtei durch Belehnung, Erbgang oder Kauf urkundlich feststellbar. Adelserbe und stets lebendiger Herrscherwille setzten damit rings um Schaffhausen gewissermaßen Ecksteine eines zukünftigen Territoriums, das dann allerdings durch eine ungeschickte Politik, im Süden nicht zuletzt wegen der Konkurrenz des mächtigen Zürich, recht viel kleiner ausfiel. Die zerrissene Staatsgrenze ist ein Denkmal wenig erfolgreicher Schaffhauser Territorialpolitik.

Verschiedene Adelsfamilien besaßen Rechte bis weit in den mittleren Hegau hinein. Vielfach waren sie auch Lehensträger des Klosters Allerheiligen, dessen Güter vornehmlich nördlich des Rheins gelegen und bis an den Neckar zu finden waren[10]. Einen geringen Einfluß konnte die Stadt Schaffhausen über das Kloster Paradies erwirken, das in etlichen Orten des Hegaus Besitztitel aufzuweisen hatte[11]. Das Kloster hatte 1330 mit der Stadt Schaffhausen einen Burgrechtsvertrag abgeschlossen. Auf dem Wege über die Schaffung eines Gewohnheitsrechts wußte Schaffhausen das Burgrecht in eine eigentliche Schirmvogtei umzuwandeln und die Ausübung der hohen und niederen Gerichtsbarkeit auf dem Gebiet des Klosters an sich zu ziehen[12]. Zum Besitz des Klosters gehörte seit 1425 der »Gruithof« zu Remlishofen bei Singen. Am 10. September 1429 konnte das Paradieser Kloster seinen in Zwing und Bann des Flekkens Singen gelegenen Besitz durch den Kauf von drei

Höfen, ferner der Quart des vom Abt der Reichenau lehenbaren Laienzehnten, auch Heu- und Brachzehnt, und 70 Juchart Wald vermehren[13].

Zu den Familien, welche im Hegau über zahlreiche Besitztümer verfügten, gehörte die von Fulach. Der Chronist Rüeger nennt die Familie »ein gut, uralt, edel geschlecht allhie zu Schaffhusen«[14]. Erste Vertreter waren die in einem Grundzinsrodel von 1253 genannten Burchard und Rudolf von Fulach. Über den Ort der abgegangenen Siedlung, die der Adelsfamilie den Namen gab und um deren Lokalisierung sich schon Rüeger bemühte, ist weiter nichts bekannt, als daß sie sich zwischen Schaffhausen und Thayngen befand. Der Stadtgründer Eberhard von Nellenburg war selbst Grundherr von Fulach. Die ganze Siedlung scheint in einem einzigen Schenkungsakt dem Kloster übergeben worden zu sein, da der um 1100 entstandene Güterrodel folgendes festhält: »Eberhardus, comes, tradit locum, qui dicitur Fulach«[15].

Schon zu Beginn des 14. Jahrhunderts waren die von Fulach Bürger der Stadt Schaffhausen und spielten in den nächsten zwei Jahrhunderten in deren Geschichte eine hervorragende Rolle. Johann von Fulach, Gerichtsherr zu Thayngen[16], Rüdlingen und Flaach[17], kam 1386 zusammen mit 20 anderen Schaffhausern, vorwiegend Angehörigen des städtischen Adels, in der Schlacht bei Sempach, wo sie unter dem österreichischen Herzog Leopold III. gegen die Eidgenossen kämpften, ums Leben[18]. Sein Sohn Johannes von Fulach erwarb im Jahre 1387 um den Betrag von 930 1/2 Florin Güter sowie Zehnten zu Barzheim, außerdem noch Zehnten in Singen und Pfaffwiesen[19]. Damit tauchte diese Familie erstmals in Singen auf. Unter seinen Nachfahren wurde der Familienbesitz weiter vergrößert. Konrad von Fulach, ein Sohn, wurde vierter Bürgermeister Schaffhausens nach der Einführung der Zunftverfassung im Jahr 1411[20]. Er war mit Margareta von Mandach, der Angehörigen einer weiteren einflußreichen Schaffhauser Adelsfamilie, verheiratet[21]. 1413 kaufte Konrad von Fulach von Götz Schultheiss von Randenburg von Schaffhausen das Gefälle »ab der Burg im Werd«. 1422 gelang ihm dann auch der Kauf der Burg Werd (Schlößchen Wörth) mit Zoll und Zugehörden[22]. Die Vogtei Laufen mit den zugehörigen Dörfern Uhwiesen, Flurlingen, Feuerthalen und Langwiesen, im 13. Jahrhundert im Besitz derer von Urzach, war schon seit etwa 1440 im Besitz der von Fulach[23]. Damit besaß die Familie sowohl auf dem rechten als auch auf dem linken Ufer unterhalb des Rheinfalls die Hoheit und hatte damit einen direkten Einfluß auf die Niederwasserfahrt, welche im Rheinfallbecken ihren Anfang nahm. Schon sieben Jahre später, 1429, ging die Burg Werd an das Kloster Allerheiligen über[24]. Hinter diesem klösterlichen Kauf stand die Stadt Schaffhausen, die im Begriff war, die dem Kloster gewährte Schutzherrschaft in eine Herrschaft zu verwandeln.

Die erste Hälfte des 15. Jahrhunderts gehört zur bewegtesten Zeit in der Geschichte der Stadt Schaffhausen. In diesen Jahrzehnten entschied sich schließlich die weitere Zukunft innerhalb der Eidgenossenschaft. Nachdem Schaffhausen mehr als achtzig Jahre lang unter österreichischer Herrschaft gestanden hatte, gelang es der Stadt im Jahre 1415, die Reichsfreiheit zurückzuerlangen[25]. Im gleichen Jahr eroberten die Eidgenossen den bisher österreichischen Aargau. Sowohl Schaffhausen als auch die Eidgenossen hatten die momentane schwierige Lage ausgenützt, in der sich Herzog Friedrich IV. von Österreich befand. Die Erhaltung der Selbständigkeit erforderte von der Stadtregierung eine weitsichtige Büdnispolitik. Im Jahre 1417 wurde der erste Bürgermeister Schaffhausens nach Einführung der Zunftverfassung, der Adelige Götz von Hünenberg, nach Konstanz an eine Tagung der schwäbischen, fränkischen und rheinischen Städte geschickt[26]. Die Reichsfreiheit wurde der Stadt von König Sigmund am 27. Mai 1418 bestätigt. Gleichzeitig stellte er diese unter den Schutz der Städte Bern, Zürich und Solothurn[27]. Noch im selben Jahr sandte Zürich eine Gesandtschaft nach Schaffhausen mit der Ermahnung, wenn jemand die Stadt »von dem heiligen rich trengen woelte, das si dann vest beliben und sich da von nit trengen liessen«[28]. Zürich werde jederzeit Hilfe leisten.

Es dauerte in der Tat nicht lange, so war die Reichsfreiheit wieder in Frage gestellt. König Sigmund erklärte 1415, er hätte Friedrich von Österreich wieder zu Gnaden angenommen. Er bat darum Schaffhausen, »wiewol wir euch zu uns und dem riche genomen [...] mit sunderlichem ernste und fleisse, das ir euch wider an den egenanten herczog Fridrichen [...] und die herrschafft von Ostrich haldet«[29]. Damit begann für Schaffhausen ein eigentlicher Kampf um die Erhaltung der Reichsfreiheit. Hilfe erhoffte sich die Stadt vor allem von den Städten und dem Adel im Norden. 1420 schloß sich Schaffhausen dem von 32 Städten gebildeten Weinsberger-Bund an, der die gefährdete Reichsfreiheit der Stadt Weinsberg schützen sollte[30]. Fünf Jahre später vereinigte sich Schaffhausen mit den östlichen Nachbarstädten Konstanz, Überlingen, Lindau, Wangen, Radolfzell und Buchhorn (Friedrichshafen) auf fünf Jahre im Bodenseebund[31]. Am 1. Februar 1422 erneuerte Schaffhausen das Bündnis mit Hauptmann und Ritterschaft im Hegau St. Jörgenschild. Eine erste Verbindung zu diesem Adelsbunde, der 1406 zur Abwehr der angriffsfreudigen Appenzeller gegründet worden war, hatte Schaffhausen schon als österreichische Stadt aufgenommen und sich ihm 1408 formell angeschlossen[32]. Dem St. Jörgenschild

163

gehörten zahlreiche Adelige der näheren und weiteren Umgebung Schaffhausens an. Die von Fulach schlossen sich der Gesellschaft nie an.

1430, als der Bodenseebund erneuert werden sollte, wurde auch die Ritterschaft mit eingeschlossen. Das Bündnis richtete sich deutlich gegen Österreich, indem es gegenseitige Hilfe im Falle vorsah, daß jemand die Kontrahenten »*von dem heiligen römischen riche triben, trengen oder nemen wölte*«. Ein Jahr später und dann wieder 1436 erneuerte Schaffhausen als Einzelort dieses Bündnis mit der St.-Jörgenschild-Ritterschaft[33]. Um seine Reichsfreiheit behaupten zu können, sicherte sich Schaffhausen nach allen Seiten ab und zog auch den Adel in seine Bündnispolitik mit ein. Obwohl Schaffhausen verschiedentlich als Vermittler in Streitigkeiten bei den Eidgenossen tätig war, ist kein eigentliches Bemühen festzustellen sich dem Bunde anzuschließen. Immerhin mußte die rege Vermittlertätigkeit Schaffhausens zur Verbreitung des Gerüchtes geführt haben, die Stadt habe sich den Eidgenossen angeschlossen. Im Jahre 1419 ritt ein Stadtbote nach Überlingen zu Graf Ital Fritzen, »*als wir im zuo wissen taten, daz wir nit Aidgenossen wären*«[34]. Im Jahre 1438 finden wir Heinrich Barter als Schiedsrichter in Zürich[35]. Seine Vermittlerdienste zwischen Schwyz und Zürich wegen des Erbes der Grafen von Toggenburg[36] blieben jedoch erfolglos. Dieser Konflikt brachte Schaffhausen in eine unangenehme Lage, vor allem als die Stadt Zürich mit Friedrich III., der nach 1440 die gesamte habsburgische Macht in seiner Hand vereinte, am 17. Juni 1442 ein Ewiges Bündnis abschloß[37]. Während der bewaffneten Auseinandersetzung mit den ehemaligen eidgenössischen Bündnispartnern, die als »Alter Zürichkrieg« in die Geschichte einging, befleißigte sich Schaffhausen der Neutralität[38].

Der Krieg des südlichen Nachbarn erhielt eine neue Dimension durch den Vorstoß französischer Söldnerscharen im Nordwesten gegen Basel zu. Die Gefahr, daß die Armagnaken auch nach Schaffhausen dringen könnten, ließ die Stadt nach Hilfe Ausschau halten[39]. Sie wandte sich an den Schwäbischen Städtebund, der auf seiner Tagung vom 14. September 1444 beschloß, 50 Schützen nach Schaffhausen zu schicken[40]. 1445 wurde Schaffhausen in den Bund aufgenommen[41]. Wie uns die Stadtrechnungen zeigen, liefen und ritten Boten nach all den Städten, mit denen Schaffhausen nun verbunden war. Diese Städte befanden sich damals im Gegensatz zu Schaffhausen auf dem Höhepunkt ihrer wirtschaftlichen Entwicklung. Glücklicherweise drangen die wilden Söldnerbanden nur bis in die Nähe der Stadt vor, um dann wieder den Rückzug anzutreten[42].

Die Verbindung mit dem Schwäbischen Städtebund zog Schaffhausen in manche Fehde hinein. 1445 brach der Sunthauser Krieg aus, an dem sich auch Schaffhausen eifrig beteiligte, denn das Schloß der einstigen Edeln von Sunthausen gehörte jetzt dem Zürcher Hans von Rechberg[43]. Die engen wirtschaftlichen Bande innerhalb des Schwäbischen Städtebundes täuschten nicht über seine politische Schwäche hinweg. Schaffhausen war gezwungen, gegenüber Österreich in dauernder militärischer Abwehrbereitschaft zu bleiben, denn die geplante Rückeroberung des Aargaus während des »Alten Zürichkrieges« war gescheitert, und der linksrheinische Weg zum habsburgischen Besitz im Fricktal und im Elsaß war abgeriegelt. Die rechtsrheinische Brückenstadt Schaffhausen bekam so für Österreich eine noch größere Bedeutung und wurde auch entsprechend umworben. Nach Ermunterung der verbündeten Städte hatte Schaffhausen 1449 die Fehde gegen Sulz eröffnet, die Burg Balm erstürmt und die Mutter des Grafen, eine geborene von Habsburg, samt dem Burginventar nach Schaffhausen gebracht. Auf dem gleichen Zug wurde Rheinau zur Huldigung gezwungen, und im Klettgau wurde gebrandschatzt. Bilgeri von Heudorf, ein mächtiger Ritter, nützte die Gelegenheit, um im Einverständnis mit Herzog Albrecht das den Fulach zugehörige Schloß Laufen zu erobern, an das er Erbansprüche stellte. Es gelang den Schaffhausern aber, ihm das Schloß wieder zu entreißen.

Es war somit nicht verwunderlich, daß gegen Ende April 1450 ein Fehdebrief Herzog Albrechts in Schaffhausen eintraf, gefolgt von denjenigen einer ganzen Anzahl Adeliger[44]. Gerade in dieser Zeit schloß eine Reihe von schwäbischen Städten, die dem ständigen Druck nicht mehr gewachsen waren, Frieden mit Österreich, und im Herbst 1450 wurden sogar Verhandlungen vor dem König angesetzt, um über die Huldigung der Städte Schaffhausen und Radolfzell an Österreich eine Verständigung zu suchen[45]. Ende 1450 befahl König Friedrich den Schaffhausern, »*von römischer kuniclicher macht ernstlich vnd vestenclich das ir widerumb euch halltend zu dem hausz Oesterreich vnd in die pfanntschafft wider tret*« und seinem Bruder Herzog Albrecht zu huldigen[46]. Auf eine tatkräftige Hilfe seitens der schwäbischen Städte konnte Schaffhausen kaum mehr rechnen. Mit dem Regierungswechsel in den Vorderen Landen wurde der Druck auf Schaffhausen noch vergrößert. Eines der ersten Ziele des jungen Herzogs Sigmund war die Unterwerfung der Stadt Schaffhausen. Zugleich verstärkten sich die Belästigungen durch den österreichisch gesinnten Adel. Zu diesen gehörte jetzt ebenfalls Konrad von Fulach, der sich auch Konrad von Laufen nannte. Indem er Herzog Sigmund 1451 eine Ergebenheitsadresse zukommen ließ, setzte er auf die österreichische Karte[47]. Zusammen mit den Adeligen Wilhelm Im Thurn und Wilhelm Brümsi kündigten sogar die Gebrüder Heinrich und Kaspar von Fulach das städtische Bürgerrecht auf, um nach dem österreichischen Städtchen Diessenhofen zu ziehen und das dortige Bürgerrecht zu erwerben[48]. Diese vier Angehörigen ältester Schaffhauser Adelsgeschlechter schienen die Sache ihrer Vaterstadt aufgegeben zu haben und waren entschlossen, österreichisch zu werden, um ihren Besitz außerhalb der Stadt zu retten.

Die Lage der Stadt Schaffhausen schien immer bedenklicher zu werden. In dieser Notsituation muß sich Schaffhausen an die Eidgenossen gewandt haben. Aus einer Korrespondenz zwischen Bern und Luzern hören wir 1452 erstmals von Verhandlungen über ein Bündnis zwischen Schaffhausen und der Eidgenossenschaft[49]. Die Schaffhauser wünschten, daß ihnen gestattet werde, außer mit Österreich mit jedermann sich verbünden zu können. Die Luzerner dagegen verlangten, die Schaffhauser dürften ohne Bewilligung der Eidgenossen überhaupt kein Bündnis abschließen. Mit der Tagsatzung vom November 1453 wurde beschlossen, den Schaffhausern als Grundlage für eine Bündnis eine Abschrift des mit St. Gallen geplanten Bundes zu geben[50]. Zürich setzte sich mit größter Energie für den raschen Abschluß des Bundes ein. Die Unterwaldner und Urner, welche entschieden gegen eine Verstärkung des städtischen Elements in der Eidgenossenschaft eintraten, ließen sich nicht wie die übrigen Länderorte zu einem Nachgeben bewegen.

Nicht weniger groß war der Eifer Österreichs, die Stadt Schaffhausen zurückgewinnen zu können. So erschien am 11. März 1454 eine österreichische Gesandtschaft vor dem Kleinen Rat, um diesen mit beschwörenden Worten aufzufordern, die Stadt wieder der Herrschaft Österreichs zu unterstellen. Der Herzog würde dann für »*frid und gnad in disen landen*« sorgen, und Schaffhausens Feinde wären die seinen[51]. So verlockend das Angebot auch war, so entschieden war die Ablehnung. Eine gleiche Haltung zeigte der Große Rat, dem auf Wunsch der Gesandten hin ihr Anliegen ebenfalls vorgetragen wurde: »*Der gross rat sig die gemaind zu Schaffhusen, und wir sien ganz eins.*«[52] Nach dieser klaren Absage eröffnete der österreichisch gesinnte Adel rings um Schaffhausen die Fehde. Die Stadt schrieb einen fast verzweifelten Brief um Hilfe an Ulm, die mächtigste unter den verbündeten Städten[53]. Doch die Unterstützung blieb aus. Nichts dokumentiert das Versagen des Städtebundes deutlicher als die Tatsache, daß Schaffhausen zur kritischen Zeit aus Kempten, Memmingen, Isny, Ravensburg, Biberach und Reutlingen einen Zuzug von insgesamt 20 Mann erhielt[54].

Von den Eidgenossen traf eine Hilfe von einigen Hundert Bewaffneten ein[55], um die Stadt nötigenfalls gegen Österreich zu verteidigen. Darauf verzogen sich die um die Stadt lagernden Feinde. Am 1. Juni 1454 konnte der Bund mit den eidgenössischen Orten Zürich, Bern, Luzern, Schwyz, Zug und Glarus besiegelt werden[56]. Damit war die Orientierung nach Süden für Schaffhausen entschieden. Die Stadt Schaffhausen nahm dadurch ein doppeltes Risiko auf sich: die Notwendigkeit eines gesteigerten militärischen Einsatzes und die Möglichkeit wirtschaftlicher Nachteile in seinem weitgehend nach Norden gerichteten Handel. Das Bündnis wurde vorerst auf die Dauer von 25 Jahren abgeschlossen. Die Eidgenossen verpflichteten sich, Schaffhausen in seiner Stellung als freie Reichsstadt zu erhalten und gegen jeden Angreifer zu schützen. Der Preis, den Schaffhausen dafür bezahlen mußte, bestand im wesentlichen darin, daß es seine Außenpolitik ganz in die eidgenössische eingliedern mußte. Ohne Rat und Willen der Eidgenossen durfte die Stadt keinen Krieg mehr führen, und nur mit Wissen und Willen der Eidgenossen durfte Schaffhausen weitere Bündnisse abschließen.

Die eidgenössische Hilfe änderte die Lage Schaffhausens mit einem Schlag. Zahlreiche Neutralitätserklärungen bisheriger Gegner, die vom Frühling bis Herbst 1454 eingingen, zeigen, wie das Anrücken der eidgenössischen Streitmacht wirkte. Über die militärischen Ereignisse, die sich im Klettgau und Hegau abspielten, erfahren wir kaum etwas. Die Schaffhauser Quellen berichten über die kriegerischen Auseinandersetzungen nichts[57]. Ein im Staatsarchiv Luzern erhalten gebliebener Brief vom 9. November 1454 ist praktisch das einzige Zeugnis über das damalige Geschehen. Der Luzerner Hauptmann Hans Yberg schrieb an Schultheiß und Rat von Luzern, wie 1600 Eidgenossen bei Thayngen eine ungefähr gleichstarke feindliche Abteilung in die Flucht geschlagen hätten. Unter den Feinden befanden sich die bekanntesten Adelsgeschlechter aus der Schaffhauser Nachbarschaft: Hans von Rechberg, die von Stoffeln, die von Randegg, Graf Heinrich von Fürstenberg und zahlreiche andere[58]. Gegen Ende des Jahres 1454 war Schaffhausen soweit entlastet, daß es der ebenfalls bedrohten Nachbarstadt Radolfzell eine kleine Hilfsmannschaft zuschicken konnte. Allerdings reichte der Arm der Eidgenossen nicht bis an das Nordende des Untersees, und so fiel Radolfzell bald unter die österreichische Herrschaft zurück[59].

Bezeichnend für etliche Schaffhauser Adelige war das Verhalten Konrads von Fulach. Am 4. Februar 1455 ließ er Herzog Sigmund ein Schreiben zugehen, worin er ihm zunächst für die gute Aufnahme dankte, die er seinerzeit habe erfahren dürfen. »*Nu sind mir sachen angelegen, deszhalp mir gepurt, mich in ettlich wege witer und anders dann biszher dagegen furzuenemen, als sich dann nach gestalt der sachen gepuren wurt. Harumb*

165

allergnadigster herre so sende und gib ouch mit disem brieff sollichen minen dienst und alles das, so ich mitsampt dem husze Louffen mit aiden und allen andern pflicht schuldig gewesen bin, uff.«[60] Anscheinend hatte Konrad von Fulach wie zahlreiche andere eingesehen, daß ihm die Eidgenossen mehr Schutz und Vorteile bieten konnten als Österreich. Gleichzeitig bewarben sich seine Neffen Hans und Konrad um das Bürgerrecht der Stadt Zürich, das ihnen Bürgermeister und Räte am 10. März 1454 bereitwillig erteilten[61].

Vor dem Rat von Überlingen wurde am 9. Juli 1455 der Fall der vier Adeligen behandelt, die das Schaffhauser Bürgerrecht aufgegeben hatten. Das Urteil lautete dahin, daß die vier bis zum Ende des Krieges bei den Schaffhausern bleiben müßten »*und ihnen mit lib und gut beholfen sein sollen und so der Krieg zu End und einer Richtung kommen, dass dan jeder Teil das fürnem, das er truw zu geniessen*«[62]. Die Betroffenen konnten sich mit diesem Entscheid nicht einverstanden erklären und appellierten gegen das Urteil des Rates von Überlingen an den Kaiser. Anscheinend fürchtete man sich vor allfälligen Konsequenzen und auch vor den Kosten und einigte sich darauf, den Streit durch den Rat von Zürich entscheiden zu lassen. Dieser bestätigte aber am 1. Juni 1456 das Urteil von Überlingen[63].

Hans von Fulach, der 1454 das Bürgerrecht der Stadt Zürich erhalten hatte, trat am 20. November 1456 wieder in das Bürgerrecht der Stadt Schaffhausen ein, wobei er allerdings verschiedene Bedingungen eingehen mußte[64]. Belastend für die Politik Schaffhausens wirkten sich besonders zwei Ereignisse aus: die Eroberung der Burgen Balm und Laufen. Aus der Eroberung von Balm und Rheinau im Jahre 1449 war zwischen Schaffhausen und den verbündeten Reichsstädten in Schwaben ein langwieriger Konflikt entstanden[65]. Die Stadt Schaffhausen stellte sich auf den Standpunkt, sie hätte den Feldzug nach Balm im Auftrag und Namen des Städtebundes unternommen, der nun auch an den Kriegsentschädigungen seinen Anteil zu tragen habe. Diese Reparationen von insgesamt 10 500 Gulden an die Grafen von Sulz bildeten in den nächsten Jahren eine Hauptsorge für den städtischen Finanzhaushalt, der ohnehin durch die Kriegswirren zerrüttet war. Die Eidgenossen schalteten sich als Vermittler ein, und nach schwierigen Verhandlungen kamen in den Jahren 1455 und 1456 Rechtstage in Straßburg zustande. Es wurde ein Ausgleich auf der Grundlage erzielt, »*dass gemain stette den von Schaffhusen zweyunddrissig hundert guldin in den gemeinen costen legen söllent*«. Allerdings ging es noch bis ins Jahr 1460, bis alle Straßburger Abmachungen durchgesetzt und verwirklicht wurden.

Das Verhältnis zwischen Schaffhausen und den Reichsstädten und früheren Bundesgenossen wurde zwar durch diesen Prozeß getrübt, doch die Verbindungen blieben weiter erhalten. Die Schicksalsgemeinschaft und die Frontstellung gegen den Adel wirkten viel zu stark, als daß ein plötzlicher Unterbruch hätte eintreten können. Wenn auch das politische Zusammengehen nicht die vorhandenen Hoffnungen hatte erfüllen können und neue Bündnisse durch den Vertrag mit den Eidgenossen verboten waren, so blieben die wirtschaftlichen Beziehungen doch nach wie vor lebendig. Immer noch war der Rat von Überlingen die gesetzlich vorgesehene Instanz, die in Streitfällen zwischen der Stadt Schaffhausen und ihren Bürgern als Vermittlerin vorgesehen war[66]. Es trat hier keineswegs eine plötzliche Ablösung ein. Erst allmählich mit dem Hineinwachsen in die Eidgenossenschaft lockerten sich die Bande.

Zu einer ungleich größeren Belastung als die Auseinandersetzung mit dem Städtebund wurde die Feindschaft mit Bilgeri von Heudorf. Er setzte hartnäckig den Versuch fort, wieder in den Besitz des Schlosses Laufen zu kommen. Sein Kampf richtete sich nicht allein gegen Schaffhausen, sondern auch gegen Hans und Konrad von Fulach, die nicht zuletzt deswegen das Schaffhauser Bürgerrecht aufgegeben und beim stärkeren Zürich Schutz gesucht hatten. Der Ritter, dem zu diesem Zeitpunkt das Städtchen Tiengen gehörte, belästigte mit seinen Getreuen die Schaffhauser und ihren Besitz durch Überfälle. Bedeutsamer in diesem Zusammenhang war der Einfluß, den er auf den Kaiser gewann. Er hatte Friedrich III. im Jahre 1452 auf dem Römerzug begleitet und sich damit Verbindungen zum Hof geschaffen[67]. Den Machenschaften des Bilgeri von Heudorf ist es zuzuschreiben, daß der Kaiser im Zeitraum zwischen 1455 und 1479 vornehmlich als jene Instanz in Erscheinung trat, welche die Reichsacht verhängte. Es geschah ausnahmslos und immer wieder wegen der Eroberung des Schlosses Laufen, die als Landfriedensbruch qualifiziert wurde. Auch in dieser Angelegenheit schalteten sich die Eidgenossen als Vermittler ein, und zum erstenmal gelang es 1457 der Tagsatzung, eine vorläufige Suspendierung der Acht zu erwirken. Dieser Einsatz war für Schaffhausen wiederum mit großen Kosten verbunden[68].

Im Rahmen der ihr verbliebenen Möglichkeiten entfaltete die Stadt Schaffhausen eine rege außenpolitische Tätigkeit. Bis zum Jahre 1474 wurde eine systematische

Allianzwappenscheibe Ulrichs von Fulach, 1542, vielleicht von Felix Lindtmeier dem Älteren. Ulrich von Fulach, Reichsvogt und Gerichtsherr zu Thayngen, war vermählt mit Beatrix, der Tochter des Schaffhauser Bürgermeisters Konrad von Waldkirch. Links das Wappen Fulach, blau-gold mit silberner Mondsichel und rotem Löwen, rechts das silbern-schwarze Wappen der Waldkirch

und erfolgreiche Burgrechtspolitik betrieben, die einen ausgesprochen strategischen Charakter zeigt. Im Verlaufe weniger Jahre vermochte die Stadt, die zum geschätzten Schirmort geworden war, einen Sicherungsgürtel in weitem Halbkreis um sich herum zu errichten und die bedrohliche Hegaufront zu durchlöchern.

Als Beispiel sei der Bürgerrechtsbrief der Waldburga von Klingenberg, einer geborenen Truchsessin von Waldburg, vom 23. Juni 1459 erwähnt[69]. Mit Zustimmung ihres Mannes, Hans von Klingenberg, hatte sie sich mit Blumenfeld, Tengen, Weiterdingen, Leipferdingen, Büßlingen, Wyl, Hofwiesen, Uttenhofen, Nordhalden und Epfenhofen »*mit Lüt und mit Gut zehn Jahre lang in der von Schaffhausen Schirm und Burgrecht gethan*«. Dafür hatten sie und ihre »*armen Lüt und underton*« jährlich 25 Gulden Schirmgeld zu zahlen. Auch sollte sie ihre »*Schloss und Stett*« für die gemeinen Eidgenossen und die von Schaffhausen offen halten, dagegen sollte sie in Kriegen der Eidgenossen oder derer von Schaffhausen gegen irgend jemanden neutral bleiben.

Einen ähnlichen Bürgerrechtsbrief erhielt Anna von Reischach von Hornstein 1463 für sich samt dem Schloß Neuhewen und dem Dorf Stetten mit allen Leuten und Gütern[70]. Ebenfalls einen Bürgerrechtsbrief bekam 1466 Heinrich von Reischach von Richenstein zusammen mit seiner Ehefrau, einer von Ebersbach. Das auf zehn Jahre befristete Bürgerrecht begann für die Frau sofort, für den Mann, wenn er aus der Gesellschaft mit St. Jörgenschild austreten konnte, was innerhalb zwei Jahren geschehen sollte. Im Kriegsfall mit Österreich oder St. Jörgenschild einerseits und Schaffhausen und den Eidgenossen andererseits hatte Heinrich von Reischach »*rüwig und müssig*« zu sein[71].

Eine weitere Hilfe für Schaffhausens Sicherheit waren die Neutralitätserklärungen. Zwei Tage nach der Ausstellung des Bundesbriefes mit den Eidgenossen ließen Hans von Rechberg und der Ritter von Geroldseck durch die Vermittlung des Schaffhausen wohlgesinnten Heinrich von Randegg den Vorschlag unterbreiten, das Dorf Hilzingen zu neutralisieren und vor Angriff seitens der Eidgenossen zu schonen[72]. Als Gegenleistung wurde die Schonung der Dörfer Merishausen, Thayngen, Bargen, Hofen und Buchthalen mit Widlen versprochen, alles Ortschaften, in denen städtische Institutionen oder Stadtbürger begütert waren.

Aus ähnlichen Beweggründen wie Hans von Rechberg richteten in der Folge zahlreiche Einzelpersonen an Schaffhausen das Gesuch um Aussöhnung. Als eidgenössische Truppen in die Stadt einrückten, hielten es manche Gegner der Stadt für geboten, aus dem Krieg auszuscheiden. Je länger der eidgenössische Einsatz wirksam wurde, um so mehr näherten sich die Neutralitätsgesuche der Form von demütigen Bitten[73]. Sie warfen ein bezeichnendes Licht auf die Art des Kleinkrieges, wie er gegen die Stadt betrieben wurde. Die adeligen Gegner hatten in den Dörfern ringsum Leute geworben, die in ihrem Sold standen und als Banditen und Wegelagerer bei günstiger Gelegenheit die Stadt und ihre Bürger schädigten. Diesen Raubkrieg, der das Wirtschaftsleben erheblich hemmte, unterhielten vor allem die Grafen von Sulz, Hans von Rechberg, Hans von Tengen, die Herren von Stoffeln und natürlich Bilgeri von Heudorf. Während die Feindschaft gegen diese lokalen Gewalten andauerten, wurde den Söldlingen das Handwerk zu gefährlich. Als Vermittler traten häufig jene Adeligen auf, die einen Burgrechtsvertrag mit Schaffhausen geschlossen hatten, vor allem Hans von Klingen. Diese Vergleiche führten zu einer gewissen Befriedung, denn die Zahl der Überfälle nahm allmählich ab.

Mit dem seit 1457 ebenfalls reichsfreien Stein am Rhein schloß Schaffhausen mit Zürich zusammen im Jahre 1459 ein Bündnis ab[74]. Dies bedeutete eine weitere Sicherung der gesamten Eidgenossenschaft. Der Anteil Schaffhausens an der Eroberung des Thurgaus beschränkte sich nicht nur auf das Kontingent eigener Truppen. Durch Ausfälle in den Hegau und die Aufwiegelung der Bauern wurden die Pläne Herzog Sigmunds empfindlich gestört. Der bedeutende Anteil Schaffhausens am Gelingen der Eroberung läßt sich daran erkennen, daß die Stadt Mitregent über das Städtchen Diessenhofen wurde und im Frieden als Kontrahent aufgeführt ist[75].

Die eidgenössischen Erfolge im rechtsrheinischen Gebiet hatten Auswirkungen in weite Gebiete Südschwabens. Aus einem Schreiben des Hegauer Adels an den Kardinal Peter, Bischof von Augsburg, das den Eindruck eines Notschreis der bedrohten Adeligen macht, erfahren wir von den Hoffnungen der dortigen Bauern[76]. Die Hegauer Bauern seien nach Schaffhausen gezogen und hätten »*in der stat ein fenlein aufgesteckt, dar innen ist gemolt ein pflug und ein puntsuch*«. Boten liefen in die Dörfer, um Abgeordnete zu einer Tagung aufzubieten. Die Bauern hätten »*mercklichen beystant, hilf und rat von den von Schafhawsen und ander aydtgenossen*«. Ziele der Bewegung seien die Abschaffung des Hauptfalls (Erbschaftssteuer) und Schutz gegen willkürliche Verhaftung. »*Wöllen die herren solchem nachkumen, so soll man ine ir zins und gült geben und dienst thun, wie man in von recht schuldig ist.*« Die Bauern lebten in der Hoffnung, die »*Sweytzer und ir puntgenossen wöllen in helfen und das land in friden setzen*«. Es ist nicht auszuschließen, daß an diesen Ereignissen auch Bauern aus Singen mitbeteiligt waren. Allerdings fehlen diesbezügliche Quellenhinweise.

Gerade in dieser unruhigen Zeit erlebte das Dorf

Singen einen Besitzerwechsel. Durch Kauf kam praktisch das ganze Dorf, das den Friedingern gehört hatte, an die beiden Brüder Konrad und Hans von Fulach zu Laufen[77]. Die Fulacher hatten damals sowohl südlich als auch nördlich des Rheins einen Streubesitz von ansehnlichem Ausmaß. Sie besaßen Güter im Gebiet des unteren Thurlaufs, nördlich des Irchel, bis nach Andelfingen, dann in der Gegend des nachmaligen Zürcher Außenamtes in den Orten Flurlingen, Laufen, Uhwiesen, schließlich in Neuhausen, des weiteren im Klettgau in den Dörfern Wasterkingen, Bühl, Baltersweil, Guntmadingen, Osterfingen, Wilchingen, Ober- und Unterhallau und Gächlingen, am Randen in Weizen und Beggingen, im Reiat in Thayngen und Barzheim, und im Hegau hatten sie Besitz in Singen, Rielasingen, Duchtlingen, Friedingen sowie in Immendingen und in Pfullendorf[78]. Nie war es ihnen indessen gelungen, ein größeres, zusammenhängendes Gebiet unter ihrer Herrschaft zu vereinen. Mit dem Kauf Singens hätten sich erste Ansätze zu einem solchen Besitz bieten können.

Witwe Margarete von Friedingen war aus einer finanziellen Notlage heraus gezwungen, einen Teil ihres Besitzes zu veräußern[79]. Mit einer Klage vor dem hegauischen Landgericht hatten die Gläubiger nämlich am 4. Juli 1461 erreicht, daß Margarete von Friedingen wegen Nichtzahlung ihrer Schuld in die Acht erklärt wurde. Dies bedeutete nichts anderes, als daß ihr ganzes Vermögen zur Zwangsvollstreckung freigegeben wurde.

Margarete von Friedingen, Tochter Konrads III. von Friedingen und der Verena von Fulach, sowie ihr Sohn, Konrad IV., entschlossen sich, den Besitz in Singen und das Wenige, das ihnen daneben in der Gegend noch gehörte, zu verkaufen. Den größeren Teil erwarben, wie bereits erwähnt, ihre fulachischen Verwandten. Einen anderen Teil kaufte Wernher von Holtzhusen, Bürger von Stein am Rhein. Schon 1466 verkaufte Holtzhusen seinen Anteil an den Schaffhauser Bürger Werner Martin von Aach weiter[80]. Kurz danach muß Werner Martin von Aach gestorben sein, denn bereits am 6. Februar 1467 findet sich seine Witwe Ursula Keller mit ihren fünf Kindern und den Vögten, Hans Waldkirch und Hans Löw, beides Mitglieder des Kleinen Rates in Schaffhausen, sowie dem Aachener Bürgermeister Heinrich Sutor mit den beiden Brüdern Konrad und Hans von Fulach zusammen, um die Anteile an den von Margarete von Friedingen übernommenen Gütern gemeinsam verwalten zu lassen[81]. Für den Fall, daß eine der Parteien verkaufen wollte, wurden im einzelnen erläuterte Vorkaufsrechte vereinbart. Ursula Keller und ihre Kinder brachten schließlich noch ihren Weiher zu Büren[82] sowie ihre dortige Bündte in die Gemeinschaft ein, allerdings nur für so lange, als dieser Pfandbesitz nicht gelöst war. Von der Gemeinschaft ausgenommen blieb auf seiten der von Fulach der Weingarten zu Singen. Möglicherweise handelte es sich bei diesem Grundstück um jenen Besitz, der schon 1387 erwähnt wurde.

Nach dem Kauf Singens durch die von Fulach werden zweimal in der Zeit bis 1479 Bewohner von Singen in den Schaffhauser Ratsprotokollen genannt. Im Jahre 1468 kaufte sich Hainrichen Gansen ein Gebäude an der Webergasse[83], und 1474 war eine unbekannte Zahl von Singenern zu einem Rechtstag nach Schaffhausen geladen[84].

Beim Kauf Singens waren die Brüder Konrad und Hans von Fulach noch immer in der Reichsacht, in die sie getan worden waren, weil Bilgeri von Heudorf sie 1454 als Störer des Landfriedens beim Kaiser und Hofgericht angeklagt hatte[85]. Die Reichsacht wurde erst 1468 aufgehoben. Es ist anzunehmen, daß die Fulacher in Singen auch das Mannrecht besaßen und somit die wehrfähigen Untertanen von ihnen aufgeboten werden konnten. Es ist also durchaus denkbar, daß bei den kriegerischen Unternehmungen der Eidgenossen auch Leute aus Singen mitfochten. Aus den Schaffhauser Quellen ist leider nichts zu erfahren.

Rund um Schaffhausen gab es laufend bewaffnete Auseinandersetzungen[86]. Der Waldshuter – oder Schaffhauserkrieg – ist den Schwarzwäldern als »erster Schweizerkrieg« in Erinnerung geblieben. Schaffhausen gehörte zu den treibenden Kräften, denn einerseits war es Bilgeri von Heudorf gelungen, erneut die Verhängung der Reichsacht über Schaffhausen zu erwirken[87], andererseits war der reiche Bürgermeister Hans am Stad, einer der wohlhabendsten Bürger der Stadt, auf einem amtlichen Ritt im Jahre 1467 von eben demselben Bilgeri von Heudorf überfallen und nach dem österreichischen Villingen gebracht worden[88]. Obwohl der Bürgermeister durch ein hohes Lösegeld von 1800 Gulden ausgelöst werden konnte, drängte Schaffhausen zum Krieg. Während des Krieges, der trotz Vermittlungsversuchen der Bischöfe von Basel und Konstanz ausbrach, besetzte Schaffhausen das seinem Erbfeind Bilgeri von Heudorf gehörende Städtchen Tiengen und behielt es als Pfand, bis die Bestimmungen des Waldshuter Friedens ausgeführt waren[89]. Auch an der Belagerung von Waldshut nahmen die Schaffhauser teil[90]. Meinungsverschiedenheiten zwischen Bern und Zürich ließen schließlich Vermittlungsvorschläge auf fruchtbaren Boden fallen, so daß ein Friede am 27. August zustande kam[91]. In der Friedensurkunde ist Schaffhausen nicht mehr Kontrahentin, sondern wird zum eidgenössischen Ort, auf den sich die Friedensgarantien beziehen[92]. Der Vertrag von Saint-Omer vom 9. Mai 1469 zwischen Karl dem Kühnen von Burgund und Herzog Sigmund machte den Voraussetzungen, unter denen der Waldshuter Friede geschlossen worden war, ein rasches Ende[93]. Niemand kümmerte sich mehr um die Abmachungen. Der Kaiser anerkannte den Vertrag nicht, und Schaffhausen blieb in der Reichsacht[94]. Erst am 21. Juni 1473 sprach Friedrich III. die Stadt los.

Als Schaffhausen sich für eine Verlängerung des Bündnisses einsetzte, durfte die Stadt hoffen, daß aufgrund ihrer bewiesenen Treue zur eidgenössischen Sache, ihrer Beteiligung an den Burgunderkriegen und an einem Feldzug in das Tessin einer Erneuerung nichts mehr im Wege stand. Am 21. März 1479 wurde das Bündnis ohne Opposition um weitere 25 Jahre verlängert.

Die nächsten Jahre verliefen für die Schaffhauser etwas geruhsamer. Mit der Gründung des Schwäbischen Bundes im Februar 1488 entstand für Schaffhausen und die Eidgenossen eine neue Situation. Dieser Bund umfaßte die in der Ritterschaft mit St. Jörgenschild vereinigten Prälaten, Grafen und Herren sowie die meisten süddeutschen Reichsstädte zur Wahrung des Landfriedens. Er war also nicht unmittelbar gegen die eidgenössischen Orte gerichtet, bildete aber doch gegenüber der expansiven Politik ein Gegengewicht im süddeutschen Raum[95]. Zudem gehörte der Römische König Maximilian (1486–1519), seit 1490 Nachfolger Herzog Sigmunds in dessen vorderländischen und tirolischen Besitzungen, dem Schwäbischen Bund an, wodurch die Bundespolitik sich immer mehr mit derjenigen Habsburg-Österreichs verflocht. Die Mißgunst der Länderorte verhinderte die von Zürich stark befürwortete Aufnahme der Stadt Konstanz als zugewandter Ort in den Bund der Eidgenossen. In seine Reichsreform versuchte König Maximilian auch die Eidgenossenschaft miteinzubeziehen. Um diese »als Liebhaber des Friedens und Gehorsame des Reichs«[96] zur Annahme der Wormser Beschlüsse zu veranlassen, schickte er 1495 eine Gesandtschaft in die Schweiz. Doch die Eidgenossen waren weder gesinnt, sich dem Schwäbischen Städtebund anzuschließen, noch die Wormser Gesetze anzuerkennen. Seit dem Lindauer Reichstag (2. August 1496 – 14. Februar 1497) drohte daher durch die in der Zwischenzeit stark gesteigerte gereizte Stimmung eine kriegerische Auseinandersetzung zwischen der Eidgenossenschaft und dem Reich mitsamt Österreich und dem Schwäbischen Bund. Im oberen Rheintal erfolgten die ersten Gewalttätigkeiten. Mit dem Treffen bei Hard begann der ernsthafte Waffengang. Über den ersten Hegauerzug in die Herrschaft Nellenburg und den Hegau wurde Schaffhausen direkt in das Kriegsgeschehen hineingezogen, da es Ausgangspunkt der eidgenössischen Truppen war[97].

Damit war aber auch Singen unmittelbar vom Krieg betroffen. Konrad von Fulach scheint um 1480 ledig gestorben zu sein, so daß Dorf und Herrschaft Singen sich nun im alleinigen Besitz des Bruders Hans von Fulach befanden. Als dieser 1490 starb, teilten sich seine beiden Söhne das väterliche Erbe[98]. Hans erhielt das Schloß Laufen samt der Vogtei, das Dorf Dachsen sowie zwei Höfe. Pelagius oder Bolle von Fulach bekam das Dorf Singen und den Zehnten zu Buch[99]. Beide mußten noch bestimmte Abgaben an ihre Schwester Dorothea und deren Gemahl Ulrich Huber entrichten.

Es ist hier nicht der Ort, ausführlich über die Auseinandersetzungen zwischen Eidgenossen und Reich zu berichten. Uns interessiert das Schicksal des Dorfes Singen, das durch zwei weitere Züge der Eidgenossen in den Hegau betroffen war. Die Berichte über die verschiedenen Züge der Eidgenossen ergeben ein widersprüchliches Bild. Während die einen Schilderungen darauf hinweisen, daß Singen wie die meisten übrigen Dörfer und Schlösser zerstört und verbrannt worden sei, weisen andere darauf hin, man habe Singen als Besitztum der von Fulach von den Eidgenossen verschont[100].

Der Hohentwiel, seit 1300 im Besitz der Klingenberger, blieb während des ganzen Krieges unbehelligt. Die drei Vettern, Eberhard, Caspar der jüngere und Bernhard von Klingenberg, hatten es nach dem Wormser Reichstag als ratsam erachtet, zur Sicherheit ihres Schlosses Hohentwiel sich zu vereinigen, und so schlossen sie am 16. Mai 1497 eine Übereinkunft ab, durch welche sie sich verpflichteten, fest zusammenzuhalten und einander Hilfe und Beistand leisten zu wollen, falls gegen sie, die Ihrigen oder gegen das Schloß etwas unternommen werden sollte[101]. Trotz gelegentlicher bewaffneter Ausfälle aus dem Schloß war die Festung während der Hegauzüge der Eidgenossen nie in Gefahr[102]. Möglicherweise haben hier auch zum Teil enge Beziehungen der Klingenberger zu Schaffhausen und Stein am Rhein eine Rolle gespielt.

Über die Tätigkeit des Bolle von Fulach als Herr zu Singen erfahren wir kaum etwas. Aus einem Gerichtsurteil von 1501 hören wir, daß Konrad Peter, genannt Menzer, als Vogt zu Singen amtete und ihn dort vertrat[103]. Im gleichen Jahr siegelte Bolle von Fulach zusammen mit Heinrich von Brümsi eine Begnadigungsurkunde für den in Singen wohnhaften Bastian Goldner von Underegg bei St. Gallen, der wegen mehrmaligem Korndiebstahl vom Steiner Gericht zum Tode verurteilt worden war[104].

Im Jahre 1518 verkaufte Bolle von Fulach aus nicht ersichtlichem Grund die Herrschaft Singen an Hans Heinrich von Klingenberg[105]. Zwei Jahre zuvor hatte dieser mit der Stadt Schaffhausen auf die Dauer von zwölf Jahren ein »Burgrecht und Vereinigung« abgeschlossen[106]. In diesem Vertrag, der vor allem strategische Bedeutung hatte, wurden die militärischen Verpflichtungen beider Teile festgehalten. Es ist interessant, daß im gleichen Jahr, als Hans Heinrich von Klingenberg Dorf und Herrschaft Singen an Hans Jörg von Bodman verkaufte, auch dieser Vertrag auslief. Schon am 3. März 1524 hatte Hans Heinrich von Klingenberg seinen Bürgerrechtsbrief mit Schaffhausen erneuert[107], wobei in sieben Artikeln genau festgesetzt wurde, was jeder Teil für Rechte und Pflichten hatte betreffend Schutz und Schirm, Hilfe, Vorbehalte wegen der Verbündeten usw. Zumindest bis 1530 waren also die Singener noch im Einflußbereich Schaffhausens.

Für die Stadt Schaffhausen scheint sich in der ersten Hälfte des 16. Jahrhunderts die Gelegenheit geboten zu haben, das Dorf Singen zu erwerben[108]. Wie bereits erwähnt, hatte Hans Jörg von Bodman Dorf und Herrschaft Singen 1530 mit allen Rechten und Gerechtigkeiten an sich gebracht. Der hochverschuldete Sohn, Hans Wolf von Bodman, versuchte spätestens seit 1546, unter Ausnutzung der in dieser Gegend hart aufeinanderstoßenden territorialen Expansionswünsche, das Dorf Singen zu einem möglichst hohen Kaufpreis zu veräußern, wobei er sich nicht scheute, die Württemberger und die Österreicher gegeneinander auszuspielen. Gemäß einem Schreiben des Landvogts von Nellenburg, Hans Jakob von Landau, vom 3. April 1546 an die vorderösterreichische Regierung in Innsbruck darf vermutet werden, daß Hans Wolf von Bodman selbst oder einer seiner Beauftragten auch Verkaufsverhandlungen mit den Eidgenossen geführt hat. In einem weiteren Bericht an die Regierung in Innsbruck über den Verlauf der Verhandlungen zwischen von Bodman und der Stadt Radolfzell erklärte von Landau am 5. September 1549, daß Singen nicht in die Hände Herzog Ulrichs von Württemberg fallen dürfe. Von diesbezüglichen eidgenössischen Absichten habe von Landau über den Untervogt von Ramsen erfahren. Falls Singen in deren Hände gelange, werde es mit Nellenburg und denen von Radolfzell viel »spenn« und Mißhelligkeiten geben. Eine Weisung der Regierung in Innsbruck an Niclas Freiherr zu Polweyler, Hauptmann in Konstanz, und Hans Jakob von Landau vom 5. Juli 1550 verlangte, man sollte Hans Wolf von Bodman oder seine Verwandten und Freunde bewegen, das Dorf Singen weder dem Herzog von Württemberg noch den Eidgenossen zu verkaufen. Mehr zu diesen Verhandlungen erfahren wir auch aus Schaffhauser Quellen nicht. Weder Ratsprotokolle noch Missiven oder Korrespondenzen geben Hinweise darauf, daß Schaffhauser Bürger an solchen Verhandlungen mit beteiligt gewesen wären. Auch die Eidgenössischen Abschiede schweigen sich beharrlich darüber aus[109]. Dorf und Herrschaft Singen kamen nach jahrelangem Tauziehen schließlich an König Ferdinand I., der dafür den horrenden Preis von 22 000 Gulden bezahlte. Hans Jörg von Bodman hatte Singen noch für 8147 Gulden und 26 Kreuzer erhalten.

Mit dem Übergang Singens an Österreich besaß Schaffhausen keine Gelegenheit mehr, dieses Dorf seinem Stadtstaat eingliedern zu können. Nachdem schon das Ringen um den Besitz des Hohentwiels für Schaffhausen ungünstig ausgegangen war[110], scheint möglicherweise das Interesse an Singen auch nicht mehr groß gewesen zu sein. Eine Rolle spielte vielleicht auch die Tatsache, daß Stein am Rhein 1484 die zürcherische Hoheit anerkannt hatte[111] und dadurch eine Schaffhauser Expansionspolitik mit Zürcher Interessen kollidiert hätte.

Schaffhausen war seit 1501 zudem vollberechtigtes Mitglied der Eidgenossenschaft. Während der Friedensverhandlungen nach dem Schwaben- oder Schweizerkrieg forderte Kaiser Maximilian nochmals den Rücktritt vom eidgenössischen Bunde. Um einem weiteren Druck seitens des Kaisers und Österreichs standhalten zu können, suchte Schaffhausen sein Bündnis auf Zeit in ein ewiges umzuwandeln. Diesen Wunsch brachte die Stadt erstmals bei einer Tagsatzung vom 8. Januar 1500 vor[112]. Das Bündnis sollte denjenigen entsprechen, die 1481 mit Freiburg und Solothurn geschlossen worden waren. Da zur gleichen Zeit auch die Reichsstadt Basel um die Aufnahme in den Bund anhielt, und zwar als ein gleichberechtigter Ort, ergaben sich verschiedene Schwierigkeiten[113]. Schließlich konnten alle Hindernisse beseitigt werden, und am 10. August 1501 wurde Schaffhausen als zwölfter Ort in den Bund der Eidgenossen aufgenommen[114].

Mit den ehemals dem Kloster Paradies gehörenden Gütern verfügte Schaffhausen noch über einen kleinen Besitz in Singen. Nach der Reformation hatte die Stadt das Eigentum des Klosters mit all seinen Rechten an sich gebracht[115]. Damit war sie auch Verwalter der zu Singen und Remlishofen gelegenen Güter geworden. Da diese Güter jedoch ziemlich abgelegen waren und sich in einem Gebiet politischer Spannung befanden, wollte Schaffhausen diesen Besitz veräußern. Daß dabei die Württemberger vorgezogen wurden, ist verständlich. Schaffhausen hatte zu Herzog Ulrich von Württemberg in der Zeit seiner Vertreibung in vielfältiger Beziehung gestanden. Wahrscheinlich im Verlaufe des Jahres 1552 wurde Württemberg über die Verkaufsabsicht benachrichtigt. Nach langen Unterhandlungen wegen des Preises stimmten die herzoglichen Räte am 12. Februar 1553 dem Kauf zu, und unter dem Datum vom 6. März wurde der Kaufbrief ausgefertigt. Die Übergabe des Kaufbriefs und der auf die Güter sich beziehenden Urkunden und Akten erfolgte am 25. April 1553. Damit besaß Schaffhausen keinerlei Güter mehr auf der Gemarkung der Gemeinde Singen. Außerdem hatte das

Gericht zu Singen 1536 entschieden, daß die von Katharina Stokar von Schaffhausen durch ihren Anwalt aufgrund eines Urbars vorgetragenen Ansprüche am Zehnten zu Singen nichtig seien[116]. Wann die Stokars, eine ebenfalls bedeutende Schaffhauser Adelsfamilie, zu diesem Zehntrecht gekommen waren, ließ sich nicht herausfinden[117]. Wohl gab es in späteren Zeiten Schaffhauser Bürger, die in der Gemeinde Singen noch Grundstücke besaßen, doch über Hoheitsrechte verfügten weder die Stadt noch andere Institutionen oder Privatpersonen[118].

Mit dem Übergang Singens an Hans Jakob Fugger im Jahre 1557 ergaben sich nochmals Beziehungen zu Schaffhausen. Fugger erhielt unter Hinterlegung dreier Zinsbriefe bei der Stadt Schaffhausen schon im Januar 1557 ein Darlehen von 1300 Gulden. Als Unterpfand setzte er die in der Landgrafschaft Thurgau gelegene Herrschaft Weinfelden ein[119]. Da die Schuld nicht beglichen wurde, beanspruchte Schaffhausen nach dem 1575 erfolgten Ableben Hans Jakob Fuggers die Herrschaft Weinfelden. Durch die Vermittlung des Luzerner Ratsherrn Wendel Pfyffer und die Mitwirkung Arbogasts von Schellenberg in Hüfingen konnte die Angelegenheit geregelt werden[120].

Weit interessanter ist in diesem Zusammenhang ein Eintrag in den Schaffhauser Ratsprotokollen des Jahres 1566. Wahrscheinlich durch finanzielle Schwierigkeiten gezwungen[121], suchte Hans Jakob Fugger in Schaffhausen um ein weiteres Darlehen nach. In der Ratssitzung vom 20. Mai 1566 wurden Ludwig Ochs und die beiden Rechner ermächtigt, »*mit herr Hanns Jacob Fuggers diener umb 3000 fl gegen ainer zinsverschribung handlen, doch soll nebend den dörffern Singenn unnd Thuchlingen, Hohenkreyenn verschribenn werdenn[122]*«. Ob aus diesem Handel etwas geworden ist, läßt sich nicht nachprüfen, da das entsprechende Ausgabenbuch der Stadtrechnungen fehlt. Da die schlechte Finanzlage der Fugger gewiß auch in Schaffhausen nicht unbekannt war, rechneten sich einige Räte vielleicht aus, bei einer Nichtrückzahlung des Darlehens Ansprüche auf Singen geltend machen zu können. Allfällige Gedanken in dieser Richtung mußten spätestens 1575 mit dem Tode Hans Jakob Fuggers endgültig aufgegeben werden.

Anmerkungen

[1] JOHANN JAKOB RÜEGER, Chronik der Stadt und Landschaft Schaffhausen, herausgegeben vom Historisch-Antiquarischen Verein des Kantons Schaffhausen, Band 1, Schaffhausen 1884, S. 76.

[2] FRIEDRICH WIELANDT, Schaffhauser Münz- und Geldgeschichte, Schaffhausen 1959. Vgl. Kärtchen auf Tafel III: Das Schaffhauser Münzgebiet reichte bis in die Gegend von Villingen.

[3] HEKTOR AMMANN, Schaffhauser Wirtschaft im Mittelalter, Thayngen 1949, sowie OTTO STOLZ, Die Verkehrsverbindungen des oberen Rhein- und Donaugebietes um die Mitte des 16. Jahrhunderts, in: ZGO 77, 1923, S. 76 ff.

[4] ERNST STEINEMANN, Der Zoll im Schaffhauser Wirtschaftsleben, in: Schaffhauser Beiträge zur vaterländischen Geschichte 27/1950 und 28/1951 (insbesondere das Kapitel: Die Beziehungen zu den rechtsrheinischen Nachbarn).

[5] AMMANN, Schaffhauser Wirtschaft, S. 87 ff.

[6] ROBERT PFAFF, Schaffhausen und die Entstehung des Deutschen Zollvereins, in: Schaffhauser Beiträge 44/1967, S. 7.

[7] KARL SCHIB, Der Schaffhauser Adel im Mittelalter, in: Zeitschrift für Schweizerische Geschichte 1938, 4, S. 380 ff.

[8] KARL SCHIB, Geschichte der Stadt und Landschaft Schaffhausen, Schaffhausen 1972, S. 55 f.

[9] MAX RUH, Schaffhausen als Turnierplatz, in: Schaffhauser Magazin 1985, 4, S. 15–19.

[10] ELISABETH SCHUDEL, Der Grundbesitz des Klosters Allerheiligen in Schaffhausen, Diss., Schleitheim 1936.

[11] JOHANN STEHLE, Geschichte der Exklave Bruderhof und der Hohentwieler Waldungen, Band II der Beiträge zur Singener Geschichte, Hegau-Bibliothek Band 26, Singen 1973, S. 74 ff.

[12] KARL SCHIB, Geschichte des Klosters Paradies, Schaffhausen 1951, S. 26 f.

[13] STEHLE, Bruderhof, S. 76, Anm. 16; Württembergische Regesten von 1301 bis 1500, Altwürttemberg, Zweiter Teil, Stuttgart 1927 (zit. WR), Urkunden 9623, 9626 und 9627, S. 373.

[14] RÜEGER, Chronik, Band 2, Schaffhausen 1892, S. 715.

[15] SCHIB, Geschichte der Stadt und Landschaft Schaffhausen, S. 84.

[16] Urkundenregister für den Kanton Schaffhausen (zit. im folgenden UR), Schaffhausen 1906 und 1907, Nr. 838: Heinrich von Blumenegg und seine Söhne verkaufen 1359 zwei Drittel der Vogtei Thayngen an Hermann den Hün und Johann von Fulach.

[17] EMIL STAUBER, Geschichte der Kirchengemeinde Andelfingen, Band 1, Zürich 1940, S. 179: Johann von Fulach erhielt 1373 die Vogtei zu Volken und Flaach. Sie blieb bis 1569 im Besitz der von Fulach.

[18] KARL SCHIB, Schaffhausens Anteil am Sempacherkrieg, Schaffhauser Beiträge 1939, S. 215.

[19] GLA 5, Inv. 634.

[20] SCHIB, Geschichte der Stadt und Landschaft Schaffhausen, S. 118.

[21] RÜEGER, Chronik, Band 2, Stammtafel der von Fulach, S. 735.

[22] UR Nr. 1540 und Nr. 1692.

[23] EMIL STAUBER, Schloß und Herrschaft Laufen, 257. Neujahrsblatt der Stadtbibliothek Winterthur, Winterthur 1923, S. 13 f.

[24] Staatsarchiv Zürich, A 131, 1.

²⁵ UR Nr. 1580 und 1582; dazu ROBERT HARDER, Schaffhausens Wiedererlangung der Reichsfreiheit im Jahre 1415, in: Schaffhauser Beiträge 9/1918; sowie Karl Mommsen, Schaffhausen unter österreichischer Herrschaft, in: Schaffhauser Beiträge zur Geschichte 50/1973, S. 48–69.

²⁶ SCHIB, Geschichte der Stadt und Landschaft Schaffhausen, S. 207; WR 1353.

²⁷ UR Nr. 1634.

²⁸ Zürcher Stadtbuch, II. Band, fol. 60a.

²⁹ Urkunden zur Schweizer Geschichte aus österreichischen Archiven, herausgegeben von RUDOLF THOMMEN, 3. Band, Basel 1928, S. 191.

³⁰ UR Nr. 1669.

³¹ GLA V spec. 283 zitiert bei HARRO BLEZINGER, Der Schwäbische Städtebund in den Jahren 1438–1445, Darstellungen aus der Württembergischen Geschichte, 39. Band, Stuttgart 1954, S. 5, Anm. 12.

³² HERMANN MAU, Die Rittergesellschaften mit St. Jörgenschild in Schwaben, Darstellungen aus der Württembergischen Geschichte, 33. Band, Stuttgart 1941, S. 207. Erneuerung 1422: UR Nr. 1685. Wie die Stadtrechnungen zeigen, gingen dem formellen Anschluß von 1408 schon Kontakte mit der Ritterschaft voraus. Auch gehörten Schaffhauser Adelige dem St. Jörgenschild an (vgl. Repetitorium schweizergeschichtlicher Quellen im GLA Karlsruhe, Abt. I, Bd. 1, Einsiedeln 1982, S. 233 Nr. 1733).

³³ UR Nr. 1850 und Nr. 1933.

³⁴ SCHIB, Geschichte der Stadt und Landschaft Schaffhausen, S. 206.

³⁵ Ebenda, S. 206.

³⁶ Handbuch der Schweizer Geschichte, Band 1, Zürich 1972, S. 293 ff. Vgl. auch HANS BERGER, Der Alte Zürichkrieg im Rahmen der europäischen Politik, Diss. Zürich 1978.

³⁷ Amtliche Sammlung der Eidgenössischen Abschiede, ed. ANTON PHILIPP SEGESSER (zit. EA), II, S. 151.

³⁸ SCHIB, Geschichte der Stadt und Landschaft Schaffhausen, S. 207.

³⁹ Stadtrechnungen Schaffhausen 1444: »kuntschafft ze erfarent, ob die armen Jaegken am land waeren«. Dazu JOHANN BÄSCHLIN, Die Armagnaken vor Schaffhausen, in: Anzeiger für Schweizer Geschichte, 14. Jg., 1883, Nr. 4, S. 182 ff.
Über die bedrohliche Situation, in der sich die Stadt befand, gibt ein Brief des Bürgermeisters und Rats von Schaffhausen an die Stadt Nördlingen ausführlich Auskunft. Sie berichten, daß »by nünthusend raissiger im Cleggow, in ainer mil wegs umb uns« sich befänden und der Dauphin meine, wenn Schaffhausen Österreich nicht schwören wolle, wolle er sie »mit gewalt dartzuo bringen«. Sie bitten deshalb um »ainer trefflich summ lütes, die mit büchsen und armbrosten schiessen können« (Brief im Stadtarchiv Nördlingen). In einem weiteren Brief vom 6. September 1444 schildert Schaffhausen die große Not, welche die Stadt durch diese umherziehenden Kriegshaufen erleide, die bis vor die Mauern der Stadt gelangten und dermaßen hausten, daß es »zuo schriben oder zuo hören unmönschlich und fast erschrogkenlich« sei. Die Stadt ließ sich dazu erpressen, 40 Ochsen und etwa 300 Stück Vieh zu liefern (Urkunde im Stadtarchiv Nördlingen).

⁴⁰ BLEZINGER, Schwäbischer Städtebund, S. 111.

⁴¹ Ebenda, S. 136 und 160; WR 5609.

⁴² SCHIB, Geschichte der Stadt und Landschaft Schaffhausen, S. 208.

⁴³ HANS WILHELM HARDER, Der Sunthauser Krieg, in: Schaffhauser Beiträge 2/1868.

⁴⁴ JOSEPH CHMEL, Regesta Friderici III. Romanorum Imperatoris, Wien 1840, Nr. 2617–2620.

⁴⁵ SCHIB, Geschichte der Stadt und Landschaft Schaffhausen, S. 209; vgl. WILHELM BAUM, Sigmund der Münzreiche, Bozen 1987, S. 115 ff.

⁴⁶ CHMEL, Regesta, Nr. 2599.

⁴⁷ Urkunden aus österreichischen Archiven, THOMMEN, 4. Band (1440–1479), S. 147/148, Nr. 131.

⁴⁸ UR Nr. 2341.

⁴⁹ THEODOR LIEBENAU, Die Beziehungen der Eidgenossenschaft zum Auslande, in: Geschichtsfreund XXXII, Einsiedeln 1877, S. 64, Anm. 6.

⁵⁰ EA 2, S. 267, Nr. 410.

⁵¹ KARL SCHIB, Quellen zur mittelalterlichen Geschichte Schaffhausens, in: Beilage zum Jahresbericht der Kantonsschule Schaffhausen 1943/1944, S. 24.

⁵² Ebenda, S. 26.

⁵³ SCHIB, Geschichte der Stadt und Landschaft Schaffhausen, S. 221. Schib verweist auf die im Ulmer Stadtarchiv liegende Korrespondenz aus Schaffhausen.

⁵⁴ Ebenda, S. 221 (ohne Quellenangabe).

⁵⁵ Die in den Stadtrechnungen erwähnten Hinweise deuten darauf hin, daß weit weniger Bewaffnete in Schaffhausen eintrafen als in der Literatur genannt werden (1400 Krieger). Für diese und andere wertvolle Mitteilungen sei an dieser Stelle Peter Scheck, lic. phil., Schaffhausen, bestens gedankt.

⁵⁶ PAUL KLÄUI, Der Schaffhauser Bundesbrief von 1454, in: Schaffhauser Beiträge 31/1954, S. 65.

⁵⁷ Als dürftige Quelle dienen die lückenhaft erhaltenen Stadtrechnungen, die in der Rubrik »Schenkkanten« die Anwesenheit eidgenössischer Truppen in Schaffhausen ausweisen.

⁵⁸ FUB III, S. 314 f.

⁵⁹ SCHIB, Geschichte der Stadt und Landschaft Schaffhausen, S. 225.

⁶⁰ Urkunden aus österreichischen Archiven, THOMMEN, 4. Band, S. 186 f., Nr. 180.

⁶¹ SCHIB, Geschichte der Stadt und Landschaft Schaffhausen, S. 251.

⁶² UR Nr. 2341.

⁶³ UR Nr. 2361.

⁶⁴ UR Nr. 2374.

⁶⁵ KURT BÄCHTOLD, Schaffhausen als zugewandter Ort, in: Schaffhauser Beiträge 31/1954, S. 75 f.

⁶⁶ Vgl. im Schaffhauser Stadtbuch die Artikel über die Eide der Bürgerschaft und die Aufnahme von Neubürgern, dazu UR Nr. 2468, 2459.

⁶⁷ G. VON WYSS, Biographie über Bilgeri von Heudorf, in: Allgemeine deutsche Biographie, Band XIII.

⁶⁸ Noch im Jahre 1468 berichtete Bilgeri von Heudorf dem Papst, daß Johannes und Konrad von Fulach ihn seiner Besitzungen beraubt hätten und Schaffhausen ihnen dabei

⁶⁸ mit Rat und Tat behilflich gewesen sei. Er bittet um Androhung kirchlicher Strafen gegen die Schuldigen. Regesten zur Schweizergeschichte aus den päpstlichen Archiven, 1. Heft (1447–1458), Bern 1911, S. 84.

⁶⁹ UR Nr. 2452. Nach dem Tode der Waldburga trat am 12. Juli 1462 ihr Sohn Heinrich unter den gleichen Bedingungen in das Burgrecht ein. UR Nr. 2545.

⁷⁰ UR Nr. 2572.

⁷¹ UR Nr. 2643, dazu HERBERT OBENAUS, Recht und Verfassung der Gesellschaften mit St. Jörgenschild in Schwaben, Veröffentlichungen des Max-Planck-Instituts für Geschichte 7, Göttingen 1961, S. 214.

⁷² UR Nr. 2316.

⁷³ Vgl. z.B. UR Nr. 2318, 2319, 2321, 2326, 2329, 2339 usw. in den Jahren 1454 und 1455.

⁷⁴ Inventar des Stadtarchivs Stein am Rhein, Singen 1967, Band 1, S. 14 (Urkunde St 60) und S. 21 (Urkunde St 91).

⁷⁵ SCHIB, Geschichte der Stadt und Landschaft Schaffhausen, S. 225.

⁷⁶ FUB III, S. 343 ff.

⁷⁷ RÜEGER, Chronik, Band 2, S. 1052, Anm. 2.

⁷⁸ Zusammenstellung nach Angaben bei Rüeger, nach den Angaben des Bearbeiters CARL AUGUST BÄCHTOLD sowie entsprechender Ortsgeschichten.

⁷⁹ EBERHARD DOBLER, Burg und Herrschaft Hohenkrähen, Sigmaringen 1986, S. 145 ff.

⁸⁰ RÜEGER, Chronik, Band 2, S. 1148, Anm. zu S. 710, 6.

⁸¹ ZGO 121 (1973), S. 187, Regest 42.

⁸² Es ist nicht klar, um welches Büren es sich handelt.

⁸³ Staatsarchiv Schaffhausen, Ratsprotokolle (zit. RP), 1 57 (1468, 6. Mai – 3. Juni).

⁸⁴ RP 1, 374 (1474); in den Justizakten jener Zeit ist kein diesen Rechtstag betreffender Eintrag zu finden, hingegen nennt das Frevelbuch 1477–1492 einen Heini von Singen (Justiz C 1/3, 41v und 44v). Unklar in den Zusammenhängen ist ein Eintrag in den Schaffhauser Stadtrechnungen der Jahre 1402/03, wo sich in der Rubrik »ritend botten« folgender Eintrag findet (Band 3, S. 64): »*Item 1 lb 3 1/2 Hansen Winkel gen Costenz, do ich bezalt die Häbchinen und Ital Eglin und den appoteger und ouch, als ich warb zuo dem bischoff von der von Friburg wegen umb daz Singen.*« Bei Adelheid Häbchin handelt es sich um die Witwe des Ulrich Häbch, Stadtammann zu Konstanz, bei den beiden weiter genannten Personen ebenfalls um Gläubiger sowohl der Stadt Schaffhausen als auch des Bischofs Marquard von Randeck. Friburg steht insofern in einem Zusammenhang mit Singen, als in einem Vertrag von 1436 die Bürger von Singen Frick Keller, Heini Schiner und Burkli Adam für die Wahrung der Rechte des Ulrich Friburg von Stein am Rhein sich verbürgten (UR Nr. 1939).

⁸⁵ HANS WILHELM HARDER/EDUARD IM THURN, Chronik der Stadt Schaffhausen, Schaffhausen 1844, III, S. 44.

⁸⁶ Ebenda, III, S. 55 ff. (für die Jahre 1466–1468). Vgl. dazu Cartulaire de Mulhouse, Tome 3, Strasbourg/Colmar 1885, S. 37: Solothurn schreibt am 16. August 1467 an Mühlhausen: »*daruff habent gemein eidtgenoszen einen tag angesetzt gen Lucern nechst sannct Bartholomeus tag, ze ratt schlagen wie man den von Schopfhusen ze hilff welle komen.*« (Mühlhausen hatte 1466 mit Bern und Solothurn ein Schutz- und Trutzbündnis auf 25 Jahre geschlossen.)

⁸⁷ In einem Brief vom 20. Januar 1468 an Bürgermeister und Rat der Stadt Mülhausen gibt Schaffhausen eine ausführliche Schilderung seiner Auseinandersetzung mit Bilgeri von Heudorf (Cartulaire de Mulhouse, Tome 3, S. 108 ff.).

⁸⁸ KURT BÄCHTOLD, Schaffhausen als zugewandter Ort, in: Schaffhauser Beiträge 31/1954, S. 102 f.

⁸⁹ Ebenda, S. 105.

⁹⁰ ERNST STEINEMANN, Die Schaffhauser vor Waldshut, in: Festschrift: 500 Jahre Waldshuter Chilbi 1468–1968, Waldshut 1968. WR 14 921.

⁹¹ Handbuch der Schweizer Geschichte I, S. 314. In diesem Frieden versprach Herzog Sigmund, den Eidgenossen bis zum folgenden Jahre eine Entschädigung von 10 000 Gulden zu bezahlen, andernfalls Waldshut und der österreichische Schwarzwald ihnen überlassen werden sollten.

⁹² In drei Punkten wurden drei Schaffhauser Anliegen erledigt: 1. Die Klage Bilgeris von Heudorf gegen die Stadt Schaffhausen und die von Fulach wegen des Schlosses Laufen soll dahinfallen. 2. Weder Bilgeri von Heudorf noch seine Anhänger sollen in Zukunft von der Reichsacht gegen Schaffhausen und die von Fulach Gebrauch machen. 3. Das Schatzungsgeld von 1800 Gulden, das Heudorf von Bürgermeister am Stad erpreßte, soll von Österreich bezahlt werden (siehe BÄCHTOLD, Anm. 88, S. 113).

⁹³ Handbuch der Schweizer Geschichte I, S. 314. Laut dem Vertag von Saint-Omer schoß Herzog Karl der Kühne Sigmund 50 000 Gulden vor und nahm ihn, insbesondere gegen die Eidgenossen, in seinen Schutz.

⁹⁴ CHMEL, Regesta, Nr. 5567, 5568, 5570–5574.

⁹⁵ Handbuch der Schweizergeschichte I, S. 338 f.

⁹⁶ EA 3, Abt. 1, S. 493, Nr. 519 d.

⁹⁷ Vgl. Quellen zur Schweizergeschichte, Band 20, Basel 1901 (Aktenstücke zur Geschichte des Schwabenkrieges, Nr. 76, Nr. 87 ff.).

⁹⁸ UR 3429 vom 28. Juli 1491.

⁹⁹ »*So sol mir, Bollin von Fulach, zugehören unnd beliben, Singen, das dorf, mit aller ehafft, gerechtigkait unnd zugehördt unnd darzu die zechen zu Buch, och mit siner zugehördt, wie denn die baide stuck an unnsern vatter unnd von dem an unns komen sind. Davon so söllen och ich und min erben geben, usrichten und bezalen dis nachgeschribnen zins unnd gult unnd das thun ane Hannsen, mins brüders unnd siner erben costen und schaden. Unnd mittnamen: Item zechen guldin geltz der statt Zell, item siben guldin geltz Johansen Schmotzer [?] zu Costenntz, item fünff pfund haller geltz Costenntzer werung der Blarerin gen Costenntz, item dry guldin geltz dem Listin zu Zell, item fünff guldin geltz dem Nesen zu Nydingen unnd sechshalben guldin geltz Ulrichen Huber unnd thorothea von Fulach, miner swester.*«

¹⁰⁰ MELCHIOR KIRCHHOFER, XXI Neujahrsgeschenk für die Jugend des Kantons Schaffhausen, Schaffhausen 1842, p. 8: »*Auch Poleis von Fulach Dorf Singen blieb verschont seiner Freundschaft in Schaffhausen zu lieb.*« Kirchhofer bezieht sich auf eine handschriftliche Chronik im Stiftsarchiv von St. Gallen von Marx Brunmann, Statthalter zu Wil, einem Zeitgenossen. (Vgl. JOHANNES HÄNE, Zur Geschichte des Schwabenkrieges, in: Schriften des Vereins für Geschichte des Bodensees und seiner Umgebung, 27. Heft, Lindau

1898, S. 8.) Die Verwirrung rührt wohl daher, daß die Berichterstatter nicht zwischen dem den von Fulach gehörenden und Niedersingen unterschieden.

[101] WR 9687.
[102] Vgl. JOHANNES WINZELER, Geschichte von Thayngen, Thayngen 1963, p. 237. Zum ersten Hegauzug schreibt Winzeler ohne Quellenangabe: »*In Singen wollte ein Trupp der Eidgenossen plündern, allein die Besatzung des Twiel machte einen Ausfall, wobei vier Schweizer getötet wurden.*«
[103] Iventar des Stadtarchivs Stein am Rhein, Band 2, S. 754 f. (Urkunde VA 275).
[104] Ebenda, Band 1, S. 78 (Urkunde J 773).
[105] Vgl. die Arbeit von MARKUS BITTMANN in diesem Band, S. 104 ff.
[106] UR Nr. 4071.
[107] Ur Nr. 4264.
[108] HERBERT BERNER, Schaffhausen und der Hegau, in: Schaffhauser Beiträge 48/1971, S. 234 ff. mit den entsprechenden Belegen.
[109] Da entsprechende Hinweise fehlen, besteht immerhin die Möglichkeit, daß Landaus Bemerkungen über erhaltene Informationen vom Untervogt zu Ramsen nicht zutreffend sind. Allerdings liefen vor dem Landgericht in Stockach gerade zu jenem Zeitpunkt Verhandlungen wegen der Wiederlösung von Ramsen, an denen von Landau beteiligt war, vgl. GREGOR SCHWERI, Die Herrschaft Ramsen im 16. und 17. Jahrhundert [1539–1659], Diss., Schaffhausen 1974, S. 50 ff.).
[110] Vgl. hierzu ANNA FEYLER, Die Beziehungen des Hauses Württemberg zur Schweizerischen Eidgenossenschaft in der ersten Hälfte des XVI. Jahrhunderts, Diss., Zürich 1905.
[111] Inventar des Stadtarchivs Stein am Rhein, Band 1, S. 21 (Urkunde St 92).
[112] EA 3, Abt. 2, S. 1, Nr. 1 ii.
[113] Ebenda, Nr. 54, 63, 65, 66.
[114] UR Nr. 3692.
[115] STEHLE, Bruderhof, S. 82 ff.
[116] GLA 5/562, Nr. 3006.
[117] Walter Schreiber vermutet, daß das Singener Gut im Jahre 1420 in den Besitz der Stokar gekommen ist (vgl. WALTER SCHREIBER, Das älteste Urbar des Enzenberg-Archivs als agrar- und sprachgeschichtliches Dokument, in: Hegau 27/28, 1970/71, S. 136).
[118] Hinweise auf Verbindungen von Schaffhauser Bürgern zu Singen nennt GERTRUD STREIT, Adelsgeschlechter in Rielasingen, in: Hegau 38/1981, S. 59 ff.
[119] Staatsarchiv Schaffhausen, Sekelamt, Zinsbriefe, 2. Januar 1557.
[120] Staatsarchiv Schaffhausen, Sekelamt, Zinsbriefe, 6. November 1576.
[121] Vgl. EBERHARD DOBLER, Burg und Herrschaft Hohenkrähen im Hegau, Sigmaringen 1986, S. 307–311.
[122] RP 25, S. 279.

Der Bauernkrieg 1524/25

von Herbert Berner

»Wie bei der französischen Revolution, so lagen auch bei dem großen Bauernkrieg der Jahre 1524 und 1525 Mißstände in Staat, Religion und Kirche zugrunde, die zum Teil schon seit Jahrhunderten sich entwickelt und bestanden hatten ... Das politische Elend, unter dem ganz Deutschland im späteren Mittelalter zu leiden hatte, die immer wieder Ärgernis erregenden kirchlichen Verhältnisse, Hader und Zwietracht unter den einzelnen Ständen der Bevölkerung, besonders Hochmut und unbegründete Selbstüberhebung der oberen Schichten den Bauern gegenüber wirkten, wie noch vieles andere, zersetzend auf ganz Deutschland ein. Der Bauernstand hatte unter Bedrückungen und vielfach erst in letzter Zeit willkürlich gesteigerten sozialen Lasten, ebenso häufig unter mangelhafter Rechtspflege zu leiden. Ereignisse anderer Art erhöhten die Mißstimmung der Unzufriedenen. Der Krieg und seine Folgen, Hunger und Krankheit, sodann Aberglauben, die tollsten Wundererscheinungen versetzten die armen Leute in neue Aufregungen und neue Schrecken ... Eine unmittelbare Anregung, die Besserung ihres Loses mit Anwendung von Gewalt zu versuchen, bekamen die Bauern durch die Hussitenkriege; den Bewohnern der südlichen Teile Deutschlands stand dazu die freie schweizerische Eidgenossenschaft als verlockendes Vorbild vor Augen. Das neue Kriegswesen, das Aufkommen der Landsknechte, die gerade dem Bauernstamm entstammten, verlieh diesen eine ganz neue Art von Standesbewußtsein und Selbstzuversicht.«[1]

Diese vor rund 100 Jahren geschriebene Charakterisierung gibt die wesentlichen Ursachen und Merkmale des Bauernkrieges wieder, der – nach einem Wort von Leopold von Ranke – »das größte Naturereignis des deutschen Staates«[2] und nach Friedrich Engels »der großartigste Revolutionsversuch des deutschen Volkes«[3] gewesen ist. Begünstigt wurde der Bauernkrieg, der weite Teile des Reiches erfaßte, durch die Reformation Luthers und Zwinglis; die Berufung auf die Freiheit des Christenmenschen, auf das »göttliche Recht« war für die Bauern wesentlich. Luther selbst wandte sich allerdings gegen eine politische Auslegung seiner Lehre. Unstreitig ist der Einfluß des in Waldshut 1523 bis 1525 im Anschluß an die Soziallehre Ulrich Zwinglis wirkenden Reformators Dr. Balthasar Hubmaier auf Klettgau und Hegau, wo der Bauernkrieg seinen Anfang genommen hat. Ein anderer radikaler Prophet, der spätere Anführer des mitteldeutschen Bauernkrieges Thomas Müntzer, predigte zwei Monate lang von November 1524 bis Januar 1525 im Klettgau und Hegau, allerdings mit offensichtlich geringem Erfolg[4]. Auch die Rezeption des Römischen Rechts, das dem »gemeinen Volk« unverständlich erschien, vermehrte die Unruhe.

Lange vor dem Bauernkrieg gab es schon sozialrevolutionäre Erhebungen[5], auch die Ritterschaft und adelsfeindlichen Städte haben revoltiert. Gerade in unserem Gebiet gingen viele Einflüsse von den Freiheitskämpfen der Eidgenossen aus – man erinnere sich nur an den Aufstand von 1460. Bauernunruhen gab es ferner etwa 1468 im Oberelsaß, 1484, 1507 und 1518 in Billafingen, 1491 in den Gebieten der Abtei Kempten und 1497 bis 1502 der Abtei Ochsenhausen bei Biberach an der Riß. Im Jahre 1502 stand der »Bundschuh« in Untergrombach bei Bruchsal auf, 1513 zu Lehen im Breisgau, und seit 1523 gab es Empörungen in vielen Dörfern und Herrschaften[6]. Einer der fähigsten Anführer (»Hauptfächer«) der Bauern war der aus Untergrombach stammende Joß Fritz, der seit 1501 an vielen Verschwörungen und Empörungen mit beispiellos kühner Verschlagenheit beteiligt war, nie gefaßt werden konnte und zuletzt als alter Mann 1524 in Stühlingen gesehen worden ist; seine Frau stammte aus der Stockacher Gegend. Der Schwäbische Bund und die Fürsten glaubten, hinter all diesen bäuerlichen Empörungen stünden die Schweizer; das Wort »Schweizerischer Sinn« bedeutete so viel wie »aufrührerisch, unbotmäßig«[7].

Der Name »Bundschuh«, 1443 erstmals in Schliengen bei Basel nachweisbar, bedeutete ursprünglich nur Bündnis, wahrscheinlich abgeleitet vom Binden der Lederriemen, und wurde erst im 15. Jahrhundert Symbol der Sammlung aufständischer Bauern. Bundschuh hieß im Gegensatz zum gespornten Ritterstiefel der derbe, mit Riemen geschnürte Schuh des gemeinen Mannes[8]. Auf der Fahne befand sich neben dem gemalten Bundschuh meist ein Bild der Mutter Gottes oder des Gekreuzigten; im Hegau – auffallenderweise – ein Pflug. Hier haben die aufständischen Bauern 1460 einem Priester die Hand halb abgeschlagen, als er ihnen die Entnahme des Sakraments aus der Kirche verwehren wollte.

Ziel des Bundschuhes war es letztlich, nur Kaiser und Papst untertan zu sein, die Leibeigenschaft und die herrschaftlichen Abgaben sowie die Beschränkungen der Allmende aufzuheben und das kirchliche Vermögen, das den notwendigen Unterhalt der Pfarrer überstieg, unter die Gemeinden aufzuteilen. Hierbei übte eine 1439 anonym entstandene revolutionäre Flugschrift »Reformatio Sigismundi«, die heftige Kritik an den kirchlichen Mißständen ihrer Zeit übte, eine tiefe Wirkung aus. Die Bauern träumten von einem Reich unter einem starken Kaiser ohne geistliche und weltliche Zwischeninstanzen. Der Kaiser und der an seiner Statt im deutschen Reich regierende harte bigottisch-altgäubige Erzherzog Ferdinand (1503–1564) vermochte freilich diesen großen Gedanken weder zu begreifen noch gar die darin enthaltenen Chancen zu nutzen. Statt dessen verwandte er alle Kraft auf die Bekämpfung der Reformation, auf die »verfluchte lutherische Sekt« und all dessen, was damit irgend etwas gemeinsam haben könnte, insbesondere die aufständischen Bauern: »Besser ein verdorben denn ein verloren Land!«

Verletztes Rechtsempfinden und die gesellschaftliche Mißachtung der Bauern und des niederen Volkes sind weitere ausschlaggebende Gründe für die bäuerliche Erhebung. Nicht nur der Adel, auch die Bürger in den Städten »konnten sich nicht genug tun im Verhöhnen des Einfaltspinsels vom Lande, des grobschlächtigen Raufbolds. Sie ziehen her über den hoffärtigen, zu üppig gewordenen, unbotmäßigen Bauern, über den betrügerischen Pfiffikus, von dem Sebastian Brant im Narrenschiff einmal sagt, daß er ein Lehrmeister jeder Bosheit für das Stadtvolk sei, und daß aller Beschiß jetzt von den Bauern komme.«[9] Ein gängiger Schimpf- und Spottname war der »Karsthans«, der tumbe, klobige Bauer, der sich mühselig mit dem Karst, der Feldhacke ernähren mußte; der Bauer selbst empfand diesen Namen als Ehrentitel: der Karsthans wollte jetzt ein »Freihans« werden. In der Tat wurde der Bauernkrieg nicht von den armen, geschundenen Landleuten ausgelöst und getragen, sondern von den wohlhabenden Bauern; auch Joß Fritz gehörte zu diesen und verfügte über viel Geld. Schließlich wäre noch deutlich darauf hinzuweisen, daß nicht alle Bauern bereit und willens waren, bei der Empörung mitzumachen, weil sie vielleicht unter ihrem Ritter oder Prälaten weniger oder nur geringen Grund zur Klage hatten.

In den zeitgenössischen Berichten lesen wir daher immer wieder, wie die Bauernführer, zum Beispiel der von den Stühlingern gewählte ehemalige Landsknecht Hans Müller von Bulgenbach (bei St. Blasien), mit Überredungen, ja sogar Drohungen die Dorfschaften zum Anschluß an den Bundschuh nötigen mußten. Dies mag regional, von Dorf zu Dorf anders gewesen sein, je nach den inneren Verhältnissen einer Herrschaft. Im Hegau jedenfalls blieben vier bodmanische und homburgische Dörfer, nämlich Bodman, Möggingen, Espasingen und Güttingen, ihrer Herrschaft treu und bekamen dafür den Zorn der aufrührerischen Bauern mit Plünderung und Brand deutlich zu spüren. Dies zahlten sie mit gleicher Münze heim, indem sie den Besatzungen der belagerten Städte Radolfzell und Stockach bei ihren Ausfällen halfen und einige der umliegenden Ortschaften (z. B. Stahringen) verwüsteten[10]. Auch an Hoppetenzell scheint der Bauernkrieg spurlos vorübergegangen zu sein, weil der Johanniterorden als Eigentümer des Dorfes milde regierte[11].

Der Bauernkrieg brach im Grenzland Klettgau aus. Am 23. Juni 1524 erhoben sich die Bauern in der lupfischen Landgrafschaft Stühlingen aus einem wohl geringfügigen Anlaß, der das Faß zum Überlaufen brachte. Mehrere Chroniken erzählen, die Gräfin habe mitten in der Ernte von ihren Untertanen das Einsammeln von Schneckenhäusle verlangt, auf die sie Garn wickeln wollte. Die Bauern stellten keine revolutionären Forderungen, sondern wandten sich unter Berufung auf das gemeine Recht gegen Willkür und Mißbräuche des Grafen Sigmund von Lupfen, verlangten Aufhebung der Leibeigenschaft, wollten aber im übrigen getreue Untertanen bleiben. Bei gutem Willen aller Beteiligten, vor allem des Adels, hätte sich in den nächsten Monaten der Ausbruch des blutigen Aufruhrs vermeiden lassen, aber alle Verhandlungen und Vermittlungsversuche in Engen, Radolfzell, Stockach und Schaffhausen scheiterten. Am 6. Januar 1525 brachten die Bauern des Grafen von Sulz bei einer Verhandlung zu Stockach ihre in 16 Artikeln zusammengefaßten Klagepunkte mit; diese und die in Memmingen verfaßten 12 Artikel der oberschwäbischen Bauern Februar/März 1525 lagen bei allen Verhandlungen auf dem Tisch[12].

Die Bauern unter Führung des ehemaligen Landsknechtes Hans Müller[13] organisierten sich nun in der »Christlichen Vereinigung«. Ihnen kam zustatten, daß Erzherzog Ferdinand sich wegen der Türkengefahr in Österreich aufhielt und daß die Truppen des Kaisers Karl V. in Oberitalien in dem noch unentschiedenen Krieg gegen den französischen König Franz I. gebunden waren. Die Mehrheit der Eidgenossen war mit Frankreich verbündet. Der Aufstand entwickelte sich im übrigen außerordentlich langsam; erst im März 1525 gewann die »Revolutionäre Partei« über die Gemäßigten die Überhand.

Diese Situation nutzte der 1519 aus seinem Herzogtum vertriebene, mit der Reichsacht belegte Herzog Ulrich von Wirtemberg, um sein Herzogtum wiederzuerlangen. Den Eidgenossen war der »unbedeutende« wirtembergische Herzog als Nachbar lieber denn das mächtige Österreich. Bern schätzte vor allem das wirtembergische Mömpelgard als einen »Landschlüssel« für die Eidgenossenschaft. Auch die wirtembergischen Kornmägde berücksichtigten die Eidgenossen bei ihrem Kalkül. So bestanden seit langem Bündnisse mit mehreren eidgenössischen Orten, vor allem mit Zürich; der Herzog war Bürger in Luzern und Solothurn sowie seit 1524 in Basel[14]. – Herzog Ulrich hatte schon früh die strategische Bedeutung des Hohentwiels erkannt und bereits 1511 von Hans Heinrich von Klingenberg ein Öffnungsrecht für seine Hälfte des Hohentwiels erworben. Hans Heinrich war übrigens seit 1516 mit der halben Festung Bürger zu Schaffhausen: auch die Stadt hatte ein Öffnungsrecht auf dem Twiel[15]. 1521 drängte der französische König den Herzog, Hohentwiel in Besitz zu nehmen, und gab ihm dazu 2000 Sonnenkronen und das Versprechen, ihm bei der Unterhaltung der Besatzung behilflich zu sein. Im Herbst 1524 schien für Herzog Ulrich die Zeit reif, in sein Herzogtum zurückzukehren. König Franz ermunterte ihn von Pavia aus dringend zum kriegerischen Einfall, da er dann hoffen konnte, daß Erzherzog Ferdinand in Deutschland bleiben werde. Herzog Ulrich selbst war es damals gleich, ob er »durch Stiefel oder Schuh« wieder nach Wirtemberg käme. Obgleich er wenige Jahre zuvor – 1514 – in seinem eigenen Land den Aufstand des »armen Konrad« verursacht hatte, nahm er nun Verbindung mit den Bauern auf, unterzeichnete als »Utz bur« und nahm sogar unbesehen 1523 ein neues Bekenntnis an, weil es für ihn ein Mittel war, sein Land zurückzuerobern[16]. Erste Verbindungen mit Zwingli in Zürich wurden aufgenommen; der Reformator gedachte, den Herzog gegen den Kaiser auszuspielen.

Am 14. September 1524 ritt Ulrich mit 40 Pferden auf den Twiel, auf dem eine Besatzung von etwa 500 Mann lag. Zur Hilzinger Kirchweih am 2. Oktober, zu der sich an die 1000 Bauern einfanden, ließ er drei Signalschüsse abfeuern und schickte acht Berittene ins Dorf, die einen »Bund aufgeworfen, untereinander geschworen, gut Schweizer zu sein und voneinander nicht zu weichen«[17]. Vor allem unter den Schwarzwälder Bauern hatte Ulrich Anhänger. In der Eidgenossenschaft wurden 6000 bis 8000 Reisläufer angeworben, die im Februar 1525 in 32 Fähnlein mit je 300 Mann unter eidgenössischen Hauptleuten in Lagern bei Schaffhausen, Thayngen und Gottmadingen zusammengezogen wurden. Die Schwarzwälder Bauern, die mit ihm ziehen wollten, vielleicht 800 Mann, versammelten sich in Hilzingen und Steißlingen sowie in der Baar; weitere Lager waren in Rietheim bei Villingen und in Worblingen[18]. Den Bauern, die sich von Hans Müller hatten überreden lassen, war nicht recht wohl, denn ihre Absicht war es ja, Fürsten ab- und nicht einzusetzen.

Am 23. Februar 1525 brach Herzog Ulrich auf, nachdem er von Schaffhausen aus an die Reichsstände eine Druckschrift verschickt hatte, in der er seinen Zug nach Wirtemberg rechtfertigte. Bei Duchtlingen vereinigten sich die eidgenössischen Landsknechte mit den sieben Fähnlein der Bauern aus Schwarzwald und Klettgau; die hegauischen Bauern schlossen sich dem Herzog nicht an. Am 24./25. Februar trafen sich alle Truppen bei Welschingen; am 24. Februar hatte es bei Weiterdingen/Duchtlingen ein Gefecht mit 300 Berittenen des Truchsessen Georg von Waldburg gegeben. Am 25. Februar begann der Aufbruch nach Wirtemberg in drei Heerhaufen über Engen-Immendingen-Möhringen. – Der erfolglose Feldzug dauerte gerade drei Wochen; nach der für König Franz I. unglücklichen Schlacht von Pavia am 24. Februar 1525 wurden die eidgenössischen Landsknechte vor Stuttgart zurückgerufen. Herzog Ulrich befand sich am 17. März bereits wieder auf dem Hohentwiel und tags darauf in Schaffhausen[19].

Die Umtriebe des Herzogs haben zunächst der Sache der Bauern Auftrieb gegeben, seine Niederlage war aber auch eine Niederlage der Bauern, denn »durch seinen Vorstoß waren die lange stockenden Rüstungen des Schwäbischen Bundes in Gang gekommen«. . . . Nachdem jetzt sehr rasch ein stattliches Heer zusammengebracht worden war, wurde es selbstverständlich auch gegen die Bauern eingesetzt[20]. – Im Januar 1525 übernahm Truchseß Georg von Waldburg, ein tüchtiger, schlauer, zugleich verschlagener und herzloser Kriegsmann, den Oberbefehl über die Truppen des Schwäbischen Bundes. Die österreichischen Untertanen im Hegau scheinen sich zunächst nicht am Aufstand beteiligt zu haben; erst um den 4. Februar 1525 traten die Mühlhauser und die Bauern von Kirchstetten (= Wiechs am Randen) mit den in Hilzingen und Weiterdingen verschanzten Aufständischen in Verbindung, doch gelang es dem Truchsessen um den 10. Februar, die Mühlhauser durch die kurzfristige Besetzung ihres Dorfes, durch Wegtreiben des Viehes und schlimme Drohungen zu einem Vertragsabschluß zu bewegen und die Ruhe wiederherzustellen. »Immerhin scheint der Vertrag vom Februar 1525 die Mühlhauser und wohl auch einige Nachbardörfer vor schlimmeren Strafmaßnahmen bewahrt zu haben. Am folgenden Abschnitt des Bauernkrieges haben sich diese Gemeinden anscheinend nicht oder zumindest nicht mehr geschlossen beteiligt.«[21]

Der unselige Ausgang des Bauernkrieges wurde in Oberschwaben entschieden, als sich der große, kriegstüchtige und den Truppen des Truchsessen weit überlegene Seehaufen – wohl an die 12 000 Bauern gegen 7000 Landsknechte – am Ostermontag, 17. April 1525, im Weingartner Vertrag zur Kapitulation bereitfand, freilich gegen Zusicherung von Straflosigkeit und Einsetzung eines neutralen Schiedsgerichts[22]. Gegen seinen Willen mußte jedoch nun der Truchseß seine Absicht, zuerst den Aufstand im Hegau niederzuwerfen, aufgeben und in das nördliche Wirtemberg, nach Weinsberg, ziehen. Die Hegauer und Schwarzwälder Bauern faßten dies als schmähliche Flucht auf. Ihr oberster Anführer war Johann Benkler aus Kalkofen (Herrschaft Hohenfels), weitere Führer waren der Hardmüller Konrad Maler von Steißlingen und Hans Murer von Mühlhausen/Schlatt unter Krähen[23].

In wenigen Wochen war der Aufstand größer denn je. Am 9. April 1525 (Palmsonntag) vereinigte sich der Hegauer Haufe mit jenen aus dem Schwarzwald, der Baar und dem Klettgau. Alle Städte in der Baar, ferner Aach und Engen, die freiwillig ihre Tore öffneten, fielen in die Hände der Bauern; lediglich Stockach, Überlingen und Radolfzell, wohin sich der Adel geflüchtet hatte, leisteten Widerstand. Am 18. April schloß der Bauernhauptmann Johann Benkler Radolfzell ein; die Stadt wurde mit kurzer Unterbrechung bis Anfang Juli belagert. Der Krieg wurde mit großer Erbitterung geführt, die Belagerten verbrannten bei Ausfällen Stahringen, Wahlwies und Nenzingen und die Hardmühle zu Steißlingen, die Bauern verheerten die bodmanischen Dörfer und die Mettnau. Anfang Juli kehrten die Bundestruppen und das von der Regierung zu Innsbruck entsandte Kriegsvolk unter Mark Sittich von Ems zu Hohenems zurück, darauf hoben die Bauernobersten Müller und Maler die Belagerung von Radolfzell auf. Beide entwichen, viele Bauern gingen wegen der nahenden Ernte nach Hause, die restlichen 10 000 Bauern wurden am 8. Juli an der Laffensteige bei Steißlingen in nur zwei Stunden in die Flucht geschlagen. Am gleichen Tag unterwarfen sich die fürstenbergischen und schellenbergischen Bauern in Watterdingen. Die letzten in Hilzingen ausharrenden Bauern mußten sich am 16. Juli auf Gnade und Ungnade ergeben[24].

Den endgültigen Abschluß setzte der Hilzinger Unterwerfungsvertrag vom 25. Juli, der bestimmte, daß die Bauern alle Waffen abzuliefern, Kirchhofmauern und starke Türme niederzureißen, die Glocken, mit denen zum Sturm geläutet worden, abzugeben hatten und Geldstrafen erlegen mußten (von jedem beteiligten Haus 6 Gulden); hinfort durften sie auch keine Bruderschaft mehr aufrichten. Das blutige Strafgericht fiel im Vergleich mit anderen Territorien milde aus. In der Hauptsache wurden nur die radikalen Anführer geköpft oder gehängt; nach der Embser Chronik mußten 50 Anführer Sturmglocken von Hilzingen bis Bregenz ziehen und wurden dort an Eichen aufgehängt[25]. Hans Müllers Haupt fiel zu Laufenburg. Viele entrannen zu Herzog Ulrich auf den Hohentwiel, in der Hoffnung, bei ihm Schutz und Hilfe zu erhalten, aber der treulose Fürst rührte keinen Finger zu ihrer Rettung. Andere Beteiligte mußten Urfehde schwören, das heißt versprechen, bestimmte Orte oder Gebiete nicht mehr zu betreten und sich nicht für die verhängte Strafe zu rächen. Viele der gemäßigten Bauernführer in Oberschwaben behielten ihre Ämter und Lehen oder erhielten sie erst nach 1525[26], die Masse der Bauern blieb von Strafaktionen verschont. – Die Schadensregulierung zog sich lange hin, die Gerichte wiesen unberechtigte Forderungen zurück. Die beiden radolfzellischen Gemeinden Böhringen und Überlingen am Ried, die sich besonders bei der Belagerung der Stadt hervorgetan hatten, mußten am 12. August 1525 ihre Waldungen Kampfrain und Offilholz sowie Schachenwald und Raitholz abtreten[27].

Nicht ein einziges Mal war bisher die Rede von Singen oder den Singener Bauern, obwohl ihr Dorf im Zentrum des Geschehens im Hegau lag[28], von Hilzingen freilich durch den Hohentwiel abgeschirmt. Singen war erst 1518 in den Besitz des Hans Heinrich von Klingenberg gekommen, der nach dem Verlust des Hohentwiels als Schaffhauser Bürger sich hauptsächlich wohl dort in seiner Behausung aufgehalten haben dürfte. So mag es wenig Konfliktstoff gegeben haben; allerdings empörten sich die Bauern in den ebenfalls dem Ritter gehörenden Dörfern Ramsen und Worblingen[29]. Ein Indiz für die Zurückhaltung, ein bloßes Mitlaufen der Singener könnte sein, daß sie ihre Glocke von 1400 im Turm von Sankt Peter und Paul behalten durften, also nicht zum Sturm geläutet hatten[30]. Zu den bisherigen Ausführungen dürfte auch passen, daß die Glocken in Randegg (1209), Bietingen (1456, 1522), Mühlhausen (1436), Bohlingen (Anfang 15. Jahrhundert) und Ebringen (1456) in der Nachbarschaft von Singen noch vorhanden sind. Dagegen gibt es keine Glocken vor 1525 in Duchtlingen, Gottmadingen, Rielasingen, Weiterdingen, Friedingen, Böhringen, Überlingen am Ried und Steißlingen. Die ältesten Steißlinger Glocken tragen bezeichnenderweise die Jahreszahlen 1531, 1575 und 1580[31]. Eine Ausnahme bildet nun freilich Hilzingen als Ausgangs- und Endpunkt des Bauernkrieges: Hier blieben zwei alte Glocken aus der ersten Hälfte des 14. Jahrhunderts und von 1478 ebenfalls erhalten. Nach Hilzinger Tradition wurden sie 1525 vergraben und lange später erst wieder auf den Kirchturm gebracht[32].

Als Ergebnis des Bauernkrieges läßt sich feststellen, daß sich die wirtschaftliche und soziale Lage der Bauern gerade in den Aufstandsgebieten nach ihrer Niederwerfung nicht verschlechtert hat, sondern im allgemeinen in der althergebrachten Form bis in das 18. Jahrhundert hinein erstarrte, einfach deswegen, weil die feudalen Orts- und Landesherren keine Mehrbelastung mehr wagten. Konflikte zwischen Untertanen und Herrschaft wurden nun, unmittelbar nach 1525 beginnend, auf dem

Rechtswege ausgetragen, wofür auch die Geschichte der Herrschaft Singen-Mägdeberg Beispiele liefert. Das Fehde-Unwesen hörte nach dem Bauernkrieg auf. Ob bei einem Gelingen des Aufstandes die Entwicklung in Richtung einer bäuerlich-bürgerlichen Selbstverwaltung nach schweizerischem Muster verlaufen wäre, bleibt fragwürdige Spekulation; der fürstliche Absolutismus des 16. bis 18. Jahrhunderts war weder eine deutsche noch eine lutherisch- oder katholisch-konfessionelle, sondern eine europäische Erscheinung, eine unvermeidbare Durchgangsstufe auf dem Weg vom Feudalstaat des Mittelalters zum modernen europäischen Staat[33]. Immerhin konnten nach 1525 genossenschaftliche Zusammenschlüsse, sogenannte Landschaften in Oberschwaben, im Hochstift Augsburg, im reichsstädtischen Territorium Rottweil und im Markgräflerland entstehen; hier wirkte der gemeine Mann in bescheidener Weise an der Staatsführung mit[34]. Auch in Vorderösterreich gab es eine landständische Verfassung, die den Bauern ein gewisses Mitspracherecht zugestand. – Die einzige sichtbare Erinnerung an den Bauernkrieg in unserer Heimat ist der am 1. Juli 1962 in Hilzingen eingeweihte Zwinghofplatz; den neugestalteten Brunnen (1752) schmückt eine von dem Rielasinger Bildhauer Josef Schaumann geschaffene Bauernfigur in der Tracht der Jahre 1524/25.

Anmerkungen

[1] ARNOLD ELBEN, Vorderösterreich und seine Schutzgebiete im Jahre 1524, ein Beitrag zur Geschichte des Bauernkrieges, Stuttgart, 1898, S. 1–2.

[2] L. V. RANKE, Deutsche Geschichte im Zeitalter der Reformation, Bd. I, 1957, S. 317; RANKE, behandelt auch die Geschehnisse im Klettgau und Hegau in seinem Kapitel über den Bauernkrieg, S. 301–324.

[3] FRIEDRICH ENGELS, Der deutsche Bauernkrieg, Berlin, 1946, S. 108. – Allgemeine Literatur zum Bauernkrieg mit weiterführenden Angaben: GÜNTHER FRANZ, Der deutsche Bauernkrieg, Darmstadt, 1975.
Quellen zur Geschichte des Bauernkrieges, hg. von GÜNTHER FRANZ, Bd. II, 1963. Hier werden genannt um den Hohentwiel Hilzingen (1), Hohentwiel (1), Mühlhausen (1), Rielasingen (1, bezieht sich aber auf den Weinbau) und allgemein Hegau (9).
DIETER GÖPFERT, Bauernkrieg am Bodensee und Oberrhein 1524/1525, Freiburg, 1980.
NIKOLAUS RIEGEL, Der Höhgauer Bauernkrieg, SVGB 7 (1876), S. 44–61.

[4] G. FRANZ, S. 110. – Insbesondere haben die Klettgauer Bauern in ihren 44 Artikeln das »göttliche Recht« wohl schon im Nov./Dez. 1524 als unverzichtbare Forderung vorgebracht. PETER BLICKLE, Zürichs Anteil am deutschen Bauernkrieg. Die Vorstellung des göttlichen Rechts im Klettgau, in ZGO 133/1985, S. 81 f., 87, 91, 93.

[5] ELMAR L. KUHN, Der Bauernkrieg am See, in »Seegründe«, Beiträge zur Geschichte des Bodenseeraumes, Weingarten, 1984, S. 20.

[6] Vgl. ELBEN, a.a.O., S. 2. – WILLY ANDREAS, Deutschland vor der Reformation, Stuttgart, 1959, bes. Kap.: Ländliche Verhältnisse und Vorboten des Bauernkrieges, S. 399–456. – G. FRANZ, Bauernkrieg, S. 97.

[7] ANNA FEYLER, Die Beziehungen des Hauses Württemberg zur schweizerischen Eidgenossenschaft in der ersten Hälfte des XVI. Jh.s, Zürich, 1905, S. 50. – Die Furcht vor der Entstehung eines »neuen Schweizerlandes« bewog die Obrigkeit, mit allen Kräften dagegen anzugehen. PETER BLICKLE, Die Eglofser Freien, in ZWLG 44/1985, S. 115.

[8] WILLY ANDREAS, Der Bundschuh. Bauernverschwörungen am Oberrhein, Köln, 1939, S. 8.

[9] ANDREAS, Reformation, S. 434. – Vgl. dazu ROTH VON SCHRECKENSTEIN, Reichsritterschaft, Bd. II, 1886, S. 253 f.

[10] FRANZ GÖTZ, Zur Geschichte von Dorf und Herrschaft Bodman, in BERNER, Bodman Bd. II, 1985, S. 66 f.

[11] Festschrift zur 1200-Jahrfeier der Gemeinde Hoppetenzell, 1958, S. 25. – Dazu ferner HANS-MARTIN MAURER, Der Bauernkrieg als Massenerhebung, S. 270: Solidarisierung der Bauern unter Druck. – HAUSS, Stockach und der Bauernkrieg, Bodensee-Chronik Nr. 18/1930.

[12] PETER ALBERT, Geschichte der Stadt Radolfzell 1887, S. 302 f. PETER BLICKLE, Die Revolution von 1525, München, 1975, S. 31–103.

[13] WOLFGANG DUFFNER, »Ein Bauernführer, den alle Menschen forchtend«. HANS MÜLLER VON BULGENBACH. Schwarzwälder Bote, Beilage 6 vom 19./20. Februar 1983.

[14] FEYLER, a.a.O., S. 4, 6, 8, 26, 172, 203, 230.

[15] FEYLER, a.a.O., S. 210.

[16] FEYLER, a.a.O., S. 246, 50 ff., 254, 264.

[17] N. RIEGEL, a.a.O., S. 46.

[18] FEYLER, a.a.O., S. 243, 245, 252, 259, 265, 267 f.

[19] FEYLER, a.a.O. S. 265, 268, 274 ff. Damals haben übrigens viele Hegauer Bauern als französische Söldner im Krieg Königs Franz I. von Frankreich gegen Kaiser Karl V. in Italien, u.a. in der Schlacht bei Pavia 1525, gekämpft. ROTH VON SCHRECKENSTEIN, Materialien zur Geschichte der Landgrafschaft Nellenburg. Französische Werbungen im Hegau 1524 bis 1530, in ZGO 24 (1882), S. 196–209; HERMANN BAIER, Französische Werbungen im Hegau (1536–1558), in ZGO NF 35 (1920), S. 101 f.

[20] G. FRANZ, a.a.O., S. 112.

[21] DOBLER, Hohenkrähen, S. 261.

[22] G. FRANZ, a.a.O., S. 133; E. L. KUHN, a.a.O., S. 26 f.

[23] EDMUND JEHLE, Steißlingen, aus der Geschichte der Pfarrei und des Dorfes, 1956, S. 21 f.; Bodman-Regesten Nr. 1010, 1525 V 26, S. 288. – FRANZ GÖTZ, Öhningen im Bauernkrieg, in: Dorf und Stift Öhningen, hg. von HERBERT BERNER, 1965, S. 118–121.

[24] P. ALBERT, a.a.O., S. 303–309; K. WALCHNER, Ratolphzell 1825, S. 89–112. – Bisher unbekannt geblieben ist der Zulauf von Thurgauer Bauern, u.a. von Weinfelden. Hauptleute und Räte der Hegauischen und Schwarzwäldischen »Versammlung« vor Zell schickten am 20. Juni 1525 an die

Gemeinde zu Weinfelden einen Brief mit der dringenden Bitte, »ir wellend uns um gottes willen und des hl. Evangelii wegen hilfreich zuoziehen [...]«. Bürgerarchiv Weinfelden, Stickler, Aktensammlung Nr. 1154. Der Landvogt von Zürich verbot indessen die erbetene Hilfeleistung. ALFRED L. KNITTEL, Die Reformation im Thurgau, S. 107; HERMANN LEI, Evangelisch Weinfelden, S. 14. H. LEI sei für diese Mitteilung gedankt (Sept. 1987).

[25] Die Embser Chronik des GEORG SCHLEH, aus Rottweyl, 1616, S. 35.

[26] E. KUHN, a.a.O., S. 47 f.

[27] F. GÖTZ, Geschichte der Stadt Radolfzell, Hegau-Bibliothek 12, 1967, S. 102.

[28] Lediglich bei KARL SCHWAB, Gottmadingen in Vergangenheit und Gegenwart, 1952, S. 39 f., ist einmal von den Singenern beiläufig die Rede; auch FR. SÄTTELE, Geschichte der Stadt Singen, 1910, S. 26 f., vermag nichts Konkretes über die Beteiligung der Singener Bauern zu berichten.

[29] Schaffhauser UB. II, Nr. 4302. – ZINSMAYER-WIELAND, Worblingen, Geschichte eines ehemaligen Ritterdorfes im Kanton Hegau, 1952, S. 62–66.

[30] H. BERNER, Kirchenglocken, S. 39, 41. H.-M. MAURER, a.a.O., S. 262 f., betont die aufrüttelnde Wirkung des Sturmläutens: »es war ein Akt des Ungehorsams und offener Provokation, wenn nun die Glocken eigenmächtig geläutet wurden [...].«

[31] E. JEHLE, a.a.O., S. 62.

[32] Pfarrarchiv Hilzingen. – Deutscher Glockenatlas, Bd. 4 Baden, München/Berlin, 1985, Nrn. 899–901, 908, 922, 957, 958, 1027, 1062, 1073. – S. dazu RAINER BAYER, Die Feldkircher Glockengießer und Fabrikanten Grassmayr, in: Schriftenreihe der Rheticus-Gesellschaft 24, Feldkirch 1989. Josef Anton Grassmayr goß 1857 für die Pfarrkirche Hohenems ein vierteiliges Geläute, wobei sich auch das Metall der Hilzinger Glocke befand, die Mark Sittich I. hierher hatte bringen lassen. »Als Feldherr des Schwäbischen Bundes hatte er im Jahre 1525 die aufrührerischen Bauern dabei überrascht, als sie die große Glocke vom Turm abnahmen, um daraus eine Kanone zu gießen. Sie mußten nun die Glocke an den Untersee ziehen, von wo sie nach Hohenems gebracht wurde. Fünfzig Bauern ließ Mark Sittich zur Strafe bei Bregenz an Eichen aufhängen.« (S. 106) Die hier gegebene Schilderung des Vorganges dürfte so nicht zutreffend sein, doch wird die Tatsache der Glockenablieferung (und zwar nur einer Glocke) bestätigt.

[33] Vgl. E. KUHN, a.a.O., S. 48–50.

[34] BLICKLE, a.a.O., S. 203, 241 f.; H.-M. MAURER, a.a.O., S. 293 f.

Die Herren von Bodman in Singen in der 2. Hälfte des 16. Jahrhunderts

von Wilfried Danner

1. Erwerb Singens durch Hans Georg von Bodman

Am 28. November 1530 erwarb Hans Georg von Bodman und Blumberg von Hans-Heinrich von Klingenberg das Dorf »Singen im Hegöw allernechst under dem Schloß Twiel gelegen«, Remlishofen, »zunechst bei Singen gelegen«, und Niederhofen »samt und sonder mit gerichten, zwingen, bännen, fräveln, bussen, ouch zinß, gülten, frondienst, tagwan, pflug und karrenfarten, ouch heusern, scheuren, torckeln, garten, hofstetten, hofraitinen, ouch hüenern, ayern, leuten und guetern, desgleichen mit dem weyer, weyerstatt, vischentz uß und in flüssen, ouch mit ackern, wisen, hägern, veldern, egarten, almen, wun, waiden, ouch wegen, stegen uß- und anferten, deßgleichen mit vällen, gelässen, vogtrechten, mit gebrauchung alles gwalts, ouch aller oberkeit, herligkeit und gerechtigkeit, dartzu und ouch mit allen freyheiten, rechten, gewonheiten, eehaftinen und herkommen, heitten und dartzu mit allen andern in- und zugehörungen benempten und unbenempten, hebendem, benageltem auch fundem und unfundem, ob und under dem ertrich gar und gantz«[1].

In dieser ausführlichen Aufzählung des Kaufinhalts wird deutlich, daß die unterschiedlichsten Herrschafts- und verschiedenen Eigentumsrechte völlig miteinander vermischt waren und daß – nach heutigen Begriffen – öffentlich-rechtliche und privat-rechtliche Belange nicht voneinander getrennt wurden.

Während späterer Kaufverhandlungen wurde Singen als ein »armes Flecklin«, als ein »ring ding« mit »unzweifel wenig vermöglicher Personen«[2] bezeichnet.

Festzustellen, inwieweit eine solch abschätzige Bezeichnung Taktik von Kaufinteressenten in Kaufverhandlungen war oder inwiefern sie der Wirklichkeit entsprochen hat, ist schwierig; die Formulierung »wenig vermöglicher Personen« läßt den Schluß zu, daß das Dorf nicht völlig verarmt und heruntergewirtschaftet war. Größe und Einwohnerzahl Singens waren immerhin für zahlungskräftige Käufer so interessant, daß wiederholte und langwierige Kaufverhandlungen im 16. Jahrhundert über Singen geführt wurden.

Hans Georg von Bodman spielte in der 1. Hälfte des 16. Jahrhunderts in der Ritterschaft im Hegau eine wichtige Rolle; mehrfach trat er als Unterhändler und Botschafter der Ritterschaft auf (z.B. während des Bauernkrieges). Am Ritterschaftsbündnis zur Verteidigung des alten Glaubens und Erhaltung des Friedens (1533)[3] war er ebenfalls beteiligt. Offensichtlich war er auch bei seinen Untertanen angesehen, denn die Treue seiner Untertanen während des Bauernkrieges von 1525 war außergewöhnlich. Während fast alle Ritterschaftsbauern 1525 an den Aufständen teilnahmen, unterstützten die Bauern von Bodman und Espasingen ihren Herrn Hans Georg von Bodman und standen ihm bei der Verteidigung seiner Besitzungen bei. Diese Haltung der Bauern wurde von Hans Georg von Bodman anerkannt und belohnt; er streckte seinen Untertanen die Entschädigungsgelder vor, die ihnen durch ein Gerichtsurteil wegen der im Bauernkrieg erlittenen Schäden zugestanden worden waren, aber lange Zeit nicht bezahlt wurden[4].

Hans Georg von Bodman zu Bodman verfügte über eine ansehnliche Herrschaft im Hegau, die er in wenigen Jahren beträchtlich erweitern konnte.

Er war Pfandherr der Stadt Aach im Hegau, erwarb 1529 für 21 000 rheinische Gulden in Gold Schloß und Städtlein Blumberg und kaufte 1530 das Dorf Singen mit Remlishofen und Niederhofen um 8147 rheinische Gulden, 26 Kreuzer, 1 Heller.

2. Singen im 16. Jahrhundert

a) Größe, Agrikultur und Einwohnerzahl

In den 50er Jahren des 16. Jahrhunderts wurden über Größe und Wert des Dorfes Singen mehrere Anschläge und Urbare angefertigt, aus denen Angaben über Größe und Einwohnerzahl eruiert werden können[5]; besonders aufschlußreich ist das Urbar von 1555[6].

In Singen standen um 1555 56 Häuser; über die Größe der Häuser wird wenig ausgesagt, dafür aber über die Eigentumsverhältnisse und über die Wirtschaftsfläche einzelner Höfe. Es gab nach dem Urbar von 1555 das Eigengut der Herrschaft (das Vogtgut) und 25 Bauernhöfe; außerdem den Reichenauer Kehlhof, der in Bodmanschem Lehensbesitz war. Unter diesen Bauernhöfen waren 9 Eigengüter der Untertanen, 11 Lehensgüter der Herrschaft und 5 sogenannte Hohentwieler Pfründgüter, die an sich Eigengüter der Herrschaft waren, aber nicht mehr in deren Verfügungsgewalt standen, da sie als »besetzte unablösige Gült« galten[7].

Der Vogthof war mit einer Anbaufläche von circa 52 Jauchert, 1 Vierling Acker (circa 14,63 Hektar)[8], 7 Jauchert, 1 Vierling (circa 1,96 Hektar) Weingärten und 17 Mannsmahd Wiesen relativ groß, aber nicht der größte Hof in Singen.

Von den 9 Eigenhöfen der Untertanen (»Eckensteiner Gut, Kalben Gut, Hans Widtmanns, des Dorfmüllers Erbe, Hans Schwarz zu Remishofen, Bolay Hepffer zu Niderhofen, Blasy Bick zu Singen, Brueder Veiten Erben, Conrad Geissen Erben, Clausen Früsthansen Erben von der Geigerin Gut, das sonst auch dem Kloster St. Katharinental bei Dießenhofen zinsbar ist«) war mit 38 Jauchert Ackerfläche und circa 11 Mannsmahd Wiesen das Eggensteingut eines der größeren.

Der Bauer des Eggensteinguts, Jakob Graf, war auch Inhaber des »Kalben Guts« und verfügte damit über weitere 15 Jauchert, 1 Vierling Acker und 9 Mannsmahd Wiesen. Er kann also als Großbauer bezeichnet werden. Andere Güter haben kein Ackerland und keine Wiesen verzeichnet (z. B. Brüder Veiten-Erben hatten nur »Hofstättlin und Scheuerlin«).

Nicht alle im Urbar verzeichneten Untertanen-Erbgüter waren Eigentum der Untertanen; sie waren nur nicht von Bodman abhängig, sondern von anderen Lehensherren (z.B. hatte Hans Schwarz zu Remlishofen einen Hof zu Lehen vom Grafen von Lupfen)[9].

Insgesamt waren die Grundlehen der Herrschaft größer als diese sogenannten Eigengüter der Bauern. Sie nahmen den größten Teil der Acker- und Wiesenfläche in der Gemarkung ein. Die Güter waren teilweise sehr groß, z.B. das Gut von Theuss Forster in Niederhofen. Er verfügte über circa 126 Jauchert Ackerfeld und circa 6 Mannsmahd Wiesen.

Außerdem erhielten manche dieser Höfe noch Zehnteinnahmen; z.B. Theuss Forster von 107 meist kleineren Grundstücken. Von den 11 Grundlehen hatten 5 über 30 Jauchert Ackerfläche und nur 2 keinen Grund und Boden (außer einem Hanf- bzw. Krautgarten am Haus).

Im Durchschnitt war ein Grundlehen mit 37 1/2 Jauchert Acker und circa 7 Mannsmahd Wiesen ausgestattet (Grundstücke mit Holz- oder Waldbestand eingerechnet). Insgesamt verfügten also die Grundherren (ohne Pfründgüter und Kehlhof über circa 414 Jauchert Grundlehen und circa 53 Jauchert Eigenwirtschaft an Ackerfeld sowie 77 Mannsmahd Grundlehen und 17 Mannsmahd Wiesen an Eigenwirtschaft. Bei dieser Größenordnung der Gesamtanbaufläche kann Singen für Verhältnisse im Hegau nicht als »geringer Flecken« bezeichnet werden, denn die Größe des Eigenbetriebs des Grundherrn (des Vogthofes) lag im Rahmen anderer Eigenbetriebe ritterschaftlicher Familien der Nachbarschaft[10]. Dazu bewirtschafteten die Herren von Bodman den Kehlhof, der als Reichenauer Lehen nicht in das Urbar aufgenommen worden war, offensichtlich aber von größerer wirtschaftlicher Bedeutung war, denn es fielen Zinsen, Frondienste und etliche »Tagwan« an.

Entsprechend der Agrikultur der Drei-Felder-Wirtschaft war das Ackerland in 3 »Zelgen« geteilt: in die »Zelg zum Rain«, in die »Zelg zum Hardfeld« und in die »Zelg zum Berg«. Selten erwähnt werden noch andere Gewanne: z.B. »Zelg bei den Tannen«, »Zelg hinter dem Hof«. Die Zersplitterung der Flurstücke war groß; oft hatte ein Acker oder eine Wiese nur eine Fläche von ein paar Vierlingen oder einen halben Jauchert. Nicht gezählt wurden die Hofraiten, die Kraut- und Hanfgärten.

Gemäß den Erfordernissen der Drei-Felder-Wirtschaft blieb im Turnus Land brachliegen. Von diesen brachliegenden Feldern waren keine Zinsabgaben zu leisten[11]. Nicht alle dem Ackerbau zugerechneten Flächen wurden tatsächlich für den Getreideanbau genützt; aus einigen Äckern waren 1555 Wiesen oder Stockwiesen gemacht worden.

Die unterschiedliche Größe der Höfe hatte natürlich auch unterschiedliches Einkommen zur Folge; so entstanden teilweise große soziale Unterschiede in der Dorfbevölkerung. Auch in der Reihenfolge der Aufzählung in den Urbaren kommt möglicherweise eine soziale Schichtung zum Ausdruck. Zunächst werden die Großbauern genannt, dann die ärmeren Bewohner des Dorfes.

Die Angaben über die Einwohnerzahl Singens schwanken; zunächst die Angaben über die Leibeigenen. Während der Burgvogt auf dem Hohentwiel und Hans Wolfgang von Bodman in der »Kaufabred« von 1554 113 leibeigene Personen in Singen zählten[12], wurden fast gleichzeitig 1555 im Urbar nur 64 Leibeigene in Singen und 24 in Remlishofen aufgeführt; also insgesamt lediglich 88.

Nach dem Überschlag von 1553 waren 77 Personen »haußhäblich«, mußten Fronen und Fastnachtshennen abliefern, waren also leibeigen. Die Leibeigenen des Ritters von Bodman stellten einen großen Teil der Bevölkerung. Da aber nicht alle Bodmanschen Grundholden und auch nicht die Bauern mit eigenen Gütern in der Liste der Leibeigenen aufgeführt sind, wird deutlich, daß die Ortsherren von Singen keinen geschlossenen Leibeigenen-Verband hatten, sondern daß auch »ausländische Leibeigene« oder »freie Personen« in Singen wohnten. Natürlich haben in 56 Häusern in Singen mehr als 64 Personen gewohnt; die Bauernfamilien waren ja trotz hoher Kindersterblichkeit recht groß. Andererseits wohnten Singener Leibeigene in Weiterdingen, Hausen a. d. A. und in anderen Orten.

Im Urbar fällt auf, daß von den 64 Leibeigenen nur 23 als erwachsene Personen aufgeführt werden und 41 als Kinder (3 Frauen, 6 Männer, 3 Ehepaare, 8 alleinstehende Mütter mit zusammen 41 Kindern [davon 6 Mütter mit 5, 7 und 8 Kindern]); ähnlich waren die Verhältnisse im Remlishofen (3 Mütter und 19 Kinder; 1 Ehepaar). Über das Alter der einzelnen Kinder finden sich keine Angaben. Es können also bereits erwachsene, aber noch nicht verheiratete Kinder zusammen mit der Mutter gezählt worden sein. Die eigenständige Leibherrschaftsabgabe wurde erst mit der Verheiratung eines Untertanen fällig.

b) Rechtsbindungen und -verpflichtungen der Untertanen

Die Erkundigungen, die der württembergische Burgvogt auf dem Hohentwiel, Hans Eben, 1553 für seinen Herzog Christoph von Württemberg über Singen einholen sollte[13], zeigen, welche Herrschaftsrechte den Käufern der Herrschaft von besonderer Bedeutung waren; natürlich hauptsächlich im Hinblick auf deren materiellen Wert.

Es wurde u. a. gefragt nach: Zwing und Bann, Nieder- und Hochgerichtsbarkeit, nach Leibeigenschaft, nach Zehntherrschaft (Groß- und Kleinzehnt), nach der Art der Grundlehen. Das Konglomerat dieser Herrschaftsrechte beinhaltet die üblichen Rechtsbindungen der Untertanen im 16. Jahrhundert. Für die Untertanen war es meistens unerheblich, aus welchen Gründen sie einzelne Abgaben und Dienste erbringen mußten, die Summe der Abgaben und die Art der Dienstleistungen waren für sie relevant.

Grundholden, die ihren Hof von der Herrschaft zu Lehen hatten, hatten eine »beständige«, also auf Herkommen und Verjährung beruhende Gült zu erbringen, deren Höhe sich an der Größe des Gutes orientierte (z. B. Theuss Forster aus seinem großen Gut 18 1/2 Mannsmahd Roggen, 10 Mannsmahd Hafer, 4 Florin Heugeld, 6 Hühner, 100 Eier[14]; ein armer Untertan mußte nur 6 Schilling, 1 Huhn, 30 Eier abliefern[15].

Zehntabgaben der Untertanen waren an diejenigen zu leisten, die von alters her den Zehnt erhielten (also die Kirche) oder die den Zehnten gekauft hatten.

Der Großzehnt (die Abgaben aus der Getreideernte) zu Singen »gat an viel Thail«[16], nämlich u. a. an den Bischof von Konstanz als dem Herrn der Reichenau, an das Kloster Paradies, an die Herrschaft in Singen, aber auch an das Kloster Öhningen oder an einzelne vermögende Bauern, wie Theuss Forster (siehe oben S. 183) in Singen. Auch der Kleinzehnt (Heu-, Obst-, Hühner-, Gänse-, Schweine-Zehnt u. a.) war aufgesplittert. Nach dem Zehnten wurde teilweise auch die zwanzigste Garb, also 5% der Erntemenge erhoben; z. B. aus Gütern, die zum Lehenshof von Theuss Forster gehörten[17]. Neben den Abgaben spielten natürlich die Dienste für die Untertanen eine große Rolle. Frondienste waren »gemessen« oder »ungemessen«, d. h. in genau nach Art und Zeitaufwand festgelegte und in zeitlich nicht festgelegte Dienstleistungen eingeteilt. Fronverpflichtungen der Bewohner Singens betrugen:

Bauern mit Gespann (»mäni« [Mähnen]) 29 Personen: jährlich 4 Tage mit dem Pflug »ackern«. Jeder mußte 2 Tage in den Weingärten arbeiten, 1 Tag »schneiden«.

Bauern ohne Gespann: 3 Tagedienste (»Tagwan«) Arbeit.

Problematischer waren die gerichtsherrlichen »ungemessenen« Frondienste: »Ein jeder zu Singen, so ein Zug hat, ist schuldig, im Jahr, wann und so oft er von dem Gerichtsherren oder seinem Amtmann erfordert würde, dem Herren sein Wein, Korn, Heu oder Holz zu führen an die Ende, dahin es ihr Herr will.«[18] Solche Fronleistungen, die außerordentlich bedrückend sein konnten, sind allerdings durch Gewohnheitsrecht eingeschränkt worden; jeder mußte demnach 4 Holzfuhren, 2 Garbenfuhren, 1 Heufuhre, 1 Kornfuhre und 1 Weinfuhre übernehmen. Außerdem mußte er eine Fahrt nach Radolfzell, Stein am Rhein oder im Umkreis von 1 Meile in Singen erbringen (die Meile war eher ein Rechtsbegriff als eine genaue Entfernungsangabe).

Daß die »ungemessenen« Fronen kurz nach dem Bauernkrieg sehr umstritten waren, ihre Durchführung möglicherweise zu neuen Aufständen geführt hätte, zeigt die Anmerkung im Kaufvertrag von 1530, daß Hans Georg von Bodman und seine Erben »die armen Leut dabei bleiben lass«, also in keinem Fall die Fronleistung ausdehnen solle. De facto waren also die Fronleistungen um 1530 »gemessen«.

Fronleistungen wurden je nach Art und Umfang von der Herrschaft mit Geld (bei weiten Fuhrfronen) oder mit einer Mahlzeit entlohnt (z. B. bei einer Heufuhre »ein ziemlichen Trunk« oder bei Erntearbeiten »ziemlich Essen«)[19].

Wer allerdings nicht zur Fronarbeit aufgerufen wurde, mußte der Herrschaft Frongeld entrichten, z. B. für den Tag 5 Schilling-Pfennig.

Die Herrschaft konnte entscheiden, ob sie ihr Gut durch Fronarbeiter bestellen wollte oder Frongeld erheben und damit Tagelöhner einsetzen und bezahlen wollte[20]. Nach dem Einkommensverzeichnis von Hans Wolfgang von Bodman von 1553[21] waren die Geldleistungen geläufig, vielleicht waren sie sogar erwünschter als die Fronleistungen. So wurden von 22 Hintersassen Pfluggeld (insgesamt 24 Pfennig, 15 Schilling-Pfennig) als Einnahme verzeichnet, Frongeld von 23 Hintersassen (insgesamt 10 Pfund-Pfennig) und von 58 Leibeigenen, die als Untertanen fastnachtshennenpflichtig waren und teilweise mit den Pflugfronpflichtigen identisch waren, insgesamt 8 Pfund, 14 Schilling-Pfennig. Allerdings wurde die persönliche »Tagwan-Dienstleistung« immer noch offengelassen, denn sollte einer die 3 Schilling-Pfennig nicht für die Ablösung der »Tagwan« geben, so muß er »zween tag graben in reben und ain schneiden oder sunst, wa man ine dry tag hinbraucht«.

Alle Einwohner (»ein jeglicher, so zu Singen seßhaft«) hatten auch jährlich eine Fuhre Mist zu liefern; wer über »Roß und Karren« verfügte, mußte diesen Mist in die beliebigen Güter der Herrschaft führen.

Arme Bauern waren z.B. in Notzeiten eher an den Leistungen mit der Entlohnung durch eine Mahlzeit interessiert als an Frongeldzahlungen.

Die Rechtsbindungen der Untertanen als Leibeigene manifestierten sich vor allem in Abgaben; alle mußten z.B. in der Fastnachtszeit als Anerkennung der Leibeigenschaft die sogenannte Fastnachtshenne abliefern. Schwerer als diese Abgabe wog die Todfallabgabe, die im Todesfalle eines Leibeigenen zu liefern war. Sie bestand in der Regel im besten Stück Vieh der Leibeigenen und war direkt an den Leibherrn abzuliefern. In Ermangelung von Vieh »mag man sich sunst mit Geld, Kleidern oder Bettzeug mit der Herrschaft um den Leibfall vertragen«[22].

Diese zahlreichen Verpflichtungen der Untertanen gegen ihre Herrschaft wurden ergänzt durch Dorfordnungen, nach denen die »Trieb und Tratt«, die »Allmende« und die Anbauerfordernisse einer Drei-Felder-Wirtschaft genau geregelt wurden.

Ihren Gerichtsherren mußten die Untertanen bestimmte Steuerabgaben entrichten, z.B. das sogenannte »Ungeld« für das Recht, Wein ausschenken zu dürfen. Beim Weinausschank trat aber die Herrschaft in Konkurrenz zu den Wirten, denn sie hatte das Recht, auf Weihnachten selber ein Fuder Wein auszuschenken oder einen Wirt damit zu beauftragen. Vor dem Ausschank des Herrschaftsweines durften die Wirte ihren eigenen Wein nicht anbieten[23].

In den herrschaftlichen Bannbetrieben, z.B. in der Torkel, mußten die Bauern – natürlich gegen Abgaben – ihre Trauben pressen lassen (in der Torkel war der 30ste Teil der Rebenmenge abzugeben). Nur wenige Bauern waren von dieser Pflicht ausdrücklich ausgenommen[24]. »Notariatsgebühren« beim Verkauf eines Gutes oder Strafen bei Vergehen (z.B. beim Überpflügen einer Feldgrenze) ergänzten von Fall zu Fall die Abgaben der Untertanen an ihre Herrschaft.

Eine Zusammenfassung der wichtigen Pflichten und Rechte der Untertanen wurde im Zusammenhang mit der Übernahme Singens durch das Haus Österreich (1556) in einer ausführlichen »Dorfoffnung« durch Hans von Bodman aufgelistet. Dabei bezog er sich auf das Urbar von 1555, auf den alten Klingenbergschen Kaufbrief von 1530 und auf den Kaufbrief von Bolli von Fulach (vgl. S. 134). Am 18. Juni 1556 unterschrieb Hans Georg von Bodman in Insbruck das Dokument. Auch die Untertanen hatten es gewünscht, denn es sollte aus ihrer Sicht verhindert werden, daß sich bei einem Besitzerwechsel Neuerungen ergaben, die die hergebrachten Rechtsverhältnisse veränderten.

Neben der Aufzählung der wichtigen Pflichten der Untertanen – sie entsprechen größtenteils dem Urbar von 1555 und den Aufzeichnungen von Hans Eben über die Herrschaft Singen – werden Strafbestimmungen genannt (vgl. S. 190 Anm. 29). Besonders wichtig sind die Hinweise auf die Rechte der Gemeinde:

- Z.B. sollte die Gemeinde Anfang Mai mit Wissen und im Beisein der Herrschaft das Gemeindegericht abhalten und die Gemeindebeamten bestimmen. – Im Rahmen einer Flurordnung bezog sich die Offnung auf die alte Trieb- und Tratt-Ordnung von Bolli von Fulach und Hans Heinrich von Klingenberg.
- Die Öhmdwiesen waren am ersten Tag nach St. Georg, die anderen Wiesen am 2. Mai geschlossen. Zäune waren wie von alters her aufzustellen.
- Die Schmiede mit Krautgarten und dem Platz bis zur Straße gehörte der Gemeinde; ebenso der Zins, den der Schmied zu entrichten hatte.
- Von dem Bürgeraufnahmegeld, das ein Neubürger beim Einzug in die Gemeinde entrichten mußte, erhielt die Gemeinde 10 Schilling-Pfennig, die Herrschaft den gleichen Betrag.

Auch ortspolizeiliche Anordnungen waren in die Offnung aufgenommen, z.B. die Pflicht, einen Fremden zu melden, wenn er in das Haus eines Untertanen aufgenommen wurde.

Urbar von 1555 und Dorfoffnung von 1556 zeigen, daß die bäuerliche Wirtschaftsführung also völlig eingebunden war in Verpflichtungen gegenüber Herrschaft und Dorfgenossenschaft. Eine freie Wirtschaftsführung war dem einzelnen Bauern nicht möglich.

3. Wert der Herrschaft

a) Grundstücke, Abgaben und Dienste

Bei Verhandlungen über den Verkauf der Herrschaft spielten die Verpflichtungen der Untertanen eine große Rolle, denn ihre »Kapitalisierung« ergab eine wichtige Grundlage für den Kaufpreis.

Die Anschläge über Singen differieren in ihrer Höhe zwischen 1530 und den 50er Jahren des 16. Jahrhunderts beträchtlich. Diese Differenzen sind zurückzuführen auf den Zeitabstand zwischen den Anschlägen, auf unterschiedlichen Umfang und auf unterschiedliche Wertbemessung durch Käufer und Verkäufer. Daß Singen innerhalb weniger Jahre um mehr als das Doppelte des Kaufpreises verkauft werden konnte, zeigt auch das Verkaufsgeschick des Eigentümers, der möglicherweise den politischen Wert, den diese Herrschaft im 16. Jahrhundert erlangte, zu seinen Gunsten ausnutzen konnte. 1530 wurden Singen, Remlishofen und Niederhofen um 5231 1/2 Gulden, 1280 Gulden, 32 Kreuzer, 1 Heller und 1155 Gulden, 24 Kreuzer, insgesamt also um 8147 Gulden, 26 Kreuzer, 1 Heller angeschlagen und verkauft.

1553 wurden die gleichen Güter für 23 804 Gulden angeschlagen. Die Wertsteigerung betrug also etwa 192%. Der Wert der Immobilien, der Dienste und der Abgaben der Untertanen wurde dabei getrennt aufgelistet:

Anschlag 1530:

Gesamt:	8147 Florin
	26×1 Heller
a) Immobilien:	
1. Haus, Hof, Krautgarten, Hanfgarten	350 Florin
2. 50 Jauchert Acker	300 Florin
3. 7 Jauchert Reben	700 Florin
4. 10 Mannsmahd Wiesen	200 Florin
...	
b) Abgaben	
1. Veesen-, Hafer-, Roggengült	407 1/2 Florin
2. Wein-, Korn-, Heuzehnt	400 Florin
3. Ungeld	300 Florin
...	
c) Dienste	
1. Leibtagwan (Tagesdienste der Leibeigenen)	164 Florin
2. Frondienste 24 1/2 Züge	560 Florin
3. Frondienste Karrenfahrten	200 Florin
...	

Anschlag 1553:

Gesamt:	23 804 Florin
a) Immobilien:	
1. ----------	
2. 50 Jauchert Acker	440 Florin
3. 9 Jauchert Reben	1950 Florin
4. 10 Mannsmahd Wiesen	500 Florin
...	
b) Abgaben	
1. Veesen-, Hafer-, Roggen-, Kernengült (158 Malter à 40 Florin)	6340 Florin
2. Zehntabgaben	600 Florin
3. Ungeld	800 Florin
...	
c) Dienste	
1. Frondienste (77 Personen)	1020 Florin
2. Frondienste mit Gespann (29 Züge)	1160 Florin
3. Karrenfahrten	420 Florin
...	

Der jährliche Ertrag wurde bei Abgaben und Diensten mit einem Multiplikator multipliziert und ergab so den Anschlagswert der Herrschaft; dieser Multiplikator war nicht immer unumstritten. Bei Gülten wurde z.B. üblicherweise der Durchschnittsertrag der letzten 9 oder 12 Jahre mit 25 beziehungsweise 20 – äußerstenfalls mit 30 – multipliziert.

Hans Wolf von Bodman multiplizierte mit einem Multiplikator von 40. Dies trieb natürlich den Anschlag in die Höhe.

Obgleich nicht alle Posten unmittelbar miteinander zu vergleichen sind, fällt auf, daß die einzelnen Wertberechnungen 1553 um ein Vielfaches höher als 1530 waren. Auch stimmten Maßangaben und Zahl der Leibeigenen nicht genau überein mit dem Urbar von 1555. Württembergische Rentamtsbeamte beanstandeten den überhöhten Anschlag des Eigentümers Wolf von Bodman und kamen allenfalls auf einen Wert von 10 039 Gulden, 20 Kreuzer[25]. Dabei wiesen sie auch auf die Lehensabhängigkeit der Herrschaft vom Abt von St. Gallen hin (vgl. S. 150 f.), die Hans Wolf von Bodman in seinen Anschlägen stets unerwähnt gelassen hatte. Daß die Vorstellungen von Bodmans auf dem Markt durchzusetzen waren, beweist der Verkauf der Herrschaft Singen durch Hans Wolf von Bodman an den Erzherzog von Österreich. Im November 1554 wurde der Kaufvertrag mit Wirkung zum Januar 1555 ausgehandelt und unterzeichnet. Kaufpreis: 22 000 Gulden[26].

b) Strafen und Gebühren

Im Vergleich zum materiellen Wert der Immobilien, Abgaben und Dienstleistungen aus der Gerichts-, Grund- und Leibherrschaft fällt der Wert der gerichtlichen Strafen und Gebühren wenig ins Gewicht. Die Erwerber, die ja durch die öffentlich-rechtlichen Befugnisse als »Gerichtsherr« einen großen Teil ihres Selbstbewußtseins fanden, sahen aber auch diese Abgaben mit großem Interesse[27]. An Strafgeldern aus der niederen Gerichtsbarkeit in Singen, Remlishofen und Niederhofen – die hohe Obrigkeit und Malefiz-Gerichtsbarkeit gehörte »Romischer Königlicher Majestät von wegen der Landgrafschaft Nellenburg«[28] – fielen an: circa 60 Gulden im Jahr aus Bußen und Strafen[29] und circa 20 Gulden aus Rügen[30] (Verwarnungen); dazu möglicherweise kleine Summen wegen Feldfrevels.

Aus dem Ungeld, einer Art Steuerabgabe für die Schankerlaubnis von Wirten, flossen circa 24 Gulden im Jahr in die herrschaftliche Kasse[31]. Notariatsgebühren fielen von Fall zu Fall an, z.B. 5 Schilling-Pfennig, wenn ein Bauer sein Zinsgut verkaufen wollte.

Geld aus Strafen und Rügen und das Ungeld wurden für die Anschlagsberechnung mit 20 multipliziert und ergaben damit einen Anschlagswert von 1200 Gulden beziehungsweise 480 Gulden.

4. Ankauf und Verkauf von Singen

a) Kauf- und Verkaufsverhandlungen 1530 und 1554

Hans Georg von Bodman, der seinen Besitz in wenigen Jahren beträchtlich hatte erweitern können, kaufte 1530 das Dorf Singen, Lehen des Abtes von St. Gallen, dazu Remlishofen und Niederhofen, beides in freiem Besitz, und die Dorna-Mühle zu einem, verglichen mit späteren Preisen, relativ günstigen Preis von 8147 Gulden, 26 Kreuzer, 1 Heller. Aus dem Kaufbrief wird deutlich, daß der Verkäufer, Heinrich von Klingenberg, schwer verschuldet war, denn von der Kaufsumme mußte Georg von Bodman 6750 Gulden und 40 Kreuzer unmittelbar an insgesamt 46 Gläubiger des Heinrich von Klingenberg bezahlen, so daß die Restsumme von 1396 Gulden, 45 Kreuzer, 3 Pfennig bar an den Verkäufer ausbezahlt wurde[32].

Der Kaufvertrag war insgesamt außergewöhnlich sorgfältig ausgearbeitet worden, die einzelnen Bestimmungen waren besonders ausführlich und breit formuliert[33]. Ob diese ausfernden Formulierungen der im 16. Jahrhundert voll durchgeführten schriftlichen Prozeßführung entsprachen und deshalb als notwendig erschienen oder ob Heinrich von Klingenberg einfach aus schlechten Prozeßerfahrungen heraus – er prozessierte um diese Zeit vor vielen Gerichten um den Pfandlohn vom Schloß Hohentwiel – jede nur denkbare gerichtliche Auseinandersetzung vermeiden wollte, bleibt unklar[34]. Entsprechend den Kaufverhandlungen belehnte der Abt von St. Gallen nach dem Kauf den Käufer und später dessen zunächst minderjährigen Sohn Hans Wolf von Bodman mit dem Dorf Singen[35].

Bald nach dem Tod Hans Georg von Bodmans wurde von den Vormündern seines Sohnes Hans Wolf von Bodman 1534 die sogenannte Dorna-Mühle, die Bodman gleichzeitig mit Singen erworben hatte, an Hans von Schellenberg verkauft (zum Erwerbspreis von 1530, also für 480 Gulden[36]).

Im 16. Jahrhundert kam dem Besitz der Herrschaft Singen besondere politische Bedeutung zu. Das Haus Württemberg und vor allem das Haus Österreich erwarben im Hegau zahlreiche Güter und legten besonderen Wert auf die Festung Hohentwiel und damit auch auf die Dörfer im Umkreis dieser herausragenden Festung, also auch auf Singen.

Unter Hintanstellung aller rechtlichen Bedenken war der Hohentwiel 1521 für 5000 Gulden in die Verfügungsgewalt des seit 1519 geächteten Herzogs Ulrich von Württemberg gelangt. Die allgemeine labile politische Lage (Bauernkrieg u.a. Kriegsauseinandersetzungen in der Epoche der Reformation) hatte es dem Kaiser Karl V. und seinem Bruder Ferdinand I. nicht möglich gemacht, dem Rechtsbruch Ulrichs unmittelbar und mit Erfolg entgegenzutreten; obgleich Ulrich 1535 im Vertrag von Kaaden die österreichische Oberhoheit über Württemberg anerkannt hatte – dies war die Voraussetzung für seine Wiedereinsetzung in sein Herzogtum –, kaufte er (zunächst heimlich) 1538 den Hohentwiel[37]. Die Regierung Österreichs unternahm gegen diesen Kauf unerklärlicherweise nichts, obgleich sich Herzog Ulrich 1535 im Vertrag von Kaaden verpflichtet hatte, den Hohentwiel an Österreich zu geben.

Österreich hatte 1455 Radolfzell erworben und 1465 die Landgrafschaft Nellenburg, damit auch die hohe Obrigkeit über Singen. Auf dem Hohentwiel sollte Österreich das alleinige Öffnungsrecht haben[38]. 1548 war auch – im Rahmen der Durchsetzung des Augsburger Interims – Konstanz österreichisch geworden; d.h., dem Haus Österreich war es gelungen, im Bodensee- und Hegaugebiet eine expansive Politik zu betreiben und eine starke politische und wirtschaftliche Stellung zu erlangen[39].

Hans Wolf von Bodman hatte nun die Möglichkeit, für Singen hohe Summen in Anschlag zu bringen, denn sowohl Österreich als auch Württemberg hatten größtes Interesse an Dorf und Herrschaft Singen[40]. Immer wieder verhandelten die Beamten des Herzogs von Württemberg um Singen; nach ihren Aufzeichnungen 1539, 1541, 1545, 1550, 1553 und 1556[41].

Interessant für Württemberg war 1539 die Aussicht, über einen Scheinkauf des Hans Kaspar von Klingenberg das Dorf Singen zum Vertragspreis von 1530 zu erhalten[42]. Offensichtlich wurde diese Gelegenheit (ähnliche Angebote 1541 und 1545[43]) nicht realisiert, denn um 1550 forderte Hans Wolf von Bodman von Herzog Christoph von Württemberg 20 000 Gulden für Singen; soviel habe ihm dessen Vater, Herzog Ulrich, angeboten. Zunächst scheiterte Hans Wolfgang von Bodman mit seinen hohen Forderungen. Die Württembergischen Rentamtsbeamten rieten ihrem Herzog vom Kauf ab, der Wert Singens sei stark gemindert, besonders durch die Lehenshoheit des Abtes von St. Gallen über Singen und durch das Recht der Untertanen, vor dem königlichen Landgericht zu Nellenburg in Stockach zu appellieren und dadurch täglich »Spen und Irrungen« zu verursachen.

Auch König Ferdinand hatte 1550 wegen des hohen Preises abgesagt, aber weiterhin Kaufinteresse bezeugt.

Wenig später (1553) erstellte Hans Wolf von Bodman einen Anschlag für Singen, allerdings in der Höhe von 23 804 Gulden[44]. Die Verhandlungen mit dem Haus Württemberg zogen sich in die Länge, der württembergische Burgvogt auf dem Hohentwiel, Hans Eben, mußte ein Gutachten fertigen, in dem die Rentamtsbeamten nur auf einen Wert von 11 599 Gulden, 26 Kreuzer kamen[45]; außerdem beklagten sie sich über die Weigerung Hans Wolf von Bodmans, einen genauen Anschlag erstellen zu lassen. Hans Wolf von Bodman habe sich unwillig geäußert und die Konkurrenz Österreich ins Spiel gebracht[46]. Obgleich nun die Rentamtsbeamten ablehnen wollten, dem Herzog von Württemberg das so stark überhöhte Angebot Hans Wolf von Bodmans überhaupt zu unterbreiten, habe dieser auf weiteren Verhandlungen bestanden. Am 2. Mai 1554 wurde nach langen taktischen Finessen in Stuttgart über den Kauf verhandelt; da Hans Wolf von Bodman auf einem Preis von 24 000 Gulden beharrte, blieben die Verhandlungen ohne Ergebnis[47].

Obgleich Herzog Christoph von Württemberg gleichzeitig die Schaffhauser Güter in Singen erwerben konnte (4 Höfe mit circa 168 Jauchert Acker, 60 Mannsmahd Wiesenfläche und etwa 70 Jauchert Buchholz[48]) und auch kurzfristig Hoffnung auf den Reichenauer Lehenshof, den Kehlhof in Singen, hatte[49], war das Dorf Singen nicht zu erwerben. Vielleicht war tatsächlich der Preis zu hoch, vielleicht fürchteten die Württemberger letztlich auch die Querelen mit der österreichischen Landgrafschaft Nellenburg, vielleicht auch die Schwierigkeiten, die sich bei der Einführung des neuen Glaubens in Singen ergeben würden. (Der Hegau blieb mit Ausnahme des Hohentwiels und Büsingens nach der Niederschlagung der Bauernaufstände in den 20er Jahren des 16. Jahrhunderts beim alten Glauben[50], die württembergischen Räte befürchteten, Erzherzog Ferdinand würde einem Religionswechsel nicht nachgeben[51].)

Gleichzeitig (1554) hatte aber Hans Wolf von Bodman österreichischen Unterhändlern zuversichtlich zu verstehen gegeben, daß er Singen an den König Ferdinand verkaufen wolle[52]. Sobald die österreichische Regierung in Innsbruck von den ernsthaft wirkenden Stuttgarter Verhandlungen erfahren hatte, wurde Hans Wolf von Bodman an seine Loyalität gegenüber seinem König und an das Einstandsrecht des Königs erinnert und zu weiteren Verhandlungen nach Innsbruck eingeladen. Nach langen Verkaufsgesprächen, in deren Verlauf Hans Wolf von Bodman noch eine schwere goldene Kette für seine Gemahlin als Geschenk erlangen konnte[53], wurde am 7. November 1554 (mit Wirkung vom 2. Januar 1555) der Kauf Singens durch Österreich besiegelt.

Kaufpreis: 22 000 Gulden, davon waren 3998 Gulden, 41 Kreuzer in 3 Ratenzahlungen bis 1555 in bar an Hans Wolf von Bodman zu bezahlen, die übrigen 18 001 Gulden, 19 Kreuzer direkt an die Gläubiger des Hans Wolf von Bodman[54]. Die Gläubiger, an die Zinszahlungen zu ergehen hatten, waren teilweise beim Erwerb der Herrschaft schon von den Klingenbergern übernommen worden[55].

Zu einem sehr hohen Kaufpreis war nun Singen ein österreichisches Dorf geworden. Offensichtlich hatte Österreich überaus großes Interesse an der Arrondierung seines Besitzes im Hegau.

Daß Hans Wolf von Bodman wegen dringender Geldsorgen das Dorf verkaufen mußte, kann bezweifelt werden; zum einen sah er sich jahrelang in der Lage, mit den beiden Konkurrenten Württemberg und Österreich mit ungewissem Ergebnis zu verhandeln, zum anderen konnte er sich 1550 am Kauf der Herrschaft Hohenkrähen für insgesamt 12 400 Gulden beteiligen[56] und 1559 für 49 315 Gulden den halben Teil von Bodman von seinem Vetter Hans-Konrad erwerben[57].

b) Wechsel der Eigentümer 1555 bis 1607

Auch nach dem Erwerb durch Österreich blieb Singen nicht lange im Eigentum eines Herren. Bereits 1556 trat Hans Jakob Fugger von Kirchberg und Weißenhorn, ein Großneffe Jakob Fugger des Reichen, in den Kaufvertrag von 1555 ein, übernahm also Kaufpreis und Schulden und wurde im Januar 1557 durch Abt Diethelm von St. Gallen mit dem Dorf belehnt. Die 36 Schuld- und Zinsbriefe, die schon 1555 verrechnet worden waren, wurden noch 1560 von Hans Wolf von Bodman bestätigt und in einem Verzeichnis aufgelistet[58].

Auch Jakob Fugger plante bald wieder einen Verkauf, denn 1561 wurde erneut mit Herzog Christoph von Württemberg verhandelt, allerdings scheiterten diese Verhandlungen wieder am hohen Preis von 23 000 Gulden, den der Herzog nicht akzeptierte. 1567 hätte Württemberg eventuell über einen Mittelsmann in den Besitz von Singen kommen können; aber auch dieser Plan schlug fehl[59].

1571 verkaufte Hans Jakob Fugger abermals an die Familie von Bodman; an Hans Konrad und dessen Vetter Hans Ludwig von Bodman[60]. Hans Ludwig, der jüngere der beiden Söhne Hans-Wolfgangs von Bodman (gestorben 1561), war zu diesem Zeitpunkt noch nicht volljährig. Sein Vormund Hans Konrad von Bodman zu Friedingen empfing deshalb auch für Hans Ludwig das Lehen vom Abt von St. Gallen[61].

Offensichtlich waren die Herren von Bodman gleich wieder bereit, das Dorf zu verkaufen, denn bereits 1573 befaßten sich die württembergischen Rentamtsbeamten abermals mit der Kaufangelegenheit Singen. In ausführlichen Bedenken rieten die Rentamtsbeamten wiederum dem Herzog von einem Kauf ab: Zum einen war ihnen das Dorf nach wie vor (wie 1550) nur 12 000 bis 13 000 Gulden wert, nicht aber 24 000, wie verlangt wurde, zum anderen befürchteten sie eine Auffrischung der Querelen mit Österreich um den Hohentwiel; außerdem waren Religionsstreitigkeiten zu befürchten, denn Erzherzog Ferdinand hätte einer Konfessionsänderung niemals zugestimmt[62]. Wieweit diese letzte Gelegenheit für Württemberg zu realisieren gewesen wäre, bleibt unklar, denn ein ausgearbeitetes Verkaufsangebot der Herren von Bodman erhielt Herzog Christoph von Württemberg nicht[63].

1575 verkaufte dann Hans Ludwig von Bodman das Dorf Singen, Remlishofen und Niederhofen wieder an das Haus Österreich, an Erzherzog Ferdinand[64]. Rechtsgültig wurde der Verkauf im Juli 1576, als das Lehen dem Abt von St. Gallen aufgesendet wurde[65].

Die Herren von Bodman blieben aber auch nach diesem Verkauf Inhaber des Dorfes Singen, allerdings nunmehr als Lehensträger des Hauses Österreich. 1579 erhielt Hans Ludwig von Bodman von Erzherzog Ferdinand von Österreich das Dorf Singen zu Lehen[66]; er behielt es bis zu seinem Tod 1607[67]. Lehensnachfolger Hans Ludwigs wurde Hans Adam von Reischach[68].

Die zahlreichen Verkaufsverhandlungen und die 5 Kaufabschlüsse über Singen, Remlishofen und Niederhofen innerhalb von 46 Jahren (zwischen 1530 und 1576), die ungewöhnlich steigenden Wertanschläge und Kaufpreise sollten in weiterem Zusammenhang untersucht werden unter den allgemein relevanten Gesichtspunkten einer Wirtschaftsgeschichte; es ist möglich, daß die Geschichte Singens im 16. Jahrhundert ein typisches Beispiel dafür ist, wie einzelne ritterschaftliche Adelsfamilien den Handel mit Immobilien und Herrschaftsrechten in einer frühkapitalistischen Epoche als einträgliches Geschäft verstanden und durch diesen Handel auch ein wirtschaftliches Betätigungsfeld fanden, in einer Zeit, in der ihre politische Bedeutung in vielen Punkten abnahm.

Die Konkurrenz zwischen Württemberg und Österreich bei ihrer Gebietserweiterung im Hegau führte natürlich auch dazu, daß ritterschaftliche Eigentümer des Dorfes Singen zu jeder Zeit günstige Verkaufsverhandlungen mit zahlungskräftigen Interessenten führen konnten.

Anmerkungen

[1] GLA 8/31a Nr. 1276; vgl. auch Auszug aus dem Kaufbrief um Singen, das Dorf, auch Remlishofen und Niderhoven und dann die Mülin zu Dorna, Radolfzell, 28. November 1530, abgedruckt bei MAX MILLER, Hohentwiel-Lagerbuch von 1562 (1968), S. 129, im folgenden zitiert: Miller.

[2] Ebenda, S. 155.

[3] JOHANN LEOPOLD VON BODMAN, Geschichte der Freiherren von Bodman (1894), S. 297 (Regest 16. März 1529), im folgenden abgekürzt: Bodmaner UB.

[4] Ebenda, S. 292.

[5] MILLER, S. 136 ff., Verzaichnis des flecken Singen einkommens, so Hans Wolfen von Bodman zustendig (1553); S. 154 ff.

[6] GLA 8/31a Nr. 1279, Kaufbrief 2. Januar 1555 samt einverleibtem neuen Urbar (siehe auch MILLER, S. 154 ff.).

[7] Ebenda, S. 182.

[8] Die Umrechnung Jauchert in Hektar ist äußerst problematisch. Es sind nur Annäherungswerte zu eruieren. Vgl. HANS JÄNICHEN, Wirtschaft und Verkehr, in: Der Landkreis Konstanz, Amtliche Kreisbeschreibung Bd. I (1968), S. 396.

[9] MILLER, S. 162.

[10] Vgl. WILFRIED DANNER, Die Reichsritterschaft im Ritterkantonsbezirk Hegau in der zweiten Hälfte des 17. und im 18. Jahrhundert, in: Hegau Jg. 15/16, 1970/71, S. 58, Anm. 57.

[11] MILLER, S. 148.

[12] GLA 8/31a Nr. 1278, Kaufabred mit Hanns Wolf von Bodman umb sein Dorf Singen 7. Nov. 1554 und Kaufvertrag 1555 (GLA 8/31a Nr. 1279); vgl. MILLER, S. 145.

[13] MILLER, S. 144 ff.

[14] GLA 8/31a Nr. 1279 Urbar 1555; vgl. MILLER, S. 166.

[15] MILLER, S. 179.

[16] Ebenda, S. 147.
[17] Ebenda, S. 168 und 191: von einer Reihe von Äckern empfing Theuss Forster (S. 168) und die Herrschaft aus Äckern, die zu dem »Lehenshof« von Theuss Forster gehören, die 20. Garb (S. 191); insgesamt etwa aus 44 Jauchert Acker.
[18] GLA 8/31a Nr. 1276; siehe auch MILLER, S. 126.
[19] MILLER, S. 146 (Verzeichnis Hans Eben).
[20] Ebenda, S. 146: »Und so die herrschaft der underthonen verschonen wolte oder mit sollicher fron ire geschef nit gantz verrichten möchte, gibt [man] ain taglöner tags 1 Schilling-Pfennig und zu essen, doch kain wein, und von ainem mansmad wisen zu mehen 6 Kreuzer und zu essen.«
[21] Ebenda, S. 136 f.
[22] Ebenda, S. 145 (Verzeichnis Hans Eben).
[23] GLA 8/31a Nr. 1276; siehe auch MILLER, S. 127: »ain jeder herr, der Singen inhat, mag järlich in seinem hauß daselbst uf weihennachten 1 fuder wein ußschencken; die würt daselbs sind ouch dantzumal schuldig, mit jerm schencken stiltzusten, biß der herr sollichen sein wein usschenckt oder, ob der herr will, mag er sollich fuder wein ainem würt daselbs, wöllicher im dartzue gevelle, in sein hauß legen; derselb soll und mueß den ußschencken und ist im der herr nit mer lohns zu geben schuldig dan 10 Schilling Pf. Zeller werung.«
[24] Ausgenommen von der Pflicht, in der herrschaftlichen Torkel pressen zu lassen: Jakob Christian, Schneider Hanß, Konrat Geißen, Heußle Schmidts Erben, Bartolome Schninerß Erben (MILLER, S. 140).
[25] Stellungnahme von Rentamtsbeamten Herzog Christophs zum Kaufangebot Hans Wolfgangs von Bodman, abgedruckt bei MILLER, S. 141 ff., S. 142.
[26] GLA 8/31a Nr. 1279, Kaufbrief 2. Januar 1555; GLA 8/31a Nr. 1278, Vorvertrag (Kaufabred) 7. November 1554.
[27] Siehe Auftrag Herzog Christophs an Hans Eben, Burgvogt auf dem Hohentwiel, die Rechtsverhältnisse der Herrschaft Singen zu recherchieren: MILLER, S. 143 ff.: z. B. die Frage: »Was ain frevel, straf oder rugung sey, wem dieselben zugehörn, wieviel sie 6 oder 9 jar nachainander ertragen?«
[28] Ebenda, S. 144.
[29] Ebenda, S. 144 f.
Die Strafandrohungen:
»Die frevel zu Singen, waß uber 3 ß, gehören dem gerichtsherrn daselbst. Und ist der frevel, wan ainer den andern schlacht wund oder sunst, oder das er nur zückt oder frevenlich an sein wör greyft, 2 Pfd. Pf.
So aber ainer den andern schlacht, das er falt, ist die frevel 10 Pfd. Pf.
Und so ainer würft und nit trifft, ist der frevel 10 Pfd. Pf., so er aber trifft, 3 Pfd. Pf.
Und so zway weyber ainander schlagen oder keuffen, gibt jede zu frevel 1 Pfd. Pf.
Wa aber ainer den andern uf dem seinen uberlauft oder auß dem seinen erfordert, ist die straf 10 Pfd. Pf.
So auch ainer den andern offen marcken uberackert, ist die straf 10 Pfd. Pf.
Und so ainer den andern dergestalt ubermehet oder uberschnidet, ist die straf 3 Pfd. Pf.
Item und wo ainer in verzeinten gerten oder in wingarten an ops oder trauben begriffen würt, ist die straf tags 2 und nachts 10 Pfd. Pf.
Wan ainer den andern schilt und dasselbig nit uf in weysen kan oder von dem rechten darvon stat, ist er dem gerichtsherrn verfallen 10 Pfd. Pf.
Oder wan ain underthon mit den juden handtiert, ist er abermals dem gerichtsherrn verfallen 10 Pfd. Pf.
Solliche oberzelten bußen und strafen mögen (so nichtzit nachgelassen würde) zu gemainen jarn ertragen 60 fl.
Item und wo ainer in sollichen zwing und bennen in hölzern rugbar gefunden und betreten würt, der gibt zue straf 3 Pfd. Pf.
Und wa ainer in korn, habern oder wisen mutwilligerweyß mit seinen vich betreten würdt, gibt er zue straf tags 3 und nachts 10 Pfd. Pf.
Wo aber vich oder roß ungevarlich an schaden funden würt und kain mutwill ist, gibt ain staal, der haupt seyen vil oder wenig, der herrschaft 1 ß Pf. und legt den schaden ab.
Solliche rugung ertragen zu gemainen jaren 20 fl.
In verbotnen waiden gibt ain jeder staal, der haupt seyen wenig oder vil, zue straf 3 ß. Darvon gehört der herrschaft Singen der ain, der ander dem gericht, der drit den banwarten oder schützen und mag zu gemainen jarn jedem thail ertragen 3 Pfd. Pf.
Item wan in Singer zwing und bennen in ainem jungen haw, der noch nit 3 jar alt ist, rindervich ergriffen würt, gibt ain jeder staal 3 ß Pf. und der hürt, so er darbey gefunden würt, 3 Pfd. Pf.«
Vgl. GLA 8/31a Nr. 1280 1556 VI 18: Dorfoffnung Hans Wolf von Bodmans mit den Auffführungen der Strafen für bestimmte Straffälle.
[30] MILLER, S. 145.
[31] Ebenda, S. 147.
[32] Sollte die Ausführung des Vertrages über einen Monat in Verzug geraten, so hatte Hans Georg von Bodman das Recht, Hans Heinrich von Klingenberg durch Boten öffentlich in Überlingen oder Radolfzell zu mahnen. Klage war möglich vor dem Gericht in Rottweil, vor geistlichen, weltlichen Hof-, Stadt-, Land- und anderen Gerichten.
[33] MILLER, S. 133; Abmachungen über einen Verzug der Vertragsausführungen sind besonders breit und formelhaft aufgesetzt.
[34] MILLER, S. 135.
[35] GLA 8/31a Nr. 1277: Lehensbrief des Abtes Diethelm von St. Gallen für die Vormünder von Hans Wolfgang von Bodman (12. 9. 1534); GLA 50/17: Lehensbrief Abt Diethelms von St. Gallen an Hans Wolfgang von Bodman, als dieser volljährig wurde (12. 9. 1539).
[36] Bodmaner UB, S. 299, Nr. 1043; bereits 1531 hatte Hans Georg von Bodman den Verkauf der Mühle Hans von Schellenberg versprochen (S. 296, Nr. 1038).
[37] EDUARD WIDMOSER, Österreich ringt um den Hohentwiel, in: HERBERT BERNER (Hrsg.), Hohentwiel (1957) S. 180.
[38] Ebenda, S. 186.
[39] HANS JÄNICHEN, Gaue, Territorien, Ämter, Kreise, in: Der Landkreis Konstanz, S. 287 ff.
[40] Die Politik des Güterkaufs um den Hohentwiel wird auch deutlich durch den Kauf der ehemals zum Klarissenkloster Paradies gehörenden Güter in Singen durch den Herzog von

Württemberg; 1553 und 1557 wurden die entsprechenden Verträge mit der Stadt Schaffhausen, der neuen Eigentümerin des Klarissenklosters, geschlossen. Die Stadt Schaffhausen verkaufte ihre Güter in Singen lieber an das protestantische Haus Württemberg als an das katholische Haus Habsburg. Siehe JOHANN STEHLE, Geschichte der Exklave Bruderhof und der Hohentwieler Waldungen (1973), S. 80 ff., im folgende zitiert: Stehle.
41 HStA A 360 Bü 22, Rentamtsbemerken über den Kauf von Singen, 4. November 1573.
42 Ebenda.
43 MILLER, S. 8.
44 Ebenda, S. 150 ff.: Überschlag des Hans Wolf von Bodman über den Wert des Dorfes Singen 1553.
45 Ebenda, S. 143 ff., 149.
46 Ebenda, S. 150.
47 STEHLE, S. 95.
Schon auf den Bericht der Rentamtsbeamten hin hatte Herzog Christoph eine Anmerkung geschrieben: »Ist nicht bedarff seines dorffs und geprauchs nit.« (MILLER, S. 149.)
48 STEHLE, S. 87.
49 Ebenda, S. 89.
50 Die Ritterschaft hatte 1533 ein Bündnis zur Verteidigung des alten Glaubens geschlossen, Bodmaner UB, S. 297, Nr. 1042.
51 HStA A 360 Bü 22: Das Allerbeschwerlichste ist, so sorgen sich die Rentamtsbeamten, daß »die alt Religion nit zu ändern« sei. Erzherzog Ferdinand würde dies wegen Religionsfriedens nicht zulassen.
52 STEHLE, S. 95.
53 Bodmaner UB, S. 311, Nr. 1092, 31. Dez. 1554: Bezahlung für eine im Namen König Ferdinands I. angefertigte schwere Goldkette für die Hausfrau des Hans von Bodman »zu leutkauf und vererung umb das dorf Singen (Materialwert 186 Gulden 26 Kreuzer; Macherlohn 12 Gulden)«.
54 GLA 8/31a Nr. 1278 und 1279.
55 Ebenda: 1530 wurde z. B. noch an Marx Plarer zu Konstanz gezinst, 1554 in gleicher Höhe an Marxens Plarer Erben. Wenn die Zinsen rechtzeitig bezahlt worden sind, zogen offensichtlich die Gläubiger ihre Guthaben nicht zurück. Aus der Zahl der Gläubiger kann nicht unbedingt auf die tatsächliche wirtschaftliche Lage einer Familie geschlossen werden; sie konnte besser sein, als die Anzahl der Gläubiger auf den ersten Blick vermuten läßt.
56 Bodmaner UB, S. 308, Nr. 1078.
57 Ebenda, S. 314, Nr. 1109.
58 BAB (Gräflich Bodmansches Archiv Bodman), K 29; GLA 8/31a Nr. 1282: Lehensübergabe an Fugger durch Abt Diethelm von St. Gallen, 19. Januar 1557.
59 HStA A 360 Bü 22; siehe auch STEHLE, S. 96.
60 Bodmaner UB, S. 324, Nr. 1150.
61 Ebenda, Nr. 1151: Auf das Dorf Singen wurde mit Genehmigung des Abtes von St. Gallen eine Schuld von 8000 Gulden aufgenommen (Nr. 1661).
62 Siehe oben Anm. 51; siehe auch MILLER, S. 10.
63 STEHLE, S. 97.
64 Bodmaner UB, S. 326, Nr. 1164.
65 Ebenda, S. 326, Nr. 1166.
66 Ebenda, S. 327, Nr. 1169.
67 Ebenda, S. 336, Nr. 1210.
68 Ebenda, S. 340, Nr. 1227.

Singen und Hans Jakob Fugger

von Franz Karg

I.

Hans Jakob Fugger[1] (1516–1575) erwarb am 24. Juni 1556 nach langwierigen Verhandlungen und vielen bürokratischen Hindernissen das Dorf Singen[2] mit den beiden Weilern Remlishofen und Niederhofen um 17 835 Gulden von König Ferdinand I., der es am 2. Januar 1555 von Hans Wolf von Bodman gekauft hatte[3].

Mit der vorangegangenen Kaufabrede zwischen den oberösterreichischen Räten und Bodman vom 7. November 1554[4] beendete dieser einen langjährigen Versuch, das 1530 erworbene Singen zu veräußern. In geschickten Verhandlungen mit Herzog Christoph von Württemberg[5] und König Ferdinand konnte er den Preis auf nahezu das Dreifache des Einstandspreises hochtreiben, nämlich auf 22 000 Gulden. Der Habsburger, der mit der Landgrafschaft Nellenburg die hohe Obrigkeit im Hegau besaß, war vor allem darum bemüht, die württembergischen Expansionsversuche im Südwesten einzudämmen, zumal der Herzog in den Besitz des wichtigen Hohentwiel gekommen war und nun auch das Hinterland gewinnen wollte.

Bereits 1546 versuchte Ferdinand I. vergeblich, Anton Fugger und die Paumgartner in Augsburg für ein Engagement im Hegau zu gewinnen, als Herzog Christoph verschiedene Bodmansche Güter am Hohentwiel erworben hatte[6]. Wenige Jahre später, im Frühjahr 1550, war zu hören, daß Bodman Singen zu veräußern gedenke[7]. Wiederum ließ der König an Fugger und die Paumgartner herantreten mit dem Versprechen, ihnen nach dem Kauf von Singen das Dorf als Pfand zu übergeben. Da Ferdinand selbst nicht über entsprechende Mittel verfügte, befürchtete er, daß der Württemberger oder die Eidgenossen zugreifen könnten und so in Vorteil gelangen würden.

Eine neue Situation ergab sich, als Hans Jakob Fugger, ein Neffe des Anton Fugger (1493–1560), für die Herrschaft Hohenkrähen Interesse zeigte und 1555 mit Wolf von Homburg über den Kauf einig wurde. Homburg bat am 17. Juni 1555 seinen Lehensherrn Ferdinand I., Hohenkrähen und die österreichische Hälfte von Duchtlingen an Hans Jakob Fugger zu übertragen[8]. Ferdinand hatte schon im Januar dieses Jahres bei seinen Innsbrucker Räten eine Stellungnahme gefordert[9]. Diese empfahlen die Transaktion, weil die Burg Hohenkrähen nach dem Tod Homburgs an Habsburg fallen würde, wodurch mit erheblichen Kosten für den Bauunterhalt zu rechnen war. Auch schätzten sie Fugger als zahlungskräftig genug ein, die Anlage in guten baulichen Zustand zu bringen sowie für eine ausreichende Besatzung sorgen zu können. Deshalb entschloß sich Ferdinand I. am 7. Februar 1555 zu einer Belehnung Fuggers, nachdem in Verhandlungen mit Anton Fugger noch verschiedene strittige Punkte geklärt worden waren[10]. Als Vorbedingung für die Belehnung mit der Herrschaft Hohenkrähen galt der Kauf Singens durch Hans Jakob Fugger, womit dieser zunächst auch einverstanden war.

II.

Mit seinen Kaufabsichten am Bodensee begab sich Hans Jakob Fugger »*in ein wahres Dornengestrüpp*«[11].

Zunächst verzögerte sich der Abschluß über Singen wegen Unstimmigkeiten beim Kauf der Herrschaft Hohenkrähen[12]. So wollten die Fugger eine Belehnung zur gemeinsamen Hand. Ferner machte die oberösterreichische Regierung in einem Schreiben von Vizekanzler Jonas vom 6. Mai 1555 darauf aufmerksam, daß Singen ein Lehen vom Abt von St. Gallen wäre[13]; Remlishofen und Niederhofen hingegen waren freies Eigen. Probleme bereitete zeitweise der Kelhof, der zu Singen gehörte, aber ein Lehen des Klosters Reichenau war[14].

Im Oktober 1555 berichtete die Regierung an Ferdinand, daß man Fugger wiederum angedeutet habe, die Belehnung mit dem Hohenkrähen könne nur erfolgen, wenn er auch das Dorf Singen erwerbe. Nun waren die Räte aber nicht sicher, ob Fugger dies annehmen würde. Der war nämlich wegen verschiedener strittiger Punkte keineswegs bereit, auch noch die Jagd in der Herrschaft Tengen von Innsbruck zu erwerben[15].

Der Durchbruch erfolgte erst im Sommer des nächsten Jahres. Zum 15. Juni 1556 lud die Regierung Fugger und Bodman oder deren Vertreter nach Innsbruck zu einer Besprechung[16]. Schließlich verkaufte König Ferdinand I. am 16. Juni 1556 Singen mit den Flecken Remlishofen und Niederhofen an Hans Jakob Fugger um 17 835 Gulden 28 Kreuzer[17]. Dieser verpflichtete sich, nach Übergabe auch die Ferdinand entstandenen Unkosten und Zinsen sowie die Ausgaben für ein Geschenk an die Frau des Hans Wolf von Bodman (eine goldene Kette im Wert von 200 Gulden) zu übernehmen. Bei dem großen Betrag handelte es sich um Verbindlichkeiten des Bodman[18]. Jahre später bezifferte Fugger den ungefähren Kaufpreis für Singen auf 22 500 Gulden[19].

Die Singener Untertanen entließ Ferdinand I. am 25. Juni 1556 an Fugger und befahl ihnen, »daß Ihr nun hiefüro gedachtem Fuggern und seinen Erben mit Reichung der Rentzins, Güllten, Robot und anderen Dienstbarkeiten alles das tut, das Ihr vormals uns und anderen Inhabern getan habt und von alters her zu tun schuldig seid«[20]. Für Anfang Januar 1557 war die Übergabe des Dorfes Singen durch Paul Appetzhofer, Amtmann zu Stockach, vorgesehen, der dafür sorgen sollte, daß der Rest (871 Gulden) der Kaufsumme noch an Hans Wolf von Bodman bezahlt wurde[21]. Noch am 2. Januar 1557 hatte Fugger der Regierung mitgeteilt, daß er für die Zahlung der Kaufsumme sowie die Auslösung der Bodmanschen Pfandsumme haften werde[22]. Die Belehnung durch den Abt von St. Gallen erfolgte endlich am 19. Januar 1557[23]. Am 30. Januar schaltete sich die Regierung über den Stockacher Amtmann nochmals ein, da Hans Jakob Unstimmigkeiten des Urbars beanstandete und Vorbesitzerurkunden und Register forderte, die jedoch fehlten[24].

Unterdessen liefen die Verhandlungen um den Hohenkrähen in Innsbruck weiter. Die Belehnung wurde nach der Übergabe Singens wiederum in Aussicht gestellt[25]. Tatsächlich fertigte man den Lehensbrief für den Hohenkrähen mit dem Dorf Duchtlingen erst am 26. Oktober 1557 aus, lautend auf Hans Jakob und seinen Bruder Raymund und ihre Nachkommen[26].

Den Kaufbrief über Singen erhielt Fugger am 1. September 1557 über den Innsbrucker Bürger Leonhard Peer. Im Gegenzug wurde Anton Fugger aufgefordert, die Abrechnung des Stockacher Amtmannes über Singen nach Innsbruck zu senden. Der neue Herr über Singen beschwerte sich, daß er den Übergabebrief Singen betreffend noch nicht erhalten habe. Diesen wollte die Regierung bereits im Dezember 1556 an Paul Appetzhofer zur Weiterleitung übersandt haben[27]. »In seiner Güterpolitik am Bodensee mußte sich Hans Jakob Fugger monatelang um den Übergabebrief wegen Singen bemühen. Man hat fast das Gefühl, als ob dabei nicht nur bürokratische Umständlichkeit von Seiten der Regierung in Innsbruck, sondern auch Böswilligkeit im Spiel war. Anfang Oktober erhielt Paul Appetzhofer erneuten Befehl zur Aushändigung des Übergabebriefs«[28].

III.

Ob Fugger jemals im Hegau gewesen ist, darüber gibt es keinen direkten Beleg. Aus den Angaben in dem Briefwechsel[29] mit dem Obervogt von Hohenkrähen spricht jedoch eine genaue Ortskenntnis. Im Herbst 1563 ließ Fugger an Müller schreiben, daß er oder sein Bruder Raymund bei einer weiteren Ausbreitung der Pest gegebenenfalls den Hohenkrähen bewohnen wollten, denn im Hegau wäre die Luft noch gut und frisch[30].

Die Verwaltung Singens unterlag dem Obervogt von Hohenkrähen. Dieses Amt übten unter Hans Jakob Fugger aus[31]:
Jörg Aschmann (danach Vogt zu Untersulmentingen),
Christoph Lienhard von Diemantstein (Herbst 1555 – Sommer 1556),
Konrad Renhart,
Johannes Müller (1558–1565 belegt).

Für 1565 sind neben dem Obervogt Müller und dem Vogt auch die Gerichtsleute (»Vierer«) des Dorfes Singen überliefert. Ihre Namen enthält ein Spruchband an der von Bartolome Prisinger aus Lindau gegossenen Glocke, der sogenannten »Fugger-Glocke«: Gallus Reiz, Vogt, Diaz Reiz, Michl Bushart, Hans Hopler und Jakob Huser Gerichtsleute[32].

In Müllers Amtszeit fiel auch die Anlage des Hohentwieler Urbars durch Württemberg im Jahr 1562. Dabei vertrat er seinen Herrn bei der Renovation des Tannwaldes. Im Urbar wird als Vogt zu Singen Gallus Reitz genannt, als Gerichtsleute Ulrich Wuesch, Hans Martin, Martin Busenhardt und Thias Reitz, als Vertreter der Gemeinde Hans Lieb der Alte[33].

Fugger scheint seinem langjährigen Obervogt Singen auch als Lehen angetragen zu haben. Denn am 13. September 1566 bat er den Abt von St. Gallen darum. Müller stellte am 18. Januar 1567 einen Revers als Lehensmann des Hans Jakob Fugger über Singen mit Gericht, Zwing und Bann aus[34].

IV.

Welche Bedeutung hatten die Besitzungen am Bodensee für Hans Jakob? Ein Schwerpunkt seiner Besitzungen lag im Elsaß. Dort war ihm in der Güterteilung von 1548 vor allem habsburgischer Pfandbesitz zugefallen, die

Porträts des Stifterpaares Johann Jakob Fugger (1516–1575) und seiner zweiten Frau Sidonia de Colaus (gest. 1573), Heirat 1560. Aus: Pinacotheca Fuggerorum et Fuggerarum, gestochen von Kilian und Custos

Herrschaft Pfirt, dazu Altkirch, Isenheim, Sennheim, Marxheim und Raedersheim; darauf waren 75 000 Gulden versichert. Daneben besaß er Anteile an Bibersburg und Plossenstein in Ungarn sowie an Münster bei Augsburg, Langenneufnach und Deisenhausen in Schwaben, seit 1555 auch an Kirchberg[35].

In den fünfziger Jahren setzte Fugger neue Akzente. »Es muß von vornherein betont werden, daß die Güterpolitik Hans Jakobs wie überhaupt seine wirtschaftliche Tätigkeit von Zügen geprägt war, die zu der bedächtigen, rationalen Art Anton Fuggers in scharfem Gegensatz standen«[36].

1554 erwarb er vom Grafen Ladislaus von Haag um 41 000 Gulden Taufkirchen in Bayern, das ab 1565 zu seinem ständigen Wohnsitz wurde[37]. Im folgenden Jahr, 1555, gelang ihm der Kauf der Herrschaft Weinfelden im Thurgau von Hans Dietrich von Gemmingen[38]. Damit kam er (katholischen) Freunden in Luzern entgegen, handelte sich aber jahrelangen Ärger mit protestantischen Eidgenossen ein, die für Weinfelden eine Huldigung Fuggers forderten. Die Schweizer leisteten auch Widerstand gegen den geplanten Kauf der Herrschaft Hohenkrähen, da nach dem Frieden von Basel zwischen ihnen und den Habsburgern vereinbart war, daß auf dem Gebiet der einen Seite von Parteigängern der anderen keine Güter oder Schlösser erworben werden durften. Bei Weinfelden war dies eben durch Fugger geschehen[39].

Die Motive für sein Engagement im Thurgau und im Hegau sind nicht klar. »Vermutlich sollte dieser Besitz im Bodenseeraum als Brückenpfeiler zwischen den schwäbischen Herrschaften und dem Fuggerschen Pfandbesitz im Elsaß dienen. Das Kernstück im Bodenseebereich bildete die Burg von Hohenkrähen, [...]«[40].

V.

Fugger gab ohne Rücksicht auf seine schwieriger gewordene Finanzsituation Geld für Sammlungen, Bücher und Druckvorhaben aus und betätigte sich großzügig als Mäzen. Ein übriges trug seine Güterpolitik bei. In den elsäßischen Pfandherrschaften, die verwahrlost waren, erwartete man von ihm finanzielles Engagement, auch der Ausbau des Hohenkrähen belastete[41]. Besonders schwer traf es ihn, daß Philipp von Spanien 1557 in Brüssel eine Fuggersche Silbersendung beschlagnahmen ließ, an der er mit 205 000 Dukaten beteiligt war[42]. Schließlich kam Hans Jakob, der »*mehr der Wissenschaft als Geschäften zuneigte*«[43], 1560 in Zahlungsschwierigkeiten. Er mußte ein Haus in Augsburg an seinen Oheim verkaufen, nur um Bargeld zu bekommen[44]. Auch Darlehen, u.a. von Herzog Albrecht von Bayern, in dessen Dienste er 1565 trat, konnten seinen Konkurs im Jahr 1563 nicht verhindern. Seine Situation beleuchtet ein Brief, den Ambros Blaurer im Juli 1563 schrieb: »Hier [in Augsburg] fallieren öfter unvermutet Kaufleute; so ist vor 14 Tagen bekannt geworden, daß Hans Jakob Fugger [...] gar vornehm und dem Fürsten von Bayern wie ein Bruder, falliert habe und bis zu 1 200 000 Gulden schulde, was hier kein Mensch ge-

Fugger-Glocke der Pfarrkirche St. Peter und Paul, gegossen 1565 von Bartolome Prisinger, Lindau, mit Relief-Ornament des Stifterpaares

VI.

Bereits 1561 versuchte Fugger Singen für zunächst 24 000, dann 23 000 Gulden an Herzog Christoph von Württemberg zu verkaufen, Graf Jörg von Helfenstein verwendete sich dafür. Doch der Herzog fand den Kaufpreis zu hoch und war auch nicht bereit, den Kauf vorher beim Kaiser austragen zu lassen[48]. Ebenso wies der Württemberger 1563 einen Versuch des Hans Caspar von Klingenberg zu Bach ab, über den Juden Aberlin von Aach Singen zu erwerben[49].

1567 muß Hans Jakob das Dorf Singen dem Eberhard Besserer von Ulm angeboten haben, der sich in Stuttgart rückversicherte, ob ihm nach dem Kauf das Objekt wieder abgenommen werde[50]. Wie schon 1564 machte Fugger 1566 seinen Brüdern und Vettern das Angebot, seinen Besitz im Hegau zu übernehmen[51]. In einem Schreiben vom 23. Juni aus Taufkirchen, seinem bevorzugten Aufenthaltsort, legte er die Gründe für seine Verkaufsabsichten dar. Wegen der verzögerten Zahlung des spanischen Königs sei er gezwungen, seine restlichen Schulden durch den Rückgriff auf Besitzungen abzutragen, so dem Hohenkrähen mit mehreren Dörfern und einem Haus in Augsburg. Das wiederholte Angebot wurde nicht angenommen, lediglich ein Interesse am Haus in Augsburg bekundet.

Hans Jakob versuchte nun, Singen zu verpfänden. Im Mai 1564 hatte er vom Abt von St. Gallen die Erlaubnis erhalten, das Dorf Singen mit allen Rechten für längstens sechs Jahre zu verpfänden[52]. Es wurde 1566 als Pfand an Jakob von Ehingen zu Neuneck gegeben, von dem Fugger vier Jahre zuvor 2000 Gulden gegen 5% Zins aufgenommen hatte[53]. Weiter 6000 Gulden erhielt Fugger am 6. Juni 1570 von Ulrich von Stadion auf vier Jahre. Er hatte versprochen, den Betrag vorzeitig zurückzuzahlen, falls er die Besitzungen im Hegau verkaufen konnte, ansonsten stand Stadion die Pfändung zu[54].

Schließlich gelang es Hans Jakob Fugger 1571, das Dorf Singen mit Remlishofen und Niederhofen an Hans Ludwig von Bodman zu verkaufen[55]. Am 20. August 1571 bat er seinen Lehensherrn in St. Gallen, dem Käufer und seinem Vetter Singen als Lehen zu übertragen[56]. Zum Verkaufspaket gehörte der Hohenkrähen mit Duchtlingen. Im folgenden Jahr war auch die Herrschaft Weinfelden nicht mehr in Fuggers Besitz[57].

Gegen den Verkauf der hegauischen Besitzungen protestierten die Vettern Marx und Hans Fugger in einem Schreiben vom 17. August 1571 an Erzherzog Ferdinand. Sie forderten, die lehensherrliche Zustimmung zu versagen, da diese Güter zur gemeinsamen Hand verliehen seien, jedoch gegen ihren Willen und ohne ihre

glaubt hätte [...] Obwohl er große Herrschaften und Grafschaften im Elsaß und andere Güter hat, fürchtet man, es gehe viel verloren, während andere meinen, der Fürst von Bayern und die von Augsburg würden ihn nicht fallen lassen«[45]. Durch ein Vergleichsverfahren konnte das Schlimmste verhütet werden. Nicht alle seiner Güter gingen verloren. Hohenkrähen, Singen, Weinfelden und Taufkirchen blieben in seiner Hand. Singen war nicht unmittelbar in die Konkursabwicklung einbezogen. Freilich hatte Fugger schon seit 1561 versucht, für Singen einen Käufer zu finden. Allein Taufkirchen, auf das die Verschreibungen auf die elsäßischen Güter 1565 übertragen worden waren, konnte er für seine Familie halten.

Als letzte Konsequenz seines Falls wurde Hans Jakob Fugger im Oktober 1564 aus der Firma ausgelöst. Weil er den Aufgaben nicht gewachsen war, legte er deren Leitung nieder, »dieweil mir aus beweglichen Ursachen solche Verwaltung lennger zu verrichten nit gemeint noch gelegen sein will«[46]. Nur widerstrebend hatte er sich im Herbst 1560 nach dem Tod seines Oheims Anton, der die Firma wie Jakob der Reiche in monarchischer Weise regierte, als ältester der nachfolgenden Generation in die Pflicht nehmen lassen. Seine ablehnende Haltung beschreibt eindringlich das Testament Anton Fuggers: »Darauff hab ich mit meinem vettern herr Hans Jacoben ernnstlich geredt, das er solche regierung solle annemen, der sich aber dessen verwidert mit anzaigen, hab sonnst mit gemeiner statt, auch sein selbst sachen soviel zu schaffen, das er disem nit kunde auswartten.«[47]

Zustimmung veräußert würden. Zugleich erhielten Hans Jakob Fugger und Bodman Abmahnungen; die Protestaktion blieb ohne Folgen[58].

Anmerkungen

[1] Wilhelm Maasen, Hans Jakob Fugger (1516–1575). Ein Beitrag zur Geschichte des XVI. Jahrhunderts (= Historische Forschungen und Quellen, hg. v. Joseph Schlecht, 5. H., 1912); Hermann Kellenbenz, Hans Jakob Fugger (= Lebensbilder aus dem Bayerischen Schwaben Bd. 12, 1981), S. 48–104, mit ausführlichen Literaturangaben. Kurzbiographien: Wolfgang Zorn, Hans Jakob Fugger (in NDB V, 1961), S. 720 f.; Götz Frhr. v. Pölnitz, Die Fugger (1960), S. 306–309.

[2] Götz Frhr. v. Pölnitz/Hermann Kellenbenz, Anton Fugger, 3. Bd. 1548–1560, Teil II. 1555–1560. Die letzten Jahre Anton Fuggers. Anton Fuggers Persönlichkeit und Werk (= Studien zur Fuggergeschichte 20, 1986), S. 81. Die Biographie stützt sich bei ihren Angaben betreffs Singen und Hohenkrähen vornehmlich auf Material des Tiroler Landesarchivs Innsbruck.
Dr. Herbert Berner, Singen, gewährte Einblick in seine Regestensammlung, ihm danke ich auch für verschiedene Hinweise.

[3] Johann Stehle, Geschichte der Exklave Bruderhof und der Hohentwieler Waldungen (= Hegau-Bibliothek Bd. 26, 1973), S. 96.

[4] Ebd., S. 95.

[5] Dessen Kaufversuche um Singen werden ausführlich behandelt ebd., S. 90–98.

[6] Götz Frhr. v. Pölnitz, Anton Fugger 2/II (= Studien zur Fuggergeschichte 20, 1967), S. 126 und 657, Anm. 83.

[7] Ders., Anton Fugger 3/I (= Studien zur Fuggergeschichte 22, 1971), S. 136.

[8] Eberhard Dobler, Burg und Herrschaft Hohenkrähen im Hegau (= Hegau-Bibliothek Bd. 50, 1986), S. 296.

[9] O. Pölnitz, Anton Fugger 3/I, S. 545 f., und v. Pölnitz/Kellenbenz (wie Anm. 2), S. 3 f.

[10] Ebd., S. 447 f., Anm. 6.
Hauptergebnis: Die Belehnung mit dem Hohenkrähen sollte auf alle Fugger ausgedehnt werden; da Ferdinand auf den Eid des Vogtes auf seine Person verzichtete, sollten die Fugger im Kriegsfall die Besatzungskosten allein tragen.

[11] Hermann Kellenbenz, Die Fugger als Grund- und Herrschaftsbesitzer in Vorderösterreich mit besonderer Betonung des Bodenseeraums (in Schriften des Vereins für Geschichte des Bodensees und seiner Umgebung 103, 1985), S. 63–74, hier S. 66.

[12] Ausführlich v. Pölnitz/Kellenbenz (wie Anm. 2), vgl. auch Dobler (wie Anm. 8), S. 296.

[13] v. Pölnitz/Kellenbenz (wie Anm. 2), S. 13.

[14] Ebd., S. 27. Den Hof kaufte 1564 der Bischof von Konstanz, vgl. Max Miller, Das Hohentwiel-Lagerbuch von 1562 und weitere Quellen über die Grundherrschaft und das Dorf Singen (= Veröffentlichungen der Kommission für geschichtliche Landeskunde in Baden-Württemberg, Reihe A, Quellen 20, 1968), S. 6*.

[15] v. Pölnitz/Kellenbenz (wie Anm. 2), S. 43 und 472, Anm. 190 und 191.

[16] Ebd., S. 65, auch GLA 229/97 943 fol. 114 f. (benutzt nach Abschr. masch. FA [Fugger-Archiv] 1.1.1v).

[17] Ebd., fol. 118 ff.; v. Pölnitz/Kellenbenz (wie Anm. 2), S. 81 (16. nicht 24.6.) und 496, Anm. 181a.

[18] 1554 wurden von den 22 000 Gulden als Schulden 18 001 Gulden 19 Kreuzer ausgewiesen; vgl. Miller (wie Anm. 14), S. 6*. Hier auch Details über die goldene Kette.

[19] FA 64.4, Brief vom 2. Juli 1564; vgl. Dobler (wie Anm. 8), S. 311. Eine genaue, aber undatierte Kostenauflistung in GLA 229/97 943 fol. 116 f.

[20] Ebd., fol. 3; vgl. Herbert Berner, Bemerkenswertes über alte Kirchenglocken im Hegau, in Sonderheit über die Singener Fugger-Glocke (in Hegau 41/42, 1984/85), S. 44.

[21] v. Pölnitz/Kellenbenz (wie Anm. 2), S. 81.

[22] Berner (wie Anm. 20), S. 44. GLA 8/31a Singen Staatserwerb. Am 3. Mai 1557 bat die Regierung in Verrechnung auf die Kaufsumme 1500 Gulden an Graf Wolfgang von Oettingen zu zahlen, um Schulden König Ferdinands zu tilgen; vgl. v. Pölnitz/Kellenbenz (wie Anm. 2), S. 515, Anm. 81.
Ebenso hatte Fugger verschiedene Verbindlichkeiten des von Bodman beglichen. Nach Aufforderung durch die Regierung vom 1. Februar 1560 teilte Hans Jakob mit, daß die Quittungen darüber bei Dr. Maximilian Schorer in Konstanz lägen; vgl. v. Pölnitz/Kellenbenz (wie Anm. 2), S. 596 f., Anm. 116.

[23] Dobler (wie Anm. 8), S. 297. Irrtümlich 1551 bei v. Pölnitz, Anton Fugger 3/I (wie Anm. 7), S. 175, und Maasen (wie Anm. 1), S. 34, Anm. 10.

[24] v. Pölnitz/Kellenbenz (wie Anm. 2), S. 112.

[25] Ebd., S. 81 f. und 496, Anm. 182 f.

[26] Dobler (wie Anm. 8), S. 296 f., v. Pölnitz/Kellenbenz (wie Anm. 2), S. 150 und 529, Anm. 209. Die Verzögerung ergab sich vor allem durch Schwierigkeiten mit den Eidgenossen wegen der Herrschaft Weinfelden; vgl. ebd., S. 82 und bes. 452 f., Anm. 35.

[27] Ebd., S. 528 f., Anm. 208.

[28] Ebd., S. 150.

[29] FA 27.3.38 b–d (Kirchberger Kopierbücher, 1555/56 und 1563/64): von Dobler (wie Anm. 8), S. 296–315, bzgl. des Hohenkrähen ausgewertet.

[30] Ebd., S. 308.

[31] Nach ebd., S. 298 f., 306 und 308 ff.

[32] Berner (wie Anm. 20), S. 46. Nach einer mündlichen Mitteilung von Dr. Herbert Berner scheint es sich um eine »Türkenglocke« zu handeln.

[33] Miller (wie Anm. 14), S. 23.

[34] Or. Stiftsarchiv St. Gallen. Die bei Berner (wie Anm. 20), S. 46, erwähnte Verpfändung an Jakob von Ehingen scheint nur von kurzer Dauer gewesen zu sein; vgl. auch Abschnitt VI.

[35] Kellenbenz, Hans Jakob Fugger (wie Anm. 1), S. 77 f.; Maasen (wie Anm. 1), S. 34 f., und Kellenbenz, Die Fugger als Grund- und Herrschaftsbesitzer (wie Anm. 11), S. 65 f.

[36] Ebd., S. 66.

37 MAASEN (wie Anm. 1), S. 35.
38 ALEXANDER PLATTNER, Die Herrschaft Weinfelden – Zürichs Außenposten in der Landvogtei Thurgau (= Züricher Beiträge zur Rechtswissenschaft. Neue Folge, Heft 320, 1969), S. 61 f.; zur strittigen Huldigung siehe bes. S. 62. Verschiedene Hinweise bei v. PÖLNITZ/KELLENBENZ (wie Anm. 2), 4 und 448, Anm. 7; S. 14 f. und 452, Anm. 35; S. 280 und 596, Anm. 114 f.
39 Ebd., S. 82 und 452, Anm. 35.
40 Ebd., S. 3.
41 DOBLER (wie Anm. 8), S. 312 ff.
42 MAASEN (wie Anm. 1), S. 33.
43 v. PÖLNITZ (wie Anm. 1), Die Fugger, S. 190.
44 MAASEN (wie Anm. 1), S. 33 ff.; KELLENBENZ, Hans Jakob Fugger (wie Anm. 1), S. 77–81, mit Details zur Konkursabwicklung.
45 MAASEN (wie Anm. 1), S. 34.
46 KELLENBENZ, Hans Jakob Fugger (wie Anm. 1), S. 79.
47 FA 19.2, Codizill vom 11. Juli 1560.
48 MILLER (wie Anm. 14), S. 9*; STEHLE (wie Anm. 3), S. 96; DOBLER (wie Anm. 8), S. 307.
49 MILLER (wie Anm. 14), S. 9*; DOBLER (wie Anm. 8), S. 308.
50 MILLER (wie Anm. 14), S. 10*; STEHLE (wie Anm. 3), S. 96 f., Anm. 36; DOBLER (wie Anm. 8), S. 308.
51 FA 64.4; DOBLER (wie Anm. 8), S. 310 f.
52 Ebd., S. 308. Mit dem Lehenbrief vom 19. Januar 1557 stellte der Abt auch eine Verwilligung aus, 2000 Gulden auf Singen aufnehmen zu dürfen, vgl. BERNER (wie Anm. 20), S. 46.
53 Ebd., S. 46.
54 FA 5.7; DOBLER (wie Anm. 8), S. 311.
55 Bodman-Regesten, S. 324, Nr. 1150.
56 Ebd., Nr. 1151; STEHLE (wie Anm. 3), S. 97, MILLER (wie Anm. 14), S. 7*.
57 PLATTNER (wie Anm. 38), S. 63, verkauft an Arbogast von Schellenberg.
58 FA 64.4; DOBLER (wie Anm. 8), S. 311.

Singener Orts- und Grundherren
von Herbert Berner

Mittelalterliches Lehenswesen

Der im Frankenreich auf der Grundlage romanisch-germanischer Lebensgemeinschaft unter starkem christlichen Einfluß entstandene mittelalterliche Lehensstaat läßt sich nicht mit modernen Staats- und Gesellschaftsformen vergleichen. Alle mittelalterliche Staatlichkeit war von personaler Beziehung geprägt, was in besonderer Weise im Lehenswesen zum Ausdruck kommt, dessen Ausgestaltung Ende des 12. Jahrhunderts abgeschlossen war und rund 600 Jahre lang Bestand haben sollte. Lehensherren waren ursprünglich der König, der Herzog, der hohe Adel, seit dem 13. Jahrhundert der Landesherr, sie alle gaben Lehensgut nach dem Prinzip gegenseitiger Treue zur Nutzung gegen Leistung von Lehensdiensten vorwiegend militärischer Art (Heerfolge) an waffenfähige, in der Regel ritterliche Leute aus. Seit dem 12. Jahrhundert bildete sich der Leihezwang heraus, d.h., das Lehen wurde vererblich. Der Leihezwang, insbesondere die Wiederausgabe heimgefallener Reichslehen binnen Jahr und Tag, führte – im Gegensatz zu Westeuropa – zur Territorialbildung und ermöglichte die Kleinstaaterei; am Ende des alten Reiches gab es so an die 1800 selbständige Herrschaftsgebiete oder Kleinstaaten – allein im Schwäbischen Reichskreis 92 Herrschaften, Klöster und Reichsstädte, denen oft noch in sich die staatliche Geschlossenheit fehlte. Außer dem Königs-(Reichs-)gut und umfangreichem Kirchengut gab es auch in geringerem Maße lehensfreies Eigentum (Allod).

Man muß somit unterscheiden zwischen dem Obereigentum des Lehensherrn und der Nutzung durch den Lehensnehmer (Vasall), etwa so, wie wir auch heute noch juristisch unterscheiden zwischen Eigentümer und Besitzer (Pächter, Mieter); dazu gab es komplizierte Zwischen- und Sonderformen, daß etwa der Vasall sein Lehen als sogenanntes Afterlehen weitergeben konnte oder daß beim Aussterben des Mannesstammes durch besonderen Rechtsakt das Lehen als Kunkellehen (Frauen- oder Weiberlehen) an die weibliche Linie übergehen konnte. Das Nutzeigentum an Grund und Boden konnte verkauft oder vertauscht werden, ohne daß davon die Leheneigenschaft (Obereigentum) berührt war; der Lehensherr mußte allerdings damit einverstanden sein.

Für Singen bedeutsam war, daß die Herzogsherrschaft vom 10. bis 12. Jahrhundert im Hegau auf Königsgut beruhte. Ferner gelangten im Laufe der Zeit einzelne Rechte und Nutzungen, z.B. Gerichtsrechte, Brückengelder, Zehntrechte, in andere Hände, so daß etwa beim Neubau der Pfarrkirche St. Peter und Paul in Singen 1779 bis 1781 nicht weniger als 13 Zehntherren (darunter 4 Klöster) beteiligt waren. Der Zehnt (10. Teil des Ertrags der Landwirtschaft) war ursprünglich eine Abgabe der Laien an die Kirche (hat also nichts mit Lehen zu tun) und wurde benannt nach der Art der Abgaben, z.B. Großzehnt (von Veesen, Roggen, Gerste, Hafer), Kleinzehnt (von Erbsen, Kraut [Kabis], Rüben, Bohnen, Flachs, Hanf, Heu und Öhmd, später Klee, Kartoffeln und Kernobst), Weinzehnt, Blutzehnt (Schweine und Hühner) usw. Auch die Zehntrechte wurden im Laufe der Zeit teilweise der Kirche gegen die Zusicherung, für die kirchlichen Bedürfnisse aufzukommen, entfremdet. – Die Landeshoheit im heutigen Sinne begann sich erst im Spätmittelalter auszubilden[1].

In Singen traf dies alles in auffallend exemplarischer Weise zu. Der Hohentwiel spielte dabei eine Sonderrolle; er hat auf die geschichtliche Entwicklung des an seinem Fuße liegenden kleinen Ortes einen eher nachteiligen Einfluß ausgeübt[2]. Die Singener Gemarkung entstand erst im beginnenden 16. Jahrhundert, als die bis dahin selbständigen Gemarkungen Niederhof (Niedersingen)[3] und Remishof mit Obersingen vereinigt wurden. Der Remishof, 1359 ff. Remlishoff genannt, war eine im Nordosten gelegene Kleinsiedlung (Sondergemarkung), in deren Siedlungsnamen ein Personenname Ramislo, Remilo, auch Remlis, steckt. Im späteren Mittelalter gab es dort drei Höfe[4]. Die um 1520 entstandene Singener Gemarkung blieb bis zur Verwaltungsreform der 70er Jahre unseres Jahrhunderts bestehen. Der Hohentwiel lag nebenan, denn er gehörte etwa seit 960 anderen Herren und wurde erst nach über 1000 Jahren – 1969 – mit der Gemarkung Singen vereinigt.

Singen im Fiskus Bodman

Es gibt in der dörflichen Singener Geschichte vier bedeutungsvolle Daten, nämlich das Jahr 787 als das Jahr der ersten urkundlichen Benennung von Sisinga, das Jahr 1432 – darüber weiteres im folgenden –, die Inbesitznahme des Hohentwiels durch Wirtemberg 1521 und das Jahr 1899 der Stadtrechtsverleihung.

Der wohl im 6. Jahrhundert von den Alamannen auf herzoglichem Amtsgut gegründete Ort Singen gelangte nach der endgültigen Niederwerfung des letzten alamannischen Herzogs durch die Franken 746 durch Konfiskation an den Fiskus Bodman, in dem das nunmehrige fränkische Reichs- oder Königsgut zusammengefaßt wurde. Aus dieser Zeit stammt der Begriff »Villa publica Sisinga« = königlicher Hof Singen, unter dem wir uns eine Ansiedlung, ein Gehöft von ursprünglich vielleicht 100 bis 200 Personen, mit einer gewissen zentralörtlichen Bedeutung vorzustellen haben, denn Singen war am 15. Februar 787 nur Ausstellungs- oder Gerichtsort der Urkunde (wie auch später wiederholt) und selbst von dem Rechtsgeschäft nicht betroffen[5].

Im Jahre 920 fand in Singen wiederum ein bedeutsames Ereignis statt: König Heinrich I. (919–936) wandelte bisheriges Singener Reichslehengut in Eigengut um und übertrug dies an Babo, den Vasallen Herzog Burchards II. (917–926) als freies Eigen[6]. Es dürfte sich dabei um den Kern der Siedlung, also um den Herrenhof mit der Kirche St. Peter und Paul oder um Niederhof gehandelt haben. Von Babo gelangte das Gut für kurze Zeit an das Bistum Chur; man mag daran denken, daß Herzog Burchard II. von Churrätien aus die Wiedererrichtung des Herzogtums Schwaben betrieben hat. Auf unbekannte Weise kamen der Herrenhof Singen und die Singener Kirche an das Kloster Reichenau. Den Hof in zentraler Lage unweit der Kirche, ohne Zweifel der spätere reichenauische Kelhof, dürfen wir etwa im Bereich der heutigen »Friedenslinde« vermuten.

Das urkundenarme 10. und 11. Jahrhundert erlaubt keine eindeutigen klaren Aussagen zur Singener Besitz- und Herrschaftsgeschichte. E. Dobler sieht ebenfalls in dem Herrenhof des 8. Jahrhunderts den späteren Kelhof. Wo aber ist nun der »neue« Herrenhof des 10. Jahrhunderts zu suchen, der nach der Weggabe des Kelhofs als Mittelpunkt der friedingischen Ortsherrschaft diente? Dies muß nach Dobler der Holzerhof gewesen sein, »der unweit des Kelhofs im Garten des heutigen Schlosses oben im Dorf an der Straße« etwa im Bereich des heutigen Gasthauses »Kreuz« stand. Nach Dobler kann um 920 weder der Kelhof noch der Holzerhof an Babo gegeben worden sein, sondern am ehesten der Niederhof. Vielleicht handelt es sich auch um das 1165 von einem Markward dem Inselkloster geschenkte Lehengut – also einen dritten Hof auf der Gemarkung[7]. Gehen wir vom späteren reichenauischen Besitzstand aus, könnte dies das kleinere Widemgut gewesen sein. – Dagegen vertritt Gerlinde Person die Auffassung, daß erst Herzog Burchard III. (954–973) dem Kloster Reichenau Besitzungen in Singen geschenkt habe. Das 1165 von Markward dem Inselkloster übertragene Lehen liege wohl außerhalb von Singen, »denn vermutlich hätte Markward sich sonst den urkundlich genannten ›malis hominibus‹« (schlechten, bösen Menschen) zur Wehr setzen können (G. Person). Jedenfalls stehen der reichenauische Kelhof mit Kirche und das Lehengut von 1165 in enger Verbindung[8].

Wir erwähnten bereits, daß um das Jahr 960 der Fiskus Bodman, zu dem das alte Sisinga gehörte, nach dem Tod der Herzoginwitwe Reginlind (958) geteilt wurde. Ihr Sohn Herzog Burchard III. aus der ersten Ehe mit Herzog Burchard II. erhielt den Hohentwiel mit dem südlich und westlich an ihm liegenden Fiskusgebiet (u. a. Hilzingen, Niedersingen und Arlen), ihre Tochter Ita aus zweiter Ehe mit Herzog Hermann I. (926–949) bekam das östliche Fiskusgebiet (u. a. Obersingen, Hohenkrähen); Obersingen war nun vom Twiel getrennt. Damit war der Keim für die spätere Exklavensituation des Hohentwiels und zugleich der Anfang für den eigenen geschichtlichen, seit dem 16. Jahrhundert von seinem dräuenden Nachbarn leidvoll beeinflußten Weg Singens gelegt[9]. Auch Singen selbst ist von da ab über 500 Jahre geteilt in das Dorf Obersingen mit Pfarrkirche und in den Weiler Niedersingen (Niederhof), letzterer in der Hand der Twieler Burgherren.

In Niedersingen ließen sich die seit 1087 nachweisbaren edelfreien Herrn von Singen nieder[10], die um 1120 auf den Hohentwiel zogen und sich nach ihm benannten. Niedersingen (Niederhof, 1380 zum erstenmal so geheißen), samt der Burg der Herren von Singen, kam über die Herren von Klingen an die Klingenberger, die 1530 u. a. auch diesen Besitz an die Herren von Bodman verkauften[11]. Die alte Burg Niedersingen ging, 1499 von den Schweizern zerstört[12], zuletzt als Ruine im Dreißigjährigen Krieg zugrunde. – Das Singener Stadtwappen (1899) mit dem St. Galler Bären, der in seinen Pratzen den gelb-blauen Spitzenschild der Herren von Singen hält, erinnert an diese frühen Verhältnisse.

Die Herren von Friedingen als Träger der niederen öffentlich-rechtlichen Gewalt

Obersingen gelangte von Ita über die Grafen von Nellenburg an die Herren von Friedingen, Nachfahren der älteren Nellenburger; im 12. Jahrhundert jedenfalls gehörte der Besitzstreifen Obersingen – Mühlhauser Leberen und Berg Hohenkrähen – als Eigengut den Friedingern[13]. Als Herrschaftsmittelpunkt im Ort fungierte nun der Holzerhof, mit Obersingen verbunden war die Ortsherrschaft, eine frühe Erscheinungsform der öffentlich-rechtlichen Gewalt. »Sie umfaßte außer der Niedergerichtsbarkeit vor allem den ›Zwing und Bann‹, das Recht, auf der ganzen Gemarkung zu ›gebieten und verbieten‹, insbesondere in all den zahlreichen Einzelfällen des gemeinsamen bäuerlichen Wirtschaftens, wie Öffnung und Schließung der Fluren für die jahreszeitlichen Arbeiten, Anbauregelungen und dergleichen. Inhaber der Ortsherrschaft, ›Ortsherr‹, ist der jeweilige Herr von Obersingen, der ursprünglich wohl mit dem Inhaber des Holzerhofs identisch war, nachdem der alte Kelhof einen anderen Eigentümer hatte. Der Bezug der Ortsherrschaft auf Obersingen galt selbst dann noch, als auch der Holzerhof um 1310 an einen neuen Eigentümer gelangt war, an das Kloster Salem« (E. Dobler). Um den Holzerhof und die Pfarrkirche wuchs das Dorf Singen heran, das vom 15. Jahrhundert ab bis um 1700 etwa 60 Häuser mit 300 bis 400 Einwohnern gezählt haben dürfte; im Jahre 1800 hatte Singen 754 Einwohner.

Rund 300 Jahre lang blieb Singen unter den Herren von Friedingen, die das Dorf mit der Mühlhauser Leberen (Besitzung im Bereich der Pfarrkirche) und dem seit 1180/90 befestigten Hohenkrähen in einer Herrschaft zusammenfaßten. Dann mußte diese zunehmend verarmende und in viele Händel verstrickte Familie 1432 ihren wertvollsten Besitz Singen aus finanzieller Bedrängnis zu Eigentum an das Kloster St. Gallen übertragen, das nun fortan bis zum Ende des alten Reiches 1803 der eigentliche Singener Ortsherr gewesen ist. Von diesem Zeitpunkt ab vergab der Fürstabt von St. Gallen Singen als Mannlehen, und wir können nun beobachten, daß Höfe oder Grundstücke vom Lehenträger, auch von den Bauern, gekauft oder verkauft werden konnten, daß aber stets der Lehensobereigentümer die Oberaufsicht und das Obereigentum beanspruchte.

Sanktgallische Ortsherrschaft[14]

Mit der Erwerbung von Singen durch das Kloster St. Gallen war eine »feudalrechtliche Kuriosität« entstanden, denn der Fürstabt war einerseits Lehensvasall des Hauses Habsburg-Österreich und mußte sich, wie auch andere Klöster, beim Regierungsantritt eines neuen Kaisers seine Privilegien und Lehen immer wieder bestätigen lassen, auf der anderen Seite sollte nun das Haus Österreich durch den Erwerb von Singen im Jahre 1575 selbst Lehenträger seines Vasallen St. Gallen werden[15]. Die sanktgallische Lehensherrlichkeit endete nach 371 Jahren durch die Säkularisation 1803.

Zunächst belehnte St. Gallen die Herren von Friedingen mit ihrer ehemals eigenen Herrschaft Singen, bis diese schließlich 1467 ihre Singener Besitzung endgültig an die mit ihnen verwandte Schaffhauser Familie von Fulach verkaufen mußten[16]. Nach über 60jähriger fulachischer Ortsherrschaft erwarben 1518 kurzfristig die Herren von Klingenberg auf dem Hohentwiel den nahegelegenen Ort und vereinigten Niederhof und Remishof mit Obersingen. Der zu spät unternommene Versuch einer Besitzarrondierung um den Hohentwiel scheiterte an den veränderten politischen Verhältnissen – Wirtemberg behauptete seit 1521 den Twiel – und an der wirtschaftlichen Erschöpfung der Klingenberger[17]. Schon 1530 mußten sich die Klingenberger von Singen trennen, ihre Nachfolger wurden die Herren von Bodman.

Nellenburgisch-österreichische Landeshoheit

Die »hohe Obrigkeit« und die »hohe Gerichtsbarkeit« über Singen, auch das Steuerrecht, das militärische Aufgebot bis hin zur hohen Jagd[18] standen der Landgrafschaft Nellenburg mit dem Mittelpunkt Stockach zu; dort befand sich auch seit dem Spätmittelalter das für Singen zuständige Landgericht, das in Straffällen über Leib und Leben richtete. Inhaber der Landgrafschaft und damit der Landesherr für Dorf und Herrschaft Singen war seit 1461/1465 bis 1806 Österreich (Vorderösterreich). Von jeher stritten sich die hegauischen ritterlichen Ortsherren mit dem Landgericht Nellenburg respektive dem Oberamt Stockach über die ihnen zustehende niedergerichtliche Jurisdiktion. Im Jahre 1497 regelte erstmals der sogenannte Hegauervertrag die jeweiligen Zuständigkeiten, die durch die Deklaration von 1540, den Vertragsabschluß von 1569 und den

Vertrag von 1584 ergänzt und fortgeführt wurden[19]. Der Hegauervertrag galt auch für die nicht reichsritterschaftliche Herrschaft Singen; der am 11. September 1406 gegründeten Rittergesellschaft im Hegau, der Gesellschaft des St. Georgenschildes im Hegau (seit 1557 in Radolfzell im Ritterschaftshaus [heute Amtsgericht] ansässig), gehörten die Friedinger als Mitglieder an; das Kloster St. Gallen (seit 1432 Ortsherr) konnte nicht Mitglied der unmittelbaren freien Reichsritterschaft sein. Auch die Herrschaft Mägdeberg war nicht reichsritterschaftlich.

Die Tatsache der nellenburgisch-österreichischen Landeshoheit über Singen veranlaßte Herzog Christoph von Wirtemberg (1550–1560) auf Anraten der Stuttgarter Rentkammerräte, ganz abgesehen von dem überzogenen Kaufpreis, vom Erwerb des burgnahen Fleckens Singen abzusehen; zweimal, 1553 und 1573, bot sich diese an sich erwünschte Gelegenheit, als nämlich die in Schulden geratenen Hans Wolf von Bodman und später die Brüder Hans Ludwig und Hans Georg von Bodman unter fast schamloser Ausnützung der österreichisch-wirtembergischen Rivalitäten im Hegau ihre Herrschaft Singen zum höchstmöglichen Preis an den Mann bringen wollten. Abgesehen vom geringeren Ertrag und Nutzen gegenüber dem geforderten Kaufpreis von 20 000 fl. wiesen die Räte auf die nicht abzuschüttelnde sanktgallische Lehensherrlichkeit und die dem Römischen König zugehörige Obrigkeit hin. Der Ort sei »sunst auch ein verrissen Ding mit Zehnten, Pfründen u.a.«, er sei »ein arm Flecken, darin nit mehr den 56 Häuser und sonst 2 Weilerlein, da das eine [Niederhof] 10 und das andere [Remishofen] 8 Häuser hat. Und ob Euer Fürstlich Gnaden einen Untertan des Orts strafen oder etwas gebieten lassen werden, da rein er vermeint beschwert zu sein, möcht er für des Königs Landgericht zu Nellenburg appellieren, daß wird täglich Spenn und Irrungen geben.« Außerdem könne das Dorf nur zu einem Drittel als Eigentum angeschlagen werden, die Pfarrei werde von St. Gallen (in Wirklichkeit Reichenau!), die Frühmesse von Radolfzell besetzt, und die alte Religion könne nicht geändert werden[20]. In der Tat beschrieben die Stuttgarter die Mängel und Nachteile der Herrschaft Singen zutreffend: Die selbstbewußten Untertanen wußten die miteinander konkurrierenden niedergerichtlichen Gewalten zu ihren Gunsten gegeneinander auszuspielen, die auf Eigengut beruhende Machtposition der Herrschaft im Dorf war zu schmal bemessen und konnte auch im 17./18. Jahrhundert nicht wesentlich verbessert werden; der Singener Grundherr mußte zuviel Kraft und Zeit für die unaufhörlichen Jurisdiktionsstreitigkeiten nach allen Seiten, insbesondere mit dem nellenburgischen Oberamt, aufwenden, woraus die Singener Untertanen im Vergleich mit ihren Nachbarn weitaus mehr Freiräume und Vorteile zu gewinnen vermochten. Singen war für jeden Grundherrn eine schwierige Herrschaft, was die ernsthaften Auseinandersetzungen mit Nellenburg im 17. und 18. Jahrhundert beweisen.

Österreich erwirbt Singen als ein Mannlehen

Mit der Inbesitznahme des Hohentwiels durch Wirtemberg 1521 erhielt Singen einen ganz anderen Stellenwert: Es geriet nun plötzlich in die Auseinandersetzung zwischen Österreich als Landesherrn und das auf Expansion bedachte Herzogtum Wirtemberg; auch stand zu befürchten, daß möglicherweise die Eidgenossen sich des Hohentwiels bemächtigen könnten[21]. Als Hans Wolf von Bodman schuldenhalber Singen verkaufen mußte, verstand er es geschickt, unter Ausnutzung dieser Gegebenheiten den Kaufpreis des Dorfes fast um das Dreifache auf 22 000 fl. zu steigern und König Ferdinand I. im Jahre 1555 zum Kauf zu nötigen, um die Inbesitznahme durch Wirtemberg zu verhindern[22]. König Ferdinand gelang es indessen im Einverständnis mit dem Kloster St. Gallen, im Jahre 1556 Hans Jakob Fugger von Kirchberg und Weißenhorn aus der bekannten Augsburger Kaufherren- und Bankiersfamilie im Zusammenhang mit der von diesem erwünschten Belehnung mit der Herrschaft Hohenkrähen zu veranlassen, in den Kauf einzutreten und das singische Lehen gegen 17 815 fl. zu übernehmen[23].

15 Jahre nur dauerte die Fugger-Herrschaft in Singen, aber wie kein anderer Singener Ortsherr zuvor hinterließ Hans Jakob ein bleibendes Denkmal: die Fugger-Glocke im Kirchturm zu St. Peter und Paul von 1565[24]. Da Fugger unerwartet in Konkurs geriet, übernahmen wiederum 1571 die Herren von Bodman die Herrschaft[25], verkauften jedoch 1575 Singen mit dem nicht zum sanktgallischen Lehen gehörenden Niederhof und Remishof an Erzherzog Ferdinand von Österreich (regierte 1563–1595)[26]. Wiederum hatte man Singen nicht in wirtembergische Hände gelangen lassen wollen.

Seit 1575 war nun Singen eine österreichische Besitzung. Die Herren von Bodman empfingen die Herrschaft umgehend 1576 als österreichisches Pfand- und Afterlehen zurück, nachdem Abt Othmar zu St. Gallen Erzherzog Ferdinand das Lehen zu Singen übertragen hatte. Von da ab trat Österreich als Lehensnehmer des Klosters St. Gallen auf, selbst der Kaiser – zum letzten Male 1793 Kaiser Franz II. – mußte das Lehen Singen als Vasall des Fürstabtes empfangen[27].

201

Die Erzherzöge und Kaiser übten jedoch die Ortsherrschaft nicht selbst aus, sondern behandelten Singen als ein Afterlehen, d.h., sie übertrugen ihre Herrschaft als befristetes oder erbliches Pfandlehen an ihnen verbundene Adelsfamilien. Zunächst hatten die Herren von Bodman Singen noch bis 1607 inne; nach dem Tod von Johann Ludwig von Bodman zu Kargegg gaben diese das Lehen frei. Danach wurde die Herrschaft von den Amtmännern der Landgrafschaft Nellenburg zu Stockach verwaltet und beaufsichtigt. Seit 1644 beglaubigte der nellenburgische Amtmann Balthasar Kalt viele Singen betreffende Urkunden. Die von Österreich aufgebotenen Lehensträger traten wohl nur wenig in Singen in Erscheinung. Es waren dies 1607 Hans Adam von Reischach auf Neuenhewen[28], 1631 Wilhelm Schenk von Staufenberg, Stadthauptmann von Konstanz[29] und 1641 Adam Heinrich Keller von Schleitheim, Obrist und Stadthauptmann zu Konstanz[30]. Im Jahre 1614 erbat sich Markgraf Karl von Burgau als nellenburgischer Landesherr bei Abt Bernhard von St. Gallen Auskunft über den lehensrechtlichen Status von Singen, Niederhof und Remishof, das damals im Besitz des Erzherzogs Maximilian von Österreich war, vertreten durch den Lehenträger Adam von Reischach; die Herrschaft Singen war also nicht Mannlehen des Karl von Burgau. Im Jahre 1655 ging Singen als Pfandherrschaft an den Obristen und Stadthauptmann von Konstanz Johann Gaudenz von Rost über, es entstand nun die neue Herrschaft Singen-Mägdeberg.

Unsere Betrachtung über die Singener Ortsherren bis zur Mitte des 17. Jahrhunderts läßt noch einen sehr wichtigen Gesichtspunkt deutlich werden, daß nämlich alle Herrschaftsinhaber mit Ausnahme der Herren von Singen in Niedersingen ihren Herrschaftsmittelpunkt und damit auch ihren Wohnsitz (Schloß und Burg) in anderen Orten hatten. Singen war kein Herrschaftssitz, und als das Schloß der Grafen von Enzenberg 1809/10 erbaut wurde, geschah dies am Ende der feudalen Zeit und war eigentlich ein anachronistisches Geschehen. Die Friedinger betrachteten die Burgen Hohenkrähen und Hohenfriedingen, die Klingen und die Klingenberger den Hohentwiel als ihre Residenz. So wurde bei den Verkaufsverhandlungen 1553 ff. über Singen u.a. auch darauf wohl ein wenig untertreibend hingewiesen, daß »der arm flecken« noch nicht einmal eine für eine Herrschaft geeignete Herberge besitze. Auch die Herren von Rost als Inhaber der Herrschaft Singen bewohnten die Burg Mägdeberg und seit 1699 das im Dorf Mühlhausen erbaute Herrschaftshaus. Die fehlende Präsenz der Ortsherrschaft mag erklären, daß es den bäuerlichen Untertanen im Laufe von rund 200 Jahren gelang, über zwei Drittel der bebaubaren Gemarkungsfläche in zinseigenes Land umzuwandeln; das grundherrliche Eigentum mit kaum 5% der Gemarkungsfläche (1724) spielte nur eine untergeordnete Rolle[32].

Dennoch bleibt die Frage offen, wo die Herrschaft Singen verwaltet wurde. Es dürfte nicht auszuschließen sein, daß ein Amtshaus für den Verwalter der jeweiligen Herrschaft bereits in der zweiten Hälfte des 15. Jahrhunderts (als Singen sanktgallisch geworden) errichtet worden ist. Immerhin schickte Herzog Sigmund von Österreich am 5. August 1468 aus Singen einen Brief an den Herzog von Württemberg [33], d.h., er hielt sich an diesem Tage in Singen auf und benötigte dafür mit einiger Wahrscheinlichkeit ein wenn auch bescheidenes Gebäude. Im Fulachischen Verkaufsbrief von 1518« ist die Rede von einem herrschaftlichen »hus« (»item so mag ain ider herr zuͦ Singen vff wichnachten ain fuͦder win außßschengken in sinnem hus«). Auch bei der Belehnung von Johann Gaudenz von Rost 1655 kommt zum Ausdruck, daß das ruinierte Amtshaus, das gelegentlich in den Quellen des 18. Jahrhunderts auch Schloß genannt wird, wieder aufgebaut werden mußte[34].

Der Überblick über die Orts- und Grundherren von Singen zeigt anschaulich, daß es verschiedene Arten von Herrschaft gegeben hat, deren Funktionen sich unlösbar miteinander verbanden. Vergleicht man Singen in dieser Hinsicht mit anderen Gemeinden oder Herrschaften, wird man wohl einräumen müssen, daß die Herrschaft Singen eines der kompliziertesten Gebilde seiner Art gewesen ist – übrigens nicht zum Nachteil der Singener selbst, die daraus manchen Vorteil zu ziehen verstanden haben.

Anmerkungen

[1] HABERKORN/W-ALLACH, Hilfswörterbuch für Historiker, 2 Bde., 6. Auflage., Freiburg 1980; H. MAURER, Herzog, S. 124 f. – Grundlegend für Lehenswesen und »Staatsgewalt« H. MITTEIS, Der Staat des hohen Mittelalters, 4. Aufl. Weimar 1953; er definiert das fränkische Lehenswesen wie folgt: »Durch Lehnswesen und Lehnrecht wird der aus nichtstaatlichen Elementen entstandene Feudalismus eingestaatet und seiner zentrifugalen Tendenzen entkleidet. Das Lehnswesen ist positiv gewendeter Feudalismus. Das Lehnsrecht regelt auch staatliche Beziehungen, ordnet die Gewährung von Leistungen an den Staat gegen Teilhabe an staatlichen Hoheitsrechten. Der König tritt an die Spitze der Lehnspyramide, seine Herrschermacht wird um die oberlehnsherrliche Stellung verstärkt. Das Lehnsrecht wird zum Verwaltungsrecht des mittelalterlichen Staates, zur Form der Personenherrschaft, zur Ordnung der Adelsmacht, der Lehnstaat zum Rechtsstaat des Mittelalters. Lehnswesen und Lehnrecht sind der Beitrag des germanischen Geistes zur Gesamtgeschichte des Feudalismus. Vom Feudalismus

führt das Lehnswesen zum versachlichten Staat der Neuzeit«, S. 19.
2 Dies bestreitet zu Unrecht MAX MILLER als »affektgeladener ... Slogan«: Das Hohentwiel-Lagerbuch von 1562 und weitere Quellen über die Grundherrschaft und das Dorf Singen, Stuttgart 1968, S. 12.
3 Siehe den Beitrag Niederhof, in diesem Bd. S. 202 – HELMUT RUF, Die Gemarkung Singen, in diesem Bd. S. 22 ff.
4 W. SCHREIBER, FLN, S. 78, 277 f. mit allen Belegen. Seit der Mitte des 10. Jh.s gehörte auch der Remishof zur Burg Twiel.
5 E. DOBLER, Die Urkunde vom 15. Februar 787, Bd. 1 der Singener Stadtgeschichte, S. 141–144; vgl. dazu W. VOGLER, St. Gallen und Singen oder der Kaiser als Vasall des St. Galler Fürstabtes, in diesem Bd. S. 149 ff.
6 KARL SCHMID, Die Urkunde König Heinrichs I. für Babo aus dem Jahre 920, in diesem Bd. S. 30 ff.
7 E. DOBLER, Zur mittelalterlichen Geschichte von Singen, in Zs. Hegau 31 (1974), S. 99–104.
8 Weitere Vermutungen über Art und Weise des reichenauischen Besitzerwerbs in Singen bei G. PERSON, in diesem Bd. S. 44, 52 f.
9 DOBLER, Hohenkrähen, S. 17 f.
10 PERSON, a.a.O., S. 55.
11 MARKUS BITTMANN, Die Familie von Klingenberg und Singen, in diesem Bd. S. 104 ff.
12 H. BERNER, Der Schweizer Krieg 1499, in diesem Bd. S. 144 ff.
13 E. DOBLER, Singen und die Herren von Friedingen, in diesem Bd. S. 127 ff.
14 W. VOGLER, a.a.O., S. 149 ff. – SÄTTELE, Singen, weiß nur, daß Singen ein sanktgallisches Lehen war, kennt aber die Vorgänge ab 1432 nicht, S. 22, 29.
15 W. VOGLER, a.a.O., S. 152.
16 MAX RUH, Die Herren von Fulach, in diesem Bd. S. 163 ff.
17 BITTMANN, a.a.O., S. 112 ff.
18 Ab dem 15. Jh. gehörten zur hohen Jagd vor allen Dingen das Großwild, d.h. im wesentlichen der Hirsch; Rehe und Wildschweine rechneten in der Landgrafschaft Nellenburg zumindest im 18. Jh. zum kleinen Waidwerk = niedere Jagd; anschauliche Beispiele bei GOTTFRIED SAUTER, Jagdbarkeit, Jagd und Wildschäden in den alten Ämtern Blumenfeld und Tengen, in Zs. Hegau 25 (1968), S. 65–85.
19 FRANZ WERNER RUCH, Die Verfassung des Kantons Hegau-Allgäu-Bodensee der unmittelbaren freien Reichsritterschaft, Diss., Mainz 1955, S. 70–75.
20 STEHLE, Bruderhof, S. 93, 97.
21 Vgl. MARTENS, Hohentwiel, S. 25, 28 f., 31, 38, 41; immerhin hatten auch die Schaffhauser seit 1518 ein Öffnungsrecht auf dem Hohentwiel.
22 1554 XI 7 Innsbruck, oö. Reg. trifft Kaufabrede über das Dorf Singen; 1555 I 2 verkauft Hans Wolf von Bodman an König Ferdinand das Dorf Singen mit Remishofen und Niederhofen, GLA 8/31a; siehe W. DANNER, Die Herren von Bodman und Singen, in diesem Bd. S. 182 ff. – M. MILLER, Hohentwieler Lagerbuch, S. 8–10, 153–155.
23 1557 I 2 Revers des Hans Jakob Fugger über den Kauf von Singen, GLA 8/31a; siehe FR. KARG, Singen und Hans Jakob Fugger, in diesem Bd. S. 192 ff.

24 H. BERNER, Bemerkenswertes über alte Kirchenglocken im Hegau, in Sonderheit über die Singener Fugger-Glocke, in Zs. Hegau 41/42 (1984/85), S. 42–46.
25 Bodman-Regesten Nr. 1150, 1151, 1661; W. DANNER, a.a.O.
26 Bodman-Regesten Nr. 1164, 1166. – Erzherzog Ferdinand war in erster Ehe mit der Augsburger Patriziertochter Philippine Welser verheiratet; der Ehe entstammten 7 Kinder, darunter Andreas Bischof von Konstanz und Brixen sowie Karl Markgraf von Burgau.
27 Siehe W. VOGLER, a.a.O., S. 159.
28 1607 X. 29, GLA 44/341, 2; Tirolisches Landesarchiv Innsbruck, Putsch-Rep. III vol. 392. – Vgl. im folgenden VOGLER, a.a.O., S. 202.
29 1632 I 26, GLA 44/341, 6; die St. Galler Urkunde ist auf den 9.12.1631 datiert; ferner Tiroler Landesregierungsarchiv, a.a.O.
30 1642 VII 9, GLA 44/314, 8; Tiroler Landesregierungsarchiv, a.a.O.
31 Vgl. Anm. 26. Kaiser Rudolf II. verlieh 1606 dem Markgrafen Karl von Burgau neben der Markgrafschaft Burgau und der Grafschaft Hohenberg auch die Landgrafschaft Nellenburg mit den beiden Vogteien Tengen und Aach; die Einsetzung als Landesherr (Immission) erfolgte am 9.10.1609 in Stockach. WILHELM HAUSER, Karl Markgraf von Burgau (1560–1618), in Jhrb. des Hist. Vereins Dillingen, 1980, S. 174; ferner EUGEN STEMMLER, Die Grafschaft Hohenberg und ihr Übergang an Württemberg (1806), S. 6; GERHART NEBINGER, Entstehung und Entwicklung der Markgrafschaft Burgau, in METZ (Hg.), Vorderösterreich Bd. II, S. 738. Karl von Burgau vermachte kurz vor seinem Tod 1618 seine Besitzungen dem späteren Kaiser Ferdinand II. und Erzherzog Maximilian. – Neuerliche, auf meine Bitte hin dankenswerterweise angestellte Recherchen im Haus-, Hof- und Staatsarchiv sowie im Hofkammerarchiv Wien durch Dr. W. Hauser ergaben eindeutig, daß Markgraf Karl nicht mit der Herrschaft Singen belehnt war (1988).
32 CHRISTHARD SCHRENK, Studium zur Agrarstruktur Singens im 18. Jh., in diesem Bd. S. 354 – besonders S. 366.
33 Frdl. Mitteilung von Dr. Wilhelm Baum, Klagenfurt; der Brief liegt im Hauptstaatsarchiv Stuttgart A 602 Urk. 14922 sowie im Staatsarchiv Basel, Politisches F. 16; WILHELM BAUM, Sigmund der Münzreiche, Bozen 1987, S. 288, 422.
34 Siehe den Beitrag Herrschaft Singen-Mägdeberg unter den Herren von Rost, in diesem Bd. S. 34, 253 ff. – EAS F I 1/6 = 535, Nr. 4: Johann Gaudenz von Rost hat das Amtshaus »von neuem« erbauen lassen.

Vom Königshof zur Dorfgemeinde

Siedlungskontinuität und ihre Gründe

von Herbert Berner

In neuerer Zeit sprach man des öfteren von den Entwicklungselementen von Dorf und Stadt und dachte dabei an die Lage am Ufer der Aach, an fruchtbares Land und reiche Weiden, an gute Baugründe und an die günstige Verkehrslage; die Schirm- und Schutzfunktion des Hohentwiels für die Bewohner an seinem Fuß spielte freilich schon lange keine Rolle mehr. Alle diese Umstände zusammengenommen erklären indessen wohl die einmalige Siedlungskontinuität im nördlichen Alpenvorland: Singen ist zwar die jüngste Stadt im Landkreis Konstanz, ja sogar des Bodenseeraumes, zugleich aber im Hinblick auf die ununterbrochene Besiedlung seit der Mittleren Steinzeit der älteste Ort, Singen ist in der Tat – wie es einmal der Tübinger Archäologe Wolfgang Kimmig formuliert hat – älter als Rom[1].

Königs- oder Herrenhof

In den ältesten Singener Urkunden, vor allem jenen von 787 und 920, wird von einem Königshof (villa publica) gesprochen. Damals also war Singen nicht ein Dorf im heutigen Sinne, sondern ein einziger großer Hof mit dazugehörendem Gebäude- und Flurkomplex[2]. Die Alamannen haben in Einzelhöfen, höchstens kleinen Weilern gesiedelt. Die frühmittelalterliche Grundherrschaft (Villikationsverfassung) mit einem Fron- oder Herrenhof samt Salland wurde mit Hilfe des unfreien Hofgesindes und der abhängigen Hufenbauern bewirtschaftet. Unter Hufe (= mansus) versteht man ein normal ausgestattetes, vom Herrenhof abhängiges Bauerngut, dessen Inhaber zu bestimmten Diensten und Abgaben verpflichtet war[3]. »Auf dem Fronhof wohnte entweder der adelige Grundherr selbst oder sein Verwalter, der villicus oder Meier, der im Auftrage seines Herrn die Fronhofwirtschaft leitete und mit Hilfe des unfreien Hofgesindes besorgte. In unmittelbarer Nähe lagen die vom Fronhof abhängigen Bauernhöfe.«[4]

In Singen dürfen wir den ursprünglichen königlichen Hof im späteren reichenauischen Kelhof vermuten; einen zweiten jüngeren Herrenhof, nämlich den Holzerhof, errichteten die Herren von Friedingen. Die Siedlung der ersten Jahrhunderte nach der Seßhaftwerdung, das heißt der alamannischen Landnahme, läßt sich am besten als Weiler bezeichnen mit vielleicht 100 bis 200 Bewohnern[5].

Mittelalterliche Grundherrschaft

Vom 9.–11. Jh. festigte sich die mittelalterliche Grundherrschaft; zahlreiche bis dahin noch freie Bauern begaben sich in die schützende Abhängigkeit von Grundherren. In jener Zeit formierte sich zudem eine kostspielige berittene Berufskriegerschicht, hingegen wandelte sich der Bauer durch die damals beginnende Intensivierung der Landwirtschaft (Getreideanbau) zum Ackersmann; die adeligen Grundherren übernahmen die entscheidenden militärischen und politischen Aufgaben. Die Kriegsausrüstung eines Reiters z. B. kostete etwa den Preis von 20 Ochsen. Als Stand treten uns die Bauern erst im 11. Jh. gegenüber; Bauern im rein wirtschaftlichen Sinne hat es natürlich schon immer gegeben. »Zu den Merkmalen des hochmittelalterlichen Bauerntums gehört demnach insbesondere die Abhängigkeit von Grundherren, die selbständige Bewirtschaftung von Hofstellen, die Schollenbindung und spezifische Lebens- und Verhaltensformen wie konservative Grundhaltung, Seßhaftigkeit, Friedlichkeit und Kriegsuntüchtigkeit.«[6] Auch das Lehenswesen entstand erst in der karolingischen Zeit, als es üblich wurde, daß der Herr – sei es der König, die Kirche oder der Adel – seine Vasallen nach dem Prinzip gegenseitiger Treue mit einem mit Grundbesitz verbundenen Amt (beneficium, feudum) entlohnte[7].

Die mittelalterliche Grundherrschaft, deren Wurzeln in die römische Landvergabe und germanische Herrschaftsstrukturen zurückreichen, entfaltete sich im 9.–13. Jh. in Verbindung mit dem hochmittelalterlichen Landausbau zu einem kompakten Herrschaftssystem, »das die von ihm abhängigen bäuerlichen Bevölkerungsgruppen in vielfältiger Form erfaßte und mit Abgaben und Diensten belastete«. Etwa im 12. Jh. war es so zur

Auflösung des Villikationssystems gekommen, es bildete sich allmählich die Organisationsform der Rentengrundherrschaft heraus, in der die Höfe (Huben, Schupposen) nach Umwandlung eines Teiles der Dienste und Abgaben in Geldleistungen oder Naturalabgaben weiter bestanden und nun als Bauernlehen an die Untertanen ausgegeben wurden[8]. Schon seit früher Zeit gab es kleine und große Höfe, arme und reiche, tüchtige und faule Bauern. Dort, wo – wie in Singen – Realteilung herrschte, kam es infolge der Güterteilungen zu einem verstärkten Bevölkerungswachstum, zu einer Vermehrung der Bauernbetriebe und zur Herausbildung einer breiten kleinbäuerlichen Schicht und weitgehender allmählicher Aufteilung der ursprünglich von allen Bauern gemeinsam genutzten Allmende (Weide- und Waldflächen)[9].

Ein Hauptkennzeichen des mittelalterlichen Bauerntums war die Hörigkeit, d.h. Abhängigkeit von Grund-, Leib- und Gerichtsherren. Die Masse der Bauern war von der Grundherrschaft erfaßt, »die als ›Herrschaft über Land und die darauf hausenden Menschen‹ (F. Lütge) eine spezifische Form mittelalterlicher Herrschaft darstellt und Herren und Bauern in wirtschaftlicher, rechtlicher, sozialer und politischer Hinsicht miteinander verknüpfte. Grundherrschaft ist also nicht mit Grundeigentum gleichzusetzen, vielmehr als eine Hauptform von Herrschaft zu sehen, wie die Grundablösung und Bauernbefreiung im 19. Jh. beweisen, als adelige Grundherren zu bloßen Eigentümern wurden.«[10]

Die Leibeigenschaft

In diesem Zusammenhang erweckt der seit Ende des 14. Jhs. in den Quellen aufscheinende Begriff der Leibeigenschaft Interesse; vorher bezeichnete man die persönlich Unfreien als Eigenleute, als Eigenmann oder schlicht als Knechte. Leibeigenschaft bedeutet im deutschen Südwesten Gebundenheit an den Boden und Einschränkung der Heiratsmöglichkeit, über welche der Leibherr entschied. Die Eigenleute (Hörige) entrichteten ihrem Leibherrn (in der Regel zugleich der Gerichtsherr) mit ihrer Verheiratung als eine Art jährlichen Kopfzins die Leib- oder Fasnachtshenne (im 18. Jh. durch eine Geldzahlung mit 12 xr pro Stück abgelöst); die Todfallabgabe, eine Art Erbschaftssteuer, bestand nach Artikel 123 der Singener Dorföffnung von 1668 im besten Roß oder Stier bei einem Mann und bei einem Weib in der besten Kuh; falls nicht vorhanden, in einer nach dem Vermögen taxierten Abgabe. Dienstverpflichtungen brachte die Leibeigenschaft im 18. Jh. nicht mehr mit sich; im 17. Jh. war der ledige Taglöhner nach Artikel 121 der Offnung von 1668 noch verpflichtet, der Ortsherrschaft ein Jahr lang gegen Lohn zu dienen[11]. Ein Leibeigener konnte verkauft werden, andererseits konnte sich ein freier Mann in die Leibeigenschaft begeben. Die Entlassung aus der Leibeigenschaft (Manumission) war ohne besondere Schwierigkeiten gegen Entrichtung eines Entlassungsgeldes möglich. Die Leibeigenschaft wurde begründet durch Geburt (von der Mutter her) oder durch freie Ergebung[12].

Jedenfalls läßt sich die Leibeigenschaft hierzulande in keiner Weise vergleichen mit dem antiken Sklavenwesen oder der Leibeigenschaft in Osteuropa, vor allem in Rußland, denn die Freiheit und Unfreiheit standen einander nahe durch das gemeinsame Band der Schutzunterworfenheit. Eine soziale Bedeutung kam der Leibeigenschaft, deren schlimmster Makel die Bezeichnung an sich war, nicht zu. Dennoch taucht bei allen Unterhaltungen über die Leibeigenschaft noch heute die Vorstellung vom »jus primae noctis«, dem Recht der ersten Nacht, unweigerlich auf. Es gibt indessen hierfür nur zwei einzige Belege aus dem 16. Jh. im Züricher Gebiet, wobei das requirierte Recht nicht dem Grundherrn selbst, sondern seinem Beamten zustand und im übrigen vom Bräutigam durch Geld abgelöst werden konnte[13].

Die Orts-Leibherren und die Landesherren benutzten das »Herreneigentum an Menschen« (Walter Müller) nach vorübergehender Milderung im Hochmittelalter, um die wirtschaftlichen Einbußen infolge der spätmittelalterlichen Agrarkrise durch verstärkten Druck auf ihre Untertanen auszugleichen und mit Hilfe der Leibherrschaft einen geschlossenen Untertanenverband zu begründen. Dies führte, zusammen mit der Rezeption des dem gemeinen Mann unverständlichen Römischen Rechts und der sozialen Deklassierung der teilweise wohlhabenden und selbstbewußt gewordenen Bauern, zu den schweren Konflikten des 15. und beginnenden 16. Jhs. Bemerkenswert erscheint dabei, daß sich die Lage der Untertanen nach dem Bauernkrieg 1525 nicht verschlechterte, daß sich vielmehr die lokale und regionale Selbstverwaltung stärkte und in vielen südwestdeutschen Territorien die Bauern bei den Landtagen mitreden konnten. 1782 hob Kaiser Joseph II. die Leibeigenschaft auf[14].

In Singen haben wir nur wenige Zeugnisse über Leibeigenschaft[15]. Dem Singener Urbar von 1555 war ein Verzeichnis der Leibeigenen zu Singen beigefügt (insgesamt 64 Personen, dazu in Remishofen 25 Personen); ferner lebten hier noch 15 »ausländische« Leibeigene, d.h. anderen Herrschaften unterworfene Personen[16]. Die wenigen urkundlichen Belege mögen ein Beispiel dafür sein, daß die Schriftlichkeit erst seit dem Spätmittelalter auf die Bauern und Untertanen hinweist, obgleich die ländliche Bevölkerung je nach Gegend 75–98% der Gesamtbevölkerung ausmachte. Die »Geschichte der Geschichtslosen«, d. h. derjenigen, die nicht durch auffallende Taten oder Ereignisse hervortraten, sondern als Träger, Teilhaber oder Betroffene den historischen Prozeß erlebten, stößt neuerdings erfreulicherweise in der Mediävistik auf wachsendes Interesse.

Am 18. Juni 1600 entließ Hans Wernher von Reischach zu Hohenstoffeln die wahrscheinlich nach Singen zugezogene Barbara Schmidin aus der Leibeigenschaft[17]. Einige Jahre später – 1613 – stellte der Ritter und v. ö. Rat Zacharias Geitzkhofler (seit 1612 mit zwei Dritteln Inhaber der Herrschaft Hilzingen mit Staufen) dem ehrbaren Hans Ulrich Drescher, dem ehelichen Sohn des Adam Drescher und der Barbara Hoplerin genannt Liebin zu Singen (Remishof), einen Manumissionsbrief aus[18]. 1621 begab sich Peter Schwartz zu Singen, der die Rohrmühle in Hausen an der Aach gekauft hat, in die Leibeigenschaft der Stadt Radolfzell[19]. Den letzten Manumissionsbrief stellte 1738 der Kriegsdirektor Johann Gaudenz von Rost für Catharina Reitzin aus, damit sie sich in anderen herrschaftlichen Schutz und Schirm begebe, dort das Bürgerrecht annehmen und bei der katholischen Religion verbleiben möge[20].

Dreifelderwirtschaft (Zelgen)

Die Alamannen haben Wanderackerbau mit Viehzucht betrieben, also eine extensive Feldgraswirtschaft mit Zweifeldersystem und längeren Ruhezeiten zwischen den Getreideanbaujahren. Im 11.–13. Jh. verursachten eine starke Bevölkerungszunahme, intensive Rodungstätigkeit, eine umfangreiche Ausdehnung der Ackerbauflächen, die Ausstattung mit besseren Pflügen (Ablösung des Hakenpfluges durch den Beetpflug mit Rädern)[21] und bessere Arbeitsgeräte (z.B. Grasmähsense und Dreschflegel) die Einführung der Dreifelderwirtschaft, die Hand in Hand mit höheren Erträgen (steigende Getreidepreise) einherging. Die Dreifelderwirtschaft, Ergebnis jahrhundertelanger Bemühungen um bessere Ernten in der Landwirtschaft, die fast tausend Jahre bis in die erste Hälfte des 19. Jh. Bestand hatte, brachte mehrere Vorteile: »Die neue Form des Fruchtwechsels vermehrte bei sorgfältiger Anwendung erstens die Getreideerträgnisse beträchtlich. Sie verteilte zweitens die Arbeiten des Pflügens, Säens und Erntens gleichmäßiger über das ganze Jahr und verbesserte dadurch entscheidend die bäuerliche Arbeitseffektivität. Das Feld, das die Wintereinsaat aufnehmen sollte, wurde drittens intensiver bewirtschaftet und gedüngt [...]. Durch die Verteilung der Einsaat- und Wachstumsphasen auf verschiedene Zeitperioden im Jahresablauf verringerte sich beim Dreifeldersystem die Gefahr von Hungersnöten [...]. Der vermehrte Anbau von Hafer begünstigte überdies die Ausbreitung der Pferdeanspannung im bäuerlichen Arbeitsbereich; der zunehmende Gebrauch von Pferden steigerte wiederum beträchtlich die Produktivität bäuerlicher Arbeit. Das flurzwanggebundene Dreizelgensystem verbürgte insgesamt eine sehr geregelte und damit ertragssichere Folge der wichtigsten Sommer- und Wintergetreidearten, ein für den Anbau günstiges regelmäßiges Einschalten einer einjährigen Brache und infolge der ausgedehnten Stoppel- und Brachweide eine zusätzliche Futterbasis für das Vieh.« Allerdings schränkte der Flurzwang – Zwing und Bann – den einzelnen Bauern in seiner wirtschaftlichen Entscheidungsfreiheit erheblich ein[22]. Die bessere Nutzung der vorhandenen Landflächen hatte den Übergang zu einem zelgengebundenen Anbausystem zur Folge, in dem man die Gewanne und Ackerparzellen im System der Dreifelderwirtschaft zusammenfaßte. Dadurch entstand die dörfliche Feldgemeinschaft mit Flurzwang, der die Nutzung des Ackerlandes an feste, für alle Bauern eines Dorfes in gleichem Maße verbindliche Regeln und Termine band. Alles in allem war die Dreifelderwirtschaft »ein verzweigtes System gegenseitiger Beschränkungen«[23].

In Singen hießen die drei Zelgen (= Ösche) Rain (Mittelteil der Gemarkung), Hard (im Westen und Nordwesten) und Berg (Nordosten)[24]. Zu den Zelgen Rain und Berg gehörte jeweils auch eine abgesonderte Fläche im Nordwesten der Gemarkung. Die drei Singener Zelgen bildeten somit keinen geschlossenen Block, außerdem lagen um die Ausbauorte Niederhofen und Remishofen kleinere Zelgeinheiten, in Remishofen »hinter dem Hove«, »Tannäcker« und »Zelg beim Seewadel« genannt. Bei der Niederhofer Zelg befanden sich die Fluren Breite und Brühl[25].

Die ursprüngliche Einteilung der Gemarkung hat sich bis 1824 erhalten. Auf diesen zwei Zelgen wurde vor allem Getreide angebaut, hauptsächlich die Brotfrucht Dinkel, die ungegerbt hier »Vesen« (Veesen) und abgegerbt »Kernen« genannt wurde. Dazu kamen Gerste, Roggen, Haber und Erbsen, als Handelsgewächs insbesondere Flachs bzw. Hanf; der Bauer war ja weithin in allem Selbstversorger. Auch Obstbau wurde in bescheidenem Maße betrieben, mehr hingegen der Weinbau sowie der Anbau von Kraut und Gemüse in den Hausgärten.

Zwing und Bann als verpflichtendes Gebot kamen erst im 19. Jh. außer Gebrauch mit der Allodifizierung

Die drei Zelgen auf der Singener Gemarkung bilden jeweils keinen geschlossenen Block, sondern sind mit kleineren Zelgeinheiten über die ganze Gemarkung verteilt. Am Südwest- und Nordrand der Gemarkung, wo die Siedlungen Niederhofen und Remishofen liegen, läßt das Flurbild eine verbandartige Zusammenfassung der kleineren Zelgeinheiten erkennen.

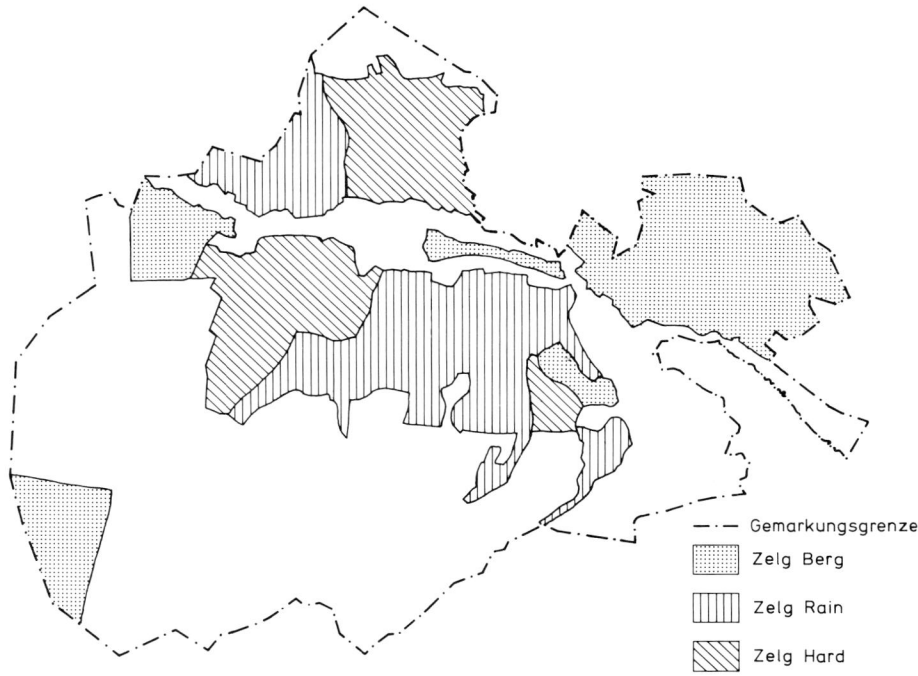

– · – Gemarkungsgrenze
▧ Zelg Berg
▥ Zelg Rain
▨ Zelg Hard

der Lehen, der Einführung der künstlichen Düngung und der Stallfütterung sowie der individuellen Bestellung der Felder. Wegen der Futterknappheit hatte man bisher das Vieh möglichst lange auf der Weide halten und nach dem Herbstabtrieb zum größten Teil schlachten müssen, weil man die Tiere nicht über den Winter füttern konnte. Eine notwendige Folge all dieser Umstellungen und Veränderungen war (mit Hilfe des Vermessungsgesetzes von 1852 und des Vermarkungsgesetzes von 1854) die systematische Katastervermessung der Gemarkung Singen zwischen 1862–1878; die Gemarkungsfläche betrug damals 1352,4018 ha und war in 7670 Eigentumsgrundstücke aufgeteilt. Daran schloß sich von 1870–1888 eine Flurbereinigung einschließlich der Anlage von Feldwegen an, die wenig später den Grundraster für das städtische Straßennetz abgeben sollte[26].

Dorfmark und Dorfgemeinde

Unter Dorfmark verstand man das Dorf im engeren Sinn, die Feldflur und das Gemeinland. Im Dorf lagen die Häuser mit Hofstatt und Garten, Straßen und Plätzen, umgeben von dem geflochtenen Zaun des Dorfetters mit gewöhnlich drei Dorf- oder Falltoren (Lucken); der Zaun diente vor allem der Abhaltung des Wildes. Vermutlich gab es in Singen keine Dorfbefestigung mit Dorfgraben, Erdwall und steinernen Toren, wie heute noch in Bodman zu sehen. Der Dorfetter kennzeichnete das mittelalterliche Dorf als Friedens- und Rechtsbereich[27].

In Singen scheint man den Etterzaun generell als »Hag« bezeichnet zu haben, wobei damit auch die Einzäunungen der Zelgen und der Weiler Remishof und Niederhof gemeint sind: Friedhag, unter dem Hag, Kräherhag, Langenhag; die Öffnungen (Einlaß) nennt man Lucken (an des Kalbs lucken)[28]. 1761 gehören die Lukkenschäzer zu den Gemeindediensten[29].

Den zweitgrößten Bereich der Dorfmark bildete die gesamte, in drei Teile gegliederte Feldflur (Acker- und Wiesenland), die bei strengem Flurzwang im Rahmen der Dreifelderwirtschaft bebaut wurde[30].

Die Allmende schließlich, ursprünglich eine »Randerscheinung des Nutzungsbedürfnisses«[31], häufig als Gemeinmark im Sinne gemeinsamer Nutzung bezeichnet, von den Dorfgenossen als Nutzungsreserve betrachtet und behandelt, wurde in Singen schon früh zum größten Teil verteilt[32]. Die Allmende wird in den Quellen kaum einmal erwähnt. Erst die Gemeinderechnung von 1807 gibt uns eine Aufstellung des Gemeindelandes, das 50 Morgen, 2 Vlg. und 2 Eggle ausmachte (davon 19 Morgen Wald, 23 Morgen Wiesen und 13 Morgen »Erdäpfelländer«). Nutzungsberechtigt waren de jure alle Ge-

207

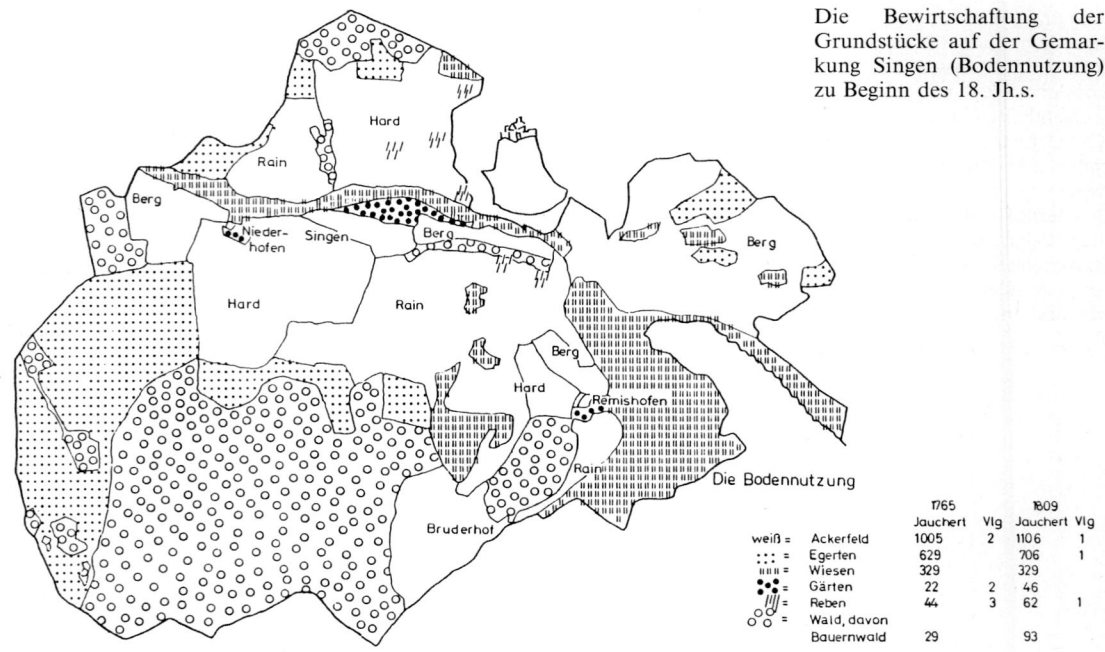

Die Bewirtschaftung der Grundstücke auf der Gemarkung Singen (Bodennutzung) zu Beginn des 18. Jh.s.

meindemitglieder, doch waren die Ärmeren de facto von der Nutzung an den Gemeindewiesen ausgeschlossen. Wegen der fehlenden Allmende wurde zum Teil erbittert um die Weiderechte gekämpft[33].

Die Dorfgemeinde als Selbstverwaltungskörperschaft entstand im Laufe des Spätmittelalters aus der örtlichen und Dorfgenossenschaft, wobei dieser Prozeß erleichtert wurde, wenn wie in Singen bei mehreren Grundherren die Dorfgenossenschaft aus deren Konkurrenz Nutzen zu ziehen vermochte. Seit dem 13. Jh. war neben das Gericht des villicus, des grundherrlichen Meiers, in zunehmendem Maße die Rechtsübung des von den Dorfgenossen erwählten Ortsvogtes getreten, der im Spätmittelalter als Treuhänder der Dorfgenossen zugleich die Funktion des Vertrauensmannes und Stellvertreters des Ortsherrn übernahm. Der Dorfvogt wurde immer aus dem Kreis der Dorfleute selbst genommen. »Das Verhältnis der mittelalterlichen Bauern zur Herrschaft wurde vom Grundsatz gegenseitiger Leistung bestimmt. Der Herr ›leistet‹ Schutz und Schirm, der Bauer Abgaben und Dienste. Wenn auch das Prinzip der Gegenseitigkeit nicht überbetont werden darf, und wenn Gleichartigkeit von Leistung und Gegenleistung nicht behauptet werden kann, muß die Einstellung der Bauernschaft zur Herrschaft doch entscheidend unter dem Gesichtspunkt von Anspruch und Gegenanspruch gesehen werden«[34]. Dies war so bis in die Zeit des Absolutismus, als es, bei uns freilich kaum spürbar, zu

Beschränkungen und Reglementierungen kam, doch seit dem Zeitalter des Naturrechts, der Aufklärung bestand die Dorfgemeinde in diesem Sinne bis ins 19. Jh. fort.

Äußere Zeichen oder Symbole der Dorfgemeinde als Rechtspersönlichkeit wie Wappen oder Siegel fehlen in Singen, das erst 1899 sein eigenes Wappen erhielt[35]. Wichtige Urkunden ließ man von grundherrlichen Obervögten oder den nellenburgischen Amtmännern beglaubigen; nach dem Dreißigjährigen Krieg führten einzelne einflußreiche Vögte aus alten Familien eigene Siegel wie etwa 1668 der Vogt Peter Allweiler[36] oder 1653 Andreas Schrott[36a]. Als Dorfzeichen etwa bei Vermarkung von Grundstücken oder der Banngrenze verwandte man das Wappen der Ortsherrschaft; bei der Vermarkung 1556 z.B. das Fuggersche Wappen, im endenden 18. Jh. Enzenbergsche Zeugensteine, und wahrscheinlich gebrauchten die Singener für ihr militärisches Aufgebot die Farben oder Wappen ihrer jeweiligen Grundherren, wie es uns die zimmerische Chronik berichtet: Als die zimmerischen Bauern im Bauernkrieg ein Fähnlein brauchten, wollte es der Fähnerich Letz von Rohrdorf nur tragen, wenn ein »zimbrisch wappen« darin sei[37].

Auch ein Gemeinde- oder Rathaus ist erst spät nachweisbar, es muß aber doch wohl zu Beginn des 18. Jhs. errichtet worden sein, denn ab 1752 ist in den Akten von einem Gemeindehaus die Rede[38], dessen Schlüssel beim Obervogt hinterlegt war. Jedenfalls wurde nach dem

Neu- und Erweiterungsbau der Pfarrkirche 1779/81 zwischen 1782–1784 ein neues Schul- und Gemeindehaus erbaut, das fortan bis zum 30. Oktober 1960 Mittelpunkt der Gemeinde und Wirkungsstätte von Bürgermeister und Verwaltung geblieben ist[39]. – Bis zum Bau eines Gemeindehauses diente wahrscheinlich eine Taverne – wir denken an das Gasthaus »Zum Kreuz« – gemeindlichen Zwecken; die Gemeindelade mit wichtigen Urkunden und Schriftstücken wanderte von Haus zu Haus und wurde dem jeweiligen Vogt zur Aufbewahrung überlassen. Das Dorfgericht tagte in der Nähe der Kirche oder in der Dorfmitte, meist unter einer Linde; wir halten dafür, daß der Hohgarten oder Heimgarten, die einstige platzartige Ausweitung der Gemeindestraße nördlich des Gasthauses »Zur Sonne«, als Versammlungsort und Gerichtsstätte diente[40]. So tagte das Singener Gericht im Freien 1445 unter dem Vorsitz von Hans Peter, genannt Mantzer, als Stellvertreter des Junkers Konrad von Friedingen »an der gewonlichen richtstett vnder der Linden«[41].

Geburschaft und Dorfgericht (Vierer)

Als erstes und am frühesten belegbares Organ der Gemeinde Singen begegnet uns 1403 die »geburschaft gemeinlich Rich vnd arm deß dorfs ze Singen«, also die Vollversammlung der Bauern, die dem Hans Hattinger, Keller zu Twiel, einen Jahreszins von 11 Schilling Pfennig verschrieb[42]. Das bedeutet, daß die Gemeinde finanzielle Entscheidungen treffen konnte.

Auch das Dorfgericht tritt schon früh hervor und fällte bedeutsame Urteile in den Jahren 1501 und 1536. In beiden Verfahren entschieden die Richter lehensrechtliche Streitfragen. 1501 erklärte das Gericht zu Singen unter Vorsitz des Vogts Konrad Peter, genannt Menzer, das dem Steiner Schultheiß Hans Lewerer gehörende Erblehen zu Singen, das Hans Schäffli, genannt Müller, innehatte, für heimgefallen, weil Schäffli mit den Zinsen im Rückstand war und der dreimaligen Vorladung des Gerichts nicht folgte[44]. 1536 befand das Gericht unter Vogt Jacob Echinger mit sechs Beisitzern in einem Zehntstreit der Schaffhauser Patrizierin Katharina Stockerin mit dem Abt von Reichenau und sprach dem Kloster die Abgaben zu; dabei stellte das Gericht fest, das vorgelegte Urbar der Katharina Stockerin von 1533 sei »vnkrefftig vnd nit nach form Rechtens vnd dem Lanndsbrauch (nach)gemacht und uffgericht worden«[45]. Viel spricht dafür, daß diese auffallend weitreichende Kompetenz des Singener Dorfgerichts auf dem Ansehen und hohen Rang gründete, den unser Dorf im hohen Mittelalter als königlicher Gerichtsort besaß[46].

Bis zur Mitte des 16. Jhs. scheint das Dorfgericht mit sechs Beisitzern (Schöffen) besetzt gewesen zu sein (so auch 1533), dann treten ab 1552 nur noch die sogenannten Vierer auf, zu denen allerdings der Vogt und ein Vertreter der Gemeinde hinzutraten. So erfahren wir z. B. aus dem Hohentwieler Urbar von 1562 die Namen der Gerichtsleute Ulrich Wuescht, Hans Martin, Michel Busenhardt und Thias (Matthias) Reitzin, ferner des Vogtes Gallis Reitzin und von Hans Lieb dem Alten als Vertreter der Gemeinde[47]. Wenig später – 1565 – finden wir auf der Fugger-Glocke wiederum den Vogt Gallus Rice und als »Fierer« Dias Rice, Michl Bushart, Hans Hopler und Jacob Huser. Nach dem Dreißigjährigen Krieg sind es wieder sechs Beisitzer (1653), 1669 und 1759 besteht das ehrsame Gericht aus zwölf Mitgliedern, unter ihnen allerdings eigens benannt und hervorgehoben zwei Vorgesetzte und zwei Bürgermeister; Ende der 80er Jahre des 18. Jhs. gehörten diesem engeren Gremium außer dem Vogt fünf Mitglieder an. 1806 zählte das Gericht unter dem Vorsitz des Vogtes und der beiden Bürgermeister zwölf Gerichtsmänner. – Es gibt also einen kleineren (engeren) Ausschuß mit vier bis sechs Mitgliedern und wohl seit der Dorföffnung 1668 einen erweiterten Ausschuß mit zwölf Mitgliedern, das eigentliche Dorf- oder Ortsgericht. Zu den Mitgliedern dieses Dorfgerichts gehörte stets der Vogt von Arlen.

Nach den Gemeindeprotokollen von 1774 und 1787 wurden die Gerichtsmänner in 3 Klassen gewählt:
1. Klasse, 31 Bürger mit 3 Zugstücken für den Feldbau stellen 3 Gerichtsmänner,
2. Klasse, 52 Bürger mit nur 1–2 Zugstücken stellen 4 Gerichtsmänner,
3. Klasse, 76 Bürger ohne Zugvieh (Handwerker, Taglöhner) stellen 5 Gerichtsmänner.

Die Wahl – ein modifiziertes Dreiklassenwahlrecht – bedurfte der Bestätigung durch die Herrschaft[47].

Die Vierundzwanziger

Neben dem Dorfgericht bestand sicherlich schon vor 1668 ein weiterer Gemeindeausschuß mit 24 Mitgliedern unter Einschluß der »Zwölfer« oder des Dorfgerichts. Die Vierundzwanziger werden zwar gelegentlich in der Singener Literatur erwähnt, aber nirgendwo wurde auf die Einzigartigkeit dieses Gremiums in der näheren und weiteren Umgebung hingewiesen. In der Regel hatten nämlich die Hegau-Dörfer die sogenannten Dreier, vereinzelt auch Vierer als Exekutivorgan sowie das Dorfgericht als Beschlußgremium mit sechs oder zwölf Mitgliedern. Singen bildet zusammen mit Öhningen die einzige Ausnahme. Bisher ist es nur gelungen, im Territorium der Reichsstadt Ulm Vierundzwanziger ausfindig zu machen[48].

In Öhningen repräsentieren die Vierundzwanziger die »Gemeinde«, die je zur Hälfte vom Probst des Augustiner-Chorherrenstiftes und von den Bürgern zu wählen waren und bereits 1497 nachzuweisen sind[49]. Nach der Singener Dorfoffnung 1668 erscheint es zumindest zweifelhaft, ob die Vierundzwanziger die Gemeinde bzw. Bürgerschaft insgesamt repräsentieren: »vnd dan denen vögten, Richter, vier vnd Zwantzigern Auch gantze gemaind.« In Artikel 5 heißt es: »Die vier vnd Zwantziger gantzer burgerschafts sampt den insäßen vnd knechten.« Es fällt weiter auf, daß die Vierundzwanziger hierzulande in zwei Gemeinden vorkommen, von denen die eine Sitz eines Klosters, die andere ein uralter Gerichtsort ist. Ein Zusammenhang mit der Charakterisierung des Ortes als »Flecken« im Sinne einer Zwischenform zwischen Stadt- und Dorfgemeinde dürfte nicht bestehen, da die Bezeichnung »Flecken« auch für Niederhofen und Arlen gebraucht wurde[50]. Im Vergleich mit den übrigen Hegaudörfern wiesen weder Singen noch Öhningen eine außergewöhnlich volkreiche Einwohnerzahl auf, die vielleicht ein eigenes Vertretungsorgan für die Gesamtgemeinde erforderlich und verständlich machen würde.

Die Vierundzwanziger mußten über alle wichtigen Gemeindeangelegenheiten abstimmen und waren der Herrschaft durch Eid verpflichtet. Das Gremium war bei den Bürgern und auch bei der Herrschaft nicht unumstritten. 1759 kam es sogar zu einer kurzfristigen Abschaffung. Dagegen erhob sich vehementer Widerstand aus der Gemeinde, die im Hinblick auf die Vetternwirtschaft (»Freundschaften im Gericht«) und im Interesse der Unparteilichkeit zum Ausdruck brachte, daß es für das gemeine Wesen tröstlicher sei, wenn die Dinge von einer weitschichtigeren Communität erörtert würden statt nur von wenigen. Die Aufstellung der Vierundzwanziger ist »gleichsam eine Pflanzschuhl, aus welcher bei abgang des eint und anderen Richters taugliche Subjecte hergenommen werden können«[51].

Bei einer Befragung der Singener am 31. März 1761 kam überdeutlich zum Ausdruck, daß das »gar zu enge Band der Freundschaft« in der Singener Verwaltung die Parteilichkeit begünstigte; es werde solange keinen Frieden geben, bis die Vierundzwanziger wieder gesetzt würden. Graf Franz Carl von Rost schloß sich dem Votum der Untertanen an und ließ am 1. Juni 1761 bekanntgeben, daß die auf »antringen einiger Müßvergnügter« abgeschafften Vierundzwanziger neu bestellt und konfirmiert werden sollen.

Der Vogt

Auf die eigenartige Stellung des Vogtes, der in Personalunion sowohl die Belange des Ortsherrn als auch der Dorfbewohner zu vertreten hatte, haben wir bereits hingewiesen. Der von der Herrschaft wohl einvernehmlich mit der Gemeinde ernannte Vogt übte sein Amt sehr lange aus; es gab keine eigentlichen Wahlperioden. In der Regel stammte der Vogt aus einer alteingesessenen begüterten Familie.

Die Liste der Singener Vögte reicht bis in die Mitte des 15. Jhs. zurück; die Jahreszahlen beziehen sich nur auf die ermittelten Nennungen.

1445	Hans Peter gen. Maentzer
1458	Hans Karrer
1488	Martin Peter gen. Schnigeli
1501	Konrad Peter gen. Maentzer
1519	Jacob Ehinger
1522	Hans Schwyzer
1533/53	Jacob Ehinger
1562	Gallin Reitzin
1575/79	Jacob Loßer der jung
1615/21	Jacob Graf
1632/69	Andreas Schrott
1680	Peter Mayer
1681/86	Peter Allweiler
1687/92	Jacob Schwartz
1701/09	Peter Allweiler
1709/19	Johannes Haan
1720/44	Johann Jacob Allweyler
1744/50	Peter Mayer
1750	Hans Jacob Allweyler
1759/63	Peter Mayer
1768/77	Johannes Bach
1777/79	Anton Buchegger
1779/83	Johann Ehinger
1783/1811	Anton Buchegger (1807/11 Schultheiß)
1811/13	Jacob Buchegger
1813/23	Anton Waibel
1824/28	Konrad Buchegger
1828/32	Georg Weber, seit November 1832 Bürgermeister bis 1852[52]

Sonstige Gemeindedienste, Haushalt

Zu den Aufgaben der dörflichen Selbstverwaltung zählten die Friedenswahrung, der Brandschutz, die Einhaltung der Dreifelderzelgenwirtschaft, Verteilung der Allmenden, die Obsorge für das Vieh (Faselvieh, Wasenmeister, Viehmärkte), Armenfürsorge, Bürgerrecht, Straßen- und Wegeunterhaltung und nicht zuletzt das dörfliche Rechnungswesen[53].

Die Gemeindeämter sollten unter möglichst viele »Gerichtsverwandte« verteilt werden. 1761 waren es – außer Vogt, Vorgesetzten und Bürgermeister –
Brotschätzer (2),
Fleischschätzer (2),
Weinanschneider und Umbgelder (2),
Viehschätzer (3),
Untergänger (= Kontrolle der Grenzmarken) (3),
Lukenschätzer (2),
Feuer-Beschauer (3).

Die beiden Bürgermeister, gelegentlich Raitgeber genannt, führten die Gemeinderechnung (in Singen erhalten mit Lücken seit 1667), damals Hans Hanloser und Jacob Greutter. In einer leider verschollenen Urkunde vom 11. November 1676 nahm die Gemeinde bei Pfarrer und Kammerer Johann Baptist Weiller zu Singen ein Darlehen über 866 fl. auf; Bürgermeister, Vierundzwanziger und Gemeinde beschrieben auch die Ursachen ihrer Verschuldung[54]. – Die Rechnungen unterschieden zwar zwischen Einnahmen und Ausgaben, wurden aber ansonsten mehr oder weniger chronologisch und nicht nach Sachgruppen geführt. Ab der zweiten Hälfte des 18. Jhs. legte man zwei Rechnungen auf, nämlich die eigentliche *Gemeinde-Rechnung* mit Besoldungen, Ausgaben für gemeindliche Verwaltung usw.; die Einnahmen bestanden in der »Anlag« (= Umlage), in Erlösen aus Früchten, Holz, Grundzinsen, Bürgergeld, dem Einzug, Gebühren vom Fabrikkanal, Häusersteuer, Pacht von Gemeindegütern, Heuerlös, Zinsen aus Kapitalanlagen.

Jahr	Einnahmen fl	xr	Ausgaben fl	xr	+/− fl	xr
1667	312	56	314	34	− 1	38
1682	1.283	15	1.327	25	− 164	10
1704	7.603	37	7.509	12	+ 94	25
1771	1.440	45	1.331	29	+ 109	1
1794/95	898	25	487	33	+ 410	52
1798/99	986	10	572	42	+ 413	34
1806/07	9.417	49	8.829	39	+ 519	10
1816/17	3.929	7	3.809	23	+ 119	44

Vorübergehend wurde eine eigene *Steuerrechnung* geführt, in der die Rustikalsteuer, Postgeld, militärische Auflagen, Feuersozietät, Botengänge, Salzgelder und anderes abgerechnet wurden. Auch diese Einnahmen stammten aus einer Anlage, die je nach Bedarf bis zum 30fachen des Mindestsatzes erhoben wurde, aus Kapitalaufnahmen und aus der Rückvergütung der schwäbisch-österreichischen Kasse in Ehingen sowie den Beiträgen zur Feuerversicherung.

Jahr	Einnahmen fl	xr	Ausgaben fl	xr	+/− fl	xr
1791/92	1.436	42	1.016	8	+ 420	33
1796/97	8.561	32	8.766	20	− 205	8
1797/98	7.865	8	5.218	32	+ 2.646	35
1798/99	5.923	47	4.404	12	+ 1.019	35

Dorfoffnung 1668

Da durch »die leidige vil Jahr geschwebte Krieges Embörungen vnd flamen solche brieffliche Documenta vnd schrüfften samblich hinweggenommen, verderbt vnd verloren worden«, erließ Johann Gaudenz von Rost als ordentliche Obrigkeit nach Abstimmung mit den nellenburgischen Gerechtsamen und den hegauischen Verträgen sowie den Vögten, Richtern, Vierundzwanzigern und der ganzen Gemeinde der Dorfschaft Singen und Arlen eine Gerichtsordnung und Gemeinde-Offnung am 1. Januar 1668; am gleichen Tag leisteten die Singener und Arlener die gebührliche Huldigung und schworen dem Ortsherren Treue und Gehorsam. Da viele von den Vorgesetzten und Richtern nicht schreiben konnten, unterschrieben im Namen der Gemeinde der Gerichtsmann und Bürgermeister Marx Denzel und Vogt Andreas Schrott von Singen sowie der Vogt Adam Billinger von Arlen[55].

Die wenigsten Untertanen kannten nach dem verheerenden Kriege die herrschaftlichen Gerechtigkeiten, gemeindlichen Gewohnheiten, Ordnungen, Sitten und Bräuche, so daß das gemeine Wesen in Unordnung geraten und Mißbräuche, Mißverständnisse, Streitigkeiten und Spänne überhandnahmen; die über hundert Jahre vorher erlassene bodmansche Offnung war verschollen.

Die Dorfoffnung enthält das nach Aussage rechtskundiger Männer zusammengefaßte geltende Gewohnheitsrecht in 151 Artikeln; die Offnung mußte jedes Jahr um St. Hilari (13. Januar) der versammelten Gemeinde vorgelesen werden. 30 Artikel beschreiben diese alljährlich stattfindende Wahl und Vereidigung der Vorgesetzten, Richter und Vierundzwanziger sowie deren Tätigkeit und Zuständigkeiten. Das Gericht tagte quatemberlich (vierteljährlich), beginnend am ersten Donnerstag nach Fronfasten; am Abend zuvor und am Morgen läutete ein Glöcklein und kündigte den Gerichtstag an. Wer vorgeladen war, mußte im Kirchrock oder Mantel erscheinen; unentschuldigtes Fernbleiben wurde hart bestraft. Haupttätigkeit des Gerichts war die Ausfertigung von Kauf- und Tauschverträgen sowie von Pfandschaften; Vermögensteilungen fielen in die Zuständigkeit der Obrigkeit.

Gleich danach folgen in 30 weiteren Artikeln Gebote, wie der Sonn- und Feiertag zu heiligen sei (z. B. kein Aufsuchen der Mühle); der Feierabend beginnt nach dem Ave-Maria-Läuten. Strenge, nach unserer Auffassung zum Teil weit übertriebene moralische Anforderungen griffen häufig in die Privatsphäre ein. Die Kinder sollten den Eltern nach dem 4. Gebot ehrerbietig gehorsam sein. Kunkel- und Lichtstuben als Ursache des »gemeinen Lasters der Vnzucht« waren bei Strafe verboten, ebenso das Fluchen und Schwören. Wer sein Weib vor der Hochzeit schwängerte, büßte außer einer Geldstrafe acht Tage Haft bei Wasser und Brot; außerdem mußte der Hochzeiter mit einem Degen aus Stroh, die Hochzeiterin mit Strohkranz und Strohzöpfen unter Begleitung der Hebamme vor der Kirchentüre stehen. Ehebruch, Kuppelei, aber auch Schlägereien, üble Nachrede (»wer den andern mauldröschet vnd bluetrüsig macht«), Beschimpfungen und Störung des öffentlichen Friedens fanden harte Ahndung. Das »Marken-Verrukken« stand allein der Obrigkeit zu, ebenso die Bestrafung von Diebstahl. Landstürzer, Bettler, Zigeuner und verdächtige Personen durften nicht ohne Wissen der Obrigkeit beherbergt werden.

Große Aufmerksamkeit widmete man dem Feuerschutz (zwölf Artikel). Das Betreten des Stalles oder der Scheune mit Lichtern und Laternen sowie Hanftrocknen im Hause auf dem Backofen waren streng verboten; die Feuerschauer mußten vierteljährlich nach dem Rechten sehen. Die Frauen mußten sorgsam auf ihre Kinder achten. Zur Feuerbekämpfung mußte jeder Hauswirt Feuerkübel und eine Leiter mit wenigstens 20 Staffeln bereithalten, die bis zum Dach reichte; Feuermeister und Feuerreiter (Melder) waren eingeteilt. Wer unnütz »Feurio« schrie, zahlte zehn Pfund Pfennig.

Ohne Genehmigung durften weder Hochzeiten noch Tänze, Spiele oder Schießen stattfinden, und die erlaubten Spiele durften nicht an Wochenenden und Feiertagen und beim Wetterläuten sein; Artikel 150 verbot das Tabaktrinken.

Die Offnung enthält auch eine Becken- und Metzgerordnung; die Untertanen waren gehalten, ihr Getreide in der herrschaftlichen Mühle mahlen zu lassen. Der Salzhandel war ein herrschaftliches Regal. Eine Ordnung für Tafern-, Schild- und Zapfenwirte regelte das Wirtsgewerbe. Nicht nur die Herrschaft, auch die Bürger durften ihren Wein bei den Wirten ausschenken lassen; das Umgeld betrug von jedem Eimer elf xr.

Die Schuldigkeit der Untertanen gegenüber ihrer Herrschaft, als da sind Fronen, Fuhrdienste, Pflug- und Tauengeld, Abgaben, Leib- und Todfall, wurden ebenso festgestellt wie die Pflicht, die Reben in der herrschaftlichen Torkel »trucken« zu lassen. Nicht zuletzt regelte die Offnung die Bürgerrechte: Aufnahme, Abzug und Hintersassengeld, ferner den Viehhandel, das Jagd- und Forstwesen, die jährliche Überprüfung der Grenzmarken, Handhabung von Zwing und Bann, Beschlußfassung über die Öffnung der Viehweiden, das Sammeln von Eckerich und Holz in den Wäldern.

Dorfbild im 16. Jahrhundert

Mit guten Gründen können wir vermuten, daß unsere Dörfer um 1400 so ausgesehen haben, wie sie sich zu Beginn des 19. Jhs. präsentierten. Zeitgenössische Zeugnisse und Berichte sind selten und überdies unpräzise; wir können die Lage vieler Höfe und Güter (noch) nicht exakt angeben[56].

Unsere Schilderung beruht auf dem Singener Urbar von 1552 und dem Hohentwieler Lagerbuch von 1562, ergänzt durch die in diese Zeit fallenden Mitteilungen im Flurnamenbuch von Walter Schreiber. Die Flurkarte von 1709 des Lindauer Geometers und Ingenieurs Johann Jakob Heber[57], die zusammen mit einem Flurbuch angefertigt wurde, vermittelt zusammen mit den Brand-Assekuranz-Tabellen 1764–1809 eine zutreffende Vorstellung des alten Bauerndorfes.

Innerhalb des von einem Etterzaun (Hag) mit einem versperrbaren Zugang gesicherten Dorfes lagen verhältnismäßig weit auseinander die rund 30 Höfe und Gütlein der Bauern, nicht wenige von ihnen in mehrere Höfe aufgeteilt, dazu noch die Hütten der Seldner (Tagelöhner) und Hintersassen. Es waren überwiegend niedrige, eineinhalb- bis zweigeschossige Häuser aus Holz, nach dem Dreißigjährigen Krieg als Fachwerkhäuser (Riegelwände) wieder aufgebaut und mit Stroh oder Schindeln gedeckt; in der Regel befanden sich der Wohnteil mit Viehställen und Scheune unter einem Dach (Dreisässenhaus). Von den 103 Häusern im Jahre 1764 gehörten 74 einem Besitzer; bei den übrigen handelte es sich eigentumsmäßig um 34 halbe, 9 Drittel- und 11 Viertelshäuser oder Anteile, oft als Stockwerkseigentum ausgewiesen. Die Häuser waren für die Feuersocietät mit 38884 fl. taxiert, die durchschnittlichen Anschläge lagen zwischen 200–700 fl. pro Haus. Die Feuerversicherung veranlaßte übrigens das Umdecken der Dächer mit Ziegeln. 1784 erbaute sich der Schmied Gaudenz Weber ein einstöckiges Haus von Stockmauern, 33 Schuh lang und 32 Schuh breit, mit einer Stube, einer Kammer, einer Kuchel, Stall und Schmiede, angeschlagen mit 300 fl. Die 1786 von Martin Waibel zweistöckig erbaute Leinwandbleiche (34 Schuh lang, 29 Schuh breit) hatte eine Werkstatt, eine Stube, Kuchel und fünf Kammern, dazu einen Waschofen, galt also mit 950 fl. Anschlag schon als ein stattliches Haus. Im allgemeinen waren es düstere stickige Räume, die Küche mit gemauertem Herd und offenem Rauchabzug, die Notdurft verrichtete man im Freien. Die meist mit Holz getäferte Stube mit Lehmboden wärmte ein von der Küche aus heizbarer Kachelofen mit einer Sitzbank, Kunst genannt, die große Familie und das Gesinde schliefen in vielleicht ein bis drei Kammern – alles spärlich möbliert. Die Ärmeren teilten im Winter der Wärme wegen den Schlafraum mit dem Vieh. Einige dieser alten Bauernhäuser aus dem 16. Jahrhundert stehen noch in der Linden- und Aachstraße. Noch in der zweiten Hälfte des 19. Jhs. klagen die Berichte der sanitätspolizeilichen Ortsbereisungen über die elenden hygienischen Verhältnissen in den Häusern, in denen nur Stube und Küche heizbar waren und die feuchten ungesunden Räume nie gelüftet wurden.[58]

Mittelpunkt des Dorfes, obwohl an seinem Ostrand gelegen, war die Pfarrkirche mit dem Pfarrhof, unweit davon das Amtshaus an der Stelle des heutigen Schlosses. Der Pfarrkirche gegenüber lag das Kaplaneihaus (Eckhaus) an der späteren Hauptstraße 49, seit 1838 in Besitz der Firma Adolf Fischer, 1957 abgebrochen, und seit Ende des 18. Jhs. das 1960 abgebrochene Schul- und Gemeindehaus; das ältere Gemeindehaus mußte 1779 dem Neubau der Pfarrkirche weichen. Um das Amtshaus lagen Scheuer, Stallungen, Schopf und Brauhaus (mit Darre, Kühlbett und einer Wohnung, 1764). Rückwärts stieß der herrschaftliche Torkel an, ein einstöckiges Gebäude mit Riegelwänden und einem Giebel mit zwei Bäumen (Weinpressen), Scheuer, zwei Ställen, Wagenschopf, Fruchtboden und Heubühne, 200 Schuh lang und 42 Schuh breit. Hierin befand sich später eine Ölmühle (Kirchgasse 4), die 1957 mit anderen Gebäuden dem Rathaus-Neubau zum Opfer fiel. An der Aach, auf dem Platz des späteren Bauhofs, lag die 1913 abgebrannte ehemalige Hagmühle.

Mitten im Dorf befand sich die herrschaftliche Zehntscheuer; sie wurde 1861 von der Gemeinde Singen erworben, die darin ein Armenhaus und Spital unterbrachte; das Gebäude mit Staffelgiebel brannte 1902 ab. Die Zehntscheune der übrigen Zehntbesitzer in Singen stand etwa an der Stelle des heutigen Hauses der Jugend in der Freiheitstraße[59]. Der Heiligenhof, abgebrochen 1962, stand neben dem Pfarrhaus auf dem jetzigen Parkplatz Ecke Freiheit-/Hauptstraße; der stattliche Hof war zuletzt im 18. Jh. in vier Teilen ausgegeben worden[60]. Ihm gegenüber das alte Gasthaus und die Poststation Krone, deren 1786 neu erbaute Stallungen und Scheuer sich auf dem Grundstück Freiheitstraße 2 befanden. Weitere kirchliche Höfe waren das Frühmeß- und Widumgut. Der zu Beginn des 19. Jhs. abgebrochene Holzerhof oben im Dorf an der Gemeindestraße ist wahrscheinlich identisch mit dem Gasthaus Kreuz[61]. Der 1824 zum letztenmal erwähnte reichenauische Kelhof dürfte beim Gasthaus »Friedenslinde« gelegen haben. Das Schieggengut (zwei Höfe) oben im Dorf zwischen Steiner Straß und Kaplaneigarten (später Hauptstraße 51 und 53) wurde 1957 abgebrochen. Der eine der beiden Höfe brannte 1800 bei der Besetzung des Dorfes durch die Franzosen ab; über dem Scheunentor stand auf einem Balken die Inschrift K(aspar) W(aibel), 1801 M(agdalena) SH(rott). Das ganz in der Nähe gelegene Kalbsgut, »s'Kamiifegers«, auf dem fünf Generationen das Handwerk des Kaminfegers erlebten, endete ebenfalls 1957 (Kirchgasse 2, Trottengasse 2 und 4). Weitere in den Lagerbüchern des 16. Jhs. genannte Höfe waren das Bicken-, Freyen-, Hölderlins- und Schwarzengut, das dem Gotteshaus Reichenau zinsbare Franckhen Gütlein und das Sankt Katharinental zinspflichtige Geigerin-Gut; ferner das Gassenbocks-, Eckensteiner-, Ulmer- und Vogtsgut.

Auffallend, daß weder ein Back- noch ein Badehaus erwähnt wird, wohl aber herrschaftliche und private Waschhäuser (»Waschöfen«) zur Verfügung standen; nach W. Schreiber befand sich im herrschaftlichen Waschhaus auch ein Backhaus (1808). Jedoch wird 1555 die Gemeindeschmiede »mitten im Dorf an der gemeindsstraß« genannt. 1786 erbaute die Gemeinde in Stockmauern eine neue »Schmitte« (36/24 Schuh). Um 1800 hatte Singen 123 Häuser.

Wie wir gesehen haben, unterschied man in dem zwischen Aach und Kirche liegenden Dorf ein Mittel-, Ober- und Unterdorf und die Ortsteile Hinter dem Dorf, Hinter dem Hof und Hinter der Kirche. An Plätzen waren vorhanden der Hohgarten, auf dem das Dorfgericht tagte, und der wahrscheinlich außerhalb des Ortsetters befindliche »gemeindespan« an der Aach (Offwiese, seit 1496 so genannt), ein freier Wiesenplatz, der für Versammlungen und Vergnügungszwecke benutzt wurde[62]. Nahe der Kirche mit dem Kirchplatz lag mitten im Dorf der seit 1661 nachweisbare Kegelplatz an der Steiner- oder Gemeindestraße, womit bewiesen ist, daß Kegeln die älteste Singener Sportart ist[63].

Die Straßen und Gassen waren eng, ungepflastert, winklig und unbeschreiblich schmutzig; die Dungstätten (Misthaufen) hatten in der Regel ihren Platz vor den Häusern an den Wegen. Die wichtigste Dorfstraße war die Land- oder Steiner Straße, auch gemeine Straße, die von der Mühlibruck im Stadtgarten am »Kreuz« vorbei zum Hohgarten verlief und dann in Richtung Rielasingen (Rosenegger Straße) und Stein am Rhein weiterzog; von der Dorfmitte aus fand sie in nördlicher Richtung ihre Fortsetzung gegen Hohenkrähen-Mühlhausen und Remishof (Riedtweg gen Remishofen). Im Osten befand sich vor dem Dorf der »creutzerstein« (nach einem Feldkreuz benannt), wo der »weite Weg« (= Zeller Straße) und die Friedinger Straße einmündeten. Zwischen der Steiner und Bohlinger Straße lief der sogenannte guten Weg (= kittin- oder »Küttenweg«) zum Niederhof. Die Wege auf den Twiel führten über den Schorenbühl oder den Schwärzehof. Im Dorf gab es noch einige Gassen: Mühlistraß, Kirchgasse, Aufbruchgasse unter der Pfarrkirche, Dorf- und Torkelgasse, Hintere Gaße (Gässli).

Das Dorf Singen zum Ende des 18. Jahrhunderts. Ausschnitt aus dem Prospekt der Festung Hohentwiel, 1799 gezeichnet von Premierlieutnant Weiß

Die einzige Brücke dürfte bis in das endende 18. Jh. die Mühlibruck (»bruckh«) gewesen sein[64]. Die sogenannte Stockacher Brücke – eine Zoll-Maut-Brücke über den westlichen Aacharm – lag außerhalb des Dorfes. Oberhalb des Walburgishofs wurde 1785 eine Brücke gebaut. Sonst gab es nur Furten und Stege: »füllenfurth«, Willafurth, Niederhoferfurth und Stege über die Bäche auf der Gemarkung. Schließlich überrascht, daß in der urkundlichen Überlieferung Brunnen im Dorf nicht erwähnt werden; Singerbrunnen und Heckenbrunnen lagen auf dem Rain und im Tannwald. 1852 unterhielt die Gemeinde einen einzigen Pumpbrunnen vor dem Schul- und Rathaus; alle übrigen zahlreichen Brunnen (Gumpbrunnen) waren in Privatbesitz, die meisten im Abstand von weniger als fünf Metern vom Misthaufen (Dungstätte) und der Jauchegrube vor dem Haus. Erst 1903 lieferte eine von der Stadt erbaute Wasserleitung frisches einwandfreies Trinkwasser in die Häuser[65]. – An Seen oder Weihern gab es nur den Hartsee, der im heutigen Ziegeleiweiher weiterlebt und in dieser Form durch den Lehmabbau der Ziegelei Reik 1877–1911 im Gewann auf der »Leimgrube« entstanden ist. Seewadel (sumpfige Niederung) gab es hingegen auf der Gemarkung eine ganze Reihe: Schalmenseewadel, Weidenseewadel und Worblinger Seewadel[66].

Historische Statistik

Volkszählungen in Österreich wurden durch die Gesetzgebung Maria Theresias ab 1753 eingeleitet. Nicht nur militärische Gründe, sondern ebensosehr das Interesse an der Gewinnung volkswirtschaftlicher Daten als Grundlage der Wirtschaftspolitik und das Interesse des Fiskus an der Aufbesserung der Staatsfinanzen führten dazu, sich durch Seelenkonsignationen (1732–1769) und danach durch Seelenkonskriptionen (Volkszählung) die nötigen Unterlagen und Kenntnisse zu verschaffen[67]. So wurde auch das Obervogteiamt Singen seit 1754 mit einer Fülle von Zirkularen, Reskripten und Mahnungen zur Erledigung bedacht[68], was darauf schließen läßt, daß man sich der Volkszählung nur widerstrebend annahm. Die erste handfeste Zahl – lange vor Maria Theresia – liefern uns die Musterungslisten von 1615[69], die für Singen 104 Namen von Haushaltsvorständen mit ihren Söhnen liefert, woraus man eine Bevölkerung von 400–500 Personen errechnete. Die erste Zahl aufgrund der Theresianischen Gesetzgebung haben wir für das Jahr 1762 mit 631 Einwohnern (286 Männern, 345 Frauen). Von 1771 ab liegen die Zahlen fast Jahr für Jahr vor, aber sie sind meist etwas höher als die von Peter Bohl aus den Kirchenbüchern von St. Peter und Paul ermittelten Werte[70], was insofern verwundert, weil die Zählung des Obervogteiamtes unmittelbare Auswirkungen auf die Besteuerung und Konskription des Ortes hatte. Einige wenige Gegenüberstellungen mögen dies dartun; an den Singener Bevölkerungszahlen ändert dies cum grano salis kaum etwas.

Jahr	Obervogteiamt	Kirchenbücher
1762	631	630
1773	646	634
1784	681	697
1788	751	744
1792	793	771
1803	761	761

Von Interesse dürften aber einige Angaben über den Viehstand sein, über die Zahl und Art der in Singen gehaltenen Tiere.

Jahr	Hengste	Stuten	Wallach	Pferde zus.	Ochsen	Kuhvieh	Schafe
1774	3	34	59	96	116	?	?
1789	3	44	64	111	132	119	93
1790	?	53	25	78	143	101	52

Es fällt der große Anteil an Pferden und Zugvieh gegenüber dem Milchvieh auf; Schweine wurden in der Statistik nicht gefragt. Einmal – 1790 – ist eine Ziege aufgeführt. 1807 waren es 81 Pferde, 109 Ochsen, 149 Kuhvieh, 110 Kälber und 28 Schafe.

Irrungen und Streitigkeiten in der Gemeinde[71]

Beschwerden über den Obervogt

Von wachem Sinn für gemeindliche Anliegen, aber auch von einem gesunden Selbstverständnis künden die in 24 Punkten aufgelisteten Beschwerden der Singener über ihren Obervogt Leopold Ludwig Meßmer, die am 7. November 1752 in einer öffentlichen Verhandlung vor Vogt, Vorgesetzten, Bürgermeistern und Gemeinde durch den Reichsgrafen Constantin von Rost persönlich entschieden und abgestellt wurden. Der Obervogt hatte sich des öfteren über Bestimmungen der Dorfoffnung hinweggesetzt und wollte auch die alten Gemeindegerechtigkeiten nicht beachten. In allen Fällen verlangte der Grundherr, daß sich sein Obervogt genau nach den Artikeln der Dorfoffnung richten solle, allerdings auch die Gemeinde.

Klagen wurden vor allem laut über den Flurschaden bei Jagden: Künftig solle die Jagdbarkeit wie in den benachbarten Herrschaften ausgeübt werden. Ferner habe der Obervogt nur das Recht, den Fischfang in der Aach an verbotenen Tagen zu untersagen; die Singener dürften in der Aach fischen, müßten jedoch nach alter Observanz die Fische erst der Herrschaft zum Kauf anbieten. Der Obervogt durfte bei Fruchtverkauf der Herrschaft nicht mehr als 7 Malter pro Wagen zu den benachbarten Märkten transportieren lassen; er hatte zur Reduzierung der Fronfuhren 8–9 Malter aufgeladen.

Andere Beschwerden betrafen die Zufuhr von Dung in die herrschaftlichen Reben, die Erteilung von Weide-Fratzrechten, die Entlohnung der Torkelknechte; der Maßpfennig entfiel, wenn die Wirte herrschaftlichen Wein auszapften.

Es waren keine schwerwiegenden Vorkommnisse und Klagen, eher ärgerliche Praktiken, zuviel Bürokratie und eine weitverbreitete Gleichgültigkeit gegenüber der Dorfoffnung, was den Dorffrieden beeinträchtigte. Deshalb ordnete der Grundherr an, daß die Offnung, wie von jeher aufgetragen, jährlich vor der Gemeinde vorgelesen werden müsse, damit sich keiner mit Unwissenheit entschuldigen könne. Immerhin war das alles dem gräflichen Grundherren, der in Innsbruck lebte, bedeutsam genug, um selbst nach dem Rechten zu schauen.

Vetternwirtschaft, Unfrieden und Futterneid

Der Friede hielt nicht lange vor. Anfang Januar 1758 kam es aufgrund von Klagen der Gemeindeleute, hinter denen wahrscheinlich der nellenburgische Amtsvogt steckte, zu einer neuerlichen Verhandlung vor dem erst einige Monate im Amt befindlichen Obervogt Johann Peter Antoni Spanbrugger über die nach Meinung mancher Untertanen zu aufwendigen Kosten des Gerichts sowie dessen Parteilichkeit und »Verwandtschaft«. Zur Jahresrechnung würden zu viele Leute – außer Vogt und Vorgesetzten auch das Gericht und die Vierundzwanziger – zugezogen, obgleich doch Vogt und Vorgesetzte genügen müßten. Dagegen verteidigten der Vogt und

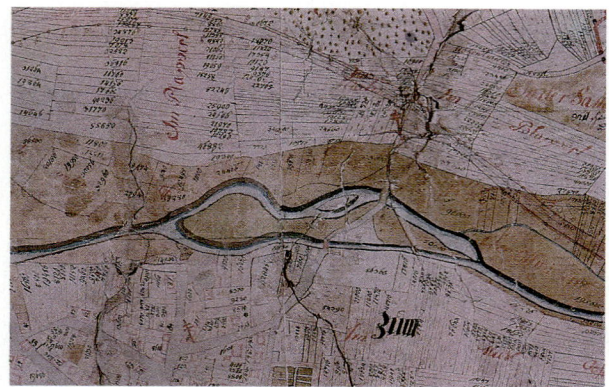

Aachinsel mit Mühlbruck und Stockacher Brücke

Dorfmitte mit herrschaftlichem Amtshaus, Kirche, Schul- und Gemeindehaus; die Nummern beziehen sich auf das dazugehörende Urbar (Berain) von 1709

Niederhofen; deutlich erkennbar ein stattliches Gebäude mit Dachreiter

Bruderhof mit Feldflur.
Ausschnitte aus der 1807 von Andreas Helff kopierten Flurkarte von 1709 von Johann Jakob Heber, Ingenieur und Geometer (von Lindau)

seine Mitarbeiter die Mitwirkung des Gerichts und der Vierundzwanziger, damit viele »Wissenschaft und Einsicht« hätten, um unbilligen und unbegründeten Klagen vorzubeugen. Ferner beschwerten sich die Gemeindeleute über den Trunk, der Vogt, Bürgermeistern und Vorgesetzten jährlich bei Vergabe der Kabisländer (zwei Maß Wein »vor ein stuckh«) verabfolgt werde. Auch die Unkosten bei Wallfahrten und Prozessionen sowie die Höhe der Tagegelder und Reisekosten wurden gerügt, ferner die Taxen bei der Einfuhr von Hornvieh: Nicht mehr 15 xr, sondern nur noch 10 xr pro Stück sollten die Schätzer erhalten.

Die angebliche Parteilichkeit und Verwandtschaft im Gericht, die Dritten zum Nachteil gereiche, wurde als falsch und unbegründet zurückgewiesen. Es sei kaum möglich, meinte der Vogt, Männer ins Gericht zu bringen, die nicht befreundet seien, weil fast der ganze Flecken miteinander verwandt sei, es sei denn, man müßte »solche Subjecta an Statt der Jetzige vogt vorgesezte und richter Erwehlen, deren Viele mehr zum fressen Sauffen vndt Zankh alß zu guten ratschlägen tauglich wären«. Die klagenden Gemeindeleute wurden ernstlich ermahnt, nach dem Gottesdienst nächst der Kirche oder bei anderen Zusammenkünften nicht mehr gegen Vogt, Vorgesetzte und Gericht zu reden. Der von den Hintersassen jährlich zu gebende Trunk wie auch der Strafwein sollte unter die Gemeindeleute ausgeteilt werden. – Die Unruhe gärte weiter.

Kurzfristige Abschaffung der Vierundzwanziger

Am 20. Mai 1759 mußte sich Obervogt Franz Remigius Spanbrugger auf Weisung der Herrschaft abermals mit den aus der Gemeinde vorgebrachten Gravamina (Beschwerden) befassen. Wieder ging es um Einsparungen bei Prozessionen und Wallfahrten, um Diäten und Sporteln von Vogt und Vorgesetzten, um die Wartung der mit nicht geringen Kosten beigeschafften Feuerspritze und anderes mehr. In Gegenwart der »widrig Gesinnten singischen Gemeindeleuthen« und in der Hoffnung, daß den Beschwerden abgeholfen und »in künfftig zeiten [...] Liebe, Fried, Einigkeit und gute Verständnus« eingeführt seien, wurden die Amtsträger bestätigt bzw. bestimmt: Der bisherige Vogt und Stabhalter Peter Mayer auf zwei Jahre sowie die Richter und zwölf Vierundzwanziger, deren Mitglieder ja zur Hälfte dem Gericht angehörten. Unter den Richtern befanden sich auch zwei Arlener, nämlich der Vogt Leopold Graf und Florian Billinger.

Indessen gab die dörfliche Opposition um den nellenburgischen Amtsvogt Antoni Buchegger keine Ruhe und erreichte bei einer neuerlichen Verhandlung singischer Gemeindeangelegenheiten am 29. September 1759 die Abschaffung der Vierundzwanziger, weil einige sich selbst des Amtes entschlagen hätten und weil nach dem Tod eines Richters oder Vorgesetzten dessen Stelle leicht aus der Mitte der Gemeinde wieder besetzt werden könne. Vier Wochen später – am 29. Oktober 1759 – wurde auf deren Begehren die Besetzung der Gemeindeämter mit »Bluts-, Freund- und Schwagerschaft« erneut überprüft. Die vier opponierenden Gemeinde-Deputierten forderten kategorisch, zur künftigen Hintansetzung möglicher Freund- und Anverwandtschaften keine Vierundzwanziger mehr zu denominieren; sie bezichtigten ungestraft die Gemeindegremien der Cliquenwirtschaft. – Die fortwährende Unruhe gründete ganz offensichtlich auf recht desolaten, sich gegenseitig bedingenden Zuständen in der herrschaftlichen und gemeindlichen Verwaltung, und so konzentrierte sich der Unmut mehr und mehr auf den hierfür verantwortlichen Obervogt.

Reformatio des einigermaßen zerfallenen Gemeinde-Wesens

Diese Neuerung veranlaßte nun wiederum die Anhänger der alten Ordnung zu entschiedenem Widerstand. Schließlich ordnete Franz Carl von Rost zur Behebung der Irrungen und Unruhen in Singen eine fünftägige Untersuchung vom 31. März bis 4. April 1761 an; eine Kommission vernahm 121 Bürger vom Vogt bis zum letzten Hintersassen nach einem Fragekatalog mit 18 Punkten. Jede Aussage wurde protokolliert. Man gewinnt den Eindruck, daß Vetternwirtschaft und Begünstigung unter einer verhältnismäßig laschen Aufsicht des Obervogteiamtes fortwährenden Streit und Hader erzeugten.

Vogt und Vorgesetzte, alle miteinander verschwägert, hätten die Gemeindesachen unter sich ausgemacht, und wenn man ins Gemeindehaus gekommen sei, sei alles schon gerichtet gewesen. Der ehemalige Gerichtsmann Pfoser sagte aus, daß der Vogt bei einer Auseinandersetzung über Nachtweide und Viehordnung ihm und Genossen vorgehalten habe, »sie halten ihre alte bärth in alte Sachen«, worauf er und vier Bürger aus dem Gericht ausgetreten seien. Auch die Gemeindedienste würden unter die Anverwandten und Blutsfreunde vergeben. Besonderen und wohl auch neidischen Unmut erregten die zahlreichen Umtrünke und Essen, zu denen immer der gleiche Kreis, nämlich die Vorgesetzten und Gerichtsverwandten, Zutritt hatten. Der mit den Vorgesetzten unter einer Decke steckende und wenig Respekt genießende Obervogt halte seine Amtstage weder geflissentlich noch zu bestimmter Zeit, lasse sich von einseitigen Berichten und Schwätzereien beeinflussen und fahre die ins Amt zitierten Personen unglimpflich an, lasse sie nicht ausreden und übermaule sie. Die Diäten, Sportel und Schreibtaxen seien viel zu hoch[72]. Wider das alte Herkommen habe der Obervogt am 29. September 1759 (allerdings auf Drängen einiger Mißvergnügter) die Vierundzwanziger abgeschafft. Auch die öffentliche Zucht und Ordnung lasse sehr zu wünschen übrig; Übersitzen, Nachtschwärmerei, Rauchen und Saufen; die beiden Tafernwirte beschwerten sich über ungebührliche Konkurrenz durch die drei Zapfenwirte, Winkelwirtschaften und Lichtstuben, selbst der Vogt halte sich nicht an die Ordnung und verkaufe in seiner Zapfenwirtschaft Speisen und lasse übernachten.

Nach gehöriger Untersuchung erließ Graf Franz Carl von Rost am 1. Juni 1761 als eine seiner letzten Amtshandlungen eine »Reformatio des einigermaßen zerfallenen Gemeinde-Wesens« mit 39 Artikeln, die von dem nellenburgischen Fiskal Sigmund Obser und dem Obervogt Franz Remigius Spanbrugger der Bürgerschaft im Gemeindehaus eröffnet wurde. Nun wurden die Vierundzwanziger wieder eingeführt, Dorfgericht und Vierundzwanziger (zwölf Dorfgericht, zwölf weitere Mitglieder) neu bestellt und konfirmiert. Vogt Peter Mayer behielt sein Amt. Gemeindesachen durften nur noch gemeinschaftlich im Gemeindehaus (Ratsstube) erledigt werden; Beschlüsse der Gerichtsverwandten und der Vierundzwanziger mußten nach der Abstimmung bekanntgegeben werden. Alle übrigen Artikel betrafen die Handhabung der Gemeindedienste und die Wiedereinführung guter Ordnung: Sonntagsheiligung, Schule, Wirtschaften, Zusammenkünfte (ärgerliche »schwäz-Marckh«), übermäßiges Trinken und Spielen. Alljährlich am St. Georgitag (23. April) mußte die Verordnung und die Gemeindeoffnung 1668 nach dem Gottesdienst öffentlich ab- und vorgelesen werden.

Nach Bekanntgabe der Reformatio mußten Vogt, Vorgesetzte, Richter und Vierundzwanziger geloben und schwören, mir treu und gehorsam zu sein, meinen und des mir anvertrauten gemeinen Wesens Nutzen befördern und Schaden abzuwenden, gegen Heimische und Fremde unparteiische Richter zu sein«. Die durch die Kommission verursachten Kosten übernahm »für dieses Mal« die Herrschaft; falls ähnliches sich wiederholen sollte, würden die Kommissions-Unkosten denen, »die herumb schänden und schmäcken«, auferlegt.

Prügel mit dem spanischen Rohr

Ein letztes Mal brachte es der gewalttätige und hitzige Obervogt Raymund Alexi Ranz soweit, daß sich Singener Untertanen bei der Herrschaft und bei der k. k. Regierung in Freiburg 1775/77 beschweren. Auch diesmal waren es Leute um den nellenburgischen Amtsvogt und Zoller Josef Gut; der herrschaftliche Vogt Johannes Bach und seine beiden Vorgesetzten hielten sich bedeckt.

Bei einer am 3. Oktober 1777 erfolgten Vernehmung der Gemeindebürger durch den Hofkammerrat Bartl zeigte sich freilich, daß von den 108 befragten Bürgern 67 sich als unbeteiligt und zufrieden äußerten, aber immerhin 18 über eine schlechte Verwaltung, 14 über ungerechte Amtshandlungen und zu hohe Strafen, 8 über die Jagdleidenschaft des Obervogtes klagten. Der Obervogt jage mit seinen Hunden zur Herbstzeit durch die Früchte und Reben und habe bei der Wachteljagd einmal sogar einem Mädel durch die Hand geschossen[73].

Ein anderes strittiges Objekt war der Schinderwasen; die Gemeinde hatte ca. 20 Jahre vorher bereits einen abgelegenen Platz erworben, um den an der Landstraße gelegenen stinkenden Wasen dahin zu entfernen. Aber nun vereitelte der Obervogt das löbliche Vorhaben, indem er auf dem schon eingerichteten neuen Schinderwasen ein öffentliches Salzlek für das Wild anlegte, worauf das Wild zum größten Nachteil der Bürger die besten singischen Äcker in der Umgebung abfrazte. Aber nicht dies löste den Auflauf und »Tumult« im Sommer 1776 aus. Gegen alle Regeln und ohne Vorwissen der Gemeinde und ihrer Vorgesetzten verkaufte der Obervogt aus der Gemeinde-Allmend Eichenrinden nach Stein am Rhein; die erforderlichen Arbeiten ließ er durch fremde Leute verrichten und entzog so den bedürftigen armen hiesigen Untertanen zudem noch den Taglohn. Darauf gab es allgemeinen Protest der Gemeinde, in deren Auftrag der Mitbürger und nellenburgische Amtsvogt Josef Gut mit drei weiteren Bürgern beim Obervogt vorstellig wurde. Ranz beschimpfte sie als Rädelsführer und Aufwiegler, und als Gut sich dagegen verwahrte, sollte der Amtsdiener die vier in den Turm werfen. Auf neuerlichen Protest geriet Ranz so in Wut, daß er den Amtsvogt und seine Begleiter mit einem spanischen Rohr aus der Kanzlei hinausprügelte; der Amtsdiener würgte Johann Nagel auf der Straße am Hals, bis er blau und schwarz war. Einem zufällig aus dem Feld mit einer Axt daherkommenden Bürger befahl Ranz, die »Rädelsführer« anzugreifen, und als der sich weigerte, verlangte der tobende Obervogt nach einem Gewehr, der Amtsvogt hingegen drohte mit einer Klage bei der Regierung in Freiburg, worauf sich Ranz endlich in das Amtshaus zurückzog. Als zwei Tage später im Gemeindehaus eine Gemeindeversammlung den Vorfall erörtern wollte, verweigerte Ranz die Herausgabe des Schlüssels.

Beide Parteien dürften Fehler gemacht haben. Der frühere Amtsvogt Alois Buchegger behauptete, Johann Nagel sei ein unruhiger Mann und Aufwiegler und habe schon zweimal vor der öffentlichen Gemeinde Abbitte leisten müssen. Die Regierung in Freiburg entschied im September 1776, daß die vier Bürger einschließlich des Amtsvogts wegen des Auflaufs auf der Gasse und unziemlicher Ausdrücke zur Strafe zu einer zwei- und eintägigen Eintürmung und zur Tragung aller Kommissionskosten verurteilt wurden; auch der Obervogt und sein Amtsschreiber mußten sich wegen ihrer ungebührlichen Taten in Freiburg verantworten. Der Fall war nach einem Jahr noch nicht ausgestanden, denn im Juni 1777 beantragten Gut und Genossen bei Kammer und Regierung in Freiburg um Erlaß der auf 189 fl. 6 xr angelaufenen Kommissionskosten[74].

Vergleichen wir die Singener Irrungen und Streitigkeiten in der 2. Hälfte des 18. Jhs. mit den jüngsten Forschungen über agrarische Konflikte im 14. bis 18. Jh.[75], so werden wir unschwer erkennen, daß von einer angeblichen »politischen Apathie der bäuerlichen Bevölkerung« in unserem Dorf keine Rede sein kann. Wir entdecken allerdings auch bei den von manchen Obervögten allzu schnell und politisch wirksam als »Tumulte« und »Aufruhr« bezeichneten Beschwerden und Unruhen keine klassenkämpferischen Motive, noch nicht einmal die »niederen Formen des Klassenkampfes«: Das alte Herkommen, der Brauch oder das historisch gewachsene Recht dienten geradezu als Rechtfertigung für Protest und Widerstand. Die bäuerlichen Untertanen waren »mit den politischen Möglichkeiten der sich überlagernden Herrschaftsstrukturen« wohl vertraut und verstanden sich dieses Instruments durchaus zu bedienen. Eine »Verrechtlichung der Beziehungen zwischen Untertanen, Grundherr und Landesherren« erfolgte so auch in Singen[76].

Einflüsse der französischen Revolution scheinen hier keinen Widerhall erweckt zu haben, ganz im Gegensatz zu den Jahren 1460–1530, als das Vorbild der eidgenössischen Bauernfreiheit Unruhen und revolutionäre Erhebungen mit ausgelöst hat.

Peter Blickle hat eine Zusammenfassung der Ursachen und Ziele bäuerlicher Rebellionen im alten Reich versucht. In ökonomischer Hinsicht ging es um Beschwerden gegen wirtschaftliche Mehrbelastungen (mitunter Ausbeutung), die wir etwa bei den Vorwürfen gegen die Obervögte mehrfach beobachten konnten. Politisch handelte es sich um die Abwehr von Ein- oder Übergriffen der Herrschaft resp. ihrer Obervögte in gemeindliche Rechte und Institutionen oder darum, daß die Untertanen ihre gemeindlichen Rechte erweitern wollten. In unserem Dorf stritt man mehr um die Erhaltung und Stabilisierung dieser Rechte, aber nie gegen herrschaftliche Repräsentation und Kompetenzen. Religiöse Motive (Reformation) oder aufklärerische Gedanken haben in Singen keine Rolle gespielt[77].

Charakteristisch und auffallend erscheint die lautstarke Kritik an der »Selbstverwaltung«, d.h. an der selbstgefälligen Vetterleswirtschaft von Vogt, Vorgesetzten und Gericht durch die Dorfgenossen, die im Grunde genommen mehr Demokratie und Chancengleichheit forderten. Eine Identität von politischer Trägerschaft und wohlhabenden Bauern scheint nicht vorgelegen zu haben; auch bei anderen Anlässen wehrten sich ärmere mit Erfolg gegen besser gestellte Mitbürger. Das ist ein neuer, zusätzlicher Erklärungsansatz für dörfliche Konflikte. »Jedes Dorf hat seine eigene Geschichte des Verhältnisses zu seinem Herrn« (W. Schulze) und der Verwirklichung gemeindlicher Selbstverwaltung.

Auf dem Weg zur Gemeindeordnung von 1831

Die Singener Gemeindeverwaltung befaßte sich in den Jahren um die Jahrhundertwende im Rahmen ihrer geringen Zuständigkeiten nur mit dem Vordergründig-Notwendigen. Von einer Verwaltung mit festangestelltem und besoldetem Personal kann man um 1798 etwa nur andeutungsweise sprechen: Außer dem Vogt (15 fl.!) und den beiden Bürgermeistern (je 8 fl.) bezog der Lehrer Karl Helff eine Vergütung von 100 fl. und sein Sohn Andreas 15 fl., die Hebamme 5 fl., der Kaminfeger 20 fl., der Schermauser 9 fl. und die beiden Nachtwächter zusammen 50 fl.

Auch unter württembergischer Verwaltung 1806/07 änderte sich daran wenig: Unter den gemeindlichen Bediensteten werden neu aufgeführt der Polizeidiener Martin Buchegger (28 fl. 48 xr), Kaminfeger Johann Weber (20 fl.); das Wartegeld für drei Hebammen betrug 11 fl. Andere Dienste wurden von Fall zu Fall vergütet (Diäten oder Taglohn) wie etwa der Untergänger (Grenzmarken) mit 11 fl. 45 xr, Holzmacher (27 fl. 48 xr) und die Wartung des Wucherstiers (Farren), der bei einem Bauern eingestellt wurde. Nach der geringen Bezahlung war das Amt des Vogts ein reines Ehrenamt. Für sogenannte Gemeinde-Zehrungen, also Umtrünke bei Rechnungs-Abhör, Fertigung von Abrechnungen, Anstellung von Gemeindediensten, Schulprüfungen, Versteigerung von Gemeindegütern und Abhaltung der Jahresgemeinde (gesamte Bürgerschaft), gab man in diesem Jahr 83 fl. 19 xr aus[78].

Im Großherzogtum Baden hatte man seit 1807 mit der Neuorganisation des Landes begonnen und sieben Konstitutionsedikte erlassen, die auch u.a. die außerordentlich verschiedenen Commun-Ordnungen einander anglichen und nach und nach einheitliche Rechtsverhältnisse in den Gemeinden herstellten. Von Selbstverwaltung allerdings war man noch weit entfernt. Der Unterschied zwischen Stadt- und Landgemeinden wurde vorderhand beibehalten. Verwaltungsorgan für alle Gemeinden blieb eine kollegiale Behörde, das »Gericht« mit vier Mitgliedern in Singen unter Leitung des vorgesetzten Vogts. Der Vogt wurde nach Wahl durch die Gemeinde der Grundherrschaft zur Ernennung vorgeschlagen; die Bestätigung der Wahl erteilte das Bezirksamt. Vogt wie Mitglieder des Gerichts wurden auf Widerruf, und wenn ein solcher nicht erfolgte, auf Lebenszeit bestellt.

Wahlberechtigt waren nur die Ortsbürger. Man teilte die Bewohner des Dorfes ein in:

I. Fremde (Heimatlose), dabei auch die Schutzgenossen und Einsassen, sowie
II. Staatsbürger. Bei diesen unterschied man zwischen:
   1. Einwohnern, d.h. Staatsbürgern mit dem Recht des dauernden Wohnsitzes, ohne Teilnahme an örtlichen Vorteilen und Lasten (z.B. Geistliche, staatliche Beamte, Zoll, Gendarmerie usw.),
   2. Ortssassen = eigentlichen Gemeindemitgliedern, die sich in zwei großen Klassen schieden:
      a) Ortsbürger,
      b) Hintersassen oder Schutzbürger.

Nur die Ortsbürger waren Vollbürger und besaßen als solche die Wählbarkeit zu Gemeindeämtern, Stimmfähigkeit bei Gemeindeberatungen, Anteil am Allmendgenuß und an den besonderen Vorrechten und Staatsfreiheiten ihrer Gemeinde sowie (bis 1839) die Befugnis zur Marklosung, d.h. das Recht, vor oder nach abgeschlossenem Verkauf von Liegenschaften der Gemarkung an Ungenossen oder Ausmärkern an die Käuferstelle zu treten und die Liegenschaft für sich zu erwerben. Die Schutzbürger dagegen entbehrten aller politischen Rechte[79].

Erst langsam setzte sich die Einsicht durch, die Gemeinden aus ihrer Funktion als reine Staatsverwaltungsbetriebe zu befreien; hilfreich erwies sich dabei die 1818 erlassene Badische Landständische Verfassung. 1821 wurde für alle Gemeinden ein Bürgerausschuß eingeführt, der die Verwaltung des Gemeindevermögens durch den Gemeinderat zu kontrollieren und über die Aufnahme von Orts- und Schutzbürgern zu beschließen hatte. Wahlberechtigt waren nun alle staatsbürgerlichen Einwohner (auch Schutzbürger), wählbar nur Orts- und Schutzbürger. Eingeführt wurde, um eine Vertretung aller Interessen sicherzustellen, das Dreiklassenwahlrecht (je ein Drittel aus den Höchst-, Mittel- und Niederstbesteuerten), das sich bis 1918 behauptete. Die Wahlperiode dauerte sechs Jahre, alle zwei Jahre fand eine Drittelserneuerung, d.h. Gemeindewahlen, statt[80].

Die Gemeinde Singen war um 1830 ein bescheidenes, ärmliches und hochverschuldetes Gemeinwesen, nach der Gemeinderechnung 1829/30 mit einem Vermögen von 25348 fl., dem aber 20463 fl. Passiva gegenüberstanden (reines Vermögen somit 4884 fl.)[81]. Das Steuerkapital belief sich auf 708925 fl., die Umlage betrug 7 xr auf 100 fl. Steuerkapital = 629,36 fl. Der Gemeinderechner Johann Georg Reize bezifferte die jährlichen laufenden Einnahmen auf rund 900 fl., die Zinsen von einer Kapitalschuld mit 16755 fl. auf 837 fl. 45 xr, so daß noch ganze 62 fl. 15 xr für die übrigen Bedürfnisse verfügbar waren. Diese an sich höchst bescheidenen notwendigsten »Bedürfnisse« erforderten aber 1342 fl. 54 xr. Der Haushaltsplan sah bei Einnahmen von 10054 fl. (darunter waren allerdings 8087 fl. 33 xr Ausstände verbucht) Ausgaben in Höhe von 10057 fl. vor, so daß der Rechner noch ein »Guthaben« von 3 fl. für sich ausweisen mußte!

Bei den Ausgaben schlugen zu Buch die bereits erwähnten Schuldzinsen; 659 fl. Kapitalien wurden abgelöst. Aber allein die Ausstände beliefen sich wiederum auf 6616 fl., 500 fl. Kapital wurden neu aufgenommen. Die Zinsen für die Stiftungskapitalien betrugen für die Rost'sche Kaplaneistiftung (2000 fl.) 243 fl. 14 xr, für die Buchegger-Stiftung (2500 fl.) 141 fl. 24 xr. Bemerkenswert ist, daß die meisten Darlehensgeber Bürger von Singen waren, neben dem Säckel-Amt und dem Stadtschreiber Schneble zu Stein am Rhein. Der Aufwand für die Gemeindeverwaltung belief sich auf 445 fl., davon entfielen auf Besoldungen 137 fl., Tagegebühren und Diäten 101 fl., Schreibgebühren 54 fl., Taxen und Sporteln 55 fl. und Zählgebühren des Gemeinderechners 96 fl.

Vogt Weber	36 fl.
	(+ 5 fl. für Nachtzettel-Schreiben)
Gerichtsschreiber Helff	9 fl.
Polizeidiener und Förster	57 fl. 36 xr
Polizei-Montur (alle zwei Jahre)	20 fl.
Amtsbote	10 fl.
Gemeinderechner	96 fl.
4 Gerichtsmänner, jeder	7 fl.

An anderer Stelle wurden verrechnet

2 Hebammen	16 fl.
2 Nachtwächter	60 fl.

Für Kirche und Schule gab die Gemeinde 263 fl. aus, davon bekam der Lehrer Helff 147 fl., die Industrielehrerin 7 fl. 45 xr; die Schulkinder erhielten bei der Prüfung Prämien in Höhe von 12 fl. 23 xr. Die Wucherstierhaltung erforderte 101 fl., die Armenunterstützung 80 fl.

Erst die Gesetzgebung von 1831 verschaffte den Gemeinden durch die neue Gemeindeordnung eine einigermaßen selbständige Position, allerdings unter ständiger und eingehender Kontrolle durch das Bezirksamt, und erhob den Gedanken der Gleichberechtigung unter und innerhalb der Gemeinden zum Grundsatz, indem die Unterscheidung zwischen Städten und Landgemeinden aufgehoben und die einheitliche Klasse der Gemeindebürger geschaffen wurde. Die bisherigen Schutzbürger konnten sich nun auch u.a. in den Bürgernutzen einkaufen. Das bedeutete geradezu einen revolutionären Umsturz in den Gemeinden. Lediglich die staatsbürgerlichen Einwohner mußten zwar Gemeindesteuern bezahlen, hatten aber an der Gemeindeverwaltung und der Allmende so gut wie keinen Anteil. Die Badische Gemeindeordnung von 1831 entsprach von allen in den Mittelstaaten erlassenen Gesetzen am entschiedensten den liberalen Grundsätzen jener Zeit[82].

Am leidigen Geldmangel der Gemeinde Singen und der daraus resultierenden Unbeweglichkeit und Rückständigkeit sollte sich jedoch noch jahrzehntelang nur wenig zum Besseren ändern.

Anmerkungen

[1] H. BERNER, Dorf und Herrschaft Singen. Gebremste Entwicklung im Schatten des Hohentwiel, in: Beiträge zur Landeskunde (Beilage zum Staatsanzeiger für Baden-Württemberg) Nr. 3, Juni 1988. ALFRED G. FREI (Hrsg.), Habermus

und Suppenwürze, Singens Weg vom Bauerndorf zur Industriestadt, Konstanz 1987, darin besonders A. G. Frei, Ein Dorf wird Industriestadt, Singen 787–1987, S. 10–63.

[2] Vgl. dazu die Beiträge JÖRG AUFDERMAUER, RÜDIGER KRAUSE und CLAUDIA THEUE zur Singener Ur- und Frühgeschichte, Bd. I der Singener Stadtgeschichte, Konstanz 1987.

[3] WERNER RÖSENER, Bauern im Mittelalter, München 1985, S. 25.

[4] RÖSENER, a. a. O., S. 62; s. dazu K. S. BADER, Das mittelalterliche Dorf als Friedens- und Rechtsbereich, Weimar 1857, S. 35: Der germanische Adel lebte in der Zeit der Seßhaftwerdung auf Höfen, der Form nach genau wie der mit bescheidenen Mitteln gesegnete Bauer. – OTTO BRUNNER, Neue Wege der Verfassungs- und Sozialgeschichte, 1968, betont, daß diese Adelswelt auf bäuerlicher Grundlage über 2000 Jahre bis in das 18. Jhs. hinein bestanden hat, S. 107. Ähnlich RÖSENER, a. a. O., S. 14, der auf die Abhängigkeit der bäuerlichen Bevölkerung von Feudalherren bis zur Bauernbefreiung des 19. Jh. hinweist.

[5] K. S. BADER, a. a. O., S. 35.

[6] RÖSENER, a. a. O., S. 21.

[7] Vgl. Kap. Singener Orts- und Grundherren, in diesem Bd. S. 198.

[8] FREDY MEYER, Adel und Herrschaft am Bodensee, Bd. 51 der Hegau-Bibliothek, Stockach 1986, S. 31 f.

[9] RÖSENER, a. a. O., S. 217, 200.

[10] RÖSENER, a. a. O., S. 215; vgl. Kap. Ende und Ablösung des feudalen Zeitalters, in diesem Bd. S. 462 ff.

[11] STROBEL, Agrarverfassung, S. 76 f.

[12] TH. KNAPP, Beiträge I, S. 349–370.

[13] EDITH ENNEN, Frauen im Mittelalter, München 1984, S. 222.

[14] S. Kap. Ende und Ablösung des feudalen Zeitalters, in diesem Bd. S. 466. VOLKER PRESS, Herrschaft, Landschaft und gemeiner Mann in Oberdeutschland vom 15. bis zum frühen 19. Jh., in: ZGO 123 (84) 1975, S. 169–214.

[15] GLA 5/131.

[16] MILLER, Hohentwiel, S. 193 f. GLA 95/741.

[17] GLA 29/60.

[18] GLA 6/80.

[19] GLA 6/54, S. 63, Nr. 288.

[20] GLA 8/31 a, S. 109, Nr. 484. – JLDEFONS VON ARX widmet in allen drei Bänden seiner »Geschichten des Kantons St. Gallen«, Nachdruck der Ausgabe 1810–13/1830, St. Gallen 1987, der Leibeigenschaft erklärende Ausführungen mit vielen Beispielen praktischer Handhabe. »Nicht leicht schenkte man den Leibeigenen die Freyheit, als etwa, wenn man sie Priester werden ließ«, Bd. I, S. 161; Leibeigenschaft und das Lehenrecht allein waren es, »welche die rechtsamen und wechselseitigen Pflichten der Herren und Unterthanen bestimmten, die Kriegsschaaren zusammenbrachten, und den Anbau des Landes erhielten«, Bd. III, S. 277.

[21] Älteste Darstellung des Räderpfluges auf der Bronzetüre von St. Zeno in Verona, Ende 11. Jh., OTTO BORST, Alltagsleben, S. 121.

[22] RÖSENER, a. a. O., S. 132 f.

[23] K. S. BADER, Mittelalterliches Dorf I, S. 46.

[24] Rain und Hard sind erstmals um 1470 genannt, alle drei Zelgen 1555.

[25] STROBEL, Agrarverfassung, S. 8–10, die dazugehörenden Flurnamen S. 93–95. – Schreiber, FLN Nr. 1358, S. 350 f.

[26] GEBHARD, Finanzwirtschaft, S. 32, 200, 273–281, 320–329; vgl. zur Landwirtschaft des Mittleren Hegaus im 19./20. Jh. KLAUS HERRMANN, Singener Stadtgeschichte I, S. 170–190; ders., 1200 Jahre Bauern und Handwerker im Raum Singen, in: SiJhrb. 1987, S. 29–37. CASIMIR BUMILLER, Bauern und Handwerker im alten Singen, ein Versuch über das Leben auf dem Dorf, in: Habermus und Suppenwürze, hg. v. Alfred G. Frei, Konstanz 1987, S. 65–107; E. DOBLER, Mulinusa oder Mühlhausen, Streiflichter durch seine Geschichte, in: Mühlhausen-Ehingen in Wort und Bild, Engen 1987, bes. S. 39–50, 104–105; E. DOBLER, Der Bär hat Geburtstag, in: SiJhrb. 1987, S. 17–28.

[27] K. S. BADER, Mittelalterliches Dorf I, S. 38, 77, 93, 100, 229. – Wir folgen bei der Darstellung dieses Themas K. S. BADER, dem wohl besten Kenner der Entwicklung des Dorfes.

[28] MILLER, Hohentwiel, S. 93, 100, 171, 173, 177, 185; Schreiber FLN Nr. 271, 392, 627, 711, 758, 785.

[29] EAS O I 1/3 = 602.

[30] K. S. BADER, a. a. O., S. 42.

[31] K. S. BADER, a. a. O., S. 49.

[32] K. S. BADER, Mittelalterliches Dorf II, S. 123, 429.

[33] STROBEL, Agrarverfassung S. 50 f. S. ferner BERNHARD ELLERING, Die Allmenden im Großherzogtum Baden, eine historische, statistische und wirtschaftliche Studie, Tübingen-Leipzig 1902.

[34] K. S. BADER, Mittelalterliches Dorf II, S. 69, 71, 93, 98 f., 234 f., 393. – Vgl. dazu J. KÖNIG, Eine Urkunde über die Regelung der bäuerlichen Lasten und Rechte zu Hausen im Hegau, in: Zs. der Gesellschaft für Beförderung der Geschichts- und Volkskunde, Freiburg 1869, S. 353–368.

[35] S. Kap. St. Galler Bär im Singener Wappen, in diesem Bd. S. 16; – im allgemeinen stammen die frühesten Gemeindewappen aus dem 18. Jh. Die Gemeinde Sipplingen, der 1582 Erzherzog Ferdinand von Österreich auf ihr Bitten im Wappen verlieh, dürfte in weitem Umkreis ein Sonderfall sein; BERNER, Sipplingen, S. 242 f. Das Wappen der Gemeinde Bodman ist erstmals 1679 nachgewiesen, BERNER, Bodman II, S. 341 f. Im Landkreis Konstanz haben außer den Städten nur Hilzingen und Riedheim ein bereits 1800 belegbares Siegel. Wappenbuch Landkreis Konstanz, 1964, S. 29. Vgl. K. S. BADER, Mittelalterliches Dorf II, S. 394–402.

[36] Singener Dorfoffnung 1668, EAS B II/4.

[36a] EAS A I 14/1 = 857.

[37] BARACK, Zimmern-Chronik Bd. II, S. 255 f.

[38] Nach SCHREIBER, FLN Nr. 319, S. 165, könnte ein Gemeindehaus schon 1495 dagewesen sein, wenn man den Beleg über einen Hanfacker »im dorff gelegen, st. ainthalb an die Straß, andersit uff die gemaind« entsprechend deutet.

[39] H. BERNER, Das Rathaus in der Geschichte von Singen, in: Festschrift »Das Singener Rathaus, zur Einweihung am 30. Oktober 1960«, Singen 1960, S. 11–67. Vgl. K. Rombach, Die Schule, in diesem Band S. 417 ff.

[40] SCHREIBER FLN Nr. 563, S. 207, Nr. 487, S. 195 f.; vgl. Bader, Mittelalterliches Dorf II, S. 404, 356.

[41] GLA 5/562, Urk. 1455 VII 19.

[42] GLA 6/80, 1403 IV 27.

[43] KBK IV S. 204; GLA 6/43.

⁴⁴ Inventar Stadtarchiv Stein am Rhein, Singen 1967, Bd. II, S. 754: 1501 V 24 = VA 275; Sch. UB II Nr. 3689 S. 466.
⁴⁵ GLA 5/562, 1536 I 17; 1537 III 5 unterstrich die Berufungsinstanz zu Radolfzell die Richtigkeit der Singener Entscheidung. W. Schreiber, Das älteste Urbar des Enzenberg-Archivs als agrar- und sprachgeschichtliches Dokument, in: Zs Hegau 27/28 (1970/71) S. 131–137, bes. S. 133 Anm. 7a. – Hingewiesen sei auf einen Vergleich von 1667 I 27 in einer Schuldsache des Gotteshauses Weingarten und der Reichsstadt Wangen einerseits und den Ämtern zu Sipplingen, Hecheln, Singen, Hilzingen, Arlen u. a. andererseits über die Abtragung einer Schuld von 5000 fl.; Singen war vertreten durch den rostischen Obervogt Johann Philipp Scharpf, den Vogt Andreas Schrott und den Arlener Vogt Jacob Harder, GA Sipplingen, Urk. Nr. 102.
⁴⁶ Bumiller, a. a. O., S. 95.
⁴⁷ Miller, Hohentwiel, S. 23.
⁴⁷ªEAS S II 14/3 = 1000.
⁴⁸ Gerold Neusser, Das Territorium der Reichsstadt Ulm im 18. Jh., verwaltungsgeschichtliche Forschungen, Ulm 1964, S. 174–177; frdl. Hinweis von Prof. E. Specker vom 24.05.1988. – Hermann Streng, Vom ältesten Tuttlinger Stadtbuch 1489, S. 51, 55, in: Tuttlinger Heimatblätter 1988.
⁴⁹ Fr. Götz, Stift und Dorf Öhningen vom Ende des Mittelalters bis zum Jahr 1805, in: Dorf und Stift Öhningen, hg. v. H. Berner 1965, S. 140.
⁵⁰ Haberkorn-Wallach, Hilfswörterbuch I, S. 202; K. S. Bader, Mittelalterliches Dorf I, S. 109, 232; II S. 263.
⁵¹ EAS O I 1/3 = 602.
⁵² Vgl. Bumiller, Habermus, S. 94.
⁵³ S. dazu K. S. Bader, Mittelalterliches Dorf II.
⁵⁴ Inventar Stadtarchiv Singen, S. XIII, Mitt. der Bad. Hist. Kommission 3/109 f.
⁵⁵ EAS B II/3. Eine von der Singener Arbeitsgemeinschaft für Heimat- und Familienforschung 1943 der Stadt überreichte Fotografie der Offnung nach einer vermutlich in Karlsruhe liegenden Ausfertigung hat als Unterzeichner andere Namen, nämlich des Vogtes Peter Allweyler, unter dem wohl die Abschrift angefertigt wurde (nach 1681).
⁵⁶ Auch W. Schreiber in seinem grundlegenden Flurnamen-Werk sieht sich dazu nicht in der Lage. Mit langwierigen und mühsamen Untersuchungen (Erfassung sämtlicher Angaben in einem speziellen Computer-Programm) könnte dies wahrscheinlich gelingen. Erschwerend kommt hinzu, daß die Höfe ihre Namen des öfteren – nach den Inhabern – wechseln.
⁵⁷ Strobel, Agrarverfassung, S. 2 f.
⁵⁸ B. Henneka, Medizinische Topographie, S. 31 ff.
⁵⁹ S. Kap. Zehnten der Grundherrschaft, in diesem Bd. S. 371. – Vgl. Schreiber, FLN Nr. 1356, S. 349, der beide Zehntscheuern an die Hauptstraße plaziert.
⁶⁰ Sättele, S. 114 f.
⁶¹ Sättele, S. 31.
⁶² Vgl. dazu Gottfried Sauter, Über den Dorfplatz, in: Zs Hegau 27/28 (1970/71) S. 315–324.
⁶³ E. Sauter, a. a. O., S. 319 verweist darauf, daß Kegeln im Hegau zu den ältesten Vergnügungen gehört, wozu die Teilnehmer Kegel und Kugel mitbrachten.
⁶⁴ A. Funk vermutet, daß bei dieser ursprünglich Singer Bruck genannten Brücke die Etzfurt gelegen haben könnte; Kelten, Römer etc., S. 61 Anm. A 79.
⁶⁵ Arthur Hügle, Die Trinkwasserversorgung der Stadt Singen (Hohentwiel), in: SiJhrb. 1969, S. 44–65.
⁶⁶ Schreiber, FLN Nr. 1131, nennt den großen, kleinen, oberen, mittleren, unteren und Maiers-Seewadel.
⁶⁷ Alfred Gürtler, Die Volkszählungen Maria Theresias und Joseph II. 1753–1790, Innsbruck 1909.
⁶⁸ EAS S II 6/1 = 882; S. II 6/2 = 1101.
⁶⁹ S. Kap. Joachim Schuster, Das Musterregister der Landgrafschaft Nellenburg von 1615, in diesem Bd. S. 223 ff.
⁷⁰ T. Bohl, Aspekte der Bevölkerungsentwicklung Singens im 17. und 18. Jh., in diesem Bd. S. 325 f.
⁷¹ Das folgende Kapitel beruht auf dem sehr umfänglichen Faszikel EAS O I 1/3 = 602 und gibt nur die allgemeinen Tendenzen und wichtigsten Ereignisse der über 20jährigen desolaten Situation des öffentlichen Wesens in Singen wieder; wie so oft verdanken wir Streit und Unzufriedenheit überraschende und gewichtige Erkenntnisse.
⁷² U. a. war es üblich, daß bei Haupt- und großen Teilungen der Obervogt und die Vorgesetzten zu einem Essen eingeladen wurden, bei geringeren gab es »eine Kratte Wein«.
⁷³ EAS O I 1/8 = 837.
⁷⁴ EAS O I 1/7 = 836. – Singener »Unruhen«, zumeist nach einiger Zeit beigelegt, haben bei weitem nicht den Charakter der Beschwerden und Prozesse etwa der Hornsteinschen Untertanen zu Weiterdingen und Binningen, die 1787 eine Audienz bei Kaiser Joseph II. und 1790 bei Kaiser Leopold II. in Wien erhielten, was ihrer Sache keineswegs zum Erfolg verhalf; Hornstein-Hertenstein, S. 601–603. Vgl. dazu Klaus Gerteis, Regionale Bauernrevolten zwischen Bauernkrieg und Französischer Revolution, eine Bestandsaufnahme, in: Zs. für Historische Forschung 6 (1979) S. 37–62. Grundlegend: K. S. Bader, Bauernrecht und Bauernfreiheit im späten Mittelalter, in: Hist. Jhrb. 61 (1961) S. 79 f.
⁷⁵ Peter Blickle (Hrsg.), Aufruhr und Empörung? Studien zum bäuerlichen Widerstand im Alten Reich, mit Beiträgen von Peter Blickle, Peter Bierbrauer, Renate Blickle und Claudia Ulbrich, München 1980; Peter Blickle, Die Bauern, witzig geworden, pochen auf ihr Recht, in: Zs Weltwoche Nr. 45, S. 33, 35 v. 5. XI. 1987; Winfried Schulze (Hrsg.), Europäische Bauernrevolten der frühen Neuzeit, Frankfurt a. M. 1982.
⁷⁶ Schulze, a. a. O., S. 14 f., 21 f., 34 f.
⁷⁷ Blickle, Aufruhr und Empörung? S. 296–308: auf dem Weg zu einem Modell der bäuerlichen Rebellion, Zusammenfassung.
⁷⁸ StAS Gemeinderechnung 1797/98, 1806/07.
⁷⁹ Adolf Kastner, Die Selbstverwaltung der badischen Gemeinden und Gemeindeverbände, Pforzheim 1931, S. 7–9.
⁸⁰ Kastner, a. a. O., S. 11.
⁸¹ Zum Gemeindevermögen 1829/30 gehörten das Gemeinde-/Schulhaus mit 800 fl., 1 Feuerspritzenhäusle 50 fl., Äcker, Wiesen, Wald 8375 fl., Fahrnisse (u. a. Feuerspritze 400 fl., große Metallglocke mit 24 Zentnern = 1800 fl., Turmuhr 50 fl.), jährliche Grundgefälle à 54 fl. (mit 18 kapitalisiert = 1025 fl.).
⁸² Franz Schnabel, Deutsche Geschichte im 19. Jh., 2. Aufl. 1949, Bd. II, S. 154, 149

Das Musterregister der Landgrafschaft Nellenburg von 1615
Eine Quelle zur Bevölkerung des Dorfes Singen vor dem Dreißigjährigen Krieg

von Hans Joachim Schuster

Auf Anordnung des Markgrafen Karl von Burgau (1560–1618), eines unehelichen Sohnes Erzherzog Ferdinands II. von Österreich und Inhabers der vorderösterreichischen Herrschaften Burgau, Nellenburg und Hohenberg, wurde in der Landgrafschaft Nellenburg im Jahr 1615 eine Musterung durchgeführt. Ihre Ergebnisse wurden in einem Musterregister festgehalten, das sich heute im Hauptstaatsarchiv Stuttgart, Bestand B 51 Büschel 37, befindet. Musterungen dienten dazu, einen Überblick über die zahlenmäßige Stärke, über den Leistungsstand des Aufgebots der wehrpflichtigen Untertanen und deren Bewaffnung zu gewinnen. Von der Musterung erfaßt wurden die nellenburgischen Untertanen der Städte Stockach und Aach, der Kamerälämter, der Dörfer Singen, Arlen und Hilzingen sowie der Herrschaft Tengen. Kamerälämter waren Hindelwangen (mit Zoznegg, Hecheln, einem Teil der Stockacher Vorstadt Aachen, Burgtal, Ursaul, Jettweiler, Malezreute, Hengelau und zahlreichen Höfen), Heudorf (mit Rorgenwies, Glashütte und Guggenhausen), Liptingen, Madach (Ober- und Unterschwandorf, Volkertsweiler, Holzach), Winterspüren, Sipplingen, Nenzingen, Mahlspüren und Raithaslach.

Das Musterregister führt im ersten Teil die Summe der in jedem Ort befindlichen wehrpflichtigen Untertanen, untergliedert nach ihrer militärischen Funktion, auf. Wirte, Müller und Metzger – für die Versorgung der Bevölkerung und des Aufgebots unentbehrliche Berufe – wurden gesondert gezählt. Auch wurden namentlich diejenigen Personen aufgeführt, die im Besitz von starken Pferden waren. Im Hauptteil der Musterliste sind die Namen aller wehrpflichtigen Untertanen verzeichnet, ihr Alter, ihr Beruf, ihr Vermögen und ihre gesundheitliche und körperliche Verfassung angegeben. Weiterhin informiert die Quelle, auf welche Waffe der Aufgebotspflichtige gemustert ist, ob er bereits praktische militärische Erfahrungen besitzt und ob er gewillt ist, sich auch außerhalb der Landesgrenzen aufbieten zu lassen. Genannt werden auch die Zahl und Qualität der im Besitz der wehrpflichtigen Untertanen befindlichen Pferde.

Die nellenburgische Musterliste ermöglicht Rückschlüsse auf die Bewaffnung und militärische Gliederung des Aufgebots der wehrpflichtigen Untertanen in einer Zeit, in der Söldner und Landsknechte deutlich das Bild der Heere prägten.

Das Heerwesen der frühen Neuzeit war gekennzeichnet durch ein gemischtes System von Söldnerheer und Landesaufgebot. Der Söldner war zwar der dominante, nicht aber der einzige Typ im Kriegswesen der Zeit. Das Aufgebot der wehrpflichtigen und waffenfähigen Untertanen ergänzte »im Nothfall« die Söldnertruppe. Es war behelfsmäßig aufgebaut und im allgemeinen an den heimatlichen Aufgebotsraum gebunden. Vorderösterreich, wozu die Landgrafschaft Nellenburg gehörte, besaß drei Abwehrorganisationen. Neben den regionalen Aufgeboten und der stehenden Truppe der habsburgischen Erblande – den Kaiserlichen – waren dies noch die Kontingente des Reichsheeres, die sich allerdings als derart mangelhaft erwiesen, daß sie selten im Felde erschienen und kaum einsatzfähig waren.

Die Pflicht zu Aufgebot und zur Unterhaltung von Waffen und Ausrüstungsgegenständen basierte offensichtlich auf dem Haus- und Grundbesitz. Wer behaust war oder Grund und Boden besaß und bebaute, war dienstpflichtig. Entsprechend unterlagen auch Witwen, sofern sie Haus und Hof besaßen, der Aufgebotspflicht – durch Stellung eines Ersatzmannes – und der Pflicht zur Waffenhaltung. Dienstleute, Knechte und besitzlose Handwerksburschen wurden in der Regel nicht für das Aufgebot erfaßt.

Die Aufgebote bildeten in Vorderösterreich in Kriegszeiten eine wertvolle Ergänzung der stehenden Truppe, die bei der Lösung von Hilfsaufgaben wie der Sicherung von Orten und Straßen und beim Grenzschutz ohne sie kaum auskommen konnte. Im Dreißigjährigen Krieg rückten vorderösterreichische Aufgebote, insbesondere in Vorarlberg in den Jahren 1632 und 1647, gegen die Schweden aus. Die Aufgebote stellten aber aufgrund des mangelnden und oft veralteten Ausrüstungsstands, der meist ungenügenden Ausbildung und Organisation nur ein begrenztes militärisches Verteidigungsmittel dar. Wer eine offensive, überall einsetzbare Armee haben wollte, mußte sie aus Söldnern zusammensetzen, die als waffengeübte und jederzeit verfügbare Leute den in viel stärkerem Maße an ihre Heimatregion gebundenen und nicht immer abkömmlichen Aufgebotspflichtigen überlegen waren. In Österreich stellten die Söldner seit dem

Kriegertrachten aus der ersten Hälfte des 17. Jh.s. B und C sind Lanzenträger, sogenannte Doppelsöldner; D ist ein Hackenschütze (1621)

Dreißigjährigen Krieg, in dem sich die organisatorisch-waffentechnische und taktische Überlegenheit der Söldner gezeigt hatte, die maßgebenden Truppen dar. Die Aufgebote, auch Landwehren genannt, bestanden aber fort. Vorderösterreichische Aufgebote spielten noch im 18. Jahrhundert eine Rolle. In den Jahren 1702 bis 1705, während des Spanischen Erbfolgekriegs, rückten Landesaufgebote im Breisgau und Schwarzwald aus, und im Polnischen Erbfolgekrieg 1733/34 verstärkten Landwehrangehörige die Besatzung von Freiburg. 1796 rückten Aufgebotspflichtige aus der Landgrafschaft Nellenburg zur Verteidigung der Stadt Villingen gegen die Franzosen aus.

Das Aufgebot Vorderösterreichs war sowohl dem Landesherrn als auch den Ständen verpflichtet. Sein Befehlshaber, der Obrist, wurde vom Kaiser ernannt, mußte aber auch auf die Stände schwören. Das Landesaufgebot war in mehrere Landfahnen eingeteilt. Die Bewaffnung der wehrpflichtigen Untertanen richtete sich nach der körperlichen Verfassung und insbesondere nach ihrem Vermögen. Wer einen großen Hof besaß oder ein relativ begüterter Stadtbürger war, mußte sich meistens als Waffen einen Harnisch und einen langen Spieß halten. Er erhielt, da er auf seine Ausrüstung etwas mehr verwenden mußte als die anderen, auch höheren Sold, er war Doppelsöldner, der entsprechendes Ansehen genoß. Neben den mit langen Spießen bewaffneten Doppelsöldnern, die auch als Pikeniere bezeichnet wurden und vor allem zur Abwehr von Reiterattacken benötigt wurden, waren im Aufgebot der Landgrafschaft Nellenburg in etwa derselben Zahlenstärke Musketiere und mit einer sogenannten kurzen Wehr Bewaffnete zu finden. Erstere waren mit der Muskete ausgerüstet, einem Gewehr, das beim Schießen wegen seines Gewichts auf eine Gabel aufgelegt wurde. Letztere waren mit Hellebarden, Schlachtschwertern, kurzen Spießen und Seitenwehren (Säbel) bewaffnet.

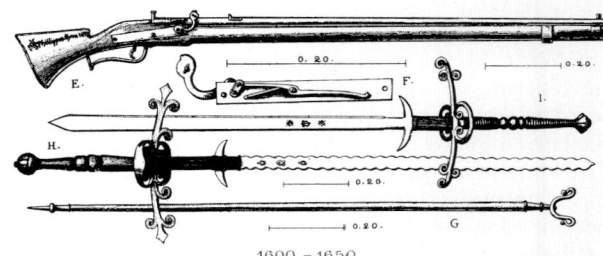

Waffen aus der Zeit des Dreißigjährigen Krieges. E: Luntengewehr von der rechten Seite. F: dessen Luntenschloß mit Mechanismus. G: Gabel oder Furquet genannt; sie ist aus Tannenholz, oben und unten mit Eisen beschlagen. Die Schützen, welche sich solcher Gabeln zum Auflegen bedienten, wurden gewöhnlich Hackenschützen genannt. H und I: zweihändiges, oft mannshohes Schlachtschwert, auch »Zweihänder« oder »Bidenhänder« genannt. Sie wurden zu Fuß geführt und besonders zum Durchbrechen der Kolonne der Doppelsöldner (Lanzenträger) gebraucht. Häufig spielten diese mannshohen Schwerter eine große Rolle bei feierlichen Aufzügen

Eine weitere militärische Gattung bildeten die Hakenschützen, die mit der relativ schwerfälligen Hakenbüchse (»Haggen«) ausgestattet waren. Dies war eine bis zu 20 Kilogramm schwere Handfeuerwaffe, die auf einer Gabel befestigt werden mußte. Militärische Sonderfunktionen übten schließlich die Trommler, Pfeifer, Zimmerleute und Barbierer aus.

Die nellenburgische Musterliste kann, da in einer Zeit erstellt, in der in den Pfarreien des Hegaus noch kaum Kirchenbücher geführt wurden, für Familiengeschichtsforscher von großem Interesse sein. Sie liefert aber ebenso wertvolle sozialgeschichtliche Informationen. Aus der Zahl der Aufgebotspflichtigen läßt sich die ungefähre Einwohnerzahl des Ortes ermitteln, anhand der Angaben zu Beruf, Vermögen und Anzahl der Zugpferde kann man einen Einblick in die soziale und berufliche Gliederung des Dorfes gewinnen.

Für Singen ergibt die Musterliste folgendes Bild der Sozialstruktur: Zur dörflichen Oberschicht zählte 1615 etwa ein Viertel aller Haushaltungen. Neben den relativ vermögenden, mit mindestens drei Zugpferden ausgestatteten, Lehen und Eigengüter bewirtschaftenden Bauern kann hierzu auch der angesehenere und vermögendere Teil des Dorfhandwerks und -gewerbes, nämlich der ansässige Müller sowie der Wirt, der gleichzeitig noch einen Hof bewirtschaftete, gezählt werden. Eine relativ dünne Mittelschicht bildeten zwölf bäuerliche Haushaltungen, die zumeist ein oder zwei Zugpferde ihr eigen nannten und Vermögen zwischen 100 und 500 Gulden aufwiesen. Da beim Ackerbau oft fünf oder sechs Zugtiere vor den Pflug gespannt wurden[1], waren diese Bauern auf gegenseitige Gespannhilfe oder auf die Zugkraft größerer Bauern angewiesen. Die Frage, ob für diese Familien die Landwirtschaft zur Fristung des Lebensunterhalts ausreiche, kann anhand der Musterliste nicht mit Sicherheit beantwortet werden, doch dürfte in normalen Erntejahren die Ernährung der Familien sichergestellt gewesen sein.

Die Mehrheit der Dorfbevölkerung bildete eine breite Unterschicht, die sich vor allem aus Taglöhnern und

Designation und Beschreibung des nellenburgischen Aufgebots (1656):
»Das ander Fendlin der Fr. Marggräfisch Burgauischen Underthanen Im Hegew, als Singen, Ahrlen, Hülzingen und Tengen

Haubtman	Junckher Niclauß Keller Obervogt zue Aach
Fenderich	Christoff Bluom zue Singen
Leütenambt	Hannß Oschwaldt Stattschreiber zue Aach
Veldtwaibel	Hannß Prutscher Müller
Thrumenschlager	Georg Mohl
	Veit Reichli
Veldtscherer	Jacob Häberle
	Melchior Münckh
	Muscattierer
Kaperal	Galle Reizi
1.	
Rottmaister	Michael Merckh
Rottgsell	Caspar Harder
Rottg.	Georg Graff
Rottg.	Hannß Graff
Rottg.	Peter Harder
2.	
Rottmaister	Adam Ower
Rottg.	Martin Harder
Rottg.	Paule Harder
Rottg.	Veit Graff
Rottg.	Jacob Probst«

dem Großteil der Dorfhandwerkerschaft zusammensetzte. Die Musterliste nennt neben einem Wirt und einem Müller, die zur dörflichen Oberschicht gehörten, folgende handwerklichen und gewerblichen Berufe: je einen Schreiner, Zimmermann, Hufschmied, Maurer, Küfer, Schneider und zwei Bäcker. Die Taglöhner lebten außer von den Erträgen ihrer geringen landwirtschaftlichen Flächen, falls sie neben Haus und Garten überhaupt solche besaßen, von der Taglohnarbeit auf den größeren Höfen, deren Inhaber auf zusätzliche Arbeitskräfte vor allem während der Erntezeiten angewiesen waren, oder von handwerklich-gewerblichem Nebenverdienst. Da die Taglöhner keine eigenen Pferde besaßen, waren sie auf die Bereitstellung von Zugkraft durch die Bauern angewiesen. Das Vermögen der Unterschichtsangehörigen war meist sehr gering und überstieg nur selten 100 Gulden. Das Musterregister zeigt weiterhin, daß der Solddienst unter den Angehörigen der Unterschicht des Dorfes nicht ganz unbedeutend war. Vier der Aufgebotspflichtigen aus Singen hatten bereits als Söldner ihren Lebensunterhalt gefristet und militärische Erfahrungen gesammelt. Bernhard Rietsch, Melchior Bauer, Georg Pfeiffer und Wolf Lieb hatten in den Niederlanden als Soldat Dienst getan. Letzterer hatte eine bewegte Söldnervergangenheit hinter sich. Der Solddienst führte ihn nicht nur nach den Niederlanden, Wolf Lieb kämpfte auch viele Jahre in Frankreich, in Siebenbürgen und Kroatien gegen die Türken.

Eine Auswertung der Angaben zum steuerbaren Vermögen der Aufgebotspflichtigen ergibt folgendes Bild der Vermögensverhältnisse in Singen im Jahr 1615 in Gulden (fl):

ohne Vermögen	18 Personen
bis 50 fl	21 Personen
über 50 fl– 100 fl	14 Personen
über 100 fl– 200 fl	11 Personen
über 200 fl– 500 fl	15 Personen
über 500 fl–1000 fl	12 Personen
über 1000 fl	7 Personen

Bei sechs Untertanen, meistens Taglöhnern und Knechte, erfolgten keine Angaben zum Vermögen. Es ist aber anzunehmen, daß die betreffenden kein oder nur ein sehr geringes Vermögen aufwiesen.

Legt man eine – für den ländlichen Raum des 17. und 18. Jahrhunderts sich in zahlreichen Untersuchungen bestätigende – Familiengröße von fünf Personen zugrunde, so kann man aufgrund der Nennung von 104 Aufgebotspflichtigen – sechs miterwähnte ledige Söhne von Haushaltsvorständen, die noch keinen eigenen Hausstand gegründet hatten und noch unbewehrt waren, nicht mitgerechnet – auf eine Einwohnerzahl Singens von etwa 500 schließen.

Der Dreißigjährige Krieg mit seinen mittelbaren und unmittelbaren Folgen wie Morde, Requirierungen, Ernteausfällen und Seuchen ging nicht spurlos an Singen vorüber, und die Bevölkerungszahl des Ortes dürfte erheblich zurückgegangen sein. Erst im ersten Viertel des 18. Jahrhunderts waren die Bevölkerungsverluste wieder in etwa ausgeglichen. Eine Steuerveranlagung aus dem Jahr 1726 nennt für das Dorf Singen 92 Kontribuenten zuzüglich 6 steuerpflichtigen Witwen sowie 6 Hintersassen[2]. Aus dieser Angabe kann auf eine Einwohnerzahl Singens geschlossen werden, die ungefähr derjenigen des Jahres 1615 entsprach.

Anmerkungen

[1] Diese Information wurde dem schwäbisch-österreichischen Soldbereitungsprotokoll von 1680/82 entnommen (Hauptstaatsarchiv Stuttgart B 30 Bü 277).

[2] Generallandesarchiv Karlsruhe 229/97940.

Das Musterregister von Singen

Musgatierer	Hannß Schwarz Eytlins Hannß, seines alters ohngefaer 60 Jahr, bawt etlich guether von dem Ambt mit 4 Roßen, Vermögens 1500 fl, ain Muscatierer, erbietig sich innerhalb Landts gebrauchen zuelassen, starckhs leibs
Doppelsöldner	Hannß Ehinger, seines alters 55 Jahr, Vermögens 4000 fl, bawt gemainlich mit 6 guethen Roßen, ist starckhs leibs, under weilen aber verwürth im Haubt, ain Doppelsöldnr, unnd erbietig sich gebrauchen zuelassen
Zimermann	Wilhelm Doggerey, seines alters 60 Jar Zimerhandtwerckhs, schwachs leibs, khan sich nit woll brauchen lassen, hat im Vermögen 100 fl
Kurze wehr	Adam Mettler, seines alters 40 Jahr, schwachs leibs, Vermögens 100 fl ain Taglöhner, auf ain kurze wehr gemustert, will sich brauchen laßen
Doppelsöldner	Adam Burger, seines alters 32 Jahr, starckhs leibs, bawt ain lehen vom Ambt mit 6 gemainen Rossen Vermögens 300 fl, ain Doppelsöldner, erbietig sich gebrauchen zuelaßen
Kurze wehr	Hannß Brigel, seines alters 28 Jar, taglöhner, Kurzer statur jedoch starckh, Vermög 100 fl, ainfach bewehrt, erbietig sich gebrauchen zuelassen
Kurze wehr	Adam Andres, seines alters 33 Jahr, ain Taglöhner, starckhs leibs, khaines Vermögens, ist ainfach bewehrt, will sich brauchen lassen

Kurze wehr	Barthle Pfeiffer, seines alters 70 Jar, ain Taglöhner, nit mehr starckhs leibs, Kurze wehr, Vermögen 50 fl, erbietig innerhalb landts sich gebrauchen zuelassen
Kurze wehr	Jacob Schmidt, seines alters 70 Jahr, Taglöhner, schwachs leibs, ain Kurze wehr, 50 fl Vermögens
Doppelsöldner	Georg Lenz, seines alters 40 Jahr, Klain aber starckh leibs im Vermögen 1000 fl, hat vom Gotshauß Salmenschweil ain Lehen, bawts mit 6 gemainen Rossen, Doppelsöldner, erbietig sich gebrauchen zuelassen, Sein Sohn Hannß 17 Jar alt ohnbewehrt
Haggen	Jacob Nagel seines alters 28 Jahr, ain taglöhner, kurz unnd schwachs leibs, Vermögens 20 fl, ist auf ain Haggen gemustert, will sich brauchen lassen
Müller Doppelsöldner	Hannß Weiß Müllerhandtwerckhs, seines alters 32 Jahr, Vermögen 150 fl, ain Doppelsöldner, hat 3 Müll Roß will sich auß- unnd innerhalb Landts brauchen lassen
Doppelsöldner	Georg Raaf, seines alters 60 Jar, schwachs leibs Vermögens 3500 fl, hat khaine güether, will sich innerlandt brauchen lassen, Doppelsöldner
Doppelsöldner	Jacob Hausser 70 Jar alt Vermögens 1200 fl, noch gesundts, aber obligendes alters halber nit gar starckh, bawt von Ir Fr. G. lehen guether mit 10 gemainen Rossen, ain Doppelsöldner, erbietig im Landt sich gebrauchen zuelaßen
Doppelsöldner	Adam Raaf seines alters 65 Jar, zimblichs leibs, Vermögens 1000 fl, hat lehen unnd aigne guether mit 6 gemainen Rossen zue bawen, ist ain Doppelsöldner, will sich im landt brauchen lassen
Kurze wehr	Jacob Losser bey 60 Jar alt, schwachs leibs, hat aigne güether, 400 fl im Vermög, innerhalb Landts erbietig, sich gebrauchen zuelaßen, Kurze wehr
Kurze wehr	Hannß Losser seines alters 20 Jar, zimblich starckhs leibs, khaines Vermögens, auf ain Kurze wehr gemustert, erbietig inner- unnd ausserhalb landts sich gebrauchen zuelassen
Doppelsöldner	Hannß Reize bey 26 Jar alt, starckhs leibs, bawt Zinßgüethern vom Hailigen mit 5 gemainen Rossen, seines Vermögens 1000 fl, Doppelsöldner, erbietig sich ausser landts gebrauchen zuelassen
Musgatierer Würth	Peter Poll seines alters 30 Jar, Mezgerhandtwerckhs, starckhs leibs, Vermögens 500 fl, hat aigne guether mit 3 gemainen Rossen zuepawen, auf ain Musgeten gemustert, erbietig sich ausser des Landts gebrauchen zuelassen, Würth
Kurze wehr	Bastian Melche, seines alters 30 Jar, taglöhner, Vermögens 15 fl, starckhs leibs, ainfach bewehrt, will sich brauchen lassen
Kurze wehr	Michel Miller Maurerhandtwerckhs, bey 40 Jaren alt, starckhs leibs, 30 fl Vermögens, Kurze wehr, erbietig sich gebrauchen zuelassen
Kurze wehr	Jacob Wachter, seines alters 50 Jahr, taglöhner, 30 fl Vermögens, ainfach bewehrt, schwachs leibs
Doppelsöldner	Jacob Schwarz, seines alters 50 Jahr, nit starckhs leibs, bawt vom Ambt lehen, mit 5 gemainen Rossen, Vermögens 800 fl, Doppelsöldner, will sich innerlandts brauchen lassen, Sein Sohn Hannß 18 Jar alt starckhs leibs ohnbewehrt, ledigs standts
Musgatierer	Bernhardt Rietsch 30 Jahr alt, starckhs leibs, Taglöhner, Vermögens 40 fl, hat Krieg gebraucht im Niederlandt, under Hauptmann Prinsing 1 1/2 Jahr, ist ain Musgatierer gewesen, jetzt ainfach bewehrt, will sich brauchen lassen
Kurze wehr	Hannß Praßler, 60 Jar alt, taglöhner, schwachs leibs, khaines Vermögens, ainfach bewerht, khan sich alters halber nit mehr brauchen laßen
Kurze wehr	Conradt Kornmayer, 40 Jar alt, klain aber starckhs leibs, 30 fl Vermögens, ainfach bewehrt, erbietig sich gebrauchen zuelassen
Kurze wehr	Christoff Riettmann, seines alters 75 Jar, schwachs leibs, khaines Vermögens, ist nit zuebrauchen, mit ainer kurzen wehr bewehrt
Musgatierer	Veit Deyer, seines alters 43 Jar, zimblichs leibs, Vermögens 300 fl, Musgatierer, halt ain gemain Ross, erbietig sich ausser Landts gebrauchen zuelaßen
Musgatierer	Hannß Schirle, seines alters 28 Jar, ist willig sich ausser Landts gebrauchen zuelassen, ist ain Kieffer, seines Vermögens 100 fl unnd starckhs leibs, auf ain Musgeten gemustert
Kurze wehr	Hannß Schwartz, seines alters 19 Jar, ain taglöhner, Vermögens 30 fl, zimblich starckhs leibs, Kurze wehr, erbietig sich ausserhalb Landts gebrauchen zuelassen
Kurze wehr	Georg Reichle seines alters 25 Jar, khaines Vermögens, taglöhner, auf ain Kurze wehr gemustert, will sich ausserhalb Landts gebrauchen lassen
Musgatierer	Galle Schalzmann, seines alters 20 Jar, Schneiderhandtwerckhs, 100 fl Vermögens, ain Musgatierer, will sich ausserhalb Landts gebrauchen lassen, starckhs leibs
Musgatierer	Jacob Denzel, seines alters 23 Jar, Beckhenhandtwerckhs, ain lange starckhe Persohn, Vermögens 30 fl, Musgatierer, erbietig sich ausserlandts gebrauchen zuelaßen
Pfeiffer	Martin Spett, seines alters 70 Jar, ain Pfeiffer, khaines Vermögens erbietig sich im Landt gebrauchen zuelassen, Sein Sohn Parthle Spett, seines alters 20 Jar, unbewerdt, willig sich ausserhalb Landts brauchen zuelassen
Kurze wehr	Bastian Buechegger, 24 Jar alt, starckhs

	leibs, taglöhner ainfach bewehrt, Vermögens 30 fl, will sich brauchen lassen
Musgatierer	Marte Peter 40 Jar alt, Vermögens 200 fl, hat mit zway schlechten Rossen zuebawn, zimlich starckhs leibs, ain Musgatierer, erbietig sich gebrauchen zuelaßen
Musgatierer	Conradt Reichle, 30 Jahr alt, nit gar starckhs leibs, bawt mit ainem schlechten Roß, ime ain Musgeten auferlegt, seines Vermögens 100 fl, will sich brauchen laßen
Musgatierer	Georg Möhel Schreinerhandtwerckhs 30 jar alt, starckhs leibs, 100 fl Vermögens, auf ain Musgeten gemustert, ist ain guether Trumenschlager, weillen khainer zue Singen noch andern umligenden orthen, Er für ain Trumenschlager eingeschrieben worden, will sich brauchen lassen
Kurze wehr	Hannß Jacob Laßar 30 Jar seines alters, schwachs leibs, Ainfach bewehrt, Vermögens 20 fl, ain Taglöhner, will sich brauchen lassen
Musgatierer	Wolf Lieb 60 Jar alt, noch zimblichs leibs, seines Vermögens 10 fl, ist ain Musgatierer, hat in Frankhreich kriegt underm Oberisten von Schinaw 2 Jar, für ain Doppelsöldner, sich brauchen lassen, mehr in Krabatten under dem von Raitenaw 1 Jahr lang für ain Doppelsöldner, Item in Sibenbürgen under Hannß Waltherren, als sein Obrister ain Jahr lang für ain Musgatierer, mehr im Niderlandt under Niclauß von Potweil, ain Jarlang, für ain schizen gedinet, will sich auf begebene fähl verners gebrauchen lassen
Haggen	Georg Greiter 40 Jar alt, taglöhner, seines Vermögens 100 fl, ist auf ain Haggen gemustert, zimblich starckhs leibs, will sich im fahl gebrauchen lassen
Musgatierer	Jacob Thrüber, seines alters 43 Jar, starckhs leibs, 100 fl Vermögens, bawt mit ainem zimblichen Roß, auf ain Musgeten gemustert, will sich brauchen lassen
Haggen	Melchior Bürge 50 Jahr alt, Taglöhner zimblicher stärckhe, seines Vermögens 100 fl ist auf ain Haggen gemustert, will sich brauchen lassen
	Melchior Bawr seines alters 67 Jar, ain Taglöhner, schwachs leibs khaines Vermögens Auf ain langen spieß gemustert, hat im Niderlandt 1 1/2 Jahr lang under Hannibalten von Embs für ain Doppelsöldner gedient, will sich im fahl der noth gebrauchen lassen
Musgatierer	Matheis Kornmayer seines alters 30 Jar, Taglöhner, 20 fl Starckhs leibs, auf ain Musgeten gemustert, will sich brauchen lassen
Haggen	Peter Nagel 50 Jahr alt, taglöhner, nit starckhs leibs, Vermögens 100 fl auf ain Haggen gemustert, will sich innerlandts brauchen lassen
Musgatierer	Hannß Ehinger von Renishofen, 40 Jar alt, seines Vermögens 300 fl, bawt mit ainem gemainen Roß, ist ain Musgatierer schwachs leibs, will nach Vermögen innerlandts sich gebrauchen lassen
Musgatierer	Jacob Schwarz genat Veiten Jackh, seines alters 40 Jar, unnd Vermögens 200 fl noch zimblichs leibs, ist ain Taglöhner, auf ain Musgeten gemustert, will sich ausserhalb des landts brauchen lassen
Kurze wehr	Hannß Brigel der jung seines alters 26 Jar Starckhs leibs ain taglöhner khaines Vermögens, ainfach bewerth, erbietig ausser landts sich gebrauchen zlaßen
Haggen	Hannß Ehinger Pallins Sohn, seines alters 24 Jar, starckhs leibs, hat ain lehen bawts, mit ainem Roß, Vermögen 300 fl mit ainem Haggen bewerth, erbietig sich ausserhalb Landts gebrauchen zuelassen
	Hannß Thoman seines alters 60 Jar, hat lehen unnd aigne güether, Vermögens 200 fl mit ainem Haggen bewerth, erbietig sich innerhalb Landts gebrauchen zuelassen starckhs leibs
	Michel Spett, seines alters 24 Jar, starckhs leibs, khaines Vermögens, ist ain Taglöhner will sich ausser des Landts gebrauchen lassen
	Hannß Schlegel, seines alters 20 Jahr, ist ain Taglöhner, noch nit bewert, erbietig sich inn- und ausserhalb landts gebrauchen zuelassen
Kurze wehr	Hannß Spieß, seines alters 60 Jar, nit starckhs leibs, Vermögens 60 fl ain Taglöhner, auf ain Kurze wehr gemustert, will sich im Landt brauchen lassen
Haggen	Martin Reize, seines alters 30 Jar starckhs leibs, Vermögens 500 fl, auf ain Haggen gemustert, erbietig sich inner- und ausserhalb landts gebrauchen zuelaßen
	Hannß Thegen 23 Jar alt, starckhs leibs, ledigs standts, nit bewehrt, will sich brauchen laßen
Huoffschmidt Musgatierer	Peter Allweil Huoffschmidt, seines alters 45 Jar, noch zimblich starckhs leibs, Vermögens 200 fl auf ain Musgeten gemustert, erbietig sich brauchen zuelassen
	Sein Sohn Hannß 18 järig starckhs leibs, auch Schmidthandtwerckhs, ledigs standts, unbewert
Kurze wehr	Conradt Thummel 54 Jar alt, ist ain Taglöhner, nit starckhs leibs 50 fl Vermögens, ainfach bewerth, will sich innerlandts brauchen laßen hat ain Sohn Marte genant, 26 Jar alt, verheurat, noch nit bewert, starckhs leibs ain Taglöhner, will sich brauchen lassen
Kurze wehr	Hannß Merz von Singen seines alters 68 Jahr, kaines Vermögens, ist ain Taglöhner, mit ainer Hellenparth bewerth, kaine Krieg gebraucht, schwachs leibs, jedoch erbietig sich seinem Vermögen nach gebrauchen zuelassen

Hellenbart	Hannß Brigel der alt, seines alters 30 Jar, ist ain Taglöhner khaines Vermögens, auf ain Hellenbarth gemustert, erbietig sich gebrauchen zuelassen		Er alltag gewin, well sich brauchen lassen, wo mann well hat ain Sohn Hannß, derzeit kranckh 17 Jar alt, von Persohn nit starckh noch groß
Doppelsöldner	Hannß Reizi Hainrichen Hannß 23 Jar alt, außerhalb der Schulden 400 fl Vermögens, bawt mit 2 guethen rossen, ain Doppelsöldner, erbietig sich gebrauchen zuelassen	Kurze wehr	Christa Kornmayer 40 Jar alt, gsundt zimblich starckh, Taglöhner, hat nichts alß waß er all tag gwin, Kurze wehr, well sich brauchen laßen wo mann seiner vonnöthen
Haggen	Jacob Raaf seines alters 25 Jar, hauset mit seinem Vatter Adam Raaf, auf ain Haggen gemustert, hat nie Krieg gebraucht, will sich willig brauchen laßen	Musgetierer	Adam Schwarz 45 Jar alt, schlecht von Persohn, 1000 fl im Vermögen, Ambts Lehenmann, bawt mit 5 Rossen, Musgatierer, will sich lieber im als ausser Landts brauchen lassen
Haggen	Galle Dosser seines alters 22 Jar Vermögens ußerhalb der Schulden 20 fl bawt allain von Ir Fr. G. drey stuckh Reben, hat nie Krieg braucht, mit ainem Haggen bewehrt, erbietig sich gebrauchen zuelassen	Haggen	Jacob Wismann 26 Jar alt, schlechte Persohn taglöhner, hat ain thail an ainem Heußlin per 60 fl wolt sich lieber inner- alß ausser landts brauchen lassen, mit ainem Haggen bewehrt
Musgetierer	Galle Reize 23 Jar alt, Vermögens 800 fl bawt mit 8 guethen Rossen, gsundts, starckhs leibs, uf ain Musgeten gemustert, hat khaine Krieg gebraucht, erbietig sich gebrauchen zuelassen	Doppelsöldner	Quirin Reizi 30 Jar alt, starckhs leibs ain Doppelsöldner, Vermögens 600 fl, bawt mit 6 guethen Pawren Roßen, hat ain lehen von Petershaußen, well sich brauchen lassen
Doppelsöldner	Hannß Reize Gallis Brueder seines Alters 19 Jahr Vermögens 600 fl ohnverheurat, für ain Doppelsöldner bewehrt, hat nie Krieg braucht, erbietig sich gebrauchen zuelassen, gesundts starckhs leibs		Michel Dewer 22 Jar alt, nit bewert, dient, nichts im Vermögen, schlecht von Persohn, will sich brauchen lassen, wo mann well
Doppelsöldner	Hannß Schwarz, seines alters 60 Jar, Vermögens ausserhalb der Schulden 2000 fl bawt mit 8 guethen Roßen, für ain Doppelsöldner bewerth, erbietig sich gebrauchen zuelassen, starckhe Persohn	Doppelsöldner	Jacob Veser 35 Jar alt, nit fast gsundt 800 fl Vermögen 400 fl dargegen schuldig, hab ain lehen von Herren zue Zell, bawt mit 3 Rossen iedes zue 15 fl werth, will sich im Landt brauchen lassen, Doppelsöldner
Doppelsöldner	Jacob Graf der Vogt 32 Jar alt, gesundt unnd starckh, Vermögens 2000 fl Doppelsöldner, bawt mit 12 roßen, durchauß zue 30 fl, will sich im Landt lieber alß ausserhalb gebrauchen laßen	Doppelsöldner	Galle Schwarz 28 Jar alt, nit starckh 900 fl im Vermögen, bawt mi 3 Roßen zue 15 fl, well sich im Landt brauchen lassen, Doppelsöldner
Kurze wehr	Galle Weber 30 Jar alt, gsundt unnd starckh, 50 fl im Vermögen, auf ain Kurze wehr gemustert, ist Forster, well sich brauchen laßen, wo mann seiner vonnöthen	Doppelsöldner	Martin Haußer 70 Jar alt, leibdinger, bey seinen Dochtermännern, well sich brauchen laßen, sovil sein Vermögen Doppelsöldner
Kurze wehr	Jacob Ehinger 50 Jahre alt, nit gsundt 150 fl im Vermögen, taglöhner, mit ainer Hellenparth bewerth, wolt sich gern brauchen lasen wanns im möglich		Martin Schwarz, ledig standts 18 Jar alt, zimblich starckhs leibs, nit bewerth 500 fl Vermögens 200 dargegen schuldig, was Er für güether seyen aigen, bawt im sein brueder Galle Schwarz, well sich brauchen lassen wo mann seiner beger
Doppelsöldner	Georg Pfeiffer über 60 Jar alt, nach gestalt der sachen wolauff, zwen Züg in Niderlandt gethan vor 35 Jaren gemainer Knecht geweßen, Eitelegg von Reischach sey das letstemahl sein Haubtmann unnd der von Bolweil Oberster gewesen, das erstmahl sey ain Fugger sein Oberster gewesen, bawt mit 2 Rossen, zue 25 fl Vermög 700 fl well sich inner Landt brauchen lassen, Doppelsöldner		Jacob Schwarz 17 Jar alt, nit bewert 500 fl im Vermögen, 200 dargegen schuldig, seine guether bawt im sein Schwager Jacob Veser, erbietig sich gebrauchen zuelassen, was sein Vermögen
Kurze wehr	Hannß Etter 50 Jar alt, gsundt unnd starckh, khaines Vermögens, Kurze weh, well sich brauchen lassen, wie sich gebürt	Musgatierer	Veit Schwarz 30 Jar alt, gesundts leibs, taglöhner 100 fl Vermögens, Musgatierer, well sich lieber inner- als ausserlandts gebrauchen lassen
Kurze wehr	Stoffel Graf 30 Jar alt starckhs leibs, Kurze wehr Taglöhner, khain Vermögen, allain was	Kurze wehr	Peter Restlin 30 Jar alt, Kurze wehr, Taglöhner, 20 fl Vermögens, nit fast gsundt, Kurze wehr, well sich im landt brauchen lassen
		Musgatierer	Hannß Schwarz 25 Jar alt, Musgatierer 500 fl Vermögens, Dißenhoffer[41] Lehenmann, bawt mit 3 Rossen zue 10 fl, gesunder starckher Mann, well sich lieber innerlandts brauchen lassen

Musgatierer	Hannß Denzler 23 Jar alt, gesundt und starckh, 300 fl Vermögen, mit ainer Musgeten bewerth, Beckhenhandtwerckhs, laß sich lieber im Landt brauchen
	Hannß Mezger 20 Jar alt, gesundt unnd starckh, nit bewerth, ain dienstknecht, kain Vermögen, well sich brauchen lassen, doch lieber inn alß ausserhalb landts
Musgatierer	Hannß Schwarz 20 Jar alt, 500 fl aigen Vermögens, bawt mit 2 Rossen 30 fl beede, Musgatierer, well sich lieber inn alß ausserhalb landts gebrauchen laßen
Musgetierer	Caspar Dewer 30 Jar alt, gsundt nit fast starckh, Musgatierer, taglöhner, 50 fl Vermögens, erbietig sich lieber inner- alß ausserhalb landts gebrauchen zuelassen
Musgetierer	Jacob Schwarz 30 Jar alt, nit allwegen gesundt, Musgatierer, Vermögens 150 fl sey beim Vatter dem arbaite Er. Verstandt sich nicht auffs Kriegen well lieber dahaim bleiben
Doppelsöldner	Jacob Schwarz 28 Jar alt, fast alle Jar zuefellig, Doppelsöldner Vermögens 600 fl zinßt inns Ambt, bawt mit 3 schlechten resslin, wolt lieber im landt bleiben
Doppelsöldner	Martin Reizin 30 Jar alt, starckh anzesehen, aber ain bös pedal, Vermögen 700 fl hat lehen vom Ambt bawt mit 5 gemainen Rossen. Doppelsöldner, well sich im Landt brauchen lassen
	Jacob Tegen 19 Jar alt, ledigs standts, nit bewert, dient khain Vermögen, well sich nach Vermögen brauchen lassen, wo man well, ist sonsten gsundt unnd starckh
	Jacob Mohel 20 Jar alt, ledigs standts, nit bewehrt, starckh, dient, well sich brauchen lassen wo mann well
Musgatierer	Hannß Graw von Remißhoffen 34 Jar alt, nit starckh Vermögens 200 fl bawt mit 2 Rossen zue 10 fl jedes, well sich als der nit allwegen gsundt im landt brauchen laßen
	Hannsß Bininger 16 Jar alt ledigs standts, im Dienst, schlecht von Persohn nit bewert, wil sich innerlandt brauchen lassen
Haggen	Jacob Schwarz bueb 40 Jar alt, haggen, gsundt, starckh, 300 fl Vermögens, bawt mit 4 Rossen schlecht alle zue 40 fl, zinst ins ambt, well sich lieber haim, alß usserhalb brauchen lassen
Doppelsöldner	Jacob Restlin 20 Jar alt Doppelsöldner gsundt unnd starckh 500 fl Vermögens, bawt mit 4 schlechten Rößlin, well sich brauchen laßen wo mann well
	Hannß Ehinger 18 Jar alt, nach gestalt der Jaren starckh, ledig standts, nit bewert, diendt, khain Vermögen, well sich brauchen lassen, wo mann well
Kurze wehr	Hainrich Schwarzen Witib Vermögens 200 fl hat ain Kurze wehr im Hauß
Kurze wehr	Galle Graffen Witib Vermögens 600 fl halt 2 gemaine Pawren Roß, ist mit ainer Kurzen wehr im Hauß versehen
Kurze wehr	Hannß Lieben Witib, hat im Vermögen 40 fl mit ainer Kurzen wehr versehen
Kurze wehr	Jacob Reize Viehhirth, seines alters 36 Jar, gesundt starckhs leibs, 50 fl Vermögens, auff ain Kurze wehr gemustert, will sich in allweg brauchen lassen
Kurze wehr	Hannß Schefle, seines alter 40 Jar Vermögens 150 fl gesundts leibs, auff ain Kurze wehr gemustert, erbietig sich in- unnd ausserhalb Landts gebrauchen zelassen

Fünf Hohentwiel-Belagerungen im Dreißigjährigen Krieg

von Herbert Berner

Nach den rund 200 Jahre währenden bösen Zeiten des 15./16. Jahrhunderts war den Hegauern nach 1525 eine lange Zeit des Friedens beschieden. Dann brach mit dem 17. Jahrhundert wiederum eine von Spannungen, Auseinandersetzungen und Gewalt gepeinigte Aera an. Im Dreißigjährigen Krieg von 1618 bis 1648, der vorwiegend auf deutschem Boden ausgetragen wurde, vermischten sich unheilvoll das Streben der europäischen Mächte sowie der größeren Reichsstände nach Erweiterung ihrer Machtpositionen mit religiösen Auseinandersetzungen zwischen Katholiken, Protestanten und Calvinisten. Je länger, je mehr handelten die in den Krieg verwickelten Fürsten ohne Rücksicht auf ihr religiöses Bekenntnis als pragmatische Machtpolitiker. So verbündeten sich das katholische Frankreich und das protestantische Schweden, und Frankreich scheute sogar nicht einmal davor zurück, sich mit dem türkischen Sultan gegen den habsburgischen Kaiser zu arrangieren.

Unsere Heimat blieb bis 1632 von den Kämpfen verschont. In diesem Jahr erst ergriff Württemberg offen, wie alle anderen protestantischen Länder, die Partei des siegreichen Schwedenkönigs Gustav II. Adolf, der freilich bald danach in der Schlacht bei Lützen (16. November 1632) den Tod fand. Gleichwohl setzten die Schweden den Krieg fort; zu ihren bekanntesten Generälen gehörten der Feldmarschall Gustav Horn und Herzog Bernhard von Sachsen-Weimar, der 1635 in französische Dienste trat. Ihm gelang 1638 die Eroberung des Breisgaus mit Breisach; er kam mit seinen Truppen auch in den Hegau[1].

Bei unseren schweizerischen Nachbarn bestand im Dreißigjährigen Krieg der Gedanke der Neutralität und Nichteinmischung seine Feuerprobe. Dadurch blieb die Eidgenossenschaft von den Schrecken und Verwüstungen des Krieges verschont. Bei Ausbruch des Krieges war die Eidgenossenschaft allerdings durch schwere konfessionelle Zwistigkeiten zerrissen. Während die im Inneren des Landes gelegenen katholischen Orte mit dem habsburgischen Kaiser Ferdinand II. sympathisierten, neigten die evangelischen Orte, so auch der Stand Schaffhausen, der Sache der Protestanten und der Schweden zu. So konnte es zum Beispiel geschehen, daß der schwedische Feldmarschall Gustav Horn im September 1633 die Stadt Konstanz ohne Erfolg vom Thurgau aus angriff, nachdem er von Stein am Rhein aus losgezogen war; im Vertrauen auf die schweizerische Neutralität hatten die Konstanzer auf eine Verstärkung ihrer Verteidigungsanlagen an dieser Seite verzichtet[2]. Die Kanonen, mit denen die Schweden die Stadt beschossen, hatten sie auf dem Hohentwiel ausgeliehen. Die Beziehungen zwischen Konrad Widerholt und Schaffhausen waren durchgehend – trotz vieler Zwischenfälle und Schädigungen – gut; die Hohentwieler unterhielten in der Stadt verschiedene Lager mit Vorräten und Waffen[3].

Im folgenden geben wir eine vorzüglich aus Singener Sicht gesehene Beschreibung dieses fürchterlichen Krieges unter Verzicht auf die vielen Aktionen der kriegführenden Parteien sowie auf manche Episoden während der Belagerungen, die in der angegebenen Literatur farbig erzählt werden.

Wie in allen vorderösterreichischen Herrschaften gab es auch in Singen ein militärisches Aufgebot, eine Art Landesmiliz, deren Angehörige 1615 in einem Musterregister erfaßt worden sind[4]. Vermutlich trat dieses Aufgebot zu Beginn der Kämpfe in Aktion, aber wir wissen nicht wo und in welcher Weise; sicherlich konnte es nicht gegen die überlegenen Truppen der schwedischen, württembergischen und französischen Eindringlinge wirkungsvoll eingesetzt werden.

Wahrscheinlich wäre unsere vorderösterreichische und katholische Landschaft von diesen schrecklichen Kriegswirren ziemlich unberührt geblieben, wenn nicht der wirtembergische und evangelische Hohentwiel wie ein erratischer Felsbrocken inmitten einer stillen Wiese gebetene und ungebetene Besucher angezogen hätte. Seit 1619 wurden die Befestigungswerke des Hohentwiels verstärkt und ausgebaut; zum erstenmal wurde auf dem Gereuthof (= Bruderhof) auch Weizen angebaut. Festungskommandant war von 1627 bis 1634 Hauptmann Wolfgang Friedrich Löscher, der 1632 beim Näherrücken der Kampfhandlungen die Burgen Rosenegg, Mägdeberg und Krähen besetzen ließ. Am 23. April 1632 plünderten schwedische Soldaten Espasingen und Bodman und steckten Überlingen am Ried sowie Böhringen in Brand. Im Oktober 1632 nahm der wirtembergische Obrist Hans Michael Rauh zu Singen Quartier und eroberte das von den Österreichern besetzte Radolfzell[5].

In dieser Bedrängnis erbaten sich mehrere Nachbargemeinden, so Hilzingen und Riedheim, Schutz durch Hohentwieler Soldaten; die Besatzung bestand damals aus 126 Mann. Auch die Gemeinde Singen richtete am 28. Juni 1632 ein Gesuch um Schutzgewährung an Herzog Julius Friedrich von Wirtemberg, der damals als Vormund des unmündigen Eberhard III. die Regierung führte. »Gnädiger Fürst und herr, demnach nit allein verschiner tagen, von denen in großer anzahl straifenden Kayserlichen raütern, unsern flecknen und gemeind zu Singen, großen schaden und verderbnus zugezogen worden, sondern auch der Königlichen Majestät in Schweden krigsmacht nunmehr in diße gegendt gerückgt, also das wür uns stündtlichen überfahls, und gäntzlicher ruin zubesorgen. Wie dann der ursachen halber unser vorgesetzte obrigkhait, und beambte, allbereit von uns gewichen, und uns den bescheid: Es solle ein jeder, wo und so guet er könne, schutz und schirm suochen, hinderlaßen. Als haben wür gleichwohl allsobalden bey e. f. g. Capitan uf dero hochlöblichen vöstung Hohentwiel umb dergleichen schutz und handhabung underthönig und demüetig angesuocht, und seindt darauf von ihme mit vermelden, daß ohne ußdrücklichen gnädigen bevelch er uns oder unser sachen ahn, oder einzunehmen nicht macht habe, zue dißem underthönigen supliciern gewisten worden. Wann dann Gnädiger Fürst und herr, wie vorgemelt wür von unsern obern: dergestalt in stich und in eüßerste noth gesetzet worden als ist wie gelangt ahn hochermelt e. f. g. unser gantz underthöniges und demüetiges flehen und bitten, es wöllen dieselbig in Fürstlich Gnaden geruohen, under dero gnädigen protection, schutz und schirm gnädig uns (alles deren guoter thail wür ohne das e. f. g. zinßbar und erblehenleüt sein) ufzunehmen, und zu dem end aine ersprißliche satuam quardiam; auch gnädigen bevelch an dero Capitan uf E. Twiel zu erthailen, daß er sovil müglich, uns und unseren flecknen für aller gewaltsam saturen wölle.

Uf welche erweißende hohe fürstliche gnad wür uns sambt und sonders underthönig hiemit veroblügiert haben wollen, zue jeden und allen zeiten gegen mehr hochgedacht e. f. g. und das ganze hochlöbliche fürstliche Haus Württemberg getreu, gehorsamb und gegenwertig erfunden zue werden, auch insonderhait dero vöstung Hohentwiel, sovil und oft solches ahn uns würdt gelangen, mit allerhand brennbauholtz und andern fuohren, doch gegen gebührlicher ergetzlichkeit, aller unser möglichkeit nach, bedient zusein.«[6]

Kommandant Löscher kommentierte das Singener Gesuch bei der Vorlage an den Herzog. Die Singener hätten sich bisher wohl »mehrfeltig (doch auß anstiftung ihres früdthäßigen unverständigen vogteiverwalters) unnachbarlich erzeiget«. Jetzt aber, da »ihn das wasser an die körb gehet«, wollten sie sich als getreue Nachbarn erweisen. Allerdings sei der Flecken »mit der guardiknechten weibern beladen«[7], und in der Tat seien auch etliche Einwohner Wirtemberg zinsbar. Löscher riet, dem Gesuch zu willfahren. Vermutlich genehmigte der Herzog das Bittgesuch. – Im Oktober 1632 plünderten und brandschatzten die Schweden abermals viele Dörfer, unter anderen Gottmadingen und Weiterdingen.

In die Zeit der Kommandantur Löschers fällt auch die Eroberung und Zerstörung der Burgen auf dem Hohenstoffeln. Der kaisertreue Balthasar Ferdinand von Hornstein wollte vor allem den Weg schweizerischer Soldtruppen von Schaffhausen nach Tuttlingen sperren. Am 21. Juli 1633 eroberte der Rheingraf Otto Ludwig nach wirkungsvoller Kanonade die Schlösser auf dem Hohenstoffeln und zündete sie nach ergiebiger Plünderung an; auf Befehl des Herzogs von Wirtemberg mußten danach die Mauern eingerissen werden. 1637 erhielt Konrad Widerholt die Herrschaft Hohenstoffeln »als ein mit dem Schwert erobertes Gut« von Herzog Bernhard zur Nutzung bis 1649. Dies mag erklären, warum Widerholt persönlich über viel Geld verfügte und wohlhabend war. Außerdem bezog er ab 1640 vom französischen König eine ansehnliche Pension. Aus diesen Zusammenhängen erklärt sich ferner wohl die hartnäckige irrtümliche Behauptung, Widerholt habe die Hohenstoffeln-Burgen zerstört[8].

Nach Übernahme der Regierung durch den jungen Herzog Eberhard III. (1614–1674) Anfang März 1633 zog dieser selbst in den Krieg. Seine Truppen schlossen sich im September Bernhard von Weimar an, der sich am 25. September 1633 bei Hohentwiel mit dem Feldmarschall Horn vereinigte. – Auf dem Hohentwiel übernahm im März 1634 kurzfristig der Tuttlinger Obervogt Johann Joachim von Rochau das Kommando; ihm wurde am 13. Juni 1634 Major Konrad Widerholt beigegeben: Widerholt (1598–1667) war damals Kommandant der Feste Hornberg im Kinzigtal und beteiligte sich mit den wirtembergischen Truppen an der vergeblichen Belagerung Überlingens vom 23. April bis 16. Mai 1634 durch die Schweden unter Feldmarschall Horn; hieran erinnert heute noch die Schwedenprozession. Am 13. September 1634 ernannte Herzog Eberhard III. Konrad Widerholt zum Befehlshaber des Hohentwiels, ein Amt, das er 16 Jahre lang bis Juli 1650 innehatte. Während dieser Zeit beherrschte er im wahrsten Sinne des Wortes Hegau, Linzgau und Oberschwaben; Städte, Klöster und die Reichsritterschaft mußten ihm Schutzgelder zahlen und Kontributionen aller Art leisten. Sämtliche Chroniken dieses Gebietes bis nach Balingen, Rottweil, Pfullingen, Weingarten und Burg Wildenstein erzählen von zahllosen Überfällen und Erpressungen des Hohentwieler Kommandanten mit seinen gefürchteten Dragonern

(80 bis 100 Reiter), der sich nach der von den Kaiserlichen gewonnenen Schlacht von Nördlingen (27. August 1634), der Flucht des Herzogs Eberhard nach Straßburg und der Besetzung Württembergs ganz allein auf seinem Felsennest behaupten mußte. Im geheimen Einvernehmen mit seinem hilflosen Herzog schloß er mit den Schweden und Franzosen Vereinbarungen ab, die ihm zu Geld, Nachschub an Soldaten und militärischer Unterstützung bei bedrohlichen Belagerungen verhalfen[9].

Diese Belagerungen – fünf an der Zahl – trafen Singen jedesmal empfindlich. Die früheren Fehden und Eroberungsversuche waren ausschließlich von der Burg Staufen und der Hilzinger Seite aus vorgetragen worden. Nun aber hoffte man, durch eine vollständige Einschließung der Festung nicht nur deren Verproviantierung, sondern auch die lästigen Ausfälle der Hohentwieler unterbinden zu können. Der Ort Singen wurde also in das Belagerungssystem mit einbezogen. Eine völlige Zerstörung nützte jedoch beiden Kriegsparteien wenig. Die Angreifer befanden sich auf österreichischem, also eigenem Boden, und für Konrad Widerhold war Singen doch das nächste und erste Dorf, wo er etwas holen konnte, besonders auch Hilfskräfte für Reparaturen oder Fuhrdienste. Mitte September 1634 – Widerhold hatte eben das Kommando übernommen – ließ er zum vorsorglichen Schutz der Festung die Burgen Krähen und Mägdeberg in Brand stecken und Staufen unbewohnbar machen. Beim Versuch, das Abbrennen von Getreidefeldern beim Hohenkrähen durch die Kaiserlichen zu verhindern, erlitten die Hohentwieler eine schwere Schlappe und sollen 25 Tote und 39 Gefangene zu beklagen gehabt haben. Bald darauf wäre es Widerhold jedoch fast gelungen, den Bischof von Konstanz bei einem Jägermahl in Bohlingen gefangenzunehmen; mit dem Erlös der dort erbeuteten Pferde konnten die 39 Gefangenen losgekauft werden[10]. Auf die Zerstörung der Mühlen in Singen und Hausen (Dornermühle) reagierte Widerhold mit dem Bau von Windmühlen auf dem Hohentwiel; die erste mit horizontalen Flügeln wurde 1635 errichtet. – Mehrmals im Laufe des Krieges versuchten die Kaiserlichen, die Hohentwieler durch vorzeitiges Ernten oder Abbrennen der Felder vom Getreidenachschub abzuschneiden.

Mißernten, Ungeziefer, Teuerung, Viehraub, Hungersnot und die Pest kennzeichneten das Jahr 1635, das zugleich unter dem Obristen Vitzthum von Eckstedt vom August bis Ende Februar 1636 die erste Belagerung des Hohentwiels brachte. Die Belagerer versuchten eine vollständige Einschließung, um die Besatzung auszuhungern, und legten zu Singen, Hilzingen und auf dem Staufen Schanzen an; am 13. August 1635 gelang es Vitzthum, in den Vorhof (Untere Festung) einzudringen und zwei Hohentwieler Soldaten gefangenzunehmen.

Aber die Hohentwieler machten immer wieder Ausfälle, die Verproviantierung funktionierte, und das »Wunderwerk« der zweiten Windmühle vermochte in einem halben Tag 16 Scheffel Korn zu mahlen[11].

Die zweite Belagerung mit kaiserlichen und bayerischen Truppen unter dem Befehl des Feldmarschalls Huyn van Geleen und des bayerischen Generals Franz Freiherr von Mercy vom 26. Juni bis 15. Oktober 1639 führte trotz Verstärkung der Schanzen um den Berg, trotz Legung von Minen und Bombardierung wiederum zu keinem Erfolg. Am 26. Juni konnte ein Überraschungsangriff auf den Vorhof mit Mühe abgewehrt werden. Davon ist die Geschichte überliefert, wie ein Mädchen, eine »Heldenjungfrau«, einen eingedrungenen Cornet überwand, dessen Waffen bis zur Zerstörung der Festung im Zeughaus aufbewahrt worden sind: »Partisane und kurzgewehr Einem kaiserlichen Corporal von einem Weibsbild weggenommen.« Margarethe, ein Findelkind, katholisch, soll bis zum 12. Lebensjahr von Singener Bauersleuten aufgezogen worden sein. Bei einem Besuch Widerholts im Dorf machte er den Pflegeeltern den Vorschlag, ihm das Kind zur weiteren Erziehung anzuvertrauen, und sicherte dem Dorfpfarrer zu, daß das Mädchen jeden Sonntag den Gottesdienst in Singen besuchen könne. So soll es dann geschehen sein. Das Mädchen fand in dem Getümmel freilich ebenfalls den Tod[12]. Ottmar F. H. Schönhuth fühlte sich angeregt, dieses Geschehnis in einem vaterländischen Schauspiel darzustellen[13]. – Die Geschichte wirft ein bezeichnendes Schlaglicht auf das eigenartige Verhältnis zwischen Hohentwiel und dem an seinem Fuß gelegenen Dorf.

Inzwischen war Herzog Bernhard von Weimar am 9. Juli 1636 gestorben; er hatte Widerhold zum Obristen ernannt. Bernhards Nachfolger wurde der französische General Johann Ludwig von Erlach (1595–1650). Anfang 1640 verpflichtete sich Widerhold gegenüber König Ludwig XIII. von Frankreich unter dem Befehl des Generals von Erlach.

Besonders schmerzlich empfanden Erzherzogin Claudia aus dem Hause Medici und der tirolische Kanzler Wilhelm Biener das Ärgernis Hohentwiel, der für sie im rechtlichen und historischen Sinn eine »tirolische Festung« war. Claudia (1604–1648) führte nach ihrem frühverstorbenen Mann Leopold V. für den unmündigen Sohn Ferdinand Karl (*1628) die vormundschaftliche Regierung in Tirol. Die Fürstin und ihr Kanzler setzten alles daran, den Hohentwiel in ihre Gewalt zu bekommen. So kam es im Sommer 1639 zur dritten, allerdings mit ungenügenden Kräften durchgeführten Belagerung unter dem spanischen General Don Friderigo Enriquez mit einem kaum 3000 Mann starken Heer aus spanischen und bayerischen Truppen (26. August bis Ende September 1639); das Hauptlager Enriquez'

233

befand sich beim Staufen, seine Soldaten litten Hunger und liefen scharenweise zu den Truppen Erlachs über, die zum Ersatz heranrückten. Um den Hohentwiel und bei Singen kam es zu Kämpfen.

Die schwerste Belagerung war die vierte unter dem kaiserlichen Feldmarschall Otto Christoph von Sparr (12. Oktober bis 31. Dezember 1641), wiederum mit kaiserlichen und bayerischen Truppen. Schanzen im Dorf und in den Singener Weinbergen (Gewann »Schanz«), auf den Plören sowie rings um das »Raubnest« riegelten ab; es kam zu einigen Gefechten in und bei Singen. Die feindlichen Batterien feuerten »ungefähr 2730 Kanonenkugeln, 176 Granaten, 90 Feuerballen, 41 Ernstkugeln und 50 Stück Feuerwerk« gegen die Festung ab, von denen nur etwa 70 ihr Ziel trafen[14]. Da man damals noch nicht »flach« schießen konnte, flogen die meisten Kugeln in hohem Bogen über die Kuppe des Berges und fielen zum Teil ins Dorf; die im Hause Ott-Albrecht, Scheffelstraße 1, im Giebel eingemauerte Kanonenkugel erinnert zum Beispiel an diese Belagerung. Man hat in und bei Singen viele steinerne und metallene Kanonenkugeln gefunden, von denen einige in den Heimatmuseen Singen und Hilzingen zu sehen sind, andere wurden früher in Häuserwände eingemauert. Bei der bayerischen Armee befanden sich auch acht tirolische Bergknappen, welche die Festung unterminieren sollten[15]. Als sich in den letzten Tagen des Jahres unter den Generalen von Erlach und Oysonville, seinem Stellvertreter, ein schwedisch-französisches Entsatzheer näherte, hob Sparr die Belagerung auf; seine Soldaten flohen in panischer Angst unter Zurücklassung von Waffen und Vorräten.

Nach dieser glücklich überstandenen Belagerung füllte Konrad Widerholt seine Vorräte aufs beste wieder auf. Unter anderem entführte er den Singenern 1642 die »große« Glocke aus ihrem Kirchturm auf den Hohentwiel; es muß die »Fugger-Glocke« gewesen sein, die den Singenern nach langen Bitten 1654 von Herzog Eberhard gegen Abtretung von vier Mannsmahd Wiesen an der Aach, genannt »des Pfaffen Acker« und das »Schacherwiesle«, zurückgegeben wurde[16]. Widerholt raubte auch aus anderen Orten, zum Beispiel Eigeltingen und Überlingen, Glocken für den Kirchturm auf dem Hohentwiel, auf dem 1799 im ganzen 18 Glocken hingen[17]. – Die oft von Hohentwielern und französisch-schwedischen Truppen gemeinsam ausgeführten Kriegshandlungen dauerten an bis zur Schlacht von Tuttlingen am 24. November 1643, als die Kaiserlichen unter General Johann von Werth die dort im Winterquartier befindliche französisch-weimarische Armee vertrieben.

Der berühmte Kupferstecher und Verleger Matthäus Merian veröffentlichte im »Theatrum Europäum« einen Kupferstich über die Belagerung von 1641; am rechten Bildrand erkennt man die oberhalb von Singen gelegene, oft und hart umkämpfte Kelter, im Hintergrund deutet der Buchstabe E lediglich die in und bei Singen befindlichen »Läger« an. Man sieht die bogenförmigen Geschoßbahnen der Kugeln und Granaten, die beiden Windmühlen auf luftiger Höhe, die um den Hohentwiel von den Belagerern errichteten, nach Abzug der Feinde als willkommenes Brennholz dienenden Palisaden bis an die untere Festung und die starken Redouten, Sternschanzen und Wälle mit Zeltlagern und Batterien. Laufgräben dienten den Belagerern für das Vortragen ihrer Angriffe gegen den Vorhof, dessen Gebäude bei Kriegsende als Ruinen dastanden. Den Text für die Beschreibung und Unterlagen für die Zeichnung in dem Merianischen Folioband lieferte Konrad Widerholt selbst[18].

Auch die letzte fünfte vergebliche Belagerung durch Feldmarschall Franz von Mercy von April bis 10. August 1644 illustrierte Merian mit einem Vogelschaubild, einer Art Karte[19]. Der Feldmarschall bezog im Mai sein Hauptquartier in Beuren an der Aach, später in Mühlhausen. Das Dorf Singen war ganz als wehrhafte Sternschanze ausgebaut; ähnliche Belagerungswerke sehen wir auf dem Singer Graben (etwa Bereich der heutigen Schanz), beim Dannwald (Remishof), bei der Dornermühle, vor dem Hohenkrähen, dem Staufen und auf dem Plören. Die Schanzen dienten freilich eher dem Schutz der Belagerer denn als Angriffshandlungen auf dem Hohentwiel. Bei dieser Einschließung ereigneten sich keine größeren Gefechte; es fanden Zusammenkünfte beider Parteien statt, und Konrad Widerholt bewirtete sogar einmal in der Singener Krone stattlich die höheren bayerischen Offiziere[20].

Leider endete diese letzte Belagerung durch die Unvernunft eines Offiziers verhängnisvoll für das Dorf: »Waß aber den Fleckhen Singen (welcher bey der vfgehebten Thwielischen Plokhada von dem Obristen Lieutenandt Singer ganz ohnbedachtlicherweiß zue Jr. dt. [Ihrer Durchlaucht] vnd der armen Vnderthanen ohnwiderbringlichen schaden uber deß halbtheil abgebrandt [...]«[21]. Diese Nachricht vom 16. Januar 1650, vermutlich von einem nellenburgischen Beamten stammend, berichtet in dürren Worten, daß über die Hälfte des bis dahin nicht allzusehr zerstörten Dorfes im Januar 1644 abgebrannt ist.

Singen war somit nicht gänzlich zerstört. In der Tat hat man neuerdings in der Lindenstraße ein Bauernhaus auf die Zeit um 1560 datieren können, auch der Kirchturm mit der Glocke von 1400 blieb unversehrt. Lediglich die Hagmühle und den Niederhof bezeichneten die Quellen 1653, 1655 und 1665 als »ruiniert«, durch »Brand in Asche gelegt«. Johann Gaudenz von Rost nennt in diesen Jahren mehrfach Singen einen »geförlichen orth«[22]. Dennoch muß Singen einen so trostlosen

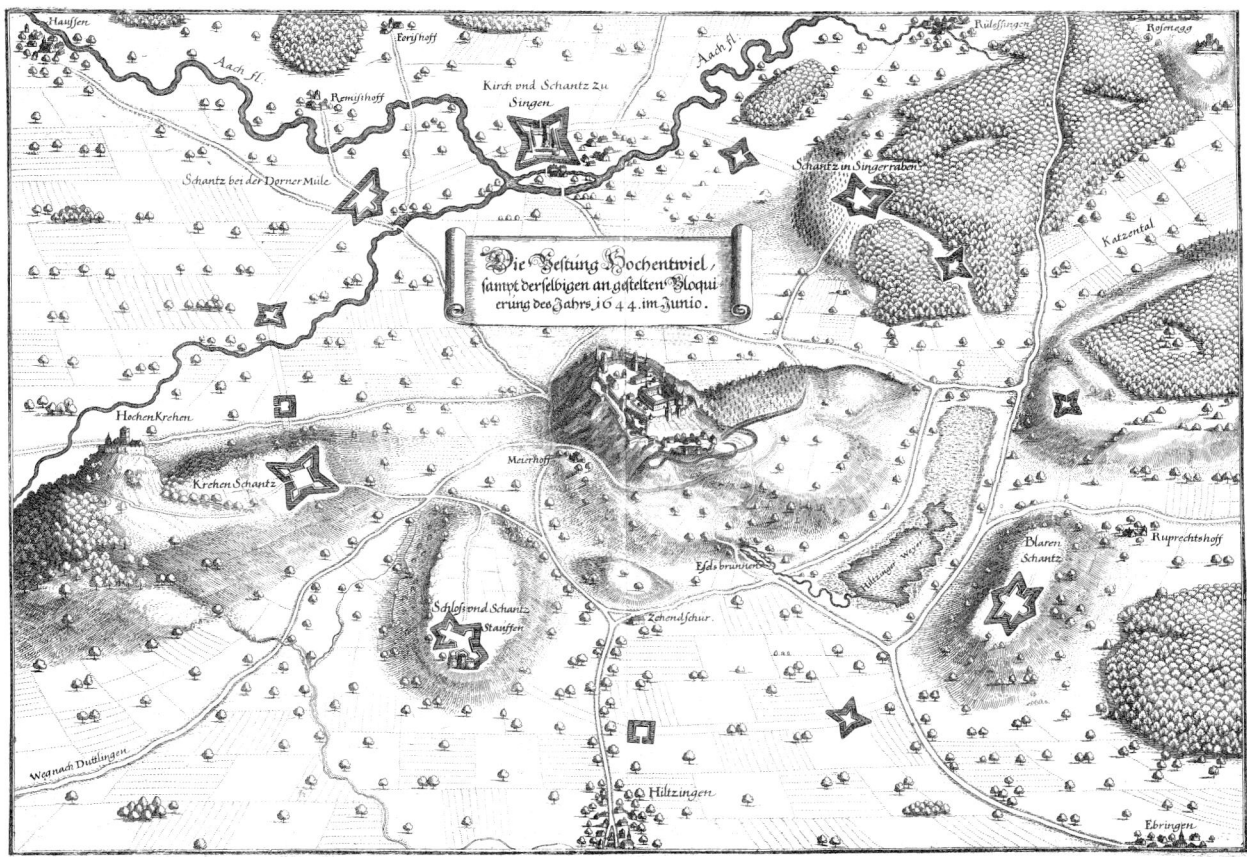

Belagerung der Festung Hohentwiel 1644. Man erkennt die Schanzen der Belagerer um den Hohentwiel, etwa bei der Dornermühle, bei Dorf und Kirche, beim Singergraben (heute »auf der Schanz« genannt); während Remishof angegeben ist, fehlt Niederhofen. In der Gegend des heutigen Twielfeldes liegt ein inzwischen verlandeter »Hiltzinger Weyer«. Hauptstützpunkt der Angreifer war stets die Burg Staufen. Kupferstich von M. Merian

Eindruck gemacht haben, daß in einigen nach dem Krieg entstandenen Karten Obersingen fehlt, dagegen Remishofen und Niedersingen mit anderen kleinen Höfen eingezeichnet sind, das heißt, daß der Kartograph genaue Unterlagen oder eine gute Ortskenntnis besessen haben muß.

In einem Brief vom 21. Juni 1644 klagt Feldmarschall von Mercy seinem Kurfürsten: »auch wo wür nun hinkommen, das geringste nit finden, sondern man alles mit unerschwinglichen unkosten zuebringen lassen müessen«[23].

Die älteste Darstellung des Dorfes Singen verdanken wir ebenfalls diesem Krieg. Im Mai 1644 erhielt der seit 1632 mit der Sicherung der Landesgrenze betraute Innsbrucker Ingenieur Elias Gumpp (1609–1675) den Auftrag, eine Skizze von der Festung anzufertigen und die Belagerungswerke auszubauen[24]. Die »Delineatio der Festung Hohentwiel und deren Circumferenz« zeigt Remishof, Singen und »Niederhoffen«, letzteres mit einer von zwei Türmen flankierten Burg. Wir nehmen an, daß die Bausteine der ruinösen Gebäude entweder für die Errichtung der Schanzen oder für den Wiederaufbau von Niederhof und Obersingen Verwendung fanden.

Eine andere Folge des Krieges war, daß der spätere Ortsherr Johann Gaudenz von Rost, zuletzt Stadtkommandant von Konstanz, im Dienste der Erzherzogin Claudia mit Singen und dem Hohentwiel auf freilich unliebsame Weise Bekanntschaft schloß. Rost gehörte zu den als Verhandlungsführern mit Konrad Widerholt bestimmten Personen und wurde 1644 für den Fall der Eroberung der Festung zu deren Kommandanten bestimmt[25]. 1642 war es Widerholt einmal gelungen, Rost in der Gegend von Pfullendorf gefangenzunehmen und auf den Hohentwiel zu bringen[26]. Danach war Rost

Kanonenkugel aus dem Dreißigjährigen Krieg, eingemauert im Haus Ott/Albrecht, Scheffelstraße 1 in Singen

beauftragt, nach Möglichkeit dem vom Hohentwiel für die Gegend ausgehenden Unheil vorzubeugen. Es erscheint höchst wahrscheinlich, daß Erzherzog Ferdinand Carl seinem getreuen Obristen die Pfandherrschaft Singen mit Wissen oder in der Erwartung verlieh, in ihm einen verläßlichen Widerpart gegen die Twieler zu haben. Jedenfalls legte schon am 27. Juli 1655 Rost ohne den geringsten Erfolg im Namen seines Fürsten bei Hauptmann Johann Georg von Wiederhold, einem Vetter von Konrad Widerholt, Einspruch gegen das Bauwesen auf der Festung ein, da Österreich nach wie vor auf der von Wirtemberg stets bestrittenen Landeshoheit beharrte. Die Jurisdictions-Streitigkeiten zu Lebzeiten Rosts nahmen kein Ende[27].

Mit dem Westfälischen Frieden (14. Oktober 1648) endete endlich der unselige Krieg, der das Land verheert und entvölkert hatte. Auch in Singen lagen die Fluren öd und verwüstet, mit Unkraut verwachsen; die meisten Häuser waren verbrannt oder zusammengestürzt, die Bevölkerung war dezimiert. Es dauerte noch gut einundhalb Jahre, bis nach Verhandlungen mit der französischen Krone Konrad Widerholt die Festung Hohentwiel am 10. September 1650 unversehrt einer herzoglichen Commission zurückgeben konnte. Herzog Eberhard ernannte seinen Kommandanten zum Obervogt von Kirchheim unter Teck und belehnte ihn zum Dank mit den Rittergütern Neidlingen, Ochsenwangen und Randeck. Zu Kirchheim starb Konrad Widerholt am 13. Juni 1667, von der Bevölkerung wegen mehrerer mildtätiger Stiftungen und wegen seiner gerechten Regierung hochverehrt und tief betrauert. Im Hegau und in Singen lebt sein Andenken zwiespältig fort: Einerseits genießt er ob seiner persönlichen Standfestigkeit und seines Mutes in aussichtsloser, im gewissen Sinne tragischer Situation

Älteste Darstellung von Singen: Zeichnung von Elias Gumpp, »Delineatio der Festung Hohentwiel und deren Circumferenz«, 1644. Oben Niderhoffen mit einer von zwei Türmen flankierten Burg (siehe S. 235)

Achtung, ja sogar Bewunderung, andererseits hat er gerade dadurch die furchtbaren Drangsale und Verheerungen für Land und Leute bewirkt, deren Behebung viele Jahre, ja Jahrzehnte währen sollte[28].

Anmerkungen

[1] CHRISTIAN FRIEDRICH SATTLER, Historische Beschreibung des Herzogtums Württemberg, 1762, Nachdruck 1948, Kap. XLIV Von der Vestung Hohen-Twiel, S. 260–267; KARL VON MARTENS, Geschichte vom Hohentwiel, Stuttgart 1857, S. 60–129; FRANZ SÄTTELE, Geschichte von Singen, S. 25–40; JOHANN STEHLE, Geschichte der Exklave Bruderhof und der Hohentwieler Waldungen, Singen 1973, S. 192–209; HERBERT BERNER (Hg.), Bilder aus der Geschichte des Berges, Konstanz 1957, darin: EDUARD WIDMOSER, Österreich ringt um den Hohentwiel, S. 185–197; ALBERT STEINEGGER, Der Hohentwiel in der Zeit des Dreißigjährigen Krieges, S. 198–

219; PAUL MOTZ, Baugeschichte der Festung Hohentwiel, S. 176–178; A. HUG, Schicksale unserer Grenzbevölkerung während des 30jährigen Krieges, in Zs Hegau 21/22 (1966), S. 252–254; E. JEHLE, Steißlingen im 30jährigen Krieg, in Bodensee-Chronik Nr. 3/1938; S. KREZDORN, Die Familie Keller von Schleitheim in Aach/Hegau, in Zs Hegau 34 (1977), S. 27–46.

[2] F. GALLATI, Eidgenössische Politik zur Zeit des 30jährigen Krieges, in Jhrb. f. Schweiz. Gesch. 43, 44. Bd. 1918, 1919; Konstanz und die Schweizer Neutralität im Dreißigjährigen Krieg, in Bodensee-Chronik 28/29, 1938; Geschichte der Stadt Stein a. a. O., S. 206, 2414; Hinweis auf geheime Abkommen mit Zürich und Schaffhausen, Geschichte der Stadt Stein a. Rhein, S. 196–198.

[3] STEINEGGER, a. a. O., S. 206, 2414; Hinweis auf geheime Abkommen mit Zürich und Schaffhausen, Geschichte der Stadt Stein a. Rhein, S. 199 f.

[4] Siehe Kapitel HANS JOACHIM SCHUSTER, Das Musterregister der Landgrafschaft Nellenburg von 1615, in diesem Bd. S. 223 f.

[5] P. P. ALBERT, Radolfzell, 1896, S. 394.

[6] Zit. nach STEHLE, a. a. O., S. 195 f.

[7] Guardiknechte = Stehende, ständige Besatzung.

[8] EDWARD FREIHERR VON HORNSTEIN-GRÜNINGEN, Die von Hornstein und von Hertenstein, Erlebnisse aus 700 Jahren, Konstanz 1911, S. 248–350, 367, 371.

[9] MARTENS, S. 260, Vertrag zwischen Bernhard von Weimar und Major Widerholt, 11./21. November 1637.

[10] MARTENS, a. a. O., S. 65 f.

[11] MARTENS, a. a. O., S. 79.

[12] MARTENS, a. a. O., S. 96; O. F. H. SCHÖNHUTH, Conrad Widerhold, Der treue Commandant von Hohentwiel, Leipzig 1844, S. 20–22; ders., Die Burgen, Klöster, Kirchen und Kapellen Württembergs, 2. Bd., Stuttgart 1860, S. 102 f.

[13] SCHÖNHUTH, Käthchen von Engen oder Widerhold auf Hohentwiel, Freiburg 1836, 118 S.

[14] MARTENS, a. a. O., S. 105 f.

[15] STEINEGGER, a. a. O., S. 212; SCHÖNHUTH, Burgen, S. 207; SCHÖNHUTH, Widerhold, S. 32.

[16] MARTENS, a. a. O., S. 106 f. – W. SCHREIBER, FLN, S. 267, Nr. 914, 171, Nr. 360 = Glockenwiese; STEHLE, a. a. O., S. 295.

[17] MARTENS, a. a. O., S. 107; PETER HEIM, Eigeltingen im 18. Jh., Singen 1961, S. 103.

[18] MARTENS, a. a. O., S. 106, A 1.

[19] MAX SCHEFOLD, Alte Ansichten aus Baden, Katalogteil, 1971: Belagerung der Vestung Hohen Twiel im Jahre 1641, Frankfurt 1643, Theatrum Europäum IV, S. 579, Nr. 26, 787; »Die Vestung Hohentwil sampt derselbigen angestellten Bloquierung des Jahres 1644 im Junio«, Prospekt aus Vogelschau, Theatrum Europäum, Frankfurt 1647, Bd. V, S. 408.

[20] MARTENS, a. a. O., S. 115 f.

[21] GLA 229/97 938. – Den Hinweis auf diese Quelle verdanke ich Dr. Kasimir Bumiller.

[22] Enzenberg-Archiv Singen (EAS) U 33, 1653 VII 8; U 34, 1655 II 23; F I 4/1 = 392; A I. 11/2 = 26.

[23] HEILMANN JOHANN, Die Feldzüge der Bayern in den Jahren 1643, 1644 und 1645 unter den Befehlen des Feldmarschalls Franz Freiherr von Mercy, Leipzig und Meißen 1851, S. 107; frdl. Hinweis von E. DOBLER.

[24] WIDMOSER, a. a. O., S. 191, 194; SCHEFOLD, a. a. O., S. 349, Nr. 26, 754, Delineatio, älteste Ansicht von Singen. Die hier angegebene Jahreszahl 1670 ist auf 1644 zu berichten. Die Zeichnung ist veröffentlicht in »Der Hegau«, im Auftrag des Alemannischen Instituts Freiburg hg. durch HERBERT BERNER, 1965, S. 127. Erzherzogin Claudia war seit dem ersten Schwedeneinfall 1632 darauf bedacht, die Landesgrenze zu sichern. Sie beauftragte daher 1645 den Ingenieur Elias Gumpp, auch die Festungen Scharnitz und Ehrenberg (Ernberg) zu untersuchen; RHOMBERG, S. 173.

[25] WIDMOSER, a. a. O., S. 190, 192, 195.

[26] MARTENS, a. a. O., S. 108.

[27] Siehe dazu SIGRID WIEMANN, Die Rechtsverhältnisse des Hohentwiels in der Landgrafschaft Nellenburg, in: Hegau 46 (1989); MARTENS, a. a. O., S. 134 f., 139,

[28] Literatur über Konrad Widerhold bei HEINRICH IHME, Hohentwiel – Bibliographie, in Hohentwiel, Bilder ... 1957, S. 369–395, bes. die Nrn. 171–191, 223–229, 230–232, 235, 236, 239–241, 243, 245. Neuere Literatur: H. BERNER, Die Walter-Wiederhold-Stiftung, Hegau 6 (1958), S. 154–171 (Briefe von und an Konrad Widerholt); HELMUT BILLIG, Konrad Widerholt, Kirchheim/Teck 1967; WOLFGANG KRAMER, Briefe von Herzog Bernhard von Sachsen-Weimar an Konrad Widerholt, Hegau 40 (1983), S. 125–135.

Die Herren von Buchenstein-Rost

von Herbert Berner

Der Begründer der neuen Herrschaft Singen-Megdberg (Mühlhausen), Johann Gaudenz II. von Rost zu Aufhofen und Kehlburg, entstammte einer tirolischen Adelsfamilie, die als einzige ihre Herkunft aus Ladinien, von Buchenstein (Pieve di Livinallongo) ableitet. Dieser nahezu 1500 m hoch am steilen Berghang über einer wilden Felsschlucht des Cordevole gelegene Ort liegt an der Straße von Arabba zum Passo di Falzarego; ganz in der Nähe befindet sich der im Ersten Weltkrieg erbittert umkämpfte und zuletzt gesprengte Col di Lana (2462 m)[1]. In der Gegend wurden im 12. Jahrhundert Eisenerze abgebaut. Als erster der Familie wird um 1195 Hartwig de Puochenstein genannt, der das die Straße beherrschende, auf einem ungeheuren Findlingsblock im Talkessel kühn erbaute Schloß Andraz, das auch den Namen Buchenstein trug, um 1200 oder 1220 an den Bischof von Brixen verkauft hat[2]. Da der Bischof über die Täler und Orte bis 1803 als Landesherr gebot, bekleideten die hier ansässigen Adligen in der Regel das Amt eines Schloßhauptmanns (Buchenstein), Pflegers, Amtmanns oder Richters. Pfleger waren meist die leitenden Verwaltungsbeamten in größeren Landgerichten, während die Justiz in der Regel einem Richter oblag. Im allgemeinen war der Pfleger mächtiger als der Richter, doch gibt es große Unterschiede zwischen den einzelnen Gerichten. In kleineren, durchschnittlichen Gerichten versah der Pfleger in Personalunion auch das Amt des Landrichters[3]. – Man vermutet, daß die Buchensteiner aus Süddeutschland (Bayern oder Schwaben) hierhin gekommen sind[4]. Da hierzulande über die Rost sehr wenig und dazu noch Widersprüchliches bekannt ist, gehen wir näher auf ihre Familiengeschichte ein.

Eine lateinisch geschriebene Urkunde von 1296 nennt einen damals bereits verstorbenen Nachkommen Hartwigs, Girardinus de Costa de Livinallongo, und dessen drei Söhne, von denen uns Mayleus, auch Maeinle oder Mainlin (Emanuel) genannt, später mehrfach begegnet[5]. Maeinle von Buchenstein (gestorben um 1318), wohl der älteste Sohn des in der zweiten Hälfte des 13. Jahrhunderts lebenden Girardinus, gilt als der Ahnherr der Rost, denn er muß bereits um 1300 auf dem Hof Rost bei St. Vigil in Enneberg ansässig gewesen sein und nennt sich 1314 Maeinle von Roers (= Rost, ladinisch Ras). Der Name Rost bedeutet ein Stück urbar gemachtes Land

Ansitz Rast = Rost bei St. Vigil/Enneberg. Nach diesem Hof nennen sich die Herren und späteren Freiherren und Grafen von Rost

(von Rodung oder Raut, spätlateinisch Rusto). Maeinle siegelte bereits mit dem ältesten rostischen Wappen, dem Hundekopf mit Halsband. Das von Kaiser Ferdinand I. (1556–1564) durch Diplom vom 15. September 1561 bestätigte geviertete Wappen zeigt in den Feldern 1 und 4 in Rot den auswärtsgekehrten Kopf und Hals eines weißen Windhundes (Bracke) mit schwarzem (goldenem) Halsband (Stammwappen), im 2. und 3. Feld von Silber und Schwarz rechts geteilt mit einer aus dem schwarzen Feld gegen die linke Oberecke steigenden schwarzen Spitze (Hungershausen)[6].

Der Hof Rost lag wiederum an einer alten Saumstraße von Buchenstein (Livinallongo) über den niederen Campolungo-Paß in das Enneberg- oder Gadertal und ermöglichte einen Verkehr mit Umgehung der Hauptstraße durch das Eisack- und Etschtal und den dortigen Zollstädten sowie zum Pustertal (St. Lorenzen)[7]. Der Durchgangsverkehr an Frachten und Personen vermittelte den Einwohnern des Landes, der Bezug der Zölle den Landesherren und den von ihnen bestellten Inhabern der Zölle beträchtliche Einnahmen[8]. Das gilt für die Herren von Buchenstein-Rost, nicht minder für ihre Nachfolger im Hegau, die Herren von Enzenberg, in besonderem Maße. – Gleichwohl blieb die Familie bis in das 16. Jahrhundert in Buchenstein begütert, ohne einen

Anteil an der Herrschaft zu haben, die anderen Händen oblag. Am Rathaus (Municipio) entdeckten wir im quadrierten Gemeindewappen u. a. den Windhund (Bracke) der Herren von Buchenstein-Rost. Noch Jahrhunderte später, nachdem alle realen Verbindungen dahin gelöst waren, führten die Herren von Rost unter ihren Prädikaten den Namen »Buchenstein« weiter. So nennen sich etwa 1749 die Brüder Franz Karl und Konstantin Reichsgrafen von Rost zu Aufhofen und Kehlburg, Freiherren von Buchenstein, Herren auf Megdberg, Mühlhausen, Singen, Vollmaringen, Göttelfingen, Wurmlingen und Wendlingen[9] oder 1755 Franz Karl Graf von Rost, Freiherr von Buchenstein auf Aufhofen und Kehlburg etc.[10].

Endgültig durchgesetzt hat sich der Name Rost erst 1418; bis dahin gibt es auch Bezeichnungen nach dem Weiler Hof zwischen Enneberg und St. Vigil[11]. Hier fällt unter den alten Häusern besonders ein gegenüber der St. Nikolauskirche liegendes einstöckiges Haus mit hohen schmalen Fenstern auf, das noch um 1900 die Jahreszahl 1446 trug. Vom Weiler Hof sieht man die tiefer, oberhalb von St. Vigil erbauten »armseligen Überreste des Schlosses Rost zu Ras«, das nach der Aufhebung des Klosters Sonnenburg in den Besitz von Bauern gelangte. Man weiß nicht, ob sich an der Stelle des Hofes Rost = Ras ein älterer Adelssitz (Ansitz) befunden hat. Heute kann man nur aus der Art des Baues, aus einem Erker, Schießscharten und einzelnen, durch das Dach verdeckten Zinnen in dem Bauernhaus den einstigen Ansitz vermuten[12].

Die Rost waren keine Dienstmannen des Klosters Sonnenburg, sondern Freie. Nach den Eintragungen in den Matrikelbüchern der Pfarre Enneberg (ab 1605) lebte die sogenannte einfach-adelige Linie der Herren von Rost bis Ende des 18. Jahrhunderts auf ihrem Besitz, den das Kloster Sonnenburg schließlich erwarb[13].

Ein Nachfahre Mainles, Nikolaus II. von Rost, 1420 bis 1426 Stadtrichter in Brixen, vermählte sich mit Margarete von Aufhofen, der Erbtochter des 1410 im Mannesstamm erloschenen Geschlechtes der Herren von Aufhofen; einer seiner Nachkommen, Hans I. (gestorben 1521), nannte sich als erster Rost zu Aufhofen; er erbaute in St. Vigil 1505 das stattliche Gerichtshaus (heute Hotel »Krone«). Der Sohn Hans II. (1494–1577) erstellte 1534 bis 1541 den Ansitz Aufhofen (später Ansiedl genannt) neu[14] und wurde 1545 vom Bischof von Brixen mit dem oberhalb von Aufhofen gelegenen Schloß Kehlburg, einer der ältesten Burgen Tirols, belehnt, die er instandsetzen mußte. Seitdem nennt sich die Familie von Rost zu Aufhofen und Kehlburg. Die Kehlburg blieb 350 Jahre lang (bis 1891) Lehenbesitz der Rost; 1944 fiel sie einem Brand zum Opfer, so daß sie heute nur noch eine Ruine ist.

Im 16. Jahrhundert spaltete sich die mit dem Dichter und Minnesänger Oswald von Wolkenstein (gestorben 1445), dem Dichter Torquato Tasso (1544–1595) sowie dem Generalpostmeister Joseph von Taxis verwandte Familie in eine freiherrliche Linie (ausgestorben 1944), in die 1762 erloschene gräfliche Linie und die 1805 endende einfach-adlige Linie derer von Rost auf[15]. Bis dahin amteten sie als Richter in Enneberg und Brixen sowie als Pfleger der Herrschaft Uttenheim im Tauferer Tal. Im Jahre 1519 wurden die Rost in die tirolische Adelsmatrikel aufgenommen, jedoch nicht als Stifts-, sondern als Reichsadelige[16].

Die Gräfliche, auch Dionisische oder Aufhofener und Singener Linie beginnt mit dem Sohn von Hans II., *Dionis I. von Rost* (1529–1586; die den Namen beigegebenen römischen bzw. römisch-arabischen Ziffern beziehen sich auf den Stammbaum Rost). Dionis I. war dreimal verheiratet und hatte 15 Kinder; die in erster Ehe mit Helena von Langenmantel aus Tramin zugefallenen ausgedehnten Weingüter ermöglichten es später dem Enkel, die Herrschaft Singen zu erwerben. Sein Sohn *Hans Gaudenz I.* (1567–1636, II, 1) starb als Pfleger zu Uttenheim und Schrottwinkel (bei Sand in Taufers); die Herrschaft Schrottwinkel hatte ihm seine zweite Frau zugebracht. Der Bruder Dionis II. (1565–1640) trat in salzburgische Dienste (II, 2). – In zwei Ehen zeugte Hans Gaudenz I. 14 Kinder. Das Amt des Pflegers von Uttenheim verblieb fünf Generationen hindurch von 1490 bis 1647 bei den Rost[17]. Es kam oft vor, daß solche Ämter zwar nicht erblich, aber doch gewöhnlich vom Vater auf den Sohn übergingen oder zumindest in der Familie verblieben.

Johann Gaudenz von Rost – Begründer der Herrschaft Singen-Mägdeberg

Der zweite Sohn Hans Gaudenz II. (III, 1) aus erster Ehe des Hans Gaudenz I. mit Maria Johanna von Sonneck und Morberg begründete die Herrschaft Singen-Mägdeberg. Er war der erste seiner Familie, der »außer Landes« ging, d.h. die angestammte Heimat verließ. In der neuen Heimat erweckten er und seine Nachkommen zunächst nur persönliches Interesse, ohne daß die Historiker sich um ihre Herkunft und weiteren Schicksale kümmerten, und in ihrer alten Heimat wurden sie allmählich vergessen. So war bisher weder in der Tiroler Literatur noch in unseren geschichtlichen Veröffentlichungen Zusammenhängendes und Zuverlässiges über diesen Zweig der Familie Rost zu erfahren.

Johann Gaudenz II. (1602–1670, III, 1) dürfte in

Aufhofen geboren sein[18]. Er schlug die Soldatenlaufbahn ein und ist 1623 im Zusammenhang mit einem Gesuch wegen ausständiger Kriegsbesoldung in der Feste Ernberg (Ehrenberg bei Reutte i. T.) im Parteibuch zum ersten Male erwähnt. Am 7. Juli 1637 Ernennung zum Pfleger und Befehlshaber der Feste Ernberg. Dieses Amt blieb rund 100 Jahre (bis 1738) in der Familie; der letzte, Franz Karl III., war ein Urenkel von Johann Gaudenz II. Vom letzten Drittel des 17. Jahrhunderts ab wohnte die Familie zumeist im Ansitz Ehrenheim (heute Bezirksgericht) in Reutte; die dazugehörige Pfarrkirche ist Breitwang, wo viele Taufen und Beisetzungen der Familie stattgefunden haben[19].

Da Johann Gaudenz II. etwa seit 1636 als kaiserlicher Obrist (Nachfolger des Obristen Adam Heinrich Keller von Schleitheim) gleichzeitig mit dem Amt des Stadthauptmanns von Konstanz und dazu noch mit dem Amt des Stadthauptmanns von Radolfzell[20] betraut war, bestellte er mit Erlaubnis der Regierung zu Innsbruck den Salzamtsgegenschreiber Peter Pächler zu seinem Amtsverweser in Ernberg, übernahm das Amt 1645 bis 1647 wieder selbst, bis 1651 sein Bruder Anton zum Pfleger und Kommandanten ernannt wurde. Anton von Rost (1581–1663, III, 2) vertrat seinen Bruder als dessen Gewalthaber in der alten Pustertaler Heimat.

Der von der Regierung als ihr Vertreter in allen politischen und militärischen Angelegenheiten ernannte Stadthauptmann in Konstanz, der in der Regel dem hohen Adel angehörte, mußte von der Stadt besoldet werden. Er führte die Aufsicht über die städtischen Behörden, befehligte als Stadtkommandant die Besatzung und stand in der Hierarchie vor dem Bürgermeister[21]. Vermutlich residierte er als Stadthauptmann mit seiner Familie im Haus »Zum weißen Pfauen« (heute befindet sich an dieser Stelle das Kaufhaus Hertie) oder im Haus des Stadtkommandanten »Zur Linde«, heute Hussenstr. 19; die beiden Ämter waren sonst im allgemeinen getrennt[22]. Indessen erwarb sich Johann Gaudenz auch eigenen Hausbesitz: 1647 veräußerte der frühere Stadthauptmann Adam Keller von Schleitheim den 1638 von der Stadt aus Dankbarkeit für seine Verdienste während der Schwedenbelagerung geschenkten Chorherrenhof »Zur Thule« in der Konradigasse zusammen mit einem Garten vor dem Paradieser Tor um 3200 Florin an Johann Gaudenz von Rost, der das Anwesen mit einem Gewinn von 800 Florin bereits ein Jahr später (1648) an den Junker Hans Jakob Azenholz von Neuenhorn weiter veräußerte[23]; 20 Jahre später – 1668 – erwarb er mit Bewilligung von Bürgermeister und Rat der Stadt von dem früheren Konstanzer Bürger und jetzigen Bürger und Gerbermeister Johann Buchegger zu Singen eine Behausung am Gerberbach (in der heutigen Kreuzlinger Straße) um 100 Florin bar Geld und 50 Malter rauhe Frucht Steinermaß[24]. Ob er in diesen Häusern je gewohnt hat, ist mehr als zweifelhaft. Auf jeden Fall muß Johann Gaudenz in Konstanz eine angesehene, geschätzte Persönlichkeit gewesen sein, denn wie sonst hätte der gelehrte Weingartner Benediktinerpater und Propst Gabriel Bucelin nach Kaiser Leopold und dem Rat auch ihm, dem schon hochbetagten Stadtkommandanten, sein 1667 erschienenes Werk »Constantia Rhenana...« gewidmet als dem um die Stadt »meritissimo Gubernatori et Capitano«[25].

Johann Gaudenz II. verheiratete sich als junger Offizier 1632 mit Adrienne Maria von Sittichhausen, die ihm drei Söhne und drei Töchter gebar. Franz Karl I. und Dionis III. folgten dem Vater in der Herrschaft nach. Ein Sohn Johann Engelhard wurde Mönch, Veronika Klosterfrau in Konstanz. Jakobea vermählte sich mit Johann Franz von Pallaus; Susanne (gestorben 1678; IV, 3) heiratete 1649 den Landeshauptmann Sigmund Reichsfreiherrn von Hohenberg, einen Urenkel der Philippine Welser und des Erzherzogs Ferdinand II.[26].

Der wohledle, gestrenge Herr Johann Gaudenz von Rost zu Aufhofen, Kehlburg und Schrottwinkel besaß einen aufrechten, geraden und mutigen Charakter, erwies sich als umsichtiger und geschäftstüchtiger Familienvorstand, gelegentlich erregt, aufbrausend und temperamentvoll und wenig geeignet für heikle diplomatische Missionen. Seinen erzherzoglichen Fürsten Claudia, Ferdinand Karl und Sigmund Franz von Österreich blieb er unbeirrt und treu ergeben und diente ihnen außer in den schon genannten Funktionen als Hofkriegsrat, Kammerer und Kommandant der Landmiliz in Österreich-Schwaben. Seine Eignung als militärischer Befehlshaber bezeugt die 1654 ausgesprochene Bitte der oberösterreichischen Kriegsräte an den Landobristen Keller von Schleitheim in Hohenberg, er möge ihnen einen ebenso guten Vollzugsbericht über die Hohenberger Miliz zustellen, wie sie einen solchen vom Obristen von Rost erhalten hätten[27]. Sein Lebenslauf in einer allerdings notvollen kriegerischen Zeit, von der er freilich persönlich kaum betroffen gewesen sein dürfte, zeichnet sich aus durch unsteten Wechsel von Ort zu Ort und durch die Übertragung vieler verantwortlicher und schwieriger Aufgaben im westlichen und nördlichen Bodenseeraum sowie in Tirol; ihm blieb wenig Zeit für die Muße oder für die Jagd, für Vergnügungen und schon gar nicht für seine Familie; er muß sich einer ziemlich robusten Gesundheit erfreut haben.

Johann Gaudenz II. von Rost (1602–1670), der Begründer der Herrschaft Singen-Megdberg. Ölbild im Schloß Weitenburg, Freiherr M. von Rassler

Nachdem Hans Gaudenz 1651 den Hof Dietenheim nördlich von Bruneck[28] und den adeligen Ansitz Sonnegg um 6500 Florin[29] erworben hatte, entschied er sich plötzlich für seine endgültige Niederlassung im Hegau. Wir gehen wohl nicht fehl mit der Annahme, daß er dies auf Wunsch des Erzherzogs Ferdinand Karl tat, der nahe beim Hohentwiel einen verläßlichen Aufpasser und Anwalt der österreichischen Gerechtigkeiten und Interessen haben wollte. In der Tat erschien Johann Gaudenz für diese Aufgabe wohl vorbereitet und geeignet. Über seine Aufgaben als Stadtkommandant von Konstanz und Radolfzell hinaus zuständig für die militärische Verteidigung der Landgrafschaft Nellenburg, war er durch einen Überfall der Hohentwieler im Herbst 1642 in die Gewalt Konrad Widerholts geraten, aus der er sich nur durch Zahlung eines hohen Lösegeldes befreien konnte. Vielleicht hängt dieser Vorfall zusammen mit einer militärischen Aktion gegen die von Konrad Widerholt eingeforderte Ablieferung des sogenannten schwedischen Zehnten, den alle benachbarten österreichischen Stände, so u.a. auch die Reichsstadt Pfullendorf, zur Vermeidung größerer Nachteile entrichteten. Die Landschaft in weitem Umkreis um den Hohentwiel wurde sowohl von den Hohentwielern als auch von der eigenen Regierung mit Requisitionen und Steuern belastet, wobei die österreichischen Behörden mißvergnügt und zumeist ohnmächtig diese Zustände hinnehmen mußten. Wahrscheinlich wollte Johann Gaudenz von Rost am 21. Oktober 1642 von Radolfzell aus in blindem Übereifer hiergegen ein Exempel statuieren und überfiel den von Hohentwiel nach Pfullendorf zurückkehrenden Bürgermeister Martin Schneller mit seinen Leuten bei Friedingen; dabei wurde Schneller »erbärmlich nidergeschossen, zuegleich 15 Roß, ein mantel undt 15 Rohr [Musketen] abgenommen«[30].

1643 verhandelte Johann Gaudenz im Auftrag der Erzherzogin Claudia mit Widerholt über eine Übergabe der Festung; 1644 überredete der bayerische Generalfeldmarschall von Mercy den arglosen und geradeaus denkenden Obristen, auch ihn, den bayerischen General, zu den Übergabeverhandlungen beizuziehen, mit dem nicht erwarteten Ergebnis, daß am 25. Mai 1644 der sogenannte Hohentwielische Receß ohne Mitwirkung Österreichs und Tirols zwischen Widerholt und den Bayern abgeschlossen wurde, dessen Ratifizierung durch den Kaiser die erboste Erzherzogin mit allen Mitteln zu verhindern suchte[31]. Dennoch bestimmte sie bald danach Johann Gaudenz für den Fall der Übergabe zum Kommandanten der Festung[32]. – Als im Frühsommer 1655 die Württemberger entgegen der Weisung aus Innsbruck die hohentwielischen Befestigungen erweiterten und verbesserten, erschien der Obrist von Rost vor der Festung und forderte den Hauptmann Johann Georg von Wiederhold im Namen des Erzherzogs vergebens auf, den Bau gänzlich einzustellen. Ein andermal schoß Johann Gaudenz, dem die Hohentwieler die unaufhörlichen Streitigkeiten um Gerechtsame zuschrieben, auf den ihm persönlich verhaßten Hauptmann von Wiederhold bei der Jagd mit der Pistole, worauf er gefangen in die Festung gebracht und gegen ein Lösegeld von 500 Reichstalern entlassen wurde[33]. In der Folge davon entstand das Gerücht, Rost habe die Brunnen zu Hohentwiel vergiften lassen wollen. Im Oktober 1667 sollte eine württembergische Kommission u.a. diese Streitigkeiten schlichten und lud zu diesem Zwecke den Obervogt und herrschaftlichen Vogt zu Singen auf den Hohentwiel ein; »obgleich aber die Mitglieder der Commission die geladenen Gäste bei einem Essen so berauschten, daß sie mit einer Kutsche nach Hause gefahren werden mußten, kam doch kein Vergleich zustande«[34].

Johann Gaudenz von Rost förderte auch bei der Innsbrucker Regierung seit 1651 die Pläne des Erzherzogs Ferdinand Karl, die sieben katholischen schweizerischen Kantone beim Glaubenskrieg der beiden eidgenössischen Konfessionsparteien notfalls militärisch zu unterstützen und dabei nach Möglichkeit den Thurgau zurückzuerobern oder sich für Militärhilfe abtreten zu lassen. Als der sogenannte Villmerger Krieg ausbrach, betrieb außer dem Konstanzer Stadtkommandanten von Rost auch der Tiroler Landeshauptmann den Eintritt Österreichs, jedoch siegten die katholischen Schweizer aus eigener Kraft 1656 bei Villmergen[35], so daß die keinesfalls uneigennützigen Pläne schmerzlich für die Urheber gegenstandslos wurden. 1659 versuchte Johann Gaudenz in Ramsen vergeblich, die Eidesleistung und Huldigung für Österreich zu erzwingen[36]; auch hier schwelte der konfessionelle Hader zwischen Katholiken und Reformierten.

Es ist nicht klar und einleuchtend auszumachen, warum Erzherzog Ferdinand Karl zunächst im Jahre 1651 die österreichische Herrschaft Tengen, die von nellenburgischen Amtleuten verwaltet wurde, auf zwölf Jahre gegen 18 000 Florin an Johann Gaudenz II. verpfändete[37], denn vom März 1653 ab erwarb der Obrist und Gubernator der Stadt Konstanz in Singen Grundstücke und kleinere Höfe, insbesondere das österreichische Erblehen Niederhof, und 1655 verpfändete ihm der Erzherzog den ebenfalls von den Nellenburgern verwalteten Flecken Singen samt dem Dörflein Arlen um 21 000 Florin auf 20 Jahre; zwei Jahre später – 1657 – folgten Schloß und Herrschaft Mägdeberg mit dem Dorf Mühlhausen gegen eine Pfandsumme von 26 000 Florin[38]. Überraschend und ohne Nachkommen war dort der mühlhausische Lehensinhaber Hans Jacob von Buchenberg 1656 ohne Erben gestorben. Um die Kauf- bzw. Pfandsumme aufzubringen, veräußerte Hans Gaudenz seine Besitzungen in Tramin und machte alle seine Guthaben in Tirol flüssig.

Nach Ablauf der zwölf Jahre erhielt Johann Weikard von Auersperg die Herrschaft Tengen, die Kaiser Leopold I. 1664 zur gefürsteten Grafschaft mit Sitz und Stimme im Reichsfürstenrat erhob[39]. Ob für Tengen langfristige Pläne dieser oder anderer Art im Hintergrund den Gang der Dinge beeinflußten, muß vorderhand offen bleiben. Jedenfalls nannte sich Johann Gaudenz dementsprechend 1654 Vogt und Pfandherr zu Tengen, 1658 Pfandinhaber der Herrschaft Tengen und Singen und 1668 Pfandherr der Herrschaften Singen und Megdberg. Daran änderte für seine Person auch der Umstand nichts, daß er seit dem 3. Oktober 1660 gegen einen Ehrschatz von 3000 Florin auf den Pfandschilling zusammen mit seinen drei Söhnen die beiden Herrschaften als vererbbares Pfandlehen innehatte[40]. – In dieser Zeit – 1656 – mußte sich Hans Gaudenz überdies eines äußerst schwer zu lösenden Falles annehmen. Der Dreißigjährige Krieg hatte die Herrschaft Bodman in große Schulden gestürzt, so daß sie 1637 in Konkurs geriet und von einer Administrations-Kommission mehr schlecht als recht verwaltet wurde. Die Gläubiger versuchten zu ihrem Geld zu kommen und betrieben den Verkauf, jedoch hielten die bodmanschen Untertanen treu zu ihrer Herrschaft, zu Johann Adam von Bodman, und weigerten sich 1655 beharrlich, den Administratoren zu huldigen. Deswegen wurde über sie ein Jahr lang sogar die Reichsacht verhängt. Erzherzog Ferdinand Carl hatte zur Lösung des Konflikts eine Kommission bestellt, der Johann Gaudenz von Rost und der erzherzogliche Rat Balthasar Kalt angehörten. An sie wandte sich am 21. August 1656 Hans Adam von Bodman mit der dringenden Bitte, die Gläubiger vor weiteren Aktionen, welche gegen die Reichs-Constitutiones verstießen, abzuhalten. Offenbar ist dies gelungen, denn am 11. Mai 1658 wurde Johann Adam von Bodman zu Kargegg in den Besitz der Herrschaft eingesetzt[41].

Johann Gaudenz II. lebte meist in Konstanz. Nur gelegentlich wohnte er auf dem damals »nottürfftiglichen« instandgesetzten Schloß Mägdeberg[42]. Den Sitz der Verwaltung seiner beiden Herrschaften legte er nach Singen, vermutlich wegen der Lage an der Poststraße Stockach-Schaffhausen inmitten der Orte Arlen und Mühlhausen und nicht zuletzt im Hinblick auf die ihm zugedachte Beobachterrolle am Hohentwiel. Nach 1660 ließ er zu Singen das Amtshaus stattlich renovieren und sorgte tatkräftig für den Wiederaufbau des im Dreißigjährigen Krieg arg zerstörten Dorfes.

Im Jahre 1666 stiftete Johann Gaudenz zusammen mit dem Vogteiverwalter Christoph Biercklein aus »sonderer Devotion vnd andacht« zu Ehren der »Allerheiligisten Vnzerteilten Dreyfaltigkeit«, der Jungfrau Maria und den Aposteln Peter und Paul, für die Mühlhauser Pfarrkirche eine Glocke, die er beim Züricher Glockengießer Heinrich Füeslin gießen ließ; leider erklingt diese Glocke heute nicht mehr in Mühlhausen, sondern gelangte auf Umwegen, die vermeidbar gewesen wären, nach Malsch bei Karlsruhe[43]. – Seine letzte Ruhestätte fand der am 5. Oktober 1670 verstorbene Johann Gaudenz II. in der Mühlhauser Pfarrkirche.

Reichsfreiherren und Grafen von Rost

Nach dem Tod des Vaters im Jahre 1670 traten die Söhne Franz Karl I. und Dionis III. gemeinsam die Herrschaft an; ein dritter Sohn Hans Engelhard schied als Geistlicher in der Erbfolge aus. Kaiser Leopold I. belehnte die Brüder am 6. April 1671 mit den beiden Pfandlehen[44]. Seit 1675 führen sie zusätzlich zu ihren Adelsprädikaten den Titel »Herren zu Singen und Megdberg«, obgleich der Kaiser ihnen erst am 4. Oktober 1680 in Linz (sicherlich unter Mitwirkung, wenn nicht auf Anregung des einflußreichen Hofkanzlers Johann Paul von Hochers [1616–1683] in Wien) mit ausdrücklichem Hinweis auf die Verdienste ihres Vaters das Freiherrendiplom (erblicher Freiherrenstand) ausstellte[45].

Franz Karl I. (1637–1700, IV, 1) lebte mit seiner Familie ständig in Reutte i. T., wo er auch geboren ist. Am 6. April 1671 erhielt er für sich und seinen Bruder Dionis den erwähnten gemeinschaftlichen Lehenbrief[46] für die Herrschaft Singen-Megdberg; Franz Karl dürfte seine hegauischen Besitzungen kaum gesehen haben. Er stand im Range eines Obristwachtmeisters und war seit 1662 Kommandant der Feste, seit 1676 Pfleger der Herrschaft Ernberg (Ehrenberg), die etwa das Gebiet der heutigen Marktgemeinde Reutte umfaßte; 1686 war er k. k. Rat. Obgleich er zweimal verheiratet war, stammen alle seine 16 Kinder aus der ersten Ehe mit Maria Felizitas Kurz Freiin zum Thurn und Senftenau (gestorben 1679). Er starb in Reutte und ist in der Pfarrkirche Breitwang beigesetzt[47]. – Nach seinem Tode wurden die Söhne Johann Gaudenz III. und Georg Horaz zusammen mit ihrem Onkel Dionis III. gemeinsam mit der Herrschaft Singen-Megdberg belehnt.

Der Bruder *Dionis III.* (ca. 1644–1730, IV, 2)[48] hingegen blieb zumindest bis zu seiner Heirat im Hegau, in Sonderheit in Mühlhausen seßhaft, wo 1698/99 an der Stelle des heutigen Gasthofs »Zum Adler« ein herrschaftliches Gebäude errichtet worden war, nachdem man die Burg Mägdeberg endgültig als Wohnsitz aufgegeben hatte. 1735 wurde dieser Bau abgebrochen und

Schloß Vollmaringen, Wohnsitz von Dionisius III. Graf von Rost. Aquarell von Caspar Obach, 1849

Wappen des Dionisius von Rost (ca. 1644–1730)

Wappen derer von Rost zu Kehlburg

Dionys Graf von Rost (1716–1793), Fürstbischof von Chur – letztes männliches Mitglied der Singener Linie der Grafen von Rost. Ölgemälde im Schloß Tratzberg/Tirol

dort ein neues, geräumigeres Herrschaftshaus erbaut, das eher die Bezeichnung »Schloß« verdiente. Das Singener Amtshaus hingegen diente als Wohnung für den herrschaftlichen Obervogt.

1674 bis ca. 1685 war Dionis III. vorderösterreichischer Regimentsrat und Vogteiverwalter der Landgrafschaft Nellenburg, 1677 bis ca. 1694 Landeshauptmann, d. h. höchster Beamter der Grafschaft Hohenberg mit Sitz in Rottenburg/Neckar[49]. In diese Zeit fällt die Administration der Herrschaft Hohenkrähen im Auftrage des vielvermögenden österreichischen Hofkanzlers Johann Paul von Hochers, der von 1671 bis 1683 Inhaber der Herrschaft war, sowie seines Schwiegersohnes, des Grafen von Kuefstein[50].

In Rottenburg war Dionis III. dem Freiherrn Jakob Rudolf Streit von Immendingen, 1673 Rat des Erzherzogs Ferdinand Karl und Obervogt der Grafschaft Eberstein des Markgrafen Wilhelm von Baden, begegnet; dessen Ehe mit Ursula Breuning zu Römesheim war nur ein Kind – Maria Johanna – entsprossen. Der vermögende Jakob Rudolf hatte 1657 von den Erben der Edlen von Neuhausen[51] deren hochverschuldete, durch den Krieg in Ruin geratene ritterschaftliche Herrschaften Göttelfingen und Vollmaringen in der Grafschaft Hohenberg samt Blutbann und Hochgericht (1603 von Kaiser Rudolf dem Reinhart und Marx Caspar von Neuhausen verliehen) um 24 000 Florin erworben[52]. Durch die Heirat mit Maria Johanna Streit 1667 kam Dionis III. in den Besitz dieser Herrschaften; kurz vor seinem Tode 1690 hatte Streit noch von der Reichsstadt Rottweil das Dorf Balgheim bei Spaichingen um 10 000 Florin erworben. Darauf verlegten Dionis III. und seine Nachkommen ihren Wohnsitz in das von Jakob Rudolf Streit erbaute Schloß Vollmaringen; auch in Göttelfingen und in Balgheim gab es kleinere Schlösser; Balgheim diente als Witwensitz[53].

Das endende 17. Jahrhundert stand im Zeichen des Pfälzischen Erbfolgekrieges (1688–1697)[54]. Vor dem befürchteten Einfall der Franzosen im Herbst 1688 flüchtete Dionis mit seiner Familie, Hab und Gut nach Stein am Rhein und fand zunächst im Haus »Zum schwarzen Horn«, später im Vogtei-Schloß zu Wagenhausen Asyl. Die Steiner hatten ihm bei einer früheren Anfrage schon bedeutet, daß im Falle des Eindringens einer fremden Macht in das neutrale Territorium mit Sicherheit zuerst das hier liegende fremde Gut gefährdet sei. Im übrigen aber gewährte man dem hochgestellten Nachbarn gerne Gastfreundschaft, nicht zuletzt in der Erwartung von Gegenleistungen, die von den Steinern denn auch im November 1689 angefordert wurden: Wie so oft in Kriegszeiten schloß Österreich die Grenze gegen die Eidgenossenschaft, so daß Getreide und Lebensmittel nicht exportiert werden konnten. Die Steiner waren davon »zimblich hartt betrofen« und baten Dionis um Vermittlung, daß wenigstens der »allhiesige Spittahl« die Fruchtgülten seiner fünf Höfe in Hilzingen einführen dürfe[55]. Dionis revanchierte sich für den Aufenthalt in Stein und alle ihm erwiesenen Aufmerksamkeiten beim Steiner Rat mit einem silbervergoldeten Deckelbecher und den Bildnissen des freiherrlichen Paares; 1691 schickten die Steiner ein »fäßle rothen Weinß« nach Mühlhausen – wahrscheinlich zum Dank für die Unterstützung bei der erbetenen Fruchtlieferung[56].

Auch im Spanischen Erbfolgekrieg 1701 bis 1714 befand sich Dionis nicht in seiner Herrschaft, sondern in Rottenburg und seit 1706 in Freiburg i. Br.[57].

Dionis III. bekleidete, wie es auch sonst zu geschehen pflegte, gleichzeitig in Personalunion mehrere Ämter. So nahm er zeitweilig neben seinen Aufgaben in Rottenburg auch 1706 bis 1717 das Amt eines Vizestatthalters der vorderösterreichischen Regierung in Freiburg wahr[58]. Die Vergütung für all diese Tätigkeiten scheint weder zufriedenstellend noch regelmäßig gewesen zu sein, denn 1727 beschwerte sich Dionis III. in einem der Reichshofkanzlei Wien vorgelegten Memoriale unter Hinweis auf sein 57jähriges Wirken in österreichischen Diensten über das »geringe Solario« und mahnte 800 Florin rückständige Besoldungen an[59].

Im Jahre 1712 entschlossen sich Dionis III. und seine Frau Maria Johanna, »zu mehrern Flor vnd aufnamb, auch erhaltung des Stamms vnd Nahmens meiner Freyherrl. Rostischen Familien« ein Majorat oder Fideicommissum zu errichten, das die Herrschaften Singen-Megdberg, Göttelfingen, Vollmaringen, Balgheim und das 1709 von seinen einzigen Söhnen Josef Anton und Franz Johann um 20 000 Florin zurückgekaufte Stammhaus und Schloß Kehlburg umfaßte[60]; den Töchtern sollte nichts gebühren als ein standesgemäßes Heiratsgut, die männliche Erbfolge war nach einer Disposition von 1717 für die Söhne, Brüder (d. h. Vettern der freiherrlichen Linie) sowie die »Reittische Männliche Succession« genau geregelt. Zu der Zeit schien es, als ob die Singener Rostische Familie noch lange und kräftig blühen und gedeihen würde. Statt dessen sollte schon nach 50 Jahren dieser Zweig im Mannesstamme aussterben und der Fideicommiß auseinanderbrechen – Dionis III. mußte selbst noch erleben, daß sein als Nachfolger bestimmter Sohn Josef Anton vor ihm starb. – 1727 legierte Dionis der Münsterpfarrei Konstanz 800 Florin. Am 24. Januar 1730 verschied er in Vollmaringen; sein stattliches Epitaph, leider arg verwittert, befindet sich heute in der Vollmaringer Pfarrkirche[61]. Das Ehepaar hatte in über 45jähriger Ehe einen ansehnlichen Besitz teils auf dem Erbwege zusammengebracht, teils durch »manichsauer angewandte Mühe und gehabte Sorgen« vermehrt.

Dionis III. und seine Ehefrau Maria Johanna († 1712) hatten nur zwei Söhne: *Josef Anton* (1669–1724, V, 4) und Franz Johann (1673–1720, V, 6); Franz Johann wurde Geistlicher und starb als Domdekan zu Brixen. Josef Anton dürfte außer seinem Großvater Hans Gaudenz das einzige Familienmitglied sein, das in Mühlhausen residierte. Er war 1704 Vogteiverwalter (»Intendant du Marquisat«)[62] der Landgrafschaft Nellenburg in Stockach[63], 1710 vorderösterreichischer Regimentsrat und führte – wie von da ab die Nachkommen von Hans Gaudenz III. – den Namen Freiherr von Rost zu Aufhofen und Kehlburg, Herr zu Singen, Mägdeberg und Mühlhausen, Vollmaringen, Göttelfingen und Balgheim. Der Ehe mit der Freiin Kleopha von Schellenberg entsproß eine Tochter *Johanna Ursula Katharina* (VI, 6), die sich 1713 mit dem Grafen Karl Guidobald von Welsberg verheiratete. Die Trauung fand in der Ursula-Kapelle auf dem Mägdeberg statt. Der Großvater charakterisierte Johanna 1727 einmal als »verstrittige Repräsentantin ihres sel. Vaters«[64]. Deren Tochter *Maria Anna* (VII, 4) ehelichte 1751 Franz Leopold Thaddä von Hornstein zu Weiterdingen und Bietingen, der in einem jahrelangen Prozeß unter Berufung auf die direkte Abstammung seiner Frau von Dionis III. nach dem Tode des letzten Grafen Karl von Rost (1762) schließlich 1773 die Aufhebung des Fideicommisses und die Übertragung der Herrschaften Vollmaringen, Göttelfingen und Balgheim an ihn als Gemahl der Urenkelin zu erreichen verstand[65].

Josef Anton starb am 17. Februar 1724 an den Folgen eines tödlichen Unfalls in Stockach; sein Grabmal steht in der Mühlhauser Kirche hinter dem Hochaltar[66].

Der Vater Dionis mußte 12 000 Florin hinterlassene Schulden begleichen, deren Bezahlung seine Enkelin, die verwitwete Gräfin Welsberg, ablehnte, obgleich sie alle bewegliche Hinterlassenschaft an sich gezogen hatte[67]. Maria Johanna Katharina hatte sich von Anfang an gegen den Ausschluß der weiblichen Abkömmlinge von der Erbfolge gewandt.

Nach Franz Karl I. (1700) belehnte Kaiser Leopold dessen Söhne Johann Gaudenz III., Georg Horaz und Franz Karl II. (der aber als Kleriker ausschied) zusammen mit ihrem Onkel Dionis III. zur gesamten Hand mit den hegauischen Lehen am 29. Juli 1700; Johann Gaudenz reversierte als Träger seiner Brüder und seines Vatersbruders am 30. Juli 1700 zu Innsbruck[68].

Johann Gaudenz III. (V, 1), geboren am 4. September 1664 in Reutte, ergriff wie sein Vater Franz Karl I. den Beruf des Soldaten[69]. Zunächst studierte er zusammen mit seinem Bruder Franz Karl II. in Parma Rechtswissenschaften; die beiden widmeten 1683 eine gemeinsame Dissertation Kaiser Leopold I. 1700 war er als Obristleutnant des Lothringischen Regiments zu Fuß kommandierender Oberoffizier in Freiburg im Breisgau, im März 1701 Kommandant der Feste und Pfleger der Herrschaft Ernberg bis 1731. Am 29. Juli 1700 hatte ihn, wie erwähnt, Kaiser Leopold I. als Träger seiner Brüder und seines Onkels mit den Herrschaften Singen-Megdberg belehnt[70]. Im Spanischen Erbfolgekrieg sollte er nach Abzug des österreichischen Militärs (1703) die Feste mit unwilligen Bauern – zuletzt nur noch 90 Mann – beim sogenannten »Boarischen Rummel« verteidigen; nach dreitägiger Beschießung kapitulierte er, was ihm als Verrat angelastet wurde. Es gelang ihm indessen von Konstanz aus, wohin er sich zurückgezogen hatte, seine Unschuld zu beweisen (Verrat und Täuschung waren im Spiel), so daß er nach Wiedereroberung der Feste als Kommandant dorthin zurückkehrte[71]. – Noch einmal geriet Johann Gaudenz in eine schwierige Situation, als 1716 der Zarewitsch Aleksey nach Ernberg kam; auf Befehl Kaiser Karls VI. in strengster Schutzhaft gehalten, machten ihn dennoch die Häscher des Zaren Peter d. Gr. ausfindig, worauf Aleksej das Castell San Elmo in Neapel als Asyl angewiesen wurde[72].

Johann Gaudenz III., »Posessor der Herrschaft Singen«[73], war 1722 k. k. Kammerherr, Rat, General-Feldwachtmeister und Kriegsdirektor, 1731 Geheimer Rat, General-Feldmarschall-Lieutenant und Kriegsdirektor der ober- und vorderösterreichischen Lande (auch in Tirol). In seiner Herrschaft Megdberg ließ er sich von seinem Vogt Johann Jakob Allweiler (1722) vertreten. Kaiser Karl VI. belohnte seine über 50jährigen »ersprießlichen« Dienste mit ausdrücklicher zusätzlicher Würdigung der von den Freiherren von Rost »von einigen saeculis hern« dem durchlauchtigsten Erzhaus erwiesenen Dienste am 18. Juli 1739 mit der Verleihung des Grafendiploms für ihn selbst und seine eheliche Deszendenz beiderlei Geschlechts wie auch für seine ledige Schwester Maria Elisabeth Freiin von Rost[74]. Als beim Tode von Dionis III. 1730 nur noch die Enkelin Johanna Ursula am Leben war, die ihm als Lehenträgerin nicht nachfolgen konnte, ging sein Anteil mit diesem Jahr auf Johann Gaudenz III. und den kinderlosen Georg Horaz über, nach dessen Ableben 1739 Johann Gaudenz alleiniger Herr des Fideicommisses war[75].

Johann Gaudenz III. schloß 1700 den Bund der Ehe mit der Breisgauerin M. Theresia Freiin von Neveu zu Windschlag, die ihm elf Kinder gebar; sieben von ihnen starben im kindlichen Alter. – Johann Gaudenz verschied im Alter von 84 Jahren am 14. Januar 1748 in Innsbruck; sein Grabstein befindet sich jetzt in der dortigen Serviten-Kirche, während der Epitaph seiner bald danach (21. Juni 1749) im Alter von 71 Jahren verstorbenen Frau in der Ursulinen-Kirche steht.

Der jüngere Bruder Johann Gaudenz' III., *Georg Horaz* (1675–1738, V, 2), Freiherr von Rost zu Aufhofen und Kehlburg, Herr zu Singen, Megdberg, Vollmaringen, Göttelfingen, Mühlhausen, war seit 1722 Hofkammerrat (1713–1721 Steuerkommissar bei der Hofkammer in Innsbruck, danach ab 1735 Kurfürstlich-Pfalz-Neuburgischer Hofkammerrat und Geheimer Rat)[76]. Er starb unverheiratet und wurde in der Pfarrkirche Breitenwang beigesetzt. – Der dritte Bruder *Franz Karl II.* (1662–1731, V, 3) starb ebenfalls ledig als Pfleger in Zusmarshausen bei Augsburg.

Nach Johann Gaudenz III. übertrug Kaiserin Maria Theresia die hegauischen Herrschaften seinem ältesten Sohn *Franz Karl III. Thadäus* (1701–1762, VI, 1)[77], zugleich Lehenträger seines Bruders Konstantin Dominik[78]. Franz Karl studierte in der Adelsakademie des Klosters Ettal[79], wurde 1734 Hofkammerrat in Innsbruck und war von 1731 bis 1738 Pfleger der Herrschaft Ernberg; 1731 hatte man das Amt des Pflegers und des Kommandanten getrennt. Danach finden wir ihn als o. ö. Geheimer Rat, Kämmerer, Vizepräsident der oberösterreichischen Lande und als Tiroler Landmann in Innsbruck, wo er in der Maria-Theresien-Straße 34 seit 1724 ein Palais bewohnte, das seit 1784 Enzenberg-Palais heißt. Franz Karl, geboren in Reutte, verheiratete sich am 12. Januar 1732 mit der Gräfin Anna Maria Fugger zu Kirchberg und Weißenhorn (1713–1766); die einzige Tochter M. Anna Elisabeth (1732–1794, VII, 1) wurde Nonne im Kloster Paradies[80].

Konstantin Dominik (1720–1756, VI, 3)[81] wurde in Reutte geboren, 1728 Studium im Kloster Ettal. Heirat um 1749 mit Maria Theresia Gräfin von Welsberg zu Primör und Langenstein. Das Ehepaar hatte zwei Töchter: Maria Theresia (1750–1802, VII, 2), die im Alter von 17 Jahren die Ehe mit Graf Franz von Lodron schloß, und *Maria Walburga* (1755–1828, VII, 3)[82], die 1771 den Grafen Franz Josef I. Seraphicus von Enzenberg zum Mann nahm. Die Mutter Maria Theresia starb 1755 – zwei Wochen nach der Geburt von Walburga –, der Vater Konstantin ein Jahr später am 15. März 1756 in Innsbruck. Sein Epitaph ist in der Serviten-Kirche. – Der Bruder Franz Karl III. nahm sich der beiden Nichten an und vermachte ihnen seine Besitzungen, da seit dem Lehenbrief von 1739 nun auch die ehelichen weiblichen Nachkommen erbberechtigt waren. Er starb als letzter Herr von Singen und Mägdeberg, Vollmaringen und Göttelfingen, deren Verwaltung er Obervögten überließ. Franz Karl wurde, wie auch seine Gemahlin, in der Serviten-Kirche zu Innsbruck beigesetzt. – Nach seinem Tod kam es zu langwierigen Erbauseinandersetzungen, die schließlich damit endeten, daß Maria Theresia und Maria Walburga für die hohenbergischen Herrschaften eine Abfindung von 51 000 Florin erhielten; die Herrschaften Singen-Mühlhausen fielen Maria Walburga zu, ihre Schwester wurde abgefunden[83].

In dem Zusammenhang sind noch drei Mitglieder der Familie zu nennen: *Dionis IV.* (1716–1793, VI, 2)[84]. Geboren in Reutte als neuntes von elf Kindern, Bruder von Franz Karl III. und Konstantin Dominik, 1727 in der Ettaler-Ritterakademie, 1733 Jesuiten-Colleg Germanicum in Rom, 1734 Domherr in Chur. Als Domdechan traute er seine Nichte Maria Walburga. 1777 zum Bischof von Chur gewählt, belehnte ihn 1779 Kaiser Josef II. mit der Reichsfürstenwürde (Fürstbischof). Der bedeutende Förderer der Wissenschaften starb am 31. Oktober 1793; als Mitglied der Singener Herren von Rost bezog er bis zu seinem Tod von diesen Besitzungen eine Apanage[85].

Franziska Leopoldine (VI, 5), als Tochter von Johann Gaudenz III. 1713 in Reutte geboren, war eine Schwester des vorgenannten Fürstbischofs von Chur. Sie wurde am 9. März 1756 Äbtissin des bei Schaffhausen gelegenen Klosters Paradies, starb jedoch schon zwei Monate nach ihrer Wahl. Ihre Mutter, die Gräfin Anna Maria Fugger, die »Generalin«, stiftete dem Kloster 1000 Florin; zum Unterhalt des Ewigen Lichtes wurden 1767 aus ihrem Nachlaß 400 Florin vergabt[86]. – Ihre Cousine *Dorothea Felicitas* (1672–1749, V, 5), Tochter von Dionis III., legte 1688 im Benediktinerinnen-Kloster Münsterlingen die Profeß ab und wurde dort 1728 zur Äbtissin gewählt. In der Klosterkirche, deren Innenausbau wohl unter ihrer Regierung erfolgte, findet man im Chorgitter und an beiden Seitenaltären ihr Wappen: geviertet mit Herzschild, zweites und viertes Feld das Münsterlinger Malteserkreuz, erstes und drittes Feld je auf ein Achtel reduziert der Hundekopf und der Dreispitz[87].

Anmerkungen

[1] FRANCO DELTEDESCO, Livinallongo-Fodóm, Aspetti storico-geografici, Istituto Bellunese di Ricerche sociale e Culturali, Serie »Quarderni« Nr. 24, o. J.

[2] ALOIS VITTUR, Enneberg in Geschichte und Sage, 1912, S. 293–295.

[3] Frdl. Auskunft von Univ.-Prof. Dr. mult. Dr. h. c. mult. Nikolaus Grass, Innsbruck, vom 29.11.1987. Die Pfleger sind also vielfach als Vorgänger der heutigen Bezirkshauptleute in Österreich (Landräte in Deutschland) anzusehen. Vgl. OTTO STOLZ, Politisch-historische Landesbeschreibung von Südtirol, Schlern-Schriften Bd. 40, Innsbruck 1937/39; ders., Politisch-historische Landesbeschreibung von Nordtirol, in Archiv für österr. Geschichte, 102. und 107. Bd., Wien ca. 1926/27. Siehe ferner Handwörterbuch zur deutschen Rechtsgeschichte, Berlin 1984, Bd. III, S. 1730–1734; allerdings sind Österreich und Tirol zu wenig berücksichtigt. Enzyklopädie der Rechtswissenschaften in systematischer

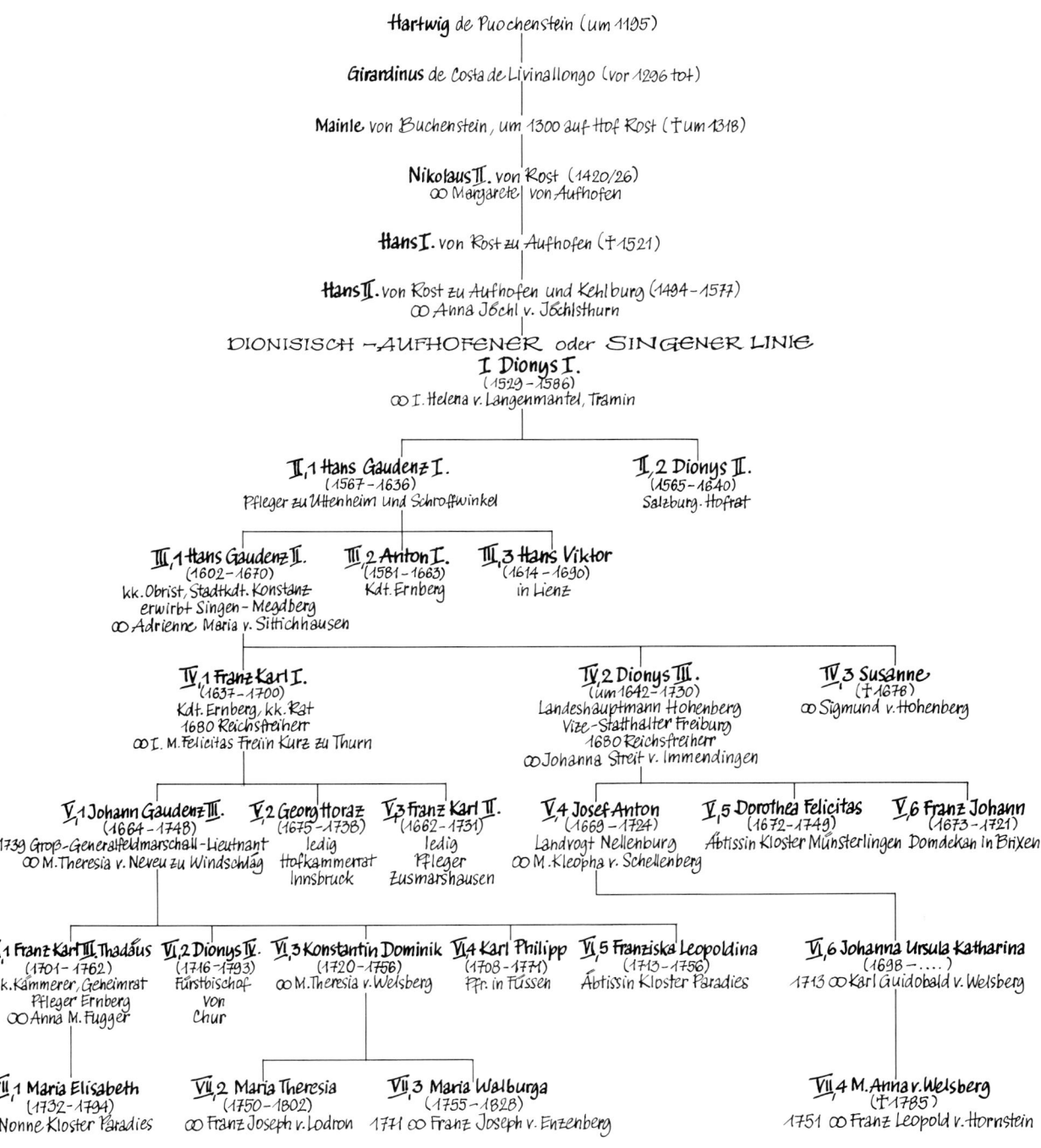

⁴ GUNTHER LANGES, Ladinien, Bozen 1985, S. 181–183.
⁵ ELGA EMPERGER, Die im Mannesstamm erloschene uradelige Familie von Rost zu Aufhofen und Kehlburg, Zs Der Schlern, 1951, S. 213–221. – RUDOLF HUMBERDROTZ, Das Tagebuch des Johannes Sigmund von Rost zu Kehlburg und Aufhofen (1653–1729), Schlern-Schriften Nr. 114, Innsbruck 1956; hierin eine Familiengeschichte S. 6–12. – Dr. Humberdrotz war mit Felicitas von Rost (geb. 1912), der letzten Angehörigen dieser Familie, verheiratet; sein Schwager Dr. Hans von Rost war 1944 als letzter männlicher Sproß der Familie gefallen. Dr. Humberdrotz (1896–1975) plante die Herausgabe einer rostischen Familiengeschichte; es liegt hierüber eine Korrespondenz mit Herbert Berner aus dem Jahre 1961/62 vor. Leider kam es nicht dazu. Die im Nachlaß Humberdrotz befindliche Sammlung von Urkundenauszügen und Dokumenten mit Aufzeichnungen über Leben und Wirken einzelner Familienmitglieder übergab die Witwe ihrem Cousin Kommerzialrat MANFRED RHOMBERG in Dornbirn, der in dankenswerter Weise hiervon eine Dokumentation über die Familie von Rost zu Aufhofen und Kehlburg herausgab (Dornbirn, Innsbruck 1978, Selbstverlag), zitiert RHOMBERG. – FRANZ SÄTTELE, Geschichte der Stadt Singen am Hohentwiel, 1910, S. 41–43; Sättele hatte Zugang zu den Enzenberg-Archiven in Singen und in Schwaz. In der als Anlage 1 beigegebenen Stammtafel der Rost sind nur wenige Jahreszahlen zu berichtigen. Heute befinden sich die Familienunterlagen der Rost auf Schloß Tratzberg/Tirol, Archiv-Nr. V 14 a bis w. – Oberbadisches Geschlechterbuch, Kindler von Knobloch, Bd. III, S. 627–630; auch hier sind nur wenige Daten zu korrigieren.
⁶ RHOMBERG, S. 43, 260; Kindler von Knobloch, S. 627.
⁷ OTTO STOLZ, Deutsche Zolltarife des Mittelalters und der Neuzeit, Teil I, Tirol und Vorarlberg, Wiesbaden 1955, S. 134.
⁸ STOLZ, a.a.O., S. 1, 36.
⁹ EAS – A I 5/2 = 371.
¹⁰ EAS – F II 3/1 = 1102.
¹¹ HUMBERDROTZ, S. 8.
¹² ALOIS VITTUR, a.a.O., S. 293 f. – Die Siedlung bestand im 18. Jahrhundert aus 2 Höfen, 1 Ansitz, 1 Bauernhaus, 1 Hausmühle, 2 Futterhäusern; GERDA RICHTER-SANTIFALLER, Die Ortsnamen von Ladinien, Schlern-Schriften Nr. 36, Innsbruck 1937, S. 98 f. Für Vermittlung dieser Publikationen danke ich Pfarrer Marcus Graffenara.
¹³ Nach Auskunft von Pfarrer Marcus Graffenara vom 16.11.1987 sind im Taufbuch I der Pfarre Enneberg (1606–1717) 35, im Taufbuch II (1717–1784) 2 Namen, im Trauungsbuch I (ab 1609) 9 Namen und im Totenbuch (ab 1605) 23 Namen der rostischen Familie verzeichnet. Damit wäre die Meinung von Humberdrotz, der 1643 verstorbene Jacob Heinrich von Rost sei letzter Besitzer des Rosthofes gewesen, zu berichtigen; RHOMBERG, S. 422. Nach VITTUR, a.a.O., S. 296, erlosch die Familie der Besitzer des Stammschlosses Ras mit dem Chorherrn von Innichen, Joseph von Rost, 1805. – In der Literatur unberücksichtigt blieb auch der von Hans Gaudenz I. von Rost 1624 der Enneberger Pfarrkirche gestiftete Taufstein mit seinem Wappen.

¹⁴ JOSEF WEINGARTNER, Die Kunstdenkmäler Südtirols, 7. Aufl. 1985, Bd. I, S. 541.
¹⁵ HUMBERDROTZ, Stammtafel; RHOMBERG, S. 117; EMPERGER, a.a.O., S. 220.
¹⁶ RHOMBERG, S. 47, 77.
¹⁷ HUMBERDRO, a.a.O., S. 14.
¹⁸ RHOMBERG, S. 248, 273, 377–380.
¹⁹ Frdl. Auskunft von Richard Lipp, 12.11.1987; RHOMBERG, S. 119 f., 173, 175. – Pfleger und Kommandanten in Ernberg:

Johann Gaudenz II.	1637–1651
Anton (Bruder)	1651–1662
Franz Karl I.	1662–1700
Johann Gaudenz III.	1700–1731
Franz Karl III.	1731–1738

Aufgrund dieses Amtes und des lange währenden Wohnsitzes in Reutte i. T. spricht man neuerdings auch von einer »Reuttener Linie« der Rost, obgleich die Familie hier keine größeren Liegenschaften oder gar eine Herrschaft besaß.
²⁰ ALBERT, Radolfzell, S. 285, 290, 400 f., 410; leider besitzt das Stadtarchiv Konstanz keine Unterlagen über Johann Gaudenz als Stadthauptmann.
²¹ OTTO FEGER, Konstanz als österreichische Stadt, in Vorderösterreich, hg. von FRIEDRICH METZ, 2. Aufl. 1967, S. 642; OTTO FEGER, Kleine Geschichte der Stadt Konstanz, 2. Aufl. 1967, S. 160. Feger lobt die gute Arbeit der österreichischen Verwaltung. KB Konstanz III, S. 406.
²² Frdl. Auskunft von M. Kuthe, Stadtarchiv Konstanz, 16.11.1987.
²³ Konstanzer Häuserbuch, hg. von BEYERLE-MAURER, Bd. II, 1908, S. 369.
²⁴ EAS – A I 15/1 = 1015, 1668 XII 19. StA Konstanz, Fertigungsprotokoll HV Bd. 14, Fol. 509. – Nach dem Ratsprotokoll 1665 IV 29 nahm der Rat auf Bitten des Pfarrers Johann Buochegger zu »Büßlingen im Hegöw« seines Bruders Sohn Johannes Buochegger, Gerber, als Bürger auf; er hatte um 450 Florin die Behausung seines Vetters Jakob Würth am Gerberbach erworben und das Bürgerrechtsgeld bar entrichtet; Buchegger wollte eine Bürgerstochter heiraten. Ratsprotokoll Konstanz 1665, B I 145, S. 236; Bürgerbuch A IV/19, S. 14.
²⁵ RHOMBERG, S. 377.
²⁶ Die Witwe des letzten Freiherrn Josef Franz Anton von Hohenberg (1690–1725), Maria Anna Vöhlin von Frickenhausen († 1768), heiratete Johann Rupert von Raßler. Auf diese Weise gelangten rostische Archivalien und ein Portrait von Hans Gaudenz II. in den Besitz des Freiherren von Raßler auf Schloß Weitenburg (seit 1720) bei Horb; F. K. OSANN, Das Archiv Weitenburg, eine Fundgrube für geschichtliche Quellen aus dem Hegau, Zs. Hegau 20 (1965), S. 301–306. – Frdl. Auskunft der Frfr. G. von Rassler vom 14.12.1987.
²⁷ SIEGFRIED KREZDORN, Miliz in Hohenberg, Reorganisation nach dem Dreißigjährigen Krieg, in Hohenberger Warte, Jhrg. 17, Nr. 3, Juli 1970.
²⁸ EAS, Urk. 113 von 1652 I 5 Innsbruck.
²⁹ EAS – A I 23/2 = 859, 1651 VII 22.
³⁰ JOSEF GRONER, Die Chroniken der Stadt Pfullendorf, 1982, S. 568 f.

31 EDUARD WIDMOSER, Österreich ringt um den Hohentwiel, in BERNER, Hohentwiel, S. 194; MARTENS, Hohentwiel, S. 112–115; RHOMBERG, S. 238 f.
32 WIDMOSER, S. 195; ein interessanter Bericht von Johann Gaudenz über die Besetzung des demolierten Schlosses Gaienhofen, Konstanz 1648 III 22, findet sich bei H. BERNER, Wiederhold-Stiftung, Hegau 6 (1958), S. 168 f.
33 Vgl. SIGRID WIEMANN, Die Rechtsverhältnisse des Hohentwiels in der Landgrafschaft Nellenburg, in: Hegau 46 (1989).
34 MARTENS, a. a. O., S. 134, 139.
35 BENEDIKT BILGERI, Gesch. Vorarlbergs, Bd. III, 1977, S. 181. Dazu KREZDORN, a. a. O. – In Konstanz befürchtete man Anfang 1656 kriegerische Auseinandersetzungen mit den Eidgenossen. Zur Sicherheit des Friedens forderte Stadthauptmann von Rost Miliz aus Hohenberg an.
36 Geschichte der Stadt Stein am Rhein, 1957, S. 217.
37 EAS, Urk. 29 von 1651 XI 15.
38 Näheres dazu in dem Beitrag Herrschaft Singen-Mägdeberg, in diesem Bd. S. 253 ff.
39 KB Konstanz IV, 1984, S. 768.
40 EAS, Urk. 42.
41 DANNER, Die Herren von Bodman und ihre Herrschaft, S. 13; F. GÖTZ, Bodman, S. 72; Bodman-Regesten Nr. 1322, 1656 VIII 21.
42 DOBLER, Burg und Herrschaft Mägdeberg, 1959, S. 124–126.
43 Deutscher Glockenatlas, Bd. IV, Baden, S. 378 f., Nr. 1028. – Etwa um die gleiche Zeit beschafften sich die Mühlhauser 1650, 1664 und 1666 drei weitere Glocken, davon je eine für die Josephs-Kapelle und für das alte Rathaus.
44 EAS, Urk. 49.
45 RHOMBERG, S. 422.
46 GLA 44/396, 19; EAS Urk. 49.
47 RHOMBERG, S. 97, 117 f., 213 f., 273, 425–428.
48 RHOMBERG, S. 214, 248, 422–424.
49 Ob auf diese Berufung die 1649 geschlossene Ehe seiner Schwester Susanne (gest. 1678) mit Sigmund Freiherrn von Hohenberg einen Einfluß ausgeübt hat, vermögen wir nicht zu sagen. Karl Sigmund war bis kurz vor seinem Tode 1678 hohenbergischer Landeshauptmann. – 1694 nahm Dionis als Landeshauptmann für seinen Neffen Gaudenz Sigmund Freiherrn von Hohenberg die Huldigung in Oberndorf entgegen, RHOMBERG, S. 208. Vgl. Anm. 26.
50 DOBLER, Hohenkrähen, S. 347–351; 371–374. Von dieser Tätigkeit zeugt u. a. eine im Archiv der Freiherrn von Reischach verwahrte Urkunde vom 17.09.1680 Innsbruck, betr. einen von Dionis im Auftrag Hochers durch Johann Friedrich Ebinger von der Burg geschlossenen Vergleich über Rechte und Güter auf den Gemarkungen Hausen an der Aach und Schlatt unter Krähen; Reischach-Inventar, hg. von HELMUT MAURER, 19, Urk. Nr. 194.
51 1657 I 25 verkaufen Hans Erhard von Ow zu Wachendorf, Christoph Wilhelm Freiherr von Freiberg und Eisenberg und Adam Heinrich von Ow zum Eyssinger Tal, Maria Anna von Sandizell und ihre beiden Beiständer Hans Melchior Kechler von Schwandorf und Wildhans von Ow zu Sterneck, Vettern der verwitweten Maria Anna geb. von Neuhausen, die von Marx Kaspar von Neuhausen herrührenden Rittergüter Vollmaringen und Göttelfingen an Jakob Streit von Immendingen; ZA. Z. Urkunde. – HANS-PETER MÜLLER, Ortsherren von Vollmaringen, in 700 Jahre Vollmaringen 1287–1987, Eine Ortsgeschichte mit Dokumenten, Bildern und Zeichnungen, Horb a. N. 1987, S. 32–35 (Herren von Neuhausen 1545–1630/35; Otto von Ow 1631/35–1656).
52 EAS F II 5/2 = 1123; die Streit von Immendingen sind vielleicht mit den Jäger, genannt Spätt, verwandt, die ebenfalls den Beinamen Streit führten, 1504 ausgestorben. Über Jakob Rudolf Streit von Immendingen findet sich bei WILHELM BAUMANN, Immendingen, Geschichte eines ehemaligen reichsritterschaftlichen Fleckens, Karlsruhe 1937, S. 75, nur in der Anmerkung 90 der Bemerkung, daß er 1652 markgräflich badischer Rat und gräflich Ebensteinscher Obervogt von Gernsbach gewesen ist. Vgl. Württ. Adels- und Wappenbuch, Bd. E, 1975, S. 375 f. – Das Zentralarchiv Zeil in Schloß Zeil verwahrt Adelsdiplome, Stammbäume und Wappen der Familien von Rost und Streit von Immendingen (ZA. Z. 2253) und Heiratskontrakte (ZA. Z. 2254); Streit wurde 1657 in die Reichsritterschaft des Kantons Neckar-Schwarzwald-Ortenau aufgenommen, ZA. Z. 2255.
53 HANS-PETER MÜLLER, Vollmaringen, a. a. O., S. 35–38. – JOACHIM B. SCHULTIS, 700 Jahre Vollmaringen. Die besondere Geschichte eines ehemals reichsritterschaftlichen Dorfes, in Der Landkreis Calw, Jahrbuch Bd. 5, 1987, S. 41–52. Dionis III. wird hier als »typischer Aufsteiger« bezeichnet (S. 47). Dies trifft so nicht zu, denn er gehörte einer Familie an, die es insgesamt seit zwei Generationen in der österreichischen Verwaltung, beim Militär und beim Klerus zu hohen Positionen und Würden gebracht hat. Die Karrieren haben etwas zu tun mit Tüchtigkeit, Fleiß und Eignung, aber auch mit guten Heiraten – nicht zuletzt wurzelnd in einem ausgeprägten Familiensinn. Eine »standesgemäße eigene Herrschaft«, die seinem Stand angemessen war, hatte er vom Vater ererbt. Die Rost lassen sich vergleichen mit den Herren von Raitenau. Vgl. FRANZ GÖTZ, Die Familie von Raitenau im Bodenseeraum und die Herrschaft Langenstein, in Katalog Fürsterzbischof Wolf Dietrich von Raitenau, Gründer des barocken Salzburg, 1987, S. 12–20.
54 Siehe den Beitrag Winterquartiere und Schanzarbeit 1675–1695, in diesem Band S. 330.
55 Stadtarchiv Stein am Rhein, Korrospondenzen VA 140; Stadtarchivar Max Ambühl übermittelte dankenswerterweise Kopien der Rostschen Korrespondenzen VA 136–141.
56 Geschichte der Stadt Stein am Rhein, S. 228 f. Mit der Bezeichnung »Herr des Hohenkrähen« ist die Hochersche Administration gemeint. Im übrigen war nicht Dionis, sondern ein entfernter Verwandter Johann Anton von Rost zu Aufhofen und Kehlburg, Herr zu Schrottwinkel, außerordentlicher Gesandter des Kaisers in der Schweiz, RHOMBERG, S. 97.
57 Seit 1702 befand sich in Bregenz ein »Vetter« Ferdinand Karl von Rost zu Aufhofen und Kehlburg als vorarlbergischer Landobrist, später Oberstshauptmann und Landeskommandant; BILGERI, Geschichte von Vorarlberg, S. 205, 232, 241, 245 ff.
58 HELGA STAUDINGER, Beamtenschematismus der drei o. ö. Wesen in den Jahren 1679–1710, Diss. Innsbruck 1968, S. 126–131. Danach war Dionis III. seit 1685 Regimentsrat und hohenbergischer Landeshauptmann, 1703 Geh. Rat,

1706 Vize-Statthalter in Freiburg i. Br. – Die diesbezüglichen Angaben bei Kindler von Knobloch sind zu berichtigen.

[59] EAS-G I 1/2 = 1220.
[60] EAS-G I 2/5 = 1154.
[61] Frdl. Mitt. von Stadtarchivar Dr. Kempf, Nagold, vom 27.07.1987.
[62] EAS-A II 1/1 = 1008.
[63] OTTO SCHULER, Aus der Forstgeschichte der Landgrafschaft Nellenburg um 1700, Hegau 2 (1956), S. 135 f.
[64] EAS-G I 2/5 = 1154; sie hatte ihren Pflichtteil mit 25 000 Florin bekommen, war jedoch mit der Errichtung des Fideicommiß nicht einverstanden.
[65] Hornstein und Hertenstein, S. 594, 598 f.; GÖTZ-BECK, Schloß und Herrschaft Langenstein im Hegau, Hegau-Bibliothek 22, Singen 1972, S. 175, 188; HANS-PETER MÜLLER, Vollmaringen, a.a.O., S. 38 f. – Umfangreiche Akten über den Erbschaftsstreit im Zentralarchiv Zeil, ZAZ 2267, 2268. – Die Tochter Johanna von M. Anna und Franz Leopold Thaddä von Hornstein heiratete 1774 den Erbgrafen Maximilian Wunibald von Waldburg-Zeil-Trauchburg, den nachmaligen ersten Fürsten von Waldburg-Zeil-Trauchburg. Gräfin Johanna erbte 1785 von ihrer Mutter M. Anna geb. von Welsberg Vollmaringen, Göttelfingen, Balgheim und die halbe Herrschaft Zimmern. Bis zum Tode ihres Vaters Franz L. Th. von Hornstein 1792 überließ sie diesem die Administration und das halbe Nutzungsrecht der Herrschaften, danach übertrug sie diese Rechte ihrem Gemahl Maximilian Wunibald. Auf diesem Wege gelangten auch Rostsche Achivalien in das Zeiler Archiv. Frdl. Auskunft von Rudolf Beck. Fürstlich Waldburg Zeil'sches Gesamtarchiv Schloß Zeil vom 12.12.1987. – Vgl. Anm. 52.
[66] DOBLER, Mägdeberg, S. 126.
[67] EAS-G. I 2/5 = 1154.
[68] GLA 44/396, 12.
[69] RHOMBERG, S. 41, 62, 214, 248, 279, 451–457, 475. – KARIN LINKE, Beamtenschematismus der drei o. ö. Wesen unter Karl VI., Diss. Innsbruck 1967, S. 26.
[70] EAS Urk. 56; GLA 44/396, 12.
[71] JÄGER P. ALBERT, Tirol und der bayerische Einfall im Jahr 1703, Innsbruck 1844, S. 266 ff.
[72] Aleksej kehrte 1718 nach Moskau zurück, wo er zum Tode verurteilt und hingerichtet wurde.
[73] EAS-A I 15/1 = 1015; Johann Gaudenz III. lieh u. a. der Stadt Radolfzell zweimal Geld: 1708 6000 Florin, 1710 1800 Florin; Radolfzell, Repertorium Nr. 512, 513.
[74] Zit. nach RHOMBERG, S. 92, 454 f.; es war das 442ste Grafendiplom.
[75] Vgl. DOBLER, Hohenkrähen, S. 126 f.; die Genealogie wurde berichtigt. GLA 44/396, 17, 1739 XII 1, Innsbruck; 44/396, 18, 1741 VI 6, Innsbruck. 1741 Belehnung durch K. Maria Theresia, GLA 44, 396, 18. – Johann Gaudenz ist der Erbauer des Mühlhauser Schlosses (1735); EAS F II 5/4 = 1166, und hielt sich zeitweilig in seiner Herrschaft auf.
[76] RHOMBERG, S. 97, 118 f., 214, 458 f.; EAS E IV 2/2 = 156. K. LINKE, a.a.O., S. 28.
[77] RHOMBERG, S. 472–475.
[78] GLA 44/396, 22, 1748 IV 23.
[79] Die unter Abt Placidus II. (1709–1744) gegründete Ritterakademie Ettal bestand bis 1744 ca. 31 Jahre; hier studierten etwa 400 Jugendliche, darunter fünf Rost, des deutschen und österreichischen Adels; RHOMBERG, S. 111; K. LINKE, a.O., S. 82.
[80] RHOMBERG, S. 482.
[81] RHOMBERG, S. 249, 281, 468.
[82] RHOMBERG, S. 481 f.
[83] Hornstein und Hertenstein, S. 594–599.
[84] RHOMBERG, S. 249, 469–471; Hist. Biograph. Lexikon der Schweiz, Bd. V, S. 709; II, 587. – HERMANN SCHLAPP, Dionys von Rost (Diss.), Helvetia Sacra, Bd. 1, Bistum Chur.
[85] RICHARD LIPP, Dionys Graf von Rost, ein Reuttener als Fürstbischof, Reuttener Gemeindeblatt.
[86] RHOMBERG, S. 474, 482 f. – KARL SCHIB, Geschichte des Klosters Paradies, Schaffhausen 1951, S. 82, A 104, S. 106.
[87] Frdl. Mitt. von Willi Schädler, Arbon, vom 31.03.1963; RHOMBERG, S. 460.

Die Herrschaft Singen/Mägdeberg unter den Herren von Rost

von Herbert Berner

Der erste Singener Grunderwerb durch den Obristen und Konstanzer Stadthauptmann Johann Gaudenz von Rost[1] erfolgte (nach dem Kauf eines Rebgartens 1652) im Frühjahr 1653. Damals veräußerten Jacob Schwartz, genannt Klein, Peter Allweyler und Martin Reize als Vögte der Jacob-Schwartzschen Erben sowie Hans Graff, Jacob Degen, Michel Schmidt und Martin Reitz (Reitze) mehrere freie und eigentümliche Wiesen und Äcker gegen insgesamt 228 fl. 30 xr an den hochedelgeborenen Johann Gaudenz von Rost; den Vertrag beurkundeten Vogt, Bürgermeister und Gericht des österreichischen Fleckens Singen im Hegew; als Zeugen fungierten der nellenburgische Amtmann Balthasar Kalt und der Landschreiber Johann Jacob Frey[2]. Am gleichen Tage erwarb Johann Gaudenz von dem ehrsamen und bescheidenen Jacob Schwartz, genannt Döbinger, um 800 fl. das Erblehen Embserhof (für den ein eigenes Urbarium vorlag) neben dem Niederhof, ebenfalls mit Kalt und Frey als Zeugen[3]. Einen Monat später, am 25. April 1653, folgte der Kauf der Hofstatt des Jacob Degen an der freien Landstraße nach Stein und an des Käufers Gütern um 30 fl.[4]. Die wichtigste Erwerbung war indessen der von Nellenburg lehenbare Niederhof, den Erzherzog Ferdinand Carl am 8. Juli 1653 seinem Obristen nach dem Tod des bisherigen Inhabers Michael Vorster als beständiges Erb- und Zinslehen überließ, mit der Weisung, daß das ehemalige Erblehen Embserhof von Jacob Schwartz künftig dem Niederhof inkorporiert sein solle[5].

Der Grund für die Seßhaftwerdung in Singen dürfte darin zu sehen sein, daß der Erzherzog in unmittelbarer Nähe der Festung Hohentwiel einen zuverlässigen Statthalter wissen wollte. In der Belehnungsurkunde von 1655 wurde Johann Gaudenz von Rost verpflichtet, dem Erzherzog die Orte offenzuhalten und ihn und die Seinen darin aufzunehmen auf des Erzherzogs Kosten. Wahrscheinlich bot sich der Einstieg erst durch den Heimfall der beiden Lehengüter an. Zwei Jahre früher nämlich, am 15. November 1651, hatte Erzherzog Ferdinand Carl seinem Rat, Kammerrat, Obristen und Hauptmann der Stadt Konstanz die Herrschaft Tengen als Pfandlehen gegen 18 000 fl. auf 12 Jahre übertragen[6]. Im April 1663 wurde die Herrschaft Tengen an den Fürsten Auersperg gegen Erstattung des Pfandschillings überwiesen. Diese Herrschaft hatte Johann Gaudenz von Rost in gänzlich ruiniertem Zustand angetreten; er half den Untertanen mit Vieh und Geld (1000 fl.) und erwarb u.a. um 3000 fl. den Haslacher Hof, den er neu aufbaute; ferner erbaute er einen Ziegelofen. Rost wurde mit 18 554 fl. 37 xr für den erlegten Pfandschilling entschädigt[7].

Mit Urkunde vom 23. Februar 1655 erhielt der Obrist den von allen Schulden unbekümmerten Flecken Singen samt der dazugehörigen Mühle, den Höfen Remishof und Niederhofen und dem kleinen Dörflein Arlen mit niedergerichtlicher Botmäßigkeit und dem kleinen Weidwerk in Zwing und Bann der genannten Orte um 21 000 fl. auf 20 Jahre als ein Pfandlehen; die hohe Rotwildbret behielt sich der Landesherr vor, der hierfür einen eigenen Jäger unterhielt. Für Malefizsachen war – wie bisher – Nellenburg zuständig, während die Appellationen hinfort aus besonderer Gnade vor die oberösterreichische Regierung in Innsbruck gebracht werden sollten; ebenfalls neu angeordnet wurde, daß künftig nicht mehr Nellenburg, sondern die landständische Kasse zu Ehingen die genannten Orte mit 6 oder 7 »Soldt« (militärische Beiträge) belegen solle. Da der Flecken keine eigentümliche Waldung und Holz hatte, wurde Rost für die Dauer der Pfandschaft verwilligt, jährlich 80 Klafter Holz auf eigene Kosten aus dem Rietemer Wald holen zu dürfen. Ferner erhielt Rost für diese Zeit den Zoll zu Singen gegen ein Drittel dessen, was der jetzige Zoller zu reichen schuldig war. Nach Ablauf der 20 Jahre wollte der Erzherzog bei rechtzeitiger Aufkündigung die Herrschaft »nach Gelegenheit« gegen Bezahlung des Pfandschillings ablösen. – Das Verhältnis der Herrschaft zur Landgrafschaft Nellenburg blieb vorderhand ungeregelt; ein späteres Memoriale (ca. 1748) erinnerte zu Recht daran, daß die vor 1655 an das Oberamt Nellenburg verführten Appellationen nicht mehr dahin, sondern an die oberösterreichische Regierung in Innsbruck gehen sollten[8].

Wiederum zwei Jahre später, am 1. Februar 1657, übergab der Erzherzog seinem Obristen Schloß und Herrschaft Mägdeberg samt dem Dorf Mühlhausen mit allen dazugehörenden Rechten und Gerechtigkeiten, wie sie vordem der 1656 ohne Söhne verstorbene oberösterreichische Kammerrat Hans Jacob Buchenberg zu

Merßdorf mitsamt den vorhandenen Gefällen um 26 000 fl. Pfandschillinge guter tirolischer Landeswährung zu Lehen getragen hatte, jedoch mit dem Vorbehalt der Wiedereinlösung nach Aufkündigung ein halbes Jahr zuvor. Auch die Regalien und die hohe Obrigkeit sollte Rost der Verleihung von 1529 gemäß innehaben; das Eiteleck von Reischach für seine Verdienste um das von den Türken belagerte Wien zugestandene Privileg der hohen Gerichtsbarkeit, d.h. Verhängung und Vollstreckung der Todesstrafe, war bis zum Aussterben seiner Linie 1620 in Kraft geblieben[9].

Dies sind die Daten und Fakten der Errichtung der durch den Dreißigjährigen Krieg schlimm verwüsteten Herrschaft Singen/Megdberg. Es fällt auf, daß Singen wertmäßig geringer veranschlagt war und keine hohe Gerichtsbarkeit besaß. Bereits 1660 wurde die zeitlich begrenzte Belehnung aufgehoben, und die beiden Pfandherrschaften Singen und Mägdeberg wurden gegen Entrichtung eines Ehrschatzes von 3000 fl. in ein Mannlehen dergestalt umgewandelt, daß es bei Johann Gaudenz von Rost und seinen männlichen Erben verbleiben durfte, jedoch sollte der weibliche Stamm so lange nicht ersetzt werden, bis die Pfandschillinge mit 47 000 fl. erlegt seien.

Um 1710 erläuterte Horatio von Rost die Modalitäten dieser pfandschaftlichen Belehnung: Daß nämlich Johann Gaudenz von Rost »anstath der iährlichen Zinßen selber nuzen vnd nießen möge vnd zwar also, das er von denen gehobenen nuzungen vnd einkhonften khaine rechnung thun derffe, sondern alle vnverrechnet ihme in handen verbleiben sollen, doch mit deme, das Jro Erzfürstl. Durchlaucht gegen ruggestattung des Pfandschillings vnd angewent Paw vnd beßerung die widerloßung iedes mahl vnd auf ewig vorbehalten sein solle«[10].

Am 2. November 1666 verwilligte Erzherzog Leopold seinem Obristen »vmb Willen seiner habenden meriten vnd andrer eingeführten Motiven die Lehens-Investitur vmb die zwei Herrschaften Singen vnd Meggberg samt dem Dörflen Arlen« nach dem Ableben der Erzherzöge Ferdinand Carl und Sigmund Franz »de novo«[11].

Johann Gaudenz und seine Nachfolger betonten immer wieder, daß die Gelder für die beiden Herrschaften nur »mit höchstem schaden und verlegenheit« beschafft werden konnten. Den alten Ritterort Singen (»geförlicher orth«) habe er erst einmal »ausreuthen, mit Reben belegen, Weingärten mit Holz versehen und aufrichten und so die ersten Jahre etliche tausend Gulden umsonst einstehen und verleiden müssen«; die verdorbenen Felder erbrachten nichts für die Mühle. Schließlich erinnerte Johann Gaudenz auch daran, daß er in 28jährigem erzherzoglichen Dienste von den Besoldungen und Quartiergeldern nichts ersparen konnte, sondern eher noch 2000 fl. verloren habe. So habe er im Dienste nur wenig Vermögen erworben und wenig ererbt. 1665 beliefen sich seine Auslagen auf 32 680 fl. 20 xr[12].

Die Finanzierung dieser pfandschaftlichen Belehnungen im Hegau bereitete also ernstliche Sorgen. Der Erwerb der Herrschaft Singen wurde mit dem Verkauf des Langemantlischen Ansitzes zu Tramin um 15 000 fl. im wesentlichen ermöglicht, wovon allerdings noch die Ansprüche seines Bruders Hans Victor von Rost befriedigt werden mußten. Dieser Bruder und insbesondere Peter Pächler, Salzamtsgegenschreiber zu Reutte in Tirol, regelten die finanzielle Abwicklung in der Pustertaler Heimat, so etwa die Einlösung von Schuldverschreibungen bei der Tiroler Landschaftskasse; sogar ein Pferd im Wert von 60 fl. wurde versilbert. Am 23. Februar 1655 bestätigte der erzherzogliche Rat und oberösterreichische Kammermeister Isac Lindner den Eingang von 21 000 fl. Pfandschilling[13], und am 31. Dezember 1657 quittierte zu Innsbruck der erzherzogliche Rat und oberösterreichische Kammermeister Abraham Faber den Empfang von 26 000 fl. (dabei 7000 fl. gegen Güter im Pustertal, 3000 fl. Pfannhaus-Amtskapital und 2000 fl. »Gnadengeld« der Erzherzogin Claudia). 1666 schrieb Johann Gaudenz einmal, daß die Summe von 47 000 fl. samt den 3000 fl. Ehrschatz für die beiden Herrschaften »die ganze Substanz meines patrimonial vnnd so lange Jar mit darsezung leib vnd lebens eroberten Vermögens [sei], die Ich meinen allen Dreyen wirckhlichen Diensten für Kay. May. begriffen Söhnen verlassen kahn«.

Dorf und Herrschaft Singen befanden sich – wie erwähnt – in einem ruinösen Zustand, in »mercklich abgang vnd verwüstung«. Am 16. Januar 1650 legte das nellenburgische Oberamt der oberösterreichischen Kammer dar, daß ein neues Urbar über den Flecken Singen mit Remis- und Niederhof – längst überfällig nach Umlauf von 95 Jahren! – nur mit größter Mühe angelegt werden könne. Die einstigen Dörfer Ober- und Niederhofen seien nur noch zwei Bauernhöfe, die Behausungen und Scheuern teils demoliert, teils abgebrannt, die Güter verlassen und unbebaut, die Felder mehrteils leer, kein Zins und Zehnt, alles befände sich »in gewißer confusion vnd strittigkeit«[14]. Der Wiederaufbau scheint mit unterschiedlicher Intensität in Angriff genommen worden zu sein. Im Juli 1653 ließ der Obrist von Rost die im Krieg abgebrannten Gebäude des Niederhofs wieder aufrichten und die öde gelegenen Güter »in ain newes Esse« bringen, wofür ihm die ausgelegten Baukosten mit der ausständigen Fruchtgült verrechnet und der Kaufschilling für den Embserhof bar ersetzt wurde. Die zerstörte Singener Mühle wurde ohne Kosten des Pfandinhabers von Nellenburg notdürftig repariert. Auch in Mühlhausen waren das Schloß (Mägdeberg), die Mühle und andere herrschaftliche Gebäude instand zu setzen. Alle diese Kosten sollten nach liquidierter »Raitung« (Abrechnung) zum Pfandschilling geschlagen und bei dessen Ablösung entrichtet werden. Das heißt mit anderen Worten, daß der neue Ortsherr das Geld für den Wiederaufbau aufbringen und vorschießen mußte. In der Herrschaft Megdberg handelte es sich um 2650 fl. Baukosten. Der Niederhof allein erforderte einen Kapitaleinsatz von rd. 1700 fl., und in Singen waren ebenfalls etliche Tausend Gulden für Meliorationen nötig. Hinzu kam der Minderertrag aus herrschaftlichen Einkünften. Man rechnete mit einem »Interesse« (= Verzinsung) des Pfandschillings von 5% und ermittelte für die Herrschaft Singen (21 000 fl. Pfandschilling + 1500 fl. Ehrschatz) von 1656 bis 1664 einen Verlust von 1082 fl. 22 3/4 xr, für die Herrschaft Megdberg (26 000 fl. Pfandschilling + 1500 fl. Ehrschatz) einen Abmangel von 1672 fl. 4 xr für die Jahre 1658 bis 1665.

Den ersten Lehenbrief über die Herrschaft Megdberg, Singen und Arlen stellte Kaiser Leopold am 18. Januar 1667 an Johann Gaudenz von Rost und seine ehelichen männlichen Deszenten Franz Carl, Hans Engelhardt und Dionysius aus; auffallend die Bestimmung, daß – entgegen früherer Vereinbarung – alle Bau- und Besserungskosten ohne Entgelt von denen von Rost erbracht werden mußten. Jedoch konnten nun auch die wirklichen ehelichen Erben im Pfandlehen nachfolgen.

Anschlag der Herrschaft Singen 1674

Ältere Beschreibungen der Herrschaft Singen gibt es drei, die sich allerdings nur auf den Besitz der Herrschaft und die daraus fließenden Abgaben beziehen, die Herrschaftsrechte jedoch nicht fixieren. Das älteste ist das bruchstückhafte Salbuch (= Urbar) über die Güter des Albrecht von Klingenberg zu Singen um 1495[15]. Der sehr umfangreiche und einem Urbar (Verzeichnis des Güterbestandes und der Einkünfte) ähnelnde Kaufbrief vom 28. November 1530, mit dem Hans Jörg von Bodman zu Bodman von Hans Heinrich von Klingenberg das Dorf Singen erwarb[16], läßt in seinen übergenauen juristischen Formulierungen (etwa über die Frohnen) offensichtlich noch den wenige Jahre zurückliegenden Bauernkrieg ahnen. In der Urkunde fehlen jedoch die beiden Weiler Remishof und Niederhof. Schließlich das herrschaftliche Urbar des Hans Wolf von Bodman 1555, fast so etwas wie ein »Abschiedsgeschenk«, denn Singen kam nun an Österreich; aber auch darin wurden weder die sanktgallische Lehenherrlichkeit noch die beiden Weiler erwähnt[17].

Unter den Nachfolgern von Johann Gaudenz von Rost, Franz Carl I. und Dionys III., wurde ein Anschlag der Herrschaft Singen im Oktober 1674 aufgestellt[18].

1. 1655 Februar 23 Herrschaft Singen samt Arlen und Remishofen mit dem niederen Gerichtszwang bis auf das wirkliche Malefiz (Blutgericht), auch leibeigenen Leuten, Untertanen, Öhle, Mühle, Stampfe und Säge, Torkel; 6 Jcht 3 Vgl Reben an einem Stück »Ambohl«, 1/2 Jcht Reben auf der Schanz, item das Vogtgütlen 48 Jcht (noch verwachsen), an Äckern und Holz, 16 Mannsmahd Wiesen, ferner 8 Mmd Wiesen, die Harsen genannt, auch mit der Exemption des Landgerichts Nellenburg pfandlehenweise 21 000 fl.
2. 1660 Oktober 3 Ehrschatz der Herrschaft Singen aufgezäunt (1000 Dukaten) 3000 fl.
3. Neues Bräuhaus erbaut, Pfisterei-Gerechtigkeit erlangt 3500 fl.
4. Neubau eines Amtshauses. – Mit sehr großer Wahrscheinlichkeit gab es – wohl am gleichen Platz – einen wohl kleineren Vorgängerbau des Amtshauses, nämlich das 1530 genannte »hauß, hofe krautgarten hinder der scheuer mit dem hanfgarten neben clewy roßnegkers hauß [...] ouch scheuer vnd trotten daselbs mit 27 standen, 2 laitvassen vnd 4 vuorfasse [...]«. Im Kaufanschlag der Herrschaft 1530 war das Haus mit 350 fl. veranschlagt, jetzt 2016 fl. 40 xr.
5. Bau eines zweiten Torkels 800 fl.
6. Zwei Höfe zu Niederhofen, Vorster und Embserhof (die beide nicht zum Pfandlehen gehörten) 5000 fl.
7. Kauf des Embser Rebgartens 300 fl.
8. Kauf des Rambschwagischen Rebgartens 600 fl.
9. Liegenschaftskauf von Pfründnerin Margareta Pfetterin 295 fl.
10. Kauf von Holz und Wald von den Plumbischen Erben 17. April 1659, 25 Jcht 416 fl. 40 xr.
11. Kauf eines kleinen Häusels von Hans Denzel und Georg Gäder (?) 125 fl.
12. Schieggen-Gut (siehe weiter unten) 330 fl.
13. 1670: Niedere Forst- und Jagdgerechtigkeit 150 fl.
14. Hart-Häuser in der St.-Pauls-Gasse zu Konstanz[19] 2500 fl.
15. Zinspflichtige Kapitalien 2777 fl. 55 xr.
16. Unterschiedliche Restanden 393 fl.
17. Melioration und Wiederinstandsetzung der sehr übel verwüsteten Güter durch meinen Vater 12 000 fl.

Das ergibt einen Anschlag (Investition) von 55 504 fl. 15 xr.

Neben Niederhof und Embserhof gehörten (nun wieder) zur Grundherrschaft Singen das sogenannte Innsbrukker- oder Kammerlehen als österreichisches Lehen im Remishof, ferner das Obereigentum an 14 Höfen im Singener Bann, die als Erblehen an die Bauern ausgetan waren (erbliches Nutzeigentum)[20]. Die Namen der 14 Höfe sind (nach Albrecht Strobel):

Große Tragery	über 60 Jcht = 25,5 ha,
Vogtsgütle	über 40 Jcht = 14 ha,
Strobelhof	über 40 Jcht,
Jacob Reizingut	über 30 Jcht = 12 ha,
Eggensteiner Gut	über 30 Jcht,
Peter Schwartzengut	über 20 Jcht = 8 ha,
Schwartzengut	über 20 Jcht,
Wolfgang Freyengut	über 10 Jcht = 4 ha,
Kalbsgut	über 10 Jcht,
Schmidsgütle	über 10 Jcht,
Brügelgut	über 10 Jcht,
Blesinsgut	über 10 Jcht,
Sennhof	über 5 Jcht = 2 ha,
Blesi Bickengut	über 5 Jcht.

Das Schieggengut

Das Schieggengut war ein fürstenbergisches Erbkunkellehen (21 Jcht Äcker, 8 Mmd Wiesen, 2 Jcht Holz), das um 1665 der Steiner Bürger und Metzger Michael Schieggen innehatte[21]. Die Hofstatt mit Kraut- und Baumgarten lag mitten im Dorf an der Steiner Landstraß und am »Kegelblatz« (1692). Um 1692 neu erbaut, kam wohl um 1738 ein zweites Haus dazu, d.h., das Lehen wurde geteilt. 1812 waren es zwei wohlgebaute Häuser an der Steiner Straße, gegen Mittag am Kaplaneigarten, gegen Morgen an der Steiner Straß, gegen Abend an Beck Josef Bach und gegen Mitternacht an Martin Schrott.

Am 15. August 1667 wurde Johann Gaudenz von Rost mit dem Schieckerischen Gut belehnt, das an Martini je 2 Mlt. Veesen und Haber, 1 Mlt. Roggen Steiner Meß, 1 Pfund Pfennig Heugeld und 60 Eier zinste. Die Abgaben blieben unverändert so bis 1838. Der Zehnt war um 2 Pfund Pfennig Zeller Währung der Kirche Singen verschrieben. 1692 belehnte Franz Carl Graf von Fürstenberg den Singener Grundherrn Franz Carl von Rost mit dem Gut; so blieb es als Lehengut bis 1838 im Besitz der Rost-Enzenberg, wurde dann aber gegen 440 fl. zuzüglich 61 fl. Taxe dem Grafen Enzenberg von der fürstlich-fürstenbergischen Domanialkanzlei als volles und freies Eigentum überlassen.

Um 1665 bebaute Matthias Hotz das Schieggengut als Afterlehen; seine Nachkommen blieben auf dem Hof. 1738 traten erstmals die Schwiegersöhne des Konrad Hotz, Joseph Buchegger (Träger) und Joseph Denzel, auf, die fortan gemeinsam das Schieggengut bewirtschafteten. 1777 waren ihre Nachkommen Anton Buchegger und Kaspar Waibel (Einheirat); 1812 saß der Schultheiß Anton Buchegger auf dem größeren der beiden Höfe. 1838 waren Dominik Buchegger und Johann Nepomuk Ehinger (namens der Caspar Waibelschen Kinder) auf dem Gut, das sie nun ihrerseits von der Grundherrschaft gegen 1800 fl. zu eigen erhielten[22]. Das Schieggengut in der Hauptstraße 51 (dazu gehörte auch das Haus Nr. 53) wurde Anfang April 1957 abgebrochen (Karl Buchegger).

Die Sipplinger Reben

Den größten Weinberg besaßen die Singener Grundherren nicht in ihrer eigenen Herrschaft, sondern in Sipplingen[23]. Dionys III. von Rost übernahm die ursprünglich Truchseß-Scheerischen Rebgüter von seinem Schwiegervater, Rudolf Streit von Immendingen, der 1622 dem Truchsessen ein Darlehen von 2000 fl. gegeben und dafür als Sicherheit das Rebgut erhalten hatte; es wurde nie mehr ausgelöst[24]. Ferner müssen weitere 4000 fl. einer sanktblasischen Obligation 1591 zu Lasten der Truchsessen zu Scheer dabei eine Rolle spielen, die 1658 Johann Gaudenz II. übernommen hat. Jedenfalls immittierten im Auftrag der vorderösterreichischen Regierung am 13. Oktober 1684 Beamte der Landgrafschaft Nellenburg die Rostschen Erben – Franz Carl I. und Dionys III. von Rost sowie den Schwager Franz von Pallauß (verheiratet mit Maria Jacobea von Rost) – endgültig in die Sipplinger Rebgüter, deren Ertrag von 1686 bis 1743 mit 10 978 fl. 29 xr angegeben wurde bei Bewirtschaftungskosten von 3514 fl. 24 xr; der Zins für 4000 fl. in 57 Jahren belief sich allerdings auf 11 400 fl.! 1699 lieferte der Weinberg 6 Fuder, 29 Eimer und 13 Quart Wein, der in vier Teile ging (davon zwei an Pallauß); zwei Rebleute waren ständig beschäftigt, insbesondere Mitglieder der Familien Beyrer und Zimmermann. 1711 belief sich die Weinernte auf 14 Fuder, 21 Eimer, 14 Quart; der jährliche Ertrag von 1780 bis 1789 waren 53 fl. 42 xr. Der Abrechnungen und Umlagen bei einem nicht übermäßigen Gewinn müde, verkaufte schließlich Carl Joseph von Pallauß und Campan 1729 seine ihm zustehende Hälfte (2000 fl.) gegen 1500 fl. mit dem heurigen Weinnutzen an Dionys III.

Der Sipplinger Weinberg blieb fortan bei der Familie, die ihn fachmännisch bewirtschaften ließ; 1788 wurde eine Kellerordnung erlassen. Der nicht verkaufte Wein kam in den Keller nach Singen. – 1808 ließ die Grundherrschaft Enzenberg die Sipplinger Reben durch Obervogt Ummenhofer versteigern: 4 Jcht 2 Vlg 1 Eckle, 159 Schuh, dabei ein Acker mit 2 Jcht 2 Vlg 2 Eckle und 2695 Schuh, und erlöste 4607 fl. 58 xr, zahlbar in drei Jahreszielen[25].

Erwerb und Verlust der Rittergüter Vollmaringen und Göttelfingen

Durch die Heirat Dionys' III. mit Maria Johanna Streit von Immendingen 1667 gelangten die Rost in den Besitz der etwa drei Tagereisen von Singen/Mägdeberg entfernten reichsritterschaftlichen Herrschaften Vollmaringen und Göttelfingen sowie des Zehnten zu Dormettingen und der Herrschaft Balgheim[26]. Vollmaringen und Göttelfingen gehörten zum reichsritterschaftlichen Kanton Neckar-Schwarzwald-Ortenau, in beiden Orten war ein Schloß, von denen jenes in Göttelfingen im 19. Jh. abgebrochen wurde. Das ansehnliche Schloß in Vollmaringen ging 1860/61 in Privathände über; es besteht aus einem Querbau mit zwei Flügeln[27]. Dionys III. lebte mit seiner Familie hauptsächlich in Vollmaringen, wo er am 24. Januar 1730 gestorben ist; seine Nachfahren hingegen residierten hauptsächlich in Innsbruck und Reutte in Tirol[28].

Dionys III. hatte eine einzige Enkelin: Maria Johanna Catharina, die 1713 den Grafen Carl Guidobald von Welsperg zu Primör und Langenstein geheiratet hatte. Da Dionys 1712 für den rostischen Mannesstamm ein Majorat errichtet hatte, wurde nach seinem Tode und nach offensichtlich unerquicklichen Erbauseinandersetzungen am 6. Juni 1730 zwischen der verwitweten Gräfin an einem und den Agnaten der freiherrlichen von Rostschen Singener Linie, nämlich den Brüdern Franz Carl, Johann Gaudenz und Georg Horati als »ex testamento verordneten Majorats Successoren und Erbgenossen«, am anderen Teil ein Vergleich abgeschlossen. Danach erhielt die Gräfin Welsperg das Dorf Balgheim, den Hof Dürrenheimb mit dem Zehnten zu Bettingen (Dettingen?) im Spaichinger Tal zu eigen, ferner zur lebenslänglichen Nutzung den von Österreich lehenbaren großen und kleinen halben Zehnten zu Dormettingen. Ihre Erben sollen nach ihrem Tod von den Rostschen Agnaten eine Abstandssumme von 7000 fl. Reichswährung in bar erhalten. Sämtliche zu Vollmaringen, Göttelfingen, Balgheim und Dürrenheimb befindlichen Mobilien an Geld und Geldwert (Aktivforderung, Kapitalanlagen), Gold, Silber, Pretiosen, Zinn und Kupfer, Eisen und Erz, Wein und Fässer, Getreide, Früchte, Heu und Stroh, Vieh und Fahrnis gingen in das Eigentum der Gräfin Welsperg über; alle großväterlichen Kredite, Schulden, Stiftungen und Vermächtnisse in Höhe von beiläufig 24 000 fl.[29] mußten die Rost-Agnaten tilgen und erfüllen. Dafür verzichtete Maria Johanna Catharina von Welsperg für sich und ihre Erben auf die freien Rittergüter Vollmaringen und Göttelfingen sowie auf Dorf und Gut Mühlhausen im Hegau (worauf das Heiratsgut ihrer Mutter, Maria Cleopha von Rost-Schellenberg, versichert war) zugunsten der Agnaten von Rost zu Singen, weil sie es bei der großväterlichen Majorats-Disposition bewenden lassen wollte.

Für den Fall des Erlöschens und Aussterbens der Rostschen Familie meldete sie freilich weitere Erbansprüche auf 46 000 fl. an und ließ sich überdies den Vergleich in bar honorieren mit 23 000 fl., zu entrichten in vier Jahren[30]. Das alles erforderte umfängliche Erhebungen und Bestandsaufnahmen. So erfahren wir, daß das wohlausgestattete Vollmaringer Schloß nebst einem großen und einem kleinen Saal sowie einer Kapelle 24 Zimmer hatte, darin viele Familienbilder der Rost und Streit von Immendingen, türkische Teppiche und anderes mehr.

Mit dem Tod des letzten Grafen Franz Carl III. von Rost am 11. März 1762 trat der im Vergleich von 1730 berührte Erbschaftsfall ein. Allerdings lebte noch in Chur der Domdechant Dionys IV., der jedoch gegen eine jährliche Apanage von 600 fl. auf die Hinterlassenschaft verzichtet hatte. Franz Carl hatte in seinem Testament die an Kindes Statt angenommenen Töchter seines Bruders, Theresia und Waldburga, als Erbinnen bestimmt; als deren Vormund wurde eingesetzt Johann Nepomuk Graf von Spaur, Erbschenk der gefürsteten Grafschaft Tirol, k. k. Wirklicher Geheimer Rat, Kämmerer und oberösterreichischer Regimentsrat. Die Administration der beiden Herrschaften übernahm zunächst die Witwe Gräfin Anna Maria Rost-Fugger (1713–1766) unter einem ritterschaftlichen Curatorium zu Tübingen[31].

Die Obsignation und Inventur des Vermögens der freiadeligen Rittergüter nahm im Auftrag des Ritter-Direktoriums vom Kanton Neckar-Schwarzwald-Ortenau Konsulent Schwalb vor; er zog als Sachverständigen den jüdischen Handelsmann Joseph Kiefe von Baysingen bei. Die beiden Herrschaften erbrachten damals jährliche Revenüen (Einkünfte zur freien Disposition) in Höhe von rd. 1500 fl.[32]. Hiergegen strengte nun Freiherr Franz Leopold Thaddä von Hornstein (1725–1792), seit 1751 vermählt mit der einzig noch lebenden Urenkelin von Dionys III., Maria Anna Gräfin von Welsperg, einen langjährigen Reluitionsprozeß bis hin zum Kaiserlichen Kammergericht an, der 1773

257

wiederum mit einem Vergleich beendet wurde[33]. Danach fielen die ursprünglich allodialen Herrschaften Vollmaringen und Göttelfingen ab Georgi 1773 an Maria Anna von Hornstein-Welsperg und deren Gemahl Leopold Thaddä von Hornstein-Weiterdingen, die dagegen fortan die lebenslängliche Apanage des Churer Domdekans übernahmen und an die Cedenten (Abtretenden) einen Auslosungsschilling in Höhe von 51 200 fl. Reichswährung in zwei Raten entrichteten. Der Zehnte zu Dormettingen war davon ausgenommen. Das in Innsbruck am 24. April und in Weiterdingen am 30. April 1773 unterzeichnete Cessions-Instrument trägt die Unterschriften des Ehepaares Hornstein-Welsperg, des Churer Domdechanten, der beiden rostischen Töchter Theresia, verheiratete Gräfin Lodron, und Waldburga, verheiratete Gräfin Enzenberg, mit ihren Ehemännern und dem Kurator Graf von Spaur sowie von vier weiteren Zeugen.

Mit der Liquidation und dem Vollzug der Herrschaftsübergabe beauftragte die Familie von Hornstein ihren Sekretär Johann Fidelis Wizigmann und den rostischen Obervogt Johann Raymond Alexi Ranz zu Singen; ferner war damit befaßt der seit ca. 1765 amtierende Vollmaringer Obervogt Johann Georg Blessing, Aktuar von Weinhart, sowie Schultheiß und Gerichtsleute der beiden Ortschaften. – Vollmaringen und Göttelfingen hatten eine eigene Beamtung; etwa seit 1750 bis 1764 tritt dort der Obervogt (Verwalter) Joseph Gabriel Müethinger (Mietinger) auf[34].

Der Dormettinger Zehnte

Beim Vergleich von 1773 war vereinbart worden, daß der Zehnte zu Dormettingen und die Gülten zu Dettingen den Cedenten, d.h. den ausgelösten rostischen Töchtern Theresia und Waldburga, als »ohndisputierliches Eigenthum« zufallen sollten. Der 1390 erstmals genannte Klein- und Großzehnte[35] war stets geteilt: Die eine Hälfte stand dem Pfarrer zu, die andere verschiedenen Adelsfamilien. Von den Herren von Hettingen in Horb und Rottweil kam die andere Hälfte als hohenbergisches Lehen 1710 an Dionys III. von Rost als Lehenträger seiner Neffen Johann Gaudenz III. und Georg Horati. 1751 war Franz Carl III. mit dem Zehnten belehnt worden. 1758 beauftragte er seinen Singener Obervogt Johann Peter Antonj Spanbrugger und den Amtsschreiber Philip Stengel, mit Freiherrn Franz Leopold Thaddä von Hornstein-Weiterdingen eine Vereinbarung über die Ablösung dieses Zehnten von der Vollmaringer und Göttelfinger Erbmasse in Höhe von 7000 fl. zu treffen[36]. So gelangte schließlich Graf Franz von Enzenberg als Lehenträger seiner Frau und seiner Schwägerin am 20. Januar 1794 in den Besitz des halben Zehnten[37]. Der nun den Familien Enzenberg und Lodron gehörende Zehnte wurde seit 1775 verpachtet, bzw. der Ertrag wurde versteigert[38]. Im Jahre 1851 wurde der Dormettinger Zehnt laut Vertrag im Laufe von 22 Jahren mit 26 729 fl. abgelöst.

Auswärtige Grundherren auf Gemarkung Singen

Neben den Grundherren von Rost und später von Enzenberg, die zugleich Ortsherren waren, gab es in Singen noch mehrere auswärtige Grundherren[39], deren Güter in bäuerlicher Erbleihe ausgetan waren.

1. Der wichtigste von ihnen war der Bischof von Konstanz als Herr der Reichenau mit dem Kelhof[40], dem kleinen Widemgütlein (die Abgaben der beiden Höfe gingen an das fürstbischöflich-konstanzische Pflegamt Radolfzell)[41] und dem zum reichenauischen Burglehen Rosenegg in Rielasingen gehörigen Lupfengut. Zum Kelhof gehörten 65,5 Jcht Acker, 17 Mmd Wiesen, 4 Vgl Reben; zum Lupfengut ebenfalls 65 Jcht Acker und 11,5 Mmd Wiesen; das Widemgut betrug 9 1/2 Jcht.
Der letzte Kelhof-Lehenbrief wurde am 16. Januar 1802 für Nikolaus Ehinger ausgestellt; seine Familie saß seit 1693 auf dem Erblehen. Der Kelhof befand sich in der Nähe des heutigen Gasthauses »Friedenslinde« und wurde 1830 abgebrochen[42].
Vom Widemgut hören wir zum ersten Mal im Jahr 1434: Damals bekannte Konrad von Friedingen, die Widem zu Singen von Konrad, des Trüllingers Erben, an sich gelöst zu haben, und gestattete nun der Abtei Reichenau die Wiederlösung um 130 Pfd. Pfennige[43]. Dies geschah, denn künftig stellte der Bischof von Konstanz die Erblehenbriefe über das Widemgütlein aus, erstmals nachweisbar 1554 für Hans Hopler und 1557 für Hans Lieb. 1585 erhielt Jakob Brügel das Widemgütlein und nach dessen Ableben 1587 Gallus Weber; die Lehenbriefe liegen bis 1802 vor[44].
2. Der Holzerhof, uprünglich der Friedingische Herrenhof im Westteil des heutigen Schloßgartens gegenüber dem Gasthaus »Kreuz«, wurde 1310 nach dem Schloßbrand von Bodman (1307), bei dem viele Familienmitglieder den Tod fanden (unter anderem Gottfried von Friedingen/Hohenkrähen und seine

Frau Catharina von Bodman), der 1309 errichteten und dem Kloster Salem übertragenen Frauenbergkapelle mit Zustimmung von dessen Schwester Agnes von Kreyen als Erblehen übergeben[45]. Diese wertvolle Schenkung war eine Stiftung zum Gedenken an die Toten des Bodmaner Schloßbrandes.

Im Jahre 1310 bewirtschafteten der Hörige Heinrich, genannt Vommeholz, und dessen Frau Gertrud mit Kindern den Holzerhof. Von da ab waren die jährlichen Gülten an die Pflegschaft des Klosters Salem in Radolfzell zu entrichten[46]. Sie betrugen 1653 5 Malt. Roggen, 2 Malt. Veesen, 3 Malt. Haber, 1 Malt. Erbsen Steinermeß, 15 Schilling Pfennig Landeswährung, 60 Eier und 4 Hühner auf Martini. Von diesem Erblehenhof kennen wir von 1567 bis 1793 die Namen aller Bestander: 1567 Hans Lentz, 1584 Hans Lentz, 1618 Georg Lentz, 1653 Martin Reitz, 1686 Gallus Ehinger, 1700 Gallus Ehinger, 1709 Peter Schrodt, 1719 Matthias Schrott, 1728 Matthias Schrott, 1749 Hans-Georg Schrott, Müller, 1772 Notburga Graf, Müllerin, 1793 Paul Schrott[47]. Der Holzerhof, aus dem die Bäckerei Graf und die Taverne »Zum Kreuz« hervorgegangen sind, wurde im Juli 1840 vom Kreuz-Wirt Peter Graf und dessen Ehefrau Josepha geb. Bommer um 6000 fl. an die Grundherrschaft zum Abbruch verkauft[48].

3. Dem Frauenkloster Katharinental bei Diessenhofen gehörten drei Höfe, deren Abgaben von Beamten der klösterlichen Hofmeierei an Ort und Stelle in Singen abgeholt wurden[49]: das Katharinentaler Gut mit 21,5 Jcht Acker, 7,5 Mmd Wiesen, das andere Gut mit 17,5 Jcht Acker und 5 Mmd Wiesen und der im Niederhof gelegene Kiesslinghof mit 17,5 Jcht Acker und 2 Mmd Wiesen.

Das Katharinentaler Gut, oben im Dorf an der Schaffhauser und Steiner Landstraß gelegen, war bereits 1724 geteilt[50].

4. Das »Steiner Erblehen«, 23,5 Jcht Acker und 4 Mmd Wiesen, ursprünglich bei der Grundherrschaft des St. Georgen-Klosters in Stein am Rhein, gehörte nach der am 17. Juni 1597 erfolgten Inkorporation der ehemaligen Benediktinerabtei Petershausen in Konstanz[51].

5. Die Frühmeßpfründe auf dem Marienaltar der Singener Pfarrkirche St. Peter und Paul besaß nach dem Urbar der Kaplanei von 1694 zwei kleine Zinsgüter, nämlich vorne am Hohgarten das Kaplaneigut (29 Jcht Acker, 2,5 Mmd Wiesen) und das andere Gut (5 Jcht Acker)[52].

6. Die Kirchenfabrik Singen, worunter im Unterschied zum Vermögen der Pfarrei der Kirchenkasten gemeint ist, als dessen Eigentümer der Kirchenheilige gilt (deshalb wird das Vermögen auch »Der Heilige« genannt), besaß mit dem Heiligenhof den drittgrößten Erblehenhof in Singen (109 Jcht Acker, 10,5 Mmd Wiesen, 4 Vlg Reben). Der Hof lag an der Steinerstraß, am Pfarrhof und an der Gemeindestraß (jetzt Parkplatz beim »Blauen Haus«). Die Belehnung des Heiligenhofes nahmen die mit der Verwaltung des »Heiligen« betreuten Kirchenpfleger mit Zustimmung von Ortspfarrer und Gerichtsherren vor[53].

7. Auch die Herzöge von Württemberg hatten in Singen seit 1552 Besitz, 4 Höfe des ehemaligen Klosters Paradies, dessen Besitzungen in Singen und Remishofen nach der Reformation von der Stadt Schaffhausen als Rechtsnachfolger an Württemberg verkauft wurden (siehe Tabelle unten).

Dazu kam noch der aus 3 Lehen bestehende »Grüthof« (Greuthof = Bruderhof). Die Abgaben dieser Höfe dienten der Verpflegung der Hohentwieler Besatzung und waren an die dortige Kellerei abzuliefern. Durch Einführung des Tragerey-Systems erhoffte sich die herzogliche Verwaltung bei der zunehmenden Zersplitterung des Besitzes (viele Miterben) eine zuverlässige Aufbringung des Abgabensolls; Träger war in der Regel der älteste Miterbe[54].

8. Weitere auswärtige Grundherren waren die Herren von Ulm zu Marbach als Obereigentümer des Ulmer Gutes und die Grafen von Fürstenberg mit dem Schieggengut[55].

9. Während die zuvor genannten Grundherren ihre

Erblehen	Name	Jcht Acker	Vlg	Mmd Wiesen	Vlg Reben
Vogt Jakob Ehinger	Groß Lehen	33	–	8	3
Dyas Rytze	Groß Gut Reitzins Gut	36	3	6	2
Hans Rosnegger u. Thomas Sima	Klein Lehen Enderlis Lehen 1/2 Hof	14	2	5	2
Hans Schwartz		17	1/2	2	2
Hans Widmer, Müller zu Dorna	Enderlis Hof (1/4)	6	1	5	1
Jakob Däuber zu Remlishofen u. Jakob Ehinger d. Jüngere	Enderlis Hof (1/8)	8	1	1	1
Hans Schwartz, Vogt zu Hausen	Enderlis Hof (1/8)	3	3	1	1

Rechte an einem oder mehreren Höfen ausübten, gab es noch mehrere Grundherren, die jährliche Zinsen von Einzelgrundstücken bezogen, die in keinem Hof- oder Lehensverband standen. Grundherren von Einzelgrundstücken waren die Herren von Reischach zu Hohenkrähen (1 Jcht Acker, 2 Vlg Reben), der Bischof von Konstanz als Herr der Herrschaft Rosenegg (6 Mmd Wiesen), die Singener Filialkirche in Hausen an der Aach (1 Jcht Ackerfeld, 4 Jcht Egerten), die Kaplaneien Rielasingen, Radolfzell und Mühlhausen sowie die Heiligen-Fabrik in Weiterdingen.

»Diese Verflechtung von Abhängigkeiten auseinanderzuhalten war selbst den Bauern fast unmöglich geworden. Die Renovation des herrschaftlichen Urbars von 1669 hatte ergeben, daß verschiedene Bauern, deren Güter der Ortsherrschaft zinsbar waren, dem Kloster Katharinental gezinst hatten und umgekehrt mehrere der Herrschaft, die dem Kloster zinspflichtig waren.«[56]

Vergeblicher Versuch der österreichischen Bürokratie, der Familie von Rost die Hegauer Pfandlehen zu entwenden

Die besonderen Umstände, unter denen die Herrschaften Singen/Megdberg an die Familie von Rost zunächst pfand- und »verraitungsweise« (d.h. verrechnungsweise) gelangt waren, wurden bald vergessen. Die Beamten der Landgrafschaft Nellenburg konnten es nicht verschmerzen, daß sich die Herrschaft Singen ihrem Zugriff entzog, die sie bis 1655 als eine österreichische Besitzung, jedoch nicht als Bestandteil der Landgrafschaft verwaltet hatten. Dagegen versuchten die Herren von Rost, ihre Grundherrschaft möglichst unabhängig von Nellenburg zu besitzen und zu genießen.

Um 1705 – das Schreiben ist weder datiert noch unterschrieben – legten nellenburgische Beamte der oberösterreichischen Regierung in Innsbruck einen Bericht über die Pfandlehenherrschaften Singen/Megdberg vor, in dem sie behaupteten, daß aufgrund des erlegten Pfandschillings in Höhe von 47 000 fl. das jährliche Interesse (d.h. der zulässige Zinsertrag) nicht mehr als 2350 fl. betragen dürfe, nach Ausweis der Amtsrechnungen jedoch 10 000 bis 12 000 fl. erbringe, ungerechnet die Forstregalien und sonstige Ergötzlichkeiten. Das bedeute, daß die Herren von Rost von 1655 bis 1705 im Laufe von 50 Jahren aus den beiden Herrschaften wenigstens eine halbe Million Gulden herausgezogen und genossen haben, obgleich ihnen nicht mehr als 117 500 fl. von rechtswegen gebühren, mithin die kaiserliche Kammer von ihnen 382 500 fl. zu fordern habe.

Schon 1664 habe man die von Rost zur Rechnungslegung und Adjustierung des Lehen-Pfandschillings nach Innsbruck zitieren lassen, doch sei der Erfolg bis jetzt wegen »unterbrochener Regierung« ausgeblieben. Ferner habe der nellenburgische Verwalter, Baron (Joseph Anton) von Rost, »aus dem Amtsrepertorio durch Zwang und Arretierung dasigen registratoris Joseph Claßen folia herausschneiden laßen, worinnen notierter zu ersehen gewesen«, daß unter dessen Vaters (Dionys' III.) Beamtung alle singischen Akten und Dokumente aus dem nellenburgischen Archiv und der Registratur verloren und entnommen wurden, »auch dieses factum jurato vndtersucht«, von dem oberösterreichischen Regimentsrat Moser und jetzigen Kammerprokurator Dr. Lechthaler, »also zu sein ex viso reperto erfunden worden«. Daraus ergebe sich, daß sowohl theologisch als auch juridisch schon 1664 die Aufkündung hätte geschehen sollen, »mit gesunder ohninteresierter rechtlicher Vernunfft und lehr zu evincieren ist«[57].

Diese schwerwiegenden und bösartigen Denunziationen belasteten jahrelang die mit der Untersuchung beauftragten Behörden und vor allem die rostische Familie. Die nun einsetzenden Untersuchungen in Singen und Mühlhausen widerlegten die bis zum Kaiser vorgedrungenen Verdächtigungen der »Überkompensierung der gewöhnlichen usuen« und des Übergenusses von mehr als 300 000 fl. sowie den Vorwurf der erzwungenen Aktenherausgabe in Stockach eindeutig. Im März 1707 erhielt der Notar, Rat und Seckelherr der Stadt Diessenhofen den Auftrag, die Amtsrechnungen von 1689 bis 1705 sowie die Lehenbriefe ab 1655 zu prüfen. Es wurde festgestellt, daß Kaiser Leopold I. die Pfandlehen zu einem wirklichen Erblehen conferiert hatte, daß also »sowohl die weibliche als männliche Dependence die beiden Herrschaften auf begebenen Fall gaudieren können und mögen«. Auf 15 Jahre gerechnet (1688–1705) betrage das Interesse (5% Zins des Pfandschillings einschließlich 1800 fl. Ehrschatz in Höhe von 22 800 fl.) 17 100 fl. (= jährlich 1140 fl.); dazu kämen noch die Lehensteuern einschließlich Zins mit 329 fl. 27 xr. Der Ertrag der Herrschaft Singen/Arlen übersteige in diesem Zeitraum das Interesse nach Ausweis der Rechnungen nur um 4890 fl. 55 xr 3 hr. Auch im Hinblick auf die erfolgten Leheninvestituren seien die Herren von Rost vor einer Reluition (Entzug des Lehens) gesichert.

Der nellenburgische Amtmann Christoph Spann und Landschreiber Johann Heinrich Roth versuchten nun, auf andere Verstöße hinzuweisen, wie z.B. darauf, daß die Herren von Rost Schloß Megdberg (bis auf die noch aufrechtstehende Ursula-Kapelle) dem Verfall überlassen und die dahingehörenden Fronden »anderswohin« transferiert hätten. Schließlich setzte ein Innsbrucker Juridicum Delegatum des Grafen Hans von Wolkenstein vom 21. Februar 1710 einen Schlußpunkt hinter die leidige Angelegenheit. Im September 1710 hatte sich der oberösterreichische Regimentsrat Johann Baptist Moser in Begleitung des früheren Hofkammerprokurators und jetzigen oberösterreichischen Hofkammerrates Dr. Lechthaler nach Stockach, Singen und Mühlhausen begeben, ließ sich alle Raittungen und Urbare aushändigen und verhörte unter Eid die rostischen Beamten. Das Ergebnis lautete: Die Behauptung, Joseph Anton von Rost habe mit der Pistole in der Hand den Registrator Claaßen gezwungen, aus dem Amtsrepertorium ein gewisses Blatt auszuschneiden, auf dem notiert gewesen, daß dessen Vater Dionys III. Akten entwendet hatte, damit ein Landesfürst keine rechte Wissenschaft habe, sei eine Denunziation; der Diffamator solle gebührend gestraft werden. Die nellenburgischen Revisoren Spann und Kolb seien unter Zeitdruck eigener Amtsgeschäfte bei der Prüfung der singischen und mühlhausischen Rechnungen zu unterschiedlichen Ergebnissen gekommen.

Zusammenfassend stellte Hans von Wolkenstein fest, daß in beiden Herrschaften alljährlich notwendige Ausgaben für Verwaltung, Dienstboten und Reparaturen anfallen von wenigstens 400 fl. »Item ist die Herrschaft Singen solchergestalten situirt, das Sye von Rost von der besazung Hochentwiell sowohl im Jagen, Fischen und in ybung der Pottmessigkeit ser inquirirt vnd beeinträchtiget worden [...] nit weniger ist zu bedencken, das beede Herrschaften solche offene Orth, welche bekhantermassen der Kriegsgefahr exponiert seind, gestalten es die paßierte vnd noch continuierende khrieg zu [...] Erkhennen geben.« Bezüglich der Lehensgefälle haben die Rost in beiden Herrschaften nach Ende des schwedischen Krieges, »da bekhandtermaßen alles Ed gewesen«, große Meliorationen vornehmen müssen, wodurch die »Inhabere so grossen ybergenus vnd gewin nit gehabt, was man Sye de Jure Ihrer Pfandtlehen depoßeßionieren khöndte«, ganz abgesehen von den seit Generationen dem »höchstpreyßlichen Erzhaus« erwiesenen Diensten. Wenn man die »raith anno 1655 bis 1706 Empfangenen benuzungen ganz genau deducendis computiren wolte, auf einen Gulden etwan 9 xr ybergenuß khomete«. So sei also die richterliche Delegation der Meinung, »das der imputirte ybergenuß« nicht rechtswirksam bewiesen werden könne, mithin die Barone von Rost bei ihren Pfandlehen-Herrschaften unangefochten zu belassen seien[58].

Bei den Akten findet sich eine Zusammenstellung über den Ertrag der singischen Pfandlehen 1655 bis 1705 mit Gegenüberstellung der Einnahmen und Ausgaben bei einem jährlichen Interesse von 1140 fl.[59]. Mit den in der Tabelle genannten Ausgaben sind gemeint die zusätzlichen (freiwilligen) Aufwendungen außerhalb der Amtsrechnung aus der Privatschatulle. Die Ausrechnung ergibt, daß in summa 1741 fl. 12 xr 2 hr zuwenig und 9635 fl. 43 xr 1 hr zuviel empfangen wurden.

	1655	1660	1688	1700	1705
Einnahmen	884 fl.	1037 fl.	1755 fl.	2096 fl.	1726 fl.
Ausgaben	173	27	250	264	193
Ertrag	701	1009	1505	1832	1533
Interesse	1140	1140	1140	1140	1140
zuwenig	429	39	–	–	–
zuviel	–	–	365	692	393

(Kreuzer und Heller sind auf- bzw. abgerundet[60].)

Anmerkungen

[1] Siehe Biografie Johann Gaudenz von Rost, in diesem Bd. S. 239 ff.
[2] EAS Urk. Nr. 30, 1653 III 13.
[3] EAS Urk. Nr. 31, 1653 III 13.
[4] EAS Urk. Nr. 32, 1653 IV 25.
[5] EAS Urk. Nr. 33, 1653 VII 8; siehe den Beitrag Niederhof in diesem Bd. S. 263 ff.
[6] EAS Urk. Nr. 28, 1651, X 19: Innsbruck, Information der Untertanen; EAS Urk. Nr. 29, 1651 XI 15: Innsbruck, Pfandbrief.
[7] EAS F I 7/3 = 1140.
[8] EAS F I 1/1 = 377.
[9] DOBLER, Mägdeberg, S. 111 f.; EAS Urk. Nr. 36, 1657 II 1.
[10] EAS F I 4/1 = 392.
[11] EAS F I 6/2 = 727.
[12] EAS F I 4/1 = 392.
[13] EAS F I 6/1 = 743; EAS F I 6/2 = 727; EAS F I 2/2 = 649; EAS F II 5/2 = 1123.
[14] GLA 229/97938; den Hinweis auf diese Quelle verdanke ich Casimir Bumiller. Auch die Urbare für die ganze Landgrafschaft Nellenburg mußten erneuert werden.
[15] MAX MILLER, Hohentwieler Lagerbuch, S. 122–125.
[16] MILLER, a.a.O., S. 125–136.
[17] MILLER, a.a.O., S. 154–194.
[18] EAS B I/20.
[19] Vgl. Anm. 24, im Beitrag Herren von Buchenstein-Rost.
[20] A. STROBEL, Agrarverfassung S. 17 f., 34 f. Das im Remishof gelegene Innsbrucker Kammerlehen wurde vom Erzherzog bzw. Kaiser direkt an Singener Bauern als Lehen ausgetan.
[21] EAS Urk. Nr. 37, Lehenbrief von 1657 II 3; STROBEL, a.a.O., S. 19, A 79, 80 und S. 34.
[22] EAS F III 1/1 = 422; EAS F III 1/2 = 401; EAS F III 1/3 = 420; EAS F III 1/4 = 418; EAS F III 1/5 = 421.
[23] Den ersten Rebgarten zu Singen erstand Johann Gaudenz II.

261

²⁴ von Rost 1652 – vor dem Erwerb des Niederhofs! – aus der Verlassenschaft der Rambschwagischen und Geburgischen Creditoren um 300 fl.; der Rebgarten wurde 1640 dem Kloster Katharinental bei Diessenhofen von Johann Peyer von Schaffhausen verschrieben, das ihn an den Obristen veräußerte; EAS O IV 1/1 = 168.

²⁴ Auch die Stadt Saulgau war in irgendeiner Weise an diesem Geldgeschäft beteiligt und mußte viele Jahrzehnte wegen der Zinsen und Rückzahlung prozessieren. Im Heimatbuch der Stadt Saulgau von FRANZ JOSEPH CLAUS, 1970, ist der Vorgang nicht erwähnt; auf S. 62 ist lediglich die Rede von Gläubigern der Stadt, unter ihnen »Oberst Roß«.

²⁵ EAS A I 12/1 = 854; EAS A I 12/12 = 856; EAS A II 1/1 = 1008; EAS A II 1/4 = 1007; EAS O IV 1/3 = 641; EAS V V 1/6h = 653; EAS A I 12/4 = 784. Vgl. Sipplingen am Bodensee, Geschichte eines alten Dorfes, hg. von HERBERT BERNER, 1967, S. 320, A 171 – einziger Hinweis in dem Buch auf diesen Weinberg.

²⁶ Vgl. den Beitrag Die Herren von Buchenstein/Rost, in diesem Bd. S. 251, besonders die Anm. 51–53. Dazu ferner Württ. Vierteljahreshefte f. Landesgeschichte, Jhrg. XIII 1890, Stuttgart 1891, Gesch. der Herrschaften Vollmaringen und Göttelfingen, Oberamt Horb, S. 142–146; Beschreibung des Oberamtes Horb, Stuttgart 1865, Göttelfingen, S. 181–186, Vollmaringen, S. 250–255; Das Land Baden-Württemberg, Amtliche Beschreibung nach Kreisen und Gemeinden, Bd. V, Stuttgart 1976: Vollmaringen, S. 504 f., Göttelfingen, S. 646 f.; Landkreis Balingen, Bd. II, 1961, Dormettingen, S. 181–185. Handbuch der Hist. Stätten, Baden Württemberg, 1965, Balgheim, S. 61.

²⁷ 700 Jahre Vollmaringen 1287 bis 1987, eine Ortsgeschichte mit Dokumenten, Bildern und Zeichnungen, Horb am Neckar 1987, S. 42–47.

²⁸ Das Schloß gelangte 1860 in private Hände und 1894 in den Besitz der Gemeinde Vollmaringen. 1979 übernahm eine Bauherrengemeinschaft das Schloß von der Stadt Nagold und restaurierte das in baulich schlechtem Zustand befindliche Gebäude, dessen Abbruch erwogen worden war, mit Hilfe des Landesdenkmalamtes.

²⁹ EAS F II 3/1 = 1102.

³⁰ EAS G I 2/8 = 1072.

³¹ Geschichte der Herrschaften Vollmaringen und Göttelfingen von C. THUMA, in Württ. Vierteljahreshefte f. Landesgeschichte, Jhrg. XIII 1890, S. 145.

³² EAS F II 3/1 = 1102.

³³ Hornstein und Hertenstein, S. 598; vgl. dazu Gutachten der juristischen Fakultät Mainz vom 15.7.1771, EAS G I 2/12 = 1071, das den Rückfall der Herrschaften gegen Erlegung von 46 000 fl. an die Urenkelin vertritt.

³⁴ Das Enzenberg-Archiv verwahrt einen gewichtigen Bestand Akten und Urkunden über Vollmaringen, Göttelfingen und Dormettingen von der Mitte des 16. Jh.s bis 1850, Zehntsachen, Verwaltung, Rechnungswesen, Lehenbriefe.

³⁵ Ldkr. Balingen, Bd. II, S. 185.

³⁶ EAS F II 2/1 = 491.

³⁷ Man hatte versäumt, das Lehen rechtzeitig zu requirieren, und mußte für die verpaßten 5 Fälle eine doppelte Taxe entrichten; EAS F I 6/4 = 479.

³⁸ EAS A I 13/1 = 45.

³⁹ STROBEL, Agrarverfassung, a.a.O., S. 18, 34 f.; CHR. SCHRENK, in diesem Bd. S. 364 f. Tabelle 4.

⁴⁰ W. SCHREIBER, FLN, Kelhof Nr. 649, S. 221–223.

⁴¹ SCHREIBER, a.a.O., Nr. 1333, S. 345.

⁴² Vgl. GERLINDE PERSON, Der reichenauische Kehlhof, in diesem Bd. S. 52. Ferner Hauptstaatsarchiv Stuttgart J 1–3, Gabelkover 48g, Bd. II, S. 662: 1445 belehnt Abt Friedrich von Wartenberg den Hans von Klingenberg mit dem Kelhof. – GLA UA 5/561 und 562; 229/4 + 5 + 7; 391/34113; 67/538.

⁴³ GLA UA 5/562.

⁴⁴ GLA UA 5/561; 1587 zinste das Lehen 2 Mlt. Roggen Steiner Meß.

⁴⁵ Bodman-Regesten, Urk. Nr. 216, 1310 VII 15; GLA 4/303; SCHREIBER, a.a.O., Nr. 578, 579, S. 209 f.; KLAUS WELKER, Frauenberg, S. 136, 143 f. in Bodman II; DOBLER, Hohenkrähen, S. 27, 54, 101.

⁴⁶ STROBEL, a.a.O., S. 18, A 73.

⁴⁷ GLA 4/303.

⁴⁸ Aus der Geschichte Singens, S. 12 a; siehe ferner den Beitrag Gasthaus Kreuz, in diesem Bd. S. 300.

⁴⁹ STROBEL, a.a.O., S. 18, A 74 S. 34; SCHREIBER, a.a.O., Nr. 673, S. 228.

⁵⁰ GLA 66/8064, Zehnturbar 1774, fol. 2433 ff.

⁵¹ STROBEL, a.a.O., S. 18, A 75.

⁵² STROBEL, a.a.O., S. 18, A 76, S. 34; SCHREIBER, a.a.O., Kaplanei Nr. 632, S. 218; Frühmeßpfrundgut Nr. 286, S. 157.

⁵³ STROBEL, a.a.O., S. 18, A 77, S. 34; SCHREIBER, a.a.O., Nr. 479, S. 194.

⁵⁴ STROBEL, a.a.O., S. 18, A 78, S. 34; SCHREIBER, a.a.O., Nr. 372, S. 173 f. Dazu FRANZ WERNER RUCH, Jagd- und Jurisdiktionsstreitigkeiten, a.a.O., S. 55; STEHLE, Bruderhof, S. 100–102.

⁵⁵ Das Schieggen-Gut, in diesem Bd. S. 255; STROBEL, a.a.O., S. 19, A 79, S. 34; SCHREIBER, a.a.O., Nr. 1261, S. 331; Benennung nach dem Radolfzeller Patriziergeschlecht der Ulmer?

⁵⁶ STROBEL, a.a.O., S. 19.

⁵⁷ EAS F I 1/4 = 392.

⁵⁸ EAS F I 4/1 = 392.

⁵⁹ EAS F I 6/7 = 728.

⁶⁰ Die Rechnungen der Jahre 1667–1686 und 1691–1693 fehlen.

Niederhof und Remishof

von Herbert Berner

Die heutige Gemarkung Singen entstand im 16. Jh. durch Angliederung oder Eingemeindung (so würde man heute sagen) der beiden Sondergemarkungen Niederhofen im Süden und Remishofen im Norden. Alte Flurkarten vermitteln eine Vorstellung, wie weit die Weiler von Obersingen entfernt waren. Beide Weiler haben eine eigene, sehr verschiedenartige geschichtliche Entwicklung genommen. Ohne die besonderen Voraussetzungen in Niederhofen wäre wohl die Niederlassung der beiden Großbetriebe Maggi und Georg Fischer AG nicht so einfach vor sich gegangen. Remishofen hingegen vermochte bis heute seinen ländlichen Charakter zu bewahren.

Der Niederhof

Der vermutlich durch Rodung im Hochmittelalter entstandene Weiler und spätere Hof Niedersingen oder Niederhof, im Laufe der Zeit zur Sondergemarkung ausgebildet, stand im Obereigentum der Herren von Klingen und von Klingenberg, seit 1530 der Herren von Bodman und seit 1555 des Hauses Österreich[1]. Der Weiler hatte damals 10 Häuser.

Im Mittelalter erkennen wir im Niederhof mehrere Lehenhöfe oder Güter verschiedener Inhaber. So besaß das Kloster Katharinenthal 1280 eine Schuppose in »Nidern-Singen«, die der Diessenhofener Bürger Martin von Stein, ein Eigenmann des Klosters, als Lehen innehatte[2]. Nach dem Katharinenthaler Rodel um 1433[3] zinste das von Claus Bul bebaute Gut (Kießlingshof) 1 Malter Kernen, 2 Malter Roggen, 1 Malter Haber, 1 Malter Erbsen, 10 Schilling Haller (= hr), »1 Sch[illing] ze weglöse«, 2 Herbsthühner, 1 Fasnachtshuhn und 50 Eier. Danach erscheint das Kloster nicht mehr als Leheninhaber zu Niedersingen.

Nach der Chronik von J. J. Rüeger kaufte im Jahre 1420 Burkart Stockar ein Gut zu Niederhofen und wurde damit von Walther von Hohenklingen belehnt. Wohl dasselbe Gut wurde 1446 vom Freiherrn Ulrich von Hohenklingen pfandweise an den Schaffhauser Bürger Walther Stockar von Barzheim, den Bruder von Burkart, gegeben. Nach Ulrichs Tod kam das Lehen an seinen Neffen Freiherrn Hans von Rosenegg, »welcher dem Walther Stocker in seiner und seiner Vordern Dienste willen auch auf das Gut Niederhofen einen Pfandschatz« gegeben habe. Das Gut bebaute Hans Stad[4]. Dieses Gut erscheint wiederum in einem Besitzregister von 1533: Hans Stocker veranlaßte eine Renovatio (Erneuerung) des Grundbesitzes seiner ledigen Schwester Katharina in Singen, dabei u.a. die Hofstatt zu Niedersingen mit etwa 75 Jauchert Ackerfeld und 13 Mannsmahd Wiesen[5]. Im Jahre 1463 fand eine Erbschaftsteilung zwischen dem Schaffhauser Bürger Heinrich Stocker und dessen Schwester Anna, der Frau des Hans Schelklin genannt Heggentzi, statt, wobei ihr u.a. die Güter in Niedersingen zufielen[6].

Die Nachfolge der Herren von Klingen in Niederhofen dürften teilweise die Herren von Rosenegg angetreten haben, die seit der ersten Hälfte des 14. Jh.s als Zehntherren und reichenauische Leheninhaber zu Singen und Rielasingen (1335 namentlich zu Niedersingen) auftreten. In einer Urkunde vom 25. Juni 1335[7] belehnte der Abt des Klosters Reichenau den Heinrich von Rosenegg und dessen Tochter Kunigunde u.a. mit »güter und leute ze oberen singen vnd ze nydren singen vnd alle die mannlehen, die die lüt von ihm ze lehen hant [...]«. Die reiche Erbtochter Kunigunde heiratete später den Landgrafen Eberhard von Lupfen zu Stühlingen, die Lehengüter zu Singen wurden dem Ehepaar 1342 und 1344 übertragen[8]. Als Leheninhaber folgte 1463 Graf Johannes von Lupfen[9]; nach dem Aussterben der Rosenegger 1480 wurden die Lupfen ihre Rechtsnachfolger, doch ist bei späteren Belehnungen von deren Gütern zu Singen nicht mehr die Rede. Das sogenannte Lupfengut als Zinseinheit war im 18. Jh. nur noch namentlich bekannt[10]. – Im 15. Jh. gab es vier Rosenegg'sche Höfe: ein Gut, das die Heglin bebauen; des Pfaffwiesers Gut (damit belehnt: Ueli Keller von Stein); die Hofstatt des Hiltprant von Niderhoffen, und das Brügelsgut (Lehen des Walther Stocker). Schon im 16. Jh. lassen sich diese Besitzungen wohl wegen Erbfällen, Güterteilungen, Verkäufen und Verpfändungen nicht mehr feststellen[11]. – Einen Hinweis auf die einstige Burg im Niederhofen gibt eine Urkunde des Abtes David von St. Georgen in Stein am Rhein vom 23. Februar 1503, der für eine

Forderung von Peter Ritzi den Burgstall, Baumgarten und Weingarten des Schuldners pfändet[12].

Diese kleineren Güter und Höfe scheinen im 16. Jh. im wesentlichen in den beiden Höfen der Familien Vorster (Forster) und im Embserhof aufgegangen bzw. zusammengefaßt worden zu sein. Teile des Niederhofs besaßen 1555 Klein Hans Pfeiffer und nach ihm Jacob Schwartz, genannt Tibinger, und Adam Burger[13]. Zum erstenmal erscheint der Name Thebus Vorster von Niederhofen 1557 in einem Rechtsstreit vor dem Landgericht Stockach: Thebus Vorster und Joseph Haubenschmid, Bürger zu Stein am Rhein, streiten sich um den Zehnten von etlichen Äckern zu Niederhofen an der Hofstatt, am »Schnaidtholz« und um das »kleine Seewädel«, beide zu einem Erzinger Gut des Jacob Ritzin gehörig[14]. Vermutlich der Enkel oder Urenkel des Thebus, Michael Vorster, bzw. dessen Erben haben sich des niedergebrannten, gänzlich ruinierten Niederhofs – eigentlich nur noch der Hofstattplatz – »freiwillig und wohlbedächtig entschlagen«; die Behausungen der Bauern samt drei Scheuern, Stallungen usw. waren im Dreißigjährigen Krieg von dem twielischen Feind demoliert, geschleift, die Baumaterialien auf den Hohentwiel geführt und dort verbaut worden.

Niederhof wird rostisches Erbzinslehen

Nun konnte Erzherzog Ferdinand Carl den nach Lehenrecht heimgefallenen Hof 1653 Johann Gaudenz von Rost in Anerkennung seiner »wohlersprießlichen nützlichen Kriegsdienste« als beständiges Erb- und Zinslehen übergeben; mit diesem Hof und dem benachbarten kleineren Embserhof standen nun die Grundherren von Singen selbst in bäuerlichem Leiheverhältnis zum Haus Österreich. Der Vorsterhof zinste jährlich an Martini 18 Malter 4 Vtl. Roggen, 10 Malter Haber, 10 fl. Heugeld, 6 Hühner und 100 Eier; der Embserhof 7 Malter Roggen, 2 Malter Haber, 1 fl. 8 xr. 4 hr. Heugeld, 4 Hühner, 60 Eier – alles in Steiner Maß und abzuliefern an das nellenburgische Oberamt Stockach[15].

Als 1653 Johann Gaudenz von Rost den Niederhof und den Embserhof als nellenburgisches Zinsgut erwarb, lagen, wie erwähnt, die Höfe in Trümmern, und das Feld war verwüstet. Nach einem späteren Bericht soll der Oberst 17 000 fl. für das Erblehen aufgewendet haben, die mit den Erblehenzinsen respektive den abzuliefernden Naturalien verrechnet wurden. Im Laufe von 100 Jahren waren dies, nach einem mittleren Preis berechnet, 13 184 fl. 40 xr. 4 hr., so daß für die von Rost 1763 noch ein Guthaben von 3815 fl. 40 xr. 4 hr. offenstand[16]. 1768 mahnte der nellenburgische Landvogt die Ablieferung der Frucht- und Geldgefälle an[17]. – Der Wiederaufbau dauerte etwa 10 Jahre.

Unter anderem wurde im Niederhof ein Torkel erbaut; Erzherzog Ferdinand Carl bewilligte hierzu die Übertragung des im Städtlein Tengen vorhandenen Torkelrechts, »so nit mehr gebraucht werden«.

1663 erließ Obervogt Johann Gasser eine neue Haussatzung, denn nun übernahm Heinrich Kellmayer aus der Schweiz, derzeit in Storzeln, den Niederhof als Beständer (Pächter) mit seiner Frau, einer Tochter, einer Magd und sechs Knechten (Buben). Das Bestandsgeld betrug 148 fl.; abzugeben waren ferner 40 Malter Mischleten, je 3 Malter Kernen und Gerste, 4 Malter Haber, 6 Eimer Wein, 6 Vtl. Erbsen, 10 Vtl. Salz, 4 Vtl. Hanf. – 1752 war der herrschaftliche Mayer Bernhard Greutter zu Niederhofen gestorben; die Herrschaft entschied sich damals für die Weiterverpachtung[18]. Bald darauf, 1768, jedoch entschloß sich die Herrschaft, die bisher bestandsweise ausgegebenen Allodialgüter – auch in Mühlhausen – an sich zu ziehen und selbst durch einen tüchtigen Bauersmann – den bisherigen Bestandsbauer Johann Weber – bebauen und unterhalten zu lassen. Man teilte ihm an Dienstleuten einen Meister, eine Meisterin, zwei Knechte, eine Magd und zwei Buben zu und entlohnte ihn mit 100 fl. barem Geld sowie mit Früchten (Naturalien) von der herrschaftlichen Schütte: 20 Malter Mühlenkorn, 3 Malter Kernen, 4 Malter Veesen, 6 Vtl. Erbsen und 6 Eimern Wein von der Trotte; für Salz erhielt er 6 fl., für Licht 4 fl. und für Holz 6 fl., dazu freie Wohnung, die Nutzung des Hanflandes und Krautgartens und für den Hausgebrauch Milch und Butter von den Kühen. – 1775 wurde mit Johannes Harder ein Bestandskontrakt über 16 Jauchert Acker und vier Mannsmahd Wiesen abgeschlossen. – 1784 war der Niederhof an zwei Bestandsbauern ausgegeben: Joseph Schellhammer und Joseph Harder; damals wurde die bis dahin zum Niederhof gehörende Offwiese der Mühle zugeschlagen[19]. – 1806 bestanden Niederhof und Embserhof als doppelte Behausung, ganz neu in Stockmauern angebaut eine doppelte Sennereistallung nebst Scheuer und Fruchtwalmen mit einem gewölbten Wein- und einem anderen nicht gewölbten Keller; neben dem Haus stand eine 1805 in Stockmauern erbaute doppelte Ochsenstallung samt Scheuer, Fruchtwalmen und Wagenschopf. 1808 veranschlagte Obervogt Ummenhofer die Gebäude mit 7000 und 4000 fl.; der Hof insgesamt (Gebäude, Waldungen und Güter) wurde mit 37 070 fl. 45 xr. taxiert[20].

Landwirtschaftlicher Eigenbetrieb der Enzenberg

Die Grafen von Enzenberg versuchten, den einzigen großen ihnen gehörenden Hof nach damals modernsten Gesichtspunkten gewinnbringend zu bewirtschaften. Dabei befolgte Graf Franz I., wie er einmal schrieb[21], in oeconomicis die Regel des Apostels Paulus: »omnia probate, et quod optimum est, tenete!« – zu deutsch: Man muß alles ausprobieren, und was sich als sehr gut erweist, muß man beibehalten. Besondere Aufmerksamkeit wurde nun der Viehzucht geschenkt, etwa ab 1806 wurde der Niederhof längere Jahre als Sennerei betrieben. Auf die Dauer zeigte sich aber, daß trotz allen Bemühens des praktisch zuständigen Obervogts respektive Rentbeamten bei häufiger Abwesenheit der Herrschaft ein Eigenbetrieb nicht durchgehalten oder aufrechterhalten werden konnte; sicherlich war dies auch eine Folge der in Singen mehr als anderswo fühlbaren politischen und gesellschaftlichen Veränderungen.

Große Fürsorge widmeten, wie erwähnt, die Grafen von Enzenberg der Viehzucht. 1795 bereits muhten im unteren Stall 12 Stück Vieh (molz, weiß, strobel, braun, Heße, blaß, Spitzer, Spiegel, rauh, falsch, Hirsch genannt), im mittleren Stall 8 Stück (stier, giel, strauß, roch, mohr, Schweitzer, frey, Bleßle) und im oberen Stall 10 Stück, nämlich 6 schwarz-braune Zweijährlinge und 4 schwarz-braune Einjährlinge. Eine Liste von 1806 zählt 16 Kühe auf, die von dem in humanistischen Wissenschaften hochgebildeten Grundherrn griechische und römische Namen erhielten: Cleopatra, Semiramis, Penelope, Sappho, Jenobia usw.; die Namen für die künftigen Stiere und Kühe hatte der Grundherr ebenfalls schon festgelegt: Jupiter, Titan, Polyphemos oder Juno, Danae, Cybele usw.[22] Graf Franz II. von Enzenberg legte 1807 in einer neuen Ordnung für die Sennerei bis in Einzelheiten fest, wie die Fütterung des Viehs zu erfolgen habe und wie Butter, Käse, Schmalz herzustellen seien; Senner war damals Thadäus Mayer. Das Vieh wurde vor allem nach Stein am Rhein und Lindau verkauft. Auf dem Hof waren 8 Personen beschäftigt, die pro Kopf und Tag folgende Naturalien bezogen: 1 1/2 Meßle Kernenmehl, 1 1/4 Meßle Mühlfrucht, 1/4 Pfund Schmalz in der Woche, an Sonn- und Feiertagen 3/4 Pfund grünes Fleisch, 2 Schoppen Wein für den Mann und 1 Schoppen für das Weib. Die Frau des für die Hofverwaltung zuständigen Bauvogts Joseph Stengele spann Hanf und sollte die Hausarbeit für alle übernehmen gegen jährlich 10 fl., dafür wurden die Mägde abbestellt.

Es hat den Anschein, daß im endenden 18. Jh. mehr Wert auf Zugvieh als auf Milchvieh gelegt wurde; ganz sicher lag diesbezüglich ein größerer Bedarf vor. Dies zeigt ganz augenfällig eine Aufstellung über den herrschaftlichen Viehbestand vom April 1801:

	Singen	Niederhof	Mühlhausen	Mägdeberg	Summe
Pferde	4	–	2	2	8
Ochsen	6	13	6	6	31
Milchvieh	–	1	11	2	14
Gustvieh	–	1	4	3	8
Wucherstier	–	–	1	–	1
Schweine	5	4	9	–	18

Unter Gustvieh versteht man trächtige, vor der Geburt trocken stehende Kühe sowie nicht milchgebendes, unfruchtbares Vieh; ein Wucherstier, auch Fasel genannt, ist ein Farren. Im Vergleich dazu: In den Ställen der Bauern von Singen standen in diesem Jahr 94 Pferde und 86 Ochsen, in Mühlhausen 58 Pferde und 36 Ochsen, in Arlen 26 Pferde und 33 Ochsen; leider fehlen für diese Jahre weitere Angaben. Für das Jahr 1790 jedoch sind angegeben in Singen 101 Kühe, 52 Schafe und 1 Ziege; in Mühlhausen 111 Kühe, 20 Schafe und 15 Ziegen und in Arlen 52 Kühe[23].

Auffallend ist der geringe Schweinebestand[24], der wenig oder keinen Gewinn abwarf und deshalb nach 1810 reduziert wurde. 1810 wurden 57 Schweine verkauft = 213 fl. 22 xr., 2 Schweine entfielen auf die Besoldung (12 fl.) und 6 Schweine wurden geschlachtet (170 fl. = 395 fl. 22 xr.); bei Ausgaben von 276 fl. 35 xr. ergab das kaum 120 fl. Ertrag. – Auch die Schäferei (1810 115 Stück verkauft = 354 fl.; 195 Pfund Wolle = 195 fl. und 2 Felle = 2 fl. 20 xr.) erbrachte bei 610 fl. 3 xr. Auslagen einen Verlust von 104 fl. 28 xr.[25].

Deutlich erkennbar ist das Bemühen der Herrschaft nach größtmöglicher Rationalisierung und gewinnträchtiger Betriebsführung. 1816 bis 1818 war so der Haushalt des Beständers im Niederhof auf 4 Personen geschrumpft. Im Jahre 1810 erbrachte der Hornviehnutzen bei Ausgaben von 1472 fl. 51 xr. und Einnahmen von 1994 fl. einen Ertrag von 521 fl. 29 xr.:

1 Stier	53 fl. 37 xr.
12 Kühe	835 fl. 30 xr.
1 Schmalstück	35 fl. – xr.
1 Kalb	6 fl. – xr.
14 Schmalstück	420 fl. – (à 30 fl.)
Milchverkauf	644 fl. 43 xr.

Bei einer Bilanzierung 1812 mit verändertem Viehbestand wurde allerdings ein Verlust von 48 fl. 2 1/2 xr. errechnet:

1 Stier	à 50 fl.	50 fl.
12 Kühe	à 50 fl.	600 fl.
25 Schmalstück	à 30 fl.	750 fl.
7 Kälber	à 10 fl.	70 fl.
18 Ochsen	à 60 fl.	1080 fl.
19 Schweine	à 15 fl.	285 fl.
143 Schafe	à 5 fl.	715 fl.
Fahrnis		1500 fl.
Naturalien, Geldvorrat		1000 fl.
Ansaat		870 fl.
Ergibt		6255 fl. Kapitaleinsatz
Einnahmen:		5574 fl. 37 xr. 4 hr.
Ausgaben:		5622 fl. 40 xr.
Verlust:		48 fl. 2 1/2 xr.

Rein betriebswirtschaftlich verzeichnete der Niederhof 1810 bis 1812 einen durchschnittlichen Ertrag von 463 fl. 52 xr. 1 1/3 hr. oder zusammen 1253 fl. 4 xr.; auf dem Bauerngut wurden Getreide, Kartoffeln, Ölsamen, Kraut und Rüben angebaut[26]. Im landwirtschaftlichen Betrieb Niederhof mit Schäferei waren 1815 beschäftigt 1 Bauvogt mit Weib und Tochter, 2 Buben/Knechte, 1 Schäfer und 1 Schäferbub.

Verpachtung von Hof und Grundstücken

1815 begann die Herrschaft, den landwirtschaftlichen Eigenbetrieb wieder aufzugeben, und verpachtete die herrschaftlichen Güter auf 9 Jahre von Lichtmeß zu Lichtmeß, jeweils 3 Jcht. in drei Zelgen. Das letzte vorliegende Pachtprotokoll vom 23. Dezember 1831 über die stückweise Verpachtung der grundherrschaftlichen Güter von 1833 bis 1842 betrifft im Zelg Berg 68 Jcht. 1 Vlg., im Zelg Hardfeld 66 Jcht. 2 Vlg. und im Zelg Rain 68 Jcht. 1 Vlg. Ackerfeld, 36 Jcht. 2 Vlg. Wiesen und 62 Eckle Reben; die jährlichen Einnahmen daraus betrugen 139 Malter 7 Sester Veesen, 56 Malter 3 Sester 5 Meßle Gerste und an Geld 338 fl. 1 xr., dazu 320 Bund Stroh und 128 zweispännige Fuhren (Fronden)[27].

Zu den verpachteten Gütern gehörte u.a. auch der »Waldpurgishofgarten« mit 3 Vlg., in 2 Teile geteilt; im Pachtvertrag vom 17. Juni 1827 (bis 1836) wurden dem Pächter das Futtergras und das Obst von den auf seinem Teil stehenden Bäumen überlassen, dagegen hatte er das »Vermach« (aus Latten und Stangen oder Sporenhag) vom Kanal bis zum Haus des Fidel Schwarz und weiter längs der Steinerstraße bis zum Garten des Michael Weber zu unterhalten. Das Gras durfte nicht mit Vieh abgefratzt werden (abgeweidet); Pächter war Hammerschmied Fidel Waibel gegen 19 fl. jährlich.

Die Schäferei wurde 1819 bis 1828 an den Schultheißen Johann Stortz zu Hohentwiel gegen jährlich 202 fl., fällig an Jakobi, verpachtet, nämlich die Schafställe auf dem Niederhof mit der anstoßenden Scheuer, einem großen Viehstall mit Futtergang, Wagenschopf und dem Niederhofer Brühl (6 Jcht. 1 Vlg.). 1828 übernahm Sonnenwirt Hanhart von Diessenhofen gegen 155 fl. jährliche Pacht bis 1834 die Schäferei; danach hören wir nichts mehr von der Schafzucht. – Vielleicht hatte Gotthard Allweiler in den nicht mehr benötigten ehemaligen Ställen von 1860 bis 1867 seine Werkstätte untergebracht, bis er seinen Betrieb nach Radolfzell verlegen mußte.

Der Niederhof wurde 1819 bis 1828 (ab 2. Februar) an den hiesigen Bürger Bartholomä Ehinger verpachtet; der an Martini zu entrichtende Pachtschilling belief sich auf 63 fl. 30 xr., dazu 6 Malter Veesen, 4 Malter Gerste Steiner Maß, 50 Vtl. Erdäpfel, 12 Maß Repsöl, 50 Eier, für Entenfedern (von 6 Stück) ein Geldsurrogat von 2 fl. 30 xr. und 2 bis 4 Säcke weiße Rüben. Ferner mußte der Pächter 13 Fronfuhren (Holzbeifuhr für den Förster), 2 Wagen Dünger in den Schloßgarten und 3 Wagen Dünger in die herrschaftlichen Reben verrichten, er hatte die üblichen Chaussee- und Gemeindefronden zu erbringen und mußte schließlich die Mitaufsicht über die noch nicht verpachteten herrschaftlichen Güter zu Singen übernehmen. Nicht genug damit hatte er sich auch auf Anforderung des Rentamts auf den Schütten und Kästen und in der Mühle beim Gerben und Wallen »ohne Einwendung und Murren« unentgeltlich gebrauchen zu lassen. – 1827 wurde der Pachtvertrag mit Bartholomä Ehinger unter gleichen Bedingungen verlängert bis 1837; 1828 trat Franz Ehinger in den Pachtvertrag des Vaters ein. Leider fehlen von da ab weitere Unterlagen über die Verpachtung des Niederhofs im Enzenbergarchiv[28].

Arbeiterwohnungen im Niederhof 1880 bis 1906

1880 bestand der Niederhof aus zwei zweistöckigen Wohnhäusern jeweils mit Scheuer, Stallung und Gemüsegarten mit den Hausnummern 89 und 90, die an die benachbarten Fabriken als Arbeiterwohnungen vermietet wurden. Das Bürgermeisteramt äußerte sich 1879 darüber nicht sehr erfreut, weil von den neu zuziehenden Leuten geringerer Klasse außer häufigem Feld- und Waldfrevel wenig zu erwarten sei; man müsse weiter bedenken, daß auch die Wohnräume in schlechten Stand versetzt würden und daß der Mietzins nur schwer oder gar nicht zu bekommen sein dürfte. »Nach unserem Armengesetz werden solche Familien, wenn sie zwei Jahre in einer Gemeinde wohnen, unterstützungsbedürftig und die Gemeinde selbst unterstützungspflichtig. Man ersucht das Rentamt, drohende Nachteile von der Gemeinde abzuwenden und dem Mißstand entgegenzutreten.« Das Rentamt respektive die Grafen von Enzenberg vermieteten dennoch ab 1879 die vier Wohnungen im Niederhof gegen jährlich 100 Mark (= 8.34 Mark pro Monat), die Mieter mußten einen Bürgen stellen. Es handelte sich um Fabrikarbeiter, aber auch um Handwerker wie Maurer, Mühlenmacher, Bahnwarte und andere. 1895 übernahm Fabrikant Georg Fischer aus Schaffhausen für seinen Singener Betrieb alle Wohnungen zuzüglich vier neuen Wohnungen in einem bisher unbewohnten Gebäude (umgebaut von Baumeister Georg Schächle) gegen einen Mietzins von 1200 Mark jährlich. Alle acht Wohnungen wurden ausgestattet mit einem Kachelofen und einem weiteren Ofen, jede Wohnung erhielt einen eigenen Abtritt und einen Keller- und Speicheranteil. Das Wasser mußte freilich aus einem Brunnen geholt werden. Fabrikant Georg Fischer kümmerte sich persönlich um den Zustand der Wohnungen, reklamierte schadhafte Öfen und bauliche Mängel. 1902/03 wurden alle »arg verwahrlosten Wohnungen« repariert (Schächle); von da ab vermietete wiederum das Rentamt. 1905 erklärte sich die Firma Georg Fischer grundsätzlich bereit, die Mieten vom Lohn einzubehalten und dem Rentamt zu überweisen[29].

Im Jahre 1906 verkaufte die Erbengemeinschaft Enzenberg das eine Gebäude – den früheren Embserhof – an die Firma Maggi mit Haus- und Grundstück und den ehemaligen Niederhof an Johann Harder mit einem Hausgarten. Als Johann Harder am 11. Dezember 1920 starb, trat seine Frau Aloisia geb. Geßler die Erbfolge an; sie beteiligte 1924 ihre Tochter Sophie Harder zur Hälfte am Eigentum und überließ der Tochter im Mai 1939, sie hatte inzwischen Franz Weber (Fridolins-Sohn) geheiratet, den Niederhof ganz. Nach dem Tod von Sophie Weber 1952 bildeten ihre Kinder eine Erbengemeinschaft, die am 10. Juli 1969 den Niederhof an die Bautreuhandgesellschaft zum Abbruch verkaufte. An der Stelle steht heute etwa das Büroeinrichtungshaus Leuenberger W. KG, Rielasinger Str. 33[30].

Der Remishof

Der Name legt es nahe, daß sich in ihm in volkstümlicher Überlieferung eine Erinnerung an den in der Nähe vorüberziehenden Römerweg von Schaffhausen über Hilzingen-Friedingen im System der Verbindungen zwischen Hochrhein und Limes verbergen könnte; man hat dort Ende des letzten Jahrhunderts ein Ziegelstück mit dem Stempel der XI. Legion gefunden (heute verschollen)[31]. Der Hofname hat wohl nichts mit den Römern zu tun, vielmehr dürfte darin ein germanischer Personenname stecken oder, was uns wahrscheinlicher dünkt, der Name des Gründers oder eines späteren Hofinhabers, vielleicht des Hans Remlis (1392). Urkundliche Nachweise haben wir erst seit der Mitte des 14. Jahrhunderts: 1347 erscheint der Name Remishofen in einem Güterbeschrieb der Kathedrale Konstanz[32], und 1359 verlieh dort Abt Eberhard von Reichenau einen Viertel des Zehnten zu Remishof und Singen der Frau Mathilde[33].

Remishof, heutiges Anwesen Stulz (1984)

Der Niederhof – als Bauernhaus an der Rielasinger Straße 1970 abgebrochen (links)

Zum Remishof, der eine eigene Gemarkung bildete, gehörte ursprünglich auch der Gruit = oder Gereuthof, der von den Herren von Klingen, den Besitzvorgängern der Klingenberg, 1425 an das Kloster Paradies bei Schaffhausen verkauft[34] und durch Herzog Christoph von Württemberg 1553 vom Rat der Stadt Schaffhausen erworben worden ist; aus dem Gereuthof ging später die württembergische Staatsdomäne Bruderhof hervor. Der Weiler hatte damals 8 Häuser.

Ein Zinsgut zu Remishof – im ganzen handelt es sich um drei Höfe – hatten die Klingenberger inne, die es 1530 mit Singen, Niederhofen und der Mühle zu Dorna an Hans Jerg von Bodman verkaufen; im Kaufbrief ist auch die Rede von »5 pflug, so jetz daselbs seind«[35]. Hans Jerg von Bodman wiederum verkaufte den mit 1280 fl. veranschlagten Remishof 1555 an König Ferdinand, 1557 trat Hans Jakob Fugger in den Kauf ein[36]. Ihm folgte 1571 Hans Ludwig von Bodman nach, der 1575 das Dorf Singen mit den beiden Weilern Nieder- und Remishofen an Erzherzog Ferdinand von Österreich verkaufte[37].

In dem kleinen Weiler waren mehrere Grundherren begütert. 1440 bis 1470 empfing der »mayer von Remlishoff«, Haintz Remlishofer, als Rosenegg'sches Lehen eine Wiese, ferner ein Uelis Forster Acker und von Adam Bürcklin den »Buchilisacker«[38]; 1451 wird Heini Vorster zu Remlishof nach dem Tod des Adam Bürcklin als neuer Mitgülte eines Kornzinses genannt[39]. Wohl der Sohn Conrad Vorster, genannt Traum, stellte 1512 einen Urfehdebrief gegen die Stadt Radolfzell aus[40].

Dem Kloster Paradies gehörte das *Enderlinslehen*, dessen halber Hof 1531 dem Hans Schwartzen zu Remlishof verliehen war[41]. 1553 verkauften Bürgermeister und Rat der Stadt Schaffhausen als Pfleger des Klosters Paradies das Enderlinslehen an Herzog Christoph von Wirtemberg: ein halber Hof des Erblehens Hans Schwartz; ein Viertel Erblehen des Hanns Widmer, Müller zu Dornen, vorher des Hans Vorster; das restliche Viertel war aufgeteilt als Lehen an Jakob Däuber zu Remishof und Jakob Ehinger den Jüngeren von Singen sowie Hanns Schwartz, Vogt zu Hausen[42].

Im herrschaftlichen Singener Urbar von 1555[43] werden unter Remlishof aufgeführt Jacob Tober mit dem *Strobelhof*[44], Blasi Vorsters Erben Theuss und Martin Forster und Joachim Büninger mit einem Pfrundlehen (Hofstatt, stößt an Hans Schwartzen und an des alten Caspar Döber Erben) sowie die Erben des alten Caspar Thöber, nämlich Jacob Thöber für sich selbst und als Träger seiner Schwester Anna Thöberin, Hansen Büningers und Hansen Schmiden zu Remshof (Haus, Hof, Krautgarten). Danach waren die Höfe bereits geteilt. An Leibeigenen zählt das herrschaftliche Urbar auf: »Anna Lyben mit sechs Kindern; Margarete Thöberin; Jacob Schwartz der Alt und sein Eheweib; Barbara Lyben mit sechs Kindern und Appollonia Thöberin mit sieben Kindern«, im ganzen 25 Personen.

Vermutlich nach dem Erwerb des Weilers Remishof durch Österreich entstand der Name *Innsbrucker- oder Kammerlehen* für den dritten Hof in Remishof. Im Jahr 1615 wurden in Remishofen genannt der 50jährige Jakob Schwartz mit sechs guten Pferden (3000 fl. Vermögen); Hans Straub, 34 Jahre alt, 200 fl. Vermögen, hatte zwei schwache Pferde, und Hans Ehing(er) verfügte über 300 fl. Vermögen und nur ein »gemaines roß«[45]. – Bereits 1501 stellt Konrad Mangold von Sandegg (Konstanz) gegen Kaiser Maximilian einen Lehenrevers über ein Gütlein zu Singen aus. 1533 ist Heinrich Lew, Bürger von Engen, als Träger seiner Mutter Besitzer des Lehens, das sein Vater Burkart von Kaiser Maximilian zu Lehen bekommen hatte. 1574 verlieh Hans Ludwig von Bodman dem »ehrbaren Hanns Reizin zu Synngen« mehrere Äcker und Wiesen, und 1597 waren Martin Lew, Matheus Kheiderlin und Martin Reitze Inhaber des Lehens, das 1624 Erzherzog Leopold dem Martin Reützin übertrug. Die Erzherzöge und Kaiser belehnten fortan die Reize mit diesem Gut: 1676 Hans Reitzin, 1690 Hans Adam Reitzi (so auch 1718), 1724 Dionys Reitze; fast alle traten als Träger ihrer Brüder oder Vettern auf. 1757 erwarben die Reitzin-Erben das Obereigentum am Erblehen Innsbrucker-Kammerlehen von Österreich um 850 fl.; 1765 saßen auf dem Hof X(aver?), Ch. und Andreas Reize[46].

Bei der Huldigung 1774 erschienen von Remishof Christoph Reize, Johannes Looser und Gervatius Weber[47]. 1794 beschrieb Johann Nepomuk Raiser unter der No. 239 Remishofen: Ein Hof am Aachfluß, eine Stunde von Singen, Diözese Konstanz, Besitzer Graf Enzenberg (österreichisches Lehen), steht unmittelbar unter vorderösterreichischer Landesstelle. Die Steuer immediat österreichisch fließt nach Ehingen, der Zoll ist nellenburgisch. Forstherrlichkeit, Jagd und Blutbann sind enzenbergisch (= österreichisches Lehen); Niedergerichtsherr Graf Enzenberg, Exempt von Nellenburg. Zehntherr: Pfarrer zu Singen[48].

Im Jahre 1884 bestand der Remishof nur noch aus drei Häusern. »Dies war das heutige Anwesen Stulz; davor stand noch ein weiteres Bauernhaus, das Anwesen Lang, das bis zur Straße reichte. Es brannte am 7. Januar 1923 ab und wurde nicht mehr aufgebaut. Diese beiden Bauernhöfe teilten sich zuletzt mehrere Kleinlandwirte in ärmlichen Verhältnissen. Das Anwesen Stulz wurde nach 1945 stark erneuert, so daß außer dem etwa 250 Jahre alten Anwesen Paul nichts mehr vom alten Remishof auf uns gekommen ist.«[49]

Heute weist der Remishof rund 15 Häuser auf, ein landwirtschaftliches Anwesen und eine Gärtnerei (Gartengestaltung, Baumpflege) erinnern noch an die landwirtschaftliche Vergangenheit.

Anmerkungen

[1] Über die Anfänge von Niederhof siehe den Beitrag Singen und Singer Bruck, in diesem Bd. S. 19 ff., sowie Singener Orts- und Grundherren, in diesem Bd. S. 199.

[2] ThUB III, 602 Nr. 706, 1280 X 12.

[3] StaatsA Frauenfeld, Urbar 7'44'63 Nr. 20; 7'44'137, S. 164, Eintrag um 1433. – »weglöse« könnte bedeuten eine Ablösung für einen früher in Naturalien gezahlten Zins oder für irgendeine andere Abgabe, vielleicht sogar für Fronarbeit. Frdl. Auskunft des StaatsA Frauenfeld vom 13.04.1988. – Zum Kießlingshof, der 1724 an das Kloster Katharinental zinst und von Hans Georg Schaidtli und Jordan Mayer bebaut wird, siehe SCHREIBER, FLN Nr. 673, S. 228; der Hof ist benannt nach dem urkundlich am frühesten bekannten Inhaber Sebastian Kysling (1533).

[4] RÜEGER, Chronik der Stadt und Landschaft Schaffhausen, Bd. II, 1892, S. 968, A 2; SchUB Nr. 2162, S. 271, 1446 VI 20.

[5] W. SCHREIBER, Das älteste Urbar des Enzenberg-Archivs als agrar- und sprachgeschichtliches Dokument, Zs. Hegau 27/28 (1970/71), S. 131–137. Über die Familie Stokar: KARL STOKAR, Die Stocker von Barzheim, Zs. Hegau 29/30 (1972/73), S. 205–215.

[6] SchUB I, S. 322, Nr. 2560, 1463 IV 18.

[7] GLA Nr. 5/537.

[8] Nach GERTRUD STREIT, Adelsgeschlechter in Rielasingen, Untersuchungen über Ulrich von Rülasingen und die Freiherren von Rosenegg mit besonderer Berücksichtigung der Rosenegg'schen Besitzverhältnisse im 14. und 15. Jh. im Dorf Singen, Zs. Hegau 38 (1981), S. 53–64.

[9] GLA 5/537, 1463 XII 1.

[10] STROBEL, Agrarerfassung, S. 34 f.

[11] G. STREIT, a.a.O., S. 58 f.; ERNST SCHNEIDER, Eine unbekannte Quelle zur Geschichte der Herrschaft Rosenegg aus dem 15. Jh., Zs. Hegau 15/16 (1963), S. 137, 144, 147, dabei bes. die Hiltbrand genannt. 1475 V 3 verkauft Hans Lib, gen. Hopler von Singen, der Pfründe beim Hl. Kreuz zu Überlingen am Ried einen jährlichen Zins von 2 fl. von Haus, Hof etc. der Gebrüder Hans und Cunrat Hiltprand zu Niederhofen; EAS Urk. Nr. 3. Hans Hopler von Singen hatte 1466 den Hof der beiden Brüder Hildebrand zu Niederhofen gekauft; PfA Überlingen am Ried. Das Gut des Conradt Hiltprand erscheint ferner 1496 in einem Rosenegg'schen Urbar: Eine Scheuer, Krautgarten, 53 1/2 Jcht. 3 Vlg. Äcker, 10 1/2 Mmd. Wiesen und ein Hanfgarten in Singen, GLA 66/6958; frdl. Mitteilung von Dr. Hans Jähnichen vom 22.9.1961.

[12] SchUB II, S. 471, Nr. 3734.

[13] EAS A I 11/1 = 27.

[14] Frdl. Mitteilung von P. Dr. Kolumban Spahr, Kloster Mehrerau (Bregenz), in dessen Archiv das Urteil des Landgerichts aufbewahrt wird (Nachlaß von Franz Joseph Waitzenegger, Bündel [Schlösser]).

[15] EAS A I 11/2 = 26.

[16] EAS A I 11/1 = 27, Brief Stanbrugger 1763 II 2.

[17] EAS A I 11/3 = 920.

[18] EAS O I 1/3 = 602; nach einem Bericht wurde der Niederhof (Forsterhof) 1763 neu erbaut: 10feldige Behausung mit 2 Kellern, 2 Scheuern, 1 Weinpresse, Schopf und anderen Gebäuden; 122 Jcht. Äcker und 2 Mmd. Wiesen sowie Hanf-, Kraut- und Frühgärtle. Auch der Embserhof wurde neu errichtet mit Behausung, Scheuer, Stadel, Stallung, 86 Jcht. Äcker und 10 Mmd. Wiesen. Weil die beiden Höfe wenig »Wieswax« hatten, wurden mehrere zum Vogtgut gehörende und eigens erkaufte Wiesen hierher appliziert und gebaut; EAS F I 1/6 = 535. 1780/81 bebauten Johann Harder und Joseph Ehinger den Embserhof; EAS Vogtei-Rechnungen.

[19] Die 7 Jcht. haltende Offwiese oder Spitalwies wurde z.B. 1825 gegen jährlich 10 fl. an den Bestandsmüller Peter Graf auf 9 Jahre verpachtet; er mußte längs der Aach Weiden setzen, auf die Wiese zwei Reihen Bäume pflanzen (Obst behielt sich der Verpächter vor) und die Wiese alle 3 Jahre düngen. Die Inhaber der Kabisländer oben an der Wiese hatten dahin Zugang.

[20] EAS A I 11/4 = 12.

[21] EAS V V 1/8 a = 413, 1796 II 13.

[22] EAS A I 11/3 = 920. Vgl. dazu ERNST SCHNEIDER, Zur Tiereigennamengebung. In Hegau 43 (1986), S. 274.

[23] EAS V V 1/8 b = 447.

[24] EAS S II 6/1 = 882.

[25] EAS A I 11/7 = 25.

[26] EAS A I 11/7 = 25; A II 4/6 = 289.

[27] EAS A II 4/2 = 212.

[28] EAS A I 18/2 = 693.

[29] EAS A I 11/8 = 60.

[30] Frdl. Mitteilung Grundbuchamt Stadt Singen, Manfred Koch, vom 30.3.1988.

[31] A. FUNK, Kelten, Römer, Germanen ..., S. 56; SCHREIBER, FLN, S. 78.

[32] GLA Berain 4659, fol. 231.

[33] ThUb. VI, Nr. 2475, S. 46f. SCHREIBER, FLN Nr. 966, S. 277f.; Belege bis 1878; Schreiber verweist auch auf die gleichnamige Wüstung auf Gemarkung Schlatt unter Krähen (a.a.O., S. 600, Nr. 191f.); bei Kreuzlingen gibt es einen Remisberg = Römerburg, wo man drei römische Münzen gefunden hat; Thurg. Beiträge 98, 1961, S. 50.

[34] STEHLE, Bruderhof, S. 47f.

[35] MILLER, Hohentwieler Lagerbuch, S. 128, 130; Bodman-Regesten Nr. 1033, S. 295; Reischach-Inventar, hg. von HELMUT MAURER, 1968, U 98 S. 34.

[36] GLA Conv. 31a Nr. 1184, 1185.

[37] Bodman-Regesten Nr. 1164; 1166. Im BAB findet sich ein umfänglicher Faszikel über einen Compromiß zwischen der Gemeinde Duchtlingen, den Weilern Remis- und Niederhof und dem Junker Hans Ludwig von Bodman zu Hohenkrähen über Frondienste und andere Streitigkeiten.

[38] ERNST SCHNEIDER, Eine unbekannte Quelle zur Geschichte der Herrschaft Rosenegg aus dem 15. Jh., Zs. Hegau 15/16 (1963), S. 146. Auf S. 147 ist die Rede von Henni Hiltbrand von Niederhofen, der Äcker am Remisberg erhielt, »die erköft wurden von Lupffen vnd von Rosenegg«.

[39] H. MAURER, Reischach-Inventar, 1969, U 223, S. 62.
[40] Rep. Radolfzell, 247.
[41] SCHREIBER, FLN Nr. 221/222, S. 146. – Nach einem rosoneggischen Güterverzeichnis aus der 1. Hälfte des 15. Jh.s, das wohl den Lehenbestand von 1335 wiedergibt, gehörte dazu auch »ein gut zu Singen«, das man nennt das Enderlisgut; »es ist gewesen Frick Guldingers von Diessenhofen«, G. STREIT, Adelsgeschlechter in Rielasingen, Hegau 38 (1981), S. 58. Zur Zeit des Rosenegg'schen Urbars besaßen die Rosenegg in Remishofen 3 Lehen.
[42] STEHLE, Bruderhof, S. 86, 88. Nach Stehle geht das in 1 Halb- und 2 Viertelshöfe aufgeteilte Enderlinslehen zurück auf das 1424 und 1429 genannte Hannsen Clingenfeldersgut, damals von Enderlin Clingenfelder bebaut, der dem Gut seinen Namen lieh. – Weitere Besitzungen des Klosters Paradies bei MILLER, Hohentwiel, S. 24, 34, 38, 40, 42 und 45.
[43] MILLER, Hohentwieler Lagerbuch, S. 154–194, bes. S. 35, 76, 162, 173, 183f. und 193.
[44] 1476 II 20 verschreibt Hans Strobel zu Remlishof den Zins seiner zwei Äcker zu Remlishof der Heiligenpflege Überlingen am Ried; PfarrA. Überlingen am Ried.
[45] Zit. nach ALOIS MATTES, Im Laufe der Geschichte hatte Remishof viele Herren, in Schwarzwälder Bote vom 30.7.1982; Mattes bezieht sich auf das nellenburgische Musterregister von 1615, in diesem Bd. S. 223 ff.
[46] GLA 67/744, S. 559, 562–564; U A 5/561; UA 8/31a; 67/742; EAS A I 14/2 = 858; F I 6/1 = 743; GLA 391/20910.
[47] EAS F I 6/3 = 415.
[48] J. N. RAISER, Nellenburg, Nr. 239. – Zum Zehnten: 1553 belehnte Bischof Christoph von Konstanz den Bürgermeister Georg Seckler von Radolfzell mit einem Viertelteil des Zehnten zu Remishof; GLA 67/538f. 5r. Georg Seckler war schon 1528 von Abt Markus von Reichenau für sich und seine unmündigen Brudersöhne Stephan und Hainrich mit Grundstücken zu Remishof belehnt worden; GLA 44/452. 1585 belehnte Bischof Christoph den Hans Georg Egloff als Träger der Magdalene Secklerin, seiner Mutter, mit dem vierten Teil des Zehnten zu Remishof, GLA 5/473; Hans Georg Egloff wurde 1602 von Bischof Johann Georg, 1697 von Bischof Sixt Werner mit diesem Zehnt belehnt, 1634 belehnte Bischof Johann den Hans Kaspar von Egloff, 1645 Bischof Franz Johann denselben mit dem Zehnten. Der Zehnt gelangte nun 1657 an Hans Ludwig von Bodman als Träger Gottfried Heinrichs von Egloff und 1663 an Johann Franz Freiherr von Freyberg zu Aulfingen; Freyberg erwarb den Zehnt von Gottfried Heinrich Egloff von Zell zu Immendingen, erzfürstlich augsburgischer Rat, Kammerer und Pfleger zu Villingen, GLA 5/527. – Ein Viertel des Zehnten blieb im Besitz des Hochstifts Konstanz, GLA 67/537f. 50v.; 229/101.
[49] Nach A. MATTES, a.a.O.

Ich fürchte den Mann, den alle loben!

Verwalter und Obervögte

von Herbert Berner

Alle Inhaber der Herrschaft Singen-Mägdberg standen als Offiziere oder Verwaltungsjuristen im Dienste des Hauses Österreich und waren daher nur selten oder vorübergehend hier wohnhaft. Deshalb ließen sie ihre Herrschaft von Verwaltern, später Obervögte genannt, administrieren, wobei detaillierte Dienst-Instruktionen deren Aufgaben und Geschäftsführung festlegten. Im übrigen wurde viel korrespondiert, und in wichtigen Fällen reiste der Verwalter etwa nach Innsbruck oder Reutte in Tirol, um sich mit seinen Dienstherren abzusprechen und Weisungen entgegenzunehmen. Mit zunehmendem Ausbau der Verwaltung und der Patrimonialgerichtsbarkeit konnten nur qualifizierte, in der Regel »studierte« Personen diese Aufgabe wahrnehmen und ihren Dienstherrn bei den Untertanen sowie in den Außenbeziehungen der Herrschaft (etwa beim nellenburgischen Oberamt oder bei der vorderösterreichischen Regierung) und vor allem in Kriegs- und Notzeiten vertreten. Für den Dienstherrn wiederum war es von größter Bedeutung, einen fähigen und charaktervollen Mann zu finden, dem er vollauf vertrauen konnte. In Mühlhausen-Mägdberg scheint dies besonders schwierig gewesen zu sein, denn zwischen 1658 bis 1738 ermittelten wir die Namen von 15 Verwaltern und Obervögten, oft nur ein bis zwei Jahre im Amt; Untreue und Unterschlagungen kamen vor. In der Regel mußten die Verwalter bzw. Obervögte bei Dienstantritt eine Kaution von mehreren 100 Gulden entrichten.

Man hat den Eindruck, daß all dies in der Herrschaft Singen im großen und ganzen funktioniert hat. Zu Beginn der Rostischen Inhabung der Pfandlehen wurde freilich improvisiert: Johann Gaudenz II. hatte offenbar kein klares Konzept, wie er seine neu erworbenen Besitzungen verwalten sollte. 1653 scheint der erzherzogliche Vogteiverwalter Johann Georg Müller noch eine Weile für den Baron Rost tätig gewesen zu sein, der dann 1655/56 seinen Obervogt Johann Gasser in Tengen auch mit der Verwaltung von Singen bis 1663 beauftragte. Mägdeberg-Mühlhausen hingegen behielt seinen bisherigen Verwalter Johann Casper (?) Bürckhlin (1658). 1664 hören wir wiederum von einem Obervogt Ulrich Setzlin in Tengen, der auch Singen verwaltete. 1666 besorgte dies der Vogteiverwalter Christoph Biercklein für Mägdeberg und Singen. Zwischen 1676 und 1683 erscheint in Singen der Obervogt *Michael Hofer*, der danach – 1684 – als Richter der Herrschaft Ernberg in Tirol amtiert. – Mühlhausen behielt jedoch bis 1738 eigene Verwalter, die gelegentlich auch den Titel Obervogt trugen. Auch die Herrschaft Vollmaringen-Göttelfingen hatte unter einem Obervogt eine eigene Verwaltung.

Offenbar nach Michael Hofer war der wohledle und feste *Andreas Schrott* bis gegen 1720 Verwalter der Herrschaft Singen (erste Nachweise 1692). Schrott stand wahrscheinlich schon ca. 1685 in Rostischen Diensten. Um 1720 wird als Bevollmächtigter des Freiherrn Franz Carl von Rost ein *Josef Mezler* genannt.

Von 1738 bis 1748 amtierte der wohledle, feste und gelehrte *Johann Konrad Meßmer* als Rostischer Verwalter zu Singen und Mägdeberg, der seit 1744 den Titel Obervogt trug und – der Mode seiner Zeit gemäß – gelegentlich »Conseilleur et grand Baillif« genannt wurde. 1740 erließ Franz Carl von Rost Instruktions-Notanda mit 11 Punkten; darin wird »mein gnädige Freule Tante ersuecht[...], auf dessen accurate Art Befolgung genau Obacht zue haben«. Demnach lebte damals im Mühlhauser Schloß ein Mitglied der Familie.

Obervogt Leopold Ludwig Meßmer (1749–1757) könnte ein Sohn oder Verwandter des Johann Konrad gewesen sein; er wird mit den Prädikaten »wohledel, gestreng und hochgelehrt« bedacht. Unter ihm kam es 1752 zu den ersten uns bekannt gewordenen Beschwerden der Singener Untertanen über die Amtsführung des Obervogts[2].

Von Sommer 1757 bis 1758 war *Johann Peter Antoni Spannbrugger*, danach bis 1764 *Franz Remigius Spannbrugger* Singener Obervogt. Franz Remigius Spannbrugger schlichtete 1759 Zwistigkeiten innerhalb der Gemeinde; 1761 kam es jedoch zu massiven Beschwerden der Gemeinde gegen ihren Obervogt.

Von Georgi 1765 bis 1778 erscheint der bisherige Notar *Raymond Alexius Ranz* als Obervogt; er wurde im November 1764 charakterisiert als nellenburgischer Landgerichtsfiscal und »Vogt in fidem«[3] und 1774 als »grand Baillif de la Seigneurie de Singen et Mägdberg«. Er muß ein schwieriger und jähzorniger Mann gewesen sein, über den die »ehrsam gemeint« 1777 so heftige Klagen vorbrachte, daß Graf Franz Josef I. im Januar

1777 den Hofkammerrat von Bärtel und den Stadtschreiber Marx Jäger von Überlingen als Actuar nach Singen schickte, um ein Verhör durchzuführen und den Obervogt vergeblich zu einer besseren Amtsführung zu ermahnen. Ranz verstand es, die Vorgesetzen des Dorfes gegen ihre Mitbürger auf seine Seite zu ziehen und so eine Spaltung der Gemeinde herbeizuführen. Auch in Mühlhausen trieb er es so; der dortige Vogt Schellhammer wurde deshalb in einem Beschwerdebrief »Augapfel des Obervogts« gescholten.

Die beim Grafen von Enzenberg eingereichten Klagen betrafen u. a. das Jagen und Wachtelfangen in den Feldern und Rebgärten zur Ernte- und Weinlesezeit; die Herabsetzung der Entschädigung für die Gemeindefronfuhr von 8 auf 4 Kreuzer; eigenmächtige Besetzung des Gerichts; Verlegung des Kleewasens; Beraubung alter Gerechtsame der Untertanen und deren Unterdrückung durch »geschärfte Bedrohung«. Als die Dinge sich verschlimmerten, wandten sich die Gemeinde und die Untertanen am 18. August 1777 erneut an den Grafen und beklagten sich über die Unterdrückungen, die je länger, je mehr mit den schärfsten Drohungen verbunden würden. Tags zuvor habe der Obervogt die ganze Gemeinde in das Gemeindehaus einbestellt (bei Strafe durfte nicht ein einziger zurückbleiben), die Versammelten wegen anonymer Beschwerden zur Rechenschaft gezogen und mit heftigen Drohungen Unterschriften unter ein Protokoll erpreßt, wonach die Gemeinde über nichts zu klagen habe. Die meisten hätten jedoch die Unterschrift verweigert, obwohl Ranz mit Zuchthaus, Galgen und Rad (»noch zu gelind«! für solche Verbrechen) gedroht habe. Dann habe er den »Untervogt, das ganze Gericht und die Gemeindevorsteher, sämtlich seine Anhänger« zum Umtrunk eingeladen: Diese seien »mehrteils untereinander verschwägert, geschwistrige Kinder und nächste Blutsfreunde«, die er zum größten Nachteil der Gemeinde ausgewählt habe. Ähnliche Beschwerden brachten die Mühlhauser vor. Im Oktober schickte Graf von Enzenberg abermals den Hofkammerrat von Bärtl und Marx Jäger nach Singen; inzwischen hatten die Untertanen einen »kostbaren Prozeß« in Freiburg i. Br. begonnen. Das Untersuchungsprotokoll bestätigte die Berechtigung der Beschwerden, ordnete die Absetzung des Gerichtsvogts Johann Bach an, an dessen Stelle »ein in die Freundschaft« nicht verwickelter braver Mann gesetzt werden sollte, nämlich Anton Buchegger[4]. Danach scheint Ranz entlassen worden zu sein[5].

1778 folgte Obervogt *Ludwig Augustin Frey* nach bis 1790, ein guter Verwaltungsmann, mit dem Graf von Enzenberg und die Untertanen zufrieden sein konnten. Auch er wird des öfteren als »Conseilleur et grand Baillif de la Seigneurie à Singen« bezeichnet. Er war vorher beim Stift Rheinau tätig. Seine jährliche Besoldung bestand in 350 fl. in bar, in Naturalien (Steiner Meß), 13 Malt. Kernen, 14 Malt. Roggen, 6 Vtl. Erbsen, 10 Saum Wein (3jähriger Singener), 8 Klafter hartes und 16 Klafter weiches Holz, unentgeltlich zugeführt, freie Wohnung im Schloß nebst Nutznießung des Kuchelgartens; zur Unterhaltung eines Dienstpferdes und von zwei Stück Hornvieh erhielt er 4 Fuder Heu, 1 Fuder Embd, 4 Malt. Haber und 200 Bund Stroh. Außerdem bezog er von den Taxen (Gebühren) 20% und bekam von der Herrschaft alljährlich ein angemessenes »Douceur«. Auch die Tagesspesen bei Dienstreisen waren genau geregelt: Mit Pferd pro Tag 4 fl.; nur über Mittag (1/2 Tag) 2 fl. 30 xr, mit Knecht und zwei Pferden 6 fl. (4 fl.), wobei Knecht und Pferd gebührlichst verpflegt werden mußten. Die Amtsrechnung mußte jährlich gestellt werden, halbjährliche Kündigungsfrist. – Die Besoldung des damaligen Amts- und Wirtschaftsschreibers Martin Stiermann bestand in 200 fl. einschließlich der Naturalien (u. a. 5 Saum Wein); seine Dienstreisegebühr betrug pro Tag 2 fl. 30 xr und ein halber Tag 1 fl. 12 xr. Obervogt Frey mußte wegen schwerer Krankheit ohne Hoffnung auf Wiedergenesung seinen Dienst aufgeben.

Die schwersten Zeiten in Singen erlebte sein Nachfolger *Johann Nepomuk Müller* (1790–1806). Es waren die Jahre der französischen Koalitionskriege. Müller, ein Sohn des Amtsbürgermeisters und Syndicus der Reichsstadt Wangen, hatte in Freiburg studiert. Aufgrund seiner ausgezeichneten Zeugnisse kam er zum Amt von St. Peter; von dort wechselte er als Amtssekretär im Justizfach in die Präsidialkanzlei der vorderösterreichischen Regierung in Freiburg über und wurde von deren Präsidenten, dem Freiherrn von Sumeraw, dem Grafen von Enzenberg empfohlen[6]. Schon seit Ende des 17. Jahrhunderts fand eine rege Korrespondenz zwischen den Singener Obervögten und ihren meist abwesenden Orts-Grundherren statt, die jedoch seit 1774 nach Anweisung des Grafen Franz Josef von Enzenberg in eine neue Form gebracht wurde: Die Briefe wurden jahrgangsweise numeriert, und die Briefseiten durften nur zur Hälfte beschrieben werden, so daß der Graf auf der unbeschriebenen halben Seite seine Kommentare und Anweisungen anbringen konnte. Diese überwiegend amtliche, aber auch private Korrespondenz (Mitteilungen über Geburt von Kindern, Krankheiten, Reisen usw.) ist über rund 30 Jahre eine unschätzbare Quelle für die Singener Geschichte. Das persönliche Verhältnis aller enzenbergischen Obervögte mit den beiden Grafen Franz Josef I. und Franz Josef II. kann man als freundschaftlich bezeichnen[7]. Alle diese Obervögte hatten eine gediegene humanistische und juristische Ausbildung. – Müller reichte 1806 aus persönlichen Gründen (»sehr geltenden Gründen«) seine Entlassung ein. Graf von Enzenberg »fand sich in seinem Diener getäuscht«, der sich bei vermögensrechtlichen Abwicklungen bei Auswanderungen ins Banat schuldhaft verhalten hatte[8]. Am 29. August 1806 verabschiedete er ihn im Walburgishof (Unteres Schloß) in Anwesenheit des herrschaftlichen Vogtes Anton Buchegger, der Bürgermeister Jacob Buchegger und Josef Weber sowie der 12 Gerichtsmänner mit herzlichem Dank für seine im Krieg geleisteten Dienste und stellte den neuen Obervogt Ummenhofer vor; J. N. Müller erklärte sich bereit, in sechs Monaten seines weiteren Hierseins die rückständigen Amtsrechnungen zu berichtigen.

Franz Josef Sales Ummenhofer (1770–1854, Amtszeit 1806–1827) stammte aus Konstanz, erhielt 1785 für sein Studium der Rechtswissenschaften ein Stipendium und war danach als Konstanzer Magistratssekretär tätig[9]. 1806 als Obervogt nach Singen berufen, unterstützte er bald als intimer Kenner der Singener Verhältnisse überaus hilfreich mit unzähligen juristischen Gutachten und persönlichen Ratschlägen Franz Josef II. in der Zeit der württembergischen Innehabung von Singen und in der nachfolgenden Aera der Aufhebung der Patrimonial-Gerichtsbarkeit (1813), in der die Grund- und Standesherren sich verzweifelt, aber vergebens gegen den Verlust ihrer Privilegien wehrten. 1814 entfiel deshalb die Amtsbezeichnung Obervogt; fortan nannte sich Ummenhofer Rentbeamter (Rentamtmann). Im Jahre 1824 nahm er seinen Wohnsitz in Konstanz und erledigte von dort aus die Dienstgeschäfte in Singen, die an Ort und Stelle von Rentamtssekretär Johann Georg Rösler wahrgenommen wurden. Schreiben und Auskünfte von Ummenhofer finden sich noch bis in die Mitte der 40er Jahre bei den Akten. – Als Ummenhofer 1824 Singen verließ, gab er auch seine Dienstkleidung ab, bestehend aus einem dunkelgrünen Frack mit langen blauen Hosen, einem dunkelgrünen Frack mit langen dunkelgrauen Hosen, einem weißen Gilet und einem dunkelgrauen Überrock[10].

Johann Georg Rösler (1827–1844) wurde nach dem Tod seines Vorgängers Franz Anton Bischof am 26. April 1823 zum Rentamtssekretär bestellt. Er stammte aus Hemmenhofen und war Schullehrer in Arlen. Seine Dienstinstruktion mit 28 ausführlichen Paragraphen enthält auch Anweisungen für seine Frau Ottilie, geborene Jäkle von Schlatt am Randen, die als Beschließerin und Aufseherin fungierte. Rösler hatte freie Wohnung und bezog 300 fl. bares Geld sowie Naturalien im Wert von 128 fl.; er mußte eine Kaution von 600 fl. stellen[11]. – Rösler, der bis um 1844 beim Rentamt verblieb, nahm in den letzten Jahren seines Wirkens das Amt des Rentmeisters wahr, das er de facto schon lange ausübte.

Nachfolger *Johann Decall* (1844–1850), vorher beim Landgericht Bruneck angestellt, war seinem Amt in keiner Weise gewachsen, vernachlässigte die Rechnungsführung und besaß keinen Überblick, so daß die Herrschaft 1847 sogar in Zahlungsschwierigkeiten geriet. Ende Dezember 1848 mußte Graf von Enzenberg eine strenge Anweisung über die »Verrechnung des Rentamts« erlassen, ohne daß dies viel half. Bei der 1848er Revolution scheint Decall insgesamt eine zwielichtige Rolle gespielt zu haben, sowohl gegen die Singener als auch gegen seine Dienstherrschaft, die ihn einmal einen »lumpigen Freischärler« nennt. Am 1. April 1850 wurde Decall wegen Dienstunfähigkeit und Untätigkeit (er hinterließ eine grenzenlose Unordnung im Rentamt) entlassen. In mehreren Prozessen 1854/55 versuchte Decall vergebens, Graf von Enzenberg wegen Forderungen und Vertragserfüllung zu belangen[12].

Rentmeister *Andreas Stebinger* (1850–1870), bisher Commissär bei der F. F. Domänenkanzlei Donaueschingen, wurde Ende März 1850 mit einem Gehalt von 600 fl. und freier Wohnung gegen eine Kaution von 1000 fl. als Rentmeister bestellt; er war ein Schwager des Hilzinger Sternenwirts Wendelin Metzger, der für ihn bürgte.

Ihm folgte nach im August 1870 bis 1878 *Josef Leuthner* von Gutenstein als Rentmeister und Mühlenverwalter; seine Tätigkeit endete mit der Kündigung durch Graf Hugo von Enzenberg (06.04.1878).

Carl Recknagel (1878–1906) aus Augsburg erhielt als Rentmeister, Mühlen- und Sägeverwalter 2400 Mark Gehalt mit freier Wohnung im Schloß, Holzkompetenz, Nutzung des Gemüsegartens gegenüber dem Schloß und Tantiemen von 20% am Reinertrag der Kunstmühle (bis 5000 Mark) sowie 25% am Reinertrag der Säge (über 3000 Mark). Er legte sein Amt am 31. Januar 1906 nieder.

Joseph Selig (1906–1917), zuvor Rentamtmann bei der gräflich Douglasschen Verwaltung in Mühlhausen, übernahm nach seiner Pensionierung die Singener Rentmeisterstelle. Er stammte aus Andelfingen (geb. 31.07.1841) und hatte acht Kinder, alle in Mühlhausen geboren. Er konnte seinen Dienst in Singen halbtags gegen eine monatliche Vergütung von 150 Mark ausüben; die Herrschaft gehörte damals einer Erbengemeinschaft, vertreten durch die Grafen Hugo und Arthur von Enzenberg. Wie seine Vorgänger wohnte er mit seiner Familie im hinteren Teil des Schlosses; zum Personal gehörten ein Schloßgärtner, ein Waldhüter und eine Beschließerin. Die gräfliche Familie weilte nur einige Wochen besuchsweise in Singen. Selig versah seinen Dienst bis zu seinem Tode am 2. Oktober 1917[13].

Ich fürchte den Mann, den alle loben! – Dienstinstruktionen und Verwaltungspraxis

Auf die Instruktionen der Verwalter und Obervögte, die für Mühlhausen seit 1673, für Singen seit 1757 vorliegen, mit zum Teil recht ausführlichen Anweisungen, soll in Kürze noch eingegangen werden, weil sie vieles aussagen über die Art und Weise, wie die Herrschaft ihren Untertanen gegenübertrat[14] und welche Grundsätze für die Administration galten.

Die Instruktion für den Obervogt Conrad Meßmer um 1740 enthält 11 Punkte; abschließend wird der Obervogt ernstlich ermahnt, bei Vermeidung schwerer Verantwortung »dise ihme vorgeschriebene Instruction genau und nach dem Buechstaben nachzukommen«; er müsse die Instruktion viermal jährlich in Gegenwart des Vogtes vorlesen, »weilen auch die schuldigkeit von disem lötzteren darin inseriret« ist. In der von Carl von Rost erteilten Instruktion vom 4. Juli 1757 mit 22 Punkten wird der Obervogt Antoni Spannbrugger ermahnt, daß er seine Sorge auf eine gute Zucht und Ordnung der Untertanen richten und die Jugend in Gottesfurcht erziehen solle, und die Justiz unparteiisch, ohne Passion oder Interesse zu handhaben. Die ledigen Burschen dürften nachts nicht über die vorgeschriebene Zeit auf den Gassen zu Ärgernis und Unruhe des ganzen Ortes herumlaufen, und die Wirte sollen nicht mit Spielen, Trompeten und Tanzen Gelegenheit zu Unzucht, Schwören und anderen Liederlichkeiten bieten.

Besonders charakteristisch für die Zeit des aufgeklärten Absolutismus und die Persönlichkeit von Franz I. Josef von Enzenberg ist die auf 52 eng beschriebenen Folioseiten mit 78 Paragraphen gefertigte Instruktion für den Obervogt Ummenhofer vom 23. August 1806. Sie beginnt mit den »Pflichten gegen Gott« (regelmäßiger Besuch der Gottesdienste, Einhaltung der Fastentage, sittlicher Lebenswandel, Toleranz gegenüber Andersgläubigen), gegen den Landesfürsten und den Staat. Ausführlich behandelt sie sodann die Pflichten gegen die Herrschaft und die Untertanen, vor allem die Handhabung der Justiz und des Richteramtes: Fürsorge für die Waisen, Ausübung des Richteramtes täglich von 8 bis 12 und von 2 bis 6 Uhr in der Kanzlei. »Ein Beamter ist kein Taglöhner, die mit dem Glockenstreiche wohl aufzuhören, selten aber mit dem selben anzufangen pflegen.« Wöchentlich sind zwei Amtstage zu halten. Jedoch ist »die Prozeßucht der Untergang auch des wohlhabendsten Mannes und die unerschöpfliche Quelle der Mißhelligkeiten in den Familien und Gemeinden; man muß daher nichts außer Acht lassen, was dieses Übel hintanhalten kann«. Strenge Unparteilichkeit und Unbestechlichkeit, Güte, Sanftmut und Langmut sind Eigenschaften, auf denen die allgemeine Achtung und das Vertrauen beruhen. Für sich und sein Eigentum will der Graf keine Vorrechte, keine Ausnahme, keine Begünstigung: »Gleiche Mönche, gleiche Kappen.«

Darauf folgen beachtenswerte Ratschläge und Grundsätze. Wer etwa glauben sollte, durch kleinliche Anordnungen die Verwaltung in den Griff zu bekommen, erreiche nur, daß der tätigste Mann unwirksam und der aufgeweckteste Geist stumpf gemacht wird. Halbwisser sind kluge Dümmlinge. »Wann der Landmann sieht, daß man ihn aufsucht, ihm freundschaftlich begegnet, ihn nicht seine Übermacht an Geistesgaben, an Ansehen und Gewalt fühlen läßt, wenn man auch bei ihm Raths holt, seine kleinen Zwistigkeiten freundschaftlich beylegt, in größeren Angelegenheiten sich seiner mit Nachdruck annimmt, so gewinnt er [der Obervogt] Liebe und Vertrauen.« Das alles bedeute nicht, notfalls auch strengere Maßregeln zu ergreifen nach Rücksprache mit angesehenen Männern aus der Gemeinde. »Seine Subalternen betrachte derselbe als Freunde, die die Last mit ihm theilen; er beobachte sie aber und lasse selbst kleine Fehler und Nachlässigkeiten nicht ungerügt; aber sanft, liebevoll, schonend, muß die Bemerkung seyn, nur wenn Zurechtweisungen dieser Art nichts fruchten, dann trette er als Vorgesezter auf und werde ihnen zwar scharf aber mit Anstand« entgegentreten. »Es gehört geradezu zur Essenz und Wesenheit des rechtschaffenen Mannes, daß die Schurken, denen man das Handwerk legt oder erschwert, gegen ihn aufstehen und sich verschwören, ihn anklagen und verleumden – ich fürchte den Mann, den alle loben, schäze und liebe aber den, welchen die wenigen Guten herausheben und die vielen Schlechten verfolgen und anschwärzen.«[15]

Als der Vater im Mai 1807 seinem Sohn Franz II. Josef Seraphikus die Herrschaft Singen-Mägdeberg übertrug, schrieb er auch für ihn in Klagenfurt eine Instruktion, die auch dem Obervogt Ummenhofer, in dessen Klugheit und Rechtschaffenheit er ein besonderes Vertrauen besitze, zur Kenntnis gebracht werden mußte. In dieser Instruktion für den Sohn und Nachfolger finden sich folgende Sätze[16]:

Er bedenke, daß ungleich seltener der Herr den Diener braucht, als der Diener den Herrn: und daß einen Menschen und mehr noch eine ganze Familie »aus dem Brote werfen nichts kleines seye, wenn er schon lange darinnen gestanden ist, seine besten Jahre und Kräfte darinnen zugebracht hat [...]. Nach meinen moralischen Grundsätzen und nach den Eingebungen meines Herzens kann diese traurige Nothwendigkeit der gäntzlichen Entlassung nur dann eintretten, wenn die Unver-

Singener Polizeidiener, um 1807

Obervogt Franz Sales Ummenhofer (1770–1854), von 1806–1814 Obervogt, dann bis 1827 Rentbeamter

275

besserlichkeit entschieden und es schlechterdings unmöglich ist, so einer Auswürkhung und Pflichtvergeßen unschädlich zu machen. Er beherzige, daß ein alter Diener mit 10 bekannten Fehlern noch immer besser seye, als ein Neuer mit 5 anderen, welche man erst auffinden muß [...]«.

Anmerkungen

[1] 1675 äußerte sich dazu Dionys von Rost: Da er die Herrschaft Mägdberg nicht selbst bewohnen könne, spüre er, daß »deren administration nit allerdingen zum Besten meinem Nutzen gerichtet auch der gebührende respect bei den vnterthanen ermanglen wollen«. Deshalb habe er sich entschlossen, seine Herrschaft »durch ein taugliches subjectum administrieren zu lassen«. EAS O I 1/4 = 46.

[2] Siehe den Beitrag Vom Königshof zur Gemeinde, in diesem Bd. S. 215 ff.

[3] EAS S I 3/1a = 1030; S III 4/1 = 353.

[4] EAS O I 1/8 = 837.

[5] Ranz erscheint von 1807 bis 1811 als Amtmann beim Bezirksamt Blumenfeld, wo er zuvor Obervogt gewesen ist. Es liegen umfängliche Akten über seine Pensionierung, Wohnungsräumung und anderes vor: GLA 229/10036a; 10037a, b; 10038a, b; 391/4958.

[6] EAS VV 1/1k = 1001; frdl. Hinweis von Joachim Schaier. – Nach seiner Entlassung wurde Müller Obervogt in der Herrschaft Zizenhausen; 1825 schreibt er aus Stockach.

[7] Gräfin Maria Enzenberg unterschrieb ihre Briefe etwa um 1810 an die »liebe Frau Obervögtin« Ummenhofer mit »ihre wahre Freundin Maria Enzenberg«; EAS V V 1/10a = 1042.

[8] Im November 1801 war Franz Anton Buchegger von Arlen mit seinen Kindern ins Banat ausgewandert, ohne daß Obervogt Müller die Auszahlung des beim Obervogteiamt bis zur Schuldenliquidation deponierten Vermögens von 1058 fl. vorgenommen hatte. 1806 versprach Müller bei der Amtsübergabe an Fr. S. Ummenhofer, die Sache ins reine zu bringen. Es geschah nichts. Eine Anfrage des Bezirksamtes Radolfzell 1811 blieb ohne Wirkung. Ab 1822 betrieb der nunmehr aufgestellte Pfleger der Kinder, Matthä Ehinger von Arlen, die Herausgabe des inzwischen mit Zinsen auf über 3000 fl. angewachsenen Vermögens. 1824 erging beim Hofgericht Meersburg ein Teilurteil, 1829 mußte das Rentamt nach einem Vergleich 1500 fl. erstatten. In den Schreiben der klagenden Partei wird Müller der Untreue und Unterschlagung bezichtigt. – EAS J I E 2/7 = 1052; 2/6 = 1053; 2/9 = 796; HACKER, a.a.O., S. 189 f. – Vgl. den Beitrag Auswanderer, in diesem Bd. S. 347.

[9] Frdl. Mitteilung Stadtarchiv Konstanz vom 24.10.1986.

[10] EAS O I 1/13 = 750.

[11] EAS O I 1/15 = 754.

[12] EAS O I 1/20 = 115; O I 1/18 = 562.

[13] Mit Personal oder Dienerschaft war es damals schon mäßig bestellt, 1845 ein Obervogt bzw. Rentamtmann, ein Sekretär, ein Amtsschreiber und eine Beschließerin, ein Kutscher, zwei Förster/Waldhüter und ein Gärtner; EAS A II 4/6 = 209.

[14] EAS O I 1/4 = 46.

[15] EAS O I 1/11 = 488.

[16] EAS O I 1/13 = 750.

Die Buchegger-Stiftungen

von Herbert Berner

Am 1. Mai 1665 stellte Abt Wilhelm der Gotteshäuser Petershausen und St. Georg zu Stein am Rhein eine umfängliche, wichtige Urkunde aus, die für das Kloster, mehr noch für die Angehörigen der Familie Buchegger, höchst bedeutsam war. Der ehrwürdige und wohlgelehrte Pfarrer Johann BuechEgger zu Büßlingen im Hegau, unser »lieber Freund«, machte aus christlicher Verantwortung für die Armen und zu seinem eigenen und der ganzen Freundschaft Seelenheil eine Stiftung über 3000 fl. Konstanzer Münz und Währung, die, beim Gotteshaus Petershausen angelegt, dazu verhelfen sollte, die Herrschaft Staufen und Hilzingen aus der Hand und Gewalt des Schaffhauser Junkers Alexander Ziegler zu lösen und so die »wahre katholische Religion vnd den Unßeres Gotteshauses daselbst habende Kirchensatz, groß – und kleinen Zehenden, Zinßgülten vnd ander Recht Vndt Gerechtigkeithen auß großer gefahr, darinnen solches alles gestanden, erlediget, erhalten vndt bewahret haben«.

Gemeint ist damit ein kurze Zeit zurückliegendes Kapitel Hilzinger Geschichte. Die Herrschaft Staufen/Hilzingen war 1652 gegen einen Pfandschilling von 6000 fl. von Erzherzog Ferdinand Carl dem Schaffhauser Major und Ratsherrn Alexander Ziegler auf 18 Jahre verliehen worden, doch mußte wegen großer Beschwerden und Klagen der Hilzinger über Ziegler, der sich auch unkluge Verstöße gegen die Religionsausübung zuschulden kommen ließ, im Oktober 1658 das Lehen aufgekündet werden. Österreich nahm gegen Entrichtung von 61 200 fl. (Pfandschilling und Baukosten für das Schloß) das Lehen zurück und übertrug am 18. Januar 1659 der Abtei Petershausen die Herrschaft Staufen/Hilzingen gegen einen Pfandschilling von 60 000 fl. Das Kloster Petershausen hatte als Rechtsnachfolger des St. Georgen-Klosters zu Stein am Rhein den Kirchensatz und andere Rechte und Güter inne, die ihm auch nach der Säkularisierung von St. Georgen 1525 durch den Stand Zürich nicht entzogen werden konnten.[1] Wahrscheinlich hatte Pfarrer BuechEgger bereits 1658 dem Kloster einen Kredit in dieser Höhe gewährt, der nun in eine Stiftung umgewandelt wurde.

In der zweifellos in Absprache mit Abt und Konvent von Petershausen abgefaßten Stiftungsurkunde bestimmte Pfarrer BuechEgger als erstes, daß der Zins des Darlehens in Höhe von 3000 fl. nach seinem Tode »zue einem Ewigen Stipendio vndt Stüftung auf die catholische BuechEggerische lineen vnd Manß Stammen In dem dorf Singen od. wo die anderswo Jedesweylen wohnhaft sein möchten, dienen, gewidmet und verordnet«. Die Erträgnisse sollten jährlich gereicht, »Schutzherren« sollten über die Anlage des Geldes fleißig und fürsorglich »Aufsehen tragen«. Solange der Stifter lebe, wolle er ab 1666 zum Fest der heiligen Apostel Philipp und Jacobi den Zins mit 150 fl. selbst beziehen. Nach seinem Tode sollten davon 24 fl. zum Kapital geschlagen und 126 fl. den BuechEggerischen männlichen Erben in Singen, Hilzingen, Radolfzell oder Konstanz jeweils am ersten Maitag zukommen; das Kloster verpfändete zur Sicherheit des Kapitals respektive der Zinszahlungen den großen und kleinen Zehnten zu Hilzingen sowie weitere liegende und fahrende Habe. Den ordnungsgemäßen Vollzug der Stiftung sollten überwachen der Prälat zu Petershausen und der jeweilige fürstbischöfliche Generalvikar zu Konstanz; die Inhaber des Stipendiums sollten dem Gotteshaus jährlich 1 Pfund Pfennig Konstanzer Währung entrichten.

Bis ins Detail wurden nun die Voraussetzungen und Bedingungen für die Zuwendung des Stipendiums geregelt. Nutznießer sollten ausschließlich sein die männlichen Nachkommen der beiden Brüder des Stifters, Sebastian und Simon; falls keine Brudersöhne absteigender Linie vorhanden, konnten auch Söhne der Buchegger-Töchter, Waisenkinder sowie Bedürftige und ehrbare »Haußvätter BuechEggerischen Manß Stammes« einer solchen Guttat fähig und würdig werden. Der Stifter dachte vor allem an künftige Theologiestudenten und andere Studierende der Familie, jedoch sollten auch jene, die einen handwerklichen Beruf ergreifen wollten (dies waren denn auch die meisten Stipendiaten) mit der Stiftung bedacht werden. Das Ertägnis von 126 fl. wurde in der Regel in zwei Hälften mit jeweils 52 fl. 30 xr an Abkömmlinge beider Linien oder gelegentlich, wenn Berechtigte fehlten, in ganzer Höhe ausgeteilt, wobei man darauf achtete, daß beide Linien alternierend und abwechselnd zum Zuge kamen. Im 18. Jh. legten die Antragsteller des öfteren einen Stammbaum, gewissermaßen als Berechtigungsnachweis, bei. Falls der BuechEggerische Mannesstamm aussterben oder sich von der römisch-katholischen Religion abwenden sollte, erlösche das Stipendium. 2000 fl. sollte dann das Kloster Petershausen erhalten gegen die Verpflichtung, jährlich an St. Nikolaus heilige Messen für das Buchegger-Geschlecht zu lesen und einen gebürtigen Singener zum geistigen Stand erziehen zu lassen; 1000 fl. sollten an die Pfarrkirche und Gemeinde Singen gelangen, der Zins mit 42 fl. sollte den 1648 gestifteten Buchegger-Jahrtag (an Johannes dem Täufer) unterhalten (2 fl.), 40 fl. sollten Waisen und bedürftige Kinder erhalten.

Abschließend sah der Stiftungsbrief vor, daß bei einer etwaigen Ablösung der 3000 fl. durch das Kloster das Kapital mit Hilfe und Rat des Generalvikars an einem anderen Ort sicher angelegt werde, damit der Stiftungszweck »forth vnd ewig vnabgänglich gehalten werde«.[2]

Die Familie Buchegger

Sie soll nach alter, aber nicht bewiesener Familientradition aus Südtirol in den Hegau eingewandert sein. Der erste uns bekannte Buchegger ist der 24jährige Taglöhner Bastian Buchegger, der in der Musterungsliste von 1615 erscheint; ob und wie er mit der Familie des Pfarrers Johann BuechEgger († 1667) verwandt ist, läßt sich nicht feststellen. Der vom Pfarrer Johann Dominik Landolt gefertigte Stammbaum der BuechEgger zählt nur die verheirateten Söhne auf, die den Stamm weiterführen, ohne deren Geschwister zu nennen. Die Nachkommen des Simon († 1672) und Sebastian († 1663) haben sich in mehreren Zweigen bis in die Gegenwart fortgepflanzt.[3] Der in anderem Zusammenhang 1665 in Konstanz genannte Gerber Johannes Buchegger läßt sich in die Familie des Simon nicht einfügen, denn dessen ältester Sohn Johann dürfte etwa 1648/49 geboren sein (Heirat 1669), der Konstanzer Gerber muß aber älter sein[4] und wird als Neffe des Pfarrers Johann BuechEgger bezeichnet. Wahrscheinlich ist er ein Sohn des Sebastian. Der Stammvater Simon besaß den halben Reichenauer Kelhof. Zur vermögenden Simonslinie gehörte u. a. der Vogt Konrad Buchegger (1769–1848), der 13 Kinder hatte, unter ihnen den späteren Generalvikar Ludwig von Buchegger. Von den Nachkommen des Konrad gab es im 19./20. Jh. zwei Zweige:
1. *Seppetoni-Linie*, abstammend von Joseph Anton (1802–1883), einem jüngeren Bruder des Generalvikars Ludwig; in diese Linie gehört u. a. der Augsburger Architekt Sebastian Buchegger.
2. *Mühlipeter-Linie*, geht zurück auf Dominik (1799–1868); sein Sohn Joseph (1839–1899) war von 1892 bis zu seinem Tode Singener Bürgermeister.

Die sogenannte *Rüssli-Linie* der Buchegger, benannt nach einem Angehörigen der Familie, der am Rußlandfeldzug 1812 teilgenommen hat und sich hernach mit einer Russenmütze im Dorf sehen ließ, kann nach dem Stand der gegenwärtigen Forschung mit Sicherheit weder dem Zweig des Sebastian noch des Simon zugewiesen werden. Die Rüssli-Buchegger lassen sich zurückführen bis auf Anton (ca. 1724–1799), dessen Vater unbekannt geblieben ist. Der Stamm wurde von Clemens (1760–1828) über Xaver (1799–1874), Ignaz (1830–1898) und Johann (* 1865) fortgeführt (Haus Lindenstraße 15). Indessen gibt es noch weitere Buchegger, die nicht zu den Nachfahren der beiden Brüder Simon und Sebastian gehören. – Auffallend, daß sich der Vorname Sebastian in der Stifterfamilie vererbte, der Vorname Simon hingegen nicht.

Vergabe des Stipendiums

Die beiden ersten Stipendiaten Bonaventura und Alexander BuochEgger traten ihr Stipendium um 1695 an; Bonaventura wurde in Petershausen, Füssen, Salzburg und Innsbruck ausgebildet; von Alexander, der zunächst in Petershausen war, hören wir nichts mehr. Bonaventura dürfte Geistlicher geworden sein. Nächste Stipendiaten waren Thomas (ab 1718), der das Barbier-Handwerk (Wundarzt) erlernte, und Simon, 1700 bis 1712 bei Schulmeister Johannes Hasler in Öhningen; sie erhielten nicht nur Kost und Logis, sondern wurden auch eingekleidet. Die meisten Buchegger-Söhne erlernten in der Folgezeit ein Handwerk. Die Väter stellten jeweils beim Konstanzer Generalvikar und beim Prälaten zu Petershausen einen Antrag und wachten eifersüchtig darüber, daß das Stipendium gerecht unter die antragsberechtigten Mitglieder der beiden Linien verteilt wurde. Es kam vor, daß ein Stipendium 10, sogar 15 Jahre genossen wurde.

1783/84 studierte Johann Baptista Jurisprudenz, 1783 bis 1788 Franz Anton Chirurgie und Handarznei; 1789 erhielt er wegen zu geringen Verdienstes einen Zuschuß von 25 fl. 55 xr. In dieser Zeit war das Stipendium geviertelt, so daß vier Buben jeweils 25 fl. 55 xr bezogen. – Seit 1801 waren jeweils der Pfarrer zu Singen und der Obervogt damit befaßt, die Gesuche um ein Stipendium zu prüfen und weiterzuleiten. Da 1802 ein Jakob Buchegger eine direkte Abstammung von den beiden Brüdern nicht nachweisen konnte, beließ man ihm zwar das schon gewährte Stipendium mit 52 fl. 30 xr für seinen Sohn Johann Baptist, verweigerte ihm aber ein Stipendium für den jüngeren Sohn Johann. – Ab

1803 bezog Johann Meinrad, ein Sohn des Johann Baptist, das ganze Stipendium mit 105 fl.; er studierte in Klagenfurt. Johann Meinrad war 1813 Pfarrer in Greifenburg (Steiermark) und bewarb sich um eine Stelle in der Diözese Konstanz, um seinen alten und kränklichen Vater unterstützen zu können.[5]

Im Jahre 1806 folgte nach der Sohn des »reichen Bauern« Konrad, Ludwig, der das Stipendium bis 1813 alleine genoß. Danach wurde es geteilt und die andere Hälfte dem Siegmund, Sohn des armen Johann Baptist, zugeschieden. Hierüber erhob sich ein längerer Streit, der auf die »nähere« Verwandtschaft abhob: Ludwig aus der Linie des Simon gehörte der 6., Siegmund aus der Linie des Sebastian der 5. Generation an. Rentbeamter Ummenhofer äußerte sich gutachtlich, daß das Stipendium teilbar sei, wie schon bei den beiden Brudersöhnen des Fundators geschehen. Die Verteilung des Stipendiums richte sich nach Tauglichkeit und »Dürftigkeit des Subjects« und solle in den absteigenden Linien umgewechselt werden. Daraus ergebe sich, daß jetzt das Stipendium zwischen dem bedürftigen Siegmund und dem wohlhabenden Ludwig durchaus und ohne Nachteil geteilt werden könne, zumal dieser schon 6 Jahre das Stipendium ganz genossen habe und überdies wegen seiner guten Leistungen im Fach Musik seit vier Jahren kostfrei in Rheinau lebe. Auch Graf Enzenberg verwandte sich in diesem Sinne bei Generalvikar Ignaz Freiherrn von Wessenberg für Siegmund Buchegger. Dagegen machte Anton Buchegger, Altvogt und Großvater des Ludwig, den Einwand, daß entgegen dem Willen des Stifters 30 Jahre lang – von 1774 bis 1806 – seine Linie nicht berücksichtigt worden sei. Indessen blieb es dabei; Siegmund erlernte zu Klagenfurt das Schneiderhandwerk (bis 1818) und verlor den Kontakt mit der Heimat.

1819 verfügte das Innenministerium in Karlsruhe, daß der Generalvikar gemeinschaftlich mit dem Markgrafen von Baden als Rechtsnachfolger des Stifts Petershausen künftig Stipendien nach öffentlicher Ausschreibung dem Kreisdirektorium gutachtlich zur Staatsgenehmigung vorzulegen habe; Stipendien durften nun nicht mehr im Ausland lebenden Kandidaten gewährt werden. Bis dahin hatte der Generalvikar ausschließlich über die Vergabe der Stipendien verfügt. 1820 wurde die Verzinsung der 2500 fl. von vier auf fünf Prozent erhöht; 1822 übertrug die Markgräfliche Badische Domänenkanzlei die 2500 fl. der Gemeinde Singen, die hierfür mehrere Grundstücke im Wert von 5000 fl. als Unterpfand bereitstellte, sich zur Zahlung von fünf Prozent Zins verpflichtete und das Kapital zur Schuldentilgung verwandte. Die Rechnung der Stiftung wurde bei der Singener Kirchenfonds-Rechnung geführt.

Von 1821 bis 1827 erhielten Matthias (Küfer), Friedrich (Schuster), Ferdinand (Kunstdrucker), Joseph (Priester) das Stipendium; Joseph (1810–1853) war der jüngere Bruder von Ludwig und studierte in Freiburg Theologie. 1833 ordiniert, war er Vikar in Radolfzell und Mannheim, 1844 Pfarrer in Schriesheim, 1847 Pfarrverwalter in Jestetten, Untermettingen und Wylen, 1850 Stadtpfarrer in Geisingen. Er verfaßte zwei Andachtsbücher: Des Christen Morgen- und Abendstunde vor Gott, 1841, und Heilige Weihestunden vor Gott, 1842.

Es ist im Rahmen dieser Darlegungen nicht möglich, weitere Stipendiaten namentlich aufzuführen. Die beigegebenen Stammbäume, die lediglich die verheirateten, den Stamm weiterführenden Söhne der beiden Linien mitteilen, zeigen, daß sich die Buchegger-Familie von Generation zu Generation mehr verzweigte; auch die Kinder der Buchegger-Töchter meldeten sich bei den öffentlichen Ausschreibungen vakant gewordener Stipendien.

Der Behördenzug seit den 30er Jahren des 19. Jh.s verlief wie folgt: Vorschlag des Pfarrers von Singen an den Generalvikar, auf dessen Antrag die Seekreis-Regierung in der Konstanzer Zeitung und im Stockacher Intelligenzblatt (später Höhgauer Erzähler) Anzeigen aufgab. Nach Sichtung der Bewerbungen durch das Generalvikariat unter Beizug des Singener Pfarrers wurde die Gr. Bad. Markgräfliche Domainenkanzlei Karlsruhe unterrichtet, die in der Regel dem Vorschlag des Generalvikars zustimmte. Nun teilte das Erzbischöfliche Ordinariat das Ergebnis der Seekreis-Regierung mit, die nach Unterrichtung der Katholischen Kirchensektion beim Ministerium des Innern in Karlsruhe (gelegentlich wurde auch der Oberschulrat Karlsruhe eingeschaltet) dem Erzbischöflichen Ordinariat die Entscheidung mitteilte. Davon erhielt das Pfarramt Singen Mitteilung und Auftrag, dies den Stipendiaten kundzutun.[6]

1866 etwa teilte das Erzbischöfliche Ordinariat Freiburg dem Dekanat Hegau in Bohlingen mit, daß mit Zustimmung der Gr. Markgr. Bad. Domainenkanzlei und mit Genehmigung des Gr. Ministeriums des Innern die *Simon Bucheggersche Stipendiumshälfte* im Betrag von 46 fl. 15 xr jährlich dem Joseph Buchegger in Singen für seinen Sohn Eduard auf die Dauer von vier Jahren verliehen werde. Die *Sebastian Bucheggersche Stipendiumshälfte* ging zu gleichen Teilen an Agathe Buchegger, Witwe des Franz Buchegger, in Singen für ihren Sohn Ludwig und an Walburga Buchegger, Witwe des Fidel Buchegger, in Mühlhausen für ihren Sohn Sebastian, ebenfalls auf die Dauer von vier Jahren.

Die Stipendienstiftung von 1865 bis 1950

Nach dem Tod des Generalvikars Dr. Ludwig von Buchegger (1865) trat das Testament in Kraft, wonach die »Pfarrer Johann BuechEgger'sche Familienstiftung« eine Beistiftung von 2000 fl. erhielt, die im Sinne des Stifters verwendet und von der Kirchenpflege Singen verwaltet werden sollte; der Betrag wurde bei Joseph Buchegger angelegt. – Am 5. Mai 1870 trat ein neues Stiftungsgesetz in Kraft. Darauf kündigte die Gemeinde Singen das 1822 bei ihr angelegte Stiftungskapital (2500 fl.) zur Heimzahlung auf; Anton Buchegger übernahm das Kapital gegen Ausstellung einer Schuld- und Pfandurkunde. Zuständig für die Stiftung wurde nun der Gr. Verwaltungsrat der Distriktstiftungen in Konstanz bzw. der Gr. Oberschulrat Karlsruhe.[7]

1891 belief sich das Stipendium aus der Stiftung von 1665 und der von Generalvikar Dr. Ludwig Buchegger erfolgten Zustiftung (2000 fl.)[8] auf 280 Mark. War ein Stipendium abgelaufen, erfolgte im Verordnungsblatt des Gr. Oberschulrats eine Bekanntmachung. In den 90er Jahren konnte das Stipendium mangels anspruchsberechtigter Anwärter meist nur einem Kandidaten gegeben werden, 1895 zum Beispiel dem cand. theol. Alois Koch von Überlingen am Ried. 1899 bekam der in Mannheim wirkende Professor Dr. Hermann Buchegger die nicht in Anspruch genommenen Stipendien der Jahre 1898 und 1899 (jeweils 280 Mark) als Zuschuß für einen Sprachstudienaufenthalt in Paris. 1902 wurde Franz Buchegger aus Mühlhausen das Stipendium mit 140 Mark zum Besuch der Lehrerbildungsanstalt Meersburg und mit je 70 Mark zwei Handwerkslehrlingen zugeteilt. – Die Stipendien wurden auch im Krieg 1914 bis 1918 ausgegeben; unter den Nutznießern trug keiner den Namen Buchegger, es handelte sich also um Abkömmlinge von Buchegger-Töchtern. 1922 erfreute sich als letzter Friedrich Winterhalter aus Konstanz des Genusses beider Stipendien für den Besuch des Lehrerseminars in Meersburg (280 RM). In jenem Jahr übernahm das Badische Ministerium des Kultus und Unterrichts in Karlsruhe die Stiftungsverwaltung.

In der Inflation schmolz auch das Vermögen der Buchegger-Stiftungen dahin. 1926 verfügte die Stipendienstiftung noch über 1200 RM, der jährliche Reinertrag belief sich auf 35 RM. Deshalb sah man vorläufig von einer Verteilung von Stipendien ab. Der Augsburger Architekt Sebastian Buchegger bemühte sich vergebens um neue Zustiftungen. Immerhin erhöhte sich das Vermögen bis 1929 auf 2500 RM, 1936 auf 3530 RM mit einem Erträgnis von 176 RM. 1930 war die Zentral-Schulfonds-Verwaltung Karlsruhe mit der Verwaltung der Buchegger-Stiftung betraut.

Es ist schwer zu sagen, wieviele Stipendiaten dieser Familienstiftung ihre Ausbildung und damit bessere berufliche Aussichten verdanken. Vorsichtig geschätzt dürften es im Laufe von rund 250 Jahren weit über 100 Buchegger-Söhne gewesen sein. Die Absicht des Stifters konnte sich in einer sehr langen Zeit in einer die Familie und das dörfliche Gemeinwesen belebenden und wohltätigen Weise verwirklichen. Erst in der jüngsten Vergangenheit, nämlich 1937, wurde diese alte Stiftung aufgehoben.[9]

Die Buchegger-Armenstiftung

Vor der Stipendien-Stiftung von 1665 hatte der Büßlinger Pfarrer Johann BuechEgger 1658 bereits eine Stiftung von 1000 fl. für die Singenerischen Hausarmen gemacht; das Kapital war vom Reichsstift Petershausen zu Handen der Gemeinde Singen in Schaffhausen angelegt worden. 1702 kam es wegen der Auszahlung der Zinsen, ob in Schaffhauser oder Reichswährung, zu einer Auseinandersetzung, denn nach Schaffhauser oder Schweizer Währung waren es nur 833 fl. 20 xr.[10] Der jährlich zu verteilende Zinsertrag belief sich auf 50 fl.

Nach einer Auskunft des Obervogts Raymund Alexi Ranz vom 27. April 1775 wurden die 1000 fl. der Armenstiftung 1755 bei der Gemeinde angelegt, die jährlich 40 fl. unter die hiesigen bürgerlichen Hausarmen austeilte, unter anderem auch das Schulgeld für Kinder bedürftiger Eltern übernahm, 2 fl. den vorgesetzten Gerichtsmännern sowie 3 fl. 45 xr dem Lehrer und Meßmer zukommen ließ.[11]

Über diese dem Stiftungsbrief angeblich widersprechende Vergabepraxis beschwerte sich 1826 der Pfarrer und Kammerer Johann Dominik Landolt beim Bezirksamt Radolfzell, das hierzu den Ortsvorstand und Stiftungsvorstand zur Stellungnahme aufforderte. Pfarrer Landolt war der Meinung, es sei unrichtig zu glauben, daß eine Zuwendung an den Lehrer auch zum Besten der Armen sei. »Dieses ist aber nur der Fall, wenn der Arme erleichtert wird oder wenn der Fonds für ihn eine schuldige Abgabe übernimmt, zum Beispiel ein Schulgeld, oder wenn ihm Bücher unentgeltlich abgegeben werden.« Der Lehrer beziehe den größten Teil seiner Besoldung aus der Gemeindekasse und – soweit das nicht ausreicht – von den Bürgern nach ihrem Vermögen, folglich sei ein Zuschuß an den Lehrer aus dem Fonds keine Erleichterung für die Armen. Ebenso unrichtig und willkürlich sei eine Verwendung für Unterrichtszwecke, weil hierfür die Gemeinde aufzukommen habe; es gehe auch nicht an, den Provisor (Unterlehrer) oder gar den Ortsvorstand/Rechner aus dem Fonds zu bedenken. Ein beigelegter Auszug aus der Gemeinderechnung 1824/25 zeigte auf, daß von den 50 fl. Zinsen

für Abhaltung eines Jahrtags	2 fl.,
dem Lehrer	3 fl.,
dem Provisor	15 fl.,
dem Ortsgericht	2 fl.,
den Ortsarmen	20 fl.,
zusammen	42 fl.,

gegeben wurden; 8 fl. verblieben der Gemeindekasse.

Ortsgericht und Bürgerausschuß waren ganz anderer Ansicht, »dan unsere Uhreltern müssen dieses schon Eingesehen haben, das es eines der besten almosen seye, wen man für Unwißende Kinder, welche Religion und Sitlichkeit von Nöthen haben, es wurde schon im Jahre 1694 laut beyliegendem Verzeichniß aus Erlaubnis des Herrn Vikar Generalis dem dazumaligen Lehrer aus diesem Armenstift 20 fl. überlaßen«.[12] Weiter habe der Lehrer aus der Armenstiftung eine jährliche Zulage erhalten. Der gegenwärtige Lehrer Karl Helf, seit 1774 im Dienst, habe so seit den 70er Jahren bald 30, bald 35 fl. als Entgelt für Schullohn von Kindern hausarmer Eltern bezogen.

Pfarrer Landolt blieb bei seiner Meinung. Die »Honorierung« des Lehrers sei in dunklen, finsteren Zeiten eingeführt worden, in denen »kein Schein, viel weniger ein Licht der Aufklärung und anwendbaren Verfaßung in den Dorfschulen gefunkelt« habe. Er legte nun dar, daß in den 80er Jahren bei Aufhebung der Rosenkranzbruderschaft deren beträchtlicher Fonds teils unter die Dorfarmen verteilt, teils für Schulbedürfnisse und teils für die Besoldung der Lehrer verwendet worden sei. Von dieser Zeit an habe der »jubilierte Lehrer Helf« seine nicht gar kleine Besoldung von der Kirchenfabrik – Bruderschaftsfonds erhalten. Das Pfarramt hatte damals von der Bucheggerischen Armenstiftung keine wesentliche Kenntnis, der Stiftungsbrief lag in der Registratur des Obervogteiamtes. Als dies 1823 bei einem bezirksamtlichen Rügegericht (Ortsvisitation) bekannt wurde, habe er, Landolt, auf die stiftungswidrige Verwendung der Mittel aufmerksam gemacht (von 42 fl. gingen 18 fl. zur Schule, Gehalt des Provisors).[13] Ferner erhielten vom jährlichen Zinsertrag mit 50 fl. die Ortsvorgesetzten für ihre Mühewaltung 2 fl. und die Gemeindekasse 8 fl. Bei dieser Regelung blieb es dann nach einer Entscheidung des Seekreis-Direktoriums vom 25. Juni 1826. – Die Geldbeiträge des Armenfonds mit zuletzt 25,71 Mark an das Schulpfründevermögen der Schule Singen wurden 1928 eingestellt.

Die Armenstiftung erhielt im Laufe des 19. Jh.s mehrere Zustiftungen, u.a. von Pfarrer Landolt 94 fl., von Theresia Weber 200 fl., von Xaver Weber 1000 fl. Die Herrschaft Enzenberg löste 1854 gegen 21 fl. 36 xr das sogenannte Armenseelenbrot ab: Am 2. November jeden Jahres erhielten die Ortsarmen drei Laib Brot à 8 Pfund, das letzte Mal 1851. Die Abgabe lastete auf einem Acker am Harsen. Da auch Hammerschmied Sebastian Waibel dort einen Acker besaß, mußte auch er, wie die Herrschaft, das Allerseelenbrot geben, das er 1858 in gleicher Weise ablöste.[14] Der Erlös wurde dem Armenfonds zugeschlagen. 1860 ging die Verwaltung des Stiftungskapitals von der Gemeinde an den Armenfonds über, der einen Rechner bestellte.

Eine beträchtliche Zustiftung machte der 1865 verstorbene Generalvikar Ludwig von Buchegger, nämlich 7640 fl. 19 xr. Von den Zinsen sollten wenigstens 50 fl. zum Kapital geschlagen werden, damit der Armenfonds wachse. Falls in Singen ein katholisches Schulschwesternhaus zur Erziehung der weiblichen Jugend errichtet werden sollte, könnte dieser Fonds teilweise oder ganz hierfür verwendet werden. Dazu ist es trotz gleichlaufender Initiativen der Grundherrschaft nicht gekommen. Die Stiftung wurde nach dem Stiftungsgesetz vom 5. Mai 1870 als kirchliche Stiftung geführt. In den Jahren 1871 bis 1873 erhielten 56 Personen Unterstützungen zwischen 1 und 8 fl., Gesamtsumme 214 fl.[15]

Nach 1871 erfolgten 14 weitere Zustiftungen und Vermächtnisse. Ausweislich der Rechnung 1918 bis 1921 betrug das Aktivkapital 23 854 Mark, die Gesamtausgaben 404 Mark, davon Armenunterstützung 303 Mark. 1924 bis 1926 konnte nichts mangels Mittel verwendet werden; das Kapital war auf einem Sparbuch und in Kriegsanleihen angelegt. 1928 bestand das Vermögen des Armenfonds buchmäßig aus 24 917 Mark, doch war es dem Währungsverfall zum größten Teil zum Opfer gefallen. – 1937 war das Vermögen wieder auf rd. 3000 Mark angestiegen, 1939 auf rd. 4000 RM; die stiftungsmäßigen Auflagen konnten bei einem Zinserträgnis von 91,03 RM nicht mehr erfüllt werden. Im November 1940 stellte daher die Stadtverwaltung den Antrag auf Auflösung der Armenfondsstiftung zum 31. März 1941. Dies geschah mit Verfügung des Landratsamtes Konstanz am 12. August 1942 in der Weise, daß die Pfarrpfründe St. Peter und Paul 500 RM aus dem Vermögen des Armenfonds erhielt, der Rest mit rd. 3400 RM fiel an das allgemeine Gemeindevermögen.[16]

Ludwig Buchegger

Der bedeutendste Vertreter der Familie und zugleich der berühmteste Bürger des Dorfes Singen war im 19. Jh. Ludwig Buchegger, der als ältester Sohn des Bauern Konrad Buchegger (1769–1848) am 24. August 1796 geboren wurde. Die Familie hatte neun Söhne und vier Töchter, von denen allerdings im Kindesalter sieben gestorben sind. Nur sechs Brüder einschließlich Ludwig blieben am Leben, zwei von ihnen erwählten den geistlichen Stand (Ludwig und Joseph). Ludwig erhielt das Buchegger-Stipendium und absolvierte in den Stiftsschulen St. Peter und Rheinau seine Gymnasialbildung; die vortreffliche Beherrschung der lateinischen Sprache verdankte er diesen beiden Anstalten. Nach dem Studium der Philosophie und Theologie an der Universität Freiburg 1814 bis 1819 trat er im Herbst 1819 in das Priesterseminar Meersburg ein, wurde am 23. September 1820 zum Priester geweiht und sofort als Cooperator an das Münster zu Freiburg berufen. Schon ein Jahr später (1. November 1821) wurde er zum außerordentlichen Professor, im Mai 1824 zum ordentlichen Professor der Dogmatik an der Theologischen Fakultät der Universität Freiburg berufen; außerdem dozierte er über Moral, christliche Archäologie und biblische Exegese.

Der von den Studenten sehr geschätzte Lehrer übernahm auch Nebenämter der Universität: Mitglied und zeitweilig Director der Wirtschaftsdeputation, des theologischen Alumnats und im Studienjahr 1827/28 Prorector. 1829 lehnte er eine Berufung in das Domkapitel Mainz ab, der Großherzog ernannte ihn zum Geistlichen Rat; im Jahr zuvor hatte ihm die Stadt Freiburg in Anerkennung seiner Verdienste um die Sautier-Reibelt'sche Stiftung, deren Leitung er 1824 übernommen hatte, die Ehrenbürgerwürde verliehen. An Ostern 1837 verließ Ludwig Buchegger die Universität, da er durch einstimmige Wahl des Kapitels zum Domkapitular berufen worden war; in der neuen Stellung war er zugleich bis 1845 Pfarr-Rector am Freiburger Münster. Weithin wurde er als mitreißender Kanzelredner gefeiert. – Als Universitätslehrer hat er nur wenige Schriften publiziert, u.a. Beiträge in der Zeitschrift für die Geschichte des Erzbistums Freiburg 1827 bis 1834, im Freiburger Kirchenlexikon; eine Monographie über den Abt Martin Gerbert von St. Blasien blieb leider unvollendet. 1849 veröffentlichte er zwei Bände Festpredigten.

Im Jahr 1850 ernannte ihn Erzbischof Hermann von Vicari (1842–1868) zum Generalvikar der Erzdiözese. Sein reiches theologisches Wissen, große Geschäftsgewandtheit, Erfahrungen, ein bis zum Übermaß sich steigernder Fleiß, gepaart mit Freundlichkeit, befähigten ihn, sein Amt ohne geistlichen Bürokratismus zu führen. Jedoch bereiteten die vielfachen kirchenpolitischen Probleme im letzten Dezennium seines Lebens dem friedliebenden, allen Extremen abholden Manne schweren Kummer und ernste Besorgnisse und erschütterten allmählich seine sonst feste Gesundheit. Ein zunächst wenig bedrohlich scheinendes Herzleiden veranlaßte ihn 1865, einen längeren Erholungsurlaub zu nehmen. Kaum hatte er die Reise angetreten, erlag er am 28. Juli 1865 in Bregenz einem Herzschlag; auch sein Vater war einem unvermuteten Herzinfarkt erlegen.

In seinem Testament vom 23. August 1864 hatte er alles das, was er in seinem Vaterort Singen an Geld und sonstigem besaß, seinen vier Brüdern Dominik, Konrad, Joseph-Anton und Franz zu gleichen Teilen vermacht; ebenso erhielten sie von seinem Vermögen in Freiburg Anteile. In die Münsterkirche Freiburg und die Pfarrkirche Singen stiftete er je einen Jahrtag. Außer den bereits genannten Zustiftungen in die beiden Singener Stiftungen bedachte er auch zwei Freiburger Stipendien-Stiftungen und die Sautier-Reibelt'sche Mädchenstiftung. – Ludwig Buchegger wurde auf dem alten Singener Friedhof beigesetzt, wo sich sein Grabstein heute noch befindet.

Unter den mannigfaltigen Ehrungen, die er erfahren durfte, heben wir hervor, daß ihm Großherzog Friedrich I. 1860 das Kommandeurskreuz des Zähringer Löwenordens verlieh, womit der persönliche Adel verbunden war. Mit seinen Geschwistern hielt er ständige Verbindung; wenn sie ihm schrieben, redeten sie ihn respektvoll an: »Würdigster Herr Domcapitular, Geistlicher Herr Bruder« (1848). Kam er nach Singen, verbreitete sich mit Windeseile die Kunde im Dorf: »Der Herr ist da!«; im Vaterhaus Mühlenstraße 8 (1970 abgebrochen)

Elternhaus des Generalvikars Ludwig Buchegger, Mühlenstr. 8, 1970 abgebrochen

Generalvikar Dr. Ludwig Buchegger (1796–1865), Universitätsprofessor und 1850 Generalvikar der Erzdiözese Freiburg. Ölgemälde von Eduard von Heuss (1808–1880)

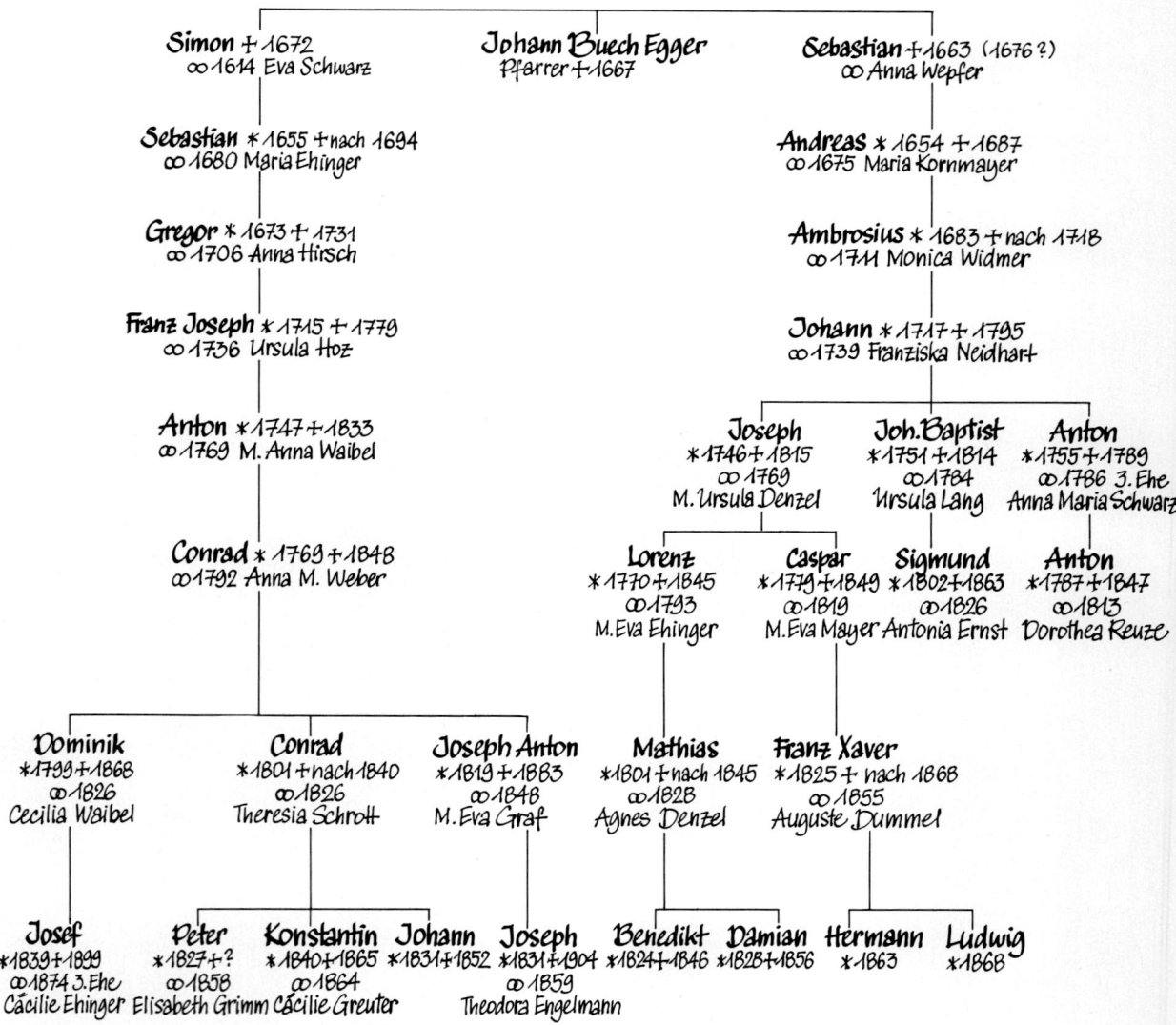

lag im Keller ein großes Weinfaß für die jeweilige großzügige Bewirtung der Verwandtschaft und Freundschaft.[17]

Anmerkungen

[1] REINHARD FRAUENFELDER, Junker Alexander Ziegler von Schaffhausen als Herr von Hilzingen 1652–1658, in ZS Hegau 18 (1964), S. 243–253.

[2] Original im Besitz von Karl Schrott †, Fotokopie im Stadtarchiv.

[3] Eindeutig ist die Filiation der Simons-Linie jedoch nicht: Nach der Auswertung der Kirchenbücher in Singen durch August Häfner (1976) müßte die Simons-Linie lauten: Sebastian (* 1655) – Adrian (1686–1742) – Joseph (1737–1768), mit dem sie endet. Nach Pfarrer Landolt folgt auf Sebastian ein Gregor (* 1681), der die Familie nach dem Stammbaum (S. 284 in diesem Band) weiterführt. Nach Häfner ist Gregor (1673–1731) der älteste Sohn des Michel († 1693).

[4] Siehe den Beitrag Die Herren von Buchenstein-Rost, in diesem Band S. 240.

[5] Johann Baptist Buchegger, der seine zahlreiche Familie 30 Jahre mit Eisenhandel durchgebracht hatte, mußte wegen der seit eineinhalb Jahren bestehenden Hammerschmiede sein Geschäft aufgeben. – Siehe ferner den Beitrag Medizinische Versorgung im 18. und beginnenden 19. Jahrhundert, in diesem Band S. 305.

[6] GLA 235/16 858; Erzb. Ordinariat Freiburg, Buchegger-Stiftung.

[7] Die Markgräfliche Domainenkanzlei wurde mit Verf. des Ministeriums des Innern vom 19. Juni 1873 von ihrer Mitwirkung bei der Verwaltung der Stiftung und der Verleihung der Stipendien entbunden.

[8] GLA 235/34 937.

[9] Leider gelang es (bisher) nicht, nähere Umstände der Aufhebung der Familienstiftung ausfindig zu machen.

[10] Erzb. Archiv Freiburg i. Br., Buchegger-Stiftung 1702.

[11] GLA 229/97 945.

[12] GLA, GR Bad. Bez. Amt Radolfzell, Buchegger-Stiftung 1821–1862; STAS 361.106. – Dies ist zugleich der älteste Nachweis einer Schule in Singen. Die 20 fl. waren ein Schulgeldersatz für arme Kinder, deren Eltern das Schulgeld nicht bezahlen konnten.

[13] Landolt legte eine detaillierte Aufstellung über die Besoldung des Lehrers/Mesmers und des Provisors von 1809 vor: Das Lehrergehalt (einschließlich Naturalleistungen) betrug 186 fl. 30 xr (dabei von der Rosenkranz-Bruderschaft 40 fl.), der Provisor erhielt 62 fl. (davon 15 fl. von der Buchegger-Stiftung), und die Mesmer-Besoldung belief sich auf 129 fl. 28 xr (davon 3 fl. von der Buchegger-Stiftung und 5 fl. von der Rosenkranz-Bruderschaft für Jahrtage), zusammen also 359 fl. 58 xr für Schul- und Mesmerdienst.

[14] STAS XVI/6.

[15] STAS XVI/3.

[16] STAS XVI/5c. – Der Stiftungsrat St. Peter und Paul beschloß am 30. Dezember 1960, auch seinerseits den Armenfonds aufzuheben und den Restbetrag von 430,00 DM zur Errichtung einer Jahrtagsstiftung und für Manualmessen nach Meinung des Stifters zu verwenden. Die rechtliche Aufhebung des Bucheggerschen Armenfonds erfolgte durch das Erzb. Ordinariat am 2. Juli 1987.

[17] Badische Biographien, 1. Teil 1875; FDA 1865, Necrolog Nr. 3; Privatarchiv Karl Schrott.

Straßen, Zölle, Post

Nur wenige Wege führten nach Singen

von Herbert Berner

Die mit Quellen belegbare Singener Verkehrsgeschichte beginnt mit der wohl in der Mitte des 11. Jh.s erbauten Singerbruck über die Aach[1]. Damals war das Aachtal ober- und unterhalb von Singen weithin sumpfig, nur an dieser Stelle passierte die Aach eine von Hohentwiel und dem erhöht auf einem Kiesbett liegenden Ort geschaffene Enge mit festem Land an beiden Ufern. Diese topographische Situation ermöglichte den Übergang über den Fluß zunächst durch eine Furt (Etzfurt) und später über eine Brücke. Bereits in vorrömischer Zeit führte von Eschenz bei Stein am Rhein ein Weg östlich von Ramsen nach Rielasingen, wo er sich gabelte in eine direkt nördlich zur Donau ziehende Straße über Singen-Engen–Immendingen und in einen an der südöstlichen Singener Gemarkungsgrenze über Friedingen in Richtung Sigmaringen verlaufenden Weg. Auch von Schaffhausen muß schon früh eine Verbindung über Thayngen–Ebringen–Hilzingen nach Singen bestanden haben. Die Römer bauten die beiden erstgenannten Straßen aus, die auch von den Alamannen benutzt wurden. Heute noch erinnert der Flurname »Ungeheuer« an die uralte, von Eschenz quer durch den Hegau in Richtung Sigmaringen führende Straße, die auf der Markungsgrenze zwischen Singen und Friedingen verlief und den Namen Steiner Weg oder Ungeheuerweg trug. Das Wort meinte das Gegenteil von geheuer = heim- und wohnhaft, nämlich das ungeheure Un- oder Ödland[2]. Beim Weg von Stein über Singen nach Engen, 1461 Heerweg genannt, fällt auf, daß die Gemarkungen von Singen und Mühlhausen in einer schmalen Zunge aufeinandertreffen sowie Schlatt und Hausen von der an ihnen vorbeiführenden Straße fernhalten[3] – ein Hinweis auf die Wichtigkeit dieser Verbindung.

Der Weg nach Engen wurde gekreuzt von der Querverbindung (Grafenweg) aus dem Raum Stockach/Aach durch den Mühlhauser Rumisbohl nach Duchtlingen–Weiterdingen–Hilzingen–Thayngen–Schaffhausen; aus dem Raum Tuttlingen kommend über Liptingen–Engen–Weiterdingen stieß die sogenannte Königstraße auf den Mühlhauser Grafenweg[4]. Auf dieser Straße reiste 1797 Johann Wolfgang von Goethe auf seiner dritten Schweizer Reise nach Schaffhausen; er hat leider Singen nicht berührt[5]. Bis in das hohe Mittelalter bot Stein am Rhein auf dem Wege nach Süden Anschluß an die Bündner Pässe, an den St. Bernhard und die Straße nach Genf; der Paß über den St. Gotthard wurde erst Anfang des 13. Jh. eröffnet. Dann überrundeten Konstanz und Schaffhausen die Brückenstadt Stein/Eschenz; die Staufer brachten die Fähre Unteruhldingen–Wallhausen in ihren Besitz, so daß auch der bedeutende Nord-Süd-Verkehr nicht mehr den Hegau passierte.

An wichtigeren Landstraßenverbindungen durchquerten danach den Hegau der rechtsrheinische Hauptverbindungsweg Waldshut–Konstanz sowie die Route Schaffhausen–Ulm; von Schaffhausen aus wurde entweder die »uralte freikaiserliche Güter- und Landstraße« (auch »Post-, Wein- und Salzstraße«) über Hilzingen–Welschingen benutzt, im 16./17. Jh. zunehmend die Route über Singen; letztere wurde häufig für militärische Durchzüge in Anspruch genommen. Stockach war bis in die zweite Hälfte des 19. Jh.s der wichtigste Straßenmittelpunkt des westlichen Bodenseeraumes und eine der bedeutendsten Poststationen. Erst durch den Eisenbahnbau 1863 ff. verlagerte sich der Verkehrsknotenpunkt von Stockach nach Singen[6].

Fast alle Straßen befanden sich im 17./18. Jh. in einem erbärmlichen Zustand. Man glaubte nämlich, einen Vorteil für die Allgemeinheit insofern zu erkennen, daß der Bürger nur ungern eine Reise nach auswärts antrat, sein Geld also im Ort beließ, während andererseits der fremde Reisende sich durch die schlechten Wege oft zu längerem Aufenthalt genötigt sah und sein Geld unfreiwillig zurückließ. Im übrigen befürchtete man, daß der Feind auf guten Straßen schneller ins Land komme. Brückenbau und Straßenunterhaltung oblagen als besondere Last den Gemeinden bzw. ihren Bürgern, die dieser lästigen Aufgabe mit Gemeindefronen unzulänglich und widerwillig nachkamen[7]. Den Gemeinden wurde dabei in der Regel der Wegegeldbezug zugestanden. 1807 berichtete Graf Franz I. von Enzenberg von einer elenden Fahrt von Singen nach Stockach, wo er bei der jähen Auffahrt steckenblieb. »Keine Wegmacher gesehen, dafür um so fleißiger die Einlanger der Chaussee- und Passagegelder.«[8]

Nellenburgisches Zollregal

Schon seit dem 10. Jh. haben die deutschen Könige nach römischem Beispiel Zölle und Mauten als allein ihnen zustehendes Regal übernommen und eingeführt; nur der König konnte dieses Regal an andere Fürsten weiterverleihen[9]. In der Landgrafschaft Nellenburg gebührte das Zollregal dem Landgrafen als Folge der Landeshoheit. Die Landgrafschaft errichtete daher in den »Ausbruchsorten« Zollstationen; selbst die Reichsritterschaft war davon nicht befreit[10].

Auch Brücken- und Wegegelder wurden nun erhoben, obgleich die ursprüngliche Rechtfertigung und Begründung des Zolls und der Geleitabgabe in der mit ihnen verbundenen Pflicht zur Instandhaltung der Straßen und Brücken bestand. Erbrachte das Zollregal in der Landgrafschaft in den 70er Jahren des 18. Jh.s bis zu 20 000 fl. jährlich, so verminderten sich diese Zolleinnahmen teils wegen der zur Umfahrung der nellenburgischen Zollstätten von Tuttlingen über Engen und den Hohen Randen in die Schweiz erbauten Landstraße, teils wegen Abnahme des Stockacher Fruchtmarktes und den zunehmenden Seefuhren. Die nellenburgischen Zölle waren überdies gegenüber den »wirtembergischen« und fürstenbergischen zu teuer.

Das nellenburgische bzw. österreichische Oberzollamt befand sich bis gegen 1760 in dem nellenburgischen Grenzort Liptingen oberhalb Tuttlingen und wurde dann nach Stockach verlegt[11]. Diesem Oberzollamt unterstanden 42 Afterzölle, u.a. in Beuren an der Aach, Steißlingen, Überlingen am Ried und in Singen; das Amt des Afterzollers war hier in der Regel mit dem des nellenburgischen Amtsvogts verbunden. Der Zoller hatte den Zoll einzuheben, die Warenausfuhr zu kontrollieren und Zolldefraudationen (Unterschlagungen) anzuzeigen. Fast alle Zolltarife jener Zeit sahen überdies für Juden einen persönlichen Zoll vor: eine Judenperson zu Roß zahlte 20 xr, zu Fuß 10 xr[12]. – Der landwirtschaftliche Bewirtschaftungsverkehr passierte gebührenfrei.

Als der Hegau zu Beginn des 19. Jh.s württembergisch, die Höri badisch geworden waren, brach insbesondere wegen der Einführung württembergischer Transitzölle (1808) ein württembergisch-badischer Zollstreit aus, denn nun erhob auch Baden von allen passierenden Waren einen zusätzlichen neuen Grenzzoll.

Das Singener »Beizollamt« unterstand von 1805 bis 1810 der Kgl. württembergischen Zollverwaltung Stockach. Hart betroffen davon war die Herrschaft Singen. Die Gemeinde Arlen mußte ihre Frucht in der herrschaftlichen Mühle zu Singen mahlen lassen; zweimal wöchentlich holte ein Wagen das Getreide ab und brachte das Mehl zurück. Ab 29. Oktober 1808 forderte der badische Zoller in Rielasingen für die Mühlefuhren den vorgeschriebenen Zoll von 15 xr per Sack[13]. Trotz aller Beschwerden und Eingaben beharrte die badische Zollverwaltung wegen der Verweigerung von Gegenleistungen Württembergs auf ihrem Standpunkt. Eine Umgehung des Zolles war nicht möglich. Die Singener herrschaftliche Mühle erlitt herbe Einbußen.

Wehrzoll und Zollamt (Hauptsteueramt) Singen

1812 erfolgte eine Neuordnung des Zoll- und Steuerwesens im Großherzogtum Baden. Für die Erhebung des Zolles an den »Haupt-Zoll- und Commercialstraßen« gegen das Ausland (dabei die Straße Schaffhausen–Büsingen–Randegg–Singen–Stockach–Tuttlingen) wurden Haupt- und Wehrzollstätten errichtet; an den Wehrzollstätten durften nur Waren verzollt werden, die nicht auf »Frachtwegen verführt« wurden, also Hausierwaren, landwirtschaftliche Produkte, Vieh. Der Wehrzoll Singen war dem Hauptzoll Büsingen zugeteilt. Nach dem Anschluß Badens an den deutschen Zollverein 1835 wurden alle bestehenden Zollstellen aufgehoben und neue Zoll- und Steuerämter errichtet, in Singen ein Hauptzoll- und Hauptsteueramt, dem die Nebenämter I. Klasse in Radolfzell und Ebringen sowie die Nebenzollämter II. Klasse in Stiegen bei Öhningen, Hemmenhofen, Horn, Gailingen und Schlatt am Randen sowie in Randegg und Rielasingen unterstanden. Die Abfertigung der Postwagen war in Singen vorzunehmen. Zum Bezirk des Hauptzollamtes Singen gehörten 62 Gemeinden mit 30 000 Einwohnern.

Aber bereits im November 1837 wurde das Hauptzollamt Singen trotz heftiger Proteste nach Randegg verlegt (seit 1849 Hauptsteueramt). Erst der Bahnbau leitete eine Wende in der Zollorganisation ein. Am 15. Juli 1875 wurde beim Bahnhof Singen eine Zollabfertigungsstelle mit den Befugnissen des Hauptsteueramtes Randegg errichtet, und am 1. September 1878 wurde das Hauptsteueramt Randegg wieder nach Singen verlegt sowie die Zollabfertigungsstelle beim Bahnhof aufgehoben. Im Jahre 1885 umfaßte das Hauptsteueramt Singen den Amtsgerichtsbezirk Radolfzell und die Amtsbezirke Engen, Donaueschingen und Villingen. Es war besetzt mit drei Oberbeamten und sieben weiteren Bediensteten; untergeordnet waren die Zollabfertigung beim Bahnhof Schaffhausen, drei Nebenzollämter in Radolfzell, Öhningen und Gailingen (Brücke), zwei Nebenzollämter II. Klasse in Rielasingen und Gottmadingen sowie zwölf Zollämter II. Klasse[14].

Stockacher Brücke (um 1900)

Wegegeld und Stockacher Brücke über die Aach

Auch die Güterbeförderung auf den alten Landstraßen kannte bereits bestimmte Frachtsätze. 1738 betrugen diese auf der Strecke Schaffhausen–Ulm (38 Stunden) bei Benützung der Randenstraße pro Zentner 2 fl. 30 xr bis 3 fl. 30 xr; die Fracht auf dem Wege über Singen hingegen (29,5 Stunden) betrug 1 fl. 30 xr; die obere Nutzlastgrenze lag bei 50 Zentnern.

Wegegeld wurde an 22 Mautstellen von Schaffhausen bis Ulm erhoben, in Singen für den Wagen 4 xr »Bruggeld« und für den Karren 3 xr, in Stockach 8 xr und 4 xr usw.[15].

Seit dem 14. Jh. haben die Landesfürsten Weg- und Brückengelder einzelnen Personen oder Gemeinden überlassen[16]. Auf solche Weise mag die Singener Brücke über den westlichen Aacharm vielleicht Ende des 15. Jh.s in den Besitz der Stadt Stockach gelangt sein; zum erstenmal erscheint sie als solche 1618 in den Stockacher Akten[17]. Seit Ende des 18. Jh.s versteigerte die Stadt den Brückendienst an den meistbietenden Singener Bürger und überließ ihm bestandsweise das Brückengeld. Erhoben wurde für einen

4- oder mehrspännigen Wagen	4 xr,
2–3spännigen Wagen	2 xr,
1 Pferd	1 xr,
1 Schwein oder Schaf	2 hr,
1 Stier oder Kuh	4 hr.

Die Singener Bürger durften mit Vieh oder Wagen brückengeldfrei passieren.

Die Stockacher hatten indes mit der Brücke mehr Mühe und Ärger als Gewinn, den die immer wieder anfallenden Reparaturen des hölzernen Bauwerks aufzehrten. 1787 wurden die abgefaulten Bretter nur durch neue ersetzt.

Michael Ehinger hatte 1781 das Brückengeld auf sechs Jahre gegen jährlich 35 fl. 30 xr gepachtet, 1787 wurde bei der Verlängerung des Vertrages die Brückengeldpacht auf 27 fl. ermäßigt. »Schon 1801, dann wieder 1804 und 1806 traten die Singener Zoller Konrad und Michael Ehinger mit neuen Anträgen auf Brückenreparaturen an die Stadt heran.« Jetzt endlich machte der Stockacher Stadtrat eine Rechnung für die Jahre 1796 bis 1806 auf, die einen erheblichen Fehlbetrag und den Beschluß zeitigte, die Singener Brücke zum Verkauf anzubieten[18]. Das Amt des Brückengelderhebers oder Zollers hatte sich zwei bis drei Generationen lang in der Familie Ehinger vererbt, deren Bauernhaus (zuletzt an der Schloßstraße) deshalb den Hausnamen »s'Zollers« trug[19].

Nach erfolglosen Verhandlungen mit drei anderen Interessenten wurden am 27. April 1811 Brücke und Brückengeld an der »Transitstraße Schwaben–Schweiz« öffentlich auf dem Singener Posthaus versteigert und dem meistbietenden Grafen Franz II. von Enzenberg mit 1215 fl. zugeschlagen; alsbald erteilte das Landes-Ökonomie-Departement Carlsruhe die Genehmigung[20]. Graf Enzenberg verpachtete Ende April die äußere Brücke an den Chirurgen und Stabswundarzt Joseph Fischer gegen jährlich 100 fl., doch dieser trat bereits nach zwei Monaten (trotz Reduzierung des gänzlich überhöhten Pachtschillings auf 5 fl. mtl.) vom Pachtvertrag zurück, weil die Fuhrleute nur das gewöhnliche bisherige Brückengeld und nicht den neu festgesetzten höheren Betrag von 1 xr pro Stück Vieh bezahlen wollten[21]. Graf Enzenberg war der irrigen Meinung, er dürfe nach der Badischen Chaussee- und Brückenordnung von 1810 neben dem Brückengeld auch Chausseegeld erheben.

Vergeblich versuchte nun Graf Enzenberg, auf dem Prozeßweg von der Stadt Stockach eine Minderung des Steigerungspreises zu erreichen, wurde jedoch mit seiner Klage nach zwei Berufungen, zuletzt im Mai 1816, vom Oberhofgericht Mannheim abgewiesen; jetzt erst entrichtete Graf Enzenberg den Kaufpreis[22].

Inzwischen war die Brücke fast ganz neu auf steinernen Pfeilern hergestellt worden. Mehrere Versteigerungsversuche des Rentamtes 1817 (man ging bis auf 500 fl. hinunter) brachten keinen Erfolg. Nagler Dominikus Fink übernahm das undankbare Amt eines Einnehmers des Brückengeldes nach dem Tarif des 18. Jh.s; nachts verhinderte ein Fallbaum die Brückenpassage. In vier Jahren und zwei Monaten der Selbstadministration erbrachte das Brückengeld 317 fl. 35 xr (= 79 fl. 23 xr 1 hr jährlich).

Durch Gesetz vom 5. Oktober 1820 wurde mit Wirkung ab 1. März 1821 das Brücken- und Pflastergeld in Baden abgeschafft. Umgehend sprach nun das Rentamt beim Seekreisdirektorium Konstanz die Frage der Entschädigung erneut unter Berufung auf den Grundsatz an, daß das Eigentum als persönliche Freiheit den Schutz der Verfassung genieße. Es verwies auch auf die Instandsetzung der Brücke und forderte (18fach kapitalisiert) eine »konstitutionell billige« Entschädigung von 1820 fl. Nach langem Tauziehen erstattete das Finanzministerium am 24. Juni 1823 den Kaufpreis zuzüglich Zins ab 1. März 1821 (Aufhebung des Brückengeldes) mit 1336 fl. 30 xr.[23].

Bis zum Jahre 1923 führte die Straße nach Schaffhausen über die heute noch im Stadtgarten erhaltene Mühlibruck und die alte Stockacher Mautbrücke. Autos und sogar Lastwagen haben diese Brücken, die einen schwierigen und bezüglich der Verkehrssicherheit gefährlichen Engpaß darstellten, befahren.

Singener Postgeschichte

Schon früh benutzte die Post die keineswegs unwichtige Straße Schaffhausen–Stockach für ihre Zwecke. Zwar können wir für das Mittelalter nur vermuten, daß Boten der Klöster, Städte und Kaufleute, vielleicht auch »Metzgerposten« (die als Viehhändler im Nachbarbereich unterwegs waren) den Weg über Singen genommen haben. Die seit Ende des 15. Jh.s im Dienste der Habsburger stehende Familie Thurn und Taxis begann mit der Organisation der Postverbindungen.

Indessen gehen die Anfänge der Singener Post auf die Nachbarstadt Schaffhausen zurück. »Es gehörte zu den Eigenheiten der Schaffhauser Wirtschaft, daß Spedition und Handel die Produktion an Bedeutung weit überragten.«[24] So richteten 1585 die Gebrüder Peyer eine Postverbindung zwischen Nürnberg und Schaffhausen ein. Nach dem 30jährigen Krieg organisierte Nikolaus Klingenfuß die Schaffhauser Kaufmannslinien auch in Süddeutschland (u. a. nach Ulm) mit so großem Erfolg, daß er 1652 zum Schaffhauser Postmeister des Post- und Ordinari-Wesens bestellt wurde. Außerdem war er kaiserlicher Postverwalter für die Verbindung nach Nürnberg und Augsburg, die über Singen–Stockach führte[25]. Neben der kaiserlichen Reichspost bestand bis zur Übergabe an die Thurn und Taxis 1777 noch eine vorderösterreichische Post, die für Kurierdienste eine schnelle Verbindung (Reitpostkurse) zwischen Innsbruck–Basel–Freiburg eingerichtet hatte, die ebenfalls über Stockach–Singen–Randegg–Schaffhausen lief. – Nach kurzem württembergischen Zwischenspiel von 1805 bis 1810 übernahm das Großherzogtum Baden 1811 das Postwesen in eigener Regie, ab 1. Januar 1872 ging die Badische Post an die Deutsche Reichspost über.

In Verbindung mit dem Schaffhauser Postmeister Klingenfuß richteten die Thurn und Taxis um 1680 in Singen eine Posthalterei im Gasthaus »Zur Krone« ein (das diesen Namen erst ab 1703 führte)[26], die – wie in Schaffhausen – sowohl als kaiserliche wie als vorderösterreichische Postanstalt fungierte. In der Regel benutzte man ein Gasthaus als Posthalterei, weil hier die Reisenden warten und Unterkunft finden konnten und weil der Wirt für Pferde, Ställe und Wagen sorgte. Als erster Posthalter erscheint so der Wirt Peter Raifer (1703); seine Vorgänger hießen Jakob Degen und Peter Kayser[27].

1750 übertrug Fürst Alexander Ferdinand von Thurn und Taxis Johann Ignaz Sandhaas die Posthalterei Singen, die damals dem Kaiserlichen Reichs-Oberpostamt Ulm unterstand; 1773 wurde Johann Baptist Thoma Posthalter gegen ein normales Gehalt: Anteil am Briefporto und vierteljährliche Überführung der »ordinari« mit 90 fl. nach Ulm[28].

Im Jahre 1808 bestand die Singener Postexpedition aus einem Postmeister, zwei Postillionen und einem Ordinari-Bub; dazu neun Pferde und drei Chaisen für Extra-Posten. 1837 wurde die Post unter Posthalter Johann Nepomuk Sandhaas nach Randegg verlegt, das damals – nicht zuletzt dank seiner jüdischen Bewohner – eine überörtliche Bedeutung errungen hatte. Alle Briefe für

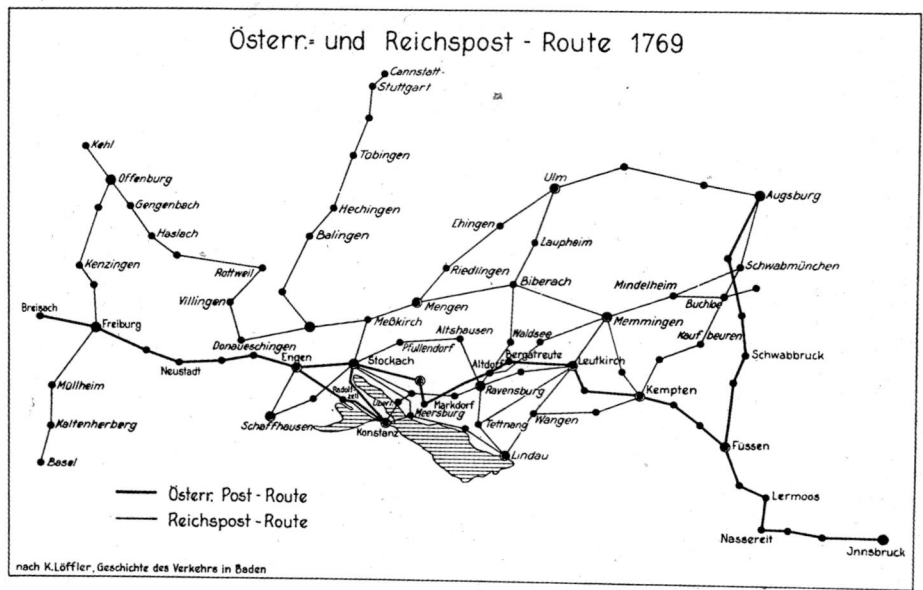

Singen, wo nur noch eine sogenannte Brieftasche verblieb, liefen nun über Randegg und trafen einen Tag später ein. Posthalter Sandhaas erhöhte wegen dieser besonderen Zustellung dazu noch die Brieftaxen um 1 xr auf 3 xr; im Durchschnitt verzeichnete man in Singen 30 Postsendungen pro Tag. Die Singener beschweren sich über die Gebührenerhöhung, worauf die Oberpostdirektion Carlsruhe die alten Brieftaxen anordnete und Sandhaas mit 5 fl. büßte[29].

Wiederholte Gesuche um Rückverlegung der Post (1839, 1840, 1841) hatten schließlich Erfolg: Ab 1. April 1842 wurde im Marktflecken Singen in der »Krone« wieder die Posthalterei unter dem Posthalter und Kronenwirt Joseph Perollaz eingerichtet[30].

Nach der Eröffnung der Bahnlinie 1863 von Waldshut nach Konstanz wurden die Diensträume der Post bis 1872 in den ersten Singener Bahnhof verlegt; dort hatte der Bahnverwalter Kuttruff zugleich in Personalunion das Amt des Postmeisters inne. Zum letzten Mal fuhr die Postkutsche 1876 von Singen nach Stein am Rhein. 1872 zog die Post um in das Haus (heute) Freiheitstraße 4-6 (Haus der Jugend), das damals Kuttruff gehörte[31], 1879 in das Haus des jetzigen Kleiderberaters Fischer (Ecke Scheffelstraße 4/Bahnhofstraße) und 1886 in die ehemalige 1968 abgebrochene) Gaststätte »Alte Post« gegenüber dem Bahnhof. Dort waren vier Beamte und sieben Unterbeamte, die meisten als Orts- und Landbriefträger, beschäftigt[32].

Wegen Meinungsverschiedenheiten mit dem Vermieter errichtete der damalige kaiserliche Postmeister Ludwig Brütsch mit eigenen Mitteln ein Posthaus an der Kaiserstraße (August-Ruf-Straße), später Friseur Kornmannshaus und Südkredit (heute Kaufhaus Hertie). Hier hatte die Singener Post bis 1906 ihre Diensträume[33].

Ein bekannter und beliebter Briefträger war der Schirmer-Hannesli, der – 1896 zur Post gekommen – einen dreitägigen Turnus zu Fuß wie folgt abzuleisten hatte: Am ersten Tag mußte er vormittags 22 km, nachmittags 20 km, zusammen also 42 km (!) zurücklegen. Am zweiten Tag gab es die leichtere Tour mit nur 18 km und am dritten Tage noch etwas weniger, dafür aber auf den Hohentwiel. Ab 1898 konnte der Hannesli sein erstes Privat-Fahrrad aus England im Dienst verwenden. Von da an hatten es die Briefträger mit der Postzustellung in die Nachbarorte leichter.

Für die Freunde der Philatelie sei noch nachgetragen, daß die Badische Post das Land in 177 Bezirke einteilte und – beginnend mit Aach – durchnumerierte. Jedes Postamt hatte einen Ring-Stempel mit der entsprechenden Nummer, in Singen war es die Nr. 132. – Die ersten Luftpostbriefe wurden 1913 im Rahmen einer von dem Konstanzer Flieger Ernst Schlegel bei der Dorner Mühle durchgeführten Flugwoche befördert (Stempelabdruck: durch die Luft befördert)[34].

Anmerkungen

1. S. Kap. Singen und Singerbruck, in diesem Bd. S. 20.
2. A. FUNK, Kelten, Römer, Germanen, S. 78, Anm. A 119, ferner S. 56, 61; Geschichte Stein am Rhein, S. 21–25.
3. E. DOBLER, Mägdeberg, S. 34; DERS. Hohenkrähen, S. 12.
4. DOBLER, Mägdeberg, S. 28, 33, 46.
5. ALBERT SCHREINER, Goethes Geologische Bemerkungen bei seiner Reise durch den Hegau, in: Zs Hegau 11/12 (1961) S. 104–107. – ALFRED GSCHLECHT, Goethe – Gedenkstein, in: Zs Hegau 43/44 (1986/87) S. 273 f.
6. H. LÖFFLER, Geschichte des Verkehrs in Baden, Heidelberg 1910, S. 33, 118 f., 146; WAGNER, Stockach, S. 211–218.
7. K. S. BADER, Ländliches Wegerecht im Mittelalter, vornehmlich in Oberbaden, in ZGO NF, 49 (1936) S. 428–435.
8. EAS VV 1/10b = 1051; Brief vom 07.04.1807.
9. Der seit dem 11. Jh. verwendete Ausdruck Regalien (von rex, König) meint ganz allgemein die dem König zustehenden Rechte und Einkünfte, die eigentlichen Hoheitsrechte; im 16./17. Jh. werden darunter auch die allgemeinen Hoheitsrechte der Landesfürsten verstanden. – Vgl. dazu OTTO STOLZ, Zollwesen, S. 17 f., 25.
10. RAISER, Landgrafschaft Nellenburg, § LXVIII; – die Akten über Zölle und Maut im Enzenberg-Archiv setzen 1561 ein: S. V 1/1 = 952.
11. ALFRED EBLE, Liptingen, Geschichte eines nellenburgischen Dorfes, Singen 1968, Hegau-Bibliothek Bd. 15, S. 94–105.
12. EBLE, a.a.O. S. 100–116, Zolltafel zu Liptingen 2. Hälfte 17. Jh. Vgl. OTTO STOLZ, Zolltarife in Vorderösterreich aus dem 16. und 17. Jh., in: Zs Schaffhauser Beiträge 31 (1954) S. 132–143. – HELMUT MARQUARDT, Aus der Geschichte des Hauptzollamtes Singen, ein Beitrag zur Hegauer Zollgeschichte, in: Zs Hegau 27/28 (1970/71) S. 253–295, bes. S. 254 f., 258. – GOTTFRIED SAUTER, Neuhaus auf dem Randen, eine Verkehrs-, Siedlungs- und Zollgeschichtliche Studie, in: Zs Hegau 36/37 (1979/80) S. 27–72, publiziert auf den S. 65 ff. die Nellenburgische Zolltafel von 1562 und die Tengisch-Auerspergische Zollordnung 1791 für den Schlauch.
13. EAS SV 1/1 = 952; SV 1/3 = 955. GhA 229/97981; Geschichte von Arlen, 1988, S. 92 f.
14. H. MARQUARDT, a.a.O. S. 259–278.
15. G. SAUTER, Neuhaus auf dem Randen, S. 47–49.
16. O. STOLZ, Zolltarife, S. 48 f. StAs XVI/5c.
17. H. WAGNER, Stockach, S. 224–226.
18. WAGNER, Stockach, S. 224 f. – Von 1793 bis 1811 nahmen die Stockacher 678 fl. ein = 33 fl. 54 xr jährlich.
19. A. MATTES, Von der Singer Brugg zur Scheffelbrücke, Südkurier Hegau 252 vom 31.10.87.
20. EAS A I 24/1 = 794; der Käufer betonte ausdrücklich, daß er für die Zukunft das landesgesetzliche Brückengeld für immer als wohl erworbenes Eigentum erheben wolle.
21. Fischer war der letzte von der Stadt Stockach bestellte Pächter und wollte das Brückengeld selbst ersteigern.
22. EAS F I 6/19 = 406; A I 24/3 = 402.
23. EAS A I 24/2 = 793; GLA 233/20 307.
24. K. SCHIB, Schaffhausen, S. 349.
25. BRUNO BAUMANN, Das Postwesen im Bodenseeraum und am Hochrhein, Zs Archiv für Deutsche Postgeschichte in: Heft 1, 1968; Sonderdruck S. 10 ff.
26. EAS M II 1a = 721; der Kronenwirt forderte eine Vergütung für die Verpflegung von Offizieren im Jahre 1703; EAS J I E 1/7 = 835: Posthalter und Kronenwirt Hans Thoma 1774/75.
27. EAS J I E 1/4 = 1021.
28. Fürst Thurn und Taxis, Zentralarchiv – Hofbibliothek Regensburg, Postabteilung 7150; leider liegt ein Bericht über Postvisitationen für Singen nicht vor: E. PROBST, Karl Ritter von Pauerspach und seine Thurn und Taxis'schen Postvisitationen 1782/83, Studien und Quellen zur Postgeschichte 2, Kallminz 1979. Die Stationsakten Stockach hingegen (1773–1811) umfassen 178 Seiten, die Unterlagen über die Postverhältnisse in Schaffhausen sind noch weit umfangreicher. Ferner bestehen allgemeine Akten über die einzelnen Postkurse, etwa von Ulm nach Schaffhausen (Postakten 1295); frdl. Auskunft Fürst Thurn und Taxis Zentralarchiv vom 19.02.87. Dazu EAS SV 1/2 a, b = 953, 956 (ab 1765).
29. EAS SV 1/4 = 86; GLA 233/30 567, 30 568.
30. BRUNO BAUMANN, Die Geschichte der Post von Singen (Hohentwiel) und seiner Umgebung, in: Zs Hegau 35 (1978) S. 261–264.
31. 1888 erwarb die Gemeinde Singen das vordem Perolazsche, jetzt Kuttruffsche Anwesen von der Witwe Julie Kuttruff und richtete darin Wohnungen für einen Gendarmen und den evang. Pfarrer Leuthner ein; GEBHARD, Finanzgeschichte, S. 144, 151, 231; Perolaz hatte in dem Haus einen Kleider- und Stoffhandel betrieben.
32. E. KLEINER, In Singens Postgeschichte geblättert, III, Südkurier Singen vom 19.11.1987.
33. EWALD KLEINER, Die Singener Posthäuser im Wandel der Zeiten, Südkurier Hegau 257 vom 06.11.1987.
34. B. BAUMANN, Postwesen im Bodenseeraum, S. 27, 30.

Bauern, Taglöhner, Handwerker und Handelsleute

von Herbert Berner

Bauern und Taglöhner

Im Jahre 1770 definierte das Landgericht zu Stockach nach entsprechenden Erhebungen, was zu einem Bauernhandwerk nötig sei: 6 Pferde oder 6 Ochsen, 3 Kühe, 4 Stück »Gustware« (Kleinvieh), 2 Schweine und etwa 6 Schafe. Mit diesem Zug könnten bei leichtem Boden in jeder Zelge 20 Jauchert, 1 Ösch mit Winterfrucht, der andere mit Sommerfrucht, der dritte in der Brach, Summa 60 Jauchert bequem angebaut werden. Zum Unterhalt des Viehs seien nötig: 12 Wägen Heu und 4 Wägen Öhmd bzw. 12 Öhmdwiesen, zur Grasfütterung des Viehs 1 Mahd, zu Hanf und Rüben 1 Jauchert, zum Heizen, Backen, Waschen und Dörren und für Bau- und Wagnerholz 9 Jauchert Wald, und wenn kein gemeiner Trieb stattfände, 10 Jauchert Waidgang, summa sumarum 90 Jauchert[1].

In Singen trafen diese Voraussetzungen nur annähernd bei ganz wenigen Bauern zu[2]. Die meist abwesenden oder andernorts seßhaften Ortsherren vermochten der zunehmenden Aufteilung der Lehen/Erblehenhöfe nicht Einhalt zu gebieten. Nur 2 Höfe – das Eggensteiner Gut und Kalbsgut – befanden sich in bäuerlichem Volleigentum, aber auch sie gehörten zu den mittleren und kleineren Höfen (über 30 bzw. über 10 Jauchert); alle anderen waren als Erblehen ausgetan. In Singen herrschte die bereits in der 2. Hälfte des 15. Jh.s ausgebildete Erbsitte der Realteilung. Die Grundherren versuchten nun, die mit der Teilung des Hofes unter allen erbberechtigten Kindern drohende Schmälerung der Einnahmen durch das System der Trägerei zu verhindern, indem sie den Ältesten der Erben als Träger für die Miterben und den Hof belehnten. Dieser Träger war dann verantwortlich für die Erhaltung der im Erblehenbrief festgelegten Verpflichtung dem Grundherrn gegenüber. Der Hof wurde genossenschaftlich bewirtschaftet, der Träger besorgte den Einzug der Gefälle aller Lehensleute (Miteigentümer, consortes) gegen gewisse Vorrechte und Vergünstigungen (z. B. Vorkaufsrecht). Nach dem Dreißigjährigen Krieg setzte sich mit der Vererblichkeit der Anteile auch die Veräußerungsfreiheit durch, die Besitzform der kleinen Parzellen unterschied sich rechtlich nicht mehr vom Volleigentum. Der Inhaber hatte dem Grundherrn »nur die jährlichen Abgaben zu leisten, die als Reallasten auf seinem Besitz lagen und sich nach der Anteilsgröße an der (einstigen) Hofeinheit richteten. In den Katastern von 1726 und 1765 wird der Grundbesitz, der zu den aufgeteilten Höfen gehörte, als freies, wenn auch abgabenpflichtiges Eigentum der Bauern angegeben«. Es wird als »zinseigen« oder »Zinsgut« bezeichnet[3].

Man kann sich vorstellen, daß es auf diesen Bauernhöfen im allgemeinen ärmlich und bescheiden zuging. Die Singener waren zwar in besitzrechtlicher Beziehung den meisten ihrer Standesgenossen – vor allem in den reichsritterschaftlichen Dörfern – weit voraus, aber sie konnten diese »Freiheit« in der feudalen Wirtschafts- und Gesellschaftsordnung ihrer Zeit nur mit persönlichen Opfern und mancherlei Nachteilen behaupten. Die ursprünglich dem Lehenswesen innewohnende Schutz- und Sorgepflicht des Lehensherrn gegenüber seinen Untertanen war mit dieser speziellen Entwicklung weitgehend aufgehoben. Gleichwohl haben sich die Singener Grundherren Rost und Enzenberg bewogen und verpflichtet gefühlt, Not zu lindern und Unrecht vorzubeugen.

Schon früh können wir daher beobachten, daß der Anteil der »Unselbständigen«, d. h. der auf Lohnarbeit oder sonstigen Erwerb angewiesenen Personen, unverhältnismäßig groß war. Nach der Musterungsliste von 1615 mit 104 Familien bzw. für den Kriegsdienst gemusterten Männern werden 32 (also fast ein Drittel) als Taglöhner bezeichnet, ferner gab es noch 11 Handwerker, die meisten von ihnen vermutlich im Nebenerwerb[4]. Sie fanden die notdürftigste Nahrung auf ihrem ererbten kleinen Besitz und versuchten nun, bei größeren Bauern im Dorf – und vielleicht sogar in der Nachbarschaft –, im Wald, bei der Gemeinde und bei der Herrschaft zusätzliche, unregelmäßige und saisonal bedingte Arbeiten zu finden. Aus ihrem Blickwinkel mögen die sonst ungeliebten Frondienste, die in der Regel zumindest mit Essen, nicht selten auch mit Geld vergütet wurden, eine zusätzliche materielle Hilfe geboten haben. Leider fehlen die beruflichen Attribute in späteren Aufstellungen. 1761 etwa finden wir in einer Liste für eine Gemeindeversammlung 121 Namen oder »Bürger«. Von diesen werden nur 4 als Bauern (Bauersmann) und ebenso viele als Tagwerker (Taglöhner) bezeichnet; in Gemeindediensten standen 4 Personen. Neunmal entdecken wir die Bezeichnung »Bürger«; falls damit das Ortsbürgerrecht gemeint sein sollte, müßten es viel mehr sein. Indessen scheinen dies mehr zufällige, vielleicht der besseren Identifizierung dienende Kennzeichnungen zu sein. Ein Vernehmungsprotokoll vom 3. Oktober 1777 hingegen weist 19 Bauern und 2 Halbbauern aus, aber nur 7 Taglöhner (allerdings gibt das Protokoll mit 108 Namen bei 37 Bürgern keine Berufe oder Tätigkeiten an)[5]. In den nellenburgischen Orten und wohl auch in Singen waren die Tagwerker unbesteuert, »weil zur Zeit keine Kopfgelder eingehoben werden« (1794); in einigen Dörfern waren sie auch von den Gerichtsstellen ausgeschlossen, »weil sie als steuerfrey nicht den möglichen Vortheil eines steuerbaren Bürgers berücksichtigen würden«[6]. Trotz allem blieb der Einfluß der Bauern oder Landwirte bis weit in die 2. Hälfte des 19. Jh.s hinein prägend erhalten.

Alte handwerkliche Traditionen

Handwerk und Gewerbe befanden sich im frühen Mittelalter dort, wo sie gebraucht und bezahlt wurden, nämlich in herrschaftlichen Zentren und in den Städten. In Singen war dies der Herrenhof (Villa publica); zum Hofgesinde gehörten sicherlich auch Handwerker, vielleicht sogar ein Schmied und eine Gaststätte (Taferne) bei der Singer Bruck. Spätestens im 10. Jh. dürfte bereits die Mühle errichtet worden sein. Auch wenn bis ins 15. Jh. Nachrichten über Handwerk und Gewerbe fehlen, dürfte es die genannten Berufe und Gewerbe doch gegeben haben, sicherlich erweitert für jene Bereiche, die man auf dem Dorf benötigte: Wagner, Zimmerleute und Maurer, Küfer, Sattler und Schuhmacher, Metzger und Bäcker[7]. Am 16. Januar 1499 verdingte das Konstanzer Domkapitel den Bau der Scheuer zu Mühlhausen dem »Zimmermann von Singen«[8] – eine der ersten Erwähnungen eines Singener Handwerkers. Die ältesten namentlich bekannten Handwerker sind um 1555 Hans Schlemer, der Schmied, um 1570 der Maurer Jacob Miller und um 1575 der Scherer Jacob Losser der Alte. Das neben der Mühle am frühesten erwähnte Handwerk war das des Schmiedes: 1475 bereits wird die Schmiedswiese, 1495 ein Haus »hinter der Schmidten« genannt. Diese älteste gemeindeeigene Schmiede befand sich ursprünglich in einem 1785 zum Schul- und Gemeindehaus umgewidmeten Gebäude (dem 1960 abgebrochenen alten Rathaus); kurz danach errichteten die beiden damaligen Schmiede je eine Werkstatt an der Poststraße (= Freiheitstraße): 1787 erbaute Gaudenz Weber seine Schmiede, zuletzt in Besitz von Gottfried Allweiler und 1900 abgebrochen, da sie mitten in der heutigen August-Ruf-Straße neben dem Modehaus Woller-Bloching stand. Um diese Zeit entstand auch die zweite Schmiede auf dem Platz der heutigen altkatholischen Kirche: 1863 verkaufte der Huf- und Wagenschmied Johannes Reize sein Anwesen der evangelischen Kirchengemeinde, das jetzige Pfarrhaus war die Wohnung des Schmiedes. Schließlich ist noch die 1810 von Fidel Waibel errichtete Hammerschmiede zu nennen, an die das spätere Gasthaus »Zum Hammer« (an der Mühli-Bruck) erinnert, sowie eine im Zinken gelegene Nagelschmiede, 1830 im Besitz des Nagelschmiedes Martin Mayer und 1845 des Matthäus Fink aus Mühlhausen. Die Schmiedgasse (1879) im ehemaligen Dorf bezieht sich auf die Hammerschmiede.

Im Jahre 1615 erfahren wir von 10 Handwerksberufen: 2 »Becken«, Jacob Denzel und Hans Denzler, ferner dem Zimmermann Wilhelm Doggerey, dem Müller Hans Weiß, dem Metzger Peter Poll, dem Maurer Michael Miller, dem Küfer Hans Schirle, dem Schneider Galle Schalzmann, dem Pfeiffer (Musikant?) Martin Spett, dem Schreiner Georg Möbel und dem Hufschmied Peter Allweiler mit Sohn Hans[9]. Diese Berufe bildeten für die nächsten 200 Jahre den Kern der Singener Handwerkerschaft, die – wie unser Beispiel zeigte – auch in den umliegenden Dörfern Aufträge erhielt.

Nellenburgische Zunftordnung – Filiallade Singen

Das Handwerk respektive Zunftwesen war ein – freilich nicht unbestrittenes – landgräfliches Hoheitsrecht. Die 1780 durch Vergleich beigelegten großen Unstimmigkeiten sahen vor, daß die Hauptladen aller Zünfte nach altem Herkommen in Stockach verbleiben und vom nellenburgischen Oberamt inspiziert werden sollten. Nebst diesen Hauptladen bestanden untergeordnete Filialladen in Aach, Eigeltingen, Singen, Liptingen, Sipplingen und Bodman. Zur Filiallade Singen gehörten Singen und Arlen, Ebringen, Gottmadingen, Gailingen, Randegg, Schlatt am Randen, Büßlingen, Duchtlingen, Büsingen und Wangen. Eigenartigerweise waren Mühlhausen, Hilzingen, Beuren an der Aach und Schlatt unter Krähen (nebst anderen Dörfern) der Filiallade Aach zugeteilt. Im Jahre 1719 hingegen gehörten zur Filiallade Singen Arlen, Böhringen, Dornermühle, Friedingen, Hausen an der Aach, Hilzingen, Ramsen, Randegg, Riedheim und Überlingen am Ried. Es haben also

293

größere Umorganisationen stattgefunden. Immerhin läßt die Zunftordnung eine gewisse zentrale Funktion des Handwerkerstandortes Singen erkennen.

Eine der Hauptaufgaben waren damals die Unterbringung und Versorgung wandernder Handwerksgesellen sowie die Unterbindung unlauteren Wettbewerbs. Die Handwerker waren verpflichtet, nach der Lehre (in der Regel im väterlichen Betrieb) wenigstens drei Jahre auf der Wanderschaft ihre Kenntnisse in anderen Betrieben zu vervollkommen.

Nach dem Vergleich vom 22. Februar 1780 durften für alle Handwerksgenossen dieser Filialen nur eine Lade und eine Herberge aufgerichtet werden, alle Handwerkssachen wurden bei dieser einzigen Filiallade vorgenommen. Die Filiallade war insbesondere gehalten, keine anderen Ortschaften in ihre Lade einzuziehen oder gar Vorkommnisse, die in die Hoheitsfälle einschlugen, unter dem Vorwand eines Zunftfrevels zu bestrafen; auch hatte sie ständige Verbindung mit der Hauptlade zu unterhalten. An den Zunftversammlungen konnte jederzeit die Ortsherrschaft teilnehmen. Als Obmann aller Zunftsachen fungierte der jeweilige Landschreiber zu Stockach: Er hatte Zunftprozesse zu schlichten, die Rechnungen abzuhören und an den sogenannten Dinzeltagen, die bei der Hauptlade alle zwei bis drei Jahre stattfanden, seine Diäten von 5 fl. zu beziehen. An diesen Dinzel- oder Tänzeltagen, benannt nach dem Tanz, der jedesmal nach dem Mahl gehalten wurde, erneuerte man gewöhnlich auch die Meistereinlage[10].

Im einzelnen erfahren wir aus den Akten, daß etwa 1752 die Hauptlade Stockach rügte, daß ein zu Beuren an der Aach verheirateter junger Webergeselle mit der Verwilligung der Viertelslade Singen seine Posession ausübe. 1778 verfügte die vorderösterreichische Regierung Freiburg, daß künftig nur noch die Hauptlade zu Stockach Meister aufnehmen dürfe. Dagegen verbleibe der Filiallade Singen die Befugnis, aufzudingen, ledig zu sprechen, Meistersöhne vorzustellen und kleinere Frevel und Streithändel auszumachen. Der Beitrag zur Zunftlade betrug 1 fl. 14 xr. 1785 betrugen die Gebühren der Schreiner- und Zimmermeister für das Aufdingen 3 fl. 12 xr, für das Meisterwerden 5 bis 18 fl. Jeder Meister bezahlte jährlich an die Hauptlade 15 xr; beim Tod eines Meisters ließ die Hauptlade eine heilige Messe lesen. Fremde, die im Bezirk arbeiteten, mußten ein Platzgeld von 10% entrichten. Davon und vom Meistergeld zog das Rentamt die Hälfte, von jedem Aufdingen und Ledigsprechen 1 fl. ein; das übrige blieb bei der Hauptlade. Alle vier bis fünf Jahre wurden in Stockach sogenannte Brudertage abgehalten, die den Meister 1 fl. kosteten. 1785 verbot die Regierung in Freiburg die Zehrungen bei den Zusammenkünften der Zunftladen wegen zu hoher Ausgaben. Ein Versuch, die singische Filiallade von der Stockacher Hauptlade abzutrennen, wurde 1786 abgelehnt, weil es gegen die nellenburgische Verfassung verstoße und damit Schwierigkeiten mit den allseitigen Herbergsvätern (Unterbringung der Handwerksburschen) entstünden[11].

Die Filiallade Singen bestand 1719 aus 14 Viertelsladen; 12 davon hatten Singener Mitglieder. Fiedinger Handwerksmeister finden wir nur in 8, Hilzinger gar nur in 2 Viertelsladen vertreten. In Singen waren dies:

	1719	1765
Bäcker	Christian Waibel Johann Waibel Adrian Reize 1 Meistersohn	Anton Bach Johann Nagel Johann Waibel
Gerber	Alexander Buchegger	Johann Scheidle
Küfer	Jacob Nagel (Satzmeister) Hans Jacob Zimmermann 1 Meistersohn	Xaver Weber Johann Weber Wwe. Johann Nagel Antoni Nagel
Maurer	Christoph Stend(er)	Jos. Reize
Metzger	Peter Raifer (»Herr Vatter«) Martin Mayer (Satzmeister) Joh. Keimb 3 Meistersöhne	Basili Sandhas Johann Mayer Peter Mayer jung Martin Mayer Peter Mayer (Vogt)
Müller	Mathias Schrott (Vizemeister) Hans Georg Raiter (Knecht)	Hans Georg Schrott
Schmiede	Veit Mayer (Vizemeister) Hans Michel Hägelin	Michael Hägele Martin Allweiler Balthasar Ehinger
Schneider	Andreas Jlg Franz Reichle Hans Martin Müller	Antoni Buchegger Jacob Harder Kaspar Hanloser Christian Waibel Xaveri Biteinger
Schreiner	Hans Wilhelm Wurm	Martin Stengele Johann Wurm
Schuhmacher	Andreas Zimmermann (Vizemeister) Nikolaus Ilg Joseph Weber	Hans Jörg Weber Joseph Weber jung Sebastian Weber Hans Georg Weber Xaveri Weber

Wagner	Gregori Schwarz	Jacob Allweiler
	Quirinus Reize	Kaspar Pfoser
	Peter Losser	Balt. Hanloser
Weber	Sebastian Buchegger (Zunftmeister)	Johann Buchegger
		Joseph Buchegger
	Adrian Buchegger	Peter Kornmayer
	Ambrosi Fortmüller	Johann Kornmayer
	Peter Nagel	Michael Kornmayer
	Michael Kornmayer	Anton Kornmayer
		Anton Graf
		Bernhard Greuter
		Joseph Greuter

Die Viertelsladen der Ziegler und Zimmerleute hatten keine Singener Mitglieder, doch gab es 1765 einen Zimmermann, Johann Reize, einen Rotgerber, Johann Scheidle, und einen Kaminfeger, Johann Weber; 1759 erscheint ein Barbier, Johann Baptist Buchegger, 1764 der Amtsvogt und Sattler Anton Buchegger[12].

Über die Kenntnisse und Leistungsfähigkeit der Singener und nellenburgischen Handwerker gab es mitunter weniger schmeichelhafte Meinungen. So äußerte sich 1779 der petershausische Statthalter und Obervogt in Hilzingen, daß »die Wissenschaft der nellenburg. Meister im Bauwesen sich nicht über die Bauernhütten hinaus erstrecken«. Kein Mensch könne sogenannten Meistern vertrauen, die als Gesellen arbeiten. Dazu kam noch, daß die hiesigen »Meister« das Konstanzer Angebot um zwei Drittel überboten[13]. Beim Singener Kirchenbau 1778 schlossen die Zehntherren mit Baudirektor Bickel einen Hauptaccord ab, wonach er vornehmlich nellenburgische Handwerker gebrauchen sollte; der Schreinermeister von »Allispach«, der gegen 1200 fl. drei Altäre samt einer Kanzel lieferte, mußte sich 1781 mit der hiesigen Schreinermeisterschaft wegen des Platzgeldes verständigen. Die Bauherren der Tabakfabrik Steiger et Compagnie stellten 1784 auswärtige Maurer an mit der Begründung: Die Zunft müsse darauf achten, nicht jeden »Hergeloffenen, wenn er seine handwerksmäßigen Jahre durchstrichen, ohne jedoch das Handwerk zu kennen, nur um etliche Gulden mehr in die Lade zu bekommen, sogleich zum Meister zu machen«.

Nach der Aufhebung der Gewerberekognition[14] blieb die Zunftlade bis 1828 in Singen. In einem Ministerialbeschluß von 1826 war angeordnet worden, daß alle in einem Amtsbezirk bestehenden Zünfte in einer einzigen allgemeinen Zunft zusammengefaßt und nach Radolfzell verlegt werden sollten. Die Singener Handwerker baten 1828 vergebens um Belassung des Zunftsitzes in Singen mit Hinweis auf die alte Zunfttradition und darauf, daß Singen mitten im Bezirk an der Landstraße von Schaffhausen nach Stockach und Radolfzell liege und somit eine Hauptstation für Handwerksburschen sei[15]. Dies alles half nichts, die damals bestehenden drei

Die Bleiche, heute landwirtschaftliches Anwesen Waibel, Schlachthausstr. 18, erbaut 1774

vereinigten Zünfte Öhningen, Radolfzell und Singen erhielten ihren neuen Zunftsitz in Radolfzell, das Sitz des Bezirksamtes war.

Das Singener Handwerk hat also eine alte Tradition. Auffallend ist die seit dem 18. Jh. zu beobachtende Handwerkerdichte. 1719 bei rd. 600 Einwohnern waren es 33 Handwerker in 12 Berufen, 1765 bei rd. 630 Einwohnern 44 Handwerker in 14 Berufen – ohne die Gastwirte. Alle Berufe waren auf die Bedürfnisse der bäuerlichen Welt ausgerichtet. Im 19. Jh. erweiterte sich die Palette des Handwerks erheblich. Zwar verschwand in der 2. Hälfte des Jahrhunderts die Weberei, aber es kamen Berufe wie Chirurg und Barbier, Maler und Glaser, Buchbinder und Buchdrucker, Apotheker und Uhrmacher hinzu. 1850 beschäftigte die Baumwollgarn- und Spinnerei Troetschler 80 Arbeiter, dazu gab es eine Mahlmühle (mit Säge, Öhle, Lohmühle und Handfreibe), Hammerschmiede und Bleiche. Im Dorf lebten:

8 Schneider	3 Küfer (4)
11 Schuster (17)	1 Kaminfeger
9 Weber (12)	4 Maurer (6)
3 Schmiede (4)	1 Sattler (2)
4 Wagner (6)	2 Seiler (3)
1 Rotgerber	2 Glaser (1)
6 Bäcker (4)	1 Maler
4 Schreiner (6)	1 Färber
6 Wirte	4 Zimmerleute (5)
3 Bierbrauer (2)	3 Kaufleute/Krämer
1 Dreher	1 Accisor
2 Schlosser	1 Hutmacher
6 Metzger	2 Nachtwächter
3 Drechsler	1 Polizeidiener
1 Postknecht	1 Posthalter
1 Säckler	1 Landchirurg
1 Förster	1 Seifensieder
1 Gärtner	1 Siebmacher[16]
2 Hafner	

Um 1880 bestanden in Singen bei ca. 2000 Einwohnern 218 Handwerks- und Gewerbebetriebe in 52 Berufszweigen. Das alte Handwerk erreichte am Vorabend der Industrialisierung eine letzte Blüte und wurde durch die Mechanisierung selbst auf eine neue Stufe gehoben. Alte und ehrwürdige Berufe (insgesamt sind es hier 21) wie Schmied und Wagner, Rotgerber und Seifensieder begannen auszusterben, ganz neue Handwerkszweige wie Elektriker und Fotograf entstanden. Im Jahre 1878 errichteten der Ziegler Franz Pfoser und die Hafner Joseph Schrott, Lorenz Maier und Hieronimus Ehinger eine Dampfziegelei im östlichen Gemarkungsteil (heute Ziegeleiweiher). Das Verkehrsgewerbe begann 1880 mit einem Lohnkutscher; 1884 eröffnete die Spedition Seegmüller, Scherzinger und Co. ihren Betrieb. 1866 erschien Franz Ott als erster Fotograf am Platz. Im Jahre 1886 hatten außer der Firma Troetschler und Loés (83 Beschäftigte) im Jahresdurchschnitt fünf und mehr Beschäftigte:

Schreinermeister Heinrich Baur	5
Gräflich Enzenberg'sche Kunstmühle	8
Mayer Johann, Gaststätte »Zur Krone«	7
Müller Mathias, Bauunternehmer	16
Franz Pfoser, Ziegeleibesitzer	12
Schrott Joseph, Hafner	6
Tschimel August, Mühlenbauer	7[18]

Die Firmen Maggi und Georg Fischer eröffneten ihre Betriebe 1887 und 1895[19].

Alte Singener Zeitungen

Im Herbst 1878 gründete der von Basel nach Singen verzogene Buchdrucker Hans Löhle, gebürtig aus Schienen, die »Oberländer Zeitung« im Hause des Steinhauermeisters Anton Matt in der Bahnhofstraße. Nach seinem frühen Tod übernahmen Hans Sproll und Gerhard Feuerstein (aus Beuren an der Aach) den Betrieb, der alsbald mehrfach den Besitzer und auch die Produktionsstätte wechselte[20]. 1897 erfolgte die Umbenennung in »Singener Nachrichten«. Unter den Geschäftsführern August Becker und Julius Beese (1903) wurde der Name »Oberländer Zeitung« für das nun national-liberale Blatt wieder angenommen; 1910 befand sich die Zeitung mit Druckerei im Hause Scheffelstraße 23. Nach einem Konkurs 1911 wurde die Zeitung unter neuer Leitung weitergeführt und bestand bis 1936[21]. Die Interessen des Zentrums vertrat die »Singener Zeitung« (vor 1910 bis 1923), deren Redakteur der Arbeitersekretär Joseph Kleibrink war[22]. Von 1920 bis 1933 erschien ferner die sozialdemokratische Zeitung »Volkswille«[23]. Singen hatte somit zeitweilig drei Zeitungen verschiedener politischer Couleur.

Jüdische Händler in Singen

In der Landgrafschaft Nellenburg konnten sich seit 1655 einzelne jüdische Familien in den ritterschaftlichen Dörfern Randegg und Gailingen, zunächst befristet auf 18 Jahre, niederlassen; in Worblingen und Wangen/Untersee finden wir Juden bereits Ende des 16. Jh.s und 1655/1657. Diese vier Dörfer waren bis zum Ende des 19. Jh.s die einzigen mit größerem jüdischen Bevölkerungsanteil, Gailingen war die größte jüdische Landgemeinde in Baden, vielleicht sogar in ganz Deutschland[24]. Einzelne jüdische Familien lassen sich nur in wenigen hegauischen Gemeinden nachweisen: in Bodman (1674), Engen (1670), Schlatt unter Krähen und in Singen (1670). Die Satz- oder Schutzbriefe waren immer nur für eine bestimmte Zeitspanne ausgestellt und mußten danach wieder erneuert werden.

So stellte im Jahre 1670 Johann Gaudenz von Rost auf Bitten des Hebräers Jacob Tryfuß zu Gailingen als früherem Meister des Isac Bernheimb und dessen Knecht Moysen Elisa für den Flecken Singen einen auf 10 Jahre begrenzten Satzbrief aus[25]. Gegen ein jährliches Satzgeld von 12 fl. könnten sie sich hier »haushablich« aufhalten, müßten aber die katholischen Sonn- und Feiertage gebührend achten. In 14 Artikeln wird aufgelistet, was sie zu tun und worauf sie zu achten hatten: Wenn sie ein Stück Rindvieh (über 1 Jahr) schächten, müssen sie der Herrschaft 6 xr entrichten. Mit den herrschaftlichen Untertanen dürfen sie nur mit Wissen der Obrigkeit über 5 fl. hinaus handeln und müssen sich mit 3 xr Interesse (= Zins) vom Gulden begnügen. Wenn sie ein Haus kaufen oder bauen, haben die Obrigkeit und die Untertanen bei einem Verkauf das Zugrecht. Da sie in Singen weder ein Synagoge noch Judenschule haben, dürfen sie ihre jüdischen Ceremonien in einem anderen Ort der Landgrafschaft halten. Im Dorf sind sie den Hintersassen gleichgestellt, müssen jedoch der Gemeinde jährlich einen Eimer Wein und zwei Laib Brote (oder Geld) abstatten. Sie sind von allen bürgerlichen Steuern, Frondiensten (außer dem vierteljährlichen Nachtwächtergeld) befreit; die Obrigkeit wird ihnen einen Begräbnisplatz zuweisen.

Obgleich die Akten nichts mitteilen über die Tätigkeit der jüdischen Familien, dürfen wir doch annehmen, daß sie als Landjuden Viehhandel aus dem Hegau mit der Schweiz betrieben haben, der insgesamt eine große Bedeutung hatte. In dem 1567 in Zürich erschienenen »Kalender oder Laasbüchli sampt der Schreybtafel Mässen und Jahrmärkten« wird unter anderem neben Stühlingen, Radolfzell, Meßkirch, Tuttlingen, Stockach, Eigeltingen auch Singen als Marktort aufgeführt[26].

Außer diesem Einzelfall lassen sich in Singen bis um 1900 keine jüdischen Einwohner nachweisen. Dagegen kamen die Juden aus ihren benachbarten Siedlungen häufig hierher, sei es um Viehhandel zu treiben, Geld auszuleihen oder Krämerwaren zu verkaufen. Aufschlußreich und die Situation trefflich charakterisierend beschreibt eine vorderösterreichische Verordnung von 1783 das Verhältnis zwischen christlichen und jüdischen Kaufleuten, Händlern und Handwerkern: »Obschon das Oberamt zu Stockach nach seinem Bericht vom 10. April 1783 ausgeführt hat, daß, wie den christlichen Handelsleuten, ebenso auch den Juden das Hausieren und Treiben ihres Handels in anderen als ihren Wohnorten in der Landgrafschaft Nellenburg verboten werden und sie in Absicht auf ihr gewohntes Betrügen noch mehr eingeschränkt und endlich angehalten werden sollten, Handwerke zu erlernen. Dabei ist doch wohl zu bedenken, daß beide, nämlich Christen und Juden, sich in gänzlich verschiedener Lage befinden, daß zwar die ersteren, allerdings auch ohne zu hausieren, wohl bestehen mögen, aus den oberamtlichen Verfügungen hingegen die letzteren aber schlechterdings nichts ande-

Reversbrief der beiden Juden Jsac Bernheimb und Moyssen Eliser vom 23. April 1670, in dem sie sich zur Einhaltung der ihnen von der Grundherrschaft (Johann Gaudenz von Rost) gemachten Vorschriften und Auflagen verpflichten.

Die beiden Unterschriftszeilen bedeuten:

»Ich, Mose, Sohn Isaaks Elisha,
derselbe, der oben genannt wird,
ich, Isaak, Sohn des Jacob Bernheimb,
derselbe, der oben genannt wird.«

Dabei ist interessant, daß jeweils die erste Zeile hebräisch, die zweite hingegen jiddisch geschrieben ist

297

res tun können und daß sie mit einem solchen Verbot alle Quelle zur Nahrung verstopft und sie ohne weiteres ausgetrieben werden würden.

Von christlichen Krämern sind in einem Orte, zumal nur in den Städten oder beträchtlicheren Dörfern nur einer oder zweie und finden darin ihren täglichen Verdienst. Die Juden hingegen wohnen nur in einigen geringeren und abgelegeneren Orten der Landgrafschaft, zumal wie in dem Dorf Gahlingen zu 50 bis 60 Familien an einem Orte beisammen, und wie sollten nun diese von dem nur in solchen Wohnorten zu treibenden Handel alle ihre Nahrung ziehen können? In Ansehung der Handwerker hat es die gleiche Schwierigkeit. Schon dermal geht die häufige Klage, daß selbe unter den Christen übersetzt seien; wenn nun auch die Juden noch solche erlernen und treiben sollten, so müsse daraus notwendigerweise folgen, daß weder die einen noch die anderen darauf mehr fortkommen könnten, folglich beide Teile außer Contributionsstand geraten müßten. Gleichwie aber die Juden in der Landgrafschaft Nellenburg einmal geduldet sind, und die allerhöchste Absicht nicht dahin geht, selbe auszurotten, sondern vielmehr sie nach Tunlichkeit zu begünstigen, also muß denselben auch eine Atzung offengelassen werden, wodurch sie sich die Mittel zum Unterhalt anzuschaffen imstande sind.

Dem k. k. Oberamt zu Stockach wird daher unter einem aufgetragen, den Nellenburger Schutzjuden die Treibung ihres Handels nicht nur in ihrem Wohn-, sondern in was immer für Orten der Landgrafschaft Nellenburg wie bisher zu gestatten, jedoch in diesen allein und mit Ausschluß aller anderen jüdischen oder christlichen Krämer, als welche bei Betretung auf dem Hausieren nach den Patenten zu behandeln. Damit aber der Untertan dabei soviel wie möglich von Betrug und Wucher sichergestellt werde, so wird denselben ferner erinnert, auf die in Sachen vorliegende so heilsamste allerhöchste Verordnung mit Eifer und nach der Schärfe festzuhalten; besonders auf jene, daß alle Kontrakte zwischen Juden und Christen, welche einige Gulden übersteigen, von den Vögten oder Gerichtsleuten geprüft und protokolliert werden müssen.« Offensichtlich wurde der Satzbrief von 1670 noch zweimal verlängert, denn in der Singener Gemeinderechnung 1692 bis 1694 finden wir unter Einnahmen verzeichnet »Mehr von dem Juden« 2 fl. 30 xr und zuletzt 4 fl. 52 xr.; weitere Nachweise fehlen. Wenn es sich bei diesen Zahlungen um die den Judenfamilien auferlegte Abgabe von 1 fl. 30 xr handelte, hätten in Singen eine und zwei halbe Familien (Witwen oder Witwer) gelebt; der Höhe der Abgabe nach müßten es 1694 plötzlich etwa 3 Familien gewesen sein, obgleich in der Rechnung nur »von dem Juden« die Rede ist. Danach scheinen die Juden aus Singen abgezogen oder vertrieben worden zu sein. Wahrscheinlich geschah dies auf Betreiben der Untertanen, die sich damals vermutlich auch erboten haben, die von den jüdischen Händlern erbrachte Rinderzungenabgabe an die Herrschaft zu übernehmen[27].

Bäcker und Metzger

Ein ehrliches Mittagsmahl im Jahr für die Mühe...

Zu den lebensnotwendigen Gewerben in einem Dorf gehören naturgemäß die Bäcker und Metzger; die Bäckerei wird oft Pfisterei genannt. Meist waren diese Berufe verbunden mit dem des Wirtes und blieben mitunter Generationen lang in einer Familie[28].

Der älteste nachweisbare Bäcker ist Haini Gasser, der 1453 ein Mannlehengut des Radolfzeller Vogtes Hans Seckler in Singen bebaute[29]. 1780/81 waren es zwei Bäcker: Anton Bach (der auch einen Weinschank umtrieb) und Rosa Waibel (wohl eine Bäckerswitwe); 1803 werden Anton Waibel mit einer Tafern, Josef Graf und Josef Bach, beide mit Weinschank, und Thoma Waibel genannt. 1759 fungierten als Brotschätzer der Vogt Peter Mayer mit einem der beiden Vorgesetzten und einem dritten aus dem Gericht verordneten Manne. Zu ihren Pflichten gehörte es unter anderem, häufig die seit unvordenklichen Zeiten geübte Brotschau vorzunehmen, untergewichtiges Brot an die Armen zu verteilen und unredliche Bäcker anzuzeigen. An Sonn- und Feiertagen war bei Strafe von 3 Pfund Pfennig das Brotbacken, Metzgen, Wursten, Fleischaushauen, Wäscheeinlegen und Wasser- und Holzfuhren, überhaupt jede knechtliche Arbeit, verboten; über die Brotschau war ein Protokoll zu führen[30]. Die Beckenordnung von 1781 verordnete, daß zu allen Zeiten Brot im Ort vorrätig sein müsse; das Kreuzerbrot sollte ein Loth wiegen; weißes Brot durfte nicht pfundweise, sondern nur stückweise verkauft werden, Butter- und Eierbrot sowie Fastenbrezel waren keiner Schatzung unterworfen. Bei den Preisen richtete man sich nach der Stadt Stein am Rhein; es gab Kreuzerbrot, halbes und ganzes Bazenbrot.

Ähnlich streng wurden die Metzger überwacht. In dem Zusammenhang spielte die Aufsicht über das eingeführte Hornvieh und anderes Vieh auf dem Jahrmarkt eine Rolle; 1758 wurde festgelegt, daß die Viehschätzer statt 15 xr für ein altes Stück nur noch 10 xr, für einen Jährling oder »Fälj« nur noch 5 xr beziehen sollen. Über Käufe und Verkäufe stellten Vogt und Vorgesetzte gegen 6 xr eine Urkunde aus; bei Pferden durften sie den

Verkäufern 15 xr Beschaugeld abfordern. Beim gewöhnlichen Hornabsägen und der Zeichnung des Viehs mußten der Vogt, beide Bürgermeister, Förster und Kuhhirt gegen einen Taglohn von 12 xr dabei sein. Die Fleischbeschauer (2 Mann) mußten wöchentlich die geschlachteten Tiere beschauen, ungesundes Fleisch ausmustern und abschaffen. Der geschöpfte Preis war auf einer schwarzen Tafel an der Mezg ordentlich anzuschreiben; bei einer Strafe von 10 Pfund Pfennig durften die Metzger das Fleisch nicht über den gemachten Tax verkaufen. Am 13. August 1808 zum Beispiel kostete das seit jeher nach der Zellischen Taxe ausgewogene Fleisch:

gemästetes Ochsenfleisch, das Pfund à 32 Loth	9 xr
Schmalfleisch	8 xr
Kalbfleisch	8 1/2 xr
Hammelfleisch	8 1/2 xr
Schweinefleisch	12 xr.

Über die den Metzgern auferlegte Rinderzungenabgabe haben wir an anderer Stelle berichtet[31]. Im übrigen waren es Bäcker und »Fleischhacker« schuldig, dem Obervogt, Vogt und den jeweiligen Fleisch- und Brotschauern ein »ehrliches Mittagsmahl für ihre Mühe im Jahr« zu geben, und zwar den Bäckern auf Johannes dem Täufer, den Metzgern auf Martini.

Den frühesten namentlich bekannten Metzgermeister ermittelten wir für das Jahr 1697: Johannes Khaimb[32]. 1803 waren es 3 Metzger: Peter Sandhas (Sohn des Posthalters Johann Nepomuk Sandhas?), Max Mayer und Johann Ehinger. 1809: Max Majer, Johann Ehinger und Andreas Sandhas.

Herrschaftliches Torkelrecht und Singener Weinbau

Eine der ersten Vergünstigungen, die Erzherzog Ferdinand Carl seinem Obristen Johann Gaudenz von Rost bewilligte, war 1654 die Übertragung des im Städtlein Tengen vorhandenen Torkelrechts, »so nit mehr gebraucht werden«, auf den Niederhof[33]. Dieser Torkel wurde für den Eigengebrauch bis zu Beginn des 19. Jh.s benutzt. Im Dorf (Obersingen) ließ der Grundherr vor 1670 neben dem bereits vorhandenen, 1530 erwähnten und etwas zu kleinen Torkel noch einen neuen bauen und ein »Truckbeth« mit aller Zugehörde hineinsetzen[34]. In diesen beiden Torkeln mußten die Singener Untertanen ihren Wein pressen lassen.

Eine Aufstellung von 1791 vermittelt eine Übersicht über das herrschaftliche Weinlager (und damit auch den Weinbau); der Wein wurde in die Tafernen und Schankwirtschaften (auch auswärts) verkauft, ferner benötigte man ihn für die eigenen Beamten und Bediensteten, deren Entlöhnung unter anderem in Weindeputaten bestand, sowie für die Fronder.

	Saum	Eimer	Viertel	Meß
Eigenbau Singen	30	1	–	–
Eigenbau Mühlhausen	33	1	–	–
Bannwein von Singen	29	–	2	–
Bannwein von Mühlhausen	8	–	2	–
Zehnten von Singen	11	3	2	2
Drittel von Singen	19	–	–	1
Gekauft				
Zu Singen	201	–	–	3
Zu Hohentwiel	55	–	3	–
Zu Radolfzell	19	3	3	1
Weiler/Höri	18	2	–	2
Ebringen	7	2	3	6
	434	–	–	7

Dazu kamen noch 3 Fuder 27 Eimer Sipplinger Wein. Die Weinpreise orientierten sich an jenen von Thayngen, nämlich 13 fl. 45 xr per Saum. Hohentwieler Wein kam auf 14 fl. 24 xr und der übrige auf 12 fl. 20 xr – ohne Fuhr- und Maßgelder[35].

Im Jahre 1838 verzichtete Graf Franz II. von Enzenberg aus freiem Willen auf das Bannrecht in hiesiger Gemarkung; damit endeten freilich auch alle Verbindlichkeiten der Herrschaft zur Instandhaltung der Trotten. Von 1823 bis 1832 hatte man einen durchschnittlichen Jahresertrag errechnet von

	173 fl. 56 4/5 xr
davon ab die Lasten	24 fl. 40 1/10 xr
reiner Ertrag	149 fl. 16 7/10 xr[36].

1841 schloß die Gemeinde mit Graf Enzenberg einen Vertrag über die Verlegung eines Feldweges durch den herrschaftlichen Garten im Mühlenzelgle (Privatweg), wofür der Graf der Bürgerschaft die zwei Trotten zum Abdrucken ihrer Trauben im Herbst auf 80 Jahre überließ. Für die Benutzung der Trotten mußten von jedem Ohm 3 Maß (= 3%) gegeben und die Trottenmänner entlohnt werden, die Herrschaft stellte Licht, Holz zum Heizen und den Tageslohn von 10 xr für die Trottenmänner bereit. 1847 gab es in Singen immerhin noch 191 Rebbesitzer, 157 entrichteten für die Rebhut 23 fl. 36 xr. – Mit den Jahren ging der Weinbau zurück, auch ließen viele Rebenbesitzer ihr Herbstertägnis bei Privaten abpressen. Deshalb wollte das Rentamt unter Aufhebung des Vertrages von 1841 die Trotten schließen. Von 1881 bis 1896 erzielte man einen jährlichen Durchschnittsertrag von 21 772 Litern (= ca. 300 Mark Reinertrag); 1881 war ein Rekordjahr mit 36 068 Litern, 1889/90 gab es gar keinen Wein, 1895 nur 3 450 Liter, 1896 allerdings wieder 44 633 Liter. In diesem Jahr verpflichteten sich 64 Bürger, ihren Wein wieder in den Trotten abdrucken zu lassen. 1897 wurde ein neuer Vertrag geschlossen, der Ab- und Nachdruck der Weine kostete 1 Pfennig pro Liter, pro Stande der Rebenbesitzer wurde zur Steuer- und Unkostendeckung ein Platzgeld von 3 Mark pro Jahr erhoben[37]. – 1911 wurde die im Schloßbereich stehende Trotte bis auf die Umfassungswände gegen die Haupt- und Schloßstraße abgebrochen. Die Trotte im Dorf mit Staffelgiebeln verkaufte Graf Enzenberg an Bäckermeister Hermann Waibel, der darin 1898 eine Ölmühle und Mosterei einrichtete. Zuletzt im Besitz der Eisenhandlung Adolf Fischer und als Eisenwaren- und Kohlenlager genutzt, wurde die einstige Trotte 1957 (Rathausneubau) abgebrochen[38].

Die drei ältesten Singener Gasthäuser

Über die Geschichte der Alt-Singener Gaststätten zu berichten, fällt schwer, weil sie erst im 18. und 19. Jh. Namen erhalten. Die ältesten Gaststätten sind das in unmittelbarer Nähe der Singer Bruck im Bereich des Holzer Hofs gelegene »Kreuz« (erstmals 1700 so genannt) sowie die wahrscheinlich nach dem Dreißigjährigen Krieg errichtete Gaststätte »Zur Krone« (1703 erste namentliche Kennzeichnung), in der sich etwa seit 1680 die Posthalterei befand. Bis in das beginnende 19. Jh. hinein gab es im Dorf nur diese beiden Tafernwirtschaften, die das Recht hatten, Gäste zu beherbergen und zu verköstigen; Schank- oder Schildwirte hingegen durften nur Wein oder Bier ausschenken.

Gasthaus »Kreuz«

Die erste Erwähnung einer »wientäfer zu Singen« findet sich im Klingenbergischen Kaufbrief von 1518; daneben muß es noch die eine oder andere Schankwirtschaft gegeben haben, denn es ist davon die Rede, daß alle Wirte im Dezember/Januar erst den herrschaftlichen Wein und dann den eigenen oder Bauernwein ausschenken durften. Eine ähnliche Bestimmung findet sich in der Dorfoffnung von 1556[39].

Nach dem Dreißigjährigen Krieg erbaute die Herrschaft die zerstörte Gaststätte wieder auf und verkaufte sie 1662 an Caspar Raiffer[40], und so verblieb über 100 Jahre die Wirtschaft »Zum weißen Kreuz« an der Steiner Straß in Privatbesitz (um 1710 der Wirt und Metzger Joh. Krimb [?], 1761 Wirt und herrschaftlicher Müller Jerg Schrott). Im Jahre 1789 ersteigerte die Herrschaft das »Kreuz« bei der Gant des Johann Baptist Buchegger um 1160 fl.[41]. Als Pächter fungierten ab 1780 Bäcker Anton Waibel (jährlicher Tafern- und Hauszins 20 fl., doch bezog er von jedem ausgeschenkten Saum Wein 1 fl. 15 xr Schanklohn), 1808 Johann Michael Waibel. Im gleichen Jahre vollzog sich aber ein Pächterwechsel an den Beck Joseph Graf. 1812 teilte dessen Witwe Anna Maria geborene Kornmaier dem Obervogteiamt ihre Preisliste mit:

Gasthaus »Zum Kreuz«, älteste Singener Gaststätte, seit 1920 im Besitz der Stadt Singen (um 1960)

	xr
Bürgerliche Kost – ohne Wein –	
Frühstück, Mittags- und Nachtessen inbegriffllich Schlafgeld	36
Über Mittag allein	16
Über Mittag und Nacht	32
Nacht allein	18
Frühstück allein	8
Bauernkost – ohne Wein –	xr
»Vollpension« pro Tag	26
Über Mittag allein	10
Über Mittag und Nacht	20
Nacht allein	12
Frühstück allein	6

1815 schloß die Herrschaft mit Anna Maria Graf einen Pachtkontrakt, 1828 mit Peter Graf, 1843 mit dem Bleicher Johann Waibel, der danach das »Kreuz« von der Grundherrschaft käuflich erwarb. Die Gaststätte »Zum Kreuz«, in deren geräumigen Saal viele bemerkenswerte Veranstaltungen (Theater, Konzerte, Versammlungen) stattfanden, wurde seit 1868 von sehr vielen Eigentümern und Pächtern bewirtschaftet, bis schließlich die Stadt Singen 1920 das »Kreuz« um 84 600 Mark in ihren Besitz brachte[42]. Bis 1986 als bürgerliche Gaststätte verpachtet, diente der Saal zuletzt als Lagerhalle einer Obst- und Gemüsehandlung und wurde 1988/89 in ein sozio-kulturelles Zentrum um- und ausgebaut.

Gasthaus »Zur Krone«

Es gehörte um 1703 dem Wirt und Posthalter Peter Raiffer[43]. Im Jahre 1761 finden wir hier Posthalter Johann Thoma, danach seit 1778 den Posthalter Johann Nepomuk Sandhas, dessen Familie aus Haslach im Kinzigtal stammte und durch den Pfarrer Philipp Jakob Sandhas (1690–1710) nach Singen gekommen war. J. N. Sandhas bewirtschaftete das Gasthaus bis 1837; einer der nachfolgenden Pächter war der Kaufmann Joseph Perollaz. 1851 verkauften die Erben von J. N. Sandhas die »Krone« um 8000 fl. an Alexander Schaffrodt aus Säckingen, der das Areal durch Zukäufe vergrößerte. 1866 ging die Gaststätte käuflich um 19 500 fl. an den tüchtigen fränkischen Gastwirt Johann Adam Mayer aus Niederstetten, Oberamt Gerabronn, über; er erbaute einen Gastflügel nach der Poststraße (heute Freiheitstraße) hin. Er heiratete Maria Friederike Schönenberger, die Tochter des Steißlinger Posthalters, und erwarb das Singener Bürgerrecht[44]. Ihm folgte 1907 der Sohn Gustav nach, ein gebildeter, sprachenkundiger Mann, von den Singenern »de g'schtudierte ›Krone‹-Wirt« geheißen. Unter diesen beiden Wirten erwarb sich die »Krone« weitum den Ruf eines renommierten Hauses.

In der »Krone« hatte am 2. Mai 1800 der französische General Vandamme die Kapitulation des Hohentwiels entgegengenommen. Im April und Mai 1854 weilte Joseph Victor von Scheffel auf dem Hohentwiel und häufig auch in der »Krone«, wo er mit dem »Baumwollspinner«, Lehrer und Pfarrvikar kegelte und sauren Seewein trank; auch später – von Radolfzell aus – kehrte Scheffel häufig ein. So wurde das Gasthaus zur Scheffelherberge und zum Vereinslokal der Scheffelfreunde (Scheffelgemeinde). 1929 weihte Bürgermeister Dr. Edmund Kaufmann unter großer Beteiligung der Bevölkerung eine in der Hauswand eingelassene bronzene Scheffel-Gedenktafel ein[45].

Viele bekannte Persönlichkeiten waren Gäste des Hauses: 1874 die französische Ex-Kaiserin Eugenie; die Großherzogin Luise von Baden nahm in den 90er Jahren des öfteren an den »Spinnstuben« im Hause teil; 1902 verweilte hier anläßlich eines Manövers General Paul von Hindenburg, ferner Ferdinand Graf Zeppelin und der Luftpionier Dr. Hugo Eckener sowie kurz vor seinem Tode Reichsminister Gustav Stresemann († 1929); die Hegauer Adelsgesellschaft traf sich hier wiederholt zu Versammlungen und festlichen Anlässen. Berühmt war die »Künstlerecke« in der »Krone«, eine Sammlung von über 100 Fotoporträts mit Widmungen von Gästen und Freunden aus Kunst und Wissenschaft wie Heinrich Vierordt, Paul Keller, Hermann Hesse, Gerhart Hauptmann, Heinrich Hansjakob, dem Tibetforscher Wilhelm Filchner oder dem Weltreisenden Co-

Gasthaus »Zur Krone«. Hierin befand sich seit dem 17. Jh. die Posthalterei. Seit 1938 im Besitz der Stadt, Verwendung als Stadtbücherei 1940–1960, abgebrochen 1961. Seit 1963 steht hier die Kronen-Apotheke

lin Roß. Der Singener Architekt Ludwig Ehrlich und der Schriftsteller C. A. Kellermann haben sich in besonderer Weise um den Künstlerstammtisch bemüht.

1936 starb Gustav Mayer. Bald danach erwarb die Stadt Singen das »Kronen«-Anwesen und richtete darin 1940 eine Volksbücherei ein. 1961 wurde das Haus abgerissen, und heute hält die »Kronen«-Apotheke, Hauptstraße 62, die Erinnerung an die frühere Poststation und das Gasthaus mit seiner Künstlerecke wach.

Das Gasthaus »Zur Sonne«

Das Gasthaus »Zur Krone« war ursprünglich eine Schildwirtschaft und erlangte erst im September 1808 nach einer Erbteilung die Eigenschaft einer Taferne oder Realgastwirtschaft[46]. Nach den Kirchenbüchern[47] dürfte das Haus Nr. 71, die spätere »Sonne«, seit Beginn des 18. Jh.s im Besitz der Familie Waibel gewesen sein, deren Männer den Beruf eines Bäckers oder Metzgers und Gastwirts ausübten. Der erste, Christian († 1741), übergab sein wohl bäuerliches Anwesen dem jüngsten Sohn Anton (1703–1750), dessen Sohn Joseph Anton (1747–1819) zum erstenmal »Beck und Sonnenwirt« (seit 1778) genannt wird. Er dürfte die Schankwirtschaft eröffnet haben. Es folgten Michael (1771–1841) und dessen Sohn Konrad (1819–1894), der erste Metzger[48]. Konrad hatte 13 Kinder (davon sind fünf gestorben), der jüngste Sohn Joseph (1864–1922), ebenfalls Metzger, übernahm das Gasthaus. Seine Tochter Elsa (1896–1922) heiratete Heinrich Anton Wolf (1891–1980) aus Eschbach bei Waldshut. – Die von den Erben heute verpachtete »Sonne« gegenüber dem Rathaus ist die einzige urige Alt-Singener Gaststätte und das Traditionslokal der Poppele-Zunft.

Gasthaus »Zur Sonne«, ursprünglich eine Schildwirtschaft, seit 1808 Taferne (Realgastwirtschaft) (um 1960)

Schildwirte, Gaststätten und Bierbrauer

Die beiden alten Tafernen im Dorf sahen sich in der zweiten Hälfte des 18. Jh.s mancherlei unlauterem Wettbewerb, u.a. durch Licht- und Kunkelstuben, ausgesetzt. 1753 ist sogar vom übermäßigen Weinausschank des Pfarrers »zu deren Gemeindswürthen großen Schaden« die Rede, seit Jahren schon über die ganze Fasnacht wie an den Jahrmärkten und an Kirchweih[49]. Ferner zählte man 1752 drei »Nebenwirte«: Vogt Peter Mayer, Basili Sandhas und Beck Antoni Bach. Wenn man bedenkt, daß sich 1761 sogar der Vogt Anton Mayer als Schildwirt und Bürgermeister Benedikt Ehinger als privater Gastgeber nicht an die Ordnung hielten, erhärtet dies die Berechtigung der Beschwerden der Tafernwirte. Bei dem vom 31. März bis 4. April 1761 stattgefundenen Verhör der Bürger, das eine »Reformatio« des zerfallenen Gemeinde-Wesens einleiten sollte[50], klagten die »Taffernwürth«, daß die Bürger Benedikt Ehinger, Franz Joseph BuechEgger und Xaveri Denzel die nach Stein am Rhein fahrenden Fuhrleute sowie die Krämer an Markttagen mit Speis und Trank traktierten. Der Beck Johann Waibel verkaufe in seiner Backstube nächtens mehr Wein und Brot als ein Tafernwirt, und selbst der Vogt Peter Mayer gebe in seiner Zapfenwirtschaft so viele Speisen und Übernachtungen wie in einer Taferne, zumal er sich auch mit Hochzeiten, Musikanten, Kauf, Tausch und Handelskauf das ganze Jahr hindurch versorge. Die aus seiner Freundschaft haben schon den »gebahnten Weg« dahin. Ein Vogt sollte daher nicht gleichzeitig Wirt sein, »besonders auf solche arth, wie es hier zugeht«[51]. Das Obervogteiamt verfügte nun, daß die Kunkel- und Lichtstuben, »wodurch zuweilen der göttliche Zorn gereizt«, aufhören sollten. Den Vorgesetzten, Tafernwirten und Weinschenken wurde es bei Strafe von 5 Pfund Pfennig untersagt, die Untertanen »in die tiefe Nacht« aufzunehmen; Polizeistunde im Sommer 10 Uhr, im Winter 9 Uhr. Die drei Zapfenwirte durften tagsüber nur noch Brot und Käse verabreichen. Schließlich sollte das Weinauszapfen allen Bürgern, die keine Schank- oder Schildwirte waren, bei Strafe von 5 Pfund Pfennig untersagt sein. Derjenige, der solche Übertretungen anzeigte, erhielt ein Drittel der Strafgebühr. Allerdings durften die Untertanen den selbst erzeugten eigenen Wein gegen Entrichtung des Maßpfennigs an die landständische Kasse Ehingen und des Ohm-Geldes an die Herrschaft nach vorheriger Anmeldung ausschenken[52].

Insgesamt zechten die Singener recht kräftig: 1763 entrichtete der »Kreuz«-Wirt Hans-Jörg Schrott für 6 Fuder 24 Eimer ausgeschenkten Weins den Maßpfennig mit 26 fl. 17 xr (= ca. 14 000 l). Die drei Zapfenwirte

Peter Mayer, Basili Sandhas und Antoni Bach brachten es auf rd. 8800 l; Maßpfennig insgesamt 40 fl.14 xr 6 hr. Dazu ist zu bemerken, daß Wein zum Hausgebrauch und der ausgeschenkte herrschaftliche Wein nicht verrechnet wurden. Ferner fehlt in dieser Aufstellung das Bier[53].

Langsam wuchs die Zahl der Wirtschaften: 1811 waren es drei Tafernen und fünf Gassenwirte. Als 1814 der Beck Joseph Bach um die Taferngerechtigkeit nachsuchte, wurde dies mit der Begründung abgelehnt, daß Singen mit acht Wirtschaften im Verhältnis zur Einwohnerzahl übermäßig besetzt sei; vier Gaststätten würden eigentlich ausreichen. Bei einem Gesuch um Genehmigung einer Buschwirtschaft 1825 wurde dem hinzugefügt, daß nicht eine Vermehrung der Gaststätten, sondern der Gäste not tue. Die beiden Tafernen und zwei Bierwirtschaften an der Straße von Schaffhausen wurden nur von etwa einem Fünftel der vorüberziehenden oder fahrenden Personen aufgesucht. Der größte Teil des Erwerbs war auf die Einwohnerschaft beschränkt, von der ein kleinerer, besonnerer Teil nur an Sonn- und Feiertagen die Wirtschaft besuchte[54]. So kam es 1827 zur Vergantung der Buschwirtschaft »Zum Badischen Hof« (Baptist Thoma), die aber 1829 als vierte Tafernwirtschaft von der Witwe Genoveva Bischof (ihr Mann war Enzenbergischer Sekretär) wiedereröffnet wurde.

1859 waren es acht Gaststätten:

Germania	(Beck Johann Bach)
Mohren	(Martin Graf)
Badischer Hof	(Ignaz Ehinger)
Sonne	(Konrad Waibel)
Gambrinus	(Johann Waibel, Bierbrauer)
Krone	(Alexander Schaffroth)
Kreuz	(Müller)
Bierbrauer	(Franz Buchegger)

Im Jahre 1885 befanden sich in Singen zwölf Gaststätten; die nachfolgend genannten durften Gäste beherbergen:

Zur Krone	Adolf Schmidt
Zur Sonne	Konrad Waibel, ab 1891 Karl, 1896 Joseph Waibel
Zum Badischen Hof	Ottmar Ehinger
Zum Adler	Gabriel Pfoser, 1895 W. Hassler
Zum Höhgauer Hof	Fidel Schüle, ab 6.10.1885 umbenannt in »Ekkehard« mit Besitzer Weber, ab 1896 Gäng
Zur Krone	Johann Mayer
Blumenkranz, später Pfälzer Hof, Gasthof und Metzgerei	Johann Weber

Auffallend sind die sieben Brauereien, die um 1885 in Singen florierten:

Gambrinus	Karl Waibel
Deutscher Hof	Jakob Buchegger (seit 1846)
Colosseum	Eduard Ehinger; wurde 1898 von Hugo Käßner übernommen, der einen Saal für 650 Personen erbauen ließ (heute Parkplatz an der Scheffelstraße)
Ochsenbrauerei	heute Platz von Glas-Oexle
Friedenslinde	Felix Haas (kam vom Hirschen in Ehingen)
Müllers Gaststätte	Anton Müller an der Hauptstraße (seit 1846)
Hammerwirt, später Stadtgarten genannt[55]	

Die Bierbrauerei hat in Singen eine alte Tradition. 1657/58 verlieh Erzherzog Ferdinand Carl dem Johann Gaudenz von Rost die Braustattgerechtigkeit für eine offenbar schon vorhandene Brauerei beim Amtshaus und gestattete den Bau einer neuen (zweiten) Brauerei im Niederhof, für die er Bierbrauer aus Kitzbühel und Schwanenstadt engagierte; dafür entrichtete er den Bierheller an die Kasse in Ehingen[56]. 1783 wurde das Brauhaus in Niederhofen abgebrochen. Die Brauerei beim Amtshaus gedieh jedoch nicht und wurde – nicht zuletzt wegen des Mangels an guten Lagerkellern – eingestellt; um 1830 wurde in Singen vorübergehend kein Bier gebraut. 1831 verpachtete Graf Enzenberg seine Braustatt an Andreas Ehinger, Kurdis, samt Bierschank und errichtete in Mühlhausen, wo keine Brauerei bestand, eine solche beim Gasthaus Adler (ehemals Schloß)[57]. – 1838 wandten sich die damals in Singen tätigen (drei?) Bierbrauer (leider fehlen die Unterschriften) an das »Hochpreißliche Ministerium der Finanzen« in Karlsruhe, weil der Pächter des Bräuhauses Hohentwiel, Christian Pfizer, sein Bier im Badischen unter günstigeren Bedingungen (Malzsteuer!) absetzen könne als die Beschwerdeführer[58].

Märkte, Handel und Banken

Die Singener Märkte lassen sich bis in das Ende des 16. Jh.'s zurückverfolgen[59]. Es fanden im 19. Jh. drei Krämermärkte statt, nämlich um den 6. Juni (Bartholomä), 12. September (Mariä Geburt), 5. November (Martini) sowie 4 Viehmärkte im Mai, Juni, September und November.

Das Marktstandgeld zog bis 1848 die Grundherrschaft, von da ab die Gemeinde Singen ein[60]. Im 19. Jh.

gingen der Einzugsbereich und die Umsätze der Singener Märkte zugunsten des Hilzinger Marktes erheblich zurück.

1829 wurde ein Gesuch der Gemeinde, am Donnerstag »vor dem Faschingssonntag« einen vierten Jahrmarkt abhalten zu dürfen, wegen des Protestes der Stadträte von Engen und Radolfzell abgelehnt[61]. Die Singener Märkte waren in der Regel mit 50 bis 60 Standplätzen bestückt, neben Singener Geschäftsleuten von Händlern aller Art, Feilenhauern, Messerschmieden, Käse- und Wursthändlern und anderen mehr bis hin zum Karussellbesitzer aus einem Dutzend umliegender Gemeinden. Die Gemeinde bezog jährlich zwischen 66 bis 138 fl., ab 1875 ca. 235 Mark Standgeld[62]. Im Jahre 1885 zählte man 70 Händler aus 20 umliegenden Dörfern und Städten; 15 von ihnen waren Singener. Seit den 70er Jahren fanden die Jahrmärkte auf beiden Seiten der Hauptstraße von der Fruchthalle bis zur Gärtnerei Schmid, später auch in der Ekkehardstraße bis zum Cafe Schrempp sowie auf dem Hohgarten statt. Etwa seit 1877 konnten die Singener auch den Viktualienmarkt (= Wochenmarkt) vor der Fruchthalle aufsuchen. Die seit den 70er Jahren monatlich abgehaltenen Vieh- und Schweinemärkte hatten ihren Platz auf der Aachinsel etwa im Bereich des heutigen Stadtgartens.

Über die Errichtung und den wirtschaftlichen Erfolg eines Fruchtmarktes bzw. einer Fruchthalle 1877 wird an anderer Stelle berichtet[63].

In der ersten Hälfte des 19. Jh.s gab es in Singen drei Handelsgeschäfte. 1835 eröffnete Joseph Fischer im Kaplaneihaus an der Ecke Hauptstraße/Hohgarten ein Gemischtwarengeschäft, das später noch durch eine Eisen- und Kohlenhandlung erweitert wurde. 1957, wegen des Rathausneubaus an die Ecke Freiheitstraße/Erzbergerstraße verlegt, übergab Gerhard Höfling das inzwischen auf Haushaltsgeräte und Eisenwaren spezialisierte Geschäft (im Volksmund stets »Eisen-Fischer« genannt) 1984 an H. Eckert; 1986 endete die Geschichte der traditionsreichen Firma. Um die Mitte des 19. Jh.s betrieb in der heutigen Freiheitstraße, damals Poststraße (Haus der Jugend), Joseph Perollatz einen Stoffhandel. Schließlich bestand noch ein Warengeschäft von Konrad Bach.

Durch den Eisenbahnbau und die nachfolgende Industrialisierung wuchs mit der Zahl der Einwohner auch die Zahl der Handelsgeschäfte:

1865   15, davon 7 Ladengeschäfte (darunter 1 Apotheke)
1870   20
1880   37, davon 12 Ladengeschäfte (2 Weinhändler)

Einige dieser Geschäfte bestehen heute noch. 1886 gründete Friedrich Dürrhammer seine Baustoff-Großhandlung, 1898 von Kaufmann Franz X. Ruch übernommen – heute eine der bedeutendsten und leistungsfähigsten Baustoffgroßhandlungen in Südbaden. Ebenso hat sich das 1886 von Carl Fischer eröffnete Herren-, Knaben- und Damenkonfektionsgeschäft an der Scheffelstraße zu einem heute bekannten Modehaus (Damen) entwickelt; hingegen wurde das ebenfalls 1886 von Albert Brödler und Emil Dürrhammer begründete Haushaltswarengeschäft mit Eisen- und Kohlenhandlung an der Ecke Scheffelstraße/Ekkehardstraße 1973 aufgegeben. 1887 begann der Uhrmacher Heinrich Limbrock in der Scheffelstraße mit einem Uhrengeschäft, heute an gleicher Stelle die Firma Limbrock-Darpe (Uhren und Schmuck). Im Jahre 1892 eröffnete Peter Oexle neben seinem Handwerksbetrieb ein Geschäft mit Glas und Porzellan in der Ekkehardstraße 8, das schon 1902 zum erstenmal vergrößert werden mußte – heute am gleichen Platz der »Glas-Oexle«. 1899 schließlich fand die Eröffnung eines Aussteuergeschäftes Guggenheim & Co. (Inhaber Hermann Einstein) in der Scheffelstraße 6 statt – vor rund 220 Jahren hatten die ersten jüdischen Händler Singen verlassen[64].

Geldhandel und Kreditinstitute

Man kann sich heute kaum vorstellen, wie sich das geschäftliche und wirtschaftliche Leben ohne das Vorhandensein von Geldinstituten vollzog. Man half sich

Die »Kronen-Scheuer«, früher Zehntscheuer, abgebrochen 1937. Heute steht an diesem Platz das städtische Verwaltungsgebäude Freiheitstr. 2. Links daneben das sogenannte Perollazsche Haus, heute Haus der Jugend; rechts ein Teil des Mesmerschen Bauernhauses, früher Heiligenhof, abgebrochen 1966

gegenseitig, borgte oder verlieh Geld gegen Gestellung von Bürgen. Diese Bürgschaften haben viel Unglück gebracht, denn der Bürge mußte unnachsichtig für seine Verpflichtungen einstehen, die er vielleicht gutgläubig oder unter einem gewissen moralischen Druck eingegangen war. Andererseits gab es verhältnismäßig viele Leute mit ansehnlichem Vermögen. Dieses Geld trug aber nur dann Zinsen und vermehrte sich, wenn es bei größtmöglicher Sicherheit gegen Zinsen ausgegeben wurde. Gerne wurde Geld bei der Gemeinde angelegt. So finden wir z. B. 1828 elf Singener und zwei Steiner Darlehensgeber (5000 fl.) und die Buchegger'sche Familienstiftung (2500 fl.) mit zusammen 17 414 fl., für die an Lichtmeß die Gemeindekasse 751 fl. 2 6/8 xr Zins entrichtete (5%).

1857 eröffnete Peter Buchegger in dem von ihm 1852 erbauten Haus Hauptstraße 52 (später Ludwig Graf) ein Warengeschäft und einen Geldhandel bis 1898, also eine kleine Bank, zunächst vor allem spezialisiert für die finanzielle Abwicklung der damaligen Auswanderungen nach Amerika. Vielfach vermittelten die in Gailingen, Randegg und Worblingen ansässigen Juden Kredite, ferner mehrere Bürger der Nachbarstädte Stein am Rhein oder Radolfzell (Dominik Noppel). Mehrfach lieh die Gemeinde Singen größere Beträge von dem in Neustadt (Schwarzwald) lebenden Handelsmann Siegmund Isele: 1862 zur Tilgung der Zehntablösungskosten 24 500 fl., 1876 für die Durchführung der Aachkorrektion 80 000 Mark. Weit mehr traten die zahlreichen Fonds und Stiftungen als Geldgeber auf, in Singen die Buchegger-Stiftung, der Kaplanei-Fonds, die Kirchenfabrik. 1854 wurde die Spar- und Waisenkasse Stockach, 1856 jene zu Radolfzell gegründet, die beide mit Singen geschäftliche Beziehungen unterhielten.

Erst 1870 erfolgte die Gründung des Vorschußvereins Singen auf Genossenschaftsbasis als erste direkte Bank; sie bestand bis 1919. Unter großen Schwierigkeiten (Rücksicht auf den Vorschußverein, dem viele einflußreiche Singener Bürger angehörten) wurde auf Drängen des Bezirksamtes Konstanz 1885 die Spar- und Waisenkasse Singen gegründet, deren erster Rechner Theodor Hanloser wurde, in dessen Haus Poststraße 8 (= Freiheitstraße) sich bis 1901 die Geschäftsstelle befand. Ab 1. Januar 1902 gehörten der Bezirkssparkasse Singen acht Gemeinden als Haftungsträger an. Die Sparkasse hat seit ihrer Gründung wesentlichen Anteil an der Entwicklung von Singen[65].

Medizinische Versorgung im 18. und beginnenden 19. Jh.

Einige wenige Bemerkungen zu Medizinalwesen und Gesundheitspolizei sind angebracht, da die Hegauer medizin-geschichtlichen Darstellungen erst mit dem Jahre 1810 beginnen[66]. Kaiserin Maria Theresia erließ im Jahre 1766 eine (gedruckte) Verordnung über Grundfragen der ärztlichen Versorgung und gesundheitspolizeiliche Aufgaben[67]. Im Jahre 1770 ordnete ein Wiener Hofdekret die Bestellung von Kreis-Chirurgen oder von Kreis-Physici an[68]. Im Jahre 1786 bestimmte eine weitere Verordnung, daß kein Arzt eingestellt werden dürfe, der nicht auch die Viehheilkunde erlernt habe und darin geprüft worden sei, und 1794 wurde ein Verbot erlassen, Scharfrichter oder Baader ärztlich zu gebrauchen. – In praxi scheint die Anordnung über die Bestellung von Chirurgen und Physici nicht viel gefruchtet zu haben, denn 1794 suchen wir in der Raiser'schen Beschreibung des Oberamtes Stockach vergeblich nach derartigen Stellen. In einigen reichsritterschaftlichen Orten unterhielt die Herrschaft einen Arzt, wie zum Beispiel in Bodman durch die 1798 errichtete Arztstiftung[69].

Unter einem Chirurgen des 18. und beginnenden 19. Jh.s hat man sich keinen approbierten Arzt, sondern eher einen Sanitäter (Wundarzneidiener) vorzustellen, der seine Kenntnisse handwerksmäßig bei einem Lehrmeister oder in einem Spital/Lazarett, mitunter auch durch Besuch einzelner Vorlesungen an einer Universität erworben hat. Auch für den Beruf des Zahnarztes, von altersher von den Barbieren ausgeübt, war erst seit 1818 eine zahnärztliche Prüfung notwendig. Man hat seit 1806 zu unterscheiden zwischen Amtsärzten, Amtsphysicus und frei praktizierenden Ärzten (Wundärzte I. und II. Klasse) sowie den Wundarzneidienern (Chirurg III. Klasse), wobei letztere in unseren Quellen in der Regel gemeint sind. 1865 mußten nach einer Anordnung des Badischen Ministeriums des Inneren Bezirkstierärzte den Gesundheitszustand des auf den Märkten aufgetriebenen Viehs untersuchen, was bisher ein von der Gemeinde bestellter »Tierarzt« besorgte. Erst die Reichsgewerbeordnung von 1871 regelte die Ausbildung von Ärzten, Zahnärzten, Tierärzten und Apothekern im Deutschen Reich einheitlich, beseitigte das Klassensystem unter den Ärzten und damit die Trennung der Chirurgie von der Medizin und schuf das Berufsbild des praktischen Arztes (Henneka).

Aus den spärlichen Akten gewinnt man den Eindruck, daß zu Beginn des 18. Jh.s der für die Herrschaft Singen-Mägdeberg zuständige Chirurg (Wundarzt) seinen Sitz in Mühlhausen hatte; 1703 ist die Rede von einem

305

Chirurgen Matthias Eißlin. 1730 hören wir von einem geschworenen Chirurgen Balthasar Mezger in Singen im Zusammenhang mit der Leichenschau eines erschossenen Mannes, und 1753 wird ein von einem Pferd gestürzter 13jähriger Sohn des Paul Ehinger, der dabei zu Tode kam, von einem nicht namentlich genannten Chirurgen untersucht[70].

Dank der Buchegger'schen Familienstiftung konnten einige Jünglinge den Beruf eines Wundarztes erlernen. So war einer der Söhne des Alexander Buchegger (1679–1729) Feldscher im Infanterieregiment Pellegrini und starb im Ruhestand zu St. Pölten am 17. April 1790; er vererbte sein Vermögen an die Kinder seines Bruders Johann Baptist (ca. 1724–1789) in Singen, der ebenfalls Chirurg gewesen ist. Ein Franz Anton Buchegger (geb. 1765) erwarb sich 1783 bis 1788 die Kenntnisse der Chirurgie und wanderte 1801 nach Karlsdorf im Banat aus[71]. Auch die Familie Sandhas stellte mit Johann Baptist einen Chirurgen, der sich darüber hinaus als Tierarzt betätigte und von 1777 bis 1806 nachweisbar ist[72]. Weiter ist 1807 von einem Barbier Melchior Helff, vormals kaiserlich österreichischer Feldarzt, nunmehr Invalide, die Rede, der in Singen, ohne Zeugnisse zu besitzen, auch die »kleine Chirurgie« betreibe[73]. Ein Eduard Helff war um die Mitte des 19. Jh.s Barbier, Schröpfer, Zahnzieher, Leichenschauer und Wundarzt in einer Person und auch noch für die Krankenpflege der ersten Insassen des ersten Singener Krankenhauses »verantwortlich«[74]. Schließlich wirkte in der ersten Hälfte des 19. Jh.s in Singen noch ein Chirurg Joseph Fischer. Um das Jahr 1806 war der Radolfzeller Stadtarzt und Oberamts-Physicus Dr. Harder mit der Aufsicht über die Singener »Chirurgen« sowie über die Hebammen betraut, die er auch unterrichtete. Die Hebamme wurde von den Frauen des Dorfes gewählt. Damals war Johann Baptist Sandhas bereits kränklich. Seit 1802 war der Wund- und Hebarzt Joseph Fischer in den drei enzenbergischen Gemeinden tätig, auch als Tierarzt; in Mühlhausen wird 1803 und 1812 ein Tierarzt und Chirurg Johann Rehmann genannt. Die drei Chirurgen führten 1802/03 in der Herrschaft Pockenimpfungen durch.

	Singen		Mühlhausen		Arlen	
	m	w	m	w	m	w
1802/03	3	5	12	10	–	2
1803/04	15	20	3	–	3	2

In Singen starb in jener Zeit niemand an Blattern oder Pocken[75].

Die wirtschaftliche Lage dieser Chirurgen III. Klasse war meist unbefriedigend, sogar ärmlich, da die ebenfalls nicht auf Rosen gebettete »Kundschaft« nur im äußersten Notfall ihre Dienste in Anspruch nahm. Ein Beispiel hierfür liefert das mit Befürwortung des Obervogteiamtes am 7. November 1808 an das Oberamt in Stockach geleitete Wirtschaftsgesuch des Chirurgen Joseph Fischer. Danach bestand die Familie Fischers mit Einschluß der Eltern aus 7 Köpfen. Er hatte ein schönes Haus an die Straße gestellt, sich aber dabei, wie man sagt, verblutet. Der gewerbsame, fleißige und untadelhafte Mann hatte sich über die ordnungsgemäß erlernte Chirurgie durch rühmliche Zeugnisse ausgewiesen. Da aber jeder umliegende Ort seinen Wundarzt hatte und auf solche Art einer dem anderen die Quellen des Verdienstes verstopfte, Fischer aber als Ehrenmann dennoch bestehen wollte, erwarb er sich die Afterzöller- und die Ortsumgeldanstalt. Es ist ihm aber nicht zu verargen, daß er mit einem besorgten Blick auf seine immer wachsende Familie noch auf weitere Gewerbezweige sann. Das Oberamt würde deshalb gern die Weinschankgerechtigkeit einem Manne geben, bei dem es sicher sei, daß in dessen Haus weder Vollsäufer noch Spieler noch anderes außer aller Sittlichkeit gehende Gesindel sich aufhalte. Der hiesige Ort sei neben den drei Tafernen mit Schankwirten nicht übersetzt, und es wäre nichts sehnlicher zu wünschen, als daß die eine oder andere bedenkliche Schenkstube durch die Eröffnung einer neuen nicht gefährlichen im Zulauf gemindert oder gar geschlossen würde. – Das Gesuch wurde an den König von Württemberg weitergeleitet und offensichtlich abgelehnt, denn der Beruf des Schankwirts erschien mit der Tätigkeit als Afterzoller und Umgelder nicht vereinbar[76]. Im Jahre 1810 jedenfalls bescheinigte Obervogt Ummenhofer dem Wund- und Hebarzt Joseph Fischer, daß seine durchgeführten Kuren erfolgreich waren und auch seine Tätigkeit als Tierarzt zu loben sei. Wie lange Fischer praktizierte, ist ungewiß; in der Gemeinderechnung 1847 ist noch von einem Landchirurgen Fischer die Rede.

Zusammenfassender Überblick 1885

86 Handwerker	13,50%
3 Fabrikanten (1 Bankier inbegriffen)	0,05%
37 Handelsleute	5,80%
25 Wirte, Bauern, Bäcker und Metzger	3,90%
3 Frachtberufe	0,05%
78 Landwirte	12,20%
122 Gehilfen, Fabrikarbeiter, Taglöhner	19,70%
23 Staats- und Privatbeamte, Angestellte	3,60%
51 Bahn-, Post-, Zoll- und Steueramtsbedienstete	8,00%
178 ohne steuerbare Tätigkeit (Haus- und Grundbesitzer)	27,90%
34 Ausmärker	5,30%
	100,00%

1885	Mühlhausen	Radolfzell	Singen
Einwohner	647	2335	2065
Steuerzahler (ohne Stiftungen, öffentliche Kassen usw.)	204	678	606
Ausmärker	166	70	34
Handel und Gewerbe	34	169	154
Landwirte	51	49	78
Beamte (auch Bahn und Post)	9	81	74
Unselbständige, ohne Beruf	110	309	320
Gesamt-Steuerkapital	1 433 220,00 M	4 419 940,00 M	3 254 580,00 M

Faßt man die im einzelnen dargelegte Entwicklung von Gewerbe, Handel und öffentlichen Dienstleistungen zusammen, ergibt sich nach dem Einzugsregister der Umlagen der Grund-, Häuser-, Gefäll- und Erwerbssteuerkapitalien von 1885 bei 640 Steuerpflichtigen eine berufliche und soziale Aufgliederung wie sie aus der Tabelle auf S. 306 (rechts) zu ersehen ist.

Um diese Zahlen richtig bewerten zu können, sind nach den Steuerregistern zum Vergleich zwei Nachbargemeinden angeführt, nämlich das Dorf Mühlhausen und die Stadt Radolfzell (siehe Tabelle oben).

Die Tabelle zeigt, daß Singen die Stadt Radolfzell in bezug auf die Einwohnerzahlen fast eingeholt hat. Überraschenderweise stimmte auch die berufliche Aufgliederung weitgehend überein. Das höhere Gesamtsteueraufkommen in Radolfzell wurde in der Hauptsache durch die Firma Jacques Schießer und ferner durch 19 Ladengeschäfte, statt 8 in Singen, verursacht. Schließlich sei noch erwähnt, daß es in Singen über 30 Personen gab, die zwei Berufe oder Gewerbe ausübten.

Anmerkungen

[1] HORNSTEIN-HERTENSTEIN, S. 598.
[2] Vgl. CHR. SCHRENK, Studien zur Agrargeschichte, in diesem Bd. S. 354 ff.
[3] STROBEL, S. 19–23; vgl. H. BERNER, Ende und Ablösung des feudalen Zeitalters, Grundzinsen und besetzte Fruchtgefälle, in diesem Bd. S. 469 f.
[4] HANS JOACHIM SCHUSTER, Das Musterregister der Landgrafschaft Nellenburg von 1615, in diesem Bd. S. 223 ff.
[5] EAS O I 1/3 = 602; O I 1/8 = 837.
[6] RAISER, Landgrafschaft Nellenburg, § L XXXVII.
[7] Vgl. K. S. BADER, Mittelalterliches Dorf Bd. II, S. 373–380; Bader nennt Schmiede, Brau- und Schankrechte, Gemeinde-Backhaus (in Singen nicht nachweisbar), Mühle, Ziegelhütte, Dorfmetzig und Torkel. – Zur Mühle (Hagemühle) und Säge GLA 229/97935. Siehe ferner A. MATTES, Die Hagmühle, in diesem Band S. 430 ff.
[8] MANFRED KREBS, Die Protokolle des Konstanzer Domkapitels, ZGO 101 (1953), 2. Lieferung S. 75, Nr. 994.
[9] Die Dorfoffnung von 1668 enthält Bestimmungen für Bäcker, Müller, Metzger, Schmiede und Wirte. Vgl. dazu C. BUMILLER, Bauern und Handwerker im alten Singen, in »Habermus«, S. 85–88. Zum Schmiedehandwerk: ALOIS MATTES, Von Seifensiedern, Besenbindern und Nagelschmieden, SKH 83 vom 11.4.1975; ders., Amboß und Esse – Ursprung vieler Betriebe, SKH 17 vom 22.1.1987, W. SCHREIBER, FLN Nr. 1096, 1098. Fidel Waibelsche Schleifmühle in Verbindung mit einem Klein- oder Flaudenhammer 1810, GLA 229/97891.
[10] RAISER, § L XLI.
[11] EAS S I 3/1b = 1033.
[12] Vgl. C. BUMILLER, a.a.O., S. 108 f. – STROBEL, Agrarverfassung, S. 24–29.
[13] EAS S I 2/1b = 1033.
[14] Siehe den Beitrag Ende und Ablösung des feudalen Zeitalters, in diesem Bd. S. 467 f.
[15] GLA 229/119; SÄTTELE, S. 142 f.
[16] GLA 359/1923 Nr. 26/38; die Liste wurde ergänzt bzw. berichtigt nach den Berufsangaben der Gemeinderechnung 1847 (Zahlen in Klammern).
[17] Entfällt.
[18] GEBHARD, Finanzwirtschaft, S. 60 f.
[19] Siehe Singen, Bd. I, S. 233, 234. Vgl. ferner HERBERT BERNER, Singen in alten Ansichten, Europäische Bibliothek 1977 mit vielen Angaben zur Häuser- und Gewerbegeschichte.
[20] ALOIS MATTES, 1879 wurde die älteste Zeitung in Singen gedruckt, in Schwarzwälder Bote Nr. 26 vom 2.2.1988; leider konnte bis jetzt nur ein einziges Exemplar vom 27. November 1883 vollständig aufgefunden werden. Sonst existieren lediglich Zeitungsausschnitte in den Akten.
[21] Oberländer Zeitung, 17.2.1934.
[22] H. BERNER, Hermann Schmid, Der erste Singener Parlamentarier, SiJhb 1979, S. 29.
[23] MANFRED BOSCH, Hoffnung auf dem Papier. Zum Schicksal zweier Verlage der Arbeiterbewegung nach dem Kriege, SiJhb 1982, S. 82.
[24] FRANZ HUNDSNURSCHER UND GERHARD TADDEY, Die jüdischen Gemeinden in Baden, Stuttgart 1968; SAMUEL (SEMI) MOOS, Geschichte der Juden im Hegaudorf Randegg, hg. von Franz Götz und Karl Schatz, Hegau-Bibliothek 42, 1986; ANNE BRÜCKNER/JÖRG VÖGELE, Aus der Geschichte des Ortsteils Wangen (darin die jüdische Gemeinde S. 99–105), in Öhningen 1988, hg. von Herbert Berner, Hegau-Bibliothek 63, 1988. EMIL ZINSMAYER/KARL WIELAND, Worblingen, Geschichte eines ehemaligen Ritterdorfes des Kantons Hegau, 1952 (Reprint 1981), darin die Juden von

Worblingen, S. 126–129. H. BERNER, Gailinger Purim – jüdische Fasnacht im Hegau. Ein Beitrag zum jüdischen Gemeindeleben und zur Emanzipation der Juden in Baden, in Fas(t)nacht in Geschichte, Kunst und Literatur, hg. Horst Sund, Konstanz 1984, S. 114–154.

[25] EAS O IX 1/1 = 221; der Reversbrief der beiden Juden wurde am gleichen Tag wie der Satzbrief – 23.4.1670 – ausgestellt. Das Wort Hebräer könnte auch als »Haberer« oder »Koberer« gelesen werden. Merkwürdigerweise ergeben beide Lesarten einen Sinn: Das Wort Haberer ist in der Wiener Unterwelt ein fester Ausdruck für Kamerad, Kumpan, Jünger, Freund, abgeleitet von hebr. Chawer, Plural Chawerim = Kamerad. Frdl. Mitteilung von Dr. Salcia Landmann vom 17.12.1988. Ein Koberer ist nach dem Schwäbischen Wörterbuch und dem Badischen Wörterbuch ein Wirt; nach dem Deutschen Wörterbuch der Gebrüder Grimm ist ein Koberjude ein Jude, der auf seinem Rücken einen Kober (Tragkorb) mit allerlei Waren zum Verkauf herumträgt. Das Wort Haberer wird auch in Verbindung gebracht mit Haferhändler. Nach dem Schweizerischen Idiotikon bedeutet Haberer einfach Jude = Verballhornung von Hebräer. – Siehe ferner PAUL SAUER, Die Judengemeinden im nördlichen Bodenseeraum, in ZGO 128 (= NF 89) 1980, S. 327–343.

[26] ROBERT URI KAUFMANN, Jüdische und christliche Viehhändler in der Schweiz 1780–1930, Zürich 1988, S. 27; frdl. Hinweis von Professor K. S. Bader.

[27] Siehe den Beitrag Ende des Feudalismus, in diesem Bd. S. 466; EAS F III 1/1 = 422.

[28] EAS F III 1/1 = 422.

[29] GLA 6/80. – Die nachfolgende Darstellung beruht weitgehend auf den umfänglichen Akten EAS O I 1/3 = 602.

[30] Im Enzenberg-Archiv finden sich Beckenordnungen der Stadt Stein am Rhein von 1654 und 1694, Aach 1720 und des Fürsten von Fürstenberg 1757; S. II 7/3 = 880.

[31] Siehe den Beitrag Ende und Ablösung des feudalen Zeitalters, IVd, Rinderzungenabgabe, in diesem Bd. S. 466.

[32] EAS S II 7/2 = 881.

[33] EAS A I 11/3 = 920.

[34] EAS F I 1/6 = 535.

[35] EAS VV 1/6h = 653.

[36] EAS A I 10/6 = 629.

[37] EAS A I 10/8 = 63.

[38] EAS A I 10/7 = 62.

[39] GhA 8/31a Nr. 1280, Dorfoffnung 1556 VI 18.

[40] EAS O XI 1/1a = 690.

[41] EAS A I 20/2 = 744; A I 20/3 = 189; A I 20/4 = 1087.

[42] Vgl. ALOIS MATTES, Das Kreuz – ein Stück Alt-Singen, SKH-Nr. 78 vom 5.4.1986.

[43] Siehe den Beitrag Straßen, Zölle, Post, in diesem Bd. S. 286 ff. – SCHREIBER, Flurnamen, S. 347, Nr. 1343: Würtshauß Zur Krone samt Scheüer und Stallungen, 1777.

[44] HEINZ SAUR, Geschichte des »Kronen-Wirt«-Bildes von Ernst Württemberger, Masch. schriftl. Studie 1978. Der Maler Ernst Württemberger war ebenfalls mit einer Schönenberger-Tochter verheiratet und hat aus diesem Grunde den Kronenwirt »Jean Mayer« porträtiert.

[45] WILHELM ZENTNER, Scheffel, Ekkehard und der Hohentwiel, in Berner, Hohentwiel, S. 344–348; LUDWIG EHRLICH, Althistorische Gaststätten in Singen-Hohentwiel, Sonderdruck 1931.

[46] EAS S II 7/1 = 879; die kgl. württ. Kameralverwaltung Radolfzell erteilte dem Michael Waibel die Tafernwirtschaftsgerechtigkeit gegen eine Konzession von 40 fl. und 3 fl. jährliche Rekognition.

[47] AUGUST HÄFNER, Die Sippe Waibel in Singen, 1976; Manuskript im Stadtarchiv Singen.

[48] Um die gleiche Zeit begegnet uns aber auch sein ältester Bruder Michel (1803–1854) als Gastwirt, dessen Sohn David (1834–1872) – ebenfalls als »Sonnenwirt« ausgewiesen. Er hatte von 5 Kindern nur eine überlebende Tochter Frieda (1863). Zu allem haben wir dazu noch um 1848 einen Bierbrauer und Sonnenwirt Franz Buchegger, vgl. den Beitrag Volkserhebungen 1848/49, in diesem Bd. S. 507 f. – Franz Buchegger (1807–1865) war in erster Ehe mit Katharina Waibel (1810–1852) verheiratet, einer Tochter des Bauern Martin Waibel (1778–1856). Dessen gleichnamiger Vater (1741–1807) war Bleicher und ein Sohn des Anton Waibel (1703–1750), also recht weitläufig mit dem Sonnenwirts verwandt. Es ist schwer vorstellbar, daß es um die Mitte des 19. Jh.s zwei Wirtschaften oder Anwesen »Zur Sonne« gegeben haben soll.

[49] EAS S II 7/1 = 879.

[50] Vgl. den Beitrag Königshof-Dorfgemeinde, in diesem Bd. S. 215 ff.

[51] EAS O I 1/3 = 602.

[52] EAS S II 7/1 = 879.

[53] Als Haustrunk wurden jährlich zwischen 15 und 30 Eimer zugestanden = 585–1170 Liter.

[54] EAS A I 20/8 = 531.

[55] GEBHARD, Finanzwirtschaft, S. 60.

[56] EAS A I 21/2 = 250; A I 21/1 = 248.

[57] EAS A I 21/6 = 249.

[58] EAS A I 21/9 = 255.

[59] GLA 229/97933; 1749 waren es 2 Jahrmärkte an Donnerstag nach Pfingsten und Donnerstag nach Bartholomä, so bestätigt in alten Zürcher, Basler, Schaffhauser und Konstanzer Kalendern. Vgl. H. BERNER, Die Gemeinde Singen 1859, in Festschrift Männergesangverein 1859 e. V. Singen, 1959. Siehe den Beitrag Jüdische Händler in Singen, in diesem Bd. S. 296 ff.

[60] Siehe den Beitrag Ende und Ablösung des feudalen Zeitalters, in diesem Bd. S. 468.

[61] GLA 236/7059.

[62] GEBHARD, Finanzwirtschaft, S. 62, 117, 160.

[63] Siehe FRANK GÖTTMANN, in diesem Bd. S. 517 ff; ferner: E. SCHÖTTLI, Der Einfluß der Landesgrenze auf die Wirtschaftsstruktur der Grenzgebiete, untersucht am Beispiel von Reiat und Hegau, Diss. Zürich 1968.

[64] Siehe dazu Singen Bd. III, REINHILD KAPPES, Juden in Singen; Zum Handel siehe GEBHARD, Finanzwirtschaft, S. 62 f.

[65] GEBHARD, Finanzwirtschaft, S. 63; HERBERT BERNER, Spar- und Waisenkasse Singen 1885–1901, in Festschrift 75 Jahre Bezirkssparkasse Singen, 1960; BERNER/BECK, 100 Jahre Bezirkssparkasse Singen 1885–1985. Die weitere Entwicklung der Singener Kreditinstitute im Beitrag ZANGER, Singen Bd. III.

[66] Siehe dazu BERND HENNEKA, Medizinische Topographie des Hegau im 19. Jh., Singen 1982; Henneka wertete die Unterlagen im Enzenberg-Archiv nicht aus. Auf diese Arbeit stützt sich für die ältere Zeit MICHAEL HESS, Das Gesundheitswesen in Singen und Umgebung einst und heute, in Bd. I der Singener Stadtgeschichte, S. 289–310.

[67] EAS SII 5/1a = 884.

[68] QUARTHAL/WIELAND, Behördenorganisation Vorderösterreich von 1753–1805, 1977, S. 69 f.

[69] H. BERNER, Bodman II, S. 296 ff.

[70] EAS SII 5/1a) = 884.

[71] EAS O I 1/3 = 603; GLA 229/97930.

[72] EAS O I 1/8 = 837; V. V I/6 h = 653; J. II 1/2a = 733.

[73] EAS M III 1 = 850.

[74] Henneka, a. a. O., S. 50 f. – 1866 wurden auf Anordnung des Ministeriums des Innern in Karlsruhe Bezirkstierärzte bestellt, die u. a. die damals 3 abgehaltenen Viehmärkte kontrollieren mußten. Im gleichen Jahr vereinbarte die Gemeinde mit Tierarzt König aus Worblingen gegen ein Jahressalär von 25 fl., daß er zweimal wöchentlich in Singen praktizierte. 1880 nahm Tierarzt Arnold die Fleischbeschau vor; seit 1877 war Eduard Helff Stellvertreter. 1881 verlegte Tierarzt Kager seinen Wohnsitz von Hilzingen nach Singen.

[75] EAS S II 5/1b = 883.

[76] GLA 229/97956. – Nachzutragen ist in diesem Zusammenhang ferner, daß 1876 auf Antrag des katholischen Männervereins und mit Unterstützung des Grafen Enzenberg der aus Oberwarngau in Bayern stammende Dr. med. Anton Bichlmayer als zweiter Arzt und Armenarzt (neben Dr. Hienerwadel) angestellt wurde; er übernahm 1880 die Arztstelle in Bodman. EAS E IV 1/4 = 96.

Aspekte der Bevölkerungsentwicklung Singens im 17. und 18. Jahrhundert

von Peter Bohl

1.0 Methoden und Quellen

In der modernen historischen Forschung haben die Bereiche Sozial- und Wirtschaftsgeschichte die wichtige Funktion übernommen, Aspekte der historischen Realität und der Grundkräfte historischer Prozesse zu erfassen, die mit anderen Arbeitsweisen schwerlich zu ermitteln wären. Mit den Methoden der »Histoire quantitative« bzw. der »Histoire sérielle«[1] lassen sich vorzüglich alle statistischen Daten bearbeiten, Getreidepreisreihen, Lohnreihen, Ernteertragsreihen und anderes mehr. Es soll aber nicht verschwiegen werden, daß auch der auf quantitativen Methoden beruhenden Geschichtswissenschaft Grenzen gesetzt sind. Sie werden bestimmt durch alle die historischen Ereignisse, die nicht als Element einer zeitlichen Folge homogener und vergleichbarer Einheiten über eine längere Periode faßbar, darstellbar und interpretierbar sind. So verschwinden oft menschliche Einzelschicksale und singuläre Ereignisse hinter aggregierten Zahlenreihen. In diesem Beitrag wird versucht, einen Mittelweg zu beschreiben, indem zum einen zusammengefaßte Daten wiedergegeben werden, die mit Hilfe des Computers errechnet wurden. Zum anderen werden, zu ihrer Erläuterung und um die abstrakten Zahlen konkreter und lebendiger werden zu lassen, Einzelbeispiele angeführt.

Ein Teilbereich der modernen Sozialgeschichte ist die historische Demographie, die sich mit der Untersuchung der Bevölkerungsstrukturen und -prozesse beschäftigt. Ihre methodischen Grundlagen wurden ebenfalls von französischen und englischen Historikern in der Zeit nach dem Zweiten Weltkrieg erarbeitet[2]. In Deutschland arbeiteten zwar schon in der ersten Hälfte des 20. Jahrhunderts Anthropologen und Genealogen an der Bevölkerungsgeschichte, doch wurden diese Ansätze aufgrund der Diskreditierung durch die Rassenpolitik des Dritten Reiches nach dem Krieg nur mehr selten aufgenommen oder weitergeführt[3]. Erst in den letzten zwei Jahrzehnten fand die historische Demographie auch in Deutschland wieder größere Beachtung. Als Quellen dienen u.a. die von den Pfarrern geführten Kirchenbücher, in denen die Taufen, Heiraten und Todesfälle einer Pfarrei eingetragen wurden.

Zu fragen ist nun, welche Erkenntnisse können aus der Untersuchung der Singener Kirchenbucheinträge gewonnen werden? Die grundsätzliche, jedoch wenig differenzierte und lapidare Antwort lautet vorab, daß durch das Heranziehen dieser Quellengattung Informationen über Lebensumstände aller jener Einwohner Singens zu erhalten sind, die sonst im Dunkel der Geschichte bleiben würden. Mit dem Einsetzen der Singener Kirchenbücher gegen Ende des Dreißigjährigen Krieges[4] können die ersten Nachrichten zur Bevölkerungsgeschichte und Bevölkerungsentwicklung gewonnen werden. Am frühesten setzt das Ehebuch ein, dessen erster Eintrag vom 29. Oktober 1645 die Eheschließung des Balthasar Ehinger mit der Ursula Schwarz betrifft. Der erste Sterbefall, der im Sterbebuch festgehalten wurde, stammt vom 2. November 1645, der erste Taufbucheintrag vom 28. Oktober 1650. Der zeitliche Rahmen dieser Untersuchung wird durch den Beginn der Kirchenregister nach unten hin gesetzt, als Ende wurde das Jahr 1800 genommen, da die folgenden Jahrzehnte in einem anderen Beitrag behandelt werden und eine demographische Aspekte enthaltende Arbeit von Bernd Henneka[5] vorliegt. Weitere demographische Quellen wie die Familienbücher vom Ende des 18. und der ersten Hälfte des 19. Jahrhunderts wurden nur zur Ergänzung herangezogen.

Da die isolierte Betrachtung der durch die historische Demographie erzielten Forschungsergebnisse nur bedingt aussagekräftig und interpretierbar sind, müßten zu ihrem besseren Verständnis und ihrer Einordnung einerseits der gesamtgesellschaftliche Kontext, der sich mit Hilfe anders gearteter Quellen wie z.B. zu den sozialen, wirtschaftlichen, rechtlichen und politischen Verhältnissen erhellen läßt, andererseits die Ergebnisse anderer demographisher Arbeiten berücksichtigt werden. Es war aber aus arbeitsökonomischen und zeitlichen Gründen nicht möglich, alle Lebensbereiche, die die Bevölkerungsgeschichte Singens beeinflußten, mit einzubeziehen. So müssen die Angaben, die über den rein demographischen Bereich hinausgehen, rudimentär und eher marginal bleiben. Diese Einschränkung heißt aber nicht, daß der Analyse der bevölkerungsgeschichtlichen Ereignisse keine wichtige Funktion zukommt, denn es ist in der Geschichts- und Sozialwissenschaft inzwischen unumstritten, daß durch die Untersuchung demographischer Entwicklungen Aufschlüsse zu Ursachen und Verlauf gesellschaftlicher Wandlungsprozesse erhalten werden. Veränderungen im gesellschaftlichen Bereich beeinflussen in der Regel auch die Bevölkerungsentwicklung, ebenso können sich verändernde demographische Strukturen sozialen und ökonomischen Wandel initiieren. Dies ist hier von besonderem Interesse, da der Untersuchungszeitraum gerade auch Jahrzehnte umfaßt, in denen Transformationsprozesse in Wirtschaft und Gesellschaft abliefen, die den Übergang vom Feudalismus zum Industriekapitalismus bzw. zur kapitalistischen Landwirtschaft charakterisieren[6]. Die Bevölkerungsstruktur ist hierbei ein entscheidender Indikator für die Beurteilung des Industrialisierungs- und Modernisierungsgrads einer Gesellschaft[7]. Zum Vergleich mit anderen Orten wurden vor allem die Ergebnisse demographischer Untersuchungen zu den Hegaugemeinden Nenzingen und Stockach herangezogen.

Um die demographische Entwicklung und Struktur Singens ermitteln zu können, mußten die Angaben der Kirchenbücher abgeschrieben werden. Um die Datenmassen in einem vernünftigen zeitlichen Rahmen verarbeiten zu können, mußten die Kirchenbucheinträge so erfaßt werden, daß ihr Informationsgehalt weitgehend unverkürzt durch den Einsatz der elektronischen Datenverarbeitung analysiert werden konnte. Dazu wurden die Angaben der Quelle in einen numerischen Code verschlüsselt und so in den Computer eingegeben. Die auf diese Art im Großrechner gespeicherten Kirchenbücher, die je nach demographischem Ereignis in drei Dateien – Taufen, Ehen, Sterbefälle – aufgegliedert wurden, konnten nun nach Bedarf alphabetisch oder chronologisch sortiert werden. Neben der namentlichen und zeitlichen Ordnung konnten mit Hilfe des Rechners und der vom Rechenzentrum der Universität Konstanz implementierten Statistikprogramme auch weitergehende Auswertungen vorgenommen werden[8]. So konnten u.a. Häufigkeitsauszählungen zur jährlichen und monatlichen Verteilung von Geburten, Heiraten und Todesfällen, ihre Anteile an der Gesamtzahl, vom Rechner ausgeführt werden. Weitergehende Analysen des demographischen Materials konnten durch den Einsatz des Rechners bedeutend erleichtert werden.

Die von englischen und französischen Historikern entwickelte Methode der Familienrekonstitution[9] ermöglicht es, genealogische Strukturen von Familien einer Pfarrei zu ermitteln. Mit der Familienrekonstitution können Informationen u.a. über die Zahl der Kinder in einer Ehe, das Heiratsalter, die Ehedauer, die Geburtsfolge und -abstände, die Zahl der Wiederverheiratungen, über die altersspezifische und eheliche Fruchtbarkeit, die vorehelichen Zeugungen und Geburten gewonnen werden. Mit der alphabetischen und chronologischen Sortierung der Geburten nach den Namen der Eltern und dem Geburtsdatum des Kindes konnte ein entscheidender Schritt zur Zusammenstellung der genealogischen Familien gemacht werden. Die in verschiedenen EDV-Listen dokumentierten Nachrichten zu einer Familie wurden in ein Familienblatt übertragen. Dieses enthielt nun alle wichtigen Daten – Name, Geburts-, Heirats- und Sterbedatum, Beruf, Herkunft des Familienvorstandes und seiner Frau, Zahl, Geschlecht, Rang, Geburts- und Sterbedatum der Kinder – einer Familie, die zu einer tiefergehenden Analyse des generativen Verhaltens einer Population notwendig sind. Hinzuweisen ist in diesem Zusammenhang noch auf drei schwerwiegende und nicht ausmerzbare methodische Probleme: Zum einen wird die eindeutige Identifizierung von Personen und die Zuordnung zu einer Familie durch Namensgleichheit und Schreibvarianten erheblich erschwert, zum anderen ist nicht immer zu erkennen, ob die Kirchenbücher lückenlos geführt sind. Sicher Lücken weisen die Kirchenbücher in folgenden Jahren auf: das Taufbuch 1650, 1719 bis 1728, 1771; das Ehebuch von 1716 bis 1728 und das Sterbebuch von 1645 bis 1651, von 1711 bis 1718, von 1723 bis 1728 und von 1780 bis 1783, auch wirkt sich nachteilig aus, daß die Kinder- und Säuglingssterblichkeit erst ab Juli 1785 verzeichnet wird.

Erschwert wurde die Auswertung auch durch die Zusammenfassung und Zugehörigkeit mehrerer Gemeinden zum Pfarrsprengel Singen. Neben Taufen, Ehen und Sterbefällen Singener Einwohner wurden auch noch die von Hausen a. Aach und Rielasingen in den Kirchenbüchern vermerkt. Da von den Pfarrern nicht in jedem Fall Herkunftsangaben gemacht wurden, ist eine genaue Zuweisung der Einträge zu den Orten nicht möglich. Deshalb werden in dieser Untersuchung die demographischen Strukuren der Pfarrei Singen und nicht der politischen Gemeinde Singen untersucht. Erst zu Beginn des 19. Jahrhunderts stimmen die Grenzen der politischen Gemeinde mit denen der Kirchengemeinde überein. Im Jahr 1807 schied der seit 1360 als Filiale der Pfarrei Singen belegte Ort Rielasingen aus, dessen Einwohner seit dem 17. Jahrhundert zum Teil von der Pfarrei Singen, zum Teil von der Pfarrei Ramsen seelsorgerisch betreut wurden[10]. Kirchenbucheinträge zu Einwohnern Hausens a. Aach blieben bis zur Einrichtung einer eigenen Pfarrei im Jahre 1820 in den Registern der Pfarrei von St. Peter und Paul in Singen[11].

Um den Abschnitt über die Bevölkerungsentwicklung und -struktur nicht übermäßig anschwellen zu lassen und die Arbeit in einem vernünftigen zeitlichen Rahmen fertigstellen zu können, mußte auf einige Aspekte der modernen historischen Demographie hier verzichtet werden. Denn trotz des Einsatzes der elektronischen Datenverarbeitung ist es für eine Person nur mit sehr großem Zeitaufwand möglich, sowohl die nicht-namentliche als auch die namentliche Auswertung der Kirchenbücher einer Pfarrei über 150 Jahre hinweg vollständig zu übernehmen[12].

2.0 Einwohnerzahl und Vitalstatistik der Pfarrei Singen

Die Kenntnis der Bevölkerungsgröße ist eine unabdingbare Voraussetzung, um die wirtschaftlichen, sozialen und demographischen Bedingungen und Vorgänge verstehen und einordnen zu können[13]. Ein großes Problem ergibt sich hierbei aus der Art der Bevölkerungszählung in der vorstatistischen Zeit. Da von staatlicher Seite vor 1800 nur sporadisch und erst in der zweiten Hälfte des 18. Jahrhunderts beginnend Bevölkerungszahlen zu Singen vorliegen, muß auf Erhebungen von kirchlicher Seite zurückgegriffen werden, die aber in der Regel nicht als Volkszählungen zu verstehen sind, sondern zu kirchlichen und religiösen Zwecken erfolgten. In dieser Hinsicht ist die Kirchengemeinde Singen jedoch sehr gut ausgestattet, denn seit 1740 bis 1792 vermerkten die jeweiligen Pfarrer Jahr für Jahr die Zahl der »communicantes et non-communicantes« zu Ostern für Singen, Hausen a. Aach und Rielasingen. Da die Orte im 18. Jahrhundert ausschließlich von Katholiken bewohnt waren, wurde wohl von den Pfarrern die Gesamteinwohnerzahl der Dörfer erfaßt[14]. Die Angaben zum 19. Jahrhundert können dem Beitrag von Jochen Schaier entnommen werden[15].

Die in Tabelle 1 wiedergegebenen Zahlen der von den Pfarrern zwischen 1740 und 1792 verzeichneten Pfarreiangehörigen weisen erhebliche Schwankungen auf, die sich nur in manchen Fällen durch den Verlauf der vitalstatistischen Daten – Taufen und Sterbefälle – erklären lassen.

Nachrichten zur Bevölkerungsgröße Singens im 17. Jahrhundert liegen nicht vor, um aber doch ein Bild von der Einwohnerzahl dieser Zeit vermitteln zu können, wird auf Angaben zur Zahl der Kontribuenten (Steuerzahler) zurückgegriffen. In der Musterliste von 1615 werden 101 Haushaltsvorstände aufgeführt; geht man von einer durchschnittlichen Haushaltsgröße von 4 bis 5 Personen aus, belief sich die Einwohnerzahl vor dem Dreißigjährigen Krieg auf etwa 400 bis 500 Personen[16]. Die Angaben der Musterliste werden weitgehend bestätigt durch die Steuerneubemessungsakten für die zu Beginn des 17. Jahrhunderts neu zu den schwäbisch-

Tabelle 1: Bevölkerungsentwicklung Singens, Rielasingens und Hausens a. Aach, 1740 bis 1803

Jahr	Singen	Rielasingen	Hausen a. Aach	Insgesamt
1740	723	201	127	1051
1741	728	191	135	1054
1742	703	206	126	1035
1743	691	198	133	1022
1744	707	209	143	1059
1745	817	215	139	1072
1746	682	241	139	1062
1747	656	217	137	1010
1748	656	215	137	1008
1749	655	222	139	1016
1750	655	221	133	1009
1751	670	229	134	1033
1752	651	223	136	1010
1753	–	–	–	–
1754	633	227	135	995
1755	638	231	129	998
1756	640	205	138	993
1757	635	200	140	975
1758	638	198	139	975
1759	646	193	129	968
1760	658	198	138	994
1761	668	197	137	1002
1762	630	204	141	985
1763	693	209	138	1030
1764	660	196	136	992
1765	678	202	143	1023
1766	668	205	142	1015
1767	660	208	142	1010
1768	662	214	145	1021
1769	655	214	147	1016
1770	663	171	149	983
1771	665	180	143	988
1772	654	176	146	976
1773	634	173	142	946
1774	646	168	138	952
1775	687	178	140	1005
1776	655	192	143	990
1777	694	193	142	1029
1778	671	193	135	999
1779	696	192	141	1029
1780	704	197	138	1039
1781	–	–	–	–
1782	–	–	–	–
1783	686	193	135	1024
1784	697	199	138	1034
1785	724	204	339	1067
1786	724	203	144	1071
1787	738	208	141	1087
1788	744	200	143	1087
1789	754	200	147	1101
1790	756	203	144	1103
1791	760	205	149	1114
1792	771	197	155	1123
1795	–	–	–	–
1802	754	188	150	1092
1803	761	193	151	1105

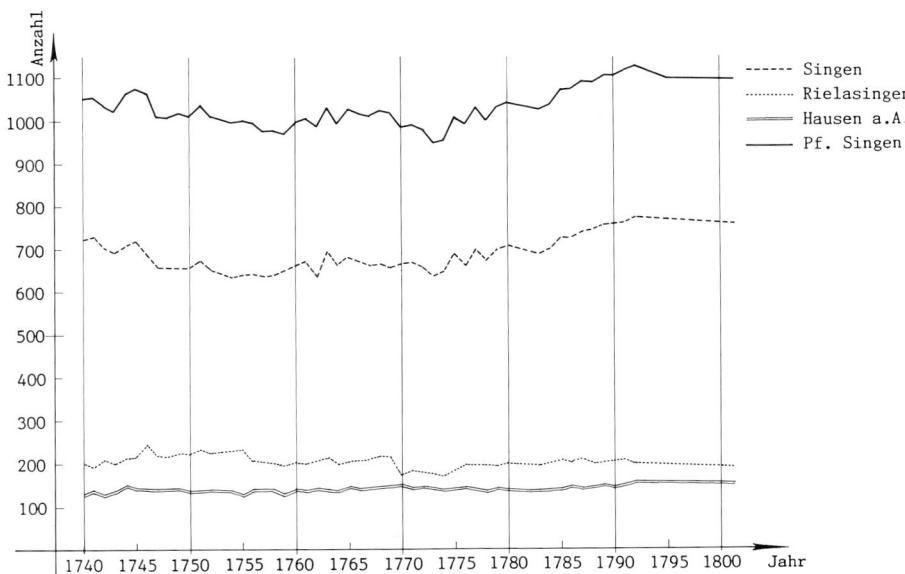

Grafik 1: Bevölkerungszahl
Singen 1740–1802

österreichischen Ständen aufgenomenen Gemeinden, zu denen auch Singen zählte. Nach dieser Erhebung von 1628/31 zählte Singen zusammen mit Remishofen und Niederhofen 105 Kontribuenten[17]. Wie groß die Bevölkerungsverluste während des großen Krieges waren, läßt sich nicht mehr genau ermitteln. Singen hatte sicherlich unter den fünf Belagerungen des Hohentwiels durch österreichische, spanische und bayerische Truppen in den Jahren zwischen 1635 und 1644 zu leiden[18]. Es waren aber vermutlich weniger Opfer durch direkte Übergriffe der Soldaten zu verzeichnen als vielmehr durch die von der Soldateska eingeschleppten Seuchen und durch die von ihr verübten Plünderungen und Verwüstungen der Äcker ausgelösten Hungerkrisen.

Die erste Angabe über die Zahl der Steuerpflichtigen in der zweiten Hälfte des 17. Jahrhunderts stammt aus dem »Protokoll über die Universal Sold Beratung aller deren zu den schwäbisch-österreichischen Landschaftskasse nach Ehingen incorporirter u. contribuierenden Stände« von 1680/82, in dem die Zahl der Kontribuenten von dem Vogt Peter Allweyler und den beiden Gerichtsmitgliedern Marx Dentzel und Jacob Greiter für »Singen, Arlenheimb und Remlinshoven« mit 111 Kontribuenten angegeben wird[19]. Geht man von einer Größe Arlens um diese Zeit von etwa 120 Einwohnern[20] und von etwa 25 bis 30 Haushalten aus, hätte die Einwohnerschaft Singens 30 Jahre nach dem Dreißigjährigen Krieg bei etwa 80 bis 90 Kontribuenten etwa 360 bis 450 Personen umfaßt. In den folgenden Jahren nahm die Zahl der steuerpflichtigen Haushalte beträchtlich zu. In der »Renovation oder Ahnlags-Beschreibung« von 1717, die zur Festlegung der Steuerbeträge der Haushalte verfaßt wurde, werden insgesamt 132 Steuerzahler aufgeführt, woraus sich eine ungefähre Einwohnerzahl Singens von 530 bis 660 Personen errechnen läßt. Aufgrund dieser Daten und der aus dem Urbar von 1724 ermittelten wird wahrscheinlich, daß die in der Kreisbeschreibung für 1726 genannte Zahl von 93 Kontribuenten und etwa 300 bis 400 Einwohnern für Singen nicht zutreffend ist[21], besonders dann, wenn man berücksichtigt, daß 1740, etwa 14 Jahre später, vom Pfarrer 350 Menschen mehr gezählt wurden. Ein solches Bevölkerungswachstum in dieser Zeit ist sehr unwahrscheinlich.

Die skizzierte Bevölkerungsentwicklung Singens zwischen 1615 und 1803 zeigt vor allem für die Jahre seit 1740 einen deutlich sprunghaften Verlauf. Bis zu diesem Jahrzehnt verzeichnete die Gemeinde ein beachtliches Bevölkerungswachstum, das fast zu einer Verdoppelung der Einwohnerzahl zwischen 1680 und 1740 führte. Der um 1740 erreichte Bevölkerungsstand konnte aber in den folgenden Jahrzehnten bis in die 1780er Jahre nicht mehr gehalten werden. Erst 1780 stieg die Zahl der Einwohner wieder auf über 700 und erreichte 1785 den Wert von 740. Bis Mitte der 90er Jahre des 18. Jahrhunderts hielt dieser Aufwärtstrend an. Doch seit den Koalitionskriegen und den in ihrem Gefolge auftretenden Epidemien und Mißernten ging die Einwohnerzahl bis Anfang des 19. Jahrhunderts wieder zurück.

Um die Bevölkerungsentwicklung der Pfarrei deutlicher werden zu lassen, sollen nun auch die Ergebnisse aus der Untersuchung der Vitalstatistik, der Anzahl von Geburten, Ehen und Taufen, in die Betrachtung mit aufgenommen werden. Doch können die Angaben aus den Kirchenbüchern zu Taufen und Sterbefällen nicht als Basis einer Gewinn- bzw. Verlustrechnung der Bevölkerungszahl genutzt werden, da zum einen bis 1785 ein entscheidender Faktor der Bevölkerungsbewegung, nämlich die Säuglings- und Kindersterblichkeit, fehlt, zum anderen die Zu- bzw. Abwandererzahlen nicht vermerkt sind. Um die von den Pfarrern notierten Seelenzahlen auf ihre Stichhaltigkeit zu überprüfen, wurde ihre Entwicklung zwischen 1785 und 1792 mit Hilfe der vitalstatistischen Daten nachgerechnet. Hierbei ergab sich, daß die Zunahme der Pfarreiangehörigen um 56 Personen von 1067 auf 1123 im Jahr 1792 eindeutig aus dem Geburtenüberschuß dieser Jahre resultiert. Innerhalb dieser acht Jahre, zwischen Ostern 1785 und Ostern 1792 – an Ostern wurden in der Regel die Seelenzahlen von den Pfarrern ermittelt –, wurden 255 Kinder geboren und 199 Menschen zu Grabe getragen, daraus ergibt sich genau die Differenz von 56 Personen, um die die Seelenzahl der Pfarrei Singen wuchs. Aufgrund dieses Ergebnisses können die Angaben der Pfarrer wohl auch für die anderen Jahre als ausreichend zuverlässig erachtet werden. Mit Hilfe der vitalstatistischen Daten, die in der Tabelle 2 und in der Grafik 1 genannt werden, und der Angaben zur Bevölkerungsgröße der Pfarrei können nun einzelne besonders auffallende Jahre bis Anfang des 19. Jahrhunderts hinsichtlich ihrer kritischen Entwicklung genauer unter die Lupe genommen werden.

Aus den Kurvenverläufen kristallisieren sich deutlich Krisenjahre heraus, die für bäuerlich vorindustrielle Kulturen typisch sind[22]. Die jährlichen absoluten Zahlen von Geburten, Eheschließungen und Sterbefällen unterliegen großen Schwankungen, die Indikatoren für krisenhafte Entwicklungen sind. Das Bild wird aber wegen der Lückenhaftigkeit des Sterbebuchs dahingehend verfälscht, daß bis 1785 nur in den 90er Jahren des 17. Jahrhunderts mehr Sterbefälle als Geburten in einem Jahr verzeichnet sind, es in diesen Jahren zu Bevölkerungseinbußen kam. Dies war aber sicherlich nicht nur in diesen Jahren der Fall. Erst seit 1740 mit dem Einsetzen der von den Pfarrern vermerkten Seelenzahlen lassen sich die vitalstatistischen Werte konkreter interpretieren. Doch auch die Angaben zur Jugendlichen- und Erwachsenensterblichkeit geben noch genügend Hinweise auf Problemjahre, namentlich dann, wenn sie in ihrer Wechselwirkung zu Taufen und Eheschließungen gesehen werden[23].

Die erste größere demographische Krise, die sich nach dem Dreißigjährigen Krieg in den Kirchenbüchern Singens festmachen läßt, ist die zwischen 1689 und 1694. Diese auch in anderen Teilen Deutschlands und der Schweiz[24], in den Orten der Langensteiner Herrschaft[25] feststellbare Krise[26] äußerte sich in Singen durch einen Anstieg der Sterblichkeit der über 10jährigen von 13 im Jahre 1688 auf 24 im folgenden Jahr. Im Mai 1689 beginnt das große Sterben in der Pfarrei, seinen Höhepunkt erreicht es im September 1691, in dem 14 Menschen beerdigt werden mußten. In diesem einen Monat

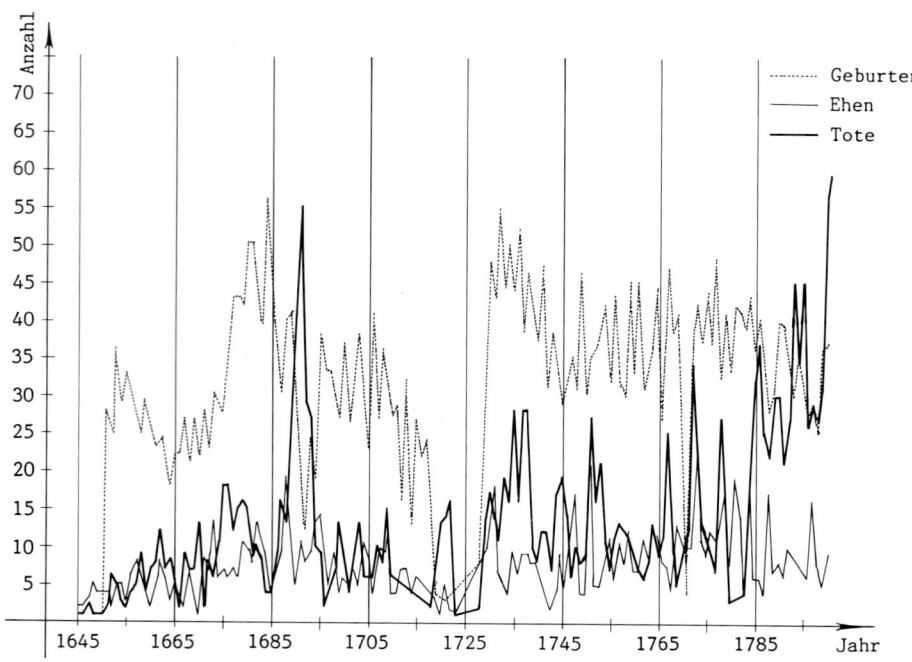

Grafik 2: Vitalstatistik Pfarrei Singen 1645–1800

starben mehr Jugendliche und Erwachsene als in einem ganzen Jahr vor und nach der Krise. Ursachen dieser stark erhöhten Erwachsenensterblichkeit sind in zwei Faktoren zu sehen. Zum einen setzte im letzten Drittel des 17. Jahrhunderts eine deutliche Klimaverschlechterung ein, die durch strenge Winter und Ansteigen der Regenmengen gekennzeichnet war[27]. Sie hatte zur Folge, daß die Ernteergebnisse schlechter ausfielen und Mißernten drohten und auch eintraten. Zu dieser naturgegebenen Krisenursache kam noch der Pfälzische Krieg (1688–1697). Dieser Krieg, obgleich er nicht im Hegau ausgefochten wurde, führte auch hier aufgrund von Truppendurchmärschen und Einquartierungen zur Verschlechterung der Gesamtsituation, da die so oder so schon geringen Subsistenzmittel nun auch noch mit den Soldaten geteilt werden mußten. Auch wurden durch die Soldaten häufig noch ansteckende Krankheiten ausgebreitet, die eine Erhöhung der Sterblichkeit in den von ihnen aufgesuchten Orten zur Folge hatten[28].

Bis 1694 klang die große Erwachsenensterblichkeit ab und erreichte einen Wert, der wieder »normalen« Zeiten entsprach. Die Krise wirkte sich aber nicht nur auf die Zahl der Todesfälle aus, auch die beiden anderen demographischen Ereignisse – Taufen und Eheschließungen – wurden von ihr tangiert. Die Zahl der Taufen ging von 41 im Jahr 1689, die Kinder wurden sicherlich noch vor dem Beginn der Krise gezeugt, auf 12 im Jahr 1692 zurück. Die Einwohnerschaft Singens reagierte auf die Notzeiten mit drastischer Reduzierung der Konzeptionen (Zeugungen). Die Zahl der Geburten von 1688 wurde dann annähernd erst wieder 1695 mit 38 erreicht. Bei den Heiratszahlen ist keine so deutliche Reaktion während der eigentlichen Krisenjahre auf die Erwachsenensterblichkeit zu verzeichnen. Ein Reflex auf sie wird aber der Anstieg der Eheschließungen in den Jahren 1694 und 1695 gewesen sein.

Bis in die 30er Jahre des 18. Jahrhunderts lassen sich möglicherweise aufgrund der Lücken in den Kirchenbüchern keine krisenhaften Bevölkerungsentwicklungen mehr erschließen. Eine 1735 feststellbare erhöhte Mortalität der Erwachsenen läßt sich durch keine Nachrichten zur wirtschaftlichen und sozialen Situation in dem Hegaudorf erklären, doch wurde ihr Anstieg auch in anderen Orten, so in Stockach[29] und in Mainz[30] eruiert. In Singen setzte er sich dann in den Jahren 1737 und 1738 fort. Dagegen kann der in Stockach, Mainz und der Schweiz[31] in den Jahren 1739/1740 nachweisbare Anstieg der Sterblichkeit in den Kirchenbüchern der Pfarrei Singen nicht ermittelt werden. Nach den jeweils im Frühjahr vom Pfarrer erhobenen Zahlen der Gemeindemitglieder erfolgte zwischen Ostern 1741 und Ostern 1743 ein Rückgang um 42 Personen von 1054 auf 1012 Einwohner. Das Dorf Singen wurde davon am härtesten betroffen, seine Einwohnerzahl sank um 37, von denen 35 älter als 10 Jahre waren. Möglicherweise reagierte die Bevölkerungszahl erst mit etwa einjähriger Verspätung auf die beiden Mißernten aufgrund der strengen Winter von 1739/40 und 1740/41 und die anschließende Getreideteuerung[32]. Eine rapide Verschlechterung der Situation in Singen, Rielasingen und Hausen a. Aach muß zwischen 1746 und 1748 eingetreten sein, denn die Zahl der Pfarreiangehörigen ging von 1072 im Jahr 1745 auf 1008 im Jahr 1748 zurück, wobei der Rückgang von 1746 zu 1747 mit 52 Personen am gravierendsten ausfiel. Die Verhältnisse in den Teilgemeinden waren aber unterschiedlich, Rielasingen nahm von 1745 zu 1746 um 41 Einwohner zu, hingegen verlor das Dorf Singen 36, Hausen a. Aach verzeichnete keine Veränderungen; zwischen 1746 und 1747 sank die Seelenzahl Rielasingens um 39, Singens um 26 und Hausens um 2[33].

Eine Erhöhung der Sterbezahlen für diesen Zeitraum kann nicht festgestellt werden. Es muß aber vermutet werden, daß vor allem die noch nicht zur Kommunion zugelassenen Kinder bzw. Abwanderungen für die Bevölkerungsverluste verantwortlich waren. Daneben werden die Folgen der kriegerischen Auseinandersetzungen im österreichischen Erbfolgekrieg (1740–1748), der Auswirkungen bis in den Bodenseeraum hatte, eine Rolle gespielt haben[34]. Bevölkerungsverluste in größerem Umfang hatte die Gemeinde Singen zwischen 1752 und 1754 hinzunehmen, die sich auch im Sterbebuch durch vermehrte Eintragungen niederschlugen – 1750 9, 1751 27 und 1753 21. Als Reaktion auf den Anstieg der Erwachsenensterblichkeit von 1751 folgte wie auch schon im Jahr 1748 eine Zunahme der Eheschließungen.

Eine stark oszillierende Bevölkerungsentwicklung zeigt sich in den 1760er Jahren. Nach einem Anwachsen der Zahl der Pfarreiangehörigen zwischen 1754 und 1761, von dem vor allem die Gemeinde Singen profitierte, folgten Jahre mit recht unterschiedlichen Einwohnerzahlen insbesondere für Singen. Zwischen Ostern 1761 und Ostern 1762 verringerte sich seine Einwohnerzahl um 38 Personen, im nächsten Jahr zählte der Pfarrer dann wieder 63 Einwohner mehr, 1764 33 weniger. In diesen Jahren hatten auch Rielasingen und Hausen a. Aach Einbußen zu verzeichnen, ansonsten zeichnet diese beiden Gemeinden bis Ende des Jahrzehnts eher ein ruhiger Verlauf der Bevölkerungszahl aus. Hingegen nahm die Bevölkerung Singens zwischen 1761 und 1769 während fünf Jahren ab und in vier zu. Insgesamt ging die Einwohnerzahl Singens in diesem Jahrzehnt um 13 Personen zurück, die der Pfarreiangehörigen erhöhte sich um 14. Die 1760er Jahre waren geprägt von Pockenepidemien[35], die vor allem die Kinder in der Altersgruppe von 1 bis 10 Jahren trafen. Aus diesem Umstand ist auch zu erklären, daß sich diese

Seuche zwar in der Entwicklung der Seelenzahl der Pfarrei niederschlug, nicht aber in der der jährlichen Sterbefälle, da die betroffenen Kinder nicht im Sterbebuch vermerkt wurden. Eine für andere Gebiete nachgewiesene Pockenepidemie im Jahr 1766[36] läßt sich an der Zahl der »non communicantes« der Pfarrei Singen fassen. Betrug sie zu Ostern 1766 noch 262 Kinder, ging sie bis zur nächsten Aufnahme im folgenden Jahr auf 243 zurück, obgleich im gleichen Zeitraum 27 Kinder geboren wurden. Ein weiteres Indiz für die erhöhte Kindersterblichkeit ist der enorme Anstieg der Geburten im Jahr 1767, in dem 47 Taufen erfolgten. Daraus kann geschlossen werden, daß die Familien versuchten, die durch den Tod ausgefallenen Kinder zu ersetzen.

Die durch Mißernten im Jahr 1770 in ganz Europa ausbrechende Hungerkrise im Winter 1770/71[37] zeigte im Hegau in diesem Jahr noch keine schwerwiegenden Folgen für die Bevölkerungsentwicklung, da aber in den beiden nächsten Jahren die Ernten ebenfalls schlecht ausfielen, verschlechterte sich auch hier die Ernährungssituation schnell. Dies äußerte sich in einem Rückgang der Seelenzahl zwischen Anfang des Jahres 1771 und 1773 um 42 Personen. Daß in dieser Zeit nicht nur Kinder, sondern auch jugendliche und erwachsene Pfarreiangehörige erheblich betroffen waren, belegen die Sterbebucheinträge von 1772. In diesem Jahr wurde 34 Seelen das letzte Geleit gegeben, das ist mehr als das Doppelte der mittleren Anzahl der Sterbefälle in diesem Jahrzehnt. Die hohe Erwachsenenmortalität in diesem Jahr hatte im nächsten einen Anstieg der Heiraten zur Folge. Nach einer leichten Erhöhung der Bevölkerungszahl zwischen Ostern 1773 und Ostern 1775 erfuhr Singen in den folgenden 12 Monaten einen Verlust von 32 Einwohnern, der nach den Angaben des Sterbebuchs auf eine verstärkte Kindersterblichkeit zurückzuführen ist. Sie betraf vor allem Singen; Rielasingen und Hausen a. Aach hatten dagegen einen Bevölkerungszuwachs zu verzeichnen. Einen wieder alle drei Gemeinden betreffenden Einwohnerrückgang brachten die Jahre 1777/78. Allein im Frühjahr 1778 – März bis Mai – verstarben 17 Pfarreiangehörige. Eine erhöhte Mortalität in diesem Jahr kann auch in den Hegaugemeinden Nenzingen und Stockach festgestellt werden[38]. Der Tod vieler Erwachsener hatte in diesen Gemeinden wie in der Pfarrei Singen die Zunahme der Heiraten zur Folge. Abgesehen von einem leichten Bevölkerungseinbruch zu Beginn der 1780er Jahre, der sich aber wegen der nicht überlieferten Seelenzahl und einer Lücke im Sterbebuch nicht erklären läßt, verlief die Bevölkerungsentwicklung bis 1792 relativ ruhig und brachte Jahr für Jahr ein Ansteigen der Einwohnerzahl, das auf den jährlichen Geburtenüberschuß zurückzuführen ist.

Erstmals im Jahr 1793 ging die Zahl der Pfarreiangehörigen wieder zurück. Dieser Bevölkerungsverlust läßt sich eindeutig mit einer in diesem Jahr grassierenden Pockenepidemie in Verbindung bringen, die auch in Stockach eine Erhöhung namentlich der Kindersterblichkeit brachte[39]. Auch in den folgenden Jahren herrschte in den drei Gemeinden Singen, Rielasingen und Hausen a. Aach eine krisenhafte Situation. Die durch die Koalitionskriege in den Hegau kommenden Soldaten brachten nicht nur ökonomische Not – Lebensmittelrequirationen, Getreidelieferungen an das Verpflegungsmagazin in Stockach und Zerstörung der Felder[40] – in dieses Gebiet, sondern dies führte auch durch die von ihnen eingeschleppten Krankheiten – Typhus, Ruhr und andere – und die Verschlechterung der Nahrungsmittelversorgung und der hygienischen Verhältnisse zu einer Steigerung der Zahl der Sterbefälle. Betrug der Geburtenüberschuß zwischen 1785 und 1792 noch durchschnittlich jährlich fast 8 Personen, kehrte sich dieser Trend nun um, und es gab ein Bevölkerungsdefizit von jährlich rund 6 Personen, wobei besonders das Jahr 1800 herausragt, in dem 35 Menschen mehr starben als geboren wurden. Der Zunahme zwischen 1783 und 1792 um 99 Pfarreiangehörigen steht zwischen 1793 und 1802 eine Abnahme von 31 gegenüber. Die Gemeinde Singen allein vergrößerte im erstgenannten Zeitraum seine Einwohnerzahl um 85 und verlor während der Kriegsjahre 17. Nach den Bevölkerungsverlusten Ende des 18. und zu Beginn des 19. Jahrhunderts stieg die Einwohnerzahl der Gemeinde relativ kontinuierlich an. Innerhalb der folgenden 60 Jahre verdoppelte sie sich, 100 Jahre nach den Einwohnerverlusten um 1800 erlebte Singen infolge der zunehmenden Industrialisierung in den 90er Jahren des 19. und zu Beginn des 20. Jahrhunderts eine explosionsartige Bevölkerungsentwicklung, die binnen 15 Jahren, zwischen 1890 und 1905, zu einer Zunahme um fast 3500 Einwohner von 2228 auf 5720 führte[41].

Doch diese Verachtfachung der Einwohnerzahl der Gemeinde Singen innerhalb eines Jahrhunderts ist nicht unser Thema, sondern hier soll vielmehr eine kurze Charakterisierung ihrer Bevölkerungsentwicklung im 17. und 18. Jahrhundert gegeben werden. Nach den Verlusten im Dreißigjährigen Krieg setzte in der Gemeinde ein relativ stetiges Bevölkerungswachstum ein, das mit kurzen Unterbrechungen vor allem in den 1690er Jahren bis in die 1740 Jahre anhielt. Mit einer Einwohnerzahl von etwa 720 für Singen, 210 für Rielasingen und 140 für Hausen a. Aach scheint eine obere Grenze der demographischen Tragfähigkeit in wirtschaftlich und demographisch ruhigen Zeiten erreicht worden zu sein. Nach 1741 setzten verstärkt demographische Krisen ein, die in einem engen Zusammenhang mit Ereignissen standen, die Wirtschafts- und Versorgungskrisen hervorriefen. Die Einwohnerzahl schwankte nun bis Mitte der 1780er Jahre erheblich und lag immer unter der von 1741. Erst nach der Konsolidierung und Beruhigung der wirtschaftlichen und demographischen Situation stieg die Bevölkerungszahl wieder an, dieser Aufschwung wurde aber durch die kriegerischen Ereignisse im Anschluß an die französische Revolution bis zum Beginn des 19. Jahrhunderts zunichte gemacht. Dies zeigen auch die Wachstumsraten innerhalb eines Jahrzehnts.

Tabelle 2: Jährliche Bevölkerungswachstumsrate zwischen 1740 und 1802 (Zehnjahresschnitte, in Promille)

Zeitraum	durchschnittliche jährliche Wachstumsraten	
	Singen	Pfarrei Singen
1740–1750	–8,9%	–3,7%
1750–1760	0,4%	–1,4%
1760–1770	0,7%	–1,0%
1770–1780	5,5%	5,0%
1780–1790	6,5%	5,5%
1790–1802	–0,2%	–0,8%

(Die Wachstumsraten wurden nach der Zinseszinsformel errechnet.)

Die Stagnation bzw. der Rückgang der Bevölkerung findet eine Bestätigung in der Entwicklung der Zahl der durchschnittlichen jährlichen Anzahl von Taufen, Eheschließungen und Sterbefällen je Dekade zwischen 1650 und 1800 und in den Geburten-, Heirats- und Sterbeziffern.

Tabelle 3: Zehnjahresschnitte der Geburten, Ehen und Sterbefälle in der Pfarrei Singen 1650 bis 1799

Jahrzehnt	Geburten	Ehen	Tote
1650–1659	26,3	4,6	4,1
1660–1669	23,4	4,6	7,2
1670–1679	32,2	7,1	11,8
1680–1689	43,0	9,9	11,1
1690–1699	26,4	8,8	19,0
1700–1709	32,5	7,7	8,5
1710–1719	(20,9)	(3,5)	(1,4)
1720–1729	(4,9)	(1,8)	(5,8)
1730–1739	46,1	8,7	18,7
1740–1749	36,0	6,8	11,4
1750–1759	36,3	9,1	12,8
1760–1769	37,7	9,0	10,3
1770–1779	35,2	12,8	15,7
1780–1789	36,9	10,5	(16,8)
1790–1799	32,7	8,3	31,5

(Bei den eingeklammerten Werten sind größere Lücken in den jeweiligen Kirchenbüchern; bei den Sterbefällen wurde erst ab Juli 1784 auch die Säuglings- und Kindersterblichkeit vermerkt.)

Tabelle 4: Geburten-, Heirats- und Sterbeziffern in der Pfarrei Singen 1740 bis 1802

Jahr	Geburtenziffer	Eheziffer	Sterbeziffer
	‰	‰	‰
1740	35,2	7,2	7,6
1745	27,0	8,4	17,7
1750	29,7	4,0	8,9
1755	32,1	11,0	7,0
1760	33,2	9,1	7,0
1765	43,0	10,8	8,8
1770	32,6	11,2	9,2
1772	36,4	12,5	35,4
1775	43,8	9,0	11,9
1780	31,8	7,8	–
1785	33,7	5,6	29,1
1790	36,3	7,3	27,2
1795	29,2	6,3	41,1
1802	41,2	11,0	22,0

(Die Geburten-, Heirats- und Sterbeziffern berechnet man aus der Anzahl dieser demographischen Ereignisse pro Jahr auf 1000 Einwohner. Auch hier gilt die Einschränkung, daß bei den Sterbefällen erst ab 1785 die Säuglings- und Kindersterblichkeit einbegriffen ist.)

Alle diese Werte sprechen dafür, daß besonders seit den 1740er Jahren Singen, wohl aufgrund der herrschenden ökonomischen Verhältnisse, an Grenzen der noch ernährbaren Bevölkerungsgröße stieß.

3.0 Die wirtschaftlichen Verhältnisse

Singen war im 17. und 18. Jahrhundert noch weitgehend agrarisch strukturiert, und es lassen sich keine Ansätze zu protoindustriellen Gewerben, vor allem Textilgewerbe, die im Verlagssystem organisiert gewesen waren, finden. Der weitaus größte Teil der Einwohnerschaft verdiente seinen Lebensunterhalt in der Landwirtschaft oder durch Taglohnarbeiten[42].

Die Betriebsgrößenstruktur von 1724 und 1765 macht aber auch deutlich, daß wegen der in Singen herrschenden Realteilung nur wenige Familien ausreichend große Höfe bewirtschafteten, um eine vielköpfige Familie zu ernähren. Schon im Jahr 1680 heißt es in dem Steuerberaitungsprotokoll, daß »keine ganze Höfe mehr vorhanden [seyen], sondern lauter verstückelte Güter, teils Erb- teils Schupflehen, der wenigere Teil eigen«[43]. Da im handwerklichen und gewerblichen Bereich kaum Chancen bestanden, etwas hinzuverdienen zu können, verhinderten die natürlichen Gegebenheiten, daneben selbstverständlich auch die klimatischen Verhältnisse, Mißernten und zum Tode führende epidemische Krankheiten, ein kontinuierliches Bevölkerungswachstum. Dies kann auch an der Siedlungsdichte und der pro Kopf der Einwohnerschaft zur Verfügung stehenden Ackerfläche belegt werden.

Tabelle 5: Bevölkerungs-, Siedlungsdichte und Ackerfläche pro Kopf in den Gemeinden Singen und Hausen a. Aach

Jahr	Singen Bevölkerungsdichte E/qkm	Siedlungsdichte E/qkm	Acker/Kopf ha	Hausen a. Aach Bevölkerungsdichte E/qkm	Siedlungsdichte E/qkm
1680	29	45	1,6	38	44
1724	47	57	1,4	46	53
1740	53	65	1,2	49	56
1760	48	58	1,4	53	61
1792	56	68	1,2	59	69
1802	55	66	1,2	57	67
1905	423	634	0,1	107	114

(Die Bevölkerungsdichte bezieht sich auf die Gesamtgemarkung, die Siedlungsdichte auf die landwirtschaftliche Nutzfläche. Als Gemarkungsgröße wurde für Singen jeweils die Angabe von 1850 mit 1364 ha genommen[44], für Hausen a. Aach die von 1905[45] mit 261 ha.)

Diese Zahlen weisen auf die noch stark agrarische Struktur Singens hin, wie der Vergleich mit dem sicherlich landwirtschaftlich ausgerichteten Hausen a. Aach zeigt. Hält man den Singener Werten Angaben zu den als kleinstädtisch zu bezeichnenden Gemeinden Engen, Radolfzell und Stockach aus dem Jahr 1802 bzw. 1808 gegenüber – Engen: Bevölkerungsdichte 86 E/qkm, Siedlungsdichte 146 E/qkm; Radolfzell: Bevölkerungsdichte 111 E/qkm, Siedlungsdichte 150 E/qkm und Stockach: Bevölkerungsdichte 130 E/qkm, Siedlungsdichte 175 E/qkm, Ackerfläche pro Einwohner 0,4 ha[46] –, erweist sich, daß die Wirtschaft Singens noch weitgehend agrarisch ausgerichtet war und die Möglichkeit, die Bevölkerung aus der eigenen landwirtschaftlichen Produktion zu ernähren, weitaus eher gegeben war als in den im Hegau gelegenen Kleinstädten, deren Einwohner einen wichtigen Teil ihrer Einkünfte aus nicht-landwirtschaftlichen Tätigkeiten bezogen.

Die Vorherrschaft der Landwirtschaft und das relativ geringe Gewicht von Handwerk und Gewerbe in der Gemeinde Singen belegen die Anteile der Handwerker in verschiedenen Jahren an der Gesamtzahl der Steuerpflichtigen.

Etwa ein Sechstel der steuerpflichtigen Haushalte hatte seine wichtigste Einnahmequelle Anfang der 1680er Jahre im handwerklichen und gewerblichen Bereich, dazu gehörten die üblichen Dorfhandwerke und Gewerbe: ein Wirt, zwei Müller, ein Hufschmied, drei Schuh-

Tabelle 6: Anteile der Handwerker an der Gesamtzahl der Steuerpflichtigen, für 1800 an den männlichen Einwohnern

Jahr	Steuerpflichtige Haushalte/männliche Einwohner (1800)	Handwerker und Gewerbetreibende	
1680	111	19	17,0%
1726	93	24	31,0%
1771	146	51	34,9%
1800	365	132	36,5%

(Im Jahr 1800 handelt es sich um die männlichen Einwohner einschließlich der Söhne.)[47]

macher, ein Zimmermann, drei Küfer, zwei Wagner und zwei Weber[48]. Bis Mitte der ersten Hälfte des 18. Jahrhunderts erhöhte sich ihr Anteil im Zuge der Bevölkerungszunahme auf rund ein Drittel. Bis 1800 stieg die Zahl der Professionisten nur mehr geringfügig. Gründe hierfür, daß bei einer stagnierenden Einwohnerzahl die Möglichkeit, in diesen Bereichen Arbeit und Brot zu finden, klein war, sind in der nicht expandierenden Nachfrage für die Leistungen und Waren des ansässigen Dorfhandwerks und im Fehlen von vorindustriellen Gewerben zu sehen. Festgehalten werden kann, daß in Singen bis Ende des 18. Jahrhunderts der landwirtschaftliche Erwerbssektor über die wirtschaftlichen Verhältnisse dominierte, erst gegen Ende des Jahrhunderts kamen weitere gewerbliche Arbeitsplätze durch die Einrichtung einer Tabakfabrik in der Gemeinde hinzu[49], die die Arbeitsmöglichkeiten etwas verbesserten.

4.0 Monatliche Verteilung der Geburten, Eheschließungen und Todesfälle

Die monatliche Verteilung der demographischen Ereignisse läßt Rückschlüsse auf die Bevölkerungsweise und das generative Verhalten – das Heirats- und Zeugungsverhalten – einer Gesellschaft zu[50]. Da Singen im 17. und 18. Jahrhundert ein im wirtschaftlichen Bereich noch stark landwirtschaftlich geprägtes Dorf war und die Mentalität – die Geisteshaltung – der Einwohner sich an den religiösen Vorgaben des katholischen Glaubens orientierte, richteten sie ihr Verhalten einerseits an dem durch die landwirtschaftlichen Arbeiten bestimmten Lebens- und Arbeitsrhythmus aus, andererseits an den kirchlichen Geboten und Verboten. Dies wird besonders deutlich, wenn man die monatliche Verteilung der Eheschließungen betrachtet. Das Hochzeitsdatum war noch am ehesten von den Menschen selbst festzulegen, wenn auch die freie Terminwahl durch die kirchlichen Regelungen des Heiratsverbots in Zeiten der Enthaltsamkeit, im Advent und in der vorösterlichen Fastenzeit, eingeschränkt war. Daneben mußte noch auf die Hauptarbeitszeiten in der Landwirtschaft Rücksicht genommen werden.

Obgleich auch im Zeugungsverhalten die katholische Kirche während der Fastenzeiten Enthaltsamkeit predigte, hielten sich die Menschen an dieses Gebot weniger. Aber auch hier, bei der monatlichen Verteilung der Konzptionen, können Einflüsse des landwirtschaftlichen Arbeitsrhythmus festgestellt werden. Einerseits waren die Familien möglicherweise darauf bedacht, die Ehefrau in den Erntemonaten August und September nicht hochschwanger sein zu lassen, da ansonsten eine wichtige Arbeitskraft ausfiel, andererseits ging die Zahl der Konzeptionen in diesen Monaten zurück, da die körperliche Erschöpfung der Eheleute wohl kein intensives Sexualleben erlaubte. Bei der Verteilung der Sterbefälle über das Jahr spielten kirchliche Einflüsse keine Rolle, hier waren die Witterungs- und Nahrungsverhältnisse, das Auftreten von epidemischen Krankheiten, die Geburtenverteilung und der Arbeitsrhythmus von größerer Bedeutung.

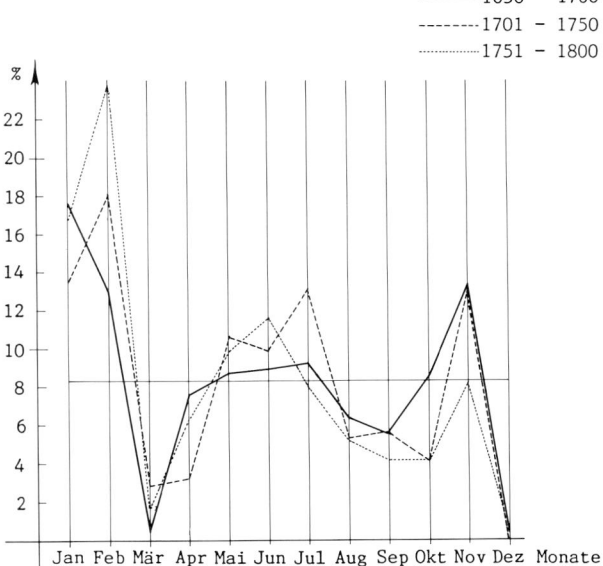

Grafik 4: Monatliche Verteilung der Eheschließungen in Singen 1650–1800

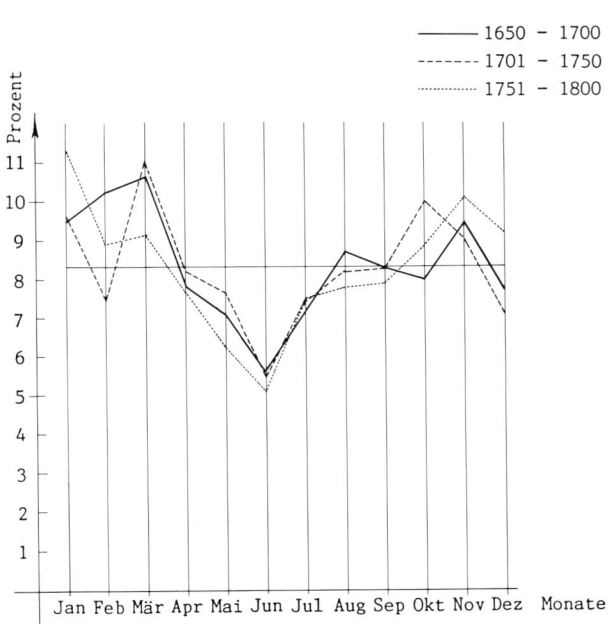

Grafik 3: Monatliche Verteilung der Taufen in Singen 1650–1800

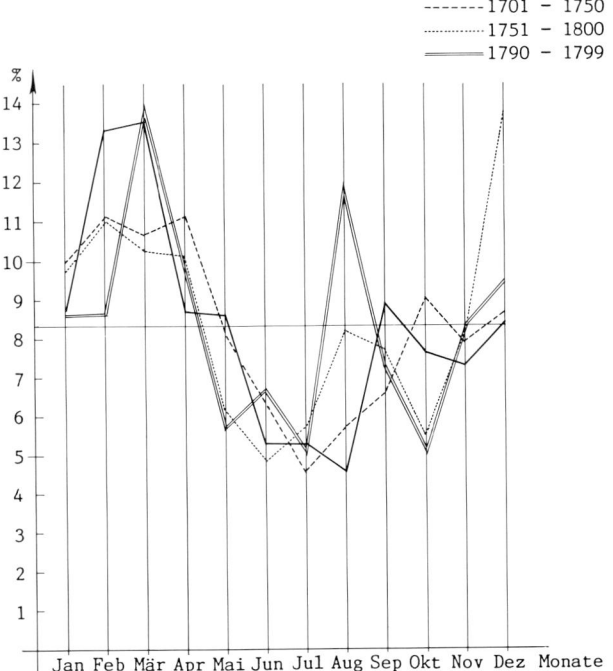

Grafik 5: Monatliche Verteilung der Sterbefälle in Singen 1650–1800

Tabelle 7: Monatliche Verteilung der Geburten, Heiraten und Todesfälle, 1701 bis 1800

1701–1750

Monat	Geburten %	Heiraten %	Tote %
Januar	9,7	13,4	10,0
Februar	7,5	18,0	11,1
März	11,0	2,8	10,7
April	8,2	3,2	11,1
Mai	7,7	10,6	8,1
Juni	5,5	9,9	6,3
Juli	7,4	13,1	4,6
August	8,2	5,3	5,7
September	8,3	5,7	6,6
Oktober	10,0	4,2	9,0
November	9,1	13,4	7,9
Dezember	7,2	0,0	8,7

1751–1800

Monat	Geburten %	Heiraten %	Tote %	Tote 1785–99 %
Januar	11,3	16,7	9,7	8,6
Februar	8,9	23,7	11,0	8,6
März	9,1	1,6	10,2	14,0
April	7,7	6,2	10,1	9,8
Mai	6,3	9,8	6,1	5,7
Juni	5,1	11,6	4,8	6,7
Juli	7,5	8,0	5,7	5,1
August	7,8	5,2	8,2	11,4
September	7,9	4,2	7,7	7,3
Oktober	8,9	4,2	5,5	5,1
November	10,1	8,2	7,9	8,3
Dezember	9,3	0,8	13,7	9,5

Es zeichnen sich deutliche Wechselbeziehungen zwischen landwirtschaftlichem Arbeitsanfall bzw. kirchlichen Heiratsverboten und der monatlichen Verteilung der Heiraten und Zeugungen ab. Bei den Eheschließungen hielt man sich an das Hochzeitsverbot der Kirche in den Fastenzeiten, bei den Konzeptionen jedoch nicht. Sowohl beim Heiratsverhalten wie auch im Konzeptionsverhalten schlägt der Arbeitsrhythmus durch, nicht aber bei den Geburten. Ein Planen und Terminieren der Niederkunft fand nicht statt, sie wurde selbst während der Haupterntezeit in Kauf genommen. In den arbeitsintensiven Monaten August und September gingen die Heiraten und Konzeptionen auffallend zurück, daran änderte sich zwischen 1650 und 1800 nur wenig, was ein weiteres sicheres Indiz für die bleibende agrarische Struktur Singens bis Ende des 18. Jahrhunderts ist.

Die monatliche Verteilung der Sterbefälle spiegelt u.a. den Witterungsverlauf und das Nahrungsmittelangebot innerhalb eines Jahres wider. Sie ist aber bis Mitte der 1780er Jahre nur eine Wiedergabe der Erwachsenensterblichkeit. Ihren Höhepunkt erreichte sie in den Wintermonaten von Dezember bis April. Dazu dürften vor allem die Witterungseinflüsse und die durch sie hervorgerufenen bzw. begünstigten Krankheiten beigetragen haben. Eine nicht unbedeutende Ursache für die hohe Erwachsenenmortalität in diesen Monaten war die Verknappung der Lebensmittelvorräte und die allgemein an Vitaminen und Mineralstoffen ärmere Nahrung, die den Körper anfälliger für Krankheiten machte.

Zieht man die Säuglings- und Kindersterblichkeit mit in die Betrachtung ein, verändert sich die Verteilung erheblich. In der letzten Dekade des 18. Jahrhunderts zeigt sich im August und September eine zweite Sterblichkeitsspitze, die durch die Berücksichtigung der Sterblichkeit von Säuglingen und Kindern unter 10 Jahren verursacht wird. Verantwortlich für die hohe Säuglings- und Kindersterblichkeit in den Sommermonaten waren die in dieser Zeit verstärkt auftretenden Infektionskrankheiten im Magen- und Darmbereich, hinzu kam die Vernachlässigung der Säuglinge und Kleinkinder durch die Eltern, die ihren Nachwuchs häufig unversorgt und unbeaufsichtigt zu Hause liegen ließen, um den Entearbeiten nachgehen zu können[51].

5.0 Das Heiratsverhalten

Die Ursachen für den Stillstand bzw. leichten Rückgang der Bevölkerungszahlen nach 1741 sind neben den durch klimatische und kriegerische Ereignisse bedingten Mißernten und den häufig in ihrem Gefolge auftretenden Epidemien, die zu einer Erhöhung der Mortalität beitrugen, vor allem auch in den oben kurz geschilderten wirtschaftlichen Verhältnissen zu sehen, die eine Familiengründung erheblich erschwerten. Zwischen 1647 und 1800 wurden in den Kirchenbüchern in der Pfarrei Singen insgesamt 1154 Eheschließungen notiert, von denen 874 Paare (85,7%) beide zum ersten Mal vor dem Traualtar standen, in 24,3% der Heiraten war ein oder waren beide Ehepartner früher bereits verehelicht. Vergleicht man die Werte Singens mit denen anderer

Tabelle 8: Verteilung der Wiederverheiratungen in der Pfarrei Singen 1647 bis 1800. Anteil der Witwer und Witwen an der Gesamtzahl der Eheschließungen

Zeitraum	Wiederverheiratungen %	Witwer %	Witwen %
1647–1700	15,2	8,1	9,2
1701–1750	27,2	18,7	13,4
1751–1800	29,3	22,7	9,6

Pfarreien, erkennt man auffallende Unterschiede. In Singen ist der Anteil der Wiederverheiratungen an allen Eheschließungen relativ niedrig, in dem Hegaudorf Nenzingen lag er im 18. Jahrhundert dagegen bei 41,5% und erreichte damit einen außerordentlich hohen Wert, in der Oberamtsstadt Stockach lag er bei 33,2%, in der Stadt Überlingen bei 28,7%[52]. Obgleich sicherlich auch in Singen wie in Nenzingen und anderen ländlichen Gemeinden[53] aufgrund der Rollenverteilung im bäuerlichen Haushalt, daß nämlich beide Ehepartner im bäuerlichen Betrieb mitarbeiten mußten, nach dem Ableben eines Ehepartners seine Stelle neubesetzt hätte werden müssen, ist dies in Singen nach Ausweis des Heiratsregisters nicht in diesem Umfang der Fall gewesen. Warum der Rollenergänzungszwang[54] hier nicht so entscheidend war, ist nicht eindeutig zu klären. Möglicherweise wirkte sich in Singen die Präsenz der Herrschaft und eine damit verbundene größere Einflußnahme auf die Erteilung von Heiratskonsensen aus. Sie wurden wohl von ihr verweigert, wenn die Ansprüche der Kinder aus der ersten Ehe nicht gesichert waren, konkrete Nachrichten liegen aber dazu leider nicht vor. Ebenso kann vermutet werden, daß die kleinbäuerliche Struktur und die starke Besitzerzersplitterung[55] eine Rolle spielten, da viele Witwer und Witwen allein oder zusammen mit anderen Familienangehörigen die Bewirtschaftung ihrer kleinen Felder leisten konnten. Konkretere Aufschlüsse dazu könnten nur aus Angaben zur Anzahl der in der Gemeinde lebenden ledigen und verwitweten Personen erhalten werden.

Eine Ursache für die Höhe der Wiederverheiratungsrate ist die Verteilung der Sterblichkeit auf verschiedene Altersgruppen und das Geschlecht.

Die Zahlen machen erkennbar, daß vor allem Frauen im heiratsfähigen und verheirateten Alter starben. Gründe hierfür sind die größere Anfälligkeit für Krankheiten durch Schwangerschaft und Geburt sowie die damit verbundene körperliche Schwächung, die einerseits zu Sterbefällen im Kindbett, andererseits zu einem früheren Tod der Frau führen konnten. Die niedrige Wiederverheiratungsquote in Singen gegenüber Nenzingen hängt wahrscheinlich auch mit der geringeren Erwachsenensterblichkeit in den Altersgruppen von 21 bis 40 und 41 bis 60 Jahren zusammen. In Nenzingen starben zwischen 20 und 60 Jahren 56,1% aller derjeniger, die älter als 10 Jahre wurden, in Singen waren es rund 5% weniger. Auch der Anteil der Sterbenden über 60 Jahre lag mit 40,2% in Singen um fast 6% höher. In der Pfarrgemeinde Singen wurden mehr Menschen über 60 Jahre alt als in Nenzingen[56]. Waren die Einwohner Singens den Kinderschuhen entwachsen, erreichten sie zwischen 1740 und 1799 durchschnittlich ein Lebensalter von 50 Jahren. Doch gab es auch Menschen, die bedeutend älter wurden, wie das Beispiel der Eheleute Schrott belegt. Johann Jacob Schrott, der am 11.9.1656 als fünftes Kind der Eheleute Andreas und Katharina Schrott, die eine geborene Allweyler war, in Singen geboren wurde, heiratete mit 29 Jahren die um 10 Jahre jüngere Maria Raiffer aus Singen; ihre Ehe blieb kinderlos. Nach 56 Ehejahren verschied Johann Jacob Schrott am 1. Oktober 1742 im Alter von 86 Jahren, seine Frau überlebte ihn um mehr als zwei Jahre und starb 82jährig im April 1745. Dieses Paar stellt in verschiedener Hinsicht eine Ausnahme dar; einmal kam es nicht oft vor, daß Einwohner Singens in dieser Zeit über 80 Jahre alt wurden, zwischen 1740 und 1799 waren es nur 16 Personen oder 2,2% aller nach dem 10. Lebensjahr Verstorbenen. Dann ist außergewöhnlich, daß sie gemeinsam so alt wurden, auch ihre Kinderlosigkeit macht sie eher zu Ausnahmen. Letzteres dürfte sicherlich entscheidend zum hohen Alter der Ehefrau beigetragen haben, denn jede Schwangerschaft und Geburt steigerte das Risiko zu sterben, und je häufiger entbunden wurde, um so größer wurde es.

Doch die Ausnahme darf nicht darüber hinwegtäuschen, daß so alt nur wenige wurden. Weitaus öfter raffte der Tod die Menschen in den ersten Lebensjahren hinweg. Unter den Säuglingen und Kindern hielt der Tod reiche Ernte. Da aber für den Untersuchungszeitraum ihre Sterblichkeit erst seit Juli 1784 in den Kirchenbüchern aufgezeichnet wurde, kann ihr Anteil an der Gesamtsterblichkeit nur für die Zeit von 1784 bis 1799 ermittelt werden.

Die Anteile der Säuglings- und Kindersterblichkeit

Tabelle 9: Altersspezifische Sterblichkeit in der Pfarrei Singen zwischen 1740 und 1799, jeweils prozentualer Anteil der Altersgruppe nach Geschlecht an der Gesamtzahl der bekannten Sterbealter über 10 Jahre in diesem Zeitraum

	11–20	21–40	41–60	über 60	Insgesamt
Mann	5,3%	7,2%	13,4%	18,2%	44,0%
Frau	3,2%	14,0%	16,7%	22,0%	56,0%
					(627 Fälle)

Tabelle 10: Altersspezifische Sterblichkeit in der Pfarrei Singen Juli 1784 bis 1799 (absoluter und prozentualer Anteil an allen Sterbefällen, bei denen das Alter bekannt ist)

	Säuglinge	1–10	11–20	21–30	31–40	41–50	51–60	über 60
absolut	204	89	14	20	9	13	27	87
%	44,1	19,2	3,0	4,3	1,9	2,8	5,8	18,8

zeigen klar, daß der Großteil der geborenen Kinder schon vor dem Erreichen des 11. Lebensjahres starb. Die hier errechnete Säuglingssterblichkeit liegt zwar niedriger als die von Henneka[57] für den Zeitraum zwischen 1785 und 1810 für die Pfarrei Singen mit 47,2% aller Todesfälle ermittelte, doch ist sie höher als die in Nenzingen mit 36,9%[58] und etwa gleich groß wie die in Stockach zwischen 1784 und 1799 mit 44,6%[59]. Von 521 im Zeitraum zwischen Juli 1784 und Dezember 1799 in der Pfarrei Singen geborenen Kindern starben 39,2% vor Vollendung des ersten Lebensjahres. Dieser Anteil ist zwar erschreckend hoch, doch selbst in den 70er Jahren des 19. Jahrhunderts bewegte er sich noch auf diesem Niveau[60].

Bei den Wiederverheiratungen konnte es zu extremen Alterskonstellationen kommen, die das Familienleben nicht unerheblich beeinflussen konnten. Heiratete ein Witwer nochmals, war seine Braut in der Regel erheblich jünger als er. Im Durchschnitt war der Witwer in der zweiten Hälfte des 17. Jahrhunderts um 9,4 Jahre älter als seine ledige Ehepartnerin. Dieser Altersunterschied stieg im folgenden Jahrhundert zwischen 1701 und 1750 auf 10,5 Jahre und zwischen 1751 und 1800 auf 11,1 Jahre. Ein ähnliches Bild zeigt sich auch bei den Eheschließungen zwischen einer Witwe und einem ledigen Mann; auch hier war der verwitwete Teil des Paares einige Jahre älter als der Ehepartner, nämlich durchschnittlich um 6,4 Jahre. Es gab aber auch außerordentlich große Altersunterschiede, so bei der dritten Ehe von Sebastian Allweiler, der 52 Jahre alt war, als er die 25jährige Maria Ursula Graf ehelichte, mit der er noch vier Kinder zeugte, bevor er 60jährig verschied; fünf Jahre nach seinem Tod heiratete sie ein zweites Mal. Ein anderes Beispiel ist der 57jährige Johannes Maier, der die 28 Jahre alte Victoria Widmer heiratete. Doch auch Witwen heirateten beträchtlich jüngere Männer, so 1773 die 41jährige Witwe Maria Anna Dentzel den 18 Jahre alten Caspar Waibel. Sie starb 14 Tage nach der Geburt des zweiten Kindes dieser Verbindung 46jährig. Ein halbes Jahr nach ihrem Tod heiratete der nun 23jährige Witwer die 29 Jahre alte Magdalena Schrott.

5.1 Heiratsalter

Eine wichtige Komponente, die Familiengröße bzw. die Geburtenzahl zu begrenzen, war das Alter, in dem die erste Ehe eingegangen wurde. Durch eine Heirat in fortgeschrittenem Alter besonders der Frau konnte aufgrund der Verkürzung ihrer fruchtbaren Zeit die Zahl der Geburten natürlich eingeschränkt werden.

Auffallend ist das niedere Heiratsalter sowohl des Mannes als auch der Frau Ende des 17. Jahrhunderts,

Tabelle 11: Durchschnittliches Heiratsalter bei Männern und Frauen bei Erstehen in Singen zwischen 1670 und 1799

Zeitraum	Männer Jahre	Anzahl	Frauen Jahre	Anzahl
1670–1699	24,3	48	22,1	48
1700–1719	26,4	35	23,6	27
1730–1749	25,5	29	24,7	32
1750–1769	26,7	39	23,9	47
1770–1779	25,2	26	25,5	23
1780–1789	26,7	32	24,8	33
1790–1799	26,5	51	24,1	51

hierbei dürften vor allem die besseren wirtschaftlichen Voraussetzungen bei einer relativ kleinen Bevölkerung nach dem Dreißigjährigen Krieg beigetragen haben, die eine frühe Heirat und Familiengründung eher zuließen. Mit dem Anstieg der Einwohnerzahl und dem Engerwerden des wirtschaftlichen Spielraumes erhöhte sich beider Heiratsalter. Jedoch im Gegensatz zu anderen Gemeinden des Hegaus heiratete man in Singen in jüngeren Jahren als in Nenzingen, Aach und Stockach[61]. Die für die Pfarrei Singen festgestellte Stagnation der Bevölkerungzahl läßt sich aus der Entwicklung der Heiratsalter nicht erklären. Ihre Erhöhung, die als typisches Phänomen der »European Marriage Patterns«[62] erkannt wurde, fand in Singen nicht in dem Maße statt wie in anderen Gebieten Mittel- und Westeuropas, in denen bei Männern Heiratsalter von über 30 Jahren und bei Frauen von über 27 Jahren gegen Ende des 18. Jahrhunderts errechnet wurden.

Von obrigkeitlicher Seite wurde im 17. Jahrhundert auf das Heiratsalter scheinbar kein Einfluß genommen. In der Dorfoffnung für Singen und Arlen von 1668[63] finden sich keine Bestimmungen, die darauf hindeuten. Im 18. Jahrhundert gibt es ebenfalls keine eindeutige Beschränkung des Heiratsalters durch die österreichische Gesetzgebung, außer der Vorschrift, daß man erst mit Erreichung des 25. Lebensjahres volljährig wird und damit auch freie Verfügungsgewalt über sein Vermögen erhält[64]. Die Männer gingen am häufigsten ihre erste Ehe mit 25 Jahren, die Frauen mit 22 Jahren ein. Der jüngste Ehemann war gerade 18 Jahre alt, der älteste, Valentin Maus, 62 Jahre. Die jüngste Braut, die zum Traualtar geführt wurde, war die gerade 14jährige Maria Bayer im Jahr 1669.

5.2 Herkunft der Ehepartner

Die relativ rasche soziale und wirtschaftliche Erholung Singens nach dem Dreißigjährigen Krieg ist zum Teil der starken Zuwanderung zwischen 1650 und 1675 zuzuschreiben. Im Ehebuch sind in diesem Zeitraum 107 Heiraten aufgeführt, bei diesen stammten in 52 Fällen (48,6%) einer oder beide Ehepartner nicht aus der Pfarrei Singen. Vor allem aus den Schweizer Kantonen Thurgau, Zürich und Luzern wanderten Einzelpersonen und Ehepaare ein. Zu ihnen gehörten u.a. die Familien Ilg aus Mannerbach, Stenz aus Sulz, Keller aus Berg, Kanton St. Gallen, Weißmann aus Oberniffern, Thurgau, und die Familie Sper, die ebenfalls aus der Schweiz kam. Manche Familie, die in dieser Zeit zuzog, überlebte oder blieb nur eine oder zwei Generationen, starb aus oder wanderte wieder weg, andere behielten bis heute Singen, Rielasingen und Hausen a. Aach als ihre Heimat.

Eine andere Zuzugswelle setzte ab der Mitte der 1680er bis Anfang der 1710er Jahre ein. In diesem Zeitraum kamen Einzelpersonen und Familien aus den durch den Pfälzer Krieg und Spanischen Erbfolgekrieg besonders betroffenen Gebieten am Oberrhein, vor allem aus dem Breisgau, dann aus dem Alpenraum – Allgäu, Bregenzerwald, Tirol – sowie wiederum aus der Schweiz. In den folgenden Jahrzehnten flaute die Zuwanderung ab. Nur noch vereinzelt zogen Familien oder Einzelpersonen in die Pfarrei. Mit dem kleiner werdenden Wirtschafts- und Nahrungsspielraum verlor Singen als Zuzugsort an Bedeutung; wenn noch Auswärtige ins Dorf kamen, so durch Einheiraten aus den umliegenden Orten. Der Ein- und Abzug aufgrund von Eheschließungen dürfte sich nach 1740 etwa die Waage gehalten haben. Ob Auswanderungen nach Ungarn, anderen Gebieten Europas oder Amerika in größerem Umfang stattfinden, kann nicht ermittelt werden, doch ist eine Abwanderung in andere Teile des Habsburger Reichs durchaus im Bereich des Möglichen. Denn die Bevölkerungsabnahmen insbesondere in den Jahren 1745 bis 1747, 1763/64 und 1766 bis 1773 fallen zusammen mit Auswanderungswellen in Südwestdeutschland[65].

6.0 Geburtenzahl und Familiengröße

Nachdem die Bevölkerungsstagnation ab den 1740er Jahren nicht mit der Erhöhung der Heiratsalter in Verbindung zu bringen ist und der Bevölkerungsanstieg nach dem Dreißigjährigen Krieg und zu Beginn des 18. Jahrhunderts nur zum Teil mit dem Zuzug von Ortsfremden in die Pfarrei erklärt werden kann, ist es notwendig, den Trend der Geburtenrate pro Eheschließung in die Untersuchung mit einzubeziehen, um die Reproduktionsfähigkeit der Bevölkerung zu ermitteln.

Die Werte der Grobauszählung der Geburten pro Ehe-

Tabelle 12: Geburten pro Eheschließung in der Pfarrei Singen 1650 bis 1799 (Zehnjahresschnitte)

Zeitraum	Geburten pro Eheschließung	Zeitraum	Geburten pro Eheschließung
1650–1659	5,7	1730–1739	5,3
1660–1669	5,1	1740–1749	5,3
1670–1679	4,5	1750–1759	4,0
1680–1689	4,3	1760–1769	4,2
1690–1699	3,0	1770–1779	2,8
1700–1709	4,2	1780–1789	3,5
1710–1719	6,0	1790–1799	3,9

schließung zeigen den Grund für die stagnierende Zahl der Pfarreiangehörigen nach 1740 bis 1780 klar. Deutlich sind die Einbrüche in den Krisenjahrzehnten 1690 bis 1699 und 1770 bis 1779 zu erkennen, die zugleich auch eine stark erhöhte Erwachsenensterblichkeit aufweisen. Die schlechten sozialen und wirtschaftlichen Bedingungen zwischen 1740 und 1780 führten zu einem Rückgang der Geburten pro Eheschließung. Dieser Abwärtstrend kann auch an den rekonstruierten Familien verfolgt werden. Die Ehepaare, die in der zweiten Hälfte des 17. Jahrhunderts heirateten, zeugten bei Erstehen durchschnittlich 6,1 Kinder, bei Wiederverheiratungen 3,7. Die Familien, die nach 1730 gegründet wurden, weisen dagegen einen erheblichen Geburtenrückgang auf, sie brachten es in Erstehen nurmehr auf durchschnittlich 4,5 Geburten, in Witwen- bzw. Witwerehen auf 4,1. Die krisenhaften Lebensumstände brachten die Ehepartner dazu, weniger Kinder zu zeugen, um die knappen Nahrungsmittel nicht durch viele Kinder überzubelasten. Zum anderen zeigt die Steigerung der Geburtenzahl bei Wiederverheiratungen, daß bei einem ausreichenden Einkommen auch wiederhergestellte Familien durchaus fähig und bereit waren, weiteren Nachwuchs in größerer Zahl in die Welt zu setzen. Nach 1775 setzte eine Trendwende ein, nun stiegen die Geburtenzahlen in den rekonstruierten Familien wieder an, bei Erstehen auf durchschnittlich 6,8 Geburten. Diese Entwicklung verdeutlicht auch die folgende Tabelle.

Am häufigsten wurden in einer Familie vier und fünf Kinder gezeugt. Aber es gab auch einige Ehen, in denen mehr Kinder zur Welt gebracht wurden. Insgesamt wurden bei der Familienrekonstitution 17 Familien zusam-

Tabelle 13: Verteilung der Geburten bei Erstehen in der Pfarrei Singen 1650 bis 1799

Zeitraum	0–3 Kinder	4–7 Kinder	8–11 Kinder	12 und mehr Kinder
1650–1699	21,6%	44,2%	27,0%	7,2%
1700–1749	32,7%	41,8%	25,5%	0,0%
1750–1799	26,3%	29,8%	28,1%	15,8%

mengestellt, die zwölf und mehr Kindern das Leben schenkten. Darunter waren fünf mit dem Familiennamen Ehinger, je zwei mit dem Namen Dentzel, Harder und Pfoser. In zwei Ehen wurden sogar 18 Kinder gezeugt. Anfang des Jahres 1669 heiratete der Krämer Georg Mayer die 14jährige Maria Bayer. Sie gebar ihr erstes Kind mit 16 Jahren und war damit auch die jüngste Mutter der Pfarrei Singen im 17. und 18. Jahrhundert. In der mehr als 40 Jahre dauernden Ehe kamen dann im Abstand von durchschnittlich etwa 21 Monaten die anderen 17 Kinder zur Welt. Ihr letztes Kind gebar sie im Mai 1700 mit 45 Jahren. Von den 13 männlichen Kindern kamen fünf ins heiratsfähige Alter, von den acht Mädchen drei. Auch bei dieser Familie bestätigt sich wieder, daß viele der Kinder bereits im Säuglings- und Kindesalter starben. Die zweite Ehe, in der 18 Kinder geboren wurden, war die des Anton Pfoser und der Justina Ehinger, die im Februar 1795 heirateten. Ihr erstes Kind kam bereits zwei Monate nach der Hochzeit zur Welt, die anderen folgten in Abständen von durchschnittlich 15 Monaten.

Die Abstände zwischen den einzelnen Geburten veränderten sich im Laufe des Untersuchungszeitraums ebenfalls und weisen enge Parallelen mit der Bevölkerungsentwicklung und der Zahl der Geburten pro Ehe auf. Zwischen 1650 und 1699 belief sich das durchschnittliche Intervall zwischen den Geburten auf 23,2 Monate, zwischen 1700 und 1749 auf 25 Monate und in der zweiten Hälfte des 18. Jahrhunderts auf 23 Monate. Die Singener Ehefrauen brachten vor der Menopause somit fast alle zwei Jahre ein Kind zur Welt. Die älteste Frau, die noch Mutter wurde, war Anna Ehinger, die mit 48 Jahren zum letztenmal entband. Sie hatte in erster Ehe den Johann Buchegger zum Mann, mit dem sie neun Kinder zeugte. Nachdem dieser im Februar 1693 verstorben war, heiratete sie, ein Jahr später, 42jährig den ledigen 37jährigen Martin Degen, wiederum 12 Monate später wurde das erste Kind dieser Verbindung geboren. Nur ein Jahr jünger als sie bei der letzten Geburt waren Maria Buchegger, die Frau des Bonifatius Schwarz, und Magdalena Furtmüller, die Frau von Jakob Harder. Vor allem bei Wiederverheiratungen von Frauen wurde die prokreationsfähige Zeit bis an die Grenze des Möglichen genutzt.

Zwillingsgeburten waren etwas Seltenes auch in der Pfarrei Singen im 17. und 18. Jahrhundert. Zu Beginn des 20. Jahrhunderts kam in Deutschland eine Zwillingsgeburt auf 80 normale Geburten, was einem Anteil von 1,25% entspricht[66]. In Singen wurden zwischen 1650 und 1799 41mal Zwillinge geboren. Ihr Anteil an allen Geburten betrug 0,89% und lag somit unter dem Durchschnitt zu Beginn unseres Jahrhunderts. In den einzelnen Pentaden belief sich ihr Anteil zwischen 1650 und 1700 auf 0,83%, zwischen 1701 und 1750 auf 1,00% und zwischen 1751 und 1800 auf 0,78%. Drei Zwillingsgeburten hatten die Pfarrer in den Jahren 1678 und 1743 in den Kirchenbüchern zu vermerken. Im April 1795 erfolgte die einzige Drillingsgeburt während des Untersuchungszeitraums. Damit lag ihr Anteil an allen Geburten bei 0,021%, in Mainz betrug er im 17. und 18. Jahrhundert 0,024%. Die Eltern der drei Buben waren die in Singen wohnenden Johann Nepomuk Sandhaas und Maria Anna Bach.

Ein Phänomen des generativen Verhaltens der Singener Pfarreiangehörigen ist in dem sehr hohen Anteil der vorehelichen Zeugungen zu sehen. Von 219 rekonstituierten Familien, in denen mindestens ein Kind geboren wurde, waren in 49 Fällen (22,4%) die Bräute vor der Hochzeit bereits schwanger.

Tabelle 14: Voreheliche Konzeptionen in der Pfarrei Singen 1650 bis 1799

Zeitraum	Ehen absolut	voreheliche Konzeptionen absolut	%
1650–1699	106	28	26,4
1700–1749	59	10	16,9
1750–1799	54	11	20,4

Vor allem bei den Eheschließungen vor 1700 scheint eine Heirat häufig erst nach der Schwängerung beschlossen oder aber durch sie erzwungen worden zu sein. Einige Brautleute ließen sich mit der Ausrichtung der Hochzeitsfeierlichkeit beträchtlich Zeit, in dreizehn Fällen war die Braut schon mehr als drei Monate schwanger, ehe sie vor den Traualtar trat. Besonders erstaunlich ist dabei, daß die voreheliche Zeugung durch die Dorfoffnung unter Strafe gestellt war, die dann zum Teil in aller Öffentlichkeit vollstreckt wurde. In der Dorfoffnung von 1668 heißt es dazu in Paragraph 38:

»Der auch sein Weib vor der Hochzeit schwängert, seindt beide Personen zur Straf verfallen 20 fl guet Geld und sollen noch darzu 8 Tag in die Gefangenschaft gelegt werden, und unter dessen mit Wasser und Brodt gespeißt werden. Solte aber auch die Unzucht und Schwängerung gar zu früe und groß sein, so sollen neben obiger Strafen, der Hochzeiter mit einem strowern Degen, und die Hochzeiterin mit einem strowin Kranz und Zöpfen neben Begleitung der Hebamen zu Kirchen geführt oder dise weltliche Statt. Zu Verschonung der Freundschaft auf angelegtes Pit mit Geld bezahlet werden.«[68]

Die Strafandrohung scheint aber zumindest in der zweiten Hälfte des 17. Jahrhunderts wenig gefruchtet zu haben. In einem Fall fielen die Hochzeit und die Taufe des ersten Kindes in den gleichen Monat, in einem anderen wurde erst zwei Monate nach der Taufe zum Traualtar geschritten. Auch in den folgenden 100 Jahren änderte sich das Verhalten der Pfarreiangehörigen auf diesem Gebiet nur wenig. Im Vergleich zu Singen gab es in Stockach während es 18. Jahrhunderts nur bei 10% der Eheschließungen voreheliche Konzeptionen, dagegen herrschte bei den unehelichen Geburten ein umgekehrtes Verhältnis in den beiden Gemeinden.

In den Kirchenbüchern sind die Taufen unehelicher Kinder eindeutig zu identifizieren, da der Pfarrer den Vermerk »illegitimus (a)« bei solchen Geburten hinzusetzte. Zwar kam durchaus vor, daß die Eltern des Kindes später heirateten, wie das Beispiel des Mathias Matthes und der Maria Theresia Sandhaas zeigt, die im März 1773 einen Sohn gebar, aber erst elf Monate später vom Vater des Kindes geehelicht wurde. Doch nicht allen ledigen Müttern wurde dieses Glück zuteil. Betrachtet man die gesamten 150 Jahre, muß festgestellt werden, daß in der Pfarrei Singen ausgesprochen wenig uneheliche Kinder geboren wurden. Nur 70 bzw. 1,47% aller Geburten stammten aus nicht-ehelichen Verbindungen. Damit lag ihr Anteil beträchtlich unter dem von Nenzingen, Stockach, Gießen und Mainz, wo für das 18. Jahrhundert insgesamt rund 3% aller Geburten als illegitim ermittelt wurden[69]. Selbst der enorme Anstieg der Illegitimenquote gegen Ende des 18. Jahrhunderts, nachdem die restriktive und strenge Bestrafung der ledigen Mütter weitgehend abgeschafft worden war, ist in der Pfarrei Singen in den 80er und 90er Jahren nicht festzustellen. Der Anteil der unehelichen Geburten belief sich hier in diesen beiden Dekaden auf nur 2,4% bzw. 2,8%, dagegen in der Kleinstadt Stockach auf 2,6% bzw. 8,6%. Erst im 19. Jahrhundert stiegen auch in Singen die Zahlen der unehelichen Geburten stark an. Am Ende des 18. Jahrhunderts ist aber in der Pfarrei Singen noch keine »laxere Haltung« gegenüber der Sexualität und den Moralvorstellungen zu bemerken[70]. Immer noch funktionierten in der Hegaugemeinde die Kontrolle und Durchsetzung der katholischen Ethik durch den Pfarrer und die Dorfgemeinschaft. Die Geburt eines unehelichen Kindes galt auch in dieser Zeit noch als Schande und Makel, die die Mutter und ihr Kind an den Rand der Gesellschaft drängten. Da die Väter der vorehelich gezeugten Kinder im Dorf ansässig waren, konnten sie sich ihrer Verantwortung nicht so leicht wie Auswärtige entziehen. Sie wurden wahrscheinlich von der Gemeinschaft zur Ehelichung der Geschwängerten fast gezwungen, wenn sie sich nicht selbst diskreditieren oder am Rande der Gemeinschaft stehen wollten. Deshalb sind die Fälle, in denen die Mutter mit ihrem Kind wirklich sitzengelassen wurde, relativ selten, dagegen die Zahl der vorehelichen Schwängerungen häufiger. Das Dorf war moralische Instanz, die seine Mitglieder zu einem den Normen entsprechenden Verhalten in allen Lebensbereichen anhielt. Nur in einer auf Konsens beruhenden Ordnung konnte die Mehrheit ein als soweit wie möglich sicher und geborgen empfundenes Leben führen.

Zusammenfassend kann festgehalten werden, daß die Bevölkerungsweise und das generative Verhalten in seiner vorindustriellen und bäuerlichen Form innerhalb der 150 Jahre nicht verändert wurde. Die agrarischen Verhältnisse bestimmten die Bevölkerungsentwicklung; stieß die Einwohnerzahl an ökonomisch bedingte Grenzen oder traten Krisen auf, stagnierte sie. Die Bevölkerung reagierte auf sie, soweit es in ihrer Hand lag, mit einer Reduzierung der Geburten, nicht jedoch mit einem drastischen Anstieg der Heiratsalter. Seit den 1740er Jahren hatte Singen eine solche Grenze erreicht, die Bevölkerungszahl wuchs nicht mehr weiter. Erst ein grundsätzlicher Strukturwandel sowohl im demographischen als auch im ökonomischen Bereich ließ die Bevölkerung wieder stärker anwachsen, dieser erfolgte aber erst im 19. Jahrhundert.

Tabelle 15: Vitalstatistik Singens 1650 bis 1800

Jahr	Geburten	Ehen	Tote
1650	1	4	1
1651	28	4	2
1652	25	2	6
1653	36	5	5
1654	29	5	3
1655	33	2	2
1656	31	6	4
1657	27	8	5
1658	25	5	9
1659	29	5	4
1660	26	2	7
1661	23	4	8
1662	24	8	12
1663	24	6	7
1664	18	3	8
1665	22	6	5
1666	22	4	2
1667	27	2	9
1668	21	7	7
1669	27	4	7
1670	22	1	13
1671	26	8	2
1672	23	7	8
1673	30	13	6
1674	28	6	10
1675	29	7	18
1676	34	6	18
1677	43	7	12
1678	43	6	15
1679	42	10	16
1680	50	10	15
1681	50	8	9

Jahr	Geburten	Ehen	Tote	Jahr	Geburten	Ehen	Tote
1682	43	13	10	1743	38	2	7
1683	39	10	8	1744	34	4	17
1684	56	7	4	1745	29	9	19
1685	42	4	4	1746	32	5	15
1686	39	8	8	1747	35	9	6
1687	30	9	16	1748	31	17	10
1688	40	19	13	1749	46	4	8
1689	41	11	24	1750	30	4	9
1690	28	5	39	1751	35	21	27
1691	19	11	55	1752	36	5	16
1692	12	8	29	1753	38	5	21
1693	24	9	27	1754	42	8	13
1694	19	13	10	1755	32	11	7
1695	38	14	9	1756	43	6	11
1696	33	10	2	1757	32	11	13
1697	33	5	-	1758	30	8	–
1698	31	9	6	1759	45	12	11
1699	27	4	13	1760	33	9	7
1700	37	6	9	1761	45	7	7
1701	26	4	4	1762	31	11	6
1702	32	7	8	1763	34	9	8
1703	38	5	13	1764	37	10	13
1704	33	10	6	1765	44	12	9
1705	23	6	8	1766	27	8	11
1706	41	4	6	1767	47	7	25
1707	27	10	19	1768	38	4	12
1708	36	9	8	1769	41	13	5
1709	32	14	15	1770	32	11	9
1710	27	4	6	1771	4	5	15
1711	29	4	–	1772	35	12	34
1712	16	7	–	1773	42	21	20
1713	32	7	–	1774	37	15	11
1714	13	4	–	1775	44	9	12
1715	27	6	–	1776	37	12	9
1716	22	–	–	1777	48	11	7
1717	24	–	–	1778	32	14	27
1718	16	–	2	1779	41	18	13
1719	3	3	6	1780	33	8	3
1720	4	1	13	1781	42	19	–
1721	5	3	14	1782	41	15	–
1722	–	2	16	1783	39	5	4
1723	–	1	1	1784	43	18	16
(Lücke von 1724 bis 1727)				1785	46	6	31
1728	8	–	2	1786	40	6	36
1729	34	9	12	1787	36	4	25
1730	48	11	17	1788	28	17	22
1731	43	18	14	1789	31	7	30
1732	55	6	11	1790	40	8	30
1733	44	6	19	1791	39	6	21
1734	50	4	16	1792	34	10	27
1735	44	10	28	1793	30	9	45
1736	52	6	16	1794	35	8	34
1737	38	9	28	1795	32	7	45
1738	46	9	28	1796	27	6	26
1739	41	8	10	1797	29	16	29
1740	37	8	8	1798	25	8	27
1741	47	6	12	1799	36	5	31
1742	31	4	12	1800	37	9	72

Anmerkungen

[1] Vgl. PIERRE CHANAU, L'histoire sérielle. Bilan et perspectives, in: RH 243, 1970, S. 397–420; EMMANUEL LE ROY LADURIE, Du côte de l'ordinateur: La révolution quantitative en histoire, in: Le Territoire de l'historien, 1973, S. 9–138; VIKTOR RITTNER, Ein Versuch systematischer Aneigung von Geschichte: die »Schule der Annales«, in: Ansichten einer künftigen Geschichtswissenschaft. Kritik – Theorie – Methode, hg. von L. GEISS/R. TAMCHINA, 1974, S. 153–172, und ARTHUR E. IMHOF/OVIND LARSEN, Sozialgeschichte und Medizin. Probleme der quantifizierenden Quellenbearbeitung in der Sozial- und Medizingeschichte (= Medizin in Geschichte und Kultur 12, 1976), S. VIII–IX.

[2] Vgl. ARTHUR E. IMHOF (Hg.), Historische Demographie als Sozialgeschichte. Gießen und Umgebung vom 17. zum 19. Jahrhundert (= Quellen und Forschungen zur hessischen Geschichte 31, 1975), S. 41–43, und ARTHUR E. IMHOF, Einführung in die historische Demographie (1977), S. 12–35.

[3] Vgl. JOHN KNODEL, Ortssippenbücher als Quelle für die historische Demographie, in: Historische Familienforschung und Demographie, hg. von HANS-ULRICH WEHLER (= Geschichte und Gesellschaft 1, 1975), S. 288–324.

[4] Ob die Pfarrer Singens erst seit dieser Zeit Kirchenregister führten oder ob nicht schon früher solche angelegt und während des Krieges zerstört wurden, ist nicht zu ermitteln. Der Anstoß zur Kirchenbuchführung ging aber bereits vom Tridentinischen Konzil (1545–1563) aus, das die Registrierung der Taufen, Eheschließungen und Beerdigungen in einer Parochie verbindlich machte; vgl. SILVIO BUCHER, Bevölkerung und Wirtschaft des Amtes Entlebuch im 18. Jahrhundert. Eine Regionalstudie als Beitrag zur Sozial- und Wirtschaftsgeschichte der Schweiz im Ancien Regime (= Luzerner Hist. Veröff. 1, 1974), S. 9 f.

[5] BERND HENNEKA, Eine medizinische Topographie des Hegau im 19. Jahrhundert (= Beiträge zur Singener Geschichte 5, 1982).

[6] Vgl. FRANK GÖTTMANN/HORST RABE/JÖRN SIEGLERSCHMIDT, Regionale Transformation von Wirtschaft und Gesellschaft. Forschungen und Berichte zum wirtschaftlichen und sozialen Wandel am Bodensee vornehmlich in der frühen Neuzeit, in: SVGB. 102, 1984, S. 121 ff.; PETER KRIEDTE/HANS MEDICK/JÜRGEN SCHLUMBOHM, Industrialisierung vor der Industrialisierung. Gewerbliche Warenproduktion auf dem Lande vor der Formationsperiode des Kapitalismus (= Veröff. d. Max-Planck-Instituts f. Geschichte 53, 1977), und HELGA SCHISSLER, Preußische Agrargesellschaft im Wandel. Wirtschaftliche, gesellschaftliche und politische Transformationsprozesse von 1763 bis 1814 (= Kritische Studien zur Geschichtswissenschaft 33, 1978).

[7] JOSEF SCHMID, Bevölkerungsbewegung und Sozialentwicklung. Der demographische Übergang als soziologische und politische Konzeption (= Schriftenreihe des Bundesinstituts für Bevölkerungsforschung 13, 1984), S. 13.

[8] Für die Sortierprozeduren und die deskriptiv statistische Bearbeitung des Materials wurden zwei Programmpakete verwandt, zum einen »SPSSX« (Statistik-Programm-System für die Sozialwissenschaften), zum anderen »SAS« (Statistical Analysis System).

[9] Die methodischen Grundlagen der Familienrekonstitution und ihre internationale Gültigkeit sind unter den Demographen allgemein anerkannt. Erläutert werden ihre Grundsätze u. a. bei MICHEL FLEURY/LOUIS HENRY, Nouveau manuel de dépouilement et d'exploitation de l'état civil ancien (1976); LOUIS HENRY, Manuel de démographie historique 1976), und EDWARD A. WRIGLEY, Bevölkerungsstruktur im Wandel. Methoden und Ergebnisse der Demographie (1969).

[10] Bis 1724 gehörte der kleinere Teil Rielasingens mit 16 Häusern zur Pfarrei Ramsen. Nach länger dauernden Streitigkeiten wurde der Pfarrbezirk neu aufgeteilt: Der Singener Pfarrer war nun für die Bewohner von 29, der Ramsener für die Bewohner von 21 Häusern zuständig. Vgl. Der Landkreis Konstanz. Amtliche Kreisbeschreibung, hg. v. d. LANDESARCHIVDIREKTION BADEN-WÜRTTEMBERG in Verbindung mit dem Landkreis Konstanz, Bd. IV (1984), S. 255.

[11] AKB Konstanz, Bd. IV, S. 185.

[12] Zum Zeitaufwand einer solchen demographischen Arbeit meint der führende deutschsprachige Demographiehistoriker ARTHUR E. IMHOF, Gießen, S. 31 f.: »Es ist kaum vorstellbar, daß ein Wissenschaftler im Alleingang Tausende von Kirchenbucheintragungen auszieht, auf Lochkarten überträgt, die notwendigen Programme schreibt, Hunderte von Familien rekonstruiert, Statistiken erstellt, Grafiken anfertigt und nach dieser ganzen zeitraubenden, langwierigen Vorarbeit die Auswertung in jeder Hinsicht interpretiert.« Aus den Singener Kirchenbüchern wurden insgesamt 14 285 Kirchenbucheintragungen abgeschrieben – 8101 Taufen, 1655 Heiraten, 4529 Todesfälle, jede Eintragung enthielt dann wiederum weitere Angaben, u.a. Datum, Vor- und Familiennamen, Alter, Stand, Beruf, Herkunft, Zeugen usw.

[13] ARTHUR E. IMHOF, Demographische Stadtstrukturen der frühen Neuzeit, in: Zeitschrift f. Stadtgeschichte, Stadtsoziologie und Denkmalpflege 2, 1975, S. 190–227, und HANS WICKI, Die Bevölkerung und Wirtschaft des Kantons Luzern im 18. Jahrhundert (= Luzerner Hist. Veröff. 3, 1979), S. 1.

[14] Zur Verwendbarkeit und weitgehenden Genauigkeit der Kommunikantenzahlen vgl. CLAUDE BRUNEEL, La mortalité dans les campagnes. Le duche de Brabant aux XVIIe et XVIIIe siècles. T. 1.2 (= Université de Louvain. Recueil de travaux d'histoire et de philologie 6. sér. 10, 1977), S. 81–86.

[15] Die Bevölkerungszahl Singens von 1771 aus dem Seelenbeschrieb der Landgrafschaft Nellenburg, GLAKa 118/303, weicht mit 631 ebenso von der Angabe des Pfarrers zu diesem Jahr ab wie die Angabe von FRANZ SÄTTELE, Geschichte der Stadt Singen am Hohentwiel (1910), S. 83, mit 747, die auf jeden Fall zu hoch gegriffen scheint. Die Zahlen zu 1802 und 1803 wurden der Statistik Nellenburgs, 1803/1804, HSTASt B30, Bü39, entnommen.

[16] Musterliste der Landgrafschaft Nellenburg 1615/1616, HSTASt B15, Bü57.

[17] FRANZ QUARTHAL, Die Landstände und landständisches

18 AKB Konstanz, Band IV, S. 217.
19 HSTASt B30, Bü277.
20 Vgl. AKB Konstanz, Band IV, S. 262.
21 ABK Konstanz, Band IV, S. 212.
22 SCHMID (wie Anm. 7), S. 13 f.
23 WALTER G. RÖDEL, Mainz und seine Bevölkerung im 17. und 18. Jahrhundert. Demographische Entwicklung, Lebensverhältnisse und soziale Strukturen in einer geistlichen Residenzstadt (= Geschichtl. Landeskunde 28, 1985), S. 227, und HANSPETER RÜSCH, Lebensverhältnisse in einem frühen schweizerischen Industriegebiet. Sozialgeschichtliche Studie über die Gemeinden Trogen, Rehetobel, Wald, Gais, Speicher und Wolfhalden des Kantons Appenzell Ausserrhoden im 18. und frühen 19. Jahrhundert (= Basler Beiträge zur Geschichtswissenschaft, 2 Bde., 1979), Bd. I, S. 189–205.
24 RÖDEL, S. 235–240; RÜSCH, S. 448–452 (beide wie Anm. 23).
25 JÖRN SIEGLERSCHMIDT, Die Herrschaft Langenstein im Hegau. Sozial- und wirtschaftsgeschichtliche Studien zur Entwicklung einer reichsritterschaftlichen Besitzung im 17. und 18. Jahrhundert (Habil. masch., 1985), Anhang B, Abb. 69.
26 Zum hier verwandten Krisenbegriff vgl. RÖDEL (wie Anm. 23), S. 223–228; als ein Kriterium, eine demographische Krise zu definieren, kann an dieser Stelle eine Erhöhung der Sterblichkeit gegenüber normalen Zeiten um 60 bis 100 Prozent genügen.
27 RÖDEL (wie Anm. 23), S. 235.
28 IMHOF (wie Anm. 2), S. 93–124.
29 PETER BOHL, Die Stadt Stockach im 17. und 18. Jahrhundert. Strukturen und Funktionen einer Oberamtsstadt. Verwaltung – Wirtschaft – Gesellschaft – Bevölkerung (Diss. masch., 1986), S. 694.
30 RÖDEL (wie Anm. 23), S. 242.
31 BOHL (wie Anm. 29), S. 548; RÖDEL, S. 252; RÜSCH, S. 458–470 (beide wie Anm. 23).
32 FRANK GÖTTMANN, Getreidemarkt am Bodensee. Untersuchungen zu wirtschaftlichen, regionalen und politischen Strukturen und Wandlungen im schwäbisch-ostschweizerischen Raum in der zweiten Hälfte des 17. und im 18. Jahrhundert (Habil. masch., 1985), S. 218 und Anhang 26.
33 Für die sprunghafte Entwicklung der Einwohnerzahl Rielasingens lassen sich keine Anhaltspunkte und befriedigende Erklärungen finden.
34 In Stockach kann für diesen Zeitraum eine erhöhte Sterblichkeit festgestellt werden, BOHL (wie Anm. 29), S. 549.
35 RÖDEL (wie Anm. 23), S. 243–245.
36 RÖDEL (wie Anm. 23), S. 243, und PETRA SACHS, Die Bevölkerung Nenzingens im 18. Jahrhundert. Demographische Strukturen eines Hegaudorfes vor der Industrialisierung, in: SVGB, 102, 1984, S. 143.
37 WILHELM ABEL, Massenarmut und Hungerkrisen im vorindustriellen Europa. Versuch einer Synopsis (1974), S. 200, und MARKUS MATTMÜLLER, Die Hungersnot der Jahre 1770/71 in der Basler Landschaft, in: Geschichte und Gesellschaft (GG), Festschrift zum 65. Geburtstag von Ulrich Im Hof, 1982.
38 SACHS (wie Anm. 36), S. 142, und BOHL (wie Anm. 29), S. 695.
39 BOHL (wie Anm. 29), S. 649.
40 AKB Konstanz, Bd. IV, S. 196.
41 JOCHEN SCHAIER, S. 484 f.
42 CHRISTHARD SCHRENK, S. 367 ff.
43 HSTASt B30, Bü277.
44 AKB Konstanz, Bd. IV, S. 193.
45 Beiträge zur Statistik des Großherzogtums Baden, NF. 17, Ortsverzeichnis (1907), S. 7; die Angaben zur landwirtschaftlichen Nutzfläche stammen aus der Statistik der Landgrafschaft Nellenburg, HSTASt B 30 Bü 277.
46 Die Angaben zu den einzelnen Orten stammen aus den Beiträgen zur Statistik des Großherzogtums Baden und aus der Statistik der Landgrafschaft Nellenburg, HSTASt B 30, Bü39, sowie HENNEKA (wie Anm. 5), S. 15 f.
47 Die Zahlen für 1680 wurden HSTASt B 30 Bü277, für 1726 AKB Konstanz, Bd. IV, S. 212, für 1771 GLAKa 118/303 und für 1800 HENNEKA (wie Anm. 5), S. 25, entnommen.
48 HSTASt B30 Bü277.
49 AKB Konstanz, Bd. IV, S. 213.
50 IMHOF, Gießen (wie Anm. 2), S. 245–253, und RÖDEL, (wie Anm. 23), S. 153 f.
51 HENNEKA (wie Anm. 5), S. 105, und ARTHUR E. IMHOF, Unterschiedliche Säuglingssterblichkeit in Deutschland. 18. bis 20. Jahrhundert – warum?, in: Zeitschrift für Bevölkerungswissenschaft 7, 1981, S. 343–382.
52 Für Nenzingen und Überlingen SACHS (wie Anm. 36), S. 143, und für Stockach BOHL (wie Anm. 29), S. 588.
53 S.a. SACHS (wie Anm. 36), S. 145.
54 MICHAEL MITTERAUER, Familiengröße – Familientyp – Familienzyklus. Probleme quantitativer Auswertung von österreichischem Quellenmaterial, in: GG, 1, 1975, S. 226–255.
55 SCHRENK, S. 368 und ALBRECHT STROBEL, Eine Flurkarte aus dem Jahre 1709 und die Agrarverfassung des Hegaudorfes Singen am Hohentwiel im 18. Jahrhundert (= Beiträge zur Singener Geschichte 1, 1968).
56 SACHS (wie Anm. 36), S. 146.
57 HENNEKA (wie Anm. 5), S. 80.
58 SACHS (wie Anm. 36), S. 146.
59 BOHL (wie Anm. 29), S. 563.
60 HENNEKA (wie Anm. 5), S. 82f. In den Gemeinden des Amtsbezirkes Engen belief sich der Anteil der Todesfälle innerhalb des 1. Lebensjahres im Jahre 1871 noch auf 42,1 % und 1875 auf 37,9 %, er war aber niedriger als im Amtsbezirk Blumenfeld zwischen 1836 und 1846 mit 46 %.
61 SACHS (wie Anm. 36), S. 147, und BOHL (wie Anm. 29), S. 595.
62 JOHN HANAL, European Marriage Patterns in Perspective in: D. V. GLASS/D. C. EVERSLEY, Population in History, 1965, S. 101–143.
63 Dorfoffnung der Dorfschaften Singen und Arlen von 1668, EAS B/II/4.
64 JOSEPH PETZEK (Hg.), Systematisch-chronologische Sammlung aller jener Geseze, und allerhöchster Verordnungen, die von ältester Zeit her, bis auf 1792 für vorder.österr. Lande erlassen worden sind, und jetzt noch bestehen (9 Bde., 1792–1796), Bd. VIII, S. 125–135 und 164–190.
65 WERNER HACKER, Auswanderung aus dem nördlichen Bodenseeraum im 17. und 18. Jahrhundert (= Hegau-Bibliothek 29, 1975), S. 20–23.

[66] RÖDEL (wie Anm. 23), S. 168.
[67] RÖDEL (wie Anm. 23), S. 168.
[68] EAS B/II/4.
[69] Für Nenzingen und Stockach BOHL (wie Anm. 29), S. 650, für Gießen und Mainz RÖDEL (wie Anm. 23), S. 171–173.
[70] Vgl. zur Änderung der Sexualnormen MICHAEL MITTERAUER, Ledige Mütter. Zur Geschichte unehelicher Geburten in Europa (1983), und PIERRE CHANAU, Europäische Kultur im Zeitalter des Barocks (1968), S. 260, die sicherlich zurecht darin einen Grund des Anstiegs der illegitimen Geburten sehen.

Kriege und Kriegslasten im 17./18. Jahrhundert

von Herbert Berner

Winterquartiere und Schanzarbeit 1675 bis 1695

In dem zu Münster in Westfalen zwischen Kaiser Ferdinand III. und dem französischen König Ludwig XIV. abgeschlossenen Friedensvertrag vom 24. Oktober 1648 heißt es im Paragraphen 1: »Dieser christliche allgemeine und ewige Frieden zwischen beiden Kronen und ihren Bundesgenossen soll aufrichtig und ernstlich vollzogen und gehalten werden.«[1] Leider entsprach der Lauf der Ereignisse in keiner Weise dieser Bekundung, denn die Kämpfe um die Vorherrschaft in Europa brachen alsbald erneut aus. In den von Frankreich gegen die Niederlande geführten Eroberungskrieg 1672 bis 1679 trat 1674 auch Kaiser Leopold I. mit dem Deutschen Reich ein; der heftig geführte Krieg dehnte sich 1677 bis zum Oberrhein aus und endete mit dem Frieden von Nymwegen vom 5. Februar 1679, in dem der Kaiser Freiburg im Breisgau an die Franzosen abtreten mußte.

Der Kaiser hatte sich in diesen Jahren zugleich des Ansturms der Türken (Belagerung von Wien 1683) und eines Aufstandes der Ungarn zu erwehren; es war die Zeit des Prinzen Eugen.

Mitten in dieser bedrohlichen Situation im Osten brach 1688 bis 1697 mit furchtbarer Grausamkeit der pfälzische Erbfolgekrieg aus, der dieses Land 1689 grauenhaft verwüstete und wiederum die Oberrheingebiete verheerte; 1693 übernahm der »Türkenlouis« genannte Markgraf Ludwig Wilhelm von Baden den Oberbefehl auf dem rheinischen Kriegsschauplatz. Für die Verteidigung vom Bodensee bis zum Mittelrhein standen nur 5 Regimenter bereit, daher griff der Markgraf auch zur Unterstützung durch Volksaufgebote und ließ längs des Schwarzwaldes bis Heilbronn Befestigungslinien aufführen. Im Frieden von Rijswijk 1697 wurden Freiburg und Breisach dem Kaiser zurückgegeben.

Von diesen Kriegen wurden auch unsere Heimat und Singen spürbar betroffen. Von 1674 ab kam es zu starken Durchzügen kaiserlicher Truppen, nach 1677 wurde die Baar nach dem Fall von Freiburg Etappengebiet; von da an war der Hohle Graben an der äußersten Westgrenze der alten Baar die Verteidigungslinie, Villingen wurde als einzige österreichische Festung, die den Zugang nach Schwaben blockierte, ausgebaut; ein Überrumpelungsversuch französischer Kavallerie im Dezember 1688 mißglückte. Unmittelbare Kriegsgefahr bestand im Hegau[2].

Im Januar 1675 ließ das nellenburgische Oberamt Stockach die Gemeindsleute der Dörfer Duchtlingen, Riedheim, Mühlhausen und Singen wissen, daß sie sich im Hinblick auf die bevorstehende Einquartierung der kaiserlichen Armee im Schwäbischen Kreis pro Haushaltung mit 2 bis 5 Laib Brot, »wie es Jeder in seiner Haußhaltung backen thuet«, versorgen sollten. Auch im November 1677 mußten im Nellenburgischen die Städte Radolfzell, Stockach, Aach sowie Singen, Hilzingen, Tengen und Mühlhausen Einquartierungen aufnehmen. Von November 1689 bis Mai 1690 lagen in Singen verbündete kurbayerische Küraßiere vom Neuburgischen Regiment Soyer im Winterquartier.

Auch von November 1693 bis Mai 1694 bezogen 18 Soldaten mit 17 Pferden in Singen Winterquartier, dazu der General von Steinauer, der im Amtshaus in der Zeit 105 Klafter Holz verfeuerte. – Die Repartition (Umlage und Abrechnung) der Kosten, wobei man eine Mundration mit 30 xr, eine Pferdeportion mit 21 xr veranschlagte, erfolgte mit der schwäbisch-österreichischen Landcasse in Ehingen/Donau, doch blieb an die Hälfte des verauslagten Geldes bei der Gemeinde hängen. Die landständische Casse erhob von Fall zu Fall je nach Bedürfnissen verschieden hoch angesetzte Umlagen (Sölden); Singen hatte 6, Hilzingen 7 1/2, Mühlhausen 3 usw. Sölden aufzubringen. Das Winterquartier 1693/94 erforderte z.B. rund 2600 fl.

Nicht weniger lästig waren die Mannschafts-Anforderungen für den nellenburgischen Landfahnen; die Landgrafschaft mußte für die 3. Kompanie der Landvogtei Schwaben insgesamt 42 Mann stellen, davon die Herrschaft Singen 4. Der Landfahnen wurde im Dezember 1691, im August 1692 und im Dezember 1693 zum Bau des Hohlen Grabens zwischen St. Märgen und Bonndorf aufgeboten. 1692 waren es z.B. 5 Mann, die einen Monat lang, und 3 Mann, die 4 Monate lang aufgestellt werden mußten. Ein Schanzer erhielt pro Tag 24 xr; Gesamtkosten 245 fl.[3]

Im Spanischen Erbfolgekrieg 1701 bis 1714

Gleichzeitige Erbansprüche Frankreichs und Österreichs nach dem Tode des kinderlosen Königs Karl II. auf den spanischen Thron führten zum Spanischen Erbfolgekrieg, in dem sich der bayerische Kurfürst Max Emanuel II. mit dem Sonnenkönig Ludwig XIV. gegen Kaiser und Reich zusammentat. Dieses Bündnis erwies sich für das Gebiet an der oberen Donau, die Baar und auch den Hegau als überaus verhängnisvoll, weil hier die Wege zur Vereinigung der Bayern und Franzosen durchliefen. 1703 drangen die Franzosen unter Marschall Villars über den Schwarzwald bis in die Gegend von Tuttlingen vor, dabei kam es bei einem der Beutezüge im Februar 1703 zu einem Gefecht bei Nenzingen mit den südlich der Donau stehenden österreichischen Truppen[1]. Anfang Dezember bezogen die Österreicher unter dem Reichsmarschall Ludwig Wilhelm von Baden hierzulande Winterquartier. In den Wintermonaten begann man zur Abwehr von Franzoseneinfällen mit dem Bau der sogenannten Stockacher Linien.

Von 1701 bis 1704 lagen in Singen und den umliegenden Dörfern kaiserliche Truppen im Sommer- und Winterquartier; nur wenige Monate im Jahr waren im Dorf keine Soldaten. Ihre Zahl schwankte zwischen 18 und 75 Mann mit den dazugehörenden Pferden. Meist lagen hier Kürassiere vom Regiment General Cusani mit einem Rittmeister oder Obristwachtmeister als Befehlshaber, die abwechselnd in Mühlhausen oder Singen logierten; auch Zollerische Dragoner, Darmstädter Reiter, eine Kompanie vom Regiment Staufen-Buol (?), Husaren vom Mansilischen Regiment befanden sich dabei, einmal sogar (1703) ein Lazarett mit 40 bis 80 Kranken und Blessierten. Soldaten und Unteroffiziere lagen bei den Bauern im Quartier, die ihre Unkosten über das herrschaftliche Obervogteiamt mit der landständischen Kasse Ehingen abrechneten. Der Belegungsplan der Landesdefension sah z.B. 1701 für Hilzingen 22, Singen 18, Mühlhausen 10, Friedingen 31 und Tengen 22 »Mundportionen« täglich vor. Trotz Präsenz der kaiserlichen Truppen wagten die Franzosen gelegentliche Überfälle. So machten im Oktober 1702 300 feindliche Reiter einen Beutezug nach Mühlhausen, im Dezember 1703 gar sollen 6000 Franzosen (die Zahl ist wohl kräftig übertrieben) Mühlhausen und Ehingen sechsmal nacheinander ausgeraubt und geplündert haben – »nit zu beschreiben, was verderbt worden«[2]. Im Mai 1703 erpreßten die bayrisch-französischen Truppen von der Landgrafschaft Nellenburg Lieferungen von Fleisch, Brot und Futter in Höhe von 3118 fl.[3]. Auf dem Hohentwiel traf man seit 1702 Vorsorge gegen einen feindlichen Angriff; im September bestand die Besatzung aus rund 250 Mann, davon an die 200 Milizionäre. Am 17. September 1702 ließen sich kurbayrische Truppen vor der Festung sehen. Im Frühjahr 1703 wurde die Besatzung, meist schlecht ausgebildete Bauernmiliz, um 100 Schützen verstärkt; immerhin riskierten die in Tuttlingen liegenden Franzosen keinen Angriff. Als am 31. Juli 1704 eine französische Abteilung von 100 Mann mit 2 Offizieren am Hohentwiel vorbei nach Schaffhausen marschierte, ließ der Kommandant Johann Dietrich von Wiederhold zwei Abteilungen seiner Besatzung ausrücken und verwickelte die Eindringlinge in ein Gefecht; ein Husar wurde getötet, zwei wurden verwundet[4].

Seit dem Frühjahr 1703 mußte, wie erwähnt, die Bevölkerung der Landgrafschaft Nellenburg zwischen Bodensee und Donau auf Befehl des kaiserlichen Feldmarschalls Hans Karl von Thüngen Verteidigungslinien, die sogenannten Stockacher Linien, von Sipplingen bis Fridingen an der Donau anlegen, um zu verhindern, daß der Feind sowohl von Osten als von Westen sich gegen den Schwarzwald »moviere«. Im November 1703 forderte deshalb von Konstanz der Architekt und Ingenieur Johann Baptist Gumpp (1651 bis 1728) Holz für Palisaden, Faschinen und Pfähle an. Am 8. April 1704 erging von Tuttlingen aus die Order, daß Nellenburg samt zugewandten Orten 1000 Mann mit Gewehr, Pulver und Blei, Schaufeln und Hacken sowie Proviant für wenigstens 10 Tage zu stellen habe, und zwar nach Schweingrub 350 Mann, Eisenschmelze 310, Winterspürer Tal 300 und zur Sipplinger Bauschanze 50; davon traf es Singen mit 14 Schanzern und 7 Wächtern, Mühlhausen mit 7 1/2 und 3 sowie Hilzingen mit 16 1/2 und 8 Mann. Die Singener beschwerten sich freilich, daß sie einen Mann zuviel stellen mußten[5].

Wenige Tage später – am 25. April – mußten die Hegauische Ritterschaft 50 und Schwäbisch-Österreich 405 Schanzer, dabei auch die Singener, mit Äxten nach Villingen schicken[6].

Anfang Mai 1704 setzte sich die bayrisch-französische Armee mit 30 000 Mann über Mengen, Meßkirch bis Tuttlingen-Geisingen in westlicher Richtung gegen die österreichische Rheinarmee in Bewegung; die nur 7000 Verteidiger der Stockacher Linie mußten zurückweichen. Die innerhalb weniger Tage wiederum auf 50 000 Mann verstärkte kaiserliche Armee zwang jedoch die Bayern über Geisingen-Engen in Richtung Stockach zum Rückzug. Die Nellenburger verteidigten die Stockacher Linie so mutig, daß der bayerische Kurfürst, in die Enge getrieben, nur nach verlustreichen Kämpfen den Knotenpunkt Stockach erreichte; abscheuliche Quälereien gefangener Nellenburger hatten den Kampfesmut ihrer Kameraden nicht zu brechen vermocht. Aus Wut

331

über die Verzögerung von 3 Tagen ließ der Kurfürst die unglückliche Stadt niederbrennen; die Lohe des Brandes wurde sogar noch in Lindau gesehen[7].

In der Schlacht bei Höchstädt und Blindheim wurde die bayrisch-französische Armee vernichtend von den deutsch-englischen Verbündeten geschlagen und zum Rückzug nach Frankreich gezwungen. Auf dem Hohentwiel feierte man den Sieg am 17. August mit Gottesdienst und drei Geschützsalven.

Obwohl die Singener von all dem Kriegsgeschehen unmittelbar nicht berührt waren, lebten sie sicherlich in großer Furcht und bangten um ihre Mitbürger, die bei der Verteidigung der Stockacher Linien eingesetzt waren. Der Krieg schien abermals näherzurücken; im Oktober 1705 mußte Schwäbisch-Österreich in äußerster Not zur Komplettierung der in Italien und am Rhein stehenden Armada 700 Rekruten stellen – dabei auch etliche Singener[8].

Auch die Schanzen am Hohlen Graben mußten im September/Oktober 1705 mit 66 nellenburgischen Wächtern und 20 Schanzern wieder instand gesetzt werden[9].

Am 23. Juni 1706 einigten sich die hegauischen Stände, nämlich die Städte Radolfzell, Stockach, Aach sowie die Herrschaften Singen-Arlen, Mühlhausen, Tengen, Hilzingen, in einer Konferenz zu Stockach über die Umlegung der in den letzten Jahren entstandenen Kriegskosten in Höhe von 3514 fl. und 30 xr.; Singen traf es mit 227 fl., Mühlhausen mit 148 fl. 30 xr.; der Löwenanteil mit 1287 fl. entfiel auf die Landgrafschaft Nellenburg. – Gleichwohl dauerten die Einquartierungen, Schanz- und Munitionsfuhren und die Kriegslieferungen an die kaiserlichen Magazine Rottweil und Urach fort. 1708 lag in Singen und Umgebung z. B. eine Kompanie (108 Mund- und 27 Pferdeportionen) vom Lobkowitzschen Regiment unter dem Rittmeister Baron von Hundtbiß de Waltrambs (Singen 16, Mühlhausen 23, Hausen an der Aach 9 usw.) 5 1/2 Monate lang. Das Winterquartier 1709/10 des ungarischen Lekozky-Husaren-Regimentes unter Obristleutnant Paul Barbozay dauerte ein halbes Jahr. Im September 1710 mußten die Landgrafschaft Nellenburg (außer den obengenannten Städten) und die stets im Zusammenhang genannten 4 Herrschaften Hilzingen, Tengen, Singen und Mühlhausen 231 1/2 Zentner Heu liefern.

Von Marschrouten, Vorspanndiensten, Einquartierungen und Rekruten-Aushebungen

Staats- und Militärreformen im 18. Jh.

Im Zeichen des aufgeklärten Absolutismus begann im 18. Jh. unter Kaiserin Maria Theresia (geb. 1717, 1740–1780) und ihrem Sohn Joseph II. (geb. 1741, 1764–1790) die Umwandlung und Zusammenfassung der österreichischen Länder vom mittelalterlichen ständischen Patrimonialstaat zu einem modernen Staatswesen mit eigentümlicher Mischung eigenstaatlicher, gesamtdeutscher und europäischer Belange; der österreichische Herrscher war ja zugleich bis 1806 Oberhaupt des Heiligen Römischen Reiches Deutscher Nation. Vorher war die Modernisierung des Staates schon beispielgebend unter freilich ganz anderen Voraussetzungen in Preußen unter König Friedrich II. (der Große, geb. 1712, 1740–1786) und seinen Vorgängern geschehen. Mehrere Kriege mit wechselnden Koalitionen, je nach den Bedürfnissen dynastischer Interessen, ehrgeiziger Wünsche nach Vergrößerung des Landes sowie nach politischer Machterhöhung, und nicht zuletzt das Bestreben nach Erhaltung des europäischen Gleichgewichts hielten die Völker in notvoller Unruhe, vor der auch der Hegau nicht verschont blieb.

Österreichischer Erbfolgekrieg 1741 bis 1748

Nach dem Tode Kaiser Karls VI. (1711–1740), der mit Hilfe der Pragmatischen Sanktion (1713) die weibliche Erbfolge seiner Tochter Maria Theresia zu sichern gehofft hatte, brach der sogenannte Österreichische Erbfolgekrieg (1741–1748) aus. Noch im Jahr der Thronbesteigung eroberte Friedrich II. von Preußen 1740 das österreichische Schlesien. Dem bayerischen Kurfürsten gelang es unter Ausnutzung der momentanen Schwäche Österreichs, sich 1742 in Frankfurt als Karl VII. zum Kaiser wählen zu lassen. Der vormundschaftlich regierende Herzog Karl Friedrich von Württemberg, neutral geblieben, hielt es für ratsam, wegen der französischen Durchmärsche seine drei Neffen, darunter den 12jährigen Karl Eugen, sicherheitshalber 1741 für einige Monate auf den Hohentwiel zu schicken.[1]

Eine bayrisch-französische Armee in Stärke von 7000 Mann unter dem Befehl des Chevaliers Charles L. A. Fouquet de Belleisle, die sogenannte Huldigungsarmee, zog im September 1744 den Hochrhein hinauf über Singen nach Radolfzell, Stockach und Konstanz, um die

Huldigung der Städte in der Landgrafschaft für den bayrischen Kaiser zu erzwingen. Die Franzosen bezogen Winterquartiere in der Gegend, gewiß auch in Singen; sie werden als ausgelassen, rücksichtslos und mutwillig beschrieben. Am 22. April 1745 übernahm Österreich wieder das Regiment.[2]

Wie üblich wurde bei der Gelegenheit die Landschaft von den österreichischen wie von den bayrisch-französischen Truppen mit Fouragelieferungen und Quartierlasten geplagt.

Im Januar 1745 starb der unglückliche Schattenkaiser Karl VII. eines vorzeitigen Todes. Im September 1745 wurde Herzog Franz Stefan III. von Lothringen, der Gemahl Maria Theresias, als Franz I. in Frankfurt zum Kaiser gewählt; an Weihnachten dieses Jahres kam es unter Verzicht auf Schlesien zum Friedensschluß mit Preußen. Der europäische Krieg mit Frankreich in den spanischen Niederlanden und in Oberitalien aber fand erst im Frieden zu Aachen im Oktober 1748 sein Ende. Maria Theresia konnte den Verlust Schlesiens nicht verschmerzen; vergeblich versuchte sie nun im Bunde mit Frankreich und Rußland im Siebenjährigen Krieg 1756 bis 1763, dem zweiten europäischen Krieg in der Mitte des 18. Jh.s, Schlesien zurückzuerobern.[3]

Es mutet eigentümlich an und sollte in dem Zusammenhang durchaus hervorgehoben werden, daß diese von Kriegsgeschrei erfüllten Jahre mit kurzen Friedensphasen zugleich und dennoch eine Zeit waren, in welcher der Barock seine höchste Entfaltung fand, in der fürstliche Residenzen, prächtige Klosteranlagen und herrliche Kirchen erbaut wurden. Es fällt ferner auf die starke Ausrichtung des gesellschaftlichen und kulturellen Lebens nach Frankreich, trotz der unaufhörlichen kriegerischen Auseinandersetzungen im territorial und politisch aufgesplitterten südwestdeutschen Raum.[4] Im Hegau z.B. erfolgten in diesen Jahren der Bau der Hilzinger Pfarrkirche 1747 bis 1749, viele Barockisierungen gotischer Kirchen oder der Bau des Schlosses Gailingen 1750 bis 1760 und des Schlosses Rickelshausen 1769 bis 1773.

In den österreichischen Ländern wurde nach 1740 mit Nachdruck die Umwandlung des alten Ständestaates in einen Beamtenstaat fortgesetzt, Reformen im Geiste der Aufklärung erfolgten auf allen Gebieten des staatlichen öffentlichen Lebens, wovon eine sehr große Zahl von Zirkularen der Hofkammer und insbesondere der vorderösterreichischen Regierung im grundherrlichen Obervogteiamt Singen Kunde gibt.

Neuaufbau des Heeres in der österreichischen Monarchie

Unmittelbar nach dem Aachener Frieden von 1748 begann Maria Theresia gegen den Widerstand der Stände mit dem Neuaufbau des Heeres. Um den Unterhalt des erhöhten Truppenstandes sicherzustellen, mußten die Staatseinnahmen erhöht und neue staatliche Behörden bestellt werden; 1764 wurde ein neuer Steuerfuß eingeführt. Im Zusammenhang mit Einführung des Militär-Konskriptionswesens 1784 mußte die Bevölkerung der ganzen Monarchie erst einmal erhoben, d.h. gezählt werden. So wurden auch in der Herrschaft Singen-Mägdeberg 1771 die ersten Volks- und Viehzählungen (Seelen-Konskriptionen) durchgeführt und die Häuser numeriert. Die ermittelten Zahlen sind sicher nicht sehr genau, da Herrschaft und Untertanen diese Erfassung mit Mißtrauen betrachteten.

Mit Hilfe der so gewonnenen Unterlagen wurden ab 1787 die zur Ergänzung des Militärs benötigten Mannschaften auf die einzelnen Orte nach dem Verhältnis ihrer Einwohnerzahl umgelegt, was zu manchen Streitigkeiten Anlaß gab. In Österreich mußten nämlich die Rekruten lebenslänglich Dienstpflicht leisten; erst 1789 bewilligte Joseph II. eine achtjährige »Kapitulation« gegen ein Handgeld. Der Schwäbische Kreis sowie Schwäbisch-Österreich hingegen verpflichteten die Soldaten bei ihrer Anwerbung auf Kapitulation mit befristeter Dienstdauer.[5]

Da weder die Reichskriegsordnung – das Reich war seit 1521 in 10 Reichskreise eingeteilt – noch die bündische Zusammenfassung mehrerer Reichsstände zu dauerndem Erfolg führte, blieb die kaiserliche Armee des Reiches erster militärischer Einsatz. Besonders zu beachten ist dabei jedoch, daß auch die österreichischen Vorlande (Vorderösterreich) selbst territorial zerstreut und unzusammenhängend waren.

Ein Blick auf Singen und seine nächste Umgebung mag dies verdeutlichen. Die Herrschaft Singen-Mägdeberg als österreichische Pfandherrschaft gehörte zusammen mit der Herrschaft Staufen/Hilzingen (Reichsstift Petershausen), dem Amt Münchhöf (Reichsstift Salem) und der Grafschaft Tengen zu den vier nellenburgischen neukollektablen schwäbisch-österreichischen Standesherrschaften.[6]

Die gefürstete Grafschaft Tengen war außerdem Stand des Schwäbischen Kreises, zahlte allerdings keine Kreismatrikularbeiträge, und das Reichsstift Petershausen leistete nur einen geringen Beitrag.[7] Das Reichsstift Salmannsweiler (Salem) dagegen stellte ein Kontingent Soldaten, etwa 1/3 Kompanie bis zu einer ganzen Kompanie in Kriegszeiten, die seit 1718 in einer Kaserne in Mimmenhausen stationiert waren.[8]

Dies erklärt, warum in militärischen Angelegenheiten in der Regel die vier Herrschaften Singen, Mühlhausen, Hilzingen und Tengen gemeinsam angeschrieben wurden und etwa bei Rekrutierungen meist unter dem Vorsitz des Obervogtes von Singen die geforderten Leistungen unter sich aushandelten und umlegten. Bohlingen und Rielasingen gehörten dem Fürstbischof von Konstanz, der Mitglied des Schwäbischen Kreises war. Überlingen am Ried, Friedingen und Hausen an der Aach waren radolfzellische Dörfer; die Stadt war österreichisch und gehörte wie die Städte Stockach und Aach und die Landgrafschaft Nellenburg zu den schwäbisch-österreichischen Ständen; auch Schaffhausen finden wir wegen seiner Besitzung Reute im Hegau bei den schwäbisch-österreichischen Ständen. Die Reichsritterschaft schließlich als eigenständiges »Corpus« war weder ein Stand des Reiches noch des Kreises noch von Schwäbisch-Österreich; reichsritterschaftliche Herrschaften waren Heilsberg (Gottmadingen/Ebringen), Worblingen, Steißlingen/Wiechs, Herrschaft Hohenkrähen (Duchtlingen), Weiterdingen und Schlatt u. Kr.[9]. Die Frage also, um welche Soldaten es sich jeweils handelte, ist nicht immer leicht und eindeutig zu beantworten.

Marschrouten und Vorspanndienste

Singen lag an der alten Poststraße von Stockach nach Schaffhausen in der Mitte, hier führte auch eine Brücke über die Aach, Grund genug, diese Route bei Durchzügen trotz der geringen Einwohnerzahl des Dorfes bevorzugt zu wählen. Es half nicht viel, die Straßen schlecht oder gar nicht zu unterhalten: Die Wege um den Hohentwiel waren weit herum als miserabel bekannt. 1792 versuchte Obervogt Frey dem Kriegskommissar in Ulm klarzumachen, daß jede Route aus Schwaben ins Breisgau über Singen bei regulären täglichen Marschrouten von 4 bis 6 Stunden mindestens eine zusätzliche Station Umweg bedeute; dazu komme noch die nahe schweizerische Grenze (Gefahr von Desertionen) und die »undurchdringliche Scheidewand« der fürstbischöflich-konstanzischen und reichsritterschaftlichen Gebiete, die »in dieser österreichisch-kollektablen Enge« nur den Ausweg über Tengen, Bräunlingen offenlasse. Im übrigen sei Tengen kein Fürstentum und die hiesige Herrschaft keine Grafschaft: Singen zähle mit Einschluß von sechs abgelegenen Häusern nur 85, Mühlhausen mit vier abgelegenen nur 68 und Arlen nur 29 Häuser, also insgesamt bloß 182 Häuser.[10]

Die Marschrouten der Truppenbewegungen oder Transportkolonnen wurden nach Anforderung des Kriegskommissars bzw. Marschdepartements auf sogenannten Marschkonferenzen der unmittelbar betroffenen Stände in Tengen, Ravensburg, Ulm, Überlingen und anderen Orten festgelegt. 1779 etwa marschierten einige Kompanien des Benderschen Regimentes von Günzburg nach Konstanz und Rheinfelden: Erste Station Bermatingen, zweite Station Uhldingen, dritte Station Konstanz und Stockach, vierte Station Radolfzell, fünfte Station Singen, sechste Station Tengen, siebte Station Stühlingen, achte Station Tiengen, neunte Station Waldshut; der Obervogt beschwerte sich, weil am 13. September 1779 in Singen mit 169 Mann und einem Pferd ein Rasttag eingelegt werden sollte. 1792 verlief eine Marschroute von Herdwangen über Singen-Kommingen nach Stühlingen. Man unterschied ferner zwischen Winter- und Sommerrouten und legte Alternativrouten fest; stets frequentiert waren Stockach und Radolfzell, sehr häufig Hilzingen. Von Konstanz nach Freiburg benötigte eine Kompanie (1 Offizier, 80 Mann mit zwei 4spännigen Wagen) 7 Tage, von Bregenz nach Freiburg 12 Tage. Die Stationsorte mußten nicht nur Verpflegung und Quartiere bereithalten, sondern meist auch für die Vorspanndienste sorgen, pro Wagen mit 2 bis 6 Pferden. 1744 etwa mußten 1960 Zentner Pulver von Radolfzell nach Freiburg gebracht werden; dafür brauchte man 123 Bauernwagen mit je 6 angeschirrten Pferden. Die Durchmärsche häuften sich in den Jahren 1743 bis 1744 und ab 1779.

Eine im Oktober 1755 in Singen eingetroffene Gruppe muß besonders erwähnt werden. Im Zuge der Hauensteiner Unruhen 1725 bis 1755 verurteilte die vorderösterreichische Regierung 27 Hotzenfamilien, insgesamt 112 Seelen, zur Zwangsaussiedlung nach Ungarn, wo sie in verschiedene Dörfern aufgeteilt wurden. In das Banat waren freilich schon seit 25 Jahren viele Hotzen freiwillig ausgewandert. Dennoch war es eine sehr harte Strafe. Die unglücklichen Leute trafen unter Bewachung eines Oberoffiziers mit 36 Soldaten und einem Regierungskommissär in Singen ein und hielten hier bei hinlänglicher Unterkunft und Verpflegung einen zusätzlichen Rasttag.[11]

Soldaten im Quartier

Viel schwerwiegender als die auf 1 bis 2 Tage begrenzten Übernachtungen durchmarschierender Truppen oder Kolonnen waren die wochen- und monatelangen Winter- und Sommerquartiere. So nahm im Winter 1720 der Stab eines Dragonerregimentes mit 21 Pferden in Singen und Arlen unter einem Obrist-Wachtmeister Quartier. Im Jahre 1734 erschien eine Kompanie Khevenhüller-Dragoner, 1735 und 1736 waren es kaiserliche und württembergische Dragoner, 1743 hielten in Singen-Arlen und Mühlhausen 20 ungarische Husaren Winterquartier (Khevenhüller-Regiment). 1735 wurden in Singen 3315 Mundportionen und 2844 Pferdeportionen abgerechnet. Nach einem von Prinz Eugen unterschriebenen Mandat (03.11.1734) waren diesen Auxiliar-Truppen u. a. Jagd- und Holzfrevel untersagt, Wirtshäuser sollten nicht ohne Not belegt werden.[12]

Nach einem weiteren Zirkular (1743) des Herzogs Carl Alexander von Lothringen, des Schwagers von Maria Theresia, mußten die Truppen bei freier Unterkunft und Stellung von Brennholz und Licht (Kerzen) ihre Verpflegung nach bestimmten Tagessätzen bezahlen. Die Hausmannskost bestand pro Tag und Mann in einer Brotsuppe, 1 3/4 Pfund Brot (davon 1/4 Pfund in der Suppe), einem halben Pfund gesottenem Fleisch und dazu Gemüse nach Landesart (Mehlspeise, Garten- oder Hülsenfrüchte), einem Schoppen Landwein oder 1/2 Maß Bier (1786).[13]

Eine Punctation des schwäbisch-österreichischen Oberkriegskommissars (Kreis-Marsch-Departement) vom 26. Mai 1780 in Ulm beschreibt die den marschierenden Mannschaften/Rekruten zu verabreichende Hausmannskost: Über Nacht pro Kopf 2 Pfund Brot (eingeschlossen die zur Suppe erforderliche Portion), eine ungesottene Fleischportion mit Knochen – 1 Pfund –, ein nach Landesart aus Klöß, Knöchel, Kraut bestehendes Gemüse oder – nebst Trunk – 1/2 Pfund gekochtes Fleisch. Als Entschädigung wurden pro Kopf täglich 8 Kreuzer Reichswährung gezahlt.

Österreichisches Heer und Reichsarmee

Eine allgemeine Wehrpflicht gab es im 18. Jh. noch nicht. Dazu kam es erst durch die französische Revolution nach 1789, die mit ihren Parolen »egalité, liberté, fraternité« u.a. zum ersten Mal den Krieg in Massen, in gewissem Sinne die allgemeine Wehrpflicht provozierte.

Seit 1748 begann Kaiserin Maria Theresia mit dem Aufbau eines stehenden Heeres; 1786 führte Joseph II. das Militär-Konskriptionssystem ein, das den einzelnen Territorien und Herrschaften durch die 1787 eingerichteten Kantons- oder Werbebezirke Rekruten-Kontingente auferlegte; von einer allgemeinen Wehrpflicht kann dabei zwar nicht die Rede sein, aber immerhin war doch in der Theorie die Wehrpflicht jedes Bürgers gegenüber dem Staat anerkannt. Auch die Mitwirkung der schwäbisch-österreichischen Stände, die früher das Recht der Rekrutenbewilligung und zuletzt noch das Recht der eigenen Auswahl der ihnen auferlegten Kontingente innehatten, war beseitigt; sie fungierten nur noch als notwendiges Glied zwischen Staat und Untertan. Man nahm auch Abstand vom bisherigen lästigen Etappenverpflegungssystem und führte zugunsten der Untertanen die Vergütung aller Naturallieferungen und Vorspanndienste ein, außer freiem Obdach für die Soldaten, die vom Staat Verpflegungsgeld und Brot erhielten. Die neue Armee sicherte die einzig wirksame und verläßliche Verteidigung des Reiches.[14]

Demgegenüber spielte die von den 10 Reichskreisen aufzustellende »Reichsarmee« je länger, je mehr eine klägliche Rolle. Die Friedensstärke betrug 3973 Mann; die Truppen wurden nur in Kriegszeiten in voller Stärke aufgeboten und sollten – gegliedert in zwei Kavallerie-Regimenter (12 000 Reiter) und vier Füsilier-Regimenter (28 000 Mann) – zusammen 40 000 Mann umfassen; auf den Schwäbischen Kreis entfielen 1321 Reiter und 2707 Fußsoldaten. Dies galt theoretisch von 1681 bis 1803. Das Simplum, wie man das Mindest-Aufgebot nannte, konnte in Kriegszeiten beträchtlich erhöht werden. Seit 1696 befehligte ein »Kreisgeneralfeldmarschall« (meist der Herzog von Württemberg als kreisausschreibender Fürst) diese untaugliche und schwerfällige Armee. Die Kreise und nicht zuletzt der Schwäbische Kreis zeigten sich gegen Ende des 18. Jh.s wenig geneigt, dem Reich bei seiner Verteidigung beizustehen, und in den Jahren nach der französischen Invasion von 1796 brach das Kreismilitärsystem vollends zusammen.[15]

Fremde (preußische) Werbungen

Auch andere Staaten versuchten, sich ihren Bedarf an Soldaten mit Überredung, List und an abgelegenen Orten mit Gewalt zu verschaffen. Seit der Mitte des 18. Jh.s wetterten öffentlich angeschlagene Patente gegen Rekrutenwerbung für fremde Kriegsdienste, »weilen Wir derenselben selbsten benöthiget«. Falsch- oder Fremdwerbung waren strikt verboten, Ungehorsame verloren Vermögen und Bürgerrechte. 1756 wurde vor »gewalthätiger Leut-Entführungen« gewarnt, 1757 und 1758 erhielten die Rentämter Weisung, preußische Werber, die ihre mit »zwilchenen Kütteln« bekleideten Rekruten durch österreichische Ortschaften durchführten, zu arretieren; diese aufdringlichen Werber, die 1739 besonders nach »großen Leüthen« Ausschau hielten (»lange Kerls« des Königs Friedrich Wilhelm I.), kehrten aus der Schweiz, besonders von Schaffhausen zurück und versuchten mit ihren angeworbenen Rekruten ungeschoren durch österreichische oder Reichsterritorien zu gelangen. Nicht selten befanden sich unter diesen Rekruten Deserteure aus der österreichischen Armee.

Im April und Juli 1781 wurde bei preußischen Rekrutentransporten aus der Schweiz je ein k.k.-Deserteur ermittelt und nach Konstanz verbracht. Im September des gleichen Jahres mußten 6 Tage lang je 10 Singener Bürger die Rekrutentransporte für das königlichengelländische Regiment bewachen, die im Wirtshaus untergebracht waren. Im Mai 1784 gab die Regierung in Freiburg den Hinweis, daß der preußische Hauptmann Bellet aus Schaffhausen nächtlicherweise und auf abgelegenen Wegen durch österreichisches Gebiet Rekruten transportieren wolle; der Transport müsse genauestens auf k.k.-Deserteure, »invigilirt« werden; ein im September entdeckter Deserteur ließ sich freiwillig auf 6 Jahre wiederum für das österreichische Militär anwerben – vielleicht hatten ihn die Erfahrungen bei den Preußen eines Besseren belehrt.

Weiter hören wir 1794/95 von Rekrutenwerbungen; das Prinz Rohansche und Boußische (?) Contingent-Corps durfte nur im Reich werben, aber keine österreichischen oder reichsständischen Deserteure aufnehmen. Zum letztenmal wurde 1802 über den Unfug preußischer Werbung geklagt.[16]

Militärische Kantons- oder Werbebezirke

»Anfänglich wurden die Vorderösterreicher in kein bestimmtes Regiment eingeteilt. Erst im Jahre 1766 erhielt das Pluquet'sche Regiment die vorderösterreichischen Lande als festen Werbebezirk zugeteilt [...]. 1778 wurde der Feldmarschall-Leutnant Blasius Columbanus Bender zum Obristinhaber ernannt.« Dieses auf vielen Schlachtfeldern bewährte Regiment Bender entwickelte sich ab 1787 »zum richtigen vorderösterreichischen Landesregiment [...]. Die zur Ergänzung des Regiments nötige Mannschaft wurde auf die einzelnen Orte nach dem Verhältnis ihrer Einwohnerzahl aufgeteilt«.[17]

Der »Compagnie Werbbezürk Nr. X« des zweiten Bataillons im Regiment Bender umfaßte 1789 32 nellenburgische Dörfer sowie die Städte Aach, Stockach, Radolfzell und Konstanz mit zusammen 13 704 »Seelen«.

In der Landgrafschaft Nellenburg saß der k.k.-Werbeoffizier in Stockach, 1779 wird ein Werbekommandant in Radolfzell genannt, 1754 war hier das tirolische Land- und Feldregiment zugeteilt, 1780 ist erstmals vom Benderschen Regiment die Rede.

Der Rekrut mußte ein Alter zwischen 17 und 36 Jahren haben, gesund sein und mindestens eine Größe von 5 Schuh und 3 Zoll haben (= ca. 1,60 m). Bei älteren Männern mußten die Glieder noch so gelenkig sein, »daß sie zum Exercieren abgerichtet werden können«. Nur die untersten Schichten der bäuerlichen und kleingewerblichen Bevölkerung wurden möglichst unter Schonung des bürgerlichen und wirtschaftlichen Lebens herangezogen. Ganze gesellschaftliche Gruppen und Berufsstände wie Adlige, Geistliche, Beamte und deren Söhne, Juden, ferner die für die Übernahme eines Hofes, die Ausübung eines wichtigen Gewerbes (z. B. Salni-

tersieder, Bergknappen u.a.) bestimmten Söhne und in der Regel Verheiratete waren von der Dienstpflicht ausgenommen, ebenso auch Studenten, wenn sie im Studium fortkamen, oder Tagwerker und dergleichen mit alten, unterstützungsbedürftigen Eltern. Schließlich durften auch Delinquenten mit schweren entehrenden Verbrechen nicht zum Militär abgegeben werden. Eingezogen werden durften dagegen Vaganten, herrenlose Leute und Handwerksburschen mit abgelaufenen Pässen.

Die Rekrutierung erfolgte durch Aushebung, freiwillige Anwerbung und durch das Spiel. Zur Aushebung geeignet waren die Untertanen, ob ledig, verheiratet oder schon einmal gedient, insbesondere dann, wenn sie einen liederlichen Lebenswandel führten und sich verschiedener politischer »Verbrechen« (1793) schuldig gemacht hatten. In einem solchen Falle mußte in der Widmungsrolle die causa specifica angeführt werden, daß der Ausgehobene z.B. ein Vollsäufer, Spieler, Nachtschwärmer, Raufer, Müßiggänger, Verschwender, Schuldenmacher, Wilderer oder Hurer sei. So wurde z.B. 1804 ein herrschaftlicher Gärtner Josef Stengele, Adjunkt zu Mühlhausen, zur Rekrutierung vorgeschlagen, weil er sein wirkliches Eheweib vor der Ehe geschwängert hatte; Väter unehelicher Kinder wurden häufig eingezogen. Der Singener Kaspar Reuze kam zum Militär, weil er unehrerbietig und gewalttätig gegen seine Eltern sei, sich sogar erfreche, diese zu schlagen und mit Scheltworten zu mißhandeln.

Bei der Musterung (Aushebung) waren stets zugegen ein bis zwei Vertreter des Oberamts Stockach und ein Physicus (=Amtsarzt); 1779 wirkten so in der Herrschaft Singen-Mägdeberg der Hohentwieler Garnisons-Feldscher Jakob Friedrich Hosch und die »Chyrurgen« Johann Baptist Buchegger, Baptist Sandhaas von Singen und Fideli Bürkle von Mühlhausen mit. 1804 bestätigte von Singen Joseph Fischer, der in Wund- und Hebarzneikunde Examinierte und Geschworene, sowie der Chirurg Johann Baptist Sandhaas, daß der Soldat Johann Georg Oexle von Mühlhausen untauglich sei, weil ihm neben einem skorbutischen Zahnfleisch zwei obere Schneidezähne abgingen und die zwei danebenliegenden eine so geringe Festigkeit hätten, daß sie leicht mit zwei Fingern herausgenommen werden könnten.

Die Einberufung zum Militär wurde als Strafe verstanden. Deshalb entzogen sich ihr manche Leute durch die Flucht; 1804 wurde angeordnet, daß in einem solchen Falle die eigenen Väter oder nächsten Verwandten »spielen« müßten; sollte Ersatz gestellt werden, mußten aus dem Vermögen des Abwesenden 150 fl. Handgeld gegeben werden. Wieder andere versuchten sich der Rekrutierung durch Selbstverstümmelung zu entziehen (sogenannte Mutilanten), was mit öffentlicher Schaustellung und Verurteilung zu 10 Jahren Schanzarbeit in der ungarischen Grenzfestung Peterwardein geahndet wurde (1753, 1762). Wer untüchtige oder kranke Rekruten stellte, mußte diese umgehend durch taugliche Leute ersetzen und lief Gefahr, 500 Dukaten Strafe zahlen zu müssen.

Bei der Anwerbung von freiwilligen Ersatzleuten empfahlen die Behörden sparsamen Umgang mit Handgeld. Ohne die Summe festzulegen, durften doch bei Anwerbung von »Fremden« nicht mehr als höchstens 150 fl. gegeben werden. »Wenn ein Mann aus einem der österreichischen Landeshoheit unterliegenden Ort von dem Verspielen erkauft und gestellt wird, so bleibt der Käufer durch die 6 Kapitulationsjahre vom Rekrutenspiel frei; das gilt nicht, wenn der Erkaufte aus einem schwäbisch-österreichisch-kollektablen Ort stammt. Nach diesen sechs Dienstjahren war der Untertan von künftigen Rekrutierungsspielen nicht frei, weil er nicht im eigenen, sondern im Namen des verspielenden Käufers gedient hat.«

So ließ sich z.B. 1786 Jakob Schildknecht aus dem ritterschaftlichen Dorf Bietingen gegen ein (überzogenes!) Handgeld von 350 fl. für den Sohn des Müllers Kaspar Schrott zu Mühlhausen auf 6 Jahre »engagieren«; in der Regel wurde dieses bei der Gemeinde hinterlegte Handgeld noch mit 5% verzinst. 1777 etwa erhielt der Rekrut Michael Ehinger aus Singen, ein Handwerker, ein Handgeld von 100 fl., das er nach Ableistung seiner Dienstzeit erst ausbezahlt erhielt; offenbar war diese Summe gedacht als Startkapital für eine eigene Existenz. Ähnlich mag es 1805 bei Ignaz Biedermann aus Wurmlingen in der Herrschaft Konzenberg gewesen sein, der sich als Rekrut für Johann Ehinger, Sohn des Nikolaus Ehinger von Singen, gegen ein Handgeld von 200 fl. anwerben ließ.

In den Musterungsprotokollen von 1779 ist zum ersten Mal die Rede vom Auslosen und Spiel der Musterungspflichtigen. Dies fand statt in den Städten vor einer Magistratskommission, in den Dörfern vor der herrschaftlichen Beamtung mit Zuzug eines unparteiischen Gemeinde-Ausschusses. Vor dem Spiel wurden die »Spielmäßigen« genau gemessen und jene mit körperlichen Gebrechen ausgesondert; in einem Verzeichnis mit Namen, Alter und Maß der Spielenden wurden die geworfenen Zahlen notiert. Wer am wenigsten warf, mußte einrücken.[18] Nach einem Spielprotokoll vom September 1805 in Singen standen insgesamt 30 Burschen zur Wahl; drei Rekruten und vier Sekundanten (Vertreter) wurden benötigt. Jeder hatte zwei Würfel; wer am wenigsten warf, war gezogen.

Rekrutenanforderungen

In der Mitte des 18. Jh.s forderten das Direktorium der schwäbisch-österreichischen Landstände in Ehingen über das nellenburgische Oberamt Stockach, ferner die Regierung Freiburg i. Br. und der Hofkriegsrat Wien Rekruten- und Truppenersatz an, wobei es im nellenburgischen Oberamtsbezirk mit immerhin 22 Städten und Herrschaften in Friedenszeiten nur wenige Leute betraf, 1789 z.B. 5 Mann! Aber doch brachten diese Musterungen viel Unruhe, Aufregung, Sorgen und sicherlich auch Leid in die Dörfer. 1743 sollte Schwäbisch-Österreich zur Sicherung der Erblande 1500, 1758/59 600 Rekruten aufbringen; die Herrschaft Singen-Mägdeberg präsentierte der Assent- oder Sammelstelle in Günzburg für ihren Ort Mühlhausen den angeworbenen ledigen 18jährigen Michael Chorherr aus dem ritterschaftlichen Steißlingen (Handgeld 80 fl.). Es handelte sich nach Ausweis der Akten in diesen Jahren immer nur um einzelne Untertanen.

Erst ab 1787 steigen die Zahlen der Anforderung: Der Bezirk Stockach mußte 21 Rekruten (Singen 1 Mann) stellen; nach einer Aufstellung vom April 1787 dienten damals im Infanterieregiment Bender 10 Untertanen aus der Herrschaft Singen-Mägdeberg. 1789 häuften sich die Rekruten-Wünsche: Die Herrschaften Singen-Mägdeberg, Hilzingen und Tengen konferierten des öfteren über die Verteilung (Konkurrenz) der Rekruten; 1790 mußten die vier Herrschaften für das Regiment Bender neun Mann entsenden, 1793 stellte das Obervogteiamt Singen 6 Assentscheine (Musterungsbriefe) für das Regiment Bender aus. In den folgenden Jahren stiegen die Mannschaftsanforderungen beträchtlich.[19] Bei den anschließenden »Franzosenkriegen« wurden die Landmiliz und der Landsturm aufgeboten.

Anmerkungen

Zu: Winterquartiere und Schanzarbeit 1675 bis 1695

[1] Zit. nach J. HEILMANN, Kriegsgeschichte von Bayern, S. 1075. – GEORG WINTER, Geschichte des Dreißigjährigen Krieges, S. 579–604. – C. V. WEDGWOOD, Der Dreißigjährige Krieg, 1976.
[2] HANS BRÜSTLE, Villingen, S. 62.
[3] EAS M I 3 = 1134; M I 1/a = 893.

Zu: Im Spanischen Erbfolgekrieg 1701 bis 1714

[1] Kilian Weber, Denkwürdigkeiten aus dem spanischen Erbfolgekrieg, in Bodensee-Chronik 17/18, 1935. – Josef Bader, Bad. Landesgesch., S. 544 f.
[2] EAS M II 1/a = 721.
[3] EAS M II 1/a = 721.
[4] Martens, Hohentwiel, S. 152–158; Ottmar F. H. Schönhuth, Erinnerungen an Hohentwiel, S. 28 f.
[5] EAS M III 2 = 865; Sipplingen, Geschichte, S. 100 f.
[6] EAS M I 2 = 717.
[7] Jakob Barth, Geschichte Stockach, S. 163–171; Hans Wagner, Stockach, S. 243–247; E. Weckerle, Kriegsereignisse in der Stockacher Gegend 1704, in Wochenschrift »Der Hohentwiel«, 7. Jhrg. Nr. 45–47, 1927.
[8] EAS M III 3/a = 848.
[9] EAS M I 2 = 712.

Zu: Von Maschrouten, Vorspanndiensten, Einquartierungen und Rekruten-Aushebungen

[1] Martens, Hohentwiel, S. 165f.
[2] Hierüber im Enzenbergarchiv keine Unterlagen. Literatur: Walchner, Geschichte Ratolphzell, 1825, S. 217ff.; Barth, Geschichte Stockach, 1894, S. 220ff.; Albert, Geschichte Radolfzell, 1895, S. 458f.; Wagner, Geschichte Stockach, S. 376.
[3] Handbuch der Deutschen Geschichte, hg. von Leo Just, Bd. II, 1959: Reinhold Lorenz/Heinrich Schnee, Die Grundlegung des Absolutismus, 3. Abschnitt; Leo Just, Der aufgeklärte Absolutismus, 4. Abschnitt.
[4] Hans Martin Gubler, Johann Caspar Bagnato (1696–1757) und das Bauwesen des Deutschen Ordens in der Ballei Elsaß-Burgund im 18. Jh., Sigmaringen 1985, S. 20, 22.
[5] Otto Heinl, Heereswesen und Volksbewaffnung in Vorderösterreich im Zeitalter Josefs II. und der Revolutionskriege, Freiburg 1941, S. 9–16.
[6] Quarthal-Wieland, Die Behördenorganisation Vorderösterreichs von 1753–1805, Bühl 1977, S. 403f.
[7] Heinz-Günther Borck, Der Schwäbische Reichskreis im Zeitalter der französischen Revolutionskriege (1792–1806), Stuttgart 1970, S. 37, 65f.
[8] Joseph Klein, Kleine Garnison, Bodensee-Chronik 20–24/1936.
[9] Adolf Laufs, Der Schwäbische Kreis, Studien über Einungswesen und Reichserfassung im deutschen Südwesten zu Beginn der Neuzeit, Aalen 1971, S. 432ff., 441. Generell dazu K. S. Bader, Der deutsche Südwesten in seiner territorialstaatlichen Entwicklung, 2. Aufl., Sigmaringen 1978; Erwin Hölzle, Der deutsche Südwesten am Ende des Alten Reiches, Beiwort zur geschichtlichen Karte, Stuttgart 1938. Der Hegau, hg. von Helmut Gerber, Freiburg 1970 (Wanderbücher des Schwarzwaldvereins, Bd. III).
[10] EAS M II 1b = 996.
[11] Günther Haselier, Geschichte des Hotzenwaldes, Lahr 1973, S. 57f.; Heinrich Hansjakob, Die Salpeterer, eine politisch-religiöse Sekte aus dem südöstlichen Schwarzwald, Freiburg 1896, S. 18.
[12] EAS M II 1a = 721.
[13] Temporal-Convention über die Verpflegungsart der kaiserlichen Rekruten-Transporte und andere kleine Kommandos, Ulm, 1786 V 20 in EAS M II 1/b = 996.
[14] Heinl, a.a.O., S. 10 ff.; vgl. den Beitrag Steuerentrichtungen an das schwäbisch-österreichische Direktorium, in diesem Bd. S. 399 f. – Grundsätzlich war hierzulande Schwäbisch-Österreich für die militärischen Angelegenheiten zuständig. Die Stände versuchten solange als irgend möglich, Rekrutenanforderungen durch Geldzahlungen zu umgehen (1751 z. B. 10 000 fl.). 1778/79 mußten die drei Vorlande 130 Mann stellen, wobei es Schwäbisch-Österreich mit 49 Köpfen betraf und einer Kriegszahlung von 16 500 fl. Th. Knapp, Neue Beiträge, Bd. II, S. 13 f., 26, 50.
[15] Ernst-Günter Borck, Schwäbischer Reichskreis, S. 19, 21, 153.
[16] EAS M III 1 = 850.
[17] Heinl, a.a.O., S. 11, 13, 23. Im Radolfzeller Stadtarchiv (Inventar Bd. III, 1956) befinden sich 2 Bände von 1786 (C II,1): Land Vorderösterreich, Landgrafschaft Nellenburg, Herrschaft Radolphzell, Ort: Stadt Radolfzell, zu konskribieren angefangen den 19. und geendigt den 24. July 1786 durch Herrn Lieutenant von Lösch des von Bendern Inf. Regt., dann den Kanzlist Ruef.
[18] EAS M III 3a = 848; M III 11 = 843; M III 1 = 850.
[19] EAS M III 1 = 850; M III 3a = 848.

Jagd- und Forstwirtschaft

von Herbert Berner

Unter den mancherlei Mängeln der Herrschaft Singen dürfte in den Augen eines standesbewußten Grund- und Ortsherrn sicherlich das Fehlen eines größeren, herrschaftlichen Waldes und die Beschränkung auf das niedere Waidwerk eine der spürbarsten und nachteiligsten Unzulänglichkeiten gewesen sein; im Lehenbrief von 1655 reservierte sich der Landesherr ausdrücklich u. a. das hohe Rotwildbret, für das er einen Jäger hielt.[1]

Jagdrechte in Nellenburg

In der Landgrafschaft gab es dreierlei Arten von Jagd, nämlich die reservierte, die kompromißliche und die sogenannte Gnadenjagd; alle drei Gattungen wurden wiederum in die hohe und niedere Jagd unterteilt. Ursprünglich besaß der Landgraf das Jagdrecht allein, doch trat er im Laufe der Zeit einige Jagddistrikte und Jagdrechte ab. Der für die landgräfliche Jagd ausschließlich vorbehaltene Distrikt war der reservierte Jagdbezirk. Die mit den sigmaringischen und fürstenbergischen Nachbarn strittigen Grenzbezirke, in denen die Ausübung der Jagd durch Kompromiß festgesetzt wurde, nannte man deshalb kompromißliche Jagdbezirke. Die Jagdbezirke, die Kaiser Maximilian als Landgraf von Nellenburg und seine Nachfolger dem Hegauadel aus Gnaden überließen, trugen den Namen Gnadenjagdbezirke.[2]

Zunächst überließ der Landgraf dem Adel »zur Kurzweil und für die Küche« nur die kleine Jagd in den Gnadenjagddistrikten, trat jedoch nach und nach auch die große Jagd ab an 13 Niedergerichtsherren, unter ihnen Graf Enzenberg für die Herrschaft Singen-Mägdeberg. Die landesherrlichen Jagd- und Forstordnungen galten in der ganzen Landgrafschaft Nellenburg, also auch in den Gnadenjagdbezirken.

Übertriebene Wildhege – großer Wildschaden

Bei der Sorge um die Erhaltung der Wälder ging es den Landesherren nicht um die Sicherung der Holzversorgung, sondern um die Schonung vor allem des Hochwildes und die Gewährleistung bester Lebensbedingungen für das Wild. Das alles erwies sich als recht kostspielig: In der Landgrafschaft Nellenburg trug die landesherrliche Jagd von 1694 bis 1700 ganze 380 fl. ein, bei Ausgabe von 5306 fl.![3]

Erzherzog Sigmund Franz erließ am 15. Juli 1663 ein für dieses Denken charakteristisches Mandat, in dem er »unwaidmännisch Pürsch und Jagen« (gemeint sind vor allem die Jagdzeiten für die verschiedenen Wildarten) und nächtliches Schießen mit hohen Strafen bedrohte. Die Schäfer insbesondere mußten ihre Hunde an die Ketten legen oder ihnen Prügel anhängen, damit sie in Feld und Wald das Wildbret nicht vertreiben konnten. Bei der forstlichen und landwirtschaftlichen Nutzung (Waldweide) war darauf zu achten, daß etwa junge und fruchtbare Eichen, Buchen und andere Obstbäume, »davon das rot und schwarze Wildprät seine Nahrung nimmt, es seye gleich im Vorst als in Veldern«, geschont und nicht den heimischen Sauen überlassen wurden. Strafbar war ferner das Wegnehmen von Vogeleiern, das Aufheben von Wildkälbern, die Störung von Reiher- und Habichtständen und vor allem das Ausstocken von Waldungen.[4]

Mit hoher Jagd meinte man vor allem den Hirsch, nachdem zahlreiche Wildarten wie etwa der Bär (bis gegen 1600 noch auf dem Randen), der Luchs (bis 17. Jh.) und der Wolf (bis Ende des 17. Jh.s) ausgerottet waren. Zum kleinen Waidwerk rechneten in der Landgrafschaft noch im 18. Jh. das Reh und das Wildschwein. Zur vornehmlich als Treibjagd betriebenen Jagd mußten die Bauern in großer Zahl antreten; Jagdfronen waren oft ungemessene Fronden, in Singen allerdings auf wenige Tage beschränkt. Eine österreichische Wald-, Holz- und Forstordnung von 1786 kündigte die Errichtung eines vorderösterreichischen Oberforstamtes in Freiburg an, das die Einhaltung der landesväterlichen Verordnungen zu überwachen hatte. In Vorsorge für den Nachwuchs der Waldungen sollten nicht nur keine neuen Wege angelegt, sondern die schon gemachten überflüssigen abgestellt werden; Dorfwege und Landstraßen sollten möglichst an den Waldgrenzen geführt werden. Der Eintritt des Viehs in die Wälder war nur eingeschränkt und dort gestattet, wo der »junge Meiß« bereits genug gewachsen ist. Der Eintrieb von Geißvieh war auf das schärfste verboten, und der Schweineeintrieb war nur in hochgewachsenen Eichwäldern erlaubt. Das Grasmähen durfte nur mit Sichel oder Sense in Hochwäldern, wo auch das Vieh weidete, und nur mit hölzernen Rechen zur Herbstzeit geschehen. Auch das Schneiden von Weiden, Stecken und Ruten war verboten. Das sogenannte Mayenstecken wurde mit 5 fl. bestraft (oder 10tägige öffentliche Arbeit), auch war es verboten, sogenannte Zeiger für den Wein- oder Bierschank oder ein Wirtshaus aus grünen Baumgipfeln zu machen. Wer Bäume beschädigte, zahlte wenigstens 6 fl. oder leistete 14tägige Arbeit in Eisen. Gänzlich verboten waren Zäune aus Holz um Gärten, Felder und Wiesen; statt dessen sollten lebende Zäune oder trockene Mauern (in der Luft getrocknete Ziegel) gezogen werden. Arme Leute durften zwar Klaub- oder dürres Holz, das auf der Erde lag, sammeln, aber nur in den über 20 Jahre alten Waldungen.[5]

Indessen wurde die Forstpolizei im Nellenburgischen recht lässig gehandhabt, was sich nach Ausführung des württembergischen Oberförsters Vogelmann in Bebenhausen ab 1806 gründlich änderte: Es wurde auf strikte Einhaltung der württembergischen Forstordnung geachtet.[6]

Nach einem nellenburgischen Protokoll von 1690 mußten die Müller in der Landgrafschaft für den Landvogt Jagdhunde halten. Im übrigen aber wurde den Bauern seit dem endenden 16. Jh. auferlegt, ihre Hunde von St. Georgentag bis Johannes Baptista Bengel (23. April bis 24. Juni) »anzuhänken«, damit sie den Forst nicht durchlaufen, d.h. wildern konnten. Hunde durften auch nicht über Feld mitgenommen werden, so daß sie im 18. Jh. in den Dörfern selten gehalten wurden. Noch 1824 war es verboten, Hunde zur Feldarbeit mitzunehmen. Im Jahre 1847 besaßen in Singen 12 Hundehalter 16 Hunde, davon der Förster Dorny 4. Jagdfrevel und Wildern wurden schwer bestraft, die Jagd war ausschließlich der Herrschaft vorbehalten. Holzfrevel, z.B. Umhauen von Maibäumen, Diebstahl von Besenreis, oder immer wieder verbotener »Viehfraz« oder »Eichelmast« kamen häufig vor. Wenn die Übeltäter – wie meist der Fall – Bauern waren, strafte man sie nicht mit Geld, sondern »körperlich«. Von der Mitte des 18. Jh.s an nach Aussterben des Raubwildes wurden heftige Klagen laut über die bedeutenden Schäden, welche das Rot- und Rehwild sowie das Schwarzwild, besonders in Steißlingen, Singen, Böhringen, Worblingen und Überlingen am Ried anrichteten. Überhandnehmende Wildplagen verursachten Ausfälle der Ernten bis zu einem Drittel des Ertrages, und die Versuche der Gemeinden, die Wildschäden gering zu halten durch die sogenannte Öschhut (der herrschaftliche Jäger bewachte mit einigen Bauern nachts frisch angeblümte und heranreifende Felder), kostete viel Zeit und Geld. Man erwehrte sich des Wildes mit Schreien, Johlen, offenen Feuern, Blindschüssen und gebengelten Hunden und Wildhägern. Aber auch dieses durfte nur mit Genehmigung der Herrschaft geschehen.[7]

Neuordnung der Jagd- und Forstorganisation

Zu Beginn des 19. Jh.s ging das Jagdregal auf die neuen Landesherren über. Das Jagdrecht wurde allmählich auf neue Grundlagen gestellt, die Jagdfronen wurden 1820 und 1831 abgelöst, die Abgaben, Taxen, Sporteln und Stempelgebühren, die aus der Jagd- und Forsthoheit der Grundherren herrührten, 1828 beseitigt.[8] Die feudalen Jagd- und Fischereirechte wurden 1848, 1850 und 1852 aufgehoben. Seitdem ist das Jagdrecht an den Grundbesitz gebunden (200 Morgen) oder den Gemeinden übertragen.

Grundherrliche Förster in Singen – Wildarten

Im Zuge der Neuordnung der Forstorganisation im Großherzogtum Baden beschaffte sich die Gr. Forstei-Inspektion Hegne im Jahre 1813 Unterlagen über die Besoldung und das gesamte sonstige Einkommen der grundherrlichen Förster. In der Grundherrschaft Singen-Mägdeberg war dies der Förster Heinrich Auer in Mühlhausen, 36 Jahre alt, nach sechs Jahren Dienstzeit mit 44 fl. in barem Geld und Naturalien (freie Wohnung, 168 l Wein, Getreide, Kartoffeln, 27 Ster Holz, Dienstkleidung) im Wert von 209 fl. pro Jahr entlohnt.[9]

Die herrschaftlichen Waldungen hatten folgende Fläche:

1. Singen	Morgen	Ruthe	Schuh
Freyer Bühl	11	73	45
Herrenhölzle	45	238	85
Die beyden Fohrenwälder	14	218	2
Brentenhölzle	3	94	23
Die vier Wälder	29	109	52
Gutenhölzle	4	160	39
Streitwald	6	76	54
Zellerhau	166	82	95
Pfaffenhäule	60	85	33
2. Mühlhausen	Morgen	Ruthe	Schuh
Dornsberg	84	86	42
Rumisbohl	238	173	87
(etwa 184,22 ha)	663	192	57

Vom Zellerhau entfielen 9 Morgen, die zum Zwecke der Gewinnung von Ackerland ausgestockt wurden. An Gemeindewald wurden 354 Morgen, an Lehenwald 317 Morgen und an Privatwald 141 Morgen im Rahmen des Reviers beförstert. Die Gesamtfläche betrug also 1464 Morgen (407 ha)[10].

Die Accidenzien (Einkünfte) aus grundherrlichen Waldungen bestanden in Gebühren aus verkauftem Holz »auf dem Stamme« à 4 Kreuzer und aus verkauftem Klafterholz à 6 Kreuzer. Im Durchschnitt der letzten Jahre waren pro Jahr aus Stammholz 16 fl. 45 xr, aus Klafterholz 39 fl. 32 xr eingegangen, d.h. es wurden 359 Klafter und 251 Stämme verkauft. Accidenzien aus Gemeinde-, Privat- oder anderen Waldungen aus verkauftem Holz bezog die Herrschaft nur dann, wenn der Stamm oder das Klafterholz aus der Gemarkung ging, pro Jahr durchschnittlich 15 fl.

Über die Wildarten informiert eine Liste mit den Schußgeldern, die der grundherrliche Jäger erhielt, 1813 insgesamt 30 fl. 8 xr.

Von einem	fl.	xr.
Hirschen	1	30
Thiere (weibliches Stück)	1	30
Wildkalb	1	30
Rehbock		30
Schmalreh		30
Rehkiz		30
Haas		6
Sommerfuchs		30
Winterfuchs		24
Dachs		24
Marder		30
Iltis		8
Feldkaze		6
Schneegans		24
Wildente		6
Wildtaube		8
Wasserhuhn		4
Belchen		6
Waldschnepf		6
Feldhuhn		6
Wachtel		4
Lerche		1
Grammetvogel (Wacholderdrossel)		1
Raubvogel (Mäusebussard, Milan u. a.)		6
Alster (Elster)		4
Reiger (Fischreiher oder Reiherente)		8
Halbvogel (blaue Drosselart)		1
Raaben		4
Jagdhund (wildernder Hund)		30

Im Jahre 1809/10 wurden in den Revieren Singen und Arlen geschossen: 5 Rehböcke, 90 Hasen, 4 Füchse, 2 Dachse, 2 Iltisse, 14 Feldkatzen, 55 Wildenten, 57 Feldhühner, 40 Wachteln, 2 Wildtauben, 7 Waldschnepfen, 7 Riedschnepfen, 19 Raben und 14 Raubvögel; das Schußgeld betrug 33 fl. 16 xr.[11]

Graf Enzenberg erlangt den hohen rothen Wildbann

Im Singener und Arlener Bann besaß Johann Gaudenz von Rost 1670 gegen Erlegung von 150 fl. das kleine Waidwerk oder die niedere Forst- und Jagdgerechtigkeit.[12]

Im Jahre 1771 beschrieb ein von der vorderösterreichischen Regierung zu Freiburg ausgestellter Brief die seit 1751 dem Bischof von Konstanz überlassene hohe malefizische Obrigkeit in der Höri, das Hochjagen sowie die forstliche Jurisdiktion am Schiener Berg und Hardt (festgelegt erstmals 1622); die Grenze verlief nach einer Bereitung 1735 von der Friedinger Ziegelhütte entlang der Post- und Landstraße nach Singen (daselbst ein Kreuz) und von »solch zusammenlaufenden Straßen« über die Aachbrücke bei der Mühlin, von da die Aach hinunter bis an den Rielasinger Bann.[13]

Von dieser Regelung waren somit die singischen und Hohentwieler Forste höchst nachteilig betroffen mit der Folge vieler Jagd- und Forststreitigkeiten mit dem Fürstbischof; Jagddifferenzen gab es jedoch auch mit allen anderen Nachbarn (Radolfzell, Steißlingen, Hohenkrähen, Langenstein und Hilzingen), am meisten mit dem württembergischen Hohentwiel »wegen seiner auf nichts als Gewalteingriffe begründeten Ansprüche auf die niedere Jagd in dem Bann von Singen« (ab 1655).[14]

1775 jedoch gelang es Graf Franz I. von Enzenberg,

341

gegen den heftigen Widerstand des nellenburgischen Oberamtes in Stockach den »hohen rothen Wildbann« in seinem ganzen Pfandlehenbezirk zu erlangen.[15]

Das Oberamt in Stockach hatte dagegen eingewandt, daß durch die Überlassung des Wildbannes und der Forstobrigkeit an die Grundherrschaft Singen ein Landesherr nicht nur in Nachteil gerate bei der Behauptung der eigenen Forstobrigkeit gegenüber dem Hohentwiel, sondern daß auch die unmittelbare Verbindung abgeschnitten werde zum Gailinger, Duchtlinger und Schlatter Forst. Durch diese Abschneidung und Entfernung würde die Besorgung der Hoheitsfälle im nellenburgischen Gebiet sehr erschwert, sogar »verkürzt«. Weiterhin würde damit die Fischereigerechtigkeit in der Aach berührt: »Die Stadt Aach herrscht gleichsam über den Aachfluß, der ebenfalls durch den Singener und Arlener Bann fließt; dieser Stadt steht das Recht zu, über diesen durch alle ritterschäftlichen Ortschaften bis in den Bodensee zu gebieten, Fischerordnungen zu machen, diese alle Jahre unter Vertretung des nellenburgischen Oberjägers, den an diesen Wasser gelegenen Gemeinden public zu machen und deren Übertretung zu bestrafen.«[16]

Die Kaiser Josef II. (4. Juni 1790) und Leopold II. (9. Juli 1792) sowie Franz II. (20. Januar 1794) bestätigten den Grafen Enzenberg den Forst- und Wildbann über ihren ganzen Lehenbezirk.[17]

Die Waldungen auf dem Dornsberg

Zu den der Landgrafschaft durch »gewalttätigen Besitz« entfremdeten Jagddistrikten gehörte der Dornsberger Wald nördlich von Aach, nach alten Anschlägen an die 600 Jauchert umfassend, ein seit dem Beginn des 15. Jh.s zur Herrschaft Mägdeberg gehörendes Lehen. Auch die Gemeinde Mühlhausen besaß beim Wasserburger Hof Waldungen (ca. 307 Jauchert), die wahrscheinlich in den ebengenannten 600 Jauchert inbegriffen sind. Die drei Dornsberger Höfe hingegen waren ein Besitz des Klosters Salem.[18]

Im Zuge der Besitzabfolge gelangte der Dornsberger Wald an die Herren von Rost und Enzenberg. Bei einer 1763 vorgenommenen Lehen-Separation wurde der Dornsberg hinter der Stadt Aach als eine ca. 600 Jauchert zählende Waldung beschrieben, besetzt mit Foren, Buchen, Eichen und dergleichem Gehölz, mit Gericht, Zwing, Bann, Wunn und Wayd zum Schloß Megdberg gehörend, z. Z. aber mit denen von Praßberg als Inhabern des Wasserburger Hofes strittig.[19] An anderer Stelle heißt es dann: »In denen Waldungen haben sie den bloßen Holzschlag ohne die mindeste Jagdgerechtsame.«[20] Im Jahre 1773 ließ der nellenburgische Oberjäger Franz Joseph Liebherr unter Mitwirkung des Geometers Franz Joseph Bruder von Stockach und des herrschaftlichen mühlhausischen Jägers Hans Georg Schroff um den Dornsberger Wald Steine setzen.[21]

Obervogt Raymund Alexi Ranz, wegen seiner übertriebenen Jagdleidenschaft unrühmlich bekannt, führte seit 1774 einen langen hartnäckigen Kampf mit dem Oberamt Stockach wegen der Jagdgerechtigkeit auf dem Dornsberg, die er für seine Herrschaft in Anspruch nahm und schließlich auch erlangte.[22]

Er behauptete nämlich, daß Graf Enzenberg die kleine und hohe Jagd für alle seine lehenbaren Besitzungen, somit auch für den Dornsberg, als ein nach Mägdeberg gehörendes Eigentum zugesprochen bekommen habe, obgleich diese Waldung unbestritten im reservierten Jagdbezirk lag und dem Kameralrevier Aach zugeteilt war.

Nellenburg hatte, abgesehen von einer lange Zeit vernachlässigten jagdlichen Aufsicht, die Jagd zuerst an die von Rost, dann bis 1742 an die Grafen von Welsberg (Langenstein) »verbeständet« und somit selbst seine Rechtsposition ins Zwielicht gebracht. Am 24. September 1774 gab die Regierung in Freiburg nach und überließ dem Grafen Enzenberg die »Jagd in dem Dornsberg [...] jedoch in der Maaß, daß er sothanes jagen nicht durch eigene Jägern, sondern durch die Nellenburgische zu exerciren« habe, wie es im Vertrag von 1693 dem Jäger zu Aach zu versehen aufgetragen war.[23]

Das Ergebnis des Streites, in dem der eigensinnige Obervogt Ranz dem nellenburgischen Oberamt »unaussprechlich viele Mühe, arbeiten und Vertrießlichkeiten verursachet« hat und lange Schriftsätze produziert wurden, endete – schmerzlich für Nellenburg – mit der Entscheidung Maria Theresias, dem Gubernialrat Graf Franz von Enzenberg »zu seinem pfandschaftlichen Lehen Singen und Megdberg auch den Forst- und Wildbann über diesen seinen ganzen Lehenbezirk in der nämlich pfandschaftlich lehenbaren Eigenschaft unentgeldlich vollends allergnädlich zu überlaßen« (Freiburg, 30. Dezember 1775). Auf eine ungläubige Rückfrage des Oberamtes, ob das denn auch für den Dornsberg gelte, erging am 31. Januar 1776 von der Regierung zu Freiburg der endgültige Bescheid, daß »die Waldung Dornsberg insoweit dieser zum Lehen gehört, unter dieser allermildesten Überlassung gemeynet, folglich der hierwegen obgewaltete und letzthin ad Conclusiones gedyhene stritt andurch behoben, somit von seiten des k. k. Oberamts sich nach sothanem der Sachverhalt und obiger Beschaffenheit zu achten komme«.[24]

Der nellenburgische Oberjäger Liebherr konnte nur noch darauf hinweisen, daß die mägdebergischen Waldungen auf dem Dornsberg nach wie vor der 1724 erlassenen Holz- und Waldordnung unterworfen seien, daß jedoch der nellenburgische Jäger, Hans Georg Schrof in Aach, die Dornsberger Waldungen nicht mehr zu betreten habe.

Von August 1819 liegt uns ein Bericht über eine Visitation der Enzenbergischen Waldungen zwischen den Markgräflich Badischen und F.F. Hofgütern Dornsberg und Wasserburg vor.[25] Danach war die Waldung (280 fürstenbergische Jauchert) abgeholzt, die ältesten Schläge (Buchen, Kiefern) waren neun bis elf, die jüngsten ein bis zwei Jahre alt. Der Nachwuchs an Laub- und Nadelholz war verbissen. Viel Holz war unerlaubterweise an das Eisenwerk Zizenhausen geliefert worden.[26]

Schon Obervogt Ranz hatte 1777 den Bauern Eusebi Stocker vom hinteren Dornsberger Hof als Baumwart bestellt; sein Sohn und Nachfolger Fidel hielt 40 Stück Hornvieh, das er ungeniert und unberechtigt auf die Waldweide trieb. Er mußte nun seines Amtes enthoben werden. Künftig sollte der fürstenbergische Revierförster Gabriel Willibald die Aufsicht führen und für ein gänzliches Verbot des Viehfrazes sorgen. – Wenige Jahre später – 1824 – verkaufte Graf Franz II. von Enzenberg den Wald mit 126 ff. Renovationsjauchert samt Jagdrecht angrenzend an die mühlhausische Gemeindeverwaltung und den ff. Wald um 6000 fl. an die F. F. Domainenverwaltung in Donaueschingen.[27]

Verpachtung der Jagd in den Singener Waldungen

Ganz anders und weitaus problemloser gestaltete sich das Jagd- und Forstwesen in den neuen Ländern Baden und Württemberg. Was vor wenigen Jahren noch unvorstellbar gewesen wäre, wurde nun Wirklichkeit: 1815 überließ das königlich-württembergische Forstamt Wurmlingen bzw. Rottweil dem Grafen Enzenberg die Jagd in der Hohentwieler Hut und im Bruderhof (680 Morgen) bis 1851, die Badische Forstinspektion Hegne die Jagd auf Gemarkung Singen bis 1830. Bezirksforsteien (Forstämter) wurden 1834 errichtet, für Singen zuständig jenes in Radolfzell, von 1839 bis 1854 vorübergehend in Bohlingen installiert. Graf Enzenberg seinerseits verpachtete 1816 die Jagd zu Maiershöf an den Baron Ernst von Stotzingen gegen jährliche Ablieferung von einem Rehbock und vier Hasen im Singener Schloß. 1819 übertrug Graf Enzenberg die grundherrliche Wald- und Feldjagd auf der Gemarkung Singen und Arlen sowie die Hohentwieler Jagd gegen jährlich 100 fl. Pachtgeld an seinen Förster Karl Domy, die Jagd in Mühlhausen an den Förster Heinrich Auer (50 fl.); 1830 übernahm Kaufmann W. Weniger aus St. Gallen für sechs Jahre die Singener Jagdpacht, 1831 der Obrist von Voumard zu Worblingen die Jagd in Arlen; letztere ging 1838 bis 1841 an J. J. Winz zur Kolle in Stein am Rhein.[28] – 1834 übernahm nach dem neuen Forstgesetz der grundherrliche Förster Karl Domy auch die Besorgung der Gemeinde- und Privatwaldungen in Singen.[29]

Ablösung der Waldnutzungen

Im gleichen Jahr konnte ein Prozeß der Gemeinde Singen gegen die Grundherrschaft in Sachen Weidgangsberechtigung in den gräflichen Waldungen mit einem Vergleich beendet werden. Die Gemeinde Singen hatte seit unvordenklichen Zeiten das urkundlich allerdings nicht nachweisbare Recht, in sämtlichen auf dem Singener Bann liegenden grundherrlichen Waldungen (200 Jauchert = 284 Morgen) das Vieh auszutreiben, Eicheln zu lesen und danach die Schweine hinzutreiben, Leseholz zu sammeln, Stumpen zu schlagen, Weiden zu schneiden (Wieden) und Laub zu sammeln. Diese Nutzungsrechte beeinträchtigten die Forstwirtschaft in hohem Maße, deshalb schränkten bereits 1806 die württembergischen Forstbehörden das Leseholzsammeln (ohne schneidende Werkzeuge) auf zwei Tage in der Woche ein; seit dieser Zeit war das Vieh- und Schweineaustreiben untersagt. 1829 wiesen die Badischen Forstämter auf das baldige gänzliche Verbot des so schädlichen Ernte-Wiedenschneidens in den Wäldern hin. Die Bauern betrachteten die neuen Anordnungen zum Schutze des Waldes nur als billigen Vorwand, ihnen ihre alten Rechte vorzuenthalten.

Im Auftrage des Gemeinderates trug Bürgermeister Georg Weber folgende Vorstellungen vor: Ausgehend von der Annahme, daß der herrschaftliche Wald 300 Jauchert habe, benötige man jährlich 50 Jauchert (= 6. Teil) für den Viehtrieb. Man rechnete ein Stück Vieh auf 1 Jauchert. Die Entschädigung für ein Stück Vieh sollte 2 fl. betragen = 100 fl., was einem Kapital von 2000 fl. entsprochen hätte. Statt dessen könnte Graf Enzenberg als Entschädigung auf das bisher auf dem Gemeindeplatz bezogene Marktstandgeld sowie auf das von der Gemeinde noch nicht bezahlte Frond-Ablösungskapital in Höhe von 1300 fl. verzichten und jährlich 8 Klafter Schulholz liefern. Dem wurde entgegengehalten, daß die Herrschaftswaldungen nur beiläufig 200 Jauchert umfaßten. Der Nutzen der Waldweide mit 2 fl. pro Stück Vieh sei zu hoch berechnet, weil der größte Teil der Waldungen magere Böden habe, auf denen statt Futtergras nur Moos wachse. Graf Enzenberg erkannte das

Waldeintriebsrecht als bestehend an, aber er war nur zum Verzicht auf das Marktstandgeld bereit.[30]

Im Vergleich vom 7. März 1834 einigte man sich auf die Ablösung des Weidgangrechtes, wofür die Grundherrschaft an die Gemeinde Singen auf ewige Zeiten ihr Klafter Brennholz jährlich gab und das Marktstandgeld (jährlich 100 fl.) abtrat.[31]

Der Prozeß gegen den württembergischen Staat, den die Gemeinde wegen der Waldweide und anderer Nutzungen anstrengte, dauerte von 1828 bis 1865. Im Dorf stünden 650 Stück Vieh, der Weidewert für ein Stück Vieh betrage 24 xr oder 260 fl. pro Jahr, was einer Ablösungssumme von 6500 fl. entspreche (25fach kapitalisiert). Weitere Nutzungen wie Eichellesen und Schweineeintrieb für ca. 400 Schweine, Stumpenschlag (jährlich 500 Klafter), Wiedenschneiden (jährlicher Bedarf 160 000 Stück) und Laubrechen (jährlich ca. 500 Wagen Laub) wurden angeführt. Die Ablösungssumme hierfür hätte nach den Vorstellungen der Singener 42 500 fl. betragen. Auch dieser lange Prozeß endete mit einem Vergleich. Man einigte sich auf folgende Werte für die einzelnen Berechtigungen:

1. Weiderecht	2 000 fl.
2. Schweineeintrieb/Eichellesen	250 fl.
3. Stockholz oder Stumpenschlag	525 fl.
4. Weidenschneiden	250 fl.
5. Laubrechen	15 000 fl.
	18 025 fl.

Hierfür trat die württembergische Forstverwaltung als Entschädigung die Staatswaldungen Schnaidholz und Katzental an die Gemeinde Singen zu Eigentum ab.[32] Beide Parteien verzichteten auf weitere Ansprüche jeglicher Art.

Waldbestand der Gemeinde Singen

	Morgen	Vierling	Ruten
1850	15	1	–
1867	82	3	84
1871	26 ha	48 ar	–
1875	25 ha	72 ar	6,5 m²
1881	29 ha	66 ar	57 m²

Privatwaldbesitz rund 40 ha.[33]

Man kann sagen, daß die Gemeinde Singen bei beiden Ablösungsverhandlungen ein gutes Geschäft gemacht hat.

Anmerkungen

[1] EAS U 34, 1655 II 23.

[2] RAISER, Landgrafschaft Nellenburg, § LV; Die Grenzen des seit 1494 durch Verkauf, Pacht, Belehnung und »Gewalttätigen Besitz« verminderten reservierten Jagdbezirks wurden 1787 festgestellt; der Bezirk selbst wurde damals in 7 Cameralreviere eingeteilt.

[3] OTTO SCHULER, Aus der Forstgeschichte der Landgrafschaft Nellenburg um 1700, in Zs Hegau 2 (1956), S. 134–138.

[4] Vgl. ROTH VON SCHRECKENSTEIN, Reichsritterschaft II. 1886, S. 476: Forstobrikeitliche Ansprüche der Landgrafschaft Nellenburg, Einhaltung der nellenburgischen Forst- und Waldordnung.

[5] EAS A I 26/2 = 702. – Über Jagd- und Forstwirtschaft finden sich vergleichbare Verhältnisse (Hundslege, Unterbringung und Verpflegung des Jagdpersonals u. a. m.) in Kloster Wald: MAREN KUHN-REHFUS, Frauenzisterze und Vogtei. Kloster Wald und die Grafschaft Sigmaringen, in ZWLG 45/1986, S. 43–47, 51–55, 66–69.

[6] EAS A I 26/2 = 702.

[7] Nach GOTTFRIED SAUTER, Jagdbarkeit, Jagd- und Wildschäden in den alten Ämtern Blumenfeld und Tengen, in Zs Hegau 25 (1968), S. 65–85.

[8] EAS O VI 4/3 = 554.

[9] Zur Dienstkleidung gehörten jährlich ein Jagdkleid (20 fl.), ein Paar Stiefel (8 fl.), alle zwei Jahre ein Überwurf (18 fl.) und alle sechs Jahre eine Gala-Livree (48 fl.). Nach HANS-DIETER STOFFLER, Die Besoldung des gräflich-enzenbergischen Försters in Singen im Jahre 1813, in Zs Hegau 21/22 (1966), S. 265–267.

[10] EAS O VI 1/3 = 825.

[11] EAS A I 8/1 = 909. – Frdl. Auskunft von Dr. med. U. Bringolf, Schaffhausen, 13. Februar 1989.

[12] EAS F I 1/2 = 522; F I 2/6 = 535.

[13] EAS F I 6/5 = 517; O VI 1/1 = 673.

[14] Umfangreiche Akten hierzu im GLA: Hohe Jagd in Herrschaft Singen/Mägdeberg: 229/97 899, 97 802; 72 (von Enzenberg) 18; Hohentwiel: 229/97 894, 97 895, 97 201, 97 950; 118/425, 426; 391/36 542; Bischof von Konstanz: 229/27 802, 97 897, 10 599; Nellenburg: 118/427; Radolfzell: 229/97 896 – EAS O VI 3/3 = 508, O VI 3/6 = 1162.

[15] EAS F I 5/3 = 426, 1775 XII 16 Wien. – Graf Enzenberg entrichtete für das Forstregal jährlich 38 fl. Bezüglich des fürstbischöflichen Gnadenjagens bot er an, daß er dem alten und gebrechlichen Kardinal (Franz Konrad von Rodt, 1750–1775) zu Konstanz persönlich die Hochjagd erlauben werde. Der Brief, der die Befreiung der Herrschaft Singen vom nellenburgischen Gerichtszwang und die Übertragung des hohen nuzen Wildbann = Forestal-Jurisdiktion verleiht, wurde in Innsbruck am 17. Juni 1775 ausgefertigt.

[16] Leider ist die Geschichte der Fischerei in der Aach noch nicht erforscht. Siehe dazu EAS S II 8/1 = 878, Fischen in der Aach 1662–1808. – In Vollzug des Fischereigesetzes vom 3. März 1870 wurde eine Freie Fischereigenossenschaft der Hegauer Aach gebildet; ab 1850 verpachtete die Gemeinde die Fischwasser. Vgl. ADOLF MARTIN, Das Fischereirecht in

der Aach auf Gemarkung Volkertshausen, in Zs Hegau 4 (1957), S. 126–131.

[17] EAS O I 1/6 = 1028; O IX 1/4 = 220.

[18] DOBLER, Mägdeberg, S. 113f.; KBK Bd. IV, S. 555f., Dornsberger Höfe; Bd. III, S. 117, führt den Dornsberger Wald überhaupt nicht auf.

[19] EAS F I 6/10 = 919. In einer summarischen Beschreibung der herrschaftlichen Güter zu Mühlhausen von 1712 hingegen werden als Waldungen aufgeführt der Romisbohl (Rumisbohl) mit 174 Jauchert und der Dornsberg mit 121 Jauchert, zusammen 296 Jauchert; F I 2/2 = 649. Dies stimmt überein mit dem Megdberg-Mühlhausischen Urbar von 1452, GLA 229/97 302, sowie mit dem Urbar von 1650. Darin steht nichts von Jagdgerechtigkeit.

[20] EAS F I 6/9 = 767. Der erste rostische Jäger Anton Hemmerle, als Zeuge befragt, sagte aus, daß ihm von seinen Herren seelig nur der Arler und Singer Bann, dann im Mühlhausischen »alleinig der Kräherberg, Megdberg, Rumisbohl [...] zum niederen Jagens-Bezirk angewießen sey«; GLA 229/97 902, 22.10.1774.

[21] EAS O VI 1/1 = 673.

[22] SÄTTELE, Singen, S. 58. Eine Vorstellung von der Jagdleidenschaft des Obervogts, die von der Herrschaft zumindest toleriert wurde, vermittelt eine 1774 vorgenommene Inventur: Damals besaß die Herrschaft 19 Gewehre, Schrotstutzen, Vogelflinten und Pistolen, u.a. eine mit vergoldetem messingbeschlagenen »Bürst-stuzen« von Franz David Haßel in Eystatt (sogenannte Kraußische Bürst-stuzen), mit Kugelmodel und eisernem Ladungsmaß, sowie eine große türkische damaszierte eingelegte und gezogene Flinte, das Schloß verfertigt von Johann Waas in Wien; O I 1/6 = 1028.

[23] Nach altem Herkommen mußten die Aacher bei der Fuchs-, Schweine- und Hasenjagd das »Trieben« übernehmen.

[24] GLA 229/97 902.

[25] EAS O VI 2/6 = 357; die Visitation nahmen vor der F.F. Revierförster Gabriel Willibald von Emmingen ab Egg, der markgräflich badische Revierförster Aloys Knecht von Dornsberg und der enzenbergische Holzbaumwart Fidel Stocker.

[26] EAS O VI 2/3 = 356.

[27] FF. Archiv O A I Amt Engen, Erwerbungen Vol. XX; EAS A I 26/6 = 788.

[28] EAS O VI 2/14 = 268; O 2/5 = 403; O VI 2/7 = 544.

[29] EAS O VI 2/3 = 356; O VI 1/3 = 825.

[30] EAS A I 26/2 = 702.

[31] STEHLE, Bruderhof, S. 330. – Vgl. dazu PETER BLICKLE, Wem gehörte der Wald? Konflikte zwischen Bauern und Obrigkeiten um Nutzungs- und Eigentumsansprüche, in ZWLG 45/1986, S. 167–176.

[32] STEHLE, a.a.O., S. 322–352.

[33] GEBHARDT, Finanzwirtschaft, S. 102f.; KARL SCHAUBER, Der Wald im Mittleren Hegau, in Singener Stadtgeschichte Band 1, S. 82–101, bes. 88f.

Lauter Leute, die wir entbehren können...

Auswanderungen im 18./19. Jahrhundert

von Herbert Berner

Wer sich an die offiziellen zeitgenössischen Verlautbarungen hält, könnte den Eindruck gewinnen, es habe zumindest im 18. Jh. so gut wie keine Auswanderungen gegeben. Dabei übersehen wir freilich, daß bis zum Beginn des 19. Jh.s die K. K.–Doppelmonarchie große Teile des mittleren, südlichen und südöstlichen Europas umfaßte, das heute in viele Staaten aufgeteilt ist. Damals gab es noch keine Freizügigkeit, vielmehr war jeder Staat ängstlich darauf bedacht, seine Einwohnerzahlen zu halten und möglichst zu steigern. Österreich bot Raum für viele Menschen.

In einer Verordnung vom 28. April 1785 faßte Kaiser Joseph II. die Interessen und Gesichtspunkte des österreichischen Staates an der Einwohner- und Auswandererpolitik neu zusammen. Danach war als ein Auswanderer zu betrachten, »wer aus unseren sämtlichen vorderösterreichischen Ländern in auswärtige entweicht, mit dem Vorsatze, nicht wieder zurückzukehren« (I, § 1). Wer also ins Banat zog, war kein »Auswanderer«, wohl aber die Frau, die sich in Bohlingen verheiratete. Grundsätzlich war Auswanderung nicht erlaubt, doch gestatteten besondere Umstände auf Antrag Ausnahmen von dem allgemeinen Verbot. »Da dem Staate weniger damit berathen, die Auswanderung zu bestrafen als zu verhindern« (I, § 6), so wurden die Behörden ersucht, Vorwände und Gelegenheiten zur Auswanderung zu vermindern, insbesondere dem »vorgeschützten Mangel des Unterhalts« zu begegnen, etwa durch Förderung der Spinn- und Weberei (I, § 7). Unerlaubte Auswanderung wurde bestraft mit Vermögenseinzug und Verlust der bürgerlichen Rechte (I, § 23). »Wer einen Auswanderer anzeigt, erhält für den Kopf eine Belohnung von 5 fl., derjenige aber, so einen Auswanderer wirklich einbringt, erhält nebst dem Ersatze der Kösten, die er zu diesem Ende gemacht, für den Kopf 12 fl.« (I, § 20). Etwaige Hilfeleistung von Beamten wurde mit 300 fl. oder sechs Monaten öffentlicher Arbeit, Saumseligkeit mit 150 fl. bestraft; leistete ein Untertan gar Hilfe und Vorschub, so wurde er auf ein Jahr zur öffentlichen Arbeit verurteilt (I, §§ 25–27)[1]. Die Strafen waren hart und abschreckend. Die Doppelmonarchie bot genügend Möglichkeiten, innerhalb ihres riesigen Landes in einer anderen fernen Provinz das Glück zu erproben. Erst mit dem Beginn des 19. Jh.s änderte sich die Einstellung zur Freizügigkeit der Menschen; man ließ sie nun zwar ziehen, aber Vorbehalte und Restriktionen blieben noch lange bestehen.

Auswanderungen nach Südosteuropa

Als nach dem Dreißigjährigen Krieg die französischen Eroberungskriege, insbesondere der Pfälzische Erbfolgekrieg 1688 bis 1699, ausbrachen, setzte auch die »Auswanderung« (Bevölkerungsflucht) aus dem deutschen Südwesten ein. Die Auswanderungsbewegungen richteten sich fast ausschließlich nach Südosteuropa, insbesondere nach Ungarn, und seit 1716 ins Banat; Auswanderungen nach Spanien sind hierzulande wohl kaum vorgekommen. Nach der Vertreibung der Türken war Ungarn ein fast menschenleeres Land.

Viele Gründe haben die Menschen damals bewogen, ihre Heimat zu verlassen, vor allem Verelendung und Not durch Folgen von Kriegen und Witterungskatastrophen. Werner Hacker, wohl der beste Kenner der Auswanderungsbewegung nach Südosteuropa, hat die wichtigsten Ursachen für die Auswanderungen, die wir mit örtlichen Details ergänzen, wie folgt zusammengefaßt[2]:

Die Kleinheit mancher Bauerngüter reichte für den Unterhalt einer Familie nicht aus.

Heiratserlaubnis wurde nur bei einem Vermögen von etwa 200 fl. erteilt, was ein Knecht oder eine Magd kaum erarbeiten konnten.

Die Realteilung beim Erbfall führte in Singen zu einer extremen Güterzersplitterung.

Die wenigen Handwerkszweige, zu denen kein Kapital notwendig war, pflegten übersetzt zu sein.

Die Bevölkerung wuchs, der Ertrag des Bodens ließ sich bei der Dreifelderwirtschaft und ohne Düngung nicht steigern.

Wer zu Geld und damit zu einer Heirat oder zum Erwerb eines Bürgerrechts kommen wollte, hatte allenfalls Aussichten, wenn er sich gegen ein ordentliches Handgeld rekrutieren ließ oder für einen eingezogenen Bürgersohn als Stellvertreter den ungeliebten Militärdienst leistete.

Die Entschädigungen für Verpflegung und Einquartierung der andauernden Truppendurchzüge waren unzureichend, die Lasten selbst überaus drückend.

All dies zusammengenommen brachte erst die Menschen dazu, auf eine Besserung ihrer Lage durch Auswanderung zu hoffen. Andererseits war es das Bestreben der K. K.-Regierung in Wien, nach der Eroberung von Ungarn und Siebenbürgen 1686 (außer dem Banat) dieses Land wieder zu besiedeln und die Grenzen durch Wehrbauern zu sichern; 1716 eroberte Prinz Eugen das Banat. Den Bauern und Handwerkern wurde Freiheit von allen öffentlichen Lasten auf sechs Jahre, den Handwerkern auf zehn Jahre zugesichert; 1736 wurden kostenlose Reisen und fünf Freijahre in Aussicht gestellt, zugleich aber wurde ein Mindestvermögen von 200 fl. verlangt, um das Haus und die erste Einrichtung bezahlen zu können; 1744 – und besonders 1753 – wanderten viele Menschen aus dem Hegau aus.

Das Nellenburgische Oberamt vertrat – wie viele andere auch – die Meinung, daß hier zu viele Menschen lebten und daher sicherlich mehrere bereit seien, sich umsetzen zu lassen.

Für die wichtigsten Auswanderungsperioden um 1690, 1712, 1753 und 1767/71 fehlen die einschlägigen Akten; ganz sicher befanden sich – wie auch später – viele Singener bei jenen, die damals nach Südosten gezogen sind. Die kaiserlichen Resolutionen und Verordnungen hierzu wurden von den Kanzeln verkündet, da ja viele Menschen nicht lesen konnten (das war auch so bei anderen wichtigen Bekanntmachungen und Anordnungen der Regierung). 1800 gab das schwäbisch-österreichische Direktorium Ehingen bekannt, daß an der Banater Militärgrenze 500 bis 600 deutsche Familien Ansiedlungserlaubnis mit zehnjähriger Freiheit von allen Abgaben, Diensten erhalten können. Darauf meldeten sich viele Bürger, verkauften oder versteigerten ihre Liegenschaften. »Letzte Woche« – schrieb Obervogt Müller – »zogen 7 Familien aus hiesiger Herrschaft in die K. K. Banat-Militärbezirke, lauter Leute, die wir entbehren können [...]«[3].

Insgesamt fünf Singener wanderten im 18./19. Jh. nach *Ungarn* aus: 1749 Johann Bach der Ältere[4]. »Von den nach Ungarn zur Bevölkerung ausziehenden Leuten soll kein landesfürstl. Abzug erhoben werden, dagegen die von den einzelnen Herrschaften jure Domini privati zu beziehenden Abgaben sollen erhoben werden.«[5] 1769 folgte Ursula Reitze dem Bräutigam Augustin Jäger von Oberschwandorf nach Ungarn[6]. 1825 erfahren wir von dem bereits 1817 ausgewanderten Papierer Michael Täber von Remishof, der – 1814 für das Militär gemustert und untauglich befunden – sich in Pößing verheiraten wollte[7]. 1831 entrichteten Veit und Michael Reuze den Abzug von ihrem Vermögen von 156 bzw. 158 fl.; vielleicht steht diese Auswanderung mit jener ins Banat in Verbindung[8].

Im 17. und 18. Jh. fehlen, wie erwähnt, die Akten für die wichtigsten Auswanderungsperioden nach Ungarn und ins Banat[9], und diese Auswanderungen waren bis 1806 sehr spürbar. Aufgrund der Aktenlage ließen sich in der Herrschaft Singen Ungarnfahrer erst um die Wende des 18./19. Jh.s feststellen, unter ihnen – so auch in unserer Aufstellung – befanden sich auffallend viele Arlener. Auswanderer aus Mühlhausen haben wir nicht berücksichtigt. »Um ihr – aus dem Erlös der Liegenschaften stammendes und nachzusendendes – zum Teil recht beträchtliches Vermögen hatten die Auswanderer langwierige Prozesse zu führen, weil der (1806 von der Herrschaft entlassene) Obervogt Müller Erlöse nicht abgesandt und veruntreut hatte. Erst die Kinder der Auswanderer konnten endlich durch Teilurteile und schließlich durch Vergleich von der Herrschaft ihr Geld erhalten; es handelte sich immerhin um über 1500 fl.«[10]

Auswanderer ins Banat und nach Südosteuropa

Nach WERNER HACKER, Auswanderungen aus dem nördlichen Bodenseeraum, und Akten aus dem Enzenberg-Archiv Singen.

Jahr	Name	Vermögen/Abzug	Quelle
1786	Sebastian Harder	–	Hacker 1004
1796	Josef Weber, Bruderhof, wegen betrügerischer Bettelei condemniert zum Militär	–	Hacker 2958
1800	Johann Ehinger, gen. Ehinger-Gallis	325 fl./A. 32 fl. 30 xr.	Hacker 580 EAS S.I 2/3 = 482
1801	Thadä Harder, 48, mit Frau Katharina Meßmerin, 36, und 3 Kindern zwischen 4 und 9 Jahren	V. ca. 300 fl.	EAS S.I 2/3
1801	Baptist Handloser, 44, mit Frau Verena Schrovin und 6 Kindern 2–16 Jahre	V. 500 fl.	Hacker 986, 2537; S.I 2/3

1801	Kaspar Sandhas, 25, mit Frau Anna Maria Gräfin, 2 Kinder 3 und 1 3/4 Jahre	400 fl.	Hacker 1005, 2272; S.I 2/3
1801	Hansjörg Weber, 28, mit Frau Franziska Sandhasin, 25, 1 Kind 3 Jahre	V. 450 fl.	Hacker 2273 und 2960 a; S.I 2/3
1801	Anton Buchegger, Schneider, 27, mit Frau Kristiana Weißmann verw. Graf mit 6 Stiefkindern Graf und 2 Kindern von Buchegger	592 fl. 55 xr.	Hacker 431; S.I 2/3
1801	Franziska Buchegger, led., 20, Schwester von Anton	–	Hacker 432; S.I 2/3
1801	Anton Weber, Weißgerber	A. 50 fl.	S.I 2/3
1801	Hansjörg Weber, 28, mit Frau Franziska Sandhas, 25, und dreijähriger Tochter	V. 302 fl.	Hacker 2960a; EAS O I 1/c = 1097
1801	Peter Waibel	–	Hacker 2919; EAS S I 2/3
1801	Agathe Weber, verh. mit Ambros Bantel – Gottmadingen	V. 244 fl. 43 xr.	Hacker 2960 b
1801	Maria Ursula Weber, verh. mit Wendel Rehm	V. 250 fl.	Hacker 2961
1801	Xaveria Harder, verh. mit Josef Ehinger, Witwer mit 4 Kindern	V. 100 fl.	Hacker 1006
1802	Johann Baptist Harder	V. 212 fl. 30 xr. A. 19 fl. 52 xr. 4 hr	F I 8/28 = 89
1803/04	Thadä Harder	V. 75 fl. A. 7 fl. 30 xr.	S.I 2/3
1803/04	Johann Baptist Handloser	V. 196 fl. 52 xr. A. 19 fl. 36 xr.	S.I 2/3
1803/04	Johann Georg Weber	V. 307 fl. A. 30 fl. 42 xr.	S. I. 2/3
1816	Ignaz Harder mit Frau und 7 Kindern	–	S.I 2/3
1823	Fidel Weber, Schuster	V. 150 fl. A. 15 fl.	Hacker 2962; S.I 2/5 = 265
1823	Anton Pfoser	V. 300 fl. A. 30 fl.	Hacker 2015; S.I 2/5 = 265
1823	Johann Ehinger Gallis	V. 325 fl.	S.I 2/5 = 265
Vor 1835	Baltus und Johann Pfoser	V. 195 fl. 53 xr. A. 19 fl. 30 xr.	Hacker 2016

Nach *Österreich* wanderten zwischen 1772 und 1879 insgesamt 14 Personen aus. Die ersten waren Schneider Dominik Hanloser mit Frau Maria Rosa Bach, die sich im niederösterreichischen Bezenkirch niederließen, wohin 1786 der Schneider Josef Hanloser, wohl ein Verwandter, nachkam[11]. 1782 finden wir den Schuster Mathias Reuze in der Steiermark[12]. Von 1796 bis 1801 zogen der Kutscher Joseph Ehinger und seine Frau Agathe Schwarz nach Klagenfurt, sicherlich als Bedienstete des Grafen Franz I. Joseph von Enzenberg; dabei wahrscheinlich auch Kaspar Schwarz und Josef Harder (Kärnten)[13]. 1839 mußte sich Ignaz Graf Enzenberg der badischen Staatsangehörigkeit entledigen, weil er in Wien Theologie studieren wollte; der Vater hielt das zwar für überflüssig, »als mein Sohn gleich mir noch im österreichischen Staatsverband sich befindet, da ich Grundbesitzer und Vasall in Tyrol und nebenbei in den kaiserlichen Provinzen von Tyrol, Kärnten, Krain, Steiermark, Görz und Gradisca, Herr und Landmann, auch Patrizier von Triest bin«[14]. 1867 verheiratete sich Maria Eva Graf, Tochter des Joseph Graf und der Maria Schrott, nach Innsbruck, 1868 zog der 27jährige Blasius Waibel und 1877 der Fabrikarbeiter Johann Evangelist Waibel (geboren 22.12.1845) mit Frau und Tochter nach Österreich, ohne daß wir den Akten den Wohnort entnehmen können[15].

Auswanderungen in den Bodenseeraum und nach Südwestdeutschland

Wir wenden uns nun dem Bodenseeraum und Südwestdeutschland zu.

Vor 1810 erzählen uns die Akten über Abzüge (= »Auswanderungen«) in Nachbarorte oder nahegelegene Landschaften, was uns heute unglaublich vorkommt, die aber damals tatsächlich »Ausland« waren. Dazu gehörte das *Territorium des Bischofs von Konstanz*, wohin von 1775 bis 1797 sechs Personen, die Hälfte Frauen, verzogen sind. 1775 entrichtete Joseph Schwarz von Singen den Abzug (10%) mit 20 fl., weil er nach Bohlingen übersiedelte. Als 1784 Rosa Ehingerin einen Bohlinger Schreinermeister ehelichte, beantragte sie Erlaß der Emigrationstaxe (Vermögen 273 fl.); der Obervogt befürwortete dies, weil unlängst ein Bohlinger Mädchen mit weit größerem Vermögen nach Singen eingeheiratet habe und ihr die fürstbischöfliche Regierung die Emigrationstaxe erlassen habe. Die vorderösterreichische Regierung in Freiburg entsprach dem Gesuch[16]. Im Jahre 1786 heiratete der für die Conscription »gar zu kleine« Paul Ehinger die Witwe des Johann Baptist Moll zu Kaltbrunn und mußte von seinem Vermögen mit 500 fl. den üblichen Abzug bezahlen[17]. 1788 glaubte der 18jährige Schneider Kaspar Buchegger, in Rielasingen sein Glück durch eine gute Heirat machen zu können; sein Vermögen betrug 60 fl. Das Oberamt Stockach fragte nach, ob Hoffnung bestehe, daß der 18jährige Kaspar bei zunehmenden Jahren die zum Militärstand erforderliche Größe von drei Zoll erreichen werde. Die mit Hofdecret vom 14. August 1788 erteilte Genehmigung der Übersiedlung in reichsritterschaftliche Orte dürfe nicht auf militärtaugliche Leute extendiert werden; der Fall erübrigte sich, weil Kaspar nicht mehr auswandern wollte. Rielasingen, obgleich eine fürstbischöfliche Besitzung, galt jedoch als Ritterort und unterlag somit dem Hegauischen Vertrag; es durfte kein Abzug erhoben werden.

Die vorderösterreichische Regierung ordnete in einem Zirkular vom 28. Juli 1788 an, daß hinfort nach Beschluß des Kaisers von der Ausstattung der sich in fremde Länder verehelichten Personen und anderen Fahrnissen der Auswandernden kein Abfahrtsgeld mehr genommen werden solle. – Als 1792 Genovefa Schrottin sich nach Bohlingen verheiratete, bat sie um Nachlaß der Taxe, da sie von ihrem Vermögen mit 270 fl. ihrem Vater, Johann Schrott, ein lebenslängliches Leibgeding (jährlich 4 Vtl. Kernen, 1 Eimer Wein, 1/2 Klaft. Holz und 5 fl.) geben mußte. Der Singener Vogt bescheinigte ihr: »Anderwerts, besonders im diesseitigen Bezirk, wo es derlei Mägdchen nur gar zu viele gibt, würde sie schwer eine Unterkunft finden.«

Im großen und ganzen konnten die Auswanderungen »in fürstbischöfliche, *reichsritterschaftliche* (1788, 1 Fall) oder *fürstenbergische Lande* (4) ohne merkliche Behinderungen vor sich gehen. Der Abzug mit 10% des wegziehenden Vermögens wurde allgemein erhoben. Nach einer Mitteilung der F. F. Amtskanzlei Donaueschingen von 1789 erhob das Fürstentum nach dem Beispiel der vorderösterreichischen Verordnungen von 100 fl. hinausziehendem Vermögen für Manumission, Emigration und Abzugsgebühr 15 fl., für die Auswanderung in ein zum Reich gehörendes Territorium einen 10%igen Abzug; außerdem gestattete Fürstenberg die Auswanderung in vorderösterreichische Gebiete anstandslos. Obervogt Frey stellte in einem Brief an das Nellenburgische Oberamt fest, daß seit dem 14. März 1785, als das inländische Abfahrtsgeld aufgehoben wurde, nicht ein Heller mehr von jenem Gefälle in die Amtskasse geflossen sei, das nach einem früheren zehnjährigen Mittel jährlich 98 fl. 44 xr abgeworfen habe. »In den letzten drei Jahren ist niemand außer Landes gezogen, sondern nur in den Hegauischen Ritterbezirk, und dort darf man nach dem Hegauer Vertrag ohnehin keinen Abzug nehmen.«

Auswanderungen in die Schweiz und andere Staaten

Die benachbarte *Schweiz* hingegen war nun tatsächlich Ausland. Vor 1800 ermittelten wir nur Maria Anna Loßer vom Remishof (Vermögen 1017 fl.), die 1781 in Wiesholz den Hans Jörg Neidhard heiratete. Von 1825 bis 1887 waren es 17 Personen, davon 14 Frauen, die sich mit Schweizern verheirateten (allein vier in Eschenz); Männer wanderten erst seit 1880 in die Schweiz aus[18]. – Zwischen 1837 bis 1866 zogen sechs Singener (davon drei Frauen) nach *Württemberg*[19], zwischen 1841 bis 1865 vier Männer nach *Bayern*, darunter 1841 Werner Graf von Enzenberg[20]. Nach *Preußen* wanderten nur Männer aus; der erste war 1803 der Schuster Josef Weber (»in Singen gibt es genügend Schuhmacher«); zwischen 1858 bis 1862 folgten noch fünf Handwerker nach, davon gingen zwei nach Köln[21]. 1837 verheiratete sich Martin Fink in Nassau, 1851 zog der ledige Rotgerber Peter Waibel nach Hamburg.

In die übrigen europäischen Länder wanderten nur wenige Singener aus. Im *Elsaß* (Brafeld bei Schlettstadt) befand sich 1853 Johanna Harder, die dort den Witwer Augustin Weber ehelichte[22]. Nach *Italien* (wohin?) verheiratete sich 1863 die am 23. Februar 1843 geborene Viktoria Allweiler[23], und in England befand sich seit 1878 der am 18. Juli 1855 geborene Schlosser Jakob Oexle[24]. Man erfährt davon, weil die Auswanderer über Konsulate und Botschaften die Vermögensausfolge beantragten. Das war wohl auch der Fall bei dem in Bialystock befindlichen Johann Schrott[25].

Dazu kommen noch neun zwischen 1802 und 1880 an unbekannte Orte gezogene Singener; von einem heißt es, daß er seit zwei Jahren unter Hinterlassung von Frau

349

und zwei Kindern ortsabwesend sei. – Alles in allem genommen sind dies unter Einbeziehung der 128 nach Nordamerika ausgewanderten Personen im Laufe von rund 100 Jahren 273 Singener, deren Namen wir kennen. In Wirklichkeit aber waren es noch sehr viel mehr Menschen, die aus mancherlei, oft bewegenden Ursachen, vor allem aus wirtschaftlichen Gründen und Existenznot ihre Heimat verlassen haben, ein gewaltiger Aderlaß für ein nicht allzugroßes Dorf!

Auswanderungen nach Nordamerika

Die zweite große Auswanderungswelle ab der Mitte des 19. Jh.s nach Nordamerika wurde ebenfalls von wirtschaftlichen Krisen und Mißernten ausgelöst, aber es kam im Gefolge der Jahre 1848/49 die aus politischen Gründen erfolgte Emigration hinzu. Man schätzt, daß damals allein 80 000 Badener nach dem Scheitern der Revolution ins Ausland gegangen, emigriert sind[26]. Das Jahr 1854 mit einer Viertelmillion Auswanderer war das größte deutsche Auswanderungsjahr des 19. Jh.s, in dem schätzungsweise ab 1820 rd. 5 Mio. Menschen unser Vaterland verlassen haben. Für die Zeit von 1871 bis 1901 ermittelte die Statistik die Zahl von rd. 2,75 Mio. Auswanderungen.

Schon in den 40er Jahren des vergangenen Jahrhunderts begannen die Auswandererzahlen merklich anzusteigen; in Singen waren dies 1843 und 1847 immerhin mindestens vier Personen. 1847 wurde in Darmstadt die als Zentralblatt für das deutsche Auswanderungswesen gedachte Zeitschrift »Der deutsche Auswanderer« gegründet, 1848 der »National-Verein für deutsche Auswanderung und Kolonisierung« als Dachorganisation für die Landes-Vereine. Ein politischer Emigrant 1848 war der Landwirt Peter Maier, dem wegen unerlaubter Auswanderung das Vermögen beschlagnahmt und 1859 das Staatsbürgerrecht aberkannt wurde. Seit dem Jahre 1850 nahm die Auswanderungsbewegung stark zu; in Singen wanderten im Jahre 1852 allein 60 Personen nach Amerika aus! Die genannten Organisationen und wenigstens ein halbes Dutzend weiterer Vereine dieser Art sowie elf Agenturen, davon sechs ausländische, mit Hauptagenten in Kehl, Karlsruhe, Mannheim und Bodersweiler bei Rheinbischofsheim boten ihre Vermittlung und Unterstützung an[27]. Sie arbeiteten mit dem Deutschen Zentralverein für Auswanderer in Frankfurt am Main zusammen[28].

Nach 1854 verlief die Auswandererbewegung wieder rückläufig, stieg in den 60er Jahren erneut an und erreichte 1870 mit über 120 000 einen neuen Höhepunkt. Der siegreiche deutsch-französische Krieg und die anschließenden »Gründerjahre« mit ihrer Scheinblüte ließen die Zahlen bis auf 20 000 im Jahre 1876/77 sinken. Sie stiegen jedoch 1881 nochmals auf rd. 220 000 an und sanken dann langsam auf 20 000 bis 25 000 jährliche Auswanderer von 1895 bis zum Ersten Weltkrieg. Dieser Wellenzyklus der Auswandererbewegung läßt sich auch in Singen nachvollziehen.

Ein Wort ist noch zu sagen zur Abwicklung eines Auswanderungsverfahrens. Am 23. Februar 1847 stellten der Schuster Michael Weber und der Weber Michael Ehinger vom Remishof beim Bezirksamt Radolfzell den Antrag auf Auswanderungserlaubnis für sich und ihre Familien nach Nordamerika. Das Amt rückte dreimal hintereinander zwischen dem 30. Juni und 7. Juli 1847 im Höhgauer Verkündigungsblatt, im Gr. Anzeigeblatt für den Seekreis sowie im Amtsblatt für die 3 Gr. Bezirksämter Radolfzell und Blumenfeld und das Gr. Badische F. F. Bezirksamt Engen ein Inserat mit der Aufforderung ein, daß etwaige Gläubiger beim Bezirksamt Radolfzell bis zum 12. Juli ihre Forderungen geltend machen sollten. Bei der Tagfahrt erschienen sieben Gläubiger des Michael Weber und fünf Gläubiger des Michael Ehinger, in beiden Fällen dabei Rentmeister Decall, der den 10%igen Abzug vom Vermögen geltend machte. Michael Weber schuldete außerdem noch der Grundherrschaft 553 fl. Kapital-Ausleihe und Güterpacht. Mit der Vermögens-Liquidation war der Distrikts-Notar Weber in Singen beauftragt, über deren weiteren Verlauf (Verkauf und Versteigerung der Fahrhabe, Abzug der Schulden und Sporteln) wir leider nichts mehr erfahren. Michael Ehinger hatte sein Haus um 1019 fl. dem grundherrlichen Förster Domy verkauft, und bei Michael Weber blieben immerhin noch 700 fl. Vermögen übrig, so daß sie in Amerika Startkapital zur Hand hatten.

Am 12. März 1852 fand in Radolfzell nach dem zuvor beschriebenen vorangegangenen Verfahren vor dem Distrikts-Notar Weber die Vermögens- und Schuldenaufnahme des Bauersmannes Matheus Denzel statt, 1843 verheiratet mit Anna Maria Buchegger (Tochter des Anton Buchegger) und ihrer vier Kinder (zwischen fünf und zehn Jahren); Weber war 1844 vergantet worden, d.h., er hatte kein Vermögen außer 110 fl. für ein Grundstück. In diesem Falle drängte die Frau ganz entschieden zur Auswanderung. Sie hatte zusammen mit ihren Kindern aus Haus und Grundstücken ein Vermögen von 2121 fl. zuzüglich Fahrnisse mit 220 fl., so daß nach Abzug der Schulden mit 1196 fl. (u.a. 1060 fl. Darlehen bei Georg Schmidt in Stein am Rhein; 70 fl. Kaufschilling und 66 fl. für eine Kuh bei Wolf Rothschild in Worblingen) 1250 fl. Vermögen vorhanden waren. Bei der Liquidationstagfahrt am 5. April vor

Oberamtmann Blattmann machten die Gr. Obereinnehmerei Konstanz die Steuern für 1852 mit 2 fl. 42 xr und das Amtsrevisorat die anfallenden Sporteln geltend; aber es erschienen noch Levi Frank (169 fl. + 5% Zins ab 1828) und Elias Levi von Worblingen (Verlust in der Gant mit 201 fl.) sowie Joseph Kaufmann (408 fl. bei der Gant) und Jacob Kaufmann von Gailingen (44 fl.), und am 14. April reichte Moses Baruch Rothschild von Worblingen eine Forderung über 88 fl. nach. Der Pfleger der Kinder, Michael Waibel, widersprach den Forderungen der Israeliten, die den Verlust leiden müßten, da Matheus Denzel seit der Gant kein Vermögen erworben habe; sein väterliches noch vorhandenes Vermögen wurde den Kindern 1848 eigentümlich vermacht. Die Ehefrau wollte für frühere Schulden ihres Mannes nicht aufkommen. Schließlich kam es am 23. April 1852 in Singen im Beisein des Waisenrichters und Pflegers zu einem Vergleich mit den Israeliten: Frau Anna Maria erklärte sich bereit, pro Gulden Verbindlichkeit 6 xr (= 10%) zu bezahlen = 122 fl. 42 xr. Am 24. April teilte Bürgermeister Weber dem Bezirksamt das Vergleichsergebnis mit, worauf dieses am gleichen Tage die Auswanderungsgenehmigung erteilte. Das vorhandene Vermögen reichte für einen Neuanfang aus[29].

Dieser zugegebenermaßen komplizierte Fall möge beispielhaft für alle anderen stehen. Hinter all den Auswanderungen verbirgt sich oft viel menschliche Tragik, aber auch Erleichterung bei der unterstützungspflichtigen Gemeinde, wenn diese z.B. 1864 feststellte: »Die sittliche Aufführung macht seine Entfernung wünschenswert; gänzlich vermögenslos wäre er früher oder später der Gemeinde lästig gefallen.« Ein andermal heißt es bei einer ledigen Frau, sie sei übel beleumundet, arbeitsscheu und verursache der Gemeinde nur Kosten. Häufig zogen jüngere Geschwister den älteren nach, die sich in der neuen Heimat schon etabliert hatten, wie etwa 1881 Alfred Reize. Der Vater, der Schmied Johann Reize mit zwölf Kindern, unterstützte den Antrag des Sohnes, der auf Wunsch seiner seit sieben Jahren in Amerika wohnenden Schwestern dahin auswandern wollte; die drei Schwestern fehlen in unserer Aufstellung, da nichts über sie in den Akten vermerkt ist.

Auswanderer nach Amerika

Jahr	Name, Familie	Vermögen/Abzug	Quelle
1843	Michael Weber, Schuhmacher, 52	–	Hegauer Erzähler 1905
1847	Michael Ehinger, Weber von Remishof	V 1.019 fl.	EAS O I 1/17 = 291 GLA 359 Zug. 1906 Nr. 20/2131
1847	Michael Weber, Schuster, mit Familie	V 700 fl.	wie oben
1847	Josef Graf, led., Bierbrauer	–	GLA
1848	Peter Maier, Landwirt, ohne Erlaubnis	Verm. beschlagnahmt	GAS XIV 1a
1852	Philipp Ehinger, Weber, mit Frau Anna Maria Schwarz, 9 Kinder	V 1.953 fl. 30 xr.	GAS XIV 1a, GLA
1852	Johann Georg Harder, Taglöhner, mit Frau Barbara Thoma, 8 Kinder und Maria Anna Schrott	V 885 fl. 30 xr.	wie oben
1852	Franz Waibel, led., Landwirt	V –	wie oben
1852	Bonifaz Weber, led., Schmied	–	wie oben
1852	Matheus Denzel, Bauer, mit Frau Anna Maria Buchegger, 4 Kinder	V 1.250 fl. 20 xr.	wie oben
1852	Franz Ehinger, Landwirt, 49, mit Frau Josepha Sutor, 5 Kinder	V 2.122 fl. 22 xr.	wie oben
1852	Joseph Mattes, Zimmermann, 40, mit Frau Anna Maria Ehinger, 5 Kinder	V 1.065 fl.	wie oben
1852	Eleonora Domi, led., Tochter des Försters Karl Domi	–	wie oben
1852	Katharina Ehinger, led., mit 7jährigem Kind	–	wie oben
1852	Agnes Harder, led.	–	wie oben
1852	Sandhas, led., Schreiner, 26	–	wie oben
1852	Nothburga Sandhas, led., 22	–	wie oben
1852	Joseph Waibel, led., 34	–	wie oben
1852	Rosina (?) Mattes, led., 23	–	wie oben
1852	Antonia Mattes, led., 24	–	wie oben
1852	Petronella Ehinger, led., 24, mit 3jährigem Kind	–	wie oben

Jahr	Person	Vermögen	Quelle
1852	Domenikus Pfister, led., Landwirt, 22	–	wie oben
1852	Karl Mayer, Maurer, led., 22	–	wie oben
1852	Susanne Buchegger, led. Alle haben das nötige Reisegeld	–	wie oben
1852	Waldburga Weber, led.	V 120 fl.	wie oben
1852	Kristina (?) Mattes, led.	–	wie oben
1853	Josef Weber, led., New York	–	GLA
1854	Simon Pfeifer, geb. 20.10.1834	V 100 fl.	GAS XIV 1a und GLA 359
1854	Anton Stöckle mit Frau und 3 Kindern	–	GLA
1854	Magdalene Mattes, geb. 05.07.1818, led.	V 115 fl.	GLA
1854	Theresia Mattes, geb. 15.10.1819, led.	–	wie oben
	Susanna Sauberger und 2 Kinder, geb. 08.02.1816	V 280 fl.	wie oben
1854	Maria Josepha Weber, led., geb. 03.04.1823	V 120 fl.	wie oben
1854	Lampert Ehinger, geb. 05.09.1835, und Schwester Augusta Ehinger, geb. 21.08.1834	V 200 fl.	wie oben
1854	Maria Anna Stöckle, led.	–	wie oben
1856	Franziska und Rosa Ehinger	V 105 und 125 fl.	GLA und GAS XIV 1a
1857	Bonifaz Ehinger, Schneider, geb. 04.06.1839	V 100 fl.	wie oben
1857	Martin Pfeiffer, Taglöhner, 28 1/2, stellt Vertreter für Militär	V 204 fl.	wie oben
1858	Agatha Harder, led.	V 150 fl.	GAS XIV 1a, GLA
1858	Agnes Ehinger, led., mit 2 1/2jährigem Sohn	V 250 fl.	GLA
1861	Ehinger Octavian	–	GAS XIV 1a, GLA
1861	Agathe Harder bittet um Ausfolgung ihres Vermögens		GLA
1861	Harder Leonhart, geb. 05.11.1835		wie oben
1861	Simon Reize	–	GAS XIV 1a, GLA
1862	Peter Maier, unerlaubte Auswanderung, s. 1848	–	GAS XIV 1a
1864	Johann Gut, Sohn der Katharina Gut; Gemeinde bezahlt die Überfahrt	–	GAS XIV 1a, GLA
1864	Hermann Weber	–	wie oben
1864	Ferdinand Helff	–	wie oben
1865	Guido Allweiler	–	GAS XIV 1a
1867	Hedwig Schwarz, geb. 09.07.1851	–	GLA
1868	Martin Reize, Müller	–	GAS XIV 1a, GLA
1869/70	Donat Ehinger		GLA 233/14 724
1871	Karl Ehinger, geb. 25.01.1852, Metzger	–	GAS XIV 1a, GLA 359
1871	Emil Sauberger, geb. 07.01.1852, Schuster	–	wie oben
1872	Konrad Döber, geb. 25.11.1854	–	GLA
1872	Ottmar Ehinger, Schneider, geb. 16.11.1852	–	GAS XIV 1a, GLA 359
1872	Alfred Sauberger, geb. 03.05.1853	–	wie oben
1873	Emil Ehinger, geb. 01.01.1857	–	wie oben
1873	Ignaz Ehinger, geb. 30.01.1854	–	wie oben
1873	Leo Mayer, geb. 09.04.1862	–	wie oben
1873	Paul Weber, geb. 25.05.1850	–	GLA
1873	Ignaz Waibel, geb. 01.02.1854	–	GAS XIV 1a, GLA 359
1874	Otto Allweiler, geb. 08.12.1855	–	wie oben
1881	Edward Buchegger, geb. 03.01.1857	–	wie oben
1881	Alfred Reize, geb. 19.05.1864, will zu seinen seit 7 Jahren in Amerika wohnenden drei Schwestern auswandern	–	GAS XIV 1a
1882	Marie Buchegger, 36		GAS XIV 1a, GLA 359
1885	Joseph Helff, geb. 19.04.1866	–	GA XIV 1a
1886	Johann Graf, geb. 24.06.1867, mit Mutter Sofie Zimmermann geb. Auer	–	GAS XIV 1a, GLA 359
1888	Hermann Ehinger, geb. 01.02.1870	–	wie oben
1889	Bernhard Ehinger, geb. 16.08.1871	–	wie oben
1890	Antrag der Ehefrau des Metzgers Ottmar Ehinger um Zuschuß zur Auswanderung; 600.- M ge-	–	Gde-Ratsprotokoll 1890 XII 20

	währt. Auch Eduard Buchegger und Marie Buchegger erhielten einen Zuschuß der Gemeinde.		
1891	Ludwig Denzel, geb. 14.08.1874	–	wie oben
1892	Wolfgang Schwarz, Landwirt, mit Frau Maria Straub und 4 Kindern	–	GA XIV 1a

Anmerkungen

[1] EAS S I 2/2 = 868.
[2] W. HACKER, Auswanderungen aus dem nördlichen Bodenseeraum im 17. und 18. Jahrhundert, Singen 1975, S. 10–15; dabei auch eine sorgfältig erarbeitete Bibliographie, die auch lokale Publikationen erfaßt. H. BERNER, Auswanderungen aus Singen nach Südosteuropa, in: Festschrift zum Landestrachtenfest und zur 25. Jahrfeier des Kreisverbandes Singen (Htwl.) der Donauschwaben anläßlich des Hohentwielfestes am 28. Mai 1978, S. 25–27.
[3] EAS G I 2/3 = 482; VV 1/8 a = 413, Brief vom 04.12.1801. Die Namen der Singer Familien sind nicht bekannt und fehlen also in unserer Aufstellung. S. Beitrag »Ich fürchte den Mann, den alle loben«, in diesem Bd. S. 272 f.
[4] HACKER, a.a.O., Nr. 65.
[5] EAS S I 2/2 = 868, 1759 XII 27, Stockach.
[6] HERMANN BAIER, Auswanderungen aus dem Bodenseegebiet in den Jahren 1767 bis 1772, in Bodensee-Chronik 7 vom 17.05.1935. Ursula Reize ist die einzige Person aus Singen, die Baier in dieser Zeit ermittelte; aus Mühlhausen und aus Friedingen zogen mehrere Personen nach Ungarn, siehe Nr. 6 und 8, 1935.
[7] GLA 359 Zug. 1906 Nr. 20/2131; GAS XIV 1a.
[8] HACKER a.a.O., Nr. 2076.
[9] HACKER, a.a.O., S. 125.
[10] HACKER, a.a.O., S. 125.
[11] HACKER, a.a.O., Nr. 984, 985; EAS S I 2/3 = 482.
[12] HACKER, a.a.O., Nr. 2073.
[13] HACKER, a.a.O., Nr. 2564, 1006; EAS F I 8/28 = 89; S I 2/3 = 402.
[14] GLA 359 Zug. 1906 Nr. 20/2131.
[15] GAS XIV 1 a; GLA 359 Zug. 1932 Nr. 15/735 und 737.
[16] EAS S I 2/3 = 482.
[17] EAS S I 2/2 = 868.
[18] GAS XIV 1 a; GLA 359 Zug. 1932 Nr. 15/740, 738, 330, 328, 750, 191; Nr. 20/2131.
[19] GAS XIV 1 A; GLA 359 Zug. 1906 Nr. 2131; Nr. 15/582, 511.
[20] GLA 359 Zug. 1906 Nr. 20/2131; Zug. 1932 Nr. 15/193, 739.
[21] GLA a.a.O. Nr. 20/2131; Zug. 1932 Nr. 15/744; GAS XIV 1 a.
[22] GLA 359 Zug. 1906 Nr. 20/2131.
[23] GLA 359 Zug. 1932 Nr. 15/194.
[24] GAS XIV 1 a.
[25] GLA 223/3653 a.
[26] Vgl. den Beitrag Volkserhebung 1848/49, in diesem Band S. 508.
[27] VOB f. den Seekreis XV, 1850; in der Ausgabe XX von 1849 wurde gewarnt vor einem angeblichen Agenten Franz Schafmacher in Schaffhausen, einem Betrüger, der die Leute um ihr Geld bringe und sie ins Unglück stürze.
[28] Siehe dazu ferner J. DORNEICH, Erinnerungen II, Exkurs Deutsche Auswanderungen im 19. Jahrhundert, S. 136–140; OTTO DENZEL, Von Randegger Auswanderungen, in Zs. Hegau 26/1969, S. 286–289. In dem verarmten Freudental auf dem Bodanrück wollten 1852 mit Hilfe von Staatszuschüssen 43 Personen auswandern, von denen vermutlich 27 berücksichtigt werden konnten; HIRSCHER, Langenrain-Freudental, S. 132–134 – fast jede Ortschronik berichtet über dieses Thema.
[29] GLA 359/2131.

Studien zur Agrarstruktur Singens im 18. Jahrhundert

von Christhard Schrenk

1.0 Grundlagen

1.1 Einführung und Quellen

Im 18. Jahrhundert bildete die Landwirtschaft die Existenzgrundlage fast aller Menschen in Singen. Für 1726 sind 35 ganze, halbe oder drittel Bauern sowie 15 Einstücker (Bauern mit nur einem Stück Zugvieh) und 16 Seldner bzw. Tagelöhner überliefert[1].

Neben den Bauern verdienten in Singen auch Handwerker ihr Brot. Im Jahr 1724 werden u. a. zwei Bäcker, ein Bierbrauer, drei Küfer, drei Metzger, zwei Müller, ein Rotgerber, ein Sailer, ein Schmied, zwei Schneider, ein Schreiner, drei Schuster, zwei Wagner und vier Weber genannt[2]. Die Singener Bevölkerung belief sich im Jahre 1740 auf 723 Personen[3]. Für 1765 lassen sich folgende Handwerker nachweisen[4]: ein Bäcker, ein Chirurg, ein Kaminfeger, vier Küfer, ein Maurer, drei Metzger, ein Müller, ein Rotgerber, ein Schmied, vier Schneider, ein Schreiner, drei Schuster, zwei Wagner, fünf Weber und ein Zimmermann.

Alle diese Handwerker produzierten i. a. nur für den örtlichen Bedarf. So fand z.B. die Schmiede, deren Arbeitspalette vom Beschlagen der Zugtiere bis zum Dingeln der Sensenblätter reichte, ihren Kundenkreis insbesondere unter den Landwirten. Die Singener Handwerker waren durch ihre gewerbliche Tätigkeit durchschnittlich nur ein Viertel des Jahres ausgelastet[5]. Deshalb mußten auch sie ihre ökonomische Absicherung in der landwirtschaftlichen Produktion suchen. Doch das gelang nur wenigen, und sie konnten sich nur »kümmerlich ernähren«. Die meisten Handwerker sahen sich genötigt, Tagelohnarbeiten anzunehmen[6].

Auch »Amtspersonen« wie Vogt, Pfarrer oder insbesondere Schulmeister konnten auf direkte oder indirekte Einnahmen aus der Landwirtschaft nicht verzichten. Oft bestellten auch sie ihren Acker oder hielten zumindest Kleinvieh. Als Beispiel sei der Singener Schulmeister und Mesner Franz Ruedi aus Weingarten genannt, der neben seiner Lehrertätigkeit eine landwirtschaftliche Nutzfläche von 5,4 Hektar (davon 4,5 Hektar Ackerland) bewirtschaftete.

Aufgrund der überragenden Bedeutung der Landwirtschaft können über die Untersuchung von bäuerlichen Betriebsgrößen Rückschlüsse auf das soziale bzw. ökonomische Gefüge innerhalb der Dorfgemeinschaft gezogen werden. Die Untersuchung der agrarischen Situation eines Ortes befaßt sich mit den Anteilen von Acker, Garten, Weide, Wald und Sonderkulturen an der gesamten landwirtschaftlichen Nutzfläche des Ortes und erhebt Informationen über Flurzersplitterung, Parzellierung und Gemengelage. Ebenso steht die Frage der Abgabenbelastung und des Zehntaufkommens zur Untersuchung an. Eine solche Untersuchung läßt in Verbindung mit Ergebnissen der historischen Demographie Informationen über die Möglichkeiten der Nahrungssicherung und damit der Lebensgrundlage der Bevölkerung erwarten. Bestimmte ökonomische Verhältnisse sind wiederum eine Vorbedingung der Kommerzialisierung der Landwirtschaft bzw. der Industrialisierung, welche die heutige Gesellschaft prägt.

Als zentrale Quelle für derartige Untersuchungen können Urbare dienen. Darunter sind Güter- und Abgabenverzeichnisse zu verstehen. Nach dem formalen Aufbau lassen sich Personalprinzipurbare[7] und Realprinzipurbare[8] unterscheiden. Nach inhaltlichen Gesichtspunkten sind Herrschaftsurbare[9], Ortsurbare[10], Steuerurbare[11], Zehnturbare[12] usw. zu benennen. Angelegt wurden Urbare, die bei Grundstücks- und Abgabenstreitigkeiten Rechtskraft besaßen, um gesicherte und von allen Beteiligten anerkannte Informationen bzw. Rechtstitel über Anbau- und Abgabenverhältnisse innerhalb eines Ortes oder einer Herrschaft zu erhalten. Die Urbare, deren Tradition vom frühen und hohen Mittelalter bis ins 18. Jahrhundert reicht, wurden im 19. Jahrhundert durch Grundbücher abgelöst.

Bei der Hauptquelle für die folgende Untersuchung handelt es sich um das Singener Zehnturbar von 1724. Es beschreibt auf knapp 4000 Seiten in erster Linie sämtliche Parzellen, die in Singen im Jahre 1724 der Zehntpflicht unterlagen. Dieses Urbar steht in der Tradition verschiedener anderer Singener Güter- und Abgabenverzeichnisse. Zu nennen sind insbesondere:

1495: Salbuch über Albrecht von Klingenbergs Güter in Singen[13];
1555: Herrschaftsurbar (Singen mit Remishofen und Niederhofen)[14];

1562: Hohentwiel-Lagerbuch (Singen und Worblingen)[15];
1669: Herrschaftsurbar (von Rost)[16];
1709: Singener Berain[17].

Über die Gründe, die zum Erstellen des Singener Zehnturbars von 1724 geführt haben, gibt das Vorwort dieser Quelle Auskunft. In der Zeit nach der Anlage der oben erwähnten Urbare von 1562 und 1669 seien durch »vielfältige Irrungen, Erbfall, Tausch, Heirat und Kauf viele Änderungen« erfolgt, so daß die Unklarheiten und Mißverständnisse überhand genommen hätten. Insbesondere seien oft die Besitzer der Parzellen und die Anstößer (unmittelbare Parzellennachbarn) nur unvollständig oder überhaupt nicht aufnotiert worden. Als noch nachteiliger habe sich erwiesen, daß auch der von »Gottselbsten eingesetzte Zehnden geflissentlich verschwiegen« worden sei. So entstanden Zehntstreitigkeiten zwischen Abgabepflichtigen und Abgabeempfängern, aber auch Meinungsverschiedenheiten unter den Zehntherren über das Zehntrecht bei umstrittenen Parzellen. In einigen Fällen konnte nicht mehr geklärt werden, wem der Zehnt zustand. Um diese Verwirrungen aufzuhellen, beraumten die Singener Zehntherren eine gemeinsame Konferenz an, auf der sie eine »wichtige und weitsichtige« Renovation (Erneuerung) des Urbars »best- und bäldestmöglich« durchzuführen beschlossen. Das sollte unter der Leitung eines geschworenen Renovators, unter Hinzuziehung des Zehntsammlers, Feldrichters und Untergängers (feldkundiger Bürger) und unter Kontrolle des Dorfgerichts geschehen.

Als Vertreter des Dorfgerichts bei der Erstellung des Urbars werden genannt: Hans Jacob Allweyler, Georg Ehinger, Martin Reitzin, Ludwig Schwartz und Johann Weeber. Neben diesen fünf Dorfrichtern sind für das Jahr 1724 weitere fünf Mitglieder des Gerichts namentlich bekannt[18]: Paul Ehinger, Georg Pfeiffer, Peter Raiffer, Hans Jacob Reitzin und Quirinus Reitzin. Das Dorfgericht bestand i. a. aus dem Stabhalter als Vorsitzendem (meist der Vogt oder Ammann) und zwölf »ehrbaren Schöffen«, die beim Jahrgericht aus der Reihe der Gemeindebürger gewählt oder bestätigt wurden. Sie bekleideten das Richteramt meist auf Lebenszeit, durften jedoch kein anderes Dorfamt innehaben. Nahe Verwandte konnten nicht gleichzeitig Richter sein.

Bei der Erstellung des Zehnturbars wurden zunächst alle unstrittigen Parzellen zusammengestellt und nach Zehntherren sortiert. Dabei erfolgte u. a. ein Rückgriff auf das Singener Kirchenurbar von 1693[19] und auf Urbare des Klosters St. Katharinental von 1263, 1333, 1669 und 1714[20]. Wo immer jedoch etwas »zweiffelhaftes oder zwüstiges vorgefallen« war, wurde die strittige Parzelle in Augenschein genommen und die Frage so lange diskutiert, bis Einigkeit erzielt war. Diese Vorgehensweise brachte es mit sich, daß bei vielen Parzellen – ob umstritten oder nicht – alte Flurbezeichnungen und frühere Nutzungsarten notiert wurden. Dadurch können heute Flurnamenänderungen und Nutzungswandel in Singen vor und um 1700 nachgezeichnet werden[21].

Nach Fertigstellung wurde das Urbar vor versammelter Gemeinde öffentlich und deutlich Punkt für Punkt vorgelesen. Dabei bestand letztmalig Gelegenheit zum Einspruch. Danach erlangte das Urbar Rechtskraft. Gleichzeitig verloren alle früheren Urbare ihre Gültigkeit als Beweismittel[22].

Das Zehnturbar entstand in zweifacher Ausfertigung und wurde »seiner Größe halber in jeweils zwei Teilbände eingebunden«. Je ein Exemplar erhielten das Oberamt als Vertreter des Hochgerichtsherrn[23] und der Niedergerichtsherr von Rost zur Verwahrung. Zusätzlich bekam jeder Zehntherr einen seine Ansprüche betreffenden Urbarauszug[24].

Das Zehnturbar gliedert nach einzelnen Zehntherren und ist innerhalb dieser Teile nach dem Realprinzip angelegt. Für jede Parzelle sind Informationen über den Zehntherren und eine innerhalb der Zehntherren fortlaufende Parzellennummer, sodann Angaben über den Besitzer, die flächenmäßige Größe, die Lage in der Flur (Flurname) und die Anstößer gegeben. Verschiedentlich finden sich direkte Informationen zur Besitzrechtsform, zur Abgabenbelastung (über den Zehnt hinaus), zur Gesamtgröße (wenn es sich um eine geteilte Parzelle handelt) und zur Zugehörigkeit zu einer der alten Hofeinheiten.

Als Anhang ist dem Urbar ein 120 Seiten umfassendes Register beigegeben. In Tabellenform enthält es – alphabetisch nach Nachnamen der Besitzer, Nutzung und Zehntempfänger sortiert – die Seitenzahlen, auf denen die jeweiligen Parzellen im Urbar verzeichnet stehen.

Die für Singen erwähnten Familiennamen lauten u. a. Reitze/Reitzin (20mal); Schwartz/Schwarz (13mal); Buchegger (zehnmal); Ehinger (achtmal); Dentzel/Denzel, Looser, Mayer und Weeber/Weber (je sechsmal); Graff/Graf und Nagel (je fünfmal); Allweyler/Allweiler, Greutter/Greuter, Haan, Hardter/Harder, Waibel und Zimmermann (je viermal); Bach, Ilg, Neydhardt/Neidhart, Pfeiffer, Raiffer/Raifer, Reichlin und Widtmer (je dreimal).

Als Vornamen erfreuen sich Hans/Johannes (20mal) und Kombinationen wie Hans Georg oder Hans Jacob (zusammen ebenfalls 20mal) besonderer Beliebtheit. Danach folgen Jacob (zehnmal); Martin (achtmal); Joseph (siebenmal); Andreas, Michael und Peter (je fünfmal); Gregorius (viermal) usw. Als weibliche Vornamen erscheinen Maria (viermal); Catharina und Johanna (je zweimal) usw.

1.2 Flurverfassung: Flurzwang und Fruchtwechsel

Das bäuerliche Leben und die Wirtschaftsweise der einzelnen Bauernfamilien waren auch im 18. Jahrhundert noch in hohem Maße durch das Handeln der Dorfgemeinschaft bestimmt. Kein Bauer durfte seine landwirtschaftliche Nutzfläche nach Belieben bewirtschaften. Er mußte sich an die Beschlüsse der Dorfversammlung über den Ablauf des landwirtschaftlichen Jahres halten. Ihre rechtliche Absicherung und Grundlage fand die Singener Dorfversammlung in einer Dorfoffnung von 1668[25]. In einer solchen Offnung ist das örtlich geltende Gewohnheitsrecht der gesamten Einwohnerschaft zusammengestellt und aufgezeichnet.

Die Gemeindeversammlung wurde in Singen von der Obrigkeit einberufen und tagte im Gemeindehaus. Die Hauptversammlung fand jedes Jahr am Hilariustag, dem 13. Januar, statt[26]. Eine zweite Versammlung war Anfang Mai anberaumt. Für alle männlichen Einwohner Singens bestand Teilnahmepflicht. Die Gemeindeversammlung faßte Mehrheitsbeschlüsse, wobei dem Obervogt drei Stimmen zustanden. Diese »Einungen« (Beschlüsse der Versammlung) besaßen für alle Dorfbewohner bindenden Charakter. Sie betrafen neben der Vergabe von Gemeindeämtern oftmals agrarische Angelegenheiten und mußten i. a. von der Herrschaft genehmigt werden.

Der größte Teil der Ackerfläche des Dorfes Singen war – wie in weiten Teilen Europas[27] – in drei Zelgen eingeteilt. Im Altsiedelland läßt sich diese Anbauform seit dem 13. oder 14. Jahrhundert in Urkunden und Urbaren nachweisen[28]. Die Zelgen oder Ösche trugen in Singen die Namen »Zelg am Berg«, »Zelg auf dem Hard und Hohentwielfeld« und »Zelg auf dem Raihn«. Sie waren im Ort am Fuße des Hohentwiel jedoch nicht in drei geschlossenen Blöcken angeordnet, sondern in jeweils drei bis fünf Teile gegliedert[29], die über die ganze Gemarkung verstreut lagen. Nur wenige Ackerparzellen befanden sich außerhalb dieser Zelgblöcke.

Im Rahmen der Dreizelgenwirtschaft regelte die Dorfgemeinschaft die Nutzungsfolge der drei Zelgverbände einheitlich und für alle Dorfgenossen verbindlich. Winterfrucht (Vesen, Roggen), Sommerfrucht (Gerste, Hafer) und Brache wechselten in dreijährigem Rhythmus (Fruchtwechsel), und zwar in jeder der drei Zelgen um jeweils ein Jahr versetzt. Es war festgelegt, welche Frucht in welchem Jahr und in welcher Zelge angebaut werden mußte (Flurzwang).

Der Grund dieses jährlichen Fruchtwechsels lag in den auch im 18. Jahrhundert noch ungenügenden Düngemöglichkeiten. Diese erschöpften sich im wesentlichen im Ausbringen des Mistes von Tieren bzw. in der Verwendung anderer natürlicher Dünger wie z. B. Asche oder mineralhaltigen Mergels. Da es wegen Mangels an Futtermitteln im 18. Jahrhundert noch nicht gelang, Stalltiere in größerer Zahl über den Winter zu bringen, blieb der Mist als natürlicher Dünger rar, und damit gab es auch kaum eine Möglichkeit, die landwirtschaftliche Produktion wesentlich zu intensivieren. Das hatte wiederum zur Folge, daß sich die Futterreserven für den Winter kaum erhöhen ließen und die Menge des natürlichen Düngers sich nur unwesentlich steigerte. Außerdem war die Düngung teuer. Eine Fuhre Dung kostete 1722 ca. 32 Kreuzer, der Fuhrlohn betrug weitere acht bis zehn Kreuzer[30]. Um ein schnelles Auslaugen des Ackerbodens durch eine einseitige Bodenbeanspruchung zu verhindern, war ein jährlicher Fruchtwechsel vonnöten, und jedes dritte Jahr mußte das Ackerland brachliegen.

Das jeweilige Brachland blieb aber meist nicht völlig ungenutzt. Dazu herrschte zu großer Mangel an landwirtschaftlicher Nutzfläche. Im allgemeinen diente die Brache als Viehweide oder wurde mit Hackfrüchten bzw. Klee bebaut[31]. In Singen erhielt die Verwendung des Brachlandes als Weidefläche bis zum Beginn des 19. Jahrhunderts den Vorzug vor dem Anbau von Hackfrüchten oder Klee, was sich aus der generellen Knappheit der Singener Weideflächen erklärt[32].

Die Bauern mußten sich jedoch nicht nur an die vorgeschriebene Fruchtfolge halten. Auch die Termine für Aussaat und Ernte legte die Gemeindeversammlung verbindlich fest. Für diese strenge genossenschaftliche Vorgehensweise ließen sich praktische Gründe anführen. Die einzelnen Ackerparzellen waren im 18. Jahrhundert noch nicht durch Feldwege getrennt, sondern grenzten unmittelbar aneinander. Grenzsteine markierten die Ausdehnung der Parzellen. Zäune oder sonstige Absperrungen zwischen den einzelnen Parzellen durften nicht errichtet werden. Nur in Ausnahmefällen zeigte sich die Grenze zwischen zwei Parzellen in Form einer größeren Furche oder eines schmalen mit Gras bewachsenen Rains[33]. Wegen des Fehlens von Feldwegen und wegen der starken Aufsplitterung der landwirtschaftlichen Nutzfläche mußte jeder, der eine Parzelle betreten wollte, fast immer mehrere andere Parzellen verschiedener Besitzer überqueren. Um den dadurch entstehenden Flurschaden möglichst gering zu halten, wurden Aussaat und Ernte für alle Dorfgenossen zeitlich genau geregelt[34].

Jede der Zelgeinheiten war mit einem Zaun umgeben, welcher Menschen und Vieh davon abhalten sollte, unkontrolliert auf das Ackergelände zu gelangen. Besonders das Wild aus dem Wald des Bischofs von Konstanz richtete in Singen »ungemein großen Schaden« an. Die Bürger von Singen sahen sich gezwungen, ihre Felder täglich von acht Männern bewachen zu lassen, nachdem verschiedene »schriftliche und fußfällige Bitten« an die »hochfürstliche Eminenz in Konstanz zur Abwendung dieses Übels« erfolglos geblieben waren[35].

Nur zwei Zufahrten zu jedem Zelgblock blieben offen[36]. Während oder kurz nach der Aussaat fand ein Untergang (Feldbegehung) statt. Bei dieser Gelegenheit wurden z. B. die Grenzmarken der einzelnen Parzellen überprüft und Streitfälle zu Protokoll genommen[37]. Natürlich kam es wegen angeblicher oder tatsächlicher Versetzungen der Grenzsteine oft zu Grundstücksstreitigkeiten. In diesem Fall klärte der Untergänger bei einem Lokaltermin die Rechtslage. Danach trat bis zur Ernte die Bannung der Zelgen in Kraft, als deren sichtbares Zeichen die beiden Zufahrten zu jeder Zelge verschlossen wurden. Die »Luckensetzer« hatten als Inhaber eines der in der Gemeindeversammlung im Januar jährlich vergebenen Ämter die Zufahrten zu bewachen[38]. Wer nach der Aussaat und vor der Ernte innerhalb einer verschlossenen Zelge angetroffen wurde, bekam eine Geldstrafe auferlegt.

Wenn das Getreide reif war, faßte die Gemeindeversammlung den Beschluß zur Ernte und hob damit die Bannung der Felder wieder auf. Das Getreide konnte nun nach einem von der Dorfgemeinschaft geregelten Zeitplan geschnitten und zum Trocknen auf das Stoppelfeld gelegt werden. Nach einigen Sonnentagen wurde es zu Garben gebunden und auf dem Feld aufgestellt. Danach zählte ein Zehntknecht oder Zehntsammler im Auftrag des Zehntherren diese Garben, wobei er dort begann, »wo die letzte Garbe gebunden wurde«[39]. Der Zehnt war eine Holschuld des Herrn, d. h., der Empfänger dieser Abgabe mußte selbst für deren Abtransport sorgen. Diese Pflicht gab ihm bzw. seinem Beauftragten jedoch auch die Möglichkeit, den Ernteertrag der Bauern zu kontrollieren. Auf Zehntbetrug standen harte Strafen[40].

Nach Abschluß der Ernte ergänzten die Äcker als Stoppelweide für das Vieh die vorhandenen Wiesenflächen.

Dem geschilderten strengen Flurzwang unterlagen in dieser Form nur die Äcker, die in Singen zu Beginn des 18. Jahrhunderts aber immerhin mehr als drei Viertel der zehntbaren landwirtschaftlichen Nutzfläche ausmachten. In abgemilderter Form fand die genossenschaftliche Organisation der Landwirtschaft jedoch bei der Handhabung der Viehweide ihre Fortsetzung. Die für die gemeinsame Nutzung der Dorfweide geltenden Bedingungen und Termine wurden in der Dorfversammlung festgelegt, die »alle Jahre am Maitag«[41] stattfand.

Hauptsächlich mußten sich die Dorfgenossen in diesem Zusammenhang darauf einigen, zu welchem Zeitpunkt die Bannung der Wiesen aufgehoben werden bzw. die gemeinsame Heuernte beginnen sollte. Weiter war festzulegen, ab wann das Vieh zum Weiden auf die abgemähten Wiesen, auf die Brachäcker, auf das Ödland und in den Wald getrieben werden durfte. Die Öhmdwiesen, deren zweiter Schnitt hauptsächlich als Winterfutter für das Vieh diente, waren als Weide nicht zugelassen. Die Gemeindeversammlung bestellte zum gemeinsamen Hüten der Tiere Kuh-, Schweine-, Kälber- und Schafhirten, welche als Lohn von den Besitzern der Tiere eine Abgabe für jedes Stück Vieh erhielten.

Die Gärten und Rebländer unterlagen vor der Ernte ebenfalls der Bannung. Sie waren umzäunt und durften in der Zeit der Reife nicht betreten werden. Wer sich in einem gebannten Garten oder Weinberg aufhielt, wurde als Dieb bestraft. Im Unterschied zu den Äckern war aber die Nutzung der Gärten nicht im einzelnen vorgeschrieben. Überhaupt keiner Regelung unterlag jedoch nur die Nutzung der kleineren Vorgärten bei den Häusern innerhalb des Dorfetters.

Das Nutzungsrecht an der Allmende war i. a. an den Besitz des Bürgerrechts gebunden. Das Bürgerrecht einer Gemeinde erlangte, wer als Sohn eines Gemeindebürgers in die Gemeinschaft hineingeboren war und eine Hofstätte oder wenigstens einen Teil einer Hofstätte besaß. Der Inhaber des Bürgerrechts hatte Nutzungsrechte an der Allmende und Pflichten beim Bewältigen von dörflichen Gemeinschaftsaufgaben. Er genoß für sich und seine Nachkommen Wohnrecht in der Gemeinde. Darüber hinaus stand er unter dem besonderen Schutz des Dorfes und durfte sich an der Wahl zu den Gemeindeämtern beteiligen.

Bei einem gewissen Vermögensstand und gegen eine Gebühr, das Einkaufsgeld, konnte das Bürgerrecht auch erworben werden. Dieses Einkaufsgeld lag jedoch relativ hoch, um zu verhindern, daß Arme dieses Recht erlangen und damit Ansprüche auf einen Anteil an der Allmendnutzung erheben konnten. In Singen betrug das Einkaufsgeld in der Mitte des 18. Jahrhunderts 80 bis 100 Gulden. Diese Summe stand je zur Hälfte dem Ortsherrn und der Bürgerschaft zu[42]. Eine derartige Aufnahme in die Bürgerschaft erfolgte in Singen relativ selten, »alle 20 bis 30 Jahre kaum einmal«[43]. Für Frauen, die i. a. nur in einen Ort einheirateten und keine selbständige Existenz gründeten, war das Einkaufsgeld wesentlich geringer als für Männer. In Singen erhielten Herrschaft und Bürgerschaft jeweils einen Gulden, acht Kreuzer und vier Heller, wenn die sich einkaufende Frau aus einem Ort der Landgrafschaft Nellenburg stammte, in welchem der Hegauer Vertrag[44] Gültigkeit besaß. Frauen aus allen anderen Orten bezahlten fünf Gulden.

Wer das Einkaufsgeld nicht aufbringen konnte, hatte die Möglichkeit, über die Bezahlung des wesentlich niedrigeren, aber jährlich zu bezahlenden Hintersitzgeldes in der Gemeinde ein abgeschwächtes Wohnrecht als Hintersaß zu erlangen. In Gottmadingen (Herrschaft Heilsberg) betrug das Hintersitzgeld im 18. Jahrhundert jährlich zwei Gulden[45]. Als Hintersaß zählte man nicht zu den Bürgern der Gemeinde, verfügte über keine Stimme in der Gemeindeversammlung und konnte nicht in ein Gemeindeamt gewählt werden. Das Wohnrecht eines Hintersassen im Dorf war auf jeweils ein Jahr begrenzt. Es konnte bei schlechtem Benehmen oder schlechter Wirtschaftsführung relativ kurzfristig gekündigt werden, was zur Ausweisung des Hintersassen führte.

Wer aus dem Ort wegziehen wollte, hatte ebenfalls eine Gebühr zu entrichten. Falls der neue Wohnsitz im Geltungsbereich des Hegauer Vertrags lag, betrug das Abzugsgeld für Männer wie für Frauen einen Gulden, acht Kreuzer und vier Heller, bei allen anderen Orten zehn Gulden[46].

Die Gemeindebürger besaßen jedoch nicht nur gemeinsame Nutzungsrechte, ihnen oblagen auch gemeinsame Aufgaben und Pflichten. Straßen, Wege, Brücken, Brunnen, Bewässerungsgräben usw. waren regelmäßig zu reparieren bzw. instand zu halten oder zu erneuern. Die anfallenden Arbeiten führten die Genossen als Gemeindefronen aus. Für Singen ist in der Mitte des 18. Jahrhunderts von zehn Brücken über Bäche und Gräben sowie von vier Stegen über die Aach die Rede, außerdem mußte das Gemeindehaus erhalten und nötigenfalls neu erbaut werden. Die Wege waren »auf eine Stund weit« nach Beschädigungen abzusuchen und zu reparieren[47].

Durch den Flurzwang und insbesondere durch die strenge Aufteilung des Ackerlandes in Zelgblöcke entstand eine weitgehend einheitliche Nutzung der landwirtschaftlichen Flächen. Innerhalb der Zelgen lag jedoch ein hohes Maß an Zersplitterung vor. Ein Grund dafür ist in der in Singen praktizierten Erbsitte der Realteilung zu suchen[48], also der gleichmäßigen Verteilung des Erbes auf alle Nachkommen. Dadurch schritt die Besitzzersplitterung tendenziell immer weiter fort. Dieser Erbbrauch setzte sich in der Praxis auch bei den Erblehenhöfen durch, obwohl die jeweiligen Lehenbriefe[49] die Bestimmung enthielten, daß der Hof unzerteilt auf einen einzigen Erben übergehen müsse (Anerbenrecht). Für die Praxis hatte damit das Erblehen fast die rechtliche Qualität von Eigengütern gewonnen. Die Rechtseinheit der alten Höfe löste sich weitgehend auf. Zum Schein entsprachen die Erben dieser Unteilbarkeitsklausel dadurch, daß i. a. der Älteste als »Träger« mit dem gesamten Hof belehnt wurde und daß alle Miterben formal den Hof zusammen genossenschaftlich nutzten. Im Falle des sogenannten österreichischen Kammerlehens war z. B. Dionysius Reitze als Träger bestimmt[50].

Die Abgaben der einzelnen Teilhaber richteten sich nach deren Anteilsgröße. Der Träger war dem Grundherrn gegenüber für das pünktliche Einziehen und vollständige Abliefern der Abgaben verantwortlich. Als Gegenleistung konnten ihm Teile der Abgaben erlassen werden, und er genoß ein Losungsrecht (Vorkaufsrecht), wenn ein Erbe seinen Anteil verkaufen wollte. Dadurch sollte eine Wiedervereinigung des Hofes erleichtert werden.

Da die Parzellen üblicherweise längs und nicht quer geteilt wurden, entstanden immer schmalere, vielfach nur einige Meter breite Parzellen, deren Länge oft das Zehn- bis Dreißigfache der Breite betrug[51]. Das ergab eine Längsstreifenflur, die durch lange, schmale Ackerstücke gekennzeichnet ist. Die Bauern zogen diese der Blockform vor, um das mühsame Wenden des Pfluges am Ende des Feldes auf ein Mindestmaß reduzieren zu können. Quer zu den langgestreckten Ackerparzellen lagen teilweise die sogenannten Anwandäcker. Dort wurde der Pflug gewendet. Sie dienten außerdem als Zugangsweg zu anderen Äckern.

1.3 Grundherrliche Verhältnisse

Die grundherrlichen Verhältnisse in Singen[52] waren ständigen Änderungen unterworfen. Im späten Mittelalter teilten sich außer der jeweiligen Ortsherrschaft insbesondere die Klöster
- Reichenau (Kellhof; ab 1540 dem Bischof von Konstanz gehörend);
- Salem (z. B. Holzerhof);
- Paradies in Schaffhausen (vier Greuthofgüter: 1429 vom Konstanzer Patrizier Luntfried Muntprat gekauft und 1533 an Herzog Christoph von Württemberg verkauft);
- St. Georg in Stein

die Grundherrschaft in Singen. Mit grundherrlichen Rechten ausgestattet waren ebenfalls:
- der jeweilige Inhaber der Landgrafschaft Nellenburg (deren Eigentum – ein Hof in Remishofen – wurde später als Innsbrucker Kammerlehen bezeichnet);
- die Grafen bzw. Fürsten von Fürstenberg (Schieggengut oder Heilig Berg Zinsgut);
- die Herren von Rosenegg;
- die Besitzer des Hohentwiels;
- die Pfarrei Singen (Heiligenhof, der als Erblehen ausgegeben war).

Die Singener Urbare von 1555 und 1652 weisen das Haus Österreich als den bedeutendsten Grundherrn in dem Ort am Fuße des Hohentwiel aus. In der Folgezeit verpfändete Österreich das Dorf Singen mehrfach, z. B. 1557 an Hans Jakob Fugger, einen Großneffen Jakob Fuggers des Reichen. 1653 erwarb der aus dem Pustertal stammende österreichische Kämmerer und Stadtkommandant zu Radolfzell und später zu Konstanz, Johann Gaudenz Freiherr von Rost, den Embserhof und den Niederhoferhof als Lehen[53]. Er befand sich damit gegenüber dem Haus Österreich in der Position eines Lehenbauern. 1655 gab das Haus Österreich an ihn die gesamte Herrschaft Singen als Pfand für 21 000 Gulden auf 20 Jahre. Zu dieser Pfandherrschaft zählten neben einer Bannmühle für Singen und Arlen a. d. Aach auch eine Trotte mit zwei Weinpressen und einer Schnitte sowie das sogenannte Vogtsgütle und das Obereigentum an 14 Singener Höfen, welche als Erblehen an Bauern weiterverliehen waren[54].

1657 wurde Singen mit der Pfandherrschaft Mägdeberg vereinigt, als schwäbisch-österreichischer Stand anerkannt und erhielt Sitz und Stimme im schwäbisch-österreichischen Landtag zu Ehingen[55]. 1660 wurde die Pfandherrschaft in ein Erblehen umgewandelt. Wenige Jahre später (1669) ließ Freiherr von Rost die Urbare von 1555 und 1562 gründlich überarbeiten bzw. neu erstellen.

1692 kauften die Herren von Rost das Schieggengut. Sie traten auf diese Weise in ein bäuerliches Lehenverhältnis zu dem Obereigentümer des Hofs, dem Fürsten von Fürstenberg. Die Familie von Rost gab den Hof als Afterlehen an Singener Bauern weiter[56].

2.0 Bodennutzungsstruktur

Das Singener Zehnturbar von 1724 verzeichnet 5716 zehntbare und zehntfreie Parzellen, die in etwa 200 Fluren liegen und die zusammen eine Fläche von 1165 Hektar[57] bedecken. Hält man die Zahlen der Steuerveranlagung von 1726[58] bzw. der Singener Bekenntnistabelle von 1765[59] dagegen, ergeben sich jedoch deutliche Unterschiede. Nach Strobel[60] verzeichnet die Steueranschlagung eine Gesamtfläche von 821,9 Hektar und die Bekenntnistabelle von 869,0 Hektar. Beide Werte liegen deutlich unter der Angabe des Zehnturbars von 1165,3 Hektar. Die Differenz zum Zehnturbar verringert sich jedoch, wenn man bedenkt, daß weder in der Steuerveranlagung noch in den Bekenntnistabellen grundherrliches Eigengut (ca. 100 Hektar, davon etwa die Hälfte in Bestand ausgegeben) oder (größtenteils) der Besitz auswärtiger Personen auf Singener Gemarkung (gut 30 Hektar) berücksichtigt ist[61]. Weitere 60 Hektar, die im Singener Zehnturbar von 1724 verzeichnet sind, liegen auf Mühlhausener Gemarkung. Da diese Parzellen von Singener Bauern in Verbindung mit Singener Parzellen genutzt werden, sind diese – analog zur Vorgehensweise im Zehnturbar – bei der Untersuchung der Bodennutzungsstruktur Singens zu berücksichtigen. Unter diesen Voraussetzungen verringert sich die Differenz der Flächen aus dem Zehnturbar und der Bekenntnistabelle auf ca. 9% der im Zehnturbar verzeichneten Fläche.

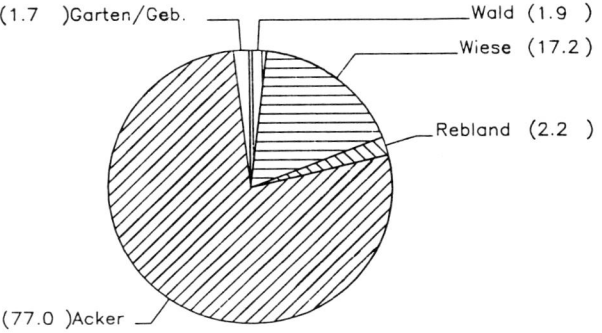

Tabelle 1: Singener Bodennutzungsstruktur um 1724

Nutzung	Anzahl der Parzellen	Hektar	Anteil in %	mittlere Fläche (Hektar)
Garten/Gebäude	221	20,13	1,73	0,091
Ackerland	3927	897,42	77,01	0,229
Rebland	444	25,10	2,15	0,057
Wiese	1121	199,93	17,16	0,178
Wald	3	22,76	1,95	–
Summe	5716	1165,34	100,00	0,204

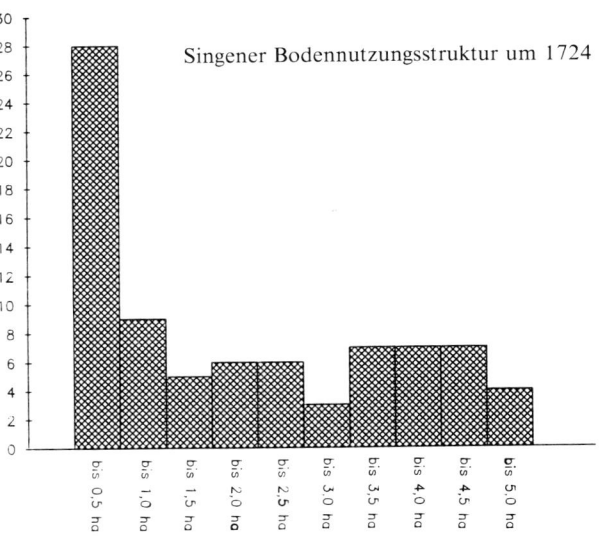

Die Nutzung des zehntbaren landwirtschaftlichen Areals Singens ist zu Beginn des 18. Jahrhunderts vom Ackerbau geprägt. Gut drei Viertel aller Flächen zählen zu den Äckern. Mit großem Abstand folgen dahinter die Wiesen (etwas mehr als ein Sechstel). Nur noch nachgeordnete ökonomische Bedeutung für die Landwirtschaft kommt den Rebländern (gut 2%), den Gärten und dem Wald (jeweils knapp 2%)[62] zu.

Abgesehen von den drei Waldstücken sind die Ackerparzellen im Mittel größer als alle anderweitig genutzten Parzellen. Sowohl die Dominanz des Ackerlandes (in Abhängigkeit vom Waldanteil) als auch die im Vergleich zu den anderen Bodennutzungsarten relativ hohe durchschnittliche Größe der Ackerparzellen läßt sich in vielen anderen Hegauorten ebenfalls nachweisen[63].

Um die wirtschaftliche Bedeutung der einzelnen Kulturarten richtig einschätzen zu können, bietet sich die Errechnung eines Nutzflächenquotienten[64] an, der den Flächenanteil verschiedener Kulturarten mit denjenigen des Ackerlandes in Beziehung setzt.

Dem Nutzflächenquotienten zwischen Acker- und Grünland kommt große Aussagekraft über die agrarische Nutzung eines Dorfes zu, weil Acker- und Grünland im 17. und 18. Jahrhundert die beiden Hauptkulturarten waren[65]. Bei einem Nutzflächenanteil des Grünlandes von über 50% handelt es sich um Grünlandgebiete, zu denen insbesondere feuchte Niederungen, Flußtäler und niederschlagsreiche Höhenlagen gehören. Im umgekehrten Fall ist von einem Ackerbaugebiet zu sprechen. Eine Erhöhung des Nutzflächenquotienten – also Ausdehnung der Ackerflächen auf Kosten der Weide – gilt als Indiz für Intensivierung der Landwirtschaft[66].

In Singen beträgt der Nutzflächenquotient zwischen Acker und Wiese 4,5 zu 1. Damit entfallen auf jeden Hektar Wiese 4,5 Hektar Ackerland. Singen gehört damit im 18. Jahrhundert zu den ausgeprägten Ackerbaugemeinden. Es herrscht ein für den Getreidebau günstiges Klima, und in der Schweiz werden große Mengen von Getreide nachgefragt.

Im Hegau ist jedoch ein Nutzflächenquotient von 4,5 zu 1 nichts Außergewöhnliches. Göttmann[67] gibt für den Hegau im 18. Jahrhundert einen Bereich des Nutzflächenquotienten von 4 bis 6 zu 1 an. In Bodman (1757) bewegt er sich bei 2,3 zu 1, in Orsingen (1758) bei 4,4 zu 1 und in Gottmadingen (1761) bei 6,6 zu 1[68]. Im nahegelegenen Breisgau liegt der Nutzflächenquotient bei 2 bis 2,5 zu 1[69].

2.1 Gärten und Gebäude

Zum Gartenland zählen neben den Hausgärten im Ortsetter weitere Flächen, die zwar eingezäunt sind und individuell genutzt werden dürfen, die jedoch während der Wachstumszeit der Bannung unterliegen. Sie befinden sich im Falle Singens geschlossen im Westen des Ortes, insbesondere im Flurstück »hinter dem Dorf« sowie bei Niederhofen (21 Parzellen von 1,6 Hektar Gesamtfläche) und bei Remishofen (22 Parzellen von 1,7 Hektar Gesamtfläche). Diese werden insbesondere als Hanf-, aber auch als Kraut- und Obstgärten genutzt.

An Gebäuden sind 52 Häuser und 16 Häuslein (halbe, kleine oder schlechte Häuser) genannt, in welchen über 130 Familien wohnen (die im Urbar erwähnten Erbengemeinschaften und unverheirateten Kinder nicht extra mitgerechnet)[70]. Als einziger besitzen Hans Conrad Hötz zwei Häuser[71]. Damit wohnen in fast jedem Haus zwei Familien. Für 1726 ist die Zahl von 70 Häusern überliefert[72], die Bekenntnistabelle von 1765 spricht im Anhang von 23 bis 24 Häusern, die eine angemessene »bürgerliche Wohnung« darstellen, die anderen seien »baufällige Bauernhütten«. Als weitere Gebäude zählt das Urbar von 1724 zwölf Scheuern und eine Mühle auf. Diese Mühle[73] besaß Müller Matthäus Schrott als Afterlehen. Sie wird im Lehenbrief von 1701 jedoch als Bestandsgut bezeichnet, welches der Müller aber an seinen Sohn weitervererben durfte[74]. Der Ehrschatz (Gebühr bei Neu- oder Wiederverleihung eines Lehens) beläuft sich auf 700 Gulden; der jährlich an Fasnacht fällige Lehen- bzw. Pachtzins beträgt 300 Gulden zuzüglich zwölf Gulden als finanziellen Ersatz für die einstige Pflicht, zwei Schweine und einige Gänse zu halten[75]. Die Mühle genießt den Status eines Bannbetriebes, d.h., daß alle dem Niedergericht des Singener Ortsherrn unterstehenden Personen ihr Getreide in dieser Mühle mahlen lassen müssen[76]. Neben der Mühle steht ein neues Haus mit Scheuer, Keller, Stallung, Hofreite (der für Wirtschaftszwecke dienende freie Raum eines Hofes oder Landgutes), Baum-, Kraut- und Hanfgarten[77]. Das ist die einzige Erwähnung eines Kellers im ausgewerteten Urbar.

2.2 Ackerland

Das Ackerland wurde oben bereits als die stark dominierende landwirtschaftliche Nutzungsart bezeichnet. Auf den Äckern wird im 18. Jahrhundert in erster Linie Dinkel – zum eigenen Verzehr und zum Export in die Schweiz – angebaut.

Im Jahre 1724 finden sich in Singen 3927 zehntbare Ackerparzellen. Diese weisen eine Durchschnittsgröße von 0,23 Hektar auf. Die kleinste Parzelle umfaßt 265 Quadratmeter, die größte 12,76 Hektar. Die mittlere

Fläche der Ackerparzellen beträgt 0,23 Hektar. Sie sind damit größer als die Parzellen aller anderen Bodennutzungsformen. Dabei sind Parzellen, die zu kleinen Höfen gehören, im Durchschnitt kleiner als Parzellen von großen Höfen[78].

Es wurde bereits erwähnt, daß der Flurzwang und die zeitliche Regelung von Ernte und Aussaat dem Schutz der angesäten Felder dient. Der Flurzwang kann aber auch Nachteile mit sich bringen. Die weit verbreitete Meinung, daß das Ackerfeld gleichmäßig auf die drei Zelgenverbände verteilt ist, trifft zumindest für Singen im Jahre 1724 nicht ganz zu. Betrachtet man die Ackerstücke, so liegen in der Zelg am Berg (Ösch 1) 332 Hektar (37%), in der Zelg auf dem Hardt- und Hohentwielfeld (Ösch 2) 296 Hektar (33%) und in der Zelg auf dem Raihn (Ösch 3) 269 Hektar (30%). Da im Rhythmus der Dreizelgenwirtschaft jeweils ein Ösch brachliegt, werden 628 Hektar (Ösch 1 + Ösch 2), 565 Hektar (Ösch 2 + Ösch 3) bzw. 601 Hektar (Ösch 1 + Ösch 3) eingesät. Bei gleichem Hektardurchschnittsertrag übersteigt der Ertrag von Ösch 1 + Ösch 2 denjenigen von Ösch 2 + Ösch 3 um elf Prozent. Der Ertrag von Ösch 1 + Ösch 3 liegt zwischen diesen beiden Werten[79].

In anderen Hegauorten[80] fällt die Ungleichverteilung des Ackerlandes auf die drei Ösche oft drastischer aus. In Bodman übersteigt im Jahre 1757 die Summe der beiden größeren Ösche diejenige der beiden kleineren Ösche um 13%, in Gottmadingen im Jahre 1761 um 25% und in Orsingen (1758) um 27%, jeweils gemessen am ertragsorientierten Steuerwert der Ackerparzellen. Damit ist die Ungleichverteilung des Ackerlandes auf die drei Ösche in Singen nicht so deutlich ausgeprägt wie in anderen Hegauorten, sie hat aber dennoch negative Auswirkungen auf die Möglichkeiten der Nahrungssicherung der Singener Bevölkerung[81]. Die zu erwartenden Probleme betreffen insbesondere die Inhaber der kleinen Höfe, die am Existenzminimum wirtschaften. Vereinödungs- oder Flurbereinigungsmaßnahmen zur Milderung dieses Problems werden im 18. Jahrhundert in Singen nicht durchgeführt[82].

Rechnet man die Gesamtackerfläche auf die Gesamtbevölkerung um, so ergibt sich ein mittlerer Ackeranteil von 1,2 Hektar pro Kopf. Da im Hegau in der Mitte des 18. Jahrhunderts etwa ein Hektar Ackerland für die Ernährung einer erwachsenen Person genügt[83], ist Singen insgesamt betrachtet ausreichend mit Ackerland bzw. mit Getreide versorgt.

In den anderen Hegaudörfern bewegt sich der Ackerlandanteil pro Kopf der Bevölkerung zwischen 0,9 Hektar (Gottmadingen) und 1,4 Hektar (Orsingen)[84]. Singen nimmt also in dieser Beziehung eine Mittelposition ein.

2.3 Rebland

Rebbau wird in allen Gemeinden des Hegaubeckens betrieben. Abgesehen von Weinbauorten wie Sipplingen liegt der Flächenanteil der Weinberge im Hegaubecken meist zwischen 1% und 3%, d.h., in Singen herrschen in bezug auf die Weinbaufläche durchschnittliche Verhältnisse. Der Weinbau wird für den Eigenbedarf oder höchstens als kleine, lukrative Nebenerwerbsquelle betrieben.

Das Rebland, insgesamt ca. 25 Hektar, liegt in kleinen Einheiten im Westen der Singener Gemarkung in der Nähe des Hohentwiels. Durch die im Vergleich zum Ackerbau intensivere Bodennutzung beim Rebbau dürfte der Ertrag des Weinbaus etwa fünf bis sieben Prozent des gesamten Anbauertrags erreichen[85]. Einschränkend vermerkt jedoch die Bekenntnistabelle von 1765 (Anhang 2.4) jedoch, daß der Wein sowohl im Ertrag als auch in der Qualität relativ schlecht sei[86]. Das ist jedoch nicht verwunderlich, da es sich dabei um einen mit etwa 530 Metern sehr hoch gelegenen Weinbaukomplex handelt.

Wegen der meist relativ schlechten Qualität des Weines im Vergleich mit den immer stärker auf dem Markt drängenden italienischen Sorten ging die Rebanbaufläche im Laufe des 18. Jahrhunderts zugunsten der Gartenfläche oder anderer Kulturen zurück. Diese Entwicklung läßt sich überall im Hegau verfolgen und ist ganz besonders deutlich in der Weinbaugemeinde Sipplingen zu erkennen[87].

2.4 Wiese

Ausdehnung und Qualität der Wiesen ist für die Möglichkeiten und Grenzen der Viehhaltung von maßgeblicher Bedeutung. Die Wiesen nehmen in Singen im Jahre 1724 knapp 200 Hektar (17% der gesamten zehntbaren landwirtschaftlichen Nutzfläche) ein. Acker und Wiesen gehören aber nach der Bekenntnistabelle von 1765 (Anhang) eher zur schlechten und mittleren als zur guten Qualität.

Je nach Fruchtbarkeit des Bodens bzw. nach Ertrag der Wiesen handelt es sich dabei um Brachwiesen, einmähdige oder zweimähdige Wiesen. Die einmähdigen Wiesen ergänzen nach dem ersten Schnitt die gemeinsame Viehweide, während das Öhmd (zweiter Schnitt) der zweimähdigen Wiesen als Stallfutter für den Winter dient.

Besonders dominant sind in Singen mit 45% bzw. 42% die ein- und zweimähdigen Wiesen. Brachwiesen nehmen etwa 12% ein. Ähnliche Verhältnisse lassen sich auch in anderen Hegaugemeinden nachweisen.

Da die Gemeindeallmende in Singen sehr klein ist,

herrscht ständig Mangel an Weideflächen. Denn die Menschen können auf Vieh als Zugtier und zur Erzeugung von Fleisch- und Molkereiprodukten nicht verzichten. Raiser[88] bezeichnet die Viehzucht in Singen als »mittelmäßig«. Nach dem Schatzungsrecht von 1726[89] befinden sich in Singen 66 Pferde, 95 Zugtiere und 82 Kühe. Um 1830 wird in Singen zur Intensivierung der Viehzucht die Stallfütterung eingeführt[90]. Der Erfolg dieser Maßnahme ist durchschlagend: 1850 werden 57 Pferde, 379 Kühe, 171 Ochsen, drei Zuchtstiere und 278 Schweine gehalten[91].

2.5 Wald

Von Wald ist im Singener Zehnturbar von 1724 wenig die Rede (weniger als 23 Hektar), obwohl in der Singener Flurkarte von 1709[92] relativ große Waldflächen zu erkennen sind. Dabei handelt es sich nach der Singener Bekenntnistabelle von 1765 (Anhang) um zusätzlich ca. 610 Hektar, von denen ca. 470 Hektar dem Herzog von Württemberg und 125 Hektar der Stadt Radolfzell gehören. Weitere kleine Waldanteile besitzen der Singener Niedergerichtsherr von Rost (ca. elf Hektar) und die Gemeinde Hilzingen (ca. fünf Hektar). Von diesen 610 Hektar Wald profitieren die Singener jedoch nicht, da ihnen daran kein Nutzungsrecht zusteht und er nicht zu Singen gehört. Für eine Analyse der landwirtschaftlichen Nutzung der Singener Gemarkung ist es also sinnvoll, diese 610 Hektar Wald auszuklammern. Die Richtigkeit dieser Vorgehensweise wird durch den Anhang der Singener Bekenntnistabelle von 1765 bestätigt: Da »kein Gemeindholz dahier [ist], müssen dieselben [die Singener Bürger] all benöthigtes Brenn- und Bauholz, Bretter oder Laden, Dihlen, Schindeln oder anderen Bedarf von den benachbarten mit Holz versehenen Herrschaften und Gemeinden theuer erkauffen, zumahlen ein Klafter [Höhe und Breite je sechs Schuh, das sind ca. 1,83 Meter] zu 2 Gulden zu stehen kommt und sodann erst in sein [des Käufers] Kosten zu 2 bis 3 Stund anheim geführt werden muß«. Bei den im Zehnturbar von 1724 erwähnten Waldflächen handelt es sich oft um eine Mischform aus Acker und »Holtzung«.

Der wirtschaftliche Nutzen des Waldes liegt neben dem Holzertrag (Bau-, Brenn- und Handwerksholz) in der Möglichkeit der Schweine- bzw. Jungviehzucht. Der Waldweide durch Eicheln und Bucheckern kommt in Singen wegen des geringen Waldbestandes jedoch kaum Bedeutung zu.

Der Waldanteil schwankt in den einzelnen Hegauorten stark. In Orsingen, Bodman und Sipplingen liegt er zwischen 35% und 45% der Gesamtfläche. Gottmadingen weist nur 16% Waldanteil auf. Daneben nehmen sich die 2% in Singen sehr bescheiden aus. Die Waldarmut des Orts am Hohentwiel hat also eine lange Tradition.

2.6 Mischformen

Die verschiedenen Bodennutzungsarten gehen oft fließend ineinander über.

Egertenfelder sind eine Mischform aus Wiese und Acker. Dabei handelt es sich um landwirtschaftliche Nutzfläche, die durch Rodung gewonnen wurde (Landesausbau) und noch stark mit Wurzelwerk durchsetzt ist. Deshalb kann der Boden kaum umgepflügt werden; Getreide gedeiht nur sehr sporadisch (im Abstand von zwei bis zwölf Jahren; Feldgraswirtschaft). In den anderen Jahren dient dieses Land als Weide. Wegen der unregelmäßigen Ertragslage unterliegen die Egertenfelder i. a. nicht dem Flurzwang der Dreizelgenwirtschaft. Wenn sich der Anbau von bestimmten Egertenfeldern als zu unwirtschaftlich erweist, werden diese oftmals wieder aufgeforstet. In Singen finden sich Fluren, die Rodungsnamen wie Egerth, Hillebrandsreute, in der Reuttin, Egerten usw. tragen[93] und damit noch an diese Nutzungsform erinnern.

Weitere Mischformen bestehen innerhalb der verschiedenen Wiesenarten. So gibt es Grasland, das teils als Heu- und teils als Öhmdwiese genutzt wird. Durch Umwandlung von einmähdigen Wiesen in Öhmdwiesen läßt sich das Stallfutter für den Winter vermehren. Das geschieht jedoch auf Kosten der zur Verfügung stehenden Weideflächen, da die einmähdigen Wiesen im Gegensatz zur Öhmdwiese nach dem Schnitt als Weideland freigegeben werden. Es liegt auf der Hand, daß daraus innerhalb der Gemeinde ein Interessenkonflikt erwachsen kann. Die kleinen Bauern sind daran interessiert, das ohnehin knappe Weideland nicht noch weiter zu vermindern, während bei den Großbauern eher Interesse an zusätzlichem Stallfutter für den Winter besteht.

Neben den Parzellen, die in einer Mischform genutzt werden können, gibt es andere, deren Nutzung sich im Laufe der Zeit wandelt. Diese Entwicklung ist besonders deutlich am Rebland zu erkennen. Äcker und Gärten an den Südhängen werden im 16. und 17. Jahrhundert verschiedentlich in Weinberge umgewandelt. Im Zehnturbar von 1724 finden sich mehrere Hinweise auf diese Tatsache. So wird ein »new angelegter Weingarthen im Kütt« genannt[94], außerdem ist von »Rebenwachs, so vordem in der Zelg am berg maistenthails underm Ackerfeld gestanden«, die Rede[95]. Entsprechendes findet sich z.B. auch für die Zelg am Raihn[96]. An verschiedenen Stellen ist von den »new eingepflanzten Weingärthen oben an der sogehaißenen Kehlen unter Hültzingen« die Rede. Auch die Flurbezeichnung »Im Newsatz« deutet auf die angesprochene Entwicklung hin. Der Name »in alten Stückhen« läßt dagegen auf altes Weinanbaugelände schließen.

Es werden aber auch Wiesen in Äcker, Äcker in Gartenland usw. umgewandelt. Zur Illustration folgen drei kurze Notizen aus dem Singener Zehnturbar von 1724. Einmal ist von einer Brachwiese, im Yben gelegen, die Rede, auf der »jetzto ackerbaw« getrieben wurde. An anderer Stelle wird ein »Hampfland« beschrieben, »so dermahlen zwar zue Ackerfeld liegt«, das also ehemals Ackerland war. Außerdem[97] wird eine Parzelle erwähnt, die mit »Baumgarten und jetzmahligen Wyswachs« beschrieben wird.

Die angedeuteten Mischformen in der landwirtschaftlichen Nutzung können als Anzeichen dafür gewertet werden, daß die strenge Flurverfassung im 18. Jahrhundert erste Auflösungserscheinungen zeigt.

2.7 Zusammenfassung (Bodennutzung)

1. Das Singener Zehnturbar von 1724 verzeichnet 5716 Parzellen, die insgesamt eine Fläche von 1165 Hektar bedecken.
2. Singen läßt sich als Ackerbaugemeinde ohne Wald charakterisieren. Mehr als drei Viertel der gesamten landwirtschaftlichen Fläche werden als Ackerland genutzt; Wiesen bedecken gut ein Sechstel. Der Nutzflächenquotient von Ackerland und Wiese liegt bei 4,5 zu 1 und bewegt sich damit in dem für den Hegau üblichen Rahmen. Die Ackerflächen sind – wie überall im Hegau – größer als die Parzellen der anderen Bodennutzungsformen. Der Reblandanteil liegt mit gut 2% im Bereich dessen, was im Hegau für eine Nicht-Weinbaugemeinde üblich ist.
3. Das Ackerland ist nicht gleichmäßig auf die drei Ösche, die in Singen keine räumliche Einheit darstellen, verteilt. Das Flächenverhältnis des Ackerlandes in den drei Öschen lautet 37,0% zu 33,0% zu 30,0%. Damit schwanken die Ernteerträge aufgrund der Gepflogenheiten der Dreizelgenwirtschaft um 11%.

3.0 Grundherrliche und besitzrechtliche Verhältnisse

Das Singener Zehnturbar von 1724 läßt auch Rückschlüsse auf die grundherrlichen und besitzrechtlichen Verhältnisse Singens zu Beginn des 18. Jahrhunderts zu. Zwar finden sich nur bei wenigen Parzellen ausdrückliche Hinweise auf die Besitzrechtsform: Dabei handelt es sich meist um bäuerliche Leihegüter und um herrschaftliches Eigengut. Mit Hilfe zahlreicher Bemerkungen im Urbar läßt sich die Besitzrechtsform der übrigen Parzellen jedoch rekonstruieren[98].

Tabelle 2: Besitzrechtsstruktur Singens (1724)

Rechtsform	Anzahl der Parzellen	Hektar	Anteil in %	mittlere Fläche (Hektar)
bäuerliches Eigengut	4752	796,61	68,36	0,168
Lehen	800	246,83	21,17	0,309
Bestandsgut	84	52,89	4,54	0,630
grundherrliches Eigengut	65	56,83	4,88	0,874
Gemeindegut	15	12,18	1,05	0,812
Summe	5716	1165,34	100,00	0,204

Zwei Drittel des zehntbaren Landes in Singen zählen zum bäuerlichen Eigengut als dominierender Besitzrechtsform der Gemeinde am Hohentwiel. Ein Fünftel ist als Lehen ausgegeben, und je knapp 5% zählen zum Bestandsgut (Zeitpacht) bzw. zum herrschaftlichen Eigengut. Das Gemeindegut ist mit einem Anteil von 1% unbedeutend.

Im Vergleich zu anderen Hegaugemeinden liegt damit der bäuerliche Eigengutanteil in Singen sehr hoch und der Lehenanteil bzw. der grundherrliche Eigengutanteil entsprechend niedrig. Von den bereits angesprochenen Orten weist nur Gottmadingen mit 56,8% einen ähnlich hohen bäuerlichen Eigengutanteil auf. In Orsingen und Bodman liegt dieser Anteil bei 10%. Die verliehenen Güter nehmen in Singen und Gottmadingen ca. 25%, in Orsingen und Bodman um 45% der Fläche ein.

Außer einer klaren Aussage zur Besitzrechtsstruktur zeigt Tabelle 2 auch einen Zusammenhang zwischen mittlerer Parzellengröße und Besitzrechtsform. Die Parzellen des bäuerlichen Eigengutes im generellen sind im Mittel nur halb so groß wie die Lehenparzellen und diese wiederum nur halb so groß wie die Bestandsgutparzellen. Die letzteren werden ihrerseits wieder von den Parzellen des herrschaftlichen Eigenguts übertroffen.

Daß die mittlere Parzellengröße auch bei gleicher Nutzung entscheidend von der Besitzrechtsform beeinflußt wird, zeigt eine Detailuntersuchung des Ackerlandes[99] als wichtigster landwirtschaftlicher Nutzungsform in Singen. Die Äcker des bäuerlichen Eigenguts umfassen im Mittel 0,2 Hektar, diejenigen des Lehenguts 0,3 Hektar, des Bestandsguts 0,8 Hektar und des grundherrlichen Eigenguts 0,9 Hektar.

Tabelle 3: Auswertung des Singener Urbars von 1555

Besitzrechts-form	Äcker	Anzahl der Parzellen	mittlere Parzellengröße	Wiesen	Anzahl der Parzellen	mittlere Parzellengröße
bäuerliches Eigengut	22,7 ha	33	0,7 ha	10,9 ha	21	0,5 ha
Erblehen	155,5 ha	219	0,7 ha	29,5 ha	62	0,5 ha
Pfründlehen	60,6 ha	87	0,7 ha	14,7 ha	28	0,5 ha

Ähnliche Effekte treten auch in anderen Orten auf. Sie resultieren aus dem gleichzeitigen Wirken zweier entgegengesetzter Prinzipien. Einerseits sind die Grundherren bestrebt, das Teilen der Ländereien zu verhindern, weil bei einer zunehmenden Zahl von immer kleineren Parzellen und Betrieben das Steueraufkommen sinkt[100]. Diesem Bestreben wirkt die Erbsitte der Realteilung entgegen, die eine ständige Verkleinerung und damit Vermehrung der bäuerlichen Betriebe zur Folge hat. Je stärker die Parzellen dem Zugriff des Grundherrn unterliegen, desto erfolgreicher kann dieser eine Teilung verhindern. Die Intensität des grundherrlichen Zugriffs ist beim bäuerlichen Eigengut sehr gering und steigert sich über Erb-, Mann- und Schupflehen sowie über Bestandsgüter (Zeitpacht) bis zum grundherrlichen Eigengut. Entsprechend nimmt die mittlere Parzellengröße zu.

Der Trend zur ständigen Verkleinerung aller Parzellen, insbesondere der bäuerlichen Eigenparzellen, läßt sich auch anhand der Zahlen von 1555, 1724 und 1850 nachweisen. Das Singener Urbar von 1555[101] umfaßt allerdings nur etwas mehr als 300 Hektar, insbesondere Äcker und Wiesen.

Auch schon 1555 sind die Acker- größer als die Wiesenparzellen. Unabhängig von der Besitzrechtsform weisen aber alle Äcker und alle Wiesen mit 0,7 bzw. 0,5 Hektar jeweils etwa die gleiche Parzellengröße auf. Das im Singener Urbar von 1724 erfaßte bäuerliche Eigengut befindet sich bis kurz davor als Lehengut in der Hand des Grundherrn. Im Vergleich mit den Zahlen von 1724 wird deutlich, daß in Singen die Parzellen aller Besitzrechtsformen kleiner werden und daß sich diese Tendenz bei den Eigenparzellen besonders stark auswirkt. Diese Entwicklung setzt sich im 19. Jahrhundert fort. Für 1850 ist ein bäuerlicher Privatbesitz von etwa 837 Hektar angegeben, der sich im Jahre 1878 auf 7670 Parzellen verteilt[102]. Demzufolge reduziert sich die Durchschnittsgröße der bäuerlichen Eigenparzellen in Singen von 1724 (0,18 Hektar) bis 1878 (0,11 Hektar) nochmals auf weniger als zwei Drittel.

3.1 Bäuerliches Eigengut

Beim bäuerlichen Eigengut ist zwischen freieigen und zinseigen zu unterscheiden. Eine Parzelle gilt dann als zinseigen, wenn sie sich zwar im Eigentum des Bauern befindet, wenn sie aber – im Gegensatz zum Freieigengut – mit Grundzinsen belastet ist[103]. Zum bäuerlichen Eigengut zählen in Singen 4752 Parzellen mit 796 Hektar Fläche. Davon gehört die Hälfte (2202 Parzellen mit 417 Hektar) zum bäuerlichen Zinseigengut, der Rest ist freieigen. Die Quellen enthalten Indizien[104] dafür, daß sich die zinseigenen Güter durch Gewohnheit aus Erblehengütern entwickelt haben.

Insgesamt ist jedoch der praktische Unterschied zwischen den verschiedenen Besitzrechtsformen im 18. Jahrhundert deutlich im Schwinden begriffen[105].

Das bäuerliche Eigengut zeigt eine im Vergleich zum Gesamtort in typischer Weise veränderte Bodennutzungsstruktur. Der Ackeranteil ist leicht auf 79% erhöht. Das Acker-Wiesen-Nutzflächenverhältnis steigt geringfügig von 4,5 zu 1 auf 4,6 zu 1. Rebland bedeckt 2,7% des bäuerlichen Eigenguts, und Wald fehlt gänzlich. Diese Ergebnisse unterstreichen die Struktur Singens als Ackerbaugemeinde.

Zum bäuerlichen Eigengut gehören mit 54 Häusern 70% der Singener Wohngebäude. Dieser hohe bäuerliche Eigenanteil an den Wohngebäuden ist für Hegaugemeinden mit zersplitterten grundherrlichen Rechten, wie sie in Singen herrschen[106], ebenfalls typisch. Zum Lehengut zählen zehn Häuser, von denen eines unter drei Familien aufgeteilt ist.

3.2 Lehen

Das bäuerliche Lehengut wird von mehreren Lehenherren zu unterschiedlichen Bedingungen ausgegeben. Bei 55,4% handelt es sich um Erblehen, bei 19,2% um Schupflehen. Für das restliche Viertel ist keine Spezifizierung des Lehens angegeben. Das Schupflehen kann vom Grundherrn theoretisch kurzfristig entzogen werden, während ein Erblehen vom Grundherrn nicht gekündigt und vom Inhaber sogar weitervererbt werden kann.

Die Lehenherren sind (Anteile am Gesamtlehengut in Prozent):

von Rost	(21,3%):	Enderleinsgut
Pfarrkirche Singen	(20,0%):	Heiligenhof
Kloster Reichenau	(15,5%):	Kellhof

Haus Österreich	(12,9%):	Innsbrucker Kammerlehen
Reichsstift Salem	(12,3%):	Holzerhof
Fürstenberg	(7,2%):	Heilig-Berg-Zinsgut
		(= Schieggengut)
St. Katharinental	(7,0%):	Küsslinghof
Kloster Petershausen	(3,5%):	Steiner Erblehenhof
Herrschaft Krähen	(0,3%)	

Der Konstanzer Bischof ist als Herr der Reichenau und der Singener Pfarrkirche der größte Singener Lehenherr.

Die Bodennutzung des bäuerlichen Lehenbesitzes unterscheidet sich nur in zwei Punkten deutlich von der Situation im Gesamtort. Erstens ist der Anteil des Lehenwaldes auf 4% verdoppelt, was sich jedoch durch die zum Innsbrucker Kammerlehen zählenden zehn Hektar Wald erklärt. Sonst befindet sich kein Wald in bäuerlichem Besitz. Der andere deutliche Unterschied liegt im Reblandanteil, der von 2% auf 0,8% abgesunken ist. Hinter dieser Veränderung steht eine Grundtendenz im Hegau: Rebland zählt nur in Ausnahmefällen zum Lehengut; meist handelt es sich bei Rebland um bäuerliches Eigentum. Acker- und Wiesenanteil entsprechen mit 77% bzw. 16% dem Ortsdurchschnitt.

3.3 Bestandsgüter

Die in Zeitpacht ausgegebenen Bestandsgüter befinden sich in direktem grundherrlichen Zugriff. Grund und Boden sowie sämtliches Inventar gehören dem Grundherrn und werden dem »Beständer« pachtweise zur Verfügung gestellt.

Bei den als Bestand verliehenen Gütern handelt es sich in erster Linie um den Embserhof[107] (39 Hektar), um das ca. vier Hektar große Vogtsgütle und um verschiedene Einzelparzellen. Als Eigentümer der Bestandsgüter nennt das Urbar von 1724 den Freiherren von Rost (76 Parzellen mit 51,47 Hektar; d.h. 97,3%) und den Freiherren von Praßberg (acht Parzellen mit 1,42 Hektar; d.h. 2,7%). Der Pachtvertrag läuft mit Rücksicht auf die Dreizelgenwirtschaft drei, sechs, neun oder zwölf Jahre. Die Leihebedingungen sichern dem Grundherrn i. a. »jede 4. Garbe« als Abgabe. Aus seinen Bestandsgütern erhält der Singener Ortsherr zwischen 1750 und 1759 jährlich etwa 350 Gulden[108].

Die Nutzung der Bestandsgüter konzentriert sich typischerweise auf Ackerland und Wiese (79% und 20%). Dementsprechend fallen alle anderen Bodennutzungsarten nicht ins Gewicht (Rebland: 1%), bzw. sie sind überhaupt nicht vertreten (Gärten, Wald). Das gleiche gilt auch für die Bestandsgüter in Bodman und Heiligenberg.

3.4 Grundherrliches Eigengut

Die Grundherren besitzen mit einem Anteil von 63% im Vergleich zum Ortsdurchschnitt relativ wenig Ackerland. Dagegen ist der Anteil des Waldes mehr als verzehnfacht (22%). Wald und die damit verbundene Jagdmöglichkeit gehören überall im Hegau vorzugsweise zum selbstgenutzten Eigengut der Grundherren. Der Ackerlandanteil ist meist relativ gering, weil die Grundherren über Zehnt- und sonstige Einnahmen[109] zumindest einen Teil des entsprechenden Bedarfs decken können.

Unbedeutend ist die Rolle der grundherrlichen Wiesen (9%) und damit der Viehzucht.

3.5 Gemeindegut

Als letzte besitzrechtliche Kategorie in dieser Aufzählung folgt das Gemeindegut, das den Bürgern als Gesamtheit zur Nutzung zur Verfügung steht und damit in modifizierter Form auch zum bäuerlichen Eigengut gerechnet werden könnte.

Gemeindeland oder Allmende ist in Singen zu Beginn des 18. Jahrhunderts jedoch kaum vorhanden. An zehntbarem Land besitzt die Gemeinde 12,2 Hektar, davon 2,1 Hektar Ackerland, 7,9 Hektar Wiese und ein 2,1 Hektar großes Kabisland (Krautfeld) in der »oberen Offwiesen«. Dabei handelt es sich um eine ehemalige Brachwiese, die jedoch in ein Kabisland mit Gartenrecht umgewandelt und »unter die Bürgerschaft zu benutzen ausgethailt worden« war[110].

Typisch ist jedenfalls die Dominanz der Wiesen als klassisches Allmendgut. Wald fehlt beim Singener Gemeindegut, doch Wald ist in Singen generell kaum vorhanden.

Den Singener Gemeinderechnungen ist eine Vergrößerung der Allmende im Laufe des 18. Jahrhunderts zu entnehmen. Für 1807 sind genannt[111]: 5,5 Hektar Erdäpfelland; 1,5 Hektar Ackerland; 10 Hektar Wiese; 4,5 Hektar Weide und 8 Hektar Wald.

Die Singener Allmende ist im Vergleich zur Allmende anderer in der Nähe liegender Gemeinden wie Bodman (im Jahre 1757 insgesamt 379 Hektar), Orsingen (im Jahre 1758 insgesamt 393 Hektar) oder Gottmadingen (im Jahre 1761 insgesamt 111 Hektar) sehr klein. Möglicherweise ist in Singen – ähnlich wie oben für die Erblehengüter gezeigt – auch die Allmende zum großen Teil durch Gewohnheitsrecht in Privateigentum übergegangen[112].

In Singen werden die Nutzungsrechte an der Allmende im 18. Jahrhundert unter den Bürgern versteigert. Deshalb können sich die ärmeren Gemeindeglieder oft keinen Anteil an der für die Viehwirtschaft dringend notwendigen Allmende sichern[113].

3.6 Grundherren

Für den Stichzeitpunkt 1724 gibt das Singener Zehnturbar auch die grundherrlichen Verhältnisse wieder. In der folgenden Tabelle werden alle Parzellen außer bäuerlichem Eigentum und Gemeindegut erfaßt. Es handelt sich also um Eigentum der Grundherren, das zur grundherrlichen Gutswirtschaft gehört oder das sie an Bauern ausleihen.

Tabelle 4: Singener Grundherren (1724)

Grundherr	Anzahl der Parzellen	Hektar	Anteil in %	mittlere Fläche (Hektar)
von Rost	421	161,70	45,35	0,384
Pfarrkirche Singen	147	49,40	13,86	0,336
Kloster Reichenau	95	38,12	10,69	0,401
Nellenburg Reichsstift	107	31,84	8,93	0,298
Salem	43	30,36	8,51	0,706
Fürstenberg	43	17,78	4,99	0,413
Kloster Katharinental	65	17,37	4,87	0,267
Kloster Petershausen	20	8,56	2,40	0,428
von Praßberg	8	1,42	0,40	0,178
Summe	949	356,55	100,00	0,376

Die Tabelle 4 weist die Mitglieder der Familie von Rost um 1724 als die bedeutendsten Singener Grundherren aus. Familie von Rost verfügt mit 161,7 Hektar jedoch nur über 13,9% der gesamten im ausgewerteten Urbar verzeichneten Fläche. Für 1850 wird die Grundherrschaft Enzenberg mit 169 Hektar angegeben[114].

Im Vergleich zur Situation in der Mitte des 17. Jahrhunderts sind bis 1724 einige Veränderungen eingetreten. Die zum österreichischen Kammerlehen zählenden 14 Höfe, die als Erblehen an Bauern ausgegeben waren, zählen 1724 weder zum Eigentum des Hauses Österreich noch zum Eigentum der Freiherren von Rost, sondern zum zinsbaren Eigentum der Bauern. Auf der anderen Seite waren mit dem Embserhof und dem Niederhofer Hof zwei ehemalige österreichische Lehenhöfe in das Eigentum der Freiherren von Rost übergegangen. Allen diesen eigentumsrechtlichen Veränderungen scheint jedoch keine Kaufhandlung zugrunde zu liegen, sondern sie scheinen stillschweigend, gewohnheitsrechtlich vollzogen worden zu sein.

Tabelle 5: Grundherr von Rost (Besitzrechtsstruktur)

Rechtsform	Anzahl der Parzellen	Hektar	Anteil in %	mittlere Fläche (Hektar)
Lehen (ohne Spezifikation)	37	5,82	3,60	0,157
Erblehen	–	–	–	–
Schupflehen	243	47,58	29,42	0,196
Bestandsgut	76	51,47	31,83	0,677
selbstgenutztes Eigengut	65	56,83	35,15	0,874
Summe	421	161,70	100,00	0,384

Nur ein Drittel ihres Eigentums nutzt die Freiherrenfamilie von Rost um 1724 landwirtschaftlich selbst. Der Rest ist an Bauern ausgegeben. Hierbei handelt es sich insbesondere um das Enderleinsgut und um den Embserhof. Ersteres umfaßt 47,5 Hektar bzw. 239 Parzellen. Es existiert als Einheit jedoch nicht mehr, sondern ist in Form von Schupflehen an insgesamt 75 Bauern ausgegeben. Zum Embserhof gehören 39 Hektar bzw. 49 Parzellen. Er ist bis auf 0,5 Hektar an Hans Ehinger und Theodoricus Deurer als Bestäncer ausgegeben.

Das Eigentum der Freiherren von Rost zeigt bei einer Untersuchung der Bodennutzung nur wenige Auffälligkeiten. Typisch ist der im Vergleich zum Ortsdurchschnitt verringerte Ackeranteil (72,9% bzw. 118 Hektar im Vergleich zu 77,0%) und der erhöhte Waldanteil (7,9% im Vergleich zu 2,0%).

56% des Singener Waldes zählen zum Eigengut der Familie von Rost, die restlichen 44% gehören zum Innsbrucker Kammerlehen. An Gebäuden zählen sechs Häuser mit drei Speichern und einer Scheuer zum Eigentum der Herren von Rost. Der grundherrliche Reblandanteil liegt mit 1,3% unter dem Ortsdurchschnitt.

Bei den anderen Grundherren handelt es sich in erster Linie um Klöster des Bodenseeraumes. Deren Eigentumsrechte und bäuerliche Leiheformen scheinen sich seit dem ausgehenden Mittelalter nur unwesentlich verändert zu haben.

Auffällig ist die Durchschnittsfläche der Parzellen, welche das Kloster Salem als Erblehen ausgibt. Es handelt sich dabei um den Holzerhof, der aus 29 Äckern (zusammen 24,63 Hektar; Durchschnittsgröße 0,85 Hektar), elf Wiesen (4,76 Hektar; Durchschnittsgröße 0,85 Hektar), elf Wiesen (4,76 Hektar; 0,43 Hektar), einem Haus mit Garten und zwei Reblandern besteht. Dieser Hof befindet sich ungeteilt im Besitz von Müller Matthäus Schrott. Dem Kloster Salem ist es also in Singen gelungen, sich gegen die bäuerlichen Erb- und Teilungsvorstellungen durchzusetzen[115].

3.7 Zusammenfassung (Besitzrechtsstruktur)

1. In Singen dominiert mit über zwei Dritteln der Fläche das bäuerliche Eigengut, welches zu großen Teilen als zinseigenes Land durch Gewohnheitsrecht aus ehemaligem Lehengut hervorgegangen zu sein scheint. Aufgrund der Realteilung weisen die Eigenparzellen eine sehr kleine Durchschnittsfläche auf. Die landwirtschaftliche Nutzung des bäuerlichen Eigenguts konzentriert sich in einer für den Hegau typischen Weise auf Ackerland und Wiese. Wald zählt dagegen nicht zu dieser Besitzkategorie. Fast 70% der Singener Häuser gehören zum bäuerlichen Eigengut.
2. Kaum mehr als ein Fünftel des Landes ist 1724 als Lehen ausgegeben. Als Lehenherren sind neun verschiedene Personen und Institutionen (Bischof von Konstanz: über ein Drittel; von Rost: 21%) mit unterschiedlichen Lehenformen (55,4% Erblehen, 19,2% Schupflehen) beteiligt. Rebland zählt – wie überall im Hegau – nur zum geringsten Teil zum Leihegut.
3. Die Nutzung der in Zeitpacht ausgegebenen Bestandsgüter (4,5%) konzentriert sich auf Ackerland und Wiese. Auch diese Beobachtung kann überall im Hegau wiederholt werden, wo Bestandsgüter vorhanden sind. Obereigentümer der Bestandsgüter ist im wesentlichen der Ortsherr von Rost.
4. Grundherrliches Eigengut spielt in Singen eine relativ untergeordnete Rolle (weniger als 5% der Gemarkung). Es handelt sich dabei um Eigengut des Singener Ortsherrn von Rost mit einem deutlich erhöhten Waldanteil, wie es für adeliges Eigengut im Hegau typisch ist.
5. Das Singener Gemeindegut ist unbedeutend und besteht zu zwei Dritteln aus Wald. Bezüglich der Allmendflächen weisen die Hegaudörfer sehr große Unterschiede auf. In einigen Dörfern (Orsingen, Sipplingen) bedeckt die Allmende über 40% der Gemarkung. Singen steht hier ganz am unteren Ende der Skala.
6. Bei gleicher Bodennutzung läßt sich ein Zusammenhang zwischen Besitzrechtsform und mittlerer Parzellengröße feststellen. Eigenparzellen weisen die kleinste Durchschnittsfläche auf. Die mittleren Parzellenflächen vergrößern sich über Lehen und Bestandsgüter bis hin zum herrschaftlichen Eigengut. Auch diese Entwicklung findet in allen Hegaudörfern eine Parallele.
   Im 16. Jahrhundert waren die Parzellen der verschiedenen bäuerlichen Besitzrechtsformen etwa gleich groß. Während die Fläche von Bestandsgütern nahezu unverändert blieb, sank die Fläche der bäuerlichen Eigenparzellen bis ins 18. Jahrhundert auf ein Viertel ab und verkleinerte sich im 19. Jahrhundert weiter.
7. Der Singener Ortsherr von Rost ist der bedeutendste Grundherr im Dorf am Fuße des Hohentwiel. Trotzdem hat er als Grundherr nur ein relativ geringes Gewicht, weil ihm einschließlich ausgegebener Lehen- und Bestandsgüter nur 14% der Gemarkung gehören. Außerdem wechselt die grundherrliche Familie zwischen 1466 und 1655 mindestens siebenmal. Den Herren von Bodman, die in ihrem Ort seit dem 13. Jahrhundert die Grundherrschaft innehaben, gehören in ihrem Ort im Vergleich dazu über zwei Drittel der Flächen.

4.0 Betriebsgrößenstruktur

Für die Einschätzung der agrarischen Situation einer Gemeinde sind nicht nur die Nutzflächenverhältnisse von Bedeutung. Eine Rolle spielt auch die Verteilung der landwirtschaftlichen Nutzfläche auf die Ortsbevölkerung, also die Betriebsgrößenstruktur. Die Größe eines landwirtschaftlichen Betriebs kann in einer überwiegend bäuerlichen Gesellschaft Aufschlüsse über die soziale Struktur der Gemeinde bringen. Außerdem lassen sich über die Kenntnis der Betriebsgrößenstruktur mit Hilfe demographischer Daten Erkenntnisse über die Verdienstmöglichkeiten in der Landwirtschaft, über die Notwendigkeit des Zuerwerbs bzw. über die Zahl der verfügbaren Arbeitskräfte gewinnen. Ein entsprechender Arbeitskräfteüberhang ist wiederum eine Voraussetzung für den ab der Mitte des 18. Jahrhunderts beginnenden Kommerzialisierungsprozeß der Landwirtschaft bzw. der (Proto-) Industrialisierung.

4.1 Alte Hofeinheiten

Über 60% (3574 von 5716) aller im Singener Urbar von 1724 erwähnten Parzellen tragen einen Hinweis auf alte Hofeinheiten, zu denen sie einst gehörten. Insgesamt handelt es sich um 46 solcher ehemaligen Höfe. Deren rekonstruierte Größe liegt meist zwischen 15 und 30 Hektar, mit dem Embserhof und dem Reichenauer Pflegamtshof lassen sich jedoch auch Anwesen von 52 bzw. 77 Hektar nachweisen. Besitzrechtlich sind diese Höfe einheitlich strukturiert: Sie bestehen z.B. entweder nur aus Erblehen oder nur aus bäuerlichem Eigengut.

Die meisten alten Höfe des bäuerlichen Eigenguts sind 1724 fast vollständig in Einzelparzellen zerstückelt und im Schnitt auf 20 bis 50 Personen verteilt. Bei den Lehenhöfen existieren meist ein oder zwei Hauptbesitzer, die (zusammen) den größten Teil des Hofes innehaben, während sich der Rest als Splitterbesitz auf weitere fünf bis 15 Personen aufteilt[116]. Die alten Höfe zeigen bis auf wenige Ausnahmen diese Auflösungserscheinungen. Die ehemals geschlossenen Hofverbände sind im Jahr 1724 völlig in Einzelparzellen zerstückelt und zu neuen Betrieben zusammengesetzt.

Als Beispiel eines solchen ehemaligen Hofes des bäuerlichen Eigenguts kann das Schwarzinsgut dienen. Nach der mittels des Urbars von 1724 durchgeführten Rekonstruktion umfaßte dieser Hof ursprünglich 26,5 Hektar. Im Jahre 1724 sind seine 118 Parzellen auf 46 Mitbesitzer aufgeteilt. Nach Bodennutzung setzt sich das Schwarzinsgut 1724 zu 1% aus Gärten/Gebäuden (ein Haus), zu 90,6% aus Ackerland[117] und zu 9,4% aus Wiesen zusammen.

4.2 Betriebsgrößen

In verschiedenen Kombinationen haben 134 Singener Einzelpersonen, 28 Erbengemeinschaften, 33 Ausmärker sowie fünf weitere Personen oder Institutionen an der landwirtschaftlichen Nutzfläche teil[118]. Die auswärtigen Besitzer stammen aus Rielasingen (14 Personen), Hausen a. d. Aach (zehn Personen), Arlen (vier Personen), Friedingen (zwei Personen) sowie aus Hilzingen, Schlatt unter Krähen und Steißlingen (je eine Person). Die Ausmärker verfügen insgesamt über 104 Parzellen mit einer Gesamtfläche von weniger als 28 Hektar[119]. Meist liegen die Parzellen eines Bauern über die gesamte Gemarkung verstreut und sind in einer extrem Gemengelage angeordnet. Bei kleinen und mittleren Höfen tauchen selten mehr als zwei oder drei Parzellen unter derselben Flurbezeichnung auf.

Im Gegensatz zu diesen Befunden stehen z.B. die Parzellen des Reichenauer Kellhofs (grundherrlicher Herrschaftshof) und des Enderleinsguts (Schupflehen)[120] sowie des schon erwähnten Holzerhofes, die nicht geteilt wurden. Gleiches gilt für die zum Eigengut der Familie von Rost zählenden Parzellen, die durchschnittlich ein bis drei Hektar umfassen. Entsprechendes läßt sich auch für Parzellen sagen, die an bestimmte Ämter oder Positionen gebunden und damit nur schwerlich teilbar sind. Zu dieser Gruppe zählen Parzellen des Pfarrvikars, des Caplans (Frühmeßpfründner) und des Schulmeisters.

Folgende Betriebsgrößen treten 1724 in Singen auf (siehe hierzu die Abbildung 3)[121]:

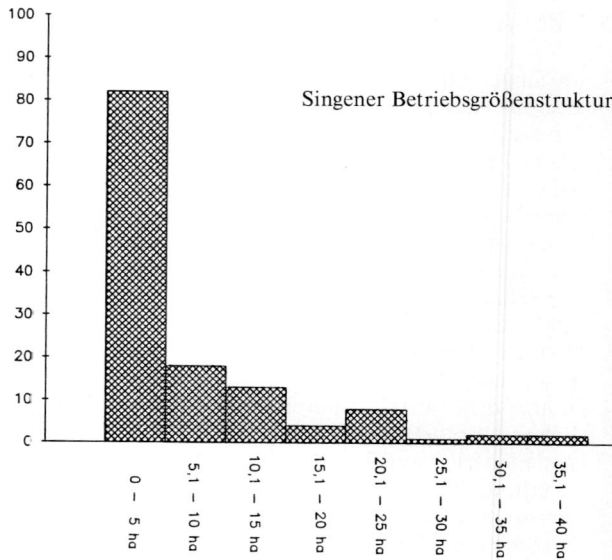

Singener Betriebsgrößenstruktur

Familien mit bis zu   6 Hektar: 87 (66,9%)
Familien mit 6 bis 15 Hektar: 26 (20,0%)
Familien mit 15 bis 20 Hektar: 4 (3,1%)
Familien mit mehr als 20 Hektar: 13 (10,0%)

Besonders stark dominiert der landwirtschaftliche Kleinstbesitz: Ein Drittel aller Familien verfügten über weniger als zwei Hektar, mehr als ein Fünftel sogar über weniger als einen halben Hektar. Mittlere und größere Höfe sind dagegen seltener. 30 Familien (23,1%) besitzen zwei Drittel der von Singener Bauern genutzten landwirtschaftlichen Fläche. Einschränkend muß jedoch gesagt werden, daß durch die Besitzungen der Erbengemeinschaften (insgesamt 2,5% der im Urbar verzeichneten Fläche) und durch eventuellen Besitz der Singener Bürger als Ausmärker auf fremden Gemarkungen Verschiebungen eintreten könnten. An der prinzipiellen Struktur der Singener Betriebsgrößen ändert sich jedoch dadurch nichts. Die Ursache für den deutlichen Trend zu Kleinbetrieben liegt in der Kombination von hohem bäuerlichen Eigengutanteil und Realteilungsrecht. Geht man für das erste Viertel des 18. Jahrhunderts von etwa 700 Einwohnern Singens aus[122], so besitzt fast jede Familie zumindest einen kleinen Anteil an der landwirtschaftlichen Nutzfläche.

4.3 Die kleinen Höfe

Zur Kategorie der kleinen Höfe zählen diejenigen Anwesen, die für die Ernährung einer mittleren Familie nicht ausreichen. Die Grenze hierfür liegt in einer Ackerbaugemeinde wie Singen etwa bei sechs Hektar[123]. Unter diese Gruppe fällt der Besitz von zwei Dritteln aller Familien. Solche Familien können ihren Lebensunterhalt nicht vollständig oder nur zum kleinsten Teil aus der eigenen Landwirtschaft bestreiten. Ihnen bleibt als zusätzlicher oder hauptsächlicher Broterwerb in erster Linie das Handwerk oder die Mitarbeit als Hilfskräfte in den größeren landwirtschaftlichen Betrieben.

Die kleinsten Anwesen bestehen meist nur aus bäuerlichem Eigengut. Dieses kann in Realteilungsgebieten fast uneingeschränkt geteilt und zerstückelt werden. Bei bäuerlichem Eigengut verfügt der Grundherr kaum über eine Handhabe, die Zersplitterung zu verhindern.

Bei Lehengut herrscht eine andere Situation, weil hier dem Grundherren direkte Zugriffsmöglichkeiten offenstehen. Es wirft jedoch ein bezeichnendes Licht auf den Einfluß der Singener Grundherren, daß auch immer wieder einzelne Lehenparzellen zu den bäuerlichen Kleinstbesitzungen zählen. Es wurden also auch Lehenparzellen geteilt.

Bei der Bodennutzung dominieren bei den kleinen Höfen die Äcker, vielfach jedoch auch die Wiesen. Über Rebländer und Häuser verfügen die Kleinstbesitzer selten.

4.4 Mittlere und größere Höfe

Die 25 mittleren und 18 größeren Höfe sind für die Ernährung einer mittleren Familie umfangreich genug. Besitzrechtlich bestehen insbesondere die größeren Höfe aus verschiedenen Blöcken (meist fünf bis acht Hektar) einzelner alter Hofeinheiten. Im Gegensatz zu Bodman und Orsingen setzen sich in Singen auch einige mittlere und größere Höfe überwiegend aus bäuerlichem Eigengut zusammen. Zu jedem mittleren oder großen Hof gehört ein Haus. Bei der Nutzfläche dominiert das Ackerland.

Das Ackerland des Gesamtortes übersteigt im mittleren und größeren Ösch die Fläche im mittleren und kleineren Ösch um 11%. Auf der Ebene der Einzelhöfe ergeben sich wesentlich größere Schwankungen. Bei der Hälfte der 43 über der Subsistenzgrenze von sechs Hektar wirtschaftenden Singener Höfe beträgt diese Schwankung mehr als 20%, bei jedem sechsten Hof sogar über 50%.

Das bedeutet für einige der Höfe mit sechs bis acht Hektar landwirtschaftlicher Nutzfläche, daß in jedem dritten Jahr der Nettoertrag der Getreideernte kaum zur Ernährung der Familie ausreicht, was jedoch durch höhere Ernten in anderen Jahren ausgeglichen wird.

Walcher[124] setzt für das in Oberschwaben gelegene Amt Wolpertswende in der Mitte des 18. Jahrhunderts 4,5 Personen als notwendigen Arbeitsbesatz für eine 15 Ravensburger Jauchert (ca. sieben Hektar) Ackerland umfassende Hofstelle an[125]. Für jeweils weitere neun Jauchert (ca. 4,5 Hektar) wird nach diesem Ansatz eine zusätzliche Hilfskraft benötigt. Legt man diese Berechnung der Situation in Singen zugrunde, so ergibt sich bei den mittleren und großen Höfen insgesamt ein Bedarf von etwa 50 Hilfskräften. Eine solche Zahl von Arbeitsuchenden ist in Singen aufgrund der demographischen Struktur mit Sicherheit verfügbar. Es ist anzunehmen, daß ein Überangebot an Arbeitskräften bestanden hat, welches dann für die beginnende Industrialisierung Singens von großer Bedeutung war.

4.5 Zusammenfassung (Betriebsgrößenstruktur)

1. Um 1724 sind die alten Singener Hofeinheiten fast vollständig aufgelöst und in zahlreichen Kombinationen zu neuen Wirtschaftseinheiten zusammengefügt.
2. Neben einer zahlenmäßigen Dominanz der Kleinbauern zeigen sich bei der Betriebsgrößenstruktur Schwerpunkte bei 10 bis 12 Hektar und bei 20 bis 25 Hektar.
3. Alle Singener Familien besitzen landwirtschaftliche Nutzfläche, aber nur ein Drittel dieser Familien kann ihren Nahrungsbedarf aus der eigenen Landwirtschaft decken. Alle anderen sind auf einen Zuerwerb als Tagelöhner bzw. in Handwerk oder Gewerbe angewiesen. In der Landwirtschaft Singens werden etwa 50 zusätzliche Arbeitskräfte benötigt. Es stehen jedoch deutlich mehr Personen zur Verfügung. Diese bilden später das Arbeitskräftepotential für die beginnende Industrialisierung Singens.

5.0 Die Abgabensituation

Neben der Betriebsgröße ist die Abgabenbelastung ein wichtiges Kriterium bei der Untersuchung der wirtschaftlichen Stellung einer Bauernfamilie. Eine der bis heute bekanntesten Abgaben ist der Zehnt.

5.1 Zehnt

Der Zehnt kann als Abgabe mit langer Tradition bezeichnet werden, denn er ist schon in der Bibel erwähnt. Dort finden sich verschiedene Passagen, die die Rechtmäßigkeit des Zehnt »beweisen«. So heißt es z.B. in 3.

Mose 27,30: »Alle Zehnten sind des *HERRN* und sollen dem *HERRN* heilig sein«, und auch Lukas berichtet (im 18. Kapitel, Vers 12) über einen Pharisäer, der sich rühmt: »Ich gebe den Zehnten von allem, was ich habe.« Deshalb wird diese Abgabe in der Einleitung des Singener Zehnturbars von 1724 auch als von »Gottselbsten eingesetzt« und damit als unantastbar bezeichnet. Zumindest die Rechmäßigkeit des Zehnt vom Getreide (Großzehnt) zweifelten die zehntpflichtigen Bauern nie ernsthaft an. Bezeichnenderweise ist jedoch auch schon in der Bibel von Zehntbetrug die Rede. Bei Prophet Maleachi 3,8 steht zu lesen: »Womit täuschen wir dich? Am Zehnten und Hebopfer.« Dieses Problem äußert sich auch im 32. Artikel der Singener Dorfoffnung von 1668. Dort heißt es, daß der Zehnt redlich und ehrlich gegeben werden solle. Betrüger seien exemplarisch hart zu bestrafen.

Ursprünglich stand der Zehnt als jährlich nach der Ernte fällige zehnprozentige Abgabe vom Bruttoertrag tatsächlich der Kirche zu. Er konnte jedoch durch Kauf, Tausch, Verpfändung[126], Stiftung (Gründung) einer Kirche usw. auch in Laienhände gelangen.

Man kann verschiedene Zehntformen unterscheiden:
– der Großzehnt (oder Getreide- bzw. Kornzehnt) als zehnprozentige Abgabe von den Hauptfrüchten wie Dinkel, Roggen, Hafer, Gerste und damit von allen Getreidearten, »die Halm und Stengel treiben«;
– der Kleinzehnt als zehnprozentige Abgabe von Hülsenfrüchten wie Erbsen, Linsen, Bohnen, Wicken; von Gemüse und Wurzelgewächsen sowie von Baum- und Gartenfrüchten und damit von allem, »was man im Hafen kocht«;
– der Blutzehnt (oder Fleisch- bzw. Viehzehnt) als jedes zehnte landwirtschaftlich in einer Feld- oder Hauswirtschaft gezogene Tier, wie z.B. Schweine, Enten, Gänse, Hühner usw.;
– der Etterzehnt (in Singen als »der andere Kleinzehnt« bezeichnet) als zehnprozentige Abgabe vom Ertrag der zehntpflichtigen Gärten innerhalb des Ortsetters;
– der Heuzehnt als zehnprozentige Abgabe vom Ertrag der Wiesen, also von Heu und Öhmd (zweiter Schnitt einer zweimähdigen Wiese);
– der Weinzehnt als zehnprozentige Abgabe vom Weinertrag. Abzugeben ist »jede 10. Maaß under der Kälter oder Torgel«[127].

Abgesehen von den zehntfreien Parzellen ist die landwirtschaftliche Nutzfläche im Verhältnis drei zu eins mit Großzehnt bzw. anderen Zehntarten belastet. Dieses Verhältnis spiegelt die Dominanz des (großzehntpflichtigen) Ackerlandes wider. Ebenso korrespondiert die Durchschnittsgröße einer Ackerparzelle (nach Tabelle 1: 0,23 Hektar) mit derjenigen einer großzehntpflichtigen Parzelle.

Tabelle 6: Zehntformen in Singen 1724

Zehntart	Anzahl der Parzellen	Hektar	%	mittlere Fläche (Hektar)
Großzehnt	3786	893,16	76,64	0,236
Kleinzehnt	1308	215,51	18,49	0,165
Weinzehnt	423	24,04	2,06	0,057
halber Zehnt	79	14,51	1,25	0,184
zehntfrei	120	18,12	1,56	0,151
Summe	5716	1165,34	100,00	0,204

Trotz der prinzipiell vorhandenen methodischen Probleme soll hier der Versuch unternommen werden, den mengenmäßigen Umfang bzw. Geldwert der Zehntabgaben zu bestimmen. Das ist jedoch nur näherungsweise und aufgrund fehlender Vergleichszahlen auch nur bei Groß- und Weinzehnt möglich. Dabei wird auf Angaben zurückgegriffen, die um 1730 im Hegau Gültigkeit besitzen[128]. Demnach lassen sich auf 893 Hektar zehntbarer Ackerfläche unter Berücksichtigung der Gepflogenheiten der Dreizelgenwirtschaft etwa 4750 Doppelzentner Getreide (Vesen) mit einem Marktwert von etwa 14250 Gulden erwirtschaften[129]. Der jährliche Großzehntertrag liegt damit etwa bei 1425 Gulden.

24 Hektar Rebland erbringen um 1730 im Hegau etwa 600 Hektoliter Wein mit einem Marktwert von 2230 Gulden. Der Wert des Weinzehnts beträgt somit etwa 223 Gulden. Ohne den Wert des Kleinzehnt bestimmen zu können, ist damit für die Zeit um 1730 in Singen von einem jährlichen Gesamtzehntertrag von etwa 1800 Gulden auszugehen.

Seit dem Jahre 1359 steht der Singener Zehnt größtenteils dem Kloster Reichenau zu. In diesem Jahr inkorporierte der Konstanzer Bischof Heinrich III. auf Bitten seines Bruders, des Reichenauer Abtes Eberhard, die Singener Pfarrkirche dem Kloster Reichenau[130]. Mit dieser Inkorporation hatte die Reichenau das Zehntrecht in Singen erhalten, mußte jedoch im Gegenzug die notwendigen Mittel für die wirtschaftliche Unterhaltung eines Vikars bereitstellen.

Der Anteil der Zehntherren am Singener Zehntaufkommen ist sehr unterschiedlich. Nähere Auskunft über die Anteile der einzelnen Zehntherren gibt folgende Tabelle[131].

Diese Vielfalt von Zehntherren machte es neben anderen Gründen zum Beginn des 18. Jahrhunderts notwendig, das hier ausgewertete Urbar anzulegen.

Der Bischof von Konstanz

Der Fürstbischof von Konstanz dominiert als Herr der Reichenau (seit 1540) mitsamt der Propstei Schienen

Tabelle 7: Die Zehntherren in Singen (1724)

Zehntherr	Anzahl der Parzellen	Hektar	Anteil in %	mittlere Fläche (Hektar)
Kloster Reichenau	3403	686,50	58,91	0,202
von Rost	654	134,29	11,52	0,205
Propstei Öhningen	524	100,76	8,65	0,192
Gassnerlich Erben	407	70,88	6,08	0,174
Propstei Schienen	196	57,53	4,94	0,294
St. Katharinental	142	41,52	3,56	0,292
Domstift Konstanz	151	26,24	2,25	0,174
Pfarrei Singen	91	24,39	2,09	0,268
Kirchenfabrik Singen	6	2,66	0,23	–
Kollegiatstift Radolfzell	2	1,70	0,15	–
ohne Angabe	20	0,75	0,06	0,038
zehntfrei	120	18,12	1,56	0,151
Summe	5716	1165,34	100,00	0,204

und der Pfarrei Singen, dem Domstift Konstanz (ehemals Herrschaft Rosenegg) und der Propstei Öhningen (seit 1534)[132] eindeutig unter den Singener Zehntherren. Bei der Konferenz dieser Zehntherren, als deren Ergebnis die Anfertigung des Urbars von 1724 beschlossen wird, läßt er sich vertreten durch den »freyreichshochwohlgebohrenen« geheimen Rat Johann Anton Franz Freiherr von und zu Ratzenriedt, Obervogt der Reichenau und hochfürstlich konstanzerischer Geheimer Rat, sowie durch den hochfürstlich konstanzerischen Hofrat Franz Leonhard Waibel, Obervogt zu Öhningen. Dieser wird durch einen weiteren Vertreter der Reichenau unterstützt[133]. Am sogenannten reichenauischen Zehnt sind neben dem Bischof von Konstanz auch der Herzog von Württemberg – vertreten durch den Amtskeller auf der württembergischen Festung Hohentwiel, Alexander Weiß – und der Freiherr von Hornstein – vertreten durch Freiherr Ferdinand Maria – beteiligt[134].

Der reichenauische Großzehnt wird nach der Ernte in die zu Beginn des 18. Jahrhunderts neu erbaute reichenauische Zehntscheuer in Singen transportiert und gemeinsam ausgedroschen. Von den nach Abzug der Unkosten verbleibenden Früchten erhält der Bischof von Konstanz drei Viertel, der Herzog von Württemberg und der Freiherr von Hornstein erhalten je ein Achtel. Jeder kann seinen Anteil »verleihen, verkhauffen, vertauschen oder sonsten damit als [wie mit dem] anderen ihrigen aigethumb verfahren, [...] wie es ihnen wohl nützlich, gefällig, verträglich und anständig« erscheint[135].

Den reichenauischen Klein-, Etter- und Blutzehnt[136] verwendet der Konstanzer Bischof als Besoldungsgrundlage bzw. zur »besseren Subsistenz«[137] des jeweiligen Singener Pfarrvikars. Diese Praxis entspricht seit der Inkorporation der Singener Pfarrkirche in das Kloster Reichenau alter Tradition.

Die Zehntrechte der Propstei Öhningen beruhen teilweise auf einem Kauf. Im Jahre 1670 erwirbt Öhningen die Singener Zehntrechte des Junkers Egloff aus Immendingen.

Nach den oben durchgeführten Modellrechnungen beläuft sich der Marktwert der jährlichen Zehnteinnahmen des Konstanzer Bischofs in Singen auf etwa 1350 Gulden. Davon steht dem Herzog von Württemberg und dem Freiherren von Hornstein jeweils ein Anteil im Wert von gut 100 Gulden zu.

Die Nutzung dieser zehntbaren Flächen bietet ein detailgetreues Spiegelbild der Nutzflächen im Gesamtort. Diese Aussage gilt sowohl für die Prozentanteile der Bodennutzungsarten als auch für die mittleren Parzellengrößen. Die Besitzrechtsstruktur der in Tabelle 7 zusammengefaßten Parzellen deckt sich ebenfalls ungefähr mit der Situation im Gesamtort.

Familie von Rost

Mit deutlichem Abstand hinter dem Bischof von Konstanz folgt der Singener Ortsherr, Freiherr von Rost, der sich bei der Zehntkonferenz durch Verwalter Andreas Schrott vertreten läßt, mit ca. 11% der Zehnteinnahmen. In Geld bedeutet das jährlich etwa 200 Gulden. Das Urbar unterscheidet den Zehnt aus der Pfandherrschaft von Rosts und den »General Rostschen besonderen Anteil«. Letzterer gelangt 1721 in den Besitz der Familie von Rost, als es dem Freiherren Johann Gaudenz von Rost gelingt, diesen den Erben des ehemaligen Zehntinhabers, Müller Peter Schrott, abzukaufen[138]. Die Nutzungsstruktur dieser Flächen spiegelt ungefähr die Situation im Gesamtort wider, Wald fehlt jedoch.

Gassnerlich Erben

Bei dem den »Gassnerlich Erben« zukommenden Zehnt handelt es sich um einen Reuti- oder Rodungszehnt. Diese zehntbare Fläche ist also durch Rodung »entstanden«. Der Zehnt gehört im 16. Jahrhundert dem Singener Amtmann Christoph Bluem. Mitte des 17. Jahrhunderts geht er an den Radolfzeller Bürgermeister Johann Christoph Krumb über, und Anfang des 18. Jahrhunderts steht er den Erben des Forstmeisters Gassner zu. Diese werden bei der Zehntkonferenz durch Stadtschreiber Anton Mayer aus Radolfzell vertreten. In den Jahren 1602 und 1661 entsteht jeweils eine Renovation aller zu diesem Zehnt gehörenden Parzellen[139], bei welchen um 1724 eine starke Dominanz des Ackerlandes (86% der landwirtschaftlichen Nutzfläche) bei gleichzeitig geringer Wiesenfläche (10%) zu beobachten ist. Das Acker-Wiesen-Verhältnis beträgt somit 8,6 zu 1. Der Anteil der Gärten ist deutlich erhöht (2,9%), derjenige der Rebländer verringert (1,4%). Bis auf die Rebländer sind alle Parzellen – möglicherweise aufgrund der Umstände ihrer Enstehung – im Mittel kleiner als im Ortsdurchschnitt.

St. Katharinental

Die Zehntansprüche des Frauenklosters St. Katharinental – vertreten durch dessen Hofmeister Melchior Ledergeirer und in der Schweiz bei Diessenhofen gelegen – weichen stark davon ab, was diesem Kloster tatsächlich zuerkannt wird. Dem beanspruchten Zehnt von über 63 Hektar steht der tatsächlich zugesprochene Zehnt von knapp 42 Hektar gegenüber. Im Singener Zehnturbar[140] wird als Begründung für diese Differenz angegeben, daß es dem Kloster nicht gelungen sei, seine Ansprüche glaubhaft zu beweisen. Um seine Position zu untermauern, habe St. Katharinental Urbare von 1263, 1333, 1669 und 1714 beigebracht. In den beiden älteren Urbaren stünden tatsächlich einige Parzellen ausdrücklich beschrieben, die jedoch in den jüngeren nicht mehr deutlich genug oder überhaupt nicht mehr erwähnt gewesen seien.

Die Singener Zehntrechte des Klosters Katharinental bieten ein erstaunliches Bild: Der Wald nimmt fast ein Viertel ein, während das für Klöster wegen des Weinbedarfs wichtige Rebland gänzlich fehlt. Die Anteile von Acker und Wiese bleiben aufgrund des hohen Waldanteils deutlich hinter dem Ortsdurchschnitt zurück (61% bzw. 13%), deren Flächenquotient bewegt sich aber mit 4,6 zu 1 etwa im ortsüblichen Rahmen.

Weitere kleinere Zehntherren

An der Zehntkonferenz nehmen weiterhin teil:
– die zum Bischof von Konstanz gehörende Propstei Schienen, vertreten durch Propsteiverweser Marcus Bogenriedt;
– die Singener Kirchenfabrik oder Heiligenpflegschaft, vertreten durch Pfarrvikar Johann Ulrich Krammer;
– das Kollegiatstift Radolfzell, vertreten durch den dortigen Stiftspfleger Anton Ferdinand Stainer.

Deren Anteile am Singener Zehnt belaufen sich insgesamt auf etwa 85 Hektar, das sind 7% der gesamten zehntbaren Fläche in Singen.

Zehntfreie Parzellen und halber Zehn

Im Singener Zehnturbar von 1724 findet sich keine gesonderte Rubrik für zehntfreie oder nur mit halbem Zehnt belastete Parzellen. Eine solche Abgabenminderung oder -befreiung erfolgt nur in Einzelfällen, meist aufgrund einer einmaligen Ablösezahlung oder -leistung. Wegen der wirtschaftlichen Relevanz mußten derartige Abweichungen vom »Normalfall« besonders genau vermerkt werden. Bei der Urbarrenovation von 1724 war das einer der zentralen Streitpunkte, da mancher Parzellenbesitzer versucht hatte, durch gezielte Unterdrückung von Informationen Zehntfreiheit zu erlangen[141]. An verschiedener Stelle findet sich deshalb im Urbar der Hinweis: »will zehntfrei sein«[142].

Die Halbierung des Zehnt auf jede zwanzigste Garbe erfolgt in Singen bei 1,1% der Ackerfläche. Als Zehntherr fungiert in diesen Fällen der Ortsherr von Rost. Zehntfreiheit genießt neben diversen Einzelparzellen der als »das andere Gut« bezeichnete Hof des Klosters St. Katharinental. Weitere 1,6% bzw. 18 Hektar der gesamten im Zehnturbar aufgeführten landwirtschaftlichen Nutzfläche sind vollständig vom Zehnt befreit.

Die zehntfreien oder nur mit halben Zehnt belasteten Parzellen sind im Mittel mit 0,15 Hektar um ein Viertel kleiner als der Gesamtdurchschnitt aller Parzellen, der – auch unter Ausklammerung der Waldstücke – bei ca. 0,2 Hektar liegt. Dabei weisen die zehntfreien Parzellen mit 0,13 Hektar wiederum einen deutlich kleineren Mittelwert auf als die nur zur Hälfte vom Zehnt befreiten. Dieser Befund scheint ein Hinweis darauf zu sein, daß das Zehntrecht hart umkämpft war und höchstens kleine Parzellen vom Zehnt befreit wurden, um die Mindereinnahmen des Zehntherrn in Grenzen zu halten.

Dieser Eindruck läßt sich insbesondere für das Ackerland durch eine Nutzungsanalyse der zehntfreien Parzellen erhärten. Die Nutzung konzentriert sich auf Ackerland und Wiesen (76% bzw. 23%). Gartenland ist dagegen kaum (1,7%) von der Zehntlast befreit, Rebland überhaupt nicht. Diese Situation läßt sich auch in anderen Hegauorten aufzeigen.

Zehnt bei Misch- oder Wechselnutzung

Das in Abschnitt 2.6 angesprochene Phänomen der Nutzungsmischformen bzw. des Nutzungswandels einzelner Parzellen oder ganzer Flurstücke weist einen Bezug zur Zehntfrage auf. Wenn etwa ein Weingarten als Acker genutzt wird, wandelt sich die fällige Abgabe vom Weinzehnt zum Großzehnt. Handelt es sich dabei z.B. um eine Parzelle aus dem Bereich des Reichenauer Zehnt, so geht die Einnahme vom Singener Pfarrvikar auf den Konstanzer Bischof über. Für einen solchen Fall ist im Proömium des Singener Urbars von 1724 (Punkt 5) festgelegt, daß bei Nutzungswechsel der Zehnt weiterhin dem ursprünglichen Zehntherren zusteht.

5.2 Sonstige Abgaben

Die bäuerliche Bevölkerung hätte sich glücklich schätzen können, wenn der Zehnt die einzige ihr auferlegte Abgabe gewesen wäre. Die Belastung geht jedoch i. a. weit über zehn Prozent hinaus und liegt in Singen etwa bei 30% des Ernteertrages[143]. Allerdings gibt das Singener Zehnturbar darüber nur unvollständige Informationen, weil derartige Angaben nicht zu den Intentionen der Zehntherren gehörten[144]. Trotzdem sind exemplarische Aussagen über die Abgabensituation möglich. Als Beispiel sei der zum Kloster St. Katharinental gehörende Küsslinghof herausgegriffen, den sich Hans Georg Schaidtlein und Jordan Mayer teilen[145]. Dieser Hof besteht aus folgenden Parzellen.

Tabelle 8: Nutzung des Küsslinghofes

Nutzung	Anzahl der Parzellen	Hektar	%
Hanf- und Baumgarten	2	0,11	1,2
Acker	25	8,29	89,6
Heuwiese	6	0,85	9,2
Summe	33	9,25	100,0

Außer dem Zehnt sind von diesem Hof jährlich abzugeben[146]:

Tabelle 9: Abgabenbelastung des Küsslinghofes

Kernen	0,5 Malter
Roggen	1,0 Malter
Haber	1,0 Malter
Erbsen	0,5 Malter
Heugeld	38 Kreuer 4 Heller
Fasnachtshenne	1 Stück
Herbsthühner	2 Stück
Eier	50 Stück

Diese Abgaben lasten auf dem Gesamthof. Sie werden über das System der Trägerei eingezogen. Auf die Abgabe von Hennen, Hühnern und Eiern besteht der Grundherr nicht aus wirtschaftlichen Überlegungen, da ihr Wert lediglich bei wenigen Kreuzern liegt. Fasnachtshennen und Herbsthühner sind als Erinnerungsgebühren bedeutsam. Erinnert wird dabei jährlich aufs neue an das grundherrliche bzw. leibherrliche Abhängigkeitsverhältnis des Abgabepflichtigen gegenüber dem Abgabeempfänger.

Zusammenfassung (Abgabensituation)

1. In Singen teilt sich eine Vielzahl von Zehntherren die Einkünfte. Unter ihnen dominiert der Bischof von Konstanz als Herr verschiedener geistlicher Institutionen mit drei Vierteln aller Zehntrechte.
2. Die jährlichen Zehnteinnahmen aus dem Dorf Singen belaufen sich auf durchschnittlich etwa 1800 Gulden. Weniger als 2% der im Urbar verzeichneten Fläche ist vom Zehnt befreit. Dabei handelt es sich vorzugsweise um relativ kleine Parzellen, die als Ackerland oder Wiese genutzt werden.
3. Über den Zehnt hinausgehende Abgaben werden im Urbar nur unvollständig erfaßt. Mit Hilfe anderer Quellen ergibt sich eine ungefähre Abgabengesamtbelastung von 30%.

6.0 Zwei typische Höfe

6.1 Der Hof des Johannes Jacob Allweyler

Johann Jacob Allweyler zählt zu den größeren Bauern in Singen. Sein Hof umfaßt 23,4 Hektar landwirtschaftliche Nutzfläche und gliedert sich nach Bodennutzung folgendermaßen auf:

Tabelle 10: Bodennutzungsstruktur des Hofes von Johann Jacob Allweyler

Nutzung	Anzahl der Parzellen	Hektar	Anteil in %	mittlere Fläche (Hektar)
Garten/Gebäude	1	0,14	0,6	-
Ackerland	57	19,59	83,8	0,344
Rebland	4	0,32	1,4	-
Wiese	10	3,32	14,2	0,332
Wald	–	–	–	–
Summe	72	23,37	100,0	0,325

Allweyler verfügt über ein Haus (Eigengut) mit Hofreite und Scheuer sowie einem Hanf-, Baum- und Krautgarten. Sein Anteil am Garten- und Rebland liegt deutlich unter dem Ortsdurchschnitt.

Mit 19,6 Hektar Ackerland kann er seine Familie (neun Geburten, drei Kinder werden älter als 20 Jahre) ernähren und sogar einen beträchtlichen Überschuß erwirtschaften. Das gilt, obwohl Allweylers Ackerland sehr ungleich auf die drei Ösche verteilt ist. In den drei Zelgverbänden liegen 12,06 Hektar, 16,27 Hektar und 1,26 Hektar(!). Damit besitzt Allweyler im größten und mittleren Ösch zusammen mit 18,33 Hektar mehr als doppelt soviel Ackerfläche als im mittleren und kleinen Ösch (7,53 Hektar). Allweyler verfügt jedoch über so viel Ackerland, daß er auch unter ungünstigen Konstellationen genügend Getreide für die Nahrungsversorgung seiner Familie produzieren kann.

Aufgrund der ungleichen Öschverteilung der Äcker besteht im Ablauf von drei Jahren auf Allweylers Hof ein sehr unterschiedlicher Arbeitskräftebedarf. Der Umfang der landwirtschaftlichen Nutzfläche macht es wahrscheinlich, daß mindestens ein Knecht ständig bei Allweyler arbeitet. In Stoßzeiten steigt der Bedarf an außerfamiliären Arbeitskräften mit Sicherheit auf drei Personen an.

Allweylers Hof setzt sich aus acht alten Hofeinheiten zusammen und ist besitzrechtlich folgendermaßen strukturiert:

Tabelle 11: Besitzrechtsstruktur des Hofes von Johann Jacob Allweyler

Rechtsform	Anzahl der Parzellen	Hektar	Anteil in %	mittlere Fläche (Hektar)
bäuerliches Eigengut	21	4,62	19,8	0,220
Lehen (von Rost)	1	0,13	0,5	–
Erblehen (Pfarrkirche Singen)	49	18,41	78,9	0,376
Schupflehen (von Rost)	1	0,21	0,9	–
Summe	72	23,37	100,0	0,325

Allweyler gehört damit zu denjenigen Singener Bauern, die als Kernbesitz einen relativ geschlossenen Lehenblock innehaben. Trotzdem sind seine 72 Parzellen in extremer Gemengelage angeordnet. Sie liegen in 53 der insgesamt etwa 200 verschiedenen Singener Fluren. Typisch ist, daß die Lehenparzellen (0,38 Hektar) im Mittel deutlich größer sind als die Eigenparzellen (0,22 Hektar).

Zwei Parzellen Allweylers sind vom Zehnt befreit, weitere zwei tragen nur die halbe Zehntlast. Der Zehnt der anderen Parzellen steht sechs verschiedenen Personen oder Institutionen zu:

Bischof von Konstanz:	Zehnt von 38 Parzellen,
Familie von Rost:	Zehnt von 17 Parzellen,
Öhningen:	Zehnt von 8 Parzellen,
Gassnerlich Erben:	Zehnt von 5 Parzellen,
Pfarrei Singen:	Zehnt von 1 Parzelle,
Propstei Schienen:	Zehnt von 1 Parzelle.

Das ergibt in der Summe 70 mit Zehnt belastete Parzellen.

6.2 Der Besitzkomplex des Augustin Witmer

Im Gegensatz zu Johann Jacob Allweyler kann Augustin Witmer seine Familie (acht Geburten, zwei Kinder werden älter als 20 Jahre) bei weitem nicht aus der eigenen Landwirtschaft ernähren. Witmer zählt mit einem Besitz von 1,7 Hektar landwirtschaftlicher Nutzfläche zu den vielen Singener Familienvorständen, für welche die Landwirtschaft höchstens ein Zuerwerb darstellt. Witmers Nutzfläche gliedert sich folgendermaßen auf:

Tabelle 12: Bodennutzungsstruktur des Besitzes von Augustin Witmer

Nutzung	Anzahl der Parzellen	Hektar	Anteil in %	mittlere Fläche (Hektar)
Garten/ Gebäude	–	–	–	–
Ackerland	9	1,42	84,5	0,158
Rebland	1	0,05	3,0	–
Wiese	2	0,21	12,5	–
Wald	–	–	–	–
Summe	12	1,68	100,0	0,140

Ein Haus oder Gartenland besitzt Witmer nicht, dafür aber einen kleinen Weinberg. In den drei Öschverbänden verfügt er über 0,43 Hektar, 0,64 Hektar und 0,35 Hektar. Das größere und das mittlere Ösch übersteigen das mittlere und das kleinere um 37%. Witmer kann jedoch in keinem Fall die Nahrungsversorgung seiner Familie mit Hilfe der eigenen landwirtschaftlichen Produktion sicherstellen. Auf welche Weise Witmer seine Familie ernährt, ist nicht bekannt.

Witmers zwölf Parzellen stammen von vier alten Hofeinheiten und liegen in über zehn verschiedenen Fluren. Ihre besitzrechtliche Zusammensetzung zeigt Tabelle 13:

Tabelle 13: Besitzrechtsstruktur der Parzellen des Augustin Witmer

Rechtsform	Anzahl der Parzellen	Hektar	Anteil in %	mittlere Fläche (Hektar)
bäuerliches Eigengut	11	1,47	87,5	0,134
Schupflehen (von Rost)	1	0,21	12,5	–
Summe	12	1,68	100,0	0,140

Witmers Parzellen sind bis auf eine Ausnahme dessen Eigengut. Er besitzt jedoch auch eine Schupflehenparzelle (Acker). An diesem Splitterbesitz ist nochmals deutlich zu erkennen, daß die alten Höfe – auch die Schupflehenhöfe – völlig aufgelöst sind.

Von acht Parzellen steht der Zehnt dem Bischof von Konstanz zu, von zwei Parzellen der Familie von Rost (davon trägt eine Parzelle nur die halbe Zehntlast) und von je einer Parzelle dem Kloster in Öhningen und den Gassnerlich Erben.

7.0 Zusammenfassende Betrachtung

Singen ist im 18. Jahrhundert ein niederadeliger Flecken mit österreichischer Landeshoheit. Das Singener Zehnturbar von 1724, das der voranstehenden Untersuchung als Hauptquelle dient, gibt Auskunft über die Agrar- und Sozialverhältnisse in Singen in der 1. Hälfte des 18. Jahrhunderts. Als zentrales Ergebnis zeigt sich, daß das Ackerland mit mehr als drei Vierteln der gesamten zehntbaren landwirtschaftlichen Nutzfläche stark dominiert. Das hängt mit den geeigneten Witterungsverhältnissen und den günstigen Absatzmöglichkeiten des Getreides hauptsächlich in die Schweiz zusammen. Alle anderen Bodennutzungsarten, wie Garten, Wiese, Rebland und Wald, treten dagegen deutlich zurück. Eine Untersuchung der Betriebsgrößenstruktur zeigt die Dominanz der Kleinbauern und eine gewisse Konzentration bei 10 bis 12 bzw. 20 bis 25 Hektar auf. Der größte bäuerliche Hof umfaßt 37 Hektar. Fast alle Singener Familien verfügen über landwirtschaftliche Nutzfläche, aber nur ein Drittel von ihnen kann ihren Lebensunterhalt vollständig aus der eigenen Landwirtschaft bestreiten. Die Betriebsgrößenstruktur ist homogener als z.B. in Orsingen und Bodman, wo die bäuerliche Oberschicht scharf getrennt einer unterbäuerlichen Schicht gegenübersteht. In der Tendenz nimmt in Singen die großbäuerliche Schicht ab und die unterbäuerliche Schicht zu, so daß im 18. Jahrhundert mehr Arbeitskräfte zur Verfügung stehen als in Landwirtschaft und Dorfgewerbe gebraucht werden. Daraus rekrutiert sich das Arbeitskräftepotential für die in Singen im 19. Jahrhundert stürmisch verlaufende Industrialisierung. Gewerbliche Produktionen im Sinne einer Proto-Industrialisierung (z.B. Webereien) lassen sich in Singen im 18. Jahrhundert jedoch nicht nachweisen.

Die einzelnen Ackerparzellen sind mit einer Durchschnittsgröße von 0,2 Hektar stark zersplittert: eine Folge des in Singen praktizierten Realteilungsprinzips. Außerdem sind die Parzellen in einer extremen Gemengelage angeordnet. Die ehemals alten Singener Höfe existieren als Einheiten in der Realität im 18. Jahrhundert nicht mehr. Sie wurden meist in Einzelparzellen zerstückelt und zu neuen Höfen kombiniert. An die vormalige Existenz der alten Höfe erinnert nur noch das System der Trägerei beim Einsammeln der Abgaben. Die Abgabensituation läßt sich jedoch anhand des Urbars nur unvollkommen untersuchen. Genaue Aussagen sind nur zu den Zehntverhältnissen möglich. Als Zehntherr dominiert der Bischof von Konstanz, dem als Herr der Pfarrei Singen, der Reichenau, der Propsteien Öhningen und Schienen sowie des Domstifts Konstanz drei Viertel des Singener Zehntaufkommens zustehen. Der Singener Ortsherr und Inhaber der Niedergerichtsbarkeit, von Rost, folgt mit deutlichem Abstand. Familie von Rost kann auch nicht als stark dominierender Grundherr bezeichnet werden: Sie verfügt nur etwa über 57 Hektar selbstgenutzter landwirtschaftlicher Fläche und gibt weitere 99 Hektar als Lehen bzw. als Bestandsgüter aus (insgesamt etwa 14% der gesamten landwirtschaftlichen Nutzfläche).

Zusammenfassend ist Singen im 18. Jahrhundert als Ackerbaugemeinde mit sehr geringem Waldanteil und viel bäuerlichem Eigengut bei fast fehlender Allmende sowie mit wachsender unterbäuerlicher Schicht zu charakterisieren.

8.0 Anhang

Alte Maße

1 Jauchert = 0,4254 Hektar, wobei 1 Jauchert in 46 080 Quadratschuh und 1 Vierling in 4 Egglein unterteilt ist[147].

An Hohlmaßen sind in Singen gebräuchlich[148]:

Für Glattfrüchte (Roggen, Erbsen, gegerbter Dinkel [Kernen]) gilt:
    1 Malter   =   8 Viertel = 32 Imi = 128 Messle
                    = 118,88 Liter (Radolfzeller Maß)
    oder   = 132,48 Liter (Steiner Maß)

Für Rauhfrüchte (Haber, Gerste, ungegerbter Dinkel [Vesen]) gilt:
    1 Malter   = 16 Viertel = 64 Imi = 256 Messle
                    = 294,14 Liter (Radolfzeller Maß)
    oder   = 301,55 Liter (Steiner Maß)

Abkürzungen

EAS : Enzenbergarchiv Singen
fl : Gulden
GLA : Generallandesarchiv Karlsruhe
ha : Hektar
He : Heller
HStAS : Hauptstaatsarchiv Stuttgart
NF : Neue Folge
REC : Regesta Episcoporum Constantiensium
STAS : Stadtarchiv Singen
Xr : Kreuzer
ZGO : Zeitschrift für die Geschichte des Oberrheins
ZWLG : Zeitschrift für württembergische Landesgeschichte

Quellenverzeichnis

1. gedruckte Quellen

   a. Regesta Episcoporum Constantiensum. Hrsg. v. d. Bad. Hist. Kommission. 5 Bde., Innsbruck 1886–1931. Hier: Bd. 2, Nr. 5449, 1359, März 3.
   b. HERMANN WARTMANN (Bearb.): Urkundenbuch der Abtei Sanct Gallen.
      Bd. V/2 (St. Gallen 1909): Nr. 3724: 1432, Dezember 15.
   c. Regesta Episcoporum Constantiensum. Hrsg. v. d. Bad. Hist. Kommission. 5 Bde., Innsbruck 1886–1931. Hier: Bd. 2, Nr. 5449: 1359, März 3.
   d. MAX MILLER (Bearb.): Das Hohentwiel-Lagerbuch von 1562. Stuttgart 1968.
      Darin:
      1495: Salbuch über Albrecht von Klingenbergs Güter in Singen. S. 122–135 (auszugsweise);
      1555: Urbar von »Dorff Singen und beeden flecken Niderhofen und Remißhofen«. S. 1–121.
      1562: Hohentwiel-Lagerbuch (Singen und Worblingen). S. 154–194.

2. ungedruckte Quellen

   a. EAS (Enzenbergarchiv Singen)
      – Urbar der Herrschaft Singen (mit Remishofen und Niederhofen) von 1555 (EAS, Nr. BI/2);
      – Register über die zu Sipplingen liegenden Scheeringischen Reben (EAS BI/13);
      – Singener Dorfoffnung von 1668 (EAS BII/4);
      – Herrschaftsurbar der Familie von Rost von 1669 (EAS BI/9);
      – Lehenbrief des Müllers Matthäus Schrott; 1701 Nov. 10. (EAS Urk. Nr. 57);
      – Singener Berain von 1709 (EAS BI/14);
      – Singener Zehnturbar von 1724 (EAS BI/13 2 Bde.;
      – Zirkular Ehingen 1764 (EAS Findnr. 964).
   b. GLA (Generallandesarchiv Karlsruhe)
      – Steuerveranlagung (Schatzungsrecht) von 1726 (GLA 229/97 940);
      – Singener Bekenntnistabelle von 1765 (GLA 229/97 939).
   c. HStAS (Hauptstaatsarchiv Stuttgart)
      – Salbuch über Albrecht von Klingenbergs Güter in Singen (um 1495) (HStAS H 180, Nr. 250).
   d. STAS (Stadtarchiv Singen)
      – Gemeinderechnungen 1807.
   e. GDAL (Gräflich Duglas'sches Archiv Langenstein)
      – Rechnungen der Herrschaft Heilsberg (1757–1766).
   f. FFA (Fürstlich Fürstenbergisches Archiv Donaueschingen)
      – Populationstabellen des Amts Heiligenberg von 1777 bis 1803.
   g. Fürstlich Fürstenbergische Hofbibliothek Donaueschingen
      – JOHANN NEPOMUK RAISER: Abhandlung über die k. k. v. ö. Landgrafschaft Nellenburg. 1794, Handschrift Nr. 627 (nach dem Katalog von K. A. Barak, 1865).

Anmerkungen

[1] Der Landkreis Konstanz. Amtliche Kreisbeschreibung, Bd. 4. Sigmaringen 1984, S. 212.
[2] Singener Zehnturbar von 1724, 2 Bde. EAS BI/15.
Bei dieser Aufzählung ist allerdings zu beachten, daß eventuell nicht bei allen im Urbar erwähnten Parzellenbesitzern eine handwerkliche Berufsbezeichnung angegeben ist. Umgekehrt wäre es auch denkbar – wenn auch aufgrund der Arbeitssituation unwahrscheinlich –, daß Handwerker in Singen leben, die über keinen zehntbaren Besitz verfügen und deshalb im Urbar keine Erwähnung finden.
[3] PETER BOHL, Aspekte der Bevölkerungsentwicklung Singens vom 17. bis zum 19. Jahrhundert, S. 312 in diesem Band.
[4] Singener Bekenntnistabelle von 1765, GLA 229/97 939.
[5] ALBRECHT STROBEL, Eine Flurkarte aus dem Jahre 1709 und die Agrarverfassung des Hegaudorfes Singen am Hohentwiel im 18. Jahrhundert. Singen 1968, S. 55.
[6] Singener Bekenntnistabelle von 1765, Anhang 1.8.
[7] Der wesentliche Ordnungsgesichtspunkt bei Personalprinzipurbaren sind die besitzenden Bewohner eines oder mehrerer Orte. Die Personen werden nacheinander alle einzeln abgehandelt. Dabei beginnt das Urbar für jeden Besitzer beispielsweise mit den Gärten, dann folgen die Rebländer, Wiesen, Äcker usw.
[8] Beim Realprinzip wird zunächst nach der Bodennutzung gegliedert, also z. B. nach den Gärten, Rebländern, Wiesen, Äckern usw. Innerhalb der einzelnen Bodennutzungsarten sind die jeweiligen Parzellen nach Besitzern geordnet, wo-

bei die Reihenfolge der Besitzer innerhalb der Bodennutzungsarten im Normalfall unverändert bleibt.
9 Bei Herrschaftsurbaren handelt es sich um Quellen, die alle Rechte einer Herrschaft (Ritter, Klöster usw.) oder eines Herrschaftsteiles an Land und Leuten schriftlich erfassen und abgrenzen.
10 Ortsurbare verzeichnen sämtlichen immobilen Besitz eventuell verschiedener Herrschaften sowie das Eigengut der Bevölkerung in einem Ort und nicht nur den Anteil, der einer bestimmten Herrschaft gehört. Dadurch wird deutlich, wer wieviel Besitz in einem Ort hat und welche Bewohner welchen Herrschaften gegenüber steuerbar sind. Solche Urbare sind i. a. erst in der frühen Neuzeit entstanden und wegen ihrer inhaltlichen Vollständigkeit für die historische Forschung besonders wertvoll.
11 Steuerurbare wurden in der frühen Neuzeit zur Umlegung der Reichssteuern angelegt. Ähnlich wie Ortsurbare beziehen sie sich auf einen bestimmten Ort, verzeichnen aber nur denjenigen Besitz, der seit jeher Steuern trägt. Eigengut des Adels und der Kirche bleibt unberücksichtigt.
12 Zehnturbare verzeichnen alle zehntbaren Parzellen (meist innerhalb eines Ortes).
13 HStAS H 180 Nr. 250.
14 EAS BI/2; abgedruckt bei: MAX MILLER (Bearb.), Das Hohentwiel-Lagerbuch von 1562. Stuttgart 1968, S. 154–194.
15 Ebda., S. 154–194.
16 EAS BI/9.
17 EAS BI/14.
18 Singener Zehnturbar von 1724, passim.
19 Singener Zehnturbar von 1724, Bd. II, S. 2496.
20 Ebda., S. 2485.
21 Vgl. unten, Abschnitt 2.6.
22 Singener Zehnturbar von 1724, Bd. I, Einleitung.
23 Singen gehörte zur Landgrafschaft Nellenburg und unterstand somit österreichischer Landeshoheit.
24 Ebda.; vgl. auch EAS BI/16 und BI/17.
25 EAS BII/4.
26 Artikel 1 der Singener Dorfoffnung von 1668.
27 FRIEDRICH WILHELM HENNING, Das vorindustrielle Deutschland 800 bis 1800. Paderborn 1974, S. 49–51, und HUGO OTT, Studien zur spätmittelalterlichen Agrarverfassung im Oberrheingebiet. (Qu. u. Forsch. z. Agrargesch. 23). Stuttgart 1970, S. 65–91.
Zur geschichtlichen Entwicklung vgl. WILHELM ABEL, Geschichte der deutschen Landwirtschaft vom frühen Mittelalter bis zum 19. Jahrhundert. (Deutsche Agrargeschichte Bd. 3). 3. Aufl. Stuttgart 1978, S. 20–23, und zur Situation im 18. Jahrhundert ebda., S. 226–232.
28 HANS JÄNICHEN, Markung und Allmende und die mittelalterlichen Wüstungsvorgänge im nördlichen Schwaben. In: Anfänge der Landgemeinde und ihr Wesen I (Vorträge und Forschungen VII). Konstanz/Stuttgart 1964, S. 163–222.
29 STROBEL, Flurkarte, Karte zwischen Seite 12 und 13.
30 EAS BI/13: Register über die zu Sipplingen liegenden Scheeringischen Reben.
31 STROBEL, Flurkarte, S. 81.
32 STROBEL, ebda., S. 81.
33 HANS JÄNICHEN, Über den mittelalterlichen und neuzeitlichen Ackerbau im westlichen Schwaben. Beiträge zur Geschichte der Gewannflur. In: Jahrbücher für Statistik und Landeskunde von Baden-Württemberg (1962), Heft 1, S. 40–71, hier: S. 44–45.
34 Diesen Zusammenhang zwischen Wirtschaftsform und Flurverfassung zeigt auch FRIEDRICH HUTTENLOCHER (Zusammenhänge zwischen ländlichen Siedlungsarten und ländlichen Wirtschaftsformen in Süddeutschland. In: ZWLG 1 [1937], S. 68–87, hier: S. 74–83) auf.
35 Singener Bekenntnistabelle von 1765, Anhang 2.7.
36 Artikel 136 der Singener Dorfoffnung von 1668.
37 Artikel 135 der Singener Dorfoffnung von 1668.
38 Artikel 138 der Singener Dorfoffnung von 1668.
39 Artikel 32 der Singener Dorfoffnung von 1668.
40 Artikel 32 der Singener Dorfoffnung von 1668; vgl. auch Abschnitt 5.1.
41 Artikel 142 der Singener Dorfoffnung von 1668.
42 Singener Bekenntnistabelle von 1765, Anhang 2.12.
43 Ebda.
44 Der Hegauer Vertrag von 1497 (KARL H. ROTH V. SCHRECKENSTEIN, Der sogenannte Hegauer Vertrag zwischen der Landgrafschaft Nellenburg, dem Deutschorden und der Reichsritterschaft. In: ZGO 34 [1882], S. 1–30 und S. 196–223; und dsgl. ZGO 36 [1883], S. 49–62) befaßt sich mit den Rechten der Landgrafschaft Nellenburg als Inhaber der hohen Gerichtsbarkeit gegenüber dem Landkomtur der Deutschordenskommende (Mainau mit den Herrschaften Hohenfels und Blumenfeld) sowie der Reichsritterschaft als Inhaber der niederen Gerichtsbarkeit.
Eine solche Regelung, die im Falle des Hegauer Vertrags mehrmals überarbeitet und erneuert wurde, war notwendig geworden, nachdem es Erzherzog Sigmund von Österreich im Jahre 1465 gelungen war, die Landgrafschaft Nellenburg vom Grafen Johann von Tengen und Nellenburg käuflich zu erwerben (ROTH V. SCHRECKENSTEIN, Hegauer Vertrag, S. 3). Dieser Vertrag zeigt gleichzeitig das Bemühen des Hauses Österreich, zu einem Ausgleich mit allen Nachbarn zu kommen, die über den mit dem Kauf Nellenburgs verbundenen Machtzuwachs Österreichs in ihrer unmittelbaren Nachbarschaft beunruhigt waren. In der Folgezeit schloß Österreich entsprechende Verträge mit der Reichsstadt Überlingen, den Grafen von Zimmern, dem Kloster Salem usw. (ROTH V. SCHRECKENSTEIN, Hegauer Vertrag, S. 4).
45 Quelle: Rechnungen der Herrschaft Langenstein, GDAL.
46 Singener Bekenntnistabelle von 1765, Anhang 2.11.
47 Ebda., Anhang 2.11.
48 STROBEL, Flurkarte, S. 21, und HELMUT RÖHM, Die Vererbung des landwirtschaftlichen Grundeigentums in Baden-Württemberg. Remagen/Rhein 1957, beigelegte Karte, sowie: Landkreis Konstanz, Bd. 4, S. 212.
49 Z. B. EAS, Urk. Nr. 57, 1701 Nov. 10.: Lehenbrief des Müllers Matthäus Schrott (vgl. Anm. 78 in Abschnitt 2.1.).
50 Singener Zehnturbar von 1724, S. 2363.
51 Nach: Flurkarte von Singen aus dem Jahre 1709 (EAS P1), nach der Abbildung bei STROBEL, Flurkarte, S. 21 u. S. 37, und: JÄNICHEN, Ackerbau, S. 68. WOLF DIETER SICK (Die Vereinödung im nördlichen Bodenseegebiet. In: Württ. Jahrbücher für Statistik und Landeskunde [1951/52],

377

S. 81–105, hier: S. 88) berichtet übereinstimmend dazu für den nördlichen Bodenseeraum in Gewannfluren von Parzellen mit oft nur fünf bis zehn Metern Breite und mehreren hundert Metern Länge.
52 Landkreis Konstanz, Bd. 4, S. 199.
53 HERBERT BERNER/HEINZ FINKE, Singen. Frankfurt a. M. 1973, S. 10.
54 STROBEL, Flurkarte, S. 17.
55 STROBEL, ebda., S. 1.
56 STROBEL, ebda., S. 19.
57 Ausgeklammert wurden bei diesen Berechnungen die württembergische Festung Hohentwiel und die Exklave Bruderhof. Die landwirtschaftlichen Erzeugnisse des Bruderhofs dienten in erster Linie zur Versorgung der Festung Hohentwiel.
Nach dem Anhang der Schwäbisch-österreichischen Bekenntnistabellen umfaßt der Bruderhof ca. 27 Hektar Ackerland, 4,5 Hektar Wiese, 1,5 Hektar Gartenland, 0,2 Hektar Rebland und große Waldflächen.
Der Hohentwiel gehörte nicht zur Singener Gemarkung. Der Bruderhof wurde 1840 daraus entlassen. Ihre Verwaltung wurde 1850 der nächstgelegenen württembergischen Stadt, Tuttlingen, übertragen. 1933 erfolgte die Eingemeindung dorthin (BERNER/FINKE, Singen, S. 73). 1967 wurde die Exklave Bruderhof per Gesetz zu Singen geschlagen (BERNER/FINKE, Singen, S. 33). Ausführliche Informationen über den Bruderhof bietet: JOHANN STEHLE, Geschichte der Exklave Bruderhof und der Hohentwieler Waldungen. Singen 1973.
Die wechselvolle Geschichte des Hohentwiel ist aufgearbeitet bei HERBERT BERNER (Hg.), Hohentwiel. Sigmaringen 1957.
58 GLA 229/97 940.
59 GLA 229/97 939.
60 STROBEL, Flurkarte, S. 30–31.
61 Es ist nur der Besitz der Rustikalisten und nicht der Besitz der Dominikalisten verzeichnet.
62 Auf die Diskrepanz zwischen der hier angegebenen und der unten in der Karte eingezeichneten Waldfläche wird in Abschnitt 2.5 »Wald« eingegangen.
63 Vgl. entsprechende Ergebnisse für Sipplingen (1730), Orsingen (1757), Bodman (1758), Gottmadingen (1761) und Heiligenberg (1764) bei CHRISTHARD SCHRENK, Agrarstruktur im Hegau des 18. Jahrhunderts. Auswertung neuzeitlicher Urbare mit Hilfe des Computers. Konstanz 1987.
64 RUDOLF BERTHOLD, Die statistische Erfassung der Bodennutzung im Spätfeudalismus. In: Jahrbuch für Wirtschaftsgeschichte 1969/III, S. 31–54.
65 BERTHOLD, ebda., S. 39–40.
66 Ebda., S. 43.
67 FRANK GÖTTMANN, Getreidemarkt am Bodensee. Habilitationsschrift (masch.), 2 Bde. Konstanz 1985; hier: Bd. 2, Anhang 24.
68 SCHRENK, Agrarstruktur.
69 STROBEL, Agrarverfassung, S. 146.
70 Vgl. die Bevölkerungszahlen zu Beginn des Abschnitts 1.1.
71 Singener Zehnturbar von 1724, Bd. I, S. 1449.
72 Landkreis Konstanz, Bd. 4, S. 193.
73 Singener Zehnturbar von 1724, Bd. I, S. 1536.
74 EAS Urk. Nr. 57, 1701 Nov. 10.
75 Ebda. Die Bekenntnistabelle von Singen 1765 spricht im Anhang von 350 Gulden jährlich. Außerdem ist dort zu erfahren, daß die Mühle über drei Mahlgänge verfügt und daß eine Säge angeschlossen ist.
76 Artikel 104 der Singener Dorfoffnung. Bei Zuwiderhandlung drohten 10 Pfund Pfennig Strafe. Das ist die im Hegauer Vertrag als Höchststrafe festgesetzte Summe.
77 Singener Zehnturbar von 1724, Bd. I, S. 1536.
78 Diese Beobachtung erklärt sich weitgehend durch die unterschiedliche Besitzrechtsstruktur der Höfe (Abschnitt 4) und durch die unterschiedliche Parzellengröße bei verschiedenen Besitzrechtsformen (Abschnitt 3).
79 Wie erwähnt bilden die drei Ösche in sich jedoch keine räumliche Einheit. Sie sind in jeweils etwa vier unterschiedlich große Teile aufgespalten.
80 SCHRENK, Agrarstruktur.
81 Vgl. Abschnitt 6.
82 STROBEL, Flurkarte, S. 89.
83 SCHRENK, Agrarstruktur, Abschnitt 1.3.3.
84 SCHRENK, ebda., Tabelle 3/0/1.
85 Vgl. SCHRENK, ebda., Abschnitt 1.3.3.
86 Diese Auffassung bestätigt auch ROSWITA GUHL (Die sozialen und wirtschaftlichen Verhältnisse in Singen, Arlen und Mühlhausen im 18. Jahrhundert. Zulassungsarbeit [masch.]. Freiburg 1961, S. 55).
87 Vgl. HERBERT BERNER (Hg.): Sipplingen am Bodensee. Geschichte eines alten Dorfes. Radolfzell 1967, S. 17 und 270–271.
88 JOHANN NEPOMUCK RAISER, Abhandlung über die k. k. v. ö. Landgrafschaft Nellenburg. 1794 (Fürstlich Fürstenbergische Hofbibliothek Donaueschingen, Handschrift Nr. 627).
89 GLA 229/97 940; nach STROBEL, Flurkarte, S. 86.
90 BERND HENNEKA, Eine medizinische Topographie des Hegaus im 19. Jahrhundert. Singen 1982, S. 20.
91 Landkreis Konstanz, Bd. 4, S. 213.
92 STROBEL, Flurkarte, S. 47.
93 Zum Stichwort »Rodungsnamen« vgl. HANS JÄNICHEN, Geschichtliche Grundlagen. In: Der Landkreis Balingen. Amtliche Kreisbeschreibung, Bd. 1. Balingen 1960, S. 206–365, hier: S. 302.
94 Singener Zehnturbar von 1724, S. 1268.
95 Ebda., S. 2416–2425.
96 Singener Zehnturbar von 1724, S. 2474.
97 Singener Zehnturbar von 1724, S. 1091, 3065 bzw. 2758.
98 Z. B. die Parzelle auf S. 2788 (Singener Zehnturbar von 1724), für die kein Inhaber angegeben werden konnte und in deren Beschreibung es deshalb heißt, daß kein »eigentümlich Besitzer denotieret« werden könnte. Entsprechendes gilt für die Bemerkung auf S. 978, nach welcher Hans Conrad Hötz neben einigen Lehenparzellen noch weitere Grundstücke als »eigentümlich« innehat.
99 Entsprechende Untersuchungen mit vergleichbaren Ergebnissen sind auch bei der Auswertung der anderen Bodennutzungsarten möglich; vgl. dazu die folgenden Tabellen.
100 STROBEL, Flurkarte, S. 78.
101 MILLER, Hohentwiel-Lagerbuch, darin: Das Singener Urbar von 1555, S. 158–194.

Bei dem dort erwähnten Pfründlehen handelt es sich um ein Pachtverhältnis.
102 Landkreis Konstanz, Bd. 4, S. 194.
103 STROBEL, Agrarverfassung, S. 75.
104 Z. B. die Zugehörigkeit mancher dieser Parzellen zu einem Hof, den ehemals das Kloster Reichenau als Erblehen ausgegeben hatte. Diese Parzellen müssen jedoch 1724 an das Pflegeamt des Bischofs von Konstanz in Radolfzell zinsen. Diese Vermutung äußert auch schon STROBEL, Flurkarte, S. 32.
105 Diese Auffassung vertreten auch STROBEL, Agrarverfassung, S. 60–78; HANS JÄNICHEN/IRENE GRÜNDER, Gottmadingen im Jahre 1761. In: 1000 Jahre Gottmadingen. Konstanz 1965 (ohne Paginierung), und STROBEL, Flurkarte, S. 23.
106 Vgl. Abschnitt 1.3 und 3.2.
107 Zur Erwerbung des Embserhofes vgl. u. a. HERBERT BERNER, Die beiden Grafen Franz I. Joseph und Franz II. Seraphicus Joseph von Enzenberg zu Singen. In: Hegau 13 (1962), S. 7–57, hier: S. 7.
108 Zirkular Ehingen; EAS Findnummer 964.
109 Vgl. Abschnitt 5.2.
110 Singener Zehnturbar von 1724, S. 1454.
111 STAS, Gemeinderechnungen 1807, fol. 5–6; zitiert nach STROBEL, Flurkarte, S. 50.
112 STROBEL, ebda., S. 50.
113 STROBEL, ebda., S. 51.
114 Landkreis Konstanz, Bd. 4, S. 194.
115 Zur Politik des Klosters Salem, die bäuerlichen Erbrechte auszuschalten, vgl. HERMANN BAIER, Des Klosters Salem Bevölkerungsbewegung, Finanz- und Steuerwesen und Volkswirtschaft seit dem 15. Jahrhundert. In: Freiburger Diözesan-Archiv NF 35 (1934), S. 57–130, hier: S. 59–61.
116 Zur einzigen Ausnahme – dem Holzerhof als völlig ungeteiltem Komplex – vgl. Abschnitt 3.6.
117 Auch hier ist wieder eine Ungleichverteilung des Ackerlandes auf die drei Ösche festzustellen:
Ösch 1 umfaßt 37,72%,
Ösch 2 umfaßt 27,75% und
Ösch 3 umfaßt 33,55%.
Damit übersteigt der Ertrag in Ösch 1 + Ösch 3 denjenigen in Ösch 2 + Ösch 3 um 14%.
118 Singener Zehnturbar von 1724.
119 Es handelt sich dabei um zwei Häuser (0,08 Hektar), einen Baumgarten (0,02 Hektar), acht Reblandparzellen (1,13 Hektar), 71 Ackerparzellen (22,18 Hektar) und 22 Wiesenparzellen (4,17 Hektar).
120 Singener Zehnturbar von 1724, S. 1679.
121 Bei dieser Auflistung bleiben folgende Besitzeinheiten unberücksichtigt:
– grundherrliches (von Rost: Hof mit 57 Hektar; Hohenkrähen: Hof mit 38 Hektar) und kirchliches Eigengut (Pfarrkirche St. Peter und Paul: 0,11 Hektar; Caplanei-Pfründe: 6,5 Hektar);
– Gemeindegut (12,18 Hektar);
– Besitz von 33 Ausmärkern (27,58 Hektar), weil nur die Betriebsgrößenstruktur der Singener Bauern zur Diskussion steht;
– Besitz von vier unverheirateten Kindern (je zweimal unter 0,5 Hektar bzw. zwischen 3 und 4 Hektar), weil diese keinen eigenen Hausstand bzw. keine eigene Familie haben;
– Besitz von 28 Erbengemeinschaften (19 davon mit weniger als 0,5 Hektar; im Durchschnitt 0,8 Hektar), weil diese ebenfalls keinen eigenen Hausstand repräsentieren bzw. meist als Besitzer eines Hofes schon erfaßt sind;
– Besitz, über welchen Singener Bürger als Ausmärker in Hausen (zwei Hektar Wiesen) und in Friedingen (fünf Hektar Wiesen sowie ein Hektar Wald) verfügen.
122 Vgl. Abschnitt 1.1 und Abschnitt 2.1.
123 Vgl. SCHRENK, Agrarstruktur, Abschnitt 1.3.3.
124 DIETRICH WALCHER, Die Einkünfte der Bauern aus der Getreidewirtschaft im Amt Wolpertswende des Heilig-Geist-Spitals zu Ravensburg. In: ZWLG 44 (1985), S. 181–203; hier: S. 188.
125 Das Acker-Wiesen-Nutzflächenverhältnis beträgt dort 2,7 zu 1.
126 Als lokales Beispiel einer Zehntverpfändung kann die Hegaugemeinde Bodman angeführt werden. 1346 verpfändete der Konstanzer Bischof wegen Geldmangels seine Bodmaner Zehntrechte an die Herren von Bodman. Das Pfand wurde erst 1592 wieder eingelöst. (BARBARA DEMANDT, Die Geschichte der Pfarrei Bodman. In: HERBERT BERNER (Hg.): Bodman: Dorf, Kaiserpfalz, Adel. 2 Bde. Sigmaringen 1977–1985, hier: Bd. 2, S. 89–134; insbesondere S. 123).
127 Singener Zehnturbar von 1724, Proömium, Punkt 3.
128 SCHRENK, Agrarstrukturen, Abschnitt 1.3.1.
129 Dieser Rechnung ist ein Hektarertrag von vier Überlinger Maltern (etwa acht Doppelzentner), ein Marktwert von sechs Gulden pro Malter und ein langjähriger Brachlandanteil von einem Drittel der Ackerfläche zugrunde gelegt.
130 Regesta Episcoporum Constantiensum. Hrsg. v. d. Bad. Hist. Kommission. 5 Bde. Innsbruck 1886–1931, hier: Bd. 2, Nr. 5449, 1359, März 3.
131 Abweichungen im Vergleich zu der in der Konstanzer Kreisbeschreibung (Bd. 4, S. 210) angegebenen Tabelle erklären sich aus der Tatsache, daß bei der hier vorgelegten Urbarauswertung alle Parzellen neu aufaddiert wurden und kein Rückgriff auf die im Urbar angegebenen Summen erfolgte. Bei der dem Urbar zu entnehmenden summarischen Darstellung fehlt z. B. der Hinweis auf zehntfreie Parzellen ebenso wie die Anzahl der Parzellen je Zehntherr usw. Auch Streitfälle oder Abweichungen vom System finden keine Erwähnung (vgl. in diesem Abschnitt: Kloster St. Katharientel).
132 1670 kaufte »das hochfürstlich konstanzerische Gotteshaus Öhningen« von Junker Egloff aus Immendingen den sogenannten »Egloffzehnten« (nach dem Singener Zehnturbar von 1724, S. 1679).
133 Singener Zehnturbar von 1724, Einleitung.
134 Ebda., Proömium, 1. Teil.
135 Ebda.
136 Ebda., Teil 1 bis 4.
137 Ebda., 1. Teil und Bd. 2, S. 2257.
138 Ebda., Bd. II, S. 2759 und 2763.
139 Alle Informationen über den Gassnerlich-Erben-Zehnt stammen aus dem Singener Zehnturbar von 1724, Bd. II, S. 2885.
140 Ebda., Bd. II., S. 2485–2486.

[141] Singener Zehnturbar von 1724, Einleitung.
[142] Ebda., Bd. I, S. 376, 384, 390 usw.
[143] STROBEL, Flurkarte, S. 69.
[144] Detailangaben zur Abgabensituation macht GUHL (Wirtschaftliche Verhältnisse, S. 62–67).
[145] Singener Zehnturbar von 1724, Bd. II, S. 2315–2331.
[146] Ebda., Bd. II, S. 2331.
[147] STROBEL, Flurkarte, S. 91, und Singener Zehnturbar von 1724, Bd. II, S. 2429.
[148] Ebda.

Die Grafen von Enzenberg

von Herbert Berner

Die Enzenberg sind ebenfalls, wie die Herren von Rost, ein freilich nicht so altes tirolisches Geschlecht[1]. Der gemeinsame Stammherr des in drei Linien geteilten ritterlichen, freiherrlichen und gräflichen Geschlechtes Enzenberg ist Eberhard Entzenperger (geboren um 1476, gestorben vor 1535)[2]. Die ritterliche und auch die freiherrliche Linie sind trotz großen Kinderreichtums 1810 und 1836 ausgestorben[3]. Im folgenden befassen wir uns mit der noch bestehenden gräflichen Linie.

Maximilian I. bewilligte dem Eberhard Entzenperger, das (bürgerliche) Wappen seiner Frau Christina Grembsin aus Gremsen im Pustertal zu führen, nämlich die naturfarbene Gems im goldenen Schild[4]. Sein Enkel Georg d. Ä. (1540–1602) erwarb 1568 Freyenthurn und Straßhof in bzw. bei Mühlbach im engen, leicht absperrbaren und kontrollierbaren Tal der Rienz nordöstlich von Brixen, kam 1574 in den pfandschaftlichen Besitz der landesfürstlichen Pflege- und Zollstätte mit Befestigung an der Mühlbacher Klause[5] und wurde 1587 von Erzherzog Ferdinand von Österreich in den Adelsstand erhoben als »Enzenberg zum Freyenthurn«. Das Wappen bestand in einem goldfarbenen Schild, in dessen Grund ein dreibuckliger blauer oder lasurfarbener Berg, auf dem hintersten eine zum Sprung vorwärts gerichtete Gems in natürlicher Gestalt[6]. Der Freyenthurn ist heute ein Tertiarinnenkloster.

Georg d. Ä. war also Inhaber der Pflege- und Zollstätte an der Mühlbacher (oder Haslacher-) Klause[7]. Sein Vater Christoph I. (nachweisbar 1538–1565) soll Zollverwalter in Kolman am Kuntersweg gewesen sein; er war verheiratet mit Anna Fragnerin von Fragburg; auf diese Weise gelangten die fragnerischen »Spickel« (Spitzen) bei der Erhöhung der Familie in den Reichsritterstand 1628 in das Enzenberg-Wappen[8]. – Die Familienmitglieder dienten dem Bischof von Brixen oder den Tiroler Landesherren (den Herzögen bzw. Erzherzögen von Österreich) als Landsknechtsführer, Richter, Pfleger, Zoller, Amtmänner und Kleriker. Der einzige Sohn Michael (1558–1618) aus erster Ehe Georgs d. Ä. wurde der Stammvater der freiherrlichen (Brixner) und gräflichen Linie[9]. Von seinen sieben Kindern erwarb wiederum der einzige Sohn Georg d. J. (1584–1654), brixnerischer Kriegshauptmann, den Ansitz Jöchlsthurn in Sterzing[10]. Einer der Söhne aus zweiter Ehe Georgs d. Ä., Ananias (1586–1630), wurde der Stammvater der ritterlichen Linie[11].

Georg d. J. wurde 1628 durch Kaiser Ferdinand II. mit seinen beiden Onkeln Ananias und Machabäus (1586–1630) in den Ritterstand erhoben. Eine seiner Töchter, Rosina (1615–1687), heiratete in zweiter Ehe Dr. Paul Hochers, Freiherr von Hochenburg und Hohenkrähen (1616–1683), dem wir bereits in der Familiengeschichte der Herren von Rost begegnet sind. Hochers sorgte auch in der Familie seiner zweiten Frau für Standeserhöhungen; er hat ferner seinen enzenbergischen Verwandten zu bedenken gegeben, sich künftig mehr um kaiserliche Dienste zu bewerben. Der Rat wurde allerdings erst nach mehreren Generationen befolgt; zunächst blieb man im Dienste des Fürstbischofs von Brixen oder lebte als besitzende Privatleute[12]. Die Erinnerung an Johann Paul Hochers, der aus einfachen Verhältnissen zum einflußreichen Wiener Hofkanzler aufgestiegen ist, blieb in der Enzenberg-Familie nachdrücklich lebendig, wie das Manuskript eines Vortrags über sein Leben und Wirken dartut, den Franz II. S. Josef von Enzenberg um 1830 im Ferdinandeum zu Innsbruck gehalten hat[13]. – Georg d. J. war zweimal mit vermögenden Frauen verheiratet; aus der ersten Ehe stammen acht Kinder.

Der älteste Sohn Franzisk (1612–1692), Rat und Kammermeister des Stiftes Brixen, wurde 1671 durch Vermittlung seines Schwagers Dr. Johann Paul Hochers von Kaiser Leopold I. zum Reichsfreiherrn mit dem Prädikat »Freiherr von Enzenberg zum Freyen- und Jöchlsthurn« ernannt. Wiederum erfolgte eine Wappenbesserung. In das Wappen wurde ein Herzschild eingesetzt: Blaues Feld mit goldener Krone, in dessen Mitte ein goldener Ring mit einem Stein[14] – eine »deutliche Anspielung auf das Wappen der schwäbischen Enzberg, mit denen wohl Dr. Hochers das Geschlecht in Verbindung gebracht hat.

Der Enkel des Franzisk, Franz Hartmann (1671–1720), lebte vermutlich als Privatmann in Brixen und war mit Maria Anna Magdalena Vintlerin, Freiin zu Runggelstein und Platsch, aus Tiroler Uradel verheiratet. Von seinen sechs Kindern ist der älteste Sohn Kassian Ignaz Bonaventura (geboren 14. Juli 1709 zu Brixen) der Stifter der gräflichen Linie.

Kassian Ignaz Bonaventura (1709–1772)

Er trat schon in jungen Jahren in Staatsdienste und wurde mit 25 Jahren zum oberösterreichischen Wirklichen Hofkammerrat und – nach einigen anderen Verwendungen – Ende 1737 zum Oberamtspfleger in Bozen befördert, ein Amt, das er 17 Jahre innehatte. Die von ihm eingeleitete Entwässerung der versumpften Gebiete des Etschtales bei Bozen ermöglichte die Anlage der berühmten Obstkulturen dieses Landes. Seine aus niedersächsischem Adel stammende Frau Sophia Amalia Freiin von Schack zu Schackenburg (1707–1788) hatte am Hofe der Herzogin Charlotte von Lothringen, einer Schwester des späteren Kaisers Franz I. Stephan, dessen Gemahlin Maria Theresia kennengelernt, mit der sie eine lebenslange innige Freundschaft verband. Kurz vor der Vermählung 1746 ernannte die Kaiserin Kassian Ignaz zum Wirklichen k. k. Kämmerer; 1754 wurde er Wirklicher Geheimer Rat und Vizepräsident der Oberösterreichischen Repräsentation und Hofkammer zu Innsbruck, 1759 deren Präsident und 1763 Präsident des neu geschaffenen Tirolischen Landesguberniums. In dieser Stellung trat er ein für eine Verbindung des »Tiroler Commercium mit jenem von Trient«, um die Handelspolitik der Gesamtstaatsregierung »mit dem Gedeihen seiner Provinz in Einklang zu bringen«[15]. Im Jahre 1764 erhob ihn Kaiser Franz I. mit Vermehrung seines Wappens durch Adler als Schildhalter und einen vierten Turnierhelm zum erblichen Reichsgrafen[16].

Graf Kassian erwarb sich um Tirol mannigfaltige Verdienste. So war er einer der ersten Förderer des Baues der Arlbergstraße, brachte den Salzhandel in Hall in die Höhe und nahm sich in besonderer Weise der Hebung des Volksschulwesens in Tirol an; ihm ist auch entscheidend die Einführung der Tiroler Bienenzucht zu verdanken. In Innsbruck legte er 1765 den Grundstein der Triumphpforte. – Mit Kassian beginnt die »klassische Periode« der Enzenberg, in der zwischen 1750 und 1800 alle Linien des Geschlechts »ihre hervorragendsten Repräsentanten« stellen, da jetzt die begabtesten Mitglieder in den Staatsdienst traten.

Franz I. Joseph Graf von Enzenberg (1747–1821), der Kärntner Franz

Der einzige Sohn, zugleich das einzige Kind des Grafen Kassian wurde am 8. März 1747 in Bozen geboren; seine Taufpaten waren Kaiser Franz I. und Maria Theresia. Die Kaiserin besorgte ihrem Patenkind einen Platz in ihrer Ritterakademie, dem »Theresianum« in Wien. Dort erlernte er vier Sprachen und wurde in den Rechts- und Kameralwissenschaften (worunter man bis zum 19. Jh. das gesamte Finanzwesen verstand) ausgebildet, so daß ihn die Kaiserin nach Verlassen der Akademie im Herbst 1766 zum Wirklichen Kammerherrn ernennen konnte. Anschließend folgten die übliche Kavaliersreise durch den größten Teil der Monarchie und mehrere westeuropäische Länder, Praktika bei den Gouverneuren der Lombardei in Mailand und der österreichischen Niederlande in Brüssel. 1769 trat er unter seinem Vater in das Tirolische Landesgubernium ein und bereiste im gleichen Jahr die österreichischen Vorlande sowie die Landvogtei in Schwaben, Breisgau und Ortenau, worüber er ausführliche Berichte vorlegte. Von seinem Aufenthalt in Freiburg im Breisgau erzählt u. a. seine »Strohrede«, die er bei einer geselligen Veranstaltung gehalten hat[17]. Weitere Ausbildung erfuhr er beim Reichskammergericht zu Wetzlar, beim k. k. Böhmischen Landesgubernium in Prag sowie bei der k. k. Intendanza zu Triest. Bei der Gelegenheit besuchte er Rom und lernte im gleichen Jahr in Paris wahrscheinlich Johann Joachim Winckelmann kennen. Im Jahre 1777 war er Mitglied der Freimaurerloge »Zu den drei Bergen« in Innsbruck, später Mitglied der Wiener Loge »Zur Wahrheit«[18]. Es wäre indessen verfehlt, aus der Logenzugehörigkeit auf eine unkirchliche Gesinnung schließen zu wollen. Im Mai 1771 hatte der junge Graf nach dieser gründlichen und vielseitigen Ausbildung die Stelle eines Wirklichen Oberösterreichischen Gubernial- und Revisionsrates unter seinem Vater im Tirolischen Gubernium erhalten.

Am 15. Juli 1771 vermählte sich Franz I. Joseph in Innsbruck mit Maria Waldburga von Rost; die Trauung nahm der Onkel der Braut, der damalige Domdechan und spätere Fürstbischof von Chur, Dionys IV. Graf von Rost vor. Maria Waldburga, geboren am 1. Februar 1755 in Konstanz, hatte in frühester Jugend ihre Eltern verloren. Der Onkel Franz Karl III. von Rost nahm sich ihrer an. Sie wuchs im Erziehungsinstitut Nôtre Dame in Preßburg auf, kam dann nach Wien und wurde der Kaiserin vorgestellt. Maria Theresia vermittelte die Bekanntschaft des Fräuleins mit der Familie Enzenberg, die zur Eheschließung führte. Diese Verbindung brachte die Grafen von Enzenberg nach Singen. Heute noch erinnert an die rostische Erbtochter (Erbin) der Name »Walburgishof«, den Franz I. Joseph der 1795 erworbenen ehemaligen Tabakfabrik und danach dem zum »Unteren Schloß« umgebauten stattlichen Gebäude gegeben hat[19]. Bis dahin bediente sich der Graf mit seiner Familie, sofern er in der Herrschaft weilte, des Mühlhauser Schlosses.

Die Lehenherrschaft Singen-Mägdeberg stand bei

Denkmal des Grafen Franz I. Joseph von Enzenberg in Klagenfurt, Ursulinengasse

der Hochzeit noch unter vormundschaftlicher Verwaltung; erst am 12. Januar 1774 verlieh die Kaiserin die Pfandlehen-Herrschaft dem Grafen Franz I. Joseph so, wie sie die Grafen von Rost vormals innegehabt[20].

Der neue Grundherr in Singen, Mühlhausen und Arlen konnte sich freilich zeit seines Lebens um die Verwaltung der Lehenherrschaften und der allodialen Güter seiner Frau persönlich nicht kümmern, da er weiterhin im Tiroler Landesgubernium und später in Klagenfurt wirkte. Dies überließ er seinen Obervögten Raymund Alexi Ranz (1765–1779), Ludwig Augustin Frey (1779–1789), Johann Nepomuk Müller (1790–1806) und Franz Sales Ummenhofer (1806–1824), bis auf den Erstgenannten fähige, beliebte und weit über die Grenzen der Herrschaft hinaus angesehene Persönlichkeiten, mit denen er unter Wahrung der ständischen Rangordnung und mit unbestrittenem Führungsanspruch dennoch einen vertrauten, geradezu freundschaftlichen Umgang pflegte. Dies zeigt sich besonders in der Anteilnahme an den persönlichen, familiären Freuden und Sorgen seiner Beamten. Er ließ sich ein- bis zweimal monatlich ausführlich über alle Vorkommnisse in der Herrschaft berichten und traf mit erstaunlicher Detailkenntnis – selbst über die privaten Verhältnisse der Untertanen – seine Entscheidungen, lobte, tadelte, fragte zurück und gab Anregungen mannigfaltiger Art. Man könnte sagen, daß er trotz seiner Abwesenheit dennoch stets gegenwärtig und mit seiner Hegauer Herrschaft eng verbunden war. Seine Briefe zeugen von großer Belesenheit und Bildung, häufig zitierte er lateinische Klassiker, gerne Horaz, worauf die Obervögte einzugehen in der Lage waren.

Franz I. Joseph war ein aufgeklärter Humanist, aus Überzeugung den Reformen Kaiser Josephs II. (1741–1790) nahestehend. Der Kaiser wurde viel später als ein seiner Zeit weit vorauseilender »Sozialist auf dem Thron« (Leo Just) charakterisiert. Graf Enzenberg wollte den revolutionären Ideen von Freiheit, Gleichheit und Brüderlichkeit aus Frankreich mit einem besseren wirtschaftlichen und gesellschaftlichen System begegnen, das bei allem Verhaftetsein in patriarchalischen Vorstellungen über Sitte, Ordnung und Anhänglichkeit an das Herrscherhaus den Untertanen beachtliche Freiräume des Wirtschaftens und der Meinungsäußerung zubilligte. Die Tätigkeit im Landesgubernium verschaffte ihm vorausschauend Einblick in geplante Neuerungen etwa im Rechts- und Sozialwesen oder in der Wirtschaftspolitik, die er zum Nutzen seiner eigenen Unternehmen in die Praxis umzusetzen trachtete: etwa durch Selbstbewirtschaftung des Niederhofs, Einführung einer Sennerei oder Übernahme der modernisierten Mühle in Selbstregie (1785), da die Aufhebung des Mühlenbannes 1787 bevorstand. Die Aufhebung des Pachtvertrages mit der Witwe Nothburga Schrott, deren Familie seit Generationen als Beständer auf der Mühle saß, war für die Betroffenen schmerzlich, hat aber letzten Endes durch technischen Fortschritt und auf weite Sicht eine freizügige Gewerbepolitik ermöglicht[21]. In schweren Kriegsjahren minderte sein ausgeprägtes soziales Denken die drückenden, manchmal erdrückenden Belastungen der Dorfbewohner und verhalf ihnen zu neuem Beginnen. In Singen hören wir – im Gegensatz zu Mühlhausen – wenig von Streit oder Unruhen mit bzw. gegen die Grundherrschaft[22].

Nach zehnjähriger Tätigkeit in Innsbruck ernannte Kaiser Joseph II. den österreichischen Gubernialrat unter Beibehaltung von Rang und Titel zum Obrist-Hofmeisteramtsvertreter bei seiner älteren, unverehelichten Schwester, der Erzherzogin Maria Anna (1738–1789), die zu Klagenfurt residierte und dort als eine Art »Kärntner Landesmutter« hohe Verehrung genoß. Die Erzherzogin stand schon längere Zeit in freundschaftlichem Verkehr mit der Familie des Grafen Kassian; wahrscheinlich stand die Berufung von Franz I. Joseph im Zusammenhang mit der am 8. April 1782 erfolgten Ernennung des Grafen zum Vizepräsidenten des in diesem Jahre neu errichteten Inner- und Oberösterreichischen Appellations- und Kriminalgerichtes zu Klagenfurt[23].

Am 20. Februar 1790 starb Kaiser Joseph II., dessen gut gemeinte, aber zu hastig vorangetriebene Reformen auf hartnäckigen Widerstand stießen; er selbst mußte noch kurz vor seinem Tode viele seiner Neuerungen widerrufen. Es gärte im Lande. Franz I. Joseph war ein Verfechter der idealen Ziele des verstorbenen Kaisers, doch wußte er andererseits dessen Pläne auf ein erreichbares Maß zu reduzieren und sich als Vertreter des Staates das Vertrauen der Bevölkerung zu erhalten. Aus diesen Gründen berief der neue Kaiser Leopold II. (1790–1792) den Grafen zum bevollmächtigten Hofkommissär beim Offenen Landtag zu Innsbruck. Unter politisch brisanten Umständen gelang es ihm, in schwierigen Verhandlungen die Beschwerdepunkte der Tiroler (insbesondere der Bauern) zu beheben. Die Tiroler hätten ihn gerne als Gouverneur behalten, doch lehnte er ab und kehrte nach Klagenfurt zurück, wo nun ebenfalls die von Joseph II. eingerichteten neuen Behörden aufgelöst und der vorige Stand wiederhergestellt wurde. Das bedeutete die Trennung des Innerösterreichischen vom Oberösterreichischen Appellationsgericht. Am 5. Juni 1790 wurde Franz I. Joseph mit dem Amt eines Wirklichen Präsidenten des Oberösterreichischen Appellationsgerichtes betraut; wenige Wochen später, im Januar 1791, übertrug man ihm zusätzlich die Leitung des Innerösterreichischen Appellations- und Kriminalgerichtes.

Vor eine besondere Bewährungsprobe stellte den Grafen die Besetzung des Landes durch die Franzosen im März 1797. Hierbei glückten ihm die Aufrechterhaltung der Ordnung, die Reduzierung der Requisitionen auf ein erträgliches Maß und die Verhinderung der von den Franzosen angeordneten Änderung der Organisation und Verwaltung; kein einziger Freiheitsbaum wurde errichtet. In Kärnten hat man die Verdienste des Grafen nie vergessen und ihm 1894 vor dem repräsentativen Landhaus ein Denkmal errichtet[24].

Die nachfolgenden militärisch und politisch bewegten Jahre verbrachte Franz I. Joseph in Klagenfurt. Über die Ereignisse in Singen informierte ihn Obervogt Müller; die hegauischen und auch die tirolischen Besitzungen litten schwer unter den Kriegsläufen. 1803 erhielt Franz I. Joseph den Auftrag, in den ehemals venezianischen Provinzen links der Etsch, die Österreich im Frieden von Campo Formio (17. Oktober 1797) zugefallen waren, die Einrichtung und Leitung der österreichischen Justizbehörden zu übernehmen. Als Präsident des neu errichteten Appellationsgerichtes Venedig sollte er die dortigen berüchtigten Justizverhältnisse von Grund auf reorganisieren; sein Sohn Franz II. Joseph wurde mit ihm nach Venedig entsandt. Aber im Frieden von Preßburg (26. Dezember 1805) verlor Österreich mit Venezien seine letzte italienische Provinz an das neugeschaffene Königreich Italien, das Appellationsgericht Venedig stellte im Januar 1806 seine Tätigkeit ein[25]. Franz I. Joseph begab sich zunächst nach Wien und hielt sich danach einige Monate in seiner Herrschaft Singen-Mägdeberg auf; er wohnte mit seiner Familie im Unteren Schloß »Walburgishof«[26]. Am 22. August 1806 wurde ihm wiederum das Präsidium des Innerösterreichischen Appellations- und Kriminalgerichtes in Klagenfurt übertragen, worauf er dahin zurückkehrte und sich nicht mehr in Singen aufhielt; er übergab im Oktober 1807 seinem Sohn die inzwischen württembergische Herrschaft Singen-Mägdeberg, die damals den Hauptteil seiner Besitzungen ausmachte; vermutlich wollten Franz I. Joseph und seine Frau Waldburga die österreichische Staatsbürgerschaft nicht aufgeben.

Nach dem Sturz Napoleons I. im Jahre 1815 und der Restauration des österreichischen Besitzstandes bot man dem inzwischen 67jährigen Grafen wiederum einflußreiche und ehrenvolle Ämter in der Lombardei und in Venezien an, die er ausschlug. Dennoch kannte er keinen Ruhestand, feierte – schon kränklich geworden – im Alter von 74 Jahren 1821 in Klagenfurt das Doppelfest seines 50jährigen Dienstjubiläums und seiner Goldenen Hochzeit. Die Stadt Klagenfurt verlieh ihm das Ehrenbürgerrecht und errichtete eine Armenstiftung, deren Patronat ihm und seinen Nachkommen übertragen wurde. Franz I. Joseph war ferner Ehrenbürger der Städte Laibach und Graz. Bereits 1792 war er von den Ständen zum Herr und Landmann in Görz und Gradiska sowie in Krain, 1799 zum Patrizier von Triest ernannt worden. 1808 folgte die Landstandschaft in Steiermark[28].

Nach den Feierlichkeiten in Klagenfurt stattete er mit seiner Frau Waldburga einen Besuch in Singen ab, um hier im Kreise der Familie seines Sohnes (damals zwölf

Franz Joseph Graf von Enzenberg zum Freyen – und Jöchelsthurn (1747–1821). Ölbild im Kärntner Landesmuseum Klagenfurt

1771 Heirat mit Walburga Gräfin von Rost (1755–1828), Erbin der Herrschaft Singen–Megdberg. Ölbild im Schloß Tratzberg/Tirol

Kinder) am 15. Juli 1821 den 75. Geburtstag zu begehen[29]. Wenige Tage darauf, am 24. Juli 1821, starb der von einer überstandenen Krankheit, der Reise und den Festlichkeiten geschwächte Graf jedoch im Schloß zu Singen; noch einige Stunden vor seinem Tode führte er mit seinem Arzt einen Disput in lateinischer Sprache über die Zusammensetzung einer Medizin. Auf seinen Wunsch wurde er auf dem Singener Friedhof um die Kirche St. Peter und Paul nicht an einem besonderen Ort, sondern bei den zuletzt Gestorbenen beigesetzt.

Nach seinem Vater Kassian ist Franz I. Joseph von Enzenberg zweifellos der bedeutendste Vertreter seines Geschlechts. Sein reger Geist beschäftigte sich neben seinen amtlichen Pflichten mit fast allen Wissensgebieten seiner Zeit, besonders mit den Naturwissenschaften (Mineralogie und Chemie) und den lateinischen Klassikern. Er besaß eine große Bibliothek, eine Mineraliensammlung und viele Gemälde[31]. Ferner fand er Zeit, schriftstellerisch tätig zu sein und sogar Gedichte unter dem Pseudonym »Gerbnezne« zu schreiben. Seine wissenschaftlichen und literarischen Produkte wurden in zahlreichen Zeitschriften und Zeitungen veröffentlicht[32]. Zahlreiche, vor allem naturwissenschaftliche Autoren widmeten ihm, der Mitglied vieler wissenschaftlicher Gesellschaften war, ihre Schriften.

Alles in allem war Franz I. Joseph von Enzenberg ein Mann, der seiner Zeit weit voraus war. Hier noch zwei bezeichnende, für ihre Zeit ungewöhnliche Beispiele: Während der Franzosenbesetzung in Klagenfurt ordnete er zur Verhütung nächtlicher Überfälle und Ausschreitungen an, daß die Hausbesitzer an ihren Häusern Lichter anzubringen hätten, woraus sich die ständige nächtliche Straßenbeleuchtung entwickelte. 1814 regte er an, statt der schriftlichen Neujahrsglückwünsche den Sozialeinrichtungen einen Barbetrag zuzuführen, und 1819 versuchte er, die »Unsitte« der…»zur leeren Formalität herabgesunkenen Namen- und Geburtstagsgratulation« nach dem Beispiel der Neujahrswünsche abzustellen[33].

Franz II. Seraphicus Joseph von Enzenberg (1775–1843), der Singener Franz

Der Singener Franz, in der Familie so benannt, weil er am längsten in Singen gewohnt hat, war »ein zwar sehr ehrenhafter und angesehener Mann, keineswegs aber konnte er sich mit den Geistesgaben seines Vaters, Großvaters Kassian oder Schwiegervaters vergleichen«[34]. Er hatte eine sehr zahlreiche Familie (18 Kinder) und mußte mehr als seine Vorfahren »die Gewalt der Mißgeschicke und die Brandung schlimmer Zeiten fühlen«. Dies zeigen die Umstände bei Geburt und Tod des Grafen recht anschaulich: Als Taufpatin hatte er – wie schon sein Vater – die »unsterbliche Kaiserin« Maria Theresia; als badischer Grundherr starb er 1842[35]. Nun stellt für uns Franz II. Seraphicus Joseph Graf von Enzenberg weit mehr als sein Vater einen Grundherrn dar, dessen Lebenslauf ein Stück Heimatgeschichte repräsentiert, ein Lebenslauf übrigens, der insgesamt kaum an Inhalt und Bedeutung hinter dem seines Vaters zurücktritt, wie man lange geglaubt hat. Äußere, vor allem politische Umstände verhinderten die volle Entfaltung dieser begabten, klugen, energischen und tatkräftigen Persönlichkeit.

Am 24. November 1775 wurde er in Innsbruck geboren, wo er die Schulen besuchte, danach juristische Studien in Innsbruck, Klagenfurt und Graz bis 1797; Anstellung im Mai 1798 als Askultant beim Kärntner Landrecht zu Klagenfurt. Bald darauf kam er als Rechtspraktikant nach Hermannstadt in Siebenbürgen, wo ein Verwandter aus der ritterlichen Linie, Feldmarschall-Lieutenant Karl Jakob Freiherr von Enzenberg (1725–1810), im Ruhestand lebte[36]. In dessen Haus lernte er die jüngste Tochter Maria Franziska, genannt Mimi (geboren 1. November 1781), kennen, die als 17jähriges Mädchen mit ihm 1798 die Ehe schloß. Mimi gebar dem »Singener Franz« 16 Kinder, von denen zwölf sie überlebten; sie starb 1830 in Donaueschingen, liegt aber in Singen begraben[37]. Der gemeinsame Ahne der Eheleute war vor acht Generationen Georg von Enzenberg d. Ä. (1540–1602).

Das junge Paar lebte zunächst in Hermannstadt und Czernowitz, seit 1800 in Klagenfurt, wo Franz II. S. Joseph als Rat, 1802 als Wirklicher Kämmerer beim kärntnerischen Landrecht tätig war. 1803 bis 1805 war er mit dem Vater in Venedig, 1806 in Singen; wahrscheinlich wohnte er bis zur Abreise des Vaters mit der Familie im Mühlhauser Schloß. – Durch den Preßburger Frieden kamen die Landgrafschaft Nellenburg und die enzenbergischen Herrschaften im Hegau 1805 an die Krone Württemberg; wie bereits erwähnt, übertrug ihm nun der Vater am 15. Oktober 1807 die Herrschaften Singen und Mägdeberg samt Arlen[38]. – Franz II. S. Joseph konnte sich damals nicht entschließen, eine Ratsstelle beim Niederösterreichischen Landrecht zu übernehmen; der neue Landesherr, König Friedrich I. von Württemberg, drohte jedem seiner Vasallen mit förmlicher Destitution (wörtlich Amtsentsetzung), wenn er sich in österreichischen Staaten aufhalten würde.

Im Juli 1807 ließ der König den Grafen und seine Gattin durch den Innenminister Norman Graf von Ehrenfels an den Hof nach Stuttgart einladen und ernannte ihn am 6. August 1807 zum württ. Kammerherrn. Wiederholt versuchten ihn der König und sein Innenminister zu bewegen, in württembergische Dienste zu treten; der König zeichnete ihn mit Orden aus (u.a. 1808 mit dem für ehemalige Reichsritter gestifteten Ordenszeichen, obgleich Franz II. bzw. seine Familie dieser Korporation nicht angehört hat). In Stuttgart nahm man diese mit »geschwächter Gesundheit« begründete Zurückhaltung, die in Wahrheit auf einer tiefen Antipathie gegen das württembergische Regime beruhte, übel und benutzte den 1809 ausgebrochenen, jedoch rasch unterdrückten nellenburgischen Aufstand[39], um den Grafen Enzenberg zu disziplinieren. In der Tat war er weder an der Vorbereitung noch an der Durchführung der Rebellion beteiligt, doch wußte man sicherlich in Stuttgart, daß sein Vater Franz I. Joseph die zur gleichen Zeit in Tirol ausgebrochene Volkserhebung gegen die Franzosen und Bayern unterstützte[40]. Von Mai bis Ende Oktober 1809 wurde er nach Rottenburg verbannt, gerade zu der Zeit, als das »Obere Schloß« in Singen erbaut wurde[41]; seine schwangere Frau durfte ihn begleiten, die Kinder kamen bei der befreundeten Familie von Bodman unter. Trotz mehrerer Gnadengesuche gestattete ihm der König erst nach über halbjähriger unverschuldeter Verbannung, nach Singen zurückzukehren; zugleich mußte er einen Revers unterschreiben, künftig seinen Pflichten als königlich württembergischer Vasall und Untertan sorgsam nachzukommen. Nach diesen Erlebnissen erschien es dem Grafen geraten, im März 1810 am Hof zu Stuttgart zu erscheinen und – nach Besserung seiner Gesundheit – eine Bittschrift um Anstellung zu überreichen (19. März). Schon zwei Tage später traf ein vom König unterzeichnetes Handschreiben ein, wonach seinem Gesuche stattgegeben werde, sobald eine Stelle vakant sei. Franz II. erhielt sogar einen längeren Urlaub nach Klagenfurt, wo ihm am 10. Mai 1810 die Ernennung zum Kreishauptmann in Ehingen erreichte; Anfang September 1810 wurde er als Kreishauptmann nach Rottweil versetzt[42].

Wiederum brachte die hohe Politik unvermutet eine neue Situation: Durch Staatsvertrag vom 2. Oktober 1810 kam die Landgrafschaft Nellenburg und damit auch Singen-Mühlhausen an das Großherzogtum Baden. Zum dritten Male in seinem Leben stand Franz II. vor einem Neubeginn. Als badischer Grundherr konnte und wollte er nicht mehr in württembergischen Diensten bleiben; sein Entlassungsgesuch wurde am 5. März 1811 bewilligt. Er zog sich nach Singen zurück, widmete sich der Verwaltung seiner Güter, die für den standesgemäßen Unterhalt der großen Familie kaum ausreichten; der allodiale (eigentümliche) Grundbesitz der Ortsherrschaft war ja in Singen im Vergleich mit anderen Adelsherrschaften bescheiden. Insbesondere beschäftigte er sich mit landwirtschaftlichen Fragen, Obstbau, Pferdezucht und Schafzucht; 1812 entdeckte er bei Worblingen und Arlen ein Braunkohlenlager, das freilich den Abbau nicht lohnte[43]. – 1810 waren nach dem Aussterben der freiherrlichen Linie die brixnerischen Lehen an den Vater gelangt, der auch 1803 Besitzungen in Toblach geerbt hatte[44]; 1815 übergab ihm der Vater die freilich nicht sehr großen Güter, Realitäten, Bergwerksaktien und Kapitalien in Tirol, u.a. auch einen kleinen Anteil am Bleibergwerk Biberwier bei Nassereith. Der Schwerpunkt des Familienbesitzes lag eindeutig im Hegau, und Singen blieb für alle Kinder – außer Franz III. – die Heimat[45].

In diese Zeit fielen die Verhandlungen der nellenburgisch-neubadischen Grundherren mit der Regierung in Karlsruhe über ihre Gleichstellung mit den altbadischen Grundherren, die Graf Enzenberg als Bevollmächtigter der Grundherren des Seekreises von 1810 bis 1813 führte[46], ein Thema, das den Adel im Zusammenhang mit der Ablösung der feudalen Rechte und Einnahmen bis weit in die 20er Jahre hinein beschäftigte.

Noch einmal bedrohte in den Jahren 1813 bis 1816 der Krieg unsere Heimat: Nach der Völkerschlacht bei Leipzig vom 16. bis 18. Oktober 1813 zogen starke militärische Einheiten mit all den bekannten Folgen der Einquartierungen und Requisitionen durch unsere Heimat; Franz II. S. Joseph übernahm in dieser Zeit die Aufgabe eines großherzoglich badischen Obermarsch-Commissairs für den Seekreis und errichtete ein eigenes Landwehrkorps für seinen grundherrlichen Ort[47].

Am 21. September 1817 berief der junge Fürst Karl Egon II. von Fürstenberg (1796–1854) im nahegelegenen Donaueschingen den Grafen Enzenberg zum fürstlich fürstenbergischen Justiz- und Landesadministrationschef; wahrscheinlich war der Fürst auf Franz II. durch seine Mitwirkung bei der Neuregelung der grundherrlichen Rechte aufmerksam geworden. Es ging ja auch um die Eingliederung und Entschädigung der mediatisierten reichsfürstlichen, mit den nun regierenden Fürsten ebenbürtigen Häusern, zu denen in Baden insbesondere das Haus Fürstenberg gehörte. In dem Zusammenhang war die von Franz II. vorbereitete Heirat des Fürsten mit Prinzessin Amalie Christine Caroline

Franz II. Seraphicus Joseph Graf von Enzenberg (1775–1843), der »Singener Franz«, Erbauer des Gräflichen Schlosses

von Baden (1818) von großer Bedeutung. Dem Grafen ist das Zustandekommen dieser für das Haus Fürstenberg vorteilhaften Verbindung wesentlich zu danken; das Edikt vom 11. Dezember 1823 regelte die staatsrechtlichen Verhältnisse des einstigen Fürtentums befriedigend. Fürst Karl Egon II. ernannte Franz II. im Dezember 1824 zum Wirklichen Geheimen Rat und Präsidenten. Von 1817 bis 1830 wohnte er mit seiner Familie fast ständig in Donaueschingen; die Verwaltung der Herrschaft Singen-Mägdeberg überließ er weitgehend seinem tüchtigen Obervogt Franz Sales Ummenhofer[48]. Das Pfandlehen wurde 1827 allodifiziert, d.h. in das freie Eigentum des Grafen Enzenberg überführt[49].

Graf Enzenberg hatte auch den Großherzog Ludwig (1818–1830) im Jahre 1826 beim Kauf der Herrschaft Langenstein von den Grafen Welsberg beraten. Der alljährliche Sommeraufenthalt des Großherzogs in Schloß Langenstein, das dieser mit der Herrschaft für Katharina Werner, der Gräfin Langenstein, und ihren Sohn Ludwig erworben hat, bot Gelegenheit zu man-

387

chen Besuchen. Das freundnachbarliche Verhältnis führte dazu, daß Graf Enzenberg im Januar 1840 die Herrschaft Mühlhausen mit allen Zugehörden an die Gräfin Langenstein um 233 000 fl. verkaufte[50]. – Ab 1812 bis Ende der 20er Jahre half Franz II. als Gutachter bei An- und Verkäufen von Grundherrschaften und als Vormund befreundeter Adelsfamilien mehrfach uneigennützig und über Jahre hinweg[51].

Ein schwerer Schlag war für ihn und die ganze Familie der Tod seiner Frau Mimi am 18. März 1830; ein halbes Jahr später bat er den Fürsten mit Rücksicht auf die Familie und seine geschwächte Gesundheit um Entlassung aus fürstenbergischen Diensten, die ihm im Oktober 1830 gewährt wurde[52]. Im Alter von 57 Jahren vermählte er sich am 30. April 1832 mit der 30jährigen Maria Elisabeth Gräfin von Bissingen und Nippenburg (geboren am 5. Oktober 1802 in Schramberg) zum zweiten Male; drei seiner Kinder waren älter als die Stiefmutter. Dieser Ehe entstammten der Sohn Alfred (1834–1866) und eine Tochter, die im Alter von einundhalb Jahren verstarb. Auch die junge Frau und Mutter verschied nach wenigen Jahren am 13. Dezember 1836 und wurde in Singen beigesetzt.

Die letzten Jahre seines Lebens verbrachte Franz II. S. Joseph mit der Verwaltung seiner Güter und der Regelung seines Nachlasses; dem Haushalt des Vaters stand die jüngste Tochter Theresia Elisabeth vor. 1837 erwarb er in Schaffhausen von Dr. Friedrich Hurter, dem Antistes des Kantons, das neben dem ehemaligen Kloster Allerheiligen gelegene Haus zum Thiergarten (12 000 fl.), das er längere Zeit während des Jahres bewohnte[53]. In Schaffhausen erwies sich Graf Enzenberg als Wohltäter der neugegründeten katholischen Genossenschaft (1841), für die er u. a. auch finanzielle Unterstützung beim Fürsten von Fürstenberg erbat[54]. – Der wie der Vater humanistisch gebildete Mann mit weitreichenden, auch künstlerischen Interessen brachte nur weniges zu Papier, u.a. den schon erwähnten Vortrag über Johann Paul Hochers. Auf seine Veranlassung entstand eine enzenbergische Familiengeschichte. – Am 4. August 1843 verschied Franz II. S. Joseph in Singen in Anwesenheit seiner neun noch lebenden Kinder und wurde, wie er es gewünscht hatte, neben seiner ersten Frau auf dem Friedhof beigesetzt.

Wappen der Grafen von Enzenberg (Beschreibung s. Anmerkung 16). Glasfenster aus der Pfarrkirche St. Peter und Paul, 1881 (oben)

Wappen der Grafen Vetter von der Lilie (Beschreibung S. 393)

Franz III. Seraphicus Joseph Carl (1802–1879), der Tratzberger Franz

Franz III. führte durch seine Heirat mit Ottilia Gräfin von Tannenberg die Familie wieder nach Tirol zurück. Er war der erste Sohn des Singener Franz (geboren am 14. Februar 1802 in Klagenfurt). Nach dem Studium der Jurisprudenz in Innsbruck trat er 1824 in den k. k. Staatsdienst (Verwaltung), zuletzt als k. k. Kämmerer beim Gubernium in Innsbruck ein; 1844 schied er aus dem Staatsdienst, um sich ganz der Verwaltung seiner Güter zu widmen, die ihm in bedeutendem Umfang durch die 1831 erfolgte Heirat mit der Gräfin Ottilia von Tannenberg (1801–1874) als letzter Vertreterin ihres Geschlechtes in Nord- und Südtirol zugefallen waren.

Franz III., unter dessen Titeln wir u. a. auch den des Gr. Bad. Grundherrn zu Singen und Arlen finden, verbrachte nur wenige Jugendjahre in Singen. Nach der Hochzeit reiste das junge Paar in die alte Hegauheimat. Nach dem Jahre 1844 dürfte der Tratzberger Franz kaum noch einmal in Singen verweilt haben, das von Rentamtmännern verwaltet wurde. Der Graf lebte hauptsächlich auf Schloß Tratzberg bei Schwaz, das er mit viel Kunstsinn restaurieren ließ[55].

Graf Franz III. war vielseitig engagiert und interessiert, seine Erhaltungs-, Renovierungs- und Sammlertätigkeit wurde über Tirol hinaus beispielgebend, und so wurde er 1854 zum Konservator des Innsbrucker Kreises bestellt. Daneben wirkte er in führenden Positionen in land- und forstwirtschaftlichen Vereinigungen der k. k. Monarchie, als konservativer Politiker im Landtag und war seit 1872 Mitglied des Herrenhauses in Wien; u.a. trat er ein für die Gemeindeselbstverwaltung und gehörte 1849 einer Kommission zur Beratung des Entwurfs einer Gemeindeordnung an. – In und um Singen erwarb er viele Waldanteile sowie Felder und Wiesen, welche durch Entwässerungen und Auffüllungen auf das Dreifache der bisherigen Erträge gebracht wurden. Er gestaltete die Mühle zur Kunstmühle aus, erneuerte die Säge, bewässerte den Schloßgarten durch ein Pumpwerk, machte den hinteren (alten) Schloßflügel durch einen eigenen Auf- und Eingang zu einer separaten Wohnung und die beiden Gebäude des Niederhofs bewohnbar[56]. Im Singener Schloß wohnten seine ausgesteuerten Geschwister oder deren Verwandte bis 1918.

Werner Graf Enzenberg (1818–1883), 13. Kind des Singener Franz, als Geistlicher hauptsächlich in Frankreich wohnend, schrieb einmal in einem Brief 1882 an Rentmeister Recknagel: »Singen ist unser Aller, besonders der älteren Generation, Heimat [...] Singen ist uns Alles [...] hätten die Altkatholiken nicht den Fonds der

Kaplanei, größtenteils von Papa gestiftet, aufgefressen, ich hätte um die Kaplaneistelle angehalten und wäre in Singen gestorben.«[57]

Die Enzenbergische Erbunion

Schon zu Lebzeiten des Grafen Franz III., aus dessen Ehe drei Söhne und eine Tochter entsprossen, wurde zur Verhütung einer Zersplitterung des Familienbesitzes 1874 eine Erbunion gebildet. Der älteste Sohn *Parsival Rudolf d. Ä.* (1835–1874) widmete sich besonders land- und forstwirtschaftlichen Aufgaben. Er war verheiratet (1865) mit Augusta Eugenie Fürstin von Urach, Gräfin von Württemberg (1842–1916), einer Enkelin von Eugene Beauharnais, dem Sohn der späteren französischen Kaiserin Josephine aus erster Ehe[58]. Die Ehe war mit drei Kindern gesegnet. Mit Rudolf d. Ä. beginnt die sogenannte rudolfinische Linie der Enzenberg; unter den Titeln seines Sohnes Rudolf d. J. (1868–1932) finden wir noch den des »Grundherrn von Singen und Arlen«[59].

Das zweite Kind des Tratzberger Grafen Franz war *Marie* (1836–1924), verheiratet mit Oswald Trapp Graf von Matsch (u. a. Churburg im Vintschgau). Der jüngere Bruder *Hugo* (1838–1922), Jurist, befaßte sich vor allem mit der Verwaltung der Güter der Erbunion (u. a. Singen) sowie der Kupferbergwerke im Ahrntal (Steinhaus) und dem Schmelzwerk in Prettau; er besaß eine der bedeutendsten Schmetterlingssammlungen von Tirol. Verheiratet mit Antonie von Reinisch zu Haderburg (1845–1930) hatte er zwei Kinder (hugonische Linie). Seit 1908 lebte er im Ansitz Liebeneich in Terlan. – Der dritte und jüngste Sohn des Tratzberger Franz, Graf *Artur* (1841–1925), Verwaltungsjurist (Sektionschef) und Numismatiker, blieb unverheiratet; er war ein bedeutender Kulturpolitiker und Denkmalpfleger, der u. a. 1914 Burg Hocheppan mit ihren berühmten romanischen Fresken erwarb, um sie vor dem Verfall zu bewahren. Er sorgte auch dafür, daß die landesfürstliche Burg in Meran nicht abgebrochen wurde. – Die drei Brüder teilten sich die Verwaltung ihrer Güter, wobei Graf Hugo regelmäßig handelnd auftrat. So beantwortete er im Jahre 1913 ein Gesuch des Bürgermeisteramtes Singen um Verkauf des Schlosses mit Park und Schloßgarten. Der Gemeinderat wollte darin das Rathaus unterbringen und den Park wahrscheinlich mit Wohnhäusern bebauen. Graf Hugo betonte zunächst, daß in seiner Familie die Anteilnahme am Emporblühen und an den Bestrebungen der Stadt auf dem Gefühl historischer und Familientradition beruhe, »welche uns in Singen eine geschichtlich begründete Heimstätte zu sehen gestatten. Aus eben dieser Stimmung entspringt jedoch auch unsere Anhänglichkeit an den ererbten Besitz und insbesondere unsere Pietät für die Örtlichkeit, welche nunmehr durch vier Generationen teils ununterbrochen, teils in zeitlichen Intervallen der Familie als Heimstätte gedient hat. Der löbl. Gemeinderat wird uns hiernach nachempfinden können und begreiflich finden müssen, daß wir in keiner Weise die Geneigtheit hegen, uns von dem Schlosse, das unser Großvater bzw. Urgroßvater bei seiner Übersiedlung von Mühlhausen nach Singen auf den Fundamenten des ehemaligen grundherrlichen Amts- und Gerichtsgebäudes erbaut hat, zu trennen.«[60] – Auch ein späterer Versuch der Gemeinde Singen im Frühjahr 1919, Schloß und Park zu erwerben, worin das Rathaus unterzubringen und auf dem Gelände eine Doppelturnhalle zu errichten, wurde von der Erbunion abgelehnt[61].

Nach dem Tode der Grafen Hugo und Artur 1922 und 1925 wurde die enzenbergische Erbunion einer Realteilung zugeführt, was durch die Vereinigung von zwei Dritteln des Unionvermögens in den Händen der Geschwister *Georg Sighard* (1875–1966) und *Marie Ottilie* (1878–1964), die ledig blieb, ohne Zerreißung wichtiger Komplexe möglich wurde. Graf Sighard war der Sohn des Grafen Hugo und Adoptivsohn des Grafen Artur, 1925 vermählt mit Maria Assunta Francesca Lucchesi-Palli aus dem Hause der sizilianischen Fürsten von Campofranco. Graf Sighard ließ 1925 und 1953 die Gedenktafeln in der Pfarrkirche von St. Peter und Paul anbringen[62]. – Schon vor der allgemeinen Teilung war ein Teil des Singener Schlosses Gräfin Theodolinde Vetter von der Lilie, der ältesten Tochter Rudolfs d. Ä., übergeben worden; sie hatte 1891 Rudolf Graf Vetter von der Lilie geheiratet. 1925 nun erhielt sie das ganze Schloß mit dem Schloßpark, ferner ein Drittel der Liegenschaften um Singen sowie Besitzungen in der Gegend von Schwaz. Graf Sighard und Gräfin Marie Ottilie übernahmen den größten Teil des Unionsvermögens, darunter die restlichen Besitzungen bei Singen, die sich durch größere Verkäufe der in Stadtnähe gelegenen Liegenschaften (u. a. Niederhof-Areal) für Niederlassung und Erweiterung der Fabriken sowie für den Wohnungsbau und 1953 den Erwerb des Hofgutes Hittisheim (Gemarkung Worblingen) verändert hatten. Heute noch besteht für diese Besitzungen in Stadt und Umgebung ein enzenbergisches Rentamt.

Stammtafel der Grafen von Enzenberg siehe S. 478.

Anmerkungen

1 Eine Verwandtschaft mit den Herren von Enzberg in Mühlheim an der oberen Donau läßt sich nach dem heutigen Stand der Familienforschung nicht beweisen, obgleich beide Familien in ihren Wappen einen goldenen Ring in blauem Feld führen; pers. Auskunft des Freiherrn Heinrich von Enzberg am 12.11.1986.

2 Geschichte der Tiroler Familien Enzenberg und Tannenberg (E-T) von SIGHARD GRAF ENZENBERG und Dr. OTTO PREUSCHL-HALDENBURG, o. J., vervielfältigtes Ms. Danach und nach anderen Quellen HERBERT BERNER, Die beiden Grafen Franz I. Josef und Franz II. Seraphicus Josef von Enzenberg zu Singen, Zs. Hegau 13 (1962), S. 3–35. Diese beiden Veröffentlichungen dienen im wesentlichen als Grundlage der nachfolgenden Darstellungen. Wilhelm Baum (Hg.), Weimar, Jena, Klagenfurt, Der Herbert-Kreis und das Geistesleben Kärntens im Zeitalter der Französischen Revolution, Klagenfurt 1989. Darin Kap. »Franz Joseph Graf von Enzenberg«, S. 34–44. – Im Zuge der Verlegung des Wohnsitzes der Grafen Enzenberg von Singen nach Schwaz/Tirol wurden 1854 bis 1857 insgesamt 19 Kisten mit Archivalien dorthin verbracht, hauptsächlich Genealogica, Familiensachen und »Varia« persönlicher Art; nur das Herrschaftsarchiv verblieb in Singen.

3 Zur Familiengeschichte ferner: FR. CAST, Historisches und genealogisches Adelsbuch des Großherzogtums Baden, Stuttgart 1845, S. 74–77.

4 E-T, S. 5.

5 OTTO STOLZ, Zolltarife, Wiesbaden 1955; Mühlbacher Klause, S. 131, 213 f. Diese Zollstätte trug um das Jahr 1600 jährlich ca. 950 fl. Die Pachtsumme wurde stets bei solchen Geschäften erheblich niedriger angenommen als ihr wirklicher Ertrag, da der Pächter auch Kosten hatte und einen Gewinn erzielen wollte. O. STOLZ, Zollwesen, S. 44, 126.

6 E-T, S. 7 f.

7 JOSEF RAMPOLD, Pustertal, 5. Aufl. Bozen 1987, S. 415 f.; FRANZ HYE, Der alte Markt Mühlbach, hg. von der Schützenkompanie Mühlbach 1979; JOSEF WEINGARTNER, Die Kunstdenkmäler Südtirols, Bd. I, Bozen 1959, S. 240–243.

8 E-T, S. 11, 28.

9 A. a. O., S. 24 f.

10 A. a. O., S. 26–28.

11 A. a. O., S. 9, 11.

12 A. a. O., S. 30.

13 EAS G II 1/2 = 1195; die Veröffentlichung in der Zs. Hegau ist vorgesehen.

14 E-T, S. 36.

15 O. STOLZ, Zollwesen, S. 169, 192.

16 Die Beschreibung des Wappens lautet: Geviert und belegt mit gekröntem blauen Herzschild, darin ein goldener Fingerring mit Rubin, heraldisch rechts oben und links unten in Gold ein auf drei blauen Felsen einwärts springender natürlicher Gemsbock, links oben und rechts unten in Rot drei aufsteigende silberne Spitzen. Grafenkrone und vier gekrönte Helme; Geneal. Handbuch des Adels, Glücksburg/Ostsee, Gräfl. Häuser B, Bd. I 1953, S. 99. Vgl. SÄTTELE, Singen, S. 56.

17 H. BERNER, Freiburger Strohrede des Grafen Enzenberg im Jahre 1769, in Zs. Schau-ins-Land 90 (1972), S. 119–132.

18 Vgl. seine Instruktion des Singener Obervogts, in diesem Bd. S. 274. Dazu: RUDOLF CEFARIN, Kärnten und die Freimaurerei, Wien 1932, S. 100 f. HELMUT REINALTER, Geheimbünde in Tirol, Bozen 1982, S. 67 f. Prof. Reinalter habe ich zu danken für seine Auskunft vom 22.11.1988 über Enzenberg in Innsbruck. Ferner: 200 Jahre Freimaurerei in Kärnten, Klagenfurt 1983.

19 EAS V 1/8 = 413: 1796 III 18 »[...] die Fabrique, die in Zukunft Walpurgenhof heißen soll.« – Anläßlich der Hochzeit wohl erhielt die Pfarrkirche Peter und Paul in Mühlhausen ein Meßkleid mit dem Allianzwappen Rost-Enzenberg; auch die Singener Kirche St. Peter und Paul besitzt ein Meßkleid mit dem Enzenberg-Wappen und einen Meßkelch.

20 EAS Urk. Nr. 74.

21 Vgl. ALFRED G. FREI, Ein Dorf wird Industriestadt, in »Habermus und Suppenwürze«, hg. von A. G. FREI, Singen 1987, S. 22 f. – Zur Geschichte der Singener Mühle: ALOIS MATTES, Die Hagmühle zu Singen, in diesem Bd. S. 430 ff. – Der Mühlenbann wurde freilich nach dem Tod Josephs II. wieder eingeführt und erst im 19. Jh. endgültig beseitigt.

22 Vgl. E. DOBLER, Unruhen um die Einführung der modernen Landwirtschaft, in Bilder aus der Geschichte von Mühlhausen-Ehingen, Mühlhausen 1987, S. 95 ff.

23 E-T, S. 63; am 15.1.1782 ernannte der Landtag Graf Enzenberg zum Kärntnerischen Landstand. – Ein Appellationsgericht entspricht etwa einem heutigen Landgericht.

24 EDUARD SKUDNIGG, Denkmäler in Klagenfurt und ihre Schicksale, Wiss. Veröffentlichungen der Landeshauptstadt Klagenfurt Bd. 5, Klagenfurt 1984, S. 88–90; nach frdl. Auskunft des Kärntner Landesarchivs vom 13.8.1987 befindet sich das Denkmal gegenwärtig in der Ursulinengasse nordwestlich vom Landhaus. 1894 wurde ferner eine Straße nach Enzenberg benannt.

25 Nach E–T, S. 70, A 133, soll sich noch heute im Gerichtsgebäude zu Venedig eine Büste des Grafen Enzenberg befinden.

26 Siehe den Beitrag Walburgishof, in diesem Band S. 406.

27 Frdl. Auskunft des Bundesdenkmalamtes Kärnten vom 2.5.1962; zur Stiftung: RUDOLF CEFARIN, Kärnten und die Freimaurerei, Wien 1932; Zs. Carinthia Nr. 5, 1872, Lebensbeschreibung des Grafen Franz I. Joseph Enzenberg.

28 Sein voller Titel lautete: Franz Joseph Reichsgraf von Enzenberg zum Freyen- und Jöchlsthurn, k. k. Wirkl. Geh. Rat und Kämmerer, Präsident des Innerösterreichischen Appellations- und Kriminalobergerichtes, Herr und Landmann in Tirol, Kärnten, Krain, Steiermark, Görz und Gradiska, Herr der Herrschaften Singen, Arlen, Mühlhausen und Mägdeberg. – Vgl. Epitaph in der Pfarrkirche St. Peter und Paul in Singen. – Franz I. Joseph war auch Träger hoher Orden, u. a. des Großkreuzes des ungarischen Stephansordens (1818).

29 Bericht der Post-Ordinaire Schaffhauser Ztg. Nr. 60 vom 28.7.1821 über das Geburtstagsfest, in Zs. Hegau 26 (1969), S. 279.

30 Die Gebeine von Franz I. Joseph sowie seines Sohnes Franz II. S. J. und dessen beiden Frauen wurden 1899 auf den damaligen neuen Friedhof (jetziger Alter Friedhof an der Uhlandstraße) überführt und 1953 endgültig in der Chor-

wand (Gruft) von St. Peter und Paul beigesetzt; eine Gedenktafel im Chorraum etwa unter dem früheren sogenannten Enzenberg-Stüble, einem für die gräfliche Familie über der Sakristei reservierten Andachtsraum, erinnert hieran. Der Sitte der Zeit entsprechend wurden die Herzen der beiden Grafen in einer Kapsel gesondert beim Marienaltar von St. Peter und Paul beigesetzt, worauf ebenfalls eine Tafel verweist. Eine dritte Marmortafel, 1925 von Sighard Graf von Enzenberg gestiftet und nun neben dem Haupteingang der Kirche angebracht, hält die Erinnerung an Franz I. Joseph und Waldburga von Enzenberg wach; siehe BERNER, Die beiden Grafen, a. a. O., S. 20 f. – Waldburga von Rost, gest. 29.3.1828 in Klagenfurt, fand auf dem dortigen Friedhof ihre letzte Ruhestätte.

[31] Vgl. Versteigerung des Inventars im Walburgishof, in diesem Band S. 407. – Bibliothek und Mineralien gelangten nach Donaueschingen.

[32] E–T, S. 75 f.; FR. SÄTTELE, S. 55; BERNER, a. a. O., S. 19.

[33] E. SKUDNIGG, a. a. O., S. 89; in der Instruktion für die Singener Obervögte schon 1774 angeordnet.

[34] E–T, S. 77.

[35] BERNER, Die beiden Grafen, a. a. O., S. 22.

[36] Karl Jakob von Enzenberg, nach Sighard Graf Enzenberg »die abenteuerlichste und wohl genialste Erscheinung der enzenbergischen Familiengeschichte«, brannte mit 15 Jahren von zu Hause durch, weil ihn der Vater zum Geistlichen bestimmen wollte, er aber eine ausgesprochene Neigung zum Soldatenberuf hatte, und begann seine militärische Laufbahn unter bürgerlichem Namen Grünberg als Gemeiner. Er machte die Feldzüge des österreichischen Erbfolgekrieges und des Siebenjährigen Krieges mit, wurde 1764 als Kommandant eines walachischen Infanterieregimentes in Siebenbürgen mit der Sicherung der Grenze betraut und schließlich 1789 bei seiner Verabschiedung zum Feldmarschall-Lieutenant befördert. Seine Hauptverdienste erwarb er sich durch Einführung der Transporte von Steinsalz von Siebenbürgen nach Ungarn auf dem Wasserwege und als verdienstvoller Administrator und Einrichtungs-Commissair der von den Türken 1777 an Österreich abgetretenen Bukowina; eine Hauptstraße von Czernowitz trug bis 1918 seinen Namen. Im Jahre 1787 nach Hermannstadt versetzt, Feldzug gegen die Türken und danach Zivil- und Militärgouverneur des österreichisch gewordenen Teiles der Walachei, 1789 Pensionierung, da er mit dem Wiener Hofkriegsrat in Konflikt geraten war. Darauf gründete er in Siebenbürgen eine Offiziersschule und schuf 1795 eine neue vorteilhafte Bewachungsart der siebenbürgischen Grenze und sorgte allenthalben für Recht und Ordnung. E–T, S. 19–21. – Karl Jakob hatte elf Kinder, seine beiden Söhne fanden auf dem Schlachtfeld den Tod. Mit ihm starb die ritterliche Linie aus.

[37] E–T, S. 23.

[38] EAS F. I 6/17 = 566.

[39] Siehe dazu S. 455.

[40] E–T, S. 71.

[41] Siehe S. 412 in diesem Band. – Im April 1809 mußte sich Graf Franz II. in Rottweil als legaler Besitzer seiner Herrschaften ausweisen und unter Eid versprechen, von den Revenüen der lehenbaren Herrschaft Singen, Mühlhausen und Arlen »nichts außer dem Reich verabfolgen zu lassen«; EAS F. I 6/18 = 569 – E. Reinhardt, Rothenburg als Internierungsstadt im Jahre 1809/10, in: Sülchgauer Scholle, 7. Jg., Nr. 8 v. 28. 8. 1931 (= Beiblatt der Rottenburger Zeitung und des Neckarboten).

[42] Ausführliche Schilderung bei BERNER, Grafen Enzenberg, S. 26–30.

[43] A. a. O., S. 32.

[44] EAS F. V 1/1 = 49.

[45] EAS F. I 6/17 = 566.

[46] EAS F. I 8/1 = 722.

[47] Siehe den Beitrag S. 457 f.

[48] Siehe den Beitrag S. 273.

[49] BERNER, Grafen Enzenberg, S. 34–40.

[50] EAS I 2/5 = 1100; 11. Januar 1840.

[51] BERNER, Grafen Enzenberg, S. 38 f.

[52] A. a. O., S. 47–49.

[53] EAS Urk. 117, 1837 VIII 15.

[54] H. BERNER, Schaffhausen und der Hegau, in Schaffhauser Beiträge zur vaterländischen Geschichte 48/1971, S. 228; ders., Grafen Enzenberg, S. 51.

[55] SIGHARD GRAF ENZENBERG, Schloß Tratzberg, Innsbruck 1958, Nr. 183 der Schlern-Schriften.

[56] Nach E–T, S. 94–99.

[57] A. a. O., S. 91.

[58] Die Tochter Josephines aus dieser Ehe, Hortense, mit Napoleons Bruder Ludwig verheiratet, war die spätere Königin von Holland und Mutter Kaiser Napoleons III., im Exil auf Schloß Arenenberg lebend. Vgl. ADALBERT PRINZ VON BAYERN, Die Herzen von Leuchtenberg, München 1963. Die Ehe Josephines mit Napoleon (1796–1809) blieb kinderlos.

[59] Stammtafeln des Adels des Großhzgt. Baden, E. VON DER BECKE-KLÜCHTZNER, Baden-Baden 1886, S. 121 f.

[60] EAS A I 25/9 = 73, Brief vom 19.1.1913, Innsbruck.

[61] StAS IV. 3/374 a.

[62] Graf Sighard hat einen Sohn Georg Carl Maria, geb. 1926, und drei Töchter. Graf Georg ist verheiratet mit Elisabeth Prinzessin Esterhazy. Zur Familiengeschichte Genealog. Handbuch der Gräfl. Häuser, Glücksburg 1953, Gräfl. Häuser B, Bd. 1, S. 99–102.

Die Grafen Vetter von der Lilie

von Herbert Berner

Theodolinde (Linda) Gräfin Enzenberg (1866–1951) war, wie schon ausgeführt, die älteste Tochter des Grafen Rudolf d. Ä. von Enzenberg; ihre beiden Brüder Rudolf d. J. (1868–1932) und Eberhard (1872–1945) wurden bei der Erbteilung 1925 mit Gütern in Tirol bedacht. Theodolinde vermählte sich 1891 mit dem k. und k. Hofrat Rudolf Graf Vetter von der Lilie (1860–1932). Sie hielt sich meist in Innsbruck und vor allem gerne in Singen auf, dessen Schloß 1925 ihr Alleineigentum wurde.

Die Familie Vetter von der Lilie stammt aus der Steiermark (16. Jh.) und war nach dem 30jährigen Krieg in Mähren (Schloß Neuhübl bei Troppau) ansässig. 1653 erhob Kaiser Ferdinand III. die Brüder Johann Balthasar und Johann Weikhard – beide schon kaiserliche Räte – in den Reichsgrafenstand in Ansehung der großen Verdienste, die sie und ihre Vorfahren dem Hause Habsburg geleistet hatten; Johann Balthasar befehligte als Obrist ein Kürassier- und Dragoner-Regiment in Böhmen, Johann Weikhard war Oberhauptmann der Feste Ibanitsch im Windisch Land (Steiermark). Das damals verliehene Wappen wird wie folgt beschrieben: Ein quartierter Schild, in dessen hinterem, unterem und vorderem oberen schwarzen Feld sich ein gelber (goldfarbener) gekrönter Löwe mit offenem Rachen, rot ausgeschlagener Zunge und doppelt geworfenem Schwanz nach rechts erhebt; in den beiden anderen rot-/ rubinfarbenen Feldern ein silberfarbener Turm mit drei Zinnen und neben dem Tor zwei viereckigen kleinen Fenstern. In der Mitte des Schildes ein blaues kleines Herzschild mit drei in Form eines Triangels gestellten silberfarbenen Lilien (Ilgen). Der Lilienschild ist das alte Wappen der Familie Vetter, die 1583 bereits geadelt worden war (siehe Abbildung unten S. 388).

Die Familie war in der Steiermark (Fideikommiß Tüffer) und in Mähren (Schloß Neuhübl) begütert und führt bis heute die Titel »Reichsgraf Vetter und Herr von der Lilie, Reichsfreiherr zu Burg Feistritz, Herr und Landmann in Steiermark und Tirol.« Theodolinde, Gräfin Vetter von der Lilie, durch ihren Vater, Rudolf Graf Enzenberg, mit Singen und dem Hegau, durch ihre Mutter, Auguste Gräfin Enzenberg geb. Gräfin von Württemberg, Fürstin von Urach, durch die Villa Leuchtenberg bei Lindau (diese wurde von ihrer Großmutter, Theodolinde Gräfin von Württemberg geb. Prinzessin von Leuchtenberg erbaut) mit dem Bodensee verbunden, übernahm deshalb auch bei der Teilung der Enzenbergschen Erbunion 1925 das Schloß in Singen mit Park in ihr Alleineigentum und den restlichen Besitz der ehemaligen Grundherrschaft Singen in ihr Miteigentum. Weiterer Miteigentümer war Graf Sighard von Enzenberg. Dadurch brachte sie auch ihre lebenslange Verbundenheit mit Singen zum Ausdruck.

Nach dem Tode von Theodolinde Gräfin Vetter teilte 1952 deren Sohn und Erbe, Dr. Rudolf Graf Vetter von der Lilie, mit der Familie Graf Enzenberg den restlichen Grundbesitz in Singen. Er übernahm, um dem Schloß auch in Zukunft eine sichere Existenz zu geben und es für die Familie zu erhalten, das Ökonomiegebäude und die ehemalige Fruchthalle sowie den an das Schloß angrenzenden Obstgarten sowie Waldbesitz in Singen in sein Alleineigentum.

Wohl mußte in den folgenden Jahren ein Großteil des Waldbesitzes für Straßen-, Industrie- und Wohnzwecke geopfert werden, doch konnte hierfür entsprechender Ersatz in Waldgrundstücken (Staufen und Sulz) erworben werden. Die Fruchthalle und ein Teil des Ökonomiegebäudes wurden im Zuge der Verbreiterung der Hauptstraße 1969 abgerissen. Aber auch hierfür wurden Häuser im Obstgarten erbaut.

Dr. Rudolf Graf Vetter von der Lilie war Verwaltungsjurist. Seit 1924 mit Dorothea Freiin von Sternbach (1900–1983) verheiratet, war er in der österreichischen Finanzverwaltung in Innsbruck – mit Ausnahme einer aus politischen Gründen erzwungenen Unterbrechung 1942 bis 1945 – bis zu seiner Pensionierung 1963 tätig. Er stellte 1951 drei Räume im 2. Obergeschoß des Schlosses dem damals im Entstehen begriffenen städtischen Hegau-Museum zur Verfügung.

In den folgenden Jahren erweiterte sich das Museum im 1. Stock des Schlosses. 1954 wurde das Enzenberg-Archiv von einem feuchten Raum im Ökonomiegebäude in das Schloß verlegt. Stadtarchivar Dr. Herbert Berner ordnete nun das Archiv und legte ein Archivverzeichnis an. Seit 1983 befindet sich das Archiv als Depositum im Stadtarchiv Singen.

Nach dem Tode von Dr. Rudolf Graf Vetter übernahm sein Sohn Dr. Felix Graf Vetter von der Lilie, ebenfalls Jurist (Notar) in Innsbruck, das Erbe. Das Gräfliche Schloß wird heute von der Familie Vetter von der Lilie bewohnt und für größere Familienfeste aller Arten verwendet.

Literatur

B. Bretholz, Die Grafen Vetter von der Lilie, Landesarchiv in Mähren, Druck und Verlag k. u. k. Hofbuchdruckerei Fr. Winiker und Schickhardt, Brünn, o. D.

Starke, Genealogisches Handbuch der Gräflichen Häuser B, Band IV, 1973, S. 369–374.

»Durch den Pflug abgehärtete Hände können die Feder nicht führen...«

Streit um den nellenburgischen Amtsvogt in Singen

von Herbert Berner

Die Grundherren von Rost und von Enzenberg haben viel Zeit und Mühe darauf verwenden müssen, ihre Rechte und Privilegien gegen die Landgrafschaft Nellenburg, aber auch gegen die württembergische Nachbarschaft und – in geringerem Maße – gegen den Fürstbischof von Konstanz (hauptsächlich in Angelegenheiten der hohen Jagd) zu behaupten und zu erweitern. Es war keine leichte Aufgabe oder gar ein »Vergnügen«, Singener Grundherr zu sein.

Die Streitigkeiten über Jurisdiktion, Hoheitsstöcke und Banngerechtigkeit von Hohentwiel und Bruderhof begannen 1538 mit dem Erwerb des Hohentwiels durch Herzog Ulrich[1]. Die Hauptpunkte betrafen die von Württemberg für die Festung Hohentwiel angemaßte hohe Obrigkeit und die in vielfacher Beziehung erfolgten Eingriffe in die benachbarte niedere Gerichtsbarkeit: z.B. Errichtung eines neuen Galgens und Eröffnung einer »Bierfreistatt« im Maierhof 1675, Leibfall bei Todesfällen im Bruderhof, Holz- und Forstfrevel, niedere Jagd in den Twieler Waldungen des Singener Banns u.a. mehr. Nach jahrhundertelangem beharrlichen Taktieren gelang es Württemberg schließlich 1811, den Bruderhof aus dem Singener Bann herauszulösen und als exterritoriales württembergisches Gebiet zu statuieren. Vielfach stimmten bei diesen unerquicklichen Streitkeiten mit dem ungeliebten nächsten Nachbarn die Interessen der Landgrafschaft Nellenburg und der Grundherrschaft Singen überein.

Eindeutiger, wenngleich für den Singener Grundherrn unbefriedigender, sah es um die Kompetenzen in seiner eigenen Herrschaft gegenüber der Landgrafschaft aus, deren Beamte seit 1555 mit der Verwaltung der bis dahin unabhängigen Herrschaft betraut waren. Das nellenburgische Interesse zielte auf eine möglichst weitgehende Inkorporierung Singens, und so waren die Irrungen mit den Herren von Rost und von Enzenberg gewissermaßen vorprogrammiert[2]. Beim Übergang der Herrschaft von Hans Wolf von Bodman an König Ferdinand ließ dieser durch die Kommissare Georg Speth von Sulzburg und den Konstanzer Stadthauptmann Paulus Apperzhofer, beide königliche Räte, sowie den Amtmann Adam Staiger zu Stockach unter Beistand des Verkäufers im Januar/März 1555 ein »New Vrbar« anlegen, in dem sowohl für den reichenauischen Kelhof als auch für die übrigen Untertanen zu Singen festgestellt wurde, daß sie der Landgrafschaft Nellenburg in hoher und niederer gerichtlicher Obrigkeit »vnderthenig vnd gewertig« seien[3].

Zunächst versuchten die Singener Grundherren, die Bestimmungen des zwischen König Maximilian und der »eingesessenen Ritter- und Adelsschaft« (Reichsritterschaft) 1497 abgeschlossenen sogenannten hegauischen Vertrags auch auf ihre Herrschaft anzuwenden; alle nachfolgenden Deklarationen und Fortschreibungen des Vertrags befinden sich im herrschaftlichen Archiv[4]. Diese Verträge sollten die vielen Meinungsverschiedenheiten und Irrungen zwischen der Hegauer Ritterschaft und dem Landgericht Nellenburg bezüglich der den ritterschaftlichen Niedergerichten zustehenden Jurisdiktion beheben. Das Landgericht behielt sich so z.B. vor die Malefizfälle, Ächtung und das Geleit- und Appellationsrecht, die Legitimierung von unehelichen Kindern und von Priesterkindern, Errichtung von Badstuben, Erteilung von Privilegien, Ehehaftinen (z.B. Verleihung der Mühlen-, Tafernen- und Braustattgerechtigkeit, Errichtung von Schmieden usw.), Zunftwesen, wohingegen die ritterlichen Grundherren befugt waren, etwa Spieler, Raufhändel, Feldfrevel (nicht aber Diebstahl), Ehebruch (das erste Mal), Fluchen und anderes mehr zu bestrafen[5].

Um die Einhaltung der landgerichtlichen Zuständigkeiten und die Wahrung der nellenburgischen Hoheitsrechte zu überwachen, hatte die Landgrafschaft »von alters« her das Recht, in einigen Hoheitsorten nach § 13 des Konstanzer Vertrags von 1584 Amtsvögte aufzustellen, weil »in der Niederen gerichts Herren angehörigen gerichten und Bey derselben unterthanen viel fähl vnd Handlungen untergetruckht vnd verschwigen werden, welche Ihnen ambtshalber zu straffen gebührten«[6]. Insbesondere mußten die Amtsvögte auch die Zollstätten beaufsichtigen und alle strafbaren Fälle den Amtsleuten zu Stockach anzeigen. Der erste in Singen namentlich nachweisbare Amtsvogt war Jakob Graff 1620/21[7].

Von 1759 bis 1775 hatte Anton Buchegger dieses Amt inne, 1776/77 war es Joseph Gut[8]. Nach Meinung des Singener Obervogteiamtes (1774) hat es in Singen überhaupt nur 3 Amtsvögte gegeben. – Im Jahre 1794 amtierten 5 Amtsvögte in Randegg, Gailingen, Sernatingen

(= Ludwigshafen), Wangen und Möggingen; den sechsten Amtsvogt in Singen mußte 1777 Nellenburg nach langen und ärgerlichen Auseinandersetzungen zurückziehen[9].

Wie so oft entzündete sich der Streit des Grafen Enzenberg mit dem Oberamt zu Stockach über den zu Singen stationierten nellenburgischen Amtsvogt an Kleinigkeiten von freilich grundsätzlicher juristischer Tragweite. Das Oberamt berief sich auf den Lehenbrief, wonach dem Grafen Enzenberg nur die Criminal-Jurisdiktion bei Diebstahl und Totschlag zustehe, mithin ein Amtsvogt zur angeordneten Aufsicht über die übrigen Fälle verbleiben müsse; im übrigen habe dieser zudem die Aufgabe, auch in den umliegenden Orten nach dem Rechten zu sehen, »in Criminalibus sowohl als auch und vorzüglich in Territorialibus, Politicis und Zoll-Sachen zu respiciren« und notfalls Anzeige zu erstatten[10].

Im Laufe des Jahres 1774 hatte der Singener Amtsvogt Antoni Buchegger vor allem zwei Vorkommnisse aufgegriffen:
1. Graf Enzenberg habe gegen alles Recht einen fürstenbergischen Wasenmeister gebraucht, statt sich des nellenburgischen Wasenmeisters zu bedienen.
2. Ein Vagant habe in einem Singener Wirtshaus zwei angeblich falsche Münzen zur Bezahlung deponiert, die der gräfliche Beamte dem Oberamt nicht herausgeben wollte, obwohl dies nicht ein delictum furti (Diebstahl), sondern ein crimen falsi (Falschmünzerei) sei. Im übrigen gebe es in Singen noch nicht einmal ein Gefängnis zur Verwahrung eines Verbrechers.

Graf Enzenberg antwortete mit einer 20 Seiten langen eingehenden Entgegnung. Schon die Grafen von Rost hätten nach ihrem Belieben Wasenmeister angestellt, und bei dem angeblichen Falschgeld handle es sich um schweizerische Schaumünzen (Denkmünzen). »Was nuzt mir die hohe malefizische Obrigkeit, wenn ich in den vorkommenden Fällen die erste Einsicht nicht habe!« Deshalb forderte er mit Nachdruck, daß das enzenbergische Obervogteiamt vom Amtsvogt als erste Instanz zu informieren sei und dieser nicht zu entscheiden habe, ob der gemeldete Fall in die eigene Zuständigkeit gehöre oder dem nellenburgischen Oberamt übergeben werden müsse. Im Gegenzug brachte der Graf nun seinerseits Beschwerden über nellenburgische Schikanen und Übergriffe vor, daß etwa ohne Vorwissen der Herrschaft die Domanialsteuern von den Pfarrherren und Geistlichen zu Singen und Mühlhausen »exekutive abgetrieben« worden seien, daß ein Arrestant mit der unrichtigen Behauptung, er sei ein Falschwerber, mit Gewalt abgefordert worden sei, und daß die 1762 eingezogenen Amtsakten trotz zweimaliger Mahnung immer noch in Stockach lägen. Um all diesen lästigen und ständigen Verdrießlichkeiten zu entgehen, beantrage er, daß die Regierung in Freiburg die Criminaljurisdiction unmittelbar besorgen solle; in eiligen Fällen vermöge eine Staffette in 12 Stunden den Weg dahin zurückzulegen. »Hätte ich an Stockach nicht einen so ungünstigen, unfriedsamen Nachbar, würde ich diese meinen Rechten gewiß nachteiligen Schritt niemalen gemacht haben.« In logischer Konsequenz müsse daher der unnütze nellenburgische Amtsvogt »in meinen lehenbaren Herrschaften« abgeschafft werden. Der Amtsvogt in Randegg könnte die Aufsicht für die von Nellenburg abgesonderten Ortschaften leicht übernehmen. Die Parteilichkeit des Oberamts zeige sich insbesondere am Beispiel von Steißlingen, das keinen Amtsvogt habe. »Stockach, welches nicht nur diese lehenbare Herrschaften [...] aus einer überdieß denselben nicht schmeichelhaften Ursache sich entrißen mit äußersten Schmerze sieht, sucht wenigstens den genuß davon mir dadurch zu verbittern, wenn selbes, statt einem bloßen zuschauer, wohin es sich angewiesen findet, abzugeben, noch den gerichtsherrn spielen und dadurch meine Vorrechte sowohl als mein Ansehen schmälern will.«[11]

Das nellenburgische Oberamt, die vorderösterreichische Regierung in Freiburg und das oberösterreichische Landesgubernium zu Innsbruck beharrten jedoch weiterhin auf ihrem Standpunkt, der völlig auf der Linie der damaligen Politik der Stärkung von Territorialherrschaft und Zentralverwaltung lag. Die Innsbrucker schlugen als Kompromiß vor, der Amtsvogt zu Singen solle die den Ort berührenden bedenklichen Vorfälle unmittelbar der vorderösterreichischen Landesstelle Freiburg, jene in den anderen Herrschaften dem Oberamt Stockach melden. Im übrigen sei es gleichgültig, ob man den Amtsvogt unmittelbar von der vorderösterreichischen Landesstelle einsetze oder vom Oberamt handgelassen gutheiße. Graf Enzenberg verwahrte sich entschieden hiergegen und beantragte die Entlassung »dieses gedungenen und beeydeten Unfriedenstifters«. Antoni Buchegger, des Streites müde, legte sein Amt zum Jahresende 1775 nieder.

Nun bestellte das Oberamt Stockach im Februar 1776 Joseph Gut zum Amtsvogt und übertrug diesem auch das Amt des nellenburgischen Zollers in Singen. Gut lag mit dem enzenbergischen Obervogteiamt wegen des Vogtsgutes, das ihm entzogen worden war, im Streit. Eine besondere Instruktion mit 18 Punkten zählte auf, worauf er zu achten habe: Ob z. B. niedergerichtliche Untertanen über Gebühr mit übermäßigen Gülten, Ehrschätzen und Frondiensten beschwert würden, ob fremdes Salz eingeschwärzt und ausgemessen werde, ob Auswanderungen nur mit allerhöchster Erlaubnis erfolgten oder ob die landesherrlichen Verordnungen über die

Errichtung von Jahr- und Wochenmärkten, Fruchtlager, Fruchtsperren, Münz-Verrufung und anderes mehr beachtet würden[12].

Natürlich beschwerte man sich in Singen hiergegen ganz entschieden und brachte wieder eine Reihe von Verstößen des neuen Amtsvogtes zur Sprache. Er wiegle die Untertanen auf und prüfe Bescheide der Beamtung (etwa über die Höhe des geforderten Abzugs bei Heirat einer Arlener Bürgerstochter nach Rielasingen) nach. Im Mai 1776 gar kam es unter Mitwirkung (oder Anstiftung?) von Gut zu einem Tumult gegen den herrschaftlichen Vogt Johann Bach, weil dieser mit Wissen der Vorgesetzten, aber ohne Rückfrage bei der Gemeindeversammlung Gemeinde-Rinden in die Schweiz verkauft hatte; bei der Verhandlung in der enzenbergischen Kanzlei ereigneten sich sogar Widersetzlichkeiten und Schlägereien in Anwesenheit des Obervogts Ranz. Bei der nachfolgenden Untersuchung »des höchst strafwürdigen Betragens einiger Untertanen« nahm der nellenburgische Oberamtsrat und Landrichter Johann Baptist Jost von St. Jörgen ganz offen Partei für die Tumultuanten.

Darauf wandte sich Graf Enzenberg im Sommer 1776 unmittelbar an die Kaiserin, erbat eine neue Untersuchungskommission und forderte die gänzliche Abschaffung des Criminal-Amtsvogtes. Es sei unschicklich, »daß ein gemeiner Mensch, dessen durch den Pflug abgehärtete Hände die Feder nicht führen können, der aber von einer Sache den ächten Begriff sich beyzulegen nicht vermögend ist, die Aufsicht über die geheiligsten Territorial- und Criminal-Rechte habe«. Alle sonstigen österreichischen Lehen in den Vorlanden seien von der Institution des Amtsvogts befreit: »Worum sollte denn Mühlhausen und Singen die schwere schimpfliche Bürde eines verpflichteten Spions, eines bezahlten Unruhestifters tragen?« Die vorderösterreichische Regierung in Freiburg verbarrikadierte sich hinter ihrem bekannten Standpunkt, versuchte mit beruhigenden Zusicherungen, man werde künftig den Amtsvogt in den »Schranken der Gebühr und Ordnung halten«, und dem sicherlich nicht unangebrachten Hinweis, daß auch der Obervogt zu Singen keinen Anlaß zu billigen Anzeigen geben solle, den in seiner Ehre gekränkten Grafen zu beschwichtigen. Die vier Singener Rädelsführer beim Mai-Tumult wurden mit ein bzw. zwei 24stündigen Turmstrafen belegt.

Es würde zu weit führen, alle verwaltungsjuristischen Schritte und Interpretationen der einen und der anderen Seite darzustellen; allein die k. k. Kanzlei zu Wien befaßte sich vom Januar 1775 bis zum Juni 1777 in sieben Dekreten im Auftrag der Kaiserin mit den Singener Anliegen des beharrlichen vorderösterreichischen Gubernialrates Franz Joseph von Enzenberg zu Innsbruck, bis schließlich das letzte Dekret die schwer erkämpfte völlige Befreiung von der nellenburgischen Aufsicht mit den Worten zusicherte, »daß die Activitaet des Jurisdictions Vogt auf des Herrn Grafen Lehenherrschaft Singen und Megdberg dergestalten jedoch aufhören möge, daß diese Activitaet auf Wohlgefallen und bey Entstehung des mindesten Excesses also gleich wiederhergestellt werden möge« (14. Juni 1777). – Im Grunde genommen war dies unter dem Aspekt des Ausbaus der Territorialgerechtsame eine anachronistische Entscheidung, nur zu begreifen durch besondere Beziehungen und das Wohlwollen der Kaiserin Maria Theresia. Sie hat in allen Punkten bis hin zur beliebigen Bestellung des Wasenmeisters nachgegeben und dem Grafen überdies die Zuständigkeit auf alle Kriminalfälle in Abhängigkeit und unter Oberaufsicht der vorderösterreichischen Regierung und Kammer als ein neues Gnadenlehen erteilt (21. Januar 1775)[13].

Der Galgen als sichtbares Zeichen der schwer erkämpften Hochgerichtsbarkeit wurde nun im Tittisbühl errichtet – das makabre Schauspiel einer Hinrichtung blieb jedoch den Singenern glücklicherweise erspart.

Anmerkungen

[1] Siehe den Beitrag von S. WIEMANN, Die Rechtsverhältnisse des Hohentwiels in der Landgrafschaft Nellenburg, in: Hegau 46 (1989); GLA 229/97949, Landeshoheit über Bruderhof, 1811.

[2] Vgl. den Versuch der nellenburgischen Bürokratie, der Familie von Rost die Hegauer Pfandlehen aufzukündigen, in diesem Bd. S. 260 f.

[3] EAS B I/2, B I/3; MAX MILLER, Hohentwieler Lagerbuch S. 154, bes. S. 188.

[4] EAS B I/5, betreffend die Jahre 1540, 1569 und 1584; vgl. FR. W. RUCH, Verfassung Reichsritterschaft.

[5] H. BERNER, Die Landgrafschaft Nellenburg und die Reichsritterschaft des Kantons Hegau-Bodensee, in Zs. Hegau 19 (1965), S. 57–86. – ROTH VON SCHRECKENSTEIN, Reichsritterschaft, Bd. II, Gravamina mit Nellenburg, S. 471–477. – HERMANN PFEIFFER, Rechts- und Jurisdiktionsverhältnisse in der früheren Landgrafschaft Nellenburg, Bodensee-Chronik Nr. 6–9, 1933. – Vgl. RENÉ AERNI, Ein Öhninger Gantprozeß im 16. Jh. (ein Urteilsbrief aus dem Jahre 1558), in Zs. Hegau 29/30 (1972/73), S. 129–148, bes. S. 133: obgleich das Stift Öhningen nach der Inkorporation zum Gebiet des Fürstbischofs von Konstanz gehörte, gab Nellenburg seinen Anspruch auf die Landeshoheit nie auf. – Vgl. ferner JOHANN NEPOMUK RAISER, Abhandlung über die Landgrafschaft Nellenburg 1794, Manuskript im STAS.

[6] Zit. nach RUCH, Anhang S. 47; RAISER, a.a.O., S. 81, § L XXX II.

[7] EAS Urk. Nr. 18 von 1620 IV 19; Urk. Nr. 40 von 1659 IV 17.
[8] EAS O I 1/3 = 602; F II 2/3 = 1128; O I 1/7 = 836; S II 7/1 = 879.
[9] RAISER, a.a.O., S. 81.
[10] EAS F I 5/7 = 378.
[11] EAS F I 5/3 = 426.
[12] GLA 229/97930, Aufstellung eines eigenen Amtsvogts zu Singen zur Wahrung der landesherrlichen Gerechtsame 1774–1777; Gut, der auch noch Zapfenwirt war, sollte zuständig sein für die Orte Singen, Beuren a. d. Aach, Duchtlingen, Schlatt u. Kr., Ebringen, Überlingen a. R., Volkertshausen und Mühlhausen. Obervogt Ranz ließ ihn mehrfach einsperren. – EAS O I 1/8 = 837; F I 5/7 = 378.
[13] EAS O IX 1/4 = 220; F I 6/3 = 415. Bei Einführung der Kreisverfassung 1788, bei der das Oberamt der Landgrafschaft Nellenburg die kreisamtlichen Verrichtungen übernahm, mußte Graf Enzenberg für seine Herrschaft in diesen Angelegenheiten (Konskriptionssystem, Werbbezirke) die nellenburgische Zuständigkeit akzeptieren; F 1 5/3 = 426.

Steuern und Abgaben an das schwäbisch-österreichische Direktorium in Ehingen/Donau (bis 1806)

von Herbert Berner

Die Herrschaft Singen-Mägdeberg steuerte als neukollektable schwäbisch-österreichische Standesherrschaft nach Ehingen, wo sich seit dem 16. Jahrhundert der Sitz des Direktoriums und der Tagungsort der schwäbisch-österreichischen Landstände befanden. Als Teil von Vorderösterreich umfaßte Schwäbisch-Österreich die hauptsächlich im 14./15. Jahrhundert von den Habsburgern erworbenen Gebiete zwischen Lech und Schwarzwald, dabei u. a. seit 1461 bzw. 1465 die Landgrafschaft Nellenburg. Um 1750 wurden vier Oberämter eingerichtet: in Günzburg (Markgrafschaft Burgau), Rottenburg (Grafschaft Hohenberg), Stockach (Landgrafschaft Nellenburg) und Altdorf (Landvogtei Schwaben); 1759/60 wurde die Aufsicht über Schwäbisch-Österreich der vorderösterreichischen Regierung in Freiburg übertragen. Neukollektabel bedeutet, daß die dazu gerechneten Stände – außer Singen-Mägdeberg die Herrschaften Staufen/Hilzingen (Reichsstift Petershausen), Amt Münchhöf (Reichsstift Salem) und die Grafschaft Tengen – im Gegensatz zu den altkollektablen nellenburgischen Kameralorten erst im 18. Jahrhundert zur mediaten Collection gezogen wurden, d. h., die Steuer floß über den Landschaftskassier in die Hauptkasse nach Ehingen.

Seit dem beginnenden 16. Jahrhundert beschlossen Landtage Steuern und Ausgaben der schwäbisch-österreichischen Stände; diese Landtage versammelten sich in der Regel in Ehingen, tagten aber auch einige Male in Radolfzell: 1594, 1601, 1604, und öfters in Konstanz: 1563, 1567, 1573, 1604, 1613, 1620, 1627 und 1640. Die 60 bzw. 62 Stimmen verteilten sich auf die 4 Direktorialstädte Ehingen, Munderkingen, Radolfzell und Rottenburg sowie auf 12 weitere Städte (darunter Aach, Stockach), auf die Kameralherrschaften (u. a. in der Landgrafschaft Nellenburg), 4 Klöster und 4 Dominien (neukollektable Orte); die Herrschaft Singen-Megdberg ist in dem Zusammenhang erstmals 1722 genannt[1].

Mit der ausgehobenen Steuer bestritt der Landschaftskassier bzw. das Direktorium Besoldungen, Militärerlittenheiten, Postgelder, Botengänge u. a., ferner den Anteil an der Buchloe'schen Zuchthauskonkurrenz[2]. Das Ordinarium dieser Steuer betrug in der Landgrafschaft Nellenburg 1863 fl. Das Extraordinarium und der Feuerschaden hingen natürlich von Zufällen ab; im Kriegsjahr 1792/93 betrug die ganze Kontributionssumme an Ordinario und Extraordinario in der Landgrafschaft mehr als das Doppelte, nämlich 3877 fl. 59 xr. 4 hr.

Erst unter Maria Theresia wurden auch Adel und Geistlichkeit zur Steuer herangezogen: Eine Kommission setzte 1762 eine Peräquation (= billige Verteilung) der Steuern dergestalt durch, daß neben der bisherigen, von Bürgern und Bauern getragenen Steuer – jetzt *Rustikalsteuer* genannt – nun auch Adel und Geistlichkeit die sogenannte *Dominikalsteuer* entrichten mußten. Daneben gab es noch seit dem 16. Jahrhundert die *Türkensteuer* (später Schuldensteuer genannt) zur Abtragung landesherrlicher Schulden und zur Unterhaltung der Grenzfestungen (Fortifikationsteuer), 1% vom Diensteinkommen; beide wurden ab 1762 neben der Dominikalsteuer erhoben (sogenannte Praestanda-Leistungen).

Die Steuer selbst wurde auf Realitäten, Gewerbe und Tagwerker gelegt. Die Realitäten-Besitzer (Grundbesitzer) wurden nach der Anzahl ihrer Grundstücke veranschlagt und in Ganze-, Halbe- und Viertelsbauern unterteilt, je nachdem, ob sie 20, 10 oder nur 5 Jauchert Grundstücke besaßen. Die Gewerbeinhaber besteuerte man nach ihrem Vermögen, die Handelsgewerbetreibenden aber bezahlten ihre Abgaben unter anderen Rubriken, etwa als Zoll, Pfundgeld usw., und mußten noch eine Steuer von ihren Häusern entrichten. Die Tagwerker waren im Nellenburgischen unbesteuert. Seit 1781 entrichtete die Herrschaft Singen 361 fl. 4 xr. und 6 hr. an Dominikalsteuern.

1786 legte das Oberamt Nellenburg in einem Rollar-Extrakt den Rustikal-Kontributionsbetrag für die 3 »Örtern« Singen, Arlen und Mühlhausen fest:

	Singen			Arlen			Mühlhausen		
	fl.	xr.	hr.	fl.	xr.	hr.	fl.	xr.	hr.
Inwohner	327	1	–	93	9	1	266	40	1
Gemeinde für sich	1	1	–	8	34	1	9	21	1
Rostische Pupillen (Mündel)[3]	27	52	2	–	–	–	–	–	–
Auswärtige	2	30	4	–	–	–	21	56	2[4]
Ganze Besteuerung	358	34	6	101	43	2	297	57	4
Summe der ganzen Besteuerung				758 fl. 14 xr. 12 hr.[5]					

Die Dominikalsteuer ertrug 1796 432 fl. 44 xr. 7 hr. Dominicalisten (Steuerparteien) waren:

Herrschaft	361 fl.	4 xr.	6 hr.
Rostische Pupillen (Mündel)	7 fl.	24 xr.	3 hr.
Pfarrer zu Singen	14 fl.	13 xr.	– hr.
Pfarrer zu Mühlhausen	24 fl.	23 xr.	3 hr.
Pfarrer zu Ramsen	–	26 xr.	2 hr.
Kaplanei zu Singen	3 fl.	48 xr.	3 hr.
Kaplanei Mühlhausen	11 fl.	10 xr.	6 hr.
Kirchenfabrik Ramsen	–	2 xr.	4 hr.
Kirchenfabrik Singen	3 fl.	51 xr.	5 hr.
Kirchenfabrik Arlen	1 fl.	27 xr.	4 hr.
Kirchenfabrik Mühlhausen	2 fl.	16 xr.	6 hr.
St. Antoni-Pfründe Mühlhausen	–	24 xr.	5 hr.
Meßmer zu Singen	2 fl.	11 xr.	–[6]

Mit diesen Steuern wurde auch die *Feuersozietät* (eine Art Gebäudeversicherung) erhoben; sie betrug 1806:

Gemeinde	
Singen	84 fl. 27 xr.
Mühlhausen	44 fl. 21 xr. 6/8
Arlen	25 fl. 36 xr.
Herrschaft	
Singen	25 fl. 21 xr.
Mühlhausen	6 fl. 58 xr. 8/6
Arlen	–

Man rechnet pro 100 fl. eine Umlage von 4 xr. Bei einem Gebäudewert von 60 050 fl. anno 1791/92 belief sich der Feuersozietätsbeitrag auf 40 fl. 2 xr.; einige Jahre später schlug die Umlage auf 7 xr. auf = 71 fl. 41 xr. 2 hr. Im Jahre 1800 betrug der Feuersozietätsbeitrag bei einem Gebäudeanschlag mit 63 775 fl. und einer Umlage von 18 xr. 191 fl. 19 xr. 4 hr.

Schließlich mußten auch Beamte und sonstige in der ersten Steuerklasse befindliche Personen nach dem k. k. Schuldensteuerpatent in die Landständische Kasse Ehingen steuern. 1806 waren dies:

	Solarius oder Verdienst	andere Einkünfte	Steuerbetreffnis à 1% und weniger		
			fl.	xr.	hr.
Obervogt Müller	550 fl.	50 fl.	6	–	–
Sekretär Bischof	150 fl.	–	1	30	–
Jäger Ernst	96 fl.	–	–	30	–
Amtsdiener Reize	29 fl.	–	–	15	–
Lehrer Helff	60 fl.	–	–	30	–
Vogt Buchegger	25 fl.	–	–	15	–
Bürgermeister Jacob Buchegger	8 fl.	–	–	15	–
Bürgermeister Johann Weber	8 fl.	–	–	15	–
Kirchenpfleger Buchegger	8 fl.	–	–	8	–
Förster Martin Buchegger	20 fl.	–	–	15	–
Förster Bartholomäus Ehinger	20 fl.	–	–	15	–
Kuhhirt Columban Stengele	25 fl.	–	–	15	–
Kuhhirt Joseph Ehinger	25 fl.	–	–	15	–
Nachtwächter Martin Loser	20 fl.	–	–	15	–
Nachtwächter Johann Ehinger, Schmid	20 fl.	–	–	15	–

– das gibt 11 fl. 8 xr.

Die Vergütung von Vogt und Bürgermeister teilten sich je zur Hälfte die Gemeinde und die Herrschaft.

»Die Veranlagung zur Rustikalsteuer beruhte auf einem umfassenden, 1735 fertiggestellten Katasterwerk, das aber – da es zu ungenau war – 1765 neu angelegt wurde. In diesem Kataster findet sich eine genaue Aufstellung des Einzelbesitzes mit Angaben über das erforderliche Saatgut und die angebauten Kulturarten. Auf Grund des ermittelten durchschnittlichen Ertrages werden in dem Kataster die Äcker und Wiesen unter Benutzung von Mustergrundstücken klassifiziert und dann in bestimmte Ertragsgruppen eingereiht. Der so gewonnene Ertrag bildete die Grundlage für die Bemessung der Grundsteuer (Rustikalsteuer). Die Berechnung der landständischen Steuer nach Sölden blieb auch nach 1765 bestehen. Aber der Maßstab bei der Steuerveranlagung wurde durch die Steuerrektifikation von 1765 zu Gunsten der Landbevölkerung geändert.« Nun wurde ein Stadthaus nicht mehr mit dem Reinertrag von einem Jauchert grundeigenen Ackers gleichgesetzt, sondern dieser wurde mit 24 Kreuzern veranlagt und das Stadthaus mit 1 bis 2 Gulden.

Die ermittelte Steuersumme wurde als ganze von der Gemeinde erhoben. Die Umlegung auf die steuerpflichtigen Bürger erfolgte durch den Dorfvogt. Neben der Rustikalsteuer (im Jahre 1788 495 fl.) wurden noch die Ausgaben der Gemeinde umgelegt (Schuldzinsen, u.a. Mustergeld für die Landmiliz 12 fl. 18 xr. und Beitrag zum Zuchthaus Buchloe 15 fl. 36 xr.). Diese Umlegung wurde in Singen Anlage genannt. Die Anlagen waren je nach der Steuersumme zwei- oder dreimal aufzubringen. Anlagetermine waren Lichtmeß und Martini. Auf der Jahresgemeinde von 1802 wurde folgender Ansatz für den künftigen Steuerbezug festgesetzt:

1 Jauchert guten Ackers	6 Kreuzer
1 Jauchert schlechten Ackers	4 Kreuzer
1 Jauchert Wald	2 Kreuzer
1 Mannsmahd Öhmdwiesen	6 Kreuzer
1 Mannsmahd einmähdige Wiesen	3 Kreuzer
1 Vierling Reben	6 Kreuzer
1 Vierling Hanf- oder Baumgarten	6 Kreuzer
für die Feldscheune	4 Kreuzer
für 1 Stück Vieh	4 Kreuzer
für die Ehe	12 Kreuzer[7]

1805/06 wurde Schwäbisch-Österreich mit rund 3300 km² und ca. 120 000 Einwohnern zwischen Baden, Württemberg, Bayern und Sigmaringen-Hohenzollern aufgeteilt. In Württemberg blieben Ehingen und Stockach weiterhin im bisherigen Bereich die Steuereinzugsbehörden. 1807 bestätigte die Kanzlei Ehingen, daß für das Jahr 1806 an die königlich-württembergische Steuerkasse abgeführt wurden:

	Singen/Arlen	Mühlhausen
Dominicale	496 fl. 55 5/8 xr.	–
Rusticale	562 fl. 1 2/5 xr.	78 fl. 42 4/8 xr.
Feuersozietät	135 fl. 36 xr.	54 fl. 2 2/8 xr.
	1194 fl. 32 7/8 xr.	132 fl. 44 6/8 xr.
Ganze Herrschaft	1327 fl. 17 5/9 xr.	

	Kapital fl.	Steuer fl.	xr.	hr.
Schultheiß Anton Buchegger für sich und die Anton Meßmer'schen Kinder	5850	14	37	4
Konrad Buchegger	1200	3	–	–
Martin Schrott	700	1	45	–
Martin Haug	200	–	30	–
Peter Schrott	2000	5	–	–
Gabriel Waibel	1100	2	45	–
Joseph Bach	2500	6	15	–
Rosenkranz Bruderschaft (à 30 xr.)	2400	12	–	–
Buchegger'sche Armenstiftung (30 xr.)	750	3	45	–
Gabriel Waibel (Nachtrag)	266	1	19	6
Thoma-Ehinger (à 30 xr.)	125	–	37	4
Nikolaus Ehinger	25	–	7	4
Joseph Stängele (à 30 xr.)	400	2	–	–
		53	42	2

1809 und 1810 wurden diese Steuern wegen des Krieges von Fall zu Fall immer wieder erhöht bzw. zusätzlich erhoben. Dazu wurde 1808 eine *Kapitalsteuer* eingeführt, 15 xr. auf 100 fl. Kapital und ab 1810 30 xr. auf 100 fl.

Auf einer anderen Liste – allerdings ohne das Steuerbetreffnis – sind noch wenige Namen aufgeführt:

Gnädige Ortsherrschaft	51 310 fl.
Obervogt Ummenhofer	2050 fl.
Sekretär Bischof	100 fl.
Kirchenfabrik	4586 fl.
Buchegger'sche Familienstiftung	2060 fl.
Gemeinde Singen	2360 fl.

Befreit von dieser Kapitalsteuer waren 12 Personen, weil es sich um Leidgedinger, Pfleger von Waisen, Witwen oder Kranke (presthaft) handelte. 159 Singener

Bürger besaßen gar keine Kapitalien und konnten daher nicht veranschlagt werden. Immerhin zeigt diese Zahl, denen nur 14 »Kapitalbesitzer« (zuzüglich 12 Sonderfällen) gegenüberstanden, daß die große Mehrheit der Singener über kein Bargeld verfügte.

Weitere landständische Steuern waren das Umgeld, der Maßpfennig und Bierheller, das Umgeld von Bäckern und Metzgern und schließlich der Abzug, das Brückengeld und mitunter auch das Bannrecht (Mühlenzwang), die teilweise oder ganz im Laufe der Zeit an die Gemeinden oder Herrschaften gelangt sind[8]. Bis auf den Maßpfennig und Bierheller blieben diese Steuern bei der Herrschaft. Der Maßpfennig erbrachte 1781/82 in der ganzen Herrschaft von 5 Wirten 73 fl. 38 xr.

Von sehr großer Bedeutung war schließlich, daß in Nellenburg das Recht der Rekrutierung, des Landsturms, der Konskription und der Verteilung der Militärerlittenheiten bei Schwäbisch-Österreich lag. Deshalb mußten alle Österreich-kollektablen Orte zur Komplettierung des Landregimentes (Infanterieregiment Bender) und der Kavallerie Rekruten stellen, waffenfähige Mannschaft und Landsturm abordnen und zu Militärerlittenheiten (Durchmärschen, Einquartierungen, Magazintransporten usw.) beitragen[9]. Die von den Landständen bewilligte Steuer (= Landsteuer) wurde seit 1604 von den Bürgern und Bauern nach Sölden aufgebracht (Söldner = Sölde, mhdt. Selde = Wohnhaus), seit dem Dreißigjährigen Krieg als Kontribution bezeichnet. Man rechnete um 1725, daß etwa 200 Bauern oder 100 Bürger in den Städten für je einen Sold gutstehen sollten[10]. Nach einem Receß von 1682 mußten bei einem Bedarf von 700 Sölden in Schwäbisch-Österreich die Stadt Radolfzell 12, die dazugehörigen Dorfschaften 10 Sölden, die Landgrafschaft Nellenburg 26, die Stadt Stockach 3, Aach 4, Singen mit Niederhof 7, Hilzingen 9 und Mühlhausen 3 Sölden aufbringen[11].

Nun muß man allerdings hinzufügen, daß die Landständische Kasse Ehingen für Militärerlittenheiten auch Vergütungen gewährte:
1791/92
485 fl. 30 xr. 2 hr. bei Ausgaben von 507 fl. 45 xr. 1 hr.; 1793/94 wurden 868 fl. 56 xr. 10 hr. vergütet, jedoch waren die Ausgaben der Gemeinde wesentlich höher. Für

militärische Durchmärsche, Vorspann	227 fl. 14 xr. 4 hr.
Proviantfuhrwesen	1056 fl. 45 xr. 4 hr.
Rekrutierungskosten	385 fl. 50 xr. – hr.

1796/97 erhielt die Gemeinde Singen bei rund 8400 fl. (Löwenanteil: Vorspann mit 3943 fl.) nur 594 fl. als Entschädigung (nach der Steuerrechnung der Gemeinde Singen). Vorspann und Fuhrwesen verursachten die höchsten Belastungen, d.h. Arbeitslöhne, worauf die Singener Bauern mehr oder weniger ganz verzichten mußten.

Dieses »Steuerkapital« zeigt eindringlich, daß die Untertanen nicht nur mit grundherrlichen Abgaben und Diensten beschwert waren, sondern auch dem Landesherrn steuern mußten. Freilich spürten mehr die wenigen wohlhabenderen Personen und die öffentlich-rechtlichen Körperschaften den Zugriff des Landesherrn in ihre Taschen, aber die Rustikal- und Militärsteuern (Auflagen) gingen doch alle an. So blieb vom Ertrag der Mühe und Arbeit oft genug nur gerade soviel noch übrig, um sich und die Familie recht und schlecht über Wasser halten zu können.

Anmerkungen

[1] THEODOR KNAPP, Neue Beiträge zur Rechts- und Wirtschaftsgeschichte des württembergischen Bauernstandes, Bd. II, 1919, S. 35–37, 41.
[2] Buchloe in der Nähe von Kaufbeuren beherbergte ein zentrales Zuchthaus. Der Zuchthausbeitrag belief sich 1807 für Singen-Arlen auf 16 fl. 3 xr., für Mühlhausen auf 7 fl. 30 xr.
[3] Pupille = Mündel.
[4] Der Betrag in Mühlhausen setzt sich zusammen aus:
Landesfürstliche Mühle 10 fl.
Reischachische Mühle 10 fl. 11 xr. 2 hr.
Teufels-Mühle (Bürger zu Engen) 1 fl. 45 xr.
[5] EAS S III 7/3 = 230; S II 14/6 = 122. – Eine Anlage der Rustikalsteuer betrug 58 fl. 53 xr. 7 hr. und wurde je nach Bedürfnis mit dem 10- oder 60fachen Betrag erhoben, 1791/92 zum Beispiel das Zwölffache = 706 fl. 46 xr. 4 hr., laut Steuerrechnung der Gemeinde; auch die Anlage selbst wurde immer wieder erhöht, 1796/97 z.B. auf 72 fl. 6 xr. 3 hr. Die Gemeinde überwies einen verminderten Betrag dieser Steuer zur Weiterleitung nach Ehingen an die hiesige Amtskasse, d.h. das Obervogteiamt, 1791/92 z.B. nur 414 fl. 12 xr. Die Differenz diente der Finanzierung der Gemeindebedürfnisse.
[6] EAS S II 14/6 = 122; S III 7/3 = 230.
[7] STROBEL, Flurkarte, S. 66 f.
[8] Siehe den Beitrag Singen unter enzenbergischer Herrschaft, in diesem Bd. S. 467 f.
[9] RAISER, Landgrafschaft Nellenburg, § LXXX IV – LXXX VII; vgl. den Beitrag Winterquartiere und Schanzarbeit sowie Marschrouten, Vorspanndienste, Einquartierungen und Rekrutenaushebungen, in diesem Bd. S. 330 f.
[10] TH. KNAPP, a.a.O., S. 7–9.
[11] EAS A I 11/3 = 920; vgl. dazu STROBEL, Flurkarte, S. 65–67.

Tabakfabrik und Unteres Schloß

von Herbert Berner

Die Anfänge der Industrie im Dorf Singen

Die Grafen von Rost als Singener Grund- und Ortsherren hinterließen hier keinerlei Baudenkmale; sie befaßten sich mit der ihnen aufgetragenen Instandhaltung des Schlosses Mägdeberg und erbauten, als dieses immer unwohnlicher wurde, in Mühlhausen ein Amtshaus, ein bescheidenes Schloß (das heutige Gasthaus zum Adler), einen herrschaftlichen Meierbau (das spätere Langensteinische »Rentamt«), die Sennerei und die St. Joseph-Kapelle. Ihre Nachfolger, die Grafen von Enzenberg, betrachteten hingegen Singen als ihren Wohnsitz. Die von ihnen übernommenen, teilweise neu- oder umgebauten Gebäulichkeiten, wie der Niederhof, die beiden Trotten und Zehntscheuern und die herrschaftliche Mühle (Hagmühle), wurden in unserem Jahrhundert abgebrochen oder fielen einem Brand zum Opfer. Lediglich der Walburgishof (der Name steht noch auf einem Türsturz), 1795 aus einem Konkurs erworben, und das Gräfliche Schloß erinnern an ihr Hiersein; wahrscheinlich haben sie auch einigen Einfluß auf den Neubau der Pfarrkirche St. Peter und Paul und deren Ausstattung genommen. Für die Singener Geschichte bedeutsam ist die Tabakfabrik bzw. der spätere Walburgishof, wo sich die ersten untauglichen und kurzlebigen Versuche einer gewerblichen, industriellen Niederlassung abgespielt haben.

Die Tabakfabrik

Die Anfänge der Singener Industrie sind nicht mit der Person eines wagemutigen Unternehmers oder ideenreichen Erfinders verknüpft, sondern mit Spekulationen und unlauteren Geschäftsmethoden eines entlaufenen Mönches und Ränkeschmiedes, freilich und zugleich auch eines begabten Baumeisters, dessen Lebensgeschichte bislang nur bis 1782, also vor seinem Auftreten in Singen, bekannt war. Die Unternehmensgeschichte der 1783 erbauten Tabakfabrik auf einer künstlichen Aachinsel zwischen Aachfluß und Gewerbekanal beschrieb W. A. Boelcke im ersten Band unserer Stadtgeschichte.[1] Dazu können noch einige sehr interessante bau- und personengeschichtliche Details nachgetragen werden.

Im Oktober 1782 erhielt Obervogt Frey die Nachricht, daß der soeben von Wien zurückkehrende Subprior des Benediktinerklosters Petershausen, P. Franz Übelacker, mit Genehmigung des Grafen von Enzenberg und mit Hilfe anderer Personen in Singen eine Fabrik erbauen wolle und um Unterstützung beim Kauf einiger Wiesen an der Aach bitte. Im Wintermonat 1782 stattete der Pater dem Obervogt den ersten persönlichen Besuch ab. Das K. K.-Privilegium privativum für die Fabrik datiert vom 5. Februar 1783, das ortsherrschaftliche Privileg vom 10. Februar 1783.

Zufällig ergab es sich, daß der Weißgerber Anton Weber, der eine eigentümliche Lohmühle an der Aach betrieben hatte, gestorben war. Bürgermeister Franz Xaver Weber als Pfleger der Witwe Cezilia Schlosserin verkaufte die freie und ledige Lohmühle (jährliche Rekognition 1 Pfund Pfennig) am 10. Januar 1783 dem P. Übelacker auf den Namen Stephan Haßlinger et Comp. um 100 fl. Reichswährung; am gleichen Tage verkaufte die Gemeinde Singen, vertreten durch Vogt Johann Ehinger, Anton Buchegger, Vorgesetzter und Bürgermeister Fr. X. Weber, einen Gemeindeplatz anfangend 30 Schuh unter der alten Steege die Aach hinunter bis auf 10 Schuh gegen einen lebenden Haag um 400 fl. an Haßlinger und Comp. unter der Bedingung, daß die Rustikalsteuer entrichtet, die Gemeindefronen und andere Gemeindelasten nicht verweigert würden, daß die Käufer fahrbare Straßen auf beiden Seiten ihres Platzes bauen und daß der Platz unter der alten Steige auf ihre Kosten so hergerichtet werde, daß man mit geladenen Wägen leicht an den Fluß fahren und das Vieh bequem zum Wasser treiben könne.[2] Haßlinger respektive sein ständiger und alleiniger Vertreter Übelacker hielt sich jedoch nicht an diese Abmachung.

Einen ersten Kostenvoranschlag lieferte Zimmermeister Joseph Graf, Schulmeister Karl Helff mußte den Platz vermessen. Übelacker holte als Architekten den Donaueschinger Baumeister Valentin Lehmann, einen Schwiegersohn des bekannten fürstenbergischen Baumeisters Franz Joseph Salzmann, was wiederum den

Obervogt Frey erboste, der den Auftrag gerne seinem Verwandten, dem fürstbischöflichen Baumeister Joseph Ferdinand Bickel in Konstanz, dem Erbauer der St. Peter und Paul-Kirche, zukommen lassen wollte.

P. Johann Georg Übelacker (Klostername Franz), ein ränkesüchtiger Abbé, war um 1740 wahrscheinlich als Sohn eines Baumeisters geboren und trat 1761 in das Kloster Petershausen ein. Nachdem er die Abtei in einem Prozeß gegen das Haus Fürstenberg vertreten hatte, erlangte er 1763 die Priesterweihe und trat dann als Lehrer der »Dichtkunst und Wohlredenheit« hervor; er errichtete von 1770 bis 1773 den Neubau des Klosters Petershausen; zugleich leitete er das Sekretariat des Prälaten und des Konvents sowie die Kastnerei (Einzug der Zinsfrüchte). Der zweifellos hochbegabte, aber unstete, intrigante und leichtlebige Pater vertrat das Kloster hernach wiederum in mehreren Prozessen (u.a. gegen St. Blasien, die Stadt Konstanz, die Landgrafschaft Nellenburg und das Haus Fürstenberg), was häufige Reisen nach Wien notwendig machte, wo er seine Kenntnisse durch Studien des Staatsrechts, der Astronomie, Naturkunde und der orientalischen Sprachen erweiterte. 1776 wurde er zum Subprior ernannt. In Wien lernte er u.a. den Hofrat Johann Sebastian Christoph von Müller und über diesen den Baron Leopold von Laßolaye kennen, der Übelacker, wie er später behauptete, in Wien von den Huren losgekauft haben will. Plötzlich finden wir den Benediktinerpater und Propst von Klingenzell Übelacker 1782 in fürstenbergischen Diensten in Donaueschingen als Geistlichen Rat, Studiendirektor, Bibliothekar und Historiograph; 1783 trat er aus dem Orden aus, doch bereits im Mai 1783 mußte er die fürstenbergischen Dienste aufgeben, da seine Stellung unhaltbar geworden war.[3]

In diesen verworrenen Lebensabschnitt fällt sein Auftreten in Singen, das er wohl von der Hilzinger Statthalterei des Klosters aus kennengelernt haben mag und für die Niederlassung einer Wasserkraft benötigenden Fabrik für geeignet hielt. Noch als fürstenbergischer Bibliothekar beaufsichtigte er von Zeit zu Zeit den Fortgang der Bauarbeiten. Im März 1783 erwirkte er eine »Permutation«: Der Singener Pfarrer Johann Melchior Böttlin von Konstanz tauschte die Pfarrstelle mit dem Pfarrer F. B. Anton Stehlin, dessen Hauserin eine Schwester Rosina Übelacker war. Er wußte wohl, daß der Fürst Joseph Wenzel zu Fürstenberg nicht mehr lange leben werde, und suchte sich eine neue Behausung; nach dem Tode des Fürsten mußte er Donaueschingen mit einer vorausbedungenen Pension von 600 fl. verlassen. Darauf zog er mit Sack und Pack ins hiesige Pfarrhaus.

Schon kurz nach Baubeginn warf er dem Obervogt Frey vor, die rechtzeitige Lieferung von Bausteinen verzögert zu haben. Der Baumeister Lehmann wiederum hatte zu wenige Bausteine bestellt, so daß im Mai ein Drittel davon verbaut und damit kaum die Fundamente erhoben waren. Übelacker hatte im Einvernehmen mit dem damaligen fürstenbergischen Kammerpräsidenten Baron Laßolaye den Donaueschinger Baudirektor Lehmann engagiert; er selbst – so Übelacker – besitze so viel architektonische Kenntnisse, »daß ich von dem Kirchenbau in Singen meinen Schluß machen konnte«, und sich für Lehmann entschieden habe. Die Gemeinde Singen erhob Klage, weil entgegen der Absprache die Compagnie das Fabrikgebäude (am Platz der ehemaligen Lohmühle) so weit an das Wasser gestellt habe, daß das Wehr zum Mühlwerk einen weiträumigen Platz im Flußbett einnehme, wodurch der dortige gemeindeeigene Platz noch zur Fabrik gezogen werde; oberhalb des Fabrikplatzes sei der Fluß jetzt so angeschwellt, daß er bei Regen austreten und die Hanf- und Krautländer überfluten müsse; viele Häuser verlören dadurch den Ein- und Ausgang. Schließlich reklamierte man noch den versprochenen Bau einer Brücke etwa an der Stelle des alten Stegs; hier hatte der ständig seinen Lauf ändernde Fluß eine Sandbank gebildet. Übelacker versprach Erledigung der Anstände. In Singen führte er den Fabrikbau fort, zankte sich mit allen, die mit ihm zu tun hatten, und unterschrieb nun als Johann Georg Übelacker. Ende Juli 1783 waren 4267 fl. verbaut.

Von Juli 1783 ab mehren sich die Klagen von Lieferanten, daß sie ihr Geld nur teilweise oder gar nicht bekommen hätten. Der Hohentwieler Stabskeller Konrad Friedrich Märklin brachte das Faß zum Überlaufen. Er beschwerte sich am 21. Juli 1783 bei Übelacker, daß Baudirektor Lehmann dem Förster Johann Georg Theurer vom Bruderhof für Holzlieferungen gefälschte Baukostenzettel und Rechnungen habe unterschieben lassen wollen »mit unerfindlich beträchtlichen Posten«; Märklin verlangte von dem Abbé ein contra-signiertes Attest, das seine und Theurers Ehre wiederherstelle. In einer wüsten Szene mit gegenseitigen Beschimpfungen einige Tage später brachte Übelacker den schuldbewußten Baumeister Lehmann dazu, Ersatz in Höhe von 310 fl. innert zwei Monaten zu versprechen und die schimpflichen Reden und öffentlichen Calumnices (= Verleumdungen, Beleidigungen) gegen ihn zu widerrufen. Lehmann wurde u.a. vorgehalten, daß er den Kanal nicht nach dem Auftrag der Bauherren, sondern nach seinen Ideen angelegt habe. Von Herbst ab scheint Valentin Lehmann sich nicht mehr um den Singener Fabrikbau gekümmert zu haben.[4] Schwiegervater Salzmann bezahlte schließlich Ende 1784 die Schulden seines Schwiegersohnes und forderte von Obervogt Frey die Rückgabe der von Lehmann unterschriebenen Schuldanerkenntnisse.

Mitte August 1783 konnte Übelacker eine Rechnung für Lieferungen aus dem herrschaftlichen Steinbruch Mühlhausen über 331 fl. nicht mehr bezahlen; er mußte nun im Unterpfandbuch eine Obligation auf die Fabrik eintragen lassen. Die Geldgeber in Wien stellten im Herbst ihre Zahlungen ein; Übelacker mußte den Bau stillegen und abermals nach Wien reisen.[5] Ein Versuch des Hofrats von Müller, dem Grafen Enzenberg den Wiener Millionär Hönig anzudienen, der 50 000 fl. in das Unternehmen verwenden wolle, schlug fehl, da der Graf eine unüberwindliche Abneigung gegen Geschäfte mit Juden hegte.

Einer Meldung der Hurterischen Schaffhauser Zeitung vom 23. August 1783 zufolge löste sich die Sozietät der Tabakfabrik »durch unvermuteten Tod sowohl als daher sich ereigneten Austritt einiger Associés« auf. Es heißt dann weiter: »Besagtes k. k. privilegium privatum geht sowohl auf Tabak- und Pottasch-Fabrizierung, als Leinwand- und Cotton-Druckerey; auch hat der Platz selbst das Vorrecht, eine Lohnmühle zu haben. Wer Lust findet, solche Ansicht zu bringen, dem wird auf der Post am Orte selbst all das Nähere anhanden gegeben werden.«[6]

Als Übelacker im August 1784 zurückkehrte, führte er das Bauwesen unter dem Namen der Firma Franz Steiger et Comp. zu Ende und begann mit der Tabakfabrikation, stellte einen Buchhalter an und mischte chemische Mixturen unter den Tabak, der als »unschnupfbare Waare in die Welt geschicket« wurde. Der Buchhalter hielt es nicht lange aus; ein aus Ulm engagierter Tabakmacher »war im Fach vast ebensoviel Idiot wie sein Director«. Wiederum durch Vermittlung des Hofrats von Müller stieg nun der vormalige Kammerpräsident Leopold von Laßolaye in das Unternehmen ein, eine ebenfalls undurchsichtige, schillernde Persönlichkeit.[7]

Bis Ende 1785 behielt Übelacker die Direktion der Fabrik, in der er im Sommer 1785 sogar eine eigene Menage (= Haushaltung) anfing, doch liefen ihm seine Köchinnen alsbald davon, so daß er wieder Kostgänger im Pfarrhof wurde; am 27. Mai 1787 verließ er Singen endgültig und zog nach Freiburg im Breisgau, wo er in K. K. Dienste und Besoldung gekommen sein soll.[8] Zuvor aber beschwerte er sich beim Kaiser über angebliche Verfolgung und »unerlaubte Personalgehässigkeit« (November 1786); es spricht alles dafür, daß er auch Laßolaye denunziert hat, was zu dessen Vermögensbeschlagnahme führte.

Ab 1786 leitete der tüchtige und unter den obwaltenden Umständen erfolgreiche Franz Xaver Wolf, ein Vetter Laßolayes, die Geschäfte des Tabaketablissements[9], wobei er feststellen mußte, daß das Werk unter den Betrügereien Übelackers, der bei Schluß auch noch die Buchhaltung geführt hat, sehr gelitten habe und durch seinen »Tabak-Müller« Mühlberger entsetzlich hergenommen worden sei; unterstützt wurde Wolf von einem zweiten Fabrikdirektor, Andreas Traila. Mitte Februar 1786 wurden die unerledigt gebliebenen Beschwerden der Gemeinde Singen gütlich beigelegt: Die Gemeinde erbaute eine Brücke über den Kanal und Aachfluß, besorgte deren Unterhaltung samt »Ordnung des Hauptbettes« gegen einen Zuschuß von 250 fl. und jährliche Unterhaltungsgebühren, die später – 1811 – die Grundherrschaft in reduziertem Umfang, da damals der Fabrikbetrieb ruhte, übernahm.[10]

Verderben drohte dem Unternehmen nun durch die angeblichen Verfehlungen Laßolayes bei Kriegslieferungen in die Niederlande zum Schaden des österreichischen Staates in Höhe von rd. 67 000 fl., was am 9. November 1786 auf Befehl des Kaisers zur Beschlagnahme seiner Effekten im Radolfzeller Haus seiner Frau Anna Maria an der Marktstraße (später Gasthaus »Zum goldenen Engel«) und in der Singener Fabrik führte, freilich insgeheim, »damit die Leute nichts davon merken und der Geschäftsgang nicht gestört wird«. Der mit der Durchführung der Vermögensbeschlagnahme beauftragte Hofrat B. von Blank, der ein kaiserliches Handbillet mit sich führte, nahm den Stockacher Oberamtsrat Riedmüller sowie von der Garnison Konstanz einen Offizier, einen Korporal und zehn Soldaten mit, welch letztere im Radolfzeller Posthaus sich bereithalten mußten, falls Laßolaye sich widersetzen sollte. Die Geschäftsunterlagen in Singen wurden ohne Anstand ausgehändigt. Alle Betroffenen wurden von dieser Maßnahme überrascht. Obervogt Frey wurde als Kurator mit der Aufsicht über die Tabakfabrik betraut. Es gelang der Geschäftsführung und Laßolaye, viele Kredite zurückzuzahlen (u.a. 3000 fl. an die von Müllerschen Erben); es glückte ihm auch, Pfändungen zu verhindern, denn alle Gläubiger wußten, daß ihre Forderungen nur bei gutem Geschäftsgang der Tabakfabrik beglichen werden könnten. Auch in Wien änderte sich langsam die Meinung über den Baron, der schließlich auf Bitten im November 1788 die Direktion der Fabrik wieder übernehmen durfte; Wolf wurde entlassen. Allerdings blieb es vorderhand bei der Vermögenszession an den Aerar.

Endlich befreite der Kaiser auf Bitten Laßolayes im Oktober 1790 denselben vom Ersatz der gegen ihn eingeklagten 67 587 fl. 45 xr. im Wege der Gnade und hob die Vermögensbeschlagnahme auf; der Baron hatte einen Prozeß für seine Rehabilitierung angestrengt.[11]

1789 bemühte sich Obervogt Frey bei der vorderösterreichischen Regierung in Freiburg um Ermäßigung der Ausfuhrzölle für die Tabakfabrik; sie sollte wenigstens diesbezüglich mit ausländischen Konkurrenzbetrieben gleichgestellt sein. »[...] Der Tabak, so sehr er auch zur

Notwendigkeit geworden ist, gehöret doch nicht unter jene unentbörliche Lebensmittel, die eine gänzliche Befreyung von öfentlichen Abgaben verdient [. . .].«[12]

Sicherlich lag es nicht allein an den Zöllen, daß die Singener Tabakfabrik auf Dauer nicht florierte. In der badischen Markgrafschaft oder in Lahr gelang es, die Hebung des Ackerbaues durch Anbau von Handelsgewächsen, insbesondere Tabak, mit den Bedürfnissen der Industrie in Übereinstimmung zu bringen. Das war hierzulande nicht der Fall.[13] Am 28. Februar 1795 verkaufte Franz Xaver Wolf als bevollmächtigter Anwalt des Barons von Laßolaye die Tabakfabrik frei, ledig und eigen an Franz I. Joseph Graf Enzenberg um 5000 fl. Reichswährung; in einer sicher weit überzogenen Aufstellung Übelackers von 1786 waren allein die beiden Fabrikgebäude mit 25 311 fl. veranschlagt. Der Verkauf setzte voraus, daß die Tabakfabrikation ihren Betrieb eingestellt hatte. Die Fabrik wird beschrieben als weiträumiges, von Stein aufgebautes Wohn- und Mühlgebäude samt Wasserrad, zwei darin laufenden Wasserrädern und allen daranhängenden Mahl-, Reib- und Stampfwerken. Die Wohnräume bestanden aus je zwei Wohn- und Gastzimmern, einer Garderobe und zwei Kammern für die Bediensteten. Dann ein etwas kleineres Gebäude von Riegelwänden mit einer kleinen Wohnung, einer besonderen Arbeitsküchel, Boden (= Speicher), Warenbehältnis, Stall für vier Pferde sowie Holz- und Wagenschopf. Das alles stand auf dem Fabrikplatz (47 379 Quadratschuh, die Jauchert zu 46 080 österreichische Werkschuh gerechnet), oben und unten mit Mauern eingeschlossen; abwärts zwischen Kanal und Aachfluß ein mit Pappelbäumen überwachsener Wiesplatz (2 3/4 Vierling 104 Schuh).[14] – Damit endete die Geschichte der Tabakfabrik, die – von Valentin Lehmann entworfen, von Franz Übelacker vollendet – heute wahrscheinlich nach der 1775 in Heidelberg vom Kurfürsten Carl Theodor errichteten Manufaktur das zweitälteste Manufakturgebäude in Baden-Württemberg sein dürfte.

Umbau der Tabakfabrik als Unteres Schloß Walburgishof

Der Erwerb der Tabakfabrik kam offensichtlich den Erwägungen des Grafen Franz I. Joseph von Enzenberg sehr gelegen, der sich im Hauptort seiner Herrschaft einen Wohnsitz schaffen wollte. Zunächst wurde die Fabrik aufgeräumt, im Herbst 1795 kamen Möbel aus Klagenfurt. Ein österreichischer Generalfeldmarschall – Lieutenant von Ernst, z. Z. in Radolfzell – wollte Ende September das Fabrikhaus für sechs Monate mieten.[15] Ein erneutes Mietgesuch eines französischen Generals, der mit fünf Personen die Fabrik über den Sommer 1796 beziehen wollte, glaubte man nicht abschlagen zu können, obwohl »alle Franzosen Schufte sind, nur wenige ausgenommen«; das aus der Miete erlöste Geld »soll mir dienen, die Fabrique, die in Zukunft Walpurgenhof heißen soll – zu meublieren und auszuzieren«.[16] Den Umbau der Fabrik in ein herrschaftliches Schloß besorgte der fürstbischöfliche Baumeister Joseph Ferdinand Bickel, der noch einige Jahre später immer wieder um Rat gefragt wurde wegen Tapeten oder Malerarbeiten. Im Walburgishof wurden u.a. ein Kapellenzimmer, Schlafzimmer für die alte Herrschaft, für die junge Gräfin und ihre Kammerjungfrau, Arbeitszimmer des Grafen, Tafelzimmer, Sitz- und Spielzimmer, Gastzimmer eingerichtet.[17]

Auch über Joseph Ferdinand Bickel gibt es keine Literatur.[18] Über die Jugend und Ausbildung des am 14. Oktober 1752 in Donaueschingen geborenen J. F. Bickel wissen wir nichts. Er war 1775 als »Commis« bei dem berühmten französischen Baumeister Pierre Michel d'Ixnard nach Konstanz gekommen, der in diesem Jahr sich vertraglich verpflichtete, im Münster einen neuen Hochaltar zu errichten. Falls d'Ixnard vor Abschluß der Arbeit sterben sollte, so heißt es in dem Vertrag mit dem Bischof, könne Bickel den Altar wie vereinbart zu Ende bringen.[19] Als im November 1775 d'Ixnard vom Trierer Kurfürsten nach Koblenz berufen wurde, schloß der Fürstbischof mit Bickel einen Vertrag über die Fertigstellung der beiden Seitenchöre, die 1780 vollendet waren. Im September 1778 beantragte Bickel beim Konstanzer Magistrat die Aufnahme als Bürger (in dem Zusammenhang wurde er vom Fürsten zu Fürstenberg aus der Leibeigenschaft entlassen); der Architect (wie er sich bezeichnete) heiratete Aloysia Helena Leiner und hatte mit ihr vier Kinder. 1779 verlieh ihm Fürstbischof Maximilian Christoph eine Procuraturstelle.[20] In diese Zeit fällt der Bau der Pfarrkirche St. Peter und Paul 1779 bis 1781.[21] Friedrich Thöne meint, Bickels Zopf-Dekorationen ließen in ihren Resten noch Beziehungen zu den nach seinen Entwürfen entstandenen Arbeiten im Konstanzer Münster erkennen.[22] Paul Motz hingegen hält die Singener Kirche für den einzig klassizistischen Kirchenneubau von Bedeutung in der näheren Bodensee-Umgebung; Bickel war der deutsche Schüler von d'Ixnard. Heute kann man freilich nach mehreren grundlegenden Umbauten und Erweiterungen den einstigen klassizistischen Bau der Kirche kaum noch erkennen.

Verwunderlich erscheint es nach diesen vielversprechenden Anfängen, daß der Baumeister Bickel 1798 beim Konstanzer Magistrat um eine Anstellung als städtischer Revisor (Säckelamts-Controlleur) und provisorischer Säckelmeister einkam und diese auch erhielt. In der von ihm ab 1797 fortgeführten Konstanzer Chronik seines Schwiegervaters F. X. Leiner nennt er sich gelegentlich »Hochfürstl. Konstanzischer Baudirektor«, ohne jedoch auf seine Bautätigkeiten einzugehen. Obervogt Müller holte ihn häufig nach Singen; Graf Franz I. Joseph kannte ihn schon vom Kirchenbau her und hegte ein großes Vertrauen zu ihm. 1798 begutachtete Bickel alle herrschaftlichen Gebäude in Singen und Mühlhausen, empfahl den Neubau des Torkels, die Renovierung der Mühle und des Ziegelofens zu Mühlhausen, 1802 den Neubau von Scheuer und Stallung im Niederhof. So war Bickel auch mit dem Bau des Walburgishofs beauftragt worden, nicht jedoch mit dem Bau des Oberen Schlosses: »Hätte Bickel gebaut, so hätte Vogler crisiert, so baut Vogler und Bickel crisieret.«[23] – Am 19. Januar 1819 verstarb Bickel 67jährig in Konstanz an Wassersucht.

Das Untere Schloß oder der Walburgishof scheint nur selten von den Grafen Enzenberg bewohnt gewesen zu sein. Während der Kriegsjahre war das Haus ständig mit Militär belegt. Schon ab 1806 dachte man an einen Verkauf; am 20. August 1808 erschien im Nellenburger Bote eine Anzeige, wonach noch »die ganze Maschinerie zu einer Tabakfabrik«, alles in gutem Stand, zum Verkauf bereitliege. Im Jahre 1807 war Franz II. Joseph von Enzenberg nach Singen übergesiedelt und wohnte im Walburgishof, doch scheint er schon sehr bald den Entschluß gefaßt zu haben, ein größeres Schloß für seine zahlreiche Familie zu erbauen. Die Verbannung nach Rottweil von April bis Oktober 1809 traf die Familie schwer, die Kinder wurden in Schlatt unter Krähen bei der Familie des Johann Adam von Bodman untergebracht.[24] Nach 1811 dürfte der Walburgishof längerweilenden Besuchern gedient haben. – 1818 schließlich kam es zur Versteigerung der herrschaftlichen Effekten; das Versteigerungsprotokoll führt in 35 Rubriken über 1400 Nummern auf, darunter viele Uhren, Mikroskope, Lorgnetten und Brillen, einen dioptischen Sonnenquadranten, ein gregorianisches Spiegelteleskop, ferner Fayencen, Waffen, Möbel, Tisch- und Bettwäsche, aber auch zwei Pferde, Chaisen, Bücher (315 Bände) und eine ansehnliche Sammlung von Kupferstichen berühmter Meister (leider nicht im einzelnen aufgeführt), Ölgemälde und eine chinesische Bildersammlung: Gebäude, Landschaften, Trachten usw. Für die Kunstgegenstände fanden sich nach dem Versteigerungsprotokoll keine Liebhaber. Unter den Käufern finden wir an die 25 Singener Bürger, mehrere Wirte aus der Umgebung, Juden von Randegg und Gailingen[25] sowie Geistliche, Vogt Anton Waibel, Altvogt Anton Buchegger, den Schaffhauser Stadtbaumeister Vogler, Obervogt Ummenhofer und die Barone von Stotzingen und von Traitteur.[26] Der im Frühjahr 1819 unternommene Versuch, den Walburgishof mit Jägerhaus und Baumgärten um 6150 fl. zu versteigern, mißglückte; lediglich den unteren Gras- und Baumgarten ersteigerte Posthalter Johann Nepomuk Sandhaas um 401 fl.[27]

Vergebliche Versuche gewerblich-industrieller Nutzung

Von 1821 bis 1824 führte der Rentbeamte Franz Sales Ummenhofer eine ganze Reihe von vergeblichen Verkaufs- und Pachtverhandlungen, u.a. mit den Tabakfabrikanten Damas Rauch und Konrad Koch von Grafenhausen bei Ettlingen, dem Rotgerbermeister Joseph Simbold von Ronsberg bei Obergünzburg und dem Tuttlinger Konditor Johann Martin Kohler, der eine Schokoladenfabrikation mit Detailhandel eröffnen wollte; der Plan scheiterte am Widerstand der Gemeinde Singen, worauf Kohler sich in Morges bei Lausanne niederließ.[28]

Darauf plante Franz II. Joseph von Enzenberg 1824, im Walburgishof eine Steingutfabrik zu errichten. Die Gr. Forstinspektion begrüßte das Vorhaben, denn in der ganzen Gegend gäbe es kein Gewerbe, das ärmere Menschen beschäftige; die nächste Steingutfabrik liege erst in Zell a. H., und so werde hier nur Ausschußware von Scheuren-Krämern zu einem sehr hohen Preis angeboten. Für die Anschaffung des Materials – Töpfererde sei in Singen und Schlatt am Randen in großen Mengen vorhanden – müsse der Unternehmer sorgen, auch Holz sei in der Gegend genug vorhanden. Das Gr. Staatsministerium gab im November 1824 grünes Licht.[29] Es scheint indessen, daß es bei der Absicht geblieben ist, denn es finden sich keinerlei Berichte über die Eröffnung und den Betrieb einer solchen Fabrik. Es liegt zwar ein Vertragsentwurf vom 31. Dezember 1824 (Donaueschingen) mit der Handelsgesellschaft von Uichtritz et Compagnie vor, der die pachtweise Überlassung des Wohnhauses mit südlichem (unteren) Garten und die jenseits des Kanals mit Pappeln besetzte Landzunge auf fünf Jahre für den Betrieb einer Steingutfabrik vorsah,[30] doch dürfte es nicht zum Vollzug gekommen sein; 1827 wurde der »Untere Walburgishofgarten« (3 Vgl. ein Maß, in zwei Teile geteilt) auf neun Jahre an den Hammerschmied Fideli Waibel verpachtet.[31]

Vermutlich standen die Räume des Walburgishofs viele Jahre leer und ungenutzt. 1838 erst bot sich die Möglichkeit, das zweistöckige Wohnhaus mit Kanal- und Wassergerechtigkeit um 8800 fl. an die Badische

Gesellschaft für Zuckerfabrikation in Karlsruhe zu verkaufen.³² Die Karlsruher Gesellschaft hatte im Oktober 1837 die Gebäulichkeiten des ehemaligen Kapuzinerklosters in Stockach erworben und für die Zuckerfabrikation umbauen lassen. Auch die Landwirte stellten sich rasch auf die Bedürfnisse der Fabrik ein, ermuntert durch den Landwirtschaftlichen Bezirksverein, und produzierten fleißig Runkelrüben. In Singen nun wurde als Filialbetrieb ein Trockenwerk eingerichtet. Die Zuckerproduktion florierte außerordentlich; 1840 sollen im Werk zu Stockach und im Singener Trockenhaus über 100 Arbeiter beschäftigt gewesen sein, die 660 915 Zentner Runkelrüben verarbeiteten; die Erzeuger erlösten dafür 33 457 fl. Leider beendete ein Schadenfeuer an Weihnachten 1842, dem die Stockacher Zuckerfabrik zum Opfer fiel, die so hoffnungsvoll begonnene und erfolgreich verlaufende Produktion, denn die Karlsruher Direktion sah sich nicht imstande, den Stockacher Betrieb wieder aufzubauen; damit schlug auch für das Singener Filialwerk die letzte Stunde.³³

Wahrscheinlich hat das Singener Trockenwerk seinen Betrieb im Herbst 1838 aufgenommen; es war ein Saisonbetrieb für die Monate Oktober bis etwa März. Das Trocknen der Runkelrüben geschah in vier ofengeheizten Apparaten, von denen jeder im Laufe von 24 Stunden 80 Zentner Rüben zu trocknen vermochte. Das Schneiden und Dörren der Runkelrüben mußte vorsichtig und ununterbrochen vor sich gehen, weil die Rübe sich sehr leicht zersetzt, gärt und fault, wenn sie vor ihrer völligen Trocknung abwechselnden Temperaturverhältnissen ausgesetzt wird. Man mußte auch an Sonn- und Feiertagen arbeiten, denn sonst hätten frische Rüben am vorhergehenden Tag nicht mehr in die Apparate eingetragen werden können, auch wären die Apparate erkaltet, hätten also mit Geld- und Zeitaufwand am Montag erst wieder aufgeheizt werden müssen. Daher stellte die Fabrikverwaltung Stockach beim Bezirksamt Radolfzell den Antrag, aufgrund der Verordnung vom 21. November 1804 das Fortarbeiten an Sonn- und Feiertagen zu erlauben; man werde dafür sorgen, daß an diesen Tagen die Fabrik nach außen geschlossen bleibe und daß ein Teil der Arbeiter regelmäßig den Gottesdienst besuchen könne, indem der Betrieb während dieser Zeit einem kleineren Personal überlassen werde.

Dagegen erhoben Pfarrer Joseph Scheidegg und Bürgermeister Georg Weber Einspruch, denn der hiesige Fabrikaufseher Keller habe die Notwendigkeit dieser Maßnahme nicht überzeugend begründen können. Das Bezirksamt blieb jedoch bei seinem zusagenden Bescheid; das Rübenaufkommen sei in diesem Jahr dreimal größer als im vorigen Jahr, und so könne das Geschäft nicht viel vor der gewöhnlichen Auswachsungszeit, d. h. mit dem Monat Februar, beendet werden, denn beim Auswachsen gehe der Zuckerstoff zugrunde.

Der Vorgang wiederholte sich im nächsten Jahr, 1840, obwohl sogar die katholische Kirchensektion im Karlsruher Innenministerium zugestimmt hatte. Pfarrer Scheidegg bezweifelte, daß die »höchste Not« den ganzen Winter hindurch Sonn- und Feiertagsarbeit erfordere; als Pfarrer habe er seine Gemeinde von der Kanzel pflichtgemäß auf die Verletzung des göttlichen Sonntagsgebotes aufmerksam gemacht, die Arbeiter bzw. deren Eltern (Christenlehrpflichtige) in ihren Häusern aufgesucht und denselben mit geistlichen Strafen gedroht, wenn sie das Arbeiten am Sonntag nicht einstellten. Das Bezirksamt Radolfzell erteilte wiederum die Erlaubnis, nach Zusage der Zuckerfabrikverwaltung, daß keine Arbeiten im Freien geschehen würden (z. B. Auf- und Abladen der Rüben), daß die Arbeiter abwechslungsweise den Vormittags- oder Nachmittagsgottesdienst besuchen sollten und daß an hohen Feiertagen nicht gearbeitet würde. Der Singener Pfarrer blieb jedoch bei seiner Ansicht, es liege keine »höchste Not durch den ganzen Winter« vor und daß er als Diener der Religion pflichtmäßig öffentlich auf die Verletzung des göttlichen Gebotes ohne Scheu und Menschenfurcht aufmerksam machen müsse. Den Rüben geschehe bei zweckmäßiger Behandlung im Aufschichten und bei gehöriger Vorkehrung im Dörren kein Schaden, wenn die Sonn- und Feiertage gefeiert würden; nur wegen des Brennmaterials werde ein größerer Posten bei Frischheizung veranlaßt: ca. 2000 Ziegel Torf jeweils à 4 fl. oder die ganze Trockenzeit ca. 60 fl.

Das Bezirksamt verwahrte sich gegen den Vorwurf der Profanierung der Sonn- und Festtage sowie der Vernachlässigung der Gottesdienste. »Wir dürfen aber ebensowenig dem Fortkommen und dem Emporblühen eines im Entstehen begriffenen Fabrikunternehmens durch rücksichtslose Verbote hindernd in den Weg treten [...].« Ein Gutachten der Polytechnischen Hochschule Karlsruhe sollte nun klären, ob das Trocknen der Rüben zu den höchst notwendigen Arbeiten gerechnet werden müsse. Pfarrer Scheidegg wandte ein, daß die Gutachter – unter ihnen der Hofrat Professor Dr. Walchner – als Aktionäre der Gesellschaft in ihrem Urteil befangen seien. Im übrigen gehe es in gar keiner Weise um die Zerstörung und Benachteiligung einer Fabrik, denn »wegen der Sonntagsfeier wird in wirklichen Notfällen keine Fabrik ihre Türen schließen, allein auch keine besser aufblühen, wenn sie außer den wirklichen Notfällen die wirklichen Tage im Jahr feiert und dadurch den katholischen Bewohnern kein Ärgernis gibt [...] Können die Gr. Salinen an Sonn- und Feiertagen ruhen, so werden es wohl auch die Rübentrockenfabriken tun können [...].«

Der sehr intensive Schriftwechsel, mit dem alle Behörden bis zum Innenministerium befaßt waren, vermochte die gegenteiligen Standpunkte nicht zu vereinen. Die staatliche Erlaubnis für die Sonntagsarbeit wurde aufrechterhalten, der mutige und unbeirrbare Singener Pfarrer wehrte sich weiterhin. – Der Stockacher Brand an Weihnachten 1842 beendete die Diskussion über das Thema der Sonntagsarbeit.[34] Das Singener Trockenwerk der Stockacher Zuckerfabrik stellte abrupt die Arbeit ein.

Wiederum stand der Walburgishof über zwei Jahre leer und ungenutzt. Endlich gelang es der Direktion der Badischen Gesellschaft für Zuckerfabrikation in Karlsruhe, das Singener Etablissement am 29. April 1845 an den aus Todtnau stammenden Friedrich (Friedolin) Troetschler zu verkaufen. Troetschler suchte schon einige Zeit nach einem geeigneten Platz für die Errichtung einer Baumwollspinnerei. Er entschied sich für den Standort Singen, vor allem wegen der Wasserkraft der Aach. – Auf dem um 11 000 fl. verkauften Areal mit 88,960 Qudratfuß neubadischen Maßes standen das Hauptwohngebäude, ein Verkohlungsgebäude, Trockenhaus und Torfschuppen mit dem vorhandenen Wasserrad samt Wellbaum und Fallzug (Gebäude und Hofreite 29 991 Qudratfuß), dazu gehörten ferner ein Krautgarten, Obstgarten und Wiesen. An die Wassergerechtigkeit war mit Rücksicht auf die oberhalb gelegene grundherrliche Mühle wie schon früher das Verbot geknüpft, eine Mahlmühle, Holzsäge, Hanfreibe, Ölmühle oder Lohstampfe zu errichten; außerdem mußte die Stellfalle unterhalb des Walburgishofs in dem Stande erhalten werden, daß man den grundherrlichen Brühl im Niederhof und die gemeindeeigene Hanfrätze bewässern konnte.[35] Wenig später verkauften mehrere Singener Bürger und die Gemeinde selbst einige angrenzende Wiesen und Baumgärten an Friedolin Troetschler.[36]

Die Baumwollgarnspinnerei Troetschler und Wolf beschäftigte 1850 bereits 70 bis 80 Arbeiter beiderlei Geschlechts, meist junge Leute aus dem Ort. Unter den Arbeitern befanden sich auch Kinder, die bei ihren Angehörigen wohnten und aßen und – soweit sie schulpflichtig waren – die Ortsschule besuchten. Sie arbeiteten also außerhalb der Schulzeit. Zur Belegschaft zählten ferner zehn fremde Spinner, »Schweizer und Badenser, darunter 5 Familienväter, welche ihre Kinder auch in die Ortsschule schicken«. Die Fabrikbesitzer trachteten, nach und nach alle Arbeiter, auch die Spinner als Fachkräfte, in Singen gewinnen zu können »und die Fremden ganz entbehrlich werden«. »Durch diese Fabrik kommt den hiesigen Einwohnern durch ihre ledigen Familienglieder schöner Verdienst zu; auf die Moralität und die Polizeihandhabung hat sie keinen nachteiligen Einfluß, weil die Arbeiter fast sämtlich von hier und bei ihren Eltern sind; der Fabrikherr sieht selbst sehr auf Zucht und Ordnung und duldet keinen, der sich nicht danach richtet« (1. September 1854).[37]

Die weitere Geschichte der Baumwollspinnerei, die 1926 kurzfristig von der Baumwollspinnerei Arlen (Dr. Charles ten Brink) übernommen wurde, ehe sie 1929 in der neugegründeten Gas- und Elektrizitätsversorgungsgesellschaft Singen aufging, ist in Band 1 der Singener Stadtgeschichte beschrieben.[38]

Anmerkungen

[1] Vgl. dazu ERNST DOBLER, Die industrielle Entwicklung der Gemeinde Singen, Diss. Tübingen 1922, S. 7. – Der Hinweis von EBERHARD GOTHEIN, Wirtschaftsgeschichte des Schwarzwaldes und der angrenzenden Landschaften, Straßburg, 1892, S. 757, auf eine kleine Spinnerei in Singen in der Grafschaft Nellenburg findet in den Quellen keine Bestätigung.

[2] EAS A I 6/1 = 914; A I 6/2 = 1089; S II 1/2 = 891.

[3] JOSEPH KLEIN, P. Franz Übelacker, Der Baumeister des Klosters Petershausen, in Bodensee-Chronik Nr. 7–9, 1931. PAUL MOTZ, Die Neubauten der ehemaligen Benediktiner- und Reichsabtei Petershausen bei Konstanz im 18. Jahrhundert, in SVGB 79 (1961), S. 26–51.

[4] Über Valentin Lehmann gibt es lediglich einen in der Badischen Zeitung, Ausgabe Donaueschingen, vom 2. November 1979 von GEORG GOERLIPP veröffentlichten Aufsatz (Grabmäler zweier Männer, die sich um Donaueschingen besonders verdient gemacht haben); G. Goerlipp stellte dem Verfasser seine Unterlagen bereitwillig zur Verfügung. Danach stammte Valentin Lehmann aus Harmersbach, trat 1776 als Kabinettschreiner in fürstenbergische Dienste und wurde 1783 vom Fürsten Joseph Wenzel zu Fürstenberg zum Fürstlichen Rat ernannt. 1780 hatte er sich mit der ältesten Tochter des ff. Baudirektors Franz Joseph Salzmann (1724–1786) verheiratet. 1796 verlieh ihm Fürst Karl Joachim zu Fürstenberg den Titel eines Hofrates. Lehmann hat u.a. nach Plänen seines Schwiegervaters 1786 bis 1787 die Pfarrkirche Heilig-Kreuz in Stühlingen und in Zusammenarbeit mit Salzmann in Donaueschingen das Archiv, die Hofbibliothek, den sogenannten Neubau und den Karlsbau sowie 1787 nach eigenen Plänen das Jagdschloß Bachzimmern erbaut; FRIEDRICH THÖNE, Vom Rheinfall bis Säckingen und St. Blasien, Sigmaringen 1975, S. 76; ERNA HUBER, Vom Schwarzwald zur Baar, Sigmaringen 1978, S. 65; KARL WACKER, Der Landkreis Donaueschingen, Konstanz 1966, S. 151. – Weitere Bauten 1788 Kloster Amtenhausen, 1789 Pfarrhof Löffingen, 1793 Kirche Bachheim u.a. m. sowie viele Pläne und Entwürfe; Lehmann war gleichzeitig auch tätig für das Haus Thurn und Taxis. – Im Oktober 1783 erklärte Lehmann in bezug auf den Singener Fabrikbau, »die Sache gehe ihn nichts mehr an«; die Fabrik erwartete damals von ihm immer noch die 310 fl., EAS A I 6/1 = 914, 1783 Okt. 23. – Lehmann starb 1818.

409

[5] Hofrat von Müller äußerte sich damals: »Die Tabakfabrik ist sozusagen im Mutterleib erstickt und außer dem Gebäude, welches zu kostbar angefangen worden, nichts davon an das Tageslicht gekommen.«

[6] Hurterische Schaffhauser Zeitung Nr. 68 vom 23. August 1783, in Zs Hegau 26 (1969), S. 277, mitgeteilt von Max Ruh.

[7] Hofrat von Müller hoffte, auf diese Weise von Laßolaye 3000 fl. (Wechselbrief vom 01. April 1786) zurückzubekommen.

[8] 1786 hielt sich Übelacker wochenlang im Haus des Obristen und Hohentwieler Vizekommandanten Freiherr Friedrich Karl von Gregoire auf, dessen einzige Tochter dem Pater nach Freiburg nachfolgte. Übelacker hatte keinen Zutritt mehr in andere Häuser der Nachbarschaft. Unbefugt legte er sich das Adelsprädikat »von« zu: Abbé Georg Anton von Übelacker.

[9] Siehe WILLI A. BOELCKE, Industrie im Raum Singen, Singener Stadtgeschichte Bd. 1, S. 227–229.

[10] EAS A I 6/3 = 409.

[11] Schon im März 1790 meinte Obervogt Frey in einem Brief an Graf Enzenberg, dem Mann sei zu hart mitgespielt worden, und dem Aerar gebühre kein Heller von dem eingeklagten Geld; EAS VV 1/6 B = 653. – Über Leopold von Laßolaye – auch La Sollaye geschrieben – ist wenig zu erfahren. Die Familie stammte aus Savoyen, Großvater, Vater und wohl auch der Bruder standen in markgräflich-badischen Diensten. 1780 überließ Fürst Joseph Wenzel von Fürstenberg dem damaligen Geheimen Rat und Kammerpräsidenten Leopold von Laßolaye Schloß und Meiergut Wartenberg als Mannlehen. Der neue Herr ließ die noch vorhandenen Ruinen des alten Schlosses abbrechen und an deren Stelle ein Lustschlößchen erbauen. Das Kameralgut litt schwer unter der Mißwirtschaft des Barons. Als Fürst Joseph Maria Benedikt 1783 die Regierung übernahm, kaufte er noch im gleichen Jahr das Jagdschloß und Kameralgut zurück und vergab dieses an Kolonisten. AUGUST VETTER, Geisingen, Eine Stadtgründung der Edelfreien von Wartenberg, Konstanz 1964, S. 183ff.; HELMUT STEIGELMANN, Um Rhein und Murg, Heimatbuch Landkreis Rastatt, 1972, S. 74–79. – In der Wirtschaftsgeschichte von E. GOTHEIN, a.a.O., werden die Namen Laßolaye, Hasslinger und Übelacker nicht erwähnt.

[12] CASIMIR BUHMILLER, Der Rauchgenuß paßte sich der Arbeit an. Zur Entwicklung der Rauchkultur im Raum Singen, in SÜDKURIER Singen 89 vom 16. April 1987. – Ende des 17. Jh.s (1696) läßt sich in Mühlhausen das schon in der Singener Dorfoffnung 1688 verbotene Tabaktrinken nachweisen. 1809 handelte in Singen Baptist Thoma mit Schnupftabak aus Marokko und Holländergelb oder Pfälzer schwarz von der Tabakfabrik Lotzbeck in Lahr, während Jakob Buchegger seinen Schnupftabak von den Gebrüdern Hugo in Lahr bezog; EAS S V 3/3 = 449.

[13] GOTHEIN, a.a.O., S. 786–788.

[14] Die Fabrik mußte die Stellfalle für Wässerung der Hanfröste und des herrschaftlichen Gartens zu Niederhofen unterhalten; solange die Fabrik existierte bzw. Räder im Wasser hingen, mußten in die Gemeindekasse 25 fl., für Brückenunterhaltung 5 fl. gezahlt werden. Die Grundherrschaft erhielt 42 xr. Grundzins und einen Rekognitionszins von 1 Pfund hr. an Martini. EAS A I 6/2 = 1089; A I 6/4 = 700.

[15] EAS VV 1/8a = 413.

[16] Brief Enzenberg vom 18. März 1796, EAS a.a.O. Der Name bezieht sich auf seine Frau Waldburga.

[17] EAS A I 6/4 = 700.

[18] Frdl. Auskunft von Professor Helmut Maurer vom 15. Oktober 1986, der aus den Akten des Stadtarchivs Konstanz Unterlagen erheben ließ. Wichtig ist der Nachlaß von Paul Motz (StA Konstanz 24/340), der eine Biographie Bickels plante; deshalb sei hier der Versuch einer kurzen Biographie einer um die Baugeschichte der grundherrlichen »Residenz« Singen verdienten Persönlichkeit unternommen.

[19] HERIBERT REINERS, Das Münster Unserer Lieben Frau zu Konstanz, Lindau und Konstanz 1955, S. 73, 75.

[20] StA Konstanz A IV Fasc. 920; L Fasc. 515; B Fasc. 6; J XII Fasc. 833.

[21] K. HAAS, Aus der Geschichte der Peter- und Paul-Kirche in Singen, 1935; FR. GÖTZ, in diesem Bd. S. 81 f.

[22] FRIEDRICH THÖNE, Vom Bodensee zum Rheinfall, Kunst- und Geschichtsstätten, 3. Auflage 1975, S. 46.

[23] EAS VV 1/10c = 1043; Brief Enzenberg vom Juli 1809. Bickel war seit 1779 mit Bau- und Renovierungsarbeiten in Singen befaßt. 1779 bis 1784 Amtshaus Singen, Schloß Mühlhausen (Grundrisse); Riß für ein neues Wirtshaus in Singen; Keller- und Schüttenbau am herrschaftlichen Amtshaus.
1783 Gutachten über die Mühle und das Wasserwerk Singen. Leitung des Abbruchs des alten Brauhauses. 1784 Neubau der Mühle mit Wasserwerken. 1789 Torkel. November 1792 Gutachten über das Schloß Mühlhausen. 1795 arbeitete Bickels »Balier« im Walburgishof (Gipsarbeiten). 1812 besorgte Bickel 500 Bodenbretter, die im Radolfzeller Hafen ausgeladen wurden. Darüber hinaus scheint der vielseitige Mann eine Firma »Bickel et Comp.« in Konstanz etwa seit 1789 gehabt zu haben, die Früchte ab dem herrschaftlichen Kasten Singen, insbesondere Mehl, abnahm und weiterverkaufte. EAS V I 1/3 = 442; VV I/6h = 653; VV I/8a = 413; VV I/10b = 1051, 1806, 1807. Weiterhin vermittelte Bickel auch Kupfergefäße, Waffen, Lebensmittel und Früchte, gab Ratschläge zur Selbstadministration der Ziegelhütte und zur Retablierung des Steinbruchs in Mühlhausen.

[24] EAS VV 1/10b = 1051.

[25] Leopold Weil, Mandle Bloch von Randegg; J. Guggenheim, Elias Kaufmann, Moses Levi, Baruch Rothschild, J. Guggenheim von Gailingen.

[26] EAS A I 6/6 = 475.

[27] EAS A I 6/5 = 407; ebenso scheiterte ein Verkaufsversuch 1823 mit einem Schätzwert von 7700 fl.

[28] EAS A I 6/7 = 408.

[29] GLA 359 Zug. 1906 Nr. 20/2099; 233/2029; EAS A I 6/8 = 372.

[30] EAS A I 6/9 = 817. Verboten war die etwaige Betriebsaufnahme einer Mahl- oder Sägemühle, Ölpresse, Hanf- oder Mostreibe. Der Pächter mußte sich ferner verpflichten, die Obstbäume zu pflegen, abgehende Bäume zu ersetzen und die Trauerweiden beim Haus zu pflegen.

[31] EAS A I 18/1 = 184.

[32] EAS A I 6/9 = 817; Vertrag vom 17. März 1838; der Käufer

mußte die Stellfalle unterhalten und die Wässerung im Brühl (Niederhof) und der gemeindlichen Hanfreitze garantieren und sich mit der Gemeinde über den Wasserzins für die Räder gem. Vertrag vom 17. Februar 1786 einigen.

[33] H. WAGNER, Stockach, S. 193–196.
[34] GLA 359 Zug. 1906 Nr. 20/2098.
[35] Städt. Grundbuchamt, Altes Grundbuch Bd. IV, Nr. 140; für die Karlsruher Zuckerfabrik unterschrieben Secretär Hartmann und Factor W. Rindt. Für Friedolin Troetschler, der den Kauf-Schilling in vier Raten bis 1848, verzinslich mit 5%, entrichtete, bürgten die Herren Katzenmajer und Meßmer von Konstanz. Zugleich erwarb Joseph Perollaz von der Zuckerfabrik 11 1/2 Vlg. Ackerfeld und 910 fl. »unten am Ort«; Kaufvertrag Nr. 141.
[36] A. a. O. Kaufverträge Nr. 164–168; Posthalter Sandhaas in Randegg; Johann Georg Schrott; Johann Meßmer; Schuster Joseph Harder.
[37] GLA 359 Zug. 1923, Nr. 26/38, Ortsbereisungen 1850, 1854.
[38] WILLI A. BOELCKE, Industrie im Raum Singen, Singener Stadtgeschichte Bd. 1, S. 231, 236; BECKER-KÖHLER, Die Energieversorgung von Singen seit 1896, a. a. O., S. 273–282.

Das Obere Schloß

(Gräfliches Schloß)

von Herbert Berner

Überlegungen zum Bau eines für eine große Familie ausreichenden standesgemäßen herrschaftlichen Schlosses, das auch Räume für das Obervogteiamt haben sollte, scheinen erst um 1807 angestellt worden zu sein[1]. Bis dahin befaßte man sich wiederholt mit Reparaturen und dem Ausbau des aus dem beginnenden 16. Jh. stammenden Amtshauses[2], das vor 1660 als vierstöckiges Gebäude »von neuem« auf den Grundmauern des im Dreißigjährigen Kriege zerstörten alten Amtshauses erbaut worden war.

Das Amtshaus

Im Jahre 1749 fertigte der Baumeister Christian Gaßner aus Friedingen einen Überschlag für einen Umbau (1992 fl. 32 xr). Danach hatte das Amtshaus einen später in das Neue Schloß integrierten Quer- und Hauptbau. Über dem gewölbten Keller befanden sich im Parterre Räume für Kanzlei, Registratur, Amtsdiener, ein Keller- oder Abstellraum, Hausgang und Stiegenhaus. Im mittleren (ersten) Stock waren einschließlich Küche und »Speise« 11 Räume: Arbeitszimmer des »Beamten« (= Obervogt), Knecht- und Mägdekammer, 2 Gefangenschaften (!), Gänge und Stiege. Der obere zweite Stock mit 9 Zimmern diente als Wohnung des Obervogts mit seinen Bediensteten. Im hinteren (rückwärtigen) niedrigeren Teil des Hauses, der damals noch als Fruchtschütte verwendet wurde, hätte man nach Meinung des Baumeisters noch zwei Gästezimmer mit Küche und Nebenräumen einrichten können[3]. Offensichtlich begnügte man sich 1750 mit den notwendigen Reparaturen, durchgeführt durch Baumeister Franciscus Singer aus Singen.

Der Neubau des Schlosses

Die wenigen vorhandenen Risse und Baupläne für ein neues Schloß, alle undatiert und ohne Planfertiger, dürften in den Jahren 1807 ff. entstanden sein. Ein Plan sah ein repräsentatives dreiflügeliges Gebäude vor, dem das alte Amtshaus hätte weichen müssen. Schließlich entschied sich Franz II. Joseph von Enzenberg für einen zwar stattlichen, aber doch bescheideneren Entwurf, den der Schaffhauser Architekt und spätere Stadtbaumeister Hans Konrad II. Vogler angefertigt hat. Er berücksichtigte die Flächen des vorhandenen Baugrundstückes, das damals teilweise erst noch von den Singener Bauern erworben werden mußte, und sah die Einbeziehung des Amtshauses in den dreigeschossigen, im Grundriß nahezu quadratischen, von einem mächtigen Mansarddach gekrönten Neubau vor. Hans Konrad II. Vogler (1772–1826), ein Sohn des gleichnamigen, 1799 zum Stadtbaumeister gewählten Schreiners, Bildhauers, Zeichners und Architekten (1739–1807), war ebenfalls Zeichner und Architekt. Er wurde 1805 Zeichenlehrer am Gymnasium Schaffhausen, von 1811 an Schreib- und Rechenmeister daselbst und 1818 (zum zweitenmal gewählt) Stadtbaumeister. »Als ›Bauherr‹ verwaltete er den Kunst- und kunstgewerblichen Besitz der Stadt, worüber er ein wertvolles Verzeichnis hinterlassen hat. Unter der Interimsregierung war er Urteilssprecher; in militärischen Dingen, wie sein Vater der Artillerie zugetan, wurde er bald als Konstabler, bald als Lieutenant bezeichnet.«[4]

In den Rechnungen der Grundherrschaft erscheint er 1808, 1810 und 1811 und wird 1810 »Lieutenant Vogler in Schafhausen« genannt. Er erhielt für seine Dienste 685 fl. Die Schaffhauser Biographie nennt ihn als Architekten lediglich im Zusammenhang mit dem Bau »des im Äußeren einfach gehaltenen Schlosses« in Singen. Er sorgte wohl dafür, daß eine Reihe Schaffhauser Handwerker zugezogen wurden; so lieferte der Hafnermeister Oechsle 3 Öfen; weiter waren beteiligt Schlossermeister Wischer, Schreinermeister Pfister und der Eisenhändler Sailer. Auch aus Stein am Rhein (Steinhauer Caspar Fuog, Flaschner Steinfeld, Glaser Mayer) und Diessenhofen (Kaufmann Brunner, Farben) wurden Handwerker und Lieferanten hinzugezogen. Den Hauptanteil leisteten jedoch die Singener Handwerker, insbesondere die Maurer Andreas Stöckle und Aloys Fink, die Zimmermeister Josef Graf und Johann Klausmann, die Schreiner Bernhard Stengele, Joseph Bach, Gregor We-

Gräfliches Schloß (um 1905), gemalt von Theodolinde Gräfin Enzenberg (1866–1951), verheiratet ab 1891 mit Rudolf Graf Vetter von der Lilie, von 1925 an Besitzerin des Schlosses und einem Drittel der enzenbergischen Güter in Singen

ber, Jakob Schellhammer (Mühlhausen), Schmied (Schlosser) F. Allweiler, Konrad und Fidel Waibel, der Hafner Paul Schrof, Wagner Dominik Hanloser und Nagelschmid Rudolf Fink.

Die Bauarbeiten begannen im März 1809; 57 Handfröner waren einige Tage unter Anleitung des Maurers Andreas Stöckle mit Abbrechen, Abräumen und Keller-Graben beim »Alten Schloß« gegen eine Tagesration von einem Quart Wein Schaffhauser Maß und 4 xr Brot beschäftigt; vom Amtshaus blieben nur der gewölbte Keller und ein Teil des vorderen Baues in Erdgeschoßhöhe erhalten, die in den Neubau einbezogen wurden. Die Leute waren in Rotten zu je 5 bis 10 Mann eingeteilt. Die später notwendigen Handreichungen wurden vergütet[5]. Die Steine für den Neubau wurden am Schorenbühl gebrochen, das Bauholz kam aus den Hohentwieler Waldungen, aus den herrschaftlichen Wäldern und vom Arlener Berg. Am Hohentwieler Berg wurde bereits 1808 eine Quelle gefaßt und das Wasser in ein Bassin (Brunnen) beim Neuen Schloß geleitet; ebenfalls 1808 begann man mit dem Bau eines neuen Arrests (wohl in unmittelbarer Nähe) mit 2 Räumen, der Mitte November 1808 schon »bezugsfertig« war[6].

Der Bau schritt erstaunlich rasch voran; bereits im August 1809 war man bis zum Dachstuhl gekommen. Ein »ungeheurer sogenannter ›Gran‹ steht gegen die Straße vor dem Haus, an dem alles Holz hinaufgezogen werden soll; ist von starkem Holz gebaut« (1809 VIII 17). Baumeister Vogler, der sich viel in Singen aufhielt, mußte im September nach Rottenburg reisen, um dort mit dem Grafen Enzenberg Rücksprache wegen des Mansarddaches zu halten. Das Dach war – wie es einmal Zimmermann Johann Klausmann ausdrückte – ein »gewaltiger Holzfras«. In der Tat wurde für den Neubau ein kleiner Wald abgeholzt: 429 Baumstämme für das Dachgebälk, das mit 20 000 »Blatten« eingedeckt wur-

Plan eines Schloßneubaues in Singen (nicht ausgeführt) von Joseph Ferdinand Bickel (1752–1819), fürstbischöflicher Baumeister und seit 1798 Konstanzer Säckelmeister

de; man zweifelte, ob das Gebäude die ungeheure Last des Daches tragen könne[7]. – Beim Aufrichten des Schlosses sprach Zimmergeselle Peter Klausmann den Richtspruch; er bekam ein Trinkgeld und ein Schnupftuch, die Fröner und Handwerker wurden mit Wein und Brot bewirtet. Vor dem Rohbau stand ein mit roten Bändeln gezierter »Aufricht-Mayen«.

Beim Innenausbau ließ man sich mehr Zeit; die Mittel waren knapp geworden. Interessant ist wohl, daß die Gipsdecken mit Kälberhaaren, geliefert von Anton Gretsch in Radolfzell, verfestigt wurden. Drei Öfen lieferte der Schaffhauser Hafnermeister Oechsle, 5 weitere Öfen 1811 Hafner Ignaz Heim aus Fehrenbach (Vöhrenbach), davon 3 aus weißglasiertem Ton à 55 fl. »Glastafeln« kamen von Glaser Mayer in Stein am Rhein und von Mathä Hofmayer aus Diessenhofen. Als Nebengebäude wurden erstellt: ein Glashaus (wahrscheinlich eine Orangerie im Schloßgarten), Wagenschopf (Remise), Torkelgebäude; der Schloßgarten wurde ummauert. Mit dem Nachbarn, Kreuz-Wirt Joseph Graf, einigte man sich über den Wegfall eines Durchganges in den Schloßgarten, wofür dessen Waschhaus und Schweineställe an der Schloßmauer verbleiben durften[8]. Die Baukosten beliefen sich auf insgesamt rd. 14 500 Gulden.

Das Äußere des Gräflichen Schlosses hat sich seitdem nicht verändert. Es läßt sich im Hegau vergleichen mit dem Hornsteinschen Schloß in Binningen, einem zu Beginn des 18. Jh.s erbauten zweigeschossigen Mansardbau, und dem dreigeschossigen Steißlinger Schloß. Friedrich Thöne charakterisiert das Singener Schloß als »schlichten Zopfbau«[9]. In der Liste der denkmalgeschützten Gebäude im Landkreis Konstanz (1963–1966) wird das Gräfliche Schloß kurz und sachlich als ein Massivbau (1809) beschrieben, als ein dreigeschossiges Gebäude mit Mansarddach auf quadratischem Grundriß 7:7 Achsen, später um 4 Achsen erweitert (?). Innen klassizistisches Treppengeländer, 3 alte Öfen, einfache Stuckdecken; Ökonomiegebäude von 1809, englische Parkanlagen mit Teepavillon um 1850. Umfassungsmauer nach drei Seiten. Man wird das Gebäude als klassizistisch, damals zum Stil der Kirche von St. Peter und Paul passend, bezeichnen dürfen.

Der Pflege des Schloßgartens wurde stets viel Aufmerksamkeit gewidmet. Die Orangerie ist im Februar 1940 abgebrochen worden[10]. Während das Hauptgebäude bis in die 70er Jahre des vorigen Jahrhunderts hinein der Familie Enzenberg als Wohnung diente, wurde das Hintergebäude mit seitlicher Treppenanlage als Wohnung der Rentmeister genutzt. Ab 1879 wurden das

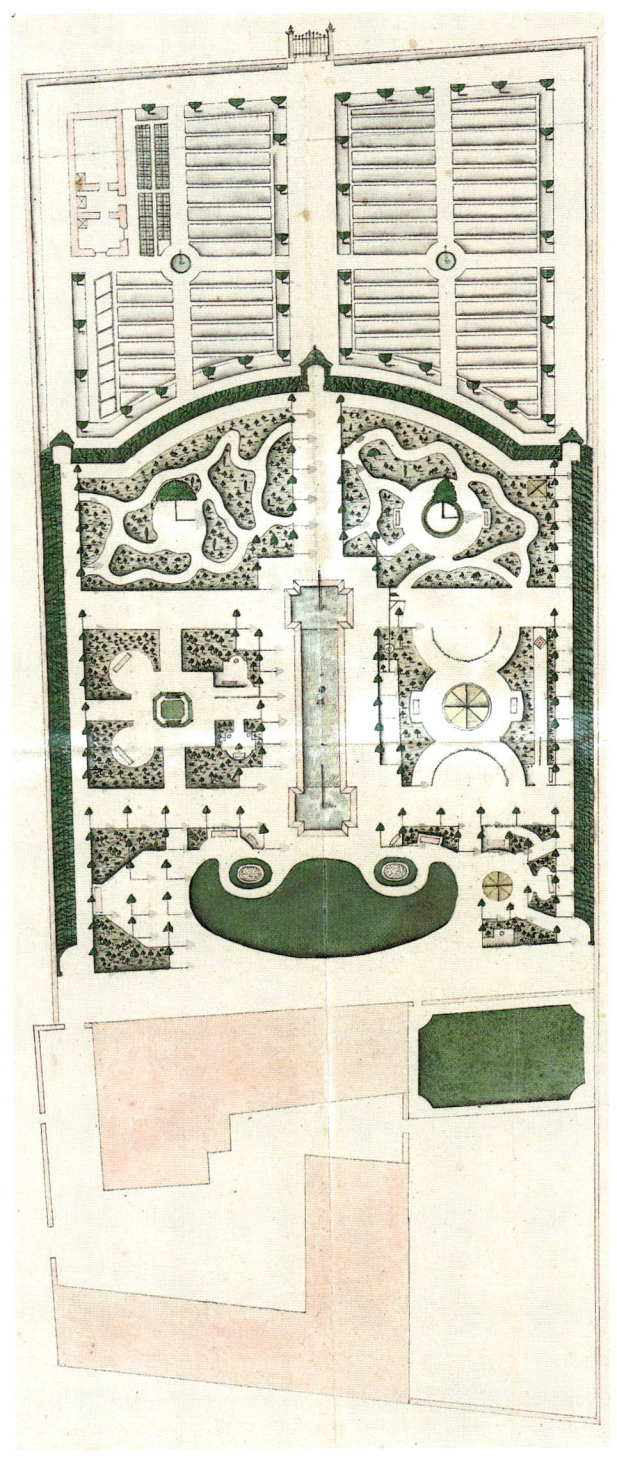

Plan des Schloßgartens (um 1809), ohne Angaben, südlich davon heute die Schloßstraße

erste Stockwerk des Schlosses und die Nebengebäude vermietet. 1912/13 wollte die Stadtverwaltung im Schloß Volksschulklassen einrichten; auch dachte man damals daran, hier eventuell das erwartete Amtsgericht unterzubringen. Während des Ersten Weltkrieges wurde das erste Stockwerk an das Finanzamt vermietet. Seit 1950 hat hier das Hegau-Museum seine Ausstellungsräume; das zweite Obergeschoß diente stets der Gräflichen Familie als Wohnung, im Erdgeschoß war und

Gewächshaus im Schloßgarten, niedergelegt am 28. Februar 1940

befindet sich das Rentamt mit einer Wohnung für den Hausmeister.

Heute ist das Gräfliche Schloß neben der Pfarrkirche St. Peter und Paul, dem Pfarrhaus und dem Walburgishof das einzige repräsentative Gebäude aus dem 18./beginnenden 19. Jh. in unserer Stadt.

Anmerkungen

[1] Leider fehlen Bauakten nicht nur für das Obere Schloß, sondern auch für die übrigen herrschaftlichen Gebäude, so daß man auf sehr verstreute Nachrichten und Indizien angewiesen ist; so war z. B. bis vor 2 Jahren nicht bekannt, wer der Baumeister des Gräflichen Schlosses ist.
[2] Siehe den Beitrag Herrschaft Singen/Megdeberg, in diesem Bd. S. 255.
[3] EAS V I 1/4 = 436.
[4] Der Plan für das dreiflügelige Schloß stammt wohl von Jos. Ferd. Bickel, der auch für die Herrschaft Bodman einen sehr aufwendigen Bauplan für ein neues Schloß geliefert hat. Hier wie dort kam er nicht zum Zuge. – Schweizerisches Künstler-Lexikon, Bd. III, Frauenfeld 1913.
[5] EAS A I 25/2 = 438.
[6] EAS VV 1/10a = 1042, 1808 Oktober 29.
[7] EAS VV 1/10 = C = 1043; VV 1/10 = B = 1051.
[8] EAS A I 25/4 = 435; A I 25/5 = 272.
[9] FR. THÖNE, Vom Bodensee zum Rheinfall, 1975, S. 46, 82, 90.
[10] EAS A I 25/6 = 586; A I 25/7 = 54; A I 25/9 = 73.

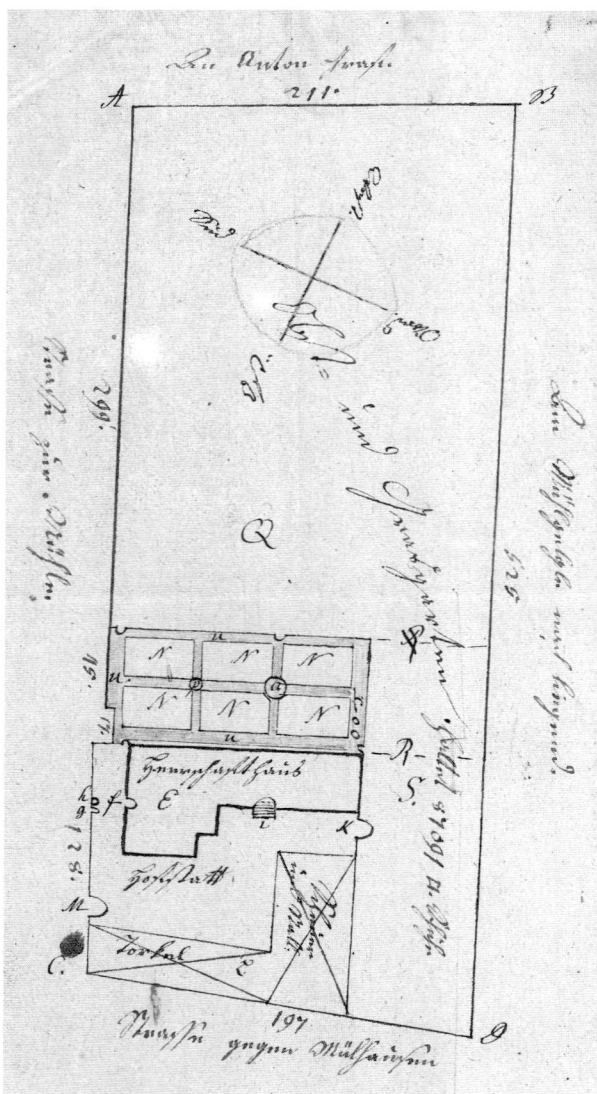

Grundriß des Schloßneubaues von 1809. Die Straße gegen Mühlhausen ist die Hauptstraße; die Straße zur Mühle die Schloßstraße

Die Schule in Singen von 1750 bis 1900[*]

von Klaus Rombach

Das Mesnerhaus

Die ältesten belegten Nachrichten über das Schulwesen in Singen stammen aus der Mitte des 18. Jahrhunderts.

1752 fertigte Christian Gassner, Maurermeister aus Friedingen, einen Plan des »Schul- und Meßmerhauses«, das er für 70 Florin 48 Kreuzer renovieren sollte[1]. Über die Lage dieses Hauses gibt ein Umbauplan der Kirche St. Peter und Paul aus dem Jahre 1754, gezeichnet von Baumeister Salzmann aus Donaueschingen, Auskunft[2]. Demnach lag das Schul- und Mesnerhaus der

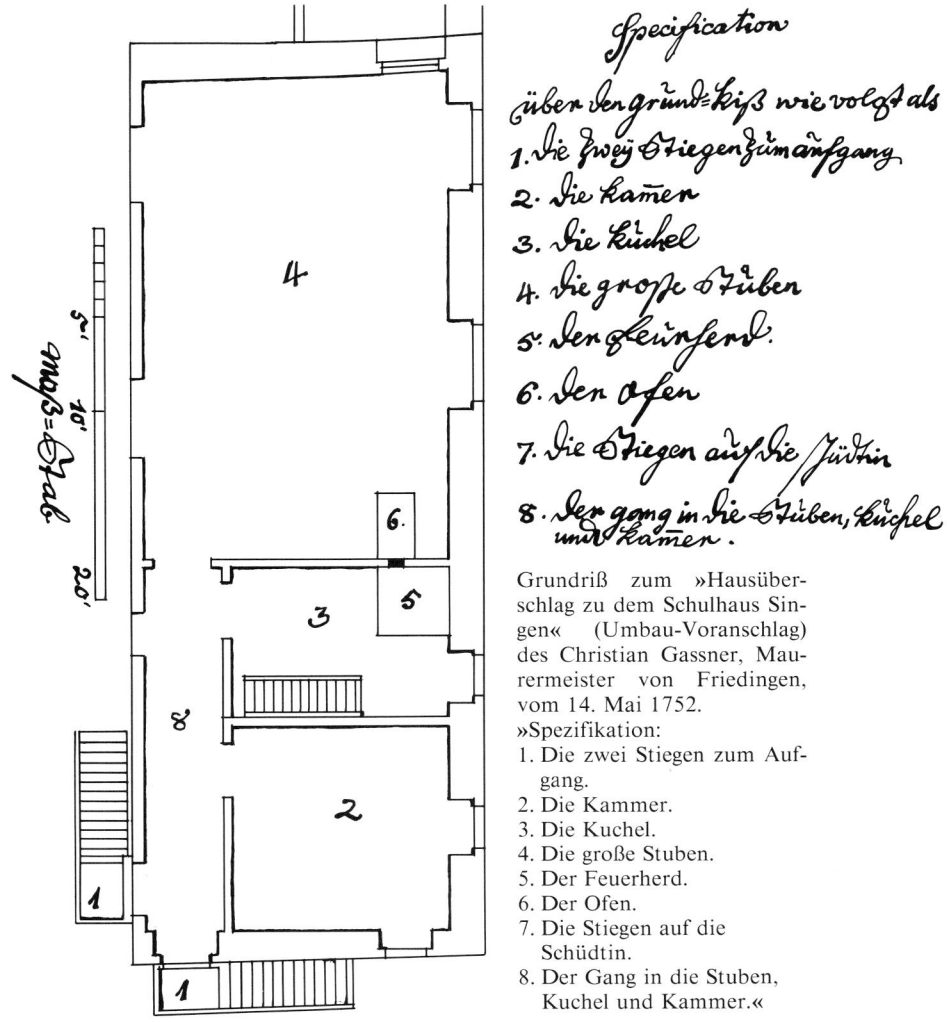

Grundriß zum »Hausüberschlag zu dem Schulhaus Singen« (Umbau-Voranschlag) des Christian Gassner, Maurermeister von Friedingen, vom 14. Mai 1752.
»Spezifikation:
1. Die zwei Stiegen zum Aufgang.
2. Die Kammer.
3. Die Kuchel.
4. Die große Stuben.
5. Der Feuerherd.
6. Der Ofen.
7. Die Stiegen auf die Schüdtin.
8. Der Gang in die Stuben, Kuchel und Kammer.«

Gemeinde Singen etwa 6 m seitlich vor dem Portal des neuen Kirchenbaues an die westliche »Kirchhoff«-mauer angelehnt, etwa auf dem heutigen Gehweg der Hauptstraße. Dieses einstöckige Haus war circa 50 Fuß lang und 18 Fuß breit (1 Fuß = 30 cm). Die Treppe vor dem Eingang und der noch heute sichtbare Treppenanstieg zum Kirchenportal lassen vermuten, daß die Wohnung im Hochparterre lag. Sie bestand aus einer »Küchel« (mit einem gemauerten Herd und einer »Stiege auf die Schüdtin«), einer Kammer und einer größeren Stube mit einem gemauerten Ofen, der von der Küche aus beheizt wurde. Diese Stube war zugleich Wohnraum und Schulraum. Wenn alle Schüler im Winter anwesend waren (i. d. sog. »Winterschule«), muß es in dieser 37,5 qm großen Stube eng zugegangen sein, denn 1778 wurden 110 Schüler[3] gezählt. Im Sommer dagegen war regelmäßig nur eine sehr geringe Schülerzahl vorhanden. Noch 1778 wurden zwar für die »Sommerschule« 45 Schüler gemeldet, doch heißt es in der »Tabelle«, einer Visitation aus jenem Jahr: 12 Schüler besuchten »fleißig« die Schule, 20 Schüler kamen »dann und wann« und 13 in die Schule gehörige Kinder »gar nicht«[4]. Arbeit, Krankheit und Aufenthalt auswärts – auch Hütedienste – waren die Gründe für das Fernbleiben.

Die Instandsetzungsarbeiten dieses ersten bekannten Schulhauses deuten darauf hin, daß das Haus schon einige Jahrzehnte älter war, aber nach 1706 gebaut worden ist und wahrscheinlich auch schon länger als Schulhaus benutzt wurde.

Der Lehrerdienst bis 1830 – der Lehrer Karl Helf

In die Zeit der ersten Schulnachrichten fallen auch jene über den Lehrerdienst.

1758 starb der Lehrer Bartholome Helf nach etwa 7jähriger Anstellung als Lehrer in Singen. Er hinterließ neben der Witwe Anna Maria Stenglin 4 Kinder, u.a. eine Tochter Maria Anna, 5 Jahre, und einen Sohn Karl, 4 Jahre[5]. Helf mußte, als er den Schuldienst antrat, an seinen Vorgänger Franz Riede die Pension von 15 Florin im Jahr nebst 2 Malter Roggen (1 Malter = 492 Liter) von seinem Einkommen bezahlen. Der Nachfolger Helfs, Konrad Egger aus Radolfzell (1758–1774 Lehrer in Singen), mußte seinerseits wiederum einige bemerkenswerte Verpflichtungen bei seinem Dienstantritt übernehmen: Helf hat sich wohl verdient gemacht. Die »Wittib« hat 4 Kinder, »denen man in milder beherzigung ihres so frühzeitig Verlohrenen und der Gemeinde wohl zueinitierten [sich hervortun] Vatters billich und nach thunlichkeit unter die Armen zu greifen gedenkhet«. Egger mußte die zwei älteren bereits erwähnten Kinder bis zum 13. Lebensjahr »der gestalten ab – und übernehme, daß er beyd solche bis zu verfluß bestimmter Zeit, an Kindesstatt sowohl mit Nahrung als Kleider ehrlich versehen, dann auch hauptsächlich in der forcht Gottes schreiben und lesen, das Büblein auch im rechnen, das Mädel aber durch seine Ehewürdthin im notwendigsten Nähen also unterrichten solle [...]«.[6]

Dieser Junge Karl Helf studierte dann 1774, 20jährig mit Hilfe eines Stipendiums des Grafen von Enzenberg in Freiburg »Humaniora« (Sammelbezeichnung für das Studium des klassischen Altertums), als er vom Vogt Johannes Bach aus Singen die Aufforderung erhielt, sich auf die Schullehrerstelle in Singen zu bewerben, »nachdem der alte Lehrer Konrad Egger Anfang der 70er Jahre kränklich wurde«. Helf bekam die Stelle vom Grundherren Josef Franz Graf von Enzenberg übertragen. Er mußte sich dabei verpflichten, seinem Vorgänger und Adoptivvater 80 Florin Pension von seinem Einkommen zu bezahlen[7]. An Bargeld erhielt Karl Helf 115 Florin, bestehend aus dem Schulgeld, das die Eltern in einer Umlage direkt an den Lehrer bezahlen mußten, aus den Beiträgen des Bucheggerschen Armenfonds und der Rosenkranzbruderschaftsfundation[8]. Dazu kamen Naturalien der Bauern und die Mesnergüter zur Haltung einer Kuh, eines Schweines und einiger Hühner.

Wegen der geringen Besoldung waren die Schulmeister jener Jahre allgemein auf ein Zusatzeinkommen angewiesen. So waren in der Regel die niederen Kirchendienste (die Mesner-, Glöckner- und Organistendienste), die Gerichtsschreiberei (Protokollführer der gemeinderätlichen Ausschüsse) und Schreibarbeiten im Auftrag der Gemeinde, mit den Lehrerdiensten verbunden[9]. Der Mesnerdienst, obwohl in einer Einheit mit dem Lehrerdienst zu sehen, wurde regelmäßig in der »Jahres Gemeind« von den versammelten Bürgern für das kommende Jahr verliehen, zu gleicher Zeit mit der Vergabe der übrigen Gemeindedienste. Dabei wurde ein über Jahrzehnte überliefertes Ritual eingehalten:

»Allforderst wurde dem allhiesigen Schulmeister cund gethan, daß er alt hergebrachter gewohnheit der Herrschaft und ehrsamter gemeind den Kirchenschlüssel auf den Topf legen, und fort [laufender] bestätigung widerumb bittlich einkomme«... Sodann mußten zwei Abgesandte der Versammlung den Ortsgeistlichen aufsuchen, »ob wegen den Meßmer im Kirchendienst keine Klag einzuwenden wär und kein bedenken haben möchte«. War dies der Fall, wurden dem Lehrer die Mesnerdienste um ein weiteres Jahr übertragen. So ein Protokoll von 1761 bei Karl Egger[10], das sich in ähnlicher Form auch bei Karl Helf wiederholte[11].

Schriftprobe von Karl Helf: »Ich bitte um Wohllöbl. Bezirks=Amt gehorsamst, diese meine ehrerbiethige Erklärung Einem Hochlöblichen Kreis-Directorium gefälligst gutächtlich vorlegen zu wollen. – Singen den 12ten November 1828
Gehorsamster jubilirter Musterlehrer Karl Helff«

Die Armut eines großen Teils der Bevölkerung zu Singen und größere fehlende Beiträge aus Stiftungen zum Einkommen der Lehrer veranlaßten die Gemeindeversammlung 1779, das Schulgeld, das bis dahin die Haupteinnahmequelle des Lehrereinkommens war, abzuschaffen und die Gemeinde zu verpflichten, jährlich 100 Florin aus der Gemeindekasse an den Lehrer auszubezahlen: »daß es also weit besser wäre, wann die Bezahlung des Schulmeisters von der gesamten Gemeind übernommen würde, wo auch andere zum Mitleiden kämen, die keine Kinder erziehen [...]«[12]. Dieser Beschluß war seinerzeit nicht üblich und gehörte zu den wenigen Ausnahmefällen in Baden[13]. 1855 wird – trotz einer Vereinheitlichung der Besoldungsstrukturen im Großherzogtum Baden seit 1835 – erneut von Beschlüssen des Gemeinderates berichtet, das nur die Eltern belastende Schulgeld abzuschaffen und dafür sämtliche Gemeindebürger mit einer Umlage zur Bezahlung der Lehrer heranzuziehen. Da mindestens dieser letzte Beschluß nicht der Vorschrift entsprach, wurde er vom Gr. Bezirksamt nicht genehmigt[14]. Nun mußte das Schulgeld in der von den vorgesetzten Behörden festgestellten Höhe bezahlt werden.

Das Einkommen des Lehrers setzte sich, mit kleineren Veränderungen in der Höhe der Beträge, von 1809 bis 1835 folgendermaßen zusammen[15]:

»I. Lehrerdienst:
a) Von der Gemeinde jährlich	92 fl
b) Von der aufgehobenen Bruderschaft	40 fl
c) Von der Kirchenfabrik wegen Orgelschlagen	10 fl 30 kr
d) Abermals von der Gemeinde wegen der Sonntagsschule	12 fl
e) Wegen eigener Hausbenutzung	12 fl
f) Wegen Benutzung eines Küchelgartens	2 fl
Summa	168 fl 30 kr

Nebenbey wird einem Lehrer für das ganze Jahr Holz zu allem Gebrauch von der Gemeinde angeschafft.

II. Meßmerdienst:
a) Von der Kirchenfabrik wegen gestifteter Jahrestäge	8 fl	20 kr
b) Von jährlichen Begräbnissen, Hochzeiten, Kindstaufen	16 fl	
c) Wegen Jahrtägen der aufgegebenen Bruderschaft	5 fl	8 kr
d) Von der Bucheggerschen Armenstiftung	3 fl	
e) Von den Heiligen Bauern wegen 4 Malter Gersten	20 fl	
f) Wegen Meßmergütern	50 fl	
g) Wegen Brod von Bauern die Zugvieh halten	16 fl	
h) Wegen Brod von jenen die kein Zugvieh halten	3 fl	
i) Wegen Besorgung der Kirchenuhr	8 fl	
Summa	129 fl 28 kr	

Erläuterung: Sub. Lit. f. wurde bemerkt, daß ein Meßmer von seinen Gütern, die zu seinem Dienste gehören, jährlich einen Nutzen von 50 fl beziehen könne, dieses zu erläutern wird gemelt, daß ein Meßmer dahier nachstehende Grundstück nach gefallen zu benutzen habe.
1) Eilf Jauchert Acker, davon 4 Jauchert von guter, die sieben andern von mittleren Gattung. 2) Zwey Jauchert und eine halbe geringe Wiesen. [1 Jauchert = 1,25 Morgen]

III. Betrag des Provisordienstes:
a) Von der Gemeinde 23 fl
b) Von dieser wegen der Sonntagsschule 12 fl
c) Von der Bucheggerschen Stiftung 15 fl
d) Von dem Fond der aufgehobenen Bruderschaft 12 fl
Summa 62 fl

Summarischer Betrag:
Eines Lehrerdienstes 168 fl 30 kr
Eines Meßmers 129 fl 28 kr
Eines Provisors 62 fl
359 fl 58

Singen am 18. August 1809
Dominik Landolt
Deputat Pfarrer
Anton Buchegger Schultheis
Josef Buchegger Bürgermeister
Johann Weber Bürgermeister
Karl Helf Lehrer
Andreas Helf Provisor
Getreu aus dem Protokoll ausgezogen bezeugt
Singen am 30ten August 1827
Landolt
Kammerer Pfarrer
Jubiläus«

1797 wird erstmals die Einstellung eines Aushilfslehrers erwähnt, Johann Nepomuk Helf, für dessen Besoldung, Kost und »Logie« der Vater Karl Helf aufkommen mußte. Hierfür erhielt er von der Gemeinde 15 Florin Entschädigung[16]. 1802 übernahm dann der jüngste Sohn Helfs, Andreas, die Hilfslehrerstelle bis 1811, nachdem er in Freiburg zum Lehrer ausgebildet worden war[17]. Danach besetzte Johann Georg Rösler, ein nicht sehr geschickter Kandidat mit wenigen Kenntnissen, die Stelle[18], bis ein Schwiegersohn Helfs, Josef Homburger aus Engen, bei Helf ausgebildet wurde und bis 1817 mit gutem Erfolg in Singen wirkte[19].

Bis zur Pensionierung Karl Helfs 1830 wurde der Hilfslehrer – auch Provisor genannt – jährlich jeweils für das Winterhalbjahr, die »Winterschul«, eingestellt. Dieser Provisor erhielt z. B. 1814 vom Lehrer 30 Kreuzer in der Woche, das sind 12 Florin für diese Zeit, nebst Kost, Wäsche und Wohnung, alles vom Lehrer zu stellen[20]. 1829 heißt es dann: »Die Unterlehrer Stelle hat bisher diese Bewandniß: Nur für den Winter wurde ein prov. Unterlehrer angestellt; er hatte Kost und Verpflegung bey dem Oberlehrer und wöchentlich 1 fl in die Hand. Nach dem Winterkurs wurde er allzeit entlassen. Lehrer Helf besorgte in schicklicher Abtheilung die ganze Schuljugend die Schule im Sommerkurs«[21], dies war gerade noch angängig, weil trotz der Schulpflicht im Sommerkurs immer nur wenige Schüler die Schule besuchten. (1812 waren es zeitweise gerade noch 4 Schüler[22].)

War 1797 der Aushilfslehrer noch notwendig, weil Karl Helf als Gerichtsmann und besonders als Gerichtsschreiber, dann aber auch im Auftrag der Gemeinde »Steuertabellen«, »Seelen- und Viehbeschreibungstabellen« erstellen mußte, so zwangen ihn bald die steigenden Schülerzahlen, einen ausgebildeten Hilfslehrer im Winter einzustellen: 1778 waren es noch 110 Schüler, 1785 123, 1806 144 und 1830 bereits 206 Schüler[23].

In den Koalitionskriegen mit ihren Truppenbewegungen, verbunden mit Einquartierungen, Gestellung von Vorspann und Requirierungen von Futtermitteln, war Helf als schreibgewandter Mann gesucht und hatte wohl wenig Zeit, um selbst immer den Unterricht ausführen zu können. In den Rechnungsbüchern ab 1790 finden sich viele Hinweise auf diese Tätigkeit. Hier beispielhaft einige Auszüge:

1790/91: »Für Einquartierung bez. Verpflegung dem Lehrer 24 kr«
1792/93: »Dem Lehrer seine Reisekosten und ausgelegte Trinkgeld auf Ehingen wegen Abrechnung 20 fl 12 kr
Dem Lehrer für alle seyne Mühe Waltung wegen Führung denen Militärischen Tabellen und Fuhrwesensbetreffnis 10 fl
Für Mühen bey Einquartierung 1 fl 20 kr«
1796/97: »Dem Lehrer wegen seiner jährlichen Mühewaltung und auch bey dem Militär ergebenen Verrichtungen 82 Tage à 48 kr 65 fl 36 kr
Für Auszug vom Kriegserlittenbuch 5 fl 36 kr«

Diese Eintragungen setzen sich bis 1814 fort[24].

Herbert Berner weist ebenfalls darauf hin, wie Helf immer wieder gefordert wurde. So mußte er die Oberaufsicht bei der Sprengung des Hohentwiels 1800 auf Anordnung der Franzosen übernehmen, ebenso den Transport eines Gefangenen in das Elsaß durchführen[25].

Bei diesem Einsatz für die Gemeinde Singen und wegen der langen Dauer seiner Anstellung als Lehrer in Singen nimmt es nicht wunder, daß sein 50jähriges Dienstjubiläum 1824 von der ganzen Gemeinde, den Vertretern des Gr. Schuldecanates und des Gr. Direktoriums des Seekreises in Anwesenheit sämtlicher Kollegen des Bezirks gefeiert wurde. Diese Jubelfeier war auch Anlaß für das Ministerium des Innern, die von Seiner Königlichen Hoheit verliehene silberne »Civilverdienst-Medaille« überreichen zu lassen[26].

Karl Helf, der 56 Jahre lang Lehrer in Singen war, war nach der Schulreform Maria Theresias 1774 noch einmal auf Verlangen der vorderösterreichischen Regierung in Freiburg und mit finanzieller Unterstützung der Grundherrschaft 1777 in Freiburg in den neuen Lehrmethoden ausgebildet worden[27]. Er nannte sich danach »Musterlehrer et Meßmer«[28].

Das Gemeindehaus als Schul- und Rathaus 1786 bis 1900

Karl Helf mußte bis 1786 in dem alten Schul- und Mesnerhaus bei der Kirche wohnen und unterrichten. Dies war ein von den Räumlichkeiten her beschwerliches Unterfangen. Die Familie des Lehrers mit 7 noch lebenden Kindern und zum Schluß 123 Schüler im Winter »bevölkerten« das verhältnismäßig kleine Haus. So kam es der Gemeinde sicher nicht ungelegen, beim Erweiterungs- bzw. Neubau der Ortskirche zu beschließen:

»1. daß das Schulhaus alsobald solle abgebrochen und die davon abfallenden Materialien in das Gemeindehaus sollen gelagert werde.
2. daß man den Schulmeister unterdessen um ein Bestandsquartier umsehen werde«[29].

Da die Gemeinde kein geeignetes Haus oder Grundstück fand, das mit ihrem geringen finanziellen Spielraum in Einklang zu bringen war, beschloß man, die Schmiede aus dem Gemeindehaus herauszunehmen und mit geringfügigen Umbaumaßnahmen dort die Schule und den Lehrer unterzubringen[30]. 1786/87 zog die Schule in das Gemeindehaus um. Das alte Mesnerhaus wurde nicht abgerissen, sondern an den Posthalter Sandhaas als Scheune verkauft[31].

Das Gemeindehaus stand östlich des heutigen »Hohgartens«, schräg vor dem Gasthaus »Sonne«, und war das 1961 abgerissene alte Rathaus. Es war 1786 ein zweistöckiges Haus, dessen massive »Stockmauern« aus Bruchsteinmauerwerk bestanden, die Giebel und die Innenwände waren in Riegelmauerwerk ausgeführt. Ein Satteldach in Ost-West-Ausrichtung ließ das Haus noch einfach im Ansehen erscheinen. Es war 60 Zoll lang und 36 Zoll breit (18 m × 10,80 m). Das Erdgeschoß umfaßte neben dem Schulzimmer ein Schlafzimmer, ein »Lehrerzimmer«, die »Kuchel« und eine »Magdkammer« als Lehrerwohnung. Im westlichen Teil waren ein Stall und eine Scheune untergebracht. Das Obergeschoß enthielt bei etwa gleicher Aufteilung die Gemeindestube, wahrscheinlich eine Gerichtsstube und eine kleine Schulstube, die etwa ab 1794 als solche benutzt, wahrscheinlich aber schon von 1787 an von der Sonntagsschule belegt wurde. Heuboden und Scheunenteil lagen wiederum im westlichen Teil des Hauses (Abb. S. 417)[32]. Neben kleineren Reparaturen wie dem Erneuern der Treppe, dem Ausbessern der Holzfußböden, dem Aufmauern der Öfen und ähnlichem wurden während der Jahre bis 1831 keine weiteren bedeutenden baulichen Maßnahmen ausgeführt.

Nachdem die Schülerzahl beständig angestiegen war, war schon in den 20er Jahren des 19. Jahrhunderts eigentlich ein ständiger Provisor notwendig. Karl Helf wehrte sich aber dagegen aus materiellen Überlegungen. So blieb dieser Zustand bis zur Neuordnung des Schul-

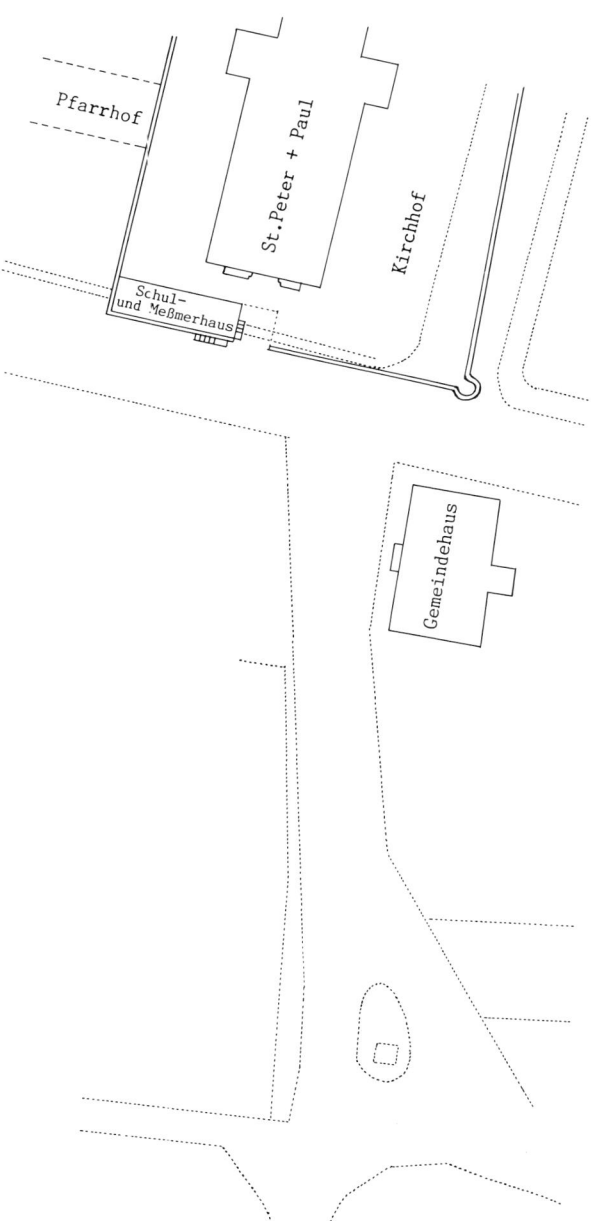

Lageplan des Kirchenareals und des Gemeindehauses um 1780, unterlegt ist der Lageplan von Hauptstraße und Hohgarten um 1960

421

wesens 1835 bestehen. Das Schulhaus war nicht nur sanierungsbedürftig, sondern auch viel zu klein geworden. Pfarrer Landolt schrieb 1831:

»Es war schon längst notwendig geweßen, das eine merkliche Verbesserung geschehen würde. Der alte Lehrer Helf hatte eine bedauerliche Wohnung; und die Sommer und Winterschüler mangleten an genugsamen Raum«[33].

Da das Gr. Bezirksamt Radolfzell auf einen Neubau oder einen Ausbau des bestehenden Schulhauses drängte[34], beauftragte die Gemeinde den Maurermeister Hirling aus Stahringen, einen geeigneten Vorschlag auszuarbeiten. Ein Neubau wurde aus Geldmangel und wegen Fehlens eines geeigneten Baugrundes abgelehnt. Über die Art des Ausbaues konnte sich der Rat aber nicht einigen und beauftragte deshalb die Gr. Bauinspektion mit einer Vorausplanung. Nach allgemeiner Zustimmung wurde Maurermeister Stöckle aus Singen mit der Erstellung eines Bauplanes und Kostenvoranschlages betraut. Der Entwurf sah eine Aufstockung des bestehenden Gebäudes vor. Die Wohnung des Lehrers sollte unter Einbeziehung des alten Schulzimmers vergrößert werden, zwei neue größere Schulräume sollten erstehen[35].

»In Singen liegt das Schulhaus an der Straße nach Rielasingen. Dasselbe ist [...] dreistöckig und steht von allen Seiten frei. Im unteren Stock sind die Remise und die Wohnung des Lehrers, im mittleren Stock befindet sich ein Schulzimmer von 704 Quadratfuß Flächeninhalt, von 10 Fuß Höhe, und mit 8 Fenster auf 3 Seiten vertheilt zur Aufnahme von 120 Kindern nebst der Wohnung des zweiten Lehrers. Im dritten Stock befindet sich ein zweites Schulzimmer von gleicher Größe und Beschaffenheit – nebst dem Rathszimmer.«

So eine Beschreibung des Gr. Physikats Radolfzell von 1842[36]. Der Kostenvoranschlag belief sich auf 3034 Florin 52 Kreuzer, wobei die Abstrichsversteigerung mit 1600 Florin eine Einsparung von 53 Florin 22 Kreuzer ergab und eine Eigenleistung der Gemeinde von 1432 Florin 33 Kreuzer eingesetzt wurde. Die Gemeinde verpflichtete sich, mit Ausnahme des Eisens, alles Baumaterial zu stellen und durch Fronarbeit die Baukosten zu verringern[37].

Die Finanzierung des Schulhausumbaues machte noch Sorgen. Eine Darlehensaufnahme in Höhe der Umbaukosten von 3034 Florin 52 Kreuzer wurde nicht genehmigt[38]. So wurde dann ein Kapital von 1000 Florin bei dem Singener Gabriel Waibel aufgenommen[39], der Rest wurde durch Umlage auf die Steuerpflichtigen aufgebracht. Die Grundherrschaft klagte zwar gegen die Höhe ihres Anteils, mußte aber ihren Betrag von 319 Florin 22 Kreuzer ebenfalls bezahlen[40]. 1835 steuerte dann die Gr. Domänenkammer noch 139 Florin 44 Kreuzer aus dem Gesamtsteuerkapital in der Gemarkung Singen bei[41].

Bei der Abhaltung des »Rugegerichts« 1845 wurden 283 Schüler gezählt. Daraufhin ordnete der Gr. Kath. Oberkirchenrath – ein Vorläufer des Ministeriums des Kultus und Unterrichts, jetzt noch dem Innenministerium unterstellt – die Einrichtung einer zweiten Hauptlehrerstelle an[42], obwohl die Gemeinde sich dagegen wehrte, indem sie auf die fehlenden Finanzen hinwies. Die Armut der Gemeinde dokumentiert ein Vorgang von 1846. Zur angeordneten Ablösung eines Zins-»Zehnten«, der aus einer Schuldübertragung des Freiherrn von Rost vor 1733 zugunsten der Kaplanei in Singen herrührte, mußte die Gemeinde Singen ihr Schul- und Rathaus nebst Scheune und Stallung der Kaplanei Singen für ein Kapital von 2000 Florin verpfänden. »Die Gemeinde hatte bey Ausfertigung der Pfandurkunde für die hiesige Kaplaney nicht mehr soviel[!] freye Grundstück, die der Betrag aus macht [...].« Da die Verpfändung ungesetzlich war, mußte diese wieder zurückgenommen werden[43].

Mit der Errichtung einer weiteren Lehrerstelle mußte auch zusätzlich Unterrichtsraum geschaffen werden. Die Überplanung nahm die Gr. Bauinspektion Konstanz vor:

»Wie in dem Projecte über die veränderte Einrichtung ersichtlich können die zu erbauenden Gelasse füglich in dem jetzigen Schulgebäude untergebracht werden, wenn man die Ökonomieräume hiezu verwendet. Letztere können sie dann, wenn sie nöthig sein sollten in dem vis à vis dem Schulhause gelegenen Feuerspritzenremis, wo sich auch schon ein Holzplatz befindet, eingebaut werden.

Durch die propagierte Veränderung wird weiteren Übel, betreffend in den das ganze Haus verstinkenden Abtritten und schlechten Treppen, abgeholfen, in dem durch den Anbau bequemer Treppen und unter doppelten Verschluß gestellten und geräumigen Abtritte erhalten werde. Die Ausführungskosten dieser Veränderung belaufen sich auf 1853 fl 52 kr«[44].

Die Gemeinde schob bald darauf noch den Plan zur Errichtung eines Ökonomiegebäudes nach[45].

Was wurde verändert? Im Erdgeschoß wurden der Stall und die Scheune zu einer zweiten Wohnung umgebaut, zuvor aber wurde ein weiterer Keller ausgegraben. Im ersten Obergeschoß wurde aus Heuboden und Scheunenraum ein drittes Schulzimmer gestaltet. Die

Treppen kamen auf die Rückseite, zu den Aborten hin, und diese wurden umgebaut.

In der Folgezeit wurde immer wieder über notwendige Reparaturen berichtet. Die Heizungen erwärmten die Räume nicht genügend, Doppelfenster fehlten, und immer wieder kamen Klagen über die ungenügende Entlüftung der Aborte, die nach wie vor eine große Geruchsbelästigung darstellten. Es fällt in den Akten auf, daß die Abstellung dieser und anderer Mängelrügen, oft mehrfach mit Terminsetzungen und mit Strafandrohungen verbunden, durch das Gr. Schuldecanat Radolfzell oder durch das Gr. Bezirks-Amt angeordnet werden mußten[46].

Nach einem zwischenzeitlichen Absinken der Schülerzahlen um 70 auf 210 Schüler, hervorgerufen durch eine verheerende Scharlachepidemie, die 1841/42 im Hegau grassierte, wurden dann erst wieder 1874 305 Schüler gezählt[47]. So mußte jetzt erneut an eine Erweiterung der Schule gedacht werden. Schon ein Jahr zuvor, 1873, wurden die Räume der Gemeindeverwaltung in die Wohnung des ersten Hauptlehrers gelegt und die alten Gemeinderäume als Unterrichtsraum der Industrieschule (Handarbeitsraum) hergerichtet[48]. Der Lehrer wurde für 360 Florin Miete privat untergebracht.

Gegen eine notwendige dritte Hauptlehrerstelle wandte sich die Gemeinde 1874 zunächst mit Erfolg: »Die Bürgerschaft Singens besteht bekanntlich mit wenigen Ausnahmen aus Kleinbauern, Kleingewerbeleuten und Taglöhner, also aus wenig Bemittelten. Gemeindevermögen ist ebenfalls wenig vorhanden und ebenso fehlen Stiftungen oder andere ständige erhebliche Beiträge zu Bestreitung des Schulaufwandes. [...]

Auch wenn [...] der entsprechende Mehraufwand werde durch Staatszuschuß gedeckt«, verbliebe der Aufwand für die Lehrerwohnung[49].

Doch 1875 wurde die dritte Hauptlehrerstelle endgültig angeordnet, nachdem die Schülerzahl auf 328 Schüler angewachsen war[50]. So wurde 1878 dem zweiten Hauptlehrer die Wohnung im Schulhaus ebenfalls gekündigt, um »im westl. Teil des Schulhauses ein viertes Schulklassenzimmer durch den Einbau von 2 Kreuzstöcken [Fensteröffnungen] [...] herzurichten. Dabei soll ein Zimmer für den Unterlehrer verbleiben«[51]. »Die end-

Das alte Singener Rathaus um 1898. Es wurde zwischen 1782 und 1784 als Schul- und Rathaus zunächst zweistöckig erbaut und diente auch als Lehrerwohnhaus. 1846 wurde das 3. Stockwerk aufgesetzt. Bis 1960 befand sich in diesem Gebäude die Stadtverwaltung

gültigen Umbaukosten beliefen sich auf 1010,12 Mk und die Renovation der übrigen 3 Schulzimmer auf 1498,82 Mk.«[52] (1874 erfolgte die Umstellung von Florin auf Mark: 1 Florin = 1,72 Mark) Dem Nachbarn Johann Weber wurde eine Entschädigung von 150 Mark für das Verlegen einer am Westgiebel stehenden Scheune bezahlt[53].

Eine nicht unerwähnt gebliebene Neuerung soll hier noch verzeichnet werden: 1896 wurde im Schulgebäude von der Firma Wilhelm Reize aus Stuttgart elektrisches Licht mit 29 Glühlampen für den Betrag von 467,86 Mark installiert[54].

Das Schul- und Rathaus war jetzt voll genutzt. Vier Klassenzimmer, ein Handarbeitszimmer und die Gemeinderäume im Erdgeschoß ließen eine Erweiterung nicht mehr zu, als die Schülerzahl 1898/99 auf über 400 Schüler anwuchs. So wurde ein neues Schulhaus hinter der Kirche geplant und gebaut, die heutige Ekkehardschule.

Die Besetzung der Lehrerstellen 1830 bis 1900

Nach der Pensionierung des Lehrers Karl Helf machte die Nachfolgebesetzung große Schwierigkeiten. Da der künftige Lehrer von seinem Einkommen sowohl das Gehalt des Unterlehrers (noch 25 Florin für den Winterkurs nebst Kost und Unterkunft) als auch die Pension Helfs von 250 Florin abgezogen bekam, war diese Stelle nicht sehr attraktiv[55]. Hinzu kam noch der Anspruch der Grundherrschaft auf das Auswahlrecht der Lehrer – das Präsentationsrecht[56]. Die Bewerbung um eine Schulstelle wurde an die Herrschaft mit allen üblichen Unterlagen gerichtet. Nach genauer Prüfung präsentierte die Grundherrschaft den ausgewählten Lehrer durch eine Urkunde dem Großherzoglichen Schuldecanat, das nach Zustimmung durch den Gr. Kath. Oberkirchenrath in Karlsruhe die Einweisung in die vakante Stelle veranlaßte. Für diese Präsentation mußte der erfolgreiche Kandidat eine Taxe von 5% seines Jahresgehaltes und die Schreibgebühr (Sporteln) an die Kasse des Rentamtes bezahlen[57].

Auf dieses Präsentationsrecht verzichtete die Grundherrschaft nicht, zumal ihr in einer Landesherrlichen Verfügung von 1829 das damalige Recht bestätigt worden war[58]. Daß von Enzenberg zeitweise auch bei der Besetzung der zweiten Hauptlehrerstelle mitwirkte, war wohl eher ein Versehen der staatlichen Mittelbehörde, denn 1864 erfolgte nach einem Protest der Gemeinde die juristische Auslegung, wonach das Präsentationsrecht wie noch 1820 nur für den ersten Hauptlehrer bestehe (Bestandsgarantie)[59]. Mit dem Gesetz von 1868 wurde dieses Recht zugunsten des Staates dann aufgehoben[60].

Da nach der Pensionierung Helfs die Stelle mangels fehlender Bewerber vorerst nur mit einem jungen Schulverwalter besetzt werden konnte, meldete von Enzenberg sogleich Bedenken an: »[...] so hege man den Wunsch, daß das wohllöbl. Schuldecanat [...] mit der größten Sorgfalt in der Wahl des Subjecthes so nach Singen bestimmt ist vorgehe«, damit man keinen so jungen Schulkandidaten mit der Stelle betrauen möge[61].

Nach einer zweijährigen Übergangsfrist konnte die Stelle endlich wieder durch den Lehrer Franz Peter Sutor aus Mahlspüren besetzt werden[62].

Aufgrund des Schulgesetzes von 1835, das erstmals den Versuch unternahm, die Schulsituation, besonders die Besoldung der Lehrkräfte im Großherzogtum Baden einheitlich zu regeln, wurde die Kath. Schulstelle zum 1. Juli 1836 in die Klasse II eingestuft, nachdem Singen 1100 Seelen zählte und 219 Schüler festgestellt worden waren, was einem Grundgehalt von 175 Florin für den Lehrer entsprach[63]. Verspätet erfolgte 1855 die Höhergruppierung in die Klasse III, da Singen jetzt über 1500 Einwohner nachweisen konnte. Die Höhersetzung erfolgte erst 1855, denn »der Schuldienst gehört eigentlich in die Klasse 3 mit 250 fl Diensteinkommen, da Singen über 1500 Einwohner hat. – Die Höhersetzung wurde beim letzten [Visitationsbescheid] nur übersehen.« »Daraufhin habe die Gemeinde das Grundgehalt um 20 fl angehoben.« So ein Bericht des Gr. Schuldecanats Radolfzell[64].

Mit der landeseinheitlichen Regelung der Lehrergehälter 1836 wurde dann auch in Singen gegen den Willen des Gemeinderates wieder das Schulgeld eingeführt, da es Bestandteil des Gehaltes wurde. Daneben standen dem ersten Hauptlehrer noch die Einkünfte aus dem Mesnerdienst und dem Orgelspielen zu. Ersteres wurde in dem oben erwähnten Schulgesetz von 1868 vom Lehrerdienst dann endgültig getrennt. Nur das Orgelspiel wurde auf Antrag noch genehmigt[65].

1836 belief sich das Schulgeld auf 1 Florin je Schüler[66]. 1858 lag das Schulgeld bei 1 Florin 12 Kreuzer[67], 1874 erhöhte es sich auf 2 Florin 6 Kreuzer (= 3, 60 Mark)[68], und 1892 verringerte es sich dann wieder auf 3,20 Mark. Die Verteilung des Schulgeldes war sehr wechselhaft, da die Anzahl der Lehrer, der Anteil des Unterlehrers und der dem Gr. Oberschulrath zu seiner Verfügung gehaltene Anteil immer wieder Änderungen erfuhren.

1836 hatte der Lehrer ein Gehalt von 175 Florin, hinzu kam die Hälfte des Schuldgeldes, 109 Florin 30 Kreuzer (= 284 Florin 30 Kreuzer), nebst freier Wohnung und Heizung und den Einnahmen aus den niederen Kirchendiensten.

Der Unterlehrer erhielt 135 Florin nebst freier Kost und Heizung[69]. Der zweite Teil des Schuldgeldes verblieb in der Verfügung des Gr. Oberschulrathes, der dann auf Antrag der Ortsschulbehörde diesen Betrag mit 50 Florin an den Hauptlehrer und mit 54 Florin 30 Kreuzer an den Unterlehrer zusätzlich verteilte[70].

Nachdem 1845 die Schule 283 Schüler nachgewiesen hatte, wurde eine zweite Hauptlehrerstelle eingerichtet. Die beiden Hauptlehrer erhielten jetzt zu ihrem festen Gehalt von 175 Florin (ab 1846 dann 200 Florin) je 94 Florin 30 Kreuzer Schulgeldanteil. 1847 wurde das restliche Drittel des Schulgeldes zu gleichen Teilen allen drei Lehrern zusätzlich angewiesen[71]. »Jeder Lehrer erhält eine Wohnung, der Unterlehrer ein Zimmer gestellt«[72].

Nach dem Rückgang der Schülerzahlen von über 70 Schüler auf etwa 210 Schüler zu Anfang der 50er Jahre durch eine Scharlachepidemie[73] und nach der Konsolidierung der Schulverhältnisse nach einer längeren Erkrankung des zweiten Hauptlehrers Zimmermann wurde die Unterlehrerstelle von 1853 bis 1865 nicht mehr besetzt.

Als dann 1866 253 Schüler gezählt wurden, erhielt Singen als dritte Lehrkraft wieder einen Unterlehrer[74].

1874 wurde durch Gesetz die Lehrerbesoldung geändert, besonders die Berechnung des Schulgeldes (jetzt 3,60 Mark je Schüler, aber mit einem »Sozialrabatt« für das zweite und dritte Kind und Schulgeldfreiheit vom vierten Kind an) und damit auch der Schulgeldanteil des einzelnen Lehrers.

Bei drei Hauptlehrerstellen, die 1874 ausgewiesen wurden – die dritte Stelle wurde aber erst 1875 besetzt –, erhielt der erste Hauptlehrer 1080 Mark festes Gehalt und 289 Mark Schulgeld, der zweite Hauptlehrer 960 Mark festes Gehalt und 289 Mark Schulgeld, der dritte Hauptlehrer 840 Mark festes Gehalt und 289 Mark Schulgeld jährlich.

Für zwei Hauptlehrer waren noch 1874 Dienstwohnungen im Schulhaus vorhanden, der dritte Hauptlehrer erhielt eine gesetzliche Mietentschädigung von 180 Mark[75]. Dies änderte sich bekanntlich mit dem Ausbau des Schulhauses. Die Gemeinde ersteigerte das Wohnhaus Nr. 27 des Johann Waibel für 11 200 Mark, renovierte es für 4275,84 Mark und wies die zwei Wohnungen dem ersten und zweiten Hauptlehrer zu[76]. Für die Benutzung des neuen Lehrergartens wurde jedem Lehrer 1,50 Mark berechnet. Der alte Lehrergarten beim Schulhaus wurde zu einem öffentlichen Platz umgestaltet. Auf dem Hohgarten wurden eine Linde und vier Kastanienbäume gesetzt.

1888 erwarb die Gemeinde das »Kuttruffsche« Wohnhaus (heute »Haus der Jugend«) und richtete eine weitere Lehrerwohnung ein[77].

Bis zum Jahre 1871 wurden die Schüler »vom Hohentwiel« von dem evangelischen Pfarrverweser der württembergischen Exklave unterrichtet. Auf Antrag des Ev. Consistoriums, Stuttgart, konnten die fünf bis sechs Schüler gegen einen Sachkostenbeitrag von 25 Florin nunmehr die Schule in Singen besuchen, wobei »in den letzten 4 Monaten ihrer Schulpflichtigkeit, während welcher die zum Behuf regelmäßigen Besuchs des Vorbereitungsunterrichts für die Konfirmation in Tuttlingen zu frequentieren hätten«[78].

1889 wurden an der Schule in Singen 365 Schüler von drei Hauptlehrern und einem Unterlehrer unterrichtet. Davon waren 32 Schüler evangelischer Konfession. Auf Antrag des evangelischen Pfarrers Haas wurde gegen den Einspruch des Gemeinderates die Unterlehrerstelle daraufhin erstmals durch den evangelischen Schulkandidaten Gustav Wiederkehr besetzt[79]. 1904 erfolgte dann die Errichtung einer ständigen evangelischen Hauptlehrerstelle.

Eine weitere Neuerung, die ebenfalls nicht die ungeteilte Zustimmung des Gemeinderates erhielt, war die erstmalige Besetzung der Unterlehrerstelle 1884 durch eine Lehrerin, durch Frieda Kern[80].

Von der Sonntagsschule zur gewerblichen Fortbildungsschule

Nach den Angaben des Lehrers Karl Helf hat dieser im Winter 1786/87 »Wiederholungsstunden« gehalten[81], die in einem Protokoll 1809 als »Sonntagsschule« erwähnt werden. Bis dahin hatte Helf im wöchentlichen Wechsel Knaben und Mädchen unterrichtet. Dann wurde dem Lehrer und seinem Provisor der Auftrag erteilt, für beide Geschlechter wöchentlich die »Sonntagsschule im Winterhalbjahr zu halten«[82]. Hierfür zahlte die Gemeinde jedem Lehrer 12 Florin, und dies regelmäßig bis 1835.

Die Sonntagsschule bestand aus 2 Stunden Unterricht am Sonntag um die Mittagszeit, in der Regel für alle aus der Schule entlassenen Jugendlichen bis zum 20. Lebensjahr. Die erste Stunde war der Auffrischung der Bibel- und Katechismuskenntnisse durch den Pfarrer vorbehalten, die zweite Stunde war dem Lesen, Schreiben und der Durchsicht vorher aufgegebener Rechenproben gewidmet[83].

1835 entfielen die zusätzlichen Beiträge der Gemeinde hierfür, weil sowohl die Sonntagsschule als auch die Fortbildungsschule jetzt in die natürlichen Aufgabenbereiche der Lehrer gehörten und mit der allgemeinen Besoldung abgegolten wurden. Jetzt waren für die Knaben für zwei Jahre im Winterhalbjahr wöchentlich 2 Stunden Fortbildungsschule verbindlich, während die Sonntagsschule das ganze Jahr über für Knaben und Mädchen 3 Jahre lang mit einer Stunde am Sonntag verpflichtend war[84].

Die Erfolge in beiden Schularten waren wenig befriedigend. Das Land experimentierte von 1868 bis 1874 auf freiwilliger Basis. Daraufhin trat der Gemeinderat 1868 für die Erhaltung der Fortbildungsschule ein und führte sie als »Nachtschule« (also zur Abendzeit) durch Hauptlehrer Bindert weiter. Hierfür wurde dem Lehrer eine Vergütung von 280 Mark bewilligt[85]. Es wurde, angelehnt an den Lehrplan, eine »Befestigung und Erweiterung der in der Elementarschule erworbenen Kenntnisse angestrebt«[86].

Nach der Änderung des Schulgesetzes 1874/75 erfolgte der Knabenfortbildungsunterricht im Winterhalbjahr dienstags und freitags von 19 Uhr bis 21 Uhr durch den ersten Hauptlehrer und jener der Mädchen mittwochs von 13 Uhr bis 16 Uhr durch den zweiten Hauptlehrer[87]. Im Sommer wurde der Unterricht sonntags von 6^{30} Uhr bis 8^{30} Uhr abgehalten[88], 1878 wurde der Unterricht aufgrund der steigenden Schülerzahlen auf 3 Stunden zurückgenommen[89], 1891 unterrichteten dann alle drei Hauptlehrer gegen ein Entgelt von je 80 Mark[90].

Der Gewerbeverein

Am 1. Oktober 1888 begann der Unterricht in der vom damaligen örtlichen Gewerbeverein gegründeten Gewerbeschule[91], einer Zeichenschule, »um den im Handwerk lernenden Jungen Gelegenheit zu geben, sich nach der Entlassung aus der Volksschule weiterzubilden«[92]. Der Gemeinderat beschloß, jährlich einen Betrag von 100 Mark als Zuschuß zu zahlen, den er aber bereits 1889 auf 180 Mark erhöhte und 1890 auf 200 Mark und 1891 auf 300 Mark ausdehnte[93].

Die Gewerbliche Fortbildungsschule

Nachdem 1891 die gewerbliche Fortbildungsschule gesetzlich abgesichert worden war, hatte dies auch in Singen seine Auswirkungen. Nach verschiedenen Vorberatungen[94] beschloß 1891 der Gemeinderat, die Gewerbeschule zu übernehmen und als gewerbliche Fortbildungsschule weiterzuführen, sie begann am 22. August 1892[95]. Ein Staatszuschuß von 400 Mark verringerte den Aufwand der Gemeinde auf ebenfalls 400 Mark[96]. »Neben den Kenntnissen der allgemeinen Fortbildungsschule sollen noch besondere Kenntnisse und Fertigkeiten erworben werden, welche eine verständige und erfolgreiche Ausübung des bereits erwählten [...] Lebensberufes zu fördern geeignet sind«[97].

Hauptlehrer Wolfstriegel und Unterlehrer Wagner übernahmen für eine gemeinsame jährliche Entschädigung von 600 Mark den Unterricht. Die Gemeinde mietete hierfür »von Johann Weber, Metzger«, im Gasthaus zum Blumenkranz (später »Pfälzer Hof«) die beiden Säle im Hintergebäude zur Benützung als »Schullokal« an für 400 Mark Miete[98].

An Schulgeld wurde erhoben:
a) für die im Zwang unterworfenen Schüler jährlich 5 Mark,
b) für die aus anderen Ortschaften teilnehmenden Schüler 10 Mark,
c) für hiesige freiwillige Schüler 8 Mark[99].
Ab 1898 betrug das Schulgeld 7,20 Mark[100].

Die Industrieschule

Unter »Industrieschule« verstand man seit dem XIII. Organisationsedikt von 1803 den Unterricht in weiblicher Handarbeit[101]. Die Industrielehrerin wurde jeweils für das Winterhalbjahr von der Gemeinde angestellt und war in der Regel eine erfahrene Näherin aus dem Ort, ohne pädagogische Ausbildung[102]. Als Unterrichtsraum wurde der Wohnraum der Lehrerin benutzt, und dies bis 1874[103]. Erstmals nachgewiesen ist die Industrieschule in Singen für das Jahr 1827/28. Damals erhielt die »Franziska Kornmeyerin für Haltung der Industrieschule 1827/28 20 Wochen à 30 kr 10 fl«[104]. Die Ausgaben der Gemeinde, in den Rechnungsbüchern lückenhaft belegt, lassen auf einen kontinuierlichen Unterricht schließen. Eine Übertragung des Unterrichtes 1872 an die Lehrfrauen der geplanten Privaten Mädchenschule scheiterte am Einspruch des Gemeinderates. Im Sommer 1874 ließ sich dann eine Anna Brütsch in dem neu eingerichteten Seminar in Karlsruhe ausbilden[105]. Ebenfalls 1874 richtete die Gemeinde im Schulhaus ein Lokal für den Handarbeitsunterricht ein[106].

Obwohl bereits 1882 die Erteilung der »Industrieschule« im Sommer beraten wurde[107], kam es erst 1893 zu einem freiwilligen Unterrichtsangebot während der Sommermonate. Das Gehalt von 84,50 Mark bei insgesamt 32 Stunden wurde je zur Hälfte von der Gemeinde und vom örtlichen Frauenverein bezahlt[108]. Im Herbst 1883 richtete die Gemeinde dann erstmals einen »Flickkurs« auf freiwilliger Basis für nicht mehr schulpflichtige Frauen als Abendkurs ein[109]. Hierfür erhielt die Lehrerin 70 Mark im Winter und später 35 Mark im Sommer. Im November 1893 kam von Ihrer königlichen Hoheit der Großherzogin eine Spende von 25 Mark »für den dort einzurichtenden Flickkurs«[110].

In einem Ausbildungs- und Dienstvertrag mit Maria Huber 1896 steht u.a.:
»1. Die Kosten der Ausbildung ersetzt die Gemeinde,
2. An Gehalt wird bezahlt
a) im Winter bei wöchentlich 24 Unterrichtsstunden à 12 Mark je Wochenstunde = 288 Mark im Winterhalbjahr,
b) im Sommer für freiwilligen Unterricht 70 Mark, vom Frauenverein und der Gemeinde je 1/2,
c) im Winter für den Flickkurs als Nachtkurs, 70 Mark von der Gemeinde«[111].

Der Zeichenunterricht

In der Jahresprüfung 1871/72 des letzten Schuljahrganges von Oberlehrer Bindert wurde gemeldet: Bindert erteile »noch Zeichenunterricht am Sonntagnachmittag mit hübschen Anfängen [...] für diese Mühewaltung unseres vollen Dankes«[112].

1976 führte der neue erste Hauptlehrer Gebhard Dursch den Zeichenunterricht fort. Der örtliche Schulrat beschloß: »Für den Zeichenunterricht von wöchentlich 2 Stunden durch Hauptlehrer Dursch erhält dieser dafür die gesetzliche Belohnung wie für die Fortbildungsschule«, das waren 80 Mark jährlich[113]. Ab 1883 wurden nur noch 40 Mark ausgezahlt, da der Unterricht nur noch im Winterhalbjahr erteilt wurde. Der Zeichenunterricht richtete sich nach dem Lehrplan für die Volksschule von 1869. Hierzu gab es für den Lehrer Vorlagen mit genauen Anweisungen[114].

Der Turnunterricht

Obwohl im »Lehrplan für die Badischen Volksschulen« vom 24. April 1869 ein Lehrplan für Leibesübungen angekündigt wurde[115], beschäftigte sich der Ortsschulrat erstmals 1876 mit dem Turnunterricht in Singen. Er stellte diesen aber zurück, bis ein geeigneter Turnplatz vorhanden war[116]. Doch schon im Sommer 1877 wurde dann die Herstellung der Turngeräte an Zimmermann P. Graf vergeben[117], und im Frühjahr 1878 legte der Ortsschulrat fest, daß Hauptlehrer Dursch den Turnunterricht einführen sollte[118]. Ab Oktober 1878 war der Turnunterricht für die Oberklassen mit wöchentlich 2 Stunden obligatorisch[119], hierfür erhielt Dursch 40 Mark Vergütung. Der ausgewiesene Turnplatz wurde beanstandet. »Er soll Grasfrei sein und mit Sand oder Gerberlohe hergestellt sein«[120]. In einer Bestandsaufnahme der Gemeinde von 1887 wurde ein Turnplatz im Oberdorf mit 4 ar 95 qm nachgewiesen[121], und 1889 ein Platz auf der Inselwiese bei der Färbe, letzterer wurde vom Turnverein benutzt[122].

Die »Private Mädchenschule«

Mitte der 60er Jahre des 19. Jahrhunderts errichtete Ottilie Gräfin von Enzenberg aus dem von ihrer Linie zugeflossenen Erbanteil die »Rudolfstiftung« mit einem Kapital von 6000 Florin zu 4%. Der Zinsertrag sollte den Armen zuteil oder zu sonst nützlichen und religiösen Zwecken verwendet werden. Der Vorschlag, »eine Mädchenschule zu gründen«, konnte vorläufig nicht verwirklicht werden, da die Zinserträge nicht ausreichten und auch die Platzfrage nicht geklärt werden konnte. Anfang der 70er Jahre wurde die Idee zur Errichtung einer privaten Mädchenschule wieder aufgegriffen. Im Schlosse wurde ein Schullokal eingerichtet, und zwei Lehrschwestern wurden angestellt. Das Schulgesetz von 1873 hob dann diese noch in den Anfängen steckende Schule wieder auf. Mit dem Stiftungskapital wurden die Krankenschwestern und eine »Kleinkinderschule« unterstützt, bis Graf Hugo von Enzenberg die Zinszahlungen aus der Stiftung einstellte und sich auch weigerte, die Stiftung an die Gemeinde auszuhändigen[123].

Schulmeister und Hauptlehrer

Franz Riede, Schulmeister, bis etwa 1750, pensioniert
Bartholome Helf, Schulmeister, etwa 1751 bis 1758, verstorben
Konrad Egger, Schulmeister, Bürger zu Radolfzell, 1758 bis 1774, pensioniert
Karl Helf, Bürger in Singen, »Musterlehrer et Meßner«, 1774 bis 1830, pensioniert
August Sommer, Schulverwalter, 1830 bis 1832
Franz Sutor, Hauptlehrer, 1832 von Mahlspüren, 1837 strafversetzt nach Liptingen wegen Unsittlichkeit
Philipp Jakob Huber, erster Hauptlehrer, 1835 von Liptingen, 1866 versetzt nach Hödingen wegen Vernachlässigung der Dienstpflichten

Wilhelm Bertsche, Schulverwalter, 1866
Conrad Bindert, erster Hauptlehrer, 1866 von Stockach, 1876 gestorben
Adolf Medartus Hummel, Schulverwalter, 1876
Gebhard Dursch, erster Hauptlehrer, 1876 von Heimstetten, 1902 pensioniert

Zweite Hauptlehrer ab 1846

Anton Zimmermann 1846–1854
Andreas Übelmann 1854
Jakob Keller 1854–1865
Lorenz Braun 1865–1889
Josef Ebin 1889–1907

Dritte Hauptlehrer ab 1875

Josef Ebin 1875–1889
Anton Wolfstriegel 1890–1904

Anmerkungen

[*] Die Zusammenfassung eines größeren Manuskriptes des Autors.
[1] EAS, F. Nr. 1010, 14.5.1752.
[2] Ebd., 1754.
[3] Ebd., 9.9.1777.
[4] Ebd., Tabelle von 1778.
[5] STAS, Karteiauszug a. d. Taufregister der Pfarrkirche.
[6] EAS, F. Nr. 1010, 4.6.1758.
[7] EAS, F. Nr. 819, 8.3.1811 (auch 1774).
[8] EAS, F. Nr. 1010, 1786.
[9] GRAF, Südwestdeutsche Schulreform, S. 33.
[10] EAS, F. Nr. 1000, 27.12.1761.
[11] Ebd., 28.12.1774.
[12] Ebd., 19.9.1779.
[13] JOOS, Gesetze und Verordnungen, S. 17.
[14] GLA, 359 Zug. 1932/15 Fasc. 72, 26.10.1855; STAS, VIII/1, GR 7.10.1851.
[15] GLA 359 Zug. 1932/15 Fasc. 72, 30.8.1827 (Kopie vom 18.8.1809).
[16] STAS, GRechB, 1797/98.
[17] EAS, F. Nr. 1010, 2.11.1806.
[18] GLA, 359 Zug. 1932/15 Fasc. 72, 29.9.1811 bis 8.10.1812.
[19] Ebd., 25.10.1813 bis 15.11.1817.
[20] Ebd., 25.10.1813 bis 28.1.1814.
[21] GLA, 359 Zug. 1906/20 Fasc. 2116.
[22] GLA, 359 Zug. 1932/15 Fasc. 72, 8.10.1812.
[23] EAS, F. Nr. 1010, 1778/79, 10.1.1785, Verzeichnis 1806; GLA, 359 Zug. 1906/20 Fasc. 2116.
[24] STAS, GRechB 1790/91, 1792/93, 1796/97.
[25] BERNER, Hohentwiel, S. 274.
[26] GLA, 359 Zug. 1906/20 Fasc. 2116, 15.6.1824 ff., bes. 28.10.1824.
[27] EAS, Protokollbuch, 17.9.1774.
[28] EAS, F. Nr. 819, 8.3.1811.
[29] EAS, F. Nr. 1010, 19.9.1779.
[30] Ebd., 10.1.1787.
[31] EAS, F. Nr. 902, 1787 Nr. 14.
[32] GLA, 359 Zug. 1906/20 Fasc. 2114.
[33] Ebd., 8.3.1831.
[34] Ebd., 1.12.1830 ff.
[35] Ebd., 18.3.1831.
[36] Ebd., 27.7.1842.
[37] Ebd., 15.6.1831 ff.
[38] Ebd., 27.7.1831 ff.
[39] Ebd., 7.2.1832.
[40] EAS, F. Nr. 161, 12.3.1834 ff.
[41] GLA, 359 Zug. 1906/20 Fasc. 2114, 23.3.1836.
[42] GLA, 359 Zug. 1932/15 Fasc. 72, 15.4.1845 ff.
[43] GLA, 359 Zug. 1906/20 Fasc. 2094, 29.9.1846–28.12.1846.
[44] GLA, 359 Zug. 1906/20 Fasc. 2114, 26.1.1846.
[45] Ebd., 30.5.1846 ff.
[46] STAS, ÖSchA, bes. ab 1868; GR ab 1825.
[47] GLA, 235/24 969, Schulbericht 1874/75; HENNEKA, Eine medizinische Topographie.
[48] STAS VI 2/2, 2.11.1874 ff.
[49] Ebd., 2.7.1874.
[50] GLA 235/24 360, 4.2.1875 (auch GLA 235/24 969).
[51] GEBHARD, Finanzwirtschaft, S. 177; STAS, ÖSchA, 5.4.1878.
[52] Ebd.
[53] STAS, GR Nr. 113, 5.7.1878.
[54] GEBHARD, Finanzwirtschaft, S. 177.
[55] GLA, 359 Zug. 1906/20 Fasc. 2116, 30.10.1830; EAS, F. Nr. 811, 18.5.1830 ff.
[56] Ebd., 28.12.1811, 1832; EAS, F. Nr. 819, 7.8.1811, 28.12.1811.
[57] EAS, F. Nr. 1005, 13.10.1846 u.a.
[58] EAS, F. Nr. 811, 1832.
[59] EAS, F. Nr. 106, 12.4.1864 ff.
[60] »Gesetz, den Elementarunterricht betreffend« vom 8. März 1868.
[61] EAS, F. Nr. 811, 13.8.1830.
[62] Ebd., 11.6.1832 ff.; GLA 235/24 959, 11.8.1832.
[63] Ebd., 21.6.1836.
[64] Ebd., 24.8.1855.
[65] JOOS, Gesetze und Verordnungen, S. 38 ff.
[66] Ebd., S. 26; STAS, VIII/1, GR, 27.2.1836 ff.
[67] GLA, 235/24 959, 4.9.1858.
[68] Ebd., 19.3.1874; GEBHARD, Finanzwirtschaft, S. 123.
[69] GLA, 359 Zug. 1932/15 Fasc. 72, 21.6.8836.
[70] GLA 235/24 959, 16.8.1836.
[71] Ebd., 19.6.1847.
[72] GLA, 359 Zug. 1932/15 Fasc. 72, 1846.
[73] GLA, 235/24 959, 29.11.1848.
[74] GLA, 235/24 960, 17.4.1866.
[75] STAS, GR, 16.3.1872.
[76] GEBHARD, Finanzwirtschaft, S. 230.

[77] Ebd., S. 95.
[78] GLA, 235/24 360, 2.9.1871, 28.10.1871.
[79] Ebd., 10.5.1885, 28.5.1889.
[80] Ebd., 9.7.1884, 8.8.1884.
[81] EAS, F. Nr. 1010, 2.11.1806.
[82] Ebd., 6.2.1809 ff.
[83] HEYD, Geschichte des Volksschulwesens III, S. 179 ff.
[84] JOOS, Gesetze und Verordnungen, S. 718.
[85] STAS, ÖSchA, 23.11.1865 ff.
[86] JOOS, Gesetze und Verordnungen, S. 717, §7-Gesetz v. 18.2.1874.
[87] STAS, ÖSchA, 22.6.1874.
[88] Ebd., 14.4.1875.
[89] Ebd., 19.10.1878.
[90] GEBHARD, Finanzwirtschaft, S. 179.
[91] STAS, GR, 14.9.1889.
[92] 75 Jahre Robert-Gerwig-Schule, S. 11.
[93] GEBHARD, Finanzwirtschaft, S. 202.
[94] STAS, GR, 7.8.1891 ff.
[95] Ebd., Juli/August 1892.
[96] GEBHARD, Finanzwirtschaft, S. 202.
[97] JOOS, Gesetze und Verordnungen, S. 722 (Verordnung v. 21.2.1891).
[98] GEBHARD, Finanzwirtschaft, S. 203.
[99] Ebd., S. 202.
[100] Ebd., S. 123.
[101] JOOS, Gesetze und Verordnungen, S. 11.
[102] STAS, GR u. BA, versch. Daten.
[103] Ebd., versch. Daten.
[104] STAS, GRechB, 1828/29.
[105] STAS, ÖSchA, 2.11.1872; GRechB, 11.10.1973.
[106] STAS, VI 2/3, 12.11.1974; GEBHARD, Finanzwirtschaft, S. 177.
[107] STAS, VI 2/6, 17.5.1883.
[108] STAS, GR, 29.5.1893.
[109] Ebd., 10.11.1893.
[110] STAS, VI 2/6, 27.11.1893; GR, 10.11.1893.
[111] STAS, VI 2/7, 25.2.1896 ff.
[112] STAS, VI 2/2, 1872.
[113] Ebd., 20.12.1883.
[114] Lehrplan für die Volksschulen 1869.
[115] Ebd., S. 16 § 64.
[116] STAS, ÖSchA, 13.11.76.
[117] Ebd., GR, 10.6.1872.
[118] STAS, ÖSchA, 5.4.1878.
[119] Ebd., 19.10.1878.
[120] Ebd., 19.10.1878.
[121] GEBHARD, Finanzwirtschaft, S. 99.
[122] Ebd., S. 93.
[123] STAS, XVI/6 »Rudolfstiftung« bis 1877.

Die Hagmühle zu Singen

von Alois Mattes

Der erste Nachweis über die Existenz einer Mühle in Singen stammt aus dem Jahre 1403, wobei von einer Mühlwies berichtet wird. Erst um 1450 erfahren wir ihren Namen: Hagmühle[1]. Es besteht jedoch kein Zweifel, daß die Mühle an der Aach ein wesentlich höheres Alter aufweisen kann. Die Urkunde von 787 gibt über das mögliche Alter einen Hinweis. In ihr ist – lediglich zur Unterscheidung der beiden Singen am nächsten gelegenen Hausen-Siedlungen – das Vorhandensein einer Mühle in Mühl-Hausen nachgewiesen, die allerdings von dem älteren alemannischen -ingen-Ort Ehingen aus gegründet wurde. Man darf wohl davon ausgehen, daß der als königlicher Platz überregional bedeutende Ort Singen mit seiner Urpfarrei und seinem wichtigen Aachflußübergang sowie seiner Nähe zum Hohentwiel sicherlich als eine der ersten Siedlungen im Hegau eine Mühle besaß. War es doch der König selbst, der das Recht (Regal) besaß, die Genehmigung zur Errichtung einer Mühle zu erteilen.

Aus uns unbekannten Gründen verschwand die Hagmühle zwischen 1450 und 1530[2]. Hans Heinrich von Klingenberg auf Hohentwiel verkaufte 1530 das Dörflein Singen mit Niederhofen und Remishofen und die Dornermühle[3] an seinen Vetter Hans Jörg von und zu Bodman. Die Dornermühle war damals an die Stelle der Hagmühle als Bannmühle getreten, in der die Untertanen von Singen mit den beiden Weilern ihr Getreide mahlen lassen mußten.

Nachdem Herzog Ulrich von Württemberg 1521 die Burg Hohentwiel in seinen Besitz gebracht hatte, konnte Österreich 1554 Singen mit Nieder- und Remishofen, jedoch ohne die Dornermühle, erwerben. Es ließ sofort beim alten Aachübergang, »Singer Brugg« genannt, in dessen Nähe einst die Hagmühle stand, eine neue Mühle mit Säge erstellen. Ein breiter Mühlkanal führte fast das ganze Aachwasser auf die Räder von Mühle und Säge. An der Stelle, wo der Kanal die alte Landstraße kreuzte, verband eine steinerne Brücke die Mühle mit der Säge auf der anderen Kanalseite und diente zugleich dem Überlandverkehr. Die bisherige hölzerne »Singer Brugg« über die Aach mit ihrem Recht der Brückenzollerhebung blieb bestehen. Für den Bau der Mühle hatte die Stadt Radolfzell mit einer Bausteuer und der Lieferung von 600 eichenen Stumpen beizutragen. Die Stadträte beantragten daraufhin bei der österreichischen Regierung wegen dieser und anderer Leistungen, den Brückenzoll an einer ihr gehörigen Brücke erhöhen zu dürfen[4].

Nachdem die österreichische Landgrafschaft Nellenburg, zu der Singen gehörte, auch das Dörflein Arlen erworben hatte, wurde 1594 den neuen Untertanen in der Mühle zu Singen bekanntgegeben, daß alle Abgaben und sonstigen Leistungen, die sie bis dahin den Klingenbergern und den Homburgern zu erbringen hatten, nunmehr dem nellenburgischen Amt in Stockach zustanden. Die Arlener mußten demnach schon damals in die Singener Mühle fahren.

Der erste namentlich bekannte Müller Hans Weiß war 1615 37jährig und besaß 150 Florin (Gulden) Vermögen sowie drei Müllroß. Die Mühlpferde wurden seinerzeit mit je 40 Florin am höchsten taxiert.

Um 1619 kam der Müller und Säger Hans Schrott auf die Hagmühle. Er betrieb zuvor die herrschaftlich von Reischachsche Mühle in Mühlhausen. Schrott lieferte Bauholz zum Ausbau der Festung Hohentwiel an den Kommandanten Löscher und an dessen Nachfolger Konrad Widerholt. Obwohl auf der Festung Roß- und Handmühlen vorhanden waren, mußte auch die Mühle an der Aach in Anspruch genommen werden. Da sie im Belagerungsfall jedoch ausfiel, ließ Widerholt 1635 eine Windmühle auf der Festung errichten; später sogar noch eine zweite.

Im weiteren Verlaufe des 30jährigen Krieges wurden Mühle und Säge ruiniert. Davon berichtet eine Thurgauer Chronik aus dem Jahre 1639: »Des obstenden Tags [18. Juni] ward das Schloß Hohenwiel abermal durch das keiserische Volk beläigeret; verbranden inen den Vor- und Maierhof mit vil Frucht und ein Müli bei Singen [...].

Die keiserische Armee, so den 18 Tag Juni für [vor den] Hohwiel gezogen, zog den 9 Tag Oktober ungeschafter Wis [unverrichteter Dinge] wider ab.« Hier wird bestätigt, daß es ausnahmsweise einmal nicht Widerholt war, der die Mühle zerstörte. Ihm konnte auch nur an einer solchen gelegen sein, in der er nach Abzug des Feindes wieder mahlen lassen konnte.

Der Wiederaufbau der Mühle nach dem 30jährigen Krieg begann 1654. Ende dieses Jahres berichtete der nellenburgische Oberamtmann Balthasar Kalt der österreichischen Kammer, daß die beabsichtigte Ausbesserung des Mühlwuohrs (Mühlkanals), das wieder 60 bis 70 Jahre halten sollte, auf etwa 170 Gulden zu veranschlagen sei. 1655 belehnte Erzherzog Ferdinand von Österreich seinen Rat Hans Gaudenz von Rost zu Kelburg und Aufhofen[5] mit dem Flecken Singen, den beiden Weilern und der dazugehörigen Mühle. Die Erneuerung des Mahlgangs erfolgte 1655 durch von Rost. Zimmermeister Hanß Ruethart kaufte in Waldshut zwei Mühlsteine, einen sogenannten Bodenstein und einen Läufer, und beförderte sie nach Schaffhausen. Kosten: 70 Gulden, 36 Kreuzer. Andreas Schrott, Müller und Vogt, holte die beiden Steine in Schaffhausen ab für 6 Florin. Beim Zoll in Schaffhausen mußten sie ab- und wieder aufgeladen werden. Zoll einschließlich Ab- und Aufladen 1 Florin 45 Kreuzer.

Nachdem 1657 die Herrschaft Mühlhausen-Mägdeberg und Singen-Arlen unter dem Grafen von Rost gebildet worden war, mußten die Leute von Singen und Arlen wieder die Singener Mühle benutzen.

Als der Müller und Vogt Andreas Schrott, der während des 30jährigen Krieges auf Hans Schrott gefolgt war, 1664 von der Mühle zurücktrat, wurde Johannes Schuhmacher mit ihr belehnt. Bei der Übergabe wurden die beiden Mühlsteine durch zwei unparteiische Müller aus Mühlhausen wie üblich abgestochen (vermessen). Die Mahlsteine waren teuer und unterlagen einer starken Abnutzung. Nach Vorschrift mußten sie alle 14 Tage frisch gehauen werden. Mühlsteinbrüche gab es vor allem in Tengen, Uttenhofen, Wiechs, Bargen und Neuhausen. Die besten Steine kamen aus Frankreich. Entsprechend dem Grad der Abnutzung wurde dem scheidenden Müller ein Betrag berechnet; hatte er während der Pachtzeit neue Steine einbauen lassen und waren sie noch stärker (dicker) als bei seinem Aufzug, erhielt er eine entsprechende Vergütung.

Die Mühlen wurden jedes Vierteljahr kontrolliert. Strenge Mühlenordnungen regelten den Verkehr mit und den Betrieb in der Mühle. Eine umfangreiche Mühlenordnung der Hagmühle aus dem Jahre 1589 wird im Generallandesarchiv Karlsruhe aufbewahrt.

Andreas Schrott jr., Sohn des 1664 von der Hagmühle abgegangenen Müllers, übernahm 1660 die Dornermühle, doch schon 1665 übersiedelte er auf die Hagmühle, die ein Jahr zuvor an Johannes Schuhmacher übergeben worden war, und betrieb sie bis 1678. Als weitere Mitglieder der Familie Schrott folgten: Andreas III, Peter und Mathias. 1749 übernahm Hans Georg als letzter Schrott die Hagmühle. Nach seinem Tode führte seine Witwe, Nothburga geborene Graf aus Arlen, den Betrieb bis 1784 weiter. Ihr Vertrag wurde vor Ablauf der Pachtzeit gekündigt, weil man ihr vorgeworfen hatte, sie habe den notwendigen Unterhalt der Mühle und der Mühlanlagen unterlassen.

Graf von Enzenberg[6] übernahm nun 1784 die Mühle in eigener Regie und schloß am 4. August des gleichen Jahres mit dem Neuhauser (bei Engen) Meisterknecht Franz Josef Bruder für drei Jahre einen Vertrag als Müller.

1786 wurde mit dem Steißlinger Zimmermann Johann Stemmer ein Akkord über die umfassende Erneue-

Enzenbergische Kunstmühle nach dem Brand vom 5. März 1905. 1: Graf von Enzenberg, 2: Rentamtmann Recknagel, 3: Müllermeister Keller. Die Mühle stand auf dem Areal des späteren städtischen Bauhofs

rung der Mühle und der dazugehörigen Fallen abgeschlossen. Danach erstellte Baudirektor Bickel[7] im Auftrag des Grafen ein Gutachten, worin er die günstige Lage der Mühle und den ausgeglichenen Wasserstand der Aach, der einen Betrieb während des ganzen Jahres erlaubte, hervorhob. Durch die bereits erneuerten Stauwehre waren seiner Ansicht nach keine Überschwemmungen mehr zu befürchten. Die Säge, die zu einem späteren Zeitpunkt erneuert werden sollte, war durch einen Sturm zerstört worden. Bickel schlug vor, die Säge soweit wieder instand zu setzen, damit das Holz für den Wiederaufbau geschnitten werden könne. Die Kosten berechnete er auf 50 Gulden. Er empfahl, das Sägegebäude von Grund auf neu zu erstellen und auf eine Grundfläche von 90×30 Schuh[8] zu vergrößern, damit eine doppelte Säge sowie je eine (Hanf-)Reibe, Ölmühle, Stampfe, Lohstampfe und zwei Pressen eingerichtet werden könnten, um eine rationellere Auslastung der Arbeitskräfte zu erreichen. Alles in allem bezifferte Bickel die Umbaukosten auf 3326 Gulden.

Das Verzeichnis der Mahlkunden aus dem Jahre 1796 weist eine große Zahl von Namen aus den Reihen der Hohentwielbesatzung auf. Zeitweise zählte die Festung mehr Bewohner als der Flecken Singen, obwohl die württembergischen Herzöge bemüht waren, die Zahl der Frauen und Kinder auf dem Berg möglichst klein zu halten. Es bedeutete für den Grafen daher einen großen Verlust, als der Hohentwiel zerstört wurde und seine bisherigen Bewohner in alle Winde zerstreut wurden und als Kundschaft wegfielen[9].

Gerade um diese Zeit zeigten sich auch die Arlener Bauern, die ja ihr Getreide in der Singener Mühle mahlen lassen mußten, »störrisch«, indem sie der Singener Mühle einfach fernblieben und auch dem Mühlewagen keine Frucht mehr mitgaben. Die Abneigung der Arlener gegen den Zwang, in die Singener Mühle fahren zu müssen, hatte wohl verschiedene Gründe. Der Weg nach Singen war zeitraubend und führte dazu noch an der Rielasinger Mühle vorbei, auch die Worblinger Mühle lag viel näher. Als weiterer Umstand mag mitgespielt haben, daß Graf von Enzenberg der aus Arlen stammenden Mühlenpächterin Nothburga Schrott geborene Graf die Mühle 1784 vorzeitig entzogen hatte. Die Müllerin hatte bis zuletzt gehofft, die Mühle noch solange betreiben zu können, bis ihr Sohn sie hätte übernehmen können.

Wohl kam jede Woche der Mühlewagen nach Arlen, holte das Getreide ab und lieferte bei der nächsten Fuhre das Mehl. Doch die Bauern fuhren am liebsten selbst zur Mühle, um den Mahlvorgang überwachen zu können, denn es herrschte unter der Landbevölkerung allgemein ein gewisses Mißtrauen gegenüber den Müllern. Die Bauern befürchteten, daß ihnen der Müller statt ihres guten Getreides schlechteres vermahle oder das Mehl mit anderen Mitteln strecke. Ein Spottvers aus dem letzten Jahrhundert lautete:

»Auch Mehl ist ein gefährlich Ding
Man mischt's mit Gips und Kreide
Drum werden auch die Müller
gewöhnlich reiche Leute.«

Graf von Enzenberg ließ der Gemeinde Arlen mehrfach eröffnen, daß alle, die fernerhin in »ausländische« Mühlen fahren würden – gemeint waren die Rielasinger und Worblinger Mühle –, der Konfiszierung aller Früchte und des Mehls verfallen seien. Doch die Arlener kümmerte dies wenig.

Nun wurde Rielasingen 1803 badisch, Singen und Arlen wurden 1806 württembergisch. 1808 erhob der großherzoglich-badische Zoller in Rielasingen plötzlich Zoll für das zur Mühle geführte Getreide, ebenso wie für das zurückgeführte Mehl. Die Arlener konnten sich freuen, war es doch ein Grund mehr, die Mühle in Singen zu meiden. Der Graf von Enzenberg jedoch beschwerte sich bei den großherzoglich-badischen Behörden, erhielt aber den Bescheid, daß Baden nicht auf seine Vorstellungen eingehen könne, solange Württemberg auf ähnlichen, noch drückenderen Zollmaßnahmen bestehe.

Im Jahre 1812, nachdem Singen und Arlen ebenfalls badisch geworden waren, erreichte der Graf von der Kreisregierung das richterliche Urteil, daß die Gemeinde Arlen nach wie vor verpflichtet sei, die Mühle, Säge und Reibe in Singen zu besuchen, während der Graf seinen Mühlewagen wie früher nach Arlen zu schicken habe. Arlen gab sich mit diesem Urteil nicht zufrieden. Die Gemeinde berief sich vor allem auf die kaiserlich-österreichische allgemeine Verordnung von 1787, durch die aller Mühlenbann aufgehoben worden war. 1814 zog das großherzoglich-badische Hofgericht in Meersburg den Schlußstrich unter diese Angelegenheit, indem es erklärte, die beklagte Gemeinde sei nicht verpflichtet, in der Singener Mühle mahlen, sägen und reiben zu lassen, sondern befugt, in jeder inländischen Mühle, wo sie wolle, mahlen zu lassen.

Schon 1813 hatte der Graf genug von der Mühle in eigener Regie und übergab sie pachtweise an Gabriel Waibel aus Singen. Laut Vertrag von 1813 hatte Waibel eine Kaution von 2000 Gulden zu stellen und als Pachtzins jährlich zu entrichten:

36 Gulden,
45 Malter Kernen Steiner Maß,
85 Malter Mühlfrucht Steiner Maß,
 3 Malter Habermehl Steiner Maß,
50 Pfund ungeriebener Hanf,

50 Pfund Saamhanf, alten schweren Gewichts,
das Pfund zu 20 Lot gerechnet,
1 Eimer Öl alten Schaffhauser Maßes.

1825 verzichtete Waibel auf eine Verlängerung der Pachtzeit. Ihm folgte Peter Graf aus Singen von 1825 bis 1840. 1823 gab es Differenzen mit den Gemeinden Friedingen und Hausen wegen der Schäden, die der Mühle und Säge durch die Wiesenwässerungen auf deren Gemarkungen entstanden waren. Das großherzogliche Bezirksamt in Radolfzell empfahl, die Sache durch Rücksprache mit den Ortsvorstehern zu erledigen. Weitere Beschwerden über die Gemeinden Friedingen und Mühlhausen folgten 1826.

Im Dezember 1840 verkaufte Franz Graf von Enzenberg seine Mühle für 38 000 Gulden an den Dornermüller Gotthart Renner, kaufte sie jedoch ein Jahr später wieder zurück.

1841 übernahm Stephan Mattes, zuvor Müller in Hilzingen, die herrschaftliche Mühle. Nach seinem Tode im Jahre 1847 wurde der Pachtvertrag mit seiner Witwe Genoveva Mattes geborene Engesser verlängert. 1863 wurde ein neuer Pachtvertrag abgeschlossen, und die Pacht wurde wie folgt festgesetzt:
a) Geld für die Mühle und Nebenwerke   1000 Florin,
b) Geld für die verpachteten Äcker   272 Florin,
c) Naturalien 75 Malter sogenannte Mühlefrucht.

Beim letzten Posten wurde von der Müllerin ausbedungen, statt 45 Malter Kernen 400 Gulden zu bezahlen, da seit vielen Jahren auf einem Großteil der Ackerbaufläche der hiesigen Gemarkung Weizen angebaut werde. Nach § 6 des Pachtvertrages hatte die Pächterin die Güter ordnungsgemäß zu bebauen, zu düngen und die Grenz- und Abzugsgräben samt Zugehör, auch die Ufer der Kanäle und Bäche nebst den Bänken und Dohlen zu unterhalten sowie jede der Nachhaltigkeit des Ertrages schädliche Benützungsart, so das Anpflanzen von Tabak und Zichorienwurz, zu unterlassen und auch etwaige besondere Gutsverbesserungen nach Anleitung des Rentamtes oder des aufgestellten Gutsaufsehers sorgfältig auszuführen.

Es war das zweite Mal, daß der Mühlen- und Sägebetrieb über Jahre hinaus einer Frau anvertraut wurde. In den allermeisten Pachtverträgen früherer Zeiten war der Passus aufgenommen: »Der Müller Weiber, Töchter und Mägde sollen soviel wie möglich sich der Mühle enthalten und darin weder Korn noch Mehl nehmen« (Engen 1503).

Im Jahre 1869 ließ Franz Graf von Enzenberg die Mühle, die »infolge ihres Alters in mancher Hinsicht schadhaft geworden war«, erneuern, vergrößern und die bisherige Kundenmühle in eine »Kunstmühle«[10] umwandeln. Am 1. März 1870 war die neue Mühle in Betrieb, Kostenaufwand 80 000 Gulden. Sie umfaßte nunmehr: vier Wasserräder als Antrieb für vier Kunstgänge, zwei Kundengänge, ein Gerb- oder Grobgang, Dreschmaschine, Mostpresse und die Säge mit zwei Sägeblättern neben einer Zirkularsäge. Beschäftigt waren: ein Obermüller, fünf Mühlburschen, ein Reparateur, ein Säger und zwei Knechte, weiterhin eine Wirtschafterin und eine Magd. Dem Fuhrbetrieb dienten drei Pferde. Der Graf übernahm den ganzen Betrieb wieder in eigener Regie. Als Obermüller wirkten in den nächsten Jahrzehnten: Blum, Friedrich Hartmann, Lorenz Oexle und Christian Keller.

Ab 1870 mußten nach der neuen badischen Mühlenordnung das Mehl und die Früchte den Kunden vorgewogen werden.

Durchschnittlich wurden pro Woche 660 Zentner Korn gemahlen, davon entfielen auf die Kundenmühle etwa 60 Zentner, 600 auf die neue Kunstmühle. Das Getreide wurde vornehmlich auf den Märkten in Hilzingen, Radolfzell, Stockach und Meßkirch aufgekauft, das Mehl verkaufte man in die Schweiz bis nach Basel und ins Elsaß. 1872 wurde durch Anzeigen bekanntgegeben, daß in der Mühle Mehl aller Sorten und in jeder Menge verkauft werde. 1878 wurde die Einstellung des Kleinmengenverkaufs von Mehl ab der Mühle mitgeteilt. Kaufmann Josef Matt, Peter Bucheggers Nachfolger, Hauptstraße 52, übernahm den Verkauf.

In der Nacht zum 2. März 1905, dem »Schmutzigen Dunnschtig«, wurde das Mühlengebäude durch Feuer bis auf die Grundmauern zerstört. Der Schaden wurde auf rund 80 000 Mark geschätzt. Im Dezember des gleichen Jahres stimmte der Bürgerausschuß der Stadt dem Kauf der Brandruine mit der wertvollen Wasserkraft (90 PS) zu. Viele Singener hatten zwar erwartet, daß die Mühle wieder aufgebaut würde, doch Graf von Enzenberg hatte die Zeichen der Zeit erkannt. Das große Mühlensterben hatte damals schon eingesetzt. Im Raum Mannheim/Ludwigshafen waren am Rhein bereits Mühlenwerke entstanden, die das ganze Gebiet der linksrheinischen Kurpfalz hätten mit Mehl versorgen können. Das billige Getreide aus Amerika wurde mit Schiffen direkt in die Mühlen geliefert. Hier war eine Konkurrenz im Kommen, der auch die Singener Mühle auf die Dauer nicht hätte standhalten können.

Als am 27. Januar 1913 auch noch die bis dahin betriebene Säge durch einen Brand vernichtet wurde, verkaufte der Graf auch das restliche Gelände an die Stadt Singen. Damit hatte die über tausendjährige Mühlentradition ihr Ende gefunden.

Anmerkungen

[1] Der ursprüngliche Name Hagmühle wurde nach dem 30jährigen Krieg teilweise durch die Bezeichnung herrschaftliche und nach 1784 gräflich-Enzenbergische Mühle abgelöst. Ab 1870 hieß die Mühle vielfach Kunstmühle, siehe Anm. 10. Ob Babo in Singen eine Mühle besaß, läßt sich aus der Urkunde von 920 leider nicht entnehmen. Mühlen waren jedoch in jener Zeit in unserer Gegend nicht mehr so selten. 875 übertrug der Alemanne Winithere seinen Besitz in Basadingen (bei Dießenhofen) mitsamt der Mühle an das Kloster Rheinau (HANS NATER, Berg: Die alten Mühlen im Thurgau, 1971, S. 39).

[2] Eine Zerstörung durch kriegerische Ereignisse läge im Jahre 1499 im Bereich des Möglichen, als während des Schweizer- oder Schwabenkrieges die Eidgenossen drei Einfälle in den Hegau unternahmen. Zwar gehörte Singen mit der Mühle dem Schaffhauser Patriziergeschlecht von Fulach. Ob die Aufgebote von Zürich und Luzern aber hier zu unterscheiden wußten?

[3] Die Dornermühle lag am Saubach auf der Gemarkung Hausen, jedoch an der Grenze gegen Singen.

[4] Sicherlich hatte auch die Stadt Stockach zum Mühlenbau entsprechende Leistungen zu erbringen. Das wäre dann der mögliche Zeitpunkt gewesen, bei dem die Stadt Stockach das – schon bestehende – Recht zur Erhebung von Brückengeld übertragen bekam, allerdings auch die Verpflichtung zum Unterhalt der hölzernen Aachbrücke.

[5] Hans Gaudenz von Rost zu Kehlburg und Aufhofen war als erzherzoglich-österreichischer Rat und Obrist Kommandant der Landmiliz in ganz Österreichisch-Schwaben. Während des 30jährigen Krieges war er zunächst Stadtkommandant von Radolfzell, später von Konstanz und somit Gegenspieler Widerholts. Zu den großen Kriegsgewinnern der Jahre 1618 bis 1648 zählten die Heerführer, Obristen und Kommandanten, von Wallenstein bis Konrad Widerholt. Mag von Rost sich auch nicht an Beutezügen beteiligt haben, so besaß er doch aufgrund seiner Stellung und Herkunft das notwendige Vermögen zum Wiederaufbau der Hagmühle und des ebenfalls zerstörten Niederhofs. Er konnte auch in Singen und Mühlhausen größeren Grundbesitz erwerben.

[6] Nachfolger der Herren von Rost wurden durch Heirat die Tiroler Grafen von Enzenberg, denen die Herrschaft 1774 verliehen wurde.

[7] Baudirektor Bickel aus Konstanz fertigte auch die Pläne und leitete den Bau der Pfarrkirche St. Peter und Paul 1779 bis 1781.

[8] Im nördlichen (deutschen) Bodenseegebiet galt allgemein der Nürnberger Schuh = 30,38 cm.

[9] Ein Teil der Hohentwielbesatzung gehörte zur Kundschaft der Dornermühle. Dornermüller Gotthard Renner beschwerte sich nach dem Ausbleiben der Hohentwieler bei der Stadt Radolfzell als Besitzerin der Mühle und bat um Nachlaß der vereinbarten Pacht. Sie wurde ihm daraufhin wie folgt ermäßigt: Statt bisher jährlich 8 Malter 4 Viertel Kernen, 8 Malter 4 Viertel Mühlfrucht hatte er noch zu entrichten: 2 Malter 4 Viertel Kernen, 8 Malter 4 Viertel Mühlfrucht.

[10] Als Kunstmühlen wurden die im vergangenen Jahrhundert aufgekommenen automatischen Mühlen bezeichnet, die in einem Arbeitsgang sämtliche Arbeiten wie Transport, Reinigen, Schälen und Mahlen des Getreides sowie das Sortieren des Mehls usw. übernahmen. Der Mahlkunde erhielt nunmehr sein Getreide nicht mehr gemahlen zurück, sondern eine entsprechende in der Mühle vorrätige Menge.

Französische Revolution und Napoleonische Kriege

von Herbert Berner

Mit der Proklamation der Menschenrechte und des von der Nation der Freien und Gleichen getragenen Staates erweckte die französische Revolution von 1789 zunächst in den vorderösterreichischen Gebieten bei der Bevölkerung eine gewisse Begeisterung und Zustimmung, bei der herrschenden Schicht jedoch Besorgnis und Angst. In einer Marginalie zu einem Bericht des Obervogtes L. A. Frey über den Sturm auf die Bastille zu Paris schrieb Graf Franz Joseph von Enzenberg: »Der ganze Auftritt ist eine große Lection für alle Regenten und falsche, eigennützige Minister. Aber wie viele werden sich daran erspieglen und daran denken: hodie mihi, cras tibi! Doch hoffe ich soll es zum Guten haben, daß es nur den Frieden beschleuniget.« Und etwas später kommentierte er die Schilderung der Durchreise des französischen Emigranten Comte d'Artois, der sich beim Pferdewechsel kurz in Singen aufhielt: »Den Comte d'Artois dürfte es treffen, ziemlich lange in der Fremde herumzuwandern, denn die Nazion ist, und mit Recht, sehr gegen ihn aufgebracht.«[1] Freilich war damals noch nicht vorauszusehen, daß der 14. Juli 1789 den Abschluß und gleichzeitig den Beginn einer Entwicklung markierte, welche die künftigen sozialen und wirtschaftlichen Strukturen und die politischen Verhältnisse grundlegend beeinflußte und veränderte.

Dieser Prozeß der Umwandlung hatte auch in Österreich seit einiger Zeit schon – im Zeitalter des aufgeklärten Absolutismus – eingesetzt mit der Bauernschutzpolitik (etwa Aufhebung der Leibeigenschaft 1781) und der staatlichen Kontrolle der Stadtgremien und dauerte hier sowie in den Nachfolgestaaten wesentlich länger, bis in die 50er Jahre des 19. Jahrhunderts. »Das Ergebnis ist überall dasselbe: es verschwindet die Grundherrschaft und die autonome Stadtgemeinde alten Stils. Der Staat baut seinen Verwaltungsapparat bis herab zu einer engmaschigen Lokalverwaltung aus und setzt daneben die auf einen bestimmten Sachbereich begrenzte staatlich kontrollierte Selbstverwaltung der Stadt- und Landgemeinden, zum Teil auch der Kreise und Provinzen. Rechte und Freiheiten, Privilegien, eine eigenständige Herrschaftsgewalt gibt es nicht mehr. Unter dem Staat, seinem Verwaltungsapparat und der von ihm eingerichteten Selbstverwaltung steht der einzelne Staatsbürger und seine Familie.«[1a]

Damals aber – 1789 – war diese Entwicklung mit allen ihren Konsequenzen weder voraussehbar noch vorstellbar. Die inneren Reformen Maria Theresias und ihres Sohnes Josephs II. im administrativen, militärischen, wirtschaftlichen und kirchlichen Bereich, denen wir vielfach begegnet sind, hatten bereits eine tiefgreifende Umgestaltung und Modernisierung des alten ständischen Feudalstaates in Gang gesetzt. Die auch als »Revolution von oben« bezeichnete Reformtätigkeit vor allem unter Joseph II. als Vertreter des aufgeklärten Absolutismus zielte darauf ab, »aus der zusammenhanglosen österreichischen Ländermasse einen modernen, zentralistisch organisierten Einheitsstaat zu schaffen«. Auch in diesem System wurden Adelsprivilegien und Vorrechte abgebaut. Hauptziele waren die Verbesserung der Finanzlage des Staates (u. a. für Reformen der militärischen Struktur), die Förderung von Wirtschaft und Handel (u. a. Einführung einheitlicher Maße und Gewichte, Aufhebung des das Gewerbe behindernden Zunftsystems und Vereinheitlichung des Zollwesens), Neuordnung des Gerichtswesens (einheitlicher Instanzenweg, Abschaffung der Folter) und Neugestaltung des Schul- und Unterrichtswesens, das der Kirche entzogen und dem Staate übertragen wurde; 1774 Einführung der allgemeinen Schulpflicht[1b].

Nach einer Phase der Skepsis (1789/90) schlug die Stimmung im Lande nach bitteren Erfahrungen in allgemeine Ablehnung um, denn man mußte erkennen, daß die von Westen eindringenden »Patrioten« die unterworfene Bevölkerung mit hehren Parolen zu blenden und mit leeren Versprechungen zu täuschen verstanden, daß die nun einsetzenden Drangsale und Repressalien erniedrigend und drückend waren.

Da und dort war es anfänglich zu Unruhen gekommen, »der Freiheitssinn ist [nach einem Wort des berühmten schaffhauserischen Geschichtsschreibers und Staatsmannes Johannes von Müller, 1752–1809] zu tief und allgemein in die Völker gefahren, und zu offenbar gewinnen sie dabei, um sich's wieder entreißen zu lassen«[2].

Im August 1789 erließ die vorderösterreichische Regierung ein »Warnungsmandat vor Rebellischen Gedanken«, das überall öffentlich angeschlagen wurde; die Pfarrer predigten in den Kirchen über das Thema: »Jedermann sey Unterthan der Obrigkeit, die Gewalt über ihn hat [...]«³. Die Untertanen reagierten je nach den Bedingungen, unter denen sie in ihren kleinen Territorien leben mußten, aufrührerisch, zustimmend oder zurückhaltend. In der Herrschaft Singen-Mägdeberg wirkte sich die unter den Obervögten Ludwig Augustin Frey und Johann Nepomuk Müller mit Einverständnis und Förderung des Grafen Franz Joseph I. von Enzenberg, einer der fortschrittlichsten und sozial handelnden Persönlichkeiten der k. k. Monarchie, seit langem gehandhabte, stets auf Ausgleich der Interessen bedachte herrschaftliche Verwaltung in diesen schweren Jahren wohltätig aus. Hier gab es, von gelegentlichen Schimpfereien und Beschwerden der Mühlhauser über Fronleistungen und strittige Weidefragen abgesehen, keine Unruhen oder gar Tumulte; Untertanen und Herrschaft zogen einträchtig am gleichen Strang, und die Herrschaft bemühte sich wirksam, selbst unter Opfern in Notzeiten zu helfen⁴. Im Nellenburgischen überhaupt war die treue Anhänglichkeit an den katholischen Landesfürsten, an das Haus Österreich und die bestehende Verfassung als ein Stück Reichspatriotismus noch ungebrochen⁵. Am Oberrhein hingegen, insbesondere im Breisgau und im Hotzenwald, kam es zu revolutionären Unruhen bis weit über die 1790er Jahre, die in ihren Anfängen jedoch auf die vorrevolutionäre Zeit, das heißt auf hausgemachte Klagpunkte, zurückweisen⁶.

»...als wenn die Hölle offen wäre!«

Erster Koalitionskrieg 1792 bis 1797

Die österreichischen Vorlande standen 1792, als Frankreich am 20. April dem »König von Ungarn« den Krieg erklärte, völlig ungedeckt. Deshalb wurde die vorderösterreichische Regierung von Freiburg nach Konstanz verlegt (bis 1799) und kam von dort nach Günzburg, wo sich bereits das k. k. Kameral- und Kriegszahlamt befand⁷.

Im Hegau und in Singen merkte man von diesem Krieg, dessen Schauplätze in Frankreich, am Oberrhein, in der Kurpfalz, in Mainz, Belgien und in den Niederlanden sowie seit 1795 auch in Italien lagen, außer vielen Truppenbewegungen, erhöhten Rekrutierungen und starken Militärlieferungen bis 1795 nur wenig. Dieser erste Koalitionskrieg, so genannt, weil mit Österreich viele monarchische europäische Staaten eine Koalition gegen das republikanische Frankreich bildeten, endete mit dem Frieden von Campoformio (17./18. Oktober 1797); der Friede mit dem Reich sollte in Rastatt ausgehandelt werden. Auch der Schwäbische Kreis hatte halbherzig seine Truppen aufgeboten, ohne je auf die Sollstärke zu kommen; am 23. März 1793 erklärte der Reichstag Frankreich den Krieg – es sollte der letzte Krieg des Heiligen Römischen Reiches Deutscher Nation sein⁸.

Mehrmals befürchtete man im Hegau das Übergreifen des Kriegsfeuers, so im November 1792, als die Herrschaft mit dem Archiv und wertvollem Hausrat nach Schaffhausen flüchtete; im gleichen Monat wurde in Mühlhausen vorübergehend ein Lazarett mit 100 Mann (Blessierte und »Venerische«) im Schloß und Gemeindehaus untergebracht. Mühlhausen litt in jenen Jahren mehr unter Einquartierungen als Singen; unter anderem logierten dort unter dem Befehl des Generals von Brentano Ende April 1792 423 Mann. Auch während des ganzen Jahres 1793 lagerten in Mühlhausen fünfmal Militäreinheiten von Kompanie- bis Bataillonsstärke, zusammen etwa 2600 Mann und 800 Pferde, meist auf dem Marsch von Tirol nach Freiburg im Breisgau. Die Mühlhauser beschwerten sich vergebens. 1794 war Singen im März mit 202 Mann belegt, ferner mußten ständig Vorspanndienste geleistet und Pferde gestellt werden. Außerdem wurde im Juli vom landständischen Direktorium Ehingen die Landmiliz aufgeboten zur »Beschützung des Vaterlandes gegen den grausamen, raubsüchtigen und mörderischen Feind der Franzosen«, insgesamt 6000 Mann in 50 Kompanien, wovon es die Herrschaft Singen-Mägdeberg mit 74 und die Herrschaft Tengen mit 42 Mann traf, die zusammen eine Kompanie bildeten mit 58 vorhandenen Gewehren. Damals lebten in Singen 148 Männer zwischen 17 bis 50 Jahren (Mühlhausen: 98; Arlen: 37), davon ledig 52 und verheiratet 96; brauchbare Feuergewehre waren im Dorf 41 vorhanden. Für diese Kompanie mußten gewählt werden: 1 Hauptmann, 1 Oberleutnant, 1 Unterleutnant, 1 Feldwebel und 6 Corporale⁹. Auch 1795 lagen im März in Singen ein Bataillon, im Oktober in Mühlhausen ein Bataillon mit 75 französischen Kriegsgefangenen sowie im Juni 200 Mann mit 10 Pferden kurzfristig im Quartier. Im Schwarzwald wurden Schanzen angelegt bzw. ausgebaut.

Das Direktorium in Paris setzte 1796 den Krieg gegen Österreich fort, um durch Eroberungen und Kontributionen die französischen Finanzen zu sanieren. Es beauftragte den General Napoleon Bonaparte mit der Eroberung Italiens, die Generäle Jean Baptist Jourdan und Jean Victor Moreau sollten sich mit ihm in Österreich vereinigen. So brachte das Jahr 1796 im Juli nach dem Überschreiten des Rheins bei Kehl durch die Franzosen unter General Moreau, der Besetzung des Breisgaus und dem befürchteten Einfall der Franzosen von Italien nach Vorarlberg Unruhe und mancherlei Aktionen in den Hegau. Moreau gelang es, über den Schwarzwald bis nach Bayern vorzudringen; der Schwäbische Kreis schloß darauf Ende Juli einen Waffenstillstandsvertrag und schied aus dem Reichskrieg aus. Die von den Franzosen verlangten Kontributionen stellten allerdings alles in den Schatten, was der Kreis bisher im Reichskrieg zu leisten hatte. Der über diesen Verrat empörte österreichische Oberbefehlshaber Erzherzog Karl ordnete die Entwaffnung und Auflösung der noch verbliebenen Kreistruppen in Biberach an der Riß an[10]. Ein im Land kursierendes Flugblatt drückte die allgemeine Stimmung gegen die Reichstruppen aus, indem es zeigte, wie sich der Generalfeldzeugmeister von Stain, den Degen unter den Arm geklemmt, von einem französischen Commissär als Bestechungsgeld Louisdors in seinen Hut schütten ließ[11].

Obervogt Frey hatte Anfang Juli seine Familie und alles, was sich mitnehmen ließ, aus den drei Dörfern der Herrschaft in Stein am Rhein untergebracht, wo sich Bürgermeister Johann Conrad Singer äußerst hilfreich zeigte. »Das Flüchten ist ohne End; hunderte von Wagen sieht man auf allen Straßen nach der Schweiz.« Auch das Stockacher Oberamtspersonal flüchtete »von oben bis unten«, Frey und sein Hilzinger Kollege Dr. Dreyer blieben. Im Schwarzwald legten Schanzer mit gefällten Bäumen Verhaue an und gruben in den Ebenen die Wege ab. Der Landsturm sammelte sich, vielfach auf Drängen der Bauern; in der Herrschaft Singen-Mägdeberg allerdings wollte sich zunächst niemand hierfür freiwillig melden, schließlich kamen doch 37 Mann zusammen. Die Landsturmleute waren mangelhaft bewaffnet mit Krempen, Schaufeln, Spießen, Schlägeln und dergleichen, um »mit angeblich nur geringer Gefahr für den einzelnen« die Pässe bei Villingen zu verteidigen. Schützen waren sehr rar. Am 12. Juli verhinderte der Obervogt, daß seine Herrschaft sich an der Gestellung von 300 vierspännigen Wägen beteiligte, um die k. k. Magazine von Horb und Rottenburg nach Osten zu schaffen; die Bauern wären 10 Tage unterwegs gewesen und hätten Ernte und Heu nicht einbringen können. Das Magazin Stockach wurde nach Radolfzell und Überlingen und von da mit Schiffen nach Bregenz gebracht. Am 23. Juli begann der Rückzug der Österreicher über Engen-Tuttlingen nach Ulm, der Landsturm löste sich auf. In Singen rätselte man, ob sich der angeblich mit 600 Soldaten bemannte Hohentwiel gegen die langsam aus Waldshut heranrückenden 4000 Franzosen verteidigen werde. Am 31. Juli endlich rückten 600 Franzosen (»Patrioten«) in Singen mit General Baillard und dem Kriegscommissär Didié ein, ohne zu plündern, und zogen am 1. August wieder weiter.

Am 12. September erschien ein französischer Agent namens Richard in der Kanzlei und wollte die herrschaftlichen Gefälle beschlagnahmen, was Obervogt Frey mit hinhaltendem Taktieren zu vereiteln wußte. Die Landgrafschaft Nellenburg sollte mit den 5 Donaustädten binnen 8 Tagen eine ungeheure Kontribution von 400 000 fl. aufbringen, doch konnte diese Zahlung durch Beschwichtigungen und Hinauszögern abgewendet werden. Die Verhältnisse gestalteten sich in der Gegend nun so, »als wenn die Hölle offen wäre«; in Hilzingen lief Obervogt Dr. Dreyer davon und quittierte seinen Dienst.

In einem dramatischen Bericht vom 4. Oktober 1796 schilderte Frey die Ereignisse: »Vor und neben mir fiel das Todtschlagen 20mal ab. Die Singener ließen sich von dem bösen Nachbarn verleiten, französische Offiziere zu plündern – und am 21. v. M. (September) in Gesellschaft mit wohl 60 Dörfern und der Stadt Radolfzell – an die 3000 Mann – nach Stockach Sturm zu laufen, um dort das fränkische Artilleriepark aufzuhöben. Zwei Karteschen aber schikte sie sammentlich wieder nach Hause – Glük und Unglük war dabei, daß nur zwei Man todt blieben (darunter ein lediger Mühlhauser) – die Singemer aber dergestalt wieder zur Vernunft zurückkehrten, daß sie die geraubten 22 Pferde und Bagage denen Offizieren zurückgaben, um sich nun leiten zu laßen.« Obervogt Frey setzte alles daran, die Singener vor unüberlegten und möglicherweise folgenschweren Handlungen in einer Zeit ständig wechselnder Kriegssituationen abzuhalten. Der nellenburgische Landrichter von Krafft hingegen forderte in einer Proklamation die Leute auf, Marodeuren bewaffnet entgegenzutreten und Plünderer mit Gewalt zu vertreiben[12].

Erzherzog Carl war es inzwischen gelungen, nach dem Sieg bei Würzburg (3. September 1796) die Franzosen endgültig zum Rückzug über den Rhein zu zwingen; die Franzosen nahmen den Weg durch das Höllental nach Freiburg. Am 4. Oktober erschienen in Singen 180 mit Pulver und Blei beladene Wagen mit einer Bedeckung von 500 bis 600 Mann, die alles Brot und Futter stahlen und das Pfarrhaus ausraubten. Ansonsten handelte es sich ab Ende September um kleinere Einheiten oder einzelne Offiziere und Soldaten, die von den Bauern überfallen und ausgeraubt wurden. So kam am 19. September ein Offizier mit 11 Mann und einem Wagen, darauf ein »Kästle Geld« und Gewehre, die vom Kreuzwirt ein Frühstück verlangten. Als sie danach im Hause zu plündern anfingen, schrie der Wirt um Hilfe, und im Nu war die ganze Gemeinde mit Spieß und Stangen da und wollte die Franzosen totschlagen, was der Obervogt gerade noch abwenden konnte. Als die Franzosen glücklich Singen verlassen hatten, wurden sie auf dem Randegger Berg von »Schnapphanen« aus Hilzingen, Riedheim, Gottmadingen, Randegg, Bietingen und den Singenern überfallen, ausgeraubt und zu Fuß nach

Schaffhausen geschickt, darunter ein General Labord, der um 400 Louisdors und viele Effecten erleichtert wurde. Während dies geschah, trafen in Hilzingen 8 Offiziere samt einer Kasse mit 33 000 Livres und in Singen 7 Offiziere ein. »Die Hilzinger schlugen die Offiziere ab den Pferden, nahmen die Casse ihnen ab und setzten jene in Arrest. Die Offiziere in Singen blieben unangetastet. Sie aßen auf der Post zu Mittag, betrugen sich ordentlich und giengen gegen 1.00 Uhr mit 27 Pferden, einer Schaißen und einem Fourgon [. . .] Schafhausen zu. Nahe bei Gottmadingen traf sie der Fuhrmann Hansjörg Pfoser, ein Erzschlingel von Singen, an, der ihnen im Galopp entgegenritt und aus vollem Hals schrie – zurük – der Landsturm kommt – alles wird getödtet, was Franzos heißt. Auf diesen Zuruf jagten die Franzosen, was die Pferde laufen konnten, zurück; der Pfoser voran und immer durchs ganze Dorf mit dem obigen Geschrei [. . .] in diesem Wirrwarr liefen einige in die Kirchen und schlugen Sturm. Itzt wars los: Alles lief wieder mit Wehr und Waffen, die Offiziere wurden ab den Pferden gerissen, ein Bedienter mit zwei Sensenhüben stark verwundet, ein anderer am Kopf mit einer Kugel gestreift.« Wiederum rief der Obervogt unter Hinweis auf die bei der Retirade noch zu erwartenden französischen Truppen zur Mäßigung auf und brachte die Offiziere ins Schloß, von wo sie entwaffnet und zu Fuß nach Stein am Rhein weiterziehen durften, unterwegs abermals von den Hilzingern und Riedheimern bedroht. »Von nun an ging auf allen Straßen das Rauben an – nirgends war man mehr sicher.«[13]

Am 3. Oktober wollte der Stockacher Artilleriepark mit 190 Wägen und 450 Mann Bedeckung über Engen abziehen, wurde aber von leichten Reitern der österreichischen Armee zurückgedrängt und versuchte in der Nacht vom 4. Oktober über Singen nach Tengen zu gelangen. Abermals wurde der Pfarrhof geplündert, die Mannschaft verlangte Brot und Wein und 900 Futterrationen. In Tengen versperrten österreichische Reiter den Weitermarsch, also standen die Franzosen am 5. Oktober wieder da. Nun folgten ununterbrochen neue Einheiten, am 8. Oktober zum Beispiel 700 Husaren, welche die »Post« ausplünderten und alles raubten, was sie antrafen: Geflügel und Schweine wurden abgestochen, der Wein ausgesoffen, die Türen aufgebrochen, das Amthaus ausgeraubt, Kästen zerschlagen und Wein ausgegossen. Trotz allem war der Schaden im Dorf nicht so groß, weil rechtzeitig Wertsachen und Vieh weggebracht worden waren. Immerhin betraf er der beiden Dörfer Singen und Mühlhausen mit 8000 fl.[14]. – Etwa ein Jahr später, am 20. September 1797, ließ das Oberamt Stockach das Obervogteiamt Singen wissen, daß der Kaiser sich sehr anerkennend über das während der Landes-Okkupation und beim Rückzug des Feindes an den Tag gelegte getreue und tapfere Benehmen der nellenburgischen Untertanen ausgesprochen habe; dabei hob er lobend den Überfall auf das Artilleriedepot in Stockach hervor[15]. – Im Frieden von Campo Formio (Oktober 1797) in der Nähe von Udine verlor Österreich die Niederlande und die Lombardei an Frankreich, erhielt jedoch als Entschädigung das einstmals venezianische Gebiet links der Etsch mit Istrien und Dalmatien[16].

Die Revolution ist uns nahe. . .

Zweiter Koalitionskrieg 1799 bis 1801

Der Friede mit Frankreich währte nicht lange. Nachdem Ende 1797 in Rastatt die Friedensverhandlungen mit dem Reich begonnen hatten, besetzten französische Truppen Anfang 1798 den Kirchenstaat. Ebenso wurde die Eidgenossenschaft gewaltsam revolutioniert, und im April 1798 wurde der Helvetische Einheitsstaat ausgerufen. Schon am 27. Mai 1796 hatte Obervogt Frey besorgt darauf hingewiesen, daß die Franzosen mit der Schweiz anzubinden suchten, wo sie vor allem auf dem Lande bei den Bauern viele Gesinnungsgenossen hatten. »Da wären wir [. . .] zuverlässig verloren.«[17]

Der Rastatter Kongreß beriet unterdessen auf Anregung Frankreichs über die Entschädigung der durch den Verlust des linken Rheinufers betroffenen Reichsfürsten mit geistlichen Territorien, was Kaiser Franz II. (Kaiser 1792–1835) sehr erbitterte, weil gerade die geistlichen Fürsten Habsburgs treueste Gefolgsleute im Reich waren. Der russische Zar Paul II. (1796–1801) als Protektor des Johanniterordens war durch die Okkupation Maltas aufgebracht. So bildete sich eine zweite Koalition zwischen Österreich, Rußland und England, das sich schon seit 1793 im Krieg befand[18]. Auch die Türkei erklärte Frankreich wegen der ägyptischen Expedition den Krieg. Trotz neuer Übergriffe der Franzosen in Oberitalien und der Kriegserklärung an Österreich am 1. März 1799 gingen die Rastatter Verhandlungen weiter; sie endeten am 28. April 1799 mit dem Rastatter Gesandtenmord: Österreichische Husaren töteten auf der Heimreise zwei französische Gesandte und verwundeten einen dritten schwer.

In dem nun ausgebrochenen Krieg errangen zwar die Österreicher in den Schlachten bei Ostrach (21. März 1799) und Stockach-Liptingen (25. März) über General Jourdan einen Sieg[19], und auch in Oberitalien mußten die Franzosen vor den Vereinigten österreichisch-russischen Truppen unter dem Feldmarschall Alexander

Wasiljewitsch Suwórow (1729–1800) zunächst zurückweichen. Suwórow unternahm zu Beginn des Herbstes 1799 seinen berühmt gewordenen Marsch über die Alpen (St. Gotthard), um mit den in der Nordschweiz stehenden russisch-österreichischen Truppen die Franzosen endgültig aus der Schweiz zu werfen, da errang unverhofft noch vor seiner Ankunft General André Masséna (1758–1817) am 25./26. September 1799 bei Zürich einen glänzenden Sieg über die Alliierten, der Suwórow zu einem schwierigen Rückzug (u.a. über Singen) nötigte. Inzwischen war Napoleon aus Ägypten zurückgekehrt, hatte in einem Staatsstreich die Führung der Republik an sich gerissen und eroberte im Sommer 1800 Oberitalien zurück. Die französische Rheinarmee unter General Jean Victor Moreau trat am 25. April 1800 zum Angriff an; am 1. Mai 1800 übergab sich der Hohentwiel kampflos[20]. In den Kämpfen bei Mühlhausen und in den Schlachten von Engen/Stockach (2. Mai), Meßkirch (5. Mai), Biberach (9. Mai) und Memmingen (10. Mai) warfen die Franzosen die unter dem Oberbefehl des General-Feldzeugmeisters Baron Paul Kray (1735–1804) stehenden österreichischen Truppen zurück[21]. Aber erst die unglückliche Schlacht von Hohenlinden (3. Dezember 1800) zwang Kaiser Franz II. zum Frieden von Lunéville (9. Februar 1801), in dessen Folge der sogenannte Reichsdeputationshauptschluß vom 25. Februar 1803 sämtliche geistlichen Fürstentümer, die meisten Reichsstädte sowie viele kleine Dynasten ihrer Landesherrlichkeit beraubte. Damit bestand das alte Heilige Römische Reich Deutscher Nation praktisch nicht mehr[22].

Vor diesem Hintergrund militärischer und politischer Ereignisse vollzogen sich in der Herrschaft Singen die schlimmsten kriegerischen Bedrückungen seit dem Dreißigjährigen Krieg. Vorher schon leerte ab Oktober 1796 eine Viehseuche, die sogenannte Löser-Dörre, hauptsächlich die Mühlhauser Ställe; 364 Stück Vieh gingen ein. In Singen fielen 54, in Arlen 73 Stück Hornvieh der Seuche zum Opfer[23]. Durch den Mangel an Milch verringerte sich die Zahl der Schweine um die Hälfte. Die landwirtschaftlichen Erträge verminderten sich durch häufigen überaus starken Reif (Fröste), einen Hagelschlag 1796 und eine Überschwemmung in Mühlhausen. Ungeachtet dessen gab es herbe Auflagen durch das Militärfuhrwesen, lästige Requisitionen ohne Bezahlung: am 19. Dezember 1796 etwa 125 Zentner Mehl, 323 Zentner Heu und 686 Metzen Haber. »Die Plünderungen des Feinds – die Requisition des Freunds sind wie dort! [...] Am mehrsten leiden die Orte an der Landstraß.« In Mühlhausen fraß 1797 viele Wochen eine zügellose Abteilung der »Condéer«, 44 Mann und 50 Pferde französischer Emigranten, buchstäblich den Ort vollends auf. Diese überall verwünschten Hilfstruppen, die z.B. 6 Kirschbäume fällten, um sie bequemer pflücken zu können, zogen endlich im September angeblich nach Russisch-Polen ab[24], doch folgten ihnen auf dem Fuß 83 österreichische Artilleristen zur Überwinterung.

Auch die Vorgänge in der Schweiz beunruhigten die benachbarten österreichischen Territorien in hohem Maße. »Die Revolution [...] ist uns nahe«, befürchtete Obervogt Müller am 5. Februar 1798. »In zwei Tagen war all das geschehen, was man in einem Jahr kaum möglich glaubte. Überall von Schaffhausen bis St. Gallen herrscht Freiheit und Gleichheit [...] in wenigen Tagen wird man die Einteilung von Departementen schreiben, und die Urversammlungen werden alles nach dem französischen Zuschnitt herstellen. Es ist unglaublich, wie geschwind all das zugeht.« In der Tat kam es im Breisgau, im Fürstenbergischen und in Württemberg, »wo die Unterthanen bis aufs Blut ausgesogen werden, jede Umlage mit Exekution eingetrieben werden muß«, zu Unruhen, die das Militär unterdrückte[25]. Müller bezog sich in seinem Brief auf den Zusammenbruch des Ancien Régime in der Schweiz, ermöglicht durch Unruhen und Aufstände auf dem Lande und die Einführung des von der französischen Regierung diktierten helvetischen Einheitsstaates im April 1798[26].

Kriegsgetümmel um den Hohentwiel

Im Februar 1799 begannen die Emigranten Konstanz und die Umgebung zu räumen, die Regierung zu Konstanz »packte über Kopf und Hals ein«, um nach Bregenz zu flüchten. Nach der Kriegserklärung am 1. März

Reiterei durchwatet einen Bach bei einem Kloster. Federzeichnung von Johann Georg Ott

Kriegs-Szenen 1799: französische Kavallerie auf dem Marsch, links zwei Soldaten am Lagerfeuer. Federzeichnung (laviert) von Johann Georg Ott

Landschaft mit Gefechtsszene, im Hintergrund wohl der Hohenstoffeln. Aquarell von Johann Georg Ott

Festung Hohentwiel (1802?). Sepia-Zeichnung von Johann Georg Ott (1784–1808)

überschritten die Franzosen bei Mannheim, Kehl und Basel den Rhein und zogen in drei Kolonnen über den Schwarzwald, der rechte Flügel unter General Ferino über Schaffhausen nach Singen; die Vorhut mit rund 6000 Mann unter Brigadegeneral Ruby traf am 6. März mit 5 Bataillonen, von Randegg kommend, in Singen ein. Im Dorf blieben 2 Kompanien, die anderen wurden auf die umliegenden Dörfer verteilt; General Ruby übernachtete mit seiner Suite (15 Personen) im Amtshaus, nachdem hier am Mittag 53 Personen gegessen hatten; »es wurde besonders gräßlich getrunken«. Am folgenden Tag zogen sich die Franzosen wieder nach Gailingen, Randegg, Ebringen und auf den Randen zurück, Ruby nach Schaffhausen; Ferinos Hauptquartier war in Blumberg. »Es wurde nichts geplündert, mißhandelt oder requiriont, kostete aber ziemlich viel Wein, Kirschwasser, Kaffee, Heu und Haber.« Am 9. März kehrten die Franzosen jedoch zurück. »Wie sehr wir [nun] durch die Franzosen gequält worden, [...] übersteigt allen Ausdruck. Gelderpressungen[27], Verlust von Vieh, nur noch 8 Züge Vorspann (190 Stück sind bei der französischen Armee), Felder ruiniert, Häuser ausgeraubt, 2 Häuser verbrannt.« Vom 6. bis 26. März mußte der Obervogt täglich 60 Personen speisen, ungeachtet dessen, was in den Gasthäusern und Behausungen der Dorfbewohner passierte[28].

Nach der von den Österreichern gewonnenen Schlacht bei Ostrach (21. März) führte Erzherzog Karl seine Armee gemächlich nach Pfullendorf, statt die Chance zu nützen, die geschlagenen Franzosen unter General Jourdan zu verfolgen. Erst am 24. März rückte er mit dem Ziel Stockach bis nach Aach vor und entsandte Kolonnen gegen Liptingen, Singen und Radolfzell. Überall stießen die Österreicher auf starke französische Abteilungen. Der Oberbefehlshaber Jourdan stand mit zwei Divisionen (17 000 Mann) im Raum Engen

Kaum waren die Franzosen verschwunden, rückten am Morgen des 27. März österreichische Ulanen unter General Fürst Karl Philipp zu Schwarzenberg (1771– 1820) ein, am Abend eine Brigade (Ulanen, Husaren, Coburg-Dragoner, ein Regiment Banater u. a.), und am 29. März kam General von Nauendorf mit 20 000 Mann und 11 Generalen und löste Schwarzenberg ab. Am 7. April lagen in Mühlhausen 10 000, am 9. April noch 4000 Mann, in Singen campierten 2 Regimenter (eines davon Dragoner), die den ganzen Heuvorrat verbrauchten und die Wälder verwüsteten. General von Nauendorf logierte 2 Wochen in Singen. Es herrschten schreckliche Unordnung und Nachlässigkeit in der Verpflegung der Truppen, Obervogt Müller mußte für 20 000 Mann Fourage besorgen und verrechnen. »In Singen war die ganze Barschaft aufgebraucht, weshalb sich die Gemeinde in eine Schuldenlast von 18 000 fl. stürzen mußte« (Sättele). – Am 13. April besetzten die Österreicher das von den »Franken« lebhaft verteidigte Schaffhausen, wobei sie die Rheinbrücke anzündeten[31]. Am 20. Mai verließen die Franzosen Konstanz, nachdem Petershausen am 14. April von den Österreichern eingenommen worden war; das österreichische Hauptquartier befand sich in Stockach. Die Einquartierungen blieben, es kamen auf einen Bürger 10, 20 bis 60, sogar 100 Mann. Feldgeschäfte und Fuhrwesen litten sehr. In Mühlhausen war es am ärgsten: »Alles ist da ausgefressen, alles Holz, alle Zäune weg, alle Gärten und Wiesen ringsum so verdorben, daß kein Gräschen mehr zu sehen ist.« Singen blieb der Mittelpunkt der militärischen Operationen. Mitte Mai wurden 60 Pontons nach Büsingen gebracht, 500 Bauern warfen Schanzen und Batterien auf. Am 20. Mai verließen die Franzosen auch die Gegend von Schaffhausen, am 21. Mai überschritt die österreichische Avantgarde an drei Stellen den Rhein.

Zwei bayerische Kürassiere. Pinsel und Feder, von Johann Georg Ott, Schaffhausen (1784–1808)

und rückte über Aach gegen Liptingen vor; der linke Flügel mit den Divisionen Saint = Cyr und Vandamme (9000 Mann) marschierte von Tuttlingen ebenfalls nach Liptingen, und der rechte Flügel mit den Generälen Ferino und Ruby (10 Bataillone, 2 Kavallerie-Regimenter, rund 12 000 Mann) brach in Singen ebenfalls am 25. März über Steißlingen-Wahlwies nach Stockach auf[29]. Obwohl die Franzosen tapfer kämpften und einzelne Gefechte für sich entschieden, mußten sie schließlich doch der österreichischen Übermacht weichen und traten am 26. März den Rückzug an[30].

Trompeter sprengt nach rechts über eine Höhe am Bach, am hinteren Hang drei Husaren, in der Ferne Schlachtenszene. Federzeichnung von Johann Georg Ott

Österreichisches Hauptquartier in Singen

Im Zuge des Einmarsches der Franzosen in die Schweiz wurde das k. k. Hauptquartier vom 21. bis 23. Mai 1799 nach Singen verlegt, Erzherzog Karl (1771–1847), der jüngere Bruder von Kaiser Franz II., »der Liebling der Armee und des Volkes«, nahm mit seinem Gefolge Quartier im »Schloß« (= Amtshaus); sein Leibmedicus (der Erzherzog war Epileptiker) wohnte in der Nähe bei Baptist Buchegger, die »Operationskanzlei« (so etwas wie ein Generalstab) war im »Kreuz« untergebracht. Erzherzog Ferdinand (1781–1850), eben erst in die österreichische Armee eingetreten, logierte im Pfarrhaus, in der »Fabrique« (= Walburgishof) übernachtete der Feldmarschall Graf Kollowrat, im Kaplaneihaus ein General von Stipsiez, in der »Post« (= Krone) General von Schmitt samt der »Zeichnungs-Canzlei« – jeweils mit entsprechender Begleitung. 4 Obristen, 6 Majore, 10 Hauptleute, 1 russischer Generalmajor, 25 Fouriere (höhere Dienstgrade), 1 Feldwegemeister, 6 Ärzte waren bei den Bauern einquartiert, dazu 80 Grenadiere (Wache). 85 Würzburger Dragoner, 70 Mann Transportkommando – sicherlich eine denkwürdige, wenn auch nicht erwünschte Gästeschar. Dazu campierten in Singen und in den umliegenden Dörfern Nassau-Kürassiere, die Regimenter Prinz Karl und Erbach, La-Tour-Dragoner, 5 Bataillone Grenadiere, Reserve-Artillerie. – Erzherzog Karl machte mit dem Obervogt zu Fuß »eine Promenade« auf die Hohentwieler Anhöhe. Nach dem Mittagessen am 23. Mai verließ er Singen, nachdem er sich genau über Hohentwiel und die Franzoseneinfälle hatte informieren lassen. Unmittelbar nach dem Abmarsch der Armee wurde im Amtshaus die Oberkriegs-Commissariats-Canzlei einquartiert. Müller bezifferte das Personal »aller möglichen Canzleien« auf ca. 150 Mann. – Das Hauptquartier zog weiter zum Kloster Paradies und nach Büsingen; am 29. Mai erstürmte General von Hotze Zürich; viele Schweizer fochten mit den Franzosen gegen die Österreicher. – Im Hegau war man nun zwar von Einquartierungen frei, doch ein überhöhtes Fuhrwesen drückte; alle zwei Tage mußten vom Magazin Stockach 90 Zentner Heu und Haber abgeholt und nach Eglisau geführt werden (12 Stunden). Im Juni wurden 300 Pferde requiriert. »Alles drängt sich auf Singen, wir leiden schrecklich [...] Singen liegt zu sehr in der Linie« (10. Juni 1799).

Russenparade und Kosakenburg

»Die Russen sind im Anmarsch« – so berichtete sorgenvoll der Obervogt am 19. Juli 1799 dem Grafen Enzenberg[32]. Er meinte die mit Österreich alliierten russischen Hilfstruppen, die in die Schweiz einmarschierten, um sich mit der Armee des Feldmarschalls Suwórow zu vereinigen. Vom 16. bis 24. August passierten in drei Abteilungen 23 847 Mann mit 8541 Pferden auf der sogenannten Dauphinenstraße von Augsburg-Günzburg-Ulm-Ehingen-Riedlingen-Mengen-Meßkirch nach Stockach und von da über Singen nach Schaffhausen. »Die Soldaten müssen unentgeltlich verpflegt werden: Gemüse, Fleisch, Zugemüse, Bier und Branntwein, die Offiziere ein angemessenes ehrliches Essen; jede Station muß angemessenen Vorrat an Haber und Heu haben.« Die Last der Verpflegung wurde auf die Stationsorte gewälzt. Für den voraus zu Erzherzog Karl eilenden General Rimskij-Korsakoff mußte der Obervogt Tag und Nacht 30 angeschirrte Pferde parat halten. Glücklicherweise wurde Singen als Stationsort übersprungen, da die Russen von Stockach nach Dörflingen marschieren konnten; nur einmal mußten 400 Ural-Kosaken verpflegt werden, dagegen war Mühlhausen an 4 Tagen mit einer Kompanie und zweimal mit einem Regimentsstab stark belegt, wodurch die Gemeindeschulden um 800 fl. anwuchsen. »Der russische Truppenmarsch ist eine schreckliche Last, Nellenburg verarmt vollkommen [...] wir müssen das Vergnügen, an einer Straße zu liegen, teuer bezahlen« (23. August 1799). Nach Anweisung des in Stockach postierten Transportoffiziers Obristleutnant von Wimmer vom 9. August mußten aus dem dortigen Magazin 840 Säcke Hartfutter, 34 000 Laibe Brot, 5377 Zentner Heu auf insgesamt 1000 Fuhrwägen abgeholt und verteilt werden. Für den Transport der kaiserlich-russischen Kriegskasse von Stockach nach Schaffhausen benötigte man drei 4- und zwei 2spännige Wagen mit zusätzlich 6 angeschirrten Pferden[33].

Am 19. August veranstalteten die Russen vor dem tags zuvor auf den Hohentwiel angereisten Herzog Friedrich II. von Württemberg (1797–1816) und seinem Hofstaat auf dem frisch geackerten Feld »vis à vis der Mühle« – also wohl auf der Offwiese – eine Parade mit Musik und fliegenden Fahnen[34]. Von 1781 bis 1786 war Friedrich II. als General und Gouverneur von Finnland in russischen Diensten gestanden, seine Schwester war als Gattin Pauls I. die nunmehrige Zarin. So mag es zu dieser Begegnung gekommen sein. Bei der Parade beförderte der Herzog den Kommandanten des Hohentwiels, den 69jährigen Obristen Georg Bernhard von Bilfinger, zum Generalmajor. An der Aach waren für die hohen Herrschaften prächtige Zelte aufgestellt. Die Don-

Kämpfender russischer Grenadier

Kosak zu Fuß
Aquarelle des Schaffhauser Malers Johann Georg Ott (1784–1808)

Napoleonische Kriege 1799: französische Infanterie, Offizier und Musketier

Kosaken zeigten einige Manöver mit ihren außerordentlich schnellen, leicht lenkbaren Pferden. Dann ging es zur Tafel, der Herzog bewirtete alle Offiziere und Mannschaften. »Jeder Gemeine erhielt eine tüchtige Portion gebratenes Rindfleisch, einen Schoppen Brandtwein, ein Laible Brot. Beim Herzog befanden sich dessen Frau und zwei Prinzen; Obervogt Müller wurde vorgestellt und zur Tafel geladen, es wurde auf Silber prächtig und geschmackvoll serviert. Es mangelte nichts. Unter den Zelten schmausten im Freien 120 Personen, auf der anderen Seite 3000 Mann, die tranken und sangen. Um 12.00 Uhr wurde die Tafel aufgehoben, die Truppen zogen ins Lager bei Dörflingen, der Herzog fuhr nach Schaffhausen, um den Rheinfall zu sehen, dann wieder auf die Festung, andertags zurück nach Stuttgart.« – Ein nicht nur aus heutiger Sicht unverständliches makabres Geschehen in einer der Hungersnot nahen und beinahe gänzlich ausgeplünderten Landschaft!

Bis Anfang September dauerte der Marsch der russischen Kavallerie und Artillerie durch Singen hindurch. »Die Reben, Klee- und Erbsenfelder und die Bäume an den Straßen sind verdorben, sogar Offiziere essen rohe Erbsen und Nüsse. [...] In der Gegend von Dörflingen bei Schaffhausen ist keine Traube, kein Baum und Erdapfel mehr zu sehen. Der liebe Gott wolle uns vor einer Retirade bewahren« – schreibt Müller ahnungsvoll am 13. September. Zu allem Unglück war in Böhringen und in der Stockacher Gegend eine Viehseuche ausgebrochen, von der Singen glücklicherweise verschont blieb. Nach einer Pause zogen Ende September die letzten russischen Truppen und 2400 kurpfälzische Soldaten durch; in Singen übernachtete von jedem Regiment der Stab und eine Schwadron, Mühlhausen konnte geschont werden. »Die Truppen sind brav, es waltet strenge Disziplin.«

Da traf am 28. September die schreckliche Nachricht von der russischen Niederlage bei Zürich ein. Die Truppen kehrten demoralisiert und ausgelaugt in unglaublicher Geschwindigkeit zurück über die Brücken von Diessenhofen und die Ersatz-Schiffsbrücke von Schaffhausen[35]. Bereits am 29. September waren in Singen das Lazarett (2500 Insassen) und die Wagenburg im Bereich der heutigen Burgstraße; ca. 6000 Menschen, dabei auch Frauen und Kinder und 2000 Pferde. Die Kranken und Blessierten »mit nur zwei Chirurgen sind ganz ohne Hilfe und Brot. [...] Was wir bisher erlitten, ist nichts gegen das, was jetzt geschieht. [...] Man weiß nicht, ob die Russen oder wir mehr zu bedauern sind. So viel ist sicher, daß die Russen stehlen und rauben müssen. [...] Kranke und Blessierte krochen auf dem Bauch zu den Erdäpfelstöcken und aßen gierig die rohe Frucht. Es war schrecklich, dieses anzusehen.« Nach 6 Tagen zogen Lazarett und Wagenburg weiter, verloren waren die

Ungarischer Husar, im Hintergrund derselbe von hinten. Federzeichnung von Johann Georg Ott

halbe Traubenernte, zwei Drittel der künftigen Kleesaat, weil die Äcker der Straße gleich vertreten waren; die Kraut- und die Erdäpfelernte ertrug nur ein Drittel. Dazu der Holzvorrat: Bäume waren umgehauen, Zäune herausgerissen. In diesen 6 Tagen konnte nicht das mindeste an Fourage oder Brot herbeigeschafft werden.

Immerhin gelang es den Russen, die rechtsrheinischen Brückenköpfe zu halten, so daß die Österreicher die Linie Petershausen bis Büsingen zur Verteidigung besetzen konnten; Anfang September standen die »Franken« an der ganzen linken Seite des Rheins und hatten auch Konstanz wieder eingenommen. Die zurückflutenden Russen plünderten und verheerten die Dörfer, so daß in die Orte Ansbach-Kürassiere stationiert wurden, die derlei Übergriffe abstellen sollten. Dieser letzte Durchmarsch war äußerst schädlich; er traf vor allem die Reben, da die hungernden Soldaten durch Weingärten streiften und die reifen Trauben abnahmen, sogar Stekken und Reben ausrissen. Holz und Bretter wurden von den Häusern weggetragen und verbrannt, so daß viele Haushaltungen nicht mehr kochen konnten; auch wurden Ziegel abgenommen, damit die Soldaten darauf sitzen konnten. Ende September hatten die Russen unsere Gegend verlassen; sie marschierten über Bregenz nach Bayern in die Winterquartiere. Zar Paul I., fest

Traubenessender Kosak, 1799. Radierung von Johann Georg Ott

davon überzeugt, daß österreichische Böswilligkeit die russische Niederlage in der Schweiz bewirkt hatte, schied nun aus der Koalition aus.

Allein der nicht anrechenbare Schaden am Kleefeld wurde auf wenigstens 5000 fl. veranschlagt; die zusammengetretenen Kleefelder machten etwa die Hälfte des für den hiesigen Viehstand berechneten Futters aus. Die unmittelbare Feldschaden-Schätzung belief sich auf über 15 000 fl.[36]. Die Vorspanndienste des Dominiums Singen-Mühlhausen-Arlen (nachgewiesen 896 Pferde und 214 Wägen) kosteten 1358 fl; die Bauern mußten bis nach Schaffhausen, Stockach, Rafz, Eglisau, Bonndorf, Weingarten fahren. Einquartiert waren vom 13. August bis 21. Oktober in den drei Orten 308 Offiziere, 6366 Soldaten, 3963 Pferde – davon drei Viertel in Singen. Heute noch erinnern in Ramsen die Ortsteilnamen Moskau und Petersburg sowie in Singen die Bezeichnung Kosakenburg an der Burgstraße an die russische Einquartierung[37].

Vergebliche Versuche einer nellenburgischen Landesdefension

Nach dem Abzug der Russen sicherte die österreichische Armee mit dem Hauptquartier in Singen unter Generalfeldmarschall-Lieutenant von Sztarry die Rheinlinie von Petershausen bis Schaffhausen mit 11 Bataillonen Infanterie und 6 Regimentern Kavallerie; selbst in den kleinsten Orten lagen 200 bis 300 Mann, »das Land wurde ganz aufgegessen«. Ein weiterer General, Graf Baillet de la Tour, befand sich »in der Fabrique«. Ungeachtet der zurückliegenden Schäden und Belastungen mußte Singen von September 1799 bis April 1800 monatlich 87,5 Zentner Heu in das Magazin nach Villingen liefern.

Nach Ordre von Erzherzog Karl bemühte sich die nellenburgische Oberamtskanzlei bzw. der zum Commissar für die Verteidigungsanstrengungen im Hegau und gegen die Schweizer Grenze ernannte Oberamtsrat von Dittrich um die Aufstellung einer Landmiliz, mit deren Organisierung und »Dressierung« (2mal wöchentlich, am Mittwoch und Sonntag 2 Stunden) im Dezember 1799 zwei Offiziere vom Bender'schen Regiment betraut wurden[38]. Die Landgrafschaft wurde in drei Distrikte eingeteilt, wovon der dritte die angrenzenden Gebiete umfaßte. Im ersten Distrikt (Randen, Mittlerer Hegau, Radolfzell und Stockach) mit einer männlichen Population von 4580 mußten 360 Milizionäre gestellt werden, dabei 36 Jäger; als Reserve waren 42 Mann vorgesehen. Der zweite Distrikt von Sipplingen über Zoznegg – Winterspüren bis Mengen und Saulgau (4584 Köpfe) stellte 374 Mann, der dritte Distrikt (4229) 346 Milizionäre. Die Einteilung erfolgte in Kompanien mit je 100 Mann; ein Bataillon bestand aus 6 Kompanien, das Hauptquartier befand sich in Donaueschingen. Obervogt Müller nahm an mehreren vorbereitenden Konferenzen in Radolfzell, Villingen und anderen Orten teil. Dabei wurde u.a. festgelegt, daß jeder Schütze (= Jäger), von denen es nur wenige gab, in zwei Patronentaschen Pulver und 120 Kugeln mit sich führen müsse. Die Löhnung pro Tag betrug für den Gemeinen 12 xr, Schützen und Corporal je 18 xr, Schützencorporal 24 xr, für Pfeifer, Trommler und Fahnenträger je 18 xr und für den Rechnungsführer 1 fl. Jeder Milizionär mußte Verpflegung für 4 Tage haben, danach sollten dies die k. k. Magazine übernehmen[39]. Für die Kosten hatten vorderhand die schwäbisch-österreichischen Stände aufzukommen. Auf dem Papier – so muß man wohl sagen – stellte das hiesige Dominium 60 Mann:

	Singen	Mühlhausen	Arlen
Füsiliere	26	18	4
Jäger	3	2	1
Reserve	3	2	1[40]

Ende April 1800 soll der nellenburgische Landsturm, vermehrt durch die reichsritterschaftlichen Aufgebote, 1300 Mann gezählt haben. Allerdings kam er durch die sich überstürzenden militärischen Ereignisse wohl kaum mehr zum Einsatz.

Fall und Zerstörung der Feste Hohentwiel

Ende April 1800 merkte man im Dorf, daß es »bald ernstliche Auftritte« geben werde. Die ganze Armee mit Singen als Mittelpunkt konzentrierte sich gegen den Hochrhein. Der neue Oberkommandierende der französischen Rheinarmee, General Jean Victor Moreau (1763–1813), begann am 25. April den Feldzug, indem er einen Einfall durch das Kinzig- und Höllental vortäuschte, zog seine Truppen jedoch rasch zurück, als General-Feldzeugmeister Baron Paul von Kray (1735–1804), der Nachfolger des mit dem Wiener Hofkriegsrat zerstrittenen Erzherzogs Karl, starke Kräfte aus den Lagern Donaueschingen und Villingen dahin entsandte. In Singen wurde ein Magazin angelegt mit ziemlich viel Holz, Stroh und Hartfutter. Den linken Flügel der österreichischen Armee längs der Schweizer Grenze von Konstanz bis Basel befehligte Feldmarschall-Lieutenant Graf von Nauendorf, den Hochrheinabschnitt zwischen Stein am Rhein und Schaffhausen der Ende April in Singen eingetroffene Feldmarschall-Lieutenant Prinz Josef von Lothringen. Alles in allem bei 8000 Mann, die nach den Grundsätzen des Cordon-Systems (aufgeteilt auf zahlreiche Stützpunkte) verteilt waren. Ihnen gegenüber standen die französisch-republikanischen Truppen mit Hauptquartier in Zürich unter Generallieutenant Lecourbe.

Unvermutet überquerten die Franzosen auf einer Pontonbrücke zwischen Rheinklingen und Hemishofen bei der Bibermühle in der Nacht zum 1. Mai 1800 den Rhein – innerhalb 5 Stunden 3 Divisionen mit 35 000 Mann –, deren Hauptmacht unter General Dominique Vandamme (1770–1830) über Ramsen nach Singen vorstieß. Nach heftiger Gegenwehr mußte sich der Prinz von Lothringen mit seinem Korps nach Stockach zurückziehen, das er vergeblich zu verteidigen suchte. Die Kämpfe in der Herrschaft Singen dauerten 3 volle Tage. Es müssen furchtbare, endlose Tage voller Todesnot,

Dominique René Vandamme (1770–1830) nahm als französischer General am 1. Mai 1800 die Kapitulation des Hohentwiels entgegen. Stahlstich von Ambroise Pardieu Direxit, o. A.

Angst, Verzweiflung, Schrecken und Hoffnungslosigkeit gewesen sein. Mühlhausen wurde dreimal vom Feind eingenommen, »ein beständiger Regen von großen und kleinen Kugeln nötigte die Inwohner das Dorf zu verlassen und in die Wälder zu flüchten. Zwey Tage dauerte diese traurige Auswanderung, werend welcher das Dorf dermaßen ausgeplündert wurde, daß die mehresten Haushaltungen bei ihrer Rückkehr nicht einmahl mehr die Strohsäcke gefunden haben.«[41] Ähnlich litt das Dorf Arlen, das nur eine halbe Stunde vom Ort des Rheinübergangs entfernt liegt[42]. Im Blitztempo rückten die Franzosen gegen Radolfzell und vor allem gegen Engen vor. In den blutigen Treffen von Engen-Stockach (3. Mai), Meßkirch (5. Mai), Biberach (9. Mai) und bei Memmingen (10. Mai) wurden die Kaiserlichen nach Ulm zurückgeworfen[43].

General Vandamme nahm im Posthaus (späteres Gasthaus Krone) Quartier und forderte gleich nach seiner Ankunft am 1. Mai die Festung Hohentwiel durch seinen Adjutanten zur Übergabe auf. Im Posthaus und im nahegelegenen Pfarrhaus fanden die Übergabeverhandlungen am 1. Mai statt, über die Obervogt Müller genauen Bericht erstattete; er war mit dem Pfarrer Johann Dominik Landolt und einem Schreiber Augen- und Ohrenzeuge der ganzen Verhandlungen[44]. Die lange in sträflicher Sorglosigkeit vernachlässigte Festung wurde von Generalmajor Georg Bernhard von Bilfinger und seinem Vizekommandanten Oberstleutnant von Wolff befehligt. Insgesamt 119 Mann einschließlich 12 Offiziere, eine überalterte Besatzung, eine bis auf zwei Kanonen unbrauchbare Artillerie hätten die Festung ernstlich nicht verteidigen können, so ließ man sich denn auf eine Kapitulation ein gegen das ehrenwörtliche und dennoch vage Versprechen Vandammes, sich bei seiner Regierung für eine unversehrte Rückgabe des Hohentwiel an den Herzog von Württemberg beim Friedensschluß zu verwenden. Am 2. Mai mußte die Besatzung samt Frauen und Kindern abziehen, die Festung wurde gleichzeitig von einer Kompanie unter Kommando des Bataillonschefs Laurent besetzt. Die Nachricht der Kapitulation erregte in Südwestdeutschland allenthalben Bestürzung, die Singener dürften das Ereignis in übergroßer eigener Drangsal eher gleichgültig aufgenommen haben. Obervogt Müller bedauerte den unglücklichen Kommandanten. Die Singener halfen mit Fuhren, die hilflosen Soldatenfamilien fortzubringen, und verwandten ohne den geringsten Ersatz darauf wenigstens 1000 Taler. Entgegen allen Erwartungen befahl der Erste Konsul Napoleon die Schleifung des Hohentwiels, die vom 10. Oktober 1800 bis zum 31. März 1801 vollzogen wurde. Nur am »Weihnachtsheiligentag« wurde nicht geschanzt. Tausende von Bauern aus dem Hegau und den angrenzenden Landschaften bis nach Blumberg, Möhringen, Tuttlingen und Überlingen demolierten unfreiwillig und widerwillig die Festung; sie bzw. ihre Oberämter und Ämter wurden von den Franzosen dazu gezwungen. Für die undankbare und unbefriedigende Aufgabe des Generalaufsehers verpflichteten die Franzosen den Singener Lehrer Karl Helff gegen täglich 2 fl. 45 xr, unterstützt von dem Bürgermeister (= Rechner) Johann Baptist Dummel von Beuren an der Aach[45].

Der Friedensschluß von Lunéville

Die neuen republikanischen Herren in Singen kümmerten sich nicht um die zurückliegenden Erlittenheiten, sondern bedrängten die erschöpfte Bevölkerung zwei Monate lang bis Ende Juni unaufhörlich mit Einquartierungen und Requisitionen; der Obervogt hatte täglich 20 bis 30 Offiziere zu verköstigen, die Behandlung war »durchgängig honett«. In Singen brach eine Viehseuche aus, die bis zum Herbst ein Drittel der Ochsen und fast alle Kühe (78) hinwegraffte. Ein Hagelschauer verdarb ein Drittel der Ernte und der Reben. Ohne die drei »schrecklichen Tage« des 1. bis 3. Mai waren im Schloß bis zum Jahresende 1800 an die 600 Generale und Oberoffiziere, in den 3 Orten der Herrschaft über 24 000 Soldaten einquartiert[46]. In Singen allein an der »frequentesten Landstraße« waren vom 4. bis 14. Mai 1800 5154 Mann, hauptsächlich der Division Molitor, vom 15. Mai bis 4. Juni 3338 Mann, zusammen also 8492 Mann einquartiert, ohne die Generale und Stabsoffiziere, die im Obervogteiamt Quartier nahmen und verpflegt worden sind; in der Zeit wurden in das Kreuz zur Verpflegung 243 Offiziere und 549 Soldaten = 802 Mann eingewiesen; zum Unterhalt der Pferde holten die Soldaten das Heu aus den Scheuern und mähten die Wiesen und den Klee ziemlich ab. Schwer lasteten die Vorspanndienste und Transporte auf den Bauern, an manchen Tagen 10, 11 vierspännige Wagen, hauptsächlich nach Schaffhausen und Stockach[47].

Nach dem Friedensschluß von Lunéville (9. Februar 1801) kehrte die französische Armee im Laufe mehrerer Monate auf genau festgelegten Marschrouten »zum guten Teil über Pfullendorf-Stockach-Schaffhausen« nach Frankreich zurück. Die letzten Truppen passierten Singen Mitte Mai. Aus einer späteren Direktive des Oberst-Kriegs-Commissairs Mathieu Favier der französischen Rheinarmee in Memmingen vom 24. Praireal im 8. Jahr der französischen Republik (= 13. Juni 1800) erfahren wir die Verpflegungssätze für die durchziehenden Truppen, die gegen Bons, einzulösen bei der landständischen Kasse in Ehingen, zu verausgaben waren: 24 Unzen (ca. 3/4 Pfund) Brot, 1/2 Pfund Fleisch pro Soldat; die Fourage-Ration bestand aus 13 Pfund Heu, 8 Pfund Haber und 10 Pfund Stroh. Einem Divisionsgeneral stand das achtfache Quantum zu. Die französischen Offiziere sorgten jedoch für Ordnung und Disziplin.

Wenige Tage später durchzogen österreichische Ranzionierte (ehemalige Kriegsgefangene) das Dorf, »die uns sehr plagen, weil sie ausgehungert, zerlumpt und elend sind. Diese armen Tropfen laufen von Basel wie die verlassendste Viehherde her. Man schämt sich fast, ein Österreicher zu sein, wenn man diese Unglücklichen sieht« (11. Mai 1801).

Die Herrschaft Singen-Mägdeberg, insbesondere Singen selbst, »das die fatale Lage in der Mitte zwischen Stockach und Schaffhausen hat, wo der beständige Abstoß ist«[48], war in diesem Kriege übergroßen Drangsalen ausgesetzt. Dessen ungeachtet wurden die »Landes-Prästanda«, Steuern, außerordentliche Umlagen und das Salzgeld mit größter Unerbittlichkeit eingefordert; alle Bitten um Erlaß, Ermäßigung oder Verrechnung eigener Vorleistungen mit rückständigen Zahlungen an die landständische Kasse nach Ehingen wurden abgelehnt, da mancher Stand noch weit stärker in die Lasten des Krieges verwickelt sei als das hiesige Dominium[49]. Um das Los der Untertanen zu erleichtern, verzichtete die Herrschaft teilweise auf die ihr zustehenden Abgaben und Gülten und übernahm zudem noch große Teile der von den Militärs geforderten Auflagen. Über die Abrechnung bzw. Vergütung der russischen Einquartierungen wurden im Sommer/Herbst 1803 Erhebungen angestellt; für den gemeinen Mann (Soldaten) waren pro Tag 10 xr, für den Offizier 20 xr Vergütung vorgesehen. Im April 1805 wurden die letzten Zahlungen ratenweise geleistet. Die Höhe der entstandenen Schäden und Verluste dürfte sich auf weit über 50 000 fl. belaufen, läßt sich jedoch nicht im einzelnen feststellen. Soviel aber ist gewiß, daß die schließlich gezahlten Entschädigungen und Vergütungen bei weitem nicht ausgereicht haben und nur einen geringen Teil der materiellen Erlittenheiten aufwogen. Ungeheuer waren die Opfer, die den Bürgern, der Gemeinde und Herrschaft in diesen Jahren abverlangt wurden[50].

Ende der österreichischen Herrschaft nach dem Dritten Koalitionskrieg 1805

Die wenigen Friedensjahre versuchte Österreich – nach Abtretung von Breigau und Ortenau an den Herzog von Modena und nach der Säkularisation der geistlichen Territorien – mit der Neuorganisation der verbliebenen Besitzungen in der neugeschaffenen schwäbisch-österreichischen Landesstelle mit Günzburg als neuer Landeshauptstadt (ab 18. Mai 1803) zu nutzen. Zu den fünf Oberämtern gehörte auch Stockach. Das Direktorium der schwäbisch-österreichischen Landstände blieb in Ehingen an der Donau. Es gelang der Regierung u.a. auch im Oberamt Stockach, durch entschlossenes Handeln ihre Herrschaft und Zuständigkeit gegenüber den veralteten feudalen Strukturen wesentlich auszuweiten, doch verhinderte der Ausbruch des Dritten Koalitionskrieges die Vollendung der Neuordnung[51]. Die Herrschaft Singen war von all dem nicht betroffen.

Erneut erklärte England Napoleon am 18. Mai 1803 den Krieg und erreichte im April 1805 die Bildung einer Dritten Koalition mit Schweden und Rußland, der am 9. August auch Österreich beitrat. Napoleon – seit 18. Mai 1804 Kaiser der Franzosen – gelang es, die süddeutschen Staaten Bayern, Württemberg und Baden auf seine Seite zu bringen, worauf Österreich am 8. September in Bayern einmarschierte. In nächtlichen Gewaltmärschen rückte die »grande armée« gegen Donauwörth, Augsburg und Ulm vor, wo der uneinsichtige Feldmarschall-Leutnant Karl Mack von Leiberich (1752–1828) eingeschlossen und am 16. Oktober 1805 zur Kapitulation gezwungen wurde. Im November zog Napoleon in Wien ein und diktierte nach der sogenannten Dreikaiserschlacht bei Austerlitz (2. Dezember 1805) den Frieden von Preßburg (26. Dezember 1805), in dem Österreich mit Venezien seine letzte italienische Provinz, außerdem Tirol und Vorarlberg an Bayern sowie eine Reihe vorderösterreichischer Besitzungen – darunter die Landgrafschaft Nellenburg – an Württemberg und Baden verlor. Auch die Reichsritter büßten damals ihre Selbständigkeit ein[52]. Am 12. Juli 1806 gründeten 16 deutsche Fürsten unter dem Protektorat Napoleons den Rheinbund, worauf Franz II. die deutsche Kaiserkrone niederlegte. Das Reich war vor dem Ansturm der französischen Armeen zusammengebrochen, weil es ihm nicht nur an der äußeren, sondern mehr noch an der inneren Einheit fehlte und weil die sozialen Verhältnisse (Standesschranken) den Zeitgenossen hoffnungslos anachronistisch erschienen.

Diesmal verschonte der Krieg die Herrschaft Singen, sieht man ab von geringen Durchmärschen im Herbst 1805; u.a. lagen im September 50 k. k. Chevauxlegers vom Regiment Kinski in Mühlhausen[53]. Das entscheidende Ergebnis dieses Krieges war das Ende der österreichischen Herrschaft, das man lange schon ahnungsvoll befürchtet hatte. Am 11. Mai 1801 schrieb Obervogt Müller, noch ganz im Geiste des Ancien Régime, der zum Untergang verurteilten staatlichen und gesellschaftlichen Ordnung, seinem Grafen: »Bleiben wir nicht bei Österreich: so wünsche ich einen reichen Fürsten, dem wir zu Theil werden – wir verkaufen dann hier und kaufen dort wieder, wo wir beßer sind. Vergebung Euer Excellenz! Es ist mir unerträglich, von Österreich gerissen zu werden – ich darf diese Idee auch nicht bei den Gemeinden laut werden lassen – sie betrachten diese Ahndung als das größte Unglük.«[54]

350 Jahre war Singen ein österreichischer, genauer gesagt vorderösterreichischer Ort, die Anhänglichkeit und Verbundenheit der Bevölkerung mit dem Hause Habsburg und seiner Regierung war allgemein und echt. Noch am 30. Oktober 1804 feierten z.B. die Friedinger den Tag der Krönung des Kaisers mit Böllerschüssen[55]. Nun endete eine Epoche südwestdeutscher Geschichte, in deren letzter Phase (ab 1753) die habsburgischen Vorlande als »ältestes Patrimonium« erstmals eine eigene Provinz gebildet hatten, »in der ihre Verwaltung für Süddeutschland modellhaft organisiert, das Schulwesen auf eine völlig neue Grundlage gestellt, die kirchliche Versorgung verbessert und die Rechtssicherheit erhöht worden war«[56]. Diese Verbesserung verspürte man auch in der Herrschaft Singen-Mägdeberg sehr deutlich, die zudem das Glück hatte, in dem »Singener Franz« (Graf von Enzenberg) einen für behutsame Neuerungen und allgemeine Hebung der Wohlfahrt aufgeschlossenen Grund- und Patriomonialherrn zu haben. Zwar litt die

wohl durchorganisierte und im wesentlichen gut funktionierende unbestechliche Verwaltung mit bemerkenswert kurzen Fristen innerhalb des Behördenganges gelegentlich unter persönlichen Reibereien zwischen einzelnen Beamten oder in unserem Falle unter der Rivalität zwischen nellenburgischem Oberamt und Obervogteiamt Singen, doch mindert dies keineswegs die respektable Leistung und Effizienz der vorderösterreichischen Verwaltung[57].

Anmerkungen

[1] EAS – V V 1/6 h = 653.
[1a] OTTO BRUNNER, Neue Wege der Verfassungs- und Sozialgeschichte, 2. Aufl., Göttingen 1968, S. 135.
[1b] Rottenburg am Neckar 1750–1830. Von der vorderösterreichischen Oberamtsstadt zum Sitz des württembergischen Landesbistums, hg. von KARLHEINZ GEPPERT und HEINER MAULHARDT, Rottenburg 1988, S. 13–16, 22–24.
[2] Zit. nach KURT VON RAUMER, Deutschland um 1800, in Handbuch der Deutschen Geschichte, Bd. 3/I, 1. Teil, S. 42. – Vgl. JOCHEN SCHMIDT-LIEBICH, Deutsche Geschichte in Daten, Bd. 2, 1770–1918, München 1981, S. 71 f.
[3] HANS ULRICH WIPF, Zur Schaffhauser Revolutionsgeschichte, ein in Büsingen verlesenes »Warnungsmandat vor rebellischen Gedanken« aus dem Jahre 1789, Hegau 34 (1977), S. 206–208.
[4] EAS – V V 1/6 i = 396.
[5] OTTO HEINL, Heereswesen, S. 27, 67.
[6] VON RAUMER, a.a.O., S. 73.
[7] QUARTHAL-WIELAND, Behördenorganisation, S. 133 f., 142, 148 f., 157.
[8] HEINZ-GÜNTER BORCK, Schwäbischer Reichskreis, S. 80.
[9] EAS – M III 2 = 865; M II 1 b = 996.
[10] BORCK, a.a.O., S. 132 f.
[11] EAS – V V 1/9 = 446, Brief Müller vom 5. Juli 1796.
[12] A. KARG, Historisch-Topographisches über die Dorf- und Pfarrgemeinde Steißlingen im Hegau, FDA V, 1870, S. 234.
[13] Auch die Volkssage hat sich dieser Vorgänge angenommen, so z.B. in Tannheim bei Villingen die Sage vom Franzosenweg: Tannheim, Geschichte von Dorf und Kloster am Osthang des Schwarzwaldes, hg. von HERBERT BERNER, 1971, S. 459.
[14] EAS – V V 1/9 = 446; HEINL, a.a.O., S. 63. – Vgl. hierzu die von HEINRICH HEIDEGGER veröffentlichte Schwandorfer Chronik des Pfarrers Sigismund Heinrich, in Hegau 23/24 (1967), S. 110–122, welche die Ereignisse des Jahres 1796 in ähnlicher Weise beschreibt. – HERMANN BAIER, Die Franzosen in Herdwangen, in Bodensee-Chronik 16 vom 30.8.1930.
[15] EAS – M III 2 = 865. –. So auch bei HIRSCHER, Langenrain-Freudental, 1986, S. 114. – Die Regulierung der Kriegserlittenheiten: Fuhrwesen, Einquartierung, Requisitionen und extra-ordinäre Steuern, erschwert durch die unterschiedlichen Berechnungsweisen in den einzelnen Territorien, beschäftigte die Kanzleien bis Ende 1798: GLA 229, Nr. 97926.
[16] Vgl. Biographie des Grafen Franz I. Joseph von Enzenberg, in diesem Bd. S. 382 ff.; er wurde damals mit der Reorganisation der Venezianischen Justiz beauftragt.
[17] EAS V V 1/8 a = 413.
[18] A. BAIER, Ein englisches Regiment am Bodensee, in Bodensee-Chronik vom 8.5.1930. Das Regiment Royal Etranger, später von Roll'sches Regiment genannt, lag von Mitte September bis Mitte Dezember 1795 in Konstanz und Radolfzell; die Soldaten trugen die roten Uniformröcke der englischen Infanterie.
[19] O. ABT, Die Schlacht bei Ostrach, nach Berichten von Zeitgenossen dargestellt, Ostrach 1899; F. KÖNIG, Die Schlacht bei Stockach, Stockach 1899; HERMANN PFEIFFER, Die Schlacht bei Stockach, Zs. SVGB 54/1925, S. 28–71; J. B. TRENKLE, Die Liptinger Schlacht, kurz geschildert von einem Augenzeugen, Freiburg 1868; FRANZ JOSEF MAYER, Zu den Schlachten bei Ostrach und Stockach 1799, Augenzeugen berichten, in Bodensee-Chronik Nr. 12–15, April/Juni 1939; ALFRED EBLE, Liptingen, Geschichte eines nellenburgischen Dorfes, Hegau-Bibliothek Bd. 15, 1868, S. 18–27; HANS WAGNER, Stockach, S. 251. – Im März 1987 unternahm die Schweizerische Gesellschaft für militärhistorische Studienreisen eine Exkursion zu den Schlachtfeldern von Ostrach, Liptingen und Stockach.
[20] H. BERNER, Fall und Zerstörung des Hohentwiel, in Hohentwiel 1957, S. 253 ff.
[21] LUDWIG WENZ, Stockacher Kriegsgeschichte vom 1.5. bis 20.6.1800, Stockach ca. 1930; JAKOB BARTH, Geschichte der Stadt Engen und der Herrschaft Hewen, 1882, S. 241–244; ders., Geschichte Stockach, S. 316–350. Aus vergangenen Tagen, Erlebnisse eines Höhgaubewohners in der Franzosenzeit 1795–1815, aus dem Tagebuch des ehemaligen Bärenwirts und Vogtes Ferdinand Müller in Welschingen, Engen 1894. FR. SÄTTELE, Singen, S. 64 f.; BERNER, Die Herrschaft Singen in den Kriegswirren 1796–1801, Zs. Hegau 1/1956, S. 48–51.
[22] Über die Ereignisse von 1789–1801, »die schwerste aller Zeiten für Singen und Umgebung«, berichtete Geistl. Rat AUGUST RUF im März 1935 in einem ausführlichen Vortrag, der ziemlich wortgetreu in drei Fortsetzungen am 29., 30. März und 2. April 1935 in der Bodensee-Zeitung veröffentlicht wurde. Auch SÄTTELE berichtet auf den S. 61–70 über diese Zeit.
[23] GLA 229/59.
[24] Es handelt sich um das Prinz Condé'sche Regiment Dauphin, insgesamt 27 Offiziere und 400 Mann, das hauptsächlich in den Dörfern um Radolfzell einquartiert war.
[25] EAS V V 1/8 a = 413.
[26] K. SCHIB, Schaffhausen, S. 384–393.
[27] Allein durch General Ruby 80 Louisdors, General Tharreau 60 Louisdors zur Erhaltung der Mannszucht. Der geldgierige Ruby, »Geisel der Gegend«, soll im Umkreis von einer Stunde 350 Louisdors zusammengebracht haben.
[28] Obervogt Müller, Briefe vom 8. und 29. März 1799, V V 1/8 b = 447; vgl. ferner SÄTTLE, Singen, S. 62–70, EAS M II 1 c = 723.

29 Geschichte des Krieges Rußlands mit Frankreich unter der Regierung Kaiser Pauls I. im Jahre 1799, 1. Bd. 1. Teil von Generallieutenant MICHAILOWSKI-DANILEWSKI; 2. Teil von Oberst MILIUTIN, München 1856. Die auf Befehl des Zaren Nikolaus I. verfaßte Kriegsgeschichte will nachweisen, daß der Krieg wegen des Zögerns des Wiener Hofkriegsrates und geringerer Tapferkeit der österreichischen Truppen verlorenging, wodurch die von den russischen Soldaten erfochtenen Vorteile zunichte gemacht wurden. Erstaunlich die genaue Ortskenntnis und das vorzügliche Kartenmaterial des russischen Verfassers, der mit seiner Beurteilung wohl nicht so falsch gelegen haben mag.

30 Die Festung Hohentwiel blieb gänzlich unbehelligt; man hörte nur, daß man die Untere Festung verrammelte und in die Obere Festung zog, aber »die alten invaliden werden keine Strapazen aushalten« (Müller).

31 Auch die Steiner Brücke wurde verbrannt, die Brücke in Konstanz abgetragen. Österreichische Ulanen töteten aus Versehen den schaffhauserischen Obristen Schwarz, seinen Sohn und den Polizeileutnant von Schalch, weil sie diese in ihren Uniformen für Franzosen hielten; Müller, a.a.O., 14.4.1799.

32 EAS V V 1/8 b = 447.

33 EAS M II/4 = 725.

34 Der Obervogt beschreibt die russischen Soldaten als »durchaus schön und stark. Ich glaub, es gibt kein schöneres Regiment in der Welt als Lykoschin-Husaren und Saaken-Grenadiere.«

35 R. LANG, Die Schicksale des Kanton Schaffhausen in den Jahren 1800–1801, Schaffh. Neujahrsbl. 1901; ders., Der Kanton Schaffhausen im Kriegsjahr 1799, Schaffh. Neujahrsbl. 1900.

36 EAS M II/4 = 725; zwei Drittel der Summe entfielen auf die Rebberge, in denen u.a. 33 000 Rebstecken ausgerissen wurden.

37 W. SCHREIBER, FLN, S. 78, bringt den Namen in Verbindung mit dem im Haus Burgstr. 19 wohnhaft gewesenen Philipp Allweyler mit dem Übernamen »Kosaken-Philipp«; S. 78, 232.

38 OTTO HEINL, Heereswesen, S. 69 f. – H. G. BORCK, Schwäbischer Reichskreis, S. 163 f.

39 Auch in Singen wurde von den Österreichern ein Magazin mit Holz, Stroh und Hartfutter angelegt, EAS V V 1/8 b = 447, 29.4.1800; u.a. mußten die Friedinger das letzte Vieh aus dem Stall holen und ins Lager nach Singen liefern; GUSTAV GRAF, Friedingen, 1911, S. 85.

40 EAS M III 2 = 865.

41 Petitio des Obervogts Müller an das landständische Direktorium vom 10.7.1801, GLA 229/59. Einen aufschlußreichen Bericht über den Rheinübergang der Franzosen und die nachfolgenden Ereignisse aus Öhninger Sicht hinterließ uns der dortige Obervogt Johann Nepomuk von Seethal, veröffentlicht von FRANZ GÖTZ, Französische Truppen in Öhningen, Ein Augenzeugenbericht aus dem 2. Koalitionskrieg, Zs. Hegau 26 (1969), S. 289–1295.

42 H. BERNER, Fall und Zerstörung des Hohentwiel, S. 253–256.

43 Vgl. E. VON HORNSTEIN-GRÜNINGEN, Die von Hornstein..., S. 668: Die Schlacht bei Welschingen am 3. Mai 1800.

44 H. BERNER, Fall und Zerstörung des Hohentwiel, S. 264–267; MARTENS, Hohentwiel, S. 201–216, 263–265.

45 BERNER, Fall und Zerstörung des Hohentwiel, S. 269–279. Lehrer Karl Helff trat seit 1791 als unermüdlicher Helfer bei der Fertigung von Quartier- und Einzugslisten, Abrechnungen, bei Verhandlungen und Botengängen hervor, auch für die Gemeinden Mühlhausen und Arlen. Das Schul- und Gemeindehaus, in dem er wohnte, diente häufig als Wachlokal oder Nachtlager; BERNER, Das Rathaus zu Singen in Vergangenheit und Gegenwart, Zs. Hegau 7 (1959) S. 12.

46 Einquartierungslisten wurden erst ab 4. Mai geführt; in den Tagen des Überfalls vom 1. bis 3. Mai lagerten die Truppen teils in den Häusern, teils auf den Gassen und nahmen jedem Bürger weg, was sie an Lebensmitteln und Fourage fanden.

47 EAS M II 1 c = 723; die Akten enthalten zahllose Beispiele über Nahrungsnot, Mangel an Zugvieh, Ausplünderungen und Einquartierungen. Dazu ferner M I 5 = 614; M I 2 = 717. – Interessant ist, daß Offiziere und ihre Domestiquen (Bediente, Sekretäre) in den Häusern Nr. 56 (Peter Sandhas), Nr. 57 (Josef Gut/Konrad Bach), Nr. 60 (Konrad Ehinger), Nr. 70 (Mathias Weber), Nr. 15 (Peter Schrott), Nr. 4 (Klaus Ehinger), Nr. 69 (Beck Josef Bach), Nr. 64 (Metzger Johann Ehinger), Nr. 73 (Thomas Waibel) sowie im Pfarrhof, in der Kaplanei und im Posthaus einquartiert waren – offensichtlich in besseren Häusern begüterter Einwohner.

48 GLA 229/97 927.

49 BERNER, Kriegswirren, S. 48–51; GLA 229/59; FR. SÄTTELE, Singen, S. 62–70.

50 Zum Vergleich: Die Kriegsschäden in Steißlingen im Laufe eines Jahres von Mai 1799 bis Mai 1800 wurden auf 27 256 fl. berechnet; A. KARG, Steißlingen, S. 235. – WECKERLE, Kriegs- und Einquartierungslasten der Gemeinde Steißlingen in den Kriegsjahren 1792–1805, in Zs. Hohentwiel, Nr. 33 und 34 vom August 1927; für das kleine, abseits gelegene Dorf Binningen betrugen die Kriegskosten von 1796 inklusive 1801 34 785 fl.; HORNSTEIN-HERTENSTEIN, S. 668.

51 QUARTHAL-WIELAND, Behördenorganisation, S. 148–157.

52 H. BERNER, Die Aufhebung des reichsritterschaftlichen Kantons Hegau-Radolfzell, in Festschrift für Theodor Mayer, Konstanz 1955, Bd. II, S. 210.

53 EAS M II 1 c = 723.

54 EAS V V 1/8 b = 447; Müller fügte noch hinzu: »Wenn ich ein Gut kaufe, soll es nicht an der Landstraße sein!«

55 GUSTAV GRAF, Friedingen, 1911, S. 86.

56 QUARTHAL-WIELAND, a.a.O., S. 160.

57 Eine vortreffliche Bewertung dieser letzten Phase nach gewissenhaften Recherchen in den Akten gibt KILIAN WEBER in seinem Beitrag »Zeitenwende in der Landgrafschaft Nellenburg«, in Bodensee-Chronik Nr. 19–21, Nov./Dez. 1933.

Friedloser Aufbruch in das 19. Jahrhundert

von Herbert Berner

Der vom Reichstag am 24. März 1803 als letztes Reichsgrundgesetz verabschiedete Reichsdeputationshauptschluß schuf die Voraussetzungen für die gebietsmäßigen, staats- und kirchenrechtlichen Veränderungen, indem aus den durch Säkularisation (Verweltlichung geistlicher Staaten) und Mediatisierung (Mittelbarmachung, Einverleibung) gewonnenen Gebieten von über 100 bisher reichsunmittelbaren Ständen (Kleinstaaten) einige wenige, von Frankreich abhängige Mittelstaaten gebildet wurden, die im Rheinbund zusammengefaßt wurden. Diese von Napoleon ausgelöste »Revolution von oben« stellt nicht bloß in territorialer Hinsicht den gewaltigsten Einschnitt dar, den die deutsche Geschichte vor dem Jahr 1945 kennt; ihre Bedeutung berührt nicht minder die Erneuerung von Staat und Gesellschaft, die aus eigener Kraft nicht zustande gekommen war. Im siegreichen Frankreich hingegen erkannten die Zeitgenossen eine politisch selbstbewußte Nation, »in der durch die Revolution von 1789 alle Standesschranken beseitigt und die rechtliche Gleichheit der Bürger in einer Verfassung verankert sind und in der das Volk unter Führung eines wirtschaftlich erstarkten und aufgeklärten Bürgertums aus eigener Kraft die Bevormundung durch den absolutistischen Fürstenstaat abgeschüttelt hat«[1].

Es dauerte lange, bis das Privilegienwesen durch Rechtsgleichheit beseitigt, der Aufstieg des Bürgertums über das noch lange fortwirkende Altständetum in einer repräsentativen Verfassung seinen Ausdruck gefunden hatte und bis der »Dritte Stand« beherrschende Stellung in Staat und Gesellschaft einnehmen konnte. »Der neue Staatsbegriff beruhte auf dem Anspruch, alleiniger Träger der öffentlichen Gewalt zu sein und deshalb in einer emanzipierten und egalisierten Gesellschaft keinerlei historische, landschaftliche oder ständische Sonderrechte, geschweige Teilhabe an der Ausübung öffentlicher Befugnisse mehr zu dulden.« Dies bedeutete etwa unter anderem Auflösung der Vielzahl historischer Herrschaften und Rechte zugunsten eines einheitlichen Staatsgebietes, Befreiung der Bauern und des Gewerbes, Schaffung der bürgerlichen Freiheiten, Neubau der Verwaltung, Wegfall der bisherigen kollegialen Geschäftsbehandlung nach Ressorts sowie Einführung eines Stufenbaues von Unter-, Mittel- und Zentralbehörden[2].

Singen unter der Krone Württemberg

Zu den Rheinbundfürsten gehörte auch Herzog Friedrich, seit 1803 Kurfürst und 1806 König von Württemberg (regierte von 1797–1816). Ihm waren wie den meisten Mitgliedern des neuen Bundes von Napoleon nicht nur Rangerhöhungen, sondern auch Gebietserweiterungen in Aussicht gestellt worden. Die von dem selbsternannten Kaiser der Franzosen durchgeführte Flurbereinigung der buntscheckigen Karte der deutschen Kleinstaaterei war zwar längst überfällig, aber zunächst schien es doch, als ob das Gebiet des Rheinbundes von Paris aus gesehen gewissermaßen als eine große französische Präfektur, vor allem für die erstrebte mitteleuropäische Machtbastion ein Rekrutendepot sein sollte[3]. Immerhin erwiesen sich die neuen Staaten Baden und Württemberg als lebens- und integrationsfähig, die annektierten Gebiete verschmolzen mit den alten Kerngebieten im Laufe von 150 Jahren zu einer neuen Einheit. Ihre erste Bewährungsprobe bestanden die Mittelstaaten im Dritten Koalitionskrieg als Bundesgenossen Frankreichs gegen Österreich.

Der Friedensvertrag von Preßburg übereignete im Artikel 8 die Landgrafschaft Nellenburg mit Annexen – darunter die Herrschaft Singen-Mägdeberg als »Niederadelsbesitz unter ausschließlich österreichischer Landeshoheit« (E. Hölzle) – der Krone Württemberg, die auch über die im Nellenburgischen liegenden reichsritterschaftlichen Gebiete ihren Souveränitätsanspruch aus dem Jurisdictionsrecht des Landgerichts Stockach ableitete und sich damit durchsetzte. Auch das Großherzogtum Baden (1806) hatte auf diese reichsritterschaftlichen Herrschaften Ansprüche erhoben und begann noch im Dezember 1805 mit deren Okkupation[4], doch mußten alle diese Ritterorte auf französischen Druck an Württemberg zurückgegeben werden. Auch in der Herrschaft Singen hatte Baden am 12. Dezember 1805 Besitzpatente anschlagen lassen, aber alsbald nach der württembergischen Besetzung von Stockach am 4. Januar 1806 rückten die Württemberger mit 100 Mann in Singen ein[5]. Die fürstbischöflich-konstanzischen Gebiete freilich – so etwa Rielasingen, die Obervogtei Bohlingen-Gaienhofen – waren schon 1803 (Säkularisation), die Stadt Konstanz 1805, die Grafschaft Tengen 1806 an Baden gekommen. Hilzingen, 1803 badisch geworden, wurde vorübergehend von 1805 bis 1808 württembergisch. Württemberg hingegen erhielt 1805 außer Nellenburg noch die Städte Aach, Stockach und Radolfzell[6]. Im Hegau blieb es somit bei verworrenen Grenzverhältnissen, allerdings reduziert auf zwei Staaten; der Grundherr von Singen gelangte nur über badisches Territorium in seine ebenfalls württembergisch gewordene Exklave Arlen.

Insgesamt wurde Württemberg bei diesem Länderschacher gegenüber seinem bisherigen Besitzstand viel weniger als Baden entschädigt, nämlich nur etwa verdoppelt (die Einwohnerzahl stieg von 600 000 auf 1,4 Mio.), während Baden für seine verlorenen linksrheinischen Gebiete überreichen Ausgleich erhielt: Die Bevölkerung stieg von 175 000 auf fast 1 Mio. Einwohner[7].

Mit der Inbesitznahme der nellenburgischen Gebiete wurde Landeskommissär und Wirklicher Regierungsrat D. Mohl beauftragt; die königlichen Hoheitszeichen (Besitzpatente) trugen das Datum vom 1. Januar 1806. Nach der Übernahme der nunmehr württembergischen Landvogtei Stockach erfolgte die Besitzergreifung von Singen am 8. Januar, nachdem württembergisches Militär dort schon tags zuvor eingetroffen war. Der Landeskommissär verpflichtete Obervogt Müller, anschließend den hiesigen Zoller und den Posthalter. Zur Vermeidung größerer Kosten und um schneller voranzukommen, ließ Mohl in Mühlhausen und Arlen die Patente und Hoheitszeichen durch den vom Hohentwiel herbeigerufenen Kellereiamtsverweser Bekh anschlagen. Große Begeisterung erweckte der Aufzug der württembergischen Herrschaft nirgendwo.

Am 2. Juni 1806 übergab der französische Kommissär General Firion die Landgrafschaft Nellenburg feierlich an den württembergischen Generallandeskommissär Freiherrn von Reischach in Anwesenheit der nellenburgischen Orte und Stände; von Singen war Obervogt Müller anwesend. Die Erbhuldigung in Singen nahm am 31. Oktober 1806 der Kreishauptmann von Tuttlingen, Freiherr von Hiller, entgegen. Obervogt Ummenhofer, der von den Grafen Enzenberg in Klagenfurt mit der Ablegung des Huldigungseides an den König von Württemberg in die Hände des königlichen Kommissärs beauftragt war, schilderte den Verlauf der feierlichen Veranstaltung: »Am genannten 31. früh kamen daher Kreishauptmann und Kämmerer Baron von Hiller in Begleitung eines Kommissions-Aktuars dahier an. Zur Ablegung der feierlichen Erbhuldigung fanden sich am gleichen Morgen hier ein: die Stadt Aach und die Herrschaften Gottmadingen und Hohenkrähen, Biesingen, alle mit ihren respektiven Beamtungen und der Geistlichkeit; dann die Herrschaft Randegg mit ihrer Beamtung und Geistlichkeit, von letzgenannter Herrschaft auch die dortige Judenschaft mit ihrem Rabbiner. Nachdem der Herr Kreishauptmann, Kämmerer und Huldigungshofkommissär vom diesseitigen Obervogteiamte Visiten angenommen hatte, verfügten sich hoch Dieselben unter zahlreicher Begleitung in das hiesige Gemeindehaus, wo sie nach Verlesung des allerhöchsten Commisorio den sämtlichen Beamten und der Geistlichkeit den Huldigungseid abnahmen, und denselben in einer sehr passenden Rede ihre neue Pflichten ans Herz legten. Sodann verfügten sich Hochselbe auf das am öffentlichen Platze vor der Kirche errichtete Podium, wo nun daselbst das versammelte Volk den Huldigungseid schwur. Das sehr oft wiederholte Krachen der Böller verkündigte der Nachbarschaft die Feierlichkeit des Tages, welche mit einem feierlichen Tedeum p. schloß.«[8]

In Württemberg bestimmte und betrieb der Monarch höchstpersönlich den Auf- und Umbau des neuen erweiterten Staates. Man hat ermittelt, daß hierbei von 1806 bis 1814 nicht weniger als 2342 Reskripte und Verordnungen erlassen und mit einem Heer von Landjägern und Spitzeln durchgesetzt wurden[9].

König Friedrich verstand unter »innerer Souveränität« seine ganz persönliche Selbstherrschaft und übertraf hierbei die Brutalität und den tyrannischen Hochmut seiner Vorfahren im 18. Jahrhundert noch beträchtlich. So wurde sein Regime für die Bewohner seiner Staaten eine wahre Leidenszeit[10]. Nach dem Vorbild des französischen Departementsystems bei gewisser Berücksichtigung gewachsener Traditionen wurden unter einer überstarken Zentrale 12 rein geographisch bestimmte Kreise unter Kreishauptleuten als Mittelinstanzen gebildet, auf der unteren Verwaltungsebene 65 Oberämter mit einem sehr mächtigen Oberamtmann. Die gemeindliche Selbstverwaltung, soweit diese bestand, wurde weitgehend beseitigt, die Patrimonialgerichtsbarkeit und die adelige Steuerfreiheit wurden aufgehoben, das Privateigentum hingegen wurde garantiert. Die Verstaatlichung der Justiz, die Trennung von Finanz- und Verwaltungsbehörden und die Modernisierung des Finanzwesens entsprachen den Forderungen der Zeit[11].

All diese erlebten nun auch die Untertanen der Herrschaft Singen. Obwohl das württembergische Regime nur 5 Jahre währte, veränderte es auch hier die herrschaftlichen und gemeindlichen Strukturen rasch und gründlich. Das königlich-nellenburgische Oberamt Stockach (Oberamtmann Burkard) wurde zunächst dem Kreis Tuttlingen, ab 1. Dezember 1806 nach dessen Auflösung dem Kreis Rottweil zugeordnet; Singen gehörte dem Oberamt Stockach an. Das zuständige Kameralamt (Steuerverwaltung) befand sich in Radolfzell. Am 9. März 1806 – lange vor der offiziellen Übergabe

Nellenburgs – erhielt Franz I. von Enzenberg von Landeskommissär Mohl die Weisung, nach vasallischer Verbindlichkeit um die Mutung der Lehen innerhalb der gesetzlichen Frist beim nunmehrigen Lehensherrn einzukommen[12]. Die Patrimonialgerichtsbarkeit durfte in erster Instanz bis zu deren Aufhebung durch Verordnung vom 10. Mai 1809 von der Grundherrschaft noch ausgeübt werden. Von da ab ernannte der württembergische Oberamtmann auch den Orts-Schultheiß. Graf Franz I. von Enzenberg wurde im Frühjahr 1807 in das Ministerium des Inneren nach Stuttgart zitiert, um dort den »Eid der Treue und des Gehorsams abzuschwören – nicht den Vasalleneid«; da er wie immer in Klagenfurt weilte, kündigte er an, sein Sohn werde bis Ende Juli in Singen sein und bis dahin sämtliche k. k. österreichischen Dienste niedergelegt haben, »um permanent zu etablieren«[13]. Als Souveränitätsbeamte des gräflich von enzenbergischen Patrimonialamtes fungierten die Oberamtleute von Stockach und des Kameralamtes Radolfzell; selbstverständlich wurde die landständische Verfassung Vorderösterreichs aufgehoben[14].

Als erstes ordnete König Friedrich die Finanz- und Steuerverwaltung, um die enorme Ausgabensteigerung des Landes decken zu können. In einem 12seitigen gedruckten Erlaß vom 1. Oktober 1806 führte er ein neues Steuersystem ein. Steuerpflichtig wurden nun unter anderem die Vermögen der geistlichen und weltlichen Hospitäler, Kirchenfabriken und Armenstiftungen, Handwerker-Zunftkassen, steuerfreies, liegendes Eigentum insbesondere des Adels, Zehnten, Patrimonial-Gefälle, verzinsliche Kapitalien der Landeseinwohner bis hin zu Wein-Vorräten[15] und Viehkontrakten (von jedem Ochsen oder Stier 15 xr, Schwein 10 xr usw.). Sogar die bei der Landesübergabe entstandenen Kosten – Singen-Mühlhausen = 82 fl. 35 xr – wurden anteilsmäßig eingezogen. 1807 mußten auch 12 071 Familien der Landvogtei Nellenburg aus Anlaß der Vermählung der Prinzessin Katharina mit dem Prinzen Jérôme, dem Bruder Napoleons, in drei Raten 2521 fl. 30 xr bezahlen; die Herrschaft Singen-Mägdeberg traf es mit 308 fl. 24 xr[16].

Strenge Zollgesetze erschwerten Handel und Austausch mit den Nachbarn, überaus lästig war die Kontrolle der von Napoleon verordneten Kontinentalsperre (21. November 1806), die jeden Handel mit England und englischen Waren verbot (Kaffee, Kolonialwaren) bzw. mit hohen Steuern belegte. Im Mai 1808 wurde ein Händler Eberle von Fischingen eingesperrt und mit 3 fl. gebüßt, weil er 352 Eier unverzollt über die Grenze geschmuggelt hatte; in Singen fiel der Schultheiß Anton Buchegger auf, weil er Wein nach Stockach verkaufte, der nicht nach württembergischem Maß ausgemessen war.

Im August 1807 merkten die Singener aufgrund auffallender Erkundigung des württembergischen Oberamtmanns Burkard nach Gewährleistung von Sicherheit und Ordnung im Dorf, daß die Gefahr der Stationierung einer württembergischen Polizeistelle drohte. Eilig versicherte man, daß der Bannwart und der Dorfförster Bettler abtrieben und verdächtige Personen aufspürten. Gleichwohl ordnete Burkard an, daß bei Fehlen eines Dorfpolizisten die Familienhäupter täglich wechselnd Tageswacht halten und z.B. Trinker in Wirtshäusern abschaffen oder Pässe wandernder Handwerksburschen kontrollieren sollten; wer die Tagwacht nicht verrichte, zahle eine Strafe von 3 fl. 15 xr in die Gemeindekasse. Darauf beschloß die Gemeinde Anfang September 1807 die Aufstellung eines eigenen Polizeidieners in Person des Martin Buchegger unter Aufsicht des Obervogteiamtes. Die Herrschaft stellte die Montur auf ihre Kosten und erließ eine Dienstinstruktion: kurzer weißgrauer Rock mit blauen Auf- und Überschlägen, blaues Leibel, blaue Hosen, grauer Überrock, schwarze Gamaschen, alles aus Tuch, neuer dreieckiger Hut mit Federposchen, ein Paar neue Schuhe, Säbel samt Wehrgehänge mit messingnem herrschaftlichen Wappen. Vier Wochen später erhielt auch Mühlhausen mit Erhard Rehm einen Polizeidiener. 1808 wurden außerdem in beiden Gemeinden zusätzlich je zwei Mann als Tag- und Nachtwächter gegen geringe Entlöhnung eingestellt.

Diese Maßnahmen vermochten jedoch nicht die Stationierung zweier württembergischer Landdragoner (Landreiter) ab Januar 1808 zu verhindern, deren Besoldung (mit Beschlaggeld für die Pferde) der Kreiskasse oblag. Singen mit Umgebung war in 10 Land-Reuter-Distrikte eingeteilt: 1. Patrimonialamt Singen (Marktflecken mit den Dörfern Mühlhausen und Arlen und den Höfen Megdberg, Niederhof und Remishof); 2. Herrschaft Hilzingen (damals noch württembergisch); 3. Gottmadingen; 4. Randegg; 5. Weiterdingen; 6. Duchtlingen; 7. Schlatt unter Krähen; 8. Büsingen; 9. Hof Obergailingen; 10. Schlatt am Randen. Der Landdragoner Johann Baptist Jäck erstattete viele Anzeigen, so etwa im Mai 1808, daß die Singener Bürger in Ermangelung eines »Comunal-Waschhauses« verbotenerweise in ihren Häusern waschen; die Amtsdiener Johann Reuze und Kaspar Waibel mußten deswegen binnen 8 Tagen je 10 fl. Strafgeld bezahlen. Eine andere Anzeige betraf das Trocknen von Hanf auf den Öfen (Feuergefahr). Zu den besonderen Aufgaben der Landreiter gehörten ferner die Begleitung von Postwagen bei Nacht, die Verhinderung von Zolldefraudationen und die Überwachung des Fuhrverkehrs auf den Straßen[17].

Am ärgsten plagten unaufhörliche Rekrutierungen die Untertanen, verursacht durch die Bündnispflicht der Rheinbundfürsten; die blutigen Verluste in den napoleonischen Kriegen (1807 gegen Rußland und Preußen; 1808–1813 in Spanien; 1809 gegen Österreich) brachten es mit sich, daß die württembergische Armee in den Jahren 1806 bis 1813 mehrfach von Grund auf ergänzt werden mußte. »Was sich in diesen Jahren abspielte, war noch schlimmer als die abschreckenden Beispiele, die der von den Anhängern der französischen Revolution gebrandmarkte Soldatenhandel deutscher Fürsten des Ancien régime bot«[18]. Die Rekrutenaushebungen trieben schließlich die Leute in Verzweiflung und in den sogenannten Nellenburger oder Stockacher Aufruhr.

Nellenburger oder Stockacher Aufruhr

Bereits im Mai 1809 verübten vorarlbergische Insurgenten (Aufständische), die zu Schiff in das Nellenburgische gekommen waren, Partisanenüberfälle und verbreiteten die Hoffnung auf Befreiung des Landes; in Wien rechnete man nach Ausbruch des Krieges mit einer nationalen Erhebung im einstigen Reich. Ein gewisser Bans aus Singen, eine nicht identifizierbare Persönlichkeit, soll entsprechende Unruhe unter das Volk gebracht haben. Am 7./8. Juli 1809 kam es in Stockach zu einer Militärdienstverweigerung, in deren Gefolge an die 3000 schlecht bewaffnete und aufgeregte Bauern die Stadt in ihre Gewalt brachten und die württembergischen Beamten mißhandelten. Kreishauptmann Graf von Pückler vermochte zwar mit seinen 12 Landdragonern, 32 Forst- und Jagdgehilfen und 50 Scharfschützen die Aufständischen zu zerstreuen, aber er konnte Stockach mit diesen geringen Kräften nicht halten und mußte sich nach Überlingen zurückziehen. Da rückte im Eilmarsch am 9. Juli der Generalmajor von Dillen mit einem Regiment und einer Eskadron Kavallerie heran, worauf die Aufständischen kapitulierten; gegen 900 Mann sollen verhaftet worden sein. Die Hauptbeteiligten wurden zu schweren Zuchthausstrafen und Festungsarbeit verurteilt, ein 13jähriger mitgelaufener Bub aus Sernatingen erhielt dreimal je 25 Rutenstreiche. Der Singener Schultheiß Anton Buchegger und der Bürgermeister Jakob Buchegger waren zwar mit 4 »Exkapitulanten« in Stockach, aber sie haben sich »durch kluges Benehmen bei der Geschichte« (Ummenhofer) die Zufriedenheit der württembergischen Beamten erworben. Die Masse der Aufrührer kam aus den Dörfern um Stockach. Der Singener Grundherr Franz II. von Enzenberg wurde der Mitwisserschaft bezichtigt und ein halbes Jahr nach Rottenburg verbannt[19].

König Friedrich hat Singen zweimal kurz besucht: Am 4. Juli 1807 Umspannen der Pferde vor dem Posthaus auf der Fahrt nach Schaffhausen und am 13. Juli 1808, als der König mit großem Gefolge aus der Schweiz über Tuttlingen in seine Residenz zurückkehrte; er ordnete an, daß die Beamten und Ortsvorsteher geistlichen und weltlichen Standes »gegenwärtig zu sein haben, wo S. Kgl. Majestät durchpassieren oder anhalten«, dagegen alle Ehrenbezeugungen, Reden, Glockenläuten etc. unterbleiben sollten. Dies dürfte seinen Untertanen nicht schwergefallen sein[20].

Singen wird badisch

Die unübersichtlichen staats- und besitzrechtlichen Verhältnisse in der ehemaligen Landgrafschaft Nellenburg erzwangen schließlich eine Bereinigung. Nachdem König Friedrich einsehen mußte, daß Napoleon diese Gebiete dem Großherzogtum Baden zugedacht hatte, einigte man sich im Pariser Vertrag vom 21. Oktober 1810 in Artikel II über die an Baden abzugebenden Orte und Höfe mit Ausnahme von Hohentwiel und Bruderhof; Baden mußte sich verpflichten, die württembergischen Untertanen bei ihrem Handel und Wandel mit eigenen Produkten auf den Straßen durch das Oberamt Stockach nach Schaffhausen und Radolfzell zollrechtlich nicht schlechter zu stellen als die eigenen Staatsbürger[21].

Das am 11. November 1810 zu Stuttgart erlassene Patent, das die Untertanen von ihren dem König von Württemberg zu leistenden Verpflichtungen entband und sie dem neuen Souverän Großherzog Karl Friedrich von Baden (regierte von 1746–1811) überwies, wurde allenthalben mit Freude und Erleichterung aufgenommen. Der neue Landesherr hat die großen Entwicklungsphasen seiner Zeit nicht nur äußerlich durchlebt, sondern im Geiste eines aufgeklärten Absolutismus innerlich verarbeitet, so daß die Erneuerung von Staat und Gesellschaft sich fruchtbar vollziehen konnte und Baden als Inbegriff guter Verwaltung und bedächtigen Fortschritts beispielhaft erschien[22]. Durch die von Johann Nikolaus Friedrich Brauer (1754–1813) ausgearbeiteten Organisations- und Konstitutionsedikte wurde eine moderne, effektive Verwaltung aufgebaut, und durch die Einführung des Code Civile, umgearbeitet und weiterentwickelt in das Badische Landrecht, wurde das Rechtswesen vereinheitlicht.

Die neu erworbenen nellenburgischen Gebiete gehörten nun zum Seekreis mit der Hauptstadt Konstanz (Organisationsedikt vom 26. November 1809). Bei der Betrachtung der verwaltungsmäßigen Neugliederung des Mittleren Hegaus fällt auf, daß Singen als kleines Herrschaftszentrum zwar in den kriegerischen Wirren oft im Mittelpunkt unerwünschter Ereignisse und strategischer Erwägungen stand, nun aber bei der Behördenorganisation im Gegensatz zu manchen unmittelbaren Nachbarn noch nicht einmal vorübergehend als Sitz eines staatlichen Amtes vorgesehen war. Weiterhin erscheint bemerkenswert, daß das Großherzogtum ganz offensichtlich bemüht war, den Übergang in die neue staatliche Ordnung behutsam und zumindest anfänglich durch Beibehaltung gewachsener herrschaftlicher Traditionen zu erleichtern.

Nach dem Pariser Vertrag wurden als landesherrliche Ämter Radolfzell und Stockach neu gebildet; die bisherigen Ämter Konstanz und Blumenfeld (bis 1857) blieben bestehen, ebenso die standesherrlichen Ämter Engen und Hilzingen (bis 1813); das 1803 gebildete Amt Bohlingen wurde 1810 Radolfzell zugeteilt. 1813 wurden die standesherrlichen Ämter aufgehoben und als landesherrliche Behörden weitergeführt; in diesem Jahr endete auch (bis auf die Standesherrschaft Fürstenberg!) die eigene Jurisdiktion (Patrimonialgerichtsbarkeit) der Standes- und Grundherren. 1832 erfolgte die Einteilung Badens in vier Kreise, hierzulande der Seekreis mit der Seekreis-Regierung in Konstanz. Das Gesetz über die »Organisation der Inneren Verwaltung« im Großherzogtum Baden vom 5. Oktober 1863 begründete die Selbstverwaltung der Kreise und Bezirke; für die innere Staatsverwaltung waren auf drei Ebenen die Bezirksämter (seit 1924 Landratsamt) zuständig, der Verwaltungshof und das Ministerium des Inneren mit dem Landeskommissär, dessen Funktionen stillschweigend 1945 endeten. 1872 wurde das Bezirksamt Radolfzell aufgehoben und Konstanz einverleibt. Die Gemeinde Singen gehörte bis 1872 zum Bezirksamt Radolfzell, seitdem zum Bezirksamt Konstanz[23].

Die feierliche Übergabe des Oberamtes Stockach durch den württembergischen Kommissär Mohl an den Badischen Bevollmächtigten Kreisrat Josef von Chrismar fand am 23. November 1810 in Stockach statt. Im Zuge der in dem Zusammenhang stattgefundenen Verhandlungen verzichtete Baden nach langem Tauziehen auf die bis zur württembergischen Okkupation bestehende nellenburgische Oberherrlichkeit über den Bruderhof. Das Badische Bezirksamt Stockach unterrichtete das Enzenberg'sche Rentamt am 28. März 1811, daß nach einer Ministerialresolution vom 28. Februar 1811 »der Bruderhof von nun an, soweit die ursprüngliche Gemarkung geht, als ein der württembergischen Landeshoheit unterworfener Distrikt betrachtet werden« sollte[24].

Der russische Feldzug 1812

Nach wie vor erforderten die Feldzüge Napoleons hohe Kontingente an Soldaten. Eine ungeheure Anstrengung für seine Verbündeten stellte der 1812 begonnene Krieg gegen Rußland dar, den der Kaiser in der utopischen Vorstellung einer Einigung Europas sozusagen unter einem neuen Karl dem Großen begonnen hatte. Für diesen Feldzug mußte das Großherzogtum Baden 7666 Mann bereitstellen, doch läßt sich die genaue Zahl nicht mehr feststellen – es waren sicherlich mehr. Der furchtbare Feldzug und der Rückzug in bitterster Kälte, wobei die auf einige hundert Mann zusammengeschrumpfte badische Division die Rückendeckung beim Übergang über die Beresina übernehmen mußte, kostete unzähligen Soldaten das Leben. Nach Erhebungen im Generallandesarchiv Karlsruhe zogen aus dem Bereich des heutigen Landkreises Konstanz 389 Mann nach Rußland, aber die mit größter Sorgfalt vorgenommene aktenmäßige Erhebung kann nicht stimmen, wenn man sieht, daß z.B. aus Singen 7 Mann, aus Steißlingen hingegen 14, aus Rielasingen niemand und aus Radolfzell nur 4 Mann erfaßt werden konnten[25].

Das Ende der napoleonischen Herrschaft

Der katastrophale Rückzug der Großen Armee war im wesentlichen um die Jahreswende 1812/13 beendet; von den 500 000 ausgezogenen Soldaten überlebte kaum ein Zehntel das russische Abenteuer. Die letzten Reste des badischen Kontigents kamen am 18. Februar 1813 in Karlsruhe an. – Mit der Konvention von Tauroggen am 30. Dezember 1812, der preußisch-russischen Bündnisvereinbarung, begann der Befreiungskrieg als nationalpatriotische Erhebung. Napoleon gelang es unter Aufbietung aller Kräfte und höchster Inanspruchnahme der verbündeten Rheinbundstaaten noch einmal, bis nach Schlesien und Sachsen siegreich vorzudringen. Die badischen Truppen, neu ausgehoben, 6990 Mann, fochten auf Seiten der französischen Armee. Im Allianz-Vertrag von Teplitz vom 9. September 1813 verpflichteten sich Rußland, Preußen, Österreich, wenig später auch England, mit jeweils 150 000 Mann den Krieg gegen Napoleon solange zu führen, bis das europäische Gleichgewicht nach dem Stand des Jahres 1805 wiederhergestellt sei. In der sogenannten Völkerschlacht bei Leipzig vom 16. bis 18. Oktober 1813 erlitt Napoleon eine vernichtende Niederlage. Nach langem Zögern schloß sich Großherzog Karl (1811–1818) am 20. November 1813 den Verbündeten an; im Dezember 1813 wurden 12 Landwehrbataillone ausgehoben, Leute zwischen 20 und 40 Jahren, die nicht zu den Linientruppen eingezogen worden waren. Am 12. April 1814 verzichtete Napoleon auf den Thron Frankreichs und Italiens. – Der sich anschließende Wiener Kongreß, eine Zusammenkunft des alten vorrevolutionären Europa, wurde von der Rückkehr des nach Elba verbannten Kaisers Napoleon nach Frankreich kurzfristig unterbrochen, bis dieser in mehreren blutigen Schlachten – dabei auch badische Truppen – endgültig besiegt auf die einsame Insel St. Helena verbracht wurde; die badischen Soldaten kehrten im Oktober wieder in ihre Heimat zurück. – Auf dem Wiener Kongreß erfüllten sich die Hoffnungen der Völker auf Einheit und Freiheit nicht. Es entstand der Deutsche Bund nicht als Nationalstaat, sondern als lockerer Fürstenbund (Bundesakte vom 8. Juni 1815) von 38 souveränen Staaten und Städten; die Bundesversammlung tagte in Frankfurt. – Mit dem Abschluß des zweiten Pariser Friedens am 20. November 1815 brach eine 50jährige Friedenszeit an. – Am 22. August 1818 unterschrieb Großherzog Karl die erste landständische badische Verfassung, die mit einigen Einschränkungen bereits ein allgemeines Wahlrecht enthielt. Die Ideen der politischen Freiheit, der nationalen Selbstbestimmung, der rechtlichen Gleichheit und sozialen Emanzipation waren nun trotz starker restaurativer Kräfte vor allem in Österreich auf Dauer nicht mehr aufzuhalten.

Etappen-Magazin Singen 1813 bis 1815

Unser Dorf Singen war von all diesen militärischen Ereignissen, sieht man von erheblichen Lebensmittel- und Fouragelieferungen ab, in sehr starkem Maße von Durchmärschen alliierter Truppen und Einquartierungen betroffen; wie viele Einwohner zum Militär eingezogen wurden, läßt sich nicht feststellen.

Die fortwährenden Truppenbewegungen machten die Bestellung des Grafen Enzenberg zum Obermarsch-Kommissar erforderlich (30. März 1814). Ihm standen zur Seite der Assessor Kreisrat von Mollenbec und Hofrat von Tscheppe. Das k. k. Haupttransport-Kommando in Stockach unterstand dem Obristen Novack von Rziczan, der die Marschrouten und Vorspanndienste vom Hauptquartier übermittelte; er wurde als »Beschützer des Seekreises« gerühmt und erhielt beim Abschied als Dankgeschenk des Seekreises eine goldene Dose im Wert von 34 vollwuchtigen Dukaten. – Die schwierigste und drückendste Last waren die Wochen und Monate vom 23. April bis 6. Dezember 1815: Allein im Bezirksamt Radolfzell waren 104 310 Mannschaften zu verpflegen. Bei einem landesüblichen Anschlag der »Prästation« von 48 873 fl. 19 xr war eine Geldvergütung von nur 22 662 fl. 47 4/8 xr zu erwarten, und diese erfolgte teilweise noch durch Verrechnung der aus den Etappenmagazinen an die Bevölkerung ausgegebenen Vorräte. Insgesamt dürften von 1813 bis 1815 wenigstens 70 000 Soldaten und über 30 000 Pferde in Singen durchgezogen sein, was den für Steißlingen ermittelten Zahlen entspricht. Es handelte sich überwiegend um österreichisches Militär, doch befanden sich darunter auch kleinere russische Abteilungen[26].

Seit dem 16. Dezember 1813 – so schrieb Graf Enzenberg am 1. Juni 1814 aus Basel – seien dem Seekreis durch Einquartierungen und Verpflegungen Lasten in Höhe von 1,5 Mio. fl. aufgebürdet worden; da vom Generalkommando die Versorgung mit Heu ausdrücklich dem Lande auferlegt war, fehlte durch gewaltsames Abfouragieren aller Wiesen und Kleeäcker das geforderte Heu; gleichzeitig suchte eine Rindviehseuche mehrere Orte an der Hauptstraße von Schaffhausen–Singen–Stockach heim, was die Beischaffung des nötigen Vorspanns sehr erschwerte. So schlug Graf Enzenberg vor, die Truppen auch über Lauchringen–Stühlingen–Möhringen nach Meßkirch und das Reservekorps von Schaffhausen über Engen nach Stockach marschieren zu lassen, wo Quartier und Vorspann leichter zu besorgen seien.

Die Aufgabe des Obermarsch-Kommissars bestand darin, zunächst einmal das in Singen eingerichtete k. k. Etappen-Magazin (das von den Bezirksämtern Radolfzell und Stockach beliefert werden mußte) funktionsfähig zu halten. Graf Enzenberg wurde deshalb am 17. Mai 1814 auch zum Stationskommandanten der Etappenstation Singen bestellt. Die einzelnen Orte – insgesamt 26 – hatten für die Lieferungen aufzukommen.

Es gab viel Streit über die Belegung der einzelnen Orte in der ganzen Landschaft. Die Schaffhauser beschwerten sich z. B. im Februar 1814, daß Ramsen zwei Tage lang mit 2 Offizieren, 112 Gemeinen und 117 Pferden (offensichtlich eine russische Abteilung mit wilden ungestümen Forderungen) belegt worden sei, daß der Obervogt Ummenhofer in Singen als Bezirks-Marschkommissar nach Hemishofen und Buch jeweils 200 Mann und 207 bzw. 215 Pferde geschickt habe, während den viel größeren badischen Gemeinden Gailingen und Büsingen nicht mehr an Einquartierungen zugemutet worden sei[27]. – Ende Januar 1816 wurden die Vorräte des Etappen-Magazins Singen öffentlich zum besten der Kreis-Kriegskasse versteigert. Nach Möglichkeit befriedigte man die Ansprüche der Gemeinden mit den aus dem Verkauf der Magazinsnaturalien erzielten Einnahmen; die Gemeinde Singen bekam so im Dezember 1815 eine bescheidene Ratenzahlung von 156 fl. 58 xr 9 hr. Die endgültige Abrechnung zog sich umständlich bis

1825 hinaus; 1819 hatte die großherzogliche Kriegskommission die Kriegsschuldenlast der Gemeinde Singen in Höhe von 11 000 fl. anerkannt[28].

Aufstellung des Landsturms 1814

Großherzog Carl von Baden rief in einer Verordnung vom 12. Februar 1814 zur Aufstellung des Landsturms auf, um eine bessere Landesverteidigung zu gewährleisten. Mit Ausnahme der Staatsdiener, der Theologen, Ärzte und Apotheker waren alle waffenfähigen Mannspersonen vom vollendeten 17. bis zum 60. Lebensjahr dienstpflichtig. Der Landsturm sollte aus Fußvolk und Reiterei bestehen, wobei die Reiter wenigstens mit einer Lanze und Pistole, einem Säbel oder Beil versehen sein sollten, während sich das Fußvolk mit Flinten aller Art, mit Piken, geradegestellten Sensen usw. bewaffnete. Die Landsturm-Mannschaft wurde in drei Klassen eingeteilt: Die erste mit allen Ledigen unter 50 Jahren und mit den Verheirateten bis 30 Jahren; in der zweiten Klasse dienten alle Verheirateten bis 50 Jahre, in der dritten Klasse alle über 50 Jahre alten Männer. Im ganzen wurde für jeden Kreis eine Brigade mit 10 bis 12 Bataillonen (je 1 bis 2 in einem Amtsbezirk) gebildet, jedes Bataillon mit 6 bis 10 Kompanien, jeweils 100 bis 250 Mann. Ein Bataillon zählte 1500 bis 2000 Landsturmleute.

Die I. Brigade des Seekreises hatte 10 Bataillone, unter anderem Stockach, Engen, Radolfzell und Blumenfeld. Jeder Landsturmmann trug im Dienst um den linken Oberarm eine rotgelbe Binde, die Unteroffiziere trugen die gleichfarbige Binde um den Leib, die Offiziere eine gelbe und rote Schärpe von der rechten Seite zur linken über die Schulter hängend. Die militärischen Übungen sollten nur an Sonn- und Feiertagen nachmittags stattfinden.

Damals kamen neben den regulären Truppen häufig Detachements mit französischen Gefangenen, eskortiert von Schweizer Soldaten, im Nellenburgischen an. Deshalb betrieb der k. k. Obrist und Transportkommandant von Novac zu Stockach die Bildung des Landsturms, der künftig in jedem Bezirk die Gefangenen eskortieren sollte, und schlug den Grafen Enzenberg »in besonderem Vertrauen auf dessen patriotische Denkungsart« als Chef des I. Landsturm-Bataillons Radolfzell vor; am 14. April 1814 sprach das Seekreisdirektorium die Ernennung im Range eines Obristleutnants aus. Im Bezirk Radolfzell wurden nun unter wesentlicher Mithilfe des Amtsmanns Kasimir Walchner am 11./12. April zwei Bataillone aufgestellt; zum I. Landsturm-Bataillon gehörten 5 Kompanien: die erste unter Capitain Heinrich Diener (Radolfzell); die zweite unter Capitain von Senger-Rickelshausen (Böhringen und Friedingen); die dritte mit Capitain Baptist Thoma (Singen und Hausen); die vierte mit Hauptmann Vinzenz Mosmann von Randegg (Gottmadingen und Randegg); die fünfte mit Hauptmann Baron von Reichlin in Gailingen (Gailingen, Büsingen). Die Singener Kompanie zählte in der ersten Abteilung aus Singen 61, in der zweiten 83 und in der dritten Abteilung 31 Mann, aus Hausen 11, 18 und 9 Mann, zusammen 213 Mann. Außer dem Capitain Thoma kommandierten zwei Leutnants (Martin Reize, Bernhard Weeber), ein Sergeant und 6 Korporale die Singener Mannschaft. Insgesamt zählte das höchst mangelhaft bewaffnete Bataillon 1119 Mann, davon in der ersten Klasse 387[29].

Der Landsturmdienst war nicht sonderlich beliebt, es gab viel Drückebergerei; manchmal schickten die Gemeinden »krüppelhafte Männer, fast Zwerge« zum Wachdienst, der an der Durchgangsstraße Stockach–Schaffhausen täglich mit 10 Mann durchgeführt wurde; überall suchte man nach Gewehren, um wenigstens die Wachleute bewaffnen zu können. Gelegentlich kam es zu Schlägereien zwischen Landsturmleuten und durchziehenden Soldaten (so im Mai 1814 in Böhringen), und in Singen verhaftete gar der Zollgardist Helff einmal im Kreuz zwei Landsturmmänner. Anfang Juli, als die meisten Durchmärsche der k. k. österreichischen Truppen abgeschlossen waren, stellte Graf Enzenberg im Hinblick auf die dringenden Feldgeschäfte die Bataillonswache in Singen ein, und am 12. Juli löste das Gr. Badische Generalkommando für die Landesbewaffnung den Landsturm gänzlich auf, weil die ihm zugedachten Aufgaben nunmehr wegfielen bzw. auf andere Weise gelöst wurden. Die Durchmärsche dauerten ja noch fort. Der Erlaß erreichte jedoch erst am 1. August den Bataillonschef Graf Enzenberg. So konnte es geschehen, daß die dritte Singener Kompanie am 19. Juli beim Radolfzeller Hausherrenfest unangenehm auffiel, weil sie sich ganz gegen die im Dienst vorgeschriebene Ordnung und gegen alle Gesetze der Subordination betrug[30].

Das Singener Bürgermilitär

Die kurzlebige Singener Landsturm-Kompanie fand ihre Fortsetzung in dem alsbald gegründeten Singener Bürgermilitär. Hauptsächlicher Beweggrund dürfte der Wunsch nach dauernder Gewährleistung der öffentlichen Sicherheit aufgrund der Erfahrungen im letzten Jahre gewesen sein, ein Wunsch, den Herrschaft und

Singener Landsturm 1814

Singener Bürgerwehr 1815–1849

Gemeindeverwaltung gleichermaßen hegten. So wurde im März 1815 eine Consignation (Verzeichnis) über Montur und Armatur (Bewaffnung) der aufgelösten dritten Singener Kompanie im I. Landsturm-Bataillon aufgestellt und u.a. ermittelt, daß 43 herrschaftliche und 15 Bürgergewehre vorhanden seien, von denen allerdings 7 unbrauchbar waren. Die Montur (Uniform) war gefertigt aus feingrünem Tuch mit Rot, Knöpfe aus Seide und Kamelhaar, am Hut Borten und Quasteln (leider fehlt eine nähere Beschreibung). Auch die Offiziere der einstigen Landsturm-Kompanie stellten sich für die Bürgerwehr zur Verfügung: Baptist Thoma als Hauptmann, Martin Reize als Oberleutnant und Bernhard Weeber als Leutnant; als Unterleutnant sowie als Fähnrich sind Bernhard und Ignaz Weeber genannt, Feldwebel war Josef Mayer. Dazu kamen 6 Korporale, 37 Gemeine und ein Tambour (Ignaz Harder), zusammen also 49 respektive 50 Mann[31]. Graf Enzenberg übernahm die Kosten der angeschafften Montur und Bewaffnung samt einer Fahne.

Leider erfahren wir sehr wenig über Aufgaben und Auftritte der Singener Bürgerwehr, etwa über die Mitwirkung bei feierlichen Prozessionen, Salutschießen u.ä., wie das landauf, landab der Brauch war. Im Februar 1823 wandte sich Graf Enzenberg, damals von Schulden und Rückzahlungen bedrängt, an die Gemeinde mit der Anfrage, die von ihm für das Bürgermilitär angeschaffte Ausrüstung pauschal gegen 7 fl. pro Mann (einschließlich der Offiziere) und Fahne zu übernehmen, und bot einen 10jährigen unverzinslichen Termin an. Vogt Waibel begründete die Absage der Gemeinde mit schlimmen Zeitumständen und Geldmangel, schlug jedoch im Gegenzug vor, die Gemeinde würde der Herrschaft die Ausrüstung für 23 Gemeine, 1 Offizier und 1 Fähnrich um 100 fl. abnehmen, »da der Ort hinlänglich mit 25 Mann sich zu allen Seiten begnügen lasse«. Damit wollte sich die Herrschaft nicht zufriedengeben, und so geschah die nächsten Jahre gar nichts. Erst im April 1833 hören wir wieder von dem Handel. Graf Enzenberg wandte sich an das Bezirksamt Radolfzell mit der Bitte um Amtshilfe: Er habe früher schon und jetzt abermals die Gemeinde Singen aufgefordert, die ihm gehörende Montur und Armatur zurückzugeben oder aber gegen einen billigen Preis von 3 fl. pro Mann zu übernehmen. Die Gemeinde bot 66 fl., schließlich einigte man sich auf den Betrag von 100 fl.[32] – Damit gehörte die Ausrüstung der Bürgerwehr der Gemeinde Singen.

Zum letzten Male ist in den Akten im Jahre 1844 vom Bürgermilitär die Rede. Damals war es offensichtlich Brauch, daß die Herrschaft am Fest Corporis Christi (Fronleichnam) der Kompanie einen Trunk verabreichte. Die Herrschaft versuchte zwar, sich durch Zahlung einer Summe von 16 bis 17 fl. (pro Mann 12 xr für ein Maß Bier mit Brot) von dieser Verpflichtung zu befreien, aber die Singener wollten lieber an der alten Übung festhalten, mit der sie sicherlich den Stifter und Förderer Graf Franz II. ehren wollten[33]. Bei dieser Einladung erwies das Bürgermilitär dem Gräflichen Hause eine besondere Ehrenbezeigung durch Salvenschüsse (Salut) und das Spiel der Türkischen Musik (Blaskapelle), die inzwischen der Kompanie beigegeben worden war.

Das Bürgermilitär dürfte bis zur Revolution 1848/49 bestanden haben; möglicherweise gehörte ihr der Kern der Singener Revolutionäre an. 1849 wurde wie in fast allen Bürgerwehr-Gemeinden das Singener Bürgermilitär aufgelöst.

Anmerkungen

[1] Fragen an die deutsche Geschichte, Katalog zur Historischen Ausstellung im Reichstagsgebäude Berlin, 2. Aufl., o. D., S. 50.

[2] Nach FRANZ SCHNABEL, Deutsche Geschichte im 19. Jh., Freiburg 1949 (2. Aufl.), Bd. II, S. 8 f.; KURT VON RAUMER, Deutschland um 1800, Krise und Neugestaltung 1789–1815, in Handbuch der deutschen Geschichte, 1980, Bd. 3/I, 1. Teil, S. 266 f.

[3] KURT VON RAUMER, a.a.O., S. 169.

[4] P. HIRSCHER, Langenrain-Freudental, 1986, S. 116–119; – Kaiser Franz II. verabschiedete sich in einem Zirkular vom 24. Januar 1806 von den Untertanen in den abgetretenen Gebieten.

[5] H. BERNER, Die Aufhebung des reichsritterschaftlichen Kantons Hegau-Bodensee, in Festschrift für Theodor Mayer, aus Verfassung und Landesgeschichte, Konstanz 1955, Bd. II, S. 214.

[6] ERWIN HÖLZLE, Der deutsche Südwesten am Ende des Alten Reiches, Stuttgart 1938, S. 101–108.

[7] Baden-Württemberg, Staat, Wirtschaft, Kultur, hg. von THEODOR PFIZER, Stuttgart 1963: FRITZ ERNST, Geschichtliche Grundlagen, S. 28.

[8] Nach J. STEHLE, Bruderhof, S. 284–287.

[9] BERNER, Aufhebung, S. 214.

[10] K. VON RAUMER, a.a.O., S. 283, kennzeichnet Friedrichs Selbstherrschaft als »eine etwas trübe Mischung vom kleinstaatlichen deutschen Despotismus und Reminiszenzen östlicher Autokratie, die Friedrich als Schwager Pauls I. und Gouverneur von Finnland im Rußland der Zarin Katharinas gelernt hatte, und den starken Einwirkungen des neuen plebiszitär-militärischen Cäsarismus, der ebenfalls auf großstaatlicher Basis vom Frankreich Napoleons aus seinen Siegeszug durch Europa angetreten hatte«. Ähnlich auch F. SCHNABEL, a.a.O., S. 148. – Selbst PAUL SAUER kann nicht umhin, in seiner einfühlsamen Biographie Friedrich unbarmherzige Härte beim Aufbau des absolutistischen Regi-

ments, widerspruchslose Unterordnung, nicht das geringste Mitspracherecht in politischen Angelegenheiten, Polizeistaat modernen Zuschnitts (allerdings mit Garantierung eines bis dahin unbekannten Maßes an Sicherheit) zu attestieren: Der schwäbische Zar. Friedrich – Württembergs erster König, Stuttgart 1984, S. 365 f.

[11] K. VON RAUMER, a.a.O., S. 287.
[12] EAS F I 6/14 = 568.
[13] EAS F I 6/16 = 570; V V 1/10 b = 1051, 29. April 1807.
[14] STEHLE, Bruderhof, S. 288, 291 f.
[15] 15 Eimer altwürttembergischen Maßes waren als »Hausbrauch« steuerfrei; die Herrschaft Singen hatte einen Weinvorrat von 141 Eimer 7 Imi = 47 fl. 51 xr Steuerbetreffnis.
[16] EAS S III 7/3 = 230; SAUER, a.a.O., S. 293–295.
[17] EAS S II 1/3 = 889; SAUER, a.a.O., S. 349.
[18] K. VON RAUMER, a.a.O., S. 283; SAUER, a.a.O., S. 260–264, 289. – Siehe den Beitrag Marschrouten, Vorspanndienste, Einquartierungen und Rekruten-Aushebungen, in diesem Bd. S. 334. – Außerdem zogen 1805/06 5000 bis 10 000 Mann Württemberger, Franzosen, Tausende von österreichischen Gefangenen durch Singen und mußten verpflegt werden, pro Mann und Tag gegen 24 xr; EAS M I/9 = 381.
[19] Ausführliche Darstellung bei BERNER, Die Grafen Enzenberg, in diesem Bd. S. 386 ff.; KARL BITTEL, Sernatinger Chronik, o. J. S. 96–111; vgl. Biographie Franz II. von Enzenberg, in diesem Bd. S. 386; ferner SAUER, a.a.O., S. 277–281. – Ebenfalls gegen die württ. Konskription richtete sich ein Bauernaufstand mit dem Schwerpunkt um Mergentheim, wobei man dort hoffte, der württ. König habe wegen des Aufstandes am Bodensee keine Truppen zur Verfügung. MATHIAS GINDELE, Der Aufstand der Bauern des Oberamts Tauber im Jahre 1809, in ZWLG 46 (1987), S. 163–251.
[20] STEHLE, Bruderhof, S. 287 f.
[21] STEHLE, a.a.O., S. 292. – E. HÖLZLE, Der deutsche Südwesten, S. 104–108. KILIAN WEBER, Baden und die Landgrafschaft Nellenburg, in Bodensee-Chronik 17–22, September bis November 1930.
[22] K. VON RAUMER, S. 275. – Das Haus Baden war durch seine Heiraten mit vielen regierenden Häusern verbunden. Die mit dem früh verstorbenen Erbprinzen Karl-Ludwig (1755–1801) verheiratete Amalie Friederike von Hessen-Darmstadt galt als die Schwiegermutter Europas. Eine ihrer Töchter war als Elisabeth Alexiewna die spätere Zarin von Rußland, verheiratet mit Zar Alexander I.; beim Wiener Kongreß 1815 wirkte sich gerade diese Verbindung für den Erhalt des Landes vorteilhaft aus.
[23] FRANZ GÖTZ, Amtsbezirke und Kreise im badischen Bodenseegebiet, Hegau-Bibl. Bd. XVII, 1971, S. 10–20.
[24] STEHLE, Bruderhof, S. 302.
[25] HEINRICH RAAB, Verzeichnis der beim GLA Karlsruhe verwahrten Aufzeichnungen über die Kriegsteilnehmer 1812/13 für den heutigen Landkreis Konstanz, masch.schrftl. 1974; von Singen sind aufgeführt Hironimus Denzel, Voltigeur-Kompanie Leichtes Inf. Regt., die Soldaten Michel Ehinger, 3. Füs. Komp. Leichtes Inf. Regt., Martin Pfoser, 3. Füs. Komp. 3. Linien-Inf. Regt.; der Grenadier Andreas Weber bei der 2. Grend. Komp. des dritten Linien-Inf. Regt.; Vize-Corporal Konrad Weber, 8. Füs. Komp. 3. Linien-Inf. Regt.; Soldat Raimund Weber in der ersten Eskadron des Husaren-Regt. von Geusau und der Karabinier Mathäus Reize vom Remishof bei der Karabinier-Komp. des Leichten Inf. Batl.; in Beuren an der Aach sind zwei, Friedingen vier, Hausen an der Aach, Überlingen am Ried und Schlatt unter Krähen je einer, von Bohlingen sechs Kriegsteilnehmer genannt. Der bei W. SCHREIBER, Zwischen Schwaben und Schweiz, S. 28, erwähnte Philipp Allweyler = Kosaken-Philipp fehlt in dieser Aufstellung.
[26] EAS M I/6 = 147; M I/9 = 148; WECKERLE, Kriegs- und Einquartierungslasten der Gemeinde Steißlingen in den Jahren 1792–1815, in Zs. Der Hohentwiel, 7. Jhrg., Nr. 33/34 vom 19./26.8.1927; 507 Offiziere, 75 626 Mann, 23 000 Pferde.
[27] EAS M III/16 = 334; M I/10 = 181; M III/17 = 1047.
[28] EAS S II 14/7 = 123. Auseinandersetzungen entstanden auch zwischen den Gemeinden und den Grundherren, da letztere sich dagegen wehrten, mit ihrem gesamten Vermögen zu den Umlagen herangezogen zu werden: nur der reine Ertrag steuert! EAS F I 8/4 = 644. GLA 313/2045.
[29] Bemerkenswert, daß in Gailingen 39 und in Randegg 11 Juden aufgeboten waren, die eine eigene Abteilung bildeten; die christliche Mannschaft bestand aus 62 und 32 Mann.
[30] EAS M III 15 = 895.
[31] Die Offiziers-Uniformen kosteten 24 fl. 35 xr, die Kosten wurden mehrheitlich selbst übernommen; die Korporalsmonturen beliefen sich auf 11 fl. 21 xr, die der Gemeinen auf 9 fl. 59 xr.
[32] EAS M III 18 = 894. – Die Uniformen der ehemaligen Bürgerwehr lagerten noch in den 80er Jahren des 19. Jh.s auf dem Dachboden des alten Rathauses und verschwanden dann spurlos. HANS MAIER, Die Singener Fasnet und die Poppelezunft, in Fasnet im Hegau, hg. von HERBERT BERNER, Singen 1959, S. 109.
[33] EAS OI 1/17 = 291, 1844 VI 6. – Nach der Gemeinderechnung 1847 kaufte die Gemeinde Singen zum Fronleichnamsfest bei Jakob Bachmann in Diessenhofen 8 Pfund Muskettenpulver und 3 Pfund Kanonenpulver; demnach dürfte die Bürgerwehr noch funktioniert haben.

Ende und Ablösung des feudalen Zeitalters

von Herbert Berner

Die in vielen Jahrhunderten gewachsene Grundherrschaft erfuhr ihre letzte Ausprägung und Vollendung im endenden 18. Jh. Besondere Anstrengungen machte hierbei Graf Franz Joseph I. von Enzenberg, der gewissermaßen mit einem Kraftakt versuchte, Versäumnisse und – aus seiner Sicht – Irrwege der Entwicklung der Singener Grundherrschaft mit ihren mannigfaltigen Besonderheiten zu korrigieren und zu verbessern. Aber die feudale Zeit neigte sich bereits um 1780 sichtbar und unwiderruflich ihrem Ende zu, und wir können in Singen beobachten, wie kurz vor dem Erlöschen sich noch einmal die ganze verworrene und kaum durchschaubare Vielfalt all dieser Kompetenzen, Abgaben und Pflichten (alte Dienste) entfaltete. Es sind nicht nur die Rechte des Grund-, Leib- und Gerichtsherrn mit dem Zehntwesen, sondern in zunehmendem Maße auch die Anforderungen des Landesherrn (Steuern), in unserem Falle vertreten durch die schwäbisch-österreichischen Landstände in Ehingen, und die in Zusammenhang mit dem Kriegswesen stehenden Plagen. Naturkatastrophen, Hungersnöte und Seuchen fügten für Mensch und Vieh ein übriges an Leid und Not hinzu.

All das zusammengenommen belastete die Menschen jener Zeit, die Untertanen, in einem kaum vorstellbaren Ausmaß, so daß ihnen im allgemeinen wenig mehr als das Existenzminimum blieb. Freilich waren einige dieser Abgaben nur einmal (z. B. Bürgerrechtsgelder, Manumissionen) oder, wenn der Bezugsfall nicht eintrat, gar nicht zu entrichten (Ein- und Abzugsgelder). Andere wiederum betrafen nur bestimmte Berufe: Rekognitionen, Ohmgeld, Rinderzungenabgabe. Schirmgelder, Tauen- und Pfluggelder, Fronden und Zehnten hingegen fielen ebenso wie die Grundzinsen für bestimmte Güterbesitzer regelmäßig (alljährlich) an. Gleichwohl überrascht und erstaunt es, wie geduldig, fast klaglos unsere Vorfahren diese Verhältnisse gemeistert und ertragen haben, die überall auf dem Lande seit unvordenklichen Zeiten so bestanden und deren Berechtigung von den Betroffenen im Grunde nicht angezweifelt wurde. Man wußte und kannte nichts anderes und gab sich damit zufrieden. Erst die revolutionären Ideen aus Frankreich am Ende des 18. Jh.s brachten Bewegung, Anstöße, Änderungen, Wandel. Um dies deutlich zu machen, haben wir versucht, ein Bild der Grundherrschaft des 18./19. Jh.s und ihrer Auflösung zu zeichnen, einer auslaufenden Ära, die trotz aller Morbidität und Überlebtheit Jahrzehnte benötigte bis zu ihrer endgültigen Beseitigung[1].

Singen unter enzenbergischer Herrschaft

Nach dem Tod des Grafen Franz Karl III. von Rost, der seine Nichten Theresia und Waldburga als Erben eingesetzt hatte, wurden die Herrschaften Singen-Megdberg samt Arlen am 15. Juni 1767 erst einmal eingezogen und der Aufsicht der Landgrafschaft Nellenburg unterstellt. Vormund der beiden Schwestern war Johann Nepomuk Graf von Spaur, Erbschenk der gefürsteten Grafschaft Tirol, k. k. Wirklicher Geheimer Kämmerer und vorderösterreichischer Regimentsrat.

Am 12. Januar 1774 verlieh Maria Theresia dem Grafen Franz I. Joseph von Enzenberg die beiden incamerierten Herrschaften als ein Pfand- und Afterlehen so, wie es die Grafen von Rost vormals innegehabt, gegen einen neu festgesetzten und erhöhten Pfandschilling von 59 000 fl. Wiener Valuta[2].

Gemäß einer bereits im Dezember 1772 erlassenen Resolution, die sich auf die im November erfolgte Rücklösung der Herrschaften bezog, sollte der Graf mit seiner Ehekonsortin Waldburga von Rost und ihren weiblichen und männlichen Nachfolgern in allen Fällen »mit gänzlicher Exemtion von dem Nellenburgisch. foro und der mit verliehenen Criminal-Jurisdiction oder Malefizischen Obrigkeit« (begrenzt auf Diebstahl und Mord) ihre Herrschaft besitzen[3]. Graf Enzenberg argumentierte gegen die nellenburgischen Ansprüche auf Gerichtsbarkeit, daß die Lehen Singen und Megdberg stets zu Innsbruck und nach Absonderung der Vorlande in Freiburg angewiesen worden seien, folglich seien die Lehen von der Gerichtsbarkeit des Oberamtes wie alle anderen in Tirol und in den Vorlanden liegenden Lehen jederzeit befreit gewesen[4].

Die vorderösterreichische Regierung in Freiburg be-

Herrschaft Singen/Mägdeberg Ende des 18. Jh.s

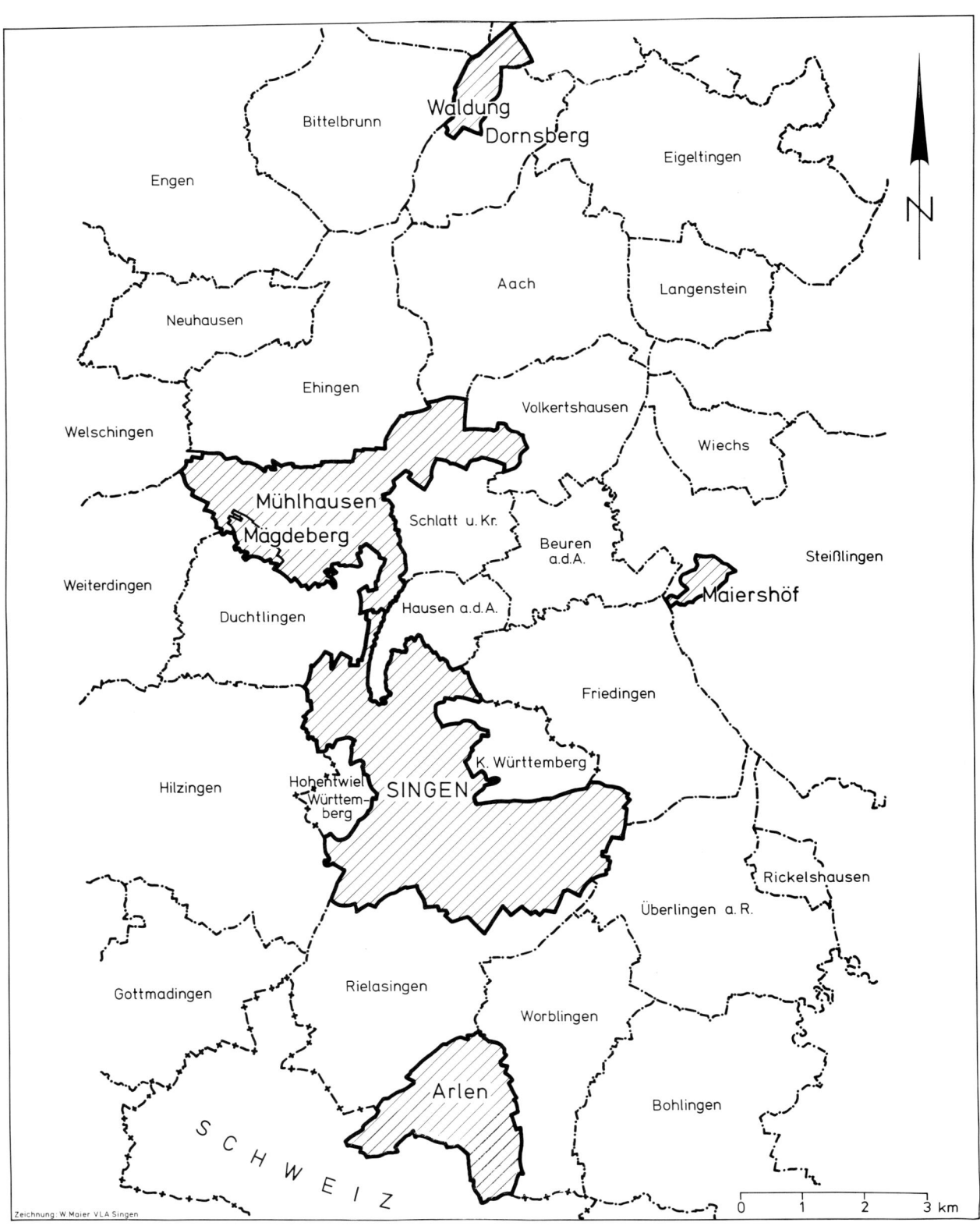

auftragte den Regiments- und Oberamtsrat, auch Landrichter im Hegau und Madach, Johann Baptist Jost von St. Jörgen, den Grafen Enzenberg in seine Herrschaften zu immittieren. So fand die Huldigung der 129 Singener Untertanen und 28 Witfrauen am 24. Mai 1774 im Schloßhof statt. Ferner fanden sich dazu 91 Mühlhauser Untertanen und 6 Witfrauen sowie 32 Untertanen von Arlen mit 4 Witfrauen ein. Nachdem der Lehenbrief vom nellenburgischen Kanzlisten öffentlich verlesen und dessen Inhalt erläutert worden war, legten die Gemeindeleute und Untertanen der »nunmero besizenden Herrschaft ganz willentlich« den Eid der Treue ab mit aufgehobenen Schwurfingern; den Eid sprach der ihnen zugleich vorgestellte Obervogt Raymund Alexi Ranz vor. Sämtliche Bürger und Untertanen erstatteten danach ihrer »Regierenden Hochen Herrschaft das Handgelübd«. Unter geziemenden Glückwünschen endete die Zeremonie[5].

Nach einer Beschreibung vom 30. Juli 1774, an deren Erstellung der Regimentsrat Johann Baptist von Jost zu St. Jörgen und der Oberamtsrat und Rentmeister Franz Jakob Riedtmiller vom nellenburgischen Oberamt in Stockach mitwirkten[6], bestand die Herrschaft Singen unter Ausschaltung des allodialen Besitzes aus folgenden Lehen und Gerechtigkeiten:

1. Flecken Singen mit Remishofen, »somit Si eine gemeind ausmacht«, samt hoher Malefiz-Obrigkeit in den zwei Fällen des Totschlags und Diebstahls, Niedergericht und niederer Jagd nach Maßgabe des hegauischen Vertrags. Die herrschaftlichen Lehen umfaßten die Ortsherrschaft mit Niederhof und

Embserhof	218 Jcht.	3 Vlg.
große Tragerei	72 Jcht.	1 Vgl.
Vogtsgütle	59 Jcht.	–
sonstige Güter	437 1/2 Jcht.	1 Vgl.[7]

2. Lehenbare Gebäude

Zwangsmühle
für Singen und Arlen an der Aach mit 4 Mahlgängen, Säge und Reibe nebst Scheuer und Stallung, die nach dem Tod des Lehenmüllers an die Herrschaft heimgefallen war[8].

Trotte
mitten im Flecken mit 2 Pressen, darauf eine Schütte; neben diesem Torkel ließ Johann Gaudenz von Rost 1670 einen zweiten Torkel erbauen (siehe allodiale Güter Nr. 3). Es gab somit einen unteren und oberen Torkel, in dem die Dorfbewohner ihren Wein von den Torkelmännern auspressen lassen konnten[9].

3. Lehenbare Grundstücke

Vogtsgütle
Laut Urbar von 1555[10] und dem Anschlag von 1674 hatte es eine Größe von 43 Jcht. 2 Vlg. Äcker, 9 Mmd. Wiesen und 7 Jcht. 3 Vlg. Reben. Das Vogtsgütle war bezugsberechtigt für Groß- und Kleinzehnt, besetzte Pfennigzinsen und Pfeffergelder mit jährlich 34 fl. 46 xr. 1 hr., 29 Zinshühnern, 625 Zinseier sowie unbesetzte Gülten, je nach Zahl der Bürger und Witfrauen Leib- und Fasnachtshennen (pro Stück 12 xr. angeschlagen) und Pfeffergelder von den Becken, Metzgern, Krämern und Weinschenken, von jedem jährlich 1 Pfund Pfennig.

1767 hatte das nellenburgische Oberamt in der Zeit des »Interims« dem Peter Mayer das Vogtsgütle gegen 50 fl. Ehrschatz, 20 fl. Geld und 16 Malt. Früchte schupflehenweise überlassen. Nach dessen Tod wurde das Vogtsgütle dem mit der Witwe des Peter Mayer verheirateten nellenburgischen Afterzoller Joseph Gut übertragen. Der neue Grundherr indessen erkannte die Belehnung nicht an und entzog dem Joseph Gut das Vogtsgut. In der Tat war die Belehnung »incompetent« erfolgt. Wie der Fall ausging bzw. wie Gut entschädigt wurde, ist ungewiß. Der 1776 zum nellenburgischen Amtsvogt bestellte Joseph Gut rächte sich wohl durch Aufwiegelung der Untertanen[11].

Obereigentum an 14 Höfen
In Singen im Singener Bann, als Erblehen an die Bauern gegen Entrichtung eines Grundzinses ausgetan (S. Nr. 4 o Grundzinsen oder besetzte Fruchtgefälle).

4. Grund- und leibherrliche Abgaben und Dienste

Diese gliedern sich in Bürgereinkaufsgelder (Bürgerrechtsgeld), Hintersaßgelder, Manumissionen, Rinderzungenabgabe, Leibeigenschaftsgefälle, Einzug und Abzug, Tauen- und Pfluggelder, Rekognitionen, Umgeld (Ohmgeld), Marktstandgeld, Häuser-Rekognition, Fronden und Grundzinsen.

4.a Bürgereinkaufsgelder (Bürgerrechtsgelder)

Im Jahre 1764 wurde in der Landgrafschaft Nellenburg das Bürgereinkaufsgeld neu reguliert, da zu große Ungleichheiten und Mißbräuche eingerissen waren. Man teilte deshalb die Kameralorte unter Einbeziehung der Herrschaft Singen-Megdberg nach den vorhandenen Allmenden bzw. dem Bürgernutzen in 3 Klassen ein:

I. Klasse
Hierbei u.a. Arlen, Nenzingen, Sipplingen:

	Bürgerrechtsgeld der Grundherren	Bürgeraufnahmegeld der Gemeinden
fremder Mann	70 fl.	60 fl.
fremdes Weib	50 fl.	40 fl.
einheimischer Mann	50 fl.	30 fl.
einheimisches Weib	15 fl.	10 fl.

II. Klasse
Hierbei u.a. Singen und Mühlhausen:

	Bürgerrechtsgeld der Grundherren	Bürgeraufnahmegeld der Gemeinden
fremder Mann	50 fl.	40 fl.
fremdes Weib	40 fl.	30 fl.
einheimischer Mann	25 fl.	20 fl.
einheimisches Weib	10 fl.	7 fl.

III. Klasse (u.a. Zizenhausen)
Bei Bauern sollte das Bürgerannahmegeld nach der I. Klasse, bei Taglöhnern jedoch nach folgendem Satz erhoben werden:

fremder Mann	15 fl.	10 fl.
fremdes Weib	10 fl.	5 fl.
einheimischer Mann	7 fl. 30 xr.	5 fl.
einheimisches Weib	5 fl.	2 fl.

Der einziehende Mann/Hochzeiter mußte überdies 6 zahme, d.h. veredelte Obstbäume auf der Allmende oder, falls nicht vorhanden, 12 Eichen im Wald pflanzen; von der Frau/Hochzeiterin erwartete man einen Feuerkübel. Die Bürgerrechts- und Aufnahmegelder wurden im Laufe der Jahre erhöht. Nach der Gemeinderechnung 1780 entrichtete der Schulhalter Karl Helff für das ihm erteilte Bürgerrecht 75 fl., Johann Nepomuk Sandhas bezahlte für sein Eheweib 30 fl.; 1830 erhob die Gemeinde von Männern 100 fl., von Weibern 50 fl.; einen Antrag auf Erhöhung der Bürgereinkaufsgelder (120 bzw. 60 fl.) genehmigte die Seekreisregierung wegen zu geringen bürgerlichen Nutzungen nicht[12]. Die Grundherrschaft erhob eine um 5 bis 10 fl. höhere Taxe als die Gemeinde, die willkürlich (arbitrarisch) herauf- oder herabgesetzt werden konnte[13].

Im Jahre 1813 erkannte die Seekreisregierung das den Grundherren zustehende Recht zum Bezug des Bürgerrechtsgeldes an; 1823 wurden diese Taxen als gutsherrliche Gefälle aus einem privatrechtlichen Titel deklariert. Eine 1826 angestellte Berechnung der Bürgerannahmegebühren (Bürgerrechtsgelder) in der Herrschaft Singen ergab folgende Durchschnittswerte:

		Durchschnitt
1785–1795	905 fl.	90 fl. 30 xr.
1795–1805	1381 fl.	138 fl. 6 xr.
1805–1815	150 fl.	15 fl. –
1815–1825	1750 fl. 30 xr.	175 fl. –

Die Übersicht läßt erkennen, daß die Zuzüge – im Gegensatz zu den Abzügen – gering waren; weder die Gemeinde noch die Herrschaft hatte daran ein sonderliches Interesse. Im Gegenteil: Die Bürgerrechtsgelder wurden hoch angesetzt, damit mittellose Fremde, die den Eingeborenen die Nahrung und den Platz versperrten, hintangehalten werden konnten.

Im Jahre 1821 weigerten sich die Singener Bürger, weiterhin Weiberbürgereinkaufsgelder zu entrichten, und strengten beim Großherzoglichen Hofgericht in Meersburg einen – wie sich zeigen sollte – erfolglosen Prozeß gegen die Grundherrschaft an. So kam es schließlich 1826 zu einem Vergleich zwischen Grundherrschaft und Gemeinde Singen. Erstere verzichtete auf die Ausstände ab 1821 und gestattete den Bürgern, ihren Frauen, Söhnen und Töchtern künftig den unentgeltlichen Weg- und Einzug innerhalb der Grundherrschaft (also etwa von Arlen nach Singen). Hingegen bezahlten die Bürger künftig für eine neu einziehende Frau aus einem nicht grundherrlichen Ort die feste und unabänderliche Taxe von 9 fl. Weiberbürgergeld ab 1826; die Taxe mußte jeweils vor der Kopulation bezahlt werden[14].

Das Bürgerrechtsgesetz von 1831 beseitigte die jahrhundertealten Klassen der Orts- und Schutzbürger (Hintersassen); alle übten nun das aktive und passive Gemeinde- und Landtagswahlrecht aus (vgl. 4.b Hintersassen). Als Beispiel für die Gebühren der Gemeinde Singen möge die Bürgerannahme des Posthalters Sandhas 1837 dienen:

Er mußte bezahlen für seine Person	40 fl.
für seine Frau	20 fl.
Bürgerantrittsgeld	3 fl.
bei Antritt des Bürgernutzen	13 fl. 42 xr.
Lokalfonds dahier	50 fl.
	126 fl. 42 xr.[15].

Bei der Bürgerannahme des aus Maglan in Savoyen stammenden Joseph Perollaz im gleichen Jahre bezog die Herrschaft 110 fl. »Bürgergeld«; Perollaz hatte am 6. Juli 1837 Anna Maria Sandhas, Tochter des Posthalters Johann Nepomuk Sandhas in Randegg und der Monika Bach geheiratet und ließ sich aus diesem Grund in Singen bürgerlich nieder[16].

Das Recht des Bezugs von Bürgereinkaufsgeldern blieb der Grundherrschaft unangefochten. Eine Klage von Joseph Mattes 1839 beim Hofgericht in Meersburg gegen die Grundherrschaft auf Rückerstattung ungebührlich bezogener Bürgereinkaufsgelder wurde am 16. Januar 1840 kostenpflichtig abgewiesen; Mattes, 1836 von Aach zugezogen und verheiratet mit der Bürgerstochter Anna Maria Ehinger, hatte im Februar 1836 der Grundherrschaft 110 fl. Bürgereinkaufsgebühr bezahlen müssen. – 1850 forderte Rentmeister Stebinger von den Pfarrämtern Arlen und Singen eine Aufstellung über die seit 1. Januar 1844 bis 10. April 1848 verheirateten fremden Manns- und Weibspersonen; in Singen waren das 24 Personen[17]. – 1856 löste das Gr. Staatsministerium das Bürgereinkaufsgeld der Grundherrschaft ab mit 815 fl. 24 xr.[18].

4.b Hintersaßgelder (Schirmgelder)

Im Gegensatz zu den Ortsbürgern hatten die sogenannten Hintersassen oder Schutzbürger keinen Anspruch auf das Gemeindevermögen und den Bürgernutzen. Die Grundherrschaft bezog von ihnen 1781 bis 1791 im Durchschnitt in Singen 5 fl., in Mühlhausen 1 fl. 30 xr.; die Gemeinde erhob ein Besitz- oder Hintersassengeld von 2 fl. 24 xr. für Männer und 1 fl. 12 xr. für Frauen. Bis 1823 mußten Hintersassengelder entrichtet werden; damals wurden sie entschädigungslos aufgehoben (Erlaß des Ministeriums des Innern vom 4. April 1823). –

Nach Inkrafttreten des Bürgerrechtsgesetzes (31. Dezember 1831) waren nun auch der ehemalige Schutzbürger Georg Städele und sein Weib aktive Bürger in Singen geworden. Dies nahm Rentamtsverwalter J. G. Rösler zum Anlaß, von den beiden das Bürgereinkaufsgeld mit 110 fl. und 9 fl. anzufordern; Städele weigerte sich, da er das Bürgerrecht kraft Gesetzes erlangt hatte. Das Seekreisdirektorium entschied am 25. Oktober 1833, daß die Standes- und Grundherren als bisherige Bezugsbesitzer des Bürgereinkaufsgeldes zwar bei diesem Besitz verbleiben sollen, da ihnen noch kein Gesetz diese Gefälle entziehe, im Fall Städele aber könne das Bürgereinkaufsgeld nicht erhoben werden, da alteingesessene Hintersassen schon Angehörige der Grundherrschaft waren, bevor sie kraft Gesetzes in die Klasse der Ortsbürger versetzt wurden, folglich keine Veränderung des früheren Verhältnisses derselben gegen die Grundherrschaft stattfand[19].

4.c Manumissionen

Nach dem Hegauer Vertrag wurde innerhalb der Landgrafschaft Nellenburg bei Entlassung aus der Leibeigenschaft gefordert

vom ledigen Mann	1 fl.,
vom ledigen Weib	2 fl.,
vom verheirateten Mann	3 fl.,
von der verheirateten Frau	4 fl.

Zog der Leibeigene in einen Ort außerhalb der Landgrafschaft, wurde die Manumissionsgebühr arbitrarisch (willkürlich) festgesetzt. – 1782 war die Leibeigenschaft in den österreichischen Vorlanden aufgehoben worden, deshalb entfiel ab 1785 für alle Untertanen in den österreichischen Erbländern die Manumissionsgebühr, es sei denn, sie zogen ins »Ausland«[20]. – Unberührt davon blieb die Abgabe der Leib- oder Todesfälle.

4.d Rinderzungenabgabe

Wurde seit unvordenklichen Zeiten als ein Kuchel- oder Leibeigenschaftsgefälle erhoben. Nach Auffassung der Gr. Bad. Seekreisdirektion (Verordnung vom 21. Oktober 1820) sollten diese Kuchel- oder Fleischgelder ein »Überbleibsel des Herumwandelns älterer Fürsten und Bischöfe von einem der Hauptorte zum andern [sein], wo sie sich und ihr Gefolge verpflegen ließen«[21].

Der Ursprung dieser seltsamen Abgabe war damals nicht mehr bekannt; sie wurde zumindest in der weiteren Umgebung von Singen nirgendwo erhoben mit Ausnahme von Orten mit jüdischer Bevölkerung, bisher nachgewiesen für Gailingen[22]. In Singen gab es im ausgehenden Mittelalter keine jüdische Siedlung; lediglich in den Jahren 1670 bis 1694 lebten hier vorübergehend zwei jüdische Familien[23].

Jedenfalls mußten die Singener Rindermetzger von jedem geschlachteten Ochsen eine Rinderzunge an die Herrschaft abliefern; nach 1821 war dies in dem »stark bevölkerten Ort« wöchentlich ein Ochse. In den Jahren 1780 bis 1790 fielen durchschnittlich pro Jahr ca. 40 Zungen mit mehr als 2 Pfund von gemästeten Ochsen an. Nun weigerten sich die Metzger 1821, die Rinderzunge abzugeben, wurden jedoch 1825 von der Seekreisregierung dazu angehalten. Nach einigem Hin und Her kam es danach zur Ablösung: Unter Zugrundelegung von vierzig 2 1/2pfündigen Rinderzungen pro Jahr (das Pfund à 14 xr.) erhielt die Grundherrschaft eine Entschädigung von 30 fl.[24].

4.e Einzugsgelder

Laut hegauischem Vertrag von jedem Mann oder Weib »nit mehr denn 1 Pfd. Pfg.« an die Hochobrigkeit, das heißt die Landgrafschaft Nellenburg; dies hatte nichts zu tun mit den der Grundherrschaft und der Gemeinde zustehenden Bürgerrechtsgeldern (4.a). 1780 betrug das Einzugsgeld 1 fl. 8 xr. 4 hr.; es erscheint nach 1800 nicht mehr in den Rechnungen.

4.f Abzugsgelder

Nach dem hegauischen Vertrag mußte jeder, der aus der Landgrafschaft Nellenburg wegzog, an seine Grundherrschaft 10% seines Vermögens abtreten. Es handelte sich also um eine Steuer auf wegziehendes Vermögen. Wer indessen innerhalb der Landgrafschaft von einer Gerichtsherrschaft zur anderen zog, steuerte an die Landgrafschaft (Oberamt Stockach) 3% Abfahrtgeld. Von 1797 bis 1806 fielen in der Herrschaft Singen-Mägdeberg jährlich im Durchschnitt 160 fl. 48 xr. an; in Singen belief sich der Gesamtbetrag in diesen 10 Jahren auf 649 fl. 43 xr. Bis zur Revolution von 1848/49 trieb die Grundherrschaft Singen unnachsichtig die Abzugsgelder ein, die schließlich mit dem 12fachen Wert 1852 abgelöst wurden[25].

4.g Tauen- und Pfluggeld (Herrenfronden)

Jeder Bürger bzw. jede Herdstatt (auch Taglöhner und Witwen) gaben 1 fl. Tauengeld und von jedem brauchbaren Zugstück 15 xr. Pfluggeld. Dieses persönliche, durch das Ortsbürgerrecht bestimmte Surrogat für Herrenfronden erbrachte in den Jahren 1780 bis 1790 im Durchschnitt 165 fl.; wer nicht selbst baute oder keine Güter besaß, zahlte 15 xr. Frondklaftergeld, im Schnitt der Jahre 1780 bis 1790 29 fl.[26], oder er machte jährlich 1 Klft. Holz (Geldersatz = 15 xr.). 1812 erbrachte das Tauengeld 198 fl., das Pfluggeld 53 fl. Die Ablösungssumme wurde 1825 wie folgt errechnet:

Tauengelder	(1780–1790 = 165 fl., 15fach)	2.475 fl.
Pfluggelder	(1800–1820 = 53 fl. 39 xr., 15fach)	804 fl. 45 xr.
Frondklaftergelder	(1780–1790 = 9 fl. 1/5 xr., 15fach)	141 fl. 18 xr.
mittlere Summe	228 fl. 4 1/5 xr.	3.421 fl. 3 xr.

Die Ablösungssumme mußte von der Gemeinde Singen ab Martini 1824 in 10 Terminen bezahlt werden.

4.h Rekognitionen (auch Pfeffergeld genannt)

Rekognitionen waren Entschädigungen oder Bezüge von nutzbringenden hochobrigkeitlichen Rechten, die dem Inhaber durch Verleihung der Ehehaftinen (hochobrigkeitliche Rechte, Landeshoheit) zustanden. Es handelte sich dabei um Rechte aus Forstbann und Blutbann, etwa das Recht des Eichenschälens, des Sammelns von Eicheln und Bucheggern, Vogeljagd, Forst- und Augstgarben (von ausgestockten Waldungen), Pfeffergeld von allen Krämern, Händlern, Standgeld der Krämer, Salz- und Eisenhandel, Badstuben, Verleihung der Mühlen- und Tafernrechte, Schmieden, Bleichen usw., Nonnen- und Wallachenmacher (d.h. Viehverschneider, heute wohl ein Tierarzt), Rauchfangkehrer u.a.[27].

Im Falle Singen-Megdberg erhielt von den Rekognitionen, auch Souveränitätsgefälle genannt, der Souverän (= Landesherr) etwa 2/3 der Gefälle; die restituierende Summe von 1806 bis 1810 betrug durchschnittlich 1065 fl. 25 xr., wobei dazu auch die Einnahmen aus Frevel und Strafen, Krämerstandgeld, Taxen und Ohmgeld zählten. Unter Taxen sind Stempel- und Schreibgebühren zu verstehen[28].

Die Rekognitionen in Singen betrugen je Gewerbe 1 fl. 8 xr. 4 hr. Nach einer Aufstellung von 1816 waren es:

Backgerechtigkeit und Wirte: Thomas Waibel, Michael Waibel, Joseph Graf Wittib und Josef Bach	4 fl. 34 xr.
Bierschank: Posthalter Sandhas	1 fl. 8 xr. 4 hr.
Mezig: Peter Sandhas, Peter Sandhas Wittib, Joh. Ehinger	3 fl. 33 xr. 4 hr.
Handel: Baptist Thoma, Baptist Buchegger	2 fl. 17 xr. –
Feuerwerke (Schmiede aller Art, Schlosser, Hafner usw.): Fidel Waibel, Konrad Waibel, Conrad Allweiler, Andreas Allweiler, Ignaz Weber, Martin Mayer, Anton Reuze	7 fl. 59 xr. 4 hr.
Gerberei: Anton Schrott	1 fl. 8 xr. 4 hr.
Walke: Michael Waibel	
Bleiche: Michael Waibel	3 fl. 25 xr. 4 hr.
Aschensammeln: Michael Waibel	
Wasen: Michael Ritter, Freimann zu Radolfzell	2 fl. 17 xr.
Summe:	26 fl. 23 xr. 4 hr.

Die Aufhebung der Gewerberekognitionen erfolgte am 1. Mai 1815. Allerdings zogen sich die Verhandlungen über die Entschädigung bis 1827 hin: 20fach kapitalisiert erhielt die Grundherrschaft Singen einschließlich der Entschädigung für die Wirtschaftsgerechtigkeit, Hausierer-Concession, Salzausmessen, Nonnenmacherei (Beschneiden der Tiere) und Weinpressen 9834 fl. 40 xr.[28a].

4.i Umgeld (Ohmgeld)

Umgeld, Maßpfennig oder Bierheller war ursprünglich eine landesherrliche Abgabe, bewilligt vom schwäbisch-österreichischen Landtag 1563 zu Konstanz[29]. Um 1600 wurde von der Maß Bier 1 hr., von der Maß Wein 1 Pfennig erhoben. Nach einer Verordnung von 1716 waren die Wirte gehalten, vom Schankwein und Bier die

10. Maß als herrschaftliches Umgeld abzuliefern; vom sogenannten nellenburgischen Eimer waren dies 3 Maß. Mit der Zeit floß das Umgeld ganz oder teilweise in die Kassen der Grundherrschaften oder Städte. 1772 erließ Maria Theresia eine erneuerte Maßpfennig- und Bierheller-Ordnung für Schwäbisch-Österreich, welche die Grundherrschaften an der Abgabe beteiligte. 1778/79 erbrachte der Maßpfennig von 4 Wirten zu Singen 93 fl. 46 xr. 1 hr. Wein zum Hausgebrauch – jährlich 15 bis 30 Eimer – fiel ebensowenig unter die Abgabepflicht wie der ausgeschenkte herrschaftliche Wein; 1803 gab es in Singen 5, in Mühlhausen 2 und in Arlen 1 Wirt, die zusammen 760 fl. 30 xr. Ohmgeld entrichteten.

Die 1812 erlassene Gr. Bad. Ohmgeld-Ordnung sah in ihrem Art. 13 eine Entschädigung der Grundherren vor, berechnet nach einem zehnjährigen Durchschnitt. Zwischen Staat und Grundherrschaft gab es Debatten, welches Dezennium zugrunde gelegt werden sollte angesichts der beträchtlichen Unterschiede. 1781 bis 1790 betrug der Durchschnitt in Singen z. B. 367 fl. 40 xr. 2 hr., 1797 bis 1806 ca. 775 fl. Im Jahre 1824 endlich war die Ohmgeldentschädigung in Höhe von 7068 fl., ratenweise bezahlt, von Baden abgeschlossen; die von Württemberg zu zahlende Entschädigung in Höhe von 1942 fl. 52 xr. für die Jahre 1806 bis 1810 wurde 1827 geleistet[30].

4.k Das Marktstandgeld

Es erbrachte 1781 bis 1791 durchschnittlich 18 fl. 12 xr. 6 hr. Seit alters her fanden in Singen drei Krämer- und Viehmärkte statt. 1810 versuchte die Gemeinde Singen vergebens, das Marktstandgeld für die Gemeindekasse zu beanspruchen, da bei der 1807 durchgeführten Separation (Abtrennung) der Regalien das Marktstandrecht (wofür die Herrschaft Steuern entrichtete) unberührt geblieben sei[31]. 1812 erbrachte das Standgeld 12 fl. – Im März 1834 trat die Grundherrschaft das Marktstandgeld an die Gemeinde Singen ab, die dafür auf das Weidgangsrecht in den herrschaftlichen Waldungen verzichtete. – Zwischen 1850 und 1854 nahm die Gemeinde jährlich zwischen 66 und 138 fl. Marktstandgeld ein[32].

4.l Die Häuser-Rekognition

Sie wurde 1821 mit 6 fl. 3 xr. beziffert. Nähere Angaben fehlen.

4.m Bündel der Leibeigenschaftsgefälle

Im Jahre 1820 wurden die Leibeigenschaftsgefälle zum letztenmal entrichtet. Leib- oder Todesfälle hatten 1819 eingebracht in

Singen	82 fl. 51 xr.
Mühlhausen	65 fl. 15 xr.
Arlen	17 fl. 48 xr.
	165 fl. 54 xr.[33]

Eine Aufstellung von 1825 zeigt diese Abgaben in Singen mit ihren durchschnittlichen Erträgen der letzten 10 Jahre und der 20fach angesetzten Ablösungssumme; der Durchschnittsertrag in der ganzen Herrschaft belief sich auf 1106 fl. 34 2/5 xr.

	Durchschnitt	Ablösung
Ohmgeld (für ganze Herrschaft)	441 fl. 45 xr.	8 835 fl.
Leibhennen (Singen)	44 fl. 28 4/5 xr.	
Mortuarien (Leib/Todfall)	132 fl. 51 xr.	3 486 fl. 40 xr.
Rekognitionen	46 fl. 44 xr.	934 fl. 40 xr.
Hintersassengeld	5 fl. 15 xr.	105 fl.
Schirmfrucht	36 fl. 6 3/8 xr.	642 fl. 7 1/2 xr.
Rinderzunge	30 fl. –	600 fl.
		14 603 fl. 27 1/2 xr.[34]

Die Entschädigung hierfür erfolgte aus der Staatskasse ab dem 24. Dezember 1824.

Zusammenfassung grund- und leibherrlicher Gefälle:
Auf Anforderung der württembergischen Behörden fertigte Obervogt Ummenhofer im Februar 1811 eine Aufstellung über die grundherrschaftlichen Gefälle zur Ermittlung eines durchschnittlichen Jahresertrags:

	1797–1806			Durchschnitt	1800–1809			Durchschnitt
	fl.	xr.	hr.	fl. xr.	fl.	xr.	hr.	fl. xr.
Abzugsgeld	1609	57	4	160 59	1033	28	–	103 20
Bürgerrecht/Beisassengeld	1531	20	–	153 8	848	42	–	84 52
Leib/Todfälle	1929	54	–	192 59	1459	24	–	145 56
Rekognitionen	738	1	4	73 48	686	59	–	68 41
Frevel/Strafen	96	–	2	9 36	97	56	2	9 47
Krämerstandgeld	209	4	4	20 54	228	13	4	22 49
Ohmgeld	9939	55	–	993 59	6916	38	–	691 33
Taxen	5284	17	4	528 25	5874	41	3	587 28

4.n Fronden

Die lästigen und nicht überschaubaren ungemessenen Frondienste beschwerten die Untertanen sehr. Deshalb strebten sie gemessene Fronden bzw. Geldsurrogate sowie günstigere Bedingungen an. So kam es schließlich am 8. Juli 1678 zu einem in Radolfzell abgeschlossenen »Receß« zwischen Herrschaft und Gemeinde Singen/Arlen über die Acker- und Handfronden. Danach sollte jeder Zug über den Winter 3 Jcht. Acker mit 3 Arden (Ard = Pflug) und über Sommer 1 Jcht. mit 1 Ard bauen und eggen; jeder Zug sollte 2 Wagen mit Garben Winter- und Sommerfrüchte, ferner 2 Wagen mit Heu und Öhmd auf Begehren fahren oder statt dessen anderes verrichten. Jeder Taglöhner mußte sich im Jahr 6 Tage für Mayen, Heuen, Embden ect. gebrauchen lassen.

Die Herrschaft gab nach verrichteter Ard ein Quart Wein und den vierten Teil eines Laibes Brot, auf jeden Wagen ein halbes Maß Wein und ein Stück Brot sowie den Tagelohn mit einer Maß Wein und 1/4 Teil eines Laibes Brot[35].

1780 erließ die Herrschaft der Gemeinde Singen das bisher bezogene Salzgeld mit 36 fl., wofür die Untertanen unentgeltlich Baufuhren und Fronden in den Reben und der Harsenwiese leisteten; die Fröner bekamen jedoch ein Quart Wein und 4 xr. dafür. Außerdem durften die Fronden nicht in einer für die Feldgeschäfte nachteiligen Zeit gefordert werden.

1809 unterschied man in der Herrschaft Singen 3 Arten von Fronden:
1. Gutsfronden = Leistungen zur Bewirtschaftung des herrschaftlichen Gutes,
2. Hausfronden = Leistungen für die Bedürfnisse des herrschaftlichen Haushaltes (z.B. Brennholzfuhren, Baufronden),
3. Jagdfronden.

Herrschaftliche Leistungen an die Singener Fröner:
Pro Fruchtfuhr nach Stein oder Radolfzell 15 xr.,
im Ort 8 xr.,
für zusätzliche Fuhren im Sommer 12 xr.,
im Singener Bann 2 xr.
(In Mühlhausen etwas anders.)

Wer kein eigenes Zugvieh hatte, machte jährlich in den herrschaftlichen Waldungen 1 Klft. Holz gegen 15 xr. Lohn. Die Fronden, in Singen seit 1820 alle bemessen und in der Regel mit Geld, Brot oder Wein vergütet, bestanden im einzelnen aus folgenden Leistungen:

Unentgeltliche Beifuhr von Brennholz für Herrschaft und Beamte, jährlich 60 bis 70 Klft. Vergütung ca. 13 fl.

Die herrschaftlichen Rebgüter (7 Jcht., 1 Vlg.), mit eigenen Leuten gebaut, mußte man unentgeltlich »wimben«. Pro Vlg. benötigte man 3 Wimmler, insgesamt also 87, von denen jeder 12 xr. erhielt.

Jeder Zug mußte in die herrschaftlichen Reben einen Karren voll »Thung« gratis liefern (= 15 4spännige Wagen jährlich).

Herrschaftliche Wiesen (insbesondere Harsenwiese mit ca. 6 Jcht.) unentgeltlich mähen, heuen, embden und das Heu und Öhmd in die herrschaftliche Scheuer einführen; dabei mußten auch die Arlener mithelfen. Dafür benötigte man jeweils 6 Mann, ein Drittel davon Arlener, die mit Wein und Brot entlohnt wurden.

Herrschaftliche Früchte auf die Märkte nach Stein oder Radolfzell mit dem Wagen führen (pro Wagen 8 xr.), jährlich 72 Fuhren (in Mühlhausen 71 Fuhren). Der Wagen lud entweder 7 Steiner Malter Kernen, Roggen, Gerste und Erbsen oder 6 Malter Veesen oder Haber.

Jagdfronen auf jeweiliges Erfordern: jährlich 3 Tage Treibjagen, 3 Abende Lerchenfangen (jede Familie stellte einen Mann).

Baufronen bei herrschaftlichen Bauten: Zugviehhalter unentgeltlich 3 Fuhren im Bannbereich; wer kein Vieh hatte, leistete 3 Tage unentgeltlich Handfron. Stand kein Hauptgebäude an, mußten die Singener ersatzweise eine Fuhre im Bann erbringen oder 30 xr. Frongeld bezahlen[36]. Der Wagen wurde mit einer Quart Wein und Brot im Wert von 2 xr. vergütet, auch der Taglöhner wurde entsprechend entlohnt.

1823 verweigerten die Singener die Zahlung des Tauen- und Pfluggeldes sowie die Leistung des Fron-Klafterholzes, und 1824 schickten sie zur Einheimsung des Harsenfutters meistenteils unkundige und schwache Kinder; außerdem erschienen statt der schuldigen 5 nur 3 Fuhrwerke. 1825 erfolgte die erste Fron-Ablösungsberechnung (in Singen 15fach kapitalisiert = 2219 fl. 45 xr., in Mühlhausen 3718 fl. 11 xr., in Arlen 1044 fl. 45 xr. = 6982 fl. 41 xr.). Nach dem Gesetz vom 28. Dezember 1831 mußten die Fronden jedoch 12fach abgelöst werden, so daß die Ablösungssumme 5586 fl. 9 xr. betrug[37].

4.o Grundzinsen oder besetzte Fruchtgefälle

Der Grundherr zu Singen war ferner nach den Lehensbeschrieben von 1674 und 1774 Obereigentümer von 14 Höfen im Singener Bann, die als Erblehen gegen Entrichtung eines Grundzinses an die Bauern ausgegeben waren[38]. Diese 14 Höfe hatten sich im Laufe der Zeit durch Erbteilungen oder Verkäufe verändert, so daß – nach zwei Aufstellungen von 1848 und 1858 – im ganzen 18 Höfe und 2 Grundstücke daraus geworden waren.

1. Große Tragerey – Joseph Graf Kreuz-Wirtswitwe und Leopold Reuze am Remishofer Seewadel.

2. Kalbsgut – Kaspar Buchegger; der Name erscheint erstmals 1575 als des Martin Reizes Gut genannt das Kalba[39].
3. Stefan Weißmannsgut – Martin Waibel – nach einer Bemerkung im Zehnturbar 1724 später Schwarz'scher Lehenhof?[40]
4. Klingenbergergut – Martin Waibel.
5. Strobelhof – Andreas Schrott.
6. Sennhof – Mathias Ehinger »Becken«. Erstmals 1538 genannt, damals ein abgegangener Hof, dessen Gelände aufgeforstet wurde[41].
7. Blasigut – Michael Waibel, Sonnenwirt.
8. Hausergut – Bernhard Weber. – 1575 wird der Hof eines Sebastian Haußer in einem Schuldbrief genannt[42].
9. Mühlegütle – Johann Baptist Denzel. War mit der herrschaftlichen Mühle verbunden[43].
10. Prügelgut – Martin Schrott jun. Nach dem Zehnturbar 1724 könnte der Prügel- oder Bürgelhof identisch sein mit dem Hayligenhof oder Kirchenzinsgut[44].
11. Roßneggergut – Thomas Reize[45].
12. Kaspar Schwarzen Gut – Jakob Harder. – 1579 verkauften Joachim Lupffer und seine Frau Anna, eine geborene Häggelbach, wohnhaft zu Horheim (Stühlingen) dem Schaffhauser Bürger und Zeugherrn Heinrich Schwarz ein Gut zu Singen[46].
13. Peter Schwarzen Gut – Anton Schrott, Rotgerber.
14. Wolfgang Freiengut – Peter Schrott alt[47].
15. Blasi Beckengut – Peter Schrott alt.
16. Schmidsgütle – Johann Weber, Kaminfeger.
17. Reben in der Leindöllen – Ignaz Weber, Hutmacher.
18. Eckensteinergut – Johann Baptist Denzel[48].

Aufgrund der Veränderungen gegenüber 1774 und anderen Verschiebungen differieren die in der nachfolgenden Tabelle angegebenen Zahlen über die an Martini zu leistenden Fruchtgefälle (Grundzinsen) alle in Steiner Meß.

	1774 Mlt.	Vtl.	1812 Mlt.	Vtl.	1848 Mlt.	Vtl.
Kernen	5	1	36	7	5	5
Veesen	26	4	29	7	32	6
Roggen/Gerste	70	3	36	7	40	1
Haber	42	11	30	12	27	1
Erbsen	2	2	1	2	2	5
Geld	?	?	?	?	25 fl. 58 xr. 5 hr.[49]	

Grundsätzlich war der Grundzins eine von einem Grundstück oder Hof erhobene feste Abgabe von Bodenfrüchten, die später in einen Geldbetrag umgewandelt worden ist. Im Gegensatz zum Zehnten unterlag der Grundzins nicht den Schwankungen der Erträgnisse.

1812 und 1815 etwa entsprach der Wert der Grundzinse in Geld umgerechnet 568 fl. 58 xr.

Mit der Allodifizierung des Lehens 1827 erwarb Graf Enzenberg u. a. auch die ständigen Grundzinse. In einem Antrag an den Grafen vom 4. April 1848, unterschrieben von Bürgermeister Weber sowie den Mitgliedern von Gemeinderat und Bürgerausschuß, forderten diese die unentgeltliche Beseitigung dieser wohl »lästigsten aller Abgaben«. Franz Graf von Enzenberg antwortete unverzüglich den »Gemeindbürgern von Singen«, daß er vor drei Jahren schon vergeblich der Gemeinde die Ablösung gegen 15% angeboten habe. Man möge aber bedenken, daß er bei der Allodifizierung der Herrschaft diese Grundzinsen dem Staate abkaufen mußte, daß sie folglich keine Feudallasten, sondern in jüngster Zeit erworbenes Privateigentum seien. Die Sache blieb unerledigt bis 1858; in diesem Jahr erfolgte die Ablösung der Grundzinsen, deren Höhe nicht bekannt ist (vermutlich der 12- bis 16fache Kapitalwert). Unter den Grundzinspflichtigen befand sich auch die Gemeinde Singen, die 1850 bis 1855 für nicht gelieferte Zinsfrüchte dem gräflichen Rentamt 2 fl. 36 xr. bezahlen mußte[50].

5. Arlen

Dorf samt Niedergericht und niederer Jagd (bezüglich des Arler Berges mit dem Hochstift Konstanz strittig).

Herrschaftliche Einkünfte und Gerechtigkeiten wie in Singen.

Besetzte Pfennigzinsen und Steuern jährlich.
Zinshühner 15 – 11 fl. 25 xr. 2 hr.
Unbesetzte Gülden:
Leib- und Fastnachtshennen wie in Singen.
Pfeffergeld wie in Singen.
Tod- und Leibfälle wie in Singen.
Besetzte Fruchtgefälle:

Kernen	1 Mlt.	4 Vtl.	2 Imi,
Roggen	1 Mlt.	–	2 Imi,
Haber	1 Mlt.	13 Vtl.	2 Imi.

Arlen, das 1005 zur Ausstattung des Klosters St. Georgen in Stein am Rhein gehörte, gelangte nach 1218 an die Herren von Klingen und wurde 1359 von diesen an Österreich verkauft, das den kleinen Ort seitdem als Lehen ausgab. Seit 1433 waren die Herren von Klingenberg hier die Orts- und Grundherren. 1572 zog Österreich das Lehen wieder ein und ließ es vom nellenburgischen Oberamt Stockach bzw. von dessen in Singen stationierten Obervogt Isac Mayer verwalten. Auf solche Weise wurde Arlen ein Bestandteil der Herrschaft Singen. 1655 gab Erzherzog Ferdinand Arlen mit Singen, Remishofen und Niederhofen als Pfandlehen an Johann

Gaudenz von Rost; seitdem gehörte es zur Herrschaft Singen. – Bedeutsam ist, daß eine 1385 erwähnte Mühle wohl im Dreißigjährigen Krieg zugrunde ging und daß seitdem die Bewohner von Arlen als zur Herrschaft Singen gehörende Untertanen aufgrund des Mühlzwanges die herrschaftliche Mühle in Singen frequentieren mußten; die nähergelegene Mühle in Rielasingen lag, da dieser Ort dem Fürstbischof von Konstanz gehörte, im »Ausland«[51].

6. Herrschaft Mägdeberg mit Flecken Mühlhausen und Appertinenzien

Jurisdiktion wie in Singen.
Lehenbare Gebäude:
Altes Schloß Megdberg, zur schwedischen Kriegszeit ruiniert und nicht bewohnbar; nur die St. Ursula-Kapelle wird in baulichem Stand erhalten.
Bauernhaus unterm Schloßberg samt 2 Scheuern, 2 Stallungen, Taglöhnerhaus, alle von Stein gebaut.
Zwangsmühle (rührt von Herrschaft Reischach her) mit 2 Mahlgängen und einem Gerbgang, jährlich 200 fl. Schupflehenzins (Caspar Schroth).
Lehenbare Äcker, Wiesen, Gärten, Reben und Waldungen des herrschaftlichen Schloßgutes:
31 Jcht. 2 3/4 Vlg. 20 Rt. 117 Schu.
Lehenbare Äcker (Zelgen über Brugg, gegen Krähen):
95 Jcht. 2 1/2 Vlg. 20 Rt. 58 Schu.
Lehenbare Wiesen:
32 Mmd. 1 1/2 Rt. 152 Schu.
Lehenbare Reben:
4 Jcht. – Vlg. 11 Rt. 152 Schu.
Lehenbare Gärten:
1 Jcht. 3 Vlg. 11 Rt. 120 Schu.
Lehenbare Waldungen:
174 Jcht. 1/3 Vlg. 10 Rt. 64 Schu.

7. Zum Lehen gehörte ferner die Sondergemarkung *Dornsberg* ursprünglich 600 Jcht.), die von Mühlhausen aus bewirtschaftet und verwaltet wurde[52]. 1815 ist nur noch von 126 Jcht. Allodialwaldungen die Rede. 1824 verkaufte Graf Enzenberg die an die Mühlhauser Gemeindewaldung und den F. F. Wald angrenzende Waldung Dornsberg (126 fürstenbergische Renovationsjauchert) an die F. F. Domänenkanzlei Donaueschingen um 6000 fl.[53].

8. Maiershöfe

Die abgesonderte Gemarkung Maiershöfe gehörte politisch zur Gemeinde Mühlhausen und wurde am 1. April 1930 nach Steißlingen eingemeindet, da sie in kirchlicher Hinsicht jahrhundertelang der Pfarrei Steißlingen zugeordnet war. In der Mitte des 16. Jh.s bestanden hier nur noch 2 Bauernhöfe. Als Zugehörde der Herrschaft Mägdeberg (seit 1359) gelangten die Höfe an die Herren von Rost und von Enzenberg, denen es gelang, die ursprünglich freien Zinsgüter in Erblehen umzuwandeln. Außer Ehrschatz und Fruchtgülten mußten die Bauern auch Frondienste leisten, die durch ein Geldsurrogat (zuletzt 3 fl. 36 xr. jährlich) abgegolten waren[54].

9. Besetzte lehenbare Zinsen und Gülten

a Maiershöfe
(Lehen Megdberg):	2 Bauern
Veesen	4 Mlt.
Roggen/Gerste	2 Mlt.
Haber	4 Mlt.
Geld	1 fl. 20 xr.
Reben in beiden Höfen	2 1/2 Jcht.
Wiesen	10 Mmd.
Hanfland	12 Vtl.

b Höri[55]:
Die fürstbischöflich-konstanzerischen Untertanen gaben dem Lehen Megdberg in Yznang (Valentin Brutscher und Hieronymus Engelmann) ab ihrer Mühle jährlich 4 Vtl. Kernen und 1 Schwein oder 8 Schilling Pfennig und in Weyler (Kaspar Bürgy und Johannes Merk) jährlich 1 Mlt. 4 Vtl. Roggen und 1 fl. 28 xr. Bei der Allodifikation 1827 bezog die Grundherrschaft in Yznang, Bettnang und Weyler und andern Orten Zinsen und Gülten, die im 25fachen Betrag kapitalisiert zusammen 324 fl. 25 xr. ausmachten[56]. Die Ablösung erfolgte 1831, 16fach kapitalisiert = 209 fl. 53 xr.

c Duchtlingen:
Von 2 Höfen
Veesen	13 Mlt. 6 Vtl. 2 Jmi 2 1/2 Meßle
Haber	13 Mlt. 5 Vtl. 2 Jmi –
Heugeld	2 fl. 18 xr.

alles in Steiner Meß

d Summa der Zinsen und Gülten des Lehen Megdberg:
Veesen	62 Mlt. 11 Vtl. 2 Jmi 2 1/2 Meßle
Kernen	85 Mlt. 6 Vtl. 3 Jmi 3 1/2 Meßle
Roggen	17 Mlt. 4 Vtl. 1 Jmi 1 1/2 Meßle
Haber	63 Mlt. – Vtl. 3 Jmi 2 Meßle
Geld	30 fl. 23 xr.

(teilweise Surrogat für Hühner, Eier)
Fastnachtshennen 126
Zusätzlich entrichteten die mühlhausischen Untertanen aus dem Rinkischen Zins:
Veesen	2 Mlt. 1 Vtl. 3 Jmi 1 Meßle

Roggen	1 Mlt. 5 Vtl. 2 Jmi 1/2 Meßle
Haber	2 Mlt. 7 Vtl. 3 Jmi – Meßle
Geld	3 fl. 12 xr.

e *Dietfurter Mühlenzins* (vormals reischachische Eigenmühle im Dorf), zum Lehen Megdberg gehörend: Jährlicher Bestandszins:

Mischfrucht	46 Mlt. 6 Vtl.
Geld	18 fl.
Haber	2 Vtl. = 2 fl.
Kernen	6 Mlt.
Geld	5 fl. 37 xr. 4 hr.

Dazu unbesetzte und ungewisse Gefälle und Vogtrechte: Leib- oder Fastnachtshennen, von jeder Haushaltung mit eigenem Focum (= Herd) 12 xr.

Dazu kamen die üblichen Fronen und das Tauengeld, Umgeld (jeder Wirt gab von jedem Eimer 3 Maß in Natura oder Geld); Tafern- und Beckenschutz (auch Metzger)[57].

10. Schirmfrüchte (Steuerfrüchte)

Nach Angaben des enzenbergischen Rentamtes von 1807 und 1811 mußten die Gr. Domänenverwaltungen Radolfzell und Tengen sowie das Kgl. Cameralamt Tuttlingen (Cameralverwaltung Wurmlingen) der Herrschaft Singen seit unvordenklichen Zeiten Schirm- oder Steuerfrüchte als Entgelt für die Verwahrung und Sicherung der Zehntfrüchte in einer Zehntscheuer »auf sicherem Grund und Boden« entrichten. 1822 bestanden die an Martini hierfür in den herrschaftlichen Kasten zu liefernden Früchte in

1 Mlt. Haber	(5 fl. 30 xr.),
2 Mlt. Veesen	(13 fl.),
1 Mlt. Roggen	(5 fl.) = 23 fl. 30 xr.

Auch die Grundherrschaften Weiterdingen, Bietingen und Heilsberg-Gottmadingen benutzten diese Zehntscheuer. Der Betrag von 23 fl. 30 xr. wurde auf die genannten Nutznießer im Verhältnis von 2:1:1 umgelegt.

Für Mühlhausen liegt eine Instruktion von 1583 vor, wonach im Jahre 1501 Kaiser Maximilian als Inhaber des Schlosses Megdberg und des Dorfes Mühlhausen dem Domkapitel Konstanz zubilligte, daß jeder Inhaber des Schlosses Megdberg schuldig sei, die dem Domkapitel in Mühlhausen zustehenden Zehnten, Zehntscheuer, Widumgüter, Gülten, Pfarrechte, den Vikar und andere Gerechtigkeiten zu schützen und zu schirmen; dafür solle er jährlich vom Domkapitel 5 Mlt. Schirmhaber beziehen. 1827 wurde für Mühlhausen eine Entschädigung im 18fachen Betrag (à 63 fl. 37 4/5 xr.) mit rund 1134 fl. gewährt.

Vermutlich ist der Ursprung der Singener Schirmfrüchte in ähnlicher oder gleicher Weise zu erklären. Die Entschädigungs- bzw. Allodifikationssumme wurde 1840 auf der Grundlage von 76 bzw. 78 fl. errechnet[58].

11. Zusammenfassung der Gülten und Zinsen

Eine Aufstellung von 1831 über die Ablösung der Zinsen und Gülten (16fach kapitalisiert), ohne daß im einzelnen gesagt wird, wie sich die Summen zusammensetzen, bringt folgende Übersicht:

Singen	641 fl. 13 xr. 5 1/2 hr.	
	=	10 259 fl. 39 xr.
Mühlhausen	1004 fl. 30 xr. 4 3/4 hr.	
	=	17 672 fl. 20 xr.
Duchtlingen	170 fl. 26 xr. 6 11/15 hr.	
	=	2727 fl. 9 1/2 xr.
Arlen	41 fl. 48 xr. 2 2/3 hr.	
	=	668 fl. 53 1/4 xr.
		31 328 fl. 1 1/3 xr.[59]

12. Zehnten der Grundherrschaft

Von den orts-, grund- und leibherrlichen Abgaben unterschied sich der Zehnte (= zehnter Teil des Ertrags der Landwirtschaft) als eine ursprüngliche Abgabe für kirchliche Zwecke, die auf das Alte Testament (Moses) zurückgeführt wurde. Aber die eigentlichen Grundlagen und der tiefere Sinn des Zehntwesens vermischten sich um so mehr, »je stärker differenziert die Zehntrechte wurden, je häufiger sie an Grund- und Patronatsherren und, schließlich zu einer Kapitalanlage geworden, allen verbotenen Widerständen zum Trotz auch an rein weltliche Gewalten kamen«[60]. So waren auch die Zehntrechte in Singen in viele Hände gelangt, u.a. an die Grundherrschaft und zeitweilig sogar an bäuerliche Untertanen.

1347 entschädigte z.B. Bischof Ulrich von Konstanz den Ritter Heinrich von Klingenberg für seine Kriegsdienste mit 60 Pfund auf das Zehntviertel zu Singen[61]; 1440 verkauften die Brüder Hans und Hans-Werner von Rosenegg dem Radolfzeller Stadtamann Hans Legbain den in Singen gelegenen Rosenegg-Zehnten[62]. 1524 verkaufte Gerolt Vogt zu Radolfzell den sogenannten Vogtszehnten zu Singen[63] und wenig später – 1527 – Bürgermeister Hans Blarer von Radolfzell den ihm zustehenden Anteil am Vogtszehnten an Abt Marx von Reichenau[64]. Die Helblingischen Geschwister in St. Blasien versteigerten 1819 den ihnen gehörenden sogenannten Gaßnerischen Zehnten (Groß- und Kleinzehnten), der von einem 144 Jcht. 2/3 Vlg. im Singener Bann gelegenen Feld ging, an Johann Baptist Denzel, der ihn 1827 um 2875 fl. an den Grafen Enzenberg weiterverkaufte[65]. 1722 erwarb Vogt Jakob Allweyler für die Grundherrschaft von den Erben des Peter Schrott dessen Zehnten (den sogenannten Haanischen Zehnt) um 480 fl.

Nach der Universal-Renovation der Zehntgefälle zu Singen 1724[66] gab es 13 Zehntberechtigte:

1.	Domstift Konstanz (Herrschaft Rosenegg)	62 Jcht. 1 Vlg.
2.– 4.	Gotteshaus Reichenau mit Einschluß der Quarten Hohentwiel und Hornstein	1568 Jcht. 1 1/4 Vlg.
5.	Gotteshaus Öhningen	238 Jcht. 2 11/12 Vlg.
6.	Reichenauische Propstei Schienen	132 Jcht. 19/48 Vlg.
7.	Pfarrei Singen (Reichenau)	49 Jcht. 2 1/4 Vlg.
8.	Pfarrkirchenfabrik Singen	5 Jcht. 3 Vlg.
9.	Kollegiatstift Radolfzell	4 Jcht.
10.	Frauenkloster St. Katharinental	149 Jcht. 3 1/8 Vlg.
11.	Freiherr von Rost gemeinschaftlicher Zehnten (dabei Niederhof)	226 Jcht. 2 11/12 Vlg.
12.	General Rost, besonderer Anteil (auch Haanischer Zehnt)	87 Jcht. 3 5/12 Vlg.
13.	Gaßnerische Participianten	170 Jcht. 7/12 Vlg.
		2695 Jcht. 43/48 Vlg.

1840 waren es nur noch 7 Zehntherren in Singen.

Die Zehntabgaben wurden gesammelt in 2 Zehntscheuern, nämlich in der ursprünglich reichenauischen Zehntscheuer mitten im Dorf, oben anstoßend an den Gemeindetorkel; hierin wurden auch die Anteile der Grundherrschaft Hornstein-Hohenstoffeln und des Hohentwiels (später Cammeralamt Wurmlingen) verwahrt[67]. Die reichenauische Zehntscheuer übernahm nach der Säkularisation der Gr. Domänenaerar. Das übrige wurde in den herrschaftlichen Kasten (Zehntscheune) beim Schloß eingelegt[68]. Diese Zehntscheune erwarb die Gemeinde Singen 1861 von der Grundherrschaft um 1252 fl. 32 xr. und richtete darin ein Armenhaus ein[69].

Großzehnt

Zum Großzehnt rechnete man in Singen Korn oder Spelz, Roggen, Gerste und Haber; hiervon blieb die zehnte Garbe auf dem Felde stehen und mußte vom Zehntbesitzer eingeholt werden.

Kleinzehnt

Zum Kleinzehnt rechneten Gras, Obst (außer Steinobst), Grundbirnen (Kartoffeln), Wicken, Erbsen, Ölsamen, Hanf, Flachs, Rüben, Heu, Öhmd und Wein. Bei Grundbirnen etc. ließ man die zehnte Reihe stehen, Erbsen und Ölsamen wurden geschnitten oder gemäht, Hanf und Flachs wurden auch gezogen, und der zehnte Teil blieb jeweils auf dem Feld. Die Einholung oblag dem Zehntberechtigten auf dessen Kosten. Der Wein wurde im Ortskeller abgegeben (1819–1832 im Durchschnitt 3 Ohm 1 Stz, 1 Ms.).

Auf dem Zehnt lastete anteilig die Baupflicht für Kirche, Turm und Pfarrhaus.

Bei der Zehntablösung 1839 ff. besaß die Grundherrschaft
– den Rostischen Groß- und Kleinzehnt von 232 Jcht. 1/6 Vlg. (dabei 2 Jcht. in Mühlhausen) mit einem Steuerkapital von 7697 fl. 5 xr.,
– den Gaßnerischen Zehnt von 145 Jcht. 1/6 Vlg. (4 Jcht. in Rielasingen), Steuerkapital 2691 fl. 15 xr.

Dazu kamen noch geringe Zehntbezüge auf den Gemarkungen Friedingen, Rielasingen und Mühlhausen.

Der Zehntbezug endete 1839. Der Reinertrag des Großzehnten wurde im Zehntablösungsvertrag vom 25. Februar 1850 mit 462 fl. 52 xr. 2 hr. festgestellt, das Ablösungskapital betrug 9257 fl. 25 xr. (20fach); der Kleinzehnte erbrachte einen Reinertrag von 103 fl. 42 xr. 1 hr. (= 2074 fl. 2 xr. 4 hr. Ablösungskapital).

Der Weinzehnt (jährlich 30 fl. 2 xr. 3 hr.) wurde mit 600 fl. 47 xr. 4 hr. vergütet.

Somit erhielt die Grundherrschaft eine Zehntablösungssumme von 11 932 fl. 15 xr.

Die Gemeinde Singen trat den Staatszuschuß mit 1/5 des Ablösungskapitals ab 1. Januar 1834 an die Grundherrschaft ab und zahlte den verbleibenden Kapitalrest in 5 mit 5% verzinslichen Jahreszielen. Der Baulasten-Ablösungsvertrag vom 29. August 1849 wurde auf 706 fl. 1 xr. festgesetzt.

Baupflichtige Zehntherren	Zehntablösungskapitalien	Baulasten
1. Gr. Domänenaerar	21 284 fl. 34 xr.	1851 fl. 5 xr.
2. Grundherrschaft Enzenberg	11 932 fl. 15 xr.	706 fl. 1 xr.
3. Grundherrschaft Hornstein	4 616 fl. 5 xr.	273 fl. 8 xr.
4. Grundherrschaft Langenstein	591 fl. 40 xr.	35 fl. – xr.
5. Cameralamt Wurmlingen	4 674 fl. 12 xr.	276 fl. 34 xr.
6. Pfarrei Singen	7 474 fl. 43 xr.	442 fl. 16 xr.
7. Kirchenfabrik Singen	49 fl. 28 xr.	2 fl. 56 xr.
	60 622 fl. 57 xr.	3587 fl. – xr.[70]

Insgesamt kostete die Zehntablösung auf Gemarkung Singen 60 622 fl. 57 xr.

1852 war die Gemeinde Singen den Zehntherren noch 41 257 fl. schuldig, weshalb sie bei Baron Sulzer-Waart in Winterthur ein Darlehen über 40 000 fl. aufnahm, mit dessen Abzahlung sie erst nach 6 Jahren beginnen mußte (Zins 4%); so konnte die Gemeinde jährlich 1500 fl. auf die Seite legen bzw. in dieser Zeit 9000 fl. abbezahlen[71]. Das Geld wurde mit dem Fuhrwerk des Zehntrechners Joseph Anton Buchegger in Winterthur abgeholt! Für die Abwicklung der Zehntablösung führte die Gemeinde Singen ab 1852 bis 1873 eine eigene Zehntrechnung und bestellte dafür einen Zehntrechner; das Ablösungskapital wurde durch Umlagen bei den Steuerpflichtigen erhoben; die letzte Zahlung erfolgte 1873[72].

Eigentümliche (allodiale) Güter

1762 ließ die rostische Vormundschaft die eigentümlichen Güter von den lehenbaren Besitzungen separieren[73].

1. *Bräuhaus*, erbaut um 1660 (Baukosten 3500 fl.); die Brau-Gerechtigkeit wurde von Tengen hierher übertragen (taxiert auf 2083 fl. 20 xr.). Das Bräuhaus lag gleich am Amts- oder Herrschaftshaus und hatte ein Kühlbett, Dörre und Kessel, große und kleine Branntweinhäfen sowei eine Wohnung, Keller und Fruchtschütte.
2. Um 1665 wurde ein *Amts- oder Herrschaftshaus* an der Landstraße »von neuem« erbaut, 2016 fl. 40 xr.: ein 4 Gaden hohes Haus mit 5 Stuben, 2 Kuchlen, 6 Kammern und Kuchelgewölb (zu einem Keller gemacht), Keller, Scheuer und Stallung sowie Schopf oder Brennholzbehältnis. Ein herrschaftliches Haus muß schon in der zweiten Hälfte des 15. Jh.s an diesem Platz gestanden haben[74]. Dazu erwarb Johann Gaudenz von Rost mit Hilfe seines Verwalters Andreas Schrott um 1695 einen 3 Jcht. großen Baum-, Gras- und Kräutergarten und ließ ihn durch eine Mauer einfassen (Wert: 1500 fl.). – 1809/10 wurde unter Einbeziehung des Amtshauses das neue Obere Schloß erbaut[75].
3. Bei diesem Schloßgarten ließ er einen *zweiten Torkel* unmittelbar neben dem alten lehenbaren Torkel rückwärts des Bräuhauses errichten, weil der alte zur Herbstzeit »nicht erklecklich« sei; den Platz und die dazugehörende Wiese erwarb er von Hans Graf (Kosten: 800 fl.). 1764 hatte der Torkel 2 Weinpressen, »ob welchem auch eine Fruchtschütte mit Einschluß einer kleineren Weinpresse gleich an die lehenbare große anstoßen« (1600 fl.).
4. *Niederhof* und *Embserhof*[76].
5. Das *Schieggengütle*, ein fürstenbergisches Lehen, 330 fl.; derzeit (1762) als Afterlehen an Franz Joseph BuchEgger und Joseph Denzel verliehen[77].
6. Am 17. April 1659 erwarb Johann Gaudenz von Rost 25 Jcht. Holz und Boden im sogenannten *Sennhof* (hinaus auf Seewadel und Rielasinger Waldung, herein auf Embserlehengüter und Salmansweilergut), einerseits an die herrschaftlich Hilzingische Waldung und an Niederhofer Lehengüter, andererseits an Twieler Holz und s. V. (salve Venia = Entschuldigungsformel) Schinderwasen von den Plumbischen Erben gegen 500 fl. Schweizer Währung = 416 fl. 40 xr. Der frühere Vogt Jakob Graf hatte 1621 die Güter gegen eine Zinsverschreibung an den »gewesten Amtmann Plumb« gegeben; nun erfolgte am 19. April 1659 die Übergabe durch Christoph Balthasar Plumb, Bürger und Postmeister zu Überlingen, an den Obristen.
7. In den 3 Zelgen gehörten der Grundherrschaft 1762 weitere *Güter:*

Äcker	14 Jcht.
Hanfland	1/2 Jcht.
Wieswachs	5 Mmd. 3 1/2 Vlg.
Reben	3 Jcht. 3 Vlg.[78]

8. *Hart-Häuser* an der St. Paulsgasse zu *Konstanz* (1674), 2500 fl., alsbald wieder verkauft.

Anschlags-Summarium all dieser Allodialgüter: 19 875 fl.

Unter den Grafen von Enzenberg kamen hinzu[79]:

9. *Walburgishof*, 1795 gekauft, dann umgebaut als unteres 2stöckiges Schloß, Wert 1833: 4000 fl.
10. 3stöckiges *Oberes Schloß* (1809/10) samt Nebengebäuden, Stallungen, Trotte, Wagenremise, Waschhaus, Dörrhaus, Holzremise, Fruchtschütte; 1833: 35 500 fl.[80].
11. *Mühle* mit 4 Mahl- und einem Gerbergang, doppelte Säge, Reube, Oehle, Lohstampfe, Scheuer und Stallung (seit 1827); 15 450 fl.[81].
12. *Trotte* mitten im Dorf mit Fruchtschütte (300 fl.).
13. Sogenanntes *Schmittenhäusle*, 300 fl.
14. Sogenannte *Stockacher Brücke*[82].

Der Wert der Singener allodialen Gebäude wurde 1833 mit 69 300 fl. angegeben.

15. In *Mühlhausen* besaß die Grundherrschaft:

a	1 zweistöckiges Schloß nebst Waschhaus	10 150 fl.
b	zweistöckiges Wohnhaus mit Scheune, Stallungen, Fruchtschütte	7150 fl.
c	Wohnhaus mit Scheuer, Stallung und Weintrotte	4000 fl.
d	Ziegelhütte mit Wohnung, Scheuer und Stallung	1000 fl.
e	zweistöckiges Bauernhaus Mägdeberg mit Scheuer, Stallung und Waschhaus	5150 fl.
		27 450 fl.

16. Die Hälfte des *Dormettinger Zehnten*, 600 fl.[83].
17. An *Liegenschaften* besaß die Grundherrschaft:

Gartenland

	Jcht.	Vlg.	Rth.	fl.	xr.
Singen	17	–	75	9281	15
Mühlhausen	7	3	10	4125	13
Mägdeberg	2	2	51	1579	6
	27	2	36	14 985	34

Ackerland

	Jcht.	Vlg.	Rth.	fl.	xr.
Singen	195	–	88	21 586	38
Mühlhausen	77	2	59	20 672	29
Mägdeberg	42	2	91	12 325	14
Arlen	–	1	–	40	–
	315	3	38	54 624	21

Reben

	Jcht.	Vlg.	Rth.	fl.	xr.
Singen	6	3	–	4050	–
Arlen	-	1	25	80	–
	7	-	25	4130	

Waldungen

	Jcht.	Vlg.	Rth.	fl.	xr.
Singen	219	–	–	6936	30
Mühlhausen	179	–	–	10 213	46
	398	–	–	17 150	16

Waidplatz

	Jcht.	Vlg.	Rth.	fl.	xr.
Mägdeberg	7	–	–	110	15

Wiesen

	Mmd.	Vlg.	Rth.	fl.	xr.
Singen	36	2	17	3867	54
Mühlhausen	47	3	40	13 685	–
Mägdeberg	10	3	21	2256	28
	95	1	8	19 809	22

	fl.	xr.
Summe der Liegenschaften:	110 809	48
Gebäude	97 350	–
	208 159	48[84]

18. *Ertrag der Herrschaft*

Nach den Rentamtsrechnungen 1819 bis 1823 wurden durchschnittliche Einnahmen von 5788 fl. 48 xr. 4/5 hr. erzielt, denen Ausgaben in Höhe von 3902 fl. bis 4897 fl. gegenüberstanden. Der 15jährige Durchschnitt von 1819 bis 1833 belief sich auf 6432 fl. 14 xr.[85].

Anmerkungen

[1] J. C. BRUNNER, Singen und die Grafen Enzenberg, in Bodensee-Chronik 28 (1938). – Eine kurze, insgesamt zutreffende Beschreibung der Herrschaft.
[2] EAS, Urk. Nr. 74.
[3] EAS F I 5/6 = 1224; F I 6/5 = 517; die beim Kammer-Taxamt zu Innsbruck bezahlte Taxe 708 fl. zuzüglich Porto und Stempelgebühr 715 fl. 22 xr. Wiener Valuta = 858 fl. 26 xr. Reichswährung. – Zur Criminal-Jurisdiktion, begrenzt auf Diebstahl und Mord: Der Galgen stand auf dem Tittisbühl (1782), doch scheint er nie benutzt worden zu sein. SCHREIBER, FLN, S. 160 f. In Mühlhausen stand der Galgen am Grafenweg an der Grenze gegen Weiterdingen; auch der Hohentwiel hatte einen Galgen auf der gegen Hilzingen vorspringenden Kuppe; SCHREIBER, a.a.O., S. 667. – Im August 1774 legte der fürstenbergische Scharfrichter aus Engen den Standort des neuen, aus Eichenholz gefertigten Galgens in dem 2 Büchsenschuß außerhalb des Ortes befindlichen Ösch fest; auch ein Pranger wurde angeschafft; GLA 229/97930, 1774 VIII 6.
[4] EAS F I 6/5 = 517.
[5] EAS F I 6/13 = 415.
[6] EAS B I 20. – Der Beschrieb wurde mit Hilfe anderer zeitgenössischer Quellen ergänzt und soweit wie möglich vervollständigt.
[7] KB Konstanz, Bd. IV, S. 200.
[8] Siehe den Beitrag Hagmühle von A. MATTES, in diesem Bd. S. 430 ff.
[9] EAS F I 1/2 = 430.
[10] MILLER, Hohentwieler Lagerbuch, S. 136 f., 158 f.
[11] EAS F I 5/8 = 425. – Vgl. den Beitrag Streit um den nellenburgischen Amtsvogt, in diesem Bd. S. 395 ff.
[12] In Arlen betrug das Bürgereinkaufsgeld 150 und 75 fl.; STROBEL, S. 54 f.
[13] EAS O IX 1/1 = 221; O IX 1/2 = 484; O IX 2/3 = 199.
[14] EAS O IX 1/9 = 240; Vertrag der Grundherrschaft mit der Gemeinde Arlen am 16. März, mit der Gemeinde Singen am 18. Oktober 1826.
[15] GAS XIV 1a.
[16] 1839 erwarb Perollaz die von der Domänenverwaltung Radolfzell, dem württembergischen Cameralamt Wurmlingen und der Hornstein'schen Grundherrschaft Bietingen verkaufte gemeinschaftliche Zehntscheuer, GLA 230 Konv. 342; hier erbaute er in der heutigen Freiheitsstraße ein stattliches Haus, das heute als Haus der Jugend dient.
[17] EAS O IX 1/7 = 481.
[18] Die Vorgänge um den angeblichen Verzicht des Grafen Enzenberg im Jahre 1848 sind in dem Beitrag Volkserhebungen 1848/49, in diesem Bd. S. 503 f., beschrieben. – EAS F I 8/28 = 89; O IX 1/10 = 483; GLA 359 Zug. 1906 Nr. 20/2082.
[19] GLA 239/339; EAS O IX 2/5 = 243; O IX 1/2 = 484.
[20] EAS S I 2/2 = 868.
[21] Nach TH. KNAPP, Neue Beiträge ..., Bd. II, S. 12, fällt die Abgabe unter die Rubrik Umgeld von Metzgern: »Von allem, was er metzget und zum Verkauf auswiegt, gibt er der Herrschaft die Zunge.« Eigenartigerweise findet sich weder in den einschlägigen Nachschlagewerken und Handbüchern

²² A. STEINEGGER, Gailingen, S. 83: Von jedem geschlachteten Tier mußten die jüdischen Familien die Zunge oder 6 xr. abgeben; ähnliches berichtet der Rabbiner A. TÄNZER, Die Geschichte der Juden in Jebenhausen und Göppingen, Berlin/Stuttgart/Leipzig 1927, auf S. 18 und 21: 1798 mußten die Juden von Ochsen, Kühen und Rindern der Herrschaft die Zunge oder den Accis liefern; frdl. Hinweis von Kreisarchivar Walter Ziegler.

²³ JEHUDA LEO BOHRER, The History of the Jewish rural Communities in the Bodensee-Area of Germany (1655–1809), Diss. New York 1971; Bohrer gibt als Quelle GLA 229/84 181 an. Dazu EAS O IX 1/1 = 221: 1670 in Singen Isak Bernheim und Elisa Moyses.

²⁴ EAS F I 8/18 = 257; O IX 2/3 = 199.

²⁵ GLA 359 Zug. 1906 Nr. 20/2131; EAS F I 8/29 = 359; S. I 2/3 = 482. Nach einer 1838 in Karlsruhe veröffentlichten »Sammlung der Gesetze und Verordnungen, die Aufhebung der Leibeigenschafts-Abgaben, der steuerähnlichen alten Abgaben und der Juden-Abgaben« wurde im Breisgau das Bürgerabzugsgeld unter der k. k. österreichischen Regierung den Grundherren »zu einiger Entschädigung für die aufgehobenen Manumissionsgebühren« überlassen, S. 7 (Art. III, 2).

²⁶ EAS O IX 2/6 = 36; A II 4/2 = 212.

²⁷ EAS S I 2/3 = 482.

²⁸ J. N. RAISER, Landgrafschaft Nellenburg, 1794. – Unter Taxen sind zu verstehen: Kanzleigebühren, Stempelgelder, Gerichtstaxen, Sportein. Sie beliefen sich von 1780 bis 1806 in der Herrschaft Singen-Mägdeberg durchschnittlich pro Jahr auf 552 fl. 34 xr.; EAS S III 2/6 = 31; S III 1/1–3 = 940, 1152, 939.

²⁸ᵃ EAS O IX 2/2 = 259.

²⁹ TH. KNAPP, Neue Beiträge, Bd. II, S. 9–11; SÄTTELE, S. 84.

³⁰ EAS F I 1/6 = 535; S III 2/4 = 29; S III 2/5 = 30; S III 2/6 = 31; S III 7/3 = 230.

³¹ GLA 72/Enzenberg 19; EAS A II 4/2 = 212; GLA Zug. 1906 Nr. 20/2118; 229/97 933; SÄTTELE, S. 87 f.

³² GEBHARD, Finanzwirtschaft, S. 117. – EAS O IX 2/2 = 259.

³³ EAS S III 7/3 = 230.

³⁴ EAS S I 8/15 = 258; GLA 314/2452.

³⁵ EAS O IX 2/1 = 32.

³⁶ EAS S II 17/1 = 504.

³⁷ EAS O IX 2/4 = 35; GLA 230 Konv. 342; 359 Zug. 1906 Nr. 20/2087; 391/36 535.

³⁸ Siehe den Beitrag Grundherrschaft Rost, in diesem Bd. S. 253 ff.

³⁹ EAS U 12, 1575 XI 16.

⁴⁰ GLA 66/8064, Fol. 1771, 1915.

⁴¹ SCHREIBER, FLN, Nr. 1133, S. 310; EAS U 18, 1620 IV 19.

⁴² EAS U 11, 1575 IX 18; SCHREIBER, FLN, Nr. 452, S. 190.

⁴³ SCHREIBER, FLN, Nr. 830, S. 255.

⁴⁴ GLA 66/8064 fol. 1800, 1860, 2494, 2651, 2695.

⁴⁵ SCHREIBER, FLN, Nr. 1010, S. 286.

⁴⁶ EAS U 13, 1579 IV 27.

⁴⁷ SCHREIBER, FLN, Nr. 269, S. 154.

⁴⁸ EAS F I 8/16 = 335.

⁴⁹ EAS F I 8/28 = 89; F I 8/16 = 335; F I 8/29 = 359; A II 4/2 = 212.

⁵⁰ GEBHARD, Finanzwirtschaft, S. 154, 157: 1855 = 110 Becher Veesen, 63 Becher Gerste, 102 Becher Hafer und 3 1/2 Becher Erbsen; 1 Becher = 0,15 lt. – In den Rechnungen des Obervogteiamtes Singen bis 1813/14 bzw. danach des Rentamtes kommt der Begriff »Grundzinsen« nicht vor. Dagegen wird aufgeführt das »besetzte jährliche Heu- und Hühnergeld«.

1780/81 = 65 fl. 57 xr. 2 hr. in Singen-Arlen.
1781/82 in ganzer Herrschaft 106 fl. 5 xr. 3/4 hr.
1803/04 in ganzer Herrschaft 111 fl. 45 xr. 3/4 hr.
Ferner werden Gülteier aufgeführt, in Singen mit Niederhof 605 Stück = 5 fl. 2 xr. 4 hr., sowie 27 bzw. 29 Gülthühner = 5 fl. 16 xr. Die Gülteier wurden 1780 gegeben vom Strobelhof (Johann Bach), Brigelgut (Dominik Handloser), Schieggengut (Waibel/Buchegger), Ulmergut (Jos. Weber), Rosneggergut und Wießmannsgut sowie von einigen Äckern; die Gülthühner vom Strobelhof, Brigelgut, Hausergut, Wießmannsgut und von der Hofstatt des Peter Ehinger.

⁵¹ GERTRUD STREIT, Krummstab und Rad, die Symbole der Geschichte von Arlen, in Zs. Hegau 18 (1964), S. 329–353, bes. 334 f., 339.

⁵² Vgl. PETER HEIM, Eigeltingen im 18. Jh., Singen, Hegau-Bibliothek VII, 1961, darin Kap. Die Dornsberger Höfe, S. 85–95; lediglich erwähnt wird eine Begehung des Dornsberges im Juli 1717, an der u. a. der nellenburgische Oberjägermeister (?) Josef Anton von Rost und Landschreiber Dr. Franz Anton Mayer teilgenommen haben (S. 94); siehe den Beitrag Dornsberg, in diesem Bd. S. 342 f.

⁵³ EAS B I/20; A I 26/6 = 788; A II 4/6 = 209; siehe den Beitrag Jagd- und Forstwesen, in diesem Bd. S. 339 ff.

⁵⁴ FORSTER, Steißlingen, S. 193–198; DOBLER-RIEDMÜLLER, Mühlhausen–Ehingen, S. 50; H. BERNER, Geschichte der abgesonderten Gemarkung Maiershöfe, in »Gemeinde aktuell« 1981, Steißlingen, erarbeitet nach EAS F I 3/1–3 = 563, 1205, 564; U 5: 1540 V 20.

⁵⁵ EAS A I 22/4 = 820, renoviertes Urbarium über die lehenbaren Grundzinse, so die Hörimer Censiten der bisherigen Herrschaft alljährlich zu entrichten haben, 1781 IV 4, Bohlingen. Beginn der Ablösung der Grundzinsen und Gülten in den Orten Weyler, Bettnang, Yznang und Horn 1824.

⁵⁶ EAS F I 6/24 = 276.

⁵⁷ EAS B I 20, 1774.

⁵⁸ EAS F I 8/2 = 182; A II 4/2 = 212; S II 17/1 = 504.

⁵⁹ EAS S II 17/1 = 504; GLA 314/2451; 359 Zug. 1906 Nr. 20/2081.

⁶⁰ K. S. BADER, Mittelalterliches Dorf, 1957, S. 141.

⁶¹ GLA U 5/10237.

⁶² GLA U A 8/31 a.

⁶³ GLA U A 5/562.

⁶⁴ GLA U A 5/562.

⁶⁵ EAS A I 13/2 = 50; A I 14/3 = 530. – Der Reuthi-Zehnt war um 1602 an den Amtmann Christoph Blum gelangt, kam dann an Bürgermeister Johann Christoph Krumb zu Radolfzell 1661 und von dort über die Reichsvogt Burz'sche Familie an die Erben des nellenburgischen Forstmeisters Georg Gaßner.

⁶⁶ GLA 66/8064; STROBEL, S. 61–65.

[67] GLA 66/8063, 1724; vgl. Bezug der Schirmfrüchte in diesem Bd. S. 258 f.

[68] EAS A I 16/5 = 80.

[69] BERND HENNEKA, Medizinische Topographie des Hegau, S. 30.

[70] EAS F I 8/22 = 773; F I 8/27 = 92. Dazu allgemein: GLA 391/36554, 36555; 294/1; 359 Zug. 1906 Nr. 20/2132 – Ärarischer Zehnt: 403/850; 391/36546; Domänenverwaltung Radolfzell: 294/10; 230 Konv. 342; Enzenberg: 294/3; 403/853; 294/5; Frh. von Hornstein: 403/855; 294/6; 294/7; Langenstein: 294/8; 403/851; Stadtpfarrei Radolfzell (Weinzehnt): 294/11; 403/856; Kirchenfabrik Singen: 294/12; 403/857; Pfarrei Singen: 294/16; 403/849; 403/852; 294/17–19; Württemberg: 294/24; 403/858; 294/25.

[71] GLA 359, Zug. 1906 Nr. 20/2093.

[72] GEBHARD, Finanzwirtschaft, S. 303 f.; ferner STEHLE, Bruderhof, S. 378 f.; FR. GÖTZ, in diesem Bd. S. 83.

[73] EAS F I 1/2 = 522.

[74] Bei den Kaufverhandlungen der Jahre 1545 ff. heißt es in einem Brief vom 17. Dezember 1549, daß der Käufer in Singen »vnder den Pawren wohnen« müsse – wohl eine Bemerkung für eine Minderung des Kaufpreises; ähnlich zu verstehen die Charakterisierung des Ortes als »Granitzdorff« (3. Februar 1550): GLA 229/97943. Vgl. die Beiträge Singener Orts- und Grundherren, in diesem Bd. S. 201, sowie Herrschaft Singen-Megdberg unter den Rost, in diesem Bd. S. 255.

[75] Siehe Beiträge Walburgishof und Oberes Schloß, in diesem Bd. S. 406 f. und 412 ff.

[76] Siehe das Kapitel Niederhof, in diesem Bd. S. 263 ff.

[77] Siehe das Kapitel Schieggengütle, in diesem Bd. S. 256.

[78] Zu diesen Reben gehörte der Embser Rebgarten, 1 Jcht. (150 fl.) und der Rambschwagische Rebgarten, 1 1/2 Jcht., 250 fl., den Johann Gaudenz von Rost von dem erzfürstlichen Kommissar Elias Gumpp erworben hat.

[79] EAS A I 1/8 = 350: Vermögensteile der Grafen Enzenberg Grundherrschaft 1833.

[80] Siehe die Beiträge Walburgishof und Oberes Schloß, wie Anm. 75.

[81] Siehe den Beitrag von A. MATTES, Die Hagmühle, in diesem Bd. S. 430 ff.

[82] Siehe den Beitrag Stockacher Brücke, in diesem Bd. S. 288 f.

[83] Siehe den Beitrag Dormettinger Zehnt, in diesem Bd. S. 258.

[84] EAS A I 1/8 = 550; nach einer Aufstellung von 1808 gehörten der Grundherrschaft an Liegenschaften:

Äcker	3950 3/8	Morgen württembergisches Maß
Wiesen	1056 7/8	Morgen württembergisches Maß
Gärten	113	Morgen württembergisches Maß
Rebgüter	127 7/8	Morgen württembergisches Maß
Wälder	1126	Morgen württembergisches Maß
Allmenden	83 3/8	Morgen württembergisches Maß
	6457 3/8	Morgen; S II 7/3 = 230.

[85] EAS A I 1/5 = 616.

Stammtafel der Grafen von Enzenberg in direkter Linie

Eberhard Enzenberger um das Jahr 1500

Christoph I. (bis 1565) Anna Fragnerin von Fragburg

Georg I. 1540–1602 1. Agnes Waffnerin, 2. Regina Stauberin, 3. Eva Planerin

Michael 1558–1618 Elisabeth von Mayrhofen zu Koburg und Anger

Georg II. 1581–1654, kauft 1643 Jöchlsthurn 1. Johanna Huls, 2. Margaretha Huls

Franz I. 1612–1692 Barbara Tropes von Troiburg

Christoph II. 1641–1687 Maria Franziska

Franz Hartmann 1671–1720 Anna Magdalena Vintler von Runkelstein

Kassian Ignaz Bonaventura 1709–1772 Sofia Amalia Freiin zu Schackenburg

Franz I. Joseph 1746–1821 Walburga von Rost, durch sie Singen an die Enzenberg

Franz II. Joseph Seraphicus 1775–1843
Gemahlinnen:
1. Mimi von Enzenberg (16 Kinder)
2. Elisabeth, Gräfin von Bissingen-Nippenburg (1 Sohn)

Franz III. Joseph Karl 1802–1879 Ottilie Gräfin von Tannenberg

1. Rudolf 1835–1874 Auguste Gräfin von Württemberg, Fürstin von Urach   2. Hugo *1838 Antonia von Haderburg   3. Dr. Arthur 1841–1925

1. Theodolinde 1866–1951 Graf Rudolf Vetter von der Lilie 1860–1932
2. Rudolf 1868–1932
3. Eberhard 1872–1945

1. Sighard 1875–1966
2. Maria 1878–1964

Verschuldung der Grundherrschaft und deren Allodifizierung

von Herbert Berner

Mit dem Erwerb eines Pfandlehens verband eine adelige Familie die Erwartung eines sicheren Bezugs, zumindest des üblichen Interesses von 5 Prozent; 1811 wurde die Pfandsumme für die Herrschaft Singen/Megdberg mit 70 800 Reichstalern angegeben. Erst seit 1805 sollte sich dies grundlegend ändern, indem entweder der Staat viele der bisher von den Grundherren bezogenen Abgaben (vor allem im Bereich der Patrimonialgerichtsbarkeit) selbst reklamierte oder diese gänzlich aufhob (leibherrliche Abgaben und Dienste). Dadurch gerieten viele grundherrliche Familien in ernste wirtschaftliche Schwierigkeiten, so auch die Grafen von Enzenberg, die ohnehin übernommene Schulden (z. B. die Auszahlung der Erbtochter Theresia von Rost) und vor allem die Kriegserlittenheiten nicht verkraftet hatten. Auch die Minderung und der Verlust von Einnahmen seit 1805 schlugen zu Buche.[1] 1819 beliefen sich die Schulden und Zinsrückstände der Herrschaft auf rd. 90 000 fl.

1807 holte bei der Übergabe der Herrschaft Singen/Megdberg Franz I. Joseph von Enzenberg von Klagenfurt aus beim württembergischen König den lehenherrlichen Consens ein.[2] Am 28. Oktober 1814 belehnte Großherzog Karl von Baden (nach Anmahnung seit Februar 1812) Franz II. Joseph von Enzenberg mit der Herrschaft Singen/Megdberg[3]. Die Lehentaxe betrug 28 fl. 54 xr. Der Inhalt des Lehenbriefes entsprach bei weitem nicht mehr dem vorgelegten letzten österreichischen Lehenbrief. Graf von Enzenberg formulierte deshalb einmal, es sei äußerst schmerzhaft, ein wohlerworbenes und nutzbares Recht um das andere ohne alles Entgelt zu verlieren. 1818 teilte das Justizministerium dem Vasallen Graf von Enzenberg zur Beruhigung mit, »daß ihm alle diejenigen Rechte und Zuständigkeiten, womit er früher belehnt worden sey, insofern sie nach künftiger Regulierung der Verfaßung wieder zuläßig werden, vorbehalten bleiben, und insofern in einem oder dem anderen Punkte eine Restitution erfolgen würde«. Daran war im Ernst nicht zu denken. Nach dem Tod des Großherzogs Karl am 8. Dezember 1818 stellte Großherzog Ludwig (1808 bis 1830) im November 1819 den letzten Lehenbrief für Singen aus[4]. – Nachdem durch ein Edikt vom 22. April 1824 der nellenburgische Adel mit dem breisgauischen Adel gleichgestellt worden war, ergab sich für Graf von Enzenberg die Notwendigkeit, beim Großherzog im August 1824 um die Gleichstellung des landsässigen Adels (wozu er gehörte) mit dem ehemals reichsunmittelbaren Adel vorstellig zu werden[5].

Erste Tilgungspläne für die Schuldenabtragung wurden bereits 1812 erstellt; damals betrugen die herrschaftlichen Revenüen der Gesamtherrschaft 17 477 fl. 56 xr, denen Ausgaben von 14 220 fl. 40 xr gegenüberstanden. Mithin bestand ein Überschuß von 3256 fl. 36 xr[6]. Aber 1818 mußten allein für Zinsen und Rückstände 12 263 fl. 41 xr aufgewendet werden[7]. 1819 waren die Schulden auf 90 247 fl. angestiegen, das Vermögen wurde auf 200 700 fl. taxiert. Auf Ansuchen erteilte Großherzog Ludwig am 11. März 1819 seinen Konsens zur Aufnahme eines Kapitals von 51 781 fl. mit Verpfändung (= Eintragung einer hypothekarischen Sicherheit in den Unterpfandsbüchern von Singen und Mühlhausen) auf die Lehensobjekte Singen, Mühlhausen und Arlen[8]. Zugleich wurde die bisherige Administration aufgehoben, die neue Administration begann am 1. Januar 1819[9]. Die Schuldentilgung sollte im Laufe von 20 Jahren unter äußerster Sparsamkeit der gräflichen Familie beendet sein. Zum Administrator wurde der frühere Obervogt Franz Sales Ummenhofer bestellt.

Als sich die Aussicht abzeichnete, die Pfandlehenherrschaft zu allodifizieren, d.h. in freies Eigentum umzuwandeln, trat die Notwendigkeit ein, die Pfandeinträge für die Lehengüter zu löschen. Aus diesem Grunde nahm Graf von Enzenberg unter Vermittlung des Donaueschinger Hofrates Hasenfratz bei dem Baseler Handelshaus J. J. Merian, Wieland et Cons. eine Anleihe über 60 000 fl. gegen 3 1/2% Zins auf[10] und konnte nun im November 1827 sämtliche mit Hypotheken auf Lehengüter abgesicherte bestehende Obligationen in Höhe von 57 440 fl. 40 xr und damit auch die Pfandbucheinträge in Singen und Mühlhausen löschen. Darauf erklärte das Gr. Hofgericht zu Meersburg am 30. Januar 1830 die Administration der Grundherrschaft für aufgehoben[11].

Die Besprechungen über die Allodifizierung des Pfandlehens Singen, Mühlhausen und Arlen hatten bereits 1825 begonnen; die Verhandlungen mit dem Lehenhof beim badischen Justizministerium in Karlsruhe führte der Steuer-Peräquator Dummel. Die dafür zu entrichtende Quote wurde auf 5% des Schätzpreises mit 96 351 fl. (die Summe ergab sich nach Abzug des Pfandschillings mit 70 800 fl. vom damaligen Schätzungspreis von 167 151 fl. 23 xr) festgesetzt. Großherzog Ludwig genehmigte die Allodifizierung am 30. November 1827[12]. Mit der Allodifizierung erwarb Graf von Enzenberg u.a. das Recht zum Bezug der Grundzinsen, von Heugeld, Hühnergeld und Gülteiern sowie des Zehnten; die Lehen lagen in neun Gemarkungen: Arlen, Bettnang, Duchtlingen, Iznang, Mayerhof, Mägdberg, Mühlhausen, Singen und Weiler. Die endgültige Lösung der Finanznot der Grundherrschaft Enzenberg ermöglichte indessen erst der Verkauf der Herrschaft Mühlhausen. Aus eigener Kraft waren Zinsen und Tilgung der Basler Anleihe nicht aufzubringen. Zwar waren 1835 wiederum durch Vermittlung des Domänenrates Hasenfratz in der Umgebung von Donaueschingen bei zahlreichen privaten Geldgebern für die 1835 erfolgte Ablösung des Basler Darlehens 60 000 fl. beschafft worden[13]. Erst mit dem Verkauf der allodialen Herrschaft Mühlhausen mit dem Mägdeberg und allem Zubehör an die Gräfin Katharina von Langenstein um 233 000 fl. am 11. Januar 1840 konnte endgültig ein Schlußstrich unter die Schuldenmisere gezogen werden, zugleich erlosch damit die seit 1657 bestehende Herrschaft Singen/Megdberg[14].

Anmerkungen

[1] GLA 229/97927, Kriegsleistungen des Obervogteiamtes Singen 1799 bis 1803; 313/2045, Repartition der Kriegslasten 1815 bis 1819. – Leider beinhalten die Akten keine genauen Übersichten über den Umfang der Kriegserlittenheiten.

[2] EAS F I 6/19 = 406.

[3] EAS Urk. Nr. 81.

[4] EAS F 6/20 = 565.

[5] EAS F I 6/19 = 406.

[6] EAS A II 4/2 = 212.

[7] EAS A II 4/7 = 211.

[8] Der Betrag errechnet sich wie folgt:
Schulden	90 247 fl. 2 xr,
davon bedeckt	38 065 fl. 43 xr,
unbedeckt	51 781 fl. 24 xr.
Das Allodialvermögen betrug	83 350 fl.,
die Pfandlehen waren auf geschätzt,	107 150 fl.
zusammen	200 700 fl.

[9] EAS A II 4/6 = 209; A II 4/4 = 210. – Unter den Gläubigern befanden sich u.a. der Schwager Graf Lodron mit 6716 fl., Obervogt Ummenhofer mit 5120 fl., Hof-Faktor Joseph Levy/Randegg mit 20 360 fl. – EAS A II 4/7 = 211.

[10] EAS A II 5/1 = 204; A II 5/2 = 202; A II 5/4 = 206.

[11] EAS A II 4/8 = 214.

[12] EAS F I 6/24 = 276.

[13] EAS A II 5/6 = 205.

[14] EAS A I 2/3 = 787; A I 2/5 = 1100. – GÖTZ-BECK, Langenstein, S. 272; DOBLER-RIEDMÜLLER, Mühlhausen–Ehingen, S. 143. – Gräfin Katharina von Langenstein vererbte Mühlhausen an die Grafen Douglas.

Das Ende der Grundherrschaft Singen-Megdberg

von Herbert Berner

Im Großherzogtum Baden wurde die Grundherrschaft neuerer Art durch das IV. Konstitutions-Edikt vom 22. Juli 1807 begründet. Die zunächst noch bestätigten herkömmlichen Privilegien und Zuständigkeiten öffentlich-rechtlicher Art wurden im Laufe der Jahre mit dem fortschreitenden Ausbau der badischen konstitutionellen Monarchie nach und nach aufgehoben, in Württemberg schneller und rücksichtsloser, weshalb man sich in Singen vom Übergang an das Großherzogtum Baden 1810 einige Vorteile versprach. Aber auch in Baden vollzog sich dieser Prozeß unaufhaltsam; als erstes wurden alle jene Zuständigkeiten beseitigt, welche dem Staate im Wege standen. Am 14. Mai 1813 übertrug eine großherzogliche Verordnung die bisher bewilligt gewesene Jurisdiktion sowie alle obrigkeitlichen Befugnisse im Straf- und Bürgerlichen, Kirchen- und Polizeirecht dem Staat. Dies war für Franz Joseph II. von Enzenberg Anlaß, das Amt des Obervogts formal aufzuheben und die Verwaltung durch einen Rentbeamten führen zu lassen. Eine weitere großherzogliche Deklaration vom 22. April 1824 über die staatsrechtlichen Verhältnisse der ehemals reichsunmittelbaren Grundherren (die mit Einschränkungen auch im nicht reichsritterschaftlichen Singen galten) legte in 30 Paragraphen die persönlichen und allgemeinen Rechte der Grundherren fest[1].

Unter österreichischer Landeszugehörigkeit gehörten zur Herrschaft Singen-Megdberg Niederhof und Remishof, Arlen, Mühlhausen, die Mayershöfe und Dornsberg. Der Grundherr besaß

1. die hohe Malefizobrigkeit,
2. den Mühlenzwang auf der Mühle zu Singen für die Orte Singen und Arlen (mehlen, sägen, reiben),
3. Trottenzwang mit zwei Winzerpressen in Singen und einer Trotte in Mühlhausen,
4. Häuserbaukonzession (dabei u.a. die Kompetenz für Aschen sammeln, Steinbrüche, Krämerstandgeld, Wein- und Bierschankgerechtigkeit),
5. Salzhandel,
6. das Recht, in Singen eine Bräustatt zu errichten,
7. niedere Gerichtsbarkeit in bürgerlicher und polizeilicher Hinsicht,
8. Ein- und Abzugsrecht nebst Aufnahme und Entlassung von Bürgern und Beisassen,
9. die niedere Jagd- und Forstgerichtsbarkeit nebst der Hochjagd in Singen jenseits der Aach, im Mühlhauser Bann und auf dem Dornsberg,
10. Ohmgeldberechtigung samt Zugehörden,
11. Verleihung der Schul-, Meßmer- und Kirchendienste,
12. Besetzung des Ortsvorstandes und Ortsgerichts,
13. Leitung des Gemeinde- und Kirchenvermögens,
14. Freiheit von aller Milizpflicht, von Einquartierungen und anderen militärischen Lasten und Fronden, von Straßen- und Chausseebau und anderen Gemeindelasten,
15. alle grundherrschaftlichen Leibeigenschaftsrechte und Gefälle: Leib- und Fasnachtshennen, Leib- und Verlassenschaftsfälle, Handfuhren, Jagdfronen, Pfeffergelder oder Rekognitionen, Tauen- und Pfluggelder.

Ferner bestand in Singen eine Handwerkerlade.

Unter württembergischer Herrschaft (1806) wurden durch das Organisationsedikt vom 18. März 1806 ganz entzogen:

1. Häuserbaukonzession,
2. Salzhandel,
3. Besetzung des Ortsvorstandes und Ortsgerichts,
4. Leitung des Gemeinde- und Kirchenvermögens[2],
5. Aufnahme und Entlassung von Bürgern und Beisassen,
6. gegen eine in Aussicht gestellte Entschädigung das Ohmgeld.

Alle übrigen Rechte und Privilegien wurden belassen[3].

Das Großherzogtum Baden (1810) sprach zunächst aufgrund des Edikts von 1807 den Grundherren einige der entzogenen Rechte wieder zu, um sie durch die alsbald folgenden Verordnungen und die Aufhebung der Patrimonialgerichtsbarkeit am 1. Juni 1813 fast ausnahmslos endgültig zu kassieren. Die Grundherrschaft verlor nun gänzlich:

Die Zivil-, Forst-, Straf- und Polizeigerichtsbarkeit mit all den damit zusammenhängenden Rechten, Gefällen, Freiheiten und Vorzügen gegen eine Rekognitionsvergütung, also eine geringe, in keinem Verhältnis zum Wert der entzogenen Kompetenzen und Einnahmen stehende Entschädigung. Ähnlich stand es mit der vorgesehenen Ohmgeldentschädigung, die in einem augenfälligen Mißverhältnis zu dem wahren Ertrag ausfiel,

»weil man nicht nach den liberalen Grundsätzen der württembergischen Regierung einen 20jährigen, von 1806 zurückberechneten Durchschnitt genommen hat, sondern den bloß 10jährigen von 1781–1790«. Die hierauf zurückgehenden Verluste der Grundherrschaft errechnete F. S. Ummenhofer im März 1817:

Kanzleitaxen	552 fl. 34 xr.
Zivilstrafen	4 fl. 29 xr.
Bürgergelder	97 fl. 45 xr.
Abzugsgelder	123 fl. 4 xr.
Rekognitionen	60 fl. 0 xr.
Ohmgeld	739 fl. 14 xr.
Vorgesehene Entschädigung:	289 fl. 13 xr.

Der Grundherrschaft belassen waren noch:
1. Grund- und gutsherrliche Leibeigenschaftsrechte und Gefälle: Leib- und Fasnachtshennen, Leib- und Verlassenschaftsfälle, Bürger- und Beisitzgelder, Hand-, Fuhr- und Jagdfrohnen, Manumissionsgelder, Krämerstandgeld, Tauen- und Pfluggeld, Bräustattgerechtigkeit.
2. Das Recht zur Besetzung der Schul- und Meßmerdienste.
3. Ein beschränktes forum privilegiatum (besonderer Gerichtsstand, aufgehoben 1863).
4. Niedere Jagdbarkeit nebst Hochjagen (wie bisher).
5. Das meist den Grundherren zustehende Patronatsrecht übte in Singen der badische Staat als Rechtsnachfolger des Fürstbischofs von Konstanz aus.

Neue Belastungen brachten ferner für die Grundherren die Erhöhung der Ordinari-Steuern um 182 fl. auf 601 fl. (1816/17), nach der badischen Steuerordnung von 1814 unter Zugrundelegung eines Steuerkapitals von 200 444 fl., Beizug zu den Chausseebaukosten und anderes mehr[4].

Verständlich, daß die nellenburgisch-neubadischen Grundherren sich 1810 zusammenschlossen, um zunächst einmal aufgrund der württembergischen Reformen die Gleichstellung mit den altbadischen Grundherren zu erreichen; Franz Joseph II. von Enzenberg übernahm diese Aufgabe als ihr Bevollmächtigter in Karlsruhe[5]. Sodann versuchten die Grundherren auf die von der badischen Regierung in Gang gebrachte »Verwaltungsreform« einzuwirken, um zu retten, was überhaupt noch zu retten war, oder wenigstens eine angemessene Entschädigung zu erkämpfen. Am Weihnachtstag 1816 trafen sich eine Reihe nellenburgischer Grundherren im Gasthaus »Wagen« in Steißlingen (unter ihnen Freiherr Franz von Bodman, Ernst von Stotzingen, Graf von Enzenberg in seinem Namen und für Graf Karl von Welsberg) und berieten eine Protestation gegen die neue Steuerperäquation, die Graf Johann Andreas von Traitteur in Bruchsal, zugleich Besitzer der Grundherrschaft Gottmadingen-Heilsberg 1813–1829[6], ausgearbeitet hatte. Wiederum wurde Graf von Enzenberg mit Graf von Welsberg zum Korrespondenten ernannt. Auf Anregung des breisgauischen Adels schlossen sich auch die Nellenburger einer Aktion für die Einführung einer landständischen Verfassung an, die durch Großherzog Karl 1818 in Kraft gesetzt wurde[7].

Wie wir bei der Beschreibung der enzenbergischen Grundherrschaft gezeigt haben, nahm in langsamen Schritten die Ablösung der verschiedenartigen feudalen Abgaben und Dienste ihren unerbittlichen Fortgang. Einen starken Schub löste die Revolution 1848/49 aus, in deren Folge alle noch bestehenden Feudalrechte gegen eine billige Entschädigung der Berechtigten aufgehoben wurden.

Die Seekreisregierung stellte nach 1850 umständliche und langwierige Erhebungen an und verlangte von den Grundherren eine genaue Dokumentation ihrer Berechtigungen. Dabei entzündete sich über die Ablösung der Bürgereinkaufsgelder und Abzugsgebühren eine längere Diskussion. Die Seekreisregierung legte nämlich 1854 in Abschrift eine Erklärung des Grafen Franz III. von Enzenberg vor, wonach dieser am 5. April 1848 ohne Anspruch auf Entschädigung auf die Bürgereinkaufsgelder verzichtet habe. Rentmeister Stebinger bezweifelte dies und meinte, das könne angesichts der damaligen Situation, als von einem Schutz der grundherrlichen Rechte durch die großherzogliche Regierung keine Rede war, im besten Falle nur eine vorläufige, keinesfalls aber bindende Erklärung gewesen sein. Am 6. Februar 1855 brachte Graf von Enzenberg gegenüber Stebinger brieflich zum Ausdruck, daß er sich nicht erinnern könne, eine Verzichtserklärung geschrieben oder gar unterschrieben zu haben; er glaube, daß Rentmeister Decall diese »im ärgsten Strudel der Revolution« abgegeben habe mit Nachahmung seiner (des Grafen) Unterschrift! Jedoch befindet sich bei den Akten ein, wie es scheint, von ihm unterschriebener Brief vom 10. April 1848, in dem er die Verzichtserklärung auf die Bürgereinkaufsgelder ausspricht[8]. Schließlich, vom Rentamt in Kenntnis gesetzt, daß der Original-Verzicht nicht apokryph zu sein scheine, »bleibt mir, so unbegreiflich mir auch ein solches ungewohntes gänzliches Verlassen meines Gedächtnisses noch immer erscheint, dennoch nichts Anderes über, als zu glauben, daß mir in einem Augenblicke, wo der Feind auf eine Stunde von meinem südtirolischen Güterstand, ich mit Ausrüstung und Anführung einer Schützen-Compagnie über und über beschäftigt war, während der Sturm des revolutionären Zeitgeistes gleichzeitig aller Orte, wo ich begütert bin, eine Säule des gewohnten Rechtsbeistandes nach der andern, so fest ich sie auch glauben mochte, umstürzte, daß mir in einem solchen Momente der Verzicht auf die

Bürgereinkaufsgelder in Singen und Arlen zu unbedeutend geschienen, um sich meinem Gedächtnis auf Dauer einzuprägen«. Dennoch hoffe er, daß nach nun wiederhergestellter Rechtsordnung seine Ansprüche anerkannt würden, denn der Verzicht sei gewaltsam erlangt worden. Am 31. Dezember 1855 entschied die Ministerialkommission in Karlsruhe, daß der Graf für das Abzugsrecht entschädigt werden solle (was bereits 1852 geschehen war), jedoch nicht für das Bürgereinkaufsgeld. Das Rentamt legte beim Staatsministerium Rekursbeschwerde ein und verwies darauf, daß die Ansprüche vieler Grundherren, die 1848 unter völlig gleichen Verhältnissen unfreiwillig verzichtet hatten – so etwa Bodman-Bodman, Bodman-Möggingen, Stotzingen-Steißlingen –, bereits ihre Entschädigungen erhalten hätten. Darauf erst entschloß sich die Ministerialkommission am 16. Juni 1856, die Entschädigung in Höhe von 815 fl. 24 xr. zuzüglich 5% Zins ab 10. April 1848 zu entrichten[9].

Schließlich gab es noch eine wichtige Änderung aufgrund der Gemeindeordnung von 1831: Die Grundherrschaft mußte nun auch wie jeder andere Bürger Umlagen zu den Gemeindebedürfnissen leisten aufgrund des Steuerkapitals; diese Umlage betrug 1850 auf 100 fl. Steuerkapital 12 xr. Im Jahre 1855 belief sich der Anteil der enzenbergischen Umlage im Haushaltsplan auf 9%, was einem Steuerkapital von knapp 65 000 fl. entsprach (in Singen hatten 393 Steuerpflichtige ein Steuerkapital von 724 715 fl.)[10]. Das zeigt noch einmal anschaulich, daß der Grund- und Liegenschaftsbesitz der Grundherrschaft in der Gemarkung kaum 10% ausmachte.

Zusammenfassend können wir feststellen, daß trotz des Scheiterns der Revolution 1848/49 die Feudallasten beseitigt und das materielle Ergebnis der Bauernbefreiung bestätigt worden sind. Die Revolution hat den Prozeß der Demokratisierung der Gesellschaft beschleunigt. Im öffentlich-politischen Leben spielten nun die Grundherren kaum noch eine dominierende Rolle. Das galt in besonderer Weise für Singen, da die Grundherrschaft ihren Sitz 1843 nach Tirol verlegte und nur noch durch einen Rentmeister vertreten war, der im Auftrag seiner Herrschaft die in bezug auf die Gemeinde vorwiegend in Grundstücksfragen anstehenden Probleme regelte.

Anmerkungen

[1] BERNER, Bodman II, S. 285–293.
[2] Die Grundherren hatten das Recht, persönlich oder durch Bevollmächtigte bei Vogt- und Ruggerichten, Kirchen- und Schulvisitationen sowie beim Anhören der Gemeinde-, Stiftungs- und Kirchenrechnungen anwesend zu sein, und konnten auch die Gemeinderechnungen vor deren Verabschiedung einsehen. Auch das Vorschlagsrecht zum Amt des Vogtes oder Bürgermeisters unter drei von der Gemeinde ausgewählten Kandidaten stand ihnen zur landesherrlichen Bestätigung zu.
[3] Im Oktober 1810 ließ die württembergische Regierung noch eine Aufstellung anfertigen über die Separation der Souveränitätsgefälle von den gutsherrlichen Gefällen; EAS S I 2/3 = 482.
[4] EAS F I 8/4 = 644.
[5] EAS F I 8/1 = 722; F I 8/20 = 8.
[6] G. SCHWAB, Gottmadingen, S. 25 f.
[7] EAS F I 8/4 = 644; F I 8/3 = 382.
[8] S. Kap. Revolution 1848/49.
[9] EAS F I 8/28 = 89.
[10] A. GEBHARDT, Finanzwirtschaft, S. 78, 80; 1850 belief sich das Steuerkapital der enzenbergischen Grundherrschaft auf 58 200 fl. (= Umlage 116 fl. 24 xr.); 1855 bei 59 950 fl. (= 179 fl. 51 xr.).

Zur demographischen Situation Singens in der ersten Hälfte des 19. Jahrhunderts

von Joachim Schaier

Das 19. Jahrhundert[1] mit seinen Errungenschaften, Entwicklungen und Problemen ragt wegen seiner relativen zeitlichen Nähe, und nicht nur deshalb, unmittelbar bis in unsere Tage hinein. Erinnert sei an die Industrielle Revolution, die Entwicklung des Land- und Seeverkehrs durch Nutzung der Dampfkraft, an die Erfindung des elektrischen Telegrafen, die Einführung der Straßenbeleuchtung. Das Bürgertum steigt zur politisch-ökonomischen Kraft empor, die Revolutionen der 1830er und 1840er Jahre dokumentieren das Ringen um Demokratisierung des Staatslebens. Das Massenelend in Stadt und Land dringt ins Bewußtsein der Zeitgenossen und verschärft sich zur »sozialen Frage«.

Die Begleiterscheinungen dieser noch heute spürbaren Umwälzungsprozesse sind Thema dieses Beitrags.

Der genannte Zeitraum fällt in die wichtige Periode der sogenannten »demographischen Transition« (Übergang),[2] einer bevölkerungsgeschichtlichen Entwicklung, die etwa mit der zweiten Hälfte des 18. Jahrhunderts beginnt. Die Bevölkerungsentwicklung verändert sich von *hoher* Sterblichkeit, hoher Geburtlichkeit, hoher Wiederverheiratungsquote und *niedriger* durchschnittlicher Lebenserwartung zu einem Stadium mit niedriger Sterblichkeit und niedriger Geburtlichkeit sowie einer höheren durchschnittlichen Lebenserwartung. Besonders die rückläufige Sterblichkeit bei Erwachsenen im reproduktionsfähigen Alter verursacht einen explosionsartigen Bevölkerungsanstieg. Denn die größere Zahl Erwachsener läßt auch mehr Kinder zur Welt kommen, wobei gleichzeitig die Kindersterblichkeit hoch bleibt. Zum Bevölkerungsanstieg tragen aber auch außerdemographische Faktoren bei: bessere medizinisch-hygienische Versorgung, bessere Ernährungsweise und der Anstieg des Wohnstandards. So zeigt sich eine enge Verknüpfung zwischen demographischer und industrieller Entwicklung.

Im Mittelpunkt der Betrachtungen steht die Bevölkerungsentwicklung der Stadt Singen a. H. in der Spanne zwischen 1800 und 1860. Das Enddatum wurde deshalb gewählt, weil für Singen die 1860er Jahre den Beginn der eigentlichen Industriegemeinde markieren.[3] 1863 erhält die Gemeinde mit der Eröffnung der Strecke Schaffhausen–Singen–Radolfzell–Konstanz ihren ersten Bahnanschluß,[4] was die Industrieansiedlung sehr begünstigt hat.[5] 1860 wird die Pumpenfabrik Allweiler gegründet und 1863 der Neubau der Stadt in Angriff genommen.[6] Vor 1860 gab es als größeren Betrieb lediglich die Spinnerei Trötschler und Ehinger (ab 1847).[7] Im Großherzogtum Baden wird 1862 die allgemeine Gewerbefreiheit eingeführt.[8] Die Industrialisierung Singens erfolgt somit erst relativ spät, als sich bereits im Deutschen Reich die Entwicklung in der zweiten Phase befand.[9] Sie ist zusammen mit der starken Bevölkerungsvermehrung die Voraussetzung für die recht späte Verleihung der Stadtrechte am 2. September 1899. Das Gemeindegesetz vom 24. Juni 1874, das am 20. Juni 1884 als badische Städteordnung veröffentlicht wurde, regelte speziell für die damals größten Städte des Landes (Karlsruhe, Mannheim, Heidelberg, Freiburg, Pforzheim, Baden-Baden und Konstanz) die Verwaltungsgeschäfte.[10] Die Bürgergemeinde wurde zur Einwohnergemeinde erweitert. Außerdem wurde die Möglichkeit zur Teilnah-

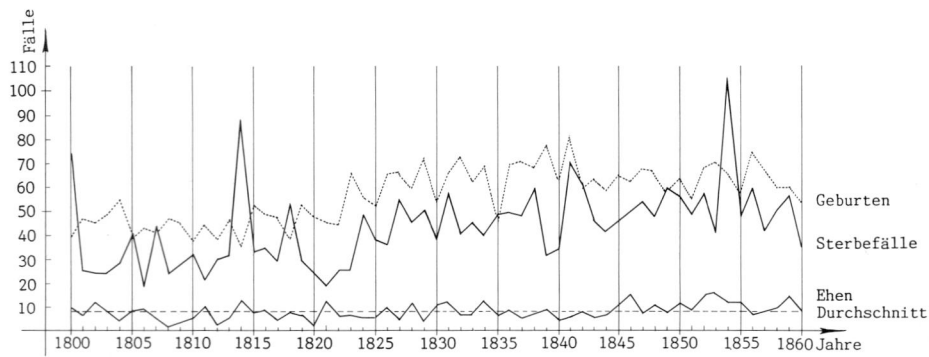

Grafik 1: Ehen – Geburten – Sterbefälle 1800–1860

me der Bevölkerung an der Gemeindeverwaltung ausgedehnt. Von der Einwohnerzahl hing die Mitgliederzahl des Bürgerausschusses ab, der die Arbeit der Gemeindeverwaltung und des Bürgermeisters kontrollierte und darüber beim Staat Beschwerde führen konnte. Für Gemeinden mit mehr als 3000 Einwohnern, und dies traf eben 1899 auf Singen zu, bestand nun die Möglichkeit, sich dieser Städteordnung anzuschließen. Singen stieg somit vom Dorf zur Stadt auf.

Unsere Darstellung behandelt demnach die Entwicklung Singens vor dem eigentlichen Industrialisierungsschub, der erst in den 1880er und 1890er Jahren erfolgte.

Wir wollen der Frage nachgehen, inwiefern sich schon in der Anlaufphase auf demographischem Gebiet Anzeichen einer veränderten Bevölkerungsweise[11] ankündigten. Es muß jedoch an dieser Stelle vorweggenommen werden, daß wir uns aus Platzgründen auf den einfachen demographischen Verlauf beschränken, d.h. nur Geburtlichkeit, Heiratsziffern und Sterblichkeit verfolgen können und die eigentlichen Parameter der »Bevölkerungsweise« wie etwa Heiratshäufigkeit, eheliche Fruchtbarkeit und altersspezifische Sterblichkeit vernachlässigen müssen.[12] Zum allgemeinen Verlauf der Bevölkerungsentwicklung im 19. Jahrhundert muß gesagt werden, daß um 1860 ein Wandel erfolgte.[13] Von 1816 bis 1865 ergibt sich das typische Bild der von der Industrialisierung geprägten Bevölkerungsbewegung:[14]
- starke, unregelmäßig erscheinende Einbrüche bei Geborenen- und Sterbeziffern,
- Ansteigen der Sterbeziffern (Hungerkrise 1816/17, Epidemien 1831/32, 1848/50, 1852/55),
- danach Anstieg der Eheschließungen, dann der Geborenenziffern.

Nach 1860 etwa ändert sich der Verlauf:[15]
- sinkende Sterbeziffern (Ausnahme Säuglingssterblichkeit),
- Anstieg der Geburten,
- Anstieg der Lebenserwartung.

Insgesamt zeichnet sich der Zeitraum zwischen 1816 und 1871 durch eine »explosionsartige Entwicklung der Volkszahlen«[16] aus, die aus den Geborenenüberschüssen herrühren und ihrerseits aus der größeren Zahl Überlebender resultieren.[17]

In Singen verdoppelt sich die Einwohnerschaft von 772 (1800) auf 1595 Einwohner (1846).[18] Von 1800 bis 1895 verdreifacht sich die Einwohnerzahl, um 1900 in einem gewaltigen Sprung sogar die fünffache Zahl an Einwohnern von 1800 zu erreichen, nämlich 3909. Die größten Zuwächse erfährt die Gemeinde 1839/40 (8,6%/Jahr), 1842/43 (13,7%/Jahr), dann 1845/46 (18,2%/Jahr), 1849/50 (8,4%/Jahr) und schließlich im letzten Jahrfünft 1895/1900 (9,2%/Jahr). Für den starken Anstieg der Einwohnerschaft im letztgenannten Zeitraum mögen der weitere Ausbau der Eisenbahn,[19] die Ansiedlung größerer Industriebetriebe und Wanderungsbewegungen verantwortlich sein.[20] Das Wachstum von 1845/46 läßt erstaunen, da Baden in dieser Zeit von einer Teuerungskrise heimgesucht wird.[21] Wahrscheinlich hat Singens Grenzlage zur Schweiz viele Menschen angezogen, da sich trotz der allgemeinen Not ein begrenzter Handel und vor allem auch ein florierender Schleichhandel mit der Schweiz abwickeln konnte. Man kann deshalb vermuten, daß die Versorgungslage in Singen günstiger war als anderswo. Der Bevölkerungszuwachs 1840/50 ließe sich mit dem Abklingen der Revolutionswirren von 1848 erklären. Der Bevölkerungsrückgang 1800/01 hat einmal die natürliche Ursache der Blatternepidemie und zum anderen den Zweiten Koalitionskrieg gegen Frankreich, der auch in Singen seine Spuren hinterließ. 1806/07 war Süddeutschland wiederum in Kriegsereignisse mit hineingezogen, als Napoleon, diesmal als Kaiser, gegen Rußland und Preußen marschierte. In den 1830er Jahren verursachte die Cholera einen leichten Bevölkerungsrückgang. Die Jahre 1846/49 brachten wirtschaftliche Not, die noch durch die Revolution 1848/49 verstärkt wurde und viele Bewohner zur Auswanderung trieb,[22] was besonders in den 1850er Jahren der Fall war (vgl. S. 351 f.).

1852 wandert Joseph Mattes mit Frau und fünf Kin-

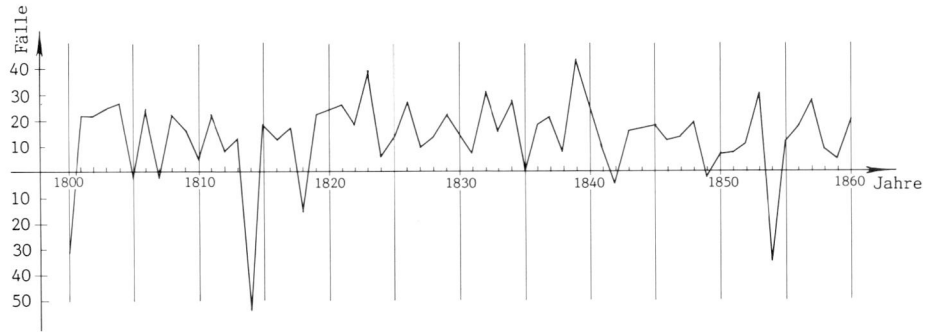

Grafik 2: Geburtenüberschuß 1800–1860

dern nach Amerika aus, ebenso Franz Ehinger und Matthäus Denzel, um nur wenige Beispiele zu nennen. Im natürlichen Bevölkerungswachstum ergibt sich außer 1849 für den Zeitraum von 1846 bis 1849 kein Einbruch,[23] was die Rückführung des Einwohnerrückgangs auf Wanderungsbewegungen wahrscheinlich macht.

Aus der Berufsangabe des Bräutigams im Singener Ehebuch geht hervor, daß bis 1860 Landwirte (36,4% der Angaben) und Handwerker wie Schreiner, Maurer, Glaser u. a. (30,8%) dominierten. Handel (Kaufmänner) und Gewerbe (Wirte, Bäcker) ergeben zusammen 13,6%. Tagelöhner und Arbeiter machen 7,5% aus.

Von einer »Arbeiterschaft« kann mit *W. Fischer* tatsächlich erst seit der Etablierung von Großbetrieben um 1890 gesprochen werden.[24] Bei den Handwerkern dominierten von 1800 bis 1860 mit Abstand die holzverarbeitenden Berufe (25 Personen), gefolgt von der Lederverarbeitung (17 Personen), der Textil- (14 Personen) und Nahrungsmittelbranche (13 Personen). Die Metallverarbeitung (7 Personen) ist unterrepräsentiert. Damit können einige Aussagen von *Josef Griesmeier* auch für Singen bestätigt werden. Er stellt fest, daß 1861 in Baden die Metallwarenherstellung relativ wenig ausgebildet gewesen sei.[25] Zwar dominiert in Singen nicht die Lederverarbeitung, anders als *Josef Griesmeier* darstellt,[26] doch hält sie den zweiten Rang.

Singen blieb zumindest bis 1860 eine von Ackerbau und Handwerk geprägte Stadt.

Auch Heiratszahlen geben Aufschluß über die Wirtschaftsverfassung.[27] Bei Gliederung des Zeitraumes von 1800 bis 1860 in Dekaden ergibt sich, daß zwischen 1850 und 1859 absolut die meisten Ehen mit 22,9% aller Eheschließungen zwischen 1800 und 1860 geschlossen worden sind.

Betrachtet man den Verlauf der Grafik 1, so bleibt die absolute Ehehäufigkeit ab 1845 bis 1860 mit Ausnahme der Jahre 1856 und 1857 immer über dem Durchschnitt. Zwischen 1830 und 1844 werden die Ausschläge gegenüber dem Zeitraum zwischen 1800 und 1829 deutlich flacher und orientieren sich am Durchschnitt.

Die durchschnittliche Heiratsziffer beträgt in Singen zwischen 1800 und 1860 7,9%.[28] Sie liegt demnach 0,9‰ über dem Landesdurchschnitt.[29] Bei Einteilung des Untersuchungszeitraumes in Dekaden zeigt die Spanne von 1840 bis 1849 einen deutlichen Einbruch für Singen,[30] der wohl mit der Krisensituation der 1840er Jahre (Teuerung, Revolution) zu erklären ist. Im folgenden Jahrzehnt wird diese Phase wieder mit erhöhten Heiratszahlen korrigiert.

Der zeitweise starke Rückgang der Heiraten nach 1831 um 4,9% (Anstieg ab 1833) kann mit den Ehegesetzen in Baden für 1831 in Zusammenhang gebracht werden, die als Ehehemmnis konzipiert worden waren.[31] Das Ehegesetz von 1831[32] sollte mithelfen, die Gemeinden vor der allmählichen Pauperisierung, d.h. Verarmung ihrer Bewohner zu schützen. Die Ehebeschränkungen sollten die Gründung sozial schwacher Familien, die wenig Aussicht auf eine gesicherte Existenz hatten, erschweren. Die Beschränkung der individuellen Selbstbestimmung wurde dabei in Kauf genommen. An erster Stelle stand das Wohl der Gemeinde. Die obrigkeitliche Heiratserlaubnis war an die Erlangung des Bürgerrechts geknüpft: Wer heiraten wollte, mußte Bürger sein oder es werden, wobei für »Bürgertöchter« galt, daß sie erst bei ihrer Verheiratung mit einem Gemeindebürger das volle Bürgerrecht erlangten (§ 5)! Heiratswillige Männer mußten zuerst eine Reihe von Voraussetzungen erfüllen:

– Volljährigkeit und guter Leumund (§ 18),
– Nachweis eines bestimmten »Nahrungszweiges« (Broterwerb) (§ 22),

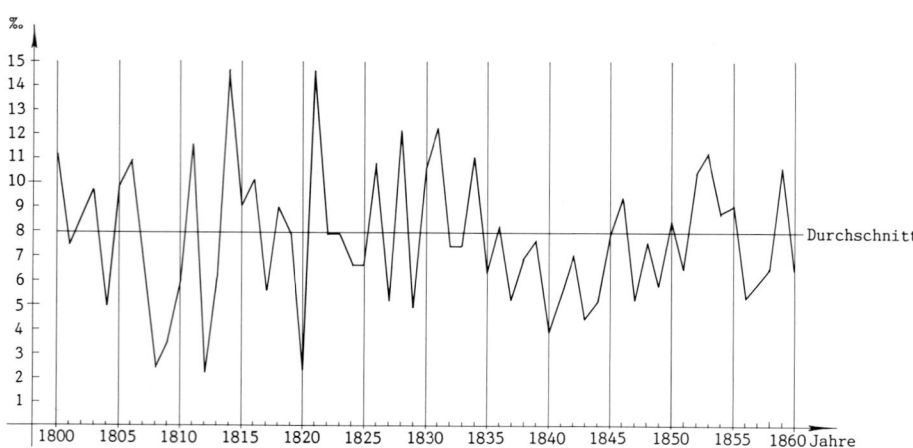

Grafik 3: Heiratsziffern 1800–1860

- Besitz eines Vermögens in Landgemeinden von 300 fl. (§ 23),
- Entrichtung eines Einkaufsgeldes in bar, das sich wie folgt für Landstädte berechnete: 5% des Quotienten aus dem Gesamtsteuerkapital der Gemeinde und deren Seelenzahl (§ 30).

Diese Bestimmungen galten für die Erlangung des Bürgerrechts durch Aufnahme, nicht des angeborenen Bürgerrechts!

So wollte Lorenz Nagel in Friedrichshafen Johanna Ehinger aus Singen ehelichen und suchte um Heiratsbewilligung nach. Aus dem Friedrichshafener »Stadtraths-Protocoll« vom 17. April 1850 geht jedoch hervor, daß es Schwierigkeiten gab:[33] »Obgleich Nagel bis jetzt sich solid aufgeführt und sich ein günstiges Leumundzeugnis erworben hat, so ist sein Nahrungsstand in Ermanglung eines bestimmten Gewerbes nicht entschieden gesichert.« Das bedeutete aber nun nicht gleich das »Aus« für das Paar, denn weiter unten heißt es gnädig: »Da jedoch Nagel, wenn er fleißig und solid ist, sich durchbringen kann und überdieß die Schuster-Profession gelernt hat«, so werde dieser Verbindung stattgegeben, zumal die künftige Ehefrau ebenfalls ein »Prädicats-Zeugniß« und ein Vermögen von 866 fl. vorweisen könne. Diese Summe machte etwa die Hälfte der Jahresbesoldung eines tüchtigen Oberamtsleiters aus.

Die meisten Ehen (s. Tabelle 4) wurden in Singen zwischen 1800 und 1860, genauso wie etwa in Engen in der ersten Hälfte des 18. Jahrhunderts,[34] in den Wintermonaten Januar und Februar geschlossen (Januar 75 = 14,7% und Februar 122 = 23,9%). In diesen Monaten ruhte die Feldarbeit aus verständlichen Gründen, und man hatte eher Zeit für die Hochzeitsfeierlichkeiten. Auch im Juli fielen in Singen viele Heiraten an (51 oder 10%). Die arbeitsintensive Erntezeit August bis Oktober hatte man ja noch vor sich. Die Engener dagegen bevorzugten zum Ehebeginn den Juni. In Erntemonaten sind in Singen die Heiratsraten am niedrigsten. Im Dezember, wo eines der beiden höchsten Kirchenfeste, das Weihnachtsfest mit der Adventszeit, stattfindet, registrieren wir die wenigsten Heiraten (16). Auch in der Fastenzeit, die sich 40 Tage vor Ostern (22. März bis 25. April) erstreckt, wird besonders bei katholischen Christen selten Hochzeit gefeiert. Hier spielt religiöse Pietät eine große Rolle. Singen war ja zu etwa 98% katholisch! Natürlich haben sich die besonders Ehelustigen nicht strikt daran gehalten, wie die Statistik belegt. Die relative Häufigkeit von Eheschließungen im November erklärt sich mit der abgeschlossenen Ernte. Die Feldfrüchte sind nun alle unter Dach und Fach, und somit ist die materielle Grundlage zur Heirat eher vorhanden.

Von großer Bedeutung für die industrielle Bevölkerungsweise ist auch der Zeitpunkt der Verheiratung, d.h. ob in relativ jungen Jahren oder erst später die Ehe eingegangen wurde. Allgemein gilt, daß Europäer ohnehin spät heirateten.[35] Oft wurde die Heirat aber auch aufgrund hoher Preise, der schlechten Beschäftigungslage oder allgemeiner Krisen verschoben.[36] Der Bauernsohn mußte auf das Erbe des Hofes warten und der Handwerker auf die Übernahme einer Werkstatt, indem er etwa die Witwe eines verstorbenen Kollegen heiratete, die auch ruhig älter sein durfte. In Singen betrug das durchschnittliche Heiratsalter zwischen 1800 und 1860 bei Männern 29,2 Jahre und bei Frauen 26,0 Jahre. Dies liegt durchaus im Bereich des Üblichen für das 19. Jahrhundert.[37] Die späte Heirat führte jedoch häufig zu vorehelicher Schwangerschaft mit den entsprechenden Problemen.[38] Doch dieses Thema soll später behandelt werden.

Das Heiratsalter bleibt aber nicht konstant. Ähnlich dem allgemeinen Verlauf der Entwicklung im 19. Jahrhundert steigt das durchschnittliche Heiratsalter bei Erstehen von Männern und Frauen in Singen zwischen 1800/49 und 1850/75 von durchschnittlich 28,4 Jahren bei Männern auf 30,4 Jahre. Heirateten im ersten Zeitraum Frauen mit durchschnittlich 25,5 Jahren, so warteten sie später, bis sie ein Alter von 26,9 Jahren erreichten. Vom Heiratsalter speziell der Frau hängt die Zahl der Geburten ab. Je jünger ihr Heiratsalter ist, desto länger wird der Zeitraum, in dem die Frau gebären kann.[39] Das Heiratsalter hat somit großen Einfluß auf das Bevölkerungswachstum. Frauen, die sich schon vor Erreichen des zwanzigsten Lebensjahres verehelichten, hatten mehr als doppelt soviel Geburten wie Frauen, die in den frühen Dreißigern heirateten.[40] Dies ist besonders in Singen der Fall. 15- bis 19jährige Frauen brachten es hier sogar auf die dreifache Anzahl: durchschnittlich zehn Geburten! Der Wagner Karl Äple aus Schlatt etwa führte seine Rosina Weber aus Singen am 25. Mai 1846 anscheinend mit dem festen Vorsatz zum Traualtar, möglichst viele »Äple« in die Welt zu setzen. Seine 19 Jahre junge Frau war ständig in gesegneten Umständen. Sie gebar nicht weniger als 21 Kinder. Eine wahrhaft stolze Bilanz, die aber eine Ausnahme darstellt. Außerdem darf bei solch hoher Fruchtbarkeit nicht vergessen werden, daß fast die Hälfte des Nachwuchses schon bald nach der Geburt starb.

Im allgemeinen beginnt die Fruchtbarkeit in der zweiten Hälfte des 19. Jahrhunderts zurückzugehen. In der Provinz wird dieser Rückgang jedoch erst ab 1871 spürbar.[41] Am Hohentwiel zeichnet sich ab 1810 bis 1860 ein Sinken der durchschnittlichen Geburten pro Erstehe ab. Die anfangs 7,6 Geburten reduzieren sich recht kontinuierlich auf 6,1. Trotzdem bleiben die Werte für Singen noch so wie in der zweiten Hälfte des 18. Jahrhunderts. Die durchschnittlichen Fruchtbarkeitsraten zwischen 1760/1800 und 1800/1860 liegen jeweils bei 6,8. Die abnehmende eheliche Fruchtbarkeit wird aber durch zunehmende Heiratszahlen wieder aufgefangen. In Singen verdoppeln sie sich nahezu von der ersten Dekade bis in die 1850er Jahre von 13,4% auf 22,9% aller Heiraten zwischen 1800 und 1860. Wenn nun hohe Sterblichkeitsraten Ehen vorzeitig lösen, so daß der Reproduktionsrahmen nicht voll ausgeschöpft wird, können Zweitehen die Fruchtbarkeit heben.[42] In Singen beträgt der Anteil der Zweitehen an der Anzahl aller Heiraten zwischen 1800 und 1860 15%, wobei Jahrzehnte mit hoher Sterblichkeit die meisten Wiederverheiratungen aufweisen: 1800 (Nachwirkungen der Napoleonischen Kriege), 1814 (Cholera), 1836 (Cholera), 1850er Jahre (wirtschaftliche Notjahre). Die Wiederverheiratung erfolgte erst im späten Reproduktionsalter bei Männern mit durchschnittlich 44,7 Jahren und bei Frauen mit 36,4 Jahren. Bei den neuverheirateten Frauen liegt die durchschnittliche Fruchtbarkeitsrate mit durchschnittlich 4,1 Geburten deutlich höher als bei Frauen in Erstehen (3,1) im vergleichbaren Heiratsalter. Dies liegt im Bereich des Normalen.

Der Verlauf der Geburtlichkeit in Singen zwischen 1800 und 1860 zeigt folgendes Bild:[43]

Die durchschnittliche Geborenenziffer ist für Singen im Vergleich zu Baden mit 53,2% (Baden 1817 bis 1859: 38,1%[44] außergewöhnlich hoch. *Peter Marschalck* gibt eine durchschnittliche Geborenenziffer zwischen 1816 und 1865 in Deutschland von 37% an[45], wobei er auf regionale Schwankungen zwischen 35% und 40% hinweist.[46]

Das erste Jahrzehnt des 19. Jahrhunderts beginnt für Singen mit einer etwa durchschnittlichen Geburtenrate, wobei das Jahr 1800 herausfällt. Die Zahl liegt hier einiges unter dem Durchschnitt. Gleichzeitig ist eine hohe Sterbeziffer zu verzeichnen, welche durch eine verheerende Pockenepidemie verursacht worden ist.[47] Die Napoleonischen Kriege mit den damit verbundenen Truppendurchmärschen bedrückten die Bevölkerung in ihrer Existenz. Die folgenden Jahre sind durch einen allgemeinen Rückgang der Geburten um 3% gekennzeichnet. 1818 und besonders 1814 sind Jahre vehement rückläufiger Geburtenraten. Auch in diesen Zeiten grassierten Typhus und Blattern.

In der Periode zwischen 1820 und 1829 gibt es einen starken Anstieg um 12% und den Höhepunkt an Geburten mit 62,4%. Dabei ragen die Jahre 1823, 1826 und 1829 klar heraus. Ihre Werte übertreffen den Durchschnitt um 10%. Von 1840 bis 1860 schließt sich dann eine Phase rückläufiger Geburtenzahlen an. 1846, 1851, 1855 und das Ende der 1850er Jahre sind hervorzuhebende Marken. Gemessen in Dekaden entwickelt sich hier das natürliche Wachstum (Geburtenüberschuß) sehr sprunghaft und unregelmäßig.[48] Von 1800 bis 1809 liegt es trotz des Aderlasses von 1800 durchschnittlich mit 15,0% über dem Gesamtmittel von 12,8%. Das zweite Jahrzehnt beschert einen regelrechten Einbruch mit 6,4%. Ursachen sind die Befreiungskriege und Epidemien besonders 1814 und 1818. Die 1820er Jahre bilden dann eine Erholungsphase mit dem höchsten Überschuß von durchschnittlich 22,3%. In den nächsten Jahren erfolgt dann ein Abschwung auf 17,5%, der aber über dem Gesamtdurchschnitt bleibt. Diese Abwärtsbewegung setzt sich dann bis zum Ausklang der 1850er Jahre fort und endet mit 5,9%. Die 1830er Jahre erbringen wegen der Cholera 1831 und 1838 nur sehr kleine Zuwächse, 1835 erfolgt ein starker Geburteneinbruch, genauso wie 1842. 1849 und ganz besonders 1854 steigen die Todesfälle stark an. Trotzdem liegt die Entwicklung der Geburtenüberschüsse für Singen zwischen 1800 und 1860 mit durchschnittlich 12,8% ein wenig über den sonst üblich angegebenen Ziffern für einen vergleichbaren Zeitraum. *Peter Marschalck* nennt 11% für 1816 bis 1865 als typische Marke des heraufdämmernden Industriezeitalters und für Baden, Württemberg und die Pfalz 40 bis 12%.[49]

Der Anteil der unehelich Geborenen[50] steigt allgemein seit etwa der Mitte des 18. Jahrhunderts und erreicht Mitte des 19. Jahrhunderts den Höhepunkt,[51] um in den 1860er Jahren zurückzugehen.[52] Der absolute Verlauf der Zahlen unehelicher Geburten in Singen sieht wie folgt aus:[53] Von 1800 bis 1820/22 ergibt sich ein stetiges leichtes Anwachsen, um dann sehr abrupt anzusteigen und bis 1860 auf etwa gleichem Niveau zu bleiben. Eine große Zunahme verzeichnen die Jahre 1820 bis 1829.[54] Das folgende Jahrzehnt ist eine Abnahme- und Konsolidierungsphase, und in den 1840er Jahren klettern die Zahlen auf das höchste Niveau, was *Peter Marchalcks* Feststellung eines Anstieges der Unehelichkeit in den 1840er Jahren[55] auch für Singen bestätigt. Die verschärften Ehegesetze für Baden 1831[56] scheinen sich für Singen nicht mit einer Erhöhung der unehelichen Geburten ausgewirkt zu haben. Die Unehelichkeitsquote sinkt von 10,6% (1831) auf 6,8% (1832), 7,9% (1833) und sogar 2,9% (1834).

Die Spitzenjahre für vorehelichen Nachwuchs sind die Krisenjahre 1847 mit 22,1%, 1849 (20,7%) und 1850 (17,5%) sowie das Ende der 1850er Jahre mit der Weltwirtschaftskrise 1857 (18,8%), 1858 (20,0%). Der niedrige Prozentsatz von 2,9% im Jahre 1814 erklärt sich aus dem allgemein hohen Geburtenrückgang in diesem Jahr.

Besonders in den 1840er Jahren kann ein Wechselverhältnis zwischen Heiraten und unehelichen Geburten festgestellt werden. Die niedrigste Heiratsziffer (6,1) korreliert mit der höchsten Unehelichenquote (14,0). In

Grafik 4: Uneheliche Geburten 1800–1860

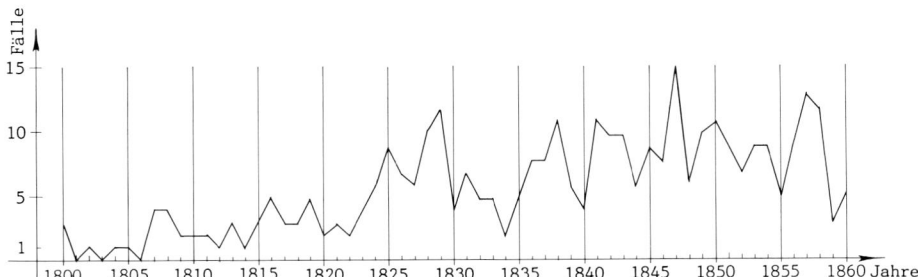

Grafik 5: Uneheliche Geburten 1800–1860

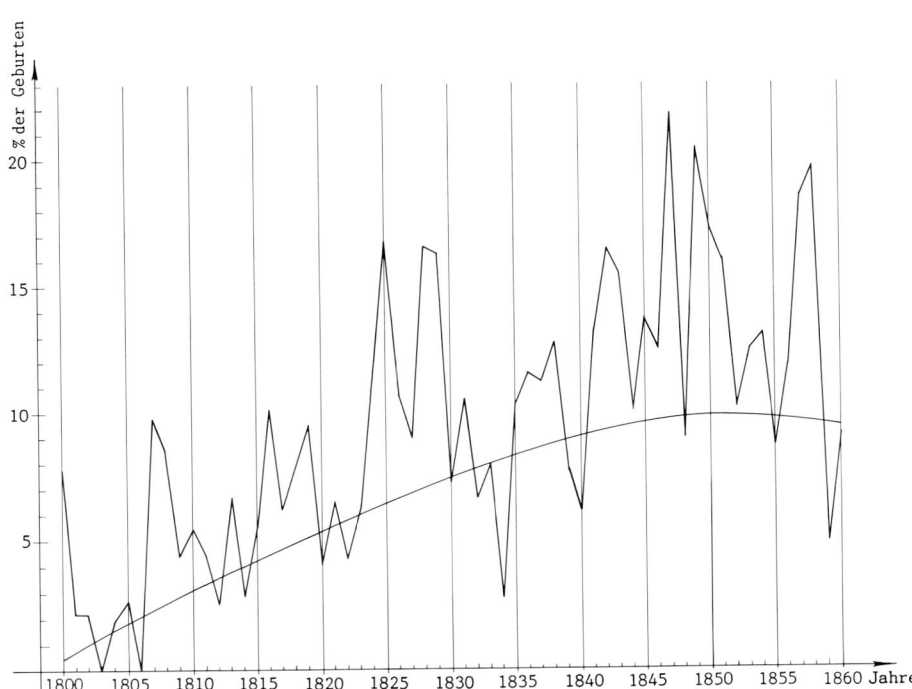

den 1850er Jahren bietet sich ein ähnliches Bild: Heiratsziffer 8,2 und Unehelichenquote 13,5. Die 1830er Jahre vermitteln eine etwas ausgeglichenere Relation: Heiratsziffer 8,3, Unehelichenquote 8,9. Die Zeitspanne 1800 bis 1820 kennzeichnet sich durch eine umgekehrte Relation. Die Heiratsziffern liegen deutlich über denen der Unehelichen.

Das Ansteigen der Illegitimität hat verschiedene Ursachen, von denen nur einige angeführt seien:[57] Konfessionszugehörigkeit, Wandel im Sexualverhalten, Veränderungen in der Sexualproportion, die sich auf die Chancen zur Ehegründung negativ auswirken können, Erbrecht, Nahrungsmittelspielraum und das Kirchenrecht. Doch die eigentlichen Ursachen für Illegitimität sind in strukturellen Wandlungsprozessen zu suchen, die mit Industrialisierung und Urbanisierung einhergingen, wobei noch gleichzeitig bestehende Verhaltensmuster traditioneller Art nicht mithalten konnten.[58] Wegen der hausrechtlichen Abhängigkeit konnte vielfach die wachsende Zahl landwirtschaftlicher Arbeitskräfte, besonders beim Gesinde, nicht heiraten.[59] Speziell Tagelöhner hatten unsicheren Verdienst. So gebar Katharina, Tochter des Ehepaares Barthle aus Singen, vier uneheliche Kinder. Vater Barthle war Tagelöhner. Bei der ersten unehelichen Geburt am 23. Juli 1818 war Katharina gerade 15 Jahre alt. Auch die ältere Tochter Maria Ursula der Eheleute Ehinger hatte einen unehelichen Sohn Johann. Drei Töchter des Ehepaares Martin und

Rosa Mayer suchten ebenfalls voreheliches Liebesglück. Anna Maria, schon mit 14 Jahren niedergekommen, gebar daraufhin noch weitere fünf uneheliche Erdenbürger, den letzten mit 38 Jahren. Für Anna Maria schien wahrscheinlich aus wirtschaftlichen Gründen keine Heirat möglich gewesen zu sein. Ihre Schwester Maria Agatha entband zwei uneheliche Söhne und Johanna eine uneheliche Tochter. Die Ausweitung des Arbeitsmarktes erforderte Mobilität, die eine dauernde Bindung in einer Familie sehr erschwerte. Hohe Heiratskosten und schlechte Wohnverhältnisse taten das ihre, um ein Zusammenleben in gewohnter Weise zu vereiteln.

Wie schon oben dargelegt, ist die Höhe der Zahl unehelicher Geburten ein Indikator für Desintegrationstendenzen in der Gesellschaft. Die Krisenjahre belegen dies.

Aber das menschliche Leben zeichnet sich nicht nur durch so erfreuliche Ereignisse wie Geburt und Heirat aus. Den großen Schlußakkord bildet der Tod.

Vorab kann für Singen gesagt werden, daß die Sterblichkeit im besagten Zeitraum nicht rückläufig ist, sondern ungefähr konstant bleibt. Die Feststellung *David E. C. Eversleys,* die Industrialisierung sei von einem »drastischen Rückgang der Sterblichkeit« begleitet,[60] kann im Falle Singens bis 1860 nicht bestätigt werden. Damit haben wir ein weiteres demographisches Merkmal dafür gefunden, daß die Hegau-Gemeinde bis dahin noch nicht von der Industrialisierung erfaßt worden ist.

In allen Dekaden bewegt sich die Sterblichkeitsziffer um 40%.[61] Die Perioden 1810 bis 1819 und 1830 bis 1839 überschreiten dabei deutlich den Durchschnittswert von 40,6%. Insgesamt liegt die Sterblichkeit gemessen an der badischen Situation nach Zahlen bei *Wolfgang Köllmann* erheblich höher. Lediglich für den Zeitraum von 1841 bis 1845 kommt es zu einer Angleichung.

Absolute Spitzenwerte erreichen folgende Jahre: 1800 (88,6%), 1814 (98,8%), 1818 (60,6%), 1854 (76,6%). Für die Jahre 1800 und 1807 können die Kindsblattern als Hauptursache der hohen Sterblichkeit ausgemacht werden. 1800 verstarben 43% aller Personen an dieser Krankheit und 1807 32,6%. Zwischen 1813 und 1815 veranstaltet das Direktorium des Seekreises gegen die Kindspocken eine Impfkampagne,[62] da »diese wohltätige Erfindung noch nicht so allgemein verbreitet« ist[63] und noch auf manche »Vorurtheile« stößt. Alle Kinder sollen im ersten Lebensjahr geimpft werden.[64] Im Unterlassungsfall drohen Geldstrafen zwischen ein und acht Gulden oder Gefängnis. Ein Impfinstitut, das den Impfstoff aufbewahrte, befand sich auch in Meersburg. Die Bestimmungen im Kampf gegen die Pocken gingen sogar so weit, daß, wer nicht geimpft war, weder die Heiratserlaubnis erhalten noch zum Meister kreiert werden sollte. Die epidemische Ausbreitung der Krankheit versuchte man auch durch Quarantäne zu unterbinden.[65] Dabei hatte die Obrigkeit bestimmte Seuchenträger im Auge, deren Umgang zu meiden war: »Vaganten«, »umherziehende arme Christen-Familien«, »jüdische Bettelfamilien«. Das Jahr 1854 mit seiner enorm hohen Sterbeziffer von 76,4% beschert Singen große Not. Für 354 fl. muß Mehl gekauft und verteilt werden.[66] Die Cholera wütete zwischen 1831 und 1838 im Bezirk[67] und forderte in Singen besonders 1831 (54,7%) und 1838 (51,8%) ihre Opfer.

Wesentlich zum Verlauf der Sterblichkeit trug im 19. Jahrhundert die Säuglingssterblichkeit bei. Zwischen 1815 und 1870 muß ein starker Anstieg der Säuglings- und Kleinkindersterblichkeit festgestellt werden.[68] Das heißt, daß etwa ein Viertel aller lebendgeborenen Kinder das erste Jahr nicht überlebte. Besonders betroffen waren dabei die ärmeren Volksschichten, in denen die Mutter des Neugeborenen sehr bald wieder dem Broterdienst nachgehen mußte, um die Familie durchzubringen. Erst gegen Ende des 19. Jahrhunderts besserte sich die Situation.

In Singen starben beispielsweise aus der Familie Jacob Harder (7. Juli 1791 bis 6. Dezember 1867) gut die Hälfte seiner 14 Kinder, die er mit Viktoria Allweiler (18. Oktober 1796 bis 26. November 1836) hatte, schon in den ersten Tagen und Monaten ihres Erdendaseins: Maria Franziska mit acht Monaten, Josephus nach 11 Tagen, Maria Johanna nach 26 Tagen, Maria Rosalia nach 12 Tagen, Xaverius nach 27 Tagen, Severin nach zwei Tagen, Anna nach 16 Tagen und Lorenz nach einem Monat. Anton wurde sieben Jahre alt und Cornelius 18.

In Singen steigt die Säuglingssterblichkeit zwischen 1800 und 1850 stark an,[69] um sich in den 1850er Jahren

Grafik 6: Säuglingssterblichkeit 1800–1860

langsam abwärtszubewegen. Die gegenüber den absoluten Zahlen (Fällen) geringere Sterbeziffer für die 1820er Jahre mit 41,8% resultiert aus dem hohen Geburtenüberschuß in diesem Zeitraum. Er ist mit 22,3% im Durchschnitt der höchste aller Dekaden. Im Vergleich zu anderen Staaten und Regionen etwa im selben Zeitraum ist die Säuglingssterblichkeit in Singen mit dem Gesamtdurchschnitt von 43,7% sehr hoch. Württemberg hat über 30%, Sachsen und Baden ca. 26% und Preußen unter 20%.[70] Die hier angegebenen Zahlen werden noch von einigen für Bayern erhobenen übertroffen. Die höchsten Raten findet man in den Gemeinden Haimhausen mit 84,21% (1840 bis 1849), in Gremertshausen mit 49,05% (1840 bis 1849) und Albershausen mit 50,00% (1830 bis 1839).[71] Wir weisen aber darauf hin, daß die Singener Zahlen die Totgeburten mit einschließen und sich deshalb die Gesamtsterblichkeit höher ausnimmt. Doch im westlichen Bodenseegebiet liegt die Säuglingssterblichkeit insgesamt höher. Für die 1860er und 1870er Jahre gibt *Theo Zengerling* Zahlen von 25 bis 38% an.[72] *F. Prinzing* nennt für den Seekreis vor 1864 eine Kindersterblichkeitsquote von 34,9%.[73] Von allen badischen Kreisen starben in diesem die meisten Kinder. Für den Kreis Konstanz in den Jahren 1864 bis 1869 stellte er 38,9% fest. *Arthur E. Imhof* zitiert für Sigmaringen eine Quote von bis zu 50% für die Säuglingssterblichkeit um 1822.[74]

Betrachtet man die Zeitspanne 1800 bis 1860 nach ihren absoluten Fällen, so ragen einige Jahre für Singen heraus: 1831 (41 Fälle), 1838 (41 Fälle), 1841 (46 Fälle), 1842 (45 Fälle) und 1854 (45 Fälle). In diesen Jahren ist die Gesamtsterblichkeit ohnehin hoch. Die von der Kreisregierung festgestellte Pockenseuche im Jahre 1844[75] hat sich in Singen für dieses Jahr nicht ausgewirkt. Es findet ein Sinken der Säuglingssterblichkeit und der Gesamtsterblichkeit gegenüber dem Vorjahr statt. Die Epidemie scheint sich in der Hegau-Gemeinde vielmehr schon 1841/42 ausgetobt zu haben. Das Jahr 1814 raffte 91,4% aller Geborenen im Säuglingsalter hinweg – eine unglaubliche Bilanz. 1842 betrug diese Zahl noch 75% und 1854 noch 67,2%.

Die Geschlechter-Relation bei der Säuglingssterblichkeit entspricht mit einigen Ausnahmen der üblichen Dominanz der männlichen Sterbefälle.[76] Von 61 Jahren überwiegen nur in 19 die weiblichen Frühgestorbenen. Mit *Richard Behrens*[77] können wir auch für Singen sagen, daß die meisten Säuglinge in den ersten beiden Monaten starben. Weit über 50% bis zu 67% aller Säuglinge im Durchschnitt der Dekaden sahen den dritten Monat ihres Erdendaseins nicht. Während die Cholera in den 1830er Jahren wütete, starben relativ »wenig« Neugeborene bereits in den ersten zwei Monaten:[78] 1831 56,1% der Säuglinge, 1838 51,8%. 1842 ist dagegen dieser Anteil mit 71,1% beträchtlich hoch.

Bei der jahreszeitlichen Zuordnung der Säuglingssterblichkeit für den gesamten Zeitraum 1800 bis 1860 zeigt es sich, daß in den Monaten August bis Oktober die meisten Opfer, dagegen von April bis Juni, also in einer temperaturmäßig ausgeglichenen Periode, die wenigsten zu beklagen sind.[79] Die Ursachen hoher Säuglingssterblichkeit liegen natürlich nicht allein in ungünstiger Witterung oder im Klima begründet.

F. Prinzing macht gerade für Süddeutschland die »entsetzliche« Ernährungsweise des Nachwuchses für die hohe Sterblichkeit verantwortlich. Die Kleinen würden oft mit einem dicken, versüßten und mit Milch gekochten Mehlbrei überfüttert oder bekämen einen mit zerkleinertem Zwieback und Zucker bestreuten Schnuller in den Mund geschoben.[80]

Außerdem spielen regional, konfessionell, sozial unterschiedliche Einstellungen zur Fruchtbarkeit, Geschlechtlichkeit, zu Gesundheit und Krankheit eine große Rolle. Oft mußte die beste Kuhmilch zur Erhöhung des Einkommens verkauft werden. Selbst bei fortgeschrittener Schwangerschaft verrichteten die Frauen der ärmeren bäuerlichen Schichten harte Feldarbeit, was die Geburt noch komplizierter machte. Diese Beispiele ließen sich ergänzen.

Um zur Ausgangsfrage zurückzukehren, können wir zur Bevölkerungsweise Singens sagen, daß sie im Zeitraum 1800 bis 1860 noch stark vom Typus einer vorindustriellen Bevölkerungsweise geprägt ist. Geburten- und Sterbezahlen sind sehr hoch und unterliegen starken, unregelmäßig erscheinenden Einbrüchen, besonders in Jahren großer Katastrophen (Kriege, Epidemien). Wenn man die Parameter der Bevölkerungsbewegung in Dekaden und deren Durchschnittswerten zusammenfaßt, ergibt sich für Singen eine relativ konti-

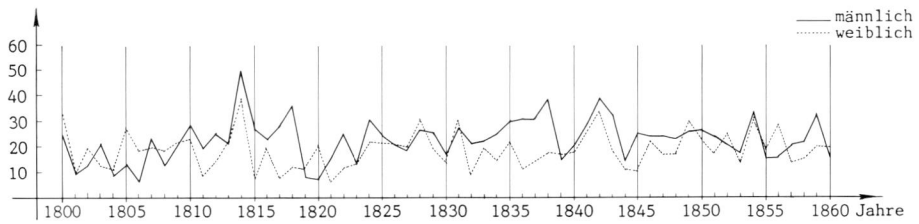

Grafik 7: Säuglingssterblichkeit nach Geschlecht 1800–1860

nuierlich verlaufende Sterbekurve, die sich an der 40‰-Marke orientiert. Eine Aufwärtsbewegung, wie sie für eine vorindustrielle Bevölkerungsbewegung typisch wäre, fehlt also. Die Zahl der Geburten nimmt zwischen 1820 und 1840 stark zu, um bis 1860 zu sinken. Hier zeigt sich ein uneinheitliches Bild.

Ähnlich, doch stärker als bei den Todesfällen, verbleiben die Heiraten bei fast gleichem Niveau um die 8%. Einzig die 1840er Jahre verzeichnen einen leichten Rückgang. Auch dieser Indikator einer vorindustriellen Bevölkerungsbewegung trifft bei Singen nicht zu. Allein die Säuglingssterblichkeit zeigt am Hohentwiel die für das 19. Jahrhundert charakteristische Aufwärtsbewegung, die allgemein erst nach 1885 rückläufig wird.

Anmerkungen

[1] REINHARD RÜRUP: Deutschland im 19. Jahrhundert 1815–1871. (= Deutsche Geschichte Bd. 8). Göttingen 1984.
[2] ARTHUR E. IMHOF: Einführung in die historische Demographie. München 1976. S. 60 ff.
[3] Der Landkreis Konstanz. Amtliche Kreisbeschreibung Bd. IV. Sigmaringen 1984: Singen (Hohentwiel) S. 193–220. S. 205. Zur Geschichte Singens im 19. Jahrhundert und zur Industrieentwicklung außerdem: FRANZ SÄTTELE: Geschichte der Stadt Singen am Hohentwiel. Singen a. H. 1910. ERNST DOBLER: Die industrielle Entwicklung der Gemeinde Singen a. H. Diss. (Ms.) Tübingen 1922. ERNST WALDSCHÜTZ: Die schweizerischen Industrieunternehmungen im deutschen Grenzgebiet. Diss. Frankf. a. M. 1929. THEO ZENGERLING: Zur Entwicklung der Wirtschafts- und Sozialstruktur im westlichen Bodenseegebiet. In: Schriften des Vereins für Geschichte des Bodensees und seiner Umgebung. Jg. 1968, H. 86, S. 227–245. ALOIS MATTES: Singen – Vom Dorf zur Stadt. In: Singener Jb. 1974, S. 15–35. WOLFRAM FISCHER: Singen (Hohentwiel) – Entstehung, Wachstum und Strukturwandel einer Industriestadt. Festvortrag zum 75jährigen Jubiläum. In: Singener Jb. 1974, S. 36–57.
[4] DOBLER, S. 12. Der Landkreis, S. 214.
[5] DOBLER, S. 2.
[6] Der Landkreis, S. 194.
[7] FISCHER, Singen, S. 44. MATTES, S. 15 f.
[8] JOSEF GRIESMEIER: Die Entwicklung der Wirtschaft und der Bevölkerung von Baden und Württemberg im 19. und 20. Jh. Ein statistischer Rückblick auf die Zeit des Bestehens der Länder Baden und Württemberg. In: Jb. für Statistik und Landeskunde von Baden-Württemberg, 1. Jg. (1954), S. 121–242. S. 132 f.
[9] Im Dt. Reich Beginn der Industrialisierung in den 1830er Jahren, 2. Phase 1848 bis 1871. RÜRUP, S. 62–65.
[10] ERICH KEYSER (Hg.): Badisches Städtebuch Bd. IV. Südwestdeutschland. Stuttgart 1959. S. 30.
[11] Def. »Bevölkerungsweise« bei Wolfgang Köllmann: »eine bestimmte Konstellation biologischer und soziologischer Elemente der Heirat, der Fruchtbarkeit und der Sterblichkeit, die sich innerhalb des physiologisch gesetzten Rahmens in Korrelation zum sozialen Dasein fügt«. Aus: WOLFGANG KÖLLMANN: Bevölkerung in der industriellen Revolution. Studien zur Bevölkerungsgeschichte Deutschlands. (= Kritische Studien zur Geschichtswiss. Bd. 12). Göttingen 1974, S. 12.
[12] GERHARD MACKENROTH: Grundzüge einer historisch-soziologischen Bevölkerungstheorie. In: Bevölkerungsgeschichte. Hg. v. Wolfgang Köllmann und Peter Marschalck. (= Neue Wissenschaftliche Bibliothek 54) Köln 1972. S. 29.
[13] PETER MARSCHALCK: Bevölkerungsgeschichte Deutschlands im 19. und 20. Jahrhundert. Frankf. a. M. 1984. S. 41.
[14] Ebd. S. 34.
[15] Ebd. S. 41–43.
[16] WOLFGANG KÖLLMANN: Bevölkerungsentwicklung und »moderne Welt«. In: Ders.: Bevölkerung in der industriellen Revolution. 1974. S. 27.
[17] Ebd. S. 31.
[18] Tabelle 1 und 2.
[19] Ab 24.7.1866 Eröffnung der Strecke Singen–Engen, ab 10.11.1873 der Strecke Singen–Offenburg, ab 24.5.1873 der Strecke Singen–Etzwilen–Winterthur (DOBLER, S. 12). Dobler hält den Ausbau Singens zum Verkehrsplatz ebenfalls für den Anlaß zum Anstieg der Einwohnerschaft (ebd. S. 17).
[20] Ab 1.5.1887 Schweizer Maggi-Werke (FISCHER, Singen, S. 46), 1895 Zweigwerk der AG der Eisen- und Stahlwerke Schaffhausen (vormals Georg Fischer). (ZENGERLING, S. 238).
[21] SIGMUND FLEISCHMANN: Die Agrarkrisis von 1845–1855 mit besonderer Berücksichtigung von Baden. Phil. Diss. Heidelberg 1902.
[22] Übersicht über die Auswanderung im Ghzgt. Baden in den Jahren 1840 bis 1855. In: Beiträge zur Statistik der inneren Verwaltung d. Ghzgt. Baden. Heft. 5. Carlsruhe 1857. S. 4. 1846–55 markiert den Höhepunkt der Auswanderung nach Amerika auch in Baden. GERHARD P. BASSLER. Auswanderungsfreiheit und Auswanderungsfürsorge in Württemberg 1815–1855. Zur Geschichte der südwestdt. Massenauswanderung nach Nordamerika. In: Zs. f. Württemb. Landesgeschichte. 33. Jg. (1974), S. 117–160, S. 118.
[23] Grafik 1 und 2.
[24] FISCHER, Singen. S. 50.
[25] GRIESMEIER, S. 135.
[26] Ebd. S. 137.
[27] DAVID E. C. EVERSLEY: »Vereinfachend läßt sich sagen, daß Heiratsgewohnheiten von Wirtschaftsverfassung und Sozialstruktur bestimmt werden und auf wechselnde Beschäftigungsmöglichkeiten empfindsam reagieren.« Aus: Ders., Bevölkerung, Wirtschaft und Gesellschaft. In: Wolfgang Köllmann und Peter Marschalck (Hg.): Bevölkerungsgeschichte. S. 93–153. S. 94.
[28] Tabelle 3 und Grafik 3.
[29] Berechnet für 1817 bis 1859 nach: Statistisches Jahrbuch für das Großherzogtum Baden. 34. Jg. (1903). Karlsruhe 1904. S. 67.
[30] 1800–1809 (8,1‰)

1810–1819 (8,2‰)
1820–1829 (7,9‰)
1830–1839 (8,3‰, Baden 7,9‰)*
1840–1849 (6,1‰, Baden 7,3‰)*
1850–1859 (8,2‰, Baden 6,0‰)*
* nach Stat. Jb. 1903, S. 67.

31 Bedingungen der Eheschließungen in Baden 1831: Frauen, die einen Gemeindebürger heiraten, müssen ein Vermögen von 150 fl. nachweisen; Männer das Bürgerrecht. (Aus: KÖLLMANN, Bevölkerung. 1974. S. 26). S. auch KLAUS-JÜRGEN MATZ: Pauperismus und Bevölkerung. Die gesetzlichen Ehebeschränkungen i. d. südd. Staaten während des 19. Jahrhunderts (= Industrielle Welt, Bd. 31). Stuttgart 1980. S. 239 ff.

32 Großherzoglich Badisches Regierungsblatt von 1831, S. 117–131.

33 Stadtarchiv Singen, Fasc. XIV/1a, 1825–1892. Auswanderung, Bürgerannahme, Vermögensnachweis.

34 Monatliche Verteilung der Eheschließungen in Engen 1701 bis 1749:

Monat	Fälle	%
Februar	148	17,1
Januar	138	15,9
Juni	100	11,5
Mai	86	9,9
November	77	8,9
Juli	70	8,1
April	63	7,3
September	63	7,3
August	59	6,8
Oktober	52	6,0
März	9	1,0
Dezember	2	0,2

REINHARD BROSIG: Die Bevölkerung Engens vom 17. bis zur Mitte des 18. Jahrhunderts. In: Herbert Berner (Hg.): Engen Bd. II, Sigmaringen 1990.

35 European Marriage Patterns in Perspective. In: David V. Glass and David E. C. Eversley (Hg.): Population in History. Essays in Historical Demography. London 1965. PP. 101–143. P. 106.

36 EVERSLEY, S. 113 f.

37 Durchschnittsheiratsalter in einer württembergischen Familie im 19. Jh. bei Männern 31,1 und bei Frauen 25,3 (HAJNAL, S. 115). Heiratsalter in Anhausen, Bayern, im 19. Jh.:

	Männer	Frauen
1800–1818	27,8	27,5
1819–1834	29,7	30,5
1835–1849	34,1	30,4
1850–1868	32,7	29,7

Diese Werte bei WILLIAM H. HUBBARD: Familiengeschichte. Materialien zur dt. Familie seit dem Ende des 18. Jhs. München 1983. S. 79.

38 JACK GOODY: Die Entwicklung von Ehe und Familie in Europa. Berlin 1986. S. 230.

39 JOHN KNODEL: Natural Fertility in Pre-Industrial Germany. In: Population Studies Vol. 32, 1978. PP. 481–510. P. 492.

40 Zahlen für Grafenhausen (Baden, kath.); Öschelbronn (Württemberg, ev.); Anhausen/Gabelbach/Kreuth (Bayern, kath.) vor 1850 für alle Geburten pro verheirateter Frau nach Heiratsalter:

	15–19	20–24	25–29
Grafenhausen	8,32	7,20	5,83
Öschelbronn	7,58	7,16	5,73
drei bayerische Orte	11,00	8,25	6,33
	30–34	35–39	40–49
Grafenhausen	4,03	2,13	0,46
Öschelbronn	3,77	1,84	0,24
drei bayerische Orte	4,49	1,94	0,19

Aus: KNODEL, Natural Fertility. Table 5. P. 493. Durchschnittliche Geburtenzahl pro verheirateter Frau nach Heiratsalter für Singen (1800 bis 1860):

	15–19	20–25	25–29
	10,56	7,60	6,34
	30–34	35–39	40–49
	3,65	3,11	0,31

Quelle: Singener Familienbuch.

41 KNODEL, Natural Fertility. P. 483.

42 JOHN KNODEL: Remarriage and Marital Fertility in Germany during the Eighteenth and Nineteenth Centuries. An Exploratory Analysis based on German Village Genealogies. In: Jâcques Dupâquier (Hg.): Marriage and Remarriage in Populations of the Past. London 1981. PP. 591–604.

43 Tabelle 5.

44 Für Baden berechnet nach Zahlenangaben aus: WOLFGANG KÖLLMANN (Hg.): Quellen zur Bevölkerungs-, Sozial- und Wirtschaftsstatistik Deutschlands. 1815–1875. Bd. 1. Boppard 1980.

45 MARSCHALCK, Bevölkerungsgeschichte. S. 34.

46 Ebd. S. 36. Für den Zeitraum 1827–1834 behauptet M. Hecht irrtümlicherweise eine relativ konstante Geburtlichkeit: »Es wäre aber abwegig, anzunehmen, daß die Geburtenziffer von einem Jahr zum anderen größere Sprünge machte. Das Gegenteil trifft zu.« M. HECHT: Der Geburtenrhythmus Badens in den letzten 100 Jahren. In: Archiv f. Bevölkerungswissenschaft, Volkskunde und Bevölkerungspolitik V (1935), S. 342–355, S. 342. Für Singen stellt Hecht im Zeitraum 1852 bis 1926 im Vergleich zu anderen Städten die höchste Geburtenziffer mit 65,8% fest (ebd. S. 347). Im übrigen bietet die Arbeit M. Hechts ein Beispiel für Tendenzgeschichtsschreibung im Sinne des Nationalsozialismus. 1934 verzeichnet M. Hecht einen Geburtenanstieg um 19% und kommentiert dies so: »Offenbar beginnt die von der nationalen Regierung in Angriff genommene Bekämpfung der Arbeitslosigkeit [...] sich [...] auszuwirken.« (Ebd. S. 344). Den Rückgang der Geburtenziffern seit Mitte der 1870er Jahre erklärt er mit den »geburtenfeindliche(n) Einflüsse(n) der Sozialdemokratie«. (Ebd. S. 350).

47 BERND HENNEKA: Eine medizinische Topographie des Hegau im 19. Jahrhundert (= Beiträge zur Singener Geschichte. Bd. 5) Singen 1982. S. 84.

48 Tabelle 12.

49 MARSCHALCK, Bevölkerungsgeschichte. S. 34.

50 ANTJE KRAUS: »Antizipierter Ehesegen« im 19. Jahrhundert. Zur Beurteilung der Illegitimität unter sozialgeschichtlichen Aspekten. In: VSWG Bd. 66 (1979). S. 174–200. Def. »unehelich« = alle vorehelich Geborenen. Ebd. Anm. 9, 178.

51 Ebd. S. 174.

52 MARSCHALCK, Bevölkerungsgeschichte. S. 37.
53 Grafik Nummer: 4 und 5.
54 Tabelle 6.
55 MARSCHALCK, Bevölkerungsgeschichte. S. 37.
56 S. Anmerkung 31.
57 KRAUS, Antizipierter Ehesegen. S. 174 ff.
58 MICHAEL MITTERAUER: Ledige Mütter. Zur Geschichte illegitimer Geburten in Europa. München 1983. S. 88.
59 Ebd. S. 94 ff.
60 S. EVERSLEY, Anmerkung S. 127.
61 Tabelle 8, s. auch Grafik 1.
62 Der Pockenimpfstoff wurde erst 1796 von E. JENNER entdeckt.
63 Ghzgl. – Bd. Anzeige-Blatt f. d. See- und Donaukreis, Nummer 60, den 16. Okt. 1814. S. 629.
64 Ebd. Nummer 79, den 4. Okt. 1815.
65 Ebd. Nummer 37, den 10. Mai 1815.
66 HENNEKA, S. 30.
67 Ebd. S. 31.
68 RÜRUP, S. 27 f.
69 Grafik 6 und Tabelle 9.
70 MARSCHALCK, Bevölkerungsgeschichte. S. 38.
71 W. R. LEE: Population Growth, Economic Development and Social Change in Bavaria 1750–1850. New York 1977. S. 66.
72 ZENGERLING, S. 231.
73 F. PRINZING: Die Entwicklung der Kindersterblichkeit in den europ. Staaten. In: Jb. f. Natök. und Stat., III. Folge, 17. Bd., Jena 1899. S. 577–635, S. 607 f.
Kindersterblichkeit in Bezirksämtern in % (nach PRINZING: Entwicklung):

	1856–63	1864–69	1892–95
Konstanz	30,8	33,7	20,19
Engen	40,4	41,7	20,53
Meßkirch	40,7	42,2	24,12
Pfullendorf	35,8	36,0	27,54
Radolfzell	33,2	36,8	–
Stockach	37,3	40,4	23,30
Überlingen	38,2	37,5	22,50
Donaueschingen	34,5	36,8	22,89

74 ARTHUR E. IMHOF: Unterschiedliche Säuglingssterblichkeit in Deutschland, 18. bis 20. Jahrhundert – Warum? In: Zs. f. Bevölkerungswiss., 7. Jg. (1981), H. 3. S. 343–382. S. 376.
75 Verordnungsblatt f. d. Unterrhein-Kreis, Nr. 2 vom 16. Jan. 1846.
76 Grafik 7 und Tabelle 11.
77 RICHARD BEHRENS: Der Verlauf der Säuglingssterblichkeit im Großherzogthum Baden von 1852–1895. In: Beiträge zur Statistik der inneren Verwaltung des Großherzogthums Baden. 46. Heft. Karlsruhe o. J. S. 15.
78 Tabelle 10.
79 Anteil der Säuglingssterblichkeit nach Monaten für den Zeitraum 1800–1860 in Prozenten:

Jan.	(8,8)	Juli	(8,9)
Febr.	(7,4)	Aug.	(10,1)
März	(8,3)	Sept.	(0,6)
April	(6,4)	Okt.	(10,0)
Mai	(7,0)	Nov.	(7,8)
Juni	(6,2)	Dez.	(8,6)

80 PRINZING, Entwicklung. S. 599.

Literaturverzeichnis

Gräflich von Enzenberg'sches Archiv Singen, Fasc. 882 u. 1101.

Die Kirchenbücher der katholischen Pfarrgemeinde St. Peter und Paul in Singen.

Stadtarchiv Singen, Fasc. XIV/1a, 1825–1892. Auswanderung, Bürgerannahme, Vermögensnachweis und Fasc. XV/1 Statistik und Bevölkerung.

KLAUS J. BADE (Hg.): Auswanderer–Wanderarbeiter–Gastarbeiter. Bevölkerung, Arbeitsmarkt und Wanderung in Deutschland seit der Mitte des 19. Jhs. Ostfildern 1984.

GERHARD P. BASSLER: Auswanderungsfreiheit und Auswanderungsfürsorge in Württemberg 1815–1855. Zur Geschichte der südwestdeutschen Massenauswanderung nach Nordamerika. In: Zs. f. Württemb. Landesgesch., 33. Jg. (1974) S. 117–160.

RICHARD BEHRENS: Der Verlauf der Säuglingssterblichkeit im Großherzogthum Baden von 1852 bis 1895. In: Beiträge zur Statistik der inneren Verwaltung d. Großherzogthums Baden. 46. Heft, Karlsruhe, o. J.

REINHARD BROSIG: Die Bevölkerung Engens vom 17. bis zur Mitte des 18. Jahrhunderts. In: Herbert Berner (Hg.): Engen Bd. II (unveröffentlicht).

ERNST DOBLER: Die industrielle Entwicklung der Gemeinde Singen a. H. Diss. (Ms.) Tübingen 1922.

DAVID E. C. EVERSLEY: Bevölkerung, Wirtschaft und Gesellschaft. In: Wolfgang Köllmann und Peter Marschalck (Hg.): Bevölkerungsgeschichte. (= Neue Wissenschaftl. Bibliothek, 54) Köln 1972. S. 93–153.

WOLFRAM FISCHER: Singen (Hohentwiel) – Entstehung, Wachstum und Strukturwandel einer Industriestadt. Festvortrag zum 75jährigen Jubiläum. In: Singener Jb. 1974. S. 36–57.

SIGMUND FLEISCHMANN: Die Agrarkrisis von 1845–1855 mit besonderer Berücksichtigung von Baden. Phil. Diss. Heidelberg 1902.

ALFRED GEBHARD: Das Dorf Singen und seine Finanzwirtschaft von 1850 bis zur Stadterhebung im Jahre 1899. (= Beiträge zur Singener Geschichte Bd. 7) Singen 1985.

JACK GOODY: Die Entwicklung von Ehe und Familie in Europa. Berlin 1986.

JOSEF GRIESMEIER: Die Entwicklung der Wirtschaft und der Bevölkerung von Baden und Württemberg im 19. und 20. Jahrhundert. Ein statistischer Rückblick auf die Zeit des Bestehens der Länder Baden und Württemberg. In: Jbb. f. Stat. und Landesk. von Baden-Württemberg. 1. Jg. (1954) S. 121–242.

Großherzogl. Badisches Anzeigeblatt f. d. See und Donaukreis. Nrn. 60 (16. Okt. 1814), 70 (4. Okt. 1815), 37 (10. Mai 1815).

Großherzogl. Badisches Regierungsblatt von 1831. S. 117–131.

J. HAJNAL: European Marriage Patterns in Perspective. In: David V. Glass and David E. C. Eversley (Hg.): Populaton in History. Essays in Historical Demography. London 1965. S. 101–143.

BERND HENNEKA: Eine medizinische Topographie des Hegau im 19. Jahrhundert. (= Beiträge zur Singener Geschichte Bd. 5), Singen 1982.

WILLIAM HUBBARD: Familiengeschichte. Materialien zur deutschen Familie seit dem Ende des 18. Jahrhunderts. München 1983.

ARHTUR E. IMHOF: Unterschiedliche Säuglingssterblichkeit in Deutschland. 18. bis 20. Jahrhundert – Warum? In: Zs. f. Bevölkerungswiss. 7. Jg. (1981). Heft 3. S. 343–382.

ARTHUR E. IMHOF: Einführung in die historische Demographie. München 1976.

ERICH KEYSER (Hg.): Badisches Städtebuch Bd. IV. Südwest-Deutschland. Stuttgart 1959.

JOHN KNODEL: Natural Fertility in Pre-Industrial Germany. In: Population Studies Vol. 32, 1978. S. 481–510.

JOHN KNODEL: Remarriage and Marital Fertility in Germany during the Eighteenth and Nineteenth Centuries: An exploratory Analysis based on German Village Genealogies. In: Jâcques Dupâquier (Hg.): Marriage and Remarriage in Populations of the Past. London 1981. S. 591–604.

WOLFGANG KÖLLMANN: Bevölkerungsentwicklung und »moderne Welt«. In: Ders., Bevölkerung i. d. industriellen Revolution. Studien zur Bevölkerungsgesch. Deutschlands. (= Kritische Studien zur Geschichtswiss. Bd. 12), Göttingen 1974.

WOLFGANG KÖLLMANN (Hg.): Quellen zur Bevölkerungs-, Sozial- und Wirtschaftsstatistik Deutschlands 1815–1875. Bd. 1. Quellen zur Bevölkerungsstatistik Deutschlands 1815–1875. Boppard 1980.

ANTJE KRAUS: »Antizipierter Ehesegen« im 19. Jahrhundert. Zur Beurteilung der Illegitimität unter sozialgeschichtlichen Aspekten. In: VSWG Bd. 66 (1979) S. 174–209.

DER LANDKREIS KONSTANZ. Amtliche Kreisbeschreibung. Bd. IV. Sigmaringen 1984.

W. R. LEE: Population Growth, Economic Development and Social Change in Bavaria 1750–1850. New York 1977.

GERHARD MACKENROTH: Grundzüge einer historisch-soziologischen Bevölkerungstheorie. In: Wolfgang Köllmann und Peter Marschalck (Hg.): Bevölkerungsgeschichte (= Neue Wissenschaftl. Bibliothek 54). Köln 1972.

PETER MARSCHALCK: Bevölkerungsgeschichte Deutschlands im 19. und 20. Jahrhundert. Frankfurt/M. 1984.

ALOIS MATTES: Singen – Vom Dorf zur Stadt. In: Singener Jb. 1974. S. 15–35.

KLAUS JÜRGEN MATZ: Pauperismus und Bevölkerung. Die gesetzlichen Ehebeschränkungen i. d. süddt. Staaten während des 19. Jahrhunderts (= Industrielle Welt Bd. 31). Stuttgart 1980.

MICHAEL MITTERAUER: Ledige Mütter. Zur Geschichte illegitimer Geburten in Europa. München 1983.

F. PRINZING: Die Entwicklung der Kindersterblichkeit in den europäischen Staaten. In: Jbb. f. Natök. u. Stat., III. Folge, 17. Bd., Jena 1899. S. 577–635.

REINHARD RÜRUP: Deutschland im 19. Jahrhundert 1815–1871. (= Deutsche Geschichte Bd. 8) Göttingen 1984.

FRANZ SÄTTELE: Geschichte der Stadt Singen am Hohentwiel. Singen a. H. 1910.

Singen (Hohentwiel) in Zahlen. Die Entwicklung der Stadt Singen in den Jahren 1976 bis 1977. Hg. v. d. Stadtverwaltung. Singen 1978.

Stadt Singen (Hohentwiel). Wissenswertes aus Geschichte und Verwaltung. Hg. v. d. Stadtverwaltung. Singen 1966.

STATISTISCHES JAHRBUCH für das Großherzogtum Baden, 34. Jg. (1903). Karlsruhe 1904.

ÜBERSICHT über die Auswanderung im Ghzgt. Baden in den Jahren 1840 bis 1855. In: Beiträge zur Statistik d. inneren Verwaltung d. Ghzgt. Baden. Heft 5. Carlsruhe 1857.

VERORDNUNGSBLATT für den Unterrhein-Kreis, Nr. 2 vom 16. Jan. 1846.

ERNST WALDSCHÜTZ: Die schweizerischen Industrieunternehmungen im deutschen Grenzgebiet. Diss. Frankfurt/M. 1929.

THEO ZENGERLING: Zur Entwicklung der Wirtschafts- und Sozialstruktur im westlichen Bodenseegebiet. In: Schriften d. Vereins f. Geschichte des Bodensees und seiner Umgebung. Jg. 1968. Heft 86. S. 227–245.

Tabellen

Tabelle 1: Einwohnerentwicklung Singens 1762–1900

Jahr	Einwohner/ Seelen	Wachstum	Zuwachsrate/ Jahr*	
1775	747[a]	(= 100)	1775–1788	0,0%
1788	751[b]	100,5	1788–1789	1,2%
1789	760[b]	101,7	1789–1800	0,1%
1800	772[b] (754)[a]	103,3	1800–1801	− 2,3%
1801	754[b]	100,9	1801–1803	+ 0,5%
1803	761[b]	101,9	1803–1804	0,9%
1804	768[b]	102,8	1804–1806	5,4%
1806	853[c]	114,2	1806–1807	− 3,4%
1807	824[c]	110,3	1807–1810	+ 0,8%
1810	843[d]	112,6	1810–1812	2,8%
1812	891[e]	119,3	1812–1825	0,0%
1825	891[f]	119,3	1825–1830	3,3%
1830	1047[e]	140,2	1830–1833	5,4%
1833	1226[a]	164,1	1833–1839	− 0,7%
1839	1177[h]	157,6	1839–1940	+ 8,6%
1840	1278[h]	171,1	1840–1842	− 4,6%
1842	1164[h]	155,8	1842–1843	+ 13,7%
1843	1324[h]	177,2	1843–1845	0,9%
1845	1349[h]	180,6	1845–1846	+ 18,2%
1846	1595[h]	213,5	1846–1849	− 4,0%
1849	1411[h]	188,9	1849–1850	+ 8,4%
1850	1530[g]	204,8	1850–1851	− 5,1%
1851	1452[g]	194,4	1851–1852	− 2,0%
1852	1423[g]	190,5	1852–1855	− 2,1%
1855	1336[h] (1440)[g]	192,8	1855–1858	+ 1,1%
1858	1380[g]	184,7	1858–1861	+ 3,3%
1861	1521[g]	203,6	1861–1864	2,1%
1864	1621[g]	217,0	1864–1867	0,5%
1867	1643[g]	219,9	1867–1871	0,3%
1871	1665[g] (1674)[a]	222,9	1871–1875	1,5%
1875	1765[g]	236,3	1875–1880	2,3%
1880	1973[g]	264,1	1880–1885	0,9%
1885	2065[g]	276,4	1885–1890	1,6%
1890	2231[g] (2228)[a]	298,7	1890–1895	2,4%
1895	2517[e]	336,9	1895–1900	9,2%
1900	3909[e]	523,3		

* bei angenommener stetiger Entwicklung von Jahr zu Jahr, errechnet nach der Zinseszinsformel

$$r = \left(\sqrt[m]{\left(\frac{X_N}{X_T}\right)} - 1\right) 100$$

[a] Singen in Zahlen. 1978, S. 8.
[b] Enzenberg'sches Arch. Fasc. 882.
[c] Ebd. Fasc. 1101.
[d] Sättele, S. 83.
[e] Stat. Jb. f. d. Ghzgt. Baden, 34. Jg. (1903), Karlsruhe 1904, S. 559.
[f] Dobler, S. 7.
[g] Gebhard. 1985. S. 38 f.
[h] Stadtarchiv Singen, Fasc. XV/1.

Tabelle 2: Einwohnerzahlen Singens 1800–1860

Jahr	Zahl	Jahr	Zahl	Jahr	Zahl	Jahr	Zahl	Jahr	Zahl	Jahr	Zahl	Jahr	Zahl
1800	813	1810[a]	843	1820	891	1830[a]	1047	1840[b]	1278	1850	1425	1860	1441
1801	816	1811	867	1821	891	1831	1061	1841	1221	1851	1439		
1802	819	1812[a]	891	1822	891	1832	1075	1842[b]	1164	1852[b]	1452		
1803	822	1813	891	1823	891	1833	1089	1843[b]	1324	1853	1413		
1804	825	1814	891	1824	891	1834	1103	1844	1337	1854	1374		
1805	828	1815	891	1825[a]	891	1835	1117	1845[b]	1349	1855[b]	1336		
1806	831	1816	891	1826	922	1836	1131	1846[b]	1595	1856	1357		
1807	834	1817	891	1827	953	1837	1145	1847	1534	1857	1378		
1808	837	1818	891	1828	984	1838	1159	1848	1473	1858	1399		
1809	840	1819	891	1829	1015	1839[b]	1177	1849[b]	1411	1859	1420		

[a] Quellen s. Tabelle 1, »Einwohnerentwicklung Singens 1762–1900«.
[b] Stadtarchiv Singen, Fasc. XV/1. Statistik und Bevölkerung.

Da nur für einige Jahre Ergebnisse von Bevölkerungszählungen vorliegen, mußten die Einwohnerzahlen für Singen 1800 bis 1860 zum größten Teil durch einfache Berechnungen ermittelt werden. Ausgangspunkt dafür war das Jahr 1775 mit 747 Einwohnern (Sättele, S. 83).

Nächste belegte Marke war das Jahr 1810 mit 843 Einwohnern (s. Sättele). Ausgehend von einer angenommenen stetigen Zunahme der Einwohnerschaft, was natürlich konstruiert ist, wurde aus der Gesamtzuwachszahl zwischen 1775 und 1810 (96 E.) die jährliche Zuwachsquote ermittelt und addiert. Dezimalstellen wurden gerundet.

Tabelle 2 a: Familien und Wohnhäuser

Jahr	Familien	Einw.	Personen/Familie
1800	177[a]	772	4,4
1801	170[a]	754	4,4
1803	174[a]	761	4,4
1807	166[b]	824	4,9

Jahr	Haushalte	Einw.	Personen/Haushalt
1880	404[c]	1973	4,9
1890	466[c]	2231	4,8
1900	753[c]	3909	5,2

Jahr	Einw.	Wohnhäuser	Personen/Wohnhäuser
1807	824	117[b]	7,0
1852	1423	210[c]	6,8
1871	1665	219[c]	7,6
1880	1973	270[c]	7,3
1890	2231	277[c]	8,1
1900	3909	387[c]	10,1

[a] Enzenberg'sches Arch. Fasc. 882.
[b] Ebd. Fasc. 1101.
[c] Gebhard. 1985. S. 30 und 33.

Durchschnittliche Heiratsziffern nach Dekaden:
1800–1809: 8,1
1810–1819: 8,2
1820–1829: 7,9
1830–1839: 8,3 (7,9 Stat. Jb.)
1840–1849: 8,3 (7,3 Stat. Jb.)
1850–1859: 8,2 (6,0 Stat. Jb.)

Durchschnittliche Heiratsziffern in folgenden Zeitabschnitten:
1800–1860: 7,8
1840–1850: 6,3 (7,25 MATZ)
1841–1845: 5,8 (7,6 KRAUS/BADE)
1817–1829: 7,1 (6,8 Stat. Jb.)

Tabelle 3: Heiratsziffern nach errechneter Einwohnerschaft auf 1000 Einwohner

Jahr	Zahl	Jahr	Zahl	Jahr	Zahl
1800	11,1	1821	14,6	1842	6,9
1801	7,4	1822	7,9	1843	4,5
1802	14,7	1823	7,9	1844	5,2
1803	9,7	1824	6,7	1845	7,4
1804	4,8	1825	6,7	1846	9,4
1805	9,7	1826	10,8	1847	5,2
1806	10,8	1827	5,2	1848	7,5
1807	7,2	1828	12,2	1849	5,7
1808	2,4	1829	4,9	1850	8,4
1809	3,6	1830	10,5	1851	6,3
1810	5,9	1831	12,3	1852	10,3
1811	11,5	1832	7,4	1853	11,3
1812	2,2	1833	7,4	1854	8,7
1813	5,6	1834	10,9	1855	9,0
1814	14,6	1835	6,3	1856	5,2
1815	9,0	1836	8,0	1857	5,8
1816	10,1	1837	5,2	1858	6,4
1817	5,6	1838	6,9	1859	10,6
1818	9,0	1839	7,6	1860	6,3
1819	7,9	1840	3,9		
1820	2,2	1841	4,9		

Tabelle 4: Eheschließungen nach Monaten 1800–1860

Monat	Eheschließungen	Prozent
Januar	75	14,7
Februar	122	23,9
März	25	4,9
April	26	5,1
Mai	50	9,8
Juni	38	7,5
Juli	51	10,0
August	22	4,3
September	19	3,7
Oktober	17	3,3
November	48	9,4
Dezember	16	3,1

Tabelle 5: Geburtsziffern in Prozent

Jahr	Prozent	Jahr	Prozent	Jahr	Prozent	Jahr	Prozent	Jahr	Prozent	Jahr	Prozent	Jahr	Prozent
1800	47,9	1810	43,9	1820	54,9	1830	51,6	1840	50,1	1850	44,2	1860	38,2
1801	56,4	1811	51,9	1821	51,6	1831	62,2	1841	67,2	1851	38,9		
1802	54,9	1812	42,6	1822	50,5	1832	67,9	1842	51,5	1852	46,8		
1803	58,4	1813	51,6	1823	71,8	1833	57,9	1843	48,3	1853	50,2		
1804	64,7	1814	39,3	1824	62,9	1834	62,6	1844	44,1	1854	48,8		
1805	47,1	1815	59,5	1825	59,5	1835	42,9	1845	48,2	1855	42,7		
1806	51,7	1816	54,9	1826	70,5	1836	61,0	1846	39,5	1856	55,3		
1807	56,2	1817	53,9	1827	69,3	1837	62,0	1847	44,3	1857	50,1		
1808	56,2	1818	43,8	1828	60,9	1838	59,5	1848	45,5	1858	42,9		
1809	53,6	1819	59,5	1829	71,9	1839	65,4	1849	41,1	1859	42,3		

Geburtsziffern nach Dekaden in Prozent:
1800–1809: 54,7
1810–1819: 50,1
1820–1829: 62,4
1830–1839: 59,3 (38,3)*
1840–1849: 48,0 (39,3)*
1850–1859: 46,2 (34,7)*

Durchschnittliche Geburtsziffern in Prozent:
für Singen 1800–1860: 53,2 (38,1)*
für ganz Baden 1841–1845 nach BADE: 40,2
für Singen 1841–1845: 51,9

Tabelle 6: Uneheliche Geburten in Prozent

Jahr	Prozent	Jahr	Prozent	Jahr	Prozent	Jahr	Prozent	Jahr	Prozent	Jahr	Prozent	Jahr	Prozent
1800	7,7	1810	5,4	1820	4,1	1830	7,4	1840	6,2	1850	17,5	1860	9,1
1801	2,2	1811	4,4	1821	6,5	1831	10,6	1841	13,4	1851	16,1		
1802	2,2	1812	2,6	1822	4,4	1832	6,8	1842	16,7	1852	10,3		
1803	–	1813	6,5	1823	6,1	1833	7,9	1843	15,6	1853	12,7		
1804	1,9	1814	2,9	1824	10,7	1834	2,9	1844	10,2	1854	13,4		
1805	2,6	1815	5,7	1825	16,9	1835	10,4	1845	13,8	1855	8,8		
1806	–	1816	10,2	1826	10,8	1836	11,6	1846	12,7	1856	12,0		
1807	9,8	1817	6,3	1827	9,1	1837	11,3	1847	22,1	1857	18,8		
1808	8,5	1818	7,7	1828	16,7	1838	13,0	1848	9,0	1858	20,0		
1809	4,4	1819	9,4	1829	16,4	1839	7,8	1849	20,7	1859	5,0		

Durchschnitte nach Dekaden in Prozent:
1800–1809: 3,9
1810–1819: 6,1
1820–1829: 10,2
1830–1839: 8,9
1840–1849: 14,0 (14,8)*
1850–1859: 13,5 (16,2)*

Durchschnitt 1800–1860: 9,4%

* Baden (n. Zahlen bei W. KÖLLMANN, Quellen)

Tabelle 7: Verhältnis von Illegimität und Heiraten nach Dekaden

Dekaden	Illegitime Geburten	Heiraten
1800–1809	3,9	8,1
1810–1819	6,1	8,2
1820–1829	10,2	7,9
1830–1839	8,9	8,3
1840–1849	14,0	6,1
1850–1859	13,5	8,2

Tabelle 9: Säuglingssterblichkeit Singen 1800–1860*

Jahr	Fälle abso.	Sterbe-ziffer	Jahr	Fälle abso.	Sterbe-ziffer	Jahr	Fälle abso.	Sterbe-ziffer	Jahr	Fälle abso.	Sterbe-ziffer	Jahr	Fälle abso.	Sterbe-ziffer	Jahr	Fälle abso.	Sterbe-ziffer
1800	23	58,9	1810	20	54,1	1820	14	28,6	1830	18	33,3	1840	26	40,6	1850	33	52,4
1801	9	19,6	1811	13	29,9	1821	11	23,9	1831	41	62,1	1841	46	56,1	1851	24	42,9
1802	15	33,3	1812	16	42,1	1822	18	40,0	1832	24	32,9	1842	45	75,0	1852	33	48,7
1803	16	33,3	1813	21	45,7	1823	19	28,8	1833	28	44,4	1843	36	56,3	1853	22	31,0
1804	11	19,6	1814	32	91,4	1824	31	55,4	1834	29	42,0	1844	21	35,6	1854	45	67,2
1805	16	41,0	1815	19	35,9	1825	29	49,1	1835	26	54,2	1845	24	36,9	1855	20	35,1
1806	11	25,6	1816	22	44,9	1826	28	43,1	1836	31	44,9	1846	31	49,2	1856	34	45,3
1807	18	43,9	1817	18	37,6	1827	27	40,9	1837	34	47,9	1847	29	42,7	1857	25	36,2
1808	15	31,9	1818	20	51,3	1828	36	60,6	1838	41	59,4	1848	28	41,8	1858	22	36,7
1809	20	44,4	1819	11	20,8	1829	35	48,0	1839	26	33,8	1849	33	56,9	1859	32	53,3
	154			192			248			298			319			290	
1860	20	36,4															

Durchschnitt der Sterbeziffern für Säuglinge in Dekaden:

1800–1809: 35,2
1810–1819: 45,4
1820–1829: 41,8
1830–1839: 45,5
1840–1849: 49,1
1850–1859: 44,9

Durchschnitt aller Dekaden: 43,7

* in Prozent bezogen auf alle Geburten pro Jahr (alle Todesfälle bis incl. einem Jahr u. incl. der Totgeburten)

Tabelle 8: Sterbeziffern in Prozent der Bevölkerung

Jahr	Prozent	Jahr	Prozent	Jahr	Prozent	Jahr	Prozent	Jahr	Prozent	Jahr	Prozent	Jahr	Prozent
1800	88,6	1810	38,0	1820	26,9	1830	36,3	1840	26,6	1850	40,0	1860	25,0
1801	30,6	1811	25,4	1821	21,3	1831	54,7	1841	58,1	1851	34,1		
1802	29,3	1812	33,7	1822	29,2	1832	38,1	1842	55,0	1852	39,3		
1803	29,2	1813	35,9	1823	29,2	1833	42,2	1843	36,3	1853	29,0		
1804	33,9	1814	98,8	1824	55,0	1834	37,2	1844	31,4	1854	76,4		
1805	49,5	1815	38,2	1825	43,8	1835	43,9	1845	34,1	1855	35,9		
1806	22,9	1816	39,3	1826	40,1	1836	44,2	1846	31,3	1856	43,5		
1807	51,6	1817	33,7	1827	58,8	1837	42,8	1847	35,2	1857	30,5		
1808	28,7	1818	60,6	1828	46,7	1838	51,8	1848	32,6	1858	35,7		
1809	33,3	1819	33,7	1829	48,5	1839	27,2	1849	42,5	1859	38,7		

Durchschnitte nach Dekaden in Prozent:
1800–1809: 39,8
1810–1819: 43,7
1820–1829: 39,9 (25,6)*
1830–1839: 41,8 (29,6)*
1840–1849: 38,3 (29,0)*
1850–1859: 40,3 (28,0)*

Durchschnitt 1841–1845: 42,9% (BADE, S. 115. Für Baden 1841–1845: 40,2%)

Durchschnitt 1800–1860: 40,6%

* Für Baden berechnet nach Zahlen bei KÖLLMANN (s. Anm. 44).

Tabelle 10: Anteil der Säuglingssterblichkeit im Alter von 0–2 Monaten incl. an der Gesamtsäuglingssterblichkeit im Jahr in Prozent

Jahr	Prozent	Jahr	Prozent	Jahr	Prozent	Jahr	Prozent	Jahr	Prozent	Jahr	Prozent	Jahr	Prozent
1800	34,8	1810	45,0	1820	42,9	1830	77,8	1840	73,1	1850	75,6	1860	70,0
1801	66,7	1811	69,2	1821	81,8	1831	56,1	1841	45,7	1851	45,8		
1802	60,0	1812	56,3	1822	61,1	1832	62,5	1842	71,1	1852	66,7		
1803	75,0	1813	52,4	1823	57,9	1833	57,1	1843	58,3	1853	81,8		
1804	100,0	1814	53,1	1824	51,6	1834	75,9	1844	85,7	1854	42,2		
1805	56,3	1815	57,9	1825	88,5	1835	61,5	1845	79,2	1855	80,0		
1806	72,7	1816	63,6	1826	71,4	1836	54,8	1846	54,8	1856	67,6		
1807	22,2	1817	77,8	1827	74,1	1837	50,0	1847	55,2	1857	80,0		
1808	53,3	1818	45,0	1828	63,9	1838	51,2	1848	60,7	1858	68,6		
1809	45,0	1819	72,7	1829	74,3	1839	76,9	1849	60,6	1859	65,6		

Durchschnitte nach Dekaden in Prozent:
1800–1809: 58,6
1810–1819: 59,3
1820–1829: 66,8
1830–1839: 62,4
1840–1849: 64,4
1850–1859: 67,4

Gesamter Durchschnitt: 63,2%

Tabelle 11: Säuglingssterblichkeit nach Geschlechterproportion. 100 = ausgeglichenes Verhältnis, über 100 = männliche Dominanz

Jahr	Proportion	Jahr	Proportion	Jahr	Proportion	Jahr	Proportion	Jahr	Proportion	Jahr	Proportion
1800	76,9	1810	122,2	1820	40,0	1830	125,0	1840	116,7	1850	106,3
1801	80,0	1811	225,0	1821	266,7	1831	86,4	1841	109,1	1851	140,0
1802	66,7	1812	166,7	1822	200,0	1832	242,9	1842	114,3	1852	73,7
1803	166,7	1813	90,9	1823	111,1	1833	115,4	1843	157,1	1853	144,4
1804	83,3	1814	128,6	1824	138,5	1834	163,6	1844	128,6	1854	104,5
1805	45,5	1815	375,0	1825	116,7	1835	136,4	1845	242,9	1855	81,8
1806	37,5	1816	120,0	1826	100,0	1836	244,4	1846	106,7	1856	54,5
1807	125,0	1817	350,0	1827	92,9	1837	209,1	1847	141,7	1857	150,0
1808	66,7	1818	300,0	1828	89,5	1838	215,4	1848	133,3	1858	144,4
1809	100,0	1819	83,3	1829	133,3	1839	85,7	1849	83,3	1859	166,7
										1860	81,8

Tabelle 12: Geburtenüberschuß in Prozent (Geburtenziffer abzüglich Sterbeziffer)

Jahr	Prozent	Jahr	Prozent	Jahr	Prozent	Jahr	Prozent	Jahr	Prozent	Jahr	Prozent	Jahr	Prozent
1800	−40,7	1810	5,9	1820	28,0	1830	15,3	1840	23,5	1850	4,2	1860	13,2
1801	+25,8	1811	26,5	1821	30,3	1831	7,5	1841	9,1	1851	4,8		
1802	25,6	1812	8,9	1822	21,3	1832	29,8	1842	− 3,5	1852	7,5		
1803	29,2	1813	15,7	1823	41,4	1833	15,7	1843	12,0	1853	21,2		
1804	30,8	1814	−59,5	1824	7,9	1834	25,4	1844	12,7	1854	−27,9		
1805	− 2,4	1815	+21,3	1825	15,7	1835	− 1,0	1845	14,1	1855	6,8		
1806	+28,8	1816	15,6	1826	30,4	1836	16,8	1846	8,2	1856	11,8		
1807	4,6	1817	20,2	1827	10,5	1837	19,2	1847	9,1	1857	19,6		
1808	27,5	1818	−16,8	1828	14,2	1838	7,7	1848	12,9	1858	7,2		
1809	20,3	1819	25,8	1829	23,4	1839	38,2	1849	− 1,4	1859	3,6		

Durchschnitt nach Dekaden in Prozent:
1800–1809: 15,0
1810–1819: 6,4
1820–1829: 22,3
1830–1839: 17,5
1840–1849: 9,7
1850–1859: 5,9

Durchschnitt 1800–1860: 12,8%

»Hebet mich fescht, suscht wer' i zwild!«

Volkserhebungen 1848/49

von Herbert Berner

Volkserhebungen sind nicht Früchte der Freiheit, sondern der Unterdrückung und Knechtung[1]. Die Nachricht vom Sturz des Königs Louis Philipp und die Ausrufung der Französischen Republik am 24. Februar 1848 versetzten das badische Volk in Aufruhr. Die politischen und sozialen Unzufriedenheiten und Spannungen im Lande hatten sich seit den Befreiungskriegen verstärkt, die damals jüngere Generation sah sich enttäuscht in ihrem Streben nach nationaler Einheit und der Verwirklichung liberaler Freiheiten. Nach 1815 war ein neuer bürgerlicher Geist allenthalben und im besonderen im neugeschaffenen Großherzogtum Baden im Vordringen; hier machten sich unter anderem die langen Grenzen mit Frankreich und der Schweiz bemerkbar, die politische Einflüsse aus dem Ausland erleichterten. Eine wichtige Rolle kam hierzulande dem schweizerischen Kreuzlingen als Zufluchtsstätte politischer Flüchtlinge und Herstellungsort wie Umschlagplatz »aufrührerischer« Druckschriften zu. Obgleich die badische Verfassung von 1818 mit konstitutioneller Monarchie und echter Vertretung des Volkes die fortschrittlichste aller süddeutschen Verfassungen war, obwohl 1831 die Pressezensur aufgehoben, die kommunale Selbstverwaltung erweitert und zum ersten Male in Deutschland das Drei-Klassen-Wahlrecht eingeführt sowie die Zehntablösung beschlossen worden war, blieb die Unzufriedenheit vieler liberaler und zunehmend republikanisch gesonnener Menschen bestehen. 1832 bereits mußte der Großherzog nach dem demokratischen Hambacher Fest (27. Mai 1832) auf Beschluß des reaktionär-restaurativen Bundestages (der Deutsche Bund war ein Bund souveräner Staaten) das badische Pressegesetz wieder aufheben und die Vereins- und die Versammlungsfreiheit einschränken. Im autokratischen Württemberg sah es noch viel schlimmer aus. Als 1833 der Hohentwieler Pfarramtsverweser Ottmar Friedrich H. Schönhuth (1830–1837) ein harmloses Kinder-Maienfest auf dem Hohentwiel veranstaltete, hatte er alle Mühe, sich der Anschuldigung republikanischer Umtriebe zu erwehren; sogar die Ministerien in Stuttgart und Karlsruhe befaßten sich mit dem von böswilligen Denunzianten ausgelösten Vorfall[2]. Singener Kinder waren freilich nicht eingeladen, wohl aber jene von Mühlhausen und Hilzingen.

In jenen Jahren waren die klassischen deutschen Parteien entstanden, die nach den Revolutionsjahren Politik aus dem deutschen Bewußtsein nicht mehr verschwinden ließen. Allein in Baden, und besonders in dem von Truppen und Festungen entblößten Seekreis, gelang es 1848 den Radikalen und Republikanern um Josef Fickler, dem Redakteur der Konstanzer Seeblätter, und später um Friedrich Hecker und Gustav von Struve, die Unruhe im Lande ihren politischen Zielen dienstbar zu machen. Die Revolution führten Intellektuelle an, getragen wurde sie im wesentlichen von kleinen Handwerkern und Bauern; das gutsituierte Bürgertum und die Beamten hielten sich zurück. Erschwerend wirkte, daß die Jahre zuvor und vor allem 1847 ein Jahr wirtschaftlicher Zusammenbrüche und Hungersnöte war[3] und daß als Folge der bäuerlichen Verelendung Bitternis und Groll, Haß und Empörung brodelten und gärten[4].

Die deutsche Revolution der Jahre 1848/49 brach unmittelbar nach der Februar-Revolution in Paris zuerst im deutschen Süden mit dem Ziel der nationalen Einigung mit liberalen Verfassungen aus: Entscheidend für ganz Deutschland wurden die Ereignisse in Wien, Berlin und Frankfurt (Main). In Österreich und Preußen blieben die Truppen auf der Seite ihrer Regierungen und schlugen die Volkserhebungen nieder. In Frankfurt wurde auf Beschluß des Bundestages eine Verfassung ausgearbeitet, aber der Versuch der Liberalen im Vorparlament, die Deutsche Republik auszurufen, scheiterte und veranlaßte Friedrich Hecker und Gustav von Struve zu ihrer südbadischen Erhebung im April 1848. Als schließlich König Friedrich Wilhelm IV. von Preußen die ihm von der Nationalversammlung angebotene kleindeutsche Kaiserkrone Ende März 1849 ablehnte, war die Frankfurter Reichsverfassung gescheitert. Die zu ihrer Erhaltung ausgebrochenen Aufstände in Baden, in der Rheinpfalz und in Sachsen wurden vom Militär – in Baden waren es die Preußen – niedergeworfen; die Reste der Nationalversammlung (das sogenannte Rumpfparlament) flüchtete Anfang Juni nach Stuttgart und wurde dort am 17. Juni 1849 aufgelöst. Vorübergehend konnten sich die restaurativen vormärzlichen Kräfte noch einmal durchsetzen, doch vermochten sich nun Parteien in gewissem Rahmen zu entwickeln, und die durch die Revolution erzwungene Aufhebung der Feudalrechte sowie die Pressefreiheit blieben erhalten.

In Baden, und hier besonders im Seekreis, traten die von bürgerlichen Kreisen gestützten republikanischen Strömungen offen zutage, im Frühjahr 1849 weitaus stärker als im März/April 1848. Die Volksvereine von 1849 trugen einen deutlich »sozial-revolutionären Charakter« und wurden – gänzlich unerwartet – durch das badische Militär unterstützt, das sich auf die Seite der Revolutionäre schlug und Großherzog Leopold am 14. Mai 1849 zur Flucht außer Landes nötigte. In Karlsruhe bildete sich am 13. Juni 1849 eine provisorische Regierung mit diktatorischer Gewalt[5], und im Großherzoglich Badischen Anzeigeblatt für den Seekreis teilte der Zivil- und Militärkommissar des Landesausschusses für den Seekreis, Willmann, am 21. (bzw. 23.) Mai 1848 mit, daß die Großherzogliche Seekreisregierung am 20. Mai ihre Funktionen niedergelegt habe und nun ein Landeskommissär für den Seekreis, Dr. Karl Kaiser aus Konstanz, die Regierungsgeschäfte in die Hand genommen habe. Kaiser schlug sein Hauptquartier in Stockach auf.

Diese dritte, weit »gefährlichere« Revolution als die vorangehenden endete nach den verlustreichen Gefechten in Nordbaden und der Besetzung Karlsruhes durch die Preußen hierzulande damit, daß am 12. Juli 1849 der frühere Regierungskommissär Johann Nepomuk Fromherz die Regierung des Seekreises wieder übernahm; der ganze Kreis wurde vom Armee-Korps des hessischen Generalleutnants Eduard von Peucker besetzt[6].

Die letzten badischen Truppen (1200 Mann) und etwa 2000 Freischärler traten in der Nacht vom 10./11. Juli in Konstanz über die schweizerische Grenze. Die Bundesfestung Rastatt kapitulierte erst am 23. Juli 1849; preußische Standgerichte verhängten 40 Todesurteile. Die preußischen Truppen erhielten in Baden Besatzungsrecht (Übereinkunft vom 19. Juni 1850); nach der am 14. Juli 1849 erfolgten Auflösung der badischen Truppenverbände wurde ein neues badisches Armee-Korps unter preußischer Aufsicht ausgebildet und aufgestellt; an die 80 000 badische Revolutionäre verließen ihre Heimat[7].

In diesen großen Rahmen waren die Singener Geschehnisse eingebettet. Seit dem 1. März 1848 war das liberale Pressegesetz vom 28. Dezember 1831 wieder in Wirksamkeit gesetzt. Um den 10. März 1848 ging in Verbindung mit den neuesten Nachrichten über den Sturz des französischen Königs das Gerücht um, daß nach dem Vorbild der Agrarunruhen in Nordbaden und in der Baar nun auch hierzulande die grundherrlichen Schlösser und Rentämter gestürmt würden; in Nordbaden richtete sich die Wut des Volkes auch gegen die Juden, die man des Wuchers und der Ausbeutung bezichtigte. In Bodman und in Langenstein übernahmen Bürgerwehren den Schutz der Schlösser[8], ohne daß auch nur der Versuch einer Erstürmung oder Plünderung unternommen worden war, auch den Juden in den benachbarten Judendörfern geschah nichts[9], viele von ihnen beteiligten sich vielmehr an den Versammlungen und später an den Aktionen der Freischärler. In Singen passierte nur wenig. Bei einer ersten, von etwa 6000 Männern aus dem Seekreis besuchten Volksversammlung am 9. März in Stockach rief der Konstanzer Redakteur der Seeblätter Josef Fickler die Deutsche Republik aus und forderte eine allgemeine Volksbewaffnung[10]. Wenige Tage später beschloß eine zweite Volksversammlung in Hegne am 12. März, zu der sich etwa 2000 Männer, überwiegend Bauern, einfanden, neben der allgemeinen Volksbewaffnung auch die Bildung politischer Komitees in allen Gemeinden unter einem Hauptkomitee in Konstanz. Wir können annehmen, daß auch manche Singener in Stockach und Hegne gewesen sind. In Singen trafen sich in diesen Tagen rund 400 Bürger aus den umliegenden Gemeinden und ordneten Fridolin Trötschler und den Gemeinderat Franz Buchegger zu der großen Volksversammlung in Offenburg am 19. März 1848 ab (Hegauer Erzähler Nr. 23, 1848).

Große Unruhe verbreitete der sogenannte Franzosenlärm. Ende März befürchtete man allgemein den Einfall polnischer und deutscher Emigranten zusammen mit französischen Republikanern. Daraufhin beschloß die Frankfurter Bundesversammlung am 26. März, das VII. (bayerische) und VIII. (württembergisch-badisch-hessische) Bundesarmee-Korps »auf Kriegsfuß« zu stellen; die badische Regierung ordnete am 1. April eine Teilmobilisierung ihrer Truppen an. Württembergische Truppen unter Generalleutnant Moriz von Miller rückten am 4. April in Rottweil ein; der General schickte Anfang April bereits einen Quartiermacher nach Donaueschingen, was einen ungeheuren Entrüstungssturm im ganzen Seekreis auslöste. Die bayerischen Truppen des VII. Korps standen unter General von Balligand in Oberschwaben (Aulendorf bis Meßkirch). Über all diese militärischen Bewegungen informierten sich die Singener; sie schickten am 6. April Anton Waibel alt und am 13. April Franz Buchegger nach Stockach, um sich über das Eindringen fremden Militärs in badisches Land Gewißheit zu verschaffen.

Einige bemerkenswerte, die allgemeine Stimmung widerspiegelnde Dokumente aus diesen Tagen blieben erhalten. Am 4. April 1848 schickten Gemeinderat und Bürgerausschuß dem »Herr Graf« zu Innsbruck ein dringendes Schreiben, um dessen Beantwortung innerhalb 7 Tagen gebeten wurde. »Wären Sie hier, dann hätten wir dieses Schreiben sparen können, denn wir

503

hätten das mündlich ausgemacht, was der Zweck dieses Schreibens ist. Zwar ist es eine ausgemachte Sache, daß der todte Buchstabe nicht so warm zum Herzen spricht als die menschliche Stimme aus tiefer Brust [...] allein deßen ungeachtet hoffen und wünschen wir, daß Sie unsere Stimme hören und unsere Bitten erfüllen. Zwar liegt die Zeit des Bittens, unserem Herrgott sey Dank, weit hinter uns; denn das erwachte Volk fühlt seine Kraft, es ist einig und deshalb stark, und kann nun da verlangen, wo es vor vier Wochen noch nicht einmal bitten durfte.« Nun folgt der Antrag um unentgeltliche Beseitigung des Grundzinses, der »wohl lästigsten aller Abgaben«, wie dies von den Herren von Langenstein, Bodman, Hornstein-Binningen, Weiterdingen usw. bereits bewilligt worden ist. »Wenn wir annehmen, wie viel wir an Ihre Familie schon geleistet haben, wie mancher Tropfen Schweiß an dem durch Sie Bezogenen hängt, dann dürfen wir der Gewährung unserer Bitte entgegensehen! Wir wollen nicht davon reden, daß wir vor noch nicht langer Zeit, Abgaben, welche nun als Feudal Lasten, laut Ministerial Verfügung vom 10. März dieses Jahres No. 3022 aufgehoben sind, und wofür wir nichts zu bezahlen gehabt hätten; hierfür aber eine bedeutende Summe bezahlen mußten. Wir wollen Ihnen deshalb zu Gemüthe führen, daß Wir, wo überall der Aufruhr tobte, und das Eigenthum verletzt wurde, durch unsern Schutz, das Ihrige erhielten. [...] Schnell rennt das Rad der Zeit, mächtig ist das Verlangen um Erleichterung, und keine Macht der Welt ist imstande, dem Verlangen des Volkes zu widerstehen, wenn seine Bitten nicht gehört werden.«

Unverzüglich – am 10. April 1848 – antwortete Graf Enzenberg auf die am Abend zuvor eingetroffene »Zuschrift«. Selbst ein Gegner dieser »lästigen und alten Giebigkeit«, weshalb er freiwillig als Erster hierzulande gegen 15% die Ablösung angeboten habe, doch habe die Gemeinde Singen vor 3 Jahren lieber wieder »entrichtet«. Sein Vater habe dem Staat diese Zinsen abkaufen müssen, als das Lehen Singen allodifiziert wurde; sie seien deshalb keine Feudallast mehr, sondern ein in jüngster Zeit erworbenes Privateigentum. Im Gegensatz zu den meisten benachbarten Grundherren habe er diese Zinsen erwerben müssen, während jene als dem Reichsadel angehörig diese seit unvordenklichen Zeiten besäße. Dennoch habe er bereits vor 14 Tagen auf die Bürgereinkaufs- und Abzugsgelder ohne Entschädigung verzichtet. Er werde sich allem fügen, was die Regierung und Kammer zu Karlsruhe beschließen, er wolle nicht, daß die Gemeinde Singen »um meiner nothwendigen Abwesenheit willen« gegenüber andern Gemeinden irgendeinen Nachteil erleide oder sich schlechter stelle. »So traue ich den Männern von Singen, wie ich sie kenne, zu, daß sie einsehen werden, daß ich jedenfalls nicht allein soviel als andere Grundherren, sondern insofern als es mir weher thut, noch mehr gethan habe, daß sie es begreifen werden, wenn ich am Ende sage, ein Schurke, der mehr thut als er kann, und mich unter solchen Verhältnissen, denn Gewalt geht über Recht, mit ruhiger Ergebenheit in Gottes Namen dem unterziehe, was [...] der Herrgott über mich durch jene Mitbürger, mit denen ich und meine Aeltern so lange in Frieden und Ruhe glücklich gelebt habe, kommen lassen will.« Mit dem Dank für den bisherigen Schutz seines Eigentums und der Bitte, seinen braven Verwalter nichts entgelten zu lassen, schloß er mit der Feststellung, daß er auf alle »Giebigkeiten« verzichten werde, falls der Staat ihm die Allodifikationssumme zurückerstatte[10a].

Der Vorgang wurde nicht weiter verfolgt bzw. ging im Trubel der Ereignisse unter. Der Briefwechsel läßt jedoch auf ein bisher gutes Verhältnis zwischen den Singenern und ihrer Herrschaft schließen. Auch in anderen grundherrlichen Orten verlangten die Bürger und Bauern die Aufhebung noch bestehender Gefälle und Abgaben; dies geschah denn auch in den 50er Jahren, freilich gegen Entschädigung der Berechtigten.

In diesen von Unruhen und Gerüchten erfüllten Tagen begann man auch in Singen wie im ganzen Seekreis, die Bürger zu bewaffnen bzw. die Bürgerwehren wieder zu reaktivieren, die nach Meinung der Republikaner als »Heerbann des Volkes« und »bewaffnetes Rückgrat« die Verteidigung des Landes sowie die Aufrechterhaltung von Ruhe und Ordnung garantieren sollten. Allerdings waren diese Bürgerwehren zumeist schlecht und phantasiereich mit Flinten, Pistolen und Sensen bewaffnet. Mitten hinein in die unruhigen Tage platzte um den 24. März die falsche Nachricht, daß 20 000 bis 40 000 Franzosen über den Rhein gesetzt und schon bis nach Wolfach vorgedrungen seien; in Singen erzählte man gar, die Franzosen seien bei Freiburg und Schramberg geschlagen worden[11]. In Stein am Rhein wurden bei Georg Böschenstein und in Diessenhofen bei Jakob Bachmann reichlich Pulver, Feuersteine und Blei eingekauft, die am 25. März Anton Waibel mit einem zweispännigen Fuhrwerk nach Singen transportierte. Schneider Fidel Ehinger und Maler Johann Ehinger mußten eine große und zwei kleine Fahnen herrichten. Ferner fand im März eine »Schilderhebung« (Erfassung der Wehrmannschaft) von etwa 90 Singener Männern statt, wofür die Gemeindekasse rund 400 fl. Tagesgebühren aufwendete[12].

Viele Republikaner, unter ihnen Franz Sigel, hofften, ihre politischen Forderungen auf friedlichem Wege durchsetzen zu können. Da erschien völlig unerwartet – nachdem am 8. April in Karlsruhe der radikale Repräsentant des Seekreises, Josef Fickler, verhaftet worden war – Friedrich Hecker am 11. April in Konstanz, um

»von diesem äußersten Zipfel Deutschlands aus ganz Deutschland für die Republik« zu erobern[13]. Der Rechtsanwalt Hecker, überzeugter Demokrat, Republikaner und Führer der badischen Opposition, hatte im Frankfurter Vorparlament seine politischen Vorstellungen nicht durchzusetzen vermocht und rief nun zusammen mit dem radikalen Republikaner Gustav von Struve in Konstanz zum bewaffneten Kampf gegen Monarchie und Reaktion auf. Nicht wenige seiner Freunde versuchten vergeblich, ihn davon abzuhalten.

Hecker und Struve hatten sich eine Erhebung des Volkes in Massen vorgestellt. Beim Ausmarsch des ersten Aufgebotes aus Konstanz am 13. April 1848 zogen aber nur ganze 55 Mann mit. Über Wollmatingen – Allensbach – Markelfingen – Stahringen und Wahlwies marschierte die sich langsam vermehrende Schar nach Stockach, am 14. April über Aach nach Engen – Trommler, Musketiere, Büchsenschützen und Sensenmänner. In Engen waren die Freischaren auf 800 Mann angewachsen, wenigstens 4000 hatte man erwartet. Als Hecker am 15. April Donaueschingen besetzen wollte, waren ihm die württembergischen Truppen schon zuvorgekommen, so daß die Freischaren über Bonndorf – Bernau – Schopfheim – Steinen nach Kandern weiterzogen, wo sie am Abend des 19. April etwa mit 800 Mann eintrafen. Dort, auf der Höhe von Scheidegg, kam es am 20. April zu einem Gefecht mit badischen und hessischen Truppen unter General Friedrich von Gagern, der dabei den Tod fand. Die Freischaren wurden zurückgeschlagen und flüchteten teilweise mit Hecker und Struve in die Schweiz[14]. Die Württemberger besetzten die Gegend um Donaueschingen – Neustadt im Schwarzwald, die Bayern Stockach und Radolfzell.

Die zweite Kolonne unter Franz Sigel hingegen war am Palmsonntag, dem 16. April, von Konstanz mit 250 Mann aufgebrochen. »In Singen schloß sich schon die ganze Bürgerwehr, 200 Mann stark, an, auch weitere Truppen von anderen Ortschaften«[15]. Erste Übernachtung in Tengen. Auf dem Marsch nach Karlsruhe gelangte die inzwischen auf 3000 Mann angewachsene Schar am 20. April nach Todtnau und wandte sich von dort gegen Freiburg. »Die Aufgebote waren zum Theil ganz gut uniformirt; so trug zum Beispiel die Mannschaft aus Fützen blaue Blusen und schwarze Filzhüte, die von Singen eine graue Kleidung und graue Filzhüte[16]; die meisten Gemeinden hatten ihren Kolonnen Gepäckwagen mitgegeben.« Die Erstürmung Freiburgs am Ostermontag (24. April) gelang den Freischaren jedoch nicht. Franz Sigel berichtet, daß er bei dem vom Feind besetzten Dorf Günterstal seine zerstreute erste Kolonne wieder sammeln wollte. Auf dem Marsch nach Horben hörte er im Wald »plötzlich den Ruf: ›Flieht! Flieht! Es ist alles verloren!‹ Erstaunt kehrte ich mich um und rief zurück, man solle auf dieses Geschrei nicht hören, sondern den Mann gefangennehmen und ruhig den Marsch fortsetzen. Nachdem wir aber den Wald verlassen und das freie Feld betreten hatten, bemerkte ich, daß der ganze zweite Banner fehlte; da ich glaubte, dasselbe sey auf dem Wege zurückgeblieben, so ließ ich halten und sandte zugleich den Befehl zu demselben zurück, den Marsch fortzusetzen und sich uns anzuschließen. Der war jedoch nicht mehr zu finden, sondern hatte sich samt allen Anführern in den Wald geflüchtet, wahrscheinlich infolge jenes falschen Rufes«.[17]

Diese erste badische Revolution dauerte in ihrer entscheidenden Phase kaum länger als vier Wochen; doch ereigneten sich in ihr die einzigen bedeutsamen und bis heute in Erinnerung festgehaltenen Aktivitäten der Singener Revolutionäre, wobei freilich die Ereignisse durcheinandergebracht, verschoben worden sind. Wir können davon ausgehen, daß die ausrückenden Singener Freischärler mit den Waffen und Uniformen der früheren Bürgerwehr ausgerüstet waren, denn erst 1849 wurde Stoff für die bekannten Blusen gekauft. Viel spricht auch dafür, daß sich ein kleiner Teil der Singener dem Aufgebot Friedrich Heckers angeschlossen hat, denn der Gemeinderat schickte vom 16. bis 19. April den Färber Wilhelm Waibel und den Siebmacher Simon Majer nach Waldshut, um die Singener Freischärler zur Rückkehr aufzufordern[18]. Darauf dürfte sich die Überlieferung beziehen, wonach 13 Mann Hecker nach Kandern nachgezogen sind.

Die meisten Singener aber versammelten sich am Palmsonntag, dem 16. April 1848, beim Gasthaus Kreuz zum Abmarsch unter dem Kommando ihres Hauptmanns Anton Schrott, dabei auch die Freischärler aus den Nachbargemeinden. Der 19jährige Pelagi Graf versteckte sich, um nicht mitgehen zu müssen, hinter einem Holzhaufen; als man ihn dort fand, habe er zur Entschuldigung gerufen: »Ich ka it, hebet mich fescht, suscht wer' i z' wild.« Die Kreuz-Wirtin soll den denkwürdigen Spruch getan haben: »Wenn Ihr uf Karlsruh kummet, denn bringet au die Krau [Krone] vum Großherzog mit.« Bei Günterstal dürfte der Singener Hauptmann Anton Schrott (dessen Name übrigens bei den späteren Verhandlungen und Fahndungen nirgendwo auftaucht) den denkwürdigen – in anderer Form von Franz Sigel überlieferten – Befehl gegeben haben: »Wer vu Singe isch, wirf's G'wehr und d'Säges furt und renn mir noch. Drum us 'm G'büsch und abbe vum Bomm, alle mir no, mir gont wieder homm!«[19] Unzweifelhaft steckt ein wahrer Kern in der mündlichen Singener Überlieferung.

In wilder Flucht vor den württembergischen Truppen strebten die Freischärler nach den verlorenen Gefechten bei Kandern und Günterstal in den Seekreis zurück,

»viele Hunderte wurden gefangen, Waffen und Fahnen ihnen abgenommen, ihre Namen in Listen eingetragen und dieselben sofort nach Hause gewiesen, da sie ohne Führer durch die erlittene Niederlage erschreckt und demoralisiert, nicht mehr zu fürchten und froh waren, mit heiler Haut wieder nach Hause zu kommen«[20].

Am 23. April verhängte die großherzogliche Regierung im Seekreis das Kriegsrecht. Singen erhielt zuerst bayerische (Chevauxlegers), dann württembergische Einquartierung. Im August waren auch einmal 89 badische Dragoner im Dorf[21]. In einem Brief vom 30. Dezember 1848 berichten Dominik und Konrad Buchegger, daß im Dorf gegenwärtig 104 württembergische Soldaten einquartiert seien; insgesamt sollen es seit Mai 16 000 Mann gewesen sein. Überall wurden nun die Republikaner verfolgt, inhaftiert und zu hohen Geld- und Freiheitsstrafen verurteilt[22]. Allgemein herrschte eine düstere Bangigkeit im Hinblick auf die Lösung der »sehr schwülen Zustände«. In Singen jedoch scheint nicht allzuviel geschehen zu sein, von Strafen oder Verhaftungen ist nichts bekannt. In Beuren an der Aach bildete sich bereits Ende Juni ein demokratischer Arbeiterverein als Vorläufer der Märzvereine, der sich am 18. Dezember 1848 öffentlich vorstellte[23]. – Am 16. Mai 1848 nahmen von Singen an den Deputierten-Wahlen in Radolfzell die Gemeinderäte Karl Waibel und Franz Buchegger sowie in Engen Anton Waibel alt teil; Waibel war auch als Wahlmann an der Deputierten-Wahl zur 2. Badischen Kammer am 15. Juli 1848 in Radolfzell[24].

Der »Struve-Putsch« (die 2. Badische Revolution) vom 21. bis 24. September 1848 in Lörrach und Staufen zeitigte in Singen offensichtlich keine Auswirkungen; in Konstanz freilich gab es eine Volksversammlung, und in Engen haben »Aufständische« am 25. September abermals die Republik proklamiert[25].

Als die badische Regierung am 8. Januar 1849 die in der Frankfurter Paulskirche beschlossenen Grundrechte des Deutschen Volkes veröffentlichte, durften die radikalen Republikaner die sogenannten Volks- oder Märzvereine bilden. All das geschah unter den Augen der Besatzungstruppen, die Anfang Mai 1849 abgezogen wurden, worauf die Volksvereine energisch die Aufstellung und Bewaffnung von Bürgerwehren betrieben. Als die großherzogliche Regierung Anfang Januar 1849 die Aushebung der Militärpflichtigen in Radolfzell durchführte, verzeichnete man unter den 125 Musterungspflichtigen des Amtsbezirks 33 Verweigerer (Refracteure), darunter auch 2 Singener, 2 Friedinger und 3 Bohlinger[26]. Im ganzen Land haben sich Hunderte von Conscriptionspflichtigen der Aushebung durch Flucht entzogen.

Die revolutionäre Stimmung brachten die Veranstaltungen zu Friedrich Heckers Namenstag um den 5. März 1849 zum Ausdruck: In den Ortschaften wurde mit Böllern geschossen, und auf vielen Anhöhen wurden Feuer und Pechkränze gezündet. Selbst während der feierlichen Gottesdienste wurde geschossen und den Tag hindurch Geschütz gelöst; die März- und Volksvereine versammelten sich in den Wirtschaften. Weiteren Zündstoff in das glosende Feuer brachte die am 20. Mai 1849 von ca. 3000 Personen besuchte Volksversammlung in Eigeltingen.

In Singen kam es allerdings nur zögernd und spät zur Gründung eines Volksvereins, nachdem in den Seeblättern hämische Artikel über die Gemeinde gelästert hatten. Fabrikant Trötschler, Bierbrauer, Sonnen-Wirt und Gemeinderat Franz Buchegger und wahrscheinlich der Particular Johann Baptist Thoma, Kaufmann Rudolf Thoma und Messerschmied Josef Waibel[27] beschlossen daher am 11. Mai, nun gleichfalls einen Volksverein auf die Beine zu stellen, und wählten Franz Buchegger zum Vorsitzenden. Da dieser Verein sich nicht dem Kreisverein Konstanz unterstellen wollte, wurde er schon nach zwei bis drei Wochen wieder aufgelöst; nach Angabe des Vorstandes im »Hegauer Blatt« Nr. 28 vom 11. Mai 1849 sollen dem Verein 62 Mitglieder angehört haben. Eine hervortretende Wirksamkeit entfaltete der Verein jedenfalls nicht, auch konnte nicht bewiesen werden, daß Buchegger mit dem Zivilkommissar Wagner und dem Bezirks-Volksvereinspräsidenten Dominik Noppel in Radolfzell Verbindung gepflegt und Korrespondenzen unterhalten habe. Freilich stand die Bierwirtschaft »Zur Sonne« von Franz Buchegger im Geruch, daß dort häufig und stark politisiert worden sei.

Als im Amtsbezirk Radolfzell wohl Ende Mai/Anfang Juni sämtliche ersten Aufgebote der Volkswehren (so hießen jetzt die Bürgerwehren) vor Kommandant Balbach, einem früheren Generalstabshauptmann, in Radolfzell antreten mußten, erschien allein die Volkswehr Singen ohne Gewehre. Darauf ordnete der Zivilkommissar Wagner von Radolfzell am 17. Juni bei Vermeidung von 125 Mann Exekutionstruppen schriftlich die sofortige Bewaffnung der Singener Volkswehr an. Ein hierüber bereits am 4. Juni gefaßter Gemeindebeschluß war nicht vollzogen worden. So mußte nun Franz Buchegger als jüngster Gemeinderat, der sich dabei eines auch in anderen Orten tätigen schweizerischen Mittelsmannes bediente, im Kanton Thurgau 60 Gewehre und Musketen »nach eidgenössischer Ordonnanz« sowie Tornister in Basadingen, Andelfingen, Winterthur, Olten und Töss einkaufen[28]; er nahm dazu einen zweispännigen Wagen mit einem Knecht mit und verzollte die Waffen am 26. Juni beim Hauptzollamt Randegg. Die erforderlichen Patronentaschen fertigte Anton Schrott jung, dazu noch 60 Gewehrriemen und Bajonettscheiden. Schlosser Sebastian Ehinger richtete die gekauften Gewehre für den Gebrauch her. Pulver und Blei besorgte man wiederum in Stein am Rhein und Diessenhofen sowie in Hilzingen (Eduard Noppel); das Herbeiführen übernahm Mohren-Wirt Martin Graf. Diese Anschaffungen kosteten rd. 1500 fl., die durch Umlagen unter den Bürgern unter Berücksichtigung der Vermögenslage aufgebracht wurden. Ferner kaufte man noch Reitzeug für vier Pferde in Radolfzell, denn der Hauptmann und seine Chargen sollten beritten sein; die Trommel für den Tambour wurde hergerichtet, und zuletzt (2./3. Juli) wurde bei Honegger & Co. in Konstanz Blusentuch für die Wehrmänner angeschafft. Vermutlich haben die Singener Frauen die Blusen genäht, aber eigentlich war es schon zu spät, denn sechs bis acht Tage später rückten die hessischen Truppen ein. Alle diese Anstrengungen machten einen überstürzten Eindruck, denn bereits Mitte Juni 1849 sollten die ersten Aufgebote der Volkswehren im Seekreis mobilisiert und marschfähig sein; um diese Zeit begab sich Franz Buchegger aber erst auf seine Waffeneinkaufsreise.

Die gewitterschwüle Situation illustriert geradezu tragikomisch die Tatsache, daß die Roos'sche Buchdruckerei Engen Mitte Juni 1849 drei Exerzierbüchlein lieferte und daß gegen Monatsende drei Instruktoren – Feldwebel Gegenheimer, Corporal Rekenbrod (?) und Michael Hilbert – die Singener Volkswehr drillten. Selbst für den Tambour wurde eine Instruktion bestellt. – Allenthalben wurden damals drei Aufgebote aufgestellt, wovon das erste Aufgebot unter einem Hauptmann, einem Zugmeister oder Lieutenant und zwei Rottmeistern für den aktiven Einsatz vorgesehen war, das zweite und dritte Aufgebot mit mangelhafter und ungenügender Ausrüstung dienten als Reserve. In Singen dürften das zweite und dritte Aufgebot wohl nur auf dem Papier gestanden haben. Zu einem militärischen Einsatz oder Ausrücken der Singener Volkswehr scheint es nicht mehr gekommen zu sein[29].

Im weiteren Verlauf der 3. Badischen Revolution in Singen ereignete sich nur noch wenig. Mitglieder der Enzenberg'schen Familie waren – wie viele ihrer Standesgenossen – nach der Mobilmachung des ersten Aufgebots (16. Mai) nach Schaffhausen geflüchtet. Beim Rückzug der Insurgenten wurde am 30. Juni Schloß Donaueschingen geplündert. Von dort zog eine Abteilung unter Franz Sigel in Richtung Stühlingen – Waldshut zur Schweizer Grenze, die andere Abteilung über Engen – Singen nach Konstanz. Bei diesem Rückzug kam es gelegentlich zu Plünderungen und Ausschreitungen (unter anderem Schloß Mainau); ein Versuch, Schloß Bodman zu plündern, mißlang dank des Eingreifens der Sipplinger Bürgerwehr. Bei Schloß Langenrain veranstalteten die Freischärler ein großes Trinkgelage[30], in den grundherrlichen Orten Langenstein, Steißlingen und Binningen passierte hingegen nichts. In Singen wurden am 30. Juni 1849 die Kasse des Gräflichen Rentamtes sowie fünf Stück Kühe und zehn Malter Haber, vermutlich von der sogenannten Schwäbischen Legion, gestohlen[31]. Einige Tage später, am 8. Juli, erpreßten die Konstanzer Revolutionäre Hofgerichtsrat Stephani, Ober-Zivil-Kommissär, und Spediteur Debrunner als Oberkriegskommissar den Singener Untersteuererheber Weber unter Gewaltandrohung um 643 fl. 4 kr[32] und leerten auch die Postkasse bei dem Kaufmann und Postexpeditor Josef Perolatz mit 60 fl.[33]. Tagelang waren in Singen ab dem 12. Juli 1400 Mann hessische Truppen einquartiert, die gegen Monatsende größtenteils an die Schweizer Grenze abzogen. Dennoch – so berichtet Roderich von Stotzingen – wimmelte es an der Grenze in Randegg, Gailingen und Singen von Truppen. »Hessische Offiziere sagten mir gestern [23.7.], bei Singen werde für 8000 Preußen ein Lager ausgesteckt. Die Soldaten müssen den Einwohnern helfen, die betreffenden Felder von den Früchten zu leeren.« Glücklicherweise ließen die Militärs den Plan fallen. – Die hessischen Truppen sollen sich nicht gut benommen haben.

Der am stärksten belastete Gemeinderat und Bierbrauer Franz Buchegger war beim Einrücken der Hessen auf das »Geschrei« des Kronen-Wirts Rieger[34] und auf das Bitten seiner Frau über die Grenze gegangen, kehrte jedoch nach wenigen Tagen zurück und meldete sich beim Bürgermeister. Am 25. Juli ließ ihn der württembergische Stationskommandant, Hauptmann Döring, verhaften und zum hessischen Stationskommando nach Radolfzell verbringen, weil er als Vorstand eines Volksvereins die Einwohner zu Geldbeiträgen angetrieben habe, um Gewehre in der Schweiz kaufen zu können; überhaupt habe er sich bei den Umtrieben in hiesiger Gegend, und insbesondere hier, am tätigsten gezeigt und habe bei Annäherung der Reichstruppen die Flucht ergriffen. Am 26. Juni schickte ihn Hauptmann Diemer von Radolfzell nach Konstanz zur weiteren Untersuchung beim dortigen Stadtkommando. Nach einem Verhör in Konstanz, bei dem Buchegger seine Unschuld beteuerte und seine Verhaftung mit Denunziationen des Kronen-Wirts und des enzenbergischen Rentmeisters erklärte, wurde er wieder nach Radolfzell als dem zuständigen Untersuchungsgericht zurückgebracht. Bei einem weiteren Verhör am 27. Juli vor Oberamtmann Sebastian Frey schilderte Buchegger seine uns bekannte Tätigkeit (er sprach, wie übrigens auch der Bürgermeister, allerdings nur von 52 Gewehren) und bat um Beschleunigung des Verfahrens, weil sein Gewerbe zu Hause stillstehe und er viel Einquartierung habe. Auch Bürgermeister Weber bestätigte schriftlich am 30. Juli die Richtigkeit der Aussagen, wobei er hinzufügte, daß es ihm unmöglich sei, die Angaben über die Tätigkeit Bucheggers im Volksverein nachprüfen zu können. Buchegger blieb in Haft, sein Vermögen wurde mit Beschlag belegt (kein Gläubiger durfte an ihn Zahlungen leisten) vom 8. August bis Ende September 1849[35]. Seine Akten wanderten zum Zivil-Kommissär beim Armeekorps der Reichstruppen in Donaueschingen, wo schließlich am 7. August verfügt wurde, daß der Angeklagte aus der Haft zu entlassen und seine Sache zur weiteren Erledigung dem ordentlichen Richter zu überweisen sei. Nun folgten weitere Erkundigungen über den am 8. Oktober 1807 geborenen Buchegger und seine Vermögensverhältnisse (rd. 4000 fl.) bei Bürgermeisteramt und Pfarramt, die einen guten Leumund, aber auch eine gewisse Hinneigung zur stattgehabten politischen Bewegung bestätigten. Am 19. September gab das Bezirksamt Radolfzell die Untersuchungsakten weiter an das Hofgericht des Seekreises in Meersburg, das die Untersuchungen am 4. Januar 1850 einstellte[36]. – Von den drei anderen Revolutionären erscheinen zwei – Johann Baptist Thoma und Joseph Waibel – in den Akten über die nach England und Amerika geflüchteten Einwohner, und Rudolf Thoma ist in einem Faszikel »Verbrechen/Hochverrath und Aufruhr/Arreste« genannt, ohne daß Näheres zu erfahren ist. Es fällt auf, daß in den Verhandlungs- oder Steckbriefen ab Juli 1849 nach flüchtigen Hochverrätern des Bezirksamtes Radolfzell unter rd. 40 Namen keine Singener auftauchen[37]. Junge Leute der Jahrgänge 1824 bis 1827 zogen es freilich vor, sich des Militärdienstes durch Flucht, d.h. Emigration, ins Ausland (Amerika) zu entziehen, so Joseph Waibel von Singen, Eugen Häußler von Bohlingen, Matthias Maier und Karl Werkmeister von Friedingen, Philipp Jakob Auer aus Schlatt unter Krähen und Franz Xaver Auer von Beuren an der Aach; sie verloren dadurch ihre Orts- und Staatsbürgerrechte und wurden wegen Refraktion mit 800 fl. bestraft[38].

Nach all dem wird man wohl sagen dürfen, daß die Singener mit wenigen Ausnahmen als bloße Mitläufer oder Sympathisanten einzustufen sind und daß auch Bürgermeister, Gemeinderat und Gemeindeverwaltung, die fast vollzählig über die Revolution im Amt geblieben sind, einen vorsichtigen Kurs steuerten, geschickt nach allen Seiten lavierten und nirgendwo unangenehm auffielen.

Am 24. Juli 1849 ordnete das GR. Ministerium des Innern formell die Auflösung aller staatsgefährlichen Vereine, d.h. der Volksvereine, sowie die allgemeine Entwaffnung der Bevölkerung an, und am 5. August 1849 erließ Prinz Wilhelm von Preußen, der spätere Kaiser Wilhelm I., von seinem Hauptquartier in Freiburg aus einen Armeebefehl, der die Verbreitung von politischen und religiösen Schriften und Drucksachen an Truppenteile und Soldaten strengstens untersagte[39]. Die Unterkunft und Verpflegung der preußischen Truppen im Großherzogtum regelte das Innenministerium durch eine Verfügung vom 8. Oktober 1849[40]; Singen lag im Bezirk der III. Division mit dem für die Ämter Radolfzell, Blumenfeld, Engen und Meßkirch zuständigen IV. Polizeidistrikt in Engen unter Major von Stülpnagel, der das VII. Ulanenregiment kommandierte[41]. Im Dorf verblieb bis Anfang 1850 eine militärische Einquartierung; unter anderem mußte im Dezember 1849 ein neues Schilderhäusle für den preußischen Wachtposten gemacht werden, und am 17. Januar 1850 drohte das Bezirksamt Radolfzell der Gemeinde Singen militärische Exekution an, wenn die Beiträge zu den Kasernierungskosten der preußischen Truppen nicht binnen 8 Tagen eingezahlt würden.

Wir haben versucht, mit Hilfe aller erreichbaren Quellen den Ablauf der Ereignisse von 1848/49 in Singen und Umgebung nachzuzeichnen, den Idealismus, die brave, humane Hoffnung, aber auch Dilettantismus und mangelnden Mut. Man müßte berichten, »wie tapfer die aufständischen badischen Truppen sich gegen die Preußen schlugen, und auch, wie zänkisch und kindisch die provisorische Revolutionsregierung verfuhr, welches Chaos sie zurückließ; wie dankbar mancher Badener den Preußen für die Wiederherstellung des Ordnungsstaates war und wieder, wie andere den norddeutschen Unterdrücker haßten. Selten schreibt die Geschichte das eindeutige Schwarz-Weiß-Urteil, so wie der Leser es gerne hätte.«[42]

Anmerkungen

[1] So beginnt HANS WAGNER sein Kapitel Die Revolutionsjahre 1848/49, in Stockach, 2. Auflage 1981, S. 281.

[2] ADOLF KASTNER, Der Geschichtsschreiber und Volksschriftsteller Ottmar Friedrich Heinrich Schönhuth, Pfarramtsverweser auf dem Hohentwiel (1830–37), in Hohentwiel, S. 290–292; vgl. ferner ALFRED DIESBACH, Das Konstanzer Wochenblatt 1832/33, in Zs. Hegau 20 (1965), S. 243–275, darin u.a. auch das Kinderfest auf dem Hohentwiel, S. 251–254.

[3] A. DIESBACH, 1847 ein Jahr wirtschaftlicher Zusammenbrüche, in Zs. Hegau 21/22 (1966), S. 113–131. – Dazu: REINHOLD REITH, Der Aprilaufstand von 1848 in Konstanz. Zur biographischen Dimension von »Hochverrath und Aufruhr«. Versuch einer historischen Protestanalyse, Konstanzer Geschichts- und Rechtsquellen Bd. XXVIII, hg. vom Stadtarchiv Konstanz, Sigmaringen 1982. Die quantitative Beteiligung der Handwerkerschaft (Kleinmeister) übertrifft die des liberalen Bürgertums, S. 90.

4 A. DIESBACH, Der Bodanrück zu Beginn der badischen Volkserhebung, in Zs. Hegau 26 (1969), S. 145–166.

5 »Gr. Bad. VOBl. für den Seekreis« vom 30.6.1849.

6 Dazu im einzelnen JULIUS DORNEICH, Die Tätigkeit des Regierungskommissars Johann Nepomuk Fromherz während des Hegau-Zuges im April 1848, in Zs. Hegau 35 (1978), S. 80 f.; Gr., Bad. Anzeigeblatt 56 vom 14.7.1849.

7 Geschichte der deutschen Länder, hg. von G. W. SANTE und PLOETZ-VERL., Territorien-Ploetz, Bd. 2, 1971, S. 454–456.

8 J. DORNEICH, Berichte aus Schloß Langenstein 1848/49, in Zs. Hegau 32/33 (1975/76), S. 264–272; ders., Erinnerungen des Freiherrn Roderich von Stotzingen in Steißlingen an die badischen Aufstände 1848/49, nebst Briefen aus der Zeit, I. Teil 1848, in Zs. Hegau 31 (1974), S. 121–167; II. Teil 1849, in Zs. Hegau 32/33 (1975/76), S. 69–140. – H. BERNER, Die Revolutionsjahre 1848/49, in Kreisbeschreibung Konstanz, Bd. I, 1968, S. 404–406.

9 SAMUEL MOOS, Geschichte der Juden im Hegaudorf Randegg, Gottmadingen 1986, Hegau-Bibl. Bd. 42, S. 157f.

10 H. WAGNER, Stockach, S. 282f.

10a EAS F I 8/28 = 98. – Vgl. den Beitrag Grundzinsen und besetzte Fruchtgefälle, in diesem Bd. S. 469 f.

11 DORNEICH, Erinnerungen Stotzingen I, S. 148.

12 StAS Gde. Rechn. 1848, Beilage 184; auch die republikanischen Anführer Franz Sigel und Theodor Mögling verstehen unter »Schilderhebung« die Aufstellung, den Aufbruch republikanischer Wehrmannschaften.

13 WILHELM BLOS (Hrsg.), Denkwürdigkeiten des Generals Franz Sigel aus den Jahren 1848 und 1849, 2. Aufl., Mannheim 1902, S. 23.

14 Auf dem Marsch unterwegs hatte es schon beim Zollhaus Randen und bei Grimmelshofen kleinere Gefechte mit württembergischen Truppen gegeben.

15 DORNEICH, Erinnerungen Stotzingen I, S. 141; die Zahl 200 dürfte zutreffend sein, denn es waren dabei u. a. 40 Friedinger sowie die Freischärler aus Hausen und Rielasingen; GUSTAV GRAF, Friedingen, 1911, S. 87f.

16 SIGEL, a. a. O., S. 33.

17 FRIEDRICH HECKER, Die Erhebung des Volkes in Baden für die Deutsche Republik im Frühjahr 1848, Basel 1848; dabei die Beiträge von THEODOR MÖGLING, und FRANZ SIGEL, Erlebnisse während der ersten Schilderhebung der deutschen Republikaner im April 1848, zit. S. 113f.

18 StAS Gde. Rchg. 1849, Blg. 310.

19 FR. SÄTTELE, Singen, S. 93–96, schildert die Begebenheiten zu Singen mit den beiden Anekdoten, offenbar nach mündlicher Überlieferung; die Ereignisse lagen ja nur 60 Jahre zurück. – Über den Auszug und die Heimkehr der Singener berichten auch G. GRAF, Friedingen, S. 88, und PAUL FORSTER, Steißlingen, 1988, S. 171. – Die bisher namentlich genannten Singener Freischärler sind auch in der Liste zur Schilderhebung im März 1848 aufgeführt: StAS Gde. Rchg. 1848, Blg. 284.

20 DORNEICH, Fromherz, S. 77.

21 »Gr. VOBl. Seekreis« vom 20.5.1848.

22 Im Amtsbezirk Konstanz wurden an die 50 Personen wegen hochverräterischer Umtriebe gesucht, im Amtsbezirk Engen waren es 8; keine Steckbriefe veröffentlichte dagegen das Bezirksamt Radolfzell, bis auf einen, der Elias Daniel Bloch von Gailingen, Sohn des dortigen Bäckermeisters, betraf. »Gr. Bad. Anzeigeblatt f. d. Seekreis« 1848, Nr. 39, 40, 41; Engen: Nr. 36, 37, 94.

23 DORNEICH, Erinnerungen Stotzingen I., S. 154, 158.

24 StAS Gde. Rchg. 1848, Blg. 222, 223.

25 DORNEICH, Fromherz, S. 79f.; A. DIESBACH, Konstanz während der 2. badischen Volkserhebung im September 1848, in Zs. Hegau 27/28 (1970/71), S. 453–458. »Gr. VOBL Seekreis« vom 27.9.1848: »Fahndung nach Teilnehmern der ›neuesten hochverräterischen Unternehmung‹ in Konstanz« im »Gr. Bad. Anzeigeblatt« Nr. 88, 89, drei Personen; in Engen, a. a. O., Nr. 81, 82, zehn Personen.

26 A. DIESBACH, Die Halbinsel Höri und die Insel Reichenau in den Jahren 1848/49; revolutionäre Jungbürger verweigern den Militärdienst, in Zs. Hegau 23/24 (1967), S. 53–63.

27 Verzeichnis der beim Generallandesarchiv Karlsruhe verwahrten Aufzeichnungen über die Teilnehmer der Revolution 1848/49 für den heutigen Landkreis Konstanz, gefertigt 1974 von Heinrich Raab, S. 38.

28 Weitere Aufenthalts- und Einkaufsorte vom 19. bis 26. Juni 1849 sind Rafz, Zürich, Schaffhausen.

29 GLA 287/837/36; StAS Gde. Rchg. 1849, Blgen.

30 HIRSCHER, Langenrain-Freudental, 1986, S. 41.

31 DORNEICH, Erinnerungen Stotzingen II, S. 96ff.

32 »Gr. Anzeigeblatt f. d. Seekreis«, Nr. 57, S. 841.

33 A. a. O., S. 957.

34 Posthalter Sandhaas war zu Beginn des Jahres gestorben, seine Liegenschaften zwecks Erbteilung waren am 20. März 1849 versteigert worden; »Gr. Bad. Anzeigeblatt f. d. Seekreis«, Nr. 21, vom 14.3.1849.

35 »Gr. Bad. Anzeigeblatt f. d. Seekreis« 1849, Nr. 49, 77.

36 GLA 287/837/36.

37 Auch die Bezirksämter Engen und Konstanz veröffentlichten mehrere derartige Aufrufe mit Dutzenden von Namen. Unter den gesuchten Personen befanden sich u. a. der Radolfzeller Advokat Clemenz Hungerbiehler, von dem als Gemaßregeltem ein nachrevolutionäres Tagebuch erhalten ist (Die Radolfzeller Chronik des Clemenz Hungerbiehler, 1856–1859, hg. von H. BERNER, in Zs. Hegau 15/16 [1963], S. 187–273), ferner Bonaventur Compost in Beuren an der Aach, Benedikt Gleichauf in Schlatt unter Krähen und Hauptlehrer Heinrich Wehrle in Hausen an der Aach.

38 »Gr. Bad. Anzeigeblatt« 1850, Nr. 28, 36, 45; dabei auch die flüchtigen Soldaten Hirsch Moos aus Randegg (in Amerika) und Salomon Bloch aus Gailingen, Nr. 28, 32.

39 »VOBl. f. d. Seekreis« vom 4.8. und 5.9.1849.

40 A. a. O. vom 17.10.1849.

41 A. a. O. vom 17.10.1849.

42 GOLO MANN, Deutsche Geschichte des 19. und 20. Jahrhunderts, 1966, S. 230.

Kriege und Patriotismus im 19. Jahrhundert

von Herbert Berner

Das 19. Jahrhundert erscheint uns trotz der Kriege von 1866 und 1870/71 sowie der Revolutionsjahre von 1848/49 überwiegend als eine lange währende Friedenszeit. Wir denken etwa an Biedermeier und liberales Bürgertum, an das Hambacher Fest als Beginn der demokratischen und liberalen Bewegung für einen deutschen republikanischen Einheitsstaat, an den Kulturkampf und an das Sozialistengesetz wider die gemeingefährlichen Bestrebungen der Sozialdemokratie, an die privilegierte Stellung des Militärs und die aufblühende Industrie, doch auch an Karl Marx und Friedrich Nietzsche, an die Impressionisten und Richard Wagner, an Wilhelm Busch und Joseph Victor von Scheffel.

Nach den Befreiungskriegen war auf dem Wiener Kongreß 1815 der Deutsche Bund entstanden, ein Zusammenschluß souveräner deutscher Fürsten und freier Städte. Dies war freilich nicht der Nationalstaat, für den die Deutschen gekämpft und den auch die Revolutionäre von 1848/49 ersehnt hatten. Die Lösung der nationalen Frage war belastet mit dem Gegensatz von Preußen und Österreich, dem Streit der Kleindeutschen und Großdeutschen; die Südstaaten neigten hierbei einer großdeutschen Lösung mit Österreich zu. 1864 übernahm der preußische Militär- und Obrigkeitsstaat, geführt von dem überragenden diplomatischen Genie Otto von Bismarck (1815–1898), im Krieg gegen Dänemark die Führung und zwang Österreich bei der Annexion der schleswig-holsteinischen Herzogtümer an seine Seite. Im 1866 offen ausgebrochenen Kampf um die politische und wirtschaftliche Vormachtstellung in Deutschland unterlag Österreich in der Schlacht bei Königgrätz (3. Juli 1866). Bei Stimmenthaltung Badens hatte der Bundestag in Frankfurt die Mobilmachung der Bundeskontingente gegen Preußen beschlossen. Ende Juli 1866 kamen badische Truppen noch in Gefechtsberührung mit der preußischen Mainarmee. Der Deutsche Bund, der Mitteleuropa 50 Jahre den Frieden gesichert hatte, zerbrach nun an diesem unseligen Dualismus; Österreich mußte dessen Auflösung anerkennen. Am 17. August 1866 schloß Preußen mit Baden Frieden; mit dem neu gegründeten Norddeutschen Bund (1866–1870) wurde ein Schutz- und Trutzbündnis vereinbart und das badische Militär weitgehend den preußischen Wehrverhältnissen angeglichen. Großherzog Friedrich I. war durch seine Heirat mit Prinzessin Luise Schwiegersohn des preußischen Königs und (seit 1871) deutschen Kaisers Wilhelm I.

Seit dem Sieg Preußens über Österreich fürchtete Frankreich um seine Vormachtstellung in Europa. Die Kandidatur des Prinzen Leopold von Hohenzollern-Sigmaringen für den spanischen Thron gab schließlich erwünschte Gelegenheit zum Kriege. »Im Juli 1870 stand ein Trumpfen gegen das andere [...] einen echten Gegenstand hatte der Krieg nicht.« Die Bonapartisten wollten eine billige Demütigung Preußens, und die deutschen Nationalisten hatten seit 1813 ihre antifranzösischen Ressentiments nicht aufgegeben. Nach Bismarcks Willen sollte dieser Krieg die deutschen Bundesstaaten und Preußen in einem Deutschen Reich vereinen, das am 18. Januar 1871 im Spiegelsaal des Schlosses von Versailles ausgerufen wurde. Die Waffenbrüderschaft von Sedan hat ein neues Kapitel deutscher Geschichte eingeleitet; im kaiserlichen Deutschland wurde der 1. September 1870 als Gedenktag gefeiert. »Es ist ein eigenartiger Vorgang, die Gründung dieses neuen Deutschen Reiches, für den man in der Geschichte vergebens nach Vergleichen sucht. [...] es war das Volk, das die Einigung in irgendeiner Form wollte und längst gewollt hatte. Aber es war nicht das Volk, das die Einigung vollzog. Sie wurde unter Staaten vollzogen, indem der eine große Staat, Preußen, die kleinen zwang; welcher Zwang dadurch verborgen blieb, daß große Teile des Volkes bei der Sache mitmachten.«[1] Eine schwere Hypothek war die unvernünftige Annexion von Elsaß-Lothringen, die den Rachedurst der Franzosen entfachte und den kommenden Frieden in einen 43jährigen bloßen Waffenstillstand verwandeln sollte.

In Singen hat man damals wohl kaum die Hintergründe und Tragweite des Geschehens erkannt und begriffen. Aufgrund der alten geschichtlichen Bindungen und nach den Erlebnissen von 1849 dürfte die Stimmung eindeutig österreichfreundlich gewesen sein. Den 70er Krieg sah man als ein nationales, begeisterndes Ereignis, das die deutsche Einheit mit »Blut und Eisen« errungen hat. Auf dem Hohgarten wurde eine Friedenslinde gepflanzt, und die im März 1871 heimkehrenden 34 Krieger (3 weitere sind damals gefallen) wurden begeistert empfangen. Seit 1872 wurde fortan der Geburtstag des

Kaisers (der sogenannte Kaisertag) mit Festgottesdiensten, Frühschoppen und einem Bankett in einer Singener Gaststätte mit nationalem Pathos und vielen Toasts begangen. In gleicher Weise gedachte man auch des Geburtstages des Großherzogs; fiel der Festtag auf einen Sonntag, zog man im Umzug von der Kirche zum Bankett.

1873 gründeten 31 überlebende Kameraden einen Verein unter dem Namen »Kriegerbund«; Geometer Rudolf Ratzel war der 1. Vorstand. Zur Fahnenweihe am 6. September 1874 erschienen 16 auswärtige Vereine, außerdem beteiligten sich die Feuerwehr und der Arbeiter-Fortbildungsverein. 1914 zählte der Kriegerbund noch 18 Mitglieder; nach dem Ersten Weltkrieg scheint sich der Verein aufgelöst zu haben.

Von weitaus größerer Bedeutung war der am 10. April 1886 in der Bierbrauerei des Altvogts Waibel gegründete Militärverein, der alsbald 60 Mitglieder zählte; 1. Vorstand wurde Hermann Keim. Als Vereinszweck wurde die Erhaltung und Belebung des patriotischen Geistes durch das Band waffenbrüderlicher Vereinigung angegeben; im August 1886 erfolgte der Beitritt zum Gau- und Landesverband des Badischen Militärvereinsverbandes. Dieser Singener Militärverein, dem die örtlichen Honoratioren angehörten, entwickelte ein reges Vereinsleben und stand u. a. auch in engem Kontakt zum Konstanzer Infanterie-Regiment 114.

1903 übernahm Gärtnermeister Hermann Schmid den Vorsitz, der das VIII. Gaukriegerfest in Verbindung mit dem 22. Abgeordnetentag des Höhgau-Militärvereinsverbandes am 8./9. Juli 1905 nach Singen brachte. Aus diesem Grunde und unter Zeitdruck wurde das Kriegerdenkmal 1870/71 errichtet, dessen Gestaltung dem einheimischen Steinmetzmeister Alfred Matt übertragen wurde; den feldmarschmäßig ausgerüsteten Krieger in Lebensgröße, der sich an einer aus dem Felsen sprudelnden Quelle erfrischt, schuf (ebenso wie den auf der ca. 7 m hohen Steinpyramide sitzenden Adler) in dessen Auftrag der Dresdner Metallbildhauer Emmerich Oehler[2]. Hermann Schmid begründete dem Gemeinderat gegenüber die Erstellung des Denkmals, dessen Enthüllung am Gaukriegerfest stattfand, mit dem Gefühl einer alten Schuld gegenüber den treuen Kriegern und als ernste Mahnung an die Nachwelt zu gleichem Opfermut in schwerer Zeit[3].

Kriegerdenkmal 1870/71. Einweihung am 9. Juni 1905 in Verbindung mit dem 8. Gau-Kriegerfest in Singen

Anmerkungen

[1] GOLO MANN, Deutsche Geschichte des 19. und 20. Jahrhunderts, 1958, S. 379, 385.

[2] StAS IX. 7. Um den Auftrag für dieses Denkmal haben sich viele Bildhauer aus Berlin, München, Pforzheim und anderen Orten bemüht.

[3] Zu Kriegerbund und Militärverein StAS IX. 9 und XI. 3/13 mit Festschrift zum 6. 114er Tag in Singen vom 11.–13. Juni 1914, herausgeben von FR. WEIBERT DILGER, Schriftsetzer und Schriftführer des Militärvereins Singen. – Eine erste Veteranenehrung fand in Singen am 11. Mai 1911 statt, bei der 30 Veteranen eine Ehrengabe von je 20 Mark erhielten. Auch nach dem Kriege bekamen die Altveteranen von 1866 und 1870 und deren Witwen bis 1934 eine Weihnachtsgabe von 30 RM.

Zur Singener Mundart
Gedichte von Wilhelm Denzel, Otto Fink, Hans Maier und Hans Flügel

von Herbert Berner

Der Hegau ist eine keineswegs geschlossene, einheitliche Sprachlandschaft, sondern wird von einer kräftigen Sprachschranke, nämlich der »k«-»ch«-Grenze (südlich Chind, nördlich Kind) von Ost nach West durchzogen. Singen liegt im südalemannisch-hochalemannischen Gebiet, man spürt hier stark die Nachbarschaft der »höchstalemannischen« Schweizer. Auch von West nach Ost stellen wir die Hegauer Mehrräumigkeit etwa an der Veränderung des Wortes »sagen« fest: »gsād – gseid – gsōad – gsēd«[1].

Der ansprechende Reiz der Hegauer Mehrräumigkeit zeigt sich an den sprachlich so unterschiedlichen literarischen Erzeugnissen, die der Kenner sofort diesem Dorf oder jener Stadt zuzuweisen versteht. Auch der Singener Dialekt hat eine unverkennbare eigene Prägung, wie Proben von vier Singener Mundartdichtern eindrucksvoll belegen. 1949 ließ Wilhelm Denzel (geb. 1908) im Selbstverlag Mundartgedichte, »Singemer Gmüet«, erscheinen. Das Gedicht »Alti Singemer Nämme« von Otto Fink (1898–1960) beschreibt das Dorf um die Jahrhundertwende und bringt die damals üblichen Familien- und Hausnamen[2]. Diese Art der Namengebung oder Kennzeichnung läßt sich bis ins 16. Jh. zurückverfolgen. Hans Maier (1901–1988) beschreibt ein Jugenderlebnis auf dem »Hohbiel« (»Hontes« ist eine zeitgenössische Verunglimpfung des Namens Hohentwiel). Hans Flügel (geb. 1926) deutet das Thema des ersten Bandes der Singener Stadtgeschichte »D' Ziehmodder Singe« aus seiner Sicht.

Anmerkungen

[1] HORST SINGER, Mundart, KBK II, S. 19–36. WALTER SCHREIBER, Lautlehre der Alt-Singener Mundart, Diss. Freiburg i. Br. 1927.
[2] ERNST SCHNEIDER, Pleonasmus bei Familiennamen. Zs. Hegau 45/1988. Pleonasmus bedeutet, daß Personen mit einem Rufnamen und zwei Familiennamen zugleich bezeichnet werden, z. B. »Hans Brügel genannt Schniderhans«, 1555, »Hans Reitzin benambst Nesensohn«, 1724.

Im »Bliestli Hannes« si Singemerdütsch

Halb bewußtlos sei er gläge
ime preußische Spital
näamert hei halt könne säge,
wer dees sei im kloane Saal.

I de Fießber au bim Schnorre
garnünt hei er usegruckt
alles zämme nu veworre
und de Chefarzt war veruckt!

»Ein Chines' ist's!« – häts zmol gheiße,
woner ku isch uff de Damm.
Wa sie ghört hond, – selli Preuße? –
»d'Sunn schinnt scho – hät konn konn Kamm!«

Wilhelm Denzel
(Aus: »Singemer Gmüet«,
Singen/Htwl. 1949)

Nu itt hudlä!

Emol kummt dieä Ziet; – wa soll's Di verdrießä,
wenn nummä kascht alli Bömm uusrießä?
I demm Fall, – striech dees us Dinä Programmä;
emoll isch's halt fällig; – begrief's Gott's Nammä!

Wa häsch denn au draa – am Protzä und Prahlä;
Emoll mo mer halt sini Rehnungä zahlä!
Doch giehts's, wenn uff Dròht bisch, so vieli Sachä,
wo mer mit guätäm Willä – doch no ka machä!

Anderä beistöh – i ihrenä Nötä;
Mitenä schwätzä, – dò gòht jò nünnt flötä.
Doch: »s'Beschti isch, – kummt mer òanäwäag vor:
Nimm Alles, we's kummt, mit ewenggeli ›Humor‹!«

Wilhelm Denzel (1989)

Alti Singemer Nämme

(Ein Stückchen Heimatgeschichte)

Wenn mer hüt gi Singe kunnt
kennt mer sich jo numme us
neu isch alles, Hus för Hus
ganz modern und au weng bunt.

Wenn mer so dorch Stroße lauft
wo mer früehner ammet kauft,
luter neui großi Nämme
daß mer sich jo fast mo schämme
well mer d'Hommet numme kennt
und so dabbig ummerennt.

Nu bim Rothus isch no gliéch,
fast no we i alte Ziete,
wo mer scho als kleine Siéch
g'holfe hond bim Kerchelüte.

Wisewi de Kerchebeck
's Fischers, s'Flaschners, Sunnewörts,
und ganz un bim Frisör Helff
stoht sogar no's Zinkeeck.

De Brödler ischt am alte Plätzli,
nochs Buchbinder Webers und em Öxli ...

Wenn mer wieder des so siäht,
ischt mer uff emall dehomm
und es fallet om im Trom
alli Nämme wieder i
wo om früener gläufig gsi:

's Leutikarlis, s'Barnebasse,
s'Hermanvetters, s'Glaserbache,
's Käspers, 's Schrotte, 's Wulliwebers,
's Meßmerfranze, 's Kämifegers,
's Molers, 's Zollers, 's Hergottferdis,
und vum Trottegäßli hinn
chunt de Fineß om in Sinn.

Wiiter usse, geg' de Kraie
wohnt de Koßmas, 's Spöhrs und 's Meje
's Zypers, 's Denzels vornedann,
de Schwarz Johannes nebedann,
und im Mühlizergli hinne
stoht des Hus vum Mattes dinne.

Burgstroß uffi, rechter Hand,
ischt de Strickerfranz bekannt,
und bis alte Bolizeie
ka mer's Dach fast uffikeie.

Seppetonis – fallt om i –
sind bim Krüz gli wisewi.
's Hudmacherferdis, 's Erhards, 's Finke,
wohnet vorne geg'de Zinke,
und dört un, wo d'Erle liit,
ischt doch au de Hammerschmied
Bis Wanglers, 's Davids, Schrotte, Busse,
gohts zum Drucker Maier uffe.
's Ruperts, Bedas, und 's Bockedomme
sind bem Wooghus vorne omme.
's Pfosers mo mer no erwähne,
hinne i de Zinkegaß,
denn us dere Sipp vu denne
stammt no ab e ganzi Mass.

's Röllis, 's Maiers, 's Bacheferdis,
gege d'Lindestroß und Aach,
's Friedepaulis, 's Russejulis
abizue zum Viktor Bach,
und ganz unne, am Scharfe Eck,
ischt doch no de Jäcklibeck.
Do gohts hinderi au zu 's Färbers,
zu 's Bloakers und zum Vaudiwee
gege Bruck zum Schniederwendel
doch dent Zäh dem numme weh.
Schlossergottfrieds sind bekannt,
korz vor 's Müllers Restaurant,
und unter de Bruck, gli noch em Schütze,
mont doch ome 's Schnapsers sitze.
De Schniederheiner sei vermeld't,
denn des ischt no en bsundere Held.

D' Hauptstroß uffi, gege Kerche
ischt de Schrienerbernd z'merke;
's Glaser Wollers, 's Webers, 's Waibels –
so halbe tromts om au vu 's Seidels,
und gege de Beck Öxli vöri
ischt e Reihe luter Chöri
's Leanders, 's Küfers, 's Winterhalters,
früehener au no 's Wanglers Wicks
grad obe vu's Gärtner Schmieds,
machet mit em Graf sim Hus
d'Hauptstroß uffezue de Schluß.

E paar no hom mer jetzt noit gseit,
sie lieget i de Stadt verstreut;
de Salisebeck, de Ronimuß,
de Belagi mit em Maa vorem Hus,
de Stumpe und de Preißenazi,
's rote Sattlers, 's Daße, d'Stasi,

de Kosackephilipp, de Soaler, Severs,
de Soapfesüder, 's Mostiwebers,
de Remigi und de Dagebert, de Gustav no
de Kronewört, 's Hageleos und de Reizi Thedörli
und a de Bahn us de Paul Fehrli,
de Krummuli und Kabbannerkarli...
Me woßt bigostler numme alli!
Schnellbürlis und de Rotgerberxaveri,
Simönlis geg' di altkatholisch Kerche vöri;
Sandmartis no und 's Güggelimexers
Herrewanglers, und denn hättses.

Die meiste sind jetzt beienand
vu dene, wo om so bekannt.
Verschiedni wörd mer jo vermisse,
doch alli ka mer numme wüsse.
Anderi därf mer gar it säge,
sunst chunt mer vu de Trauf in Räge,
und manche wörd au gestorbe si.
Gott gib denne d' ewig Rueh
und zum Abschied hinnedrii
en Grueß vu Singe no dezue.

Otto Fink

S' Buebeparadies

Nünt Schöner's han'i mer denke chöne as Bue,
We uf de Hohbiel gi schtruele goh. –

Und d'Modder hät denn g'monnt dezue:
»Er giet kcho Ruäh,
er chas it loh,
deä Bue,
er moß, er moß gi schtruele goh.« –

Doch d'Modder woßt des it so, we des ischt,
Wenn du as Bue, ganz voll Erlebesgluschte bischt.
Gar mäng's tuet do si Neugier wecke,
I all's moß' er si Nase innistecke.
Do ischt de Berg doch grad de richtig Platz,
Zum Räuberle för so en lus'ge Fratz.
Zum Usloschore[1] was es neu's zum triebe giet
Am alte Berg. – Do anni isch's au gar it wiet.
Wa chamer dört it all's verläbe,
Do e Sach, die ander glie denäbe:

Hobixer[2] fange,
Am Holderbomm hange.
S'giet Blindeschliecher
Und vill anderi Viecher.
Me cha Leäne rauche,
De Fueß fast vestauche.
Uff Felsplatte rutsche,
A Suurampfele lutsche
Und Gäggerscht[3] verscheuche,
Höhle uusräuche.
Schtrömler[4] schtehle
Därf au it fehle.
Chlübere[5] sammle,
D'Halde verrammle.
Vor luuter Himmbelä, Bruubeeri, Unterförzli[6] esse,
S'hommgoh' vergesse.
Gwagge vejage
Mitt'ere Angscht im Mage
Uff d'Felse chlettere.

De Schultes tuet wettere
Won'er des siäht.
Und mit sim G'müet
Schickt er de Schnauzer üs aa. –
Doch guete Maa,
Zum Verschrecke, chunscht a die Lätze.
Mit de Schleudere tuet de Robel dem Hund
Oas uff de Peltz uffi plätze.
Und wa nochanni denn chunt?

De Hund, deä bläret, haut ab und rennt homm.
Lot s'Mali, s'alt Schultesli ganz allei schtoh.
Mir beduured des Tierli, dont brav und dont fromm
Und schließli lot de Schultes üs goh.
De Schultes (hät s'Robels Schuß gar i g'sehnä):
»Ha no, woromm tuet deä Hond denn so heilä ond rennä?«
Mir zottled ab mit uschuldigem G'sicht,
Aber wohl isch'es üs it, bi dere G'schicht.

No reät bin'i chumme zum Obedesse,
Do merk'i dann'i vegesse
Es Schächteli z'nehmed zum Hosesack uus.
Dinne ischt nämli e chleine Muus.
Diä hani fange am Plappert obä,
Do wörd mi d'Modder sicher itt lobe.

Und daß des Müsli do dinn it vestickt,
Han'i schnell moll inni is Schächteli blickt.
Doch s'Müsli macht en mächtige Satz
Uff de Tisch,
Genau gege de Modder eren Platz.

[1] Ausdenken
[2] Frosch
[3] Eichelhäher
[4] frühere Apfelsorte
[5] Kletten-Kugeln
[6] kleine wilde Stachelbeeren

Und hät vor Schreckä überhaupt nünt g'seit.
Diä ischt bald über de Schtuehl abikeit,
De Vadder aber hät nu g'schmunzlet und g'lacht,
Denn as Buä hät er's genau so g'macht.

Hans Maier

D'Ziehmodder Singe

's ischd mänks halt scho wäng anderschd worre
sid's bi dr so gäch fürse gange ischd,
sig's bim Schaffe, Fiere, sig's bim Schnorre,
mä märkcht bi allem, daß ä Modder worre bischd.

D'Chind um dich ume sind scho lang erwachse,
sind us äm Hus und rännäd mit dä Ziet.
Sie triebed hinterm Ruckche vu dr Faxe
und chummed bloß, wänns äbbis z'ärbe giet.

Wo s' frühner gheuäd, gsaiäd, wo s' no buräd hond
und uf äm Homweg ammig gällig dischgeriard,
dört chaschd hüt säeh, wies ihre Hüser wachse lond
und kchonn meh schtoh bliebt, wil's em so prässiert.

Du bischd it vürnähm oder nobel, na,
für d'Hoffard lond sie dr jo au kcho Rueh,
du hosch nu gluegäd, wa mä besser mache cha,
as gueti Modder bischd au du ä Kchueh.

Siehschd jo sälber, wie sie nu ufs Mälkche blanged
und alle gluschtig vor dich ane stond,
doch schpürschd zum Glück au, wie sie a dr hanged
und froh sind, Singe, daß sie dich as Modder hond.

Hans Flügel (1989)

Wirtschaftliche Außenbeziehungen des Dorfes Singen vom 17. bis zum 19. Jahrhundert

von Frank Göttmann

Zur Einleitung

Denkt man an das Leben im Dorf in früheren Zeiten, stellt sich allzu leicht die Vorstellung von einem selbstgenügenden Wirtschaften ein, die Vorstellung vom Dorf als einem geschlossenen Produktions- und Lebenszusammenhang in Insellage, nach innen intakt und den Menschen mit dem Lebensnotwendigen versorgend, nach außen abgeschirmt vor dem Einfluß unerbittlicher Konjunkturen. Doch hält die romantische Idylle der Wirklichkeit nicht stand. Wirtschaftlicher Austausch mit der Außenwelt war für die dörfliche Agrargesellschaft unabdingbar. Sollten herrschaftliche Abgaben und Steuern gezahlt werden, mußte für die landwirtschaftlichen Produkte Geld auf dem Markt erlöst werden. Arbeitsgerät, Zubehör, welches das Dorfhandwerk nicht liefern konnte, aber auch Agrarprodukte, die sich aufgrund der heimischen Boden- und Klimaverhältnisse nicht erzeugen ließen, Saatgut, Zuchtvieh mußten zugekauft werden, ganz abgesehen von vielen Artikeln des täglichen Gebrauchs. Auch der Kreditbedarf ist nicht zu unterschätzen.

Auf der anderen Seite wurde aber auch das Einkommen der Agrarproduzenten wesentlich dadurch bestimmt, ob sie vermarktbare Überschüsse erzeugen konnten und dann auch die Möglichkeit hatten, sie auf dem Markt zu verkaufen. Und hierbei wiederum setzte die regionale Infrastruktur, besonders Marktnähe, Wegenetz, Zollstellen und Herrschaftsgrenzen, einen grundlegenden Bedingungsrahmen. Kurzum, die wirtschaftlichen Außenbeziehungen einer Ackerbaugemeinde bilden einen entscheidenden Faktor, wenn man nach der Entwicklung der Agrarverfassung und -struktur, der Sozial- und der demographischen Verhältnisse fragt.

So wichtig die Außenbeziehungen sind, so schwer lassen sie sich in den Quellen greifen. Denn sie äußern sich oft weniger am betreffenden Ort selbst als außerhalb, an auswärtigen Marktorten und Zollstellen. Auch wenn die Quellen geschlossen überliefert wären, wäre es so ein fast aussichtsloses Unterfangen, alle Aktivitäten der Bewohner eines untersuchten Dorfes außerhalb ihrer Markung vollständig zu erfassen – ganz abgesehen von dem Problem, ob sie überhaupt aufgezeichnet worden sind. So ist man auch im Falle der Singener, die ihr Dorf verließen, um Geschäfte abzuwickeln, Verkäufe und Einkäufe zu tätigen, auf verstreute Zufallsfunde angewiesen. Nichtsdestoweniger können sie die Art und die räumliche Verteilung der wirtschaftlichen Außenbeziehungen Singens veranschaulichen.

Der hier gewählte Zeitraum vom 17. bis zum 19. Jahrhundert ist in seiner unteren Grenze durch die Quellenüberlieferung selbst, insbesondere das Einsetzen quantifizierbarer Quellen, vorgegeben. Hingegen sei die Obergrenze mit jener Entwicklungsphase bestimmt, in der sich Singen von einer Agrargemeinde zu einer nun deutlich durch die Industrialisierung geprägten Gemeinde wandelte.

Im Mittelpunkt der folgenden Betrachtungen sollen vor allem die Kornverkäufe und -käufe auf dem Radolfzeller Markt stehen, ergänzt durch eine Dokumentation der Preise. Neben den Beziehungen zu anderen Märkten soll auch auf den Salzbezug näher eingegangen werden. Darüber hinaus sind die am Ort Singen selbst feststellbaren Marktaktivitäten zu berücksichtigen.

Verkehrslage und Marktnähe

An der überregionalen Hauptroute von Schaffhausen zum hegauischen Verkehrsknotenpunkt Stockach mit seinen Verbindungen in den Neckar- und den Donauraum, andererseits an der Verbindungslinie aus dem Raum Schwarzwald-Baar über Engen nach Stein am Rhein gelegen, verfügte Singen über gute Anbindungen zu den wichtigsten Märkten. Allein die Strecke nach Radolfzell war nicht mehr als ein schlechter Nebenweg. Erst im 19. Jahrhundert wurde sie zur Staatsstraße aufgewertet.[1] So waren zu Zeiten des Alten Reiches Stein und gleichermaßen Schaffhausen für die Singener Getreideverkäufer die gegebenen Märkte. Mit diesem allerwichtigsten Singener Erzeugnis zogen sie freilich auch andere Singener Nachfrage und Angebot in ihre Mauern. Die traditionelle Orientierung Singens nach Stein äußerte sich nicht zuletzt auch in der Verwendung des Steiner Fruchtmaßes. Wurden die grund- und zehntherrlichen Abgaben aufgezeichnet, geschah dies in der Regel in Steiner Maltern und Vierteln.² Und noch 1823, als die Herrschaft Enzenberg mit der Gemeinde Singen einen Vertrag über die zu leistenden Fronden schloß, wurden ausdrücklich Fruchtfuhren nach Radolfzell und Stein aufgenommen.³

Wie allgemein im Raum südlich der Donau, zwischen Südschwarzwald und Oberschwaben, spielte sich der Getreidehandel in Nord-Süd-Richtung zwischen dem schwäbischen Überschußgebiet und den eidgenössischen Bedarfsregionen ab. Seit dem ausgehenden 17. Jahrhundert reglementierten der Schwäbische Reichskreis und Vorderösterreich in Not- und Kriegszeiten mit Limitierungen und Sperren die Fruchtausfuhr in die Schweiz. Dazu kam es in unterschiedlichem Ausmaß und mit etlichen Unterbrechungen insbesondere in folgenden Jahren: 1689 bis 1716, 1733 bis 1745, 1770 bis 1772 und 1793 bis 1796. Auf der Reichsseite entstand dabei nach und nach eine Art überregionaler Marktordnung.

Der Hegau zählte dabei – im Gegensatz zu der Seeseite am Bodensee – zur Landseite, die sich am Hochrhein zwischen Waldshut und Bodensee nördlich in einem breiten Keil in die Baar, ins obere Neckar- und obere Donaugebiet erstreckte. Bei Bedarf erhielten die hier gelegenen Herrschaften feste Ausfuhrquoten zugewiesen.⁴ In Singen sollten nach einer Vereinbarung der Hegauer Herrschaften vom März 1793 die Exportfrüchte des südwestlichen Hegaus gesammelt und von dort in Quanten von maximal 150 Steiner Maltern (ca. 139 dz) wöchentlich an Schweizer Kunden verkauft werden dürfen. Und 1794 beispielsweise erteilte das Kreisausschreibamt des Bischofs von Konstanz zu Meersburg den Untertanen der Herrschaft Singen die Genehmigung, wöchentlich 20 Malter Konstanzer Maß (ca. 33 dz) ausführen zu dürfen.⁵ Freilich wurde das geplante Legstättensystem von den Schweizern nicht angenommen, und die Bauern waren nach wie vor darauf angewiesen, direkt auf die Schweizer Märkte Stein und Schaffhausen zu exportieren. Obrigkeitlich wurde aber immer wieder versucht, dies zu verhindern und die Fuhren nach Radolfzell als Zwischenhandelsplatz umzulenken. Das sollte freilich nichts am Exportziel Schweiz ändern, sondern Zölle und Gebühren im Land halten und eine bessere Kontrolle der Ausfuhren und nötigenfalls einen Einfluß auf die Preise ermöglichen.⁶

Insgesamt gesehen war es kein Einzelfall, wenn renitente Fuhrleute – wie 1793 an der Afterzollstelle Überlingen am Ried geschehen – nicht an der Weiterfahrt nach Stein gehindert werden konnten und sich nicht auf den Radolfzeller Markt verweisen ließen. Es zeugt nicht gerade von obrigkeitlichem Durchsetzungsvermögen, wenn das nellenburgische Oberamt Stockach das Obervogteiamt Singen sozusagen um Amtshilfe bat: Es solle die Singener Fuhrleute anweisen, bei künftigen derartigen Vorfällen dem Zoller zu Hilfe zu kommen.⁷

Wenig später erhöhte der an der Grenze errichtete österreichische Militärcordon die Effektivität der Überwachung. Daß die hier eingesetzten kroatischen Reiter sich wiederholt Übergriffe gegen die Zivilbevölkerung zuschulden kommen ließen, vertiefte nur die Verbitterung der Hegauer über die aus ihrer Sicht ungerechtfertigten und unverständlichen Ausfuhrsperren. Sie sollten eigentlich verhindern, daß französische Händler in der Schweiz aus dem Reich stammendes Getreide aufkaufen konnten. Aber es war höchst zweifelhaft, ob damit hier am Hochrhein das revolutionäre Frankreich getroffen werden konnte. An der Oberrheingrenze mochte das Sinn geben. Vor allem rechtfertigte vom Ernteertrag her nichts irgendwelche Exportrestriktionen – im Gegenteil, die Hegauer Bauern und Herrschaften wollten unbedingt ihre damaligen Überschüsse loswerden. Es war ihnen eine arge Last, bei der vorderösterreichischen Regierung sozusagen für jeden Sack Korn eine Ausfuhrgenehmigung erwirken zu müssen, solange die Kriege mit Frankreich andauerten. Und noch nicht einmal dann waren die Hegauer Bauern, die mit Pässen versehen auf den Steiner Markt zogen, vor den Repressalien und Schikanen durch das streifende Militär gefeit.⁸

Zu allem kam noch, daß Österreich als Landesherrschaft Singen nötigte, seinen Salzbedarf bei der österreichischen Salzniederlage in Radolfzell zu decken.⁹ Auf diese Weise wurde eine stärkere Orientierung Singens nach Radolfzell erzwungen. Diese wuchs noch beim Anfall an Baden und durch dessen späteren Beitritt zum Zollverein. Freilich war die Grenze zur Schweiz gerade für Agrarprodukte zwar nicht völlig frei, aber doch stets durchlässig.¹⁰

Eigene Singener Märkte

Daß in Singen schon vor 1668 zwei Jahrmärkte – kurz nach Pfingsten und Ende August – abgehalten worden sein sollen, besagt eine Nachricht aus der Mitte des 18. Jahrhunderts.¹¹ Ob sie freilich überhaupt einigermaßen regelmäßig stattfanden und welche wirtschaftliche Bedeutung sie hatten, darüber weiß man nichts. Der Beleg ist singulär: Es dürfte also nicht so weit her gewesen sein mit den alten Singener Jahrmärkten.

Erst seit den dreißiger Jahren des 19. Jahrhunderts fanden in Singen nachweislich drei Vieh- und Krämermärkte statt.¹² Aber wie in anderen Hegaugemeinden auch vermochten sich die Märkte letztendlich nie richtig zu entfalten. Der wirtschaftliche und politische Druck der konkurrierenden Marktstädte Engen, Tengen und Radolfzell war zu stark.[13] Aus den Akten geht eindrucksvoll hervor, wie der Singener Gemeinderat in der zweiten Hälfte des 19. Jahrhunderts mit dem badischen Bezirksamt in Konstanz darum rang, seine Märkte auszuweiten und die Markttermine zu vermehren.[14] Schließlich besaß Singen durch Genehmigung des badischen Handelsministeriums in Karlsruhe seit den siebziger Jahren die Erlaubnis, folgende Märkte abzuhalten:

a. Krämer- (Jahr-), Vieh-, Pferde- und Schweinemarkt. Anfang Juni (1. Montag), September (Donnerstag nach Mariae Geburt), November (Montag vor Martini).

b. Ein Holzgeschirrmarkt fand gleichzeitig an obigem Septembertermin statt (laut Wochenmarktordnung von 1884 fielen unter Holzwaren Bürsten, Gabeln, Sensen, Kienholz).

c. Vieh- und Schweinemärkte monatlich von Januar bis April sowie Juni und Juli, jeweils am zweiten, ab 1878 am dritten oder letzten Dienstag des Monats.

Es fanden also an neun Monaten im Jahr Märkte statt. Fiel der Markttermin auf einen christlichen Feiertag, wurde der Markt acht Tage früher oder später abgehalten. Eine Umfrage des Großherzoglich Badischen Statistischen Bureaus in Karlsruhe, wie man bei jüdischen Feiertagen verfahre – angesichts der großen Zahl jüdischer Viehhändler naheliegend –, beantwortete der Singener Bürgermeister Kaspar Waibel: Man habe in erster Linie die Schweizer Händler im Auge und berücksichtige daher nur die christlichen Feste. Es bleibe kein Spielraum. Denn für diesen Kundenkreis müßten die Termine lange im voraus bekanntgegeben werden.[15]

Tatsächlich legte der Singener Gemeinderat regelmäßig schon im Vorjahr die künftigen Markttage nach Datum fest und faßte wiederholt auch Beschlüsse darüber, wo die Termine veröffentlicht werden sollten. Es begegnen folgende Zeitungen: Konstanzer Zeitung (Konstanz), Freie Stimme (Radolfzell), Hegauer Erzähler (Engen), Oberländer Volkszeitung (Singen), Thurgauer Zeitung (Frauenfeld), Anzeiger am Rhein (Dießenhofen), Schaffhauser Tagblatt (Schaffhausen). Damals verbreiteter unter der ländlichen Bevölkerung und daher als Publikationsorgane noch wichtiger dürften die Kalender gewesen sein, die neben erbaulichen Geschichten die wichtigsten Merkposten im Landwirtschaftsjahr erinnerten: Appenzeller Kalender (Trogen), Wandern am Bodensee (Konstanz), Lahrer Hinkende Bote (Lahr), Thurgauer Kalender (Frauenfeld), Sonntagskalender (Freiburg). Amtlichen Charakter trugen die »Märkte und Messen« überschriebenen jährlichen Mitteilungsblätter des Statistischen Bureaus, die sämtliche badischen Märkte, auch die Singener, auflisteten.

Entscheidend erweitert wurde das Spektrum der Singener Märkte im Jahr 1877. Die vorgesetzte Behörde bewilligte einen

d. wöchentlichen Victualienmarkt am Dienstag.

Für diesen erließ der Gemeinderat 1884 eine Wochenmarktordnung, worin Marktzeiten, Warenarten und -qualität, Maß und Gewicht, Wiegen, Gebühren, Marktpolizei geregelt und Strafandrohungen ausgesprochen wurden. Bemerkenswert ist, wie der Gemeinderat sein Gesuch begründete: »Durch Heranzug von vielen Dienst- und Arbeiterfamilien, welche jede Woche auf ihre Einkäufe in verschiedenen Nahrungsmittel angewiesen.«[16] Dies wurde wenig später noch einmal ausführlich erläutert: »Die Gemeinde Singen zählt seit einigen Jahren seit stetiger Zunahme des Verkehrs daselbst ca. 40 Familien von Angestellten höherer und niederer Klasse, welche alle keine Lebensprodukte pflanzen und nicht in Besitz von Gärten oder sonstigem Lande sind, und müssen oft Tage zubringen, um die bedürftigen Gemüse aufzutreiben. Ferner sind bei 39 Familien noch Ortsburger und Fabrikarbeiter, welche ebenfalls nicht im Besitz von Gärten sind und sich bedürftigem Gemüse entbehren müssen, da keine Gelegenheit, oder nur wenig, zum Kaufen vorhanden ist. Von den vielen Fabrikarbeiter in der Fabrik Arlen wurde die Gemeinde Singen schon um Errichtung eines Wochenmarktes angegangen. Da viele Familien wegen Mangel an Kaufgelegenheit das Gemüse entbehren müssen.«[17]

Hieran wird deutlich, daß der wirtschaftliche und soziale Strukturwandel, der Singen zur Industriegemeinde werden ließ, bereits in vollem Gange war. Wenn es noch wenige Jahrzehnte früher üblich war, daß jeder Haushalt wenigstens teilweise landwirtschaftlicher Selbstversorger war, war dies im letzten Jahrhundertdrittel schon längst nicht mehr gegeben. Damit erhielt der Markt auch für Singen eine Funktion, wie er sie bislang nur in Städten und in dicht besiedelten Heimarbeiterregionen besessen hatte: Als ausschließlicher Versorgungsmarkt trat er neben den Austausch- und Verteilungsmarkt der Agrargesellschaft.

Allerdings ist nur schwer zu ermessen, inwieweit all die geschilderten Marktaktivitäten auch tatsächlich erfolgreich waren, wie groß der Einzugsbereich war, wie hoch die Umsätze waren. Vor einer allzu günstigen Einschätzung ist indessen zu warnen.[18] Als die Singener beispielsweise 1877 ansuchten, ihre monatlichen Viehmärkte vom zweiten auf den dritten Dienstag zu verschieben, gaben sie zu, der Termin habe sich wegen gleichzeitig stattfindender Schweizer Märkte schon seit vier Jahren nicht mehr bewährt, und seit dem Vorjahr habe der Markt mangels Verkäufern und Käufern ganz aufgehört. Auch 1881 machten die Singener ähnliche

Viehmarkt Singen

Gründe geltend, um nun eine Verschiebung auf den letzten Dienstag zu erreichen. Insgesamt gesehen scheinen sich die Viehaufstellungen gegen Ende des Jahrhunderts eher auf einem niedrigen Niveau eingependelt zu haben (Abb. oben)[19].

Die Fruchthalle

Besser informiert sind wir über die wechselvolle Geschichte einer Singener Marktinstitution aus dem letzten Viertel des 19. und des beginnenden 20. Jahrhunderts. Die wiederholten Anläufe des Gemeinderates, für Singen auch einen Fruchtmarkt genehmigt zu bekommen, waren fehlgeschlagen. So lautet etwa der abschlägige Bescheid des Seekreises 1855, an einem weiteren Fruchtmarkt neben den bestehenden in Radolfzell, Stockach, Engen und Hilzingen bestünde kein öffentliches Interesse. Die Singener fanden dann doch einen – wenn auch nicht gleichwertigen – Ausweg: Ganz im Sinne des damaligen Aufschwunges des ländlichen Genossenschaftswesens wurde 1877 die Fruchthallengesellschaft für den privaten Verkauf und Kauf von Getreide und Viktualien am Dienstag einer jeden Woche gegründet. – Man beachte, daß an diesem Tag auch der ein gutes halbes Jahr später neu eingerichtete öffentliche Viktualienmarkt stattfand. – Treibende Kräfte waren Bürgermeister Waibel und Kaufmann Buchecker. In der ersten Rechnung für das Jahr 1877 sind neun Personen sowie die Herrschaft Enzenberg als Gesellschafter verzeichnet. Ein Austritt war jährlich möglich. Sie brachten zusammen ein Geschäftskapital von 1050 Mark ein. Das badische Handelsministerium erteilte ausdrücklich den Bescheid, daß diese Unternehmung nach der Gewerbeordnung nicht genehmigungspflichtig sei, sofern nur Produkte der Land- und Forstwirtschaft, des Obst- und Gartenbaues verhandelt würden. Verkäufer und Wiederverkäufer brauchten nur den üblichen Legitimationsschein.[20]

Als Schrannengebäude wurde vom enzenbergischen Rentamt die ehemalige Torkel beim Schloß angemietet. Hierüber existieren mehrere Verträge über eine Laufdauer von jeweils zehn Jahren zwischen der Herrschaft und der Gesellschaft, und zwar aus den Jahren 1877, 1883 und 1888. Um die Höhe der Pacht verhandelten die Parteien zumeist hart, fast verbittert – ein Spiegelbild der jeweiligen Geschäfts- und Konjunkturlage. Über 100 und 120 Mark jährlich in den ersten Jahren stieg die Miete ab 1883 auf 500 Mark und blieb dann von 1888 bis 1896 auf dem ermäßigten Stand von 350 Mark.[21] Als die Gemeinde Singen 1900 als Nachfolger der Gesellschaft das Gebäude übernahm, wurde eine Pacht von 400 Mark vereinbart und 1910 noch 350 Mark.[22] Im letzten Anschlußvertrag von 1920 einigte man sich auf jährlich 75 Mark. Darin war nur noch die Rede von der sogenannten Fruchthalle. Die damit angedeutete Nutzungsänderung wurde offensichtlich, als das Rentamt 1924 das Gebäude als Lager und Büroraum an die Aluminiumvertriebsgesellschaft für 100 Goldmark monatlich vermietete. Das kurze Zwischenspiel endete schon 1925, als für drei Jahre der Singener Lebensmittelgroßhändler Otto Kasper das Gebäude für zunächst 130, später 115 Reichsmark im Monat übernahm.[23]

Rund fünfzig Jahre ist also das Torkelgebäude beim Schloß als Fruchtumschlagplatz und -lager genutzt worden. Die erstmals 1877 gegründete Fruchthallengesellschaft hatte sich um 1900 aufgelöst, nachdem in den letzten Jahren die Erlöse nicht einmal mehr die Kosten gedeckt hatten, von Gewinnen ganz zu schweigen. Nolens volens entschloß sich der Singener Gemeinderat, den Betrieb unter eigener Regie weiterzuführen – aus Gründen der Gemeinnützigkeit, wie es hieß. Denn Bedarf an dieser Institution bestand nach wie vor. Überschüsse wurden aber keine mehr erwirtschaftet.[24]

Das scheint in den ersten Jahren anders gewesen zu sein. Die Herrschaft fühlte sich mit den 100 Mark Pachtzins zu mager am Geschäft beteiligt und kündigte, juristisch durchaus umstritten, 1882 den Pachtvertrag. Ergebnis war, daß der mißliebige Josef Leuthner als Gesellschafter ausgebootet wurde. Zwischen der Herrschaft und den verbliebenen fünf alten Gesellschaftern wurde ein neuer Vertrag abgeschlossen, der die rechtliche und finanzielle Position des enzenbergischen Rentamts deutlich verbesserte.[25] Das Geschäftskapital wurde mehr als verdoppelt. Jeder der sechs Gesellschafter brachte einen Anteil von 425 Mark in die Gesellschaft ein, für den jährlich eine Dividende ausgeschüttet wurde.

In den Dividenden spiegelt sich der Geschäftsverlauf der Gesellschaft:[26]

In den quellenmäßig belegbaren 14 Jahren wurden insgesamt 6174 Mark oder im Schnitt 441 Mark pro Jahr ausgezahlt. Auf jeden Geschäftsanteil entfielen jährlich 73,50 Mark beziehungsweise 17 Prozent. Dieser mittlere Genuß wurde in den Jahren 1889 bis 1894 zum Teil erheblich übertroffen. In den beiden folgenden Jahren ging es rapide bergab. Nach der schwachen Ernte von 1895 ließ die – von der Gesellschaft ausdrücklich so charakterisierte – Mißernte des Sommers 1896 die Umsätze derart schwinden, daß dem Rentamt noch nicht einmal mehr die Pacht für die Fruchthalle erstattet werden konnte. Zudem schrumpfte der ohnehin schon kleine Einzugsbereich der Fruchthalle eher noch: Werden für 1879 noch Personen aus Aach, Arlen, Beuren,

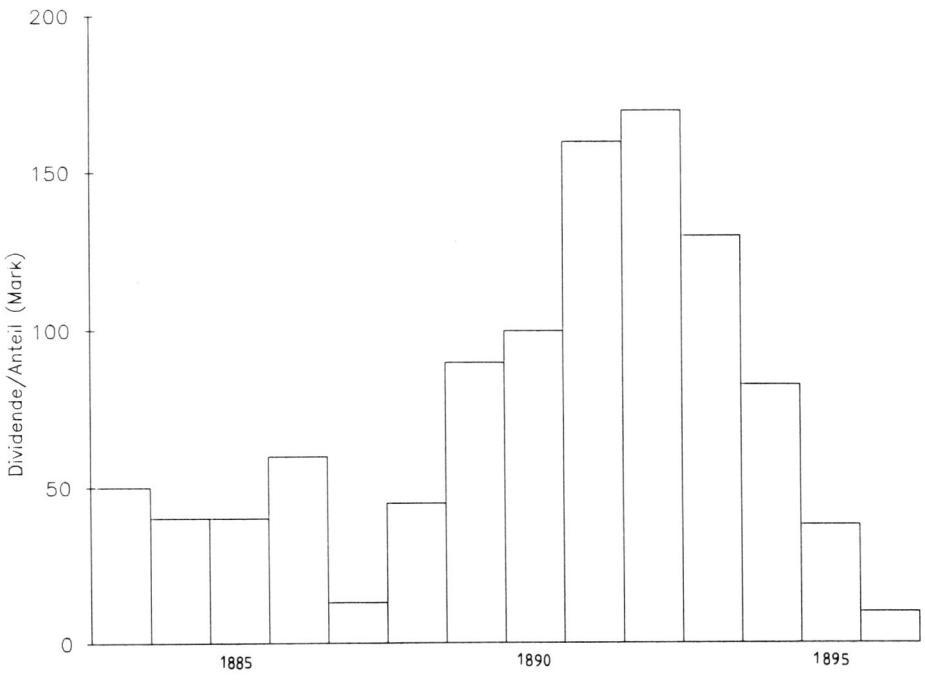

Dividende der Fruchthalle

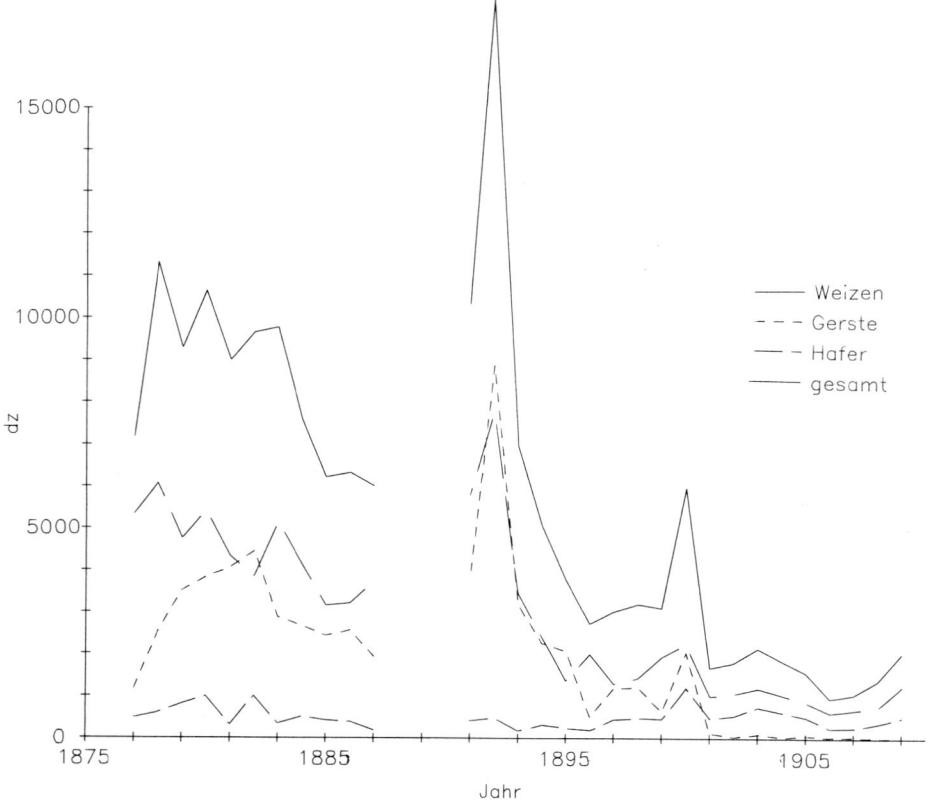

Umsatz der Fruchthalle

Engen, Hausen, Mühlhausen, Schlatt und Steckborn genannt, lassen sich für 1898/99 nur noch solche aus Geisingen, Gottmadingen, Mühlhausen, Radolfzell, Ramsen und Worblingen nachweisen.[27] So mußte man im Februar 1897 von jedem Genossen 74 Mark einziehen, um das Defizit von 445 Mark zu decken. Obwohl das Rentamt einer Reduktion der Pacht auf 50 Mark zustimmte, schloß die Rechnung auch 1898 mit einem geringen Verlust ab. Liquidationsverhandlungen über die Auflösung der Gesellschaft kamen in Gang, und Anfang des Jahres 1900 stellte sie endgültig ihre Geschäftstätigkeit ein,[28] obwohl für den Zeitraum September 1898 bis Dezember 1899 noch einmal ein Reingewinn von 521 Mark ausgewiesen werden konnte.[29]

Immerhin waren im Schnitt 5625 dz jährlich umgesetzt worden. Vergleicht man freilich die mittleren Umsätze der ersten zehn Jahre (1877–1886: 8691 dz) mit denen der letzten zehn Jahre (1900–1909: 2021 dz), für die Zahlen überliefert sind, ist der Niedergang unübersehbar (Abb. oben).[30] Für die Anfangszeit läßt sich noch ein weiterer, allerdings recht singulärer Beleg beibringen (Tab. 1):[31]

Tabelle 1: Umsatz der Singener Fruchthallengesellschaft, 18. Februar 1879

Fruchtart	Menge (dz)	Preis/dz (fl)	Verkäufer		Käufer	
Weizen	2.4	21.40	F. Öchsle	Schlatt	Ley	Engen
Roggen	0.6	15.67	F. Öchsle	Schlatt	L. Graf	Singen
Gerste	1.5	16.37	J. Danner	Mühlhausen	A. Kienn	Aach
Hafer	1.1	12.87	A. Werkmeister	Beuren	Dürringer	Steckborn
Hafer	2.2	14.04	M. Schwarz	Hausen	W. Brecht	Arlen
gesamt	7.8					

522

Die Gemeinde, nunmehrige Stadt, Singen und das enzenbergische Rentamt hatten Interesse an der Aufrechterhaltung der eingeführten Handelsinstitution, erstere wegen des nach wie vor bestehenden Bedarfs von Erzeugern und Konsumenten in der aufstrebenden Gemeinde, letzteres wegen der im ganzen doch recht attraktiven Möglichkeit, das alte Torkelgebäude zu verpachten. Aber auch nachdem nun die Gemeinde im März 1900 in die Pacht eingetreten war, rissen die Klagen über die mangelnde Rentabilität nicht mehr ab. In zähen Verhandlungen suchte der Gemeinderat eine Senkung der Pacht zu erreichen, was indessen erst bei der Verlängerung des Vertrages 1910 gelang. 1913 häuften sich die Verluste, der Fruchthandel befand sich auf dem Nullpunkt. Das wußte auch das Rentamt, das schon früher dafür Verständnis gezeigt hatte, daß die Gemeinde angesichts weiterer Märkte in Radolfzell und Hilzingen keine großen Geschäfte machte, und bot eine weitere Ermäßigung an.[32] Damit enden die Quellenbelege. Nach der Nahrungsmittelzwangswirtschaft des Ersten Weltkrieges versuchte man zwar mit der Erneuerung des Vertrages einen neuen Anlauf, der aber scheiterte. Die Zeiten des Nahrungsmittelhandels in der Fruchthalle unter öffentlicher Regie gehörten endgültig der Vergangenheit an. Private Lebensmittelgroßhändler traten auf den Plan, wie der schon erwähnte Otto Kasper, der 1925 noch einmal kurzfristig das alte Torkelgebäude pachtete.[33]

Singener Getreideverkäufe und -käufe auf dem Radolfzeller Markt

Vor der Gründung der Fruchthallengesellschaft im Jahre 1877 waren die Singener Bauern darauf angewiesen, ihre Getreideüberschüsse auf auswärtigen Märkten abzusetzen. Daß der Zug auf die eidgenössischen Märkte Stein und Schaffhausen oft erschwert und manchmal ganz unmöglich war, habe ich oben schon erwähnt. Die Quellen geben über die Besucher dieser Märkte nur sporadisch Auskunft[34] und lassen daher nur bedingt eine Bewertung der Singener Besuche zu. Daher sollen im folgenden vor allem die Daten zusammengetragen und kommentiert werden, die die Getreidegeschäfte von Singenern auf dem Radolfzeller Markt bezeugen. Stets ist dabei zu bedenken, daß es sich vermutlich nur um einen Teilausschnitt handelt und wegen fehlender Quellen mögliche Aktivitäten auf anderen Märkten nicht in den Blick kommen. Das gilt ebenso für die direkten Aufkäufe von Frucht durch Schweizer Händler bei den Bauern, zum Teil noch auf dem Halm, auch wenn diese Absatzform durch die obrigkeitliche Getreidehandelspolitik immer erfolgreicher unterbunden worden ist.

Die ersten Nachrichten liefert eine Radolfzeller Zollliste, die leider nur den letzten Markttermin im Oktober und den ersten im November 1700 umfaßt.

Tabelle 2: Singener Kernenverkäufe auf dem Markt Radolfzell, 1700

Menge	14.1 dz
Anzahl der Lieferungen	11
durchschnittliche Liefermenge	1.3 dz
kleinste Einzelmenge	0.4 dz
größte Einzelmenge	3.7 dz

Unter allen 61 in dieser Zolliste auftretenden Verkaufsorten rangiert Singen nach der Anzahl der Lieferungen auf dem vierten, nach der Menge auf dem elften Platz[35]. Seine durchschnittliche Liefermenge liegt ein Drittel unter derjenigen der sechs lieferhäufigsten Orte, entspricht aber durchaus den aus anderen Hegaudörfern nach Radolfzell gelieferten Mengen.[36] Erfahrungsgemäß herrschten gerade kleinere Lieferanten im ersten halben Jahr nach der Ernte auf dem Markt vor. Jedenfalls versuchten Singener Bauern gut zwei Monate nach der Ernte, überschüssige Erträge auf dem Markt zu Geld zu machen.

Die Überlieferung setzt dann erst wieder zu Beginn des 19. Jahrhunderts ein, jedoch nun mit erheblich dichteren und detaillierteren Informationen. Sie wurden unter verschiedenen Gesichtspunkten in den Tabellen 3 und 4 zusammengefaßt.[37]

Die drei durch das vorliegende Material bedingten zeitlichen Querschnitte der Jahre 1803/04, 1818 bis 1822 und 1875/76 lassen es nicht zu, mögliche Ernte- und Konjunkturschwankungen zu berücksichtigen. Indessen ist aus den Lieferzahlen Singener Produzenten (Tabelle 3) ein deutlicher Rückgang der Verkaufszahlen auf rund ein Viertel der noch Anfang des Jahrhunderts verkauften Getreidemenge abzulesen. Allein schon in den ersten zwanzig Jahren verringerten sich die Mengen um mindestens die Hälfte. Um dies zu erklären, ist man auf Vermutungen angewiesen. So dürfte die wachsende Bevölkerung[38] den Bedarf in Singen selbst erhöht und einen Teil der Überschüsse aufgezehrt haben. Zudem befand sich aufgrund von Agrarreformen und Bauernbefreiung die Landwirtschaft in einem Prozeß der Umstrukturierung, der, wie andernorts oft auch, die Ertragszahlen zunächst eher gedrückt als erhöht und die Produktion für den Markt gedrosselt haben mag. Nicht zu vergessen ist, daß zumindest seit der Jahrhundertmitte das Massentransportmittel Eisenbahn den großräumigen Getreidehandel tiefgreifend veränderte. Hierdurch erlitten die alten Fruchtmärkte einschneidende

523

Tabelle 3: Singener Getreideverkäufe auf dem Radolfzeller Markt (Mengen in Jahresschnitten)

	1803–1804				1818–1822				1875–1876			
	dz	pro Lieferung	v. H.	n	dz	pro Lieferung	v. H.	n	dz	pro Lieferung	v. H.	n
Kernen	256.9	7.1	60	36.0	94.5	2.4	57	38.8	24.0	5.3	25	4.5
Roggen	13.2	8.8	3	1.5	2.0	1.4	1	1.4	14.3	2.9	15	5.0
Weizen									27.6	4.6	29	6.0
Gerste	150.2	6.3	35	24.0	62.1	1.9	38	32.6	2.1	4.2	2	0.5
Hafer	5.9	5.9	1	1.0	3.9	2.4	2	1.6	27.1	3.9	29	7.0
Erbsen	3.2	2.1	1	1.5	2.7	1.0	2	2.6				
gesamt	429.4	6.7	100	64.0	165.2	2.2	100	77.0	95.1	4.1	100	23.0

Tabelle 4: Singener Getreideverkäufe auf dem Radolfzeller Markt (Gelderlöse in Jahresschnitten)

	1803–1804			1818–1822			1875–1876		
	fl.	v. H.	fl./dz	fl.	v. H.	fl./dz	fl.	v. H.	fl./dz
Kernen	2377.46	66	9.25	1841.08	67	19.48	301.03	28	12.54
Roggen	85.20	2	6.45	28.30	1	14.15	133.35	13	9.33
Weizen							360.05	34	13.05
Gerste	1052.13	29	7.00	806.32	29	12.98	19.42	2	9.25
Hafer	22.38	1	3.79	18.01	1	4.62	248.50	23	9.17
Erbsen	18.74	1	5.86	44.33	2	16.42			
gesamt	3555.91	99		2738.04	100		1062.35	100	

Funktionsverluste. Die Absatzchancen auf diesen Märkten sanken für die Verkäufer des Umlandes rapide[39] – in unserem Fall für die Singener in Radolfzell. Unter diesem Aspekt bedeuteten die oben geschilderten Bemühungen Singens um einen eigenen Fruchtmarkt und die Gründung der Fruchthallengesellschaft weniger die Absicht zu konkurrieren, als vielmehr verlorene Absatzchancen wiederzugewinnen und neue zu erschließen. Gut die achtfache Menge wurde anfangs in der Fruchthalle umgesetzt, gemessen an den durchschnittlichen Singener Jahresverkäufen auf dem Radolfzeller Markt in den siebziger Jahren des 19. Jahrhunderts.[40]

Der beobachtete Rückgang der Singener Liefermengen auf dem Markt in Radolfzell spiegelt sich selbstverständlich auch in den erzielten Verkaufserlösen (Tabelle 4), allerdings aufgrund der höheren Preise in etwas geringerem Maße. Wegen der damals noch sehr stark schwankenden Preise lassen sich darauf freilich keine weiteren Aussagen gründen.

Untersucht man jedoch die Zusammensetzung der Marktverkäufe nach Fruchtarten in den drei zeitlichen Schnitten (Tabelle 3), fallen einige Unterschiede ins Auge: Was dem Kernen (entspelzter Dinkel) bis ins letzte Jahrhundertviertel an Anteil verlorengeht, wird durch den nun verstärkt angebauten Weizen ersetzt. Der ursprünglich hohe Gerstenanteil von einem Drittel sinkt zu Bedeutungslosigkeit herab, während sich der Haferanteil auf über ein Viertel vervielfacht.

Bevor man diese Verschiebungen deutet, ist es nützlich, einen Blick auf die Anteile der verschiedenen Fruchtarten am Singener Gesamtertrag zu werfen. Hierfür liegen leider nur Angaben für das Jahr 1765 vor; sie

Tabelle 5: Ertragsverhältnisse in Singen 1765

	Ertrag 1765		Verkauf in Radolfzell (v. H.)		
	dz	v. H.	1803–1804	1818–1822	1875–1876
Kernen	600	45	60	57	25+29 (Weizen)
Roggen	218	16	3	1	15
Gerste	363	27	35	38	2
Hafer	126	9	1	2	29
Erbsen	88	3	1	2	–
gesamt	1345	100	100	100	100

dürften indessen auch noch die Zustände zu Beginn des 19. Jahrhunderts widerspiegeln:[41]

Beim Verkaufsanteil von Kernen, inklusive des ihn nach und nach ersetzenden Weizens, ergeben sich im Laufe des überblickten dreiviertel Jahrhunderts keine Veränderungen. Im Vergleich zum Ertrag wird vom Hauptbrotgetreide ein überproportionaler Anteil vermarktet. Das hängt vor allem auch mit dem traditionellen, nach wie vor andauernden Nachfragesog der eidgenössischen Kunden nach dem von ihnen bevorzugten Kernen zusammen.

Offenbar ersetzte der Roggen, der hauptsächlich auf den geringwertigen Egertenfeldern angebaut wurde,[42] in der Singener Ernährung den nach außerhalb verkauften Kernen, zumal sich mit Kernen wesentlich höhere Preise erzielen ließen (Tabelle 4). Zudem bestand in der traditionellen Agrarwirtschaft ein bestimmter Bedarf an Roggen, weil er relativ mehr Stroh abgab als Dinkel, gleichermaßen wichtig für die Stallhaltung des Viehs und die Verwendung in der bäuerlichen Wirtschaft etwa für Stricke und Körbe. Erst nach Abschluß der Bauernbefreiung wurde ein höherer Roggenanteil auf den Markt geliefert. Das mag damit zu erklären sein, daß nun nach erfolgter Ablösung keine Roggengülten mehr zu zahlen waren, die noch im 18. Jahrhundert zwei Drittel des ohnehin bescheidenen Roggenertrages ausmachten.[43]

So sind auch die, verglichen mit dem Ertrag, geringen Haferanteile auf dem Markt in den Jahren 1803/04 und 1818 bis 1822 zu erklären. Die Abgaben schöpften rund neun Zehntel der gesamten Singener Haferproduktion ab. Der schwere Boden war für den Anbau ohnedies nur bedingt geeignet.[44] Schließlich mögen aber auch die vergleichsweise stärker gestiegenen Preise dafür gesorgt haben, daß 1875/76 der Hafer so stark auf den Markt drängte.

Für Gerste läßt sich geradezu die umgekehrte Beobachtung machen, obwohl in Singen fast dreimal soviel Gerste wie Hafer erzeugt wurde. Hatte noch im ersten Drittel des Jahrhunderts die Tatsache, daß keinerlei Gerstengülten erhoben wurden,[45] ihre starke Stellung auf dem Markt begünstigt, verschwand sie 1875/76 faktisch aus dem Verkauf. Vermutlich dürfte sie nun von den in Singen ansässigen drei Bierwirtschaften (Brauereien)[46] verbraucht worden sein. Im 18. Jahrhundert (1726 und 1765) gab es in Singen lediglich einen Biersieder, der überdies wegen der damals geringen Nachfrage jeweils im Schnitt nur ein Vierteljahr Arbeit hatte.[47]

Kurzum, die Betrachtung des Anteils der verschiedenen Fruchtarten an den Marktverkäufen dürfte trotz materialbedingter Erklärungsdefizite gezeigt haben, daß dieser Aspekt nicht isoliert beurteilt werden kann. Die agrarischen Anbau- und Ertragsverhältnisse – umfassend: die Agrarstruktur –, die Abgabenbelastung der Produzenten, die dörfliche Sozial- und Berufsstruktur, die demographische Entwicklung, die Marktnachfrage und die Preise bilden ein Beziehungsgeflecht von Faktoren, deren Ausgleich erst ein bestimmtes Marktverhalten und eine bestimmte Marktleistung zum Ergebnis hat.

Die Marktleistung an Getreide kann Gradmesser sein für Umfang und Qualität der wirtschaftlichen Außenbeziehungen einer Agrargemeinde, aber auch ein Kriterium, um deren wirtschaftlichen und gesellschaftlichen Entwicklungsstand im Inneren zu beurteilen. Wenigstens für die zweite Hälfte des 18. und für den Beginn des 19. Jahrhunderts kann eine grobe Schätzung für das Verhältnis zwischen Produktion und Marktleistung Singens versucht werden:[48]

Insgesamt gesehen dürfte rund ein Drittel der Singener Getreideproduktion auf den Markt geflossen sein, allein bei Kernen gut vier Zehntel und bei Gerste ebenso. Roggen, Hafer und Erbsen spielten dabei keine Rolle. Die verschwindend geringen Zukäufe an Hafer in den Perioden 1803 bis 1804 und 1818 bis 1822 (Tabelle 7) überstiegen zwar die Verkäufe, konnten aber die gute Gewinnbilanz des Singener Marktabsatzes nicht nennenswert schmälern. Alle Zukäufe anderen Getreides waren wegen ihrer geringen Menge erst recht ohne Gewicht. Sie wären bestenfalls in einer Mikroanalyse für einzelne Käufer beziehungsweise Betriebe von Belang.

Allerdings betreffen die hier vorgestellten Verkaufszahlen lediglich den Radolfzeller Markt. Und die aus der Bekenntnistabelle errechneten Erträge dürften etwas zu niedrig sein. Das liegt im Wesen dieser Quelle, die

Tabelle 6: Getreideproduktion und Marktleistung Singens

	Ertrag um 1765 (dz)	Saldo Verkauf-Kauf um 1800 (dz)	Verkauf (Saldo) in v. H. des Ertrags
Kernen	600	255	43
Roggen	218	13	1
Gerste	363	150	41
Hafer	126	−1	−
Erbsen	88	3	3
gesamt	1345	421	31

Tabelle 7: Singener Getreideverkäufe und -käufe auf dem Radolfzeller Markt im Vergleich
(Mengen und Gelderlöse in Jahresschnitten)

		1803–1804			1818–1822			1875–1876		
		Verkauf	Kauf	Saldo	Verkauf	Kauf	Saldo	Verkauf	Kauf	Saldo
Kernen	dz	256.9	1.7	255.2	94.5	1.7	92.8	24.0		24.0
	fl.	2377.46	19.35	2358.11	1841.08	33.41	1807.67	301.03		301.03
Roggen	dz	13.2		13.2	2.0		2.0	14.3		14.3
	fl.	85.20		85.20	28.30		28.30	133.35		133.35
Weizen	dz							27.6	1.4	26.2
	fl.							360.05	18.6	341.45
Gerste	dz	150.2		150.2	62.1	5.1	57.0	2.1		2.1
	fl.	1052.13		1052.13	806.32	57.0	749.32	19.42		19.42
Hafer	dz	5.9	7.0	−1.1	3.9	18.0	−14.1	27.1	4.7	22.4
	fl.	22.38	24.92	−2.54	18.01	57.53	−39.52	248.50	49.13	199.37
Erbsen	dz	3.2		3.2	2.7		2.7			
	fl.	18.74		18.74	44.33		44.33			
gesamt	dz	429.4	8.7	420.7	165.2	24.8	140.4	95.1	6.1	89.0
	fl.	3555.91	44.27	3511.64	2738.04	147.94	2590.10	1062.35	67.73	944.62

vor Ort in weitgehender Eigenveranlagung als Besteuerungsgrundlage erstellt worden ist. Es dürften demnach insgesamt höhere Marktverkäufe anzunehmen sein. Rechnet man zum Beispiel die Singener Verkäufe nach Stein aus dem zweiten Halbjahr 1794 auf das Jahr hoch, ergeben sich fast 750 dz[49] – und das bei limitierter Ausfuhr. Im März 1795 bittet die Herrschaft Singen das Oberamt Stockach, die nach Abzug des Eigenbedarfs, des Vorrats und des Saatguts noch vorhandenen Überschüsse von 1248 Steiner Maltern (1157/dz) nach Stein oder Schaffhausen verkaufen zu dürfen.[50] Noch zwischen 1822 und 1824 sind über Stein und Schaffhausen jährlich im Schnitt 4500 dz aus dem südlichen Hegau in die Schweiz exportiert worden.[51]

Die Befunde also sprechen dafür, daß die Singener Landwirtschaft wohl schon in der zweiten Hälfte des 18. Jahrhunderts – für Aussagen über die Zeit davor fehlen die Quellen – den Stand reiner Subsistenz- und Abgabenwirtschaft hinter sich gelassen hatte. Vielmehr hatte sich im Einzugs- und Einflußbereich der nahen, die Schweiz versorgenden Absatzmärkte Schaffhausen, Stein und Radolfzell eine kommerzialisierte Landwirtschaft entwickelt, deren Kennzeichen eine ausgedehnte Produktion für den Markt war.[52] Diese Kommerzialisierung vollzog sich im Rahmen der bestehenden feudalen Agrarverfassung gerade im Bereich der Produktion von Dinkel beziehungsweise Kernen, die im Gegensatz zu derjenigen von Roggen und Hafer vergleichsweise gering durch Abgaben belastet[53] und damit in ihrer Entfaltung nicht behindert war. Ohne Zweifel wirkte sich dabei die agrarische Betriebs- und Besitzgrößenstruktur Singens, durchsetzt mit Dorfhandwerk, günstig aus. Sie war durch einen hohen Eigenanteil und eine relativ homogene Besitzverteilung charakterisiert.[54] Umgekehrt wurden diese aber wiederum in ihrer Ausprägung durch die enge Verflechtung mit dem Markt beeinflußt. Nimmt man noch die demographischen Verhältnisse hinzu,[55] ist Singen einem sozioökonomischen Dorftyp zuzurechnen, bei dem Agrar-, Sozial- und Bevölkerungsstruktur im Hinblick auf eine Überschußproduktion für den Markt funktional aufeinander bezogen waren.[56]

Noch spürbarer als in der heutigen Zeit mit ihren technischen Hilfsmitteln und geänderten institutionellen Rahmenbedingungen war das Jahr der alten Landwirtschaft dem Rhythmus von Aussaat und Ernte unter den jeweiligen klimatischen und Bodenbedingungen und den feststehenden Terminen für die Leistung von Abgaben und Fronden unterworfen. Auch die geringere Lagerfähigkeit der früheren Getreidesorten und die mangelnden Lagerkapazitäten setzten dem Bauern Grenzen, um auf die Marktbedingungen, besonders schwankende Nachfrage und Preise, flexibel und zu seinem Vorteil zu reagieren. Die genannten Aspekte schlugen sich deutlich in der ungleichen monatlichen Verteilung der Singener Verkäufe auf dem Radolfzeller Markt nieder (Tabelle 8 und Abb. S. 527).[57]

Direkt nach der Ernte blieben in der ersten Jahrhunderthälfte die Verkäufe unterdurchschnittlich. Der ausgedroschene Vesen mußte zuerst in der Mühle in einem speziellen Gerbgang gerellt, d.h. zu Kernen entspelzt werden. Erst nachdem mit Martini (11. November) die Abgaben entrichtet waren,[58] bestand endgültig Klarheit über die vorhandenen Überschüsse, und der Marktverkauf konnte mit dem Jahreswechsel in größerem Umfang einsetzen. Dafür hatte der Bauer in den Wintermonaten nun auch die Zeit. Kurz vor der Ernte wurden Restbestände abgestoßen, um Platz in den Speichern zu schaffen. Ingesamt gesehen schwankten die Lieferungen

Tabelle 8: Monatliche Verteilung der Singener Getreideverkäufe auf dem Radolfzeller Markt (in dz)

	1803–1804 Kernen	Gerste	1818–1822 Kernen	Gerste	1875–1876 Kernen und Weizen	Fruchthalle Gebühren 1898 Mark
August	8.3	4.0	3.2	2.9	7.2	22.03
September	6.2	2.8	–	–	4.3	76.82
Oktober	11.8	–	0.3	3.7	2.4	91.08
November	18.9	42.1	4.1	2.7	–	300.11
Dezember	21.3	24.0	1.8	2.9	5.9	163.25
Januar	16.6	10.5	14.0	4.8	2.7	82.88
Februar	38.4	7.4	10.6	9.9	5.9	36.96
März	47.2	35.7	15.0	10.0	4.2	31.91
April	35.0	14.6	8.8	8.6	3.3	21.48
Mai	15.1	4.3	17.5	10.1	6.9	43.59
Juni	15.0	2.5	8.6	5.1	5.5	13.28
Juli	22.9	2.4	10.7	2.5	3.3	32.16
Sa.	256.7	150.3	94.6	63.2	51.6	915.55
Mittel/Monat	21.4	12.5	7.9	5.3	4.3	76.30
Variation	78.5%	82.2%	92.5%	77.6%	34.1%	103%

in den ersten Jahrzehnten des 19. Jahrhunderts stark; die Maxima und Minima lagen sehr weit auseinander. Hingegen hatte sich in den Jahren 1875 bis 1876 die Streuung deutlich verringert.[59] Nach der Bauernbefreiung steuerte der alte Abgabentermin Martini nicht mehr länger das Marktverhalten. Die Marktbeziehung hatte sich verstetigt. Vielleicht hat dazu auch der Weizen beigetragen, der den Dinkel zunehmend verdrängte. Er mußte nicht entspelzt werden und konnte besser gelagert werden.

Eine völlig andere saisonale Umsatzverteilung spiegelt die Gebührenrechnung der Fruchthalle Singen für das Jahr 1898 und verweist damit auf den völlig anders gearteten Marktcharakter dieser Institution. Die hier zusammengefaßten Waag- und Grethgelder repräsentieren die Anlieferung und Einlagerung von Getreide nach dem Drusch durch fast ausschließlich lokale Erzeuger sowie die Verteilung an ebenfalls aus Singen selbst stammende Käufer. Im Schnitt sind pro Monat 17 Fälle

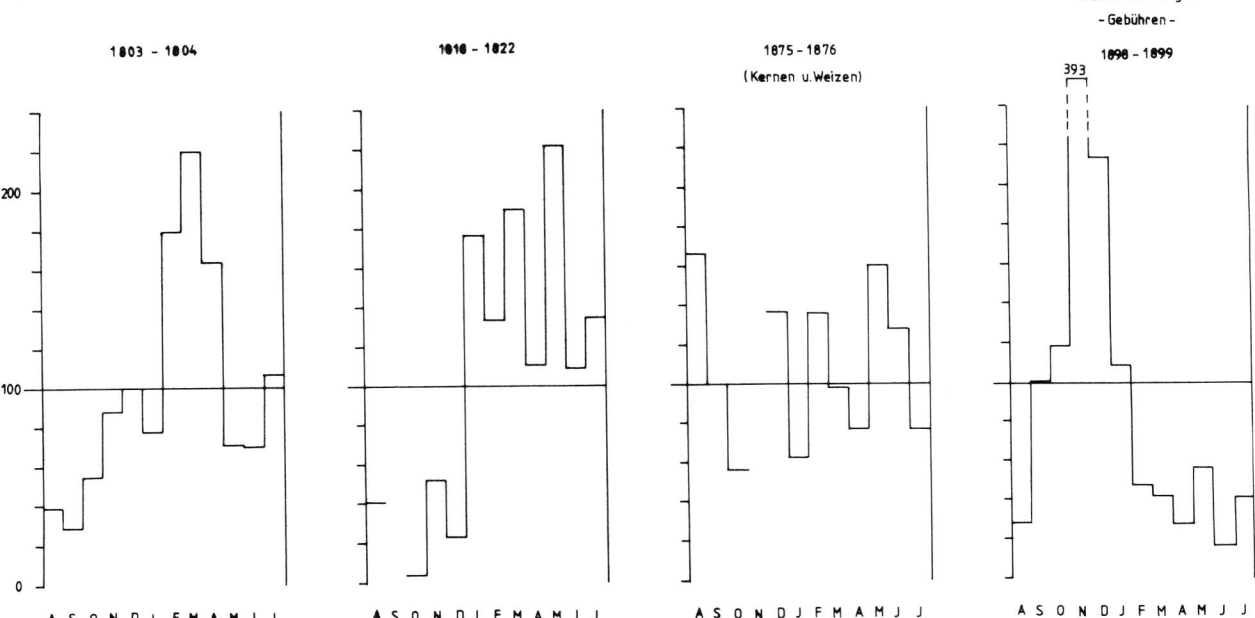

Monatliche Verteilung der Singener Kernenverkäufe auf dem Radolfzeller Markt

Tabelle 9: Singener Verkäufergruppen auf dem Radolfzeller Markt 1803 bis 1804

	Kernen			Gerste		
	Lieferungen (v. H.)	Verkaufsmenge (v. H.)	mittlere Liefermenge (dz)	Lieferungen (v. H.)	Verkaufsmenge (v. H.)	mittlere Liefermenge (dz)
Bauern	83	70	6.2	85	86	6.3
Wirte und Bäcker	1	1	4.2	4	7	9.9
Herrschaft	5	15	20.6	4	4	5.6
Dorfvogt	11	14	9.6	6	3	3.3

registriert, in denen für das Einstellen von Frucht Grethgelder gezahlt wurden, pro dienstäglichem Geschäftstag also vier bis fünf Vorgänge.[60] Daß bei dieser bescheidenen Frequenz keine großen Gewinne zu erwirtschaften waren, liegt auf der Hand.

Das für 1803/04 verwendete Radolfzeller Marktregister erlaubt im übrigen einige Aufschlüsse über die soziale Stellung beziehungsweise herrschaftliche Funktion der auf dem Radolfzeller Markt auftretenden Singener Verkäufer (Tabelle 9).
Bei den Gersteverkäufen differieren die Anteile an der Zahl der Lieferungen nicht wesentlich von derjenigen an der Verkaufsmenge; d. h., die Marktbeteiligung der vier Gruppen entspricht ungefähr ihrem Marktaufkommen. Anders sind die Relationen beim Verkauf des Kernens. Es dominieren die Bauern und kleineren Erzeuger bei der Marktfrequenz. Ihre Absatzmenge steht demgegenüber bei geringen Durchschnitten zurück. Das entgegengesetzte Bild zeigt das Marktverhalten der Herrschaft: In wenigen Großfuhren werden Eigengewächse und eingesammelte Fruchtgülten zu Markt gebracht, und zwar ausschließlich in den Monaten Februar bis April. Der hohe Anteil des von der Herrschaft eingesetzten Dorfvogtes dürfte aus dessen starker sozialer Stellung herrühren; ob sich unter seinen Verkäufen etwa noch irgendwelche Zinsfrüchte oder eingegangene Naturalgebühren befinden, ist nicht feststellbar[61].

Für die hier untersuchten Jahresschnitte aus dem 19. Jahrhundert gehen aus den Quellen zum größten Teil auch die Käufer des auf dem Radolfzeller Markt abgesetzten Singener Getreides hervor. Nach Kleinregionen und nach den stärksten Nachfrageorten gegliedert, zeigt sich folgendes Bild (Tabelle 10).

Freilich war der Verkauf an einen bestimmten Kundenkreis von der Nachfragesituation und dem Einzugsbereich des Marktes selbst abhängig. Ob die festgestellte regionale Verteilung der Käufer für Radolfzell repräsentativ war, kann hier nicht beurteilt werden.[62] Jedenfalls waren Schweizer Kunden stets sehr stark vertreten. Desgleichen wurde ein hoher Anteil Kernen über Radolfzell im Hegau verteilt, und der Marktort selbst nahm offenbar eine große Menge zur Eigenversorgung auf. Wieweit der rapide Rückgang der Konstanzer Käu-

Tabelle 10: Die Käufer des Singener Kernens auf dem Radolfzeller Markt (Menge, Anteile v. H.)

	1803–1804	1818–1822	1875–1876
Hegau (mit Bodanrück und und Reichenau)	17	19	14
Radolfzell	13	10	22
Konstanz	38	5	–
Schaffhausen	–	8	–
Stein a. Rh.	–	7	–
Seerücken (südlich des Untersees)	28	49	18
sonstige Ostschweiz	4	1	–
sonstige (Herkunft unbekannt)	–	1	45

fe das Marktgeschehen tatsächlich wiedergibt, ist nicht abzuschätzen. Erwähnenswert scheint, daß die von Singenern traditionell direkt bedienten Schweizer Märkte Schaffhausen und Stein nur 1818 bis 1822 als Kunden registriert wurden. Wahrscheinlich wurden trotz aller obrigkeitlichen Maßnahmen, die Bauern des südlichen Hegaus auf den Radolfzeller Markt zu lenken, die Geschäfte mit jenen alten Rheinstädten auch im 19. Jahrhundert noch weitgehend direkt abgewickelt.[63]

Die Getreidepreise

Wenn sonst die Marktbedingungen an den verschiedenen Marktplätzen der Umgebung und die Transportkosten dorthin gleich waren, mußten die Preise und Absatzchancen das Marktverhalten des ländlichen Agrarproduzenten bestimmen. Bei allen berechtigten Zweifeln daran, ob dem Menschen stets – bis heute – ein ökonomisch rationales Handeln unterstellt werden darf,[64] gibt es tatsächlich Hinweise darauf, daß die Singener sich nach dem Ort mit den höchsten Preisen orientierten. Als 1792 vor dem Hintergrund der Koalitionskriege Österreich und der Schwäbische Reichskreis die Fruchtausfuhr in die Schweiz eingeschränkt hatten, suchte der Singener Obervogt beim nellenburgischen Oberamt in Stockach um eine besondere Ausfuhrgenehmigung nach: In Stein könne man höhere Preise erzielen, und außerdem seien die Absatzchancen in dem vorgeschriebenen Marktort Radolfzell nur mäßig.[65] Als Nachweis der Preisunterschiede legte er ein Blatt bei. Daraus errechnet sich folgendes Preisgefälle:[66]

	Stein a. Rh.		Radolfzell	
	fl/dz	Index	fl/dz	Index
Kernen	10.39	107	9.70	100
Gerste	6.82	108	6.28	100

Der Kernenpreis war damals in Stein also um sieben, der Gerstenpreis um acht Prozent höher als in Radolfzell. Wollte man diese Relation auf den Erlös übertragen, welchen die Singener 1803/04 im Jahresschnitt in Radolfzell aus dem Verkauf von rund 420 dz erreichten (Tabelle 7), würden sie in Stein 246 Gulden mehr eingenommen haben.

Soweit man es verfolgen kann, läßt sich immer ein ähnliches Preisgefälle zwischen Radolfzell einer- sowie Stein und Schaffhausen andererseits konstatieren. Es bildet nur einen Ausschnitt aus den Preisverhältnissen im Großraum zwischen Donau und Hochalpenkette, in dem ein intensiver Nord-Süd-Getreidehandel herrschte mit entsprechend niedrigen Preisen nördlich und höheren Preisen südlich des Bodensees (Tabelle 11).[67] Abgesehen von den Preisunterschieden ist festzustellen, daß sich die Preisniveaus der drei Märkte mit der Zeit angeglichen haben. Das machen auch die Preiskurven deutlich, die sich trotz aller ertragsbedingter und konjunktureller Ausschläge immer mehr angenähert haben (Abb. 5).[68] Dies läßt auf eine zunehmende regionale wirtschaftliche Integration schließen.

Ein vergleichbares Datenmaterial zur Preisgeschichte der hier interessierenden Märkte muß für das 19. Jahrhundert erst noch erarbeitet werden.[69] In einer abschließenden Tabelle seien nun lediglich noch einmal die Preise, die im Laufe dieser Untersuchung schon begeg-

Tabelle 11: Kernenpreise in Radolfzell, Stein a. Rh. und Schaffhausen (langfristiges Mittel)

	1650–1699		1700–1749		1750–1810		1650–1810	
	fl/dz	Index	fl/dz	Index	fl/dz	Index	fl/dz	Index
Radolfzell	(5.79)	100	6.06	100	9.50	100	6.74	100
Stein	6.34	109	6.64	110	9.77	103	7.96	118
Schaffhausen	6.91	119	6.90	114	10.63	112	8.31	123

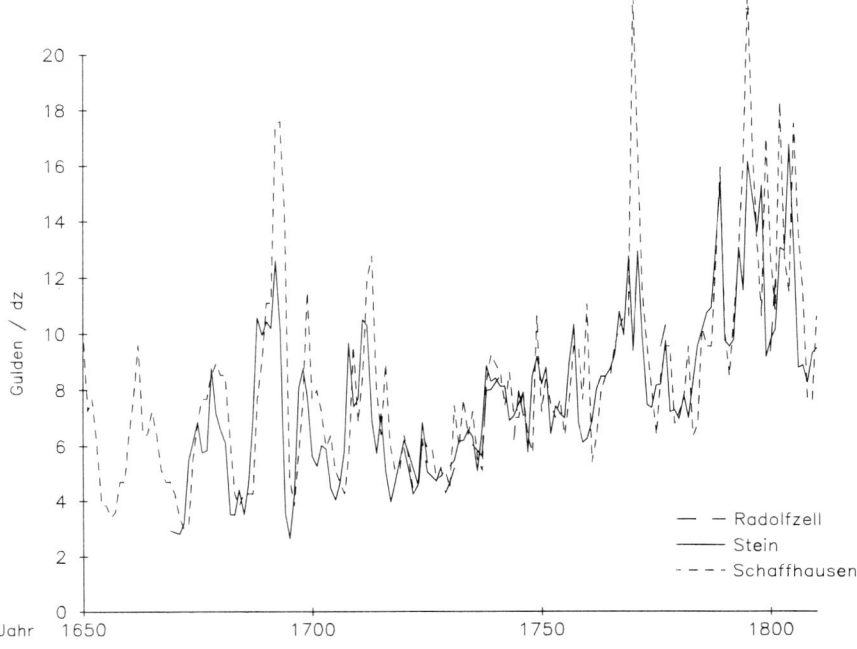

Kernenpreise 1650–1810

Tabelle 12: Radolfzeller Getreidepreise 1803–1876 / Singener Getreidepreise 1894–1909 (fl./dz)

Jahr	Kernen	Weizen	Roggen	Gerste	Hafer	Erbsen
1803–1804	9.25		6.45	7.00	3.79	5.86
1818–1822	19.48		14.15	12.98	4.62	16.42
1839 (Januar)	11.74		7.84	8.71	5.80	8.89
1839 (September)	12.48		7.06	5.58	4.55	6.25
1875–1876	12.54	13.05	9.33	9.25	9.17	
1894		7.89	7.02	7.02	7.60	
		(13.50)	(12.00)	(12.00)	(13.00)	
1895		9.06	7.08	9.16	7.46	
		(15.50)	(12.10)	(15.66)	(12.76)	
1896		9.47	8.48	7.89	6.90	
		(16.20)	(14.50)	(13.50)	(11.80)	
1897		11.58	8.77	10.12	7.60	
		(19.80)	(15.00)	(17.30)	(13.00)	
1898		10.69	9.42	9.94	8.25	
		(18.28)	(16.10)	(17.00)	(14.10)	
1899		9.94	8.83	9.71	9.94	
		(17.00)	(15.10)	(16.60)	(17.00)	
1900		9.81	8.53	8.59	9.24	
		(16.77)	(14.58)	(14.69)	(15.80)	
1901		9.82	8.65	8.77	8.48	
		(16.80)	(14.80)	(15.00)	(14.50)	
1902		9.82	8.48	8.54	9.06	
		(16.80)	(14.50)	(14.60)	(15.50)	
1903		9.82	8.54	8.65	7.89	
		(16.80)	(14.60)	(14.80)	(13.50)	
1904		10.47	8.48	9.65	8.19	
		(17.90)	(14.50)	(16.50)	(14.00)	
1905		10.82	8.89	10.99	9.47	
		(18.50)	(15.20)	(18.80)	(16.20)	
1906		11.11	9.65	9.94	9.94	
		(19.00)	(16.50)	(17.00)	(17.00)	
1907		12.75	10.82	10.70	10.53	
		(21.80)	(18.50)	(18.30)	(18.00)	
1908		12.63	10.52	10.82	10.23	
		(21.60)	(18.00)	(18.50)	(17.50)	
1909		13.92	10.06	9.36	9.94	
		(23.80)	(17.20)	(16.00)	(17.00)	

net sind, im Zusammenhang mitgeteilt; dazu die jährlichen Durchschnittspreise in der Singener Fruchthalle um die Jahrhundertwende (Tabelle 12):[70]

Der Salzbezug

»Brot und Salz« – zusammen sind sie Inbegriff menschlicher Ernährung und Existenz seit Urzeiten – auch wenn das in der heutigen technisierten Überflußgesellschaft kaum mehr wahrgenommen wird. Bestenfalls existiert dieses Wissen noch unter der Oberfläche unverstandener Symbolhandlungen und Spruchweisheiten.

Zumal da in früheren Zeiten unser vielfältiges Angebot an Gewürzen und die modernen Konservierungsmittel nicht zur Verfügung standen, war Salz in der Ernährung und in der Erzeugung von Nahrungsmitteln nicht wegzudenken: Man beachte zunächst die physiologische Notwendigkeit des Salzes für den Körperhaushalt, die Gewohnheit, viel schärfer zu essen, wobei sich die exotischen Gewürze nur die Reichen leisten konnten. Salz war unentbehrlich, um Fleisch, Fisch und Gemüse zu konservieren. Mangelte es an Salz, war die Vorsorge an Lebensmitteln gefährdet, war Hunger zu befürchten. Die Aufzucht des Viehs, die Milchwirtschaft, die Herstellung von Käse und Butter hingen von der Versorgung mit Salz ab. Und in der alten Medizin wurde Salz als Heilmittel eingesetzt.[71]

Daß es unter diesen Umständen seit je die Obrigkeiten als ihre Aufgabe ansahen, die Versorgung der Bevölkerung mit dem wertvollen Gut zu sichern, kann nicht erstaunen – um so mehr als das Salz oft über sehr weite Strecken herbeigeschafft werden mußte. Salzlagerstätten, Salzregale und Handelsmonopole galten als wertvoller, gewinnträchtiger Besitz, den die Landesherren nach Möglichkeit in ihrer Hand behielten. Im Bodenseeraum kämpften im 17. und 18. Jahrhundert Bayern und Österreich verbissen um die Absatzmärkte für das Salz aus den Reichenhaller beziehungsweise den Tiroler Salinen. Zeitweise war es Österreich gelungen, mit einer Kette von Legstätten am Nordufer des Sees ein Monopol zu errichten, besonders auch für den Handel mit der Schweiz. Erst durch seinen spektakulären Vertrag mit Buchhorn (heute Friedrichshafen; 1755) konnte Bayern wieder nennenswert Fuß fassen.[72]

Freilich wurden die unter österreichischer Landesherrschaft stehenden Gebiete nach wie vor aus den tirolischen Salinen besalzt – im Hegau über die Salzfaktoreien Stockach und Radolfzell. Sie unterstanden seit 1788 dem k. k. Salzverschleiß-Oberamt in Ehingen, das die von den schwäbisch-österreichischen Ständen aufgebaute Vertriebsorganisation aufrechterhielt.[73] So mußten die Gemeinden der Herrschaft Singen – Singen, Mühlhausen und Arlen – aus Radolfzell das Salz beziehen,[74] das innerhalb der Gemeinden an die Endverbraucher weiterverteilt wurde. Der Singener Obervogt zog das Salzgeld von den Gemeinden ein und rechnete direkt mit dem Salzverschleißamt in Ehingen ab.

Dieses Verfahren war indessen wohl erst seit etwa 1718 üblich, als die oberösterreichische Regierung in Innsbruck die zur Landgrafschaft Nellenburg gehörigen Teile des Hegaus zur Abnahme hallischen Salzes nötigte. Wie aus einer Supplikation der Gemeinden Singen und Arlen an den Herrn von Rost hervorgeht, hatten sie bis dahin die Freiheit, auch bayerisches Salz zu kaufen, und diese auch genutzt. Für dieses Recht hatten sie der Herrschaft jährlich 46 Gulden zu zahlen. Gegen Erlaß dieses Betrages wurden nun die Gemeinden offenbar verpflichtet, das Salz von ihrer Herrschaft zu kaufen, die es wiederum von ihrem Landesherrn, nämlich Österreich, beziehen mußte.[75] Im übrigen liegt damit ein anschauliches Beispiel dafür vor, wie Österreich versuchte, hierarchische Verwaltungsinstanzen zu schaffen, und dabei die Durchsetzung seiner herrschaftlichen mit wirtschaftlichen Interessen verquickte.

Wie hoch waren nun üblicherweise die Singener Salzkäufe? Wenigstens für das letzte Jahrzehnt des 18. Jahrhunderts lassen sich Angaben gewinnen. Aufgrund des diffusen Quellenmaterials mögen sie allerdings Ungenauigkeiten und Lücken aufweisen. Nichtsdestoweniger dürfte die Tabelle (Tabelle 13) im groben ein zutreffendes Bild bieten.[76]

Bei rund 32 Fässern pro Jahr, die Singen geliefert bekam, zeigen sich relativ geringe Schwankungen. Die Zahl für das Salzjahr 1792/93 dürfte im Vergleich zu der Menge Arlens zu niedrig liegen. Dies erreichte im Schnitt zwischen einem Viertel und einem Drittel des Singener Aufkommens. Dessen hohe Stabilität kann

Tabelle 13: Salzkäufe der Gemeinden Singen und Arlen

	Singen		Arlen		Singen und Arlen	
	Faß	fl	Faß	fl	Faß	fl
1778/79					39	753.42
1784/85	38	735.60	10	193.60	48	929.20
1787/88	39	754.95	10	193.60	49	948.55
1788/89					29	560.98
1789/90					16	308.13
1790/91					28	539.24
1791/92					49	943.67
1792/93	6	115.55	12	231.10	18	346.65
1793/94	28	539.23	7	134.81	35	674.04
1794/95	32	625.48	15	292.70	47	918.18
1795/96	29	620.97	8	164.00	37	784.97
1796/97	38	908.83	11	231.00	49	1139.83
1797/98	31	747.57	12	290.40	43	1037.97
1798/99	33	792.67				
1799/800	21	485.22	34	813.17	88	2091.06
1800/01	41	1009.97				
1801/02	43	1068.62	10	234.58	53	1303.20
1802/03	35	828.92	11	266.53	46	1095.45
Mittel	32	710.28	11	234.27	40	845.56

weiter nicht erstaunen. Salz war angesichts der oben skizzierten Bedarfsnotwendigkeiten eine unelastisch nachgefragte Ware. Die Nachfrage richtete sich nach dem zu dieser Zeit relativ statischen Stand der Bevölkerungs- und Viehzahl. Der später in seiner Heimatstadt hingerichtete Zürcher Pfarrer, Ökonom und Statistiker Waser ermittelte in der zweiten Hälfte des 18. Jahrhunderts einen Salzverbrauch von 9.5 bis 13 kg pro Einwohner, und zwar je nach Intensität der Viehwirtschaft des betreffenden Gebietes. Legt man Wasers Bedarfsätze im einzelnen zugrunde, errechnet sich für die Gemeinde Singen gegen Ende des 18. Jahrhunderts folgender Salzbedarf (Tabelle 14).[77]

Tabelle 14: Salzbedarf Singens um 1790

	Anzahl 1788	Bedarf kg/Kopf	Gesamtbedarf kg
Einwohner	750	8.2	6150.0
Pferde	110	3.2	352.0
Ochsen	131	3.2	419.2
Kühe	114	4.8	547.2
Schafe	78	0.5	39.0
Sa.			7507.4

Bezieht man die Gesamtsumme auf die Einwohnerzahl, ergibt sich ein Pro-Kopf-Bedarf von 10 kg jährlich, etwas weniger als die tatsächlich pro Kopf eingekauften 11 kg.[78] Nach Waser wäre Singen mithin als Gemeinde mit gering entwickelter Viehwirtschaft anzusprechen. Das paßt auch sonst in das Bild der Singener Agrarstruktur. An Fässern betrug der Gesamtbedarf nach jener Rechnung etwa 29 jährlich,[79] also knapp die Menge, die durchschnittlich von der Gemeinde auch bezogen wurde (Tabelle 13). Damit bestätigen sich Wasers Bedarfsätze. Aber auch spricht alles dafür, daß der Salzhandel und die Verteilung strikt am Bedarf orientiert waren. So gehörte es für Salzhändler und die ihre Untertanen mit Salz versorgenden Obrigkeiten zu den unabdingbaren kalkulatorischen Voraussetzungen, den künftigen Salzverbrauch zu schätzen.[80] Auch die schwäbisch-österreichischen Behörden forderten wiederholt ihre untergebenen Ämter auf, ihren voraussichtlichen Salzbedarf zu melden.[81]

Für das lebensnotwendige Salz hatten die Gemeinden beziehungsweise ihre Einwohner Jahr für Jahr hohe Beträge aufzuwenden. Verglichen mit den Anfang des 19. Jahrhunderts erzielten Erlösen aus dem Marktverkauf von Getreide in Radolfzell (Tabelle 4) mußte davon wiederum ein Fünftel allein für Salz ausgegeben werden.[82] Das fiel den Leuten durchweg schwer. Die wiederholten Mahnungen des Salzverschleiß-Oberamtes und des nellenburgischen Oberamtes an die Gemeinden, endlich die alten Rückstände zu begleichen, die sehr schleppenden, ratenweisen, oft zwei bis drei Jahre verzögerten Zahlungen sprechen eine deutliche Sprache. Dem suchte 1801 das Ehinger Salzamt einen Riegel durch die Vorschrift vorzuschieben, wer von der zuständigen Faktorei Salz abholen wolle, müsse nachweislich vorab die Zahlung an die Salzkasse geleistet haben.[83] Zudem schnellten die Preise Mitte der neunziger Jahre nach einer langen Stabilitätsphase auf ein um ein Viertel höheres Niveau (Tabelle 15).[84]

Tabelle 15: Salzpreise in Radolfzell

Jahr	fl/Faß	Index	Jahr	fl/Faß	Index
1675	19.26	91	1794	19.26	91
1779	19.30	91	1795	19.75	94
1784	19.36	92	1796	20.84	99
1785	19.36	92	1797	23.59	112
1787	19.36	92	1798	24.03	114
1788	19.36	92	1799	23.80	113
1789	19.36	92	1800	23.11	110
1790	19.26	91	1801	24.16	115
1791	19.26	91	1802	24.59	117
1792	19.26	91	1803	24.38	116
1793	19.26	91	1804	24.31	115
			Mittel	21.10	100

Vermutlich suchte Österreich damit seine Einnahmen wegen der hohen Kriegskosten in jenen Jahren zu steigern – nicht zuletzt freilich auf Kosten seiner eigenen Untertanen, die ohnehin unter erhöhten Kontributionen und Einquartierungslasten zu leiden hatten. Angesichts des politisch und verfassungsmäßig fundierten Salzmonopols Österreichs in den schwäbisch-österreichischen Ämtern und angesichts der strukturell bedingten Bezugsgrößen kann hier von Markt keine Rede sein, eher von einer Art Zwangsvertrieb. Dieser stieß deutlich auf Grenzen, wo die Untertanen finanziell überfordert wurden.

Für die Singener verband sich mit der Bedingung, österreichisches Salz zu beziehen, auch die Notwendigkeit, den Markt Radolfzells zu besuchen. Hier befand sich die zuständige Salzfaktorei. Salzmonopol und die oben skizzierten Versuche Österreichs und des Schwäbischen Kreises, den direkten Zuzug zum Steiner Markt zu verhindern und die Bauern des Hegaus statt dessen nach Radolfzell zu lenken, greifen hier ineinander. Es ist zwar quantitativ noch nicht erforscht, leuchtet aber unmittelbar ein, daß der Massentransport von Getreide zum Markt mit dem Transport des Massengutes Salz vom Markt korrespondierte. Dieser Austausch konstituierte Marktbeziehungen. Und zugleich läßt unser Beispiel miteinander verquickte wirtschaftliche und politische Interessen als raumprägende Faktoren erkennen.

Sonstige wirtschaftliche Außenbeziehungen

Wiederholt wurde schon auf die engen wirtschaftlichen Beziehungen Singens zu Stein am Rhein hingewiesen, jenem Handelsknotenpunkt am Ausgang des Untersees. Es lag an der überregional bedeutenden alten Handelsroute zwischen den oberdeutschen Gewerbe- und Finanzzentren und den Lyoner Messen; hier zweigte eine stark frequentierte Straße nach der eidgenössischen Handelsmetropole Zürich ab. Sofern die Schiffahrt nicht noch den Rhein bis nach Schaffhausen nutzte, wurden in Stein die Waren vom Kiel auf die Achse umgeladen.[85] Die zentrale Wirtschaftsfunktion Steins verfehlte ihre Anziehungskraft[86] auch nicht auf die Singener Einwohner und Herrschaft. Freilich ist darüber beim gegenwärtigen Kenntnisstand kein geschlossenes Bild zu erlangen. Das folgende kann nur wenige Schlaglichter bieten.

Das Steiner Pfundzollbuch verzeichnet zur Mitte des 18. Jahrhunderts mehrere Singener, die Kernen über Stein exportierten (Tabelle 16).[87]

Tabelle 16: In Stein verzollte Singener Kernenlieferungen

Datum	Menge (dz)	Zoll (fl)	Zollzahler
26. 9.1743	0.9	0.07	*Metzger* von Singen
30.10.1743	14.0	0.90	*Metzger* von Singen
27. 9.1752	2.3	0.17	B. Ehinger
5. 7.1758	1.9	0.13	J. Meyer, Metzger
12. 3.1760	0.9	0.07	M. Pfister
22. 4.1761	5.6	0.40	J. Weber
14. 4.1762	3.7	0.13	J. Bach
3. 6.1767	5.6	0.40	*Bäcker* vom Hohentwiel

Damit sind allerdings nur zum Weiterverkauf an Fremde bestimmte Früchte erfaßt, nicht jedoch die vermutlich wesentlich größere Menge, die Singener Erzeuger direkt an Steiner Bürger verkauft haben und die in den Zollisten nicht registriert worden sind.[88]

Übrigens bezog das Steiner Kloster St. Georg bis Ende des 16. Jahrhunderts regelmäßig Fruchtgülten aus Singen.[89] Auf diese Weise gelangten nicht wenige Malter Frucht von Singener Äckern in die Hände fremder Herrschaften.[90]

Neben dem Frucht- war offenbar der Kapitalmarkt ein starkes Bindeglied zwischen der eidgenössischen Stadt und Singen. Stapel von Akten – Schuldverschreibungen, Abrechnungen, Vergleiche – zeugen davon, daß die Singener regelmäßig ihren Kapitalbedarf in Stein deckten.[91] Es war eine allgemeine Erscheinung, daß besonders im und nach dem Dreißigjährigen Krieg die ausgebluteten Gebiete nördlich von Rhein und Bodensee umfängliche Kredite bei ihren südlichen Nachbarn nahmen. Auch die Herren von Rost waren stark in Stein verschuldet.[92] Aus den Seckelamtsrechnungen der Stadt ist abzulesen, wie zum Beispiel im ausgehenden 17. Jahrhundert der Baron die Zinsen mit Holzlieferungen aus seinen herrschaftlichen Wäldern beglich.[93]

Aber auch Dionys von Rost erwies den Steinern Gefälligkeiten: 1689 baten sie ihn, bei seinem österreichischen Landesherrn wegen der negativen Auswirkungen der Fruchtsperre auf den Steiner Markt vorstellig zu werden. Wohl nicht ohne Erfolg. Denn 1691 verehrten sie ihm ein Fäßlein Rotwein. Umgekehrt hatte sich von Rost mit einem Pokal erkenntlich gezeigt, weil er sich 1689 mit seiner Familie in Stein hatte in Sicherheit bringen dürfen, als die Franzosen im Pfälzischen Erbfolgekrieg die Bodenseegegend durchstreiften.[94]

Scheinen also die Beziehungen Singens zu Stein recht intensiv gewesen zu sein und auch zu Radolfzell aufgrund des Fruchtmarktes und der Salzlagerstätte,[95] fallen, dem gegenwärtigen Stand der Kenntnis nach zu urteilen, die Verbindungen zu anderen Märkten deutlich ab.[96] Erwähnenswert ist noch Steckborn, ein Städtchen am schweizerischen Ufer des Untersees. Hier kaufte wiederholt ein namentlich nicht näher bezeichneter Metzger aus Singen[97] Schlachtvieh, das wohl vom stärker mit Viehzucht durchsetzten Seerücken stammte:[98]

	Rinder	Stiere
1767	3	2
1768		3
1769	1	2

Schlachtvieh importierte man sonst aus dem Allgäu. Hingegen konnten nach außerhalb – beispielsweise nach Stein – wegen der mangelnden Mastmöglichkeiten der Singener Bauern bestenfalls magere Ochsen verkauft werden.[99]

Schlußbemerkung

Die Ausführungen über die wirtschaftlichen Außenbeziehungen Singens konnten notgedrungen nur ein recht grobes Mosaik bieten, durchsetzt mit vielen weißen Stellen. So wie die Quellenlage ist, wird sich daran wohl so viel nicht mehr ergänzen lassen, mögen auch da und dort noch Zufallsfunde zutage treten. Das Material des Steiner Stadtarchivs birgt sicherlich noch einige, freilich vereinzelte Belege. Quantifizierbare Datenreihen, die auch eine fundierte qualitative Wertung über Ausmaß und Intensität der Wirtschaftsbeziehungen zuließen, dürften aber nicht zu erwarten sein.

Was hier vorgestellt werden konnte, waren vor allem wirtschaftliche Verbindungen, die auf Leben und Arbeiten in einer Agrargemeinde basierten. Diese können nicht isoliert gesehen werden: Sie unterliegen vielfältigen Einwirkungen und Impulsen von außen, wenden sich aber auch mit ihren Erzeugnissen und Bedürfnissen wiederum nach außen. Regionale und überregionale politische, wirtschaftliche und gesellschaftliche Veränderungen zwingen auch die Gesellschaft der einzelnen Gemeinde zu Reaktion und Anpassung. Der Anstoß zur Marktproduktion und die Umorientierung der Absatzwege seien im Falle Singens dafür ein Beispiel.

Vielleicht konnten die angeführten Bereiche und die hier und da aufscheinende Reichweite der wirtschaftlichen Außenbeziehungen Singens deutlich machen, daß der »Lebensraum« der alten Agrargemeinde keineswegs an den Gemarkungsgrenzen endete. Ihre Produktions- und Lebensform verband sie eng mit ihrer Umgebung, zumindest bis zu den nächsten Märkten.

Anmerkungen

[1] F. J. BAER, Chronik über Straßenbau und Straßenverkehr in dem Großherzogtum Baden (1878), S. 280, 372 f. u. 436 f. DER LANDKREIS KONSTANZ Bd. 4 (1984), S. 194.

[2] FRANZ SÄTTELE, Geschichte der Stadt Singen (1910), S. 48 u. 113 f. – Zur Verbreitung der Getreidemaße am Bodensee HEKTOR AMMANN, Vom Lebensraum der mittelalterlichen Stadt (in Ber. z. dt. Landeskd. 31, 1963), S. 285. – 316, hier S. 297 u. Karte 5. – Zum Einzugsbereich Schaffhausens PETER SCHÖLLER, Der Markt als Zentralisationsphänomen (in Westf. Forsch. 15, 1962), S. 85–95, bes. S. 91. ERNST STEINEMANN, Der Zoll im Schaffhauser Wirtschaftsleben (in Schaffhauser Beitr. z. vaterländ. Gesch. 27, 1950), S. 179–221, hier S. 201 f. u. (ebd. 28, 1951) S. 138–201, hier S. 138 ff. u. 158 ff.

[3] SÄTTELE, S. 89; ähnlich schon 1530, ebd., S. 23.

[4] FRANK GÖTTMANN, Getreidemarkt am Bodensee (Habilitationsschrift masch. Konstanz 1985), S. 205 ff. u. 247 ff.

[5] EAS 888.

[6] Aufgrund von Schweizer Quellen hat dies auch PETER GIGER-ESCHKE, Kornmarktpolitik Zürichs im 18. Jahrhundert (Lizentiatsarbeit phil. masch. Zürich 1985), S. 61, beobachtet. – 1734 intervenierte Stein erfolgreich beim Oberamt Stockach und dem Schwäbischen Reichskreis gegen den in Ramsen eingerichteten Nebenmarkt, wo Fruchtfuhren aufgehalten und nach Radolfzell geschickt wurden. ERNST RIPPMANN, Hans Conrad Etzweiler, der große Handelsfaktor von Stein a. Rh. 1688–1761 (in Zürcher Taschenbuch 1952), S. 22–61, hier S. 44 f.

[7] EAS 888, Schreiben vom 19. Dez. 1793.

[8] Viele Akten zu diesen Vorgängen in EAS 888. Vgl. auch GÖTTMANN, S. 315 ff. – 1735 beschwerte sich Stein beim Kommandanten des Hohentwiel und beim nellenburgischen Oberamt in Stockach, württembergische Dragoner hätten Hegauer Bauern, die Frucht auf den Steiner Markt bringen sollten, mißhandelt und sie zwingen wollen, nach Radolfzell zu fahren. StA Stein MW 280–285.

[9] Siehe unten Abschnitt »Salzbezug«.

[10] HELMUT MARQUARDT, Aus der Geschichte des Hauptzollamtes Singen (in Hegau 27/28, 1970/71), S. 253–295, hier S. 262 f., 268 f., 272 f. u. 290. Vgl. auch STEINEMANN (1951), S. 185, 189 f. u. 193 f. JÖRG VÖGELE, Getreidemärkte am Bodensee im 19. Jh. Strukturen und Entwicklungen (Diss. masch. Konstanz 1987), S. 129.

[11] LANDKREIS KONSTANZ, Band 4, S. 218.

[12] Ebd., S. 213.

[13] DER LANDKREIS KONSTANZ, Band 1 (1968), S. 391.

[14] Zum folgenden StA Singen V.2/73.

[15] Ebd. Anfrage vom 5. Nov. 1884, Antwort Waibels vom 7. Januar 1885 (wohl irrtümlich 1884 datiert).

[16] StA Singen V.2/73, Gesuch vom 17. Aug. 1877.

[17] Ebd. Bürgermeister Waibel an das Bezirksamt Konstanz 1877 Sept. 10. Orthographie und Zeichensetzung modernisiert.

[18] SÄTTELE stellt in seinem 1910 erschienen Buch fest (S. 142), der dienstägliche Wochenmarkt (wohl der oben genannte Viktualienmarkt) werde schlecht besucht.

[19] StA Singen V.2/73, 1877 Aug. 18; 1881 Aug. 2. – Quelle zu Abb. 1: Statistisches Jb. für das Großherzogtum Baden.

[20] StA Singen V.2/73 und EAS 56.

[21] EAS 56.

[22] EAS 58.

[23] EAS 61.

[24] EAS 58.

[25] EAS 56.

[26] Ebd. Der Abbildung liegen folgende Zahlen zugrunde:

Jahr	Mark	v.H.je Anteil	Jahr	Mark	v.H.je Anteil
1883	50	12	1890	100	24
1884	40	9	1891	160	38
1885	40	9	1892	170	40
1886	60	14	1893	130	31
1887	13	3	1894	83	20
1888	45	11	1895	38	9
1889	90	21	1896	10	2

[27] Vgl. Tab. 1 u. EAS 286.

[28] EAS 56.

[29] EAS 286.

[30] Statistisches Jb. für das Großherzogtum Baden.

[31] StA Singen V.2/73.

[32] EAS 58.

[33] EAS 61.

[34] Z. B. ist in EAS 888 eine Liste darüber erhalten, welche Singener zwischen dem 13. August und dem 5. November 1794 wieviel Kernen wöchentlich auf den Steiner Markt bringen durften, um das der Herrschaft Singen zugestandene Gesamtausfuhrquantum von 20 Konstanzer Maltern (ca. 33 dz) auszuschöpfen. Im Schnitt entfielen dabei auf die Singe-

35 GLA KA 219/25. Zollregister 1700.
36 GÖTTMANN, Anh. 13.
37 Die Datenreihen für die Jahre 1812–1822 und 1875–1876 hat JÖRG VÖGELE aus den Markt- und Kornamtsbüchern sowie aus den Waagbüchern des StA Radolfzell für den Radolfzeller Gesamtmarkt erhoben. Er hat sie mir dankenswerterweise für die Auswertung in Hinblick auf die Singener Marktbesucher zur Verfügung gestellt. – Der Reihe für die Jahre 1803–1804 liegt ebenfalls ein Radolfzeller Markt- und Kornamtsbuch zugrunde. StA Radolfzell C IX/8b. – Die verschiedenen Maße der Quellen wurden einheitlich in Doppelzentner (dz) umgerechnet; dabei verwendete hl-Gewichte: Kernen 0.7 dz, Roggen 0.68 dz, Gerste 0.62 dz, Hafer 0.44 dz, Erbsen 0.8 dz, Vesen 0.42 dz. – Guldenbeträge wurden in solche mit Dezimalstellen (fl.) umgewandelt; außerdem galt: 1 fl. = 1.71 Mark; vgl. FRIEDRICH WIELANDT, Badische Münz- und Geldgeschichte (1955), S. 328.
38 Vgl. den Beitrag SCHAIER in diesem Band.
39 Zu dieser Problematik VÖGELE passim.
40 Vgl. oben ad Anm. 30.
41 Errechnet nach den Angaben bei STROBEL, S. 68 f., ergänzt um den in der Bekenntnistabelle 1765 nicht erfaßten herrschaftlichen Eigenbesitz sowie die in Pacht vergebenen herrschaftlichen Bestandsgüter (dazu vgl. in diesem Band Beitrag SCHRENK, Abschn. 3.0) und nach Bodengüte gewichtet. – Zum besseren Vergleich sind in die Tabelle noch einmal die Verkaufsanteile aus Tabelle 3 übernommen.
42 STROBEL, S. 69 f. u. 82.
43 Vgl. dazu ebd., S. 69.
44 Ebd., S. 69 u. 82.
45 Ebd., S. 69.
46 LANDKREIS KONSTANZ, Band 4, S. 213.
47 Ebd., S. 212, u. STROBEL, S. 83.
48 Die bei STROBEL herangezogene »Bekenntnistabelle« spiegelt einen mehrjährigen Durchschnitt; S. 66 u. 68 f. – Hier Gegenüberstellung von Daten aus Tabelle 3, 5 u. 7.
49 Vgl. Anm. 34.
50 EAS 888, 1795 März 22.
51 STEINEMANN (1951), S. 189.
52 Zum Problem der Kommerzialisierung der Landwirtschaft GÖTTMANN, S. 524 ff., 588 ff. u. 619 ff.
53 Vgl. dazu STROBEL, S. 71.
54 Vgl. SCHRENK, Abschn. 3.7 u. 4.5.
55 Vgl. die Beiträge von BOHL und SCHAIER in diesem Band.
56 Mit weiteren Beispielen für ähnlich strukturierte Dörfer im Hegau und nördlichen Bodenseeraum GÖTTMANN, S. 601 ff. u. 607 f.
57 Es wurde ein Erntejahr von August bis Juli festgesetzt. Die Daten zur Singener Fruchthalle wurden den Rechnungen der Kaufhausgesellschaft entnommen; EAS 286. – Der Variationskoeffizient, ein relatives Streuungsmaß, wird aus dem Quotienten von Standardabweichung und Mittelwert gebildet. – Die der Abb. zugrundegelegten Werte ergeben sich dadurch, daß die durchschnittliche monatliche Lieferung gleich 100 gesetzt und die tatsächlichen Monatswerte damit verglichen werden.

58 STROBEL, S. 61.
59 Vgl. die Variationskoeffizienten in Tabelle 8.
60 Vgl. auch Tabelle 1.
61 Zur Funktion des Vogtes STROBEL, S. 51 u. 53 f.
62 Zum Einzugsbereich des Radolfzeller Marktes in Hinblick auf alle Käufer vgl. VÖGELE, S. 120 ff. u. 126 ff.
63 Vgl. oben Anm. 51.
64 GÖTTMANN, , S. 521 f.
65 STROBEL, S. 83.
66 EAS 888, Beilage 1792 Sept. 29. Durchschnittspreis aufgrund von jeweils sechs Notierungen von Mitte August bis Mitte September 1792. – Die unterschiedlichen Ortsmaße (von STROBEL, S. 84, nicht berücksichtigt) wurden auf dz umgerechnet.
67 GÖTTMANN, S. 650 ff. u. S. 662, Tab. 33. – Der Wert für Radolfzell 1650–1699 wurde analog zum Preisunterschied in Stein zwischen 1650–1699 und 1700–1749 geschätzt. Die Schaffhauser Preise sind etwas überhöht, da sie allesamt aus dem November stammen, erfahrungsgemäß ein umsatzstarker Monat mit überdurchschnittlichen Preisen.
68 Erstellt nach Anh. 36, ebd.
69 Allerdings hat VÖGELE bereits eine Reihe der Radolfzeller Kernenpreise für den Zeitraum von 1820–1880 vorgelegt, auf die hier nur verwiesen werden kann.
70 Siehe oben Tabelle 4; die Angaben zu 1839 errechnet nach STROBEL, S. 84. Dabei wurde der ab 1812 eingeführte einheitliche badische Malter zu 150 l zugrunde gelegt; vgl. LANDKREIS KONSTANZ Band 1, S. 393. – Singener Preise nach den Statistischen Jbb. für das Großherzogtum Baden, in Klammer jeweils die Originalnotierung in Mark.
71 BRUNO FRITZSCHE, Der Zürcher Salzhandel im 17. Jh. (in Mitt. d. Antiquar. Ges. in Zürich 42 H. 3, 1964), S. 11 ff. JEAN-FRANCOIS BERGIER, Une histoire du sel (1982), S. 11 u. 121 ff.
72 Zum Salzhandel am Bodensee ECKART SCHREMMER, Die Wirtschaft Bayerns (1970), S. 278 f., 283 ff. u. 288 ff. Vgl. auch FRITZSCHE, S. 36 ff., und ECKART SCHREMMER (Hg.), Handelsstrategie und betriebswirtschaftliche Kalkulation im ausgehenden 18. Jh. Der süddeutsche Salzmarkt (1971), S. 150 f., 168, 182, 189 u. 216 f.
73 FRANZ QUARTHAL und GEORG WIELAND, Die Behördenorganisation Vorderösterreichs von 1753 bis 1805 und die Beamten in Verwaltung und Unterrichtswesen (1977), S. 104 u. 228. FRANZ MICHAEL WEBER, Ehingen, Geschichte einer oberschwäbischen Donaustadt (2. Aufl. 1980), S. 202.
74 Zum Radolfzeller Salzmarkt PAUL ALBERT, Geschichte der Stadt Radolfzell a. B. (1896), S. 432 f. – Ende des 17. Jh.s wurde auch mehrfach aus Bodman Salz bezogen, das von Bregenz kam. EAS 353.
75 EAS 353, insbes. Supplikation 1718 (notarielle Abschrift 1764). – Vgl. auch verschiedene Zirkulare, die das »Einschwärzen« fremden Salzes verbieten, z.B. Oberamt Stokkach an Herrschaft Singen 1755 Nov. 15; Zirkular des Salzoberamtes 1801 Okt. 30.
76 Die in der Tabelle dargestellte Entwicklung wurde rekonstruiert aus Quittungen des Salzverschleiß-Oberamtes Ehingen über geleistete Zahlungen und Abschläge, aus Rechnungen, Zahlungsaufforderungen und Aufstellungen über Zahlungsrückstände durch dieses Amt und das nellenburgische

⁷⁷ Oberamt in Stockach sowie aus Abrechnungen der Gemeinden Singen und Arlen über Salzgeldablieferungen an den herrschaftlichen Obervogt in Singen (EAS 353). Oft wurden Singen und Arlen in den Rechnungen gemeinsam veranschlagt; sie wurden daher auch beide in die Tabelle aufgenommen. – Die in den Quellen bezeichneten sog. Salzjahre rechneten von November bis Oktober des nächsten Jahres.

⁷⁷ Viehzahlen nach STROBEL, S. 86. Zur Einwohnerzahl vgl. BOHL. Verbrauchszahlen Wasers nach FRITZSCHE, S. 108 f., hier umgerechnet in kg.

⁷⁸ 32 Fässer×260 kg : 750 Einwohner = 11 kg/Einwohner. Vgl. Tabelle 13 u. 14. – Freilich sind hier geringfügige Schwankungen im Bevölkerungs- und Viehbestand sowie des Inhalts der Salzfässer zu berücksichtigen.

⁷⁹ 1 Faß = ca. 260 kg. Vgl. Tabelle 15, Anm. 84.

⁸⁰ FRITZSCHE, S. 107 ff.

⁸¹ EAS 353. Zirkular des Oberamts Stockach, 1757 Mai 7. K. K. Schwäb. Regierung und Kammer in Günzburg an das Obervogteiamt Singen, 1803 Aug. 31. – Ob entsprechende Umfrageergebnisse erhalten sind, konnte nicht überprüft werden.

⁸² Anfang des 18. Jh.s wurde Salz z. T. im Naturaltausch erworben. Die oben erwähnte Supplikation von 1718 (Anm. 75) erwähnt die Hingabe von Stroh für bayerisches Salz. Möglicherweise hatten die Singener dieses Salz aus Schaffhausen oder Stein; vgl. SCHREMMER, Handelsstrategie, S. 182.

⁸³ EAS 353.

⁸⁴ Erstellt aus EAS 353. Aus den Quellen ergeben sich folgende Maßrelationen:
1 Faß Salz = 4 Kübel bzw. Fäßle = 16 Viertel 1 Viertel = 16 Meßle). 1 Faß Salz hält ca. 260 kg. Einer Preisaufstellung des Salzoberamtes in Ehingen vom 22. Nov. 1801 (EAS 353) liegt für das Salz aus Hall in Tirol ein Gewicht von 4 3/4 Wiener Zentnern = 266 kg zugrunde, wovon für eventuellen Gewichtsverlust beim Transport und beim Auswiegen noch einmal 5% = 13 kg abgezogen wurden.

⁸⁵ Zur Handelsfunktion Steins FRITZ RIPPMANN, Gredhaus und Schiffahrt in Stein a. Rh. (Separatdruck aus Steiner Anzeiger 1934).

⁸⁶ Vgl. das oben behandelte relativ hohe Getreidepreisniveau Steins.

⁸⁷ StA Stein ZG 434 u. 435. – Bei dem in der Liste aufgeführten Metzger Johannes Meyer dürfte es sich um denselben Hans Meyer aus Singen handeln, gegen den am 6. August 1760 in Stein eine Strafverfügung wegen Zollbetrugs erging. Ebd., ZG 259–310 (laut Inventar StA Stein). Inventar des Stadtarchivs Stein a. Rh. Bearb. von HEINRICH WALDVOGEL, 3 Bde. (1967/68).

⁸⁸ Zum Steiner Zoll Kopie der Zollordnung von 1712 im Pfundzollbuch, StA Stein ZG 434; vgl. auch RIPPMANN, S. 5 f.

⁸⁹ STROBEL, S. 18.

⁹⁰ SCHRENK, Abschn. 1.3 u. 3. STROBEL, S. 18 f.

⁹¹ StA Stein Fi 147–155 u. SS 296 (laut Inventar).

⁹² Ebd., VA 135–150 (laut Inventar).

⁹³ Ebd., Vorrechenbücher Fi 467 ff. und Jahresrechnungen des Seckelamtes R.

⁹⁴ Ebd., VA 135–150 (laut Inventar) und MW 194–203.

⁹⁵ Zwei singuläre Nachrichten: Am 29. Juli 1692 verzollt in Radolfzell ein Max Busch zwei für den Biersieder in Singen bestimmte Geschirre Schmalz; am 25. Feb. 1693 werden ebenfalls dort 26 Zentner Blei verzollt, die für den Hohentwiel bestimmt sind. GLA KA 219/25, Zollregister Radolfzell 1692–1695.

⁹⁶ In Konstanz beispielsweise wurde nach dem Zollbuch von 1777 der Besuch nur eines einzigen Singeners registriert. ANDREAS NUTZ, Das Konstanzer Marktgebiet nach der Zollamtsrechnung von 1777 (Zulassungsarbeit masch. Konstanz 1986), S. 177.

⁹⁷ Möglicherweise der ebenfalls schon in Stein aufgetretene Johannes Meyer, vgl. oben Anm. 87. – In der Bekenntnistabelle von 1765 begegnen drei Metzger: Bas. Sandhaus, Johannes Meyer, Peter Meyer jr. STROBEL, S. 24 ff.

⁹⁸ Bürgerarchiv Steckborn Nr. 418 u. 428, Zollrodel 1720–1767 u. Zollgefälle 1766–1838.

⁹⁹ STROBEL, S. 86 f.

Die Anfänge der Georg Fischer AG in Singen

von Kuno Britsch

Die Georg Fischer AG (GF) ist heute der zweitgrößte Industriebetrieb in Singen mit rund 2500 Mitarbeitern. Aus der ursprünglich reinen Fittingsfabrik ist seit den 50er Jahren einer der namhaftesten Hersteller von Automobilguß in Deutschland geworden. Das Werk ist gleichzeitig aber auch der bedeutendste Produzent von Temperguß-Fittings in Westeuropa.

Die Ursprünge der Georg Fischer AG gehen auf eine Unternehmer-Persönlichkeit zurück, wie sie wohl nur die Zeit des allgemeinen geistigen, politischen, aber auch technologischen Umbruchs an der Wende vom 18. zum 19. Jahrhundert hervorbringen konnte.

Johann Konrad Fischer, 1773 in Schaffhausen geboren, übernahm 1797 die väterliche Kupferschmiede und Feuerspritzen-Werkstatt. Seine Wanderjahre hatten ihn zuvor bis nach Schweden und England geführt, dem damaligen Weltzentrum der Metallurgie. Bald goß er in seinem Betrieb auch Glocken und den unsicheren Zeiten gemäß mit großem Erfolg Kanonen aus Bronze.

1802 kaufte er im Schaffhauser Mühlental eine frühere Kräutermühle und richtete dort eine Schmelzerei für die Gußstahl-Erzeugung ein. Johann Konrad Fischer war auf dem Kontinent der erste, der die Produktion von gegossenem Stahl wagte. Sein schweißbarer Tiegelgußstahl fand 1809 in Paris große Beachtung. Studienreisen nach England führten Johann Konrad Fischer mit den technischen Autoritäten der damaligen Zeit, u.a. Prof. Faraday und James Watt, zusammen. In Birmingham lernte er den neu aufgekommenen Weichguß zum erstenmal näher kennen, der für die Georg Fischer AG so große Bedeutung erlangen sollte. Wie gut der Ruf seines Gußstahles bereits 1814 war, zeigt der Besuch von Zar Alexander I. im Jahre 1814 bei Johann Konrad Fischer im Schaffhauser Mühlental.

Trotz seiner vielseitigen und allesamt sehr erfolgreichen Aktivitäten auf dem Gebiet der Gußstahl-Erzeugung beschäftigte sich Johann Konrad Fischer intensiv mit dem Weichguß, den er auf seinen England-Reisen als »malleable cast iron« kennengelernt hatte. Nicht in Schaffhausen, sondern in seiner Gußstahl- und Feilenfabrik im niederösterreichischen Hainfeld gelang ihm am Sonntag, dem 5. August 1827, der Durchbruch. In seinem Schreibkalender notiert er hierzu in englischer Sprache: »Entire success of the experiment for converting cast into malleable iron, for which important discovery I pay my humble thankgivings to my Lord and Preserver.«

Das österreichische Privileg, das er dafür erhielt, lautete auf eine »Erfindung, um Gußeisen jene Weiche und Zähigkeit zu geben, daß es wie Schmiedeisen kalt- und warmgebogen und bearbeitet, ferner durch Einsetzen an der Oberfläche gehärtet und poliert werden kann«.

Mit über 70 Jahren überraschte Johann Konrad Fischer Wissenschaft und Praxis mit seiner wichtigsten und revolutionierendsten Erfindung, dem Stahlformguß.

Johann Konrad Fischer war nicht nur einer der Großen der Metallurgie. Er war auch ein ungemein initiativer und erfolgreicher Unternehmer, dessen industrielle Interessen bei seinem Tod im Jahre 1854 längst über Schaffhausen, ja die Schweiz hinausreichten.

Die Schaffhauser Betriebsstätten fielen dem zweitjüngsten Sohn Georg zu, der in Hainfeld in Österreich eine vom Vater erstellte Gußstahl- und Feilenfabrik betrieb. Dessen gleichnamiger Sohn Georg, damals erst 22 Jahre alt und später in den Annalen als Georg Fischer II. bekannt, übernahm in Schaffhausen die Leitung. Unter ihm erfolgte der Ausbau zum industriellen Großbetrieb.

1860 setzte er zur entscheidenden Erweiterung seines Fabrikationsprogrammes an. Nach dem vom Großvater entwickelten Produktionsverfahren begann er, Weichguß (Temperguß) im großen Stil zu erzeugen.

Durch den Ausbau der Gas- und Wasserversorgung in den großen Städten, in der Schweiz wie im übrigen Europa, entstand eine immense Nachfrage nach Röhrenverbindungsstücken, später allgemein als »Fittings« bekannt, die aus Schmiedeisen hergestellt werden mußten. Georg Fischer II. erkannte die einmalige Marktchance für seinen Temperguß. Als erstem in Europa gelang ihm die industrielle Massenproduktion von Fittings aus Weichguß, und dies in einer Qualität, die den herkömmlichen schmiedeisernen Produkten in keiner Weise nachstand.

Das Prospektblatt von 1865 enthält bereits 91 verschiedene Modelle. In den 70er Jahren waren daraus schon mehrere Hundert geworden. Auf die beginnende Schwerpunktverlagerung weist auch die schon 1861 vor-

Georg Fischer (1864–1925) erbaute 1895 in der Nähe des Stammhauses in Schaffhausen einen Zweigbetrieb der Georg Fischer Aktiengesellschaft (Produktion von Fischer-Fittings) in Singen

genommene Änderung der Firmenbezeichnung in »Georg Fischer Schaffhausen, Weicheisen-Gießerei, Gußstahl- und Feilenfabrikation« hin.

Von Anfang an war die Schaffhauser Fittingsproduktion nicht nur auf den einheimischen Markt ausgerichtet, sondern sehr stark exportorientiert. Absatzmärkte lagen insbesondere in den deutschen Staaten und in Österreich. Mit der Gründung des deutschen Kaiserreiches 1871 hatte sich die politische und wirtschaftliche Konstellation in Mitteleuropa aber grundlegend verändert. Der bedeutende und vor allem zukunftsträchtige deutsche Markt drohte auf lange Sicht an die Konkurrenz vom Südrand des Ruhrgebiets verlorenzugehen. Dort hatte sich eine Reihe leistungsfähiger Tempergießereien etabliert. Anfang der 90er Jahre erschienen Temperguß-Fittings aus deutscher Produktion erstmals in größerer Zahl am Markt. Längerfristig als weiteres großes Problem erwies sich zunehmend die deutsche Zollpolitik, die nicht zuletzt die massive eigene Industrialisierung zum Ziele hatte. Aus einem aus dem Jahre 1896 stammenden Brief von Georg Fischer III., dem Sohn und Nachfolger von Georg Fischer II., weiß man, daß daher in Schaffhausen schon sehr früh Überlegungen angestellt wurden, mit einer Fittingsproduktion in Deutschland selbst Fuß zu fassen. In diesem Brief heißt es:

»Die Fittingsfabrikation fand bei der Konkurrenz rasch Nachahmung. Es kamen besonders in Deutschland wenn auch nicht bessere, so doch billigere Fabrikate auf den Markt und es drohte von dieser Seite eine Überflügelung, der rechtzeitig begegnet werden mußte. Da einerseits die räumlichen Verhältnisse im Mühlental eine Ausdehnung dieser Branche nur schwer ermöglichten, anderseits die Zollverhältnisse für den Export nach Deutschland hindernd im Wege standen, so war es schon eine Idee meines Vaters selig, auf deutschem Gebiet speziell für diesen Fabrikationszweig eine Filiale zu gründen, eine Idee, die nur durch seinen allzufrühen Hingang vereitelt wurde, die ich dann aber wieder aufnahm und verwirklichte.«

Georg Fischer III. baute die Fittingsproduktion weiter zügig aus. Die Feilenfabrikation wurde schon 1886 eingestellt und auf dem freigewordenen Areal die Fittingsproduktion ausgeweitet. Die Belegschaft wuchs stetig.

Zu Beginn der 90er Jahre traten die Überlegungen hinsichtlich der Errichtung einer Produktionsstätte diesseits der Grenze in ein konkretes Stadium. Am 20. Mai 1893 erschien in der Zeitung *Der Schwarzwälder* in Villingen folgendes Inserat:

Zu kaufen gesucht:
ein größeres Grundstück zur Errichtung eines Fabriketablissements, in der Nähe der Schweizer Grenze, an der Bahn gelegen, wenn möglich mit Wasserkraft versehen; evtl. könnte auch eine bereits bestehende Fabrikanlage entsprechen.
Offerten nimmt die Expedition des Schwarzwälder unter Nr. 1241 entgegen.

Die Überlegungen begannen sich schon bald auf die Gemeinde Rielasingen, an der 1875 in Betrieb genommenen Nordost-Schweizer-Bahn gelegen, zu konzentrieren. Für Rielasingen sprach ferner das damals sehr hoch eingeschätzte Wasserkraftpotential der Aach. Damit begannen aber auch die Probleme, die schlußendlich zu einem Verzicht auf diesen Standort führten.

Nach umfangreichen Vorbereitungen, einschließlich Geländeerwerb, reichte Georg Fischer III. am 14. September 1893 die vom Züricher Architekturbüro Locher & Cie. ausgearbeiteten Pläne zur Errichtung eines »Etablissements Weicheisen-Gießerei, speziell zur Erzeugung von Verbindungsstücken aus schmiedbarem Guß für Gas-, Wasser- und Dampfleitungen« beim Großherzoglich Badischen Bezirksamt in Konstanz ein. Wie aus den Plänen hervorgeht, sollte die notwendige Triebkraft aus der Aach gewonnen werden. Dazu sollte in der Nähe der Gemarkungsgrenze Rielasingen/Singen, die damals nördlicher als heute verlief, aber noch auf Gemarkung Rielasingen, in der Aach ein Stauwehr errichtet werden. Dabei wurde sorgfältig darauf geachtet, daß die in Aussicht genommene Stauhöhe noch unter der Kanalsohle des Fabrikkanals der Singener Spinnerei des Fabrikanten A. Trötschler blieb.

Gegen das Stauwehr wurde gleichwohl von drei Seiten Einspruch erhoben. Fabrikant A. Trötschler sah seine bestehenden Anlagen beeinträchtigt und wohl auch seine Zukunftsinteressen berührt. Die weiteren Einsprüche kamen von seiten der Gemeinde Singen und von der Wiesenbesitzerin Sofie Buchegger. Bei letzterer handelte es sich um die minderjährige Tochter des Singener Bürgermeisters. In seiner Einsprache beanstandete der Singener Gemeinderat, daß die Anlagen in nächster Nähe der Gemarkungsgrenze errichtet werden sollten und daß »die ganze Stauung des Wassers auf Gemarkung Singen sich erstreckt«.

Mit der Gemeinde Singen und Bürgermeister Buchegger in Vertretung seiner minderjährigen Tochter Sofie konnte sich Georg Fischer III. am 17. November 1893 gütlich einigen. Er verpflichtete sich, durch geeignete Schutzmaßnahmen einer Versumpfung des umliegenden Geländes vorzubeugen und Vorkehrungen gegen vermehrte Sedimentablagerungen im Flußbett zu treffen. Keine Einigung war jedoch mit Fabrikant A. Trötschler zu erzielen. Über seinen Einspruch mußte deshalb der Bezirksrat entscheiden. Der Bescheid vom 4. Dezember 1893 war für Georg Fischer III. negativ. Das Gesuch um Erlaubnis zur Errichtung einer Stauanlage und eines Wassertriebwerkes wurde abgewiesen. Auch die Erteilung der Wassernutzungs-Befugnis in beantragtem Umfang erschien dem Bezirksrat nicht zulässig. Fabrikant A. Trötschler wurde freilich auch aufgegeben, binnen sechs Wochen seinerseits eine Nutzungsbefugnis für das von Georg Fischer III. beanspruchte Wasser zu beantragen.

Die negative Entscheidung des Bezirksrates veranlaßte Georg Fischer III. zu einer nochmaligen grundsätzlichen Überprüfung des in Aussicht genommenen Standortes. Ein Rekurs gegen die Entscheidung des Bezirksrates wäre zwar möglich gewesen, hätte aber selbst bei positivem Ausgang zu weiteren erheblichen Verzögerungen geführt. Hierauf wollte sich Georg Fischer III. auf keinen Fall einlassen. Auf eine diesbezügliche Anfrage des Großherzoglich Badischen Bezirksamtes in Konstanz vom 3. Januar 1894 teilte er umgehend mit: »Höflichst beantwortend habe ich mich entschlossen, von der Errichtung einer Stauanlage in Rielasingen abzusehen.« Mit der Aufgabe der Pläne, die Energieversorgung der geplanten Fittingsfabrik durch Wasserkraft der Aach sicherzustellen, war zugleich auch das Kapitel Rielasingen endgültig abgeschlossen.

Die Energieversorgung mußte aber nicht unbedingt auf Wasserkraft basieren. Dampf und Gas waren geeignete Alternativen nach dem Stand der Technik. Erforderlich war somit nur ein leistungsfähiger, bequemer Bahnanschluß. Den hatte wiederum Singen in weit besserem Maße zu bieten als Rielasingen.

Unmittelbar beim Singener Bahnhof hatte sich einige Jahre zuvor bereits Julius Maggi etabliert. Georg Fischer III. war der zweite Unternehmer, der sich diesen interessanten Standort sicherte. Schon am 5. Januar 1894 reichte Georg Fischer III. dem Großherzoglich Badischen Bezirksamt in Konstanz detaillierte Pläne für »eine auf Gemarkung Singen zu errichtende Weicheisen-Gießerei mit zugehörigen Werkstätten und Magazinen« ein. Die projektierte Anlage bestand in der Hauptsache aus Gießereigebäude mit Nebenwerkstätten und Materialschuppen sowie aus einem Gebäude für Maschinenwerkstätte sowie separatem Motorenhaus und Bürogebäude. Zwischen Gießereigebäude und Maschinenwerkstätte verläuft das Anschlußgleis zur Großherzoglich Badischen Bahn unter gedeckter Halle. Wie es im Baugesuch heißt, enthält das Gießereigebäude »der ganzen Länge nach einen mit verschließbaren Jalousien versehenen Dachreiter zur raschen Abführung der Dämpfe und Gase, welche beim Gießen entstehen. Der Schmelzraum enthält als Bedachung ein feuerfestes Gewölbe und als Ventilation auf zwei Seiten Fenster mit Klappflügeln. Die Beleuchtung ist überall reichlich, teils durch Seitenlicht, teils durch Oblicht.« Im weiteren drängte Georg Fischer III. auf möglichst rasche Bewilligung, zumindest für den rein baulichen Teil seiner Anlagen.

Dem Singener Gemeinderat waren die Ansiedlungspläne von Georg Fischer III. beim Singener Bahnhof hochwillkommen. In einem Brief von Bürgermeister Buchegger aus Anlaß der Verbriefung diverser Grundstückskäufe, vermutlich geschrieben im Februar 1894, heißt es: »Um die Gelegenheit zu benützen, wäre es uns sehr willkommen und erwünscht, von Ihnen erfahren zu können, welchen Tag Sie in Singen eintreffen werden. Es ist schon öfters der Wunsch geäußert worden unter den Vertretern der Gemeinde, Sie einmal zu sehen und begrüßen zu können. Es würde uns sehr angenehm sein, bei Ihrem Erscheinen Sie einige Stunden in unserer Mitte zu haben, um unseren Dank und unsere Anerkennung darzubringen, um Ihnen zu zeigen, daß wir in voller Anerkennung die von Ihnen beabsichtigte Fabrikanlage begrüßen, und uns nochmals besprechen zu können.«

In drei Beurkundungsterminen erwarb G. Fischer III.

am 28. Februar sowie am 2. und 29. März 1894 von 29 einzelnen Verkäufern ein Gelände von insgesamt 50 594 qm. Nur ein Bruchteil davon wäre zur Errichtung der projektierten Anlagen erforderlich gewesen. Bereits in dieser Phase hatte aber Georg Fischer III. die späteren Möglichkeiten des Standortes Singen klar erkannt. Mit seinem weit vorausschauenden Grundstückserwerb hat er die künftige Entwicklung des Werkes Singen, bis hin in unsere Tage, erst möglich gemacht.

Bei den erworbenen Grundstücken handelte es sich fast durchwegs um kleinere Flächen. Das kleinste Grundstück umfaßte gerade 778 qm. Die mit 6699 qm größte Fläche wurde interessanterweise vom Schaffhauser Fabrikanten Johann Müller-Harter erworben. Er hatte offenbar bereits bei früherer Gelegenheit die gute Lage des Geländes richtig eingeschätzt. Die zweitgrößte Einzelfläche, 5075 qm, wurde von der Gräflich von Enzenbergischen Grundherrschaft abgegeben. Der Kaufpreis belief sich insgesamt auf rund 21 400,- Mark oder durchschnittlich 0,42 Mark/qm.

Bereits am 9. Januar 1894 informierte der Singener Ratschreiber Georg Fischer III. darüber, daß seine Pläne mit Gutachten der Ortsbaukommission und des Gemeinderats am Vortag an das Großherzogliche Bezirksamt Konstanz abgingen. Auch dieses reagierte ungewöhnlich schnell. Schon am 10. Januar wurde die Großherz. Bad. Fabrik-Inspektion in Karlsruhe zur Stellungnahme aufgefordert. Diese erfolgte postwendend unter dem 12. Januar 1894. Die Badische Fabrik-Inspektion beantragte, die Anlage unter genau definierten Bedingungen zu genehmigen. Dabei ist besonders bemerkenswert, daß bereits im vorigen Jahrhundert die Unfallverhütung, der Schutz der Gesundheit, ja selbst der Umweltschutz sehr ernst genommen wurden. So waren an allen Riemscheiben »Haken anzubringen, die ein Schleifen der abgeworfenen Riemen auf der bewegten Welle verhüten«. Der Schmelzraum war so einzurichten, daß »ein Abzug der Verbrennungsgase auf kürzestem Wege gesichert ist«. Für den Fall späterer Unzuträglichkeiten wurde geeignete Abhilfe vorgeschrieben. Die Schmirgelscheiben in der Gußputzerei waren »mit einem starken Schutzbügel zu umgeben, welcher die Scheibe bis auf die Arbeitsstelle hin umspannt und mit dem Maschinengestell oder mit dem Boden verankert ist«. Auch eine Staubabsauge-Vorrichtung war hier bereits Vorschrift. Besonderer Wert wurde auf die Abführung der Zinkdämpfe aus der Verzinkerei gelegt. Abwässer aus der Beizerei durften erst nach Neutralisierung mit Kalkmilch und starker Verdünnung abgelassen werden bzw. bei sehr geringen Mengen in einer Absetzgrube versickern. Im ganzen Betrieb waren an geeigneten Stellen Vorrichtungen zur Entnahme von Wasch- und gutem Trinkwasser zu treffen. Für die jugendlichen Arbeiter und die von auswärts kommenden Arbeiter wurde ein Aufenthalts- bzw. Speiseraum vorgeschrieben. In diesem Sinne erteilte der Bezirksrat am 5. Februar 1894 in Konstanz unter Vorsitz des Großherzoglich Geheimen Regierungsrates Jung Georg Fischer III. die bau- und gewerbepolizeiliche Erlaubnis zur Errichtung einer Weicheisen-Gießerei mit Verzinkerei auf Gemarkung Singen. In vorangegangener, öffentlicher Sitzung wurde Georg Fischer III. persönlich gehört. Er gab dabei die ausdrückliche Versicherung ab, daß er nicht beabsichtige, die Abwässer der Verzinkerei in die Höhgauer Aach zu leiten. Nach geheimer Beratung wurde vom Bezirksrat der Genehmigungsbescheid einstimmig erteilt.

Am 27. Februar 1894 beantragte Georg Fischer III. bei der Großherzoglich Badischen Staatlichen Eisenbahn in Karlsruhe die Erstellung eines Anschlußgleises. Aus dem Antrag geht hervor, daß die Fabrik anfänglich für eine Produktionskapazität von ca. 400 000 Stück/Jahr konzipiert war, was einer Zufuhr von ca. 150 bis 200 Waggons mit Bedarfsmaterialien entsprach. Von Anfang an wollte Georg Fischer III. das Anschlußgleis aber auch für den Verkehr von Stückgütern von der Fabrik zur Güterhalle, die damals an der heutigen Julius-Bührer-Straße lag, nutzen, da, wie er schreibt, »ich sonst gezwungen wäre, die Stückgüter mittels besonderer Fuhrwerke nach der Güterhalle zu bringen bzw. von dort abzuholen«.

Dank der hervorragenden Arbeit des Architekturbüros Locher & Cie. aus Zürich, das natürlich auch auf die Vorarbeiten im Zusammenhang mit dem Projekt Rielasingen zurückgreifen konnte, gingen die Bauarbeiten im Frühjahr 1894 zügig voran. Ab 24. April 1894 war Bauingenieur K. Petzold als örtlicher Bauführer von Locher & Cie. ständig in Singen. Die eigentlichen Bauarbeiten wurden im wesentlichen von Werkmeister Anton Mall aus Donaueschingen ausgeführt. Die umfangreichen Eisenkonstruktionen, zu einem großen Teil noch heute erhalten, wurden von der Fürstlich Fürstenbergischen Maschinenfabrik in Immendingen geliefert. Aber auch das örtliche und umliegende Handwerk war in erheblichem Umfange vertreten. Eiserne Fensterkonstruktionen kamen z.B. aus Remscheid, Spezialteile sogar aus England.

Während die Bauarbeiten ihren planmäßigen Verlauf nehmen, erhielt Georg Fischer III. am 29. Oktober die provisorische Bauerlaubnis zur Errichtung einer Speisehalle und eines Waschhauses. Die damals errichtete Speisehalle ist noch heute Teil der Kantine, das Waschhaus die bei der Georg Fischer AG wohlbekannte alte Badeanstalt. Die endgültige baupolizeiliche Genehmigung zum Neubau des Speisehauses wurde am 10. Januar 1895 erteilt.

Inzwischen erfolgte am 12. Februar 1895 beim Amtsgericht in Radolfzell die Eintragung in das Handelsregister. Bereits zwei Tage später wurde der Eintrag »Georg Fischer« berichtigt in »Georg Fischer, Fittingsfabrik. Die Kaufleute Eduard Tague, Kaufmännischer Direktor, und Jakob Bucher haben Einzelprokura.«

Im Frühjahr 1895 waren die Bauarbeiten im wesentlichen abgeschlossen. Im Mai wurden die ersten Arbeiter für die Bearbeitung eingestellt. Die Rohgußstücke wurden zunächst noch aus Schaffhausen zugeliefert. Die ersten Singener Fittings wurden am 10. August 1895 unter Betriebsleiter Hans Wanner abgegossen. Bis Jahresende 1895 war die Singener Belegschaft bereits auf 178, darunter 6 Angestellte, angewachsen. Im Jahr darauf zählte sie bereits 226 Mitarbeiter, bis zur Jahrhundertwende waren es schon 596. Die doppelte Anfangsproduktion wurde bereits 1897 geschafft. Im Geschäftsbericht für das Jahr 1896 heißt es zum Fittingsgeschäft hierzu aufschlußreich: »Wir mußten in Schaffhausen sowohl wie in Singen, wiederholt und anhaltend Überzeit zu Hilfe nehmen, was aber auf die Dauer nicht angeht, weshalb wir uns veranlaßt sahen, an beiden Orten Vergrößerungen vorzunehmen. In Singen ist die Vergrößerung soweit fortgeschritten, daß die Lokalitäten im Laufe des Jahres 1897 bezogen werden können.« Dies geschah auch planmäßig. Abgeschlossen wurde dieser erste, umfassende Ausbau des Werkes Singen im Laufe des Jahres 1898.

1895 belief sich die Jahresproduktion noch auf bescheidene 213 t. Drei Jahre später waren es schon 737 t und 1899 bereits 1037 t, bei inzwischen 539 Mitarbeitern.

Natürlich konnte Georg Fischer III. den Arbeitskräfte-Bedarf seiner neuen Fabrik nicht in Singen allein decken. Bald schon gehörte die nähere und weitere Umgebung zum festen Einzugsbereich. Daran hat sich bis heute nichts geändert.

Für alle nicht in Singen oder in der engeren Nachbarschaft lebenden Mitarbeiter war die Wohnungssituation prekär. Mietwohnungen gab es im damaligen Singen kaum. Daher ließ Georg Fischer III. gleichzeitig mit dem Bau der Fabrikanlagen eine Kolonie mit Einfamilien-Reihenhäusern errichten. Dabei wurde großer Wert darauf gelegt, daß jede einzelne Wohnung über einen kleinen Gemüsegarten verfügte.

Ein Teil davon ist inzwischen im Werksareal aufgegangen, ein anderer Teil, die heutige Julius-Bührer-Straße 16, wird weiterhin als Werkswohnungen genutzt. Zwischen 120 und 130 Personen lebten damals in diesen ersten Werkswohnungen der Georg Fischer AG in Singen.

Für weitere 8 Familien besorgte Georg Fischer III. Wohnräume in den beiden Gebäuden des Enzenbergschen Niederhofes, die er auf Anfang 1895 anmietete. Wie sehr er sich nicht nur um die Details seines Fabrikneubaues kümmerte, sondern auch um die persönlichen Belange seiner künftigen Arbeiter, zeigt sich u. a. daran, daß er persönlich sich dafür verwendete, daß Wilhelm Faden, der mit seiner Familie obdachlos geworden war, vorzeitig eine Wohnung im Niederhof beziehen konnte. Wie man dem Enzenbergschen Archiv entnehmen kann, setzte sich z.B. Prokurist Bucher sehr energisch für die bauliche Instandsetzung der Wohnungen ein, ja selbst für die Reparatur schadhafter Öfen, als einige Arbeiter Schwierigkeiten hatten, ihre Wohnungen zu heizen.

Zur Unterbringung alleinstehender bzw. auswärtiger Arbeiter, die die Woche über nicht nach Hause konnten, pachtete Georg Fischer III. am 20.09.1895 von der Gemeinde Singen für jährlich 600,– Mark das alte Spitalgebäude beim heutigen Rathaus-Areal.*

1907 wurde dann das große Logierhaus an der heutigen Etzwiler Straße erbaut. Auch dieses Gebäude wird noch seiner ursprünglichen Zweckbestimmung gemäß als Wohnheim benutzt. Schon am 1. Juni 1895 wurde eine Fabrik-Krankenkasse gegründet. Sie zählte bei der Gründung 60 Mitglieder. Georg Fischer III. folgte damit einem Vorschlag des Großherzoglich Badischen Bezirksamtes Konstanz vom 19. Juni 1894.

Am 21. November 1897 wurde »der Konsum-Verein der Fittingsfabrik« als eingetragene Genossenschaft mit beschränkter Haftung ins Leben gerufen. Er bestand bis Ende 1966. Mitglied konnten statutengemäß nicht nur die Arbeiter und Angestellten der neuen Fittingsfabrik werden, sondern auch die der SBB, der bad. Bahn, des Postamtes, des schweizerischen Zollamtes und des Hauptsteueramtes. Mitglied werden konnten des weiteren »Niedergelassene, welche südlich der Bahnlinie auf Gemarkung Singen wohnhaft sind«. Dem Singener Handel war der neue Konsum-Verein allerdings gar nicht recht. Schrieb doch die in Radolfzell erscheinende »Freie Stimme« unter dem 1. Januar 1898: »So sehr wir diesen Leuten den Vorteil daraus gönnen, so müssen wir doch bemerken, daß darunter die Geschäftsleute leiden, die ja auch die Gemeindelasten tragen helfen müssen.«

Die industrielle Expansion hatte mittlerweile einen derartigen Umfang angenommen, daß, wie Georg Fischer III. in einem Brief an den Schaffhauser Fabrikanten Johann Rauschenbach vom 7. März 1896 schrieb, »die Ausführung aller dieser Vergrößerungen aber ein Kapital in Anspruch nimmt, das meine sonstigen Mittel übersteigt«. Georg Fischer III. schlug deshalb Johann Rauschenbach die Gründung einer Aktiengesellschaft vor. Bereits am 31. Mai 1896 teilte Georg Fischer III.

---

* Vermutete Nutzung als provisorisches Wohnheim, keine weiteren Unterlagen im +GF+ Archiv vorhanden.

seinen Geschäftspartnern mit: »Ich beehre mich, Ihnen die ergebene Mitteilung zu machen, daß ich meine beiden Etablissements Georg Fischer Gußstahl-Fabrik und Weicheisen-Gießerei in Schaffhausen und Georg Fischer, Fittingsfabrik, in Singen mit Aktiven und Passiven an die Aktiengesellschaft der Eisen- und Stahlwerke von Georg Fischer abgetreten habe.« Gleichzeitig ergeht folgende Mitteilung der neuen AG: »Auf umstehendes Cirkular uns beziehend, erlauben wir uns, Ihnen die ergebene Mitteilung zu machen, daß wir die beiden Etablissements Georg Fischer Gußstahl-Fabrik, Weicheisen-Gießerei in Schaffhausen und Georg Fischer, Fittingsfabrik, Singen mit Aktiven und Passiven erworben haben und dieselben unter der Firma Aktiengesellschaft der Eisen- und Stahlwerke von Georg Fischer in Schaffhausen mit Filiale in Singen auf gleichem Fuße fortbetreiben werden.

Die Oberleitung ist dem Delegierten des Verwaltungsrathes, Herrn Georg Fischer, übertragen, und der bisherige Prokurist, Herr Eduard Tague, mit der kommerziellen Direktion betraut. Für die Filiale in Singen wird Herr Jakob Bucher als Prokurist bestätigt.

Indem wir Sie bitten, von untenstehender Unterschrift gefällige Notiz zu nehmen, hoffen wir, daß Sie das unserem Vorgänger geschenkte Vertrauen auch auf uns übertragen werden.«

Anhang

Ein Brief Georg Fischers an den Gemeinderat Singen:

Schaffhausen, den 6. 4. 1894

1. Wort der Anrede unleserlich, danach »löblichen Gemeinderat Singen«

Nachdem nun der Bau meiner Fabrik in dorten in Angriff genommen ist, möchte ich mir erlauben, Ihnen ein Gesuch zu unterbreiten. Es werden durch den Betrieb meines neuen Etablissements für die Gemeinde Singen wesentliche wirtschaftliche Vorteile zur Geltung gelangen, welche Ihnen des näheren auszuführen kaum notwendig sein wird. Als Hauptmoment möchte ich nur hervorheben, daß die bezahlten Arbeitslöhne sozusagen ausschließlich den Handwerkern und gewerbetreibenden Kaufleuten etc. Ihrer Gemeinde für Nahrungsmittel und andere Lebensbedürfnisse zufallen. In Anbetracht dieser Umstände glaube ich von Ihnen ein Entgegenkommen in dem Sinne beanspruchen zu dürfen, daß Sie mir für die ersten sechs Jahre keine Steuern und Umlagen berechnen.[*]

Indem ich Ihnen mein Gesuch zur geflissentlichen Annahme bestens empfehle, verbleibe hochachtungsvoll

Georg Fischer

---

[*] Soll auf fünf Jahre bewilligt worden sein. Dr. Waldschütz, Die schweizerischen Industrieunternehmen im Grenzgebiet.

Julius Maggi (1846–1912) – von der Mühle zur Lebensmittelfabrik

von Alfred G. Frei und Susanne B. Schmidt

Im ersten Band der Singener Stadtgeschichte hat Willy A. Boelcke einen Überblick über die Entwicklung der Singener Industrie gegeben. Wir greifen hier exemplarisch eines der wichtigsten Singener Unternehmen heraus, dessen Name am stärksten mit Singen verknüpft wird: Maggi. Welche Wege beschritt der schweizerische Unternehmensgründer Julius Maggi, der sogar seinen Familiennamen als Produktnamen durchsetzen konnte? Wir wollen mit diesem Aufsatz zeigen, wie Maggi mit seinem »Essen aus der Fabrik« im richtigen Moment auf die mit der Industrialisierung radikal veränderten Lebensbedingungen der Menschen reagierte. Im Vordergrund steht hier der Unternehmer Julius Maggi; auf die Maggi-Arbeiterinnen und -Arbeiter gehen die von Gert Zang herausgegebenen Studien »Arbeiterleben in einer Randregion« und »Arbeiterprovinz« ausführlich ein.

Julius Maggi wurde am 9. Oktober 1846 als fünftes Kind von Michael Maggi und Sophie Esslinger in Frauenfeld geboren. Michael Maggi hatte 1834 aus politischen Gründen seinen italienischen Heimatort Monza (bei Mailand) verlassen. Oberitalien stand damals im Zeichen der nationalen Einigungsbewegung unter Führung des liberal-demokratischen Giuseppe Mancini. Im Sommer 1831 hatte der Papst österreichische Truppen gegen die demokratische Nationalbewegung zu Hilfe gerufen, die daraufhin gemeinsam mit französischen Truppen Oberitalien besetzt hatten. In den Jahren nach 1831 war es zu einer starken Repression gegen die italienischen Nationalisten gekommen, zu denen wohl auch Michael Maggi zu zählen ist. Der politische Flüchtling hatte sich zunächst in Zürich niedergelassen und mußte nun versuchen, in der fremden Umgebung Fuß zu fassen. Abraham A. Weinberg beschrieb Auswanderer als Menschen, die »auf der Suche nach einem neuen, sicheren Heim sind« (Weinberg 1961, S. 196). Michael Maggi gelang es, sich diesen Wunsch zu verwirklichen. Am 27. Mai 1839 heiratete er die Lehrerstochter Sophie Esslinger aus Zürich; drei Tage zuvor hatte er bereits die Neumühle in Frauenfeld gekauft. Der Familienbetrieb entwickelte sich zu einer gutgehenden Mühle: Der Wechsel von der Kultur seines Herkunftslandes in die neue Umgebung war erfolgreich verlaufen.

1. Die Jugend

Julius Maggi verbrachte seine Schulzeit vorwiegend in Frauenfeld, bei Privatlehrern in Embrach und in Winterthur, die letzten beiden Schuljahre in einer Privatschule, der »Pension Raymond Pilissier« in Yverdon am Neuenburger See.

Nach seiner Konfirmation im Jahre 1862 begann der 17jährige Julius Maggi 1863 eine kaufmännische Lehre in einem großen Handelshaus in Basel. Kaufmännische Lehre und Mitarbeit in anderen Betrieben, möglichst im Ausland, gehörten damals zum nötigen Rüstzeug von angehenden Unternehmern, die auf kaufmännisch organisierten Massenabsatz und technische Innovation setzten (Kocka 1975, S. 28, 47, 60f.).

Nach Abschluß seiner Lehrzeit in Basel leistete Julius Maggi seinen Waffendienst bei der Kavallerie ab, wo er sicher nicht ganz zufällig Küchenchef wurde.

Weitere Erfahrungen im Berufsleben sammelte Julius Maggi ab 1867 in Budapest in der »Ofen-Pester Dampfmühle A.G.«, einer der damals modernsten Mühlen in Mitteleuropa, die unter Schweizer Leitung stand. Dort wurde der 21jährige stellvertretender Direktor. 1861 kaufte Michael Maggi die Hammermühle in Kempttal. Nach diesem Kauf zählte er zu den größten Mühlenbesitzern in der Ostschweiz. Die Familie Maggi zog 1863 nach Kempttal um.

Nach seiner Rückkehr aus Budapest übernahm Julius Maggi 1869 die Leitung der Kempttaler Mühle, die im Jahre 1872 zu einer Kollektivgesellschaft »J. Maggi & Cie« umgewandelt wurde. Teilhaber war der Getreidehändler Richard Challandes. 1874 kam als dritter Teilhaber Julius Maggis Stiefbruder Eugen Maggi-Strehler (aus der ersten Ehe von Sophie Esslinger) hinzu.

Zu Beginn der 80er Jahre des 19. Jahrhunderts geriet das schweizerische Müllereiwesen in eine schwere Krise: Die Konkurrenz aus dem Ausland war billiger als die inländischen Müller. Im Zeichen der Krise vollzog sich der Übergang vom Handwerksbetrieb Mühle zum Industriebetrieb, viele kleine Mühlen mußten aufgeben.

So heißt es in einem Bericht des Schweizerischen Handels- und Industrievereins von 1880/81: »Die schweizerische Müllerei hat nun den handwerksmäßigen Charakter völlig abgestreift und nimmt immer mehr denjenigen der Grossindustrie mit allen Vorzügen und Mängeln derselben an.« 1887 schrieb der Verein: »Die Lage der Müllerei hat sich nicht gebessert und die Klagen dauern fort. Das Mehlgeschäft war zeitweise ein geradezu ruinöses, da der erdrückenden Konkurrenz wegen oft nicht einmal der Selbstkostenpreis herauszuholen war« (zit. nach Pfister 1942, S. 8f). Julius Maggi erkannte diese Entwicklung und setzte auf Expansion. 1880 kaufte er die »Neumühle« in Schaffhausen. Damit hatte er sich jedoch übernommen: Er mußte die Mühle in Schaffhausen 1884 wieder abstoßen. Sollte auch Maggi im Strudel der Mühlenpleiten versinken?

Julius Maggi machte in dieser Situation sozusagen aus der Not eine Tugend: Die industrielle Entwicklung, die das Müllereiwesen in die Krise gestürzt hatte, brachte neue Bedürfnisse und Probleme hervor. Mit neuen Ideen konnte man diese Probleme lösen – und vielleicht auch neue gewinnbringende Wege gehen.

2. Die Idee, Lebensmittel industriell herzustellen

Die Gründung von Industriebetrieben in Regionen, die bislang durch die Arbeit in Landwirtschaft und Handwerk geprägt waren, veränderte den Alltag der Bevölkerung. Die Arbeitszeiten in der Fabrik bestimmten nun den Rhythmus, in dem geschlafen, gearbeitet und gegessen wurde. Wo früher der Arbeitsalltag vom Wechsel der Jahreszeiten und den Witterungsbedingungen abhängig war, bestimmte jetzt der Takt der Maschinen den Gang der Arbeit.

Auch das tägliche Essen wurde von dieser Veränderung beeinflußt. »Der herkömmliche Rhythmus der Hauptmahlzeiten ist gestört. Schon das Frühstück muß zur Unzeit eingenommen werden«, schreibt Rudolf Braun (1984, S. 307). In einer Petition an die »Herren Fabrikbesitzer« baten Arbeiter darum, daß die Fabrikanten ihnen »zwischen 7 und 8 Uhr Morgens einen passenden Moment einräumen möchten für Genuß des Morgenessens, damit die Arbeiter nicht mehr gezwungen seien, schon vor 5 Uhr zu speisen« (Volksblatt vom Bachtel v. 13. 8. 1868; zit. nach Braun 1984, S. 308).

Im letzten Jahrhundert waren Fabrik-Kantinen noch weitgehend unbekannt. Wer nicht über Mittag zu Hause essen konnte, mußte Mitgebrachtes in der Fabrikhalle verzehren. Und abends? Nach einem Dreizehnstundentag, wie er oft üblich war, waren die Arbeiter »zu müde und lustlos für ein sorgfältiges Rüsten und Kochen der Speisen. All diese Zeit geht nur von dem ersehnten und viel zu kurzen Schlaf ab. Ohnehin sind die Hungergefühle durch das Essen und Trinken während der Arbeit gestillt oder abgetötet worden, so daß der Anreiz zu großen Kochereien fehlt« (Braun 1984, S. 309). Hinzu kommt, daß nahrhafte und gesunde Lebensmittel vielfach zu teuer waren, um von Arbeitern gekauft werden zu können. Allein Kaffee, Tee und Alkohol wurden ihrer stimulierenden und berauschenden Wirkung wegen in großem Ausmaß konsumiert.

Die Arbeit in der schlechten Luft, zu wenig Schlaf und die unzureichende Ernährung verursachten zahlreiche Krankheiten unter den Fabrikarbeitern. Auf diese Situation reagierten die verschiedenen sozialen Klassen und Gruppen unterschiedlich. Die Arbeiter schlossen sich in »Arbeitervereinen« zusammen. Sie wollten durch eine neue Gesellschaftsordnung ihre politische und soziale Lage verbessern. Dabei wurde von einigen, insbesondere in der sozialistischen Arbeiterbewegung, auch eine Neuorganisation der Hausarbeit diskutiert: In großen Mietshäusern sollten ausgebildete Wirtschafterinnen in modern ausgestatteten »Zentralküchen« gesundes Essen für die Hausbewohner kochen und sich dabei »alle modernen Errungenschaften der Chemie und des Maschinenwesens zu Nutze machen« (Lily Braun, 1979 [1901], S. 196).

Aus christlicher und humanitärer Motivation engagierten sich Angehörige des Bürgertums in »Socialvereinen«. Beispiele hierfür sind in Deutschland der »Verein für Socialpolitik« und in der Schweiz die »Schweizerische gemeinnützige Gesellschaft« (SGG). Ihnen ging es vor allem darum, die täglichen Lebensumstände der in den Fabriken arbeitenden Menschen zu verbessern, ohne die herrschenden Strukturen zu verändern. Ein typischer Vertreter dieser Gruppe ist der Schweizer Arzt und Fabrikinspektor Fridolin Schuler.

»Vor allem interessierte ich mich um Nahrung und Wohnung der arbeitenden Klassen« (Schuler, 1903, S. 66). Die schlechte Ernährung erkannte er als eine der Hauptursachen der häufig auftretenden Magenkrankheiten bei den Arbeitern und Arbeiterinnen. »Als Arzt, der oft in Arbeiterhäuser kam, hatte ich Gelegenheit genug, zu beobachten, womit die Leute sich nähren, wie sie ihre Nahrung zubereiten, ob und in welcher Richtung sie unzulänglich sei. Ich sah wohl, daß sehr häufig nicht die Armut, sondern weit mehr noch die Unwissenheit der Leute an ihrer schlechten Ernährung schuld sei, daß sie nicht zu kochen, ihre bescheidenen Mahlzeiten nicht richtig zusammenzusetzen verstehen, daß die Hausmütter, besonders die in Fabriken arbeitenden, nicht genügend Zeit zu einer richtigen Zubereitung haben« (Schuler, 1903, S. 66).

Julius Maggi (1846–1902). Ölgemälde von J. Welti, 1913

Schuler und die »Schweizerische Gemeinnützige Gesellschaft« (SGG) suchten nach Lösungen, die es den Arbeiterinnen ermöglichen sollten, neben der außerhäuslichen Fabrikarbeit auch die Familie ordentlich zu versorgen. Zahlreiche Kurse, in denen die jungen Arbeiterinnen kochen lernen sollten, wurden abgehalten. Die SGG bezahlte den Arbeiterinnen den Unterricht. Doch die Veranstalter mußten bald feststellen, daß die jungen Frauen dennoch die Kurse nicht besuchten. Ein Besuch solcher Veranstaltungen wäre mit Lohnausfall verbunden gewesen – und die meisten Familien waren auf den Verdienst eines jeden Familienmitglieds dringend angewiesen. Es war offensichtlich, daß sich allein durch die »Kochschule« die Situation nicht ändern ließ (Bericht der Zentralkommission der SGG vom 1. Juli 1882 – 30. Juni 1883, S. 455).

Von Fridolin Schuler war immer wieder betont worden, daß die in den Fabriken arbeitenden Menschen auch eine *andere* Ernährung als die im allgemeinen körperlich noch viel schwerer arbeitenden Bauern und Handwerker brauchten. Schuler forderte eine Nahrung, die vier Kriterien erfüllen sollte. Sie sollte erstens ebenso nahrhaft wie leicht verdaulich sein; die Zubereitungszeit für eine solche Mahlzeit sollte so kurz sein, daß sie auch nach einem langen Arbeitstag in der Fabrik noch gekocht werden konnte; drittens sollte sie so preiswert sein, daß sie auch von Arbeiterfamilien gekauft werden konnte; und viertens sollte der Geschmack einer solchen Speise so attraktiv sein, daß sie sich gegen teurere oder weniger nahrhafte Speisen durchsetzen konnte.

Zu diesem Zeitpunkt gab es bereits einige Firmen, die Konserven oder haltbare Getreideerzeugnisse wie Haferflocken herstellten. Besonders die Seefahrt und das Militär waren an den lange haltbaren Konserven interessiert und kamen als Käufer für die Produkte in Frage. Schuler schlug nun vor, für die Arbeiterbevölkerung haltbare Nahrung aus Hülsenfrüchten (Leguminosen) wie Bohnen und Erbsen herzustellen. Das daraus hergestellte Lebensmittel sollte einem großen Käuferkreis dienen: all denjenigen, die daran interessiert waren, ihre tägliche Arbeitszeit am Herd zu verkürzen, sei es wegen ihrer außerhäuslichen Berufstätigkeit oder weil sie kein Personal mehr fanden. Und gleichzeitig konnte die Industrie ihren angeschlagenen Ruf wieder verbessern: »Die Industrie, die so vielfach Kraft und Gesundheit ihrer Angehörigen schädigt, welche in mancher Richtung die Anforderung an eine richtige Ernährung uns höher zu stellen zwingt, vermag zum Glück auch die ökonomischen Mittel zu gewähren, um diese Ansprüche zu befriedigen. [...] Aber es dürfte dann doch eine Zeit kommen, wo die Industrie das ist, als was man sie bei ihrem Einzuge überall begrüsste, ein Segen für das Volk« (Schuler 1882, S. 54).

3. Gemeinnützige Suppen fürs gemeine Volk: Die Zusammenarbeit zwischen Julius Maggi und der Schweizerischen Gemeinnützigen Gesellschaft (SGG)

Auf ihrer Jahrestagung 1882 in Glarus beschloß die SGG, einen Unternehmer zu suchen, der bereit war, Versuche darüber anzustellen, wie aus den nahrhaften Hülsenfrüchten schmackhafte, leicht verdauliche und preiswerte Lebensmittel hergestellt werden konnten. Vermutlich stellte der damalige Präsident der SGG, Spyri, der 1882 ebenso wie Julius Maggi Mitglied des Züricher Kantonsrats war, den Kontakt zu Maggi her. Wieso hielt er gerade Maggi für geeignet? Julius Maggi gehörte zu diesem Zeitpunkt zu den größten Müllern der Ostschweiz. Er galt als moderner und innovativer Unternehmer. Seine Interessen als Müller und Kaufmann vertrat er außer im Kantonsrat auch in der »Schweizer Commission für das Handels-, Fabrik- und Gewerbewesen« sowie als Gründungsmitglied und als Präsident der Züricher Getreidebörse. Er hatte einen gewissen Bekanntheitsgrad erreicht durch sein Engagement in der Frage des staatlichen Getreidehandels. Im April 1879 erschien in der »Neuen Zürcher Zeitung« ein nicht gezeichneter Artikel unter dem Titel »Staatlicher Getreidehandel«, der Maggi zugesprochen wird (Pfister 1942).

Der Autor nahm gegen die Verstaatlichung des Getreidehandels Stellung und schloß sich der Ansicht an, es sei »zu allen Zeiten ein Zeichen der Knechtschaft gewesen, wenn ein Volk seiner Regierung die Sorge für seine Ernährung überließ«. Maggi war ein überzeugter Anhänger des freien Unternehmertums. Staatliche Eingriffe in den Handel sollten nur dann erfolgen, wenn es galt, nationale Interessen zu schützen (vgl. auch Maggi, Der Schweizerische Mehlzoll, Zürich 1882). Für Maggi setzte die Abgabe an den staatlichen Handel einen Unternehmertyp voraus, der seinen Betrieb nicht allein nach Profitinteressen betrieb, sondern das »Gemeinwohl« ebenfalls im Auge behielt: »Seien wir uns daher bewusst, welch schwere Verantwortung auf unserem Handel liegt, in einer Zeit, wo die gesellschaftliche Ordnung auch diesen Theil der menschlichen Fürsorge aller staatlichen Bevormundung frei erklärte« (Jahresbericht der Züricher Getreidebörse, verfaßt von J. Maggi, zit. nach Pfister 1942, Anhang S. 19). Ein Unternehmer mit diesem Bewußtsein entsprach den Anforderungen der SGG. Hinzu kommt, daß Maggi als ausgesprochener Tüftler galt, der technischen Neuerungen gegenüber äußerst aufgeschlossen war (Pfister 1942, S. 311). Sicherlich hielt man ihn bei der SGG auch aus diesem Grund für befähigt, aus den Leguminosen neue Lebensmittel zu kreieren.

Die Zusammenarbeit zwischen Maggi, Fridolin Schuler und der SGG begann 1882. Schuler berichtet in seinen Memoiren (1903, S. 68): »Der Mühlenbesitzer Maggi in Zürich machte sich an die Arbeit. Er erkannte bald, daß ein bloß sorgfältiges Reinigen und Mahlen der Hülsenfrüchte und eine allfällige Beimischung kleberreicher Getreidemehle nicht genüge, das gewünschte Ziel zu erreichen. Er versuchte auch eine chemische Umwandlung der Leguminosen und verschiedene Mischungen. Seine jahrelang dauernden Versuche waren der Gegenstand eines sehr lebhaften Briefwechsels mit mir. Zahllose Proben mußten von mir und meinen Bekannten auf ihren Geschmack und ihre Verdaulichkeit geprüft werden.«

Maggi war mit seinen Proben erfolgreich. Am 19. November 1884 stellte er die Ergebnisse seiner Versuche der »Centralcommission der schweizerischen Gemeinnützigen Gesellschaft« vor. Der Geschmack der »Maggi-Mehle«, aus denen Suppen und Breie hergestellt werden konnten, sagte den Herren der SGG zu. Maggi versprach eine Kochzeit von 15 Minuten, bis die Suppen fertig seien – ein Drittel der Zeit, die ähnliche Erzeugnisse von anderen Firmen benötigten. Außerdem legte er eine Kalkulation vor, nach der die »Maggi-Mehle« in der Schweiz zu einem Preis von durchschnittlich 80 Rappen je Kilogramm verkauft werden sollten – qualitativ gleichwertige Konkurrenzprodukte kosteten zu diesem Zeitpunkt über fünf Franken je Kilogramm. Es war offensichtlich, daß Maggi mit diesem Angebot keine großen Gewinne erzielen konnte. Von Anfang an war deshalb geplant, in die Massenproduktion zu gehen und die Erzeugnisse auch im Ausland abzusetzen. Dieser Ehrgeiz war für ein Schweizer Unternehmen durchaus üblich, wie es auch in einem Artikel über »Neue Industrien in der Schweiz« in der Neuen Zürcher Zeitung vom 5. Dezember 1887 deutlich wird: »Man rühmt der Schweizerischen Industrie nach, daß sie die Fähigkeit besitze, sich besonders rasch veränderten Absatzverhältnissen im Weltmarkte anzupassen, was namentlich dem Umstande zuzuschreiben ist, daß sie für den größten Teil ihres Absatzes von jeher auf das Ausland angewiesen war.«

Das Angebot Maggis betonte den »gemeinnützigen Charakter des Unternehmens« (Protokollbuch der Zentralkommission der SGG, Maggi-Archiv Kempttal [MAK]). Als Gegenleistung sollte sich die SGG »förmlich verpflichten, keine andern Leguminosen als die von der Firma Maggi fabrizierten zu patronisieren«. Die Zentralkommission war der Meinung, sie »müsse sich davor hüten, eine bestimmte Verbindlichkeit auf bestimmte Zeit einzugehen«, aber für eine Laufzeit von drei Jahren kam ein Vertrag mit Maggi zustande. Letzterer durfte während dieser Zeit den Preis für die Leguminosen nur im Falle von Rohstoffverteuerungen erhöhen; außerdem mußte er der SGG jährlich eine Bilanz vorlegen. Die SGG »patronisierte« dafür die Maggi'schen Leguminosenmehle – was insbesondere durch Unterstützung in der Werbung geschah. So veröffentlichte Fridolin Schuler mehrere Aufsätze – zum Beispiel »Der Erfolg der Leguminose« (1885) oder »Leguminosen als Volksnahrung« (1885) –, in denen er für die Produkte aus Kempttal warb: »Die wissenschaftlichen Untersuchungen, wie die praktischen Versuche, welche diesen Sommer in großer Zahl in Kranken-, Armen- und Zuchtanstalten, beim Militär und in Privathäusern vorgenommen wurden, haben auch die Anerkennung der Maggi-Leguminose als eines leicht verdaulichen, angenehm schmeckenden und leicht und rasch zu bereitenden Präparats herbeigeführt [...]. Hoffen wir, daß das Bemühen der schweizerischen gemeinnützigen Gesellschaft sowohl, als namentlich der Herren Maggi und Cie. von Erfolg gekrönt sei. Damit wird auch in der Verbesserung unserer Volksernährung ein recht wichtiger Schritt gethan sein« (Schuler, Leguminosen als Volksnahrung, S. 14f).

Auch Großinstitutionen wie Heime, Gefängnisse usw. kauften also die Leguminosenmehle. Ihnen ersparten diese Erzeugnisse viel Arbeit – und viele Arbeitskräfte in der Küche. Auch das Militär war interessiert, wie in den »Blättern für Kriegsverwaltung« von 1884 (S. 137) zu lesen ist: »In der diesjährigen Artillerie-Unteroffizierschule Thun wurden mit Erbsmehl vom Hause Maggi & Cie. eingehende Versuche vorgenommen [...]. Die Suppe muss ungefähr eine Viertelstunde gekocht werden, bevor sie aufgestellt werden kann, resp. bevor das Mehl gehörig verkocht und die Suppe geniessbar ist. Durch einige Zuthaten von grünen Suppengemüsen, wie Sellerei oder Lauch, erhält die Suppe einen sehr angenehmen Geschmack und es wurde solche in erwähnter Schule von der Mannschaft stets gerne und mit Appetit genossen. [...] Für Manöver und Ausmärsche mag die Verwendung von Erbsmehl besonders von Vortheil sein, da die Zubereitung der Suppe ohne große Schwierigkeiten und in verhältnissmässig kurzer Zeit besorgt werden kann.«

Die Maggi selbst empfahl in einer »Denkschrift der Firma Julius Maggi & Co. in Kempttal (Schweiz), Singen (Baden) und Berlin für den VI. Internationalen Congress für Hygiene und Demographie in Wien, September 1887« (MAS) die »Verpflegung der Truppen« mit eiweißreicher Ernährung auf der Grundlage von Maggi-Produkten: »Sie bedingt in hohem Masse die militärische Leistungsfähigkeit und Tüchtigkeit, denn sie wird im Kriegsfalle gleichsam als angesammelte

Kraftreserve des einzelnen Mannes zur Geltung kommen, ihn widerstandsfähiger machen gegen die Folgen der während des Krieges unvermeidlichen unregelmäßigen Ernährung, gegen Natureinflüsse und Strapazen.« Die »Deutsche Militärärztliche Zeitschrift« wollte 1909 »der vielfältigen Benutzung der Maggiwürze im Kriege [...] das Wort reden. [...] Die Ernährung muß zweckmäßig vielseitiger gestaltet werden. Die vorerwähnten Erzeugnisse von Maggi sind hierzu am besten geeignet« (S. 5, 13).

Die Jahresbilanz, die Maggi für 1885 vorlegte, berichtete von einem Jahreskonsum von 212 417 Kilogramm Leguminosen. Umgerechnet bedeutet das, daß 1885 in der Schweiz ungefähr 8 Millionen Teller Suppe aus »Maggi-Mehl« gegessen wurden, bei damals etwa 3 Millionen Einwohnern. Leider läßt die Bilanz nicht erkennen, wieviele der verbrauchten Packungen tatsächlich verkauft wurden und wieviele als kostenlose Probe von Kempttal aus verschickt wurden. Aber eines war offensichtlich: Maggi begann in dem noch neuen Bereich der Lebensmittelindustrie Fuß zu fassen. »Noch selten, so lauten Aeusserungen der Verkaufsstellen Leguminosen Maggi, hat ein Produkt so rasch Boden gefasst und Verbreitung gefunden, wie dieses. Eingebürgert hat sich das neue Nahrungsmittel jedoch erst recht bei den oberen Bevölkerungsschichten und unter der hablicheren Arbeiterschaft. Im Bauernstande, sowie in den unteren Kreisen der Bevölkerung, die mehr von der Hand in den Mund leben, also da, wo der Kaffee und allfällig noch staerkere Reizmittel eigentliche Nahrung sind, ging der erste Anprall ziemlich wirkungslos vorüber.« So die »Berichterstattung über die Einführung der Leguminosen als schweizerische Volksnahrung pro 1885« (Zeitschrift für Gemeinnützigkeit [ZfG], XXV. Jg., S. 101).

Die Gemeinnützige Gesellschaft betrachtete die Tatsache, daß die Leguminosen weniger den Speisezettel der Fabrikarbeiterfamilien als den der bürgerlichen Familien bereicherten, mit einiger Gelassenheit: »Denkt man an den Gang der Geschichte bei der Einführung der Kartoffel in die eigentliche Volksernährung, so lässt sich hoffen, dass auch die neue Nahrung allmälig von oben nach unten durchdringe [...]« (ZfG, S. 101). Zudem sollten die Kleinbauern – die inzwischen als neue ernährungspolitische Problemgruppe entdeckt worden waren – dazu angeregt werden, Hülsenfrüchte vermehrt selbst anzubauen. Diese sollten sie gegen das »präparierte Leguminosenmehl« eintauschen können. »Die Firma Maggi & Cie. erklärt sich bereit, auch einem Vorgehen in diesem Sinne die Hand zu bieten« (ZfG, S. 101).

Jedoch: Der Abschied von der »Leguminose als Volksnahrung« deutete sich hier bereits an. 1887 forderte die SGG den »vermehrten Konsum von Milch und Käse« (Rickenbach, 1960, S. 41) zur Verbesserung der Volksnahrung. Bereits ein Jahr zuvor hatte Maggi in Kempttal die Kommanditgesellschaft »Julius Maggi & Cie.« gegründet: »Fabrikation und Handel von Volksnahrungsmitteln, Spezialitäten und medizinischen Produkten.« 1887 kam die »Suppen- und Speisewürze« – die zunächst »Bouillon-Extract« genannt wurde – auf den Markt. 1887, im dritten Jahr des Konveniums zwischen der SGG und Maggi, hatte sich die Kempttaler Firma bereits mit 22 Suppensorten auf dem Markt etabliert. Die unterschiedlichen Ziele, die SGG und Maggi mittlerweile verfolgten, führten dazu, daß der Vertrag über die Zusammenarbeit nach seinem Ablauf nicht mehr erneuert wurde. Bei Maggi sollte bald die Flüssigwürze, mit der die Konsumenten den bescheidenen Geschmack der Leguminosensuppen verbessern konnten, in den Vordergrund treten.

4. Die Entwicklung der Lebensmittelfabrik

Es ist anzunehmen, daß Julius Maggi bereits 1882, als er mit den Versuchen zur Herstellung eines Leguminosenmehls begann, die Umwandlung der Mühle in eine Lebensmittelfabrik im Sinn hatte. Im Zeichen der Müllereikrise schrieb der Schweizerische Handels- und Industrieverein 1880/81: »[...] der Gewinn pro Einheit schrumpft zusammen und zum Lösungswort der Müller wird: Die Masse muss es bringen« (zit. nach Pfister 1942, S. 8). Der Kaufmann Maggi hat aus dieser Situation den Schluß gezogen, mit anderen Produkten nach derselben Devise zu verfahren: Billige, in der Massenproduktion industriell hergestellte und überregional vertriebene Lebensmittel, die im In- und Ausland verkauft werden und die aufgrund des geringen Preises großen Absatz finden sollten, bildeten die Grundlage des neuen Geschäfts.

Die Vereinbarung mit der Gemeinnützigen Gesellschaft hatte den damals 38jährigen Maggi optimistisch gestimmt. In einem Entwurf vom November 1885 skizziert er die Gründung »einer kräftigen Kommanditgesellschaft, [...] um später ein grosses Aktienunternehmen daraus entstehen zu lassen«. Julius Maggi verweist darin auch auf die »vorzügliche Beurteilung der Kempttaler Präparate durch erste chemische und medizinische Autoritäten der Schweiz« und fährt fort: »Die Produkte sind übrigens über die Schweiz hinaus heute schon sehr gut reclamiert, ebenso ist die nötige moralische Unterstützung des Unternehmens vorhanden und die ersten, notwendigsten und kostspieligsten Erfahrungen sind gemacht, demnach auch alle Vorbedingungen erfüllt, um auch ein Geschäft daraus zu machen« (zit. nach Pfister 1947, S. 13). Der Idee folgte rasch die Tat. Julius Maggi gründete am 28. Mai 1886 eine Kommanditgesellschaft. Darin unterstützte ihn Georg Stoll, der Direktor der Schweizerischen Kreditanstalt in Zürich, der von Maggis Produkten und vom »Geschäft« mit dem Essen aus der Fabrik überzeugt war. Stoll bemühte sich besonders darum, weitere Gesellschafter zu finden.

Doch die Hoffnungen Maggis auf den raschen Erfolg seiner Produkte erfüllten sich nicht. Bereits nach dem ersten Geschäftsjahr mußten die Kommanditäre ihre Einlagen verdoppeln und auch später immer wieder mit Darlehen eingreifen. In Paris, Singen, Wien und Bregenz waren Niederlassungen gegründet worden, die laufende Zuschüsse erforderten. Georg Stoll sah eine Ursache für den mangelnden Geschäftserfolg darin, daß »man in Kempttal einer Experimentiersucht fröhne, die mit wahrer Leidenschaft darauf erpicht ist, ohne Unterlass neue Produkte zu erzeugen«. Er forderte dagegen eine Spezialisierung auf wenige Produkte, ähnlich wie »Nestlé und Liebig ihre Tätigkeit auf eine kleine Zahl guter Artikel konzentrieren und dabei prosperieren« (zit. nach Pfister 1942, S. 16). Diese Forderung widersprach der Auffassung Maggis, der »auf dem Gebiet der Suppenstoffe, auf dem wir arbeiten«, nur eine »grosse Anlage des Geschäfts« für sinnvoll hielt. So könne man jetzt auch »ohne Bedenken an die Gründung einer Aktiengesellschaft herantreten« (Julius Maggi vom 4. April 1889, zit. nach Pfister 1942, S. 17).

Maggi setzte sich durch. Im Frühjahr 1890 wurde rückwirkend zum 30. Juni 1889 die Aktiengesellschaft »Fabrik von Maggis Nahrungsmitteln« gegründet. Für die Entscheidung der Gesellschafter, dem Schritt von der Kommanditgesellschaft zur Aktiengesellschaft zuzustimmen, war sicher ausschlaggebend, daß statt der Leguminosenmehle mittlerweile andere Produkte auf den Markt gebracht worden waren. Zu diesem Zeitpunkt waren bereits 22 Sorten »Maggi-Suppen« sowie das »Bouillon-Extract«, das später »Maggi's Suppen- und Speisenwürze« genannt wurde, im Handel. Offensichtlich setzten die Gesellschafter soviel Vertrauen in die erweiterte Produktpalette, daß sie mit der erneuten Vergrößerung der Firma einverstanden waren. Es ist auch anzunehmen, daß anders die junge Lebensmittel-Fabrik nicht überlebt hätte und die bereits investierten 985 000 Franken verlorengegangen wären.

Die Gründung der Aktiengesellschaft brachte eine Erhöhung des Gesellschaftskapitals auf 1,5 Millionen Franken. Trotz dieser vergrößerten finanziellen Basis lief das Geschäft nicht wie erwartet: nach dem ersten Geschäftsjahr mußte der Verwaltungsrat feststellen, daß der Rechnungsabschluß »statt des von allen Beteiligten zuversichtlich erwarteten Gewinnes einen empfindlichen Verlust von 216 177, 97 Franken aufwies« (Pfister 1942, S. 31). Das zweite Geschäftsjahr, 1890/91, brachte lediglich eine Verringerung des Verlusts auf 171 217,84 Franken – an einen Gewinn war nicht zu denken. Das Gebot der Stunde lautete, sofort die laufenden Ausgaben zu reduzieren. Besonders die Auslandsniederlassungen waren hiervon betroffen. Die Büros in London und Wien wurden geschlossen, in Berlin, Paris und Mailand wurden die laufenden Kosten, vor allem die Reklameausgaben, reduziert. Die Niederlassung in Singen fällt hier aus dem Rahmen, weil dort lediglich Waren für den expandierenden deutschen Markt abgefüllt wurden und keine Verkaufsgeschäfte erledigt wurden.

Die Sparmaßnahmen zeigten Erfolg: Im dritten Geschäftsjahr 1891/92 war nur noch ein Verlust von 24 177,30 Franken zu verzeichnen – bei einer gleichzeitigen Absatzsteigerung von 50 Prozent. Ab 1892/93 arbeitete das Unternehmen mit Gewinn.

Die Entwicklung der »Fabrik von Maggi's Nahrungsmitteln« wurde allerdings nicht nur von den Gesellschaftern zeitweise skeptisch betrachtet. Vielen Zeitgenossen war nicht ganz geheuer, was in der Kempttaler Küche alles gekocht wurde: »Es gab Zeiten, wo Julius Maggi im Volksmund als mehr oder weniger hemmungsloser, waghalsiger Draufgänger galt. Wenn man in den Neunziger Jahren, als die Fabrik- und Gutswirtschaftsgebäude in Kempttal nur so emporschossen, vorbeifuhr, fehlte es seitens der Mitreisenden sicher nie an lebhaften Äußerungen des Zweifels, Zweifel an Julius Maggi selber, an seiner Unternehmung, am Tempo und der Solidität der Entwicklung« (Pfister 1942, S. 321). Auch potentielle Kapitalanleger zweifelten am Erfolg der neuen Fabrik: »Es ist kein Zufall, wenn in den ersten Jahrzehnten sozusagen kein Franken Winterthurer Geld im Kempttal mitarbeitete; man hatte in dem sonst so industriefrohen Winterthur das Kempttaler Bild nahe unter den Augen – und man mißtraute ihm!«

Julius Maggis Unternehmungsgeist tat dies keinen Abbruch. Als das Geschäft mit den Suppen ab Mitte der 90er Jahre erfolgreich lief, machte sich Maggi auf die Suche nach neuen Absatzmöglichkeiten. Zunächst ging es ihm um eine Erweiterung bereits bestehender Märkte. Für den sich steigernden Absatz nach Frankreich und nach Deutschland wurden 1897 eigene Tochtergesellschaften gegründet: die »Compagnie Maggi« in Paris und die »Maggi GmbH«, die ihren Sitz zunächst in Singen und ab 1898 in Berlin hatte. 1900 folgte die »Società Italiana dei Prodotti Alimentari Maggi« für den italienischen Markt. Bereits seit 1891 existierte in Bregenz eine kleine Niederlassung, die 1901 ausgebaut wurde.

In der zweiten Hälfte des Jahres 1900 begann eine internationale Wirtschaftskrise. Der Absatz der Maggi-

Produkte in der Schweiz und in Deutschland ging zurück, stieg aber bereits im Herbst 1901 wieder an, »ohne dass ausserordentliche Aufwendungen gemacht werden mussten« (Pfister 1942, S. 56). Der Geschäftsbericht des Jahres 1901/02 kommt sogar zu der Aussage, »dass die im Jahre 1900 über viele Industrien hereingebrochene Krise an unseren Unternehmen sozusagen unbemerkt vorübergegangen ist«. Und die Erklärung: »Diese Tatsache bestätigt am besten, dass die Maggi-Produkte notwendige Lebensmittel breiter Volksschichten geworden sind.«

Nach diesem Erfolg sah Maggi die Chance zu weiterer Expansion. Es ging ihm nun erstens um die Erschließung neuer Absatzmärkte und zweitens um eine Erweiterung des Geschäftszwecks: Weitere Lebensmittel sollten mit dem Namen »Maggi« verbunden werden. Ein neuer Absatzmarkt sollte beispielsweise das russische Zarenreich werden. Hier zeigt sich auch, wie konjunkturfördernd sich Kriege für die Lebensmittelindustrie auswirken können. Am 8. Februar 1904 schrieb der Berliner Generaldirektor Ernst Schmid nach Kemptal: »Nachdem nun zwischen Russland und Japan die Feindseligkeiten ausgebrochen sind, wird es sich doch empfehlen, wenigstens den Versuch zu machen, Armeelieferungen zu erlangen« (Maggi-Archiv Kemptal, Korrespondenz Berlin). Wahrscheinlich ist aus diesem Geschäft nichts geworden, denn am 21. April 1909 wird auf einer Generaldirektionssitzung die Bearbeitung des russischen Marktes erörtert. Man wolle »auf Maggiart mit eigenen Leuten (Oberreisenden, Hilfsreisenden, Degustatoren) arbeiten, und zwar zunächst an den grössten Plätzen« (Julius Maggi am 21. April 1909, zit. nach Pfister 1942, S. 199). Das zivile Geschäft hat allerdings »nur sehr bescheidene Bedeutung erlangt« und wurde 1915 beendet.

1901 war Julius Maggi nach Paris gezogen. Er wollte sich dort verstärkt um die Leitung der mit Verlust arbeitenden Tochterfirmen »Compagnie Maggi« sowie der »Société anonyme des boissons hygiéniques« kümmern. Letztere war eine Firma für den Verkauf von sterilisierter Bouillon und heißen Bouillongetränken. In Paris entdeckte Maggi eine neue Branche, in der er sich engagieren wollte: das Milchgeschäft. Ihm war aufgefallen, daß die Pariser Milchhändler hohe Gewinne durch den Verkauf von häufig verdünnter Milch erzielten. Damals war eine Hauslieferung der Milch üblich. Maggi hatte nun die Idee, qualitativ gute Frischmilch in Verkaufsläden anzubieten. Durch die niedrigeren Unkosten sollte die bessere Milch dennoch günstiger sein als diejenige, die ins Haus geliefert wurde. Mit diesem »Milchgeschäft« versprach er sich auch positive Auswirkungen auf das Suppen- und Würzegeschäft. Zwar meinte er, »dass die Verwendung des Namens Maggi für andere Artikel als für unsere Spezialitäten einer bis jetzt streng befolgten Grundregel zuwiderlaufe« (Julius Maggi vom 24.12.1902, zit. nach Pfister 1942, S. 77), aber in Frankreich sei eine Ausnahme sinnvoll. »In diesem Lande besteht ein Vorurteil gegen Nahrungsmittelkonserven und es kann einer Marke, also auch der Marke ›Maggi‹, nur zum Vorteil gereichen, wenn ihr Name mit einem unentbehrlichen Naturprodukt von guter Qualität in Verbindung gebracht wird. Für Frankreich erblicke ich in einer ›Maggi-Milchgesellschaft‹ die feinste und bestdurchdachte Reklame zu Gunsten der Maggi-Spezialitäten« (Pfister 1942, S. 77). Aber auch das »Milchgeschäft« benötigte eine längere Anlaufzeit: Erst 1910 arbeitete die »Société laitière« mit Gewinn.

Die französischen Maggi-Firmen ereilte im 1. Weltkrieg ein besonderes Schicksal. Maggis Großvertrieb hatte von Anfang an die kleinen Milchgeschäfte in ihrer Existenz bedroht. Bereits ab 1907 verbrämte die Milchhändlervereinigung (Syndicat des Crémiers) die Auseinandersetzung mit nationalistischer Propaganda gegen die »deutsche« Firma Maggi, die ihr ausgezeichnetes Vertriebsnetz auch zu Spionagezweck nutzen würde. Die rechtsnationalistische »Action Française« mit ihrer gleichnamigen Zeitung wurde nun Sprachrohr der Crémiers und wendete sich gegen die »Maggi-Spione« (»espions Maggi«).

Hinter diesem Konflikt stand der Gegensatz zwischen modernem Massenvertriebssystem und traditionellem Einzelhandel. Daß es nicht um nationale, sondern um soziale Probleme ging, zeigt sich daran, daß die Milchhändler ansonsten durchaus mit anderen, im Gegensatz zu Maggi wirklich deutschen Betrieben zusammenarbeiteten, so zum Beispiel gerne mit dem deutschen Konkurrenten ihres wirtschaftlichen Todfeinds Maggi, der Firma Knorr. Die Milchhändler druckten in ihren Verbandszeitschriften »Bulletin des Crémiers« und »Paris-Alimentation« regelmäßig Anzeigen für Knorr-Suppen. Der Pariser Generalvertreter von Knorr, Régis Blane, hielt der Compagnie Maggi vor, »alles getan [zu] haben, um die französischen Einzelhändler und Milchhändler zu ruinieren«. In diesem offenen Brief, der am 29. Januar 1914 in »Paris-Alimentation« abgedruckt wurde, nannte der Knorr-Vertreter den französischen Maggi-Direktor Legrand ein »übles Individuum«, das »alle Konkurrenten fertigmachen« wolle.

Kurz nach Beginn des 1. Weltkrieges spitzte sich die Situation zu. Am 2. August 1914 tauchten Gerüchte in Paris auf, daß der – 1912 verstorbene – Herr Maggi mit 40 Millionen Francs in Gold auf seiner Flucht nach Deutschland festgenommen worden sei. Am 3. August 1914 wurden die Maggi-Verkaufsstellen in Paris und kurze Zeit später auch die Maggi-Milchsammelstellen in der Provinz geplündert. Hunderte von Menschen demonstrierten vor der Maggi-Zentrale an der Place de l'Opéra. Die Maggi-Milchlaster wurden angehalten, die Fahrer verließen die Fahrzeuge, die Milch floß auf die Straße. Polizei und Militär erklärten sich außerstande, die Maggi-Einrichtungen zu schützen.

In dieser Situation kam es zu einer bemerkenswerten Koalition: Die Zeitungen der Sozialistischen Partei (SFIO) »L'Humanité« und »La Guerre Sociale« verteidigten Maggi: In einem Artikel in »La Guerre Sociale« vom 6. August 1914 lobte Gustave Hervé, einer der führenden SFIO-Politiker, Maggis »hervorragend ausgestattete Organisation für den Verkauf und Vertrieb [...] gesunder, einwandfreier Milch«, von der vor allem die Kinder profitierten. Er kündigte an, daß die sozialistisch regierten Gemeinden am Stadtrand von Paris eine Bürgerwehr aufstellten, um Maggi zu schützen. Trotz dieser Hilfe: Die Maggi-Milchgesellschaft konnte ihre Organisation nicht halten. Sie vermietete am 14. August 1914 ihre gesamten Einrichtungen an einen Verbündeten, den Verband der sozialistischen Konsumgenossenschaften.

Hinter diesem Schutzschild überstand die Maggi-Milchgesellschaft die nationalistischen Ausbrüche des 1. Weltkrieges. Nach dem Krieg führte die Maggi ihre Milchgeschäfte wieder allein – die Konsumgenossenschaften hatten ihre Schuldigkeit getan. 1921 gab die Maggi eine Dokumentation heraus unter dem Titel »Comment ont échoué les manoeuvres pour la destruction des Societés Maggi et Kub soit par la violence, soit par les moyens juridiques, août 1914 à fin 1920« (»Wie die Manöver zur Vernichtung der Gesellschaften Maggi und Kub, sei es durch Gewalt, sei es mit juristischen Mitteln, gescheitert sind, August 1914 bis Ende 1920«). Dieser in numerierter Auflage erschienenen Dokumentation verdanken wir die Schilderung dieses interessanten Konflikts zwischen traditionellem Einzelhandel und modernem Großvertrieb.

5. Maggi in der Konkurrenz mit anderen Unternehmen

Anfang des Jahrhunderts begann Julius Maggi um sein Fabrikgeheimnis zu fürchten. Auf dem Geheimnis beruhte seiner Ansicht nach der Erfolg des Unternehmens. 1908 formulierte er seine Befürchtungen: »Die schönsten Tage des deutschen Geschäftes, und damit auch des Gesamtgeschäftes, wären vorüber. Vorbei wäre die Zeit, wo wir, geschützt durch das Fabrikationsgeheimnis, unserem Kapital und unseren Arbeitskräften entsprechend, das Geschäft, das ganz auf der Würze aufgebaut sei, entwickeln konnten. Das Gesamtgeschäft wäre tatsächlich auf der Würze aufgebaut, weil alle unsere Spezialitäten ihre hervorragende Qualität der Würze und ihren Neben- und Zwischenprodukten verdanken« (Julius Maggi vom 31.01.1908, zit. nach Pfister 1942, S. 143).

Das Problem wurde verschärft, weil bereits ab 1907 Brühwürfel von anderen Firmen auf dem Markt waren. Sie »stellten eine Konkurrenz zur bisher alles beherrschenden Maggi-Würze dar, als sie eben vielfach auch zum Würzen benutzt wurden« (Pfister 1942, S. 140). Maggi brachte 1908 ebenfalls einen Bouillonwürfel auf den Markt. Doch war dieser insbesondere den »Famos«-Würfeln unterlegen, weil der Hersteller jener Würfel »den Mut aufbrachte, die Würfel lose zu billigem Preis zu verkaufen«, wie Julius Maggi anerkannte (Pfister 1942, S. 143), während die »Maggi-Würfel« zunächst lediglich in 10er-Päckchen erhältlich waren.

Der Verkaufsschlager »Würze« war also von zwei Seiten her bedroht: durch die Möglichkeit, daß in absehbarer Zeit auch andere Firmen gute Würze auf den Markt bringen könnten, und durch die Konkurrenz der Brühwürfel. Julius Maggi schloß daraus, daß eine neue Grundlage für das Geschäft gefunden werden müßte, »und das wäre die Macht. Diese müßte das Fabrikationsgeheimnis ersetzen, ausserordentlich gross sein und wir müssten uns nach Allianzen umsehen. Da käme in erster Linie die Liebig Co. in Frage« (Julius Maggi, Generaldirektionssitzung vom 31. Januar 1908, zit. nach Pfister 1942, S. 143).

Auch die englische Firma Liebig spürte die Konkurrenz der Brühwürfel für ihr Fleischextrakt. Julius Maggi betonte, daß beide »ein vitales Interesse hätten, durch Aufnahme eines Bouillonwürfels, der an Qualität über demjenigen der Konkurrenz stände, sowohl den Fleischextrakt wie die Würze zu verteidigen« (Pfister 1942, S. 147). Als älteste und erfahrenste »Fleischextrakt- und Würze-Fabrikanten hielt Julius Maggi die Firmen Liebig und Maggi für imstande, diesen »überragenden Würfel« zu schaffen.

Am 7. Mai 1909 kam es zu einem Abkommen zwischen den Firmen Liebig und Maggi. Im wesentlichen bestand der Vertrag aus einer Absprache, welcher der beiden Geschäftspartner in welchen Ländern Bouillonwürfel vertreiben könne. Dabei erhielt Liebig Großbritannien und die britischen Kolonien, Maggi Rußland und Sibirien zugesprochen. Für Afrika, Asien und Amerika übernahm Maggi die Herstellung und Liebig den kaufmännischen Vertrieb. In den weiteren europäischen Staaten und ihren Kolonien sollten sie als »faire Konkurrenten« beide den Würfel unter eigenem Namen herstellen und vertreiben können. Der Gewinn aus den Geschäften sollte aufgeteilt werden. Der Vertrag wurde auf 30 Jahre abgeschlossen. Diese lange Laufdauer wie auch die Ausdehnung der Gültigkeit auf die ganze Welt zeigen, welche Perspektiven die Firmen in das Geschäft mit den Brühwürfeln setzten.

Julius Maggi schätzte das Abkommen folgendermaßen ein: »Es handelt sich in der Hauptsache um ein Compte à demi-Geschäft, in das wir sicher am Anfang viel mehr, vielleicht das drei- und vierfache, einbringen werden. So werden wir, wenigstens am Anfang, die Geschädigten zu sein scheinen. Freilich nur scheinen! Denn die Frage liegt viel tiefer. Was wir durch unsere Verbindung mit der Liebig Co. anstreben, ist die Wiedergewinnung der Monopolstellung, die wir mit unserer Würze hatten. Unser Ziel zu erreichen wird möglich sein, wenn es uns gelingt, das verloren gegangene Fabrikationsmonopol zu ersetzen durch die Macht. Nun haben wir die Macht jetzt schon, seit die Liebig Co. uns den Rücken deckt. Der einzige Gegner, der für uns wirklich gefahrvoll war, ist heute unser Associé. Eine zweite, gegen uns gerichtete Trustcompagnie wird auf dem Weltmarkt kaum entstehen können; die Uebermacht von Liebig-Maggi ist zu gross« (zit. nach Pfister 1942, S. 154).

Das Geschäft in England – wo Liebig die aus Maggischer Würze hergestellten Brühwürfel vertreiben sollte – entwickelte sich nur schlecht. Entgegen den Prognosen Maggis mußte die Kempttaler Firma bei den jährlichen Abrechnungen jeweils von ihrem Gewinn abgeben, während die englische Firma mehr als den eigenen Gewinn erhielt. Maggi argumentierte nun, daß die Voraussetzungen, unter denen der Vertrag geschlossen worden sei, nicht erfüllt seien: »Ausserdem enthält der Vertrag Klauseln, besonders das ganze englische Sprachgebiet betreffend, die vollständig richtig gewesen wären, wenn die Liebig Co. der Bedeutung entsprochen hätte, die wir ihr zumassen, die nun aber nur den Effekt haben, unsere Aktionsfreiheit einzuschränken, ohne uns irgendwelchen Entgelt dafür zu gewähren« (Julius Maggi am 29. Sept. 1911 an den Verwaltungsrat, zit. nach Pfister 1942, S. 157). Maggi forderte nun »die volle Freiheit in bezug des Fleischextraktes und in der Bearbeitung des englischen Sprachgebiets zurück« (Maggi-Chronik, S. 158), worauf sich Liebig nicht einließ. Zum 31. Dezember 1911 wurde der Vertrag wieder aufgehoben. Julius Maggi zog folgendes Resumee: »Heute wissen wir, dass wir keine Angst vor der Liebig Co. zu haben brauchen. Wir können sie ruhig ihres Weges gehen lassen. Sie wird im Bouillonwürfelgeschäft nur einer unserer vielen gewöhnlichen Konkurrenten sein, nicht mehr. Hätten wir aber die Liebig Co. nicht kennen gelernt, so wie wir sie heute kennen, so wäre sie uns ein ständiger Alp, der uns in unserer Geschäftsführung zu vielen falschen Aktionen und in Summa zu viel grösseren falschen Ausgaben veranlasst hätte.«

Auch mit der deutschen Konkurrenzfirma Knorr wurden mehrere Male in den Jahren 1910/11 und 1914 Verhandlungen über eine Zusammenarbeit geführt, die aber jedes Mal ergebnislos endeten – das letzte Mal wegen des Ausbruchs des 1. Weltkrieges. Diese Versuche waren für Maggi wieder mit einem Verlustgeschäft verbunden: »Man hatte im Laufe der Jahre, in der Erwartung, dass es doch einmal zu einer Verständigung mit Knorr kommen werde, unter der Hand 533 Aktien von nominell M 1000 zu Kursen erheblich über Pari aufgekauft. Alles in allem war hierfür ein Kapital von 1 278 602 Franken aufgewendet worden. Der Erlös, als man die Titel nach dem Weltkrieg endlich abstossen konnte, belief sich auf 171 322 Franken, der Verlust danach auf 1 107 280 Franken« (Maggi-Chronik, S. 164).

6. Vom Familiennamen zum Markennamen

Trotz dieser unternehmenspolitischen Fehlentscheidungen wurde Maggi zu einem der erfolgreichsten Unternehmen der Lebensmittelbranche. Entscheidend hierfür war der Schritt Maggis, den in seiner Fabrik hergestellten Produkten einen Namen zu geben und diesen Namen zu profilieren. »Maggi« sollten nur solche Produkte heißen, die gleichzeitig für die anderen Erzeugnisse mit demselben Namen werben konnten: Wer einmal Maggi genossen hat, sollte sich darauf verlassen können, alles mit dem Namen »Maggi« in gleicher Qualität genießen zu können. Das bedeutet, daß ein Produkt gleichzeitig Werbeträger für andere Produkte mit demselben Namen wird.

Es ist unklar, ob sich Julius Maggi schon über die Bedeutung des Produktnamens klar war, als er die ersten Leguminosenmehle »Maggi-Mehle« nannte. Bemerkenswert ist, daß schon die ersten Packungen die Aufschrift »Ich garantiere meine Produkte als die besten. Maggi.« erhielten. Zwanzig Jahre später war er sich dessen jedenfalls bewußt. In einem Brief vom 13. Juni 1906 an den damaligen Präsidenten der Generaldirektion der »Fabrik von Maggi's Nahrungsmitteln«, Hermann Stoll, schrieb Maggi: »Ihren Vorschlag vom 11. d. M., dem gekörnten Bouillon-Extrakt den Titel ›Maggi's gekörnte Fleischbrühe‹ zu geben, halte ich für eine wertvolle Erfindung und stimme ich mit beiden Händen bei [...] *denn einem Produkt den richtigen Namen zu geben, ist der halbe Verkauf*« (MAK Direktionskorrespondenz 1906).

Weiter betrieb Maggi als einer der ersten ein kluges,

internationales Marketing. Es galt, stets vor der Konkurrenz ein neues Verkaufsgebiet zu erschließen oder ein neues Produkt einzuführen: Die schnellste Firma hatte die Nase vorn im Kampf um die Gunst der Kunden. Deutlich wird das an einem Beispiel, als die Konkurrenzfirma Knorr begann, die Suppen auf die gleiche Art und Weise wie Maggi zu verpacken: »Die Nachahmung als solche bleibt eben doch bestehen, insofern wir die Weglassung des wesentlichsten Bestandteils unserer Aufmachung bei Knorr nicht durchdrücken konnten. Ich meine die Combination Staniolpapier und durchsichtiges Umschlagpapier, wodurch der Würfel in so schönes Aussehen erhält. Knorr wird sich natürlich beeilen, seine neue Packung besonders in den Gebieten zu verkaufen, wo wir unsere Suppen noch nicht einzuführen vermögen. Zu befürchten ist, dass wir dort später in den Geruch der Nachahmung kommen«, schrieb der Berliner Generaldirektor Schmidt am 18. September 1897 an den Kempttaler Direktor Stoll (MAK, Korrespondenz Berlin). Auch zehn Jahre später stellte sich das Problem noch, wie einem Brief von Julius Maggi an Hermann Stoll vom 24./25. März 1908 zu entnehmen ist: »Glauben Sie nicht, daß sich Oesterreich beeilen sollte, mit unsern Würfeln auf den Markt zu kommen, um dem Rotti [Konkurrenzprodukt, d. A.] nicht zuviel Platz zu lassen, und desweitern, um nicht die Kunden glauben zu lassen, dass wir die Rotti-Nachahmer wären« (...) (MAK, Direktionskorrespondenz).

Mit dem neuen Produkt sollten die Kunden einen Namen – den Markennamen – verknüpfen. Sie sollten beim Kaufmann nicht einfach nach »Würze« und »Brühwürfeln« verlangen, sondern nach »Maggi's Würze« und nach »Maggi-Würfeln« fragen. Dazu genügte es nicht, schneller als die Konkurrenz zu sein. Auffallende Werbeveranstaltungen sollten erreichen, daß möglichst viele Menschen den Gedanken an ein bestimmtes Produkt mit dem Namen »Maggi« verknüpften. Julius Maggi schildert in einem Brief vom 17. Februar 1909, wie die Einführung des Brühwürfels, der »Bouillon-Kub«, auf dem französischen Markt durch das Verteilen von Gratisproben begleitet wurde: »Der Degustationsdienst wird ebenso originell gemacht. Der Chef-Reisende mit dem Rechnungschef besprechen zusammen, an welchen Orten Degustationen abgehalten werden müssen, worauf die Chefesses ihre Quartiere beziehen. Vorzugsweise werden Markttage für die Degustationen an den betreffenden Orten ausgesucht, und werden auf den Marktplätzen selbst die Waren degustiert und verkauft. [...] Der Stand ist mit einem Zelt gedeckt, auf dem im weiteren unsere grossen Affichen befestigt sind. Erfolgt die Degustation einige Tage später als die Reisenden den Platz besucht haben, so werden auf der Rückseite der zur Verteilung kommenden Prospekte bereits die Kunden genannt, bei welchen die Bouillon-Kub zu kaufen sind. Ist an einem Orte die Degustation nicht mit einem Markttage zu verbinden, so wird an demselben durch den Tambour ausgerufen, dass auf dem Marktplatz eine unentgeltliche Degustation des berühmten Bouillon-Kub abgehalten werde, zu welcher Jedermann freundlichst eingeladen sei. Sie sehen also, ganz Doktor Eisenbart! Bis jetzt hatten sämtliche Degustationen immer guten Erfolg und decken uns die Verkäufe dabei einen guten Teil der Spesen der Degustation« (MAK, Direktionskorrespondenz).

Nicht nur bei der Einführung neuer Produkte wurde aufwendige Werbung getrieben. Die Singener Fabrik führte ebenso wie das Stammhaus in Kempttal regelmäßig Besuchstage für Besucher aus der näheren und weiteren Umgebung durch. In Diskussionen um die hohen Kosten dieser »Besuchstage« betonte Julius Maggi immer wieder den hohen Werbewert dieser Veranstaltungen und meinte, »dass die Kosten dieser Fabrikbesuche ähnlich wie in Kempttal durch das Verkaufsgeschäft getragen werden. Ist es doch nichts anderes, wie eine vorzügliche Reklame« (Brief vom 31. Mai 1908, MAK, Direktionskorrespondenz). Bei den Kunden hatten diese und zahlreiche weitere Werbemaßnahmen wie Plakate, Zeitungsanzeigen usw. Erfolg. Chef von Maggis Werbebüro war einige Jahre der Schriftsteller Frank Wedekind (vgl. Schmidt 1987, S.129).

Doch manchmal traten Probleme mit Händlern auf. Bei »Maggi-Produkten« war die Gewinnspanne festgelegt: Die Händler erhielten die Ware zu einem festgesetzten Einkaufspreis und mußten sie zu einem von der Firma bestimmten Preis weiterverkaufen. Manche Händler versuchten nun, die Gewinnspanne zu erhöhen, indem sie die Würze mit Wasser verdünnten oder Produkte, die sie billiger erhielten, als »Maggi-Produkte« weiterverkauften. Für die Firma setzten solche Vorfälle den Ruf des Namens »Maggi« aufs Spiel. Die Lieferungen an solche Händler wurden eingestellt, die Maßnahme in Zeitungsanzeigen bekanntgegeben: »Wir machen hierdurch bekannt, dass wir die Lieferung unserer Produkte an die Spezereihandlung von XY, Winterthur, eingestellt haben, weil diese Firma trotz unseren Mahnungen fortfährt, Abnehmern, welche beim Einkaufen ausdrücklich ›Maggi-Rollen‹ oder ›Maggi-Würze‹ verlangen, stillschweigend minderwertige Nachahmungen dieser unserer Produkte zu unterschieben« (Entwurf zu dieser Anzeige in der Direktionskorrespondenz, 1899–1901, MAK).

Wenn Händler Erzeugnisse von anderen Firmen unter dem Namen »Maggi« verkauften, war der Geschmack des Produktes nicht mehr kontrollierbar. Das Versprechen von Maggi, daß Maggi-Artikel jedes Mal gleich gut schmecken würden, war in Frage gestellt.

553

Diese grundlegende Eigenschaft eines Markenprodukts wurde durch ein weiteres Problem gefährdet: »Die Rohstoffe, die doch nicht immer ganz gleichmässig sind. Dies ist besonders bei den Gemüsesuppen der Fall. [...] Bei einem grösseren Betrieb halte ich es jedoch für ausgeschlossen, dass nur junges Gemüse zur Verarbeitung gelangt« (Schmid an Stoll, 16. Januar 1904, MAK, Korrespondenz Berlin). Hier stellte das eine Geschäftsprinzip – ein möglichst großes Unternehmen zu betreiben – das andere – die Kunden an eine Marke zu binden – in Frage. Ein Ausweg mußte gefunden werden. Zahlreiche Tests und Kontrollen sollten die gleichbleibende Beschaffenheit der Erzeugnisse garantieren. Und eine »moderne« Lösung fand sich auch. Einen Hinweis gibt ein Brief, den Julius Maggi am 21. März 1906 an Hermann Stoll schrieb. »Schnittlauch in Natura, event. auch getrocknet, sollten wir schon seit langer Zeit nicht mehr zusetzen, sondern nur, wo es nötig ist, den Schnittlauchsaft« (MAK, Direktionskorrespondenz). Indem Gemüse nach der Lieferung gleich verarbeitet – getrocknet, zerkleinert oder ausgepreßt – wurde, war es länger haltbar. Die verschiedenen Lieferungen unterschiedlicher Beschaffenheit konnten miteinander vermischt und eine gleichbleibende Qualitätsstufe erreicht werden.

7. Die Maggianer

»Wir haben in unseren Arbeitern und Beamten nicht Maschinen, sondern Mitarbeiter an der gemeinsamen Aufgabe erblickt und das Recht der Persönlichkeit in ihnen geachtet« (Maggi-Archiv Singen, Protokoll »Tarifvertrag«). Diese Aussage Maggis verdeutlicht, daß er ein sehr modernes Konzept der Personalführung vertrat. Er benötigte motivierte Arbeiterinnen, Arbeiter und Angestellte, die in ihrer Arbeit ebenfalls eine »gemeinsame Aufgabe« erblickten. Maggi betrieb eine »Politik der berechtigten Sozialleistungen«. Bei Einstellungen galt: Je höher die Stellung in der Firma sein sollte, desto größer die Anforderungen an die Bewerber. Oder es kam auf besondere Qualitäten an: So sollten beispielsweise »Hotelreisende vor allem gesund und charakterfest genug sein, um den vielfachen Versuchungen zum Trinken zu widerstehen« (MAK, Korrespondenz Berlin, Brief vom 20.12.1905).

Die Anforderungen an die Arbeiter und Arbeiterinnen bezogen sich vorwiegend auf den Zeitraum, den sie in der Fabrik verbrachten. Dort sollten sie »alle Arbeiten mit Fleiss und Sorgfalt ausführen« und sich »allen gesetzlich erlaubten Anordnungen der Vorgesetzten willig fügen« (Art. 6 der Arbeitsordnung von 1900, MAS). Des weiteren war pünktliches Eintreffen vor dem Dampfpfeifensignal, das den Arbeitsanfang bekanntgab, verlangt. »Veruntreuungen, unsittliches Betragen, Widersetzlichkeit gegen die Vorgesetzten, Vergehen gegen Mitarbeiter und Gefährdung der allgemeinen Sicherheit, werden mit sofortiger Entlassung, eventuell mit Ueberweisung an den Richter geahndet« (Art. 9 der Arbeitsordnung von 1900). Außerhalb des Fabrikzaunes wurde der Weg von und zur Arbeit noch in die Arbeitsordnung miteinbezogen: »Ein friedliches und anständiges Betragen in der Fabrik, sowie auf dem Wege zu und von derselben wird dem Personal zur Pflicht gemacht« (Art. 7). Bei den Angestellten war es mit »sittlichem Verhalten« auf dem Arbeitsweg nicht getan: »Auch ausserdienstlich hat sich der Maggi-Angestellte korrekt und würdig zu benehmen. Vor allem wird verlangt, dass er in geordneten Verhältnissen lebt, insbesondere weder Schulden hat, noch macht« (Büroordnung, wahrscheinlich von 1900, MAS).

Wer sich an diese Regeln hielt, wurde durch zahlreiche Sozialleistungen, wie Zulagen für Kinder oder die Einrichtung einer Betriebskrankenkasse, belohnt. Nach Maggis Meinung hätten Arbeiter wie Unternehmer ein Interesse an einem »grossen Geschäft«, das in der Lage sei, die »Arbeitsbedingungen in materieller und moralischer Hinsicht stetig zu verbessern und musterhaft zu gestalten« (Protokoll »Tarifvertrag« MAS). Durch sein Engagement in der betrieblichen Sozialpolitik erreichte er, daß die Fluktuation unter den Angestellten und Arbeitern niedrig blieb – was vor allem zur Wahrung des Fabrikationsgeheimnisses für Würze wichtig war.

Einige der betrieblichen Sozialeinrichtungen waren direkt abhängig von der Dauer der Betriebszugehörigkeit, so die Ferienberechtigung für Angestellte und Arbeiter. Die Angestellten konnten ihren Urlaub in einem der firmeneigenen Ferienheime verbringen. Die Arbeiter mußten zu Hause bleiben. Sie konnten sich Ferien, wie sie den Angestellten geboten wurden, nicht leisten (Leipold-Maier 1987, S. 150).

Die meisten der Sozialleistungen enthielten zwei Komponenten: Zum einen profitierten die Beschäftigten von der Erleichterung des Alltags – dies gilt insbesondere für die harten Lebensbedingungen der Arbeiter und Arbeiterinnen –, zum anderen wurden dadurch mehr Möglichkeiten für die Firmenleitung geschaffen, die Beschäftigten zu kontrollieren. Die Angestellten, welche die Möglichkeit zur günstigen Erholung im firmeneigenen Ferienheim nutzten, standen nun auch im Urlaub unter Aufsicht. Junge Arbeiterinnen, die von auswärts kamen und im Singener Mädchenheim der Maggi wohnten, liefen Gefahr, bei Verstößen gegen die strengen Wohnheimregeln auch den Arbeitsplatz zu verlieren. Auf ihren Lebenswandel wurde direkt Einfluß genommen. So war es ihnen nach der Heimordnung kaum möglich, samstags an Tanz- oder Vereinsveranstaltungen teilzunehmen. Auch auf ihre Lektüre sollte ein wachsames Auge geworfen werden. Im »Pflichtenheft für die Vorsteherin des Mädchenheims« von 1904 steht zu lesen: »In unauffälliger Weise wird sie auch ihr Augenmerk auf den von den Insassen benützten Lesestoff richten und der Einführung unpassender Schriften oder Bilder entgegentreten« (MAS, Mädchenheim).

Julius Maggis Vorstellungen von einer Verbesserung der Arbeitsbedingungen gingen über die Einrichtungen zur Verbesserung der materiellen Lage der Beschäftigten hinaus. Ihm schwebte eine Art »Mitarbeiter-Modell« vor, das für die Zeit vor dem 1. Weltkrieg äußerst ungewöhnlich war. Durch die »Arbeiterausschüsse«, wie sie seit 1907 auch in Singen auf Maggis Initiative hin existierten (siehe dazu auch den Beitrag zur Arbeiterbewegung in diesem Band), erhielten die Arbeiter und Arbeiterinnen Mitspracherecht in den Fragen, die Regelung des betrieblichen Alltags betrafen. Von A wie »Arbeitszeitregelungen« bis Z wie »Zuspätkommen« reichten die Punkte, die zwischen den Arbeiterausschüssen und der Geschäftsleitung verhandelt wurden. »In der ›Maggi‹ stellte die besondere Art und Weise, wie das Verhältnis zwischen Belegschaft und Unternehmensleitung gestaltet war, die Identifikation mit dem Betrieb her« (Schmidt 1987, S. 127): Aus Arbeitern, Arbeiterinnen und Fabrikbeamten wurden »Maggianer«.

Besonders in der Erinnerung der Singener gilt Julius Maggi als ausgesprochen »sozialer Unternehmer«, der den Arbeitern wohlgesonnen war. Dies dürfte seine Grundlage darin haben, daß Maggi mehrmals persönlich in Auseinandersetzungen zwischen Arbeitern und Arbeiterinnen und der Betriebsleitung eingriff, so beim Streik 1907 und bei der Auseinandersetzung um einen Tarifvertrag 1911. In einem anderen Fall stellte er sich ausdrücklich auf die Seite derjenigen Arbeiter, denen »unterwürfiges Benehmen« nicht gegeben sei und meinte: »Einem einen Nachteil daraus erwachsen zu lassen, dass er überhaupt reklamiert, wäre sehr unrichtig von uns gehandelt. Wir sind ungefähr in der Lage der Staaten-Regierungen, welche, um inneren Gärungen vorzubeugen, froh sein müssen, alle möglichen Ventile zur Aeusserung von Unzufriedenheit zu öffnen: in erster Linie, um sie kennen zu lernen und in zweiter Linie, um sie alsdann ganz objectiv zu beurteilen« (Direktionskorrespondenz, Brief vom 26. Januar 1906, MAK).

Bei geschäftlichen Entscheidungen war Maggi allerdings nicht bereit, irgendwelche Rücksichten auf seine Standorte zu nehmen, wie der folgende Ausschnitt aus einem Brief vom 2. Februar 1909 zeigt. Zu diesem Zeitpunkt wurde in der Direktion diskutiert, die »Faconnierung« (Verpackung) und Spedition für den norddeutschen Markt aus Singen an einen anderen Ort zu verlegen: »Wenn wir gezwungen wären, etwas ähnliches zu machen, so müssten wir sofort gleich an die Deplatzierung der ganzen Faconnierung und Spedition denken und dafür vielleicht Mannheim in Aussicht nehmen. Es wäre immerhin von Interesse, sofort die Kalkulationen anzustellen, welche Vor- und Nachteile wir damit im Frachtverkehr hätten, denn, wären wir wider nächstes Erwarten, doch genötigt, bedeutende Vergrösserungen, Neubauten in Singen vorzunehmen, so wäre es uns gleichgültig, ob wir in Mannheim oder in Singen neu bauen würden« (Direktionskorrespondenz, MAK). Wenn man sich auch aus materiellen Überlegungen heraus in Singen angesiedelt hatte, so hielt die Maggi doch daran fest, daß das südbadische Werk das Stammhaus für Deutschland blieb, auch nachdem die entsprechenden steuerlichen Unterschiede entfallen waren. Dies sehr zum Ärger der Berliner Maggianer, dem der Berliner Generaldirektor Schmid am 24. September 1903 in einem Brief nach Kempttal Luft machte: »Überhaupt widerstrebt es mir hier in Berlin, wenn das Fabrikgeschäft zu viel Nachdruck auf das ›Stammhaus‹ legt und von uns stets als »unserer Filiale« spricht. Bekanntlich haben wir Singen seinerzeit nur zum Stammhaus gemacht, weil wir den preussischen Stempel nicht bezahlen wollten, sonst wäre Berlin das Stammhaus« (MAK, Korrespondenz Berlin). So aber hatten die Berliner gegenüber Singen das Nachsehen, und Singen blieb die deutsche Stadt, in der das Wirken Julius Maggis die deutlichsten Spuren hinterlassen hat.

Literatur

Boelcke, Willy A. 1987: Industrie im Raum Singen. In: Berner, Herbert (Hg.): Singen – Ziehmutter des Hegaus. Konstanz: Südkurier (= Singener Stadtgeschichte, Bd. 1) S. 227–255.

Braun, Lily 1979 (1901): Die Frauenfrage. Berlin, Bonn: Dietz.

Braun, Rudolf 1984: Die Fabrik als Lebensform. In: Dülmen, Richard van; Schindler, Norbert (Hg.): Volkskultur. Frankfurt/M.: Fischer. S. 299–351.

Leipold-Maier, Sybille 1987: Die Arbeitsverhältnisse in der Maggi-Fabrik. In: Zang, Gert (Hg.): Arbeiterleben in einer Randregion. Konstanz: Südkurier. S. 131–150.

Kocka, Jürgen, 1975: Unternehmer in der deutschen Industrialisierung. Göttingen: Vandenhoeck.

Pfister, Gottfried 1942: Die Maggi-Chronik I. Kempttal: Ms.

Rickenbach, Walter 1960: Geschichte der Schweizerischen Gemeinnützigen Gesellschaft 1810–1960. Zürich.

Schmidt, Susanne B. 1987: Julius Maggi – Singens würziger Weg zur Industriestadt. In: Frei, Alfred G. (Hg.), Habermus und Suppenwürze. Konstanz: Stadler. S. 111–143.

Schuler, Fridolin 1882: Ueber die Ernährung der Fabrikbevölkerung und ihre Mängel. Zürich.
Schuler, Fridolin 1885: Leguminosen als Volksnahrung. Zürich.
Schuler, Fridolin 1903: Erinnerungen eines Siebenzigjährigen. Frauenfeld: Huber.
Weinberg, Abraham A. 1961: Migration and Belonging. Den Haag: Martinus Nijhoff.
Zang, Gert (Hg.) 1989: Arbeiterprovinz. Alltag, Politik und Kultur zwischen Kirchturm und Fabrikschornstein. Konstanz/Singen.

Zeitschriften

Blätter für Kriegsverwaltung. Jg. 1884.
Deutsche Militärärztliche Zeitschrift, 1909.
Neue Zürcher Zeitung v. 05.12.1887.
Zeitschrift für Gemeinnützigkeit: Jg. XXV, 1886.

Quellen

Die Unterlagen aus den Maggi-Firmenarchiven in Singen und Kempttal lagen unverzeichnet vor. Sie sind mit den entsprechenden Stichworten bezeichnet.

Werksarchiv der Firma Nestlé-Maggi Singen:
Mädchenwohnheim,
Protokoll »Tarifvertrag«,
Arbeitsordnung von 1900,
Büroordnung, wahrscheinlich von 1900,
Denkschrift der Firma Julius Maggi & Co. in Kempttal (Schweiz), Singen (Baden) und Berlin für den VI. Internationalen Congress für Hygiene und Demographie in Wien, September 1887.

Werksarchiv der Firma Nestlé-Maggi Kempttal:
Direktionskorrespondenz Maggi – Stoll,
Korrespondenz Berlin,
Protokollbuch der Zentralkommission der SGG (Abschrift).

Musée Alimentarium, Vevey:
Comment ont échoué les manoeuvres pour la destruction des Sociétés Maggi & Kub, soit par la violence, soit par les moyens juridiques (Aout 1914 à fin 1920), Paris 1921.

Vom Dorf zur Stadt

von Herbert Berner

Beschreibungen Singens im 19. Jahrhundert

Singen liegt am Osthang des Hohentwiels (689 m) auf uraltem Siedlungsland aus diluvialem Schotter nahezu in der Mitte des Hegaubeckens am Aachfluß; die mittlere Höhe beträgt 429 m (420–435 m über NN)[1]. Bis zur Verwaltungsreform der 70er Jahre unseres Jahrhunderts grenzte die Singener Markung an folgende Nachbargemeinden bzw. Sondergemarkungen: Hohentwiel – Duchtlingen – Mühlhausen – Hausen an der Aach – Friedingen – Bruderhof – Überlingen am Ried – Rielasingen und Hilzingen.

Eine der frühesten Beschreibungen stammt aus dem Jahre 1813: »Singen, ein Marktflecken von 891 Seelen, an dem Flüßchen Aach, am Fuße der ruinierten Festung Hohentwiel in der Landgrafschaft Nellenburg und dem Bezirksamte Radolfzell. Der Ort ist eine Besitzung des Herrn Grafen von Enzenberg, hat eine Schule, Tuchbleiche, Tabaksfabrik, eine Post und liegt an der Landstraße von Stockach nach Schaffhausen. Es hält drei Jahrmärkte: am 27. May, 16. August und 4. November. Singen ist ein alter Ort und erscheint schon in einer Urkunde von 787 als Sisinga.«[2]

Die erste ausführliche Beschreibung der Gemarkung und der Gemeindeverhältnisse verdanken wir dem Oberamtmann Karl Blattmann, der sich am 6. Juni 1850 morgens um 8 Uhr nach dem zweieinviertel Stunden vom Amtssitz Radolfzell entfernten Singen, dem Hauptorte des »Höhgaus«, verfügte. Die Amtmänner waren gehalten, etwa alle zwei bis drei Jahre die Gemeinden ihres Bezirks zu visitieren und hierüber Bericht vorzulegen – eine unschätzbare Quelle für die Verwaltungs-, Wirtschafts- und Sozialgeschichte unserer Gemeinden[3].

Die Gemarkung umfaßte 3790 Morgen (= 1364 ha), davon waren

2051 Morgen Ackerland,
 398 Morgen Wiesen,
  70 Morgen Weinreben,
  51 Morgen Gärten,
1220 Morgen Waldungen.

Aufschlußreich und für die weitere Entwicklung wegweisend waren die Eigentumsverhältnisse:

948 3/4 Morgen Krone Württemberg,
470 1/4 Morgen Grundherrschaft Enzenberg,
 47 1/4 Morgen Gemeinde,
2325 Morgen Privatbesitz (Kleinparzellen).

In der Gemarkung gab es keine Staatsdomänen, Kirche und Stiftungen besaßen keine Liegenschaften. Es gibt auch – so Blattmann – keine historischen Merkwürdigkeiten und Denkmale.

Die 1524 Einwohner (228 Familien), bis auf 14 Evangelisch-Protestantische katholischen Glaubens, wohnten in 179 Wohngebäuden; die Gemeinde besaß lediglich ein Schulhaus mit Bürgerarrest und Feuerspritzenremise. Die 250 schulfähigen Kinder wurden von zwei Hauptlehrern und einem Unterlehrer unterrichtet. In der Gemeinde gab es keine geschlossenen Hofgüter. Die hauptsächlichsten Nahrungsquellen der Einwohner waren Feld- und Weinbau, Viehzucht, Gewerbe; der Weinbau war mittelmäßig, rot und weiß, an Obst gab es alle Sorten, nur kein edles, hauptsächlich Birnen, die gemostet wurden. Eine Baumwollgarn- und Spinnerei beschäftigte 80 Arbeiter beiderlei Geschlechts, ferner gab es eine Mahlmühle, Säge, Öle, Lohmühle und Hanfreibe, Hammerschmiede und Bleiche und 79 Handwerker (darunter drei Gaststätten und drei Bierwirtschaften (Brauereien), weiter 3 Kaufleute und Krämer, 3 Vieh- und Krämermärkte. Verkehr und Absatz der Einwohner fand hauptsächlich statt in die Schweiz, nach Stein und Schaffhausen, nach Radolfzell und Hilzingen, wo überall Märkte sind. Für den nächsten Verkehr waren geeignete und zureichende Straßen und Wege, in ziemlich gutem Zustand, mit Bäumen besetzt, vorhanden; die Staatsstraße durch den Marktflecken war mit gepflasterten Abzugsrinnen versehen, die übrigen Ortsstraßen wurden in den nächsten Jahren ebenso hergerichtet. Viele Bürger waren Mitglieder des Landwirtschaftlichen Bezirksvereins Radolfzell. Viehbestand: 57 Pferde, 171 Ochsen, 379 Kühe, 3 Zucht- oder Wucherstiere (2 Allgäuer Rasse, 1 Landrasse), 278 Schweine, 3 Schweine-Fasel (Landrasse), 73 Ziegen, jedoch keine Esel und Schafe. Es gab keine Viehweiden, sondern Stallfütterung; Viehverstellung fand wenig statt, höchstens für 20

Die sehr seltene Ansicht des dörflichen Singen schuf Heinrich Moos (1842–1917) von Randegg, der dort um 1865 eine Xylographische Kunstanstalt begründet hatte. Wir blicken etwa von der Schanz aus über Singen, ganz rechts der Bahnhof, die Trötschler'sche Spinnerei (großes Gebäude), Kirche St. Peter und Paul und ganz links die ehemalige enzenbergische Mühle an der Aach, abgebrannt 1913. Xylographie, um 1867

Trotte, später Ölmühle in Singen, Ecke Kirch- und Trottengasse; abgebrochen im Jahre 1958. An dieser Stelle wurde der Rathaus-Neubau errichtet

Stück Vieh, eine Viehleihkasse gab es nicht. Ausgedehnte Bienenzucht. – »Der Wohlstand der Einwohner hat im allgemeinen seit 20 Jahren nicht abgenommen. Zur Arbeit im Taglohn gibt es höchstens die Hälfte des Jahres Gelegenheit, der Preis des Taglohns ist 40 xr, reicht nicht zum Bedarf hin. Die Arbeit in der Fabrik dauert im Winter von morgens 7 bis abends 9 Uhr und im Sommer von morgens 5 bis abends 7 Uhr. Die Gemeinde unterstützt 27 Ortsarme mit jährlich 150 fl.«

Neuorganisation der staatlichen Verwaltung

In den 60er Jahren begannen die Reform der inneren Verwaltung des Landes und eine staatliche Gewerbeförderung. Herausragend hierbei die Ersetzung der Zunftverfassung durch das System der Gewerbefreiheit und die Gewährung der Freizügigkeit unabhängig vom Ortsbürgerrecht (1862, 1870). Das Gesetz über die »Organisation der Inneren Verwaltung« im Großherzogtum Baden vom 5. Oktober 1863 hob die 1832 getroffene Einteilung des Landes in vier Kreise auf und begründete die eigentliche Selbstverwaltung der Kreise und Bezirke. Für die innere Staatsverwaltung waren nun auf drei Ebenen zuständig die Bezirksämter (seit 1924 Landratsamt), der Verwaltungshof und das Ministerium des Inneren mit dem Landeskommissär (in Konstanz), dessen Funktionen stillschweigend 1945 endeten. 1872 wurde das Bezirksamt Radolfzell aufgehoben und Konstanz einverleibt. Die Gemeinde Singen gehörte bis 1872 zum Bezirksamt Radolfzell, seitdem zum Bezirksamt Konstanz[4].

Anfänge der Selbstverwaltung

Die Geschichte der politischen Gemeinde Singen beginnt mit dem für seine Zeit fortschrittlichen Gesetz über die Verfassung und Verwaltung der Gemeinden vom 31. Dezember 1831, das ein eingeschränktes Selbstverwaltungsrecht einführte. Die nun reduzierte Staatsgewalt, verkörpert durch den Bezirksamtmann, erwies sich vielfach, so auch in Singen, als eine innovative hilfreiche Anleitung, die den oft unerfahrenen, kleinmütigen, nur auf naheliegende, häufig eigennützige Interessen gerichteten Handlungen der Gemeindeverwaltung und einflußreicher Bürger entgegentrat und auf zukunftsträchtige Perspektiven verwies. Außerordentlich wichtig ist in dem Zusammenhang der Hinweis, daß die politische Gemeinde arm war, nur wenige Liegenschaften ihr eigen nannte und mangels eigener Einkünfte (Steueraufkommen) auf die Umlage bei den Bürgern angewiesen war. So verwundert es nicht, daß bis in die 80er Jahre fast alle die Entwicklung der Gemeinde begünstigenden, in der Regel jedoch einen finanziellen Aufwand erfordernden Beschlüsse von außen herangetragen und durchgesetzt worden sind. Wenn man überdies bedenkt, daß jahrhundertelang die Herrschaft respektive der Obervogt die Geschicke des Dorfes bestimmte, bringt man Verständnis dafür auf: Man brauchte einige Jahrzehnte, um zu lernen, über den Gartenzaun und die Ettergrenze hinauszusehen, gewichten und sich selbst verwalten zu können.

In den 30er und 40er Jahren des 19. Jahrhunderts war man noch im Übermaß mit der Beseitigung der feudalen Strukturen, vor allem mit der Zehntablösung beschäftigt. Eine auch für Singen bedeutsame Entscheidung war 1835 der Beitritt Badens zum Deutschen Zollverein. Die ersten bescheidenen Anfänge der Industrie mit der Etablierung der Baumwollspinnerei Troetschler ließen sich erfolgreich an.

Politische Strömungen im Dorf

Die Möglichkeiten der politischen Gemeinde, auf die Wirtschaftsförderung und allgemeine Strukturverbesserungen Einfluß zu nehmen, waren freilich unter den gegebenen Umständen beschränkt und auch nicht erwünscht; mancher Bürger versteuerte ein höheres Steuerkapital als jene Summe, die der Gemeindehaushalt auswies. Politische Köpfe fehlten, und es erscheint bezeichnend, daß die Singener im ganzen 19. Jahrhundert nicht *einen* Abgeordneten in den Landtag oder Reichstag entsandten, sondern dies den Nachbargemeinden, vor allem Konstanz und Radolfzell, ferner Neuhausen bei Engen, Binningen, Duchtlingen, Sipplingen, Tengen und Welschingen überließen.

Die Volkserhebung von 1848/49 hinterließ im Singener politischen Leben kaum Spuren. Schon wenige Jahre danach (1851/52) lobte der Oberamtmann die gute politische Gesinnung der mit ihrer Lage zufriedenen arbeitsamen Bürgerschaft; bei den Gemeindewahlen 1852 hätten die wenigen noch unruhigen Köpfe allen Anhang verloren – einer der einflußreichsten von ihnen, der Bierbrauer Buchegger, habe sich ganz bekehrt; er war der einzige, der nach dem »Aufstand« sein Mandat verlor.

559

»Ansicht bey dem Orte Singen nach den ehmaligen Vesten Hohentwyel und Hohenkraüen v. d. Mittagseite« (Süden). An der Landstraße nach Rielasingen ein Wetterkreuz (Caravaca-Kreuz), bei der Pappelgruppe der Walburgishof. Fast alle Häuser sind Fachwerkhäuser

Ansicht des Ortes Singen von der Abendseite (Westen). Links die Stockacher Brücke, dahinter das Schloß, der Kirchturm mit sogenannter Laterne, ganz rechts der Walburgishof. Beide Gouachen von Nikolaus Hug (1771–1852), Konstanz, gemalt um 1830

Deutlicher artikulierten sich gegensätzliche Fronten und Meinungen erst im sogenannten Kulturkampf, der 1854 wegen der strittigen Frage der staatlichen Aufsicht über die Ausbildung und Prüfung des Klerus und die Verwaltung des Kirchenvermögens entbrannte. Weder der Abschluß des Konkordates zwischen dem Großherzogtum Baden und der Kurie am 28. Juni 1859 noch die am 9. Oktober 1860 verkündeten 5 Gesetze, die das Verhältnis von Staat und Kirche regeln sollten und dem Staat die Aufsicht über das Schulwesen zuwiesen, vermochten den Kulturkampf zu beenden. Vielmehr entstand eine noch heftigere Opposition der Katholiken gegen die zunehmend radikalere Entkonfessionalisierung des Schulwesens, die mit der Einführung der obligaten Simultanschule (18. September 1876) und der 1880 beginnenden Aussöhnung des Staates mit der Kirche zur Ruhe kam. In Singen wurden diese Auseinandersetzungen sehr lebhaft ausgetragen. Nach dem 1. Vatikanischen Konzil (1870) mit der Verkündigung des Dogmas von der päpstlichen Unfehlbarkeit bildete sich die altkatholische Religionsgemeinschaft, die auch in Singen viele Anhänger gewann[5].

Wahlmänner für Landtags- und Reichstagswahlen

Alle von Großherzog Friedrich I. (seit 1852 Regent, 1858-1907) nach der konstitutionellen Landesverfassung von 1818 berufenen badischen Regierungen waren nationalliberal. Baden hatte zwei Kammern. Der I. Kammer gehörten der Adel, Vertreter der Kirchen und Universitäten, der Berufskörperschaften, der Städte sowie vom Großherzog ernannte Mitglieder an; von 1825-1828 war Graf Franz II. von Enzenberg als Vertreter des grundherrlichen Adels Mitglied dieses »Herrenhauses«. Die II. Kammer entsprach unserem Landtag, doch wurden die Abgeordneten nicht direkt vom Volk, sondern bis 1904 durch Wahlmänner gewählt. Bis 1870 war das Stimmrecht zur Wahl der Wahlmänner mit dem Gemeindebürgerrecht oder der Innehabung eines öffentlichen Amtes verbunden; von da ab durften alle Staatsbürger unter gewissen Voraussetzungen wählen[6]. Die Gemeinde Singen stellte von 1837-1845 zwei, ab 1846 drei Wahlmänner, stets dabei der amtierende Bürgermeister Johann Georg Weber sowie der Altvogt Anton Waibel und der Bleicher Karl Waibel[7]. Im Juli 1881 beschloß der Gemeinderat, das Dorf für die Landtagswahlen in zwei Wahldistrikte einzuteilen, nämlich in den Wahlbezirk I (870 Einwohner), nördlicher Ortsteil, mit Abgrenzung Hardtstraße, Hohgarten und Zinkengasse bis zur Aach (4 Wahlmänner), und den Wahlbezirk II, südlicher Ortsteil, 1090 Einwohner, mit 5 Wahlmännern[8].

Jahr	Landtag/Wahlmänner
1877	8
1881	9
1885	9
1889	10
1893	11
1897	12
1901	12

Diese insgesamt 71 Mandate fielen an 43 Wahlmänner, von denen über die Hälfte, nämlich 28, nur einmal gewählt wurden; 8 Wahlmänner erlangten ihr Mandat zweimal, 5 dreimal und 2 viermal, nämlich Pfarrer Georg Neugart (1889-1901) und der Gemeinderat und Kaufmann Peter Buchegger (1885-1897). Dreimal aufgestellt wurden die Gemeinderäte Matthias Harder, Konrad Ehinger sowie Schlosser Christoph Allweiler (1877; 1885; 1889), Bürgermeister Kaspar Waibel (1877-1885) und Josef Buchegger (1893-1901). Man sieht hieraus die starke Bevölkerungszunahme sowie eine gewisse Fluktuation; erst ab 1913 verzeichnen die Wahlakten die Parteizugehörigkeit. Die im 4. badischen Wahlkreis (hierin auch Singen mit Radolfzell) gewählten Abgeordneten stammten überwiegend aus Konstanz und Radolfzell und gehörten von 1867-1881 sowie von 1885-1889 der nationalliberalen Partei, von 1881-1885 und ab 1889 dem Zentrum an.

Die Reichstagswahlen (seit 1871 alle drei bzw. fünf Jahre) wurden in gleicher Weise durchgeführt; Singen lag im ersten badischen Wahlkreis. Bis 1890 stellte nur die nationalliberale Partei die Abgeordneten; von 1890-1911 vertrat der Konstanzer Finanzrat Friedrich Hug (Zentrum) den Wahlkreis. Nach dessen Tod gewann in einer sensationellen Nachwahl (»Mir Singemer wählen alleweg Schmid!«) der Singener Gärtnermeister Hermann Schmid am 27. Oktober 1911 für die nationalliberale Partei den Wahlkreis, mußte ihn jedoch am 20. Januar 1912 trotz hohen Wahlsieges in Singen an den Radolfzeller Landwirt und Güterbestätter Carl Diez (Zentrum) wieder abgeben[9]. Hermann Schmid war der erste Singener Abgeordnete.

Auch die Kreisabgeordneten der Kreisversammlung des Kreises Konstanz (seit 1865) wurden von Wahlmännern gewählt; die Wahldauer betrug 6 Jahre. Bis 1883 waren es in Singen 7, dann bis 1901 10 Wahlmänner, zu denen stets der Bürgermeister, ferner mehrere Wahlperioden lang die Kaufleute Peter Buchegger und Adolf Fischer, Ratschreiber Donat Ehinger, Bierbrauer Felix Haas, Flaschner Paul Waibel, Gemeinderat Josef Weber und Kassier Theodor Hanloser gehörten. Bis 1916 wurde kein Singener in die Kreisversammlung gewählt; erster Singener Abgeordneter war Bürgermeister Paul Thorbecke.

Kulturkampf spaltet das Dorf in zwei Lager

Anfänge von Zentrum, Nationalliberalen und Sozialisten

In der Mitte der 70er Jahre entstand ein ernster Zwiespalt unter der Singener Bevölkerung: »Durch einen fanatischen Geistlichen – Pfarrer Neugart (wegen Beleidigung des Kaisers bestraft) – und die ultramontane Grundherrschaft, insbesondere den Rentbeamten einerseits, welche hintenherum die Einrichtung einer Klosterschule mit Gurtweiler Lehrfrauen versucht hatten, durch heftiges und unkluges Auftreten der liberalen Partei andererseits, hat sich die Einwohnerschaft in zwei Lager gespalten, die sich in gespanntester Weise gegenüberstehen. Eine ungeschickte Bürgermeisterwahl brachte die ultramontanen Kandidaten (bisheriger Ratschreiber Zyprian Ehinger, achtbar, aber der Lage nicht gewachsen) ans Ruder als Ortsvorstand, und die letzte Erneuerungswahl des Gemeinderates führte zwei ultramontane Mitglieder ins Kollegium. Beide Parteien sind nahezu gleich stark und stehen sich schroff und feindlich gegenüber.« So der regierungstreue Oberamtmann Otto Flad im Oktober 1874[10].

Die Katholiken wehrten sich gegen den »Zeitgeist« und wurden dabei von der auch in Singen viel gelesenen Zeitung »Freie Stimme« motiviert und unterstützt; die 1865 in Radolfzell gegründete Zeitung, seit 1870 unter der Redaktion des damaligen Kaplans und späteren Stadtpfarrers Friedrich Werber, war ein wirkungsvolles Instrument der 1869 gegründeten Katholischen Badischen Volkspartei, die sich seit 1886 Zentrumspartei nannte. 1881 fand im Zuge der Landtagswahl auf dem Hohentwiel eine »großartige Katholikenversammlung« mit vielen tausend Männern statt, die dem Festredner Friedrich Werber begeistert zuhörten. Glücklicherweise verloren diese durch die Altkatholikenfrage emotional erhitzten Gegensätze schon nach wenigen Jahren an Schroffheit, nicht zuletzt dank des gemäßigten, verständigen Bürgermeisters Kaspar Waibel; die »eigentümlichen Parteiverhältnisse« beruhten ausschließlich auf der religiösen Spaltung der Einwohnerschaft. 1885 konnte Oberamtmann Adolf Ostner berichten, daß sich die Parteigegensätze in der Gemeinde sehr gemildert hätten und daß im Gemeinderatskollegium, obwohl dasselbe aus Männern von sehr entgegengesetzter politischer und religiöser Anschauung zusammengesetzt sei, in Gemeindesachen ein erfreuliches Einvernehmen herrsche.

Die Nationalliberale Partei (1866/1870) hatte vorwiegend bei den Beamten, den gutsituierten Bürgern und Geschäftsleuten ihren Anhang. Sie unterstützte die Regierung im Kulturkampf, jedoch widerwillig beim Sozialistengesetz, und förderte die liberale Wirtschaftsgesetzgebung. In Baden sicherte das indirekte Wahlrecht die nationalliberale Vorherrschaft. Nach dem Abebben des Kulturkampfes prägte der Kampf von Zentrum und Sozialdemokraten gegen dieses nationalliberale Übergewicht die Landespolitik[11].

Die sozialistische Bewegung trat im 19. Jahrhundert noch kaum in Erscheinung. Die Unternehmer duldeten in ihren Betrieben keine »sozialdemokratischen Strömungen«; sie konnten sich auf das 1878 erlassene Reichsgesetz »wider die gemeingefährlichen Bestrebungen der Sozialdemokratie« berufen, das allerdings 1890 wieder aufgehoben wurde, jedoch noch längere Zeit Wirkung zeigte. Das Sozialistengesetz (»Schandgesetz«) erschwerte nachhaltig die Integration der Arbeiter und der Sozialdemokratie in Staat und Gesellschaft. Im Sommer 1892 fand auf dem Hohentwiel die wohl erste öffentliche sozialdemokratische Versammlung (»Aufwiegelungsversammlung«) mit dem Sprecher Dr. Rüdt aus Heidelberg statt, weil im Dorf ein Versammlungslokal schwer zu finden war. In Singen wurde der erste sozialdemokratische Verein, »Vorwärts«, 1894 gegründet[12]. Der Singener SPD-Ortsverein (Vorstand Maurergeselle Reich aus Baden-Baden) war außerordentlich rührig: Im Dezember 1894 sprach auf einer der Versammlungen der Stuttgarter Theologie-Kandidat Theodor von Wächter; 1894 fand auf dem Hohentwiel ein »Sommerfest« mit August Bebel als Redner statt, weil er in Singen keine Sprecherlaubnis bekommen hatte. Großen Einfluß auf die nach 1900 sprunghaft ansteigende sozialdemokratische Bewegung übten hierzulande die Handwerksgesellen und italienische Sozialisten aus.

Dreiklassenwahlrecht bei Gemeindewahlen

Bis 1918 galt bei Gemeindewahlen das Dreiklassenwahlrecht (Gesetz vom 23.08.1831), das die Wahlberechtigten in drei Klassen einteilte:
Die Höchstbesteuerten: 1–2 Zwölftel nach der Gemeinde-Umlage,

die Mittelbesteuerten: 3–4 Zwölftel,
die Mindestbesteuerten: 6–8 Zwölftel.

Jede dieser drei Klassen wählte für sich den dritten Teil der Mitglieder des Bürgerausschusses, wodurch die beiden ersten Klassen einen doppelt so starken Einfluß auf die Gemeindeverwaltung ausübten wie die im allgemeinen größere Zahl der Mindestbesteuerten. Gerechtfertigt wurde dies damit, daß man bei Bürgern, die nur in geringerem Maße zu den Gemeindelasten beiträgen, »nicht immer auf eine besonnene und maßvolle Führung des Gemeindehaushalts rechnen könnte« – eine Begründung, die sicherlich vielerorts an den Realitäten vorbeiging und uns heute sonderbar dünkt[13]. Frauen waren nicht wahlberechtigt, sie durften erst seit 1919 zur Wahl gehen.

Nach der Gemeindeordnung von 1831 war das wichtigste Gremium der Bürgerausschuß, aus dessen Reihen bis 1870 der Bürgermeister und die Gemeinderäte (als eine Art Exekutivausschuß) gewählt wurden. Beim Bürgerausschuß ist zu unterscheiden zwischen dem *Kleinen Bürgerausschuß* mit Gemeinderat, der bis 1870 amtierte und – nach der Einwohnerzahl – aus 5–7 Mitgliedern bestand, sowie (seit 1851) dem *Großen Ausschuß*, der an die Stelle der Gemeindeversammlung trat und viermal so stark sein mußte wie der Kleine Bürgerausschuß. Der Große oder Bürgerausschuß hatte bis 1870 24 Mitglieder.

Bürgerausschußwahl: Anzahl der Wahlberechtigten

	30. 11. 1882	28. 12. 1886	15. 7. 1889
Niederstbesteuerte	124	119	123
Mittelbesteuerte	80	78	80
Höchstbesteuerte	40	39	40

Bis 1831 mußten die Gemeinden den Ortsvorgesetzten akzeptieren, den die Grundherrschaft oder die staatliche Behörde ernannte. Erst 1832 wurden der Gemeinderat wie der nunmehr Bürgermeister genannte bisherige Vogt durch allgemeine, gleiche, unmittelbare und – hinsichtlich des Gemeinderates erst seit 1837 – geheime Wahlen bestellt. Bis 1851 behielt sich der Staat ein Bestätigungsrecht für den Bürgermeister vor (auch der Grundherrschaft stand bis 1848 ein Vorschlags- und nie ausgeübtes Einspruchsrecht zu), doch konnte dem im dritten Wahlgang Gewählten die Bestätigung nicht versagt werden. Die Amtsdauer von Bürgermeister und Gemeinderat währte 6 Jahre; alle 2 Jahre mußte ein Drittel, ab 1870 alle 3 Jahre die Hälfte der Gemeinderäte erneuert, das heißt gewählt werden. 1851–1876 wurde die Amtsdauer der Bürgermeister auf 9 Jahre verlängert, dann bis 1890 auf 6 Jahre zurückgesetzt und danach abermals auf 9 Jahre erhöht. Die Aufsicht bzw. Kontrolle der Gemeinde oblag dem Bürgerausschuß seit 1821; er stimmte getrennt vom Gemeinderat ab, dessen Beschlüsse er bestätigen oder verwerfen konnte. Später wurden die Kompetenzen des Gemeinderates ausgedehnt. Bis zum Jahre 1912 waren es Persönlichkeitswahlen, Parteilisten gab es nicht; natürlich kannte man die Gesinnung der Kandidaten.

1912 erscheinen in den Wahlakten zum erstenmal die Vereinigte Liberale Partei und die Fortschrittliche Volkspartei, das Zentrum und die Sozialdemokraten.

	Gemeinderat	Bürgerausschuß
1830	4	4)
1847	5	6)
1855	6	5) Kleiner Ausschuß
1860	6	6)
1870	8	7)
1880	8	24)
1890	8	36) Großer Ausschuß
1900	8	60)

Bis in die endenden 80er Jahre kam die überwiegende Zahl der Mandatsträger aus der eingesessenen Bevölkerung, dann traten hinzu die hier sich etablierenden Geschäftsleute und Beamte wie Friedrich Dürrhammer (1888), Apotheker Martin Maier, Kaufmann Josef Matt (1890), Bierbrauer Hugo Kässner, Kulturoberaufseher Robert Keppner, Rentmeister Karl Recknagel, Bahnbau-Inspektor Hermann Eisenbauer (1897). Eine im allgemeinen längere Amtsdauer gewährleistete eine gewisse Kontinuität der Gemeindepolitik. Bei den Gemeinderäten fällt die lange Amtsdauer besonders auf. Von den 22 Gemeinderäten zwischen 1872 und 1900 waren nur 11 eine Wahlperiode (6 Jahre) im Amt. Zwei Gemeinderäte gehörten 12, einer 15, drei 18 und drei 21–25 Jahre dem Gremium an; Theodor Hanloser war 31 (1888), Kaufmann Adolf Fischer (1876) 32 Jahre lang Gemeinderat[14].

Die Bürgermeister
(Die Singener Vögte sind auf Seite 210 aufgeführt.)

1832–1852	Georg Weber
1852–1861	Dominik Buchegger
1861–1864	Anton Waibel
1864–1865	Johann Messmer
1865–1870	Anton Schrott
1870–1873	Kaspar Waibel (bisher Gemeinderechner)
1873–1876	Ziprian Ehinger (bisher Ratschreiber)
1877–1892	Kaspar Waibel
1892–1899	Josef Buchegger
1899–1904	Adolf Schrott

Mit Adolf Schrott endet die Reihe der ehrenamtlichen Bürgermeister. Sein Nachfolger Valentin Busch war der erste Berufsbürgermeister[14].

Vermögen und Verwaltung der Gemeinde

Die politische Gemeinde Singen war eine arme Gemeinde. An Hausbesitz waren vorhanden:

Schul- und Rathaus,	erbaut zwischen 1782–84, 1832 auf 3 Stockwerke ausgebaut;
Armenhaus und Spital	(ehemalige Zehntscheuer), 1861 erworben;
Lehrerwohnhaus,	1879 ersteigert von den Eheleuten Johann Waibel (Haus Nr. 27), darin 2 Lehrerwohnungen; daneben wurde 1880 der Farrenstall mit Scheune erbaut;
Feuerwehrsteigturm	in der heutigen Feuerwehrstraße, erbaut 1884 mit Waschküche und 2 Arrestlokalen, dabei eine einstöckige Spritzenwagen- und Holzremise, Haus Nr. 49;
Kuttruff'sches Haus,	erworben 1888 von Julie Kuttruff (vormals Perollaz) mit Scheuer, Stallung, Waschhaus (Haus Nr. 44); Wohnungen für Gendarm Herzog und den altkatholischen Pfarrer Leuthner; 1894 vermietet an Arzt Dr. Wollheim; heute Haus der Jugend;
Brückenlastwaaghaus	Nr. 179, Waaghäuschen Nr. 297, Eichhäuschen Nr. 298, errichtet ab 1889;
Leichenhaus,	angebaut an Spritzenhaus 1891;
Krankenhaus	(an der Erzbergerstraße), erbaut 1895;
Neuer Friedhof	(jetzt an der Goethestraße) 1876–1878 angelegt; der alte Friedhof um die Kirche St. Peter und Paul wurde 1899 aufgelassen[15].

An Liegenschaften (Äcker, Wiesen, Gärten, Kiesgruben und Wald) besaß die Gemeinde

Jahr	Morgen	Vierling	Ruten	fl.
1850	73	–	5	430
1870	127	2	58	1282
1899	52 ha	47 ar	19 m²	3944 Mark

Hieran betrug der Waldanteil 1850 nur 15 Morgen 1 Vierling, 1899 waren es bereits 29 ha, 88 ar und 46 m² (Wert 535 Mark; ein Morgen = 36 ar, 1 Vierling = 9 ar[16]). Zu den gemeindeeigenen Liegenschaften gehörte u. a. auch ein Turnplatz bei der Fabrikbrücke, der 1880 (nunmehr als Zimmerplatz verwendet) zum Farrenstall verlegt wurde, dort aber 1885 wieder weichen mußte, weil die Farren durch die Geräusche der abendlichen Turnübungen sehr unruhig wurden.

An Bürgernutzen (Allmende) besaß die Gemeinde 1850 nur 13 Morgen 1 1/2 Vierling Krautländer (Kabisland), die an 200 Berechtigte ausgegeben wurden; der Bürgernutzen betrug jeweils 12 1/2 Ruten und galt 18 fl. Durch den Eisenbahnbau ab 1860 verringerte sich die Zahl des Krautlandes, während die Zahl der Nutzungsberechtigten bis 1870 auf 236 anstieg. 1876 wurden die Allmendteile an die Gemeinde abgetreten und fortan als Gärten verpachtet; aus diesem Grunde gingen die Anträge auf Erteilung des Bürgerrechts seit 1880 stark zurück[17].

Für die Bestreitung der Gemeindebedürfnisse und besonderer Vorhaben standen infolgedessen keine eige-

Die Ekkehardstraße etwa in den Jahren 1880–1890 vom Haus des »Kirchebeck« (ganz rechts, heute Volksbank) bis zur heutigen Ecke Scheffel-/Ekkehardstraße. Auf dem Areal dieser kleinen Bauernhäuser stehen heute Bäckerei und Konditorei Graf/Mohr (zweites Haus von rechts), Geschäftshaus Alfred Weber = ehemalige Buchhandlung Greuter und heute Restaurant »Ekkehard-Stüble« (drittes Haus); an der Stelle des vierten und fünften Hauses befindet sich heute das Geschäftshaus der Firma Glas-Oexle. Im Vordergrund der alte Friedhof um die Kirche St. Peter und Paul. Charakteristisch sind die aus den Scheunentoren auf den Weg herausragenden Wagendeichseln; die Scheunen waren zu wenig tief, um einen Wagen mit Deichsel darin unterstellen zu können. Bleistiftskizze nach alten Ansichten und Erzählungen von Altsingenern von Hans Maier, 1970

Der Hohentwiel. Wir blicken aus westlicher Richtung zum Hohentwiel, rechts im Bild die Pfarrkirche St. Peter und Paul, dahinter mit Dachreiter das alte Singener Rathaus. Der sonst nicht bekannte Zeichner Zimmermann muß Singen nur recht flüchtig gesehen haben. Ihn interessierte wohl mehr und ausschließlich der Hohentwiel. Stahlstich (um 1880)

Der Hohentwiel.

nen Einnahmen zur Verfügung; all dies mußte fast ausschließlich bis in unser Jahrhundert hinein über die Umlage (= Gemeindesteuer) finanziert werden. Die Umlage wurde in einem Vomhundertsatz aus den Steuerkapitalien berechnet und Jahr für Jahr neu festgesetzt; sie erbrachte im Durchschnitt 70 % der gemeindlichen Ausgaben[18]. Die höchst bescheidenen Einnahmen kamen von den Erträgen des beweglichen und unbeweglichen Vermögens, von Strafen und Taxen sowie von Gebühren und Beiträgen für Benutzung von Gemeinde-Einrichtungen, diese jedoch erst ab den 80er Jahren. Seit 1879 verblieben die Erträge aus der Grund- und Häusersteuer ganz bei den Gemeinden. Die Umlagen betrugen zwischen 1850 und 1870 jeweils 12–24 xr; 1875–1880 lagen sie zwischen 0,81–1,33 Mark auf 100 Mark Steuerkapital[19].

Rechnungsabschluß

Jahr	Laufende Einnahmen (Soll) fl	xr	Grundstocks-[20] Einnahmen (Ist) fl	xr	Laufende Ausgaben (Soll) fl	xr	Grundstocks- Ausgaben (Ist) fl	xr
1850	3 963	23	25	23	7 060	17	37	38
1860	3 188	12	722	34	3 530	27	819	18
1874	11 368	27	2 473	52	9 967	21	3 678	26
	Mark		Mark		Mark		Mark	
1875	25 617,27		2 943,38		24 456,69		3 380,30	
1885	30 354,82		49 322,05		35 265,89		48 712,31[21]	
1899	96 597,65[22]		10 813,51		76 993,76		22 563,21	
Rest	6 619,78		9 741,12		100,82		138 515,45 Darlehensschulden	

1 fl = 1,7143 Mark (1873)

Der Verwaltungsaufwand (1850: 4%, 1899: 13% der Ausgaben) war minimal. Nach dem Bürgermeister waren die wichtigsten Ämter die des Gemeinderechners und Ratschreibers; falls der Gemeinderechner den jährlichen Haushalts-Voranschlag selbst nicht aufstellen konnte oder wollte, wurde damit ein auswärtiger Rechnungssteller beauftragt, der diese Aufgabe meist für mehrere Gemeinden übernahm[23]. Die oft saumselige Betreibung der Umlagen-Rückstände sowie die Aufstellung und Einhaltung von Schuldentilgungsplänen sind immer wiederkehrende Beanstandungen bei den Ortsbereisungen. Um 1850 betrug das reine Vermögen der Gemeinde knappe 7000 fl. – ein Gastwirt mittleren Umsatzes verfügte über ein steuerbares Vermögen von wenigstens 8000 fl. Im Hinblick auf diese Finanzschwäche verwundert es nicht, wenn der Gemeinderat 1843 sogar einmal das Schul- und Rathaus zur Versicherung eines Darlehens von 2000 fl. als Unterpfand eintragen ließ, d.h. verpfändete; allerdings verfügte die Seekreisregierung 1846, daß dies ungesetzlich sei[24].

1850	
Bürgermeister Dominik Buchegger	60 fl.
6 Gemeinderäte (ohne Entgelt)	
Ratschreiber Sigmund Buchegger	25 fl.
Gemeinderechner Johann Schrott	70 fl.
Orts-/Polizeidiener Senes Allweiler	100 fl.
Nachtwächter (2)	je 34 fl.
Waldhüter Franz Bach	20 fl.
Feldhüter Bonifaz Waibel	50 fl.
Straßenwart Franz Harder	55 fl.
Baumschulaufseher Mathäus Weber	12 fl.
Waisenrichter Johann Denzel	–
Hebammen (zwei, je 16 fl.)	
Leichenschauer Peter Kornmaier	–
Maulwurffänger	–
Friedhofsaufseher	–
Wasenmeister	–

1887	
Kaspar Waibel, Bürgermeister	900 Mark
8 Gemeinderäte	je 11 Mark
Donat Ehinger, Ratschreiber	500 Mark
Josef Schrott, Gemeinderechner	450 Mark
Konrad Waibel, Polizeidiener	500 Mark
–	
Franz Bach, Waldhüter	60 Mark
Dominik Harder, Feldhüter	300 Mark
Ottmar Weber, Straßenwart	125 Mark
–	
–	
Paul Helff, Leichenschauer	–
Konrad Waldraff, Maulwurffänger	300 Mark
Philipp Allweiler, Friedhofsaufseher	40 Mark
Josef Ritter, Wasenmeister	15 Mark

Die Vergütungen richteten sich offensichtlich mehr nach dem Zeitaufwand als nach Qualifikation oder Verantwortlichkeit. Deutlich sichtbar ist noch die bis in das endende 19. Jahrhundert während ausgeprägte dörflich-landwirtschaftliche Struktur der Gemeinde.

Wohlhabende und arme Leute

Die Visitationsberichte beurteilen die ökonomische Lage der Ortsangehörigen um die Mitte des 19. Jahrhunderts als im allgemeinen befriedigend. Es seien fleißige arbeitsame Landwirte, die mit den Behörden wenig in Kontakt kämen; seit Gendarmen hier stationiert seien, hätten polizeiliche Exzesse ganz aufgehört[25].

Nach der Gemeinderechnung 1828/29 lebten in Singen 251 Steuerpflichtige. Von diesen versteuerten:

Steuerpflichtige	Steuerkapital
27	bis 100 fl.
17	bis 300 fl.
17	bis 500 fl.
20	bis 750 fl.
16	bis 1 000 fl.
37	bis 1 500 fl.
32	bis 2 000 fl.
18	bis 2 500 fl.
18	bis 3 000 fl.
13	bis 3 500 fl.
5	bis 4 000 fl.
12	bis 5 000 fl.
3	bis 6 000 fl.
3	bis 7 000 fl.
3	bis 8 000 fl.
1	bis 9 000 fl.
2	bis 10 000 fl.
1	bis 11 000 fl.
1	bis 12 000 fl.
3	bis 13 000 fl.
1	bis 14 000 fl.
1	bis 17 000 fl.

Zum Vergleich: 1855 bezahlte die Gemeinde dem praktischen Arzt Hienerwadel ein Jahresgehalt von 150 fl.; der Ratschreiber Sigmund Buchegger bezog 1850 ein Jahresgehalt von 25 fl., der Gemeinderechner Johann Schrott 70 fl. und der Polizeidiener Senes Allweiler 100 fl.[26].

Im Jahre 1871 hatten ein Steuerkapital von Gulden (fl.) (siehe Tabelle S. 567 oben).

Von		unter 1000	1001–2000	2001–5000	5001–10 000	über 10 000
97	Landwirte	10	33	45	7	2
20	Taglöhner	13	7	–	–	–
112	Gewerbetreibende	21	36	36	13	6
13	Gewerbsgehilfen	10	3	–	–	–
15	Handelsleute	2	1	7	4	1
141	Ledige, Witwen und über 65jährige	119	11	9	2	–
12	Körperschaften (überwiegend Grundherrschaften)	8	2	–	–	2
33	Auswärtige	32	–	1	–	–
443	Zusammen	215	93	98	26	11
	=	48%	21%	23%	6%	2%[27]

Arme Leute ohne Vermögen und Verdienst gab es nur wenige, im allgemeinen zwischen 15 und 30 Personen einschließlich der Kinder. Dies war u.a. eine Folge der äußerst restriktiven Bürgeraufnahmepolitik. Bis in die Mitte des 19. Jahrhunderts konnten die erforderlichen Unterstützungen fast gänzlich aus dem Buchegger-Armenfonds gewährt werden, der 1855 durch Vereinigung mit mehreren Zustiftungen zum Armenfonds umgewandelt wurde[28]. 1866 wurde festgesetzt, daß bei Bürgeraufnahmen ein

Bürgersohn 3 fl.,
Inländer 6 fl.,
Ausländer 12 fl.

in den Armenfonds einzahlen mußte, dem auch die Gebühren bei Beerdigungen von Kindsleichen sowie Strafgelder bei Beleidigungsklagen zuflossen. Dem Stiftungsvorstand gehörten außer dem Pfarrer und Bürgermeister noch sechs Stiftungsräte an (Vorläufer des Sozialamtes!); ein eigener Stiftungsrechner verwaltete das Vermögen, das am 1. Juni 1869 aus 1775 fl. 29 xr bestand; das Stiftungskapital wurde gegen 4,5–5,5% Zinsen ausgeliehen.

Die Gemeinde mußte für die Unterstützung mittelloser Bürger (sogenannter Ortsarmer) aufkommen; Waisen und uneheliche Kinder wurden in Familien gegen Pflegegeld untergebracht. Bis 1854 durften die Ortsarmen an zwei Tagen in der Woche in den Häusern um Lebensmittel betteln, um so die Gemeindekasse zu schonen, die nur für Hauszins (Wohngeld) aufkam. Der Kinderbettel hörte 1857 ganz auf (»Kretinen und Simpel sind keine hier«). 1854 erhielten sechs Personen ständig wöchentlich 6 Pfund Mehl, acht Familien bekamen Hauszins. Während des Notstandes bis zur Ernte wurde Mehl im Werte von 378 fl., aufgebracht durch Umlagen und Spenden der Grundherrschaft, unter die Bedürftigen verteilt. 1869 belief sich der Armenaufwand auf 700 fl.; ungeachtet dessen, meinte der Bezirksamtmann, sei die ökonomische Lage der Ortsangehörigen befriedigend, denn es seien »doch nur ganz Wenige, welche der Hilfe durch die Gemeinde bedürfen und sie genießen«. Die Unterstützung bestand in der Gewährung von Kostgeld (1878 z.B. 50 Pfennig pro Tag und Kopf), Kleidungszuschüssen, Wohngeld, Übernahme von Apothekenrechnungen und dergleichen, für die ärztliche Betreuung sorgte ein von der Gemeinde besoldeter Armenarzt. Bis in die Mitte der 70er Jahre erfolgte die Verköstigung jener Personen, die sich nicht selbst versorgen konnten, gelegentlich »durch die Kehr von allen Ortseinwohnern«[29]. Seit dieser Zeit nahm die Zahl der Unterstützungsbedürftigen durch Zuzüge und den Eisenbahnbau, vor allem jedoch durch die gesetzliche Einführung des Unterstützungswohnsitzes nach dreijährigem Ortsaufenthalt (1870) zu; fast in jeder Gemeinderatssitzung mußten seitdem Entscheidungen in der Armenfürsorge getroffen werden, wobei die Prüfung der Arbeitsfähigkeit eine ausschlaggebende Rolle spielte. – Bezogen auf das Haushaltsvolumen gab man 1850 für Armen- und Krankenpflege 3,5%, 1899 ohne Krankenhaus 7% aus. – In dem Zusammenhang ist zu erinnern an die hohen Auswandererzahlen des 19. Jahrhunderts (siehe Seite 351 f.).

Armenhaus und Spital

Um der aufwendigen Unterbringung von Orts- und Landarmen in Privathäusern oder Gaststätten zu begegnen, erwarb die Gemeinde 1861 die ehemalige enzenbergische Zehntscheuer mitten im Dorf in der Kirchgasse 4 und baute sie zu einem zweistöckigen Spital und Armenhaus mit 10 Kammern, Küche, Ortsarrest und Totenkammer um; in dem Gebäude befand sich bis 1880 auch die erste Singener Apotheke[30]. Der Ortsarrest (Bürgergefängnis) befand sich vorher im Schul- und

Rathaus, 1861–1885 im Armenhaus und danach im Erdgeschoß des Übungsturmes der Feuerwehr (2 Zellen).

Dieses Armenhaus diente von 1884–1895 nach weiteren Umbauten ausschließlich als Krankenhaus mit 10 Betten, wurde jedoch nach der festlichen Eröffnung des neuen Krankenhauses (25 Betten) am 11. Juli 1895 in Anwesenheit der Großherzogin Luise von Baden wieder bis zum Brand von 1912 als Armenhaus verwendet. – Bereits 1881 war ein Krankenpflegeverein gegründet worden, zwei Ingenbohler Krankenschwestern betreuten ambulant damals 49 Kranke. Der Krankenhausneubau wurde seit 1881 diskutiert und schließlich auf Drängen von Dr. Wollheim verwirklicht. Schon damals gab es eine Gemeinde-Krankenversicherung und mehrere Fabrikkrankenkassen; 1880 gründete Pfarrer Neugart einen Privatkrankenverein[31].

Bescheidene Leistungen der Gemeindeverwaltung

Zwei große Aufgaben beschäftigten vornehmlich die Gemeindeverwaltung: die Korrektion der Aach und die Katastervermessung. Der Aachfluß schlängelte sich in vielen Windungen von Hausen an der Aach kommend durch die Gemarkung; Krümmungen und Inseln (Kies- und Sandablagerungen) auf Rielasinger Gemarkung hemmten den Abfluß, und so kam es beinahe jährlich zu verwüstenden Überschwemmungen vor allem der Wiesen im Sau- und Entenried und öfters auch der Keller des Dorfes. Auch die Stellfallen der enzenbergischen Mühle, der Fabrikkanal und Brückenbauten ließen den Aachfluß anschwellen und übertreten. Seit 1852 befaßte man sich mit der Korrektion bzw. Rektifikation der Aach, die endlich nach Überwindung vieler Schwierigkeiten und Behebung von Einsprüchen etwa der Grundherrschaft Enzenberg 1872–1875 mit einem Kostenaufwand von 80 000 Mark durchgeführt werden konnte, dessen Tilgung die Gemeindekasse über 10 Jahre in Anspruch nahm; 1893 erforderte eine Ausbaggerung der Aach abermals 8000 Mark[32].

Die zwischen 1868–1878 durchgeführte Katastervermessung und Flurbereinigung (bis dahin war die Gemarkung in Ösche mit Dreifelderwirtschaft eingeteilt) erforderte einen Aufwand von 41 284 fl. und 124 704 Mark; die Abrechnung erfolgte bis 1886 in einer Sonderrechnung[33]. – Die von den Geometern Jakob Greder und Büchele im Zuge der Flurbereinigung angelegten Feldwege dienten seit den 60er Jahren mangels eines Ortsbauplanes als Planunterlage (quadratisches Straßennetz!) für den raschen, eher überstürzten Bau der neuen Stadt auf freiem Feld. Hierauf geht die heute noch auffallende rationale Anlage der sogenannten City mit ihren Häuserquadraten zurück.

Eisenbahnknotenpunkt

Eingeleitet und ausgelöst wurde die Bautätigkeit durch den in mehreren Abschnitten sich vollendenden Bau des Eisenbahnknotenpunktes. Nach langen Verhandlungen (1852 Vertrag zwischen dem Großherzogtum Baden und dem Kanton Schaffhausen über die Fortsetzung der Badischen Staatseisenbahn von Waldshut an den Bodensee) und der von Hilzingen heftig bekämpften Festlegung der Trasse Thayngen-Gottmadingen-Singen wurde die Eisenbahnstrecke zwischen Waldshut und Konstanz am 13. Juni 1863 festlich eröffnet. Der Bau der Kinzigtal- oder Schwarzwaldbahn von Offenburg nach Konstanz wurde schon seit 1845 betrieben, das Teilstück Singen-Engen konnte 1865 in Betrieb genommen werden. 1873 war der Bau der Schwarzwaldbahn vollendet. Die Etzwilerbahn von Singen nach Etzwilen (Thurgau) und Winterthur, eine Bahnstrecke der Schweizerischen Bundesbahn (SBB), seit 1869 gefordert, konnte am 15. Juli 1875 ihren Betrieb aufnehmen. Die Gemeinde Singen überließ für den Bau der Bahnlinien preisgünstig Baugelände und stellte der Schweizerischen Nationalbahn einen Betrag von 10 000 sfr. zur Verfügung; der Personenverkehr nach Winterthur wurde 1969 eingestellt, Frachtgut wird weiterhin befördert. – Am 21. November 1913 wurde die Randenbahn von Singen nach Beuren am Ried in Betrieb genommen, wegen zu geringer Frequenz im Oktober 1966 stillgelegt[34].

Rege Bautätigkeit

Die hierauf einsetzende Bevölkerungszunahme bewirkte seit 1864 eine rege Bautätigkeit. Gleichwohl lehnten Gemeinderat und Bürgerausschuß im August 1865 einstimmig die vom Bezirksamt geforderte Aufstellung eines Ortsbauplanes ab. »Die jetzt als Feldweg hinter der Kirche sich zum Bahnhof ziehende Linie wird voraussichtlich künftig der Hauptverkehrsweg und werden hier Häuser gebaut werden. Die Eisenbahnbaubehörde soll ihn auch als Zufahrtstraße zum Bahnhof in ihren Plan eingezeichnet haben.« Gemeint ist die Scheffelstraße, an deren Ende das erste aus Waldshut hierher gebrachte

Singen um das Jahr 1884, vom Hohentwiel aus gesehen. Im Vordergrund die Aachinsel mit Stockacher Brücke und Mühlibruck, links daneben die enzenbergische Mühle. Zwischen Aach und Kirche St. Peter und Paul drängt sich das Dorf, bebaut sind nur die damalige Post- (Freiheitstraße) und die Oberdorfstraße (Kosakenburg). Der Bahnhof liegt noch außerhalb des Dorfes mit den ersten Gebäuden der Firma Maggi. Die heutigen großen Straßen (Ekkehardstraße, August-Ruf-Straße und Scheffelstraße) sind noch Feldwege

Bahnhofsgebäude stand; der heutige Bahnhof wurde 1877 erbaut. Im Jahre 1876 wurde der Geometer Briem mit der Anfertigung eines Ortsbauplanes und eines Güterverzeichnisses beauftragt. 1879 berichtete der Bezirksamtmann: »Auf der großen ebenen Fläche zwischen Bahnhof und Kirche ist bereits eine stattliche Zahl von Neubauten nach dem neuen Straßenplan ausgeführt. Die Bevölkerung ist in stetiger Zunahme begriffen, hat an Zahl bald Radolfzell erreicht oder überschritten.« Und 1881 schreibt Oberamtmann Adolf Ostner: »Auch im Innern des Dorfes gewinnen die Straßen immer mehr ein städtisches Aussehen. [...] der Übergang vom Dorf zur Landstadt ist sichtlich im Gang«[35].

Noch lange mußten die Singener das Trinkwasser aus vielen privaten und dem einzigen öffentlichen Brunnen beim Rathaus (Pump = oder Gumpbrunnen), oft in bedenklicher Nähe von Jauchegruben, holen, bis 1901 der Bau der Wasserleitung begann und nach Fertigstellung der Anlage am 15. Oktober 1903 ein Wasserfest gefeiert werden konnte[36]. 1898 legte man im Unterdorf die erste Kanalisation. Auch der Straßenbau und die Straßenunterhaltung erforderten viel Geld und Mühe. Seit 1852 wurden die Dorfstraßen nivelliert und mit gepflasterten Rinnen versehen, gefährliche Güllenlöcher beseitigt; Dung- und Misthaufen waren erst 1879 eingewandet und in gehöriger Entfernung von den Brunnen verlegt. 1857 erfolgte der Ausbau der Hauptdorfstraße (Hohenkrähen-Hauptstraße) als Bestandteil der Staatsstraße nach Engen. Seit 1880 mußten die angrenzenden Eigentümer Beiträge zu den Straßenbaukosten leisten, wodurch der Ausbau der Ortsstraßen ab 1881 bedeutenden Auftrieb erhielt. 1880 wurde das alte Spritzenhaus bei der Kirche abgebrochen und der Platz teils für die Verbreiterung der Ortsstraße verwendet, teils der Kirche zugeschlagen. Vier Jahre dauerte es, bis 1885 die unansehnliche hölzerne Wagnerwerkstätte der Witwe Oexle an der Ecke Scheffelstraße/Alter Friedhof (spätere Ekkehardstraße) abgebrochen werden konnte; in diesem Jahr begann man mit dem Ausbau der 1880 neu projektierten Kaiserstraße (heute August-Ruf-Straße). 1882 wurden die Weidenbäume an der Aach gepflanzt. – Die ersten sechs Straßen-Petroleumlaternen wurden 1864 in der Hauptortstraße montiert, 1874 waren es neun und 1892 gar 23 Laternen; 1877 beschloß man daher, die inzwischen unnütz gewordene Nachtwache aufzuheben, zumal das zahlreich vorhandene Zollwachtpersonal de facto die Nachtwache besorge. Am 1. November 1895 übernahm die Baumwollspinnerei Troetschler nach dem Bau eines Elektrizitätswerkes die Straßenbeleuchtung mit 60 Glühlichtern in ihre Obhut (1899: 72 Lampen), in den folgenden Jahren übernahm das E-Werk auch die Elektrizitätsversorgung in Singen[37].

Verleihung der Stadtrechte

Das ungewöhnliche und stetig anhaltende Aufblühen der Gemeinde ermutigte den Gemeinderat, am 18. November 1898 beim Gr. Bezirksamt Konstanz den Antrag zur Verleihung der Stadtrechte mit der Bitte um empfehlende Weiterleitung an das Gr. Ministerium des Inneren einzureichen; das Bezirksamt entsprach dieser Bitte, nachdem noch einige Erhebungen beim Steuerkommissär für den Bezirk Radolfzell eingeholt worden waren, und übernahm weitgehendst die Argumentation der Singener. Bemerkenswert erscheint eine Übersicht über die Zahl und Art der Gebäude sowie der Brandversicherungsanschläge für die Jahre 1893–1898:

Jahr	Zahl der Gebäude	*Bauart* Stein	Steinriegel	Holz	*Bedachung* Feuersicher	Holz (Schindeln)	Brandversicherungsanschlag in Mark
1893	815	219	326	270	814	1	3 397 600
1898	983	319	374	290	980	3	5 597 500

Die zweite Tabelle weist die Bewegung der Steuerkapitalien nach ihren einzelnen Gattungen für die Gemeinde Singen aus.

Jahr	*Nach dem Staatssteuer-Kataster* Grund=Häusersteuerkapital	Gewerbesteuerkapital	Rentensteuerkapital	Einkommensteueranschlag	Zahl der Einkommensteuerpflichtigen
1892	2 039 720	630 700	415 080	220 300	529
1898	2 289 900	1 523 500	521 960	366 050	765
1899	2 495 270	2 037 800	–	431 275	930

Der Bericht des Bezirksamtes Konstanz vom 1. Juli 1899 an das Großherzoglich Badische Ministerium des Innern lautet:

»Die Gemeinde Singen ist seit mehreren Jahren in einer aufstrebenden Entwicklung begriffen, die nach sicheren Anzeichen ihren Höhepunkt noch lange nicht erreicht, schon jetzt aber den Charakter des Ortes umgewandelt hat. Der Umschwung zeigt sich sowohl in der Zahl und der wirtschaftlichen Lage der Bewohner, insbesondere der Verteilung der Berufsarten und dem Anwachsen der Kapitalkraft als auch in der Schaffung gemeinnütziger Einrichtungen von wirtschaftlicher und kultureller Bedeutung, die noch vor einem Jahrzehnt, bei den damaligen Verhältnissen Singens, undenkbar gewesen wären. Die Seelenzahl Singens hat sich in den letzten 30 Jahren nahezu verdoppelt und dürfte bis zum Ende des Jahrhunderts das 3. Tausend überschritten haben. Während die Gemeinde Singen als solche fast kein Vermögen, dagegen eine beträchtliche Schuldenlast hat, ist die Kapital- und Steuerkraft seiner Bewohner in den letzten Jahren in großem Maßstabe gewachsen. Das gesamte umlagepflichtige Steuerkapital, das noch 1892 kaum 3 1/3 Millionen Mark betrug und bis 1896 auf wenig über 3 1/2 Millionen angewachsen ist, stieg im Jahr 1897 auf rund 4,1, 1898 auf rund 4,9 Millionen und beläuft sich in diesem Jahr auf nahezu 6 Millionen Mark.

Unter den insgesamt 1018 gemeindesteuerpflichtigen Einwohnern von Singen (1898) befinden sich neben 230 Landwirten 198 Gewerbetreibende und 470 Gehilfen, Gesellen, Fabrik- und Lohnarbeiter sowie 120 Beamte.

Noch deutlicher spricht eine Betrachtung darüber, in welchem Verhältnis die verschiedenen Berufsgruppen an dem Anwachsen des Steuerkapitals beteiligt sind und wie sich diese Zunahme auf die einzelnen Steuerarten verteilt. Eine Vergleichung der Grund- und Häuser-Steuerkapitalien zwischen 1898 und 1899 ergibt eine Zunahme um ca. 205 000,00 Mark (9%), welche sich im wesentlichen auf Aktien- und offene Handelsgesellschaften mit 125 000,00 Mark und auf die als Landwirte eingeschätzten Steuerpflichtigen (70 000,00 Mark) verteilt. Die Gewerbesteuerkapitalien der Gewerbeunternehmer (ausschließlich der Handelsgesellschaften) stiegen in den vier Jahren 1895–1899 von 600 000,00 auf 900 000,00 Mark, also um 50%; die Gewerbesteuerkapitalien im ganzen gar in den Jahren 1894/99 von nicht ganz 2/3 Millionen auf über 2 Millionen Mark.

Im Handelsregister des Amtsgerichts Radolfzell sind für Singen 8 Handelsgesellschaften und 24 Kaufleute eingetragen. Von den größeren industriellen Betrieben beschäftigen die Fitting – Eisen- und Stahlwerke von Georg Fischer in Schaffhausen zwischen 400 und 500 Arbeiter, die Nahrungsmittelfabrik von Maggi 160–170 Arbeiter, die Baumwollspinnerei von Troetschler und Ehinger 120, die Dampfziegelei von Gottlieb Reik 40–50 Arbeiter usw.

Dieses Wachstum ist aber, wenn nicht alle Zeichen trügen, nicht ein rasches Aufblühen von kurzer Dauer

Teilansicht des Dorfes Singen um 1890. Links das Haus der damaligen Firma Dürrhammer (gegründet Juli 1886), später Firma Brödler & Cie.; um die Kirche St. Peter und Paul zieht sich noch der Friedhof. Rechts steht das Bauernhaus Wick (heute Café Schrempp in der Ekkehardstraße); daneben links im Hintergrund das Dach des gräflichen Schlosses; ganz rechts der Turm der damaligen evangelischen Kirche

und mit rasch folgendem Rückschlag, sondern der Anfang eines weitgreifenden dauerhaften Fortschritts. Erst in diesem Jahre wieder hat nach Mitteilung des Bürgermeisteramts die Firma Maggi zur Errichtung einer Konservenfabrik weiteres Gelände im Betrag von 200 000 Mark angekauft und bar bezahlt sowie versprochen, Fabrikgebäude im Wert von vielen Millionen Mark zu erstellen. Diese Gründungen haben wiederum den Zuzug von hunderten oder tausenden von Arbeitern zur Folge und ziehen eine völlige Umwandlung der Verhältnisse der früher fast ausschließlich Landwirtschaft treibenden Gemeinde nach sich. Schon jetzt hat die Ausdehnung mehrerer industrieller Unternehmungen eine erhebliche Steigerung der Liegenschafts- und Gebäudewerte begründet, und vorwiegend hieraus, nicht nur aus einer Vermehrung der Zahl landwirtschaftlicher Betriebe oder aus intensiver Ausdehnung derselben erklärt es sich, daß an der erwähnten Zunahme der Grund- und Häuser-Steuer-Kapitalien die Landwirtschaft mit 70 000 Mark beteiligt ist.

Neben anderen Ursachen mag bei dieser aufstrebenden Entwicklung die günstige Verkehrslage Singens mitgewirkt haben. – Nahe der Schweizer Grenze, am Punkte, wo die Schwarzwaldbahn Offenburg–Singen mit der Hauptbahn Basel/Konstanz zusammentrifft und die Schweizer Bahn nach Etzwilen abzweigt. Dadurch ist Singen der Sitz eines badischen Hauptsteueramtes sowie eines schweizerischen Hauptzollamtes, einer Bahnverwaltung nebst Bahnbauinspektion geworden und beherbergt zahlreiche staatliche Beamte und Angestellte. Die Zahl der Bahnarbeiter beläuft sich auf 120, die der schweizer Zollbeamten auf 15–20. In Singen sind ferner ein Großherzoglicher Notar, ein katholisches, ein altkatholisches und ein evangelisches Pfarramt sowie zwei praktische Ärzte. Am 7. Oktober des Jahres wird daselbst mit Genehmigung des Gr. Oberschulamts eine Höhere Bürgerschule errichtet werden.

Die elektrische Beleuchtungsanlage ist bereits in der ganzen Gemeinde in Betrieb. Die Herstellung einer rationellen Wasserleitung wird z. Z. vorbereitet. Ein größerer Teil des Ortes hat vor kurzem eine neue Kanalisation erhalten und in dem beim Bahnhof gelegenen Viertel, wo sich eine Reihe größerer städtischer Gebäude befindet, wurden neuerdings mehrere Straßen angelegt.

Alle diese Umstände dürften darauf hindeuten, daß der Charakter der Gemeinde Singen sich vollständig verändert hat. Aus einer Ackerbau treibenden Landgemeinde ist ein Ort des Gewerbefleißes, des Handels und Verkehrs geworden; die Lebensverhältnisse, die Gewohnheiten und die Bedürfnisse der Einwohnerschaft sind andere denn früher. Dies dürfte das Verlangen des Gemeinderates Singen rechtfertigen, dem durch die Tatsache bereits vollzogenen Umschwung auch äußerlich Rechnung zu tragen.

Unter Anschluß des Berichts des Gemeinderates vom 18. November 1898 und unter Bezugnahme auf Ziffer 12 des II. Constitutions Edictus vom 14. Juli 1807, die

Feier der Stadtrechtserhebung vom 7.–9. Oktober 1899. Ekkehardstraße, links die Baugrube der Ekkehard-Schule, rechts der Balkon des Geschäftshauses Brödler

Verfassung der Gemeinden, Körperschaften und Staatsanstalten betreffend, erlauben wir uns daher, den gehorsamsten Antrag: Hochdasselbe wolle die Erhebung der Landgemeinde Singen zur Stadt geneigtest herbeiführen.«[38]

Das Ministerium des Innern entsprach dieser Bitte und legte die Bewilligung respektive die Urkunde Großherzog Friedrich I. zur Unterschrift vor; am 11. September 1899 teilte das Ministerium dem Bezirksamt Konstanz mit: »Seine Königliche Hoheit, der Großherzog haben mit Allerhöchster Staatsministerialentschließung d. d. Karlsruhe, den 2. September 1899, Nr. 784 gnädigst auszusprechen geruht, daß der Gemeinde Singen, Amts Konstanz, die Eigenschaft einer Stadt verliehen werde.«[39]

Die Nachricht löste in Singen große, jedoch keinesfalls überschwengliche Begeisterung aus. Man entschloß sich zu einer bescheidenen Feier aus Anlaß der Verleihung der Stadtrechte am Wochenende vom 7./8. Oktober 1899. Das Fest wurde am Samstagabend, 5.00 Uhr, mit Böllersalven und Glockengeläute eröffnet. Um 20.00 Uhr abends fand ein Großer Zapfenstreich statt. Am Sonntag, dem 8. Oktober, morgens 6.00 Uhr, Tagreveille durch die Stadtmusik. 8.30 Uhr Kirchgang mit Festgottesdiensten, danach Frühschoppen im Gasthof »Zum Kreuz«. 12.30 Uhr Festessen im Gasthof »Zur Krone« (Gedeck ohne Wein: 3 Mark). Nachmittags 14.30 Uhr auf dem Festplatz (neuer Schulhausplatz) Kinderbelustigung mit anschließender Bewirtung, abends 19.00 Uhr wieder Großer Zapfenstreich mit Fackelzug, nach dem Feuerwerk auf dem Festplatz. Abends 8.00 Uhr Festbankett im Kässner-Saal.

Die Kinder erhielten Brezeln und Würste. Das Fest endete am Montag, dem 9. Oktober, mit einem Nachmittagsausflug auf den Hohentwiel.

Anmerkungen

[1] Die geographische Lage wird angegeben mit 47° 46′ nördliche Breite und 8° 49′ östliche Länge von Greenwich.
[2] J. A. Kolb, Historisch-statistisch-topographisches Lexikon von dem Großherzogtum Baden, 1813. Ferner A. J. V. Heunisch, Das Großherzogtum Baden, Heidelberg, 1859.
[3] GLA 359/38 Zugang 1923 Nr. 26.
[4] Territorien-Ploetz II, 1971, S. 451–460.
[5] S. Kap. Götz, in diesem Bd. S. 94.
[6] Adolf Kastner, Die Selbstverwaltung badischer Gemeinden, 1931, S. 9–24; A. Glock-E. Burger, Bürgerkunde. Deutsche Staats- und Rechtskunde für Baden, Karlsruhe 1909, S. 60, 222.
[7] Theo Schrenk, Stadtarchiv Singen, Zusammenstellung aller Wahlergebnisse aufgrund der vorhandenen lückenhaften Aktenlage.
[8] StA. S. XIII 3/2a.
[9] H. Berner, Politisches Leben, Kreisbeschreibung Konstanz

Bd. II, S. 281–285; DERS.: Politische Bewegungen im 19. Jh., I. Band, S. 404–410; DERS.: Hermann Schmid 1872–1915, SiJhb. 1979, S. 22–39.

[10] GLA 359/38 Zugang 1932 Nr. 26.

[11] Als Presseorgane der Liberalen dienten die »Konstanzer Zeitung« (seit 1829) und der in Singen sehr verbreitete »Höhgauer Erzähler« (seit 1842) sowie die »Singener Nachrichten« (1897).

[12] HEIDI LORENZ-SCHÄUFELE, Die Geschichte der Singener Sozialdemokraten von 1894–1933/1945, SiJhb. 1985, S. 15–20; ALFRED GEORG FREI, Liberale, christliche und sozialdemokratische Anfänge der Singener Arbeiterbewegung, SiJhb. 1983, S. 70–77; vgl. FREI-ZANG, in diesem Bd. S. 574 ff.; GERT ZANG (Hrsg.), Arbeiterleben in einer Randregion, Konstanz 1987, S. 21ff. BERNER, Politisches Leben Kreisbeschreibung Konstanz I., S. 408–410.

[13] GLOCK-BURGER, Bürgerkunde 1902, S. 222.

[14] 1832 mußten die Gemeinderatswahlen wegen der offenbar eingewurzelten Unsitte »verwandtschaftlicher Verhältnisse untereinander« zweimal wiederholt werden; vgl. Kap. Vom Königshof zur Dorfgemeinde, Vetternwirtschaft, S. 215 ff. in diesem Bd. – GEBHARD, Finanzwirtschaft, S. 12–18.

[15] GEBHARD, a.a.O., S. 35, 92–96.

[16] GEBHARD, a.a.O., S. 35–38, 96–103. – Gemeinderatsprotokoll 1885 Nr. 123.

[17] GEBHARD, a.a.O., S. 47, 128, 146f.

[18] GEBHARD, a.a.O., S. 68, 75f.

[19] Dazu Tabellen bei Kap. Wohlhabende Leute, in diesem Band S. 566 f.

[20] Unter Grundstock wird das feste (Stamm)Vermögen einer Gemeinde verstanden (alles liegende Vermögen).

[21] Umschuldung von Darlehen.

[22] Mehr durch Umlage-Nachzahlungen. – Nach GEBHARD, Finanzwirtschaft, S. 240f.

[23] Rechnungsstellung als eigener Beruf wurde von Gemeinderechnern oder als Nebenverdienst von Lehrern bis in die 50er Jahre unseres Jahrhunderts ausgeübt.

[24] GLA 359 Zugang 1906 Nr. 20, 2094.

[25] Dieser Abschnitt beruht auf der Auswertung der Gemeinderechnungen, der Gemeinderatsprotokolle und der Ortsvisitationen.

[26] GEBHARD, Finanzwirtschaft S. 22–29: Preise und Vergütungen in der zweiten Hälfte des 19. Jh.s.

[27] Diese Aufstellung nach ALFRED GEBHARD, a.a.O., S. 77–83 mit weiteren Beispielen.

[28] S. Kap. Buchegger-Stiftung, in diesem Bd. S. 280 f.

[29] Gemeinderatsprotokoll 1873 Nr. 144.

[30] Im Jahre 1695 hören wir zum erstenmal von einer Apotheke auf dem Hohentwiel, die bis zur Demolierung 1800 bestanden haben dürfte. Danach waren die Singener auf die Apotheken in Hilzingen (1833), Radolfzell (1689) und in der Schweiz angewiesen; 1864 wurde die Apotheke in Gottmadingen aufgehoben und nach Singen verlegt. 1880 wurde die heutige Stadtapotheke in der damaligen Poststr. 19 errichtet. – WILHELM ERHARDT, Geschichte der Apotheken des Hegaus, Zs Hegau 7 (1959) S. 179–196; HENNEKA, Medizinische Topographie, S. 70f.

[31] Vielleicht ist die bei der Ortsbereisung 1887 erwähnte Gesellenkrankenkasse, deren Ersparnis in Höhe von 3500 Mark nach Auflösung der Kasse zur Schaffung eines eigenen Spitalfonds verwendet wurde, mit der in den Gemeinderechnungen erwähnten Privatkrankenkasse identisch; vgl. GEBHARD, Finanzwirtschaft S. 288, 291, 302. Zum Krankenhaus: EDMUND KAUFMANN, Das neue Krankenhaus der Stadt Singen/Hohentwiel, Singen 1928; HENNEKA, Medizinische Topographie, S. 64ff; MICHAEL HESS, Das Gesundheitswesen in Singen, Bd. I der Singener Stadtgeschichte, S. 295ff.

[32] GEBHARD, Finanzwirtschaft, S. 252f, 223; GLA 359/26/38 Zugang 1923; 3. Oktober 1874, 21. Mai 1883. StAS XIX/2 + 4.

[33] GEBHARD, Finanzwirtschaft, S. 273–281; H. RUF, Gemeindegebiet und Gemarkung, in diesem Bd. S. 22 ff.

[34] DIETER BRITZ-REINHARD DIETRICH, Eisenbahn im Hegau, Singen 1978; Festschrift 100 Jahre Eisenbahnlinie Winterthur-Etzwilen-Singen, 1975; WALTER MÖLL (Hrsg.), Wegbereiter Eisenbahn. Die Rolle der Eisenbahn in der Entwicklung Singens, Singen 1987; OTTO WEINER, 100 Jahre Bahnlinie Konstanz-Waldshut, Zs Hegau 15/16 (1963) S. 298ff, GEBHARD, Finanzwirtschaft, S. 50–52.

[35] GLA 359 Nr. 15, 69 Zugang 1932. – Vgl. dazu A. MATTES, Der Bau der neuen Stadt, in diesem Bd. S. 597 ff. – 1875 wurden alle im Ort gelegenen Hanfrötzen nach außerhalb verlegt mit Ausnahme der Rötze im Wehrd; die Hanfrötzen bedurften ständiger Wässerung.

[36] ARTHUR HÜGLE, Die Trinkwasserversorgung der Stadt Singen, SiJhb. 1969, S. 44–65; GEBHARD, a.a.O., S. 161ff.

[37] GEBHARD, a.a.O., S. 168f; BECKER-KÖHLER, Die Energieversorgung der Stadt Singen seit 1896, in Bd. I Singener Stadtgeschichte S. 273ff.

[38] StAS IV 1/20a. GLA 233/20297.

[39] Es ist nicht gelungen, die Bezeichnung »Eigenschaft einer Stadt« juristisch/verfassungsrechtlich zu erklären. Nach Artikel 3 des Gesetzes vom 24. Juni 1874, Besondere Bestimmungen über Verfassung und Verwaltung der Stadtgemeinden betreffend, konnten Orte mit mehr als 3000 Einwohnern durch Gemeindebeschluß und mit Genehmigung des Ministeriums des Innern die Städteordnung annehmen. Singen fiel jedoch durch Gesetz und landesherrliche Verordnung vom 22. Juni 1890, die teilweise Abänderung der Gemeindeordnung betreffend, unter die Gemeindeordnung, also nicht unter die Städteordnung. Singen zählte 1900 3909 Einwohner, davon 2187 männlich und 1722 weiblich. – ADOLF KASTNER, Die Selbstverwaltung der badischen Gemeinden und Gemeindeverbände, Pforzheim 1931; FRIEDRICH WIELANDT, Die Badische Gemeindegesetzgebung im engeren Sinne, Heidelberg 1893, S. 31. – Am 22. Juli 1932 beantragte der Gemeinderat, einer Aufforderung des badischen Innenministeriums folgend, der Stadtgemeinde Singen (Hohentwiel) die Eigenschaft einer Stadt im Sinne von § 3 der Gemeindeordnung zu verleihen. Darauf verfügte der Innenminister mit Erlaß vom 19. September 1932, daß »die Stadtgemeinde Singen (Hohentwiel) [...] mit Wirkung vom 1. Oktober 1932 an in die Klasse der Städte eingereiht wird«; vgl. dazu ALBERT JUNG, Der Badische Bürgermeister, 7. Auflage 1928 Heidelberg, S. 2. Inkrafttreten der Badischen Gemeindeordnung vom 05.01.1921, § 3, Abs. 2. StAS IV 1/20b. – Der Verfasser dankt Rechtsrat W. Baur für seine Auskünfte.

Die importierte Arbeiterbewegung

Arbeiter in Singen bis zum Ende des Kaiserreichs

von Gert Zang und Alfred G. Frei

Die deutsche Arbeiterbewegung entstand in den Werkstätten der Handwerker. Handwerksgesellen schlossen sich zusammen, weil die Industrialisierung ihren Status und ihre Qualifikation bedrohte. In den einzelnen Gewerben bildeten sich größere Betriebe. Die industrielle Produktion in großem Maßstab verdrängte die Handwerkerarbeit. Damit verringerten sich die Aussichten für die Gesellen, sich als Handwerksmeister selbständig zu machen.[1] Vor allem in den alten Gewerbe- und Handelsstädten wie Hamburg oder Leipzig gründeten Gesellen Berufsverbände, aus denen später Gewerkschaften und Arbeiterparteien hervorgingen. In diesen Städten setzte auch die Industrielle Revolution am frühesten ein.[2]

Singen aber trat seinen Weg vom Bauerndorf zur Industriestadt vergleichsweise spät an. Erst am Ende des 19. Jahrhunderts ließen sich in dem Bauerndorf, das seit den sechziger Jahren über ausgezeichnete Eisenbahnanschlüsse verfügte und nur wenige Kilometer von der schweizerischen Grenze entfernt lag, Georg Fischers Eisengießerei (GF) und Julius Maggis Nahrungsmittelfabrik nieder. Beide kamen aus der Schweiz, wie auch das dritte wichtige Unternehmen, das Aluminium-Walzwerk von Lauber und Neher, die 1912 in Singen eine Fabrik gründeten. Diese drei Unternehmen machten Singen fast handstreichartig zur Industriestadt – dies zu einem Zeitpunkt, als in den meisten anderen Regionen des Deutschen Reiches die Industrielle Revolution Geschichte war.

Arbeitskräfte für die einfach zu erlernenden, aber schweren Tätigkeiten in den neuen Fabriken standen zur Verfügung: Viele Kleinbauern im Hegau konnten nicht mehr von der Landwirtschaft leben. Auch der handwerkliche Nebenerwerb, den einige von ihnen betrieben, konnte die Familie und vor allem nachwachsende Söhne und Töchter nicht ernähren,[3] diese wurden Arbeiterinnen und Arbeiter in den neuen Fabriken.

Wie reagierten diese Arbeiterinnen und Arbeiter auf die neue Situation, die sich in vieler Hinsicht von der in anderen Industriestädten unterschied? Wir möchten in diesem Beitrag Hinweise auf die ersten in Singen nachweisbaren Arbeitergruppen geben und der Frage nachgehen, wann und wie die Singener Arbeiter versuchten, gemeinsam auf ihre Lage zu reagieren und sich zusammenzuschließen. Es ist dieser Gedanke des Zusammenschlusses, der »Assoziation«, der zum Kennzeichen und Hauptanliegen der neuen Gesellschaftsklasse der Arbeiter und später der industriell-kapitalistischen Gesellschaft insgesamt wurde.[4] Unsere Annahme ist, daß die Voraussetzungen für die Singener Arbeiter, sich zu organisieren, schlecht waren, weil im Hegau selbst wenig soziale und kulturelle Traditionen bestanden, aus denen die Arbeiter Kraft zum gemeinsamen politischen und gewerkschaftlichen Handeln hätten schöpfen können: Die Arbeiterbewegung mußte deshalb *importiert* werden.

1. Die Eisenbahnarbeiter

Sehen wir von den Arbeitern in den frühen und meist kurzlebigen Unternehmen auf der Insel und in der Ziegelei ab, brachte der Bahnbau Anfang der 60er Jahre des 19. Jahrhunderts zum erstenmal eine neue Gruppe von Arbeitern in großer Zahl nach Singen: die ungelernten »freien« Lohnarbeiter. Die Eisenbahnarbeiter waren eine Menschengruppe von »schon halb Entwurzelten«, wie Werner Conze in seinem ersten Aufsatz zur modernen Sozialgeschichte schrieb.[5]

Frei waren sie in mehrfacher Hinsicht: Sie waren weder in die Ordnungen und Bahnen eines Handwerks noch in die Gemeinde, weder in berufliche noch in politische Organisationen eingebunden. Sie blieben während ihrer Anwesenheit ein Fremdkörper am Rande der Gemeinde Singen und brachten weder für das Leben noch für die sozialen Strukturen der Gemeinde eine einschneidende Veränderung.

Ihre genaue Zahl und Zusammensetzung ist uns unbekannt. Über die Arbeitsbedingungen geben uns die 1861 vom Unternehmer des Bauabschnitts aufgestellten und von der großherzoglich-badischen Eisenbahndirektion genehmigten »Bestimmungen für die Arbeiter« Aufschluß, die »pünktlich einzuhalten jeder unbedingt sich verpflichtete, der in diesen Loosen Arbeit nimmt«.[6] Die Nachfrage nach Arbeit habe »auf dem Arbeitsplatz bei dem betreffenden Aufseher« zu geschehen. Die Dauer der Arbeitszeit war folgendermaßen geregelt:

»von Josephstage bis Michaelis:
   von Morgens 5 bis 8 Uhr und von 1/2 9 bis 12 Uhr
   Mittags 1 bis 4 Uhr und von Abends 4 1/2 bis 7 Uhr
von Michaelis bis Gallustag:
   von Morgens am Tag bis 8 1/2 Uhr und von 9 bis 12 Uhr
   Mittags 1 Uhr bis Nacht,
von Gallustag bis Josephstag:
   von Morgens am Tag bis 12 Uhr,
   Mittags 1 Uhr bis Nachts«

In den Frühjahrs- und Sommermonaten, vom Josephstag am 19. März bis Michaelis am 29. September, galt also der 12-Stunden-Tag. Im Herbst und Winter war die Arbeitszeit nur wenig kürzer.

Jeder Arbeiter konnte »nach dem Ermessen des Unternehmers oder dessen auf dem Platz anwesenden Aufsehers ohne Kündigung entlassen werden«, mußte jedoch selbst seinen Austritt acht Tage vorher ankündigen. Der sogenannte blaue Montag war verboten. Neben einer Anzeige bei der Polizei hatte der Betreffende auch mit einer Strafe zu rechnen. Wer gar »Komplotte zur Arbeitseinstellung« anstiftete, also einen Streik ausrief, hatte weitaus empfindlichere Strafen zu befürchten. Außer einer gerichtlichen Verfolgung mußte er mit Geldstrafen in Höhe von 5 bis 10 Gulden rechnen! Das entsprach etwa einem halben Monatslohn.

Wer auf sein Arbeitsgerät nicht genügend achtete, mußte ohne Widerrede einen Lohnabzug in Kauf nehmen. Eine Berufung gegen die ausgesprochenen Strafen gab es nicht. Der Bestrafte hatte sich ihnen »unbedingt zu unterwerfen«. Diese Bestimmungen machen die fast vollständige Rechtlosigkeit der Arbeiter deutlich: Selbst gegen offensichtliche Willkür konnten sie sich nicht wehren.

Der Lohn wurde relativ schleppend bezahlt. Für den zurückliegenden Monat wurde das verdiente Geld erst in der Mitte des nächsten Monats ausgezahlt. Im Krankheitsfall waren die Arbeiter vielen Einschränkungen unterworfen und lebten am Rand des Existenzminimums, die Versorgung war auf den allernötigsten Stand reduziert. Nur der Vertragsarzt der eigens für die Eisenbahnarbeiter eingerichteten Krankenkasse durfte aufgesucht werden. Krankheiten, die auf Trunkenheit oder »Mutwillen« zurückzuführen seien, wurden von der Behandlung ausgeschlossen. Das galt auch für Arbeitsunfälle. Die Versorgung eines Kranken wurde höchstens zwei Monate gewährleistet. Danach, so die Bestimmungen, sei der Kranke auf Kosten der Kasse in seine Heimatgemeinde zu schaffen, die dann weiter für ihn zu sorgen hatte.[7] Im Mai 1861 erhielten diese Bestimmungen auch den Segen der staatlichen Eisenbahnbausektion Singen.

Als die Bauverwaltung in Zeitverzug war und alles daransetzte, den Bau noch vor Einbruch des Winters voranzutreiben, bat sie das Bezirksamt um die Erlaubnis zur Sonntags- und Feiertagsarbeit. Selbstverständlich werde man, wie es in der Begründung heißt, beim Bau der Strecke Engen–Singen »an den genannten Tagen keine lärmenden Arbeiten vornehmen lassen und sich auf die von den Ortschaften entfernten Strecken der Bahnlinie zurückziehen und die Arbeiten allenthalben während des Vormittagsgottesdienstes ruhen lassen«.[8] Man hätte sich wohl kaum getraut, ein solches Ansinnen an die Singener Gemeindebürger zu richten. Bei den am Rand der Gesellschaft stehenden Eisenbahnarbeitern wagte man jedoch ohne weiteres, zentrale Bestandteile des kirchlich-kulturellen Lebens außer Kraft zu setzen. Die Sonderstellung kam auch darin zum Ausdruck, daß das »Kronenwirtshaus« in Singen, in dem die Eisenbahnarbeiter verkehrten, vom »Feierabendstundenbieten« ausgenommen wurde, weil »während der Dauer des Eisenbahnbaues ausnahmsweise Verhältnisse vorlägen«. Diese Ausnahme, so das Bezirksamt, dürfe jedoch nicht auf die anderen Wirtshäuser des Dorfes ausgedehnt werden.[9] Die Eisenbahnarbeiter waren für die Dörfer des Hegaus etwas Vorübergehendes und Exotisches.

2. Umschichtungen im Handwerk

Das Handwerk war im 18. Jahrhundert und auch noch in der ersten Hälfte des 19. Jahrhunderts auf die bäuerliche Bedarfsdeckung ausgerichtet (Müller, Bäcker, Küfer, Schmiede, Wagner, Metzger usw.). Dabei handelte es sich fast ausschließlich um allein arbeitende Handwerksmeister, also um Kleinstbetriebe ohne Gesellen. Singen war deshalb bis weit über die Mitte des 19. Jahrhunderts hinaus für durchwandernde Handwerksgesellen kaum von Interesse. Hier konnten sie keine Arbeit finden. Zwischen 1850 und 1855 stagnierte die Zahl der Kleinbetriebe. Erst die Eisenbahn brachte einen Anstoß: Die Eisenbahner und Eisenbahnarbeiter mußten versorgt werden. Die Zahl der Betriebe im Lebensmittel- und Wirtsgewerbe erhöhte sich deutlich,[10] auch der Kleinhandel dehnte sich aus. Versorgten 1850 drei und 1855 vier Händler die Einwohner mit Waren des täglichen Bedarfs, so waren es 1865 zehn und 1870 bereits fünfzehn. 1880 stieg ihre Zahl sogar auf 36 an. Der Kleinhandel war damit der am schnellsten expandierende Bereich im Kleingewerbe. Neue Geschäfte wurden gegründet, alte erweitert.

575

Neben dem 1878 errichteten Hauptsteueramt (heute Hauptzollgebäude) zwei um diese Zeit erbaute Wohnhäuser für Bahnbedienstete

Aber auch hier handelte es sich zunächst durchweg um Kleinstbetriebe. Erst zwischen 1870 und 1880 stieg die Zahl der Gewerbegehilfen sprunghaft um fast das Zehnfache an. Waren noch 1850 keine, 1855 elf, 1865 siebzehn und 1870 dreizehn Gewerbsgehilfen in Singen tätig, so waren es 1880 schon 104.[11] Singen wurde nun auch für durchreisende Handwerksgesellen als Arbeitsplatz interessant. Viele blieben auf dem Weg in die Schweiz in Singen »hängen«.

Da in der Gemeindekrankenversicherung alle im Gewerbe abhängig Beschäftigten versichert sein mußten, spiegelt deren Mitgliederzahl relativ klar die weitere Entwicklung wider. Danach waren 1890 267 Personen, 1900 609 und 1905 1017 versichert. Die Zahl der Gesellen, Gehilfen usw. war zwischen 1870 und 1905, also in nur 35 Jahren, um mehr als das Hundertfache gestiegen.[12]

Zwischen 1887 und 1888, den beiden Jahren, aus denen die ersten Listen[13] der Gemeindekrankenversicherung erhalten sind, und 1895, dem Jahr, in dem Georg Fischer mit der Massenfabrikation begann, hatte sich im Singener Handwerk bereits ein deutlicher Wandel vollzogen: Die Zahl der Betriebe war gestiegen. Gleichzeitig waren die einzelnen Betriebe größer geworden, hatten also mehr Beschäftigte als noch zehn Jahre vorher. Mit dieser Expansion sank aber auch die durchschnittliche Beschäftigungsdauer, d.h., die Handwerker wechselten häufiger und früher als zuvor den Betrieb. Mit diesem Problem hatten sich alle Handwerker- und Arbeiterorganisationen herumzuschlagen. Die durchschnittliche Arbeitsdauer pro Jahr schwankte zwischen 5 Monaten im klassischen Handwerk und 3,6 Monaten im Bau- und Ausbaugewerbe.

Innerhalb dieser allgemeinen Tendenz gab es jedoch unterschiedliche Entwicklungen. Die klassischen Handwerksbetriebe, die z. T. in einem engen Zusammenhang mit der Landwirtschaft standen, wie Küfer, Schmiede, Buchbinder, Hafner, Gabelmacher, Drechsler, Sattler, Seiler, Schlosser und Wagner, vergrößerten sich kaum. Die Zahl der Betriebe stieg nur von 25 auf 28 an. Im Schnitt beschäftigte jeder dieser Betriebe nur ein bis zwei Leute mehr als zuvor. Die meisten hatten überhaupt nur einen bis vier Gesellen. Die Beschäftigungsdauer war in diesen Betrieben vergleichsweise lang. Sie betrug 5 Monate.

Auch im Bereich des Nahrungsgewerbes war die Zahl der Geschäfte nicht nennenswert gestiegen: von 10 (1887) auf 11 (1895). Hier aber war die Zahl der Beschäftigten deutlich nach oben gegangen: von im Schnitt 4,8 auf 7,4 pro Betrieb. Die gleiche Zahl von Betrieben versorgte mit mehr Beschäftigten die wachsende Einwohnerschaft, darunter die wachsende industrielle Arbeiterschaft. Deren Zustrom, vor allem aber die Anwesenheit vieler Bauhandwerker (Fabrikbau) hatten die

Zahl der Gastwirtschaften und Brauereien in die Höhe schnellen lassen. 1895 gab es 16 gegenüber nur neun im Jahr 1887. Dabei hatte sich die Zahl der Beschäftigten pro Betrieb mehr als verdoppelt. Die Beschäftigungsdauer pro Jahr war in diesen größeren Betrieben mit 4,2 Monaten um fast einen Monat kürzer als in den klassischen Handwerksbetrieben. Die gleiche Expansionstendenz zeigte sich im Einzelhandel. Gab es 1887 lediglich zwei Betriebe mit versicherungspflichtigen Angestellten, so waren es 1895 bereits elf. Allerdings waren das Kleinbetriebe. Im Schnitt hatten sie fünf Angestellte.

Am deutlichsten zeichnete sich die Umbruchsituation im Bau- und Ausbaugewerbe ab. Die Zahl der Betriebe war von 27 auf 38 gestiegen und wies mit durchschnittlich 12 Beschäftigten die höchste Mitarbeiterzahl auf. Diese hatte sich seit 1887 fast verdoppelt. An der Spitze standen Betriebe mit 67, 48 und 32 Beschäftigten. Gleichzeitig wies dieser Bereich die geringste Beschäftigungsdauer pro Jahr auf, sie lag 1895 bei durchschnittlich 3,6 Monaten.

Die Fabriken, die zu dieser Zeit (1895) noch im Anfangsstadium steckten, waren kaum größer als die größten Baubetriebe, GF hatte 67 und Maggi 47 versicherungspflichtige Arbeiter bzw. Arbeiterinnen.

3. Der Arbeiterfortbildungsverein[14]

In dieser Zeit der Expansion des Kleingewerbes und noch vor der sprunghaften Zunahme der Gesellen und Gehilfen wurde der liberale Arbeiterfortbildungsverein gegründet.

Die erste sichere Nachricht von der Existenz des Arbeiterfortbildungsvereins[15] sind die 1868 abgefaßten und im Stadtarchiv aufbewahrten Statuten des Vereins.[16] Dieser an sich ausführliche Text gibt jedoch keinen Hinweis auf die Entstehung.

1868 gab es noch nicht viele Gesellen in den Singener Handwerksbetrieben. Die Basis für eine Vereinsgründung könnten jedoch die Beschäftigten der mittlerweile in Betrieb genommenen Eisenbahn und die Arbeiter der Spinnerei Trötschler auf der Insel (heute »Musik-Insel«) gewesen sein. Das war jedenfalls zu diesem Zeitpunkt die einzige größere Gruppe abhängig Beschäftigter in Singen. 1872 heißt es jedoch in zwei kurz aufeinanderfolgenden Artikeln des »Hegauer Erzählers« widersprüchlich, der Verein bestehe »seit längerer Zeit«,[17] und wenig später, der Verein sei vor einem Jahr gegründet worden.[18] Anlaß für diese Artikel war die am Pfingstmontag 1872 vollzogene Fahnenweihe des Vereins. Dazu heißt es:

»In mehreren Reden wurde betont, daß die Aufgabe des Arbeiterfortbildungsvereins in der Richtung der Vervollkommnung seiner Mitglieder zu tüchtigen Meistern und braven Bürgern liegt, mit vollständigem Ausschluß sozialdemokratischer Gelüste und Strikegelüste. Wie wir hören, sollen Mitglieder des Schweizer Grütli-Vereins von Schaffhausen, die mit ihrer Fahne anwesend waren, die Absicht gehabt haben, in sozialem Sinne zu wühlen, allein sie unterließen es der ernsten Betonung der gegentheiligen Bestrebungen gegenüber. Das Fest verlief somit in schönster Ordnung.«[19]

Der Verein war also noch ganz auf das Handwerk hin orientiert: Die Mitglieder sollten tüchtige Meister und brave Bürger werden.

In einem Festartikel wurde jedoch auch die Klage geführt, »daß sich in einem Ort wie Singen nicht mehr Arbeiter an diesem nützlichen und zweckdienlichen Verein beteiligen«.[20] Man kann daraus den Schluß ziehen, daß eine geringe Mitgliederzahl und die strukturell bedingte große Fluktuation im Handwerk die Existenz des Vereins beständig bedroht haben. Dafür spricht auch der Umstand, daß anläßlich der Gründung des Bodenseegauverbandes der Arbeiterfortbildungsvereine im Juni 1874 keine Rede von einem Singener Verein war.[21]

Für einen stabilen Verein fehlte in Singen noch die soziale Grundlage. Die Zahl der Gesellen war auch in den 70er Jahren des 19. Jahrhunderts trotz wachsender Tendenz noch vergleichsweise klein. Erst in den 80er Jahren scheint sich der Verein konsolidiert zu haben. Das entspricht den sozialen Veränderungen in der Gemeinde. Jedoch war es auch später noch für alle Vereine, die Handwerksgesellen organisieren wollten, schwierig, ein Mindestmaß an Kontinuität zu erreichen. Das zeigte sich beim katholischen Gesellenverein ebenso wie bei den Versuchen, einen sozialdemokratischen Ortsverein zu gründen.

Im Singener Arbeiterbildungsverein wirkten nicht nur liberale und nationale, sondern auch altkatholische und protestantische Einflüsse. So hielt der altkatholische Pfarrer Leuthner im Juni 1889 einen Vortrag über das Konstanzer Konzil. Er habe sich dabei, wie die »Konstanzer Zeitung« in ihrem Bericht am 5.6.1889 betont, jeder Polemik enthalten. Im April des gleichen Jahres hatte der evangelische Pfarrer Haas einen Vortrag über Theodor Körner gehalten. Ebenfalls im April hielt ein Professor aus Freiburg einen Vortrag über »Frankreich und seine Bedeutung für die deutsche Geschichte«. Neben dem »namenlosen Unglück«, welches Frankreich über uns gebracht habe, habe es auch unwillentlich viel Positives für Deutschland geleistet, wofür man ihm »in vielen Beziehungen zu Dank verpflichtet« sei.[22] In die-

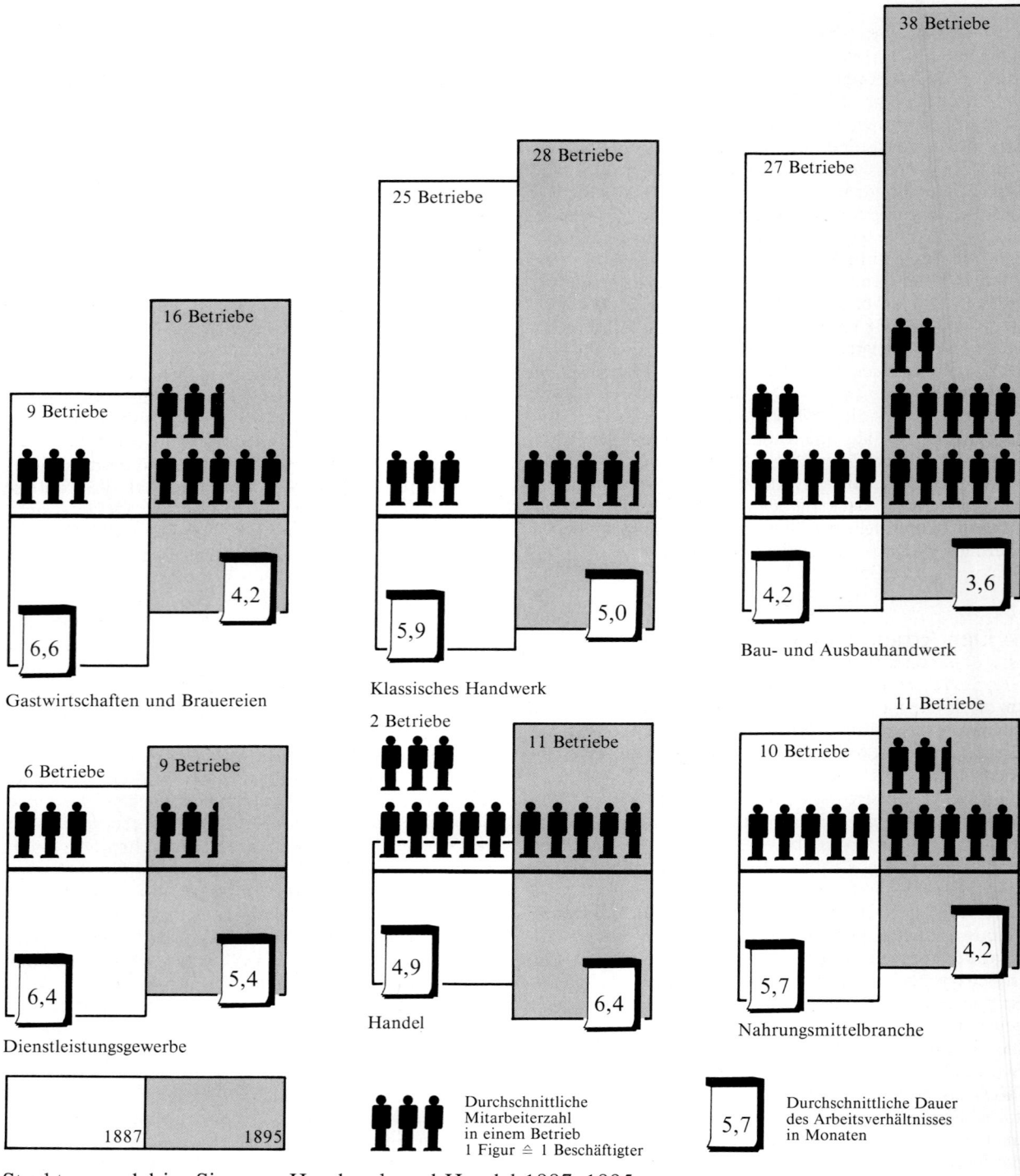

Strukturwandel im Singener Handwerk und Handel 1887–1895
Veränderungen in der Zahl und der Größe der Betriebe

sem Jahr hatte der Verein laut »Konstanzer Zeitung« vom 7.2.1889 31 aktive und 48 passive Mitglieder. Die Nähe des Arbeiterbildungsvereins zur altkatholischen und zur protestantischen Kirche trug ihm von seiten des politischen Katholizismus den Vorwurf ein, wie kein anderer Verein ein Tummelplatz konfessionellen Getriebes zu sein. Der Arbeiterfortbildungsverein sei »so recht das Gemeingut der hiesigen Liberalen, die sich aus Altkatholiken, Protestanten und Ungläubigen rekrutieren«.[23]

Gegen Ende des Jahrhunderts scheint jedoch diese weltanschauliche Belehrung und Orientierung der Mitglieder in den Hintergrund getreten zu sein. Die politisch und religiös engagierten Arbeiter konnten jetzt in den inzwischen gegründeten sozialistischen und kirchlichen Organisationen mitmachen. Unterhaltung und Vergnügen (Tanz, Ausflüge, geselliges Beisammensein) rückten im Bildungsverein mehr und mehr in den Vordergrund. Das mag auch mit dem Umbruch des Jahres 1895 zusammenhängen. In dem Jahr war es zu einer heftigen vereinsinternen Auseinandersetzung gekommen. Nachdem sich die ältere Generation aus dem Vorstand zurückgezogen hatte, kam es bei der fälligen Vorstandswahl zur Wahl jüngerer, politisch weiter links stehender Mitglieder. Das gefiel aber weder dem alten Vorstand noch den passiven Mitgliedern, also den Meistern und Kaufleuten. Sie setzten alles daran, die Wahl rückgängig zu machen. Der neue Vorstand wurde als sozialdemokratisch denunziert, was auch nach dem Fall des Sozialistengesetzes im Jahre 1890 ein wirkungsvolles Mittel im politischen Kampf gegen unbequeme und sozial mit Vorbehalt betrachtete Personengruppen geblieben war. Die Angegriffenen gründeten daraufhin einen eigenen »Arbeiterbildungsverein Eintracht«.[24] Das konnte jedoch die Angriffe nicht zum Verstummen bringen. So hieß es 1895 im »Hegauer Erzähler«:

»Dieser sogenannte Arbeiter-Bildungs-Verein ist in Wahrheit ein sozialdemokratischer Verein. Im Vorstande sitzen einige dieser Herren und beinahe alle hiesigen sozialdemokratischen Arbeiter zählen zu seinen Mitgliedern. Der Verein wählte offenbar einen harmlosen Namen, um im Geheimen desto wirksamer wühlen zu können.«[25]

An diesem weitverbreiteten (Vor-)Urteil hat sich auch die kurz danach in den »Hegauer Erzähler« eingerückte Richtigstellung nicht viel ändern können:

»1) Es ist völlig unwahr, daß der Arbeiterbildungsverein ›Eintracht‹ ein sozialdemokratischer Verein ist; 2) ganz und gar unwahr, daß einige Herren sozialdemokratische Arbeiter in der Vorstandschaft sitzen; 3) ebenso unwahr ist, daß beinahe alle sozialdemokratischen Arbeiter im Verein sind; 4) ebenso ist es eine Unwahrheit, der Verein habe den harmlosen Namen ›Eintracht‹ beigelegt, um im Geheimen desto wirksamer zu wühlen. Der Name fand deshalb seinen Ort, um die Vereine zu unterscheiden, in welchem Handwerksburschen und reingelaufene Fremde sind und in welchem nicht. In dem seitherigen älteren Arbeiterbildungsverein waren die Arbeiter ›Handwerksburschen‹ usw. Diese haben nun einen Verein ›Eintracht‹ gegründet und nicht Sozialdemokraten.«[26]

Den Hintergrund für diese Auseinandersetzungen bildete der soziale Umbruch, der sich in den Jahren in Singen vollzog. Die Arbeiter hatten mit dem handwerklichen Weltbild gebrochen: Sie wollten nicht mehr Gesellen sein. In verschlüsselter Form kommt das in der Gegendarstellung zum Ausdruck. Im neuen Arbeiterbildungsverein sammelten sich die Arbeiter, nicht mehr die Handwerksburschen. Mittlerweile hatten sich, zuletzt durch den Bau der Eisengießerei 1894/95, in größerem Umfang neue Berufsgruppen gebildet.[27] Vor allem aber waren fast alle Betriebe im Durchschnitt größer geworden. Das persönliche Verhältnis zwischen Meistern und Gesellen verlor an Bedeutung. Die Beschäftigten begannen, sich als Arbeiter zu verstehen.

4. Der katholische Gesellenverein

Der katholische Gesellenverein wurde 1886[28] mitten in dieser Ausweitung des Arbeitsmarktes für Gesellen, Handlungsgehilfen und Bedienstete aller Art gegründet. Dieser Verein soll hier ausführlicher vorgestellt werden. Die sozialistischen Strömungen der Arbeiterbewegung haben wir bereits an anderer Stelle dokumentiert.[29] Die katholische Vereinsgründung 1886 ist sicher auch eine Frucht des Kulturkampfes. Die Mitgliederstruktur des Vereins gibt einen Eindruck von der damaligen Umbruchsituation. Das auffallendste Merkmal ist die hohe Fluktuation der Mitglieder.

Fluktuation der Mitglieder im katholischen Gesellenverein[30]

	1887/88	1888/89	1889/90	1890/91	1892/93
Mitglieder am Anfang des Jahres	38	22	18	22	
Zugänge	29	25	25	38	25
Abreisen	37	36	18	25	22
Ausgeschlossen	7	2	2	5	3
Ausgetreten	1	2		3	5
Prov. Aufgen.					
Pass. Mitgl. gew.			1	1	1
Mitglieder am Ende des Jahres	22	11	22	26	

Daß diese Schwankungen nicht nur die Anfangsjahre kennzeichneten, sondern für den Verein charakteristisch waren, beweisen zwei Übersichten aus den Jahren 1912–1913:

	1912/13	1913/14
Mitglieder am Anfang des Jahres	42	51
Zugänge	?	17
Abreisen	71	?
Ausgeschlossen	1	
Ausgetreten	6	
Prov. Aufgen.		
Pass. Mitgl. gew.	1	
Mitglieder am Ende des Jahres	51	51

Im Jahresbericht 1913 kommentierte der Vorstand diese Fluktuation mit den folgenden Worten:

»Das ist an unserem Verein am meisten zu bedauern, dieser große Wechsel, der ein ständiges Aufwärtsstreben so schwer macht. Schon viele Mühe liegt allein darin, die durch den Wechsel entstandenen Lücken wieder auszugleichen. Dieser Wechsel zeigt sich auch in den Vorstandsstellen. Angefangen vom Präses bis zum jüngsten Ordner ist im aktiven Vorstand alles anders geworden. Kein einziges Mitglied des Vorstandes, wie er auf der letzten Generalversammlung bestand, kann die bevorstehende Generalversammlung begrüßen.«

Das Handwerk in Singen war kein Ort, wo man Wurzeln schlug. Andernorts schienen sich bessere Verdienstmöglichkeiten zu bieten. Diese Hoffnung kommt in einer Protokollpassage von 1891 zum Ausdruck:

»Am Festtage Peter und Paul hatten wir im Verein wieder einen schweren Verlust zu verzeichnen, indem das sehr eifrige und brave Mitglied Jos. Rotter, Schreiner, den Wanderstab ergriffen hatte, um sein Glück an einem anderen Ort zu versuchen. Vor allem aber wurde sein Scheiden aus dem Verein von unserem kleinen Gesangverein schwer empfunden, welcher nunmehr auf neun Mann zusammengeschmolzen war; ein schlechter Trost für den Leiter des Gesangs. Unserm scheidenden Mitgliede aber noch ein herzliches ›Lebewohl‹ und ›Glückauf!‹«

Die große Mitgliederfluktuation weist darauf hin, daß die im Gewerbe Beschäftigten kaum ein bis zwei Jahre, oft sogar nur einige Monate in Singen blieben. Sie konnten schwer am Ort Fuß fassen. Die Isolation im fremden Ort, der Kontaktmangel, die fehlende Unterhaltung in der freien Zeit und der Wunsch, sich in einem geheizten Raum mit anderen zu treffen, waren Gründe, die zur Entstehung des Vereins geführt hatten. Die begrenzte Zeit anwesenden Gesellen sollten einen festen Ort und Treffpunkt haben.

In die Wohnverhältnisse der Lehrlinge, Gesellen, Dienstboten und Knechte gibt uns ein Bericht des Bezirksamtes einen sehr anschaulichen Einblick. Die dabei aufgedeckten Mängel belegen eindringlich, was den Anlaß gab, in der Freizeit entweder in Wirtshäuser oder Vereine zu gehen; die lebenspraktischen Motive, sich dem Arbeiterbildungsverein oder dem katholischen Gesellenverein anzuschließen, werden deutlich:

»Vielfach benützen zwei Lehrlinge, aber auch ein Geselle oder Knecht und ein Lehrling zusammen eine winzige Bettstelle. Der Grund hierfür liegt in den oft sehr beschränkten Wohnungs- und bescheidenen Erwerbsverhältnissen, welche bauliche Veränderungen unmöglich machen.

Die Reinlichkeit in den Schlafräumen läßt sehr häufig viel zu wünschen übrig. Es ist dies insbesondere da der Fall, wo auch in den übrigen Räumen der Wohnung und in den Werkstätten keine rechte Ordnung herrscht. Die Beauftragten haben es sich angelegen sein lassen, auf Beseitigung dieser Mißstände tunlichst hinzuwirken.

Sehr oft fehlen die Waschgeschirre und Handtücher, und in vielen Schlafräumen findet sich weder ein Tisch noch ein Stuhl, noch ein Kleiderschrank, so daß die Kleider in unordentlicher Weise herumliegen.

Für Beleuchtung und Lüftung der Räume ist im allgemeinen wenig Verständnis vorhanden. Wenn Fenster da sind, dann werden sie meist nicht geöffnet, vielfach aber ist direktes Licht überhaupt nicht vorhanden oder Beleuchtung erfolgt mittels Glasziegeln, die nicht geöffnet werden können.

Die Schlafräume selbst sind ihrer Lage und Beschaffenheit nach oft derart, daß sie als wenig geeignet für den Aufenthalt von Menschen bezeichnet werden müssen. Sie sind häufig unter dem Dachfirst, innerhalb von Hausställen, im Holzschopf und dgl. untergebracht und haben oft Zugänge, die kaum passierbar sind. Die Zugangstreppen haben vielfach keine Geländer, die Treppenschachte sind höchst mangelhaft oder es gibt gar keine Einfriedungen, so daß eine Absturzgefahr für die Gesellen und Lehrlingen vorhanden ist. Überdies lagern oft auf und neben den Zugängen zu den Schlafräumen Holz, Hobelspäne, Stroh, Wäsche und dgl., so daß eine beständige Feuergefahr konstatiert werden kann.«[31]

Diese jungen Leute verlangten nach Unterhaltung. Ausflüge, Theaterspiele, Rezitationen und Gesangsvorträge standen deshalb im Vordergrund. Rielasingen, Arlen, Aach, Reichenau, Schaffhausen, Stein a. R., Friedingen und der Hohentwiel waren die Ziele solcher Ausflüge zu Fuß oder mit der Bahn. Dabei konnte man sich nur Fahrten in die nähere Umgebung leisten. Weitere Fahrten zu anderen katholischen Gesellenvereinen (Zürich, Villingen, Basel, Ravensburg z. B.) wurden nur von kleinen Delegationen unternommen.

Beim Theaterspielen wurden vor allem kurze Lustspiele bevorzugt. In größeren Abständen wurden aber auch religiöse und anspruchsvolle Stücke aufgeführt, wie beispielsweise im Jahr 1890 die Passion. Tanzveranstaltungen, an denen die jungen Leute sicher größtes Interesse hatten, wurden hingegen nur sehr selten angeboten, meist zum Jahresende und zur Fasnacht. Dies lag wohl an der damals von der Kirche vertretenen Haltung, nach der eine unkontrollierte Begegnung der Geschlechter sittliche Gefahren in sich barg. So wurde anläßlich eines Tanzes im Jahre 1889 mit Befriedigung im Protokoll notiert, der Ball sei »in ruhiger, sittlicher Ordnung« verlaufen und »morgens 4 Uhr geschlossen« worden.

Die Erhaltung der bestehenden gesellschaftlichen Ordnung kann als das einigende Band der verschiedenen Vorträge bezeichnet werden. Themen solcher Vorträge waren etwa 1888 das Verhalten der Dienstboten und 1890 das Verhältnis zwischen Meister und Geselle. Von da aus war es zu den »beiden höchsten Autoritäten« »Papst« und »Kaiser« nicht weit. Sie wurden immer wieder herausgestrichen, so 1889 »anläßlich der an der Christbaumfeier von seiten des Vereins dem Präses als Geschenk übergebenen Bildnisse seiner Majestät des Kaisers Wilhelm II. und der Kaiserin«. In Erwiderung hielt der Präses einen Vortrag, »worin er uns vom deutschen Kaiserpaar erzählt und dessen schöne Eigenschaften gepriesen« hat.

Der gemeinsame Nenner dieser Vorträge bestand darin, die Bedeutung von Autorität im Kleinen wie im Großen zu betonen. Unmittelbar politische Vorträge waren hingegen selten.

1892 nahm anläßlich eines Besuchs des Arlener Arbeitervereins in Singen der Präses zu aktuellen politischen Fragen Stellung: Er »verbreitete sich in seiner trefflichen Rede über die Ziele und Bestrebungen der brutalen Umsturz-Partei und erörterte, daß ein mit gegenwärtigen Verhältnissen unzufriedener Arbeiter eher geneigt sei, für deren Tendenzen Voreingenommenheit zu zeigen, würde aber bei einem etwaigen Zukunftsstaate gewiß niemals zufrieden werden. Desgleichen berührte alsdann der Arbeitervereins-Vizepräses in nicht minder musterhaften Worten etwa dieselben Ideale wie Vorredner und wies hin auf die Verdienste, die sich Papst Leo durch allseitige Kundgebung seines Wohlwollens für die Arbeiter in seiner Enzyklika erworben und wie er stets bestrebt sei, die Lage der Arbeiter zu verbessern.« Anschließend verlas der Vizepräsident des Gesellenvereins eine Passage aus einer Rede des Bischofs von Trier. Ein Katholik, hieß es darin, könne »niemals Revolutionär sein, denn unsere Religion gebietet uns, allüberall die Ordnung zu stützen und danach zu streben, die besten Bürger des Staates zu sein. Immer habe es Arme gegeben, immer aber auch werde es Reiche geben, welche ihre Hand auftun und Gaben austeilen, welche irdisches Besitztum entbehren« usw.

Nach der Jahrhundertwende wurde in der Vereinsarbeit ein merklich anderer Ton angeschlagen. Die Betonung grundsätzlicher Dogmen auf der einen und die Ausrichtung auf Vergnügungen auf der anderen Seite traten zugunsten einer pragmatischen Bildung und Interessenvertretung in den Hintergrund. Den Mitgliedern wurden in erster Linie sachbezogene und allgemeinbildende Vorträge sowie ganze Lehrgänge und Themen aus dem Bereich des Berufs- und Arbeitsrechts im weitesten Sinne geboten.

So wurde 1912 die »Fleischteuerungsfrage« zum Thema gemacht und für den Beitritt zur christlichen Gewerkschaft geworben. Bereits bei der nächsten Versammlung stand der »freie gewerbliche Arbeitsvertrag« zur Debatte und wurden am Ende »sozialpolitische Vorträge« angekündigt. Wiederum zwei Wochen später wurde ein Zeichenkurs angeboten. Vermutlich aus Opposition gegenüber dem in Singen herrschenden Großblock (Liberale mit Unterstützung der SPD) lehnte man die Bitte um einen Schulsaal ab. Wörtlich heißt es: »Die Unterrichtsstunden finden jeweils am Sonntagvormittag von 10–12 und am Donnerstagabend von 8–10 Uhr statt, und zwar im Vereinslokale. Von der Einreichung einer Eingabe an den Gemeinderat betreffs Überlassung eines Schulzimmers zu diesem Zweck wird aus bestimmten Gründen abgesehen.«

1912 wurde in einem Vortrag das grundsätzliche Zukunftsproblem aller Handwerker angeschnitten. Nach einem historischen Rückblick auf die Entwicklung des Handwerks stellte der Präses fest, »wie nun heute das Handwerk immer mehr verdrängt wird durch die modernen Großbetriebe und Fabriken«. Der Vortrag endete, ohne daß eine Zukunftsperspektive aufgezeigt wurde.

Neben diesen beruflichen Problemen wurden weitgespannte allgemeinbildende Themen behandelt, so unter anderem: das Leben des spanischen Malers Murillo (14.1.13), die Entwicklung des deutschen Postwesens (28.2.13), die Aufgaben des Bundesrates (2.3.13), der Nutzen der Eisenbahn (22.4.13), die Freiheitskriege (06.5.13), die badische Geschichte und Kaspar Hauser (15.5.13), die Entstehung eines Gesetzes (24.3.14), das Reichsversicherungswesen (16.7.14) und schließlich Scheffels Roman »Ekkehard«. Der Präses stellte dabei kritisch fest, »wie Scheffel in seinem modernen Roman die geschichtlichen Tatsachen furchtlos entstellte und somit für leichtgläubige Leser nicht geeignet ist, umsomehr nicht, da viele Tausende von Lesern aus solchen Romanen ihr ganzes Wissen über das Klosterleben schöpfen« (4.6.1914).

Der Schwerpunkt der Vereinsarbeit verlagerte sich also von der Freizeitbeschäftigung zur Berufsbildung und zur problemorientierten Auseinandersetzung mit den Fragen der Zeit. Eine Ursache dafür war die 1908 eingeleitete Professionalisierung: Die katholischen Gesellen- und Arbeitervereine stellten Arbeitersekretäre ein (in Singen Kleibrinck, später Winz). Zum anderen hatten sich die Erwartungen der Mitglieder verändert. Außerdem mußte man sich mit der Konkurrenz der sozialistischen Organisationen auseinandersetzen.

Diese Anpassung an den Zeitgeist und die zum Teil von den Sozialisten gesetzten Maßstäbe und Themen hatten jedoch das Festhalten an den bestehenden Hierarchien nicht berührt. Das kam in der zufällig auf den 30.7.1914 fallenden Versammlung deutlich zum Ausdruck. Es herrschte, bevor der Krieg wirklich begann, eine ungebrochene patriotische Hurrastimmung:

»Die Versammlung, welche um 3/4 9 Uhr durch Hochwürden, Herrn Präses, eröffnet wurde, trug im Gesamten echt patriotischen Charakter. [...]

Es wurde schon der Vortrag mit großem Interesse und großer Begeisterung aufgenommen, dieselbe steigerte sich, als das Lied ›Deutschland, Deutschland über alles!‹ stehend gesungen wurde. Die Begeisterung erreichte ihren Höhepunkt, als Präses wiederholt patriotische Ansprachen hielt. In einer derselben feierte er den Deutschen Kaiser als Fürsten des Friedens und ein begeistert aufgenommenes Hoch auf ihn ausbrachte, ebenso auf den greisen, schwergeprüften Kaiser Franz Josef in einer zweiten Ansprache. [...]

Um etwa 1/2 11 Uhr erschien Herr Redakteur Kuden mit der schlimmen Nachricht, daß Deutschland vor der Mobilmachung stände und um 1 Uhr die Entscheidung zu erwarten sei. Es war dies eine zu ernste Nachricht, um die Zeit noch weiter mit Gesang zu vertreiben, deshalb suchten auch die meisten ihr Heim auf, um sich zu rüsten, und ein Teil dagegen zog es vor, die ereignisvolle Stunde im Vereinsheim abzuwarten. Sie blieb aber doch noch aus, wurde aber am Samstag 1/4 7 Uhr zur Tatsache, und nun stehen wir tatsächlich vor einem Weltkriege. Möge Gott den Sieg dem verbündeten Dreibund verleihen und daß Österreich mit Deutschland nachher ein ewig dauernder Friede zuteil werde.

– Gott segne das ehrbare Handwerk.
Mit Gott für Fürst und Vaterland.«

Die Kommentierung der Kriegsereignisse stand in allen weiteren Versammlungen im Mittelpunkt. Im Rückblick auf das Vereinsjahr 1914 wich das Hurra vor und kurz nach dem Kriegsausbruch einer nüchterneren und sorgenvolleren Betrachtung. Immer mehr Mitglieder wurden eingezogen.

Mit Befriedigung wurde festgestellt, daß dennoch bis jetzt keines der Mitglieder gefallen sei. »Gebe Gott, daß wir sie alle wieder gesund und munter nach dem Kriege in unserer Mitte begrüßen können.«

In einem Nachtrag zum Protokoll von 1914 vermerkte der Präses höchstpersönlich: »Immer holt uns zwar der unerbittliche Krieg neue Mitglieder aus dem Verein,

Mitgliederentwicklung des katholischen Gesellenvereins Singen 1886–1934[33]

	aktiv	passiv
1886	30	
1889	11	
1890	22	
1891	22	
1895	36	53
1906	54	
1910	30	72
1912	43	90
1913	45	95
1914	51	
1920	57	46
1922	60	55
1924	60	
1928	80	115
1932	68	115
1934	36	

aber die Lücken füllen sich immer wieder, so daß wir doch ständig 15–20 Mitglieder haben, die sich sehr eifrig am Vereinsleben beteiligen.«[32] Danach bricht das Protokoll ab. Es wurde nicht mehr weitergeführt.

Am Vorabend des 30. Juli, jenem Tag, an dem der katholische Gesellenverein noch »zunächst« die patriotischen Reden seines Präses bejubelte, um dann durch die Nachricht von der Mobilmachung ernüchtert zu werden, hatte die Sozialdemokratie zu einer Demonstrationsversammlung für die Erhaltung des Friedens geladen.[34]

Gekommen waren, folgt man dem »Hegauer Erzähler«, nur wenige. Nur *vor* dem Lokal hatte sich eine große Volksmenge versammelt, sang die »Wacht am Rhein« und »zog dann zum Kriegerdenkmal«.

Auch wenn das sicher eine von kleinbürgerlichen Schichten getragene Demonstration gewesen sein dürfte, so kann doch davon ausgegangen werden, daß ein beträchtlicher Teil der Arbeiter die Kriegsbegeisterung des Bürgertums teilte oder dem Krieg zumindest gleichgültig gegenüberstand. Vor welchem sozialen Hintergrund hatte sich nun der politische Weg des Gesellenvereins vollzogen?

5. Die ersten Fabrikarbeiter in Singen

Spätestens mit dem Baubeginn der großen Fabriken änderten sich in den 90er Jahren Zahl und soziale Zusammensetzung der im Kleingewerbe Beschäftigten. Das Bau- und Ausbaugewerbe wuchs stark und trat beherrschend in den Vordergrund. Gleichzeitig nahmen die Betriebsgrößen deutlich zu. Diese neue Situation bildete vermutlich den Hintergrund für die heftigen Auseinandersetzungen im Arbeiterfortbildungsverein, die sowohl zur Neugründung eines Arbeiterbildungsvereins wie zur Gründung der SPD führten.

Die soziale Lage der im Kleingewerbe Beschäftigten zeichnete sich durch immer größere Unterschiede aus. Die Spanne reichte von den Dienstboten in einem kleinen Handelsgeschäft bis hin zu den Gesellen großer Maurergeschäfte und Schreinereien. Diese Gegensätze spielten später bei den Wahlen zum Gewerbegericht und zur Verwaltung der AOK eine zentrale Rolle. Die erste Gruppe tendierte grob gesprochen zur christlichen Arbeiterbewegung bzw. zu den Gesellenvereinen, die zweite Gruppe, die Gesellen in den größeren Betrieben, zur freien Gewerkschaft und zur SPD.

Im gleichen Jahr, 1895, begann mit dem Ende der Bauarbeiten bei GF und der im August in Betrieb genommenen Gießerei die Zahl der Fabrikarbeiter in Singen über ihre bisher marginale Größe hinauszuwachsen und sich zur bedeutsamsten sozialen Gruppe der Stadt zu entwickeln. Diese Gruppe unterschied sich deutlich von den Lehrlingen und Gesellen im Handwerk, die bisher im gewerblich-industriellen Bereich den Ton angaben.

83% der ersten Arbeiter-Generation bei GF hatten keine Lehre. Die meisten der Neu-Arbeiter kamen aus Singen und der unmittelbaren Umgebung (65%). Zählt man einen Teil der Schweizer Beschäftigten hinzu, so waren es mehr als 70%, die aus der allernächsten Umgebung kamen. Bei den Arbeitern ohne Lehre (Angelernte und Ungelernte) waren es sogar mehr als 80%. Lediglich die Beschäftigten, die eine handwerkliche Lehre absolviert hatten, kamen zu etwa 60% aus größerer Entfernung.[35] Die Distanz zwischen den Lebenswelten der gelernten Gesellen im Handwerk und den ungelernten Arbeitern der ersten Generation geht auch daraus hervor, daß 82% der gelernten Fabrikarbeiter in der Stadt wohnten, während 50% der ungelernten täglich zwischen ihrem Wohnort und Arbeitsort hin- und herpendelten. Mehr als 50% blieben also in ihrer dörflichen Lebenswelt. Dieses zahlenmäßige Verhältnis, das sich in der Folgezeit keineswegs zugunsten des städtischen Lebens verschoben hat, macht auch verständlich, warum die Organisation der Arbeiter so langsam vor sich ging. Die skizzierte Trennungslinie blieb lange Zeit bestehen: Die kleingewerblich beschäftigten Arbeiter hatten in Singen schon relativ bald Organisationen gebildet: In der ersten Phase den Arbeiterfortbildungsverein und in der zweiten Phase den katholischen Gesellenverein, den zweiten Arbeiterfortbildungsverein, den Holzarbeiterverband und schließlich die Sozialdemokratie.

Diese handwerklich geprägten Vereinigungen waren nicht in der Lage, von sich aus die Fabrikarbeiter einzubinden. Diese aber konnten sich kaum selbst organisieren. So entstand eine zeitliche Verzögerung, bis sich die neuen Arbeiter organisierten und als »Klasse für sich« begriffen.[36]

Dabei darf man nicht vergessen, daß die innerbetriebliche Situation und die Machtverhältnisse zwischen Meister und Gesellen und zwischen Fabrikleitung und Arbeitern grundverschieden waren. Die Leitung der GF hatte alles darangesetzt, eine gewerkschaftliche Organisation der Arbeiter zu verhindern, indem sie alle Personen entließ, die der sozialdemokratischen Tendenz verdächtig waren. Das konnte sie sich aufgrund der leichten Ersetzbarkeit der ungelernten Arbeitskräfte auch leisten, ohne den Betrieb zu stören. Die Handwerksmeister mußten in dem Punkt weit mehr nachgeben, weshalb es im gewerblichen Bereich auch relativ früh zu kollektiven Tarifverträgen kam, im Fabrikbereich dagegen erst nach dem 1. Weltkrieg, wenn man von der Ausnahme der

Maggi absieht, die bereits 1911 einen solchen Vertrag abschloß. Die ersten, die auf die mit den Fabriken geschaffene neue Lage reagierten, waren die Katholiken. Sie gründeten 1896 den katholischen Arbeiterverein. War dieser Verein noch eng in die kirchliche Vereinswelt eingebunden, so war die Gründung einer christlichen Gewerkschaft (1899) das angemessene organisatorische Angebot an die Fabrikarbeiter: Sie sollte die betrieblichen Interessen der Arbeiter vertreten. Nach der Christlichen Gewerkschaft (1899) wurden im Jahr 1900 der Deutsche Metallarbeiterverband und der Evangelische Arbeiterverein, 1903 der Fabrikarbeiterverband, 1905 der Christliche Metallarbeiterverband und 1907 der katholische Arbeiterinnenverein gegründet.[37]

Es gelang also erst ein halbes Jahrzehnt nach dem Bau der großen Fabriken, Organisationen für die Fabrikarbeiter aufzubauen.

6. Die Entwicklung der Christlichen Gewerkschaften

Neben dem Christlichen Metallarbeiterverband, der seit 1905 in Singen dauerhaft aktiv war,[38] bestand mit dem »Centralverband christlicher Hilfs- und Transportarbeiter« vor dem 1. Weltkrieg eine weitere Fachgewerkschaft. Die ersten Hinweise auf diesen Verband finden wir 1907. Nach einem Streik bei der Maggi tauchte ein Flugblatt auf, das von der »Bezirksleitung des Centralverbandes christl. Hilfs- und Transportarbeiter Deutschlands« unterzeichnet ist. Die »Arbeiter und Arbeiterinnen der Maggi-Fabrik« werden aufgefordert, dem Verband beizutreten. Das Flugblatt beschreibt die Schwierigkeiten, Fabrikarbeiter zu organisieren: »Schon oft ist unterzeichneter Verband an Euch herangetreten in Versammlungen und auch in der Presse, um Euch die Notwendigkeit der Organisation klarzumachen. Der Erfolg war jedoch nur ein geringer, da von den vielen Arbeitern und Arbeiterinnen nur wenige dem Verbande beitraten.« Die Gewerkschaft führte die Schwierigkeit »auf die Furcht, von dem Unternehmer gemaßregelt zu werden«, zurück. Es waren jedoch die beschriebenen strukturellen Bedingungen, insbesondere die Verwurzelung der Arbeiterinnen und Arbeiter in ihrer ländlichen Lebenswelt sowie das Fehlen handwerklichen Selbst-Bewußtseins, die diese Furcht wirksam werden ließen.

Das Flugblatt bescheinigt den Arbeitern, daß sie »bei dem letzten Streik einen Augenblicks-Erfolg errungen« hätten, zumal die Gewerkschaft der Maggi »Mißstände« vorhält, »wie sie in keinem zweiten Großbetrieb Deutschlands mehr bestehen. [...] Aber wer gibt Euch die Garantie, daß Euch nicht die Firma das Wenige, das Ihr momentan errungen habt, in Zeiten schlechter Konjunktur wieder doppelt nimmt? Deshalb ist es jetzt höchste Zeit, daß Ihr Euch der Organisation anschließt, um die schreienden Ungerechtigkeiten im Betriebe abzustellen und Euch Lohn- und Arbeitsbedingungen zu erkämpfen, damit Ihr auch wenigstens anständig leben könnt.«[39]

Auch in einem internen Bericht der Maggi über eine »Arbeiterversammlung vom 19. Juli, abends 7 Uhr, im Gasthaus Zum Kreuz, Singen«, ist vom »Vorstand der Christen-Gewerkschaft« die Rede.[40] Allerdings scheinen diese organisatorischen Anstrengungen zunächst erfolglos geblieben zu sein. Ein Jubiläumsartikel im »Hegauer Erzähler« vom 25.10.1924 gibt für die Gründung des Verbands das Jahr 1910 an.

1913 erfahren wir wieder über Aktivitäten des Verbands. So wurde am 9. März 1913 in Singen eine allgemeine Versammlung abgehalten, zu der laut »Hegauer Erzähler« vom Vortag »alle in Singen beschäftigten Arbeiter, besonders auch die außerhalb Singens wohnenden, freundlichst eingeladen« waren – der Einladungstext spiegelt also das Problem wider, die Arbeiter aus den umliegenden Landgemeinden zu organisieren. Im September 1913 kommt es zu einer heftigen Pressekontroverse um den von Julius Maggi nach dem Streik von 1907 eingeführten Arbeiterausschuß, der mit dem heutigen Betriebsrat zu vergleichen ist. Unter der Überschrift »Sozialdemokratische Grundsätze in der Praxis. Wichtig für Maggi-Arbeiter« protestierte die katholische »Singener Zeitung« am 18.9.1913 gegen das Mehrheitswahlrecht bei den Arbeiterausschußwahlen.[41] Die Zeitung nennt Zahlen über die damaligen Kräfteverhältnisse bei der Maggi: Demnach hätte die Liste der christlichen Arbeiterschaft 750 Stimmen, die der »Genossen« dagegen 1200 Stimmen bekommen. Im Arbeiterausschuß seien jedoch aufgrund des Mehrheitswahlrechts 23 sozialdemokratische Delegierte und nur eine christliche Delegierte vertreten. Obwohl die Christliche Gewerkschaft »infolge ihrer im letzten Jahre wesentlich gesteigerten Anhängerzahl« darauf gehofft hatte, mehrere Delegierte zu erhalten, erreichten die Sozialdemokraten offensichtlich in fast allen Abteilungen eine Mehrheit.

In den liberalen »Singener Nachrichten« vom 25.9.1913 distanziert sich der »Verband der Fabrikarbeiter Deutschlands davon«, daß die Mitglieder des Arbeiterausschusses bei der Maggi als »rote Genossen« bezeichnet werden. Nicht alle Mitglieder der freien Gewerkschaft seien politisch organisiert: »Aber bei den Christlichen ist, was nicht schwarz ist, rot.«

Im Artikel blitzt der Zwiespalt zwischen traditionellen ländlichen und modernen verrechtlichten Umgangsformen auf:

»Es sei eingestanden, manchesmal juckt so einem angegriffenen Arbeiter die Faust, aber das Faustrecht gilt nicht für freie Gewerkschafter, es wird von den katholischen Bauernburschen in Niederbayern angewendet. Gegen ein solches Pressegebahren könnte vielleicht die gesetzliche Prügelstrafe helfen. In Dänemark wurde sie vor einigen Jahren für jugendliche Personen eingeführt. Dort konnte man wenigstens junge Bürschchen über das Knie legen und ihnen das Höschen ein wenig stramm ziehen. Aber die Einführung der Prügelstrafe ist gegen das rote Prinzip. So bleibt kein anderer Weg, als die Klage, um die Wahrheit gerichtlich festzustellen. Als freiorganisierter Arbeiter geht man zwar nicht gern diesen Weg, wenn man aber dazu gezwungen ist, bleibt einem kein anderer übrig.«[42]

Eine Sektion des christlichen Textilarbeiterverbands entstand zwar nicht in Singen, aber bereits 1905 in allernächster Nähe, in Volkertshausen.[43] Ein christliches Gewerkschaftskartell, also ein Zusammenschluß aller christlichen Berufsverbände, wie ihn die freien Gewerkschaften 1901 vollzogen, bildete sich erst nach dem 1. Weltkrieg im Jahre 1919. Dieses Kartell trat am 1. Mai 1919 zum erstenmal mit einer Kundgebung an die Öffentlichkeit. »Dieser Wagemut der Führer im Arbeiterkittel rüttelte alle nichtsozialistischen Arbeiter auf, und der 1. Mai 1919 zeigte der Singener Bevölkerung eine mutige Schar von christlich denkenden Arbeitern und Arbeiterinnen. Die nach dem Krieg ansteigende Mitgliederzahl des christlichen Metallarbeiterverbandes führte zur Anstellung eines hauptamtlichen Geschäftsführers.«[44]

Zwei Jahre später wurde auch vom christlichen Fabrikarbeiterverband ein hauptamtlicher Sekretär eingestellt. Als Hauptaufgabe galt vor allem die Schulung und Bildung der Mitglieder. Zu dem Zweck wurde 1920 auch eine Jugendgruppe des christlichen Gewerkschaftskartells ins Leben gerufen. Vor allem das Betriebsrätegesetz stand im Mittelpunkt dieser Bildungsoffensive, schließlich mußten zahlreiche Mitglieder auf ihre Tätigkeit als Betriebsräte vorbereitet werden.

All diese Organisationen wurden vor dem 1. Weltkrieg keineswegs zu Massenorganisationen, die Zahl der Mitglieder blieb bescheiden. Dies ist nicht nur auf die Furcht zurückzuführen, den Arbeitsplatz zu verlieren, sondern auf die bescheidenen Handlungsspielräume und Leistungen der Gewerkschaften. Solange sie nicht als offizielle Verhandlungspartner akzeptiert waren, konnten sie ihren Mitgliedern auch nicht viel bieten. Sie kamen aus dem Teufelskreis nicht heraus: Das Ausbleiben konkreter Erfolge, wie z.B. die Verbesserung der Löhne, der Arbeitszeit und der Arbeitsbedingungen, hatte einen geringen Mitgliederzulauf zur Folge; dieser geringe Organisationsgrad begründete natürlich wieder eine schwache Position gegenüber den Direktoren.

Die Geschäftsführung konnte die Gewerkschaften weiter gefahrlos ignorieren. Dieser negative Kreislauf (keine Mitglieder – keine Erfolge, keine Erfolge – keine Mitglieder) wurde erst nach dem 1. Weltkrieg mit der Anerkennung der Gewerkschaften als legitimer Verhandlungspartner durchbrochen. Erst von da an stiegen die Mitgliederzahlen deutlich an. Die Gewerkschaften wurden jetzt zu Massenorganisationen. So hatte etwa der Christliche Metallarbeiterverband 1905 zunächst nur 12 Mitglieder, 1907 ca. 150, 1930 aber 551.[45] Ganz anders entwickelte sich die Mitgliederzahl in Vereinen wie dem Katholischen Arbeiterverein und dem katholischen Gesellenverein. Deren Bedeutung als Ort der Geselligkeit, Unterhaltung, Bildung, Reise und schließlich der elementaren Lebenshilfe änderte sich offensichtlich über die Zeit hinweg kaum. So erreichte der Arbeiterverein bereits zur Jahrhundertwende einen hohen Mitgliederstand und blieb dann relativ konstant.

Mitgliederentwicklung des Katholischen Arbeitervereins Singen 1900–1932[46]

	aktiv	passiv
1900	159	10
1901	148	27
1902	157	22
1904	133	18
1906	263	27
1907	250	24
1908	182	28
1910	204*	5
1912	226	34
1924	283	22
1926	249	101
1929	326	
1930	334**	
1931	321	
1932	321	

* davon 199 unselbständig beschäftigt
** davon 1 Gemeinderat und 7 Bürgerausschußmitglieder

7. Die sozialistische Arbeiterbewegung

Neben den beschriebenen christlichen und liberalen Bestrebungen formierte sich in Singen in den letzten Jahren des 19. Jahrhunderts auch eine sozialistische Arbeiterbewegung. Der erste sichere Beleg stammt aus dem Jahr 1894. Ein Polizeibericht informiert über die Versammlung eines sozialdemokratischen Vereins im Dezember 1894. Der Verein wurde offenbar von den zu dieser Zeit in Singen tätigen Bauarbeitern und Bauhandwerkern getragen. Wie der Singener Polizist Hellriegel am 16. Dezember 1894 an den 6. Bezirk des Großherzoglichen Gendarmeriechors schreibt, sei der »Maurergeselle Reich aus Baden-Baden [...] der Vorstand des sozialdemokratischen Vereins für Singen«. Im Jahresbericht 1894/95 des Bezirksamts Konstanz an den Landeskommissär war weiter festgehalten, daß »auch der sozialdemokratische Verein Singen [...] große Tätigkeiten entfaltet«.[47] Am 4. August 1894 hielt der SPD-Vorsitzende August Bebel auf dem Hohentwiel eine Rede.[48] Ein Jahr später bildete sich die erste freie Gewerkschaft: Wiederum eine Arbeitergruppe aus dem Baubereich wurde aktiv und gründete die Holzarbeiter-Gewerkschaft.

Nachdem die Fabriken gebaut waren, ging es jedoch wieder bergab mit der sozialistischen Arbeiterbewegung. Der Funke sprang nicht vom Bauplatz in die Fabrik. Der sozialdemokratische Verein löste sich 1897 wieder auf. Erst nach der Jahrhundertwende wurden die Sozialdemokraten wieder aktiver. Der SPD-Ortsverein erstand im Jahr 1900 neu. Im selben Jahr organisierten sich auch die Singener Metallarbeiter im Deutschen Metallarbeiterverband. Im ersten Jahrzehnt unseres Jahrhunderts erlebte die sozialistische Arbeiterbewegung in Singen ihren eigentlichen Durchbruch. 1903 richteten die Fabrikarbeiter, die bei der Maggi aktiv waren, eine Zahlstelle ihres Verbandes ein. 1904 bildete sich die erste Arbeiterkulturorganisation: Die Radfahrer gründeten den Arbeiterradfahrerverein »Frisch auf«. Ein Jahr später entstanden die »Freien Turner«, 1906 der Arbeitergesangsverein »Vorwärts«, 1907 wurden die »Proletarischen Freidenker« in Singen aktiv, und 1912 schlossen sich die »Naturfreunde« zu einer Ortsgruppe zusammen. Im Jahr 1912 richtete sich der sozialdemokratische Ortsverein eine »besoldete Agitationsstelle« in Singen ein. Im ersten Jahrzehnt kam es auch zu Arbeitskämpfen im Baugewerbe, bei der Maggi und bei der Georg Fischer AG.[49]

Die wachsende Stärke der sozialistischen Arbeiterbewegung zeigte sich auch an den Mitgliederzahlen ihrer Gewerkschaften:

Mitgliederentwicklung des Fabrikarbeiterverbandes Singen[50]

	insgesamt	männlich	weiblich
1912	434	314	120
1913	476	369	107
1914	285*		
1915	179*		
1916	72		
1917	256		
1918	810		
1919	916		
1920	1348		
1921	1577		

* 1914 wurden 130, 1915 noch einmal 84 Mitglieder eingezogen.

Mitgliederentwicklung Deutscher Metallarbeiterverband, Verwaltungsstelle Singen 1903–1932[51]

1903	50	1920	2434
04	92	21	2521
05	84	22	2600
06	109	23	1770
07	103	24	520
08	107	25	764
09	149	26	410
1910	165	27	614
11	189	28	945
12	331	29	1204
13	397	1930	1352
14	126	31	766
15	46	32	553
16	51		
17	230		
18	559		
19	2361		

Die Verwaltungsstelle umfaßte Singen und vermutlich auch von Beginn an Gottmadingen und Stockach (jeweils ein Fahr-Betrieb); ab 1912 auch Radolfzell (Allweiler) und Waldshut, wo es 1912 107 bzw. 22 Mitglieder gab; in der Weimarer Republik gehörten Singen, Gottmadingen, Radolfzell, Stockach, Meßkirch und Jestetten dazu.

Mitgliederentwicklung des freien Gewerkschaftskartells Singen 1901–1919[52]

1900	71	1911	740
1905	400	1912	1913
1907	547	1919	2500
1908	336		

Trotz der höheren Mitgliederzahlen standen die sozialistischen Gewerkschaften vor 1914 vor demselben Problem wie die christlichen Gewerkschaften: Sie wurden von Betrieben nicht als Verhandlungspartner anerkannt und ihre Arbeit durch Maßregelung von aktiven Mitgliedern sabotiert. Gegen diesen Zustand des »Herr-im-Hause«-Standpunkts wehrten sich sozialistische und christliche Gewerkschafter oft gemeinsam wie in der GF 1907. Dieser Zustand blieb in der Maggi bis 1914 (bis zum Abschluß des 1. Tarifvertrages), in der GF sogar bis 1918/19 erhalten.[53]

Der 1. Weltkrieg setzte der Tätigkeit der Sozialdemokraten ein jähes Ende. Zahlreiche Mitglieder wurden eingezogen, der wilhelminische Staat verschärfte die politische Unterdrückung. Erst für 1918 sind wieder organisierte Aktivitäten überliefert. Im März versammelten sich die Metallarbeiter im »Bären« (heute Commerzbank), und im Juni 1918 kam es zu einem Streik bei der Maggi. Bei der Ausrufung der Republik im November 1918 blieb es in Singen jedoch vergleichsweise ruhig. Die Arbeiterbewegung hatte in Singen noch keine so starken Wurzeln schlagen können, daß sie bei diesem Umbruch gestaltend in die Stadtpolitik hätte eingreifen können.[54]

8. Die Schwierigkeiten der sozialistischen Arbeiterbewegung in Singen am Beispiel der Mai-Feier

1895, im Vorfeld der vollen Produktionsaufnahme bei GF, meldete das Bezirksamt, es sei unbekannt, ob in Singen eine Mai-Feier geplant sei. 1896, also nachdem bei GF bereits voll gearbeitet wurde, heißt es, es habe keine Feier stattgefunden: »Am fraglichen Tag gingen die Arbeiter in Singen sowohl wie in der Umgebung wie an jedem anderen Werktag ihrer Arbeit nach und haben auch am Abend keine besonderen Zusammenkünfte abgehalten.«[55] Noch 1899 hatte der Polizeiwachtmeister keinen Anlaß zu einem Bericht. Nach der Jahrhundertwende scheint es dann zu kleinen, internen Feiern gekommen zu sein. Aber erst 1904, nachdem die Organisation der Arbeiterschaft Fortschritte gemacht hatte und die wichtigsten Organisationen gegründet worden waren, kam es zur ersten größeren öffentlichen Feier. Sie fand auf dem Hohentwiel statt, bezeichnenderweise noch »außer Landes« auf württembergischem Gebiet. Der Veranstaltung wurden dennoch scharfe Auflagen erteilt: Weder durfte der Festumzug von einer Musikapelle begleitet noch durften rote Fahnen mitgeführt und Reden gehalten werden. Gleichzeitig versuchte der badische Gendarm, eine Abendveranstaltung auf der Singener Gemarkung zu verhindern:

»Im Anschlusse übersenden wir ergebenst das Gesuch des Bierbrauereibesitzers Kässner um Abhaltung einer Tanzmusik des Gewerkschaftsvereins am Sonntag, den 1. Mai mit dem Anfügen, daß wir eine Genehmigung nicht befürworten können, da der Verein ausschließlich aus Sozialdemokraten besteht, und das sogenannte Frühlingsfest dieser Parteigenossen in den letzten Jahren in Singen eine größere Dimension angenommen, und die Abhaltung von Tanzmusik leicht zu Ruhestörungen und Tätlichkeiten Anlaß geben kann, so bitten wir die Genehmigung zu versagen.« Der Gendarm hatte jedoch, wie der Bericht vom 2.5.1904 zeigt, keinen Erfolg mehr: Nachdem die Führung der Sozialdemokratie die Auflagen der Württemberger akzeptiert hatte, ging »der Verein in mehrere Gruppen zerstreut, etwa 200 Mann stark, nach dem Hohentwiel, woselbst ein Landjäger von Tuttlingen anwesend war. Um 5 Uhr kam der Verein wieder in aufgelösten Abteilungen vom Hohentwiel nach hier zurück, worauf sich die einzelnen Genossen in verschiedenen Wirtschaften aufhielten.

Am Abend fand sodann im Kässnersaal, welcher dicht besetzt war, da auch Damen sich einfanden, Unterhaltung durch komische Vorträge statt und nach dem noch Tanzvergnügen. Rote Fahnen wurden außerhalb des Lokals und an dessen Fenstern nicht sichtbar und wie bereits erwähnt, ließ die Ruhe und Ordnung in hiesiger Stadt nichts zu wünschen übrig.«[56]

Für diese eingeschränkte Tolerierung dürfte auch maßgebend gewesen sein, daß sich in Singen nach der Bürgerausschuß-Wahl 1903[57] die kommunalen Machtverhältnisse zugunsten der Liberalen gewandelt hatten.

Bei diesem Kompromiß, offenes Auftreten außerhalb der Gemarkung, aber Feier in geschlossenen Räumen innerhalb der Stadt, blieb es lange Zeit.

Bei der Maifeier von 1906 wurde zum erstenmal neben den deutschen Rednern ein italienischer angekündigt. Das führte prompt zu der behördlichen Verfügung, daß »dem Vorstand des dortigen sozialdemokratischen Vereins« zu eröffnen sei, »daß bei der Maifeier politische Reden in italienischer Sprache nicht geduldet werden«. Der Bericht über die Feier stellt später fest, ein Drittel der Anwesenden seien Italiener gewesen. Bei 200 Festteilnehmern waren das immerhin ca. 70 Italiener. Die italienischen Vorträge seien, wie angeordnet, unterblieben.[58]

9. Die ausländischen Arbeiter in Singen

Die verblüffend hohe Zahl von italienischen Teilnehmern erklärt sich daraus, daß der Erweiterungsbau der GF zahlreiche Bauarbeiter angelockt hatte. Der Bericht des Bezirksbeamten spricht von rund 1000 Italienern, die im Sommer 1906 in Singen arbeiteten. Die Hälfte davon, so der Bericht weiter, seien auch am Ende des Jahres noch in Singen gewesen. Die Italiener würden, so der Beamte, »mit ihrem lärmenden Wesen nach den Arbeitsstunden und an Sonntagen die Straßen der Stadt und am Bahnhof erfüllen«. Außerdem hätten sie in »einigen Wirtschaften (Hammer, Gambrinushalle etc.) die anderen Gäste verdrängt« und würden »manches verüben und wie sich bei Prüfung der Fremdenverzeichnisse auf der Fahndungsregistratur des Bezirksamtes ergab, manchen Verfolgten sowie auch Anarchisten unter sich bergen«.[59]

In diesem Jahr des außerordentlichen Zustroms italienischer Arbeiter berichtete das Bezirksamt an den Landeskommissär, im Bezirk würden zur Zeit keine Reichsausländer wohnen, die »in der deutschen Sozialdemokratie eine irgend nennenswerte Rolle spielen. Dagegen hat, wie jetzt erst gemeldet wird, ein Italiener, Angelo Bragatta, wohnhaft in Zürich, der als sozialdemokratischer Agitator herumreise, vor etwa 3 Monaten zu den bei einem Tanzvergnügen in der Sonne zu Worblingen versammelten Arbeitern und Arbeiterinnen über Organisation der italienischen Arbeiter und Gründung eines sozialdemokratischen Vereins gesprochen; desgleichen über wirtschaftliche Fragen eine gewisse Anna Meicapaco, wohnhaft in Schaffhausen, bei einem Ball der italienischen Arbeiter von Singen und Umgebung mit theatralischen Aufführungen.« Die regelmäßigen Tanzunterhaltungen der Italiener, wie es weiter heißt, seien inzwischen eingestellt, »soweit nicht besondere Erlaubnis eingeholt wird«.

Italienische Reden werde man künftig nicht mehr dulden, weil sie für den mit der Überwachung beauftragten Beamten nicht verständlich seien.[60]

Der Hinweis auf das Tanzvergnügen ist bezeichnend für die Interessen der Mehrzahl der Italiener. Sie waren weniger politisch aktiv, bemühten sich aber sehr um den Zusammenhalt ihrer Gemeinde. Die Tanzveranstaltungen dienten dem gemeinsamen Vergnügen, zu dem sonst keine Möglichkeiten bestanden. Darüber hinaus hatten sie Gelegenheit, die Italiener in Konstanz, Kreuzlingen und Schaffhausen zu treffen, die regelmäßig zum Tanz eingeladen wurden.

Es kam zu Freundschaften und auch zu Konflikten zwischen Italienern und Deutschen. Wenn dabei auf deutscher Seite ein besonderer Volksstamm aktiv war, kam es manchmal auch zu beidem, wie der folgende Zeitungsbericht in der »Freien Stimme« vom 13.10.1907 zeigt:

»*Probates Mittel.* In einer hiesigen Fabrik arbeiteten gemeinsam ein biederer Schwabe und ein Italiener. Stets waren sie gute Freunde. Nun kam es, daß der Italiener etwas Mangel an Kleingeld hatte. Der deutsche Kollege gab ihm welches. Ans Zurückgeben dachte mein Italiener nicht, trotz wiederholtem Mahnen und die Freundschaft hatte aufgehört. Gestern Abend nun trafen sich beide in der Bismarckstraße und der Schwabe machte seinen Anspruch geltend. Der Italiener langte gereizt in seine Tasche und holte – das Stiletmesser heraus mit den Worten: Du nitte bruche mehr Soldi. Da wallte dem Schwaben auch sein Blut. Kaltblütig zog auch er seine Hand aus der Tasche und ließ dieselbe auf den Kopf seines ehemaligen Freundes niedersausen, sodaß er in wenigen Augenblicken eine tüchtige Tracht Prügel bekommen hatte. Jetzt zog er seine Börse hervor mit den Worten: ›malefizione Swabe hat nicht gute Hand, viel Bös‹, und zahlte seine Schuld ehrlich ab.«

1908 heißt es im Bericht des Bezirksamtes, die italienischen Arbeiter seien nach der Beendigung der größeren Bauvorhaben in der Stadt wieder in ihre Heimat zurückgekehrt. Der plötzliche Zustrom, ebenso wie die plötzliche Abwanderung so großer Arbeitermassen, muß erhebliche Probleme aufgeworfen haben. Vermutlich war das der Hintergrund für eine 1908 einberufene Versammlung zur Gründung eines Italienervereins. Wörtlich heißt es im Bericht des Bezirksamtes:

»Die Versammlung [am 13.9.1908] war von etwa 50 Personen besucht [...]. Zweck der Versammlung: Gründung eines Vereins und einer Unterstützungskasse. Den Mitgliedern soll bei Erkrankungen und Unfällen, Beanstandungen in Geschäften, bei Behörden etc. unentgeltlich Auskunft von dem Sekretär des Vereins erteilt werden, wie sie sich in solchen Fällen zu verhalten haben, nötigenfalls soll der Sekretär oder ein geeignetes Mitglied als Dolmetscher dienen. In Not geratene Mitglieder sollen unterstützt werden. Die Höhe der Unterstützung wird von Fall zu Fall vom Verein bzw. Vorstand festgesetzt. Eintrittsgeld 1 Mark, monatlicher Beitrag 50 Pf. Politik zu treiben innerhalb des Vereins oder Vorwürfe gegenseitig betr. Angehörigkeit zu einer Partei soll streng vermieden werden. Als Präsident wurde gewählt: Angelo Gruppi, Terrazzobodenleger, II. Vorstand: Karl Giotti, Maurerpolier in der Maggi-Fabrik, Kassier: Isidor Lampinelli, Meister in der Fittingsfabrik (ist als Deutscher neutralisiert). Sekretär ist Maurerpolier in der Fittingsfabrik. Name konnte nicht ermittelt werden, da auch, weil der Verein kein politischer ist, keine weiteren Erhebungen gemacht wurden. Die Vorstandsmitglieder sind schon längere Zeit hier wohnhaft und ist über dieselben in keiner Weise etwas Nachteiliges bekannt.«[61]

Die 1906 nach Singen strömenden Italiener waren zwar die größte, nicht aber die einzige Gruppe ausländischer Arbeiter. Aus dem Raum der österreichisch-ungarischen Monarchie waren noch rund 100 Slowenen und 50 Kroaten nach Singen zugewandert. Sie waren in Massenquartieren untergebracht, die auf Geheiß der Polizei, wie das Bezirksamt notierte, verbessert werden mußten, also offenbar nicht befriedigend waren. Solche Kontrollen hätten auch in den Privatquartieren vorgenommen werden müssen.[62] Die Anwerbung von »ausländischen« Polen durch die Fittingsfabrik sei sozusagen in letzter Minute verhindert worden. Man erkenne zwar, wie es weiter heißt, die Schwierigkeiten der Fabriken an, weitere dringend benötigte Arbeitskräfte zu bekommen, plädiere aber für eine beschleunigte Inangriffnahme des Baus der Randenbahn. Aus dem hiesigen Landstrich seien noch zahlreiche deutsche Arbeitskräfte zu gewinnen. Erst sollten also die eigenen Reserven besser ausgeschöpft werden, bevor man weitere Arbeitskräfte aus dem Ausland anwarb.

1910 wurde vom Bezirksamt mit Befriedigung und nationalistischem Unterton festgestellt, daß die große Masse der Fremdarbeiter wieder abgezogen sei. Vor allem »die Kroaten und ähnliches Volk« sei man wieder losgeworden.

Der Anteil der ausländischen Arbeiter war zu diesem Zeitpunkt bereits bedeutend. Wuchs der Anteil der Ausländer in der Fittingsfabrik zwischen 1895 und 1900 von zwei auf vier Prozent, so betrug der Ausländeranteil an der Singener Bevölkerung 1905 bereits rund 15 Prozent. Von diesen 842 Personen stellten die Italiener die größte Gruppe. 1910 waren rund 44 Prozent der Ausländer Italiener. Die zweite größere Gruppe bildeten die Schweizer mit 38 Prozent. Mit großem Abstand folgten Personen aus der österreichisch-ungarischen Monarchie (rund 19 Prozent).

Dieser hohe Ausländeranteil war auch dadurch bedingt, daß in den Singener Fabriken vornehmlich ungelernte Kräfte gebraucht wurden. So war der Anteil der Ausländer an den Ungelernten bereits in der Anfangszeit bei der Fittingsfabrik hoch. Im Jahr 1900 waren 11 Prozent der Ungelernten aus dem Ausland. 1911 hatten 13,5 Prozent der aus der Fabrik Austretenden die italienische Staatsbürgerschaft.[63]

10. Die importierte Arbeiterbewegung

Von außen zugewandert waren nicht nur die Ausländer. Auch die meisten Aktiven der Arbeiterbewegung kamen von außerhalb, zum Teil sogar von weit her. Der Sozialdemokrat Hans Sanner, der die Frühphase der Singener Arbeiterbewegung selbst miterlebt und mitgestaltet hatte, schreibt in seinen Erinnerungen:

»In der Hauptsache waren es ja solche ›Hergeloffenen‹, die die Partei hochhielten, was in den ersten Jahren durchaus nicht leicht war. Der Leipziger Otto Korm, der Hamburger Hermann Wahl, der Oberbayer Martin Schechtel, die Württemberger Johann Lang und Vinzenz Menrad, die Schweizer Arnold Schmid und Karl Attinger, der Sachse Emil Hübner, der Hohenzoller Otto Stehle, der damalige Malergehilfe Hermann Stenz, der später in Freiburg lebte, der Schlesier Karl Langer, Bruder von Langer Fritz, der Hannoveraner Ludwig Kämper [...].«[64]

Diese Beobachtung können wir nach einer empirischen Auswertung bestätigen. Wir haben 149 Aktivisten der Singener Arbeiterbewegung im Kaiserreich auf ihre Herkunft, auf ihr Geburtsjahr, ihre Konfession und ihren Familienstand untersucht.[65] Kriterium zur Aufnahme in diese Kartei der Aktiven der Arbeiterbewegung bis zum 8. November 1918 war die aktive Tätigkeit für eine der drei Strömungen – sei es durch Kandidaturen für das Gewerbegericht oder für die Krankenkassen, sei es durch aktenkundige Führungstätigkeit in den einzelnen Vereinen und Parteien.

Danach ergibt sich, daß von den Aktiven aus dem sozialistischen und aus dem liberalen Lager keiner in Singen geboren war. Insbesondere bei den Sozialisten lagen die Geburtsorte in der Regel relativ weit von Singen entfernt. Nur die katholische Arbeiterbewegung zählte in ihren Reihen Aktive aus Singen, die allerdings bei der großen Zahl der Zugewanderten dennoch eine Minderheit blieben.

In Zahlen ausgedrückt ergibt sich folgendes Bild: Im sozialistischen Lager kamen nur 6 Aktive aus dem Hegau, d.h. aus der nächsten Umgebung von Singen. In den nichtsozialistischen Strömungen (Christen und Liberale) waren dies immerhin 17. Aus dem restlichen Südbaden kamen aus dem nichtsozialistischen Lager 13, während bei den Sozialisten nur 10 aus diesem relativ nahe gelegenen Bereich stammten. Aus Württemberg kamen 4 Sozialisten und 8 Mitglieder der nichtsozialistischen Arbeiterbewegung. Aus der Schweiz und Nordbaden kamen jeweils 4 Angehörige der sozialistischen Arbeiterbewegung und gleichviel Angehörige des nicht-

589

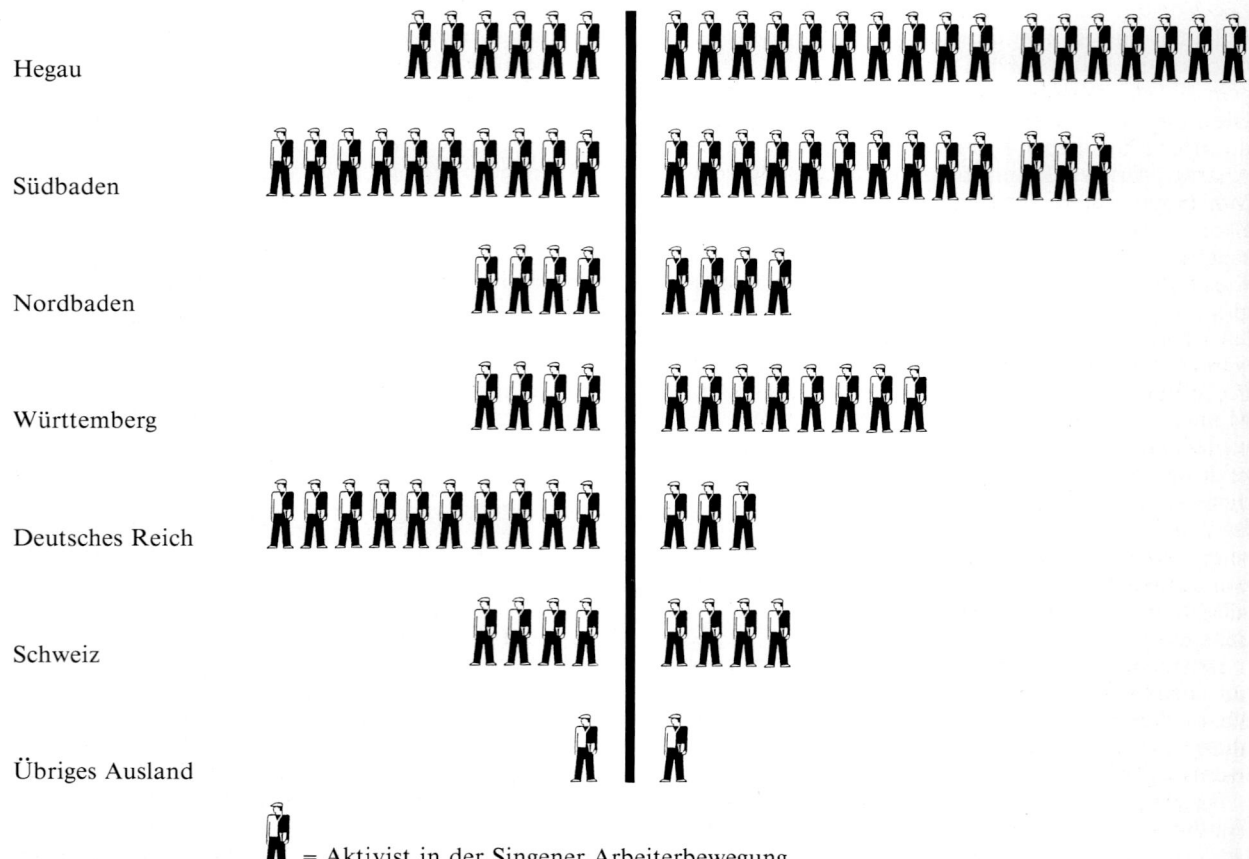

Herkunftsregionen der Aktivisten in der Singener Arbeiterbewegung im Kaiserreich

sozialistischen Lagers. Umgekehrt wie im Nahbereich verhält es sich bei der Fernwanderung. Aus den weiter entfernt liegenden Gebieten des deutschen Reiches kamen nur 3 Aktive des nichtsozialistischen Lagers, während 10 aktive Sozialisten von dort stammten.

Diese Tendenz bestätigen auch andere Regionaluntersuchungen. So vertritt der Wahlforscher Karl Rohe die Annahme, »daß die Sozialdemokratie auf einem prinzipiell überlokal/überregional ausgerichteten Milieu aufruhte«.[66] Der Darmstädter Historiker Dieter Schott bescheinigt in seiner umfassenden Studie über die »Konstanzer Gesellschaft und ihre Lager 1918–1924« den Sozialdemokraten eine »soziale Marginalität« (Rand-

ständigkeit) in der Konstanzer Gesellschaft des Kaiserreichs.[67]

Was die konfessionelle Zugehörigkeit betrifft, bekannten sich im sozialistischen Lager 11 zum katholischen Glauben, 5 waren evangelisch, einer konfessionslos, und 27 machten keine Angaben. Im liberalen Arbeiterfortbildungsverein finden wir 24 Katholiken, 16 Protestanten, ein Mitglied bekannte sich zum neuapostolischen Glauben und 2 machten keine Angaben. In beiden Strömungen fällt der vergleichsweise hohe Anteil der Protestanten im Vergleich zu den Katholiken auf. In der Gesamtbevölkerung lag dieser Anteil im Untersuchungszeitraum noch unter 10%. Der hohe Anteil der Sozialisten, die keine Angaben zur Religionszugehörigkeit machten, weist auf den geringen Stellenwert dieser Frage für die Aktivisten in dieser Strömung hin.

Ganz anders sieht es bei der katholischen Arbeiterbewegung aus. Zwar ist die Zahl derer, von denen wir nähere Angaben haben, relativ gering; von 14 bekannten sich jedoch 13 zum katholischen Glauben, nur einer machte keine Angaben. Betrachten wir die *Geburtsjahrgänge* der Aktiven, so finden wir in allen Strömungen der Arbeiterbewegung sehr wenig ältere Menschen. Helmut Fogt schreibt in seiner Studie über »Politische Generationen«, daß die »generationskonstitutive Prägephase« im Alter zwischen 15 und 25 Jahren liege.[68] Das bedeutet, daß sehr wenige der Singener Aktiven von der wirtschaftlichen und politischen Aufbruchsphase Deutschlands nach der Reichsgründung geprägt waren. Nur die christliche Arbeiterbewegung zählte 6 aktive Mitglieder, die vor 1861 geboren waren. Bei den Sozialisten waren dies nur 3 und bei den Liberalen nur 2. die größte Zahl in allen drei Gruppen war zwischen 1863 und 1879 geboren (25 Sozialisten, 9 Liberale, 23 Christen). Diese erlebten die Phase der wirtschaftlichen Stagnation des Kaiserreichs und die politische Repression gegen die Arbeiterbewegung während der Sozialistengesetze 1878–1890 in ihrem politisch prägenden Lebensabschnitt. An ganz jungen Aktiven finden wir bei der sozialistischen Arbeiterbewegung 15, bei den christlichen Gruppen 12 und beim liberalen Arbeiterfortbildungsverein nur 2, was auf dessen am Ende des Kaiserreichs sinkenden Einfluß hindeutet.

Vergleichsweise gering ist bei der sozialistischen Arbeiterbewegung der Anteil der *Verheirateten*: Unter 54 Aktiven lassen sich nur 15 Verheiratete feststellen. Demgegenüber gaben bei 62 Aktiven des Arbeiterfortbildungsvereins immerhin 35 an, sie seien verheiratet, und von 19 Mitgliedern der christlichen Arbeiterbewegung, über die wir mehr als den Namen und das Geburtsdatum wissen, gaben 10 an, verheiratet zu sein.

Diese Faktoren erklären ein Stück weit die Schwäche der Singener Arbeiterbewegung: Hartmut Zwahr hat am Beispiel der Leipziger Arbeiterbewegung verdeutlicht, daß erst eine »geborene Arbeiterklasse« ein proletarisches Selbstbewußtsein hervorbringen kann, d. h. Arbeiter, die bereits in der zweiten Generation unter industriell-kapitalistischen Bedingungen leben und sich in einer stabilen Lebenssituation, für die die Verheiratung ein wichtiges Indiz ist, niedergelassen haben.[69] In Singen traf dies gerade bei den Aktiven der sozialistischen Arbeiterbewegung nur in sehr geringem Umfang zu.

11. Die Schwäche der Singener Arbeiterbewegung: Ein Fazit

In seiner Studie über die Arbeiter der Georg Fischer AG in Schaffhausen nennt Rudolf Vetterli »nachteilige Punkte« für die gewerkschaftliche Organisation der Arbeiter:

- »Niedrige durchschnittliche Qualifikation der Arbeiter,
- große Qualifikationsunterschiede,
- Verwurzelung der Arbeiterschaft in der Region,
- großer Anteil des Arbeiterstamms,
- großer Anteil fremdsprachiger, ausländischer Arbeiter,
- kleine und ländliche Industrieregionen,
- geringe Zahl von Unternehmen, die auf dem lokalen Arbeitsmarkt konkurrierten bzw.
- große mächtige Unternehmen,
- gute Organisation der Unternehmer.«[70]

Sieht man einmal vom fragwürdigen Kriterium des »großen Arbeiterstamms«, auf das wir noch zurückkommen werden, ab, so treffen alle diese Voraussetzungen für eine schwache Arbeiterbewegung noch stärker für Singen zu.

Die Singener Arbeiter verfügten über eine im Durchschnitt niedrige Qualifikation. So arbeiteten beim damals größten Betrieb, der Georg Fischer AG, im Untersuchungszeitraum bis 1918 nie mehr als 17 Prozent Gelernte. Gleiches gilt abgeschwächt auch für die anderen beiden großen Betriebe, die Maggi-Werke und die 1912 gegründeten Aluminium-Walzwerke.[71]

In Singen waren sehr große Qualifikationsunterschiede anzutreffen: Der Abstand zwischen der großen Masse der Un- und Angelernten und den wenigen qualifizierten Arbeitern war recht groß. Dies drückte sich im Organisationsverhalten aus: Die Facharbeiter waren die Aktivsten in der Gewerkschaft, während sich die Un- und Angelernten kaum organisierten, weil sie in der Regel ihr Arbeiterdasein nicht als Dauerschicksal, sondern als Tätigkeit auf Zeit ansahen. Wichtig ist auch die von Vetterli angesprochene Verwurzelung der Arbeiterschaft in der Region. Im Gegensatz zu den »hergeloffenen« Aktiven der Arbeiterbewegung stammte die Masse der Fabrikarbeiter aus Singen selbst und insbesondere aus den unmittelbar benachbarten Hegaudörfern. So beschäftigte beispielsweise die Georg Fischer AG im Jahr 1900 58% Pendler aus der unmittelbaren Umgebung.[72] Diese waren stark von der bäuerlichen Lebensweise im Dorf geprägt, und »der Bauer« war nach Werner Conze »das stärkste konservative Element der in Bewegung geratenen Gesellschaft«.[73] Nach Jürgen

Kocka brachten die Fabrikarbeiter aus dem ländlichen Milieu »viel Geduld und wenig Ansprüche mit, überdies wenig Bildung und keine Übung in gezielter gemeinsamer Interessenwahrnehmung. Sicherlich erlebten sie die Fabrik nicht als angenehme Erfahrung, aber doch auch nicht als Degradierung und Verlust vorheriger Selbstbestimmung.«[74] »Die deutsche Arbeiterbewegung ist städtischen Ursprungs«, schreibt Hartmut Zwahr, sie hätte sich »in den Traditionen kollektiven Bewußtseins und Handeln der deutschen Handwerksgesellen des 18. Jahrhunderts« bewegt.[75] Wie wir gezeigt haben, waren Handwerksgesellen zu dieser Zeit in den Singener Fabriken kaum vertreten.

Noch weniger als in Schaffhausen gab es in Singen gewachsene Kommunikationskanäle, Erfahrungen und Traditionen, an die die Arbeiter hätten anknüpfen können. Es fehlten Gesellen, die »über spezielle Ressourcen« verfügten, »die es ihnen erleichterten, auf gemeinsam erlebte Herausforderungen gemeinsam zu reagieren und gemeinsam nach Problemlösungen zu suchen« (Jürgen Kocka).[76] Deshalb mußte die Arbeiterbewegung nach Singen importiert werden. Im Lichte der neueren Untersuchungen zur Frühgeschichte der Arbeiterbewegung und zum Handwerk ist deshalb das von Rudolf Vetterli genannte Kriterium, daß ein großer Arbeiterstamm der Herausbildung einer organisierten Arbeiterbewegung abträglich sei, fragwürdig. Denn gerade aus handwerklich qualifizierten »Arbeiterstämmen« entwickelte sich die frühe Arbeiterbewegung.

Auf der *Unternehmerseite* fanden die Singener Arbeiter hochmoderne, gut organisierte Strukturen vor. Es gab im Grunde nur drei Unternehmen, die auf dem lokalen Arbeitsmarkt konkurrierten. Alle drei Unternehmen waren überregional ausgerichtet und verflochten. Die Bindungen mit Singen waren relativ gering, so daß keine besonderen örtlichen und persönlichen Rücksichten genommen werden mußten (vgl. dazu auch den Beitrag über Julius Maggi in diesem Band). Die meisten Arbeiter waren weiterhin ins ländliche Leben eingebettet und konnten so Notsituationen besser überstehen. Der traditionelle Versorgungsmechanismus funktionierte in den Dörfern um Singen herum, während in der Stadt oft Probleme, vor allem bei der Versorgung mit Wohnraum, auftraten. Wenn die Arbeiterbewegung an diese Probleme anknüpfte, war sie erfolgreich. Dies zeigte die Praxis des Katholischen Arbeitervereins oder der Milchverein der Sozialisten, der sich um die preisgünstige und sichere Milchversorgung der Arbeiter bemühte.[77]

Es gelang jedoch offenbar nicht, solche Konflikte mit der Betriebspolitik der Arbeiterorganisationen zu verknüpfen. Wie die *ersten Streiks* in Singen offenbarten, waren gerade die jungen Arbeiter durchaus konfliktbereit. Ein Blick auf diese Streiks bekräftigt die im Verlauf der Untersuchung gewonnenen Thesen.

So überrascht nicht, daß wir den ersten überlieferten Streik im Bauhandwerk finden. Die »Singener Nachrichten« berichten am 28.4.1900:

»Heute Vormittag stürzte ein bei der Firma Schmal an einem hiesigen Fabrikneubau beschäftigter italienischer Arbeiter ab und zog sich gefährliche Verletzungen zu. Im Laufe des Tages stellten dann sämtliche 200 italienischen Maurer der genannten Firma die Arbeit ein und sind, nachdem Verhandlungen ergebnislos verliefen, in den Streik getreten.«

Italiener traten also als erste in den Streik – auch aus dem Georg Fischer Werk in Schaffhausen finden wir Berichte, die auf besonders militante »Agitatoren« aus Italien hinweisen.[78] Noch sieben Jahre vergingen, bis aus einer der damals bestehenden zwei großen Fabriken eine Streikaktivität vermeldet wird. Währenddessen erfahren wir aus dem Handwerksbereich von Streiks der Malergehilfen im Jahr 1904 und von einem Zimmererstreik im Mai 1907. Erst zwei Monate später, am 15. Juli 1907, geschah das für die Zeitgenossen Überraschende. Der in Karlsruhe herausgegebene sozialdemokratische »Volksfreund« berichtete in seiner Ausgabe vom 17.7.1907 aus Singen:

»Eine eigenartige Kunde durchlief heute Mittag unsere Stadt. In der Maggi-Fabrik wird gestreikt, so hieß es. In der Fabrik, deren Wohlfahrtseinrichtungen bei jeder Gelegenheit über den Schellenkönig gelobt werden, in der Fabrik, in der man Organisationen nicht duldete und die Hetzer und Agitatoren kurzerhand hinauswarf, ein Streik, das hatte niemand und die Direktion wohl selbst am wenigsten erwartet.«

Nach der Frühstückspause waren zunächst die Müller in den Ausstand getreten, in dem sie im Speisesaal sitzen blieben und nicht mehr arbeiteten. Nach der Mittagspause schloß sich das gesamte Personal diesem Streik an. Anlaß waren die geringe Bezahlung und das Verhalten eines Aufsehers, dem der »Volksfreund« vorschlug, »einmal Knigges Buch: Über den Umgang mit Menschen« anzuschaffen.

Der telegraphisch herbeigerufene Direktor Brüggemann bewilligte noch am selben Nachmittag den Arbeiterinnen eine Erhöhung des Stundenlohns um 2 Pfennige. Während die Arbeiterinnen nach diesem raschen Erfolg die Arbeit wieder aufnahmen, blieben die Müller weiter im Streik. Diese konnten zwar die von ihnen verlangte Lohnerhöhung um 5 Pfennig nicht durchsetzen, erreichten aber am 18. Juli zur Lohnerhöhung um 2

Pfennige das Zugeständnis, jedes halbe Jahr von der Fabrik einen kostenlosen Arbeitsanzug zu bekommen.[79]

Weder »Die Gewerkschaftsstimme« der christlichen Gewerkschaftsbewegung, die am 25. Juli 1907 über den Maggi-Streik berichtete, noch die sozialistischen Zeitungen meldeten, wie dieser Teilerfolg der Müller zustande kam. Die beiden Singener Zeitungen schrieben übrigens gar nicht über den Streik. Über das Streikende erfahren wir vielmehr aus einer nicht veröffentlichten Chronik der Firma Maggi. Dieser Chronik nach begab sich Julius Maggi selbst am 17. Juli nach Singen und eröffnete den Arbeitern, daß in Singen »die für gedeihliche Verhältnisse notwendige Fühlung der Geschäftsleitung mit der Arbeiterschaft offenbar etwas verlorengegangen sei«, ein schwerer Seitenhieb auf die Singener Werksleitung, mit deren im Wilhelminischen Deutschland üblicher, eher autoritärer Haltung Julius Maggi offensichtlich nicht einverstanden war. Über das Zugeständnis bei den Arbeitsanzügen hinaus gab Julius Maggi den Anstoß für die bereits erwähnte Einsetzung eines Arbeiterausschusses bei der Firma noch im Jahr 1907.[80]

Einige Tage vor dem Streik, am 23. Juni 1907, hatte der sozialistische Fabrikarbeiterverband im »Badischen Hof« eine öffentliche Versammlung abgehalten, in der der Gewerkschaftssekretär Wörner aus Cannstatt den mit 16 bis 18 Pfennig seiner Meinung nach viel zu niedrigen Lohn der Maggi-Arbeiterinnen anprangerte. Zwar klagt der Bericht in der Zeitung des Fabrikarbeiterverbandes, »Der Proletarier«, vom 20. Juli 1907 darüber, daß nur wenige Arbeiterinnen und Arbeiter der Maggi diese Versammlung besucht hätten, doch hatte die Agitation im »badischen Schlesien«, wie die Zeitung Singen bezeichnet, offensichtlich einige Tage später Wirkung gezeigt.

Zum Erstaunen sowohl der christlichen wie auch der sozialistischen Fabrikarbeitergewerkschaft wurde der Streik aber von nichtorganisierten Arbeitern getragen. »Der Proletarier« belehrte die Singener Arbeiter, »daß es eben ohne einen festen Zusammenschluß, ohne Organisation nicht möglich ist, die Verbesserungen durchzuführen, die in diesem Betriebe notwendig sind«. Die Löhne der Arbeiterinnen seien »trotz der erreichten 2 Pfennige noch schlecht, wenn man die teuren Lebensverhältnisse in Singen betrachtet, die sich mit jeder Großstadt messen können«. Anstatt die Maggi-Arbeiter zu ermutigen, macht die Gewerkschaftszeitung ihnen Angst: »Wenn die Arbeiter und Arbeiterinnen meinen, daß ihnen ein zweites Mal dies Experiment wieder gelingen würde, könnten sie sich schwer täuschen.« Rettung könne nur die Organisation bringen.

Die christliche Fabrikarbeitergewerkschaft schlug in die gleiche Kerbe. Sie führte zwei Versammlungen im »Kreuz« durch. Über die erste dieser Versammlungen ist im Maggi-Archiv ein interner Bericht überliefert. Der Referent Trömmel aus Mannheim hatte, ähnlich wie sein Kollege Wörner, in der Versammlung vor dem Streik zunächst den schwachen Besuch zu bedauern. Dann schreibt er den Maggi-Arbeitern ins Stammbuch, daß sie in diesem Streik zwar »ohne die Organisation gesiegt« hätten, ihnen aber nur die Organisation die Garantie dafür geben könnte, »daß sie das Errungene auch festhalten«. In der Versammlung ergriff als erster einer der Streikführer, Josef Stemmer, das Wort. Man habe ihm während des Streiks »den Vorschlag gemacht, sich mit dem Vorstand der christlichen Gewerkschaft in Verbindung zu setzen. Nachdem ihm aber zugleich bedeutet worden sei, daß er dann nachher der Gewerkschaft beitreten sollte, habe er die Hilfe nicht angenommen. Er habe den Kampf allein ausgefochten und auch wenn nicht vollständigen, so doch immer einen schönen Sieg errungen.« Während die Versammlungsleitung Stemmer dann das Wort entzog, weil er offensichtlich kritisch über die »Religion« zu sprechen begann, lobte ihn der auf der Versammlung gleichfalls anwesende Karl Hege, den das Protokoll als »Führer der Sozialdemokraten« bezeichnet, nachdrücklich. Stemmer habe »seine Sache gutgemacht«, obwohl er »noch keiner Organisation angehöre«.

Die nächste Versammlung am 3. August an einem Samstagnachmittag richtete sich dann besonders an die Arbeiterinnen der Maggi. Über diese Versammlung sind jedoch keine Berichte erhalten.[81]

Noch länger dauerte es beim damals größten Singener Betrieb, der *Georg Fischer AG*, bis es zu einem aktiven Arbeitskampf kam. Obwohl es in dem Betrieb seit 1907 immer wieder zu Konflikten und zur politisch motivierten Entlassung von sozialistischen und christlichen Gewerkschaftern gekommen war, trauten sich beide Gewerkschaften nicht, offensive Kampfmethoden anzuwenden, da sie in der Masse der damals fast 2000 Arbeiter noch kaum verwurzelt waren. Zur Überraschung der Gewerkschaften waren es, ähnlich wie bei der Maggi 1907, unorganisierte Arbeiter, die als erste die Arbeit niederlegten. Am 27. Oktober 1910 traten die meist jugendlichen Kernmacher in den Streik. Die Kernmacher waren ungelernte Arbeiter.

Anlaß für den Streik war eine Lohnkürzung um 15%. Am zweiten Tag des Ausstandes zogen etwa 200 Kernmacher in einem Demonstrationszug durch die Stadt und verlangten Verhandlungen mit der Direktion, die ihnen allerdings »wegen ihres schlechten Benehmens« verweigert wurden. Nach einem Bericht in der sozialdemokratischen »Volkswacht« (Freiburg) vom 30.10.1910 handelte es sich bei den Streikenden um junge Leute von 14–18 Jahren. Eingeschüchtert durch ein im Laufe des Streiks in Singen zusammengezogenes großes Poli-

593

zeiaufgebot brachen die Kernmacher nach zwei Tagen ihren Streik ergebnislos ab. 36 Arbeiter wurden zur Strafe entlassen; die sozialdemokratischen Zeitungen priesen die Kraft der Organisation, an der es den Kernmachern gefehlt habe.

Dabei konnten gerade auch die sozialistischen Gewerkschaften in einigen Betrieben durchaus Erfolge erringen – eben in *handwerklich geprägten kleineren Unternehmen*, in denen die Arbeiter über ein Selbstbewußtsein verfügten, das ihnen ihre handwerkliche Qualifikation gab. So kam es 1909 zum ersten Tarifvertrag der Verwaltungsstelle des Deutschen Metallarbeiterverbands in dem handwerklich orientierten Blechner- und Installationsbetrieb Waibel und Co. Dieser Tarifvertrag setzte die Wochenarbeitszeit auf 60 Stunden fest und bestimmte Mindestlöhne von 45–50 Pfennig in der Stunde. Wie Detlef Stender gezeigt hat, lag der Organisationsgrad bei den von ihm untersuchten Kleinbetrieben mit weniger als 25 Arbeitern zwischen 70 und 90%, während er bei der Georg Fischer AG mit ihren etwa 2000 Beschäftigten vor dem 1. Weltkrieg immer unter 20% blieb.[82]

Es war die *besondere Struktur der Singener Arbeiterschaft*, die zu diesen großen Organisationsproblemen führte. Fast 50% der Arbeiter in den großen Fabriken pendelten aus den umliegenden Ortschaften ein, in denen sie stark in der katholisch und landwirtschaftlich geprägten Lebenswelt verwurzelt waren. Singen selbst wies bis zum Jahr 1925 den höchsten katholischen Bevölkerungsanteil aller badischen Städte auf. Weder in Singen noch in den umliegenden Dörfern bestanden handwerklich-gewerbliche Traditionslinien, aus denen die Arbeiter ihr Selbstbewußtsein hätten ziehen können. Die Singener Arbeiter waren überdurchschnittlich jung. Weiter führte die hohe Fluktuation in den Betrieben dazu, daß sich wenig stabile Kommunikationsstrukturen entwickeln konnten. Erfahrungen gewerkschaftlicher und politischer Arbeit, die hätten weitergegeben werden können, waren in den erst seit wenigen Jahren in Singen bestehenden Betrieben nicht vorhanden.[83]

Der Arbeiterbewegung fehlte auch die Kraft, die alltäglichen Probleme der Arbeiter außerhalb des Betriebs umfassend aufzunehmen. Wo sie dies tat, wie beispielsweise im Katholischen Arbeiterverein oder im Milchverein der Sozialisten, konnten sie auch Erfolge verzeichnen. Weiter trug die Distanz der sozialistischen Arbeiterbewegung zur ländlichen Lebenswelt dazu bei, daß es ihr erst sehr spät gelang, Fuß zu fassen und auf breiter Front aktive solidarische Kampfformen anzuwenden. Elisabeth Domansky hat am Beispiel der Metallarbeiter im westfälischen Hagen-Schwelm gezeigt, daß unter anderen Bedingungen die dörfliche Verwurzelung der Arbeiter solidarische Handlungen erleichtern konnte, auch wenn diese über wenig gewerkschaftliche Traditionen im engeren Sinn verfügten. Die lange Tradition der westfälischen Eisenproduktion gab dort den Metallarbeitern 1910 die Kraft, einen fünfmonatigen Arbeitskampf erfolgreich zu bestehen – gerade weil sei im Gegensatz zu den meisten anderen Arbeitergruppen keinen »Verlust kultureller und sozialer Bindungen« hatten hinnehmen müssen. »Die Metallarbeiter von Hagen-Schwelm waren in ihrer Mehrzahl alteingesessene Arbeiter, zum Teil mit kleinem Grundbesitz und landwirtschaftlichem Nebenerwerb, untereinander verbunden durch ein engmaschiges ›psycho-soziales‹ Netz religiöser und kultureller Institutionen.«[84]

Dieses Netz und solche Traditionen fehlten in Singen. Außer den beschriebenen Aktivitäten kam es hier vor dem 1. Weltkrieg nur noch zu einem bedeutenden Streik – wieder im handwerklich geprägten Bereich. Im Frühjahr 1911 führten die Schreinergesellen einen mehrmonatigen Arbeitskampf.[85] Bei der Maggi, in der 1911 ein Tarifvertrag abgeschlossen worden war,[86] kam es im Juni 1918 zu einem auf Anweisung der Landesbehörden von den Singener Zeitungen geheimgehaltenen Streik. Dieser Streik kündete vom Ende des Kaiserreichs und war Vorbote einer neuen Zeit, in der die Organisationen der Arbeiterbewegung endlich weitreichende Freiheitsrechte und dadurch stärkeren politischen Einfluß erhielten – gerade auch in Singen.[87]

Anmerkungen

[1] THAMER, HANS-ULRICH, 1984, Arbeit und Solidarität. Formen und Entwicklungen der Handwerkermentalität im 18. und 19. Jahrhundert in Frankreich und Deutschland, in: Engelhardt Ulrich (Hg.), Handwerker in der Industrialisierung, Lage, Kultur und Politik vom späten 18. bis ins frühe 20. Jahrhundert, Stuttgart 1984, S. 469–496, hier S. 486; ZWAHR, HARTMUT, 1981, Zur Entwicklung des Proletariats als Klasse. Strukturuntersuchung über das Leipziger Proletariat während der industriellen Revolution, München, S. 119.

[2] KOCKA, JÜRGEN, 1983, Lohnarbeit und Klassenbildung. Arbeiter und Arbeiterbewegung in Deutschland 1800–1875, Berlin/Bonn, S. 68.

[3] BUMILLER, CASIMIR, 1987, Bauern und Handwerker im alten Singen. Ein Versuch über das Leben auf dem Dorf, in: Alfred G. Frei (Hg.), 1987, Habermus und Suppenwürze. Singens Weg vom Bauerndorf zur Industriestadt, Konstanz, S. 65–109, hier: S. 90–93; FREI, ALFRED G., 1987, Ein Dorf wird Industriestadt. Singen 787–1987, in: ders. (Hg.), 1987, S. 9–63, hier: S. 26, 31 sowie umfassend: Schrenk, Christhard, 1987, Agrarstruktur im Hegau des 18. Jahrhunderts. Auswertungen neuzeitlicher Urbare mit Hilfe des Computers, Konstanz.

4 CONZE, WERNER, 1954, vom »Pöbel zum Proletariat«. Sozialgeschichtliche Voraussetzungen für den Sozialismus in Deutschland, in: VSWG 41, S. 333–364, hier S. 363, zur Debatte über den Gedanken der »Assoziation« und seine Folgen vgl. u. a. ALEMANN, ULRICH VON (Hg.) 1981, Neokorporatismus, Frankfurt/New York; DERS. 1987, Organisierte Interessen in der Bundesrepublik Deutschland, Leverkusen.
5 Conze, 1954, S. 353.
6 StAF 359/1402; Bezirksamt Radolfzell.
7 Zu einem solchen Einzelfall aus dem Jahr 1862 vgl. StAS XVII/29.
8 StAF 359/1402: Bezirksamt Radolfzell.
9 StAS XI/2/2 vom 5.7.1862.
10 GEBHARD, ALFRED, 1985, Das Dorf Singen und seine Finanzwirtschaft von 1850 bis zur Stadterhebung im Jahre 1899. Beiträge zur Singener Geschichte 7, Singen, S. 58 f.
11 Ebd., S. 41–43, 54.
12 Ortsbereisungsprotokolle 1886–1912, StAS IV. 1/1 b, c.
13 Gemeindekrankenversicherungsrechnungen Singen 1884–1932 StAS IC. 9.
14 Vgl. Die Entwicklung der liberalen Arbeitervereine, in: ZANG, GERT (Hg.), 1989, Arbeiterprovinz. Arbeiterschaft zwischen Fabrikschornstein und Kirchturm – Singen 1895–1945, Konstanz/Singen.
15 Das genaue Datum und die Umstände der Gründung des Arbeiterbildungsvereins sind nicht mehr zweifelsfrei zu ermitteln. Es gibt in dieser Hinsicht eine Reihe von sich widersprechenden Nachrichten. 1914 feierte der Arbeiterbildungsverein glanzvoll sein 50. Jubiläum. Danach wäre er im Frühjahr 1864 gegründet worden. Eine entsprechende Zeitungsmeldung konnte 1864 jedoch nicht gefunden werden. Vermutlich hatte man sich in der Erinnerung getäuscht und die Gründung des Arbeiterfortbildungsvereins mit einem anderen tatsächlich großen Ereignis in Singen vermengt oder vertauscht. 1864 hatten sich die Liberalen der Region in Singen zu einer Volksversammlung getroffen, um eine Adresse zu den kriegerischen Auseinandersetzungen in Schleswig-Holstein zu formulieren. Ein Hauch von nationalem Aufbruch lag damals über Singen (Konstanzer Zeitung vom 25.3.1864 und 31.3.1864, 3.4.1864). Maßgebend für Wahl von Singen als Versammlungsort dürfte dessen durch den eben vollendeten Eisenbahnbau Basel–Konstanz (1863) geschaffene zentrale Lage gewesen sein. Wie unwahrscheinlich dieses Gründungsdatum ist, geht auch daraus hervor, daß sich der Konstanzer Arbeiterfortbildungsverein anläßlich eines Ausflugs auf den Hohentwiel in Singen mit befreundeten Vereinen traf. Genannt werden dabei die Vereine aus Radolfzell, Ermatingen, Stein und Schaffhausen. Von einem Singener Verein ist jedoch nicht die Rede. Hätte er zu der Zeit bestanden, wäre er sicher als Mitveranstalter in irgendeiner Form erschienen (Konstanzer Zeitung, 31.5.1865).
Zum Arbeiterfortbildungsverein vgl. auch FREI, ALFRED GEORG, 1984, »Der biedere gesetzte Sinn des deutschen Arbeiters findet selbst leicht das Statthafte«, Liberale, christliche und sozialdemokratische Anfänge der Singener Arbeiterbewegung, in: Singener Jahrbuch 1983, S. 70–87, S. 72–74.
16 StAS XI/2/2.
17 Hegauer Erzähler, 14.5.1872.
18 Hegauer Erzähler, 28.5.1872.
19 Ebd. Der Grütli-Verein war ein besonderer schweizerischer Arbeiterverein, der von 1838 bis 1925 bestand. Sein Name nimmt Bezug auf die Gründung des Schweizerbundes auf dem Grütli.
20 Hegauer Erzähler, 14.5.1872.
21 Konstanzer Zeitung, 7.6.1874.
22 Konstanzer Zeitung, 5.6.1889, 12.4.1889, 24.4.1889. Theodor Kröner (1791–1813) war in den Freiheitskriegen gefallen.
23 Freie Stimme (Radolfzell), 8.1.1891.
24 Vgl. Die Entstehung des sozialistischen Lagers, in: ZANG, 1989.
25 Hegauer Erzähler, 24.8.1895.
26 Hegauer Erzähler, 27.8.1895.
27 STENDER, DETLEF, 1989, Georg Fischer AG, 1895–1918, I. 1. in Zang 1989.
28 Protokollbuch des Katholischen Gesellenvereins Singen. Archiv der Kathol. Pfarrgemeinde Herz-Jesu, Singen. Zur Geschichte des Gesellenvereins (später »Kolpingfamilie« genannt) vgl. auch KLEIN, MATHIAS, 1988, 100 Jahre Kolpingfamilie Singen, in: Singener Jahrbuch 1987, S. 94–98.
29 ZANG, GERT, 1987, Arbeiterleben in einer Randregion. Die allmähliche Entstehung der Arbeiterbewegung in einer rasch wachsenden Industriestadt. Singen a. H. 1895–1933, Konstanz.
30 Protokollbuch (wie Anm. 27).
31 StAF 359/1270, Jahresbericht des Bezirksamts Konstanz für die Jahre 1897–1903.
32 Protokollbuch (wie Anm. 27).
33 Ebd. und MÜLLER, PETER, o. J. (1973), Katholische Standesvereine als Teil des politischen Katholizismus. Untersucht am Beispiel der katholischen Gesellen-, Arbeiter- und Arbeiterinnenvereine des Amtsbezirks Konstanz, Konstanz (Arbeiten aus dem Projekt Broszat/Zang Nr. 1/1973), S. 200.
34 Hegauer Erzähler, 30.7.1914.
35 DETLEF STENDER, Die Grundlage der Expansion der Stadt: Die Fabriken und ihre Arbeiter, in: Zang, 1987, S. 46–65; hier: S. 60 f.
36 KOCKA, JÜRGEN, 1984, Soziale und wirtschaftliche Voraussetzungen für die Entstehung der Arbeiterbewegung, in: Lern- und Arbeitsbuch Geschichte der deutschen Arbeiterbewegung, 1984, Bd. I/A2, S. 39–68, hier: S. 45 f.
37 FREI, 1984, S. 74 ff.; Die Entstehung des sozialistischen Lagers, in: Zang, 1989; zum Katholischen Arbeiterverein vgl. ausführlicher DERS., 1987, S. 72–76, und STENDER, DETLEF, 1987, Das umfassende Angebot des katholischen Arbeitervereins: Traditionelle Weltanschauung, praktische Hilfe und Geselligkeit, in: ebd., S. 248–250.
38 Hegauer Erzähler, 25.10.1924.
39 Maggi-Archiv Singen.
40 Bericht in ebd.
41 Ein ähnlicher Bericht erschien im Freiburger Boten vom 23.9.1913.
42 Die ländliche Tradition des Raufhändels auch in Singen zeigt BUMILLER, 1987, S. 98–100.
43 Hegauer Erzähler, 25.10.1914.
44 Deutsche Bodensee-Zeitung, 9.10.1929.

[45] STENDER, DETLEF, 1986, Arbeiter zweier Großbetriebe der Singener Metallindustrie in der ersten Hälfte des 20. Jahrhunderts. Eine lebens- und strukturgeschichtliche Studie, Konstanz (Veröffentlichungen des Projekts Regionale Sozialgeschichte Nr. 16), S. 189; zum grundsätzlichen Dilemma der Gewerkschaften im Kaiserreich vgl. auch KOCKA, 1983, S. 181.

[46] MÜLLER, 1973, S. 201.

[47] FREI, 1984, S. 75–78.

[48] ZANG, 1987, S. 43–45.

[49] FREI, ALFRED G./DIETER SCHOTT /WERNER TRAPP, 1983, »Eine tödliche Waffe gegen die Nazis«? Arbeiterkultur im Singen der zwanziger Jahre, in: Singener Jahrbuch 1982, S. 23–38; hier: S. 23–35; FREI 1984, S. 82.

[50] Jahrbuch des Verbandes der Fabrikarbeiter Deutschlands (Bibliothek des Archivs der sozialen Demokratie, Bonn-Bad Godesberg).

[51] STENDER, 1986, S. 189; DERS., Die Entstehung der Metallarbeiterbewegung. Gewerkschaften und innerbetriebliche Konflikte, in: Zang, 1989.

[52] Volkswille (Singen), 4.8.–12.8.1925.

[53] STENDER, 1986.

[54] FREI, 1984, S. 86; ZANG, 1987, S. 77–125; Die Entstehung des sozialistischen Lagers, in: Zang 1989.

[55] KAKN XXII, 7/44.

[56] Ebd.

[57] ZANG, 1987, S. 77–84.

[58] KAKN XXII, 7/44, ZANG, 1987, S. 214–218.

[59] Ortsbereisung 1906, in: StAS IV. 1/1; vgl. auch VETTERLI, RUDOLF, 1978, Industriearbeit, Arbeiterbewußtsein und gewerkschaftliche Organisation. Dargestellt am Beispiel der Georg Fischer AG 1890–1930, Göttingen, S. 181 f.

[60] StAF 317/1578: Bezirksamt Konstanz 24.2.1906.

[61] Ortsbereisungsprotokolle 1886–1912, StAS IV. 1/1 b, c. Ortsbereisungsprotokolle des BZA Konstanz von 1908, StAS.

[62] Ebd.

[63] STENDER, DETLEF, 1987 (wie Anm. 34), S. 61.

[64] SANNER, zit. nach Frei, 1984, S. 80 f.

[65] Kartei: Führende Personen der Singener Arbeiterbewegung im Kaiserreich, Kulturamt Singen.

[66] ROHE, KARL, 1982, Wahlanalyse im historischen Kontext. Zu Kontinuität und Wandel von Wahlverhalten, in: Historische Zeitschrift 234, S. 337–357, hier S. 349.

[67] SCHOTT, DIETER, 1987, Die Konstanzer Gesellschaft und ihre Lager 1918–1924. Der Kampf um Hegemonie im Zeichen von Novemberrevolution und Inflation, Phil. Diss. Universität Konstanz, Konstanz 1989 (Vertrieb: Verlag Stadler), S. 219.

[68] FOGT, HELMUT, 1982, Politische Generationen. Empirische Bedeutung und theoretisches Modell, Opladen, S. 56–68.

[69] ZWAHR, 1981, 128.

[70] VETTERLI, 1978, S. 189.

[71] STENDER, in Zang, 1987 (wie Anm. 33), S. 60 f.

[72] Ebd., S. 62.

[73] CONZE, 1954, S. 355.

[74] KOCKA, 1983, S. 123. Auf die Einengung der sozialistischen Arbeitsstruktur durch das ländliche Milieu verweist auch EIKE HENNIG, 1987, Die Wahlentwicklung im Landkreis Kassel (1928–1933). Ein Hinweis zur Diskussion der politischen Kultur im »roten Landkreis«, in: Zeitschrift des Vereins für hessische Geschichte und Landeskunde, Bd. 92/87, S. 205–245.

[75] ZWAHR, HARTMUT, 1987, Die deutsche Arbeiterbewegung im Länder- und Territorienvergleich, in: Geschichte und Gesellschaft 13 (H. 4/1987), S. 448–507; hier: S. 455. Die Bedeutung handwerklicher Tradition, insbesondere im Widerstand gegen neue Technologien zeigt auch MICHAEL P. HANGAGAN, 1980, The Logic of Solidarity, University of Illinois Press.

[76] KOCKA, 1983, S. 106.

[77] ZANG 1987, S. 66–71.

[78] VETTERLI, 1978, S. 181 f.

[79] Volksfreund (Karlsruhe), 22.8.1907; Der Proletarier, 3.8.1907.

[80] PFISTER, G., 1942, Die Maggi-Chronik. I. Teil, Kempttal, S. 166 f.; SCHMIDT, SUSANNE B., 1987, Julius Maggi. Singens würziger Weg zur Industriestadt, in: Frei, 1987, S. 111–143; hier: S. 126 f.

[81] Bericht, Zeitungsartikel und Flugblätter im Maggi-Archiv Singen.

[82] STENDER, in Zang, 1989 (wie Anm. 49). Über eine ähnliche Streikbewegung wie der GF erfahren wir aus Rheinfelden, wo 1909 gleichfalls ungelernte Arbeiter in der Aluminiumhütte die Arbeit niederlegen. Stadt Rheinfelden (Hg.), 1972, Rheinfelden (Baden) 1922–1972. Vergangenheit und Gegenwart, Rheinfelden, S. 51.

[83] FREI, 1987, S. 38 f.

[84] DOMANSKY, ELISABETH, 1984, »Ein eigenartiger Kampf«. Die Aussperrung in der Metallindustrie von Hagen-Schwelm im Jahre 1910, in: Kurt Düwell/Wolfgang Köllmann, Rheinland-Westfalen im Industriezeitalter, Bd. 2. Von der Reichsgründung bis zur Weimarer Republik, Wuppertal, S. 211–233; hier: S. 226.

[85] ZANG, GERT, LORINSER, MARGARETE/STENDER, DETLEF, 1987 »Die Webers«. Die Geschichte einer Singener Arbeiterfamilie, in: Frei 1987, S. 153–217; hier: S. 166–169.

[86] STENDER, DETLEF, 1987, »Der Kampf um die Anerkennung der Gewerkschaften in den Betrieben, in: Zang, 1987, S. 97–104; hier: S. 97 f.

[87] Vgl. zu dieser Entwicklung die Beiträge in ZANG, 1987, S. 119 ff., sowie in DERS., 1989, Kapitel VI ff.

Für ihre engagierte Mitarbeit bei der Datensammlung und Auswertung für diesen Aufsatz danken wir Regina Grabherr, Jens Runge, Gerda Valentin, Andreas Weiß und Ralf Zimmermann. Kritische Anregungen verdanken wir Dieter Schott und Detlef Stender.

Der Bau der neuen Stadt

von Alois Mattes

Wie es begann

Am 1. Januar 1846 nahm die Baumwollspinnerei Trötschler ihren Betrieb im Walburgishof[1] auf, im Gebäude einer im Jahre 1785 errichteten Tabakfabrik, und leitete damit die Industrialisierung in Singen ein. Graf von Enzenberg hatte 1795 die nicht florierende Tabakfabrik aufgekauft. Aber auch die Versuche mit einer Steingut- und später mit einer Zuckerfabrik waren fehlgeschlagen.

Die Spinnerei Trötschler, die im Durchschnitt der Jahre etwa 100 Personen beschäftigte, machte sich im Ortsbild kaum bemerkbar. Lediglich ein etwa 30–40 m hoher Schornstein, der bei niedrigem Wasserstand der Aach zur zusätzlichen Energiegewinnung benötigt wurde, verriet ihren Standort.

Ganz in der Nähe und ebenfalls mit der Wasserkraft der Aach als Energiequelle war 1774 die Waibel'sche Bleiche entstanden, und 1807 gründete Wilhelm Waibel eine Tuch- und Stoffärberei. Das Haus des Färbers, 1807–1810 erbaut, diente seit der Jahrhundertwende als landwirtschaftliches Anwesen. 1978 wurde darin das Kleintheater »Färbe« eröffnet. Im Jahre 1810 erhielt der Schmied Fidel Waibel von König Friedrich von Württemberg – kurz bevor Singen an Baden kam – die Genehmigung zum Betrieb einer Hammerschmiede an der Aach.

Zwischen Walburgishof und Färbe entstanden in den Jahren nach 1850 als Kleinhandwerker- und Taglöhnersiedlung die Häuser Schlachthausstraße 8, 10, 12, 12a, 14.

Fassen wir noch einmal kurz zusammen: Oben an der Aach stand seit Jahrhunderten die herrschaftliche Mühle und Säge, unterhalb davon dröhnten seit 1810 die Hämmer der Waibel'schen Hammerschmiede, gefolgt von Bleiche und Färbe am Bleichebach und der Spinnerei Trötschler am Fabrikkanal. So hatte sich um die Mitte des vorigen Jahrhunderts an der Aach ein ganzes Gewerbegebiet gebildet. Johann Georg Fahr aus Gottmadingen wollte 1870 das Hammerschmied-Anwesen kaufen, bevor er in Gottmadingen die Neumühle erwarb, doch der geforderte Preis entsprach nicht seinen Vorstellungen. Gotthard Allweiler produzierte etwas später zwei Jahre lang mit Hammerschmied Waibel in dessen Schmiede, ehe er nach Radolfzell übersiedelte. Doch erst die Niederlassungen 1887 von Julius Maggi und 1895 von Georg Fischer machten Singen zu dem bekannten Industriestandort.

1863: Die Eisenbahn kommt

Größere Erdbewegungen und der Bau von festen Brücken auf der hiesigen Gemarkung durch viele ausländische Arbeitskräfte – meist Italiener – gingen dem Tag voraus, an dem der erste Eisenbahnzug Singen erreichte (13. Juni 1863). Der Strecke Basel – Waldshut – Schaffhausen – Konstanz folgte 1866 die Strecke Singen – Engen der Schwarzwaldbahn und 1875 die schweizerische Linie Singen – Etzwilen – Winterthur. Zu den Bauten und Anlagen für den Bahnbetrieb gesellten sich an der Bahnhofstraße Wohnhäuser für Bahnbedienstete.

Die weitere Bautätigkeit erstreckte sich auf das Gebiet zwischen dem alten Ortskern und dem Bahnhof, d. h. am westlichen Teil der Hegaustraße, an der Scheffel- und Engestraße sowie am unteren Stück der Kaiserstraße.[2]

Straßenbenennung

Im Dezember 1879 erhielten die Straßen und Gassen im alten Ortsteil und im neuen Viertel erstmals Namen:

1. Hauptstraße – vom Viadukt bis Bierbrauer Haas (von der Unterführung bis zur »Friedenslinde«);
2. Engener Straße von Bierbrauer Haas gegen Engen (Hohenkrähenstraße);
3. Burgstraße, Dr. Hienerwadel bis Philipp Allweiler (von der Waldstraße [Alemannenstraße] bis Oberdorfstraße);
4. Niederhofstraße, vom Viadukt gegen Niederhofen (Rielasinger Straße);

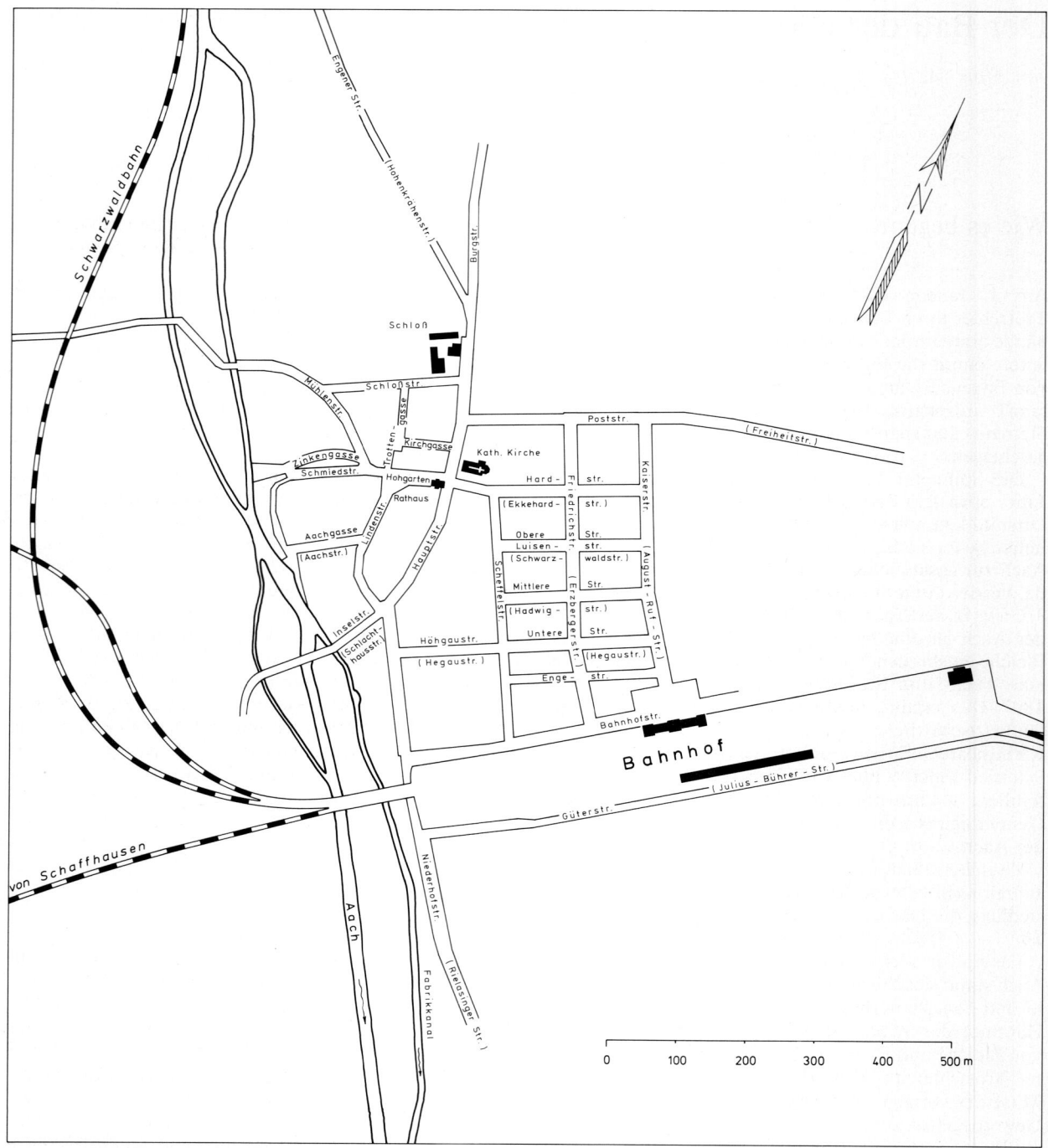

Singener Straßenbezeichnungen 1879

5. Schloßstraße, vom Schloß bis Gasthaus »Zum Kreuz«
   (von der Hauptstraße bis Gasthaus »Zum Kreuz«);
6. Poststraße, von der »Krone« gegen Radolfzell (Freiheitstraße);
7. Hohgarten, vom Rathaus bis Paul Helff;
8. Mühlenstraße, von Paul Helff bis Riefennest (Mühlenstraße bis Abzweigung Hohentwielstraße);
9. Schmiedgasse, von Sebastian Waibel, Hammerschmied, bis Mühlenstraße (von der unteren Stadtgartenbrücke zur Mühlenstraße);
10. Zinkengasse, von Peter Wik bis Math. Fink (verschwunden; ging von Mühlenstraße bis Schmiedgasse);
11. Lindenstraße, vom Hohgarten bis scharfen Eck (heute in umgekehrter Richtung);
12. Inselstraße, gegen die Fabrik
    (von der Hauptstraße bis zur Baumwollspinnerei Trötschler, seit 1913: Schlachthausstraße);
13. Aachgasse, von Simon Harder gegen die Aach (Aachstraße);
14. Kirchgasse, von Erhard Ehinger bis Bartholomäus Leute (verschwunden; von Mühlenstraße zur Hauptstraße);
15. Trottengasse, von J. Scheffold bis Hohgarten (verschwunden; von Schloßstraße zum Hohgarten);
16. Scheffelstraße, vom Rathaus am »Ochsen« vorbei bis Dr. Bichlmayer
    (Scheffelstraße – früher vom Rathaus an der Kirche vorbei, beim »Ochsen« nach Süden bis zur Bahn);
17. Höhgaustraße, vom »Höhgauer Hof« bis Schlosser Allweiler
    (Hegaustraße von der Scheffelstraße [Hotel Ekkehard] abwärts zur Hauptstraße);
18. Bahnhofstraße, von Steinhauer Matt bis Hauptzollamt (Bahnhofstraße);
19. Hardstraße, vom »Ochsen« bis Metzger Buchegger, bis Kaiserstraße
    (Ekkehardstraße von der Scheffelstraße bis August-Ruf-Straße);
20. Kaiserstraße, von Anton Buchegger bis Bahnhofstraße
    (August-Ruf-Straße von Poststraße [Freiheitstraße] bis zum Bahnhof);
21. Friedrichstraße, von Wagner Handloser bis Bahnhofstraße
    (Erzbergerstraße von Poststraße bis Bahnhofstraße);
22. Obere Straße, von Martin Kornmayer bis gegen die Kaiserstraße
    (Luisenstraße [Schwarzwaldstraße] bis August-Ruf-Straße);
23. Mittlere Straße, von L. Bach, Conditor, bis in die Kaiserstraße
    (Hadwigstraße, von Scheffel- zur August-Ruf-Straße);
24. Untere Straße, vom »Höhgauer Hof« bis in die Kaiserstraße
    (Hegaustraße, Teilstück Scheffelstraße bis August-Ruf-Straße);
25. Engestraße, von Metzger Weber bis in die Kaiserstraße (Engestraße, von Scheffelstraße bis August-Ruf-Straße);
26. Güterstraße, von Gebhard Greiner bis Güterhalle (später Fabrikstraße, heute Julius-Bührer-Straße).

Nach der Erhebung Singens zur Stadt wurden umbenannt:
Hardstraße in Ekkehardstraße;
Obere Straße in Luisenstraße (Schwarzwaldstraße);
Mittlere Straße in Hadwigstraße,
Untere Straße in Hegaustraße (Fortsetzung der bisherigen Hegaustraße.

Ab diesem Zeitpunkt begann die Hegaustraße an der Hauptstraße, die in nord-südlicher Richtung führenden Straßen nahmen ihren Anfang nunmehr von der Bahnhofstraße.

Vom Hardweg zur Ekkehardstraße[3]

Vom einstigen Dorfschul- und Rathaus zog der Hardweg in östlicher Richtung und verlief sich den Feldern. Links wurde er eingeengt vom Feuerwehrspritzenhaus und der alten Friedhofsmauer, rechts vom langgestreckten Anwesen der Bäckerei Johann Graf sowie dem anschließenden Haus des Wagners Karl Oexle. Eine Abzweigung des Weges auf der Höhe des heutigen Café Schrempp in nördlicher Richtung erreichte die Poststraße bei der ehemaligen Gaststätte »Germania«.

Als dieser Hardweg 1879 zur Hardstraße aufgewertet wurde, mußte zu ihrem Ausbau das Feuerwehrspritzenhaus[4] abgebrochen und ein Teil der Friedhofsmauer zurückversetzt werden. Die Straße endete bei der Kaiserstraße (August-Ruf-Straße).

Im Sommer 1886 riß ein Unwetter den Turmaufsatz des Kirchturms der Pfarrkirche, die sogenannte Laterne, herunter. Diese war 1813 aufgesetzt worden und bildete das Wahrzeichen des Dorfes. 1888 erhielt der Turm die heutige Spitze.

In einigem Abstand östlich der Kirche stand das landwirtschaftliche Anwesen des Theodor Wick (heute Café Schrempp). 1897 ließ die altkatholische Kirchengemeinde ein Pfarrhaus erstellen, Haus Nr. 9 (abgebro-

599

chen 1957, heute Baden-Württembergische Bank). Und weit draußen im Feld, an der heutigen Thurgauer Straße, stand das Bauernhaus des Anton Reize, noch ohne Verbindung zur Kaiserstraße. Ihm gegenüber erbaute 1897 der Bahnbedienstete Josef Lang ein Wohnhaus (später »Ernst Müller's Weinstube«, heute »Inselstube«).

Auf der Südseite der Hardstraße ließ Bäckermeister Johann Graf 1897 den hinteren Teil seines Hauses abbrechen und einen Neubau erstellen, in den er seine Bäckerei verlegte (Haus Nr. 4, heute Konditorei Graf-Mohr).

Das Eckhaus an der heutigen Scheffelstraße beherbergte das Gemischtwarengeschäft Brödler & Co. mit Lebensmitteln, Haushalts- und Eisenwaren der Kaufleute Albert Brödler und Emil Dürrhammer, das 1886 eröffnet worden war.

Im Frühjahr 1899 wurde schließlich noch der verbliebene Rest des Friedhofs um die Kirche vollständig abgeräumt, nachdem bereits 1878 im Norden des Dorfes ein neuer angelegt worden war. Der damalige Stadtpfarrer und Dekan Georg Neugart ließ 1899 auf diesem Friedhof an der jetzigen Widerholtstraße eine Arme-Seelen-Kapelle – heute Michaelskapelle – mit Grabsteinen vom abgeräumten Gottesacker um die Kirche auf seine Kosten errichten. Dieser Friedhof wurde bis 1934 benützt.

Die Scheffelstraße

Den Namen Scheffelstraße erhielt der Weg, der im Jahre 1879 die östliche Grenze des Dorfes bildete. An ihn grenzten nur wenige Anwesen, die ihren Zugang von der Hauptstraße hatten. Die neue Scheffelstraße begann an der Hauptstraße beim ehemaligen Schul- und Rathaus, führte zunächst nach Osten und bog sodann nach Süden in diesen Weg ein.

Eines der ersten im Zusammenhang mit dem Bahnbau erstellten Gebäude war die Gaststätte »Höhgauer Hof«. Nach ihr wurde die Hegaustraße benannt. Dieses gutbürgerliche Lokal, später Hotel, wurde 1885 in »Ekkehard« umbenannt und besaß einen großen Biergarten. Um die Jahrhundertwende unterhielt es einen Kutschenbetrieb auf den Hohentwiel. Nach dem Zweiten Weltkrieg wurde der Wirtsbetrieb eingestellt, das Haus 1970 abgebrochen.

Bleiben wir auf der linken, dem Dorf zugewandten Seite: Auf dem gegenüberliegenden Grundstück hatte 1870 der Schmied und Fuhrhalter Augustin Reize ein Wohnhaus (Nr. 15) mit Stall, Scheune und Schmiede erbaut. 1910 mußte es dem Neubau für das Kaufhaus Guggenheim weichen. An Reize anschließend errichtete Bierbrauer Eduard Ehinger 1877 eine Brauerei mit Bierausschank und Speiselokal. Der Betrieb ging neun Jahre später an Bierbrauer Karl Munding aus Engen über. Nach Mundings frühem Tod erwarb Bierbrauer Hugo Käßner 1889 das Anwesen und ließ es zehn Jahre später um einen 300 Personen fassenden Saal erweitern, so daß mit der bisherigen Speisehalle Platz für rund 550 Gäste zur Verfügung stand. Käßner besaß damit neben der bedeutendsten Brauerei den geräumigsten Festsaal, in dem alle großen Veranstaltungen stattfanden.

Nachdem Käßner seinen ganzen Betrieb 1905 an die Höllbrauerei in Radolfzell verkauft hatte, wurde die Bierbrauerei eingestellt[5] und nur noch die Wirtschaft »zum Kolosseum« bis zum Ersten Weltkrieg weitergeführt. Im »Kolosseum«-Saal war zuletzt bis zum Abbruch die Opel-Autowerkstätte Brecht untergebracht.

Im Hause Nr. 19 hatten von 1875 bis um 1908 die Konditoreien Ludwig Bach, Paul Landenberger und Adolf Rößler ihr Domizil. Als spanische Weinstube mit Weinhandlung, von Juan Ferrer 1913 gegründet und von seiner Witwe lange Jahre weitergeführt, ist das Lokal noch in weiten Kreisen bekannt. Abbruch des Hauses: 1961.

Das Haus Nr. 23 war mit einer hohen Treppe versehen, wie es Ende des vorigen Jahrhunderts vielfach üblich war. Um 1908 wurde das Anwesen von Metzgermeister Alfred Hertrich aus Hilzingen übernommen, später umgebaut; heute ist es im Besitz der dritten Hertrich-Generation. Das zwischen der Metzgerei Hertrich und der ehemaligen Bäckerei Oexle hindurchführende Gambrinusgäßle war nur ein privater Verbindungsweg. Bäckermeister Adolf Oexle ließ als Sohn und Nachfolger von Lorenz Oexle das Haus Nr. 25 im Jahre 1928 von Grund auf umbauen.

Im Hause Nr. 37 eröffnete Bierbrauer Johann Oexle 1862 eine Brauerei, 1875 erhielt er die Ausschankgenehmigung für sein Gasthaus »zum Ochsen«. 1885 ging die Brauerei ein. Das Grundstück an der Ecke zur Ekkehardstraße hatte Wagner Karl Oexle 1856 erworben. 1894 eröffnete sein Sohn Peter Oexle ein Glas- und Porzellanwarengeschäft, heute ebenfalls in der dritten Generation in Familienbesitz. Durch verschiedene Umbauten wurden die Geschäftsräume mehrfach erweitert, und dabei wurde auch das Haus Nr. 37 miteinbezogen.

An der unteren Scheffelstraße hatte das Haus Nr. 5 einen landwirtschaftlichen Vorgängerbau aus der Zeit um 1878. Auch Nr. 3, mehrfach umgebaut, reicht in jene Zeit zurück. Nach der Jahrhundertwende beherbergte es die Speisehalle Bächler, die 1907 von Ernst Müller übernommen und als Wirtschaft »zum Braustüble« weitergeführt wurde.

Auf der rechten Straßenseite im Hause Nr. 4 des Bauunternehmers Anton Schächle war von 1878–1886 die Post untergebracht. Nach dem Auszug der Post eröffnete Schneidermeister Carl Fischer eine Maßschneiderei mit Herrenkonfektion, heute ist es das Modehaus Fischer. Die Häuser 8, 10 und 12 standen bereits 1878. In Nr. 8 betrieb Georg Nestlen von 1896 bis 1913 eine Konditorei. Nach dem zweiten Weltkrieg war darin über längere Zeit die Molkereiproduktenhandlung Johann Heinemann untergebracht. Schließlich erwarb die Bundespost den gesamten Komplex, der 1973 abgebrochen wurde.

Im Neubau auf dem angrenzenden Eckgrundstück eröffnete Metzgermeister Johann Weber 1875 das Gasthaus »Kranz«, später »Blumenkranz«. 1877 verfügte er über 8 Gästezimmer mit zusammen 18 Betten, »welche in geordnetem Stand sind«, wie Bürgermeister Waibel dem Bezirksamt Konstanz berichtete. Der 1888 gegründete Gewerbeverein richtete im gleichen Jahr in einem Raum eine Zeichenschule ein, die 1892 von der Gemeinde übernommen und als Gewerbliche Fortbildungsschule in zwei Lehrsälen weitergeführt wurde bis zu ihrem Umzug in die neuerbaute Ekkehardschule. Der neue Wirt Anton Stengele übernahm 1902 die Gaststätte als »Pfälzer Hof«.

Uhrmachermeister Gottfried Schrenk bezog 1898 seinen Neubau (Nr. 12). Auf diesem Platz stand zuvor das Anwesen des Zimmermanns Pelagius Graf. Um 1878 wurde das Eckhaus an der Hegaustraße des Dr. A. Bichlmayr errichtet. Sein Nachfolger war der praktische Arzt Dr. Ernst Walther. Bäckermeister Franz Maurer verlegte 1908 seine Bäckerei von der Friedrichstraße, gegenüber der Ekkehardschule, hierher. Sein Sohn erweiterte die Konditorei um ein Café (Abbruch 1975). Das Haus Scheffelstraße 14 stammt aus dem Jahre 1882 und ist mit den Namen der Bäckermeister Otto Waibel, Robert Hoffmann, Karl Mahler und Günter Künz verbunden. Das Uhrenfachgeschäft Limbrock-Darpe ist seit seiner Gründung im Jahre 1886 durch Heinrich Limbrock in Familienbesitz und im Hause Nr. 16 untergebracht. Schreinermeister Heinrich Baur übersiedelte 1899 mit seinem Geschäft von der Hauptstraße in seinen Neubau (Nr. 18) an der Ecke Hadwigstraße, seit 1928 Schuhhaus Stemmer-Kneer.

Die Eckgrundstücke wurden bevorzugt und daher meistens zuerst bebaut. So auch das Haus Nr. 24 des Kaufmanns Friedrich Dürrhammer, später Zigarrenhaus Stephan Beurer. Friseur Friedrich von Kenne ließ es umbauen, später war es die Drogerie Otto von Kenne. Das erste Haus dieser Straßenseite im oberen Teil der Scheffelstraße war die Gemischtwarenhandlung Brödler & Co. (Nr. 28). 1975 mußte es einem Neubau weichen.

Die Gemeinde ließ in den Jahren 1873/1874 die Scheffelstraße ausbauen. Da man sie als Geschäftsstraße geplant hatte, waren in ihr keine Vorgärten vorgesehen.

Wenn auch aus Platzgründen nicht jedes Gebäude und der kleinste Laden erwähnt werden können, so zeigt diese Aufzählung doch, daß sich die Scheffelstraße bis zur Jahrhundertwende zu einer ansehnlichen Einkaufsstraße entwickelt hatte. Hier kauften in erster Linie die Neubürger ein, während die alteingessene Bevölkerung ihre Stammgeschäfte meist noch in der Hauptstraße hatte. Viele Branchen waren in der Scheffelstraße übersetzt, wie zum Beispiel Bäckereien, Gaststätten usw. Viele Wechsel und Geschäftsaufgaben waren die Folge.

Die Bahnhofstraße

1877 erhielt Singen ein neues – das jetzige – Bahnhof-Empfangsgebäude. War im alten Bau die Post untergebracht und der Bahnhofsvorstand zugleich Postmeister, so enthielt das neue Gebäude eine Bahnhofsgaststätte. Das Jahr 1878 brachte den Bau des Hauptsteueramtes (heute Hauptzollamt).

Aus einer Kantine für die Bahnbauarbeiter erwuchs an der Bahnhofstraße die Restauration »Buchegger«. Gastwirt Ludwig Buchegger verkaufte 1880 seine Wirtschaft sowie das kurz zuvor erstellte dreistöckige Gebäude der Malzfabrik an der Engestraße und das ganze dazugehörige Areal. Die Gaststätte erhielt 1881 den Namen »Adler« und wurde später das gleichnamige Hotel, ab 1921 Reformpädagogium, 1973 im Besitz der Post abgebrochen. Die Bucheggersche Malzfabrik wechselte mehrfach den Besitzer und wurde später für verschiedene Zwecke benutzt. Nach dem Ersten Weltkrieg wurden darin Notwohnungen eingerichtet, danach die Autoreparaturwerkstatt für die Linienbusse der Post.

Bauunternehmer Matthäus Müller, der 1876/1877 das neue Bahnhofsgebäude erstellt hatte, betrieb nebenbei die Restauration »Müller« an der Bahnhofstraße. Nach seinem Tod (1894) ging das Anwesen in den Besitz von A. Bilger Bierbrauerei, Gottmadingen, über. Von 1899 bis zur Eröffnung der Ekkehardschule im Herbst 1901 war in diesem Hause die neugegründete Bürgerschule (Realschule) untergebracht. Ab November 1901 wurden die Räume als Gastwirtschaft »Scheffelhof« wieder ihrer ursprünglichen Bestimmung zugeführt (abgebrochen 1967).

Das Kaiserliche Postamt, von 1878–1886 im Hause Scheffelstr. 4 untergebracht, bezog 1886 seine neuen Räume an der Bahnhofstraße gegenüber dem alten Bahnhofsgebäude. Nachdem Postmeister Brütsch 1896 das neue Postamt an der Kaiserstraße hatte erstellen lassen, ging das alte Postamt an die Sternenbrauerei J. Graf in Gottmadingen über, die darin die Gastwirtschaft »Alte Post« einrichtete. Sie ließ dazu einen großen Biergarten mit Kastanienbäumen anlegen und durch Musikpavillon und Tanzpodium ergänzen. Abbruch des Hauses: September 1972.

Die Kaiserstraße (August-Ruf-Straße)

Als 1877 das neue Bahnhofsgebäude erstellt worden war, wurde die Kaiserstraße von der Hadwigstraße zum Eingang des neuen Empfangsgebäudes hin verlegt. Zwar wurde bereits 1880 das landwirtschaftliche Anwesen Ecke Kaiser-/Obere Straße erbaut, doch es blieb lange allein auf freiem Feld.

Dagegen entstand 1887 in Bahnhofsnähe die Buchdruckerei Eugen Müller, Haus Kaiserstraße 1 (zuletzt Foto-Optik Hepp). Bei den Ausgrabungsarbeiten wurde hier das alemannische Gräberfeld entdeckt, das sich bis auf die andere Straßenseite erstreckte.

Müller übersiedelte 1896 in größere Räume an der Ecke Kaiser-/Luisenstraße, aus denen 1909 die Gaststätte »Hirschen«, zuletzt »Wienerwald« (abgebrochen 1982), hervorging. Im gleichen Jahr, in dem die Buchdruckerei Müller entstand (1887), mietete der aus Kempthal/Schweiz stammende Julius Maggi Räume in einem Nebengebäude der Restauration Amann als Abfüllstation für seine Suppenwürze.

Die Gemeinde erwarb 1890 Gelände zur Anlage des unteren Teils der Kaiserstraße. Die großherzoglich bad. Eisenbahnverwaltung ließ 1853 an der Ecke Kaiser-/Bahnhofstraße das dreistöckige Bahnbetriebswerk erstellen, und an einer anderen Ecke, nämlich Kaiser-/Engestraße, ließ Postmeister Brütsch 1896 ein neues Gebäude für die kaiserliche Post errichten, die sich hier bis 1906 befand. Der Reichsadler schmückte das Haus bis zu seinem Abbruch im Jahre 1969. Nach dem Auszug der Post eröffneten am 2. Juli 1906 die Gebrüder Bartok aus Radolfzell in diesen Räumen die erste hiesige Drogerie.

1898 kam an der Ecke Kaiser-/Hadwigstraße das Haus des Friseurs und Zahntechnikers Dornbusch hinzu (heute Deutsche Bank).

Das Eckhaus Kaiser-/Luisenstraße wurde von Kaufmann Peter Buchegger 1898 als Geschäftshaus erstellt (zuletzt Obst- und Südfrüchtegeschäft »Spanischer Garten«), während daneben 1899 das Haus des Spitalarztes Dr. med. Wieland zu stehen kam (Nr. 13).

Die Friedrichstraße (Erzbergerstraße)

Die Friedrichstraße verläuft vom Bahnhof in nördlicher Richtung. Zur Rechten stand die Villa des Baumeisters Anton Schächle, dessen Vorgarten zur Bahnhofstraße von zwei steinernen Löwen bewacht wurde (heute Karstadtgelände). An der Ecke Hadwigstraße stand seit 1895 das Haus von Bernhard Degen mit einem Manufakturwarengeschäft (abgebrochen 1977, heute Bezirkssparkasse). Ihm gegenüber siedelte sich 1898 Sebastian Waibel mit seiner Bäckerei an (heute Bäckerei Elmer-Hall). Weiter im Norden hatte schon 1891/92 Maurermeister Benedikt Murst an der Ecke Obere Straße (Schwarzwaldstraße)/geplante Friedrichstraße ein Wohnhaus und eine Werkstätte errichtet. 1897 wurde die Straße vom Bahnhof bis zur Poststraße (Freiheitstraße) durchgehend hergestellt. Unter dem Herstellen einer Straße verstand man damals den Geländeerwerb, das Liefern und Versetzen von Randsteinen, das Pflastern der Rinnen sowie den Kiesbelag.

Schließlich wurde 1894/1895 an der späteren Verlängerung dieser Straße, zunächst allerdings nur durch die Waldstraße (Alemannenstraße) zu erreichen, das neue Spital (heute Amtsgericht) erbaut. Das zweistöckige Gebäude wurde in Anwesenheit der Großherzogin Luise eingeweiht. Es enthielt 25 Betten und als bemerkenswerte Neuerungen elektrisches Licht, fließendes Wasser, einen Essensaufzug und einen Operationssaal!

Die Poststraße (Freiheitstraße)

Einen großen Stellenwert besaß zunächst noch die alte Landstraße nach Radolfzell und Stockach, die Poststraße. Hier stand seit der Zeit nach dem 30jährigen Krieg die alte »Krone«, die als Poststation eine überörtliche Funktion bekleidete, dann ab 1814 die »Germania«, die vierte Singener Taferne (abgebrochen 1967).

Als die Gemeindeschmiede an der Hauptstraße, die von der Gemeinde an zwei Schmiede vergeben war, ihr Domizil im Gemeindehaus (dem späteren Schul- und Rathaus) 1785 verlassen mußte, siedelten sich die beiden Schmiede an der Poststraße an. Eine der beiden Schmieden, die spätere Schmiede Reize, wurde 1863 an die evangelische Kirchengemeinde verkauft. Diese ließ die Schmiede abbrechen und an ihrer Stelle eine Kirche erbauen.

Durch den Zuzug von Textilfacharbeitern aus den reformierten Gegenden der Schweiz und aus Württemberg, sowohl nach Singen als auch nach Arlen und

Volkertshausen, waren im Hegau evangelische Gemeinden entstanden. Für diese wurde in Singen als zentral gelegenem Ort und im Hinblick auf die seit 1524 bestehende evangelische Gemeinde auf dem Hohentwiel eine eigene Kirche erbaut (seit 1917 altkatholische Thomaskirche). Das Wohnhaus des Schmieds wurde Pfarrhaus und blieb es bis heute. Zehn Jahre nach dem Kirchenbau wurde der Turm erstellt.

Die Schmiede Allweiler, die zweite Schmiede, ging im Juni 1900 durch Kauf an den Gastwirt Franz Kornmayer zur »Germania« über. Die Schmiede mußte dem Neubau Kornmayer, Haus Erzbergerstraße 17, Platz machen, zugleich konnte durch ihren Abbruch die Erzbergerstraße von der Poststraße nach Norden zum Spital weitergeführt werden. Bis dahin waren Spital und Friedhof nur von der Hauptstraße über die Waldstraße (Alemannenstraße) zu erreichen.

Apotheker August Kieffer verlegte 1868 seine 1864 von Gottmadingen in das alte Spital an der Trottengasse übersiedelte Apotheke in seinen Neubau Poststraße 19.

Auch die 1885 gegründete Sparkasse hatte ihr Domizil in der Poststraße (Haus Nr. 8); 1895 zog Gipsermeister Gerhard Berchtold in seinen Neubau Ecke Post-/Kaiserstraße.

Allgemeine Versorgungseinrichtungen

Nach dem Bau des Spitals standen für die arme Gemeinde noch weitere große Probleme an, die rasch einer Lösung bedurften.

Um die Jahrhundertwende gab es noch keine allgemeine Trinkwasserversorgung. Fast jedes Anwesen hatte seinen Gumpbrunnen, aus dem das Trinkwasser von der oberen Grundwasserschicht entnommen wurde. Die Brunnen standen meist in der Nähe von Jauchegruben, zu denen ein Mindestabstand von nur 5 m eingehalten werden mußte. Im Jahre 1901 wurde mit dem Bau einer Trinkwasserversorgung begonnen, nachdem die Bitzenquelle bei Ehingen mit ausreichender Wasserführung für die Stadtgemeinde erworben werden konnte. Ein Wasserreservoir mit einem Fassungsvermögen von 350 m^3 entstand oberhalb der Schwarzwaldbahn auf der Höhe über der Offwiese. Mit einem Wasserfest feierten die Singener am 25. Oktober 1903 die Inbetriebnahme der Trinkwasserversorgung.

Eine weitere dringend zu lösende Aufgabe war der Bau der Abwasserkanalisation. 1898 wurde das erste Teilstück des Kanals in der Hauptstraße von der Bahnunterführung bis zur Gaststätte »Gambrinus« gelegt. Es folgte die Hegaustraße von der Hauptstraße bis zur heutigen Erzbergerstraße. 1905 wurde die Scheffelstraße an das Kanalnetz angeschlossen. Weitere Straßen folgten rasch.

Schon im Jahre 1895 hielt die Elektrizität ihren Einzug in Singen. Den Auftrag zur Errichtung eines Ortsnetzes und die Versorgung des Dorfes mit elektrischem Strom hatte die Baumwollspinnerei Trötschler & Cie übernommen. Dazu ließ sie an der Aach südlich der Bahnlinie ein kleines Elektrizitätswerk durch die Firma Wilhelm Reisser, Stuttgart, erstellen, die auch die Installationen im Ort vornahm. Am 1. November 1895 erhellte die elektrische Straßenbeleuchtung aus 40 Lampen die Dorfstraßen zum ersten Male.

Bereits zuvor waren die Singener in den Genuß einer anderen technischen Errungenschaft gekommen. Als 1886 in Konstanz mit einer Stadtfernsprechanlage das kaiserliche Telefonnetz eingeführt wurde, wurden 22 Singener Anschlüsse daran angehängt. Ab 1895 gab es eine eigene Vermittlungsstelle mit einem Fräulein vom Amt. Arlen, Gottmadingen und Worblingen waren an das Singener Ortsnetz angeschlossen, Randegg, Gailingen und Büsingen folgten im Jahre 1904, Hausen und Duchtlingen 1905.

Auf dem Hohgarten wurde 1889 eine moderne Brückenwaage als Gemeindewaage mit einem Waghüsli neben der Friedenslinde von 1870/71 aufgestellt.

Mit der Aufnahme des Marktfleckens Singen in die große Reihe alter badischer Städte und Städtchen fand die Dorfzeit im Jahre 1899 offiziell ihr Ende. Singen war nun zwar an Alter die jüngste dieser Städte, bevölkerungsmäßig aber hatte sie viele davon längst überflügelt.

Das Jahr 1899 bildet zwar einen Meilenstein in der Singener Geschichte, doch die 1863 begonnene Entwicklung lief jetzt ohne Unterbrechung weiter.

An der Nahtstelle zwischen dem alten Ortskern und dem neuen Stadtgebiet kam im Jahre 1900 die Ekkehardschule zu stehen. Am 1. Oktober 1901 zogen die Schüler feierlich in die neue Schule ein. Das Schulgebäude enthielt zugleich eine öffentliche Badeanstalt mit Wannenbädern und Duschgelegenheit. Mit dem Auszug der Schule aus ihren bisherigen Räumen konnte die Gemeindeverwaltung erstmals in einem eigenen Gebäude untergebracht werden.

Im Jahr der Schuleinweihung konnte auch die Sparkasse ihr neues Gebäude hinter der Schule in der Poststraße 10 beziehen.

Die Entwicklung nach 1900

Die städtebauliche Entwicklung nahm um die Jahrhundertwende einen ungeahnten Aufschwung. Überall wurde gebaut, wenn sich auch die Bautätigkeit zunächst noch auf das Gebiet zwischen Scheffel- und Kaiserstraße konzentrierte.

Apotheker Karl Mayer, bisher Poststraße, bezog 1900 seinen Neubau an der Ecke Kaiser-/Hadwigstraße. Mayer stammte aus der Rielasinger Mühle und ließ über dem Eingang der Apotheke einen in Stein gehauenen Kopf eines Müllerburschen anbringen.

Neben der Apotheke baute Architekt Albert Hänßler ein zweistöckiges Wohnhaus mit Büroräumen. Hänßler führte die Arbeiten des verstorbenen Radolfzeller Architekten und Stadtbaumeisters Adolf Hauk zu Ende, der auch die Pläne für die Ekkehardschule geschaffen hatte. An der Friedrichstraße wurde das neuerstellte Hotel »Schweizerhof« eröffnet, der spätere »Zähringer Hof« (heute »Café Lutz«). Bierbrauer Karl Buchegger baute sich ein Wohn- und Geschäftshaus an der Luisenstraße, das 1906 als katholisches Vereinshaus »Zum Stern« seine Pforten öffnete und Vorgänger des heutigen Gasthauses »Zum Sternen« war.

An der Ecke Scheffel-/Bahnhofstraße ließ Fotographenmeister Josef Ott durch den Konstanzer Architekten Haible ein modernes Geschäftshaus mit Atelier errichten. In der Giebelwand gegen die Scheffelstraße ist eine Kanonenkugel vom Hohentwiel aus der Zeit des 30jährigen Krieges eingelassen.

Das zweistöckige Wohnhaus Josef Webers, Kaiserstraße 8, wurde 1901 erbaut und 1923/24 als Modehaus Woller-Bloching umgestaltet und auf die beidseitigen Baufluchten verbreitert (heute Deutsche Bank).

Bauunternehmer Franz Schmal ließ 1902 als Bauherr und Planfertiger das Haus Erzbergerstraße 4 erstellen (heute Geschäftsstelle des »Südkurier«).

War schon 1899 der alte Friedhof um die Pfarrkirche Peter und Paul abgeräumt worden, so meldeten die »Singener Nachrichten« im März 1903: »Ein ganz anderes Gesicht macht jetzt unser Kirchplatz, nachdem derselbe seines Baumschmucks beraubt worden ist. Auch die kleine Anhöhe hat dem Fortschritt der Zeit weichen müssen, und wir haben einen recht hübschen Platz bekommen, der auch für den öffentlichen Verkehr von großem Vorteil sein wird.«

Zwischen Kirche und Schulhaus sprudelte seit der Eröffnung der Trinkwasserleitung ein kleiner Springbrunnen. Im darauffolgenden Jahr wurden auf dem Kirchplatz und vor der Ekkehardschule Platanenbäume gepflanzt. Die neue Schule mit der Kirche bildete ein beliebtes Ansichtskartenmotiv.

Vom Jahre 1904 wurde berichtet: »Die Bautätigkeit ist wieder sehr rege. Bis jetzt sind schon 50 Neubauten vorgesehen.«

Die Vorstadt oder das Radolfzeller Viertel

Um die Jahrhundertwende begann auch die Bebauung im Bereich der Radolfzeller und Friedinger Straße. Hier, weit vom Stadtgebiet entfernt, waren die Baugrundstücke noch billig, und die Arbeitsplätze südlich der Bahnlinie konnten über den beschrankten Bahnübergang in Verlängerung der Kreuzensteinstraße auf kürzestem Wege erreicht werden.

Das Haus Radolfzeller Straße 13 wurde 1900 nach den Plänen von Architekt J. Wettstein, Wahlwies, erstellt, Haus Nr. 11 im Jahre 1901. Das Gasthaus »Waldhorn« wurde zwar 1902 errichtet, doch die 100 Einwohner dieses Viertels, deren Alter mehr als 16 Jahre betrug, reichten nicht aus zur Erteilung der Wirtschaftskonzession, zumal sich auch Gärtner Alfred Holland für das noch zu erstellende Kurhotel »Waldeck« um eine Konzession bewarb. Beide Konzessionen wurden erst 1906 verliehen.

Weitere Häuser folgten zunächst auf der Südseite der Radolfzeller Straße. Im Neubau des Gottfried Weber auf der linken Straßenseite hinter dem »Waldhorn« (Haus Nr. 3) wurde 1903 eine Volksküche eröffnet, die im Dezember 1904 vom Landeskommissar Freiherr von Bodman und Geh.Reg.Rat Dr. Groos aus Konstanz besichtigt wurde, wobei die Herren den praktischen Einrichtungen und den schönen und sauberen Lokalitäten ihr vollstes Lob aussprachen. Am 1. August 1903 meldeten die »Singener Nachrichten«: »Die Bautätigkeit war noch nie so stark wie dieses Jahr, besonders im Radolfzeller Viertel.«

An der Industriestraße (Kreuzensteinstraße), der Verbindung des Radolfzeller Viertels mit dem Industriegebiet jenseits der Bahn, entstanden in diesem Zusammenhang einige Gebäude. Auf dem Baugesuch von 1906 für die Gaststätte »Hegau« an der Ecke Industrie-/Hegaustraße ist vermerkt: »Ein Bedürfnis für eine Wirtschaft wird in Zukunft nach Ansicht des Bezirksamtes an jener Stelle nicht gegeben sein.« Das Gasthaus wurde mit dem Segen der Stadtväter dennoch gebaut und ist eines der wenigen aus jener Zeit, das alle Stürme der letzten acht Jahrzehnte überstanden hat.

1905

In der Nacht zum 2. März 1905, zu Beginn der jährlichen Bautätigkeit, brannte die Hagmühle, die enzenbergische Mühle hinter dem Gasthaus »Kreuz«, bis auf die Grundmauern nieder. Wegen der damaligen Mühlenkrise und des damit einhergehenden Mühlensterbens kam ein Wiederaufbau nicht mehr in Betracht, was von vielen Singenern allerdings bedauert wurde.

An der Ecke Kaiser-/Ekkehardstraße wurde am 1. Juli 1905 das Gasthaus »Bären« eröffnet. Dazu erklärte der Bauherr, Bierbrauer A. Bilger, Gottmadingen: »Der bedeutenden Ausdehnung der beiden hiesigen Fabriken jenseits der Bahn mußte mein Restaurant ›zum Güterbahnhof‹ weichen und dessen Betrieb nach der neuerbauten Wirtschaft ›zum Bären‹ verlegt werden. Mit der Führung der neuerstellten Wirtschaft habe ich meinen langjährigen und allgemein beliebten früheren Pächter des ›Güterbahnhofs‹, Herrn Jakob Aicher, betraut.« Seit 1979 befindet sich in diesem Gebäude die Commerzbank. Bei der Pfarrkirche Peter und Paul ließ Bäckermeister Johann Graf das Eckhaus an der Haupt- und Ekkehardstraße als Geschäftshaus neu erstellen. Nach verschiedenen Ladengeschäften war darin von 1921 bis 1926 die Stadtapotheke untergebracht, ehe das Haus von Eugen Graf, dem Sohn des Erbauers, zum »Café Graf« umgebaut wurde.

Auf dem Platz zwischen der Peter- und Paulskirche und der Ekkehardschule wurde anstelle des 1903 errichteten Springbrunnens am 6. Juni 1905 das Kriegerdenkmal 1870/71 im Rahmen eines Kriegertreffens eingeweiht.

An der Schaffhauser Straße, an der Abzweigung des Weges zum Hohentwiel, eröffnete Paul Fehrle das neuerbaute Gasthaus »Widerholt«. Das Jahr 1905 brachte weiterhin den Bau der Wirtschaft »Stadthof« (eröffnet 4. Februar 1906). Und schließlich berichteten die »Singener Nachrichten«: »Der bedeutend vergrößerte Saal des Herrn Uebele ›zum Kreuz‹ ist nun fertiggestellt« (21. Juli 1905). Die evangelische Pfarrei feierte im Herbst das Richtfest für ihr neues, nach den Plänen der Kirchenbauinspektion Karlsruhe errichtetes Pfarrhaus an der Ecke Post-/Moltkestraße.

Bodenbeschaffenheit und Grundstückspreise

Das Dorf Singen besaß landwirtschaftlich ertragreiche Böden vor allem im Westen und Norden der Gemarkung, während sich nach Osten und Südosten das wenig fruchtbare Hardfeld mit seinen Kiesböden hinzog, das andererseits ein ideales Baugelände darstellte. So kam es, daß sich viele Singener Landwirte von den schlechteren Feldern im zukünftigen Stadtgebiet und im südlich der Bahn gelegenen Bereich nicht ungern trennten. Um ein sumpfiges und wenig ergiebiges Gelände handelte es sich bei dem Gebiet der Radolfzeller und Friedinger Straße um die spätere Waldeckschule, wo die Bautätigkeit um die Jahrhundertwende ebenfalls einsetzte und sich später nach Norden um den Harsengraben fortsetzte. Hier war das Baugelände noch billig. Sowohl Julius Maggi als auch Georg Fischer trachteten gleich von Anfang an danach, größere Landreserven zu erwerben. Dabei mußten sie oft mit einer großen Anzahl von Grundstücksbesitzern verhandeln. Daß nicht alle Bauern ihre Felder gern (und gleichzeitig) hergeben wollten, anderen der gebotene Preis zu niedrig erschien, ist eine normale Sache.

»Ein wichtiger Faktor für die großzügige Entwicklung unseres Werkes war auch der Ankauf des Geländes in diesen ersten Jahren, und es hat manche Mühe und viel Geschicklichkeit in den Verhandlungen gebraucht, um das heutige Gelände bei der damals stark einsetzenden Grundstückspekulation zusammenzubringen. Die damaligen Gemeinderäte Adolf Fischer und Paul Waibel mußten hierbei auch ihren ganz persönlichen Einfluß bei der Gemeindeverwaltung miteinsetzen, um der Gefahr der Verlegung der Fabrik nach einem anderen Ort zu begegnen.«[6]

Im Jahre 1899 wurde von der Maggifabrik von etwa 16 Grundstücksbesitzern Gelände aufgekauft, die Quadratrute (= 9 m^2) zu 15 Mark. Ein Vierteljahr zuvor bezahlte die Firma für günstiger gelegene Äcker 10 Mark.

Im Stadtgebiet waren es vor allem Bauunternehmer, Architekten, Bierbrauereien und Spekulanten, die Grundstücke in größerem Rahmen aufkauften.

Im Jahre 1899 erwarb Spitalarzt Dr. med. Wieland das Grundstück Kaiserstraße 13 für 38 Mark pro Quadratrute. Für einen Bauplatz an der Ecke Erzberger-/Engestraße betrug 1903 der Preis für eine Quadratrute 80 Mark.

A. Rowalt gelangte 1905 für 25 000 Mark in den Besitz des Grundstücks für das »Centralhotel« an der Kaiserstraße in bester Lage.

605

1906

Nachdem in vielen anderen Orten Bergbahnen gebaut worden waren, wurde auch in Singen der Wunsch nach einer Zahnradbahn auf den Hohentwiel laut, denn in vielen Köpfen geisterte der Gedanke, Singen in einen Luftkurort zu verwandeln. Diesen Kreisen kam der Berliner Dichter und Schauspieler Rudolf Lorenz mit seiner Idee entgegen, aus Singen einen Festspielort zu machen. In Singen sollten vaterländische Volksfestspiele ähnlich den religiösen Festspielen in Oberammergau aufgeführt werden. Hier wie dort sollten in der Hauptsache einheimische Laienspieler die Rollen übernehmen. Der vaterländische Gedanke war damals stark verbreitet, und die Festspielidee löste eine Woge von Begeisterung aus. Durch Vermittlung des Konstanzer Großh. Hofbuchhändlers Ernst Ackermann konnte Fürst Max Egon II. von Fürstenberg als Protektor der Spiele gewonnen werden. Das Frühjahr 1906 erlebte denn auch den Bau der Festspielhalle für 2000 Personen beim Wasserreservoir. Den Plan für das Spielhaus entwarf Professor Albert Bauder, Architekt in Stuttgart.

Der persönliche Besuch des Deutschen Kaisers Wilhelms II., des Freundes von Fürst Max Egon, vor Beginn der eigentlichen Spielzeit gab dem Unternehmen gewaltigen Auftrieb. Leider fand das Schauspiel »Unter der Reichssturmfahne«[7] nicht den erhofften Anklang, so daß bald auf andere klassische Theaterstücke zurückgegriffen werden mußte.

Im Zusammenhang mit den Hohentwielfestspielen ließ Hotelier August Rowald vom Hotel »Schweizerhof« an der Friedrichstraße an der Ecke Kaiser-/Hegaustraße ein großes modernes Hotel erstellen, das »Central-Hotel Schweizerhof« (abgebrochen 1965). Die Bauarbeiten begannen 1906 kurz nach Jahresbeginn. Der stolze Bau sollte zu Beginn der Festspiele im Juni fertiggestellt sein, doch konnte er erst am 6. November 1906 in einer Feier, zu der die gesamte Bevölkerung der Stadt eingeladen war, eingeweiht werden.

An der Gartenstraße (Theodor-Hanloser-Straße) entstand unter der Regie des neuen Stadtpfarrers von St. Peter und Paul, August Ruf, das Elisabethenhaus als Kindergarten und als Mittelpunkt der katholischen Krankenpflegestation (eröffnet 1907).

An der Ecke Kaiser-/Hegaustraße ließ die Bezirkssparkasse als Bauherrin ein Gebäude für die Reichspost erbauen, das seit 1932 der Polizei als Dienstgebäude dient.

Nördlich des zukünftigen Postgebäudes entstand für Metzgermeister August Ehrat, bisher Wirt auf dem »Badischen Hof« in der Lindenstraße, das Wohn- und Geschäftshaus (Metzgerei) Kaiserstraße 16.

Wegen der Hohentwielfestspiele und da viele Singener ihre Stadt als zukünftigen Luftkurort betrachteten, wurde im Nordosten der Stadt an der Friedinger Straße mit dem Bau des »Kurhotels Waldeck« begonnen. Die weitgesteckten Pläne für den Bauherrn, Gärtnermeister Alfred Holland, hatte Architekt Prof. Bauder aus Stuttgart angefertigt, der uns bereits beim Bau der Festspielhalle begegnet ist. Die Fertigstellung des Baus zog sich aus finanziellen Gründen jahrelang hin. Immerhin konnte am 15. August 1907 der Wirtschaftsbetrieb in der Schenke und im Biergarten eröffnet werden. Das Unternehmen endete mit einem Fiasko, auf das wir später noch einmal zurückkommen werden.

1907

Das Ende 1906 begonnene städtische Dienstgebäude Ekkehardstraße 10 konnte 1907 bezogen werden. Dieses im Jugendstil nach den Plänen von Architekt Albert Hänßler errichtete Haus enthielt eine Wohnung für den Bürgermeister (abgebrochen 1961, heute Hanse-Haus).

Kaufmann C. F. Müller aus Engen wollte im Herbst 1906 an der Ecke Bismarck-/Luisenstraße ein Wohnhaus mit Räumlichkeiten für eine Bäckerei erstellen lassen. Die Backstube sollte im Keller untergebracht werden. Dies wurde vom Bezirksamt abgelehnt, da die Unterbringung einer Backstube im Keller nicht erlaubt war. Das Haus wurde sodann als Wohnhaus mit Metzgerei erbaut, das bald durch Kauf an Metzgermeister Erhard Grundler überging, der darin am 5. November 1907 seine Metzgerei eröffnete.

Die Bebauung der Bismarckstraße (Thurgauer Straße) erfolgte in ihrer ganzen Länge vor allem in den Jahren 1905–1907 und 1911–1912. Sie war zunächst bis zur Widerholtstraße geplant, und die heutigen Häuser Gymnasiumsweg 2 und Widerholtstraße 26 trugen im Jahre 1908 die Bezeichnung Bismarckstraße 31 und 33.

In der Scheffelstraße entstand 1907 das Geschäfts- und Druckereigebäude der liberalen Tageszeitung »Singener Nachrichten«,[8] der späteren »Oberländer Zeitung« (Haus Nr. 33; später Kober & Losch), während Wirt Muffler vom Wirtshaus »Zum Gambrinus« an der Hauptstraße einen Saalbau erstellen ließ. Das Haus Widerholtstraße 26 wurde 1907/08 von Bierbrauereibesitzer Hugo Käßner erbaut, nachdem er seinen Restaurations- und Brauereikomplex in der Scheffelstraße an die Höllbrauerei, Radolfzell, verkauft hatte. Der spätere Besitzer, Dr. phil. J. Züblin, der es als Landhaus mit einer Landwirtschaft nutzte, ließ das landwirtschaftliche Nebengebäude 1928 zu einem Wohnhaus umgestalten. In den 30er Jahren trug das Haus unter seinem neuen Besitzer Ferdinand Ehrminger den Namen »Haus Wartburg«.

1908/09

Die rege Bautätigkeit des Vorjahres wurde 1908 fortgesetzt.

An der Ecke Kaiser-/Hegaustraße ließ der 1870 gegründete Vorschußverein e.G.m.b.H. ein vornehm-solides Wohn- und Geschäftshaus als eigenes Bankgebäude errichten (Architekt: Hänßler). Nach der Auflösung des Vorschußvereins im Jahre 1919 kam das Anwesen in den Besitz der Süddeutschen Diskonto-Gesellschaft, einer der Vorläuferinnen der Deutschen Bank, später ging es an die Singener Bausparkasse »Sparsi«, aus der die »Südcredit« hervorging; abgebrochen wurde es 1972.

Bauunternehmer Bernhard Schweizer erstellte für sich nach den Plänen von Architekt A. Hänßler die Villa Hegaustraße 24. Das auffallend schöne Gebäude gelangte 1923 durch Kauf in den Besitz von Dentist Hans Sauter und wurde 1976 abgebrochen.

Konditormeister Gustav Schrempp aus Freiburg ließ das alte landwirtschaftliche Anwesen Wick neben der Ekkehardschule zu einem modernen Café mit Konditorei umbauen.

An der Ecke Hegau-/Bismarckstraße entstand das Hotel »Viktoria«, Bauherr war Hotelier Ernst Pickel, vordem auf dem »Scheffelhof« (Architekt: Josenhans). Adolf Stengele, Metzgermeister und bisheriger Wirt vom »Blumenkranz« (»Pfälzerhof«), baute in der Waldstraße (Alemannenstraße) das Gasthaus mit Kegelbahn und heutige Hotel »Lamm«.

Auf der Aachinsel unterhalb der ehemaligen herrschaftlichen Mühle ließ die Stadt den Stadtgarten anlegen; Eröffnung: 1909. Gleichzeitig wurde auf der Offwiese an der Stelle der jetzigen Tennisplätze ein Aach-Schwimmbad erbaut. Das Bad, während der Badesaison im Juli/August 1908 erbaut, kam für jenes Jahr zu spät und hatte keine lange Lebensdauer. Das von einer hohen Bretterwand umgebene und in der Mitte in ein Männer- und Frauenbad abgeteilte Bad hatte einen zu geringen Umfang, der Wasserzulauf aus der Aach in einer Röhre war viel zu schwach und versandete auch schnell. Diesem Bad verdankt aber der von der Schmiedstraße über beide Aacharme führende Steg am unteren Ende des Stadtgartens seine Entstehung.

Auch ganz im Osten der Stadt rührte sich die Bautätigkeit. Die Firma Bek & Kroll erbaute an der Jägerstraße vor dem Wald eine Glasmanufaktur und Seilfabrik.

An der Moltkestraße (Alpenstraße) ließ der Gottmadinger Bierbrauereibesitzer Oskar Graf das auffallende Jugendstilhaus Nr. 2 a unter der Regie von Architekt Albert Hug erbauen, während die teilweise in seinem Besitz befindliche Sternenbrauerei Graf & Söhne, Gottmadingen, an der Ecke Bismarck-/Luisenstraße die Gastwirtschaft »Zum Burghof« mit Saalbau und Biergarten errichtete, die am 1. November 1909 ihren Betrieb aufnahm.

Die katholische Kirchengemeinde legte am 2. Mai 1909 den Grundstein für ihre zweite Kirche. Durch das starke Wachstum der Stadt war die alte Dorfkirche längst zu klein geworden, und so entstand im Osten der Stadt, vorerst noch auf freiem Felde, die Herz-Jesu-Kirche nach den Plänen einer ursprünglich für Freiburg-Herdern bestimmten Kirche im neuromanisch-byzantinischen Stil.

Zu den Bauten des Jahres 1909 zählen auch die Häuser Ekkehardstraße 30 und 30 a.

1910

Am 12. Juli 1910 wurde die nach den Plänen der großherzogl. Bezirksbaudirektion in Konstanz auf einer Anhöhe im Norden der Stadt erbaute Realschule (Hegau-Gymnasium) ihrer Bestimmung übergeben.

An der Poststraße ließ Bäckermeister Karl Buchegger das »Café Buchegger«, verbunden mit einer Bäckerei und Konditorei, erstellen (Architekt: Ludwig Ehrlich, Eröffnungstag: 17. Dezember 1910). Da man zuvor die alten Gebäude auf diesem Gelände abgerissen hatte, stand nun auch der Verlängerung der Kaiserstraße bis zur Realschule an der Waldstraße nichts mehr im Wege. Nach dem Tode Bucheggers ging das Anwesen 1913 in den Besitz von Bäckermeister Bachmann über, das Café erhielt ebenfalls diesen Namen, später wurde es das bekannte Tanz-Café »National«.

Die Witwe Rosine Waibel ließ als Bauherrin das erste feste Singener Lichtspieltheater (Kino) mit 264 Plätzen am Hohgarten erbauen. Die Pläne fertigte Architekt A. Hug. Das Kino wurde am 16. April 1911 eröffnet und schloß seine Pforten Ende des Jahres 1965.

An der Werderstraße (Höristraße) entstand durch Architekt und Bauunternehmer Leopold Fischer die Gaststätte »Bristol«, später »Badenia«, den meisten eher unter dem Namen »Weißes Rößl« und »Blaue Grotte« bekannt, heute »Hirschstuben«. Der ganze Häuserblock war lange unter dem Namen »Fischerhäuser« bekannt.

1911

Im Osten der Stadt drang die Bautätigkeit bis zum Wald vor. Am 11. November 1911 meldete die »Freie Stimme«: »Die Glasfabrik Bek & Kroll GmbH hat ein Fabrikgebäude aus Eisenbeton fertiggestellt. Ferner baut eine Schweizer Firma eine Fabrik, in der Gegenstände aus Aluminium hergestellt und über 100 Personen beschäftigt werden sollen. Das bebaute Terrain erreicht schon den Wald an der Radolfzeller- und Steißlinger Straße.«

Die Konsekration der Herz-Jesu-Kirche wurde am 24. September durch Erzbischof Dr. Thomas Nörber vorgenommen. Der wuchtige, 54 m hohe Kirchturm wurde zu einem Wahrzeichen Singens wie der gleichzeitig erstellte 43 m hohe Wasserturm der Maggi-Werke.

Der 1910 gegründete Bauverein begann 1911 mit dem Bau von 4 Doppelwohnhäusern an der Radolfzeller Straße (heute Aluminiumstraße). Zu Beginn des Ersten Weltkrieges besaß er bereits 29 Wohnungen an dieser Straße.

Metzgermeister Gustav Laule kaufte das Anwesen Buchdruckerei Eugen Müller an der Ecke Kaiser-/Luisenstraße – erbaut 1897 – und richtete darin die Speisewirtschaft »Zum Hirschen« ein (abgebrochen 1982, zuvor »Wienerwald«).

1912

Am 2. Juli 1912 wurde der Grundstein zur evangelischen Lutherkirche an der Ecke Post-/Bismarckstraße gelegt, während unter der Bauleitung und nach Plänen der Architekten Ganter & Picard, Konstanz, das Kaufhaus »Guggenheim« an der Ecke Scheffel-/Hegaustraße im Jugendstil emporwuchs und am 2. November eröffnet werden konnte.

An der Ekkehardstraße entstanden 1912/1913 unter anderen die beiden Geschäftshäuser Nr. 11 und 13 (Bauherr und Architekt: A. Hänßler). Nach seinen Plänen und unter seiner Bauaufsicht wurde gleichzeitig das Haus Ekkehardstr. 19 erstellt.

Die Bauarbeiten für die Randenbahn schritten gut voran. Das alte provisorische Bahnhofsgebäude von 1863 bis 1877 mußte dem Randenbahngeleise weichen. Es hatte bisher als Lagerschuppen gedient.

Der Ausbau der Bahnstraße erforderte den Bau einer Brücke über die Schwarzwaldbahn und größere Erdbewegungen beim Wasserreservoir und am Schorenbühl.

1913

Das Jahr 1913 begann mit dem Brand der enzenbergischen Säge an der Aach hinter dem Gasthaus »Kreuz« am 27. Januar. Nachdem die Mühle bereits 1905 bis auf die Grundmauern abgebrannt war, ließ Graf von Enzenberg das vom Feuer verschonte große Räderwerk, das Mühle und Säge angetrieben hatte, abbrechen und verkaufte das ganze Mühlengelände an die Stadt. Ein weiterer Brand beim »Scharfen Eck« bot der Stadt die Möglichkeit, die dortige Verkehrssituation zu verbessern. Diese beiden Großfeuer veränderten das Gesicht des alten Ortskerns erheblich.

Im neuen Stadtviertel blühte die Bautätigkeit weiterhin. Im November (am 27.) ging das nach den Plänen von Architekt Josef Hennings aus Stuttgart erbaute Schlachthaus in Betrieb. Die bisherige Inselstraße erhielt nunmehr die Bezeichnung Schlachthausstraße.

Am 21. September erlebte die evangelische Kirchengemeinde die feierliche Einweihung der neuen Lutherkirche an der Ecke Post- und Bismarckstraße. Zusammen mit den Kirchenräumen konnten die Glocken und die Orgel geweiht werden.

An der Ecke Spital-/Gartenstraße (Erzberger-/Theodor-Hanloser-Straße) eröffnete Franz Kornmayer das Weinlokal »Kornmayer« – heute »Singener Weinstube« – in seinem neu erbauten Hause (26. Juli), während Architekt Ludwig Ehrlich am 5. Sepember 1913 seinen Neubau, das Haus »Pfalz« an der Kaiserstraße (Nr. 38), bezog.

Mit großer Begeisterung feierte Singen am 19. Oktober gemeinsam mit der Randenbevölkerung die erste Fahrt der Randenbahn nach Beuren-Büßlingen.

Am 16. August erteilte der Bürgerausschuß als letzte Instanz der Stadt die Genehmigung zum Ankauf des Kurhotels »Waldeck«, mit dessen Bau 1906 begonnen worden war. Die Fertigstellung dieses luxuriös ausgestatteten Gebäudes hatte sich infolge finanzieller Schwierigkeiten in die Länge gezogen. Bauunternehmer Schächle, dessen Haus an der Bahnhofstraße von zwei steinernen Löwen bewacht war, übernahm als Hauptgläubiger das Hotel, aber selbst das Haus als gewöhnliches Hotel zu führen, gelang nicht. Da die Stadtverwaltung zur gleichen Zeit in der Nähe der Herz-Jesu-Kirche eine neue Volksschule erbauen wollte, forcierte eine Gruppe um Stadtbaumeister Kreuz den Kauf des Waldeck-Hotels als neues Schulhaus. Zunächst gab es dagegen starken Widerspruch – auch Bezirksbaukontrolleur Finus war gegen das Projekt, da die Räume nicht die für eine Schule vorgeschriebene Höhe und erforderlichen Lichtverhältnisse aufwiesen und ein Umbau teuer zu stehen komme. Nach langem Hin und Her gaben der

Gemeinderat und zuletzt auch der Bürgerausschuß ihren Segen zum Kauf, und nach Ostern 1914 konnte der Schulbetrieb in der Waldeck-Schule aufgenommen werden.

Die Hadwigstraße verlief um 1913 nach Osten erst bis zur Bismarckstraße, die Ekkehardstraße reichte nur bis zur Moltkestraße (Alpenstraße).

Der Bahnhofsplatz wurde neu hergerichtet. Schon seit geraumer Zeit befanden sich dort drei Verkaufsständchen: eines direkt neben dem alten Bahnhofsgebäude, ein weiteres vor dem Gasthaus »Alte Post«, das dritte am beschrankten Bahnübergang in der Verlängerung der Scheffelstraße. In veränderter Form bestehen alle drei noch heute.[9]

Für ein neues Krankenhaus wurden im städtischen Haushalt 2500 Goldmark zurückgelegt.

Wenn die Bewohner seinerzeit auch von Singen als Festspiel- und Luftkurort träumten, so blieb es zunächst doch nach außen eine Arbeiterstadt, und anderswo betrachtete man den hektischen Aufstieg Singens mit Mißtrauen. Um 1909 kam auch zum ersten Mal das heute so gern zitierte Wort vom »amerikanischen Wachstum« auf; allerdings bedeutete es zuerst alles andere als Lob oder Anerkennung. Die amtliche Meinung in Karlsruhe drückte der badische Staatspräsident Dr. Freiherr von Dusch 1909 während einer Landtagsdebatte aus: »Der von Abgeordnetem Schmid dargelegte Aufschwung der Stadt Singen ist nicht gesund, ist amerikanisch!« In einer Landtagssitzung 1913 stieß der Zentrumsabgeordnete Büchner noch einmal in dasselbe Horn: »Was speziell den Ausdruck ›amerikanische Entwicklung‹ anlangt, so will dadurch meines Erachtens doch nichts anderes gesagt werden, als daß Singen unverhältnismäßig rasch zu einem Industrieort sich entwickelt hat, wie man das sonst nur in Amerika wahrzunehmen gewohnt ist, des weiteren auch, daß beim Eintreten irgendwelcher Krisen empfindliche, das Erwerbsleben schädigende Rückschläge zu erwarten sind.«[10]

Wenn Singen auch vielfach als Fabrik- oder Arbeiterstadt bezeichnet wurde, darf es doch auf keinen Fall mit den frühen Industriestädten an Rhein und Ruhr oder in Sachsen und Oberschlesien verglichen werden. Es gab in Singen kein Industrieproletariat, keine Mietskasernen mit tristen Innenhöfen, keine Elendsviertel und kein »Milljöh«, wie es Heinrich Zille in Berlin festhielt.

Fast jede Mietwohnung umfaßte einen Hausgartenanteil, die Siedlungsbewohner besaßen ebenfalls alle einen Garten. Dazu kam oft ein Beerengarten oder ein »Ländle«, wo vor allem Kartoffeln und Kraut – daher der Name »Kabisländle« – angebaut wurden. Die Schrebergärten brauchten für Singen nicht erfunden zu werden.

Die gesamte Arbeiterschaft in Singen und in der nahen und weiteren Nachbarschaft war noch eng mit der Landwirtschaft verbunden. Es war für den Fabrikanten so selbstverständlich wie für den Meister im Betrieb, daß im Heuet und während der Erntezeit die Landwirtschaft den Vorrang hatte, d. h., die Leute nahmen zu dieser Zeit frei, während die Betriebe oft nur mit halber Kraft arbeiteten. Es war auch in vielen Fällen schwer zu sagen, ob die kleine Landwirtschaft die Lebensexistenz und die Fabrikarbeit ein zusätzlicher Verdienst oder die Fabrikarbeit die Existenz und die kleine Landwirtschaft die zusätzliche Einnahmequelle bildete.

Singen und der Jugendstil

Die erste große Singener Bauepoche fiel zusammen mit dem Jugendstil (1895–1910), der auch als erster Baustil hier seinen Niederschlag gefunden hat. Jedoch lebten in Singen keine Patrizier, die das Stadtbild nachhaltig durch prachtvolle Bauten geprägt hätten. Denn zu den Planern müssen die Bauherren treten, die die Aufträge erteilen. Zudem war auch die Jugendstilzeit viel zu kurz. So blieb denn wohl eine Reihe schöner Häuser, auf das damalige Stadtgebiet verteilt, erhalten, die je nach Wohlhabenheit des Bauherrn mehr oder weniger bedeutende Jugendstilmerkmale aufweisen.

Einige der schönsten – noch bestehenden – dieser Bauwerke: an der Alpenstraße (Haus Nr. 2a), Bauherr: Brauereibesitzer Oskar Graf, Gottmadingen, Architekt: Alb. Hug; Haus Hegaustraße 51 (das Gemälde an der Ostseite mit den Centauren ist leider übermalt); ehemaliges Kaufhaus »Guggenheim«, Scheffelstraße 15, Architekten: Ganter & Picard, Konstanz; Haus Friedwalt, Rielasingerstraße 21, Bauherrin: Fa. Maggi, Architekt Finus, Radolfzell; Hotel »Viktoria«, Hegaustraße, Bauherr: Hotelier Pickel, Architekt: J. Josenhans, und Hegau-Gymnasium (Haupteingang!).

Verschiedene sehr schöne Häuser aus jener Zeit sind leider verschwunden; dazu zählten Haus Hegaustraße 24, Bauherr Bauunternehmer Bernhard Schweizer, Architekt A. Hug; das städtische Dienstgebäude Ekkehardstraße 10, Bauherr: Stadtverwaltung, Architekt: A. Hänßler (dieses Haus war noch effektvoller geplant, doch das Bezirksamt fand, daß es gegenüber der Ekkehardschule zu unruhig wirke!); die Waldeckschule: das ehemalige Kurhotel »Waldeck«, Bauherr A. Holland, Architekt Prof. Bauder, der auch die Hohentwielfestspielhalle entwarf; »Central-Hotel Schweizerhof«, Bauherr A. Rowalt, Architekt Finus, Radolfzell.

609

1914

Singen hatte zwischen 1900 und 1913 seine Einwohnerzahl von 3909 auf rund 10 000 erhöht und war damit zu einem ansehnlichen Städtchen angewachsen. Viele neue Straßen und Gebäude, neue Kirchen und Schulen, ein Stadtgarten, ein Aachbad und nicht zuletzt die Hohentwielfestspielhalle, das »Central-Hotel« und die vielen weiteren neuen Hotels und Gastwirtschaften konnten sich sehen lassen und bildeten den Stolz der Bürger. Der vom Verkehrsverein herausgegebene »Praktische Wegweiser«[11] zählte u. a. drei Cafés und sechs Münchner Bierrestaurants auf. Dazu kamen die schönen gemütlichen Biergärten vom »Bahnhofhotel Adler«, Hotel »Ekkehard«, der Gasthäuser »Germania«, »Mohren«, »Alte Post«, »Scheffelhof«, vom Hotel »Viktoria«, »Waldeck« und der Hohentwielgaststätte.

Ende 1913 wurde plötzlich das Überhandnehmen von Papiergeld beklagt und vermerkt, daß Hypothekengelder selbst bei bester Sicherheit kaum mehr zu erhalten seien. Das Geld floß in die Rüstung, der Krieg warf seine Schatten voraus.

Die Anfänge der Südstadt

Südlich der Bahn lag zunächst der alte Niederhof, das alte Niedersingen oder Niederhofen, zuletzt aus zwei großen landwirtschaftlichen Gütern bestehend. Auf der Südseite der Bahnanlagen kam eine Güterhalle zu stehen, die 1875 mit der Inbetriebnahme der schweizerischen Bahnlinie nach Etzwilen – Winterthur um deutsche und schweizerische Zolldienststellen mit den entsprechenden Zollagerräumen vergrößert wurde. Der Güterbahnhof war durch eine Straße erschlossen, welche südlich der Bahn zur Rielasinger Straße führte.

Zu einigen kleineren landwirtschaftlichen Anwesen gleich südlich der Bahnunterführung kamen mit dem Bahnbau ein Pumpwerk der Eisenbahn neben der Aach und im Laufe der Zeit zwei Arbeiterhäuschen der Baumwollspinnerei Trötschler mit je zwei Wohnungen hinzu (Rielasinger Straße 2 und 4).

1872 erhielt Bierbrauer Eduard Ehinger die Erlaubnis zum Betrieb einer Schankwirtschaft hinter der Güterhalle, und am 4. Februar 1884 gab der Bezirksrat Konstanz an Adolf Ammann aus Stockach die Erlaubnis, in seinem Hause bei der Güterhalle eine Schankwirtschaft zu betreiben und Branntwein auszuschenken. 1887 mietete Julius Maggi ein Nebengebäude dieses Gasthauses, wo er eine Abfüllanlage für seine Maggi-Würze einrichtete. Die aus Kempthal/Schweiz gelieferte Würze wurde hier in Haushaltsfläschchen abgefüllt, deren volkstümlicher Bezeichnung »Gütterli« das Gebäude seinen Namen »Gütterlihüsli« verdankt. Darin ist heute das Maggi-Museum untergebracht. Die Gaststätte ging 1897 in den Besitz der Bilgerbrauerei, Gottmadingen, über und erhielt den Namen »Zum Güterbahnhof«, vielfach wird sie auch »Zur Eisenbahn« genannt.

In größerem Rahmen wurde im Jahre 1895 im Werk von Georg Fischer aus Schaffhausen, das für eine rund 200köpfige Mitarbeiterzahl geplant und erbaut worden war, die Arbeit aufgenommen. Schon ein Jahr später, im September 1896, berichtete der »Höhgauer Erzähler«: »Die hiesige Fittingsfabrik AG von Georg Fischer, Schaffhausen, die voriges Jahr fertiggestellt wurde, wird durch Neubauten um mehr als das Doppelte vergrößert.«

Die Baumwollspinnerei Trötschler ließ 1895 auf freiem Feld in Höhe der heutigen Gaststätte »Zur Gartenstadt« ein Elektrizitätswerk für die Stromversorgung der Gemeinde Singen und einen Kanal erbauen. Das Gebiet an der Aach hatte zunächst auch Georg Fischer aus Schaffhausen interessiert, stieß hier aber wohl hauptsächlich wegen des vorgesehenen Baus des Elektrizitätswerks auf Ablehnung.

Neben der Bahnunterführung an der Rielasinger Straße – »Viadukt« genannt – existierten zwei beschrankte Bahnübergänge als Verlängerung der Scheffelstraße und südlich der heutigen Kreuzensteinstraße. 1898 kamen östlich des Bahnhofgebäudes ein eiserner Fußgängersteg über den Bahnhof und das Güterhallengebäude hinzu, nachdem der Bahnübergang bei der Scheffelstraße geschlossen worden war. Im Volksmund erhielt der Steg die Benennung »Maggisteg«, weil er im Süden direkt vor den Toren der Maggi endete. An seiner Finanzierung beteiligten sich sowohl die Firmen Fitting und Maggi, die Reichsbahn sowie auch die Gemeinde Singen.

Mit der Einrichtung der Würzefabrikation in Singen, die Julius Maggi in der Frühe des 2. Januar 1899 persönlich in Betrieb setzte, begannen der unaufhaltsame Aufstieg und eine ununterbrochene Bautätigkeit und Vergrößerung dieses Werks. Nach dem Bau eines Kesselhauses und eines 37 Meter hohen Schornsteins folgte 1906 bereits ein 55 m hoher Schornstein. Im Jahre 1909 wurde der 43 m hohe Wasserturm als erster Eisenbetonturm in Südbaden erstellt, der zu einem Wahrzeichen der Stadt Singen wurde. Die Jahre 1911/12 brachten den Bau des imponierenden, repräsentativen Fassonierung- und Versandgebäudes mit dem Firmennamen Maggi, gerade gegenüber dem Bahnhofsgebäude.

»Die Fittingfabrik beschäftigt derzeit etwa 1200 Arbeitskräfte, Ende des Sommers sollen es rund 2000 sein« (»Freie Stimme«, 25. Februar 1906). Die damit einhergehende Vergrößerung der Fabrikanlagen und der Zuzug von Arbeitskräften erforderten eine steigende Bautätigkeit.

Während die Firma Maggi 1902 zur Unterbringung auswärtiger weiblicher Arbeitskräfte auf dem Südteil ihres Werkareals, an der Ecke Lange-/Maggistraße, ein Mädchenheim erstellen ließ, besaß Georg Fischer schon seit 1895 20 Arbeiterwohnungen. Es handelte sich dabei um die Reihenhaussiedlung entlang der heutigen Julius-Bührer-Straße östlich des Kantinengebäudes, an die 1907 der Konsumladen angebaut wurde, und eines weiteren Wohngebäudes südlich davon, das heute in das Werkareal einbezogen ist.

Im Juli 1905 berichteten die »Singener Nachrichten«: »Die Neuanlagen der Fittingfabrik machen gute Fortschritte.« In diesen Zusammenhang gehört die Notiz des gleichen Blattes vom September 1906: »Um der Wohnungsnot einigermaßen abzuhelfen, soll jetzt mit dem Bau von 64 ein- und zweistöckigen Arbeiterwohnungen begonnen werden. Am Freitag besichtigte eine Kommission, bestehend aus Gemeinderat, Geh. Reg. Rat Groos, Konstanz, und verschiedenen Herren der Direktion der Fittingsfabrik, das Baugelände hinter der Fabrik.« Bei diesem Bauvorhaben handelte es sich um die Werkswohnungen an der heutigen Etzwiler- und Fittingstraße. Im gleichen Jahr entstand noch das Fittingledigenheim unter der Regie von Architekt Finus, Radolfzell. Im Juli 1907 bot die neue Kantine der Fitting anläßlich der Einweihung ein Probeessen für geladene Gäste. Die Maggi ließ 1904 das Haus Rielasinger Straße 21, Haus Friedwalt oder die Villa Brüggemann, wie es allgemein hieß, von Architekt Finus im Jugendstil erbauen.

Um 1906 wurde der inzwischen von der Maggi hinzugekaufte alte Emserhof, ein Teil des Niederhofs, ein Bauernhaus mit großer Scheune, zu einem Wohnblock mit zwölf Arbeiterwohnungen umgebaut. Weitere Wohnsiedlungen folgten in den nächsten Jahren im Bereich der Rielasinger und Langestraße sowie am Worblinger Weg.

Das Jahr 1907 brachte an der Rielasinger Straße den Bau des Gasthauses »Schützen« durch den bisherigen Wirt vom »Deutschen Hof« Ludwig Kohlhammer an der Ecke zur Fabrikstraße (Julius-Bührer-Straße). Das Gebäude wurde Weihnachten 1944 durch Bombentreffer zerstört (heute DB-Parkplatz).

An der Fabrikstraße, gegenüber dem schienengleichen Bahnübergang in Fortsetzung der Industriestraße (Kreuzensteinstraße), wurde, nachdem die ehemalige Gaststätte »Güterbahnhof« in den Besitz der Maggi übergegangen war, eine neue Restauration, »zur Eisenbahn«, mit Gasträumen für 500 Personen erbaut und 1907 eröffnet. 1917 verkaufte die Höll-Brauerei, Radolfzell, ihren Besitz an die Baugesellschaft Breite der Georg Fischer AG, die darin ein Mädchenwohnheim einrichtete und 1925 einen Flügel mit Wohnungen anbaute.

Im Jahre 1913 ließ die Maggi am unteren Tor ein Portierhäuschen aufstellen, um so den Weg von Rielasingen her bis zur Fabrik für ihre Beschäftigten zu verkürzen.

Im Bereich der von der Gemeinnützigen Baugenossenschaft erstellten Häuser an der Maggi- und Langestraße ließ die Stadt die genannten Straßen ausbauen und durch vier Lampen erhellen. Der Wohnungsbestand der Baugenossenschaft betrug bei Kriegsbeginn 1914 79 Einheiten.

Weiter im Süden entstanden die Reihenhaussiedlung Gartenstadt, etwas abgerückt von der Rielasinger Straße. An dieser Straße, gegenüber der Siedlung, etablierte sich 1913 die Bäckerei Heckler (heute Konditorei-Café »Erika«), während ein Jahr später das Haus Rielasinger Straße 140 erbaut wurde, in dem sich seit 1917 die Gastwirtschaft »Gartenstadt« befindet. Weitere Häuser waren vorangegangen, insbesondere die unterhalb der Alten Grenzstraße auf damals Rielasinger Gemarkung erbauten Arbeiterhäuser.

Für die Bewohner der Gartenstadt wurde 1917 – also während des Krieges – eine Badegelegenheit unterhalb der Inselwiese eingerichtet.

Anmerkungen

[1] Der Name Walburgishof ist auf den Namen der von rostischen Erbtochter Walburga zurückzuführen.

[2] Zur Orientierung müssen hier bereits Straßennamen verwendet werden, obwohl erst Ende 1879 die Straßen erstmals offiziell Namen erhielten. Die Namen der Straßen und die Hausnummern wurden verschiedentlich geändert. Die im Text erwähnten Hausnummern entsprechen dem heutigen Stand (Adreßbuch 1987) auch bei Angabe der alten Straßennamen.

[3] Das Teilstück der heutigen Ekkehardstraße von der Haupt- bis zur Scheffelstraße gehörte zunächst zur Scheffelstraße, und die Hardstraße begann bei der heutigen Scheffelstraße. Als der Friedhof bei der Kirche 1899 vollständig abgeräumt worden war, benannte man dieses Straßenstück »Kirchplatz«, erst später wurde es der Ekkehardstraße zugeordnet.

[4] Das Feuerwehrspritzenhaus wurde 1880 auf ein Grundstück in der heutigen Feuerwehrstraße verlegt (Haus Nr. 4 – Büroräume der Firma Waldschütz & Co.). 1884 kam ein Steigturm hinzu, der inmitten der späteren Straße zu stehen kam.

[5] Nach der Einführung der Gewerbefreiheit in Baden 1861 zählte Singen sieben Bierbrauereien. Zu Beginn des Ersten Weltkrieges waren alle wieder verschwunden.

[6] J. NIEDERER: Ein Rückblick auf die Entstehung und Entwick-

lung unseres Werkes. In: Der Arbeitskamerad, Werkzeitschrift der Maggi, Heft 2/1937, S. 3.
[7] Führer für die Hohentwiel-Spiele in Singen am Hohentwiel. »Unter der Reichssturmfahne«. Deutsche Vorgänge von RUDOLF LORENZ. Verlag der Hohentwielspiele Singen o. J.
[8] Seit 1. Oktober 1898.
[9] Der Süß- und Tabakwarenschalter sowie der Zeitungsstand in der Schalterhalle, die Lotto-Toto-Annahmestelle Glatt im Karstadtbau und das Verkaufsständchen Bahnhofstraße 11.
[10] »Singener Nachrichten«, 25. März 1913.
[11] Praktischer Wegweiser von Singen-Hohentwiel, herausgegeben vom Verkehrsverein 1909.

Quellen

Adreßbücher der Stadt Singen 1908 ff.
Singener Jahrbücher, insbesondere 1974.
Stadtarchiv:
Bausachen: Baubescheide, Abgebrochene Gebäude
Zeitungen:
»Singener Nachrichten« (seit 1897, ab 1919 »Oberländer Zeitung«)
»Freie Stimme«, Radolfzell
»Höhgauer Erzähler«, Engen

Die Entwicklung des Werks- und Genossenschaftswohnungsbaus in Singen bis 1945

von Ursula Grammel-Vahl

Vorbemerkung

Die ungewöhnliche bevölkerungspolitische und wirtschaftliche Entwicklung des Handwerker- und Bauerndorfes Singen zur Industriegemeinde ist bekannt: Mit dem Ausbau zum Eisenbahnknotenpunkt Ende der 60er und 70er Jahre des letzten Jahrhunderts wurde das Dorf aus dem Dornröschenschlaf geweckt. Die Schweizer Unternehmen Maggi GmbH, Georg-Fischer-Werke und Aluminiumwerke gründeten 1887, 1894 und 1912 in Singen eine Niederlassung, um die zollpolitischen Mauern des Deutschen Reiches zu überwinden. Mitbestimmend waren jedoch auch die Lagegunst des Ortes und die Nähe zu den Stammfirmen sowie das verfügbare Potential an billigen Arbeitskräften und preiswertem Baugelände.

Das Arbeitskräftereservoir war jedoch bereits um die Jahrhundertwende erschöpft, und die Arbeitnehmer aus den beiden Großbetrieben mußten zunehmend auch aus größerer Entfernung einpendeln, zudem waren die bestehenden Wohnungsverhältnisse in dem kleinen Ort mit seinem hohen Anteil an Einfamilienhäusern und seinem angesprochenen bäuerlichen Charakter dem fortwährenden Zuzug von Arbeitssuchenden bald nicht mehr gewachsen; es fehlte überall an preiswerten Mietwohnungen.

Somit sahen sich die beiden Firmen Maggi und Georg Fischer sehr früh mit der Notwendigkeit konfrontiert, Werkswohnungen zu erstellen und damit auch einen Mitarbeiterstamm aufzubauen. So entstanden bis Anfang der 30er Jahre unter anderem zwei bemerkenswerte Arbeitersiedlungen.

Der Schwerpunkt der Wohnungsfürsorge durch die Aluminiumwerke lag in den Jahren 1935–1939. In dieser Zeit leistete auch die Stadt Singen einen umfangreichen Beitrag zum Bau einer Arbeitersiedlung. Mit ihrem Werkswohnungsbau konnten die Industriebetriebe jedoch keine spürbare Entlastung des angespannten Wohnungsmarktes erreichen. Die Folge waren Preissteigerungen der Wohnungsmieten sowie ein spürbarer Mangel an Kleinwohnungen und Wohnungen für Kinderreiche.

Angesichts dieser Verhältnisse griffen ortsansässige Interessenkreise zur Selbsthilfe und gründeten insgesamt vier Baugenossenschaften, um für ihre Mitglieder preiswerte Mietwohnungen zu bauen. Pionierarbeit leistete der 1910 gegründete Bauverein, ein Jahr später folgte die Baugenossenschaft Gartenstadt. 1940 schlossen sich die beiden wohl am meisten bekannten Bauvereinigungen zusammen. Im Jahre 1921 wurde der wenig erfolgreiche Bauverein des Bundes deutscher Wehrleute aus der Schweiz und 1929 die Handwerkerbaugesellschaft gegründet.

Die 1918 ins Leben gerufene Bausparengesellschaft »Sparsi« förderte den Bau von Eigenheimen.

Die nachfolgende Betrachtung der Entwicklung des Werks- und Genossenschaftswohnungsbaus von seinen Anfängen bis zum 2. Weltkrieg beschränkt sich auf die Tätigkeit der Firmen Maggi und Georg Fischer sowie die Genossenschaft Bauverein und die Baugenossenschaft Gartenstadt.

In einem nachfolgenden Band werden die Aktivitäten der übrigen bereits erwähnten Bauvereinigungen, der Stadt Singen und der Aluminiumwerke beleuchtet.

Die Arbeitersiedlungen in Singen prägen das Gesicht der Stadt noch zu einem guten Teil und können inzwischen teilweise bereits als Denkmäler der Industriegeschichte angesehen werden.

Gemeinnützige Baugenossenschaft Gartenstadt

Im Juni 1874 wurde eine sog. »Baugesellschaft Singen« gegründet, die bereits als Vorläuferin der späteren gemeinnützigen Baugenossenschaft bezeichnet wird[1].

Ein Arbeiterausschuß der Firma Maggi läutete im August 1911 die Gründung einer Genossenschaft ein mit dem Ziel, möglichst familiengerechte Werkswohnungen als Einzel- oder Reihenhäuser zu erbauen. Die Grundlage für diesen Gedanken war schon früher gelegt worden. Der Direktor der Maggi-Werke, Dr. Brüggemann, veranlaßte im Jahre 1906 den späteren badischen Landeswohnungsinspektor Dr. Kampffmeyer aus Karlsruhe, der als Generalsekretär der deutschen Gartenstadtbewegung an den Gründungen fast aller badischen Gartenstadtgenossenschaften beteiligt war, zu einem Vortrag nach Singen zu kommen. Die Hauptaufgabe der Gartenstadtbewegung lag u. a. darin, neben einer genossenschaftlichen Selbsthilfe eine ungeplante Zersiedelung der Landschaft und den Bau von »Mietskasernen« außerhalb bebauter Ortsteile zu verhindern[2]. Dr. Brüggemann unterstützte diese Ideen, konnte einige prominente Personen von Behörden, Wirtschaft und Gewerkschaften dafür gewinnen und übernahm mit der Gründung der Genossenschaft den Vorsitz des Aufsichtsrates; Bürgermeister Thorbecke wurde 2. Vorsitzender. Somit nimmt diese Genossenschaft eine Sonderstellung ein, da es nicht nur um die Erstellung billiger und gesunder Mietwohnungen für ihre Mitglieder ging, sondern auch städtebauliche Leitbilder zugrunde gelegt wurden[3].

Die Maggi und die Georg Fischer AG, deren Betriebsangehörige in die Gründung mit einbezogen worden waren, ermöglichten durch ein Darlehen den Beginn der Bautätigkeit.

Der Standort für die Gartenstadt-Siedlung wurde wegen der hohen Grundstückspreise im Ortskern in unmittelbarer Nachbarschaft der Industriebetriebe vorgesehen. 1911 konnte die Genossenschaft ein ausgedehntes Baugelände von der Grundherrschaft von Enzenberg erwerben, das durch den Alten Grenzpfad, die Rielasinger-, Worblinger- und Austraße begrenzt war.

Das angekaufte Gelände zwischen Ebertplatz und Niederhof wurde 1913/14 an die Stadt abgegeben, da diese das Grundstück zum Bau der Zeppelinschule benötigte und die Genossenschaft es auch teuer eingekauft hatte. Zur Abrundung des Besitzes wurden zwei Häuser mit fünf Wohnungen an der Austraße erworben.

Da die Georg Fischer AG bei Kriegsausbruch aufkündigte, mußte die Maggi die Vorfinanzierung des angekauften Baugeländes allein tragen[4].

Das Gelände reichte für die Bautätigkeit der Genossenschaft bis zu ihrer Verschmelzung mit dem Bauverein im Jahre 1940 aus. Schon 1913 war ein Zusammenschluß erwogen worden, 1918 scheiterten die Verhandlungen jedoch endgültig[5].

Bereits 1912 konnten 78 Mitglieder gezählt, das erste Projekt mit 38 Wohnungen begonnen und damit der Grundstein für die Siedlung Gartenstadt gelegt werden. Architekt Arno Hanke aus Mannheim erbaute bis zum Ende des Jahres vier Reihenhausgruppen mit 3-Zimmerwohnungen ohne Bad an der Rielasinger Straße. Die Baukosten wurden mit Darlehen der Landesversicherungsanstalt sowie der Firmen Maggi und Georg Fischer AG finanziert; in ähnlicher Form wurde auch die Finanzierung der Wohnungen bis 1914 sichergestellt. Die Mieten für die Wohnungen betrugen 30,– bis 31,50 RM mit Gartenanteil. Die Genossenschaft zeigte sich sehr zufrieden über das schmucke Aussehen ihrer ersten Bauten[6]. Entlang der Rielasinger Straße sollten zur Erhöhung des Gesamtbildes und auch als Staubschutz wilder Wein und Kugelakazien gepflanzt werden.

1913 bauten die Singener Architekten Josenhans und Regierungsbaumeister Hänssler je ein weiteres Reihenhaus mit 12 Wohnungen gleicher Ausstattung.

Bei einer Zwischenbilanz besaß die Genossenschaft bereits Ende 1913 62 Wohnungen, und es waren inzwischen 104 Genossen eingetragen. Der erwirtschaftete Reingewinn sollte für die Gartenanlagen der neuen Häuser bzw. ein eventueller Restbetrag für weitere Neubauten verwendet werden.

Schließlich wurde eine weitere Reihenhausgruppe mit 12 Wohnungen bis Kriegsausbruch im September 1914 fertiggestellt.

Im Februar 1914 beschloß der Gemeinderat, die Hälfte der Kosten für die Kanalisation des Baugebietes zu übernehmen und mit diesem Betrag der Genossenschaft als Mitglied beizutreten. Dies lehnte die Genossenschaft jedoch ab, da die Mitgliedschaft der Stadt mit der Bedingung verknüpft war, nur ortsansässige Handwerker bei der Auftragsvergabe von Bauarbeiten zu berücksichtigen. Da die Genossenschaft jedoch möglichst billig bauen mußte, wollte sie nicht allein von örtlichen Firmen abhängig sein.

Am Ende der durch den 1. Weltkrieg verordneten Zwangspause nahm die Bautätigkeit ihren Fortgang. In der Gartenstadt-Siedlung waren inzwischen 6 Reihenhausgruppen mit 74 Arbeiterwohnungen bezogen. Im November 1918 plante Architekt Ehrlich, der auch für die Firma Maggi die Niederhof-Siedlung erbaute, drei weitere Reihenhausgruppen mit 22 Wohnungen ohne Bad. Nachdem im Frühsommer 1919 die Baugenehmigung für zwei Hausgruppen mit 18 Wohnungen vorlag, war im Rahmen der Finanzierung infolge der einsetzenden Inflation bereits eine Übertreuerung entstanden, die die Stadt als Baukostenzuschuß aus Reichs- und Landesmitteln übernehmen sollte.

Nach einer vorläufigen Zuweisung aus Reichsmitteln stellte die Stadt diese der Baugenossenschaft anteilig in voller Höhe zur Verfügung und drängte mit dem sofortigen Baubeginn, bevor die enormen Preissteigerungen das Projekt in Frage stellten. Als jedoch der Gemeinderat den vollen angeforderten Übertreuerungszuschuß nach einer Aufstockung der Reichsmittel bewilligen konnte, reichte dieser schon nicht mehr aus, um damit die laufenden Baukosten der angefangenen Häuser abzudecken, obwohl die Stadt bereits aus Heeresbeständen sichergestellte Backsteine und Holz zur Reduzierung der Baukosten abgegeben hatte und die Planung, Bauleitung und Abrechnung von der Firma Maggi übernommen worden war. An die Finanzierung des dritten Gebäudes war überhaupt nicht mehr zu denken.

Die Bauarbeiten stagnierten, die Genossenschaft geriet in finanzielle Nöte und reichte ein Gesuch um Nachschuß von Reichsmitteln direkt beim Arbeitsministerium ein, der ohne die Angabe eines genauen Zeitpunkts in Aussicht gestellt wurde.

Da die Fertigstellung der Bauten in Frage gestellt und auch noch Handwerkerforderungen offen waren, entschloß sich der Gemeinderat im Dezember 1919, im allgemeinen Interesse einer beschleunigten Fertigstellung einen erneuten vorläufigen Baukostenzuschuß zu genehmigen, bis die in Aussicht gestellten Reichsmittel nachflossen. Im Februar 1920 wurde eine erneute finanzielle Unterstützung der Genossenschaft durch die Stadt notwendig, da weitere ungedeckte Überteuerungskosten aufgelaufen waren. Erst im Juni 1920 wurden die beiden Hausgruppen schließlich bezugsfertig.

Trotz der großen finanziellen Probleme während der Durchführung dieser Bauten plante Architekt Ehrlich im April 1920 zwei weitere Hausgruppen für 4 und 8 Familien und leitete die Finanzierung in die Wege. Nachdem aber auch die Stadt sich in einer zunehmenden finanziellen Notlage befand, ihr mit einem Schuldenberg von 15 Mio. im Februar 1921 der finanzielle Zusammenbruch drohte[7] und auch die Baugenossenschaft die gewährten Vorschüsse nicht zurückzahlen konnte, beschloß die Genossenschaft schließlich im August 1921, von der Realisierung der Baumaßnahme abzusehen, da sie mit Rücksicht auf die nicht vollständige Deckung der entstehenden Überteuerung das Risiko für eine Bauausführung nicht übernehmen konnte. Zudem wollte die Genossenschaft nicht als Schrittmacher für Mietsteigerungen in Singen vorangehen[8].

Dennoch wurden bald drastische Mieterhöhungen notwendig, um das bestehende Defizit und die laufenden Ausgaben decken zu können. Allein von September 1922 bis Juni 1923 stiegen die Mieten z.B. für eine 3-Zimmerwohnung in der Siedlung um 1000% von 150,- RM auf 3000,- RM im Monat.

Die finanzielle Abwicklung der zuletzt erstellten 18 Wohnungen zog sich bis Oktober 1923 hin und brachte eine Unzahl von Ärgernissen mit sich, bis die Baugenossenschaft schließlich die durch die Geldentwertung auf 2 Mio. angewachsenen Zuschüsse zurückzahlen konnte.

Bis 1926 wurden keine neuen Bauprojekte in Angriff genommen; nicht nur die Auswirkungen der Inflation und die politische Entwicklung, sondern auch entstehende Uneinigkeiten unter den Mitgliedern lösten bei der Genossenschaft eine Krise aus.

Als sich die politische und wirtschaftliche Lage durch die Schaffung der Goldmark entschärfte und sich auch die interne Lage stabilisiert hatte, wurde im Dezember 1926 beschlossen, mit dem Ausbau der Siedlung fortzufahren.

Von 1927–1930 wurden, geplant von Architekt Trögl jun., weitere 40 Wohnungen geschaffen, die Hälfte davon verfügte mittlerweile über eine bessere Ausstattung und ein Bad. In einem während dieser Zeit errichteten Doppelhaus für 6 Familien wurde für die Versorgung der Bewohner ein Lebensmittelladen und eine Metzgerei eingerichtet sowie auf dem Grundstück ein Hintergebäude mit Wurstküche, Räucherkammer und Nebenräumen gebaut.

Die anderen 20 2-Zimmer-Kleinwohnungen in Reihenhausform waren in bezug auf die äußere Gestaltung einfacher als die ersten Reihenhäuser ausgeführt und enthielten auch kein Bad; hier wirkte sich bereits die einsetzende Wirtschaftskrise aus. Aufgrund der ungünstigen wirtschaftlichen Lage und der Unsicherheit auf dem Kapitalmarkt wurde die Bautätigkeit bis 1935 eingestellt, nachdem auch die Mietrückstände ins Unerträgliche wuchsen und Räumungsklagen angestrengt werden mußten. 1931 und 1933 konnten die Mieten zwar gesenkt werden, doch hatten diese Vergünstigungen keine nachhaltige Wirkung.

Gleichzeitig mit dem Bauverein wurde die Baugenossenschaft Gartenstadt im August 1932 als Gemeinnütziges Wohnungsbauunternehmen anerkannt.

Da die Genossenschaft noch über baureifes Gelände für ca. 45 Wohnungen verfügte, wurde ab 1935 der Ausbau der Gartenstadt-Siedlung weitgehend abgeschlossen[9].

Die Architekten Trögl und Hänssler bauten in dieser Zeit je ein 6-Familienhaus, bis Ende 1937 wurde ein weiteres 6-Familienhaus errichtet. Die Finanzierung erfolgte in der Regel durch die Landeskreditanstalt, die Badische Versorgungsanstalt für Gemeinde- und Körperschaftsbeamte und durch Eigenmittel.

In ihrem Geschäftsbericht stellt die Baugenossenschaft für das Jahr 1938 einen beachtlichen Aufschwung fest. Auch der bebaute Grundbesitz mit 161 Wohnungen und 2 Läden war im Wert gestiegen, und es konnte erstmals eine Dividende von 4% an die 265 Mitglieder ausgeschüttet werden.

Da das in der Vorkriegszeit erworbene Gelände nun annähernd überbaut war, konnte die Genossenschaft im Dezember 1937 von der Stadt an der Rielasinger Straße ein baureifes Gelände erwerben mit der Auflage, dieses sofort mit 3 4-Familienhäusern zu bebauen. Da die Stadt an der Abhilfe der großen Wohnungsnot interessiert war, konnte mit Unterstützung von Bürgermeister Herbold eine Beleihung bis 85% der Gesamtkosten und die Erstellung der Gebäude im nachfolgenden Jahr erreicht werden. Die Realisierung weiterer 5 4-Familienhäuser auf dem Baugelände vereitelte der Ausbruch des

2. Weltkrieges, obwohl die Planung bereits vorlag und die Finanzierung sichergestellt war.

Bis zu ihrem Zusammenschluß im März 1940 mit dem Bauverein wurden somit von 1935 bis 1939 38 Wohnungen von der Baugenossenschaft erbaut, und sie besaß zum Zeitpunkt der Verschmelzung 123 Häuser mit 173 Wohnungen und 2 Läden. Zusammen mit dem Wohnungsbestand des Bauvereins mit 104 Häusern und 222 Wohnungen vereinigte die neue Genossenschaft unter dem Namen »Gemeinnützige Baugenossenschaft eGmbH in Singen (Hohentwiel)« 378 Wohnungen für 1348 Bewohner; es waren 630 Mitglieder – davon 243 von der »Gartenstadt« – eingetragen. Obwohl die Bautätigkeit während des Krieges eingestellt werden mußte, kaufte die Baugenossenschaft in dieser Zeit im Rahmen ihrer Bodenvorratspolitik umfangreiches Baugelände.

So hatte ihr die Stadt ein Gelände an der Audifaxstraße zur Erstellung von 35–40 Wohnungen zugesagt.

Durch den Ausbau des Baugeländes an der Rielasinger Straße und der restlichen Grundstücke in der Gartenstadt sollten weitere 100 Wohnungen, durch Bebauung von Restgrundstücken an der Frieden-, Grenz- und Eisenbahnstraße nochmals 16 Wohnungen bereitgestellt werden.

Schließlich beabsichtigte die Baugenossenschaft die Realisierung eines umfangreichen Bauprogramms im Bereich Oberzellerhau anschließend an die bestehende Siedlung des Bauvereins. Es waren 184 Wohnungen, von denen 100 für Beschäftigte der Aluminiumwerke gedacht waren, in 25 Gebäuden mit zwei Garagenanlagen und einem Laden vorgesehen. Von der Erbengemeinschaft von Enzenberg wurde zu diesem Zweck ein Waldgelände erworben.

Die Baugenossenschaft konnte jedoch erst nach Kriegsende ihre Bautätigkeit erfolgreich fortsetzen.

Anmerkungen

[1] HERBERT BERNER, Ursachen und Gründe der Machtübernahme durch die Nationalsozialisten, dargelegt am Beispiel der Industriestadt Singen und des grundherrlichen Dorfes Bodman (o. J.) S. 11; Einladung zur Gründung einer Baugesellschaft und Statuten (St A II 1/26). Über die Tätigkeit dieser Baugenossenschaft ist aus den verfügbaren Akten nichts zu erfahren (Anm. d. Verf.). Nicht veröffentlichtes Vortragsmanuskript.
[2] Vgl. Singener Nachrichten vom 11.04.1906 (St A II 1/289).
[3] Vgl. THOMAS HERZIG, a.a.O., S. 112 f.
[4] Vgl. 50 Jahre Gemeinnützige Baugenossenschaft eGmbH, a.a.O. (Festschrift), S. 29 f.
[5] Vgl. Bauverein, S. 616 f.
[6] Vgl. Singener Nachrichten vom 22.04.1913, a.a.O.
[7] Vgl. Bericht an das Badische Bezirksamt Konstanz vom 03.02.1921 (St A IV 3/456).
[8] Ebd., Schreiben der Baugenossenschaft vom 08.08.1921 an das Bürgermeisteramt Singen.
[9] 1970 wurde die Sanierung der Gartenstadt-Siedlung durch teilweisen Abriß der Bausubstanz eingeleitet; es entstanden 8- und 5-geschossige Wohnzeilen im Bereich Siedlungsweg, Alter Grenzpfad, Worblinger- und Rielasinger Straße.

Bauverein

Als im Jahre 1909 die badischen Staatsbahnen eine Personalstation in Singen errichteten, griffen die von dem bereits damals bestehenden Wohnungsmangel betroffenen Eisenbahner zur Selbsthilfe und gründeten im September 1910 den Bauverein mit zunächst 17 Mitgliedern. Ein Eintrittsgeld und eine festgelegte Einlage von je 200,– RM entsprach damals immerhin einem dreimonatigen Lohn und machte deutlich, welche Eigenleistungen von den Genossen gefordert wurden.

Zur Erstellung billiger und gesunder Wohnungen wurden bereits im Gründungsjahr Grundstücke erworben und 1911 von Architekt Hermann aus Singen die ersten 4 Doppelhäuser und ein Einzelhaus mit 14 Wohnungen an der heutigen Fittingstraße erbaut. Ein Jahr später entstanden an der Etzwiler Straße 2 weitere Häuser mit 5 Wohnungen. Zwar konnte 1913 an der Friedenstraße noch ein 9-Familienhaus für Kinderreiche begonnen, mit Ausbruch des 1. Weltkrieges jedoch nur noch unter großen Anstrengungen fertiggestellt werden; die Vorstands- und Aufsichtsratsmitglieder wurden zum Wehrdienst eingezogen, und der Kassierer führte die Geschäfte weiter und verhinderte durch seinen Einsatz den drohenden Zusammenbruch des erst ins Leben gerufenen Bauvereins, der bis zum Ende des Jahres 1917 über 49 Mitglieder verfügte.

Im April 1918 erörterte die Generaldirektion der badischen Staatsbahnen die Möglichkeit, in der Nähe des neuen Güter- und Verschubbahnhofes Wohnungen für ihre Arbeiter und Angestellten zu errichten. Sie erklärte sich darüber hinaus bereit, dem Bauverein finanziell unter die Arme zu greifen, regte jedoch erneut eine Verschmelzung mit der ortsansässigen gemeinnützigen Baugenossenschaft an, nachdem schon seit längerer Zeit Verhandlungen über einen möglichen Zusammenschluß der beiden Bauvereinigungen geführt worden waren. Diese scheiterten jedoch endgültig an der schlechten Finanzlage des Bauvereins; auch schienen sich die jeweiligen Interessen insofern nicht zu decken, als der Bauverein in erster Linie Wohnungen für Eisenbahner erbauen wollte.

Mit Hilfe der Staatseisenbahnen wurden für den in finanzielle Schwierigkeiten geratenen Bauverein zunächst Sanierungsmaßnahmen durchgeführt, der Vorstand und der Aufsichtsrat teilweise neu besetzt und 21 neue Mitglieder aufgenommen. Zudem erhoffte sich der Bauverein durch den beabsichtigten Verkauf seiner 1911 erbauten Häuser eine erfolgreichere Fortsetzung seiner Tätigkeit als bisher.

Auf der Suche nach einem Standort für die beabsichtigte Eisenbahnersiedlung wurde das Gelände »Oberzellerhau« und »Holzacker« an der Radolfzeller Straße als geeignet angesehen und von der Erbengemeinschaft von Enzenberg im Jahre 1919 erworben; die Straßenanliegerkosten sollte die Stadt übernehmen.

Der Karlsruher Architekt Georg von Teuffel machte im Auftrag der Generaldirektion der Staatseisenbahn den Entwurf eines Ortsbauplanes mit 50 Wohnungen in Form von Reihenhäusern.

Die Generaldirektion belieh nicht nur den vollen Grundstückspreis und den rentierlichen Bauaufwand für einen 1. Bauabschnitt von 30 Häusern mit 90%, sondern wollte auch die ungedeckte Übersteuerung durch ein unverzinsliches und nicht tilgbares Darlehen abfangen, von dem die Stadt jedoch ein Viertel übernehmen sollte. Diese sagte grundsätzlich ihre finanzielle Unterstützung zu, verknüpfte damit jedoch eine Einflußnahme auf die Gestaltung der Gesamtanlage; weiterhin sollte der Bauverein nach Fertigstellung des 1. Bauabschnittes ein Drittel der projektierten Häuser aus den nachfolgenden Baumaßnahmen für andere Wohnungssuchende zur Verfügung stellen. Nachdem jedoch die Höhe des Übersteuerungszuschusses aufgrund der steigenden Inflationsrate noch nicht feststand, behielt sich die Stadt vor, ihre Zusage von der Zustimmung durch den Bürgerausschuß abhängig zu machen[1].

Obwohl die Finanzierung somit nicht eindeutig gesichert war, wurde im Frühjahr 1920 mit dem Bau der ersten 30 zweigeschossigen Reihenhäuser begonnen. Architekt von Teuffel hatte zwei ähnliche Haustypen mit je ca. 76 qm Wohnfläche, einem Stall für Kleintierhaltung und einem Grundstücksanteil von je ca. 320 qm entwickelt. Nach einer Verlosung unter den Vereinsmitgliedern wurden die Häuser Ende 1920 bezogen.

Doch bereits während der Bauzeit ergaben sich mit der drastisch ansteigenden Inflationsrate Schwierigkeiten. Durch die Aufhebung der Steuerhoheit der Gemeinden war auch Singen auf die gesetzlichen Zuweisungen aus Reichssteuern angewiesen. Da die Höhe der Geldmittel zu diesem Zeitpunkt noch nicht feststand, konnte die Stadt nach wie vor keine bindende Zusage über die Höhe der Bezuschussung geben. Nachdem die Eisenbahnverwaltung auch die Fortsetzung der Siedlungsmaßnahme von der Gewährung von Landesdarlehen abhängig machte, war nach wie vor die Finanzierung des bestehenden 1. Bauabschnittes, aber auch die Realisierung des geplanten 2. Bauabschnittes mit 15–20 Wohnungen in Frage gestellt. Erst als der Stadt aus Reichs- und Landesmitteln ein Nachschuß genehmigt wurde, konnte die eingetretene Übersteuerung abgedeckt und somit der erste Bauabschnitt abgerechnet werden.

Die Realisierung des im Jahre 1921 geplanten 2. Bauabschnittes mit weiteren 24 Häusern stieß jedoch auf ungeahnte Schwierigkeiten. Die mittlerweile errechnete 40fache Übersteuerung war mit den verfügbaren Mitteln nicht abzudecken. Auch flossen die Ländermittel spärlicher und verzögerten somit den Baubeginn. Als 1922 die Stadt durch die inzwischen eingetretene Stockung der Zahlungsmittel selbst in große finanzielle Not geriet und somit keinerlei Zusagen mehr geben konnte, sank die Hoffnung des Bauvereins, doch noch den 2. Bauabschnitt verwirklichen zu können. Da inzwischen aber durch Vorarbeiten erhebliche Kosten entstanden waren, wurde im April 1923 ein letzter Versuch unternommen, doch noch die Finanzierung eines stark reduzierten Bauprogramms mit 8 Wohnungen auf die Beine zu stellen, der jedoch im Juni 1923 endgültig scheiterte. Damit wurde die Bautätigkeit zunächst unterbrochen.

Mit der Goldmarkeröffnungsbilanz wurde nicht nur der Wert der bestehenden Gebäude neu festgesetzt, sondern wurden auch die Geschäftsanteile und Spareinlagen mit 80% aufgewertet. Dies veranlaßte viele Mitglieder zur Kündigung, da sie in den Genuß der aufgewerteten Anteile gelangen wollten. So entstanden verständliche interne Streitigkeiten.

Auch eine Aufforderung an die Stadt, dem Verein als Mitglied beizutreten, schlug fehl, da diese ihr verfügbares Baukapital als Darlehen an private Bauherren und Bauvereinigungen abgeben bzw. selbst bauen wollte.

Dennoch nahm der Bauverein seine Tätigkeit wieder verstärkt auf, nachdem 1926 eine stabile Lage auf dem Geldmarkt eingetreten war und die Finanzmittel wieder flossen.

Der Ausbau der begonnenen Siedlung wurde vorangetrieben. Von 1926–1929 wurde nach Plänen des Singener Architekten Deninger die Jahnstraße (heute: Karl-Schneider-Straße) schrittweise in Anlehnung an die ursprüngliche Konzeption bebaut. Es entstanden 9 Doppelhäuser mit insgesamt 28 Wohnungen, teilweise mit Stallanbau für Kleintierhaltung bzw. Schopfanbau.

Im Jahre 1929 wurden an der Oberzellerhau 3 Reihenhäuser und an der Grenzstraße bis Ende 1931 2 weitere 4-Familienhäuser bezugsfertig. Die Siedlung bestand somit aus insgesamt 85 Häusern[2].

Parallel zu dem Ausbau der Siedlung wurde 1929 mit dem Bau einer Kleinwohnungssiedlung in der heutigen Nordstadt begonnen. Im Gewann »Am Posthalterswäldle« erstellte der Bauverein nach Entwürfen von Arch. Deninger 4 Baublocks als Blockrandbebauung, begrenzt durch die Hardenberg-, Körner-, die heutige Max-Seebacherstraße und die Straße Am Posthalterswäldle. Nachdem die 32 mit Bad ausgestatteten Wohnungen bereits im Herbst 1930 bezogen werden konnten, wurde an der Ecke Körner- und Hardenbergstraße ein weiteres 4-Familienhaus kurzfristig fertiggestellt.

Ein dritter Schwerpunkt der Bautätigkeit fand gleichzeitig im Bereich der Industrieanlagen statt, nachdem die Georg Fischer AG die ersten 1911 erbauten 14 Wohnungen inzwischen gekauft hatte und dafür Ersatz geschaffen werden mußte. So wurden an der Frieden-, Ostend- und Fittingstraße insgesamt 30 Wohnungen in 3 Gebäuden und einem Anbau realisiert.

Der Bauverein hatte sich inzwischen finanziell stabilisiert, und die Zahl der Mitglieder war auf 285 angewachsen, da eine monatliche Mindestrate von 2,- RM für die Einzahlung von Geschäftsanteilen auch Minderbemittelte bzw. junge Bewerber zum Beitritt anreizte[3].

Die nachfolgende Wirtschafts- und Geldmarktkrise brachte eine erneute Stillegung der Bautätigkeit mit sich. Ein im Jahr 1932 von der Erbengemeinschaft von Enzenberg erworbenes 65 Ar großes Gelände blieb durch den Zusammenbruch des Kreditwesens unbebaut und wurde den Mitgliedern unentgeltlich zur Gartennutzung überlassen. Im August 1932 wurde der Bauverein als gemeinnütziges Wohnungsunternehmen anerkannt, bis 1935 beschränkten sich die Aktivitäten jedoch auf Verwaltungs- und Reparaturarbeiten. Wenn auch mit den bislang erstellten 165 Wohnungen ein großer Teil der Mitglieder versorgt werden konnte, hielt doch die Nachfrage nach Kleinwohnungen an. So wurde 1935 beschlossen, weitere Baumaßnahmen kleineren Umfangs zu verwirklichen.

Die noch verfügbaren Grundstücke an der Oberzellerhau und Grenzstraße wurden zunächst mit 2 Häusern bzw. 12 Wohnungen überbaut und als »Musterhäuser« der Öffentlichkeit im Rahmen einer Bauausstellung angepriesen[4]. Von 1936-1939 wurde mit dem Bau dreier weiterer Häuser mit 15 Wohnungen an der Grenz- und Waldstraße die Bautätigkeit im südlichen Stadtteil mit Beginn des 2. Weltkrieges abgeschlossen.

In der Nordstadt konnte die bestehende Kleinwohnungssiedlung am Körnerplatz komplettiert werden. Auf einem von der Stadt erworbenen Grundstück wurden weitere 12 Kleinwohnungen in 3 Reihenhäusern an der Körnerstraße gebaut. Als die Neubauten im Oktober 1938 mit 37,- bzw. 40,- RM pro Wohnung vermietet werden konnten, stellte der Bauverein mit Stolz fest, daß diese sowohl in bezug auf die Raumeinteilung als auch auf die Ausstattung mit zu den schönsten der Genossenschaft gehörten.

Zwar sollten 1939 noch weitere 18 Wohnungen realisiert werden, zumal ein Grundstück bereits von der Erbengemeinschaft von Enzenberg gekauft worden war, jedoch verhinderte der Ausbruch des 2. Weltkrieges jede weitere Bautätigkeit. Am 2. März 1940 wurde die Verschmelzung mit der Gemeinnützigen Baugenossenschaft Gartenstadt unter dem künftigen Namen »Gemeinnützige Baugenossenschaft eGmbH in Singen (Hohentwiel)« beschlossen. Zu diesem Zeitpunkt verfügte der Bauverein über 330 Mitglieder und insgesamt 100 Häuser mit 208 Wohnungen. Die Gemeinnützige Baugenossenschaft Gartenstadt brachte 123 Häuser mit 173 Wohnungen und 2 Läden ein, so daß bei dem Zusammenschluß ein Wohnungsbestand mit 223 Häusern und 381 Wohnungen zu verzeichnen war[5].

Anmerkungen

[1] Vgl. Schreiben des Gemeinderates der Stadt Singen an die Generaldirektion der Bad. Staatseisenbahnen vom 14. 01. 1920 (St. A. II 1/135).
[2] Im Frühjahr 1981 wurden im Rahmen einer Sanierungsmaßnahme Teile des Wohngebietes an der Aluminiumstraße abgerissen und drei große Gebäude mit 90 Wohnungen geplant; vgl. 75 Jahre Gemeinnützige Baugenossenschaft Oberzellerhau eG Singen (Hohentwiel) 1910-1985 (Geschäftsbericht 1984) S. 11.
[3] Vgl. Volkswille vom 19.02.1930 Nr. 42 und vom 20.04.1932 Nr. 92 (St. A. II 1/28).
[4] Ebd., Bodensee-Rundschau vom 20.09.1935 Nr. 219.
[5] Vgl. 50 Jahre Gemeinnützige Baugenossenschaft eGmbH Singen (Hohentwiel 1910-1960) (Festschrift) S. 23.

Maggi

In den ersten Aufbaujahren konnte das rasch wachsende Unternehmen nach der Jahrhundertwende seinen steigenden Bedarf an vorwiegend weiblichen Arbeitskräften aus Singen und der näheren Umgebung bald nicht mehr decken, und somit stellte sich auch die Frage der Werkswohnungsfürsorge für die von auswärts kommenden Arbeitskräfte. In den ersten zehn Jahren beschränkten sich die baulichen Aktivitäten auf einzelne Maßnahmen, wenn auch schon sehr früh soziale Einrichtungen, wie eine Betriebskrankenkasse, Pensionskasse, Kindertagesstätte, Kantine usw., geschaffen wurden.

Im Jahre 1902 wurde als erste Baumaßnahme ein sog. »Mädchenheim« an der Maggistraße errichtet. Damit konnte die Firma auch in den folgenden Jahren über

Zeitungsannoncen auswärtige weibliche Arbeitskräfte anwerben, in denen sie »über 14 Jahre alten Arbeiterinnen hohen Lohn und, auf Wunsch, schöne Wohnung und gute Kost« anbot[1].

Offensichtlich löste jedoch das Mädchenheim eine Reihe nicht näher bezeichneter Schwierigkeiten aus, denn der spätere Werksdirektor Niederer berichtete in einem Rückblick über die Entstehung und Entwicklung des Werkes, daß das Mädchenheim nach nicht allzu langer Zeit wieder geschlossen werden mußte, »da die Freude an demselben keine ungetrübte war, und zudem löste sich gleicherweise die Personalfrage in der stets anwachsenden Bevölkerungszahl der Stadt und der umliegenden Ortschaften von selbst«[2].

Im Jahre 1912 wurden in das Mädchenheim 7 »Beamtenwohnungen« für Angestellte eingebaut. Nach Plänen des Singener Architekten Ehrlich vom Oktober 1939 wurde eine Terrasse angebaut und eine Liegehalle errichtet. Die Wohnungen wurden aufgehoben und betriebsärztliche Räume, ein Werkskindergarten, Räume für die Werksfrauengruppe, eine Werksmütterschule und eine Hausmeisterwohnung eingerichtet. Das Gebäude wurde in »Gesundheitshaus« umbenannt[3].

Für den im Jahre 1904 nach Singen berufenen Werksdirektor Dr. Brüggemann baute die Maggi durch Architekt Finus aus Radolfzell im Jahre 1905 die sogenannte »Villa Friedwalt« an der Rielasinger Straße mit 8 Zimmern, Räumen für Hausangestellte und mehreren Balkonen. Diese Dienstvilla wurde im Sommer 1944 nach dem Tod des Direktors und angesichts des Wohnungsmangels in ein Dreifamilienhaus umgebaut[4].

Im Jahre 1905 erwarb die Maggi im Rahmen ihrer Bodenvorratspolitik Teile des alten Niederhof-Geländes im Süden der Fabrikanlagen mit einem bestehenden Gebäude von Engelbert Ehinger. Im Jahre 1906 kaufte sie eine riesige Scheuer mit einem ca. 1865 erbauten Bauernhaus vom Niederhof-Bauern und baute das Anwesen in ein Wohngebäude mit den ersten 12 Arbeiterwohnungen um (sogenannter »alter Niederhof«). Dieser lag damals direkt an der Rielasinger Straße, die in einem Bogen durch die heutige Niederhof-Werkswohnungsanlage führte. Die ersten Werkswohnungen sind wie auch bei der Georg Fischer AG unter dem Gesichtspunkt des praktischen Bedürfnisses entstanden, insbesondere Werksmeister, Angehörige der Werksfeuerwehr usw. im Bedarfsfalle rasch zur Verfügung zu haben.

Nachdem jedoch die Bestrebungen des Arbeitgebers dahin gingen, einen zuverlässigen Stamm an qualifizierten Arbeitern und Angestellten aufzubauen und zu erhalten, wurde der weitere Bau von Werkswohnungen geplant. Unter dem Motto: »Gesunde Wohnungen gegen geringe Miete«, wie es in einer Informationsschrift der Firma aus dem Jahre 1910 heißt, wurde auf dem Niederhof-Areal im Jahre 1912 der Grundstein für eine Wohnkolonie gelegt. Die Entwürfe von Architekt Ehrlich sahen ca. 85 qm große 3-Zimmerwohnungen vor, die bereits mit Bad und einer kleinen Küchenveranda ausgestattet waren. Zunächst wurden zwei Doppelwohnhäuser für 8 Familien als Eckbebauung an der inzwischen begradigten Rielasinger Straße gebaut.

Im gleichen Jahr noch wurde die Baulücke zwischen dem bereits auf dem Grundstück bestehenden Ehingerschen Haus mit weiteren 4 Wohnungen überbaut, das bestehende Haus renoviert und 1913 zusammen mit der Schließung der Baulücke in die Bebauung integriert.

Die geschlossene Reihenhausbebauung wurde vom zuständigen Bezirksamt als »vom Standpunkt der modernen Wohnungshygiene [...] nicht zu begrüßen« kritisiert[5], wobei die Vorbehalte der Befürchtung entsprangen, dem Bau von Mietskasernen in einer ländlichen Umgebung Vorschub zu leisten. Die Maggi wies auf die Nutzung als Arbeiterwohnhäuser und die Notwendigkeit preisgünstiger Mieten hin, die sich im Falle einer offenen Bebauung wesentlich erhöhen müßten. Nachdem es keine rechtlichen Eingriffsmöglichkeiten aufgrund fehlender Vorschriften für die Durchsetzung einer offenen Bauweise gab, konnten die Baumaßnahmen in der vorgesehenen Form realisiert werden.

Im November 1916 wurde aufgrund der steigenden Nachfrage an Werkswohnungen eine Bauausführungsgenehmigung für weitere 8 Wohnungen an der Rielasinger Straße beantragt. Als die Fertigstellung der im Rohbau befindlichen Bauten im Krieg stagnierte, konnte durch den Einsatz von Bürgermeister Thorbecke die Baumaßnahme 1918 abgeschlossen werden.

Einen mittelbaren Beitrag zur Wohnungsfürsorge leistete die Maggi, indem auf Anregung von Betriebsangehörigen 1913 die zweite in Singen ansässige Baugenossenschaft »Gartenstadt« gegründet wurde. Mit Direktor Dr. Brüggemann als Aufsichtsratsmitglied unterstützte die Firma die Baugenossenschaft durch unentgeltliche Übernahme der Verwaltungsgeschäfte und durch finanzielle Übernahme von Anteilen.

Erst sieben Jahre nach dem ersten Weltkrieg konnte die Fortführung der Wohnkolonie in Angriff genommen werden. Im Spätherbst 1925 wurde ein Baugesuch für weitere 10 Wohnungen, aber ohne Bad, eingereicht, und die Häuser wurden bis August 1926 fertiggestellt. Im Jahr darauf folgte der Bau dreier Doppelwohnhäuser mit 15 Wohnungen.

Schließlich wurde im Jahre 1930 als Schlußstein der Wohnkolonie der Südostflügel mit 8 Wohnungen angefügt; somit standen in der Niederhofanlage 82 Werkswohnungen mit je einem ca. 200 qm großen Gemüsegarten zur Verfügung. Die Nachfrage an diesen Wohnungen war aufgrund der niedrigen Mieten groß.

Die Mietpreise lagen ca. 20% unter den der Zwangsbewirtschaftung unterliegenden städtischen Mieten und sogar 40–50% unter den Mieten privater Neubauten. Die durchschnittliche Monatsmiete für eine 3-Zimmerwohnung betrug ca. RM 40,–[6].

In den nachfolgenden Jahren wurden lediglich einzelne Häuser erworben bzw. umgebaut, bis im Jahre 1937 nach einer längeren Baupause auf einem der Firma gehörenden Grundstück neben der Villa »Friedwalt« der Bau einer »Beamtenkolonie« mit fünf zweigeschossigen Doppelwohnhäusern für leitende Angestellte begonnen wurde. Es handelte sich um gut ausgestattete 5-Zimmerwohnungen mit Nebenräumen und Bad. Das erste von Architekt Ehrlich an der Maggistraße erbaute Haus wurde bis Ende 1937 bezogen, im folgenden Jahr wurde ein weiteres Doppelhaus an der Rielasinger Straße errichtet. Die drei anderen Bauten wurden – vermutlich wegen des Ausbruchs des 2. Weltkrieges – nicht realisiert.

Anfang 1938 besaß die Maggi 110 Werkswohnungen, in denen ca. 10,4% der damals 1825 Werksangehörigen wohnen konnten[7].

Wenn auch die Firma nach Abschluß der Niederhof-Wohnkolonie keinen umfangreichen Werkswohnungsbau mehr betrieben hat, so kaufte sie doch zu Beginn und während des 2. Weltkrieges mehrere Häuser, u. a. von der Handwerkerbaugesellschaft an der Ekkehard- und Romeiasstraße mit insgesamt 39 Arbeiterwohnungen, sowie fünf Ein- und Mehrfamilienhäuser für leitende Angestellte in der Nordstadt.

Auch wurde von 1937 bis 1941 zur Förderung des Eigenheimbaues ein Fonds für Baudarlehen eingerichtet. Außerdem ermöglichte die Firma 20 Gefolgschaftsangehörigen durch die Bereitstellung eines unverzinslichen Darlehens von je RM 1300,–, sich einer Siedlergemeinschaft im Schnaidholz anzuschließen, in der man ein hohes Maß an Idealismus und Eigenleistung aufbringen mußte, um in den Besitz eines Siedlerhäuschens zu gelangen[8].

Im Kriegsjahr 1941 wurde der Wohnungsbestand mit 141 angegeben, und jeder zehnte Mitarbeiter mit Familie war in einer Werkswohnung untergebracht[9]. Infolge des Krieges wurde der Werkswohnungsbau völlig eingestellt; es war jedoch vorgesehen, sofort nach Beendigung des Krieges weitere Baumaßnahmen in Angriff zu nehmen.

Anmerkungen

[1] Singener Nachrichten vom 21.05.1906 und folgende Monate; vgl. auch THOMAS HERZIG, Singen am Hohentwiel 1871–1925 (Zulassungsarbeit zum Staatsexamen für das höhere Lehramt am Gymnasium im Fach Geschichte bei Prof. Dr. Ott, Freiburg 1979), S. 37 f.
[2] Der Arbeitskamerad (Werkszeitschrift Der Betriebsgemeinschaft Maggi, Singen-Hohentwiel, Jg. 1, Nr. 4, März 1937) S. 3.
[3] Heute wird das Gebäude wieder zu Wohnzwecken für Werksangehörige benutzt.
[4] Vor einigen Jahren verkaufte die Maggi das Gebäude an die Stadt Singen, die es wiederum an einen Privatmann veräußerte, nachdem über die Frage der Nutzung keine Einigkeit erzielt bzw. eine befriedigende Lösung gefunden werden konnte.
[5] Akte Baurechtsamt Singen, Flurstück Nr. 5939.
[6] Vgl. PHILIPP DAUM, Arbeitsverhältnisse und Struktur der Arbeiterschaft der Großindustrie Singens a. H. unter besonderer Berücksichtigung der Pendelwanderung (Dissertation, Konstanz 1931), S. 31f.
[7] Vgl. Der Arbeitskamerad, a. a. O. Sozialbericht, Jg. 2, Nr. 5, Mai 1938) S. 2.
[8] Die Stadt Singen erbaute von 1933–1938 eine sog. »vorstädtische Kleinsiedlung« in 3 Bauabschnitten, die 4. Maßnahme führte die Badische Heimstätte GmbH durch.
[9] Die Zahl erhöhte sich durch den Kauf der Romeiasstr. 18/20 um 15 Wohnungen, veränderte das Gesamtbild jedoch unerheblich.

Von den Beschäftigten wohnten:
10,8% in Werkswohnungen,
37,5% in Eigenheimen,
 2,6% in Siedlungshäusern,
49,1% in Mietwohnungen.
Vgl. Der Arbeitskamerad (5. Jg., Nr. 2, Juni 1941).

Georg Fischer AG

Bereits im ersten Jahr nach der Gründung der Firma im Jahre 1894 wurde als erste soziale Einrichtung eine Fabrikkrankenkasse geschaffen, 1897 folgten der Konsumverein, die Kantine und weitere soziale Leistungen wie Alters- und Hinterbliebenenfürsorge usw.

Die ersten Maßnahmen für die Wohnungsfürsorge wurden bereits im Gründungsjahr der Firma getroffen. An der heutigen Julius-Bührer-Str. wurden auf einem Grundstück innerhalb des Fabrikareals im Jahre 1895 die ersten Arbeiterwohnhäuser erbaut. Nach Plänen des Züricher Architekten Locher wurden zwei Häuserreihen mit 10 Einzimmer- und 15 3-Zimmerwohnungen errichtet und für 15,– bzw. 21,- RM pro Monat vermietet[1].

Bereits 1901 wohnte jeder zweite Mitarbeiter außerhalb Singens. Wie auch bei den Maggi-Werken war der Firma daran gelegen, Werkswohnungen zu schaffen, um nicht nur einen qualifizierten Mitarbeiterstamm aufzubauen, sondern auch eine größere Fluktuation der Arbeiterschaft zu verhindern.

Im Jahre 1906 wurde daher zunächst die Gründung der firmeneigenen Baugesellschaft »Breite« veranlaßt, die die Aufgabe hatte, auf gemeinnütziger Basis in Schaffhausen und Singen gesunde und passend eingerichtete Wohnungen zu erwerben oder zu erstellen und diese möglichst mit Garten- oder Pflanzenland zu vermieten.

Bereits im Gründungsjahr wurden an der heutigen Etzwiler Straße 4 Doppelhäuser mit 11 Beamtenwohnungen für Angestellte und leitende Mitarbeiter gebaut und für 30,– bzw. 36,50 RM pro Monat günstig vermietet.

Damit war jedoch die Frage des Wohnungsbedarfs bei weitem nicht gelöst.

Als weitere Maßnahme errichtete die Baugesellschaft in unmittelbarer Nachbarschaft zu den Beamtenwohnhäusern ein von Architekt Finus geplantes Logierhaus für ledige Mitarbeiter. Das im Volksmund genannte »Bullenkloster« enthielt Schlafräume für 150 Mitarbeiter und eine mietfreie Hausmeisterwohnung.

Für die Unterkunft waren 25–40 Pfennig pro Tag, je nach Lage und Größe der Zimmer, zu bezahlen. Das Gebäude war im Sommer 1907 bezugsfertig und reduzierte nach seiner Fertigstellung den Pendleranteil von 52,5 % auf 39,1 %, jedoch hielt die starke Nachfrage nach werkseigenen Wohnungen an, nachdem auch die Firma nach 1905 stärker expandierte. So wurde im Jahre 1912 das Dachgeschoß des Logierhauses ausgebaut und die Bettenzahl auf 200 erhöht.

Mit Beginn des 1. Weltkrieges schrumpfte die Zahl der Beschäftigten innerhalb eines Jahres um ca. die Hälfte auf 700, so daß die Firma das Logierhaus ab September 1914 zunächst für auf ihren Austausch bzw. Heimtransport wartende schwerverwundete Franzosen zur Verfügung stellte; ab 1915 diente das Gebäude zwei Jahre lang dem Roten Kreuz als Lazarett für deutsche Verwundete.

Der Einbruch der Beschäftigtenzahlen wurde jedoch schnell wieder ausgeglichen, »da die meisten Betriebe sich auf die Bedürfnisse der Kriegsindustrie einstellten und sich bald von dem ersten Schrecken erholt hatten [...]«[2]. Tatsächlich stieg die Beschäftigtenzahl zwischen 1914 und 1918 von 700 um über das Doppelte auf 1683 an, von daher mußte ab 1917 das Logierhaus wieder für Wohnzwecke in Anspruch genommen werden.

Im gleichen Jahr kaufte die Baugesellschaft Breite das ehemalige Restaurationsgebäude »Zur Eisenbahn« von der Radolfzeller Brauerei »Zur Hölle«. Zunächst wurde darin ein Mädchenwohnheim mit 52 Schlafräumen eingerichtet, die ebenfalls für 25–40 Pfennig pro Tag und Schlafstelle vermietet wurden. Der Hausmeister wohnte in einer mietfreien Wohnung und sorgte für Zucht und Ordnung.

Ein im Jahre 1925 geplanter Anbau an das Logierhaus sollte der inzwischen eingetretenen großen Wohnungsnot Abhilfe schaffen, da die Firma zwischenzeitlich ihre ledigen Arbeiter teilweise in Massenquartieren in zwei Baracken auf dem Firmengelände unterbringen mußte. Im Logierhaus wohnten nicht nur ledige Arbeiter, sondern auch Familienväter, die ihren Wohnsitz so weit außerhalb hatten, daß sie nur am Sonntag nach Hause zu ihrer Familie fahren konnten.

Für viele Arbeiter bot das Wohnheim eine langjährige Unterkunft, für manche für 15–20 Jahre. Offensichtlich entstanden jedoch auch in dem vollbelegten Heim immer wieder Schwierigkeiten, denn der Hausmeister hatte alle Hände voll zu tun, um eine »mustergültige Ordnung und peinliche Reinlichkeit« aufrechtzuerhalten[3].

Mit dem 1926 fertiggestellten Anbau und dem Ausbau des Dachraumes mit weiteren 18 Zimmern standen in den beiden Logierhäusern insgesamt 209 Schlafzimmer mit 428 Betten zur Verfügung.

Das Mädchenheim wurde 1928 aufgehoben, weil auch hier nicht näher bezeichnete »Unverträglichkeiten« entstanden waren; eine größere Anzahl von Zimmern wurde nachfolgend in 12 Werkswohnungen umgebaut[4].

Wie bereits erwähnt, folgte in Singen wie auch in anderen Industriestädten der durch den Krieg fast völlig lahmgelegten Bautätigkeit eine zunehmende Wohnungsnot, die nicht zuletzt aufgrund einer großen Anzahl von Kriegstrauungen katastrophale Ausmaße annahm. So beschloß die Baugesellschaft Breite, weitere Maßnahmen zur Linderung der sich ausbreitenden Wohnungsnot zu ergreifen.

In den Jahren 1917–1920 wurden in der Nähe des Fabrikgeländes mit dem Kauf bestehender Häuser weitere 44 Werkswohnungen geschaffen[5] und mit der Überbauung des Speisehauses im Fabrikareal im Jahre 1921 3 Schlafräume für Arbeiterinnen dazugewonnen[6].

Der Schwerpunkt in der Wohnungsfürsorge lag jedoch im Bau einer Arbeiter- und Beamtenkolonie während der Jahre 1919–1931. Bereits Ende 1911 hatte die Baugesellschaft Breite einen Teil des Niederhofareals – vermutlich von der Grundherrschaft Enzenberg – günstig erworben; die Firma selbst besaß noch unüberbaute Grundstücksflächen im Niederhofzelgle.

Auf einem Teil dieses Baugeländes war bereits 1912 mit dem Bau einer »Beamtenkolonie« begonnen worden.

Die Planung der Architekten Curjel und Moser aus Karlsruhe sah eine Randbebauung mit 4 Einzel-, 2 Doppel- und 2 Reihenhäusern vor, 1913 entstanden an der Niederhofstraße zunächst ein 3- und ein 6-Familienhaus für technische Angestellte und an der heutigen Blumenstraße ein 2-Familienhaus für leitende Mitarbeiter. Die Monatsmieten schwankten zwischen 24,50 RM für eine 3-Zimmer- und 80,– RM für eine 7-Zimmerwohnung.

Erst Jahre später wurden die Grundstücke weiter überbaut.

Im Frühjahr 1919 wurde nach Plänen von Architekt Prof. Dr. Moser, Zürich, ein Baugesuch für ein Reihenhaus, ein Waschhaus und ein Beamtenwohnhaus an der Rielasinger Straße eingereicht.

Die Baumaßnahme wurde jedoch vermutlich aus Kostengründen in der vorgesehenen Form nicht durchgeführt; der Bau des Beamtenhauses wurde zurückgestellt, das Waschhaus ausgeklammert, das Reihenhaus mit sparsamerer Aufteilung der Grundrisse umgeplant und auf den Einbau von Bädern verzichtet. Die 18 2-Zimmer- von den insgesamt 24 Wohnungen waren vornehmlich jungen heiratswilligen und kriegsgetrauten Paaren vorbehalten. Eine verbilligte Bauweise sollte die steigenden Baupreise infolge der bereits einsetzenden Inflation reduzieren. Tatsächlich war der Kostenanschlag von 5 Mio. infolge steigender Arbeitslöhne, Materialpreise und der Geldentwertung bereits weit überschritten; bis Ende 1922 waren für den Bau bereits 23 Mio. an Auszahlungen geleistet worden, obwohl der erste Baublock in einer Rekordzeit von sieben Monaten erstellt worden war und im Februar 1923 bezogen werden konnte.

Bereits im Frühjahr 1923 nahm die Baugesellschaft die Fortsetzung der Wohnkolonie mit einem weiteren Baublock in Angriff, um der unverminderten Wohnungsnot und auch der Arbeitslosigkeit im Baugewerbe zu begegnen. Im Hinblick auf die galoppierende Preisentwicklung sollte mit der Baumaßnahme so schnell wie möglich begonnen werden. So wurden der Ausführung aus Zeit- und Kostengründen die Pläne des bereits bestehenden Baublocks zugrundegelegt, lediglich die Außenfassaden geringfügig verändert und das Gebäude bis Ende 1923 bezugsfertig gestellt.

Ein dritter Baublock, im August 1923 bereits genehmigt, mußte zunächst aufgrund der erschwerten und übertreuerten Bauverhältnisse zurückgestellt werden. Die bereits eingekauften Baumaterialien wurden zwei Jahre lang eingelagert, bis das Gebäude schließlich im Mai 1926 doch noch fertiggestellt werden konnte.

Schließlich baute die Baugesellschaft im Jahre 1929 und 1930 an der heutigen Wiesen- und Hombergerstraße je zwei Baublocks mit 9 bzw. 12 Arbeiterwohnungen, die bereits über ein Badezimmer verfügten.

Die Wohnkolonie umfaßte somit insgesamt 111 Arbeiterwohnungen. Die Miete für eine 2-Zimmerwohnung betrug damals 25,– bis 30,– und für eine 3-Zimmerwohnung 30,–, mit Bad 35,– RM.

Parallel zu dem Bau der Arbeiterwohnungen an der Rielasinger Straße wurde auf dem benachbarten Gelände die Beamtenkolonie weiter ausgebaut. Zwei Familien leitender Mitarbeiter konnten 1925 in ein herrschaftliches Wohnhaus einziehen.

Schließlich wurden entlang der Rielasinger Straße von 1929–1931 noch 3 Häuserblocks mit je 6 Wohnungen mit gehobener Ausstattung und Etagenheizung realisiert. Das Erdgeschoß eines der Häuser konnte einer Filiale des firmeneigenen Konsumvereins zur Verfügung gestellt werden. Mit dieser als »Beamtenhäuser der Fitting« bekannten Baumaßnahme schloß die Baugesellschaft Breite ihre Bautätigkeit im Jahre 1931 ab, zumal sich mit einem erneuten wirtschaftlichen Einbruch innerhalb eines Jahres die Zahl der Beschäftigten um ca. ein Drittel reduzierte[7].

In den folgenden Jahren wurden noch 4 Häuser an der Ostendstraße vom Bauverein und 2 Wohnblocks mit insgesamt 42 Arbeiterwohnungen an der Romeiasstraße 5–17 von der Handwerkerbaugesellschaft erworben, so daß die Baugesellschaft Breite nach Beendigung des 2. Weltkrieges über 336 Werkswohnungen verfügte. Sämtliche Liegenschaften wurden zu diesem Zeitpunkt dem Werk in Singen übertragen, da sich die Kontrolle und Verwaltung der Häuser von Schaffhausen aus als zu umständlich erwiesen hatte.

Anmerkungen

[1] Im Sommer 1930 wurden die Erdgeschosse der Wohnungen in Garagen und Waschküchen, die Obergeschosse in Waschräume für die Arbeiter umgenutzt.

[2] Wohnungsfürsorge der Eisen- und Stahlwerke in Schaffhausen und Singen (Vortragsmanuskript von Ing. Staempfli vom 17.10.1922, Werksarchiv Schaffhausen).

[3] Ebd.

[4] Das »Mädchenheim« wird heute von Gastarbeiterfamilien bewohnt, das »Bullenkloster« weiterhin als Wohnheim benutzt.

[5] Die Häuser standen an der Greut-, Fitting-, Etzwiler-, Frieden-, Lange- und der heutigen August-Ruf-Straße. Heute werden noch die Greutstraße 16 und 18 als Wohngebäude genutzt, die Häuser in Fabriknähe wurden abgerissen.

[6] Die Schlafräume wurden 1936 durch den Umbau in 2 3-Zimmerwohnungen – ohne Bad und mit einfachster Ausstattung – wieder aufgehoben.

[7] Erst nach dem 2. Weltkrieg wurde der Bau der Wohnkolonie wieder aufgenommen und die Siedlung – begrenzt durch Rielasinger Straße, Niederhofstraße, Aach und Forellenweg – fertiggestellt.

Quellen und Literatur

1. Archivalien

Stadtarchiv Singen (zitiert St. A.):
Bestände II 1/3,
Bestände II 1/6-9-II 1/6-10, 13, 25,
Bestände II 1/26, 27, 28, 135, 172, 229, 230, 231, 235, 236, 244,
Bestände IV 3/456, 474.

2. Firmen- und Festschriften

Der Arbeitskamerad. Werkszeitschrift der Betriebsgemeinschaft Maggi, Singen-Hohentwiel, Jahrgänge 1937–1941.
Die technische Entwicklung des Werkes Singen der Maggi 1887–1950, von Obering. E. HERMANAUZ, Singen 1966.
Die Firmengeschichte der Maggi GmbH in chronologischer Übersicht der letzten 100 Jahre, zusammengestellt von W. SCHOTT, Frankfurt-Niederrad 1971.
Wohnungsfürsorge der Eisen- und Stahlwerke in Schaffhausen und Singen. Vortragsmanuskript von Ing. STAEMPFLI vom 17.10.1922, Werksarchiv Schaffhausen.
30 Jahre Aktiengesellschaft der Eisen- und Stahlwerke, vorm. Georg Fischer 1896–1936, von E. ACKERMANN und W. MEIER, Zürich 1926.
Geschäftsbericht der Baugesellschaft Breite von 1906–1930, Werksarchiv Schaffhausen.
150 Jahre Georg-Fischer-Werke 1802–1952. Hrsg.: GEORG FISCHER AG, Schaffhausen 1952.
Sozialer Wohnungsbau bei der Georg Fischer AG Schaffhausen, Personal- und Sozialabteilung, Schaffhausen 1953.
Gemeinnützige Baugenossenschaft Oberzellerhau eG, Singen (Hohentwiel), Geschäftsbericht 1975 und 1980.
50 Jahre Gemeinnützige Baugenossenschaft eGmbH Singen (Hohentwiel) 1910–1960, Festschrift.
Von 1910 bis 1975. 65 Jahre Gemeinnützige Baugenossenschaft Oberzellerhau eG, Vortrag von K. SCHRIEWER, Singen 1975.
Eine Wohnungsbaugenossenschaft im Jahre 1980. Grußworte aus Anlaß des 70-jährigen Bestehens der Gemeinnützigen Baugenossenschaft Oberzellerhau eG, Singen 1980.
75 Jahre Gemeinnützige Baugenossenschaft eG Singen (Hohentwiel), Geschäftsbericht 1984.

3. Literatur

BERNER, HERBERT: Ursachen und Gründe der Machtübernahme durch die Nationalsozialisten, dargelegt am Beispiel der Industriestadt Singen und des grundherrlichen Dorfes Bodman, Singen o. J. (Vortragsmanuskript).
DAUM, PHILIPP: Arbeitsverhältnisse und Struktur der Arbeiterschaft der Großindustrie Singen a. H. unter besonderer Berücksichtigung der Pendelwanderung, Dissertation, Konstanz 1931.
GEBHARD, ALFRED: Finanzwirtschaft in Singen 1850–1900, Band VII der Beiträge zur Singener Geschichte. Hrsg.: Stadtarchiv, Singen 1985.
HERZIG, THOMAS: Singen am Hohentwiel 1871–1925, Zulassungsarbeit zum Staatsexamen, Freiburg 1979.
Polygraphisches Institut AG, Zürich (Hrsg.): Schweizerische Großindustrie, Zürich 1903.

Abkürzungen

a.a.O.	= am angegebenen Ort	ZGO	= Zs für Geschichte des Oberrheins
Aufl.	= Auflage	zit.	= zitiert
BA	= Bürgerausschußprotokoll	Zs	= Zeitschrift
BAB	= Bodman-Archiv Bodman	ZUB	= Zürcher Urkundenbuch
Bd.	= Band	ZWLG	= Zeitschrift für württembergische Landesgeschichte
Beiträge	= Beiträge zur Singener Geschichte		
Bibl.	= Bibliothek		
Bündner UB	= Bündner Urkundenbuch		
EAS	= Enzenberg-Archiv Singen		
FDA	= Freiburger Diözesan-Archiv (Zs)		
fl.	= Gulden		
FUB	= Fürstenbergisches Urkundenbuch		
GA	= Gemeindearchiv		
Gde.	= Gemeinde		
GLA	= Generallandesarchiv Karlsruhe		
Gr.	= Großherzoglich		
GR	= Gemeinderatsprotokoll		
GRechB	= Gemeinderechnungsbuch		
hg.	= herausgegeben		
Hl.	= Hauptlehrer		
hr.	= Heller		
Jcht.	= Jauchert		
Jhrg.	= Jahrgang		
Kap.	= Kapitel		
KBK	= Kreisbeschreibung Konstanz		
Mmd.	= Mannsmahd		
o. D.	= ohne Datum		
ÖSchA	= Protokoll des örtlichen Schulausschusses		
PfA	= Pfarrarchiv		
Pfd.	= Pfund		
REC	= Regesta Episcoporum Constantiensium		
Rt.	= Ruthen		
S.	= Siehe oder Seite		
Schaffh. UB	= Schaffhauser Urkundenbuch		
StaatsA	= Staatsarchiv		
StAS	= Stadtarchiv Singen		
SVGB	= Schriften des Vereins für Geschichte des Bodensees		
ThUB	= Thurgauisches Urkundenbuch		
U	= Urkunde		
u. a.	= unter anderem		
UB	= Urkundenbuch		
Ul.	= Unterlehrer		
Vlg.	= Vierling		
VOBl.	= Verordnungsblatt		
WUB	= Württembergisches Urkundenbuch		
xr.	= Kreuzer		
ZAZ	= Zeilarchiv Zeil		

Maße, Gewichte und Geldwerte

Maße, Gewichte und Geldwerte sind nicht einheitlich, sondern unterscheiden sich von Ort zu Ort. Es sind also nur Annäherungswerte, die mit Vorsicht zu gebrauchen sind.

1. Hohlmaße (sackfähige Dinge)

glatte Frucht

1 Malter = 8 Viertel = 32 Jmi = 128 Meßle
          1 Viertel = 4 Jmi = 16 Meßle
                   1 Jmi = 4 Meßle

rauhe Frucht

1 Malter = 16 Viertel = 64 Jmi = 256 Meßle
          1 Viertel = 4 Jmi = 16 Meßle
                   1 Jmi = 4 Meßle

Literinhalt der Fruchtmaße

glatte Frucht

Engen	1 Viertel = 17,7 l
	1 Malter = 141,6 l bis 141,3 l
Radolfzell	1 Viertel = 14,9 l bis 15,1 l
	1 Malter = 118,9 l bis 121,1 l
Stein am Rhein	1 Viertel = 16,3 l bis 16,6 l
	1 Malter = 130,3 l bis 132,5 l

rauhe Frucht

Engen	1 Viertel = 18,1 l
	1 Malter = 289,2 l bis 189,3 l
Radolfzell	1 Viertel = 18,4 l bis 18,5 l
	1 Malter = 294,1 l bis 296,8 l
Stein am Rhein	1 Viertel = 18,8 l
	1 Malter = 300,5 l bis 301,6 l

2. Flüssigkeitsmaße (Wein, Bier, gebrannte Wässer)

Hegau
1 Fuder = 30 Eimer = 480 Quart = 960 Maß = 3840 Schoppen
1 Eimer = 16 Quart = 32 Maß = 128 Schoppen
1 Quart = 2 Maß = 8 Schoppen
1 Maß = 4 Schoppen

Nordschweiz
1 Saum = 4 Eimer (= 16 Viertel) = 128 Maß = 512 Schoppen
1 Eimer (= 4 Viertel) = 32 Maß = 128 Schoppen
1 Viertel = 8 Maß = 32 Schoppen
1 Maß = 4 Schoppen

Engen
1 Fuder = 1169,3 l bis 1170,01 l
1 Eimer = 39,0 l
1 Maß = 1,2 l

Radolfzell
1 Fuder = 1130,5 l bis 1162,7 l
1 Eimer = 38,0 l bis 38,8 l
1 Maß = 1,2 l

Stein am Rhein
1 Fuder = 1270,0 l bis 1191,0 l
1 Eimer = 39,6 l bis 39,7 l
1 Maß = 1,2 l

In Baden 1812
1 Fuder = 10 Ohm = 100 Stutzen = 1000 Maß = 10 000 Glas
= 1 500 l

3. Gewichte

Im Spätmittelalter das Pfund 470 g, 1 Zentner = 104 Pfd.

1 Zentner (leicht)
= 100 Pfund = 400 Vierling = 3200 Lot
1 Pfund = 4 Vierling = 32 Lot
1 Vierling = 8 Lot

1 Zentner (schwer)
= 100 Pfund = 400 Vierling = 4000 Lot
1 Pfund = 4 Vierling = 40 Lot
1 Vierling = 10 Lot

Engen
1 Pfund schwer = 584,0 g
1 Pfund leicht = 467,2 g

Stein am Rhein
1 Pfund schwer = 574,0 g
1 Pfund leicht = 459,0 g

4. Längenmaße

Elle (kurz)
in Engen 59,6 cm; lang 66,8 cm
in Radolfzell 59,0 cm; lang 69,8 cm
in Stein am Rhein 51,1 cm; lang 70,0 cm

5. Flächenmaße

Allgemein galt ein Nürnberger Schuh/Fuß = 30,38 cm = 12 Zoll;
1 Zoll = 2,53 cm

1794, gewöhnliches älteres Hegauer Maß:

1 Jauchert = 4 Viertel = 400 QRuten = 40 000 QSchuh = 0,3692 ha
1 Viertel = 100 QRuten = 10 000 QSchuh
1 QRute = 100 QSchuh

1 Morgen/Tagwerk = 200 QRuten, jede QRute = 256 QFuß = 47,275 Ar

Im Großherzogtum Baden wurde 1812 das Dezimalsystem eingeführt.

1 Rute = 10 Fuß = 100 Zoll = 3 cm
1 QRute = 100 QFuß = 10 000 QZoll = 9 qm
1 Morgen = 400 QRuten = 36 Ar

6. Währungen

1 Gulden = 15 Batzen = 60 Kreuzer (xr) = 240 Denar (Pfennig)
(fl. = Florin) = 480 Heller (hr)
1 Batzen = 4 Kreuzer = 16 Denar = 32 Heller
1 Kreuzer = 4 Denar = 8 Heller
1 Denar = 2 Heller

1873 1 fl. = 1,71 Mark

Nach Jörn Sieglerschmidt, Maße, Gewichte und Währungen am westlichen und nördlichen Bodensee um 1800, in: Schriften des Vereins für Geschichte des Bodensees 105/1987, S. 75–91.
Kreisbeschreibung Konstanz Bd. I, 1968, S. 392–398.

Register

Das Register erstellte
Irmtraud Götz.

Ortsregister

Aach, Fluß 19, 23, 44, 55, 119, 204, 213, 215, 220, 286, 288, 341, 358, 430, 432, 538–540, 558, 568, 597, 599, 603, 607, 610
– Fischerei 342, 345
Stadt 102, 179, 182, 195, 214, 223, 225, 290, 293, 308, 332, 334, 336, 342–343, 345, 399, 402, 453, 466, 505, 521, 581
– Stadt, Einquartierungen 330
– Stadt, Heiratsalter 322
– Stadt, Raum 286
– Stadt, Vogtei 203
Aachen, Friede von 333
– Stockacher Vorstadt 223
Aachgasse 599
Aachinsel 304, 569, 607
Aachstraße 599
Aachweg 622
Aargau 163
Ahrntal(Steinhaus) 390
Alamannien 32, 77, 79
Albershausen 491
Alemannenstraße 597, 602, 607
Allensbach 505
Allerheiligen, Kloster siehe unter Schaffhausen Kloster Allerheiligen
Allgäu 152, 323, 533
Alpenstraße 607, 609
Altdorf, Oberamt 399
Alte Grenzstraße 611
Altenberg, Gemeinde Weiler 150
Altenhewen 145
Altenweiler 149–150, 152–155, 157, 159
Alter Grenzpfad 614, 616
Altkirch 194
Aluminiumstraße 608, 618
Am Posthalterswäldle 617–618
Am Stoß, Schlacht
Amerika 323, 351, 433, 486, 508, 551, 609
Amöneburg 34

Amtenhausen, Kloster 409
Andelfingen 273
Andraz, Schloß 238
Anselfingen 144
Arbongau, Urkunden 32
Argengau 62, 78
Arlen 93, 107, 113, 199, 211, 217, 222–223, 225, 242–243, 253, 255, 265, 273, 276, 287, 293, 322, 332, 334, 359, 368, 397, 400, 430–432, 436, 447, 451, 453–454, 465, 468, 470, 472, 475, 479, 481, 521, 531, 535, 543, 581, 602–603
– Arbeiterverein 581
– Bann 342
– Baumwollspinnerei 409, 519
– Braunkohlenlager 387
– Einwohnerzahl 313
– ev. Kirchengemeinde 97
– Gemarkung 343, 480
– Grundherren 390
– Jagd 343
– Kirchenfabrik 400
– Pfarramt 466
– Salzkauf 531
– Vogtei und Dinghof 108
Arlener Berg 413, 470
Asien 551
Audifaxstraße 616
Auf Burg, Gewann 73
Aufbruchgasse 214
Aufhofen, Ansitz 238–240, 431, 434
Augsburg 192, 194–195, 273, 280, 289, 443, 449
– Bischof Peter 168
– Hochstift 180
August-Ruf-Straße 290, 293, 569, 599, 602, 622
Austerlitz, Dreikaiserschlacht 449
Austraße 614

Baar 178–179, 330–331, 517
Bachheim, Kirche 409
Bachzimmern, Jagdschloß 409
Baden 26, 30, 94, 287, 289, 401, 432, 449, 468, 485–486, 488, 491, 502–503, 510, 561, 597
– Chaussee- und Brückenordnung 289
– Deutscher Zollverein 559

– Ehegesetz 486
– Großherzogtum 9, 219, 287, 289, 340, 418, 424, 452, 455, 481, 484, 502, 568
– Großherzogtum, Statistik 328
– Handelsministerium 520
– kath. Volkspartei 95
– Landtag 95
– markgräfl. Domänenkanzlei 279
– Markgrafschaft 406
– Militärvereinsverband 511
– Staatseisenbahn 568
– Truppen 510
– Verfassung 220, 482, 502
Baden-Baden 484, 586
Baden-Württemberg 406
– Zollverein 518
– Zollverwaltung 287
Bahnhofstraße 296, 597, 599, 601, 608
Balgheim 90, 246–247, 257
Balingen 232
Balm, Burg 164, 166
Bamberg 32
– Bischof Eberhard 51
– Bistum 63
– Kirche 64
Banat 272, 276, 334, 346–347
Bargen 168, 431
Barzheim 163, 169
Basadingen/Schweiz 434, 506
Basel 33, 144, 151, 178, 289, 433, 441, 479, 543, 581
– Bahnlinie 571, 597
– Friede von 194
– Merian J.J.Wieland et Con. 479
Bayern 32–33, 37, 78, 349, 401, 445, 491, 531, 589
– Truppen 503
Baysingen 257
Beggingen 146, 169
Berg 206
Berlin 95, 547, 549–550, 553–555, 606, 609
Bermatingen 334
Bern 145, 165
Bernau 505
Bettingen 257
Bettnang 471
– Gemarkung 480

Beuren a.d.A. 127, 293, 296, 398, 448, 461, 506, 508–509, 521
- Afterzoll 287
- a.R., Randenbahn 568, 608
Bezenkirch, Niederösterreich 348
Bialystock 349
Biberach an der Riß 165, 439, 437, 447
Bibermühle 447
Bibersburg 194
Biesingen 453
Bietingen 179, 337, 437
- Grundherrschaft 472
Billafingen 176
Binningen 146, 222, 415, 451, 507, 559
Birmingham 537
Bismarckstraße 606–609
Bleichebach 597
Blindheim, Schlacht bei 332
Blumberg 182, 441, 448
Blumegg an der Wutach, Herrschaft 132
Blumenfeld 93, 104–105, 107, 109–110, 139, 146, 458
- Bezirksamt 276, 350, 456, 508
- Herrschaft 377
- Tengen 168
Blumenstraße 621
Bodanrück 101, 528
Bodensee 34, 46, 78, 101, 192–193, 330, 518, 533
Bodenseeraum 101, 204, 315, 348, 531, 533
Bodersweiler bei Rheinbischofsheim 350
Bodman 127, 151, 177, 182, 188, 207, 221, 231, 293, 297, 305, 309, 361–363, 365, 369, 375, 379, 503, 535
- Fiskus 19, 23, 34, 42, 53, 62, 76, 127, 134, 199
- Herrschaft 243, 416
- Königshof 34
- Pfalz 34
- Pfarrei 379
- Schloß 131, 258
- St. Peter und Paulspfarrei 81, 379
Böhmen 156
Böhringen 107, 179, 231, 293, 445, 458
Bohlingen 98–99, 106–107, 122, 179, 214, 233, 279, 334, 349, 461, 506, 508
- Amt 456
- Forstamt 343
Bohlingen-Gaienhofen, Obervogtei 452
Bohlinger Straße 214
Bonndorf 330, 446, 505
Bozen 382
Bräunlingen 334
Bregenz 9, 153, 155, 179, 181, 251, 282, 334, 437, 439, 445, 549
Bregenzerwald 323
Breisach 231, 330

Breisgau 30, 32, 44, 47, 58, 66, 224, 231, 323, 436, 439, 449
- Adel 48, 482
Breite, Gewann 55, 73, 135, 206
Breitwang 240
Brentenhölzle, Wald 341
Brixen 239, 381
- Bischöfe von 238, 381
- Bischof Konrad von Klingenberg 105
Bruchsal, Landesgefängnis 94
Bruderhof 23, 25–26, 28, 93, 116, 216, 231, 260, 268, 378, 395, 455–456, 557
- Jagd 343
- Staatsgrenzen 27
- Waldungen 14
Brühl, Gewann 206, 411
Brüssel 194, 382
Bruneck 9
- Landgericht 273
Buch/Hegau 143, 457
Buchau 78
Buchenstein 238
Buchhorn siehe unter Friedrichshafen
Buchloe, Zuchthaus 401–402
Buchtalen 168
Bündner Pässe 286
Büren 169
Büsingen 45, 107, 111, 188, 287, 293, 442–443, 445, 454, 457, 603
Büßlingen 86, 168, 250, 277, 280, 293, 608
Bulgenbach 177
Burg, Gewann 73
Burgau, Markgrafschaft 153, 203, 399
Burghalden bei Liestal 75
Burgstraße 73, 445, 597
Burgtal 223
Bussen 131

Campo Formio, Friede von 384, 436, 438
Cannstatt 593
Chillon am Genfer See 66
Chur/Schweiz 31, 134, 257
- bisch. Archiv 30–32, 35, 62
- Bischöfe 35, 37, 245
- Bischof Hartberg 35
- Bischof Waldo 35
- Bischofskirche 31, 35–37, 39, 70
- Bistum 31, 39, 199
- Domherren 248
Churburg im Vintschgau 390
Churrätien 35, 41
Czernowitz 386, 392

Dachsen 170
Dänemark 510
Dannwald 234
Deisenhausen 194

Dettighofen bei Pfyn 106, 110, 122
Dettingen 258
Deutsches Reich 9
Deutschland 510, 538
- dt. Bund 457, 510
- dt. Republik 503
- norddeutscher Bund 510
Die beyden Fohrenwälder, Wald 341
Diemantstein 193
Diepoldsburg 76, 79
Dießenhofen 67, 83, 138, 141, 144, 146, 165, 168, 260, 263, 266, 270, 412, 415, 445, 461, 504, 507
Diessenhofen, Anzeiger am Rhein 519
- Kloster St. Katharinental siehe unter St. Katharinental, Kloster
Dietenheim, Hof, nördlich von Bruneck 242
Dörflingen 443, 445
Donau 286, 518
Donaueschingen 88, 386–387, 404, 406, 409, 417, 447, 479, 503, 505, 507, 540
- Amtsbezirk 287
- Bezirksamt 494
- F.F. Archiv 9
- F.F. Domänenverwaltung 273, 343, 349, 471
- Hauptquartier 446
Donaugebiet 32, 331, 517, 518
Dorfgasse 214
Dormettingen 257–258
Dornbirn 9
Dornermühle siehe im Sachregister
Dornsberg 341–343, 481
- Sondergemarkung 471
- Waldungen 342, 345
Dresden 511
Duchtlingen 14, 102, 129, 147, 169, 172, 178–179, 192–193, 195, 214, 269, 286, 293, 330, 334, 398, 454, 471–472, 557, 559, 603
- Forst 342
- Gemarkung 127, 480
Dürrenheimb 257

Ebnet bei Freiburg 30
Ebringen 146, 179, 286, 293, 299, 334, 398, 441
- Kelhof 52
- Steueramt 287
- bei Freiburg 154–156, 158–159
Eggen, Vogtei 107
Eglisau 139, 446
Ehingen 13, 21, 52, 149, 211, 313, 386, 401, 430
- Bitzenquelle 603
- Dauphinenstraße 443
- Gasthaus Hirschen 303

629

- Gemarkungsflächen 25
Ehingen/Donau, Landstände 337, 399, 449, 462
- landständische Kasse 253, 302–303, 330–331, 448
- landständisches Direktorium 347, 399, 436
- Landtag 359, 399
- Salzoberamt 531–532, 535–536
Ehrenberg(Ernberg), Festung 237, 240, 243, 247, 248
Eigeltingen 234, 293, 297, 506
- Pfarrkirche 82
Eisenbahnstraße 616
Ekkehardstraße 304, 564, 569, 571–572, 599–600, 605–606, 608–609, 611, 620
Elsaß 58, 193–195, 349
Elsaß–Lothringen 510
Embrach/Schweiz 543
Embserhof siehe im Sachregister
Emmingen ab Egg 102, 345
Enderlinsgut siehe im Sachregister
Engen 93, 102, 108, 138–139, 143, 177–179, 268, 286, 297, 304, 318, 331, 420, 437–438, 447, 458, 487, 505–507, 517, 519, 522, 600, 606
- Amtsbezirk 287, 328
- Bahnlinie 568, 597
- Belagerung 146
- Bevölkerungsdichte 318
- Bezirksamt 350, 456, 494, 508
- Buchdruckerei Roos 507
- Hegauer Erzähler 519
- Markt 520
- Zollstätte 287
Engener Straße 597
Engestraße 599, 601, 605
England 349, 537, 540, 551
Enneberg 9, 239
- Pfarrei 250
Entenried, Gewann 568
Epfenhofen 168
Eresburg 76
Ermatingen 146, 595
Ernberg, Herrschaft 271
Erzbergerstraße 304, 599, 602–603, 605
Erzinger Gut 264
Eschbach bei Waldshut 302
Eschenz 286
Espasingen 131, 177, 182, 231
Etschtal, Entwässerung 382
Ettal, Kloster 248
- Ritterakademie 248, 251
Etzfurt 222, 286
- in der Aach 19
Etzwilen, Bahnlinie 568, 571, 597, 610
Etzwilerstraße 611, 616, 621–622
Europa 510, 537

Ewattingen 132, 150

Fabrikstraße 599, 611
Federsee 78
Feldbach, Kloster 69
Feuerthalen 163
Feuerwehrstraße 611
Fischingen, Kloster 51
Fittingstraße 611, 618, 622
Flaach 163
Flamen Acker, Gewann 119
Flurlingen 163
Franken 32, 40
Frankenreich 198
Frankfurt 42, 332, 502
- Bundestag 510
- Bundesversammlung 503
- Deutscher Zentralverein für Auswanderer 350
- Vorparlament 505
Frankreich 177, 333, 431, 452, 485, 510, 518, 549–550
- Kaiser Napoleon I. 384, 436, 439, 448–449, 452, 456, 485
- König Ludwig XIII. 233
- König Ludwig XIV. 330
- Maggifirmen 550
- Markt 553
- Republik 502
Frauenberg, Kapelle 259
Frauenfeld 543
- Neumühle 543
- Thurgauer Kalender 519
- Thurgauer Zeitung 519
Freiburg i.Br. 86–87, 91, 108, 149, 156–157, 159, 224, 246, 272, 289, 330, 334, 382, 405, 418, 420, 484, 504–505
- erzb. Ordinariat 279
- Erzdiözese 81
- Münster 282
- Ritterhaus 159
- Sickingen-Archiv 30–31
- Sickingen Palais 30
- Sonntagskalender 519
- Stadtarchiv 9, 12
- St. Galler Haus 157–159
- theolog. Konvikt 94
- Universität 82, 282
- vorderösterr. Regierung 156, 218, 246, 272, 294, 335, 337, 341–342, 349, 396, 399, 436, 462
Freiburg-Herdern 607
Freiburg-Wiehre 94
Freiheitstraße 93, 213, 290, 301, 304, 569, 599, 602
Freising, Bischof Konrad von Klingenberg 105
Freyenthurn 381

Freyer Bühl, Wald 341
Frickingen 54
Fridingen/Donau 331
Friedenslinde 199
Friedenstraße 616, 618, 622
Friedhag 207
Friedingen 14, 22, 114, 119, 127–128, 135, 141, 144, 146, 179, 242, 286, 293, 331, 334, 353, 368, 379, 412, 417, 433, 449, 451, 458, 461, 506, 508–509, 557, 581
- Burg 129, 146
- Herrenhof 258
- Herrschaft 131
- Römerweg 267
- Ziegelhütte 341
Friedinger Straße 214, 604–606
Friedrich-Ebert-Platz 614
Friedrichshafen 163, 487, 531
Friedrichstraße 599, 601–602, 604, 606
Fritzlar 33–34
Frohnsteig, Gewann 55
Fürstenberg 339
Fützen 505
Fulda 39

Gaienhofen 138
Gailingen 144, 293, 351, 395, 410, 441, 457, 507, 509, 603
- Forst 342
- Juden 296, 305, 407, 461, 466
- Schloß 333
- Zollamt 287
Gartenstraße 606, 608
Geisingen 279, 331, 522
Gemeindestraße 259
Genf 286
Gernsbach 94
Gießen 325
Gillum(Chillon), Kastell 66
Glarus 143, 145, 165, 546
Glashütte 223
Görz 384
Göttelfingen 246–247, 251, 257
Gottmadingen 13–14, 144, 178–179, 214, 232, 293, 334, 348, 358, 361, 363, 365, 437, 454, 522, 597, 603, 607, 609
- Apotheke 573
- Bahnlinie 568
- Brauerei Bilger 601, 605, 610
- Herrschaft 453
- Metallarbeiterverband 586
- Sternenbrauerei 602, 607
- Wald 362
Gottmadingen-Heilsberg, Grundherrschaft 482
Gradiska 384
Grafenhausen bei Ettlingen 407

Grafenweg 286
Grandson 143
Graz 384
Gremsen im Pustertal 381
Grenzort 19
Grenzstraße 616–618
Greutstraße 622
Grimmelshofen 509
Günterstal bei Freiburg 505
Günzburg 153, 334, 436, 449,
– Dauphinenstraße 443
– Oberamt 399
Güterstraße 599
Güttingen 177
Guggenhausen 223
Gundholzen 52, 69
Gundihhinova 52, 69, 149
Gurtweil 152
Gutenhölzle, Wald 341
Gutenstein 273
– Weg 214
Gymnasiumsweg 606

Hadwigstraße 599, 601–602, 604, 609
Haimhausen 491
Hainfeld/Österreich 537
Hall/Tirol 536
– Salzhandel 382
Hallau/Schweiz 146
Hamburg 349, 574, 589
Hannover 589
Hard(t) 170, 206, 341
Hardenbergstraße 618
Hardfeld 605
– Gewann 119
Hardsee 114, 118–119, 214
Hardstraße 599–600, 611
Harsen, Gewann 255
Harsengraben 605
Harsenwiese 469
Haslach bei Wilchingen im Klettgau 32
– i.K. 301
Hattingen 102
Hauptstraße 256, 300, 303–304, 421, 433, 569, 597, 599–603, 605–606, 611
Hausen a.d.A. 13–14, 22, 25, 52, 81, 90, 93, 149, 184, 233, 286, 293, 311–312, 315–316, 323, 332, 334, 368, 379, 433, 458, 461, 509, 522, 557
– Ackerfläche 318
– Bevölkerungsdichte 318
– Bevölkerungsentwicklung 312
– Einwohnerzahl 316
– Filialkirche 260
– Gemarkung 23, 25, 251, 434
– Rohrmühle 206
– Siedlungsdichte 318
– Krähen 139
Hecheln 222–223

Hegau 31–32, 43, 46–47, 49, 53, 66, 73, 77, 81, 94, 101, 106–107, 138, 142–146, 169, 176–180, 192–195, 231–232, 236, 242–243, 286, 297, 315– 316, 318, 322, 331, 333, 434, 436, 443, 446, 448, 453, 455, 513, 518, 528, 531–532, 574–575, 589, 603
– Adelsgesellschaft 48, 168, 301 siehe auch im Sachregister unter Adelsfamilien
– Bauern 168, 178
– Bauernempörung 141
– Dekanat 81, 279
– Grafschaft 31
– Landgericht 133
– Ritterschaft 109, 331
– Stände 332
Hegaustraße 599–601, 603–604, 606–609
Hegne 503
– Bad. Fostinspektion 340, 343
– Mutterhaus 95
Heidelberg 98, 484, 562
Heiligenberg 365
– Grafschaft 142
Heilsberg 146, 334
Heilsberg-Gottmadingen, Grundherrschaft 358, 472
Heimstetten 428
Hemishofen 447, 457
Hemmenhofen 273
– Zollamt 287
Hemmental 45
Hengelau 223
Herdwangen 334
Héricourt, Schlacht von 143
Hermannstadt/Siebenbürgen 386
Herrenhölzle, Gewann 55
– Wald 341
Hessen, Truppen 507
Heudorf 223
Hewen, Burg 138
Hilzingen 14, 23, 27, 81, 111, 113, 115, 117–118, 127, 139, 146, 168, 178–180, 199, 206, 214, 221–223, 225, 232–234, 246, 277, 286, 293, 295, 309, 330, 332, 337, 341, 362, 368, 402, 433, 437, 453, 502, 507, 557, 568, 600
– Äbte 23
– Amt 456
– Apotheke 573
– Bürger- und Bauernmuseum 12, 14
– Einquartierungen 330
– Gemarkung 23, 25, 55
– Glocke 181
– Herrschaft 454
– Kirche 333
– Kirchweih 178

– Markt 304, 433, 520, 523
– Römerweg 267
– Unterwerfungsvertrag 179
– Weiher 235
– Zwinghofplatz 180
Hindelwangen 223
Hinter dem Dorf 214
– der Kirche 214
Hintere Gasse 214
Hinterstoffeln 108, 123, 138
Hintertengen 104–105, 109–110
Hirsau, Äbte 48
– Abt Wilhelm 49
Hittisheim, Hofgut 390
Hochburgund 33, 37
Hochenburg 381
Hocheppan, Burg 390
Hochrhein 518
Hochstädt, Schlacht von 332
Hödingen 427
Höhgaustraße 599
Höllental 437, 447
Höri 102, 107, 287, 299, 341, 471
Höristraße 607
Hofen 168
Hofwiesen 168
Hohenaltheim, Synode 33, 76
Hohenberg 240
– Grafschaft 153, 203, 223, 246, 251, 399
– Lehen 258
Hohenbodman 106, 122
Hohenems, Pfarrkirche 181
Hohenfels, Herrschaft 179, 377
Hohenfriedingen 130 siehe auch unter Friedingen, Burg
Hohenhewen 139, 146
Hohenklingen 51, 104–105, 108–109, 118, 123
– Herrschaft 69
Hohenkrähen 12, 90, 111, 127–129, 135, 137–141, 146–147ff, 151–152, 172, 188, 192–196, 199–202, 214, 233–234, 341, 379, 381, 560
– Herrschaft 192, 194, 246, 334, 453
Hohenkrähenstraße 23, 569, 597
Hohenlinden, Schlacht 439
Hohenstoffeln 83, 232, 440
– Herrschaft 89
Hohentwiel 9, 12, 14, 16–17, 22–23, 26–28, 33–34, 36–37, 40, 43, 45, 47–48, 51, 54, 58–59, 62–65, 72–75, 79ff, 93, 102, 104–105, 110ff, 112, 115–118, 121, 124, 127, 136–137, 139–140, 142, 146, 151, 170–171, 178–180, 187, 189, 192, 198–202, 204, 232, 234, 242, 253, 261, 264, 266, 299, 313, 331–332, 334, 341, 358, 395, 404, 413, 425, 430, 432,

631

437, 439, 443, 451, 453, 455, 473, 475, 487, 502, 536, 557, 560, 562, 565, 569, 576, 581, 595, 600, 604
- Apotheke 573
- Belagerungen 34, 88, 231ff
- ev. Gemeinde 93, 603
- Festung 48, 55, 66, 81, 92-93, 371, 378, 447
- Gemarkungsgrenze 23
- Herzogsburg 44
- Herrschaft 89
- Herzogspfalz 34, 58
- Herzogsvorort 46
- Jagd 343
- Kloster 34-35, 44, 53, 81-82
- Lagerbuch 212
- Öffnungsrecht 178
- Schloß 22
- Staatsgrenzen 27
- Urbar 193
- Waldungen 14
- Wappen 18
- Weinanbau 299
- württemberg. Exklave 93
Hohentwieler Hut 343
Hohentwielstraße 599
Hoher Randen 287
Hohgarten 20, 209, 214, 304, 421, 425, 510, 599, 603, 607
Holzach 223
Holzacker, Gewann 617
Hombergerstraße 622
Homburg 146, 152
Honstetten 49, 68
Hoppetenzell 177
Horb 258
Horheim (Stühlingen) 470
Hornberg im Kinzigtal 232
Horn, Zollamt 287
Hornstein-Hohenstoffeln, Grundherrschaft 473
Hotzenwald 436
Hüfingen 114

Immendingen 169, 178, 246, 256-257, 270, 286, 371, 379
- F.F.Maschinenfabrik 540
Industriestraße 604, 611
Ingenbohl/Schweiz, Mutterhaus 95, 568
Innelrich, Gewann 119
Innichen, Chorherr 250
Innsbruck 9, 113, 116, 124, 152, 154-155, 171, 179, 192-193, 247, 257-258, 271, 289, 348, 384, 386, 393, 462
- Ferdinandeum 381
- Freimaurerloge 382
- Hofkammer 248, 382
- Kammerlehen 261, 358, 365-366
- Landesarchiv 9

- oberösterr. Regierung 396, 531
- Offener Landtag 384
- Regierung 242, 253, 260, 271
- Serviten-Kirche 248
- Triumphpforte 382
- Untertanen 261
Inselstraße 599, 608
Isenheim 194
Isny 165
Istrien 45, 64
Italien 349, 436, 592
- Markt 549
Iznang 107, 471
- Gemarkung 480

Jahnstraße 617
Jestetten 279
- Metallarbeiterverband 586
Jettweiler 223
Julius-Bührer-Straße 540-541, 599, 611, 620

Kärnten 64, 382, 384
- Herzogtum 45, 64
Kaiserstraße 290, 569, 599-600, 602-608
Kalkofen 179
Kaltbrunn 349
Kampfrain, Waldung 179
Kanal 568, 597, 610
Kandern 505
Kaplaneigarten 256
Kappel 49
Karl-Schneider-Straße 617
Karlsdorf/Banat 306
Karlsruhe 30, 95, 350, 426, 484, 503, 505, 609, 613, 617, 621
- Bad. Fabrikinspektion 540
- Bad. Gesellschaft für Zuckerfabrikation 408-409
- Bad. Landtag 95
- Bad. Staatl. Eisenbahn 540
- Bad. Statist. Bureau 519
- Generallandesarchiv 11-12, 16-17, 30-31, 62, 84, 431
- Handelsministerium 519
- Justizministerium 479
- Kirchenbauinspektion 605
- Ministerium des Innern 279, 572
- Ministerium des Kultus und Unterrichts 280
- Oberschulrat 279-280
- Polytechnische Hochschule 408
- Staatsarchiv 9
- Zentral-Schulfonds-Verwaltung 280
Kattenhorn 139
Kaufbeuren 147
Kehl 350, 441
Kehlburg 238-240, 244, 246, 431, 434

Kelhof 213, 258, 278, 358, 364, 368, 395
Kelhofbreite, Gewann 69
Kelhoferwiese, Gewann 69
Kempten 165
- Abtei 176
Kempttal(Kempthal) 96, 543, 547-549, 552-553, 555, 602, 610
- Hammermühle 543
Kinzigtal 447
Kirchberg 151, 194
Kirchgasse 213-214, 558, 599
Kirchheim unter Teck 236
Kirchplatz 214, 611
Kirchstetten 178
Klagenfurt 9, 203, 274, 279, 348, 384, 386, 406, 453-454
- Denkmal 383, 391
- Franzosenbesetzung 385
- Kärntner Landrecht 386
- Landesmuseum 9, 385
- Oberösterr. Appelations- und Kriminalgericht 384
Kleiner Seewadel, Gewann 264
Kleines Lehen 259
Klettgau 139, 146, 176-178
- Adlige 48
- Bauern 180
Klingenberg ob Stein 51
Klingenzell 404
Köln 147, 349
Königgrätz, Schlacht von 510
Königstraße 286
Körnerplatz 618
Körnerstraße 618
Kolman am Kuntersweg 381
Komminga 334
Konstanz 9, 17, 48-49, 58, 90-91, 94, 102, 105, 111-112, 139-142, 144, 146, 149, 153, 156-157, 163, 170, 187, 196, 202, 231, 235, 240, 243, 273, 277-278, 280, 286, 331-332, 334, 336, 357-359, 382, 395, 404, 406, 411, 434, 439, 442, 445, 450, 455, 484, 503-504, 506-507, 528, 536, 559-561, 588, 590, 604, 609, 611
- Amtsbezirk 95
- Bahnlinie 290, 484, 568, 571, 597
- Bezirksamt 16, 305, 456, 494, 519, 538-541, 559, 570, 572, 601
- Bezirksbaudirektion 607
- Bezirksrat 540, 610
- Bischöfe von 48, 52, 59, 82-84, 89, 233, 258, 260, 334, 341, 349, 356, 358, 367, 371, 374-375, 379, 395, 482, 518
- Bischof Bertold 50
- Bischof Bertold von Bussnang 54
- Bischof Christoph Metzler von Andelberg 270

632

- Bischof Gebhard 48
- Bischof Gebhard II. von Bregenz 50
- Bischof Gebhard III. von Zähringen 45, 48–50, 66–67
- Bischof Heinrich II. von Klingenberg 105
- Bischof Heinrich III. von Brandis 82, 370
- Bischof Heinrich IV. von Hewen 109
- Bischof Hermann III. von Breitenlandenberg 140
- Bischof Maximilian Christoph von Roth 406
- Bischof Otto von Sonnenberg 140
- Bischof Salomon III. 33, 35–36, 40, 76
- Bischof Ulrich 50, 69, 472
- Weihbischof Konrad Ferdinand Geist von Wildegg 86
- bischöfl. Pfalz 78
- Bischofsstreit 139–140
- Brücke 451
- Chronik 407
- Diözese 78, 81–82
- Domkapitel 83, 472
- Domkirche 50
- Domstift 82–83, 371, 375, 473
- Fernsprechanlage 603
- Firma Bickel et Comp. 410
- Generalvikar 277–279
- Gr. Obereinnehmerei 351
- Gustav-Adolf-Frauenverein 97
- Hart-Häuser 255, 474
- Hochstift 83, 106, 270, 470
- Honegger & Co. 507
- Infanterie-Regiment 114 511
- Kathedrale 267
- Konstanzer Zeitung 519, 573
- Konzil 108, 142
- Kreis 491, 561
- Kreisarchiv 12
- Landratsamt 281
- Landtag 399
- Magistrat 406
- Münsterpfarrei 246
- Regierung 439
- schwäbisch-österr. Landtag 467
- Seekreisdirektorium 289
- Seekreisregierung 279, 456, 465, 482, 503
- Stadtkommandant 240, 242
- Wandern am Bodensee, Kalender 519
- Zur Thule, Chorherrenhof 240
Kosakenburg 73, 443, 446, 569
Krähen, Burg 231, 233
- Herrschaft 129, 365
- siehe auch unter Hohenkrähen
Kräherhag 207
Krain 384
Krayer holtz, Gewann 119

Kremnitz (Körmöcz Banya) 160
Kreuzensteinstraße 604, 610–611
Kreuzlingen 502, 588
- Remisberg 269
Küssaburg 146
Küttenweg 214
Kurbayern, Kürassiere 330

Laffensteige bei Steißlingen 179
Lahr 406, 410
- Lahrer hinkender Bote 519
Laibach 384
Langenhag 207
Langenrain, Schloß 507
Langenstein 93, 341–342, 503, 507
- Herrschaft 387, 473
- Rentamt 403
Langestraße 611, 622
Langwiesen 163
Laubenberg 214
Laufen am Rheinfall 134
- Schloß 164, 166, 170, 174
- Vogtei 163
Laufenburg 179
Lech 399
Lechfeld bei Augsburg 79
Lehen im Breisgau 176
Leimgrube, Gewann 214
Leindöllen, Reblad 470
Leipferdingen 168
Leipzig 574, 589
- Völkerschlacht 456
Leuchtenberg, bei Lindau 393
Lindau 26, 163, 193, 265
- Reichstag 170
Lindenstraße 234, 278, 599, 606
Linzgau 62, 78, 232
Liptingen 102, 223, 286–287, 293, 427, 441
- Schlacht bei 438
Locher & Cie., Zürich 538
Löffingen, Pfarrhof 409
Lörrach 506
Lombardei 122
London 549
Lothringen 37
Ludwigsburg, Staatsarchiv 9
Ludwigshafen (Sernatingen) 395, 455
- am Rhein 433
Luisenstraße 599, 602, 604, 606, 608
Lunéville, Friede von 439, 448
Luzern 143, 146, 165, 178, 194, 434
- Kanton 323
Lyon, Messe 533

Mägdeberg 140, 146, 271, 475, 480
- Burg 202, 231, 233, 243
- Gemarkung 480
- Herrschaft 201, 242, 247, 253, 255, 342, 359, 471
- Hof 454
- Schloß 242–243, 260, 403
- Ursula-Kapelle 247, 260
Mähren 393
Märklinsbrunnen, Gewann 135
Maggistraße 611, 618, 620
Mahlspüren 223, 424, 427
Maiershöfe 471, 480, 481 siehe auch unter Mühlhausen und Steißlingen
- Jagd 343
Mailand 382, 549
Mainau 105, 507
- Deutschordenskommende 377
Mainz 315, 324
- Domkapitel 282
Malezreute 223
Malsch bei Karlsruhe 243
Mannenbach 146
Mannheim 29, 279–280, 350, 433, 484, 555, 593, 614
- Oberhofgericht 289
Markelfingen 505
Markgräflerland 180
Marxheim 194
Matsch 390
Max-Seebacherstraße 618
Meersburg 490, 518
- fürstbisch. Hofkammer 90
- Hofgericht 276, 432, 465, 479, 508
- Lehrerbildungsanstalt 280
- Priesterseminar 282
Mehrerau, Kloster 269
Memmingen 177, 439, 447–448
Mengen 331, 443, 446
Meran 390
Mergentheim 461
Meringen, Kelhof 52
Merishausen 168
Mesner Wiese, Gewann 119
Meßkirch 101, 297, 331, 439, 447
- Bezirksamt 494, 508
- Dauphinenstraße 443
- Markt 433
- Metallarbeiterverband 586
Mettnau 179
Mimmenhausen 333
Mitteldorf 214
Mittlere Straße 599
Möggingen 152, 177, 395
Möhringen 107, 110, 112, 178, 448
Mömpelgard 109, 116, 138, 178
Moltkestraße 605, 607, 609
Monza, Italien 543
Morges bei Lausanne 407
Moskau 251
- Ortsteil von Ramsen 446
Mühlbacher Klause 381
Mühlenstraße 63, 282, 599

633

Mühlenzelge 23, 299
Mühlhausen 13, 52, 81, 133, 135, 138–141, 147, 149, 178–180, 202, 214, 234, 243, 253, 257, 261, 264–265, 272–274, 279, 293, 299, 305– 307, 330–332, 334, 336–337, 340, 342, 353, 384, 390, 397–398, 400, 402, 413, 431, 434, 436–439, 442–443, 445, 447, 449, 451, 453–454, 464–466, 468–469, 471–475, 479, 481, 502, 522, 531, 535, 557
– Amtshaus 403
– Douglas'sche Verwaltung 273
– Einquartierungen 330
– Gasthaus zum Adler 243, 303, 403
– Gemarkung 25, 359, 480
– Gewann Leberen 127–129, 2oo
– Herrschaft 389
– Jagd 343
– Kaplanei 260, 400
– Kirche 243, 247, 391, 400
– Maiershöfe 471 siehe auch unter Maiershöfe und Steißlingen
– Mühle 430
– Pfarrer 400
– Rumisbohl 286
– Schloß 251, 382, 386, 410
– St. Antoni-Pfründe 400
– Steinbruch 405
– Straße 286
– Wald 341
Mühlhausen–Mägdeberg, Herrschaft 431
Mühlibruck 214, 289, 293, 341, 569
Mühlistraße 214
Mühlkanal 430–431
Mühlwies 430
München, städt. Galerie 9, 77
Münchhöf, Amt 333, 399
Münster/Westfalen 330
– bei Augsburg 194
Münsterlingen, Kloster 248
Müstair, Kloster 144
Munderkingen 399
Murten 143

Näfels, Schlacht 122
Nagold 262
– Stadtarchiv 9
Nancy, Schlacht 143
Nassau 349
Neckar 32
Neckarraum 517–518
Neckar-Schwarzwald-Ortenau, reichsritterschaftl. Kanton 257
Neidlingen 236
Nellenburg 128, 253, 255
– Amtsvogt 287
– Archiv 260

– Aufruhr 455
– Jagdrechte 339
– Landgericht 188, 200, 255, 395
– Landgrafschaft 20, 26, 109–110, 139–140, 143–144, 153, 162, 170, 187, 192, 202–203, 224, 246, 253, 260, 296–297, 331–332, 334, 336, 339, 357–358, 366, 377, 386–387, 395, 399, 402, 404, 430, 434, 443, 446, 449, 452–453, 462, 466, 531
– Landgrafschaft, Bürgereinkaufsgeld 465
– Landgrafschaft, Musterregister 223ff
– Landgrafschaft, Seelenbeschrieb 327
– Landgrafschaft, Statistik 328
– Landgrafschaft, Zollregal 287
– Landvogtei 454
– Oberamt 201, 253–254, 271, 293
– Oberzollamt 287
– Zunftordnung 293
Nellenburg–Tengen, Grafen von 109
Nenzingen 179, 223, 311, 316, 325, 465
– Gefecht 331
– Heiraten 321–322
Neresheim, Kloster 51
Neuenburg 94
Neuenhewen 153
Neuhausen bei Engen 144, 431, 559
– bei Villingen 94
Neuhewen 202
– Schloß 168
Neustadt/Schw. 305, 505
New York 352
Nibelgau 32, 46
Niederhein 32
Niederhof(en) 9, 19, 23, 25, 52, 55ff, 70, 72, 74, 83, 91, 104–105, 117–119, 127, 137, 142, 146, 150, 152, 182–183, 187, 192–193, 195, 198–201, 206–207, 214, 216, 234–236, 242, 253–255, 263ff, 269, 299, 303, 313, 354, 359–360, 366, 390, 402–403, 407, 410–411, 359–360, 366, 390, 402–403, 407, 410–411, 430, 434, 454, 464, 470, 473–474 481, 541, 597, 610–611, 614, 619, 621
– Burg 263
Niederhofer Brühl, Gewann 55, 266
Niederhofstraße 597, 621–622
– Werkswohnungsanlage 619–620
Niedersingen(=Niederhof)19, 55ff, 62, 70, 72, 146, 199, 235, 263, 610
Niederstetten, Amt Gerabronn 301
Nördlingen 173
– Schlacht 233
Nordamerika 350
Nordbaden 503, 589
Nordhalden 168
Nürnberg 289

Nymwegen, Friede von 330

Oberammergau 606
Oberdorf 214
Oberdorfstraße 569, 597
Obereggingen bei Stühlingen 149
Oberelsaß 176
Obere Straße 599, 602
Obergailingen, Hof 454
Oberitalien 543
Oberndorf 251
Oberrhein 34, 323, 330, 436
Oberschlesien 609
Oberschwaben 178–180, 232, 518
Oberschwandorf 223, 347
Obersiggingen 150
Obersingen (=Singen) 19, 21, 62, 72, 104, 111, 128–129, 198–199, 235, 263
Oberzellerhau 616–618
Ochsenhausen, Abtei 176
Ochsenwangen 236
Öhningen 47, 66, 89, 210, 278, 371, 374
– Gotteshaus 473
– Kloster und Chorherrenstift 83, 128, 371, 375, 375, 397
– Zünfte 296
Österreich 32, 87, 116, 140, 142, 149, 165, 173, 177, 187, 189, 200–201, 223, 255, 268, 337, 348, 377, 452, 470, 502, 510, 518, 528, 531–532, 538, 553
– Herrschaft 449
– Kammerlehen 358
– Regierung 113
– Vorlande 436, 466
Österreich-Schwaben, Landmiliz 240
Offenburg, Bahnlinie 568, 571
– Volksversammlung 503
Offiliholz, Waldung 179
Offwiese 214, 264, 269, 445, 603, 607
Olten/Schweiz 506
Orsingen 361–363, 365, 367, 369, 375
Ortenau 449
Ostendstraße 618, 622
Osterfingen/Schweiz 32
Ostfränkisches Reich, Königtum 32
Ostfranken 36
Ostrach, Schlacht 438, 441
Ostschweiz 546

Paradies, Kloster 109, 116, 162, 171, 190, 248, 268, 270, 358, 443
Paris 537, 549–551
– Vertrag 26, 455–456
Pavia 178
– Schlacht 180
Petersburg, Ortsteil von Ramsen 446
Petershausen 278, 442, 445–446
– Äbte 48, 50

- Abt Wilhelm 277
- Chronik 69
- Kloster und Stift 50–51, 86, 277, 279–280, 333, 365–366, 399, 403–404
- Nekrolog 50
Pfäfers, Kloster 35, 41
Pfaffen-Acker, Gewann 234
Pfaffenhäule, Wald 341
Pfaffwiesen 163
Pfalz 488
Pfirt 194
Pforzheim 484
Pfullendorf 169, 235, 242, 441, 448
- Bezirksamt 494
Pfullingen 232
Pieve di Livinallongo 238
Plören 234
Plossenstein in Ungarn 194
Pößling 347
Polen 589
Poststraße 243, 293, 301, 304–305, 569, 573, 599, 602–605, 607–608
Preßburg 382
- Friede von 26, 384, 386, 449, 542
Preußen 94, 333, 349, 485, 491, 502, 507, 510
- Truppen 503, 508
Prügelgut 470
Pustertal 254, 359

Radolfzell 82, 84, 86, 93, 102, 108, 110, 119, 123, 130–133, 139–140, 142, 144, 163–165, 171, 177, 179, 201, 206, 222, 231, 240, 242, 258–259, 266, 268, 270, 277, 279, 295, 297, 299, 301, 304–307, 318, 332, 334, 336, 341, 359, 371, 372, 379, 402, 405–406, 415, 418, 430, 437, 434, 441, 446–447, 450, 453, 455–456, 458, 467, 469, 472, 476, 505–507, 509, 518, 522, 528, 536, 557, 559, 561, 595, 597, 599, 602, 604, 609, 611, 619, 621
- Amtsbezirk 506
- Amtsgericht 287, 541, 570
- am usseren Brugglin 84
- Apotheke 573
- Bahnlinie 484
- Bevölkerungsdichte 318
- Bezirksamt 280, 296, 350, 408, 422–423, 433, 456–457, 494, 508, 557, 559
- Blutbann 110
- Bürgermeisteramt 108
- Chorherrenstift 83, 89–90
- Domänenverwaltung 472
- Einquartierungen 330
- Firma Allweiler 586
- Forstamt 343

- Freie Stimme 519, 541, 562
- Gasthaus zum Goldenen Engel 405
- Hafen 410
- Hausherrenfest 458
- Höllbrauerei 600, 606, 611, 621
- Kaplanei 260
- Kollegiatstift 371–372, 473
- Landstraße 602
- Landtag 399
- landwirtsch. Bezirksverein 557
- Markt 114, 433, 517–518ff
- Münster 87
- Münsterpfarrei 96
- Ritterschaftshaus 201
- Salzfaktorei 518, 531–533
- Schuldekanat 423–424
- Spar- und Waisenkasse 305
- Stadtarchiv 9
- Stadterhebungsurkunde 82
- Steueramt 287
- Straßen 295, 517
- Vögte 112
- Zollamt 287
Radolfzeller Straße 604–605, 608, 617
Raedersheim 194
Rafz 446
Rain 206
Raithaslach 54, 223
Raitholz, Waldung 179
Ramsen/Schweiz 107, 111, 114, 144, 179, 286, 293, 311, 446–447, 457, 522
- Kirchenfabrik 400
- Markt 534
- Pfarrei 327, 400
Ramsen/Stein a.Rh., Dekanat 81
Randeck, Rittergut 236
Randegg 91, 144, 179, 287, 289, 293, 395–396, 410, 437, 441, 453–454, 458, 465, 507, 509, 558, 603
- Burg 139
- Haupzollamt 506
- Juden 289, 296, 305, 407, 453, 461
- Schloß 144, 146
- Zollamt 287
Randen 45, 104, 441, 446
- Zollhaus 509
Rankweil, öffentliches Gericht 35
Rastatt 436, 438
- Festung 94, 503
Rauchenzell 155
Ravensburg 165, 334, 581
Regensburg 32–33
Reiat 169
Reichenau 89, 201, 528, 581
- Äbte 83–84, 209
- Abt Adalwich 41
- Abt Albrecht von Ramstein 52
- Abt Diethelm von Krenkingen 54, 71, 72

- Abt Eberhard von Brandis 52, 82, 267
- Abt Ekkehard von Nellenburg 44–45, 49, 79, 135
- Abt Friedrich von Wartenberg 111
- Abt Heinrich von Stoffeln 52
- Abt Johann Pfuser 55
- Abt Markus von Knöringen 84, 270, 472
- Abt Martin von Weißenburg 82, 84
- Abt Ulrich IV. von Heidegg 61
- Abt Walafried Strabo 53
- Abt Werner von Rosenegg 52
- Kloster 20, 36, 41–43, 47, 52ff, 59, 71, 76, 78–79, 81–83, 111–112, 127–128, 192, 199, 258, 263, 358, 364–366, 370–371, 375, 379, 473
- Klosterbesitz 71
- Lehenbücher 52
- Lehensinhaber 263
- Mönche 77
- Nekrolog 54
- Pflegamtshof 367
- Verbrüderungsbuch 44
- Weinberg 52
Reichenau-Niederzell, Altarplatte 71
Reichenhall, Salz 531
Reichsstädte am Bodensee 143
Remchingen 19
Remishof 23, 25, 52, 70, 73–74, 91, 105–107, 109, 117–118, 127, 137, 142, 150, 152, 162, 171, 182–184, 187, 192–193, 195, 198, 200–201, 205–207, 214, 228, 230, 234–235, 253–255, 259, 261, 267, 269, 313, 347, 349– 351, 354, 358, 360, 430, 454, 461, 464, 470, 481
Remishofer Zelg 116
- Kammerlehen 256
Remishofstraße 28
Remlishof siehe unter Remishof
Remscheid 540
Reute im Hegau 334
Reutlingen 165
Reutte i.T. 240, 243, 247–248, 250, 254, 257, 271
Rhein 441, 533, 609
- Schiffahrt 533
Rheinau 76, 78, 164, 166, 279
- Kloster 32, 272
Rheinfelden 334
Rheinklingen 447
Rheinpfalz 502
Rickelshausen 93
- Schloß 333
Riedheim 146, 221, 232, 293, 330, 437
Riedlingen, Dauphinensraße 443
Riefennest 599
Rielasingen 25, 81, 84, 107, 113, 115, 117, 141, 144, 146, 169, 179–180,

635

214, 263, 287, 311–312, 315–316, 323, 327, 334, 349, 368, 397, 432, 452, 456, 471, 473, 509, 538, 540, 557, 581, 611
- Bann 341
- Bevölkerungsentwicklung 312, 315–316, 327
- ev. Kirchengemeinde 97
- Gemarkung 539, 568, 611
- Kaplanei 260
- Landstraße 286, 560
- Mühle 432, 604
- Zollamt 287

Rielasinger Straße 267, 597, 611, 614–616, 619–620, 622
Rietemer Wald 253
Rietheim bei Villingen 178
Rijswijk, Friede von 330
Rohrdorf 208
Rom 204
Romeiasstraße 620, 622
Romisbohl 345
Ronsberg bei Obergünzburg 407
Rorgenwies 223
Rorschach 153
Rosenegg 119, 258
- Burg 231
- Heinrich von 263
- Herrschaft 83, 89, 371, 473
- Lehen 268
- Schloß 146
- Urbar 269
Rost bei St. Vigil in Enneberg 238
Rottenburg/Neckar 246, 386, 399, 413
- Oberamt 399
Rottweil 133, 136, 180, 232, 246, 258, 332, 503
- Forstamt 343
- Kreis 453
Rüdlingen 163
Ruhr 609
Ruhrgebiet 538
Rumisbohl 341, 345
Rußland 461, 485, 550–551

Sachsen 32–33, 35, 44, 491, 502, 609
Säckingen 31, 76, 78, 301
Saint-Omer, Vertrag 169
Salem 54, 105
- Kloster und Reichsstift 71–72, 128, 131, 200, 259, 333, 342, 358, 365–366, 377, 399
Salmannsweiler siehe unter Salem
Salzburg, Erzbischof Konrad 53
Sasbach bei Achern 94
Saubach 434
Saulgau 262, 446
Sauried, Gewann 568
Schachenwald 179

Schacherwiesle, Gewann 234
Schaffhausen 47, 65, 102, 111, 121, 134, 139, 141–144, 146, 148, 168, 170, 177–178, 191, 209, 231–232, 259, 262–263, 267–268, 277, 280, 289, 291, 303, 331, 334–335, 353, 389, 407, 412, 415, 431, 435–437, 439, 442, 445–448, 451, 455, 457, 470, 507, 517, 526, 528, 533, 537, 540–542, 557, 581, 588, 592, 595, 610, 621
- Allerheiligen-Museum 9
- Bahnhof 287
- Bahnlinie 484, 597
- Dauphinenstraße 443
- Georg Fischer AG 537ff, 570, 592
- Gymnasium 412
- Haus zum Tiergarten 389
- Kanton 568
- Kloster Allerheiligen 43, 45, 47–49, 58, 64–68, 79, 162
- Abt Adelbero II. 50
- Abt Bertold 50
- Abt Siegfried 49
- Markt 162, 518, 523, 526, 528–529
- Mühlental 537
- Münze 162
- Neumühle 544
- Poststraße 243
- Rheinfall bei 32
- Römerweg 267
- Schaffhauser Tagblatt 519
- Schweizer Grütliverein 577
- St. Agneskloster 115, 134, 143
- Staatsarchiv 9
- Straße 9, 286–287, 289, 295, 557
- Urkunde 49, 58
Schaffhauser Straße 259, 605
Schalksburg 142
Schanz 234–235, 255, 558
Scharnitz, Festung 237
Scheffelstraße 234, 290, 296, 303–304, 564, 568–569, 599–600, 604, 606, 608–611
Scheiben im Allgäu 150
Scheidegg im Allgäu 150
Schienen 89, 296
- Propstei 83, 371–372, 374–375, 473
Schiener Berg 341
Schlachthausstraße 295, 597, 599, 608
Schlatt 487
- am Randen 146, 273, 293, 454
- Zollamt 287
- u.K. 13, 15, 52, 133, 149, 179, 286, 293, 297, 334, 368, 398, 407, 454, 461, 508–509, 522
- Forst 342
- Gemarkung 25, 251, 269
Schlattli, Gewann 119

Schleitheim 146, 202
- Fiskus 53
Schlesien 333
Schleswig-Holstein 595
- Herzogtümer 510
Schlettstatt 349
Schloßgarten 258, 389, 416
Schloßstraße 288, 300, 416, 599
Schmiedgasse 293, 599
Schmiedstraße 607
Schmittenhäusle 474
Schnaidholz 264, 620
Schopfheim 505
Schorenbühl 25, 27, 111, 135, 214, 413, 608
Schramberg 142, 389, 504
Schriesheim 279
Schrottwinkel 239
Schrotzburg 76, 79, 139
Schwaben 33–34, 37, 44, 49, 53, 78, 154, 337
- gregorianische Partei 45
- Herzogtum 32–33, 35–36, 45, 47, 64
- Landvogtei 330, 399
Schwaderloh 146
Schwandorf 129, 131, 251
Schwanenstadt 303
Schwarzwald 101, 179, 224, 331, 399, 436–437, 441, 517
- Bauern 178
Schwarzwaldstraße 599, 602
Schwaz/Tirol 390
- Enzenbergarchiv 11
Schweden 537
Schweingrub 331
Schweiz 287, 297, 314–315, 349, 375, 433, 439, 485, 531, 537, 547–548, 550, 574, 576, 589, 602
- Industrie 547
Schwyz 143, 146, 165
Seekreis 387, 455, 491, 502–503, 505, 520
Seelfingen 73
Seelheim, Hessen 30–34, 37–38
Seerücken 528
Seewadel 214
Sempach, Schlacht von 108
Sennheim 194
Sernatingen siehe unter Ludwigshafen
Sibirien 551
Sicgingas 62, 149
Sickingen 30–31, 38
Siebenbürgen 347
Siedlungsweg 616
Siggingen 62
- am Gehrenberg 16
Sigigun 149
Sigmaringen 339
- Straße 286

Sigmaringen–Hohenzollern 401
Singen bei Durlach 19, 42
– Kreis Arnstadt, Thüringen 19
Singen–Arlen, Herrschaft 260, 431
Singen–Mägdeberg, Herrschaft 140, 202, 238–239, 253, 305, 333, 337, 382, 385, 387, 399, 436, 448, 452, 454, 462 463, 479–481
Singen–Mühlhausen, Herrschaft 248
Singerberg, Gewann 119
Singerbruck siehe im Sachregister
– Furt 135
– Graben 234–235
Singerholtz, Gewann 114, 119
Sipplingen 221, 223, 293, 331, 361, 367, 446, 465, 559
– Bauschanze 331
– Bürgerwehr 507
– Reben 256
– Wald 362
– Wein 299
Sisinga 19, 30–31, 38, 149
Sissacher Fluh 75
Solothurn 178
Sonnegg, Ansitz 242
Sonnenburg, Kloster 239
Spanien, Karl II., König 331
– König von 195
Spitalwies 269
Spitelswiese, Gewann 119
Stahringen 177, 179, 422, 505
Stammheim/Schweiz 75
Staufen bei Hilzingen 115, 117, 139, 206, 234, 393
– Burg, 66, 111, 134, 142, 146, 233, 235
– Herrschaft 277, 333, 399
Staufen/Breisgau 506
St. Bernhard, Paß 286
St. Blasien 44, 47, 49, 404, 472
– Äbte 54
– Abt Martin Gerbert 282
– Abt Nikolaus Stocker 150
– Abt Werner 50, 68
– Kloster 44, 132
Steckborn 522, 533
– Pfarrkirche 82
Steiermark 348, 384, 393
Stein a.Rh. 59, 72, 104, 108–109, 119, 123, 134, 139, 142, 146, 168, 170–171, 209, 214, 218, 220, 246, 256, 264–265, 286, 290, 298, 302, 305, 308, 343, 350, 412, 415, 437–438, 447, 469, 504, 507, 517, 526, 528, 533, 557, 581, 595
– Äbte 23, 146
– Abt David 55, 72, 263
– Abt Wilhelm 277
– Brücke 451
– Erblehenhof 365

– Kloster 35, 44, 47–48, 50–51, 59, 65, 68, 82, 108, 259, 358, 470, 533
– Markt 114, 518, 523, 526, 528–529, 532–534
– Stadtarchiv 9, 534
– Vogtei 47, 51, 66–67
Steinen 505
Steiner Erblehen 259
– Landstraße 256, 259
– Straße 213–214, 266, 300
– Weg 286
Steißlingen 129, 141, 144, 146, 178–179, 214, 334, 337, 341, 368, 396, 431, 442, 456–457, 507
– Afterzoll 287
– Gasthaus Wagen 482
– Hardmühle 179
– Kriegsschäden 451
– Maiershöfe 471
– Schloß 415
Steißlinger Straße 608
Sterzing, Jöchlsthurn 381
Stetten 168
– Heinrich von 129
St. Gallen 16, 46, 52, 65, 69, 78, 114, 149–152, 154–156, 159–160, 187, 201, 343, 439
– Äbte 35, 45, 47, 151–152, 155, 157, 186, 188–189, 192–193
– Abt Beda 158
– Abt Bernhard 152–153, 202
– Abt Cölestin 154, 156
– Abt Diethelm 151, 189
– Abt Eglof 130
– Abt Franziskus 125
– Abt Gallus Alt 154
– Abt Heinrich von Twiel 45–46
– Abt Joachim Opser 152, 155
– Abt Leodegar 150, 154
– Abt Manegold von Mammern 46
– Abt Othmar 201
– Abt Otmar Kunz 151–152
– Abt Pius Reher 153
– Abt Ulrich III. von Eppenstein 44–46, 49, 53, 64, 79ff
– Bär 18
– Ekkehard II., Mönch 82
– Ekkehard IV., Chronist 62, 78
– Kanton 323
– Kloster 21, 35, 41, 43, 45–46, 49, 52, 69, 74, 76, 127, 130, 132, 149–150, 154, 158, 200–201
– Lehen 255
– Stiftsarchiv 11–12, 149, 151, 159–160
– Urkunden 32, 62, 149
– Wappen 17
– Georgen/Schw. 47
– Georgen, Äbte 48

– Georgen, Kloster 66
– Gotthard, Paß 286, 439
Stiegen bei Öhningen, Zollamt 287
St. Jörgen 397
– Katharinental, Kloster 72, 83, 89, 115–116, 131, 146, 183, 213, 259, 262, 269, 355, 365–366, 371–373, 473
– Märgen 330
Stockach 20, 102, 146, 177, 179, 193, 200, 202, 214, 223, 260–261, 276, 286–287, 289, 291, 293, 297, 311, 315–316, 318, 325, 327, 331–332, 334, 342, 395–396, 401–402, 428, 434, 437, 441, 446–448, 452, 456–458, 503, 505, 517, 610
– Artilleriepark 438
– Aufruhr 455
– Bevölkerungsdichte 318
– Bezirksamt 456, 494
– Dauphinenstraße 443
– Einquartierungen 330
– Heiraten 321, 322
– Kapuzinerkloster 408
– Landgericht 292, 452
– Landschreiber 294
– Landstraße 602
– Magazin 443
– Markt 433, 520
– Mautbrücke 289
– Metallarbeiterverband 586
– Oberamt 26, 264, 297, 330, 336–337, 342, 349, 395–396, 399, 430, 437–438, 449, 453, 456, 470, 518, 526, 529, 532, 536
– Poststraße 243, 334
– Raum 286
– Salzfaktorei 531
– Schlacht bei 438
– Spar- und Waisenkasse 305
– Straßen 9, 286–287, 289, 295, 305, 557
– württemb. Zollverwaltung 287
– Zuckerfabrik 408
Stockacher Brücke siehe im Sachregister
Stoffeln, Schloß 117
Storchenmoß, Gewann 119
Storzeln 264
St. Peter/Schw. 47, 49, 65
– Abt Eppo 47
– Amt 272
St. Pölten 306
Straßburg 232
– Hoftag 44
Streitwald 341
St. Trudpert, Kloster 47
Stühlingen 146, 149, 176–177, 263, 297, 334, 507
– Kirche 409
Stuttgart 117, 178, 195, 386, 424, 445,

502, 562, 603, 606, 608
- Ev. Consistorium 425
- Firma Reisser, Wilhelm 603
- Firma Reize 424
- Ministerium des Innern 454
- Staatsarchiv 9
St. Vigil 239
Südbaden 589, 610
Süddeutschland 149, 491
Südschwarzwald 518
Südtirol 134
Südwestdeutschland 323, 348
Sulzburg 395
Sulz 393
Sundgau 144

Tannheim bei Villingen 450
Tannwald 193
Taufkirchen/Bayern 151, 194–195
Tengen 107, 138, 225, 264, 271, 299, 332, 334, 337, 431, 438, 505, 519, 559
- Domänenverwaltung 472
- Einquartierungen 330
- Grafschaft 333, 399, 453
- Haslacher Hof 253
- Herrschaft 192, 223, 242–243, 253, 436
Tengen-Hinterburg 139
- Vogtei 203
Terlan, Ansitz Liebeneich 390
Thayngen 141, 144, 146, 163, 166, 168, 178
- Bahnlinie 568
- Straße 286
- Vogtei 172
Theodor-Hanloser-Straße 606
Thietpoldisburg (Diepoldsburg) 40
Thun, Unteroffiziersschule 547
Thurgau 104, 106–107, 109, 143, 168, 194, 323, 506
- Adlige 48
- Bauern 180
- Urkunden 32
Thurgauer Straße 600
Tiengen 146, 166, 169, 334
Tirol 20, 233, 242, 323, 386, 434, 483
- Bienenzucht 382
- Landesgubernium 382
- Landschaftskasse 254
- Salinen 531
- Volksschulwesen 382
Tittisbühl, Gewann 397, 475
Toblach 387
Todtnau 409, 505
Toggenburg 153
Torkelgasse 214
Toskana 154
Tramin 239
- Langemantlischer Ansitz 254

Tratzberg/Tirol 245
- Schloß 385, 389
Treffen, Grafschaft 53
Triboltingen 146
Trient 382
Trier, Erzbischof Bruno 67
Triest 384
Trogen, Appenzeller Kalender 519
Trottengasse 213, 558, 599, 603
Trntzelhoven 106
Trunzhof 122
Tübingen 257
Tuttlingen 93, 102, 140, 232, 286–287, 297, 331, 407, 425, 437, 442, 448, 455
- Cameralamt 472
- ev. Gemeinde 93
- Kreis 453
- Oberamt 26
- Schlacht 234
- Zollstätte 287
- Twiel siehe unter Hohentwiel
Twielfeld 119, 235

Überlingen 91, 99, 163, 166, 179, 232, 234, 272, 321, 334, 377, 437, 448, 474
- Bezirksamt 494
- Geschlechterbuch 18
- Münster 87
Überlingen a.R. 107, 115, 127, 179, 231, 280, 293, 334, 398, 461, 557
- Afterzoll 287, 518
- Pfründe 269
Uhldingen 334
Uhwiesen 163
Ulm 139, 165, 195, 210, 289, 291, 334–335, 437, 447, 449
- Dauphinenstraße 443
- Pfarrkirche 82
- Straßen 286
Ungarn 156, 323, 330, 334, 346–347, 353
Ungeheuer, Gewann 286
Ungeheuerweg 286
Unterdorf 214, 569
Untere Straße 599
Untergrombach bei Bruchsal 176
Untermettingen 279
Unterschwandorf 223
Untersiggingen 150
Untersulmentingen 193
Unteruhldingen, Fähre 286
Unterwalden 146
Urach 332
Uri 146
Ursaul 223
Uttenheim im Tauferer Tal 239
Uttenhofen 168, 431
Utznach, Hofstatt 106

Venedig 386
- Appelationsgericht 384
- Gerichtsgebäude 391
Versailles, Spiegelsaal 510
Villingen 169, 330–331, 437, 446–447, 581
- Amtsbezirk 287
- Der Schwarzwälder, Zeitung 538
Villmergen 242
Vöhrenbach/Schw. 90, 415
Vörstetten 58
Vogtacker, Gewann 119
Volkertshausen 93, 398, 585, 603
Volkertsweiler 223
Vollmaringen 246–247, 251, 257–258, 262
- Schloß 244, 246
Vorarlberg 223, 436, 449
Vorderösterreich 149, 152–153, 180, 200, 223–224, 333, 399, 518
- landständische Verfassung 454
Vorstadt 604

Wagenhausen, Abt Uto 69
- Äbte 50
- Kloster 48ff–50, 58–59, 65, 68
- Nekrolog 51
- Totenbuch 50
- Totengedenken 49, 51, 58–59
- Vögte 51
- Vogtei 69
Wahlwies 40, 179, 442, 505, 604
- Schlacht von 33, 76
Waldpurgishofgarten 266
Waldshut 91, 176, 286, 334, 431, 505, 507, 518, 568
- Bahnlinie 290, 568, 597
- Friede von 169
- Metallarbeiterverband 586
Waldstraße 597, 602–603, 607, 618
Wallhausen, Fähre 286
Wangen 71, 163, 293, 395
- Juden 296
- Reichsstadt 222, 272
Wartenberg, Schloß 410
Watterdingen 179
Weiler 106, 111, 122, 299, 471
- Gemarkung 480
- Hof 239
Weinfelden 151, 180, 194–196
Weingarten 232, 240, 446
- Gotteshaus 222
Weinsberg 163, 179
Weißenhorn 151
Weitenburg, Schloß 240–241, 251
Weiterdingen 14, 52, 89, 144, 149, 168, 178–179, 184, 222, 232, 258, 286334, 334, 454
- Gemarkungsflächen 25

638

- Grundherrschaft 472
- Heiligen-Fabrik 260
- Weg 214
Weizen 169
Welschingen 144, 149, 178, 286, 559
- Gemarkungsfläche 25
Werderstraße 607
Wetzlar 382
Widerholtstraße 93, 600, 606
Widlen 168
Wiechs am Randen 178
- bei Steißlingen 144, 334
Wien 159, 254, 345, 348, 382, 384, 404, 502, 547, 549
- Belagerung 330
- Freimaurerloge 382
- Herrenhaus 389
- Hofkriegsrat 337, 451
- k.k. Kanzlei 246, 397
- K.K. Regierung 347
- Kongreß 457, 510
- Theresianum 382
Wiesenstraße 622
Wiesholz 114, 349
Wil 151
Wilchingen, Klettgau 32
Wildenstein 101
- Burg 232
Wilferdingen 19
Winterspüren 102, 223, 446
Winterspürer Tal 331
Winterthur 33, 87, 105, 506, 543, 549, 553
- Bahnlinie 568, 597, 610
- Gartenzins 107
- Zehntrodel 106
Wörth, Schlößchen 163
Wollmatingen 505
Wolpertswende 369
Worblingen 52, 72, 81, 107, 111, 144, 178-179, 309, 334, 343, 350, 355, 522, 588, 603
- Braunkohlenlager 387
- Burgstall 146
- ev. Kirchengemeinde 97
- Juden 296, 305
- Mühle 432
- Oberhof 109
Worblinger Straße 614, 616
- Weg 611
Worms, Reichstag 138, 144
Württemberg 116, 178, 188, 193, 200-201, 231, 233, 349, 449, 452-453, 468, 488, 491, 502, 557, 589, 602
- Herrschaft 481
- Königreich 26, 386
- Land 26, 401, 432, 439
- Truppen 503, 505
- Verwaltung 219

Wurmlingen 337
- Cameralamt 472-473
- Forstamt 343
Wyl 168
Wylen 279
Wyler Holz, Gewann 116

Zeil, Burg 46
- Waldburg Zeil'sches Archiv 9
Zelg am Berg 356
- auf dem Hard und Hohentwielfeld 356
- auf dem Rain 356
Zellerhau, Wald 341
Zellerstraße 214
Ziegeleiweiher 214
Zimmerholz, Neubrunnerhof 122
Zinkengasse 599
Zizenhausen 276, 465
- Eisenwerk 343
Zoznegg 223, 446
Zürchgau, Adlige 48
Zürich 33, 47, 106, 124, 134, 139, 142-143, 146, 162-165, 168, 178, 243, 297, 434, 443, 445, 447, 532-533, 540, 543, 546-547, 581, 588, 620, 622
- Firma Locher & Cie. 538, 540
- Gebiet 205
- Getreidebörse 546
- Kanton 323
- Reichsvogtei 47
- schweizerische Kreditanstalt 549
Zürichgau, Urkunden 32
Zug 143, 146, 165

Personenregister

Aach, Werner Martin von 169
Aberlin, Jude aus Aach 195
Ackermann, Ernst, Hofbuchhändler 606
Adalwich (Alawich I.) Abt der Reichenau und Pfäfers 41
Adelbert, Verwalter 61
Adelheid, Königin 44, 59
- Name im Wagenhauser Totenbuch 69
Äninger, Konrad, Rottweil 133
Äple, Karl, Schlatt 487
Agino, Bischof 149
Aicher, Jakob, Wirt 605
Alamannen/Alemannen 22, 40, 199, 204, 206, 286
Aleksey, Zarewitsch 247, 251
Alemannen, Herzöge 33
Alexander I., Zar von Rußland 461, 537
Allweil, Peter 228
Allweiler, Andreas, Schmied 467

- Christoph, Schlosser 561, 599
- Conrad, Schmied 467
- F. Schmied 413
- Familie 355
- Gotthard, Fabrikant 266, 293, 597
- Guido 352
- Hans, Hufschmied 293
- Jacob, Wagner 295
- Johann Jakob, Vogt 247
- Martin, Schmied 294
- Otto 352
- Peter, Hufschmied 293
- Peter, Vogt 208, 210
- Philipp, Friedhofaufseher 566, 597
- Schmied 603
- Sebastian 322
- Senes, Polizeidiener 566
- Viktoria 349, 490
Allweyler, Familie 355
- Johann Jacob, Bauer 355, 373-374
- Johann Jacob, Vogt 210
- Peter, Vogt 222, 253, 313, 473
- Philipp, Kosaken-Philipp 451, 461
Alt, Gallus, Abt von St. Gallen 154
Alterchouen, Heinrich von 61
Altshausen-Veringen, Grafen von 53, 71
Ammann, Adolf, Stockach 610
Andres, Adam 226
Apperzhofer, Paulus, Konstanz 395
Appetzhofer, Paul, Amtmann in Stockach 193
Arnold, Tierarzt 309
Asch, Veit von 139
- Wolf von 142
Aschmann, Jörg, Vogt 193
Ato, Diakon 149
Attinger, Karl 589
Audifax 76
Auer, Franz Xaver, Beuren a.d.A. 508
- Heinrich, Förster 340, 343
- Philipp Jakob, Schlatt u.K. 508
Auersperg, Fürsten von 253
- Johann Weikard von 243
Aufhofen, Margarete von 239
Azenholz von Neuenhorn, Hans Jakob 240

Babenberger, Adelsgeschlecht 32
Babo, Adliger siehe auch unter Pabo, Adliger 30-35, 37, 44, 58, 199, 434,
Bach, Agatha, Witwe 92
- Anna Maria 324
- Anton, Bäcker 294, 298, 302-303
- Familie 355
- Franz, Waldhüter 566
- J. 533
- Johann, Bäcker 303, 347
- Johann, Strobelhof 476
- Johann, Vogt 210, 218, 272, 397, 418

639

– Joseph, Bäcker 256, 298, 303, 401, 451, 467
– Joseph, Schreiner 412
– Konrad 451
– Konrad, Kaufmann 304
– Ludwig, Konditor 599–600
– Maria Rosa 348
– Monika 465
Bachmann, Bäcker 607
– Jakob, Diessenhofen 461, 504
Baden, Amalie Caroline von, Prinzessin 387
– Elisabeth von, Prinzessin 461
– Friedrich I. von, Großherzog 97, 282, 510, 561, 572
– Karl Friedrich, Großherzog von 455
– Karl-Ludwig von, Erbprinz 461
– Karl von, Großherzog 456–458, 479, 482
– Leopold von, Großherzog 503
– Ludwig, von, Großherzog 387, 479–480
– Ludwig Wilhelm von, Markgraf 330–331
– Luise von, Großherzogin 301, 426, 510, 568, 602
– Maria Johanna von 246
– Markgrafen von 279
– Wilhelm von, Markgraf 246
Badener 350
Bader, Karl Siegfried, Zürich 9
Bärtel von, Hofkammerrat 272
Baillard, General 437
Baillet de la Tour, Graf, General 446
Balbach, Kommandant der Volkswehr 506
Balligand, General von 503
Bans aus Singen 455
Bantel, Ambros, Gottmadingen 348
Barbozay, Paul, Obristleutnant 332
Barter, Heinrich 164
– Heinrich, Schaffhausen 111
Barthle, Katharina 489
Bartl, Hofkammerrat 218
Bartok, Gebrüder, Radolfzell 602
Barzheim, Walther Stockar von 263
Bauder, Albert, Architekt 606, 609
Bauer, Melchior 226, 228
Baum, Wilhelm, Klagenfurt 9, 203
Baumann, Franz Ludwig 150
Baur, Heinrich, Schreiner 296, 601
Bauz, Benedikt, Gesitlicher 98
Bayer, Maria 322, 324
Bayern 78, 331, 505
– Albrecht von, Herzog 194
– Arnulf von Herzog 33, 37, 40, 78
– Carl Theodor von, Kurfürst 406, 466
– Max Emanuel II., Kurfürst 331
Beauharnais, Eugene 390

Bebel, August, Politiker 562, 586
Bebo, Bruder des Grafen Ulrich 32
Becker, August, Singener Nachrichten 296
Beda, Abt von St. Gallen 158
Beese, Julius, Singener Nachrichten 296
Behrens, Richard 491
Bekh, Kellereiamtsverweser 453
Bellet, Hauptmann aus Schaffhausen 335
Bender, Blasius Columbanus, Feldmarschall-Leutnant 336
– Infanterrieregiment 402
Benkler, Johann, Kalkofen 179
Berchta, Erchangers Gattin 40
Berchtold, Gerhard, Gipser 603
– Pfalzgraf 40, 76, 78
Berlichingen, Götz von, Ritter 138
Berner, Herbert, Autor 11, 13, 39, 98, 124–125, 160, 196
Bernheimb, Isac 297
Bertdun, Schwester Hermann des Schusters 61
Bertel, Robert, Bruneck 9
Berthold, Annalist 44
Bertold, Graf 33
Bertoldus, marchio 45, 64
Bertsche, Wilhelm, Lehrer 428
Besserer, Eberhard, Ulm 195
Beyerle, Franz 82
Beyrer, Familie, Rebleute 256
– Stephan, Zigarrenhaus 601
Bichlmayer, Anton, Arzt 309, 599, 601
Bick, Blasy 183
Bickel, Joseph Ferdinand, Baumeister 90, 404, 406, 410, 414, 416, 432, 434
Biedermann, Ignaz, Wurmlingen 337
Biener, Wilhelm, tirolischer Kanzler 233
Biercklein, Christoph, Verwalter 243, 271
Bilfinger, Georg Bernhard von, Generalmajor 445, 448
Bilger, Conrada, Provinzoberin 95
Billinger, Adam, Arlen 211
– Florian, Arlen 217
Bindert, Conrad, Lehrer 426–428
Bininger, Hannß 230
Binninger, Konrad 133
Bischof, Franz Anton, Sekretär 273, 400–401
– Genoveva, Wirtin 303
– Ottilie, geb. Jäkle 273
Bismarck, Otto von, Staatsmann 510
Bissingen und Nippenburg, Maria Elisabeth von, Gräfin 389
Biteinger, Xaveri, Schneider 294
Blanc, Régis, Paris 550

Blank, B. von, Hofrat 405
Blarer, Diethelm, Abt von St. Gallen 151
– Hans, Bürgermeister in Radoflzell 472
Blattmann, Karl, Oberamtmann 351, 557
Blessing, Johann Georg, Obervogt 258
Blickle, Peter, Prof. 219
Bloch, Elias Daniel, Gailingen 509
– Mandle, Randegg 410
– Salomon, Gailingen 509
Blum, Christoph, Amtmann 371, 476
– Obermüller 433
Blumenegg, Heinrich von 172
Bluom, Christoff, Fähnrich 225
Bock, St. Galler Konsulent 157
Bodman, Catharina von 258
– Franz von 482
– Hans Georg von 185, 187, 201
– Hans Jakob von 109
– Hans Jörg von und zu 105, 107, 117, 171, 255, 268, 430
– Hans Konrad von 151–152, 188–189
– Hans Ludwig von 151–152, 189, 195, 201, 268, 270
– Hans Wolf von 151, 171, 183, 185–189, 192–193, 201, 203, 255, 395
– Hansjakob von zu Friedingen 141
– Herren und Freiherren von 112, 116, 137, 143, 182ff, 192, 196, 200–201, 243, 367, 379, 386, 483, 604
– Itelhans von 109
– Johann Adam von 243, 407
– Katharina von 131
– Konrad von 123
Bodman-Möggingen, Grundherren 483
– und Blumberg, Hans Georg von 74, 182
– zu Hohenkrähen, Hans Ludwig von 269
– zu Kargegg, Johann Ludwig von 202
Böhler, Georg, Geistlicher 98
Boelcke, Willy A., Professor 403, 543
Böschenstein, Georg, Stein a.Rh. 504
Böttlin, Johann Melchior, Geistlicher 90, 98, 404
Bogenriedt, Marcus, Propsteiverweser 372
Bommer, Josepha, Kreuzwirtin 259
Borso, Hentz, Winterthur 105
Bosch, Hans, Kaplan 132
Bovonen 32
Bragatta, Angelo, Zürich 588
Brandenberg, Gerold, Statthalter 159
Brandis, Eberhard von, Abt des Klosters Reichenau 52, 82
– Heinrich III. von, Bischof von Konstanz 82, 370
Brant, Sebastian 177
Brauer, Johann Nikolaus Friedrich 455

Braun, Lorenz, Lehrer 428
Brecht, W., Arlen 522
Bregenz, Gebhard II. von, Bischof von Konstanz 50
– Grafen von 129
Breitenlandenberg, Hermann von, Bischof von Konstanz 140
Brentano, General von 436
Breuning zu Römesheim, Ursula 246
Briem, Geometer 569
Brigel, Hannß 226, 229
Bringer, Hanns 112
Brinkmann, Fritz, Geistlicher 100
Bröchin, N., Geistlicher 98
Brödler, Albert, Kaufmann 304, 600
Bruder, Franz Josef, Neuhausen bei Engen 431
– Franz Joseph, Geometer 342
Brügel, Jakob, Widemgütlein 258
Brüggemann, Direktor der Firma Maggi 592, 613, 619
– Villa 611
Brümsi, Heinrich von 170
– Wilhelm 164
Brütsch, Anna, Lehrerin 426
– Ludwig, Postmeister 290
– Postmeister 601–602
Brunner, Kaufmann, Diessenhofen 412
Brutscher, Valentin, Izang 471
Bucelin, Gabriel, Propst in Weingarten 240
Buchegger, Adrian, Weber 295
– Agathe 279
– Alexander, Feldscher 278, 306
– Alexander, Gerber 294
– Alois, Vogt 219
– Anna Maria 350–351
– Anton 278–280, 350, 599
– Anton, Altvogt 279, 407
– Anton, Bürgermeister/Rechner 403
– Anton, nellenburg. Amtsvogt 217, 295, 395–396
– Anton, Schieggengut 256
– Anton, Schneider 294, 348
– Anton, Vogt/Schultheiß 256, 272, 401–402, 420, 454–455
– Baptist, Händler 443, 467
– Bastian 227, 278
– Bierbrauer 559
– Bonaventura 278
– Clemens 278
– Dominik, Bürgermeister 282, 506, 563, 566
– Dominik, Schieggengut 256, 278
– Eduard 279, 352–353
– Familie 86, 277ff, 355
– Familie, Armenfonds 418–419, 567
– Familie, Stammtafel 284
– Familie, Stiftung 220, 305–306, 401

– Ferdinand, Kunstdrucker 279
– Fidel 279
– Franz 279, 282, 503
– Franz Anton, Arlen 276
– Franz Anton, Chirurg 278, 306
– Franz, Gemeinderat 503, 506–507
– Franz Joseph 302
– Franz Joseph, Schieggengut 474
– Franz, Mühlhausen 280
– Franz, Wirt 303, 308, 506
– Franziska 348
– Friedrich, Schuster 279
– Hermann, Mannheim 280
– Ignaz 278
– Jacob, Bürgermeister 273, 278, 400, 455
– Jacob, Vogt 210
– Jakob, Händler 410
– Jakob, Wirt 303
– Johann 278, 324
– Johann Baptist 278, 285, 300
– Johann Baptist, Barbier, Chirurg 278, 295, 306, 336
– Johann, Lindenstr. 278
– Johann, Pfarrer 86, 250, 277–280
– Johann, Weber 295
– Johannes, Gerber 240, 250, 278
– Josef 279–280, 561
– Josef, Bürgermeister 16, 278, 420, 539, 563
– Joseph Anton 278, 282
– Joseph Anton, Zehntrechner 474
– Joseph, Pfarrer 279
– Joseph, Schieggengut 256
– Joseph, Weber 295
– Karl, Bäcker 295
– Karl, Bierbrauer 604
– Kaspar, Kalbsgut 470
– Kaspar, Schneider 349
– Katharina, geb. Waibel 308
– Kirchenpfleger 400
– Konrad, Vogt 210, 278, 282, 401, 506
– Ludwig, Generalvikar 86, 278–282ff
– Ludwig, Wirt 601
– Maria 324, 352–353
– Martin, Förster 400
– Martin, Polizeidiener 219, 454
– Matthias, Küfer 279
– Metzger 599
– Mühlipeter-Linie 278
– Peter, Kaufmann 305, 433, 520, 561, 602
– Rüssli-Linie 278
– Sebastian 277
– Sebastian, Architekt in Augsburg 278, 280
– Sebastian, Mühlhausen 279
– Sebastian, Weber 295
– Seppetoni-Linie 278

– Siegmund 279
– Sigmund, Ratschreiber 566
– Simon 277–278
– Sophie 539
– Susanne 352
– Thomas, Wundarzt 278
– Walburga 279
– Xaver 278
Buchenberg, Hans Jacob von 242, 253
Buchenstein, Freiherren von 239
– Maeinle von 238
Bucher, Jakob, Prokurist 541–542
Büchele, Geometer 29
Büchner, Abgeordneter 609
Büninger, Joachim, Remishof 268
Bünninger, Hans 131
– Kuoni 131
Bürckhlin, Johann Caspar, Verwalter 271
Bürcklin, Adam 268
Bürge, Melchior 228
Bürgi, Frischhans 133
– Hans 133
Bürgisser, Leodegar, Abt von St. Gallen 150
Bürglen, Herren von 106
Bürglen-Nellenburg, Dietrich von 128
Bürgy, Kaspar, Weiler 471
Bürkle, Fidelis, Mühlhausen 336
Bul, Claus, Kießlingshof 263
Bumiller, Casimir, Autor 261
Burchard, Graf 30–31
– I., rätischer Graf 76
Burgau, Herrschaft 223
– Karl von, Markgraf 153, 202–203, 223
Burger, Adam 226
– Adam Niederhof 264
Burgi, Hans, Singen 55
Burgund, Herzog Karl der Kühne 143, 169
Burkard, Oberamtmann 453
Burkhard, Dekan 61
Burkli, Adam 174
Burmeister, Karl Heinz, Prof., Bregenz 9
Burz, Familie 476
Busch, Max 536
– Valentin, Bürgermeister 563
– Wilhelm, Dichter 510
Busenhardt, Martin 193
– Michel, Gerichtsmann 22, 209
Bushart, Michl 193
Bussnang, Bertold von, Bischof von Konstanz 54

Caelestini, Abt von St. Gallen 156
Calixt III., Papst 139
Campofranco, Fürsten von 390
Cella, Heinricus de 71
Challandes, Richard, Getreidehändler,

Kempttal 543
Chorherr, Michael, Steißlingen 337
Chrismar, Josef von, Kreisrat 456
Christian, Jakob 190
Claßen, Joseph, Registrator 260–261
Clingenberg siehe unter Klingenberg
Clingenfelder, Enderlin, Clingenfeldersgut 270
Colaus, Sidonia de 194
Compost, Bonaventur, Beuren a.d.A. 509
Corvey, Äbte von 32
Cundfridus 60
Curjel, Architekt, Karlsruhe 621
Cusani, General 331
Custos, Kupferstecher 194

d'Artois, Comte, Emigrant 435
d'Ixnard, Pierre Michel, Baumeister 406
Dachs (Dachsin,Tachsin,Thaßin, Anna, Radolfzell 84
– Hans 52
– Johann (Heinrich), Radolfzell 84
Däuber, Jacob, Remishof 259, 268
Dannenbauer, Heinrich, Prof. 75
Danner, J., Mühlhausen 522
Dapfen, Ulrich von 53–54
Debrunner, Spediteur 507
Decall, Johann, Rentmeister 273, 350, 482
Degen, Bernhard 602
– Jacob 253
– Jakob, Wirt 289
Deninger, Architekt 617–618
Dentzel, Familie 324, 355
– Maria Anna 322
– Marx, Gerichtsmitglied 313
Denzel, Andreas, Vorgesetzter 217
– Familie 355
– Hans 255
– Hironimus 461
– Jacob 227
– Jacob, Bäcker 293
– Johann Baptist 473
– Johann Baptist, Eckensteinergut, Mühlegütle 470
– Johann, Waisenrichter 566
– Josef, Schieggengut 256, 474
– Ludwig 352
– Marx, Bürgermeister 211
– Matheus 350–351
– Wilhelm, Mundartdichter 513
– Xaveri 302
Denzler, Hannß 230
– Hans, Bäcker 293
Deurer, Theodoricus 366
Dewer, Caspar 230
– Michel 229

Deyer, Veit 227
Didié, Commisär 437
Diemer, Hauptmann 507
Diener, Heinrich, Radolfzell 458
Diethelm, Abt von St. Gallen 189
Diez, Carl, MdR, Radolfzell 561
– Theopont, Oberbürgermeister i.R. 14
Dillen, Generalmajor 455
Direxit, Ambroise Pardieu von 447
Dittrich, Oberamtsrat von 446
Dobler, Eberhard, Autor 81, 199–200
Döber, Caspar 268
– Konrad 352
Döring, Hauptmann 507
Doggerey, Wilhelm 226
– Wilhelm, Zimmermann 293
Domi, Eleonora 351
– Karl, Förster 343, 350–351
Dornbusch, Zahntechniker 602
Dosser, Galle 229
Douglas, Grafen von 480
Drescher, Adam 206
Dreyer, Obervogt, Hilzingen 437
Duchow, Albert, Maler 91
Dürheimb, Johann Baptist de, Geistlicher 98
Dürrhammer, Emil, Kaufmann 304, 600
– Friedrich, Kaufmann 304, 563, 601
Dürringer, Steckborn 522
Dummel, Johann Baptist, Beuren a.d.A. 448
– Steuer-Peräquator 479
Duran, Graf 158
Dursch, Gebhard, Lehrer 427–428
Dusch, Freiherr von 609

Eben, Hans, Burgvogt 184–185, 188
Eberhard, Bischof in Bamberg 51
– Mönch in Petershausen 50
– Sohn des Cundfridus 60
– Zürichgaugraf 128
Eberle, Händler, Fischingen 454
– Josef, Bildhauer 91
Eberlin, Heini, Hauptmann 146
Ebersbach, Herren von 168
Eberstein, Wilhelm von, Graf 101
Eberwin 60
Ebin, Josef, Lehrer 428
Ebinger von der Burg, Johann Friedrich von 251
Echinger, Jacob, Vogt 209
Eckener, Hugo, Luftpionier 301
Eckert, H., Kaufmann 304
Eckstedt, Vitzhum von, Obrist 233
Egger, Karl, Lehrer 418
– Konrad, Lehrer 418, 427
Egloff, Gottfried Heinrich von 270
– Hans Georg, Remishof 270

– Junker, Immendingen 371, 379
Ehingen, Jakob von 196
– zu Neuneck, Jakob von 195
Ehinger, Andreas, Bierbrauer 3303
– Anna 324
– Anna Maria 351
– Anna Maria 351, 466
– Augusta 352
– Balthasar 310, 533
– Balthasar, Schmied 294
– Bartholomä, Niederhof 266
– Bartholomäus, Förster 400
– Benedikt, Bürgermeister 217, 302
– Bernhard 352
– Donat 352
– Donat, Ratschreiber 561, 566
– Eduard, Bierbrauer und Wirt 303, 600, 610
– Emil 352
– Engelbert 619
– Erhard 599
– Familie 324, 355
– Fidel, Schneider 504
– Franz, Landwirt 351
– Franz, Niederhof 266
– Franziska 352
– Gallus, Holzerhof 259
– gen. Zoller, Familie 288
– Georg 355
– Hannß 226, 230, 366
– Hannß, Remishof 228, 268, 366
– Hermann 352
– Hieronimus, Hafner 296
– Ignaz 352
– Ignaz, Wirt 303
– Jacob 229
– Jacob, Vogt 210, 259
– Jakob d.J. 259, 268
– Johann 337, 489
– Johann, gen. Ehinger-Gallis 347–348
– Johann, Maler 504
– Johann, Metzger 299, 451, 467
– Johann, Nachtwächter 400
– Johann Nepomuk, Schieggengut 256
– Johann, Vogt 210, 403
– Johanna 487
– Josef 348
– Joseph, Embserhof 269
– Justina 324
– Karl, Metzger 352
– Katharina 351
– Klaus 451
– Konrad, Gemeinderat 561
– Konrad, Zoller 288, 451
– Lampert 352
– Maria Ursula 489
– Mathias, Sennhof 470
– Matthä, Arlen 276
– Michael, Rekrut 337

- Michael, Remishof 350–351
- Michael, Zoller 288
- Michel 461
- Nikolaus, Kelhof 258, 337, 401
- Octavian 352
- Ottmar, Metzger 352
- Ottmar, Schneider 352
- Ottmar, Wirt 303
- Paul 306, 349, 355
- Pertronella 351
- Peter, Bauer 476
- Philipp, Weber 351
- Rosa 349, 352
- Sebastian, Schlosser 507
- Thomas 401
- Zyprian 562
- Zyprian, Bürgermeister 563

Ehrat, August, Metzger 606
Ehrenfeld, Philipp von. Actuar 217
Ehrenfels, Norman Graf von 386
Ehrlich, Ludwig, Architekt 302, 607–608, 614, 619–620
Ehrminger, Ferdinand 607
Eidgenossen 139, 141–145, 163, 170–171, 176–177, 196, 201, 424
Einstein, Hermann, Kaufmann 304
Eisenbauer, Bahnbau-Inspektor 563
Eißlin, Matthias, Chirurg 306
Eitel, Peter, Autor 101
Ekiseir 16
Ekkehard II., Mönch von St. Gallen 82
- IV., Chronist 62, 76, 78
Elisa, Moysen 297
Elisabeth Alexiewna, Zarin von Rußland 461
Ems zu Hohenems, Mark Sittich von 179, 181
Engelhardt, Wilhelm, Geistlicher 100
Engelmann, Hieronymus, Iznag 471
Engels, Friedrich 176
Engen, Adelbero von 50
- Burkhard von 49, 68
- Herren von 49, 65
Enriques, Don Friderigo, General 233
Entzenperger, Ananias von 381
- Christoph I. von 381
- Eberhard von 381
- Georg d.Ä. von 381
- Georg d.J. von 381
- Machabäus von 381
- Michael von 381
- Rosina von 381
Enzberg, Heinrich von, Freiherr 391
- Herren von, Mühlheim 391
- schwäbische Familie, Wappen 381
Enzenberg, Alfred von 389
- Archiv 9, 11, 14, 393
- Artur von 273, 390
- Auguste von, geb. Gräfin von Württemberg 393
- Bibliothek 385
- Eberhard von 393
- Erbengemeinschaft 267, 390, 393, 616–618
- Franz Hartmann von 381
- Franz I. Josef von 86
- Franz I. Joseph von 248, 265, 271–272, 274, 286, 341, 348, 382–383, 385–386, 391, 397, 406–407, 418, 435–436, 454, 462, 479
- Franz II. Seraphicus Joseph von, Singener Franz 258, 265, 272, 274, 288, 299, 343, 381, 386ff–387, 391, 407, 412, 433, 449, 455, 460, 470, 479, 481–482, 561
- Franz III. Joseph Carl von, Tratzberger Franz 389, 482
- Franziska von 381
- Georg Carl Maria von 392
- Georg d.Ä. von 386
- Georg Sighard von 390
- Grafen von, hugonische Linie 390
- Grafen von, rudolfinische Linie 390
- Grundherrschaft 27–28, 95, 518, 520, 540, 568, 614, 621
- Herren und Grafen von 11, 16–17, 83, 202, 238, 256, 258, 265, 267–268, 272, 279, 292, 303, 309, 339, 341–342, 366, 381ff, 395, 403, 405, 418, 424, 431–432, 434, 453, 457–458, 460, 470–471, 473, 479, 504, 507, 557, 597, 608
- Hugo von 95, 273, 390, 427
- Karl Jakob von 386, 392
- Kassian Ignaz Bonaventura von 381–382
- Maria Franziska von, gen. Mimi 386, 389
- Maria von 276
- Marie Ottilie von 390
- Marie von 390
- Mineraliensammlung 385
- Ottilie von 427
- Parsival Rudolf d.Ä. von 390
- Rudolf d.Ä. von 390, 393
- Rudolf d.J. von 390, 393
- Sighard von 392–393
- Theodolinde von 390, 413
- Theresia Elisabeth von 389
- Waldburga von siehe auch unter Rost, Walburga von 258
- Wappen 85, 381, 388–389, 391
- Werner von 349, 389
Eppenstein, Herren von 45–46, 53–54, 64–65, 71
- Liutold von 45, 53, 71
- Ulrich III. von, Abt von St. Gallen 44–46, 49, 53, 64, 79ff
- Ulrich von 71
Eppo, Abt des Klosters St. Peter/Schw. 47
Erchanger, Pfalzgraf 33–34, 40, 76, 78
Ergoltingen, Adelbero von 68
Erlach, Johann Ludwig von, General 233–234
Ernst, Jäger 400
- von, Feldmarschall-Lieutenant 406
Esslinger, Sophie, Züprich 543
Esterhazy, Elisabeth, Prinzessin 392
Etter, Hannß 229
Eugen, Prinz von Savoyen 330, 335, 347

Faber, Abraham, Kammermeister 254
Faden, Wilhelm 541
Fahr, Johann Georg, Gottmadingen 597
Faraday, Physiker 537
Faussner, Hans C., Autor 127–128
Favier, Mathieu, Kriegs-Commisair 448
Feger, Cos., Pfarrverweser 98
Fehrle, Paul, Wirt 605
Ferdinand Carl, Erzherzog 264
- I., König und Kaiser 171, 187–188, 192–193, 201, 203, 238, 268, 395
- II., Kaiser 203, 381
- III., Kaiser 330, 393
Ferino, General 441–442
Ferrer, Juan, Wirt 600
Feuerstein, Gerhard, Oberländer Zeitung 296
Fickler, Josef, Redakteur 502, 504
Filchner, Wilhelm, Tibetforscher 301
Fink, Aloys, Maurer 412
- Dominikus, Nagler 289
- Martin 349
- Math. 599
- Matthäus, Mühlhausen 293
- Otto, Mundartdichter 513
- Rudolf, Nagelschmied 413
Finus, Architekt, Radolfzell 608–609, 611, 619, 621
Firion, franz. General 453
Fischer, Adolf, Kaufmann 213, 561, 563, 605
- Carl, Schneidermeister 86, 304, 601
- Georg II, Unternehmer 267, 537–538, 597, 605, 610
- Georg III 538–540, 542
- Johann Konrad, Schaffhausen 537
- Joseph, Chirurg 288, 291, 306, 336
- Joseph, Kaufmann 290, 304
- Leopold, Bauunternehmer 607
Flad, Otto, Oberamtmann 562
Floe, Wilhelm von der, Geistlicher 100
Flügel, Hans, Mundartdichter 513
Forster, Familie siehe auch Vorster 264

- Martin, Remishof 268
- Remishof 107
- Theuss, Niederhof 183–184
- Theuss, Remishof 268
- Ueli 268
- Uli 106–107
Fortmüller, Ambrosi, Weber 295
Fouquet de Belleisle, Charles L.A., Chevalier 332
Fragnerin, Anna, Fragburg 381
Frank, Levi, Worblingen 351
Franken 76, 199
Frankreich, Josephine von, Kaiserin 390
- König Louis Philipp 502
- Ludwig XIII., König 223
- Ludwig XIV., König 330
Franz I., König von Frankreich 177–178, 180
- I. Stefan, Kaiser 333, 382
- II., Kaiser 159, 201, 342, 438–439, 449
Franziskus, Abt von St. Gallen 125
Franzosen 233, 331, 384, 437, 439, 441–442, 451, 504, 533, 621
Frei, Alfred Georg, Kulturamtsleiter 9, 13
Freiberg, Ludwig von 140
- und Eisenberg, Christoph Wilhelm von, Freiherr 251
Freising, Otto von 45
Frey, Johann Jacob, Landschreiber 253
- Ludwig Augustin, Obervogt 272, 334, 349, 383, 403–405, 410, 435–438
- Sebastian, Oberamtmann 507
Freyberg zu Aulfingen Johann Franz von 270
Friedingen, Agathe von 84
- Eitelhans von 140
- Hans Benedikt Ernst von 147
- Hans Eitelhans von 140
- Hans Thüring von 140
- Hans von 139–140
- Hans Wilhelm von 132, 139
- Heinrich I. von 129
- Heinrich III. von 130
- Heinrich IV. von 131
- Heinrich V. von 131
- Heinrich X. von 83, 131
- Heinrich XI. von 105, 131–132, 150
- Hermann I. von 135
- Herren von 62, 74, 84, 106, 108, 127ff, 137–138, 140, 150, 154, 169, 200ff, 204
- Herren von, Stammtafel 133
Friedingen-Hohenkrähen, Gottfried von 258
- Jakob I. von 132
- Jakob II. von 133
- Johann von 84

- Konrad I. von 131
- Konrad II. von 131–132
- Konrad III. von 132, 135, 169
- Konrad IV. von 169
- Konrad V. von 133
- Konrad von 130, 133, 150, 209, 258
Friedingen-Krähen, Herren von 134
- Margarete von 132–133, 169
- Rudolf I. von 129–130
- Rudolf III. von 131
- Rudolf IX. von 105, 132, 150
- Rudolf VI. von 83, 131
- Rudolf VIII. von 131
Friedinger, Konrad, Radolfzell 133
Friedrich II., der Große, König 332
- III., Kaiser 110, 140, 164, 166
- Wilhelm I., König von Preußen 335
- Wilhelm IV., König von Preußen 502
Fritz, Joß, Untergrombach 176–177
Fritzen, Ital, Graf 164
Fröhlich, Karl Zacharias von, Regierungsrat 156–158
Fromherz, Johann Nepomuk, Regierungskommissär 503
Früsthans, Claus 183
Frundsberg, Georg von 147
Füeslin, Heinrich, Glockengießer 243
Fürstenberg, Franz Carl von, Graf 256
- Fürsten und Grafen von 260, 308, 358–359, 365–366, 387, 404
- Heinrich von 165
- Joseph Maria Benedikt von 410
- Joseph Wenzel von 404, 410
- Karl Egon II. von 387
- Max Egon II. von 77, 606
- Standesherrschaft 456
- Wolfgang von 146
Fugger, Anna Maria, Gräfin 248
- Anton 192, 194–195
- Hans 195
- Hans Jakob 127, 151, 172, 189, 192ff, 268, 359
- Jakob, der Reiche 151, 189, 195, 359
- Marx 195
- Raymund 193
- Sidonia, geb. de Colaus 194
- von Kirchberg und Weißenhorn, Hans Jakob 189, 201
- zu Kirchberg und Weißenhorn, Anna Maria, Gräfin 248
Fulach, Beatrix von, geb. von Waldkirch 166
- Bolle (Pelagius) von 105, 112–114, 117–118, 121, 134, 150–151, 170, 185
- Burchard von 163
- Dorothea von 170
- Eberhard von 121
- Hans von 166, 169–170
- Hans von, zu Laufen 134

- Heinrich von 165
- Herren von 143, 146, 163, 174, 200, 434
- Herren von, Wappen 167
- Johann von 163, 172–173
- Kaspar von 165
- Konrad von 163–165, 169–170, 173
- Konrad von, zu Laufen 134
- Margarete, Schaffhausen 134
- Rudolf von 163
- Ulrich von 166
- Verena von 169
Funk, Albert, Apotheker und Ehrenbürger 12
Fuog, Caspar, Steinhauer, Stein a.Rh. 412
Furtmüller, Magdalena 324

Gäder, Georg 255
Gäng, Familie 303
Gagern, Friedrich von, General 505
Gaisber, Franz, Abt 150
Gammertingen, Ulrich von, Graf 47
Gampp, Anton, Schaffhausen 121
Gansen, Hainrich 169
Ganter & Picard, Konstanz 608–609
Gasser, Haini, Bäcker 298
- Johann, Obervogt 264, 271
Gaßner, Christian, Baumeister 412, 417
Gassner, Familie 83
- Familie, Erben 89, 371, 374–375
Gaßner, Georg, Forstmeister 371, 476
Gayling, Johann, Theologe 93
Gebizo, Name im Wagenhauser Totenbuch 69
Geburg, Familie 262
Gegenheimer, Feldwebel 507
Geiss, Conrad 183
Geißen, Konrat 190
Geist von Wildegg, Konrad Ferdinand von, Bischof von Konstanz 86
Geitzkhofler, Zacharias 206
Geleen, Huyn van, Feldmarschall 233
Gemmingen, Hans Dietrich von 194
Gerbert, Martin, Abt von St. Blasien 282
Germanen 75
Geroldseck, Ritter von 168
Gertrud, Gemahlin des Verwalters Adelbert 61
Geßler, Aloisia, Niederhof 267
Geyer, Amtmann 158
Giotti, Karl, Maurerpolier 588
Gleichauf, Benedikt, Schlatt u.K. 509
Gleichenstein, Marquard von 159
Goerlipp, Georg, Archivar 409
Goethe, Johann Wolfgang von, Dichter 286
Götz, Franz, Kreisarchivar 9

644

Goldner, Bastian, Underegg 170
Gozbert, Klettgaugraf 77, 149
– Pfalzgraf 32
Graebener, Nathanael Emil, Geistlicher 100
Gräfin, Anna Maria 348
Graf, Ambros 151
– Anna Maria, geb. Kornmaier 300
– Anton, Weber 295
– Cristan 119
– Eugen, Bäcker und Konditor 605
– Familie 355
– Hans 474
– Jacob, gen. Cristan, Gerichtsmann 22, 183
– Jacob, Vogt 210, 229, 474
– Johann 352
– Johann, Bäcker 599–600, 605
– Josef 348
– Josef, Bäcker 298, 300
– Josef, Bierbrauer und Wirt 351, 415
– Josef, Zimmermeister 403, 412
– Joseph, Wittib 467, 469
– Josepha, geb. Bommer 259
– L. 522
– Leopold, Arlen 217
– Ludwig, Hauptstraße 305
– Maria Eva 348
– Maria Ursula 322
– Martin, Wirt 303, 507
– Notburga, Müllerin 259
– Oskar, Gottmadingen 607, 609
– Pelagius, Zimmermann 427, 505, 601
– Peter, Müller 269, 433
– Peter, St. Gallen 151
– Peter, Wirt 259, 300
– Stoffel 229
Graff, Familie 355
– Galle 230
– Georg 225
– Hannß 225, 253
– Jakob, Amtsvogt 395
– Veit 225
Graffenara, Marcus, Pfarrer in Enneberg 9, 250
Grass, Nikolaus, Prof., Innsbruck 9
Grassmayr, Josef Anton, Glockengießer 181
Grauff, Cristen 112
Graw, Hannß, Remishof 230
Greder, Jakob, Geometer 29, 568
Gregoire, Friedrich Karl von, Freiherr 410
Greiner, Gebhard 599
Greiter, Georg 228
– Jacob, Gerichtsmitglied 313
Grembsin, Christina, Gremsen im Pustertal 381
Gretsch, Anton, Radolfzell 415

Greuter, Bernhard, Weber 295
– Familie 355
– Joseph, Weber 295
Greutter, Bernhard, Niederhof 264
– Familie 355
– Jacob, Bürgermeister 211
Griesmeier, Josef 486
Grießer, Urban, Hafner 96
Groos, Geh.Reg.Rat, Konstanz 604, 611
Grünenberg, Margarethe von 110–111, 124
Grundler, Erhard, Metzger 606
Gruppi, Angelo, Terrazzobodenleger 588
Gütenburg, Margreth von 70
Guggenheim, J., Gailingen 410
Guldinger, Frick, Diessenhofen 270
Gumpp, Elias, Ingenieur 55, 235, 237, 477
– Johann Baptist, Ingenieur 331
Gurras, Fritz, gen. Spurius, Konstanz 111
Gustav Adolf II., König von Schweden 231
Gut, Johann 352
– Joseph, Amtsvogt und Zoller 218, 395–396, 398, 451, 464
– Katharina 352

Haag, Julius, Geistlicher 100
– Ladislaus von, Graf 194
Haan, Familie 355
– Johannes, Vogt 210
Haas, ev. Pfarrer 425, 577
– Felix, Bierbrauer und Wirt 303, 561, 597
Haaß, H., Geistlicher 100
Habsburg, Albrecht von, König 105
– Haus siehe auch unter Österreich, Haus 110, 112–113, 116, 118, 122, 149–150, 200
– Rudolf von, König 105
Habsburger 105–106, 111, 194, 289
Hacker, Werner, Autor 346–347
Hadumoth 76
Häberle, Jacob 225
Häfner, August, Geneologe 284–285
Hägele, Michael, Schmied 294
Hägelin, Hans Michel, Schmied 294
Hänßler, Albert, Architekt 604, 606–609, 614–615
Häußler, Eugen, Bohlingen 508
Haffner, Gallus, Geistlicher 98
Hageneck, Baron von 158
Hahnloser, Dominicus 217
Haible, Architekt, Konstanz 604
Handloser, Baptist 347–348
– Dominik, Brigelgut 476

– Wagner 599
Hanhart, Sonnenwirt von Diessenhofen 266
Hanke, Arno, Architekt 614
Hanloser, Balt., Wagner 295
– Dominik, Schneider 348
– Dominik, Wagner 413
– Hans, Bürgermeister 211
– Josef, Schneider 348
– Kaspar, Schneider 294
– Theodor, Kassier 305, 561, 563
Hans Peter, genannt Mäntz 132
Hansjakob, Heinrich, Schriftsteller 301
Harder, Agathe 352
– Agnes 351
– Aloisia geb. Geßler 267
– Caspar 225
– Dominik, Feldhüter 566
– Familie 324, 355
– Franz, Straßenwart 566
– Ignaz 348, 460
– Jacob 490
– Jacob, Schneider 294, 324
– Jacob, Vogt in Arlen 222
– Jakob Kaspar, Schwarzen Gut 470
– Johann Baptist 348
– Johann, Embshof 269
– Johann Georg, Taglöhner 351
– Johann, Niederhof 267
– Johanna 349
– Johannes, Bauer 264
– Joseph 348, 411
– Joseph, Niederhof 46, 264
– Leonhard 352
– Martin 225
– Matthias, Gemeinderat 561
– Paul 225
– Peter 225
– Sebastian 347
– Simon 599
– Sophie, Niederhof 267
– Stadtarzt in Radolfzell 306
– Thadä 347–348
– Xaveria 348
Hardter, Familie 355
Hartberg, Bischof von Chur 35
Hartmann, Friedrich, Müller 433
Hasenfratz, Hofrat, Donaueschingen 479
Hasler, Johannes, Öhningen 278
Haßel, Franz David 345
Haßel, Franz David 345
Hassler, W., Wirt 303
Haßlinger et Comp., Stephan 403
Hattinger, Hans, Keller 209
– Johann, Keller 84
Haubenschmid, Joseph, Stein a.Rh. 264
Haug, Martin 401

645

– Pfarrer 98
Hauk, Adolf, Radolfzell 604
Haunß, August, Pfarrer 9, 98
Hauptmann, Gerhart, Dichter 301
Hauser, Christof 147
– Kaspar 582
Hausser, Jacob 227
Haußer, Martin 229
– Sebastian 470
Heber, Johann Jakob, Geometer 23, 26, 212, 216
Hebräer siehe Juden ,
Hecht, Winfried, Stadtarchivar 136
Hecker, Friedrich, Revolutionär 502, 504, 506
Hegaugrafen 20
Hege, Karl, Sozialdemokrat 593
Hegelbach, Hans Jakob von 152
Heglin, Familie 263
Heidegg, Hans Joachim von, zu Gurtweil 152
– Ulrich IV. von, Abt des Klosters Reichenau 61
Heim, Ignaz, Fehrenbach 415
Heinrich der Löwe 72, 76
– genannt Vommeholz 131
– I., König 30–31, 33–39, 44, 58, 199
– II., Kaiser und König 35, 44, 63, 82
– III., Bischof von Konstanz ????? 370
– III., Herzog von Kärnten 53
– IV., König 45, 79
– V., Kaiser 44
– Name im Wagenhauser Totenbuch 69
– Pleban 54
– Sohn Hermann des Schusters 60
– Verwalter 60
Helbling, Geschwister, St. Blasien 472
Helf, Karl, Lehrer 219–220, 281, 400, 403, 418ff, 421, 424, 427, 448, 451, 465
Helf/ Helff, Andreas 216, 219, 420
Helfenstein, Jörg von, Graf 195
Helff, Bartholome, Lehrer 418, 427
– Eduard, Chirurg 306, 309
– Ferdinand 352
– Johann Nepomuk, Lehrer 420
– Joseph 352
– Melchior, Barbier 306
– Paul 599
– Paul, Leichenschauer 566
– Zollgardist 458
Hellriegel, Polizist 586
Helmsdorf, Ludwig von 116
– Wolf von 116
Helvetier 19
Hemmerle, Anton, Jäger 345
Henneka, Bernd, Autor 310
Hennings, Josef, Architekt 608
Hennsli, Frischhans 119

Hepffer, Bolay, Niederhof 183
Herbold, Philipp, Bürgermeister 615
Hermann, Architekt 616
– der Hün 172
– der Lahme 71
– der Schuster 60
Hertrich, Alfred, Metzgermeister 600
Hervé, Gustave, franz. Politiker 551
Herzog, Gendarm 564
Heß, Udalricus, Pfarrvikar 82, 98
Hesse, Hermann, Dichter 301
Hessen-Darmstadt, Amalie Friederike von, Prinzessin 461
Hettingen, Herren von 258
Heudorf, Bilgeri von 139, 164, 166, 168–169, 173–174
Heuss, Eduard, Maler 283
Hewen, Friedrich von 138
– Heinrich von, Bischof von Konstanz 109
– Herren von 141, 143
Hezelo, Reichenauer Vogt 44
Hienerwadel, Arzt 309, 566, 597
Hilbert, Michael, Volkswehr 507
Hiller, Freiherr von 453
Hiltbrand, Cunrat, Niederhof 269
– Familie 269
– Hans, Niederhof 269
– Henni, Niederhof 269
Hilterad, Vogt, 10. Jhdt. 32
Hiltprand, Rüdin 70
Hiltprant, Niederhof 263
Hindenburg, Paul von, General 301
Hirling, Maurermeister, Stahringen 422
Hochburgund, Rudolf II. von, König 33, 37
Hochres, Johann Paul von, Hofkanzler 243, 246, 251, 381, 389
Höflich, Friedrich, Pfarrverwalter 100
Höfling, Gerhard, Kaufmann 304
Höhler, Karl, Geistlicher 100
Hönig, Wiener Millionär 405
Hötz, Hans Conrad 360, 378
Hofer, Michael, Obervogt 271
Hoffmann, Robert, Bäcker 601
Hofmayer, Mathä, Diessenhofen 415
Hohenberg, Gaudenz Sigmund von 251
– Josef Franz Anton von 250
– Sigmund von, Freiherr 240, 251
Hohenklingen, Albrecht von 108
– Kaspar von 108
– Ulrich von 108–109, 263
– Walther von 263
Hohenzollern-Sigmaringen, Leopold von, Prinz 510
Holland, Alfred, Gärtner 604, 606, 609
Holzhausen, Werner von, genannt Keller aus Stein a.Rh. 134, 169
Holzinger, Martin, Autor 12

Homburg, Adam von 121
– Burkard von 141
– Hans von 123
– Herren von 106, 430
– Konrad von 83, 133
– Wilhelm von 133
– Wolf von 192
Homburger, Josef, Lehrer 420
Honstetten, Eberhard von, Mönch 50
– Gerhard von 49
– Herren von 49–50, 68
– Siegfried von, Mönch 51
Hopler(Hoppler), Hans, Widemgütlein 112, 193, 209, 258, 269
Hoplerin, Barbara, genannt Liebin 206
Hoppler, Familie 119
– Peter 112
Horn, Gustav, Feldmarschall 231–232
Hornstein, Balthasar Ferdinand von 232
– Ferdinand Maria von 371
– Freiherren von 83, 371, 473
– Maria Anna von 247
Hornstein-Weiterdingen, Franz Leopold Thaddä von 251, 257–258
Hornstein-Welsperg, Maria Anna von 258
– zu Weiterdingen und Bietingen, Franz Leopold von 247
Hosch, Jakob Friedrich, Feldscher 336
Hotz, Konrad, Schieggengut 256
– Matthias, Schieggengut 256
Hotze, General von 443
Hotzen, Südschwarzwald 334
Huber, Philipp Jakob, Lehrer 427
– Ulrich 112, 170
Hubmaier, Balthasar, Reformator 176
Hübner, Emil 589
Hünenberg, Götz von 163
Hug, Albert, Architekt 607, 609
– Friedrich, Konstanz 561
– Nikolaus, Konstanzer Maler 91, 560
Huggle, Johann, Pfarrverweser 98
Hugo, Zehntherr 60
Humberdrotz, Rudolf, Historiker 250
Hummel, Adolf Medartus 428
Hundtbiß de Waltrambs, Baron 332
Hungerbiehler, Clemenz, Advokat 509
Hunnen 76–77
Hurter, Friedrich, Schaffhausen 389
Huser, Jacob 112, 193, 209

Ilg, Andreas, Schneider 294
– Familie 355
– Familie, Mannerbach 323
– Nikolaus, Schuhmacher 294
Im Thurn, Herren von 143
– Thurn, Wilhelm 164
Imhof, Arthur E. 491

Isele, Siegmund, Handelsmann 305
Israeliten siehe Juden
Ita I., Herzogin von Schwaben 127–128, 134, 199
– II., Gemahlin Rudolf des Welfen 128
– III., gest. 1078 128, 134
Italiener 587–589, 592, 597

Jäck, Johann, Landdragoner 454
Jäger, Augustin, Oberschwandorf 347
– genannt Spätt, Familie 251
– Marx, Überlingen 272
Jänichen, Hans, Prof. 269
Jenner, E. 494
Jérôme, Prinz, Bruder Napoleons 454
Johannes XXIII., Papst 142
Jonas, Vizekanzler 192
Josenhans, Architekt 607, 609, 614
Joseph II., Kaiser 87, 154, 159, 205, 222, 248, 332–333, 335, 342, 383–384, 435
Jourdan, Jean Baptist, General 436, 438, 441
Juden 287, 296, 298, 304–305, 308, 351, 466, 476, 503, 519
Judentun, Mutter Markward des Stifters 60
– Regenold, Priester 60
Jung, Regierungsrat 540
Jungingen, Burkhard von 109
– Wolfgang von 109

Kämper, Ludwig, Hannover 589
Kärnten, Adelbero von, Herzog 79
– Heinrich III. von, Herzog 53
– Herzöge von 46, 53
Kässner, Hugo, Bierbrauer und Wirt 303, 563, 587, 600, 606
Kager, Tierarzt 309
Kaiser, Karl, Landeskommissär 503
Kalb, Hanns 112
Kalt, Balthasar, nellenb. Amtmann 202, 243, 253, 431
Kammerboten siehe auch Erchanger und Berchtold 23
Kampffmeyer, Landeswohnungsinspektor 613
Kappes, Reinhild, Stadtarchivarin 9
Karl II., König von Spanien 331
– V., Kaiser 177, 180, 187
– VI., Kaiser 154–155
– VII., Kaiser 332–333
Karlein, Karl Julius, Pfarrverweser 98
Karolinger 34
Karrer, Hans, Vogt 133, 210
Kaspar, Otto, Lebensmittelgroßhändler 521, 523
Katz, Friedrich, Geistlicher 100
Katzenmaier, Herr, Konstanz 411

Kaufmann, Edmund, Bürgermeister 301
– Elias, Gailingen 410
– Jacob, Gailingen 351
– Joseph, Gailingen 351
Kayser, Peter, Wirt 289
Kechler, Hans Melchior, Schwandorf 251
Keim, Hermann, Militärverein 511
Keimb, Joh., Metzger 294, 299
Keller, Adam Heinrich, Schleitheim 202
– Christian, Müller 433
– Fabrikaufseher 408
– Familie, Berg 323
– Frick 174
– Jakob, Lehrer 428
– Johannes, Priester 84
– Müller 431
– Niclaus, Obervogt 225
– Paul, Dichter 301
– Ueli, Stein a.Rh. 263
– Ursula 169
Kellermann, C.A., Schriftsteller 302
Kellmayer, Heinrich, Storzeln 264
Kelmaier, Familie 119
Kelten 75
Kempten, Berthold d.J.von 123
Kenne, Friedrich von, Friseur 601
Keppner, Robert, Kulturoberaufseher 563
Kern, Frieda, Lehrerin 425
Keß, Ulrich, Geistlicher 84
Kheiderlin, Matheus, Remishof 268
Kiburg, Herren von 67
Kiefer, Joseph, Handelsmann 257
Kieffer, August, Apotheker 603
Kienn, A., Aach 522
Kilian, Kupferstecher 194
Kimmig, Wolfgang, Prof. 204
Kissling, Hans, Vogt 72
Klausmann, Johann, Zimmermann 412–413
– Peter, Zimmergeselle 415
Kleibrink, Joseph, Arbeitersekrtär 296, 582
Klingele, Otto, Pfarrverweser 98
Klingen, Eberhard von zu Twiel 142
– Hans von 168
– Heinrich von zu Twiel 142
– Herren und Ritter von 48, 51–52, 59, 66–67, 73, 110ff, 136–139, 202, 263, 268, 470
– Ulrich d.Ä. von 108
– Ulrich von 48, 59, 69, 83, 104, 107
– Walther von 51, 69
Klingenberg, Albrecht von 104–105, 107, 109–110, 112–115, 117, 119, 122, 124, 139–140, 255, 354

– Bernhard von 112, 170
– Caspar von 84
– Dorothea von 115, 117
– Dorothea von, geb. von Öttingen 113
– Eberhard von 109–110, 112, 117, 140, 146, 170
– Hans Heinrich von 74, 105, 112–121, 125, 151, 170, 178–179, 182, 185, 255, 430
– Hans Kaspar von 104, 116, 188, 195
– Hans von 105–106, 108–111, 123, 136, 139, 141, 143, 168
– Hans von, Komtur des Deutschordens 105
– Heinrich von 48, 105, 109–112, 124, 133, 143, 174, 187, 472
– Heinrich von, Bischof von Konstanz 105
– Herren von 17, 48, 102, 104ff–105ff, 143, 147, 200, 202, 263, 268, 430, 470
– Herren von, Stammtafel 120
– Johannes von 84
– Kaspar d.Ä. von 110, 113, 124
– Kaspar d.J. von 110–113, 124, 170
– Kaspar von 17, 72, 106–109, 122–123, 143, 146
– Konrad von, Bischof von Brixen und Freising 105
– Margarethe von, geb. von Grünenberg 110–111, 124
– Schoch von 106
– Ulrich von, Dompropst 105
– Waldburga von 143, 168, 174
– Wolfgang von 110
Klingenfuß, Nikolaus, Postmeister 289
Knecht, Aloys, Revierförster 345
Knöbel, Martin, Geistlicher 98
Knöringen, Markus von, Abt des Klosters Reichenau 84, 270, 472
Koch, Alois, Überlingen a.R. 280
– Konrad, Grafenhausen bei Ettlingen 407
Köhn, Rolf, Prof.,Konstanz 125, 141
König, Tierarzt, Worblingen 309
Kohler, Johann Martin, Tuttlingen 407
Kohlhammer, Ludwig, Wirt 611
Kolb, Revisor 261
Kollowrat, Graf, Feldmarschall 443
Kolping, Adolf, Sozialreformer 96
Konrad, Erzbischof von Salzburg 53
– I., König 33–34, 36, 39–40, 44, 76
– Name im Wagenhauser Totenbuch 69
Konradiner 34
Korm, Otto, Leipzig 589
Kornmaier, Anna Maria, Wirtin 300
– Peter, Leichenschauer 566
Kornmannshaus, Friseur 290
Kornmayer, Anton, Weber 295
– Christa 229

647

– Conradt 227
– Franz, Wirt 603, 608
– Johann, Weber 295
– Martin 599
– Matheis 228
– Michael, Weber 295
– Peter, Weber 295
Kornmeyerin, Franziska, Lehrerin 426
Kozpret, Adliger 21
Krähen, Berthold von 130–131
– Diethelm von 130–131
– Gotfried von 131
– Hans Wilhelm von 133
– Heinrich von 129, 131
– Hermann von 129
– Johannes I. von 131
– Katharina von, geb. von Bodman 131
– Konrad I. von 131
– (Kreyen), Agnes von 259
– Liutold von 130
– Truchsessen von 130
– Vögte von 131
Krafft, Benedikt, Renovator 22, 27
– von, Landrichter 437
Kramer, N., Geistlicher 98
Krammer, Johann Ulrich, Pfarrvikar 372
Kraus (Graus), Kaspar, Orgelbauer 90
Kray, Paul, Baron, General-Feldzeugmeister 439
Krenkingen, Diethelm von, Reichenauer Abt 54, 71–72
Kreuz, Stadtbaumeister 608
Krimb, Joh., Metzger und Wirt 300
Kroaten 589
Krumb, Johann Christoph, Bürgermeister in Radolfzell 371, 476
Kübel, Lothar von, Erzbistumsverweser 91
Kuefstein, Grafen von 246
Künz, Günter, Bäcker 601
Kunz, Otmar, Abt von St. Gallen 151–152
Kuttruff, Bahnverwalter 22, 113–114, 118, 290–291, 425
– Julie 291, 564
Kyd, Adam, Vogt der Fugger 151
Kysling, Sebastian, Kießlinghof 269

Labord, General 438
Lampinelli, Isidor, Meister bei GF 588
Landau, Hans Jakob von 171
Landenberg, Herren von 106
Landenberger, Paul, Konditor 600
Landmann, Salcia, Schriftstellerin 308
Landolt, Johann Dominik, Pfarrer und Kammerer 98, 278, 280–281, 284–285, 420, 422, 447
Lang, Familie, Remishof 268

– Johann 589
– Josef, Bahnbediensteter 600
Langenmantel, Helena von 239
Langenstein, Herrschaft 314
– Katharina von, geb. Werner 387, 480
– Ludwig von 387
Langer, Fritz 589
– karl 589
Laßar, Hannß Jacob 228
Laßolaye, Leopold von, Baron 404–406, 410
Laßolayes, Anna Maria 405
Lauber, Unternehmer 574
Laufen, Konrad von 164
Laule, Gustav, Metzger 608
Laurent, Bataillonschef 448
Lechthaler, Hofkammerrat 260–261
Lecourbe, Generallieutenant 447
Ledergeirer, Melchior, St. Katharinental 372
Legbain, Hans, Radolfzell 472
– Margreth 105, 114, 118, 120–121
Legrand, franz. Maggi-Direktor 550
Lehmann, Valentin, Baumeister 403–404, 406, 409
Leiberich, Karl Mack von, Feldmarschall–Leutnant 449
Leiner, Aloysia 406
– Franz Xaver 407
Lentz, Georg, Holzerhof 227, 259
– Hans, Holzerhof 259
Leodegar, Abt von St. Gallen 154
Leopold I., Kaiser 154, 243, 247, 255, 260, 330, 381
– II., Kaiser 159, 222, 342, 384
Lerch, Heinrich, Pfarrer 95
Leute, Batholomäus 599
Leuthner, August, altkath. Pfarrer 11, 14, 94, 100, 291, 564, 577
– Josef 521
– Josef, Rentmeister 273
Levi, Elias, Worblingen 351
– Moses, Gailingen 410
Lew, Burkart. Engen 268
– Heinrich, Engen 268
– Martin, Remishof 268
Lewerer, Hans, Schultheiß 209
Ley, Engen 522
Lieb, Hannß siehe auch Lyb 230
– Hans, Bürgermeister 22–23
– Hans, der Alte 193, 209
– Hans, gen. Hopler, Widemgütlein 258, 269
– Hans, Schaffhausen 147
– Hans, Staatsarchivar, Schaffhausen 125
– Wolf 226, 228
Liebherr, Franz Joseph, Oberjäger 342
Liebig, Firma 551–552

Liebin (Hoplerin Barbara) 206
Liechtenstein, Georg von 147
Lienhard, Christoph, Diemantstein 193
Limbrock, Heinrich, Uhrmacher 304, 601
Limburg, Hermann II., Markgraf von 45
Lindner, Isac, Kammermeister 254
Lindtmeier, Felix d.Ä. 166
Liutfried, Neffe Erchangers 40
Livinallongo, Girardinus de Coista de 238
Locher, Architekt, Zürich 620
Lodron, Familie von 258, 480
– Franz von, Graf 248
– Theresia von 258
Löhle, Hans, Buchdrucker 296
Löscher, Wolfgang Friedrich, Hauptmann 231–232, 430
Löw, Hans, Vogt 169
Löwenberg von, Regierungs- und Kammerrat 159
Looser, Familie 355
– Johannes, Remishof 268
Lorenz, Rudolf, Schauspieler 77, 606
Loser, Martin, Nachtwächter 400
Losser, Hannß 227
– Jacob 227
Loßer, Jacob d.J., Vogt 210
Losser, Jacob der Alte, Scherer 293
Loßer, Maria Anna, Remishof 349
Losser, Peter, Wagner 295
Lothringen, Carl Alexander, Herzog 335
– Charlotte von 382
– Franz Stefan III. von 333
– Josef von, Prinz 447
Lous Philipp, König von Frankreich 502
Lucchesi–Palli, Maria Assunta Franceska 390
Luddold 60
Ludwig das Kind, König 35
– XIII., König von Frankreich 233
– XIV., König von Frankreich 330
Lupfen, Adelbero von 68
– Christof von, Graf 117
– Eberhard von 263
– Grafen von 109, 138, 141, 183
– Heinrich von 139
– Johannes von 263
– Sigmund von 146, 177
Lupffer, Anna, geb. Hägglbach 470
– Joachim 470
Luther, Martin, Reformator 176
Lyben, Anna 268
– Barbara 268

Maentzer (Mantzer), Hans Peter, Vogt 132, 209–210
– (Martin Peter), Vogt 210

Märklin, Friedrich, Keller 404
Maggi, Julius,,Unternehmer 13, 539, 543ff, 584, 592-593, 597, 602, 605, 610
– Michael, Frauenfeld 543
Maggi-Strehler, Eugen, Kempttal 543
Mahler, Karl, Bäcker 601
Mahlspüren, Hermann d.J. von 129, 135
– Herren von 128
Maier, Hans, Mundartdichter 513, 564
– Jakob, Pfarrer 98
– Johannes 322
– Lorenz, Hafner 296
– Martin, Apotheker 563
– Matthias, Friedingen 508
– Peter, Landwirt 350-352
Majer, Simon, Siebmacher 505
Maler, Konrad, Steißlingen 179
Mall, Anton, Donaueschingen 540
Malterer, Margarethe 108
– Martin, Ritter 108
Mamburron, Manegoldum de 64
Mammern, Herren von 65
– Manegold von, Abt des Klosters St. Gallen 46, 65
Mancini, Giuseppe, Politiker 543
Mandach, Margareta von 163
Manngolt, Wolfgang 115
Marbach, Konrad von 112
Margarethe, Heldenjungfrau (1693) 233
Maria Theresia, Kaiserin 87, 155-157, 159, 214, 248, 305, 332-333, 335, 342, 382, 386, 397, 399, 435, 462, 468
Markward, Stifter 52-54, 59-60, 70, 199
Marschalck, Peter 488
Martens, Karl von, Historiker 11
Martin, Hanns, Gerichtsmann 22, 193, 209
– V., Papst 17
Marx, Karl, Politiker 510
Marx, Karl, Politiker 510
Masséna, André, General 439
Matt, Alfred, Steinmetzmeister 511
– Anton, Steinhauer 296, 339, 599
– Josef, Kaufmann 433, 563
Mattes, Alois, Autor 9
– Antonia 351
– Genoveva, geb. Engesser 433
– Josef, Zimmermann 351, 466, 485
– Kristina 352
– Magdalena 352
– Rosina 351
– Stephan, Müller 433
– Theresia 352
Matthes, Mathias 325
Maurer, Franz, Bäcker 601
– Hans Martin 76
– Helmut, Konstanz 9, 21, 143, 410
Maus, Valentin 322

Maximilian I., Kaiser und König 113, 144, 147, 162, 170, 268, 339, 381, 395, 472
May, Felix, Zürich 124
Mayer, Anna Maria 490
– Anton 302
– Anton, Radolfzell 372
– Familie 355
– Georg 324
– Glaser, Stein a.Rh. 412, 415
– Isac, nellenb. Obervogt 470
– Johann, Metzger 294
– Johann, Wirt 296, 303
– Jordan, Kießlinghof 269, 373
– Josef, Feldwebel 460
– Karl, Apotheker 604
– Karl, Maurer 352
– Leo 352
– Martin 489
– Martin, Metzger 294
– Martin, Schmied 293, 467
– Max, Metzger 299
– Peter jung, Metzger 294
– Peter, Vogt 210, 217, 294, 298, 302-303
– Peter, Vogtsgütle 464
– Rosa 490
– Thadäus, Senner 265
– Veit, Schmied 294
Medici, Familie 154
Meicapaco, Anna, Schaffhausen 588
Meile, Johann Joachim, St. Gallischer Lehensvogt 153
Melche, Bastian 227
Menrad, Vinzenz 589
Menzer, Konrad Peter 170
Merckh, Michael 225
Mercy, Franz, von, Generalfeldmarschall 233-235, 242
Merhart, Ulrich, Geistlicher 98
Merian, Matthäus, Kupferstecher 234-235
Merk, Johannes, Weiler 471
Mertz, Kuntz 133
Merz, Hannß 228
Meßmer, Anton 401
– Conrad, Obervogt 274
– Handelsmann, Konstanz 411
Messmer, Johann, Bürgermeister 563
Meßmer, Johann Konrad, Verwalter 271
– Johann,Schuster 411
– Leopold Ludwig, Obervogt 215, 271
Meßmerin, Katharina 347
Mettler, Adam 226
Mettmer, Wendelin, Hilzingen 273
Metzler von Andelberg, Christoph von, Bischof von Konstanz 270
Meyer, Johannes, Metzger 533, 536

– Werner, Prof. Basel 75, 80
Mezger, Balthasar, Chirurg 306
– Hannß 230
Mezler, Josef, Bevollmächtigter 271
Mill, Johannes, Priester 84
Miller, Jacob, Maurer 293
– Max, Staatsarchivdirektor 18
– Michael, Maurer 227, 293
– Moriz von, Generalleutnant 503
Modena, Herzog von 449
Möbel, Georg, Schreiner 228, 293
Mörsberg, Adelbert von, Vogt 48, 67
– Peter, Ritter 123
Mohel, Jacob 230
Mohl, D., Regierungsrat und Landeskommissär 453-454, 456
– Georg 225
Moll, Johann Baptist, Kaltbrunn 349
Mollenbec, Kreisrat von 457
Montfort, Hugo von, Graf 48
Moos, Heinrich, Randegg 558
– Hirsch, Randegg 509
Morast, Hermann, Oberrechnungsrat 11
Moreau, Jean Victor, General 436, 439, 447
Moser, Architekt, Karlsruhe 621
– Johann Baptist, Regimentsrat 260-261
– Prof.Architekt, Zürich 622
Mosmann, Vinzenz, Randegg 458
Motz, Paul, Denkmalpfleger 406, 410
Müethinger(Mietinger),Joseph Gabriel, Verwalter 258
Mühlberger, »Tabak-Müller« 405
Müller, Anton, Wirt 303
– Bernhard, Abt von St. Gallen 152-153
– C.F., Engen 606
– Ernst, Wirt 600
– Eugen, Buchdrucker 608
– Friedrich, Schreinermeister 96
– Hans, Bulgenbach, Bauernführer 177
– Hans Martin, Schneider 294
– (Hans Schäffli) 209
– Hans Vogt auf Hohenkrähen 151
Müller-Harter, Johann, Fabrikant 540
– Johann Georg, Verwalter 271
– Johann Nepomuk, Obervogt 193, 272, 276, 347, 383-384, 400, 407, 436, 439, 442, 445-447, 449, 453
– Johann Sebastian Christoph von, Hofrat 404
– Johannes von, Schaffhausen 435
– Mathias, Bauunternehmer 296, 601
– von, Hofrat 405, 410
Müllersche Erben 405
Münckh, Melchior 225
Müntzer, Thomas, Revolutionär 176

649

Muffler, Wirt 606
Munding, Karl, Engen 600
Muntprat, Luntfried, Konstanz 358
Murer, Hans, Mühlhausen/Schlatt u.K. 179
Murillo, span. Maler 582
Murst, Benedikt, Maurer 602

Nagel, Antoni, Küfer 294
– Familie 355
– Jacob 227
– Jacob, Küfer 294
– Johann, Bäcker 294
– Johann, Küfer 294
– Lorenz, Friedrichshafen 487
– Peter 228
– Peter, Weber 295
Napoleon I., Kaiser von Frankreich 384, 436, 439, 448–449, 452, 456, 485
Nauendorf, Graf von, Feldmarschall-Lieutenant 442, 447
Neher, Unternehmer 574
Neidhard, Hans Jörg, Wiesholz 349
Neidhardt, Marcus, Geistlicher 98
Neidhart, Familie 355
Nellenburg, Burkhard von 45, 48–49, 67, 128
– Eberhard von 45, 48, 66–67, 163
– Ekkehard von, Abt des Klosters Reichenau 44–45, 49, 79, 135
– Herren und Grafen von 49–50, 62, 79, 128, 134, 153, 200
Neßler, Vikar 96
Nestlen, Georg 601
Neugart, Georg, Pfarrer 91, 93–96, 98, 561–562, 568, 600
Neuhausen, Caspar von 246
– Edlen von 246
– Maria Anna von 251
– Reinhart von 246
Neunkirch/Klettgau 140
Neveu zu Windschlag, M. Theresia von, Freiin 247
Neydhardt, Familie 355
Niederer, Direktor der Firma Maggi 619
Nietsche, Friedrich, Philosoph 510
Nörber, Thomas, Erzbischof von Freiburg 608
Noppel, Dominik, Radolfzell 305, 506
– Eduard, Hilzingen 597
– Ignaz, Geistlicher 84, 99
Novac von, Obrist 458
Nuofer, Sebastian, Lehensverwalter 153

Obach, Caspar, Maler 244
Obser, Sigmund Andreas, Fiskal 217
Öchsle, F., Schlatt 522
Oechsle, Hafnermeister, Schaffhausen 412, 415

Öhem, Gallus, Chronist und Pfarrer 53, 64, 69–70, 82, 98
Oehler, Emmerich, Dresden 511
Öhningen, Konrad von 128
– Kuno von 44
Österreich, Albrecht von, Herzog 122, 142, 164
– Christoh von, Herzog 22
– Claudia von, Erzherzogin 154, 233–234, 237, 240, 242, 254
– Erzherzöge von 150
– Ferdinand II. von, Erzherzog 223, 240
– Ferdinand Karl von, Erzherzog 233, 236, 240, 242–243, 246, 253–254, 264, 277, 299, 303
– Ferdinand von, Erzherzog 152, 177–178, 189, 195–196, 201, 221, 268, 381, 431, 443, 470
– Friedrich IV. von, Herzog 123, 142, 163
– Haus siehe auch unter Habsburg 111, 131, 154–156, 185, 201, 263, 358–359, 365
– Karl von, Erzherzog 152, 437, 441, 443, 446–447
– Katharina von, Erzherzogin 124
– Leopold III. von, Herzog 108, 163, 254
– Leopold V. von, Erzherzog 153, 233
– Maria Anna von, Erzherzogin 384
– Maximilian von, Erzherzog 152–153, 202–203
– Rudolf von, Herzog 122
– Sigmund Franz, Erzherzog 154
– Sigmund Franz von, Herzog 240, 254, 339
– Sigmund von, Herzog 109–110, 123, 140–144, 174, 202, 377
Österreicher 138, 331, 445, 589
Öttingen, Dorothea von 113
– Wolgang von, Graf 196
Oexle, Adolf, Bäcker 600
– Jakob, Schlosser 349
– Johann, Bierbrauer 600
– Johann, Mühlhausen 336
– Karl, Wagner 599–600
– Lorenz 600
– Lorenz, Müller 433
– Peter, Autor 12
– Peter, Chronist 304, 600
– Witwe, Scheffelstraße 569
Opser, Joachim Abt von St. Gallen 152, 155
Oschwaldt, Hannß, Aach 225
Ostner, Adolf, Oberamtmann 562, 569
Othmar, Abt von St. Gallen 201
Ott-Albrecht, Haus 234, 236
– Franz, Fotograf 296
– Johann Georg, Maler 439–440, 442, 444–445

– Josef, Fotograph 604
Otto der Große, Kaiser 35
– II. Kaiser 41
– III., König 44
– Ludwig, Rheingraf 232
Ottonen 35
Ow, Stefan von, Zürich 134
– zu Sterneck, Wildhans von 251
– zu Wachendorf, Hans Erhard von 251
– zum Eyssinger Tal, Adam Heinrich von 251
Ower, Adam 225
Oysonville, General 234

Pabo, Graf des Nibelgaues 32
Pächler, Anton, Pfleger und Amtsverweser 240, 254
Pallauß, Johann Franz von 240, 256
– und Campan, Carl Joseph von 256
Pappus von Trattberg, Johann Andreas von 154–155
– von Trattsberg, Franz Apronian von 154
Paul I., Zar 445
– II., Zar 438
Paumgartner, Familie, Augsburg 192
Peer, Leonhard, Innsbrucker Bürger 193
Perolatz/Perollaz, Josef, Kaufmann 290, 301, 304, 411, 465, 475, 507, 564,
Person, Gerlinde, Autorin 199
Peter, Bischof von Augsburg 168
– Hans, genannt Mantzer 209–210
– Konrad, genannt Menzer 170, 210
– Marte 228
– Martin, gen. Schnigeli, Vogt 210
Petter, Heinz 133
Petzold, K., Bauingenieur 540
Peucker, Eduard von, Generalleutnant 503
Peyer, Gebrüder, Schaffhausen 289
– Johann, Schaffhausen 262
Pfäfers, Konrad, St. Galler Chronist 47
Pfeifer, Barthle 227
– Simon 352
Pfeiffer, Familie 355
– Georg 226, 229, 355
– Klein Hans Niederhof 264
Pfetter, Margareta 255
Pfister, Dominikus, Landwirt 352
– Hans 119
– M. 533
– Schreinermeister, Schaffhausen 412
Pfizer, Christian, Wirt 303
Pfoser, Anton 324, 348
– Baltus 348
– Familie 324
– Franz, Ziegler 296
– Gabriel, Wirt 303

– Gerichtsmann 217
– Hansjörg, Fuhrmann 438
– Hermann, Heimatforscher 12
– Johann 348
– Kaspar, Wagner 295
– Martin 461
Pfuser, Johann, Abt der Reichenau 55
Pfyn, Walter von 52
Pickel, Ernst, Hotelier 607, 609
Plum, Christoph Balthasar 474
Plumb'sche Erben 255, 474
Pölzelbauer, Joseph, Graphiker 18
Poll, Peter 227, 293
Pollikeit, Friedrich, Maler, Randegg 91
– Gustav, Maler, Waldshut 91
Polweyler, Niclas, Freiherr zu 171
Poppo, Stammvater der Babenberger 32
Praßberg, Freiherren von 342, 365–366
Praßler, Hannß 227
Preußen 507
– Friedrich Wilhelm IV. von, König 502
– Luise von, Prinzessin siehe auch Baden, Großherzogin 510
– Wilhelm von, Prinz 508
Prinzing, F., Autor 491
Prisinger, Bartolome, Glockengießer, Lindau 193, 195
Probst, Jacob 225
Prutscher, Hannß, Müller 225
Pückler, Graf von 455
Puochenstein, Hartwig de 238

Raaf, Adam 227
– Georg 227
– Jacob 229
Radolfzell, Heinrich von 54, 72
Räs, Ulrich, Geistlicher 98
Raifer, Familie 355
– Peter, Metzger und Wirt 294
– Peter, Wirt 289, 301, 355
Raiffer, Caspar, Wirt 300
– Maria 321
Raiser, Johannes Nepomuk, nellenb. Oberamtsrat 268, 362
Raitenau, Herren von 228
Raiter, Hans Georg, Müller 294
Rambschwag, Familie von 262
Ramstein, Albrecht, Abt des Klosters Reichenau 52
Randegg, Burkhard von 146
– Heinrich von 141, 168
– Herren von 106, 143, 165
Randenburg, Götz Schultheiß von 163
Randenburger zu Schaffhausen 111
Ranke, Leopold von 176
Ranz, Johann Raymond Alexi, Obervogt 218, 258, 271, 280, 342–343, 383, 397–398, 464
Raßler, Johann Rupert von 250

Rassler, M., Freiherr 240
Ratpert 149
Ratzel, Rudolf, Geometer 511
Ratzenried, Johann Anton, Freiherr von und zu 371
Rauch, Damas, Tabakfabrikant 407
Rauh, Hans Michael, Obrist 231
Rauschenbach, Johann, Schaffhausen 541
Rechberg, Hans von 110, 139, 142, 164–165, 168
Recknagel, Rentamtmann 273, 389, 431, 563
Reher, Pius, Abt von St. Gallen 153
Rehm, Erhard, Mühlhausen 454
– Wendel 348
Rehmann, Johann, Chirurg, Mühlhausen 306
Reich, Maurergeselle, Baden-Baden 562, 586
Reichle, Conradt 228
– Franz, Schneider 294
– Georg 227
Reichli, Veit 225
Reichlin, Familie 355
Reik, Ziegelei 214
Reinisch zu Harderburg, Antonie von 390
Reischach, Bilgrin von, zu Stoffeln 121
– Eitelegg von 229, 254
– Freiherren von 453, 471
– Hans Adam von 152–153, 189, 202
– Hans Wernher von zu Hohenstoffeln 206
– Michael von, Gaienhofen 138
– Pilgrin von 141
– von Hornstein, Anna von 168
– von Richenstein, Heinrich von 168
– Wetzel von 83
– zu Hohenkrähen, Herren von 260
Reisser, Wilhelm, Stuttgart 603
Reitz, Martin, Holzerhof 259
– Thias 193
Reitze, Dionys, Remishof 268, 358
– Familie siehe auch Ritzi, Rytzi 355
– Johann, Hausen 93
– Martin, Remishof 268
– Ursula 347
Reitzi, Hans Adam, Remishof 268
Reitzin, Catharina 206
– Familie 355
– Gallin, Vogt 22, 193, 209–210
– Hans Jacob 355
– Hans, Remishof 268
– Martin 355
– Quirinus 355
– Thias 22, 193, 209
Reize, Adrian, Bäcker 294
– Alfred 351–352

– Amtsdiener 400
– Andreas, Remishof 268
– Anton, Landwirt 600
– Augustin, Schmied und Fuhrhalter 600
– Ch., Remishof 268
– Familie 269
– Galle 225, 229
– Georg, Gemeinderechner 220
– Hannß 227, 229
– Jacob 230
– Johann, Schmied 351
– Johann, Zimmermann 295
– Johannes, Huf- und Wagenschmied 293
– Jos., Maurer 294
– Martin 228, 253, 470
– Martin, Müller 352
– Martin, Oberleutnant 458, 460
– Mathäus 461
– Quirinus, Wagner 295
– Schmied 602
– Simon 352
– Thomas, Roßneggergut 470
– Ursula 353
Reizi, Hannß 229, 298
– Quirin 229
Reizin, Hanns 268
– Martin 230
Rekenbrod (?), Corporal 507
Remlis, Hans 106
– Hans, Remishof 267
Remlishofer, Haintz, Remishof 268
Renn, Johannes, Weiterdingen 89
Renner, Gotthard, Dornermühle 433–434
Restlin, Jacob 230
– Peter 229
Reuze, Anton, Schmied 467
– Johann, Amtsdiener 454
– Kaspar 336
– Leopold, Remishof 469
– Matthias, Schuster 348
– Michael 347
– Veit 347
Rheinfelden, Adelheid von 79
– Agnes von 45
– Bertold von 44–45, 48, 64
– Herren von 45–46, 49, 59
– Rudolf von 44–45, 59, 63, 79
Rhomberg, Manfred, Kommerzialrat 250
Richard, franz. Agent 437
Riede, Franz, Lehrer 418, 427
Riedheim, Johann von 70
Riedmüller, Oberamtsrat 405
Riedtmiller, Franz Jakob, nellenb. Rentmeister 464
Rieger, Wirt 507
Rietsch, Bernhard 226–227

651

Riettmann, Christoff 227
Rihm, Alexander, ev. Pfarrer und Heimatforscher 11, 94, 97, 100
Rimskij-Korsakoff, General 443
Ritter, Josef, Wasenmeister 566
- Michael, Radolfzell 467
Ritz, Galli 119
Ritzi, Peter 263
Ritzin, Jacob, Erzinger Guut 264
Rochau, Johann Joachim von, Obervogt 232
Rodt, Franz Konrad von, Kardinal 345
- Maximilian Christoph von, Bischof von Konstanz 406
Römer 75, 286
Rösler, Georg, Lehrer und Rentamtsverwalter 273, 420, 466
Rößler, Adolf, Konditor 600
Roeßler, Ludwig, Geistlicher 100
Rogger, Name 61
Rosenberg, Herren von 137
Rosenegg, Hans von 138, 141, 263, 472
- Hans-Wener von 472
- Heinrich von 83-84
- Herren von 52, 70, 263, 270
- Johann von 52, 70
- Kunigunde von 263
- Margreth von 70
- Werner von 83-84
- Werner von, Abt der Reichenau 52
Rosnegger, Clewy 112
- Hans, Lehenbauer 259
Roß, Colin 301-302
Roßnegker, Clewi 118
Rost, Anton von 240, 250
- Carl von 274
- Constantin von 215
- Dionis I. von 239
- Dionis II. von 239
- Dionis III. von 240, 243-244, 246-247, 255-258, 260, 276, 533
- Dionis III. von, Wappen 244
- Dionis IV. von, Fürstbischof von Chur 245, 248, 257, 382
- Dorothea Felicitas 248
- Engelhard von 240
Rost-Enzenberg, Familie, Wappen 391
- Felicitas von 250
- Ferdinand Karl von, Bregenz 251
- Franz Anton von 246
- Franz Johann von 246
- Franz Joseph von, Graf 85
- Franz Karl I. von 86-87, 240, 243, 250, 255-257
- Franz Karl II. von 247-248
- Franz Karl III. von 210, 217, 239-240, 248, 250, 257-258, 271, 382, 462
- Franziska Leopoldine von 248
- Freiherren und Grafen von 16-17, 83, 202, 238-239, 243ff, 245, 260, 292, 342, 354, 359, 362, 364-368, 371-372, 374-375, 381, 395, 403, 422, 471, 473, 531
Rost-Fugger, Anna Maria von, Gräfin 257
- Georg Horaz von 86, 243, 247-248, 254, 257-258
- Hans Engelhardt von 254
- Hans Gaudenz I. von 239
- Hans Gaudenz II. von 239, 250
- Hans I. von 239
- Hans II. von 239
- Hans Victor von 254
- Hans von, gefallen 1944 250
- Herren von Stammtafel 249
- Jacob Heinrich von 250
- Jakobea von 240
- Johann Anton von, kaiserl. Gesandter 251
- Johann Gaudenz II. von 238-241, 250, 253-256, 261, 264, 271, 297, 303, 341, 359, 431, 434, 464, 470-471
- Johann Gaudenz III. von 86, 202, 206, 211, 234-235, 243, 247-248, 250-251, 257-258, 371, 474
- Johanna Ursula Katharina von 247
- Josef von, Chorherr von Innichen 250
- Josef von, Chorherr von Innichen 250
- Joseph Anton von 85, 260-261
- Karl von 247, 251
- Konstantin Dominik von 248
- Konstantin von 239
- M. Anna Elisabeth von 248
- Maria Elisabeth von, Freiin 247
- Maria Jacobea von 256
- Maria Johanna Catharina von 257
- Maria Johanna von 246-247
- Maria Theresia von 86, 248
- Maria Walburga von 248, 257-258, 382, 385, 462, 611
- Nikolaus II. von, Brixen 239
Rost-Schellenberg, Maria Cleopha von 257
- Susanne von 240, 251
- Theresia von 257-258, 462, 479
- Veronika von 251
- zu Kehlburg, Wappen 244
Rotberg, Susanna von 113
Roth, Johann Heinrich, Landschreiber 260
- von Schreckenstein 113
Rothschild, Baruch, Gailingen 410
- Moses Baruch, Worblingen 351
- Wolf, Worblingen 350
Rotter, Jos. Schreiner 580
Rowalt, August, Hotelier 605-606, 609
Ruby, Brigadegeneral 441-442, 450

Ruch, Franz Werner, Historiker 14
- Franz X., Kaufmann 304
Ruckln, Hainrich, Stein a.Rh. 72
Rudolf II., Kaiser und König 33, 37, 152, 155, 203, 246
- II., König von Hochburgund 33, 37
Rudolphi, Johann Joseph von, Landschreiber 155
Ruedi, Franz, Schulmeister und Mesner 354
Rüdt, Sozialdemokrat, Heidelberg 562
Rüeger, J.J., Schaffhauser Chronist 263
Ruethart, Hanß, Zimmermeister 431
Ruf, August, Stadtpfarrer 11-12, 97, 606
Ruh, Max, Schaffhausen 125, 143
Ruopert, Abt vom Kloster Rheinau 32
Ruotzmann, Johannes, Priester 84
Russen 443-445, 451
Rytze, Dyas, Lehenbauer 259
Rytzi, Peter, Niederhofen 72
Rziczan, Novack, Obrist 457

Sachsen-Weimar, Bernhard von, Herzog 231
Sättele, Franz, Lehramtsassessor 11
Sailer, Eisenhändler, Schaffhausen 412
Saint-Cyr, franz. Division 442
Salewski, Albrecht, Dipl. Bibliothekar 9
Salomon III., Bischof von Konstanz 33, 35-36, 40, 76
Salzmann, Franz Joseph, F.F. Hofbaumeister 88, 403-404, 409, 417
Sandegg, Konrad Mangold von 268
Sandhaas, Johann Baptist, Chirurg 306, 336
- Johann Ignaz, Posthalter 289
- Maria Theresia 325
Sandhas, Andreas, Metzger 299
- Anna Maria 465
- Basili, Metzger 294
- Basili, Wirt 302-303
- Familie 306
- Johann Nepomuk, Posthalter 289, 299, 301, 324, 407, 421, 465, 467, 509,
- Johann Nepomuk, Randegg 411, 465
- Kaspar 348
- Notburga 351
- Peter, Metzger 299, 451, 467
- Philipp Jakob, Geistlicher 98, 301
- Schreiner 351
Sandhasin, Franziska 348
Sandizell, Maria Anna von 251
Sanner, Hans, Sozialdemokrat 589
Sauberger, Alfred 352
- Emil, Schuster 352
- Susanne 352
Sauter, Hans, Dentist 607
Schack zu Schackenburg, Sophie Amalia von, Freiin 382

Schächle, Anton, Baumeister 601–602, 608
- Georg, Baumeister 267
Schäffli, Hans, genannt Müller 209
Schaffhausen, Abt Siegfried 50
Schaffhauser 138–139, 143, 203
Schaffrodt, Alexander, Säckingen, Wirt 301, 303
- Gustav, Wirt 301
Schafmacher, Franz, Schaffhausen 353
Schaidtlein, Hans Georg, Küßlinghof 269, 373
Schaier, Jochen, Autor 312
Schalch, Schaffhauser Polizeileutnant von 451
Schalzmann, Galle 227, 293
Scharpf, Johann Philipp, Obervogt 222
Schauenberg, Peter von 141
Schaumann, Josef, Bildhauer 180
Schechtel, Martin, Oberbayern 589
Schechtele, Hofkaplan 158
Scheck, Peter 173
Scheer, Truchsessen zu 256
Scheffel, Johann Victor von, Dichter 76, 301, 510, 582
Scheffold, J. 599
Schefle, Hannß 230
Scheidegg, Josef, Pfarrer 91, 98, 408
Scheidle, Johann, Gerber 294–295
Schelklin, Anna, Niedersingen 263
- Hans, gen. Heggentzi 263
Schellenberg, Arbogast von 172
- Hans von 114, 117, 187
- Kleopha von, Freiin 85, 247
- Konrad von, Freiherr 146
Schellhammer, Jakob, Mühlhausen 413
- Joseph, Niederhof 264
- Vogt in Mühlhausen 272
Scherer, Theresia, Generaloberin 95
Schieggen, Michael, Stein a.Rh. 256
Schienen, Werner von 139, 141
Schiener, Heinrich der 131
Schildknecht, Jakob, Bietingen 337
Schiner, Heini 174
Schirle, Hannß 227
- Hans, Küfer 293
Schirmer, Hannesli, Briefträger 290
Schlegel, Ernst, Konstanz 290
- Hannß 228
Schleitheim, Adam Heinrich Keller von 154, 240
- Keller von 240
Schlemer, Hans, Schmied 293
Schlosserin, Cecilia 403
Schmal, Franz, Bauunternehmer 604
Schmid, Arnold 589
- Ernst, Berlin 550
- Hans d.Ä. 112
- Hans d.J. 112

- Hans, Remishof 268
- Hermann, Gärtnermeister 511, 561, 609
- Maggi-Generaldirektor 553–555
- Michel 112
Schmidin, Barbara 206
Schmidt, Adolf, Wirt 303
- Georg, Stein a.Rh. 350
- Heußle 190
- Jacob 227
- Michel 253
Schneble, Stadtschreiber, Stein 220
Schneider, Hannß 190
Schneller, Martin, Bürgermeister in Pfullendorf 242
Schnigeli (Martin Peter), Vogt 210
Schniner, Erben 190
Schönau, Baron von 158
Schönenberger, Maria Friederike, Steißlingen 301
Schönhuth, Ottmar Friedrich H., Pfarramtsverweser 11, 93, 233, 502
Schoepflin, Johann Daniel 30–31
Schopflen, Werner von 60
Schorer, Maximilian, Konstanz 196
Schreiber, Walter, Germanist 212
Schrempp, Gustav, Konditor 607
Schrenk, Gottfried, Uhrmacher 601
Schrodt, Peter, Holzerhof 259
Schrof, Hans Georg, Aach 343
- Paul, Hafner 413
Schroff, Hans Georg, Mühlhausen 342
Schrott, Adolf, Bürgermeister 16, 563
- Andreas 208, 321
- Andreas III., Müller 431
- Andreas, Strobelhof 470
- Andreas, Verwalter 271, 371, 474
- Andreas, Vogt 210–211, 431
- Anton 505–506
- Anton, Bürgermeister 563
- Anton, Gerber 467, 470
- Hans Georg, Müller 259, 294, 430–431
- Hans Jörg, Wirt 300, 302
- Johann 349
- Johann, Gemeinderechner 566
- Johann Georg 411
- Johann Jacob 321
- Jooseph, Hafner 296
- Josef, Gemeinderechner 566
- Karl 285
- Kaspar, Mühlhasuen 337
- Katharina, geb. Allweiler 321
- Magdalena 213, 322
- Maria 348
- Maria Anna 351
- Martin 256, 401
- Martin jr., Prügelgut 470
- Mathias, Müller 294, 360, 366, 431

- Matthias, Holzerhof 259
- Notburga 383
- Notburga, geb. Graf, Arlen 431–432
- Paul 259
- Peter 401, 451, 473
- Peter alt 470
- Peter, Müller 371, 431
Schrottin, Genovefa 349
Schrovin, Verena 347
Schüle, Fidel, Wirt 303
Schuhmacher, Johannes, Müller 431
Schuler, Fridolin, Fabrikinspektor 544, 547
Schwaben 143
- Beatrix von 79
- Berthold von 64
- Burchard II. Herzog von 32–35, 37, 44, 52–53, 76, 78, 127, 199
- Burchard III., der Jüngere von, Herzog 34, 36–37, 44, 53, 59, 62, 79, 82, 199
- Burkhard I.von, Herzog 41, 128
- Hadwig von, Herzogin 34, 44, 53, 62, 77, 82
- Hermann I. von, Herzog 127–128, 199
- Hermann II. von 46
- Hermann II. von, Herzog 79
- Herzöge von 44, 76
- Ita I. von 127–128, 134
- Ita von 62, 127–128
- Konrad von, Herzog 128
- Reginlind von, Herzogin 62, 127–128, 199
- Rudolf von 64
Schwalb, Konsulent 257
Schwartz, Familie 355
- Hans, Lehenbauer 227, 229, 259, 268
- Hans, Vogt 259, 268
- Jacob d.Ä. 268
- Jacob, gen. Tibinger 264
- Jacob, genannt Klein 253
- Jacob, Vogt 210
- Ludwig 355
- Peter 206
Schwarz, Adam 229
- Agathe 348
- Anna Maria 351
- Bonifatius 324
- Familie 355
- Fidel 266
- Galle 229
- Gregori, Wagner 295
- Hannß 226, 229
- Hans, Remishof 183
- Hedwig 352
- Heinrich 230
- Heinrich, Schaffhausen 470
- Hermann, Geistlicher 100
- Jacob 227–230

653

- Jooseph 349
- Kaspar 348
- M., Hausen 522
- Martin 229
- Obrist, Schaffhausen 451
- Ursula 310
- Veit 229
- Wolfgang, Landwirt 352
Schwarzenbach, Johann Jakob Christoph 16
Schwarzenberg, Karl Philipp zu, Fürst 442
Schwarzmaier, Hansmartin, Prof. 39
Schweden 231–233
- Gustav Adolf II. von, König 231
Schweizer 513, 589
- Bernhard, Bauunternehmer 607, 609
- Johann, Konstanz 91
Schwyzer, Hans, Vogt 210
Schyner, Hans 133
- Heinrich 133
Seckler, Georg, Radolfzell 270
- Hans, Radolfzell 298
Seelfingen, Herren von 50, 73
Seethal, Johann Nepomuk, Obervogt in Öhningen 451
Sefridus, Verwandter Adelberos von Singen 43
Selig, Kooseph, Rentmeister 273
Senger-Rickelshausen von, Capitain 458
Setzlin, Ulrich, Tengen 271
Seufert, Wilhelm, Geistlicher 100
Seyfried, Robert, Künstler 99
Sfondrati, Cölestin, Abt von St. Gallen 154
Sickingen, Freiherren von 30, 39, 137, 157
Siebenrock, Joseph, Pfarrverweser 98
Siegel, Jakob Christoph, Lehenssekretär 156
Siegfried, Familienverband 19
- Verwandter Adelberos von Singen 43
Sigel, Franz 504–505, 507
Sigismund, Familienverband 19
- Kaiser und König 108, 123, 163
Simbold, Joseph, Rotgerber 407
Simon, Notar 30
Singen, Adelbero von 43, 45–46, 48–50, 58, 61, 67
- Adelheid von 69, 74
- Bertold von 52, 54, 59–60
- Eberhard von 43, 46, 58, 61, 67
- Heini von 174
- Heinrich von 69
- Herren von 16–18, 73, 146, 199
- Konrad von 17, 54, 59, 72
- Marchelinus von 54, 59, 71, 74
- Markward von 65, 71–72

- Martin von 60
Singen–Twiel, Herren von 43ff, 48ff, 58–59, 67, 72, 79
- Siegfried von 51
- Werner von 54, 58–59, 69, 72
Singener 160
- oder Singemer 20
Singer, Fanciscus, Baumeister 412
- Johann Conrad, Bürgermeister 437
- Obrist Lieutenandt 234
Sittichhausen, Adrenne Maria von 240
Slowenen 589
Sommer, August, Schulverwalter 427
Sonneck und Morberg, Maria Johanna von 239
Sonnenberg, Otto von, Bischof von Konstanz 140
Spahr, Kolumban, Kloster Mehrerau 269
Spanbrugger, Franz Remigius, Obervogt 217
- Johann Peter, Obervogt 215, 258
- Remigius, Obervogt 217
Spanien, Philipp von 194
Spann, Christoph, Amtmann 260–261
Spannbrugger, Franz, Remigius, Obervogt 271
- Johann Peter Antoni, Obervogt 271, 274
Sparr, Otto Christoph von, Feldmarschall 234
Spaur, Grafen von 258
- Johann Nepomuk von 257, 462
Sper, Familie, Schweiz 323
Speth, Georg, Sulzburg 395
Spett, Martin 227
- Martin, Pfeiffer 293
- Michel 228
Spieß, Hannß 228
Sproll, Hans, Oberländer Zeitung 296
Spyri, Präsident der SGG 546
St. Jörgen, Johann Baptist Jost von 397, 462, 464
Stad, Hans am, Schaffhausen 169
- Hans, Niederhof 263
Stadion, Ulrich von 195
Städele, Georg 466
Stängele, Joseph 401
Staiger, Adam, Stockach 395
Stain, Generalfeldzeugmeister von 437
Stainer, Anton Ferdinand, Radolfzell 372
Stapf, Lazarus Vinzenz von, Baron 158
Staudacher, Franz Anton, Geistlicher 98
Staufen, Friedrich I. von, Herzog 66
- Friedrich II. von, Herzog 66
- Herren von 47, 66
Stauffenberg, Wilhelm Schenk von 153, 202

Stebinger, Andreas, Rentmeister 273, 466, 482
Stehle, Otto 589
Stehlin, F.B. Anton, Geistlicher 98, 404
Steiger et Comp. Franz, Firma 405
Stein, Konrad vom 83, 131
- Martin von 72
- Martin von, Diessenhofen 263
Steinauer, General von 330
Steinfeld, Flaschner, Stein a.Rh. 412
Stemmer, Johann, Steißlingen 431
- Josef, Streikführer 593
Stend(er), Christoph, Maurer 294
Stengel, Philipp, Amtsschreiber 258
Stengele, Adolf, Metzger 607
- Bernhard, Schreiner 412
- Columban, Kuhhirt 400
- Josef, Gärtner 336
- Joseph, Bauvogt 265
- Martin, Schreiner 294
Stenglin, Anna Maria 418
Stenz, Familie, Sulz 323
- Hermann, Maler 589
Stephani, Hofgerichtsrat 507
Sternbach, Dorothea von, Freiin 393
Stiermann, Martin, Schreiber 272
Stisiez, General von 443
Stockar, Burkart, Niederhof 263
Stocker, Eusebi, Dornsberger Hof 343
- Fidel, Dornsberger Hof 343, 345
- Hans, Niederhof 263
- Heinrich, Schaffhausen 263
- Katharina, Niedersingen 263
- Nikolaus, Abt von St. Blasien 150
- Walther, Brügelsgut 263
Stöckle, Andreas, Maurer 412–413
- Anton 352
- Maria Anna 352
- Maurermeister 422
Stoffeln, Berthold von, Geistlicher 82, 98
- Hans Ulrich von 134, 141
- Heinrich von, Abt des Klosters Reichenau 52, 70
- Herren von 83, 165, 168
- Pankraz von 113
Stokar, Familie 269
- Katharina, Schaffhausen 171, 209
Stoll, Georg, Zürich 549
- Hermann, Generaldirektor 552–554
Stortz, Johann, Schäferei 266
Stotzingen, Baron von 407, 483
- Ernst von 343, 482
- Roderich von 507
Strabo, Walafried, Abt des Klosters Reichenau 53
Straub, Hans, Remishof 268
- Maria 352
Streit, Gertrud, Autorin 84

– Jacob, Immendingen 246, 251
– Maria Johanna, verh. Rost 246, 257
– Rudolf, Immendingen 256
Stresemann, Gustav, Reichsminister 301
Strobel, Hans, Remishof 270
Struve, Gustav von, Revolutionär 502, 505
Stülpnagel, Major von 508
Stulz, Familie, Remishof 267–268
Sulz, Alwig von, Graf 139
– Grafen von 166, 168, 177
– Rudolf von, Graf 146
Sulzer Warth, Baron, Winterthur 87, 474
Summerau, Freiherren von 156, 272
– Präsident 159
Sunder, Andreas, Konstanz 111
Sunthausen, Edeln von 164
Sutor, Franz, Lehrer 424, 427
– Heinrich 169
– Josepha 351
Suwórow, Alexander Wasiljewitsch, Feldmarschall 438–439, 443
Sztarry, Generalfeldmarschall-Lieutenant 446

Täber, Michael, Remishof 347
Tague, Eduard, Prokurist 541–542
Tannenberg, Ottilia von, Gräfin 389
Tasso Torquato, Dichter 239
Tegen, Jacob 230
ten Brink, Charles, Rielasingen 409
Tengen, Hans von 109, 139, 168
– Heinrich von 122
– Herren von 106
– Jakob von, Graf 140
Tengen–Nellenburg, Hans II. von, Graf 139
– Johann von, Graf 377
Tesdorpf, Jürgen, Autor 25
Tettingen, Werner von 52
Teuffel, Georg, Architekt 617
Thegen, Hannß 228
Theurer, Johann Georg, Förster 404
Thöber, Caspar 268
– Jacob 268
Thöberin, Anna 268
– Appollonia 268
– Margarete 268
Thöne, Friedrich, Kunsthistoriker 406, 415
Thoma, Baptist, Capitain 458, 460
– Baptist, Händler 410, 467
– Baptist, Wirt 303
– Barbara 351
– Hans, Wirt 291
– Johann Baptist, Particular 506, 508
– Johann Baptist, Posthalter 289, 301
– Rudolf 508

Thomann, Hannß 228
Thorbecke, Paul, Bürgermeister 562, 614, 619
Thrüber, Jacob 228
Thüngen, Hans Karl von, Feldmarschall 331
Thummel, Conrad 228
Thurn, Fidel von, Freiherr von 154
– und Senftenau, Maria Felizitas, Freiin 243
– und Taxis, Alexander Ferdinand, Fürst 289
– und Taxis, Familie 289
Tirol, Landesherren siehe Österreich 381
Tober, Jacob, Strobelhof 268
Totzmaiger(Zoczmaiger) Johann, Pfarrvikar 82, 98
Traila, Andreas, Direktor 405
Traitteur, Johann Andreas von, Graf 407, 482
Trapp, Oswald, Graf von Matsch 390
Treffen, Grafen von 53
– Wolfrad von 53, 71
Trögl, Architekt 615
Trömmel, Mannheim 593
Trötschler, A., Fabrikant 506, 539
– Fridolin(Friedrich), Fabrikant 409, 411, 503
Trossingen, Wilhelm von 82
Trüllinger, Konrad der 132
Tryfuß, Jacob, Gailingen 297
Tscheppe, Hofrat von 457
Tschimel, August, Mühlenbauer 296
Türken 177, 231, 254, 330, 346
Türkenlouis siehe Baden, Ludwig Wilhelm, Markgraf 330
Tuta, Gattin eines Vogt Walther 51
Twiel, Adelbero von 43, 49–50, 58, 66
– Adelheit von 51
– Eberhard von 43, 46–47, 49, 51, 58, 62, 66
– Gebizo von 48
– Heinrich von 46, 48, 64–65, 67
– Heinrich von, Abt von St. Gallen 45–46
– Herren von 23, 66
– Markward von 46

Übelacker, Johann Georg, Klostername Franz, Petershausen 403–406, 410
– Rosina, Pfarrhaushälterin 404
Uebele, Wirt 605
Übelmann, Andreas, Lehrer 428
Ulm, Hans Konrad von 152
– zu Marbach, Herren von 260
Ulrich, Abt der Reichenau 61
– Graf 32
– Linzgaugraf 78
– Mönch in Wagenhausen 51

– Vater Markward des Stifters 60
Ummenhofer, Franz Josef Sales, Obervogt 257, 264, 273–275, 279, 306, 383, 387, 401, 453, 468, 479–480, 482
Ungarn 76–78, 393, 589
Urach, Augusta Eugenie, Fürstin von 390
Urzach, Herren von 163
Uto, Abt im Kloster Wagenhausen 69

Vandamme, Dominique René, franz. General 93, 301, 442, 447
Veit, Brüder 183
Veringen, Manegold II. von 67
– Markward von 53–54, 71
Veser, Jacob 229
Vetter von der Lilie, Balthasar von 393
– von der Lilie, Dorothea von, geb. von Sternbach 393
– von der Lilie, Felix von, Graf 9, 393
– von der Lilie, Grafen 11, 388–389, 393
– von der Lilie, Johann Weikhard von 393
– von der Lilie, Rudolf von, Graf 390, 393, 413
– von der Lilie, Theodolinde von, geb. von Enzenberg 390, 393, 413
– von der Lilie, Wappen 393
Vicari, Hermann von, Erzbischof 94, 282
Vierordt, Heinrich 301
Villar, franz. Marschall 331
Vintlerin, Maria Anna von, Freiin zu Runggelstein und Platsch 381
Vögele, Jörg 535
Vöhlin von Frickenhausen, Maria Anna von 250
Vörstetten, Herren von 47, 58, 73
Vogler, Konrad II., Stadtbaumeister, Schaffhausen 407, 412
Vogt, Gerolt, Radolfzell 472
Vollmaringen–Göttelfingen, Herrschaft 271
Vommeholz, Gertrud 259
– Heinrich 131, 259
Vorster, Familie siehe auch Forster 264
– Hans 133
– Hans, Remishof 268
– Heini, Remishof 268
– Konrad, gen. Traum 268
– Michael, Niederhof 264
– Michael, Obrist 253
– Thebus, Niederhof 264
Voumard, von, Obrist 343

Waas, Johann, Wien 345
Wachs, Christoph Friedrich, Geistlicher 100
Wachter, Jacob 227

Wächter, Theodor von, Sozialdemokrat, Stuttgart 562
Wagenhausen, Tuto von 49–51, 59, 66, 68
Wagner, Kommissar 506
– Lehrer 426
– Richard, Komponist 510
Wahl, Hermann, Hamburg 589
Waibel, Anton 302, 308
– Anton, alt 503–504, 506, 511
– Anton, Bäcker 298, 300
– Anton, Bürgermeister 563
– Anton, Vogt 210, 407, 561
– Blasius 348
– Bonifaz, Feldhüter 566
– Caspar 322
– Christian 302
– Christian, Bäcker 294
– Christian, Schneider 294
– David, Wirt 308
– Elsa, Wirtin 302
– Familie 295, 302, 355
– Fidel, Schmied 266, 293, 407, 413, 467, 597
– Franz, Landwirt 351
– Franz Leonhhard, Öhningen 371
– Gabriel, Müller 401, 422, 432–433
– Hermann, Bäcker 300
– Ignaz 352
– Johann 425, 564
– Johann, Bäcker 294, 302
– Johann, Bierbrauer und Wirt 303
– Johann, Bleicher 300
– Johann Evangelist, Fabrikarbeiter 348
– Johann Michael, Wirt 300
– Josef, Messerschmied 351, 506, 508
– Joseph Anton, Bäcker und Wirt 302–303
– Joseph, Metzger 302
– Karl, Bleicher und Gemeinderat 506, 561
– Karl, Wirt 303
– Kaspar, Amtsdiener 213, 454
– Kaspar, Bürgermeister 519–520, 561–563, 566, 601
– Kaspar, Schieggengut 256, 476
– Katharina 308
– Konrad, Metzger und Wirt 302–303
– Konrad, Polizeidiener 566
– Konrad, Schmied 413, 467
– Martin, Bleicher 213, 308
– Martin, Klingenbergergut/Weißmannsgut 470
– Michael, Bäcker und Wirt 351, 467, 470
– Michael, Bleicher 467
– Michael, Wirt 302, 308
– Myes 112

– Oskar, Autor 12
– Otto, Bäcker 601
– Paul, Flaschner und Gemneinderat 561, 605
– Peter 348
– Peter, Rotgerber 349
– Rosa, Bäckerswitwe 298
– Rosine, Wwe 607
– Sebastian, Bäcker 602
– Sebastian, Hammerschmied 281, 599
– Thomas, Bäcker und Wirt 298, 451, 467
– Wilhelm, Färber 505, 597
Walchner, Kasimir, Amtmann 458
– Professor, Hofrat 408
Waldburg, Georg, Truchsess 178
– Waldburga von, Truchsessin 168
Waldburg-Zeil-Trauchburg, Maximilian Wunibald von, Erbgraf 251
Waldkirch, Beatrix von 166
– Hans, Vogt 169
– Herren von, Wappen 167
– Konrad von 166
Waldo, Bischof von Chur 35
Waldraff, Konrad, Maulwurffänger 566
Waldschütz, Ernst, Autor 542
Waldvogel, Olga, Schaffhausen 125
Walther, Ernst, Arzt 601
– Vogt in Wagenhausen 51
Wanner, Hans, Betriebsleiter 541
Wartenberg, Friedrich von, Abt des Klosters Reichenau 111
Waser, Pfarrer, Zürich 532
Watenschne (auch Wattenschnee oder Wittenschnew, Johannes, Pfarr. 82
Watt, James, Physiker 537
Weber, Agathe 348
– Alfred 564
– Andreas 461
– Anton, Weißgerber 348, 403
– Augustin 349
– Bernhard, Hausergut 470
– Bonifaz, Schmied 351
– Distrikts-Notar 350
– Familie 303, 355
– Fidel, Schuster 348
– Franz, Niederhof 267
– Franz Xaver, Bürgermeister 403
– Galle 229
– Gallus, Widemgütlein 258
– Gaudenz, Schmied 213
– Georg, Bürgermeister 210, 343, 351, 408, 470, 507, 563
– Gervatius, Remishof 268
– Gottfried 604
– Gregor, Schreiner 412–413
– Hans Georg, Schuhmacher 294
– Hans Jörg, Schuhmacher 294
– Hansjörg 348

– Hermann 352
– Ignaz, Hutmacher 470
– Ignaz, Schmied 467
– Johann, Bauer 264, 355, 533
– Johann Georg 348
– Johann Georg, Vogt/Bürgermeister 220, 400, 420, 561
– Johann, Kaminfeger 219, 295, 470
– Johann, Wirt und Metzger 303, 424, 426, 599, 601
– Johann, Wwe., Küfer 294
– Jos., Ulmergut 476
– Josef, Bruderhof 347
– Josef, Bürgermeister/Gemeinderechner 273
– Josef, Gemeinderat 561, 604
– Josef, New York 352
– Joseph, Schuhmacher 294, 349
– Konrad 461
– Maria Joosepha 352
– Maria Ursula 348
– Mathäus, Baumschulaufseher 566
– Mathias 451
– Michael, Schuhmacher 266, 350–351
– Ottmar, Straßenwart 566
– Paul 352
– Rosina 487
– Steuererheber 507
– Theresia 281
– Waldburga 352
– Willi, Bildarchiv 12
– Xaver, Küfer 281, 294
– Xaveri, Schuhmacher 294
Wedekind, Frank, Schriftsteller 553
Weeber, Bernhard, Leutnant 458, 460
– Familie 355
– Ignaz, Leutnant 460
Wehrle, Heinrich, Hausen a.d.A. 509
Weil, Leopold, Randegg 410
Weiler, Johann Baptist, Geistlicher 86, 98, 211
Weimar, Bernhard von, Herzog 232–233
Weinfelden, Herrschaft 194, 196
Weinhart von, Aktuar 258
Weinsberg, Konrad von 122
Weiß, Alexander, Amtskeller 371
– Hannß 227
– Hans, Müller 293, 430
– Karl, Historiker 11
– Premierlieutnant 214
Weißenburg, Martin von, Abt des Klosters Reichenau 82, 84
Weißmann, Kristiana, verw. Graf 348
Welf, Herzog 48
– Kunigunde 128
– Rudolf, Herzog 128
Welfen 49
Welsberg, Grafen von 157, 257, 342, 387

- Johanna Ursula Katharina 247
- Karl Guidobald von, Graf 247, 257
- Karl von 482
- Maria Anna von 247, 251, 257
- Maria Johanna Catharina von 257
- Maria Theresia, Gräfin 248

Welser, Philippine, verh. mit Erzherzog Ferdinand II. 240
Weniger, W.,Jagdpächter, St. Gallen 343
Werber, Friedrich, Stadtpfarrer in Radolfzell 562
Werdenberg, Grafen von 110
Werdenberg-Heiligenberg, Johann von, Graf 142
Werkmeister, A., Beuren 522
- Karl, Friedingen 508
Werner, Name im Wagenhauser Totenbuch 69
Werth, Johann von, General 234
Wessenberg, Ignaz von, Generalvikar 279
Weßmann, Familie, Oberniffern 323
Wessobrunn, Adelbero von, Abt 50
Wetterstetten, Agathe von 84
Wettstein, J., Architekt 604
Wick, Familie 571, 607
- Theodor, Landwirt 599
Widerholt, Konrad, Komandant auf dem Hohentwiel 82, 93, 102, 231-235, 242, 430, 434
Widle, P. Pirmin 156
Widmer, Hans, Dornermühle 259, 268
- Victoria 322
Widtmann, Hans 183
Widtmer, Familie 355
Widukind von Corvey 33
Wiederhold, Johann Dietrich, Kommandant 331
- Johann Georg , Hauptmann 236, 242
Wiederkehr, Gustav, ev. Schulkandidat 425
Wieland, Haini, Worblingen 72
- Spitalarzt 602, 605
Wieser, Johann, Geistlicher 98
Wik, Peter 599
Wildegg, Konrad Ferdinand Geist von, Weihbischof von Konstanz 86
Wilhelm I., Kaiser 508, 510
- II., Kaiser 77
- Kirchherr und Geistlicher in Singen 52, 70, 82, 98
Willibald, Gabriel, Revierförster 343, 345
Willmann, Zivil und- Militärkommissar 503
Wimmer, Obristleutnant 443
Winithere, Alemanne 434
Winterhalter, Friedrich, Konstanz 280

Wintherhalter, Adam, Bildhauer 90
Winterthur, Grafen von 129
Winz, Sekretär 582
- zur Kolle J.J., Stein a.Rh. 343
Wischer, Schlosermeister, Schaffhausen 412
Wismann, Jacob 229
Witmer, Augustin, Bauer 374-375
Wittenschnee, Johann, Geistlicher 98
Wizigmann, Johann Fidelis, Sekretär 258
Wörner, Gewerkschaftssekretär 593
Wolf, Elsa, geb. Waibel 302
- Franz Xaver 405-406
- Heinrich Anton, Wirt 302
Wolff, Oberstleutnant von 448
Wolfinus, Lehnsherr 32
Wolfstriegel, Anton, Lehrer 426, 428
Wolkenstein, Hans von, Graf 261
- Oswald von 239
Wollheim, Arzt 564
Wopfner, Joseph, Impressionist 77
Worblingen, Burkhard von 61
Wüest, Ulrich, Gerichtsmann 22
Würtenberger, Ernst, Maler 308
Würth, Jacob 250
- Musketier 227
Württemberg, Augusta von, Gräfin 390, 393
- Christoph von, Herzog 184, 188-189, 192, 195, 201, 268, 358
- Eberhard d.Ä. von, Graf 113, 140
- Eberhard III. von 232-234, 236
- Friedrich II. von, Herzog 445
- Friedrich von, König 386, 452-455, 460, 597
- Grafen und Herzöge von 83, 138, 140, 259, 371
- Haus 22, 112-114, 118
- Julius Friedrich von, Herzog 232
- Karl Eugen von 332
- Karl Friedrich von 332
- Katharina von 454
- Ludwig von, Graf 109, 133
- Theodolinde von, geb. von Leuchtenberg 393
- Ulrich von, Herzog 93, 104, 113-114, 116, 138, 171, 177-179, 187-188, 395
Württemberger 105, 152
Wuescht, Ulrich 193, 209
Wurm, Hans Wilhelm, Schreiner 294
- Johann, Schreiner 294
Wyss, Jörg, Bodman 151

Yberg, Hans Hauptmann 165

Zähringen, Bertold I. von, Herzog 44-45, 64

- Bertold II. von, Herzog 44-46, 48, 52, 59, 63-64, 66, 69, 79
- Bertold IV. von, Herzog 21, 47
- Bertold, Markgraf 64
- Bertold V. von, Herzog 47-48
- Gebhard III. von, Bischof von Konstanz 45, 48-50, 66-67
- Herzöge von 45-51, 58-59, 64, 66
- Konrad von, Herzog 45-47, 59, 64-65
- Ministeriale von 47
Zang, Gert, Autor 13, 543
Zengerling, Theo, Verbandsdirektor 491
Zeppelin, Ferdinand, Graf 301
Ziegler, Alexander, Schaffhausen 277
- Junker, Hausen unter Krähen 139
Zille, Heinrich, Dichter 609
Zimmermann, Andreas, Schuhmacher 294
- Antin, Lehrer 428
- Familie 355
- Familie, Rebleute, Sipplingen 256
- Hans Jacob, Küfer 294
- Lehrer 425
- Sofie, geb. Auer 352
Zimmern, Ferdinand von 137
- Gottfried Werner von 101
- Grafen von 377
- Johann Werner von 101
Zolgh, Conrad, Pfarrer 82
Züblin, Dr. phil. 606
Zweifel, Joseph, Lehenvogt, St. Gallen 159
Zwingli, Ulrich, Reformator 176, 178

Sachregister

Vorbemerkung: Im Sachregister sind auch die Firmen und Höfe aufgeführt.

Aachbad 23, 607, 610
Aachkorrektion 305
Abgaben, alte 177, 399ff, 464, 468, 518, 526
Abgabensituation 369, 373
Absolutismus, aufgeklärter 435
Abwasser 540
Abzugsgebühren 349, 358, 468, 482, 504
Abzugsrecht 481
Ackerland 359-360, 363-364, 367, 373, 375
Adelsfamilien 30, 32, 34, 144, 301, 399, 479 siehe auch im Ortsregister unter Hegau, Adelsgesellschaft

Adler, Gasthaus 303, 601, 610
Adreßbuch 14
Ärzte siehe unter Wundarzt
Afterlehen 151, 153–154, 198, 202, 359–360, 462
Afterzoll 287, 306
Agrarreform 523
Agrarstruktur 532
Alamannische Landnahme 19
Allmende 177, 205, 207, 218, 357, 361, 365, 367, 375, 564
Allodialgüter 198, 264, 474
Allodifizierung 34, 48, 59, 206, 470, 479
»Alte Aach« 24
Altenheime 97
Alte Post, Gasthaus 290, 602, 609–610
Altkath. Gemeinde 14, 86, 100, 561, 599
– Kirche St. Thomas 603
Altkatholikenfrage 562
Aluminium–Walzwerk 574, 591, 613, 616
Amann, Restauration 602
Amtsarzt 305, 336
Amtsgericht 602
Amtshaus 202, 213, 255, 410, 412, 438, 441, 443, 474
Amtsvogt, nellenburgischer 395
Andachten 87, 279
Anerbenrecht 358
Anstößer 355
Anwandäcker 358
Anzeiger am Rhein, Zeitung 519
Apotheke 567, 573
Apotheker 305
Appelationsgericht 391
Appenzeller Kalender 519
Arbeiter 486, 544, 554–555, 574ff
Arbeiterbewegung 14
Arbeiter–Fortbildungsverein 511, 577, 579, 583, 590–591, 595
Arbeiterinnen 544, 554–555
Arbeiterinnenverein, kath. 584
Arbeiterkolonie 621
Arbeiterkräftereservoir 613
Arbeiterkulturorganisation 586
Arbeiterradfahrverein 586
Arbeitersiedlungen 613
Arbeiterverein 506
– ev. 584
– kath. 582, 584–585, 592, 594
Arbeiterwohnhäuser 611, 620
Arbeiterwohnungen 266 siehe auch unter Werkswohnungen
– der Georg Fischer AG 611 siehe auch unter Mädchenheim der Georg Fischer AG
Arbeitsgemeinschaft für Heimat– und Familienforschung 12
Argrargemeinde 517

Arlbergstraße 382
Arme 566–567
Armee, bayrisch–französische 331–332
– franz. 439
– kaiserliche 333
– österreichische 335, 438
Armenarzt 567
Armenaufwand 220, 567
Armenfürsorge 567
Armenhaus 213, 473, 564, 567
Armenseelenbrot 281
Armenstiftung 86, 280, 281, 384, 567
– der Familie Buchegger 280, 418, 419
Arme–Seelen–Kapelle 600
Arrestlokal 413, 564, 567
Aufklärung 333
Aufricht–Mayen 415
Aufstand des »armen Konrad« 178
Ausländeranteil 587–589
Auswanderungen 273, 315, 323, 346ff, 396, 485–486, 543
Ave–Maria–Läuten 212

Babenbergerfehde 32
Backgerechtigkeit 467
Badeanstalt, alte 540, 603
Badenia, Gaststätte 607
Baden–Württembergische Bank 600
Bader 305
Badischer Hof Gasthaus 303, 606
Badstuben 395, 467
Bäckerordnung 298
Bächler, Speisehalle 600
Bären, Gasthaus 605
Bahnanschluß 484
Bahnbau siehe unter Eisenbahnbau
Bahngelände 576
Bahnhof 19, 539, 558, 569, 571, 599, 601–602, 610
– Zollabfertigungsstelle 287
Bahnhofgaststätte 601, 610
Bahnhofstraße 290
Bahnlinie 484, 539, 599
Bahnübergänge 610
Banken 303
Bann 22, 114, 116, 118, 125, 128, 150, 193, 200, 206, 212
Bannbetriebe 185
Bannmühle 359, 430
Bannrecht 402
Bannwein 299
Barock 333
Bauern 179, 204, 292
Bauernaufstand 138, 141, 176
Bauernbefreiung 523–524, 527
Bauernkrieg 115, 117, 176ff, 182, 205, 255
Bauernschutzpolitik 435
Baufuhren 469

Baugenossenschaften 613 siehe auch unter Gemeinnützige Baugenossenschaft
– Gartenstadt 613, 615, 618–619
Baugesellschaft Breite 61, 621–622
– Singen 613
Bauhof 213, 431
Baumwollspinnerei siehe unter Trötschler, Baumwollspinnerei
Bautätigkeit 568
Bautreuhandgesellschaft 267
Bauverein 608, 613, 615–616
– des Bundes deutscher Wehrleute 613
Bauvogt 266
Beamtenhäuser der Fitting 622
Beamtenkolonie 620–621
Beamtenstaat 333
Beamtenwohnungen 619
Befreiungskriege 456, 510
Beisassen 468, 481
Beiträge zur Singener Geschichte 13
Bek & Kroll, Seilfabrik 607, 708
Bekenntnistabelle 359
Belagerungen des Hohentwiel 233
Belehnungsakt 157, 159
Bendersches Regiment 334, 3336, 337, 446
Bergknappen, Tiroler 234
Berufsverbände 574
Beschreibungen Singens 557
Beschützende Werkstätte 97
Beschwerden 215, 271
Besitzrechtsstruktur 367
Besitzzersplitterung 321
Besoldung 272
Bestandsgüter 363, 365, 366
Besuchsdienste 97
Betriebsgrößenstruktur 317, 367–368, 369, 375
Bettler 212
Beulenpest 101
Bevölkerungsentwicklung 300ff, 313, 316, 318, 484ff, 492
Bevölkerungsverluste 315–316
Bevölkerungszahl 314–315, 317, 320, 322, 325, 327
Beyer, Stephan, Zigarrenhaus 601
Bezirksämter 456, 559
Bezirkssparkasse 305, 602, 606
Bickengut 213
Bienenzucht 559
Bierheller 303, 402
Bierwirtschaften 303, 524, 557
Bilderarchiv 11–12
Bildersammlung, chinesische 407
Blasigut 256, 470
Blaskapelle 460
Blattern 306
Blaue Grotte, Gaststätte 607

Bleiche 295, 467, 557, 597
Blesinsgut 256, 263
Blumenkranz, Gasthaus 303, 426, 601, 607
Blutbann 110, 467
Blutgericht 255
Blutharsch (Blutharst) 147
Blutzehnten 370
Bodennutzung 359, 363
Bodenseebund 163–164
Brachäcker 206, 357
Bräuhaus 213, 255, 255, 410, 474
Bräustattgerechtigkeit 303, 481–482
Bräustüble, Gasthaus 600
Brand-Assekuranz-Tabellen 212
Brandversicherungsanschläge 570
Brauereien 302, 303, 524
Brecht, Opel-Autowerkstatt 600
Brigelgut 476
Bristol, Gaststätte 607
Brödler & Cie., Gemischtwaren 304, 571, 572, 600, 601
Brotschätzer 211, 298
Brotschau 298
Brudertage 294
Brücken 20–21, 214, 222, 286, 358, 405, 599
Brückenbau 286
Brückengeld 198, 287–288, 291, 402, 434
Brückenlastwaaghaus 564
Brückenwaage 603
Brückenzoll 430
Brügelgut 256, 263
Brühwürfel 550–553
Brunnen 214, 569, 603
Buchegger, Café 607
– Restauration 601
Buchegger'sche Familienstiftung 279, 305–306 siehe auch unter Armenstiftung
Buchilisacker 268
Bündnisse 33, 36–37
Bundschuh 177
Bürgerabzugsgeld 476
Bürgerarrest 557
Bürgeraufnahme 185, 567
Bürgerausschuß 220, 433, 504, 563, 608–609
Bürgereinkaufsgeld 464, 466, 482, 504
Bürgermeister 211, 219, 390, 401, 563, 566, 606
Bürgermilitär 458
Bürgernutzen 220, 564
Bürgerrecht 212, 357, 465, 487, 564
– Schaffhauser 143
– Bürgerrechtsgeld 464, 468
Bürgrechtspolitik 168
Bürgerschule 601

Bürgerwehr 459, 461, 503–506
Bürgschaften 305
Bürklins Weingarten 135
Büste des Grafen von Enzenberg 391
Bullenkloster 622
Bund deutscher katholischer Jugend 97
Bundschuh 141, 176
Burgfrieden 113 siehe auch unter Twieler Burgfrieden
Burghof, Gasthaus 607
Burginsgut 55
Burgkapelle 82
Burgstall (Niederhof) 55, 58, 72, 146
Burgstelle 55, 58
Burgunderkrieg 143
Buschwirtschaft 303

Caritative Einrichtungen 95
Centralhotel 605–606, 609–610
Centralkommission der schweizerischen Gemeinnützigen Gesellschaft 547
Chausseebau 481, 482
Chausse- und Brückenordnung 289
Chirurgen 305
Christenlehre 87
Christliche Arbeiterjugend 97
Christlicher Metallarbeiterverband 584–585
Colosseum, Gasthaus 303, 600
Commerzbank 605
Conscriptionspflichtige 506

Dampfziegelei 296
Datenverarbeitung, elektronische 311, 312
Dauphinenstraße 443
Dekanatsverfassung 81
Demographie 310–311
Denkweise des Mittelalters 136
Der Schwarzwälder, Zeitung 538
Deutsche Bank 602, 604
Deutscher Bund 457, 510
– Hof, Gasthaus 303, 611
– Metallarbeiterverband 584
Deutsch-französischer Krieg 350
Dialekt 513
Diasporagemeinde 93
Dienstgeld 113, 116
Dienst-Instruktionen 271, 273–274
Dienstleistungen, öffentliche 306, 464
Dienstreisen 272
Dierig, Glaskunstfirma 99
Dinkel 206
Dinzeltage 294
Dominikalisten 378
Dominikalsteuer 399
Doppelsöldner 224
Dorf 146, 149, 192, 204, 207–208, 214,
235, 517, 569, 571
– älteste Darstellung 235
Dorfbild 212
Dorfetter 207
Dorfgemeinde siehe unter Dorf
Dorfgericht 209, 214, 217
Dorfmark 207
Dorfoffnung 185, 210–211, 215, 322, 324, 356, 370
Dormettinger Zehnten 475
Dornermühle 23, 25, 105, 107, 115, 117, 135, 187, 233–235, 268, 290, 293, 430–431, 433–434
Dragoner 331
– Khevenhüller 334
– württembergische 534
Dreier 209
Dreifelderwirtschaft 81, 183, 206, 356, 361, 370, 568
Drei-Klassen-Wahlrecht 220, 502, 562
Dreimärker 27
Dreißigjähriger Krieg 88, 92, 199, 213, 224, 226, 231, 236, 243, 254, 264, 310, 312–314, 316, 322–323, 430–431, 533
Drillingsgeburt 324
Düngung, künstliche 207
Dürrhammer, Firma 571

Eckensteiner Gut 183
Egertenfelder 362
Eggensteiner Gut 213, 256, 292, 470
Egloffzehnten 379
Ehebuch 310–311, 323, 486
Ehedauer 311
Ehegesetz 486
Ehehaftinen 395, 467
Eheschließungen 315, 317, 319, 484, 497
Ehrschatz 254–255, 260, 360
Eichellesen 344
Eidgenossenschaft 146, 162, 165, 168, 178, 231, 438
Eigengut 34–35, 44, 48, 54, 58–59, 107–108, 120, 183, 198, 363–367, 374–375, 377,
Eigenhöfe 183
Eigenleute 104–105, 111–112, 114–115, 118, 205
Einkaufsgeld 357
Einquartierungen 315, 330, 332, 436, 442, 446, 448–451, 506, 532
Eintracht, Arbeiterbildungsverein 579
Einungen 356
Einwohnerzahlen 312, 315, 318, 485, 496, 557, 610
Einzelhandel 550–551, 577
Einzugsgelder 466
Einzugsrecht 481
Eisenbahn 14, 485, 523, 574, 597

659

– Gasthaus 610–611, 621
Eisenbahnarbeiter 574–575
Eisenbahnbau 267, 286, 304, 574–575, 595, 600, 610
Eisenbahnknotenpunkt 568, 613
Eisenhandel 467
Ekkehard, Gasthaus 303, 599, 600, 610
Ekkehardschule 11, 424, 572, 601, 603–604, 609
Ekkehardstüble, Gasthaus 564
Elektrizitätsversorgung 569, 571, 602–603, 610
Elementarschule 426
Elisabethenhaus 606
Elisabethenverein 95–96
Elmer–Hall, Bäckerei 602
Embser Chronik 179
Em(b)serhof 253, 255, 264m 267, 359, 365–367, 464, 474, 611
– Rebgarten 255
Emigranten, franz. 439
Emigration 349–350
Enderlinsgut 270, 364, 368,
– Lehen 259, 268, 270
Entschuldigungsformel salve Venia 474
Entwicklungselemente 204
Epidemien 313, 315–317, 320, 423, 425, 485, 488, 490
Erbengemeinschaften 379
Erbfolgekrieg, Österreichischer 315, ,332
– Pfälzischer 246, 315, 323, 330, 346, 533
– Spanischer 246–257, 323
Erbhuldigung 453
Erblehen 256, 260, 292, 317, 358, 366–367, 374, 464, 469, 471
Erbschaftsvereinbarung 110
Erbzinslehen 264
Erika, Caf 611
Erinnerungsgebühren 373
Ernährung 316, 491, 544, 546–548
Ernte– Wiedenschneiden 343
Ersterwähnung des Dorfes 149
Erwachsenensterblichkeit 314–316, 320, 323
Essen 222
– auf Rädern 97
Etterzaun 207, 212
Etterzehnten 370
Etzwilerbahn 568, 571, 597, 610
Evangelische Gemeinde 93, 100, 602–603
– Arbeiterverein 97
– Kindergarten 97
– Kirche 602
– Krankenstation 97
– Pfarrei 605
– Pfarrhaus 605

Ewige Richtung 142–143
Ewiges Licht 131
Exemtionen 110

Fabrikarbeiter 267
Fabrikarbeiterverband 584, 586
Fabrik–Kantinen 544
Fabrikkrankenkassen 568, 620
Fachwerkhäuser 213
Fähnlein der Bauern 178
Färbe, Kleintheater 597
Falschmünzerei 396
Familienbücher 310f
Familiengröße 322–323
Familienrekonstitution 311, 323
Farren 219, 265
Farrenstall 564
Fasel 265 siehe auch unter Wucherstier
Fasnacht 302
Fasnachtshennen 114, 183, 185, 205, 263, 373, 481–482
Fehden 109, 135, 137–138, 142
Feldbegehung 357
Feldbereinigung 29
Feldflur 207
Feldfrevel 395
Feldgeschworene 27
Feldgraswirtschaft 362
Feldrichter 355
Feldscher (Wundarzt) 306
Feldwege 568
Feldzug, russischer 456
Festplatz 572
Festspielhalle 606, 609–610
Feudales Zeitalter 311, 435, 462
Feudallasten 483
Feuerbeschauer 211
Feuersozietät 213, 400
Feuerspritze 217
Feuerspritzenremise 422, 557
Feuerversicherung 211
Feuerwehrspritzenhaus 222, 599, 611
Feuerwehrsteigturm 564
Fideicommissum 246–247
Fililade (Zünfte) 294
Finanzamt 416
Finanzgeschäfte 151–152
Fischer, Adolf, Eisenhandlung 300, 304
– Kleiderberater 304, 601
Fischerei 220, 345
Fischereigerechtigkeit 340, 342
Fischereiordnung 342
Fischerhäuser 607
Fischfang 215
Fiskalgut 23
Fiskalort 58
Fitting 537–538
Fittingfabrik siehe unter Georg Fischer AG

Fittingledigenheim 611
Flecken 210
Fleischbeschauer 299
Fleischschätzer 211
Fliegerangriff 611
Flugwoche 290
Flurbereinigung 207, 568
Flurkarte 23, 25, 212, 216
Flurkreuze 25, 28
Flurordnung 185
Flurschaden 215
Flurzwang 206, 356
Förster 340
Forstämter 343
Forstbann 342, 467
Forsterhof Vorsterhof 264, 269
Forstgerechtigkeit 212, 255
Forstgerichtsbarkeit 481
Forstorganisation 340
Forst– und Augstgarben 467
Fortbildungsschule, gewerbliche 425–426
Frachtsätze 288
Franckhen Gütlein 213
Franzosenlärm 503
Frauen– oder Weiberlehen 198
Frauenverein 427
Freie Fischereigenossenschaft 345
– Stimme, Zeitung 519, 541, 562, 608
Freiheitsbaum 384
Freiheitskampf 176
Freimaurerloge 382
Freischärler 503, 505
Freizügigkeit 559
Frevel 468
Freyengut 213
Friedenslinde auf dem Hohgarten 510
– Gasthaus 213, 258, 303, 597
Friedhof, alter 93, 391, 564, 600
– bei der Peter und Paulkirche 81, 90–91, 564, 571, 600, 604, 611
Friedinger Fehde 139–140
Fron–Ablösungsberechnung 469
Frondienste 112, 114–115, 118, 183–185, 212, 215, 255, 266, 269, 272, 292, 358, 422, 469 518, 526
Fronhof 204
Fronleichnamsfest 461
Fruchtgefälle 469–470
Fruchthalle 304, 520–522, 524, 527, 530, 535
Fruchthallengesellschaft 520–521, 523–524
Fruchtschütte 474
Fruchtwechsel 356
Frühmesse 201
Frühmeßgut 213
Frühmeßpfründe 84, 259
Fugger, Firma 195

Fugger-Glocke 90, 193, 195, 201, 203, 209, 234 siehe auch unter Glocken
Fuhrdienste 212
Fuhrwesen 402, 443, 450
Furten 214, 286

Gärten 359–360, 373, 375–376
Galgen 397, 475
Gambrinus, Gasthaus 303, 603, 606
Gambrinusgäßle 600
Ganerbengemeinschaft 105, 110, 118
Gartenstadt, Baugenossenschaft siehe unter Baugenossenschaft
- Gasthaus 610–611
- Siedlung 611, 614, 616
Gartenstadtbewegung 613–614
Gassenbocksgut 213
Gaststätten und Hotels 213, 258, 290, 300, 302–303, 426, 507, 510, 524, 557, 564, 572, 597, 599–607, 609–611, 621
Gas- und Elektrizitätsgesellschaft 409
Gaukriegerfest 511
Gebäude 570
- lehenbare 464
Gebäudeversicherung 400
Gebühren 187
Geburschaft 209
Geburten 311, 317, 320, 323, 484, 488–489, 497–498
Geburtenüberschuß 314, 316, 485, 488, 501
Gefährlicher Ort 254
Gefälle, grundherrliches 468
- leibherrliches 468
Gefängnis 396 siehe auch unter Arrest
»Geheimnis« 27
Geigerin Gut 183, 213
Geistlichkeit 399
Geldeinkünfte 108
Geldhandel 304
Gemarkung 22–23ff, 83, 104, 111, 118, 127, 198, 207–208, 258, 263, 268, 286, 343, 378, 480, 539, 541, 557, 597, 605
Gemarkungskarte 56
Gemeinde 401, 465–470, 473, 504, 521, 523, 531–532, 539, 541–542, 557, 559, 570, 601–602, 610
Gemeindeämter 211
Gemeindebedienstete 217, 566
Gemeindebürger 220
Gemeindegericht 185
Gemeindegut 363, 365
Gemeindehaus 208, 213, 218, 221, 293, 356, 421
Gemeindehaushalt 559
Gemeindekasse 418
Gemeinde-Krankenversicherung 568

Gemeindeoffnung 218
Gemeindeordnung 219–220, 483, 563
Gemeinderat 418, 424–426, 504, 511, 519–520, 523, 539, 542, 561, 563, 573, 609
Gemeinderechner 220, 566
Gemeinderechnung 211, 215, 220, 298
Gemeinde-Rinden 397
Gemeindesteuer 565
Gemeindevermögen 220, 281, 423, 564, 573
Gemeindeversammlung 356, 418, 563
Gemeindeverwaltung 423, 559, 568, 603, 605
Gemeindevorsteher 272
Gemeindewaage 603
Gemeindewahlen 220, 562
Gemeindewald 341
Gemeindsleute 330
Gemeiner Pfennig 144
Gemeinnützige Baugenossenschaft 611, 616, 618
Gemeinschaftsschule 94
Geographische Lage von Singen 557, 572
Georg Fischer AG 263, 267, 296, 537ff, 570, 574, 576–577, 583, 586–587, 589, 591, 593–594, 610–611, 613–614, 618–620
- Fabrikkrankenkasse 541
- Konsum-Verein 541
Gerbnezne, Pseudonym 385
Gereuthof 231, 268
Gericht 27, 114, 118, 125, 132–133, 150, 193, 209, 215, 219–220, 253, 272, 355
Gerichtsbarkeit 462
- hohe 254
- niedere 481
Gerichtsherr 114, 187, 205
Gerichtsordnung 211
Gerichtsort 199
Gerichtsschreiber 220
Gerichtsstätte 19
Gerichtsverfahren 138
Gerichtsverwandte 217
Gerichtszwang, niederer 255
Germania, Gasthaus 303, 599, 602–603, 610
Geschichtsschreibung 11
Gesellenkrankenkasse 573
Gesellenverein, kath. 577, 579–583, 585
Gesellschaft mit St. Jörgenschild siehe unter Ritterschaft mit dem St. Jörgenschild
Gesundheitshaus 619
Gesundheitspolizei 305
Getreide 206, 212
Getreidehandel 518ff, 546

Gewerbe 293, 306, 318
Gewerbebetriebe 296
Gewerbefreiheit 484, 559, 611
Gewerbegebiet 597
Gewerberekognition 295
Gewerbeschule 426
Gewerbeverein 426, 601
Gewerbliche Fortbildungsschule 601
Gewerkschaften 97, 574, 583–585, 587, 591, 593–594
- christliche 97
Glas-Oexle, Firma 303–304, 564, 600
Glocken 90, 99, 179, 203, 222, 234, 608 siehe auch unter Fuggerglocke
Glockenwiese 27
Gnadenjagd 339, 345
Gräberfeld, alemannisches 602
Graf, Café und Conditorei 564, 600, 605
Grenzbäume 22
Grenzmarken 212
Grenzpfähle, Grenzsteine 27–28
Grethgelder 527–528
Greuter, Buchhandlung 564
Greuthofgüter (Gereuthof, Grüthof, Gruithof) 116, 162, 168, 260, 358
Große Tragerey 256, 259, 464, 469
Großpfarrei 81
Großzehnt 198, 370, 473
Gründerjahre 350
Grundbesitz 32
Grundherren 83, 198ff, 258ff, 268, 273, 292, 366–367, 387, 390, 395, 481–483
Grundherrschaft 27–28, 95, 104, 111, 114, 205, 218–219, 256, 281, 350, 422, 424, 454, 462, 467–468, 473, 479, 483, 562–563, 567 siehe auch unter Herrschaft
- frühmittelalterliche 204
- Zehnten 472
Grundstücke, lehenbare 464
Grundzinsen 464, 469–470, 476, 480, 504
Guardiknechte 236
Gülteier 476
Gülten 184, 472, 524
Güterbahnhof, Gasthaus 605, 610–611
Güterhalle 540, 599, 610
Gütterlihüsli 610
Guggenheim & Co, Kaufhaus 304, 600, 608–609
Gumpbrunnen 214
Gustav-Adolf-Frauenverein 97

Hackenschütze 224
Hackfrüchte 356
Häusebaukonzession 481
Häuser-Rekognition 468
Häusersteuer 220

661

Hagmühle 213, 430, 605
- siehe auch unter Mühle
Hambacher Fest 502, 510
Hammer, Gasthaus 293, 303
Hammerschmiede 220, 285, 296, 557, 597
Handarbeitsunterricht 426
Handel 303f, 306
Handgeld 337
Handwerk 46, 225f, 293-294, 296, 318, 354, 467, 528, 575, 580, 582
Handwerker 267, 292, 294, 354, 376, 413, 415, 466-467, 528, 557
Handwerkerbaugesellschaft 613, 620, 622
Handwerkerlade 481
Handwerkerstandort 294
Hanfreibe 557
Hanfrötzen (Hanfreitze) 411, 573
Hanftrocknen 454
Hanse-Haus 606
Haslacher Hof 253
Haupthof 81
Hauptsteueramt 287, 576, 601
- badisches 571
Hauptzollamt 287, 576, 599, 601
- schweizerisches 571
Haus der Jugend 290, 425, 475, 564
Hausieren 297
Hausmannskost 335
Haustrunk 308
Hebammen 219-220, 306
Heckler, Bäckerei 611
Hegau-Apotheke 12
Hegau-Bibliothek 12, 14
Hegau, Gaststätte 604
Hegauer Erzähler 503, 519
- Haufe 179
- Vertrag 110, 200, 358, 395, 466
Hegau-Geschichtsverein 12
Hegau-Gymnasium 607, 609
Hegau-Museum 12, 14, 393, 416
Hegau-Zeitschrift 12, 14
Hegauritter 141
Hegauzüge 170
Heilige Lanze 33, 41
Heiligenhof 83, 394
Heiliges Römische Reich Deutscher Nation 439
Heimatmuseum 14
Heinemann, Johann, Milchprodukte 601
Heinrichsdiplom 62
Heinrichsurkunde 70
Heiraten 311, 317, 320-322, 486-487, 497
Heiratserlaubnis 346, 486
Heiratsverbot 319
Heldenjungfrau 233

Helvetischer Einheitsstaat 438
Hepp, Foto-Optik 602
Herbsthühner 373
Herrenfronden 467
Herrenhof 81, 199, 204
Herrschaft 255, 271, 439, 447, 449, 461, 464, 470, 475, 518, 521, 526, 528, 531, 534 siehe auch unter Standesherrschaft und Grundherrschaft
Herrschaften, reichritterschaftliche 452
Herrschaftshaus 474
Hertrich, Metzgerei 600
Herz-Jesu-Kirche 607-608
Herz-Jesu, Pfarrei 96
Herzogsherrschaft 35, 44
Heugeld 373, 476
Heuzehnten 370
Hinrichtungsmethoden 138
Hintersassen 213, 219, 226, 358, 465
Hintersassengeld 212, 466, 468
Hirschen, Gaststätte 602, 608
Hirschstuben, Gaststätte 607
Hirten für Kühe, Schweine, Kälber und Schafe 357
Hochgericht 255
Hochgerichtsbarkeit 105, 114
Hochjagd 481-482
Hochzeiten 212, 215
Höfe 205, 213, 222, 292, 368, 373, 375, 469
Höhgauer Erzähler 573, 610
- Hof, Gasthaus 303, 599-600
Hölderlinsgut 213
Hörige 205
Hofreite 360
Hofstätte 357
Hofstelle 55
Hoftage 34, 37, 44
Hohentwiel-Festspiele, 77, 606
Hohentwielgaststätte 610
Hohentwielischer Receß 242
Hohle Graben 330, 332
Holzarbeiterverband 583
Holzerhof 128-129, 131, 204
Holzgeschirrmarkt 519
Holzhäuser 213
Holzmacher 219
Honorarium 156
Hühnergeld 476
Hütten der Seldner 213
Hufe 204
Huldigung 268, 464
Huldigungsarmee 332
Hunde 339
Hungersnot 101-102, 331, 316,502
Hunnenschlacht 76
Husaren 331
- ungarische 334
Hygiene 213

Impfungen 306, 490, 494
Industrialisierung 17, 96, 316, 354, 403, 484-485, 488-490, 510, 517, 537, 543, 546, 597
Industrielehrerin 220
Industrieschule 423, 426
Infektionskrankheiten 320 siehe auch unter Epidemien
Inflation 280
Innsbruckerlehen 268
Inselstube, Gasthaus 600
Institutionen, geistliche 31,37
- weltliche 37
Investiturrecht 84
Investiturstreit 37, 44, 49, 58-59, 79
Irrungen 218
Italienverein 588

Jagd 212, 215, 272, 339ff, 365, 395
- hohe 200, 203, 395
- niedere 203, 464, 481-482
Jagdbezirk 342
Jagdfronen 340, 481
Jagdgerechtigkeit 255, 340
Jagdleidenschaft 218, 345
Jagdorganisation 340
Jahresgemeinde 219
Jahrmärkte 220, 298, 302, 397, 518, 557
Jauchegruben 569
Johanniterorden 177
Jüdische Händler 296f
Jugendheime 97
Jugendlichen-Sterblichkeit 314
Jugendstil 609, 611
Jurisdiktion 395, 481
Jurisdiktionsstreitigkeiten 201
Jus primae noctis 205

Kabisländer 269, 365
Kässner-Saal 572 siehe auch im Personenregister unter Kässner, Wirt
Kalben Gut 183
Kameralrevier Aach 342
Kaminfeger 213, 219
Kammergericht, kaiserliches 257
Kammerlehen 261, 268
Kanalisation 569, 571, 603
Kanton- oder Werbebezirk 335-336
Kanzleivermerk 31
Kaplanei 84, 99, 259, 368, 400, 422, 451
Kaplanei-Fonds 305, 389
Kaplaneihaus 86, 213, 304, 443
Kaplaneipfründe 84, 379
Kaplaneistiftung 84
- Rost'sche 220
Karsthans 177
Kaspar Schwarzengut 470
Kataster 29, 401
Katastervermessung 25, 29, 207, 568

Katharinentaler Gut 259
Kath. Arbeiterverein 96–97
– Arbeitnehmerbewegung 96
– Gesellenverein 96
– Vereinshaus 604
Katholikenversammlung 562
Katharinentaler Rodel 263
Kaufbriefe 255
Kaufhausgesellschaft 535
Kaufurkunden 27
Kaufvertrag, Klingenberger 25
Kegeln 222
Kegelplatz 214, 256
Ke(h)lhof 36, 43ff, 52ff, 55, 59, 69, 81–84, 105, 111–113, 115–116, 128, 183, 188, 192, 199, 204, 213, 258, 278, 358, 364, 368, 395
Kelhofverwalter 53–54, 70
Kiesslinghof 259, 263, 269
Kindbett 321
Kinderbettel 567
Kindergärten 96–97, 606
– ev. 97
– St. Martin 97
– St. Paulus 97
Kinderschule 96
Kindersterblichkeit 311, 314, 316–317, 320, 322, 494
Kino 607
Kirche 53, 55, 81ff, 220, 235, 256, 610
– altkatholische 93–94
– evangelische 93–94, 571
Kirchenareal 421
Kirchenbau 88, 295
Kirchenbücher 310–311, 314–315, 317, 320, 324–325
Kirchendienste 418
Kirchenfabrik 259, 305, 371, 401, 419, 473
Kirchenfonds 87, 89, 279
Kirchengemeinde 311
– evangelische 97, 293
Kirchenglocken siehe unter Glocken
Kirchengut 35, 470
Kirchenpflege 280
Kirchenregister 310, 327
Kirchenstreit, badischer 94
Kirchliche Vereine 95
Kirchsatz 70
Kirchweih 302
Kleingewerbe 577
Kleinhandwerkersiedlung 597
Kleinkinderschule 427
Kleinstaaterei 198
Kleinwohnungssiedlung 617–618
Kleinzehnt 98, 198, 370, 473
Klimaverschlechterung 315
Klingenberg, Urbar 105ff, 111
Klingenberger Gut 470

Klosterreform 49
Knorr, Firma 550, 552–553
Koalitionskriege 272, 313, 436, 438, 449, 452, 485, 528
Kober & Losch, Firma 606
Kochschule 544
Königsdiplom 31, 35, 44
Königsgut 34, 58, 198–199
Königshof 78, 204ff
Königsurkunde 30–31, 35, 37–38
Kolosseum–Saal 600
Kolpingfamilie 96
Konflikte, agrarische 218
Konkordia 96
Konstanzer Bischofsstreit 139–140
– Vertrag 395
– Zeitung 519, 573
Konstitutionsedikte 219
Konsumgenossenschaften 551
Konsumverein 620, 622
Kontinentalsperre 454
Kontribuenten 226, 312f
Kontributionen 437
Konzil, 1. Vatikanisches 94
Kornmayer, Teppichhaus 603
Kosakenburg 73, 443, 446, 569
Krähenleute 139
Kräherhof 129
Krämermärkte 303, 518–519
Krämerstandgeld 467–468, 482
Krankenhaus 564, 568, 609
Krankenpflegestation 95
– kath. 606
Krankenpflege- und Kinderbewahrverein St. Elisabeth 96
Krankenpflegeverein 95, 568
Kranz, Gasthaus 601
Krautländer 220
Kreditinstitute 304
Kreisbeschreibung 313
Kreisverfassung 398
Kreisversammlung 561
Kreuz, Gasthaus 209, 213, 258–259, 300, 303, 443, 448, 505, 572, 599, 605, 608
Kreuzerstein 214
Kriegerbund 511
Kriegerdenkmal 511, 605
Kriegertrachten 224
Kriegsausbruch (1914) 582
Kriegsschuldenlast (1813ff) 457
Kriegsteilnehmer (1812/13) 461
Kriegszüge im Hegau 138
Kriminal-Jurisdiktion 396, 462
Krise, demographische 314–317
Krone, Gasthaus 289, 296, 300–301, 303, 443, 447, 507, 572, 599, 602
Kronen-Apotheke 301–302
Kronen-Scheuer 304

Kuchelgefälle 466
Künstlerecke in der »Krone« 301
Küsslinghof 365, 373
Kulturamt 12
Kulturkampf 94, 100, 510, 561–562
Kunkellehen 155, 198
Kunkel- und Lichtstuben 212, 302
Kunstmühle 389, 431, 433–434
– gräfl. Enzenbergische 296

Laachen 22
Längsstreifenflur 358
Lagerbuch 22, 29
– Hohentwieler 22–23, 212, 354
Lahrer hinkender Bote, Kalender 519
Lamm, Hotel 607
Landerneuerungen 22
Landesaufgebot 223–224
Landeshoheit 198, 462
– nellenburgisch-österreichische 200
Landesmiliz 231
Landesübergabe an Württemberg 454
Landfahnen Nellenburger 330
Landfrieden 138
Landmiliz 240, 436, 446
Landnahme, alamannische 22, 204
Landnahmezeit 22
Landsknechte 223
Landständische Vefassung 180
Landstraßen 286, 439, 448, 451 siehe auch unter Straßen
Landsturm 437, 458–459
Landtage 399
Landtagswahlen 561
Landwehren 224
Landwirtschaft 225, 311, 317–319, 354, 523, 526, 609
Lanzenträger 224
Lazarett 331, 621
Lebenserwartung 484
Lebensmittelindustrie 548
Lebensmittelvorräte 320
Lehen 30–32, 34, 38, 44, 52, 54, 72, 107, 111, 113–114, 119, 150–152, 192, 195, 201–202, 294, 207, 258, 263, 363–364, 366–367, 374, 471, 480
Lehenbriefe 107, 193, 479
Lehenbücher 52
Lehenempfang (Investitur) 153–155, 254
Lehenentzug 260
Lehenserneuerung 154, 158–160
Lehensherren 54, 104, 150, 367, 479
Lehensnehmer 32, 201
Lehenspetition 151
Lehenspropst 155, 159
Lehensrekognition 153–154
Lehensrequisition 153
Lehensrevers 111, 113, 151

663

Lehenstag 153
Lehenstaxe 154
Lehensträger 150–152, 154–156, 159, 202
Lehensverleihungsvorgang 156
Lehrer 427
Lehrerbesoldung 281, 285, 418–419, 424–427
Lehrereinstellung 424
Lehrerwohnung 422–425, 564
Leibeigene 183, 268
Leibeigenschaft 177, 205, 220, 435, 466
Leibeigenschaftsgefälle 468
Leibeigenschaftsrechte 481–482
Leibgeding 115
Leibhennen 468, 481–482
Leibherrschaft 114
Leib- und Todfall 212, 466, 468
Leichenhaus 564
Leihezwang 198
Leinwandbleiche 213
Lekozky-Husaren-Regiment 332
Leuenberger, W. KG, Büroeinrichtungshaus 267
Lichtspieltheater 607
Lichtstuben 217, 302
Liebig, Firma 549
Liegenschaften der Gemeinde 564
Limbrock-Darpe, Uhrenfachgeschäft 304, 601
Lobkowitzsches Regiment 332
Logierhaus der Georg Fischer AG 621
siehe auch unter Werkswohnungen
und unter Mädchenheime
Lohmühle 557
Losungsrecht 358
Loreto-Kapellen 102
Luckensetzer 357
Luftpostbriefe 290
Lukenschätzer 211
Lungenpest 101
Lupfengut 258, 263
Lutherkirche 100, 608
Lutherpfarrei 93
Lutz, Café 604

Mädchenwohnheim der Georg Fischer AG 611, 621–622 siehe auch unter Arbeiterwohnungen und Werkswohnungen
– der Firma Maggi 554, 611, 618
Märcklinsbrunnen 111
Märzverein 506
Magazin (1799ff) 447, 451, 457
Maggi, Firma 96, 263, 267, 296, 543ff, 569–571, 574, 577, 584, 586–587, 591, 593, 605, 608–611, 613–614
Maggi-Museum 610
Maggisteg 610

Mahlmühle 296, 557
Majorat 246
Malefiz-Obrigkeit (von Rost) 464, 464, 481
Malzfabrik 601
Mannlehen 74, 150, 154–155, 200–201, 254
Manufakturgebäude 406
Manumission 205, 349, 466
Marken-Verrucken 212
Marketing 553
Markstandgeld 343, 468
Markt 303
Marktordnung 518–519
Marktort 297
Markward-Urkunde 53, 59, 71
Marschkonferenz (18. Jahrh.) 334
Marschrouten 332, 334
Maße, alte 375, 379, 461, 468, 517–518
Massenvertriebssystem 550
Maßpfennig 215, 302, 402
Mediatisierung 452
Medizinische Versorgung 305
Meier, grundherrlicher 208
Memorienstiftung 53
Menschenrechte 435
Mesnerdienst 285, 400, 418–419
Mesnergüter 418
Mesnerhaus 417
Metallarbeiterverband 586, 594
Metzger 298
Metzgerposten 289
Michaelskapelle 93, 600
Milchgeschäft 550
Milchverein der Sozialisten 592, 594
Milchvieh 265
Militärerlittenheiten (18. Jhdt.) 399, 402
Militär-Konskriptionssystem (18. Jhdt.) 333, 335
Militärreformen 332
Militärverein 511
Ministerialen 48–49, 54, 66–67, 72
Ministerialität 67, 73
Mißachtung der Bauern 177
Mißernten 101, 313, 315–316, 320, 350, 521
Misthaufen 214
Mittagläuten 139
Mohr, Konditorei 564, 600
Mohren, Gasthaus 303, 507, 610
Mortuarien 468
Mosterei 300
Mühle 20, 212, 233, 253–255, 287, 293, 360, 383, 402, 409–410, 430, 432–433, 471, 474, 526, 558, 568–569, 597, 605, 607–608 siehe auch Hagmühle

Mühlenbann 383, 402, 432, 481
Mühlengütle 470
Mühlenkrise 548, 605
Mühlenordnung 431, 433
Mühlenrechte 467
Mühlenzins, Dietfurter 472
Mühlibruck 20
Müller 225
Müller, Eugen, Buchdruckerei 602
– Restauration 303, 601
Müllereiwesen, schweizer. 543
Müller's Weinstube 600
Musketiere 224
Musterliste (1615) 312
Musterregister (1615) 226
– der Landgrafschaft Nellenburg 214, 223ff, 292, 312
Musterungspflichtige 337

Nachbarschaftshilfe 97
Nachtwächter 219–220
Nahrungsmittelversorgung 316
Napoleonische Kriege 454
National, Tanz-Café 607
Nationale Staatskirche 94
National-Verein für deutsche Auswanderung und Kolonisierung 350
Naturaleinkünfte 108
Naturfreunde 586
Nekrolog 50–51, 54
Nellenburger Aufstand (1809) 386
Nellenburgische Landesdefension 446
Nestle, Firma 549
Neujahrsglückwünsche 385
Neuorganisation des Landes (1807ff) 219
Niedergericht 118, 355, 464
Niedergerichtsbarkeit 114, 128
Niedergerichtsherr 110
Niederhof siehe im Ortsregister
Niederhof-Siedlung 614
Nonnen- und Wallachenmacher 467
Notzeiten 315
Nutzeigentum 198

Obereigentum 198, 469
Oberländer Volkszeitung 519
– Zeitung 296, 606
Oberlin-Haus 97
Obervögte 217–218, 222, 242, 271ff, 356, 481, 529, 531
– siehe auch unter Vögte
Obervogteiamt 281, 412, 518
Obrigkeit 254
– hohe 187, 200
Obstbau 206, 465
Ochsen, Brauerei und Gasthaus 303, 599–600
Ödland 357

Öffnungsklausel 110
Öffnungsrecht 116, 178
Ölmühle 213, 300, 558
Össche 206, 356
Öschhut 340
Österreichiches Hauptquartier (1789) 443
Oexle, Bäckerei 600
Oexle, Glaswaren siehe unter Glas–Oexle
Offwiese 23
Ohmgeld 467–468, 481
Organisations– und Konstituitionsedikte 1810ff. 455
Orgel 90
Orangerie 415
Ortsarrest 413, 564, 567,
Ortsbauplan 568–569
Ortsbürger 219, 465, 467
Ortsgericht 481
Ortsherren 198ff siehe auch unter Grundherren
Ortsherrschaft 89, 105, 108, 113–118, 128–129, 200, 202, 401
Ortssassen 219
Ortsvorgesetzte 563
Ottonenzeit 35

Parteien 95, 97, 296, 502, 506, 561–563, 574, 583, 586, 588, 590, 595
Patrimonialgerichtsbarkeit 271, 273, 453–454, 456, 481
Patronatsrecht 52, 54, 81, 84, 482
Patrone der Kirche 81
Pauperisierung 486
Pest 101, 193
Pest–Heilige 102
Peter Schwarzengut 256, 470
Pfälzer Hof, Gasthaus und Metzgerei 303, 426, 601, 607
Pfaffwieser Gut 263
Pfalz, Haus 608
Pfandherrschaft 236
Pfandlehen 260ff, 462, 479
Pfandschaft 107–108
Pfarrarchiv 11
Pfarreiangehörige 312, 314–315
Pfarreien 81ff siehe auch unter St. Peter und Paul, Pfarrei
Pfarreiorganisation 81
Pfarrer 279, 354
Pfarrhaus 9, 92, 213, 404, 443, 447, 541
– der altkath. Gemeinde 603
Pfarrkirche 36, 87ff
– siehe auch unter St.Peter und Paul, Pfarrkirche
Pfarrsprengel 311
Pfarrvikar 89, 368, 371
Pfeffergeld 467

Pferdemarkt 519
Pfisterei–Gerechtigkeit 255
Pfleger 238–240, 250
Pfluggeld 185, 212, 215, 467, 469, 481–482
Pfründenkumulation 105
Pfründgüter, Hohentwieler 183
Pfründlehen 364
Philatelie 290
Physikus 336
Plünderungen 439
Pluqe'sche Regiment 336
Pocken 306, 315–316
Polizeidiener 220, 275
Polizeigebäude 606
Polizeigerichtsbarkeit 481
Polizeistelle, württembergische 454
Polizeistunde 302
Poppele–Zunft 14, 302
Post 286ff, 289–290, 451, 557, 601–602 siehe auch unter Poststation Krone
– badische 289
Posthalterei 289, 300–301
Posthaltershölzle 27
Postkutsche 290
Poststation Krone 213, 438, 443, 447 siehe auch unter Post
Post– und Ordinari–Wesen 289
Postvisitationen 291
Präsentationsrecht 424
Pragmatische Sanktion 332
Praktischer Arzt 305
Prinz Condé'sche Regiment Dauphin 450
Privatbesitz 557
Private Mädchenschule 427
Privatkrankenkasse 573
Privatkrankenverein 568
Privatwald 341
Prozessionen 25, 87, 90, 216–217
Prozeßsucht 274
Prügelgut 470
Pumpwerk 610
Pupille/Mündel 402
Purifikationsverhandlung 27

Rain 356
Randenbahn 568, 608
Rathaus 208, 214, 390, 420, 423, 558, 599
Ratschreiber 566
Raubritterunwesen 137ff
Rauchen 217
Rauchfangkehrer 467
Realgastwirtschaft 302
Realschule 601, 607
Realteilung 205, 292, 317, 346, 358, 367, 375, 390

Rebbesitzer 299
Rebellion, bäuerliche 219
Reben, Sipplinger 256
Rebgarten 261
– Rambschwagischer 255, 477
Rebhut 299
Rebland 359, 361, 367, 373–376, 469–470
Reformation 171, 176–177, 217
– Sigismundi, Flugschrift 177
Reformbewegung 49–50
Reformklöster 67
Reformpädagogium 601
Refugium (Hohentwiel) 75
Regalien 291
Regierung 193
Regionalisierung 37
Reichsacht 113
Reichsarmee 335
Reichsbahn 610
Reichsdeputationshauptschluß 439, 452
Reichsgut 34, 44, 199
Reichskammergericht 144
Reichskriegsordnung 333
Reichslehen 34–35, 37, 199
Reichspost, deutsche 289
Reichsrechte 45, 59
Reichsritterschaft 334, 386, 395, 449
Reichsstädte 144
– am Bodensee 143
Reichssteuer 144
Reichstagswahlen 561
Reihengräberfriedhöfe 81
Rekognitionen 467–468
Rekrutentransporte 335
Rekrutenwerbung 335
Rekrutierung 332–334, 336–337, 402, 454
Reluition 260
Reluitionsprozeß 257
Renovationsmessungen 29
Renovatoren 22
Rentamt 276, 289, 416, 507, 520–521, 523
Rentamtmann, Rentmeister 273
Rentbeamten 273, 481
Rentengrundherrschaft 205
Republik, franz. 448
Requisitionen 439, 448, 450
Reuthi–Zehnt 371, 476
Reversbrief (Juden) 297
Revolution 273, 439, 482, 485–486, 502, 505, 507, 510
– französische 317, 335, 452
Revolutionäre (1848) 505
Rheinarmee, franz. 448
Rheinbund 449, 452
Rheinbundfürsten 452
Rheinfall 162

665

Rheinübergang 447, 451
Richter 212, 217, 271
Rinderzungenabgabe 298–299, 466, 468
Ritterbauern 143
Ritterkanton Hegau–Bodensee 139
Ritterschaft 142
– aus dem Hegau 331
– mit dem St. Georgenschild 109–110, 133, 142–143, 163, 170, 173
Rodel 120
Rodung 129
Rodungszehnt 371
Römerweg 267
Römisches Recht, Rezeption 176
Rollenverteilung 321
Roll'sches Regiment 450
Rosenegg–Zehnten 472
Rosenegger Gut 470, 476
Rosenkranzbruderschaft 90, 281, 285, 401, 418–419
Royal Etranger, Regiment 450
Ruch, Franz X., Baustoffgroßhandlung 304
Rudolfstiftung 427
Rüeger–Chronik 101
Rugegericht 422
Ruhr 316
Rumpfparlament 502
Russenparade 443
Rustikalisten 378
Rustikalsteuer 399, 401

Säge 20, 430, 433, 557, 597, 608
Säkularisation 200, 449, 452
Säuglingssterblichkeit 311, 314, 317, 320, 322, 490–491, 494, 499–501
Salbuch 105, 111–112, 255
Salz 396
Salzgeld 469, 531
Salzhandel 212, 382, 467, 481, 517, 532, 571, 580
Salzlager 162
Salzlek 218
Salzpreise 532
Sanitäter 305
Satzbriefe (Juuden) 297
Sautier–Reibelt'sche Stiftung 282
Schäfer 339
Schäferei 265–266
Schaffhauser Krieg 169
– Tagblatt 519
– Zeitung 405
Schafweide 220
Schanzarbeit 330
Scharfes Eck 599, 608
Scharfrichter 305
Scheffelbrücke 20
Scheffelgemeinde 301

Scheffelherberge 301
Scheffelhof, Gasthaus 601, 607, 610
Schermauser 219
Schieggengut 213, 255, 256, 260, 358–359, 365, 474
Schießen der Schützen 212
Schilderhebung 504, 509
Schildwirte 212, 300, 302
Schinderwasen 218, 474
Schirmfrucht 468, 472
Schirmgelder 466
Schlachthaus 608
Schloß 12, 93, 202, 213, 386–387, 390, 393, 412ff, 474, 560, 571, 599
– unteres 403, 407 siehe auch unter Walburgishof
Schloßgarten 258, 389, 416
Schluchseeschenkung 44, 49, 68
Schmid, Gärtnerei 304
Schmiede 185, 213, 293, 421, 467, 602
Schmiedsgütle 256, 470
Schöffen 209
Schrebergärten 609
Schrempp, Cafe 304, 500, 571
Schülerzahlen 423–426
Schützen, Gasthaus 611
Schuldenabtragung der Herrschaft 479
Schuldentigungspläne der Gemeinde 566
Schule 94, 220, 285, 417ff, 561, 571, 610
Schulgeld 280, 418, 424–426
Schulgesetz 424, 426–427
Schulhaus 209, 213–214, 293, 421, 426, 557
Schulhausplatz 572
Schullohn 281
Schulmeister 354, 368, 427
Schul-, Meßmer- und Kirchendienste 481–482
Schulpflicht 426, 435
Schulpfründvermögen 281
Schulschwesternhaus 281
Schul- und Gemeindehaus 451
– und Mesnerhaus 417, 421
– und Rathaus 414, 422, 564, 566, 599–600, 602 siehe auch unter Rathaus
Schupflehen 317, 364, 366–368, 374
Schutzbriefe der Juden 297
Schutzbürger 219–220, 465–466
Schwabenkrieg 113, 139, 144, 171, 434 siehe auch Schweizerkrieg
Schwäbisch–alemmanisches Stammesgebiet 36
Schwäbische Legion 507
Schwäbische Stände 446
Schwäbischer Bund 131, 135, 144, 146, 147, 170, 176, 178, 181
– Kreis 333, 335, 436–437, 532
– Reichskreis 198

– Städtebund 139, 164
Schwäbisch–österreichische Landesstelle 449
Schwärze 23
Schwärzehof 214
Schwar(t)zengut 213, 256, 368
Schwarz'scher Lehenhof 470
Schwarzer Tod 101–102
Schwarzwaldbahn 568, 571, 597, 603, 608
Schwedenprozession 232
Schweineaustreiben 343
Schweinebestand 265
Schweinemarkt 304, 519
Schweizer Commission für das Handels-, Fabrik- und Gewerbewesen 546
Schweizerhof, Hotel 604, 606, 609
Schweizerische Bundesbahn 568
– gemeinnützige Gesellschaft 544, 546ff
Schweizerischer Handel- und Industrieverein 543
Schweizerkrieg 139, 144, 171, 434 siehe auch unter Schwabenkrieg
Sebastian–Bruderschaften 102
Seckelamtsrechnungen 533
Seegmüller, Scherzinger und Co. 296
Seekreis 457–458
Seekreisdirektorium 86, 466
Seelenkonskriptionen 214, 333
Seelenzahl 314, 316 siehe auch unter Bevölkerungsentwicklung
Selbstverstümmelung 336
Selbstverwaltung 210, 219, 453, 456, 559
Sennerei 265, 383
Sennhof 256, 470, 474
Seuchen 313
Sexualität 325
Siebenjähriger Krieg 333
Siedlungsbereich 25
Siedlungsdichte 318
Siedlungskontinuität 204
Siegel 30, 151, 208, 221
Simplum 335
Simultanschule 94, 561
Singener Blatt 95
– Jahrbuch 13
– Nachrichten 296, 573, 604–606, 611
– Weinstube 608
– Zeitung 11, 584
Singer Bruck 19–20, 44, 63, 222, 286, 288, 293, 300, 430
Sölden 402
Söldner, eidgenössische 143
Sommerrouten 334
Sonne, Gasthaus 209, 302–303, 506
Sonntagsheiligung 218
Sonntagskalender 519
Sonn-und Feiertag 212
– Feiertagsarbeit 408–409

Souveränitätsgefälle 467
Sozialdemokratischer Verein 586–587
Sozialgeschichte 310
Sozialistengesetz 562
Sozialleistungen 554
Sozialpolitik 554
Sozialrevolutionäre Erhebungen 176
Sozialstationen 96–97
Sozio-kulturelles Zentrum 301
Spätaussiedlerbetreuung 97
Spätmittelalter 31
Spanische Weinstube 600
Spanischer Garten, Obst- und Südfrüchte 602
Spanndienste 114
Sparkasse 603
Spar- und Waisenkasse 305
Sparsi, Bauspargesellschaft 607, 613
Spielen 212, 218
Spinnstuben 301
Spital 213, 541, 564, 567, 602–603, 608
Springbrunnen 605
Spritzenhaus 569
Staatsbürger 219
Staatsdomäne 268
Staatsreformen (18. Jhdt.) 332
Stadtapotheke 573, 605
Stadtarchiv 11–12, 160, 393
Stadtbücherei 301
Stadtchronik 13
Stadterhebung 96–97, 599
Stadtfarben 18
Stadtgarten 20, 63, 607, 610
– Gasthaus 303
Stadthof, Gasthaus 605
Stadtrechte 484
Stadtrechtsverleihung 570, 572
Stadtsteuer 108
Stadtverwaltung 17, 423, 609
Stadtwappen 16–17, 199
Städtebund 165
Städtekrieg 109, 138
Städteordnung, badische 484–485
Städt. Kunstsammlung 14
– Vermessungsamt 25
Stände 337
– schwäbisch-österreichische 313, 334
Stallfütterung 207, 362
Standesherrschaft 273, 333 siehe auch unter Herrschaft
Standgericht, preußisches 503
Statistik, historische 214
Stege 214, 358
Steiger et Compagnie, Tabakfabrik 295
Steingutfabrik 407
Stemmer-Kneer, Schuhhaus 601
Stempel der XI. Legion 267
Sterbebuch 310–311, 314, 316
Sterbeziffern 317, 319, 490–491, 500

Sterblichkeit 314–315, 321, 484, 488, 490
Sternschanze 234
Sternen, Gasthaus 604
Steuerfrüchte 472
Steuerkapital 483, 566–567, 570
Steuern 399ff, 482
Steuerpflichtige 306, 313, 318, 566, 570
Steuerrecht 200
Steuerregister 307
Steuersystem 454
Steuerurbare 377
Stiftungen 93, 220, 423
– kirchliche 83ff
Stipendium 277–278
Stockacher Brücke 214, 288, 474, 560, 569
– Linien 331
Stockwerkseigentum 213
Stofffärberei 597
St. Peter und Paul, Frühmeßpfründe 259
– Glocken 179 siehe auch unter Glocken
– Pfarrarchiv 11, 14
– Pfarrei 98, 374–375, 473
– Pfarrgemeinderat 93, 99
– Pfarrkirche 52, 70, 81ff, 87ff, 94, 102, 128, 198–200, 209, 213, 282, 364, 366, 370, 374, 379, 389–391, 403–404, 415, 417, 434, 473, 558, 569, 571, 599
– Pfarrpfründe 281
– Register 311
– Vitalstatistik 312, 314
Strafen 138, 187, 468
Strafgerichtsbarkeit 481
Straßen 207, 214, 288, 557 568, siehe auch unter Landstraßen
Straßenbaukosten 481, 569
Straßenbeleuchtung 385, 569
Straßhof 381
Streik 555, 575, 584, 587, 592–594
Streitigkeiten mit dem Obervogt 218
Strobelhof 256, 268, 470, 476
Strohkranz 212
Strohrede 382
Strukturwandel 325
Struve-Putsch 506
Stumpenschlag 344
Sturmläuten 179, 181
Südcredit, Bausparkasse 290, 607
Süddeutsche Diskontgesellschaft 607
Südwestdeutscher Archivtag in Singen 38
Sunthauser Krieg 164

Tabakfabrik 318, 382, 403, 557, 597
Tabaktrinken 212, 410
Tänzeltage 294

Tafernen 392, 300
Tafernrechte 467
Tafernwirte 212, 217, 300
Tagelöhner 205, 213, 292, 489
Taglöhnersiedlung 597
Taglohnarbeiten 317
Tagwerker 399
Tanz 212
Tarifvertrag 594
– der Firma Maggi 555
Tauengeld 212, 215, 467, 469, 481–482
Taufbuch 311
Taufen 319
Taxen 467–468, 476
Telefonnetz 603
Territorialherren 104 siehe auch unter Landeshoheit
Teuerung 486
Teufels-Mühle 402
Textilgewerbe 317
Thurgauer Kalender 519
– Zeitung 519
Tierarzt 305
Tierhaltung 362
Todesfälle 320
Todfall 466, 468
Todfallabgabe 205
Torkel 185, 213, 255, 264, 299, 410, 464, 473–474, 521, 523, 529 siehe auch unter Trotte
Torkelrecht 299
Totenbuch 50–51
Totengedenken 49, 51
Trägerei 292, 373, 375
Tragerey-System 260
Transformationsprozesse 311
Transitzölle 287
Trieb- und Tratt-Ordnung 185
Trinken 218
Trinkwasserleitung 604
Trinkwasserversorgung 615
Trockenhaus 408
Trötschler, Baumwollspinnerei 296, 409, 557–559, 569–570, 577, 597, 599, 603, 610
Trötschler und Ehinger, Spinnerei 484
Trötschler und Wolf, Baumwollspinnerei 409
Trotte 114, 118, 299, 359, 464, 474, 558 siehe auch unter Torkel
Trottenzwang 481
Trunk 216
Trunzhof 122
Truppendurchmärsche 315
– russisch-österreichischen 439
Türkengefahr 139
Türkenglocke 196
Türkensteuer 399
Turmuhr 222

667

Turnierbücher 30
Turniere 30, 162
Turnplatz 5654
Turnverein 12, 427
Twieler Burgfrieden 110–113 siehe auch unter Burgfrieden
Typhus 316

Überschwemmungen 568
Übersitzen 217
Uichtritz et Compagnie, Handelsgesellschaft 407
Ulmergut 213, 476
Umgeld 115, 185, 187, 211–212, 306, 402, 467, 475
Umtrunk 217, 219
Umweltschutz 540
Ungarnsturm 76
Unruhen, Hauensteiner 334
Untergänger 211, 219, 355, 357
Untertanen 193, 271
– bäuerliche 202
– Hornstein'sche 222
Urban–Bruderschaft 87
Urbanisierung 489
Urbar 22, 106ff, 111–112, 122, 182, 193, 205, 209, 212, 254, 259–260, 268–270, 313, 354, 375, 377
Urfehdebrief 268
Urkunden–Platz 19
Ur– und Frühgeschichte 12

Vasallen 48, 198
Verbrüderungsbuch 32, 44
Verein für Sozialpolitik 544
Verkehrknotenpunkt 286
Verkehrsgewerbe 296
Verlagssystem 317
Vermarkungsgesetz 207
Vermessungsgesetz 207
Verpflegung von Soldaten im 18. Jhdt. 335
Verpflegungssätze (18. Jhdt) 448
Verwalter 271ff
Verwaltung, staatliche 559
Verwaltungsaufwand 566
Verwaltungshof 456, 559
Verwaltungspraxis 274
Vesen 206, 370
Vetternwirtschaft 210, 215, 217
Victualienmarkt 519–520
Viehaustreiben 343
Viehbestand 215, 265, 557
Viehhandel 212, 297
Viehheilkunde 305
Viehmärkte 303, 468, 518–519
Viehschätzer 211, 298
Viehseuche 439, 445, 448
Viehverschneider 467

Viehweiden 212, 361
Viehzählung 333
Viehzucht 265, 533
Vierer (Dorfgericht) 193, 209
Vierundzwanziger 209, 211–212, 215, 217
Viktoria, Hotel 607, 609–610
Viktualienmarkt 304
villa publica 43, 199
Villikationssystem 204
Villikationsverfassung 204
Villingen 330
Villmerger Krieg 154
Vogt 208, 210, 215, 217, 219, 242, 354, 401, 528 siehe auch unter Obervogt
Vogtei 107
Vogtsgut 183, 213, 255–256, 359, 365, 464
Vogtsrecht 116
Vogtszehnten 472
Volksbank 564
Volksbewaffnung 503
Volksbücherei 302
Volksburg 75
Volksküche 604
Volksverein 503, 506, 508
Volksversammlung (1848) 503
Volkswille, Zeitung 296
Volkszählung 312, 333
Vorgesetzte 212, 215, 217
Vorlande, habsburgische 449
Vorschußverein 305, 607
Vorspanndienste 332, 334, 402, 436, 441, 446, 448
Vorsterhof 264

Waaggelder 527
Wachtelfangen 272
Währungsreform 86
Waffenhaltung (1615) 223
Wagenburg 445
Wahlmänner 561
Waibel und Co., Blechner– und Installationsbetrieb 594
Walburgishof (unteres Schloß) 214, 273, 382, 384, 391, 403, 406–407, 443, 474, 560, 597
Wald 222, 341, 359, 362, 367, 373–375
Waldeck, Hotel 604, 606, 608–610
Waldeckschule 605, 609
Waldfriedhof 99
Waldhorn, Gasthaus 604
Waldnutzungen 343
Waldschütz & Co., Firma 611
Waldshuter Krieg 143, 169
Waldungen, herrschaftliche 340
Waldweide 339, 343, 362
Wallfahrten 216–217
Wandern am Bodensee, Kalender 519

Wandlungsprozesse 311
Wappen 16, 208
– der Grafen Vetter von der Lilie 388–389, 393
– der Grafen von Enzenberg 388–389, 391
– der Grafen von Rost 244
– der Gemeinde Singen 16–18
Wartburg, Haus 607
Waschhaus 454, 622
Wasenmeister 396
Wasserburgerhof 342–343
Wasserleitung 214, 569, 571
Wasserreservoir 608
Wasserturm der Firma Maggi 610
Wasserversorgung 602
Wasserwerk 410
Wegegeld 287–288
Wegegeldbezug 286
Wege– und Brückengeld 20
Weglöse 269
Wehrbauern 347
Wehrpflicht, allgemeine 335
Wehrzoll 287
Weiberbürgereinkaufsgelder 465
Weibslehen 154
Weiden 357
Weiderechte 208, 343, 468
Weidwerk, kleines 253
Weiher 214
Weinanschneider 211
Weinausschank 185
Weinbau 114, 206, 299
Weinberg 256
Weingarten 118, 169
Weingartner Vertrag 178
Weinsberger–Bund 163
Weinschank 298
Weinvorrat 461
Weinzehnt 198, 370, 473
Weißes Rößl, Gaststätte 607
Weltkriege 97, 582–585, 587, 594, 601, 608, 618
Weltwirtschaftskrise 488
Werbung 18, 547, 553
Werbungen, preußische 335
Werdenberger Fehde 110–11, 139, 142
Werkswohnungen 541, 611, 613ff siehe auch unter Arbeiterwohnungen
Werkvolk 97
Westfälischer Friede 236
Wetterläuten 212
Wettersegen 87
Widemgut 132, 199, 213, 258
Widerholt, Gasthaus 605
Wiederverheiratungen 311, 321, 323
Wienerwald, Gasthaus 602, 608
Wiesen 222, 357, 359, 361–362, 364, 367, 373–376

Wießmannsgut 476
Wild 218, 340
Wildbann 341–342
Wildbret 253
Wildhege 339
Wildschaden 339
Windmühlen 233–234
Winterquartiere 330
Winterrouten 334
Wochenmarkt 304, 397, 519
Wohlhabende Leute 566
Wohngebäude 497, 557
– für Bahnbedienstete 597
Wohnheim fer Firma Georg Fischer 541
Wohnungsbau 613
Wohnungsfürsorge 620
Wohnungsmarkt 613
Wohnungsnot 621
Wohnverhältnisse 580
Wolfgang Freyengut 265, 470
Woller–Bloching, Modehaus 604
Worblinger Vertrag 115–117
Wormser Beschlüsse 170
Wucherstier 219–220, 265
Würze 548–549, 551–552, 554, 602, 610
Wundarzeineidiener 305
Wundarzt 305

Zähringer Hof, Gasthaus 604
Zähringer Ministerialen 66
Zahnarzt 305
Zapfenwirtschaft 212, 302
Zehntabgaben 98
Zehntablösung 305, 473, 502, 559
Zehntbetrug 357
Zehntbezirk 98
Zehntbezugsberechtigte 88–89, 92
Zehnten 36, 52, 61, 69, 105, 114, 119, 132, 162–163, 184, 198, 257–258, 264, 270, 299, 355, 369, 422, 472, 480
– Dormettinger 257ff
– Gaßnerischer 472–473
– Haanischer 473
– siehe auch unter Groß– und Kleinzehnt
Zehntfrüchte 472
Zehntherren 83–84, 90, 98, 198, 268, 355, 357, 372, 375, 473
Zehntknecht 357
Zehntrecht 172, 198, 355
Zehntscheuer 213, 304, 371, 473, 475, 567, 619
Zehntsammler 355, 357
Zehntstreitigkeiten 355
Zehnturbar 354, 359, 375, 377
Zeichenschule 426, 601
Zeitungen und Zeitschriften 11, 13–14, 296, 307
Zelgen 183, 206–207, 356

Zelgenverband 361
Zeppelinschule 614
Zeugensteine 27, 208
Ziegeldächer 213
Ziegelofen 253
Ziegen 265
Zigeuner 212
Zimmermann von Singen 293
Zimmern–Chronik 101, 137–138, 208
Zinsäcker 114
Zinsen 472
Zinsgut 292
Zivilgerichtsbarkeit 481
Zölle 108, 253, 286ff, 405, 454, 518
Zollamt 287
Zoller 288
Zollregal 287
Zollstätten 395
Zollverein, deutscher 162, 287
Zollverwaltung, badische 287
Zuchthauskonkurrenz, Buchloe'sche 399
Zugehörden 107–108, 110, 116
Zugpferde 225
Zugvieh 265
Zunftlade 295
Zunftordnung 293
Zunftverfassung 162, 559
Zunftwesen 293
Zuwanderungen 322
Zwangsmühle 464
Zwillingsgeburten 324
Zwing 114 116, 118, 125, 128, 150, 193, 200, 206, 212

Bildnachweis

Bad. Generallandesarchiv Karlsruhe: S. 36, 37
Bildarchiv Stadt Singen: S. 12, 13, 91, 92, 194, 195, 236, 295, 304, 569, 572, 576
Bohl, Dr. P., Stuttgart: S. 313, 314, 319
Briel, H. v., Junker, P., Storz, J. M.: S. 578 (Daten: J. Runge), 590 (Daten: R. Grabherr, G. Valentin, A. Weiß, R. Zimmermann)
Enzenberg-Archiv, Singen: S. 88, 89, 297, 414, 415, 416 links, 417
Firmenarchiv Georg Fischer, Singen: S. 538
Gleichauf, H., Rielasingen: S. 238
Göttmann, Prof. Dr. F., Konstanz: S. 520, 521, 522, 527, 529
Graf, H., Singen: S. 85, 388 oben
Aus von Hefner-Alteneck, J. H., Waffen, ein Beitrag zur historischen Waffenkunde, Graz 1969: S. 224
Künzler, K., St. Gallen: S. 150, 155, 157, 158
Landesvermessungsamt Baden-Württemberg, Stuttgart: S. 56, 57
Foto Lauterwasser, Überlingen: S. 17 unten links
Nach Löffler, K., Geschichte des Verkehrs in Baden, 1910: S. 290
Mattes, A., Singen: S. 267 rechts
Mattes-Stoffel, B., Singen: S. 28, 249, 275, 288, 300, 302, 459
Museum zu Allerheiligen, Schaffhausen: S. 17 unten Mitte, 167, 439, 440, 441, 442, 444, 445, 446
Museum zu Brixen: S. 244 unten rechts
Nestlé Deutschland AG, Maggi-Werk Singen: S. 545
Ott-Albrecht, Singen: S. 20, 416 rechts, 431, 571
Pölzelbauer, J., Freiburg: S. 17 Mitte
Privatbesitz: S. 282, 283, 387, 388 unten, 413
Puch, P., Klagenfurt: S. 383
Rhomberg, M., Dornbirn: S. 244 unten links, 245, 385 rechts
Rombach, K., Engen-Biesendorf: S. 421
Schaier, Dr. J., Mannheim: S. 484, 485, 486, 489, 490, 491
Schrenk, Dr. Ch., Heilbronn: S. 359, 368
Schwarz, U. P., Klagenfurt-Ebenthal: S. 385 links
Stadtarchiv Konstanz: S. 17 unten rechts, 145
Stadtarchiv Nagold: S. 244 oben
Stadtarchiv Singen: Abbildung Schutzumschlag, S. 17 oben, 26, 214, 216, 225, 235, 267 links (Bildarchiv Willi Weber), 301, 419, 423, 447, 511, 558, 560, 564, 565
Städtische Galerie im Lenbachhaus, München: S. 77
Städtisches Vermessungsamt Singen: S. 24, 463, 598
Stiftsarchiv St. Gallen: S. 130
Aus Strobel, A., Eine Flurkarte aus dem Jahre 1709 und die Agrarverfassung des Hegaudorfes Singen am Hohentwiel im 18. Jh., 1968: S. 207, 208
Foto-Weber, Haigerloch: S. 241

Autorenverzeichnis

Dr. HERBERT BERNER, Stadtarchivdirektor i. R., Vallendorstraße 1, 7700 Singen (Hohentwiel)

MARKUS BITTMANN, MA, Zum Kretzer 1a, 7770 Überlingen-Nußdorf

Dr. PETER BOHL, Archivassessor, Seyfferstraße 82, 7000 Stuttgart 1

KUNO BRITSCH, in Firma Georg-Fischer-AG, Postfach 340, 7700 Singen (Hohentwiel)

Dr. WILFRIED DANNER, Studiendirektor, Franz-Liszt-Straße 2, 7750 Konstanz

Dr. jur. Dr. rer. pol. EBERHARD DOBLER, Wirtschaftsprüfer, Rechtsanwalt, Fachanwalt für Steuerrecht, Wilhelmstraße 46, 7800 Freiburg i. Br.

Dr. ALFRED GEORG FREI, Leiter des Kulturamtes der Stadt Singen, Max-Seebacher-Straße 3, 7700 Singen (Hohentwiel)

Prof. Dr. FRANK GÖTTMANN, Philosophische Fakultät, Fachgruppe Geschichte, Universität Konstanz, Universitätsstraße 10, 7750 Konstanz

Dr. FRANZ GÖTZ, Kreisarchivar des Landkreises Konstanz, Oberdorfstraße 13, 7700 Singen (Hohentwiel)

URSULA GRAMMEL-VAHL, Dipl.-Ing., Regierungsbaumeister, Hauptmannsreute 24, 7000 Stuttgart 1

FRANZ KARG, MA, Fürstl. und Gräfl. Fuggersches Familien- und Stiftungsarchiv, Ziegelstraße 29, 8880 Billingen

ALOIS MATTES, Speditionskaufmann, Beethovenstraße 6, 7700 Singen (Hohentwiel)

GERLINDE PERSON, MA, Historisches Seminar der Universität Freiburg. i. Br., Landesgeschichtliche Abteilung, Jacobystraße 47, 7800 Freiburg i. Br.

KLAUS ROMBACH, Rektor i. R., Friedhofstraße 5, 7707 Engen-Biesendorf

HELMUT RUF, Dipl.-Ing., Bürgermeister i. R., Zelglestraße 23, 7700 Singen (Hohentwiel)

MAX RUH, Sekundarlehrer, Ungarbühlstieg 6, CH-8200 Schaffhausen

Dr. JOACHIM SCHAIER, Landesmuseum für Technik und Arbeit, 6800 Mannheim 31

Prof. Dr. KARL SCHMID, Schlehenrain 12, 7800 Freiburg i. Br.

SUSANNE B. SCHMIDT, wiss. Mitarbeiterin an der Technischen Hochschule Darmstadt, Institut für Soziologie, Residenzschloß, 6100 Darmstadt

Dr. CHRISTHARD SCHRENK, wiss. Angestellter Stadtarchiv Heilbronn, Eichgasse 1 (Deutschhof)

Dr. HANS-JOACHIM SCHUSTER, Kreisarchiv Tuttlingen, Stockacher Straße 9, 7706 Eigeltingen 3

Dr. WERNER VOGLER, Stiftsarchivar, Stiftsarchiv, Regierungsgebäude, CH-9001 St. Gallen

Dr. GERT ZANG, Historiker (Regionalgeschichtliches Industriezeitalter), Untere Rheinstraße, 7752 Insel Reichenau

Das Register erstellte IRMTRAUD GÖTZ, Oberdorfstraße 13, 7700 Singen (Hohentwiel)

Erschienen im Verlag des SÜDKURIER

Herbert Berner (Hg.)
Singen
Ziehmutter des Hegaus

Singener Stadtgeschichte
Band 1

Mit Beiträgen von Jörg Aufdermauer, Jürgen Becker, Willi A. Boelcke, Eberhard Dobler, Hermann Fix, Klaus Herrmann, Michael Hess, Wolfgang Homburger, Werner Käss, Hans-Joachim Köhler, Rüdiger Krause, Bernhard Mohr, Eugen Reinhard, Karl Schauber, Albert Schreiner, Wolf-Dieter Sick, Claudia Theune, Karl Waibel und Theo Zengerling sowie einem Geleitwort von Friedhelm Möhrle und einer Vorbemerkung von Herbert Berner

340 Seiten mit 24 Farbtafeln und 62 Schwarzweiß-Abbildungen sowie zahlreichen graphischen Karten und Tabellen, Leinen mit farbigem Schutzumschlag

Aus dem Inhalt

Naturräumliche Gliederung und topographischer Überblick · Zur Geologie von Singen und Umgebung · Klima und Witterung im Mittleren Hegau · Die Radolfzeller Aach – eine rheinische Donau · Die Pflanzenwelt · Der Wald im Mittleren Hegau · Vorgeschichtliche Siedlungen, Gräber und Wallanlagen des Singener Raumes · Zur Belegung des frühbronzezeitlichen Gräberfeldes von Singen am Hohentwiel und seine Bedeutung für die Bronzezeitforschung · Die Zeit der Alamannen (500–700) · Die Urkunde vom 15. Februar 787 · Natur- und Umweltschutz · Die Landwirtschaft des Mittleren Hegaus im 19./20. Jahrhundert · Die Dörfer in Singens Umland – Ihr funktionaler und siedlungsgeographischer Wandel · Industrie im Raum Singen · Wirtschaftliche und soziale Verflechtungen der Stadt Singen mit ihrem Umland · Die Energieversorgung von Singen seit 1896 · Das Gesundheitswesen in Singen und Umgebung einst und heute · Singen – »Ziehmutter« des Hegaus

Gert Zang (Hg.)
Arbeiterleben in einer Randregion
Die allmähliche Entstehung der Arbeiterbewegung in einer rasch wachsenden Industriestadt Singen a. H. 1895–1933

Mit Beiträgen von Sybille Leipold-Maier, Margarete Lorinser, Detlef Stender und Gert Zang sowie Vorworten von Heinz Rheinberger, Lothar Burchardt und Alfred Georg Frei

304 Seiten mit 78 Schwarzweiß-Abbildungen und Schautafeln, Leinen mit farbigem Schutzumschlag

Aus dem Inhalt

Der Auftakt: Bebel auf dem Hohentwiel · Die Grundlage der Expansion der Stadt: Die Fabriken und ihre Arbeiter · Organisation und Selbstorganisation der Arbeiter · Die Rolle der Arbeiter in den politischen Umbrüchen der rasch wachsenden Stadt: Vom Objekt zum Subjekt · Vom Burgfrieden zu neuen politischen Konstellationen · Die Fabriken und ihre Arbeiter nach der Revolution · Die letzte gemeinsame Demonstration der linken Arbeiterbewegung (1922) · Die Konsolidierung der bürgerlichen Mehrheit in der Kommunalpolitik – Die Bildung einer Koalition aus Zentrum und wirtschaftlicher Vereinigung und die Wahl Dr. Kaufmanns zum Bürgermeister · Straße und Wirtshaus als Schauplatz der Politik – Die Eroberung des »öffentlichen Raums« durch die Arbeiterbewegung · Lagerkultur und öffentliche Kultur · Das Ende der eigenständigen Arbeiterorganisationen und der Arbeiterkultur

Zu beziehen durch jede Buchhandlung und die SÜDKURIER-Geschäftsstellen